Indépendance, compétence et écoute : depuis toujours Le Guide Rouge a placé ces valeurs au cœur de son service aux lecteurs.

L'indépendance pour Le Guide Rouge, c'est celle de ses inspecteurs qui visitent les hôtels et les restaurants et règlent toutes leurs additions, dans un total anonymat. C'est aussi celle du Guide lui-même qui refuse toute forme de publicité dans ses pages.

La compétence du Guide Rouge passe par celle de ses inspecteurs, professionnels passionnés, qui toute l'année explorent, testent, goûtent, apprécient, comme de simples voyageurs particulièrement attentifs.

À la fois complice et conseiller, Le Guide Rouge est continuellement à votre écoute. Des milliers d'appréciations sur les hôtels et les restaurants sont ainsi reçues chaque année et constituent autant de témoignages précieux qui viendront orienter la prochaine édition.

C'est de cette façon que Le Guide Rouge peut vous proposer une sélection toujours fiable, actualisée et adaptée à tous les budgets. Retrouvez-la aujourd'hui sur le site www.michelin-travel.com.

Le Guide Rouge vit et progresse pour vous et grâce à vous : écrivez-nous !

Sommaire

Le choix d'un hôtel, d'un restaurant

Ce guide vous propose une sélection d'hôtels et restaurants établie à l'usage de l'automobiliste de passage. Les établissements, classés selon leur confort, sont cités par ordre de préférence dans chaque catégorie

Catégories

Hôtel	Restaurant	
⌂⌂⌂⌂⌂	XXXXX	*Grand luxe et tradition*
⌂⌂⌂⌂	XXXX	*Grand confort*
⌂⌂⌂	XXX	*Très confortable*
⌂⌂	XX	*De bon confort*
⌂	X	*Assez confortable*
⌂		*Simple mais convenable*
M		*Dans sa catégorie, hôtel d'équipement moderne*
sans rest.		*L'hôtel n'a pas de restaurant*
	avec ch.	*Le restaurant possède des chambres*

Agrément et tranquillité

Certains établissements se distinguent dans le guide par les symboles rouges indiqués ci-après. Le séjour dans ces hôtels se révèle particulièrement agréable ou reposant. Cela peut tenir d'une part au caractère de l'édifice, au décor original, au site, à l'accueil et aux services qui sont proposés, d'autre part à la tranquillité des lieux.

⌂⌂⌂⌂⌂ à ⌂	*Hôtels agréables*
XXXXX à X	*Restaurants agréables*
« Parc fleuri »	*Élément particulièrement agréable*
	Hôtel très tranquille ou isolé et tranquille
	Hôtel tranquille
< mer	*Vue exceptionnelle*
<	*Vue intéressante ou étendue.*

Les localités possédant des établissements agréables ou tranquilles sont repérées sur les cartes pages 67 à 88.

Consultez-les pour la préparation de vos voyages et donnez-nous vos appréciations à votre retour, vous faciliterez ainsi nos enquêtes.

L'installation

Les chambres des hôtels que nous recommandons possèdent, en général, des installations sanitaires complètes. Il est toutefois possible que dans les catégories 🏠 *et* ⛱ *certaines chambres en soient dépourvues.*

30 ch	*Nombre de chambres*
	Ascenseur
	Air conditionné (dans tout ou partie de l'établissement)
TV	*Télévision dans la chambre*
	Chambres réservées aux non-fumeurs
	Prise Modem-Minitel dans la chambre
	Chambres accessibles aux handicapés physiques
	Repas servis au jardin ou en terrasse
	Salle de remise en forme
	Piscine : de plein air ou couverte
	Plage aménagée – Jardin de repos
	Parc
	Tennis à l'hôtel
25 à 150	*Salles de conférences : capacité des salles*
	Garage dans l'hôtel (généralement payant)
P	*Parking réservé à la clientèle*
P	*Parking clos réservé à la clientèle*
	Accès interdit aux chiens (dans tout ou partie de l'établissement)
mai-oct.	*Période d'ouverture, communiquée par l'hôtelier*
saisonnier	*Ouverture probable en saison mais dates non précisées. En l'absence de mention, l'établissement est ouvert toute l'année.*

La table

Les étoiles

Certains établissements méritent d'être signalés à votre attention pour la qualité de leur cuisine. Nous les distinguons par les étoiles de bonne table.

Nous indiquons, pour ces établissements, trois spécialités culinaires et des vins locaux qui pourront orienter votre choix.

✿✿✿ **Une des meilleures tables, vaut le voyage**

21 *On y mange toujours très bien, parfois merveilleusement. Grands vins, service impeccable, cadre élégant... Prix en conséquence.*

✿✿ **Table excellente, mérite un détour**

75 *Spécialités et vins de choix... Attendez-vous à une dépense en rapport.*

✿ **Une très bonne table dans sa catégorie**

410 *L'étoile marque une bonne étape sur votre itinéraire. Mais ne comparez pas l'étoile d'un établissement de luxe à prix élevés avec celle d'une petite maison où, à prix raisonnables, on sert également une cuisine de qualité.*

Le "Bib Gourmand"

483 Repas soignés à prix modérés

Vous souhaitez parfois trouver des tables plus simples, à prix modérés ; c'est pourquoi nous avons sélectionné des restaurants proposant, pour un rapport qualité-prix particulièrement favorable, un repas soigné, souvent de type régional en province.

Ces restaurants sont signalés par le **"Bib Gourmand"** *et* Repas.

Ex. Repas 100/140 *en province.*

Ex. Repas 130/180 *à Paris et sa région.*

Consultez les cartes des étoiles de bonne table ✿✿✿, ✿✿, ✿ et des **"Bib Gourmand"**, *pages 67 à 88.*

Voir aussi *page suivante*

Les vins et les mets : voir p. 61 à 65

Les prix

Les prix indiqués dans ce guide ont été établis en automne 2000 et s'appliquent à **la haute saison**. *Ils sont susceptibles de modifications, notamment en cas de variations des prix des biens et services. Ils s'entendent taxes et service compris. Aucune majoration ne doit figurer sur votre note, sauf éventuellement la taxe de séjour.*

Les hôtels et restaurants figurent en gros caractères lorsque les hôteliers nous ont donné tous leurs prix et se sont engagés, sous leur propre responsabilité, à les appliquer aux touristes de passage porteurs de notre guide.

Hors saison, certains établissements proposent des conditions avantageuses, renseignez-vous lors de votre réservation.

Entrez à l'hôtel le guide à la main, vous montrerez ainsi qu'il vous conduit là en confiance.

Repas

enf. 60 — *Prix du menu pour enfants*

(symbole) — *Établissement proposant un menu simple à* ***moins de 85 F***

Repas à prix fixe :

Repas *(52)* — *Prix d'un repas composé d'un plat principal, accompagné d'une entrée ou d'un dessert, généralement servi au déjeuner en semaine*

90 (déj.) — *Menu servi au déjeuner uniquement*

110/150 — *Prix du menu : minimum* 110, *maximum* 150

100/150 — *Menu à prix fixe minimum* 100 *non servi les fins de semaine et jours fériés*

bc — *Boisson comprise*

🍷 — *Vin servi au verre*

(carafe) — *Vin de table en carafe*

Repas à la carte :

Repas carte 140 à 310 — *Le premier prix correspond à un repas normal comprenant : entrée, plat garni et dessert. Le 2e prix concerne un repas plus complet (avec spécialité) comprenant : deux plats, fromage et dessert (boisson non comprise).*

Chambres

ch 190/380 — *Prix minimum* 190 *pour une chambre d'une personne et prix maximum* 380 *pour une chambre de deux personnes*

29 ch ☕ 210/450 — *Prix des chambres petit déjeuner compris*

☕ 35 — *Prix du petit déjeuner (généralement servi dans la chambre)*

appart. — *Se renseigner auprès de l'hôtelier*

Demi-pension

1/2 P 220/350 — *Prix minimum et maximum de la demi-pension (chambre, petit déjeuner et un repas) par personne et par jour, en saison ; ces prix s'entendent pour une chambre double occupée par deux personnes, pour un séjour de trois jours minimum.*
Une personne seule occupant une chambre double se voit parfois appliquer une majoration.
La plupart des hôtels saisonniers pratiquent également, sur demande, la pension complète.
Dans tous les cas, il est indispensable de s'entendre par avance avec l'hôtelier pour conclure un arrangement définitif.

Les arrhes

Certains hôteliers demandent le versement d'arrhes. Il s'agit d'un dépôt-garantie qui engage l'hôtelier comme le client.
Bien faire préciser les dispositions de cette garantie. Demandez à l'hôtelier de vous fournir dans sa lettre d'accord toutes précisions utiles sur la réservation et les conditions de séjour.

Cartes de crédit

AE D CB JCB — *Cartes de crédit acceptées par l'établissement : American Express. Diners Club. Carte Bancaire (Visa, Eurocard, MasterCard). Japan Credit Bureau*

Les villes

63300	*Numéro de code postal de la localité (les deux premiers chiffres correspondent au numéro du département)*
✉ 57130 Ars	*Numéro de code postal et nom de la commune de destination*
P SP	*Préfecture – Sous-préfecture*
80 ⑤	*Numéro de la Carte Michelin et numéro du pli*
G. Jura	*Voir Le Guide Vert Michelin Jura*
1 057 h.	*Population*
alt. 75	*Altitude de la localité*
Stat. therm.	*Station thermale*
1 200/1 900	*Altitude de la station et altitude maximum atteinte par les remontées mécaniques*
2	*Nombre de téléphériques ou télécabines*
14	*Nombre de remonte-pentes et télésièges*
	Ski de fond
BY B	*Lettres repérant un emplacement sur le plan*
	Panorama, point de vue
	Aéroport
	Localité desservie par train-auto. Renseignements au numéro de téléphone indiqué
	Transports maritimes
	Transports maritimes pour passagers seulement
	Information touristique

Les curiosités

Intérêt

★★★	*Vaut le voyage*
★★	*Mérite un détour*
★	*Intéressant*

Les musées sont généralement fermés le mardi

Situation

Voir	*Dans la ville*
Env.	*Aux environs de la ville*
N, S, E, O	*La curiosité est située : au Nord, au Sud, à l'Est, à l'Ouest*
② ④	*On s'y rend par la sortie ② ou ④ repérée par le même signe sur le plan du Guide et sur la carte*
2 km	*Distance en kilomètres*

Les cartes de voisinage

Avez-vous pensé à les consulter ?

Vous souhaitez trouver une bonne adresse, par exemple, aux environs de Clermont-Ferrand ? Consultez la carte qui accompagne le plan de la ville.

La « carte de voisinage » (ci-contre) attire votre attention sur toutes les localités citées au Guide autour de la ville choisie, et particulièrement celles qui sont accessibles en automobile en moins de 30 minutes (limite de couleur).

Les « cartes de voisinage » vous permettent ainsi le repérage rapide de toutes les ressources proposées par le Guide autour des métropoles régionales.

Nota :

Lorsqu'une localité est présente sur une « carte de voisinage », sa métropole de rattachement est imprimée en BLEU sur la ligne des distances de ville à ville.

Exemple :

Vous trouverez Châtelguyon sur la carte de voisinage de Clermont-Ferrand.

CHÂTELGUYON *63140 P.-de-D.* 73 ④ *G. Auvergne*
Voir *Gorges d'Enval★ 3 km par* ②
Office de Tourisme av. de l'Europe
Paris 417 ① – *Clermont-Ferrand 21* ①

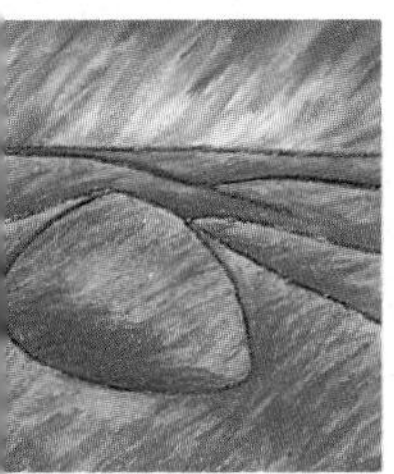

- *Localité possédant au moins un hôtel et un restaurant cités au Guide*
- *Localité possédant au moins un restaurant cité au Guide*
- □ *Localité possédant au moins un hôtel sans restaurant cité au Guide*

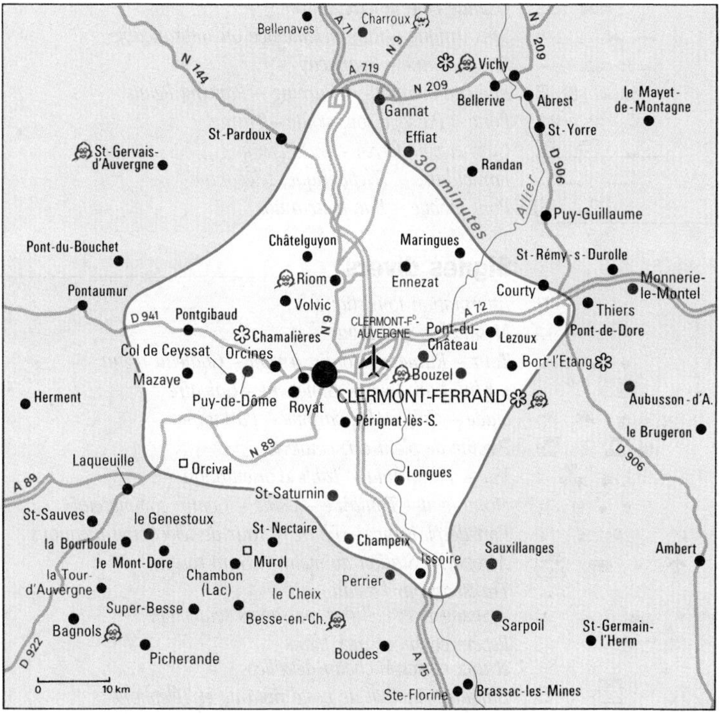

Toutes les « cartes de voisinage » sont localisées sur la carte thématique pages 67 à 88.

Les plans

Hôtels

Restaurants

Curiosités

Bâtiment intéressant

Édifice religieux intéressant :

- Catholique – Protestant

Voirie

Autoroute, double chaussée de type autoroutier

Échangeurs numérotés : complet, partiels

Grande voie de circulation

Sens unique – Rue réglementée ou impraticable

Rue piétonne – Tramway

R. Pasteur *Rue commerçante – Parking – Parking Relais*

Porte – Passage sous voûte – Tunnel

Gare et voie ferrée – Auto/Train

Funiculaire – Téléphérique, télécabine

Pont mobile – Bac pour autos

Signes divers

Information touristique

Mosquée – Synagogue

Tour – Ruines – Moulin à vent – Château d'eau

Jardin, parc, bois – Cimetière – Calvaire

Stade – Golf – Hippodrome – Patinoire

Piscine de plein air, couverte

Vue – Panorama – Table d'orientation

Monument – Fontaine – Usine – Centre commercial

Port de plaisance – Phare – Tour de télécommunications

S.N.C.F. *Aéroport – Station de métro – Gare routière*

Transport par bateau :

- passagers et voitures, passagers seulement

③ *Repère commun aux plans et aux cartes Michelin détaillées*

Bureau principal de poste restante et Téléphone

Hôpital – Marché couvert – Caserne

Bâtiment public repéré par une lettre :

A C *- Chambre d'agriculture – Chambre de commerce*

G H J *- Gendarmerie – Hôtel de ville – Palais de justice*

M P T *- Musée – Préfecture, sous-préfecture – Théâtre*

U *- Université, grande école*

POL. *- Police (commissariat central)*

4m4 18T ⑱ *Passage bas (inf. à 4 m 50) – Charge limitée (inf. à 19 t)*

With the principal aim of providing a service to our readers, the strength of The Red Guide has always been our independence, expertise and appreciation.

The independence of The Red Guide is unquestionable: Firstly, our inspectors visit anonymously and always settle their own bills. Secondly, the Guide retains its impartiality by refusing to include any form of publicity.

The Guide relies on the expertise of our inspectors; dedicated professionals who spend every year travelling inconspicuously around the country seeking out, testing and digesting a wide range of accommodation and cuisine.

And as much as the Guide is written for you, it is also influenced by you. Every year we receive thousands of comments, recommendations and appreciations, all of which contribute to the following year's edition.

These key values mean that every year The Red Guide gives you a reliable, accurate and up-to-date selection to suit every occasion and every pocket.

Look out for us on-line at www.michelin-travel.com.

The Red Guide is influenced by you and is developed for your benefit, which is all the more reason to send us your comments!

Contents

Choosing a hotel or restaurant

This guide offers a selection of hotels and restaurants to help motorists on their travels. In each category establishments are listed in order of preference according to the degree of comfort they offer.

Categories

Hotel	Restaurant	
		Luxury in the traditional style
		Top class comfort
		Very comfortable
		Comfortable
		Quite comfortable
		Simple comfort
M		*In its category, hotel with modern amenities*
sans rest.		*The hotel has no restaurant*
	avec ch.	*The restaurant also offers accommodation*

Peaceful atmosphere and setting

Certain establishments are distinguished in the guide by the red symbols shown below.

Your stay in such hotels will be particularly pleasant or restful, owing to the character of the building, its decor, the setting, the welcome and services offered, or simply the peace and quiet to be enjoyed there.

	*Pleasant hotels*
to	*Pleasant restaurants*
« Parc fleuri »	*Particularly attractive feature*
	Very quiet or quiet, secluded hotel
	Quiet hotel
< mer	*Exceptional view*
<	*Interesting or extensive view*

The maps on pages 67 to 88 indicate places with such very peaceful, pleasant hotels and restaurants.

By consulting them before setting out and sending us your comments on your return you can help us with our enquiries.

Hotel facilities

In general the hotels we recommend have full bathroom and toilet facilities in each room. This may not be the case, however, for certain rooms in categories and .

30 ch	*Number of rooms*
	Lift (elevator)
	Air conditioning (in all or part of the hotel)
TV	*Television in room*
	Rooms reserved for non-smokers
	Minitel-modem point in the bedrooms
	Rooms accessible to disabled people
	Meals served in garden or on terrace
	Exercise room
	Outdoor or indoor swimming pool
	Beach with bathing facilities – Garden
	Park
	Hotel tennis court
25 à 150	*Equipped conference hall (minimum and maximum capacities)*
	Hotel garage (additional charge in most cases)
P	*Car park for customers only*
P	*Enclosed car park for customers only*
	Dogs are excluded from all or part of the hotel
mai-oct.	*Dates when open, as indicated by the hotelier*
saisonnier	*Probably open for the season – precise dates not available.*

Where no date or season is shown, establishments are open all year round.

Cuisine

Stars

Certain establishments deserve to be brought to your attention for the particularly fine quality of their cooking. Michelin stars are awarded for the standard of meals served.

For such restaurants we list three culinary specialities and a number of local wines to assist you in your choice.

✿✿✿ **Exceptional cuisine, worth a special journey**

21 *One always eats here extremely well, sometimes superbly. Fine wines, faultless service, elegant surroundings. One will pay accordingly!*

✿✿ **Excellent cooking, worth a detour**

75 *Specialities and wines of first class quality. This will be reflected in the price.*

✿ **A very good restaurant in its category**

410 *The star indicates a good place to stop on your journey. But beware of comparing the star given to an expensive de luxe establishment to that of a simple restaurant where you can appreciate fine cuisine at a reasonable price.*

The "Bib Gourmand"

483 Good food at moderate prices

You may also like to know of other restaurants with less elaborate, moderately priced menus that offer good value for money and serve carefully prepared meals. Outside the Paris region, such establishments generally specialise in regional cooking.

In the guide such establishments are marked ☺ *the* **"Bib Gourmand"** *and* Repas *just before the price of the menu:*

For example Repas 100/140 *outside the Paris region*
Repas 130/180 *in the Paris region*

Please refer to the map of star-rated restaurants ✿✿✿, ✿✿, ✿ *and the* **"Bib Gourmand"** ☺, *pp 67 to 88.*
See also ☺ *on next page*
Food and wine: see pp 61 to 65

Prices

The prices indicated in this Guide, supplied in Autumn 2000, apply to **high season**. *Changes may arise if goods and service costs are revised. The rates include tax and service and no extra charge should appear on your bill, with the possible exception of visitors' tax.*

Hotels and restaurants in bold type have supplied details of all their rates and have assumed responsibility for maintaining them for all travellers in possession of this guide.

Out of season, certain establishments offer special rates. Ask when booking.

Your recommendation is self evident if you always walk into a hotel Guide in hand.

Meals

enf. 60 — *Price of children's menu*

⚭ — *Establishment serving a simple menu* **for less than 85 F**

Set meals:

Repas *(52)* — *Price for a 2 course meal, generally served weekday lunchtimes*

90 (déj.) — *Set meal served only at lunch time*

110/150 — *Lowest* 110 *and highest* 150 *prices for set meals*

100/150 — *The cheapest set meal* 100 *is not served on Saturdays, Sundays or public holidays*

bc — *House wine included*

🍷 — *Wine served by the glass*

carafe symbol — *Table wine available by the carafe*

A la carte meals:

Repas carte 140 à 310 — *The first figure is for a plain meal and includes first course, main dish of the day with vegetables and dessert*
The second figure is for a fuller meal (with spécialité) and includes 2 main courses, cheese, and dessert (drinks not included).

Rooms

ch 190/380 — *Lowest price* 190 *for a single room and highest price* 380 *for a double*

29 ch ☕ 210/450 — *Price includes breakfast*

☕ 35 — *Price of continental breakfast (generally served in the bedroom)*

appart. — *Check with the hotelier for prices*

Half board

1/2 P 220/350 — *Lowest and highest prices of half board (room, breakfast and a meal) per person, per day in season. These prices are valid for a double room occupied by two people for a minimum stay of three days. When a single person occupies a double room he may have to pay a supplement. Most of the hotels also offer full board terms on request. It is essential to agree on terms with the hotelier before making a firm reservation.*

Deposits

Some hotels will require a deposit, which confirms the commitment of customer and hotelier alike. Make sure the terms of the agreement are clear. Ask the hotelier to provide you, in his letter of confirmation, with all terms and conditions applicable to your reservation.

Credit cards

AE ⊙ CB JCB — *American Express – Diners Club – Carte Bancaire (includes Eurocard, MasterCard and Visa) – Japan Credit Bureau*

Towns

63300	*Local postal number (the first two numbers represent the department number)*
✉ 57130 Ars	*Postal number and name of the postal area*
P ⟨SP⟩	*Prefecture – Sub-prefecture*
80 ⑤	*Number of the appropriate sheet and section of the Michelin road map*
G. Jura	*See The Michelin Green Guide Jura*
1 057 h.	*Population*
alt. 75	*Altitude (in metres)*
Stat. therm.	*Spa*
Sports d'hiver	*Winter sports*
1 200/1 900	*Altitude (in metres) of resort and highest point reached by lifts*
2	*Number of cable-cars*
14	*Number of ski and chair-lifts*
	Cross country skiing
BY B	*Letters giving the location of a place on the town plan*
	Panoramic view. Viewpoint
	Airport
	Places with motorail pick-up point. Further information from phone no. listed
	Shipping line
	Passenger transport only
	Tourist Information Centre

Sights

Star-rating

★★★	*Worth a journey*
★★	*Worth a detour*
★	*Interesting*

Museums and art galleries are generally closed on Tuesdays

Location

Voir	*Sights in town*
Env.	*On the outskirts*
N, S, E, O	*The sight lies north, south, east or west of the town*
② ④	*Sign on town plan and on the Michelin road map indicating the road leading to a place of interest*
2 km	*Distance in kilometres*

Local maps

May we suggest that you consult them

Should you be looking for a hotel or restaurant not too far from Clermont-Ferrand, for example, you can consult the map along with the town plan.

The local map (opposite) draws your attention to all places around the town or city selected, provided they are mentioned in the Guide. Places located within a thirty minute drive are clearly identified by the use of a different coloured background.

The various facilities recommended near the different regional capitals can be located quickly and easily.

Note:

Entries in the Guide provide information on distances to nearby towns. Whenever a place appears on one of the local maps, the name of the town or city to which it is attached is printed in BLUE.

Example:

Châtelguyon is to be found on the local map Clermont-Ferrand.

CHÂTELGUYON *63140 P.-de-D.* **73** *④ G. Auvergne*
Voir *Gorges d'Enval★ 3 km par ②*
Office de Tourisme av. de l'Europe
Paris 417 ① – Clermont-Ferrand 21 ①

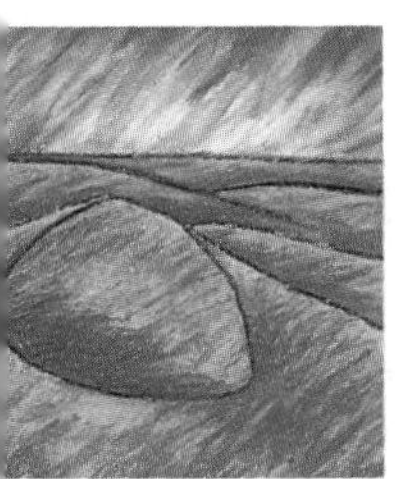

- *Place with at least one hotel and restaurant included in the Guide*
- *Place with at least one restaurant included in the Guide*
- □ *Place with at least one hotel, without restaurant, included in the Guide*

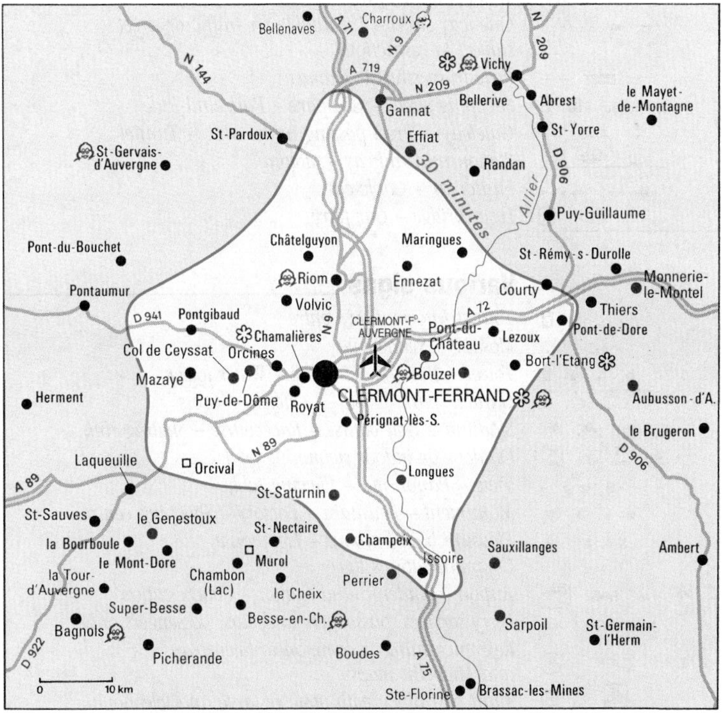

All the local maps are indicated on the thematic map on pp 67 to 88.

Town plans

Hotels
Restaurants

Sights

Place of interest
Interesting place of worship:
- Catholic – Protestant

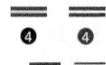

Roads

Motorway, dual carriageway
Numbered junctions: complete, limited
Major thoroughfare
One-way street – Unsuitable for traffic or street subject to restrictions
Pedestrian street – Tramway
R. Pasteur *Shopping street – Car park – Park and Ride*
Gateway – Street passing under arch – Tunnel
Station and railway – Motorail
Funicular – Cable-car
Lever bridge – Car ferry

Various signs

Tourist Information Centre
Mosque – Synagogue
Tower – Ruins – Windmill – Water tower
Garden, park, wood – Cemetery – Cross
Stadium – Golf course – Racecourse – Skating rink
Outdoor or indoor swimming pool
View – Panorama – Viewing table
Monument – Fountain – Factory – Shopping centre
Pleasure boat harbour – Lighthouse
Communications tower
S.N.C.F. *Airport – Underground station – Coach station*
Ferry services: passengers and cars, passengers only
③ *Reference number common to town plans and Michelin maps*
Main post office with poste restante and telephone
Hospital – Covered market – Barracks
Public buildings located by letter:
A C *- Chamber of Agriculture – Chamber of Commerce*
G H J *- Gendarmerie – Town Hall – Law Courts*
M P T *- Museum – Prefecture or sub-prefecture – Theatre*
U *- University, College*
POL. *- Police (in large towns police headquarters)*
4'4 18T ⑱ *Low headroom (15 ft. max.) – Load limit (under 19 t)*

Indipendenza, competenza e attenzione : da sempre La Guida Rossa ha collocato questi valori al centro del suo servizio al lettori.

L'indipendenza è, per La Guida Rossa, quella dei suoi ispettori, che visitano gli alberghi e i ristoranti pagando sempre il conto, in totale anonimato. È anche quella di una Guida che all'interno delle sue pagine rifiuta ogni forma di pubblicità.

La competenza per La Guida Rossa passa attraverso quella dei suoi ispettori, professionisti appassionati, che durante l'anno cercano, verificano, assaggiano, valutano, come dei semplici viaggiatori, ma particolarmente attenti.

Ad un tempo complice e consigliere, La Guida Rossa è costantemente attenta ai vostri suggerimenti. Ogni anno infatti riceviamo numerosissime informazioni su alberghi e ristoranti : costituiscono osservazioni preziose, che andranno ad orientare la prossima edizione.

È per questi motivi che La Guida Rossa è in grado di proporvi una selezione sempre affidabile, aggiornata e adatta a tutte le tasche. Oggi la potete trovare anche sul sito www.michelin-travel.com.

La Guida Rossa vive e si evolve per voi e grazie a voi : scriveteci !

Sommario

La scelta di un albergo, di un ristorante

Questa guida vi propone una selezione di alberghi e ristoranti per orientare la scelta dell'automobilista. Gli esercizi, classificati in base al confort che offrono, vengono citati in ordine di preferenza per ogni categoria.

Categorie

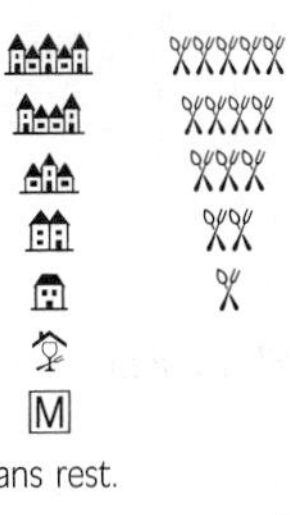

Gran lusso e tradizione
Gran confort
Molto confortevole
Di buon confort
Abbastanza confortevole
Semplice, ma conveniente
Nella sua categoria, albergo con installazioni moderne
sans rest. — *L'albergo non ha ristorante*
avec ch. — *Il ristorante dispone di camere*

Amenità e tranquillità

Alcuni esercizi sono evidenziati nella guida dai simboli rossi indicati qui di seguito. Il soggiorno in questi alberghi dovrebbe rivelarsi particolarmente ameno o riposante.

Ciò può dipendere sia dalle caratteristiche dell'edificio, dalle decorazioni non comuni, dalla sua posizione e dal servizio offerto, sia dalla tranquillità dei luoghi.

a	*Alberghi ameni*
a	*Ristoranti ameni*
« Parc fleuri »	*Un particolare piacevole*
	Albergo molto tranquillo o isolato e tranquillo
	Albergo tranquillo
mer	*Vista eccezionale*
	Vista interessante o estesa

Le località che possiedono degli esercizi ameni o molto tranquilli sono riportate sulle carte da pagina 67 a 88.

Consultatele per la preparazione dei vostri viaggi e, al ritorno, inviateci i vostri pareri; in tal modo agevolerete le nostre inchieste.

Installazioni

Le camere degli alberghi che raccomandiamo possiedono, generalmente, delle installazioni sanitarie complete. È possibile tuttavia che nelle categorie 🏠 *e* ⛱ *alcune camere ne siano sprovviste.*

30 ch	*Numero di camere*
	Ascensore
	Aria condizionata (in tutto o in parte dell'esercizio)
TV	*Televisione in camera*
	Camere riservate ai non fumatori
	Presa Modem-Minitel in camera
	Camere di agevole accesso per i portatori di handicap
	Pasti serviti in giardino o in terrazza
	Palestra
	Piscina: all'aperto, coperta
	Spiaggia attrezzata – Giardino
	Parco
	Tennis appartenente all'albergo
25 à 150	*Sale per conferenze: capienza minima e massima delle sale*
	Garage nell'albergo (generalmente a pagamento)
P	*Parcheggio riservato alla clientela*
P	*Parcheggio chiuso riservato alla clientela*
	Accesso vietato ai cani (in tutto o in parte dell'esercizio)
mai-oct.	*Periodo di apertura, comunicato dall'albergatore*
saisonnier	*Probabile apertura in stagione, ma periodo non precisato. Gli esercizi senza tali menzioni sono aperti tutto l'anno.*

La tavola

Le stelle

Alcuni esercizi meritano di essere segnalati alla vostra attenzione per la qualità particolare della loro cucina; li abbiamo evidenziati con le « stelle di ottima tavola ».

Per ognuno di questi ristoranti indichiamo tre specialità culinarie e alcuni vini locali che potranno aiutarvi nella scelta.

✲✲✲ **Una delle migliori tavole, vale il viaggio**

21 *Vi si mangia sempre molto bene, a volte meravigliosamente, grandi vini, servizio impeccabile, ambientazione accurata... Prezzi conformi.*

✲✲ **Tavola eccellente, merita una deviazione**

75 *Specialità e vini scelti... Aspettatevi una spesa in proporzione.*

✲ **Un'ottima tavola nella sua categoria**

410 *La stella indica una tappa gastronomica sul vostro itinerario.*
Non mettete però a confronto la stella di un esercizio di lusso, dai prezzi elevati, con quella di un piccolo esercizio dove, a prezzi ragionevoli, viene offerta una cucina di qualità.

Il "Bib Gourmand"

483 Pasti accurati a prezzi contenuti

Talvolta desiderate trovare delle tavole più semplici a prezzi contenuti. Per questo motivo abbiamo selezionato dei ristoranti che, per un rapporto qualità-prezzo particolarmente favorevole, offrono un pasto accurato, in provincia spesso a carattere tipicamente regionale.

Questi ristoranti sono evidenziati nel testo con il **"Bib Gourmand"** *e* Repas,
es. Repas 100/140, *in provincia.*
es. Repas 130/180, *a Parigi e nella sua regione.*

Consultate le carte con stelle ✲✲✲, ✲✲, ✲ e con **"Bib Gourmand"** *(pagine 67 a 88).*
Vedere anche *a pagina seguente.*
I vini e le vivande: vedere p. 61 a 65

I prezzi

*I prezzi indicati in guida, stabiliti nell'autunno 2000, si riferiscono all'*__alta stagione__*. Potranno pertanto subire delle variazioni in relazione ai cambiamenti dei prezzi di beni e servizi. Essi s'intendono comprensivi di tasse e servizio. Nessuna maggiorazione deve figurare sul vostro conto, salvo eventualmente la tassa di soggiorno.*

Gli alberghi e i ristoranti vengono menzionati in carattere grassetto quando gli albergatori ci hanno comunicato tutti i loro prezzi e si sono impegnati, sotto la propria responsabilità, ad applicarli ai turisti di passaggio, in possesso della nostra guida.

In bassa stagione, certi esercizi applicano condizioni più vantaggiose, informatevi al momento della prenotazione.

Entrate nell'albergo con la Guida alla mano, dimostrando in tal modo la fiducia in chi vi ha indirizzato.

Pasti

enf. 60 — *Prezzo del menu riservato ai bambini*

Esercizio che presenta un menu semplice per ***meno di 85 F***

Pasti a prezzo fisso:

Repas *(52)* — *Prezzo di un pasto composto dal piatto principale accompagnato da antipasto o dessert, generalmente servito a mezzogiorno in settimana*

90 (déj.) — *Menu servito a mezzogiorno soltanto*

110/150 — *Prezzo del menu: minimo* 110, *massimo* 150

100/150 — *Menu a prezzo fisso minimo* 100, *non applicato durante il fine settimana e nei giorni festivi*

bc — *Bevanda compresa*

Vino servito a bicchiere

Vino da tavola in caraffa a prezzo modico

Pasto alla carta:

Repas carte 140 à 310 — *Il primo prezzo corrisponde ad un pasto semplice comprendente: antipasto, piatto con contorno e dessert. Il secondo prezzo corrisponde ad un pasto più completo (con specialità) comprendente: due piatti, formaggio e dessert (bevande escluse).*

Camere

ch 190/380	*Prezzo minimo* 190 *per una camera singola e prezzo massimo* 380 *per una camera per due persone*
29 ch ☕ 210/450	*Prezzo della camera compresa la prima colazione*
☕ 35	*Prezzo della prima colazione (generalmente servita in camera)*
appart.	*Informarsi presso l'albergatore*

Mezza pensione

1/2 P 220/350 *Prezzo minimo e massimo della mezza pensione (camera, prima colazione e un pasto) per persona e al giorno, in alta stagione. Questi prezzi sono validi per la camera doppia occupata da due persone, per un soggiorno minimo di tre giorni; la persona singola che occupi una camera doppia, potrà talvolta vedersi applicata una maggiorazione. La maggior parte degli alberghi pratica anche, su richiesta, la pensione completa. È comunque consigliabile prendere accordi preventivi con l'albergatore per stabilire le condizioni definitive.*

La caparra

Alcuni albergatori chiedono il versamento di una caparra. Si tratta di un deposito-garanzia che impegna tanto l'albergatore che il cliente. Vi consigliamo di farvi precisare le norme riguardanti la reciproca garanzia di tale caparra. Chiedete all'albergatore di fornirvi nella sua lettera di conferma, ogni dettaglio sulla prenotazione e sulle condizioni di soggiorno.

Carte di credito

AE ⓓ CB JCB *American Express – Diners Club – Carte Bancaire (comprende Eurocard, MasterCard e Visa) – Japan Credit Bureau*

Le città

63300	Codice di avviamento postale (le prime due cifre corrispondono al numero del dipartimento)
✉ 57130 Ars	Numero di codice e sede dell'ufficio postale di destinazione
P SP	Prefettura – Sottoprefettura
80 ⑤	Numero della carta Michelin e numero della piega
G. Jura	Vedere La Guida Verde Michelin Jura
1 057 h.	Popolazione
alt. 75	Altitudine della località
Stat. therm.	Stazione termale
Sports d'hiver	Sport invernali
1 200/1 900	Altitudine della località e altitudine massima raggiungibile con gli impianti di risalita
2	Numero di funivie o cabinovie
14	Numero di sciovie e seggiovie
	Sci di fondo
BY B	Lettere indicanti l'ubicazione sulla pianta
	Panorama, vista
	Aeroporto
	Località con servizio auto su treno. Informarsi al numero di telefono indicato
	Trasporti marittimi
	Trasporti marittimi (solo passeggeri)
	Ufficio informazioni turistiche

Luoghi d'interesse

Grado di interesse

★★★	*Vale il viaggio*
★★	*Merita una deviazione*
★	*Interessante*

I musei sono generalmente chiusi il martedì

Ubicazione

Voir	*Nella città*
Env.	*Nei dintorni della città*
N, S, E, O	*Il luogo si trova: a Nord, a Sud, a Est, a Ovest*
② ④	*Ci si va dall'uscita ② o ④ indicata con lo stesso segno sulla pianta della guida e sulla carta stradale*
2 km	*Distanza chilometrica*

Le carte dei dintorni

Sapete come usarle?

Se desiderate, per esempio, trovare un buon indirizzo nei dintorni di Clermont-Ferrand, la « carta dei dintorni » (qui accanto) richiama la vostra attenzione su tutte le località citate nella Guida che si trovino nei dintorni della città prescelta, e in particolare su quelle raggiungibili in automobile in meno di 30 minuti (limite di colore).

In tal modo, le « carte dei dintorni » permettono la localizzazione rapida di tutte le risorse proposte dalla Guida nei dintorni delle metropoli regionali.

Nota:

Quando una località è presente su una « carta dei dintorni », la città a cui ci si riferisce è scritta in BLU nella linea delle distanze da città a città.

Esempio:

Troverete Châtelguyon sulla carta dei dintorni di Clermont-Ferrand.

CHÂTELGUYON *63140 P.-de-D.* 73 ④ *G. Auvergne*
Voir *Gorges d'Enval★ 3 km par* ②
Office de Tourisme av. de l'Europe
Paris 417 ① – *Clermont-Ferrand 21* ①

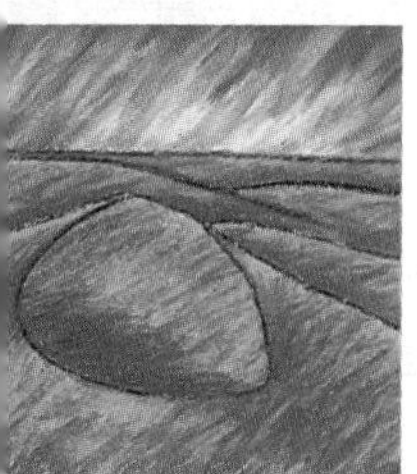

- *Località con almeno un albergo ed un ristorante segnalati in Guida*
- *Località con almeno un ristorante segnalato in Guida*

□ *Località con almeno un albergo senza ristorante segnalato in Guida*

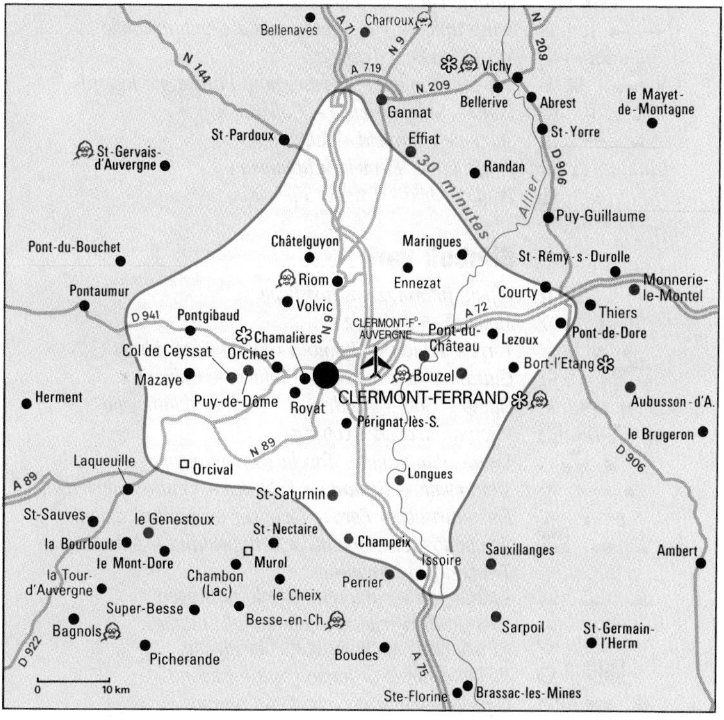

Tutte le « carte dei dintorni » sono localizzate sulla carta tematica p. 67 a 88.

Le piante

Alberghi
Ristoranti

Curiosità

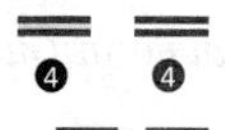

Edificio interessante
Costruzione religiosa interessante:
- Cattolica – Protestante

Viabilità

Autostrada, doppia carreggiata tipo autostrada
Svincoli numerati: completo, parziale
Grande via di circolazione
Senso unico – Via regolamentata o impraticabile
Via pedonale – Tranvia
R. Pasteur *Via commerciale – Parcheggio – Parcheggio Ristoro*
Porta – Sottopassaggio – Galleria
Stazione e ferrovia – Auto/Treno
Funicolare – Funivia, Cabinovia
Ponte mobile – Traghetto per auto

Simboli vari

Ufficio informazioni turistiche
Moschea – Sinagoga
Torre – Ruderi – Mulino a vento – Torre idrica
Giardino, parco, bosco – Cimitero – Calvario
Stadio – Golf – Ippodromo – Pista di pattinaggio
Piscina: all'aperto, coperta
Vista – Panorama – Tavola d'orientamento
Monumento – Fontana – Fabbrica – Centro commerciale
Porto turistico – Faro – Torre per telecomunicazioni

S.N.C.F. *Aeroporto – Stazione della Metropolitana – Autostazione*

Trasporto con traghetto:
- passeggeri ed autovetture, solo passeggeri
Simbolo di riferimento comune alle piante ed alle carte Michelin particolareggiate
Ufficio centrale di fermo posta e telefono
Ospedale – Mercato coperto – Caserma
Edificio pubblico indicato con lettera:
A C *- Camera di Agricoltura – Camera di Commercio*
G H J *- Gendarmeria – Municipio – Palazzo di Giustizia*
M P T *- Museo – Prefettura, Sottoprefettura – Teatro*
U *- Università, grande scuola*
POL. *- Polizia (Questura, nelle grandi città)*
4^m4 18T 18 *Sottopassaggio (altezza inferiore a m 4,50) – Portata limitata (inf. a 19 t)*

Unabhängigkeit, Kompetenz und Aufmerksamkeit : dies waren schon immer die Maximen die Der Rote Michelin in den Mittelpunkt seiner Dienstleistung für den Leser gestellt hat.

Die Unabhängigkeit des Roten Michelin ist die seiner Inspektoren. Sie besuchen Hotels und Restaurants und bezahlen alle ihre Rechnungen, und dies unter Wahrung ihrer vollen Anonymität.

Es ist auch die des Führers selbst, der auf seinen Seiten jede Form der Werbung nach wie vor ablehnt.

Kompetent ist Der Rote Michelin durch seine passionierten und fachlich gut ausgebildeten Inspektoren. Das ganze Jahr über sind sie für Sie unterwegs wie ganz normale, nur etwas aufmerksamere Reisende.

Der Rote Michelin ist Ihnen Begleiter und Berater hat immer ein offenes Ohr für Sie. Die sehr zahlreichen Zuschriften, die wir jedes Jahr erhalten, liefern wertvolle Hinweise für die jeweils nächste Ausgabe.

Dadurch ist Der Rote Michelin stets in der Lage eine zuverlässige, aktuelle und für alle Budgets passende Auswahl zu bieten. Besuchen Sie auch unsere Homepage: www.michelin-travel.com.

Der Rote Michelin lebt für Sie und entwickelt sich mit Ihrer Hilfe weiter:

Schreiben Sie uns ! ____________________

Inhaltsverzeichnis

Wahl eines Hotels, eines Restaurants

Die Auswahl der in diesem Führer aufgeführten Hotels und Restaurants ist für Durchreisende gedacht. In jeder Kategorie drückt die Reihenfolge der Betriebe (sie sind nach ihrem Komfort klassifiziert) eine weitere Rangordnung aus.

Kategorien

Hotel	Restaurant	
ǲǲǲǲǲ	XXXXX	*Großer Luxus und Tradition*
ǲǲǲǲ	XXXX	*Großer Komfort*
ǲǲǲ	XXX	*Sehr komfortabel*
ǲǲ	XX	*Mit gutem Komfort*
ǲ	X	*Mit Standard-Komfort*
⌂		*Bürgerlich*
[M]		*Moderne Einrichtung*
sans rest.		*Hotel ohne Restaurant*
	avec ch.	*Restaurant vermietet auch Zimmer*

Annehmlichkeiten

Manche Häuser sind im Führer durch rote Symbole gekennzeichnet (s. unten). Der Aufenthalt in diesen ist wegen der schönen, ruhigen Lage, der nicht alltäglichen Einrichtung und Atmosphäre sowie dem gebotenen Service besonders angenehm und erholsam.

ǲǲǲǲǲ bis ⌂	*Angenehme Hotels*
XXXXX bis X	*Angenehme Restaurants*
« Parc fleuri »	*Besondere Annehmlichkeit*
(rotes Symbol)	*Sehr ruhiges oder abgelegenes und ruhiges Hotel*
(Symbol)	*Ruhiges Hotel*
⋞ mer	*Reizvolle Aussicht*
⋞	*Interessante oder weite Sicht*

Die Übersichtskarten S. 67 – S. 88, auf denen die Orte mit besonders angenehmen oder sehr ruhigen Häusern eingezeichnet sind, helfen Ihnen bei der Reisevorbereitung. Teilen Sie uns bitte nach der Reise Ihre Erfahrungen und Meinungen mit. Sie helfen uns damit, den Führer weiter zu verbessern.

Einrichtung

Die meisten der empfohlenen Hotels verfügen über Zimmer, die alle oder doch zum größten Teil mit Bad oder Dusche ausgestattet sind.
In den Häusern der Kategorien und können diese jedoch in einigen Zimmern fehlen.

30 ch	*Anzahl der Zimmer*
	Fahrstuhl
	Klimaanlage (im ganzen Haus bzw. in den Zimmern oder im Restaurant)
TV	*Fernsehen im Zimmer*
	Nichtraucherzimmer
	Minitel- Anschluß im Zimmer
	Für Körperbehinderte leicht zugängliche Zimmer
	Garten-, Terrassenrestaurant
	Fitneßraum
	Freibad, Hallenbad
	Strandbad – Liegewiese, Garten
	Park
	Hoteleigener Tennisplatz
25 à 150	*Konferenzräume (Mindest- und Höchstkapazität)*
	Hotelgarage (wird gewöhnlich berechnet)
P	*Parkplatz reserviert für Gäste*
P	*Gesicherter Parkplatz für Gäste*
	Hunde sind unerwünscht (im ganzen Haus bzw. in den Zimmern oder im Restaurant)
mai-oct.	*Öffnungszeit, vom Hotelier mitgeteilt*
saisonnier	*Unbestimmte Öffnungszeit eines Saisonhotels. Häuser ohne Angabe von Schließungszeiten sind ganzjährig geöffnet.*

Küche

Die Sterne

Einige Häuser verdienen wegen ihrer überdurchschnittlich guten Küche Ihre besondere Beachtung. Auf diese Häuser weisen die Sterne hin.

Bei den mit «Stern» ausgezeichneten Betrieben nennen wir drei kulinarische Spezialitäten und regionale Weine, die Sie probieren sollten.

✿✿✿ **Eine der besten Küchen: eine Reise wert**

21 *Man ißt hier immer sehr gut, öfters auch exzellent, edle Weine, tadelloser Service, gepflegte Atmosphäre... entsprechende Preise.*

✿✿ **Eine hervorragende Küche: verdient einen Umweg**

75 *Ausgesuchte Menus und Weine... angemessene Preise.*

✿ **Eine sehr gute Küche: verdient Ihre besondere**

410 **Beachtung**

Der Stern bedeutet eine angenehme Unterbrechung Ihrer Reise.

Vergleichen Sie aber bitte nicht den Stern eines sehr teuren Luxusrestaurants mit dem Stern eines kleineren oder mittleren Hauses, wo man Ihnen zu einem annehmbaren Preis eine ebenfalls vorzügliche Mahlzeit reicht.

☺ Der "Bib Gourmand"

483 Sorgfältig zubereitete, preiswerte Mahlzeiten

Für Sie wird es interessant sein, auch solche Häuser kennenzulernen, die einfachere, vorzugsweise typische Küche der Region zu einem besonders günstigen Preis/Leistungs-Verhältnis bieten.

Im Text sind die betreffenden Restaurants durch das rote Symbol ☺ **"Bib Gourmand"** *und* Repas *kenntlich gemacht,*
z. B. Repas 100/140 *in der Provinz.*
z. B. Repas 130/180 *in Paris und der Region Paris.*

Die Karten mit «Stern» ✿✿✿, ✿✿, ✿
und **"Bib Gourmand"** ☺ *sind auf S. 67 bis 88 zu finden.*
Siehe auch ∞ *nächste Seite.*
Gute Weine: siehe S. 61 bis 65

Preise

Die in diesem Führer genannten Preise wurden uns im Herbst 2000 angegeben, es sind **Hochsaisonpreise**. *Sie können sich mit den Preisen von Waren und Dienstleistungen ändern. Sie enthalten Bedienung und MWSt. Es sind Inklusivpreise, die sich nur noch durch die evtl. zu zahlende Kurtaxe erhöhen können.*

Die Namen der Hotels und Restaurants, die ihre Preise genannt haben, sind fett gedruckt. Gleichzeitig haben sich diese Häuser verpflichtet, die von den Hoteliers selbst angegebenen Preise den Benutzern des Michelin-Führers zu berechnen.

Außerhalb der Saison bieten einige Betriebe günstigere Preise an. Erkundigen Sie sich bei Ihrer Reservierung danach.

Halten Sie beim Betreten des Hotels den Führer in der Hand. Sie zeigen damit, daß Sie aufgrund dieser Empfehlung gekommen sind.

Mahlzeiten

enf. 60 — *Preis des Kindermenus*

(Symbol) — *Restaurant, das ein einfaches* ***Menu unter 85 F*** *anbietet*

Feste Menupreise:

Repas *(52)* — *Preis für ein Menu, bestehend aus einem Hauptgericht und einer Vorspeise oder einem Dessert, das während der Woche mittags serviert wird.*

90 (déj.) — *Nur mittags angeboten*

110/150 — *Mindestpreis* 110 F, *Höchstpreis* 150 F

100/150 — *Mindestpreis* 100 F *für ein Menu, das am Wochenende und an Feiertagen nicht angeboten wird*

bc — *Getränke inbegriffen*

🍷 — *Wein glasweise ausgeschenkt*

(Karaffe) — *Preiswerter Tischwein in Karaffen*

Mahlzeiten «à la carte»:

Repas carte 140 à 310 — *Der erste Preis entspricht einer einfachen Mahlzeit und umfaßt Vorspeise, Tagesgericht mit Beilage, Dessert. Der zweite Preis entspricht einer reichlicheren Mahlzeit (mit Spezialgericht) bestehend aus zwei Hauptgängen, Käse, Dessert (Getränke nicht inbegriffen).*

Zimmer

ch 190/380	*Mindestpreis* 190 F *für ein Einzelzimmer, Höchstpreis* 380 F *für ein Doppelzimmer*
29 ch ☕ 210/450	*Zimmerpreis inkl. Frühstück*
☕ 35	*Preis des Frühstücks (meist im Zimmer serviert)*
appart.	*Preise auf Anfrage*

Halbpension

1/2 P 220/350	*Mindestpreis und Höchstpreis für Halbpension (Zimmerpreis inkl. Frühstück und eine Mahlzeit) pro Person und Tag während der Hauptsaison, bei einem von zwei Personen belegten Doppelzimmer für einen Aufenthalt von mindestens drei Tagen. Falls eine Einzelperson ein Doppelzimmer belegt, kann ein Preisaufschlag verlangt werden. In den meisten Hotels können Sie auf Anfrage auch Vollpension erhalten. Auf jeden Fall sollten Sie den Endpreis vorher mit dem Hotelier vereinbaren.*

Anzahlung

Einige Hoteliers verlangen eine Anzahlung. Diese ist als Garantie sowohl für den Hotelier als auch für den Gast anzusehen.
Bitten Sie den Hotelier, daß er Ihnen in seinem Bestätigungsschreiben alle seine Bedingungen mitteilt.

Kreditkarten

AE (D) GB JCB	*American Express – Diners Club – Eurocard, MasterCard, Visa – Japan Credit Bureau*

Städte

63300	*Postleitzahl (die zwei ersten Ziffern sind gleichzeitig Departements-Nummer)*
✉ 57130 Ars	*Postleitzahl und Name des Verteilerpostamtes*
P SP	*Präfektur – Unterpräfektur*
80 ⑤	*Nummer der Michelin-Karte und Faltseite*
G. Jura	*Siehe Den Grünen Michelin-Reiseführer « Jura »*
1 057 h.	*Einwohnerzahl*
alt. 75	*Höhe*
Stat. therm.	*Thermalbad*
Sports d'hiver	*Wintersport*
1 200/1 900	*Höhe des Wintersportortes und Maximal-Höhe, die mit Kabinenbahn oder Lift erreicht werden kann*
2	*Anzahl der Kabinenbahnen*
14	*Anzahl der Schlepp- oder Sessellifts*
	Langlaufloipen
BY B	*Markierung auf dem Stadtplan*
	Rundblick – Aussichtspunkt
	Flughafen
	Ladestelle für Autoreisezüge – Nähere Auskunft unter der angegebenen Telefonnummer
	Autofähre
	Personenfähre
	Informationsstelle

Sehenswürdigkeiten

Bewertung

★★★	*Eine Reise wert*
★★	*Verdient einen Umweg*
★	*Sehenswert*

Museen sind im allgemeinen dienstags geschlossen

Lage

Voir	*In der Stadt*
Env.	*In der Umgebung der Stadt*
N, S, E, O	*Im Norden (N), Süden (S), Osten (E), Westen (O) der Stadt*
② ④	*Zu erreichen über die Ausfallstraße ② bzw. ④, die auf dem Stadtplan und auf der Michelin-Karte identisch gekennzeichnet sind*
2 km	*Entfernung in Kilometern*

Umgebungskarten

Denken Sie daran sie zu benutzen

Die Umgebungskarten sollen Ihnen die Suche eines Hotels oder Restaurants in der Nähe der größeren Städte erleichtern.

Wenn Sie beispielsweise eine gute Adresse in der Nähe von Clermont-Ferrand brauchen, gibt Ihnen die Karte schnell einen Überblick über alle Orte, die in diesem Michelin-Führer erwähnt sind. Innerhalb der in Kontrastfarbe gedruckten Grenze liegen Gemeinden, die man in weniger als 30 Autominuten erreichen kann.

Anmerkung:

Auf der Linie der Entfernungen zu anderen Orten erscheint im Ortstext die jeweils nächste Stadt mit Umgebungskarte in BLAU

Beispiel:

Sie finden Châtelguyon auf der Umgebungskarte von Clermont-Ferrand.

CHÂTELGUYON *63140 P.-de-D.* 73 ④ *G. Auvergne*
Voir *Gorges d'Enval★ 3 km par* ②
Office de Tourisme av. de l'Europe
Paris 417 ① – *Clermont-Ferrand 21* ①

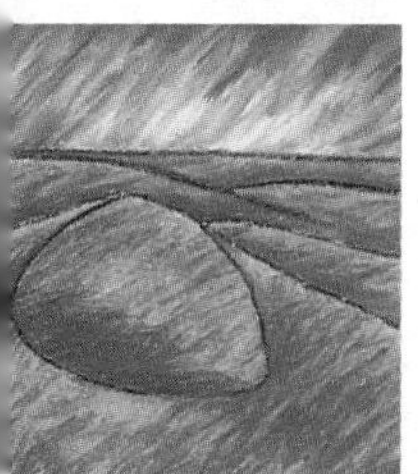

- *Ort mit mindestens je einem empfohlenen Hotel und Restaurant*
- *Ort mit mindestens einem empfohlenen Restaurant*

□ *Ort mit mindestens einem empfohlenen Hotel garni*

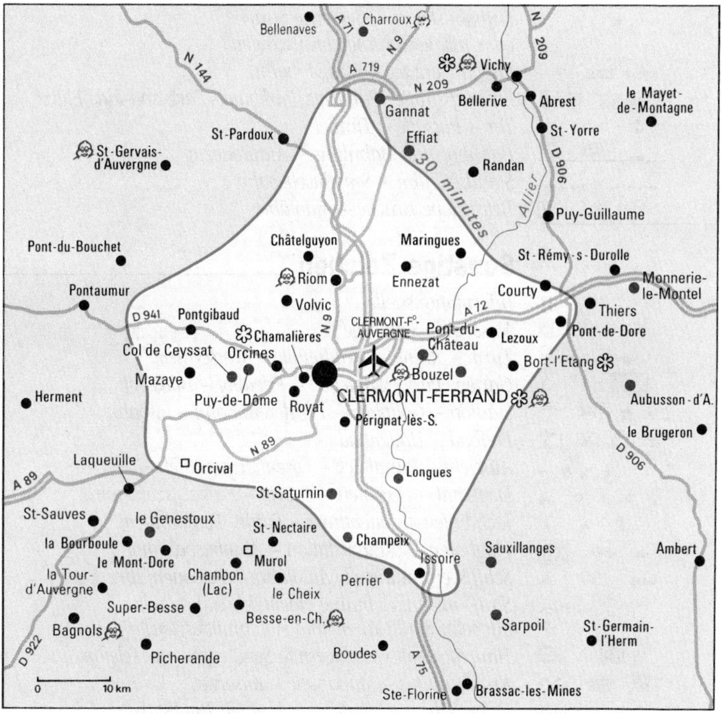

Bellenaves
Charroux
A 71
N 9
N 209
N 144
A 719
Vichy
N 209
Bellerive
Abrest
le Mayet-de-Montagne
Gannat
St-Pardoux
Effiat
St-Yorre
St-Gervais-d'Auvergne
Randan
D 906
30 minutes
Allier
Puy-Guillaume
Pont-du-Bouchet
Châtelguyon
Maringues
St-Rémy-s-Durolle
Riom
Ennezat
Monnerie-le-Montel
Pontaumur
Courty
Volvic
Thiers
A 72
D 941
Pontgibaud
N 9
CLERMONT-F°-AUVERGNE
Pont-du-Château
Chamalières
Lezoux
Pont-de-Dore
Col de Ceyssat
Orcines
Bouzel
Bort-l'Etang
Mazaye
Herment
Puy-de-Dôme
Royat
CLERMONT-FERRAND
Aubusson-d'A.
Pérignat-lès-S.
le Brugeron
N 89
D 906
Laqueuille
Orcival
Longues
A 89
St-Saturnin
St-Sauves
le Genestoux
St-Nectaire
Champeix
Sauxillanges
Ambert
la Bourboule
le Mont-Dore
Murol
Issoire
la Tour-d'Auvergne
Chambon (Lac)
Perrier
le Cheix
Super-Besse
Besse-en-Ch.
Sarpoil
Bagnols
St-Germain-l'Herm
D 922
Picherande
Boudes
A 75
0
10 km
Ste-Florine
Brassac-les-Mines

Die Umgebungskarten finden Sie auf der Themenkarte S. 67 bis 88.

Stadtpläne

Hotels
Restaurants

Sehenswürdigkeiten

Sehenswertes Gebäude
Sehenswerte katholische bzw. evangelische Kirche

Straßen

Autobahn, Schnellstraße
Numerierte Anschlußstelle: Autobahneinfahrt – und/oder -ausfahrt
Hauptverkehrsstraße
Einbahnstraße – Gesperrte Straße oder mit Verkehrsbeschränkungen
Fußgängerzone – Straßenbahn
R. Pasteur P — Einkaufsstraße – Parkplatz, Parkhaus – Park-and-Ride-Plätze
Tor – Passage – Tunnel
Bahnhof und Bahnlinie – Autoreisezug
Standseilbahn – Seilschwebebahn
B — Bewegliche Brücke – Autofähre

Sonstige Zeichen

Informationsstelle
Moschee – Synagoge
Turm – Ruine – Windmühle – Wasserturm
Garten, Park, Wäldchen – Friedhof – Bildstock
Stadion – Golfplatz – Pferderennbahn – Eisbahn
Freibad – Hallenbad
Aussicht – Rundblick – Orientierungstafel
Denkmal – Brunnen – Fabrik – Einkaufszentrum
Jachthafen – Leuchtturm – Funk-, Fernsehturm
S.N.C.F. — Flughafen – U-Bahnstation – Autobusbahnhof
Schiffsverbindungen: Autofähre – Personenfähre
3 — Straßenkennzeichnung (identisch auf Michelin-Stadtplänen und Abschnittskarten)
Hauptpostamt (postlagernde Sendungen) u. Telefon
Krankenhaus – Markthalle – Kaserne
Öffentliches Gebäude, durch einen Buchstaben gekennzeichnet:
A C - Landwirtschaftskammer – Handelskammer
G H J - Gendarmerie – Rathaus – Gerichtsgebäude
M P T - Museum – Präfektur, Unterpräfektur – Theater
U - Universität, Hochschule
POL. - Polizei (in größeren Städten Polizeipräsidium)
4m4 18T 18 — Unterführung (Höhe bis 4,50 m) – Höchstbelastung (unter 19 t)

Independencia, competencia y una comunicación directa con los lectores son los tres pilares básicos de La Guía Roja.

La independencia la consigue gracias a sus inspectores, que continuamente visitan hoteles y restaurantes y pagan sus cuentas en total anonimato. El deseo de mantener esta independencia intachable es el que ha hecho que la publicación rehuse cualquier forma de publicidad en sus páginas.

La competencia de La Guía Roja se basa en la profesionalidad de sus inspectores que durante todo el año, como viajeros incansables, exploran, comprueban, degustan y aprecian con una especial dedicación.

Cómplice y consejera a la vez, La Guía Roja está siempre dispuesta a escucharle. En su redacción se reciben cada año numerosas apreciaciones sobre hoteles y restaurantes, que constituyen testimonios muy valiosos a la hora de realizar la siguiente edición.

De esta forma, La Guía Roja puede ofrecerle una selección siempre fiable, actualizada y adaptada a todos los presupuestos.

Descúbrala hoy en la web: www.michelin-travel.com.

La Guía Roja vive y progresa para usted y gracias a usted; ¡escríbanos!

Sumario

La elección de un hotel, de un restaurante

Esta guía propone una selección de hoteles y restaurantes para uso de los automovilistas de paso. Los establecimientos, clasificados según su confort, se citan por orden de preferencia dentro de cada categoría.

Categorías

⌂⌂⌂⌂⌂	XXXXX	*Gran lujo y tradición*
⌂⌂⌂⌂	XXXX	*Gran confort*
⌂⌂⌂	XXX	*Muy confortable*
⌂⌂	XX	*Confortable*
⌂	X	*Sencillo pero confortable*
⌂		*Sencillo pero correcto*
M		*Dentro de su categoría, hotel con instalaciones modernas*
sans rest.		*El hotel no dispone de restaurante*
	avec ch.	*El restaurante tiene habitaciones*

Atractivo y tranquilidad

Ciertos establecimientos se distinguen en la guía por los símbolos en rojo que indicamos a continuación. La estancia en estos hoteles es especialmente agradable o tranquila.

Esto puede deberse a las características del edificio, a la decoración original, al emplazamiento, a la recepción y a los servicios que ofrece, o también a la tranquilidad del lugar.

⌂⌂⌂⌂⌂ a ⌂	*Hoteles agradables*
XXXXX a X	*Restaurantes agradables*
« Parc fleuri »	*Elemento particularmente agradable*
	Hotel muy tranquilo, o aislado y tranquilo
	Hotel tranquilo
≤ mer	*Vista excepcional*
≤	*Vista interesante o extensa*

Las localidades que poseen establecimientos agradables o muy tranquilos están señaladas en los mapas de las páginas 67 a 88.

Consúltelos para la preparación de sus viajes y envíenos su apreciación a su regreso, así nos ayudará en nuestra selección.

La instalación

Las habitaciones de los hoteles que recomendamos poseen, en general, cuarto de baño completo. No obstante puede suceder que en las categorías 🏠 y 🏡 algunas habitaciones carezcan de él.

30 ch	*Número de habitaciones*
⇕	*Ascensor*
▤	*Aire acondicionado (en todo o en parte del establecimiento)*
TV	*Televisión en la habitación*
🚭	*Habitaciones para no fumadores*
☎	*Toma de Modem-Minitel en la habitación*
♿	*Habitaciones de fácil acceso para minusválidos*
⛱	*Comidas servidas en el jardín o en la terraza*
🏋	*Fitness club (gimnasio, sauna...)*
🏊	*Piscina : al aire libre o cubierta*
🏖	*Playa equipada – Jardín*
🌳	*Parque*
🎾	*Tenis en el hotel*
25 à 150	*Salones de reuniones : capacidad*
🚗	*Garaje en el hotel (generalmente de pago)*
P	*Aparcamiento reservado a los clientes*
P	*Aparcamiento cerrado reservado a los clientes*
🐕	*Prohibidos los perros (en todo o en parte del establecimiento)*
mai-oct.	*Período de apertura comunicado por el hotel*
saisonnier	*Apertura probable en temporada sin precisar fechas.*

Sin mención, el establecimiento está abierto todo el año

La mesa

Las estrellas

Algunos establecimientos merecen ser destacados por la calidad de su cocina.

Los distinguimos con las estrellas de buena mesa.

Para estos restaurantes indicamos tres especialidades culinarias y vinos locales que pueden orientarles en su elección.

✿✿✿ **Una de las mejores mesas, justifica el viaje**

21 *Cocina del más alto nivel, generalmente excepcional, grandes vinos, servicio impecable, marco elegante... Precio en consecuencia.*

✿✿ **Mesa excelente, vale la pena desviarse**

75 *Especialidades y vinos selectos... Cuente con un gasto en proporción.*

✿ **Muy buena mesa en su categoría**

410 *La estrella indica una buena etapa en su itinerario. Pero no compare la estrella de un establecimiento de lujo, de precios altos, con la de un establecimiento más sencillo en el que, a precios razonables, se sirve también una cocina de calidad.*

☺ El "Bib Gourmand"

483 Buenas comidas a precios moderados

A veces Vd. desearía encontrar establecimientos más sencillos, a precios moderados. Por ello hemos seleccionado unos restaurantes que ofrecen, con una buena relación calidad-precio, una buena comida, generalmente de tipo regional en provincias.

Estos restaurantes están señalados en el texto con el **"Bib Gourmand"** ☺ *y* Repas.

Ej. Repas 100/140 *en provincias.*

Ej. Repas 130/180 *en París y su región.*

Consulte los mapas con estrella ✿✿✿, ✿✿, ✿ *y con* **"Bib Gourmand"** ☺ *(páginas 67 a 88).*

Ver también ⚭ *página siguiente*

Los vinos y los platos : Ver páginas 61 a 65

Los precios

Los precios indicados en esta guía, establecidos en otoño de 2000, se aplican en **temporada alta**. *Pueden producirse modificaciones debidas a variaciones de los precios de bienes y servicios. Los precios incluyen los impuestos y el servicio. En su nota no debe figurar ningún recargo excepto, eventualmente, el impuesto de estancia.*

Los hoteles y restaurantes figuran en caracteres gruesos cuando los hoteleros nos han señalado todos sus precios, comprometiéndose bajo su responsabilidad a respetarlos ante los turistas de paso portadores de nuestra guía.

En temporada baja, algunos establecimientos ofrecen condiciones ventajosas, infórmese al reservar.

Entre en el hotel con su guía en la mano, demostrando así que ésta le conduce allí con confianza.

Comidas

enf. 60 *Precio de menú infantil*

El establecimiento sirve una comida simple ***a menos de 85 F***

Comidas a precio fijo :

Repas *(52)* *Precio de una comida compuesta sólo del plato fuerte del día con entrada o postre, servida generalmente al almuerzo los días de semana.*

90 (déj.) *Menú : precio del almuerzo*

110/150 *Precio del menú : mínimo* 110/*máximo* 150

100/150 *El menú a precio fijo mínimo* 100 *no se sirve los fines de semana y festivos*

bc *Bebida incluída*

Vaso de vino a precio moderado

Jarra de vino de la casa a precio moderado

Comida a la carta :

Repas carte 140 à 310 *El primer precio corresponde a una comida normal comprendiendo : entrada, plato fuerte del día y postre. El 2 precio se refiere a una comida más completa (con especialidad) comprendiendo : dos platos, queso y postre (bebida no incluída).*

Habitaciones

ch 190/380	*Precio mínimo* 190 *de una habitación individual y precio máximo* 380 *de una habitación doble*
29 ch ☕ 210/450	*Precio de la habitación con desayuno incluído*
☕ 35	*Precio del desayuno (generalmente servido en la habitación)*
appart.	*Pida los precios al hotelero*

Media pensión

1/2 P 220/350	*Precio mínimo y máximo de la media pensión (habitación, desayuno y una comida) por persona y por día en habitación doble, en temporada alta, para una estancia mínima de tres días. Una habitación doble ocupada por una única persona puede tener un suplemento. En la mayoría de los hoteles, previa solicitud, es posible alojarse en régimen de pensión completa. Conviene concretar de antemano los precios con el hotelero.*

Las arras

Algunos hoteleros piden una señal al hacer la reserva. Se trata de un depósito-garantía que compromete tanto al hotelero como al cliente. Conviene precisar con detalle las cláusulas de esta garantía.
Pida al hotelero confirmación escrita de las condiciones de estancia así como todos los detalles útiles.

Tarjetas de crédito

AE ⓓ GB JCB	*American Express – Diners Club – Eurocard, MasterCard, Visa – Japan Credit Bureau*

Las poblaciones

63300	*Código postal de la localidad (los dos primeros dígitos corresponden al número del Departamento o Provincia)*
✉ 57130 Ars	*Código postal y lugar de destino*
P SP	*Prefectura – Subprefectura*
80 ⑤	*Mapa Michelin y pliegue*
G. Jura	*Ver La Guía Verde Michelin Jura*
1 057 h.	*Población*
alt. 75	*Altitud de la localidad*
Stat. therm.	*Balneario*
Sports d'hiver	*Deportes de invierno*
1 200/1 900	*Altitud de la estación y altitud máxima alcanzada por los remontes mecánicos*
2	*Número de teleféricos o telecabinas*
14	*Número de telesquís o telesillas*
	Esquí de fondo
BY B	*Letras para localizar un emplazamiento en el plano*
✳ ≤	*Panorama, vista*
	Aeropuerto
	Localidad con servicio Auto-Expreso. Información en el número de teléfono indicado
	Transportes marítimos
	Transportes marítimos para pasajeros solamente
	Información turística

Las curiosidades

Grado de interés

★★★	*Justifica el viaje*
★★	*Vale la pena desviarse*
★	*De particular interés*

Los museos cierran generalmente los martes

Situación de las curiosidades

Voir	*En la población*
Env.	*En los alrededores de la población*
N, S, E, O	*La curiosidad está situada : al Norte, al Sur, al Este, al Oeste*
② ④	*Salir por la salida ② ó ④ localizada por el mismo signo en el plano de la Guía y en el mapa*
2 km	*Distancia en kilómetros*

Los mapas de alrededores

No se olvide de consultarlos

¿Quiere usted encontrar un determinado establecimiento, en los alrededores de, por ejemplo, Clermont-Ferrand?

Consulte el mapa que acompaña al plano de la ciudad.

En el « mapa de alrededores » (reproducido más abajo) figuran todas las localidades citadas en la Guía que se encuentran en las cercanías de la ciudad escogida, principalmente las situadas a menos de media hora de coche (límite de color).

Los « mapas de alrededores » permiten localizar rápidamente todas las posibilidades propuestas por la Guía en torno a las metrópolis regionales.

Nota :

cuando una localidad figura en un « mapa de alrededores », la metrópoli a la que pertenece está impresa en color AZUL en la línea de distancias entre ciudades.

Ejemplo :

Châtelguyon figurará en el « mapa de alrededores » de Clermont-Ferrand.

CHÂTELGUYON *63140 P.-de-D.* 73 ④ *G. Auvergne*
Voir *Gorges d'Enval★ 3 km par* ②
Office de Tourisme av. de l'Europe
Paris 417 ① – *Clermont-Ferrand 21* ①

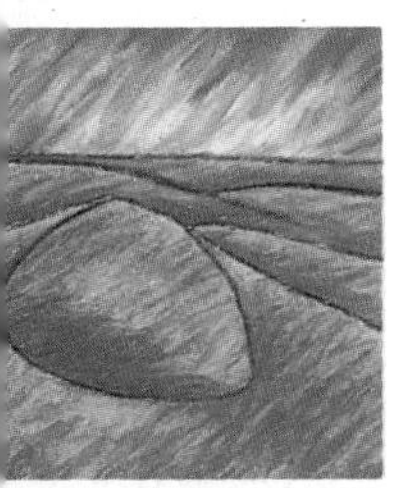

- *Localidad que tiene por lo menos un hotel y un restaurante citados en la Guía*
- *Localidad que tiene por lo menos un restaurante citado en la Guía*
- □ *Localidad que tiene por lo menos un hotel sin restaurante citado en la Guía*

Bellenaves
A 71
Charroux
N 9
N 144
A 719
Vichy
N 209
N 209
Gannat
Bellerive
Abrest
le Mayet-de-Montagne
St-Pardoux
Effiat
St-Yorre
St-Gervais-d'Auvergne
30 minutes
Randan
D 906
Allier
Puy-Guillaume
Pont-du-Bouchet
Châtelguyon
Maringues
St-Rémy-s-Durolle
Riom
Ennezat
Courty
Monnerie-le-Montel
Pontaumur
Volvic
Thiers
D 941
Pontgibaud
A 72
CLERMONT-Fᴰ-AUVERGNE
Pont-du-Château
Lezoux
Pont-de-Dore
N 9
Chamalières
Col de Ceyssat
Orcines
Bort-l'Etang
Mazaye
Bouzel
Herment
Puy-de-Dôme
Royat
CLERMONT-FERRAND
Aubusson-d'A.
Pérignat-lès-S.
le Brugeron
N 89
D 906
Laqueuille
□ Orcival
Longues
A 89
St-Saturnin
St-Sauves
le Genestoux
St-Nectaire
la Bourboule
Champeix
Sauxillanges
Ambert
le Mont-Dore
□ Murol
Issoire
la Tour-d'Auvergne
Chambon (Lac)
Perrier
le Cheix
Super-Besse
Besse-en-Ch.
Sarpoil
St-Germain-l'Herm
Bagnols
D 922
Picherande
Boudes
A 75
0 10 km
Ste-Florine
Brassac-les-Mines

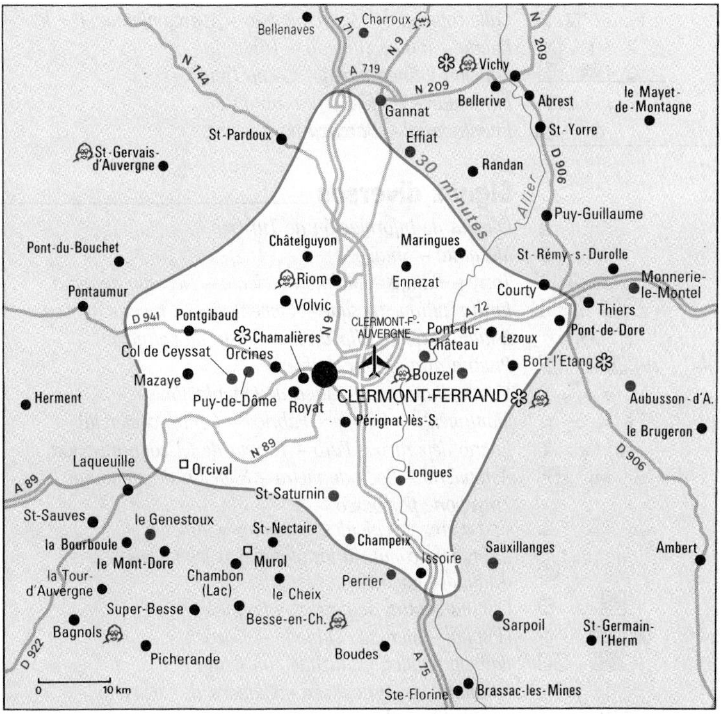

Todos los «mapas de alrededores» se pueden localizar en el mapa temático páginas 67 a 88.

Los planos

Hoteles
Restaurantes

Curiosidades

Edificio interesante
Edificio religioso interesante:
- Católico – Protestante

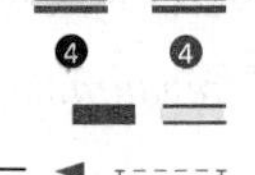

Vías de circulación

Autopista, autovía
Número del acceso: completo, parcial
Vía importante de circulación
Sentido único – Calle reglamentada o impracticable
Calle peatonal – Tranvía
R. Pasteur *Calle comercial – Aparcamiento – Aparcamientos «P + R»*
Puerta – Pasaje cubierto – Túnel
Estación y línea férrea – Coche/Tren
Funicular – Teleférico, telecabina
Puente móvil – Barcaza para coches

Signos diversos

Oficina de Información de Turismo
Mezquita – Sinagoga
Torre – Ruinas – Molino de viento – Depósito de agua
Jardín, parque, bosque – Cementerio – Crucero
Estadio – Golf – Hipódromo – Pista de patinaje
Piscina al aire libre, cubierta
Vista – Panorama – Mesa de Orientación
Monumento – Fuente – Fábrica – Centro comercial
Puerto deportivo – Faro – Torreta de telecomunicación

Aeropuerto – Boca de metro – Estación de autobuses
Transporte por barco:
- pasajeros y vehículos, pasajeros solamente
③ *Referencia común a los planos y a los mapas detallados Michelin*
Oficina central de correos y teléfonos
Hospital – Mercado cubierto – Cuartel
Edificio público localizado con letra:
A C *- Cámara de Agricultura – Cámara de Comercio*
G H J *- Guardia civil – Ayuntamiento – Palacio de Justicia*
M P T *- Museo – Gobierno civil – Teatro*
U *- Universidad, Escuela Superior*
POL. *- Policía (en las grandes ciudades: Jefatura)*
4'4 18T ⑱ *Pasaje bajo (inf. a 4 m 50) – Carga limitada (inf. a 19 t)*

Les Vins
Wines
I Vini
Los Vinos
Die Weine

En dehors des grands crus, beaucoup de vins moins connus, souvent proposés au verre ou en pichet, vous procureront aussi de belles satisfactions.

As well as the great vintages, many less famous wines, often served by the glass or carafe, will also give much enjoyment.

Al di fuori dei grandi vini, ne esistono di meno conosciuti, spesso proposti al bicchiere, che vi procureranno comunque ottime soddisfazioni.

Además de los grandes caldos, muchos vinos menos conocidos, que frecuentemente se proponen por copa o en jarra, le pueden sorprender agradablemente.

Wählen Sie nicht nur Grand Crus aus, auch weniger bekannte Weine, welche oft im Glas oder in der Karaffe angeboten werden, können viel Vergnügen bereiten.

Un mets préparé avec une sauce au vin s'accommode si possible du même cru.

A dish with a wine-based sauce should ideally be accompanied by the same wine.

Un piatto preparato con una salsa al vino si accompagna, di preferenza, con il medesimo vino.

Un plato elaborado con una salsa de vino debe acompañarse, si es posible, con ese mismo vino.

Ein Gericht welches mit einem bestimmten Wein zubereitet ist, sollte mit dem gleichen Wein getrunken werden.

Vins et fromages d'une même région s'associent souvent avec succès. Osez parfois les mariages vins blancs/fromages, ils vous réserveront d'étonnantes surprises.

Cheese and wine from the same region usually go together well. White wine with cheese can be a surprisingly good combination.

Vini e formaggi di una stessa regione si sposano generalmente con successo; provate l'accostamento formaggio/vino bianco : vi riserverà piacevoli sorprese.

Muchas veces los vinos y quesos de una misma región se combinan con gran éxito. Pruebe el vino blanco con queso, se llevará una grata sorpresa.

Wein und Käse der gleichen Region bilden häufig eine gute Verbindung. Versuchen Sie auch Weißwein mit Käse, diese Verbindung wird Ihnen angenehme Überraschungen bieten.

Il est conseillé de ne pas boire les vins blancs trop froids et les vins rouges trop chambrés.

White wines should not be served too chilled, nor red wines too warm.

Si consiglia di non bere i vini bianchi troppo freddi o i vini rossi troppo caldi.

Se recomienda no beber los vinos blancos demasiado fríos, ni los tintos demasiado templados.

Weißweine sollten nicht zu kalt, Rotweine nicht zu warm getrunken werden.

Les Millésimes
Vintages
Le Annate
Añadas
Die Jahrgänge

	1988	1989	1990	1991	1992	1993	1994	1995	1996	1997	1998	1999
Alsace	Grande	Grande	Grande	Bonne	Bonne	Bonne	Bonne	Bonne	Bonne	Grande	Bonne	Bonne
Bordeaux blanc	Grande	Grande	Grande	Moyenne	Moyenne	Bonne	Bonne	Bonne	Grande	Bonne	Bonne	Moyenne
Bordeaux rouge	Bonne	Grande	Grande	Moyenne	Moyenne	Bonne	Bonne	Grande	Grande	Moyenne	Bonne	Bonne
Bourgogne blanc	Bonne	Grande	Bonne	Bonne	Bonne	Bonne	Bonne	Grande	Grande	Grande	Bonne	Bonne
Bourgogne rouge	Bonne	Bonne	Grande	Bonne	Moyenne	Bonne	Bonne	Grande	Grande	Bonne	Bonne	Grande
Beaujolais	Moyenne	Bonne	Bonne	Grande	Moyenne	Bonne	Bonne	Grande	Bonne	Grande	Bonne	Grande
Champagne	Grande	Bonne	Grande	Bonne	Bonne	Bonne	Bonne	Bonne	Grande	Bonne	Bonne	Grande
Côtes du Rhône *Septentrionales*	Bonne	Grande	Grande	Bonne	Bonne	Bonne	Bonne	Bonne	Grande	Bonne	Bonne	Grande
Côtes du Rhône *Méridionales*	Bonne	Bonne	Grande	Bonne	Bonne	Bonne	Bonne	Bonne	Grande	Bonne	Grande	Bonne
Provence	Grande	Bonne	Grande	Bonne	Moyenne	Bonne	Bonne	Bonne	Bonne	Bonne	Moyenne	Bonne
Languedoc Roussillon	Grande	Bonne	Grande	Moyenne	Moyenne	Grande	Grande	Bonne	Grande	Bonne	Bonne	Bonne
Val de Loire *Muscadet*	Bonne	Bonne	Grande	Moyenne	Bonne	Bonne	Bonne	Grande	Grande	Bonne	Bonne	Bonne
Val de Loire *Anjou-Touraine*	Bonne	Bonne	Grande	Moyenne	Moyenne	Bonne	Bonne	Grande	Grande	Bonne	Bonne	Bonne
Val de Loire *Pouilly-Sancerre*	Bonne	Bonne	Grande	Bonne	Bonne	Bonne	Bonne	Bonne	Grande	Grande	Bonne	Bonne

Grandes années
Great years
Grandi annate
Añadas excelentes
Großen Jahrgänge

Bonnes années
Good years
Buone annate
Buenas añadas
Gute Jahrgänge

Années moyennes
Average years
Annate corrette
Añadas correctas
Mittlere Jahrgänge

Les Grandes Années du XXe siècle :
The greatest vintages of the 20th Century :
Le grandi annate del ventesimo secolo :
Las grandes añadas del siglo XX :
Die größten Jahrgänge des 20. Jahrhunderts :

1911 / 1921 / 1928 / 1929 / 1934 / 1945 / 1947 / 1953 / 1955 / 1961 / 1990

Quelques suggestions d'associations Mets & Vins
A few suggestions for complementary Dishes and Wines
Qualche suggerimento per l'abbinamento tra Cibo e Vini
Algunas sugerencias para combinar Platos y Vinos
Einige Empfehlungen welcher Wein zum welchem Gericht

Que boire avec ? *What to drink with ?* Cosa bere con ? *¿ Qué vino tomar ?* Was trinkt man dazu ?	Type de vin *Type of wine* Tipo di vino *Tipo de vino* Art des Weins	Région vinicole *Region of production* Regione vinicola *Región vinícola* Weingegend	Appellation *Appellation* Denominazione *Denominación* Appellation
	Blancs secs *Dry whites* Bianchi secchi *Blancos secos* Trockene Weiße	Alsace Bordeaux Bourgogne Côtes du Rhône Provence Languedoc-Roussillon Val de Loire	Sylvaner/Riesling Entre-deux-Mers Chablis/Mâcon Villages St Joseph Cassis/Palette Picpoul de Pinet Muscadet/Montlouis
	Blancs secs *Dry whites* Bianchi secchi *Blancos secos* Trockene Weiße	Alsace Bordeaux Bourgogne Côtes du Rhône Provence Corse Languedoc-Roussillon Val de Loire	Riesling Pessac-Léognan/Graves Meursault/Chassagne Montrachet Hermitage/Condrieu Bellet/Bandol Patrimonio Coteaux du Languedoc Sancerre/Menetou-Salon
	Blancs et rouges légers *Whites and light reds* Bianchi e rossi leggeri *Blancos y tintos suaves* Weiße und leichte Rote	Alsace Champagne Bordeaux Bourgogne Beaujolais Côtes du Rhône Provence Corse Languedoc-Roussillon Val de Loire	Tokay-Pinot gris/Pinot noir Coteaux Champenois blanc et rouge Côtes de Bourg/Blaye/Castillon Mâcon/St Romain Beaujolais Villages Tavel (rosé)/Côtes du Ventoux Coteaux d'Aix en Provence Coteaux d'Ajaccio/Porto Vecchio Faugères Anjou/Vouvray
	Rouges *Reds* Rossi *Tintos* Rote	Bordeaux/Sud-Ouest Bourgogne Beaujolais Côtes du Rhône Provence Languedoc-Roussillon Val de Loire	Médoc/St Emilion/Buzet Volnay/Hautes Côtes de Beaune Moulin à Vent/Morgon Vacqueyras/Gigondas Bandol/Côtes de Provence Fitou/Minervois Bourgueil/Saumur
	Rouges corsés *Hearty reds* Rossi di corpo *Tintos con cuerpo* Kräftige Rote	Bordeaux/Sud-Ouest Bourgogne Côtes du Rhône Languedoc-Roussillon Val de Loire	Pauillac/St Estèphe/Madiran Pommard/Gevrey-Chambertin Côte-Rôtie/Cornas Corbières/Collioure Chinon
	Blancs et rouges *Whites and reds* Bianchi e rossi *Blancos y tintos* Weiße und Rote	Alsace Bordeaux Bourgogne Beaujolais Côtes du Rhône Languedoc-Roussillon Jura/Savoie Val de Loire	Gewürztraminer St Julien/Pomerol/Margaux Pouilly-Fuissé/Santenay St Amour/Fleurie Hermitage/Châteauneuf-du-Pape St Chinian Vin Jaune/Chignin Pouilly-Fumé/Valençay
	Vins de desserts *Dessert wines* Vini da dessert *Vinos dulces* Dessert-Weine	Alsace Champagne Bordeaux/Sud-Ouest Bourgogne Jura/Bugey Côtes du Rhône Languedoc-Roussillon Val de Loire	Muscat d'Alsace/Crémant d'Alsace Champagne blanc et rosé Sauternes/Monbazillac/Jurançon Crémant de Bourgogne Vin de Paille/Cerdon Muscat de Beaumes-de-Venise Banyuls/Maury/Muscats/Limoux Coteaux du Layon/Bonnezeaux

Normandie

Andouille de Vire
Demoiselles de Cherbourg à la nage
Sole dieppoise
Tripes à la mode de Caen
Canard à la rouennaise
Poulet Vallée d'Auge
Agneau de pré-salé
Camembert, Livarot, Pont-l'Evêque, Neufchâtel
Tarte aux pommes au calvados
Crêpes à la normande
Douillons

Nord-Picardie

Moules
Poissons : sole, turbot, etc.
Potjevlesch
Ficelle picarde
Flamiche aux poireaux
Gibier d'eau
Waterzoï
Lapin à la bière
Hochepot
Maroilles, Boulette d'Avesnes
Gaufres

Bretagne

Fruits de mer, crustacés
Huîtres de Belon
Galettes au sarrazin/blé noir
Charcuteries, andouille de Guéméné
St-Jacques à la bretonne
Homard à l'armoricaine
Poissons : bar, turbot, lieu jaune, maquereau, etc.
Cotriade
Kig Ha Farz
Légumes : artichauts, choux-fleurs, etc.
Crêpes, gâteau breton, far, kouing-aman

Val de Loire

Rillettes de Tours
Andouillette au vouvray
Poissons de rivière : brochet, sandre, etc.
Saumon beurre blanc
Gibier de Sologne
Fromages de chèvre : Ste-Maure, Valençay
Crémet d'Angers
Macarons, nougat glacé, pithiviers, tarte tatin

Centre-Auvergne

Cochonnailles
Tripous
Champignons, cèpes, girolles, etc.
Pâté bourbonnais
Aligot
Potée auvergnate
Chou farci
Pounti
Lentilles du Puy
Cantal, St-Nectaire, fourme d'Ambert
Flognarde, Gâteau à la broche

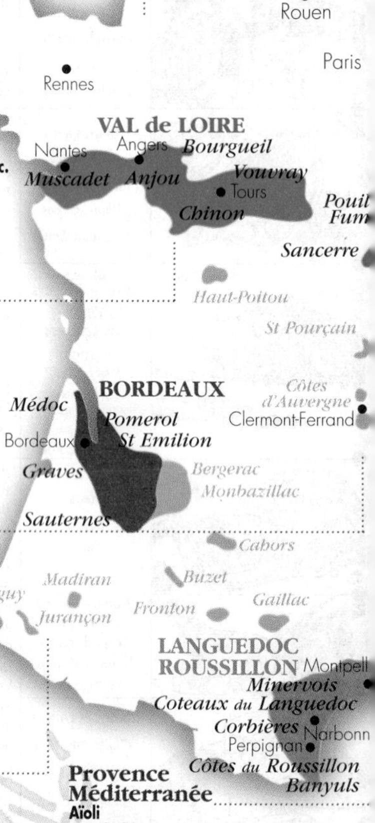

Sud-Ouest

Garbure
Ttoro
Jambon de Bayonne
Foie gras
Omelette aux truffes
Pipérade
Lamproie à la bordelaise
Poulet basquaise
Cassoulet
Confit de canard ou d'oie
Cèpes à la bordelaise
Tomme de brebis
Roquefort
Gâteau basque
Pruneaux à l'armagnac

Provence Méditerranée

Aïoli
Pissaladière
Salade niçoise
Anchois de Collioure
Brandade nîmoise
Bourride sétoise
Bouillabaisse
Loup grillé au fenouil
Petits farcis niçois
Daube provençale
Agneau de Sisteron
Pieds paquets à la marseillaise
Picodon
Crème catalane, calissons, fruits confits

ille
Reims
Épernay
HAMPAGNE
hablis
BOURGOGNE
Dijon
Côte de Nuits
Beaune
Côte de Beaune
Jura
Mâcon
BEAUJOLAIS
Bugey
Savoie
Lyon
Côte Rôtie
Hermitage
ÔTES du RHÔNE
hâteauneuf-du-Pape
Tavel
Avignon
Nice
PROVENCE
teaux d'Aix
Marseille
Côtes de Provence
Cassis
Bandol
Côtes de Toul
ALSACE
Strasbourg
Colmar
Bastia
Corse
Ajaccio

Bourgogne

Jambon persillé
Gougère
Escargots de Bourgogne
Oeufs en meurette
Pochouse
Jambon chaud à la crème
Coq au vin
Viande de charolais
Boeuf bourguignon
Epoisses
Poire dijonnaise
Desserts au pain d'épice

Alsace-Lorraine

Charcuterie, presskopf
Quiche lorraine
Tarte à l'oignon
Asperges
Poissons : sandre, carpe, anguille
Grenouilles
Coq au riesling
Spaetezele
Choucroute
Baeckeoffe
Gibiers : biche, chevreuil, sanglier
Munster
Tarte aux mirabelles ou quetches
Kougelhopf, vacherin glacé

Franche-Comté/Jura

Jésus de Morteau
Saucisse de Montbéliard
Croûte aux morilles
Soufflé au fromage
Poissons de lac et rivières : brochet, truite
Grenouilles
Coq au vin jaune
Comté, vacherin, morbier, cancoillotte
Gaudes au maïs

Lyonnais-Pays Bressan

Rosette de Lyon
Grenouilles de la Dombes
Saucisson truffé pistaché
Gâteau de foies blonds
Quenelles de brochet
Tablier de sapeur
Volailles de Bresse à la crème
Poularde demi-deuil
Cardons à la mœlle
Cervelle de canut
Bugnes

Savoie-Dauphiné

Gratin de queues d'écrevisses
Poissons de lac : omble chevalier, perche, féra
Ravioles du Royans
Fondue, raclette, tartiflette
Diots au vin blanc
Fricassée de caïon
Potée savoyarde
Farçon, farcement
Gratin dauphinois
Beaufort, reblochon, tomme de Savoie, St-Marcellin
Gâteau de Savoie, tarte aux myrtilles, gâteau aux noix

Corse

Jambon, figatelli, lonzo, coppa
Langouste
Omelette au brocciu
Civet de sanglier
Chevreau
Fromages de brebis (Niolu)
Flan de châtaignes, fiadone

BORDEAUX *Pomerol* *Bergerac*	**Vignobles** - *Vineyards* - Vini *Viñedos* - Weinberge
Val de Loire **Rillettes de Tours**	**Spécialités régionales** *Regional specialities* Vini e Specialità regionali *Viñedos y Especialidades regionales* Weinberge und regionale Spezialitäten

✿✿✿ *Les étoiles* ___
✿✿ *The stars* ___
✿ *Le stelle* ___
Die Sterne ___
Las estrellas ___

Repas 100/140 **"Bib Gourmand"**
Repas soignés à prix modérés ___
Good food at moderate prices ___
Pasti accurati a prezzi contenuti ___
Sorgfältig zubereitete preiswerte Mahlzeiten ___
Buenas comidas a precios moderados ___

L'agrément ___
Peaceful atmosphere and setting ___
Amenità e tranquillità ___
Annehmlichkeit ___
Atractivo y tranquilidad ___

Carte de voisinage : voir à la ville choisi
Town with a local map ___
Città con carta dei dintorni ___
Stadt mit Umgebungskarte ___
Población con mapa de alrededores ___

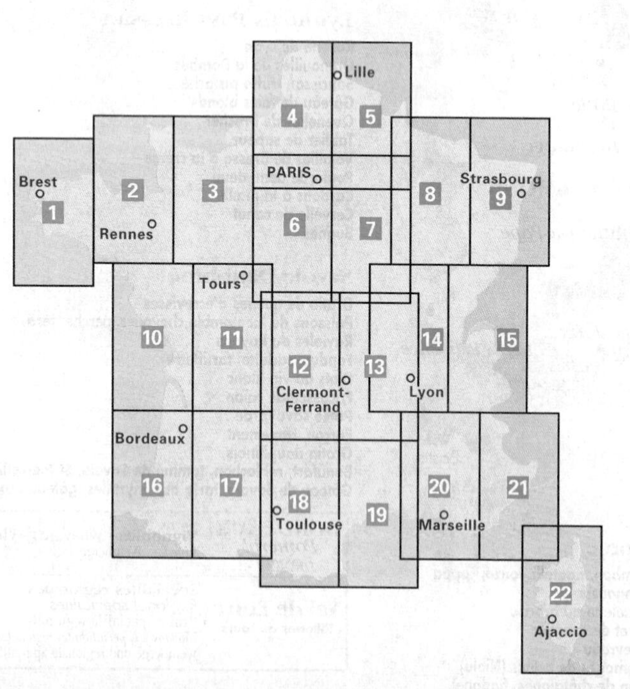

1

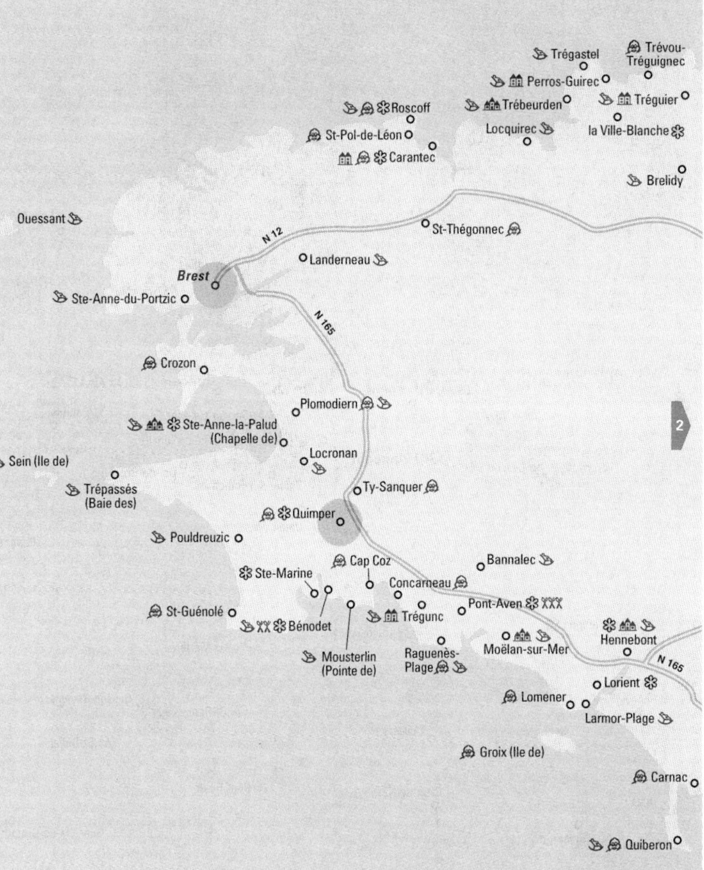
Trégastel
Trévou-Tréguignec
Perros-Guirec
Roscoff
Trébeurden
Tréguier
St-Pol-de-Léon
Locquirec
la Ville-Blanche
Carantec
Brelidy
Ouessant
N 12
St-Thégonnec
Landerneau
Brest
Ste-Anne-du-Portzic
N 165
Crozon
Plomodiern
Ste-Anne-la-Palud (Chapelle de)
Locronan
Sein (Ile de)
Trépassés (Baie des)
Ty-Sanquer
Quimper
Pouldreuzic
Cap Coz
Bannalec
Ste-Marine
Concarneau
St-Guénolé
Pont-Aven
Trégunc
Bénodet
Hennebont
Mousterlin (Pointe de)
Raguenès-Plage
Moëlan-sur-Mer
N 165
Lorient
Lomener
Larmor-Plage
Groix (Ile de)
Carnac
Quiberon
l'Apothicairerie
Belle-Ile
Bangor
Port-Goulphar

2

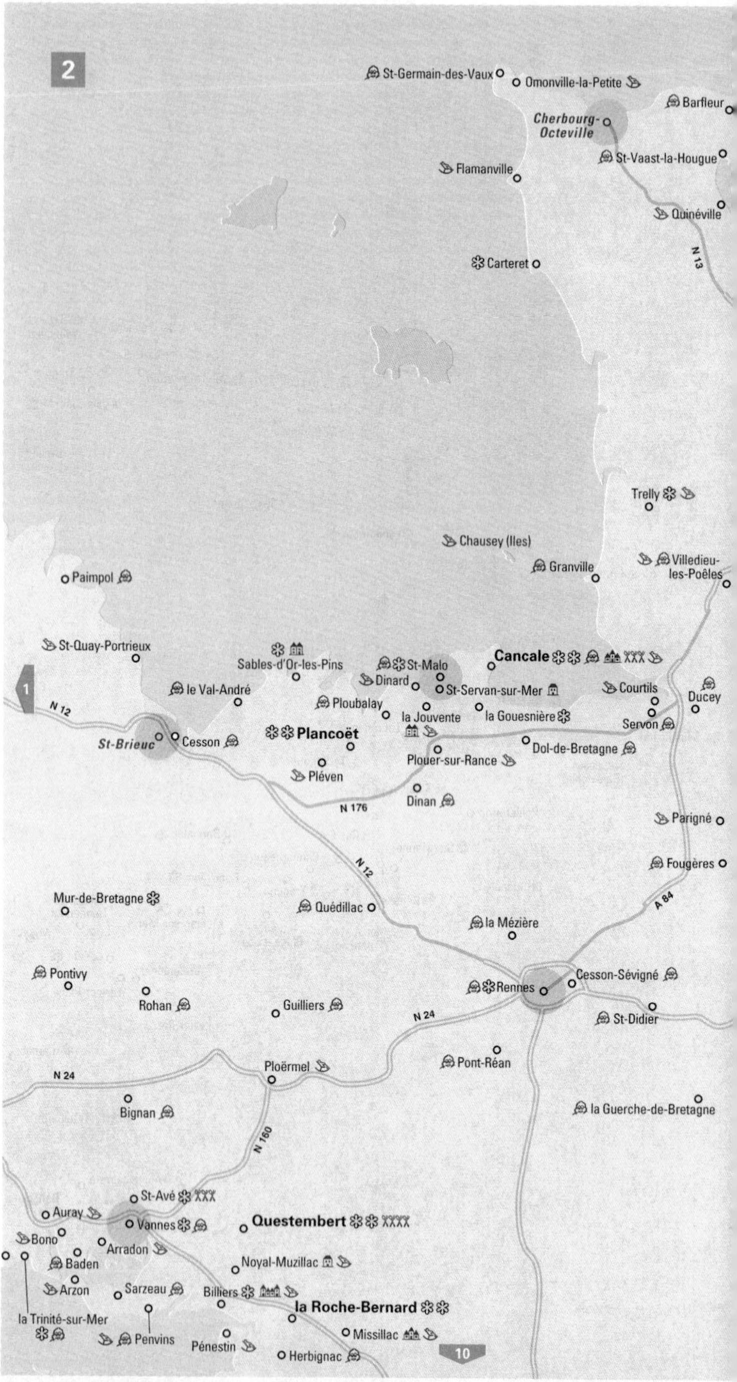

2

St-Germain-des-Vaux
Omonville-la-Petite
Barfleur
Cherbourg-Octeville
St-Vaast-la-Hougue
Flamanville
Quinéville
N 13
Carteret
Trelly
Chausey (Iles)
Granville
Villedieu-les-Poêles
Paimpol
St-Quay-Portrieux
Sables-d'Or-les-Pins
St-Malo
Cancale XXX
Dinard
St-Servan-sur-Mer
Courtils
Ducey
le Val-André
Ploubalay
la Jouvente
la Gouesnière
Servon
N 12
St-Brieuc
Cesson
Plancoët
Plouer-sur-Rance
Dol-de-Bretagne
Pléven
N 176
Dinan
Parigné
N 12
Fougères
Mur-de-Bretagne
Quédillac
A 84
la Mézière
Pontivy
Rennes
Cesson-Sévigné
Rohan
Guilliers
N 24
St-Didier
Pont-Réan
Ploërmel
N 24
Bignan
la Guerche-de-Bretagne
N 160
St-Avé XXX
Auray
Vannes
Questembert XXXX
Bono
Arradon
Baden
Noyal-Muzillac
Arzon
Sarzeau
Billiers
la Roche-Bernard
la Trinité-sur-Mer
Penvins
Pénestin
Missillac
Herbignac

1
10

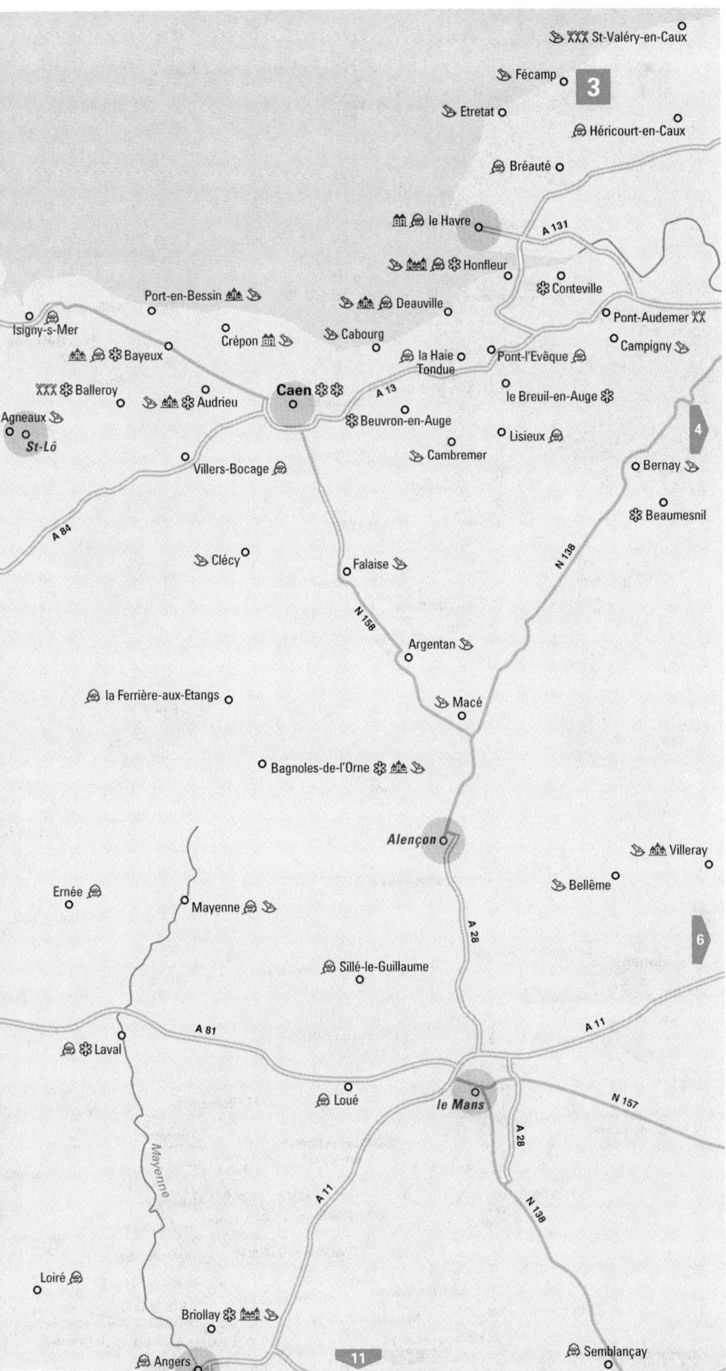
St-Valéry-en-Caux
Fécamp
3
Etretat
Héricourt-en-Caux
Bréauté
le Havre
A 131
Honfleur
Conteville
Port-en-Bessin
Deauville
Pont-Audemer
Isigny-s-Mer
Crépon
Cabourg
Campigny
Bayeux
la Haie Tondue
Pont-l'Evêque
Balleroy
Caen
A 13
le Breuil-en-Auge
Audrieu
Agneaux
Beuvron-en-Auge
4
St-Lô
Lisieux
Cambremer
Villers-Bocage
Bernay
Beaumesnil
A 84
N 138
Clécy
Falaise
N 158
Argentan
la Ferrière-aux-Etangs
Macé
Bagnoles-de-l'Orne
Alençon
Villeray
Bellême
Ernée
Mayenne
A 28
6
Sillé-le-Guillaume
A 11
A 81
Laval
Loué
le Mans
N 157
A 28
Mayenne
A 11
N 138
Loiré
Briollay
Angers
11
Semblançay

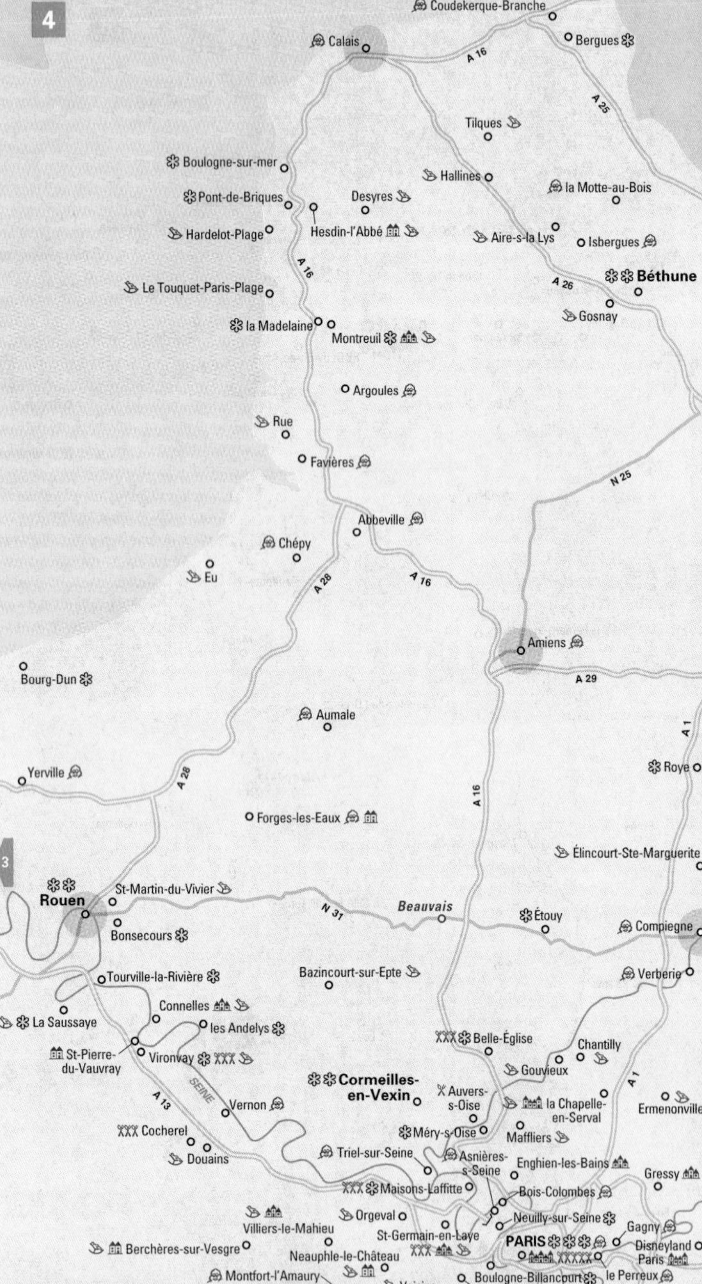
4
Coudekerque-Branche
Calais
Bergues
A 16
A 25
Tilques
Boulogne-sur-mer
Hallines
la Motte-au-Bois
Pont-de-Briques
Desyres
Hardelot-Plage
Hesdin-l'Abbé
Aire-s-la Lys
Isbergues
A 16
Béthune
A 26
Le Touquet-Paris-Plage
Gosnay
la Madelaine
Montreuil
Argoules
Rue
Favières
N 25
Abbeville
Chépy
Eu
A 28
A 16
Amiens
Bourg-Dun
A 29
Aumale
A 1
Yerville
Roye
A 28
A 16
Forges-les-Eaux
Élincourt-Ste-Marguerite
3
Rouen
St-Martin-du-Vivier
N 31
Beauvais
Bonsecours
Étouy
Compiegne
Tourville-la-Rivière
Bazincourt-sur-Epte
Verberie
Connelles
La Saussaye
les Andelys
Belle-Église
Chantilly
St-Pierre-du-Vauvray
Vironvay
Gouvieux
Cormeilles-en-Vexin
A 1
SEINE
A 13
Auvers-s-Oise
Vernon
la Chapelle-en-Serval
Ermenonville
Cocherel
Méry-s-Oise
Maffliers
Douains
Triel-sur-Seine
Asnières-s-Seine
Enghien-les-Bains
Gressy
Maisons-Laffitte
Bois-Colombes
Villiers-le-Mahieu
Orgeval
Neuilly-sur-Seine
Gagny
St-Germain-en-Laye
Berchères-sur-Vesgre
PARIS
Disneyland Paris
Neauphle-le-Château
Montfort-l'Amaury
Boulogne-Billancourt
le Perreux
Voisins-le-Bretonneux
6
Verneuil-sur-Avre
Versailles
Le Tremblay-sur-Mauldre

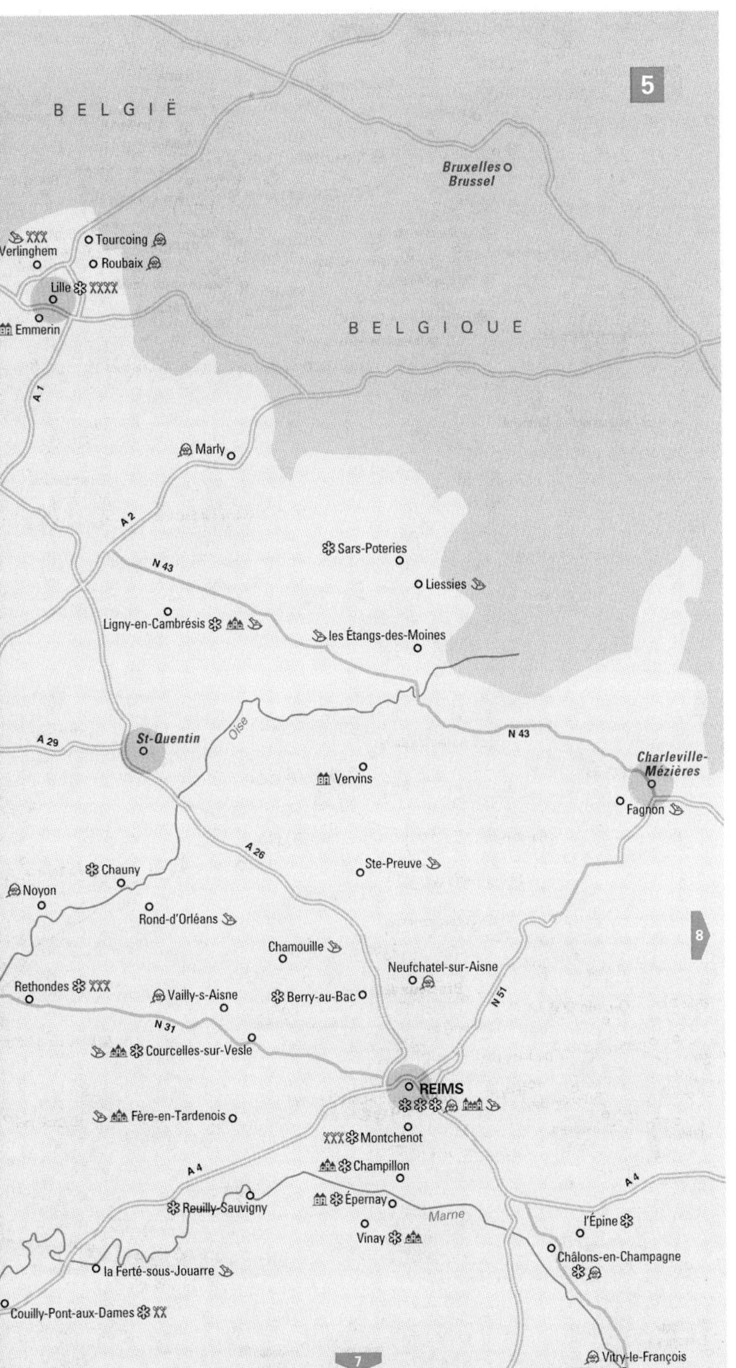
5
BELGIË
Bruxelles
Brussel
Verlinghem
Tourcoing
Roubaix
Lille
Emmerin
BELGIQUE
A 1
Marly
A 2
N 43
Sars-Poteries
Liessies
Ligny-en-Cambrésis
les Étangs-des-Moines
A 29
St-Quentin
Oise
N 43
Vervins
Charleville-Mézières
Fagnon
A 26
Ste-Preuve
Chauny
Noyon
Rond-d'Orléans
Chamouille
Neufchatel-sur-Aisne
8
Rethondes
Vailly-s-Aisne
Berry-au-Bac
N 51
N 31
Courcelles-sur-Vesle
REIMS
Fère-en-Tardenois
Montchenot
Champillon
A 4
A 4
Reuilly-Sauvigny
Épernay
Marne
l'Épine
Vinay
Châlons-en-Champagne
la Ferté-sous-Jouarre
Couilly-Pont-aux-Dames
7
Vitry-le-François

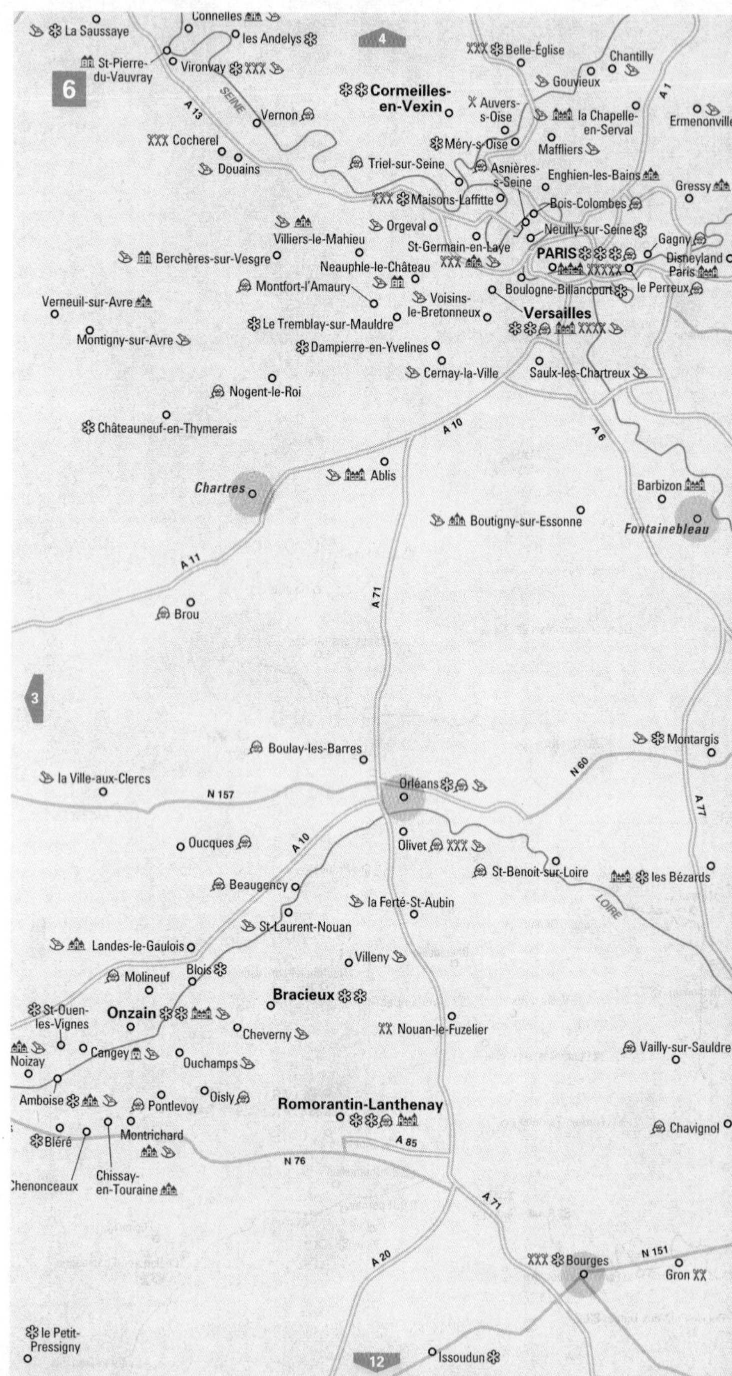

6
4
3
12
La Saussaye
Connelles
les Andelys
St-Pierre-du-Vauvray
Vironvay
SEINE
A 13
Vernon
Cocherel
Douains
Cormeilles-en-Vexin
Belle-Église
Chantilly
Gouvieux
Auvers-s-Oise
la Chapelle-en-Serval
Ermenonville
A 1
Méry-s-Oise
Maffliers
Triel-sur-Seine
Asnières-s-Seine
Enghien-les-Bains
Gressy
Maisons-Laffitte
Bois-Colombes
Villiers-le-Mahieu
Orgeval
Neuilly-sur-Seine
St-Germain-en-Laye
Gagny
Berchères-sur-Vesgre
Neauphle-le-Château
PARIS
Disneyland Paris
Montfort-l'Amaury
Boulogne-Billancourt
le Perreux
Verneuil-sur-Avre
Voisins-le-Bretonneux
Versailles
Le Tremblay-sur-Mauldre
Montigny-sur-Avre
Dampierre-en-Yvelines
Cernay-la-Ville
Saulx-les-Chartreux
Nogent-le-Roi
Châteauneuf-en-Thymerais
A 10
A 6
Ablis
Chartres
Barbizon
Boutigny-sur-Essonne
Fontainebleau
A 11
A 71
Brou
Montargis
Boulay-les-Barres
la Ville-aux-Clercs
N 157
Orléans
N 60
A 77
Oucques
A 10
Olivet
St-Benoit-sur-Loire
les Bézards
Beaugency
LOIRE
la Ferté-St-Aubin
St-Laurent-Nouan
Landes-le-Gaulois
Villeny
Blois
Molineuf
Bracieux
St-Ouen-les-Vignes
Onzain
Cheverny
Nouan-le-Fuzelier
Noizay
Cangey
Ouchamps
Vailly-sur-Sauldre
Amboise
Oisly
Pontlevoy
Romorantin-Lanthenay
Chavignol
Bléré
Montrichard
A 85
N 76
Chenonceaux
Chissay-en-Touraine
A 71
A 20
Bourges
N 151
Gron
le Petit-Pressigny
Issoudun

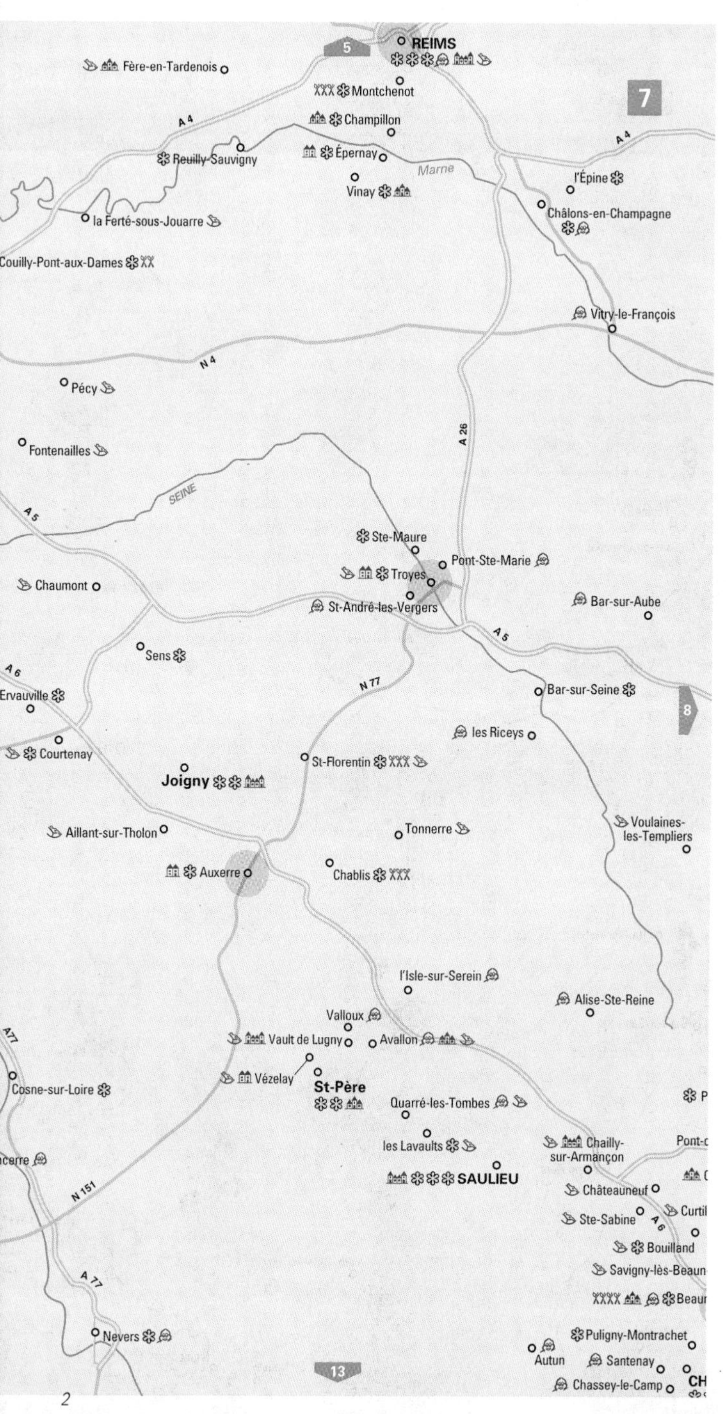

5
REIMS
7
Fère-en-Tardenois
Montchenot
Champillon
A 4
Reuilly-Sauvigny
Épernay
Marne
Vinay
l'Épine
Châlons-en-Champagne
la Ferté-sous-Jouarre
Couilly-Pont-aux-Dames
Vitry-le-François
N 4
Pécy
A 26
Fontenailles
SEINE
A 5
Ste-Maure
Pont-Ste-Marie
Troyes
Chaumont
St-André-les-Vergers
Bar-sur-Aube
Sens
A 6
N 77
Ervauville
Bar-sur-Seine
8
les Riceys
Courtenay
St-Florentin
Joigny
Voulaines-
les-Templiers
Aillant-sur-Tholon
Tonnerre
Auxerre
Chablis
l'Isle-sur-Serein
Alise-Ste-Reine
Valloux
A77
Vault de Lugny
Avallon
Vézelay
Cosne-sur-Loire
St-Père
Quarré-les-Tombes
les Lavaults
Chailly-
sur-Armançon
Pont-
ncerre
SAULIEU
N 151
Châteauneuf
Ste-Sabine
Curtil
Bouilland
Savigny-lès-Beaun
Beaur
A 77
Nevers
Puligny-Montrachet
Autun
Santenay
Chassey-le-Camp
CH
13

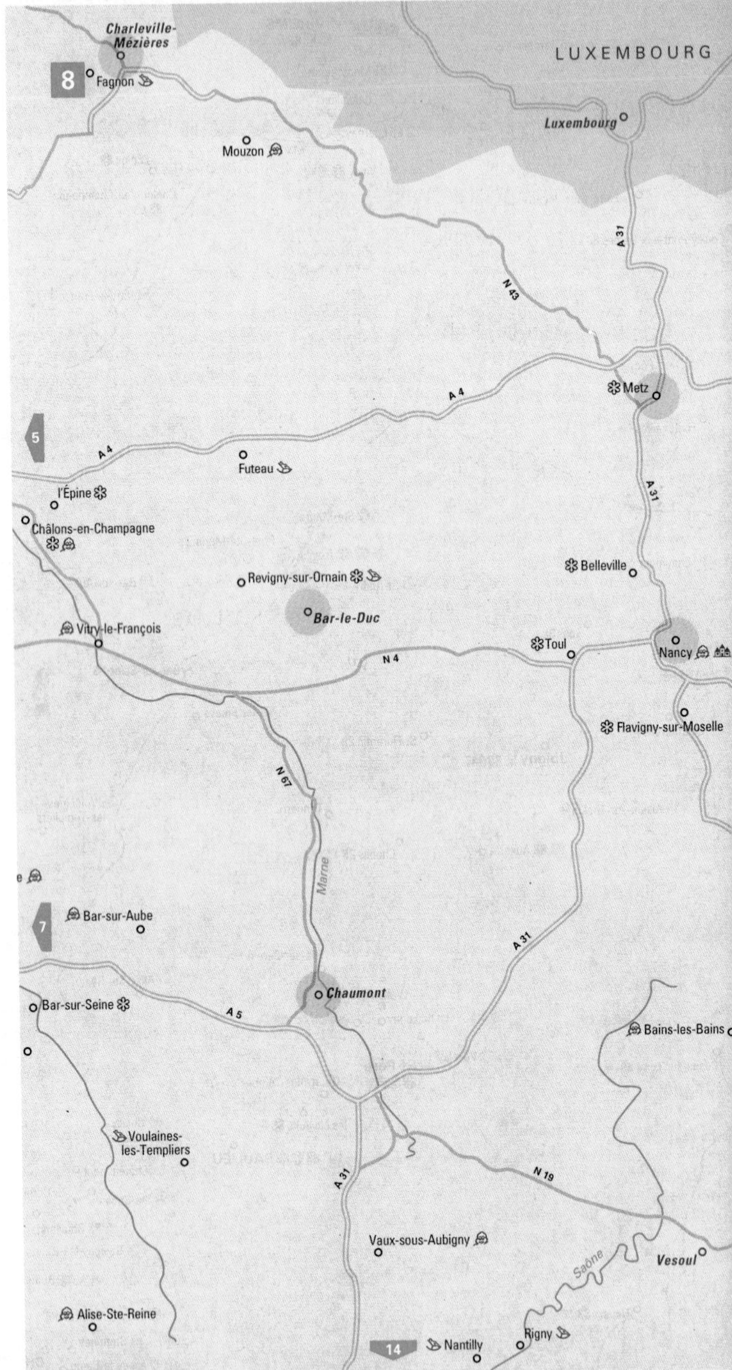

Charleville-Mézières
8
Fagnon
LUXEMBOURG
Luxembourg
Mouzon
A 31
N 43
A 4
Metz
5
A 4
Futeau
l'Épine
Châlons-en-Champagne
Belleville
Revigny-sur-Ornain
Bar-le-Duc
Vitry-le-François
Toul
Nancy
N 4
Flavigny-sur-Moselle
N 67
Marne
7
Bar-sur-Aube
A 31
Chaumont
Bar-sur-Seine
A 5
Bains-les-Bains
Voulaines-les-Templiers
N 19
A 31
Vaux-sous-Aubigny
Saône
Vesoul
Alise-Ste-Reine
Rigny
14
Nantilly

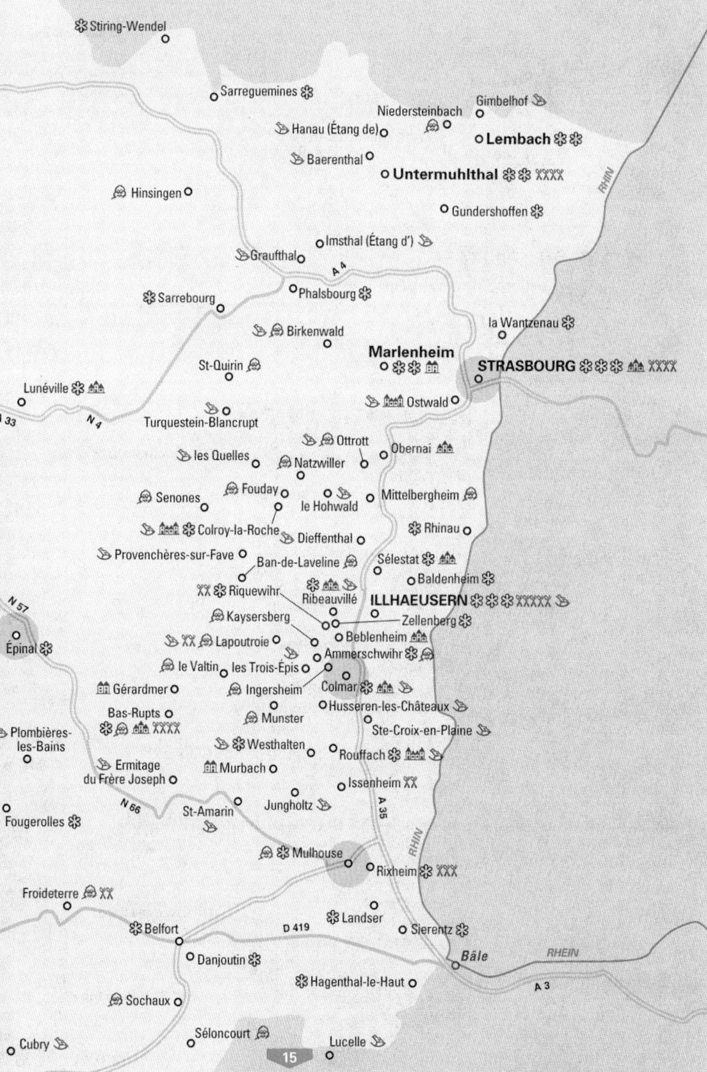
DEUTSCHLAND
Stiring-Wendel
Sarreguemines
Gimbelhof
Niedersteinbach
Hanau (Étang de)
Lembach
Baerenthal
Untermuhlthal
Hinsingen
Gundershoffen
RHIN
Imsthal (Étang d')
Graufthal
A 4
Phalsbourg
Sarrebourg
la Wantzenau
Birkenwald
Marlenheim
STRASBOURG
St-Quirin
Lunéville
Ostwald
A 33
N 4
Turquestein-Blancrupt
Ottrott
Obernai
les Quelles
Natzwiller
Fouday
Senones
le Hohwald
Mittelbergheim
Colroy-la-Roche
Rhinau
Dieffenthal
Provenchères-sur-Fave
Sélestat
Ban-de-Laveline
Baldenheim
Riquewihr
Ribeauvillé
ILLHAEUSERN
N 57
Kaysersberg
Zellenberg
Beblenheim
Épinal
Lapoutroie
Ammerschwihr
le Valtin
les Trois-Épis
Gérardmer
Ingersheim
Colmar
Husseren-les-Châteaux
Bas-Rupts
Munster
Ste-Croix-en-Plaine
Plombières-les-Bains
Westhalten
Rouffach
Ermitage du Frère Joseph
Murbach
Issenheim
Jungholtz
A 35
N 66
St-Amarin
Fougerolles
RHIN
Mulhouse
Rixheim
Froideterre
Landser
Belfort
D 419
Sierentz
Bâle
RHEIN
Danjoutin
Hagenthal-le-Haut
A 3
Sochaux
Séloncourt
Lucelle
Cubry
15

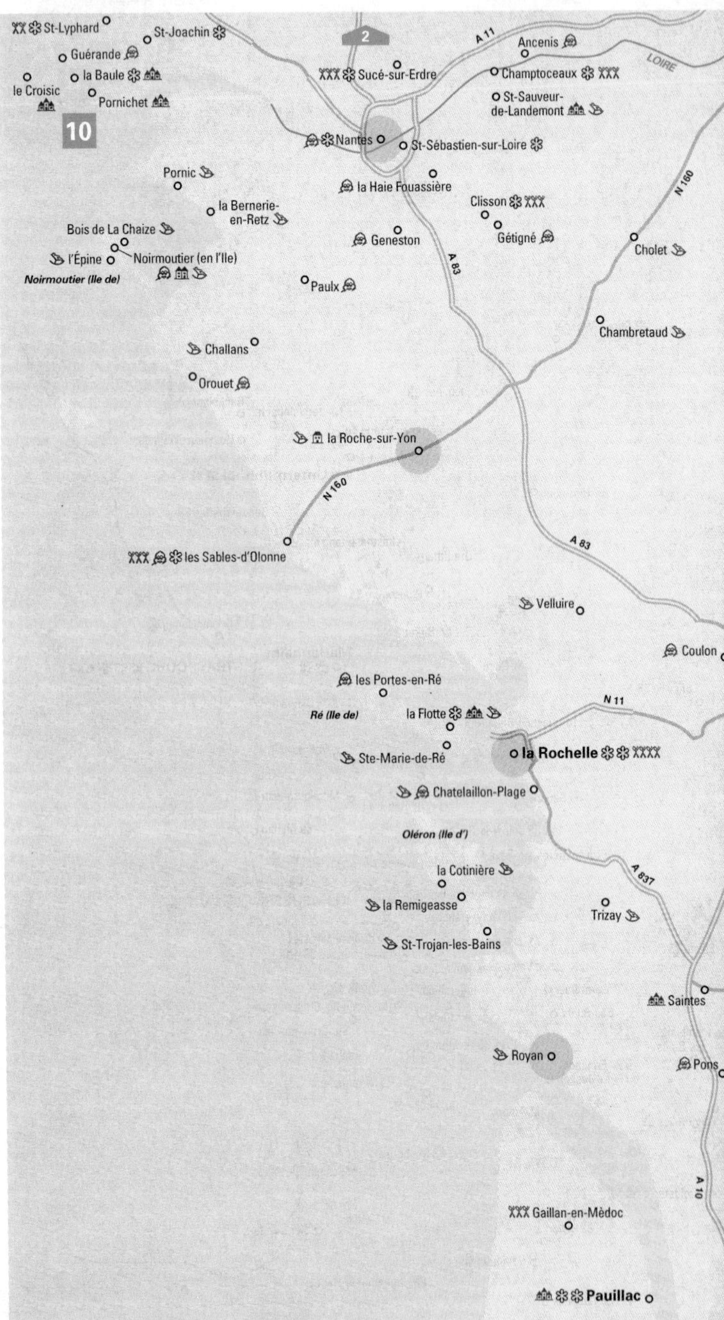

St-Lyphard
St-Joachin
Guérande
le Croisic
la Baule
Pornichet
10
2
A 11
Ancenis
LOIRE
Sucé-sur-Erdre
Champtoceaux
St-Sauveur-de-Landemont
Nantes
St-Sébastien-sur-Loire
Pornic
la Haie Fouassière
N 160
Clisson
la Bernerie-en-Retz
Bois de La Chaize
Geneston
Gétigné
Cholet
l'Épine
Noirmoutier (en l'Ile)
Noirmoutier (Ile de)
A 83
Paulx
Chambretaud
Challans
Orouet
la Roche-sur-Yon
N 160
les Sables-d'Olonne
A 83
Velluire
Coulon
les Portes-en-Ré
N 11
Ré (Ile de)
la Flotte
la Rochelle
Ste-Marie-de-Ré
Chatelaillon-Plage
Oléron (Ile d')
la Cotinière
A 837
la Remigeasse
Trizay
St-Trojan-les-Bains
Saintes
Royan
Pons
A 10
Gaillan-en-Mèdoc
Pauillac
St-Ciers-de-Canesse
16
Arcins

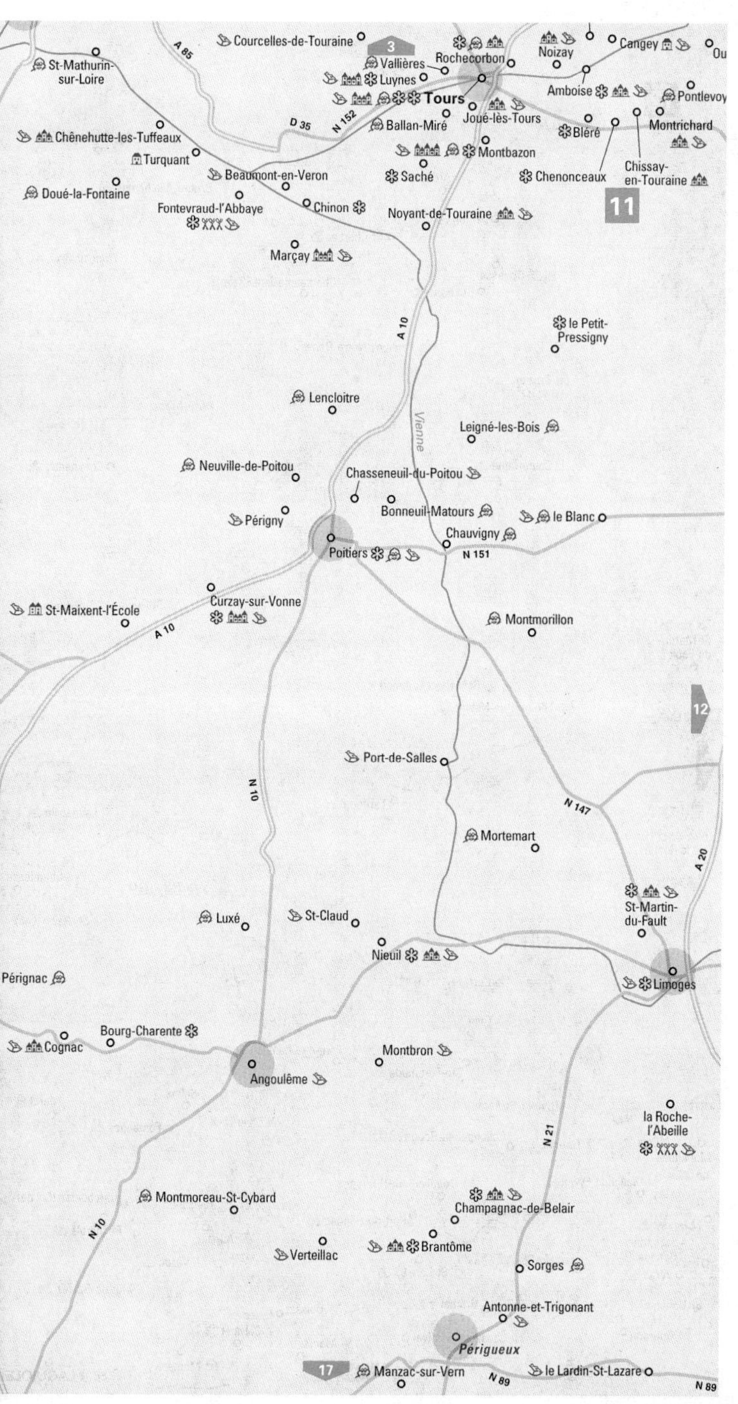

Courcelles-de-Touraine
3
Rochecorbon
Noizay
Cangey
St-Mathurin-sur-Loire
Vallières
Luynes
Tours
Amboise
Pontlevoy
Ballan-Miré
Joué-lès-Tours
Bléré
Montrichard
Chênehutte-les-Tuffeaux
Turquant
Montbazon
Beaumont-en-Veron
Saché
Chenonceaux
Chissay-en-Touraine
Doué-la-Fontaine
Fontevraud-l'Abbaye
Chinon
Noyant-de-Touraine
11
Marçay
le Petit-Pressigny
Lencloitre
Vienne
Leigné-les-Bois
Neuville-de-Poitou
Chasseneuil-du-Poitou
Bonneuil-Matours
le Blanc
Périgny
Chauvigny
Poitiers
N 151
Curzay-sur-Vonne
St-Maixent-l'École
Montmorillon
12
Port-de-Salles
N 147
Mortemart
St-Martin-du-Fault
Luxé
St-Claud
Nieuil
Limoges
Pérignac
Bourg-Charente
Cognac
Montbron
Angoulême
la Roche-l'Abeille
Montmoreau-St-Cybard
Champagnac-de-Belair
Verteillac
Brantôme
Sorges
Antonne-et-Trigonant
Périgueux
17
Manzac-sur-Vern
le Lardin-St-Lazare
A 85
D 35
N 152
A 10
N 10
A 20
N 21
N 89

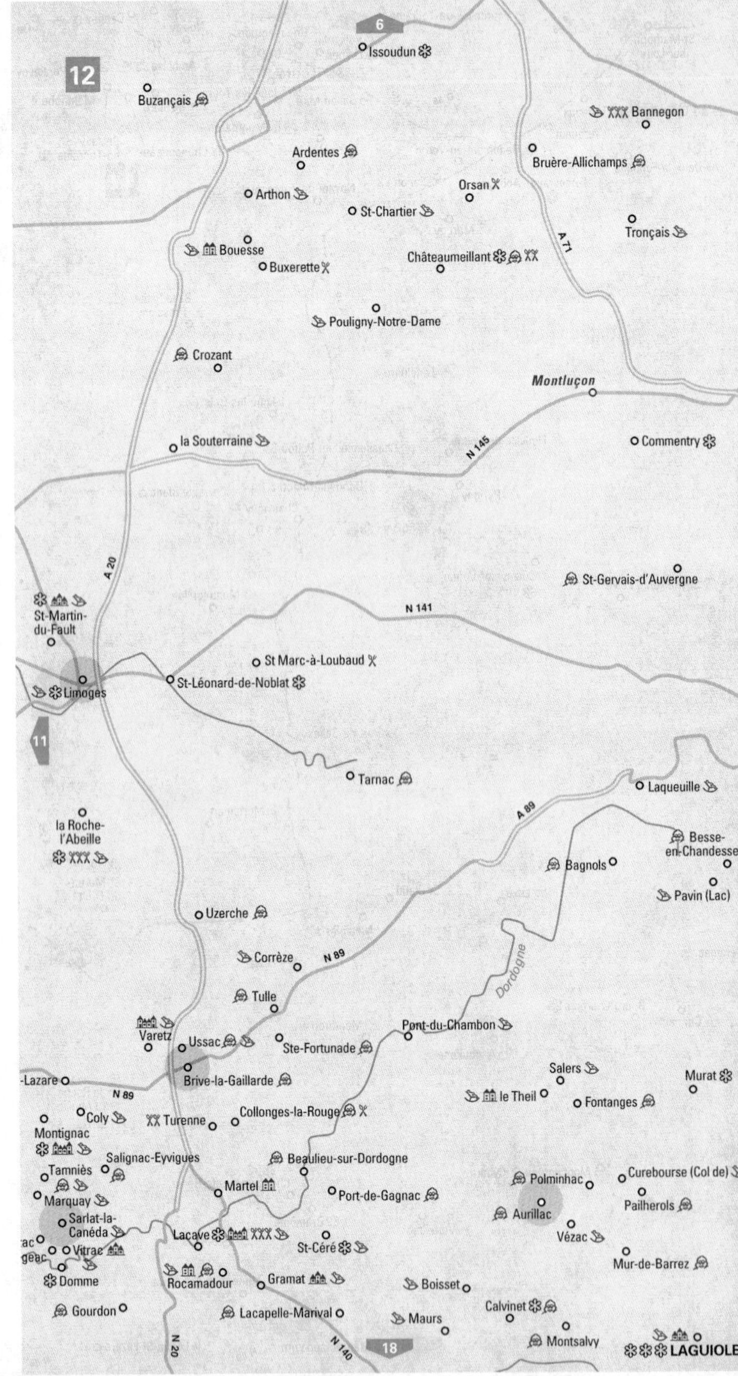
6
12
Issoudun
Buzançais
Bannegon
Ardentes
Bruère-Allichamps
Arthon
Orsan
St-Chartier
Tronçais
A 71
Bouesse
Buxerette
Châteaumeillant
Pouligny-Notre-Dame
Crozant
Montluçon
la Souterraine
N 145
Commentry
A 20
St-Gervais-d'Auvergne
St-Martin-du-Fault
N 141
St Marc-à-Loubaud
Limoges
St-Léonard-de-Noblat
11
Tarnac
Laqueuille
A 89
la Roche-l'Abeille
Besse-en-Chandesse
Bagnols
Pavin (Lac)
Uzerche
Dordogne
Corrèze
N 89
Tulle
Varetz
Pont-du-Chambon
Ussac
Ste-Fortunade
-Lazare
Brive-la-Gaillarde
Salers
Murat
N 89
le Theil
Fontanges
Coly
Turenne
Collonges-la-Rouge
Montignac
Salignac-Eyvigues
Beaulieu-sur-Dordogne
Tamniès
Polminhac
Curebourse (Col de)
Martel
Marquay
Port-de-Gagnac
Pailherols
Sarlat-la-Canéda
Aurillac
Lacave
St-Céré
Vézac
Vitrac
Mur-de-Barrez
Domme
Rocamadour
Gramat
Boisset
Gourdon
Lacapelle-Marival
Maurs
Calvinet
N 20
N 140
18
Montsalvy
LAGUIOLE

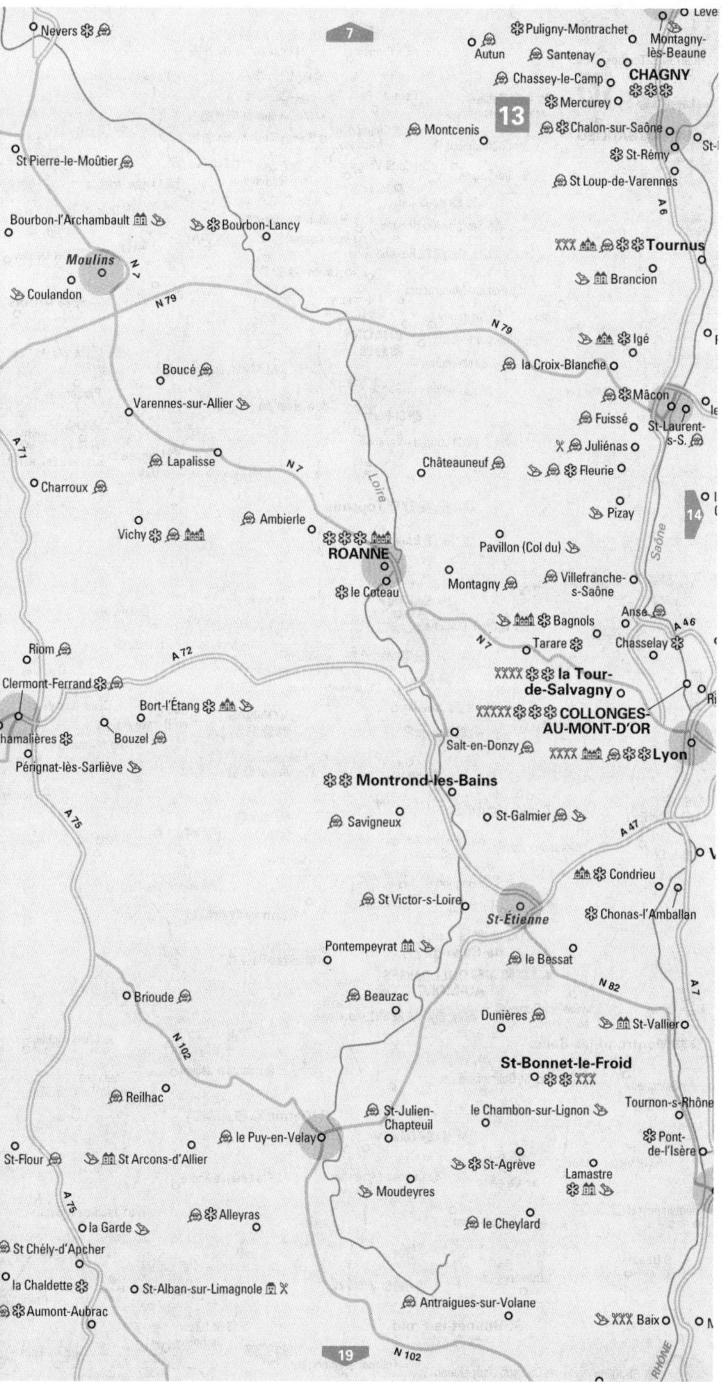

7
Nevers
Puligny-Montrachet
Montagny-lès-Beaune
Autun
Santenay
CHAGNY
Chassey-le-Camp
Mercurey
13
Montcenis
Chalon-sur-Saône
St Pierre-le-Moûtier
St-Rémy
St Loup-de-Varennes
A 6
Bourbon-l'Archambault
Bourbon-Lancy
Tournus
Moulins
N 7
Brancion
Coulandon
N 79
N 79
Igé
la Croix-Blanche
Bourcé
Mâcon
Varennes-sur-Allier
Fuissé
St-Laurent-s-S.
Juliénas
Lapalisse
N 7
Châteauneuf
Fleurie
A 71
Charroux
Loire
Pizay
Vichy
Ambierle
14
ROANNE
Pavillon (Col du)
Saône
Montagny
Villefranche-s-Saône
le Coteau
Bagnols
Anse
A 46
Riom
N 7
Tarare
Chasselay
A 72
la Tour-de-Salvagny
Clermont-Ferrand
Bort-l'Étang
COLLONGES-AU-MONT-D'OR
Chamalières
Bouzel
Salt-en-Donzy
Lyon
Pérignat-lès-Sarliève
Montrond-les-Bains
A 75
Savigneux
St-Galmier
A 47
Condrieu
St Victor-s-Loire
St-Étienne
Chonas-l'Amballan
Pontempeyrat
le Bessat
N 82
A 7
Brioude
Beauzac
Dunières
St-Vallier
N 102
St-Bonnet-le-Froid
Reilhac
St-Julien-Chapteuil
le Chambon-sur-Lignon
Tournon-s-Rhône
le Puy-en-Velay
Pont-de-l'Isère
St-Flour
St Arcons-d'Allier
St-Agrève
Lamastre
Moudeyres
A 75
Alleyras
la Garde
le Cheylard
St Chély-d'Apcher
la Chaldette
St-Alban-sur-Limagnole
Aumont-Aubrac
Antraigues-sur-Volane
Baix
19
N 102
RHÔNE

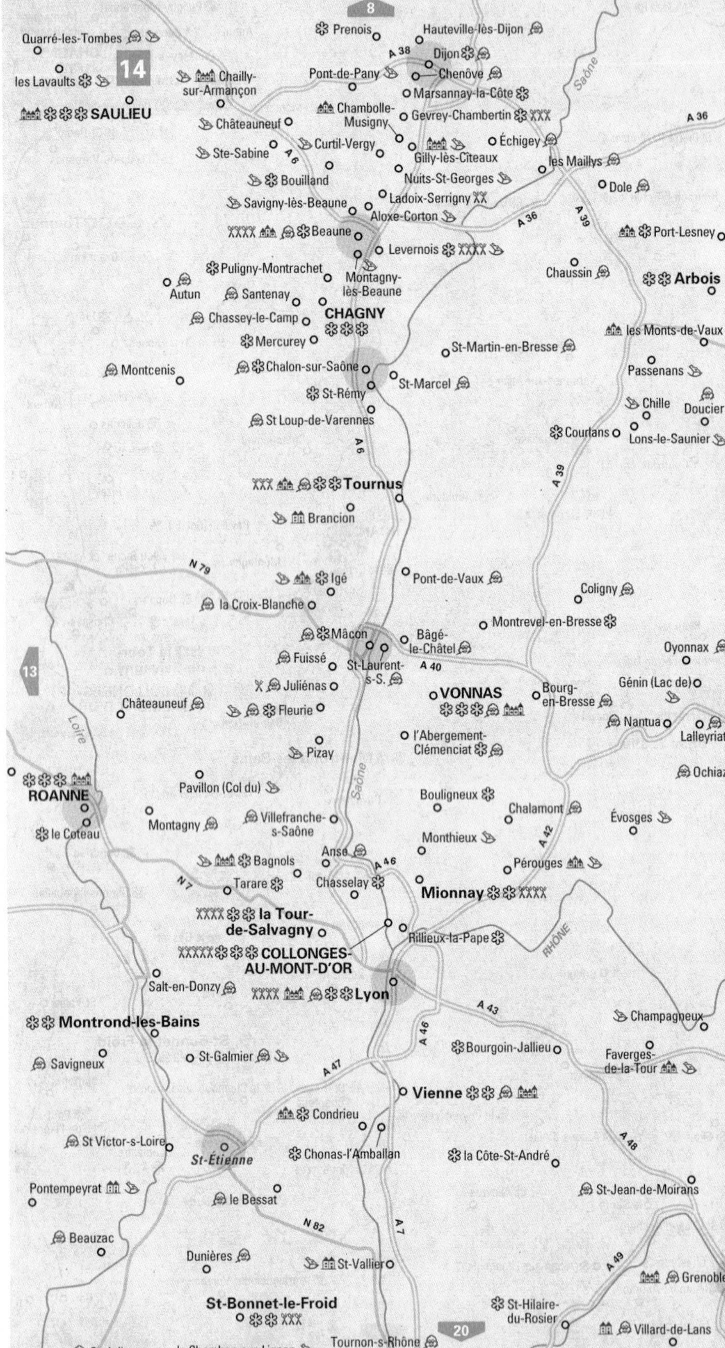
8
Prenois
Hauteville-lès-Dijon
Quarré-les-Tombes
14
les Lavaults
SAULIEU
Chailly-sur-Armançon
Pont-de-Pany
Dijon
Chenôve
Marsannay-la-Côte
Chambolle-Musigny
Gevrey-Chambertin
Châteauneuf
Ste-Sabine
Curtil-Vergy
Gilly-lès-Cîteaux
Échigey
les Maillys
Bouilland
Nuits-St-Georges
Dole
Savigny-lès-Beaune
Ladoix-Serrigny
Aloxe-Corton
Beaune
Levernois
Port-Lesney
Puligny-Montrachet
Montagny-lès-Beaune
Chaussin
Arbois
Autun
Santenay
Chassey-le-Camp
CHAGNY
Mercurey
les Monts-de-Vaux
St-Martin-en-Bresse
Montcenis
Chalon-sur-Saône
St-Marcel
Passenans
St-Rémy
Chille
Doucier
St Loup-de-Varennes
Courlans
Lons-le-Saunier
Tournus
Brancion
Pont-de-Vaux
Igé
Coligny
la Croix-Blanche
Montrevel-en-Bresse
Mâcon
Bâgé-le-Châtel
Oyonnax
13
Fuissé
St-Laurent-s-S.
Juliénas
VONNAS
Bourg-en-Bresse
Génin (Lac de)
Châteauneuf
Fleurie
Nantua
Lalleyriat
l'Abergement-Clémenciat
Pizay
Ochiaz
ROANNE
Pavillon (Col du)
Bouligneux
Chalamont
Montagny
Villefranche-s-Saône
Évosges
le Coteau
Monthieux
Anse
Bagnols
Pérouges
Tarare
Chasselay
Mionnay
la Tour-de-Salvagny
Rillieux-la-Pape
COLLONGES-AU-MONT-D'OR
Salt-en-Donzy
Lyon
Montrond-les-Bains
Champagneux
Savigneux
St-Galmier
Bourgoin-Jallieu
Faverges-de-la-Tour
Vienne
Condrieu
St Victor-s-Loire
St-Étienne
Chonas-l'Amballan
la Côte-St-André
Pontempeyrat
le Bessat
St-Jean-de-Moirans
Beauzac
Dunières
St-Vallier
Grenoble
St-Bonnet-le-Froid
St-Hilaire-du-Rosier
20
Villard-de-Lans
Tournon-s-Rhône
St-Julien-
le Chambon-sur-Lignon
Saône
Loire
RHÔNE
A 38
A 36
A 39
A 6
A 40
A 42
A 46
A 43
A 47
A 48
A 49
A 7
N 79
N 7
N 82

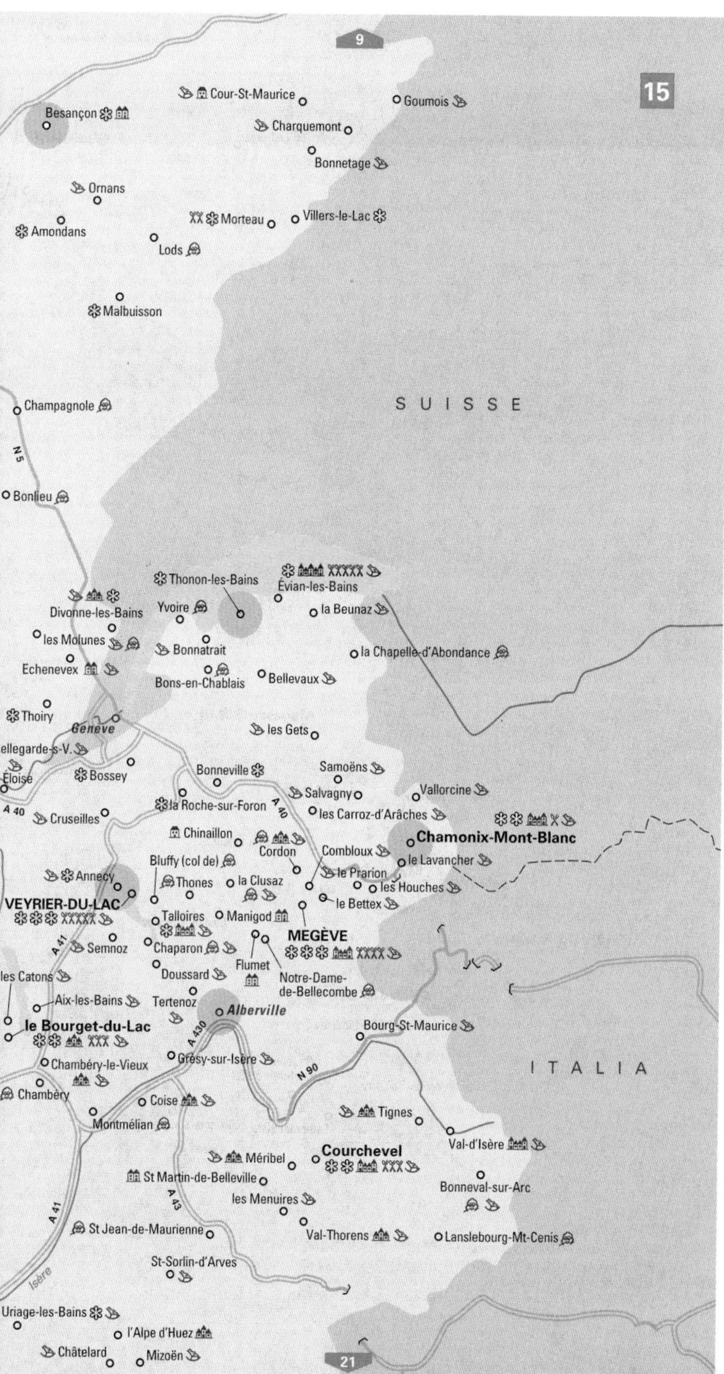
9
15
Cour-St-Maurice
Goumois
Besançon
Charquemont
Bonnetage
Ornans
Morteau
Villers-le-Lac
Amondans
Lods
Malbuisson
SUISSE
Champagnole
N 5
Bonlieu
Thonon-les-Bains
Évian-les-Bains
Divonne-les-Bains
Yvoire
la Beunaz
les Molunes
Bonnatrait
la Chapelle-d'Abondance
Echenevex
Bons-en-Chablais
Bellevaux
Thoiry
Genève
les Gets
Bellegarde-s-V.
Bonneville
Samoëns
Éloise
Bossey
Salvagny
Vallorcine
la Roche-sur-Foron
A 40
Cruseilles
les Carroz-d'Arâches
Chinaillon
Chamonix-Mont-Blanc
Cordon
Combloux
Bluffy (col de)
le Lavancher
le Prarion
Annecy
Thones
la Clusaz
les Houches
VEYRIER-DU-LAC
le Bettex
Talloires
Manigod
MEGÈVE
A 41
Semnoz
Chaparon
Doussard
Flumet
Notre-Dame-de-Bellecombe
les Catons
Aix-les-Bains
Tertenoz
Alberville
le Bourget-du-Lac
A 430
Bourg-St-Maurice
Chambéry-le-Vieux
Grésy-sur-Isère
N 90
ITALIA
Chambéry
Coise
Tignes
Montmélian
Val-d'Isère
Méribel
Courchevel
St Martin-de-Belleville
A 43
Bonneval-sur-Arc
les Menuires
St Jean-de-Maurienne
Val-Thorens
Lanslebourg-Mt-Cenis
St-Sorlin-d'Arves
Isère
Uriage-les-Bains
l'Alpe d'Huez
Châtelard
Mizoën
21

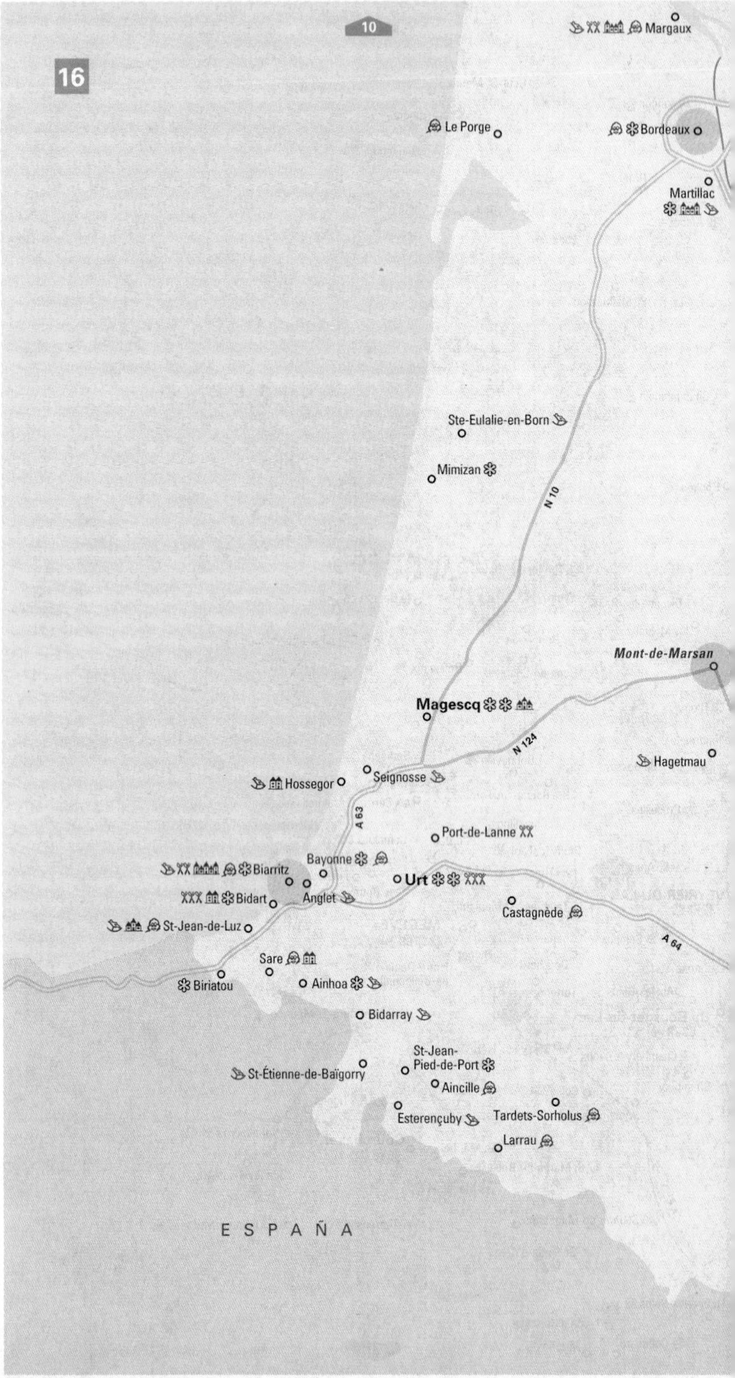

10

16

Margaux
Le Porge
Bordeaux
Martillac
Ste-Eulalie-en-Born
Mimizan
N 10
Mont-de-Marsan
Magescq
N 124
Hagetmau
Seignosse
Hossegor
A 63
Port-de-Lanne
Bayonne
Biarritz
Urt
Bidart
Anglet
Castagnède
St-Jean-de-Luz
A 64
Sare
Biriatou
Ainhoa
Bidarray
St-Jean-
Pied-de-Port
St-Étienne-de-Baïgorry
Aincille
Esterençuby
Tardets-Sorholus
Larrau

E S P A Ñ A

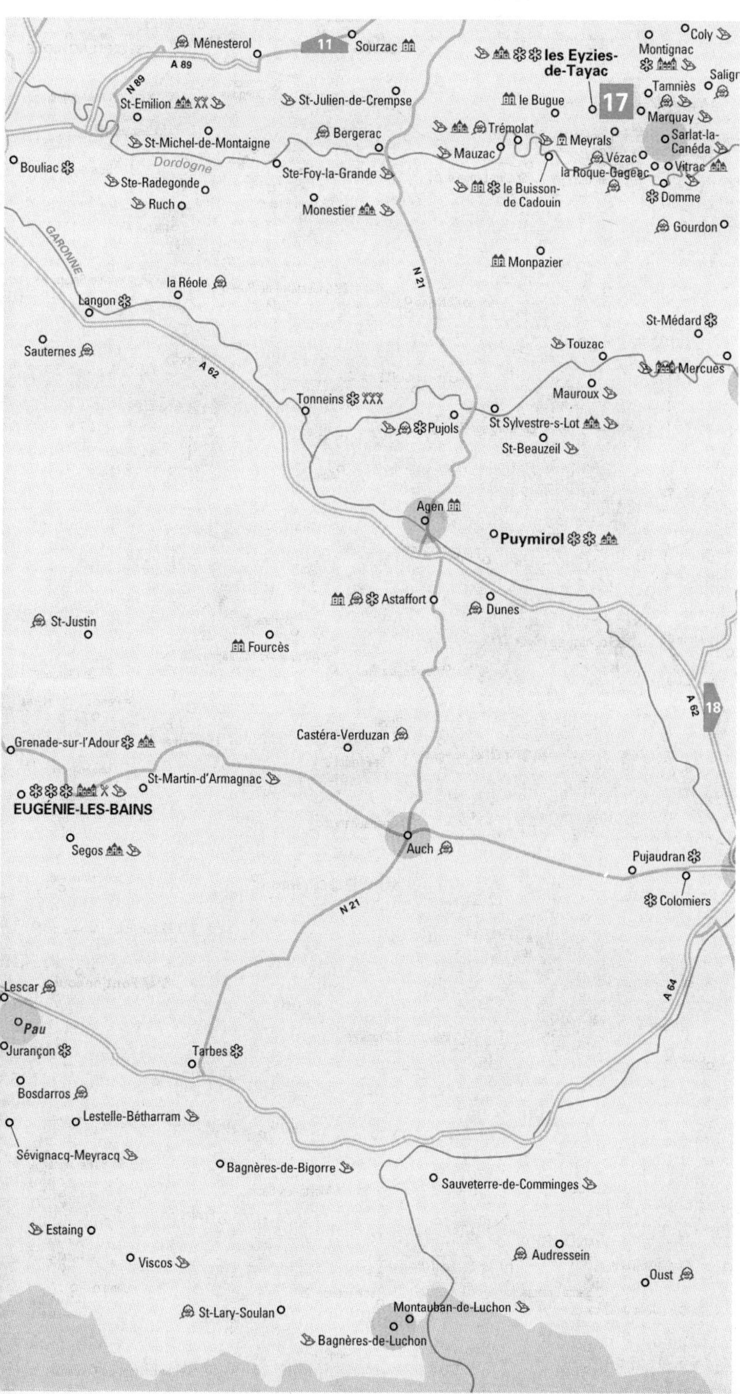

Ménesterol
11
Sourzac
A 89
N 89
les Eyzies-de-Tayac
Coly
Montignac
Salign
Tamniès
17
Marquay
Sarlat-la-Canéda
St-Julien-de-Crempse
le Bugue
St-Emilion
St-Michel-de-Montaigne
Bergerac
Trémolat
Meyrals
Mauzac
Vézac
Vitrac
la Roque-Gageac
Domme
le Buisson-de-Cadouin
Dordogne
Bouliac
Ste-Foy-la-Grande
Ste-Radegonde
Ruch
Monestier
Gourdon
GARONNE
N 21
Monpazier
la Réole
Langon
St-Médard
Sauternes
Touzac
Mercuès
A 62
Mauroux
Tonneins
Pujols
St Sylvestre-s-Lot
St-Beauzeil
Agen
Puymirol
Astaffort
Dunes
St-Justin
Fourcès
A 62
18
Castéra-Verduzan
Grenade-sur-l'Adour
St-Martin-d'Armagnac
EUGÉNIE-LES-BAINS
Segos
Auch
Pujaudran
Colomiers
N 21
A 64
Lescar
Pau
Jurançon
Tarbes
Bosdarros
Lestelle-Bétharram
Sévignacq-Meyracq
Bagnères-de-Bigorre
Sauveterre-de-Comminges
Estaing
Viscos
Audressein
Oust
St-Lary-Soulan
Montauban-de-Luchon
Bagnères-de-Luchon

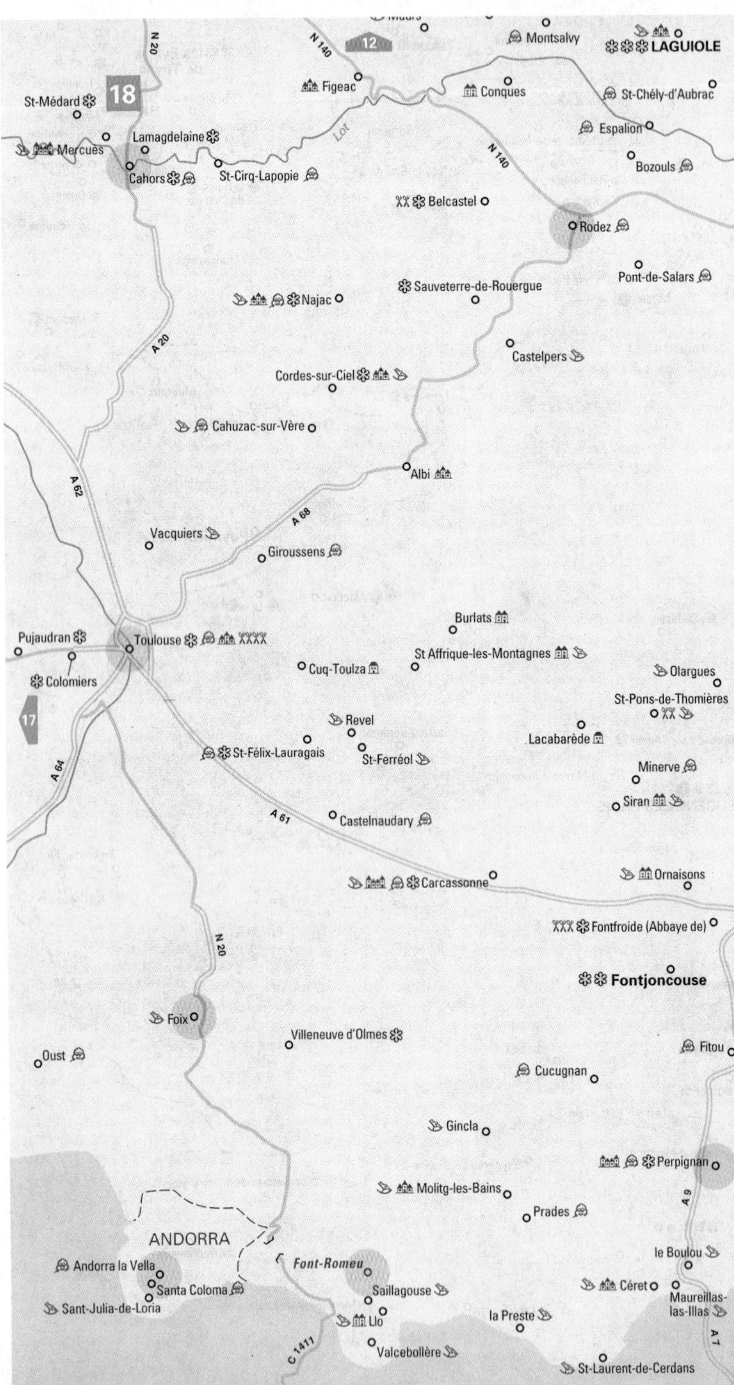

12
18
17
Montsalvy
LAGUIOLE
Figeac
Conques
St-Chély-d'Aubrac
St-Médard
Lamagdelaine
Mercuès
Espalion
Bozouls
Cahors
St-Cirq-Lapopie
Lot
Belcastel
Rodez
Pont-de-Salars
Sauveterre-de-Rouergue
Najac
Castelpers
Cordes-sur-Ciel
Cahuzac-sur-Vère
Albi
Vacquiers
Giroussens
Burlats
Pujaudran
Toulouse
Colomiers
Cuq-Toulza
St Affrique-les-Montagnes
Olargues
St-Pons-de-Thomières
Revel
Lacabarède
St-Félix-Lauragais
St-Ferréol
Minerve
Siran
Castelnaudary
Carcassonne
Ornaisons
Fontfroide (Abbaye de)
Fontjoncouse
Foix
Villeneuve d'Olmes
Oust
Fitou
Cucugnan
Gincla
Perpignan
Molitg-les-Bains
Prades
ANDORRA
Andorra la Vella
Font-Romeu
le Boulou
Santa Coloma
Saillagouse
Céret
Sant-Julia-de-Loria
Maureillas-las-Illas
Llo
la Preste
Valcebollère
St-Laurent-de-Cerdans
N 20
N 140
A 20
A 62
A 68
A 64
A 61
A 9
A 7
C 1411

13
N 102
19
St-Pons
Montélimar
RHÔNE
Mende
La Garde-Guérin
Ruoms
Le Teil
Lot
Valaurie
les Vans
Beaulieu
la Garde-Adhémar
Cocurès
Solérieux
la Malène
Florac
Barjac
Montclus
St-Victor-de-Malcap
Uchaux
Orange
Meyrueis
Bagnols-sur-Cèze
N 9
Alès
Millau
Générargues
St Quentin
la Poterie
Villeneuve-lès-A
St-Jean-du-Bruel
Arpaillargues-
et-Aureillac
Castillon-du-Gard
Tornac
Avignon
Collias
N 110
N 106
Barbentane
A 75
Madières
Nîmes
Marguerittes
St-Rémy-de-P.
St-Martin-de-Londres
Avène
Garons
Fontvieille
St-Saturnin-
de-Lucian
A 8
Paradou
Clapiers
A 9
St-Guiraud
Octon
N 109
Villemagne-
l'Argentière
Mourèze
MONTPELLIER
Lattes
la Grande-Motte
le Sambuc
20
Stes-Maries-
de-la-Mer
Marseillan
A 9
la Tamarissière
Coursan
Narbonne
St-Cyprien
Argelès-sur-Mer
Banyuls-sur-Mer

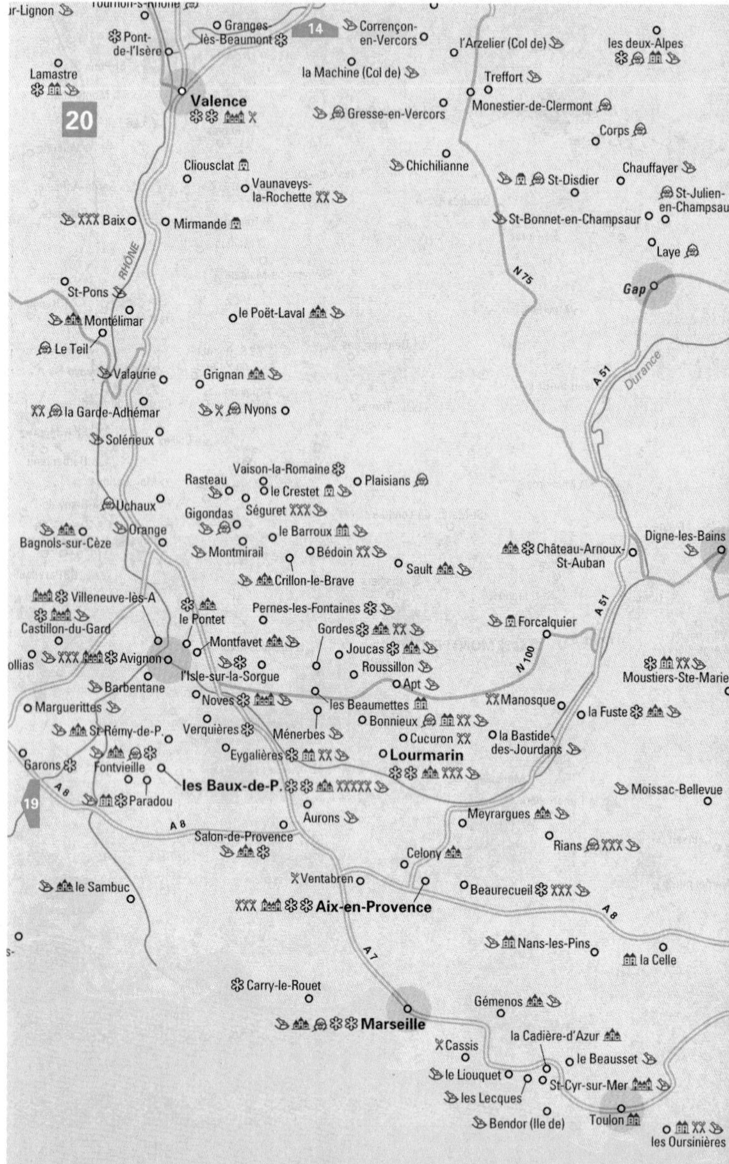

Tournon-s-Rhône
Granges-lès-Beaumont
14
Corrençon-en-Vercors
Pont-de-l'Isère
l'Arzelier (Col de)
les deux-Alpes
Lamastre
la Machine (Col de)
Treffort
Valence
Monestier-de-Clermont
20
Gresse-en-Vercors
Corps
Cliousclat
Chichilianne
Chauffayer
Vaunaveys-la-Rochette
St-Disdier
St-Julien-en-Champsaur
Baix
Mirmande
St-Bonnet-en-Champsaur
Laye
RHÔNE
N 75
St-Pons
Gap
Montélimar
le Poët-Laval
Le Teil
A 51
Durance
Valaurie
Grignan
la Garde-Adhémar
Nyons
Solérieux
Vaison-la-Romaine
Rasteau
le Crestet
Plaisians
Séguret
Uchaux
Gigondas
le Barroux
Digne-les-Bains
Bagnols-sur-Cèze
Orange
Montmirail
Bédoin
Château-Arnoux-St-Auban
Sault
Crillon-le-Brave
Villeneuve-lès-A
Pernes-les-Fontaines
A 51
Castillon-du-Gard
le Pontet
Forcalquier
Gordes
Montfavet
Joucas
N 100
Moustiers-Ste-Marie
Avignon
Roussillon
l'Isle-sur-la-Sorgue
Apt
Barbentane
Noves
les Beaumettes
Manosque
Marguerittes
la Fuste
Bonnieux
Verquières
Ménerbes
St-Rémy-de-P.
Cucuron
la Bastide-des-Jourdans
Eygalières
Lourmarin
Garons
Fontvieille
A 8
les Baux-de-P.
Moissac-Bellevue
19
Paradou
Aurons
Meyrargues
A 8
Salon-de-Provence
Rians
Celony
Ventabren
le Sambuc
Beaurecueil
Aix-en-Provence
A 8
Nans-les-Pins
la Celle
A 7
Carry-le-Rouet
Gémenos
Marseille
la Cadière-d'Azur
Cassis
le Beausset
le Liouquet
St-Cyr-sur-Mer
les Lecques
Bendor (Ile de)
Toulon
les Oursinières
Porquerolles (Ile de)

le Monetier-les-Bains
la Vachette
Briançon
Pelvoux (Commune de)
Guillestre
Ceillac
Risoul
Embrun
ITALIA
Super-Sauze
Tende
la Bollène-Vésubie
Breil-sur-Roya
N 85
Annot
St-Martin-du-Var
Sospel
Levens
Vescous
Peillon
La Turbie
Castellane
la Garde
Vence
Roquebrune-Cap-Martin
St-Paul
Monte-Carlo
la Palud-sur-Verdon
Tourrettes-s-Loup
Monaco
Trigance
la Martre
Gourdon
Cagnes-s-Mer
Èze
la Colle-s-Loup
Beaulieu-sur-Mer
Ampus
Grasse
Biot
Cros-de-Cagnes
St-Jean-Cap-Ferrat
Fayence
Valbonne
Vallauris
Nice
Tourtour
Montferrat
Antibes
Auribeau-s-Siagne
Juan-les-Pins
Villecroze
Callas
Pégomas
Cap d'Antibes
Les Adrets-de-l'Esterel
le Golfe-Juan
Flayosc
Mougins
Miramar
Lorgues
A 8
Cannes
Fréjus
la Napoule
Plan-de-la-Tour
le Luc
les Issambres
Courruero
Ste-Maxime
Grimaud
St-Tropez
Port-Grimaud
Ramatuelle
Aiguebelle
Gigaro
Cavalaire-sur-Mer
Cavalière
Cabasson
Bormes-les-Mimosas
Port-Cros (Ile de)

22

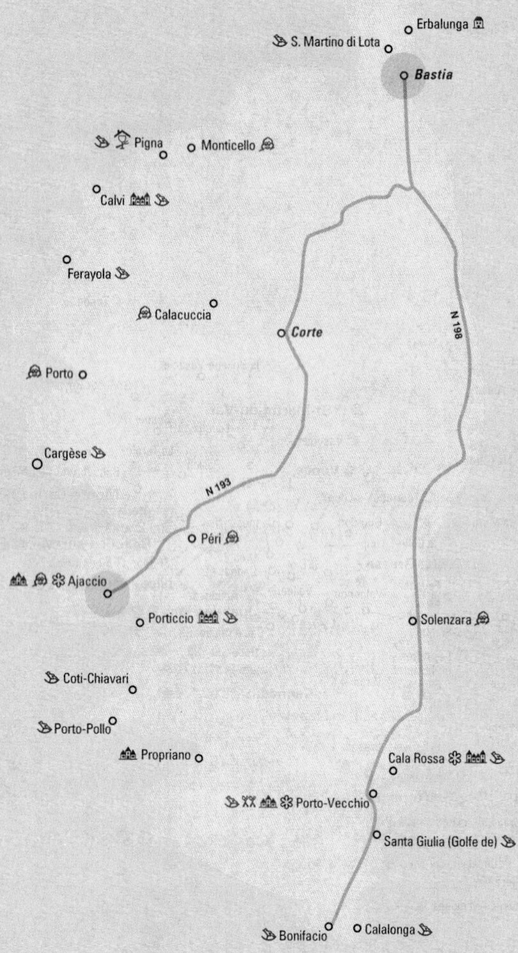
Erbalunga
S. Martino di Lota
Bastia
Pigna
Monticello
Calvi
Ferayola
Calacuccia
Corte
N 198
Porto
Cargèse
N 193
Péri
Ajaccio
Porticcio
Solenzara
Coti-Chiavari
Porto-Pollo
Propriano
Cala Rossa
Porto-Vecchio
Santa Giulia (Golfe de)
Bonifacio
Calalonga
SARDEGNA

Localités
par ordre alphabétique

Places
in alphabetical order

Località
in ordine alfabetico

Alphabetisches *Ortsverzeichnis*

Localidades
por orden alfabético

ABBEVILLE <SP> 80100 Somme 52 ⑥ ⑦ *G. Picardie Flandres Artois* – 23 787 h alt. 8.

Voir *Vitraux contemporains*★★ *de l'église du St-Sépulcre – Façade*★ *de la collégiale St-Vulfran – Musée Boucher de Perthes*★ **BY M.**

Env. *Vallée de la Somme*★ *SE – Château de Bagatelle*★ *S.*

Office de Tourisme 1 pl. Amiral Courbet ✆ *03 22 24 27 92, Fax 03 22 31 08 26.*

Paris 181 ③ – Amiens 51 ② – Boulogne-sur-Mer 80 ① – Rouen 106 ④.

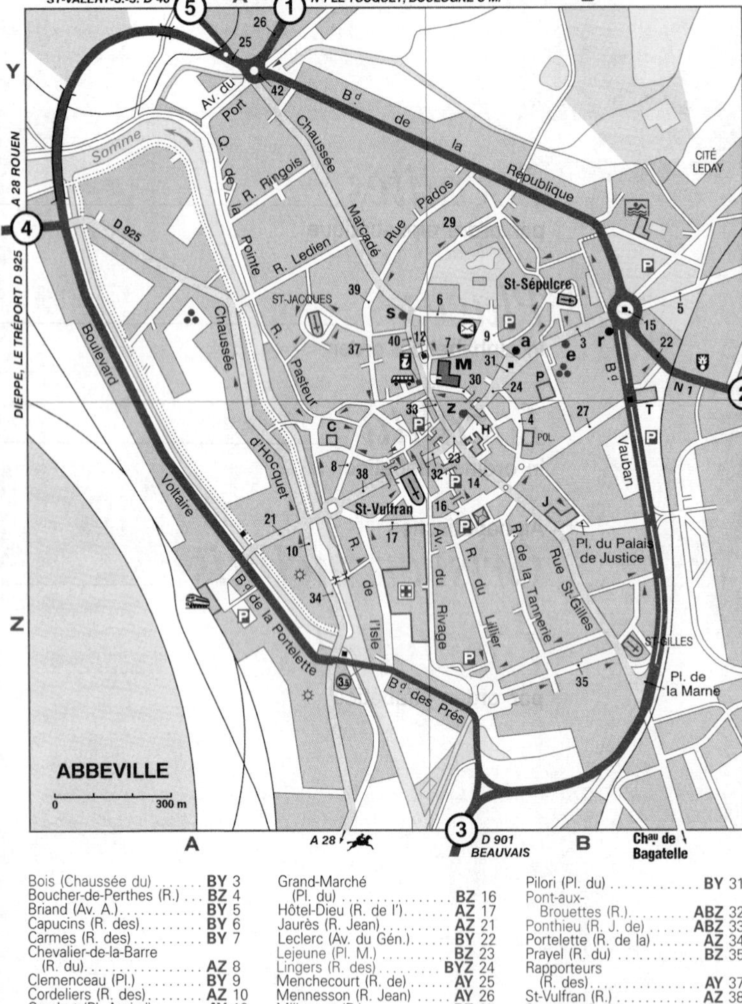

Bois (Chaussée du) . . . . BY 3
Boucher-de-Perthes (R.) . . . BZ 4
Briand (Av. A.) . . . . BY 5
Capucins (R. des) . . . . BY 6
Carmes (R. des) . . . . BY 7
Chevalier-de-la-Barre (R. du) . . . . AZ 8
Clemenceau (Pl.) . . . . BY 9
Cordeliers (R. des) . . . . AZ 10
Courbet (Pl. Amiral) . . . . AY 12
Foch (R. du Mar.) . . . . BZ 14
Gaulle (Pl. Général-de) . . . . BY 15
Grand-Marché (Pl. du) . . . . BZ 16
Hôtel-Dieu (R. de l') . . . . AZ 17
Jaurès (R. Jean) . . . . AZ 21
Leclerc (Av. du Gén.) . . . . BY 22
Lejeune (Pl. M.) . . . . BZ 23
Lingers (R. des) . . . . BYZ 24
Menchecourt (R. de) . . . . . . AY 25
Mennesson (R. Jean) . . . . . AY 26
Millevoye (R.) . . . . BZ 27
Pareurs (R. aux) . . . . BY 29
Patin (R. Gontier) . . . . BY 30
Pilori (Pl. du) . . . . BY 31
Pont-aux-Brouettes (R.) . . . . ABZ 32
Ponthieu (R. J. de) . . . . . . ABZ 33
Portelette (R. de la) . . . . AZ 34
Prayel (R. du) . . . . BZ 35
Rapporteurs (R. des) . . . . AY 37
St-Vulfran (R.) . . . . AZ 38
Sauvage (R. P.) . . . . AY 39
Teinturiers (R. des) . . . . AY 40
Verdun (Pl. de) . . . . AY 42

France, 19 pl. Pilori ☎ 03 22 24 00 42, *Fax 03 22 24 26 15* – 🛗, ▤ rest, 📺 📞 ♿ – 🏛 35 à 70. AE ⓓ GB BY a
Repas *(70)* - 98 🍷, enf. 38 – ☕ 50 – **69 ch** 280/700 – ½ P 280/330

Ibis, par ② *et rte d'Amiens : 2 km* ☎ 03 22 24 80 80, *Fax 03 22 31 75 96*, 🏖 – 🚭 📺 📞 ♿ 🅿 – 🏛 30. AE ⓓ GB
Repas *(59)* - 89/140 🍷, enf. 39 – ☕ 35 – **65 ch** 289/339

Relais Vauban sans rest, 4 bd Vauban ☎ 03 22 25 38 00, *Fax 03 22 31 75 97* – 📺 📞. ⓓ GB BY r
fermé 21 déc. au 7 janv. – ☕ 35 – **22 ch** 250/380

Au Châteaubriant, 1 pl. Hôtel de Ville ☎ 03 22 24 08 23, *Fax 03 22 24 22 64* – AE GB
fermé 24 juil. au 5 août, dim. soir et lundi – **Repas** 85/190 ♀, enf. 45 BYZ z

L'Escale en Picardie, 15 r. Teinturiers ☎ 03 22 24 21 51, *Fax 03 22 24 21 51* – AE ⓓ GB. ✂ AY s
fermé 20 août au 8 sept., vacances de fév., dim. soir, lundi et soirs fériés – **Repas** - poissons et coquillages - 125/298 ♀

Corne, 32 chaussée du Bois ☎ 03 22 24 06 34, *Fax 03 22 24 03 65* – AE ⓓ GB
fermé sam. midi et dim. – **Repas** *(78)* - carte environ 180 🍷 BY e

à Mareuil-Caubert *au Sud par D 928 (rte de Rouen): 4 km – 900 h. alt. 12 – ✉ 80132 :*

Auberge du Colvert, 4 rte Rouen ☎ 03 22 31 32 32, *Fax 03 22 31 32 32* – 🅿. GB
fermé 16 juil. au 8 août, dim. soir et merc. – **Repas** 76 (déj.), 98/160

Le Guide change, changez de guide tous les ans.

L'ABERGEMENT-CLÉMENCIAT *01 Ain* 74 ② – *rattaché à Châtillon-sur-Chalaronne.*

L'ABER-WRAC'H *29 Finistère* 58 ④ *G. Bretagne* – ✉ *29870 Landéda.*
Env. *Les Abers★★.*
🅘 *Office de Tourisme 15 q. Kléber ☎ 02 98 27 93 60, Fax 02 98 27 87 22.*
Paris 607 – Brest 28 – Landerneau 37 – Morlaix 70 – Quimper 93.

Baie des Anges Ⓜ 🐌 sans rest, ☎ 02 98 04 90 04, *contact@baie-des-anges.com, Fax 02 98 04 92 27*, ≤, « Face au site sauvage de l'Aber Wrac'h » – 📺 📞 ♿. AE GB
fermé 3 janv. au 15 fév. – ☕ 65 – **20 ch** 495/695

Brennig, ☎ 02 98 04 81 12, ≤ – 🅿. GB
fermé oct. et mardi – **Repas** 98/196 ♀, enf. 42

ABLIS *78660 Yvelines* 60 ⑨, 106 ㊵ – *2 033 h alt. 151.*
Paris 64 – Chartres 31 – Mantes 66 – Orléans 76 – Rambouillet 15 – Versailles 48.

à l'Ouest *: 6 km par D 168 – ✉ 28700 St-Symphorien-le-Château :*

Château d'Esclimont 🐌, ☎ 02 37 31 15 15, *esclimont@wanadoo.fr, Fax 02 37 31 57 91*, ≤, 🏖, « Dans un grand parc boisé, étang », 🏊, 🎾, 🌳 – 🛗 🚭 📺 🅿 – 🏛 20 à 120. AE ⓓ GB JCB. ✂ rest
Repas 290 (déj.), 380/520 ♀, enf. 125 – ☕ 110 – **47 ch** 950/2200, 5 appart – ½ P 1440/2690

ABONDANCE *74360 H.-Savoie* 70 ⑱ *G. Alpes du Nord – 1 251 h alt. 930 – Sports d'hiver : 930/1 650 m* 🚡 *1* ⛷ *8* 🚡.
Voir *Abbaye★ : Fresques★★ du cloître.*
🅘 *Office de Tourisme ☎ 04 50 73 02 90, Fax 04 50 73 04 76.*
Paris 598 – Thonon-les-Bains 28 – Annecy 102 – Évian-les-Bains 30 – Morzine 26.

Les Touristes, ☎ 04 50 73 02 15, *Fax 04 50 73 04 20*, 🏖, 🌲 – 📺 🅿. GB. ✂ rest
1er juin-30 sept. et vacances de Noël-début avril – **Repas** *(70)* - 100/180 ♀, enf. 50 – ☕ 40 – **20 ch** 160/350 – ½ P 230/330

ABRESCHVILLER *57560 Moselle* 62 ⑧ – *1 233 h alt. 340.*
Paris 456 – Strasbourg 80 – Baccarat 47 – Lunéville 58 – Phalsbourg 23 – Sarrebourg 17.

Auberge de la Forêt, à Lettenbach : 0,5 km ☎ 03 87 03 71 78, *Fax 03 87 03 79 96*, 🏖 – ▤ 🅿. GB
fermé 23 déc. au 15 janv. et lundi – **Repas** 128/215 ♀, enf. 73

ABREST *03 Allier* 73 ⑤ – *rattaché à Vichy.*

LE CAP D'AGDE

Rue	Carreau	N°
Acadiens (Allée des)	CX	3
Alizés (Av. des)	AXY	
Alfonse (Av. du Chevalier d')	AX	4
Antilles (Rd-Pt des)	AY	6
Beaupré (Quai du)	CX	7
Belle Isle (Av. de)	ABX	
Bon Accueil (Rd-Pt du)	BX	9
Bouteillou (Rd-Pt du)	CX	10
Cantinières (Av. des)	CX	
Capelet (Quai du)	AX	12
Challiès (Av. du Passeur)	ABY	
Chandelles (R. des)	BX	15
Contrebandiers (Av. des)	BCX	
Corsaires (R. des)	AY	
Courette (R. de la)	CX	29
Dominico (Quai Di)	BX	18
Estacade (R. de l')	BY	19
Falaise (R. de la)	CY	21
Flânerie (Allée de la)	CX	23
Fouquet (Rd-Pt Nicolas)	BX	24
Gabelle (R. de la)	BX	26
Gallo-Romains (R. des)	AX	
Galères (Av. des)	CX	
Garnison (R. de la)	CXY	
Gentilshommes (Cours des)	CXY	
Gouverneur (R. du)	CX	
Grenadiers (R. des)	CX	31
Hallebardes (Av. des)	CX	32
Hune (R. de la)	BX	34
Ile (Av. de l')	BCY	
Iles d'Amérique (Av. des)	AY	36
Jetée (Av. de la)	CY	
Joutes (Quai des)	BX	39
Labech (R. du)	BX	
Louisiane (Allée de la)	CX	40
Miquel (Quai Jean)	BCX	
Outre-Mer (Av. d')	AY	
Pacifique (R. du)	AY	
Phocéens (Quai des)	CY	42
Radoub (Rd-Pt du)	CY	43
Sergents (Av. des)	BCX	
Soldats (Av. des)	CX	
St-Martin (Quai)	BX	48
St-Martin-des-Vignes (Rue)	AX	
Sarret-de-Coussergues (R.)	ABX	
Surintendant (Av. du)	BX	
Tambour (R. du)	BX	51
Tours-de-St-Martin (Rd-Pt des)	AX	53
Trinquette (Quai de la)	CX	54
Tirème (Quai de la)	CXY	56
Vaisseaux (R. des)	CX	
Vent-des-Dames (R. du)	BX	
Vieux-Cap (Quai du)	BY	
Volvire-de-Brassac (Rue)	AX	
2-Frères (R. des)	CY	
4-Cantons (Allée des)	CX	60

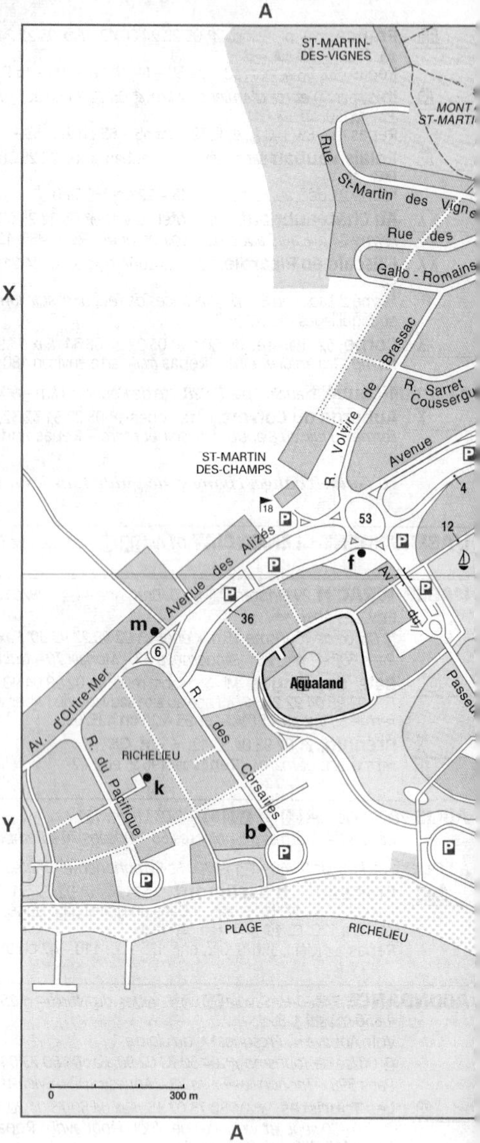

A

ST-MARTIN-DES-VIGNES

MONT ST-MARTI

Rue St-Martin des Vigne

Rue des Gallo - Romains

R. Volvire de Brassac

R. Sarret Coussergu

Avenue

ST-MARTIN DES-CHAMPS

Avenue des Alizés

Av. du Passeu

Aqualand

Av. d'Outre-Mer

R. du Pacifique

RICHELIEU

R. des Corsaires

PLAGE RICHELIEU

X

Y

0 300 m

A

Les hôtels ou restaurants agréables
sont indiqués dans le guide par un symbole rouge.
Aidez-nous en nous signalant les maisons où,
par expérience, vous savez qu'il fait bon vivre.
Votre **guide Michelin** sera encore meilleur.

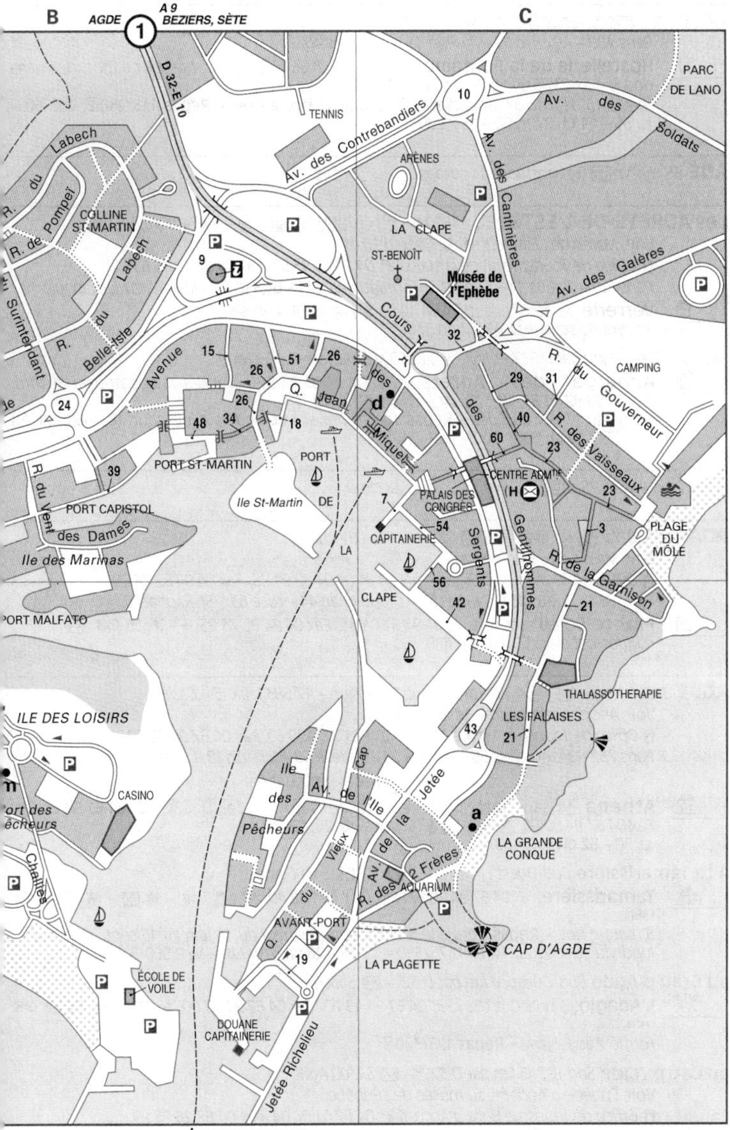

B AGDE A 9 BEZIERS, SÈTE C

D 32-E 10
TENNIS
Av. des Contrebandiers
PARC DE LANO
Av. des Soldats
ARÈNES
Av. des Cantinières
R. du Labech
COLLINE ST-MARTIN
R. de Pompeï
R. du Labech
LA CLAPE
ST-BENOÎT
Musée de l'Ephèbe
Av. des Galères
X
R. du Surintendant
R. du Belleisle
Avenue
Cours des Gentilshommes
Q. Jean Miquel
R. du Gouverneur
CAMPING
R. des Vaisseaux
PORT ST-MARTIN
Ile St-Martin
PORT DE LA CLAPE
CENTRE ADM^TIF
PALAIS DES CONGRÈS
CAPITAINERIE
R. du Vent des Dames
PORT CAPISTOL
Ile des Marinas
PLAGE DU MÔLE
R. de la Garnison
R. des Sergents
PORT MALFATO
THALASSOTHERAPIE
LES FALAISES
ILE DES LOISIRS
CASINO
Port des Pêcheurs
Ile des Pêcheurs
Av. de l'Ile
Cap
Av. de la Jetée
LA GRANDE CONQUE
Y
Q. du Vieux Av. de
R. des 2 Frères
AQUARIUM
AVANT-PORT
Q. du Chalutiers
CAP D'AGDE
LA PLAGETTE
ÉCOLE DE VOILE
DOUANE CAPITAINERIE
Jetée Richelieu
B FORT DE BRESCOU C

Pleasant hotels and restaurants
are shown in the Guide by a **red sign**.

Please send us the names
of any where you have enjoyed your stay.

Your **Michelin Guide** will be even better.

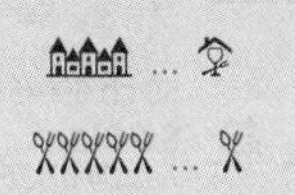

ACCOLAY *89460 Yonne* 65 ⑤ *– 377 h alt. 125.*
Paris 189 – Auxerre 23 – Avallon 31 – Tonnerre 40.

Hostellerie de la Fontaine avec ch, *03 86 81 54 02, hostellerie.fontaine@wanadoo.fr, Fax 03 86 81 52 78,* – . GB
fermé 15 déc. au 31 janv., dim. soir et lundi d' oct. à mars – **Repas** 115/250, enf. 60 – 35 – **11 ch** 270/290 – ½ P 290

ADÉ *65 H.-Pyr.* 85 ⑧ *– rattaché à Lourdes.*

Les ADRETS-DE-L'ESTÉREL *83600 Var* 84 ⑧, 114 ㉕, 115 ㉝ *– 1 474 h alt. 295.*
Env. *Massif de l'Estérel*★★★, G. Côte d'Azur.
Office de Tourisme pl. de la Mairie 04 94 40 93 57, Fax 04 94 19 95 53.
Paris 887 – Fréjus 17 – Cannes 25 – Draguignan 44 – Grasse 31 – Mandelieu-la-Napoule 16.

Verrerie sans rest, 04 94 40 93 51, – . GB.
1er avril-30 sept. – 42 – **7 ch** 330/360

au Sud-Est *: 3 km par D 237 et N 7 – 83600 Les Adrets-de-l'Esterel :*

Auberge des Adrets, 04 94 82 11 82, *auberge@compuserve.com, Fax 04 94 82 11 80,* , , – ch, . AE GB
fermé du 1er nov. au 7 déc. – **Repas** *(fermé dim. soir et lundi sauf juil.-août)* 180/380, enf. 68 – 75 – **10 ch** 890/1400 – ½ P 750/955

AFA *2A Corse-du-Sud* 90 ⑯ *– voir à Corse (Ajaccio).*

AGAY *83530 Var* 84 ⑧, 114 ㉖, 115 ㉝ ㉞ *G. Côte d'Azur.*
Env. *Massif de L'Estérel*★★★.
Office de Tourisme pl. Giannetti N 98 04 94 82 01 85, Fax 04 94 82 74 20.
Paris 887 – Fréjus 13 – Cannes 32 – Draguignan 44 – Nice 63 – St-Raphaël 9.

France-Soleil sans rest, 04 94 82 01 93, *Fax 04 94 82 73 95,* ← – . AE GB JCB
Pâques-oct. – 50 – **18 ch** 420/650

AGDE *34300 Hérault* 83 ⑮ ⑯ *G. Languedoc Roussillon – 17 583 h alt. 5 – Casino.*
Voir *Ancienne cathédrale St-Étienne*★.
Office de Tourisme 1 place Molière 04 67 94 29 68, Fax 04 67 94 03 50.
Paris 762 – Montpellier 55 – Béziers 24 – Lodève 59 – Millau 118 – Sète 25.

Plans pages précédentes

Athéna sans rest, bd Soleil, rte du Cap d'Agde, D 32E10 04 67 94 21 90, *Fax 04 67 94 80 80,* – 25. AE GB
50 – **32 ch** 350/430

à La Tamarissière *Sud-Ouest : 4 km par D 32E12 – 34300 Agde :*

Tamarissière, 04 67 94 20 87, *Fax 04 67 21 38 40,* , , – – 25. AE GB
3 mars-4 nov. – **Repas** *(fermé lundi midi et mardi midi du 15 juin au 15 sept., dim. soir et lundi du 16 sept. au 14 juin)* 175/390 – 75 – **26 ch** 570/720 – ½ P 560/620

au Grau d'Agde *Sud-Ouest : 4 km par D 32E – 34300 :*

L'Adagio, 3 quai Cdt Méric 04 67 21 13 00, *Fax 04 67 21 13 00,* ←, – . AE GB JCB
fermé 7 au 22 janv. – **Repas** 125/320

au Cap d'Agde *Sud-Est : 5 km par D 32E10 – 34300 Agde :*
Voir *Ephèbe d'Agde*★★ *au musée de l'Ephèbe.*
Office de Tourisme Bulle d'Accueil 04 67 01 04 04, Fax 04 67 26 22 99.

Capaô, av. Corsaires 04 67 26 99 44, *contact@capao.com, Fax 04 67 26 55 41,* , , , – ch, – 20 à 45. AE GB JCB AY b
hôtel: 1er avril-14 oct. ; rest. 1er avril-30 sept. – **Repas** 100/195, enf. 50 – 55 – **55 ch** 575/755, 8 duplex – ½ P 485/565

Golf, Ile des Loisirs 04 67 26 87 03, *hotel-du-golf2@wanadoo.fr, Fax 04 67 26 26 89,* , , – – 80. GB JCB BY m
15 avril-1er janv. – **Repas** *(fermé dim. soir et lundi sauf juil.-août)* 120/250, enf. 80 – 60 – **50 ch** 600/660 – ½ P 480/510

St-Clair sans rest, pl. St-Clair 04 67 26 36 44, *saint.clair@wanadoo.fr, Fax 04 67 26 31 11,* – – 15 à 50. AE GB CX d
1er avril-1er nov. – 50 – **82 ch** 590/670, 18 duplex

Grande Conque sans rest, La Grande Conque ☎ 04 67 26 11 42, *Fax 04 67 26 24 15*, ≤ – |‡| TV P. GB CY a
avril-oct. – ☐ 45 – **20 ch** 500/620

Azur sans rest, 18 av. Iles d'Amérique ☎ 04 67 26 98 22, *Fax 04 67 26 48 14*, – TV ☎ ♿. P – 🏔 20. AE ⓓ GB – ☐ 35 – **22 ch** 450, 12 duplex AX f

Les Grenadines, 6 impasse Marie Céleste ☎ 04 67 26 27 40, *Fax 04 67 26 10 80* – TV ♿. P. ⓓ GB AY k
1er avril-5 oct. – **Repas** 85/120, enf. 50 – ☐ 35 – **19 ch** 470/490 – ½ P 345/365

Gil de France, av. Alizés ☎ 04 67 26 77 80, *hotelali@club-internet.fr*, *Fax 04 67 01 26 21*, – TV ♿. P. AE ⓓ GB AY m
Repas (résidents seul.) 80 ♀ – ☐ 40 – **19 ch** 450/510, 12 duplex – ½ P 340

AGEN P *47000 L.-et-G. 79 ⑮ G. Aquitaine – 30 553 h alt. 50.*
Voir *Musée des Beaux-Arts*★★ **AXY M.**
d'Agen-la-Garenne : ☎ 05 53 77 00 88, SO : 3 km.
Office de Tourisme 107 bd Carnot ☎ 05 53 47 36 09, Fax 05 53 47 29 98.
Paris 654 ① – Auch 74 ④ – Bordeaux 141 ⑤ – Pau 162 ⑤ – Toulouse 120 ⑤.

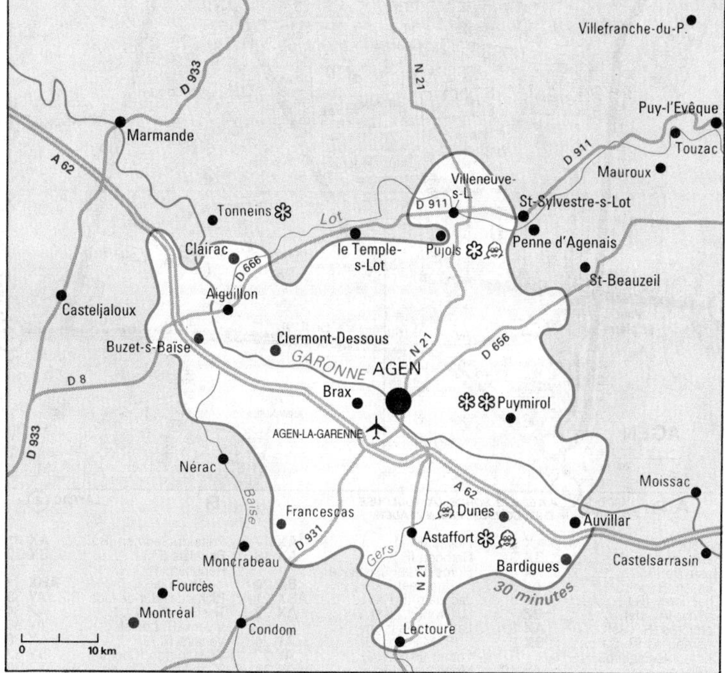

Château des Jacobins sans rest, 1 ter pl. Jacobins ☎ 05 53 47 03 31, *Fax 05 53 47 02 80* – TV ☎ P. AE GB JCB AY f
☐ 75 – **15 ch** 420/680

Atlantic Hôtel sans rest, 133 av. J. Jaurès par ③ - **BY** ☎ 05 53 96 16 56, *atlantic-hotel@wanadoo.fr*, *Fax 05 53 98 34 80*, – |‡| TV ☎ P. AE ⓓ GB
fermé 22 déc. au 2 janv. – ☐ 36 – **44 ch** 270/340

Ibis M sans rest, 16 r. C. Desmoulins ☎ 05 53 47 43 43, *Fax 05 53 47 68 54* – |‡| ≡ TV ☎ ♿ P. AE ⓓ GB – ☐ 35 – **56 ch** 330/360 BX b

Stim'Otel, 105 bd Carnot ☎ 05 53 47 31 23, *Fax 05 53 47 48 70* – |‡|, ≡ rest, TV – 🏔 40. AE GB – *fermé 24 déc. au 3 janv.* – **Repas** *(fermé sam. midi et dim.)* 75/100 ♀, enf. 43 – ☐ 36 – **58 ch** 310/330 BY a

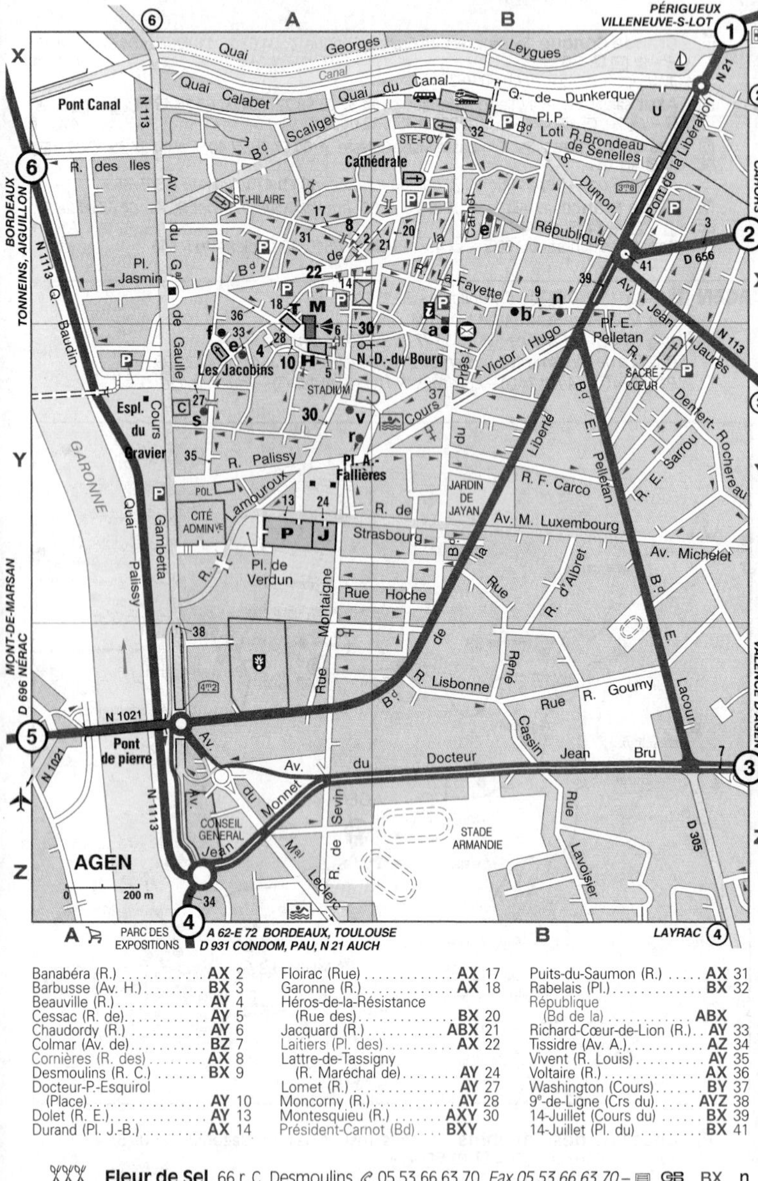

Banabéra (R.) . . . . **AX** 2
Barbusse (Av. H.) . . . . **BX** 3
Beauville (R.) . . . . **AY** 4
Cessac (R. de) . . . . **AY** 5
Chaudordy (R.) . . . . **AY** 6
Colmar (Av. de) . . . . **BZ** 7
Cornières (R. des) . . . . **AX** 8
Desmoulins (R. C.) . . . . **BX** 9
Docteur-P.-Esquirol
(Place) . . . . **AY** 10
Dolet (R. E.) . . . . **AY** 13
Durand (Pl. J.-B.) . . . . **AX** 14
Floirac (Rue) . . . . **AX** 17
Garonne (R.) . . . . **AX** 18
Héros-de-la-Résistance
(Rue des) . . . . **BX** 20
Jacquard (R.) . . . . **ABX** 21
Laitiers (Pl. des) . . . . **AX** 22
Lattre-de-Tassigny
(R. Maréchal de) . . . . **AY** 24
Lomet (R.) . . . . **AY** 27
Moncorny (R.) . . . . **AY** 28
Montesquieu (R.) . . . . **AXY** 30
Président-Carnot (Bd) . . . . **BXY**
Puits-du-Saumon (R.) . . . . . **AX** 31
Rabelais (Pl.) . . . . **BX** 32
République
(Bd de la) . . . . **ABX**
Richard-Cœur-de-Lion (R.) . . **AY** 33
Tissidre (Av. A.) . . . . **AZ** 34
Vivent (R. Louis) . . . . **AY** 35
Voltaire (R.) . . . . **AX** 36
Washington (Cours) . . . . **BY** 37
9e-de-Ligne (Crs du) . . . . . . **AYZ** 38
14-Juillet (Cours du) . . . . . . **BX** 39
14-Juillet (Pl. du) . . . . **BX** 41

XXX **Fleur de Sel,** 66 r. C. Desmoulins ✆ 05 53 66 63 70, *Fax 05 53 66 63 70* – ▤. GB BX n
fermé 26 août au 9 sept., sam. midi et dim. – **Repas** 120/210 ♀

XXX **Mariottat,** 25 r. L. Vivent ✆ 05 53 77 99 77, *Fax 05 53 77 99 79*, ☂, **«** Ancien hôtel particulier du 19e siècle **»** – ▤ P. AE GB AY s
fermé vacances de fév., sam. midi, dim. soir et lundi – **Repas** 110/310 et carte 290 à 430 ♀, enf. 75

XX **Washington,** 7 cours Washington ✆ 05 53 48 25 50, *Fax 05 53 48 25 55*, ☂ – ▤. AE ⓞ GB AY r
fermé dim. sauf le midi de sept. à juil., sam. et lundi en août et merc. – **Repas** 110/190 ♀

X **Bohème,** 14 r. E. Sentini ✆ 05 53 68 31 00, *Fax 05 53 47 25 17,* 🏛 – AE GB BX e
fermé 1er au 19 sept., 10 au 24 fév., vend. soir, sam. midi de sept. à mai et dim. – **Repas** 75 (déj.), 145/190 ♀

X **Margoton,** 52 r. Richard Coeur de Lion ✆ 05 53 48 11 55, *Fax 05 53 48 11 55* – ▤. AE ⓓ GB AY e
fermé 27 août au 3 sept., 24 déc. au 8 janv., sam. midi et lundi – **Repas** 90/190 ♀

X **L'Atelier,** 14 r. Jeu de Paume ✆ 05 53 87 89 22, *Fax 05 53 87 89 22* – ▤. AE GB AY v
fermé 23 juil. au 5 août, sam. midi et dim. – **Repas** 75 (déj.), 130/160 ♀

par ① *et rte cimetière de Gaillard (D 4) : 2,5 km* – ✉ *47510 Foulayronnes :*

X **La Braise,** av. Gaillard ✆ 05 53 47 34 65, *Fax 05 53 48 25 71,* 🏛 – P. GB
fermé merc. en juil.-août et sam. midi – **Repas** *(75)* - 95/155 ♀, enf. 55

au Sud-Ouest *par* ④, *rte d'Auch (N 21) puis D 268 : 12 km* – ✉ *47310 Laplume :*

🏨 **Château de Lassalle** ⛰, Brimont ✆ 05 53 95 10 58, *chatlass@micronet.fr, Fax 05 53 95 13 01,* 🏛, « Demeure du 18e siècle élégamment aménagée dans la campagne », ⛱, ⛰ – TV P – 🏛 25. AE ⓓ GB. ✗ rest
fermé 15 janv. au 30 mars. – **Repas** *(fermé dim. soir et lundi d'oct. à avril)* 155 (déj.), 195/290 ♀ – ☕ 80 – **16 ch** 690/1190 – ½ P 690/890

à Brax *par* ⑤ *et D 119 : 6 km* – *1 370 h. alt. 49* – ✉ *47310 :*

🏠 **Colombier du Touron,** ✆ 05 53 87 87 91, *Fax 05 53 87 82 37,* 🏛, ⛱ – TV ✆ P – 🏛 15. GB
fermé mardi midi en saison, dim. soir hors saison et lundi – **Repas** 138/320 bc ♀, enf. 65 – ☕ 40 – **10 ch** 250/360 – ½ P 280/350

Les noms des localités citées dans ce guide

sont soulignés de rouge

sur les **cartes Michelin** à 1/200 000.

AGNEAUX *50180 Manche* 54 ⑬ – *4 173 h alt. 60.*
Paris 308 – *Saint-Lô 3* – *Bayeux 40* – *Caen 77* – *Coutances 27.*

🏨 **Château d'Agneaux** ⛰, ✆ 02 33 57 65 88, *Fax 02 33 56 59 21,* « Château du 13e siècle, parc », ⛰ – TV P. AE GB. ✗ rest
Repas (nombre de couverts limité, prévenir) 150/360 – ☕ 66 – **12 ch** 412/990 – ½ P 625/1140

AGON-COUTAINVILLE *50230 Manche* 54 ⑫ *G. Normandie Cotentin* – *2 510 h alt. 36* – *Casino.*
ℹ *Office de Tourisme pl. 28 Juillet-1944* ✆ *02 33 76 67 30, Fax 02 33 76 67 31.*
Paris 348 – *St-Lô 42* – *Barneville-Carteret 48* – *Carentan 43* – *Cherbourg 78* – *Coutances 13.*

🏨 **Neptune** sans rest, à Coutainville-centre ✆ 02 33 47 07 66, *Fax 02 33 46 16 91,* ≤ – AE ⓓ GB
15 mars-15 oct. – ☕ 54 – **11 ch** 380/480

XX **Hardy** avec ch, à Coutainville-centre ✆ 02 33 47 04 11, *hardy@lerapporteur.fr, Fax 02 33 47 39 00* – TV ✆. AE ⓓ GB
fermé 15 janv. au 10 fév., dim. soir et lundi d'oct. à fin avril sauf fériés et vacances scolaires – **Repas** 120/350 ♀ – ☕ 48 – **15 ch** 430 – ½ P 360/430

AGUESSAC *12520 Aveyron* 80 ⑭ – *811 h alt. 375.*
Paris 636 – *Mende 88* – *Rodez 59* – *Florac 69* – *Millau 9* – *Sévérac-le-Château 27.*

🏠 **Rascalat,** Nord-Ouest : 2 km sur N 9 ✆ 05 65 59 80 43, *Fax 05 65 59 73 90,* 🏛, ⛱, ⛱ – TV 🚗 P. ⓓ GB
fermé 15 au 30 nov., 15 au 31 janv. et merc. d'oct. à mars – **Repas** 115/240, enf. 55 – ☕ 40 – **16 ch** 320/380 – ½ P 300/330

AHETZE *64210 Pyr.-Atl.* 85 ② – *1 069 h alt. 28.*
Paris 787 – *Biarritz 10* – *Bayonne 19* – *Pau 126* – *St-Jean-de-Luz 12.*

X **L'Épicerie d'Ahetze,** pl. Fronton (église) ✆ 05 59 41 94 95, *Fax 05 59 41 94 95,* 🏛 – GB
fermé 18 au 25 juin, 1er au 8 oct., dim. soir et lundi – **Repas** (nombre de couverts limité, prévenir) 100 (déj.)/145 ♀, enf. 60

L'AIGLE *61300 Orne* 60 ⑤ *G. Normandie Vallée de la Seine – 9 466 h alt. 220.*

Office de Tourisme pl. F.-de-Beina ✆ 02 33 24 12 40, Fax 02 33 34 23 77.

Paris 140 – Alençon 61 – Chartres 81 – Dreux 61 – Évreux 56 – Lisieux 59.

Dauphin, pl. Halle ✆ 02 33 84 18 00, *regis-ligot@free.fr, Fax 02 33 34 09 28* – 100. AE GB
Repas *(fermé dim. soir)* 98 (déj.), 140/280 ♀, enf. 60 - ***Renaissance*** (brasserie) **Repas** 65/73 et carte 80 à 190 ♀, enf. 40 – 65 – **30 ch** 359/461 – ½ P 346/377

rte de Dreux *Est : 3,5 km sur N 26 – ✉ 61300 St-Michel-Thuboeuf :*

Auberge St-Michel, ✆ 02 33 24 20 12, *Fax 02 33 34 96 62* – P. GB
fermé 6 au 28 sept., 3 au 19 janv., mardi soir, merc. soir et jeudi sauf fériés – **Repas** 135/190, enf. 45

AIGUEBELETTE-LE-LAC *73 Savoie* 74 ⑮ *G. Alpes du Nord – 170 h alt. 410.*

Voir *Lac★ – Panorama★★ sur la route du col de l'Épine N.*

Paris 554 – Grenoble 76 – Belley 35 – Chambéry 22 – Voiron 36.

à la Combe *(rive Est) : 4 km par D 41 – ✉ 73610 Aiguebelette :*

La Combe "chez Michelon" avec ch, ✆ 04 79 36 05 02, *Fax 04 79 44 11 93*, ≤ lac, – P. GB.
fermé 2 nov. au 5 déc., lundi soir et mardi – **Repas** 185/240 ♀, enf. 78 – 48 – **7 ch** 360

à Novalaise-Lac *(rive Ouest) : 7 km par D 921 – 1 234 h. alt. 427 – ✉ 73470 :*

Novalaise-Plage , ✆ 04 79 36 02 19, *Fax 04 79 36 04 22*, ≤ lac, , , – P. GB. rest
1er avril-30 sept. – **Repas** *(fermé lundi soir et mardi sauf du 15 juin au 10 sept.)* 119/299 – 40 – **14 ch** 250/420 – ½ P 290/370

à St-Alban-de-Montbel *(rive Ouest) : 7 km par D 921 – 418 h. alt. 400 – ✉ 73610 :*

St-Alban-Plage sans rest, Nord-Est : 1,5 km ✆ 04 79 36 02 05, *Fax 04 79 44 10 37*, ≤ lac, , – P. GB
Pâques-oct. – 40 – **16 ch** 260/420

à Attignat-Oncin *Sud : 7 km par D 921 – 398 h. alt. 570 – ✉ 73610 :*

Mont-Grêle avec ch, ✆ 04 79 36 07 06, *Fax 04 79 36 09 54*, ≤, , , – P. GB. ch
fermé 7 au 31 janv. et merc. sauf juil.-août – **Repas** *(90)* - 98 (dîner), 120/205 ♀, enf. 70 – 40 – **11 ch** 220/300 – ½ P 275/300

AIGUEBELLE *83 Var* 84 ⑰., 114 ㊽ *– rattaché au Lavandou.*

AIGUES-MORTES *30220 Gard* 83 ⑧ *G. Provence – 4 999 h alt. 3.*

Voir *Remparts★★ et tour de Constance★★ : ✻★★ – Eglise Notre-Dame des Sablons★.*

Office de Tourisme porte de la Gardette ✆ 04 66 53 73 00, Fax 04 66 53 65 94.

Paris 749 – Montpellier 36 – Arles 49 – Nîmes 42 – Sète 54.

Templiers , 23 r. République ✆ 04 66 53 66 56, *Fax 04 66 53 69 61*, , « Bel aménagement intérieur dans une demeure du 17e siècle » – . AE GB
1er mars-31 oct., 15 au 31 déc. – **Repas** *(fermé mardi et merc. sauf juil.-août et lundi)* (dîner seul.) carte 200 à 270 – 60 – **11 ch** 700/800

St-Louis, 10 r. Amiral Courbet ✆ 04 66 53 72 68, *hotel.saint-louis@wanadoo.fr, Fax 04 66 53 75 92*, – . AE GB
1er avril-31 oct. – **Repas** *(fermé sam. midi, mardi et merc.)* 115/195, enf. 65 – 50 – **22 ch** 315/540 – ½ P 340/405

Arcades avec ch, 23 bd Gambetta ✆ 04 66 53 81 13, *Fax 04 66 53 75 46*, , « Demeure du 16e siècle », – . AE GB JCB. ch
fermé 6 au 22 mars, 12 au 29 nov., lundi sauf le soir en juil.-août dim. soir de nov. à mars et mardi midi – **Repas** *(120)* - 175/250 ♀, enf. 65 – **9 ch** 530/660

Salicorne, 9 r. Alsace-Lorraine ✆ 04 66 53 62 67, – GB
fermé 2/01 au 15/02, dim. midi du 15 juin au 15 oct. et merc. du 15 oct. au 15 juin et le midi sauf dim. et fêtes – **Repas** 165/300 ♀, enf. 95

Maguelone, 38 r. République ✆ 04 66 53 74 60, – . GB
fermé 15 au 30 nov., 15 au 31 janv. et lundi hors saison – **Repas** 85/145 ♀

rte de Nîmes *Nord-Est : 1,5 km – ✉ 30220 Aigues-Mortes :*

Royal Hôtel, ✆ 04 66 53 66 40, *Fax 04 66 53 72 29*, , – ch, P – 15. GB
fermé 2 au 31 janv. – **Repas** 65/170 ♀, enf. 36 – 32 – **44 ch** 278/301 – ½ P 243

AIGUILLON *47190 L.-et-G.* 79 ⑭ *– 4 169 h alt. 35.*

Paris 691 – Agen 31 – Houeillès 31 – Marmande 29 – Nérac 27 – Villeneuve-sur-Lot 34.

Terrasse de l'Étoile, cours A.-Lorraine ✆ 05 53 79 64 64, *Fax 05 53 79 46 48*, – TV – 20. AE GB
Repas 78/145 ♀, enf. 45 – 30 – **17 ch** 190/300 – ½ P 235/250

L'AIGUILLON-SUR-MER *85460 Vendée* 71 ⑪ *– 2 206 h alt. 4.*

Office de Tourisme av. de l'Amiral Courbet ✆ 02 51 56 43 87, Fax 02 51 97 18 99.

Paris 457 – La Rochelle 49 – La Roche-sur-Yon 49 – Luçon 20.

Port avec ch, ✆ 02 51 56 40 08, *Fax 02 51 56 42 78*, – P. GB
fermé 5 janv. au 1er mars, dim. soir et lundi hors saison – **Repas** (85) - 115/160 ♀, enf. 50 – 35 – **21 ch** 290/310 – ½ P 310/390

AILEFROIDE *05 H.-Alpes* 77 ⑰ *– rattaché à Pelvoux (Commune de).*

AILLANT-SUR-THOLON *89110 Yonne – 1 487 h alt. 112.*

Office de Tourisme 15 r. des Ponts ✆ 03 86 63 54 17, Fax 03 86 63 54 17.

Paris 145 – Auxerre 20 – Briare 71 – Clamecy 61 – Gien 81 – Montargis 61.

au Sud-Ouest *: 7 km par D 955, D 57 et rte secondaire – ✉ 89110 Chassy :*

Domaine du Roncemay M, ✆ 03 86 73 50 50, *roncemay@aol.com, Fax 03 86 73 69 46*, – ch, TV P – 30. AE GB
Repas 150 (déj.), 230/295 – 100 – **15 ch** 690/1100 – ½ P 830/1280

AIME *73210 Savoie* 74 ⑱ *G. Alpes du Nord – 2 963 h alt. 690.*

Voir *Ancienne basilique St-Martin★★.*

Excurs. *Vallée de la Tarentaise★★.*

Syndicat d'Initiative av. Tarentaise ✆ 04 79 55 67 00, Fax 04 79 55 60 01.

Paris 653 – Albertville 42 – Bourg-St-Maurice 12 – Chambéry 90 – Moutiers 15.

Cormet sans rest, av. de Tarentaise ✆ 04 79 09 71 14, *Fax 04 79 09 96 72* – TV P. GB.
fermé 15 au 30 mai – 35 – **14 ch** 320

Palanbo sans rest, av. de Tarentaise ✆ 04 79 55 67 55, *Fax 04 79 09 70 74* – TV P. AE GB
35 – **20 ch** 270/330

L'Atre, av. de Tarentaise ✆ 04 79 09 75 93, – GB
fermé 28 mai au 14 juin et mardi – **Repas** 85/155

AINCILLE *64 Pyr.-Atl.* 85 ③ *– rattaché à St-Jean-Pied-de-Port.*

AINHOA *64250 Pyr.-Atl.* 85 ② *G. Aquitaine – 539 h alt. 130.*

Voir *Village basque caractéristique★.*

Paris 798 – Biarritz 29 – Bayonne 28 – Cambo-les-Bains 11 – Pau 128 – St-Jean-de-Luz 24.

Ithurria (Isabal), ✆ 05 59 29 92 11, *hotel@ithuria.com, Fax 05 59 29 81 28*, « Salle à manger rustique », – rest, TV P – 20. AE GB
7 avril-4 nov. et fermé merc. sauf juil.-août – **Repas** (dim. prévenir) 180/275 et carte 240 à 400 – 55 – **26 ch** 600/750 – ½ P 580
Spéc. Foie gras des Landes au naturel. Salade tiède de queues de langoustines. Pigeon rôti à l'ail doux. **Vins** Jurançon sec, Irouléguy.

Oppoca, ✆ 05 59 29 90 72, *Fax 05 59 29 81 03*, – P. GB
fermé 15 nov. au 15 déc., dim. soir et lundi sauf juil.-août – **Repas** 95/175 ♀, enf. 50 – 35 – **12 ch** 270/320 – ½ P 240/285

AIRAINES *80270 Somme* 52 ⑦ *G. Picardie Flandres Artois – 2 175 h alt. 30.*

Paris 150 – Amiens 29 – Abbeville 22 – Beauvais 68 – Le Tréport 50.

Relais Forestier du Pont d'Hure, rte d'Oisemont par D 936 : 5 km ✆ 03 22 29 42 10, *Fax 03 22 29 89 73* – P. GB
fermé 1er au 15 août et 1er au 15 janv. et mardi – **Repas** 88/190 ♀, enf. 48

AIRE-SUR-L'ADOUR *40800 Landes* 82 ① ② *G. Aquitaine – 6 205 h alt. 80.*

Voir *Sarcophage de Ste-Quitterie★ dans l'église St-Pierre-du-Mas.*

Office de Tourisme (fermé le dim.) pl. Gén.-de-Gaulle ✆ 05 58 71 64 70, Fax 05 58 71 64 70.

Paris 727 – Mont-de-Marsan 32 – Auch 84 – Condom 68 – Dax 87 – Orthez 59 – Pau 53.

AIRE-SUR-L'ADOUR

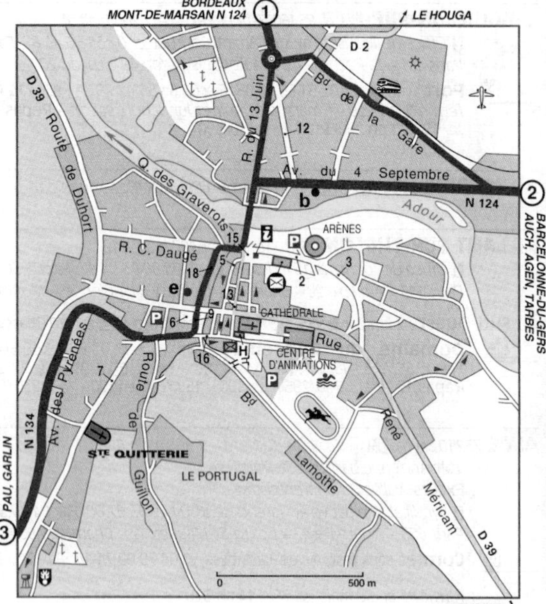

Adour Hôtel sans rest, 28 av. 4 Septembre **(b)** ✆ 05 58 71 66 17, *adour.hotel@netlink.fr, Fax 05 58 71 87 66,* – – 20. GB
fermé nov. – 35 – **31 ch** 210/260

Les Bruyères, par ① : *1 km* ✆ 05 58 71 80 90, *Fax 05 58 71 87 21,* , – . AE GB
fermé 1er au 15 nov. – **Repas** *(fermé dim. soir)* 70/90, enf. 40 – 35 – **8 ch** 195/250 – ½ P 200

Chez l'Ahumat avec ch, 2 r. Mendès-France **(e)** ✆ 05 58 71 82 61, – . GB. ch
fermé 15 au 28 mars et 30 août au 12 sept. – **Repas** *(fermé merc.)* 62/155, enf. 45 – 27 – **13 ch** 140/220 – ½ P 160/185

rte de Bordeaux *par ① et N 124 – ✉ 40270 Cazères-sur-l'Adour :*

Aliotel sans rest, à 4,5 km ✆ 05 58 71 72 72, *Fax 05 58 71 81 94,* , , – – 20. GB
38 – **34 ch** 210/250

Moulin Gourmand, à 4 km ✆ 05 58 71 84 15, *Fax 05 58 71 84 15,* – . AE GB
fermé vacances de Toussaint, dim. soir et lundi sauf fériés – **Repas** 70/180, enf. 50

à Ségos *(32 Gers) par ③, N 134 et D 260 : 9 km – 248 h. alt. 111 – ✉ 32400 :*

Domaine de Bassibé , ✆ 05 62 09 46 71, *bassibe@wanadoo.fr, Fax 05 62 08 40 15,* , , – . AE GB
début avril-début janv., et fermé mardi et merc. hors saison – **Repas** 255 – 75 – **10 ch** 760/910, 7 appart – ½ P 730/785

When looking for a hotel or restaurant use the most efficient method.
Look for the names of towns ***underlined in red***
on the ***Michelin maps*** *scale: 1:200 000.*
But make sure you have an up-to-date map!

AIRE-SUR-LA-LYS 62120 P.-de-C. 51 ⑭ G. Picardie Flandres Artois – 9 529 h alt. 30.

Voir Bailliage★ – Tour★ de la Collégiale St-Pierre★ – Commune de la "Méridienne Verte".

Office de Tourisme Le Bailliage, Grand'Place ☎ 03 21 39 65 66, Fax 03 21 39 65 66.

Paris 237 – Calais 61 – Arras 57 – Boulogne-sur-Mer 68 – Lille 58.

Hostellerie des 3 Mousquetaires, rte de Béthune (N 43) ☎ 03 21 39 01 11, *phve net@wanadoo.fr, Fax 03 21 39 50 10*, « Demeure du 19e siècle dans un parc avec pièce d'eau », – – 35. GB.
fermé 20 déc. au 20 janv. – **Repas** 130/370 ⅀, enf. 60 – ☕ 60 – **33 ch** 550/690 – ½ P 555/635

à la gare d'Isbergues *Sud-Est : 6 km par D 187 – 5 145 h. alt. 25 – ✉ 62330 Isbergues :*

Buffet M avec ch, ☎ 03 21 25 82 40, *Fax 03 21 27 86 42*, , – . GB
fermé 30 juil. au 22 août, vacances de fév., lundi sauf midi fériés et dim. soir – **Repas** 100/300 ⅀ – ☕ 30 – **5 ch** 240/300

AISEY-SUR-SEINE 21400 Côte-d'Or 65 ⑧ – 172 h alt. 255.

Paris 247 – Chaumont 74 – Châtillon-sur-Seine 15 – Dijon 69 – Montbard 27.

Roy, ☎ 03 80 93 21 63, *Fax 03 80 93 25 74*, – . GB
fermé 31 déc. au 15 janv., dim. soir, lundi soir sauf juil.-août et mardi – **Repas** 80/205 ⅀, enf. 50 – ☕ 35 – **9 ch** 170/270 – ½ P 270

AIX-EN-PROVENCE SP 13100 B.-du-R. 84 ③, 114 ⑮ G. Provence – 123 842 h alt. 206 – Stat. therm. – Casino AY.

Voir Le Vieil Aix★★ - Cours Mirabeau★★ - Cathédrale St-Sauveur★ : triptyque du Buisson Ardent★★ - Cloître★ **BX B**[8] – Place Albertas★ **BY 3** - Place★ de l'hôtel de ville **BY 37** - Cour★ de l'hôtel de ville **BY H** – Quartier Mazarin★ : fontaine des Quatre-Dauphins★ **BY S** – Musée Granet★ **CY M**[6] – Musée des Tapisseries★ **BX M**[2] – Fondation Vasarely★ **AV M**[5].

Office de Tourisme 2 pl. du Gén.-de-Gaulle ☎ 04 42 16 11 61, Fax 04 42 16 11 62.

Paris 759 ③ – Marseille 31 ③ – Avignon 84 ④ – Nice 177 ② – Sisteron 100 ① – Toulon 83 ②.

AIX-EN-PROVENCE

Berger (Av. G.) . . . **BV** 7
Brossolette (Av.) . . **AV** 13
Club Hippique (Av.) . . . . **AV** 18
Dalmas (Av. J.) . . . **AV** 23
Ferrini (Av. F.) . . . . **AV** 30
Fourane (Av. de la) . . . . . **AV** 32
Galice (Rte de) . . . **AV** 33
Isaac (Av. J.) . . . . . **BV** 41
Malacrida (Av. H.) **BV** 48
Minimes (Crs des) **AV** 52
Moulin (Av. J.) . . . **BV** 56
Pigonnet (Av. du) . **AV** 62
Poilus (Bd des) . . . **BV** 67
Prados (Av. E.) . . . **AV** 68
Solari (Av. Ph.) . . . **AV** 76

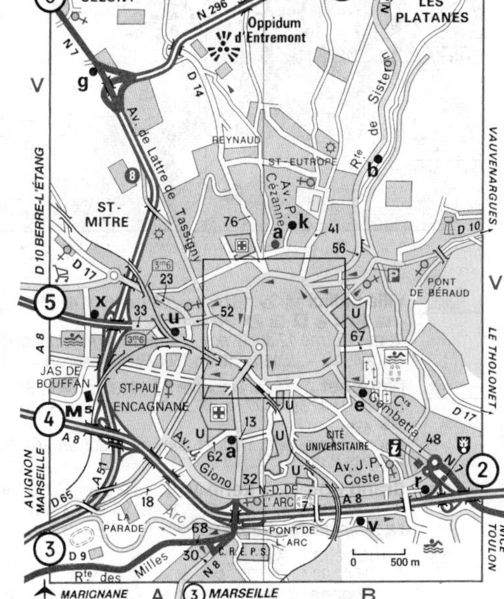

AIX-EN-PROVENCE

Agard (Passage)	CY	2
Albertas (Pl.)	BY	3
Aude (R.)	BY	4
Bagniers (R. des)	BY	5
Bellegarde (Pl.)	CX	7
Bon-Pasteur (R.)	BX	9
Boulégon (R.)	BX	12
Brossolette (Av.)	AZ	13
Cardeurs (Pl. des)	BY	16
Clemenceau (R.)	BY	18
Cordeliers (R. des)	BY	20
Curie (R. Pierre et Marie)	BX	22
De-la-Roque (R. J.)	BX	25
Espariat (R.)	BY	26
Fabrot (R.)	BY	28
Foch (R. du Maréchal)	BY	30
Hôtel-de-Ville (Pl.)	BY	37
Italie (R. d')	CY	42
De Lattre-de-T. (Av.)	AY	46
Matheron (R.)	BY	49
Méjanes (R.)	BY	51
Minimes (Crs. des)	AY	52
Mirabeau (Cours)	BY	
Montigny (R. de)	BY	55
Napoléon Bonaparte (Av.)	AY	57
Nazareth (R.)	BY	58
Opéra (R. de l')	CY	62
Pasteur (Av.)	BX	64
Paul-Bert (R.)	BX	66
Prêcheurs (Pl. des)	CY	70
Richelme (Pl.)	BY	72
Saporta (R. G.-de)	BX	75
Thiers (R.)	CY	80
Verdun (Pl. de)	CY	85
4-Septembre (R.)	BZ	87

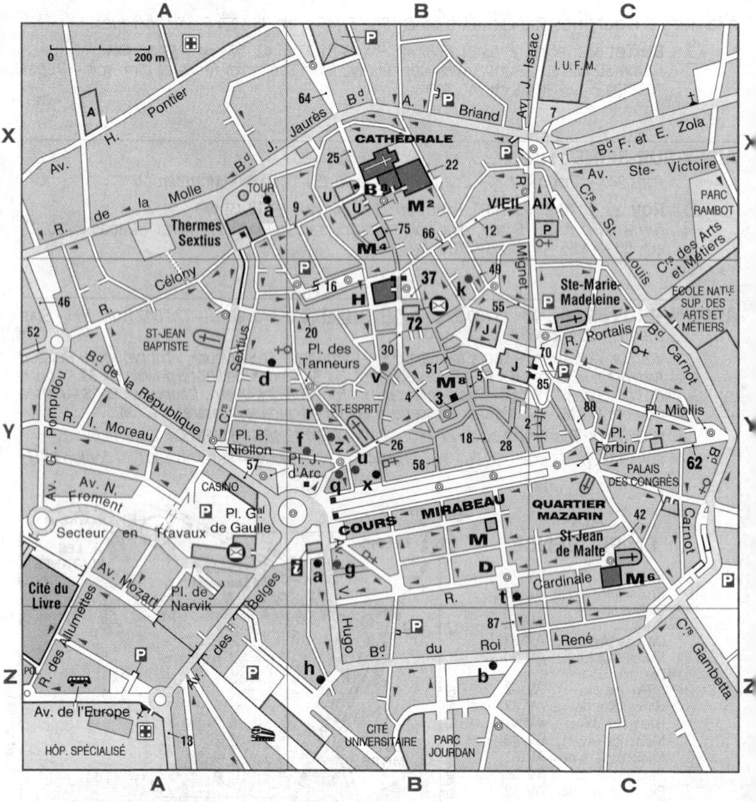

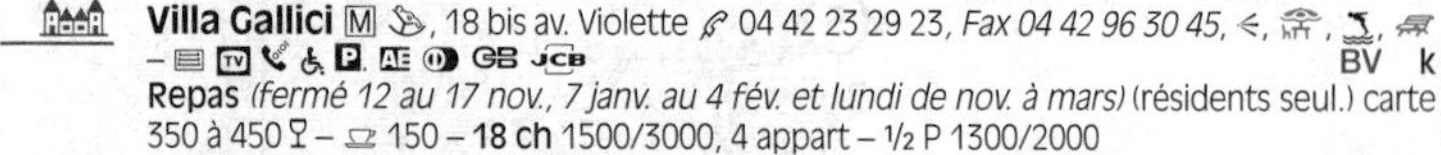

Villa Gallici (M) ⊛, 18 bis av. Violette ✆ 04 42 23 29 23, *Fax 04 42 96 30 45*, ←, ⛱, ⛱, ⛱ – ▤ TV ✆ ♿ P. AE ◑ GB JCB — BV k
Repas *(fermé 12 au 17 nov., 7 janv. au 4 fév. et lundi de nov. à mars)* (résidents seul.) carte 350 à 450 ♀ – ☕ 150 – **18 ch** 1500/3000, 4 appart – ½ P 1300/2000

Pigonnet ⊛, 5 av. Pigonnet ✉ 13090 ✆ 04 42 59 02 90, *reservation@hotelpigonnet.com, Fax 04 42 59 47 77*, ←, ⛱, « Parc ombragé fleuri », ⛱, ⛱ – |‡| ▤ TV ✆ P – 🏛 60. AE ◑ GB JCB — AV a
Repas *(fermé sam. midi et dim. midi sauf en juil.)* 280/350 – ☕ 80 – **52 ch** 800/1700 – ½ P 775/1150

Grand Hôtel Roi René (M), 24 bd Roi René ✆ 04 42 37 61 00, *h2269-dm@accor-hotels.com, Fax 04 42 37 61 11*, ⛱, ⛱ – |‡| ⛱ ▤ TV ✆ ♿ 🚗 – 🏛 150. AE ◑ GB JCB — BZ b
La Table du Roi : Repas 195/295 ♀, enf. 55 – ☕ 100 – **131 ch** 995/1300, 3 appart

Aquabella (M), 2 r. Étuves ✆ 04 42 99 15 00, *aquabella.hotel@wanadoo.fr, Fax 04 42 99 15 01*, ⛱, ⛱ – |‡| ⛱ ▤ TV ✆ ♿ – 🏛 60. AE ◑ GB JCB — AX a
L'Orangerie : Repas *(110)*-140/165, enf. 55 – ☕ 65 – **110 ch** 750/870 – ½ P 610/635

Augustins M sans rest, 3 r. Masse ☎ 04 42 27 28 59, *Fax 04 42 26 74 87*, « Ancien couvent du 15e siècle » – TV. AE GB. BY x
65 – **29 ch** 700/1500

Mercure Paul Cézanne sans rest, 40 av. V. Hugo ☎ 04 42 91 11 11, *Fax 04 42 91 11 10*, « Mobilier ancien » – TV. AE GB JCB BZ h
62 – **57 ch** 700/860

Holiday Inn Garden Court M, 5 rte Galice ✉ 13090 ☎ 04 42 52 75 27, *Fax 04 42 52 75 28*, – TV – 100. AE GB JCB AV u
Repas 110/290 bc – 60 – **90 ch** 790/1100

Novotel Beaumanoir M, Résidence Beaumanoir (sortie autoroute 3 Sautets) ☎ 04 42 91 15 15, *H0393-@accor-hotels.com, Fax 04 42 38 46 41*, – TV P – 150. AE GB JCB BV r
Repas carte environ 150, enf. 50 – 65 – **102 ch** 550/600

Bleu Marine M, 42 rte Galice ☎ 04 42 95 04 41, *sales@hotel-bleumarine-aix.com, Fax 04 42 59 47 29*, – TV – 50. AE GB JCB AV x
Repas (98) - 150, enf. 49 – 60 – **84 ch** 630

St-Christophe M, 2 av. V. Hugo ☎ 04 42 26 01 24, *Fax 04 42 38 53 17* – TV – 25. AE GB. rest BY a
Brasserie Léopold *(fermé 1er au 27 août, dim. et lundi)* **Repas** (90)-125/189, enf. 49 – 50 – **58 ch** 440/625, 6 duplex – ½ P 360/435

Novotel Pont de l'Arc M, av. Arc de Meyran (sortie autoroute 3 Sautets) ☎ 04 42 16 09 09, *H0394-@accor-hotels.com, Fax 04 42 26 00 09*, – TV P – 80. AE GB JCB BV v
Repas carte environ 170, enf. 50 – 65 – **80 ch** 550/600

Quatre Dauphins sans rest, 54 r. Roux Alpheran ☎ 04 42 38 16 39, *Fax 04 42 38 60 19* – TV. GB BY t
42 – **12 ch** 295/450

Manoir sans rest, 8 r. Entrecasteaux ☎ 04 42 26 27 20, *msg@hotelmanoir.com, Fax 04 42 27 17 97* – TV P. AE GB JCB AY d
fermé 4 au 28 janv. – 40 – **40 ch** 360/490

Mozart sans rest, 49 cours Gambetta ☎ 04 42 21 62 86, *Fax 04 42 96 17 36* – TV P. GB BV e
fermé 4 au 31 janv. – **48 ch** 320/430

XXX ✿✿ **Clos de la Violette** (Banzo), 10 av. Violette ☎ 04 42 23 30 71, *restaurant@closdelaviolette.fr, Fax 04 42 21 93 03*, – AE GB. BV a
fermé 6 au 20 août, lundi midi, merc. midi et dim. – **Repas** (nombre de couverts limité, prévenir) 300 (déj.)/620 et carte 460 à 590
Spéc. Poissons de Méditerranée. Charlotte de pain grillé et truffes noires (déc. à avril). Gros calisson d'Aix à l'amaretto. **Vins** Coteaux d'Aix-en-Provence blanc et rouge.

XX **L'Aixquis,** 22 r. Leydet ☎ 04 42 27 76 16, *benoit.strom@parisfree.com, Fax 04 42 93 10 61* – AE GB JCB BY f
fermé 1er au 15 août et dim. – **Repas** (97) - 148/370, enf. 90

XX **Amphitryon,** 2 r. P. Doumer ☎ 04 42 26 54 10, *amphitryon2@wanadoo.fr, Fax 04 42 38 36 15*, – AE GB BY u
fermé 15 au 30 août, lundi midi et dim. – **Repas** 100 (déj.), 175/275

XX **Les Bacchanales,** 10 r. Couronne ☎ 04 42 27 21 06, *Fax 04 42 27 21 06* – AE GB JCB BY z
fermé merc. midi et mardi – **Repas** 95 (déj.), 145/295, enf. 75

XX **Chez Féraud,** 8 r. Puits Juif ☎ 04 42 63 07 27 – GB BY k
fermé août, lundi midi et dim. – **Repas** 125/160

XX **Vieille Auberge,** 63 r. Espariat ☎ 04 42 27 17 41, *Fax 04 42 26 38 35* – GB BY q
fermé du 7 au 20 janv. et lundi midi – **Repas** 84 (déj.), 119/260

X **Yôji,** 7 av. V. Hugo ☎ 04 42 38 48 76, *ut@wanadoo.fr, Fax 04 42 28 83 29*, – AE GB JCB. BY g
fermé lundi – **Repas** - cuisine japonaise et coréenne - 59 (déj.), 125/205

X **Chez Maxime,** 12 pl. Ramus ☎ 04 42 26 28 51, *chez.maxime@libertysurf.fr, Fax 04 42 26 74 70*, – GB JCB. BY v
fermé 15 au 31 janv., lundi midi et dim. – **Repas** (78) - 98 (déj.), 138/270

X **Bistro Latin,** 18 r. Couronne ☎ 04 42 38 22 88, *bistrolatin/voila.fr, Fax 04 42 38 22 88* – GB BY r
fermé 19 août au 2 sept., 29 janv. au 4 fév., lundi midi et dim. – **Repas** 139/189

rte de Sisteron *vers ① : 3 km :*

Prieuré sans rest, 04 42 21 05 23, *Fax 04 42 21 60 56*, ← – P. GB. BV b
40 – **22 ch** 400

rte de St-Canadet *par ①, N 96 et D 13 : 9 km – 13100 Aix-en-Provence :*

XX **Puyfond,** 04 42 92 13 77, *Fax 04 42 92 03 29*, – P. AE GB
fermé 13 août au 3 sept., 2 au 7 janv., vacances de fév., dim. soir, mardi midi et lundi – **Repas** *(100)* - 140/170, enf. 60

à Le Canet *par ② : 8 km sur N 7 – 13590 Meyreuil :*

XX **Auberge Provençale,** 04 42 58 68 54, *aubergiste@aol, Fax 04 42 58 68 05* – P. AE GB JCB
fermé 23 au 28 déc., vacances de fév., mardi et merc. – **Repas** *(100)* - 130/250

à Beaurecueil *par ②, N 7 et D 58 : 10 km – 510 h. alt. 254 – 13100 Aix-en-Provence :*
Office de Tourisme Mairie 04 42 66 92 90.

XXX **Relais Ste-Victoire** (Jugy-Berges) avec ch, D 46 04 42 66 94 98, *relais-ste-victoire @wanadoo.fr, Fax 04 42 66 85 96*, ←, – 20. AE GB
fermé vacances de Toussaint, 1er au 7 janv., vacances de fév., vend. sauf soir de mars à oct., dim. soir et lundi – **Repas** (week-ends prévenir) *(170)* - 300/350 ♀, enf. 140 – 80 – **8 ch** 800, 4 appart – ½ P 600/900
Spéc. Oeufs pochés à la crème de truffes. Gibier (saison). Croque-Madame "Violette" (juil.-août). **Vins** Côtes de Provence.

par ③, *D 9 ou A 51, sortie Les Milles : 5 km – 13546 Aix-en-Provence :*

Château de la Pioline , zone commerciale de la Pioline 04 42 52 27 27, *info@chateau-la-pioline.fr, Fax 04 42 52 27 28*, « Belle demeure dans un jardin à la française », – , ch, – 50. AE GB JCB. rest
Repas 160 (déj.), 250/390 – 95 – **30 ch** 1290/1790, 3 appart – ½ P 990/1240

par ③ *et D 9 - sortie n° 4 : 10 km – 13591 Aix-en-Provence :*

Royal Mirabeau M , av. G. de la Lauzière Pichaury II 13591 04 42 97 76 00, *royal -mirabeau@pacwan.fr, Fax 04 42 97 76 01*, , , – – 150. AE GB.
Repas 148/185, enf. 60 – 55 – **95 ch** 470/630

à Celony *: 3 km sur N 7 – 13090 Aix-en-Provence :*

Mas d'Entremont , 04 42 17 42 42, *entremont@wanadoo.fr, Fax 04 42 21 15 83*, ←, , « Demeure provençale avec terrasses dans un parc », , , , – cuisinette, ch, – 15 à 35. GB JCB AV g
15 mars-1er nov. – **Repas** *(fermé dim. soir sauf fériés)* 210/250 ♀ – 85 – **18 ch** 730/1030 – ½ P 655/805

à Lignane *par ⑥ : 12 km sur N 7 – 13090 Aix-en-Provence :*

XX **Mas Gourmand,** 04 42 28 04 05, *Fax 04 42 28 04 14* – P. GB
fermé 24 au 30 déc. – **Repas** 85 (déj.), 148/240 ♀

AIX-LES-BAINS *73100 Savoie* 74 ⑮ *G. Alpes du Nord – 24 683 h alt. 200 – Casinos Grand Cercle* **CZ**, *Nouveau Casino* **BZ**.

Voir *Esplanade du Lac★ – Escalier★ de l'Hôtel de Ville* **CZ H** *– Musée Faure★ – Vestiges Romains★ – Casino Grand Cercle★.*

Env. *Lac du Bourget★★ – Abbaye de Hautecombe★★ – Les Bauges★.*

de Chambéry-Aix-les-Bains : 04 79 54 49 66, à Viviers-du-Lac par ④ : 8 km.

Office de Tourisme pl. M.-Mollard 04 79 35 05 92, Fax 04 79 88 88 01 Annexe (saison) Grand Port Embarcadaire 04 79 34 15 80.

Paris 541 ④ – Annecy 34 ① – Bourg-en-Bresse 111 ④ – Chambéry 18 ④ – Lyon 108 ④.

Plan page ci-contre

Park Hôtel du Casino M, av. Ch. de Gaulle 04 79 34 19 19, *parkhotel@aixlesbains.com, Fax 04 79 88 11 49*, , , , – P – 15 à 400. AE GB JCB CZ x
Repas brasserie *(fermé dim. soir)* 100/200 ♀, enf. 60 – 100 – **92 ch** 685/930, 10 appart – ½ P 550/600

Ariana M , av. de Marlioz à Marlioz : 1,5 km 04 79 61 79 79, *h2945@accor-hotels.com, Fax 04 79 61 79 00*, , centre de balnéothérapie, « Parc ombragé », , , – , ch, P – 150. AE GB AX a
Repas 130/190 ♀, enf. 70 – 70 – **60 ch** 605/845 – P 620/715

AIX-LES-BAINS

Bains (R. des) . . . **CZ** 2
Berthollet (Bd) . . **CZ** 3
Boucher (Sq. A.) **CY** 5
Carnot (Pl.) . . . . . **CZ** 6
Casino (R. du) . . . **CZ** 8
Chambéry (R. de) . . . . **CZ** 9
Charcot (Bd J.) . . **AX** 10
Clemenceau (Pl.) . . . . **BY** 12
Dacquin (R.) . . . . **CZ** 13
Davat (R.) . . . . **CZ** 15
Fleurs (Av. des) . **CZ** 16
Garibaldi (Bd) . . . **AX** 17
Garrod (R. Sir-A.) **CZ** 18
Gaulle (Av. de) . . **CZ** 19
Georges-Ier (R.) . . **CZ** 21
Lamartine (R.) . . . **CZ** 22
Lattre-de-Tassigny (Av. Mar.-de) **AX, BY** 23
Liège (R. de) . . . . **CZ** 24
Marlioz (Av. de) . . **AX** 25
Mollard (Pl. M.) . . . **CZ** 26
Monard (R.S.) . . . . **CZ** 27
Petit-Port (Av. du) . **AX** 28
Pierpont-Morgan (Bd) . . . . **BY** 29
Prés-Riants (R.) . . . **BY** 30
République (R.) . . . **CY** 32
Revard (Pl. du) . . . **CZ** 33
Roche-du-Roi (Bd de la) . . . . . . **CZ** 34
Roosevelt (Av. F.) . **AX** 35
Rops (Av. D.) . . . . **AX** 37
Russie (Bd de) . . . **AX** 39
Seyssel (R. C.-de) . **CZ** 40
Temple (R. du) . . . **CZ** 43
Temple-de-Diane (Sq.) . . . . **CZ** 45
Verdun (Av. de) . . . **BZ** 46
Victoria (Av.) . . . . . . **CZ** 47

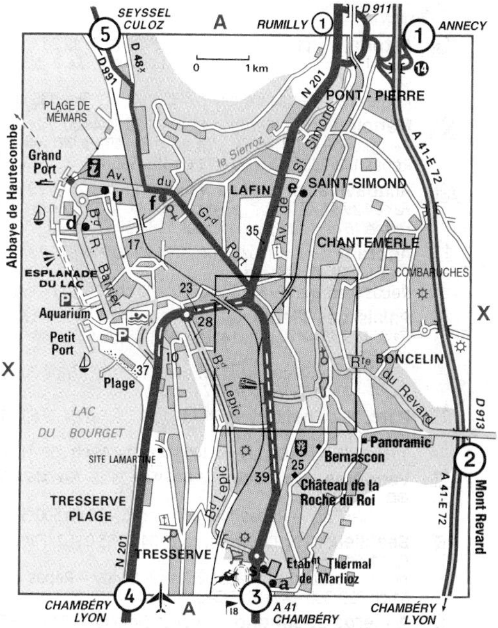

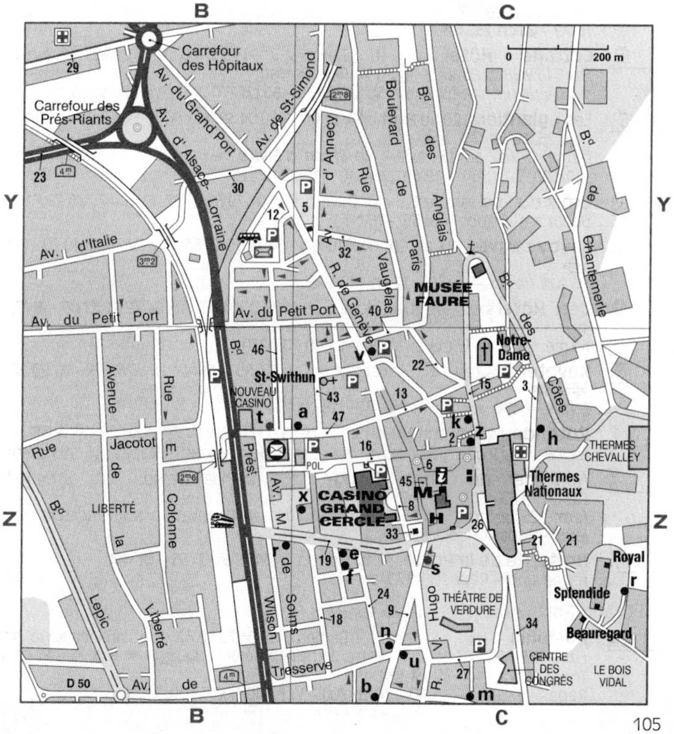

Astoria, pl. Thermes ☎ 04 79 35 12 28, *hotel.astoria-savoie@wanadoo.fr, Fax 04 79 35 11 05,* « Décor Belle Époque », – TV – 20. AE GB JCB. CZ z
fermé déc. – **Repas** 105 (dîner), 135/160 – 55 – **135 ch** 350/510 – ½ P 345/370

Manoir, 37 r. Georges-1er ☎ 04 79 61 44 00, *Fax 04 79 35 67 67,* « Jardin ombragé », – TV P – 15 à 130. AE GB JCB CZ r
Repas 148/295 – 60 – **73 ch** 395/895 – ½ P 375/545

Acquaviva, av. Marlioz à Marlioz : 1,5 km ☎ 04 79 61 77 77, *h2944@accor-hotels.com, Fax 04 79 61 77 00,* « Parc ombragé », – cuisinette TV P – 250. AE GB
fermé 16 déc. au 8 janv. – **Repas** 108/130 – 60 – **100 ch** 420/550 AX s

Agora M, 1 av. Marlioz ☎ 04 79 34 20 20, *Fax 04 79 34 20 30,* – rest, TV – 50. AE GB JCB CZ u
Repas brasserie 85/145 – 50 – **60 ch** 325/495 – ½ P 305/395

Palais des Fleurs, 17 r. Isaline ☎ 04 79 88 35 08, *palais.des.fleurs@wanadoo.fr, Fax 04 79 35 42 79,* – cuisinette, rest, TV P – 30. AE GB. rest CZ m
hôtel : fermé 30 nov. au 1er fév. ; rest. : fermé 10 nov. au 28 fév. – **Repas** 94 (dîner), 104/169 – 44 – **40 ch** 324/446 – P 374/430

Parc, 28 r. Chambéry ☎ 04 79 61 29 11, *Fax 04 79 88 33 49,* – rest, TV. GB. rest CZ n
16 avril-15 oct. – **Repas** 100/140 – 40 – **45 ch** 300 – P 310/330

Vendôme, 12 av. Marlioz ☎ 04 79 61 23 16, *Fax 04 79 88 93 77* – rest, TV P. AE GB JCB CZ b
1er avril-30 oct. – **Repas** 110/160 – 45 – **32 ch** 300/380 – ½ P 350

Beaulieu, 29 av. Ch. de Gaulle ☎ 04 79 35 01 02, *Fax 04 79 34 04 82,* – TV – 25. AE GB JCB BCZ r
hôtel : 2 avril-20 déc. ; rest. : 2 avril-15 nov. – **Repas** *(fermé dim. soir)* 100/230 – 37 – **31 ch** 220/300 – ½ P 313/328

Auberge St-Simond, 130 av. St-Simond ☎ 04 79 88 35 02, *stsimond@aixlesbains.com, Fax 04 79 88 38 45,* – TV P. AE GB AX e
fermé vacances de Toussaint, janv. et dim. soir d'oct. à avril – **Repas** 105/195, enf. 60 – 42 – **20 ch** 260/350 – ½ P 300

Cottage Hôtel, 9 r. Davat ☎ 04 79 35 00 55, *collet-m@clubinternet.fr, Fax 04 79 88 22 85,* – TV. GB. rest CZ k
1er mars-6 nov. – **Repas** 100/150 – 35 – **50 ch** 270/300 – ½ P 280/350

Les Églantiers, 20 bd Berthollet ☎ 04 79 88 04 38, *Fax 04 79 34 17 33* – rest, TV P – 25. AE GB JCB CZ h
fermé 15 fév. au 15 mars – ***Le Salon d'Elvire*** *(fermé merc. soir et dim. soir)* **Repas** 110/390 – 37 – **29 ch** 270/310 – ½ P 310/325

Croix du Sud sans rest, 3 r. Dr Duvernay ☎ 04 79 35 05 87, *Fax 04 79 35 72 71*
début avril-fin oct. – 33 – **16 ch** 150/240 CZ f

Savoy sans rest, 21 av. Ch. de Gaulle ☎ 04 79 35 13 33, *Fax 04 79 88 40 10* – AE GB JCB CZ e
1er avril-fin oct. – 30 – **22 ch** 149/245

Cécil Hôtel sans rest, 20 av. Victoria ☎ 04 79 35 04 12, *Fax 04 79 61 32 08* – TV. GB. CZ a
fermé 15 fév.au 15 mars – 32 – **21 ch** 205/270

Revotel sans rest, 40 r. Genève ☎ 04 79 35 03 37, *Fax 04 79 88 82 99* – TV. AE GB JCB. CZ v
fermé 1er déc. au 17 janv. – 30 – **18 ch** 192/240

Rotonde, square Jean Moulin ☎ 04 79 35 00 60, *Fax 04 79 35 04 29,* – GB CZ s
fermé 1er au 9 déc., vacances de fév. et lundi de nov. à avril – **Repas** 105/185, enf. 45

Auberge du Pont Rouge, 151 avenue Grand Port ☎ 04 79 63 43 90, *Fax 04 79 63 43 90,* – AE GB AX f
fermé 25 juin au 1er juil., 3 au 9 sept., 20 déc. au 15 janv., dim. soir, lundi soir, mardi soir et jeudi – **Repas** 68 (déj.), 89/198

Brasserie de la Poste, 32 av. Victoria ☎ 04 79 35 00 65 – AE GB BZ t
fermé lundi – **Repas** 80/170, enf. 45

au Grand Port : *3 km* – ✉ *73100 Aix-les-Bains :*

Adelphia M, 215 bd Barrier ☎ 04 79 88 72 72, *info@adelphia-hotel.com, Fax 04 79 88 27 77,* centre de balnéothérapie, – ch, TV – 15 à 100. AE GB JCB AX d
Repas 120/198 – 60 – **70 ch** 700 – ½ P 440/500

Pastorale, 221 av. Grand Port ✆ 04 79 63 40 60, *pastoral@club-internet.fr, Fax 04 79 63 44 26,* – – 20. AE GB **AX u**
1er avril-2 nov. – **Repas** *(fermé dim. soir et lundi hors saison)* 110/230 – 40 – **30 ch** 350/380 – 1/2 P 380/400

AIZENAY *85190 Vendée* 67 ⑬ – *5 344 h alt. 62.*
Office de Tourisme (saison) Rd-Pt de l'Ancienne Gare ✆ 02 51 94 62 72, Fax 02 51 94 62 72.
Paris 443 – La Roche-sur-Yon 18 – Challans 25 – Nantes 61 – Les Sables-d'Olonne 34.

Sittelle, 33 r. Mar. Leclerc ✆ 02 51 34 79 90 – P. GB
fermé août, 1er au 6 janv., sam. midi, dim. soir et lundi – **Repas** 125 (déj.), 220 bc/260, enf. 65

AJACCIO *2A Corse-du-Sud* 90 ⑰ – *voir à Corse.*

ALBERT *80300 Somme* 52 ⑨ *G. Picardie Flandres Artois – 10 010 h alt. 65.*
Office de Tourisme 9 r. Gambetta ✆ 03 22 75 16 42, Fax 03 22 75 11 72.
Paris 152 – Amiens 31 – Arras 40 – St-Quentin 54.

Royal Picardie M, rte Amiens ✆ 03 22 75 37 00, *Fax 03 22 75 60 19,* – P – 40. AE GB – **Repas** 88/330 – 45 – **24 ch** 350/380 – 1/2 P 300/370

Basilique, 3 rue Gambetta ✆ 03 22 75 04 71, *hotel-de-la-basilique@wanadoo.fr, Fax 03 22 75 10 47* – – 25. GB
fermé 12 août au 4 sept., 22 déc. au 7 janv., dim. et lundi de Pâques à sept. – **Repas** *(fermé sam. soir et dim. d'oct. à Pâques)* *(70)* - 82/155, enf. 50 – 34 – **10 ch** 240/320 – 1/2 P 260/270

Un automobiliste averti utilise le ***Guide Rouge Michelin*** *de l'année.*

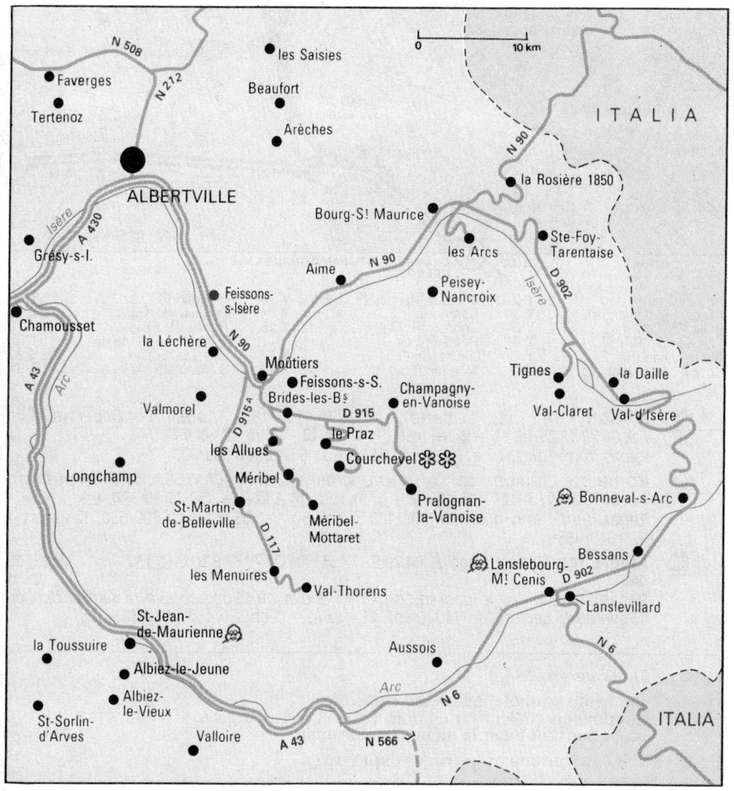

ALBERTVILLE 73200 Savoie 74 ⑰ *G. Alpes du Nord – 17 411 h alt. 344.*

Voir Bourg de Conflans*, porte de Savoie ≤* B, Grande Place* – Route du fort du Mont** E.

Office de Tourisme 11 r. Pargoud ✆ 04 79 32 04 22, Fax 04 79 32 87 09.

Paris 585 ① – Annecy 45 ① – Chambéry 52 ③ – Chamonix-Mont-Blanc 67 ①.

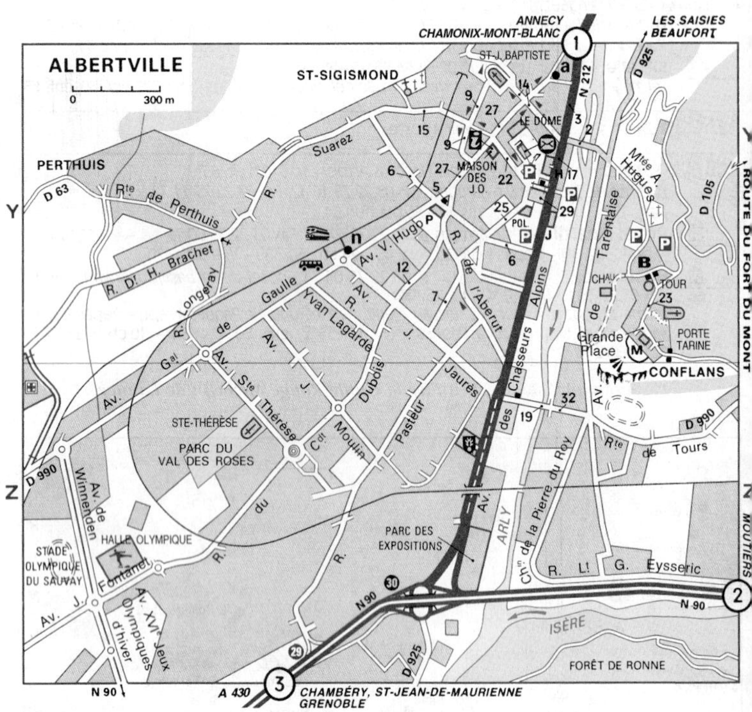

Adoubes (Pont des)	**Y** 2	Docteur Mathias (R. J.-B.)	**Y** 12	Pargoud (R.)	**Y** 22
Allobroges (Quai des)	**Y** 3	Gambetta (R.)	**Y** 14	Pérouse (R. G.)	**Y** 23
Bulle (Pl. Cdt)	**Y** 5	Genoux (R. Cl.)	**Y** 15	Porraz (R. J.)	**Y** 25
Chautemps (R. F.)	**Y** 6	Hôtel-de-Ville (Crs. de l')	**Y** 17	République (R. de la)	**Y** 27
Clemenceau (R.)	**Y** 7	Mirantin (Pont du)	**Z** 19	Soutiras (Square)	**Y** 29
Coty (R. Président)	**Y** 9			8 Mai 1945 (Av.)	**Z** 32

Million, 8 pl. Liberté ✆ 04 79 32 25 15, *hotelmillion@libertysurf.fr, Fax 04 79 32 25 36,* – |♦|, ▤ rest, TV ✆ ⇔ P – 🔔 25. AE ⓓ GB — Y a

Repas *(fermé dim. soir et lundi)* 190/550 ♀ – ☐ 65 – **26 ch** 600/900

Roma, rte Chambéry par ③ : *4 km, sortie 28* ✆ 04 79 37 15 56, *hotelroma@shb.fr, Fax 04 79 37 01 31,* , , , – |♦|, ▤ rest, TV ♿ P – 🔔 150. AE ⓓ GB JCB

Repas *(fermé sam. midi) (92)* - 128/182 ♀, enf. 50 – ☐ 55 – **134 ch** 300/530, 10 appart – ½ P 335/485

Albert 1er, 38 av. V. Hugo ✆ 04 79 37 77 33, *Fax 04 79 37 89 01* – TV ✆ ⇔ – 🔔 25. AE GB — Y n

Repas brasserie *(fermé lundi soir, sam. midi et dim. du 15 déc. au 15 avril, sam. et dim. du 15 avril au 15 déc.) (70)* - 90/110 ♨, enf. 41 – ☐ 49 – **11 ch** 330/430 – ½ P 325/335

Dans ce guide

un même symbole, un même caractère,
imprimé en couleur ou en **noir**, en maigre ou en **gras**
n'ont pas tout à fait la même signification.

Lisez attentivement les pages explicatives.

ALBI P 81000 Tarn 82 ⑩ *G. Midi-Pyrénées* – *46 579 h alt. 174.*

Voir *Cathédrale Ste-Cécile★★★ : Jubé★★★ – Palais de la Berbie★ : musée Toulouse-Lautrec★★ – Le vieil Albi★★ : hôtel de Reynès★* **Z C** *– Pont Vieux★ – Pharmacie des Pénitents★ - ≤★ depuis les moulins albigeois.*

Autodrome *2 km par* ⑤.

Office de Tourisme Palais de la Berbie pl. Ste-Cécile ☎ 05 63 49 48 80, Fax 05 63 49 48 98.

Paris 680 ⑤ – Toulouse 75 ⑤ – Béziers 149 ④ – Clermont-Ferrand 293 ①.

Plan page suivante

Réserve M, rte Cordes par ⑥ : *3 km* ☎ 05 63 60 80 80, *lareservealbi@wanadoo.fr, Fax 05 63 47 63 60,* ≤, « Dans un parc au bord du Tarn », – ch, & P – 25. AE GB JCB
1er mai-31 oct. – **Repas** 170/320 ♀, enf. 60 – ☕ 85 – **24 ch** 790/1450 – ½ P 775/1105

Hostellerie St-Antoine, 17 r. St Antoine ☎ 05 63 54 04 04, *hotel@saint-antoine-albi.com, Fax 05 63 47 10 47,* « Jardin, mobilier ancien », – ch, TV P – 25. AE GB JCB Z d
Repas *(fermé sam. midi et dim.)* (115) - 140/290 ♀, enf. 60 – ☕ 65 – **44 ch** 440/952

Chiffre, 50 r. Séré-de-Rivières ☎ 05 63 48 58 48, *gilles@hotelchiffre.com, Fax 05 63 47 20 61,* – rest, TV P – 150. AE GB JCB Z b
Repas *(fermé sam. midi et dim.)* 140/390 ♀, enf. 60 – ☕ 50 – **36 ch** 350/490 – ½ P 380/440

Mercure M, 41 bis r. Porta ☎ 05 63 47 66 66, *h1211-gm@accor-hotels.com, Fax 05 63 46 18 40,* ≤ le Tarn et la cathédrale, – TV & P – 25. AE GB JCB Y n
Repas *(fermé 21 déc. au 3 janv., sam. midi et dim. midi)* 100/160 bc ♀, enf. 55 – ☕ 55 – **56 ch** 400/530

Grand Hôtel d'Orléans, pl. Stalingrad ☎ 05 63 54 16 56, *Fax 05 63 54 43 41,* – TV – 80. AE GB JCB X e
fermé 3 au 22 janv. – **Repas** *(fermé dim. sauf le soir d'avril à oct. et sam.)* 140/170, enf. 48 – ☕ 45 – **56 ch** 360/560 – ½ P 340/400

Hostellerie du Vigan, 16 pl. Vigan ☎ 05 63 43 31 31, *Fax 05 63 47 05 42* – rest, TV – 60. AE GB JCB Z s
Repas (56) - 98 ♀, enf. 38 – ☕ 35 – **40 ch** 300/360 – ½ P 260/280

Cantepau sans rest, 9 r. Cantepau ☎ 05 63 60 75 80, *Fax 05 63 47 57 91* – TV P. AE GB. V a
fermé 20 déc. au 5 janv. – ☕ 35 – **33 ch** 240/260

George V sans rest, 29 av. Mar. Joffre ☎ 05 63 54 24 16, *hotel.georgev@ilink.fr, Fax 05 63 49 90 78* – TV. GB JCB X g
☕ 36 – **9 ch** 190/260

XXX **Moulin de La Mothe,** r. de Lamothe ☎ 05 63 60 38 15, *Fax 05 63 47 55 42,* ≤, « Au bord du Tarn », – P. AE GB V f
fermé vacances de Toussaint, de fév., dim. soir sauf juil.-août et mardi soir du 15 sept. au 30 avril – **Repas** 145/380 et carte 260 à 350 ♀, enf. 70

XXX **L'Esprit du Vin,** 11 quai Choiseul ☎ 05 63 54 60 44, *pascal-simar@wanadoo.fr, Fax 05 63 54 54 79,* – . GB JCB. Y h
fermé 10 au 28 fév., dim. sauf le midi d'avril à oct. et lundi – **Repas** (175) - 195/330 ♀

XX **Jardin des Quatre Saisons,** 19 bd Strasbourg ☎ 05 63 60 77 76, *Fax 05 63 60 77 76* – . GB V d
fermé dim. soir et lundi – **Repas** 95/185 ♀

XX **Vieil Alby** avec ch (chambres exclusivement non-fumeur), 25 r. Toulouse-Lautrec ☎ 05 63 54 14 69, *Fax 05 63 54 96 75,* – , rest, TV. AE GB JCB. ch
fermé 25 juin au 9 juil., janv., dim. soir et lundi – **Repas** (80) - 98/250 bc ♀, enf. 60 – ☕ 45 – **9 ch** 260/330 – ½ P 290/320 Z k

XX **Viguière d'Alby,** 7 r. Toulouse-Lautrec ☎ 05 63 54 76 44, – GB Z a
fermé 15 fév. au 1er mars, jeudi midi et merc. du 15 sept. au 15 juin – **Repas** 89/230 ♀, enf. 39

X **Table du Sommelier,** 20 r. Porta ☎ 05 63 46 20 10, *Fax 05 63 46 20 10,* – GB
fermé dim. et lundi – **Repas** (75) - 90/148 bc ♀ Y m

à Castelnau-de-Lévis *par ⑥, D 600 et D 12 : 7 km – 1 308 h. alt. 221 – ✉ 81150 :*

XX **Taverne,** ☎ 05 63 60 90 16, *Fax 05 63 60 96 73,* – . AE GB JCB
fermé vacances de Toussaint, de fév., dim. soir hors saison et lundi – **Repas** 125/280

Les localités dont les noms sont ***soulignés de rouge*** *sur les* ***cartes Michelin*** *à 1/200 000 sont citées dans ce guide.*

Utilisez une carte récente pour profiter de ce renseignement.

ALBI

Alsace-Lorraine (Bd) V
Andrieu (Bd Ed.) . . . . X 2
Archevêché (Pl. de l') . . . . Y 3
Berchère (R. de la) . . . . Z
Bodin (Bd P.) . . . . X 5
Cantepau (R. de) V
Carnot (Bd) X
Castelviel (R. du) . . . . Y 7
Choiseul (Quai) . . . . Y 8
Croix-Blanche (R. de la) . . . . . . Z 9
Croix-Verte (R.) . . . . V, YZ 12
Dembourg (Av.) . . . . V 13
Dr-Camboulives (R. du) . . . . Z 14
Empeyralots (R. d') . . . . Z 15
Foch (Av. Mar.) X
Gambetta (Av.) X
Gaulle (Av. Gén. de) X
Genève (R. de) . . . . Z 17
Gorsse (Pl. H. de) . . . . Y 18
Grand (R. E.) . . . . Y
Hôtel-de-Ville (R. de l') . . . . . . Z 19
Jaurès (Pl. J.) . . . . Z
Joffre (Av. Mar.) . . . . X 22
Lacombe (Bd) . . . . X 23
Lamothe (R. de) . . . . V, Y
Lapérouse (Pl.) . . . . Z
Lattre-de-Tassigny (Av. Mal. de) . . V 24
Lices G.-Pompidou . . . . YZ
Lices Jean-Moulin . . . . Z
Loirat (Av. du) V
Lude (Bd du) X
Malroux (R. A.) . . . . Y 25
Maquis (Pl. du) . . . . X 26
Mariès (R.) . . . . Y

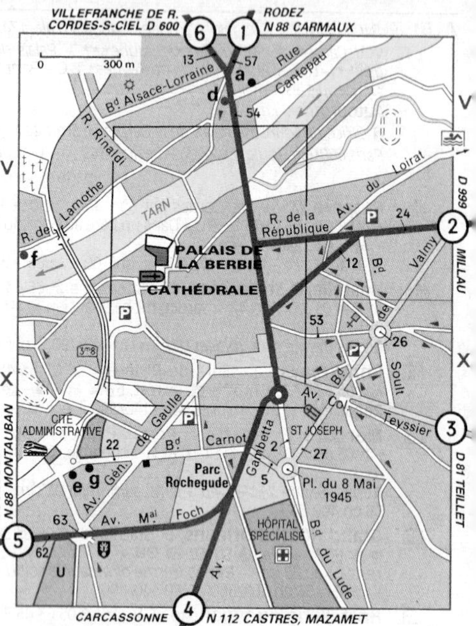

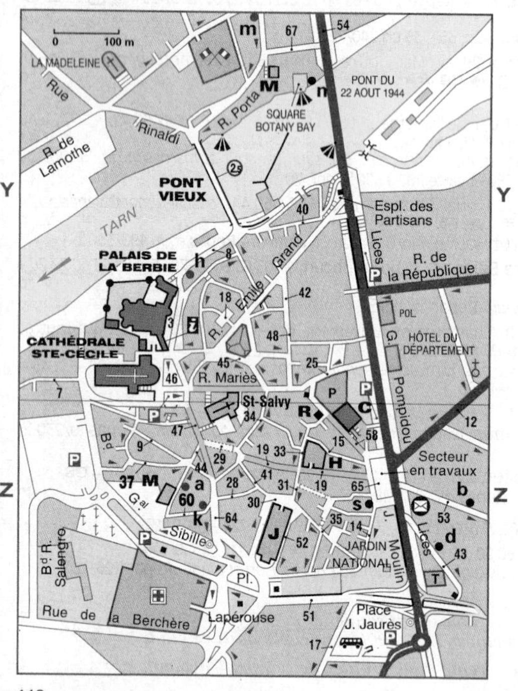

Montebello (Bd) . . . . X 27
Nobles (R. des) . . . . Z 28
Oulmet (R. de l') . . . . Z 29
Palais (Pl. du) . . . . Z 30
Palais (R. du) . . . . Z 31
Partisans (Espl. des) . . . . . . Y
Pénitents (R. des) . . . . Z 33
Peyrolière (R.) . . . . YZ 34
Porta (R.) . . . . Y
Porte Neuve (R. de la) . . . . . . Z 35
Puech-Bérenguier (R.) . . . . . . Z 37
République (R. de la) . . . . . V, Y
Rinaldi (R.) . . . . Y
Rivière (R. de la) . . . . Y 40
Roquelaure (R.) . . . . Z 41
St-Afric (R.) . . . . Y 42
St-Antoine (R.) . . . . Z 43
St-Clair (R.) . . . . Z 44
St-Julien (R.) . . . . Y 45
Ste-Cécile (Pl.) . . . . Y 46
Ste-Cécile (R.) . . . . Z 47
Ste-Claire (R.) . . . . Y 48
Savary (R. H.) . . . . Z 51
Sel (R. du) . . . . Z 52
Séré-de-Rivières (R.) . . . . . . Z 53
Sibille (Bd Gén.) . . . . Z
Soult (Bd) VX
Strasbourg (Bd de) . . . . . . V, Y 54
Teyssier (Av. Col.) X
Thomas (Av. A.) . . . . V 57
Timbal (R.) . . . . Z 58
Toulouse-Lautrec (R. H. de) . . . Z 60
Valmy (Bd.) VX
Verdier (Av. F.) . . . . X 62
Verdun (Pl. de) . . . . X 63
Verdusse (R. de) . . . . Z 64
Vigan (Pl. du) . . . . Z 65
Visitation (R. de la) . . . . Y 67
8-Mai-1945 (Pl. du) X

ALBIEZ-LE-JEUNE *73300 Savoie 77 ⑦ – 61 h alt. 1350.*
Paris 646 – Albertville 74 – Chambéry 84 – St-Jean-de-Maurienne 12.

L'Escale, 04 79 59 85 08, *Fax 04 79 64 32 40*, – GB
fermé 12 nov. au 16 déc., dim. soir et merc. hors saison – **Repas** 90/250 – 38 – **12 ch** 235 – 1/2 P 245

ALBIEZ-LE-VIEUX *73300 Savoie 77 ⑦ – 301 h alt. 1560.*
Office de Tourisme 04 79 59 30 48, Fax 04 79 59 32 30.
Paris 651 – Albertville 78 – Chambéry 88 – St-Jean-de-Maurienne 17 – St-Sorlin-d'Arves 14.

Rua, 04 79 59 30 76, *Fax 04 79 59 33 15*, – P. GB. rest
1er juil.-31 août et 15 déc.-15 avril – **Repas** 90/155, enf. 52 – 32 – **20 ch** 230/290 – 1/2 P 320

ALBIGNY-SUR-SAONE *69 Rhône 74 ①., 110 ⑭ – rattaché à Neuville-sur-Saône.*

ALBOUSSIÈRE *07440 Ardèche 76 ⑳ – 727 h alt. 552.*
Syndicat d'Initiative du Pays de Crussol 04 75 58 20 08.
Paris 580 – Valence 21 – Privas 57 – Tournon-sur-Rhône 32.

Auberge de Duzon avec ch, 04 75 58 29 40, *reception@auberge-duzon.fr*, *Fax 04 75 58 29 41* – TV – 30. GB
fermé 2 janv. au 2 fév., dim. soir et lundi d'oct. à juin – **Repas** 95/240, enf. 60 – 45 – **8 ch** 280/350 – 1/2 P 240

ALBY-SUR-CHÉRAN *74540 H.-Savoie 74 ⑯ – 1 630 h alt. 397.*
Paris 544 – Annecy 14 – Aix-les-Bains 21 – Chambéry 38 – Genève 62.

Auberge Ripaille, 04 50 68 22 98, *Fax 04 50 68 22 98*, – P. AE GB
fermé 22 juil. au 10 août, 23 déc. au 8 janv., dim. soir, merc. soir et lundi – **Repas** (nombre de couverts limité, prévenir) 98 (déj.), 140/198 ♀, enf. 50

ALENÇON P *61000 Orne 60 ③ G. Normandie Cotentin – 29 988 h alt. 135.*
Voir *Église Notre-Dame★ – Musée des Beaux-Arts et de la Dentelle★ : collection de dentelles★★* **BZ M²** *– Musée de la Dentelle et musée Leclerc : collection de dentelles★* **CZ M¹**.
Office de Tourisme Maison d'Ozé pl. Lamagdelaine 02 33 26 11 36, Fax 02 33 32 10 53.
Paris 195 ② – Chartres 118 ③ – Évreux 120 ② – Laval 90 ⑤ – Le Mans 51 ④ – Rouen 148 ①.

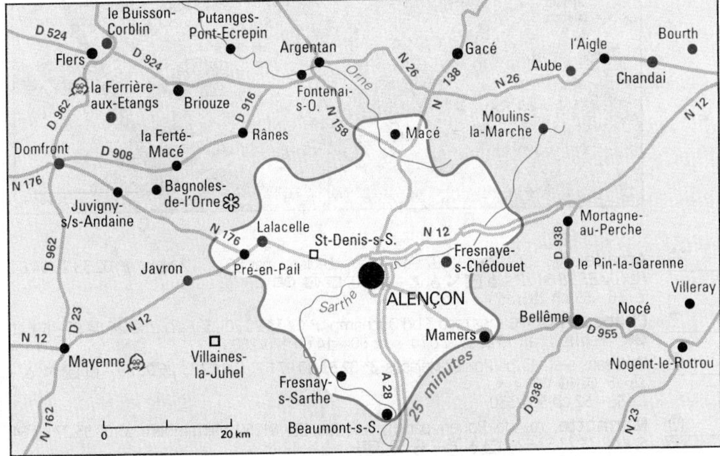

Grand Cerf, 21 r. St-Blaise 02 33 26 00 51, *Fax 02 33 26 63 07*, – TV. AE GB
fermé 1er au 14 janv. – **Repas** *(fermé sam. midi et dim. soir)* 130/250 ♀, enf. 50 – 40 – **22 ch** 270/360 – 1/2 P 275/290 CZ f

ALENÇON

Argentan (R. d') . . AY 2
Basingstoke (Av. de) AY 3
Bercail (R. du) . . . . BZ 4
Clemenceau (Cours) . . . . BCZ
Duchamp (Bd) . . . . AY 8
Écusson (R. de l') . AY 9
Fresnay (R. de) . . . BZ 13
Grandes-Poteries (R. des) . . . . BZ 14
Grande-Rue . . . . . . BZ 15
Halle-au-Blé (Pl. de la) . . . . . . BZ 17
Lamagdelaine (Pl.) CZ 18
Lattre-de-Tassigny (R. du Mar. de) . . BCZ 19
Leclerc (Av. du Gén.) AY 20
Mans (R. du) . . . . . . AY 24
Marguerite-de-Lorraine (Pl.) . . . BZ 25
Pont-Neuf (R. du) . BCZ 29
Porte-de-la-Barre (R.) . . . . BZ 30
Poterne (R. de la) . CZ 33
Quakenbruck (Av. de) . . . . AY 34
Rhin et Danube (Av.) . . . . AY 35
Sieurs (R. aux) . . . BZ
Tisons (R. des) . . . AY 39
Ier-Chasseurs (Bd) . . . AY 40
14e-Hussards (R. du) AY 42

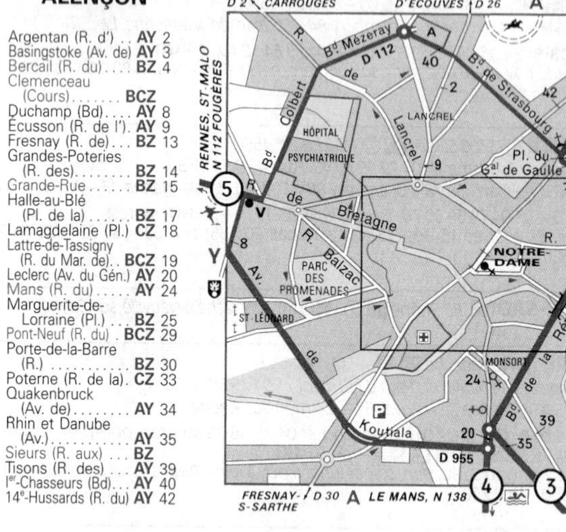

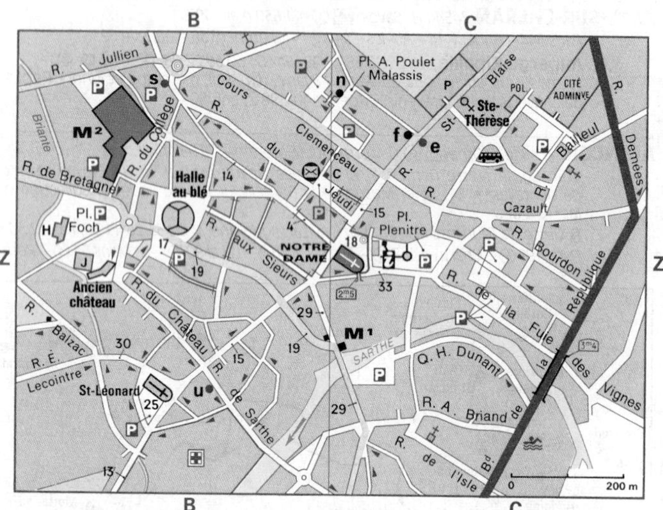

Arcade Ⓜ sans rest, 187 av. Gén. Leclerc par ④ : *2 km* ✆ 02 33 28 64 64, *Fax 02 33 28 64 72* – 50. AE GB
36 – **55 ch** 295/330

Chapeau Rouge sans rest, 3 bd Duchamp ✆ 02 33 26 20 23, *Fax 02 33 26 54 05* – AE GB – *fermé 1er au 15 août et dim.* – 30 – **14 ch** 170/280 AY v

Ibis sans rest, 13 pl. Poulet Malassis ✆ 02 33 80 67 67, *Fax 02 33 26 02 88* – 15. AE GB JCB
35 – **52 ch** 305/330 CZ n

Marmotte, rte de Rouen par ① : *2 km* ✉ 61250 Valframbert ✆ 02 33 27 42 64, *Fax 02 33 27 52 62* – 30. GB
Repas 72/92, enf. 38 – 28 – **45 ch** 198

Petit Vatel, 72 pl. Cdt Desmeulles ✆ 02 33 26 23 78, *Fax 02 33 82 64 57* – AE GB BZ s
fermé 30 juil. au 19 août, vacances de fév., dim. soir et merc. – **Repas** 118/238, enf. 58

XX **Au Jardin Gourmand,** 49 r. Granges ✆ 02 33 32 22 56, *Fax 02 33 82 62 60,* – GB BZ u
fermé 4 au 11 avril, 30 juil. au 18 août, dim. soir, merc. soir et lundi – **Repas** 125/280 ♀

XX **L'Escargot Doré,** 183 av. Gén. Leclerc par ④ *: 2 km* ✆ 02 33 28 67 67, *Fax 02 33 27 77 39* – P. GB
fermé 2 au 8 avril, 15 juil. au 6 août, 2 au 8 janv., dim. soir et lundi – **Repas** - grillades - 108/220 ♀, enf. 55

X **Cabestan,** 22 r. St-Blaise ✆ 02 33 32 16 84 – GB CZ e
fermé 28 mars au 11 avril, 22 août au 5 sept., sam. midi, dim. midi et merc. – **Repas** 98/205 ♀

rte de Mamers *par ③ : 5 km* – ✉ *72610 Le Chevain (Sarthe) :*

XX **Chai de l'Abbaye,** sur D 311 ✆ 02 33 81 78 05, *Fax 02 33 81 78 09,* , – GB
fermé vacances de fév., dim. soir, mardi soir et lundi – **Repas** 89/235

ALÈS SP *30100 Gard* 80 ⑰ ⑱ *G. Languedoc Roussillon – 41 037 h alt. 136.*

Voir *Musée minéralogique de l'Ecole des Mines★ N – Musée-bibliothèque Pierre-André-Benoit★ 0 : 2 km – Mine-témoin★ 0 : 3 km.*

i *Office de Tourisme pl. Gabriel-Péri ✆ 04 66 52 32 15, Fax 04 66 56 57 09.*

Paris 709 ② – Albi 229 ③ – Avignon 72 ③ – Montpellier 70 ③ – Nîmes 46 ③.

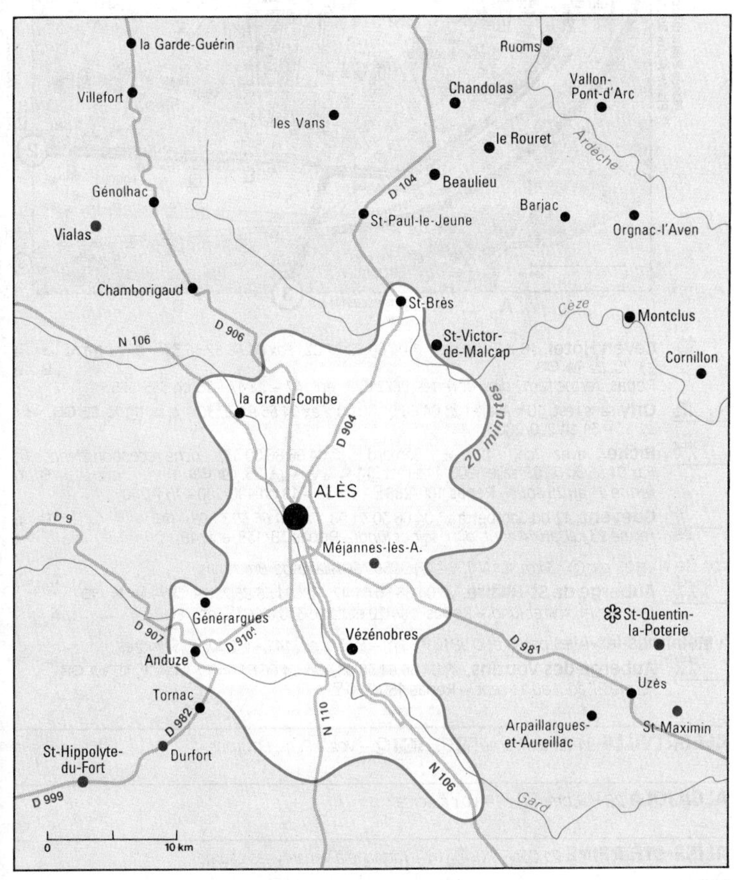

ALÈS

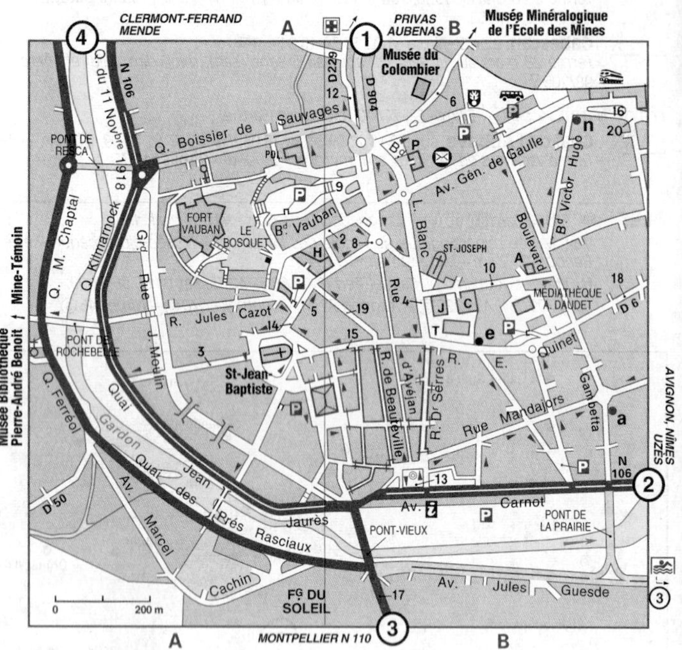

Ceven'Hôtel, 18 r. E. Quinet ✆ 04 66 52 27 07, *Fax 04 66 52 36 33* – 25. AE GB — B e
Repas *(fermé sam., dim. et fériés)* 96/210, enf. 47 – 47 – **75 ch** 335/355

Orly sans rest, 10 r. Avéjan ✆ 04 66 91 30 00, *Fax 04 66 91 30 30* – AE GB.
33 – **31 ch** 200/280

Riche avec ch, 42 pl. Sémard ✆ 04 66 86 00 33, *riche.reception@leriche.fr, Fax 04 66 30 02 63*, salle 1900 – rest, – 25. GB — B n
fermé 1er au 25 août – **Repas** 100/286 – 35 – **19 ch** 190/280 – 1/2 P 240

Guévent, 12 bd Gambetta ✆ 04 66 30 31 98, *Fax 04 66 30 31 98* – GB — B a
fermé 23 juil. au 14 août, dim. soir et lundi – **Repas** 78/138, enf. 48

rte de Nîmes *par ② : 3 km sur N 106 – ✉ 30560 St-Hilaire-de-Brethmas :*

Auberge de St-Hilaire, ✆ 04 66 30 11 42, *Fax 04 66 86 72 79*, – P. GB
fermé dim. soir et lundi – **Repas** 125/420 et carte 330 à 440, enf. 80

à Méjannes-lès-Alès *par ② et D 981 : 7,5 km – 810 h. alt. 141 – ✉ 30340 Salindres :*

Auberge des Voutins, ✆ 04 66 61 38 03, *Fax 04 66 61 04 19*, – P. AE GB
fermé 27 août au 11 sept. – **Repas** 150/350

ALFORTVILLE *94 Val-de-Marne* 61 ①, 101 ㉗ – *voir à Paris, Environs.*

ALGAJOLA *2B H.-Corse* 90 ⑬ – *voir à Corse.*

ALISE-STE-REINE *21 Côte-d'Or* 65 ⑱ – *rattaché à Venarey-les-Laumes.*

ALIX *69380 Rhône* 73 ⑨, 74 ①, 110 ② *– 665 h alt. 287.*

Paris 444 – Lyon 30 – L'Arbresle 13 – Villefranche-sur-Saône 12.

XX **Vieux Moulin,** ✆ 04 78 43 91 66, *Fax 04 78 47 98 46,* 🏞 – P. GB
fermé 12 août au 11 sept., lundi et mardi – **Repas** 125/285, enf. 60

ALLAIN *54170 M.-et-M.* 62 ④ *– 387 h alt. 306.*

Paris 299 – Nancy 33 – Neufchâteau 27 – Toul 16 – Vittel 48.

🏠 **Haie des Vignes** sans rest, à l'échangeur A 31, rte Neufchâteau : 0,5 km
✆ 03 83 52 81 82, *Fax 03 83 52 04 27* – TV ☎ ♿ 🚗 P. GB
☕ 30 – **24 ch** 230

ALLAS-LES-MINES *24 Dordogne* 75 ⑰ *– rattaché à St-Cyprien.*

ALLÈGRE *43270 H.-Loire* 76 ⑥ *– 1 176 h alt. 1057.*

ℹ *Office de Tourisme r. du Mont Bar* ✆ *04 71 00 72 52, Fax 04 71 00 21 25 (hors saison)* ✆ *04 71 00 71 21.*

Paris 530 – Le Puy-en-Velay 28 – Ambert 45 – Brioude 45 – Langeac 29.

🏠 **Voyageurs,** D 13 ✆ 04 71 00 70 12, *Fax 04 71 00 20 67,* 🏊 – TV 🚗 P. GB
1er avril-30 nov. et fermé dim. soir et lundi sauf juil.-août – **Repas** (45) - 70/155 ♀, enf. 45 – ☕ 38 – **20 ch** 195/295 – ½ P 220/270

ALLEMONT *38114 Isère* 77 ⑥ *– 600 h alt. 830.*

Paris 615 – Grenoble 47 – Le Bourg-d'Oisans 11 – St-Jean-de-Maurienne 62 – Vizille 29.

🏠 **Giniès** 🐎, ✆ 04 76 80 70 03, *hotel-ginies@wanadoo.fr, Fax 04 76 80 73 13,* ←, 🏞, 🪑 – TV ☎ ♿ P. GB. 🚫
Repas *(ouvert mars, 4 mai-15 sept., vacances de fév.)* 110/150 ♀, enf. 60 – ☕ 40 – **15 ch** 270/300 – ½ P 300

ALLEVARD *38580 Isère* 74 ⑯, 77 ⑥ *G. Alpes du Nord – 2 558 h alt. 470 – Stat. therm. (mai-oct.) – Sports d'hiver au Collet d'Allevard : 1 450/2 100 m* ⛷ *13 – Casino.*

Voir *Route du Collet*★★ *par D 525A – Route de Brame-Farine*★ *NO.*

ℹ *Office de Tourisme pl. Résistance* ✆ *04 76 45 10 11, Fax 04 76 97 59 32.*

Paris 597 ① – Grenoble 41 ② – Albertville 51 ① – Chambéry 34 ①.

ALLEVARD

Rues piétonnes en saison thermale

Baroz (R. Emma) 2
Bir-Hakeim (R. de) 3
Charamil (R.) 5
Chataing (R. Laurent) 6
Chenal (R.) 7
Davallet (Av.) 8
Docteur-Mansord (R.) 9
Gerin (Av. Louis) 15
Grand-Pont (R. du) 19
Libération (R. de la) 21
Louaraz (Av.) 22
Niepce (R. Bernard) 23
Ponsard (R.) 24
Rambaud (Pl. P.) 25
Résistance (Pl. de la) 27
Savoie (Av. de) 28
Thermes (R. des) 29
Verdun (Pl. de) 32
8-Mai-1945 (R. du) 34

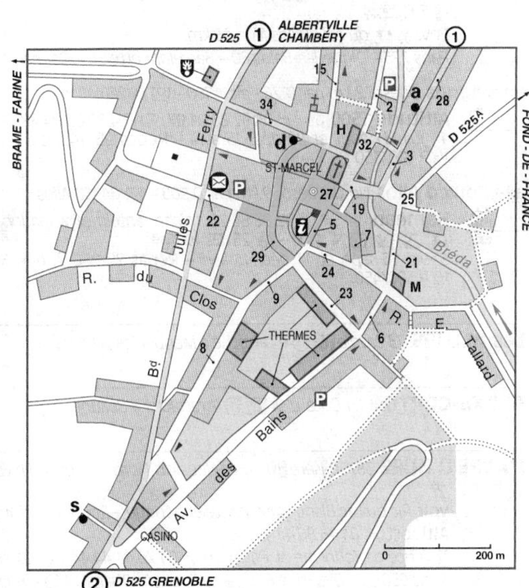

Les Pervenches ⑤, (s) ☎ 04 76 97 50 73, *hotelpervenches@aol.com, Fax 04 76 45 09 52*, ≤, ⛱, ⛱, ✂, ⚘ – 📺 P. AE ⓓ GB JCB. ⚘ rest
début mai-mi-oct., début fév.-mi-avril et fermé dim. soir en hiver – **Repas** 103/215 ♀, enf. 58 – ☕ 45 – **26 ch** 287/396 – ½ P 355/382

Alpes, (d) ☎ 04 76 45 94 10, *Fax 04 76 45 80 81* – ⇔ 📺 ☎. AE ⓓ GB
fermé merc.(sauf hôtel) et dim. soir hors saison – **Repas** *(70)* - 85 (déj.), 130/205 ♀, enf. 50 – ☕ 42 – **20 ch** 280/320 – ½ P 280/320

Terrasses, 29 av. Savoie (a) ☎ 04 76 45 84 42, *Fax 04 76 13 57 65*, ⛱ – ☎. GB
fermé nov. et merc d'oct. à avril sauf vacances scolaires – **Repas** 69/150 ♀, enf. 42 – ☕ 35 – **16 ch** 190/230 – ½ P 190/235

à Pinsot *Sud : 7 km par D 525 A – 145 h. alt. 730 – ✉ 38580 :*

Pic de la Belle Étoile ⑤, ☎ 04 76 45 89 45, *hotel@pbetoile.com, Fax 04 76 45 89 46*, ≤, ⛱, Fs, ⛱, ⛱, ⚘ – |♦| 📺 ☎ P – 🏛 60. AE GB
9 mai-21 oct. et 22 déc.-15 avril et fermé vend. soir, dim. soir et lundi – **Repas** 120/240, enf. 72 – ☕ 56 – **40 ch** 420/570 – ½ P 435/490

ALLEYRAS *43580 H.-Loire* 76 ⑯ *– 232 h alt. 779.*
Paris 557 – Le Puy-en-Velay 32 – Brioude 71 – Langogne 43 – St-Chély-d'Apcher 59.

Haut-Allier (Brun) ⑤, au Pont d'Alleyras, Nord : 2 km par D 40 ☎ 04 71 57 57 63, *Fax 04 71 57 57 99*, ≤, ⛱ – |♦|, ▤ rest, 📺 ♿. AE GB. ⚘
3 mars-15 nov. – **Repas** *(fermé lundi sauf le soir en juil.août, dim. soir de sept. à juin et mardi midi sauf fériés)* 125/480 ♀ – ☕ 50 – **19 ch** 300/650 – ½ P 350/450
Spéc. Aumonière d'escargots de Grazac en tradition. Alliance d'agneau de pays. Sorbet aux fleurs de sureau. **Vins** Madargues.

In this Guide,
*a symbol or a character, printed in **black** or another colour*
*in light or **bold** type,*
does not have the same meaning.
Please read the explanatory pages carefully.

ALLOS *04260 Alpes-de-H.-P.* 81 ⑧ *G. Alpes du Sud – 705 h alt. 1425 – Sports d'hiver : 1 400/2 600 m* ⛷ 5 ⛷ 29 ⛷.
Env. ✲** *du col d'Allos NO : 15 km.*
Paris 773 – Digne-les-Bains 80 – Barcelonnette 36 – Colmars 8.

au Seignus *Ouest : 2 km par D 26 - alt. 1500 – ✉ 04260 Allos*

Altitude 1500 ⑤, ☎ 04 92 83 01 07, *Fax 04 92 83 04 78*, ≤, ⛱ – P. GB. ⚘
1er juil.-31 août et 20 déc.-15 avril – **Repas** 95/145, enf. 50 – ☕ 35 – **15 ch** 250/300 – ½ P 300/350

à la Foux d'Allos *Nord-Ouest : 9 km par D 908 – ✉ 04260 Allos*

Hameau ⑤, ☎ 04 92 83 82 26, *michel.lantelme@wanadoo.fr, Fax 04 92 83 87 50*, ≤, ⛱, Fs, ⛱ – |♦| 📺 ☎ ♿ P – 🏛 25. AE ⓓ GB
9 juin-16 sept. et 1er déc.-15 avril – **Repas** 70/250 ♀, enf. 50 – ☕ 40 – **36 ch** 360/540 – ½ P 380/450

Les ALLUES *73 Savoie* 74 ⑰ *– rattaché à Méribel-les-Allues.*

ALOXE-CORTON *21 Côte-d'Or* 70 ① *– rattaché à Beaune.*

L'ALPE D'HUEZ *38750 Isère* 77 ⑥ *G. Alpes du Nord – Sports d'hiver : 1 500/3 350 m* ⛷ 14 ⛷ 70 ⛷.
Voir *Pic du Lac Blanc* ✲** *par téléphérique – Route de Villars-Reculas* ★ *4 km par D 211B.*
Altiport ☎ *04 76 80 41 15, SE.*
ℹ *Office de Tourisme pl. Paganon ☎ 04 76 11 44 44, Fax 04 76 80 69 54.*
Paris 630 ① – Grenoble 62 ① – Le Bourg-d'Oisans 13 ① – Briançon 72 ①.

ALPE D'HUEZ

Bergers (Chemin des) . . . . . . **B** 2
Cognet (Pl. du) . . . . **B** 4
Fontbelle (R. de) . . . . **B** 5
Meije (R. de la) . . . . **B** 6
Paganon (Pl. Joseph) . . . . **A** 7
Pic-Bayle (R. du) . . . . **B** 8
Poste (Route de la) . . . . **A** 9
Poutat (R. du) . . . . **B** 10
Siou-Coulet (Route du) . . . . . **A** 12

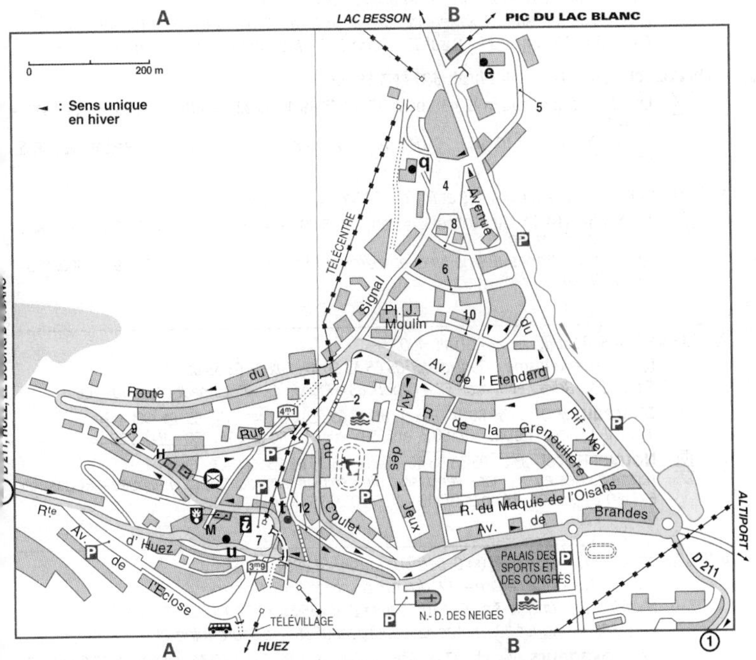

Au Chamois d'Or, 04 76 80 31 32, *Fax 04 76 80 34 90*, pistes et montagnes, – 20. GB B e
20 déc.-21 avril – **Repas** 165 (déj.), 235/290 – 85 – **44 ch** 1320/1700, 4 appart – ½ P 1050/1300

Mariandre, 04 76 80 66 03, *hotel@lemariandre.com, Fax 04 76 80 31 50*, – . AE GB. A u
juil.-août et 1er déc.-28 avril – ***Colporteur*** 04 76 80 95 89 **Repas** 135/240 , enf. 70 – 65 – **26 ch** 485/2260 – ½ P 615

Dôme, 04 76 80 32 11, *Fax 04 76 80 66 48*, massif de l'Oisans – . AE GB B q
juil.-août et 15 déc.-20 avril – **Repas** 90/160, enf. 60 – 65 – **21 ch** 690/760 – ½ P 590/675

Au P'tit Creux, 04 76 80 62 80, *Fax 04 76 80 39 37*, – GB A t
fermé 1er mai au 15 juin et 3 au 30 sept. – **Repas** (prévenir) 160/220 ♀, enf. 60

Cabane du Poutat *secteur des Bergers*, accès piétons (40 mn) depuis gare départ télécabine des Marmottes 04 76 80 42 88, *Fax 04 76 80 42 88*, massif de l'Oisans, « Restaurant d'altitude (2100 m) au milieu des pistes » – GB
déc.- avril – **Repas** (déj. seul.) (dîner sur réservation) 100 (déj.), 280/320

ALTENSTADT *67 B.-Rhin 57 ⑲ – rattaché à Wissembourg.*

ALTKIRCH *68130 H.-Rhin 66 ⑨ G. Alsace Lorraine – 5 090 h alt. 312.*

Office de Tourisme pl. Xavier-Jourdain ☎ 03 89 40 21 80, Fax 03 89 40 02 90.

Paris 458 – Mulhouse 21 – Basel 35 – Belfort 33 – Montbéliard 53 – Thann 27.

à Hirtzbach *Sud : 4 km – 1 143 h. alt. 308 – ✉ 68118 :*

XX **Ottié,** à la bifurcation D 432 et D 17 ☎ 03 89 40 93 22, *Fax 03 89 08 85 19,* – P. GB

fermé 20 juin au 10 juil., 20 déc. au 5 janv., lundi soir et mardi – **Repas** 89/238 🍷, enf. 60

à Wahlbach : *Est : 10 km par D 419 et D 19B – 242 h. alt. 320 – ✉ 68130 :*

XX **Auberge de la Gloriette** avec ch, ☎ 03 89 07 81 49, *Fax 03 89 07 40 56,* – rest, TV P. AE GB

fermé nov. – **Repas** *(fermé lundi et mardi)* 98 (déj.), 160/320 🍷 – ☕ 55 – **9 ch** 300/450 – ½ P 350/450

ALVIGNAC *46500 Lot 75 ⑲ – 473 h alt. 400.*

Office de Tourisme r. Centrale ☎ 05 65 33 66 42, Fax 05 65 33 60 62.

Paris 533 – Brive-la-Gaillarde 52 – Cahors 63 – Figeac 42 – Rocamadour 9 – Tulle 66.

Château, ☎ 05 65 33 60 14, *Fax 05 65 33 69 28,* – TV. AE GB JCB

1er avril-1er nov. – **Repas** 70/190 🍷, enf. 38 – ☕ 33 – **36 ch** 220/260 – ½ P 278

Nouvel Hôtel, ☎ 05 65 33 60 30, *Fax 05 65 33 68 25,* – P. GB

fermé 15 déc au 1er mars, vend. soir, dim. soir et sam. du 15 oct. à Pâques – **Repas** (58) - 68/160 🍷 – ☕ 32 – **13 ch** 200/210 – ½ P 205/225

AMBAZAC *87240 H.-Vienne 72 ⑧ G. Berry Limousin – 4 889 h alt. 387.*

Voir *Trésors★★ de l'église – ≤★ du parc du château de Montméry.*

Office de Tourisme 3 av. Gén.-de-Gaulle ☎ 05 55 56 70 70, Fax 05 55 56 70 70.

Paris 380 – Limoges 22 – Bellac 42 – Bourganeuf 38 – La Souterraine 41.

X **Les Voyageurs** avec ch, 27 av. Gén. de Gaulle ☎ 05 55 56 60 31, *Fax 05 55 56 60 31* – TV P. GB

fermé vacances de Toussaint, de fév., dim soir et lundi – **Repas** (49) - 85/240 🍷 – ☕ 30 – **7 ch** 160/180 – ½ P 220

AMBÉRIEUX-EN-DOMBES *01330 Ain 74 ① ②, 110 ⑤ – 1 156 h alt. 296.*

Paris 433 – Lyon 32 – Bourg-en-Bresse 40 – Mâcon 42 – Villefranche-sur-Saône 17.

Auberge des Bichonnières , rte Ars-sur-Formans ☎ 04 74 00 82 07, *bichonnier@aol.com, Fax 04 74 00 89 61,* , ancienne ferme dombiste, – TV P. AE GB

fermé 15 déc. au 15 janv., dim. soir et lundi (sauf juil.-août) et mardi midi – **Repas** (nombre de couverts limité, prévenir) 135/250 🍷, enf. 85 – ☕ 50 – **9 ch** 230/320 – ½ P 300/350

AMBERT *63600 P.-de-D. 73 ⑯ G. Auvergne – 7 420 h alt. 535.*

Voir *Église St-Jean★ – Vallée de la Dore★ N et S – Moulin Richard-de-Bas★ 5,5 km par ② – Musée de la Fourme et du fromage – Train panoramique★ (juil.-août).*

Office de Tourisme 4 pl. Hôtel-de-Ville ☎ 04 73 82 61 90, Fax 04 73 82 48 36.

Paris 444 ① – Clermont-Ferrand 78 ① – Brioude 60 ③ – Thiers 55 ①.

Plan page ci-contre

Chaumière, 41 av. Mar. Foch par ③ ☎ 04 73 82 14 94, *Fax 04 73 82 33 52,* – TV P. AE GB JCB

fermé 26 déc. au 20 janv. et sam. d'oct. à fin mai – **Repas** *(fermé vend. soir de nov. à fin mars, sam. d'oct. à fin mai et dim. soir)* 95/220 🍷, enf. 60 – ☕ 42 – **23 ch** 270/330 – ½ P 270

X **Les Copains** avec ch, 42 bd Henri IV ☎ 04 73 82 01 02, *hotel.rest.les.copains@wanadoo.fr, Fax 04 73 82 67 34* – rest, TV GB. ch Z a

fermé 15 sept. au 15 oct., vacances de fév., sam. sauf en août et dim. soir – **Repas** 70 (déj.), 115/240 🍷, enf. 65 – ☕ 38 – **11 ch** 290/350 – ½ P 260/280

AMBERT

Michelin n'accroche pas de panonceau aux hôtels et restaurants qu'il signale.

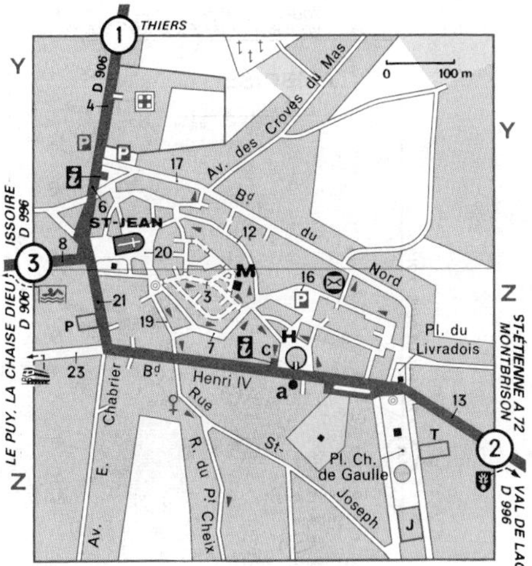

AMBIALET *81340 Tarn* 80 ⑫ *G. Midi-Pyrénées – 386 h alt. 220.*

Voir *Site★ – Commune de la "Méridienne Verte".*

Paris 701 – Albi 23 – Castres 55 – Lacaune 56 – Rodez 71 – St-Affrique 62.

Pont, ☎ 05 63 55 32 07, *Fax 05 63 55 37 21*, ←, 🌳, 🏊, 🛋 – ▤ rest, TV P – 🏃 25. AE ⓓ GB

fermé 2 janv. au 13 fév., dim. soir et lundi hors saison – **Repas** 115/280 🍷, enf. 70 – ☕ 40 – **20 ch** 307/351 – ½ P 336

AMBIERLE *42820 Loire* 73 ⑦ *G. Vallée du Rhône – 1 763 h alt. 467.*

Voir *Église★.*

Paris 385 – Roanne 18 – Lapalisse 35 – Thiers 72 – Vichy 52.

Prieuré, ☎ 04 77 65 63 24, *leprieure@wanadoo.fr, Fax 04 77 65 69 90* – ▤. GB

fermé 27 août au 6 sept., 29 oct. au 5 nov., vacances de fév., dim. soir, mardi soir et merc. – **Repas** 90/320 🍷, enf. 55

AMBOISE *37400 I.-et-L.* 64 ⑯ *G. Châteaux de la Loire – 10 982 h alt. 60.*

Voir *Château★★ : ←★★ de la terrasse, ←★★ de la tour des Minimes – Clos-Lucé★ – Pagode de Chanteloup★ 3 km par ④.*

Env. *Lussault-sur-Loire : aquarium de Touraine★ O : 8 km par ⑤.*

Office de Tourisme q. Gén.-de-Gaulle ☎ 02 47 57 09 28, Fax 02 47 57 14 35.

Paris 224 ① – Tours 26 ⑤ – Blois 37 ① – Loches 36 ④ – Vierzon 91 ③.

Plan page suivante

Choiseul, 36 quai Ch. Guinot ☎ 02 47 30 45 45, *choiseul@wanadoo.fr, Fax 02 47 30 46 10*, ←, 🌳, « Résidence du 18e siècle en bordure de Loire », 🏊, 🛋 – ▤ TV 📞 🚗 P – 🏃 60. AE ⓓ GB JCB B V

fermé 15 déc. au 4 fév. – **Repas** *(fermé le midi en semaine en juil.-août)* 190 (déj.), 290/500 et carte 400 à 560 🍷 – ☕ 90 – **28 ch** 670/1500, 3 appart – ½ P 805/1220

Spéc. Mousseline de pommes de terre et râpée de truffes d'été (saison). Côte de veau double rôtie en cocotte. Sablé renversé aux fraises (saison). **Vins** Touraine-Amboise, Montlouis.

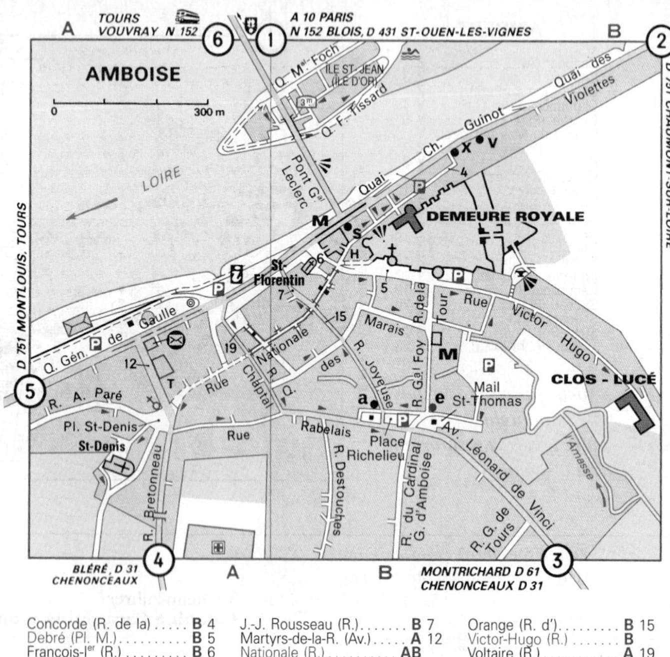

Manoir Les Minimes Ⓜ sans rest, 34 quai Ch. Guinot ✆ 02 47 30 40 40, *manoir-les minimes@wanadoo.fr, Fax 02 47 30 40 77*, ≤, « Demeure du 18e siècle » – GB. B x
fermé dim. du 15 nov. au 15 mars – 65 – **13 ch** 590/920

Novotel, Sud : 2 km par ③ *rte de Chenonceaux* ✆ 02 47 57 42 07, *novotel.amboise@ wanadoo.fr, Fax 02 47 30 40 76*, ≤, – 20 à 150. AE GB
Repas carte environ 170, enf. 50 – 60 – **121 ch** 510/620

Château de Pray, rte de Chargé par ② *et D 751 : 3 km* ✆ 02 47 57 23 67, *chateau.de pray@wanadoo.fr, Fax 02 47 57 32 50*, ≤, « Terrasse dominant la vallée », – 40. AE GB JCB.
fermé 2 janv. au 10 fév. et merc. midi – **Repas** 155 (déj.), 250/395 bc – 65 – **19 ch** 690/1020 – ½ P 645/745

L'Arbrelle, rte des Ormeaux par ③ *et D 81 : 3 km* ✆ 02 47 57 57 17, *arbrelle@wanado o.fr, Fax 02 47 57 64 89*, ≤, – 25. AE GB
fermé 23 déc. au 20 janv. – **Repas** *(fermé lundi sauf le soir en juil.-août, dim. midi et mardi midi hors saison)* *(75)* - 98/145, enf. 49 – 42 – **21 ch** 330/480 – ½ P 315

Belle Vue sans rest, 12 quai Ch. Guinot ✆ 02 47 57 02 26, *Fax 02 47 30 51 23* – GB. B s
15 mars-15 nov. – 38 – **32 ch** 300/370

Blason, 11 pl. Richelieu ✆ 02 47 23 22 41, *leblason@wanadoo.fr, Fax 02 47 57 56 18* – rest, AE GB B a
fermé 15 janv. au 1er fév., merc. midi, sam. midi et mardi – **Repas** *(fermé 15 janv. au 15 fév.)* 75/245, enf. 49 – 35 – **28 ch** 270/300 – ½ P 245

Ibis, Est : Z.I. La Boitardière par ② *et D 31 : 3 km* ✆ 02 47 23 10 23, *Fax 02 47 57 31 41*, – 80. AE GB
Repas *(75)* - 95, enf. 39 – 35 – **70 ch** 310/350

Manoir St-Thomas, 1 Mail St-Thomas ✆ 02 47 57 22 52, *Fax 02 47 30 44 71*, « Elégant pavillon Renaissance », – AE GB JCB B e
fermé 23 janv. au 5 mars, mardi midi de juin à sept., dim. soir de sept. à juin et lundi – **Repas** 179/305 et carte 260 à 300

XX **Bonne Étape** avec ch, 962 quai Violettes par ② ✆ 02 47 57 08 09, *Fax 02 47 57 12 33*, 🍽, 🌳 – TV P. AE GB
fermé 18 déc. au 8 janv. et 20 fév. au 9 mars – **Repas** *(fermé dim. soir et lundi)* 78/262 ♀, enf. 55 – ☕ 29 – **7 ch** 292

à St-Ouen-les-Vignes *par ① et D 431 : 6,5 km – 747 h. alt. 80 – ✉ 37530 :*

XXX **L'Aubinière** (Arrayet) M 🔇 avec ch, ✆ 02 47 30 15 29, *Fax 02 47 30 02 44*, 🍽, 🏊, 🌳 – ▤ rest, TV ✆ P – 🏛 15. AE GB. ✗
✿ *fermé 20 au 30 oct., 30 janv. au 10 mars* – **Repas** *(fermé dim. soir, mardi soir et merc.)* 165 (déj.), 240/400 et carte 400 à 520 ♀ – ☕ 65 – **5 ch** 500/800 – ½ P 850/1100
Spéc. Cassolette de langoustines (été). Dos de sandre rôti au jus de viande. Giboulée de mirabelles (15 août-30 sept.). **Vins** Vouvray, Touraine-Mesland.

à Pocé-sur-Cisse *par ① et D 431 : 3,5 km – 1 493 h. alt. 60 – ✉ 37530 :*

X **Auberge de la Ramberge** avec ch, 9 rte St-Ouen-les-Vignes ✆ 02 47 57 32 48, *Fax 02 47 57 32 48*, 🍽 – TV. GB
fermé 25 au 29 juin, 3 au 10 sept., 21 janv. au 4 fév., dim. soir et lundi sauf juil.-août – **Repas** 65 bc (déj.), 75/170 🍷 – ☕ 31 – **16 ch** 170/300 – ½ P 200/250

par *⑥ et N 152 : 2,5 km – ✉ 37530 Nazelles-Négron :*

🏠 **Petit Lussault** sans rest, ✆ 02 47 57 30 30, *Fax 02 47 57 77 80*, « Parc », 🌳, 🎾, 🐎 – P. GB
1er avril-30 oct. et fermé dim. sauf juil.-août – ☕ 30 – **22 ch** 275/320

Dans ce guide
un même symbole, un même caractère,
imprimé en couleur ou en ***noir****, en maigre ou en* ***gras****,*
n'ont pas tout à fait la même signification.
Lisez attentivement les pages explicatives.

AMBONNAY *51150 Marne 56 ⑰ – 917 h alt. 95.*

Paris 162 – Reims 29 – Châlons-en-Champagne 22 – Épernay 20 – Vouziers 66.

XX **Auberge St-Vincent** avec ch, ✆ 03 26 57 01 98, *asv51150@aol.com, Fax 03 26 57 81 48* – ▤ rest, TV ✆ 🚗. AE GB JCB. ✗ ch
fermé dim. soir et lundi – **Repas** 140/360 ♀, enf. 60 – ☕ 50 – **10 ch** 310/390 – ½ P 410/435

AMÉLIE-LES-BAINS-PALALDA *66110 Pyr.-Or. 86 ⑱ ⑲ G. Languedoc Roussillon – 3 239 h alt. 230 – Stat. therm. (19 janv.-20 déc.) – Casino.*

Voir *Bourg médiéval de Palalda★.*

ℹ *Office du Tourisme et du Thermalisme q. du 8 Mai-1945 ✆ 04 68 39 01 98, Fax 04 68 39 20 20.*

Paris 892 ② – Perpignan 38 ② – Céret 9 ② – Prats-de-Mollo-la-Preste 24 ③.

Plan page suivante

🏨 **Palmarium Hôtel,** av. Vallespir **(u)** ✆ 04 68 39 19 38, *Fax 04 68 39 04 23* – 🛗 TV ✆ 🚗. GB
fermé 8 déc au 17 janv. – **Repas** 100/165 ♀, enf. 55 – ☕ 38 – **65 ch** 200/300 – P 295/330

🏠 **Roussillon,** av. Beau Soleil par ② ✆ 04 68 39 34 39, *Fax 04 68 39 81 21*, 🍽, 🏊, 🌳 – 🛗 TV ♿ P. GB. ✗ rest
fermé 20 déc. au 28 fév. – **Repas** *(fermé dim. soir et lundi)* 98/165, enf. 55 – ☕ 45 – **30 ch** 295/375 – P 350

🏠 **Palm-Tech Hôtel,** quai G. Bosch **(v)** ✆ 04 68 83 98 00, *Fax 04 68 39 84 27* – 🛗 ✆ ♿ 🚗 P. GB
15 avril-31 oct. – **Repas** 70/150 🍷 – ☕ 34 – **56 ch** 150/270 – P 275/305

🏠 **Bains et Gorges,** pl. Arago **(y)** ✆ 04 68 39 29 02, *Fax 04 68 39 82 52* – 🛗 TV. GB
fermé 1er déc. au 31 janv. – **Repas** *(70)* - 110 ♀ – ☕ 32 – **44 ch** 215/245 – P 249/264

🏡 **Ensoleillade La Rive** sans rest, r. J. Coste **(m)** ✆ 04 68 39 06 20 – 🛗 cuisinette TV P. GB
☕ 30 – **14 ch** 170/255

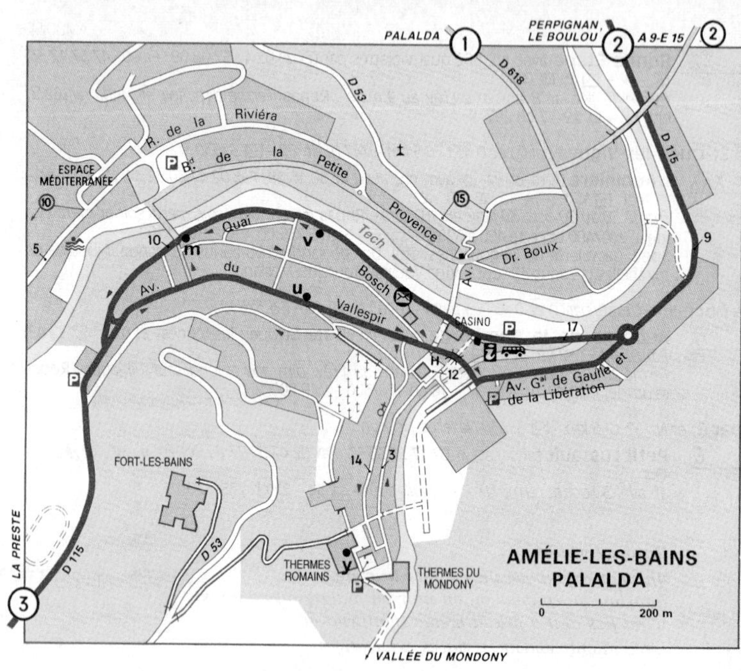

Castellane (R.) 3
Corniche (Rte de la) 5
Leclerc (Av. Gén.) 9
Palmiers (Av. des) 10
République (Pl. de la) 12
Thermes (R. des) 14
Vallespir (Av. du)
8-Mai-1945 (Av.) 17

Donnez-nous votre avis sur les tables que nous recommandons, sur leurs spécialités et leurs vins de pays.

L'AMÉLIE-SUR-MER *33 Gironde 71 ⑯ – rattaché à Soulac-sur-Mer.*

AMIENS P *80000 Somme 52 ⑧ G. Picardie Flandres Artois – 131 872 h alt. 34.*

Voir *Cathédrale Notre-Dame*** (stalles***) – Hortillonnages* – Hôtel de Berny** **CY M**[3] – *Quartier St-Leu* - Musée de Picardie** – Théâtre de marionnettes "ché cabotans d'Amiens"* **CY T**[2] – *Commune de la "Méridienne Verte".*

Office de Tourisme 6 bis r. Dusevel ☎ 03 22 71 60 50, Fax 03 22 71 60 51.

Paris 137 ③ – Lille 123 ② – Reims 174 ③ – Rouen 121 ⑤ – St-Quentin 77 ③.

Plans pages suivantes

Carlton, 42 r. Noyon ☎ 03 22 97 72 22, *lecarlton@free.fr, Fax 03 22 97 72 00* – rest, – 15 à 50. AE GB CZ s
Le Bistrot (grill) **Repas** 69/105 ♀, enf. 42 – 55 – **25 ch** 460/700 – ½ P 640/880

Relais Mercure sans rest, 17 pl. au Feurre ☎ 03 22 22 00 20, *gshpic@aol.com, Fax 03 22 91 86 57* – – 15 à 20. AE GB JCB BY r
50 – **47 ch** 450/510

Express by Holiday Inn M, 10 bd Alsace-Lorraine ☎ 03 22 22 38 50, *expressamiens@alliance.hostellerie.fr, Fax 03 22 22 38 55* – – 25. AE GB JCB CZ n
Repas *(fermé vend. soir, sam. et dim.) (69)* - 89 ♀, enf. 38 – **69 ch** 450

Ibis M, 4 r. Mar. de-Lattre-de-Tassigny ☎ 03 22 92 57 33, *Fax 03 22 91 67 50* – – 15 à 35. AE GB BY e
Repas *(75)* - 95 , enf. 39 – 35 – **94 ch** 355/375

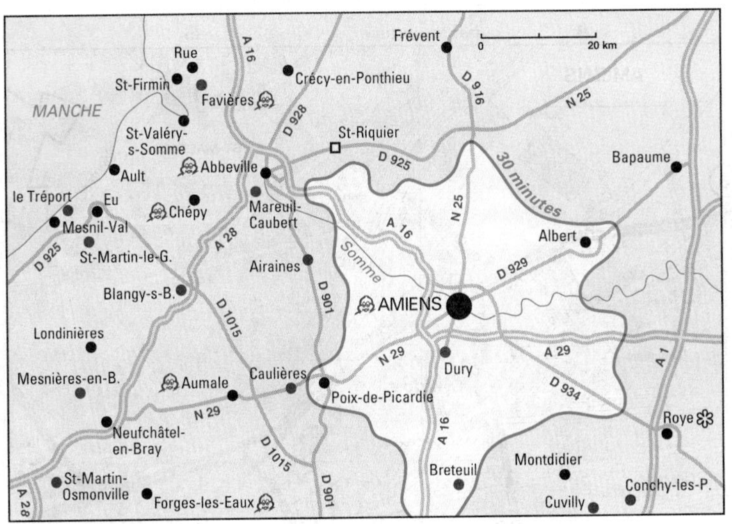

XXX **Marissons,** pont Dodane ☎ 03 22 92 96 66, *marissons@les-marissons.fr, Fax 03 22 91 50 50,* 🍴 – ▤. AE ⓓ GB JCB — CY n
fermé 1er au 11 nov., 23 déc. au 3 janv., sam. midi et dim. – **Repas** 120/295 et carte 280 à 380 ♀

XX **Vivier,** 593 rte Rouen ☎ 03 22 89 12 21, *Fax 03 22 45 27 36* – P. AE GB — AZ d
fermé 5 au 23 août, 24 déc. au 2 janv., dim. et lundi – **Repas** - poissons et coquillages - 140/380 ♀

XX **Couronne,** 64 r. St Leu ☎ 03 22 91 88 57, *Fax 03 22 72 07 09* – AE GB — CX k
fermé 14 juil. au 14 août, 2 au 13 janv., dim. soir et sam.
Repas 92/180 ♀

XX **Au Relais des Orfèvres,** 14 r. Orfèvres ☎ 03 22 92 36 01, *Fax 03 22 91 83 30* – AE GB — CY m
fermé août, vacances de fév., sam. midi, dim. soir et merc. – **Repas** 123/178 ♀

X **L'Os à Moelle,** 12 r.Flatters ☎ 03 22 92 75 46, *Fax 03 22 92 83 68* – ▤. GB — CY u
fermé 2 au 17 janv., mardi soir, dim. soir et lundi – **Repas** *(85)* - 98/198 ♀

rte de Roye *par ③, N 29 et D 934 : 7 km – ✉ 80440 Boves :*

Novotel M, ☎ 03 22 50 42 42, *h0396@accor-hotels.com, Fax 03 22 50 42 49,* – ▤ TV ☎ ♿ P – 15 à 150. AE ⓓ GB JCB
Repas *(80)* - 95 ♀, enf. 50 – ☕ 60 – **94 ch** 505/565

à Dury *par ④ : 6 km – 1 341 h. alt. 115 – ✉ 80480 :*

XXX **L'Aubergade,** 78 rte Nationale ☎ 03 22 89 51 41, *Fax 03 22 95 44 05* – AE GB
fermé 7 au 21 août, 22 janv. au 8 fév., dim. soir et lundi – **Repas** 130 (déj.), 180/400 et carte 300 à 460

XX **Bonne Auberge,** 63 rte Nationale ☎ 03 22 95 03 33, *Fax 03 22 45 37 38* – AE ⓓ GB JCB
fermé vacances de fév., 15 au 30 juin, dim. soir et lundi sauf fériés – **Repas** 99/230 ♀, enf. 85

Write us...

If you have any comments on the contents of this Guide.

Your praise as well as your criticisms will receive careful consideration and, with your assistance, we will be able to add to our stock of information and, where necessary, amend our judgments.

Thank you in advance!

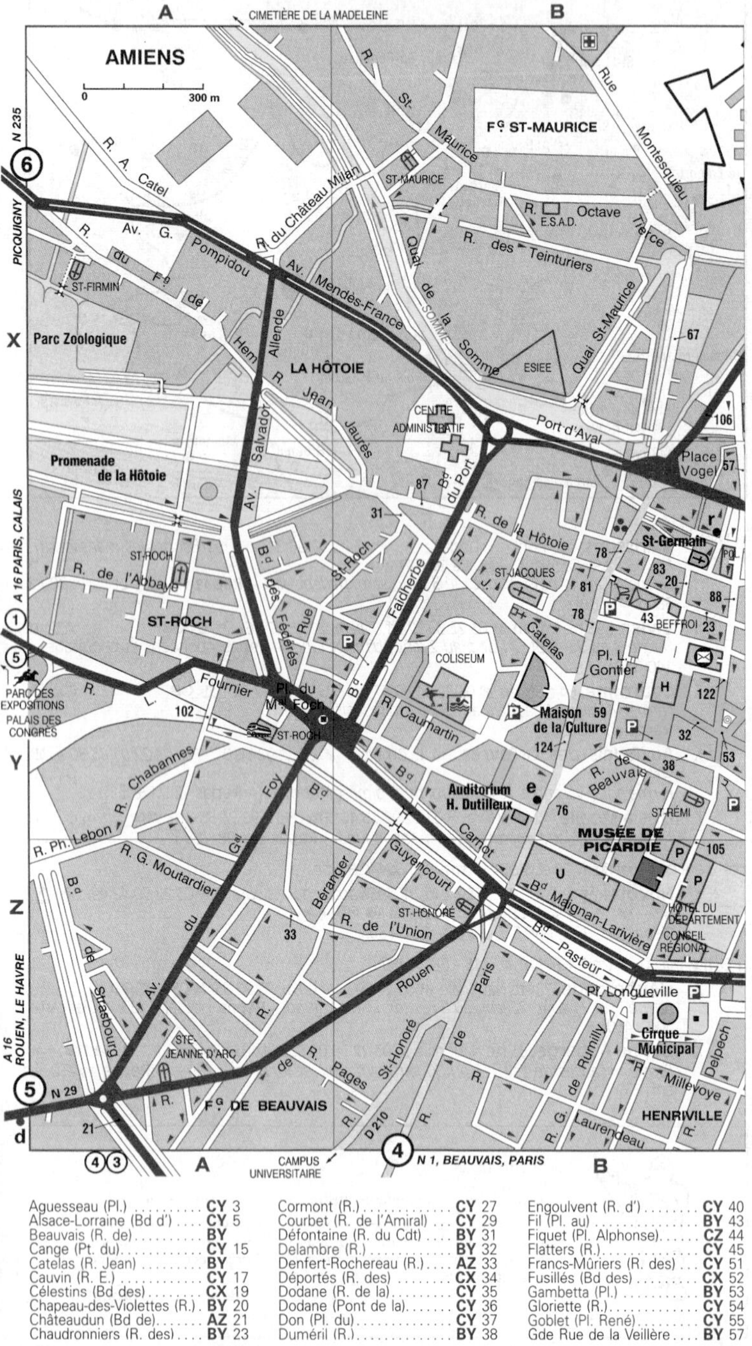

Aguesseau (Pl.) .... **CY** 3
Alsace-Lorraine (Bd d') .... **CY** 5
Beauvais (R. de).......... **BY**
Cange (Pt. du)............ **CY** 15
Catelas (R. Jean) .... **BY**
Cauvin (R. E.) .... **CY** 17
Célestins (Bd des)........ **CX** 19
Chapeau-des-Violettes (R.). **BY** 20
Châteaudun (Bd de)....... **AZ** 21
Chaudronniers (R. des) .... **BY** 23
Cormont (R.).............. **CY** 27
Courbet (R. de l'Amiral) ... **CY** 29
Défontaine (R. du Cdt) .... **BY** 31
Delambre (R.) .... **BY** 32
Denfert-Rochereau (R.)..... **AZ** 33
Déportés (R. des) .... **CX** 34
Dodane (R. de la)......... **CY** 35
Dodane (Pont de la)....... **CY** 36
Don (Pl. du).............. **CY** 37
Duméril (R.).............. **BY** 38
Engoulvent (R. d') .... **CY** 40
Fil (Pl. au) .... **BY** 43
Fiquet (Pl. Alphonse)...... **CZ** 44
Flatters (R.)............. **CY** 45
Francs-Mûriers (R. des) ... **CY** 51
Fusillés (Bd des) .... **CX** 52
Gambetta (Pl.) .... **BY** 53
Gloriette (R.)............ **CY** 54
Goblet (Pl. René)......... **CY** 55
Gde Rue de la Veillère .... **BY** 57

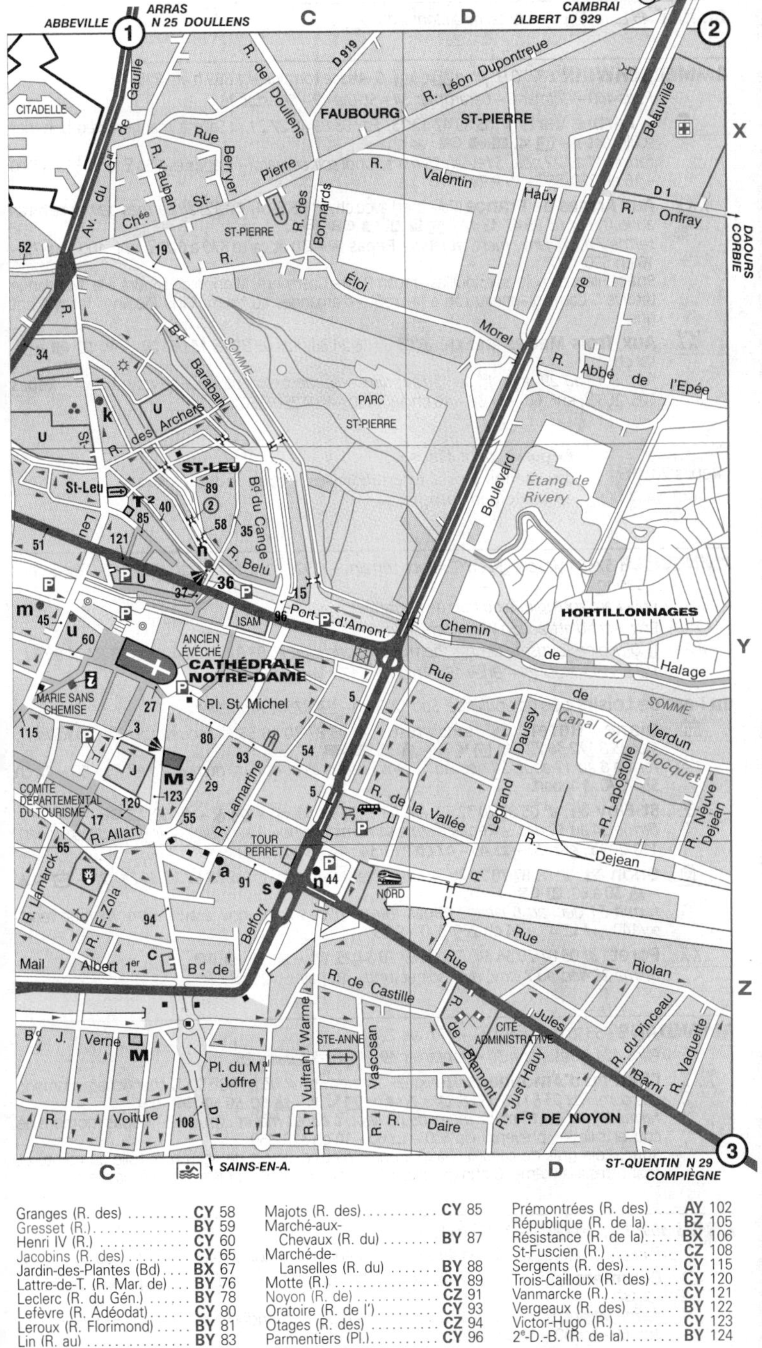

ABBEVILLE
ARRAS
N 25 DOULLENS
C
D
CAMBRAI
ALBERT D 929
CITADELLE
Av. du Gal de Gaulle
R. de Doullens
D 919
R. Léon Dupontreue
FAUBOURG
ST-PIERRE
Rue Berryer
R. Vauban
Chée St-Pierre
ST-PIERRE
R. des Bonnards
R. Valentin
Hauÿ
Beauvillé
D 1
R. Onfray
DAOURS
CORBIE
X
R. Éloi Morel
R. de
R. Abbé de l'Epée
Bd Baraban
SOMME
PARC
ST-PIERRE
R. des Archers
R. St-Leu
ST-LEU
St-Leu
Bd du Cange
R. Belu
Boulevard
Étang de Rivery
HORTILLONNAGES
Port d'Amont
Chemin de Halage
ISAM
ANCIEN ÉVÊCHÉ
CATHÉDRALE
NOTRE-DAME
Pl. St. Michel
Rue de Verdun
SOMME
Canal du Hocquet
Daussy
MARIE SANS CHEMISE
COMITÉ DÉPARTEMENTAL DU TOURISME
R. Allart
R. Lamartine
R. de la Vallée
Legrand
R. Lapostolle
R. Neuve Dejean
R. Dejean
TOUR PERRET
NORD
R. Lamarck
R. E. Zola
Belfort
Rue Riolan
Mail Albert 1er
Bd de
R. de Castille
Rue Jules Barni
R. de Blamont
CITÉ ADMINISTRATIVE
R. du Pinceau
R. Vaquette
Bd J. Verne
Pl. du Mal Joffre
Vulfran Warmé
STE-ANNE
Vascosan
R. Just Hauy
Fg DE NOYON
R. Voiture
D 7
R. Daire
SAINS-EN-A.
ST-QUENTIN N 29
COMPIÈGNE
Y
Z

AMILLY *45 Loiret* 65 ② *– rattaché à Montargis.*

AMMERSCHWIHR *68770 H.-Rhin* 62 ⑱ ⑲ *G. Alsace Lorraine – 1 869 h alt. 215.*

Paris 440 – Colmar 8 – Gérardmer 54 – St-Dié 48 – Sélestat 26.

A l'Arbre Vert, ✆ 03 89 47 12 23, *Fax 03 89 78 27 21,* « Salle à manger avec boiseries sculptées » – TV ☎. AE ⓓ GB. ✂ ch
fermé 11 au 22 nov., 3 fév. au 15 mars, lundi soir et mardi – **Repas** 85/250 ♀, enf. 50 – ☕ 40 – **16 ch** 220/360 – ½ P 290/370

Aux Armes de France (Gaertner) avec ch, ✆ 03 89 47 10 12, *aux.armes.de.france@wanadoo.fr, Fax 03 89 47 38 12* – TV P. AE ⓓ GB JCB
fermé 7 au 13 janv., merc. et jeudi – **Repas** 260/530 et carte 370 à 620 ♀, enf. 100 – ☕ 75 – **10 ch** 390/490
Spéc. Filets de sole aux nouilles "façon Pierre Gaertner". Mignon de sandre à la "vendange tardive". Carré d'agneau rôti à la croûte d'amandes au thym. **Vins** Riesling, Tokay-Pinot gris.

Aux Trois Merles avec ch, ✆ 03 89 78 24 35, *Fax 03 89 78 13 06,* – P. AE ⓓ JCB. ✂ ch
fermé 12 au 29 nov., 1er au 15 fév., dim. soir, merc. soir et lundi de nov. à déc. – **Repas** 105/265 ♀, enf. 60 – ☕ 38 – **16 ch** 180/350 – ½ P 250/350

Repas 70/185

Repas à prix fixes :
des menus à prix intermédiaires à ceux indiqués sont généralement proposés.

AMNÉVILLE *57360 Moselle* 57 ③ *G. Alsace Lorraine – 8 926 h alt. 162 – Stat. therm. (21 fév.-9 déc.) – Casino.*

Voir *Parc zoologique du bois de Coulange★.*
Env. *Parc d'attraction Walibi-Schtroumpf★ 3 km S.*
Office de Tourisme Centre Thermal et Touristique ✆ 03 87 70 10 40, Fax 03 87 71 90 94.
Paris 319 – Metz 21 – Briey 15 – Thionville 17 – Verdun 66.

au Parc de Loisirs *bois de Coulange, Sud : 2,5 km – ✉ 57360 Amnéville :*

Diane Hôtel sans rest, ✆ 03 87 70 16 33, *accueilhotel@wanadoo.fr, Fax 03 87 72 36 72* – TV ☎ ♿ – 35. AE GB
fermé 6 au 19 août, 24 déc. au 13 janv., vend., sam. et dim. de nov à avril – ☕ 50 – **47 ch** 330/370, 3 appart

St-Éloy , ✆ 03 87 70 32 62, *Fax 03 87 71 71 59,* – TV ♿ – 50. AE GB
fermé 24 au 30 déc. – **Repas** *(fermé sam. midi de nov. à avril, dim. soir et lundi)* 100 (dîner), 110/200 ♀, enf. 70 – ☕ 45 – **47 ch** 270/340 – ½ P 245/270

Orion , ✆ 03 87 70 20 20, *accueilhotel@wanadoo.fr, Fax 03 87 72 36 21,* – TV ☎ ♿ – 30 à 60. AE GB
fermé 31 déc. au 6 janv. – **Repas** *(fermé dim. soir de nov. à avril, sam. midi et vend.)* 90/140 – ☕ 45 – **44 ch** 260/300 – P 330

Forêt, ✆ 03 87 70 34 34, *Fax 03 87 70 34 25,* – ▤. AE ⓓ GB
fermé 23 déc. au 7 janv., dim. soir et lundi – **Repas** 120/250 ♀

AMONDANS *25330 Doubs* 70 ⑤ *– 77 h alt. 720.*

Paris 424 – Besançon 30 – Pontarlier 39 – Salins-les-Bains 28.

Château d'Amondans (Medigue) avec ch, ✆ 03 81 86 53 14, *chef@chateauamondans.com, Fax 03 81 86 53 76,* – TV ☎ P – 60. AE ⓓ GB JCB
fermé 2 janv. au 1er mars, merc. de fin sept. à début mai et dim. soir – **Repas** (nombre de couverts limité, prévenir) 195/400 – ☕ 60 – **10 ch** 320/350
Spéc. Foie gras de canard chaud au pain d'épice. Jarret de veau rôti, tuile au comté et charlottes à la crème. Gratin de cerises (printemps). **Vins** Arbois rouge, Vin Jaune.

AMOU *40330 Landes* 78 ⑦ *– 1 481 h alt. 44.*

Paris 760 – Mont-de-Marsan 48 – Aire-sur-l'Adour 52 – Dax 32 – Orthez 14 – Pau 50.

Commerce, près Église ✆ 05 58 89 02 28, *Fax 05 58 89 24 45,* – TV – 20. AE ⓓ GB
fermé vacances de fév., 12 au 30 nov., dim. soir et lundi d'oct. à mars – **Repas** 85/230, enf. 60 – ☕ 40 – **17 ch** 240/300 – ½ P 250

AMPHION-LES-BAINS *74 H.-Savoie* 70 ⑰ *G. Alpes du Nord* – ✉ *74500 Publier.*
Paris 576 – *Thonon-les-Bains 6* – *Annecy 80* – *Évian-les-Bains 4* – *Genève 40.*

Princes, ☎ 04 50 75 02 94, *Fax 04 50 75 59 93,* ≤, port privé, – AE GB
1er mai-30 sept. – **Repas** 90/250, enf. 60 – 45 – **34 ch** 380/650 – ½ P 320/430

Tilleul, ☎ 04 50 70 00 39, *Fax 04 50 70 05 57,* – AE GB
fermé 20 déc. au 15 janv. – **Repas** *(fermé dim. soir et lundi sauf juil.-août)* (75) - 100/260 ♀, enf. 60 – 38 – **27 ch** 280/580 – ½ P 350/420

AMPUIS *69420 Rhône* 74 ⑪, 110 ㉞ – *2 051 h alt. 150.*
Paris 495 – *Lyon 37* – *Condrieu 5* – *Givors 18* – *Rive-de-Gier 34* – *Vienne 8.*

Côte Rôtie, pl. Église ☎ 04 74 56 12 05, *Fax 04 74 56 00 20,* – AE GB
fermé 15 août au 10 sept., dim. soir et lundi – **Repas** 150/320 ♀ - ***Bistrot à Vins de Serine*** ☎ 04 74 56 15 19 *(fermé 15 août au 10 sept., dim. et lundi)* **Repas** 89(déj.)/100♀

AMPUS *83111 Var* 84 ⑥, 114 ㉒ *G. Côte d'Azur* – *622 h alt. 600.*
Paris 839 – *Castellane 57* – *Draguignan 15* – *Toulon 96.*

Roche Aiguille, ☎ 04 94 70 97 24, *Fax 04 94 70 97 24,* – GB
fermé janv., dim. soir sauf juil.-août et lundi – **Repas** 135/225

Fontaine d'Ampus (Haye), ☎ 04 94 70 98 08, *Fax 04 94 70 98 08,* , - rest. non-fumeurs – GB
fermé oct., fév., mardi sauf le soir en juil-août et lundi – **Repas** (nombre de couverts limité, prévenir) (menu unique) 198
Spéc. Fritta d'aubergines et tomates (juin à sept.). Friandise de filet de pigeon et foie gras aux châtaignes (nov.). Tatin de melon au citron confit (juil.-août) **Vins** Coteau Varois, Côtes de Provence.

ANCENIS *44150 Loire-Atl.* 63 ⑱ *G. Châteaux de la Loire* – *6 896 h alt. 13.*
Office de Tourisme pl. Millénaire ☎ 02 40 83 07 44, Fax 02 40 83 07 44.
Paris 347 – *Nantes 38* – *Angers 53* – *Châteaubriant 45* – *Cholet 48* – *Laval 93.*

Akwaba, bd Dr Moutel ☎ 02 40 83 30 30, *Fax 02 40 83 25 10* – rest, – 50. AE GB
Repas *(fermé sam. et dim.)* 78/120 ♀ – 50 – **51 ch** 352/372 – ½ P 211/262

Les Terrasses de Bel Air, Est : 1 km rte Angers ☎ 02 40 83 02 87, *Fax 02 40 83 33 46,* – GB
fermé 23 juil. au 5 août, dim. soir et lundi – **Repas** 85 (déj.), 145/290 ♀, enf. 75

Toile à Beurre, 82 r. St-Pierre (près église) ☎ 02 40 98 89 64, *Fax 02 40 96 01 49,* – AE GB
fermé 7 au 30 sept., dim. soir, merc. soir et lundi – **Repas** (70) - 98/195 ♀

ANCY-LE-FRANC *89160 Yonne* 65 ⑦ *G. Bourgogne* – *1 174 h alt. 180.*
Voir *Château*★★.
Office de Tourisme (saison) Faïencerie ☎ 03 86 75 03 15, Fax 03 86 75 03 15.
Paris 216 – *Auxerre 54* – *Châtillon-sur-Seine 38* – *Montbard 29* – *Tonnerre 18.*

Hostellerie du Centre, ☎ 03 86 75 15 11, *Fax 03 86 75 14 13,* , – ch, – 25. AE GB
fermé 20 déc. au 5 janv. – **Repas** 88/258 ♀, enf. 58 – 45 – **22 ch** 240/350 – ½ P 250/345

Write us...

If you have any comments on the contents of this Guide.

Your praise as well as your criticisms will receive careful consideration and, with your assistance, we will be able to add to our stock of information and, where necessary, amend our judgments.

Thank you in advance!

Les ANDELYS *27700 Eure* 55 ⑰ *G. Normandie Vallée de la Seine – 8 455 h alt. 28.*
Voir *Ruines du Château Gaillard*** <** – *Église Notre-Dame**.
Office de Tourisme r. Philippe-Auguste ☎ *02 32 54 41 93.*
Paris 104 ② – *Rouen 39* ① – *Évreux 38* ③ – *Gisors 30* ② – *Mantes-la-Jolie 52* ③.

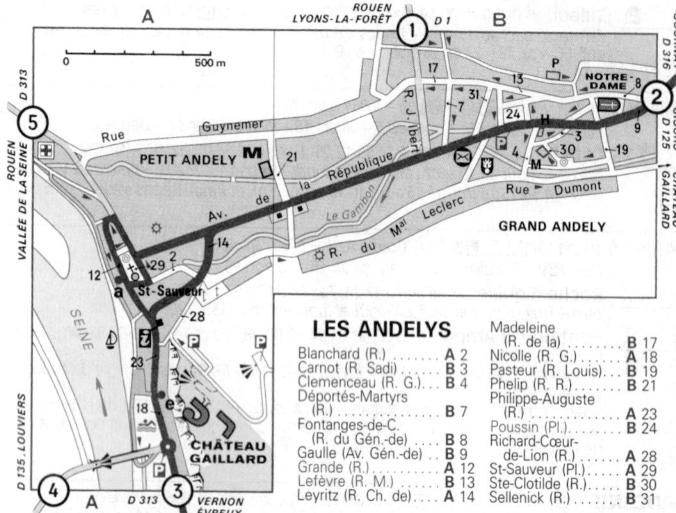

XXX **Chaîne d'Or** avec ch, 27 r. Grande ☎ 02 32 54 00 31, *Fax 02 32 54 05 68*, < – TV ☎ P. AE GB — A a
fermé 24 déc. au 1er fév., dim. soir, mardi midi et lundi – **Repas** 150/330 et carte 340 à 520 ♀ – ☕ 75 – **10 ch** 420/795
Spéc. Langoustines rôties au citron vert confit. Carré d'agneau aux saveurs pimentées (mai à oct.). Tomates confites aux fruits rouges (mai à sept.).

XX **Villa du Vieux Château,** 78 r. G. Nicolle ☎ 02 32 54 30 10, *Fax 02 32 54 30 06*, – AE GB — A e
fermé 15 au 31 août, 19 au 25 fév., lundi et mardi – **Repas** 105/200 ♀

ANDLAU *67140 B.-Rhin* 62 ⑨ *G. Alsace Lorraine – 1 632 h alt. 215.*
Voir *Église St-Pierre-et-St-Paul** : *portail***, *crypte**.
Office de Tourisme 5 r. du Gén.-de-Gaulle ☎ *03 88 08 22 57, Fax 03 88 08 42 22.*
Paris 500 – Strasbourg 45 – Erstein 23 – LeHohwald 8 – Molsheim 25 – Sélestat 17.

Zinckhotel M sans rest, 13 r. Marne ☎ 03 88 08 27 30, *zink.hotel@wanadoo.fr*, *Fax 03 88 08 42 50*, « Ancien moulin, décor original », – TV ☎ P. GB.
fermé 9 au 14 déc. – ☕ 40 – **14 ch** 350/600

Kastelberg , 10 r. Gén. Koenig ☎ 03 88 08 97 83, *kastelberg@wanadoo.fr*, *Fax 03 88 08 48 34*, , – TV ☎ P – 30. GB
fermé fév. – **Repas** (dîner seul.) 98/280 ♀, enf. 60 – ☕ 60 – **29 ch** 295/370 – ½ P 320/345

XX **Boeuf Rouge,** ☎ 03 88 08 96 26, *Fax 03 88 08 99 29*, – AE GB
fermé 19 juin au 12 juil., 7 au 25 janv., merc. soir et jeudi – **Repas** 98/240 ♀, enf. 43 –
Winstub : **Repas** carte 120 à 170 ♀

Dans ce guide
un même symbole, un même caractère,
imprimé en couleur ou en **noir**, en maigre ou en **gras**
n'ont pas tout à fait la même signification.
Lisez attentivement les pages explicatives.

ANDORRE (Principauté d')

86 ⑭ ⑮ - *G. Midi Pyrénées* - 62 400 h. alt. 1 029

La principauté d'Andorre, d'une superficie de 464 km², est située au cœur des Pyrénées entre la France et l'Espagne. Depuis 1993 la principauté est un État souverain membre de l'O.N.U.

Le franc français et la peseta espagnole ont indifféremment cours légal dans le pays.

Pour se rendre en Andorre, les citoyens de l'Union Européenne ont besoin d'un passeport ou d'une carte d'identité en cours de validité.

Dans ce guide, nous indiquons les prix en pesetas

Andorre-la-Vieille Capitale de la Principauté – *alt. 1029.*

Voir *Vallée du Valira d'Orient★ NE – Vallée du Valira del Nord★ N.*

Office de Tourisme r. du Dr.-Vilanova ☎ (00-376)82 02 14, Fax (00-376) 82 58 23.

Paris 883 ① – Carcassonne 168 ① – Foix 105 ① – Perpignan 169 ①.

Plaza, r. Maria Pla 19 ☎ (00-376) 87 94 44, *hotel.plaza@andorra.ad, Fax (00-376) 82 17 21,* – 25 à 300. AE ⓓ GB JCB. ✻ rest C a
Repas 1850 - ***La Cúpula :*** Repas approx.4500 – ☕ 1800 – **92 ch** 19200/24000, 8 appart

Crowne Plaza Andorra, r. Prat de la Creu 88 ☎ (00-376) 87 44 44, *crowneplaza@andorra.ad, Fax (00-376) 87 44 45,* – 25 à 700. AE ⓓ GB JCB. ✻ rest B b
Repas 1850 – ☕ 1800 – **133 ch** 19200/24500

Andorra Park Hôtel ⛰, r. Les Canals 24 ☎ (00-376) 87 77 77, *Fax (00-376) 82 09 83,* ≤, « Piscine entourée de jardins », – 25 à 80. AE ⓓ GB. ✻ B d
Repas 5975 – **38 ch** ☕ 21550/28750

Andorra Center, r. Dr Nequi 12 ☎ (00-376) 82 48 00, *andorra@besthotel.es, Fax (00-376) 82 86 06,* rest, – 25 à 50. AE ⓓ GB. ✻ rest B e
Repas 1600 – **130 ch** ☕ 12000/17500, 10 appart

Mercure, r. de la Roda ☎ (00-376) 87 36 02, *mercureandorra@riberpuig.ad, Fax (00-376) 87 36 52,* – 25 à 175. AE ⓓ GB. ✻ rest C f
Repas carte 4 000 à 5 000 – ☕ 1250 – **146 ch** 28000/32000

Novotel Andorra, r. Prat de la Creu ☎ (00-376) 87 36 03, *novotelandorra@riberpuig.ad, Fax (00-376) 87 36 53,* – 25 à 200. AE ⓓ GB. ✻ rest C k
Repas carte 4 000 à 5 000 – ☕ 1250 – **97 ch** 25500/30000, 5 appart

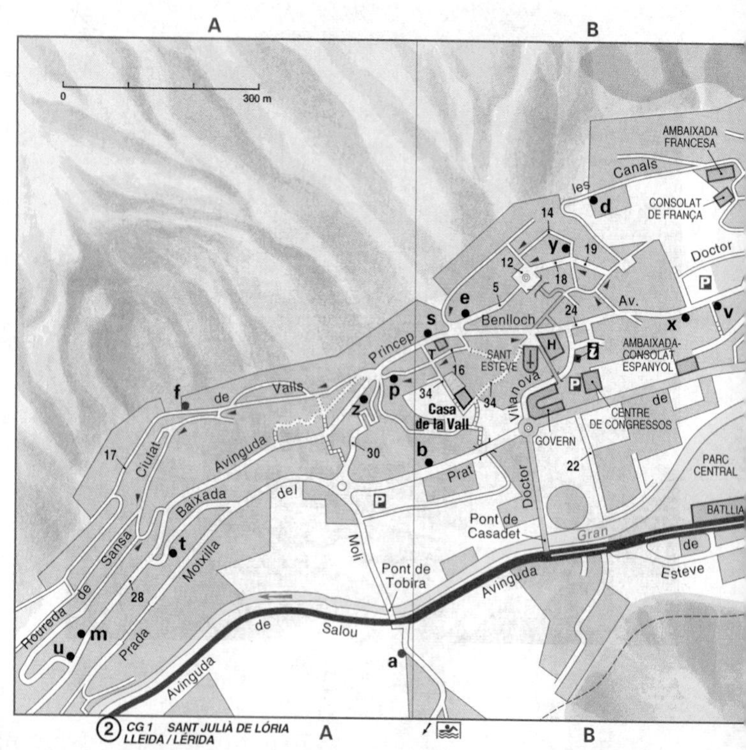

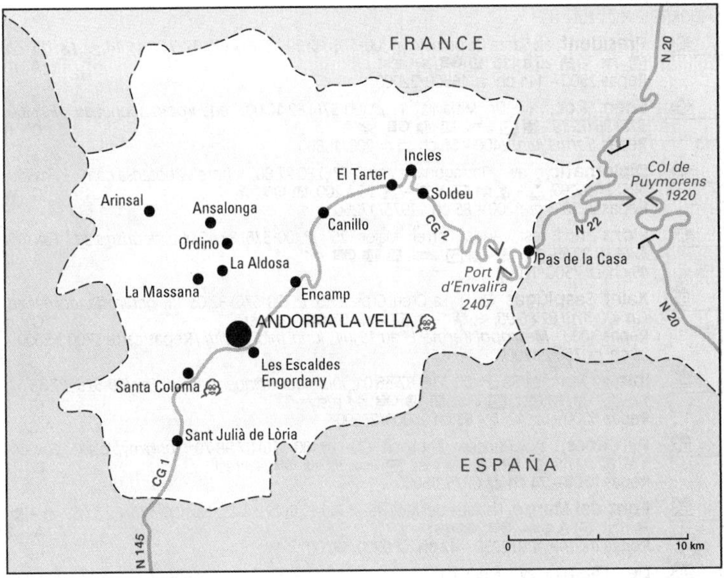

ANDORRA LA VELLA

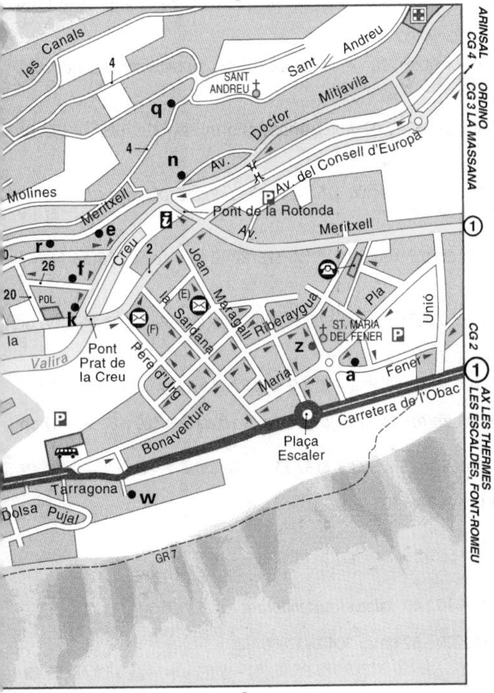

Baixada del Molí (Carrer) . . . A
Bonaventura Armengol (Carrer) . . . C 2
Bonaventura Riberaygua (Carrer) . . . C
Canals (Carrer les) . . . BC
Ciutat de Valls (Carrer) . . . A
Consell d'Europa (Avinguda del) . . . C
Creu Grossa (Carrer de la) . . C 4
Doctor Mitjavila (Avinguda) . . C
Doctor Molines (Carrer) . . . BC
Doctor Néqui (Carrer) . . . B 5
Doctor Vilanova (Carrer) . . . B
Escaler (Plaça) . . . C
Esteve Dolça Pujal (Carrer) BC
Fener (Carrer El) . . . C
Fiter i Rossell (Carrer) . . . C 10
Guillemó (Plaça) . . . B 12
Joan Maragall (Carrer) . . . C
Llacuna (Carrer de la) . . . B 14
Major (Antic carrer) . . . B 16
Maria Pla (Carrer) . . . C
Meritxell (Avinguda) . . . C
Mestre Xavier Plana (Carrer) . . . A 17
Mossèn Cinto Verdaguer (Carrer) . . . B 18
Mossèn Tremosa (Carrer) . . . B 19
Obac (Carretera de l') . . . C
Pere d'Urg (Carrer) . . . C
Pompeu Fabra (Carrer) . . . C 20
Prada Casadet (Carrer) . . . B 22
Prada Motxilla (Carrer) . . . A
Prat de la Creu (Carrer) . . . BC
Prat de la Creu (Pont) . . . C
Príncep Benlloch (Avinguda de) . . . AB
Rebés (Plaça) . . . B 24
Roda (Carrer de la) . . . C 26
Rotonda (Pont de la) . . . C
Roureda de Sansa (Carrer) . . A
Salou (Avinguda) . . . A
Sant Andreu (Carrer) . . . C
Santa Coloma (Avinguda de) A 28
Sardana (Carrer de la) . . . C
Tarragona (Avinguda de) . . . BC
Tobira (Carrer de) . . . A 30
Unió (Carrer de la) . . . C
Vall (Carrer de la) . . . B 34

President, av. Santa Coloma 44 ☎ (00-376) 82 29 22, *Fax (00-376) 86 14 14,* ←, ⛹, ▢ – ⧗ ▢ ⇔ – 🏊 25 à 110. AE GB. ✗ rest A m
Repas 2500 – **111 ch** ☕ 16500/22000

Eden Roc, av. Dr Mitjavila 1 ☎ (00-376) 82 10 00, *edenroc@andonet.ad, Fax (00-376) 86 03 19* – ⧗ ▢ ⇔. AE ⦿ GB. ✗ C n
Repas *(fermé juin)* 2400 – **56 ch** ☕ 11800/15600

Diplomàtic, av. Tarragona ☎ (00-375) 80 27 80, *hotels@hotansa.com, Fax (00-375) 80 27 90,* ⛲ – ⧗ ▤ ▢ ♿ P – 🏊 25 à 200. AE GB. ✗ C w
Repas 2250 – ☕ 1200 – **85 ch** 11975/17250

Flora sans rest, Antic Carrer Major 25 ☎ (00-376) 82 15 08, *flora@gis.ad, Fax (00-376) 86 20 85,* ⛲, ✗ – ⧗ ▢ ⇔. AE ⦿ GB. ✗ A p
45 ch ☕ 7500/12000

Xalet Sasplugas ⛰, r. La Creu Grossa 15 ☎ (00-376) 82 03 11, *gerard@andornet.ad, Fax (00-376) 82 86 98,* ←, 🌳 – ⧗ ▢ ⇔. AE GB. ✗ rest C q
Repas 3000 - ***Metropol*** *(fermé 1er au 15 juil., lundi midi et dim.)* **Repas** carte 3700 à 5000 – **26 ch** ☕ 7500/12000

Ibis, av. Meritxell 58 ☎ (00-376) 87 36 01, *ibisandorra@riberpuig.ad, Fax (00-376) 87 36 51,* ⛹, ▢ – ⧗, ▤ rest, ▢ ⇔. AE ⦿ GB. ✗ rest C r
Repas 3000 – ☕ 1250 – **63 ch** 20000/23500

Pyrénées, av. Princep Benlloch 20 ☎ (00-376) 87 98 79, *ph@mypic.ad, Fax (00-376) 82 02 65,* ⛲, ✗ – ⧗, ▤ rest, ▢ ⇔. AE ⦿ GB. ✗ rest B s
Repas 2700 – **74 ch** ☕ 8875/15050

Font del Marge, Baixada del Moli 49 ☎ (00-376) 82 34 43, *Fax (00-376) 82 31 82,* ← – ⧗, ▤ rest, ▢ ♿ ⇔. GB. ✗ rest A t
Repas *(fermé nov.)* 2250 – **42 ch** ☕ 9200/12700

De l'Isard, av. Meritxell 36 ☎ (00-376) 82 00 96, *hotels@hotansa.com, Fax (00-376) 86 66 95* – ⧗, ▤ rest, ▢ ⇔. AE GB. ✗ B v
Repas 2250 – ☕ 1200 – **61 ch** 10150/13600

Cérvol, av. Santa Coloma 46 ☎ (00-376) 80 31 11, *Fax (00-376) 80 31 22* – ⧗, ▤ rest, ▢ ⇔. GB. ✗ rest A u
Repas 1350 – **56 ch** ☕ 10150/14300

Cassany sans rest, av. Meritxell 28 ☎ (00-376) 82 06 36, *hotelcassany@andorra.ad, Fax (00-376) 86 36 09* – ⧗ ▢. GB. ✗ B x
☕ 800 – **53 ch** 9000/10750

Sàlvia, av. Maritxell 68 ☎ (00-376)82 72 00, *hotels@hotansa.com, Fax (00-376)82 74 52* – ⧗, ▤ rest, ▢ ♿ ⇔ C e
buffet seul. – **59 ch**

Florida sans rest, r. Llacuna 15 ☎ (00-376) 82 01 05, *florida@solucions.ad, Fax (00-376) 86 19 25,* ⛹ – ⧗ ▢. AE ⦿ GB B y
48 ch ☕ 7450/10900

Sant Jordi sans rest, av. Princep Benlloch 45 ☎ (00-376) 82 08 65, *Fax (00-376) 86 14 14* – ⧗ ▢. AE GB. ✗ A z
30 ch ☕ 9300/12400

Borda Estevet, rte de La Comella 2 ☎ (00-376) 86 40 26, *Fax (00-376) 80 03 24,* « Décor rustique » – ▤ P. AE GB A a
Repas carte 3 250 à 4 400

Celler d'En Toni avec ch, r. Verge del Pilar 4 ☎ (00-376) 82 12 52, *Fax (00-376) 82 18 72* – ⧗ ▢. AE ⦿ GB JCB. ✗ C z
fermé 15 au 30 juin – **Repas** *(fermé 1er au 15 juil. et dim. soir)* carte 4 300 à 6 200 – **17 ch** ☕ 5000/7000

Can Manel, r. Mestre Xavier Plana 6 ☎ (00-376) 82 23 97, *Fax (00-376) 82 45 91* – ▤ P. AE ⦿ GB JCB. ✗ A f
fermé merc. – **Repas** carte 3 200 à 4 300

Arinsal – *alt. 1145 – Sports d'hiver 1 550/2 560 m* 1 13.
Andorra-la-Vella 9.

Xalet Verdu, ☎ (00-376) 73 71 40, *xaletverdu@andornet.ad, Fax (00-376) 73 71 41,* ⛲ – ⧗ ▢ ♿ ⇔. AE GB. ✗ rest
fermé mai et nov. – **Repas** 2200 – **52 ch** ☕ 10400/12800

Solana, ☎ (00-376) 83 51 27, *Fax (00-376) 83 73 95,* ←, ▢ – ⧗ ▢ ⇔ – 🏊 25 à 40. AE ⦿ GB. ✗ rest
Repas 2500 – ☕ 800 – **95 ch** 6000/9000

Canillo – *alt. 1531.*
Voir *Crucifixion★ dans l'église de Sant Joan de Caselles NE : 1 km. – Andorra-la-Vella 13.*

Bonavida, pl. Major ✆ (00-376) 85 13 00, *Fax (00-376) 85 17 22,* ≤, – AE GB.
fermé oct.-nov. – **Repas** (dîner seul. en mai-juin) 2875 – **48 ch** 11275/14800

Roc del Castell sans rest, rte General ✆ (00-376) 85 18 25, *Fax (00-376) 85 17 07* – . AE GB.
1000 – **44 ch** 6500/10500

Encamp – *alt. 1313.*
Voir *Les Bons : site★ N : 1 km. – Andorra-la-Vella 8.*

Coray, chemin dels Caballers 38 ✆ (00-376) 83 15 13, *Fax (00-376) 83 18 06,* ≤, – . GB.
fermé nov. – **Repas** 1300 – **85 ch** 6200/7400

Univers, r. René Baulard 13 ✆ (00-376) 83 10 05, *Fax (00-376) 83 19 70* – . GB.
fermé nov. – **Repas** 1500 – 700 – **31 ch** 4800/8000

Les Escaldes-Engordany – *alt. 1105.*
Office de Tourisme pl. dels Co-Princeps, ✆ (00-376) 82 09 63, Fax (00-376) 86 66 97.
Andorra-la-Vella 2.

Roc de Caldes, rte d'Engolasters ✆ (00-376) 86 27 67, *rocdecaldes@andorra.ad, Fax (00-376) 86 33 25,* ≤, « A flanc de montagne », – – 25 à 150. AE GB. rest
Par ① carretera de l'Obac
Repas 4000 – **45 ch** 23000/27000

Roc Blanc, pl. dels Co-Princeps 5 ✆ (00-376) 87 14 00, *hab@andorra.ad, Fax (00-376) 86 02 44,* , – , rest, – 25 à 600. AE GB JCB. rest
– ***El Pí :* Repas** carte environ 5650 – ***L'Entrecôte*** brasserie : **Repas** carte 3250 à 4200 – 1900 – **184 ch** 19900/24400 D a

Delfos, av. del Fener 17 ✆ (00-376) 87 70 00, *hotel.delfos@andorra.ad, Fax (00-376) 86 16 42* – – 25 à 75. AE GB JCB. D b
Repas 3050 – **200 ch** 11800/16000

Panorama, rte de l'Obac ✆ (00-376) 87 34 00, *hap@andorra.ad, Fax (00-376) 86 17 42,* ≤ vallée et montagnes, , – , rest, – 25 à 500. AE GB. rest
Repas 3700 – 1600 – **177 ch** 12500/14600 E d

Prisma, av. del Ferrer 14 ✆ (00-376) 86 79 29, *prisma@ahotels.ad, Fax (00-376) 86 79 30* – , rest, . AE GB. D e
Repas (déj. seul.) 1200 – **55 ch** 13500/19000

Eureka, av. Carlemany 36 ✆ (00-376) 86 66 00, *hoteleureka@andorra.ad, Fax (00-376) 86 68 00* – . AE GB E f
Repas 1350 – **75 ch** 7200/8400

Valira, av. Carlemany 37 ✆ (00-376) 82 05 65, *hotels@hotansc.com, Fax (00-376) 86 67 80* – . AE GB. E k
Repas 2250 – 1200 – **55 ch** 10150/13600

Cosmos, av. de les Escoles 10 ✆ (00-376) 87 07 50, *cosmos@myp.ad, Fax (00-376) 86 30 15* – , rest, . AE GB. E n
Repas 1800 – **75 ch** 11400/16800, 76 appart

Metropolis sans rest, av. de les Escoles 25 ✆ (00-376) 86 33 63, *info@hotel-metropolis.com, Fax (00-376) 86 37 10* – . AE GB. E q
900 – **68 ch** 7400/9500

Eurotel, av. Fiter i Rosell 51 ✆ (00-376) 86 30 31, *hotels-silken@eurotel.ad, Fax (00-376) 86 30 24* – . AE GB. D r
Repas (dîner seul.) 1950 – **70 ch** 8000/11600

Comtes d'Urgell, av.de les Escoles 29 ✆ (00-376) 87 60 00, *recepcio2@hotelecomtesdurgell.com, Fax (00-376) 82 04 65* – , rest, . AE GB JCB. rest E s
Repas 2600 – **200 ch** 6850/10200

Les Closes, av. Carlemany 93 ✆ (00-376) 82 83 11, *Fax (00-376) 82 29 68* – . GB. D t
– **Repas** 1350 – **78 ch** 6500/10500

Espel, pl. Creu Blanca 1 ✆ (00-376) 82 08 55, *Fax (00-376) 82 80 56* – . GB. E v
fermé mai – **Repas** 2000 – **102 ch** 5500/7800

San Marco, av. Carlemany 115-5ᵉ étage (c.c. Jùlia) ✆ (00-375) 86 09 99, ≤ – . GB.
fermé dim. soir – **Repas** carte 3 500 à 5 500

Aquarius, Parc de La Mola 10 (Caldea) ✆ (00-376) 80 09 80, *Fax (00-376) 82 92 22,* ≤, « Décor moderne » – . AE GB D x
fermé 12 jours en juin, 12 jours en nov. et mardi – **Repas** carte 4 300 à 5 450

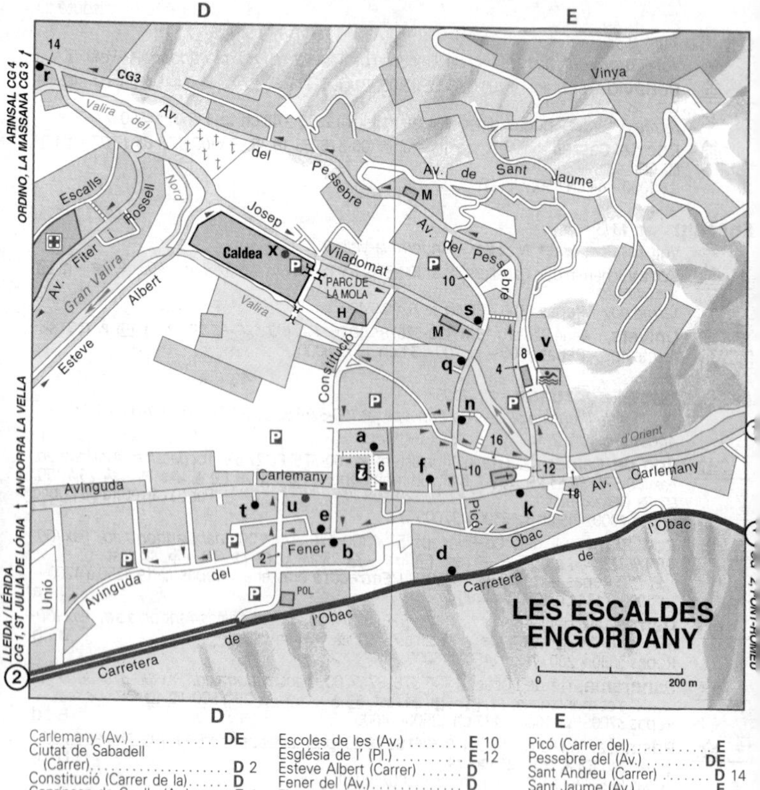

Carlemany (Av.) . . . . . DE
Ciutat de Sabadell (Carrer) . . . . . D 2
Constitució (Carrer de la) . . . . . D
Copríncep de Gaulle (Av.) . . . . . E 4
Coprínceps (Pl.) . . . . . D 6
Creu Blanca (Pl.) . . . . . E 8
Escalls dels (Carrer) . . . . . D
Escoles de les (Av.) . . . . . E 10
Església de l' (Pl.) . . . . . E 12
Esteve Albert (Carrer) . . . . . D
Fener del (Av.) . . . . . D
Fiter i Rossell (Av.) . . . . . D
Josep Viladomat . . . . . DE
l'Obac (Carrer) . . . . . E
Obac (Ctra de l') . . . . . DE
Picó (Carrer del) . . . . . E
Pessebre del (Av.) . . . . . DE
Sant Andreu (Carrer) . . . . . D 14
Sant Jaume (Av.) . . . . . E
Santa Anna (Carrer) . . . . . E 16
Santa Anna (Pl.) . . . . . E 18
Unió (Carrer de la) . . . . . D
Vinya de la (Carrer) . . . . . E

La Massana – *alt. 1241.*

Office de Tourisme av. Sant Antoni, (00-376) 83 56 93, Fax (00-376) 83 86 93. Andorra-la-Vella 4.

Xalet Ritz, rte de Sispony, Sud : 1,8 km (00-376) 83 78 77, *xaletritz@andornet.ad, Fax (00-376) 83 77 20*, « Belle décoration intérieure », – P. AE GB.
Repas 3000 – **47 ch** 14300/19600

Rutllan, av. del Ravell (00-376) 83 50 00, *rutllan-reserves@hotelrutlan.ad, Fax (00-376) 83 51 80*, – . AE GB. rest
Repas 3000 – 1300 – **96 ch** 8000/13000

Suite Hôtel, rte de Sispony, Sud : 1,7 km (00-376) 83 81 22, *suite.hotel@andorra.ad, Fax (00-376) 83 81 12* – P. AE GB.
Repas 3200 – **36 ch** 20800/26000

Marco Polo, av. de Sant Antoni (00-376) 83 63 63, *hmp@hotelmarcopolo.com, Fax (00-376) 83 65 00* – P. AE GB. rest
fermé 1er au 22 nov. – **Repas** (dîner seul. en hiver) 2400 – **139 ch** 7300/9800

El Rusc, rte d'Arinsal : 1,5 km (00-376) 83 82 00, *Fax (00-376) 83 51 80*, « Élégant décor rustique » – P. AE GB.
fermé dim. soir et lundi – **Repas** carte environ 5 300

La Borda de l'Avi, rte d'Arinsal : 0,7 km (00-376) 83 51 54, *Fax (00-376) 83 53 90* – P. AE GB. – **Repas** - viandes - carte 4 825 à 6 925

Borda Raubert, rte d'Arinsal : 2 km (00-376) 83 54 20, *Fax (00-376) 86 61 65*, « Décor rustique » – P. AE GB.
fermé 15 juin au 15 juil., lundi soir et mardi – **Repas** - cuisine régionale - carte 3 150 à 3 550

à La Aldosa *Nord-Est : 2,7 km :*

Del Bisset, rte d'Ordino (00-376) 83 75 55, *Fax (00-376) 83 79 89*, – P. GB
Repas 2500 – **30 ch** 5000/8000

Ordino – *alt. 1304 – Sports d'hiver 1940/2 600 m 13.*

Andorra la Vella 7.

Coma, (00-376) 73 61 00, *hotelcoma@internet.ad, Fax (00-376) 73 61 01*, – rest, P. AE GB.
fermé nov. – **Repas** 2500 – **48 ch** 9650/14300

à Ansalonga *Nord-Ouest : 1,8 km :*

Sant Miquel, rte del Serrat (00-376) 85 07 70, *santmiquel@myaic.ad, Fax (00-376) 85 05 71*, – P. GB.
Repas 1550 – **19 ch** 6000/8500

par rte de Canillo *Ouest : 2,3 km*

Babot, (00-376) 83 50 01, *Fax (00-376) 83 55 48*, vallée et montagnes, « A flanc de montagne », – P. AE GB. rest
fermé 4 nov. au 4 déc. – **Repas** 2500 – 750 – **55 ch** 8000/11000

Pas-de-la-Case – *alt. 2091 – Sports d'hiver 2050/2600 m 29 1.*

Andorra-la-Vella 30.

Le Sporting, r. Catalunya 1 (00-376) 75 53 55, *Fax (00-376) 85 54 65* – – 25 à 60. GB. rest
5 déc.-15 avril – **Repas** 3625 – **76 ch** 12375/23250

Esqui d'Or, r. Catalunya 9 (00-376) 85 51 27, *Fax (00-376) 85 51 78*, – . GB.
2 déc.-22 avril – **Repas** 3475 – 1275 – **62 ch** 12500/19500

Campistrano, r. Bearn 30 (00-376) 85 64 88 – GB.
fermé juil. et merc. en été. – **Repas** - produits de la mer - carte 3 950 à 5 300

rte de Soldeu *Sud-Ouest : 10 km :*

Grau Roig, r. Grau Roig (00-376) 85 55 56, *Fax (00-376) 85 50 37*, – P. AE GB. rest
fermé mai, oct. et nov. – **Repas** 3500 – **44 ch** 18000/22000

Santa-Coloma – *alt. 970.*

Andorra-la-Vella 4.

Cerqueda, r. Mossen Lluis Pujol (00-376) 82 02 35, *Fax (00-376) 86 19 09*, – P. AE GB. rest
fermé 6 janv. au 6 fév. – **Repas** 2400 – 650 – **65 ch** 4600/8500

El Candeler, Major 47 (00-375) 86 97 87, « Décor rustique » – P. GB.
fermé 1er au 20 août, dim. soir et lundi – **Repas** - produits de la mer - carte 3 750 à 4 500

Cal Bolet, av. Verge del Remei 9 (00-376) 82 44 44, *mirablau@andorra.ad, Fax (00-376) 82 43 02*, – P. AE GB.
Repas carte 2 700 à 3 950

Don Pernil, av. d'Enclar 94 (00-376) 86 52 55, *Fax (00-376) 86 36 24*, « Décor rustique » – P. AE GB.
fermé 7 au 31 janv. – **Repas** - viandes grillées - carte 2 475 à 3 595

Parador, av. d'Enclar 100 (00-376)82 18 04, *restaurantparador@andorra.ad, Fax (00-376)82 18 04* – P. AE GB JCB
fermé 1er au 23 juil. et lundi – **Repas** carte 2 650 à 3 250

Sant-Julià-de-Lòria – *alt. 909.*

Andorra-la-Vella 7.

Pol sans rest, r. Verge de Canolich 52 (00-376) 84 11 22, *hotelpolandorra@andorra.ad, Fax (00-376) 84 18 52* – P. AE GB.
fermé 7 janv. au 9 fév. – **80 ch** 9400/9900

Imperial sans rest, av. Rocafort 27 ☎ (00-376) 84 34 78, *imperial@xs.ad, Fax (00-376) 84 34 79* – GB
45 ch 8900/11800

La Guingueta, rte de la Rabassa ☎ (00-376) 84 29 45, *Fax (00-376) 84 39 45,* « Décor rustique » – GB.
fermé dim. soir et lundi – **Repas** carte 4 900 à 8 700

au Sud-Est *: 7 km :*

Coma Bella, alt. 1 300 ☎ (00-376) 84 12 20, *comabella@myp.ad, Fax (00-376) 84 14 60,* « Dans la forêt de la Rabassa », – GB. rest
Repas 1500 – **35 ch** 8000/11000

Soldeu – *alt. 1826 – Sports d'hiver 1700/2560 m. 23 2.*
Env. *Port d'Envalira* ** *SE : 7,5 km.*
Andorra-la-Vella 20.

Piolets, rte General ☎ (00-376) 87 17 87, *piolets@ahotels.ad, Fax (00-376) 87 17 88,* – 25 à 80. GB.
Repas 1950 – **118 ch** 15925/23450

à Incles *Ouest : 1,8 km :*

Parador Canaro, ☎ (00-376) 85 10 46, *Fax (00-376) 85 17 20,* – GB JCB.
fermé 10 mai au 4 juil. – **Repas** 1950 – **18 ch** 5200/9600

à El Tarter *Ouest : 3 km :*

Del Tarter, ☎ (00-376) 80 20 80, *heltarter@andornet.ad, Fax (00-376) 85 14 74,* – GB.
4 déc.-avril et juin-15 oct. – **Repas** 2500 – 1200 – **37 ch** 9000/13000

Llop Gris, ☎ (00-376) 85 15 59, *llopyris@llopgris.ad, Fax (00-376) 85 12 29,* – 30 à 80. GB JCB. rest
fermé 1er au 21 mai et 21 oct. au 19 nov. – **Repas** 3200 – **73 ch** 16400/20700

Del Clos, ☎ (00-376) 85 15 00, *Fax (00-376) 85 15 54,* – GB.
fermé nov. – **Repas** (dîner seul.)(buffet en hiver) 2500 – **54 ch** 12110/17300

ANDRÉZIEUX-BOUTHÉON *42160 Loire* 73 ⑱ – *9 407 h alt. 395.*
Voir *Lac de retenue de Grangent*** *S : 9 km,* **G. Vallée du Rhône.**
Office de Tourisme (fermé sam.-dim.) r. d'Urfé ☎ 04 77 55 37 03, Fax 04 77 55 88 46.
Paris 466 – St-Étienne 19 – Lyon 77 – Montbrison 19 – Roanne 72.

Les Iris, 32 av. J. Martouret (dir. gare) ☎ 04 77 36 09 09, *Fax 04 77 36 09 00,* – 20. GB JCB
fermé 5 au 27 août, 26 oct. au 11 nov. et vacances de fév. – **Repas** *(fermé dim. soir et lundi)* (90) - 110/160 bc – 50 – **10 ch** 455 – 1/2 P 330

ANDUZE *30140 Gard* 80 ⑰ *G. Languedoc Rousillon – 2 913 h alt. 135.*
Voir *Bambouseraie de Prafrance* N : 3 km par D 129.*
Env. *Grottes de Trabuc*** *NO : 10 km – Le Mas soubeyran : musée du Désert*** *(souvenirs protestants 17e-18e s.) NO : 7 km.*
Office de Tourisme plan de Brie ☎ 04 66 61 98 17, Fax 04 66 61 79 77.
Paris 721 – Alès 14 – Montpellier 60 – Florac 67 – Lodève 84 – Nîmes 46 – Le Vigan 51.

au Nord-Ouest *par rte de St-Jean-du-Gard – ✉ 30140 Anduze :*

Porte des Cévennes, à 3 km ☎ 04 66 61 99 44, *Fax 04 66 61 73 65,* – 25. GB.
1er avril-24 oct. – **Repas** (dîner seul.) 100/150, enf. 55 – 48 – **38 ch** 380/410 – 1/2 P 340

Régalière, à 2 km ☎ 04 66 61 81 93, *Fax 04 66 61 85 94,* – GB
16 mars-24 nov. – **Repas** *(fermé merc. midi sauf juil.-août)* 95/240, enf. 50 – 40 – **12 ch** 300/340 – 1/2 P 295

Moulin de Corbès avec ch, à 4 km ☎ 04 66 61 61 83, *Fax 04 66 61 68 06,* – GB
fermé janv., fév., dim. soir et lundi sauf juil. août – **Repas** 155/345, enf. 70 – **3 ch** 380/400

à Générargues *Nord-Ouest : 5,5 km par D 129 et D 50 – 546 h. alt. 160 – ✉ 30140 :*

Auberge des Trois Barbus ⛰, rte Mialet ☎ 04 66 61 72 12, *Fax 04 66 61 72 74*, ≤ vallée des Camisards, ☂, 🏊, 🌳 – TV P – 🏛 25. AE GB
25 mars-1er nov. et fermé dim. soir et lundi du 15 sept. au 21 oct. – **Repas** 140 (déj.), 200/280 ♀ – ☕ 65 – **34 ch** 400/740 – ½ P 460/595

à Tornac *Sud-Est : 6 km par D 982 – 650 h. alt. 140 – ✉ 30140 :*

Les Demeures du Ranquet M ⛰, rte St-Hippolyte-du-Fort : 2 km ☎ 04 66 77 51 63, *panquet@mnet.fr, Fax 04 66 77 55 62*, ☂, « Parc dans le maquis », 🏊, 🎾 – ✕ 📞 ♿ P – 🏛 30. ① GB JCB
1er avril-7 oct. – **Repas** *(fermé mardi soir et merc. sauf du 1er juin au 15 sept.)* 200/395 ♀, enf. 100 – ☕ 85 – **10 ch** 690/980 – ½ P 720/760

à Durfort *Sud-Ouest : 12 km par D 982 – 492 h. alt. 150 – ✉ 30170 :*

Real, rte St-Hippolyte-du-Fort ☎ 04 66 77 50 68, ☂ – P
fermé 2 au 7 juil., 3 au 10 sept., dim. soir et lundi – **Repas** (déj. seul. du 15 sept. au 1er juil.) 100/200 ♀

*Towns underlined in red on the **Michelin maps** at a scale of 1 : 200 000 are included in this Guide.*

Use the latest map to take full advantage of this information.

ANET *28260 E.-et-L.* 55 ⑰, 106 ⑬ *– 2 696 h alt. 73.*

Voir *Château*★, G. Normandie Vallée de la Seine.

ℹ *Syndicat d'initiative 8 r. Delacroix ☎ 02 37 41 49 09.*

Paris 78 – Chartres 51 – Dreux 18 – Évreux 38 – Mantes-la-Jolie 28 – Versailles 58.

Dousseine ⛰ sans rest, rte Sorel-Moussel ☎ 02 37 41 49 93, *Fax 02 37 41 90 54*, « Jardin fleuri », 🌳, 🎾 – TV 📞 ♿ P – 🏛 40. GB
☕ 40 – **20 ch** 280/300

Auberge de la Rose avec ch, 6 r. Ch. Lechevrel ☎ 02 37 41 90 64, *Fax 02 37 41 47 88* – GB
fermé dim. soir et lundi – **Repas** 153/240 ♀ – ☕ 35 – **7 ch** 190/240

Manoir d'Anet, 3 pl. Château ☎ 02 37 41 91 05, *Fax 02 37 41 91 04* – AE GB
fermé 3 au 18 janv., mardi soir, jeudi soir et merc. – **Repas** 138/238 ♀

ANGERS P *49000 M.-et-L.* 63 ⑳ *G. Châteaux de la Loire – 141 404 h Agglo. 208 282 h alt. 41.*

Voir *Château*★★★ : *tenture de l'Apocalypse*★★★, *tenture de la Passion et Tapisseries mille-fleurs*★★, ≤★ *de la tour du Moulin – Vieille ville*★ : *cathédrale*★★, *galerie romane*★★ *de la préfecture*★ **BZ P**, *galerie David d'Angers*★ **BZ B**, *– Maison d'Adam*★ **BYZ K** - *Hôtel Pincé*★ *– Choeur*★★ *de l'église St-Serge*★ *– Musée Jean Lurçat et de la Tapisserie contemporaine*★★ *dans l'ancien hôpital St-Jean*★ *– La Doutre*★ **AY.**

Env. *Château de Pignerolle*★ : *musée européen de la Communication*★★ *E : 8 km par D 61.*

✈ *Aéroport d'Angers-Marcé, ☎ 02 41 33 50 00, Fax 02 41 33 50 05, par ① 24 km.*

ℹ *Office de Tourisme pl. Kennedy ☎ 02 41 23 51 11, Fax 02 41 23 50 00.*

Paris 295 ① – Laval 79 ⑤ – Le Mans 96 ① – Nantes 91 ⑤ – Rennes 128 ⑤ – Tours 108 ①.

Plans pages suivantes

Anjou, 1 bd Mar. Foch ✉ 49100 ☎ 02 41 88 24 82, *Fax 02 41 87 22 21*, « Belle décoration intérieure » – 🛗 TV 📞 🚗 – 🏛 120. AE ① GB JCB — CZ h
Salamandre : **Repas** 145(déj),180/240 ♀, enf. 120 – ☕ 64 – **53 ch** 490/810, 4 appart

France, 8 pl. Gare ✉ 49100 ☎ 02 41 88 49 42, *hdf-angus@wanadoo.fr, Fax 02 41 86 76 70* – 🛗, ▤ ch, TV 📞 – 🏛 35. AE ① GB JCB. ✕ ch — AZ t
Plantagenêts *(fermé août, sam. midi et dim. soir)* **Repas** 100(déj.) 130/210 ♀, enf. 45 – ***Le Bistrot*** 02 41 88 37 32 *(fermé 22 déc. au 2 janv.)* **Repas** *(68)*- 85(déj.)/120 ♀, enf. 45 – ☕ 60 – **56 ch** 450/650 – ½ P 490

Mercure Centre M, pl. Mendès-France (Centre des Congrès) ✉ 49100 ☎ 02 41 60 34 81, *h0540@accor-hotels.com, Fax 02 41 60 57 84* – 🛗 ✕, ▤ rest, TV ♿ 🚗 – 🏛 30. AE ① GB JCB — CY a
Repas *(fermé 22 déc. au 1er janv.)* *(95)* - 125/150 🍷, enf. 48 – ☕ 60 – **84 ch** 540/590

Bleu Marine, 18 bd Mar. Foch ✉ 49100 ☎ 02 41 87 37 20, *bleu-marine-angers@goforne t.com, Fax 02 41 87 49 54*, 🏋 – 🛗 TV 📞 – 🏛 80. AE ① GB — CZ u
Repas 69 ♀, enf. 36 – ☕ 60 – **69 ch** 480

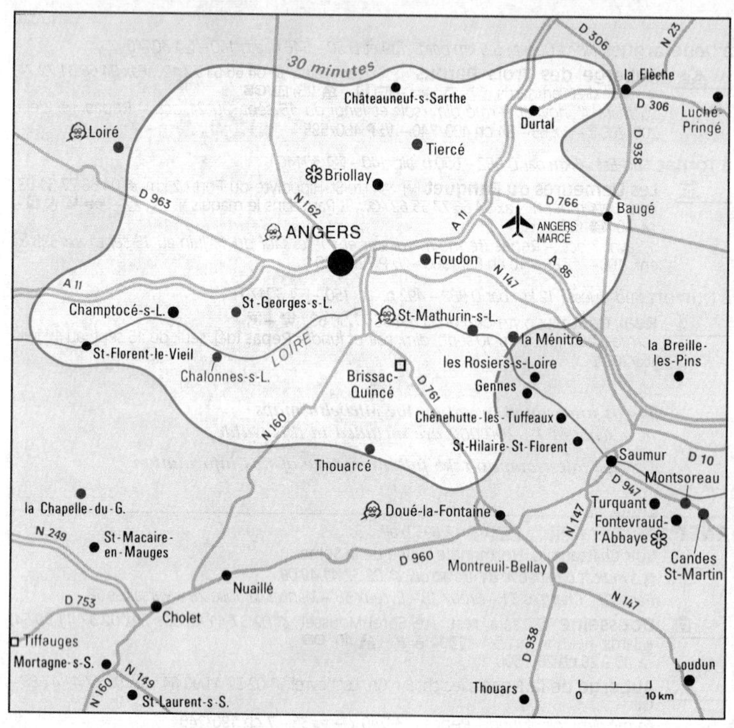

Mail sans rest, 8 r. Ursules ✉ 49100 ☎ 02 41 25 05 25, *Fax 02 41 86 91 20*, « Demeure du 17e siècle » – TV ☎ P. AE ⓓ GB — CY b
☐ 39 – **26 ch** 245/375

Progrès sans rest, 26 r. D. Papin ✉ 49100 ☎ 02 41 88 10 14, *Fax 02 41 87 82 93* – 🛗 TV ☎. AE ⓓ GB — AZ f
☐ 44 – **41 ch** 280/330

St-Julien sans rest, 9 pl. Ralliement ✉ 49100 ☎ 02 41 88 41 62, *stjulien@wanadoo.fr*, *Fax 02 41 20 95 19* – 🛗 TV ☎. AE ⓓ GB — CY e
☐ 40 – **34 ch** 245/345

Express by Holiday Inn M, 23 bis r. P. Bert ☎ 02 41 25 48 48, *hiangers@alliance-hotellerie.fr*, *Fax 02 41 25 48 49* – 🛗 ✗ TV ☎ ♿ P – 🏃 40. AE ⓓ GB JCB — CZ e
Repas *(fermé vend. soir, dim. midi et sam.)* 85 ♨ – **52 ch** ☐ 420

Continental sans rest, ✉ 49100 ☎ 02 41 86 94 94, *le.continental@wanadoo.fr*, *Fax 02 41 86 96 60* – 🛗 TV ☎. AE ⓓ GB — BYZ n
☐ 34 – **25 ch** 220/320

Ibis, r. Poissonnerie ✉ 49100 ☎ 02 41 86 15 15, *Fax 02 41 87 10 41* – 🛗 ✗ TV ☎ ♿ – 🏃 30. AE ⓓ GB — BY b
Repas (dîner seul.) 83 ♨, enf. 39 – ☐ 37 – **95 ch** 350

Europe sans rest, 3 r. Château-Gontier ✉ 49100 ☎ 02 41 88 67 45, *Fax 02 41 86 17 42* – TV ☎. AE ⓓ GB JCB — CZ a
☐ 32 – **29 ch** 240/280

Royalty sans rest, 21 bd Ayrault ✉ 49100 ☎ 02 41 43 78 76, *Fax 02 41 60 37 51* – 🛗 TV ☎ ♿. GB — CY z
fermé 25 déc. au 2 janv. – ☐ 35 – **20 ch** 230/320

Provence Caffé, 9 pl. Ralliement ☎ 02 41 87 44 15, *Fax 02 41 87 44 15* – ▤. GB. ✗ — BCY e
fermé 31 juil. au 20 août, 25 déc. au 7 janv., dim. et lundi – **Repas** (prévenir) 98/149 ♀

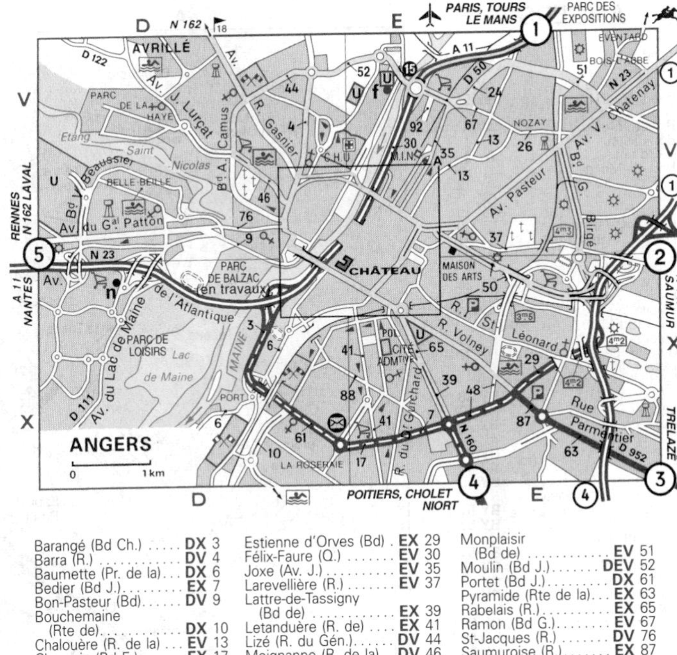

Barangé (Bd Ch.) ..... **DX** 3	Estienne d'Orves (Bd) . **EX** 29	Monplaisir (Bd de) .... **EV** 51
Barra (R.) .... **DV** 4	Félix-Faure (Q.) .... **EV** 30	Moulin (Bd J.) .... **DEV** 52
Baumette (Pr. de la) ... **DX** 6	Joxe (Av. J.) .... **EV** 35	Portet (Bd J.) .... **DX** 61
Bedier (Bd J.) .... **EX** 7	Larevellière (R.) .... **EV** 37	Pyramide (Rte de la) ... **EX** 63
Bon-Pasteur (Bd) ...... **DV** 9	Lattre-de-Tassigny (Bd de) .... **EX** 39	Rabelais (R.) .... **EX** 65
Bouchemaine (Rte de) .... **DX** 10	Letanduère (R. de) .... **EX** 41	Ramon (Bd G.) .... **EV** 67
Chalouère (R. de la) ... **EV** 13	Lizé (R. du Gén.) ...... **DV** 44	St-Jacques (R.) .... **DV** 76
Chaumin (Bd E.) ...... **EX** 17	Meignanne (R. de la) .. **DV** 46	Saumuroise (R.) .... **EX** 87
Doyenné (Bd du) ...... **EV** 24	Millot (Bd J.) .... **EX** 48	Strasbourg (Bd de) ... **DEX** 88
Dunant (Bd H.) .... **EV** 26	Montaigne (Av.) .... **EX** 50	Vaucanson (R.) .... **EV** 92

XX **Ma Campagne,** 14 prom. de Reculée ✉ 49100 ☎ 02 41 48 38 06, *Fax 02 41 48 04 37,* 🏞 – GB — EV f
fermé 13 au 27 août, dim. soir et lundi – **Repas** 108/198 ♀, enf. 60

XX **Lucullus,** 5 r. Hoche ✉ 49100 ☎ 02 41 87 00 44, *Fax 02 41 87 00 44,* « Salles voûtées » – AE ⓓ GB — AZ d
fermé 1er au 22 août, vacances de fév., dim. et lundi sauf fériés – **Repas** *(85)* - 120/280 bc ♀, enf. 60

X **Relais,** 9 r. Gare ✉ 49100 ☎ 02 41 88 42 51, *Fax 02 41 24 75 20* – GB — BZ k
fermé 12 août au 4 sept., 23 déc. au 8 janv., dim. et lundi – **Repas** *(79)* - 99/165 ♁

X **Péché Gourmand,** 48 r. Parcheminerie ☎ 02 41 81 04 76 – AE ⓓ GB — BY r
fermé dim. et lundi – **Repas** 78 (déj.), 98/185 ♀

près du Parc des Expositions *par ① N 23 : 6 km – ✉ 49480 St Sylvain d'Anjou :*

🏨 **Acropole** Ⓜ, ☎ 02 41 60 87 88, *acropole@unimedia.fr, Fax 02 41 60 30 03,* 🏞, 🏊, 🌳 – 🛗 📺 📞 ♿ 🅿 – 🏛 80. AE ⓓ GB JCB
Repas *(fermé 6 au 12 août, 24 au 30 déc., vend. soir, sam. et dim.)* 90/120 ♀ – ☕ 50 – **50 ch** 360/450 – ½ P 260/340

XXX **Auberge d'Éventard,** ☎ 02 41 43 74 25, *Fax 02 41 34 89 20,* 🏞, « Élégante décoration intérieure », 🌳 – ▤ 🅿. AE ⓓ GB. ✂
fermé 13 au 27 août, sam. midi, dim. soir et lundi – **Repas** 165/410 et carte 270 à 460, enf. 100

XX **Clafoutis,** rte Paris ☎ 02 41 43 84 71, *Fax 02 41 34 74 80* – ▤ 🅿. AE GB
fermé 22 juil. au 23 août, vacances de Noël, sam. midi, lundi soir, dim. et soirs fériés – **Repas** *(70)* - 98/248 ♀, enf. 60

à Foudon *Est : 11 km (dir. Plessis-Grammoire) par D 116 et D 113 – ✉ 49124 Plessis-Grammoire :*

XX **Boeuf Plessis,** ☎ 02 41 76 72 12, *Fax 02 41 76 80 85,* 🏞, 🌳 – GB
fermé 15 juil. au 15 août, dim. soir, lundi et mardi – **Repas** 135/195 ♀, enf. 65

ANGERS

Alsace (R. d') . . . . CZ
Aragon (Av. Yolande d') . . . . AY 2
Baudrière (R.) . . . . BY 5
Beaurepaire (R.) . . . . AY
Bichat (R.) . . . . AY 8
Bon-Pasteur (Bd du) . . . . AY 9
Bout-du-Monde (Prom. du) . . . . AY 12
Bressigny (R.) . . . . CZ
Chaperonnière (Rue) . . . . . BYZ 15
Commerce (R. du) . . . . CY 19
David-d'Angers (Rue) . . . . . CY 21
Denis-Papin (R.) . . . . BZ 22
Droits-de-l'Homme (Av. des) . . . . CY 25
Espine (R. de l') . . . . BY 27
Estoile (Sq.J. de l') . . . . AY 28
Foch (Bd Mar.) . . . . BCZ
Freppel (Pl.) . . . . BY 31
Gare (R. de la) . . . . BZ 32
Laiterie (Pl.) . . . . AY
La Rochefoucauld-Liancourt (Pl.) . . . . ABY 38
Lenepveu (R.) . . . . CY 40
Lices (R. des) . . . . BZ
Lionnaise (R.) . . . . AY
Lise (R. P.) . . . . CY 43
Marceau (R.) . . . . AZ 45
Mirault (Bd) . . . . BY 49
Mondain-Chanlouineau (Sq.) . . . . BY 51
Oisellerie (R.) . . . . BY 53
Parcheminerie (R.) . . . . BY 54
Pasteur (Av.) . . . . CY 55
Pilori (Pl. du) . . . . CY 56
Plantagenêt (R.) . . . . BY 57
Pocquet-de-Livonnières (R.) . . . . CY 58
Poëliers (R. des) . . . . CY 59
Pompidou (Allées) . . . . CY 60
Prés.-Kennedy (Place du) . . . . AZ 62
Ralliement (Pl. du) . . . . BY 66
Résistance-et-de-la-Déport. (Bd) . . . . CY 68
Robert (Bd) . . . . BY 69
Roë (R. de la) . . . . BY 70
Ronceray (Bd du) . . . . AY 71
St-Aignan (R.) . . . . AY 72
St-Aubin (R.) . . . . BZ 73
St-Étienne (R.) . . . . CY 75
St-Julien (R.) . . . . BCZ
St-Laud (R.) . . . . BY 77
St-Lazare (R.) . . . . AY 79
St-Martin (R.) . . . . BZ 80
St-Maurice (Mtée) . . . . BY 82
St-Maurille (R.) . . . . CY 83
St-Michel (Bd) . . . . CY 84
St-Samson (R.) . . . . CY 85
Ste-Croix (Pl.) . . . . BZ 86
Talot (R.) . . . . BZ 89
Tonneliers (Rue des) . . . . . . AY 90
Ursules (R. des) . . . . CY 91
Voltaire (R.) . . . . BZ 93
8-Mai-1945 (Av. du) . . . . CZ 94

Pas de publicité payée dans ce guide

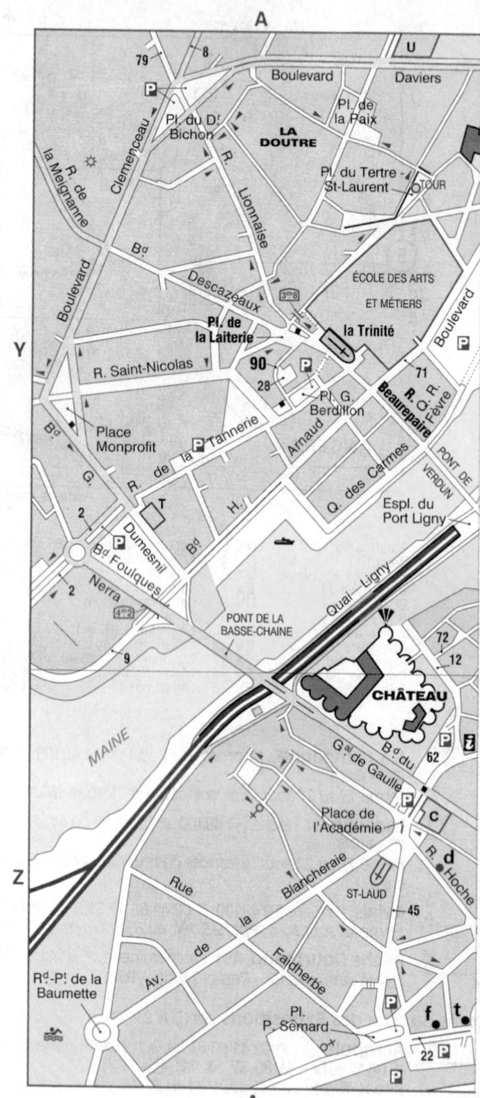

à l'Ouest – ✉ *49000 Angers :*

Mercure Lac de Maine Ⓜ, ☎ 02 41 48 02 12, *h1212@accor-hotels.com, Fax 02 41 48 57 51*, – | – 100. AE GB JCB — DX n
Diffen *(fermé 22 déc. au 1er janv., sam. et dim.)* **Repas** 105/208bc ♀, enf. 75 – ☕ 60 – **75 ch** 490/540

au Nord-Ouest *rte de Laval par N 162 : 8 km* - **DV** – ✉ *49240 Avrillé :*

Cavier, La Croix-Cadeau ☎ 02 41 42 30 45, *lecavier@acom.fr, Fax 02 41 42 40 32*, « Salles à manger installées dans un ancien moulin », – – 35. AE GB
Repas *(fermé 23 déc. au 6 janv. et dim.)* 100/186 ♀, enf. 58 – ☕ 39 – **43 ch** 265/390 – ½ P 231/291

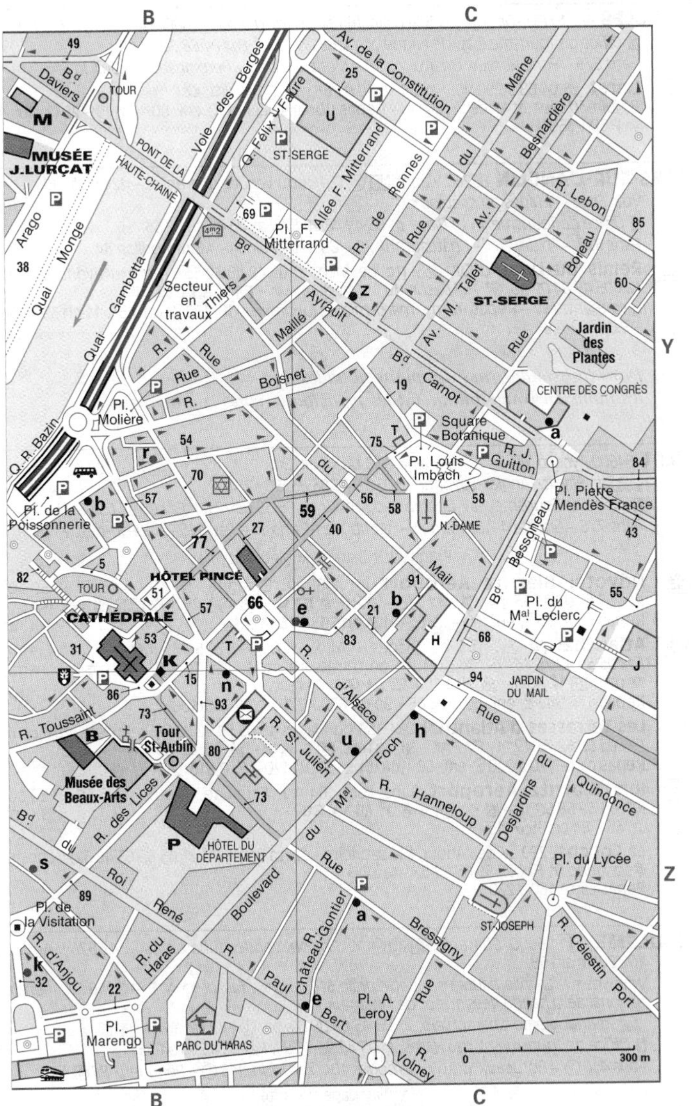

ANGERVILLE *91670 Essonne* [60] ⑲ *– 3 012 h alt. 141.*

Paris 70 – Chartres 46 – Ablis 29 – Étampes 20 – Évry 56 – Orléans 49 – Pithiviers 28.

France, pl. du Marché ☎ 01 69 95 11 30, *hotel-de-france@wanadoo.fr, Fax 01 64 95 39 59,* « Cadre rustique et mobilier ancien » – P – 60. AE GB
Repas *(fermé dim. soir)* 150/200 ♀, enf. 60 – ☕ 48 – **19 ch** 350/550 – ½ P 780

à la Poste-de-Boisseaux *Sud : 7 km sur N 20 – ✉ 28310 (E.-et-L) Barmainville :*

Panetière, ☎ 02 38 39 58 26, *Fax 02 38 39 53 40,* – P. AE GB
fermé 6 au 20 août, dim. soir, mardi soir et lundi – **Repas** 115/160

Les ANGLES 66210 Pyr.-Or. 86 ⑯ – 528 h alt. 1650 – Sports d'hiver : 1 600/2 400 m 1 24.

Office de Tourisme 2 av. de l'Aude 04 68 04 32 76, Fax 04 68 30 93 09.

Paris 879 – Font-Romeu-Odeillo-Via 19 – Mont-Louis 11 – Perpignan 91 – Quillan 60.

Llaret, 04 68 30 90 90, Fax 04 68 30 91 66, ← – TV P. GB.
20 juin-30 sept. et 1er déc.-30 avril – **Repas** (1/2pens.seul.) 110, enf. 60 – 45 – **25 ch** 400 – 1/2 P 300/350

ANGLES-SUR-L'ANGLIN 86260 Vienne 68 ⑮ G. Poitou Vendée Charentes – 424 h alt. 100.

Voir Site★ – Ruines du château★.

Office de Tourisme 14 La Place 05 49 48 86 87, Fax 05 49 48 27 55.

Paris 339 – Poitiers 51 – Châteauroux 78 – Châtellerault 34 – Montmorillon 34.

Relais du Lyon d'Or, rte de Vicq 05 49 48 32 53, *thoreau@lyondor.com, Fax 05 49 84 02 28*, « Maison du 15e siècle », – TV P. AE GB
fermé janv.-fév. – **Repas** *(fermé mardi midi et lundi) (89)* - 110/190 – 45 – **11 ch** 390/490 – 1/2 P 360/410

Dans la liste des rues des plans de villes, les noms en rouge indiquent les principales voies commerçantes.

ANGLET 64600 Pyr.-Atl. 78 ⑱ G. Aquitaine – 33 041 h alt. 20.

de Biarritz-Anglet-Bayonne 05 59 43 83 83, SO : 2 km.

Office de Tourisme 1 av. Chambre-d'Amour 05 59 03 77 01, Fax 05 59 03 55 91.

Paris 775 – Biarritz 4 – Bayonne 5 – Cambo-les-Bains 17 – Pau 115 – St-Jean-de-Luz 18.

Plans : voir Biarritz-Anglet-Bayonne.

Novotel Biarritz Aéroport M, 68 av. Espagne, N 10 05 59 58 50 50, *Fax 05 59 03 33 55*, – TV P – 25 à 120. AE GB JCB
Repas 155/175, enf. 50 – 65 – **121 ch** 595/715 BX m

Atlanthal M, 153 bd Plages - ABX 05 59 52 75 75, *info@atlanthal.com, Fax 05 59 52 75 13*, ←, centre de thalassothérapie, – cuisinette, rest, TV P – 20 à 150. AE GB. rest
Repas 175/215, enf. 50 – 65 – **99 ch** 670/1670 – 1/2 P 710/1065

Les Terrasses d'Atlanthal, 153 bd Plages 05 59 52 58 58, *info@atlanthal.com, Fax 05 59 52 75 19*, ←, – rest, TV P – 80. AE GB
Repas carte 170 à 220, enf. 50 – **48 ch** 570/1120 – 1/2 P 510/640

Ibis Biarritz Aéroport sans rest, 64 av. Espagne, N 10 05 59 58 50 00, *Fax 05 59 58 50 10* – TV P. AE GB BX m
45 – **84 ch** 355/415

La Concha, 299 av. de l'Adour, à la patinoire - dir. La Barre **BX** 05 59 63 49 52, *laconcha@wanadoo.fr, Fax 05 59 63 84 52* – . GB
Repas carte 160 à 270

ANGOULÊME P 16000 Charente 72 ⑬ ⑭ G. Poitou Vendée Charentes – 42 876 h Agglo. 102 908 h alt. 98.

Voir Site★ – La Ville haute★★ – Cathédrale St-Pierre★ : façade★★ **Y F** – C.N.B.D.I. (Centre national de la bande dessinée et de l'image)★ **Y**.

d'Angoulême-Champniers, 05 45 69 88 09, par ① : 12 km.

Office de Tourisme pl. des Halles 05 45 95 16 84, Fax 05 45 95 91 76.

Paris 450 ① – Bordeaux 120 ⑤ – Limoges 104 ② – Niort 115 ① – Périgueux 86 ③.

Plan page suivante

Mercure-Hôtel de France M, 1 pl. Halles Centrales 05 45 95 47 95, *h1213@accor-hotels.com, Fax 05 45 92 02 70*, – rest, TV – 20 à 200. AE GB JCB Y e
Repas *(fermé sam. midi, dim. midi et fériés le midi) (120)* - 160, enf. 70 – 60 – **89 ch** 490/640

Européen sans rest, 1 pl. G. Perrot 05 45 92 06 42, *Fax 05 45 94 88 29* – TV – 15. AE GB Y a
45 – **31 ch** 360/460

St-Antoine, 31 r. St Antoine 05 45 68 38 21, *Fax 05 45 69 10 31*, – TV P. AE GB JCB X f
Repas *(fermé 22 déc. au 2 janv., lundi midi, sam. midi et dim.)* 80/240, enf. 50 – 40 – **32 ch** 295/340 – 1/2 P 260/280

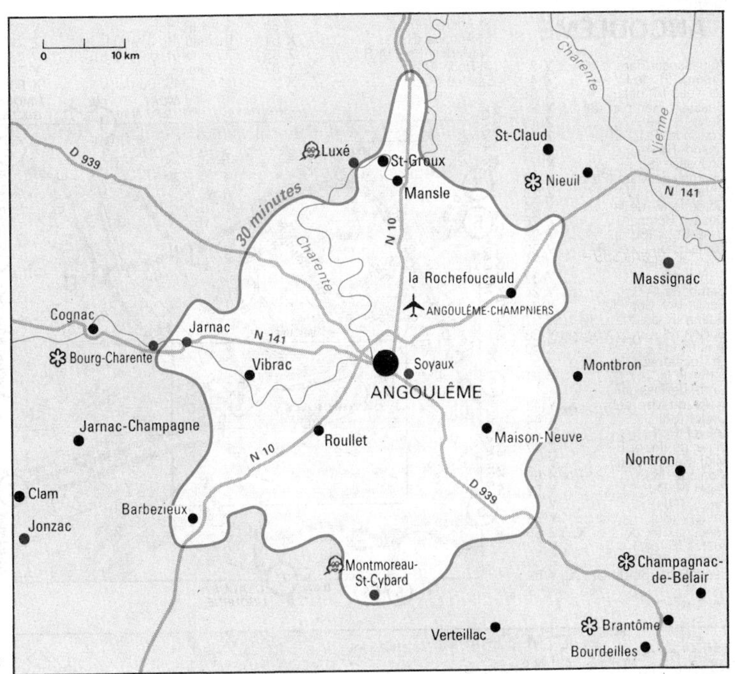

L'Épi d'Or sans rest, 66 bd René Chabasse ☎ 05 45 95 67 64, *Fax 05 45 92 97 23* – 🛗 📺 📞 🅿 – 🏛 20. AE ⓓ GB — X v
fermé 5 au 18 août, 23 déc. au 2 janv. – ☕ 35 – **33 ch** 230/290

✕✕✕ **Ruelle,** 6 r. Trois Notre-Dame ☎ 05 45 95 15 19, *Fax 05 45 95 15 19* – AE ⓓ GB — Y x
fermé 9 au 22 avril, 3 juil. au 19 août, 1er au 6 janv., sam. midi et dim. – **Repas** 150 (déj.), 180/350 et carte 240 à 410 ♀

✕✕ **Le Terminus,** 1 pl. Gare ☎ 05 45 95 27 13, *terminus.angouleme@wanadoo.fr, Fax 05 45 94 04 09* – AE ⓓ GB JCB — Y n
fermé 13 au 19 août, dim. et lundi – **Repas** 100/175 ♀

✕✕ **Les Gourmandines,** 25 r. Genève ☎ 05 45 92 58 98, *emmanuel.cornu@wanadoo.fr, Fax 05 45 92 58 98,* 🏖 – ▤. AE ⓓ GB — Y t
fermé 19 au 26 déc., 17 au 30 oct., dim. soir et merc. – **Repas** 88/195 ♀, enf. 45

✕ **Tour des Valois,** 7 r. Massillon ☎ 05 45 95 23 64, *Fax 05 45 38 14 55* – AE GB JCB — Y r
fermé 16 août au 6 sept., 14 au 22 fév., dim. soir et lundi midi – **Repas** 68/218 ♀

✕ **Bastien,** 23 pl. Gare ☎ 05 45 95 00 27, *Fax 05 45 93 20 62* – ▤. AE GB JCB — Y v
fermé 1er au 15 août, Noël au Jour de l'An, sam. midi et dim. – **Repas** 90/170 ♀, enf. 50

✕ **Palma,** 4 rampe d'Aguesseau ☎ 05 45 95 22 89, *Fax 05 45 94 26 66* – GB — Y u
fermé 1er au 13 janv., sam midi et dim. – **Repas** 75/180 ♀, enf. 50

✕ **Cité,** 28 r. St-Roch ☎ 05 45 92 42 69, *Fax 05 45 93 24 35* – AE ⓓ GB — Y s
fermé 30 juil. au 19 août, vacances de fév., lundi soir et dim. – **Repas** 72 (déj.), 98/200 🍷

rte de Poitiers *par ①, près échangeur Nord : 6km* – ✉ *16430 Champniers :*

Relais Mercure Ⓜ, ☎ 05 45 68 53 22, *h0397-gl@accor-hotels.com, Fax 05 45 68 33 83,* 🏖, 🏊, 🌳 – 🛗 ⊬ ▤ 📺 📞 ♿ 🅿 – 🏛 15 à 110. AE ⓓ GB JCB
Repas *(79)* - 125 ♀, enf. 48 – ☕ 58 – **103 ch** 385/425

Ibis, ☎ 05 45 69 16 16, *Fax 05 45 68 20 77,* 🏖 – ⊬ 📺 📞 ♿ 🅿 – 🏛 25. AE ⓓ GB
Repas *(77)* - 97 🍷, enf. 39 – ☕ 35 – **62 ch** 340/360

ANGOULÊME

Aguesseau (Rampe d') . . . Y 2
Arsenal (R. de l') . . . . Z 4
Basseau (R. de) . . . . X 6
Beaulieu (Rempart de) . . . Y 8
Belat (R. de) . . . . Z 10
Bouillaud (Pl.) . . . . Z 12
Briand (Bd A.) . . . . Y 14
Chabasse (Bd R.) . . . . X 17
Champs-de-Mars (Pl.) . . . . Y 18
Churchill (Bd W.) . . . . Z 20
Corderie (R. de la) . . . . Y 24
Desaix (Rempart) . . . . Z 26
Dr E.-Roux (Bd du) . . . . Z 28
Fontaine-du-Lizier (R.) . . . . Y 30
Frères-Lumière (R. des) . . . . Y 32
Gambetta (Av.) . . . . Y 34
Gaulle (Av. Gén.-de) . . . . . . Y 36
Guérin (R. J.) . . . . Y 37
Guillon (Pl. G.) . . . . Y 38
Iéna (R. d') . . . . Z 40
La Rochefoucauld (R. de la) . . . . Y 41
Lattre-de-Tassigny (Av. du Mar. de) . . . . X, Y 42
Liedot (Bd) . . . . X 44
Louvel (Pl. F.) . . . . Y 46
Marengo (Pl. et R.) . . . . . YZ 47
Midi (Rempart du) . . . . Y 48
Monlogis (R.) . . . . X 50
Papin (R. D.) . . . . Y 52
Paris (R. de) . . . . Y
Pasteur (Bd) . . . . Y 53
Périgueux (R. de) . . . . X, YZ 55
Postes (R. des) . . . . Y 57
Renolleau (R. A.) . . . . Z 58
République (Bd de la) . X, Y 59
St-André (R.) . . . . Y 60
St-Antoine (R.) . . . . X 61
St-Martial (Esp. et R.) . . . . Z 65
St-Roch (R.) . . . . X, Y 67
Saintes (R. de) X
Soleil (R. du) . . . . Y 70
Tharaud (Bd J. et J.) . . . . Z 72
Turenne (R. de) . . . . Y 73
3-Fours (R. des) . . . . Y 75
8-Mai-1945 (Bd du) . . . . X 80

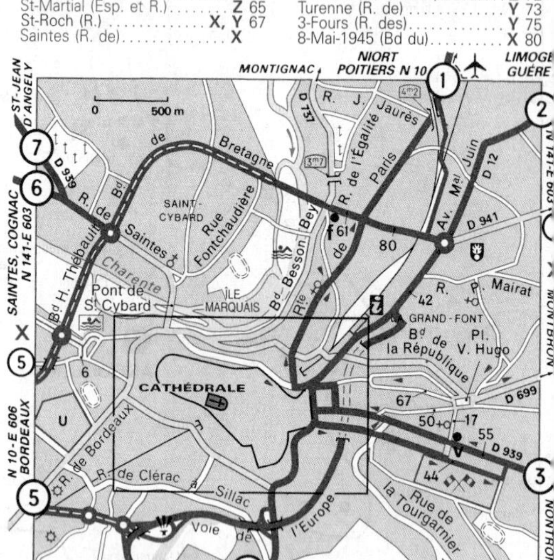

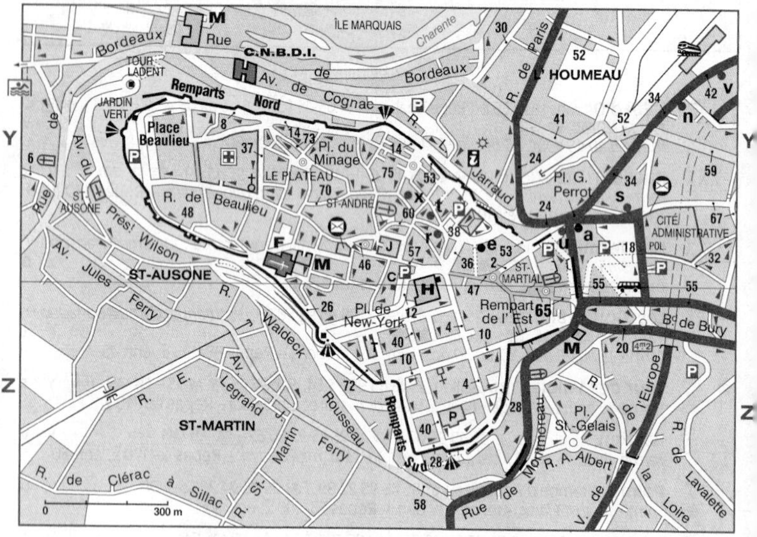

à Soyaux *par ③ : 4 km – 10 353 h. alt. 133 – ✉ 16800 :*

✕ **Cigogne,** (à la Mairie, prendre r. A.-Briand et 1,5 km) ✆ 05 45 95 89 23, *Fax 05 45 95 89 23,* ≤, 🏠, « Terrasse face à la campagne » – **P**. AE GB
fermé 22 oct. au 11 nov., 19 au 26 fév., dim. soir et lundi – **Repas** 75 (déj.), 105/170 ♀

à Maison-Neuve *par ③, D 939, D 4 et D 25 : 17 km – ✉ 16410 Vouzan :*

✕✕ **L'Orée des Bois** 🐌 avec ch, ✆ 05 45 24 94 38, *Fax 05 45 24 97 51,* 🏠, 🌳 – TV **P**. AE GB
fermé vacances de Toussaint, de fév., 2 au 6 janv., dim. soir, mardi midi et lundi – **Repas** 130/320 ♀, enf. 60 – ☕ 40 – **7 ch** 220/300 – 1/2 P 320

à Roullet *par ⑤ et N 10, dir. Bordeaux : 14 km – 3 378 h. alt. 50 – ✉ 16440 :*

Vieille Étable , rte Mouthiers : 1,5 km ☎ 05 45 66 31 75, *Fax 05 45 66 47 45*, – 20 à 50. GB. rest
fermé vacances de fév. et dim. soir d'oct. à mai – **Repas** 90/270 ♀, enf. 95 – ☕ 38 – **29 ch** 310/390 – ½ P 340/380

Marjolaine sans rest, Les Glamots ☎ 05 45 66 46 46, *Fax 05 45 66 43 29* – GB.
fermé 24 déc. au 31 déc. et dim. soir – ☕ 27 – **30 ch** 180/235

rte de Cognac *par ⑥, N 141 et D 120 : 10 km – ✉ 16290 Asnières-sur-Nouère :*

Hostellerie du Maine Brun , ☎ 05 45 90 83 00, *hostellerie-du-maine-brun@wanadoo.fr, Fax 05 45 96 91 14*, , « Beau mobilier », – AE GB JCB
15 avril-15 oct. – **Repas** *(fermé lundi)* 115/220 ♀, enf. 60 – ☕ 65 – **18 ch** 460/750 – ½ P 485/570

ANNEBAULT *14430 Calvados 54 ⑰ – 317 h alt. 140.*
Paris 199 – Caen 35 – Cabourg 15 – Pont-l'Évêque 11.

Auberge Le Cardinal avec ch, ☎ 02 31 64 81 96, *Fax 02 31 64 64 65*, – AE GB
fermé 10 janv. au 10 fév., mardi soir et merc. sauf juil.-août – **Repas** 100/270 ♀ – ☕ 40 – **6 ch** 290/300 – ½ P 340

Repas 70/185

Repas à prix fixes :
des menus à prix intermédiaires à ceux indiqués sont généralement proposés.

ANNECY P *74000 H.-Savoie 74 ⑥ G. Alpes du Nord – 49 644 h Agglo. 126 729 h alt. 448 – Casino.*

Voir *Le Vieil Annecy★★ : Descente de Croix★ dans l'église St-Maurice* **EY E**, *Palais de l'Isle★★* **EY M²**, *rue Ste-Claire★ – pont sur le Thiou ≤★* **EY N** *– Musée-château d'Annecy★ – Les Jardins de l'Europe★ – Les bords du lac★★ ≤★★.*

Env. *Tour du lac★★★ – Gorges du Fier★★ : 11 km par ⑥ – Col de la Forclaz★★ – Forêt du crêt du Maure★ : ≤★★ 3 km par D 41* **CV.**

✈ *d'Annecy-Meythet ☎ 04 50 27 30 06, par N 508* **BU** *et D 14 : 4 km.*

🅸 *Office de Tourisme Clos Bonlieu 1 r. J.-Jaurès ☎ 04 50 45 00 33, Fax 04 50 51 87 20.*

Paris 541 ⑤ – Aix-les-Bains 34 ⑤ – Genève 47 ① – Lyon 140 ⑤ – St-Étienne 188 ⑤.

Plans pages suivantes

L'Impérial Palace M , 32 av. Albigny ☎ 04 50 09 30 00, *imperial-palace-hotel@cybercable.fr, Fax 04 50 09 33 33*, ≤, , « Décor contemporain », – , ch, – 25 à 600. AE GB. rest — CV s
Voile : **Repas** 195/490 ♀, enf. 95 – ☕ 160 – **91 ch** 1100/1500, 7 appart – ½ P 850

Splendid M sans rest, 4 quai E. Chappuis ☎ 04 50 45 20 00, *splenditel@aol.com, Fax 04 50 45 52 23* – – 60. AE GB JCB — EY d
fermé 15 déc. au 15 janv. – ☕ 68 – **50 ch** 540/775

Novotel Atria M, 1 av. Berthollet ☎ 04 50 33 54 54, *Fax 04 50 45 50 68* – – 25 à 150. AE GB JCB — DX h
Repas *(95)* - carte environ 150 ♀, enf. 50 – ☕ 63 – **95 ch** 540/610

Les Trésoms M , 3 bd Corniche ☎ 04 50 51 43 84, *info@lestresms.com, Fax 04 50 45 56 49*, ≤, , – – 20 à 120. AE GB. rest — CV f
Repas 149 (déj.), 179/499 bc ♀, enf. 109 – ☕ 80 – **50 ch** 450/850 – ½ P 445/605

Carlton sans rest, 5 r. Glières ☎ 04 50 10 09 09, *contact@bw-carlton.com, Fax 04 50 10 09 60* – – 30. AE GB JCB — DY g
☕ 62 – **55 ch** 520/630

Allobroges sans rest, 11 r. Sommeiller ☎ 04 50 45 03 11, *allobrogeshotel.tulipinn@wanadoo.fr, Fax 04 50 51 88 32* – cuisinette – 25. AE GB — DY n
☕ 68 – **50 ch** 550/650

Holiday Inn Garden Court M, 5 av. Thiou ☎ 04 50 52 35 35, *hannecy@aol.com, Fax 04 50 52 35 00*, – – 25 à 80. AE GB JCB — BV n
Repas 70/155 ♀, enf. 55 – ☕ 55 – **134 ch** 500/550

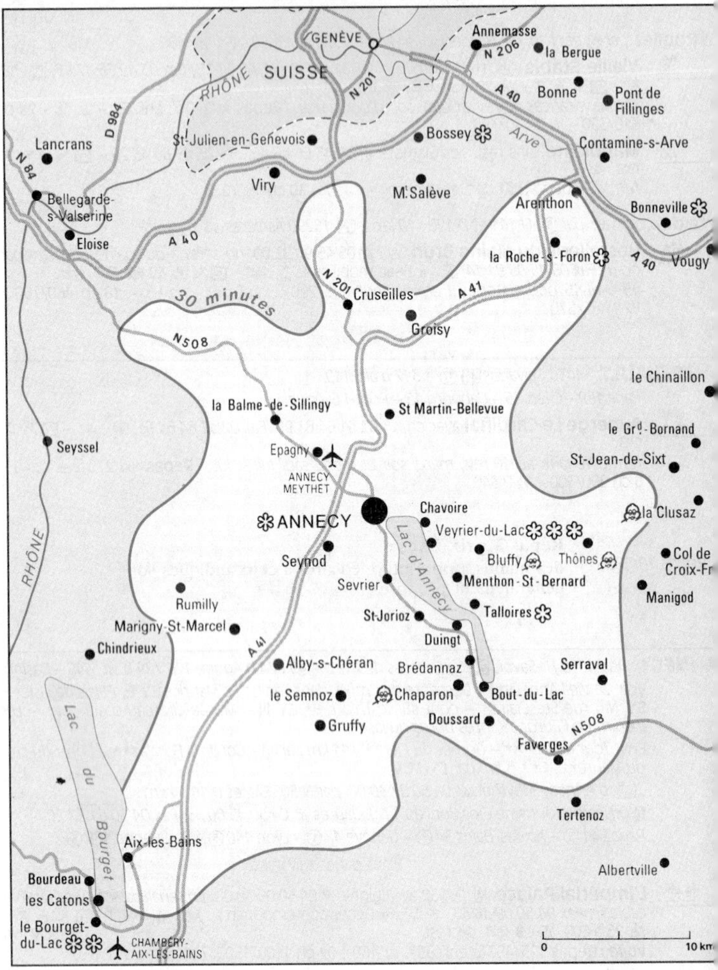

Marquisats sans rest, 6 chemin Colmyr ☎ 04 50 51 52 34, *marquisats@wanadoo.fr*, *Fax 04 50 51 89 42* – [lift] [TV] [P]. AE ⓓ GB. — CV
☐ 55 – **22 ch** 400/600

Relais Mercure [M] sans rest, 26 r. Vaugelas ☎ 04 50 45 59 80, *Fax 04 50 45 24 99* – [lift] [TV]. AE GB — DY
☐ 60 – **39 ch** 440/500

Flamboyant sans rest, 52 r. Mouettes **CU** à Annecy-le-Vieux ✉ 74940 ☎ 04 50 23 61 6, *leflamboyant@infonie.fr*, *Fax 04 50 23 05 03* – [lift] cuisinette [TV] [P]. AE ⓓ G JCB
☐ 59 – **30 ch** 395/695

Réserve, 21 av. Albigny ☎ 04 50 23 50 24, *Fax 04 50 23 51 17*, ← – [TV] [P]. GB
fermé 21 déc. au 14 janv. et dim. soir hors saison – **Repas** 129 (déj.), 148/195 ♀, enf. 66 — CV
☐ 50 – **12 ch** 475/545 – 1/2 P 430/470

Bonlieu [M] sans rest, 5 r. Bonlieu ☎ 04 50 45 17 16, *hbonlieu@cybercable.tm.fr*, *Fax 04 50 45 11 48* – [lift] [TV] [P] – 🏛 25. AE ⓓ GB JCB — EX
☐ 52 – **35 ch** 420/520

ANNECY

Abbaye (Ch. de l')	CU	2
Aléry (Av. d')	BV	4
Aléry (Gde-R. d')	BV	7
Balmettes (Fg des)	CV	10
Beauregard (Av. de)	BV	13
Bel-Air (R. du)	CU	15
Bordeaux (R. Henry)	CU	18
Boschetti (Av. Lucien)	BCV	21
Chambéry (Av. de)	BV	23
Chevêne (Av. de)	BV	29
Corniche (Bd de la)	CV	32
Crêt-du-Maure (Av. du)	CV	35
Crête (R. de la)	BU	38
Fins Nord (Ch. des)	BCU	45
Leclerc (R. du Mar.)	BU	59
Loverchy (Av. de)	BV	63
Martyrs-de-la-Déportation (R. des)	CU	64
Mendès-France (Av. Pierre)	BV	65
Mermoz (R. Jean)	CU	66
Novel (Av. de)	CU	69
Perréard (Av. Germain)	BU	73
Prélevet (Av. de)	BV	79
Prés-Riants (R. des)	CU	81
St-Exupéry (R. A. de)	CU	86
Stade (Av. du)	BCU	92
Theuriet (R. André)	CV	93
Thônes (Av. de)	CU	94
Trésum (Av. de)	CV	97
Trois-Fontaines (Av. des)	BV	98
Val-Vert (R. du)	BV	99

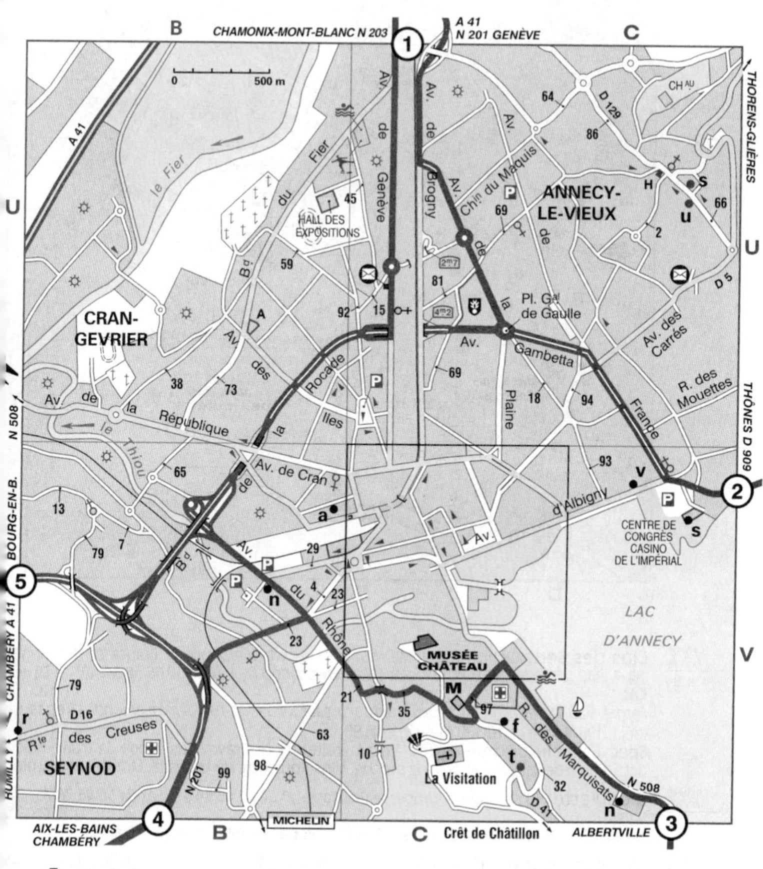

Kyriad sans rest, 1 fg Balmettes ✆ 04 50 45 04 12, *annecy.hotel.kyriad@wanadoo.fr*, *Fax 04 50 45 90 92* – TV ✆. GB. — DY t
☕ 38 – **24 ch** 298/358

Palais de l'Isle M sans rest, 13 r. Perrière ✆ 04 50 45 86 87, *palisle@aol.com*, *Fax 04 50 51 87 15* – TV ✆. AE GB — EY u
☕ 55 – **26 ch** 425/575

Nord sans rest, 24 r. Sommeiller ✆ 04 50 45 08 78, *annecy.hotel.du.nord@wanadoo.fr*, *Fax 04 50 51 22 04* – TV. AE GB. — DY f
☕ 40 – **30 ch** 268/348

Les Terrasses, 15 r. L. Chaumontel ✆ 04 50 57 08 98, *lesterrasses@wanadoo.fr*, *Fax 04 50 57 05 28*, – TV ✆ P. GB. rest — BV a
Repas *(fermé 15 déc. au 13 janv. et dim. sauf juil.-août)* (59) - 85 – ☕ 40 – **20 ch** 380 – ½ P 310

ANNECY

Chambéry (Av. de) . . . DY 23
Chappuis (Q. Eustache) EY 26
Filaterie (R.) . . . . EY 43
Grenette (R.) . . . . EY 51
Hôtel-de-Ville (Pl.) . . . . EY 53
Jean-Jacques-Rousseau (R.) . . . . DY 55
Lac (R. du) . . . . EY 57
Libération (Pl. de la) . . . EY 61
Pâquier (R. du) . . . . EY 71
Perrière (R.) . . . . EY 75
Pont-Morens (R. du) . . . EY 76
Poste (R. de la) . . . . DY 77
République (R.) . . . . DY 83
Royale (R.) . . . . DY 85
St-François-de-Sales (Pl.) . . . . EY 87
St-François-de-Sales (R.) . . . . DY 89
Ste-Claire (Fg et R.) . . . DY 91
Tour-la-Reine (Ch.) . . . . . EY 95

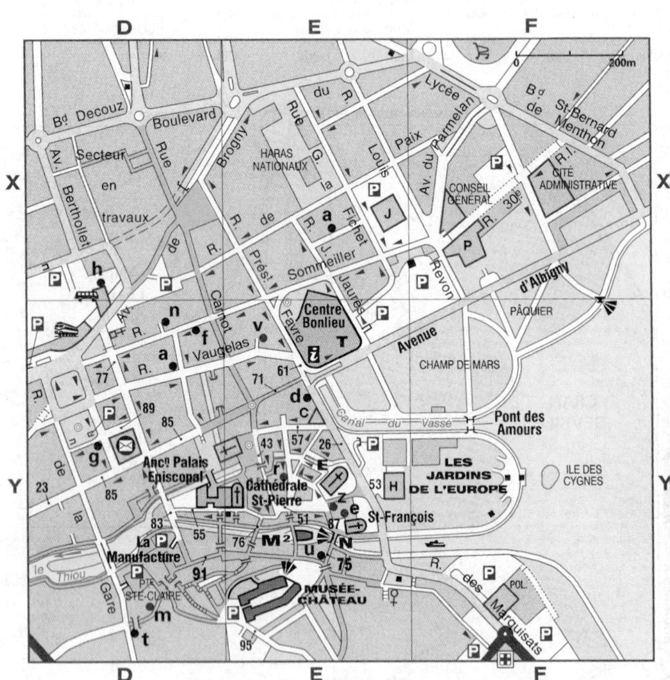

XXX **Clos des Sens** (Petit), 13 r. J. Mermoz à Annecy-le-Vieux par av. France et rte Thônes ✉ 74940 ☎ 04 50 23 07 90, *clos-des-sens@wanadoo.fr, Fax 04 50 66 56 54,* ⛱ – AE ⓓ GB CU u
✿ *fermé 3 au 16 sept., 1er au 17 janv., dim. soir sauf juil.-août, mardi midi et lundi* – **Repas** 150 (déj.), 198/400 et carte 300 à 450 ♀, enf. 88
Spéc. Gaspacho d'écrevisses (fév. à oct.). Truite des lacs savoyards, râpée de truffe (fév. à oct.). Caïon de lait des Bauges à la broche. **Vins** Roussette de Marestel, Mondeuse d'Arbin.

XXX **Ciboulette,** 10 r. Vaugelas - impasse Pré Carré ☎ 04 50 45 74 57, *Fax 04 50 45 76 75,* ⛱ – GB EY v
fermé 1er au 25 juil., dim. et lundi sauf fériés – **Repas** 140/300 et carte 270 à 380

XXX **L'Atelier Gourmand** (Leloup), 2 r. St-Maurice ☎ 04 50 51 19 71, *Fax 04 50 51 36 48,* ⛱ – AE ⓓ GB EY z
✿ *fermé 27 août au 5 sept., 2 au 10 janv., dim. et lundi* – **Repas** 195/295 et carte 360 à 460
Spéc. Lasagne de fruits de mer à l'encre. Filet de féra au jus de plat de côte de veau (mars à oct.). Parfait de pigeon à la marmelade d'abats. **Vins** Chignin-Bergeron, Mondeuse de Chautagne.

XX **Auberge de Savoie,** 1 pl. St-François-de-Sales ☎ 04 50 45 03 05, *Fax 04 50 51 18 28,* ⛱ – AE GB EY e
fermé 18 au 26 avril, du 1er au 10 janv., mardi soir et merc. sauf juil.-août – **Repas** - produits de la mer - 148/275 ♀

XX **Belvédère,** rte Semnoz Sud-Est : 2 km par r. Marquisat ☎ 04 50 45 04 90, *vincent.lugrin@wanadoo.fr, Fax 04 50 45 67 25,* ≤ Annecy et lac, ⛱ – AE GB CV
fermé 22 au 29 déc., 15 janv. au 20 fév., merc. sauf juil.-août, dim. soir et mardi soir – **Repa**s 135 (déj.), 195/350 ♀

XX **Pré de la Danse,** 16 r. J. Mermoz à Annecy-le-Vieux, par av. France et rte Thônes ✉ 74940 ℘ 04 50 23 70 41, *Fax 04 50 09 90 83,* – P. GB CU s
fermé dim. soir, merc. soir et lundi – **Repas** 80 (déj.), 130/198 ♀, enf. 55

XX **Bilboquet,** 14 fg Ste-Claire ℘ 04 50 45 21 68, *Fax 04 50 45 21 68* – AE GB DY m
fermé 1er au 15 juil., lundi sauf juil.-août et dim. soir – **Repas** 95 (déj.), 115/230 ♀

X **Brasserie St-Maurice,** 7 r. Collège Chapuisien ℘ 04 50 51 24 49, *Fax 04 56 72 45 69,* – GB EY r
fermé dim. – **Repas** 98 (déj.), 138/320

à Chavoires *par ② : 4,5 km – ✉ 74290 Veyrier :*

Demeure de Chavoire M sans rest, 71 rte Annecy ℘ 04 50 60 04 38, *demeure.chavoire@wanadoo.fr, Fax 04 50 60 05 36,* ≤, « Élégante installation » – TV P. AE GB JCB
fermé 10 au 30 nov. – ▭ 95 – **10 ch** 800/1150, 3 appart

XXX **L'Amandier,** 91 rte Annecy ℘ 04 50 60 01 22, *Fax 04 50 60 03 25,* ≤ lac, – P. AE GB
fermé vacances de Toussaint, merc. de mi-sept. à mi-mars et dim.soir – **Repas** 195 (déj.), 250/450 et carte 360 à 450 ♀, enf. 75

à Veyrier-du-Lac *par ② : 5,5 km – 1 967 h. alt. 504 – ✉ 74290.*

Office de Tourisme r. de la Tournette ℘ 04 50 60 22 71, Fax 04 50 60 00 90.

XXXXX ⚘⚘⚘ **Auberge de l'Éridan** (Veyrat) M avec ch, 13 Vieille rte des Pensières ℘ 04 50 60 24 00, *Fax 04 50 60 23 63,* ≤ lac, – TV P. AE GB
4 mai-15 nov. et fermé lundi et mardi (sauf hôtel en juil.-août), merc. midi et jeudi midi – **Repas** 900/1400 et carte 1 130 à 1 500 – ▭ 245 – **12 ch** 2650/3950
Spéc. Bouillon de fèves tièdes et avocat au goût de noisettes grillées. Purée de rates, truffes de Savoie et chocolat amer. Tournedos de porcelet, caramel de café et jus de farine brûlée. **Vins** Chignin-Bergeron, Mondeuse d'Arbin.

rte du Semnoz *Sud-Est : 3,5 km par D 41* **CV** *et rte forestière – ✉ 74000 Annecy :*

X **Super Panorama** avec ch, ℘ 04 50 45 34 86, ≤ lac et montagnes, – GB. ch
fermé 31 déc. au 6 fév., lundi soir et mardi – **Repas** 110/260, enf. 50 – ▭ 25 – **5 ch** 230

rte de Chambéry *et D 16 : 3 km – ✉ 74960 Cran-Gevrier :*

Kyriad, 72 rte des Creuzes ℘ 04 50 69 31 03, *Fax 04 50 69 14 38,* – ch, TV P – 25. AE GB BV r
Repas 98/138, enf. 48 – ▭ 40 – **53 ch** 350/370

à Seynod *par ④ : 1 km – 14 764 h. alt. 577 – ✉ 74600 :*

Mercure M, N 201 ℘ 04 50 52 09 66, *h0340@accor-hotels.com, Fax 04 50 69 29 32,* – rest, TV P – 70. AE GB
Repas *(fermé dim. midi et sam.)* (79) - 120/160 ♀, enf. 55 – ▭ 60 – **68 ch** 450/520

à Épagny *par ⑤ et N 508 : 7 km – 2 061 h. alt. 455 – ✉ 74330 :*

Alpha M, ℘ 04 50 22 67 46, *hotel.alpha@libertysurf.fr, Fax 04 50 22 53 71,* – TV P – 20. AE GB
Repas *(fermé dim.)* 69/105, enf. 39 – ▭ 38 – **50 ch** 295/325 – ½ P 280

ANNEMASSE *74100 H.-Savoie 74 ⑥ – 27 669 h alt. 432 – Casino Grand Casino.*

Office de Tourisme Hôtel-de-Ville r. de la gare ℘ 04 50 95 07 10, Fax 04 50 37 11 71.
Paris 541 ③ – Annecy 51 ③ – Thonon-les-Bains 31 ① – Bonneville 21 ③ – Genève 8 ③.

Plan page suivante

Mercure M, par ③ *et rte Gaillard* ✉ 74240 Gaillard ℘ 04 50 92 05 25, *h0343@accor-hotels.com, Fax 04 50 87 14 57,* – TV P – 70. AE GB
Repas 130 ♀, enf. 75 – ▭ 65 – **78 ch** 550/610

St-André M sans rest, 20 r. M. Courriard ℘ 04 50 84 07 00, *hotel-saint-andre@wanadoo.fr, Fax 04 50 84 36 22* – TV – 180. AE GB Z v
▭ 48 – **44 ch** 280/350

Arc-en-Ciel sans rest, 21 r. Tournelles (à Ville-la-Grand) ℘ 04 50 92 66 00, *Fax 04 50 87 06 88* – TV – 25. AE GB Y b
▭ 45 – **41 ch** 310/390

Hague sans rest, 42 r. Genève ℘ 04 50 38 47 14, *Fax 04 50 37 36 10* – TV P. AE GB Y s
▭ 35 – **23 ch** 260/290

National sans rest, 10 pl. J. Deffaugt ℘ 04 50 92 06 44, *Fax 04 50 87 07 45* – TV P. AE GB Y n
▭ 40 – **45 ch** 260/320

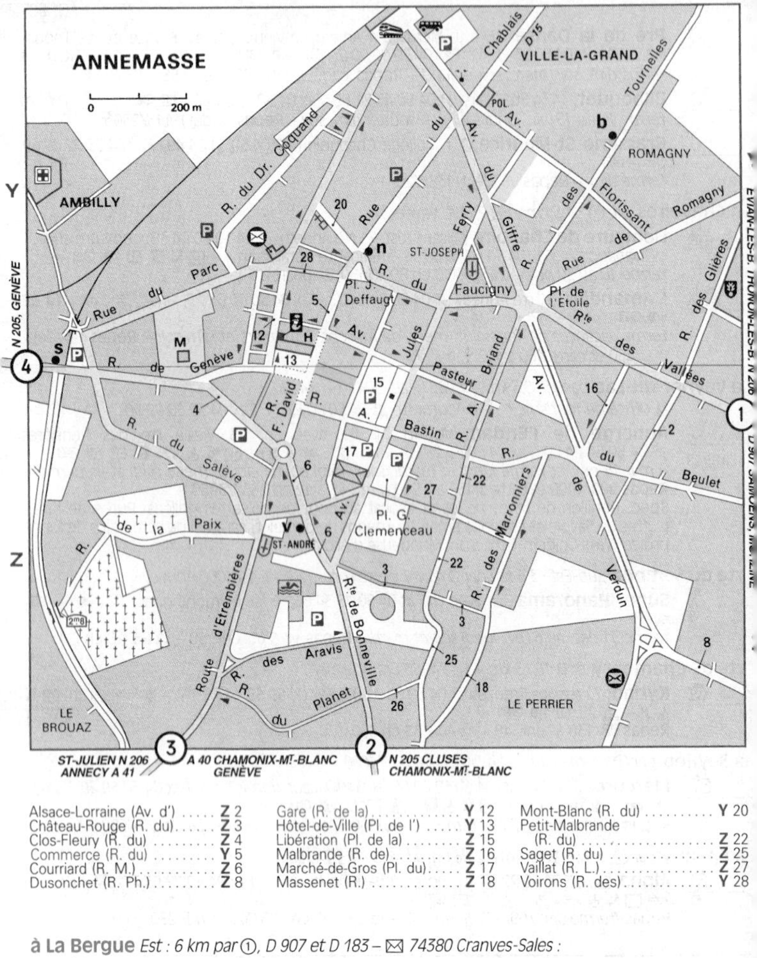

ANNEMASSE

Alsace-Lorraine (Av. d') ..... **Z** 2	Gare (R. de la) .... **Y** 12	Mont-Blanc (R. du) .... **Y** 20
Château-Rouge (R. du)...... **Z** 3	Hôtel-de-Ville (Pl. de l') ..... **Y** 13	Petit-Malbrande (R. du) .... **Z** 22
Clos-Fleury (R. du) .... **Z** 4	Libération (Pl. de la) .... **Z** 15	Saget (R. du) .... **Z** 25
Commerce (R. du) .... **Y** 5	Malbrande (R. de)............. **Z** 16	Vaillat (R. L.) .... **Z** 27
Courriard (R. M.) .... **Z** 6	Marché-de-Gros (Pl. du)..... **Z** 17	Voirons (R. des)............ **Y** 28
Dusonchet (R. Ph.) .... **Z** 8	Massenet (R.) .... **Z** 18	

à La Bergue *Est : 6 km par ①, D 907 et D 183 – ✉ 74380 Cranves-Sales :*

✗ **Pergola,** ✆ 04 50 39 30 27, *Fax 04 50 36 76 43,* – P. GB
fermé 27 août au 18 sept., 4 au 19 fév., lundi et mardi – **Repas** 105/215

Write us...

If you have any comments on the contents of this Guide.

Your praise as well as your criticisms will receive careful consideration and, with your assistance, we will be able to add to our stock of information and, where necessary, amend our judgments.

Thank you in advance!

ANNONAY *07100 Ardèche* 77 ① *G. Vallée du Rhône – 18 525 h alt. 350.*

Office de Tourisme pl. des Cordeliers ✆ 04 75 33 24 51, Fax 04 75 32 47 79.

Paris 534 ① – St-Étienne 43 ④ – Valence 52 ① – Yssingeaux 58 ③.

XX **Marc et Christine,** 29 av. Marc Seguin (e) ✆ 04 75 33 46 97, *Fax 04 75 32 30 00,* – GB *fermé 16 août au 1er sept., vacances de fév., dim. soir et lundi* – **Repas** 100/250 ♀ - ***Patio*** ✆ 04 75 32 33 34 *(fermé 1er au 16 sept.)* **Repas** *(79)*-112/165 ♀, enf. 49

XX **Halle,** 17 pl. des Cordeliers (a) ✆ 04 75 32 04 62, *Fax 04 75 32 04 62* – AE GB *fermé 20 août au 3 sept., vacances de fév., dim. soir et lundi* – **Repas** 88/230 ♀, enf. 45

au Golf de Gourdan *par ① et N 82 (rte St-Étienne) : 6,5 km – ✉ 07430 Annonay :*

D'Ay M, ✆ 04 75 67 01 00, *Fax 04 75 67 07 38* – ▤ ch, TV P – 40. AE GB **Repas** *(68)* - 86/145 – ☕ 45 – **33 ch** 300/480 – ½ P 275/365

à Davézieux *par ① : 5 km sur D 82 – 2 371 h. alt. 440 – ✉ 07430.*

Voir *Safari-parc★ de Peaugres NE : 3 km.*

Don Quichotte et Siesta, rte Valence ✆ 04 75 33 07 90, *Fax 04 75 67 57 19,* – TV P – 40. AE GB **Repas** *(fermé dim. soir d'oct. à mars)* 99/270, enf. 60 – ☕ 45 – **52 ch** 252/399 – ½ P 300

Alsace-Lorraine (Pl.)	2
Boissy-d'Anglas (R.)	3
Cordeliers (Pl. des)	4
Libération (Pl. de la)	6
Marc-Seguin (Av.)	7
Meyzonnier (R.)	8
Montgolfier (R.)	9

ANNOT *04240 Alpes-de-H.-P.* 81 ⑱, 115 ⑫ *G. Alpes du Sud – 1 053 h alt. 708.*

Voir *Vieille ville★ – Clue de Rouaine★ S : 4 km.*

Office de Tourisme bd St-Pierre ✆ 04 92 83 23 03, Fax 04 92 83 32 82.

Paris 821 – Digne-les-Bains 71 – Castellane 31 – Manosque 111.

Avenue, ✆ 04 92 83 22 07, *Fax 04 92 83 33 13* – TV. GB. rest *1er avril-1er nov.* – **Repas** *(fermé merc. midi)* 90/150 – ☕ 40 – **11 ch** 320, (en été : ½ pens. seul.) – ½ P 290

ANOST *71550 S.-et-L.* 69 ⑦ *G. Bourgogne – 746 h alt. 454.*

Paris 273 – Autun 24 – Château-Chinon 20 – Mâcon 136 – Montsauche 19.

X **Galvache,** ✆ 03 85 82 70 88, *Fax 03 85 82 79 62,* – GB *Pâques-fin nov. et fermé lundi hors saison* – **Repas** 88/195 ♀

ANSE *69480 Rhône* 74 ①, 110 ③ *– 4 458 h alt. 170.*

Paris 437 – Lyon 27 – Bourg-en-Bresse 58 – Mâcon 49 – Villefranche-sur-Saône 6.

St-Romain, rte Graves ✆ 04 74 60 24 46, *Fax 04 74 67 12 85,* – TV P – 20. AE GB JCB *fermé 26 nov. au 6 déc. et dim. soir du 4 nov. au 23 avril* – **Repas** 100/310, enf. 85 – ☕ 36 – **25 ch** 240/325 – ½ P 258/271

à Lachassagne *Sud-Ouest : 4 km par D 39 – 605 h. alt. 368 – ✉ 69480 :*

XX **Paul Clavel,** ✆ 04 74 67 14 99, *Fax 04 74 67 14 99,* , terrasse avec ≤ les vignes – P. GB *fermé 30 juil. au 19 août, dim. soir, lundi et mardi* – **Repas** 90 (déj.), 115/290, enf. 85

ANTHY-SUR-LÉMAN *74 H.-Savoie* 70 ⑰ *– rattaché à Thonon-les-Bains.*

ANTIBES *06600 Alpes-Mar.* 84 ⑨, 115 ㉟ ㊵ *G. Côte d'Azur – 70 005 h alt. 2 – Casino "la Siesta" bord de mer par* ①.

Voir *Vieille ville*★*: Promenade Amiral-de-Grasse* ≤★ *– Château Grimaldi (Déposition de Croix*★*, Musée donation Picasso*★ *) – Musée Peynet*★ *– Marineland*★ *4 km par* ①.

Office de Tourisme 11 pl. Gén.-de-Gaulle ✆ *04 92 90 53 00, Fax 04 92 90 53 01.*

Paris 915 ③ *– Cannes 10* ② *– Aix-en-Provence 160* ③ *– Nice 23* ①.

ANTIBES

Flèche noire
Sens unique en saison

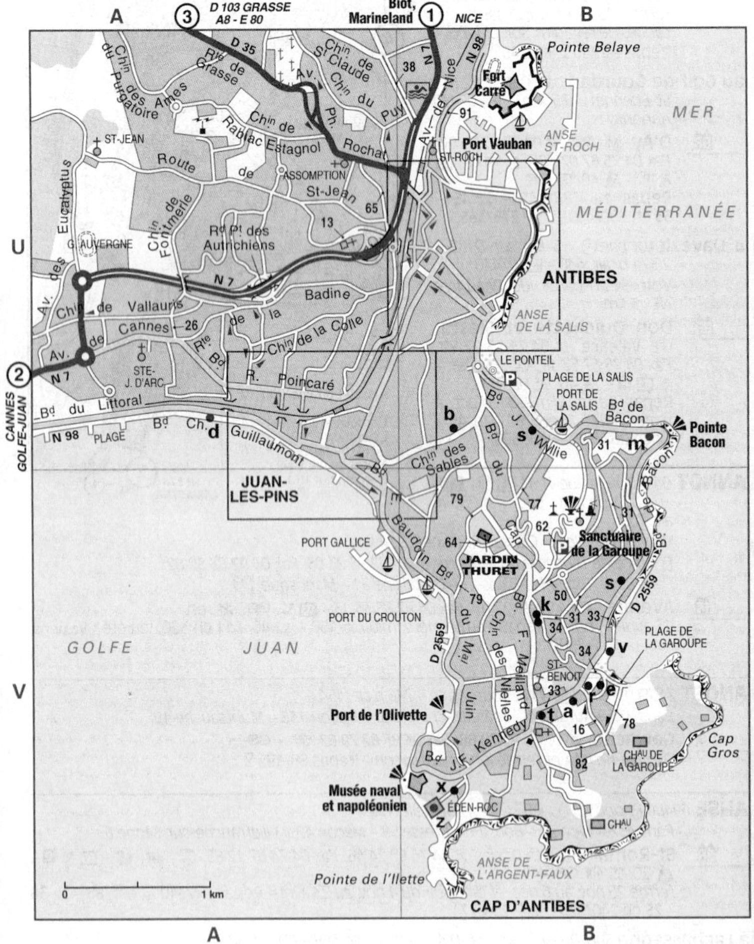

Mas Djoliba sans rest, 29 av. Provence ✆ 04 93 34 02 48, *info@hotel-pcastel-djoliba.com, Fax 04 93 34 05 81,* « Villa 1920 dans un jardin », – **CY d**

1er fév.-30 oct. – 55 – **13 ch** 480/720

ANTIBES

Albert 1er (Bd). . . . . **CDY**
Alger (R. d') . . . . **CX** 3
Arazy (R.) . . . . **DXY** 4
Barnaud (Pl. Amiral) . . . . **DY** 6
Barquier (Av.) . . . . **DY** 8
Bas-Castelet (R. du) . . . . **DY** 9
Bateau (R. du). . . . . **DX** 10
Clemenceau (R. G.) . . . . **DX** 14
Dames-Blanches (Av. des). . . . . **CY** 19
Directeur Chaudon (R.) . . . . . **CY** 20
Docteur Rostan (R. du). . . . . **DX** 24
Gambetta (Av.) . . . . **CX** 30
Gaulle (Pl. Gén. de). . . . . . . **CXY**
Grand-Cavalier (Av. du) . . . . . **CX** 37
Guynemer (Pl.) . . . . **CX** 40
Haut-Castelet (R. du) . . . . **DY** 42
Horloge (R. de l') . . . . **DX** 43
Martyrs de la Résistance (Pl. des) . . . . **CDX** 51
Masséna (Cours) . . . . **DX** 52
Nationale (Pl.) . . . . **DX** 55
Orme (R. de l') . . . . **DX** 57
République (R. de la) . . . . . **CDX** 67
Revely (R. du) . . . . **DX** 68
Revennes (R. des) . . . . **DY** 69
St-Roch (Av.) . . . . **CX** 72
Saleurs (Rampe des). . . . . . . **DX** 75
Tourraque (R. de la) . . . . **DY** 83
Vautrin (Bd Gén.) . . . . **CX** 84
8 Mai 1945 (Square du) . . . . **DX** 90
24 Août (Av. du) . . . . **CY** 92

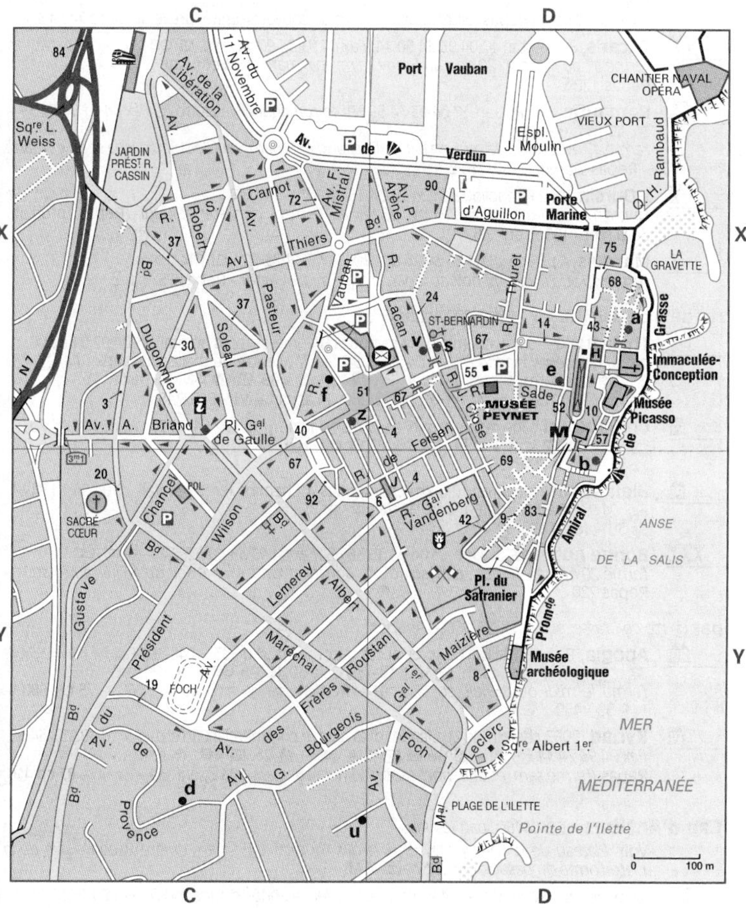

Josse sans rest, 8 bd James Wyllie ✆ 04 92 93 38 38, *hoteljosse@aol.com, Fax 04 92 93 38 39,* ≤ mer – ▤ TV ✆. AE ⓓ GB — BU s
☕ 60 – **28 ch** 900

Petit Castel sans rest, 22 chemin des Sables ✆ 04 93 61 59 37, *info@hotel-pcastel-djoliba.com, Fax 04 93 67 51 28* – ▤ TV ✆. AE ⓓ GB JCB. ✻ — BU b
fermé vacances de fév. – ☕ 50 – **16 ch** 490/590

Relais du Postillon, 8 r. Championnet ✆ 04 93 34 20 77, *postillon@atsat.com, Fax 04 93 34 61 24,* 🏠 – |♦| TV. GB — CX f
Repas *(fermé 15 nov. au 15 déc., lundi midi et dim.)* 195/315 ♀ – ☕ 43 – **15 ch** 275/478

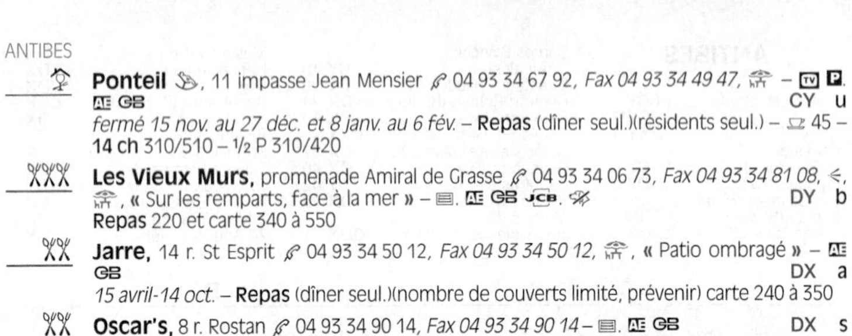

Ponteil ⊗, 11 impasse Jean Mensier ✆ 04 93 34 67 92, *Fax 04 93 34 49 47*, – TV P. AE GB CY u
fermé 15 nov. au 27 déc. et 8 janv. au 6 fév. – **Repas** (dîner seul.)(résidents seul.) – ☕ 45 – **14 ch** 310/510 – ½ P 310/420

XXX **Les Vieux Murs,** promenade Amiral de Grasse ✆ 04 93 34 06 73, *Fax 04 93 34 81 08*, ≤, « Sur les remparts, face à la mer » – ▤. AE GB JCB. ✻ DY b
Repas 220 et carte 340 à 550

XX **Jarre,** 14 r. St Esprit ✆ 04 93 34 50 12, *Fax 04 93 34 50 12*, « Patio ombragé » – AE GB DX a
15 avril-14 oct. – **Repas** (dîner seul.)(nombre de couverts limité, prévenir) carte 240 à 350

XX **Oscar's,** 8 r. Rostan ✆ 04 93 34 90 14, *Fax 04 93 34 90 14* – ▤. AE GB DX s
fermé 1er au 15 août, 20 déc. au 5 janv., dim. soir, mardi midi et lundi
Repas 128 ♀

X **Romantic,** 5 r. Rostan ✆ 04 93 34 59 39, *le-romantic@wanadoo.fr*, *Fax 04 93 34 59 39* – ▤. AE GB JCB DX v
fermé 17 au 27 déc., le midi en juil.-août sauf dim., merc. sauf le soir d'avril à sept. et mardi – **Repas** 110 (déj.), 150/210 ♀

X **L'Oursin,** 16 r. République ✆ 04 93 34 13 46, – ▤. GB CX z
fermé 17 au 31 mai, 18 au 29 nov., 18 fév. au 1er mars, dim. soir et lundi – **Repas** - produits de la mer - 105 ♀, enf. 45

X **Marquis,** 4 r. Sade ✆ 04 93 34 23 00, *Fax 04 93 34 23 00* – AE GB DX e
fermé 19 au 26 juin, 13 nov. au 4 déc., mardi midi et lundi – **Repas** 95/210 ♀

rte de Nice *par ① et N 7 – ✉ 06600 Antibes :*

Thalazur ⊗, 3 km, chemin des Moyennes Bréguières (près hôpital) ✆ 04 92 91 82 00, *thalasso.france@wanadoo.fr*, *Fax 04 93 65 94 14*, centre de thalassothérapie, ⛶, ⛱, ⛱, – ⇅ cuisinette, ▤ rest, TV ✆ ♿ ⇔ P – ⛶ 40 à 80. AE ⓓ GB. ✻ rest
Repas 130/170 ♀ – ☕ 70 – **147 ch** 450/950, 14 appart – ½ P 515/715

Chrys Hôtel sans rest, chemin de la Parouquine ✆ 04 92 91 70 20, *Fax 04 92 91 70 21*, ⛱, – ▤ TV ✆ ♿ ⇔ P – ⛶ 20. AE ⓓ GB JCB
☕ 55 – **27 ch** 800/1500

Bleu Marine sans rest, 2,5 km chemin des 4 Chemins (près hôpital) ✆ 04 93 74 84 84, *Fax 04 93 95 90 26* – ⇅ TV ✆ P. AE ⓓ GB. ✻
☕ 38 – **18 ch** 330/380

XXX **Bonne Auberge,** à 4 km ✆ 04 93 33 36 65, *Fax 04 93 33 48 52*, – ▤ P. GB
fermé 20 nov. au 10 déc., dim. soir d'oct. à mars et lundi sauf le soir du 15 juil. au 31 août – **Repas** 220

par ③ *rte de Grasse : 4,5 km – ✉ 06600 Antibes :*

Apogia, 87 allée Belle-Vue (près accès autoroute) ✆ 04 93 74 46 36, *Fax 04 93 74 53 04*, ⛱, – ⇅, ▤ ch, TV ✆ ♿ P – ⛶ 25 à 30. AE ⓓ GB JCB. ✻ rest
fermé le midi du 16 juil. au 27 août – **Repas** *(85)* - ♿, enf. 60 – ☕ 60 – **75 ch** 680 – ½ P 390/450

Kyriad, 2067 chemin de St-Claude (près centre commercial Carrefour) ✆ 04 93 33 34 50, *Fax 04 93 74 11 61*, – ⇅ ▤ TV ✆ ♿ ⇔ – ⛶ 25. AE GB. ✻ rest
Repas *(fermé sam. et dim. hors saison)* (dîner seul.) *(63)* - 103 ♀, enf. 39 – ☕ 40 – **87 ch** 410

Cap d'Antibes – ✉ *06160 Juan-les-Pins.*

Voir *Plateau de la Garoupe* ✻★★ – *Jardin Thuret*★ **Z F** – ≤★ *Pointe Bacon* – ≤★ *de la plate-forme du bastion (musée naval)* **Z M.**

Cap ⊗, bd Kennedy ✆ 04 93 61 39 01, *edenroc-hotel@wanadoo.fr*, *Fax 04 93 67 76 04*, ≤ littoral et massif de l'Esterel, « Grand parc fleuri face à la mer », ⛶, ⛱, – ⇅, ▤ ch, TV ✆ ⇔ – ⛶ 30 à 200. ✻ BV x
fin mars-mi oct. – **Repas** voir rest ***Eden Roc*** ci-après – ☕ 120 – **123 ch** 2700/7000, 10 appart

Impérial Garoupe M ⊗, 770 chemin Garoupe ✆ 04 92 93 31 61, *hotel-imp@webstore.fr*, *Fax 04 92 93 31 62*, ⛱, – ⇅ ▤ TV ✆ ♿ ⇔ P – ⛶ 25. AE ⓓ GB. ✻ rest
1er mars-31 oct. – **Repas** *(fermé merc. sauf 1er juil. au 15 sept.)* 250/320 – ☕ 120 – **30 ch** 2160/3150, 4 appart – ½ P 1500/1600 BV r

Don César M, 46 bd Garoupe ✆ 04 93 67 15 30, *hotel.don.cesar@wanadoo.fr*, *Fax 04 93 67 18 25*, ≤, ⛱, – ⇅ ▤ TV ✆ ♿ ⇔ – ⛶ 20. AE ⓓ GB. ✻
hôtel : 19 fév.-15 nov. ; rest. : 1er avril-31 oct. et fermé mardi midi et lundi – **Repas** 220 ♀ – ☕ 90 – **20 ch** 1250/1700 – ½ P 885/1110 BV s

Baie Dorée M ⑤, 579 bd Garoupe ✆ 04 93 67 30 67, *baiedore@club-internet.fr, Fax 04 92 93 76 39,* ≤ mer, 余, ▲ – ▤ ch, TV P – 🏛 100. AE GB. ✂ rest BV v
hôtel: fermé 6 nov. au 27 déc. ; rest. : 10 mars-6 nov. et fermé mardi et merc. hors saison – **Repas** 230 (déj.), 300/450 – ☕ 100 – **17 ch** 2100/2800

Garoupe et Gardiole M, 60 chemin Garoupe ✆ 04 92 93 33 33, *Fax 04 93 67 61 87,* 余, 🏊 – ▤ ch, TV ☎ P. AE GB. ✂ BV k
fin mars-fin oct. – **Repas** *(Pâques-fin sept.)* (dîner seul.) 170 ♀ – ☕ 60 – **37 ch** 690/890 – ½ P 525/625

Levant ⑤ sans rest, à la Garoupe, chemin plage ✆ 04 92 93 72 99, *Fax 04 92 93 72 60,* ≤, ▲ – ▤ TV P. AE GB. ✂ BV e
1ᵉʳ mai-31 oct. – ☕ 55 – **25 ch** 650/1080

Castel Garoupe ⑤ sans rest, 959 bd la Garoupe ✆ 04 93 61 36 51, *castel-garoupe@wanadoo.fr, Fax 04 93 67 74 88,* 🏊, 🌳, 🎾 – cuisinette TV ☎ P. AE GB. ✂ BV a
10 mars-5 nov. – ☕ 70 – **22 ch** 780/890, 5 studios

Beau Site sans rest, 141 bd Kennedy ✆ 04 93 61 53 43, *lebeausite@club-internet.fr, Fax 04 93 67 78 16,* 🏊 – TV ☎ P. AE ⓓ GB. ✂ BV t
15 fév.-20 oct. – ☕ 55 – **30 ch** 380/700

XXXX **Eden Roc** - Hôtel du Cap, bd Kennedy ✆ 04 93 61 39 01, *edenroc-hotel@wanadoo.fr, Fax 04 93 67 76 04,* ≤ littoral et les îles, 余, « Isolé sur un roc, en bordure de mer » – ▤ P. ✂ BV z
début avril-mi-oct. – **Repas** carte 410 à 660

XXX **Bacon,** bd Bacon ✆ 04 93 61 50 02, *Fax 04 93 61 65 19,* ≤ Antibes et baie des Anges, 余 – ▤ P. AE ⓓ GB. ✂ BU m
✿ *1ᵉʳ fév.-31 oct. et fermé mardi midi et lundi* – **Repas** - produits de la mer - (dîner à la carte en juil.-août) 280 (déj.)/450 et carte 510 à 970 ♀
Spéc. Bouillabaisse. Chapon en papillote (juil.-août). Millefeuille aux fruits. **Vins** Côtes de Provence.

Please avoid smoking during a meal:
you will spoil your palate and annoy your neighbours.

ANTILLY *60620 Oise* 56 ⑬ *– 271 h alt. 90.*
Paris 69 – Compiègne 37 – Beauvais 90 – Meaux 29 – Senlis 34 – Soissons 46.

Poivre et Sel, 19 r. Château ✆ 03 44 87 88 20, *Fax 03 44 87 88 29,* 余 – TV ☎ ♿. AE GB
fermé dim. soir et merc. – **Repas** 90/190 ♀, enf. 64 – ☕ 35 – **7 ch** 260/300 – ½ P 320

ANTONNE-ET-TRIGONANT *24 Dordogne* 75 ⑥ *– rattaché à Périgueux.*

ANTONY *92 Hauts-de-Seine* 60 ⑩,, 101 ㉕ *– Voir à Paris, Environs.*

ANTRAIGUES-SUR-VOLANE *07530 Ardèche* 76 ⑲ *G. Vallée du Rhône – 506 h alt. 470.*
Paris 642 – Le Puy-en-Velay 77 – Aubenas 13 – Lamastre 58 – Langogne 66 – Privas 41.

X **Remise,** au pont de l'Huile ✆ 04 75 38 70 74, cadre rustique – P. ✂
fermé 18 au 24 juin, 10 déc. au 5 janv., vend. soir et dim. hors saison
Repas 120/220

ANZIN-ST-AUBIN *62 P.-de-C.* 53 ② *– rattaché à Arras.*

AOSTE *38490 Isère* 74 ⑭ *– 1 548 h alt. 221.*
Paris 516 – Grenoble 58 – Belley 27 – Chambéry 35 – Lyon 72.

à la Gare de l'Est *Nord-Est : 2 km sur N 516 – ✉ 38490 Aoste :*

Vieille Maison, ✆ 04 76 31 60 15, *Fax 04 76 31 69 75,* 余, 🏊, 🌳 – TV P. AE GB
fermé 10 sept. au 10 oct., 23 déc. au 3 janv. – **Repas** *(fermé dim. soir, jeudi midi et merc.)* 115/300 ♀, enf. 75 – ☕ 42 – **17 ch** 290/320 – ½ P 295/310

XX **Au Coq en Velours** avec ch, ✆ 04 76 31 60 04, *Fax 04 76 31 77 55,* 余, « Jardin fleuri », 🌳 – TV 🚗. AE GB
fermé 1ᵉʳ au 22 janv., dim. soir et lundi – **Repas** 110/330 ♀ – ☕ 42 – **7 ch** 320/350 – ½ P 270/350

L'APOTHICAIRERIE *56 Morbihan* 63 ⑪ ⑫ *– voir à Belle-Ile-en-Mer.*

APPOIGNY *89380 Yonne 65 ⑤ G. Bourgogne – 2 755 h alt. 110.*
Paris 163 – Auxerre 11 – Joigny 18 – St-Florentin 29.

Auberge Les Rouliers, N 6 Tél. 03 86 53 20 09, *contact@les-rouliers.com, Fax 03 86 53 02 61,* – P. AE GB
fermé 1er au 21 janv., lundi soir, mardi soir, merc. soir et jeudi soir de sept. à juin – **Repas** (78) - 85/169 ♀, enf. 45

APREMONT *73190 Savoie 74 ⑮ – 781 h alt. 330.*
Env. *Col de Granier : <★★ des terrasses du chalet-hôtel, SO : 14 km,* **G. Alpes du Nord.**
Paris 572 – Grenoble 51 – Albertville 49 – Chambéry 9 – St-Jean-de-Maurienne 70.

St-Vincent, Tél. *04 79 28 21 85, Fax 04 79 28 21 85,* – GB
fermé 22 juin au 4 juil., 28 oct. au 5 nov., 20 fév. au 5 mars, dim. soir et lundi – **Repas** 75 (déj.), 130/190 ♀, enf. 40

APT SP *84400 Vaucluse 81 ⑭, 114 ② G. Provence – 11 506 h alt. 250.*
Syndicat d'Initiative av. Ph.-de-Girard Tél. 04 90 74 03 18, Fax 04 90 04 64 30.
Paris 731 ③ – Digne-les-Bains 93 ① – Aix-en-Provence 51 ② – Avignon 54 ③.

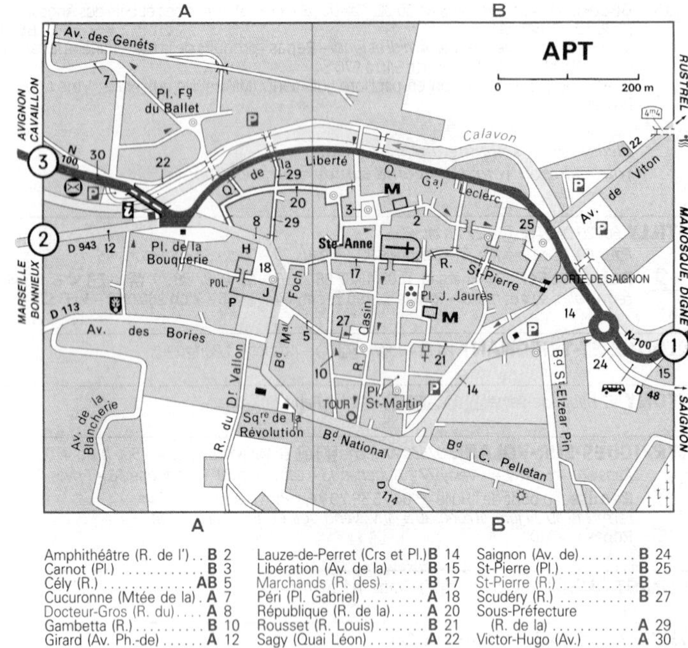

Amphithéâtre (R. de l') . . B 2
Carnot (Pl.) . . . . B 3
Cély (R.) . . . . AB 5
Cucuronne (Mtée de la) . A 7
Docteur-Gros (R. du) . . . . A 8
Gambetta (R.) . . . . B 10
Girard (Av. Ph.-de) . . . . . . A 12
Lauze-de-Perret (Crs et Pl.) B 14
Libération (Av. de la) . . . . . B 15
Marchands (R. des) . . . . . . B 17
Péri (Pl. Gabriel) . . . . A 18
République (R. de la) . . . . . A 20
Rousset (R. Louis) . . . . B 21
Sagy (Quai Léon) . . . . A 22
Saignon (Av. de) . . . . B 24
St-Pierre (Pl.) . . . . B 25
St-Pierre (R.) . . . . B
Scudéry (R.) . . . . B 27
Sous-Préfecture (R. de la) . . . . A 29
Victor-Hugo (Av.) . . . . A 30

au Nord-Est *par av. de Viton -* **B** *- et D 22 : 3,5 km – ✉ 84400 Apt :*

Bastide de Lilou, Tél. 04 90 04 81 10, *bastidelilou@libertysurf.fr, Fax 04 90 04 81 10,* – P. GB.
fermé 15 janv. au 15 mars, lundi et mardi – **Repas** (sur réservation) 220 (déj.)/350 ♀

à Saignon *Sud-Est : 4 km par D 48 – 1 018 h. alt. 450 – ✉ 84400 Apt :*

Auberge du Presbytère, Tél. 04 90 74 11 50, *auberge.presbytere@wanadoo.fr, Fax 04 90 04 68 51, <,* – AE GB
fermé 15 nov. au 8 fév., merc. (sauf hôtel de juin à sept.) et jeudi midi – **Repas** (prévenir) 180 – 55 – **10 ch** 420/670 – ½ P 385/555

par ③ – ✉ 84400 Apt :

Relais de Roquefure, à 6 km par N 100 et rte secondaire ✆ 04 90 04 88 88, *Fax 04 90 74 14 86*, ≤, – P. GB
Repas (résidents seul.)(dîner seul. sauf dim.) 110/120 – 50 – **16 ch** 300/380 – ½ P 300/400

XXX **Bernard Mathys,** Le Chêne, 4,5 km par N 100 ✆ 04 90 04 84 64, *Fax 04 90 74 69 78*, – P. AE GB
fermé mi-janv. à mi-fév., mardi et merc. – **Repas** 160/500 et carte 380 à 550 ♀

ARBOIS *39600 Jura* 70 ④ *G. Jura – 3 900 h alt. 350.*

Voir *Maison paternelle de Pasteur★ – Reculée des Planches★★ et grottes des Planches★ E : 4,5 km par D 107 – Cirque du Fer à Cheval★★ S : 7 km par D 469 puis 15 mn – Église Saint-Just★.*

Office de Tourisme r. de l'Hôtel-de-ville ✆ 03 84 66 55 50, Fax 03 84 66 25 50.

Paris 394 – Besançon 46 – Dole 35 – Lons-le-Saunier 39 – Salins-les-Bains 12.

Jean-Paul Jeunet M, r. de l'Hôtel de Ville ✆ 03 84 66 05 67, *Fax 03 84 66 24 20* – TV – 40. AE GB
✿✿ *fermé déc., janv., merc. midi et mardi du 15 sept. au 1er juil.* – **Repas** 240/650 et carte 400 à 550, enf. 90 – 75 – **12 ch** 480/650
Spéc. Fondant de tomate aux écrevisses et champignons des bois (été). Poulette de Bresse au vin jaune et morilles servies en deux façons. Macaron au chocolat fourré à la crème de brebis. **Vins** Arbois-Pupillin, L'Etoile.

Annexe Le Prieuré sans rest,, – TV. GB
fermé déc., janv. et mardi du 15 sept. au 1er juil. – 75 – **6 ch** 400/460

Cépages M, rte Villette-les-Arbois ✆ 03 84 66 25 25, *contact@sylver-tours.com, Fax 03 84 37 49 62* – rest, TV P – 30. AE GB
Repas - buffet - *(fermé vend., sam. et dim.)* (dîner seul.) 108 ♀ – 46 – **33 ch** 310/340 – ½ P 275

Messageries sans rest, r. Courcelles ✆ 03 84 66 15 45, *hotel.lesmessageries@wanadoo.fr, Fax 03 84 37 41 09* – TV. GB
fermé déc. et janv. – 37 – **26 ch** 175/330

XX **Balance Mets et Vins,** r. Courcelles ✆ 03 84 37 45 00, *Fax 03 84 66 14 55*, – GB
fermé mardi et merc. en fév.-mars, dim. soir sauf du 15 juil. au 31 août et lundi – **Repas** 87 bc (déj.), 105/218 ♀, enf. 59

X **Caveau d'Arbois,** 3 rte Besançon ✆ 03 84 66 10 70, *contact@sylver-tours.com, Fax 03 84 37 49 62* – P. AE GB.
Repas 88/336 ♀

X **Finette - Taverne d'Arbois,** 22 av. Pasteur ✆ 03 84 66 06 78, *Fax 03 84 66 08 82*, – P. AE GB
Repas 98/154 ♀, enf. 48

ARBONNE *64 Pyr.-Atl.* 78 ⑱ *– rattaché à Biarritz.*

ARCACHON *33120 Gironde* 78 ② ⑫ *G. Aquitaine – 11 770 h alt. 5 – Casino* **BZ.**

Voir *Front de mer★ : ≤★ de la jetée – Boulevard de la Mer★ – La Ville d'Hiver★ – Musée de la maquette marine : port★* **BZ M.**

Office de Tourisme espl. G.-Pompidou ✆ 05 57 52 97 97, Fax 05 57 52 97 77, (juil.-août) accueil : l'Aiguillon.

Paris 654 ① – Bordeaux 74 ① – Agen 197 ① – Bayonne 184 ① – Dax 146 ① – Royan 192 ①.

Plan page suivante

Mercure M sans rest, 4 r. Prof. Jolyet ✆ 05 56 83 99 91, *hotel.mercure.arcachon@wanadoo.fr, Fax 05 56 83 87 92* – TV P. AE GB JCB — BZ r
65 – **57 ch** 560/850

Point France sans rest, 1 r. Grenier ✆ 05 56 83 46 74, *hotel.point.france@hotel.point.france.com, Fax 05 56 22 53 24* – TV. AE GB JCB — BZ q
1er mars-1er nov. – 60 – **34 ch** 630/950

Grand Hôtel Richelieu sans rest, 185 bd Plage ✆ 05 56 83 16 50, *Fax 05 56 83 47 78*, ≤ – TV P. AE GB — BZ n
15 mars-2 nov. – 55 – **43 ch** 480/950

Les Vagues, 9 bd Océan ✆ 05 56 83 03 75, *info@hotel-les-vagues.com, Fax 05 56 83 77 16*, ≤, – TV P – 20 à 30. AE GB. rest — AZ b
Repas *(13 avril-1er oct.)* 150/175 ♀, enf. 58 – 60 – **30 ch** 406/882 – ½ P 413/651

ARCACHON

Abatilles (Av. des)	AX	2
Balde (Allée Jean)	AX	6
Bellevue (Av. de)	AY	9
Chapelle (Allée de la)	AZ	16
Expert (R. Roger)	AZ	21
Figuier (Rd-Pt du)	AY	23
Gambetta (Av.)	BZ	
Gaulle (Av. Gén. de)	BZ	25
Héricart-de-Thury (Crs)	BZ	31
Lamarque-de-Plaisance (Cours)	ABZ	
Lamartine (Av. de)	BZ	35
Lattre-de-Tassigny (R. Mar.-de)	AZ	38
Legallais (R. François)	AZ	39
Lyautey (Av. Mar.)	AXY	41
Michelet (R. Jules)	BX	51
Molière (R.)	BZ	53
Parc Péreire (Av. du)	AX	59
Plage (Bd de la)	ABZ	
Pompidou (Espl. G.)	BZ	64
Prés-Roosevelt (Pl.)	BZ	65
St-François-Xavier (Av.)	AY	67
Thiers (Pl.)	BZ	71

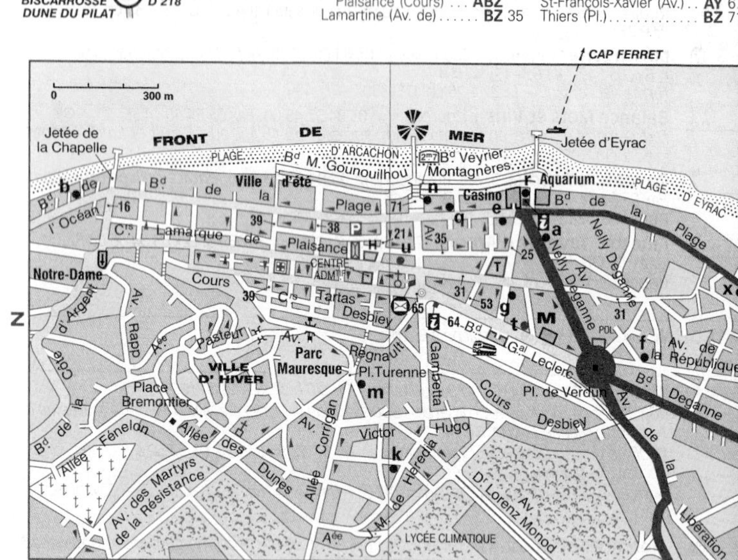

Kyriad Ⓜ sans rest, 10 av. Nelly Deganne ✆ 05 56 83 06 23, *hotel-plage@hoteldelaplage-arcachon.com, Fax 05 56 83 41 47* – 🛗 📺 🚗 🅿 – 🎤 25 à 50. AE ⓓ GB — BZ a
☕ 39 – **50 ch** 550/600

Seminaris-Villa Teresa 🐚 sans rest, ✆ 05 56 83 25 87, *Fax 05 57 52 22 41*, « Villa du 19e siècle », 🏊, 🌳 – 📺 ♿ 🅿. GB — AZ m
fermé janv. – ☕ 68 – **20 ch** 660/780

Aquamarina Ⓜ sans rest, 82 bd Plage ✆ 05 56 83 67 70, *info@hotel-aquamarina.com, Fax 05 57 52 08 26* – 🛗 📺 ♿ 🚗. AE ⓓ GB — BZ x
fermé 21 déc. au 3 janv. – ☕ 58 – **33 ch** 365/610

Les Mimosas sans rest, 77 bis av. République ☎ 05 56 83 45 86, *Fax 05 56 22 53 40* – TV. AE GB BZ f
fermé 31 déc. au 1er mars – ☕ 35 – **21 ch** 320/400

Roc Hôtel sans rest, 200 bd Plage ☎ 05 57 72 48 48, *roc-hotel@arcachon.com, Fax 05 56 83 22 76* – ⇅ TV ☎. AE ◑ GB BZ e
13 avril-21 oct. – ☕ 49 – **33 ch** 620/650

Novel sans rest, 24 av. Gén. de Gaulle ☎ 05 56 83 40 11, *Fax 05 57 52 26 47* – ⇅ TV ☎. AE ◑ GB BZ g
☕ 45 – **22 ch** 360/450

Marinette sans rest, 15 allée J.-M. de Heredia ☎ 05 56 83 06 67, *Fax 05 56 83 09 59* – TV. AE GB BZ k
15 mars-15 nov. – ☕ 35 – **22 ch** 320/420

XX **Patio,** 10 bd Plage ☎ 05 56 83 02 72, *Fax 05 56 54 89 98,* – AE GB BX t
fermé 15 au 30 nov., 15 au 28 fév., mardi sauf le soir en été et lundi midi du 10 juil. à début sept. – **Repas** 170 bc ♀

X **Les Genêts,** 25 bd Gén. Leclerc ☎ 05 56 83 40 28, *Fax 05 56 83 12 14* – ▤. AE GB BZ t
fermé 1er au 19 oct., 2 au 18 janv., lundi sauf juil.-août et dim. soir – **Repas** 83/150 ♁, enf. 50

X **Bayonne** avec ch, 9 cours Lamarque ☎ 05 56 83 33 82, *Fax 05 56 83 73 06* – TV. AE ◑ GB BZ u
30 mars-20 oct. – **Repas** *(fermé dim. soir et lundi d'avril à juin)* 80/200 ♀, enf. 45 – ☕ 42 – **18 ch** 550/595 – ½ P 450/460

aux Abatilles *Sud-Ouest : 2 km* – ✉ *33120 Arcachon :*

Parc sans rest, 5 av. Parc ☎ 05 56 83 10 58, *b.dronne@wanadoo.fr, Fax 05 56 54 05 30* – ⇅ TV P. GB. ✗ AX s
1er mai-30 sept. – ☕ 49 – **30 ch** 480/560

au Moulleau *Sud-Ouest : 5 km* – ✉ *33120 Arcachon :*

Les Buissonnets sans rest, 12 r. L. Garros ☎ 05 56 54 00 83, *Fax 05 56 22 55 13,* « Jardin fleuri », – TV. GB. ✗ AY f
fermé oct. – ☕ 55 – **13 ch** 470

ARCANGUES *64 Pyr.-Atl.* 78 ⑱ – *rattaché à Biarritz.*

ARCAROTTA (Col d') *2B H.-Corse* 90 ④ – *voir à Corse.*

ARC-EN-BARROIS *52210 H.-Marne* 66 ② *G. Champagne Ardenne – 874 h alt. 270.*
Office de Tourisme (saison) Hôtel-de-Ville ☎ 03 25 02 52 17, Fax 03 25 01 55 20.
Paris 262 – Chaumont 25 – Bar-sur-Aube 54 – Châtillon-sur-Seine 43 – Langres 30.

XX **Parc** avec ch, ☎ 03 25 02 53 07, *Fax 03 25 02 42 84,* – TV ☎ – 20. GB
fermé 20 fév. au 25 mars, dim. soir et lundi du 30 mars au 15 juin, mardi soir et merc. du 1er sept. au 20 fév. – **Repas** 100/160 ♀, enf. 50 – ☕ 45 – **16 ch** 300/400 – ½ P 290

ARCENS *07310 Ardèche* 76 ⑱ – *479 h alt. 615.*
Paris 603 – Le Puy-en-Velay 59 – Le Cheylard 15 – Privas 62 – St-Agrève 24.

Chalet des Cévennes , ☎ 04 75 30 41 90, ←, – P. GB. ✗ ch
fermé 22 déc. au 1er fév., dim. soir et vend. de nov. à avril – **Repas** 85/150, enf. 50 – ☕ 30 – **16 ch** 170/240 – ½ P 220

ARC-ET-SENANS *25610 Doubs* 70 ④ *G. Jura – 1 277 h alt. 231.*
Voir *Saline Royale*★★.
Env. *Port-Lesney*★.
Paris 394 – Besançon 36 – Pontarlier 62 – Salins-les-Bains 16.

X **Relais** avec ch, pl. Église ☎ 03 81 57 40 60, *Fax 03 81 57 46 17,* – GB JCB
fermé 15 déc. au 15 janv. et dim. soir – **Repas** 60/170 ♀, enf. 50 – ☕ 32 – **10 ch** 260 – ½ P 165/200

ARCINS *33 Gironde* 71 ⑧ – *rattaché à Margaux.*

ARCIZANS-AVANT *65 H.-Pyr.* 85 ⑰ – *rattaché à Argelès-Gazost.*

L'ARCOUEST (Pointe de) *22 C.-d'Armor* 59 ② – *rattaché à Paimpol.*

Les ARCS *73 Savoie* 74 ⑱ *G. Alpes du Nord – Sports d'hiver : 1 600/3 226 m* ⛷4 ⛷76 ⛷ – *✉ 73700 Bourg-St-Maurice.*

Voir *Arc 1800* ※★ – *Arc 1600* ≤★ – *Arc 2000* ≤★ – *Télécabine le Transac*※★★ – *Télésiège de la Cachette*★.

Office de Tourisme ✆ *04 79 07 12 57, Fax 04 79 07 45 96.*

Paris 678 – Albertville 68 – Bourg-St-Maurice 14 – Chambéry 116 – Val-d'Isère 42.

Grand Hôtel Mercure M, Les Arcs 1800, village Charmettoger ✆ 04 79 07 65 00, *h1669@accor-hotels.com, Fax 04 79 07 64 08*, ≤, – 20 à 80. AE GB JCB. rest

30 juin-1er sept. et 16 déc.-2 mai – **Repas** (95) - 120 (déj.), 160/250 ♀, enf. 65 – 70 – **81 ch** 990/1570 – ½ P 870

Les ARCS *83460 Var* 84 ⑦, 114 ㉓ *G. Côte d'Azur – 4 744 h alt. 80.*

Voir *Polyptyque*★ *dans l'église – Chapelle Ste-Roseline*★ *NE : 4 km.*

Office de Tourisme pl. Gén.-de-Gaulle ✆ *04 94 73 37 30, Fax 04 94 47 47 94.*

Paris 853 – Fréjus 28 – Cannes 60 – Draguignan 11 – St-Raphaël 31.

Logis du Guetteur, au village médiéval ✆ 04 94 99 51 10, *mcallega@fr.packardbell.org, Fax 04 94 99 51 29*, « Pittoresque installation dans un fort du 11e siècle », – ch, P. AE GB

fermé 15 janv. au 2 mars – **Repas** 175/390 ♀ – 68 – **13 ch** 680/1250 – ½ P 680

Bacchus Gourmand, à la Maison des Vins, rte Vidauban par N 7 : 2 km ✆ *04 94 47 48 47, Fax 04 94 47 55 13*, – P. AE GB

fermé 11 au 23 nov., 1er au 23 janv. mardi soir de sept. à juin et merc. – **Repas** 210/290 et carte 270 à 450 ♀

Relais des Moines, Est : 1,5 km par rte Ste-Roseline ✆ 04 94 47 40 93, *Fax 04 94 47 52 51*, « Ancienne bergerie », – P. AE GB

fermé 11 nov. au 10 déc., dim. soir et merc. soir d'oct. à mai et lundi – **Repas** 195/320

ARDENTES *36120 Indre* 68 ⑨ *G. Berry Limousin – 3 511 h alt. 172.*

Paris 279 – Bourges 66 – Argenton-sur-Creuse 42 – Châteauroux 14 – La Châtre 22.

Chêne Vert avec ch, 22 rte de La Châtre ✆ 02 54 36 22 40, *Fax 02 54 36 64 33* – GB

fermé 30 juil. au 16 août, vacances de fév., dim. soir et lundi – **Repas** 70 (déj.), 90/160 ♀, enf. 60 – 35 – **7 ch** 230/300 – ½ P 210/270

Gare, ✆ 02 54 36 20 24, *Fax 02 54 36 92 07*, – P. GB

fermé 1er au 21 août, dim. soir, lundi et soirs fériés

Repas 125/170

ARDRES *62610 P.-de-C.* 51 ② *G. Picardie Flandres Artois – 3 936 h alt. 11.*

Office de Tourisme Chapelle des Carmes ✆ *03 21 35 28 51, Fax 03 21 35 28 51.*

Paris 275 – Calais 16 – Arras 95 – Boulogne-sur-Mer 42 – Lille 90.

Le François 1er, pl. Armes ✆ 03 21 85 94 00, *lewandousri@lefrancois1er.com, Fax 03 21 85 87 53* – GB.

fermé 26 août au 10 sept., 24 déc. au 10 janv., dim. soir, merc. soir et lundi – **Repas** 99/195 ♀

ARÊCHES *73 Savoie* 74 ⑰ *G. Alpes du Nord – alt. 1080 – Sports d'hiver : 780/2 300 m* ⛷15 ⛷ – *✉ 73270 Beaufort-sur-Doron.*

Voir *Hameau de Boudin*★ *E : 2 km.*

Office de Tourisme ✆ *04 79 38 15 33.*

Paris 602 – Albertville 25 – Chambéry 76 – Megève 46.

Auberge du Poncellamont, ✆ 04 79 38 10 23, *Fax 04 79 38 13 98*, ≤, – P. GB. ch

28 mai-30 sept.et 22 déc.-15 avril et fermé dim. soir et merc. sauf vacances scolaires – **Repas** 98/170 ♀, enf. 65 – 42 – **14 ch** 320/340 – ½ P 315/340

ARENTHON *74 H.-Savoie* 74 ⑦ *– rattaché à La Roche-sur-Foron.*

ARÈS *33740 Gironde* 71 ⑲ *G. Aquitaine – 3 911 h alt. 6.*

Paris 632 – Bordeaux 48 – Arcachon 47.

St-Éloi, 11 bd Aérium ✆ 05 56 60 20 46, *Fax 05 56 60 10 37*, – AE GB

fermé vacances de fév., dim. soir et lundi sauf juil.-août – **Repas** 130/300, enf. 60

ARGELÈS-GAZOST SP 65400 H.-Pyr. 85 ⑰ *G. Midi-Pyrénées – 3 229 h alt. 462 – Stat. therm. (début avril-fin oct.) – Casino* **Y.**

Office de Tourisme Grande Terrasse ☎ 05 62 97 00 25, Fax 05 62 97 50 60.

Paris 828 ① – Pau 58 ① – Lourdes 13 ① – Tarbes 31 ①.

ARGELÈS-GAZOST

Alicot (R. Michel) . . . . **Y** 3
Bourdette (R. Jean) . . . . **Z** 18
Bourg Neuf (R. du) . . . . **Y** 19
Coubertin (Av. P. de) . . . . . **Z** 29
Dambé (Av. Jules) . . . . **Y** 30
Digoy (R. Capitaine) . . . . **YZ** 33
Edouard VII (Pl.) . . . . **Z** 36
Foch (R. du Mar.) . . . . **Y** 39
Gassan (Av. Emile) . . . . **Y** 42
Joffre (Pl.) . . . . **YZ** 53
Nansouty (Av. du Gén.) . . . . **Y** 69
Pasteur (R.) . . . . **Z** 75
Pérus (Pl.) . . . . **Y** 77
Poilus (R. des) . . . . **Y** 80
Reine Nathalie (Av.) . . . . **Y** 84
République (Pl. de la) . . . . . . **Z** 85
Saint-Orens (R.) . . . . **Z** 88
Sainte-Castere (R.) . . . . **Z** 91
Sassere (Av. Hector) . . . . **Y** 92
Sorbe (R.) . . . . **Y** 93
Sylvestre (Av. Armand) . . . . **Z** 96
Victoire (Pl. de la) . . . . **Y** 100
Vieuzac (R. de) . . . . **Y** 101
8 Mai (R. du) . . . . **Y** 106

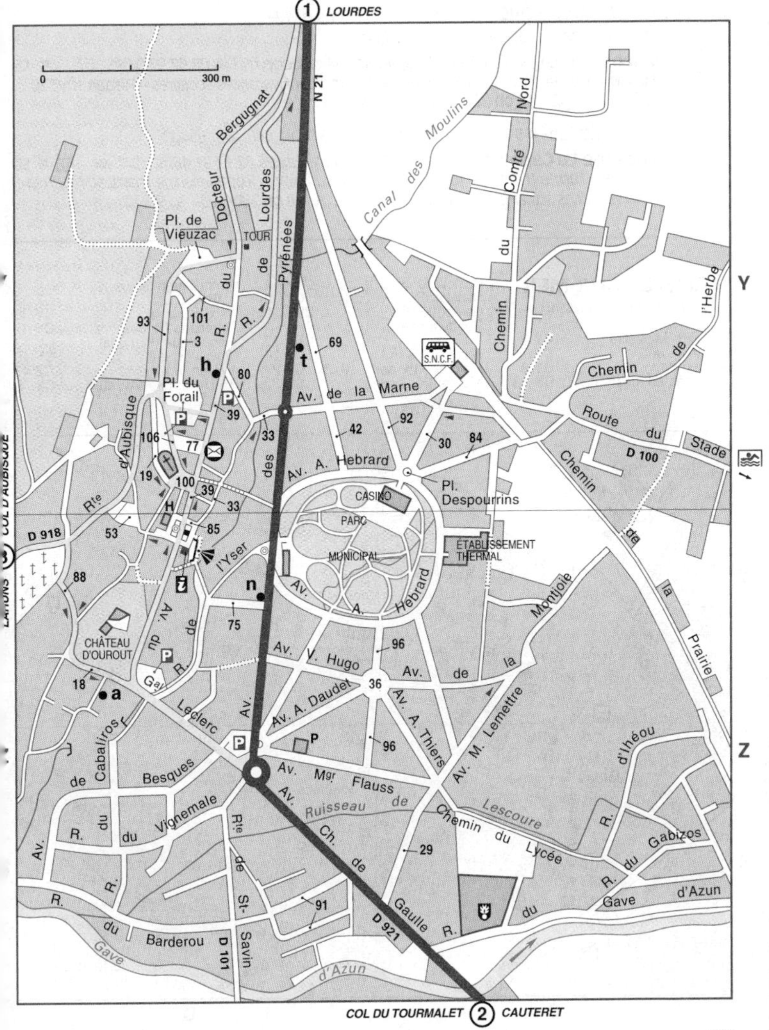

Miramont, 44 av. Pyrénées ✆ 05 62 97 01 26, *hotel-miramont@sudfr.com, Fax 05 62 97 56 67,* « Jardin fleuri », – |♦|, ▤ rest, TV ♿ P. AE ① GB. Z n
fermé 5 nov. au 22 déc. – **Repas** *(fermé dim. soir et merc. de janv. à avril et en oct.)* (dim. prévenir) 100/230 ♀ – ☕ 50 – **27 ch** 250/420 – ½ P 360

Les Cimes , pl. Ourout ✆ 05 62 97 00 10, *contact@hotel-lescimes.com, Fax 05 62 97 10 19,* , – |♦|, ▤ rest, TV P. GB. rest Z a
fermé 2 nov. au 18 déc. – **Repas** 85/230, enf. 55 – ☕ 44 – **25 ch** 293/385, 4 studios – ½ P 307/334

Soleil Levant, 17 av. Pyrénées ✆ 05 62 97 08 68, *Fax 05 62 97 04 60,* – |♦| TV P. AE GB Y t
fermé 1er au 23 déc. – **Repas** 60/200, enf. 40 – ☕ 35 – **33 ch** 215/245 – ½ P 225/275

Hostellerie Le Relais, 25 r. Mar. Foch ✆ 05 62 97 01 27, *Fax 05 62 97 90 00* – TV P. GB Y h
Pâques-fin sept. – **Repas** 78/210 ♀, enf. 46 – ☕ 36 – **23 ch** 210/310 – ½ P 213/263

à St-Savin *Sud : 3 km par D 101 -* **Z** *– 331 h. alt. 580 – ✉ 65400 .*
Voir *Site★ de la chapelle de Piétat S : 1 km.*

Viscos avec ch, ✆ 05 62 97 02 28, *leviscos@wanadoo.fr, Fax 05 62 97 04 95,* – P. AE ① GB – *fermé 1er au 27 déc., dim. soir et lundi sauf vacances scolaires* – **Repas** 120/320 ♀, enf. 65 – ☕ 42 – **14 ch** 280/320 – ½ P 300/325

à Arcizans-Avant *Sud : 4,5 km par D 101 et D 13 – 258 h. alt. 640 – ✉ 65400 :*

Auberge Le Cabaliros , ✆ 05 62 97 04 31, *Fax 05 62 97 91 48,* ≤, , – TV P. AE GB. – *fermé 8 oct. au 10 déc. et 21 janv. au 6 fév.* – **Repas** *(fermé mardi soir et merc. hors vacances scolaires)* 90/215 ♀, enf. 55 – ☕ 36 – **8 ch** 280/300 – ½ P 270

ARGELÈS-SUR-MER

Zone piétonne en saison

Albert (R. Marcelin)	**CY**	3
Bel-Air (R. de)	**CY**	7
Blanqui (R.)	**CY**	9
Castellans (Pl. des)	**CY**	13
Castellans (R.)	**CY**	14
Desclot (R.)	**CY**	18
Gambetta (R.)	**CDZ**	20
Gendarmerie (R. de la)	**CDZ**	22
Jean-Jaurès (R.)	**CY**	26
Majorque (R. de)	**CY**	27
Morata (R. Juan)	**CY**	32
Notre-Dame-de-Vie (Rte)	**CZ**	33
Paix (R. de la)	**CY**	35
Remparts (R. des)	**CY**	41
République (Pl. de la)	**CY**	42
Travail (R. du)	**CY**	45
Wilson (R.)	**CZ**	47
11 Novembre (Av. du)	**CY**	48

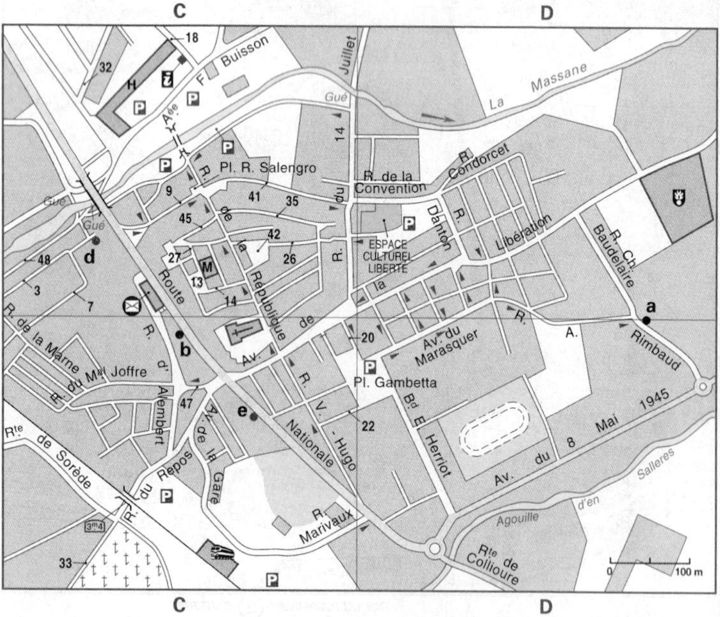

ARGELÈS-SUR-MER *66700 Pyr.-Or.* 86 ⑳ *– 7 188 h alt. 19 – Casino à Argelès-Plage* **BV.**
Office de Tourisme pl. de l'Europe ✆ 04 68 81 15 85, Fax 04 68 81 16 01.
Paris 884 ⑤ – Perpignan 23 ⑤ – Céret 28 ④ – Port-Vendres 9 ③ – Prades 67 ⑤.

à Argelès-village – ✉ *66700 Argelès-sur-Mer :*

Cottage M, r. A. Rimbaud ✆ 04 68 81 07 33, *info@hotel-lecottage.com, Fax 04 68 81 59 69,* – rest, TV P. AE GB. rest DY a
1er avril-15 oct. – ***L'Orangeraie*** *(fermé le midi sauf dim.)* **Repas** 150/300 ℑ, , enf. 65 – ☕ 60 – **34 ch** 480/800 – ½ P 450/650

Grand Hôtel du Commerce, rte Nationale ✆ 04 68 81 00 33, *Fax 04 68 81 69 49* – |‡|, rest, TV P. AE GB CZ b
fermé 30 déc. au 15 fév. – **Repas** *(fermé dim. soir et lundi d'oct. à mai)* 72/195 , enf. 51 – ☕ 40 – **32 ch** 265/305 – ½ P 288

Annexe Le Parc sans rest, – |‡| TV P. AE GB
20 mai-30 sept. – ☕ 42 – **24 ch** 310/390

Relais de la Massane, 32 r. Marcelin Albert ✆ 04 68 81 31 50, *Fax 04 68 81 31 50,* – AE GB CY d
fermé 15 au 30 oct. et merc. – **Repas** 95/198 ℑ, enf. 50

Soubirana avec ch, rte Nationale ✆ 04 68 81 01 44, – rest, . GB
fermé 20 oct. au 20 nov. – **Repas** *(fermé dim. soir du 15 sept. au 15 juin et sam.)* 79/175 ℑ, enf. 35 – ☕ 38 – **16 ch** 205/275 – ½ P 220 CZ e

ARGELÈS-SUR-MER

Zone piétonne en saison

Albères (Bd des)	**BV** 2	Charlemagne (Av. de)	**BX** 16	Pins (Av. des)	**BV** 38
Arrivée (Rond-Point de l')	**BV** 6	Corbières (Av. des)	**BV** 17	Platanes (Av. des)	**BV** 39
Buisson (Allée Ferdinand)	**AV** 10	Gaulle (Av. du Gén. de)	**BV** 21	Port (R. du)	**BX** 40
		Grau (Av. du)	**BX** 24	Racou (Allée du)	**BVX** 42
		Méditerranée (Bd de la)	**BV** 29	Ste-Madeleine (Chemin)	**AX** 43
		Mimosas (Av. des)	**BV** 30	Trabucaire (R. des)	**AV** 44
		Pins (Allée des)	**BV** 37	14 Juillet (R. du)	**AV** 49

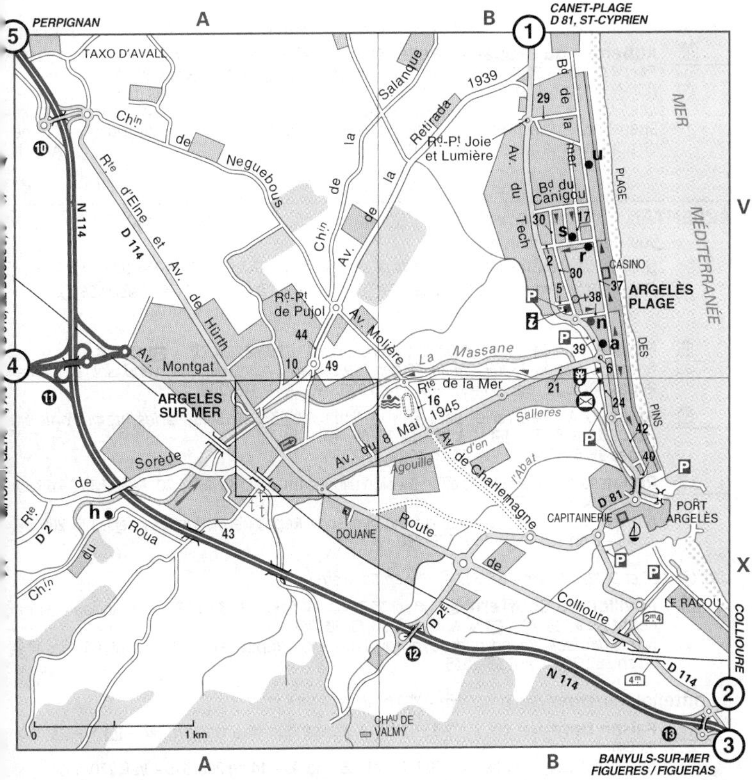

PERPIGNAN
CANET-PLAGE D 81, ST-CYPRIEN
TAXO D'AVALL
MER MÉDITERRANÉE
ARGELÈS PLAGE
CASINO
ARGELÈS SUR MER
PORT ARGELÈS
CAPITAINERIE
DOUANE
LE RACOU
COLLIOURE
BANYULS-SUR-MER FIGUERES / FIGUERAS
CHAU DE VALMY
N 114
D 114
D 2
Rd-Pt Joie et Lumière
Rd-Pt de Pujol
Av. Molière
La Massane
Rte de la Mer
Av. du 8 Mai 1945
Av. de Charlemagne
Route de Collioure
0 1 km

à Argelès-Plage *Est : 2,5 km G. Languedoc Roussillon – ✉ 66700 Argelès-sur-Mer.*
Voir *SE : Côte Vermeille★★.*

Grand Hôtel du Lido, bd Mer ☎ 04 68 81 10 32, *roussillhotel@wanadoo.fr, Fax 04 68 81 10 98,* ←, 🏡, « En bordure de mer », 🏊, 🎾, 🏖 – |♦|, ▤ ch, TV ♿. AE ⓓ GB — BV u
28 avril-30 sept. – **Repas** 155/210, enf. 70 – ☕ 60 – **66 ch** 490/870 – ½ P 485/660

Plage des Pins, ☎ 04 68 81 09 05, *contact@plage-des-pins.com, Fax 04 68 81 12 10,* ←, 🏡, 🏊, 🎾 – |♦| ▤ TV P. GB. ✂ ch — BV r
25 mai-30 sept. – **Repas** 126/160, enf. 65 – ☕ 60 – **50 ch** 470/600 – ½ P 421/486

Climat de France Ⓜ sans rest, Allée Palmiers ☎ 04 68 81 12 24, *lagon.bleu@infonie.fr, Fax 04 68 81 17 46,* ← – |♦| ▤ TV 📞. AE ⓓ GB — BV a
☕ 55 – **39 ch** 385

Maritime, bd des Albères ☎ 04 68 81 50 00, *roussillhotel@wanadoo.fr, Fax 04 68 95 96 75,* 🏡, 🏊 – TV ♿ 🚗. AE ⓓ GB — BV s
7 avril-15 oct. – **Repas** 145 🍷, enf. 65 – ☕ 50 – **24 ch** 325/380 – ½ P 355

L'Amadeus, av. Platanes ☎ 04 68 81 12 38, *contact@lamadeus.com, Fax 04 68 81 30 00* – ▤. ⓓ GB — BV h
fermé déc. au 12 fév., mardi, merc. et jeudi en fév.-mars et lundi sauf juil.-août – **Repas** *(85)* - 120/300 bc 🍷, enf. 55

rte de Collioure *: 4 km – ✉ 66700 Argelès-sur-Mer :*

Les Mouettes, ☎ 04 68 81 82 83, *Fax 04 68 81 32 73,* ← mer, 🏡, 🏊 – TV ♿ P. AE ⓓ GB
1er avril-28 oct. – **Repas** *(fermé mardi sauf du 12 juin au 18 sept.)* (dîner seul.) 200/250 🍷 – ☕ 60 – **26 ch** 500/700 – ½ P 450/600

à l'Ouest *1,5 km par rte de Sorède et rte secondaire – ✉ 66700 Argelès-sur-Mer :*

Auberge du Roua-La Belle Demeure, chemin du Roua ☎ 04 68 95 85 85, *Fax 04 68 95 83 50,* 🏡, « Ancien moulin », 🏊 – |♦| ▤ TV ♿ P – 🏛 25. AE ⓓ GB JCB
✿ *hôtel : 1er mars-1er nov. ; rest. : 14 fév.-20 nov. et 22 déc.-1er janv.* – **Repas** *(fermé dim. soir et lundi sauf juil.-août)* 165/295 et carte 260 à 350 🍷 – ☕ 50 – **14 ch** 450/580 – ½ P 410/475
Spéc. Pressé d'anchois aux poivrons et à l'ail confit. Filet de veau du pays rôti à l'ail. Crème de nougat glacé au coulis d'abricot. — AX h

---

ARGENTAN

SP 61200 Orne 60 ② ③ *G. Normandie Cotentin – 16 413 h alt. 160.*
Voir *Église St-Germain★.*
🅘 *Office de Tourisme (fermé le lundi) pl. du Marché ☎ 02 33 67 12 48, Fax 02 33 39 96 61.*
Paris 194 ② – Alençon 46 ③ – Caen 59 ⑤ – Dreux 115 ② – Flers 43 ④ – Lisieux 58 ①.

Plan page ci-contre

France, 8 bd Carnot **(r)** ☎ 02 33 67 03 65, *Fax 02 33 36 62 24,* 🏡 – TV 📞. GB
ⓐ *fermé 30 juin au 15 juil., 24 au 30 déc., 19 fév. au 4 mars, dim soir, vend. soir et lundi* – **Repas** 80/250 🍷, enf. 50 – ☕ 40 – **11 ch** 205/290 – ½ P 235/260

Ariès, Z.A. Beurrerie par ④ : 1 km ☎ 02 33 39 13 13, *aries-htz@infonie.fr, Fax 02 33 39 34 71* – TV 📞 ♿ P – 🏛 50. AE GB
Repas 95/125 🍷 – ☕ 40 – **43 ch** 300 – ½ P 355

Renaissance avec ch, 20 av. 2e Division Blindée **(n)** ☎ 02 33 36 14 20, *Fax 02 33 36 65 50,* 🏡 – TV 📞 P. AE GB
fermé 1er au 15 août, vacances de fév., dim. soir – **Repas** *(fermé lundi)* 95 (déj.), 120/260 🍷 – ☕ 45 – **8 ch** 305/450 – ½ P 335/460

par ② *N 26 et D 729 : 11 km – ✉ 61310 Silly-en Gouffern :*

Pavillon de Gouffern 🐌, ☎ 02 33 36 64 26, *Fax 02 33 36 53 81,* ←, « Ancien pavillon de chasse », 🎾, 🌳 – TV 📞 ♿ P – 🏛 50. AE ⓓ GB
fermé dim. soir et lundi midi de mi nov. à mi-mars – **Repas** *(75)* - 95/235 🍷, enf. 65 – ☕ 47 – **20 ch** 350/700 – ½ P 350/535

à Fontenai-sur-Orne *par ④ : 4,5 km – 292 h. alt. 65 – ✉ 61200 :*

Faisan Doré avec ch, ☎ 02 33 67 18 11, *lefaisandore@wanadoo.fr,* 🏖 – TV P – 🏛 100. AE GB
fermé dim. soir – **Repas** *(69)* - 98/198, enf. 55 – ☕ 40 – **14 ch** 290/315 – ½ P 270/350

ARGENTAN

Beigle (R. du) 2
Boschet (R. P.) 3
Carnot (Bd) 7
Chaussée (R. de la)............. 8
Collège (R. du) 9
Forêt-Normande
(Av. de la) 13
Gaulle (Bd Général-de) 14
Griffon (R. du)................. 15
Henri-IV (Pl.) 18
Leclerc (Pl. Général) 19
Marché (Pl. du)................. 20
Panthou (R. E.) 21
St-Germain (R.)................. 28
St-Martin (R.) 29
Semard (Pl. Pierre).............. 30
Trois-Croix (Pl. des) 31
Victor-Hugo (Bd)................ 32
Vimal-du-Bouchet (Pl.)........... 33
Wolf (R. J.) 34
2e-D.-B. (Av. de la) 35
104e-Régiment-d'Infanterie
(R. du) 38

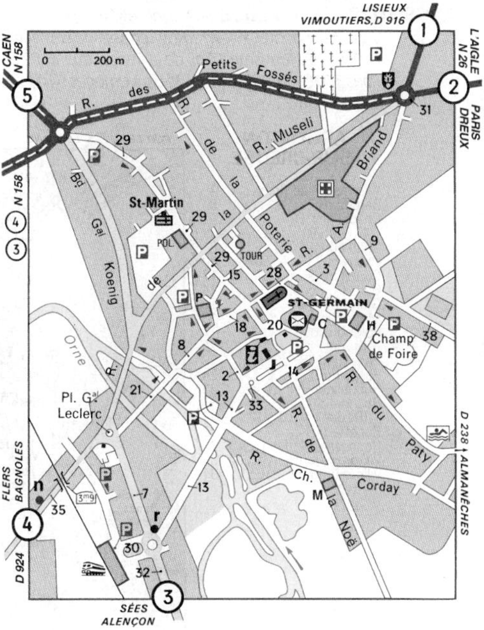

Pour un bon usage des plans de villes, voir les signes conventionnels dans l'introduction.

Donnez-nous votre avis sur les tables que nous recommandons, sur leurs spécialités et leurs vins de pays.

ARGENTAT *19400 Corrèze* 75 ⑩ *G. Berry Limousin – 3 189 h alt. 183.*

Office de Tourisme (15 juin-15 sept.) 30 av. Pasteur ✆ 05 55 28 16 05 et (hors saison) Mairie ✆ 05 55 28 10 91.

Paris 508 – Brive-la-Gaillarde 45 – Aurillac 54 – Mauriac 50 – St-Céré 42 – Tulle 30.

Fouillade avec ch, pl. Gambetta ✆ 05 55 28 10 17, *Fax 05 55 28 90 52,* – TV. GB
fermé 12 au 30 nov. et vacances de fév. – **Repas** *(fermé lundi hors saison)* (59) - 75/180 ♀, enf. 40 – ☕ 38 – **14 ch** 145/245 – ½ P 175/225

ARGENTEUIL *95 Val-d'Oise* 55 ⑳., 101 ⑭ – *voir à Paris, Environs.*

ARGENTIÈRE *74 H.-Savoie* 74 ⑨ *G. Alpes du Nord – alt. 1253 – Sports d'hiver : voir Chamonix –* ✉ *74400 Chamonix-Mont-Blanc.*

Voir *Aiguille des Grands Montets★★★ : ※★★★ – Réserve naturelle des Aiguilles Rouges★★★ N : 3 km – Col de la Balme★★ : ※★★.*

Paris 622 – Chamonix-Mont-Blanc 9 – Annecy 104 – Vallorcine 9.

Montana, ✆ 04 50 54 14 99, *montana@club-internet.fr, Fax 04 50 54 03 40,* ←, – TV P. AE GB
15 juin-1er oct. et 15 déc.-15 mai – **Repas** *(1er juil.-15 sept. et 20 déc.-1er mai)* (dîner seul. en hiver) 140/170 – ☕ 50 – **24 ch** 590 – ½ P 490

à Montroc-le-Planet *Nord-Est : 2 km par N 506 et rte secondaire –* ✉ *74400 Argentière :*

Les Becs Rouges ✆ 04 50 54 01 00, *lesbecs@euroscan.com, Fax 04 50 54 00 51,* ← Mont-Blanc et aiguilles, – TV P. AE GB JCB. rest
fermé 1er nov. au 15 déc. – **Repas** 108 (déj.), 185/395 ♀ – ☕ 85 – **24 ch** 525/675 – ½ P 458/538

ARGENTON-SUR-CREUSE *36200 Indre* 68 ⑰ ⑱ *G. Berry Limousin – 5 193 h alt. 100.*

Voir *Vieux pont* ≤★ – ≤★ *de la terrasse de la chapelle N.-D.-des-Bancs.*

Office de Tourisme 13 pl. de la République ☎ 02 54 24 05 30, Fax 02 54 24 28 13.

Paris 300 ① – Châteauroux 31 ① – Limoges 94 ④ – Montluçon 103 ② – Poitiers 101 ⑤.

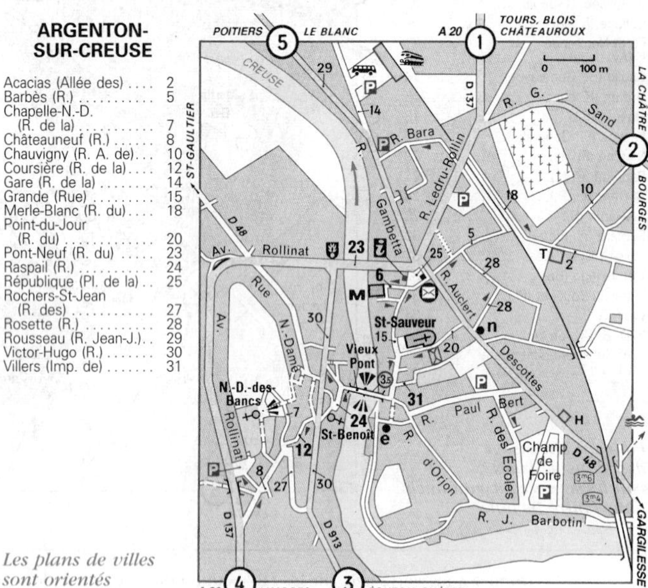

Les plans de villes sont orientés le Nord en haut.

Manoir de Boisvillers ⛰ sans rest, 11 r. Moulin de Bord **(e)** ☎ 02 54 24 13 88, *Fax 02 54 24 27 83,* ⛱, 🌳 – TV P. GB
fermé 15 déc. au 10 janv. – ☕ 45 – **14 ch** 260/450

Cheval Noir, 27 r. Auclert-Descottes **(n)** ☎ 02 54 24 00 06, *Fax 02 54 24 11 22,* 🍽 – ▤ rest, TV ☎ P. GB
fermé vacances de fév., dim. soir et lundi midi hors saison. – **Repas** *(65)* - 98/175 ♀, enf. 55 – ☕ 35 – **20 ch** 250/300 – ½ P 260

à St-Marcel *par ① : 2 km – 1 687 h. alt. 146 – ✉ 36200 .*
Voir *Église★ – Musée archéologique d'Argentomagus★ – Théâtre du Virou★.*

Prieuré, ☎ 02 54 24 05 19, *Fax 02 54 24 32 28,* ≤, 🍽, 🌳 – TV P – 🏛 30. GB
Repas *(fermé dim. soir et lundi)* 80/185 ♀, enf. 45 – ☕ 32 – **14 ch** 160/260 – ½ P 230/260

à Bouësse *par ② : 11 km – 416 h. alt. 185 – ✉ 36200 :*

Château de Bouesse ⛰, ☎ 02 54 25 12 20, *Fax 02 54 25 12 30,* ≤, « Château du 13e siècle dans un parc », 🌳 – ☎ P. AE GB. ✂ ch
fermé janv. et lundi hors saison – **Repas** *(95)* - 140 (déj.), 180/220, enf. 80 – ☕ 60 – **8 ch** 380/480 – ½ P 435/495

ARGENT-SUR-SAULDRE *18410 Cher* 65 ⑪ *– 2 525 h alt. 171.*
Paris 173 – Orléans 64 – Bourges 58 – Cosne-sur-Loire 46 – Gien 22 – Salbris 42 – Vierzon 54.

XX **Relais de la Poste** avec ch, ☎ 02 48 81 53 90, *Fax 02 48 73 30 62,* 🍽 – TV P – 🏛 40. AE GB
Repas *(fermé lundi midi hors saison)* 160/200 ♀, enf. 70 – ☕ 35 – **10 ch** 220/330 – ½ P 260/350

A good moderately priced meal : Repas 100/140

ARGOULES *80120 Somme* 51 ⑫ *G. Picardie Flandres Artois – 363 h alt. 18.*
Voir *Abbaye★ et jardins★ de Valloires NO : 2 km.*
Paris 213 – Calais 93 – Abbeville 34 – Amiens 83 – Hesdin 18 – Montreuil 21.

Auberge du Coq-en-Pâte, ✆ 03 22 29 92 09, *Fax 03 22 29 92 09,* – GB
fermé 4 au 18 sept., 3 janv. au 2 fév., dim. soir et lundi sauf fériés – **Repas** (nombre de couverts limité, prévenir) 90/125

ARINSAL 86 ⑭ – *voir à Andorre (Principauté d').*

ARLEMPDES *43490 H.-Loire* 76 ⑰ *G. Vallée du Rhône – 142 h alt. 840.*
Voir *Site★★.*
Paris 568 – Le Puy-en-Velay 29 – Aubenas 67 – Langogne 28.

Manoir ✆ 04 71 57 17 14, *Fax 04 71 57 19 68,* ←, – TV ✆. GB. ch
10 mars-1er nov. – **Repas** 89/240, enf. 50 – ☕ 38 – **16 ch** 285 – 1/2 P 250

ARLES SP 13200 *B.-du-R.* 83 ⑩ *G. Provence – 52 058 h alt. 13.*
Voir *Arènes★★ – Théâtre antique★★ – Cloître St-Trophime★★ et église★ : portail★★ – Les Alyscamps★ – Palais Constantin★* **Y S** – *Hôtel de ville : voûte★ du vestibule* **Z H** – *Cryptoportiques★* **Z E** – *Musée de l'Arles antique★★ (sarcophages★★) – Museon Arlaten★* **Z M**6 – *Musée Réattu★* **Y M**4 – *Ruines de l'abbaye de Montmajour★ 5 km par ①.*
Office de Tourisme espl. Charles-de-Gaulle ✆ 04 90 18 41 20, Fax 04 90 18 41 29, Accueil Gare SNCF ✆ 04 90 18 32 68.
Paris 722 ① – Avignon 36 ① – Aix-en-Provence 78 ② – Marseille 95 ② – Nîmes 32 ⑥.

Plan page suivante

Jules César, bd Lices ✆ 04 90 52 52 52, *julescesar@calva.net, Fax 04 90 52 52 53,* « Ancien couvent avec son cloître, jardins intérieurs », – TV ✆ – 30 à 80. AE GB JCB Z b
fermé 12 nov. au 23 déc. – ***Lou Marquès :*** **Repas** 150(déj), 210/420, enf. 65 – ***Le Cloître :*** (déj. seul.) **Repas** 105/130bc, enf. 65 – ☕ 85 – **50 ch** 800/1250, 5 appart – 1/2 P 750/1150

D'Arlatan sans rest, 26 r. Sauvage (près pl. Forum) ✆ 04 90 93 56 66, *hotel-arlatan@provnet.fr, Fax 04 90 49 68 45,* « Demeure du 15e siècle, vestiges archéologiques et beau mobilier », – TV ✆ – 50. AE GB Y f
☕ 65 – **34 ch** 500/850, 7 appart

Nord Pinus, pl. Forum ✆ 04 90 93 44 44, *info@nord-pinus.com, Fax 04 90 93 34 00,* « Élégante installation » – ch, TV. AE GB JCB Z t
1er mars-1er nov. – **Repas** *(fermé mardi)* (dîner seul.) 210 – ☕ 75 – **25 ch** 770/1700

Mercure Arles Camargue M, av. 1e Division Française Libre (près Palais des Congrès) ✆ 04 90 93 98 80, *h2738-gm@accor-hotels.com, Fax 04 90 49 92 76,* – TV ✆ P – 150. AE GB JCB X t
Repas *(75)* - 120/130, enf. 48 – ☕ 55 – **80 ch** 480/660

Mireille M, 2 pl. St-Pierre à Trinquetaille ✆ 04 90 93 70 74, *Fax 04 90 93 87 28,* – TV ✆. AE GB JCB. rest Y h
hôtel : 1er mars-1er nov. ; rest. : 11 mars-1er nov. – **Repas** *(fermé mardi midi et lundi)* 120/180, enf. 75 – ☕ 62 – **34 ch** 399/690 – 1/2 P 450/580

Calendal M sans rest, 5 r. Porte de Laure ✆ 04 90 96 11 89, *Fax 04 90 96 05 84,* « Jardin ombragé », – TV. AE GB JCB Z s
☕ 42 – **38 ch** 290/530

Musée sans rest, 11 r. Gd-Prieuré ✆ 04 90 93 88 88, *Fax 04 90 49 98 15* – TV. AE GB JCB Y u
fermé 3 janv. au 10 fév. – ☕ 38 – **28 ch** 250/490

Amphithéâtre M sans rest, 5 r. Diderot ✆ 04 90 96 10 30, *contact@hotelamphitheatre.fr, Fax 04 90 93 98 69* – TV. AE GB JCB Z n
☕ 36 – **15 ch** 310/420

St-Trophime sans rest, 16 r. Calade ✆ 04 90 96 88 38, *Fax 04 90 96 92 19* – TV. AE GB Z x
15 fév.-15 nov. – ☕ 36 – **22 ch** 225/360

Muette sans rest, 15 r. Suisses ✆ 04 90 96 15 39, *hotel.muette@wanadoo.fr, Fax 04 90 49 73 16* – TV ✆. AE GB Y q
☕ 38 – **18 ch** 320/360

Porte de Camargue sans rest, 15 r. Noguier à Trinquetaille ✆ 04 90 96 17 32, *porte.camargue@libertysurf.fr, Fax 04 90 18 97 92* – TV ✆. AE GB. Y g
5 mars-31 oct. – ☕ 37 – **25 ch** 260/450

Régence sans rest, 5 r. Marius Jouveau ✆ 04 90 96 39 85, *Fax 04 90 96 67 64* – TV ✆. GB
fermé du 16 nov. au 11 fév. – ☕ 30 – **17 ch** 180/285 Y m

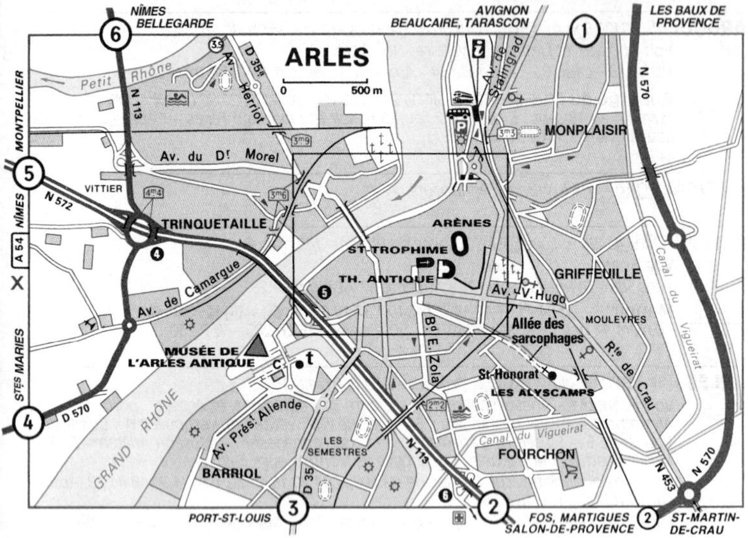

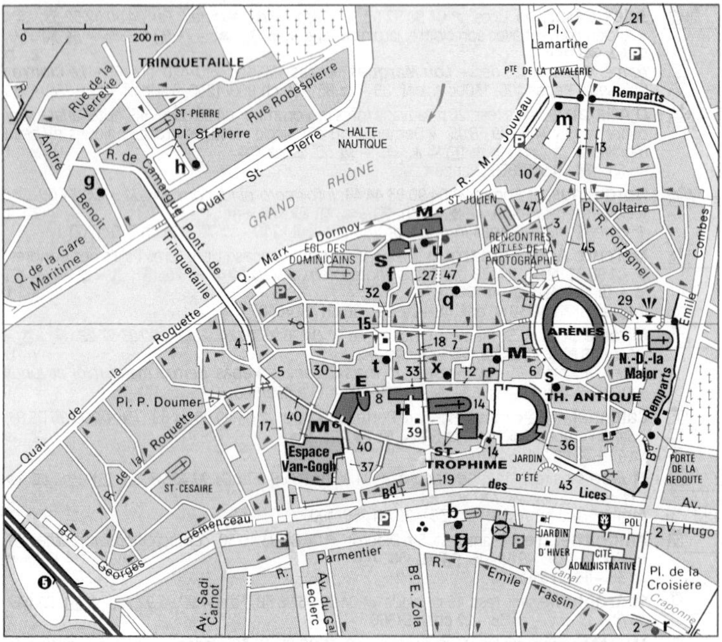

ARLES

Alyscamps (Av. des) . . . . Z 2
Amphithéâtre (R. de l') . . . . . Y 3
Anatole-France (R.) . . . . Z 4
Antonelle (Pl.) . . . . Z 5
Arènes (Rd-Pt des) . . . . YZ 6
Arènes (R. des) . . . . YZ 7
Balze (R.) . . . . Z 8
Blum (R. Léon) . . . . Y 10
Calade (R. de la) . . . . Z 12
Cavalerie (R. de la) . . . . Y 13
Cloître (R. du) . . . . Z 14
Forum (Pl. du) . . . . Z 15
Gambetta (R.) . . . . Z 17
Hôtel-de-Ville (R.) . . . . Z 18
Jean-Jaurès (R.) . . . . Z 19
Lamartine (Av.) . . . . Y 21
Lices (Bd des) . . . . Z
Maïsto (R. D.) . . . . Y 27
Major (Pl. de la) . . . . Y 29
Mistral (R. Frédéric) . . . . Z 30
Place (R. de la) . . . . Y 32
Plan de la Cour (R. du) . . . . . . Z 33
Porte-de-Laure (R.) . . . . Z 36
Président-Wilson (R. du) . . . . Z 37
République (Pl. de la) . . . . Z 39
République (R. de la) . . . . Z 40
Vauban (Montée) . . . . Z 43
Voltaire (R.) . . . . Y 45
4-Septembre (R. du) . . . . Y 47

XXX **L'Olivier,** 1 bis r. Réattu ✆ 04 90 49 64 88, *restaurant-olivier@provnet.fr, Fax 04 90 93 85 42,* – ▤. GB Y u
fermé 1er au 30 nov., 15 au 30 janv., lundi sauf le soir de mai à sept. et dim. – **Repas** 108 (déj.), 168/368 et carte 270 à 430

X **Jardin de Manon,** 14 av. Alyscamps ✆ 04 90 93 38 68, *Fax 04 90 49 62 03,* – AE GB
fermé 27 oct. au 13 nov., vacances de fév. et merc. – **Repas** 85 (déj.), 100/220 Z r

à Fourques *(Gard) par ⑥ : 4 km – 2 251 h. alt. 3 – ✉ 30300 :*

Mas des Piboules Ⓜ, N 113 ✆ 04 90 96 25 25, *Fax 04 90 93 68 88,* – TV & P. GB
1er mars-31 déc. – **Repas** *(fermé nov., sam. et dim. en déc.)* 98/135 – 45 – **50 ch** 340/370 – ½ P 290

ARMBOUTS-CAPPEL *59 Nord* 51 ③ *– rattaché à Dunkerque.*

ARMENTIÈRES *59280 Nord* 51 ⑮ *G. Picardie Flandres Artois – 25 219 h alt. 16.*
Office de Tourisme 33 r. de Lille ✆ 03 20 44 18 19, Fax 03 20 77 48 15.
Paris 240 – Lille 20 – Dunkerque 59 – Kortrijk 48 – Lens 35 – St-Omer 53.

Albert 1er sans rest, 28 r. Robert Schuman ✆ 03 20 77 31 02, *Fax 03 20 77 05 16* – TV. GB.
fermé dim. et fériés – 30 – **15 ch** 165/250

Le Guide change, changez de guide tous les ans.

ARMOY *74 H.-Savoie* 70 ⑰ *– rattaché à Thonon-les-Bains.*

ARNAC-POMPADOUR *19230 Corrèze* 75 ⑧ *G. Berry Limousin – 1 444 h alt. 413.*
Paris 452 – Brive-la-Gaillarde 43 – Limoges 59 – Périgueux 66 – St-Yrieix-la-Perche 24.

Parc, pl. Vieux Lavoir ✆ 05 55 73 30 54, *Fax 05 55 73 39 79,* – TV. AE GB
fermé 22 déc. au 29 janv., sam. et dim. de nov. à avril – **Repas** 60 (déj.), 100/200, enf. 50 – 38 – **10 ch** 260/270 – ½ P 310

rte de Lanouaille *Ouest : 5 km par D 7 – ✉ 19230 Arnac-Pompadour :*

Auberge de la Mandrie , ✆ 05 55 73 37 14, *auberge.mandrie@laposte.fr, Fax 05 55 73 67 13,* – TV P – 25. GB
Repas *(fermé dim. soir de mi-nov. à fin mars)* 75/190, enf. 50 – 40 – **22 ch** 250 – ½ P 290

ARNAGE *72 Sarthe* 60 ⑬ *– rattaché au Mans.*

ARNAY-LE-DUC *21230 Côte-d'Or* 65 ⑱ *G. Bourgogne – 2 040 h alt. 375.*
Paris 286 – Beaune 36 – Dijon 59 – Autun 27 – Chagny 41 – Montbard 74 – Saulieu 29.

Chez Camille, ✆ 03 80 90 01 38, *Fax 03 80 90 04 64* – TV P. AE GB JCB
Repas 108/208 – 55 – **13 ch** 450 – ½ P 452

Annexe Clair de Lune sans rest, ✆ 03 80 90 15 50 – TV P. AE GB JCB
30 – **14 ch** 180

X **Terminus** avec ch, N 6 ✆ 03 80 90 00 33, *Fax 03 80 90 01 30* – TV P. AE GB
fermé 6 janv. au 5 fév., dim. soir et lundi sauf juil.-août – **Repas** *(71)* - 97/180, enf. 53 – 33 – **8 ch** 190/280 – ½ P 240/300

ARPAILLARGUES-ET-AUREILLAC *30 Gard* 80 ⑲ *– rattaché à Uzès.*

ARPAJON *91290 Essonne* 60 ⑩ *– 8 713 h alt. 51.*
Office de Tourisme pl. de l'Hôtel-de-Ville ✆ 01 60 83 36 51, Fax 01 60 83 80 00.
Paris 33 – Fontainebleau 50 – Chartres 71 – Évry 18 – Melun 45 – Orléans 87 – Versailles 40.

XXX **Saint Clément,** 16 av. Hoche (D152) ✆ 01 64 90 21 01, *Fax 01 60 83 32 67,* – ▤. AE GB
fermé août, vacances de printemps, sam. midi, dim. soir et lundi – **Repas** 198/241

ARPAJON-SUR-CÈRE *15 Cantal* 76 ⑫ *– rattaché à Aurillac.*

Les ARQUES *46250 Lot* 79 ⑦ *G. Périgord Quercy – 160 h alt. 254.*

Voir *Église St-Laurent★ : Christ★ et Pietà★ – Fresques murales★ de l'église St-André-des-Arques.*

Paris 573 – Cahors 27 – Gourdon 27 – Villefranche-du-Périgord 20 – Villeneuve-sur-Lot 59.

✗ **Récréation,** ✆ 05 65 22 88 08, 🏠 – GB
1er mai-30 sept. et week-ends (sauf dim. soir) en mars, avril, oct. et nov. et fermé jeudi midi et merc. – **Repas** *(90)* - 150 🍷, enf. 50

ARRADON *56 Morbihan* 63 ③ *– rattaché à Vannes.*

ARRAS

Rue	Carreau	N°
Adam (R. Paul)	AY	2
Agaches (R. des)	BY	3
Albert-Ier-de-Belg. (Rue)	BY	4
Ancien-Rivage (Pl. de l')	BY	5
Barbot (R. du Gén.)	BY	6
Baudimont (Rond-Point)	AY	7
Carabiniers d'Artois (R. des)	AY	8
Cardinal (R. du)	CZ	9
Delansorne (R. D.)	BZ	10
Doumer (R. Paul)	BY	12
Ernestale (R.)	BZ	13
Ferry (R. Jules)	AY	15
Foch (Pl. Maréchal)	CZ	16
Gambetta (R.)	BZ	
Gouvernance (R. de la)	BY	18
Guy-Mollet (Pl.)	CY	19
Kennedy (Av. J.)	AZ	24
Legrelle (R. E.)	BCZ	25
Madeleine (Pl. de la)	BY	28
Marché-au-Filé (R. du)	BY	30
Marseille (Pl. de)	BZ	31
Robespierre (R.)	BZ	34
Ronville (R.)	CZ	35
St-Aubert (R.)	BY	
Ste-Claire (R.)	AZ	37
Ste-Croix (R.)	CY	39
Strasbourg (Bd de)	CZ	42
Taillerie (R. de la)	CY	43
Teinturiers (R. des)	BY	45
Théâtre (Pl. et R.)	BZ	47
Verdun (Cours de)	AZ	49
Victor-Hugo (Pl.)	AZ	51
Wacquez-Glasson (Rue)	CZ	52
Wetz-d'Amain (Pl. du)	BY	53
29-Juillet (R. du)	BY	54
33e (Pl. du)	BY	55

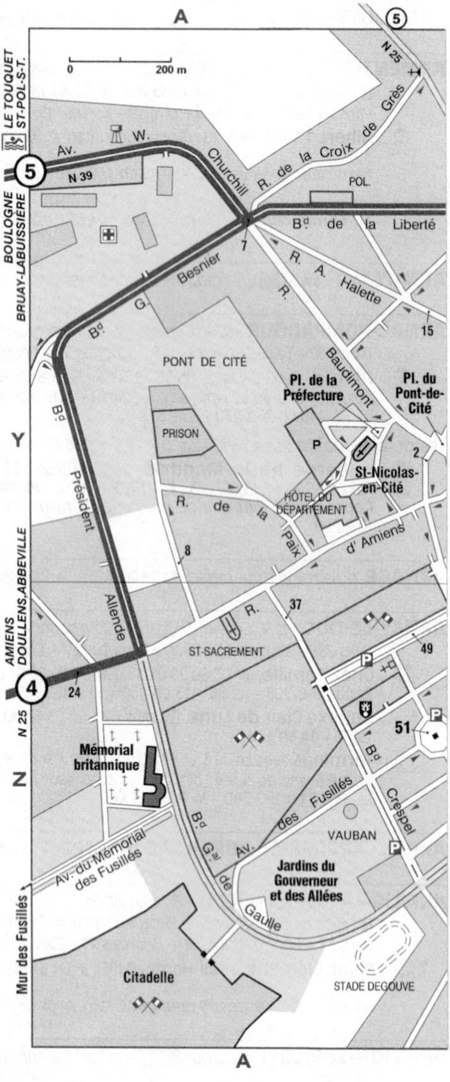

Welcome to France!
Remember,
keep to the right.

ARRAS P *62000 P.-de-C.* 53 ② *G. Picardie Flandres Artois – 38 983 h alt. 72.*

Voir *Grand'Place*★★★ *et Place des Héros*★★★ – *Hôtel de Ville et beffroi*★ **BY H** – *Ancienne abbaye St-Vaast*★★ *: musée des Beaux-Arts*★.

Office de Tourisme Hôtel-de-Ville pl. des Héros ☎ 03 21 51 26 95, Fax 03 21 71 07 34.

Paris 179 ② – Lille 54 ① – Amiens 66 ④ – Calais 111 ① – Charleville-Mézières 159 ②.

Univers M, 3 pl. Croix Rouge ☎ 03 21 71 34 01, *Fax 03 21 71 41 42,* « Élégante demeure du 18e siècle » – TV – 40 à 100. AE GB BZ v
Repas *(fermé dim. soir en janv.-fév.)* 130/290 – 60 – **37 ch** 440/790 – 1/2 P 600/700

Mercure Atria M, 58 bd Carnot ☎ 03 21 23 88 88, *h1560@accor-hotels.com, Fax 03 21 23 88 89* – TV – 30 à 300. AE GB CZ b
Repas 98/135 ♀, enf. 55 – 60 – **80 ch** 480

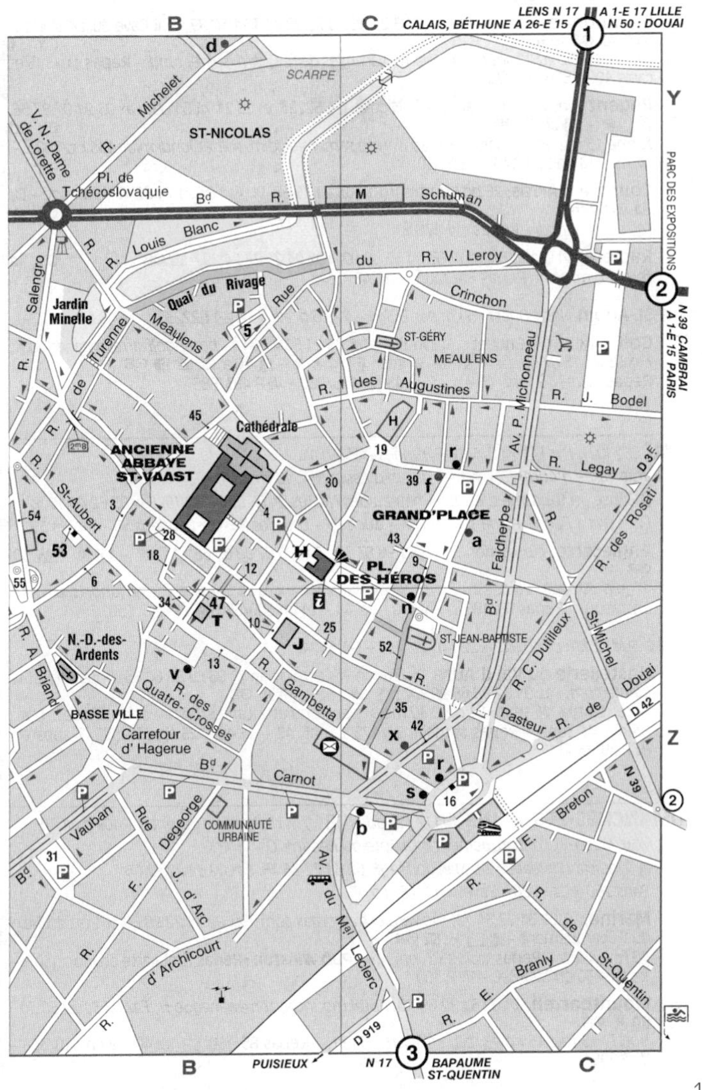

Angleterre M, 7 pl. Foch ✆ 03 21 51 51 16, *hotelangleterre@pilortec.fr, Fax 03 21 71 38 20* – CZ r
Repas *(fermé 24 déc. au 2 janv.)* (84) - 120/145, enf. 45 – 80 – **20 ch** 680/850

Astoria, 12 pl. Foch ✆ 03 21 71 08 14, *Fax 03 21 71 60 95* – rest, – 30. CZ s
***Carnot* :** **Repas** 98/250bc, enf. 50 – 50 – **29 ch** 270/300 – ½ P 260

3 Luppars sans rest, 49 Grand'Place ✆ 03 21 07 41 41, *Fax 03 21 24 24 80* – CY r
40 – **42 ch** 210/350

Ibis sans rest, 11 r. Justice ✆ 03 21 23 61 61, *h1567@accor-hotels.com, Fax 03 21 71 31 31* – CZ n
35 – **63 ch** 345/360

Faisanderie, 45 Grand'Place ✆ 03 21 48 20 76, *Fax 03 21 50 89 18*, « Cave du 17e siècle » – CY f
fermé 31 juil. au 20 août, 2 au 8 janv., vacances de fév., dim. soir et lundi – **Repas** 145/325 et carte 400 à 550, enf. 70

Régent avec ch, r. A. France à St-Nicolas ✉ 62223 ✆ 03 21 71 51 09, *Fax 03 21 07 87 56*, – BY d
fermé 15 fév. au 1er mars – **Repas** *(fermé sam. midi, dim. soir et lundi midi)* 135 bc/290 – 45 – **10 ch** 250/370 – ½ P 430

Coupole d'Arras, 26 bd Strasbourg ✆ 03 21 71 88 44, *Fax 03 21 71 52 46*, brasserie – CZ x
fermé sam. midi – **Repas** 119/178

Rapière, 44 Grand'Place ✆ 03 21 55 09 92, *Fax 03 21 22 24 29* – CY a
fermé dim. soir – **Repas** 88/200, enf. 45

à Anzin-St-Aubin *Nord-Ouest : 5 km par D 341 – 2 470 h. alt. 71 –* ✉ *62223 :*

Golf M, r. Briquet Tallandier ✆ 03 21 50 45 04, *hotel-golf-arras@wanadoo.fr, Fax 03 21 15 07 00*, – rest, – 20 à 30.
Repas 140/170, enf. 45 – 55 – **43 ch** 475/980 – ½ P 483/685

ARREAU *65240 H.-Pyr.* 85 ⑲ *G. Midi-Pyrénées – 853 h alt. 705.*

Voir *Vallée d'Aure*★ *S* – ★★★ *du col d'Aspin NO : 13 km.*

Office du Tourisme d'Arreau Château des Nestes ✆ 05 62 98 63 15, Fax 05 62 40 12 32.

Paris 841 – Bagnères-de-Luchon 33 – Auch 93 – Lourdes 78 – St-Gaudens 56 – Tarbes 59.

Angleterre, rte Luchon ✆ 05 62 98 63 30, *Fax 05 62 98 69 66*, – – 30.
1er juin-30 sept., 26 déc au 2 avril, week-ends, vacances scolaires et fermé lundi (sauf hôtel en saison) – **Repas** 98/180, enf. 50 – 44 – **24 ch** 300/350 – ½ P 215/330

à Cadéac *Sud : 2 km par D 929 – 221 h. alt. 736 –* ✉ *65240 :*

Hostellerie du Val d'Aure, rte de St-Lary-Soulan ✆ 05 62 98 60 63, *hotel@hotel-valdaure.com, Fax 05 62 98 68 99*, –
hotel: 23 mai-16 sept., 21 déc.-30 mars, week-end et vacances de fév. et de pâques ; rest.: 23 mai-16 sept. – **Repas** 69 (déj.), 99/125, enf. 42 – 42 – **23 ch** 330/390, 7 appart – ½ P 295/380

ARROMANCHES-LES-BAINS *14117 Calvados* 54 ⑮ *G. Normandie Cotentin – 409 h alt. 15.*

Voir *Musée du débarquement – La Côte du Bessin*★ *O.*

Syndicat d'Initiative 2 r. Mar.-Joffre ✆ 02 31 22 36 45, Fax 02 31 22 92 06.

Paris 260 – Caen 28 – Bayeux 11 – St-Lô 47.

Marine, ✆ 02 31 22 34 19, *mc.verdier@caromail.com, Fax 02 31 22 98 80*, ≤ Port artificiel du Débarquement –
10 fév.-4 nov. – **Repas** 100/195, enf. 48 - ***Pub Winston* :** **Repas** 79 et carte environ 130 – 45 – **30 ch** 300/390 – ½ P 380

Mountbatten, ✆ 02 31 22 59 70, *hotel.mountbatten@wanadoo.fr, Fax 02 31 22 50 30* –
hôtel : 15 fév.-15 nov. ; rest. : 1er avril-15 oct. – **Repas** 85/150 – 40 – **9 ch** 320/350 – ½ P 295

X **d'Arromanches** avec ch, 2 r. Col. René Michel ☎ 02 31 22 36 26, *hoteldarromanche@ifrance.com, Fax 02 31 22 23 29,* – TV ☎ P. GB. ✱ ch
fermé 1er janv. au 10 fév., mardi et merc. sauf vacances scolaires – **Repas** *(72)* - 89/180 ♀, enf. 46 – ☕ 40 – **9 ch** 320/370 – ½ P 305/330

à **Tracy-sur-Mer** *Sud-Ouest : 2,5 km par rte de Bayeux et rte secondaire – 252 h. alt. 60 – ✉ 14117 :*

Victoria sans rest, chemin de l'Église ☎ 02 31 22 35 37, *Fax 02 31 22 93 38,* « Manoir du 19e siècle à la campagne », – TV ☎ P. GB. ✱
1er avril-30 sept. – ☕ 43 – **14 ch** 360/540

à **La Rosière** *Sud-Ouest : 3 km par rte de Bayeux – ✉ 14177 Arromanches-les-Bains :*

Rosière, ☎ 02 31 22 36 17, *Fax 02 31 22 19 33,* – P. GB
11 avril-7 oct. – **Repas** 85/195 ♀, enf. 50 – ☕ 35 – **25 ch** 260/350 – ½ P 270/310

ARS-EN-RÉ *17 Char.-Mar. 71 ⑫ – voir Ré (Ile de).*

ARSONVAL *10 Aube 61 ⑱ – rattaché à Bar-sur-Aube.*

ARTEMARE *01510 Ain 74 ④ – 961 h alt. 245.*

Paris 507 – Aix-les-Bains 34 – Bourg-en-Bresse 77 – Chambéry 55 – Lyon 103 – Nantua 49.

Michallet, ☎ 04 79 87 39 33, *Fax 04 79 87 39 20,* – TV ☎ P. GB
fermé 24 déc. au 15 janv., dim. soir et lundi – **Repas** 80/235 🍷, enf. 55 – ☕ 35 – **21 ch** 215/280 – ½ P 215/235

ARTZENHEIM *68320 H.-Rhin 62 ⑲ – 607 h alt. 180.*

Paris 457 – Colmar 16 – Mulhouse 57 – Sélestat 20 – Strasbourg 75.

XXX **Auberge d'Artzenheim** avec ch, ☎ 03 89 71 60 51, *Fax 03 89 71 68 21,* – TV P. AE GB
fermé 1er au 15 mars, dim. soir, mardi soir et lundi – **Repas** 120 (déj.), 165/420 ♀, enf. 68 – ☕ 40 – **10 ch** 260/350 – ½ P 295/365

ARUDY *64260 Pyr.-Atl. 85 ⑥ G. Aquitaine – 2 537 h alt. 413.*

Paris 804 – Pau 27 – Argelès-Gazost 56 – Lourdes 43 – Oloron-Ste-Marie 20.

France, pl. Hôtel de Ville ☎ 05 59 05 60 16, *Fax 05 59 05 70 06* – TV P. GB. ✱
fermé mai et sam. hors saison et vacances scolaires – **Repas** 69/119 ♀, enf. 50 – ☕ 32 – **19 ch** 130/285 – ½ P 182/235

ARVIEU *12120 Aveyron 80 ② – 925 h alt. 730.*

ℹ Syndicat d'Initiative (juil.-août) à la plage ☎ 05 65 46 00 07 et (hors saison) à la Mairie ☎ 05 65 46 71 06.

Paris 669 – Rodez 33 – Albi 67 – Millau 61 – St-Affrique 60 – Villefranche-de-Rouergue 75.

Au Bon Accueil, ☎ 05 65 46 72 13, *vacances.aveyron@free.fr, Fax 05 65 74 28 95* – ☎. AE GB
fermé 1er au 15 fév. – **Repas** 98/185 🍷 – ☕ 32 – **12 ch** 145/240 – ½ P 190/230

L'ARZELIER (Col de) *38 Isère 77 ④ – rattaché à Château-Bernard.*

ARZON *56640 Morbihan 63 ⑫ G. Bretagne – 1 754 h alt. 9.*

Voir Tumulus de Tumiac ou butte de César ✱★ E : 2 km puis 30 mn.

ℹ Office de Tourisme Rd-Pt du Crouesty ☎ 02 97 53 69 69, Fax 02 97 53 76 10.

Paris 489 – Vannes 33 – Auray 51 – Lorient 91 – Quiberon 79 – La Trinité-sur-Mer 64.

au **Port du Crouesty** *Sud-Ouest : 2 km – ✉ 56640 Arzon :*

Miramar M , ☎ 02 97 53 49 00, *reservation@miramar-crouesty.com, Fax 02 97 53 49 99,* ←, institut de thalassothérapie, « Architecture originale évoquant un paquebot », , – – TV ☎ P – 30 à 50. AE GB JCB. ✱ rest
fermé 27 nov. au 26 déc. – ***Salle à Manger :*** Repas 260/280 ♀, enf. 145 – ***Ruban Bleu*** (rest. diététique) *(non-fumeurs exclusivement)* **Repas** 260/280, enf. 145 – ☕ 110 – **108 ch** 1420/2640, 12 appart – ½ P 1095/1468

Crouesty M sans rest, ☎ 02 97 53 87 91, *Fax 02 97 53 66 76* – TV P. GB
fermé 15 nov. au 1er fév. – ☕ 39 – **26 ch** 350/450

à Port Navalo *Ouest : 3 km – ✉ 56640 Arzon :*

XXX **Grand Largue,** à l'embarcadère ☎ 02 97 53 71 58, *Fax 02 97 53 92 20,* ≤ golfe du Morbihan, 🏖 – GB. ✗
fermé 15 nov. au 20 déc., 3 janv. au 10 fév., lundi sauf le midi de sept. à juin et mardi – **Repas** 160/360 et carte 320 à 400

ASCAIN *64310 Pyr.-Atl.* 85 ② *G. Aquitaine – 2 653 h alt. 24.*
Office de Tourisme ☎ 05 59 54 00 84, (hors saison) ☎ 05 59 54 68 34.
Paris 798 – Biarritz 23 – Cambo-les-Bains 26 – Hendaye 21 – Pau 137 – St-Jean-de-Luz 7.

Parc Trinquet-Larralde, ☎ 05 59 54 00 10, *parcascain@aol.com, Fax 05 59 54 01 23,* 🏖, – TV. AE ① GB
fermé 2 janv. à mi-fév., dim. et lundi de nov. à mars – **Repas** *(fermé dim. soir et lundi de sept. à juin)* 85/240, enf. 45 – ☐ 50 – **24 ch** 350/450 – 1/2 P 340/380

au col de St-Ignace *Sud-Est : 3,5 km – ✉ 64310 Ascain.*
Voir *Montagne de la Rhune* ✳★★★, *1h par chemin de fer à crémaillère.*

X **Les Trois Fontaines,** ☎ 05 59 54 20 80, *Fax 05 59 54 20 80,* ≤, 🏖, – P. GB
fermé mi-nov.-début déc. et fin janv.-mi-fév. et merc. d'oct. à mars – **Repas** 75/145, enf. 45

ASNIÈRES-SUR-SEINE *92 Hauts-de-Seine* 55 ⑳, 101 ⑮ *– voir à Paris, Environs.*

Dans ce guide
un même symbole, un même caractère,
imprimé en couleur ou en ***noir****, en maigre ou en* ***gras****,*
n'ont pas tout à fait la même signification.
Lisez attentivement les pages explicatives.

ASPRES-SUR-BUËCH *05140 H.-Alpes* 81 ⑤ *G. Alpes du Sud – 743 h alt. 778.*
Paris 665 – Gap 34 – Grenoble 98 – Sisteron 46 – Valence 127.

Parc, ☎ 04 92 58 60 01, *info@hotel-buech.com, Fax 04 92 58 67 84 –* P. AE ① GB
fermé 6 déc. au 6 janv., dim. soir et merc. – **Repas** 113/193 ♀, enf. 65 – ☐ 45 – **23 ch** 255/285 – 1/2 P 260/285

ASTAFFORT *47220 L.-et-G.* 79 ⑮ *– 1 828 h alt. 65.*
Paris 731 – Agen 19 – Auvillar 29 – Condom 34 – Lectoure 20.

Square "Michel Latrille" M ⛰, ☎ 05 53 47 20 40, *Fax 05 53 47 10 38,* 🏖 – ▮ ▤ TV ☎ ♿ – 🏗 20. AE ① GB JCB
fermé 3 au 9 sept., 7 au 27 janv. et dim. soir en hiver – **Repas** *(fermé dim. soir, mardi midi et lundi)* 130/360 – ☐ 50 – **14 ch** 350/710
Spéc. Pain perdu de foie gras de canard aux pommes. Pigeonneau rôti parfumé aux épices douces. Moelleux au café.

X **Une Auberge en Gascogne** avec ch, N 21 (face Poste) ☎ 05 53 67 10 27, *Fax 05 53 67 10 22,* 🏖 – TV ☎ P. GB
fermé 1er au 20 nov., dim. soir en hiver, jeudi midi et merc. – **Repas** 108/258 ♀, enf. 58 – ☐ 35 – **8 ch** 220/250 – 1/2 P 260

ATHIS-MONS *91 Essonne* 61 ①, 101 ㊱ *– voir à Paris, Environs.*

ATTENSCHWILLER *68220 H.-Rhin* 87 ⑩ *– 693 h alt. 360.*
Paris 479 – Mulhouse 31 – Altkirch 22 – Basel 16 – Colmar 67.

X **A la Couronne,** ☎ 03 89 68 76 96, *Fax 03 89 68 73 77,* 🏖 – AE GB
fermé 20 août au 4 sept., 19 au 27 nov., 11 au 24 fév. lundi et mardi – **Repas** 58 (déj.), 160/295 ♀, enf. 60

ATTICHY *60350 Oise* 56 ③ *– 1 651 h alt. 73.*
Paris 101 – Compiègne 19 – Laon 59 – Noyon 25 – Soissons 24.

XX **Croix d'Or** avec ch, 13 r. Tondu de Metz ☎ 03 44 42 15 37, *Fax 03 44 42 15 37 –* TV. AE GB
Repas *(fermé lundi soir et mardi)* 85/240 ♀, enf. 40 – **5 ch** ☐ 210/250 – 1/2 P 210

ATTIGNAT *01340 Ain* **70** ⑫ ⑬ *– 1 776 h alt. 227.*

Paris 403 – Mâcon 34 – Bourg-en-Bresse 12 – Lons-le-Saunier 75 – Louhans 46 – Tournus 42.

XX **Dominique Marcepoil** avec ch, D 975 ✆ 04 74 30 92 24, *Fax 04 74 25 93 48*, – TV ♿ P – 20. AE GB. ch
fermé mardi midi, dim. soir et lundi – **Repas** 120/390 bc, enf. 80 – ☕ 38 – **9 ch** 240/390 – ½ P 290/340

ATTIGNAT-ONCIN *73 Savoie* **74** ⑮ *– rattaché à Aiguebelette-le-Lac.*

ATTIN *62 P.-de-C.* **51** ⑫ *– rattaché à Montreuil.*

AUBAGNE *13400 B.-du-R.* **84** ⑬, **114** ㉙ *G. Provence – 41 100 h alt. 102.*

Office de Tourisme av. A.-Boyer ✆ 04 42 03 49 98, Fax 04 42 03 83 62.

Paris 793 – Marseille 18 – Toulon 48 – Aix-en-Provence 38 – Brignoles 50.

à St-Pierre-lès-Aubagne *Nord : 5 km par N 96 ou D 43 – ✉ 13400 :*

Hostellerie de la Source ✆ 04 42 04 09 19, *h.delasource@gofornet.com, Fax 04 42 04 58 72*, <, « Parc fleuri », – TV ♿ P – 40. AE GB JCB
Repas *(fermé vacances de Toussaint, de fév., dim. soir et lundi)* 150 (déj.), 190/320 ♀ – ☕ 70 – **25 ch** 470/1000 – ½ P 500/750

AUBAZINE *19190 Corrèze* **75** ⑨ *G. Périgord Quercy – 788 h alt. 345.*

Voir *Abbaye★ : clocher★, mobilier★, tombeau de St-Étienne★★, armoire liturgique★.*

Office de Tourisme ✆ 05 55 25 79 93, Fax 05 55 25 79 93.

Paris 497 – Brive-la-Gaillarde 14 – Aurillac 86 – St-Céré 54 – Tulle 18.

Tour, ✆ 05 55 25 71 17, *Fax 05 55 84 61 83* – TV. AE GB
fermé lundi midi en hiver et dim. soir – **Repas** 100 bc/230, enf. 50 – ☕ 35 – **21 ch** 220/300 – ½ P 220/300

X **Saut de la Bergère** avec ch, à l'Est : 2 km par D 48 ✆ 05 55 25 74 09, *Fax 05 55 84 63 05*, – TV P. GB
fermé janv., fév. et lundi de sept. à fin déc. – **Repas** *(85)* - 105 ♀, enf. 46 – ☕ 38 – **8 ch** 140/300 – ½ P 325

AUBE *61270 Orne* **60** ④ *G. Normandie Vallée de la Seine – 1 681 h alt. 230.*

Paris 147 – Alençon 55 – L'Aigle 7 – Argentan 47 – Mortagne-au-Perche 32.

X **Auberge St-James,** 62 rte Paris ✆ 02 33 24 01 40, *Fax 02 33 24 01 40* – GB
fermé 7 au 21 août, 8 au 15 janv., dim. soir et lundi – **Repas** 68/165

AUBENAS *07200 Ardèche* **76** ⑲ *G. Vallée du Rhône – 11 105 h alt. 330.*

Voir *Façade★ du château.*

Office de Tourisme 4 bd Gambetta ✆ 04 75 89 02 03, Fax 04 75 89 02 04.

Paris 632 ② – Le Puy-en-Velay 91 ① – Alès 76 ④ – Montélimar 41 ③ – Privas 31 ②.

Plan page suivante

Cévenol sans rest, 77 bd Gambetta ✆ 04 75 35 00 10, *Fax 04 75 35 03 29* – TV P. GB. Z r
☕ 40 – **45 ch** 250/310

Ibis M, rte Montélimar ✆ 04 75 35 44 45, *Fax 04 75 93 01 01*, – TV ♿ P – 50. AE GB
Repas *(85)* - 105, enf. 39 – ☕ 37 – **43 ch** 335/390

Provence sans rest, 5 bd Vernon ✆ 04 75 35 28 43 – GB Z e
☕ 33 – **21 ch** 145/240

XX **Fournil,** 34 r. 4-Septembre ✆ 04 75 93 58 68, *Fax 04 75 93 58 68*, – AE GB Y s
fermé 10 juin au 3 juil., vacances de Toussaint, de Noël, de fév. – **Repas** 100/180, enf. 45

au Pont d'Aubenas *par ② : 2 km – ✉ 07200 Aubenas :*

XX **Au Régal,** N 104 ✆ 04 75 93 75 72, – . GB
fermé déc., dim. et lundi – **Repas** 150/200

à Lavilledieu *par ③ : 6 km – 1 264 h. alt. 226 – ✉ 07170 :*

Les Persèdes, ✆ 04 75 94 88 08, *Fax 04 75 94 29 02*, <, – ch, TV P. GB. rest
avril-oct. et fermé dim. soir et lundi sauf juil.-août – **Repas** 90/270, enf. 65 – ☕ 50 – **24 ch** 290/390 – ½ P 300/360

AUBENAS

Bouchet (R. Auguste) .... Y 2	Grenette (Pl. de la)....... Y 9	Parmentier (Pl.)........... Y 24
Champ-de-Mars (Pl. du) .. Y 3	Hoche (R.)................ Z 12	Radal (R.)................. Z 25
Couderc (R. G.)........... Z 5	Hôtel-de-Ville (Pl.)........ Y 13	République (R. de la)............ Y 26
Delichères (R.)........... Y 6	Jaurès (R. Jean)......... Y 15	Réservoirs (R. des)...... Y 27
Gambetta (Bd)............ Z	Jourdan (R.).............. Y 16	Roure (Pl. Jacques)...... Y 29
Gaulle (Pl. Gén.-de) ...... Z 7	Laprade (Bd C.)........... Z 18	St-Benoît (Rampe) .... Y 30
Grand'-Rue............... Y 8	Lésin-Lacoste (R.)......... Y 19	Silhol (R. Henri).......... Y 32
	Montlaur (R.)............. Y 21	Vernon (Bd de)........... Z 33
	Nationale (R.)............ Y 22	4-Septembre (R.)........ Y 35
	Paix (Pl. de la)........... Z 23	

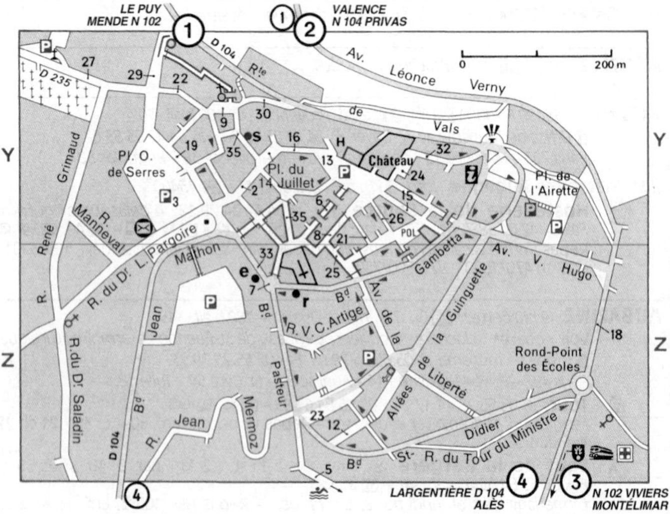

LE PUY MENDE N 102
VALENCE N 104 PRIVAS
Av. Léonce Verny de Vals
Pl. O. de Serres
Pl. du 14 Juillet
Château
Pl. de l'Airette
R. Manneval
R. du Dr L. Pargoire
R. Mathon
R. René Grimaud
R. du Dr Saladin
Bd Jean
Bd Pasteur
R. Jean Mermoz
R. V. C. Artige
Av. de la Liberté
Allées de la Guinguette
Av. V. Hugo
Gambetta
Rond-Point des Écoles
R. du Tour du Ministre
Bd St-Didier
LARGENTIÈRE D 104 ALÈS
N 102 VIVIERS MONTÉLIMAR

à Lachapelle-sous-Aubenas – *1 107 h. alt. 240* – ✉ *07200* :

✗ **Pastourelle,** rte Alès ☎ 04 75 93 11 72, *la.pastourelle.restaurant@libertysurf.fr, Fax 04 75 93 16 59,* – P. GB
fermé 24 août au 5 sept., 2 au 23 janv., lundi soir sauf juil.-août, mardi et merc. sauf le midi en juil.-août – **Repas** 78 (déj.), 95/205 ♀, enf. 48

à Vinezac *par ④ : 13 km par D 104 et D 423* – *856 h. alt. 260* – ✉ *07110* :

✗✗ **Bastide du Soleil** avec ch, ☎ 04 75 36 91 66, *labastide@en-ardeche.com, Fax 04 75 36 91 59,* « Agréable décor provençal dans une demeure du 17e siècle » – rest, TV. AE GB
1er mars-15 nov. et fermé mardi et merc. sauf juil.-août – **Repas** 140/285 ♀ – ☕ 90 – **6 ch** 790/850 – ½ P 520/590

AUBERIVE *52160 H.-Marne* 66 ② – *233 h alt. 365.*

Paris 297 – *Chaumont 57* – *Dijon 77* – *Gray 65* – *Langres 27.*

✗✗ **Auberge du Palais Abbatial,** ☎ 03 25 84 33 66, *Fax 03 25 84 20 94,* « Décor Renaissance » – AE GB
fermé lundi de sept. à avril – **Repas** 130 bc (déj.), 160 bc/195 bc

---

AUBETERRE-SUR-DRONNE *16390 Charente* 75 ③ – *365 h alt. 72.*

Office de Tourisme (fermé le lundi matin) pl. du Château ☎ 05 45 98 57 18, Fax 05 45 98 54 13.

Paris 500 – *Périgueux 55* – *Angoulême 48* – *Bordeaux 88.*

Hostellerie du Périgord, ☎ 05 45 98 50 46, *hpmorel@aol.com, Fax 05 45 98 50 46,* – TV P. GB JCB. ch
fermé 10 au 31 janv. – **Repas** *(fermé lundi)* 100 (déj.), 140/220 ♀ – ☕ 55 – **12 ch** 250/400 – ½ P 250

The Guide changes, so renew your Guide every year.

AUBIGNY-SUR-NÈRE *18700 Cher* 65 ⑪ *G. Berry Limousin – 5 803 h alt. 180.*

Office de Tourisme 1 r. de l'Église ✆ 02 48 58 40 20, Fax 02 48 58 40 20.

Paris 182 – Bourges 49 – Orléans 69 – Cosne-sur-Loire 42 – Gien 30 – Salbris 32 – Vierzon 44.

Fontaine, 2 av. Gén. Leclerc ✆ 02 48 58 02 59, *Fax 02 48 58 36 80* – TV ✆. AE ⓓ GB
fermé 20 déc. au 2 janv., dim. soir et vend. midi – **Repas** 120/250 ♀, enf. 75 – ☕ 38 – **16 ch** 280/360 – ½ P 280/320

Chaumière, 2 r. Paul Lasnier ✆ 02 48 58 04 01, *Fax 02 48 58 10 31* – ▤ rest, TV P. GB
fermé 2 au 17 sept., 4 au 28 fév. et dim. sauf juil.-août – **Repas** *(fermé lundi sauf le soir en juil.-août et dim. soir de sept. à juin)* 100/320 ♀, enf. 65 – ☕ 35 – **18 ch** 225/390 – ½ P 257/330

Bien Aller, 3 r. des Dames ✆ 02 48 58 03 92 – ▤. AE GB
Repas *(80)* - 100/160 ♀

AUBRAC *12 Aveyron* 76 ⑭ *G. Languedoc Roussillon – alt. 1300 – ✉ 12470 St-Chély-d'Aubrac.*

Paris 588 – Aurillac 95 – Rodez 56 – Mende 60 – St-Flour 64.

Dômerie ⛰, ✆ 05 65 44 28 42, *Fax 05 65 44 21 47*, 🌳 – P. GB
28 avril- 31 oct. – **Repas** *(fermé merc. midi sauf en août)* 100/215 ♀, enf. 60 – ☕ 50 – **23 ch** 300/435 – ½ P 280/350

AUBRIVES *08320 Ardennes* 53 ⑧ ⑨ *– 1 139 h alt. 108.*

Paris 282 – Charleville-Mézières 50 – Fumay 18 – Givet 8 – Rocroi 35.

Debette avec ch, ✆ 03 24 41 64 72, *Fax 03 24 41 10 31*, 🏨, 🌳 – TV. AE GB
fermé 20 déc. au 14 janv. – **Repas** *(fermé dim. soir et lundi midi)* 75/220 ♀ – ☕ 38 – **19 ch** 220/250

Pas de publicité payée dans ce guide.

AUBUSSON ⟨SP⟩ *23200 Creuse* 73 ① *G. Berry Limousin – 5 097 h alt. 440.*

Voir *Musée départemental de la Tapisserie★ (Centre Culturel Jean-Lurçat).*

Office de Tourisme r. Vieille ✆ 05 55 66 32 12, Fax 05 55 83 84 51.

Paris 392 ① – Clermont-Ferrand 91 ③ – Guéret 43 ① – Limoges 88 ④ – Montluçon 64 ①.

AUBUSSON

Chapitre (R. du) 2
Chateaufavier (R.) 4
Dayras (Pl. M.) 5
Déportés (R. des) 7
Espagne (Pl. Gén.) 8
Fusillés (R. des) 10
Iles (Quai des) 12
Libération (Pl. de la) 15
Lissiers (Av. des) 16
Lurçat (Pl. J.) 18
Marché (Pl. du) 20
République (Av.) 23
St-Jean (R.) 24
Terrade (Pont de la) 27
Vaveix (R.) 29
Vieille (R.) 30

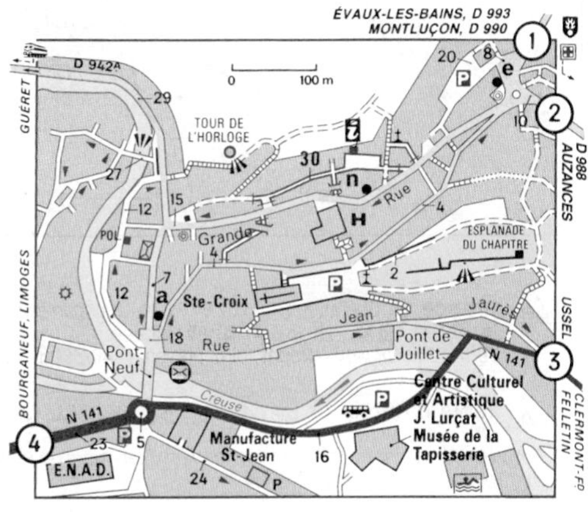

Pour un bon usage des plans de villes, voir les signes conventionnels dans l'introduction.

France, 6 r. Déportés **(a)** ✆ 05 55 66 10 22, *Fax 05 55 66 88 64*, 🏨, « Demeure du 18ᵉ siècle » – 🛗 TV ✆ 🚗 – 🎪 30. GB
Repas 90/210 – ☕ 40 – **23 ch** 300/600

Lion d'Or, pl. Gén. Espagne **(e)** ✆ 05 55 66 13 88, *Fax 05 55 66 84 73*, 🏨 – TV ✆. AE ⓓ GB. ✂ ch
fermé dim. soir et lundi hors saison – **Repas** *(58)* - 90/185 🍷, enf. 60 – ☕ 35 – **10 ch** 290/350 – ½ P 230/270

Chapître sans rest, 53 Gde Rue **(n)** ✆ 05 55 66 18 54, *Fax 05 55 67 79 63* – TV. GB
☕ 29 – **12 ch** 190/250

AUBUSSON D'AUVERGNE *63120 P.-de-D.* 73 ⑯ *– 191 h alt. 418.*
Paris 411 – Clermont-Ferrand 57 – Ambert 43 – Thiers 22.

Au Bon Coin, ✆ 04 73 53 55 78, *Fax 04 73 53 56 29* – GB
fermé 20 déc. au 25 janv., dim. soir et lundi hors saison – **Repas** 75/200 ♀, enf. 70

AUCH P *32000 Gers* 82 ⑤ *G. Midi-Pyrénées – 23 136 h alt. 169.*
Voir *Cathédrale Ste-Marie*★★ *: stalles*★★★*, vitraux*★★.
Office de Tourisme 1 r. Dessoles ✆ *05 62 05 22 89, Fax 05 62 05 92 04.*
Paris 733 ① – Agen 74 ① – Bordeaux 206 ① – Tarbes 74 ③ – Toulouse 78 ③.

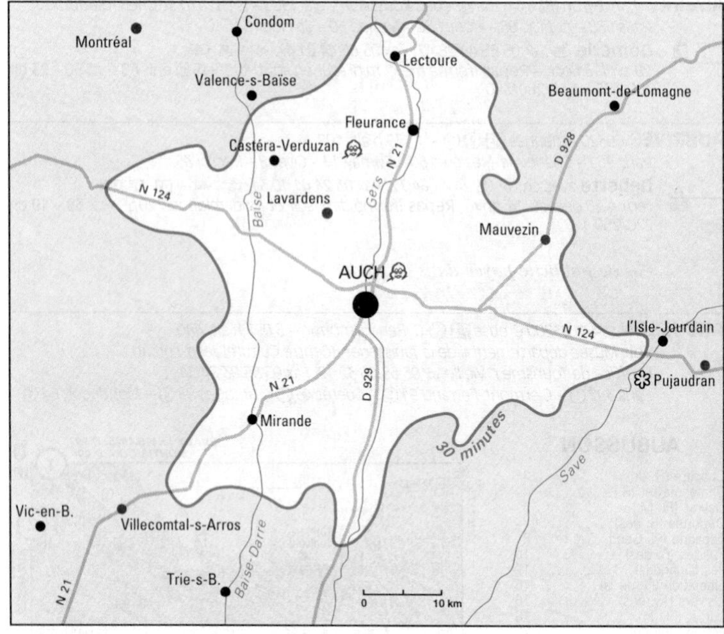

France, pl. Libération ✆ 05 62 61 71 71, *auchgarreau@intelcom.fr, Fax 05 62 61 71 81* – |‡|, ▤ rest, TV ✆ – 🏛 15 à 60. AE ⊙ GB JCB AZ a
fermé 2 au 14 janv. – **Repas** (dim. prévenir) 140/390 ♀ – ▭ 60 – **29 ch** 325/900 – ½ P 365/545

Table d'Hôtes, 7 r. Lamartine ✆ 05 62 05 55 62, *Fax 05 62 05 52 39,* 🏠 – AE ⊙ GB. ✱ AY b
fermé vacances de Toussaint, dim. soir et merc. – **Repas** (nombre de couverts limité, prévenir) 69 (déj.)/100 ♀

rte d'Agen *par ① : 7 km – ✉ 32810 Montaux-les Créneaux :*

Papillon, N 21 ✆ 05 62 65 51 29, *Fax 05 62 65 54 33,* 🏠, 🌳 – ▤ P. ⊙ GB
fermé 24 août au 11 sept., vacances de fév., lundi soir et mardi – **Repas** 80 (déj.), 98/255, enf. 60

rte de Montauban *par N 124 -* **BY** *- 4 km – ✉ 32000 Auch :*

Campanile, ✆ 05 62 63 63 05, *Fax 05 62 60 02 92,* 🏠 – ⇹, ▤ rest, TV ✆ ♿ P – 🏛 25. AE ⊙ GB
Repas *(76)* - 106 ♀, enf. 39 – ▭ 36 – **46 ch** 315

AUCH

Alsace (Av. d') .... **BY**
Caillou (Pl. du) .... **AZ** 2
Convention (R. de la) .... **AZ** 3
David (Pl. J.) .... **AY** 4
Dessoles (R.) .... **AY** 5
Gambetta (R.) .... **AY**
Legarrasic (Allées) .... **ABZ** 14
Lissagaray (Q.) .... **BYZ** 15
Marceau (R.) .... **BY** 16
Marne (Av. de la) .... **BY** 17
Montebello (R.) .... **BZ** 19
Pasteur (R.) .... **BZ** 20
Pont-National (R. du) .... **AZ** 21
Prieuré (Pt du) .... **BY** 23
Rabelais (R.) .... **BZ** 25
République (Pl. et R. de la) .... **AZ** 26
Somme (R. de la) .... **BY** 30

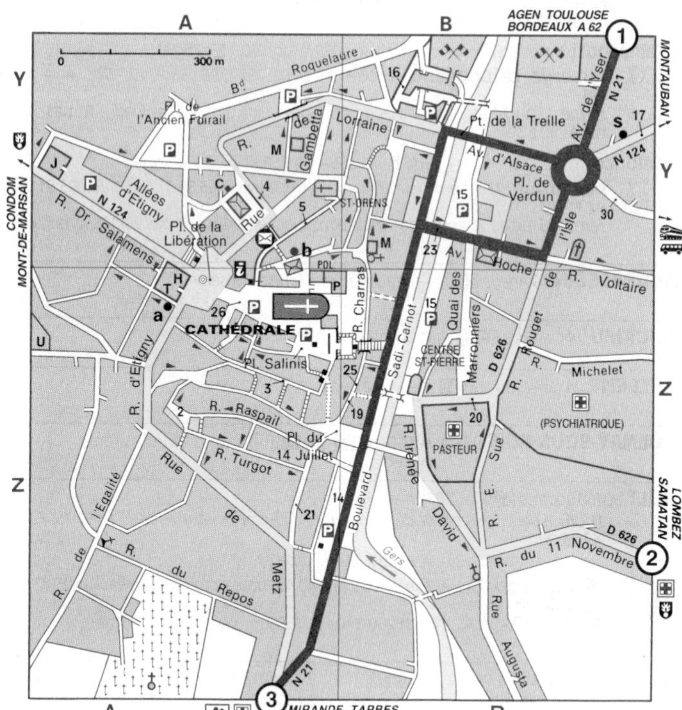

Vous aimez le camping ?
Utilisez le **guide Michelin Camping Caravaning France.**

AUDIERNE *29770 Finistère* 58 ⑬ *G. Bretagne – 2 746 h alt. 5.*
Voir *Site*★.
Office de Tourisme 8 r. V.-Hugo ✆ 02 98 70 12 20, Fax 02 98 70 20 20.
Paris 601 – Quimper 38 – Douarnenez 21 – Pointe du Raz 15 – Pont-l'Abbé 33.

Goyen, sur le port ✆ 02 98 70 08 88, *hotel.le.goyen@wanadoo.fr, Fax 02 98 70 18 77,* <, – TV – 30. AE GB
hôtel : ouvert mi-nov. au 26 déc. et 6 au 9 janv. – **Repas** *(ouvert début avril-mi-nov., 26 déc.-5 janv. et fermé lundi hors saison sauf fériés)* 98 (déj.), 185/420 ♀ – ☕ 60 – **24 ch** 280/780, 3 appart – 1/2 P 450/750

Au Roi Gradlon, sur la plage ✆ 02 98 70 04 51, *roi.gradlon@free.fr, Fax 02 98 70 14 73,* < – TV P. AE GB
fermé 15 déc. au 5 janv. et merc. d'oct. à mars sauf vacances scolaires – **Repas** 80 (déj.), 100/250, enf. 55 – ☕ 45 – **19 ch** 320/385 – 1/2 P 395/420

Plage M, à la plage ✆ 02 98 70 01 07, *Fax 02 98 75 04 69,* < – TV ♿. GB
hôtel : Pâques-30 sept. ; rest. : 15 juin-début sept. – **Repas** (dîner seul.)(résidents seul.) 160/240 ♀ – ☕ 40 – **26 ch** 250/398 – 1/2 P 325/400

AUDINCOURT *25400 Doubs* 66 ⑧ ⑱ *G. Jura – 16 361 h alt. 323.*

Voir *Église du Sacré-Coeur : baptistère*★ **AY B**.

Paris 477 – Besançon 75 – Mulhouse 58 – Basel 70 – Belfort 21 – Montbéliard 6.

Voir plan de Montbéliard agglomération

Les Tilleuls M sans rest, 51 r. Foch ☎ 03 81 30 77 00, *hotel.tilleuls@wanadoo.fr, Fax 03 81 30 57 20*, – P. AE GB Y s

36 – **49 ch** 240/390

à Taillecourt *Nord : 1,5 km rte de Sochaux – 659 h. alt. 330 – ✉ 25400 :*

XXX **Auberge La Gogoline,** ☎ 03 81 94 54 82, *Fax 03 81 95 20 42*, – P. AE GB Y k

fermé 1er au 24 sept., vacances de fév., sam. midi, dim. soir et lundi – **Repas** 105/350 et carte 210 à 320

à Séloncourt *Sud-Est : 4 km – 5 613 h. alt. 365 – ✉ 25230 :*

XX **Monarque,** 23 r. Berne (sur D34, rte Porrentruy) ☎ 03 81 37 12 39, *Fax 03 81 35 45 85* – P. GB

fermé 28 juil. au 20 août, sam. midi, dim., lundi et fériés – **Repas** 98/185, enf. 48

AUDRESSEIN *09 Ariège* 86 ② *– rattaché à Castillon-en-Couserans.*

AUDRIEU *14 Calvados* 55 ⑪ *– rattaché à Bayeux.*

AULLÈNE *2A Corse-du-Sud* 90 ⑦ *– voir à Corse.*

AULNAY-SOUS-BOIS *93 Seine-St-Denis* 56 ⑪, 101 ⑱ *– voir à Paris, Environs.*

AULT *80460 Somme* 52 ⑤ *– 2 054 h alt. 30.*

Office de Tourisme 4 pl. de l'Église, face à l'Hôtel-de-Ville ☎ 03 22 60 57 15, Fax 03 22 60 49 03.

Paris 177 – Amiens 86 – Abbeville 32 – Dieppe 39.

Victor Hugo, 25 r. Pêche ☎ 03 22 60 40 40, *hotelvictorhugo@free, Fax 03 22 60 40 00* – P. GB. rest

Repas 190 – 45 – **24 ch** 280/310 – ½ P 350

AULUS-LES-BAINS *09140 Ariège* 86 ③ ④ *G. Midi-Pyrénées – 210 h alt. 750 – Stat. therm. (début avril-fin oct.).*

Voir *Vallée du Garbet*★ *N.*

Office de Tourisme (fermé de nov. à janvier) résidence de l'Ars ☎ 05 61 96 01 79, Fax 05 61 96 01 79.

Paris 830 – Foix 62 – Oust 16 – St-Girons 33.

Hostellerie de la Terrasse, ☎ 05 61 96 00 98, *Fax 05 61 96 01 42*, – . GB. rest

hôtel : 1er mai-30 sept. ; rest. : 15 mai-30 sept. – **Repas** (nombre de couverts limité, prévenir) 100/200 – 45 – **14 ch** 300/400 – ½ P 300/400

Les Oussaillès, ☎ 05 61 96 03 68, *Fax 05 61 96 03 70*, – . GB.

Repas 68/98, enf. 45 – 35 – **12 ch** 222/305 – P 305/325

AUMALE *76390 S.-Mar.* 52 ⑯ *G. Normandie Vallée de la Seine – 2 690 h alt. 130.*

Office de Tourisme r. Centrale ☎ 02 35 93 41 68, Fax 02 35 93 41 68.

Paris 131 ③ – Amiens 47 ② – Beauvais 50 ③ – Dieppe 69 ⑤ – Rouen 75 ⑤.

Plan page ci-contre

Villa des Houx, av. Gén. de Gaulle **(a)** ☎ 02 35 93 93 30, *Fax 02 35 93 03 94*, – P – 15. GB

fermé 7 au 25 janv. et dim. soir du 14 oct. au 17 mars – **Repas** 100/300, enf. 65 – 40 – **14 ch** 320/450 – ½ P 370/390

X **Mouton Gras** avec ch, 2 r. Verdun **(e)** ☎ 02 35 93 41 32, *Fax 02 35 94 52 91*, « Maison normande fin 17e siècle, bel intérieur », – P. AE GB

fermé lundi soir et mardi sauf fériés – **Repas** 100/240, enf. 50 – 40 – **6 ch** 200/350

AUMALE

Abbaye-d'Auchy (R. de l') . . . 2
Bailliage (R. du) 3
Birmandreis (R. de) 5
Centrale (R.) 6
Foch (Av. Maréchal) 7
Fontaines (Bd des) 8
Gaulle (Av. du Gén.-de) 9
Hamel (R. du) 12
Libération (Pl. de la) 13
Louis-Philippe (R.) 14
Marchés (Pl. des) 16
Nationale (R.) 18
Normandie (R. de) 19
Picardie (R. de) 22
St-Lazare (R.) 24
St-Pierre (R.) 25
Tanneurs (R. des) 27
8-Mai-1945 (Av. du) 30

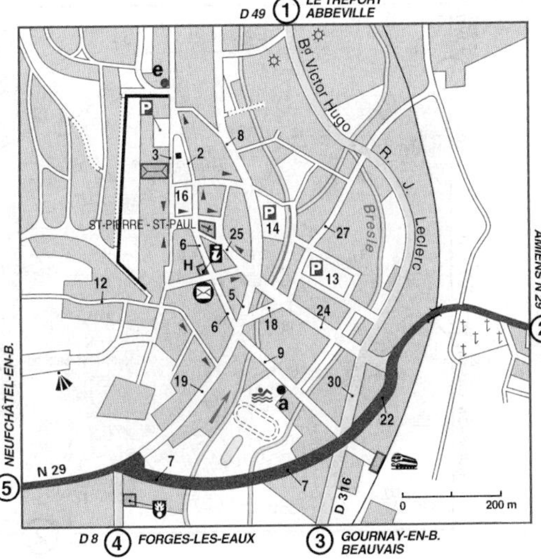

Repas 70/185

Repas à prix fixes :
des menus à prix intermédiaires à ceux indiqués sont généralement proposés.

AUMONT-AUBRAC *48130 Lozère* 76 ⑮ *– 1 050 h alt. 1040.*
Paris 556 – Aurillac 119 – Mende 40 – Le Puy-en-Velay 90 – Espalion 57 – Marvejols 24.

Grand Hôtel Prouhèze, ☏ 04 66 42 80 07, *prouheze@prouheze.com, Fax 04 66 42 87 78,* – TV – 25. AE GB
24 mars-1er nov. et fermé lundi midi en juil.-août, dim. soir, mardi midi et lundi de sept. à juin – **Repas** 180 (déj.), 240/570 et carte 340 à 420, enf. 85 - ***Compostelle*** - bistrot - *(fermé dim. soir et lundi sauf juil.-août)* **Repas** 85/125 ♀, enf. 60 – ☕ 85 – **27 ch** 330/600 – ½ P 500/600
Spéc. Ragoût de légumes aux jeunes pousses du moment. Queues de langoustines sautées dans leur infusion au boudin noir. Pot-au-feu de foie gras. **Vins** Côtes de Millau, Marcillac.

Chez Camillou, N9 ☏ 04 66 42 80 22, *camillou@club-internet.fr, Fax 04 66 42 93 70,* – TV P. GB
hôtel : ouvert 1er avril-31 oct. – **Repas** *(fermé 2 janv. au 25 mars)* 98/395 – ☕ 47 – **40 ch** 300/535 – ½ P 290/390

AUNAY-SUR-ODON *14260 Calvados* 54 ⑮ *G. Normandie Cotentin – 2 878 h alt. 188.*
Paris 265 – Caen 35 – Falaise 42 – Flers 38 – St-Lô 52 – Vire 31.

St-Michel avec ch, r. Caen ☏ 02 31 77 63 16, *Fax 02 31 77 05 83* – TV. AE GB
fermé 15 janv. au 15 fév., dim. soir et lundi sauf juil.-août et fériés – **Repas** 75/270 ♀ – ☕ 35 – **7 ch** 195/240 – ½ P 220/250

AUPS *83630 Var* 84 ⑥ *– 1 903 h alt. 496.*
Office de Tourisme pl. F.-Mistral ☏ 04 94 70 00 80, Fax 04 94 84 00 69.
Paris 823 – Aix-en-Provence 85 – Digne-les-Bains 79 – Draguignan 601 – Manosque 60.

Les Gourmets, 5 r. Voltaire ☏ 04 94 70 14 97 – . GB
fermé 15 au 30 juin, 19 au 30 nov. et lundi – **Repas** 78/250

AURAY *56400 Morbihan* 63 ② *G. Bretagne – 10 323 h alt. 35.*
Voir *Quartier St-Goustan★ – Promenade du Loch★ – Église St-Gildas★ – Ste-Avoye : Jubé★ et charpente★ de l'église 4 km par ①.*
☏ 08 36 35 35 35.
Office de Tourisme 20 r. du Lait ☏ 02 97 24 09 75, Fax 02 97 50 80 75.
Paris 477 ① – Vannes 19 ① – Lorient 41 ④ – Pontivy 51 ④ – Quimper 101 ④.

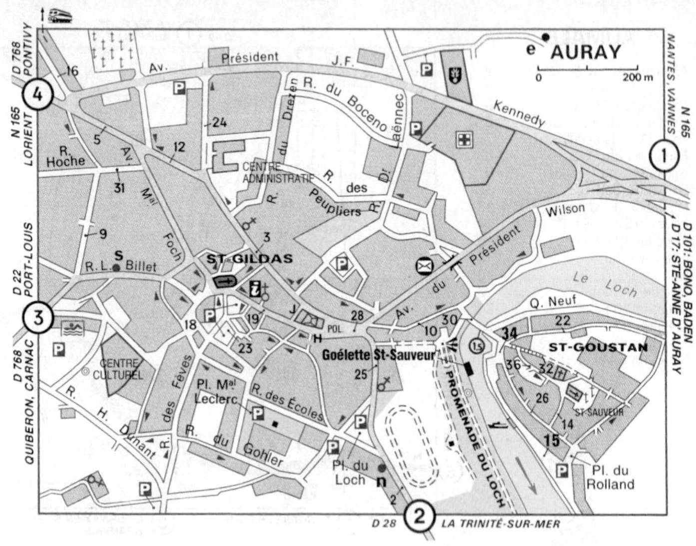

Abbé-Martin (R.) 2
Barré (R.J.M.) 3
Briand (R. Aristide) 5
Cadoudal (R. G.) 9
Château (R. du) 10
Clemenceau (R. Georges) .. 12
Église
St-Goustan (R. de l') 14
Franklin (Quai B.) 15
Gaulle (Av. Gén.-de) 16
Joffre (Pl. du Mar.) 18
Lait (R. du) 19
Neuve (R.) 22
Notre-Dame (Pl.) 23
Penher (R. du) 24
Père-Éternel (R. du) 25
Petit-Port (R. du) 26
République (Pl. de la) 28
St-Goustan
(Pont de) 30
St-Julien (R.) 31
St-René (R.) 32
St-Sauveur (Pl.) 34
St-Sauveur (R.) 36

Loch M, La Forêt (e) ☎ 02 97 56 48 33, *hotelduloch@wanadoo.fr, Fax 02 97 56 63 55,* – 30. AE GB.
Sterne *(fermé dim. soir d'oct. à Pâques et sam. midi)* **Repas** 105/295 ♀, enf. 68 – ☐ 41 – **30 ch** 340/470 – ½ P 350

Branhoc M sans rest, rte du Bono : 1,5 km ☎ 02 97 56 41 55, *le.branhoc@wanadoo.fr, Fax 02 97 56 41 35,* – TV AE GB JCB.
16 fév.-16 nov. – ☐ 35 – **28 ch** 330/420

Closerie de Kerdrain, 20 r. L. Billet (s) ☎ 02 97 56 61 27, *Fax 02 97 24 15 79,* « Maison de maître dans un jardin », – P. AE GB
fermé 12 au 30 mars, 26 nov. au 20 déc., dim. soir de nov. à mi-avril et lundi – **Repas** 130 (déj.), 200/400 ♀

Chebaudière, 6 r. Abbé J. Martin (n) ☎ 02 97 24 09 84, *Fax 02 97 24 09 84* – GB
fermé 28 août au 7 sept., 2 au 18 janv., dim. soir, mardi soir et merc. – **Repas** 80/190 ♀, enf. 50

au golf de St-Laurent *par ③, D 22 et rte secondaire : 10 km – ✉ 56400 Auray :*

Bleu Marine M, ☎ 02 97 56 88 88, *Fax 02 97 56 88 28,* – TV P – 15 à 60. AE GB. rest
fermé 20 déc. au 6 janv. – **Repas** 120/145 ♀, enf. 49 – ☐ 60 – **42 ch** 590/690

AUREC-SUR-LOIRE *43110 H.-Loire 76 ⑧ – 4 510 h alt. 435.*

Office de Tourisme 2 av. du Pont ☎ 04 77 35 42 65.

Paris 541 – St-Étienne 22 – Firminy 15 – Le Puy-en-Velay 58 – Yssingeaux 32.

Les Cèdres Bleus, rte Bas-en-Basset ☎ 04 77 35 48 48, *Fax 04 77 35 37 04,* – TV P – 20. AE GB. rest
fermé 17 au 24 sept., 26 déc. au 15 janv., dim. soir et lundi midi – **Repas** 98/370 – ☐ 42 – **15 ch** 280/360 – ½ P 330

à Semène *Nord-Est : 3 km par D 46 – ✉ 43110 Aurec-sur-Loire :*

Coste avec ch, ☎ 04 77 35 40 15, *Fax 04 77 35 39 05,* – TV. GB
fermé 5 au 27 août, vacances de fév., vend. soir et sam. – **Repas** 100/240, enf. 65 – ☐ 45 – **7 ch** 221/280 – ½ P 240/253

AURIBEAU-SUR-SIAGNE *06810 Alpes-Mar.* 84 ⑧, 114 ㉖, 115 ㉔ *G. Côte d'Azur – 2 072 h alt. 85.*

Paris 906 – Cannes 14 – Draguignan 63 – Grasse 9 – Nice 43 – St-Raphaël 42.

Auberge de la Vignette Haute, rte village ✆ 04 93 42 20 01, *info@vignettehaute.com, Fax 04 93 42 31 16,* ←, « Ambiance médiévale, pièces d'antiquité », – TV P. AE GB

Repas *(fermé 15 nov. au 15 déc., mardi midi, merc. midi et lundi du 15 déc. au 31 mars)* 190 bc (déj.), 410 bc/590 bc, enf. 80 – ☕ 90 – **15 ch** 1100/2100 – ½ P 1120/1530

Petite Provence sans rest, 376 chemin Gabre (rte Tanneron) ✆ 04 92 60 22 50, *contact@la-petite-provence.com, Fax 04 92 60 22 79,* – P. GB.
fermé nov. – ☕ 50 – **14 ch** 595

AURIGNAC *31420 H.-Gar.* 82 ⑯ *G. Midi-Pyrénées – 983 h alt. 430.*

Voir *Donjon* ✻★.

Office de Tourisme r. des Nobles ✆ 05 61 98 70 06 et Mairie ✆ 05 61 98 90 08, Fax 05 61 98 71 33.

Paris 772 – Bagnères-de-Luchon 68 – St-Gaudens 24 – St-Girons 42 – Toulouse 77.

Cerf Blanc avec ch, r. St-Michel ✆ 05 61 98 95 76, *Fax 05 61 98 76 80,* – rest, P. GB
fermé lundi sauf juil.-août – **Repas** 90 (déj.), 140/290 – ☕ 42 – **9 ch** 150/260

Dans la liste des rues des plans de villes,
*les **noms en rouge** indiquent les principales voies commerçantes.*

AURILLAC P *15000 Cantal* 76 ⑫ *G. Auvergne – 30 773 h alt. 610.*

Voir *Château St-Étienne : muséum des Volcans★.*

Aurillac Tronquière ✆ 04 71 64 50 00 par ③ : 2 km.

Office de Tourisme pl. Square ✆ 04 71 48 46 58, Fax 04 71 48 99 39.

Paris 560 ② – Brive-la-Gaillarde 97 ④ – Clermont-Ferrand 161 ② – Montauban 172 ③.

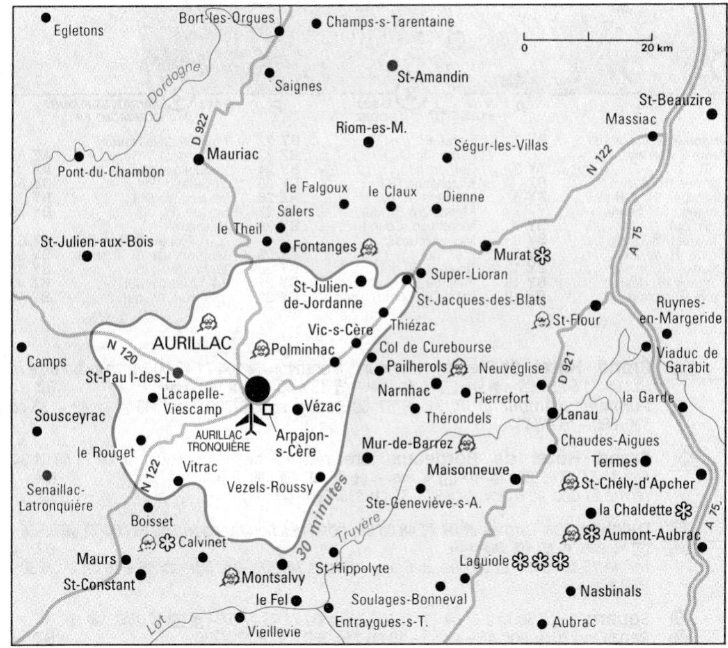

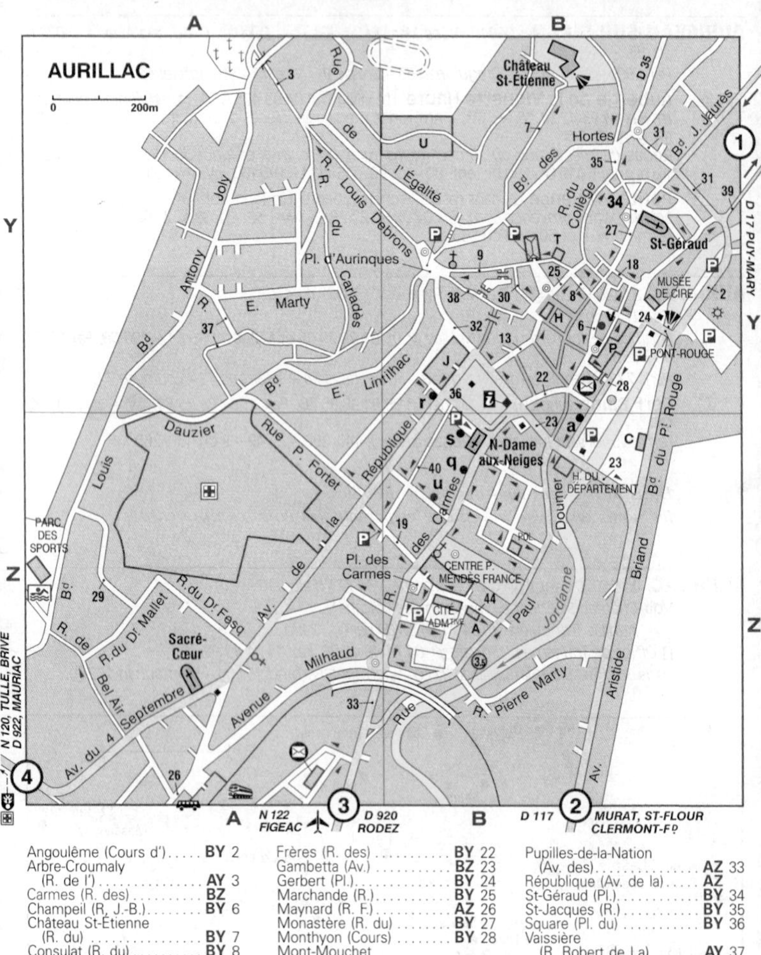

Angoulême (Cours d') ..... **BY** 2
Arbre-Croumaly (R. de l') ..... **AY** 3
Carmes (R. des) ..... **BZ**
Champeil (R. J.-B.) ..... **BY** 6
Château St-Étienne (R. du) ..... **BY** 7
Consulat (R. du) ..... **BY** 8
Coste (R. de la) ..... **BY** 9
Duclaux (R. Émile) ..... **BY** 13
Fargues (R. des) ..... **BY** 18
Ferry (R. Jules) ..... **BZ** 19
Frères (R. des) ..... **BY** 22
Gambetta (Av.) ..... **BZ** 23
Gerbert (Pl.) ..... **BY** 24
Marchande (R.) ..... **BY** 25
Maynard (R. F.) ..... **AZ** 26
Monastère (R. du) ..... **BY** 27
Monthyon (Cours) ..... **BY** 28
Mont-Mouchet (R. du) ..... **AZ** 29
Noailles (R. de) ..... **BY** 30
Pavatou (Bd du) ..... **BY** 31
Prés.-Delzons (R. du) ..... **BY** 32
Pupilles-de-la-Nation (Av. des) ..... **AZ** 33
République (Av. de la) ..... **AZ**
St-Géraud (Pl.) ..... **BY** 34
St-Jacques (R.) ..... **BY** 35
Square (Pl. du) ..... **BY** 36
Vaissière (R. Robert de La) ..... **AY** 37
Vermenouze (R. Arsène) ..... **BY** 38
Veyre (Av. J.-B.) ..... **BY** 39
14-Juillet (R. du) ..... **BZ** 40
139e-R.-I. (R. du) ..... **BZ** 44

Grand Hôtel St-Pierre, 16 cours Monthyon ✆ 04 71 48 00 24, *hsp@infonie.fr, Fax 04 71 64 81 83* – 15 à 40. AE GB JCB — BZ a
Pommier d'Amour ✆ 04 71 48 37 60 **Repas** (88)-125/280 ♀, enf. 45 – 48 – **35 ch** 320/680 – ½ P 345

Grand Hôtel de Bordeaux sans rest, 2 av. République ✆ 04 71 48 01 84, *Fax 04 71 48 49 93* – 35. AE GB JCB — BY r
fermé 21 déc. au 6 janv. – 51 – **33 ch** 350/580

Delcher, 20 r. Carmes ✆ 04 71 48 01 69, *hotel.delcher@wanadoo.fr, Fax 04 71 48 86 66* – P. AE GB JCB — BZ q
fermé 15 au 29 juil. et 23 déc. au 6 janv. – **Repas** 74/200, enf. 50 – 35 – **16 ch** 210/280 – ½ P 230

Square, 15 pl. Square ✆ 04 71 48 24 72, *Fax 04 71 48 47 57* – GB. ch
Repas 70/220, enf. 46 – 35 – **19 ch** 230/280 – ½ P 220/270 — BZ s

Les Arcades, rte de Clermont-Ferrand par ③ ☎ 04 71 64 15 11, *hotelarcades@aol.com, Fax 04 71 64 28 54,* – 25. AE GB
Repas *(fermé sam. midi et dim.)* 80/160, enf. 40 – 40 – **50 ch** 270/320

Campanile, rte de Clermont-Ferrand par ③ ☎ 04 71 64 64 84, *Fax 04 71 64 55 90,* – 25. AE GB
Repas 94, enf. 39 – 36 – **47 ch** 315

Reine Margot, 19 r. G. de Veyre ☎ 04 71 48 26 46, *Fax 04 71 48 92 39* – GB.
fermé 15 au 28 fév., dim. soir et lundi BZ u
Repas 115/220, enf. 50

Quatre Saisons, 10 r. Champeil ☎ 04 71 64 85 38 – GB BY v
fermé dim. soir et lundi
Repas 85/220

à Arpajon-sur-Cère *par ③ rte de Rodez (D 920) : 2 km – 5 296 h. alt. 613 – ✉ 15130 :*

Les Provinciales sans rest, pl. Foirail ☎ 04 71 64 29 50, *hsp@infonie.fr, Fax 04 71 64 67 87,* – AE GB
fermé 22 déc. au 14 janv., sam. et dim. du 30 sept. au 31 mai – 35 – **20 ch** 260/300

à Vézac *par ③, D 920 et D 990 : 10 km – 955 h. alt. 650 – ✉ 15130 :*

Hostellerie du Château de Salles ☎ 04 71 62 41 41, *chateaudesalles@wanadoo.fr, Fax 04 71 62 44 14,* « Demeure du 15e siècle dans un parc », – 30. AE GB
début avril-fin oct. – **Repas** 140/230, enf. 80 – 60 – **26 ch** 500/800, 4 appart – 1/2 P 450/600

When looking for a hotel or restaurant use the most efficient method.
Look for the names of towns ***underlined in red***
on the ***Michelin maps*** *scale: 1:200 000.*
But make sure you have an up-to-date map!

AURIOL *13390 B.-du-R.* 84 ⑭, 114 ㉚ *– 6 788 h alt. 200.*
Syndicat d'Initiative (Pentecôte à sept.) pl. de la Libération ☎ 04 42 04 70 61.
Paris 785 – Marseille 30 – Aix-en-Provence 29 – Brignoles 39 – Toulon 59.

Commerce "Chez Suzanne" ☎ 04 42 04 70 25, *Fax 04 42 04 32 55,* – AE GB
fermé fév., dim. soir et lundi – **Repas** 60 (déj.), 97/200, enf. 50 – 35 – **11 ch** 250/300 – 1/2 P 240

AURONS *13121 B.-du-R.* 84 ② *– 355 h alt. 243.*
Paris 727 – Marseille 59 – Aix-en-Provence 33 – Cavaillon 30 – Salon-de-Provence 9.

Domaine de la Reynaude, Nord-Ouest : 6 km par D 68, D 16 et rte secondaire ☎ 04 90 59 30 24, *Fax 04 90 59 36 06,* – 15 à 40. AE GB
fermé 17 au 31 déc. – **Repas** *(fermé dim. soir)* 120/220, enf. 65 – 45 – **32 ch** 330/710 – 1/2 P 378/388

AUSSOIS *73500 Savoie* 77 ⑧ *G. Alpes du Nord – 530 h alt. 1489 – Sports d'hiver : 1 500/2 750 m 11.*
Voir *Monolithe de Sardières★ NE : 3 km – Ensemble fortifié de l'Esseillon★ S : 4 km.*
Office de Tourisme rte des Barrages ☎ 04 79 20 30 80, Fax 04 79 20 37 00.
Paris 671 – Albertville 99 – Chambéry 109 – Lanslebourg-Mont-Cenis 17 – Modane 7.

Soleil M ☎ 04 79 20 32 42, *Fax 04 79 20 37 78,* – AE GB.
hôtel : 16 juin-15 sept. et 17 déc.-20 avril ; rest. : 4 juil.-30 août et 23 déc.-1er avril – **Repas** (prévenir) 122/258, enf. 78 – 48 – **22 ch** 300/480 – 1/2 P 310/375

Les Mottets M, ☎ 04 79 20 30 86, *Fax 04 79 20 34 22,* – GB
fermé 1er nov. au 15 déc. – **Repas** 94/180, enf. 55 – 42 – **25 ch** 205/360 – 1/2 P 345

Choucas, ☎ 04 79 20 32 77, *Fax 04 79 20 39 87,* – GB. rest
hôtel: 1er juin-30 sept. et 15 déc.-25 avril; rest.: 1er juin-15 sept. et 15 déc.- 20 avril – **Repas** (90) - 105/150, enf. 50 – 45 – **28 ch** 240/360 – 1/2 P 320

AUTERIVE *31190 H.-Gar.* 82 ⑱ *– 5 814 h alt. 185.*
Paris 729 – Toulouse 34 – Carcassonne 87 – Castres 83 – Muret 21 – St-Gaudens 79.

Delta, 61 rte Toulouse ☎ 05 61 50 52 16, *Fax 05 61 50 00 21* – rest, GB
fermé 12 au 19 août et dim. soir – **Repas** 65/200, enf. 36 – 30 – **16 ch** 230 – 1/2 P 190

AUTRANS *38880 Isère* 77 ④ *– 1 406 h alt. 1050 – Sports d'hiver : 1 050/1 650 m 16.*

Office de Tourisme rte de Méaudre ☎ 04 76 95 30 70, Fax 04 76 95 38 63.

Paris 591 – Grenoble 37 – Romans-sur-Isère 58 – St-Marcellin 46 – Villard-de-Lans 16.

Poste, ☎ 04 76 95 31 03, *gerard.barnier@wanadoo.fr, Fax 04 76 95 30 17*, – 60. AE GB. rest
fermé 25 avril au 10 mai et 25 oct. au 5 déc. – **Repas** 80/240 – 45 – **29 ch** 350/400 – 1/2 P 375

Vernay, ☎ 04 76 95 31 24, *le-vernay@planet-vercors.com, Fax 04 76 95 73 88*, – 15. AE GB. rest
fermé 25/03 au 12/4, 5 au 30/11, dim. soir, merc. et jeudi du 13/04 au 30/06, 15/09 au 5/11 et 1er au 15/12 – **Repas** 95/145 – 50 – **17 ch** 300/350 – 1/2 P 345

Montbrand sans rest, ☎ 04 76 95 34 58, *Fax 04 76 95 72 71*, – . AE GB
juin-sept. et Noël-fin mars – 42 – **8 ch** 315/340

Tilleuls, ☎ 04 76 95 32 34, *hotel-tilleuls@planete-vercors.com, Fax 04 76 95 31 58*, – . AE GB
fermé 1er au 13 mai et dim. soir hors saison sauf vacances scolaires – **Repas** 78/180 – 47 – **22 ch** 250/350 – 1/2 P 320/340

à **Méaudre** *Sud : 5,5 km par D 106c – 840 h. alt. 1012 – Sports d'hiver 1000/1600 m 10 – ✉ 38112.*

Office de Tourisme ☎ 04 76 95 20 68, Fax 04 76 95 25 93.

Pertuzon avec ch, ☎ 04 76 95 21 17, *locana@club-internet.fr, Fax 04 76 95 26 00*, – . AE GB
fermé 20 nov. au 20 déc., dim. soir, mardi soir et merc. hors saison – **Repas** 98/255, enf. 55 – 45 – **8 ch** 250 – 1/2 P 325

AUTREVILLE *88300 Vosges* 62 ④ *– 108 h alt. 310.*

Paris 307 – Nancy 41 – Neufchâteau 19 – Toul 24.

Relais Rose, 24 r. Neufchâteau ☎ 03 83 52 04 98, *Fax 03 83 52 06 03*, – . AE GB
Repas 70 (déj.), 95/265, enf. 40 – 40 – **16 ch** 160/380 – 1/2 P 280/320

Les Tilleuls avec ch, 6 rte Neufchâteau ☎ 03 83 52 84 50, *Fax 03 83 52 06 42*, – . GB
fermé 6 au 16 août, 22 au 31 oct.,23 déc. au 7 janv., lundi et le soir du dim. au jeudi – **Repas** (prévenir) 72 bc week-end 130/230 – 35 – **4 ch** 220

AUTUN SP *71400 S.-et-L.* 69 ⑦ *G. Bourgogne – 17 906 h alt. 326.*

Voir *Cathédrale St-Lazare★★ (tympan★★★, chapiteau★★) – Musée Rolin★ (la Tentation d'Eve★★, Nativité au cardinal Rolin★★, vierge d'Autun★★)* **BZ M6** *– Porte St-André★ – Grilles★ du lycée Bonaparte* **AZ B** *– Manuscrits★ (bibliothèque de l'Hôtel de Ville)* **BZ H.**

Office de Tourisme 2 av. Ch.-de-Gaulle ☎ 03 85 86 80 38, Fax 03 85 86 80 49 et (juin-sept.) 5 pl. du Terreau.

Paris 287 ① – Chalon-sur-Saône 53 ③ – Avallon 78 ① – Dijon 85 ② – Mâcon 112 ③.

Plan page ci-contre

St-Louis et Poste, 6 r. Arbalète ☎ 03 85 52 01 01, *louisposte@aol.com, Fax 03 85 86 32 54*, – 20. AE GB — BZ x
Repas *(fermé sam. midi)* (90) - 120 (déj.), 165/285 – 50 – **33 ch** 450/690, 6 appart

Ursulines, 14 r. Rivault ☎ 03 85 86 58 58, *welcome@hotelursulines.fr, Fax 03 85 86 23 07*, – 60. AE GB JCB — AZ e
Repas (95) - 160/395, enf. 85 – 60 – **35 ch** 355/600, 8 appart – 1/2 P 490/665

Tête Noire, 3 r. Arquebuse ☎ 03 85 86 59 99, *welcome@hoteltetenoire.fr, Fax 03 85 86 33 90* – 25. GB — BZ n
fermé 17 déc. au 20 janv. – **Repas** 88/260, enf. 55 – 40 – **27 ch** 345/385 – 1/2 P 370

Commerce et Touring, 20 av. République ☎ 03 85 52 17 90, *Fax 03 85 52 37 63* – . GB — AY u
fermé 18 déc. au 15 janv. – **Repas** *(fermé lundi)* 68/150, enf. 40 – 32 – **20 ch** 150/250 – 1/2 P 200/220

Hostellerie du Vieux Moulin avec ch, porte d'Arroux D 980 ☎ 03 85 52 10 90, *Fax 03 85 86 32 15*, « Jardin ombragé », – . AE GB — AY a
1er mars-1er déc. et fermé dim. soir et lundi hors saison – **Repas** 150/250 – 45 – **16 ch** 230/380

Chalet Bleu, 3 r. Jeannin ☎ 03 85 86 27 30, *Fax 03 85 52 74 56* – AE GB — BYZ s
fermé 18 fév. au 5 mars, dim. soir du 15 nov. au 31 mars, lundi soir et mardi – **Repas** 90/280

AUTUN

Arbalète (R. de l') .... **BZ** 2
Arquebuse (R. de l') .. **BZ** 3
Cascade (R. de la) ... **BZ** 4
Chauchien (Gde R.) .. **BZ** 6
Cocand (R.) .... **AZ** 7
Cordeliers (R. des) ... **BZ** 9
Cordiers (R. aux) ..... **BZ** 12
Dijon (R. de) .... **BY** 13
Dr-Renaud (R.) ...... **AZ** 15
Eumène (R.) .... **AY** 16
Gaillon (R. de) .... **BY** 18
Gaulle (Av. Ch.-de) .. **AYZ** 19
Grange-Vertu (R.) .... **AY** 21
Guérin (R.) .... **BY** 23
Halle (Passage de la) .... **BZ** 24
Jeannin (R.) .... **BZ** 26
Lattre-de-Tassigny (R. de) .... **BZ** 27
Laureau (Bd) .... **BY** 25
Marbres (R. des) .... **BZ** 26
Notre-Dame (R.) ..... **AZ** 31
Paris (R. de) .... **ABY** 27
Pernette (R.) .... **AZ** 29
Raquette (R.) .... **BZ** 37
St-Saulge (R.) .... **AZ** 35
Vieux-Colombier (R. du). **BZ** 42

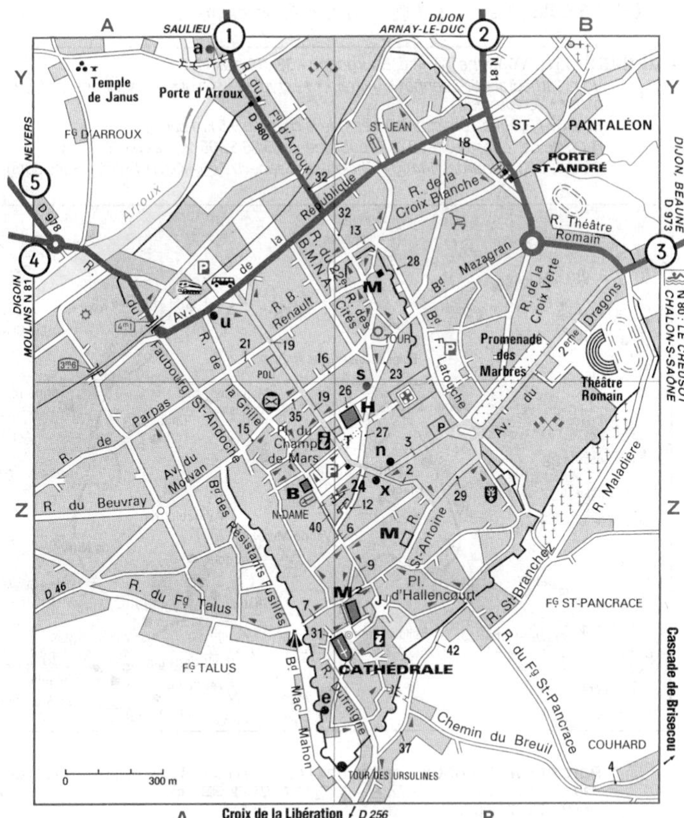

*Un automobiliste averti utilise le **Guide Rouge Michelin** de l'année.*

AUVERS *77 S.-et M. 61 ⑪ – rattaché à Milly-la-Forêt (Essonne).*

AUVERS-SUR-OISE *95 Val-d'Oise 55 ⑳., 106 ⑥., 101 ③ – voir à Paris, Environs.*

AUVILLAR *82340 T.-et-G. 79 ⑯ – 921 h alt. 141.*

Office de Tourisme pl. de la Halle ℘ 05 63 39 89 82, Fax 05 63 39 89 82.

Paris 660 – Agen 29 – Montauban 42 – Auch 63 – Castelsarrasin 21.

XX **L'Horloge** avec ch, ℘ 05 63 39 91 61, *Fax 05 63 39 75 20,* – 15. AE GB
fermé 26 déc. au 19 janv., sam. midi et vend. de mi-oct. à mi-avril – **Repas** 155/350 ♀ - ***Bouchon*** (déj. seul.) **Repas** carte environ 130 ♀ – ☕ 45 – **10 ch** 200/310 – 1/2 P 300/320

à Bardigues *Sud : 4 km par D 11 – 219 h. alt. 160 – ✉ 82340 :*

X **Auberge de Bardigues,** ℘ 05 63 39 05 58, – GB
fermé 19 nov. au 3 déc., 28 janv. au 18 fév., mardi sauf juil.-août et lundi – **Repas** 100/180

AUVILLARS-SUR-SAÔNE *21250 Côte-d'Or* 70 ② *– 215 h alt. 212.*

Paris 335 – Beaune 29 – Chalon-sur-Saône 55 – Dijon 30 – Dole 36.

Auberge de l'Abbaye, au Sud : 1 km sur D 996 ✆ 03 80 26 97 37, *Fax 03 80 26 92 25*, – P. GB.
fermé 2 au 8 juil., 27 août au 2 sept., vacances de fév., mardi soir, dim. soir et merc. – **Repas** (prévenir) 125/245, enf. 62

AUXELLES-BAS *90 Terr.-de-Belf.* 66 ⑧ *– rattaché à Giromagny.*

AUXERRE P *89000 Yonne* 65 ⑤ *G. Bourgogne – 38 819 h alt. 130.*

Voir *Cathédrale St-Étienne★★ (vitraux★★, crypte★, trésor★) – Ancienne abbaye St-Germain★★ (crypte★★).*

Env. *Gy-l'Évêque : Christ aux Orties★ de la chapelle 9,5 km par ③.*

Office de Tourisme 1 et 2 q. République ✆ 03 86 52 06 19, Fax 03 86 51 23 27.

Paris 166 ⑤ – Bourges 144 ④ – Chalon-sur-Saône 177 ② – Dijon 152 ② – Sens 60 ⑤.

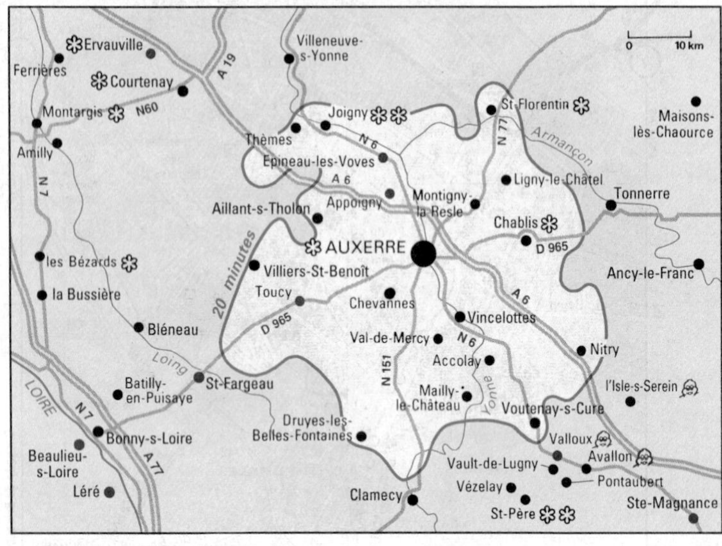

Parc des Maréchaux sans rest, 6 av. Foch ✆ 03 86 51 43 77, *contact@hotel-parcmarechaux.com, Fax 03 86 51 31 72*, – TV P. AE GB JCB AZ u
69 – **25 ch** 460/590

Normandie sans rest, 41 bd Vauban ✆ 03 86 52 57 80, *normandie@acom.fr, Fax 03 86 51 54 33*, – TV – 25. AE GB AY b
40 – **47 ch** 300/470

Les Clairions, par ⑤, *N 6 : 2 km* ✆ 03 86 94 94 94, *Fax 03 86 48 16 38*, , , – , rest, TV P – 30 à 150. AE GB
Pyramide : Repas 105(déj)-150/260 ♀, enf. 50 – 33 – **66 ch** 340/350 – 1/2 P 290/390

Cygne sans rest, 14 r. du 24-Août ✆ 03 86 52 26 51, *hcygne@3and1hotels.com, Fax 03 86 51 68 33* – TV P. AE GB JCB AZ r
40 – **30 ch** 370/420

Barnabet, 14 quai République ✆ 03 86 51 68 88, *Fax 03 86 52 96 85*, , « Élégante installation » – AE GB BYZ s
fermé 24 déc. au 7 janv., dim. soir et lundi – **Repas** 250/325 et carte 310 à 470 ♀, enf. 95
Spéc. Baluchon de foie gras de canard poêlé à la rhubarbe. Filet de sandre au ratafia d'Irancy. Biscuit mi-cuit au chocolat (sept. à juil.). **Vins** Côtes d'Auxerre, Irancy.

Jardin Gourmand, 56 bd Vauban ✆ 03 86 51 53 52, *Fax 03 86 52 33 82*, , – AE GB AY d
fermé 13 au 28 mars, 13 nov. au 5 déc., mardi et merc. – **Repas** 250/290 et carte 300 à 400 ♀, enf. 90

AUXERRE

Boucheries (R. des) . . . . . **BZ** 3
Bourbotte (Av.) . . . . **BY** 4
Chesnez (R. M. des) . . . . **AZ** 5
Coche-d'Eau (Pl.) . . . . **BY** 8
Dr-Labosse (R. du) . . . . . **BY** 10
Draperie (R. de la) . . . . . . **AZ** 12
Eckmühl (R. d') . . . . **AZ** 14
Fécauderie (R.) . . . . **AZ** 16
Foch (Av.) . . . . **AZ** 18
Grand-Caire (R. du) . . . . . **AY** 20
Horloge (R. de l') . . . . **AZ** 22
Hôtel-de-Ville (Pl. de l') . . **AZ** 23
Jaurès (Av. Jean) . . . . **BY** 26
Jaurès (Pl. Jean) . . . . **BZ** 27
Leclerc (Pl. du Mar.) . . . . **AZ** 34
Lepère (Pl. Ch.) . . . . **AZ** 35
Maison-Fort (R.) . . . . **BY** 36
Marine (R. de la) . . . . **BY** 37
Mont-Brenn (R. du) . . . . **BY** 38
Paris (R. de) . . . . **AY**
Puits-des-Dames (R. du) . . . . **BZ** 40
St-Germain (R.) . . . . **ABY** 44
St-Nicolas (Pl.) . . . . **BY** 45
Surugue (Pl. Ch.) . . . . **AZ** 46
Temple (R. du) . . . . **AZ**
Tournelle (Av. de la) . . . . **BY** 48
Yonne (R. de l') . . . . **BY** 52
24-Août (R. du) . . . . **AZ** 54

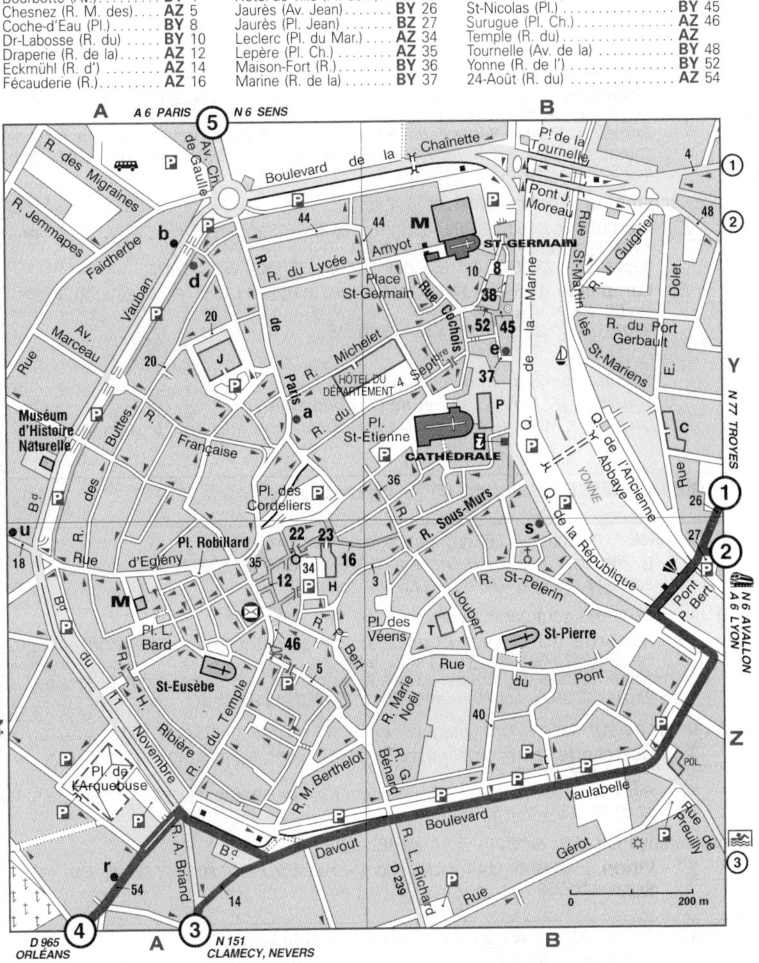

Rest. Le Maxime, 5 quai Marine ✆ 03 86 52 04 41, *Fax 03 86 51 34 85* – ▤. AE ⓓ GB — BY e
fermé 23 déc. au 6 janv. et dim. sauf fériés – **Repas** 180/280 et carte 290 à 440 ♀, enf. 75

Salamandre, 84 r. Paris ✆ 03 86 52 87 87, *la-salamandre@wanadoo.fr, Fax 03 86 52 05 85* – ▤. AE GB — AY a
fermé sam. midi et dim. – **Repas** - produits de la mer - 188/318 ♀, enf. 68

rte de Chablis *par ② : 8 km près échangeur A 6 Auxerre-Sud* – ✉ *89290 Venoy :*

Moulin avec ch, ✆ 03 86 40 23 79, *moulin89@aol.com, Fax 03 86 40 23 55,* – TV P – 40. GB
fermé 30 juil. au 5 août, janv., dim. soir et lundi de nov. à avril – **Repas** 108/308 ♀, enf. 60 – ☕ 50 – **7 ch** 380/480 – ½ P 380

à Vincelottes *par ② N 6 et D 38 : 16 km – 286 h. alt. 110 – ✉ 89290 :*

XX **Auberge Les Tilleuls** avec ch, ☎ 03 86 42 22 13, *Fax 03 86 42 23 51,* – . GB
fermé 18 déc. au 23 fév., jeudi d'oct. à Pâques et merc. – **Repas** 145/350 ♀ – ☕ 65 – **5 ch** 295/450 – ½ P 400/450

à Chevannes *par ③ et D1 : 8 km – 1 901 h. alt. 170 – ✉ 89240 :*

XXX **Chamaille** avec ch, ☎ 03 86 41 24 80, *lachamaille@wanadoo.fr, Fax 03 86 41 34 80,* , , – P. AE GB. ch
fermé 2 au 17 janv. – **Repas** *(fermé lundi sauf le midi de mars à sept. et mardi)* (nombre de couverts limité, prévenir) *(150)* - 180/345 bc et carte 250 à 380 ♀, enf. 80 – ☕ 40 – **3 ch** 250/300 – ½ P 450/475

près échangeur Auxerre-Nord *par ⑤ : 7 km :*

Mercure , N 6 ✉ 89380 Appoigny ☎ 03 86 53 25 00, *Fax 03 86 53 07 47,* , , – P – 25 à 120. AE GB
Repas *(105)* - 125/189 ♀, enf. 65 – ☕ 65 – **77 ch** 475/550 – ½ P 455/475

Campanile, r. Athènes ✉ 89470 Monéteau ☎ 03 86 40 71 11, *Fax 03 86 40 50 74,* – P – 25. AE GB
Repas *(76)* - 106 ♀, enf. 39 – ☕ 36 – **83 ch** 315

Si vous cherchez un hôtel tranquille, consultez d'abord les cartes de l'introduction ou repérez dans le texte les établissements indiqués avec le signe .

AUXEY-DURESSES *21 Côte-d'Or 69 ⑨ – rattaché à Beaune.*

AUXONNE *21130 Côte-d'Or 66 ⑬ G. Bourgogne – 6 781 h alt. 184.*

Office de Tourisme pl. d' Armes ☎ 03 80 37 34 46, Fax 03 80 31 02 34.
Paris 344 – Dijon 32 – Dole 17 – Gray 38 – Vesoul 79.

à Villers-les-Pots *Nord-Ouest : 5 km par N 5 et D 976 – 855 h. alt. 193 – ✉ 21130 :*

Auberge du Cheval Rouge, ☎ 03 80 27 07 07, *cheval.rouge@worldonline.fr, Fax 03 80 31 17 01,* , – P. AE GB
fermé vacances de Toussaint, 25 déc. au 3 janv., dim. soir (sauf juil.-août) et sam. midi – **Repas** 130/250 ♀, enf. 60 – ☕ 45 – **10 ch** 200/250 – ½ P 270/280

à Lamarche-sur-Saône *Nord-Ouest : 11,5 km par N 5 et D 976 – 1 223 h. alt. 190 – ✉ 21760 :*

XX **Hostellerie St-Antoine** avec ch, ☎ 03 80 47 11 33, *Fax 03 80 47 13 56,* , , , – P. AE GB
fermé vend. soir, sam. midi et dim. soir d'oct. à mars – **Repas** 155/220 ♀, enf. 52 – ☕ 52 – **12 ch** 300/350 – ½ P 315/345

aux Maillys *Sud : 8 km par D 20 – 739 h. alt. 182 – ✉ 21130 :*

XX **Virion,** ☎ 03 80 39 13 40, *michel.virion@wanadoo.fr, Fax 03 80 39 17 22* – . GB
Repas 85 bc/230 ♀

AVALLON *89200 Yonne 65 ⑯ G. Bourgogne – 8 617 h alt. 250.*

Voir Site★ – Ville fortifiée★ : Portails★ de l'église St-Lazare – Miserere★ du musée de l'Avallonnais **M**[1] *– Vallée du Cousin★ S par D 427.*
Office de Tourisme 6 r. Bocquillot ☎ 03 86 34 14 19, Fax 03 86 34 28 29.
Paris 214 ② – Auxerre 54 ④ – Beaune 107 ② – Chaumont 132 ② – Nevers 97 ④.

Plan page ci-contre

Hostellerie de la Poste, 13 pl. Vauban **(b)** ☎ 03 86 34 16 16, *info@hostelleriedelaposte.com, Fax 03 86 34 19 19,* , « Ancien relais de poste du 18e siècle » – P – 15. AE GB JCB
19 mars-19 nov. – **Repas** *(fermé lundi hors saison et dim. soir)* 155/540 bc ♀ – ☕ 70 – **27 ch** 550/950, 3 duplex – ½ P 540/665

Avallon Vauban sans rest, 53 r. Paris **(r)** ☎ 03 86 34 36 99, *Fax 03 86 31 66 31,* – cuisinette P – 15. GB
☕ 38 – **25 ch** 280/320, 4 studios

Dak'Hôtel M sans rest, rte Saulieu par ② ☎ 03 86 31 63 20, *Fax 03 86 34 25 28,* , – P – 60. AE GB
☕ 38 – **26 ch** 280/320

AVALLON

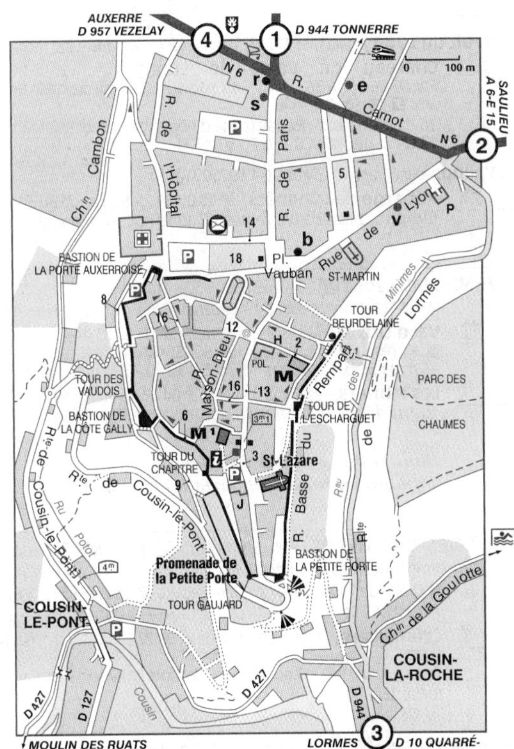

XX **Les Capucins** avec ch, 6 av. P. Doumer **(e)** ✆ 03 86 34 06 52, *Fax 03 86 34 58 47*, – P. AE GB
fermé 11 au 23 juin, 17 déc. au 19 janv., mardi hors saison et merc. – **Repas** 90/260 ♀, enf. 60 – 35 – **8 ch** 300/370 – ½ P 290

XX **Relais des Gourmets,** 47 r. Paris **(s)** ✆ 03 86 34 18 90, *relais-des-gourmets@wanadoo.fr, Fax 03 86 31 60 21*, – AE GB
fermé dim. soir et lundi d'oct. à mai – **Repas** 88/350 bc ♀, enf. 55

X **Gourmillon,** 8 r. Lyon **(v)** ✆ 03 86 31 62 01, *Fax 03 86 31 62 01* – . AE GB
fermé 6 au 27 janv et dim. soir – **Repas** 82/172 ♀, enf. 50

rte de Saulieu *par ② : 6 km* – ✉ *89200 Avallon :*

Relais Fleuri M, ✆ 03 86 34 02 85, *relais-fleuri@wanadoo.fr, Fax 03 86 34 09 98*, – P – 30. AE GB JCB
Repas 110/320 bc ♀ – 60 – **48 ch** 450/500 – ½ P 420

près échangeur Autoroute A 6 *par ② et D 50 : 7 km* – ✉ *89200 Magny :*

Ibis M, ✆ 03 86 33 01 33, *Fax 03 86 33 00 66* – P – 30. AE GB
Repas 95 ♀, enf. 39 – 35 – **42 ch** 295/310

à Pontaubert *par ④ et D 957 : 5 km – 336 h. alt. 160* – ✉ *89200 :*

XX **Les Fleurs** avec ch, ✆ 03 86 34 13 81, *Fax 03 86 34 23 32*, – P. GB
fermé 17 au 24 oct., 17 déc. au 14 fév., jeudi midi hors saison et merc. – **Repas** 90/240, enf. 60 – 36 – **7 ch** 260/360 – ½ P 280/300

dans la Vallée du Cousin *par ④, Pontaubert et D 427 : 6 km* – ✉ *89200 Avallon :*

Moulin des Ruats , ✆ 03 86 34 97 00, *contact@moulin-des-ruats.com, Fax 03 86 31 65 47*, « En bordure de rivière », – P. AE GB
mi fév.-mi nov. – **Repas** *(fermé mardi midi et lundi)* 160/240 ♀, enf. 70 – 60 – **25 ch** 400/700 – ½ P 480/630

à Vault de Lugny *par ④ et D 142 : 6 km – 320 h. alt. 148 – ✉ 89200 :*

Château de Vault de Lugny, 03 86 34 07 86, *hotel@lugny.com, Fax 03 86 34 16 36*, ≤, « Château du 16e siècle dans un grand parc », – P. AE GB JCB
16 mars-11 nov. – **Repas** (table d'hôtes)(dîner seul.)(résidents seul.) 195 (déj.), 290/520 – **12 ch** 1200/2900 – ½ P 750/1700

à Valloux *par ④ et N 6 : 6 km – ✉ 89200 Avallon :*

Auberge des Chenêts, 03 86 34 23 34, *Fax 03 86 34 21 24* – GB
fermé vacances de printemps, 12 au 19 nov., dim. soir et lundi – **Repas** 85/300

AVÈNE *34260 Hérault 83 ④ – 269 h alt. 350 – Stat. therm. (26 mars-27 oct.).*
Paris 711 – Montpellier 84 – Bédarieux 25 – Clermont-l'Hérault 47.

Val d'Orb M, Les Bains d'Avène 04 67 23 44 45, *Fax 04 67 23 39 07*, ≤, – rest, P – 15 à 50. AE GB. rest
25 mars-30 oct. – **Repas** 105/155 – 49 – **58 ch** 360/420 – ½ P 300/370

Les Muriers, Les Bains d'Avène 04 67 23 40 97, *Fax 04 67 23 39 07*, – P. AE GB
10 avril-15 oct. et fermé dim. soir et lundi – **Repas** 90/120, enf. 50

Dans la liste des rues des plans de villes,
*les **noms en rouge** indiquent les principales voies commerçantes.*

AVESNES-SUR-HELPE SP *59440 Nord 53 ⑥ G. Picardie Flandres Artois – 5 108 h alt. 151.*
Voir *L'Avesnois★★ E par D 133.*
Office de Tourisme 41 pl. Gén.-Leclerc 03 27 56 57 20, Fax 03 27 56 57 20.
Paris 217 – St-Quentin 66 – Charleroi 56 – Valenciennes 46 – Vervins 33.

Crémaillère, 26 pl. Gén. Leclerc 03 27 61 02 30, *trochain@aol.com, Fax 03 27 59 10 44* – GB
fermé 2 au 8 juil., 13 au 19 août, dim.soir, lundi soir, mardi soir et jeudi soir – **Repas** *(85)* - 110 (déj.), 180/250

AVEUX *65 H.-Pyr. 85 ⑳ – rattaché à St-Bertand-de-Comminges (31 - H.-Gar.).*

AVIGNON P *84000 Vaucluse 81 ⑪ ⑫ G. Provence – 86 939 h Agglo. 181 136 h alt. 21.*
Voir *Palais des Papes★★★ : ≤★★ de la terrasse des Dignitaires – Rocher des Doms ≤★★ – Pont St-Bénézet★★ – Remparts★ – Vieux hôtels★ (rue Roi-René)* **EZ K** *– Coupole★ de la cathédrale Notre-Dame-des-Doms – Façade★ de l'hôtel des Monnaies* **EY K** *– Vantaux★ de l'église St-Pierre* **EY** *– Retable★ de l'église St-Didier* **EZ** *– Musées : Petit Palais★★* **EY**, *Calvet★* **EZ M**[2], *Lapidaire★* **EZ M**[4], *Louis Vouland (faïences★)* **DY M**[5], *– Fondation Angladon-Dubrugeaud★★* **EZ M**[1].
d'Avignon-Caumont : 04 90 81 51 15, par ③ et N 7 : 8 km.
08 36 35 35 35.
Office de Tourisme 41 Crs J.-Jaurès 04 32 74 32 74, Fax 04 90 82 95 03 Annexe au Pont d'Avignon 04 32 74 20 39.
Paris 686 ② – Aix-en-Provence 84 ③ – Arles 36 ④ – Marseille 100 ③ – Nîmes 47 ⑤.

Plans pages suivantes

Mirande, 4 pl. Amirande 04 90 85 93 93, *mirande@la-mirande.fr, Fax 04 90 86 26 85*, ≤, « Ancien palais cardinalice » – – 30. AE GB JCB EY g
Repas *(fermé 2 au 30 janv.)* 240/480 et carte 400 à 550 – 115 – **20 ch** 1850/2700
Spéc. Buisson d'asperges vertes (15 mars au 15 juin). Côte de veau rôtie, "ragouniasse" de pommes rates au lard. Soupe de fraises des bois, sorbet citron-basilic. **Vins** Cairanne, Châteauneuf-du-Pape.

Europe, 12 pl. Crillon 04 90 14 76 76, *reservations@hotel-d-europe.fr, Fax 04 90 14 76 71*, « Demeure du 16e siècle, beau mobilier » – – 40. AE GB JCB EY d
Repas *(fermé 13 au 27 août, 14 au 28 janv., lundi midi et dim.)* 200 bc (déj.), 285/480 et carte 350 à 570 – 115 – **42 ch** 750/2450, 3 appart
Spéc. Bar de ligne cuit sur peau, jus crèmeux de bigorneaux. Carré d'agneau du Luberon rôti à la gousse d'ail. Tartare de fraises de Carpentras et tomates au basilic (été). **Vins** Châteauneuf-du-Pape blanc et rouge.

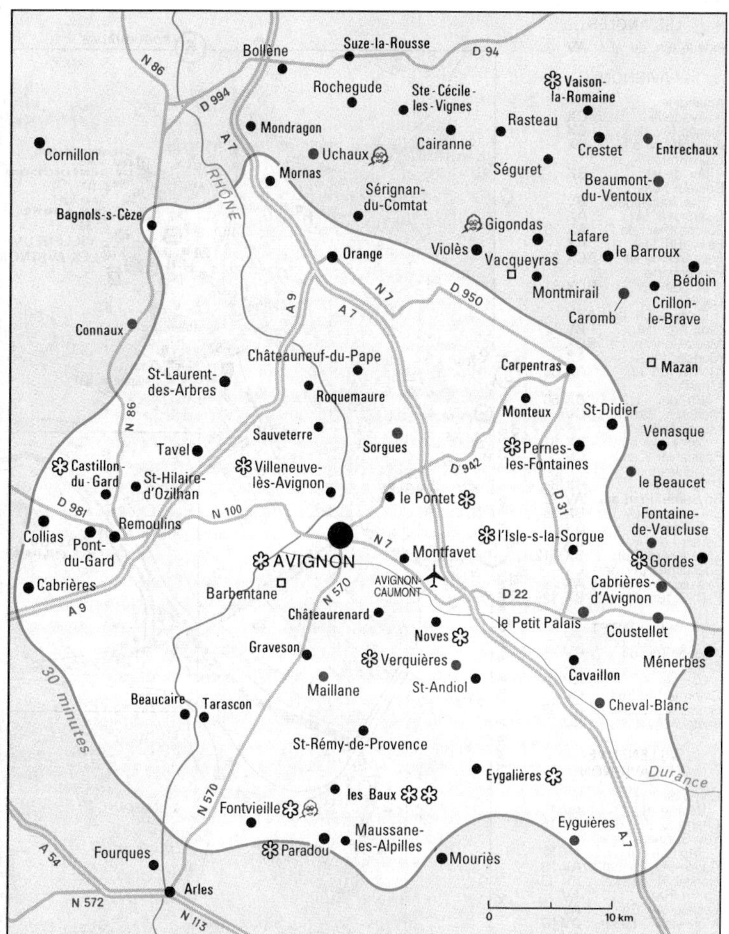

Avignon Grand Hôtel sans rest, bd St-Roch (à la Gare) 04 90 80 98 09, *avignongrandhotel@hotmail.com, Fax 04 90 80 98 10,* – cuisinette – 50. EZ t
95 – **11 ch** 700, 121 appart 1200/2200, 14 duplex

Cloître St-Louis, 20 r. Portail Boquier 04 90 27 55 55, *hotel@cloitre-saint-louis.com, Fax 04 90 82 24 01,* « Décor contemporain dans un cloître du 16ᵉ siècle », – , ch, – 20. EZ s
Repas *(fermé fév., sam. et dim. sauf en juil.) (110)* - 150/220 – 90 – **77 ch** 850/1500, 3 duplex

Mercure Palais des Papes sans rest, quartier Balance 04 90 80 93 93, *h549@accor-hotels.com, Fax 04 90 80 93 94* – – 80. EY r
65 – **87 ch** 680

Mercure Cité des Papes sans rest, 1 r. J. Vilar 04 90 80 93 00, *h1952@accor-hotels.com, Fax 04 90 80 93 01* – . EY b
60 – **73 ch** 680

Primotel Horloge sans rest, 1 r. F. David (pl. Horloge) 04 90 16 42 00, *avignonfrantour@primotel.com, Fax 04 90 82 17 32* – – 15. EY t
60 – **67 ch** 550/800

LES ANGLES

Pinède (Ch. de la) . . . AV

AVIGNON

Amandier (Av. de l') CX
Aulnes (Av. des) CX
Avignon (Av. d') CX
Croix-Rouge (Av. de la) . . . . BX
Docteur Pons (Rte Touristique) . . BV
Eisenhover (Av.) . . . . AX
Europe (Pont de l') . AX 26
Ferry (Bd J.) . . . . AX
Folie (Av. de la) . . . BCX 29
Foncouverte (Av. de) . . . . BCX 31
Gaulle (Rocade Ch. de) . ABX
Lyon (Rte de) . . . . . . BV
Marseille (Rte de) . BCX 51
Monclar (Av.) . . . . AX
Monod (Bd J.) . . . . . . AX 58
Montfavet (Rte de) . . . . BCX 60
Morières (Rte de) . BCV
Moulin-Notre-Dame (Av. du) . . . . BX 61
Réalpanier (Carr.) . . . CV
Reine-Jeanne (Av. de la) . . . . BX 81
Royaume (Pont du) . AV 92
St-Chamand (Av.) . . . BX 95
St-Ruf (Av.) . . . . AX
Semard (Av. P.) . . . . . BX
Sixte-Isnard (Bd) . . . . BX 112
Souspirous (Av. de) . CX
Tarascon (Av. de) . . . AX
Ire-D.-B. (Bd de la) . . . BX 125

LE PONTET

Avignon (Av. d') CV
Carpentras (Av. de) CV
Delorme (Av. Th.) . . . CV
Goutarel (Av. G.) . . . . CV 38
Pasteur (Av. L.) CV

VILLENEUVE-LÈS-AVIGNON

Camp de Bataille (R.) . . . . . . AV 15
Chartreux (Ch. des) . AV 16
Fort St-André (Montée du) . . . . . . AV 32
Gaulle (Av. Ch.-de) . . AV 33
Hôpital (R. de l') . . . . AV 43
Joffre (Rte) . . . . AV
Leclerc (Av. Gén.) . . . AV
Monnaie (R. de la) . . AV 57
Pasteur (Av.) . . . . AV
Péri (Av. G.) . . . . AV
République (R. de la) . . . . AV 87
Tour (Montée de la) . AV 115
Verdun (Av. de) . . . . . AV 117

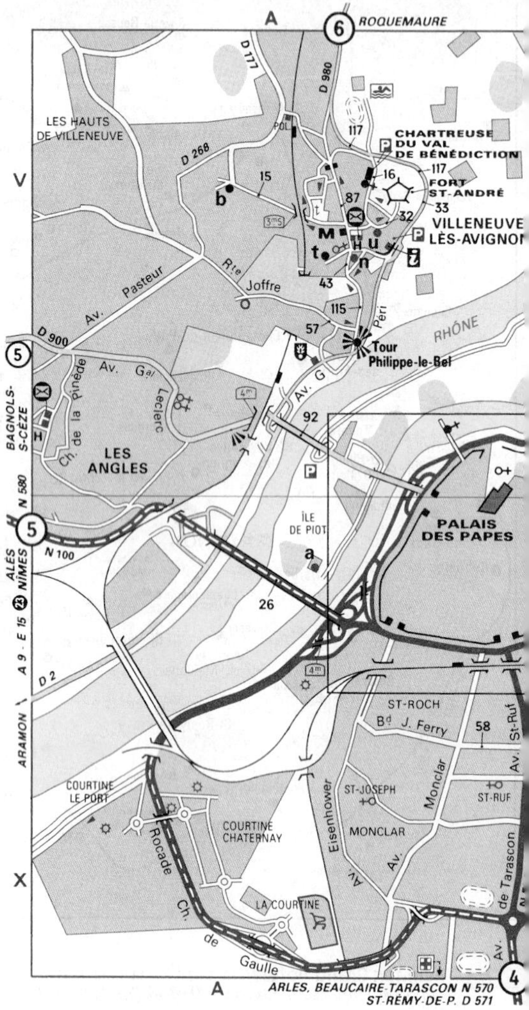

Bristol sans rest, 44 cours J. Jaurès ✆ 04 90 16 48 48, *bristol.avignon.best.western@wanadoo.fr, Fax 04 90 86 22 72* – 🛗 ▤ TV ☎ ♿ 🚗 – 🎤 25. AE ⓓ GB — EZ m
fermé 9 fév. au 3 mars – ☕ 55 – **67 ch** 444/558

Blauvac sans rest, 11 r. de la Bancasse ✆ 04 90 86 34 11, *blauvac@aol.com, Fax 04 90 86 27 41* – TV. AE ⓓ GB — EY m
☕ 50 – **16 ch** 330/470

Danieli sans rest, 17 r. République ✆ 04 90 86 46 82, *Fax 04 90 27 09 24* – TV. AE GB. ✂ — EY s
fermé 18 déc. au 3 janv. – ☕ 45 – **29 ch** 410/470

Angleterre sans rest, 29 bd Raspail ✆ 04 90 86 34 31, *info@hoteldangleterre.fr, Fax 04 90 86 86 74* – 🛗 TV ☎ P. GB. ✂ — DZ a
fermé 21 déc. au 21 janv. – ☕ 40 – **40 ch** 370/470

Ibis Pont de l'Europe sans rest, 12 bd St-Dominique ✆ 04 90 82 00 00, *Fax 04 90 85 67 16*, 🚭 – 🛗 ✂ ▤ TV ♿ – 🎤 30. AE ⓓ GB — DZ q
☕ 35 – **74 ch** 335/385

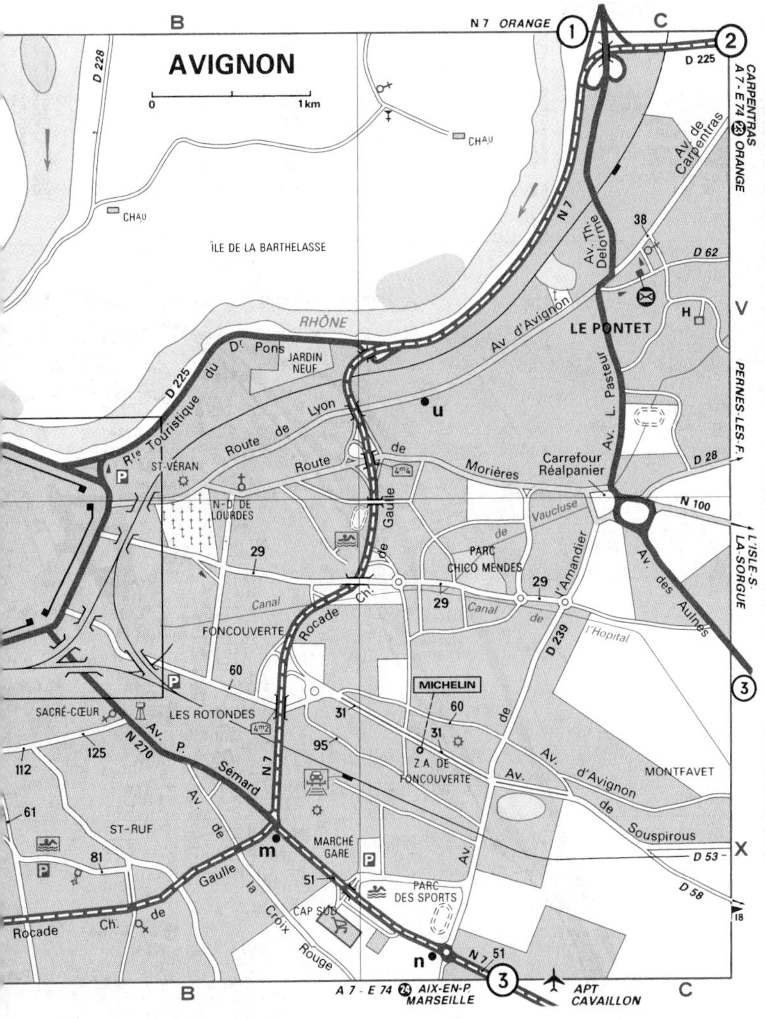

Ibis Centre Gare, 42 bd St-Roch ✆ 04 90 85 38 38, *Fax 04 90 86 44 81* – ⊫ ▤ TV ♿ – 🚗 15. AE ⦿ GB JCB EZ r
Repas *(75)* - 95 🍷, enf. 39 – ☕ 35 – **98 ch** 390/450

Garlande sans rest, 20 r. Galante ✆ 04 90 80 08 85, *hotel.garlande@avignon-et-provence .com, Fax 04 90 27 16 58* – TV. AE ⦿ GB EY f
fermé dim. de nov. à mai – ☕ 40 – **12 ch** 360/500

Médiéval sans rest, 15 r. Petite Saunerie ✆ 04 90 86 11 06, *Fax 04 90 82 08 64* – cuisinette TV. GB FY e
fermé 7 au 27 janv. – ☕ 38 – **34 ch** 250/360

XXX ✿ **Christian Étienne,** 10 r. Mons ✆ 04 90 86 16 50, *contact@christian-etienne.fr, Fax 04 90 86 67 09,* ⛱, « Anciennes demeures des 13e et 14e siècles accolées au Palais des Papes » – ▤. AE ⦿ GB EY h
fermé dim. et lundi sauf en juil. – **Repas** 180/530 et carte 360 à 510 🍷, enf. 150
Spéc. Menu "tomates" (15 juin au 15 sept.). Filets de rouget en barigoule d'artichauts. Sorbet au fenouil, sauce safranée. **Vins** Côtes du Rhône-Villages, Rasteau.

AVIGNON

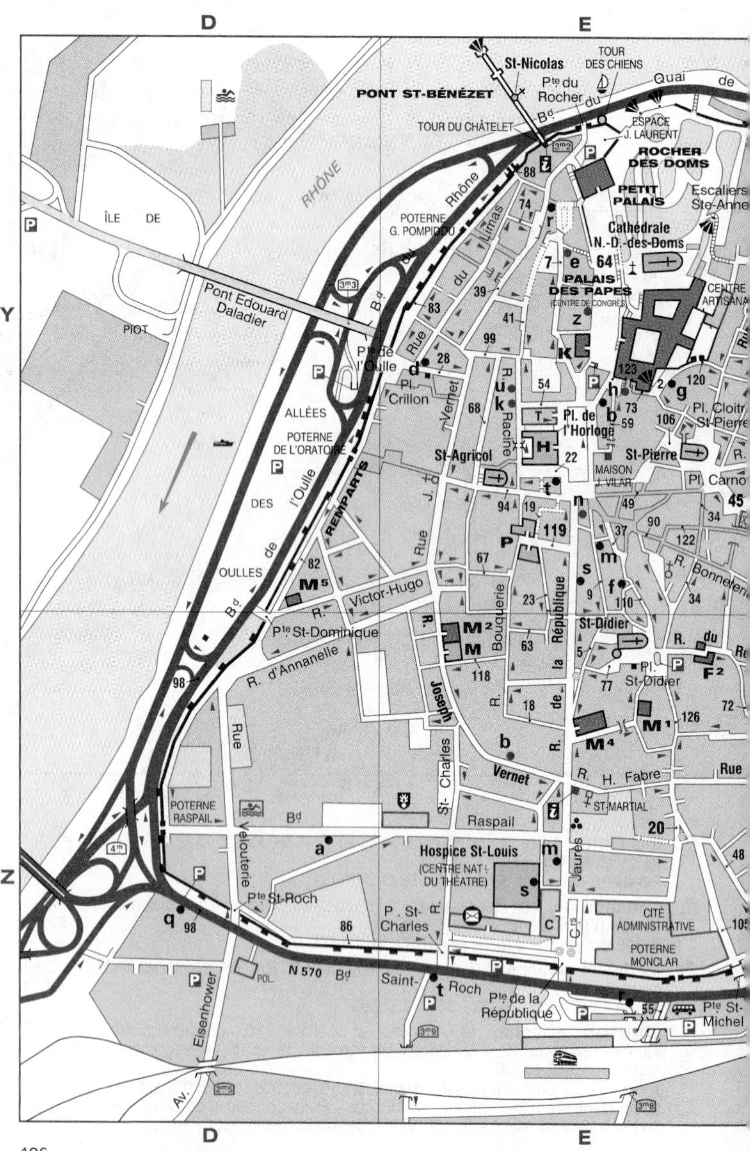

D
E
Y
Z
PONT ST-BÉNÉZET
St-Nicolas
TOUR DES CHIENS
Pte du Rocher
Quai de
Bd du
TOUR DU CHÂTELET
ESPACE J. LAURENT
ROCHER DES DOMS
PETIT PALAIS
Escaliers Ste-Anne
Cathédrale N.-D.-des-Doms
PALAIS DES PAPES
(CENTRE DE CONGRÈS)
CENTRE ARTISANAL
RHÔNE
ÎLE DE
PIOT
Pont Edouard Daladier
POTERNE G. POMPIDOU
Bd du Rhône
Rue du Limas
Pte de l'Oulle
Pl. Crillon
ALLÉES
POTERNE DE L'ORATOIRE
DES
OULLES
Bd de l'Oulle
REMPARTS
Rue Vernet
R. Racine
Pl. de l'Horloge
St-Agricol
St-Pierre
MAISON J. VILAR
Pl. Cloître St-Pierre
Pl. Carnot
R. Bonneterie
Rue J. Vernet
R. Victor-Hugo
Pte St-Dominique
R. d'Annanelle
Bouquerie
R. de la République
St-Didier
Pl. St-Didier
R. Joseph Vernet
R. H. Fabre
ST-MARTIAL
Rue St-Charles
Bd Raspail
POTERNE RASPAIL
Rue Velouterie
Hospice St-Louis
(CENTRE NATl DU THÉATRE)
Pte St-Roch
P. St-Charles
Jaurès
C rs
CITÉ ADMINISTRATIVE
POTERNE MONCLAR
N 570 Bd Saint-Roch
Pte de la République
Pte St-Michel
Av. Eisenhower
POL.

Palapharnerie (R.) .... **FY** 66
Petite-Calade (R. de la) .... **EY** 67
Petite-Fusterie (R. de la) .... **EY** 68
Petite-Saunerie (R. de la) .... **FY** 70
Pétramale (R.) .... **EZ** 72
Peyrollerie (R.) .... **EY** 73
Pont (R. du) .... **EY** 74
Prés.-Kennedy (Cours) .... **EZ** 76
Prévot (R.) .... **EZ** 77
Rascas (R. de) .... **GY** 79
Rempart-de-l'Oulle (R. du) . **DY** 82
Rempart-du-Rhône (R. du) . **EY** 83
Rempart-St-Michel (R. du) . **FZ** 84
Rempart-St-Roch (R. du) . **DEZ** 86
République (R. de la) .... **EYZ**
Rhône (Pte du) .... **EY** 88
Rouge (R.) .... **EY** 90
St-Agricol (R.) .... **EY** 94
St-Christophe (R.) .... **FZ** 97
St-Dominique (Bd) .... **DZ** 98
St-Étienne (R.) .... **EY** 99
St-Jean-le-Vieux (Pl.) ...... **FY** 101
St-Jean-le-Vieux (R.) ...... **FY** 102
St-Joseph (R.) .... **FY** 104
St-Michel (R.) .... **EZ** 105
St-Pierre (Pl.) .... **EY** 106
St-Ruf (Av.) .... **FZ** 108
Ste-Catherine (R.) .... **FY** 109
Saraillerie (R. de la) ..... **EYZ** 110
Tour (R. de la) .... **GY** 116
Vernet (R. Horace) .... **EZ** 118
Vernet (R. J.) .... **EYZ**
Viala (R. Jean) .... **EY** 119
Vice-Légat (R.) .... **EY** 120
Vieux-Sextier (R. du) .... **EFY** 122
Vilar (R. Jean) .... **EY** 123
3-Faucons (R. des) .... **EZ** 126
3-Pilats (R. des) .... **FY** 127

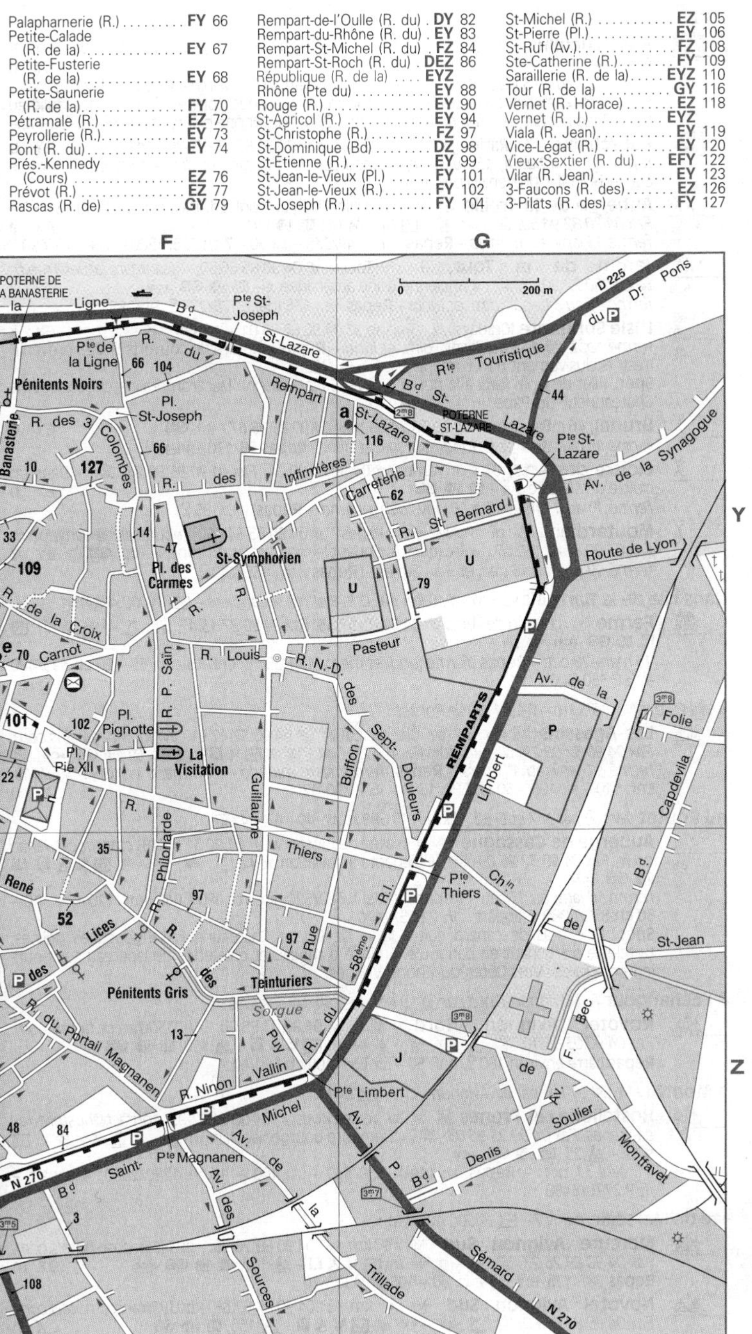

XXX **Hiély-Lucullus,** 5 r. République (1er étage) ✆ 04 90 86 17 07, *Fax 04 90 86 32 38* – ▤. AE GB JCB EY n
fermé 18 juin au 3 juil., 14 au 29 janv., mardi et merc. d'oct. à juin – **Repas** 130/220 ♀
Spéc. Petite marmite du pêcheur au safran. Agneau des Comtes de Provence grillé au thym. Pieds et paquets à la provençale. **Vins** Côtes-du-Rhône blanc, Châteauneuf-du-Pape

XX **Fourchette,** 17 r. Racine ✆ 04 90 85 20 93, *Fax 04 90 85 57 60* – ▤. GB EY u
fermé 11 au 19 août, 15 au 30 sept., vacances de fév., sam. et dim. – **Repas** (nombre de couverts limité, prévenir) *(130)* - 160

XX **Auberge de la Treille** avec ch, l'Ile Piot par pont Éd. Daladier ✆ 04 90 16 46 20, *Fax 04 90 82 94 58,* – TV P – 60. AE GB AX a
fermé 15 janv. au 15 mars – **Repas** *(110)* - 149/235 – 50 – **7 ch** 325/1500 – ½ P 375/490

XX **Jardin de la Tour,** 9 r. Tour ✆ 04 90 85 66 50, *jeanmarc.larue@free.fr, Fax 04 90 27 90 72,* « Ancienne usine aménagée » – AE GB JCB GY a
fermé 15 au 31 août, dim. et lundi – **Repas** *(95)* - 135 (déj.), 175/275 ♀, enf. 85

X **L'Isle Sonnante** (Gradassi), 7 r. Racine ✆ 04 90 82 56 01 – ▤. GB. EY k
fermé août, 24 déc. au 3 janv., dim. et lundi – **Repas** (nombre de couverts limité, prévenir) (rest. exclusivement non-fumeur) *(165 bc déj.)* - 295
Spéc. Filet de lapin farci à la purée d'olive. Gibier (saison). Macaron praliné-chocolat. **Vins** Châteauneuf-du-Pape.

X **Brunel,** 46 r. Balance ✆ 04 90 85 24 83, *Fax 04 90 86 26 67* – ▤. GB EY e
fermé 15 déc. au 7 janv., lundi sauf juil. et dim. – **Repas** 98/170 (dîner) ♀

X **Cloître des Arts,** 83 r. J. Vernet ✆ 04 90 85 99 04, *Fax 04 90 85 89 24,* « Dans un cloître du 15e siècle » – AE GB EZ b
fermé 1er au 11 nov., 1er au 6 janv., dim. et lundi – **Repas** 110/185 ♀

X **Moutardier,** 15 pl. Palais des Papes ✆ 04 90 85 34 76, *moutardier@wanadoo.fr, Fax 04 90 86 42 18,* « Fresques évoquant le moutardier du pape » – ▤. GB EY z
fermé 19 nov. au 16 déc. et 3 au 20 fév. – **Repas** *(120)* - 150/240 ♀

dans l'île de la Barthelasse *Nord : 5 km par D 228 et rte secondaire* – ✉ *84000 Avignon :*

Ferme, chemin des Bois ✆ 04 90 82 57 53, *Fax 04 90 27 15 47,* – ▤ ch, TV P. AE GB JCB. ch
13 mars-28 oct. – **Repas** *(fermé lundi et merc.)* 120/250 ♀, enf. 65 – 55 – **20 ch** 390/480 – ½ P 360/400

vers ② *par N 7 : 3,5 km* – ✉ *84130 Le Pontet :*

Les Agassins M, 52 av. Ch. de Gaulle ✆ 04 90 32 42 91, *avignon@agassins.com, Fax 04 90 32 08 29,* « Jardin fleuri », – ▤ TV P – 30. AE GB JCB.
fermé 1er janv. au 1er mars – **Repas** *(fermé sam. midi de nov. à mars)* 155 (déj.), 380/440, enf. 110 – 105 – **30 ch** 590/1600 – ½ P 790/1205 CV u

au Pontet *vers ② par N 7 et D 62 : 6 km – 15 688 h. alt. 40* – ✉ *84130 :*

Auberge de Cassagne, 450 allée de Cassagne ✆ 04 90 31 04 18, *cassagne@wanadoo.fr, Fax 04 90 32 25 09,* « Élégante installation », – ▤ TV P. AE GB JCB
fermé 10 janv. au 1er fév. – **Repas** 195 (déj.), 320/520 et carte 480 à 640, enf. 120 – 110 – **30 ch** 850/1880, 5 appart – ½ P 855/1470
Spéc. Foie gras de canard cuit à la lie de vin de Châteauneuf. Langoustines grillées, tartelette d'artichaut en barigoule. Emincé d'agneau et côtelettes de lapereau aux petits légumes farcis. **Vins** Côtes-du-Rhône-Villages.

à l'Échangeur A 7 *Avignon-Nord par ② : 9 km* – ✉ *84700 Sorgues :*

Novotel Avignon Nord M, ✆ 04 90 03 85 00, *h0550@accor.hotels.com, Fax 04 90 03 85 10,* – ▤ TV P – 150. AE GB
Repas carte environ 160 ♀, enf. 50 – 65 – **100 ch** 550/620

à Montfavet *Est : 7 km par av. Avignon* - **CX** – ✉ *84140 :*

Hostellerie Les Frênes M, av. Vertes Rives ✆ 04 90 31 17 93, *contact@hostellerie-les-frenes, Fax 04 90 23 95 03,* « Demeure bourgeoise dans un parc », – ▤ TV P – 25. AE GB JCB
1er avril-31 oct. – **Repas** 220 (déj.), 330/530 – 100 – **15 ch** 1250/2600, 4 appart – ½ P 2770/3480

rte de Marseille *par N 7* – ✉ *84000 Avignon :*

Mercure Avignon Sud M, 3 km ✆ 04 90 89 26 26, *h0346@accor-hotels.com, Fax 04 90 89 26 27,* – ▤ TV P – 130. AE GB JCB BX m
Repas *(95)* - 125, enf. 55 – 60 – **105 ch** 490/620

Novotel Avignon Sud M, 4 km ✆ 04 90 87 62 36, *h0399@accor-hotels.com, Fax 04 90 87 86 60,* – ▤ TV P – 150. AE GB CX n
Repas 130 ♀, enf. 50 – 65 – **79 ch** 550/620

à l'aéroport d'Avignon-Caumont *par ③ : 8 km – ✉ 84140 Montfavet :*

Paradou-Avignon, ☎ 04 90 84 18 30, *beslay@hotel-paradou.fr, Fax 04 90 84 19 16,* – 20 à 50. AE GB JCB
Repas *(fermé dim. soir du 4 nov. au 24 mars) (80 bc) - 100/220*, enf. 60 – 55 – **42 ch** 500/550 – ½ P 400

Voir aussi ressources hôtelières de *Villeneuve-lès-Avignon* et *Les Angles*

AVIGNON-CAUMONT (Aéroport d') *84 Vaucluse* 81 ⑪ ⑫ *– rattaché à Avignon.*

AVOINE *37420 I.-et-L.* 64 ⑬ *– 1 664 h alt. 35.*

Paris 294 – Tours 53 – Azay-le-Rideau 27 – Chinon 7 – Langeais 27 – Saumur 22.

L'Atlantide, 17 r. Nationale ☎ 02 47 58 81 85, *Fax 02 47 58 49 97,* – P. GB
fermé 1er au 15 juil., dim. soir et lundi – **Repas** 98/209 ♀, enf. 55 - ***Casse-Croûte du Vigneron :*** Repas 74 ♀, enf. 55

AVRANCHES SP *50300 Manche* 59 ⑧ *G. Normandie Cotentin – 8 638 h alt. 108.*

Voir *Manuscrits*** *du Mont-St-Michel (musée) – Jardin des Plantes :* ※* *– La "plate-forme"* ※*.

🅸 *Office de Tourisme 2 r. Gén.-de-Gaulle ☎ 02 33 58 00 22, Fax 02 33 68 13 29 et (juil.-août) pl. Carnot ☎ 02 33 58 59 11.*

Paris 333 ① – St-Lô 58 ① – St-Malo 68 ③ – Caen 102 ① – Rennes 83 ③.

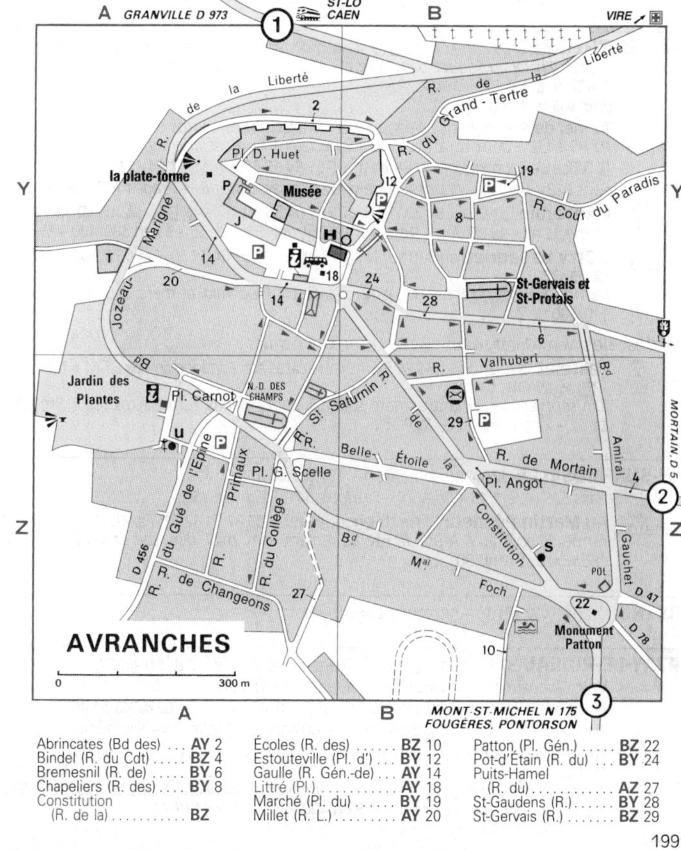

Abrincates (Bd des) .... **AY** 2	Écoles (R. des) ...... **BZ** 10	Patton (Pl. Gén.) ..... **BZ** 22
Bindel (R. du Cdt) .... **BZ** 4	Estouteville (Pl. d') ... **BY** 12	Pot-d'Étain (R. du) ... **BY** 24
Bremesnil (R. de) ..... **BY** 6	Gaulle (R. Gén.-de) ... **AY** 14	Puits-Hamel (R. du) .... **AZ** 27
Chapeliers (R. des) .... **BY** 8	Littré (Pl.) .... **AY** 18	St-Gaudens (R.) ...... **BY** 28
Constitution (R. de la) .... **BZ**	Marché (Pl. du) ...... **BY** 19	St-Gervais (R.) .... **BZ** 29
	Millet (R. L.) .... **AY** 20	

Croix d'Or , 83 r. Constitution ☎ 02 33 58 04 88, *Fax 02 33 58 06 95,* « Décor rustique normand », – TV P. GB BZ s
fermé janv. et dim. soir du 15 oct. au 25 mars – **Repas** 80 (déj.), 125/300 ♀, enf. 60 – ☐ 41 – **27 ch** 270/400 – ½ P 330/390

Abrincates sans rest, 37 bd Luxembourg par ③ : *0,5 km* ☎ 02 33 58 66 64, *Fax 02 33 58 40 11* – TV ☎ & P. GB JCB
fermé dim. d'oct. à avril – ☐ 38 – **29 ch** 320/380

Jardin des Plantes, 10 pl. Carnot ☎ 02 33 58 03 68, *Fax 02 33 60 01 72* – TV &. AE GB JCB AZ u
fermé 23 déc. au 2 janv. et sam. de mi-nov. à Pâques – **Repas** 78/195 , enf. 55 – ☐ 48 – **26 ch** 170/490 – ½ P 240/310

à St-Quentin-sur-le-Homme *Sud-Est : 5 km par D 78* **BZ** *– 1 007 h. alt. 55 – ✉ 50220 :*

Gué du Holme M avec ch, ☎ 02 33 60 63 76, *gue.holme@wanadoo.fr, Fax 02 33 60 06 77,* , – TV ☎ & P. AE GB
fermé 1er au 21 janv. et dim. du 15 sept. à Pâques – **Repas** *(fermé sam. midi, dim. soir et vend. de sept. à Pâques)* 150/390 et carte 270 à 360 ♀, enf. 80 – ☐ 60 – **10 ch** 400 – ½ P 500/600

AVRILLÉ *85440 Vendée* 67 ⑬ *G. Poitou Vendée Charentes – 1 004 h alt. 45.*

Voir *St-Hilaire-la-Forêt : démonstrations des techniques préhistoriques★ du Centre de Recherche sur le Néolithique SO : 3 km.*

Paris 444 – La Rochelle 67 – La Roche-sur-Yon 27 – Luçon 27 – Les Sables-d'Olonne 25.

Menhir, av. Gén. de Gaulle ☎ 02 51 22 32 18, *Fax 02 51 22 34 13* – . AE GB JCB
fermé 15 janv. au 28 fév., dim. soir de sept. à juin et lundi – **Repas** *(70)* - 95/220, enf. 55

AX-LES-THERMES *09110 Ariège* 86 ⑮ *G. Midi-Pyrénées – 1 489 h alt. 720 – Stat. therm. – Sports d'hiver au Saquet par route du plateau de Bonascre★ (8 km) et télécabine : 720/2 400 m 1 18 – Casino.*

Voir *Vallée d'Orlu★ au SE.*

Tunnel de Puymorens : *Péage en 2000, aller simple : autos 33 F, auto et caravane 66 F, P.L 80 à 132 F, deux-roues 20 F. Tarifs spéciaux A.R : renseignements ☎ 04 68 04 97 20.*

Office de Tourisme pl. du Breilh ☎ 05 61 64 60 60, Fax 05 61 64 41 08.

Paris 822 – Foix 43 – Andorra-la-Vella 62 – Carcassonne 107 – Prades 100 – Quillan 55.

L'Auzeraie, ☎ 05 61 64 20 70, *Fax 05 61 64 38 50,* – TV – 25. AE GB
fermé 15 nov. au 20 déc. – **Repas** 80/250 ♀, enf. 50 – ☐ 35 – **33 ch** 380/480 – ½ P 270

L'Orry Le Saquet, au Sud sur N 20 : 1 km ☎ 05 61 64 31 30, *Fax 05 61 64 00 31,* – P. AE GB
fermé vacances de Toussaint, janv., mardi soir, jeudi midi et merc. sauf juil.-août – **Repas** 110/360 bc ♀

au Castelet *Nord-Ouest : 4 km – ✉ 09110 Ax-les-Thermes :*

Castelet , ☎ 05 61 64 24 52, *hotel.le.castelet@wanadoo.fr, Fax 05 61 64 05 93,* , – TV P. AE GB. rest
juin-sept. et fermé mardi et merc. sauf juil.-août – **Repas** (fermé le midi sauf dim.) 70/170 – ☐ 32 – **27 ch** 220/341 – ½ P 330

AY-SUR-MOSELLE *57300 Moselle* 57 ④ *– 1 344 h alt. 160.*

Paris 329 – Metz 18 – Briey 24 – Saarlouis 54 – Thionville 15.

Au Martin Pêcheur, 1 rte d'Hagondange ☎ 03 87 71 42 31, *Fax 03 87 71 42 31* – GB
fermé 16 août au 6 sept., 18 fév. au 4 mars, sam. midi, dim. soir et lundi – **Repas** *(115)* - 180/400 bc ♀, enf. 90

AYTRÉ *17 Char.-Mar.* 71 ⑫ *– rattaché à La Rochelle.*

AZAY-LE-RIDEAU *37190 I.-et-L.* 64 ⑭ *G. Châteaux de la Loire – 3 053 h alt. 51.*

Voir *Château★★★ – Façade★ de l'église St-Symphorien.*

Office de Tourisme 5 pl. de l'Europe ☎ 02 47 45 44 40, Fax 02 47 45 31 46.

Paris 267 – Tours 27 – Châtellerault 61 – Chinon 21 – Loches 54 – Saumur 49.

Grand Monarque, pl. République ☎ 02 47 45 40 08, *Fax 02 47 45 46 25,* – TV ☎ P. AE GB
fermé 15 déc. au 31 janv., vend. midi, dim. soir et lundi du 15 oct. au 31 mars – **Repas** 99 (déj.), 165/295, enf. 79 – ☐ 60 – **25 ch** 400/1000 – ½ P 440/670

des Châteaux M, 2 rte Villandry ✆ 02 47 45 94 59, *hdcresor@club-internet.fr, Fax 02 47 45 68 29,* – TV ✆ ♿ P. GB.
fermé 15 déc. au 15 fév. – **Repas** *(vend. soir, dim. soir hors saison et lundi midi)* 75/165, enf. 39 – 40 – **27 ch** 315 – 1/2 P 310

Val de Loire sans rest, 50 r. Nationale ✆ 02 47 45 28 29, *hvl@wanadoo.fr, Fax 02 47 45 91 19* – TV ✆ P. AE GB JCB
25 mars-5 nov. – 45 – **27 ch** 350/440

de Biencourt sans rest, r. Balzac ✆ 02 47 45 20 75, *Fax 02 47 45 91 73* – GB.
1er mars-15 nov. – 40 – **17 ch** 210/380

L'Aigle d'Or, 10 av., A. Riché ✆ 02 47 45 24 58, *Fax 02 47 45 90 18,* – GB
fermé 2 au 13 sept., 20 nov. au 1er déc., fév., dim. soir, mardi soir et merc. hors saison – **Repas** (prévenir) 110 (déj.), 160/350 bc, enf. 55

Les Grottes, 23 r. Pineau (D 84) ✆ 02 47 45 21 04, *Fax 02 47 45 92 51,* « Salles troglodytiques » – GB
fermé 2 janv. au 7 fév. et jeudi – **Repas** 100/201, enf. 50

à Saché *Est : 6,5 km par D 17 – 868 h. alt. 78 – ✉ 37190 :*

Auberge du XIIe Siècle (Jimenez-Aubrun), ✆ 02 47 26 88 77, *Fax 02 47 26 88 21,* « Décor rustique », – GB
fermé 5 au 12 juin, 27 août au 5 sept., 9 au 29 janv., dim. soir et lundi – **Repas** (dim. prévenir) *(135)* - 170/320 et carte 280 à 390
Spéc. Sandre rôti aux épices (fév. à juin). Perdreau rôti aux pommes Maxim's. Marbré au chocolat, coulis d'orange. **Vins** Azay-le-rideau, Gamay de Touraine.

***Michelin** n'accroche pas de panonceau aux hôtels et restaurants qu'il signale.*

AZAY-SUR-INDRE *37310 I.-et-L.* 64 ⑯ *G. Châteaux de la Loire – 309 h alt. 89.*
Paris 252 – Tours 33 – Amboise 28 – Blois 64 – Loches 11 – Vierzon 102.

Auberge des Deux Rivières, ✆ 02 47 92 58 11, *Fax 02 47 92 58 11,* – GB
fermé 16 avril au 2 mai, 13 nov. au 5 déc., mardi soir et merc. – **Repas** 61 bc (déj.), 98/185, enf. 50

BACCARAT *54120 M.-et-M.* 62 ⑦ *G. Alsace Lorraine – 5 022 h alt. 260.*
Voir *Vitraux★ de l'église St-Rémy – Musée du cristal.*
Office de Tourisme pl. du Gén.-Leclerc ✆ 03 83 75 13 37, Fax 03 83 75 36 76.
Paris 363 – Nancy 58 – Épinal 43 – Lunéville 26 – St-Dié 29 – Sarrebourg 44.

Renaissance, 31 r. Cristalleries ✆ 03 83 75 11 31, *renaissance.la@wanadoo.fr, Fax 03 83 75 21 09* – TV. AE GB
fermé lundi (sauf hôtel), vend. soir et dim. soir – **Repas** 90/180, enf. 50 – 40 – **16 ch** 265/360 – 1/2 P 250/280

BADEN *56870 Morbihan* 63 ③ *– 2 844 h alt. 28.*
Paris 476 – Vannes 16 – Auray 10 – Lorient 53 – Quiberon 40.

Gavrinis, à Toulbroch : 2 km par rte Vannes ✆ 02 97 57 00 82, *gavrinis@wanadoo.fr, Fax 02 97 57 09 47,* – TV P – 30. AE GB JCB
fermé 15 nov. au 31 janv. et lundi d'oct. à avril sauf fériés – **Repas** *(fermé lundi sauf le soir du 18 juin au 10 sept. et sauf fériés)* 120/380, enf. 73 – 48 – **18 ch** 360/475 – 1/2 P 396/425

BAERENTHAL *57230 Moselle* 57 ⑱ *– 723 h alt. 220.*
Paris 447 – Strasbourg 64 – Bitche 15 – Haguenau 33 – Wissembourg 50.

Kirchberg M sans rest, ✆ 03 87 98 97 70, *Fax 03 87 98 97 91,* – cuisinette TV ✆ ♿ P. GB
fermé 2 au 30 janv. – 45 – **12 ch** 255/400, 8 studios

à Untermuhlthal *Sud-Est : 4 km par D 87 – ✉ 57230 Baerenthal :*

L'Arnsbourg (Klein), ✆ 03 87 06 50 85, *l.arnsbourg@wanadoo.fr, Fax 03 87 06 57 67,* – P. AE GB
fermé 26 août au 13 sept., janv., mardi et merc. – **Repas** (week-ends prévenir) 215 (déj.), 365/485 et carte 420 à 650
Spéc. Langoustines et foie gras marinés. Grillade de foie de canard au citron confit. Carré de porcelet au foin. **Vins** Gewürztraminer, Muscat.

BÂGÉ-LE-CHÂTEL *01380 Ain 70 ⑫ – 751 h alt. 209.*
Syndicat d'Initiative Maison de Pays r. Marsale ✆ 03 85 30 56 66, Fax 03 85 30 56 66.
Paris 397 – Mâcon 8 – Bourg-en-Bresse 34 – Pont-de-Veyle 6 – St-Amour 40 – Tournus 40.

Table Bâgesienne, Gde Rue ✆ 03 85 30 54 22, *Fax 03 85 30 58 33,* – AE GB
fermé 20 au 30 août, vacances de fév., mardi et merc.
Repas 95 (déj.), 125/220, enf. 55

BAGES *11 Aude 86 ⑩ – rattaché à Narbonne.*

BAGNÈRES-DE-BIGORRE *65200 H.-Pyr. 85 ⑱ G. Midi-Pyrénées – 8 424 h alt. 551 – Stat. therm. (1er mars-30 nov.) – Casino* **AZ.**
Voir *Parc thermal de Salut★ par Av. Pierre-Noguès – Grotte de Médous★★ SE : 2,5 km par D 935.*
Office de Tourisme 3 allée Tournefort ✆ 05 62 95 50 71, Fax 05 62 95 33 13.
Paris 818 – Pau 62 – Lourdes 24 – St-Gaudens 64 – Tarbes 21.

Résidence , Parc Thermal de Salut ✆ 05 62 91 19 19, *Fax 05 62 95 29 88,* ←, , , , – TV P – 20. GB. rest
1er mai-15 oct. – **Repas** (résidents seul.) 120 – 50 – **25 ch** 450, 3 appart – ½ P 400

Hostellerie d'Asté, rte de Campan (D 935) : 3,5 km ✆ 05 62 91 74 27, *hotel@hotel-aste.com, Fax 05 62 91 76 74,* ←, , , – TV P – 30. AE GB.
fermé 13 nov. au 15 déc. – **Repas** 81/201, enf. 41 – 37 – **22 ch** 264/317 – ½ P 246/312

à Beaudéan *Sud : 4,5 km rte de Campan (D 935) – 410 h. alt. 625 – ✉ 65710 Campan :*
Voir *Vallée de Lesponne★ SO.*

Catala , ✆ 05 62 91 75 20, *Fax 05 62 91 79 72* – TV P – 20. GB.
fermé 2 au 13 janv., lundi (sauf hôtel) et dim. soir sauf vacances scolaires – **Repas** 86/200, enf. 46 – 36 – **23 ch** 280/350, 3 appart – ½ P 280/380

Petite Auberge, ✆ 05 62 91 72 16, *Fax 05 62 91 60 87,* , – AE GB
fermé 15 au 30 juin, 15 au 31 déc. et mardi – **Repas** 75/160 ♀, enf. 30

BAGNÈRES-DE-LUCHON *31110 H.-Gar. 85 ⑳ G. Midi-Pyrénées – 3 094 h alt. 630 – Stat. therm. (début avril-fin oct.) – Sports d'hiver à Superbagnères : 1 440/2 260 m 1 15 – Casino* **Y.**
Office de Tourisme 18 allée d'Etigny ✆ 05 61 79 21 21, Fax 05 61 79 11 23.
Paris 834 ① – St-Gaudens 46 ① – Tarbes 94 ① – Toulouse 139 ①.

Plan page ci-contre

Corneille, 5 av. A. Dumas ✆ 05 61 79 36 22, *Fax 05 61 79 81 11,* ←, , – TV P – 20. AE GB. rest **Y u**
fermé 28 oct. au 22 déc. – **Repas** *(120)* - 140/180 ♀, enf. 80 – 55 – **53 ch** 350/800 – ½ P 480/600

d'Étigny, face établ. thermal ✆ 05 61 79 01 42, *Fax 05 61 79 80 64,* – , rest, TV . GB. rest **Z k**
1er avril-20 oct., vacances de Toussaint, de Noël et de fév. – **Repas** 96/240, enf. 58 – 48 – **58 ch** 415/800, 5 appart – ½ P 355/505

Royal Hôtel, 1 cours Quinconces ✆ 05 61 79 00 62, *Fax 05 61 79 38 35* – . GB. rest **Z v**
25 mai-10 oct. – **Repas** 95 – 32 – **48 ch** 200/250 – ½ P 250

Rencluse, à St-Mamet ✉ 31110 Bagnères-de-Luchon ✆ 05 61 79 02 81, *Fax 05 61 79 82 99* – TV P. AE GB. rest **Z y**
1er mai-6 oct. et vacances de fév. – **Repas** 72/150 – 38 – **23 ch** 240/300 – ½ P 215/270

Deux Nations, 5 r. Victor-Hugo ✆ 05 61 79 01 71, *hotel.des.2.nations@wanadoo.fr, Fax 05 61 79 27 89,* – TV . GB **Y g**
Repas 59/150 , enf. 45 – 30 – **29 ch** 141/270 – ½ P 190/235

à Montauban-de-Luchon *Est par D 27c : 2 km – 434 h. alt. 632 – ✉ 31110 ;*

Jardin des Cascades , ✆ 05 61 79 83 09, *Fax 05 61 79 79 16,* ← Luchon et montagnes, , – AE GB
1er avril-10 oct. – **Repas** 110/180, enf. 60 – 37 – **11 ch** 210/240 – ½ P 270

au Sud *par D 125 : 4 km – ✉ 31110 Bagnères-de-Luchon :*

Auberge de Castel Vielh avec ch, ✆ 05 61 79 36 79, *Fax 05 61 79 36 79,* , – TV P. GB
fév.-oct., vacances de Noël, week-ends en hiver et fermé merc. sauf juil.-août – **Repas** 100/190, enf. 50 – 38 – **3 ch** 250/300 – ½ P 260/275

à Castillon-de-Larboust *par ③ et D 618 : 6 km – 83 h. alt. 956 – ✉ 31110 :*

L'Esquerade, ✆ 05 61 79 19 64, *Fax 05 61 79 26 29,* ← – P. AE GB JCB. rest
fermé 15 nov. au 15 déc. – **Repas** 90 (déj.), 120/350 ♀, enf. 75 – 42 – **15 ch** 255/320 – ½ P 270/310

BAGNÈRES-DE-LUCHON

Alexandre-Dumas (Av.) . . . . **Y** 2
Bains (Allées des) . . . . **Z** 3
Barrau (Av. J.). . . . . **Z** 4
Boularan (Av. Jean) . . . . **Y** 6
Boileau (R. P.) . . . . **X** 8
Carnot (Av.) . . . . **Y** 9
Colomic (R.). . . . . **X** 12
Dardenne (Bd) . . . . **Y** 13
Dr-Germès (R. du) . . . . **X** 14
Étigny (Allées d') . . . . **YZ** 16
Fontan (Bd A.) . . . . **XY** 17
Gambetta (R.) . . . . **Y** 18
Joffre (Pl. Mar.). . . . . **X** 20
Laity (R.). . . . . **X** 22
Lamartine (R.) . . . . **Y** 23
Nadau (R. G.). . . . . **X** 25
Nérée-Boubée (R.) . . . . **X** 26
Pyrénées (Av. des) . . . . **Z** 28
Quinconces (Cours des) . . . . . **Z** 30
Rostand (Bd E.). . . . . **Y** 32
Thiers (R.). . . . . **Y** 33
Toulouse (Av. de) . . . . **X** 34
Victor-Hugo (R.). . . . . **Y** 36

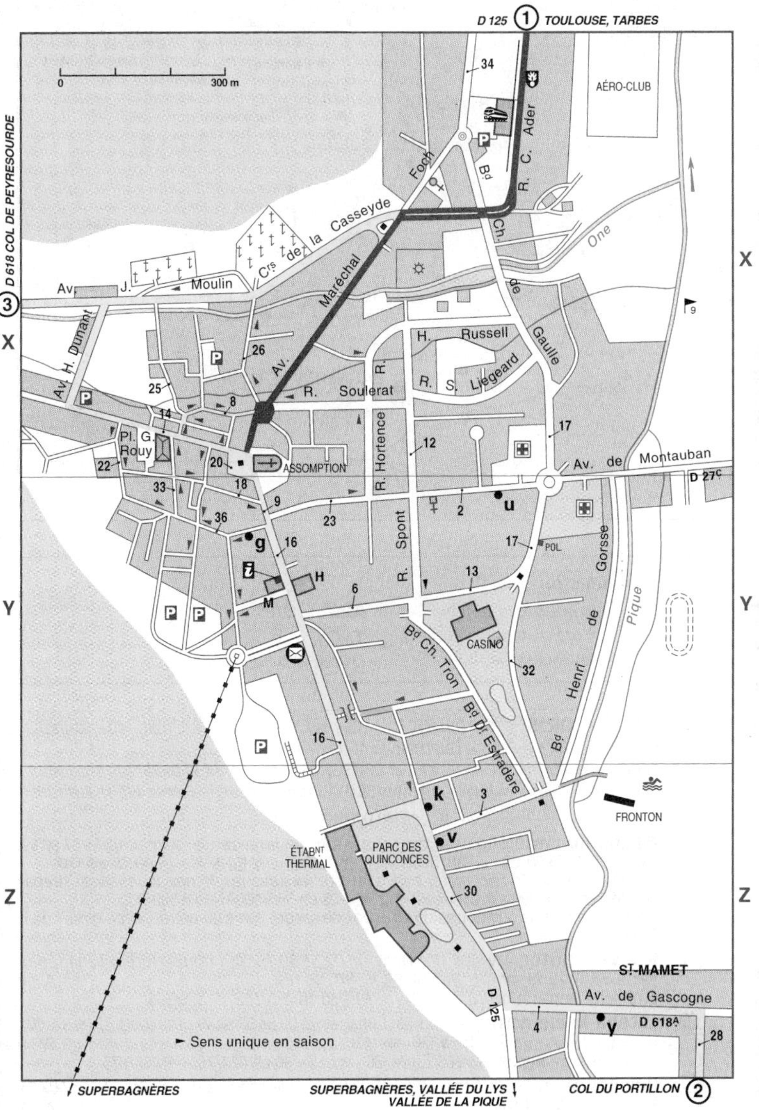

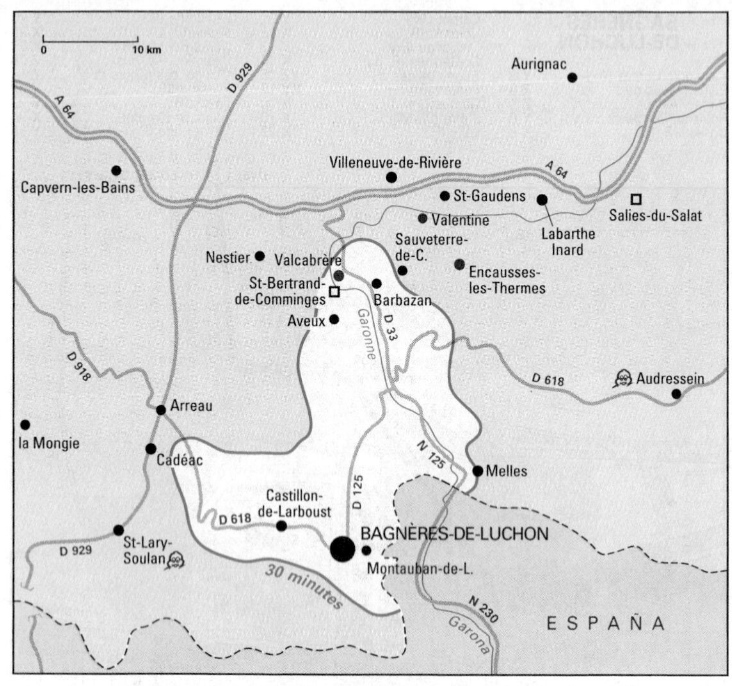

Ne confondez pas :

Confort des hôtels	:	🏨🏨 ... 🏨, 🏨
Confort des restaurants	:	XXXXX ... X
Qualité de la table	:	✿✿✿, ✿✿, ✿, 🍴

BAGNOLES-DE-L'ORNE *61140 Orne* 60 ① *G. Normandie Cotentin – 875 h alt. 140 – Casino* A.

Voir *Site★ – Lac★ – Parc de l'établissement thermal★*.

Office de Tourisme pl. du Marché ✆ 02 33 37 85 66, Fax 02 33 30 06 75.

Paris 242 ① *– Alençon 49* ② *– Argentan 39* ① *– Domfront 19* ③ *– Falaise 49* ① *– Flers 28* ④.

Plan page ci-contre

Manoir du Lys (Quinton) ⚲, rte Juvigny-sous-Andaine par ③ *: 2 km* ✆ 02 33 37 80 69, *Fax 02 33 30 05 80,* « Parc fleuri », – AE GB
✿ *fermé 3 janv. au 14 fév., mardi midi, dim. soir et lundi du 1er nov. au 15 avril* – **Repas** 160/390 et carte 290 à 420, enf. 80 – ☕ 70 – **25 ch** 390/1000 – ½ P 500/800
Spéc. Tarte friande d'andouille de Vire. Dos de sandre fumé au hêtre. "Cèpe glacé" de la forêt d'Andaines.

Nouvel Hôtel, av. Dr P. Noal ✆ 02 33 30 75 00, *nouvelhotel@wanadoo.fr, Fax 02 33 30 75 13,* – rest, GB. rest — A e
avril-oct. – **Repas** 92/180 ♀, enf. 50 – ☕ 39 – **30 ch** 250/362 – P 325/365

Lutetia-Reine Astrid ⚲, bd Paul Chalvet ✆ 02 33 37 94 77, *Fax 02 33 30 09 87,* – 25. AE GB. rest — B n
1er avril-6 oct. – **Repas** 138/365 ♀, enf. 80 – ☕ 55 – **30 ch** 420/750 – P 455/675

Bois Joli ⚲, av. Ph. du Rozier ✆ 02 33 37 92 77, *boisjoli@wanadoo.fr, Fax 02 33 37 07 56,* – AE GB — A w
fermé 2 janv. au 13 fév. – **Repas** 100/250 ♀ – ☕ 50 – **20 ch** 390/630 – P 440/560

Camélias, av. Château de Couterne ✆ 02 33 37 93 11, *cameliashotel@wanadoo.fr, Fax 02 33 37 48 32,* – AE GB — A b
30 mars-1er nov. – **Repas** 99/215 ♀, enf. 65 – ☕ 38 – **26 ch** 200/360 – P 270/335

BAGNOLES-DE-L'ORNE

Bois-Motté (Bd. du) . . . . . **A** 2
Casinos (R. des) . . . . **A** 3
Château (Av. du) . . . . **A** 4
Dr-Pierre-Noal (Av. du . . . . **A** 7
Dr-Poulain (Av. du) . . . . . . **A** 8
Gaulle (Pl. Général-de) . . . . **B** 9
Hartog (Bd. G.) . . . . **A** 13
Lemeunier de la Raillère (Bd) . . . . **B** 14
Rozier (Av. Ph. du) . . . . . . **A** 15
Sergenterie-de-Javains (R.) . . . . **A** 18

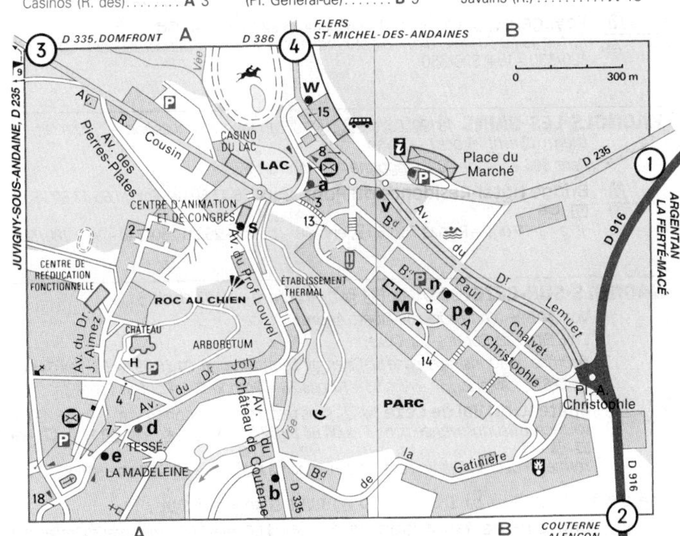

Ermitage sans rest, 24 bd Paul Chalvet ☎ 02 33 37 96 22, *Fax 02 33 38 59 22*, – P. GB — B p
8 avril-31 oct. – ☐ 50 – **37 ch** 250/390

Roc au Chien, r. Prof. Louvel ☎ 02 33 37 97 33, *Fax 02 33 30 46 98*, – P. AE ⓓ GB. rest — A s
28 mars-3 nov. – **Repas** 109/169 ♀, enf. 58 – ☐ 37 – **43 ch** 170/330 – P 400

Normandie avec ch, 2 av. Dr Lemuet ☎ 02 33 30 71 30, *hotel.le.normandie@wanadoo.fr*, *Fax 02 33 30 71 31*, – P. AE ⓓ GB. rest — B v
hôtel : 1er mars-12 nov. ; rest : 1er avril-3 nov. et fermé dim. et lundi en mars – **Repas** 90/195, enf. 50 – ☐ 40 – **22 ch** 285/310 – ½ P 270/290

Potinière du Lac avec ch, 2 r. Casinos ☎ 02 33 30 65 00, *Fax 02 33 38 49 04*, – . AE GB — A a
fermé 20 déc. au 15 fév., dim. soir, lundi et mardi de nov. à mars – **Repas** 84/175, enf. 45 – ☐ 32 – **15 ch** 200/280 – P 260/303

Celtic, 14 r. Dr Noal ☎ 02 33 37 92 11, *leceltic@club-internet.fr*, *Fax 02 33 38 90 27* – AE ⓓ GB — A d
fermé janv., fév., mardi soir et merc. du 1er nov. au 5 avril – **Repas** 89/160 ♀, enf. 45

BAGNOLET *93 Seine-St-Denis* 56 ⑪, 101 ⑰ – *voir à Paris, Environs.*

BAGNOLS *69620 Rhône* 73 ⑨, 110 ① *G. Vallée du Rhône* – *636 h alt. 400.*
Paris 446 – Lyon 35 – Tarare 20 – Villefranche-sur-Saône 15.

Château de Bagnols ☎ 04 74 71 40 00, *chateaubagnols@compuserve.com*, *Fax 04 74 71 40 49*, « Vieux château restauré, jardins ouverts sur la campagne beaujolaise », – P. AE ⓓ GB JCB.
31 mars-2 janv. – **Repas** *(fermé midi en semaine, dim. soir et lundi du 30 mars au 16 avril et en nov. et déc.)* 460/620 et carte 390 à 620 ♀, enf. 150 – ☐ 160 – **16 ch** 2600/6500, 4 appart
Spéc. Filet d'anguille à la vigneronne. Pocharde de poissons d'eau douce et écrevisses. Pigeonneau du brionnais rôti à la broche. **Vins** Beaujolais blanc, Pinot noir de Bourgogne.

BAGNOLS *63810 P.-de-D.* 73 ⑫ *– 712 h alt. 862.*

Office de Tourisme de Sancy-Artense r. de la Pavade à la Tour-d'Auvergne 04 73 21 79 78, Fax 04 73 21 79 70.

Paris 491 – Clermont-Ferrand 67 – La Bourboule 22 – Issoire 64 – Le Mont-Dore 26.

Voyageurs, 04 73 22 20 12, *Fax 04 73 22 21 18* – . GB
fermé 15 au 30 janv., dim. soir et lundi hors saison – **Repas** 90/250, enf. 50 – 50 – **21 ch** 180/350 – ½ P 320/350

BAGNOLS-LES-BAINS *48190 Lozère* 80 ⑥ *G. Languedoc Roussillon – 200 h alt. 913 – Stat therm. (2 avril-26 oct.) – Casino.*

Paris 606 – Mende 20 – Langogne 42 – Villefort 37.

Bridge Hôtel-Résidence du Pont, 04 66 47 60 03, *Fax 04 66 47 62 78*, – . GB
1er avril-10 oct. – **Repas** 76/150, enf. 48 – 40 – **26 ch** 230/340 – ½ P 280/300

BAGNOLS-SUR-CÈZE *30200 Gard* 80 ⑩ *G. Provence – 17 872 h alt. 51.*

Voir *Musée d'Art moderne Albert-André★.*

Env. *Site★ de Roques-sur-Cèze.*

Office de Tourisme espace St-Gilles, av. Léon-Blum 04 66 89 54 61, Fax 04 66 89 83 38.

Paris 657 – Avignon 34 – Alès 53 – Nîmes 58 – Orange 30 – Pont-St-Esprit 11.

Château du Val de Cèze sans rest, rte d'Avignon : 1 km 04 66 89 61 26, *hotel.valdeceze@sudprovence.com, Fax 04 66 89 97 37*, , , – – 15 à 90. AE GB
fermé 21 déc. au 7 janv., sam. et dim. d'oct. à mars – 60 – **22 ch** 630/680

rte d'Alès *Ouest : 5 km par D 6 et D 143 – 30200 Bagnols-sur-Cèze :*

Château de Montcaud , 04 66 89 60 60, *montcaud@relaischateaux.fr, Fax 04 66 89 45 04*, , « Parc arboré », , , , – – 50. AE GB JCB
6 avril-3 nov. – ***Les Jardins de Montcaud*** (dîner seul.) *(fermé dim. hors saison)* **Repas** *(210)*-350/390, enf. 45 – ***Bistrot de Montcaud*** (déj. seul.) *(fermé sam. et dim.)* **Repas** *130*-150/175, enf. 95 – 115 – **29 ch** 1220/2350 – ½ P 1080/1645

rte de Pont-St-Esprit *Nord : 5,5 km par N 86 – 30200 Bagnols-sur-Cèze :*

Valaurie, 04 66 89 66 22, *contact@hotel-valaurie.fr, Fax 04 66 89 55 80*, , , – . GB
Repas *(fermé dim. soir)* (dîner seul.)(résidents seul.) 95 – 40 – **22 ch** 270/310 – ½ P 250

à Connaux *Sud : 8,5 km sur N 86 – 1 450 h. alt. 86 – 30330 :*

Paul Itier, 04 66 82 00 24, *Fax 04 66 82 43 23*, – . GB
fermé vacances de fév. – **Repas** 75 (déj.), 105/175

BAILLARGUES *34670 Hérault* 83 ⑦ *– 4 375 h alt. 23.*

Paris 748 – Montpellier 18 – Lunel 11 – Nîmes 42.

Golf Hôtel de Massane , au golf de Massane Sud : 1,5 km par D 26E 04 67 87 87 87, *massane@softel.fr, Fax 04 67 87 87 90*, , , , – – 40 à 200. AE GB
Repas 130/165, enf. 60 – 50 – **32 ch** 460/600 – ½ P 456/486

BAILLEUL *59270 Nord* 51 ⑤ *G. Picardie Flandres Artois – 13 847 h alt. 44.*

Voir *✻★ du beffroi.*

Office de Tourisme 3 Gd Place 03 28 43 81 00, Fax 03 28 43 81 01.

Paris 250 – Lille 30 – Armentières 13 – Béthune 31 – Dunkerque 44 – Ieper 21 – St-Omer 38.

Belle Hôtel sans rest, 19 r. Lille 03 28 49 19 00, *belle.hotel@wanadoo.fr, Fax 03 28 49 22 11* – . AE GB JCB
fermé 21 au 26 déc. – 55 – **33 ch** 380/510

Pomme d'Or avec ch, 27 r. Ypres 03 28 49 11 01, *Fax 03 28 49 17 90* – – 30. AE GB
fermé 15 au 31 août – **Repas** *(fermé dim. soir)* 69/150 – 35 – **4 ch** 270 – ½ P 380

BAIN-DE-BRETAGNE *35470 I.-et-V.* 63 ⑦ *– 5 257 h alt. 100.*

Syndicat d'Initiative 6 r. Joseph-Bertrand ☏ 02 99 43 98 69, Fax 02 99 43 98 69.

Paris 357 – Rennes 32 – Châteaubriant 30 – Nozay 35 – Redon 45 – Vitré 51.

X **Gentilys,** 78 av. Gén. Patton ☏ 02 99 43 83 83, *Fax 02 99 43 83 30* – P. AE GB
fermé 1er au 15 août, 15 au 22 fév., dim. soir, mardi soir, merc. soir et lundi – **Repas** (58) - 72 (déj.), 105/175 ♀, enf. 50

BAINS-LES-BAINS *88240 Vosges* 62 ⑮ *G. Alsace Lorraine – 1 466 h alt. 315 – Stat. therm. (2 avril-3 nov.).*

Office de Tourisme 3 av. André-Demazure ☏ 03 29 36 31 75, Fax 03 29 36 23 24.

Paris 366 ④ – Épinal 27 ① – Luxeuil-les-Bains 30 ② – Vesoul 53 ② – Vittel 42 ④.

BAINS-LES-BAINS

Chavane (Av. du Lieutenant-Colonel) 2
Demazure (Av.) 3
Docteur-Bailly (Av. du) 4
Docteur-Leroy (R. du) 5
Docteur-Mathieu (Av. du) . 6
Leclerc (R. du Général) 7
Poirot (R. Marie) 10
Verdun (R. de) 12
2e-D.-B. (Pl. de la) 14

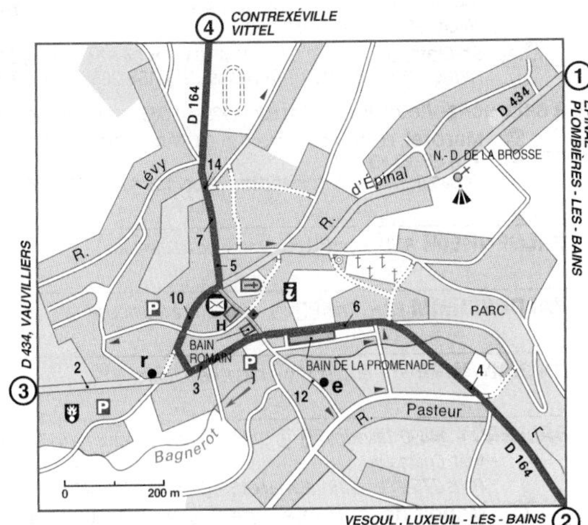

Les plans de villes sont orientés le Nord en haut.

Poste, (e) ☏ 03 29 36 31 01, *Fax 03 29 30 44 22* – TV. GB.
hôtel : 1er avril-20 oct. – **Repas** *(fermé 20 oct. au 1er nov., et le soir du 1er nov. au 31 mars sauf sam. et lundi)* (71) - 84/198 ♀ – 32 – **14 ch** 178/250 – 1/2 P 233/246

Promenade, (r) ☏ 03 29 36 30 06, *Fax 03 29 30 44 28,* – P. GB. ch
23 mars-29 oct. – **Repas** (60) - 78/220 ♀ – 32 – **26 ch** 170/250 – 1/2 P 245/325

BAIX *07210 Ardèche* 77 ⑪ *– 748 h alt. 80.*

Paris 592 – Valence 32 – Crest 30 – Montélimar 23 – Privas 17.

XXX **Cardinale,** ☏ 04 75 85 80 40, *cardinale@relaischateau.com, Fax 04 75 85 82 07,* , « Ancienne demeure seigneuriale » – P. AE GB
fermé 1er au 23 mars, 28 oct. au 6 déc. et 2 janv. au 13 fév. – **Repas** *(fermé mardi de déc. à mars et lundi d'oct. à avril)* (dîner seul. en été) 195/450 ♀

Résidence , à 3 km, , – TV P – 30. AE GB
Repas voir ***Cardinale*** – 100 – **10 ch** 1000/2050 – 1/2 P 900/1375

Auberge des Quatre Vents, rte Chomérac, Nord-Ouest : 2 km ☏ 04 75 85 84 49, *Fax 04 75 85 84 49,* , – rest, TV P. GB
fermé vacances de fév. – **Repas** *(fermé sam. midi et dim. soir sauf juil.-août)* 110/220 – 40 – **16 ch** 260

BALAN *01360 Ain* 74 ⑫ *– 1 668 h alt. 194.*

Paris 477 – Lyon 29 – Bourg-en-Bresse 59 – Bourgoin-Jallieu 42 – Villefranche-sur-Saône 51.

X **Les Alizés,** à la Valbonne, Nord-Est : 3 km, N 84 ☏ 04 72 25 95 95, *Fax 04 78 06 17 82* – P. GB
fermé 30 juil. au 27 août, dim. soir, lundi et sam. – **Repas** 80 bc (déj.), 130/210 ♀, enf. 50

BALARUC-LES-BAINS *34540 Hérault 83 ⑯ G. Languedoc Roussillon – 5 013 h alt. 3 – Stat. therm. (19 fév.-14 déc.).*

Office de Tourisme (fermé dim. en janv. et fév.) Pavillon Sévigné ☎ 04 67 46 81 46, Fax 04 67 48 40 40.

Paris 784 – Montpellier 32 – Agde 30 – Béziers 51 – Frontignan 8 – Lodève 55 – Sète 9.

Mercure M, av. Hespérides ☎ 04 67 51 79 79, *h1812@accor-hotels.com, Fax 04 67 48 02 87,* – ▤ ⓟ – 55. AE ⓓ GB. rest
Repas *(fermé 1er déc. au 1er mars)* 95/160, enf. 52 – ☕ 75 – **86 ch** 375/630

Ibis, quartier Pech Meja ☎ 04 67 80 28 00, *Fax 04 67 48 55 52,* centre de balnéothérapie, – ▤ P – 60. AE ⓓ GB
Repas *(75)* - 95, enf. 39 – ☕ 39 – **57 ch** 360

Martinez, 2 r. M. Clavel ☎ 04 67 48 50 22, *Fax 04 67 43 18 13,* – ▤ rest, P. GB.
fermé 1er au 15 mars – **Repas** *(fermé du 15 janv. au 1er mars)* 110/230, enf. 60 – ☕ 45 – **20 ch** 230/400 – ½ P 230/280

St-Clair, quai Port ☎ 04 67 48 48 91, *Fax 04 67 18 86 96,* – GB
fermé 3 janv. au 10 fév. – **Repas** 95 (déj.), 155/265 et carte 270 à 360

à **Balaruc-le-Vieux** *Nord : 3 km par D 129 – 1 065 h. alt. 12 – ✉ 34540 :*

Marotel, centre commercial ☎ 04 67 48 61 01, *Fax 04 67 43 14 89,* – ▤ rest, P – 25. AE ⓓ GB
Repas *(fermé sam. soir et dim.)* 69 bc/135 – ☕ 35 – **43 ch** 295 – P 470

BALDENHEIM *67 B.-Rhin 62 ⑲ – rattaché à Sélestat.*

BALDERSHEIM *68 H.-Rhin 66 ⑩ – rattaché à Mulhouse.*

BALLAN-MIRÉ *37 I.-et-L. 64 ⑭ – rattaché à Tours.*

BALLEROY *14490 Calvados 54 ⑭ G. Normandie Cotentin – 613 h alt. 70.*

Voir *Château★.*

Paris 275 – St-Lô 23 – Bayeux 15 – Caen 44 – Vire 47.

Manoir de la Drôme (Leclerc), ☎ 02 31 21 60 94, *Fax 02 31 21 88 67,* – P. AE GB.
fermé 27 au 31 août, vacances de fév., dim. soir, merc. soir et lundi – **Repas** 180/350 et carte 330 à 410
Spéc. Fricassée de sole au foie gras et pâtes fraîches. Saveurs "terre et mer" au foie gras poêlé et homard tiède. Palet de chocolat tiède.

La BALME-DE-SILLINGY *74330 H.-Savoie 74 ⑥ – 3 075 h alt. 480.*

Paris 528 – Annecy 13 – Bellegarde-sur-Valserine 31 – Belley 61 – Frangy 14 – Genève 43.

Les Rochers, N 508 ☎ 04 50 68 70 07, *hotel-restaurant-les-rochers@wanadoo.fr, Fax 04 50 68 82 74,* – P – 40. AE GB
fermé 1er au 12 nov., 2 au 31 janv., dim. soir et lundi du 15 sept. au 15 juin – **Repas** 95/375, enf. 55 – ☕ 40 – **25 ch** 250/300 – ½ P 270/300

Annexe La Chrissandière sans rest, à 400 m., « Parc », – P. AE GB
fermé 1er au 12 nov., 2 au 31 janv., dim. et lundi du 15 sept. au 15 juin – ☕ 40 – **10 ch** 340/360

BALOT *21330 Côte-d'Or 65 ⑧ – 93 h alt. 272.*

Paris 235 – Auxerre 74 – Chaumont 74 – Dijon 82 – Montbard 28 – Troyes 72.

Auberge de la Baume, ☎ 03 80 81 40 15, *Fax 03 80 81 62 87* – AE GB
fermé 22 déc. au 1er janv., vend. soir et dim. soir hors saison – **Repas** 65/165, enf. 60 – ☕ 35 – **10 ch** 200/250 – ½ P 230

BAMBECQUE *59470 Nord 51 ④ – 655 h alt. 8.*

Paris 276 – Calais 63 – Dunkerque 24 – Hazebrouck 26 – Lille 57 – St-Omer 37.

Vieille Forge, ☎ 03 28 27 60 67, *Fax 03 28 27 60 67* – GB
fermé 13 au 31 août, vacances de fév., le soir en hiver sauf week-end, dim. soir et lundi – **Repas** 115/280

BANASSAC *48500 Lozère* 80 ④ – *747 h alt. 525.*
Paris 595 – Mende 46 – Florac 55 – Millau 53.

Calice du Gévaudan M, ☎ 04 66 32 94 18, *Fax 04 66 32 98 62,* – TV ♿ P – 20. AE GB
fermé 27 août au 2 sept., 22 oct. au 4 nov., sam. midi et dim. soir sauf juil.-août – **Repas** *(65)* - 90 ♀, enf. 49 – ☕ 42 – **29 ch** 240/380 – ½ P 290/480

Séquoïa avec ch, à la Mothe, Nord : 2 km ☎ 04 66 32 81 63, *Fax 04 66 32 44 04,* – TV P. GB
fermé 5 fév. au 15 mars, mardi du 1er avril au 30 sept. et merc. – **Repas** 90/165 ♁, enf. 40 – ☕ 38 – **7 ch** 280

BAN-DE-LAVELINE *88520 Vosges* 62 ⑱ – *1 240 h alt. 427.*
Paris 406 – Colmar 50 – Épinal 62 – St-Dié 13 – Ste-Marie-aux-Mines 15 – Sélestat 39.

Auberge Lorraine M avec ch, ☎ 03 29 51 78 17, *Fax 03 29 51 71 72,* – TV P. GB
fermé 12 au 26 mars, 15 au 29 oct., dim. soir et lundi – **Repas** 75 (déj.), 95/200 ♀, enf. 65 – ☕ 38 – **7 ch** 170/290 – ½ P 230/295

BANDOL *83150 Var* 84 ⑭, 114 ㊹ *G. Côte d'Azur – 7 431 h alt. 1 – Casino* **Y**.
Voir *Allées Jean-Moulin★.*
Accès *à l'Ile de Bendor par vedette 7 mn* ☎ *04 94 29 44 34 (Bandol).*
Office de Tourisme *allées Vivien* ☎ *04 94 29 41 35, Fax 04 94 32 50 39.*
Paris 826 ② – Marseille 51 ② – Toulon 18 ② – Aix-en-Provence 71 ②.

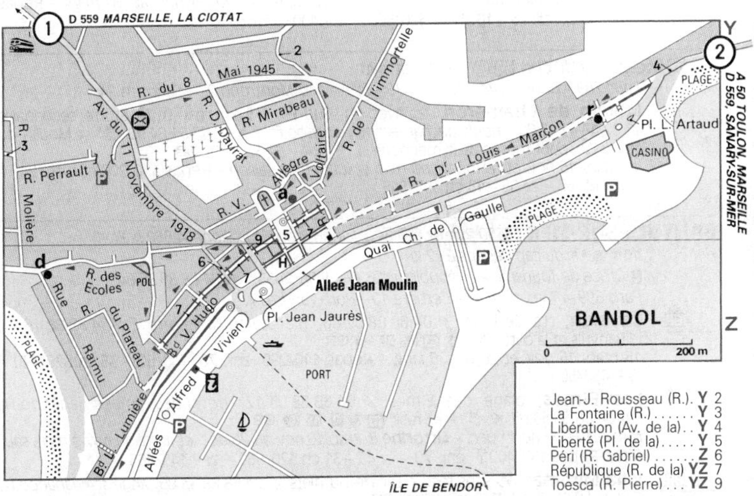

Jean-J. Rousseau (R.). **Y** 2
La Fontaine (R.) . . . . . . **Y** 3
Libération (Av. de la) . . **Y** 4
Liberté (Pl. de la) . . . . . **Y** 5
Péri (R. Gabriel) . . . . . . **Z** 6
République (R. de la) **YZ** 7
Toesca (R. Pierre) . . . **YZ** 9

Provençal sans rest, r. Écoles ☎ 04 94 29 52 11, *Fax 04 94 29 67 57* – TV ☎. AE GB.
fermé 15 nov. à janv. – ☕ 40 – **20 ch** 360/450 **Z d**

Golf Hôtel, sur plage Renécros par bd L. Lumière - **Z** - ☎ 04 94 29 45 83, *Fax 04 94 32 42 47,* ≤, – ch, TV P. AE GB.
hôtel : 8 avril-fin oct. ; rest. : 15 avril-30 sept. – **Repas** (uniquement en terrasse)(déj. seul. sauf en août) 98 (déj.)/108 ♀, enf. 55 – ☕ 45 – **23 ch** 420/650 – ½ P 410/475

Baie sans rest, 62 r. Dr L. Marçon ☎ 04 94 29 40 82, *Fax 04 94 29 95 24* – TV ☎. GB.
☕ 35 – **14 ch** 400/500 **Y r**

Bel Ombra , r. La Fontaine - **Y** - ☎ 04 94 29 40 90, *belmonbra@wanadoo.fr, Fax 04 94 25 01 11,* – TV. GB. rest
hôtel : 1er avril-15 oct. ; rest. : 16 juin-22 sept. – **Repas** (dîner seul.)(résidents seul.) 110 – ☕ 40 – **20 ch** 250/360 – ½ P 330

Les Galets, par ② : *0,5 km* ☎ 04 94 29 43 46, *Fax 04 94 32 44 36,* ≤, – P. AE ⓓ GB.
1er mars-11 nov. – **Repas** 140/200 – ☕ 38 – **20 ch** 220/325 – ½ P 303/337

XX **Réserve** avec ch, rte de Sanary par ② ☎ 04 94 29 30 00, *Fax 04 94 29 30 13*, ←, – TV P. AE ① GB
fermé 28 oct. au 29 nov., 6 janv. au 22 fév., dim. soir et lundi d'oct. à Pâques – **Repas** 150 (déj.), 200/410 ♀, enf. 70 – ☕ 45 – **13 ch** 350/650 – ½ P 400/610

X **Clocher,** 1 r. Paroisse ☎ 04 94 32 47 65, *Fax 04 94 29 97 28*, – GB Y a
fermé nov., dim. soir et lundi d'oct. à mai – **Repas** 115/175 ♀, enf. 50

Ile de Bendor : *en bateau* – ✉ *83150 Bandol* :

Delos ⛰, ☎ 04 94 29 11 60, *ethebault@hoteldelos.com*, *Fax 04 94 32 41 44*, ← port et mer, , , – TV – 25 à 100. AE ① GB
fermé janv. et fév. – ***L'Odyssée*** *(1er avril-31 oct.)* **Repas** 190/350, enf. 70 – ☕ 75 – **55 ch** 600/1350 – ½ P 490/800

par ② *et rte de Sanary : 1,5 km* – ✉ *83110 Sanary-sur-Mer* :

XX **Castel** ⛰ avec ch, ☎ 04 94 29 82 98, *Fax 04 94 32 53 32*, – TV P. AE ① GB
fermé 15 nov. au 1er déc., 15 janv. au 1er fév. et dim. soir du 15 nov. au 30 mars – **Repas** (prévenir) 162/250 – ☕ 37 – **9 ch** 307/400 – ½ P 350/365

BANGOR *56 Morbihan* 63 ⑪ – *voir à Belle-Ile-en-Mer.*

BANNALEC *29380 Finistère* 58 ⑯ – *4 840 h alt. 98.*
Paris 536 – Quimper 33 – Carhaix-Plouguer 52 – Châteaulin 57 – Concarneau 24.

rte de St-Thurien *Nord-Est : 4,5 km par D 23 et rte secondaire* – ✉ *29380 Bannalec* :

Manoir du Ménec ⛰, ☎ 02 98 39 47 47, *Fax 02 98 39 46 17*, , , – TV P. GB.
fermé jeudi midi sauf du 1er juin au 15 nov. et merc. du 15 nov. au 30 mars – **Repas** 100/230 ♀, enf. 75 – **16 ch** ☕ 500/600 – ½ P 400

BANNEGON *18210 Cher* 69 ② – *260 h alt. 180.*
Paris 289 – Bourges 43 – Moulins 70 – St-Amand-Montrond 22 – Sancoins 24.

XXX **Moulin de Chaméron** ⛰ avec ch, Sud-Est : 3 km par D 76 et rte secondaire ☎ 02 48 61 83 80, *moulindechameron@wanadoo.fr*, *Fax 02 48 61 84 92*, , « Moulin du 18e siècle, petit musée de la meunerie », , – TV P. AE GB
1er mars-15 nov. et fermé mardi midi et lundi hors saison – **Repas** 140/200 et carte 210 à 370, enf. 60 – ☕ 55 – **13 ch** 395/545

BANYULS-SUR-MER *66650 Pyr.-Or.* 86 ⑳ *G. Languedoc Roussillon* – *4 662 h alt. 1.*
Voir ✲★★ du cap Réderis E : 2 km.
Office de Tourisme av. République ☎ 04 68 88 31 58, Fax 04 68 88 36 84.
Paris 899 – Perpignan 39 – Cerbère 10 – Port-Vendres 7.

Catalan, rte Cerbère ☎ 04 68 88 02 80, *hlecatalan@aol.com*, *Fax 04 68 88 16 14*, ← Banyuls et la côte, – TV P. AE ① GB
15 mars-15 nov. et 20 déc.-5 janv. – **Repas** 110/290, enf. 70 – ☕ 50 – **35 ch** 370/470 – ½ P 468/500

Les Elmes, plage des Elmes ☎ 04 68 88 03 12, *hotel.des.elmes@wanadoo.fr*, *Fax 04 68 88 53 03*, ←, – rest, TV P. AE ① GB
fermé 10 nov. au 1er déc. – ***Littorine*** *(fermé 10 nov. au 20 déc. et lundi de nov. à mars sauf fêtes)* **Repas** 160/400 ♀, enf. 70 – ☕ 45 – **31 ch** 320/560 – ½ P 345/465

Villa Miramar ⛰ sans rest, r. Lacaze Duthiers ☎ 04 68 88 33 85, *ange.st@wanadoo.fr*, *Fax 04 68 66 88 63*, , – TV P. GB
1er avril-15 oct. – ☕ 25 – **16 ch** 260/375

Solhôtel M sans rest, Cap d'Osne (N 114) ☎ 04 68 98 34 34, *Fax 04 68 88 55 45*, ← mer – TV P. GB
☕ 33 – **23 ch** 390/410

Eden sans rest, av. E. Chatton ☎ 04 68 88 33 07, ← – TV . GB
1er avril-15 oct. – ☕ 32 – **10 ch** 400

XX **Al Fanal et H. El Llagut** avec ch, av. Fontaulé ☎ 04 68 88 00 81, *alfanal@wanadoo.fr*, *Fax 04 68 88 13 37*, – TV. ① GB.
fermé 4 janv. au 10 fév. – **Repas** *(fermé merc. du 15 sept. au 15 juin)* (85) - 105/220 ♀ – ☕ 45 – **13 ch** 150/400 – ½ P 290/350

BAPAUME *62450 P.-de-C.* 53 ⑫ – *3 509 h alt. 123.*
Paris 156 – Amiens 51 – St-Quentin 50 – Arras 27 – Cambrai 30 – Douai 43 – Doullens 44.

XX **Paix** M avec ch, av. A. Guidet ☎ 03 21 07 11 03, *Fax 03 21 07 43 66* – TV P. AE GB
fermé dim.soir d'oct. à juin – **Repas** 88/248 ♀, enf. 58 – ☕ 42 – **13 ch** 315/400 – ½ P 280

BAPEAUME-LÈS-ROUEN *76 S.-Mar.* 52 ⑭ – *rattaché à Rouen.*

BARAQUEVILLE *12160 Aveyron* 80 ② – *2 458 h alt. 792.*
Paris 638 – Rodez 21 – Albi 58 – Millau 74 – Villefranche-de-Rouergue 43.

Segala Plein Ciel, rte Albi ✆ 05 65 69 03 45, *segala-plein-ciel@inforsud.fr, Fax 05 65 70 14 54,* ≤ vallée, – rest, – 120. GB
fermé 20 déc. au 8 janv., vend. soir et dim. soir de sept. à juin – **Repas** 110/260 – 35 – **45 ch** 260/400 – ½ P 295/310

BARBÂTRE *85 Vendée* 67 ① – *voir à Noirmoutier (Ile de).*

BARBAZAN *31510 H.-Gar.* 86 ① – *351 h alt. 464 – Stat. therm. (fin avr.-fin oct.).*
Paris 802 – Bagnères-de-Luchon 31 – Lannemezan 27 – St-Gaudens 14 – Tarbes 65.

Hostellerie de l'Aristou avec ch, rte Sauveterre ✆ 05 61 88 30 67, *Fax 05 61 95 55 66,* ≤, – AE GB JCB.
fermé 10 déc. au 12 fév. – **Repas** 110/210 – 45 – **7 ch** 240/330 – ½ P 310

La BARBEN *13 B.-du-R.* 84 ② – *rattaché à Salon-de-Provence.*

Si vous êtes retardé sur la route, dès 18 h, confirmez votre réservation par téléphone, c'est plus sûr... et c'est l'usage.

BARBENTANE *13570 B.-du-R.* 83 ⑩ *G. Provence – 3 273 h alt. 40.*
Voir *Château★★.*
Syndicat d'Initiative à la Mairie ✆ 04 90 95 50 39, Fax 04 90 95 50 18.
Paris 696 – Avignon 10 – Arles 33 – Marseille 106 – Nîmes 39 – Tarascon 15.

Castel Mouisson sans rest, quartier Castel-Mouisson, par rte Rognonas : 1,5 km ✆ 04 90 95 51 17, *castel.mousson@wanadoo.fr, Fax 04 90 95 67 63,* – AE GB.
1er mars-31 oct. – 45 – **17 ch** 320/360

BARBEREY-ST-SULPICE *10 Aube* 61 ⑯ – *rattaché à Troyes.*

BARBEZIEUX *16 Charente* 72 ⑫ *G. Poitou Vendée Charentes – 4 774 h alt. 100 – ✉ 16300 Barbezieux-St-Hilaire.*
Office de Tourisme 23 r. Victor-Hugo ✆ 05 45 78 02 54.
Paris 484 – Angoulême 36 – Bordeaux 86 – Cognac 37 – Jonzac 24 – Libourne 70.

Boule d'Or, 9 bd Gambetta ✆ 05 45 78 64 13, *Fax 05 45 78 63 83,* – AE GB
fermé 22 déc. au 4 janv. et dim. soir d'oct. à avril – **Repas** 75/200 – 35 – **20 ch** 260/310 – ½ P 260

Bon Repos, rte Angoulême : 1,5 km ✆ 05 45 78 01 92, *Fax 05 45 78 89 81,* – rest, – 40. AE GB
Repas *(fermé vacances de fév., dim. soir d'oct. à avril et sam. midi)* 75/195 – 30 – **16 ch** 230/270 – ½ P 300/320

BARBIZON *77630 S.-et-M.* 61 ① ②, 106 ㊺ *G. Ile de France – 1 407 h alt. 80.*
Voir *Auberge du Père Ganne★.*
Office de Tourisme 55 Grande Rue ✆ 01 60 66 41 87, Fax 01 60 66 21 38.
Paris 57 – Fontainebleau 11 – Étampes 40 – Melun 13 – Pithiviers 48.

Bas-Bréau , ✆ 01 60 66 40 05, *basbreau@wanadoo.fr, Fax 01 60 69 22 89,* « Jardin fleuri », – ch, – 20. AE GB
Repas 385 bc (déj.), 450/550 – 110 – **12 ch** 950/2200, 8 appart

Auberge Les Alouettes , ✆ 01 60 66 41 98, *lesalouettes@barbizon.net, Fax 01 60 66 20 69,* – AE GB JCB
Repas *(fermé dim. soir)* 170/200 – 40 – **22 ch** 280/390 – ½ P 320/360

L'Angélus, ✆ 01 60 66 40 30, *millet.@wanadoo.fr, Fax 01 60 66 42 12,* – AE GB
fermé 13 nov. au 7 déc., lundi soir et mardi – **Repas** 180/245 et carte 230 à 330

Relais de Barbizon, ✆ 01 60 66 40 28, – GB
fermé 16 au 29 août, 10 au 26 déc., mardi soir et merc. – **Repas** 115/215

BARBOTAN-LES-THERMES 32 *Gers* 79 ⑫ *G. Midi-Pyrénées – alt. 136 – Stat. therm. (26 mars-1er déc.) – Casino – ✉ 32150 Cazaubon.*

Office de Tourisme pl. Armagnac ☎ 05 62 69 52 13, Fax 05 62 69 57 71.

Paris 715 – Mont-de-Marsan 42 – Aire-sur-l'Adour 36 – Auch 75 – Condom 39.

Paix, 24 av. Thermes ☎ 05 62 69 52 06, *hotel.paix@wanadoo.fr, Fax 05 62 09 55 73,* – TV P. GB. rest
15 mars-11 nov. – **Repas** (dîner seul.) 98/150, enf. 42 – 40 – **32 ch** 270/370 – ½ P 255/305

Les Fleurs de Lees, 24 av. Henri IV ☎ 05 62 08 36 36, *contact@fleursdelees.com, Fax 05 62 08 36 37,* – TV P. GB.
Repas 90 (déj.), 130/240 – **16 ch** 395/690 – P 320/470

Cante Grit, ☎ 05 62 69 52 12, *hotel.cante.grit@wanadoo.fr, Fax 05 62 69 53 98* – TV P. AE GB. rest
10 avril-30 oct. – **Repas** 85/95 – 42 – **20 ch** 240/360 – P 272/310

Beauséjour, 6 av. Thermes ☎ 05 62 08 30 30, *bernard.urrutia@wanadoo.fr, Fax 05 62 09 50 78,* – TV P. GB
12 mars-24 nov. – **Repas** 100/200, enf. 60 – 45 – **29 ch** 180/380

Aubergade, ☎ 05 62 69 55 43, *Fax 05 62 69 52 09,* – rest, TV. AE GB
mars-nov. – **Repas** 85/148, enf. 40 – 35 – **19 ch** 220/350 – ½ P 300/310

BARCAGGIO *2B H.-Corse* 90 ① – *voir à Corse.*

BARCELONNETTE *04400 Alpes-de-H.-P.* 81 ⑧ *G. Alpes du Sud – 2 976 h alt. 1135 – Sports d'hiver : Le Sauze/Super Sauze 1 400/2440 m 23 et Pra-Loup 1 600/2 600 m 3 30.*

Voir *Église de St-Pons★ NO : 2 km.*

Office de Tourisme pl. F.-Mistral ☎ 04 92 81 04 71, Fax 04 92 81 22 67.

Paris 741 – Gap 70 – Briançon 89 – Cannes 163 – Cuneo 98 – Digne-les-Bains 84 – Nice 146.

Azteca sans rest, 3 r. F. Arnaud ☎ 04 92 81 46 36, *hotel-azteca@wanadoo.fr, Fax 04 92 81 43 92,* « Mobilier et objets de l'artisanat mexicain » – TV P – 70. GB
fermé 4 au 30 nov. – 50 – **27 ch** 360/500

Mangeoire Gourmande, pl. 4-Vents (près Église) ☎ 04 92 81 01 61, *Fax 04 92 81 56 13,* « Salle voûtée » – GB
fermé 6 nov. au 1er janv., lundi et mardi d'oct. à juin – **Repas** 98 (déj.), 160/210, enf. 60

au Sauze *Sud-Est : 4 km par D 900 et D 209 – Sports d'hiver : 1 400/2 440 m 23 – ✉ 04400 Barcelonnette.*

Office de Tourisme ☎ 04 92 81 05 61, Fax 04 92 81 21 60.

Alp'Hôtel, ☎ 04 92 81 05 04, *info@alp.hotel.com, Fax 04 92 81 45 84,* – cuisinette TV P. GB JCB. rest
1er juin-1er oct. et 20 déc.-31 mars – **Repas** 100/195, enf. 65 – 50 – **24 ch** 460/500 – ½ P 400/460

L'Équipe, ☎ 04 92 81 05 12, *Fax 04 92 81 45 33,* – P. AE GB. rest
16 juin-9 sept. et 20 déc.-10 avril – **Repas** 95/130, enf. 50 – 40 – **23 ch** 280/320 – ½ P 320/340

au Super-Sauze *Sud-Est : 10 km par D 900 et D 209 – Sports d'hiver : voir au Sauze – ✉ 04400 Barcelonnette :*

Pyjama sans rest, ☎ 04 92 81 12 00, *Fax 04 92 81 03 16,* – cuisinette TV P. AE GB
15 juin-15 sept. et 20 déc.-20 mai – 45 – **10 ch** 340/660, 4 studios

à Pra-Loup *Sud-Ouest : 8,5 km par D 902, D 908 et D 109 – Sports d'hiver : 1 600/2 600 m 3 30 – ✉ 04400 Barcelonnette.*

Office de Tourisme ☎ 04 92 84 10 04, Fax 04 92 84 02 93.

Prieuré de Molanès, à Molanès ☎ 04 92 84 11 43, *Fax 04 92 84 01 88,* – TV P. GB JCB. rest
9 juin-16 sept. et 15 déc.-15 avril – **Repas** (77) - 80/220, enf. 45 – 42 – **14 ch** 280/420 – ½ P 395

Tisane, Pra-Loup 1600 - Chenonceau 1 ☎ 04 92 84 10 55, *Fax 04 92 84 10 55* – GB
début juil.-début sept., vacances de Toussaint et début déc.-fin avril – **Repas** 85/245, enf. 55

BARCUS *64130 Pyr.-Atl.* 85 ⑤ *– 788 h alt. 230.*
Paris 817 – Pau 53 – Mauléon-Licharre 14 – Oloron-Ste-Marie 18 – St-Jean-Pied-de-Port 54.

XXX **Chilo** avec ch, 05 59 28 90 79, *martine.chilo@wanadoo.fr, Fax 05 59 28 93 10*, – . GB
fermé 3 au 18 janv., vacances de fév., dim. soir et lundi d'oct. à mai et lundi midi sauf août – **Repas** 130/250 et carte 280 à 410 ♀, enf. 60 – 50 – **11 ch** 300/750 – 1/2 P 240/530

BARDIGUES *82 T.-et-G.* 79 ⑯ *– rattaché à Auvillar.*

BAREMBACH *67 B.-Rhin* 62 ⑧ *– rattaché à Schirmeck.*

BARENTIN *76360 S.-Mar.* 55 ⑥ *G. Normandie Vallée de la Seine – 12 721 h alt. 72.*
Paris 148 – Rouen 18 – Dieppe 51 – Duclair 10 – Yerville 15 – Yvetot 20.

X **Auberge de Grand St-Pierre,** 19 av. V. Hugo 02 35 91 03 37 – . GB
fermé 30 juil. au 20 août, vacances de fév., jeudi soir, dim. soir et lundi – **Repas** 95/180 ♀

BARFLEUR *50760 Manche* 54 ③ *G. Normandie Cotentin – 599 h alt. 5.*
Voir *Phare de la Pointe de Barfleur : ** N : 4 km – Intérieur* de l'église de Montfarville 2 km S.*
Syndicat d'Initiative 2 Rd-Pt. G.-le-Conquérant 02 33 54 02 48.
Paris 352 – Cherbourg 29 – Carentan 49 – St-Lô 77 – Valognes 26.

Conquérant sans rest, 02 33 54 00 82, *Fax 02 33 54 65 25*, « Jardin à la française », – . GB.
15 mars-15 nov. – 50 – **13 ch** 200/450

XX **Moderne,** 02 33 23 12 44, *Fax 02 33 23 91 58* – GB
fermé 30 janv. au 18 mars, merc. sauf du 14 juil. au 10 sept. et mardi – **Repas** 90/245 ♀, enf. 75

BARJAC *30430 Gard* 80 ⑨ *– 1 361 h alt. 171.*
Paris 669 – Alès 34 – Aubenas 48 – Mende 114.

Mas du Terme , Sud-Est : 4 km par D 901 et rte secondaire 04 66 24 56 31, *welcome@mas-du-terme.com, Fax 04 66 24 58 54*, , , – cuisinette . GB
hôtel : 1er avril-30 nov. ; rest. : 1er avril-31 oct. – **Repas** 98 (déj.), 169/280, enf. 69 – 51 – **23 ch** 420/810 – 1/2 P 430/625

X **L'Esplanade,** pl. Église 04 66 24 58 42, – GB
fermé nov., déc. et mardi du 5 janv. au 1er juin – **Repas** 78/140

X **Hostellerie de Landes** avec ch, Sud-Est : 5 km par D 901 04 66 24 56 14, *hostlan@club-internet.fr, Fax 04 66 60 22 39*, , – . GB JCB. rest
fermé 1er mars-30 avril, 1er déc.-17 janv., mardi midi du 15 mars-1er oct., dim. soir et lundi d'oct.-mars – **Repas** 110 (déj.), 150/245, enf. 75 – 50 – **6 ch** 420/500 – 1/2 P 383

BARJOLS *83670 Var* 84 ⑤, 114 ⑲ *G. Côte d'Azur – 2 166 h alt. 300.*
Voir *Réal* du vieux bourg.*
Paris 814 – Aix-en-Provence 59 – Brignoles 21 – Draguignan 46 – Manosque 51.

Pont d'Or, rte St-Maximin 04 94 77 05 23, *Fax 04 94 77 09 95* – rest, . GB
fermé 25 nov. au 10 janv. – **Repas** *(fermé dim. soir d'oct. à Pâques et lundi)* 110/200 ♀, enf. 50 – 40 – **15 ch** 165/300 – 1/2 P 282/300

Write us...

If you have any comments on the contents of this Guide.

Your praise as well as your criticisms will receive careful consideration and, with your assistance, we will be able to add to our stock of information and, where necessary, amend our judgments.

Thank you in advance!

BAR-LE-DUC P 55000 Meuse 62 ① G. Alsace Lorraine – 17 545 h alt. 188.

Voir "le Transi" (statue)★★ dans l'église St-Étienne AZ.

Office de Tourisme 5 r. Jeanne-d'Arc ☎ 03 29 79 11 13, Fax 03 29 79 21 95.

Paris 254 ④ – Metz 97 ① – Nancy 85 ② – Reims 111 ④ – St-Dizier 25 ③ – Verdun 54 ①.

X **Bistro St-Jean,** 132 av. La Rochelle ☎ 03 29 45 40 40, Fax 03 29 45 40 45 – GB BZ s

fermé 15 juil. au 10 août et dim. soir – **Repas** 159 ♀

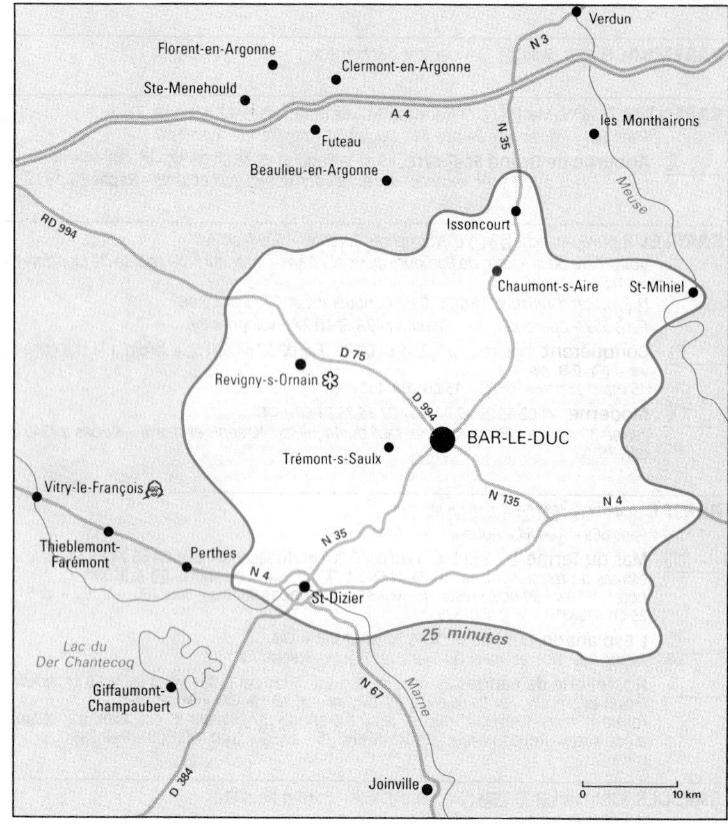

à Trémont-sur-Saulx *par ③ et D 3 : 9,5 km – 608 h. alt. 166 –* ✉ *55000 :*

Source ☎ 03 29 75 45 22, *Fax 03 29 75 48 55*, – rest, TV P – 25. AE GB. rest

fermé 30 juil. au 20 août, 1er au 15 janv., dim. soir et lundi midi – **Repas** 120/350, enf. 75 – ☐ 45 – **26 ch** 340/520 – ½ P 360/420

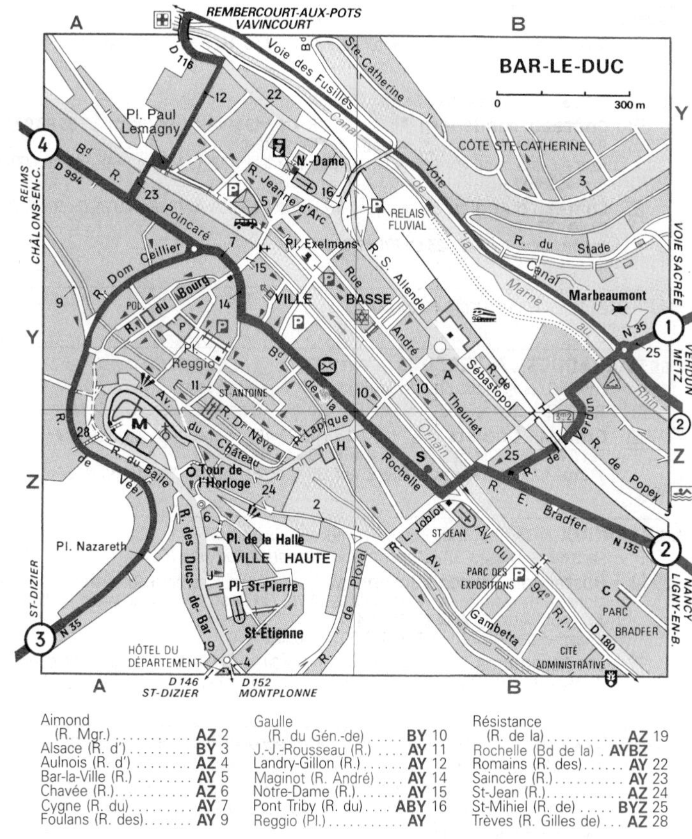

Aimond (R. Mgr.) .... **AZ** 2
Alsace (R. d') .... **BY** 3
Aulnois (R. d') .... **AZ** 4
Bar-la-Ville (R.) .... **AY** 5
Chavée (R.) .... **AZ** 6
Cygne (R. du) .... **AY** 7
Foulans (R. des) .... **AY** 9

Gaulle (R. du Gén.-de) ..... **BY** 10
J.-J.-Rousseau (R.) .... **AY** 11
Landry-Gillon (R.) ...... **AY** 12
Maginot (R. André) .... **AY** 14
Notre-Dame (R.) .... **AY** 15
Pont Triby (R. du) .... **ABY** 16
Reggio (Pl.) .... **AY**

Résistance (R. de la) .... **AZ** 19
Rochelle (Bd de la) . **AYBZ**
Romains (R. des) ...... **AY** 22
Saincère (R.) .... **AY** 23
St-Jean (R.) .... **AZ** 24
St-Mihiel (R. de) ..... **BYZ** 25
Trèves (R. Gilles de) ... **AZ** 28

BARNEVILLE-CARTERET *50270 Manche* 54 ① *G. Normandie Cotentin – 2 222 h alt. 47.*
Office de Tourisme 10 r. des Écoles ☎ 02 33 04 90 58, Fax 02 33 04 93 24.
Paris 350 – Cherbourg 39 – St-Lô 63 – Carentan 43 – Coutances 48.

à Carteret.

Voir *Table d'orientation* ≤★.
Office de Tourisme (Pâques-sept.) pl. des Flandres-Dunkerque ☎ 02 33 04 94 54.

Marine (Cesne) ☎ 02 33 53 83 31, *Fax 02 33 53 39 60*, ≤, – TV ☎. AE GB. rest *mi-fév.-mi-nov.* – **Repas** *(fermé dim. midi d'avril à sept. sauf juil.-août, dim. soir et lundi en oct., fév. et mars)* 155/430 et carte 320 à 440 – ☕ 55 – **31 ch** 460/630 – 1/2 P 480/560
Spéc. Huîtres en nage glacée de cornichons. Carrelet laqué au miel et au thym, crème de camembert (mai à oct.). Homard grillé aux aromates.

des Ormes M sans rest, quai Barbey d'Aurevilly ☎ 02 33 52 23 50, *Fax 02 33 52 91 65*, ≤, « Jardin fleuri », – TV ☎ ♿ P. GB
fermé 7 janv. au 7 fév. – ☕ 55 – **10 ch** 495/580

BARNEVILLE-LA-BERTRAN *14 Calvados* 55 ③ *– rattaché à Honfleur.*

BARR *67140 B.-Rhin 62 ⑨ G. Alsace Lorraine – 4 839 h alt. 200.*

Office de Tourisme pl. de l'Hôtel-de-Ville ☏ 03 88 08 66 65, Fax 03 88 08 66 51.
Paris 496 – Strasbourg 41 – Colmar 41 – Le Hohwald 12 – Saverne 47 – Sélestat 19.

rte du Mont Ste-Odile *par D 854 – ✉ 67140 Barr :*

Château Landsberg M, à 2,5 km, 133 vallée St-Ulrich ☏ 03 88 08 52 22, *Fax 03 88 08 40 50*, – P. GB. rest
fermé 6 janv. au 6 fév. et mardi – **Repas** 118 (déj.), 128/158 – 58 – **10 ch** 600/895 – 1/2 P 450/600

Château d'Andlau sans rest, à 2 km ☏ 03 88 08 96 78, *Fax 03 88 08 00 93*, – P. AE GB.
fermé mardi – 45 – **23 ch** 270/380

BARRAGE *voir au nom propre du barrage.*

Les BARRAQUES-EN-VERCORS *26 Drôme 77 ③ ④ – ✉ 26420 La Chapelle-en-Vercors.*
Env. *NO : Gorges des Grands-Goulets★★★*, **G. Alpes du Nord.**
Paris 602 – Grenoble 56 – Valence 59 – Die 46 – Romans-sur-Isère 41 – St-Marcellin 29.

Grands Goulets, ☏ 04 75 48 22 45, *hotel.grands.goulets@wanadoo.fr*, *Fax 04 75 48 10 24*, – P. AE GB
1er mai-30 sept. – **Repas** 98/185, enf. 55 – 38 – **29 ch** 175/320 – 1/2 P 250/340

Le BARROUX *84330 Vaucluse 81 ⑬ G. Provence – 499 h alt. 325.*
Paris 681 – Avignon 37 – Carpentras 11 – Vaison-la-Romaine 16.

Hostellerie François-Joseph M sans rest, chemin Rabassières, 2 km rte des Monastères Ste-Madeleine ☏ 04 90 62 52 78, *Fax 04 90 62 33 54*, « Jardin ombragé », – cuisinette P. AE GB.
1er avril-5 nov. – 70 – **12 ch** 300/500, 6 appart

Les Géraniums, ☏ 04 90 62 41 08, *Fax 04 90 62 56 48*, – P. AE GB
31 mars-12 nov. – **Repas** 95/185, enf. 50 – 40 – **22 ch** 260/290 – 1/2 P 250/270

BAR-SUR-AUBE *10200 Aube 61 ⑲ G. Champagne Ardenne – 6 707 h alt. 190.*
Voir *Église St-Pierre★.*
Office de Tourisme pl. de l'Hôtel-de-Ville ☏ 03 25 27 24 25, Fax 03 25 27 40 02.
Paris 228 – Chaumont 41 – Châtillon-sur-Seine 60 – Troyes 53 – Vitry-le-François 66.

Toque Baralbine, 18 r. Nationale ☏ 03 25 27 20 34, *Fax 03 25 27 20 34* – GB
fermé 3 au 26 janv., dim. soir et lundi
Repas 100/300, enf. 60

Cellier aux Moines, r. Gén. Vouillemont ☏ 03 25 27 08 01, *Fax 03 25 01 56 22* – GB
fermé dim. soir, lundi soir et mardi soir – **Repas** *(75)* - 98/175

à Arsonval *Nord-Ouest : 6 km sur N 19 – 365 h. alt. 159 – ✉ 10200 :*

Hostellerie de la Chaumière avec ch, ☏ 03 25 27 91 02, *lachaumiere@pem.net*, *Fax 03 25 27 90 26*, « Jardin fleuri », – P. AE GB JCB
fermé mi-fév. à mi-mars, dim. soir et lundi hors saison – **Repas** 100/300 – 40 – **11 ch** 300/335 – 1/2 P 320/350

à Dolancourt *Nord-Ouest : 9 km par rte Troyes – 169 h. alt. 112 – ✉ 10200 :*

Moulin du Landion, ☏ 03 25 27 92 17, *Fax 03 25 27 94 44*, « Parc », – P – 25. AE GB. rest
fermé 25 nov. au 15 fév. – **Repas** 110/335 – 48 – **16 ch** 390/470 – 1/2 P 425/445

Le BAR-SUR-LOUP *06620 Alpes-Mar. 84 ⑨ G. Côte d'Azur – 2 465 h alt. 320.*
Voir *Site★ – Danse macabre★ (peintures sur bois) dans l'église St-Jacques – ★ de la place de l'église.*
Paris 922 – Grasse 10 – Nice 35 – Vence 17.

Jarrerie, ☏ 04 93 42 92 92, *Fax 04 93 42 91 22*, « Ancien monastère du 19e siècle » – AE GB JCB
fermé 2 au 31 janv., lundi d'oct. à avril, merc. midi de mai à sept. et mardi – **Repas** 110 (déj.), 145/250

BAR-SUR-SEINE *10110 Aube* 61 ⑰ ⑱ *G. Champagne Ardenne – 3 630 h alt. 157.*

Voir *Intérieur★ de l'église St-Étienne.*

Office de Tourisme 33 r. Gambetta ☎ 03 25 29 94 43, Fax (Mairie) 03 25 29 70 21.

Paris 197 – Troyes 33 – Bar-sur-Aube 39 – Châtillon-sur-Seine 36 – St-Florentin 57.

XXX **Parc de Villeneuve** (Caironi), 1 km par rte de Dijon ☎ 03 25 29 16 80, *Fax 03 25 29 16 79,* – P. AE GB
fermé 30 juil. au 10 août, 26 déc. au 9 janv., vacances de fév., dim. soir, lundi et mardi sauf fériés – **Repas** 190/550 et carte 410 à 540 ♀
Spéc. Saint-Jacques poêlées aux truffes (20 mars au 20 avril). Grecque de légumes et langoustines rôties (20 juin au 20 sept.). Tartelette coulante au chocolat (20 juin au 20 avril).
Vins Rosé des Riceys, Champagne.

X **Commerce** avec ch, r. République ☎ 03 25 29 86 36, *Fax 03 25 29 64 87* – rest, TV – 40. GB. ch
fermé dim. soir sauf juil.-août – **Repas** *(55)* - 68/200 ♀, enf. 50 – 30 – **11 ch** 220/235 – ½ P 225

près échangeur *autoroute A5, Nord-Est : 9 km par D 443 – ✉ 10110 Magnant :*

Val Moret, ☎ 03 25 29 85 12, *Fax 03 25 29 70 81,* – rest, TV & P – 30. AE GB
Repas 89/115 ♀, enf. 44 – 45 – **42 ch** 230/360

BAS-MAUCO *40 Landes* 78 ⑥ *– rattaché à St-Sever.*

BAS-RUPTS *88 Vosges* 62 ⑰ *– rattaché à Gérardmer.*

BASSE-GOULAINE *44 Loire-Atl.* 67 ③ *– rattaché à Nantes.*

BASTELICA *2A Corse-du-Sud* 90 ⑥ *– voir à Corse.*

BASTIA *2B H.-Corse* 90 ③ *– voir à Corse.*

La BASTIDE *83840 Var* 84 ⑦, 115 ㉒ *– 136 h alt. 1000.*

Paris 829 – Digne-les-Bains 78 – Castellane 24 – Draguignan 43 – Grasse 50.

Lachens , ☎ 04 94 76 80 01, *Fax 04 94 84 21 88,* – TV. GB. ch
15 avril-15 nov. et fermé mardi soir et merc. de sept. à juin – **Repas** 80/170, enf. 45 – 34 – **13 ch** 250/340 – ½ P 245/270

La BASTIDE-DES-JOURDANS *84240 Vaucluse* 114 ④ *– 814 h alt. 412.*

Paris 766 – Digne-les-Bains 76 – Aix-en-Provence 39 – Apt 41 – Manosque 17.

Mirvy , rte Manosque : 3 km ☎ 04 90 77 83 23, *Fax 04 90 77 81 92,* – TV P. GB
10 mars-12 nov. – **Repas** (dîner seul.) (résidents seul.) 170 ♀, enf. 65 – **16 ch** 500/850 – ½ P 430/500

XX **Auberge du Cheval Blanc** avec ch, ☎ 04 90 77 81 08, *provence.luberon@wanadoo.fr, Fax 04 90 77 86 51,* – TV P. GB
fermé mi-janv. à fin fév., jeudi sauf le soir en été et vend. midi de juil. à sept. – **Repas** 160/220 ♀ – 60 – **4 ch** 420/450 – ½ P 410/440

BATILLY-EN-PUISAYE *45420 Loiret* 65 ② ③ *– 95 h alt. 190.*

Paris 173 – Auxerre 62 – Gien 24 – Montargis 60 – Orléans 94.

X **Auberge de Batilly** avec ch, ☎ 02 38 31 96 12,
fermé août – **Repas** 85/135 ♀ – 18 – **8 ch** 125/200 – ½ P 190/220

BATZ-SUR-MER *44740 Loire-Atl.* 63 ⑭ *G. Bretagne – 2 734 h alt. 12.*

Voir ★★ *de l'église St-Guenolé★ – Chapelle N.-D. du Mûrier★ – Excursions guidées★ dans les marais (musée des Marais salants) – La Côte Sauvage★.*

Office de Tourisme 25 r. de la Plage ☎ 02 40 23 92 36, Fax 02 40 23 74 10.

Paris 462 – Nantes 86 – La Baule 7 – Redon 64 – Vannes 78.

Lichen sans rest, Le Manérick, Sud-Est : 2 km par D 45 ☎ 02 40 23 91 92, *alain.paroux@wanadoo.fr, Fax 02 40 23 84 88,* – TV P. AE GB
50 – **14 ch** 350/990

BAUGÉ *49150 M.-et-L.* 64 ⑫ *G. Châteaux de la Loire – 3 748 h alt. 55.*

Voir *Croix d'Anjou*★★ *dans la chapelle des Filles du Coeur de Marie – Le Vieil-Baugé : choeur*★ *de l'église St-Symphorien SO : 2 km par D 61 – Forêt de Chandelais*★ *SE : 3 km – Pontigné : peintures murales*★ *dans l'église E : 5 km par D 141.*

Office de Tourisme Au Château ☎ 02 41 89 18 07, Fax 02 41 89 04 43.

Paris 262 – Angers 42 – La Flèche 19 – Le Mans 63 – Saumur 40 – Tours 67.

Boule d'Or, 4 r. Cygne ☎ 02 41 89 82 12, *Fax 02 41 89 06 07* – TV. GB
fermé 18 déc. au 10 janv., dim. soir sauf juil.-août et lundi – **Repas** 95/240, enf. 50 – ☕ 40 – **10 ch** 280/410 – ½ P 280/390

BAULE *45 Loiret* 64 ⑧ – *rattaché à Beaugency.*

La BAULE *44500 Loire-Atl.* 63 ⑭ *G. Bretagne – 14 845 h alt. 31 – Casino Grand Casino* **BZ.**

Voir *Front de mer*★ – *Parc des Dryades*★ **DZ.**

Office de Tourisme et Accueil de France 8 pl. Victoire ☎ 02 40 24 34 44, Fax 02 40 11 08 10.

Paris 453 ② – Nantes 77 ② – Rennes 124 ② – St-Nazaire 18 ③ – Vannes 73 ①.

Plan page ci-contre

Hermitage, espl. Lucien Barrière ☎ 02 40 11 46 46, *hermitage@lucienbarriere.com, Fax 02 40 11 46 45,* – TV P – 200. AE GB. rest **BZ h**
30 mars-21 oct. – - ***Les Ambassadeurs*** *(10 juil.-28 août et week-ends fériés)* **Repas** carte 210 à 370, enf. 95 – ***Eden Beach*** ☎ 02 40 11 46 16 - produits de la mer - *(fermé 28/11 au 28/12 et merc. du 23/10 au 15/03 sauf vacances scolaires)* **Repas** 195/230, enf. 95 – ☕ 110 – **204 ch** 1590/3950, 6 appart – ½ P 1245/2425

Royal-Thalasso, 6 av. P. Loti ☎ 02 40 11 48 48, *royalthalasso@lucienbarriere.com, Fax 02 40 11 48 45,* centre de thalassothérapie, – TV P – 60. AE GB JCB. rest **BZ t**
fermé janv. – ***Rotonde :*** Repas 235, enf. 130 – ***Royal-Diet :*** Repas 235 – ***Ponton*** *(fermé 1/04-30/09, vacances scolaires et le soir d'oct. à mars sauf sam.)* **Repas** carte 170 à 290, enf. 65 – ☕ 105 – **91 ch** 1410/2270, 6 appart – ½ P 1025/1455

Castel Marie-Louise, 1 av. Andrieu ☎ 02 40 11 48 38, *marielouise@relaischateaux.fr, Fax 02 40 11 48 35,* – TV P – 30. AE GB JCB. rest
fermé 12 nov. au 19 déc. – **Repas** *(fermé mardi sauf juil.-août)* (dîner seul. sauf dim.)(en saison : prévenir) 260/490 et carte 360 à 550, enf. 98 – ☕ 110 – **31 ch** 1490/3200
Spéc. Coucou de Rennes en gelée, foie gras cru à la fleur de sel. Fricassée de filets de pigeon. Millefeuille de pommes vanillées, sauce caramel au beurre salé. **Vins** Muscadet de Sèvre et Maine, Anjou-Villages. **BZ g**

Bellevue Plage M, 27 bd Océan ☎ 02 40 60 28 55, *hotel@hotel.bellevue.plage.fr, Fax 02 40 60 10 18,* – rest, TV P. AE GB. rest **DZ r**
mi-fév.-mi-nov. – ***Véranda*** ☎ 02 40 60 57 77 *(fermé déc., janv., merc. sauf juil.-août et lundi)* **Repas** 135(déj.)185/390, enf. 90 – ☕ 60 – **35 ch** 550/900 – ½ P 520/680

Majestic, espl. Lucien Barrière ☎ 02 40 60 24 86, *hotel-le-majestic@wanadoo.fr, Fax 02 40 42 03 13,* – rest, TV P – 40. AE GB JCB **BZ e**
fermé 8 janv. au 15 mars – ***Ruban Bleu*** *(fermé sam. midi, dim. soir et lundi sauf juil.-août)* **Repas** (95)-150/190, enf. 75 – ☕ 65 – **66 ch** 720/1315 – ½ P 615/705

Concorde sans rest, 1 bis av. Concorde ☎ 02 40 60 23 09, *info@hotel-la-concorde.com, Fax 02 40 42 72 14* – TV. AE GB JCB. **BZ f**
7 avril-7 oct. – ☕ 48 – **47 ch** 400/650

St-Christophe, pl. Notre-Dame ☎ 02 40 60 35 35, *Fax 02 40 60 11 74,* – TV P. AE GB JCB **BZ u**
Repas 145/195, enf. 70 – ☕ 50 – **32 ch** 570/790, (½ pens. seul. en juil.-août) – ½ P 480/590

Mascotte M, 26 av. Marie Louise ☎ 02 40 60 26 55, *hotel.la.mascotte@wanadoo.fr, Fax 02 40 60 15 67,* – rest, TV. AE GB. rest **BZ v**
1er mars-5 nov. – **Repas** *(fermé merc. midi)* 100/250 – ☕ 50 – **23 ch** 400/580 – ½ P 400/480

Manoir du Parc sans rest, 3 allée Albatros ☎ 02 40 60 24 52, *Fax 02 40 60 55 96,* – TV P. AE GB. **BZ a**
15 mars-1er nov. – ☕ 55 – **16 ch** 390/650

Alcyon sans rest, 19 av. Pétrels ☎ 02 40 60 19 37, *jlavigne@wanadoo.fr Fax 02 40 42 71 33* – TV P. AE GB **BY s**
1er mars-31 oct. – ☕ 45 – **32 ch** 475/750

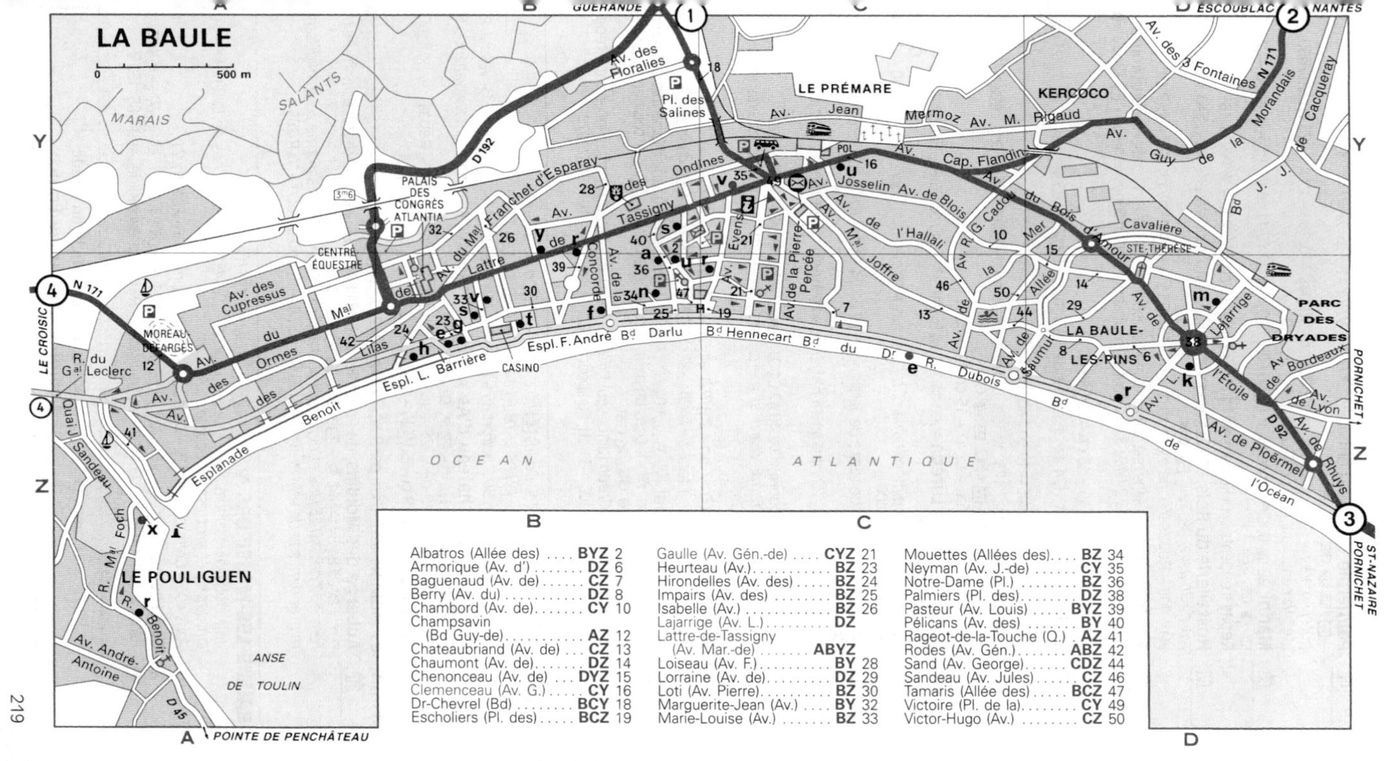
LA BAULE
0 500 m
GUÉRANDE
ESCOUBLAC
NANTES
ST-NAZAIRE PORNICHET
PORNICHET
LE CROISIC
POINTE DE PENCHÂTEAU
MARAIS
SALANTS
LE PRÉMARE
KERCOCO
PARC DES DRYADES
LA BAULE-LES-PINS
STE-THÉRÈSE
PALAIS DES CONGRÈS ATLANTIA
CENTRE ÉQUESTRE
MOREAU DÉFARGES
CASINO
LE POULIGUEN
ANSE DE TOULIN
OCEAN ATLANTIQUE
Av. des Floralies
Pl. des Salines
Av. Jean Mermoz
Av. M. Rigaud
Av. Guy de la Morandais
Av. des 3 Fontaines
Bd J. J. de Cacqueray
Av. Cap. Flandin
Av. Josselin
Av. de Blois
Av. du Bois d'Amour
Av. R. G. Caddu
Av. de la Mer
Av. de l'Hallali
Av. Mal Joffre
Av. de la Pierre Percée
Av. Ondines
Av. des Tassigny
Av. Franchet d'Esparay
Av. du Mal de Lattre
Av. de la Concorde
Av. des Cupressus
Av. du Mal
Av. des Ormes
Av. des Lilas
Espl. F. André
Bd Darlu
Bd Hennecart
Bd du Dr R. Dubois
Espl. L. Barrière
Esplanade Benoit
Bd de l'Océan
Av. de Saumur
Allée
Av. de l'Étoile
Av. Lajarrige
Av. de Bordeaux
Av. de Lyon
Av. de Rhuys
Av. de Ploërmel
Av. Cavalière
R. du Gal Leclerc
Quai J. Sandeau
R. Mal Foch
R. Benoit
Av. André-Antoine
N 171
D 192
D 92
D 45
POL
Albatros (Allée des) .... BYZ 2
Armorique (Av. d') .... DZ 6
Baguenaud (Av. de) ...... CZ 7
Berry (Av. du) .... DZ 8
Chambord (Av. de) .... CY 10
Champsavin (Bd Guy-de) .... AZ 12
Chateaubriand (Av. de) ... CZ 13
Chaumont (Av. de) .... DZ 14
Chenonceau (Av. de) ... DYZ 15
Clemenceau (Av. G.) ..... CY 16
Dr-Chevrel (Bd) .... BCY 18
Escholiers (Pl. des) ..... BCZ 19
Gaulle (Av. Gén.-de) .... CYZ 21
Heurteau (Av.) .... BZ 23
Hirondelles (Av. des) .... BZ 24
Impairs (Av. des) .... BZ 25
Isabelle (Av.) .... BZ 26
Lajarrige (Av. L.) .... DZ
Lattre-de-Tassigny (Av. Mar.-de) ...... ABYZ
Loiseau (Av. F.) .... BY 28
Lorraine (Av. de) .... DZ 29
Loti (Av. Pierre) .... BZ 30
Marguerite-Jean (Av.) .... BY 32
Marie-Louise (Av.) .... BZ 33
Mouettes (Allées des) .... BZ 34
Neyman (Av. J.-de) ...... CY 35
Notre-Dame (Pl.) .... BZ 36
Palmiers (Pl. des) .... DZ 38
Pasteur (Av. Louis) ..... BYZ 39
Pélicans (Av. des) .... BY 40
Rageot-de-la-Touche (Q.) . AZ 41
Rodes (Av. Gén.) .... ABZ 42
Sand (Av. George) ..... CDZ 44
Sandeau (Av. Jules) ...... CZ 46
Tamaris (Allée des) ..... BCZ 47
Victoire (Pl. de la) .... CY 49
Victor-Hugo (Av.) .... CZ 50

Palmeraie ⛔, 7 allée Cormorans ☎ 02 40 60 24 41, *Fax 02 40 42 73 71*, « Cour fleurie » – TV. AE ⓓ GB. ✂ rest BZ n
hôtel : mars-mi-nov. ; rest. : 1er avril-30 sept. – **Repas** 140/180 – ☕ 45 – **23 ch** 380/450, (en été : ½ pens. seul.) – ½ P 420/450

Marini, 22 av. G. Clemenceau ☎ 02 40 60 23 29, *Fax 02 40 11 16 98*, 🏊 – 🛗 TV 📞 – 🏛 15. AE ⓓ GB JCB CY u
Repas (résidents seul.)(dîner seul.) 115 – ☕ 45 – **33 ch** 350/430 – ½ P 325/365

Hostellerie du Bois, 65 av Lajarrige ☎ 02 40 60 24 78, *hostellerie-du-bois@wanadoo.fr, Fax 02 40 42 05 88*, 🌳 – TV. GB DZ m
avril-nov. – **Repas** *(fermé merc. midi)* (95) - 135/195 🍷 – ☕ 40 – **15 ch** 420 – ½ P 395

Route de la Soie sans rest, 19 av. Marie-Louise ☎ 02 40 60 23 17, *reservations@routedelasoie.com, Fax 02 40 24 48 88*, « Décor d'inspiration sino-indonésienne » – TV P. AE ⓓ GB BZ s
1er mars-4 nov. – ☕ 45 – **13 ch** 420/560

St-Pierre sans rest, 124 av. de Lattre de Tassigny ☎ 02 40 24 05 41, *Fax 02 40 11 03 41* – TV. AE ⓓ GB. ✂ BYZ r
mi-fév.-mi-nov. – ☕ 45 – **19 ch** 260/345

Closerie sans rest, 173 av. de Lattre-de-Tassigny ☎ 02 51 75 17 00, *closerie@edr.fr, Fax 02 51 75 17 19* – TV 📞 P. AE ⓓ GB BY y
fermé 3 janv. au 15 fév. – ☕ 47 – **15 ch** 290/430

Rossini et Hôtel Lutétia avec ch, 13 av. Evens ☎ 02 40 60 25 81, *Fax 02 40 42 73 52* – TV 📞 P. AE ⓓ GB CZ r
Repas *(fermé oct., dim. soir, mardi midi et lundi hors saison)* 120/250 🍷 – ☕ 40 – **14 ch** 280/500 – ½ P 370/400

Maréchal, 277 av. de Lattre de Tassigny ☎ 02 40 24 51 14, *Fax 02 51 75 02 06* – ▤ P. AE ⓓ GB CY v
fermé 1er au 15 nov., 20 janv. au 15 fév., dim. soir, lundi midi et merc. – **Repas** 110/390 🍷, enf. 50

Barbade, bd R. Dubois ☎ 02 40 42 01 01, *Fax 02 40 42 09 83*, ≤, 🌳 – GB CZ e
30 mars-fin oct. et fermé mardi et merc. hors saison, sauf vacances scolaires et fériés – **Repas** 185 🍷, enf. 60

à St-André-des-Eaux *par ② : 7 km – 2 919 h. alt. 20 – ✉ 44117 :*

Office de Tourisme 1 ter r. de la Chapelle ☎ 02 40 91 53 53, Fax 02 40 91 54 65.

Golf International M ⛔, ☎ 02 40 17 57 57, *hoteldugolflabaule@lucienbarriere.com, Fax 02 40 17 57 58*, ≤, 🌳, « Dans un parc, entouré d'un golf », 🏊, 🎾 – cuisinette TV 📞 ♿ 🚗 P – 🏛 80. AE ⓓ GB. ✂ rest
3 mars-3 nov. – ***Le Green*** (dîner seul.) *(fermé merc. et jeudi en mars, avril et oct.)* **Repas** 180 🍷, enf. 80 – ☕ 100 – **31 ch**, 78 appart 1580, 36 studios – ½ P 905/1070

BAUME-LES-DAMES *25110 Doubs* 66 ⑯ *G. Jura – 5 237 h alt. 280.*

Office de Tourisme RN 83 ☎ 03 81 84 27 98, Fax 03 81 84 15 61.

Paris 441 – Besançon 30 – Belfort 65 – Lure 49 – Montbéliard 49 – Pontarlier 64 – Vesoul 48.

Hostellerie du Château d'As avec ch, ☎ 03 81 84 00 66, *chateau.das@wanadoo.fr, Fax 03 81 84 39 67*, ≤, 🌳 – TV P. AE GB
fermé 19 nov. au 10 déc., 28 janv. au 11 fév., dim. soir et lundi – **Repas** 139 bc (déj.), 149/320 🍷 – ☕ 60 – **8 ch** 350/420 – ½ P 350/420

à Pont-les-Moulins *Sud : 6 km par D 50 – 170 h. alt. 275 – ✉ 25110 :*

Auberge des Moulins, rte Pontarlier ☎ 03 81 84 09 97, *auberge.desmoulins@wanadoo.fr, Fax 03 81 84 04 44*, 🎾 – TV 📞 P – 🏛 25. AE ⓓ GB
fermé 17 déc. au 25 janv. et dim. de sept. à avril sauf fériés – **Repas** *(fermé vend. midi, sam. midi et dim. soir de sept. à avril)* 98/190 🍷 – ☕ 36 – **15 ch** 250/300 – ½ P 285

BAUME-LES-MESSIEURS *39210 Jura* 70 ④ *G. Jura – 196 h alt. 333.*

Voir *Abbaye★ (retable à volet★ dans l'église) – Belvédère des Roches de Baume★★★ sur cirque★★★ et grottes★ de Baume S : 3,5 km.*

Paris 406 – Champagnole 29 – Dole 53 – Lons-le-Saunier 16 – Poligny 21.

Grottes, aux Grottes, Sud : 3 km ☎ 03 84 44 61 59, *Fax 03 84 44 61 59*, ≤, 🌳 – P. GB
Pâques-30 sept. et fermé merc. sauf juil.-août – **Repas** (prévenir)(déj. seul.) 85/150 🍷

BAUVIN *59221 Nord* 51 ⑮ *– 5 444 h alt. 25.*
Paris 211 – Lille 26 – Arras 34 – Béthune 22 – Lens 15.

XXX **Salons du Manoir,** 53 r. J. Guesde ✆ 03 20 85 64 77, *Fax 03 20 86 72 22,* – P. AE GB
fermé août, 15 fév. au 1er mars, lundi et mardi – **Repas** 200/340 ♀

Les BAUX-DE-PROVENCE *13520 B.-du-R.* 84 ① *G. Provence – 457 h alt. 185.*
Voir *Site★★★ - Village★★★ : Place★ et église St-Vincent★ – Château★ : ★★ – Monument Charloun Rieu ≤★ – Tour Paravelle ≤★ – Musée Yves-Brayer★ – Cathédrale d'Images★ N : 1 km par D 27 – ★★★ sur le village N : 2,5 km par D 27.*
Office de Tourisme Ilôt "Post Tenebras Lux" ✆ 04 90 54 34 39, Fax 04 90 54 51 15.
Paris 715 – Avignon 29 – Arles 18 – Marseille 87 – Nîmes 46 – St-Rémy-de-Provence 10.

dans le Vallon :

XXXXX ✿✿ **Oustaù de Baumanière** (Charial) avec ch, ✆ 04 90 54 33 07, *Fax 04 90 54 40 46,* ≤, , « Demeure du 16e siècle aménagée avec élégance », , – ch, TV P. AE GB JCB
fermé début janv. à début mars, jeudi midi et merc. de nov. à mars – **Repas** 495/760 et carte 510 à 650 ♀ – 120 – **8 ch** 1450/1550, 5 appart – ½ P 1545/2070
Spéc. Ravioli de truffes aux poireaux. Filets de rouget au basilic. Gigot d'agneau en croûte, gratin dauphinois. **Vins** Coteaux d'Aix-en-Provence-les Baux.

Manoir ≤, – ch, TV P. AE GB JCB
Repas voir ***Oustaù de Baumanière*** – 120 – **7 ch** 1450, 7 appart 2500 – ½ P 1370/2070

Riboto de Taven , ✆ 04 90 54 34 23, *Fax 04 90 54 38 88,* ≤, , « Jardin fleuri au pied des rochers », – TV P. AE GB JCB
fermé début janv. à début fév. – **Repas** *(fermé mardi et merc.)* (dîner seul.) 300 – 90 – **7 ch** 900/1500 – ½ P 756/1026

rte d'Arles *Sud-Ouest par D 27 :*

✿ **Cabro d'Or** , à 1 km ✆ 04 90 54 33 21, *contact@lacabrodor.com, Fax 04 90 54 45 98,* ≤, , centre d'équitation, « Jardins fleuris », , , – ch, TV P – 60. AE GB
fermé 11 nov. au 21 déc., lundi de nov. à mars et mardi midi – **Repas** 195 bc (déj.), 295/440 et carte 360 à 510 ♀ – 85 – **23 ch** 870/1270, 8 appart – ½ P 835/1360
Spéc. Fleurs de courgettes farcies à la mousseline d'écrevisses. Risotto crémeux de langoustines. Poitrine de canard croisé rôtie au four. **Vins** Coteaux d'Aix-en-Provence-les Baux.

Auberge de la Benvengudo , à 2 km ✆ 04 90 54 32 54, *Fax 04 90 54 42 58,* ≤, , « Jardin fleuri », , , – ch, TV P. AE GB. rest
hôtel : 15 mars-1er nov., rest. : 15 mars-15 oct. et fermé dim. et lundi – **Repas** (dîner seul.) 270 ♀ – 70 – **17 ch** 700/1010, 3 appart – ½ P 670/825

Mas de l'Oulivié M sans rest, à 2,5 km ✆ 04 90 54 35 78, *contact@masdeloulivie.com, Fax 04 90 54 44 31,* ≤, « Piscine dans un jardin fleuri », , , – TV P. AE GB JCB
mi-mars-mi-nov. – 60 – **23 ch** 780/1450

Mas d'Aigret , à 500 m. ✆ 04 90 54 20 00, *masdaigret@aol.com, Fax 04 90 54 44 00,* , – ch, TV P. GB JCB
Repas *(fermé mardi midi et lundi)* 240 ♀, enf. 100 – 70 – **16 ch** 550/950 – ½ P 480/700

BAVAY *59570 Nord* 53 ⑤ *G. Picardie Flandres Artois – 3 751 h alt. 148.*
Paris 228 – Avesnes-sur-Helpe 24 – Lille 79 – Maubeuge 15 – Mons 25.

XXX **Bagacum,** r. Audignies ✆ 03 27 66 87 00, *pierre-lesne@wanadoo.fr, Fax 03 27 66 86 44,* – P. AE GB JCB
fermé dim. soir et lundi sauf fériés – **Repas** 95/260 bc et carte 270 à 400

XXX **Bourgogne,** porte Gommeries ✆ 03 27 63 12 58, *Fax 03 27 66 99 74* – P. AE GB
fermé 31 juil. au 21 août, vacances de fév., merc. soir, dim. soir et lundi – **Repas** 110/320 et carte 230 à 400 ♀

BAVELLA (col de) *2A Corse-du-Sud 90 ⑦ – voir à Corse.*

BAYARD (Col) *05 H.-Alpes 77 ⑯ G. Alpes du Nord – ✉ 05500 St-Bonnet-en-Champsaur.*
Paris 665 – Gap 8 – La Mure 57 – Sisteron 59.

à Laye *Nord : 2,5 km par N 85 – 192 h. alt. 1170 – ✉ 05500 St-Bonnet-en-Champsaur :*

Laiterie du Col Bayard, ☎ 04 92 50 50 06, *colbayard@wanadoo.fr, Fax 04 92 50 19 91,* – P. GB
fermé 15 nov. au 24 déc., mardi midi, merc. midi, jeudi midi et lundi hors vacances scolaires – **Repas** - préparations à base de fromages - 85/198 bc, enf. 55

BAYEUX 14400 Calvados 54 ⑮ *G. Normandie Cotentin – 14 704 h alt. 50.*
Voir *Tapisserie dite "de la reine Mathilde" *** – Cathédrale Notre-Dame** – Musée-mémorial de la bataille de Normandie** **Y M¹** *– Maison à colombage* (rue St-Martin)* **ZN.**
Office de Tourisme Pont St-Jean ☎ 02 31 51 28 28, Fax 02 31 51 28 29.
Paris 261 ① – Caen 29 ① – Cherbourg 95 ④ – Flers 84 ② – St-Lô 36 ③ – Vire 61 ②.

BAYEUX

Aure (Q. de l') Z 2
Bienvenu (R. du) Z 3
Bois (Pl. au) Z 4
Bouchers (R. des) Z
Bourbesneur (R.) Z 6
Bretagne (R. de la) Z
Chanoines (R. des) Z 7
Chartier (R. A.) Z 8
Churchill (Bd W.) Y
Clemenceau (Av. G.) Z
Conseil (Av.) Y
Courseulles (R. de) Y 9
Cuisiniers (R. des) Z 13
Dais (R. Gén. de) Z
Dr-Michel (R.) Y 14
Eindhoven (Bd) Y
Eisenhower (Rond-Point) Y 15
Foch (R. Mar.) Z 16
Franche (R.) Z
Gaulle (Pl. Ch.-de) Z
Larcher (R.) Z
Leclerc (Bd Mar.) Y 17
Leforestier (R. Lambert) Z 18
Liberté (Pl. de la) Z 19
Marché (R. du) Z 20
Montgomery (Bd Mar.) Y 23
Nesmond (R. de) Z
Pigache (R. de la) Y 24
Pont-Trubert (R. du) Y 25
Poterie (R. de la) Z 28
Royale (R.) Z
Sadi-Carnot (Bd) Y 29
St-Jean (R.) Y, Z
St-Laurent (R.) Y, Z
St-Loup (R.) Y, Z 30
St-Malo (R.) Z
St-Martin (R.) Z
St-Patrice (R. et Pl.) Z 31
Tardif (R.) Z
Teinturiers (R. des) Z 32
Terres (R. des) Z 33
Vaucelles (Rond-Point de) Y 35
Verdun (R. de) Y 37
Ware (Bd F.) Y 38
6-Juin (Bd du) Y

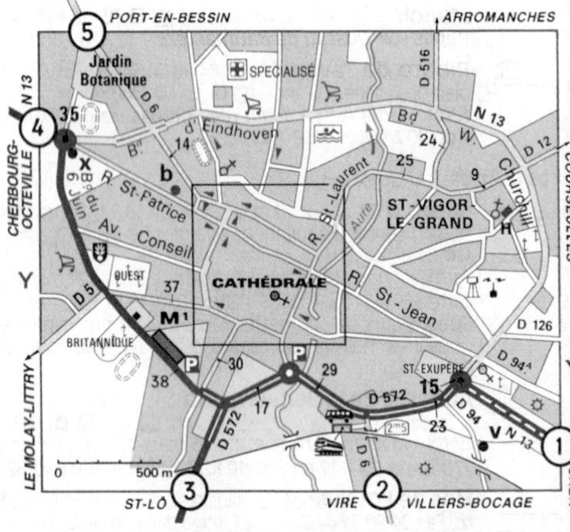

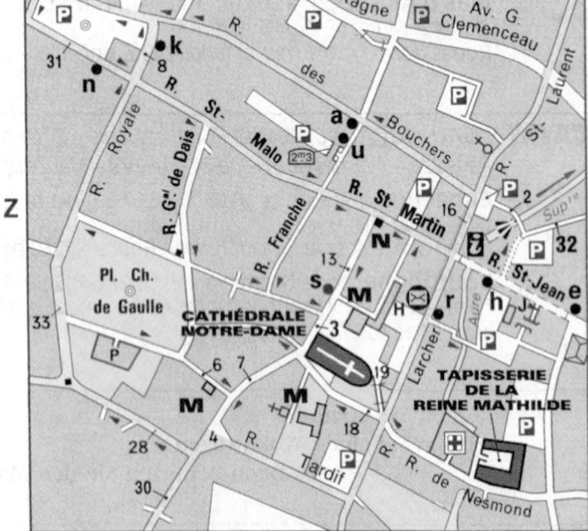

Les pastilles numérotées des plans de villes ①, ②, ③ sont répétées sur les **cartes Michelin** *à 1/200 000. Elles facilitent ainsi le passage entre les* **cartes** *et les* **guides Michelin.**

Lion d'Or, 71 r. St Jean ☎ 02 31 92 06 90, *Fax 02 31 22 15 64*, « Ancien relais de poste », – TV P. AE GB JCB. Z e
fermé 16 déc. au 17 janv. – **Repas** 105 (déj.), 150/230 ♀, enf. 80 – ☐ 65 – **25 ch** 450/630 – ½ P 435/525

Grand Hôtel du Luxembourg, 25 r. Bouchers ☎ 02 31 92 00 04, *hotel.luxembourg@wanadoo.fr*, *Fax 02 31 92 54 26*, – |‡|, ▤ rest, TV ✆ P – 25. AE GB Z a
Repas 110/280 ♀, enf. 70 – ☐ 65 – **24 ch** 480/630 – ½ P 465

Novotel, 117 r. St Patrice ☎ 02 31 92 16 11, *Fax 02 31 21 88 76*, – |‡| TV ✆ ♿ P – 15 à 150. AE GB Y x
Repas 110 ♀, enf. 50 – ☐ 57 – **77 ch** 440/490

Château de Bellefontaine sans rest, 49 rue Bellefontaine ☎ 02 31 22 00 10, *hotel bellefontaine@wanadoo.fr*, *Fax 02 31 22 19 09*, « Château du 18e siècle dans un parc », – |‡| TV ✆ ♿ P – 15 à 40. AE GB Y v
fermé 2 janv. au 2 fév. – ☐ 55 – **15 ch** 600/770

Churchill-Clarine sans rest, 14 r. St Jean ☎ 02 31 21 31 80, *Fax 02 31 21 41 66* – TV ✆ ♿. AE GB. Z h
3 mars-11 nov. – ☐ 45 – **32 ch** 380/550

d'Argouges sans rest, 21 r. St-Patrice ☎ 02 31 92 88 86, *dargouges@aol.com*, *Fax 02 31 92 69 16* – TV P. AE GB Z n
☐ 45 – **25 ch** 310/400

Brunville, 9 r. G. Duhomme ☎ 02 31 21 18 00, *Fax 02 31 51 70 89* – |‡| TV ✆ P. AE GB Z u
Repas 85/180 ♀, enf. 49 – ☐ 45 – **33 ch** 420 – ½ P 330

Reine Mathilde sans rest, 23 r. Larcher ☎ 02 31 92 08 13, *Fax 02 31 92 09 93* – TV. GB. Z r
fermé 15 déc. au 1er fév. – ☐ 38 – **16 ch** 255/295

Mogador sans rest, 20 r. A. Chartier ☎ 02 31 92 24 58, *Fax 02 31 92 24 85* – TV. GB Z k
fermé vacances de fév. – ☐ 30 – **14 ch** 230/290

Bistrot de Paris, pl. St-Patrice ☎ 02 31 92 00 82, *Fax 02 31 92 00 82* – ▤. GB Z t
fermé dim. et lundi
Repas *(69)* - 75/190

L'Amaryllis, 32 r. St-Patrice ☎ 02 31 22 47 94 – GB Y b
fermé 23 déc. au 31 janv., dim. soir du 18 nov. au 31 mars et lundi – **Repas** *(70)* - 98/180 ♀

Pommier, 40 r. Cuisiniers ☎ 02 31 21 52 10, *Fax 02 31 21 06 01* – GB Z s
fermé 21 nov. au 2 déc., 7 au 28 fév., mardi soir et merc. sauf juil.-août – **Repas** 76/145, enf. 35

à Audrieu *par ① et D 158 : 13 km – 868 h. alt. 71 – ✉ 14250 :*

Château d'Audrieu ☎ 02 31 80 21 52, *chateaudaudrieu@mail.cpod.fr*, *Fax 02 31 80 24 73*, ←, « Château du 18e siècle, parc », – TV P. AE GB. rest
fermé 26 nov. au 9 fév. – **Repas** *(fermé lundi et le midi sauf sam., dim. et fériés)* 285/520 et carte 300 à 500 – ☐ 95 – **23 ch** 790/2250, 6 appart – ½ P 855/1512
Spéc. Risotto d'huîtres de pleine mer. Daurade royale à la mode de Créances. Crumble de pommes au beurre demi-sel.

rte de Port-en-Bessin *par ⑤ : 3 km – ✉ 14400 Bayeux :*

Château de Sully M ☎ 02 31 22 29 48, *Fax 02 31 22 64 77*, « Château du 18e siècle dans un parc », – TV ✆ ♿ P – 35. AE GB. rest
10 mars-25 nov. – **Repas** *(fermé lundi midi, mardi midi et sam. midi)* (nombre de couverts limité, prévenir) *(125)* - 165/375 et carte 220 à 460 ♀, enf. 90 – ☐ 80 – **23 ch** 620/740 – ½ P 600/660
Spéc. Saint-Pierre à la vinaigrette de passion. Sole rôtie, "sartassou" au basilic. Millefeuille de beurre et chocolat guanaja.

BAYONNE

64100 Pyr.-Atl. **78** ⑱ *G. Aquitaine – 40 051 h Agglo. 164 378 h alt. 3.*

Voir *Cathédrale Ste-Marie★ et Cloître★* **B** – *Musée Bonnat★★* **BY M²** – *Fêtes★ (début août).*

de Biarritz-Anglet-Bayonne : ☎ 05 59 43 83 83, SO : 5 km par N 10 **AZ.**

i *Office de Tourisme pl. des Basques ☎ 05 59 46 01 46, Fax 05 59 59 37 55 et (saison) gare SNCF ☎ 05 59 55 20 45.*

Paris 771 ③ – Biarritz 9 – Bordeaux 192 ③ – Pamplona 116 ⑥ – San Sebastián 57 ⑥.

Accès et sorties : voir à Biarritz..

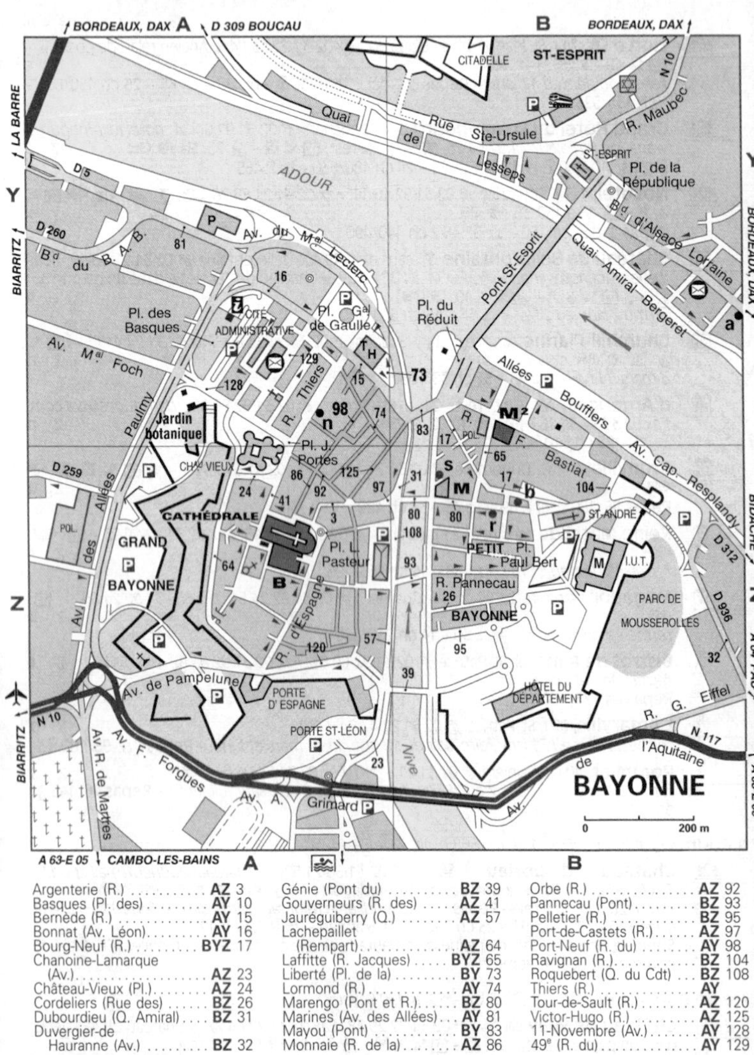

Argenterie (R.) .... AZ 3
Basques (Pl. des) .... AY 10
Bernède (R.) .... AY 15
Bonnat (Av. Léon) .... AY 16
Bourg-Neuf (R.) .... BYZ 17
Chanoine-Lamarque (Av.) .... AZ 23
Château-Vieux (Pl.) .... AZ 24
Cordeliers (Rue des) .... BZ 26
Dubourdieu (Q. Amiral) .... BZ 31
Duvergier-de Hauranne (Av.) .... BZ 32
Génie (Pont du) .... BZ 39
Gouverneurs (R. des) .... AZ 41
Jauréguiberry (Q.) .... AZ 57
Lachepaillet (Rempart) .... AZ 64
Laffitte (R. Jacques) .... BYZ 65
Liberté (Pl. de la) .... BY 73
Lormond (R.) .... AY 74
Marengo (Pont et R.) .... BZ 80
Marines (Av. des Allées) .... AY 81
Mayou (Pont) .... BY 83
Monnaie (R. de la) .... AZ 86
Orbe (R.) .... AZ 92
Pannecau (Pont) .... BZ 93
Pelletier (R.) .... BZ 95
Port-de-Castets (R.) .... AZ 97
Port-Neuf (R. du) .... AY 98
Ravignan (R.) .... BZ 104
Roquebert (Q. du Cdt) .... BZ 108
Thiers (R.) .... AY
Tour-de-Sault (R.) .... AZ 120
Victor-Hugo (R.) .... AZ 125
11-Novembre (Av.) .... AY 128
49e (R. du) .... AY 129

Grand Hôtel, 21 r. Thiers ✆ 05 59 59 62 00, *infos@bw-legrandhotel.com, Fax 05 59 59 62 01* – 🛗 📺. AE ⓓ GB — AY n
fermé fév., sam.. et dim. d'oct. à avril – **Repas** *(95)* - 140/180 – ☕ 60 – **54 ch** 500/710 – ½ P 360/450

Ibis Ⓜ, 44 bd Alsace-Lorraine ✆ 05 59 50 38 38, *Fax 05 59 50 38 00*, – 🛗 – 📺 ✆ ♿ P – 🔺 25. AE ⓓ GB JCB — BY a
Repas *(75)* - 95/158 🍷, enf. 39 – ☕ 35 – **87 ch** 355/415

Auberge du Cheval Blanc (Tellechea), 68 r. Bourgneuf ✆ 05 59 59 01 33, *Fax 05 59 59 52 26* – ▤. AE GB — BZ b
✿ *fermé 25 juin au 2 juil., 10 fév. au 8 mars, dim. soir et lundi sauf août* – **Repas** 135/320 et carte 260 à 330 ♀
Spéc. Merlu rôti aux oignons et jus de volaille. Saint-Jacques poêlées, pipérade et tuile à l'Ibaïona (oct. à mars). "Xamango" façon parmentier au jus de veau. **Vins** Irouléguy, Madiran.

François Miura, 24 r. Marengo ☎ 05 59 59 49 89 – AE GB — BZ r
fermé dim. soir et merc.
Repas 120/190

Bayonnais, 38 quai Corsaires ☎ 05 59 25 61 19, *Fax 05 59 59 00 64,* – GB
fermé 1er au 15 mai, 1er au 7 août, nov., lundi et mardi
Repas 98 — BZ s

BAZAS *33430 Gironde* 79 ② *G. Aquitaine – 4 379 h alt. 70.*

Voir *Cathédrale St-Jean★ – Château de Cazeneuve★★ SO : 11 km par D 9 – Château de Roquetaillade★★ NO : 2 km – Collégiale d'Uzeste★.*

Office de Tourisme (fermé le dim. en hiver) 1 pl. de la Cathédrale ☎ 05 56 25 25 84, Fax 05 56 25 25 84.

Paris 641 – Bordeaux 62 – Agen 83 – Bergerac 97 – Langon 17 – Mont-de-Marsan 70.

Domaine de Fompeyre , rte Mont-de-Marsan ☎ 05 56 25 98 00, *Fax 05 56 25 16 25,* , « Parc, installations de loisirs », – rest, – 20 à 130. AE GB
fermé dim. soir sauf du 9 avril au 20 oct. – **Repas** 185/250, enf. 70 – 57 – **50 ch** 380/800 – ½ P 500/750

BAZEILLES *08 Ardennes* 53 ⑲ *– rattaché à Sedan.*

BAZINCOURT-SUR-EPTE *27 Eure* 55 ⑧ ⑨ *– rattaché à Gisors.*

When looking for a hotel or restaurant use the most efficient method.
Look for the names of towns ***underlined in red***
on the ***Michelin maps*** *scale: 1:200 000.*
But make sure you have an up-to-date map!

BEAUCAIRE *30300 Gard* 81 ⑪ *G. Provence – 13 400 h alt. 18.*

Voir *Château★.*

Office de Tourisme 24 Crs Gambetta ☎ 04 66 59 26 57, Fax 04 66 59 68 51.

Paris 707 ⑦ – Avignon 25 ④ – Arles 18 ④ – Nîmes 25 ⑥.

BEAUCAIRE

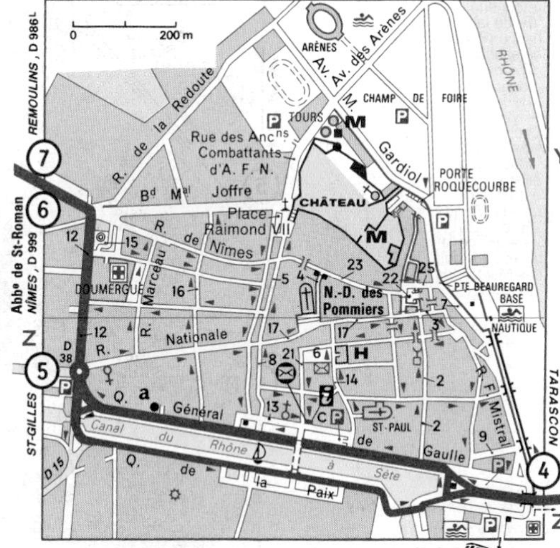

Une réservation confirmée par écrit est toujours plus sûre.

Les Doctrinaires, quai Gén. de Gaulle ☎ 04 66 59 23 70, *Fax 04 66 59 22 26,* – – 40. GB — Z a
Repas *(fermé sam. midi)* 98/240, enf. 60 – 55 – **32 ch** 330/450 – ½ P 340/400

Le BEAUCET *84 Vaucluse* **81** ⑬ – *rattaché à Carpentras.*

BEAUDÉAN *65 H.-Pyr.* **85** ⑱ – *rattaché à Bagnères-de-Bigorre.*

BEAUFORT *73270 Savoie* **74** ⑰ ⑱ *G. Alpes du Nord – 1 996 h alt. 750.*

Voir *Beaufortain★★.*

Env. *N.-D.de Bellecombe* ※ *★★.*

Office de Tourisme pl. Mairie ✆ 04 79 38 37 57.

Paris 597 – Albertville 20 – Chambéry 71 – Megève 41.

Grand Mont, ✆ *04 79 38 33 36, Fax 04 79 38 39 07* – TV. GB
fermé 24 avril au 8 mai, 1er oct. au 8 nov. et sam. hors saison – **Repas** *(60)* - 115/120 ♀, enf. 60 – ☕ 48 – **13 ch** 260/320 – ½ P 295/320

Roche, ✆ *04 79 38 33 31, Fax 04 79 38 38 60,* ☂, ☂ – P. GB
fermé 20 avril au 1er mai et 26 oct. au 9 déc. – **Repas** *(fermé dim. soir)* 75/140 ♀, enf. 45 – ☕ 38 – **17 ch** 160/230 – ½ P 210/230

BEAUFORT *59330 Nord* **53** ⑥ – *1 100 h alt. 168.*

Paris 246 – St-Quentin 80 – Avesnes-sur-Helpe 14 – Lille 98 – Maubeuge 8.

XX **Relais de Beaufort,** N 2 ✆ 03 27 63 50 36, *relaisdebeaufort@worldonline.fr, Fax 03 27 67 85 11,* ☂ – P. GB
fermé 16 août au 3 sept., sam. midi, dim. soir et lundi – **Repas** 118/225, enf. 60

Dans la liste des rues des plans de villes,
les ***noms en rouge*** *indiquent les principales voies commerçantes.*

BEAUGENCY *45190 Loiret* **64** ⑧ *G. Châteaux de la Loire – 6 917 h alt. 99.*

Voir *Église Notre-Dame★ – Donjon★ – Tentures★ dans l'hôtel de ville* **H** *– Musée régional de l'Orléanais★ dans le château.*

Office de Tourisme pl. de l'Hôtel-de-Ville ✆ 02 38 44 54 42, Fax 02 38 46 45 31.

Paris 154 ① – Orléans 31 ① – Blois 36 ④ – Châteaudun 42 ⑥ – Vendôme 65 ⑤.

BEAUGENCY

Abbaye (R. de l')	2
Bretonnerie (R. de la)	3
Change (R. du)	4
Châteaudun (R. de)	5
Cordonnerie (R. de la)	6
Dr-Hyvernaud (Pl.)	8
Dunois (Pl.)	9
Maille-d'Or (R. de la)	10
Martroi (Pl. du)	
Pellieux (Passage)	12
Pont (R. du)	
Puits-de-l'Ange (R. du)	14
Sirène (R. de la)	15
Traîneau (R. du)	17
Trois-Marchands (R. des)	18

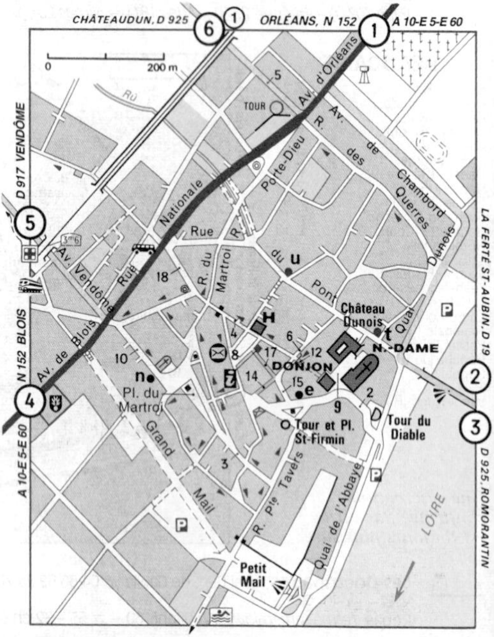

Dans la liste des rues des plans de villes, les noms en rouge indiquent les principales voies commerçantes.

Écu de Bretagne, pl. Martroi (n) ✆ 02 38 44 67 60, *Fax 02 38 44 68 07* – 30. AE GB
fermé dim. soir de nov. à fév. – **Repas** 98/230 ♀, enf. 55 – ☕ 40 – **27 ch** 210/490 – ½ P 296/390

Sologne sans rest, pl. St Firmin (e) ✆ 02 38 44 50 27, *Fax 02 38 44 90 19* – GB
fermé 25 déc. au 8 janv. – ☕ 40 – **16 ch** 250/340

P'tit Bateau, 54 r. Pont (u) ✆ 02 38 44 56 38, *Fax 02 38 46 44 37*, – GB
fermé 1er au 6 mars, 20 août au 4 sept., dim. soir, mardi midi et lundi – **Repas** 95 (déj.), 130/225

Relais du Château, 8 r. Pont (t) ✆ 02 38 44 55 10, *Fax 02 38 44 55 10* – AE GB
fermé vacances de fév., de Toussaint, mardi soir de sept. à juin et merc. – **Repas** 80/175 ♀

à Baule *par ① : 5 km – 1 457 h. alt. 103 – ✉ 45130.*
Voir *Meung-sur-Loire : église St-Liphard★ NE : 2 km.*

Auberge Gourmande, ✆ 02 38 45 01 02, *Fax 02 38 45 03 08*, – AE GB
fermé 17 au 27 août, dim. soir et merc. – **Repas** 92/230

à Tavers *par ④ : 3 km – 1 105 h. alt. 100 – ✉ 45190 :*

Tonnellerie, près Église ✆ 02 38 44 68 15, *tonelri@club-internet.fr, Fax 02 38 44 10 01*, – – 20. AE GB
fermé 26 déc au 28 fév. – **Repas** *(fermé sam. midi, lundi midi)* 155/275 ♀, enf. 65 – ☕ 75 – **16 ch** 695/1050, 4 appart – ½ P 650/870

BEAUJEU *69430 Rhône 73 ⑨ G. Vallée du Rhône – 1 874 h alt. 293.*

Office de Tourisme sq. de Grandhan ✆ 04 74 69 22 88, Fax 04 74 69 22 88.
Paris 432 – Mâcon 35 – Roanne 62 – Bourg-en-Bresse 57 – Lyon 63.

Anne de Beaujeu avec ch, ✆ 04 74 04 87 58, *Fax 04 74 69 22 13*, – . GB
fermé 1er au 7 août, 17 déc. au 17 janv., mardi midi, dim. soir et lundi – **Repas** 115/350 – ☕ 42 – **7 ch** 350/390 – ½ P 340/390

BEAULIEU *07460 Ardèche 80 ⑧ – 373 h alt. 130.*

Paris 670 – Alès 42 – Aubenas 39 – Largentière 28 – Pont-St-Esprit 53 – Privas 69.

Santoline, Sud-Est : 1 km ✆ 04 75 39 01 91, *Fax 04 75 39 38 79*, ≤, , « Bâtisse du 16e siècle dans la garrigue », , – GB. rest
1er mai-30 sept. – **Repas** (dîner seul.)(résidents seul.) 175 – ☕ 55 – **8 ch** 380/620 – ½ P 390/510

BEAULIEU-EN-ARGONNE *55250 Meuse 56 ⑳ G. Champagne Ardenne – 42 h alt. 275.*

Voir *Pressoir★ dans l'ancienne abbaye.*
Paris 242 – Bar-le-Duc 37 – Futeau 10 – Ste-Menehould 23 – Verdun 39.

Hostellerie de l'Abbaye, ✆ 03 29 70 72 81, *Fax 03 29 70 71 19*, ≤, , – . GB. ch
fermé 1er déc. au 1er fév. et dim. soir d'oct. à mars – **Repas** 95/190, enf. 47 – ☕ 32 – **8 ch** 260/300 – ½ P 245/270

BEAULIEU-SUR-DORDOGNE *19120 Corrèze 75 ⑲ G. Berry Limousin – 1 265 h alt. 142.*

Voir *Église St-Pierre★★ : portail méridionale★★ – Vieille Ville★.*
Office de Tourisme (Pâques-sept.) pl. Marbot ✆ 05 55 91 09 94, Fax 05 55 91 10 97.
Paris 522 – Brive-la-Gaillarde 45 – Aurillac 70 – Figeac 61 – Sarlat-la-Canéda 69 – Tulle 43.

Central Hôtel Fournié, ✆ 05 55 91 01 34, *Fax 05 55 91 23 57*, – . GB
fin mars-mi-nov. et fermé mardi d'oct. à juin – **Repas** 100/250 ♀, enf. 60 – ☕ 40 – **23 ch** 280/320 – ½ P 300/350

Turenne, ✆ 05 55 91 10 16, *turenne02@infonie.fr, Fax 05 55 91 22 42*, – . AE GB
mi-mars-mi-nov. – **Repas** *(fermé lundi sauf le soir en saison et dim. soir hors saison)* (prévenir) *(75)* - 100 (déj.), 135/370 bc, enf. 70 – ☕ 45 – **15 ch** 255/310 – ½ P 280/300

Les Charmilles avec ch, ✆ 05 55 91 29 29, *charme@club-internet.fr, Fax 05 55 91 29 30*, – . GB
fermé nov. – **Repas** *(fermé mardi et merc. du 20 sept. au 10 juin)* 105/250 ♀, enf. 55 – ☕ 38 – **8 ch** 310 – ½ P 280

Les pages explicatives de l'introduction vous aideront à mieux profiter de votre **Guide Rouge Michelin**

BEAULIEU-SUR-LOIRE *45630 Loiret* 65 ⑫ *– 1 693 h alt. 156.*

Office de Tourisme (fermé le dim. et lundi après-midi) pl. d'Armes ☏ 02 38 35 87 24, Fax 02 38 35 30 10.

Paris 174 – Auxerre 68 – Cosne-sur-Loire 19 – Gien 27 – Sancerre 29.

Relais des Sources, au bord du canal ☏ 02 38 37 17 77, – P. AE GB
fermé vacances de fév., mardi et merc. – **Repas** 90/150, enf. 50

BEAULIEU-SUR-MER *06310 Alpes-Mar.* 84 ⑩, 115 ㉗ *G. Côte d'Azur – 4 013 h alt. 10 – Casino.*

Voir *Site★ de la Villa Kerylos★ – Baie des Fourmis★.*

Office de Tourisme pl. G.-Clemenceau ☏ 04 93 01 02 21, Fax 04 93 01 44 04.

Paris 941 ④ – Nice 10 ④ – Menton 25 ③.

BEAULIEU-SUR-MER

Albert-1er (Av.) . . . . Z
Alsace-Lorraine (Bd) . . . Y
Cavell (Av. Edith) . . . . . . Z 4
Clemenceau (Pl. et R.) . Y 5
Déroulède (Bd) . . . . Y
Doumer (R. Paul) . . . . . . Z 6
Dunan (Av. F.) . . . . Z
Edouard-VII (Bd) . . . . . . Y
Eiffel (R.) . . . . Z
Gaulle (Pl. Charles-de) . . . . . Y
Gauthier (Bd Eugène) . . . . Y 13
Hellènes (Av. des) . . . . . Z 14
Joffre (Bd Maréchal) . . . Z
Leclerc (Bd Maréchal) . . . . Z 18
Marinoni (Bd) . . . . Y 19
May (Av. F.) . . . . Z 21
Myrtes (Ch. des) . . . . . . Y
Orangers (Montée des) . . . . Z 22
Rouvier (Promenade de M.) . . Z
St-Jean (Pont) . . . . Z
Yougoslavie (R. de) . . . . Z 27

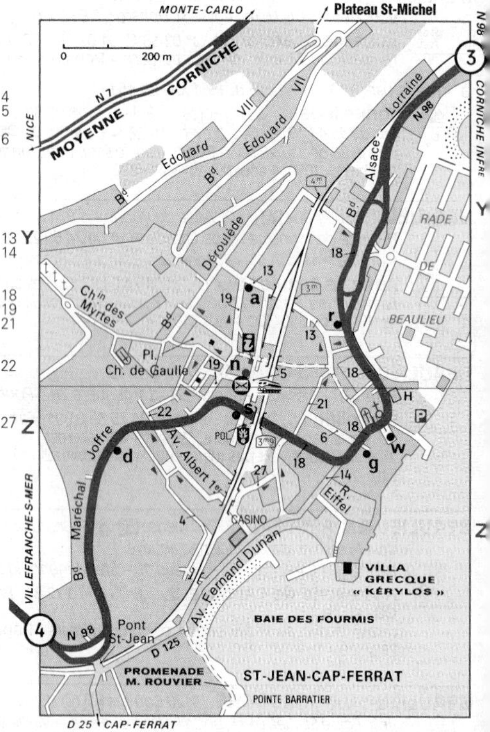

ATTENTION AU FEU

Le feu est le plus terrible ennemi de la forêt. Soyez prudent !

Réserve de Beaulieu, bd Mar. Leclerc ☏ 04 93 01 00 01, *reserve@wanadoo.fr, Fax 04 93 01 28 99*, ≤ mer, , « En bordure de mer », – , ch, TV . AE GB — Z w
3 mars-12 nov. et 22 déc.-31 janv. – **Repas** (dîner seul. de juin à sept.) 580/950 et carte 810 à 1 350 – ☕ 150 – **34 ch** 3450/7300, 5 appart

Spéc. Mousseuse de sardines fraîches et asperges au citron confit (mars à juin). Pistes à l'encre et petit farci de pomme au caviar. Chapon braisé aux caillettes niçoises. **Vins** Côtes de Provence, Bellet

Métropole, bd Mar. Leclerc ☏ 04 93 01 00 08, *metropole@relaischateaux.fr, Fax 04 93 01 18 51*, ≤ mer, , « Vaste terrasse sur mer, parc », , , – TV P. AE GB JCB — Z g
fermé 20 oct. au 20 déc. – **Repas** 350 bc (déj.), 450/530 – ☕ 135 – **35 ch** 1300/3400, 5 appart – ½ P 1300/2150

Frisia M sans rest, bd E. Gauthier ☏ 04 93 01 01 04, *info@club-internet.com, Fax 04 93 01 31 92*, ≤ – TV. AE GB — Y r
fermé 11 nov. au 12 déc. – ☕ 55 – **32 ch** 540/730

Comté de Nice M sans rest, bd Marinoni ✆ 04 93 01 19 70, *Fax 04 93 01 23 09*, – AE GB JCB Y a
50 – **31 ch** 740

Artémis sans rest, 3 bd Mar. Joffre ✆ 04 93 01 12 15, *artemishotel@libertysurf.fr*, *Fax 04 93 01 27 46* – TV P. AE GB Z s
fermé 10 nov. au 20 déc. – 50 – **69 ch** 590/690

Havre Bleu sans rest, bd Mar. Joffre ✆ 04 93 01 01 40, *pascal.cheruy@wanadoo.fr*, *Fax 04 93 01 29 92* – TV P. AE GB. Z d
40 – **22 ch** 300/350

Les Agaves, 4 av. Mar. Foch ✆ 04 93 01 13 12, *Fax 04 93 01 13 12* – . AE GB Y n
fermé 15 nov. au 15 déc., le midi en juil.-août, mardi midi et lundi – **Repas** 185

Autres ressources hôtelières : *voir à* **St-Jean-Cap-Ferrat**

BEAUMESNIL *27410 Eure* 54 ⑲ *G. Normandie Vallée de la Seine – 527 h alt. 169.*

Voir *Château*★.

Paris 136 – Rouen 61 – Bernay 13 – Dreux 72 – Évreux 39.

L'Étape Louis XIII (Ravinel), ✆ 02 32 44 44 72, *Fax 02 32 45 53 84*, , « Maison normande du 17e siècle », – P. AE GB
fermé 25 juin au 10 juil., vacances de fév., merc. sauf juil.-août et mardi – **Repas** (nombre de couverts limité, prévenir) 140/350 ♀, enf. 100
Spéc. Galette de pied de cochon et homard. Marbré de filet de boeuf à l'andouille de Vire. Soufflé au calvados.

Les BEAUMETTES *84 Vaucluse* 81 ⑬ – *rattaché à Gordes.*

BEAUMONT-DE-LOMAGNE *82500 T.-et-G.* 82 ⑥ *G. Midi Pyrénées – 3 488 h alt. 400.*

Paris 683 – Auch 50 – Toulouse 60 – Agen 60 – Condom 61 – Montauban 36.

Commerce avec ch, r. Mar. Foch ✆ 05 63 02 31 02, *Fax 05 63 65 26 22*, – rest, TV . AE GB. ch
fermé 28 mai au 4 juin, 1er au 7 oct., 2 au 8 janv., dim. soir et lundi – **Repas** 78/198 – 35 – **12 ch** 190/265 – 1/2 P 195/215

BEAUMONT-DU-VENTOUX *84340 Vaucluse* 81 ③ – *286 h alt. 360.*

Paris 680 – Avignon 47 – Carpentras 21 – Nyons 28 – Vaison-la-Romaine 12.

La Maison, ✆ 04 90 65 15 50, *Fax 04 90 65 23 29*, – GB
6 avril-31 oct. – **Repas** *(fermé lundi et mardi de sept. à juin et le midi en juil.-août sauf dim.)* 160/235 ♀

BEAUMONT-EN-AUGE *14950 Calvados* 55 ③ *G. Normandie Vallée de la Seine – 472 h alt. 90.*

Paris 198 – Caen 41 – Le Havre 45 – Deauville 11 – Lisieux 22 – Pont-l'Évêque 7.

Auberge de l'Abbaye, ✆ 02 31 64 82 31, *Fax 02 31 64 81 63*, « Cadre rustique normand » – AE GB
fermé 1er au 10 oct., 7 au 30 janv., mardi et merc. sauf juil.-août – **Repas** 170/300 ♀, enf. 80

BEAUMONT-EN-VERON *37 I.-et-L.* 67 ⑨ – *rattaché à Chinon.*

BEAUMONT-SUR-SARTHE *72170 Sarthe* 60 ⑬ – *1 874 h alt. 76.*

Syndicat d'Initiative Mairie ✆ 02 43 97 00 21, Fax 02 43 97 02 21 et (saison) Chalet Point I.

Paris 223 – Alençon 24 – Le Mans 27 – La Ferté-Bernard 49 – Mamers 25 – Mayenne 62.

Chemin de Fer avec ch, à la Gare Est : 1,5 km par D 26 ✉ 72170 Vivoin ✆ 02 43 97 00 05, *Fax 02 43 97 87 49*, – TV . AE GB
fermé 19 oct. au 12 nov., vacances de fév., vend. soir, dim. soir et lundi de nov. à avril – **Repas** 88/245 ♀, enf. 60 – 32 – **14 ch** 250/380 – 1/2 P 300/345

BEAUNE SP *21200 Côte-d'Or* 69 ⑨ *G. Bourgogne – 21 289 h alt. 220.*

Voir *Hôtel-Dieu*★★★ : *polyptyque du Jugement dernier*★★★, *Grand'salle salle ou chambre des pauvres*★★★ – *Collégiale Notre-Dame*★ : *tapisseries*★★ – *Hôtel de la Rochepot*★ **AY B** – *Remparts*★ – *Musée du vin de Bourgogne*★ **AYZ M[1]**.

Env. *Archéodrome de Bourgogne*★ *S : 7 km.*

Office de Tourisme r. de l'Hôtel-Dieu ✆ 03 80 26 21 30, Fax 03 80 26 21 39.

Paris 312 ③ – Autun 49 ④ – Chalon-sur-Saône 30 ③ – Dijon 45 ③ – Dole 65 ③.

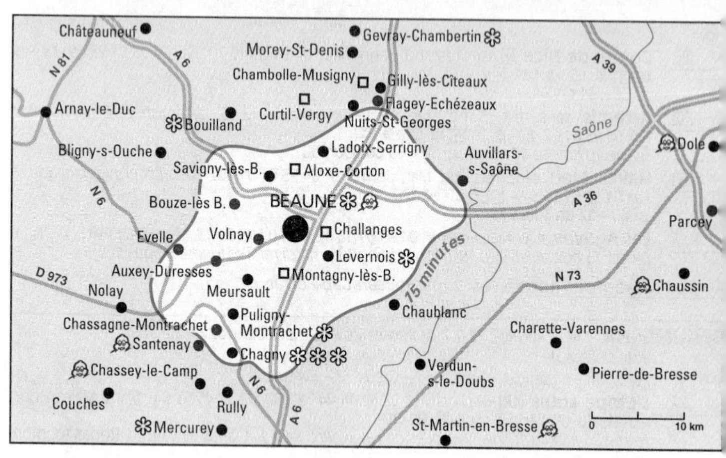

Cep sans rest, 27 r. Maufoux ☎ 03 80 22 35 48, *hotel-le-cep@wanadoo.fr* *Fax 03 80 22 76 80* – 70. AE GB JCB AZ z
80 – **57 ch** 800/1800

Poste, 5 bd Clemenceau ☎ 03 80 22 08 11, *francoise.stratigos@wanadoo.fr* *Fax 03 80 24 19 71*, , – , ch, – 25. AE GB JCB AZ t
Repas *(fermé 12 au 26 déc., lundi midi et dim. de janv. à mars)* 120/250 – 85 – **21 ch** 700/1100, 9 appart – ½ P 560/890

Bleu Marine M, 12 bd Mar. Foch ☎ 03 80 24 01 01, *Fax 03 80 24 09 90*, , – 80. AE GB JCB AY t
Clos du Cèdre *(fermé dim. de nov. à mars)* **Repas** 99(déj.)158/265 , enf. 70 – 60 – **34 ch** 515/825, 6 duplex – ½ P 465/695

Mercure M, av. Ch. de Gaulle ☎ 03 80 22 22 00, *H1217@accor-hotels.com*, *Fax 03 80 22 91 74*, , – – 90. AE GB JCB AZ m
Repas *(fermé sam. et dim. de déc. à fév.)* 135 , enf. 50 – 65 – **107 ch** 550/650

Henry II sans rest, 12 r. Fg St-Nicolas ☎ 03 80 22 83 84, *Fax 03 80 24 15 13* – . AE GB JCB. AY q
50 ch 440/790

Comfort Hôtel La Closerie sans rest, par ④ *rte Autun N 74* ☎ 03 80 22 15 07, *comfort-hotel-la-closerie@wanadoo.fr*, *Fax 03 80 24 16 22*, , – . AE GB JCB
fermé 24 déc. au 15 janv. – 60 – **47 ch** 475/630

Panorama, 74 rte Pommard, par ④ ☎ 03 80 26 22 17, *hotel@le-panorama.com*, *Fax 03 80 26 22 18*, , – – 40. AE GB. rest
fermé 24 déc. au 1er mars – **Repas** *(fermé sam. midi, dim. midi et lundi midi)* (dîner seul.)(résidents seul.) 138 (déj.), 188/340 – 62 – **65 ch** 420/700

Belle Époque sans rest, 15 r. Fg Bretonnière ☎ 03 80 24 66 15, *hotelbelleepoque.gabard@wanadoo.fr*, *Fax 03 80 24 17 49*, – . AE GB AZ h
49 – **16 ch** 445/495

Hostellerie de Bretonnière sans rest, 43 r. Fg Bretonnière ☎ 03 80 22 15 77, *bretonniere@free.fr*, *Fax 03 80 22 72 54* – . AE GB AZ v
45 – **24 ch** 330/460

Central, 2 r. V. Millot ☎ 03 80 24 77 24, *hotel.central.beaune@wanadoo.fr*, *Fax 03 80 22 30 40* – . AE GB AZ n
fermé 21 nov. au 19 déc. – ***Cheval Blanc*** ☎ 03 80 24 69 70 *(fermé merc. de nov. à mars)* **Repas** 98(déj.), 135/225 , enf. 80 – 55 – **21 ch** 480/895

Grillon sans rest, 21 rte Seurre par ② *: 1 km* ☎ 03 80 22 44 25, *Fax 03 80 24 94 89*, – . AE GB
fermé 1er fév. au 1er mars – 39 – **18 ch** 290/390

Cloche, 42 r. Fg Madeleine ☎ 03 80 24 66 33, *hotel.cloche.beaune@wanadoo.fr*, *Fax 03 80 24 04 24*, – rest, . AE GB BZ b
fermé 24 déc. au 18 janv. – **Repas** *(fermé 1er au 25 janv., lundi et mardi)* 89/198, enf. 55 – 45 – **22 ch** 350/420

BEAUNE

Alsace (R. d') . . . . AZ 2
Belin (R.) . . . . AZ 4
Bourgelat (R.) . . . . AZ 5
Carnot (Petite-Place) . . . AZ 6
Carnot (Pl.) . . . . AZ 7
Carnot (R.) . . . . AZ 9
Château (R. du) . . . . BY 10
Dames (Rempart des) . AZ 13
Dr-Jorrot (Pl du) . . . . BY 15
Enfant (R. de l') . . . . AY 16
Favart (R.) . . . . AY 18
Fleury (Pl.) . . . . AZ 19
Fraysse (R. E.) . . . . AZ 21
Halle (Pl. de la) . . . . AZ 23
Lorraine (R. de) . . . . AY
Maufoux (R.) . . . . AZ 25
Monge (Pl.) . . . . AY 26
Monge (R.) . . . . AZ 28
Perpreuil (Bd) . . . . AZ 29
Poterne (R.) . . . . AZ 30
Rolin (R.) . . . . AZ 31
Rousseau-Deslandes (R.) . . . . BY 32
St-Nicolas (R. du Fg.) . . . AY 34
Ste-Marguerite (R.) . . . . . AY 35
Tonneliers (R. des) . . . . . . AY 37
Ziem (Pl.) . . . . AZ 40

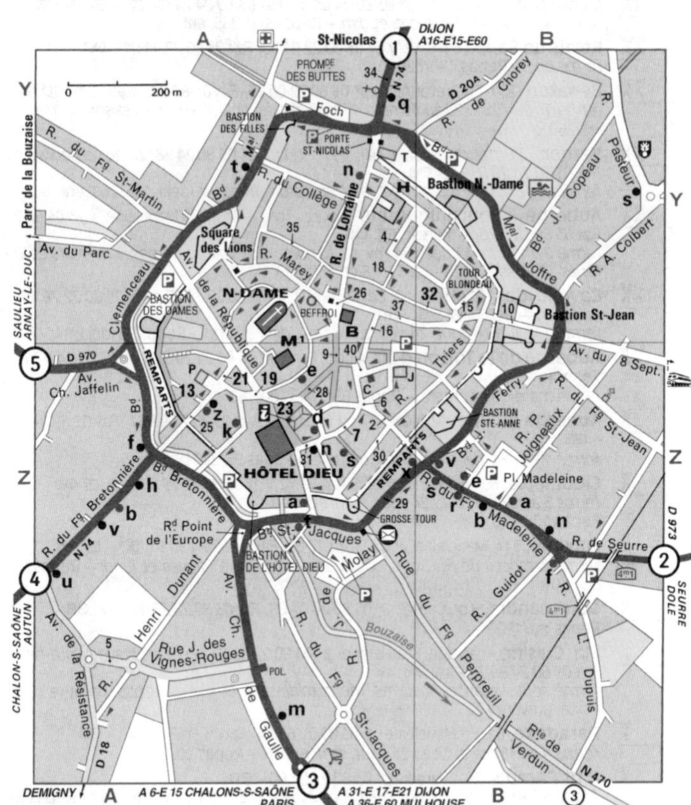

Paix sans rest, 45 r. Fg Madeleine ℘ 03 80 24 78 08, *Fax 03 80 24 10 18* – TV. AE GB JCB — BZ n
fermé 23 déc. au 17 janv. – ☕ 45 – **10 ch** 420/450

Villa Fleurie sans rest, 19 pl. Colbert ℘ 03 80 22 66 00, *Fax 03 80 22 45 46*, – TV P. GB — BY s
mars-nov. – ☕ 50 – **10 ch** 400/430

Alésia sans rest, 4 av. Sablières, rte Dijon par ① : *1 km* ℘ 03 80 22 63 27, *hotel.alesia@wanadoo.fr, Fax 03 80 24 95 28* – TV P. GB
fermé 15 déc. au 20 janv. – ☕ 35 – **15 ch** 195/335

Beaun Hôtel sans rest, 55 bis r. Fg Bretonnière ℘ 03 80 22 11 01, *beaunehotel@aol.com, Fax 03 80 22 46 66* – TV P. AE GB — AZ u
5 mars-30 nov. – ☕ 40 – **21 ch** 298/358

XXX **Bernard Morillon,** 31 r. Maufoux ℘ 03 80 24 12 06, *Fax 03 80 22 66 22*, – AE GB JCB — AZ z
fermé janv., mardi midi, merc. midi et lundi – **Repas** 180/480 et carte 400 à 560 ♀

Jardin des Remparts (Chanliaud), 10 r. Hôtel-Dieu 03 80 24 79 41, *lejardin@club-internet.fr, Fax 03 80 24 92 79*, – P. GB AZ a
fermé 1er au 6 août, 4 fév. au 4 mars, dim. et lundi – **Repas** 170/430 et carte 240 à 380
Spéc. Foie gras de canard poché dans une gelée à l'hydromel. Tartare de boeuf aux huîtres. Fraises et menthe marinées aux poires (printemps-été). **Vins** Santenay, Pernand-Vergelesses.

L'Écusson, pl. Malmédy 03 80 24 03 82, *Fax 03 80 24 74 02*, – AE GB JCB
fermé 4 fév. au 4 mars, merc. et dim. – **Repas** 140/285, enf. 75 BZ f

Relais de Saulx, 6 r. L. Véry 03 80 22 01 35, *Fax 03 80 22 41 01* – GB AZ k
fermé déc. – **Repas** 120/320

Bénaton, 25 r. Fg Bretonnière 03 80 22 00 26, *Fax 03 80 22 51 95*, – GB JCB
fermé 1er au 7 juil., 26 au 30 nov., 1er au 7 fév., jeudi sauf le soir en saison et merc. – **Repas** 130/260 AZ b

Verger, 21 rte de Seurre par ② : *1 km* 03 80 24 28 05, *le.verger@wanadoo.fr, Fax 03 80 24 28 05* – AE GB
fermé 1er fév. au 1er mars, merc. midi et mardi – **Repas** 90 (déj.), 125/260, enf. 60

Auberge Bourguignonne avec ch, 4 pl. Madeleine 03 80 22 23 53, *Fax 03 80 22 51 64* – rest, TV. GB BZ a
fermé 27 nov. au 19 déc., 24 fév. au 10 mars, dim. soir de fin nov. à mi-mars et lundi sauf fériés – **Repas** 90/225 – 36 – **8 ch** 330/380

Caveau des Arches, 10 bd Perpreuil 03 80 22 10 37, *Fax 03 80 22 76 44*, « Salles voûtées » – . AE GB JCB ABZ x
fermé 23 juil. au 8 août, 24 déc. au 28 janv., dim. et lundi – **Repas** 95 (déj.), 110/210

Auberge de la Toison d'Or, 4 bd J. Ferry 03 80 22 29 62, *Fax 03 80 24 07 11* – . AE GB JCB BZ v
fermé mardi soir et merc. – **Repas** 85/270, enf. 60

Auberge du Cheval Noir, 17 bd St-Jacques 03 80 22 07 37, *Fax 03 80 24 06 92*, – GB AZ t
fermé 1er au 14 mars, mardi soir et merc. – **Repas** 96/210 bc

Ciboulette, 69 r. Lorraine 03 80 24 70 72, *Fax 03 80 22 79 71* – . AE GB AY n
fermé 5 au 27 fév., 6 au 24 août, lundi et mardi
Repas 105/140

Maxime, 3 pl. Madeleine 03 80 22 17 82, *Fax 03 80 24 90 81*, – AE GB BZ e
fermé vacances de fév., dim. soir, jeudi soir d'oct. à Pâques et lundi – **Repas** 78/155, enf. 50

Gourmandin, 8 pl. Carnot 03 80 24 07 88, *Fax 03 80 22 27 42* – . GB AZ d
Repas 130/180

Ma Cuisine, passage Ste-Hélène 03 80 22 30 22, *contact@cave-sainte-helene.com, Fax 03 80 24 99 79* – . GB. AZ s
fermé août, vacances scolaires, merc. midi, sam. et dim. – **Repas** (nombre de couverts limité, prévenir) 90

Paradoxe, 6 r. Fg Madeleine 03 80 22 63 94, *Fax 03 80 24 20 42* – GB BZ s
fermé 4 au 18 mars, 12 au 25 août, sam. et dim. – **Repas** 90/220

P'tit Paradis, 25 r. Paradis 03 80 24 91 00 – GB AZ e
fermé 13 au 21 août, 18 nov. au 4 déc., 24 fév. au 6 mars, lundi et mardi – **Repas** (prévenir) 75 (déj.), 95/165

Les Tontons, 22 r. Fg Madeleine 03 80 24 19 64, *Fax 03 80 22 34 07* – GB BZ r
fermé 1er au 12 août, 30 déc. au 13 janv., dim. et lundi – **Repas** 99/178

à Savigny-lès-Beaune *par ①, D 18 et D 2 : 7 km – 1 392 h. alt. 237 – ✉ 21420 :*
Voir *Château*★.
Syndicat d'Initiative (saison) r. Vauchey-Véry 03 80 26 12 56, Mairie 03 80 21 51 21, Fax 03 80 21 56 63.

Hameau de Barboron sans rest, 03 80 21 58 35, *Fax 03 80 26 10 59*, – TV P – 25. AE GB
85 – **9 ch** 500/900, 3 duplex

L'Ouvrée, rte Bouilland 03 80 21 51 52, *Fax 03 80 26 10 04*, – TV P. GB
fermé 1er fév. au 15 mars – **Repas** 100, enf. 60 – 37 – **22 ch** 310/350 – ½ P 290/310

Lud Hôtel , 31 r. Cîteaux 03 80 21 53 24, *Fax 03 80 21 59 26*, , – TV P – 15. GB.
fermé 18 déc. au 4 janv. et 1er au 15 fév. – **Repas** (dîner seul.) 100/228, enf. 80 – 38 – **25 ch** 340/470

Cuverie, 5 r. Chanoine Donin 03 80 21 50 03, *Fax 03 80 21 50 03* – GB
fermé 17 déc. au 18 janv., mardi soir et merc. – **Repas** 98/220

rte de Dijon *par ① : 4 km – ✉ 21200 Beaune :*

XXXX **Ermitage de Corton** Ⓜ avec ch, ✆ 03 80 22 05 28, *Fax 03 80 24 64 51,* ≤, – TV P. AE GB JCB
fermé mi-janv. à mi-fév. – **Repas** *(fermé mardi midi, dim. soir et lundi)* 235/545 et carte 430 à 670 ♀ – ☕ 125 – **1 ch** 1100, 9 appart 1850

à Aloxe-Corton *par ① : 6 km – 187 h. alt. 255 – ✉ 21420 :*

Villa Louise sans rest, ✆ 03 80 26 46 70, *Fax 03 80 26 47 16,* – TV P. GB
☕ 75 – **10 ch** 550/800

à Ladoix-Serrigny *par ① et N 74 : 7 km – 1 549 h. alt. 200 – ✉ 21550 :*

Gremelle, N 74 ✆ 03 80 26 40 56, *Fax 03 80 26 48 23,* – TV P. AE GB
fermé 1er déc. au 28 fév. – **Repas** 145/260, enf. 65 – ☕ 55 – **20 ch** 350 – ½ P 400

XX **Les Coquines,** à Buisson ✆ 03 80 26 43 58, *Fax 03 80 26 49 59,* – P. AE GB JCB
fermé 19 au 29 déc., 7 au 23 fév., merc. et jeudi – **Repas** 165/245 ♀

X **Les Terrasses de Corton** avec ch, ✆ 03 80 26 42 37, *Fax 03 80 26 42 13,* – TV P. GB
fermé 28 janv. au 3 mars, mardi soir et merc. d'oct. à mars – **Repas** 100/230, enf. 60 – ☕ 40 – **10 ch** 230/290 – ½ P 240

à Challanges *par ② puis D 111 : 4 km – ✉ 21200 Beaune :*

Château de Challanges Ⓜ sans rest, r. Templiers ✆ 03 80 26 32 62, *Fax 03 80 26 32 52,* « Belle demeure dans un parc », – TV P – 15. AE GB JCB
fermé 20 déc. au 10 janv. – ☕ 60 – **9 ch** 530, 5 appart

au Sud-Est près de l'échangeur A 6 *par ③ : 2 km – ✉ 21200 Beaune :*

Novotel Ⓜ, av. Ch. de Gaulle ✆ 03 80 24 59 00, *h1177@accor-hotels.com, Fax 03 80 24 59 29,* – TV P – 150. AE GB JCB
Repas (95) - 115/130 ♀, enf. 50 – ☕ 62 – **127 ch** 520/630

Relais Motel 21, rte Verdun ✆ 03 80 24 15 30, *relaismotel21@wanadoo.fr, Fax 03 80 24 16 10,* – TV P – 30. AE GB
Repas 89/148 ♀, enf. 48 – ☕ 38 – **46 ch** 290

à Levernois *Sud-Est : 5 km par rte de Verdun-sur-le-Doubs, D 970 et D 111L* - **BZ** – *285 h. alt. 198 – ✉ 21200 :*

Colvert Golf Hôtel Ⓜ sans rest, ✆ 03 80 24 78 20, *hotelcolvert@libertysurf.fr, Fax 03 80 24 77 70,* ≤ – TV . AE GB
fermé 15 déc. au 15 janv. et 1er au 10 fév. – ☕ 50 – **24 ch** 300/380

Parc sans rest, ✆ 03 80 24 63 00, *hotel.le.parc@wanadoo.fr, Fax 03 80 24 21 19,* « Parc et cour-terrasse fleuris », – TV P. GB.
fermé 30 nov. au 25 janv. – ☕ 38 – **25 ch** 280/540

XXXX ✿ **Hostellerie de Levernois** (Crotet) Ⓜ avec ch, rte Combertault ✆ 03 80 24 73 58, *levernois@relaischateaux.fr, Fax 03 80 22 78 00,* « Jardin fleuri et parc », – TV P. AE GB
fermé 10 déc. au 10 janv., dim. soir, mardi de nov à mars et merc. midi – **Repas** (dîner seul. d'avril à oct. sauf dim.) 200 bc (déj.), 450/680 et carte 430 à 560 ♀ – ☕ 125 – **16 ch** 1100 – ½ P 1150
Spéc. Petits escargots en cocotte lutée. Canon d'agneau, foie gras et truffe. Poulet de Bresse rôti, pomme purée. **Vins** Bourgogne-Aligoté, Savigny-lès-Beaune.

X **Garaudière,** ✆ 03 80 22 47 70, *Fax 03 80 22 64 01,* – GB
fermé déc., 1er au 15 janv., sam. midi de début avril à fin nov., dim. de mi-janv. à fin mars et lundi – **Repas** grill 90/110

à Montagny-lès-Beaune *par ③ et D 113 : 3 km – 763 h. alt. 206 – ✉ 21200 :*

Les Genièvres sans rest, ✆ 03 80 22 37 74, *Fax 03 80 24 23 18,* – TV P. AE GB
fermé 20 déc. au 20 janv. et dim. du 1er nov. au 1er mars – ☕ 32 – **19 ch** 160/280

à Meursault *par ④ : 8 km – 1 538 h. alt. 243 – ✉ 21190 .*

Office de Tourisme (saison) pl. Hôtel-de-Ville ✆ 03 80 21 25 90.

Magnolias sans rest, 8 r. P. Joigneaux ✆ 03 80 21 23 23, *lesmagnolias@mageos.com, Fax 03 80 21 29 10,* « Belle décoration intérieure » – P. AE GB.
15 mars-30 nov. – ☕ 48 – **12 ch** 480/720

Les Charmes sans rest, pl. Murger ✆ 03 80 21 63 53, *Fax 03 80 21 62 89,* – TV P. GB.
15 mars-1er déc. – ☕ 50 – **14 ch** 470/610

Motel Au Soleil Levant, rte Beaune ☎ 03 80 21 23 47, *Fax 03 80 21 65 67,* – TV ☎ P. GB
Repas 85/150 ♀, enf. 50 – ☐ 35 – **43 ch** 224/404

Relais de la Diligence, à la gare Sud-Est : 2,5 km par D 23 ☎ 03 80 21 21 32, *Fax 03 80 21 64 69,* ←, – P. AE ⊕ GB
fermé 10 déc. au 21 janv., mardi soir et merc. hors saison – **Repas** 88/220 ♀, enf. 50

Bouchon, pl. Hôtel-de-Ville ☎ 03 80 21 29 56, *Fax 03 80 21 29 56* – AE GB
fermé 20 nov. au 28 déc., dim. soir et lundi – **Repas** 65/130 ♀, enf. 49

à Puligny-Montrachet *par ④ et N 74 : 12 km – 466 h. alt. 227 – ✉ 21190 :*

Montrachet ⚐, ☎ 03 80 21 30 06, *le-montrachet@wanadoo.fr, Fax 03 80 21 39 06* – TV ☎ ♿. AE ⊕ GB. ✗ rest
fermé 1er déc. au 10 janv. – **Repas** 210/435 et carte 370 à 550 ♀ – ☐ 70 – **32 ch** 560/890 – ½ P 645
Spéc. Escargots de Bourgogne en coquille. Blanc de volaille de Bresse au foie gras de canard. Tarte chaude aux pommes. **Vins** Puligny-Montrachet, Chassagne-Montrachet.

à Auxey-Duresses *par ④ et D 973 : 8 km – 351 h. alt. 260 – ✉ 21190 :*

Crémaillère, ☎ 03 80 21 22 60, *Fax 03 80 21 62 65* – GB
fermé 1er au 7 juil., vacances de fév., mardi soir et merc. – **Repas** 80/240 ♁, enf. 48

à Volnay *par ④ et N 74 – 355 h. alt. 290 – ✉ 21190 :*

Auberge des Vignes, N 74 ☎ 03 80 22 24 48, *aubergedesvignes.leneuf@caramail.com, Fax 03 80 22 24 48* – P. GB
fermé 16 au 22 juil., 26 nov. au 2 déc., 4 au 24 fév., dim. soir de sept. à avril, mardi soir et merc. – **Repas** 78 (déj.), 98/215

à Bouze-lès-Beaune *par ⑤ et D 970 : 6,5 km – 247 h. alt. 400 – ✉ 21200 :*

Bouzerotte, ☎ 03 80 26 01 37, *la.bouzerotte@wanadoo.fr, Fax 03 80 26 09 37,* – GB
fermé 27 août au 4 sept., 24 déc. au 2 janv., 4 au 26 fév., lundi et mardi – **Repas** (dim. prévenir) 89/268

voir aussi *ressource hôtelière de* **Bouilland**

The Guide changes, so renew your Guide every year.

BEAUPRÉAU *49600 M.-et-L.* 67 ⑤ *G. Châteaux de la Loire – 5 937 h alt. 73.*
Office de Tourisme Centre Culturel de la Loge ☎ 02 41 75 38 31, Fax 02 41 75 38 28.
Paris 346 – Angers 53 – Ancenis 28 – Châteaubriant 72 – Cholet 19 – Nantes 53 – Saumur 81.

à la Chapelle-du-Genêt *Sud-Ouest : 3 km – 924 h. alt. 95 – ✉ 49600 :*

Auberge de la Source, ☎ 02 41 63 03 89, *Fax 02 41 63 35 34* – GB
fermé 30 juil. au 20 août, dim. soir et lundi – **Repas** *(80)* - 106/265 ♀

BEAURECUEIL *13 B.-du-R.* 84 ③ *– rattaché à Aix-en-Provence.*

BEAUREPAIRE *38270 Isère* 77 ② *– 3 735 h alt. 259.*
Paris 522 – Annonay 42 – Grenoble 66 – Romans-sur-Isère 39 – St-Étienne 81 – Vienne 32.

Fiard avec ch, av. Terreaux ☎ 04 74 84 62 02, *Fax 04 74 84 71 13* – TV ☎ – 15. AE ⊕ GB
fermé lundi midi – **Repas** 160/420 et carte 250 à 410 ♀ – ☐ 50 – **15 ch** 300/450

aux Roches de Pajay *Est : 3 km par D 519 – 736 h. alt. 358 – ✉ 38260 Pajay :*

Chandelier, ☎ 04 74 84 66 67, – P. GB
Repas (dîner sur réservation) 70 (déj.), 90/210 ♁, enf. 50

BEAUSOLEIL *06 Alpes-Mar.* 84 ⑩, 115 ㉗ *– rattaché à Monaco.*

Le BEAUSSET *83330 Var* 84 ⑭, 114 ㊹ *– 7 114 h alt. 167.*
Office de Tourisme pl. Ch.-de-Gaulle ☎ 04 94 90 55 10, Fax 04 94 98 51 83.
Paris 821 – Toulon 19 – Aix-en-Provence 66 – Marseille 46.

Mas Lei Bancau ⚐, Sud : 2 km par N 8 et rte secondaire ☎ 04 94 90 27 78, *Fax 04 94 90 29 00,* , ⛱, – TV ♿ P. GB. ✗
fermé 5 janv. au 5 fév. – **Repas** *(fermé jeudi midi et merc.)* 150/190 – ☐ 45 – **8 ch** 460/585 – ½ P 425/485

Cigalière , Nord : 1,5 km par N 8 et rte secondaire ☎ 04 94 98 64 63, *Fax 04 94 98 66 04*, , , , – cuisinette – 25. GB.
fermé 10 au 20 oct. – **Repas** *(fermé nov. à avril)* (dîner seul.) *(85)* - 118/135 – 40 – **14 ch** 355/400, 5 studios – ½ P 325/355

Fontaine des Saveurs, 17 bd Chanzy ☎ 04 94 98 50 01 – AE GB JCB
fermé 25/06 au 6/07, 22/10 au 7/11, vacances de fév., dim. soir de sept. à mai, jeudi midi de juin à août et merc. – **Repas** 99 bc (déj.), 149/189 , enf. 66

BEAUVAIS P *60000 Oise* 55 ⑨ ⑩ *G. Picardie Flandres Artois – 54 190 h alt. 67.*

Voir *Cathédrale St-Pierre*** : horloge astronomique* – Église St-Étienne* : vitraux** et arbre de Jessé*** – Musée départemental de l'Oise* dans l'ancien palais épiscopal* **M**².

Office de Tourisme r. Beauregard ☎ 03 44 15 30 30, Fax 03 44 15 30 31.

Paris 82 ④ – Compiègne 61 ③ – Amiens 61 ② – Boulogne-sur-Mer 182 ① – Rouen 83 ⑤.

BEAUVAIS

Beauregard (R.) 2
Brière (Bd J.) 3
Carnot (R.)
Clemenceau (Pl.) 4
Dr-Gérard (R.) 5
Dr-Lamotte (Bd du) 6
Dreux (R. Ph. de) 7
Gambetta (R.)
Grenier-à-Sel (R.) 8
Guéhengnies (R. de) 9
Hachette (Pl. J.) 10
Halles (Pl. des) 12
Leclerc (R. Mar.) 13
Lignières (R. J. de) 15
Loisel (Bd A.) 16
Malherbe (R. de) 18
Nully-d'Hécourt (R.) 19
République (Av. de la) 20
St-André (Bd) 22
St-Laurent (R.) 23
St-Pierre (R.) 24
St-Vincent-de-Beauvais (R.) 26
Scellier (Cours) 27
Taillerie (R. de la) 29
Tapisserie (R. de la) 30
Villiers-de-l'Isle-Adam (R.) 35
Watrin (R. du Gén.) 36
27-Juin (R. du) 38

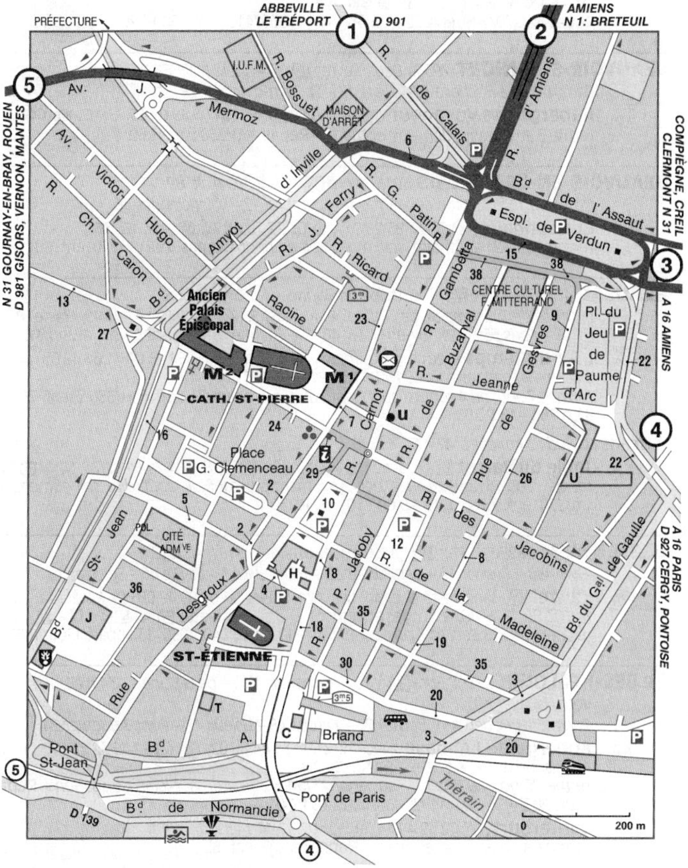

Hostellerie St-Vincent M, par ③ *3 km (zone St-Germain)* 03 44 05 49 99, *h.st.vincent@wanadoo.fr, Fax 03 44 05 52 94*, – – 70. AE GB JCB
Repas *(fermé sam. midi)* 82/180, enf. 52 – 39 – **48 ch** 320 – ½ P 270

Cygne sans rest, 24 r. Carnot (u) 03 44 48 68 40, *Fax 03 44 45 16 76* – . GB
fermé 25 déc. au 2 janv. – 35 – **21 ch** 200/285

Résidence sans rest, 24 r. L. Borel par ② *et r. D. Maillart* 03 44 48 30 98, *Fax 03 44 45 09 42* – . GB
fermé 5 au 26 août et dim. soir d'oct. à avril – 35 – **22 ch** 200/280

par ④ *et N 1 : 5 km – 60000 Beauvais :*

Relais Mercure M sans rest, quartier St-Lazare 03 44 02 80 80, *h0350@accor-hotels.com, Fax 03 44 02 12 50*, – – 40. AE GB JCB
55 – **60 ch** 405/435

Bellevue, 03 44 02 17 11, *Fax 03 44 02 54 44* – . AE GB
fermé 11 au 26 août, sam. et dim. – **Repas** carte 150 à 280

BEAUVOIR *50 Manche* 59 ⑦ – *rattaché au Mont-St-Michel.*

BEAUVOIR-SUR-MER *85230 Vendée* 67 ① ② – *3 277 h alt. 8.*
Office de Tourisme r. Ch.-Gallet 02 51 68 71 13, *Fax 02 51 49 05 04.*
Paris 448 – Nantes 59 – La Roche-sur-Yon 58 – Challans 15 – Noirmoutier-en-l'Ile 29.

Relais des Touristes (annexe M), rte Gois 02 51 68 70 19, *Fax 02 51 49 33 45*, – – 25. AE GB JCB
Repas (58) - 70/240, enf. 55 – 38 – **41 ch** 335/410 – ½ P 300/320

BEAUVOIR-SUR-NIORT *79360 Deux-Sèvres* 72 ① – *1 242 h alt. 66.*
Paris 421 – La Rochelle 59 – Niort 17 – St-Jean-d'Angély 28.

Auberge des Voyageurs, 05 49 09 70 16, *Fax 05 49 09 65 78* – AE GB
fermé 7 au 28 janv., dim. soir et merc. – **Repas** 100/250, enf. 50

BEAUVOIS-EN-CAMBRÉSIS *59157 Nord* 53 ④ – *2 099 h alt. 89.*
Paris 190 – St-Quentin 40 – Arras 48 – Cambrai 12 – Valenciennes 36.

Buissonnière, 03 27 85 29 97, *Fax 03 27 76 25 74*, – . AE GB
fermé 1er au 21 août, dim. soir, merc. soir et lundi – **Repas** (75) - 125/210, enf. 60

BEAUZAC *43590 H.-Loire* 76 ⑧ *G. Vallée du Rhône – 1 955 h alt. 565.*
Office de Tourisme pl. de l'Église 04 71 61 50 74, *Fax 04 71 61 47 49, Mairie* 04 71 61 47 49 – *Paris 559 – Le Puy-en-Velay 46 – St-Étienne 43 – Craponne-sur-Arzon 31.*

L'Air du Temps avec ch, à Confolent, Est : 4 km par D 461 04 71 61 49 05, *air.du.temps.hotel@wanadoo.fr, Fax 04 71 61 50 91* – . GB
fermé 27 août au 4 sept., 2 au 31 janv., dim. soir et lundi – **Repas** 98/330, enf. 70 – 45 – **8 ch** 260 – ½ P 260

à Bransac *Sud : 3 km par D 42 – 43590 :*

Table du Barret M avec ch, 04 71 61 47 74, *Fax 04 71 61 52 73*, – . GB
fermé 1er au 15 nov., 24 au 30 déc., fév., mardi soir sauf juil.-août, dim. soir et merc. – **Repas** 100/320, enf. 75 – 40 – **9 ch** 250 – ½ P 230

BEBLENHEIM *68980 H.-Rhin* 87 ⑰ *G. Alsace Lorraine – 918 h alt. 212.*
Paris 438 – Colmar 10 – Gérardmer 58 – Ribeauvillé 5 – St-Dié 46 – Sélestat 18.

Kanzel M sans rest, chemin des Amandiers 03 89 49 08 00, *kanzel@alsacom.com, Fax 03 89 47 99 10*, Vosges et vignobles, – cuisinette – 25. GB
fermé 21 au 28 déc. et 7 janv. au 15 fév. – **10 ch** 840/1050, 13 appart 1200/1400

Le BEC-HELLOUIN *27800 Eure* 55 ⑮ *G. Normandie Vallée de la Seine – 434 h alt. 101.*
Voir *Abbaye*★★.
Paris 151 – Rouen 41 – Bernay 23 – Évreux 48 – Lisieux 47 – Pont-Audemer 24.

Auberge de l'Abbaye avec ch, 02 32 44 86 02, *Fax 02 32 46 32 23*, , « Demeure normande du 18e siècle » – . AE GB
fermé 26 nov. au 8 déc., 7 au 19 janv., lundi et mardi sauf le soir en saison – **Repas** (140) - 200/290 – 50 – **11 ch** 450/480 – ½ P 500

Canterbury, 02 32 44 14 59, *Fax 02 32 44 14 59*, – GB.
fermé fév., mardi soir et merc. – **Repas** 89/205, enf. 55

BÉDARIEUX *34600 Hérault* 83 ④ – *5 962 h alt. 196.*

Office de Tourisme pl. aux Herbes ✆ 04 67 95 08 79, Fax 04 67 95 39 69.

Paris 730 – Montpellier 72 – Béziers 35 – Lodève 28.

XX **Forge,** 22 av. Abbé Tarroux ✆ 04 67 95 13 13, *Fax 04 67 95 10 81,* – P. GB
fermé 1er au 15 oct., 2 au 12 janv., dim. soir et lundi hors saison – **Repas** 90/210

BÉDOIN *84410 Vaucluse* 81 ⑬ *G. Provence* – *2 215 h alt. 295.*

Voir *Le Paty* ≤★ *NO : 4,5 km.*

Office de Tourisme Espace Marie-Louis-Gravier ✆ 04 90 65 63 95, Fax 04 90 12 81 55.

Paris 696 – Avignon 42 – Carpentras 16 – Nyons 37 – Sault 36 – Vaison-la-Romaine 21.

Pins, 1 km chemin des Crans ✆ 04 90 65 92 92, *hoteldespins@wanadoo.fr, Fax 04 90 65 60 66,* – TV P. AE GB. rest
1er avril-3 nov. et 23 déc.-3 janv. – **Repas** *(fermé le midi sauf dim.)* 130/250, enf. 70 – 60 – **25 ch** 350/370 – ½ P 330/360

à Ste-Colombe *Est : 4 km par rte du Mont-Ventoux* – ✉ *84410 :*

Garance M sans rest, ✆ 04 90 12 81 00, *Fax 04 90 65 93 05,* ≤, – TV P. GB
39 – **13 ch** 250/300

X **Colombe,** ✆ 04 90 65 61 20, *Fax 04 90 65 61 20,* ≤, – P. GB.
fermé lundi, mardi, jeudi du 15 nov. au 15 mars, dim. soir et merc. – **Repas** 115/280, enf. 75

rte du Mont-Ventoux *Est : 6 km* – ✉ *84410 Bédoin :*

XX **Mas des Vignes,** au virage de St-Estève ✆ 04 90 65 63 91, *Fax 04 90 65 63 91,* ≤ Dentelles de Montmirail et le Comtat, – P
31 mars-1er nov. – **Repas** *(fermé le midi en juil.-août sauf dim. et fériés, mardi midi et lundi)* 170/250

BEG-MEIL *29 Finistère* 58 ⑮ *G. Bretagne* – ✉ *29170 Fouesnant.*

Voir *Site*★.

Office de Tourisme (mi juin-mi sept.) ✆ 02 98 94 97 47, Fax 02 98 56 64 02.

Paris 562 – Quimper 20 – Concarneau 16 – Pont-l'Abbé 23 – Quimperlé 45.

Bretagne, 14 r. Glénan ✆ 02 98 94 98 04, *jube@club-internet.fr, Fax 02 98 94 90 58,* – TV P – 40. GB. rest
1er avril-30 sept. – **Repas** *(fermé mardi hors saison)* 80 (déj.), 100/250, enf. 55 – 39 – **28 ch** 370/450 – ½ P 360/400

Thalamot, ✆ 02 98 94 97 38, *resa@hotel-thalamot.com, Fax 02 98 94 49 92,* – TV – 30. AE GB. rest
1er avril-30 sept. – **Repas** 118/265, enf. 60 – 42 – **32 ch** 395/450 – ½ P 330/395

La BÉGUDE-DE-MAZENC *26160 Drôme* 81 ② *G. Vallée du Rhône* – *1 053 h alt. 215.*

Voir *Vieux village perché*★.

Paris 615 – Valence 55 – Crest 29 – Montélimar 16 – Nyons 35 – Orange 70.

Hostellerie du Château de Mazenc, ✆ 04 75 46 97 00, *Fax 04 75 46 97 01,* « Château du 17e siècle dans un parc », – TV P. GB
12 avril-10 oct. et fermé dim. et lundi du 12 avril au 30 mai – **Repas** (dîner seul.)(résidents seul.) 120/180 – 55 – **21 ch** 350/650 – ½ P 690/820

BEINHEIM *67930 B.-Rhin* 87 ③ – *1 556 h alt. 115.*

Paris 516 – Strasbourg 43 – Haguenau 25 – Karlsruhe 37 – Wissembourg 27.

François sans rest, 58 r. Principale ✆ 03 88 86 41 26, *Fax 03 88 86 27 00,* – TV P. AE GB.
fermé 1er au 15 août et 24 déc. au 2 janv. – 35 – **13 ch** 225/320

BELCAIRE *11340 Aude* 86 ⑥ – *360 h alt. 1002.*

Voir *Forêts*★★ *de la Plaine et Comus NO.*

Env. *Belvédère du Pas de l'Ours*★★ *E : 13 km puis 15 mn,* **G. Languedoc Roussillon.**

Paris 822 – Foix 54 – Ax-les-Thermes 26 – Carcassonne 81 – Quillan 29.

X **Bayle** avec ch, ✆ 04 68 20 31 05, *hotel-bayle@ataraxie.fr, Fax 04 68 20 35 24,* – GB
fermé merc. hors vacances scolaires – **Repas** 70 (déj.), 90/150, enf. 45 – 30 – **12 ch** 230/250 – ½ P 230/240

BELCASTEL *12390 Aveyron* 80 ① *G. Midi-Pyrénées – 245 h alt. 406.*

Voir *Commune de la "Méridienne verte".*

Paris 620 – Rodez 27 – Decazeville 31 – Villefranche-de-Rouergue 37.

XX **Vieux Pont** (Mme Fagegaltier) M avec ch, ☎ 05 65 64 52 29, *hotel-du-vieux-pont@wanadoo.fr, Fax 05 65 64 44 32,* ≤ – ▤ TV ✆ P. GB
fermé 1er janv. au 15 mars, dim. soir, mardi midi de sept. à juin et lundi – **Repas** (nombre de couverts limité, prévenir) 150/400 et carte 310 à 400, enf. 80 – ☕ 65 – **7 ch** 470/510 – ½ P 490/530
Spéc. Foie de canard grillé. Pigeon fermier rissolé au thym et à l'orange. Pavé de gigot d'agneau d'Aveyron rôti. **Vins** Marcillac, Vins d'Entraygues et du Fel.

BELFORT P *90000 Ter.-de-Belf.* 66 ⑧ *G. Jura – 50 125 h alt. 360.*

Voir *Le Lion★★ – Le camp retranché★★ : ✻★★ de la terrasse du fort – Vieille ville★ : porte de Brisach★ – Orgues★ de la cathédrale St-Christophe* **Y B** *– Fresque★ (parking rue de l'As-de-Carreau* **Z** *6) – Cabinet d'un amateur★ : Donation Maurice Jardot* **M**1.

Office de Tourisme 2 bis r. G.-Clemenceau ☎ 03 84 55 90 90, Fax 03 84 50 90 99.

Paris 422 ③ – Besançon 94 ③ – Mulhouse 40 ② – Basel 77 ② – Épinal 96 ⑤.

Plan page ci-contre

Novotel Atria M, av. Espérance (au centre des congrès) ☎ 03 84 58 85 00, *h1742@accor-hotels.com, Fax 03 84 58 85 01* – |‡| ⅹ ▤ TV ✆ ♿ 🚗 – 🏛 400. AE ⓓ GB — Y u
Repas 125/175 ♀, enf. 50 – ☕ 63 – **79 ch** 545/595

Grand Hôtel du Tonneau d'Or M, 1 r. Reiset ☎ 03 84 58 57 56, *Fax 03 84 58 57 50* – |‡| ⅹ TV ✆ ♿ P – 🏛 60. AE ⓓ GB JCB — Y e
Repas *(fermé 1er au 15 août, sam. et dim.)* (77) - 140/230 ♀, enf. 59 – ☕ 60 – **52 ch** 390/680

Boréal M sans rest, 2 r. Comte de la Suze ☎ 03 84 22 32 32, *hotel.boreal@wanadoo.fr, Fax 03 84 28 15 01* – |‡| ⅹ ▤ TV ✆ ♿ 🚗 – 🏛 30. AE ⓓ GB — Z r
fermé 21 déc. au 6 janv. – ☕ 50 – **54 ch** 410/480

Modern Hôtel sans rest, 9 av. Wilson ☎ 03 84 21 59 45, *Fax 03 84 22 72 40* – |‡| TV ✆ 🚗. AE GB. ✗ — VX a
fermé 20 déc. au 10 janv. et dim. d'oct. à avril – ☕ 38 – **39 ch** 235/325

Les Capucins, 20 fg Montbéliard ☎ 03 84 28 04 60, *Fax 03 84 55 00 92* – |‡| TV. AE ⓓ GB — Z n
fermé 27 juil. au 15 août et 21 déc. au 7 janv. – **Repas** *(fermé sam. sauf le soir de mai à sept. et dim.)* 92/198 – ☕ 40 – **35 ch** 290/360 – ½ P 290/310

Vauban sans rest, 4 r. Magasin ☎ 03 84 21 59 37, *hotel.vauban@wanadoo.fr, Fax 03 84 21 41 67,* 🌳 – TV. AE ⓓ GB JCB. ✗ — Y h
fermé Noël au Jour de l'An, vacances de fév. et dim. – ☕ 40 – **14 ch** 280/340

XXX **Sabot d'Annie** (Barbier), rte d'Offemont, Nord : 1,5 km par D 13 ✉ 90300 Offemont ☎ 03 84 26 01 71, *Fax 03 84 26 83 79* – ▤ P. AE GB
fermé août, vacances de fév., sam. midi, dim. soir et lundi – **Repas** 140/350 et carte 250 à 380
Spéc. Eventail de langoustines sur lit de courgettes. Pigeon rôti aux morilles. Saint-Pierre soufflé à l'oseille. **Vins** Côtes du Jura, Tokay-Pinot gris.

XXX **Hostellerie du Château Servin** avec ch, 9 r. Gén. Négrier ☎ 03 84 21 41 85, *Fax 03 84 57 05 57,* 🏠, 🌳 – |‡| TV P. AE ⓓ GB. ✗ ch — X r
fermé 6 au 27 août, dim. soir, lundi midi et vend. – **Repas** 120/450 et carte 320 à 420 ♀ – ☕ 40 – **8 ch** 320/450

XX **Molière,** 6 r. Étuve ☎ 03 84 21 86 38, *Fax 03 84 58 01 22,* 🏠 – ▤. AE ⓓ GB JCB — Z z
fermé 22 août au 12 sept., mardi soir et merc. – **Repas** 100/250 ♀

XX **Pot au Feu,** 27 bis Grand'rue ☎ 03 84 28 57 84, *Fax 03 84 58 17 65* – AE GB JCB — Y s
fermé 1er au 18 août, 1er au 12 janv., sam. midi, lundi midi et dim. – **Repas** 125 (déj.), 175 bc/250 ♀, enf. 60

à Danjoutin *Sud : 3 km – 3 103 h. alt. 354 – ✉ 90400 :*

XXX **Pot d'Étain** (Roy), ☎ 03 84 28 31 95, *Fax 03 84 21 70 15* – P. AE ⓓ GB — X v
fermé 15 au 31 août, vacances de fév., sam. midi, dim. soir et lundi – **Repas** 200 bc (déj.), 230/495 et carte 350 à 460 ♀
Spéc. Raviole d'escargots en nage de persil plat et ponsec. Porc "cul noir" de Saint-Yreix (automne-hiver). Gâteau au chocolat coulant. **Vins** Charcenne, Pinot noir d'Alsace.

Les Errues *par ② : 12 km sur N 83 – ✉ 90150 Menoncourt :*

X **Pomme d'Argent,** 13 r. Noye ☎ 03 84 27 63 69, *Fax 03 84 27 63 69,* 🏠 – P. GB
fermé 28 mai au 17 juin, dim. soir et merc. – **Repas** 98/185 ♀

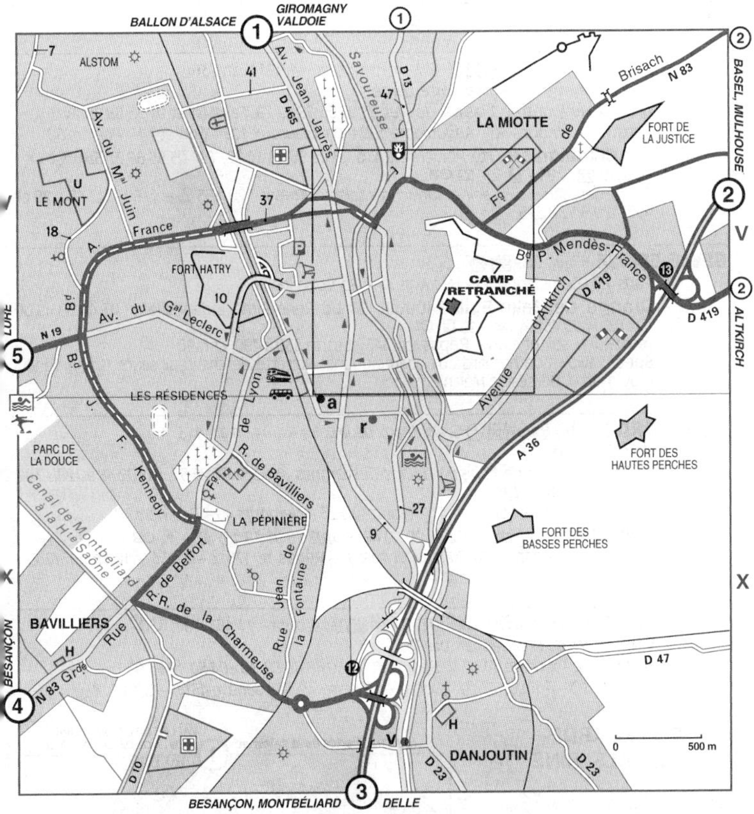

GIROMAGNY
VALDOIE
BALLON D'ALSACE
BASEL, MULHOUSE
ALTKIRCH
LURE
BESANÇON
BESANÇON, MONTBÉLIARD
DELLE
ALSTOM
LE MONT
LA MIOTTE
FORT DE LA JUSTICE
FORT HATRY
CAMP RETRANCHÉ
LES RÉSIDENCES
PARC DE LA DOUCE
Canal de Montbéliard à la Hte Saône
LA PÉPINIÈRE
FORT DES HAUTES PERCHES
FORT DES BASSES PERCHES
BAVILLIERS
DANJOUTIN
Av. Jean Jaurès
Savoureuse
Av. du Mal Juin
Av. du Gal Leclerc
Bd J. F. Kennedy
R. de Lyon
R. de Bavilliers
Rue Jean de la Fontaine
R. de Belfort
R. de la Charmeuse
Rue Grde
Bd P. Mendès-France
Avenue d'Altkirch
Fg de France
Brisach
N 83
N 19
D 465
D 13
D 419
A 36
D 47
D 23
D 10
0
500 m

BELFORT

Ancêtres (Fg des) . . . . Y 3
Armes (Pl. d') . . . . Y 5
As-de-Carreau (R. de l') . . . . Z 6
Auxelles (via d') . . . . V 7
Besançon (R. de) . . . . X 9
Boulloche (Pt A.) . . . . V 10
Bourgeois (Pl. des) . . . . Y 12
Carnot (Bd) . . . . Z 15
Château-d'Eau (Av. du) . . . . V 18
Clemenceau (R. G.) . . . . Y 20
Denfert-Rochereau (R.) . . . . . Z 21
Dr-Corbis (Pl. du) . . . . Z 23
Dr-Fréry (R. du) . . . . Y 24
Dreyfus-Schmidt (R.) . . . . . . Y 25
Dunant (Bd H.) . . . . X 27
Espérance (Av. de l') . . . . . . Y 28
Foch (Av. Mar.) . . . . Z 29
France (Fg de) . . . . Z 30
Gaulard (R. du Gén.) . . . . . . Z 31
Grande-Fontaine (R.) . . . . . . Y 33
Grand'Rue . . . . Y 34
Joffre (Bd du Mar.) . . . . VY 37
Lebleu (R. F.) . . . . Z 40
Lille (R. de) . . . . V 41
Magasin (Q. du) . . . . Y 43
Metz-Juteau (R.) . . . . Y 45
Moulin (Av. J.) . . . . V 47
Pompidou (R. G.) . . . . Y 48
République (Pl. de la) . . . . . . Y 49
République (R. de la) . . . . . . Z 50
Roussel (R. du Gén.) . . . . Y 51
Sarrail (Av. du Gén.) . . . . Z 52
Vauban (Q.) . . . . Y 60

R. P. Berger
Square E. Lechten
CENTRE DES CONGRÈS
ÉCOLE DES BEAUX-ARTS
Av. Capit. de la Laurencie
Fg de Brisach
N 83
D 13
D 465
Marché couvert Fréry
PORTE DE BRISACH
HÔTEL DU DÉPt
CITÉ ADMTIVE
LE LION
CAMP RETRANCHÉ
R. Gal Strolz
Q. Ch. Vallet
Savoureuse
Fg de Montbéliard
R. Thiers
N 19
D 23
0
200 m

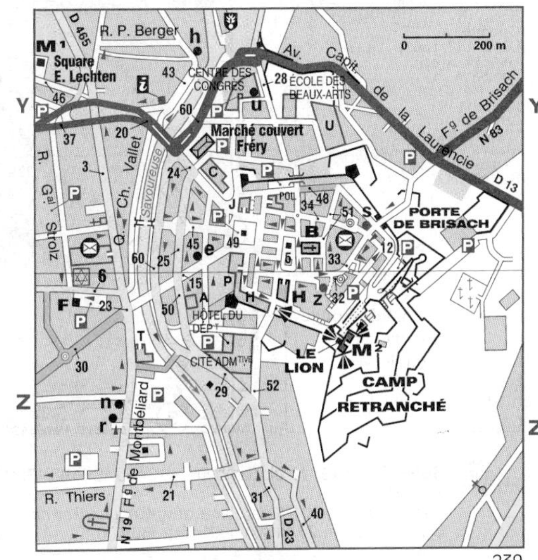

BELGODÈRE *2B H.-Corse* 90 ⑬ *– voir à Corse.*

BELLAC SP *87300 H.-Vienne* 72 ⑦ *G. Berry Limousin – 4 924 h alt. 236.*

Voir *Châsse★ dans l'église Notre-Dame.*

Office de Tourisme 1 bis r. L.-Jouvet ✆ 05 55 68 12 79, Fax (Mairie) 05 55 68 78 74.

Paris 378 – Limoges 40 – Angoulême 100 – Châteauroux 109 – Guéret 74 – Poitiers 80.

Les Châtaigniers, rte Poitiers : 2 km ✆ 05 55 68 14 82, *Fax 05 55 68 77 56,* – rest, TV ✆ P – 25. AE GB
fermé déc., janv., dim. soir et lundi hors saison – **Repas** 120/165 ♀, enf. 68 – ☕ 45 – **26 ch** 195/420 – 1/2 P 375

BELLE-ÉGLISE *60540 Oise* 55 ⑳ *– 503 h alt. 69.*

Paris 45 – Compiègne 60 – Beauvais 32 – Pontoise 28.

XXX **Grange de Belle-Eglise** (Duval), 28 bd René-Aimé Lagabrielle ✆ 03 44 08 49 00, *Fax 03 44 08 45 97,* – P. GB
fermé dim. soir et lundi – **Repas** 150/345 et carte 350 à 490, enf. 90
Spéc. Ravioles de homard aux champignons. Noisette de chevreuil sauce Grand Veneur (nov. à janv.). Délices de Mélanie.

BELLEGARDE *45270 Loiret* 65 ① *G. Châteaux de la Loire – 1 442 h alt. 113.*

Voir *Château★.*

Office de Tourisme 12 bis pl. Charles-Desvergnes ✆ 02 38 90 25 37, Fax 02 38 90 28 32 à la Mairie ✆ 02 38 90 10 03.

Paris 110 – Orléans 50 – Gien 41 – Montargis 23 – Nemours 40 – Pithiviers 30.

X **Agriculture** avec ch, ✆ 02 38 90 10 48, *Fax 02 38 90 18 13,* – P. GB
fermé 8 au 25 oct., 8 au 30 janv. et mardi – **Repas** 70/175 ♀ – ☕ 33 – **18 ch** 115/235 – 1/2 P 185/300

BELLEGARDE-SUR-VALSERINE *01200 Ain* 74 ⑤ *G. Jura – 11 153 h alt. 350.*

Voir *Berges de la Valserine★ par ①.*

Office de Tourisme 24 pl. V.-Bérard ✆ 04 50 48 48 68, Fax 04 50 48 65 08.

Paris 500 ① – Annecy 43 ③ – Bourg-en-Bresse 73 ① – Genève 43 ③ – Lyon 113 ①.

BELLEGARDE-SUR-VALSERINE

Beauséjour (R. de)	YZ	
Bérard (Pl. Victor)	Z	2
Bertola (R. Joseph)	YZ	4
Brazza (R.)	Z	5
Carnot (Pl.)	Y	
Dumont (R. Louis)	Y	6
Ferry (R. Jules)	Y	7
Gambetta (Pl.)	Y	8
Gare (Av. de la)	Y	10
Lafayette (R.)	Z	
Lamartine (R.)	YZ	12
Lilas (R. des)	Y	
Musinens (R. de)	Y	14
Painlevé (R. Paul)	Y	15
République (R. de la)	Z	

Avec votre guide Rouge
Utilisez la carte
et le guide Vert.
Ils sont inséparables.

Belle Époque, 10 pl. Gambetta ✆ 04 50 48 14 46, *Fax 04 50 56 01 71* – rest, TV ✆ . GB — Y b
fermé 8 au 24 juil., 16 déc. au 8 janv., lundi midi et dim. hors saison – **Repas** 130/270 ♀, enf. 75 – ☕ 50 – **20 ch** 300/400 – 1/2 P 350/400

à Lancrans *par ① : 3 km – 815 h. alt. 500 – ✉ 01200 :*

Sorgia, ☎ 04 50 48 15 81, *Fax 04 50 48 44 72*, ⛱, 🐕 – 📺 🅿. GB
fermé 24 août au 17 sept., 21 au 31 déc., dim. soir et lundi – **Repas** 78/200 🍷, enf. 50 – ☕ 40 – **17 ch** 230/250 – ½ P 230/250

à Éloise *(74 H.-Savoie) par ③ : 5 km – 656 h. alt. 511 – ✉ 01200 (Ain) :*

Fartoret 🔇, ☎ 04 50 48 07 18, *Fax 04 50 48 23 85*, ≤, ⛱, 🏊, 🎾, 🌳 – 🛗 📺 🅿 – 🏛 50. AE ⓓ GB
fermé 24 déc. au 3 janv. et dim. soir hors saison – **Repas** 125/290 🍷, enf. 66 – ☕ 50 – **40 ch** 320/480 – ½ P 340/428

à Ochiaz *par ④ et D 101 : 5 km – ✉ 01200 Châtillon-en-Michaille :*

Auberge de la Fontaine avec ch, ☎ 04 50 56 57 23, *aubergefontaine@minitel.net, Fax 04 50 56 56 55*, ⛱, 🐕 – 🅿. AE ⓓ GB
fermé 5 au 14 juin, 2 au 25 janv., mardi soir sauf juil.-août, dim. soir et lundi – **Repas** 98/300 🍷 – ☕ 35 – **7 ch** 180/240

rte du Plateau de Retord *par ④, Vouvray et D 101 : 12 km – ✉ 01200 Bellegarde-sur-Valserine :*

Auberge Le Catray 🔇, ☎ 04 50 56 56 25, ≤ Mont-Blanc et les Alpes, ⛱, cadre montagnard, 🐕 – 🅿. GB
fermé 19 au 23 mars, 18 au 22 juin, 10 au 21 sept., 12 au 23 nov., lundi soir et mardi – **Repas** 95/150, enf. 45 – ☕ 30 – **7 ch** 180/280 – ½ P 220/245

BELLE-ILE-EN-MER ★★ *56 Morbihan* 63 ⑪ ⑫ *G. Bretagne.*

Env. *Côte sauvage*★★★.

Accès *par transports maritimes, pour* Le Palais *(en été* **réservation indispensable** *pour le passage des véhicules).*

⛴ *depuis* **Quiberon** *(Port-Maria).- Traversée 45 mn - Renseignements et tarifs : C.M.N.N. ☎ 02 97 31 80 01 (le Palais), Fax 02 97 31 56 81.*

⛴ *depuis* **Port-Navalo -** *(Avril-Oct.)- Traversée 1 h - Renseignements et tarifs ; Navix S.A. à Port-Navalo ☎ 02 97 53 74 12 depuis* **Vannes -** *(Avril-Oct.)- Traversée 2 h- Renseignements et Tarifs : Navix S.A., Gare Maritime ☎ 02 97 46 60 00, Fax 02 97 46 60 29 – depuis* **Lorient -** *Service saisonnier - Traversée 50 mn (passagers uniquement, réservation obligatoire) - Renseignements et Tarifs C.M.N.N. ☎ 02 97 64 77 64.*

Pour **Sauzon** *: depuis* **Quiberon** *- Service saisonnier - Traversée 45 mn - Renseignements et tarifs : C.M.N.N. ☎ 02 97 50 06 90 (Quiberon) depuis* **Locmariaquer-Auray Le Bono-La Trinité-sur-Mer** *(juil.-août) - Renseignements et tarifs : Navix S.A. ☎ 02 97 57 36 78, Fax 02 97 46 60 29.*

ℹ *Office de Tourisme q. Bonnelle - Le Palais ☎ 02 97 31 81 93, Fax 02 97 31 56 17.*

L'Apothicairerie – ✉ *56360*

Apothicairerie Ⓜ 🔇, ☎ 02 97 31 62 62, *Fax 02 97 31 63 63*, ≤ – 📺 ♿ 🅿. AE GB. 🚭 rest
fermé 15 nov. au 20 déc. et début janv. à fin mars – **Repas** 100 (déj.), 150/200 🍷 – ☕ 60 – **38 ch** 560/660 – ½ P 535

Bangor – *735 h alt. 45 – ✉ 56360 Le Palais.*

Voir *Le Palais : citadelle Vauban*★ *NE : 3,5 km.*

Désirade Ⓜ 🔇, rte Port Goulphar : 2 km ☎ 02 97 31 70 70, *Fax 02 97 31 89 63*, ⛱, 🏊, 🐕 – 📺 ♿ 🅿. AE ⓓ GB
hôtel : 15 mars-30 nov. et 26 déc.-4 janv. ; rest. : 15 mars-30 nov. – **Repas** (dîner seul.)(menu unique) 220 – ☕ 70 – **24 ch** 700 – ½ P 600

Le Palais *56 – 2 435 h alt. 7 – ✉ 56360.*

Voir *Citadelle Vauban*★.

Vauban 🔇 sans rest, 1 r. Remparts ☎ 02 97 31 45 42, *Fax 02 97 31 42 82*, ≤ – 📺 ♿. AE GB JCB
1er avril-6 nov. – ☕ 50 – **16 ch** 300/450

Port-Goulphar – ✉ *56360 Le Palais.*

Voir *Site*★ : ≤★.

Castel Clara Ⓜ 🔇, ☎ 02 97 31 84 21, *Fax 02 97 31 51 69*, ≤ crique et falaises, ⛱, institut de thalassothérapie, 🏋, 🏊, 🐕, 🎾 – 🛗 📺 📞 🅿 – 🏛 25. AE ⓓ GB. 🚭 rest
mi-fév.-mi-nov. – **Repas** 180/350 🍷 – ☕ 85 – **36 ch** 940, 7 duplex – ½ P 720/1080

Sauzon – *701 h alt. 35* – ✉ *56360 .*

Voir *Site★ – Pointe des Poulains★★ : ☼★ NO : 3 km puis 30 mn – Port-Donnant : site★★ S : 6 km puis 30 mn.*

Roz Avel, derrière l'Église ✆ 02 97 31 61 48, – GB
fermé 31 déc. au 10 mars et merc. – **Repas** (nombre de couverts limité, prévenir) 120 ♀

Contre Quai, r. St-Nicolas ✆ 02 97 31 60 60 – GB
29 mars-22 sept., 31 oct.-11 nov. et 26 au 31 déc. – **Repas** 125 (déj.)et carte 250 à 350 ♀

Café de la Cale, ✆ 02 97 31 65 74, *Fax 02 97 31 65 67,* – GB
1er avril-30 sept., 25 oct.-12 nov., 25 déc.-3 janv., vacances de fév. et fermé mardi d'avril à sept. – **Repas** - produits de la mer - (prévenir) 95, enf. 60

BELLÊME *61130 Orne 60 ⑭ ⑮ G. Normandie Vallée de la Seine – 1 788 h alt. 241.*

Voir *Forêt★.*

Office de Tourisme bd Bansard-des-Bois ✆ 02 33 73 09 69, Fax 02 33 83 95 17.

Paris 167 – Alençon 41 – Le Mans 56 – La Ferté-Bernard 23 – Mortagne-au-Perche 18.

Golf ⑤, rte Le Mans par D 938 : 2 km ✆ 02 33 85 13 13, *belleme@voila.fr, Fax 02 33 85 13 14,* ≤, , « Au bord du golf », – TV ♿ P – 80. AE GB
Repas 108/258 ♀, enf. 65 – ☕ 65 – **49 ch** 640, 11 appart – ½ P 490

à Noce *Est : 8 km par D 203 –* ✉ *61340 :*

Auberge des 3 J., ✆ 02 33 73 41 03, *Fax 02 33 83 33 66* – GB
fermé 1er au 10 sept., 1er au 10 janv., mardi du 15 sept. au 15 mai, dim. soir et lundi – **Repas** 148/198 ♀

BELLENAVES *03330 Allier 73 ④ G. Auvergne – 1 006 h alt. 340.*

Paris 374 – Clermont-Ferrand 59 – Moulins 54 – Gannat 19 – Montluçon 52 – Vichy 39.

Hostellerie du Château avec ch, ✆ 04 70 58 37 19, *Fax 04 70 58 37 23,* – rest, TV. GB. ch
fermé 22 oct. au 11 nov., 4 au 17 fév., dim. soir et lundi – **Repas** 60 bc (déj.), 98/195 ♀ – ☕ 30 – **8 ch** 195/220 – ½ P 180

BELLERIVE-SUR-ALLIER *03 Allier 73 ⑤ – rattaché à Vichy.*

BELLEVAUX *74470 H.-Savoie 70 ⑰ G. Alpes du Nord – 1 113 h alt. 913 – Sports d'hiver : 1 100/ 1 800 m 23 .*

Voir *Site★.*

Office de Tourisme ✆ 04 50 73 71 53, Fax 04 50 73 78 60.

Paris 578 – Thonon-les-Bains 23 – Annecy 72 – Bonneville 36 – Genève 48.

Cascade M, ✆ 04 50 73 70 22, *Fax 04 50 73 77 46,* ≤, – TV ♿ P. GB
7 avril-30 sept. et 26 déc.-25 mars – **Repas** 70/180 ♀, enf. 50 – ☕ 35 – **11 ch** 160/300 – ½ P 265/320

Les Moineaux ⑤, ✆ 04 50 73 71 11, *Fax 04 50 73 75 79,* ≤, – cuisinette TV P. AE GB
15 juin-15 sept. et 15 déc. -15 avril – **Repas** 90/170 ♀, enf. 60 – ☕ 38 – **14 ch** 240/370 – ½ P 290

au lac de Vallon *Sud-Est : 6 km par D 26 et D 236 –* ✉ *74470 Bellevaux :*

Lac de Vallon ⑤, ✆ 04 50 73 74 55, *Fax 04 50 73 77 95,* ≤, – P. GB. rest
fermé 15 nov. au 15 déc. – **Repas** *(fermé dim. soir et jeudi soir hors saison)* 85/180 ♀ – ☕ 35 – **16 ch** 210/260 – ½ P 250

au Sud-Ouest *: 5 km par D 26, D 32 et rte secondaire –* ✉ *74470 Bellevaux :*

Auberge Gai Soleil ⑤, ✆ 04 50 73 71 52, *gai.soleil@accesinter.com, Fax 04 50 73 78 87,* ≤, – P. rest
15 mai-15 sept. et 15 déc.-15 avril – **Repas** 68 – ☕ 35 – **20 ch** 210/230 – ½ P 250

à Hirmentaz *Sud-Ouest : 7 km par D 26 et D 32 –* ✉ *74470 Bellevaux :*

Christania ⑤, ✆ 04 50 73 70 77, *info@hotel.christania.com, Fax 04 50 73 76 08,* ≤, – TV P. GB. rest
25 mai-10 sept. et 22 déc.-2 avril – **Repas** 95/160 ♀, enf. 60 – ☕ 45 – **35 ch** 300/320 – ½ P 315/330

Excelsa ⑤, ✆ 04 50 73 73 22, *excelsa.hotel@wanadoo.fr, Fax 04 50 73 72 73,* ≤, , – TV P. GB. rest
16 juin-1er sept. et 22 déc.-31 mars – **Repas** 90/120, enf. 60 – ☕ 40 – **19 ch** 320 – ½ P 275/320

Panoramic ⊗, ☎ 04 50 73 70 34, *pano1419@aol.com, Fax 04 50 73 74 82*, ≤, 🏠, ⛱ – TV P. AE GB. ✗ rest
15 juin-15 sept. et 20 déc.-31 mars – **Repas** (85) - 95/105 ♀, enf. 45 – ☕ 50 – **31 ch** 290/320 – ½ P 375

BELLEVILLE *54940 M.-et-M.* 57 ⑬ – *1 276 h alt. 190.*
Paris 359 – Nancy 18 – Metz 41 – Pont-à-Mousson 13 – Toul 37.

Bistroquet (Mme Ponsard), ☎ 03 83 24 90 12, *Fax 03 83 24 04 01*, 🏠 – ▤ P. AE ⓓ GB
fermé 21 août au 12 sept., 2 au 10 janv., sam. midi, dim. soir et lundi – **Repas** (nombre de couverts limité, prévenir) 180/400 et carte 300 à 440
Spéc. Homard tiède en salade d'herbes fraîches. Pot-au-feu de pigeon de Meuse. Soufflé chaud à la liqueur de mirabelle. **Vins** Côtes de Toul.

Moselle, face gare ☎ 03 83 24 91 44, *Fax 03 83 24 99 38*, 🏠, ⛱ – ▤ P. AE ⓓ GB JCB
fermé 16 au 31 août, vacances de fév., lundi soir et merc. soir – **Repas** (115) - 138/290 ♀, enf. 85

BELLEVILLE *69220 Rhône* 74 ① *G. Vallée du Rhône – 5 935 h alt. 192.*
ℹ *Syndicat d'Initiative 68 r. de la République ☎ 04 74 66 44 67, Fax 04 74 06 43 56.*
Paris 418 – Mâcon 24 – Bourg-en-Bresse 43 – Lyon 49 – Villefranche-sur-Saône 16.

L'Ange Couronné, 18 r. République ☎ 04 74 66 42 00, *Fax 04 74 66 49 20* – 🚗. GB
fermé 1er au 8 oct., 2 au 22 janv., dim. soir et lundi – **Repas** 89/180 ♁, enf. 55 – ☕ 30 – **17 ch** 200/300

Charme, péage A 6 ☎ 04 74 69 61 69, *Fax 04 74 66 58 04*, 🏠 – TV ♿ P. GB
Repas 78/110 ♀, enf. 45 – ☕ 38 – **40 ch** 220/250 – ½ P 245/265

Beaujolais, 40 r. Mar. Foch (près gare) ☎ 04 74 66 05 31, *Fax 04 74 07 90 46* – ▤. AE ⓓ GB
fermé 5 au 25 août, 19 au 26 déc., dim.soir, mardi soir et merc. – **Repas** 94/260 ♀, enf. 50

à Pizay *Nord-Ouest : 5 km par D18 et D69 – ✉ 69220 St-Jean-d'Ardières :*

Château de Pizay M ⊗, ☎ 04 74 66 51 41, *info@chateau-pizay.com, Fax 04 74 69 65 63*, 🏠, « Au milieu du vignoble, jardin à la française », ⛱, ⛱, 🎾, ✿ – ▤ ch, TV ♿ P – 🏛 60. AE ⓓ GB JCB
fermé 24 déc. au 4 janv. – **Repas** 200/360, enf. 130 – ☕ 75 – **62 ch** 595/1990 – ½ P 595/840

BELLEY ⟨SP⟩ *01300 Ain* 74 ⑭ *G. Jura – 7 807 h alt. 279.*
Voir *Choeur* de la cathédrale St-Jean.*
ℹ *Office de Tourisme 34 Gde Rue ☎ 04 79 81 29 06, Fax 04 79 81 08 80.*
Paris 507 – Aix-les-Bains 33 – Bourg-en-Bresse 77 – Chambéry 38 – Lyon 98.

Ibis, bd Mail ☎ 04 79 81 01 20, *Fax 04 79 81 53 83* – |♦| ⇹ TV ☎ ♿. AE ⓓ GB JCB
Repas 95 ♀, enf. 39 – ☕ 34 – **35 ch** 270/300 – ½ P 245

Pavillon Bellevue avec ch, 1 av. Hoff ☎ 04 79 81 46 62, *Fax 04 79 81 54 26*, 🏠 – TV. AE ⓓ GB. ✗ ch
fermé dim. soir – **Repas** 98/170 – ☕ 35 – **3 ch** 260/400

au Sud-Est *: 3 km sur rte Chambéry – ✉ 01300 Belley :*

Auberge La Fine Fourchette, N 504 ☎ 04 79 81 59 33, *Fax 04 79 81 55 43*, ≤, 🏠 – P. GB
fermé 21 déc. au 10 janv., dim. soir et lundi – **Repas** 125/300 et carte 230 à 340 ♀, enf. 60

à Contrevoz *Nord-Ouest : 9 km sur D 32 – 416 h. alt. 320 – ✉ 01300 :*

Auberge de la Plumardière, ☎ 04 79 81 82 54, *Fax 04 79 81 80 17*, 🏠, ⛱ – P. GB
fermé 20 janv. au 20 fév., dim. soir sauf juil.-août et lundi – **Repas** 90/220 ♀, enf. 50

à Pugieu *Nord-Ouest : 9 km sur N 504 – 126 h. alt. 247 – ✉ 01510 :*

Moulin du Martinet, ☎ 04 79 87 82 03, *Fax 04 79 87 87 83*, 🏠, ⛱ – P. GB
fermé 5 au 15 oct., mardi soir et merc. – **Repas** 79 (déj.), 95/170 ♀, enf. 55

BELLIGNAT *01 Ain* 70 ⑭ – *rattaché à Oyonnax.*

Towns ***underlined in red*** *on the* ***Michelin maps***
at a scale of 1 : 200 000 are included in this Guide.
Use the latest map to take full advantage of this information.

BELVÈS *24170 Dordogne* 75 ⑯ *G. Périgord Quercy – 1 553 h alt. 175.*
Paris 561 – Périgueux 66 – Sarlat-la-Canéda 34 – Bergerac 51 – Cahors 63.

Belvédère, ✆ 05 53 31 51 41, *fidauza@club-internet.fr, Fax 05 53 31 51 42,* – . AE GB
Repas *(fermé 2 janv. au 1er mars, sam. midi et lundi)* 98/330 ♀, enf. 55 – ☕ 38 – **20 ch** 250/400 – ½ P 260/300

BENDOR (Ile de) *83 Var* 84 ⑭., 114 ㊹ *– rattaché à Bandol.*

BÉNÉVENT-L'ABBAYE *23210 Creuse* 72 ⑨ *G. Berry Limousin – 837 h alt. 480.*
Voir *Puy de Goth* ≤★ *30 mn.*
Paris 368 – Limoges 59 – Bellac 64 – Châteauroux 99 – Guéret 25.

Cèdre M, r. de l'Oiseau ✆ 05 55 81 59 99, *Fax 05 55 81 59 98,* , « Belle demeure creusoise », – P – 35. GB
fermé fév. – **Repas** 75/450 ♀ – ☕ 50 – **16 ch** 260/550 – ½ P 325

BENFELD *67230 B.-Rhin* 87 ⑥ *G. Alsace Lorraine – 4 330 h alt. 160.*
Paris 502 – Strasbourg 35 – Colmar 41 – Obernai 16 – Sélestat 19.

Au Petit Rempart, 1 r. Petit Rempart ✆ 03 88 74 42 26, *Fax 03 88 74 18 58* – AE GB
fermé 1er au 22 août, 15 fév. au 15 mars, mardi soir et merc. – **Repas** 52 (déj.), 99/250 ♀, enf. 50

BÉNODET *29950 Finistère* 58 ⑮ *G. Bretagne – 2 436 h alt. 20 – Casino.*
Voir *Pont de Cornouaille* ≤★ *– L'Odet★★ en bateau : 1h30.*
Office de Tourisme 29 av. de la Mer ✆ 02 98 57 00 14, Fax 02 98 57 23 00.
Paris 566 – Quimper 18 – Concarneau 21 – Fouesnant 9 – Pont-l'Abbé 12 – Quimperlé 49.

Ker Moor, corniche de la Plage ✆ 02 98 57 04 48, *hotel.kermoor@gofornet.com, Fax 02 98 57 17 96,* – P – 25 à 70. AE GB. rest
fermé 15 déc. au 2 janv. – **Repas** *(130)* - 165/340 ♀, enf. 50 – ☕ 45 – **61 ch** 400/650 – ½ P 550/570

Gwell Kaër, av. Plage ✆ 02 98 57 04 38, *Fax 02 98 66 22 85,* ≤, – P. GB
fermé 15 déc. au 10 janv., dim. soir et lundi d'oct. à mai sauf fériés – **Repas** 98/230 – ☕ 45 – **23 ch** 430/550 – ½ P 400/500

Kastel sans rest, av. Plage ✆ 02 98 57 05 01, *hotel.kastel@wanadoo.fr, Fax 02 98 57 29 99,* ≤ – P – 60. AE GB
fermé déc. – ☕ 48 – **22 ch** 525/700

Domaine de Kereven sans rest, rte Quimper : 2 km ✆ 02 98 57 02 46, *Fax 02 98 66 22 61,* – P. GB.
1er mai-30 sept. – ☕ 42 – **12 ch** 390/420, 4 studios

Minaret, corniche de l'Estuaire ✆ 02 98 57 03 13, *leminaret@wanadoo.com, Fax 02 98 66 23 72,* ≤, , « Jardin dominant l'estuaire », – P. GB. rest
1er avril-15 oct. – **Repas** *(fermé mardi hors saison et le midi sauf dim.)* 90/245 ♀, enf. 50 – ☕ 45 – **20 ch** 650 – ½ P 480

Bains de Mer, r. Kerguelen ✆ 02 98 57 03 41, *Fax 02 98 57 11 07,* – , rest, P. AE GB
7 mars-14 nov. – **Repas** 78/148, enf. 40 - ***Domino*** grill-pizzeria *(2 mars-14 déc.)* **Repas** 65, enf.40 – ☕ 40 – **32 ch** 310/370 – ½ P 350

Ferme du Letty (Guilbault), au Letty Sud-Est : 2 km par D 44 et rte secondaire ✆ 02 98 57 01 27, *j.marieguilbault@wanadoo.fr, Fax 02 98 57 25 29,* – AE GB JCB
1er mars-15 nov. et fermé mardi sauf le soir en juil.-août et merc. – **Repas** (dîner seul. sauf dim.) 195/430 et carte 310 à 420, enf. 80
Spéc. Ormeaux (sept. à juin). Langoustines. Homard entier rôti au feu de bois.

à Clohars-Fouesnant *Nord-Est : 3 km par D 34 et rte secondaire – 1 279 h. alt. 30 – ✉ 29950 :*

Forge d'Antan, ✆ 02 98 54 84 00, *Fax 02 98 54 89 11,* , – P. GB
fermé mardi midi en juil.-août, dim. soir de sept. à juin et lundi – **Repas** 130 (déj.), 180/350, enf. 75

à Ste-Marine *Ouest : 5 km par pont de Cornouaille – ✉ 29120 Pont-l'Abbé :*

L'Agape (Le Guen), rte plage ✆ 02 98 56 32 70, *Fax 02 98 51 91 94* – P. AE GB
1er mars-18 nov. et fermé dim. soir sauf juil.-août, mardi midi et lundi – **Repas** 175 (déj.), 250/450 et carte 290 à 460 ♀, enf. 80
Spéc. "Agapes" de poissons marinés. Kouign Aman de pommes de terre et andouille. Galette de turbot au jus de viande

BÉNOUVILLE *14 Calvados* 55 ② *– rattaché à Caen.*

LE BÉNY-BOCAGE *14350 Calvados* 59 ⑩ *– 846 h alt. 180.*

Paris 281 – St-Lô 32 – Caen 51 – Falaise 59 – Flers 33 – Vire 13.

XX **Castel Normand** avec ch, ℘ 02 31 68 76 03, *le.castel-normand@wanadoo.fr, Fax 02 31 68 63 58,* ☂, ⛱ – TV ✆. GB
fermé 5 au 13 août, dim. soir et lundi – **Repas** (90) - 165/325 ♀ – ☕ 40 – **7 ch** 265/320 – ½ P 350/430

BERCHÈRES-SUR-VESGRE *28 E.-et-L.* 55 ⑱ *– rattaché à Houdan.*

BERCK-SUR-MER *62600 P.-de-C.* 51 ⑪ *G. Picardie Flandres Artois – 14 167 h alt. 5 – Casino.*

Voir *Parc d'attractions de Bagatelle★ 5 km par ①.*

Office de Tourisme 5 av. Tattegrain ℘ 03 21 09 50 00, Fax 03 21 09 15 60.

Paris 226 – Calais 82 – Abbeville 48 – Arras 95 – Boulogne-sur-Mer 40 – Montreuil 15.

à Berck-Plage :

XX **Verrière,** pl. 18 Juin ℘ 03 21 84 27 25, *Fax 03 21 84 14 65,* ☂ – ▤. GB
fermé mardi sauf juil.-août – **Repas** 110 (déj.), 150/235 ♀

X **Auberge du Bois,** 149 av. Dr Quettier ℘ 03 21 09 03 43, *Fax 03 21 09 03 43,* ☂ – AE ⓓ GB JCB
fermé 4 janv. au 4 fév., dim. soir et lundi hors saison – **Repas** 90/200 ♀

In this Guide,
a symbol or a character, printed in ***black*** *or another colour*
in light or ***bold*** *type,*
does not have the same meaning.
Please read the explanatory pages carefully.

BERGERAC SP *24100 Dordogne* 75 ⑭ ⑮ *G. Périgord Quercy – 26 899 h alt. 37.*

Voir *Le Vieux Bergerac★★ : musée du Tabac★★ (maison Peyrarède★) – Musée du Vin, de la Batellerie et de la Tonnellerie★* **M**³.

✈ *Bergerac-Roumanière : ℘ 05 53 22 25 25, par ③ : 5 km.*

Office de Tourisme 97 r. Neuve-d'Argenson ℘ 05 53 57 03 11, Fax 05 53 61 11 04.

Paris 539 ① – Périgueux 48 ① – Agen 92 ③ – Angoulême 112 ⑥ – Bordeaux 94 ⑤.

Plan page suivante

Flambée, rte Périgueux par ① : *3 km* ℘ 05 53 57 52 33, *Fax 05 53 61 07 57,* ☂, « Parc fleuri », ⛱, 🎾, ⛹ – TV ✆ P – 🏛 40 à 100. AE ⓓ GB
Repas *(fermé 2 au 21 janv., sam. midi, dim. soir et lundi du 16 sept. au 14 juin)* 98/195 – ☕ 45 – **21 ch** 300/460 – ½ P 370/430

France sans rest, 18 pl. Gambetta ℘ 05 53 57 11 61, *Fax 05 53 61 25 70,* ⛱ – TV. AE ⓓ GB JCB — AY u
☕ 60 – **20 ch** 305/410

Europ Hôtel sans rest, 20 r. Petit Sol ℘ 05 53 57 06 54, *Fax 05 53 58 67 60,* ⛱, ⛱ – TV ✆ P. AE ⓓ GB — AY v
☕ 34 – **22 ch** 230/280

XX **L'Imparfait,** 8 r. Fontaines ℘ 05 53 57 47 92, *Fax 05 53 58 92 11,* ☂ – AE ⓓ GB
fermé 20 nov. au 15 déc. et dim. en nov.-déc. – **Repas** 118 (déj.), 148/198 ♀ — AZ n

à St-Julien-de-Crempse *par ①, N 21, D 107 et rte secondaire : 12 km – 158 h. alt. 150 – ✉ 24140 :*

Manoir Grand Vignoble ⛰, ℘ 05 53 24 23 18, *grand.vignoble@wanadoo.fr, Fax 05 53 24 20 89,* ☂, Fь, ⛱, 🎾, ⛹ – TV ✆ P – 🏛 15 à 40. AE GB
30 mars-11 nov. – **Repas** 150/290 ♀ – ☕ 58 – **44 ch** 540/680 – ½ P 475/545

au Moulin de Malfourat *par ④, dir. Mont-de-Marsan et rte secondaire : 8 km – ✉ 24240 Monbazillac :*

XX **Tour des Vents,** ℘ 05 53 58 30 10, *moulinmalfourat@wanadoo.fr, Fax 05 53 58 89 55,* ≤ vallée de Bergerac, ☂, ⛱ – P. AE ⓓ GB
fermé mi-janv. à mi-fév., lundi midi en juil., dim. soir et lundi de sept. à juin – **Repas** 98/318 ♀, enf. 60

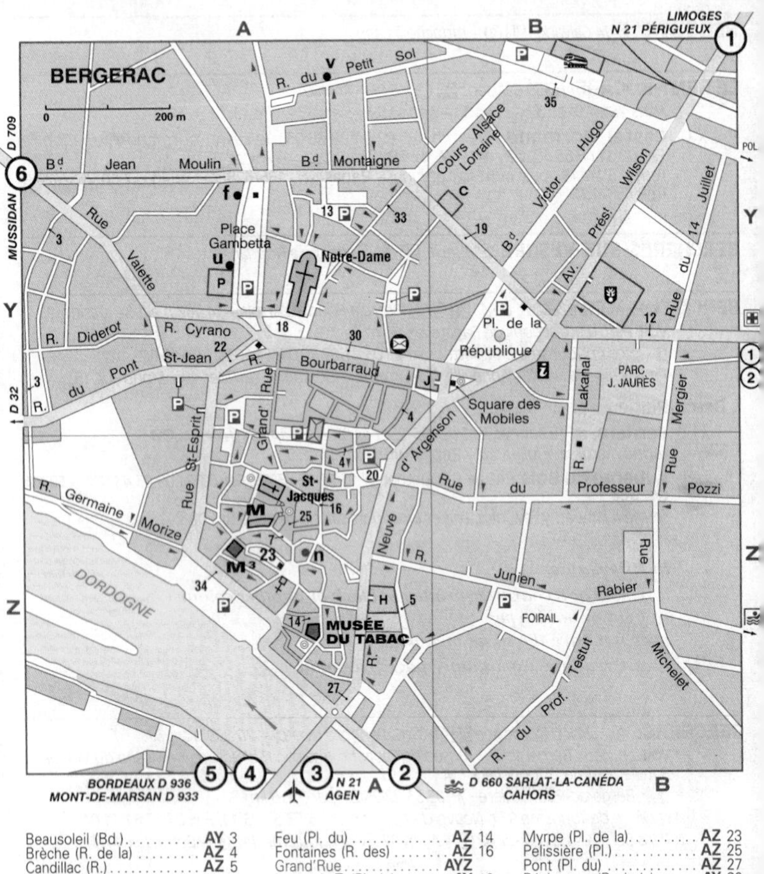

BERGÈRES-LÈS-VERTUS *51 Marne* 56 ⑯ – *rattaché à Vertus.*

BERGHEIM *68750 H.-Rhin* 62 ⑲ *G. Alsace Lorraine – 1 802 h alt. 235.*
Paris 438 – Colmar 18 – Ribeauvillé 4 – Sélestat 11.

XX **Chez Norbert** avec ch, ✆ 03 89 73 31 15, *Fax 03 89 73 60 65*, ⓥ, « Cadre rustique » – TV P. AE GB
fermé mars et 15 au 30 nov. – **Repas** *(fermé lundi et mardi de nov. à mars et le midi sauf dim.)* 320 ♀ – ⊒ 60 – **12 ch** 350/420 – ½ P 510

X **Wistub du Sommelier,** ✆ 03 89 73 69 99, *Fax 03 89 73 36 58* – AE GB
fermé 24 déc. au 15 janv., mardi soir et merc. – **Repas** 135 ♀

La BERGUE *74 H.-Savoie* 74 ⑥ – *rattaché à Annemasse.*

BERGUES *59380 Nord* 51 ④ *G. Picardie Flandres Artois – 4 163 h alt. 4.*
Voir *Couronne d'Hondschoote*★.
ℹ *Office de Tourisme Au Beffroi pl. de la République* ✆ *03 28 68 71 06, Fax 03 28 68 71 06.*
Paris 283 – Calais 52 – Dunkerque 10 – Hazebrouck 33 – Lille 64 – St-Omer 30.

Au Tonnelier, près église ✆ 03 28 68 70 05, *Fax 03 28 68 21 87* – TV. GB. ✻ ch
fermé 15 au 30 août, 20 déc. au 10 janv., dim. soir et vend. – **Repas** (108) - 135/170 ♀, enf. 68 – ☕ 38 – **11 ch** 205/360 – ½ P 270/325

Commerce sans rest, près église ✆ 03 28 68 60 37, *Fax 03 28 68 70 76* – AE GB
☕ 35 – **13 ch** 160/280

Cornet d'Or (Tasserit), 26 r. Espagnole ✆ 03 28 68 66 27, *Fax 03 28 68 66 27* – GB
fermé dim. soir et lundi sauf fériés – **Repas** 175/265 et carte 310 à 450
Spéc. Saint-Jacques de la baie d'Erquy au lard de saumon fumé (oct. à fév.). Turbot aux langoustines. Pigeonneau en cocotte aux beignets de salsifis.

BERNAY SP *27300 Eure* 55 ⑮ *G. Normandie Vallée de la Seine – 10 582 h alt. 105.*
Voir Boulevard des Monts★.
Office de Tourisme 29 r. Thiers ✆ 02 32 43 32 08, Fax 02 32 45 82 68.
Paris 152 – Rouen 59 – Argentan 70 – Évreux 50 – Le Havre 70 – Louviers 52.

Acropole Hôtel M sans rest, Sud-Ouest : 3 km sur rte de Broglie (N 138) ✆ 02 32 46 06 06, *Fax 02 32 44 01 04* – TV ✆ ♿ P – 🏛 30 à 70. AE ⓓ GB
☕ 42 – **51 ch** 270/320

Hostellerie du Moulin Fouret avec ch, Sud : 3,5 km par rte St-Quentin-des-Isles ✆ 02 32 43 19 95, *Fax 02 32 45 55 50,* « Jardin fleuri en bordure de rivière », – ✆ P. AE GB JCB
fermé dim. soir et lundi – **Repas** 120/330 et carte 310 à 400 ♀ – ☕ 50 – **8 ch** 285

à St-Quentin-des-Isles *Sud-Ouest : 5 km par rte de Broglie – 255 h. alt. 115 – ✉ 27270 :*

Pommeraie, sur N 138 ✆ 02 32 45 28 88, *Fax 02 32 44 69 00,* – P. AE ⓓ GB
fermé dim. soir et lundi – **Repas** 85/290 ♀

La BERNERIE-EN-RETZ *44760 Loire-Atl.* 67 ① – *1 828 h alt. 24.*
Paris 434 – Nantes 47 – Challans 39 – St-Nazaire 36.

Château de la Gressière , r. Noue Fleurie ✆ 02 51 74 60 06, *Fax 02 51 74 60 02,* – TV ✆ P. AE ⓓ GB
Repas 128/280 ♀ – ☕ 50 – **16 ch** 430/720 – ½ P 400/720

BERNEX *74500 H.-Savoie* 70 ⑱ *G. Alpes du Nord – 737 h alt. 955 – Sports d'hiver : 1 000/2 000 m ⛷ 15 ⛷.*
Office de Tourisme Le Clos du Moulin ✆ 04 50 73 60 72, Fax 04 50 73 16 17.
Paris 589 – Thonon-les-Bains 19 – Annecy 93 – Évian-les-Bains 16 – Morzine 35.

Chez Tante Marie , ✆ 04 50 73 60 35, *Fax 04 50 73 61 73,* ←, « Jardin fleuri », – TV P. ⓓ GB. ✻ ch
fermé 1er au 10 avril et 15 oct. au 15 déc. – **Repas** *(fermé dim. soir hors saison)* 110/260 ♀, enf. 50 – ☕ 45 – **27 ch** 390/420 – ½ P 360/390

L'Échelle et H. Grand Chenay avec ch, ✆ 04 50 73 60 42, *Fax 04 50 73 69 21,* – cuisinette P. GB
fermé 20 nov. au 20 déc., lundi et mardi sauf juil.-août, vacances de Noël et fév. – **Repas** 147/195, enf. 65 – ☕ 40 – **6 ch** 250/380, 6 studios – ½ P 380

à La Beunaz *Nord-Ouest : 1,5 km par D 52 – alt. 1000 – ✉ 74500 Évian-les-Bains :*

Bois Joli , ✆ 04 50 73 60 11, *hboisjoli@aol.com, Fax 04 50 73 65 28,* ←, – TV P. AE ⓓ GB. ✻ rest
mi-avril-15 oct. et 22 déc.-mi-mars – **Repas** *(fermé merc.)* 98/230, enf. 60 – ☕ 44 – **27 ch** 380/400 – ½ P 360

BERRWILLER *68500 H.-Rhin* 87 ⑱ – *912 h alt. 260.*
Paris 467 – Mulhouse 20 – Belfort 43 – Colmar 30 – Épinal 100 – Guebwiller 8.

Arbre Vert, 96 r. Principale ✆ 03 89 76 73 19, *Fax 03 89 76 73 68* – ▤. GB
fermé 6 au 27 août, 25 fév. au 3 mars, dim. soir et lundi – **Repas** 120/260 ♀, enf. 45

BERRY-AU-BAC *02190 Aisne* 56 ⑥ – *509 h alt. 62.*
Paris 162 – Reims 21 – Laon 30 – Rethel 53 – Soissons 48 – Vouziers 72.

Côte 108 (Courville), ✆ 03 23 79 95 04, *Fax 03 23 79 83 50,* – ▤ P. AE GB
fermé 8 au 24 juil., 25 déc. au 16 janv., mardi soir, dim. soir et lundi – **Repas** (dim. prévenir) 155/360 et carte 370 à 400, enf. 98
Spéc. Foie gras chaud en croque au sel. Gratin de sole à la tomate et champignons. Saint-Pierre au jus de volaille. **Vins** Coteaux champenois rouges, Bouzy.

BESANÇON P 25000 *Doubs* 66 ⑮ *G. Jura – 113 828 h Agglo. 122 623 h alt. 250 – Casino* **BY.**

Voir *Site★★★ – Citadelle★★ : musée d'Histoire naturelle★* **M³**, *musée comtois★* **M²**, *musée de la Résistance et de la Déportation★* **M⁴** *– Vieille ville★★* **ABYZ** *: Palais Granvelle★, cathédrale★ (Vierges aux Saints★), horloge astronomique★, façades des maisons du 17ᵉ s.★ – Préfecture★* **AZ P** *– Bibliothèque municipale★* **BZ B** *– Grille★ de l'Hôpital St-Jacques* **AZ** *– Musée des Beaux-Arts et d'Archéologie★★.*

Office de Tourisme 2 pl. 1ère Armée Française ☎ 03 81 80 92 55, Fax 03 81 80 58 30.
Paris 405 ④ – Basel 168 ⑤ – Bern 156 ② – Dijon 92 ④ – Lyon 225 ④ – Nancy 207 ⑤.

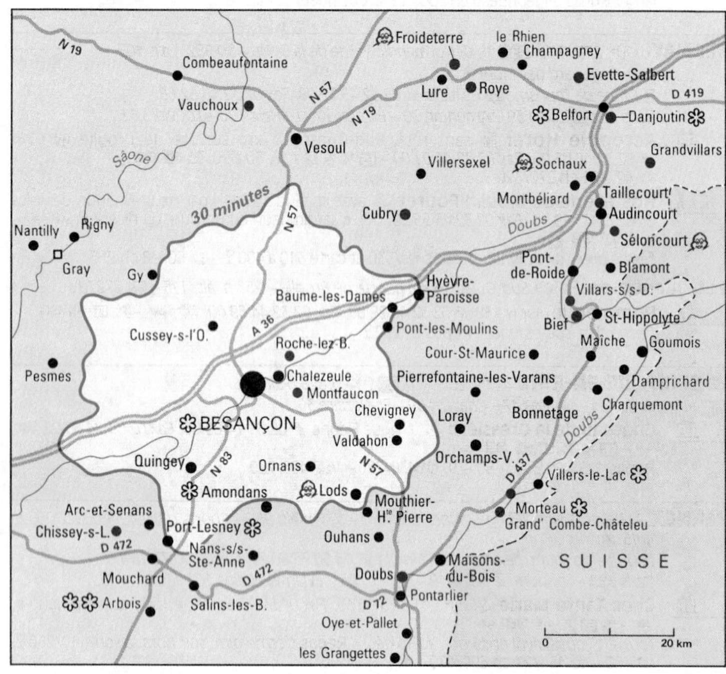

Castan sans rest, 6 square Castan ☎ 03 81 65 02 00, *art@hotelcastan.fr, Fax 03 81 83 01 02*, « Hôtel particulier du 17ᵉ », – TV. AE GB — BZ t
fermé 23 déc. au 4 janv. et 31 juil. au 21 août – 65 – **10 ch** 580/980

Novotel, 22 bis r. Trey ☎ 03 81 50 14 66, *h0400@accor-hotels.com, Fax 03 81 53 51 57*, , , – TV P – 200. AE GB JCB — BX e
Repas *(90)* - 110 ♀, enf. 50 – 63 – **107 ch** 505/575

Nord sans rest, 8 r. Moncey ☎ 03 81 81 34 56, *Fax 03 81 81 85 96* – TV P. AE GB JCB — BY r
35 – **44 ch** 210/330

Relais Mercure Hôtel des Bains sans rest, 4 av. Carnot ☎ 03 81 80 33 11, *h0598@accor-hotels.com, Fax 03 81 88 11 14* – TV P – 60. AE GB — BY a
fermé 14 déc. au 6 janv. – 68 – **67 ch** 395/500

Siatel Châteaufarine M, 6 r. L. Aragon, zone commerciale de Châteaufarine ☎ 03 81 41 12 22, *Fax 03 81 41 12 22* – rest, TV P – 80. GB — AX a
Repas 78/118 ♀, enf. 39 – 35 – **30 ch** 295/305 – ½ P 215

Ibis Centre M sans rest, 21 r. Gambetta ☎ 03 81 81 02 02, *ibis-besancon-centre@wanadoo.fr, Fax 03 81 81 89 65* – TV P – 25. AE GB — BY k
37 – **49 ch** 330/375

Siatel, 3 chemin des Founottes par N 57 : 3 km ☎ 03 81 80 41 41, *Fax 03 81 80 41 41* – rest, TV P – 40. GB — AX q
Repas 69/118 ♀, enf. 39 – 35 – **36 ch** 295/305 – ½ P 215

BESANÇON

Allende (Bd S.) . . . . AX 2
Belfort (R. de) . . . . BX
Brulard (R. Gén.) . . . . AX 5
Carnot (Av.) . . . . BX 7
Chaillot (R.) . . . . BX 12
Clemenceau (Av. Georges) . . . . AX 15
Clerc (R. F.) . . . . BX 16
Fontaine-Argent (Av. de) . . . . BX 19
Jouchoux (R. A.) . . . . AX 25
Lagrange (Av. Léo) . . . . AX 27
Montrapon (Av. de) . . . . AX 34
Observatoire (Av. de l') . . . . . AX 35
Ouest (Bd) . . . . AX 37
Paix (Av. de la) . . . . BX 38
Vaite (R. de la) . . . . BX 55
Voirin (R.) . . . . BX 57

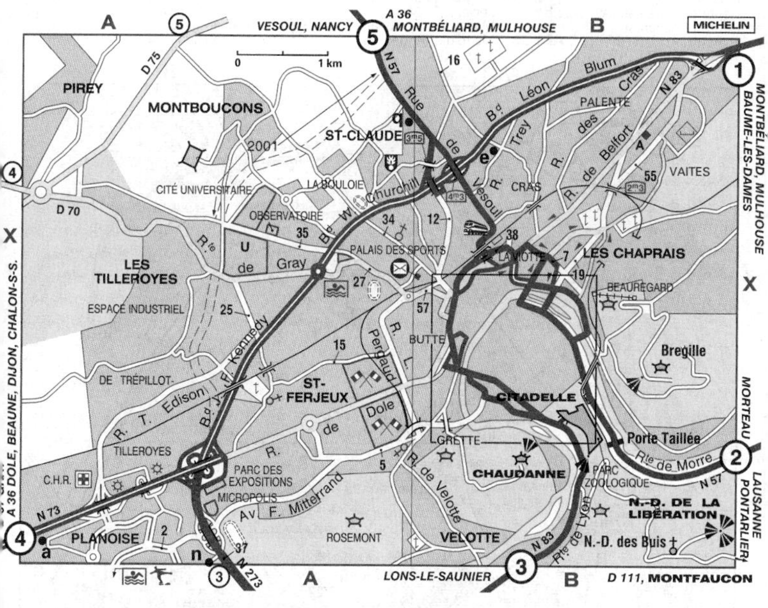

Relais des Vallières, 3 r. P. Rubens par bd de l'Ouest : 4 km ☎ 03 81 52 02 02, *Fax 03 81 51 18 26* – TV, P – 15. AE GB — AX n
Repas *(fermé dim. soir de nov. à avril)* *(75)* - 95/165 – 37 – **49 ch** 275/345 – ½ P 240/270

Régina sans rest, 91 Grande Rue ☎ 03 81 81 50 22, *Fax 03 81 81 60 20* – TV. AE GB — BY e
fermé 24 déc. au 2 janv. – 35 – **20 ch** 189/250

Mungo Park, 11 r. Jean Petit ☎ 03 81 81 28 01, *Fax 03 81 83 36 97*, – AE GB — AY e
fermé 1er au 18 août, 1er au 10 nov., dim. et lundi – **Repas** *(150)* - 195 (déj.), 290/550 et carte 320 à 560
Spéc. Escargots en verdure à la crème de raifort. Suprême de volaille aux morilles, foie gras et Vin Jaune. Moelleux au pain d'épice et vieux pontarlier. **Vins** L'Etoile, Arbois rouge.

Chaland, promenade Micaud, près Pont Brégille ☎ 03 81 80 61 61, *chaland@chaland.com, Fax 03 81 88 67 42*, « Bateau restaurant » – AE GB — BY s
fermé 29 juil. au 20 août, sam. midi et dim. – **Repas** 95/375 bc

Poker d'As, 14 square St-Amour ☎ 03 81 81 42 49, *Fax 03 81 81 05 59* – AE GB — BY u
fermé 15 juil. au 6 août, dim. soir et lundi – **Repas** 98/230

Vauban, à la Citadelle ☎ 03 81 83 02 77, *Fax 03 81 83 17 25*, « A l'entrée de la Citadelle » – AE GB. — BZ h
fermé 20 déc. au 20 fév., dim. soir et lundi – **Repas** *(85)* - 108/190 et carte 190 à 320

Au Petit Polonais, 81 r. Granges ☎ 03 81 81 23 67, *jean-michel.viennot@wanadoo.fr, Fax 03 81 81 88 21* – GB — BY v
fermé 14 juil. au 15 août, sam. soir et dim. – **Repas** 64/160, enf. 40

à Chalezeule *par ① et D 217 : 5,5 km – 944 h. alt. 252 – ✉ 25220 :*

Trois Iles, ☎ 03 81 61 00 66, *hoteldes3iles@infonie.fr, Fax 03 81 61 73 09* – TV P – 15. AE GB. rest
fermé 15 déc. au 5 janv. – **Repas** (dîner seul.) *(fermé sam. soir de nov. à mars)* 100 – 45 – **17 ch** 260/400 – ½ P 280/350

BESANÇON

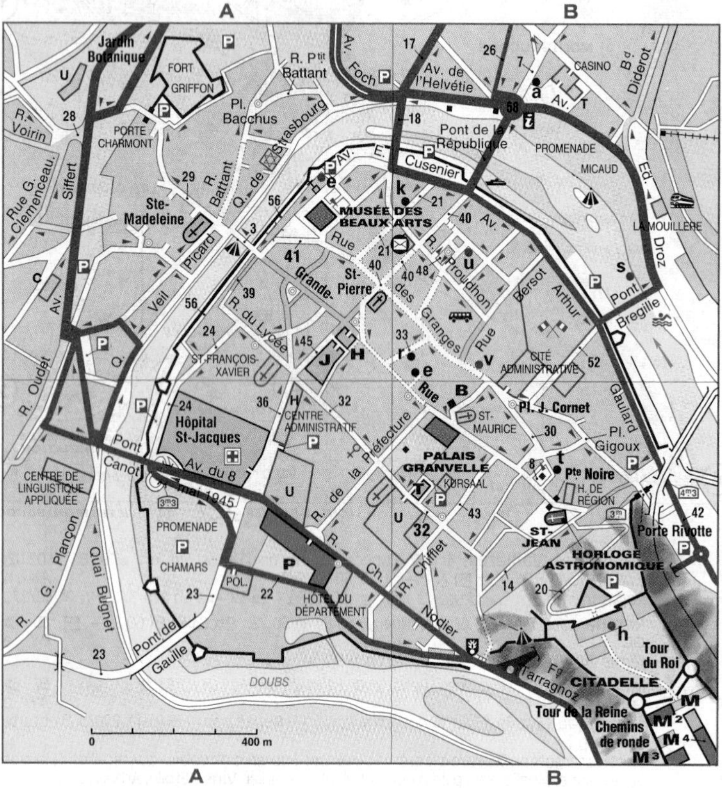

à Roche-lez-Beaupré *par ① : 8 km – 1 663 h. alt. 242 – ✉ 25220 :*

Auberge des Rosiers, ✆ 03 81 57 05 85, *Fax 03 81 60 51 54,* – P. GB
fermé 15 au 28 fév., dim. soir en hiver, lundi soir et mardi – **Repas** 68/215 🍷, enf. 65

à Montfaucon *par ②, D 464 et D 146 : 9 km – 1 262 h. alt. 491 – ✉ 25660 :*

Cheminée, rte Belvédère ✆ 03 81 81 17 48, *Fax 03 81 82 86 45,* ≤, – P. AE GB
fermé 20 août au 5 sept., 11 fév. au 4 mars, dim. soir et merc. – **Repas** 130/260

à l'Espace Valentin Vert-Bois-Vallon *par ⑤ et D 75 : 5 km – ✉ 25480 École-Valentin :*

Valentin (Maire), ✆ 03 81 80 03 90, *restaurant.le.valentin@wanadoo.fr, Fax 03 81 53 45 49,* – P. AE GB
fermé 30 juil. au 19 août, vacances de fév., dim. soir et lundi – **Repas** 158/388 et carte 340 à 420 🍷
Spéc. Millefeuille de foie gras de canard et pommes aux fruits secs. Flanc de sandre, sauce civet de homard. Gibier (saison); **Vins** Côtes du Jura, Charcenne.

BESSANS *73480 Savoie* 77 ⑨ *G. Alpes du Nord – 303 h alt. 1730 – Sports d'hiver : 1 750/2 220 m* 4.

Voir *Peintures★ de la chapelle St-Antoine.*

Env. *Vallée d'Avérole★★.*

Office de Tourisme ☏ 04 79 05 96 52, Fax 04 79 05 83 11.

Paris 700 – Albertville 127 – Chambéry 137 – Lanslebourg-Mont-Cenis 12 – Val-d'Isère 37.

Mont-Iseran, ☏ 04 79 05 95 97, *Fax 04 79 05 84 67* – . GB. rest
25 juin-30 sept. et 15 déc.- 26 avril – **Repas** 75/160 – 45 – **19 ch** 290/360 – ½ P 335

Le BESSAT *42660 Loire* 76 ⑨ *– 250 h alt. 1170 – Sports d'hiver : 1 170/1 427 m.*

Paris 527 – St-Étienne 20 – Annonay 30 – St-Chamond 19 – Yssingeaux 64.

France, ☏ 04 77 20 40 99, *Fax 04 77 20 46 66,* – 30. GB
fermé vacances de Toussaint et de Noël – **Repas** *(fermé dim. soir et lundi de sept. à juin)* 72/175 – 30 – **30 ch** 155/225 – ½ P 215

La Fondue "Chez l'Père Charles" avec ch, ☏ 04 77 20 40 09, *Fax 04 77 20 45 20,* – AE GB.
1er mars-30 nov. et fermé dim. soir – **Repas** 80/285 – 38 – **9 ch** 260/340

BESSE-EN-CHANDESSE *63610 P.-de-D.* 73 ⑬⑭ *G. Auvergne – 1 799 h alt. 1050 – Sports d'hiver à Super Besse.*

Voir *Église St-André★ – Rue de la Boucherie★ – Porte de ville★ – Lac Pavin★★ ★ et Puy de Montchal★★ ★★ SO : 4 km par D 978.*

Office de Tourisme pl. Dr-Pipet ☏ 04 73 79 52 84.

Paris 467 – Clermont-Ferrand 47 – Condat 28 – Issoire 31 – Le Mont-Dore 25.

Les Mouflons, ☏ 04 73 79 56 93, *les-mouflons@wanadoo.fr, Fax 04 73 79 51 18,* – P – 25. GB JCB
1er mai-30 sept. et 28 déc.-15 mars – **Repas** 115/270 – 63 – **52 ch** 270/550 – ½ P 270/340

Clos, rte Mont Dore : 0,5 km ☏ 04 73 79 52 77, *Fax 04 73 79 56 67,* – P. GB. rest
fermé 24 sept. au 14 déc. – **Repas** *(fermé le midi du 1er au 25 mars)* 90/165, enf. 48 – 40 – **27 ch** 260/330 – ½ P 330

Gazelle, rte Compains ☏ 04 73 79 50 26, *gazelle@lagazelle.fr, Fax 04 73 79 50 26,* – P. GB
1er avril-23 sept. et 22 déc.-17 mars – **Repas** (dîner seul.) 110, enf. 48 – 45 – **35 ch** 365/375 – ½ P 315/325

Charmilles sans rest, rte Super-Besse ☏ 04 73 79 50 79, – P. GB
15 juin-20 sept., vacances de fév. et week-ends en hiver – 38 – **20 ch** 270/310

Hostellerie du Beffroy avec ch, ☏ 04 73 79 50 08, *Fax 04 73 79 57 87* – . AE GB. rest
fermé 17 au 25 avril, 10 au 25 déc., lundi et mardi (sauf fév. et juil.-août) – **Repas** (dim. prévenir) *(110)* - 130/300 – 50 – **11 ch** 280/380 – ½ P 380

à Super-Besse *Ouest : 7 km – Sports d'hiver : 1 050/1 850 m 1 20 – ✉ 63610 Besse-en-Chandesse.*

Office de Tourisme (20 juin-10 sept./20 déc.-20 avril) Rd-Pt des Pistes ☏ 04 73 79 60 29, Fax 04 73 79 52 08.

Gergovia, ☏ 04 73 79 60 15, *Fax 04 73 79 61 43,* – P – 25. AE GB.
fermé 15 oct. au 20 déc. – **Repas** 110/135, enf. 58 – 55 – **51 ch** 350/480 – ½ P 312/402

BESSENAY *69690 Rhône* 73 ⑲ *– 1 611 h alt. 400.*

Paris 467 – Roanne 70 – Lyon 32 – Montbrison 53 – St-Étienne 66.

Auberge de la Brevenne, N 89 ☏ 04 74 70 80 01, *auberge-labrevenne@wanadoo.fr, Fax 04 74 70 82 31,* – , rest, P – 20. AE GB
Repas *(fermé dim. soir)* 95/275, enf. 60 – 40 – **24 ch** 380 – ½ P 310

BESSINES-SUR-GARTEMPE *87250 H.-Vienne* 72 ⑧ *– 2 988 h alt. 335.*

Paris 359 – Limoges 38 – Argenton-sur-Creuse 58 – Bellac 30 – Guéret 54.

Bellevue avec ch, D 220 ☏ 05 55 76 01 99, *Fax 05 55 76 68 81* – P. GB
fermé 10 au 25/02, vend. soir, sam. midi du 11/11 à Pâques et lundi soir(sauf hôtel) de Pâques au 11/11 sauf 07/08 – **Repas** 65/205, enf. 49 – 30 – **12 ch** 220/260 – ½ P 220/280

à La Croix-du-Breuil *Nord : 3 km sur D 220 – ✉ 87250 Bessines-sur-Gartempe :*

Manoir Henri IV, ✆ 05 55 76 00 56, *Fax 05 55 76 14 14,* – TV ✆ P. GB
fermé dim. soir et lundi d'oct. à avril – **Repas** (85) - 120/265, enf. 60 – ☕ 37 – **11 ch** 270/330

BÉTHUNE

SP 62400 *P.-de-C.* 51 ⑭ *G. Picardie Flandres Artois – 24 556 h alt. 34.*

Office de Tourisme Le Beffroi-Grand Place ✆ 03 21 57 25 47, Fax 03 21 57 01 60.

Paris 215 ④ – Calais 84 ④ – Lille 40 ② – Arras 35 ④ – Boulogne-sur-Mer 91 ②.

BÉTHUNE

Albert 1er (R.) .... YZ 2
Arras (R. d') .... Z 3
Bruay (R. de) .... Z 6
Buridan(R.) .... Z 7
Clemenceau (Pl. G.) .... Z
Egalité (R. de l') .... Y 8
Gambetta (R.) .... YZ 10
Grand'Place .... Z
Haynaut (R. Eugène) .... Z 12
Juin (Av. du Mar.) .... Z 14
Kennedy (Av. du Prés.) .... Y 15
Lamartine (Pl.) .... Y 17
Lattre-de-Tassigny (Av. de) Z 18
Pont de Pierre (R. du) .... Y 20
Quai du Rivage (R. du) .... Y 21
République (Pl. de la) .... Y 22
Sadi-Carnot (R.) .... Y
Treilles (R. des) .... Z 25
Vauban (Bd) .... Z 26
Zola (R. Emile) .... Z 27

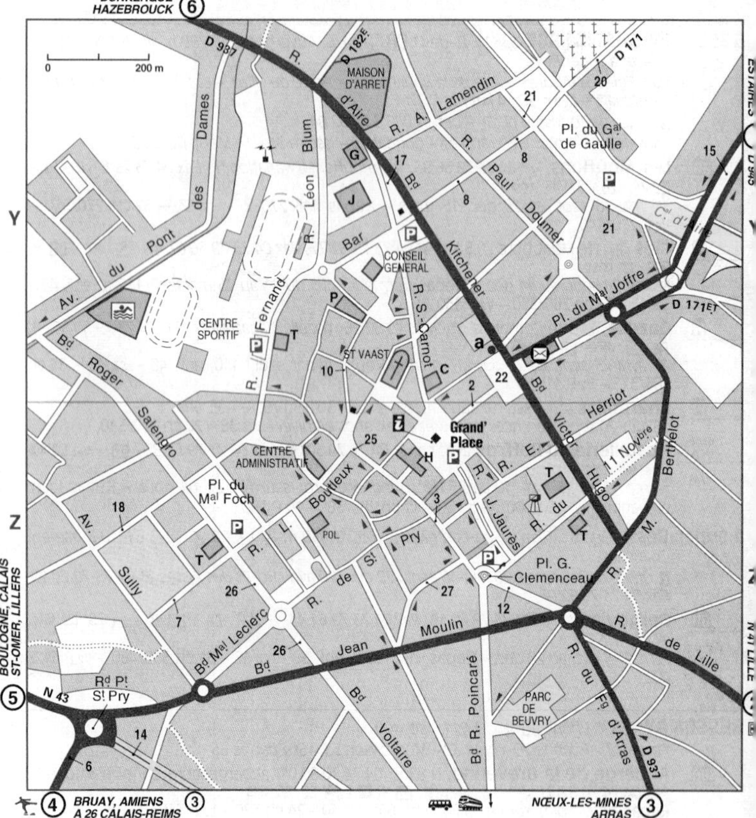

Meurin et Résidence Kitchener avec ch, 15 pl. République ✆ 03 21 68 88 88, *mar c.meurin@le-meurin.fr, Fax 03 21 68 88 89,* – cuisinette, rest, TV ✆ AE GB JCB Y a
fermé 1er au 20 août, 2 au 10 janv., dim. soir et lundi – **Repas** 220 (déj.), 290/550 et carte 400 à 560 ♀ – ☕ 70 – **7 ch** 550/850 – ½ P 600/800
Spéc. Raviole de grenouilles. Saint-Jacques aux chicons (oct. à avril). Beignet de maroilles.

rte de Bruay-la-Bussière *par ④ (sortie 6 par A 26) : 3 km – ✉ 62232 Fouquières-lès-Béthune :*

Campanile, ✆ 03 21 57 76 76, *Fax 03 21 56 98 50,* – TV ✆ ♿ P – 25. AE ⓓ GB
Repas (78) - 94 ♀, enf. 39 – ☕ 36 – **58 ch** 330

à Gosnay *par ④, N 41 et D 181 : 5 km – 1 226 h. alt. 29 – ✉ 62199 :*

Chartreuse du Val St-Esprit ⛰, ✆ 03 21 62 80 00, *Fax 03 21 62 42 50,* , « Demeure du 18e siècle sur le site d'une ancienne chartreuse », ✂, – |‡| TV ✆ ♿ P – 25 à 100. AE ⓓ GB
Repas 195/395 ♀ – ☕ 65 – **66 ch** 450/1800 – ½ P 520/590

Le BETTEX *74 H.-Savoie* 74 *⑧ – rattaché à St-Gervais-les-Bains.*

BEUIL *06470 Alpes-Mar.* 81 *⑨,* 115 *④ G. Alpes du Sud – 330 h alt. 1450 – Sports d'hiver : 1 430/ 2 100 m 26 .*

Voir *Site★ - Peintures★ de l'église.*

Office de Tourisme pl. du Pissaire ✆ 04 93 02 32 58, Fax 04 93 02 35 72.

Paris 822 – Barcelonnette 81 – Digne-les-Bains 118 – Nice 78 – Puget-Théniers 30.

L'Escapade, ✆ 04 93 02 31 27, *Fax 04 93 02 34 67,* <, – TV. GB
fermé 1er oct. au 24 déc. – **Repas** 100/140, enf. 62 – ☕ 49 – **11 ch** 210/385 – ½ P 275/320

When looking for a hotel or restaurant use the most efficient method.
Look for the names of towns ***underlined in red***
on the ***Michelin maps*** *scale: 1:200 000.*
But make sure you have an up-to-date map!

La BEUNAZ *74 H.-Savoie* 70 *⑱ – rattaché à Bernex.*

BEUVRON-EN-AUGE *14430 Calvados* 54 *⑰ G. Normandie Vallée de la Seine – 274 h alt. 11.*

Voir *Village★ – Clermont-en-Auge★ NE : 3 km.*

Paris 217 – Caen 30 – Cabourg 15 – Lisieux 27 – Pont-l'Évêque 32.

XXX **Pavé d'Auge** (Bansard), ✆ 02 31 79 26 71, *Fax 02 31 39 04 45,* « Halles anciennes » – GB
✿ *fermé 10 déc. au 10 janv., mardi de sept. à juin et lundi* – **Repas** 145/250 et carte 260 à 320 ♀
Spéc. Huîtres tièdes au vinaigre de cidre et échalotes confites. Parmentier de rognon de veau et andouille de Vire. Assiette "cinq chocolats".

X **Auberge de la Boule d'Or,** ✆ 02 31 79 78 78, *Fax 02 31 39 61 50* – GB
fermé janv. et merc. sauf juil.-août – **Repas** 99/195 ♀

BEUZEVILLE *27210 Eure* 55 *④ G. Normandie Vallée de la Seine – 2 702 h alt. 129.*

Office de Tourisme (fév.-oct.) 52 r. C.-Fouché ✆ 02 32 57 72 10, Fax 02 32 57 72 10.

Paris 177 – Le Havre 32 – Bernay 38 – Deauville 31 – Évreux 77 – Honfleur 15.

Petit Castel sans rest, ✆ 02 32 57 76 08, *Fax 02 32 42 25 70,* – TV P. GB. ✗
fermé 15 déc. au 15 janv. – ☕ 40 – **16 ch** 265/340

Poste, ✆ 02 32 20 32 32, *Fax 02 32 42 11 01,* , – TV ✆ P. AE ⓓ GB. ✗ ch
1er avril-11 nov. – **Repas** *(fermé dim. soir d'oct. à mai et jeudi) (79) - 99/195* ♀ – ☕ 40 – **14 ch** 250/370 – ½ P 300/370

XXX **Auberge du Cochon d'Or** avec ch, ✆ 02 32 57 70 46, *auberge-du-cochon-dor@wanadoo.fr, Fax 02 32 42 25 70* – ✆. GB. ✗ ch
fermé 15 déc. au 15 janv., dim. soir d'oct. à mars et lundi – **Repas** 85/250 et carte 210 à 340 ♀ – ☕ 40 – **4 ch** 220/255

BEYNAC ET CAZENAC *24220 Dordogne* 75 *⑰ G. Périgord Quercy – 498 h alt. 75.*

Voir *Site★★ – Village★ – Calvaire ※★★ – Château★★ : ※★★.*

Paris 542 – Brive-la-Gaillarde 63 – Périgueux 66 – Sarlat-la-Canéda 11 – Gourdon 28.

à Vézac *Sud-Est : 2 km sur rte de Sarlat – 620 h. alt. 90 – ✉ 24220 :*

XX **Relais des Cinq Châteaux** avec ch, ✆ 05 53 30 30 72, *5chateaux@perigord.com, Fax 05 53 30 30 08,* <, , – rest, TV P – 20. GB
fermé fév., dim. soir et lundi midi du 15 nov. au 15 avril – **Repas** (65) - 105/298 ♀, enf. 60 – ☕ 40 – **10 ch** 270/295 – ½ P 335

Les BÉZARDS *45 Loiret* 65 ② – ✉ *45290 Boismorand.*

Paris 138 – Auxerre 78 – Gien 17 – Joigny 57 – Montargis 23 – Orléans 74.

Auberge des Templiers M, Autoroute A 77, sortie 19 : 3 km ☎ 02 38 31 80 01, *templiers@relaischateaux.fr, Fax 02 38 31 84 51,* « Bel ensemble hôtelier dans un parc fleuri », – ch, P – 30. AE GB JCB
fermé fév. – **Repas** 350 (déj.), 420/750 et carte 530 à 790 – 98 – **22 ch** 680/1480, 8 appart – 1/2 P 1050/1250
Spéc. Sandre de Loire au verjus et champignons des prés. Gibier (automne-hiver). Les entremets de l'auberge. **Vins** Pouilly sur Loire, Quincy

BÈZE *21 Côte-d'Or* 66 ⑬ – *rattaché à Mirebeau-sur-Bèze.*

BÉZIERS SP *34500 Hérault* 83 ⑮ *G. Languedoc Roussillon – 70 996 h alt. 17.*

Voir *Anc. cathédrale St-Nazaire★ : terrasse ≤★ – Musée du Biterois★* **BZ M**[3] *– Jardin St Jacques ≤★.*

de Béziers-Vias : ☎ 04 67 90 99 10, par ③ : 12 km.

Office de Tourisme 29 av. Saint-Saëns ☎ 04 67 28 05 97, Fax 04 67 28 14 61.

Paris 767 ③ – Montpellier 70 ③ – Marseille 234 ③ – Perpignan 93 ⑤.

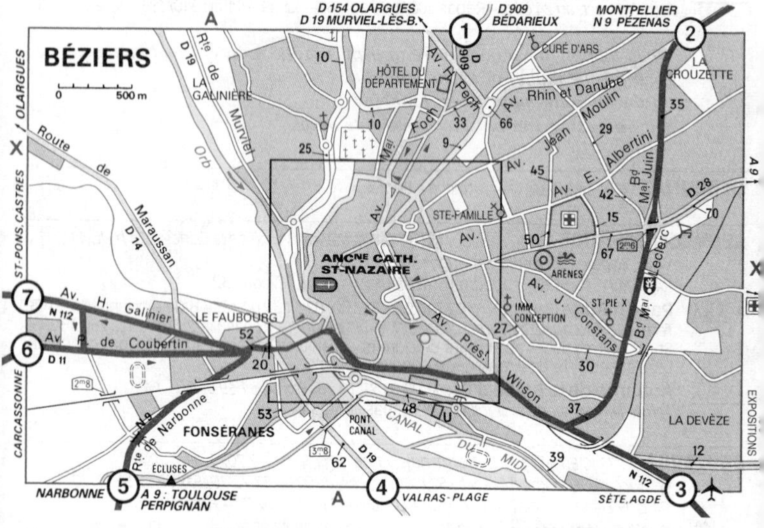

Clemenceau (Av. G.)	AX	9	Injalbert (Bd A.)	AX	30	Perréal (Bd E.)	AX	50
Corneilhan (Rte de)	AX	10	Jussieu (R. A.)	AX	33	Pont-Vieux (Av. du)	AX	52
Deveze (Av. de la)	AX	12	Kennedy (Bd Prés.)	AX	35	Port-Notre-Dame (Av. du)	AX	53
Dr-Mourrut (Bd)	AX	15	Lattre-de-T. (Bd Mar.-de)	AX	37	Sérignan (Rte de)	AX	62
Espagne (Rte d')	AX	20	Lazare (Av. J.)	AX	39	Treille (Carref' de la)	AX	66
Four-à-Chaux (Bd du)	AX	25	Malbosc (R. L.)	AX	42	Verdier (Av. P.)	AX	67
Genève (Bd de)	AX	27	Nat (Bd Y.)	AX	45	Voie Domitienne (Av. de la)	AX	70
Hort-Monseigneur (R. de l')	AX	29	Pasquet (R. du Lt)	AX	48			

Champ de Mars sans rest, 17 r. Metz ☎ 04 67 28 35 53, *Fax 04 67 28 61 42* – TV. AE GB. — CY v
30 – **10 ch** 180/260

L'Ambassade, 22 bd Verdun (face gare) ☎ 04 67 76 06 24, *Fax 04 67 76 74 05* – AE GB — CZ n
fermé dim. et lundi – **Repas** 145/370 et carte 260 à 380

Framboisier, 12 r. Boïeldieu ☎ 04 67 49 90 00, *Fax 04 67 28 06 73* – AE GB JCB — CY u
fermé 16 au 5 sept., vacances de fév., dim. et lundi – **Repas** 170/380

Cep d'Or, 7 r. Viennet ☎ 04 67 49 28 09 – GB — BZ d
fermé 15 au 30 nov., lundi sauf le soir en juil.-août et dim. soir – **Repas** *(62)* - 78/158

BÉZIERS

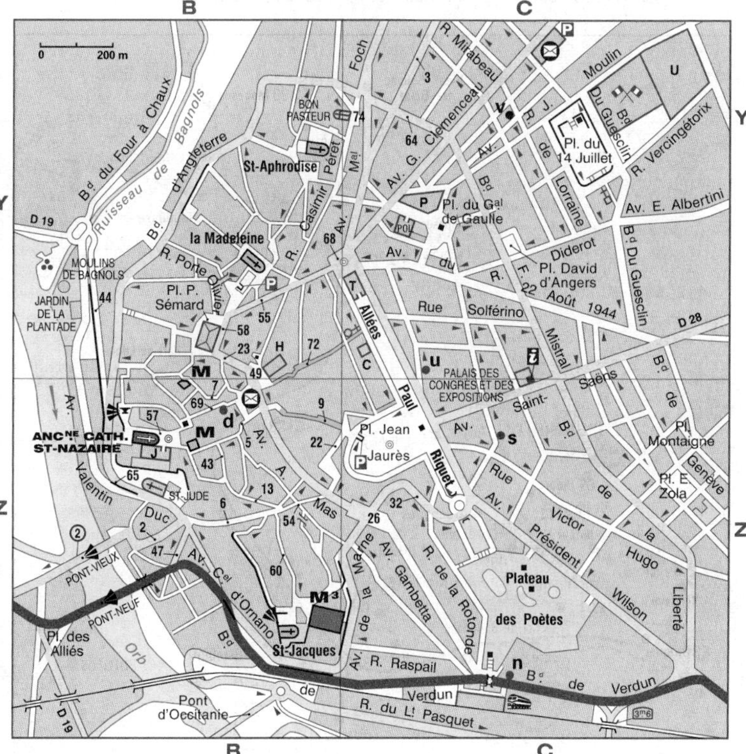

par ③ : *6 km à l'échangeur A9-Béziers-Est –* ✉ *34420 Villeneuve-lès-Béziers :*

Ibis, ✆ 04 67 62 55 14, *Fax 04 67 76 50 78,* – 50. AE ⓓ GB JCB
Repas (75) - 95 , enf. 39 – ☕ 35 – **108 ch** 370

Clim'Oc, 1 km, rte Valras ✆ 04 67 39 40 00, *Fax 04 67 39 39 61,* – – 50. AE ⓓ GB
Repas 68/176 – ☕ 39 – **78 ch** 318/378 – 1/2 P 322

à Maraussan *Ouest : 6 km par D 14 – 2 336 h. alt. 38 –* ✉ *34370 :*

Parfums de Garrigues, 33 r. Poste ✆ 04 67 90 33 76, *Fax 04 67 90 33 76,* – . AE ⓓ GB
fermé 27 août au 5 sept., 29 oct. au 7 nov., 2 au 10 janv., mardi et merc. – **Repas** 115/350 ♀, enf. 50

Vieux Puits, ✆ 04 67 90 05 59, *Fax 04 67 90 05 59,* – AE ⓓ GB
fermé dim. soir et lundi – **Repas** 95 (déj.), 145/195 ♀

à Lignan-sur-Orb *Nord-Ouest par D 19 (rte de Murviel) : 7 km – 2 543 h. alt. 28 –* ✉ *34490 :*

Château de Lignan ✆ 04 67 37 91 47, *chateau.de.lignan@wanadoo.fr, Fax 04 67 37 99 25,* – 60. AE ⓓ GB JCB. rest
Repas 185 (déj.), 325/495 ♀ – ☕ 85 – **50 ch** 700/800 – 1/2 P 800

BIARRITZ *64200 Pyr.-Atl.* 78 ⑪ ⑱, 85 ② *G. Aquitaine – 28 742 h alt. 19 – Casino.*

Voir ≤★★ *de la Perspective* – ≤★ *du phare et de la Pointe St-Martin* **AX** – *Rocher de la Vierge*★ – *Musée de la mer*★.

de Biarritz-Anglet-Bayonne : ✆ 05 59 43 83 83, 2 km **ABX.**

✆ 08 36 35 35 35.

Office de Tourisme sq. d'Ixelles ✆ 05 59 22 37 00, Fax 05 59 24 14 19, Antenne sortie autoroute A 63 et gare de Biarritz.

Paris 779 ③ – Bayonne 9 – Bordeaux 199 ③ – Pau 124 ② – San Sebastián 50 ⑥.

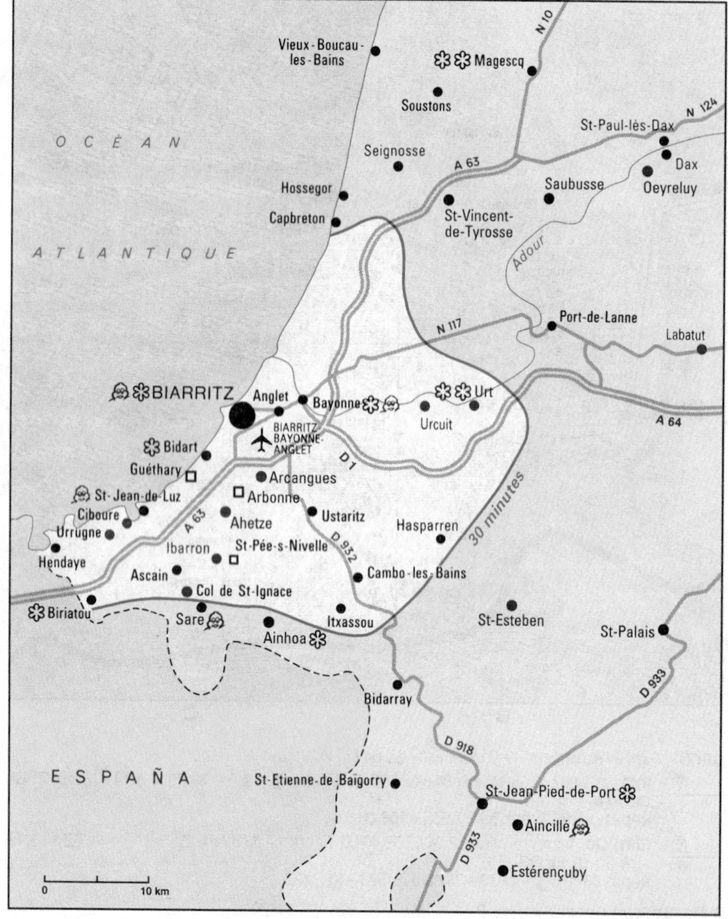

Palais , 1 av. Impératrice ✆ 05 59 41 64 00, *reception@hotel-du-palais.com, Fax 05 59 41 67 99*, ≤, , « Belle piscine face à la mer », , – – 25 à 150. AE ⊙ GB JCB. rest EY k

fermé fév. – ***Villa Eugénie*** (dîner seul. en juil.-août) **Repas** 425 et carte 510 à 790 – ***La Rotonde :*** **Repas** 315 – ***L'Hippocampe*** (rest. piscine) *(mi-avril-fin oct. et fermé le soir sauf juil.-août)* **Repas** 285 (déj.), dîner à la carte en juil.-août 410 à 490 – 150 – **134 ch** 1700/3050, 22 appart – 1/2 P 1500/1925

Spéc. Asperges vertes et oeuf poché à la truffe (printemps). Rouget en filets poêlés, chipirons et riz crémeux, sauce à l'encre. Compoté de fraises, arlettes caramélisées et crème épaisse (saison). **Vins** Irouléguy.

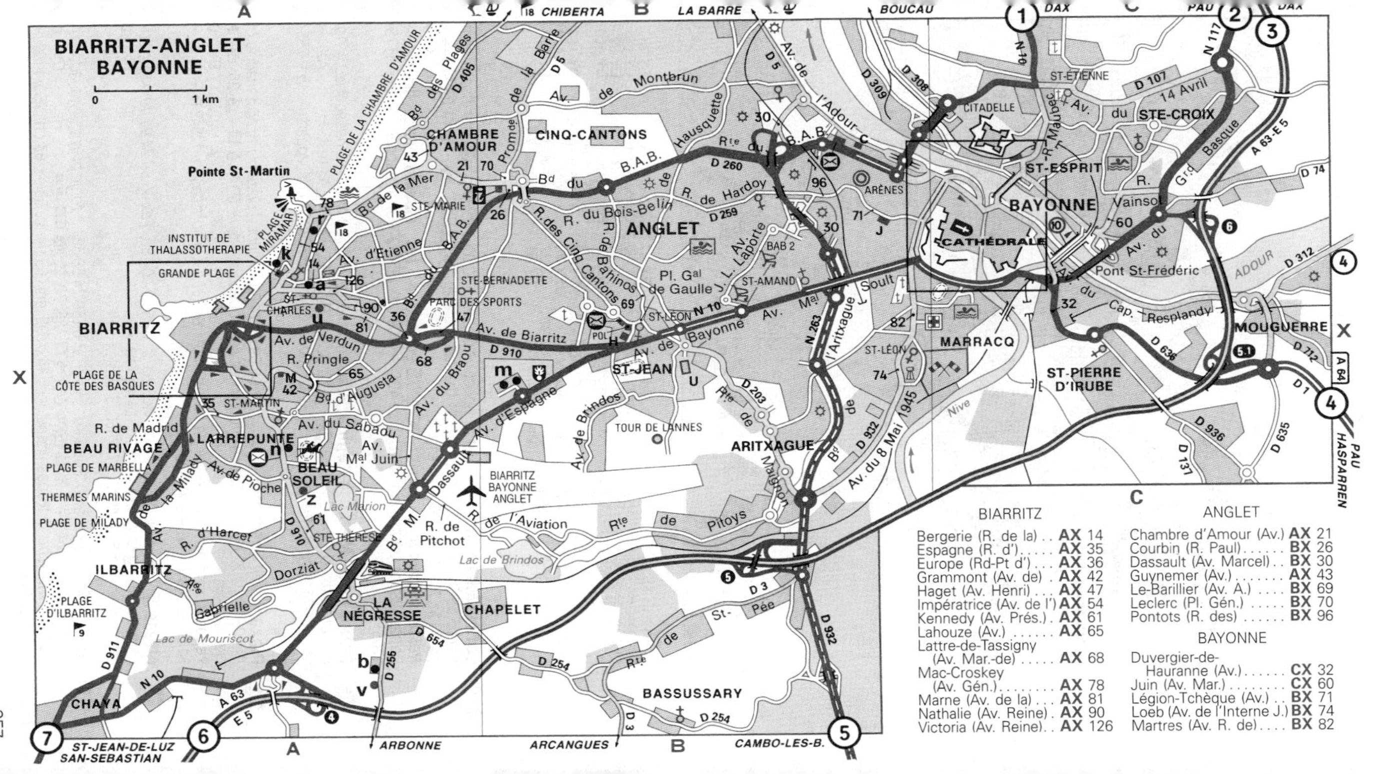
BIARRITZ-ANGLET
BAYONNE
0
1 km
CHIBERTA
LA BARRE
BOUCAU
DAX
PAU
HASPARREN
ST-JEAN-DE-LUZ
SAN-SEBASTIAN
ARBONNE
ARCANGUES
CAMBO-LES-B.
BIARRITZ
ANGLET
BAYONNE
CHAMBRE D'AMOUR
CINQ-CANTONS
Pointe St-Martin
INSTITUT DE THALASSOTHERAPIE
GRANDE PLAGE
PLAGE MIRAMAR
PLAGE DE LA CHAMBRE D'AMOUR
PLAGE DE LA CÔTE DES BASQUES
BEAU RIVAGE
PLAGE DE MARBELLA
THERMES MARINS
PLAGE DE MILADY
ILBARRITZ
PLAGE D'ILBARRITZ
CHAYA
LARREPUNTE
BEAU SOLEIL
LA NÉGRESSE
CHAPELET
BASSUSSARY
ARITXAGUE
ST-JEAN
ST-LÉON
ST-AMAND
STE-BERNADETTE
PARC DES SPORTS
STE-MARIE
ST-CHARLES
ST-MARTIN
STE-THÉRÈSE
TOUR DE LANNES
BIARRITZ BAYONNE ANGLET
Lac Marion
Lac de Brindos
Lac de Mouriscot
MARRACQ
ST-PIERRE D'IRUBE
MOUGUERRE
CATHÉDRALE
CITADELLE
ST-ESPRIT
STE-CROIX
ST-ÉTIENNE
ARÈNES
ADOUR
Nive
BIARRITZ
Bergerie (R. de la) .. AX 14
Espagne (R. d') .... AX 35
Europe (Rd-Pt d') .... AX 36
Grammont (Av. de) . AX 42
Haget (Av. Henri) ... AX 47
Impératrice (Av. de l') AX 54
Kennedy (Av. Prés.) . AX 61
Lahouze (Av.) ...... AX 65
Lattre-de-Tassigny (Av. Mar.-de) ..... AX 68
Mac-Croskey (Av. Gén.) .... AX 78
Marne (Av. de la) ... AX 81
Nathalie (Av. Reine) . AX 90
Victoria (Av. Reine) .. AX 126
ANGLET
Chambre d'Amour (Av.) AX 21
Courbin (R. Paul) ...... BX 26
Dassault (Av. Marcel) .. BX 30
Guynemer (Av.) .... AX 43
Le-Barillier (Av. A.) .... BX 69
Leclerc (Pl. Gén.) ..... BX 70
Pontots (R. des) ...... BX 96
BAYONNE
Duvergier-de-Hauranne (Av.) ...... CX 32
Juin (Av. Mar.) .... CX 60
Légion-Tchèque (Av.) .. BX 71
Loeb (Av. de l'Interne J.) BX 74
Martres (Av. R. de) .... BX 82

BIARRITZ

Atalaye (Pl.) .... DY 4
Barthou (Av. Louis) .... EY 11
Beaurivage (Av.) .... DZ 12
Champ-Lacombe (R.) .. EZ 22
Clemenceau (Pl.) ...... EY 25
Édouard-VII (Av.) ...... EY
Espagne (R. d') .... DZ 35
Foch (Av. du Mar.) ..... EZ
Gambetta (R.) .... DEZ
Gaulle (Bd du Gén.-de) .. EY 37
Goélands (R. des) ...... DY 40
Helder (R. du) .... EY 49
Hélianthe (Rd-Pt) ...... DZ 50
Larralde (R.) .... EY 66
Larre (R. Gaston) ...... DY 67
Leclerc (Bd Mar.) ...... DEY 70
Libération (Pl. de la) .... EZ 72
Marne (Av. de la) .... EY 81
Mazagran (R.) .... EY 84
Osuna (Av. d') .... EY 95
Port-Vieux (Pl. du) .... DY 99
Port-Vieux (R. du) .... DY 100
Rocher de la Vierge (Espl. du) ... DY 106
Sobradiel (Pl.) .... EZ 114
Verdun (Av. de) .... EY
Victor-Hugo (Av.) .... EYZ

Sofitel Miramar M, 13 r. L. Bobet ✆ 05 59 41 30 00, *h9989-gm@accor-hotels.com, Fax 05 59 24 77 20*, ←, centre de thalassothérapie, – 20 à 170. AE GB. rest — AX k
Relais Miramar* : Repas** 280/290 ♀, enf. 100 – ***Les Piballes (rest. diététique) **Repas** 280bc/290bc, enf. 100 – ☐ 100 – **109 ch** 1850/2790, 17 appart – ½ P 1375/1705

Grand Hôtel Mercure Régina, 52 av. Impératrice ✆ 05 59 41 33 00, *h9990@accor-hotels.com, Fax 05 59 41 33 99*, ←, – P – 20. AE GB. rest — AX r
1er fév.-26 nov. – **Repas** 205 ♀ – ☐ 100 – **59 ch** 1130/2080, 7 appart – ½ P 755/1265

Plaza, av. Édouard VII ✆ 05 59 24 74 00, *hotel.plaza.biarritz@wanadoo.fr, Fax 05 59 22 22 01*, ←, « Construction de style Art Déco » – P – 25. AE GB. rest — EY p
Repas *(fermé dim. sauf le soir en saison, sam. midi et lundi hors saison)* 125/215 – ☐ 67 – **54 ch** 600/940 – ½ P 600/680

Altess M sans rest, 19 av. Reine Victoria ✆ 05 59 22 04 80, *Fax 05 59 24 91 19* – cuisinette – 15. AE GB JCB — AX a
fermé nov. – ☐ 50 – **40 ch** 770/860, 3 duplex

Tonic M, 58 av. Édouard VII ✆ 05 59 24 58 58, *tonic.biarritz@wanadoo.fr, Fax 05 59 24 86 14*, – P – 70. AE GB JCB — EY d
***Maison Blanche* : Repas** 129bc(déj.), 149/395, enf. 65 – ☐ 55 – **63 ch** 930/1130 – ½ P 705/755

Florida sans rest, pl. Ste-Eugénie ☎ 05 59 24 01 76, *hotel-florida-biarritz.com, Fax 05 59 24 36 54* – 🛗 TV ☎ ♿. ◑ GB DY s
1er avril-15 nov. – ☕ 45 – **43 ch** 750/1040

Président sans rest, pl. Clemenceau ☎ 05 59 24 66 40, *Fax 05 59 24 90 46* – 🛗 ▤ TV – 🏛 40. AE ◑ GB EY s
☕ 50 – **64 ch** 380/800

Marbella, 11 r. Port Vieux ☎ 05 59 24 04 06, *Fax 05 59 24 63 26* – 🛗 ▤ TV ☎. AE ◑ GB DY a
fermé 15 déc. au 15 janv. – **Repas** *(fermé sam. et dim. du 30 oct. au 15 avril)* (dîner seul.) 85/145 🍷 – ☕ 48 – **30 ch** 390/490 – ½ P 400/420

Maïtagaria sans rest, 34 av. Carnot ☎ 05 59 24 26 65, *Fax 05 59 24 27 37,* 🌳 – TV ☎. GB EZ m
☕ 35 – **17 ch** 340/360

Maison Garnier sans rest, 29 r. Gambetta ☎ 05 59 01 60 70, *maison-garnier@hotel-biarritz.com, Fax 05 59 01 60 80* – TV ☎. AE ◑ GB EZ e
☕ 40 – **7 ch** 450/650

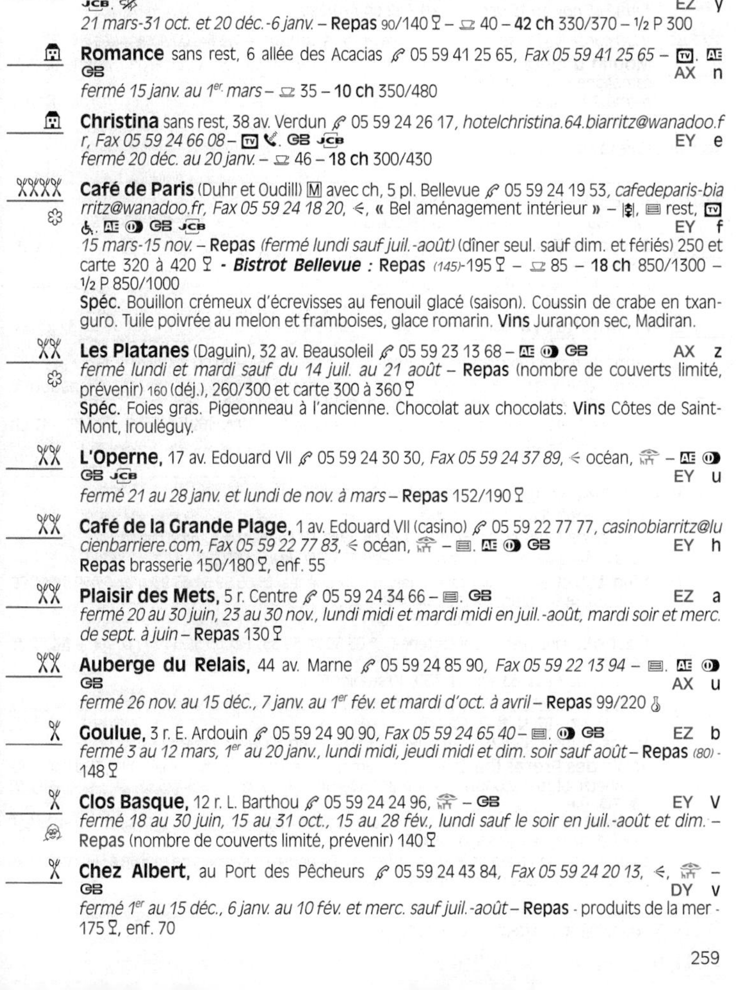

Fronton, 35 av. Mar. Joffre ☎ 05 59 23 09 49, *Fax 05 59 23 22 07* – 🛗 TV P. AE ◑ GB JCB. ✂ EZ y
21 mars-31 oct. et 20 déc.-6 janv. – **Repas** 90/140 🍷 – ☕ 40 – **42 ch** 330/370 – ½ P 300

Romance sans rest, 6 allée des Acacias ☎ 05 59 41 25 65, *Fax 05 59 41 25 65* – TV. AE GB AX n
fermé 15 janv. au 1er mars – ☕ 35 – **10 ch** 350/480

Christina sans rest, 38 av. Verdun ☎ 05 59 24 26 17, *hotelchristina.64.biarritz@wanadoo.fr, Fax 05 59 24 66 08* – TV ☎. GB JCB EY e
fermé 20 déc. au 20 janv. – ☕ 46 – **18 ch** 300/430

XXXX ✿ **Café de Paris** (Duhr et Oudill) M avec ch, 5 pl. Bellevue ☎ 05 59 24 19 53, *cafedeparis-biarritz@wanadoo.fr, Fax 05 59 24 18 20,* ←, « Bel aménagement intérieur » – 🛗, ▤ rest, TV ♿. AE ◑ GB JCB EY f
15 mars-15 nov. – **Repas** *(fermé lundi sauf juil.-août)* (dîner seul. sauf dim. et fériés) 250 et carte 320 à 420 🍷 - ***Bistrot Bellevue :*** **Repas** (145)-195 🍷 – ☕ 85 – **18 ch** 850/1300 – ½ P 850/1000
Spéc. Bouillon crémeux d'écrevisses au fenouil glacé (saison). Coussin de crabe en txanguro. Tuile poivrée au melon et framboises, glace romarin. **Vins** Jurançon sec, Madiran.

XX ✿ **Les Platanes** (Daguin), 32 av. Beausoleil ☎ 05 59 23 13 68 – AE ◑ GB AX z
fermé lundi et mardi sauf du 14 juil. au 21 août – **Repas** (nombre de couverts limité, prévenir) 160 (déj.), 260/300 et carte 300 à 360 🍷
Spéc. Foies gras. Pigeonneau à l'ancienne. Chocolat aux chocolats. **Vins** Côtes de Saint-Mont, Irouléguy.

XX **L'Operne,** 17 av. Edouard VII ☎ 05 59 24 30 30, *Fax 05 59 24 37 89,* ← océan, 🍴 – AE ◑ GB JCB EY u
fermé 21 au 28 janv. et lundi de nov. à mars – **Repas** 152/190 🍷

XX **Café de la Grande Plage,** 1 av. Edouard VII (casino) ☎ 05 59 22 77 77, *casinobiarritz@lucienbarriere.com, Fax 05 59 22 77 83,* ← océan, 🍴 – ▤. AE ◑ GB EY h
Repas brasserie 150/180 🍷, enf. 55

XX **Plaisir des Mets,** 5 r. Centre ☎ 05 59 24 34 66 – ▤. GB EZ a
fermé 20 au 30 juin, 23 au 30 nov., lundi midi et mardi midi en juil.-août, mardi soir et merc. de sept. à juin – **Repas** 130 🍷

XX **Auberge du Relais,** 44 av. Marne ☎ 05 59 24 85 90, *Fax 05 59 22 13 94* – ▤. AE ◑ GB AX u
fermé 26 nov. au 15 déc., 7 janv. au 1er fév. et mardi d'oct. à avril – **Repas** 99/220 🍷

X **Goulue,** 3 r. E. Ardouin ☎ 05 59 24 90 90, *Fax 05 59 24 65 40* – ▤. ◑ GB EZ b
fermé 3 au 12 mars, 1er au 20 janv., lundi midi, jeudi midi et dim. soir sauf août – **Repas** (80) - 148 🍷

X ☺ **Clos Basque,** 12 r. L. Barthou ☎ 05 59 24 24 96, 🍴 – GB EY v
fermé 18 au 30 juin, 15 au 31 oct., 15 au 28 fév., lundi sauf le soir en juil.-août et dim. – Repas (nombre de couverts limité, prévenir) 140 🍷

X **Chez Albert,** au Port des Pêcheurs ☎ 05 59 24 43 84, *Fax 05 59 24 20 13,* ←, 🍴 – GB DY v
fermé 1er au 15 déc., 6 janv. au 10 fév. et merc. sauf juil.-août – **Repas** - produits de la mer - 175 🍷, enf. 70

à Arcangues *Sud : 8 km par La Négresse, D 254 et D 3 – 2 506 h. alt. 80 – ✉ 64200 :*

X **Auberge d'Achtal,** pl. Fronton (accès piétonnier) ✆ 05 59 43 05 56, *Fax 05 59 43 16 98*, « Auberge rustique » – GB
fermé 5 janv. au 25 mars, mardi et merc. sauf de juil. au 15 sept. – **Repas** - cuisine régionale - 165 ♀, enf. 60

rte d'Arbonne *Sud : 4 km par La Négresse et D 255 – ✉ 64200 Biarritz :*

Château du Clair de Lune sans rest, 48 av. Alan-Seeger ✆ 05 59 41 53 20, *hotel-clair-de-lune@wanadoo.fr, Fax 05 59 41 53 29*, ≤, « Parc », – TV P. AE GB JCB
☕ 60 – **18 ch** 540/900 AX b

XX **Campagne et Gourmandise** (Gaüzère), 52 av. Alan-Seeger ✆ 05 59 41 10 11, *Fax 05 59 43 96 16*, ≤, « Villa basque dans un jardin », – P. GB
fermé vacances de Toussaint, de fév., dim. soir sauf du 14 juil. au 31 août, lundi midi du 14/07 au 31/08 et merc. – **Repas** 220/350 ♀ AX v
Spéc. Persillé de crustacés en marinière de moules. Pigeon cuit en cocotte sauce bécassine. Baba au rhum et pommes rôties. **Vins** Irouléguy, Madiran.

à Arbonne *Sud : 7 km par La Négresse et D 255 – 1 366 h. alt. 37 – ✉ 64210 :*

Laminak M sans rest, rte de St Pée ✆ 05 59 41 95 40, *hotel.laminak@wanadoo.fr, Fax 05 59 41 87 65*, ≤, – TV P. AE GB
fermé 15 nov. au 15 déc. – ☕ 60 – **12 ch** 370/590

au Sud *: 8 km par La Négresse, D 255, Arbonne et rte secondaire – ✉ 64200 Arcangues :*

XX **Moulin d'Alotz,** ✆ 05 59 43 04 54, *Fax 05 59 43 04 54*, « Auberge rustique dans la campagne », – P. GB
fermé 20 nov. au 15 déc., 15 au 28 fév., merc. sauf le soir en saison et mardi – **Repas** (nombre de couverts limité, prévenir) 195/250, enf. 95

voir aussi ressources *à Anglet*

BIDARRAY *64780 Pyr.-Atl.* 85 ③ *G. Aquitaine – 585 h alt. 110.*
Paris 806 – Biarritz 36 – Cambo-les-Bains 17 – Pau 133 – St-Jean-Pied-de-Port 21.

Barberaenea , pl. Église ✆ 05 59 37 74 86, *Fax 05 59 37 77 55*, ≤, – TV P. GB. rest
fermé 19 nov. au 16 déc., mardi et merc. de nov. à mars sauf vacances scolaires – **Repas** 95/135 – ☕ 40 – **9 ch** 190/340 – ½ P 225/300

Erramundeya sans rest, rte St-Jean-Pied-de-Port (D 918) ✆ 05 59 37 71 21, *Fax 05 59 37 71 21*, ≤ – P. GB
fermé 15 nov. au 15 mars et mardi sauf juil.-août – ☕ 32 – **10 ch** 180/270

Pont d'Enfer, ✆ 05 59 37 70 88, *hotel.restaurant.du.pont.denfer@wanadoo.fr, Fax 05 59 37 76 60*, ≤, – TV P. AE GB
1er mars-1er nov. – **Repas** *(fermé merc. midi sauf juil.-août)* 75/168 ♀, enf. 48 – ☕ 35 – **17 ch** 135/340 – ½ P 215/280

BIDART *64210 Pyr.-Atl.* 78 ⑪ ⑱ *G. Aquitaine – 4 123 h alt. 40.*
Voir *Chapelle Ste-Madeleine* ✻★.
Office de Tourisme r. d'Erretegia ✆ 05 59 54 93 85, Fax 05 59 54 70 51.
Paris 784 – Biarritz 7 – Bayonne 16 – Pau 123 – St-Jean-de-Luz 9.

Villa L'Arche sans rest, chemin Camboénéa ✆ 05 59 51 65 95, *Fax 05 59 51 65 99*, ≤ Océan, – cuisinette TV . GB
15 fév.-15 nov. – ☕ 70 – **9 ch** 830/1300

Gochoki sans rest, r. Caricartenea ✆ 05 59 26 59 55, *Fax 05 59 54 71 00*, – TV P. GB.
3 fév-12 nov. – ☕ 33 – **10 ch** 350, 10 studios 550

Ypua, r. Chapelle ✆ 05 59 54 93 11, *ypua.logis.de.france@wanadoo.fr, Fax 05 59 54 95 14*, – TV P. AE GB
Repas 100 (déj.), 150/230 ♀, enf. 50 – ☕ 50 – **12 ch** 300/400 – ½ P 375/400

XXX **Table des Frères Ibarboure** (8 chambres prévues, ouverture mai 2001), Sud par N 10, rte Ahetze et rte secondaire : 4 km ✆ 05 59 54 81 64, *Fax 05 59 54 75 65*, – P. AE GB JCB
fermé 15 nov. au 5 déc., 5 au 20 janv., dim. soir et merc. sauf 7 juil. au 10 sept. – **Repas** 210 (déj.), 270/480 et carte 320 à 400 ♀
Spéc. Craquelon d'araignée de mer façon "Txangurro". Ravioles de morue à la biscayenne. Foie gras de canard poêlé. **Vins** Irouléguy.

BIEF *25 Doubs* 66 ⑱ *– rattaché à Villars-sous-Dampjoux.*

BIELLE *64260 Pyr.-Atl.* 85 ⑯ *G. Aquitaine – 470 h alt. 448.*
Paris 809 – Pau 31 – Laruns 8 – Lourdes 44 – Oloron-Ste-Marie 26.

L'Ayguelade, rte Pau : 1 km ✆ 05 59 82 60 06, *hotel.ayguelade@wanadoo.fr, Fax 05 59 82 61 17,* – rest, GB
fermé 2 au 11 avril, 3 au 23 janv., mardi soir et merc. hors saison – **Repas** 78/185 ♀, enf. 45 – 32 – **11 ch** 240/280 – ½ P 250

BIERT *09320 Ariège* 86 ③ *– 286 h alt. 590.*
Paris 822 – Foix 47 – Ax-les-Thermes 59 – Auch 141 – St-Girons 25 – Toulouse 127.

Auberge du Gypaete Barbu, ✆ 05 61 04 89 92, *Fax 05 61 04 89 92,* – GB.
fermé 20 au 30 juin, 20 au 30 sept., déc., dim. soir et lundi sauf juil.-août – **Repas** 80/185 ♀, enf. 50

BIESHEIM *68 H.-Rhin* 62 ⑲ *– rattaché à Neuf-Brisach.*

BIÈVRES *08370 Ardennes* 56 ⑩ *– 75 h alt. 241.*
Paris 258 – Charleville-Mézières 58 – Longuyon 39 – Sedan 35 – Verdun 61.

Relais de St-Walfroy, ✆ 03 24 22 61 62, *Fax 03 24 27 53 04* – GB
fermé 27 août au 5 sept., vacances de fév. et merc. – **Repas** 75 (déj.), 95/160

BIGNAN *56 Morbihan* 63 ③ *– rattaché à Locminé.*

BILLÈRE *64 Pyr.-Atl.* 85 ⑥ *– rattaché à Pau.*

BILLIERS *56190 Morbihan* 63 ⑭ *– 760 h alt. 20.*
Paris 464 – Nantes 88 – Vannes 28 – La Baule 49 – Redon 44 – La Roche-Bernard 17.

Domaine de Rochevilaine , à la Pointe de Pen Lan-Sud : 2 km par D 5 ✆ 02 97 41 61 61, *Fax 02 97 41 44 85,* ≤ littoral, centre de balnéothérapie, « Demeures regroupées en hameau à l'extrémité d'une pointe rocheuse face à l'océan », – 30. AE GB JCB. rest
Repas 200 (déj.), 280/520 bc et carte 340 à 480 ♀ – 90 – **33 ch** 913/1622, 6 appart – ½ P 745/971
Spéc. Langoustines rôties en brochette de romarin (15 juin au 15 sept.). Sole pochée au beurre demi-sel. Galette de homard au jus de carapace.

BINIC *22520 C.-d'Armor* 59 ③ *G. Bretagne – 2 798 h alt. 35.*
Office de Tourisme av. du Gén.-de-Gaulle ✆ 02 96 73 60 12, Fax 02 96 73 35 23.
Paris 462 – St-Brieuc 15 – Guingamp 36 – Lannion 67 – Paimpol 33 – St-Quay-Portrieux 8.

Benhuyc M, 1 quai J. Bart ✆ 02 96 73 39 00, *mprovoos@frpackardbell.org, Fax 02 96 73 77 04,* – cuisinette, rest, GB. ch
fermé 15 déc. au 1er fév. – **Repas** *(fermé dim. soir et lundi de sept. à mars)* 68 (déj.), 95/220 ♀, enf. 55 – 45 – **23 ch** 360/430 – ½ P 318/385

BIOT *06410 Alpes-Mar.* 84 ⑨, 115 ㉕ *G. Côte d'Azur – 5 575 h alt. 80.*
Voir *Musée national Fernand Léger★★ – Retable du Rosaire★ dans l'église.*
Office de Tourisme 46 r. St-Sébastien ✆ 04 93 65 78 00, Fax 04 93 65 78 04.
Paris 918 – Cannes 19 – Nice 23 – Antibes 6 – Cagnes-sur-Mer 11 – Grasse 21 – Vence 20.

Domaine du Jas M sans rest, 625 rte Mer (D 4) ✆ 04 93 65 50 50, *Fax 04 93 65 02 01,* ≤, – AE GB
mi-mars-mi-nov. – 70 – **16 ch** 800/1500, 3 duplex

Les Terraillers, 11 rte Chemin Neuf (D 4), au pied du village ✆ 04 93 65 01 59, *Fax 04 93 65 13 78,* « Ancienne poterie du 16e siècle » – AE GB
fermé nov., jeudi midi et merc. – **Repas** 180 (déj.), 250/380 et carte 400 à 500 ♀, enf. 110
Spéc. Langoustines en croustillant et légumes croquants aux herbes fraîches. Saint-Pierre cuit vapeur à la coriandre. Craquelin à la lavande et aux fruits rouges. **Vins** Côtes de Provence.

Auberge du Jarrier, au village ✆ 04 93 65 11 68, *Fax 04 93 65 50 03,* – AE GB JCB
fermé janv., fév., lundi et mardi – **Repas** 180 (déj.)/380 et carte 350 à 460, enf. 100

Chez Odile, au village ✆ 04 93 65 15 63,
fermé 30 nov. au 1er fév., jeudi sauf le soir en juil.-août et merc. soir – **Repas** 160

BIRIATOU *64 Pyr.-Atl.* 85 ① *– rattaché à Hendaye.*

BIRKENWALD *67440 B.-Rhin* 87 ⑭ *– 228 h alt. 295.*

Paris 461 – Strasbourg 35 – Molsheim 23 – Saverne 11.

Au Chasseur, 03 88 70 61 32, *Fax 03 88 70 66 02*, – rest, – 25. AE GB. ch
fermé 2 au 9 juil. et janv. – **Repas** *(fermé mardi midi, jeudi midi et lundi)* (75) - 95/340, enf. 60 – 60 – **24 ch** 330/500 – ½ P 385/450

BISCARROSSE *40600 Landes* 78 ⑬ *G. Aquitaine – 9 054 h alt. 22 – Casino.*

Office de Tourisme 55 pl. de la Fontaine 05 58 78 20 96, Fax 05 58 78 23 65.

Paris 660 – Bordeaux 80 – Arcachon 40 – Bayonne 130 – Dax 91 – Mont-de-Marsan 85.

à Biscarrosse-Bourg :

Atlantide sans rest, pl. Marsan 05 58 78 08 86, *hotel.atlantide@wanadoo.fr*, *Fax 05 58 78 75 98* – AE GB
42 – **33 ch** 330/450

Fontaine Marsan, pl. Marsan 05 58 82 81 29, – AE GB
fermé 1er au 15 mai, 1er au 15 oct., dim. soir et lundi – **Repas** 120/200 - ***Bistro*** : Repas 70, enf. 40

à Navarosse *Nord : 5 km par D 652 et D 305 – 40600 Biscarrosse :*

Transaquitain sans rest, 05 58 09 83 13, *Fax 05 58 09 84 37*, – GB
1er avril-15 sept. – 32 – **12 ch** 290/390

à Ispe *Nord : 6 km par D 652 et D 305 – 40600 Biscarrosse :*

Caravelle, 05 58 09 82 67, *Fax 05 58 09 82 18*, – GB. ch
Repas *(16 fév.-1er nov. et fermé lundi midi hors saison)* 90/250, enf. 40 – 40 – **15 ch** 400 – ½ P 310/340

Utilisez le guide de l'année.

BISCHWIHR *68 H.-Rhin* 62 ⑲., 87 ⑦ *– rattaché à Colmar.*

BITCHE *57230 Moselle* 57 ⑱ *G. Alsace Lorraine – 5 517 h alt. 300.*

Voir *Citadelle★ – Ligne Maginot : Gros ouvrage du Simserhof★ O : 4 km.*

Office de Tourisme à la Mairie 03 87 06 16 16, Fax 03 87 06 16 17.

Paris 437 – Strasbourg 74 – Haguenau 43 – Sarrebourg 60 – Sarreguemines 34 – Saverne 51.

Relais des Châteaux Forts M, 6 quai E. Branly (près gare) 03 87 96 14 14, *Fax 03 87 96 07 36*, – GB
fermé 15 au 31 janv. – **Repas** *(fermé jeudi)* 130/215, enf. 50 – 48 – **30 ch** 275/385 – ½ P 310

Auberge de Strasbourg avec ch, 24 r. Col Teyssier 03 87 96 00 44, *Fax 03 87 06 10 60* – – 15. AE GB
fermé 3 au 20 sept., 1er au 16 janv., dim. soir et lundi – **Repas** 130/380, enf. 60 – 40 – **8 ch** 210/290

Auberge de la Tour, 3 r. Gare 03 87 96 29 25, *Fax 03 87 96 02 61* – GB
fermé 16 juil. au 1er août, vend. midi et lundi – **Repas** 78/265, enf. 55

à l'Étang de Hasselfurt *Sud-Est : 2 km – 57230 Bitche :*

Auberge du Lac, 03 87 96 27 27, *Fax 03 87 96 05 34* – GB
fermé 1er au 25 fév., mardi et merc. sauf juil.-août – **Repas** 70 (déj.), 120/295, enf. 70

BLAESHEIM *67 B.-Rhin* 62 ⑩ *– rattaché à Strasbourg.*

BLAGNAC *31 H.-Gar.* 82 ⑧ *– rattaché à Toulouse.*

BLAMONT *25310 Doubs* 66 ⑱ *– 1 026 h alt. 576.*

Paris 484 – Besançon 82 – Baume-les-Dames 53 – Montbéliard 18 – Morteau 57.

Vieille Grange, 03 81 35 19 00, *Fax 03 81 35 19 00* – GB
fermé 5 au 12 août, 23 déc. au 2 janv. – **Repas** *(fermé sam. midi, lundi midi et dim.)* carte 150 à 200 – 35 – **10 ch** 270/300 – ½ P 370/410

BLÂMONT *54450 M.-et-M.* 62 ⑦ *– 1 318 h alt. 264.*

Paris 371 – Nancy 66 – Lunéville 31 – St-Dié 47 – Sarrebourg 25.

Hostellerie du Château, 2 r. F. Schmitt ☎ 03 83 76 30 30, *Fax 03 83 76 30 31* – rest, 25. GB
Repas *(65)* - 80/195 ♀, enf. 55 – ☐ 28 – **7 ch** 300/340 – ½ P 240

Le BLANC 36300 *Indre* 68 ⑯ *G. Berry Limousin – 7 361 h alt. 85.*

Office de Tourisme pl. de la Libération ☎ 02 54 37 05 13, Fax 02 54 37 31 93.

Paris 330 – Poitiers 62 – Bellac 62 – Châteauroux 61 – Châtellerault 52.

Théâtre sans rest, 2 bis av. Gambetta ☎ 02 54 37 68 69, *Fax 02 54 28 03 95* – AE GB JCB
☐ 30 – **18 ch** 220/300

Cygne, 8 av. Gambetta ☎ 02 54 28 71 63, *Fax 02 54 28 72 13* – . GB
fermé 25 juin au 4 juil., 20 au 29 août, 2 au 18 janv., mardi de sept. à juin et lundi – **Repas** (nombre de couverts limité, prévenir) 95/260 ♀, enf. 45

par rte de Belâbre *, D 10 et rte secondaire : 6 km : – ✉ 36300 Le Blanc :*

Domaine de l'Étape , ☎ 02 54 37 18 02, *Fax 02 54 37 75 59*, , – – 60. AE GB JCB
Repas 130/300 ♀ – ☐ 52 – **35 ch** 250/560

Le BLANC-MESNIL *93 Seine-St-Denis* 56 ⑪ ⑩., 101 ⑰ *– voir à Paris, Environs.*

Use this year's Guide.

BLANGY-SUR-BRESLE *76340 S.-Mar.* 52 ⑥ *– 3 447 h alt. 70.*

Paris 151 – Amiens 54 – Abbeville 28 – Dieppe 56 – Neufchâtel-en-Bray 33 – Le Tréport 26.

Pieds dans le Plat, 27 r. St-Denis ☎ 02 35 93 38 36 – . GB
fermé 25 au 30 juin et 12 au 28 fév. – **Repas** 95/180 ♀

BLANQUEFORT *33 Gironde* 71 ⑨ *– rattaché à Bordeaux.*

BLAYE *33390 Gironde* 71 ⑧ *– 4 286 h alt. 7.*

Office de Tourisme Allées Marines ☎ 05 57 42 12 09, Fax 05 57 42 91 94.

Paris 546 – Bordeaux 50 – Jonzac 48 – Libourne 45.

Citadelle , ☎ 05 57 42 17 10, *Fax 05 57 42 10 34*, <, , , – . GB JCB
Repas 150/250 ♀, enf. 60 – ☐ 55 – **21 ch** 350/500 – ½ P 430

BLÉNEAU *89220 Yonne* 65 ③ *G. Bourgogne – 1 585 h alt. 200.*

Env. *Château de St Fargeau**.*

Paris 158 – Auxerre 55 – Clamecy 60 – Gien 29 – Montargis 43.

Blanche de Castille, 17 r. d'Orléans ☎ 03 86 74 92 63, *daniel.gaspard@free.fr, Fax 03 86 74 94 43*, – . AE GB
Repas *(fermé janv., dim. soir et jeudi) (48)* - 85/190 ♀ – ☐ 50 – **13 ch** 295/400 – ½ P 320/350

Auberge du Point du Jour, pl. Mairie ☎ 03 86 74 94 38, *daniel.gaspard@free.fr, Fax 03 86 74 85 92* – . AE GB
fermé 27/08 au 5/09, 23/12 au 2/01, vac. de fév., dim. soir et lundi sauf fériés, jeudi soir, vend. et sam. soir – **Repas** 98 (déj.), 135/285 et carte 230 à 390 ♀

BLÉNOD-LÈS-PONT-A-MOUSSON *54 M.-et-M.* 57 ⑬ *– rattaché à Pont-à-Mousson.*

BLÉRÉ *37150 I.-et-L.* 64 ⑯ *G. Châteaux de la Loire – 4 388 h alt. 59.*

Office de Tourisme 8 r. Jean-Jacques-Rousseau ☎ 02 47 57 93 00, Fax 02 47 30 93 00.

Paris 234 – Tours 27 – Blois 46 – Château-Renault 34 – Loches 24 – Montrichard 17.

Cheval Blanc (Blériot), pl. Église ☎ 02 47 30 30 14, *Fax 02 47 23 52 80*, , , – rest, . AE GB
fermé janv. à mi-fév., vend. midi et dim. soir sauf juil.-août et lundi – **Repas** (prévenir) 105/320 et carte 260 à 330 ♀ – ☐ 50 – **12 ch** 340/450 – ½ P 425/480
Spéc. Sandre beurre blanc. Pigeon farci de foie gras. Pêche rôtie, glace au lait d'amande (juin à sept.). **Vins** Chenonceau, Chinon.

BLESLE *43450 H.-Loire* 76 ④ *G. Auvergne – 703 h alt. 520.*
Voir *Église St-Pierre*★.
Office de Tourisme pl. de l'Église ☎ 04 71 76 26 90, Fax 04 71 76 26 90.
Paris 491 – Aurillac 95 – Brioude 24 – Issoire 38 – Murat 44 – St-Flour 37.

XX **Bougnate** M avec ch, pl. Vallat ☎ 04 71 76 29 30, *Fax 04 71 76 29 39,* « Vieille maison blesloise, décor contemporain et élégant » – TV – 20. GB
fermé 1er janv. à mi-fév., mardi et merc. d'oct. à mars – **Repas** *(90)* - 150/240 ♀, enf. 68 – ☕ 30 – **12 ch** 370/400

BLIENSCHWILLER *67650 B.-Rhin* 87 ⑯ *– 292 h alt. 230.*
Paris 504 – Strasbourg 49 – Barr 39 – Erstein 26 – Obernai 18 – Sélestat 12.

Winzenberg M sans rest, 58 rte des Vins ☎ 03 88 92 62 77, *winzenberg@visit-alsace.com, Fax 03 88 92 45 22* – TV P. GB.
fermé 3 janv. au 20 fév. – ☕ 38 – **13 ch** 245/300

BLIGNY-SUR-OUCHE *21360 Côte-d'Or* 69 ⑨ *G. Bourgogne – 745 h alt. 360.*
Paris 290 – Beaune 19 – Autun 43 – Dijon 49 – Pouilly-en-Auxois 22 – Saulieu 44.

X **Trois Faisans** avec ch, ☎ 03 80 20 10 14, *Fax 03 80 20 17 63,* – TV P. AE GB. rest
fermé 20 au 28 nov. et 2 janv. au 27 fév. – **Repas** *(fermé mardi et merc. sauf juil.-août)* *(70)* - 140/210 ♀ – ☕ 40 – **6 ch** 250/270 – ½ P 235/290

BLOIS P *41000 L.-et-Ch.* 64 ⑦ *G. Châteaux de la Loire – 49 318 h alt. 73.*
Voir *Château*★★★ *: musée des Beaux-Arts*★ *– Le Vieux Blois*★ *: Église St-Nicolas*★ *– Cour avec galeries*★ *de l'hôtel d'Alluye* **YZ E** *– Jardins de l'Evêché* ≤★ *– Jardin du Roi* ≤★ *– Maison de la Magie Robert-Houdin*★.
Office de Tourisme 3 av. J.-Laigret ☎ 02 54 90 41 41, Fax 02 54 90 41 49.
Paris 184 ① – Orléans 61 ① – Tours 65 ① – Le Mans 111 ⑧.

Plan page ci-contre

Mercure Centre M, 28 quai St-Jean ☎ 02 54 56 66 66, *h1621@accor-hotels.com, Fax 02 54 56 67 00,* – TV – 30 à 200. AE GB — Z f
Repas 90/125, enf. 50 – ☕ 58 – **84 ch** 505/625, 12 duplex

Holiday Inn Garden Court M, 26 av. Maunoury ☎ 02 54 55 44 88, *holiblois@imaginet.fr, Fax 02 54 74 57 97,* – TV P – 25 à 40. AE GB JCB — Y t
Repas *(fermé sam. midi et dim. midi)* 100/140 ♀, enf. 50 – ☕ 55 – **78 ch** 570

Médicis M, 2 allée François 1er ☎ 02 54 43 94 04, *christiangaranger@wanadoo.fr, Fax 02 54 42 04 05* – TV. AE GB JCB — X p
fermé 2 janv. au 1er fév. et dim. soir d' oct. à Pâques – **Repas** 120/420 ♀, enf. 90 – ☕ 65 – **12 ch** 520/580 – ½ P 490/550

Anne de Bretagne sans rest, 31 av. J. Laigret ☎ 02 54 78 05 38, *Fax 02 54 74 37 79* – TV. GB — Z k
fermé 9 janv. au 6 fév. – ☕ 38 – **28 ch** 295/380

XXX ✿ **L'Orangerie du Château** (Molveaux), 1 av. J. Laigret ☎ 02 54 78 05 36, *Fax 02 54 78 22 78,* ≤, – GB — Z e
fermé 20 au 26/08, 15/02 au 15/03, lundi midi de Pâques à oct., mardi soir de nov. à Pâques, dim. soir et merc. – **Repas** 160/380 et carte 380 à 480 ♀, enf. 80
Spéc. Velouté d'asperges de Sologne et cuisses de grenouilles (mars à juin). Pigeonneau du Vendômois rôti aux épices. Fondant chocolat-pistache. **Vins** Sauvignon de Touraine, Touraine-Mesland.

X ✿ **Au Rendez-vous des Pêcheurs** (Cosme), 27 r. Foix ☎ 02 54 74 67 48, *Fax 02 54 74 47 67* – . GB — X r
fermé 29 juil. au 20 août, 2 au 14 janv., lundi midi et dim. – **Repas** (nombre de couverts limité, prévenir) 150 et carte 240 à 300, enf. 90
Spéc. Flan d'écrevisses au persil, nage au corail d'oursins. Sandre en fine mousseline, huîtres d'Isigny et fenouil. Arlette croustillante aux framboises, crème légère à la vanille; **Vins** Touraine, Montlouis.

X **Au Bouchon Lyonnais,** 25 r. Violettes ☎ 02 54 74 12 87, – GB — Z a
fermé janv., dim. et lundi sauf fériés – **Repas** (prévenir) 118/170 ♀

Z.A. Vallée Maillard *Nord : 3 km – ✉ 41000 Blois :*

Ibis, ☎ 02 54 74 60 60, *Fax 02 54 74 85 71* – TV P – 25. AE GB — V d
Repas *(75)* - 95, enf. 39 – ☕ 35 – **61 ch** 320/370

Préma Hôtel, ☎ 02 54 78 89 90, *claude.berneau@wanadoo.fr, Fax 02 54 56 02 27,* – TV P – 30. AE GB — V u
fermé 21 déc. au 5 janv. – **Repas** *(fermé sam. midi et dim. midi)* *(70)* - 90 bc/115 bc, enf. 45 – ☕ 36 – **42 ch** 295/350 – ½ P 260/270

BLOIS

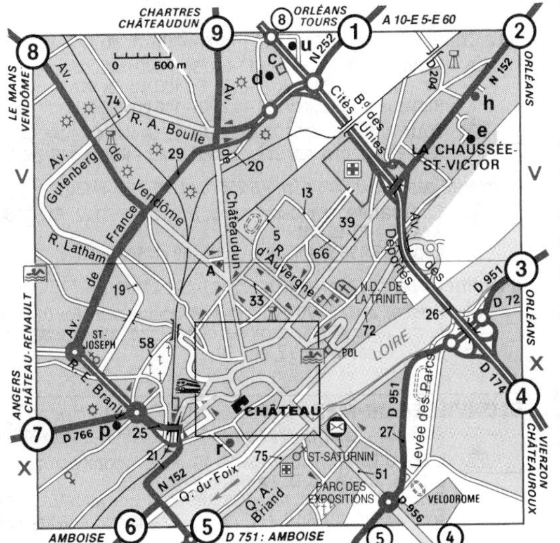

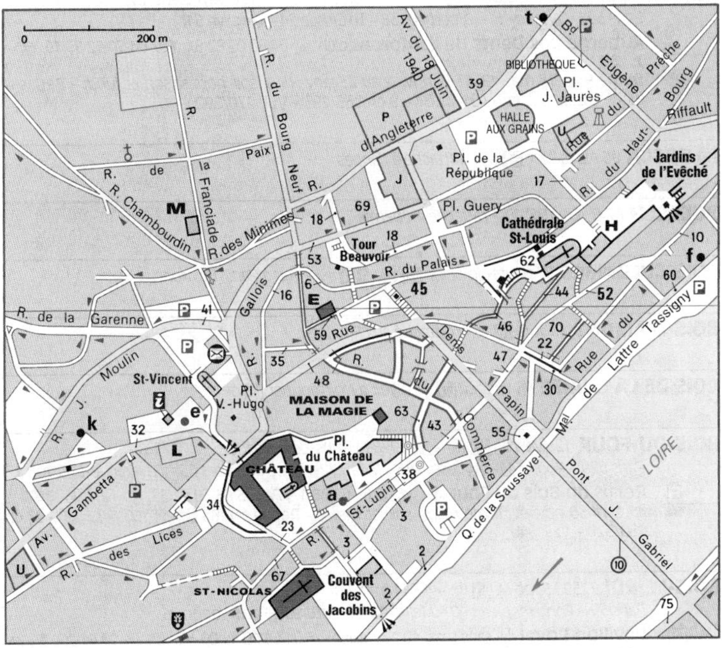

0 200 m
R. du Bourg Neuf
Av. du 18 Juin 1940
BIBLIOTHÈQUE
Pl. J. Jaurès
Bd Eugène Prêche
Bourg Riffault
R. d'Angleterre
HALLE AUX GRAINS
Pl. de la République
Rue du Haut-Bourg
Jardins de l'Evêché
R. de la Paix
R. Chambourdin
R. de la Franciade
R. des Minimes
Pl. Guery
Tour Beauvoir
R. du Palais
Cathédrale St-Louis
R. de la Garenne
R. Gallois
Rue St-Honoré
R. Porte-Côté
Rue Denis Papin
Rue du Lattre Tassigny
J. Moulin
St-Vincent
Pl. V.-Hugo
MAISON DE LA MAGIE
Pl. du Château
CHÂTEAU
R. du Commerce
Mal de
Pont J. Gabriel
LOIRE
Av. Gambetta
R. des Lices
St-Lubin
Q. de la Saussaye
ST-NICOLAS
Couvent des Jacobins

à La Chaussée-St-Victor *par ② : 4 km – 4 036 h. alt. 105 – ✉ 41260 :*

Novotel M, ✆ 02 54 57 50 50, *h0401@accor-hotels.com, Fax 02 54 57 50 40,* – AE GB V e
Repas *(89)* - 115 ♀, enf. 50 – ☕ 60 – **116 ch** 450/595

Tour, N 152 ✆ 02 54 78 98 91, *Fax 02 54 74 74 52,* – P. GB JCB V h
fermé août, dim. soir et lundi sauf fériés – **Repas** 145/260 ♀

à Vineuil *par ④ et D 174 : 4 km – 6 253 h. alt. 73 – ✉ 41350 :*

Campanile, 48 r. Quatre Vents ✆ 02 54 42 70 22, *Fax 02 54 42 43 81* – rest, TV P – 25 à 70. AE GB
Repas 95/138 ♀, enf. 39 – ☕ 37 – **58 ch** 360

à Molineuf *par ⑦ : 9 km – 810 h. alt. 115 – ✉ 41190 :*

Poste, ✆ 02 54 70 03 25, *thierry@poidras.com, Fax 02 54 70 12 46* – P. AE GB
fermé 19 au 30 nov., vacances de fév., dim. soir de sept. à juin, mardi soir et merc. d'oct. à avril – **Repas** 108/255 ♀, enf. 58

BLONVILLE-SUR-MER *14910 Calvados* 54 *⑰ – 1 062 h alt. 10.*
Paris 204 – Caen 43 – Le Havre 46 – Deauville 4 – Lisieux 34 – Pont-l'Évêque 16.

L'Épi d'Or M, ✆ 02 31 87 90 48, *epidor@hotel-normand.com, Fax 02 31 87 08 98,* – TV P – 40. AE GB JCB. rest
fermé 21 au 30 oct., 19 au 28 déc. et 21 janv. au 28 fév. – **Repas** *(fermé merc. et jeudi de sept. à juin)* 100/360 ♀, enf. 70 – ☕ 40 – **40 ch** 360/600 – ½ P 380/510

BLUFFY (Col de) *74 H.-Savoie* 74 *⑧ – 203 h alt. 640 – ✉ 74290 Veyrier-du-Lac.*
Paris 551 – Annecy 11 – Albertville 38 – La Clusaz 24 – Megève 51.

Auberge des Dents de Lanfon avec ch, ✆ 04 50 02 82 51, *Fax 04 50 02 85 19,* – P. GB
fermé 9 au 18 mai, 12 au 19 nov., 2 au 23 janv., dim. soir hors saison et lundi – **Repas** 84 (déj.), 102/210 ♀, enf. 49 – ☕ 31 – **9 ch** 265/295 – ½ P 270/290

La BOCCA *06 Alpes-Mar.* 84 *⑨ – rattaché à Cannes.*

BOERSCH *67 B.-Rhin* 62 *⑨ – rattaché à Obernai.*

BOIS-COLOMBES *92 Hauts-de-Seine* 55 *⑳,,* 101 *⑮ – voir à Paris, Environs.*

BOIS-D'AMONT *39 Jura* 70 *⑯ – rattaché aux Rousses.*

BOIS DE LA CHAIZE *85 Vendée* 67 *① – voir à Noirmoutier (Ile de).*

BOIS-DU-FOUR *12 Aveyron* 80 *④ – ✉ 12780 Vézins-de-Lévézou.*
Paris 629 – Rodez 44 – Aguessac 16 – Millau 22 – Pont-de-Salars 25 – Sévérac-le-Château 17.

Relais du Bois du Four , ✆ 05 65 61 86 17, *Fax 05 65 58 81 37,* – P. GB
1er avril-30 nov. et fermé mardi soir et merc. – **Repas** 80/185 ♀, enf. 50 – ☕ 39 – **27 ch** 180/320 – ½ P 340

BOIS-LE-ROI *77590 S.-et-M.* 61 *② – 4 744 h alt. 80.*
Paris 59 – Fontainebleau 10 – Melun 10 – Montereau-Fault-Yonne 26.

Pavillon Royal M sans rest, 40 av. Gallieni ✆ 01 64 10 41 00, *Fax 01 64 10 41 10,* – TV P – 40. GB
☕ 40 – **26 ch** 350

Marine, 52 quai O. Metra (à l'Écluse) ✆ 01 60 69 61 38, *Fax 01 60 66 38 59,* – GB
fermé 15 au 30 sept., fév., lundi et mardi – **Repas** 140/230, enf. 70

BOIS-PLAGE-EN-RÉ *17 Char.-Mar.* 71 *⑫ – voir à Ré (île de).*

BOISSERON *34160 Hérault* 83 ⑧ *– 981 h alt. 32.*

Paris 744 – Montpellier 32 – Aigues-Mortes 27 – Alès 46 – Nîmes 37 – Sommières 3.

XX **Auberge Lou Caléou,** ✆ 04 67 86 60 76, *dominique-dercourt@loucaleou.fr, Fax 04 67 86 60 76,* , « Cadre médiéval » – . AE GB JCB
fermé vacances de Toussaint, de fév., le soir en hiver sauf sam., dim. soir, lundi et mardi hors saison – **Repas** (98) - 130/260, enf. 70

BOISSET *15600 Cantal* 76 ⑪ *– 653 h alt. 426.*

Paris 563 – Aurillac 30 – Calvinet 18 – Entraygues-sur-Truyère 47 – Figeac 36 – Maurs 14.

Auberge de Concasty M , Nord-Est : 3 km par D 64 ✆ 04 71 62 21 16, *Fax 04 71 62 22 22,* , , , – TV P. AE GB
fermé 15 nov. à fin déc. et 4 janv. au 4 fév. – **Repas** *(fermé merc. hors saison)* (sur réservation seul.)(dîner seul. sauf dim.) 160/210 – 55 – **15 ch** 370/760 – ½ P 420/580

BOISSEUIL *87220 H.-Vienne* 72 ⑰ ⑱ *– 1 558 h alt. 350.*

Paris 402 – Limoges 10 – Bourganeuf 47 – Nontron 70 – Périgueux 96 – Uzerche 46.

XX **Gril de l'Anneau** avec ch, ✆ 05 55 06 90 06, *Fax 05 55 06 32 88,* – GB.
fermé 23 avril au 7 mai, 23 juil. au 15 août, 23 déc. au 8 janv., dim. et lundi – **Repas** 135 – 35 – **7 ch** 160/280

BOLLENBERG *68 H.-Rhin* 62 ⑱ ⑧ *– rattaché à Rouffach.*

Une réservation confirmée par écrit ou par fax est toujours plus sûre.

BOLLÈNE *84500 Vaucluse* 81 ① *G. Provence – 13 907 h alt. 40.*

Office de Tourisme (fermé le dim.) pl. Reynaud-de-la-Gardette ✆ 04 90 40 51 45, Fax 04 90 40 51 44.

Paris 638 – Avignon 53 – Montélimar 35 – Nyons 35 – Orange 25 – Pont-St-Esprit 10.

De Chabrières, 7 bd Gambetta ✆ 04 90 40 08 08, *Fax 04 90 40 52 88,* – TV. AE GB JCB
Repas (76) - 99/240 ♀, enf. 45 – 50 – **10 ch** 310/380 – ½ P 315

XXX **Lou Bergamoutié,** r. Abbé Prompsault ✆ 04 90 40 10 33, *Fax 04 90 40 10 39,* – . GB
fermé dim. soir et lundi – **Repas** 200 bc/320 et carte 250 à 390 ♀

La BOLLÈNE-VÉSUBIE *06 Alpes-Mar.* 84 ⑲, 115 ⑰ *G. Côte d'Azur – 308 h alt. 700 – ✉ 06450 Lantosque.*

Voir *Chapelle St-Honorat ←★ S : 1 km.*

Paris 897 – Nice 57 – Puget-Théniers 59 – St-Martin-Vésubie 17 – Sospel 32.

Grand Hôtel du Parc , D 70 ✆ 04 93 03 01 01, *Fax 04 93 03 01 20,* , – P. AE GB. rest
13 avril-30 sept. – **Repas** 115/160, enf. 50 – 35 – **42 ch** 140/370 – ½ P 315/360

BOLLEZEELE *59470 Nord* 51 ③ *– 1 476 h alt. 40.*

Voir *Commune de la "Méridienne verte".*

Paris 279 – Calais 44 – Dunkerque 24 – Lille 68 – St-Omer 19.

Hostellerie St-Louis , ✆ 03 28 68 81 83, *st.louis@worldonline.fr, Fax 03 28 68 01 17,* – TV P – 15 à 40. AE GB
fermé 26 déc. à mi-janv., le midi en semaine et dim. soir – **Repas** 140/315 bc – 45 – **27 ch** 250/450 – ½ P 330/395

BOLLWILLER *68540 H.-Rhin* 87 ⑱ *– 3 194 h alt. 232.*

Paris 470 – Mulhouse 16 – Belfort 46 – Colmar 28 – Épinal 103 – Guebwiller 7.

Elsass M, 36 rte Guebwiller ✆ 03 89 83 33 33, *reservation@hotel-elsass.com, Fax 03 89 83 33 44,* , , , – cuisinette , rest, TV P – 80. AE GB
Repas *(fermé sam. midi)* (109) - 139 bc/159 bc, enf. 50 – 50 – **49 ch** 430/660, 58 appart 570/976 – ½ P 420/500

BONDUES *59 Nord* 51 ⑯,, 111 ⑬ *– rattaché à Lille.*

Le BONHOMME *68650 H.-Rhin 62 ⑱ G. Alsace Lorraine – 607 h alt. 735 – Sports d'hiver : 830/1 235 m 11.*
Paris 424 – Colmar 25 – Gérardmer 37 – St-Dié 32 – Ste-Marie-aux-Mines 16 – Sélestat 40.

Poste, au village ✆ 03 89 47 51 10, *hposte@club-internet.fr, Fax 03 89 47 23 85,* – P. GB
hôtel : fermé en janv. et en mars – **Repas** *(fermé mardi et merc. hors saison)* 65/220, enf. 50 – 35 – **29 ch** 350/400 – ½ P 350/400

BONIFACIO *2A Corse-du-Sud 90 ⑨ – voir à Corse.*

BONLIEU *39130 Jura 70 ⑮ G. Jura – 206 h alt. 785.*
Paris 439 – Champagnole 23 – Lons-le-Saunier 33 – Morez 24 – St-Claude 42.

Poutre avec ch, ✆ 03 84 25 57 77, *Fax 03 84 25 51 61* – P. GB
1er avril-11 nov. et fermé dim. soir, merc. soir et lundi – **Repas** 120/310 et carte 260 à 350, enf. 60 – 45 – **8 ch** 195/360 – ½ P 300/320

BONNATRAIT *74 H.-Savoie 70 ⑰ – rattaché à Thonon-les-Bains.*

BONNE *74380 H.-Savoie 74 ⑥ ⑦ – 1 815 h alt. 457.*
Paris 548 – Annecy 45 – Thonon-les-Bains 31 – Bonneville 15 – Genève 15 – Morzine 44.

Baud avec ch, ✆ 04 50 39 20 15, *info@hotel-baud.com, Fax 04 50 36 28 96,* – P. AE GB JCB
fermé 1er au 10 janvier – **Repas** *(fermé dim. soir)* 164/275 ♀ - ***Buffet de la Gare :*** Repas 74(déj.) et carte environ 160 ♀, enf. 70 – 50 – **11 ch** 300/600 – ½ P 250/400

au Pont-de-Fillinges *Est : 2,5 km – ✉ 74250 Fillinges :*

Pré d'Antoine, rte Boëge ✆ 04 50 36 45 06, *Fax 04 50 31 12 28,* – P. GB
fermé mardi soir et merc. – **Repas** (70) - 95 (déj.), 158/240 ♀, enf. 80

BONNE-FONTAINE *57 Moselle 57 ⑰ – rattaché à Phalsbourg.*

BONNÉTAGE *25210 Doubs 66 ⑱ – 657 h alt. 960.*
Paris 473 – Besançon 68 – Belfort 72 – Biel/Bienne 74 – La Chaux-de-Fonds 30.

Etang du Moulin avec ch, 1,5 km par D 236 et chemin privé ✆ 03 81 68 92 78, *Fax 03 81 68 94 42,* ←, – P. GB
fermé 7 au 31 janv., merc. midi et mardi du 15 sept. au 15 juin sauf fériés – **Repas** 135/340 ♀, enf. 65 – 40 – **19 ch** 190/340 – ½ P 255/275

Perce-Neige avec ch, D 437 ✆ 03 81 68 91 51, *Fax 03 81 68 95 25* – rest, P. GB
fermé dim. soir et lundi sauf du 1er juil. au 15 sept. – **Repas** 75/220 ♀, enf. 45 – 35 – **12 ch** 200/250 – ½ P 280

BONNEUIL-MATOURS *86210 Vienne 68 ⑭ – 1 642 h alt. 60.*
Office de Tourisme carrefour Maurice-Fombeure ✆ 05 49 85 08 62, Fax 05 49 85 29 63.
Paris 325 – Poitiers 25 – Bellac 79 – Le Blanc 51 – Châtellerault 16 – Montmorillon 42.

Pavillon Bleu, sur D 749 (face pont) ✆ 05 49 85 28 05, *Fax 05 49 21 61 94* – GB
fermé 15 au 28 oct., dim. soir et lundi
Repas 97/165 ♀

BONNEVAL-SUR-ARC *73480 Savoie 74 ⑲ G. Alpes du Nord – 216 h alt. 1800 – Sports d'hiver : 1 800/3 000 m 10.*
Voir Vieux village★★.
Office de Tourisme ✆ 04 79 05 95 95, Fax 04 79 05 86 87.
Paris 708 – Albertville 135 – Chambéry 145 – Lanslebourg 20 – Val-d'Isère 30.

A la Pastourelle , ✆ 04 79 05 81 56, *Fax 04 79 05 85 44,* ← – AE GB.
fermé 20 au 30 mai et vacances de Toussaint – **Repas** *(ouvert : 20 déc.-30 avril)* 69/85 – 35 – **12 ch** 290/340 – ½ P 285/295

Bergerie , ✆ 04 79 05 94 97, *Fax 04 79 05 93 24,* ← – P. AE GB.
15 juin-30 sept. et 22 déc.-24 avril – **Repas** 74/142 ♀, enf. 46 – 46 – **22 ch** 250/320 – ½ P 310/325

Auberge Le Pré Catin, ✆ 04 79 05 95 07, *Fax 04 79 05 88 07,* – GB.
23 juin-23 sept., 21 déc.-30 avril et fermé mardi midi et merc. midi, en hiver, dim. soir et lundi – **Repas** 145/160 ♀, enf. 55

BONNEVILLE 74130 H.-Savoie 74 ⑦ G. Alpes du Nord – 9 998 h alt. 450.

Office de Tourisme (fermé dim.) 63 bd des Allobroges ☎ 04 50 97 38 37, Fax 04 50 97 19 33 – Paris 559 – Annecy 41 – Chamonix-Mont-Blanc 55 – Thonon-les-Bains 45 – Nantua 86.

Bellevue ⛰, à Ayse, Est : 2,5 km par D 6 ☎ 04 50 97 20 83, Fax 04 50 25 28 38, ←, – P. GB – 21 mai-30 sept., vacances de fév. et fermé dim. soir sauf juil.-août – **Repas** (15 juin-10 sept. et fermé dim. soir et lundi sauf juil.-août) 90/160, enf. 60 – ☕ 40 – **21 ch** 215/300 – ½ P 225/235

L'Eau Sauvage et Hôtel Sapeur (Guénon) avec ch, pl. Hôtel de Ville ☎ 04 50 97 20 68, Fax 04 50 25 73 48 – TV – 25. AE GB
fermé dim. soir, mardi midi et lundi – **Repas** 240/480 et carte 400 à 520 – ☕ 40 – **14 ch** 280/400 – ½ P 340
Spéc. Patt'lons de langoustines au pistafouille. Deigne d'aubergines et saumon de fontaine à la marjolaine. Omelette à la rhubarbe (21 mars au 22 sept.). **Vins** Chignin-Bergeron, Mondeuse d'Arbin.

à Vougy Est : 5 km par N 203 – 867 h. alt. 471 – ✉ 74130 :

Capucin Gourmand, rte Bonneville ☎ 04 50 34 03 50, Fax 04 50 34 57 57, – P. AE GB
fermé 3 au 28 août, 2 au 8 janv., sam. midi, dim. soir et lundi – **Repas** 210/300 et carte 280 à 390 ♀ - ***Bistro du Capucin :*** Repas (110bc)-140 ♀

BONNIEUX 84480 Vaucluse 81 ⑬, 114 ① G. Provence – 1 422 h alt. 400.

Voir Terrasse ←★ – Paris 725 – Aix-en-Provence 44 – Apt 11 – Carpentras 44 – Cavaillon 26.

Bastide de Capelongue M ⛰, rte de Lourmarin, puis D 232 et voie secondaire : 1,5 km ☎ 04 90 75 89 78, bastide@francemarket.com, Fax 04 90 75 93 03, ←, – TV P. AE GB. rest
15 mars-15 nov. – **Repas** 300/450 ♀ – ☕ 100 – **17 ch** (½ pens. seul.) – ½ P 1100/1400

Fournil, pl. Carnot ☎ 04 90 75 83 62, Fax 04 90 75 96 19, , salle troglodytique – GB
fermé 25 nov. au 2 fév., mardi sauf le soir d'avril à sept. et lundi – **Repas** (nombre de couverts limité, prévenir) (105) - 145/260 ♀, enf. 70

au Sud-Est : 6 km par D 36 et D 943 – ✉ 84480 Bonnieux :

Auberge de l'Aiguebrun ⛰ avec ch, ☎ 04 90 04 47 00, aiguebrun@chateauxhotels.com, Fax 04 90 04 47 01, ←, , « Isolé dans le vallon », – P. GB. ch
1er mars-30 nov. – **Repas** (fermé merc. midi et mardi) 250 – ☕ 90 – **5 ch** 500/900, 3 appart – ½ P 700/950

BONNY-SUR-LOIRE 45420 Loiret 65 ⑫ – 1 924 h alt. 190.

Office de Tourisme "Maison de Pays" ☎ 02 38 31 57 71, Fax 02 38 31 57 71.
Paris 170 – Auxerre 64 – Cosne-sur-Loire 19 – Gien 24 – Montargis 57.

Voyageurs avec ch, 10 Grande rue ☎ 02 38 27 01 45, Fax 02 38 27 01 46 – rest, TV P. GB – fermé 27 août au 10 sept., 19 fév. au 12 mars, lundi (sauf hôtel), mardi midi et dim. soir – **Repas** 85/220 ♀, enf. 50 – ☕ 30 – **6 ch** 205/220 – ½ P 203

Le BONO 56400 Morbihan 63 ② – 1 747 h alt. 10.

Paris 478 – Vannes 18 – Auray 6 – Lorient 49 – Quiberon 36.

Hostelleries Abbatiales ⛰, par rte Baden et rte secondaire : 1,5 km ☎ 02 97 57 84 00, contact@abbatiales.com, Fax 02 97 57 83 00, – TV P – 100. AE GB. rest
Repas 110/190 – ☕ 50 – **69 ch** 370/545 – ½ P 350/410

BONSECOURS 76 S.-Mar. 55 ⑥ – rattaché à Rouen.

BONS-EN-CHABLAIS 74890 H.-Savoie 70 ⑰ – 3 275 h alt. 565.

Paris 555 – Thonon-les-Bains 16 – Annecy 59 – Bonneville 30 – Genève 23.

Progrès M, ☎ 04 50 36 11 09, Fax 04 50 39 44 16 – TV P. AE GB
fermé dim. soir et lundi – **Repas** 95/290, enf. 60 – ☕ 42 – **10 ch** 260/330 – ½ P 280/290

BONSON 42160 Loire 73 ⑱ – 3 880 h alt. 380.

Voir Sury-le-Comtal : décoration★ du château NO : 3 km – St-Rambert-sur-Loire : église★, bronzes★ du musée SE : 3,5 km, G. Vallée du Rhône.
Paris 470 – St-Étienne 22 – Feurs 29 – Montbrison 15.

Voyageurs avec ch, à la Gare ☎ 04 77 55 16 15, Fax 04 77 55 58 50 – TV P. AE GB
fermé août – **Repas** (fermé sam. midi et dim.) (65) - 100/175 bc ♀, enf. 35 – ☕ 35 – **7 ch** 270/330 – ½ P 185

BORDEAUX

P 33000 Gironde 71 ⑨ G. Aquitaine - 210 336 h. - alt. 4.
Paris 583 ① – Lyon 533 ② – Nantes 325 ① – Strasbourg 1066 ① – Toulouse 249 ⑤

OFFICES DE TOURISME

12 cours du 30 Juillet ✆ 05 56 00 66 00, Fax 05 56 00 66 01, à la gare St-Jean ✆ 05 56 91 64 70.

Maison du vin de Bordeaux (Informations, dégustations) (fermé week-ends mi oct. à mi mai) 1 cours 30 Juillet ✆ 05 56 00 22 66, Fax 05 56 00 22 77 **DX**

RENSEIGNEMENTS PRATIQUES

TRANSPORTS

Auto-train ✆ 08 36 35 35 35.

AÉROPORT

Bordeaux-Mérignac ✆ 05 56 34 50 50, **AU** *: 11 km.*

DÉCOUVRIR

BORDEAUX DU 18e S.

Grand théâtre★★ - Place de la Comédie - Fontaines★ du monument aux Girondins, Esplanade des Quinconces - Place Gambetta - Cours de l'intendance - Église Notre-Dame★ **DX** *- Place de la Bourse★★ - Place du Parlement★*

Basilique St-Michel★ - Porte de la grosse Cloche - La grosse Cloche★ **EY N.**

QUARTIER DES CHARTRONS

Entrepôts de vins - Balcons★ du cours Xavier-Arnozan- Entrepôt Lainé★★ : musée d'Art contemporain★ **BU M^2**

Musée des Chartrons **BU M^5** *- Croiseur Colbert★★.*

QUARTIER PEY BERLAND

Cathédrale St-André★ - Hôtel de ville **DY H** *- ⩽★★ de la tour Pey Berland★* **DY Q.**

Musée : Beaux-Arts★ **DY M^4** *, Aquitaine★★* **DY M^1** *Arts décoratifs★* **DY M^3.**

BORDEAUX CONTEMPORAIN

Quartier Mériadeck **CY** *: espaces verts, immeubles en verre et béton (Caisse d'Épargne, Bibliothèque, Hôtel de Région, Hôtel des Impôts).*

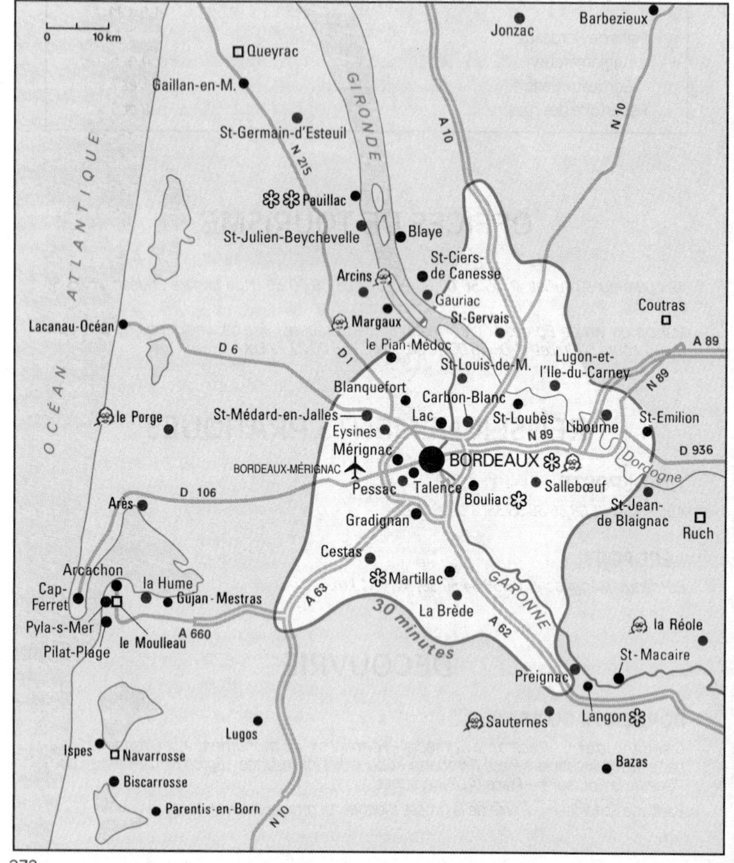

Burdigala Ⓜ, 115 r. G. Bonnac ✆ 05 56 90 16 16, *burdigala@burdigala.com, Fax 05 56 93 15 06,* « Bel aménagement intérieur » – 25 à 100. AE GB JCB p. 6 CX r
Le Jardin : Repas *(160)*-200, enf. 100 – 100 – **68 ch** 990/1500, 8 appart, 7 duplex

Mercure Château Chartrons Ⓜ, 81 cours St-Louis ✉ 33300 ✆ 05 56 43 15 00, *h1810@accor-hotel.com, Fax 05 56 69 15 21,* – 150. AE GB
Repas 115 ♀, enf. 45 – 60 – **144 ch** 560/790 p. 5 BT r

Claret Ⓜ, Cité Mondiale du Vin, 18 parvis des Chartrons ✆ 05 56 01 79 79, *h2877-dm@accor.hotels.com, Fax 05 56 01 79 00,* – 800. AE GB JCB. rest p. 5 BU k
Repas *(fermé 14 juil. au 15 août, sam. et dim.) (80)* - 150 bc/290 bc ***Le 20*** restaurant-bar à vins *(fermé mi-juil. à mi-août, 22 déc. au 2 janv., vend. soir, sam. et dim.)* Repas *(80)* et carte environ 140 ♀ – 68 – **96 ch** 590/780

Mercure Mériadeck Ⓜ, 5 r.-Lateulade ✆ 05 56 56 43 43, *h1281@accor-hotels.com, Fax 05 56 96 50 59* – 15 à 150. AE GB JCB p. 6 CY v
Festival *(fermé sam. et dim.)* Repas *(70)*-110/150 ♀, enf. 50 – 62 – **194 ch** 590/690

Holiday Inn Ⓜ, 30 r. de Tauzia ✉ 33800 ✆ 05 56 92 21 21, *HIBordeauxCentre@alliance-hotellerie.fr, Fax 05 56 91 08 06,* – 65. AE GB JCB p. 7 FZ v
Repas *(fermé sam. midi et dim. midi)* 90/150 ♀ – 75 – **89 ch** 670/770 – ½ P 350/450

Ste-Catherine Ⓜ sans rest, 27 r. Parlement Ste-Catherine ✆ 05 56 81 95 12, *Fax 05 56 44 50 51* – 40. AE GB JCB p. 6 DX m
70 – **84 ch** 590/1200

Novotel Bordeaux-Centre Ⓜ, 45 cours Mar. Juin ✆ 05 56 51 46 46, *h1023@accor-hotels.com, Fax 05 56 98 25 56,* – 80. AE GB JCB
Repas carte 130 à 190 ♀, enf. 50 – 62 – **138 ch** 535/850 p. 6 CY m

Normandie sans rest, 7 cours 30-Juillet ✆ 05 56 52 16 80, *Fax 05 56 51 68 91* – 30. AE GB JCB p. 6 DX z
70 – **100 ch** 330/780

Bayonne Etche-Ona Ⓜ sans rest, 4 r. Martignac ✆ 05 56 48 00 88, *bayetche@bordeaux-hotel.com, Fax 05 56 48 41 60* – 35. AE GB JCB. p. 6 DX f
60 – **63 ch** 490/1200

Majestic sans rest, 2 r. Condé ✆ 05 56 52 60 44, *mail-majestic@hotel-majestic.com, Fax 05 56 79 26 70* – AE GB JCB p. 6 DX a
55 – **50 ch** 450/620

Grand Hôtel Français sans rest, 12 r. Temple ✆ 05 56 48 10 35, *grand.hotel.francais@wanadoo.fr., Fax 05 56 81 76 18* – AE GB JCB p. 6 DX v
60 – **35 ch** 410/695

Méridienne sans rest, 151 r. G. Bonnac ✆ 05 56 24 08 88, *hotel.le.chantry@wanadoo.fr, Fax 05 56 98 91 72* – 50. AE GB p. 6 CXY a
35 – **40 ch** 310/405

Presse sans rest, 6 r. Porte Dijeaux ✆ 05 56 48 53 88, *Fax 05 56 01 05 82* – AE GB JCB p. 6 DX k
fermé 25 déc. au 2 janv. – 45 – **27 ch** 295/500

Continental sans rest, 10 r. Montesquieu ✆ 05 56 52 66 00, *continental@hotel-le-continental.com, Fax 05 56 52 77 97* – AE GB JCB p. 6 DX b
40 – **50 ch** 330/580

Opéra sans rest, 35 r. Esprit des Lois ✆ 05 56 81 41 27, *hotel.opera.bx@wanadoo.fr, Fax 05 56 51 78 80* – GB. p. 6 DX n
fermé 24 déc. au 2 janv. – 35 – **27 ch** 210/320

Notre-Dame sans rest, 36 r. Notre-Dame ✆ 05 56 52 88 24, *Fax 05 56 79 12 67* – AE GB JCB. p. 5 BU k
32 – **21 ch** 235/290

Chapon Fin (Garcia), 5 r. Montesquieu ✆ 05 56 79 10 10, *Fax 05 56 79 09 10,* « Original décor de rocaille 1900 » – AE GB JCB p. 6 DX p
fermé dim. et lundi – **Repas** 170 (déj.), 275/425 et carte 400 à 540 ♀, enf. 75
Spéc. Marbré de pintadeau et foie gras. Ravioles de langoustines au citron vert. Pigeonneau aux épices. **Vins** Graves, Bordeaux supérieur.

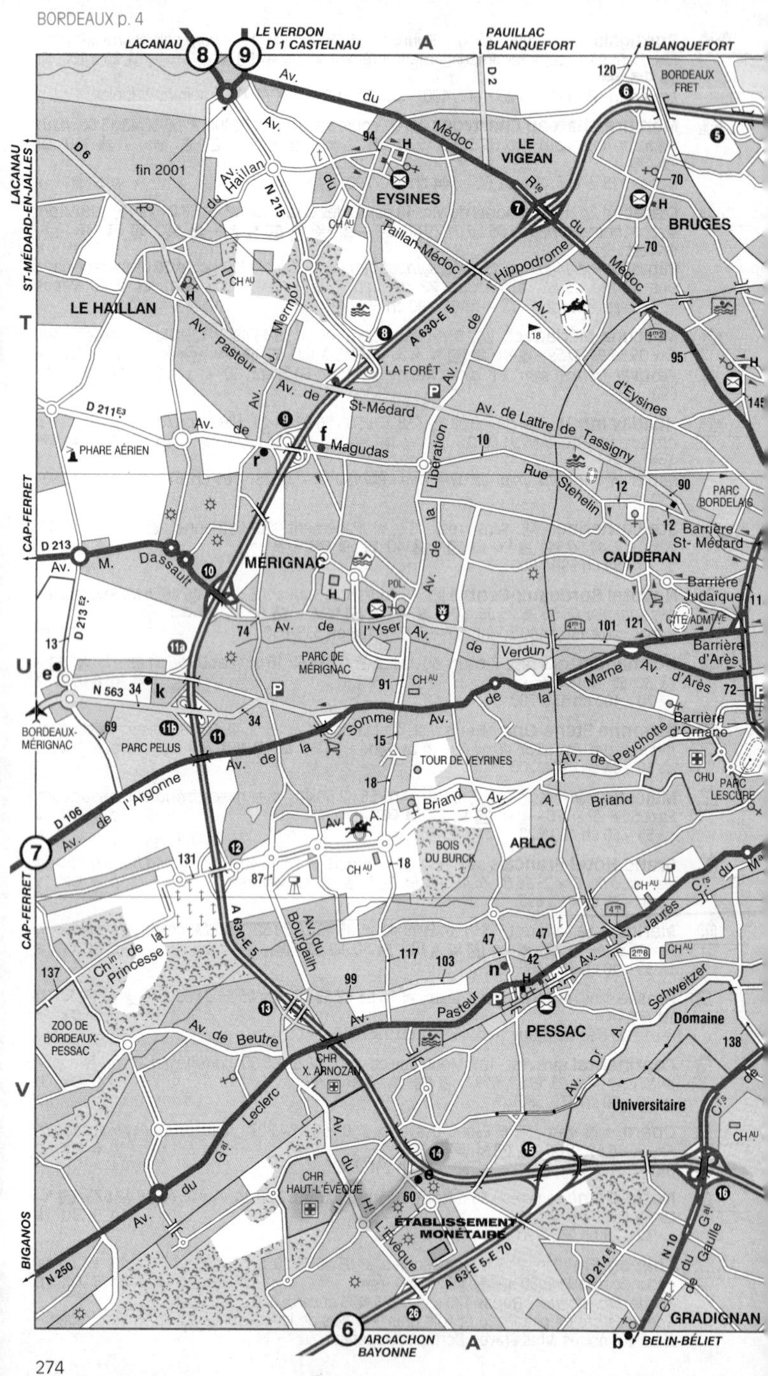

LACANAU
LE VERDON
D 1 CASTELNAU
PAUILLAC
BLANQUEFORT
BLANQUEFORT
BORDEAUX FRET
LE VIGEAN
EYSINES
BRUGES
LE HAILLAN
LACANAU
ST-MÉDARD-EN-JALLES
fin 2001
Av. du Médoc
Rte du Taillan-Médoc
Av. de l'Hippodrome
Rte du Médoc
A 630-E 5
N 215
LA FORÊT
Av. Pasteur
Av. de St-Médard
Av. de Magudas
Av. de la Libération
Av. de Lattre de Tassigny
Av. d'Eysines
Rue Stehelin
PHARE AÉRIEN
PARC BORDELAIS
Barrière St-Médard
CAUDÉRAN
MÉRIGNAC
Av. M. Dassault
CAP-FERRET
D 213
Barrière Judaïque
CITÉ ADMTVE
Av. de l'Yser
Av. de Verdun
Barrière d'Arès
Av. d'Arès
Av. de la Marne
PARC DE MÉRIGNAC
N 563
BORDEAUX-MÉRIGNAC
PARC PELUS
Av. de la Somme
Barrière d'Ornano
Av. de Peychotte
TOUR DE VEYRINES
CHU
PARC LESCURE
Av. de l'Argonne
Av. A. Briand
ARLAC
BOIS DU BURCK
D 106
CAP-FERRET
Chin de la Princesse
Av. du Bourgailh
Crs du Mal
Av. J. Jaurès
ZOO DE BORDEAUX-PESSAC
Av. de Beutre
Av. Pasteur
PESSAC
Av. Schweitzer
Domaine Universitaire
CHR X. ARNOZAN
Av. du Gal Leclerc
Av. du Dr A.
CHR HAUT-L'ÉVÊQUE
Av. du Ht L'Évêque
ÉTABLISSEMENT MONÉTAIRE
A 63-E 5-E 70
D 214 E3
N 10
Crs du Gal de Gaulle
BIGANOS
N 250
GRADIGNAN
ARCACHON
BAYONNE
BELIN-BÉLIET

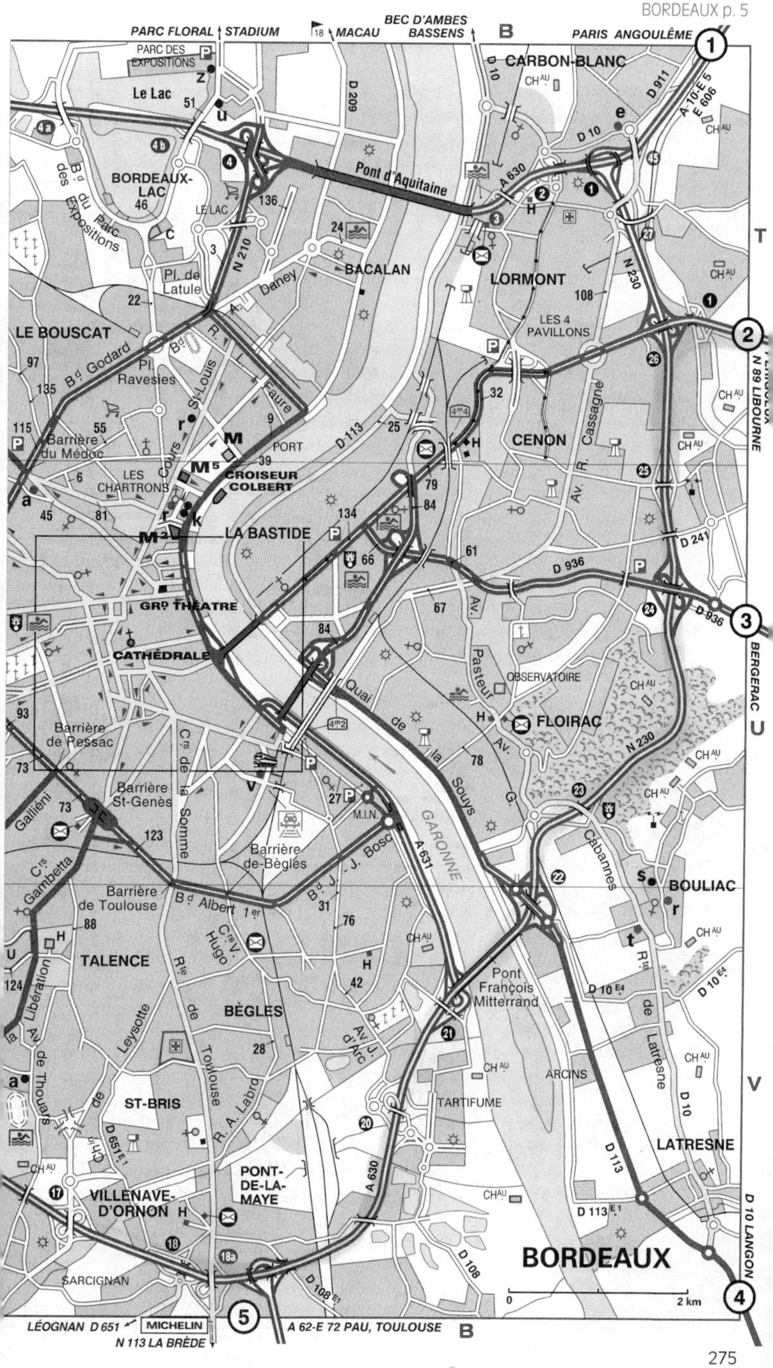

PARC FLORAL · STADIUM · MACAU · BEC D'AMBES BASSENS · B · PARIS ANGOULÊME 1

CARBON-BLANC · Le Lac · PARC DES EXPOSITIONS · BORDEAUX-LAC · LE LAC · Bd du Parc des Expositions · Pont d'Aquitaine · BACALAN · LORMONT · LES 4 PAVILLONS · Pl. de Latule · LE BOUSCAT · Pl. Ravesies · Bd Godard · Barrière du Médoc · LES CHARTRONS · Cours St-Louis · PORT · CROISEUR COLBERT · LA BASTIDE · CENON · Av. R. Cassagne · GRD THÉATRE · CATHÉDRALE · OBSERVATOIRE · FLOIRAC · Quai de la Souys · Av. Pasteur · Av. G. Cabannes · Barrière de Pessac · Barrière St-Genès · Crs de la Somme · Barrière de-Bègles · Bd J. J. Bosc · GARONNE · M.I.N. · BOULIAC · Crs Gambetta · Barrière de Toulouse · Bd Albert 1er · Crs V. Hugo · TALENCE · BÈGLES · Pont François Mitterrand · Rte de Toulouse · Av. de la Libération · Av. de Thouars · Ch. de Leysotte · Av. J. d'Arc · ST-BRIS · R. A. Labro · TARTIFUME · ARCINS · Rte de Latresne · LATRESNE · PONT-DE-LA-MAYE · VILLENAVE-D'ORNON · SARCIGNAN

2 N 89 LIBOURNE · 3 BERGERAC · D 10 LANGON 4 · T · U · V

BORDEAUX

0 · 2 km

LÉOGNAN D 651 · MICHELIN · N 113 LA BRÈDE · 5 · A 62-E 72 PAU, TOULOUSE · B

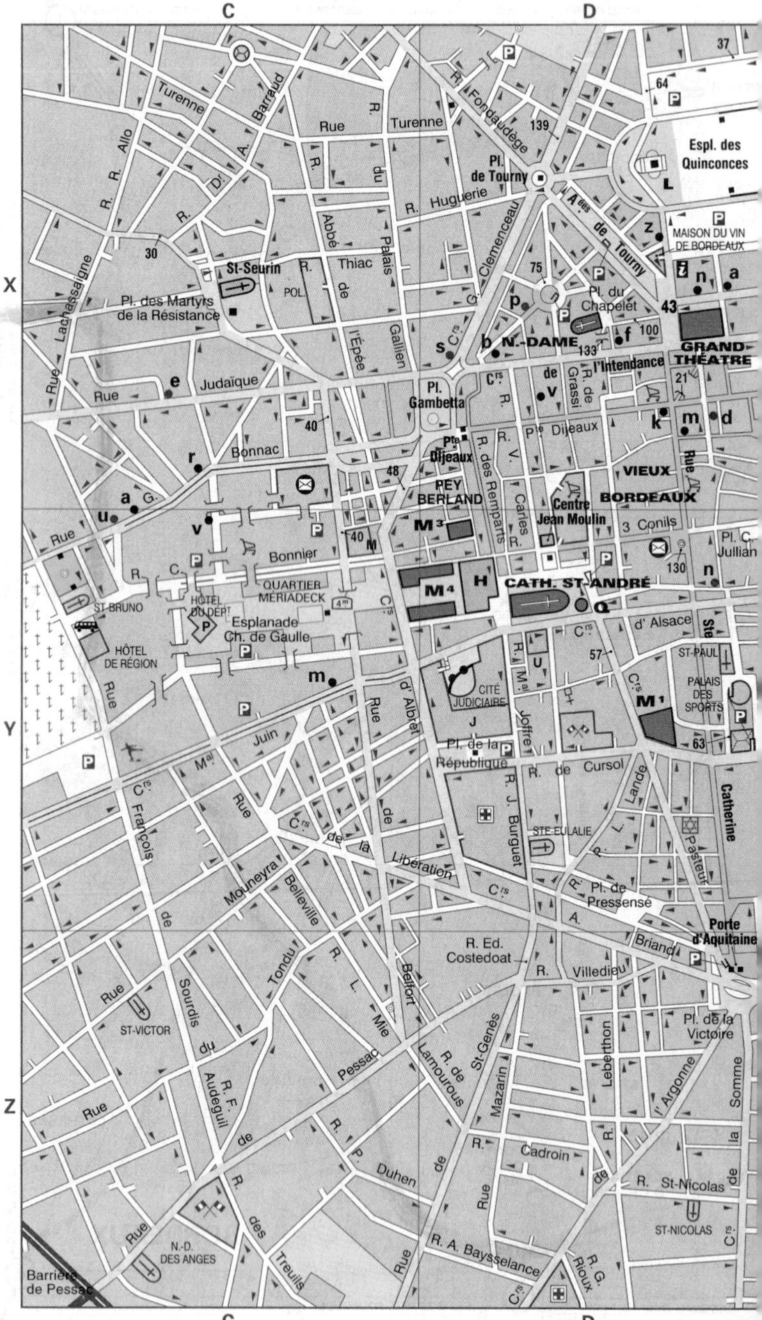

C D

37
64
Turenne
R. Barraud
R.
Rue Turenne
R. Fondaudège
139
Espl. des Quinconces
R. R. Allo
D. A.
R. du Palais
R.
Pl. de Tourny
L
R. Huguerie
Abbé
Clemenceau
A^ées de Tourny
z
MAISON DU VIN DE BORDEAUX
30
R. de Thiac
75
X
Rue Lachassaigne
St-Seurin
POL.
l'Épée
Gallien
G. C^rs
p
Pl. du Chapelet
n a
43
Pl. des Martyrs de la Résistance
s
b N.-DAME
133
f 100
GRAND THÉATRE
de l'Intendance
C^rs R.
R. de Grassi
21
Rue Judaïque
e
Pl. Gambetta
v
k m d
40
P^te Dijeaux
R. V.
P^te Dijeaux
Bonnac
r
48
PEY BERLAND
R. des Remparts
Carles
VIEUX BORDEAUX
Rue
a G.
u
v
Centre Jean Moulin
3 Conils
Rue
M^3
40 M
Bonnier
Pl. C. Jullian
R. C.
QUARTIER MERIADECK
130
n
M^4 H
CATH. ST-ANDRÉ
Q
ST-BRUNO
HÔTEL DU DÉP^T
4^m
C^rs
Esplanade Ch. de Gaulle
d'Alsace
Ste
HÔTEL DE RÉGION
C^rs
57
ST-PAUL
m
U
CITÉ JUDICIAIRE
R. M^al Joffre
PALAIS DES SPORTS
M^1
Rue
Rue
d'Albret
Y
Juin
J
Pl. de la République
63
M^al
R. de Cursol
C^rs François
Rue
Catherine
C^rs de la
de
R. J. Burguet
Lande
STE-EULALIE
L.
Pasteur
de Libération
Mouneyra
Belleville
C^rs
R.
Pl. de Pressensé
A.
Porte d'Aquitaine
de
R. Ed. Costedoat
Briand
R. L.
Tondu
R. Villedieu
Belfort
Rue
Sourdis
ST-VICTOR
Mie
Pl. de la Victoire
du
St-Genès
Pessac
R. de Lamourous
Leberthon
R. F. Audeguil
Mazarin
l'Argonne
Z
Somme
Rue
de
R.
R. Cadroin
R.
la
R. P. Duhen
de
de
R. St-Nicolas
de
R.
Rue
ST-NICOLAS
des
C^rs
R. A. Bayssélance
Rue
N.-D. DES ANGES
Rue
R. G. Rioux
Barrière de Pessac
Treuils
C^rs

C D

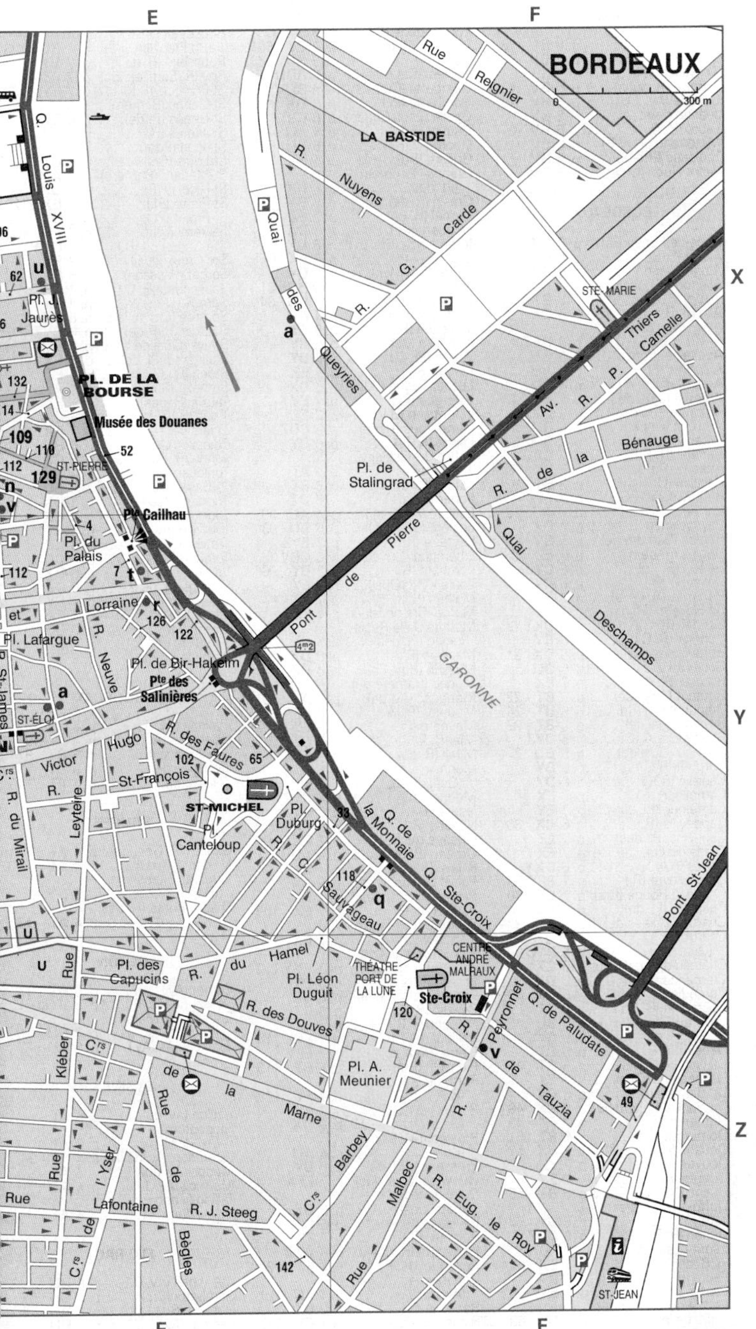
BORDEAUX
0
300 m
E
F
X
Y
Z
LA BASTIDE
Rue Reignier
R. Nuyens
R. G. Carde
Quai des Queyries
STE-MARIE
Av. Thiers
R. P. Camelle
R. de la Bénauge
Pl. de Stalingrad
Pont de Pierre
Quai Deschamps
GARONNE
Q. Louis XVIII
Pl. J. Jaurès
PL. DE LA BOURSE
Musée des Douanes
ST-PIERRE
Pte Cailhau
Pl. du Palais
Lorraine
Pl. Lafargue
R. Neuve
Pl. de Bir-Hakeim
Pte des Salinières
ST-ELOI
R. des Faures
Victor Hugo
St-François
ST-MICHEL
Pl. Duburg
Pl. Canteloup
Q. de la Monnaie
Q. Ste-Croix
R. C. Sauvageau
R. Leyteire
R. du Mirail
Pl. des Capucins
R. du Hamel
Pl. Léon Duguit
THÉATRE PORT DE LA LUNE
CENTRE ANDRÉ MALRAUX
Ste-Croix
R. Peyronnet
Q. de Paludate
Pont St-Jean
R. des Douves
Pl. A. Meunier
R. de Tauzia
Crs de la Marne
Rue Kléber
Rue de Bègles
Rue de l'Yser
Rue Lafontaine
R. J. Steeg
Crs de Barbey
R. Malbec
R. Eug. le Roy
ST-JEAN
Crs de
Rue
St-James
62
132
114
109
110
112
129
52
4
7
126
122
65
102
33
118
120
49
142
4m2
u
a
n
v
t
r
q
U

RÉPERTOIRE DES RUES DU PLAN DE BORDEAUX

BÈGLES

Rue	Page	Carreau	N°
Buisson (R. F.)	p. 5	**BV**	28
Capelle (Av. A.)	p. 5	**BV**	31
Chevalier de la Barre (R. du)	p. 5	**BV**	42
Guesde (Av. J.)	p. 5	**BV**	76
Jeanne d'Arc (Av.)	p. 5	**BV**	
Labro (R. A.)	p. 5	**BV**	
Mitterrand (Pont F.)	p. 5	**BV**	
Toulouse (Rte de)	p. 5	**BV**	
Victor-Hugo (Crs)	p. 5	**BV**	

BORDEAUX

Rue	Page	Carreau	N°
Abbé-de-l'Épée (R.)	p. 6	**CX**	
Albert-Ier (Bd)	p. 5	**BV**	
Albret (Crs d')	p. 6	**CY**	
Aliénor-d'Aquitaine (Bd)	p. 5	**BT**	3
Allo (R. R.)	p. 6	**CX**	
Alsace et Lorraine (Crs d')	p. 6	**DEZ**	
Aquitaine (Pont d')	p. 5	**BT**	
Arès (Av. d')	p. 4	**AU**	
Arès (Barrière d')	p. 4	**AU**	
Argentiers (R. des)	p. 7	**EY**	4
Argonne (Crs de l')	p. 6	**DZ**	
Arnozan (Crs X.)	p. 5	**BU**	5
Arsenal (R. de l')	p. 5	**BU**	6
Audegil (R. F.)	p. 6	**CZ**	
Ausone (R.)	p. 7	**EY**	7
Bacalan (Quai de)	p. 5	**BT**	9
Barbey (Crs)	p. 7	**EFZ**	
Barthou (Av. L.)	p. 4	**AU**	12
Baysselance (R. A.)	p. 6	**DZ**	
Bègles (Barrière de)	p. 5	**BV**	
Bègles (R. de)	p. 7	**EZ**	
Belfort (R. de)	p. 6	**CYZ**	
Belleville (R.)	p. 6	**CY**	
Bénauge (R. de la)	p. 7	**FX**	
Bir-Hakeim (Pl. de)	p. 7	**EY**	
Bonnac (R. G.)	p. 6	**CXY**	
Bonnier (R. C.)	p. 6	**CY**	
Bordelaises (Galeries)	p. 6	**DX**	21
Bosc (Bd J.-J.)	p. 5	**BU**	
Bourse (Pl. de la)	p. 7	**EX**	
Boutaut (Allée de)	p. 5	**BT**	22
Brandenburg (Bd)	p. 5	**BT**	24
Brazza (Quai de)	p. 5	**BT**	25
Briand (Crs A.)	p. 6	**DYZ**	
Brienne (Quai de)	p. 5	**BU**	27
Burguet (R. J.)	p. 6	**DY**	
Cadroin (R.)	p. 6	**DZ**	
Camelle (R. P.)	p. 7	**FX**	
Canteloup (Pl.)	p. 7	**EY**	
Capdeville (R.)	p. 6	**CX**	30
Capucins (Pl. des)	p. 7	**EZ**	
Carde (R. G.)	p. 7	**FX**	
Carles (R. V.)	p. 6	**DXY**	
Carpenteyre (R.)	p. 7	**EFY**	33
Chapeau-Rouge (Crs)	p. 7	**EX**	36
Chapelet (Pl. du)	p. 6	**DX**	
Chartres (Allées de)	p. 6	**DX**	37
Chartrons (Quai des)	p. 5	**BTU**	39
Château-d'Eau (R. du)	p. 6	**CXY**	40
Clemenceau (Crs G.)	p. 6	**DX**	
Comédie (Pl. de la)	p. 6	**DX**	43
Costedoat (R. Ed.)	p. 6	**DZ**	
Croix de Seguey (R.)	p. 5	**BU**	45
Cursol (R. de)	p. 6	**DY**	
Daney (Bd)	p. 5	**BT**	
Dassault (Av. M.)	p. 5	**BT**	46
Deschamps (Quai)	p. 7	**FY**	
Dr. Barraud (R. A.)	p. 6	**CX**	
Dr. Nancel-Pénard (R.)	p. 6	**CX**	48
Domercq (R. C.)	p. 7	**FZ**	49
Domergue (Bd G.)	p. 5	**BT**	51
Douane (Quai de la)	p. 7	**EX**	52
Douves (R. des)	p. 7	**EZ**	
Duburg (Pl.)	p. 7	**EY**	
Duché (R. des Gén.)	p. 5	**BT**	55
Duffour-Dubergier (R.)	p. 6	**DY**	57
Duhen (R. P.)	p. 6	**CDZ**	
Esprit des Lois (R. de l')	p. 7	**EX**	62
Faure (R. L.)	p. 5	**BT**	
Faures (R. des)	p. 7	**EY**	
Ferme de Richemont (Pl. de la)	p. 6	**DY**	63
Foch (R. Mar.)	p. 6	**DX**	64
Fondaudège (R.)	p. 6	**DX**	
Fusterie (R. de la)	p. 7	**EY**	65
Galin (R.)	p. 5	**BU**	66
Gallieni (Crs Mar.)	p. 5	**ABU**	
Gambetta (Crs)	p. 5	**BUV**	
Gambetta (Pl.)	p. 6	**DX**	
Gaulle (Espl. Ch.-de)	p. 6	**CY**	
Gautier (Bd A.)	p. 4	**AU**	72
George-V (Bd)	p. 5	**BU**	73
Godard (Bd)	p. 5	**BT**	
Grands-Hommes (Pl. des)	p. 6	**DX**	75
Grassi (R. de)	p. 6	**DX**	
Hamel (R. du)	p. 7	**EZ**	
Huguerie (R.)	p. 6	**DX**	
Intendance (Crs de l')	p. 6	**DX**	
Jean-Jaurès (Pl.)	p. 7	**EX**	
Joffre (Crs Mar.)	p. 6	**DY**	
Johnston (R. D.)	p. 5	**BU**	81
Joliot-Curie (Bd)	p. 5	**BU**	84
Judaïque (Barrière)	p. 4	**AU**	
Judaïque (R.)	p. 6	**CX**	
Juin (Crs Mar.)	p. 6	**CY**	
Jullian (Pl. C.)	p. 6	**DY**	
Kléber (R.)	p. 7	**EZ**	
Lachassaigne (R.)	p. 6	**CX**	
Lafargue (Pl.)	p. 7	**EY**	
Lafontaine (R.)	p. 7	**EZ**	
Lamourous (R. de)	p. 6	**CDZ**	
Lande (R. P. L.)	p. 6	**DY**	
Lattre-de-Tassigny (Av. de)	p. 4	**AT**	
Latule (Pl. de)	p. 5	**BT**	
Leberthon (R.)	p. 6	**DZ**	
Leclerc (Av. Gén.)	p. 4	**AU**	90
Leclerc (Bd Mar.)	p. 5	**BU**	93
Leyteire (R.)	p. 7	**EYZ**	
Libération (Crs de la)	p. 6	**CDY**	
Lombard (R.)	p. 5	**BT**	96
Louis XVIII (Quai)	p. 7	**EX**	
Malbec (R.)	p. 7	**FZ**	
Marne (Crs de la)	p. 7	**EZ**	
Martyrs-de-la-Résistance (Pl. des)	p. 6	**CX**	
Mautrec (R.)	p. 6	**DX**	100
Mazarin (R.)	p. 6	**DZ**	
Médoc (Barrière du)	p. 5	**BU**	
Mérignac (Av. de)	p. 4	**AU**	101
Meunier (Pl. A.)	p. 7	**FZ**	
Meynard (Pl.)	p. 7	**EY**	102
Mie (R. L.)	p. 6	**CZ**	
Mirail (R. du)	p. 7	**EY**	
Monnaie (Quai de la)	p. 7	**FY**	
Mouneyra (R.)	p. 6	**CYZ**	
Neuve (R.)	p. 7	**EY**	
Nuyens (R.)	p. 7	**FX**	
Orléans (Allée d')	p. 7	**EX**	106
Ornano (Barrière d')	p. 4	**AU**	
Palais (Pl. du)	p. 7	**EY**	
Palais Gallien (R. du)	p. 6	**CX**	
Paludate (Quai de)	p. 7	**FZ**	
Parlement (Pl. du)	p. 7	**EX**	109
Parlement St-Pierre (R. du)	p. 7	**EX**	110
Pas St-Georges (R. du)	p. 7	**EXY**	112
Pasteur (Crs de)	p. 6	**DY**	
Pessac (Barrière de)	p. 6	**CZ**	
Pessac (R. de)	p. 6	**CZ**	
Peyronnet (R.)	p. 7	**FZ**	
Philippart (R. F.)	p. 7	**EX**	114
Pierre (Pont de)	p. 7	**EFY**	
Pierre-Ier (Bd)	p. 5	**BT**	115
Porte de la Monnaie (R.)	p. 7	**FY**	118
Porte-Dijeaux (R. de la)	p. 6	**DX**	
Président-Wilson (Bd)	p. 4	**AU**	119
Pressensé (Pl. de)	p. 6	**DY**	
Queyries (Quai des)	p. 7	**EFX**	
Quinconces (Espl. des)	p. 6	**DX**	
Ravesies (Pl.)	p. 5	**BT**	
Reignier (R.)	p. 7	**FX**	
Remparts (R. des)	p. 6	**DXY**	
Renaudel (Pl. P.)	p. 7	**FZ**	120
République (Av. de la)	p. 4	**AU**	121
République (Pl. de la)	p. 6	**DY**	
Richelieu (Quai)	p. 7	**EY**	122
Rioux (R. G.)	p. 6	**DZ**	
Roosevelt (Bd Franklin)	p. 5	**BU**	123
Rousselle (R. de la)	p. 7	**EY**	126
Roy (R. Eug. le)	p. 7	**FZ**	
St-François (R.)	p. 7	**EY**	
St-Genès (Barrière)	p. 5	**BU**	
St-Genès (R. de)	p. 6	**DZ**	
St-James (R.)	p. 7	**EY**	
St-Jean (Pont)	p. 7	**FY**	
St-Louis (Crs)	p. 5	**BT**	
St-Médard (Barrière)	p. 4	**AU**	
St-Nicolas (R.)	p. 6	**DZ**	
St-Pierre (Pl.)	p. 7	**EX**	129
St-Projet (Pl.)	p. 6	**DY**	130
St-Rémi (R.)	p. 7	**EX**	132
Ste-Catherine (R.)	p. 6	**DXY**	
Ste-Croix (Quai)	p. 7	**FY**	
Sarget (Passage)	p. 6	**DX**	133
Sauvageau (R. C.)	p. 7	**EFY**	
Serr (R.)	p. 7	**FX**	
Somme (Crs de la)	p. 6	**DZ**	
Sourdis (R. F. de)	p. 6	**CYZ**	
Souys (Quai de la)	p. 5	**BU**	
Stalingrad (Pl. de)	p. 7	**FX**	
Steeg (R. J.)	p. 7	**EZ**	
Stehelin (R.)	p. 4	**ATU**	
Tauzia (R. des)	p. 7	**FZ**	
Thiac (R.)	p. 6	**CX**	
Thiers (Av.)	p. 7	**EX**	
Thiers (Av.)	p. 5	**BU**	134
Tondu (R. du)	p. 6	**CZ**	
Toulouse (Barrière de)	p. 5	**BU**	
Tourny (Allée de)	p. 6	**DX**	
Tourny (Pl. de)	p. 6	**DX**	
Tourville (Av. de)	p. 5	**BT**	136
Treuils (R. des)	p. 6	**CZ**	
Turenne (R.)	p. 6	**CDX**	
Verdun (Crs de)	p. 6	**DX**	139
Victoire (Pl. de la)	p. 6	**DZ**	
Victor-Hugo (Crs)	p. 7	**EY**	
Vilaris (R.)	p. 7	**EZ**	142
Villedieu (R.)	p. 6	**DZ**	
Yser (Crs de l')	p. 7	**EZ**	
3-Conils (R. des)	p. 6	**DY**	

LE BOUSCAT

Rue	Page	Carreau	N°
Eysines (Av. d')	p. 4	**AT**	
Libération (Av. de la)	p. 4	**AT**	95
Louis-Blanc (Crs)	p. 5	**BT**	97
Tivoli (Av. de)	p. 5	**BT**	135
Zola (R. E.)	p. 4	**AT**	145

BRUGES

Rue	Page	Carreau	N°
Gaulle (Av. Gén.-de)	p. 4	**AT**	70
Médoc (Rte du)	p. 4	**AT**	
Parc des Expositions (Bd)	p. 5	**BT**	
Quatre-Ponts (R. des)	p. 4	**AT**	120

CENON

Rue	Page	Carreau	N°
Carnot (Av.)	p. 5	**BT**	32
Cassagne (Av. R.)	p. 5	**BTU**	
Entre-Deux-Mers (Bd de l')	p. 5	**BU**	61
Jean-Jaurès (Av.)	p. 5	**BU**	79

EYSINES

Rue	Page	Carreau	N°
Haillon (Av. du)	p. 4	**AT**	
Hippodrome (Av. de l')	p. 4	**AT**	
Libération (Av. de la)	p. 4	**AT**	94
Médoc (Av. du)	p. 4	**AT**	
Mermoz (Av. J.)	p. 4	**AT**	
Taillon-Médoc (Av. du)	p. 4	**AT**	

FLOIRAC

Rue	Page	Carreau	N°
Cabannes (Av. G.)	p. 5	**BU**	
Gambetta (Crs)	p. 5	**BU**	67
Guesde (R. J.)	p. 5	**BU**	78
Pasteur (Av.)	p. 5	**BU**	

GRADIGNAN

Gaulle (Crs Gén.-de) p. 4 **AV**

LE HAILLAN

Pasteur (Av.) .... p. 4 **AT**

LARESNE

Latresne (Rte de)... p. 5 **BV**

LORMONT

Paris (Rte de) ...... p. 5 **BT** 108

MERIGNAC

Argonne (Av. de l') .. p. 4 **AU**
Arlac (R. d') .... p. 4 **AU**
Barbusse (Av. H.) ... p. 4 **AT** 10
Beaudésert (Av. de) . p. 4 **AU** 13
Belfort (Av. de) ..... p. 4 **AU** 15
Bon-Air (Av.) .... p. 4 **AU** 18
Briand (Av. A.) ...... p. 4 **AU**
Cassin (Av. R.) ..... p. 4 **AU** 34
Dassault (Av. M.) ... p. 4 **AU**
Garros (Av. Rolland) . p. 4 **AU** 69
Gouraud (Pl. du Gén.) p. 4 **AU** 74
Kaolack (Av. de) .... p. 4 **AU** 87
Leclerc (Av. Mar.) ... p. 4 **AU** 91
Libération
(Av. de la) .... p. 4 **AU**
Magudas (Av. de) ... p. 4 **AT**
Marne (Av. de la) ... p. 4 **AU**
Peychotte (Av. de) .. p. 4 **AU**
Princesse
(Chemin de la) ... p. 4 **AV**
Somme (Av. de la) .. p. 4 **AU**
St-Médard (Av. de) .. p. 4 **AT**
Souvenir (Av. du) ... p. 4 **AU** 131
Verdun (Av. de) ..... p. 4 **AU**
Yser (Av. de l') ...... p. 4 **AU**

PESSAC

Beutre (Av. de) ..... p. 4 **AV**
Bourgailh (Av. du) ... p. 4 **AV**
Dr Nancel-Penard
(Av.) .... p. 4 **AV** 47
Dr Schweitzer
(Av. A.) .... p. 4 **AV**
Eiffel (Av. Gustave) . p. 4 **AV** 60
Haut-l'Evêque
(Av. du) .... p. 4 **AV**
Jaurès (Av. J.) ...... p. 4 **AV**
Leclerc
(Av. du Gén.) ..... p. 4 **AV**
Madran (R. de) ..... p. 4 **AV** 99
Montagne (R. P.) ... p. 4 **AV** 103
Pasteur (Av.) .... p. 4 **AV**
Pont de l'Orient
(Av. du) .... p. 4 **AV** 117
Transvaal (Av. du) ... p. 4 **AV** 137

TALENCE

Gambetta (Crs) ..... p. 5 **BV**
Lamartine (R.) ...... p. 5 **BV** 88
Libération
(Crs de la) .... p. 5 **BV**
Roul (Av.) .... p. 5 **BV** 124
Thouars (Av. de) .... p. 5 **BV**
Université (Av. de l'). p. 4 **AV** 138

VILLENAVE-D'ORNON

Leysotte (Chemin de) p. 5 **BV**
Toulouse (Rte de) ... p. 5 **BV**

XXX ✿ **Plaisirs d'Ausone** (Gauffre), 10 r. Ausone ☎ 05 56 79 30 30, *Fax 05 56 51 38 16*, « Élégante installation dans les salles voûtées » – AE ⓓ GB p. 7 **EY t**
fermé 15 au 31 août, 2 au 10 janv., lundi midi, sam. midi et dim. – **Repas** 140 (déj.), 170/410 et carte 360 à 420
Spéc. Gourmandise de foies de canard. Lamproie "façon bordelaise" (janv. à avril). Fricassée de sole et Saint-Jacques aux cèpes (oct. à mars). **Vins** Bordeaux Supérieur, Haut-Médoc

XXX ✿ **Pavillon des Boulevards** (Franc), 120 r. Croix de Seguey ☎ 05 56 81 51 02, *pavillon.des.boulevards@wanadoo.fr, Fax 05 56 51 14 58*, 🏠, « Décor élégant » – ▤. AE ⓓ GB
fermé 13 au 27 août, 1er au 8 janv., lundi midi, sam. midi et dim. – **Repas** 220 (déj.), 290/450 et carte 360 à 520 p. 5 **BU a**
Spéc. Dégustation de foies gras. Bar en cocotte lutée (15 nov. au 15 mars). Veau de Bazas. **Vins** Premières Côtes de Bordeaux, Pessac-Léognan.

XXX ✿ **Jean Ramet,** 7 pl. J. Jaurès ☎ 05 56 44 12 51, *ramet@ramet-jean.com, Fax 05 56 52 19 80* – ▤. AE GB p. 7 **EX u**
fermé 5 au 28 août, 2 au 8 janv., dim. et lundi – **Repas** 170 (déj.), 280/350 et carte 300 à 450 🍷
Spéc. Poêlée de Saint-Jacques aux endives braisées (oct. à janv.). Cul de lièvre à la royale (nov.-déc.). La "route des épices". **Vins** Pessac-Léognan, Saint-Emilion.

XXX **Vieux Bordeaux,** 27 r. Buhan ☎ 05 56 52 94 36, *Fax 05 56 44 25 11*, 🏠 – ▤. AE ⓓ GB p. 7 **EY a**
fermé 6 au 27 août, 4 au 18 fév., sam. midi, dim. et fériés – **Repas** *(110 bc)* - 170/300, enf. 70

XXX **L'Alhambra,** 111 bis r. Judaïque ☎ 05 56 96 06 91, *Fax 05 56 98 00 52* – ▤. GB
fermé 25 juil. au 20 août, sam. midi, dim. et fériés – **Repas** 110 (déj.), 170/230 et carte 230 à 400 🍷 p. 6 **CX e**

XX ✿ **Didier Gélineau,** 26 r. Pas St-Georges ☎ 05 56 52 84 25, *Fax 05 56 51 93 25* – ▤. AE ⓓ GB JCB p. 7 **EX n**
fermé 7 au 21 août, sam. midi et dim. – **Repas** (prévenir) 130 (déj.), 200/300 et carte 280 à 400 🍷
Spéc. Capuccino de chou-fleur à la crème de caviar. Carré d'agneau de Pauillac rôti. Fondant moelleux aux deux chocolats. **Vins** Entre-Deux-Mers, Graves.

XX **Chamade,** 20 r. Piliers de Tutelle ☎ 05 56 48 13 74, *la-chamade@la-chamade.com, Fax 05 56 79 29 67* – ▤. AE ⓓ GB JCB p. 6 **DX d**
Repas *(100)* - 125/350 🍷

XX **Tupina,** 6 r. Porte de la Monnaie ☎ 05 56 91 56 37, *Fax 05 56 31 92 11*, « Ambiance et décor de la campagne » – AE ⓓ GB p. 7 **FY q**
Repas - cuisine typique du Sud-Ouest - *(100)* - 250/350 bc 🍷

XX **Buhan,** 28 r. Buhan ☎ 05 56 52 80 86, *lebuhan@wanadoo.fr, Fax 05 56 52 80 86* – AE GB
fermé 29 juil. au 20 août, vacances de fév., dim. et lundi – **Repas** 150/300 🍷 p. 7 **EY a**

XX 🙂 **Gravelier,** 114 cours Verdun ☎ 05 56 48 17 15, *Fax 05 56 51 96 07* – ▤. AE ⓓ GB
fermé 28 juil. au 22 août, sam. midi et dim.
Repas 120 (déj.), 145/195 🍷 p. 5 **BU r**

XX **Café Régent,** 46 pl. Gambetta ℘ 05 56 44 16 20, *Fax 05 56 51 36 81,* – . AE GB
Repas brasserie 140 ♀, enf. 45 p. 6 **DX** s

X **Bistro du Sommelier,** 163 r. G. Bonnac ℘ 05 56 96 71 78, *valverde@bistro-du-sommelier.com, Fax 05 56 24 52 36,* – GB p. 6 **CY** u
fermé sam. midi et dim. – **Repas** (98) - 130 ♀, enf. 60

X **l'Estaquade,** quai Queyries ℘ 05 57 54 02 50, *Fax 05 57 54 02 51,* ← vieux Bordeaux, « Construction sur la Garonne » – GB p. 7 **EX** a
Repas 89 (déj. en semaine) et carte 200 à 290 ♀

X **Croc-Loup,** 35 r. Loup ℘ 05 56 44 21 19 – GB p. 6 **DY** n
fermé 31 juil. au 27 août, dim. et lundi – **Repas** 79 (déj.), 140/170

X **Vivier,** 30 r. Pas-St-Georges ℘ 05 57 85 90 13, *Fax 05 57 85 90 13* – AE GB
fermé 12 août au 3 sept., 2 au 14 janv., dim. et lundi – **Repas** - produits de la mer - 100 bc (déj.), 120/260 p. 7 **EXY** v

X **L'Olivier du Clavel,** 44 r. C. Domercq (face gare St-Jean) ℘ 05 57 95 09 50, *Fax 05 56 92 15 28* – . GB p. 5 **BU** v
fermé août, lundi midi, sam. midi et dim. – **Repas** 150/200 ♀

à Bordeaux-Lac *(près parc des expositions)* – ✉ *33300 Bordeaux :*

Sofitel Aquitania M, ℘ 05 56 69 66 66, *h0669@accor-hotels.com, Fax 05 56 69 66 00,* – 400. AE GB JCB p. 5 **BT** u
Le Flore : Repas 140/180 – ☕ 90 – **183 ch** 810/1100

Novotel-Bordeaux Lac M, ℘ 05 56 43 65 00, *Fax 05 56 43 65 01,* – 120. AE GB JCB p. 5 **BT** z
Repas carte environ 200 ♀, enf. 50 – ☕ 62 – **176 ch** 515/570

par la rocade A 630 :

à Blanquefort *Nord, sortie n° 6 : 3 km – 12 843 h. alt. 17* – ✉ *33290 :*

Les Criquets, 130 av. 11-Novembre (D 210) ℘ 05 56 35 09 24, *contact@restaurant-criquets.com, Fax 05 56 57 13 83,* – 30. AE GB
Repas *(fermé dim. soir et lundi)* 100 bc (déj.), 195/350 ♀ – ☕ 60 – **21 ch** 350/450 – ½ P 370

à Carbon-Blanc *Nord-Est sortie n° 2 en venant de l'Ouest, sortie n° 27 en venant du Sud – 5 842 h. alt. 21* – ✉ *33560 :*

XX **Marc Demund,** 5 av. Gardette ℘ 05 56 74 72 28, *Fax 05 56 06 55 40,* – P. AE GB p. 5 **BT** e
fermé sam. midi, dim. soir et lundi – **Repas** 150/360

à Bouliac *: Sud-Est, sortie n° 23 – 2 841 h. alt. 74* – ✉ *33270 :*

✿ **St-James** (Amat) M, pl. C. Hostein, près église ℘ 05 57 97 06 00, *stjames@atinternet.com, Fax 05 56 20 92 58,* ← Bordeaux, « Original décor contemporain », ch, – 25 à 40. AE GB. p. 5 **BU** s
fermé 2 au 31 janv. – **Repas** *(fermé le midi de nov. à avril, lundi et mardi sauf juin-juil.)* (250) - 440 et carte 400 à 560 ♀, enf. 75 - ***Le Bistroy*** ℘ 05 57 97 06 06 *(fermé 2 au 31 janv.)* **Repas** carte 170 à 210 ♀ – ☕ 120 – **18 ch** 1000/1700
Spéc. Gourmandise de homard aux épices. Pigeon rôti aux épices et sa pastilla de cuisse. Pain perdu brioché, pommes caramélisées et sorbet pomme. **Vins** Bordeaux supérieur, Côtes de Castillon.

XX **Auberge du Marais,** 22 rte de Latresne ℘ 05 56 20 52 17, *Fax 05 56 20 98 06,* – P. AE GB p. 5 **BV** t
fermé 16 août au 7 sept., 15 fév. au 1er mars et merc. – **Repas** 85 (déj.), 170/265 ♀, enf. 70

X **Café de l'Espérance,** derrière l'Église ℘ 05 56 20 52 16, *Fax 05 56 20 92 58,* – AE GB p. 5 **BV** r
fermé 1er fév. au 15 mars, dim. et lundi – **Repas** carte 150 à 240

à Martillac *Sud, sortie n° 18, N 113 et rte secondaire : 9 km – 1 652 h. alt. 40* – ✉ *33650 :*

✿ **Sources de Caudalie** M, chemin de Smith Haut-Lafitte ℘ 05 57 83 83 83, *sources@sources.caudalie.com, Fax 05 57 83 83 84,* institut de vinothérapie, « Demeure de caractère au milieu des vignes », ch, P – 40. AE GB.
Grand'Vigne *(fermé lundi et mardi)* **Repas** 300/350 et carte 400 à 550 ♀, enf. 120 – ***Table du Lavoir :*** Repas (145)-185 ♀, enf. 100 – ☕ 95 – **23 ch** 1100/1480, 6 appart
Spéc. Foie gras chaud en cocotte. Râgout de queue de boeuf. Crème brûlée aux raisins. **Vins** Entre-Deux-Mers, Graves.

à Talence *: Sud, sortie n° 16 – 34 485 h. alt. 17* – ✉ *33400 :*

Guyenne (Lycée Hôtelier), av. F. Rabelais, domaine universitaire ℘ 05 56 84 48 60, *Fax 05 56 84 48 61* – P – 40. AE GB p. 5 **BV** a
fermé sept., vacances scolaires, sam. et dim. – **Repas** 90/130 – ☕ 40 – **30 ch** 260/290

à Gradignan : *Sud, sortie nº 16 – 21 727 h. alt. 26 – ✉ 33170 :*

Châlet Lyrique, 169 cours Gén. de Gaulle ✆ 05 56 89 11 59, *lechaletlyriquebis@chalet-lyrique.com, Fax 05 56 89 53 37,* – 25. AE GB p. 4 **AV** b
Repas *(fermé août, sam. midi et dim.)* carte 200 à 250 – 55 – **44 ch** 335/500

à Cestas : *Sud-Ouest, sortie nº 15 et A 63 : 6,5 km – 16 768 h. alt. 77 – ✉ 33610 :*

Chais d'Haussmann, 61 av. Baron Haussmann ✆ 05 56 21 58 74, *chais.haussmann@wanadoo.fr, Fax 05 56 21 58 48,* – P. GB
fermé 15 au 31 août, vacances de fév., dim. soir et lundi – **Repas** 95 (déj.), 135/320 ♀, enf. 60

au Sud-Ouest *sortie nº14, Z.I. Pessac – ✉ 33600 Pessac :*

Ibis Bordeaux-Pessac M, 8 r. A. Becquerel ✆ 05 56 07 27 84, *h0850-gm@accorc.hotels, Fax 05 56 36 86 81,* – P. AE GB p. 4 **AV** e
Repas *(75)* - carte environ 120, enf. 39 – 35 – **87 ch** 340/360

à Pessac : *Sud-Ouest, sortie nº 13 – 51 055 h. alt. 35 – ✉ 33600 :*

Cohé, 8 av. R. Cohé ✆ 05 56 45 73 72, *Fax 05 56 45 96 39* – AE GB.
fermé août, dim. soir et lundi – **Repas** 115/350 p. 4 **AV** n

à l'aéroport de Mérignac : *Ouest, sortie nº 11 en venant du Sud, sortie nº 11b en venant du Nord – ✉ 33700 Mérignac :*

Mercure Aéroport M, 1 av. Ch. Lindbergh ✆ 05 56 34 74 74, *h1508@accor-hotels.com, Fax 05 56 34 30 84,* – 110. AE GB
Repas *(fermé sam. et dim.)* 125 ♀, enf. 55 – 65 – **148 ch** 570/590 p. 4 **AU** e

Novotel Aéroport M, av. J. F. Kennedy ✆ 05 56 34 10 25, *h0402@accor-hotels.com, Fax 05 56 55 99 64,* – 70. AE GB JCB
Repas *(82)* - 102 ♀, enf. 50 – 62 – **137 ch** 540/570 p. 4 **AU** k

à Mérignac : *Ouest, sortie nº 9 – 57 273 h. alt. 35 – ✉ 33700 :*

Bleu Marine M, 116 av. Magudas ✆ 05 57 92 00 00, *Fax 05 57 92 00 60,* – 30 à 70. AE GB JCB **AT** r
Repas 130/150 ♀, enf. 49 – 60 – **50 ch** 480/510, 4 duplex

Iguane, 127 av. Magudas ✆ 05 56 34 07 39, *Fax 05 56 34 41 37* – P. AE GB JCB
fermé sam. midi et dim. soir – **Repas** 135/300 et carte 210 à 370 p. 4 **AT** f

à Eysines : *Ouest, sortie nº 9 – 16 391 h. alt. 15 – ✉ 33320 :*

Tilleuls, 205 av. St-Médard à La Forêt ✆ 05 56 28 04 56, *Fax 05 56 28 93 22,* – P. AE GB p. 4 **AT** v
fermé dim. soir et lundi – **Repas** 120 (déj.), 165/270 ♀

Les BORDES *45 Loiret* 65 ① – *rattaché à Sully-sur-Loire.*

BORMES-LES-MIMOSAS *83230 Var* 84 ⑯, 114 ㊽ *G. Côte d'Azur – 5 083 h alt. 180.*

Voir *Site★ – Les vieilles rues★ – ≤★ du château.*

Office de Tourisme 1 pl. Gambetta ✆ 04 94 01 38 38, Fax 04 94 01 38 39 et bd de la Plage La Favière ✆ 04 94 64 82 57, Fax 04 94 64 79 61.

Paris 877 – Fréjus 58 – Hyères 22 – Le Lavandou 4 – St-Tropez 35 – Toulon 42.

Mirage, 38 r. Vue des Iles ✆ 04 94 05 32 60, *info@bw-mirage.com, Fax 04 94 64 93 03,* ≤ baie et les îles, – ch, – 25 à 100. AE GB. rest
23 mars-1er oct. – **Repas** 165 ♀ – 70 – **36 ch** 660/940 – ½ P 565/700

Palma sans rest, rte Lavandou ✆ 04 94 71 17 86, *jhameau@aol.com, Fax 04 94 71 83 52,* – P. GB
fermé 15 nov. au 15 janv. – 55 – **20 ch** 390/650

Lou Portaou, r. Cubert des Poètes ✆ 04 94 64 86 37, *Fax 04 94 64 81 43,* « Cadre médiéval » – GB
fermé 15 nov. au 20 déc., dim. midi, merc. midi du 1er juil. au 12 sept. et mardi hors saison – **Repas** (prévenir) carte environ 180

Cassole, ruelle du Moulin ✆ 04 94 71 14 86, *Fax 04 94 05 99 48,* –
fermé dim. soir au vend. de fin janv. à Pâques, lundi et mardi de sept. à juin. – **Repas** (dîner seul. du 15 juin au 15 sept.) 185/380, enf. 85

Tonnelle, pl. Gambetta ✆ 04 94 71 34 84, *Fax 04 94 01 09 37* – GB
fermé 12 nov. au 12 déc., le midi en juil.-août et merc. – **Repas** 168/215, enf. 90

à Cabasson *Sud : 8 km – ✉ 83230 Bormes-les-Mimosas :*

Palmiers, chemin du Petit Fort ✆ 04 94 64 81 94, *les.palmiers@wanadoo.fr, Fax 04 94 64 93 61,* – P. AE GB
fermé 15 nov. au 31 janv. – **Repas** 160/240 ♀ – 60 – **22 ch** 500/800 – ½ P 650/920

BORNY *57 Moselle 57 ⑭ – rattaché à Metz.*

BORT-LES-ORGUES *19110 Corrèze 76 ② G. Auvergne – 4 208 h alt. 430.*

Voir *Barrage de Bort★★.*

Env. *Musée de la radio et du phonographe★ à Lanobre N : 8 km – Site★★ du château de Val★ N : 9 km.*

Office de Tourisme pl. Marmontel ✆ 05 55 96 02 49, Fax 05 55 96 90 79.

Paris 480 – Aurillac 83 – Clermont-Ferrand 83 – Mauriac 31 – Tulle 81 – Ussel 31.

Rider, av. Gare ✆ 05 55 96 00 47, *Fax 05 55 96 73 07,* – rest, TV. AE GB
fermé vacances de Toussaint, janv., vend. soir, sam. midi et dim. soir hors saison – **Repas** 80/260 ♀ – 30 – **24 ch** 220/300 – ½ P 230/260

BORT-L'ÉTANG *63 P.-de-D. 73 ⑮ – rattaché à Lezoux.*

BOSDARROS *64290 Pyr.-Atl. 85 ⑥ – 872 h alt. 370.*

Paris 791 – Pau 14 – Lourdes 113 – Oloron-Ste-Marie 29 – Tarbes 50.

XX **Auberge Labarthe,** derrière l'église ✆ 05 59 21 50 13, *Fax 05 59 21 68 55* – AE GB
fermé 4 au 30 janv., mardi midi, dim. soir et lundi sauf juil.-août – **Repas** (week-end prévenir) 60 bc (déj.), 108/320 ♀, enf. 50

BOSSEY *74 H.-Savoie 74 ⑥ – rattaché à St-Julien-en-Genevois.*

Les BOSSONS *74 H.-Savoie 74 ⑧ – rattaché à Chamonix.*

BOUAYE *44 Loire-Atl. 67 ③ – rattaché à Nantes.*

BOUC-BEL-AIR *13320 B.-du-R. 84 ③ ⑬, 114 ⑮ – 11 512 h alt. 259.*

Paris 767 – Marseille 23 – Aix-en-Provence 12 – Aubagne 35 – Salon-de-Provence 45.

L'Étape Lani, au Sud sur D 6 rte Gardane-Marseille ✆ 04 42 22 61 90, *etape.lani@worldonline.fr, Fax 04 42 22 68 67,* – rest, TV P – 30. AE GB JCB
fermé dim. soir – **Repas** *(fermé 23 déc. au 31 déc., 6 au 27 août, dim. sauf le midi de sept. à août, lundi sauf le soir en juil. et sam. midi)* 148/285, enf. 90 – 50 – **30 ch** 250/400 – ½ P 235/395

BOUCÉ *03 Allier 69 ⑮ – rattaché à Varennes-sur-Allier.*

BOUDES *63340 P.-de-D. 73 ⑭ – 243 h alt. 466.*

Paris 469 – Clermont-Fd 53 – Brioude 29 – Issoire 15 – St-Flour 62.

XX **Boudes La Vigne** M avec ch, ✆ 04 73 96 55 66, *Fax 04 73 96 55 55,* – TV. AE GB
fermé 27 août au 3 sept., 2 au 25 janv., dim. soir et lundi – **Repas** 75 (déj.), 120/260 ♀ – 35 – **7 ch** 200 – ½ P 200

BOUESSE *36 Indre 68 ⑱ – rattaché à Argenton-sur-Creuse.*

BOUGIVAL *78 Yvelines 55 ⑳,, 101 ⑬ – voir à Paris, Environs.*

La BOUILLADISSE *13720 B.-du-R 84 ⑭, 114 ㉙ – 4 115 h alt. 220.*

Paris 781 – Marseille 31 – Aix-en-Provence 26 – Brignoles 44 – Toulon 60.

Fenière, ✆ 04 42 72 56 32, *Fax 04 42 62 30 54,* , – rest, TV P. AE GB
Repas *(fermé sam. midi et dim.)* 85/128, enf. 55 – 40 – **10 ch** 300/500 – ½ P 280/300

BOUILLAND *21420 Côte-d'Or 66 ⑪ G. Bourgogne – 145 h alt. 400.*

Paris 296 – Beaune 17 – Dijon 42 – Autun 55 – Bligny-sur-Ouche 13 – Saulieu 57.

Hostellerie du Vieux Moulin (Silva) M , ✆ 03 80 21 51 16, *Fax 03 80 21 59 90,* , , – rest, TV P – 25. GB
fermé 2 au 31 janv., jeudi midi et merc. sauf le soir de mai à oct. et fériés – **Repas** 220/490 et carte 310 à 630 ♀ – 85 – **26 ch** 500/880 – ½ P 660/790
Spéc. Cuisses de grenouilles et gros haricots servis en lasagne. Cochon de lait caramélisé au ragoût de blettes. Côtes de veau de lait double aux champignons des bois et purée de pommes de terre. **Vins** Auxey-Duresses, Savigny-lès-Beaune.

La BOUILLE *76530 S.-Mar. 55 ⑥ G. Normandie Vallée de la Seine – 862 h alt. 5.*
Paris 131 – Rouen 21 – Bernay 43 – Elbeuf 16 – Louviers 32 – Pont-Audemer 36.

Bellevue, ✆ 02 35 18 05 05, *Fax 02 35 18 00 92,* ≤, – 20. AE GB
fermé 20 déc. au 4 janv., vacances de fév. – **Repas** *(fermé dim. soir de sept. à mars et sam. midi)* 115/260 – 40 – **21 ch** 290/370 – ½ P 300/345

St-Pierre avec ch, ✆ 02 35 18 01 01, *Fax 02 35 18 12 76,* ≤, – – 25. AE GB. ch
fermé dim. soir et lundi – **Repas** 200 bc (déj.), 170/300 et carte 300 à 380, enf. 90 – 40 – **7 ch** 300/350 – ½ P 405

Poste, ✆ 02 35 18 03 90, *Fax 02 35 18 18 91,* ≤, – GB.
fermé lundi soir et mardi – **Repas** 110/240

Les Gastronomes, ✆ 02 35 18 02 07 – GB
fermé 20 au 27 déc. 15 au 28 fév., merc. soir et jeudi sauf fériés – **Repas** 110/220

Maison Blanche, ✆ 02 35 18 01 90, *maison-blanche@le-rapporteur.fr, Fax 02 35 18 08 65,* ≤ – AE GB
fermé 16 juil. au 6 août, dim. soir et lundi – **Repas** 110/280

BOUIN *85230 Vendée 67 ② – 2 268 h alt. 5.*
Paris 439 – Nantes 51 – La Roche-sur-Yon 65 – Challans 22 – Noirmoutier-en-l'Ile 37.

Martinet , ✆ 02 51 49 08 94, *Fax 02 51 49 83 08,* – AE GB JCB
Repas *(fermé 15 au 31 janv., 15 au 28 fév. et mardi hors saison)* 100/125 – 40 – **30 ch** 290/500 – ½ P 300/400

BOULAY-LES-BARRES *45 Loiret 64 ⑨ – rattaché à Orléans.*

BOULIAC *33 Gironde 71 ⑨ – rattaché à Bordeaux.*

BOULIGNEUX *01 Ain 74 ② – rattaché à Villars-les-Dombes.*

BOULOGNE-BILLANCOURT *92 Hauts-de-Seine 55 ⑳,, 101 ㉔ – voir à Paris, Environs.*

BOULOGNE (Bois de) *75 Seine 11 ,, 12 ,, 15 – voir à Paris (Paris 16e).*

BOULOGNE-SUR-MER SP *62200 P.-de-C. 51 ① G. Picardie Flandres Artois – 43 678 h alt. 58 – Casino (privé)* **Z**.
Voir *Nausicaa*★★★ *– Ville haute*★★ *: crypte et trésor*★ *de la basilique* ≤★ *du Beffroi* **Y H** *– Perspectives*★ *des remparts – Calvaire des marins* ≤★ **Y** *– Château-Musée*★ *: vases grecs*★★*, masques inuits et aléoutes*★★ *– Colonne de la Grande Armée*★ *:* ★★ *5 km par ① – Côte d'Opale*★ *par ①.*
Office de Tourisme q. de la Poste ✆ 03 21 31 68 38, Fax 03 21 33 81 09.
Paris 258 ③ – Calais 38 ② – Amiens 128 ④ – Arras 118 ③ – Lille 119 ③ – Rouen 183 ④.

Plan page suivante

Matelote M, 70 bd Ste-Beuve ✆ 03 21 30 33 33, *tolestienne@nordnet.fr, Fax 03 21 30 87 40* – , ch, . AE GB
voir rest. ***Matelote*** ci-après – 60 – **20 ch** 560/1220

Métropole sans rest, 51 r. Thiers ✆ 03 21 31 54 30, *hotel.metropl@wanadoo.fr, Fax 03 21 30 45 72,* – . AE GB — Z e
fermé 17 déc. au 3 janv. – 48 – **25 ch** 360/490

Ibis-Centre, bd Diderot ✆ 03 21 30 12 40, *Fax 03 21 87 48 98* – , rest, – 30. AE GB — Z k
Repas (dîner seul.) (75) - 95, enf. 39 – 35 – **79 ch** 370

Matelote (Lestienne), 80 bd Ste Beuve ✆ 03 21 30 17 97, *tolestienne@nordnet.fr, Fax 03 21 83 29 24* – AE GB — Y q
fermé 23 déc. au 15 janv. et dim. soir sauf juil.-août – **Repas** 160/275 et carte 280 à 430
Spéc. Homard en salade à l'huile d'olive au basilic. Darnes de turbot rôties, beurre de thym. Parfait chocolaté tiède sur biscuit aux noisettes.

Rest. de Nausicaa, bd Ste-Beuve ✆ 03 21 33 24 24, *Fax 03 21 30 15 63,* ≤ – . GB — Y t
Repas 105/172, enf. 45

à Wimille *par ② et D 96 : 5 km – 4 681 h. alt. 28 – ✉ 62126 :*

Relais de la Brocante, près église ✆ 03 21 83 19 31, *Fax 03 21 87 29 71* – AE GB
fermé dim. soir et lundi – **Repas** (140) - carte 300 à 380

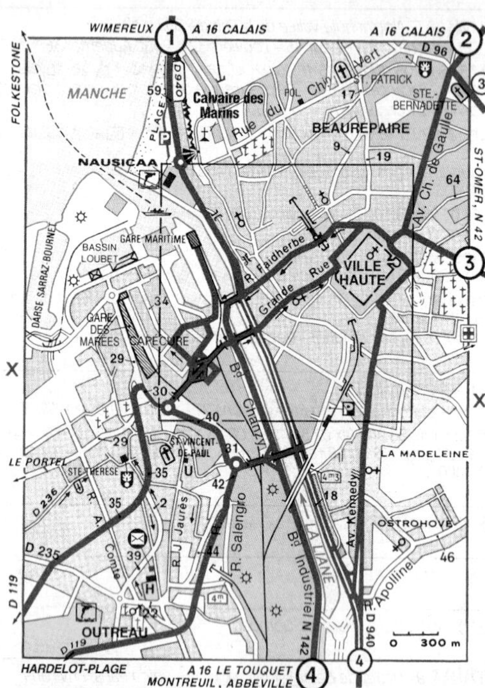

BOULOGNE-SUR-MER

Adam (R. A.)	X	2
Aumont (R. d')	Z	7
Beaucerf (Bd)	Z	8
Beaurepaire (R.)	X	9
Bras-d'Or (R. du)	Z	13
Colonne (R. de la)	X	17
Diderot (Bd)	X	18
Duflos (R. Louis)	X	19
Dutertre (R.)	Y	20
Égalité (R. de l')	X	22
Entente-Cordiale (Pont de l')	Z	23
Faidherbe (R.)	Y	
Grande-Rue	Z	
Huguet (R. A.)	X	29
Jaurès (Bd et Viaduc J.)	X	30
J.-J.-Rousseau (Viaduc)	X	31
Lampe (R. de la)	Z	32
Lattre-de-Tassigny (Av. de)	Y	33
Lavocat (R. Albert)	X	34
Liberté (Bd de la)	X	35
Lille (R. de)	Y	37
Marguet (Pont)	Z	38
Michelet (R. J.)	X	39
Mitterrand (Bd F.)	Z	40
Montesquieu (Bd)	X	42
Mont-Neuf (R. du)	X	44
Orme (R. de l')	X	46
Perrochel (R. de)	Z	48
Porte-Neuve (R.)	Y	49
Puits-d'Amour (R.)	Z	53
Résistance (Pl.)	Y	55
St-Louis (R.)	Y	56
Ste-Beuve (Bd)	XY	59
Thiers (R. A.)	YZ	60
Tour-N.-Dame (R.)	Y	61
Victoires (R. des)	Y	63
Victor-Hugo (R.)	YZ	
Wicardenne (R. de)	X	64

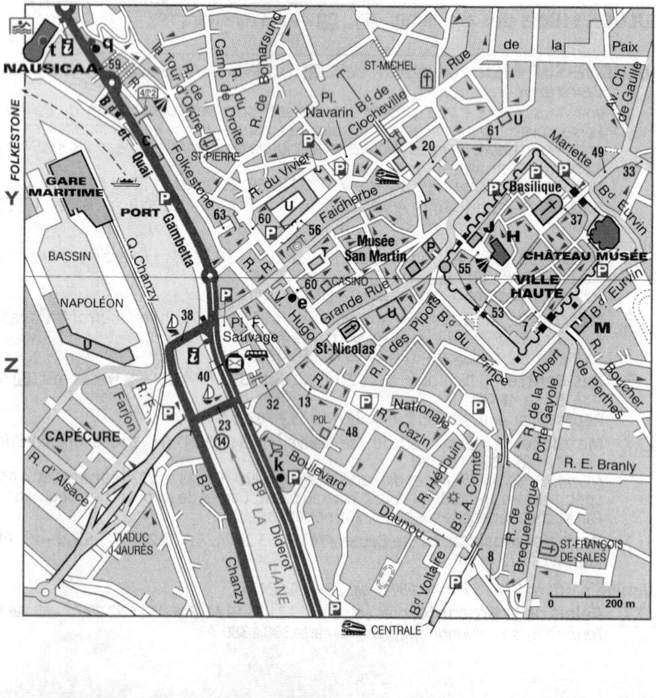

à Pont-de-Briques *par ④ : 5 km – ✉ 62360 Pont-de-Briques St-Étienne*

Hostellerie de la Rivière (Martin) avec ch, 17 r. Gare ☎ 03 21 32 22 81, *Fax 03 21 87 45 48*, – TV. AE GB. ch
fermé 26 août au 5 sept., vacances de fév., mardi midi d'oct. à mars, dim. soir et lundi – **Repas** 170 (déj.), 220/320 et carte 270 à 440 ♀, enf. 110 – ☕ 55 – **8 ch** 320/370
Spéc. Poêlée de homard et foie gras aux fruits de saison. Filet de turbot côtier à la fleur de sel. Millefeuille "tradition".

à Hesdin-l'Abbé *par ④ et N 1 : 9 km – 1 880 h. alt. 50 – ✉ 62360 :*

Cléry , au village ☎ 03 21 83 19 83, *Fax 03 21 87 52 59*, « Demeure du 18ᵉ siècle dans un parc fleuri », , – TV P – 20. AE GB.
fermé 15 déc. au 15 janv. – **Repas** (dîner seul. sauf dim.)(résidents seul.) 155/280 – ☕ 60 – **22 ch** 450/945

Le BOULOU *66160 Pyr.-Or.* 86 ⑲ *G. Languedoc Roussillon – 4 436 h alt. 90 – Stat. therm. (5 fév.-9 déc.) – Casino.*

Office de Tourisme 1 r. du Château ☎ 04 68 87 50 95, Fax 04 68 87 50 96.

Paris 879 – Perpignan 21 – Argelès-sur-Mer 19 – Barcelona 171 – Céret 11.

Domitien M, rte d'Espagne (près Thermes) ☎ 04 68 83 49 50, *Fax 04 68 83 45 90*, , , – cuisinette TV P – 40. AE GB. rest
fermé 22 déc. au 22 janv. – **Repas** *(fermé lundi soir et dim. de déc. à fév.)* 120/250 , enf. 60 – ☕ 45 – **44 ch** 370/390, 8 appart

Néoulous, près échangeur A9 ☎ 04 68 87 52 20, *leneoulous@wanadoo.fr, Fax 04 68 83 13 40*, , , , , – , rest, TV P – 30. AE GB
Repas 98/300 ♀, enf. 60 – ☕ 42 – **47 ch** 270/330 – ½ P 260/290

Canigou, r. Bousquet ☎ 04 68 83 15 29, *Fax 04 68 87 75 41*, – AE GB
1ᵉʳ avril-31 oct. – **Repas** 85/146 , enf. 45 – ☕ 35 – **12 ch** 250 – ½ P 240

au village catalan *Nord : 7 km par N 9 – ✉ 66300 Banyuls-dels-Aspres*

Village Catalan M sans rest, accès par N 9 et A 9 ☎ 04 68 21 66 66, *hcatalan@little-france.com, Fax 04 68 21 70 95*, , – TV P – 50. GB
☕ 42 – **77 ch** 350/670

au Sud-Est *: 4,5 km par N 9, D 618 et rte secondaire – ✉ 66160 Le Boulou :*

Relais des Chartreuses sans rest, 106 av. d'En Carbouner ☎ 04 68 83 15 88, *Fax 04 68 83 26 62*, « Bel aménagement intérieur », , – P. AE GB
2 fév.-5 nov. – ☕ 58 – **11 ch** 345/600

à Vivès *Ouest : 5 km par D 115 et D 73 – 75 h. alt. 228 – ✉ 66490 :*

Hostalet de Vivès avec ch, ☎ 04 68 83 05 52, *Fax 04 68 83 51 91* – cuisinette, rest, TV. GB. ch
fermé 10 janv. au 8 mars, mardi sauf en été et merc. – **Repas** - spécialités catalanes - 105 (déj.)/149 – **3 ch** ☕ 350/490

BOUNIAGUES *24560 Dordogne* 75 ⑮ *– 476 h alt. 170.*

Paris 551 – Périgueux 61 – Bergerac 13 – Villeneuve-sur-Lot 48.

Les Voyageurs avec ch, ☎ 05 53 58 32 26, *Fax 05 53 58 32 26*, , – TV. GB
fermé 30 août au 7 sept., fév., dim. soir et lundi du 30 sept. au 30 juin – **Repas** 70/165 ♀, enf. 52 – ☕ 40 – **7 ch** 210/300 – ½ P 230/270

BOURBACH-LE-BAS *68290 H.-Rhin* 87 ⑲ *– 508 h alt. 340.*

Paris 443 – Mulhouse 25 – Altkirch 26 – Belfort 27 – Thann 10.

Couronne d'Or avec ch, 9 r. Principale ☎ 03 89 82 51 77, *Fax 03 89 82 58 03* – TV. GB
Repas *(fermé lundi)* 95/230 ♀, enf. 50 – ☕ 38 – **7 ch** 220/300 – ½ P 500

BOURBON-LANCY *71140 S.-et-L.* 69 ⑯ *G. Bourgogne – 6 178 h alt. 240 – Stat. therm. (4 avril-26 oct.).*

Voir *Maison de bois et tour de l'horloge*★ **B.**

Office de Tourisme pl. Aligre ☎ 03 85 89 18 27, Fax 03 85 89 28 38.

Paris 311 ④ – Moulins 36 ④ – Autun 63 ① – Mâcon 110 ③ – Montceau-les-Mines 55 ②.

BOURBON-LANCY

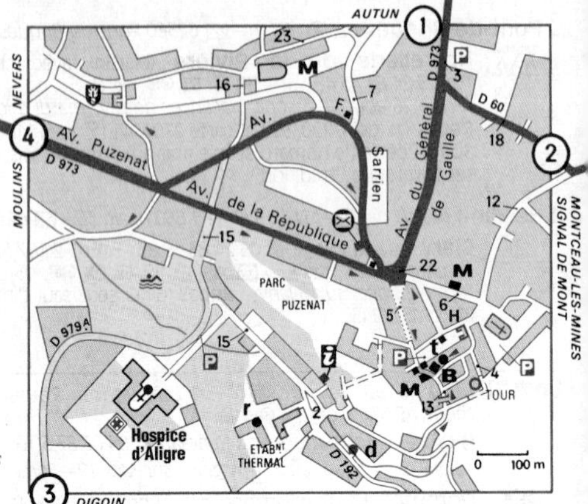

Pour un bon usage des plans de villes, voir les signes conventionnels dans l'introduction.

Manoir de Sornat (Raymond) ⛰, allée Platanes, rte Moulins par ④ : 2 km ☎ 03 85 89 17 39, *Fax 03 85 89 29 47*, ☂, « Manoir normand dans un parc », 🌳 – TV ☎ P. AE ⓓ GB. ✂ rest
fermé 6 janv. au 11 fév., dim. soir de sept. à juin, lundi midi et mardi midi – **Repas** 160/450 et carte 320 à 450 ♀ – ☕ 70 – **13 ch** 400/750 – ½ P 475/650
Spéc. Grosses langoustines en beignets. Foie gras d'oie poêlé et queue de boeuf braisée. Terrine de chocolat. **Vins** Rully, Mâcon rouge.

Grand Hôtel ⛰, (r) ☎ 03 85 89 08 87, *bourbon.thermal@wanadoo.fr*, *Fax 03 85 89 32 23*, ☂, 🌳 – |‡| cuisinette TV ☎ P. GB
Repas 69/128 ♀ – ☕ 35 – **29 ch** 338/434 – ½ P 296/351

Tourelle du Beffroi sans rest, pl. Mairie **(t)** ☎ 03 85 89 39 20, *Fax 03 85 89 39 29* – TV ☎ ♿ 🚗. GB
☕ 40 – **8 ch** 280/320

Villa du Vieux Puits ⛰ avec ch, 7 r. Bel Air **(d)** ☎ 03 85 89 04 04, *Fax 03 85 89 13 87*, ☂, 🌳 – TV ☎ P. GB
fermé 1er au 18 mars, 18 au 28 fév., dim. et lundi de sept. à juin – **Repas** *(fermé dim. soir et lundi)* 98/300 ♀, enf. 65 – ☕ 48 – **7 ch** 230/310 – ½ P 250/350

Le Guide change, changez de guide tous les ans.

BOURBON-L'ARCHAMBAULT *03160 Allier* 69 ⑬ *G. Auvergne – 2 630 h alt. 367 – Stat. therm. (5 mars-10 nov.).*
Voir *Nouveau parc* ≤★ – *Château* ≤★.
ℹ *Office de Tourisme (saison) 1 pl. Thermes ☎ 04 70 67 09 79, Fax 04 70 67 09 79.*
Paris 296 ① – Moulins 24 ② – Montluçon 50 ③ – Nevers 53 ①.

Plan page ci-contre

Grand Hôtel Montespan-Talleyrand, pl. Thermes ☎ 04 70 67 00 24, *hotelmontespan@wanadoo.fr*, *Fax 04 70 67 12 00*, 🏊, 🌳 – |‡| TV. AE ⓓ GB. ✂ rest YZ e
1er avril-21 oct. – **Repas** 95/200, enf. 65 – ☕ 55 – **47 ch** 298/490 – ½ P 310/350

Thermes, av. Ch.-Louis-Philippe ☎ 04 70 67 00 15, *Fax 04 70 67 09 43*, ☂, 🌳 – ▤ rest, TV – 🏊 15. AE ⓓ GB Z a
10 mars-31 oct. – **Repas** 110/360 – ☕ 52 – **22 ch** 180/390 – P 320/430

Sources 🏠, av. Thermes ☎ 04 70 67 00 15, *Fax 04 70 67 09 43*, 🌳 – AE ⓓ GB Z k
10 mars-31 oct. – **Repas** 85/135 – ☕ 35 – **20 ch** 175/270 – P 270/290

Grand Hôtel Parc et Établissement, r. Parc ☎ 04 70 67 02 55, *Fax 04 70 67 13 95*, 🌳 – |‡| P. AE ⓓ GB. ✂ rest Z b
4 avril-18 oct. – **Repas** 80 (dîner), 85/170 – ☕ 40 – **51 ch** 260/270 – P 320/330

par ③, *rte de Montluçon D 933, D 18 et rte secondaire : 10 km* – ✉ *03160 Ygrande :*

Château d'Ygrande ⛰, ☎ 04 70 66 33 11, *reservation@chateauygrande.fr*, *Fax 04 70 66 33 63*, ≤, ☂, 🌳 – TV ☎ ♿ P – 🏊 40. AE GB
15 mars-15 nov. – **Repas** *(fermé dim. soir et lundi)* 110 (déj.), 200/220 – ☕ 60 – **16 ch** 550/900 – P 600/700

BOURBON-L'ARCHAMBAULT

Allier (R. Achille) .... Y 2
Bel-Air (R. de) .... Z
Bignon (Bd J.) .... Z 4
Burge (R. de la) .... Y
Château (R. du) .... Y 6
Desbordes (Av. E.) .... Z
Dubost (R. Lieutenant-Colonel) .... Y 8
Fontaine-Jonas (R. de la) .... Z 9
Guillaumin (Av. E.) .... Z 10
Louis-Philippe (Av. Charles) ..... Z
Macé (R. Jean) .... Z 13
Meillers (R. de) .... Z 14
Mouillières (Bd des) .... Y 15
Moulin (R. du) .... Y 16
Parc (R. du) .... Z
Paroisse (R. de la) .... Z 19
Pied-de-Fourche (R. du) .... Y 21
République (R. de la) .... YZ
Rondreux (R. A.) .... Y 24
St-Georges (R.) .... Z
Solins (Bd de) .... Z
Thermes (Pl. des) .... Z 27
Thermes (R. des) .... Z
Trois-Maures (R. des) .... Y
Villefranche (R. de) .... Y 29

Les noms des rues sont soit écrits sur le plan soit répertoriés en liste et identifiés par un numéro.

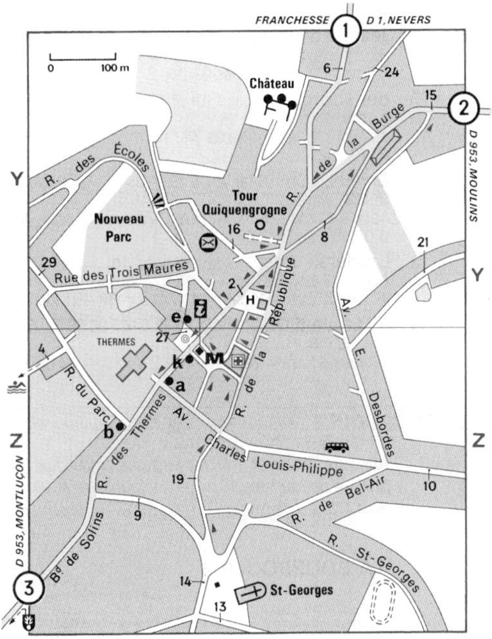

Dans la liste des rues des plans de villes, les **noms en rouge** *indiquent les principales voies commerçantes.*

BOURBONNE-LES-BAINS *52400 H.-Marne 62 ⑬ ⑭ G. Champagne Ardenne – 2 764 h alt. 290 – Stat. therm. (1er mars-30 nov.).*

Office de Tourisme Centre Borvo 34 pl. des Bains ☎ 03 25 90 01 71, Fax 03 25 90 14 12.

Paris 315 ④ – Chaumont 57 ④ – Dijon 125 ④ – Langres 40 ④ – Neufchâteau 53 ①.

BOURBONNE-LES-BAINS

Bains (R. des) 2
Bassigny (R. du) 3
Capucins (R. des) 4
Daprey-Blache (R.) 5
Écoles (R. des) 6
Gouby (Av. du Lieutenant) 7
Grande-Rue 9
Hôtel-Dieu (R. de l') 12
Lattre-de-Tassigny (Av. Maréchal-de) 14
Maistre (R. du Gén.) 15
Pierre (R. Amiral) 22
Porte-Galon (R.) 23
Verdun (Pl. de) 25
Walferdin (Rue) 26

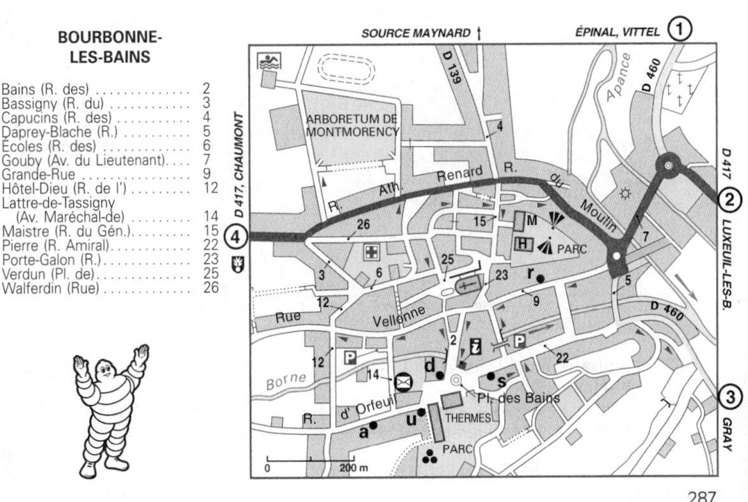

Jeanne d'Arc, r. Amiral Pierre (s) ✆ 03 25 90 46 00, *hoteljda@free.fr, Fax 03 25 88 78 71,* – AE GB JCB
17 mars-27 oct. – **Repas** 98/200, enf. 65 – 45 – **29 ch** 270/650 – ½ P 240/280

des Sources, pl. Bains (u) ✆ 03 25 87 86 00, *Fax 03 25 87 86 33,* – cuisinette. GB. rest
1er avril- 30 nov. – **Repas** *(fermé merc. soir)* 75/200, enf. 45 – 35 – **23 ch** 260/315 – P 270/288

Orfeuil, r. Orfeuil (a) ✆ 03 25 90 05 71, *Fax 03 25 84 46 25,* – cuisinette. AE GB. rest
hôtel : 1er mars-30 nov. ; rest. : 1er avril-25 oct. – **Repas** 65/160, enf. 44 – 34 – **47 ch** 200/310 – P 255/290

Lauriers Roses, pl. Bains (d) ✆ 03 25 90 00 97, *lauriers;roses@wanadoo.fr, Fax 03 25 88 78 02,* – GB
1er avril-27 oct. – **Repas** 80/135, enf. 38 – 28 – **68 ch** 180/270 – P 240/253

A l'Étoile d'Or, Gde Rue (r) ✆ 03 25 90 06 05, *Fax 03 25 90 49 65* – rest, . AE GB
15 mars-31 oct. – **Repas** 75/105 – 26 – **24 ch** 150/230 – ½ P 188/213

La BOURBOULE *63150 P.-de-D.* 73 ⑬ *G. Auvergne – 2 113 h alt. 880 – Stat. therm. (1er février-31 oct.) – Casino* **AZ.**

Voir *Parc Fenêstre★ – Murat-le-Quaire : musée de la Toinette★ N : 2 km.*

Office de Tourisme 15 pl. de la République ✆ 04 73 65 57 71, Fax 04 73 65 50 21.

Paris 475 ③ – Clermont-Ferrand 51 ③ – Aubusson 85 ③ – Mauriac 71 ③ – Ussel 51 ③.

LA BOURBOULE

Alsace-Lorraine (Av.) .... **BY** 2
Clemenceau (Bd G.) .. **ABY**
États-Unis (Av. des) .... **BY** 3
Féron (Quai) .... **BY**
Foch (Bd Mar.) .... **AY** 6
Gambetta (Quai) ...... **AZ** 7
Guéneau-de-Mussy (Av.) .... **AY** 8
Hôtel-de-Ville (Q.) ..... **AY** 10
Jeanne-d'Arc (Q.) ..... **BY** 12
Jet-d'eau (Sq. du) ..... **AY** 13
Joffre (Sq. du Mar.) ... **BY** 15
Lacoste (Pl. G.) ...... **AY** 16
Libération (Q. de la) .. **AZ** 17
Mangin (Av. du Gén.) ...... **AZ** 19
République (Pl. de la) .... **AZ** 21
Souvenir (Pl. du) ..... **BY** 22
Victoire (Pl. de la) .... **AY** 23

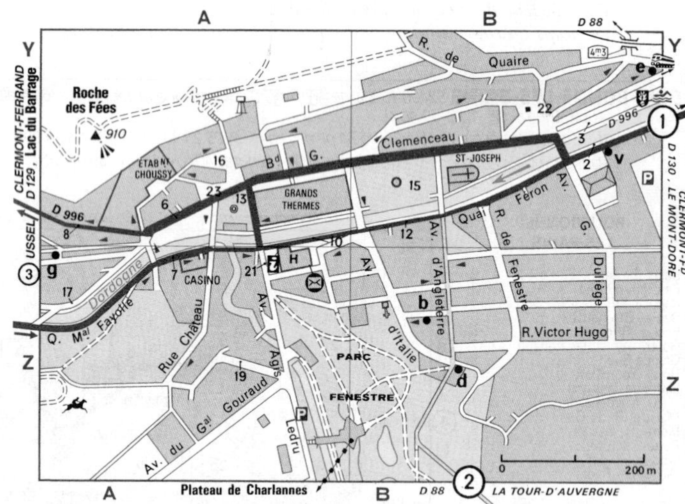

Régina, av. Alsace-Lorraine ✆ 04 73 81 09 22, *Fax 04 73 81 08 55,* – AE GB. rest — BY v
fermé 13 nov. au 25 déc. – **Repas** 80/250, enf. 60 – 48 – **25 ch** 450/550 – ½ P 400/420

Charlet, bd L. Choussy ✆ 04 73 81 33 00, *Fax 04 73 65 50 82,* – 15. GB — AZ g
fermé 15 oct. au 15 déc. – **Repas** 99/189, enf. 59 – 45 – **38 ch** 240/360 – ½ P 265/320

Pavillon, av. Angleterre ✆ 04 73 65 50 18, *Fax 04 73 81 00 93,* – AE GB. BZ d
hôtel : 1er avril-30 oct. ; rest. : 15 avril-30 sept – **Repas** 80/100, enf. 50 – 35 – **24 ch** 200/320 – 1/2 P 200/250

Aviation, r. Metz ✆ 04 73 81 32 32, *aviation@nat.fr, Fax 04 73 81 02 85,* – GB. rest BZ b
fermé 1er oct. au 19 déc. – **Repas** 99, enf. 50 – 35 – **47 ch** 200/360 – 1/2 P 240/265

Val Doré, r. Belgique ✆ 04 73 81 06 14, *valdore@wanadoo.fr, Fax 04 73 65 58 79* – rest, GB. ch BY e
fermé 2 nov. au 23 déc. et 5 au 31 janv. – **Repas** 70/125, enf. 50 – 36 – **32 ch** 280/350 – 1/2 P 255/290

à St-Sauves-d'Auvergne *par ③ : 5 km – 1 030 h. alt. 791 – ✉ 63950 :*

Poste, pl. du Portique ✆ 04 73 81 10 33, *Fax 04 73 81 02 27* – GB
Repas *(fermé 1er au 20 déc.)* 68/180 – 33 – **18 ch** 200/250 – 1/2 P 195/240

BOURCEFRANC-LE-CHAPUS *17 Char.-Mar. 71 ⑭ – rattaché à Marennes.*

BOURDEAU *73 Savoie 74 ⑮ – rattaché au Bourget-du-Lac.*

BOURDEAUX *26460 Drôme 77 ⑬ – 562 h alt. 426.*

Paris 615 – Valence 53 – Crest 24 – Montélimar 41 – Nyons 39 – Pont-St-Esprit 71.

Aux Trois Châteaux, rte Nyons sur D 70 ✆ 04 75 53 33 92, – GB
15 mars-31 oct. et fermé dim. soir et lundi sauf juil.-août – **Repas** (55) - 78/150, enf. 42 – **15 ch** 145/300 – 1/2 P 180/210

BOURDEILLES *24 Dordogne 75 ⑤ – rattaché à Brantôme.*

BOURG-ACHARD *27310 Eure 55 ⑤ G. Normandie Vallée de la Seine – 2 255 h alt. 124.*

Paris 138 – Rouen 28 – Bernay 43 – Évreux 62 – Le Havre 62.

Amandier, 581 rte Rouen ✆ 02 32 57 11 49, *Fax 02 32 57 11 49,* – AE GB
fermé 16 au 26 juil., le soir sauf jeudi, vend. et sam. – **Repas** 110/190

BOURG-CHARENTE *16 Charente 72 ⑫ – rattaché à Jarnac.*

BOURG-DE-PÉAGE *26 Drôme 77 ② – rattaché à Romans-sur-Isère.*

Le BOURG-D'OISANS *38520 Isère 77 ⑥ G. Alpes du Nord – 2 911 h alt. 720.*

Voir *Musée des Minéraux* ★ – *Cascade de la Sarennes* ★ *NE : 1 km puis 15 mn – Gorges de la Lignarre* ★ *NO : 3 km.*

Env. *Route de Villard-Notre-Dame* ★★.

Office de Tourisme q. Girard ✆ 04 76 80 03 25, Fax 04 76 80 10 38.

Paris 618 – Grenoble 50 – Briançon 68 – Gap 98 – St-Jean-de-Maurienne 73 – Vizille 32.

au Châtelard *Nord-Est : 12 km par D 211, D 211A et rte secondaire – alt. 1450 – ✉ 38520 La Garde-en-Oisans:*

Forêt de Maronne, ✆ 04 76 80 00 06, *Fax 04 76 79 14 61,* – GB. rest
10 juin-20 sept. et 20 déc.-20 avril – **Repas** 95/178, enf. 54 – 38 – **12 ch** 270/340 – 1/2 P 290/340

Le BOURG-DUN *76740 S.-Mar. 52 ③ G. Normandie Vallée de la Seine – 481 h alt. 17.*

Voir *Tour* ★ *de l'église.*

Paris 186 – Dieppe 20 – Fontaine-le-Dun 7 – Rouen 56 – St-Valery-en-Caux 15.

Auberge du Dun (Chrétien), face Église ✆ 02 35 83 05 84, *Fax 02 35 83 05 84* – GB.
fermé 20 août au 10 sept., 3 au 18 janv., merc. soir, dim. soir et lundi – **Repas** (week-ends, prévenir) 155/370 et carte 310 à 440
Spéc. Foie gras chaud caramélisé aux poires et pignons. Bar fumé minute à l'étuvée de pleurotes. Gratin de pamplemousse, glace au miel.

BOURG-EN-BRESSE P 01000 *Ain* 74 ③ *G. Bourgogne – 40 972 h alt. 251.*

Voir *Église de Brou*** *(tombeaux***, stalles**, jubé**, vitraux**, chapelle et oratoires***, portail*) – Stalles* de l'église Notre-Dame* Y *– Musée du monastère*.*

Office de Tourisme 6 av. Alsace-Lorraine ✆ *04 74 22 49 40, Fax 04 74 23 06 28, (saison) bd de Brou* ✆ *04 74 22 27 76.*

Paris 426 ⑦ – Mâcon 37 ⑦ – Annecy 113 ④ – Genève 112 ④ – Lyon 63 ⑤.

Plan page ci-contre

Mercure M, 10 av. Bad-Kreuznach ✆ 04 74 22 44 88, *Fax 04 74 23 43 57*, – ch, – 100. AE GB JCB. rest X e
Repas *(fermé sam. midi)* (95) - 125 (déj.), 135/220, enf. 57 – 60 – **60 ch** 450/550

Prieuré sans rest, 49 bd Brou ✆ 04 74 22 44 60, *Fax 04 74 22 71 07*, – AE GB X a
55 – **14 ch** 360/560

France M sans rest, 19 pl. Bernard ✆ 04 74 23 30 24, *Fax 04 74 23 69 90* – – 25. AE GB Y r
54 – **44 ch** 340/490

Ariane M, bd Kennedy ✆ 04 74 22 50 88, *hotel.ariane.bonnat@wanadoo.fr, Fax 04 74 22 51 57*, – – 25 à 50. AE GB X s
Repas *(fermé dim. et fériés)* 140/250 – 50 – **40 ch** 390/450

Logis de Brou sans rest, 132 bd Brou ✆ 04 74 22 11 55, *Fax 04 74 22 37 30*, – – 25. AE GB JCB Z k
fermé 23 déc. au 6 janv. – 45 – **30 ch** 300/400

Terminus sans rest, 19 av. A. Baudin ✆ 04 74 21 01 21, *arcantis01@wanadoo.fr Fax 04 74 21 36 47*, « Parc », – . AE GB X
50 – **46 ch** 345/460

Auberge Bressane, face église de Brou ✆ 04 74 22 22 68, *Fax 04 74 23 03 15*, – AE GB JCB X
fermé mardi – **Repas** (110) - 155/360 et carte 300 à 370 ♀

Mail avec ch, 46 av. Mail ✆ 04 74 21 00 26, *Fax 04 74 21 29 55* – rest, – 20 AE GB X v
fermé 20 juil. au 7 août, 24 déc. au 9 janv., dim. soir et lundi – **Repas** 110/320 et carte 250 à 330 ♀, enf. 80 – 38 – **9 ch** 240/320 – ½ P 260/330

Reyssouze, 20 r. Ch. Robin ✆ 04 74 23 11 50, *Fax 04 74 23 94 32* – . AE GB Y
fermé 1er au 7 mars, 17 au 23 août, dim. soir et lundi sauf fériés – **Repas** 115/330 ♀, enf. 80

Chez Blanc, 19 pl. Bernard ✆ 04 74 45 29 11, *chezblanc@georgesblanc.com Fax 04 74 24 73 69*, – AE GB Y
Repas 98 (déj.), 110/260 ♀

Français, 7 av. Alsace-Lorraine ✆ 04 74 22 55 14, *info@le-francais.fr, Fax 04 74 22 47 02* brasserie 1900 – AE GB Z
fermé 6 au 28 août, 24 déc. au 2 janv., sam. soir et dim. – **Repas** 135/295 ♀, enf. 65

Galerie, 4 r. Th. Riboud ✆ 04 74 45 16 43, *rcs-lagalerie@wanadoo.fr, Fax 04 74 45 16 43* – GB Z
fermé 6 au 26 août, vend. soir, sam. midi et dim. – **Repas** (prévenir) 85/230

Chalet de Brou, face église de Brou ✆ 04 74 22 26 28, *Fax 04 74 24 72 42*, – GB X
fermé 1er au 15 juin, 23 déc. au 23 janv., lundi soir, jeudi soir et vend. – **Repas** 85/210 ♀

L'Ermitage, 142 bd de Brou ✆ 04 74 22 19 00, *Fax 04 74 24 64 91* – AE GB X
fermé sam. midi, dim. soir et lundi soir – **Repas** 98/210 ♀

Fred et Martine, 11 r. République ✆ 04 74 45 20 78, *Fax 04 74 22 77 82* – GB Z
fermé 12 au 23 août, vacances de fév., dim. soir et lundi – **Repas** (80) - 98/195 ♀

L'Amandine, 4 r. République ✆ 04 74 45 33 18, *Fax 04 74 22 55 87* – GB Z
fermé 11 au 27 juin, 10 au 20 sept., merc.et dim. – **Repas** 80 (déj.), 105/220 ♀, enf. 50

Quatre Saisons, 6 r. République ✆ 04 74 22 01 86, *Fax 04 74 21 10 35* – GB Z
fermé 6 au 14 mai, 13 au 26 août, 29 oct. au 12 nov., sam. midi, dim. et lundi – **Repas** 98/285 ♀, enf. 55

rte de Lons-le-Saunier *par ② : 6,5 km N 83 – ✉ 01370 St-Étienne-du-Bois :*

Les Mangettes, ✆ 04 74 22 70 66, – AE GB
fermé 7 au 29 janv., dim. soir, lundi soir et mardi – **Repas** 100/198

BOURG-EN-BRESSE

Anciens Combattants (Av. des) . . . . . Z 3
Arsonval (Av. A. d') . . . . . X 4
Bad-Kreuznach (Av. de) . . . . . X 5
Basch (R. Victor) . . . . . Z 6
Baudin (Av. A.) . . . . . Z 7
Belges (Av. des) . . . . . Y 10
Bernard (Pl.) . . . . . Y 12
Bouveret (R.) . . . . . Y 13
Champ-de-Foire (Av. du) . . . . . Y 14
Citadelle (R. de la) . . . . . X 15
Crêts (R. des) . . . . . X 16
Debeney (R. Général) . . . . . Y 17
Europe (Car. de l') . . . . . X 19
Foch (R. Maréchal) . . . . . Y 20
Gambetta (R.) . . . . . Z 21
Jaurès (Av. Jean) . . . . . XZ 22
Joliot-Curie (Bd Irène) . . . . . X 23
Joubert (Pl.) . . . . . Z 24
Juin (Av. Maréchal) . . . . . X 26
Lévrier (Bd A.) . . . . . X 27
Lyon (Pont de) . . . . . X 28
Mail (Av. du) . . . . . X 30
Migonney (R. J.) . . . . . Z 31
Morgon (R. J.) . . . . . X 32
Muscat (Av. A.) . . . . . Z 33
Neuve (Pl.) . . . . . Y 34
Notre-Dame (R.) . . . . . Y 35
Palais (R. du) . . . . . Y 36
St-Nicolas (Bd) . . . . . X 37
Samaritaine (R.) . . . . . Z 38
Semard (Av. P.) . . . . . X 40
Teynière (R.) . . . . . Z 42
Valéry (Bd P.) . . . . . X 43
Verdun (Cours de) . . . . . Y 44
Victoire (Av. de la) . . . . . Z 45
4-Septembre (R. du) . . . . . Y 48
23e-R.I. (R. du) . . . . . X 50

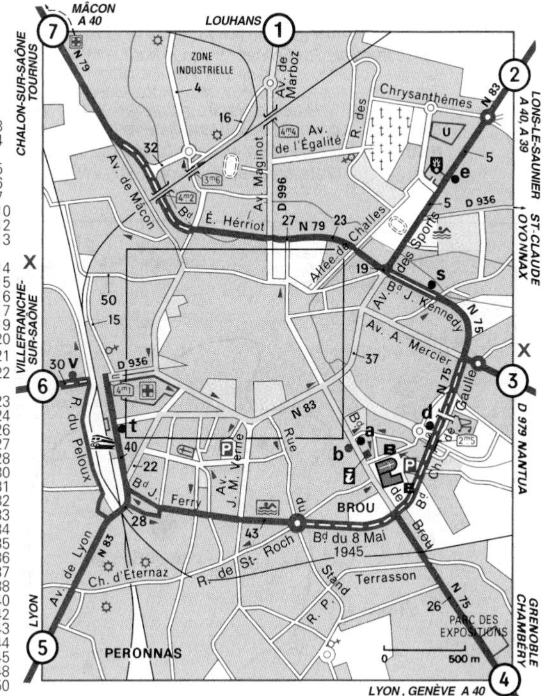

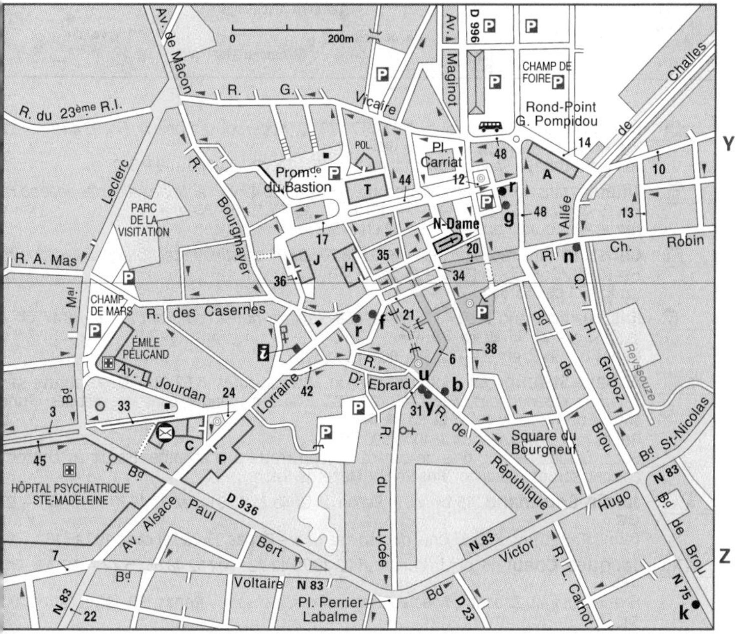

R. du 23ème R.I.
R. G. Vicaire
Av. de Mâcon
Av. Maginot
CHAMP DE FOIRE
Rond-Point G. Pompidou
Promde du Bastion
POL.
Pl. Carriat
N-Dame
PARC DE LA VISITATION
R. A. Mas
Leclerc
R. Bourgmayer
Allée de Challes
Ch. Robin
R. Q.
CHAMP DE MARS
R. des Casernes
ÉMILE PÉLICAND
Av. L. Jourdan
Lorraine
R. Dr Ebrard
R. de la République
Square du Bourgneuf
Bd H. de Groboz
Brou
Reyssouze
Bd St-Nicolas
HÔPITAL PSYCHIATRIQUE STE-MADELEINE
Av. Alsace
Bd Paul Bert
R. du Lycée
Bd Voltaire
Pl. Perrier Labalme
Bd Victor Hugo
R. L. Carnot
Bd de Brou
200m

BOURGES 🅿 *18000 Cher* 69 ① *G. Berry Limousin – 75 609 h alt. 153.*

Voir *Cathédrale St-Étienne*★★★ : *tour Nord* ≤★★ **Z** – *Jardins de l'Archevêché*★ – *Palais Jacques-Coeur*★★ – *Jardins des Prés-Fichaux*★ – *Maisons à colombage*★ – *Hôtel des Échevins*★ : *musée Estève*★ **Y M**² – *Hôtel Lallemant*★ **Y M**³ – *Hôtel Cujas*★ : *Musée du Berry*★ **Y M**¹ – *Musée d'histoire naturelle*★ **Z M** – *Les marais*★ **V** – *Promenade des remparts*★ – *Commune de la "Méridienne verte".*

Office de Tourisme 21 r. V.-Hugo ✆ *02 48 23 02 60, Fax 02 48 23 02 69.*

Paris 247 ⑦ – Châteauroux 66 ⑥ – Dijon 255 ② – Nevers 69 ③ – Orléans 122 ⑦.

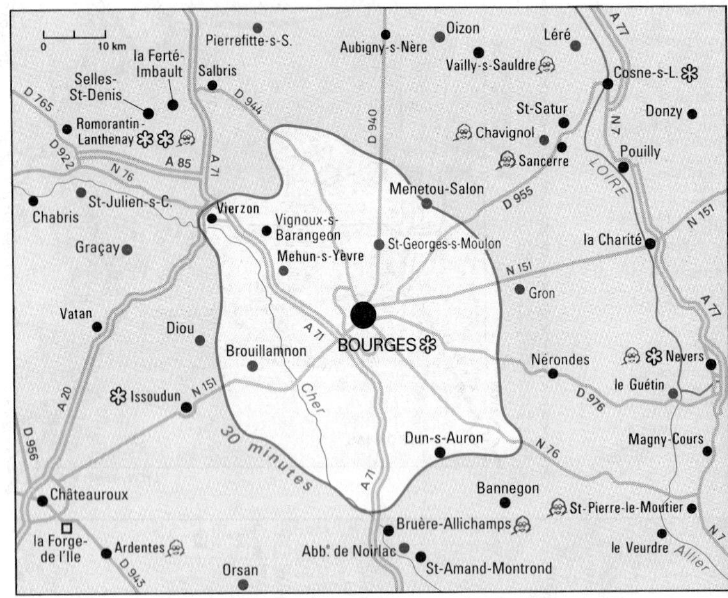

Bourbon Ⓜ, bd République ✆ 02 48 70 70 00, *hbourbon@infonie.fr, Fax 02 48 70 21 22* – 60. AE GB **Y b**
voir rest. ***Abbaye St-Ambroix*** ci-après – ☕ 70 – **59 ch** 480/760 – ½ P 540

Tilleuls sans rest, 7 pl. Pyrotechnie ✆ 02 48 20 49 04, *antoine.falleur@wanadoo.fr, Fax 02 48 50 61 73*, – 30. AE GB JCB **X s**
fermé 24 déc. au 2 janv. – ☕ 38 – **39 ch** 315/350

Christina sans rest, 5 r. Halle ✆ 02 48 70 56 50, *christina-hotel-bourges@wanadoo.fr Fax 02 48 70 58 13* – 25. AE GB **Z m**
☕ 40 – **71 ch** 255/360

Ibis, quartier Prado ✆ 02 48 65 89 99, *h0819@accor-hotels.com, Fax 02 48 65 18 47*, – 35. AE GB JCB **Z v**
Repas *(75)* - 95 🍷, enf. 39 – ☕ 35 – **86 ch** 330/370

Abbaye St-Ambroix - Hôtel de Bourbon, 60 av. J. Jaurès ✆ 02 48 70 80 00, *abbaye-saint-ambroix@wanadoo.fr, Fax 02 48 70 21 22*, « Salle à manger dans les vestiges d'une abbaye du 17e siècle » – AE GB **Y b**
Repas *(150)* - 250/420 et carte 400 à 500 🍷
Spéc. Grillade de foie gras de canard. Pigeon frotté à la cannelle. Biscuit au chocolat coulant, sorbet à l'orange. **Vins** Reuilly, Menetou-Salon.

Jardin Gourmand, 15 bis av. E. Renan ✆ 02 48 21 35 91, *Fax 02 48 20 59 75*, – AE GB **X**
fermé 9 au 26 juil., 2 au 25 janv., dim. soir et lundi – **Repas** 95/230 et carte 190 à 310

Jacques Coeur, 3 pl. J. Coeur ✆ 02 48 70 12 72, *Fax 02 48 65 25 72* – AE GB JCB **Y r**
fermé 23 juil. au 22 août, 24 déc. au 3 janv., dim. soir et sam. – **Repas** 150/190 et carte 240 à 310 🍷

BOURGES

Baffier (R. J.) . . . . **X** 3
Bérégovoy (Av. P.) . . . . **X** 6
Deux-Ponts (R. des) . . . . **V** 16
Dormoy (Av. M.) . . . . **V** 19
Farman (Rd-Pt H.) . . . . **X** 21
Foch (Bd du Mar.) . . . . **X** 23
Frères-Voisin (Av. des) . . . . . **X** 25
Industrie (Bd de l') . . . . **X** 30
J.-J.-Rousseau (R.) . . . . **X** 33
Joffre (Bd du Mar.) . . . . **X** 34
Laudier (Av. H.) . . . . **V** 38
Liberté (Bd de la) . . . . **X** 41
Mitterrand (Av. F.) . . . . **X** 47
Orléans (Av. d') . . . . **V** 48
Pignoux (R. de) . . . . **X** 51
Prés-le-Roi (Av. des) . . . . . . **V** 53
Prospective (Av. de la) . . . . . **V** 56
Pyrotechnie (Pl. de la) . . . . . **X** 57
Santos-Dumont (Bd) . . . . **X** 65
Sellier (R. H.) . . . . **X** 66
Semard (Av. P.) . . . . **V** 68

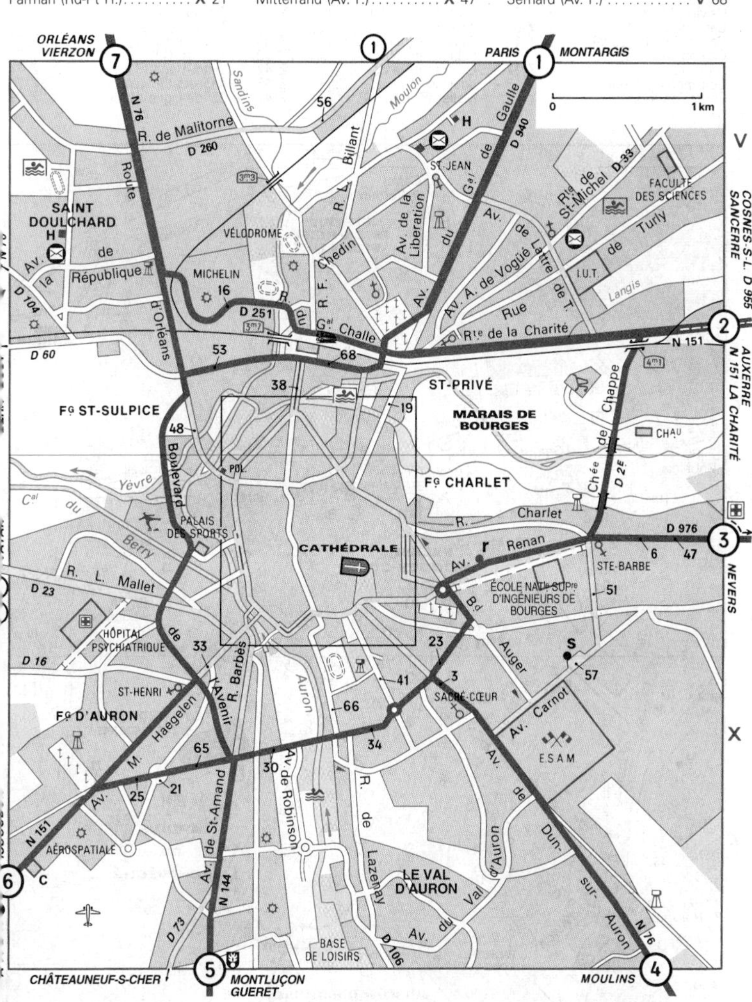

XX **Beauvoir,** 1 av. Marx Dormoy ☎ 02 48 65 42 44, *Fax 02 48 24 80 84* – GB. Y e
fermé 30 juil. au 21 août, 2 au 8 janv. et dim. soir – **Repas** 99/255 ♀

XX **Bourbonnoux,** 44 r. Bourbonnoux ☎ 02 48 24 14 76, *Fax 02 48 24 77 67* – AE GB
fermé 16 au 26 mars, 31 août au 18 sept., 18 au 28 janv., dim. soir de nov. à mars, sam. midi et vend. – **Repas** 78/180 ♀ Y a

rte de Châteauroux *par* ⑥ :

Novotel M, à l'échangeur A 71 : 7 km ✉ 18570 Le Subdray ☎ 02 48 26 53 33, *Fax 02 48 26 52 22*, – 150. AE GB JCB
Repas *(95)* - 115 ♀, enf. 52 – 60 – **93 ch** 485/750

BOURGES

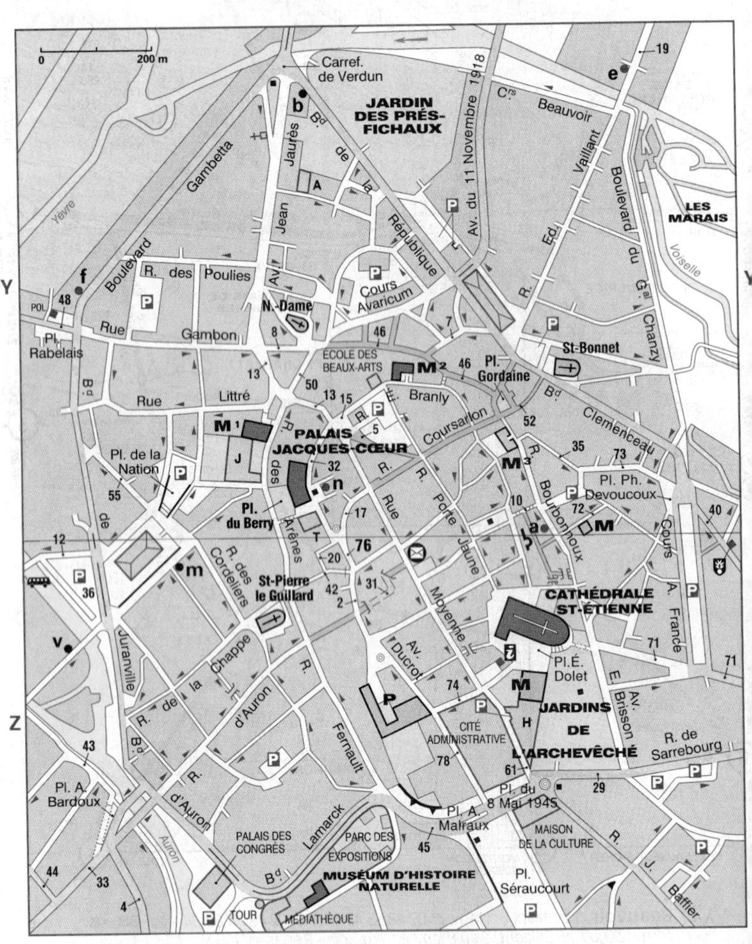

> ***Dans ce guide***
>
> un même symbole, un même caractère,
> imprimé en couleur ou en **noir**, en maigre ou en **gras**
> n'ont pas tout à fait la même signification.
>
> Lisez attentivement les pages explicatives.

Le BOURGET *93 Seine-St-Denis* 56 ⑪., 101 ⑰ *– voir à Paris, Environs.*

Le BOURGET-DU-LAC *73370 Savoie* 74 ⑮ *G. Alpes du Nord – 2 886 h alt. 240.*

Voir *Lac*★★ *– Église : frise sculptée*★ *du choeur.*

Office de Tourisme pl. Gén.-Sevez ✆ 04 79 25 01 99, Fax 04 79 26 10 76.

Paris 533 – Annecy 44 – Aix-les-Bains 10 – Belley 25 – Chambéry 13 – La Tour-du-Pin 51.

Ombremont , Nord : 2 km par N 504 ✆ 04 79 25 00 23, *ombremontbateauivre@wanadoo.fr, Fax 04 79 25 25 77,* ≤ lac et montagnes, « Dans un parc ombragé et fleuri », – – 50. AE GB JCB
5 mai-3 nov. – voir rest. ***Bateau Ivre*** ci-après – **12 ch** 930/1450, 5 appart – ½ P 725/985

Port, ✆ 04 79 25 00 21, *Fax 04 79 25 26 82,* ≤, – . GB
fermé 15 déc. au 1er fév. – **Repas** *(fermé dim. soir et lundi)* 117/230, enf. 65 – 42 – **23 ch** 330/360 – ½ P 330/360

Bateau Ivre - Hôtel Ombremont (Jacob), Nord : 2 km par N 504 ✆ 04 79 25 00 23, *ombremontbateauivre@wanadoo.fr, Fax 04 79 25 25 77,* ≤ Mont Revard, , « Terrasse dominant le lac » – . AE GB JCB
début mai-début nov. et fermé lundi midi et mardi midi – **Repas** 260 (déj.), 380/690 et carte 540 à 690, enf. 120
Spéc. Cannelloni de lavaret fumé à la chair de crabe (mai à sept.). Langoustines rôties, fricassée de fenouil et artichaut à l'orange. Grenouilles rôties, fidés croquants à l'oeuf mollet. **Vins** Chignin"vieilles vignes", Roussette de Savoie.

Auberge Lamartine (Marin), Nord : 3,5 km par N 504 ✆ 04 79 25 01 03, *Fax 04 79 25 20 66,* ≤ lac et montagnes, , – . AE GB
fermé mi-déc. à début janv., mardi midi de sept. à juin, dim. soir et lundi – **Repas** *(150)* - 220/410 et carte 280 à 400
Spéc. Escalope de foie gras de canard poêlé. Omble chevalier meunière. Entremets au chocolat amer. **Vins** Chignin-Bergeron, Mondeuse d'Arbin.

Grange à Sel, ✆ 04 79 25 02 66, *Fax 04 79 25 25 03,* , « Ancienne grange à sel, jardin fleuri », – . AE GB
fermé 1er mars au 5 mai, 1er au 20 janv., dim. soir et merc. – **Repas** 150 (déj.), 195/400 et carte 250 à 350
Spéc. Omble chevalier meunière. Pièce de boeuf en persillade. Crêpe soufflée aux agrumes. **Vins** Chignin-Bergeron, Mondeuse.

Beaurivage avec ch, ✆ 04 79 25 00 38, *delaporte.jcl@wanadoo.fr, Fax 04 79 25 06 49,* ≤, – . AE GB.
fermé 2 au 23 nov., vacances de fév., dim. soir, merc. soir et lundi – **Repas** 125 (déj.), 185/320 – 47 – **4 ch** 320

Bouchon d'Hélène, Sud : 1 km par N 504, à Savoie-Technolac ✆ 04 79 25 00 69, *Fax 04 79 25 02 34,* – GB
fermé 20 août au 5 sept., 2 au 10 janv., sam. midi et dim. soir – **Repas** 80 (déj.), 95/160 , enf. 45

aux Catons *Nord-Ouest : 2,5 km par D 42 – ✉ 73370 Le Bourget-du-Lac :*

Cerisaie avec ch, ✆ 04 79 25 01 29, *Fax 04 79 25 26 19,* ≤ lac et montagnes, , – . AE GB
fermé 25 oct. au 25 nov., 1er au 8 janv., dim. soir et merc. sauf juil.-août – **Repas** 98/225, enf. 60 – 32 – **7 ch** 230/280 – ½ P 240/270

à Bourdeau *Nord : 4 km par D 14 – 434 h. alt. 315 – ✉ 73370 :*

Terrasse avec ch, au village ✆ 04 79 25 01 01, *Fax 04 79 25 09 97,* ≤, – . GB. ch
hôtel : 15 juin-15 sept. ; rest. : 1er mars-15 oct. et fermé dim. soir et lundi – **Repas** 110/240, enf. 60 – 45 – **12 ch** 280/380 – ½ P 340

BOURG-LA-REINE *92 Hauts-de-Seine* 60 ⑩., 101 ㉕ *– voir à Paris, Environs.*

BOURG-LÈS-VALENCE *26 Drôme* 77 ⑫ *– rattaché à Valence.*

BOURG-MADAME *66760 Pyr.-Or.* 86 ⑯ *G. Languedoc Roussillon – 1 238 h alt. 1140.*

Syndicat d'Initiative pl. de Catalogne ✆ 04 68 04 55 35, Fax 04 68 04 64 01.

Paris 867 – Font-Romeu-Odeillo-Via 19 – Andorra-la-Vella 68 – Foix 88 – Perpignan 101.

Celisol sans rest, ✆ 04 68 04 53 70, – . GB
36 – **14 ch** 270/290

BOURGOIN-JALLIEU *38300 Isère* 74 ⑬, 110 ㊴ *G. Vallée du Rhône – 22 392 h alt. 235.*

Office de Tourisme pl. Carnot ☎ 04 74 93 47 50, Fax 04 74 93 76 01.

Paris 505 ④ – Lyon 43 ④ – Bourg-en-Bresse 84 ① – Grenoble 67 ② – La Tour-du-Pin 16 ②.

BOURGOIN-JALLIEU

Alpes (Av. des) .... **A** 2
Belmont (R. Robert) .... **B** 4
Carnot (Pl.) .... **B** 5
Champ-de-Mars .... **B** 6
Clemenceau (R. Georges) .... **A** 9
Diéderichs (Pl. Ch.) .... **B** 10
Gambetta (Av.) .... **A** 12
Génin (Av. Ambroise) .... **A** 15
Halle (Pl. de la) .... **B** 16
Libération (R. de la) .... **B** 18
Liberté (R. de la) .... **B** 19
Molière (R.) .... **B** 20
Moulin (R. J.) .... **B** 21
Moulins (R. des) .... **B** 22
Nations-Unies (Av. des) .... **B** 23
Paix (R. de la) .... **A** 25
Pontcottier (R.) .... **B**
Pouchelon (R. de) .... **B** 26
République (Pl. de la) .... **A** 29
République (R. de la) .... **AB** 31
St-Michel (Pl.) .... **B** 32
Seigner (R. Joseph) .... **A** 35
Victor-Hugo (R.) .... **B** 36
19-Mars-62 (R. du) .... **AB** 39
23-Août-1944 (Pl. du) .... **B** 41

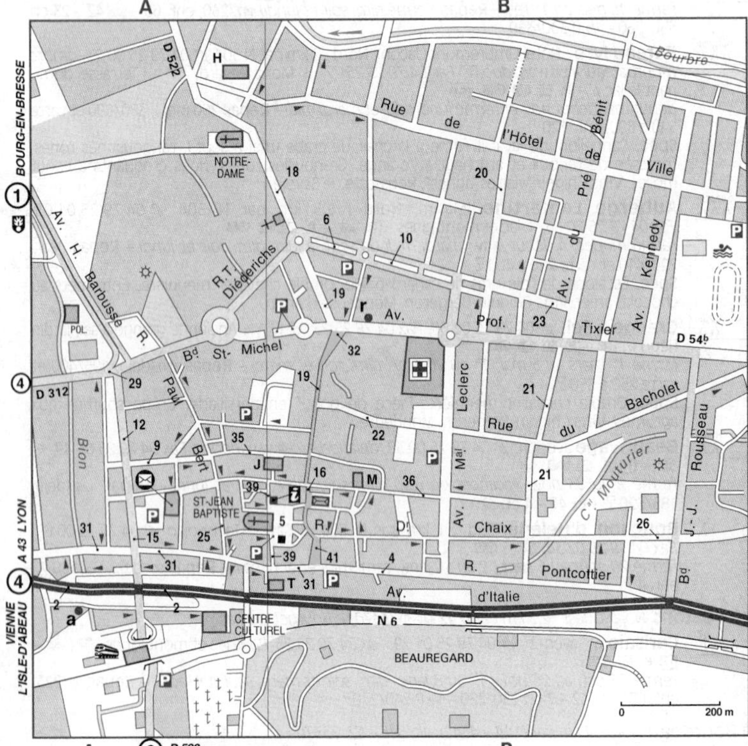

Menestret, par ④ : *1 km sur N 6* ☎ 04 74 93 13 01, *Fax 04 74 28 46 70*, – TV P. AE GB. – *fermé 23 déc. au 8 janv., lundi midi et dim.* – **Repas** 85/200 ♀, enf. 50 – ☕ 35 – **9 ch** 209/281 – ½ P 218/251

L'Aquarelle, av. Alpes ☎ 04 74 28 15 00, *Fax 04 74 93 12 14*, – GB — A a
fermé 1er au 19 août, dim. soir, lundi et soirs fériés – **Repas** 125 (déj.), 155/280 ♀

Chavancy, av. Tixier ☎ 04 74 93 63 88, *Fax 04 74 28 42 44* – ▤. AE GB — B r
fermé 1er juil. au 6 août, jeudi soir, dim. soir et lundi – **Repas** 100/340 ♀, enf. 60

par ② : *2 km par N 6 et rte de Boussieu* – ✉ *38300 Bourgoin-Jallieu :*

Laurent Thomas - les Séquoias M avec ch, 54 Vie de Boussieu ☎ 04 74 93 78 00, *Fax 04 74 28 60 90*, « Demeure bourgeoise dans un parc », – ▤ rest, TV P – 15. AE GB. ch
fermé 5 août au 5 sept., dim. soir, mardi midi, lundi et soirs fériés – **Repas** 170 (déj.), 220/440 et carte 280 à 400 ♀ – ☕ 65 – **5 ch** 600/800
Spéc. Ravioles de chèvre au bouillon de poule. Gratin de queues d'écrevisses (15 juin au 31 oct.). Pigeonneau rôti en bécasse. **Vins** Saint-Joseph, Côte-Rôtie.

à la Combe-des-Éparres par ② : 7 km – ✉ 38300 Bourgoin-Jallieu :

L'Auberge, sur N 85 ✆ 04 74 92 01 17, Fax 04 74 92 01 17 – TV. AE ⓓ GB
fermé 1er au 24 sept. et lundi – **Repas** 66/165 , enf. 40 – ☕ 25 – **8 ch** 120/210 – ½ P 160/200

à La Grive par ④ : 4,5 km – ✉ 38080 St-Alban-de-Roche :

Bernard Lantelme, ✆ 04 74 28 19 12, Fax 04 74 93 78 88, – GB
fermé 28 juil. au 20 août, sam.midi et dim. – **Repas** 125/260

à l'Isle-d'Abeau-Bourg par ④ : 7 km – 5 554 h. alt. 265 – ✉ 38080 l'Isle-d'Abeau :

L'Isle M, r. Creuzat - Parc d'affaires St-Hubert ✆ 04 74 27 13 55, Fax 04 74 27 22 21, – rest, TV ♿ P – 30. AE ⓓ GB
fermé 1er au 21 août – **Repas** (fermé sam. et dim.) (70) - 90/120 – ☕ 38 – **45 ch** 315

Relais du Çatey avec ch, r. Didier ✆ 04 74 18 26 50, Fax 04 74 18 26 59, , – TV P. AE GB
fermé 4 au 27 août, dim. sauf fériés et lundi midi – **Repas** 115 (déj.), 155/260 ♀ – ☕ 40 – **7 ch** 320/370 – ½ P 280/305

à l'Isle-d'Abeau-Ville-Nouvelle par ④ : 10,5 km – ✉ 38080 L'Isle-d'Abeau :

Office de Tourisme (fermé le dim.) Centre S.-Signoret ✆ 04 74 96 78 90, Fax 04 74 96 78 91.

Mercure M, ✆ 04 74 96 80 00, h1132@accor-hotels.com, Fax 04 74 96 80 99, , , , , – – TV ♿ P – 20 à 150. AE ⓓ GB JCB
Repas (85) - 130/180 ♀, enf. 50 – ☕ 55 – **116 ch** 555

BOURG-ST-ANDÉOL 07700 Ardèche 80 ⑨ ⑩ G. Vallée du Rhône – 7 795 h alt. 36.

Voir Église★.

Office de Tourisme pl. Champ-de-Mars ✆ 04 75 54 54 20, Fax 04 75 54 54 20.

Paris 632 – Montélimar 27 – Nyons 50 – Pont-St-Esprit 14 – Privas 56 – Vallon-Pont-d'Arc 30.

Prieuré, ✆ 04 75 54 62 99, Fax 04 75 54 63 73 – rest, TV. AE GB
fermé 25 déc. au 1er janv., vacances de fév., vend. sauf juil.-août – **Repas** (fermé sam. midi et dim. soir sauf juil.-août) 68 (déj.), 98/260, enf. 50 – ☕ 50 – **16 ch** 300/400 – ½ P 360

BOURG-STE-MARIE 52150 H.-Marne 62 ⑬ – 117 h alt. 329.

Paris 304 – Chaumont 40 – Langres 47 – Neufchâteau 24 – Vittel 38.

St-Martin, ✆ 03 25 01 10 15, Fax 03 25 03 91 68, , – rest, TV P – 30. AE ⓓ GB
fermé 10 déc. au 15 janv. et dim. soir sauf hôtel d'avril à sept. – **Repas** 88/230 ♀, enf. 55 – ☕ 38 – **18 ch** 230/350 – ½ P 290/320

BOURG-ST-MAURICE 73700 Savoie 74 ⑱ G. Alpes du Nord – 6 056 h alt. 850 – Sports d'hiver aux Arcs : 1 600/3 226 m 4 76 .

Env. Fresque★ de la chapelle St-Gras à Vulmix S : 4 km.

Office de Tourisme ✆ 04 79 07 12 57, Fax 04 79 07 45 96.

Paris 665 – Albertville 54 – Aosta 83 – Chambéry 103 – Chamonix-Mont-Blanc 85.

L'Autantic M sans rest, 69 rte Hauteville ✆ 04 79 07 01 70, Fax 04 79 07 51 55, ← – TV ♿ P – 30. AE ⓓ GB
☕ 40 – **23 ch** 390/440

Montagnole, 26 av. Stade ✆ 04 79 07 11 52, Fax 04 79 07 11 52 – GB
fermé 20 juin au 4 juil., 14 nov. au 6 déc. mardi soir et merc. hors saison – **Repas** (80) - 100/180 ♀, enf. 48

L'Edelweiss, face gare ✆ 04 79 07 05 55, Fax 04 79 07 05 55, – GB
fermé 1er au 30 juin, 1er au 15 nov., merc. sauf en sept., oct., nov. et jeudi – **Repas** 75/140 ♀, enf. 40

BOURGUEIL 37140 I.-et-L. 64 ⑬ G. Châteaux de la Loire – 4 001 h alt. 42.

Office de Tourisme 16 pl. de l'Église ✆ 02 47 97 91 39, Fax 02 47 97 91 39.

Paris 285 – Tours 47 – Angers 80 – Chinon 17 – Saumur 24.

Thouarsais sans rest, pl. Hublin ✆ 02 47 97 72 05 – GB.
fermé 1er au 14 oct. et dim. d'oct. à Pâques – ☕ 30 – **23 ch** 150/300

Moulin Bleu, au Nord : 1,5 km par rte de Courléon ✆ 02 47 97 73 13, Fax 02 47 97 79 66, ←, , – GB
fermé 26 juin au 4 juil., 19 déc. à fin janv., mardi soir et merc. – **Repas** (75) - 100/145, enf. 50

BOURRON-MARLOTTE *77780 S.-et-M.* 61 ⑫ – *2 424 h alt. 71.*

Office de Tourisme Château de Bourron 14 bis r. du Mar.-Foch ✆ 01 64 45 88 86, Fax 01 64 45 88 86.

Paris 74 – Fontainebleau 10 – Melun 27 – Montereau-Fault-Yonne 22 – Nemours 11.

XXX **Les Prémices,** ✆ 01 64 78 33 00, *Fax 01 64 78 36 00,* – P. AE GB
fermé 6 au 19 août, 24 au 30 déc., vacances de fév., dim. soir et lundi – **Repas** 195/380 et carte 390 à 500

BOURTH *27580 Eure* 60 ⑤ – *1 064 h alt. 182.*

Paris 128 – Alençon 79 – L'Aigle 16 – Évreux 44 – Verneuil-sur-Avre 11.

XX **Auberge Chantecler,** face église ✆ 02 32 32 61 45, *Fax 02 32 32 61 45,* – GB
fermé 6 août au 3 sept., jeudi soir, dim. soir et lundi sauf fériés – **Repas** 84 (déj.), 135/235 ♀

BOUSSAC *23600 Creuse* 68 ⑳ *G. Berry Limousin – 1 652 h alt. 376.*

Voir *Site*★.

Office de Tourisme pl. Hôtel-de-Ville ✆ 05 55 65 05 95, Fax 05 55 65 00 93.

Paris 337 – Aubusson 49 – La Châtre 37 – Guéret 42 – Montluçon 38.

XX **Relais Creusois,** rte La Châtre ✆ 05 55 65 02 20, *Fax 05 55 65 13 60* – GB
fermé 7 au 14 juin, janv., fév., mardi soir en mai, juin, sept. et merc. – **Repas** (dîner en hiver sur réservation) 125/360

The Guide changes, so renew your Guide every year.

BOUT-DU-LAC *74 H.-Savoie* 74 ⑯ – *rattaché à Doussard.*

BOUT-DU-PONT-DE-LARN *81 Tarn* 83 ⑫ – *rattaché à Mazamet.*

BOUTIGNY-SUR-ESSONNE *91820 Essonne* 61 ① – *2 556 h alt. 61.*

Paris 58 – Fontainebleau 29 – Corbeil-Essonnes 28 – Étampes 19 – Melun 31.

Domaine de Bélesbat M, ✆ 01 69 23 19 00, *domaine.de.belesbat@wanadoo.fr, Fax 01 69 23 19 01,* ←, « Château des 15e et 18e siècles dans un parc avec golf », – P – 70. AE GB JCB
fermé 24 au 31 déc. et vacances de fév. – ***Pavillon*** *(fermé sam.)* **Repas** (dîner seul.)245/380 ♀, enf. 120 – ***Douves :*** **Repas** (déj. seul.) carte environ 170 ♀ – ☕ 120 – **43 ch** 1250/2100, 3 appart, 15 duplex – ½ P 1095/1395

BOUZEL *63910 P.-de-D.* 73 ⑮ – *510 h alt. 320.*

Paris 438 – Clermont-Ferrand 23 – Ambert 58 – Issoire 38 – Thiers 25 – Vichy 46.

X **Auberge du Ver Luisant,** ✆ 04 73 62 93 83, *Fax 04 73 62 93 83* – GB
fermé 15 août au 7 sept., 1er au 6 janv., dim. soir et lundi
Repas 95/250 ♀, enf. 50

BOUZE-LÈS-BEAUNE *21 Côte d'Or* 70 ① – *rattaché à Beaune.*

BOUZIGUES *34 Hérault* 83 ⑯ – *rattaché à Mèze.*

BOYARDVILLE *17 Char.-Mar.* 71 ⑬ – *voir à Oléron (Ile d').*

BOZOULS *12340 Aveyron* 80 ③ *G. Midi-Pyrénées – 2 060 h alt. 530.*

Voir *Trou de Bozouls*★.

Paris 612 – Rodez 23 – Espalion 11 – Mende 95 – Sévérac-le-Château 41.

A la Route d'Argent M, sur D 988 ✆ 05 65 44 92 27, *Fax 05 65 48 81 40,* – rest, P. GB
fermé 15 janv. au 1er mars, dim. soir et lundi midi hors saison – **Repas** 90/250 ♀ – ☕ 30 – **15 ch** 240/350 – ½ P 280/300

XX **Belvédère** avec ch, rte St-Julien ✆ 05 65 44 92 66, *Fax 05 65 48 87 33,* ← Trou de Bozouls, – . GB
fermé déc., dim. soir hors saison et sam. midi – **Repas** 75 (déj.), 108/185 ♀ – ☕ 30 – **12 ch** 270/300 – ½ P 245

BRACIEUX *41250 L.-et-Ch.* 64 ⑱ *G. Châteaux de la Loire – 1 157 h alt. 70.*

Syndicat d'Initiative 11 r. Roger-Brun ☎ 02 54 46 09 15, Fax 02 54 46 09 15.

Paris 186 – Orléans 63 – Blois 19 – Montrichard 39 – Romorantin-Lanthenay 30.

Bonnheure sans rest, ☎ 02 54 46 41 57, *Fax 02 54 46 05 90,* – cuisinette P. AE GB

mi-fév.-début déc. – 45 – **13 ch** 325/380

Cygne, ☎ 02 54 46 41 07, *Fax 02 54 46 04 87,* – TV P. GB

fermé 15 déc. au 15 fév., dim. soir et lundi hors saison – ***Autebert :*** Repas 84/182 ♀, enf. 65 – 37 – **13 ch** 260/330 – ½ P 250/290

Bernard Robin - Relais de Bracieux, ☎ 02 54 46 41 22, *relaisbracieux.robin@wanadoo.fr, Fax 02 54 46 03 69,* – AE GB JCB

fermé mi-déc. à mi-janv., dim. soir et lundi sauf de mars à déc., mardi et merc. – **Repas** (nombre de couverts limité, prévenir) 250/500 et carte 450 à 610 ♀

Spéc. Anguille de Loire fumée. Géline de Touraine truffée sous la peau. Lièvre à la royale (oct. au 15 déc.). **Vins** Vouvray, Cheverny.

BRANCION *71 S.-et-L.* 70 ⑪ – *rattaché à Tournus.*

BRANSAC *43 H.-Loire* 76 ⑧ – *rattaché à Beauzac.*

BRANTÔME *24310 Dordogne* 75 ⑤ *G. Périgord Quercy – 2 080 h alt. 104.*

Voir *Clocher★★ de l'église abbatiale – Bords de la Dronne★★.*

Syndicat d'Initiative Pavillon Renaissance ☎ 05 53 05 80 52, Fax 05 53 05 80 52.

Paris 474 – Angoulême 59 – Périgueux 27 – Limoges 83 – Nontron 23 – Thiviers 26.

Moulin de l'Abbaye M, ☎ 05 53 05 80 22, *moulin@relaischateaux.fr, Fax 05 53 05 75 27,* «Terrasse au bord de l'eau», – TV AE GB JCB

28 avril-4 nov. – **Repas** *(fermé le midi sauf week-ends et fériés de sept. à juin et lundi midi en juil.-août)* 250/520 ♀ – 90 – **16 ch** 950/1100, 3 appart – ½ P 1105/1180

Spéc. Escalope de foie gras poêlée. Croustillant de jarret de veau truffé. Fritots de langoustines au jus de carotte épicé. Crème brûlée et sablé aux fraises. **Vins** Bergerac blanc, Pécharmant.

Domaine de la Roseraie, Nord : 1,5 km ☎ 05 53 05 84 74, *domaine.la.roseraie@wanadoo.fr, Fax 05 53 05 77 94,* «Parc ombragé et fleuri», – TV P. AE GB JCB

24 mars-4 déc. – **Repas** 169 (déj.), 235/325 ♀ – 65 – **10 ch** 690/830 – ½ P 595/820

Chabrol, ☎ 05 53 05 70 15, *Fax 05 53 05 71 85,* «Terrasse surplombant la rivière» – TV AE GB

fermé 15 nov. au 15 déc., fév., dim. soir et lundi d'oct. à juin sauf fériés – **Repas** 165/410 – 45 – **21 ch** 260/400 – ½ P 360/460

Au Fil de l'Eau, ☎ 05 53 05 73 65, *Fax 05 53 05 73 65,* «Terrasse au bord de l'eau» – AE GB

fermé 1er déc. au 1er fév., lundi et mardi sauf juil.-août – **Repas** 110/140 ♀

à Champagnac de Belair *Nord-Est : 6 km par D 78 et D 83 – 658 h. alt. 135 – ✉ 24530 :*

Moulin du Roc (Gardillou) M, ☎ 05 53 02 86 00, *moulinroc@aol.com, Fax 05 53 54 21 31,* «Ancien moulin à huile, terrasse et jardin au bord de l'eau», – TV P. AE GB JCB

fermé 2 janv. au 2 mars – **Repas** *(fermé merc. midi et mardi)* 175 bc (déj.), 250/440 et carte 310 à 410, enf. 100 – 85 – **13 ch** 620/1050 – ½ P 690/845

Spéc. Pâtes fraîches aux truffes et escalope de foie gras poêlée. Emincé de poitrine de canette fermière aux huiles parfumées. Tarte soufflée au chocolat. **Vins** Bergerac blanc, Pécharmant

à Bourdeilles *Sud-Ouest : 10 km par D 78 – 811 h. alt. 103 – ✉ 24310.*

Voir *château★ : mobilier★★, cheminée★★ de la salle à manger.*

Hostellerie Les Griffons, ☎ 05 53 45 45 35, *griffons@griffons.fr, Fax 05 53 45 45 20,* – AE GB

20 avril-7 oct. et fermé lundi midi et vend. midi hors saison – **Repas** 134/199 ♀, enf. 70 – 48 – **10 ch** 490/550 – ½ P 410/440

BRASSAC-LES-MINES *63570 P.-de-D.* 76 ⑤ *G. Auvergne – 3 446 h alt. 430.*

Voir *Galerie★ du musée de la mine, NO : 2,5 km.*

Env. *Auzon★, statue de N.-D.-du-Portail★★ dans l'église.*

Paris 475 – Clermont-Ferrand 59 – Brioude 16 – Issoire 22 – Murat 59 – St-Flour 53.

XX **Limanais** avec ch, av. Ste-Florine ℘ 04 73 54 13 98, *Fax 04 73 54 39 63*, – [TV] [P]. GB.
fermé 24 au 30 sept., fév., sam. midi et vend. sauf juil.-août – **Repas** 90 (déj.), 130/300 – 38 – **12 ch** 230/280 – ½ P 245/265

BRAX *47 L.-et-G.* 79 ⑮ – *rattaché à Agen.*

BRÉAUTÉ *76110 S.-Mar.* 52 ⑫ – *1 052 h alt. 122.*
Paris 191 – Le Havre 36 – Bolbec 10 – Étretat 19 – Fécamp 16 – Rouen 69.

à la gare de Bréauté *Sud-Est : 3 km – ✉ 76110 Bréauté :*

X **Relais de Maupassant,** D 910 ℘ 02 35 38 92 81, *Fax 02 35 38 92 81* – [P]. GB
fermé 24 sept. au 14 oct., sam. midi, dim. soir, mardi soir et lundi
Repas 95 (déj.), 135/175

BREBIÈRES *62 P.-de-C.* 53 ③ – *rattaché à Douai.*

BRÉDANNAZ *74 H.-Savoie* 74 ⑥ ⑯ – *alt. 450 – ✉ 74210 Faverges.*
Paris 554 – Annecy 15 – Albertville 31 – Megève 47.

Port et Lac, ℘ 04 50 68 67 20, *Fax 04 50 68 92 01*, <, – [TV] [P]. AE GB
fév.-oct. – **Repas** 105/300 ♀, enf. 49 – 48 – **18 ch** 270/380 – ½ P 310/370

à Chaparon *Sud : 1,5 km par rte secondaire – ✉ 74210 Lathuile :*

Châtaigneraie , ℘ 04 50 44 30 67, *info@hotelchataigneraie.com, Fax 04 50 44 83 71*, <, « Jardin ombragé », – [TV] [P]. AE GB. rest
1er fév.-1er nov. et fermé dim. soir et lundi sauf de mai à sept. – **Repas** 118/245 ♀ – 55 – **25 ch** 370/480 – ½ P 370/425

La BRÈDE *33650 Gironde* 71 ⑩ – *2 846 h alt. 18.*
Paris 603 – Bordeaux 23 – Langon 31 – Libourne 50.

XX **Maison des Graves,** av. Gén. de Gaulle ℘ 05 56 20 24 45, *Fax 05 56 78 43 71* – GB
fermé 20 au 31 août, dim. soir, mardi soir, merc. soir, jeudi soir et lundi – **Repas** 78 bc (déj.), 108/165 ♀, enf. 58

La BRÉE-LES-BAINS *17 Char.-Mar.* 71 ⑬ ⑭ – *voir à Oléron (île d').*

BRÉHAL *50290 Manche* 59 ⑦ – *2 351 h alt. 69.*
Paris 336 – St-Lô 47 – Coutances 18 – Granville 11 – Villedieu-les-Poêles 28.

Gare, ℘ 02 33 61 61 11, *Fax 02 33 61 18 02*, – [TV] [P]. AE GB
fermé 9 au 21 juin, 25 sept. au 8 oct., 11 déc. au 31 janv., dim. soir et lundi sauf fériés – **Repas** 79/230 ♀ – 40 – **9 ch** 250/290 – ½ P 280/290

La BREILLE-LES-PINS *49390 M.-et-L.* 64 ⑬ – *345 h alt. 105.*
Paris 285 – Angers 69 – Baugé 32 – Chinon 33 – Saumur 19.

XX **L'Orée des Bois** avec ch, ℘ 02 41 38 85 45, *Fax 02 41 38 86 07*, – rest, [TV]. GB
fermé 1er au 18 oct., 2 au 25 janv., lundi et mardi – **Repas** 98/228 ♀, enf. 45 – 35 – **7 ch** 230/270 – ½ P 225

BREIL-SUR-ROYA *06540 Alpes-Mar.* 84 ⑳, 115 ⑱ *G. Côte d'Azur – 2 058 h alt. 280.*
Office de Tourisme pl. Biancheri ℘ 04 93 04 99 76, Fax 04 93 04 99 76.
Paris 915 – Menton 34 – Nice 61 – Tende 20 – Ventimiglia 24.

Castel du Roy , rte de Tende : 1 km ℘ 04 93 04 43 66, *Fax 04 93 04 91 83*, <, « Parc en bordure de rivière », – [TV] [P]. GB.
1er avril - 1er nov. – **Repas** *(fermé lundi midi et mardi midi)* 130/230, enf. 55 – 40 – **19 ch** 420/450 – ½ P 380/400

BRELIDY *22140 C.-d'Armor* 59 ② – *325 h alt. 100.*
Voir Église de Runan★ NE : 4 km, **G. Bretagne.**
Paris 499 – St-Brieuc 47 – Carhaix-Plouguer 64 – Guingamp 15 – Lannion 26 – Morlaix 56.

Château de Brelidy , ℘ 02 96 95 69 38, *chateau.brelidy@worldonline.fr, Fax 02 96 95 18 03*, « Demeure du 16e siècle dans un parc », – [TV] [P]. AE GB. rest
14 avril-1er nov. – **Repas** (dîner seul.) 155/195 ♀ – 60 – **10 ch** 515/825 – ½ P 475/645

La BRESSE *88250 Vosges* 62 ⑰ *G. Alsace Lorraine – 5 191 h alt. 636 – Sports d'hiver : 900/1 350 m* 35 .
Office de Tourisme 24 r. des Proyes ✆ *03 29 25 41 29, Fax 03 29 25 64 61.*
Paris 441 – Colmar 54 – Épinal 57 – Gérardmer 14 – Thann 39 – Le Thillot 20.

Les Vallées Ⓜ, 31 r. P. Claudel ✆ 03 29 25 41 39, *hotel.lesvallees@remy-loisirs.com, Fax 03 29 25 64 38,* – 150. AE GB
Repas 97/280 ♀, enf. 58 – 44 – **54 ch** 360/500, 60 studios – ½ P 390

Chevreuil Blanc avec ch, 3 r. P. Claudel ✆ 03 29 25 41 08, *Fax 03 29 25 65 34* – . GB
fermé 16 au 22 avril, vacances de Toussaint, dim. soir et lundi sauf vacances scolaires – **Repas** 82/205 , enf. 40 – 35 – **9 ch** 190/270 – ½ P 250

au Nord-Est *rte du col de la Schlucht : 6,5 km par D 34 et D 34D* – ✉ *88250 La Bresse :*

Auberge du Pêcheur avec ch, ✆ 03 29 25 43 86, *aubpecheur@aol.com, Fax 03 29 25 52 59,* ←, – cuisinette . AE GB
fermé 15 au 30 juin, 1er au 15 déc., mardi et merc. – **Repas** 75/150 , enf. 46 – 30 – **4 ch** 190/260 – ½ P 250

BRESSIEUX *38870 Isère* 77 ③ – *89 h alt. 510.*
Paris 534 – Grenoble 51 – Lyon 72 – Valence 74 – Vienne 48 – Voiron 30.

Auberge du Château, ✆ 04 74 20 91 01, ←, – . GB
fermé lundi et mardi – **Repas** 75 (déj.), 98/160

BRESSON *38 Isère* 77 ⑤ – *rattaché à Grenoble.*

BRESSUIRE *79300 Deux-Sèvres* 67 ⑰ *G. Poitou Vendée Charentes – 17 827 h alt. 186.*
Office de Tourisme (fermé le dim.) pl. Hôtel-de-Ville ✆ *05 49 65 1027, Fax 05 49 80 41 49.*
Paris 359 – Angers 85 – Cholet 45 – Niort 64 – Poitiers 81 – La Roche-sur-Yon 85.

Boule d'Or, 15 pl. É. Zola ✆ 05 49 65 02 18, *Fax 05 49 74 11 19* – – 30. AE GB
fermé août, 26 déc. au 10 janv., dim. soir et lundi midi – **Repas** 69/200 ♀ – 30 – **20 ch** 230/290 – ½ P 235/270

Bouchon, 9 r. E. Perochon ✆ 05 49 74 66 34, *Fax 05 49 81 28 03,* bistrot – GB
fermé 29 juil. au 20 août, 17 au 25 fév., dim. et lundi – **Repas** *(61)* - 87/130 ♀

BREST *29200 Finistère* 58 ④ *G. Bretagne – 147 956 h Agglo. 201 480 h alt. 35.*
Voir *Oceanopolis*★★ – *Cours Dajot* ←★★ – *Traversée de la rade*★ – *Arsenal et base navale*★ **DZ** – *Musée des Beaux-Arts*★ **EZ M**[1] – *Musée de la Marine*★ **DZ M**[2] – *Conservatoire botanique du vallon du Stang-Alar*★.
Excurs. *Les Abers*★★.
de Brest-Guipavas : ✆ *02 98 32 01 00, par ② : 10 km.*
Office de Tourisme pl. de la Liberté ✆ *02 98 44 24 96, Fax 02 98 44 53 73.*
Paris 596 ② – Lorient 134 ⑤ – Quimper 71 ⑤ – Rennes 245 ② – St-Brieuc 144 ②.

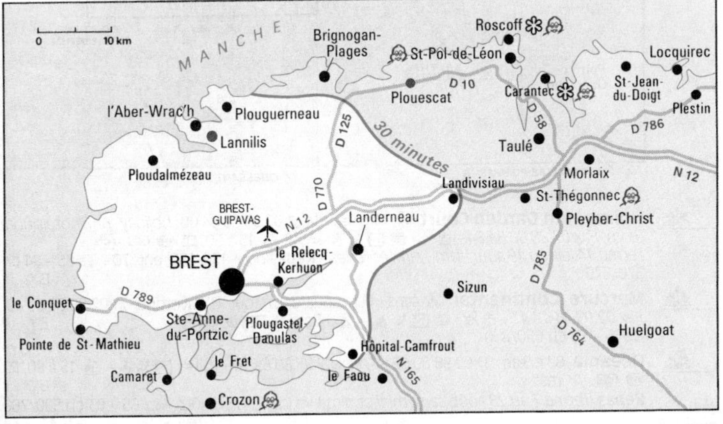

BREST

Aiguillon (R. d') .... EZ
Albert 1er (Pl.) .... BZ
Algésiras (R. d') .... EY 2
Anatole-France (R.) ...... AX
Beaumanoir (R.) .... AX 3
Blum (Bd Léon) .... BV
Bot (R. du) CV
Botrel (R. Th.) .... BV
Brossolette (R. Pierre) ... DZ
Bruat (R.) .... BX
Caffarelli (Porte) .... AX
Château (R. du) .... EYZ
Clemenceau (Av. G.) ..... EY
Colbert (R.) .... EY 5
Collet (R. Yves) .... BX

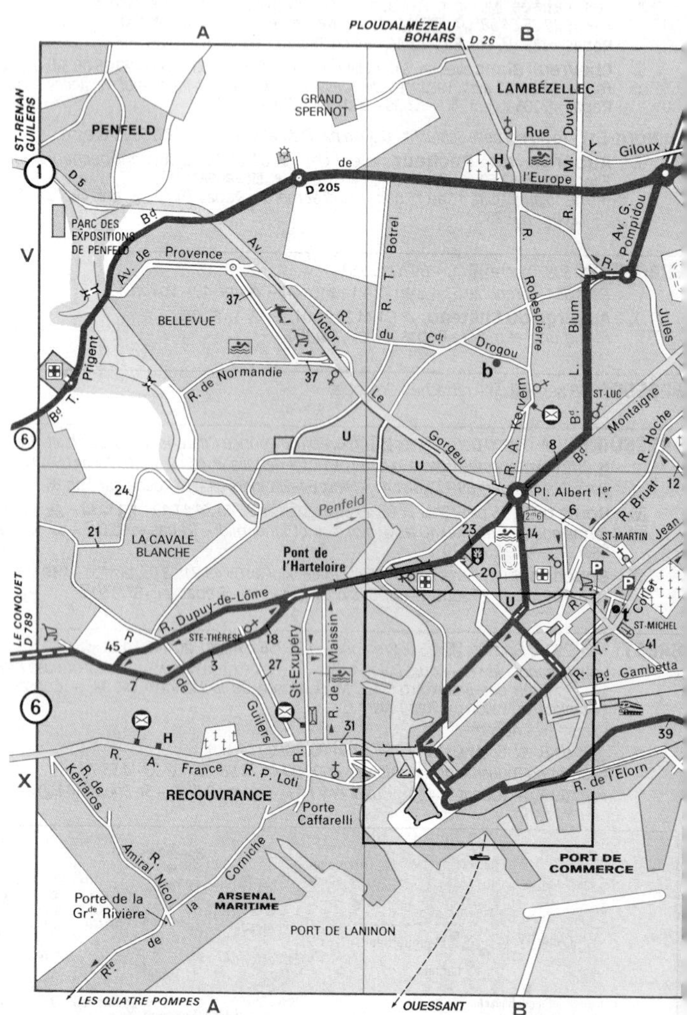

Holiday Inn Garden Court Ⓜ, 41 r. Branda ☎ 02 98 80 84 00, *holiday-inn@hotelsifibra.com, Fax 02 98 80 84 84* – |‡| ⅔ ▤ TV ☎ ♿ 🚗 – 🏃 15 à 50. AE ⓓ GB JCB
fermé 14 juil. au 19 août, sam., dim. et fériés – **Repas** *(100)* - 130/180, enf. 70 – ☕ 65 – **84 ch** 570/670
BX t

Mercure Continental Ⓜ sans rest, square La Tour d'Auvergne ☎ 02 98 80 50 40, *Fax 02 98 43 17 47* – |‡| ⅔ ▤ TV ☎ ♿ – 🏃 15 à 150. AE ⓓ GB
☕ 65 – **73 ch** 650/850
EY f

Océania, 82 r. Siam ☎ 02 98 80 66 66, *Fax 02 98 80 65 50* – |‡| ⅔ TV ☎ ♿ – 🏃 15 à 90. AE ⓓ GB. ✂ rest
EY r
Repas *(fermé 7 au 28 août, sam. midi et dim.)* 140 (déj.), 175/240 🍷 – ☕ 65 – **83 ch** 520/760

Corniche (Rte de la) **AX**
Dajot (Cours) **EZ**
Denvers (R.) **EZ**
Desmoulins (Av. C.) **BX** 6
Dr-Kerrien (R. du) **AX** 7
Doumer (R. Paul) **BV** 8
Dourjacq (Rte du) **CV**
Drogou (R. Com.) **BV**
Dupuy-de-Lôme (R.) **AX**
Duquesne (R.) **EY**
Duval (R. Marcellin) **BV** 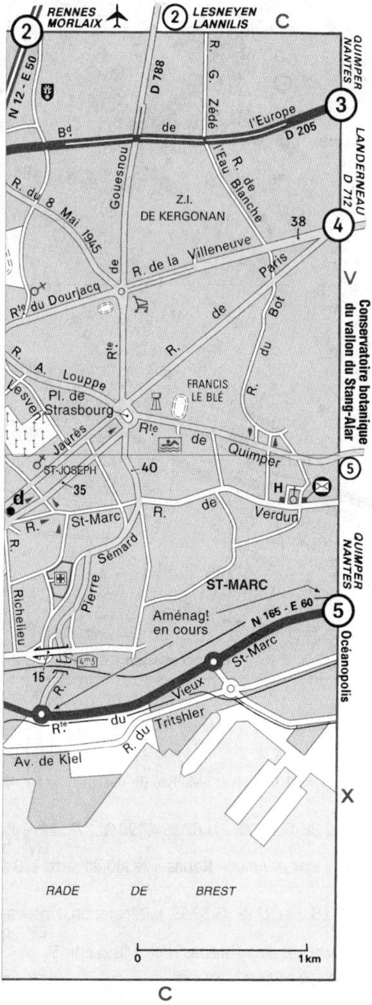
Eau-Blanche (R. de l') **CV**
Elorn (R. de l') **BX**
Europe (Bd de l') **ACV**
Ferry (R. J.) **BCX** 12
Foch (Av. Mar.) **BX** 14
Forestou (Pont du) **CX** 15
Français Libres (Bd des) **DZ** 16
Frégate-La-Belle-Poule (R. de la) **EZ** 17
Gallieni (R. du Mar.) **AX** 18
Gambetta (Bd) **BX**
Gouesnou (Rte de) **CV**
Grande-Rivière (Porte de la) **AX**
Guilers (R. de) **AX**
Harteloire (Pt de l') **AX**
Harteloire (R. de l') **AX** 20
Hoche (R.) **BV**
Jaurès (R. J.) **EY**
Kent (R. de) **AX** 21
Kérabécam (R. de) **EY** 22
Kerraros (R. de) **AX**
Kervern (R. Auguste) **BV**
Kiel (Av. de) **CX**
Lamotte-Picquet **BX** 23
Le Bris (R. J.-M.) **EZ**
Le Gorgeu (Av. Victor) **AV**
Lesven (R. Jules) **BCV**
Libération (Av. de la) **AX** 24
Liberté (Pl. de la) **EY**
Loti (R. Pierre) **AX**
Louppe (R. Albert) **CV**
Lyon (R. de) **DEY**
Macé (R. Jean) **EZ**
Maissin (R. de) **AX**
Marine (Bd de la) **DZ** 25
Michelet (R.) **DY**
Montaigne (Bd) **BV**
Mouchotte (Bd Cdt) **AX** 27
Moulin (Bd Jean) **DY**
Nicol (R. de l'Amiral) **AX**
Normandie (R. de) **AV**
Paris (R. de) **CV**
Pompidou (R. G.) **BV**
Porte (R. de la) **AX** 31
Prigent (Bd T.) **AV**
Provence (Av. de) **AV**
Quimper (Rte de) **CV**
Recouvrance (Pt de) **DZ**
Réveillère (Av. Amiral) **EY** 33
Richelieu (R.) **CX**
Robespierre (R.) **BY**
Roosevelt (Av. Fr.) **DZ** 34
St-Exupéry (R.) **AX**
St-Marc (R.) **CX**
Salaün-Penquer (Av.) **EZ**
Sébastopol (R.) **CX** 35
Semard (R. Pierre) **CX**
Siam (R. de) **EY**
Strasbourg (Pl. de) **CV**
Tarente (Av. de) **AV** 37
Tourville (Porte) **DZ**
Tourbihan (R. de) **CV** 38
Tritshler (R. du) **CX**
Troude (R. Amiral) **BX** 39
Valmy (R. de) **CX** 40
Verdun (R. de) **CX**
Victor-Hugo (R.) **BX** 41
Vieux-St-Marc (R. du) **CX**
Villeneuve (R. de la) **CV**
Voltaire (R.) **EZ**
Wilson (Pl.) **EZ**
Zédé (R. G.) **CV**
Zola (R. Émile) **EY**
2e-R.C.I. (R. du) **DY**
8-Mai-1945 (R. du) **CV**
11-Martyrs (R. des) **EY** 42
19-Mars-1962 (R. du) **AX** 45

Relais Mercure sans rest, 2 rue Y. Collet ☎ 02 98 80 31 80, *mercure.voyageurs@mail.dotcom.fr, Fax 02 98 46 52 98* – [lift] [TV] [phone]. AE [Diners] GB — EY s
[breakfast] 55 – **40 ch** 505/555

Atlantis sans rest, 157 r. J. Jaurès ☎ 02 98 43 58 58, *Fax 02 98 43 58 01* – [lift] [TV] [phone] [disabled access] – [meeting room] 40. AE [Diners] GB — CX d
[breakfast] 38 – **50 ch** 300/335

Paix sans rest, 32 r. Algésiras ☎ 02 98 80 12 97, *Fax 02 98 43 30 95* – [lift] [TV] [phone]. AE [Diners] GB JCB — EY y
fermé 24 déc. au 6 janv. – [breakfast] 38 – **25 ch** 270/330

Astoria sans rest, 9 r. Traverse ☎ 02 98 80 19 10, *Fax 02 98 80 52 41* – [TV]. AE GB — EZ e
fermé 22 déc. au 6 janv. – [breakfast] 35 – **26 ch** 145/290

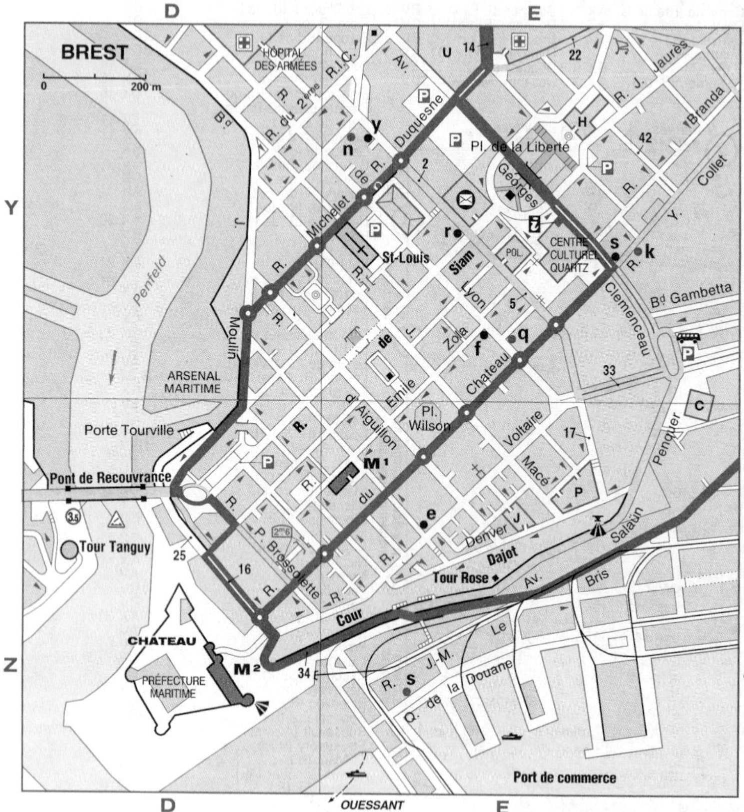

Algésiras (R. d')	EY	2	Frégate-la-Belle-Poule (R.)	EZ	17	Marine (Bd de la)	DZ	25
Clemenceau (Av. G.)	EY		Jaurès (R. Jean)	EY		Réveillère (R. Amiral)	EY	33
Colbert (R.)	EY	5	Kérabécam (R. de)	EY	22	Roosevelt (Av. F.)	DZ	34
Foch (Av. Mar.)	EY	14	Liberté (Pl. de la)	EY		Siam (R. de)	EY	
Français Libres (Bd des)	DZ	16	Lyon (R. de)	DEY		11-Martyrs (R. des)	EY	42

XXX **Nouveau Rossini,** 22 r. Cdt Drogou ✆ 02 98 47 90 00, *Fax 02 98 47 90 00,* – AE GB BV b
fermé 3 au 9 mars, 20 août au 2 sept., dim. soir et lundi – **Repas** 150/360 et carte 280 à 390 ♀

XX **Fleur de Sel,** 15 bis r. Lyon ✆ 02 98 44 38 65, *Fax 02 98 43 38 53,* « Décoration d'inspiration Art-déco » – AE GB JCB EY q
fermé 28 juil. au 23 août, 1er au 7 janv., sam. midi et dim. – **Repas** (120) - 148 ♀, enf. 50

XX **Vatel,** 23 r. Fautras ✆ 02 98 44 51 02, *Fax 02 98 43 33 72* – AE GB EY n
fermé sam. midi, dim. soir et lundi – **Repas** 94/304 ♀, enf. 39

XX **Ruffé,** 1 bis r. Y. Collet ✆ 02 98 46 07 70, *Fax 02 98 44 31 46* – AE GB EY k
fermé dim. soir – **Repas** (70) - 92/172 ♀, enf. 40

X **Maison de l'Océan,** 2 quai Douane (port de Commerce) ✆ 02 98 80 44 84, *Fax 02 98 46 19 83,* <, – AE GB EZ s
Repas - produits de la mer - 89/155 ♂, enf. 42

au Nord *par D 788* **CV** *: 5 km* – ✉ *29200 Brest :*

Novotel, Z.A. Kergaradec ✆ 02 98 02 32 83, *Fax 02 98 41 69 27,* – rest, TV P – 70. AE GB
Repas 115/195 ♀ – 65 – **85 ch** 520/590

Climat de France, près Z.A. Kergaradec ✆ 02 98 47 50 50, *Fax 02 98 47 76 62,* – TV ✆ ♿ P – 15. AE ⓓ GB
Repas 85/99 ♀, enf. 39 – ☕ 37 – **54 ch** 295

au Relecq-Kerhuon *par ⑤ : 7,5 km – 10 569 h. alt. 52 – ✉ 29480 :*

Brit Hotel, Z.I. de Kerscao ✆ 02 98 28 28 44, *Fax 02 98 28 05 65,* – TV ✆ ♿ P – 15 à 25. AE GB
Repas *(fermé week-end) (69) - 89*/260 ♀, enf. 38 – ☕ 40 – **43 ch** 280/370

à Ste-Anne-du-Portzic *par ⑥, D 789 et rte secondaire : 7 km – ✉ 29200 Brest :*

Belvédère , ✆ 02 98 31 86 00, *hotel@belvedere.brest.com, Fax 02 98 31 86 39,* ≤ rade de Brest, – TV ♿ P – 25. AE ⓓ GB JCB
Repas *(fermé vend. et sam.)* (dîner seul.) carte 130 à 290 – ☕ 50 – **30 ch** 385/720

BRETENOUX *46130 Lot* 75 ⑲ *G. Périgord Quercy – 1 211 h alt. 136.*

Voir *Château de Castelnau-bretenoux★★ : ≤★ SO : 3,5 km.*

Office de Tourisme av. Libération ✆ 05 65 38 59 53, Fax 05 65 39 72 14.

Paris 529 – Brive-la-Gaillarde 45 – Cahors 81 – Figeac 49 – Sarlat-la-Canéda 67 – Tulle 49.

au Port de Gagnac *Nord-Est : 6 km par D 940 et D 14 – ✉ 46130 Bretenoux :*

Hostellerie Belle Rive, ✆ 05 65 38 50 04, *Fax 05 65 38 47 72,* – TV ✆. GB. ch
fermé 24 déc. au 4 janv. – Repas *(fermé vend. soir, sam. midi et dim. soir du 15 sept. au 30 juin) 80*/235, enf. 48 – ☕ 38 – **12 ch** 250/350 – ½ P 260/300

Au moment de chercher un hôtel ou un restaurant, soyez efficace. Sachez utiliser les noms ***soulignés en rouge*** *sur les* ***cartes Michelin*** *à 1/200 000.*

Mais ayez une carte à jour!

BRETEUIL *60120 Oise* 55 ⑩ *– 3 879 h alt. 80.*

Voir *Commune de la Méridienne verte.*

Paris 111 – Amiens 31 – Compiègne 55 – Beauvais 29 – Creil 53 – Pontoise 84.

Globe, 12 r. République (près poste) ✆ 03 44 07 01 78, *Fax 03 44 80 18 63,* – AE GB
fermé 30 juil. au 13 août, dim. soir, mardi soir et lundi – **Repas** *85*/185

BRETEUIL-SUR-ITON *27160 Eure* 55 ⑯ *G. Normandie Vallée de la Seine – 3 351 h alt. 168.*

Paris 124 – L'Aigle 26 – Alençon 89 – Évreux 31 – Verneuil-sur-Avre 12.

Grain de Sel, 76 pl. Laffitte ✆ 02 32 29 70 61 – GB
fermé 6 au 26 août, dim. soir, mardi soir et lundi – **Repas** 95/158 ♀, enf. 42

Le BREUIL *71 S.-et-L.* 69 ⑧ *– rattaché au Creusot.*

Le BREUIL-EN-AUGE *14130 Calvados* 54 ⑰ *– 779 h alt. 38.*

Paris 195 – Caen 54 – Deauville 21 – Lisieux 9.

Auberge du Dauphin (Lecomte), ✆ 02 31 65 08 11, *Fax 02 31 65 12 08* – AE GB JCB
fermé 12 nov. au 3 déc., 19 fév. au 5 mars, dim. soir et lundi – **Repas** *195*/245 et carte 340 à 440
Spéc. ravioli de Saint-Jacques sauce homardine (oct. à avril). Suprême de canette au cidre et au miel. Crêpe fourrée à la rhubarbe.

BRÉVIANDES *10 Aube* 61 ⑯ ⑰ *– rattaché à Troyes.*

BRÉVONNES *10220 Aube* 61 ⑰ ⑱ *– 604 h alt. 120.*

Paris 202 – Troyes 28 – Bar-sur-Aube 31 – St-Dizier 59 – Vitry-le-François 52.

Vieux Logis avec ch, ✆ 03 25 46 30 17, *annick.baudesson@worldonline.fr, Fax 03 25 46 37 20,* , – TV ✆ P. GB
fermé 1er au 27 mars, dim. soir et lundi du 15 sept. au 30 avril – **Repas** *80*/200 ♀, enf. 50 – ☕ 34 – **5 ch** 195/255 – ½ P 225/280

BREZOLLES *28270 E.-et-L.* 60 ⑥ *– 1 695 h alt. 170.*
Paris 104 – Chartres 44 – Alençon 91 – Argentan 91 – Dreux 23.

Relais de Brezolles, ✆ 02 37 48 20 84, *Fax 02 37 48 28 46* – TV ✆ P. ⓞ GB JCB
fermé 30 juil. au 19 août, 1er au 12 janv., lundi midi, vend. soir et dim. soir – **Repas** 75/185 ♀, enf. 56 – ☕ 40 – **25 ch** 200/280 – ½ P 240

BRIANÇON SP *05100 H.-Alpes* 77 ⑱ *G. Alpes du Sud – 11 041 h alt. 1321 – Sports d'hiver : 1 200/2 800 m* ☗ *9* ⛷ *67* ⛷.

Voir *Ville haute★★ : Grande Gargouille★, Statue "La France"★***B** *– Chemin de ronde supérieur★, ≤★ de la porte de la Durance – Puy St-Pierre ✻★★ de l'église SO : 3 km par Rte de Puy St-Pierre.*

Env. *Croix de Toulouse ≤★★ par Av. de Grenoble et D232T : 8,5 km.*

🚗 ✆ *08 36 35 35 35.*

ℹ *Office de Tourisme pl. du Temple ✆ 04 92 21 08 50, Fax 04 92 20 56 45.*

Paris 685 ④ – Digne-les-Bains 144 ③ – Gap 90 ③ – Grenoble 117 ④ – Torino 111 ①.

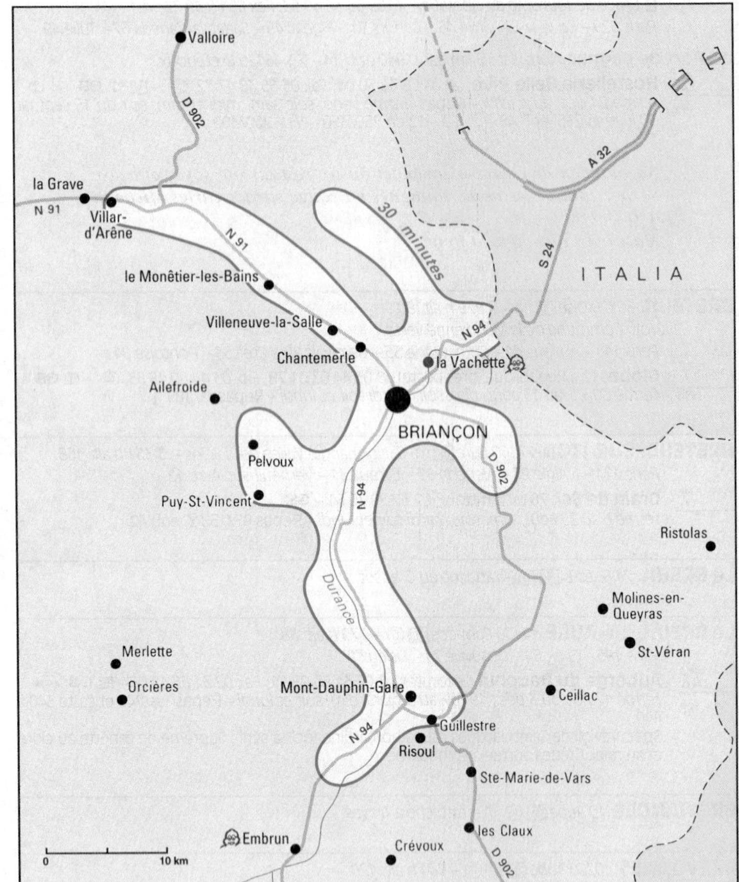

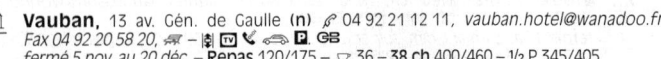

Vauban, 13 av. Gén. de Gaulle **(n)** ✆ 04 92 21 12 11, *vauban.hotel@wanadoo.fr, Fax 04 92 20 58 20,* 🍴 – 🛗 TV ✆ 🚗 P. GB
fermé 5 nov. au 20 déc. – **Repas** 120/175 – ☕ 36 – **38 ch** 400/460 – ½ P 345/405

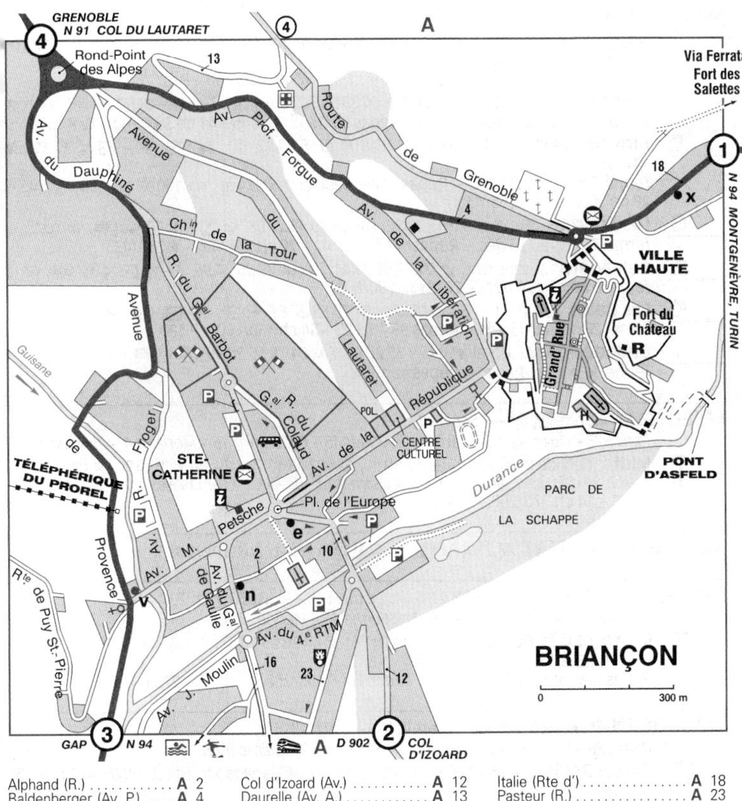

Alphand (R.) . . . . **A** 2
Baldenberger (Av. P.) . . . . **A** 4
Centrale (R.) . . . . **A** 10
Col d'Izoard (Av.) . . . . **A** 12
Daurelle (Av. A.) . . . . **A** 13
Gaulle (Av. Gén. de) . . . . **A** 16
Italie (Rte d') . . . . **A** 18
Pasteur (R.) . . . . **A** 23
159e-R.-I.-A. (Av.) . . . . **A** 30

Cristol, 6 rte Italie **(x)** 04 92 20 20 11, *Fax 04 92 21 02 58* – P. AE GB
Repas 70/155, enf. 45 – 38 – **24 ch** 300/360 – ½ P 245/305

Chaussée, 4 r. Centrale **(e)** 04 92 21 10 37, *Fax 04 92 20 03 94* – . AE GB
Repas *(fermé 20 avril au 8 mai, 2 au 20 oct., et lundi sauf vacances scolaires)* 95/180 – 40 – **12 ch** 270/320 – ½ P 270/300

Péché Gourmand, 2 rte Gap **(v)** 04 92 21 33 21, *Fax 04 92 21 33 21,* – P. AE GB
fermé lundi – **Repas** 80 (déj.), 135/245, enf. 55

à La Vachette *par ① : 3 km – 05100 :*

Nano, rte d'Italie 04 92 21 05 09, *Fax 04 92 20 13 61* – P. GB
fermé mai, vacances de Toussaint à fin nov., dim. et lundi sauf juil.-août
Repas 150/270

BRIDES-LES-BAINS *73570 Savoie* 74 ⑰ ⑱ *G. Alpes du Nord – 611 h alt. 580 – Stat. therm. (5 mars-27 oct.) – Casino.*
Office de Tourisme 04 79 55 20 64, Fax 04 79 55 20 40.
Paris 644 – Albertville 33 – Annecy 78 – Chambéry 81 – Courchevel 18 – Moûtiers 6.

Grand Hôtel des Thermes, 04 79 55 38 38, *Fax 04 79 55 28 29,* – P – 80. AE GB. rest
fermé 28 oct. au 26 déc. – **Repas** 150/200 – 55 – **98 ch** 660/800, 4 appart – P 630/815

Amélie M, 04 79 55 30 15, *amelie@brides-les-bains.net, Fax 04 79 55 28 08,* , – P. AE GB. rest
fermé 1er nov. au 15 déc. – ***Les Cerisiers*** *(fermé le midi en janv. et fév.)* **Repas** 125/135, enf. 65 – 50 – **39 ch** 465/780 – ½ P 510/580

Golf, 04 79 55 28 12, *golf.hotel@wanadoo.fr, Fax 04 79 55 24 78*, centre d'hydrothérapie – GB. rest
fermé 20 oct. au 20 déc. – **Repas** 135 – 55 – **45 ch** 430/700 – P 420/610

Verseau, 04 79 55 27 44, *Fax 04 79 55 30 20*, – GB. rest
20 avril-10 oct. et 20 déc.-15 avril – **Repas** 98/130 – 45 – **41 ch** 350/500 – ½ P 355/470

Altis Val Vert, 04 79 55 22 62, *Fax 04 79 55 29 12*, – GB.
fermé 27 oct. au 22 déc. – **Repas** (dîner seul. en hiver) *(85)* - 110/150, enf. 65 – 45 – **28 ch** 300/450 – P 365/430

Les Sources, 04 79 55 29 22, *Fax 04 79 55 27 06*, – GB. rest
fermé 31 oct. au 26 déc. – **Repas** 110 – 42 – **70 ch** 255/490 – P 330/433

Belvédère sans rest, 04 79 55 23 41, *Fax 04 79 55 24 96*, – GB.
fermé 6 nov. au 20 déc.. – **25 ch** 290/500

Les Bains, 04 79 55 22 05, *Fax 04 79 55 27 81*, – GB. rest
fermé 28 oct. au 15 déc. – **Repas** 95 – 25 – **34 ch** 350/400 – P 390

Grillade, résid. Le Royal 04 79 55 20 90, *Fax 04 79 55 20 90*, – GB
fermé 30 oct. au 15 déc. – **Repas** 92/165

BRIEC *29510 Finistère 58 ⑮ – 4 546 h alt. 158.*
Paris 576 – Quimper 16 – Carhaix-Plouguer 46 – Châteaulin 16 – Morlaix 64 – Pleyben 17.

Midi, r. Gén. de Gaulle 02 98 57 90 10, *Fax 02 98 57 74 82* – GB. ch
fermé 21 déc. au 7 janv., dim. soir et sam. sauf juil.-août – **Repas** *(68)* - 82/170, enf. 52 – 40 – **14 ch** 270/290 – ½ P 260

BRIE-COMTE-ROBERT *77 S.-et-M. 61 ②,, 101 ㊴ – voir à Paris, Environs.*

BRIGNAIS *69530 Rhône 73 ⑳, 110 ㉓ G. Vallée du Rhône – 10 036 h alt. 200.*
Paris 468 – Lyon 14 – Givors 10 – St-Étienne 46 – Vienne 23.

Restotel des Barolles, rte Lyon (N 86) 04 78 05 24 57, *Fax 04 78 05 37 57*, – rest, – 50. GB
Repas *(fermé 5 au 26 août, sam. et dim.) (79)* - 105/250 – 40 – **27 ch** 290/330

BRIGNOGAN-PLAGES *29890 Finistère 58 ④ – 849 h alt. 17.*
Paris 586 – Brest 35 – Landerneau 27 – Morlaix 49 – Quimper 88.

Castel Régis, 02 98 83 40 22, *castel-regis@wanadoo.fr, Fax 02 98 83 44 71*, – GB
début avril-fin sept. – **Repas** *(fermé lundi midi)* 90 bc (déj.), 115/280 – 45 – **22 ch** 490/590 – ½ P 390/520

BRIGNOLES *83170 Var 84 ⑮ – 11 239 h alt. 214.*
Office de Tourisme Hôtel de Claviers 04 94 69 27 51, Fax 04 94 69 27 51.
Paris 813 – Aix-en-Provence 58 – Draguignan 58 – Toulon 52.

Kyriad, centre d'Affaires l'Hexagone-Bretelle A8 04 94 69 30 30, *Fax 04 94 59 03 44*, – 35. GB
Repas 98/140, enf. 45 – 38 – **38 ch** 330/350

La BRIGUE *06 Alpes-Mar. 84 ⑳,, 115 ⑨ – rattaché à Tende.*

BRINON-SUR-SAULDRE *18410 Cher 64 ⑳ – 1 107 h alt. 147.*
Paris 192 – Orléans 54 – Bourges 65 – Cosne-sur-Loire 59 – Gien 37 – Salbris 25.

Solognote, 02 48 58 50 29, *Fax 02 48 58 56 00*, « Cadre solognot », – rest, GB. ch
fermé 9 au 18 mai, 11 au 20 sept., 15 fév. au 25 mars, mardi et merc. d'oct. à juin – **Repas** *(fermé mardi et merc. sauf le soir de juil. à sept.) (130)* - 170/360, enf. 90 – 65 – **13 ch** 360/475 – ½ P 475/525

Ne confondez pas :

Confort des hôtels : ... ,
Confort des restaurants : XXXXX ... X
Qualité de la table : ✿✿✿, ✿✿, ✿,

BRIOLLAY *49125 M.-et-L.* 64 ① – *2 005 h alt. 20.*

Env. *Plafond★★★ de la salle des Gardes du château de Plessis-Bourré NO : 10 km* G. Châteaux de la Loire.

Paris 288 – Angers 15 – Château-Gontier 41 – La Flèche 40.

par rte de Soucelles *(D 109) : 3 km – ✉ 49125 Briollay :*

Château de Noirieux ⑤, ✆ 02 41 42 50 05, *noirieux.relaischateaux.fr, Fax 02 41 37 91 00,* ≤, 🏠, « Demeures des 15e et 17e siècles dans un parc dominant le Loir », ⛱, %, ♨ – TV ♿ P – 🏨 60. AE ⓓ GB JCB
fermé 28 oct. au 21 nov., 7 fév. au 9 mars, dim. et lundi de déc. à Pâques sauf fériés – **Repas** *(fermé dim. soir de déc. à Pâques, mardi midi et lundi)* 285/520 et carte 440 à 560 ♀ – ☕ 110 – **19 ch** 950/1850 – ½ P 790/1200
Spéc. "Grande lasagne" d'araignée de mer en soupe mousseuse d'écrevisses (mars à sept.). Paupiette de bar au homard, sauce civet. Soufflé chaud au chocolat. **Vins** Savennières, Coteaux de l'Aubance.

BRION *01 Ain* 74 ④ – *rattaché à Nantua.*

Dans ce guide
un même symbole, un même caractère,
imprimé en couleur ou en ***noir****, en maigre ou en* ***gras****,*
n'ont pas tout à fait la même signification.
Lisez attentivement les pages explicatives.

BRION *48310 Lozère* 76 ⑭ – *109 h alt. 1100.*

Paris 564 – Aurillac 117 – Mende 57 – Aumont-Aubrac 23 – Rodez 80 – Saint-Flour 45.

à La Chaldette *2 km par D 613 – ✉ 48310 Brion :*

La Chaldette ⑤, ✆ 04 66 31 37 00, *Fax 04 66 31 85 18,* 🏠, 🚗 – ⬍ cuisinette TV P – 🏨 35. GB
1er avril-11 nov. et fermé mardi sauf juil.-août – **Repas** 150/220 et carte 250 à 340 ♀ – ☕ 60 – **9 ch** 350/550, 6 duplex – ½ P 335/435
Spéc. Croustillant de tourteau à la tomate confite. Côte de veau de lait fermier en cocotte, macaroni au foie gras. Crêpe soufflée aux poires.

BRIONNE *27800 Eure* 55 ⑮ *G. Normandie Vallée de la Seine – 4 408 h alt. 56.*

Voir *Abbaye du Bec-Hellouin★★ N : 6 km – Harcourt : château★ et arboretum★ SE : 7 km.*

Paris 141 – Rouen 43 – Bernay 16 – Évreux 41 – Lisieux 40 – Pont-Audemer 27.

XXX **Logis** avec ch, pl. St Denis ✆ 02 32 44 81 73, *Fax 02 32 45 10 92* – TV ✆ 🚗 P. AE GB JCB
fermé sam. midi, dim. soir et lundi – **Repas** 110/350 – ☕ 50 – **12 ch** 330/390 – ½ P 400/430

XX **Auberge du Vieux Donjon** avec ch, r. Soie ✆ 02 32 44 80 62, *Fax 02 32 45 83 23,* 🏠, « Maison normande du 18e siècle » – TV ✆ P. GB
fermé 2 au 22 oct., 19 fév. au 5 mars, dim. soir et lundi d'oct. à juin et jeudi soir – **Repas** 82/220 ♀, enf. 55 – ☕ 35 – **8 ch** 240/310 – ½ P 290/320

BRIOUDE SP *43100 H.-Loire* 76 ⑤ *G. Auvergne – 7 285 h alt. 427.*

Voir *Basilique St-Julien★★ (chevet★★, chapiteaux★★).*

Env. *Lavaudieu : fresques★ de l'église et cloître★★ de l'ancienne abbaye 9,5 km par ①.*

ℹ *Office de Tourisme Hôtel du Doyenné pl. Lafayette ✆ 04 71 74 97 49, Fax 04 71 74 97 87.*

Paris 486 ① – Le Puy-en-Velay 61 ① – Clermont-Ferrand 71 ① – St-Flour 53 ②.

Plan page suivante

Sapinière M, av. P. Chambriard **(m)** ✆ 04 71 50 87 30, *hotel.la.sapiniere@wanadoo.fr, Fax 04 71 50 87 39,* 🏠, ⛱, 🚗 – TV ✆ ♿ P – 🏨 20. AE ⓓ GB
fermé fév. et mars, dim. soir et lundi – **Repas** (dîner seul. sauf dim.) 125/220 ♀ – ☕ 48 – **11 ch** 450/650 – ½ P 390

Poste et Champanne, 1 bd Dr Devins **(a)** ✆ 04 71 50 14 62, *Fax 04 71 50 10 55* – cuisinette TV ✆ P – 🏨 30. GB
fermé fév. et dim. soir sauf juil.-août – **Repas** 88/220 ♀ – ☕ 38 – **23 ch** 170/300, 3 studios – ½ P 260

X **Pons,** 7 r. d'Assas **(e)** ✆ 04 71 50 00 03 – GB
fermé 11 au 20 juin, 19 nov. au 11 déc., mardi soir et lundi – **Repas** 60/86 🍷

BRIOUDE

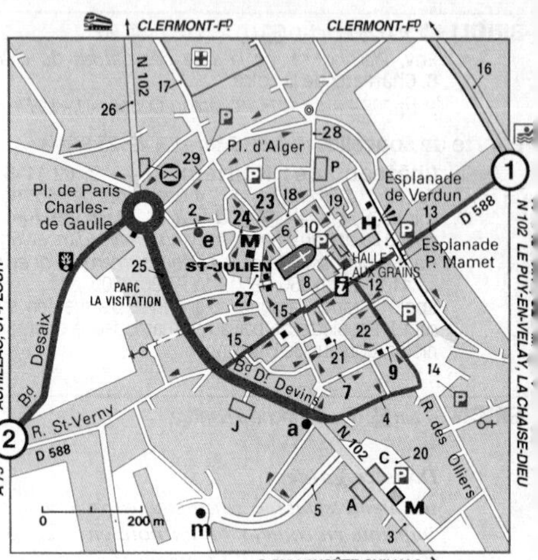

Vous aimez le camping ?
Utilisez le **guide Michelin Camping Caravaning France.**

BRIOUZE *61220 Orne* 60 ① *– 1 658 h alt. 210.*

Paris 221 – Alençon 58 – Argentan 27 – La Ferté-Macé 13 – Flers 17.

✗ **Sophie** avec ch, ℘ 02 33 62 82 82, *Fax 02 33 62 82 83* – 📺 📞. GB. ch
fermé 21 déc. au 4 janv. – **Repas** 65/185 – ☕ 32 – **9 ch** 130/250 – ½ P 370

BRISSAC-QUINCÉ *49320 M.-et-L.* 64 ⑪ *G. Châteaux de la Loire – 2 275 h alt. 65.*

Voir *Château*★★.

ℹ *Office de Tourisme (mai-sept.) 8 pl. de la République* ℘ *02 41 91 21 50, Fax 02 41 54 25 31.*

Paris 308 – Angers 18 – Cholet 58 – Saumur 37.

Castel Ⓜ sans rest, 1 r. L. Moron (face château) ℘ 02 41 91 24 74, *Fax 02 41 91 71 55* – 📺.
AE GB
☕ 42 – **11 ch** 295/370

BRIVE-LA-GAILLARDE *19100 Corrèze* 75 ⑧ *G. Périgord Quercy – 49 765 h alt. 142.*

Voir *Musée de Labenche*★.

℘ *08 36 35 35 35.*

ℹ *Office de Tourisme pl. 14-Juillet* ℘ *05 55 24 08 80, Fax 05 55 24 58 24.*

Paris 484 ③ – Albi 200 ② – Clermont-Ferrand 168 ① – Limoges 92 ③ – Toulouse 221 ②.

Plan page suivante

Truffe Noire, 22 bd A. France ℘ 05 55 92 45 00, *contact@la-truffe-noire.com, Fax 05 55 92 45 13,* – 📺 📞 – 20. AE GB JCB CY v
Repas *(100)* - 145/390 – ☕ 60 – **27 ch** 460/660 – ½ P 510/890

Collonges Ⓜ sans rest, 3 pl. W. Churchill ℘ 05 55 74 09 58, *Fax 05 55 74 11 25* – 📺 📞.
AE GB JCB CZ n
☕ 40 – **24 ch** 290/340

Ibis sans rest, 32 r. M. Roche ℘ 05 55 17 42 42, *h0814@accor-hotels.com, Fax 05 55 23 54 41* – 📺 📞 🅿 – 25. AE GB AX u
☕ 35 – **50 ch** 315/340

Quercy sans rest, 8 bis quai Tourny ℘ 05 55 74 09 26, *Fax 05 55 74 06 24* – 📺 📞. AE
GB CY d
fermé 15 déc. au 5 janv. – ☕ 36 – **60 ch** 310/350

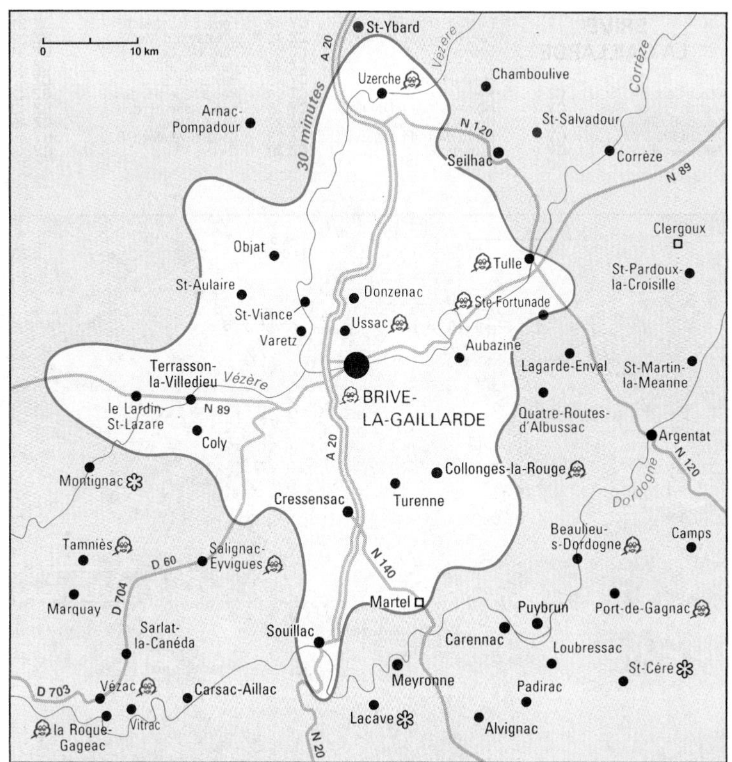

XX **Périgourdine,** 15 av. Alsace-Lorraine ✆ 05 55 24 26 55, *Fax 05 55 17 13 22,* ☂ – AE GB JCB — CZ a
fermé sam. midi, dim. soir et lundi sauf fériés – **Repas** 135/300

XX **Potinière,** 6 bd Puyblanc ✆ 05 55 24 06 22, *Fax 05 55 24 06 22,* ☂ – GB — CZ n
fermé dim. sauf fériés et 15 juin au 15 sept. – **Repas** *(75)* - 110/195 ♀, enf. 50

XX **Crémaillère** avec ch, 53 av. Paris ✆ 05 55 74 32 47, *Fax 05 55 74 00 15,* ☂ – TV ✆. GB
fermé 2 au 10 juil., vacances de fév., dim. soir et lundi – **Repas** 100 bc/250 ♀ – ☕ 38 – **9 ch** 260/290 — AX n

X **Chez Francis,** 61 av. Paris ✆ 05 55 74 41 72, *Fax 05 55 17 20 54,* bistrot – GB — AX s
fermé 3 au 19 août, 24 fév. au 4 mars, dim. et fériés – **Repas** bistrot (nombre de couverts limité, prévenir) 90/130 ♀

X **Toupine,** 11 r. Jean Labrunie ✆ 05 55 23 71 58, *Fax 05 55 23 71 58* – ▤. GB — CZ v
fermé 6 au 19 août, vacances de fév., merc. soir sauf juil.-août et dim. – **Repas** (prévenir) *(60)* - 98/140 ♀

à Ussac *Nord-Ouest par D 920* **AX** *et D 57 : 5 km – 2 762 h. alt. 350 –* ✉ *19270 :*

Auberge St-Jean, ✆ 05 55 88 30 20, *Fax 05 55 87 28 50,* ☂ – TV. GB
Repas *(fermé vend. soir et dim. soir de nov. à Pâques)* 69/96, enf. 45 – ☕ 36 – **28 ch** 180/280 – ½ P 270

XX **Petit Clos** ⛰ avec ch, au Pouret ✆ 05 55 86 12 65, *Fax 05 55 86 94 32,* ☂, « Anciennes maisons corréziennes dans la campagne », 🏊, 🌳 – TV ✆ P – 🏔 20. ◑ GB. ✗ rest
fermé 1er au 15 fév., dim. soir et lundi – **Repas** 120/240 ♀ – ☕ 40 – **7 ch** 380/480 – ½ P 420/500

rte d'Aurillac *Est par D 921* **CZ** *: 2,5 km –* ✉ *19360 Malemort :*

XX **Auberge des Vieux Chênes** avec ch, ✆ 05 55 24 13 55, *Fax 05 55 24 56 82* – TV ✆ 🚗 P – 🏔 30. AE ◑ GB
fermé dim. – **Repas** 75/195 ♀ – ☕ 45 – **12 ch** 225/290 – ½ P 245/320

BRIVE-LA-GAILLARDE

Alsace-Lorraine (Av. d') . . **CZ** 2
Anatole-France (Bd) . . . . . **CY** 3
Dalton (R.Gén.) . . . . **CY** 7
Dauzier (Pl. J.-M.) . . . . . . **CY** 8
Dellessert (R. B.) . . . . **CY** 9
Dr-Massénat (R.) . . . . **CY** 12
Faro (R.du Lt-Colonel) . . . . . . **CZ** 16
Gambetta (R.) . . . . **CZ**
Gaulle (Pl. Ch. de) . . . . **CZ** 18
Halle (Pl. de la) . . . . **CY** 23
Hériot (Av. E.) . . . . **CZ** 24
Hôtel-de-Ville (Pl.de l') . . . . . . **CY** 26
Hôtel-de-Ville (R.de l') . . . . . . **BZ** 27
Lattre-de-T. (Pl. de) . . . . **CZ** 29
Latreille (Pl.) . . . . **CZ** 30
Leclerc (Av. Mar.) . . . . **CZ** 31
Lyautey (Bd Mar.) . . . . **BZ** 32
Paris (Av. de) . . . . **BY** 34
Puyblanc (Bd de) . . . . **CZ** 39
Raynal (R. B.) . . . . **CZ** 40
République (Pl. de la) . . . . **BZ** 42
République (R. de la) . . . . **BZ** 43
Salan (R. du) . . . . **CZ** 45
Ségéral-Verninac (R.) . . . . **BY** 46
Toulzac (R.) . . . . **CY** 48

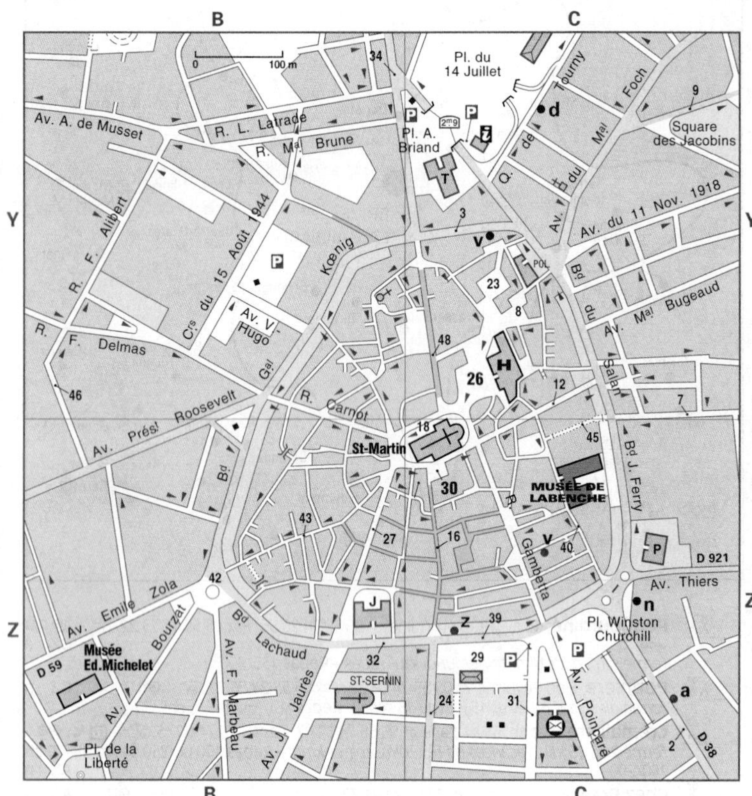

rte de Périgueux *par ② : 3 km – ✉ 19100 Brive-la-Gaillarde :*

Teinchurier, av. du Teinchurier ℘ 05 55 86 45 00, *Fax 05 55 86 45 45*, – rest, 30. GB
Repas *(fermé 24 déc. au 1er janv. et dim. soir)* 65 (déj.), 92/190 – 50 – **40 ch** 290/315 – ½ P 280

rte d'Objat *par ③, D 901 et D 170 : 6 km – ✉ 19100 Brive-la-Gaillarde :*

Mercure, ℘ 05 55 86 36 36, *h035@accor-hotels.com, Fax 05 55 87 04 40*, ch, 15 à 50. AE GB JCB
Repas 160, enf. 50 – 55 – **57 ch** 415/475

à Varetz *par ③, D 901 et D 152 : 10 km – 1 851 h. alt. 109 – ✉ 19240 :*

Château de Castel Novel, ℘ 05 55 85 00 01, *novel@relaischateaux.fr, Fax 05 55 85 09 03*, « Demeure du 13e siècle isolée dans un parc », 80. AE GB JCB
début mai-fin oct. – **Repas** *(fermé le midi sauf sam. et dim.)* 250/480, enf. 95 – 95 – **31 ch** (½ pens. seul.), 3 appart, 3 duplex – ½ P 870/1460

BRIVE-LA-GAILLARDE

Blum (Av. L.) . . . . **AX** 4
Clemenceau (Bd) . . . . . **AX** 6
Dalton (R. Gén.) . . . . . . **AX** 7
Dellessert (R.B.) . . . . . . **AX** 9
Dr.-Marbeau (Bd) . . . . . **AX** 10
Dormoy (Bd M.) . . . . . . **AX** 13
Dubois (Bd Cardinal) . . **AX** 15
Foch (Av. du Mar.) . . . . **AX** 17
Germain (Bd Colonel). . **AX** 20
Grivel (Bd Amiral) . . . . . **AX** 22
Hériot (Av. E.) . . . . **AX** 24
Leclerc (Av. Mar.) . . . . . **AX** 31
Michelet (Bd). . . . . **AX** 33
Paris (Av. de) . . . . **AX** 34
Pasteur (Av.) . . . . **AX** 35
Pompidou (Av. G.) . . . . **AX** 37

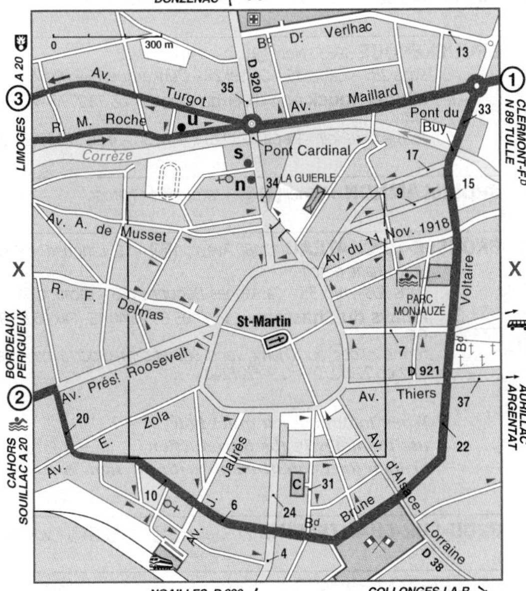

à **St-Viance** *par ③, D 901 et D 148 : 12 km – 1 407 h. alt. 119 – ✉ 19240.*
Voir Châsse★ dans l'église.

Auberge des Prés de la Vézère, ☎ 05 55 85 00 50, *Fax 05 55 84 25 36*, – TV ☎ P. AE ◑ GB
mi-avril-fin nov., dim. soir et lundi sauf juil.-août – **Repas** 155/185 ♀, enf. 60 – ☕ 45 – **11 ch** 295/395 – ½ P 400/450

BRON *69 Rhône* 74 *⑫,,* 110 *㉕ – rattaché à Lyon.*

BROQUIÈS *12480 Aveyron* 80 *⑬ – 652 h alt. 386.*
Paris 690 – Albi 62 – Lacaune 52 – Rodez 58 – St-Affrique 31.

Pescadou, Sud : 2,5 km rte St-Izaire ☎ 05 65 99 40 21, *wantiezam@aol.com, Fax 05 65 99 48 04*, – P
15 mars-15 oct. – **Repas** *(65 bc)* - 86/135 ♀, enf. 49 – ☕ 33 – **15 ch** 185/280 – ½ P 230/250

BROU *01 Ain* 74 *③ G. Bourgogne.*
Curiosités★★★ et ressources hôtelières : rattachées à Bourg-en-Bresse.

BROU *28160 E.-et-L.* 60 *⑯ – 3 803 h alt. 150.*
Office de Tourisme (fermé en fév.) r. de la Chevalerie ☎ 02 37 47 01 12, Fax 02 37 47 01 12.
Paris 128 – Chartres 38 – Châteaudun 22 – Le Mans 82 – Nogent-le-Rotrou 33.

L'Ascalier, 9 pl. Dauphin ☎ 02 37 96 05 52, *Fax 02 37 96 05 52*, – GB
fermé vacances de Toussaint et mardi – **Repas** (prévenir) *(75)* - 98/250 ♀, enf. 45

Les hôtels ou restaurants agréables
sont indiqués dans le guide par un **symbole rouge**.
Aidez-nous en nous signalant les maisons où,
par expérience, vous savez qu'il fait bon vivre.
Votre **Guide Rouge Michelin** sera encore meilleur.

BROUAINS *50 Manche* 59 ⑨ *– rattaché à Sourdeval.*

BROUCKERQUE *59630 Nord* 51 ③ *– 1 168 h alt. 2.*

Paris 285 – Calais 35 – Cassel 27 – Dunkerque 15 – Lille 75 – St-Omer 32.

Middel Houck avec ch, pl. du village ✆ 03 28 27 13 46, *Fax 03 28 27 15 10* – TV. AE GB

fermé dim. soir – **Repas** 99/229 – 30 – **4 ch** 220 – 1/2 P 230

BROUILLAMNON *18 Cher* 68 ⑩ *– rattaché à Charost.*

BROUSSE-LE-CHÂTEAU *12480 Aveyron* 80 ⑫ *G. Languedoc Roussillon – 203 h alt. 239.*

Voir *Village perché*★.

Paris 703 – Albi 55 – Cassagnes-Bégonhès 35 – Lacaune 51 – Rodez 61 – St-Affrique 33.

Relays du Chasteau, ✆ 05 65 99 40 15, *Fax 05 65 99 21 25*, ← – rest, P. GB

fermé 20 déc. au 20 janv., vend. soir et sam. d'oct. à mai – **Repas** 85/170, enf. 48 – 35 – **12 ch** 220/270 – 1/2 P 220/240

When looking for a quiet hotel
use the maps in the introduction
or look for establishments with the sign .

BROU-SUR-CHANTEREINE *77 S.-et-M.* 56 ⑫, 101 ⑲ *– voir à Paris, Environs.*

BRUÈRE-ALLICHAMPS *18 Cher* 69 ① *– rattaché à St-Amand-Montrond.*

Le BRUGERON *63880 P.-de-D.* 73 ⑯ *– 359 h alt. 850.*

Paris 424 – Clermont-Ferrand 70 – Ambert 28 – St-Étienne 111 – Thiers 35.

Gaudon avec ch, ✆ 04 73 72 60 46, *Fax 04 73 72 63 83*, ← – P. GB

fermé 15 déc. au 1er fév., lundi soir et mardi du 1er oct. au 1er juin – **Repas** 75/225 – 40 – **12 ch** 220/290 – 1/2 P 230

BRUMATH *67170 B.-Rhin* 57 ⑲ *– 8 182 h alt. 145.*

Paris 474 – Strasbourg 19 – Haguenau 12 – Molsheim 30 – Saverne 29.

Ville de Paris, 13 r. Gén. Rampont ✆ 03 88 51 11 02, *Fax 03 88 51 90 19* – TV P. GB

fermé 18 juin au 16 juil. et 27 au 31 déc. – **Repas** *(fermé dim. soir et vend.)* 110/240 – 38 – **14 ch** 140/270 – 1/2 P 220

A L'Écrevisse avec ch, 4 av. Strasbourg ✆ 03 88 51 11 08, *ecrevisse@wanadoo.fr, Fax 03 88 51 89 02*, , , – , rest, TV P – 30. AE GB

fermé 30 juil. au 15 août, lundi soir et mardi – **Repas** 165/440 et carte 250 à 450, enf. 75 - ***Krebs'Stuebel :*** Repas *(55)*-135/198, enf. 60 – 55 – **20 ch** 210/380

à Mommenheim *Nord-Ouest : 6 km par D 421 – 1 702 h. alt. 155 – ✉ 67670 :*

Manoir St-Georges avec ch, 165 rte Brumath ✆ 03 88 51 61 78, *Fax 03 88 51 59 96*, – TV P. GB

fermé du 5 au 20 août, sam. midi, dim. soir et lundi – **Repas** *(62)* - 98/295, enf. 60 – 40 – **7 ch** 220/320

Le BRUSC *83 Var* 84 ⑭, 114 ㊹ *– rattaché à Six-Fours-les-Plages.*

BRUSQUE *12360 Aveyron* 83 ④ *– 422 h alt. 465.*

Paris 705 – Albi 90 – Béziers 75 – Lacaune 32 – Lodève 50 – Rodez 108 – St-Affrique 35.

Dent de St-Jean, ✆ 05 65 99 52 87, *Fax 05 65 99 53 89*, ← – P. GB. ch

10 mars-1er nov., dim. soir et lundi sauf juil. et août – **Repas** 80/205 – 30 – **16 ch** 205/280 – 1/2 P 250

BRY-SUR-MARNE *94 Val-de-Marne* 56 ⑪, 101 ⑱ *– voir à Paris, Environs.*

BUELLAS 01310 Ain 74 ② – 1 288 h alt. 225.

Paris 419 – Mâcon 29 – Annecy 120 – Bourg-en-Bresse 10 – Lyon 66.

Auberge Bressane, 04 74 24 20 20, *Fax 04 74 24 20 20,* – P. GB
fermé 14 janv. au 1er fév., mardi soir du 15 sept. au 31 mai, dim. soir et merc. – **Repas** 70 bc (déj.), 125/225, enf. 70

Le BUGUE 24260 Dordogne 75 ⑯ *G. Périgord Quercy* – 2 764 h alt. 62.

Voir *Gouffre de Proumeyssac*★ *S : 3 km.*

Paris 526 – Périgueux 43 – Sarlat-la-Canéda 32 – Bergerac 47 – Brive-la-Gaillarde 74.

Domaine de la Barde , rte Périgueux 05 53 07 16 54, *Fax 05 53 54 76 19,* , « Belle demeure périgourdine et jardin à la française », , , , , – TV P. GB
12 avril-14 oct. – **Repas** 140/220, enf. 70 – 70 – **18 ch** 450/1250

Cygne, 2 le Cingle 05 53 07 17 77, *Fax 05 53 07 17 06,* – TV. GB
fermé 1er au 15 oct., 20 déc. au 31 janv., dim. soir et lundi sauf juil.-août – **Repas** 88/168 ♀, enf. 45 – 37 – **11 ch** 260/300 – ½ P 240/250

Les Trois As, pl. Hôtel de Ville 05 53 08 41 57, *les3as@wanadoo.fr, Fax 05 53 07 16 56,* – GB
fermé fév., mardi et merc. – **Repas** 112 (déj.), 165/290, enf. 68

à Campagne *Sud-Est : 4 km par D 703 – 281 h. alt. 60 – ✉ 24260 :*

du Château, 05 53 07 23 50, *Fax 05 53 03 93 69,* – TV P. GB. ch
7 avril-15 oct. – **Repas** 100/250 – 37 – **16 ch** 270/320 – ½ P 260

BUIS-LES-BARONNIES 26170 Drôme 81 ③ *G. Alpes du Sud* – 2 030 h alt. 365.

Voir *Vieille ville*★.

Paris 689 – Carpentras 40 – Nyons 30 – Orange 49 – Sault 37 – Sisteron 72 – Valence 130.

Les Arcades-Le Lion d'Or sans rest, pl. Marché 04 75 28 11 31, *arcadulion@aol.com, Fax 04 75 28 12 07,* – TV . GB.
fermé 15 déc. au 31 janv. – 32 – **16 ch** 190/290

Scala, 7 allées Platanes 04 75 28 01 05, *pino.greco@wanadoo.fr, Fax 04 75 28 01 05,* – GB
fermé 15 nov. au 17 janv., jeudi sauf le soir en juil.-août et merc. soir – **Repas** 68 (déj.), 90/125 , enf. 50

Le BUISSON-CORBLIN 61 Orne 60 ① – *rattaché à Flers.*

Le BUISSON-DE-CADOUIN 24480 Dordogne 75 ⑯ – alt. 170.

Paris 536 – Périgueux 53 – Sarlat-la-Canéda 35 – Bergerac 38 – Brive-la-Gaillarde 83.

Manoir de Bellerive , rte Siorac : 1,5 km 05 53 22 16 16, *manoir.bellerive@wanadoo.fr, Fax 05 53 22 09 05,* , , « Élégant manoir dans un parc en bordure de la Dordogne », , , – TV P – 20. AE GB. rest
fermé 3 janv. au 28 fév. – **Repas** *(fermé mardi midi, merc. midi et lundi)* 180 (déj.), 250/480 et carte 350 à 500 ♀, enf. 85 – 95 – **24 ch** 550/1150 – ½ P 665/900
Spéc. Tatin de foie gras aux navets (mars à juin). Demi-canette de Barbarie rôtie en cocotte (mars à sept.). Poêlée de fruits rouges aux épices (saison). **Vins** Pécharmant.

BURLATS 81 Tarn 83 ① – *rattaché à Castres.*

BURNHAUPT-LE-HAUT 68520 H.-Rhin 87 ⑲ – 1 426 h alt. 300.

Paris 456 – Mulhouse 18 – Altkirch 16 – Belfort 32 – Thann 12.

Aigle d'Or M, au Pont d'Aspach Nord : 1 km 03 89 83 10 10, *aigle.or@datasave.net, Fax 03 89 83 10 33,* , – rest, TV P – 30. AE GB
- *Coquelicot* *(fermé 6 au 19 août, 1er au 8 janv., sam. midi et dim. soir)* **Repas** 67(déj)-89/305 ♀, enf. 45 – 50 – **26 ch** 330/430 – ½ P 305/345

BUSCHWILLER 68220 H.-Rhin 87 ⑩ – 767 h alt. 305.

Paris 483 – Mulhouse 29 – Altkirch 26 – Basel 9 – Colmar 64.

Couronne, 03 89 69 12 62, *Fax 03 89 70 11 20,* – GB
fermé 30 juil. au 15 août, sam. midi, dim. soir et lundi – **Repas** 92 (déj.), 220/360 et carte 230 à 340 ♀

BUSSANG *88540 Vosges* 66 ⑧ *G. Alsace Lorraine – 1 809 h alt. 605.*

Env. *Petit Drumont* ✻★★ *NE : 9 km puis 15 mn – Ballon d'Alsace* ✻★★★ *S : 14 km puis 30 mn.*

Office de Tourisme 7 r. d'Alsace ☎ 03 29 61 50 37, Fax 03 29 61 58 20.

Paris 444 – Épinal 60 – Mulhouse 47 – Belfort 44 – Gérardmer 40 – Thann 27.

Sources, Nord-Est : 2,5 km par D 89 ☎ 03 29 61 51 94, *info@hotel-sources.com, Fax 03 29 61 60 61*, rest. non-fumeurs exclusivement, – TV P. GB.
Repas 100/280 bc, enf. 50 – 42 – **11 ch** 300/365 – ½ P 310/340

BUSSEAU-SUR-CREUSE *23 Creuse* 72 ⑩ – ✉ *23150 Ahun.*

Env. *Moutier d'Ahun : boiseries★★ de l'église SE : 5,5 km – Ahun : boiseries★ de l'église SE : 6 : km,* G. Berry Limousin.

Paris 363 – Aubusson 30 – Guéret 21.

Viaduc avec ch, ☎ 05 55 62 57 20, *ch.cl.lemestre@wanadoo.fr, Fax 05 55 62 55 80*, ← – TV P. GB
fermé janv., dim. soir et lundi – **Repas** 85/225 – 38 – **7 ch** 170/240 – ½ P 275

La BUSSIÈRE *45230 Loiret* 65 ② *G. Bourgogne – 715 h alt. 160.*

Voir *Château des pêcheurs★.*

Paris 145 – Auxerre 73 – Cosne-sur-Loire 47 – Gien 14 – Montargis 29 – Orléans 81.

Nuage M, r. Briare ☎ 02 38 35 90 73, *contact@lenuage.com, Fax 02 38 35 90 62*, – TV P – 25. AE GB. rest
Repas *(fermé 24 déc. au 1er janv.)* 80/150, enf. 35 – 35 – **15 ch** 250/270 – ½ P 240

BUSSY-ST-GEORGES *77 S.-et-M.* 56 ⑫., 101 ⑳ – *voir à Paris, Environs (Marne-la-Vallée).*

BUXERETTE *36140 Indre* 68 ⑱ – *168 h alt. 340.*

Paris 310 – Bourges 89 – Châteauroux 41 – Guéret 44 – Montluçon 85.

Hulotte, Le Courtioux ☎ 02 54 30 77 31, « Belle collection de chouettes » – GB
mars-nov. et fermé dim. soir, lundi et mardi – **Repas** (prévenir) 100 (déj.)/165, enf. 60

BUXY *71390 S.-et-L.* 70 ① – *1 998 h alt. 263.*

Paris 352 – Chalon-sur-Saône 16 – Chagny 24 – Montceau-les-Mines 33.

Fontaine de Baranges sans rest, r. Fontaine de Baranges ☎ 03 85 94 10 70, *hotel.fontaine.de.baranges@wanadoo.fr, Fax 03 85 94 10 79*, – TV P – 30. AE GB
fermé 17 déc. au 15 janv. – 45 – **18 ch** 290/750

Relais du Montagny, ☎ 03 85 94 94 94, *le.relais.du.montagny@wanadoo.fr, Fax 03 85 92 07 19*, – TV P – 30. AE GB
fermé 15 au 26 déc., 2 au 28 fév., vend. soir et dim. soir de nov. à avril – ***Girardot*** ☎ 03 85 94 94 60 **Repas** 76/220, enf. 52 – 40 – **30 ch** 335/385 – ½ P 278/300

Aux Années Vins, 2 Grande Rue ☎ 03 85 92 15 76, *Fax 03 85 92 12 20*, – GB
fermé 1er au 21 janv., merc. midi et mardi – **Repas** 98/280

BUZANÇAIS *36500 Indre* 68 ⑦ – *4 749 h alt. 111.*

Paris 289 – Le Blanc 46 – Châteauroux 25 – Chatellerault 78 – Tours 91.

Hermitage, rte d'Argy ☎ 02 54 84 03 90, *Fax 02 54 02 13 19*, – rest, TV P. GB
fermé 9 au 18 sept., 1er au 15 janv., dim. soir et lundi sauf juil.-août – **Repas** (dim. prévenir) 98/305, enf. 60 – 36 – **14 ch** 255/370 – ½ P 275/305

Croissant, 53 r. Grande ☎ 02 54 84 00 49, *le-croissant@wanadoo.fr, Fax 02 54 84 20 60*, – TV. GB
fermé 3 fév. au 4 mars, vend. soir et sam. – **Repas** 92/245, enf. 60 – 34 – **14 ch** 235/275 – ½ P 260/270

BUZET-SUR-BAÏSE *47160 L.-et-G.* 79 ⑭ – *1 353 h alt. 40.*

Paris 693 – Agen 31 – Mont-de-Marsan 84 – Nérac 19 – Villeneuve-sur-Lot 42.

Vigneron, bd République ☎ 05 53 84 73 46, – GB JCB
fermé 5 au 11 mars, dim. soir et lundi – **Repas** 89/250

Auberge du Goujon qui Frétille, face église ☎ 05 53 84 26 51, – GB
fermé mardi soir, merc. et le soir en hiver – **Repas** (prévenir) *(85)* - 110/185

CABASSON *83 Var* 84 ⑯., 114 ㊽ – *rattaché à Bormes-les-Mimosas.*

CABOURG *14390 Calvados* 55 ② *G. Normandie Vallée de la Seine – 3 355 h alt. 3 – Casino.*

Office de Tourisme Jardins du Casino ☎ 02 31 91 20 00, Fax 02 31 24 14 49.

Paris 218 ③ – Caen 31 ④ – Deauville 19 ① – Lisieux 35 ② – Pont-l'Évêque 33 ②.

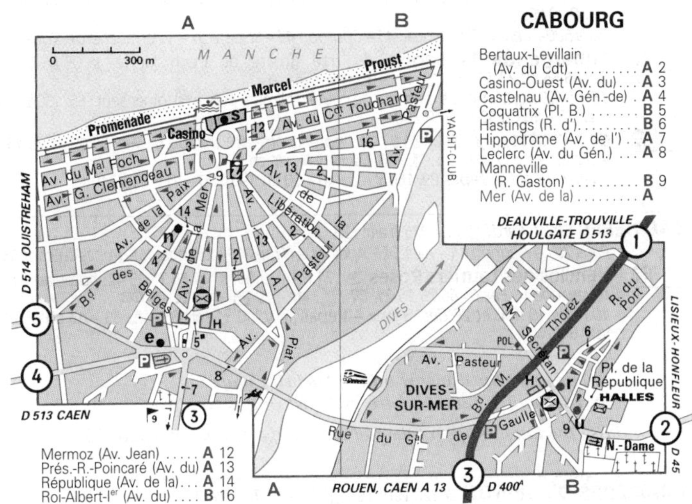

Grand Hôtel ⑤, prom. M. Proust ☎ 02 31 91 01 79, *Fax 02 31 24 03 20*, ≤, ⌂ – |‡| TV ☎ P – 🏛 20 à 100. AE ⓓ GB JCB — A s

Repas *(fermé lundi et mardi d'oct. à avril)* 260 (déj.)/295 ♀, enf. 95 – ☕ 95 – **70 ch** 1150/1600

Mercure Hippodrome M ⑤, av. M. d'Ornano par av. Hippodrome **A** ☎ 02 31 24 04 04, *Fax 02 31 91 03 99*, ⌂, ⛱ – TV ♿ P – 🏛 30 à 100. AE GB

Repas *(5 mars-13 nov.)* 140/180, enf. 60 – ☕ 57 – **79 ch** 600/680, 8 duplex

Golf ⑤, av. M. d'Ornano par av. Hippodrome **A** ☎ 02 31 24 12 34, *Fax 02 31 24 18 51*, ⌂, ⛱, ⌂ – TV ☎ ♿ P – 🏛 30. AE GB JCB

Repas *(78)* - 120/198 ♀, enf. 50 – ☕ 48 – **30 ch** 380/430, 10 duplex – ½ P 360

Cabourg sans rest, 5 av. République ☎ 02 31 24 42 55, *Fax 02 31 24 48 93* – TV ☎. GB — A n

☕ 50 – **9 ch** 450/600

Cottage sans rest, 24 av. Gén. Leclerc ☎ 02 31 91 65 61, *Fax 02 31 28 78 82*, 🏋, ⌂ – TV ☎. GB — A e

☕ 45 – **14 ch** 390/560

à Dives-sur-Mer : *Sud du plan – 5 344 h. alt. 3 – ✉ 14160 .*

Voir *Halles*★.

Syndicat d'Initiative (saison) Gén.-de-Gaulle ☎ 02 31 91 24 66, (hors saison) Mairie ☎ 02 31 28 12 50, Fax 02 31 24 42 28.

XX **Guillaume le Conquérant,** 2 r. Hastings ☎ 02 31 91 07 26, ⌂, « Ancien relais de poste du 16e siècle » – AE GB — B r

fermé 25 juin au 2 juil., 26 nov. au 25 déc., dim. soir et lundi sauf juil.-août et fériés) – **Repas** 98/330 ♀, enf. 65

X **Chez le Bougnat,** 27 r. G. Manneville ☎ 02 31 91 06 13, bistrot — B u

fermé mardi midi, lundi en saison et le soir sauf jeudi, vend. et sam. hors saison – **Repas** 82 ♀

par ④, *D 513 et rte de Gonneville-en-Auge : 7 km – ✉ 14860 Ranville :*

XXX **Hostellerie Moulin du Pré** ⑤ avec ch, ☎ 02 31 78 83 68, *moulindupre@le.rapporteur.fr, Fax 02 31 78 21 05*, ⌂ – P. AE ⓓ GB. ✗ ch

fermé 1er au 30 oct., 27 fév. au 13 mars, dim. soir et lundi de sept. à juin sauf fériés – **Repas** 200/275 et carte 240 à 370 – ☕ 40 – **10 ch** 245/365

au Hôme *par* ⑤ *: 2 km – ✉ 14390 Cabourg :*

XX **Au Pied de Cochon,** ☎ 02 31 91 27 55 – GB. ✗

fermé 3 au 19 déc., 14 au 31 janv., lundi et mardi de sept. à juin sauf fériés – **Repas** 120 bc (déj.), 195/300 ♀

CABRERETS *46330 Lot* 79 ⑨ *G. Périgord Quercy – 191 h alt. 130.*
Voir *Château de Gontaut-Biron★ – ←★ de la rive gauche du Célé.*
Env. *Grotte du Pech Merle★★★ NO : 3 km.*
Office de Tourisme de Lot-Célé à St-Cirq-Lapopie pl. de Sombral ✆ 05 65 31 29 06, Fax 05 65 30 29 06.
Paris 580 – Cahors 32 – Figeac 45 – Gourdon 43 – St-Céré 57 – Villefranche-de-Rouergue 44.

Auberge de la Sagne, rte grotte de Pech Merle ✆ 05 65 31 26 62, *Fax 05 65 30 27 43*, – GB JCB.
15 mai-15 sept. – **Repas** (nombre de couverts limité, prévenir) (dîner seul.) 85/130, enf. 65 – 38 – **10 ch** 320 – ½ P 290

des Grottes, ✆ 05 65 31 27 02, *hotel.grottes@wanadoo.fr, Fax 05 65 31 20 15*, « Terrasse sur la rivière », – AE GB. ch
15 avril-15 oct. – **Repas** 89/160 – 40 – **20 ch** 190/380 – ½ P 230/310

CABRIÈRES *30210 Gard* 80 ⑲ *– 875 h alt. 120.*
Paris 701 – Avignon 34 – Alès 54 – Arles 41 – Nîmes 16 – Orange 46 – Pont-St-Esprit 53.

L'Enclos des Lauriers Roses, 71 r. 14-Juillet ✆ 04 66 75 25 42, *hotel-lauriersroses @wanadoo.fr, Fax 04 66 75 25 21*, – AE GB
10 mars-10 nov. et 20 déc.-5 janv. – **Repas** 140/240, enf. 65 – 65 – **13 ch** 550/850 – ½ P 500/600

Towns ***underlined in red*** *on the* ***Michelin maps***
at a scale of 1 : 200 000 are included in this Guide.

Use the latest map to take full advantage of this information.

CABRIÈRES-D'AVIGNON *84220 Vaucluse* 81 ⑬ *– 1 142 h alt. 167.*
Paris 711 – Avignon 34 – Apt 24 – Carpentras 26 – Cavaillon 13.

Bistrot à Michel, ✆ 04 90 76 82 08, *Fax 04 90 76 82 08*, – GB
fermé janv., lundi sauf juil.-août et mardi – **Repas** carte environ 260

CABRIS *06 Alpes-Mar.* 84 ⑧., 114 ⑬., 115 ㉔ *– rattaché à Grasse.*

CADÉAC *65 H.-Pyr.* 85 ⑲ *– rattaché à Arreau.*

La CADIÈRE-D'AZUR *83740 Var* 84 ⑭, 114 ㊹ *G. Côte d'Azur – 3 139 h alt. 144.*
Voir *←★ – Le Castelet : Village★ NE : 4 km.*
Office de Tourisme (saison) pl. du Gén.-de-Gaulle ✆ 04 94 90 12 56, Fax 04 94 98 30 13.
Paris 819 – Marseille 44 – Toulon 22 – Aix-en-Provence 64 – Brignoles 53.

Hostellerie Bérard, près Poste ✆ 04 94 90 11 43, *Fax 04 94 90 01 94*, ←, – 30. AE GB JCB.
fermé 6 janv. au 8 fév. – **Repas** *(fermé lundi midi et sam. midi)* 160/300 – 100 – **40 ch** 510/750 – ½ P 580/760

CADILLAC *33410 Gironde* 71 ⑩ *G. Aquitaine – 2 582 h alt. 16.*
Office de Tourisme 8 pl. de la Libération ✆ 05 56 62 12 92, Fax 05 56 76 99 72.
Paris 611 – Bordeaux 34 – Langon 13 – Libourne 40.

Château de la Tour, D 10 ✆ 05 56 76 92 00, *Fax 05 56 62 11 59*, – – 20 à 50. AE GB
Repas *(fermé vend. soir, dim. soir et sam. de nov. à avril)* 95 (déj.), 145/340, enf. 65 – 65 – **32 ch** 590/690 – ½ P 525

CAEN P *14000 Calvados* 55 ⑪ ⑫ *G. Normandie Cotentin – 112 846 h Agglo. 191 490 h alt. 25.*
Voir *Abbaye aux Hommes★★ : église St-Etienne★★ – Abbaye aux Dames★ : église de la Trinité★★ – Chevet★★, frise★★ et voûtes★★ de l'église St-Pierre★ – Église et cimetière St-Nicolas★ – Tour-lanterne★ de l'église St-Jean* **EZ** *– Hôtel d'Escoville★* **DY B** *– Vieilles maisons★ (nº 52 et 54 rue St-Pierre)* **DY K** *– Musée des Beaux-Arts★★ dans le château★* **DX M¹** *– Mémorial★★* **AV** *– Musée de Normandie★* **DX M²**.
de Caen-Carpiquet : ✆ 02 31 71 20 10, par D 9 : 7 km.
Office de Tourisme pl. St-Pierre ✆ 02 31 27 14 14, Fax 02 31 27 14 18.
Paris 233 ④ – Alençon 105 ⑥ – Cherbourg 124 ⑨ – Le Havre 86 ④ – Rennes 184 ⑧.

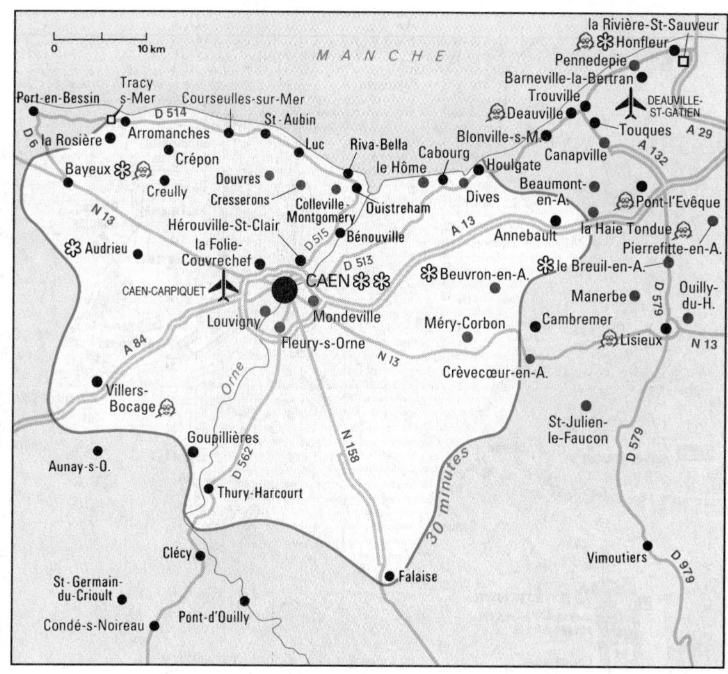

Holiday Inn M, pl. Foch 02 31 27 57 57, *Fax 02 31 27 57 58* – 150. DZ z
Rabelais (fermé 23 juil. au 26 août et sam. midi) **Repas** 115(déj)145/250, enf. 70 – 60 – **88 ch** 480/695

Mercure M, 1 r. Courtonne 02 31 47 24 24, *h0869@accor-hotels.com, Fax 02 31 47 43 88* – cuisinette, ch, – 300. EY b
Repas *(88)* - 120, enf. 39 – 57 – **114 ch** 490/570

Moderne M sans rest, 116 bd Mar. Leclerc 02 31 86 04 23, *Fax 02 31 85 37 93* – DY d
53 – **40 ch** 380/650

France sans rest, 10 r. Gare 02 31 52 16 99, *Fax 02 31 83 23 16* – EZ h
fermé 23 déc. au 3 janv. – 35 – **46 ch** 250/300

Quatrans sans rest, 17 r. Gemare 02 31 86 25 57, *hotel-des-quatrans@wanadoo.fr, Fax 02 31 85 27 80* – DY p
38 – **32 ch** 180/280

Royal sans rest, 1 pl. République 02 31 86 55 33, *Fax 02 31 79 89 44* – DY e
40 – **43 ch** 285/355

Ibis Centre M, 6 pl. Courtonne 02 31 95 88 88, *h1183@accor-hotels.com, Fax 02 31 43 80 80* – – 300. EY k
Repas *(88)* - 120, enf. 39 – 37 – **101 ch** 320/360

Central sans rest, 23 pl. J. Letellier 02 31 86 18 52, *Fax 02 31 86 88 11* – DY u
32 – **25 ch** 170/260

Havre sans rest, 11 r. Havre 02 31 86 19 80, *hotelduhavre@aol.com, Fax 02 31 38 87 67* – EZ v
19 ch 190/260

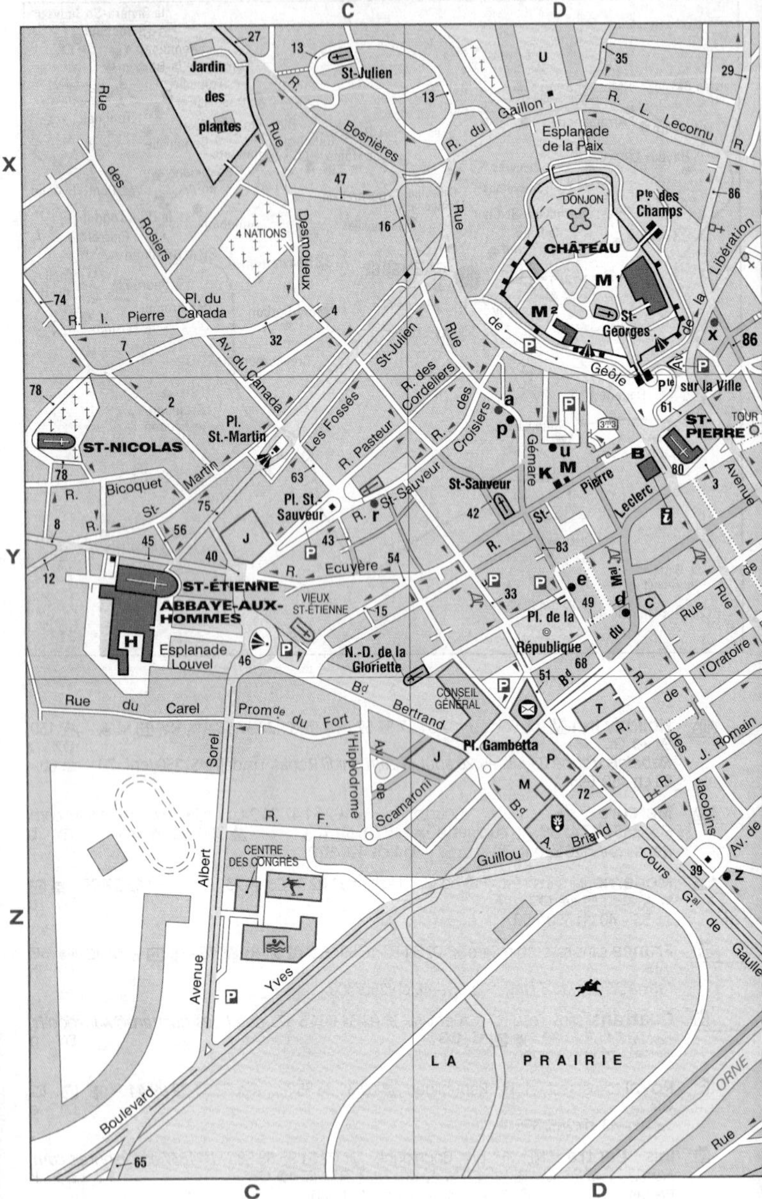

L'Atlas Routier FRANCE de Michelin, c'est :
- toute la cartographie détaillée (1/200 000) en un seul volume,
- des dizaines de plans de villes,
- un index de repérage des localités.

Le copilote indispensable dans votre véhicule.

CAEN

Académie (R. de l') . . . . **CY** 2
Alliés (Bd des) . . . . **DY** 3
Bagatelle (Av. de). . . . . **CX** 4
Barbey-d'Aurevilly (R.). . . . . **CX** 7
Bayeux (R. de) . . . . **CY** 8
Bir-Hakeim
(Pont de). . . . . **EZ** 9
Brunet (R. H.) . . . . **EZ** 10
Caponière (R.). . . . . **CY** 12
Carrières-St-Julien (R. des). . . **CDX** 13
Caumont (R. A. de) . . . . **CY** 15
Chanoine X.
de St-Paul (R.) . . . . **CX** 16
Chaussée-Ferrée (R. de la). **EZ** 18
Churchill (Pont) . . . . **EZ** 21
Courtonne (Pl.) . . . . **EY** 26
Creully (Av. de). . . . . **CX** 27
Decaen (R. Gén.) . . . . **EZ** 28
Délivrande (R. de la) . . . . . . **DX** 29
Docteur-Rayer (R. du) . . . . . **CX** 32
Doumer (R. Paul) . . . . **DY** 33
Ecuyère (R.) . . . . **CY**
Edimbourg (Av. d'). . . . . **DX** 35
Falaise (R. de). . . . . **EZ** 38
Foch (Pl. du Mar.) . . . . **DZ** 39
Fontette (Pl.). . . . . **CY** 40
Froide (R.) . . . . **DY** 42
Fromages (R. aux) . . . . **CY** 43
Guillaume-le-
Conquérant (R.) . . . . **CY** 45
Guillouard (Pl. L.). . . . . **CYZ** 46
Juifs (R. aux). . . . . **CX** 47
Lair (R. P.-A.). . . . . **DY** 49
Lebisey (R. de) . . . . **EX** 50
Lebret (R. G.) . . . . **DYZ** 51
Leclerc (Bd Mar.) . . . . **DY**
Malherbe (Pl.) . . . . **CY** 54
Manissier (R.) . . . . **EX** 55
Marot (R. J.) . . . . **CY** 56
Meslin (Quai E.) . . . . **EZ** 57
Miséricorde (R. de la) . . . . . **EY** 58
Montalivet (Cours) . . . . **EZ** 59
Montoir-Poissonnerie (R.). . **DY** 61
Pemagnie (R.). . . . . **CY** 63
Petit-Vallerent (Bd du) . . . . . **CZ** 65
Pont St-Jacques (R. du) . . . **DY** 68
Reine Mathilde (Pl. de la). . **EX** 69
Sadi-Carnot (R.). . . . . **DZ** 72
St-Jean (R.) . . . . **DEYZ**
St-Gabriel (R.) . . . . **CX** 74
St-Manvieu (R.). . . . . **CY** 75
St-Michel (R.). . . . . **EZ** 77
St-Nicolas (R.) . . . . **CXY** 78
St-Pierre (Pl.). . . . . **DY** 80
St-Pierre (R.) . . . . **DY**
Sévigné (Prom. de) . . . . **EZ** 81
Strasbourg (R. de) . . . . **DY** 83
Vaucelles (R. de). . . . . **EZ** 85
Vaugueux (R. du) . . . . **DX** 86
6-Juin (Av. du) . . . . **DEYZ**
11-Novembre (R. du) . . . . . . **EZ** 90

The ***Michelin Road Atlas FRANCE*** *offers:*
- *all of France, covered at a scale of 1:200 000, in one volume*
- *plans of principal towns and cities*
- *comprehensive index*

It makes the ideal navigator.

CAEN

Baladas (Bd des) . . . . **AV** 6
Chemin Vert (R. du). . . . . . **AV** 19
Chéron (Av. Henri) . . . . . . **AV** 20
Clemenceau (Av. G.) . . . . . **BV** 22
Copernic (Av. N.). . . . . **ABV** 23
Côte-de-Nacre (Rte de la). . **AV** 24
Courseulles (Av. de). . . . . . **AV** 25
Délivrande (R. de la) . . . . . **AV** 29
Demi-Lune (Pl. de la) . . . . **BV** 30
Lyautey (Bd Mar.). . . . . **AV** 52
Montalivet (Cours) . . . . **BV** 59
Montgomery (Av. Mar.) . . . . **AV** 60
Mountbatten (Av. Am.) . . . . **AV** 62
Pasteur (R. L.) . . . . **BV** 63
Père-Ch.-de-Foucault (Av.) . . . . **AV** 64
Poincaré (Bd R.). . . . . **BV** 66
Pompidou (Bd G.) . . . . **AV** 67
Rethel (Bd de) . . . . **BV** 70
Richemond (Bd de) . . . . . . **AV** 71

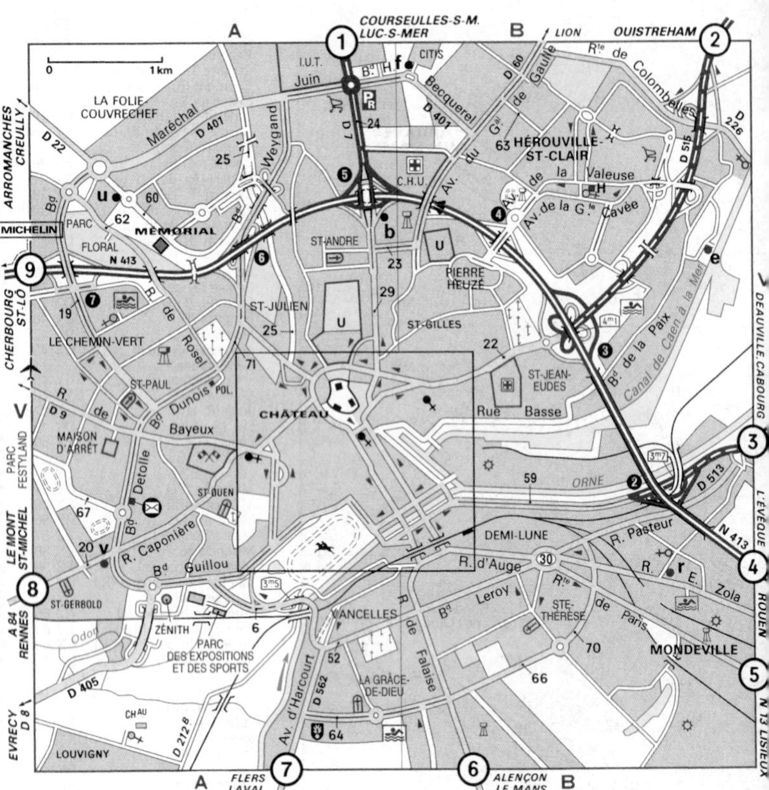

XXX ✿✿ **Bourride** (Bruneau), 15 r. du Vaugueux ☎ 02 31 93 50 76, *Fax 02 31 93 29 63*, « Maison du vieux Caen » – AE ① GB — DX x
fermé 19 août au 4 sept., 6 au 21 janv., dim. et lundi – **Repas** (nombre de couverts limité, prévenir) 250/610 et carte 420 à 550 ♀
Spéc. Fricassée d'andouille de Vire au vieux vinaigre. Bourride à ma façon. Pigeonneau en croûte de sel et gousse de vanille.

XXX **Dauphin** avec ch, 29 r. Gemare ☎ 02 31 86 22 26, *dauphin.caen@wanadoo.fr*, *Fax 02 31 86 35 14* – ▮ TV P. AE ① GB — DY a
fermé 16 juil. au 6 août et vacances de fév. – **Repas** *(fermé dim. midi de mi-mai à sept., dim. soir d'oct. à mi-mai et sam. midi)* 110/320 ♀ – ☕ 60 – **22 ch** 360/800 – ½ P 400/550

XXX **Pressoir,** 3 av. H. Chéron ☎ 02 31 73 32 71, *Fax 02 31 73 32 71* – P. GB — AV v
fermé 5 au 27 août, vacances de fév., sam. midi, dim. soir et lundi – **Repas** 130/315 et carte 320 à 410

XX **Gastronome,** 43 r. St Sauveur ☎ 02 31 86 57 75, *Fax 02 31 38 27 78* – GB — CY r
fermé 29 juil. au 12 août, sam. midi sauf juil.-août et dim. – **Repas** 99/230 ♀

XX **Carlotta,** 16 quai Vendeuvre ☎ 02 31 86 68 99, *reservation@lecarlotta.fr*, *Fax 02 31 38 92 31*, brasserie – ▤. AE GB — EY m
fermé 12 au 20 août et dim. – **Repas** 108/168 ♀

XX **Alcide,** 1 pl. Courtonne ☎ 02 31 44 18 06, *Fax 02 31 94 47 45* – GB — EY e
fermé 20 au 31 déc. et sam. – **Repas** 87/139 ♀

à l'échangeur Caen-Université *(bretelle du bd périphérique) – ✉ 14000 Caen :*

Novotel Côte de Nacre M, av. Côte de Nacre ✆ 02 31 43 42 00, *h0405@accor-hotels.com, Fax 02 31 44 07 28,* – – TV ♿ P – 🏃 200. AE ⓓ GB AV b
Repas 135 ♀, enf. 50 – ☕ 60 – **126 ch** 490/560

à Hérouville St-Clair *Nord-Est : 3 km – 24 795 h. alt. 20 – ✉ 14200 :*

Quality Hôtel, 2 pl. Boston Citis ✆ 02 31 44 05 05, *quality.caen@dial.oleane.com, Fax 02 31 44 95 94,* – – TV ♿ P – 🏃 300. AE ⓓ GB BV f
Repas 130 bc (déj.), 135/170 ♀, enf. 65 – ☕ 60 – **92 ch** 490/590

L'Espérance avec ch, r. Abbé Alix, bord du canal ✆ 02 31 44 97 10, *Fax 02 31 94 89 23,* ← – TV P – 🏃 40. GB. ch BV e
fermé 17 au 24 sept., 1er au 8 nov. et vacances de fév. – **Repas** 80 (déj.), 99/198, enf. 50 – ☕ 28 – **8 ch** 150/220 – ½ P 220/240

à Bénouville *par ② : 10 km – 1 258 h. alt. 8 – ✉ 14970.*
Voir *Château★ : escalier d'honneur★★.*

Glycine M, 11 pl. Commando n° 4 ✆ 02 31 44 61 94, *Fax 02 31 43 67 30* – TV ♿ P – 🏃 20. GB
fermé 20 déc. au 10 janv. et dim. soir hors saison – **Repas** 95/230 ♀ – ☕ 38 – **25 ch** 290/320 – ½ P 315

Manoir d'Hastings et la Pommeraie avec ch, 18 av. Côte de Nacre ✆ 02 31 44 62 43, *Fax 02 31 44 76 18,* « Prieuré du 17e siècle », – TV P. AE ⓓ GB
fermé 12 nov. au 4 déc. et vacances de fév. – **Repas** *(fermé dim. soir et lundi)* 130 (déj.), 175/360 et carte 180 à 320 – ☕ 50 – **15 ch** 500/850 – ½ P 625/675

à Mondeville *Est : 3,5 km – 9 488 h. alt. 10 – ✉ 14120 :*

Les Gourmets, 41 r. E. Zola ✆ 02 31 82 37 59, *Fax 02 31 82 37 92,* collection de saucières – GB BV r
fermé 1er au 20 août, mardi soir, dim. soir et lundi – **Repas** 86/168

à Fleury-sur-Orne *par ⑦ : 4 km – 3 861 h. alt. 33 – ✉ 14123 :*

Auberge de l'Ile Enchantée, au bord de l'Orne (1 r. St-André) ✆ 02 31 52 15 52, *Fax 02 31 72 67 17,* ← – GB
fermé 29 juil. au 12 août, vacances de fév., dim. soir, merc. soir et lundi – **Repas** 108/198, enf. 68

à Louvigny *Sud : 4,5 km par D 212B* AV – *1 712 h. alt. 10 – ✉ 14111 :*

Auberge de l'Hermitage, au bord de l'Orne ✆ 02 31 73 38 66, *Fax 02 31 73 91 56,* – AE GB
fermé 27 août au 7 sept., dim. soir et lundi – **Repas** 89/180 ♀

à La Folie-Couvrechef *(près Mémorial)* AV – ✉ *14000 Caen :*

Otelinn, av. Mar. Montgomery ✆ 02 31 44 34 20, *Fax 02 31 44 63 80* – TV ♿ P – 🏃 60. AE ⓓ GB AV u
Repas *(fermé 24 déc. au 4 janv.)* (75) - 95/145, enf. 50 – ☕ 39 – **50 ch** 310/325 – ½ P 290

CAGNES-SUR-MER *06800 Alpes-Mar.* 84 ⑨, 115 ㉕ *G. Côte d'Azur – 40 902 h alt. 20.*

Voir *Haut-de-Cagnes★ – Château-musée★ : patio★★, ★ de la tour – Musée Renoir.*
Office de Tourisme 6 bd. Maréchal-Juin ✆ 04 93 20 61 64, Fax 04 93 20 52 63.
Paris 920 ⑤ – Nice 14 ② – Antibes 11 ④ – Cannes 21 ⑤ – Grasse 25 ⑥ – Vence 11 ①.

Plan page suivante

Brasilia sans rest, chemin Grands Plans ✆ 04 93 20 25 03, *Fax 04 93 22 44 09* – TV P – 🏃 15. AE ⓓ GB JCB BX r
☕ 45 – **18 ch** 350/480

Splendid sans rest, 41 bd Mar. Juin ✆ 04 93 22 02 00, *hotel.splendid@free.fr, Fax 04 93 20 12 44* – TV ♿ P – 🏃 25. AE ⓓ GB JCB BX x
☕ 40 – **24 ch** 350/530

Comfort Hôtel Le Tiercé sans rest, 33 bd Kennedy ✆ 04 93 20 02 09, *tierce.hotel@wanadoo.fr, Fax 04 93 20 31 55* – TV P. AE ⓓ GB JCB BX v
☕ 50 – **23 ch** 380/750

Chantilly sans rest, 31 r. Minoterie ✆ 04 93 20 25 50, *Fax 04 92 02 82 63* – TV P. GB BX b
☕ 35 – **20 ch** 260/360

CAGNES-VILLE

CROS-DE-CAGNES

HAUT-DE-CAGNES

CAGNES-SUR-MER-VILLENEUVE-LOUBET

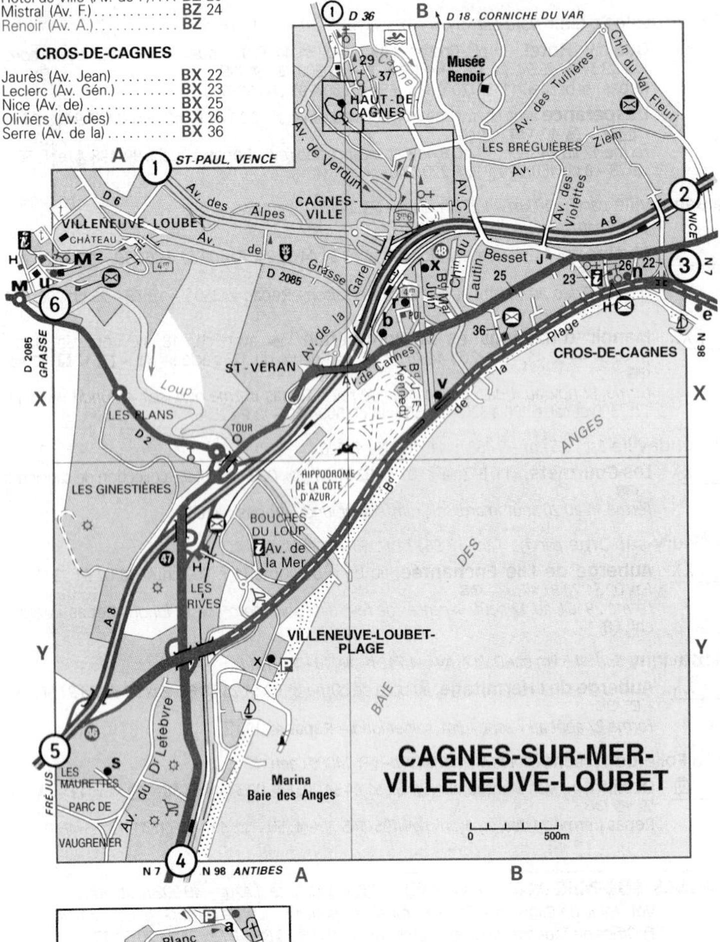

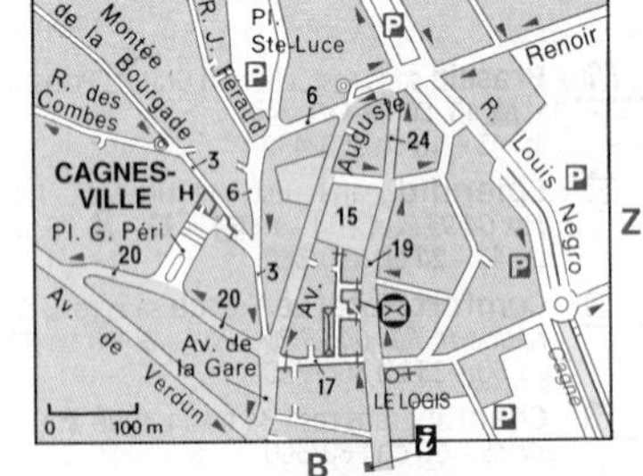

au Haut-de-Cagnes :

Cagnard, 45 r. Sous Barri ✆ 04 93 20 73 21, *resa@le-cagnard.com, Fax 04 93 22 06 39,* <, – |\$|, ▤ ch, TV P – 25. AE ⓓ GB JCB — BZ e
Repas *(fermé début nov. à mi- déc., mardi midi et jeudi midi)* 310 (déj.), 340/550 et carte 520 à 770 – ☕ 100 – **20 ch** 980/1800, 5 appart – ½ P 900/1300
Spéc. Lasagne de truffes noires (oct.-nov.). Langoustines rôties, mesclun d'herbes fraîches. Pigeon fermier doré en cocotte, jus perlé. **Vins** Côtes de Provence.

Table d'Yves, 85 montée de la Bourgade ✆ 04 93 20 33 33, *Fax 04 93 20 33 33,* « Décor provençal » – ▤. GB — BZ v
fermé vacances de Toussaint, de fév., mardi midi, jeudi midi, merc. et le midi de juin à août – **Repas** 135/250

Josy-Jo (Mme Bandecchi), 4 pl. Planastel ✆ 04 93 20 68 76, – ▤. AE GB — BZ a
fermé 15 janv. au 4 fév., sam. midi et dim. – **Repas** carte 280 à 420
Spéc. Farcis "grand-mère". Viandes charolaises grillées au charbon de bois. Mousse au citron. **Vins** Bellet, Côtes de Provence.

à Cros-de-Cagnes *Sud-Est : 2 km – ✉ 06800 Cagnes-sur-Mer.*

Office de Tourisme av. des Oliviers ✆ 04 93 07 67 08, Fax 04 93 07 61 59 (été) sur la Plage.

Bourride, port du Cros ✆ 04 93 31 07 75, *Fax 04 93 31 89 11,* <, – ▤. AE GB — BX e
fermé vacances de fév., dim. soir et merc. – **Repas** 198 (déj.)/380 et carte 350 à 500

Réserve "Loulou" (Campo), 91 bd Plage ✆ 04 93 31 00 17, *Fax 04 93 31 00 17* – ▤. AE GB. — BX n
fermé le midi du 14 juil. au 31 août, sam. midi, dim. et fériés – **Repas** 225 et carte 310 à 540
Spéc. Soupe de poissons de roche. Poissons de pêche locale grillés. Carré d'agneau des préalpes. **Vins** Cassis, Côtes de Provence.

Villa du Cros, port du Cros ✆ 04 93 07 57 83 – AE ⓓ GB JCB — BX e
fermé 1er déc. au 15 janv., dim. soir sauf juil.-août – **Repas** *(90)* - 139 (déj.), 219/259

CAHORS P *46000 Lot* 79 ⑧ *G. Périgord Quercy – 19 735 h alt. 135.*

*Voir Pont Valentré** – Portail Nord** et cloître* de la cathédrale St-Etienne** **BY E** – *<* du pont Cabessut – Croix de Magne <* O : 5 km par D 27 – Barbacane et tour St-Jean* – <* du nord de la ville.*

Office de Tourisme pl. F.-Mitterrand ✆ 05 65 53 20 65, Fax 05 65 53 20 74.

Paris 582 ① – Agen 88 ① – Albi 108 ④ – Brive-la-Gaillarde 101 ① – Montauban 61 ④.

Plan page suivante

Terminus, 5 av. Ch. de Freycinet ✆ 05 65 53 32 00, *terminus.balandre@wanadoo.fr, Fax 05 65 53 32 26* – |\$|, ▤ ch, TV ✆ P – 25. AE ⓓ GB JCB. — AY s
fermé 26 au 30 nov. voir rest. ***Balandre*** ci-après – ☕ 60 – **22 ch** 320/800

Chartreuse, fg St-Georges ✆ 05 65 35 17 37, *Fax 05 65 22 30 03,* <, – |\$|, ▤ rest, TV ✆ P – 20. AE GB — BZ u
Repas 88/230, enf. 45 – ☕ 40 – **50 ch** 260/375 – ½ P 285/330

France sans rest, 252 av. J. Jaurès ✆ 05 65 35 16 76, *hdf46@crdi.fr, Fax 05 65 22 01 08* – |\$| TV ✆ P – 50. AE ⓓ GB. — AY n
fermé 23 déc. au 7 janv. – ☕ 42 – **79 ch** 255/470

A l'Escargot, 5 bd Gambetta ✆ 05 65 35 07 66, *Fax 05 65 53 92 38,* – TV ✆. GB. ch — BY v
fermé 15 au 31 mai, 10 au 31 déc., dim. soir et lundi sauf juil.-août – **Repas** *(fermé dim. soir et lundi) (64)* - 77/173 ♀, enf. 52 – ☕ 35 – **9 ch** 290/325 – ½ P 265

Balandre - Hôtel Terminus (Marre), 5 av. Ch. de Freycinet ✆ 05 65 53 32 00, *terminus-balandre@wanadoo.fr, Fax 05 65 53 32 26,* – ▤. AE ⓓ GB JCB — AY s
fermé 15 au 30 nov., lundi sauf le soir de juil. au 15 sept. et dim. du 15 sept. à juin – **Repas** 200/450 et carte 290 à 460 ♀
Spéc. Oeufs pochés au foie gras sauce truffe. Noix de gigot du Quercy au genièvre grillé. Maraîchère de légumes aux truffes (déc. à mars). **Vins** Cahors.

Rendez-Vous, 49 r. C. Marot ✆ 05 65 22 65 10, *Fax 05 65 35 11 05,* – GB — BY e
fermé 29 avril au 15 mai, 29 oct. au 12 nov., lundi sauf le soir en juil.-août et dim. – Repas *(99)* - 135/180 ♀, enf. 45

Au Fil des Douceurs, 90 quai Verrerie ✆ 05 65 22 13 04, *Fax 05 65 35 61 09,* <, , « "Gabarre" aménagée » – ▤. GB — BY x
fermé 6 au 28 janv., dim. soir et lundi – **Repas** 105/270

Bistrot du Cahors, 46 r. Daurade ✆ 05 65 53 10 55, *Fax 05 65 53 10 55,* , bistrot à vins – GB — BY r
avril-sept. et fermé lundi soir et mardi – **Repas** carte environ 160 ♀

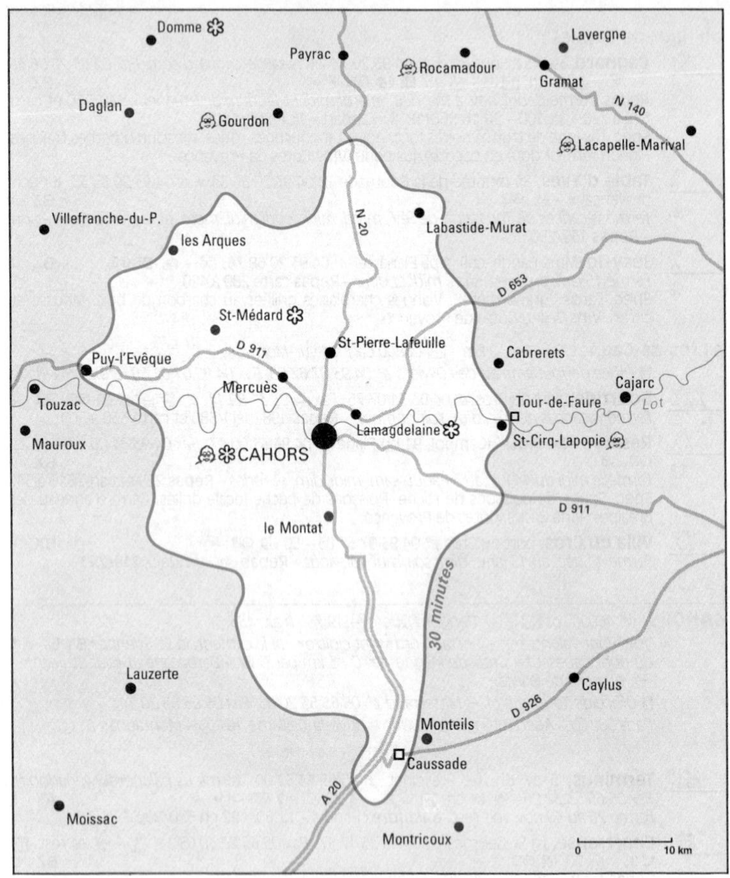

rte de Brive *par ① et N 20 : 7 km – ✉ 46000 Cahors :*

XX **Garenne,** ✆ 05 65 35 40 67, *Fax 05 65 35 40 67*, « Joli cadre rustique », – P GB
fermé 1er fév. au 10 mars, lundi soir, mardi soir et merc. sauf 15 juil. au 31 août – Repas 95/250 ♀, enf. 55

à Mercuès *par ①, rte de Villeneuve-sur-Lot : 10 km – 768 h. alt. 133 – ✉ 46090 :*

Château de Mercuès ✆ 05 65 20 00 01, *mercues@relaischateau.com*, *Fax 05 65 20 05 72*, ≤ vallée du Lot, « Ancien château des Comtes-Évêques de Cahors », – TV P – 60. AE GB JCB. rest
Pâques-1er nov. – **Repas** *(fermé mardi midi, merc. midi, jeudi midi et lundi)* 295/520 ♀ – 95 – **24 ch** 950/1500, 6 appart 800/1125

à Lamagdelaine *par ② : 7 km – 731 h. alt. 122 – ✉ 46090 :*

XXX **Claude Marco** avec ch, ✆ 05 65 35 30 64, *Fax 05 65 30 31 40*, « Belle salle voûtée », – ch, TV P. AE GB
fermé 15 au 22 oct., 5/01 au 5/03, sam. midi du 15/09 au 15/07 – **Repas** 140/320 et carte 300 à 450, enf. 75 – 60 – **4 ch** 550/680
Spéc. Fond d'artichaut braisé aux cèpes et escalopine de foie gras. Poêlée de sole, Saint-Jacques et langoustines (oct. à avril). Suprême de pigeonneau en croûte de pomme de terre. **Vins** Cahors.

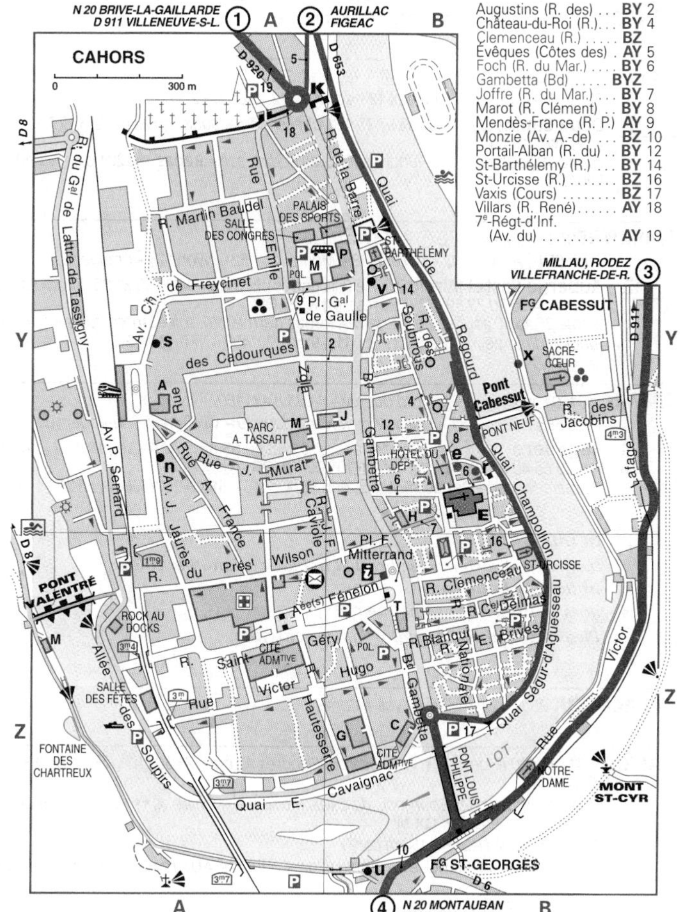

au Montat *par ④ et D 47 : 8,5 km – 685 h. alt. 271 – ✉ 46090 :*

XXX **Les Templiers,** ℘ 05 65 21 01 23, *les.templiers@wanadoo.fr, Fax 05 65 21 02 38,* « Belle salle voûtée » – ▤. AE ⓞ GB
fermé 1er au 12 juil., 15 janv. au 10 fév., lundi soir sauf en août, dim. soir et mardi – **Repas** 100/265 et carte 220 à 335, enf. 50

CAHUZAC-SUR-VÈRE *81140 Tarn* 79 ⑲ – *1 074 h alt. 240.*

Office de Tourisme Mairie ℘ 05 63 33 90 18.

Paris 668 – Toulouse 68 – Albi 28 – Gaillac 11 – Montauban 60 – Rodez 89.

Château de Salettes M, Sud : 3 km par D 922 ℘ 05 63 33 60 60, *chateau-de-salettes@wanadoo.fr, Fax 05 63 33 60 61,* ←, « Au milieu d'un vignoble, batisse de caractère au décor contemporain », ⅀, – ▤ TV ♿ P – 🏛 20. ⓞ GB
fermé 1er au 21 janv. – **Repas** 140 (déj.), 190/370 ♀ – ☕ 80 – **17 ch** 750/950 – 1/2 P 725/1225

XX **Falaise,** rte Cordes ℘ 05 63 33 96 31, *Fax 05 63 33 96 31,* – P. ⓞ GB.
fermé 26 nov. au 10 déc., 7 au 28 janv., merc. soir sauf vacances scolaires, dim. soir et lundi – **Repas** 120 (déj.), 140/220

CAILLOUET *27 Eure* 55 ⑰ *– rattaché à Pacy-sur-Eure.*

CAILLY-SUR-EURE *27490 Eure* 55 ⑰ *– 191 h alt. 23.*

Paris 100 – Rouen 43 – Évreux 12 – Louviers 12 – Vernon 27.

Deux Sapins ⛰, ✆ 02 32 67 75 13, *juhel.eric@wanadoo.fr, Fax 02 32 67 73 62,* – TV ♿ P. GB. ✂ ch
fermé 10 août au 3 sept., lundi (sauf hôtel) et dim. soir – **Repas** 90/220 bc – 40 – **15 ch** 290/370

CAIRANNE *84290 Vaucluse* 81 ② *– 863 h alt. 136.*

Paris 654 – Avignon 42 – Bollène 48 – Montélimar 52 – Nyons 25 – Orange 18.

Auberge Castel Miréïo M, rte Carpentras par D 8 ✆ 04 90 30 82 20, *info@castelmireio.fr, Fax 04 90 30 78 39,* – rest, TV ♿ P. GB
fermé 26 au 30 août et 2 au 29 janv. – **Repas** *(fermé dim. soir et merc. soir sauf juil.-août et lundi midi)* 95 (déj.), 118/195 – 41 – **9 ch** 320/400 – ½ P 330/350

CAJARC *46160 Lot* 79 ⑨ *G. Périgord Quercy – 1 033 h alt. 160.*

Paris 586 – Cahors 51 – Figeac 25 – Rocamadour 59 – Villefranche-de-Rouergue 28.

Ségalière ⛰, rte Capdenac ✆ 05 65 40 65 35, *hotel.segaliere@wanadoo.fr, Fax 05 65 40 74 92,* – TV P. AE ① GB JCB
20 mars-fin oct. – **Repas** 85/210, enf. 55 – 45 – **18 ch** 260/320 – ½ P 290

In this Guide,
a symbol or a character, printed in* black *or another colour
in light or* bold *type,
does not have the same meaning.
Please read the explanatory pages carefully.

CALACUCCIA *2B H.-Corse* 90 ⑮ *– voir à Corse.*

CALAIS SP *62100 P.-de-C.* 51 ② *G. Picardie Flandres Artois – 75 309 h Agglo. 101 768 h alt. 5 – Casino* **CX.**

Voir *Monument des Bourgeois de Calais (Rodin)*★★ *– Phare* ★★ **DX** *– Musée des Beaux-Arts et de la Dentelle*★ **CX M**[2]

Env. *Cap Blanc Nez*★★ *: 13 km par*④.

Tunnel sous la Manche *: Terminal de Coquelles* **AU**, *renseignements* **"Le Shuttle"** ✆ 03 21 00 61 00.

✆ *08 36 35 35 35.*

i *Office de Tourisme 12 bd Clemenceau* ✆ *03 21 96 62 40, Fax 03 21 96 01 92.*

Paris 291 ② *– Boulogne-sur-Mer 38* ③ *– Dunkerque 45* ① *– St-Omer 42* ②.

Plans pages suivantes

Holiday Inn M, bd Alliés ✆ 03 21 34 69 69, *holidayinn@holidayinn-calais.com, Fax 03 21 97 09 15,* ← – |‡| ✂ TV ✆ ♿ – 🏛 20. AE ① GB JCB — CX a
Repas grill *(fermé sam. midi et dim. midi)* 130, enf. 55 – 75 – **63 ch** 670/710

Meurice, 5 r. E. Roche ✆ 03 21 34 57 03, *meurice@hotel-meurice.fr, Fax 03 21 34 14 71* – |‡| TV . AE ① GB — CX v
Diligence ✆ 03 21 34 57 03 *(fermé sam. midi)* **Repas** 110 bc140/350, enf. 60 – 70 – **41 ch** 430/650 – ½ P 385/445

Métropol Hôtel sans rest, 43 quai du Rhin ✆ 03 21 97 54 00, *metropol@metropolhotel.com, Fax 03 21 96 69 70* – |‡| TV ✆ . AE ① GB JCB — CY h
fermé 21 déc. au 2 janv. – 49 – **40 ch** 260/390

George V, 36 rue Royale ✆ 03 21 97 68 00, *georgev@georgev-calais.com, Fax 03 21 97 34 73* – |‡|, rest, TV ✆ P – 🏛 25. AE ① GB JCB — CX d
Repas *(fermé 21 déc. au 13 janv., sam. midi et dim.)* *(79)* - 95/285 bc – 47 – **42 ch** 370/490 – ½ P 335

Ibis, ZUP Beau Marais, r. Greuze ✆ 03 21 96 69 69, *Fax 03 21 97 89 99,* – ✂ TV ✆ ♿ P – 🏛 20. AE ① GB. ✂ rest — BT n
Repas (dîner seul.) *(75)* - 95, enf. 39 – 35 – **55 ch** 390

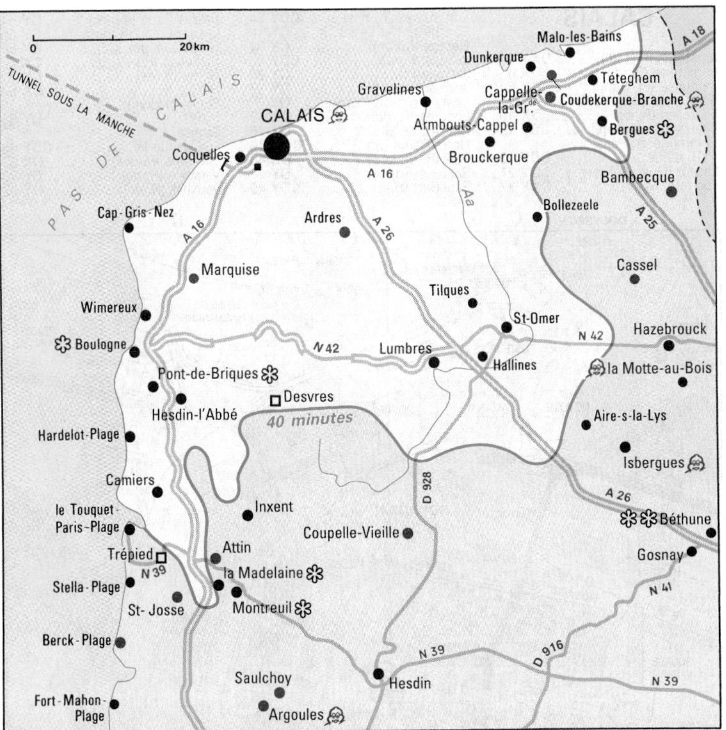

Ibis Centre M sans rest, 35 bd Jacquard ✆ 03 21 97 98 98, *Fax 03 21 34 63 62* – DY m
▭ 35 – **42 ch** 370

Richelieu sans rest, 17 r. Richelieu ✆ 03 21 34 61 60, *Fax 03 21 85 89 28* – AE GB. CX k
fermé 24 déc. au 2 janv. – ▭ 33 – **15 ch** 250/280

XX **Aquar'aile,** 255 r. J. Moulin ✆ 03 21 34 00 00, *f.leroy@aquaraile.com, Fax 03 21 34 15 00,* ≤ plage et port – AE GB AT s
fermé dim. soir et lundi – **Repas** 130/230 ♀

XX **Au Côte d'Argent,** 1 digue G. Berthe ✆ 03 21 34 68 07, *lefebvre@cotedargent.com, Fax 03 21 96 42 10,* ≤ – AE GB. CX f
fermé 20 août au 3 sept., 19 au 28 fév., dim.soir et lundi – **Repas** 98/230 ♀

XX **Channel,** 3 bd Résistance ✆ 03 21 34 42 30, *Fax 03 21 97 42 43* – AE GB CX e
fermé 27 juil. au 9 août, 23 déc. au 18 janv., dim. soir et mardi – **Repas** 100/320 ♀

XX **Pléiade,** 32 r. J. Quehen ✆ 03 21 34 03 70, *e.memain@lapleiade.com, Fax 03 21 34 03 13* – AE GB JCB CX r
fermé 6 au 26 août, vacances de fév., merc. soir, sam. midi et lundi – **Repas** *(95)* - 130/220 ♀

X **Grand Bleu,** 5 r. J.-P. Avron ✆ 03 21 97 97 98, *Fax 03 21 97 97 98,* – AE GB CX n
fermé sam. midi et dim. soir – **Repas** - produits de la mer - 130/160

X **Histoire Ancienne,** 20 r. Royale ✆ 03 21 34 11 20, *p.comte@histoire-ancienne.com, Fax 03 21 96 19 58* – AE GB CX x
fermé 1er au 15 août, lundi soir et dim. – **Repas** *(63)* - 99/158 ♀, enf. 45

à Coquelles *Ouest : 6 km par av. R. Salengro* **AT** – *2 133 h. alt. 5* – ✉ *62231 :*

Copthorne M, ✆ 03 21 46 60 60, *Fax 03 21 85 76 76,* – , rest, P – 15 à 80. AE GB
Repas 140 bc (déj.)/220 ♀, enf. 55 – ▭ 80 – **118 ch** 650/1095

CALAIS

Amsterdam (R. d') ...... **DXY** 3
Angleterre (Pl. d') .... **DX** 4
Barbusse (Pl. Henri) ...... **DX** 6
Bonningue (R. du Cdt) .... **DX** 7
Bruxelles (R. de) .... **DX** 10
Chanzy (R. du Gén.) ...... **DY** 13
Commune de Paris
(R. de la) .... **CDY** 16
Escaut (Quai de l') .... **CY** 21
Foch (Pl. Mar.) .... **CXY** 22
Fontinettes (R. des) ..... **CDY** 24
Gambetta (Bd Léon) ...... **CY**
George-V (Pont) .... **CY** 31
Jacquard (Bd) .... **CDY**
Jacquard (Pont) .... **CY** 36
Jean-Jaurès (R.) .... **DY** 37
Lafayette (Bd) .... **DY**
Londres (R. de) .... **DX** 42
Mer (R. de la) .... **CX** 45
Notre-Dame (R.) .... **CDX** 46
Paix (R. de la) .... **CX** 48
Pasteur (Bd) .... **DY**
Paul-Bert (R.) .... **CDY** 49
Prés.-Wilson (Av. du) ...... **CY** 54
Quatre-Coins (R. des) ..... **CY** 55
Rhin (Quai du) .... **CY** 58
Richelieu (R.) .... **CX** 60
Rome (R. de) .... **CY** 61
Royale (R.) .... **CX** 63
Soldat-Inconnu
(Pl. du) .... **DY** 64
Tamise
(Quai de la) .... **CDY** 66
Thermes (R. des) .... **CX** 67
Varsovie (R. de) .... **DY** 70
Vauxhall (R. du) .... **CY** 72

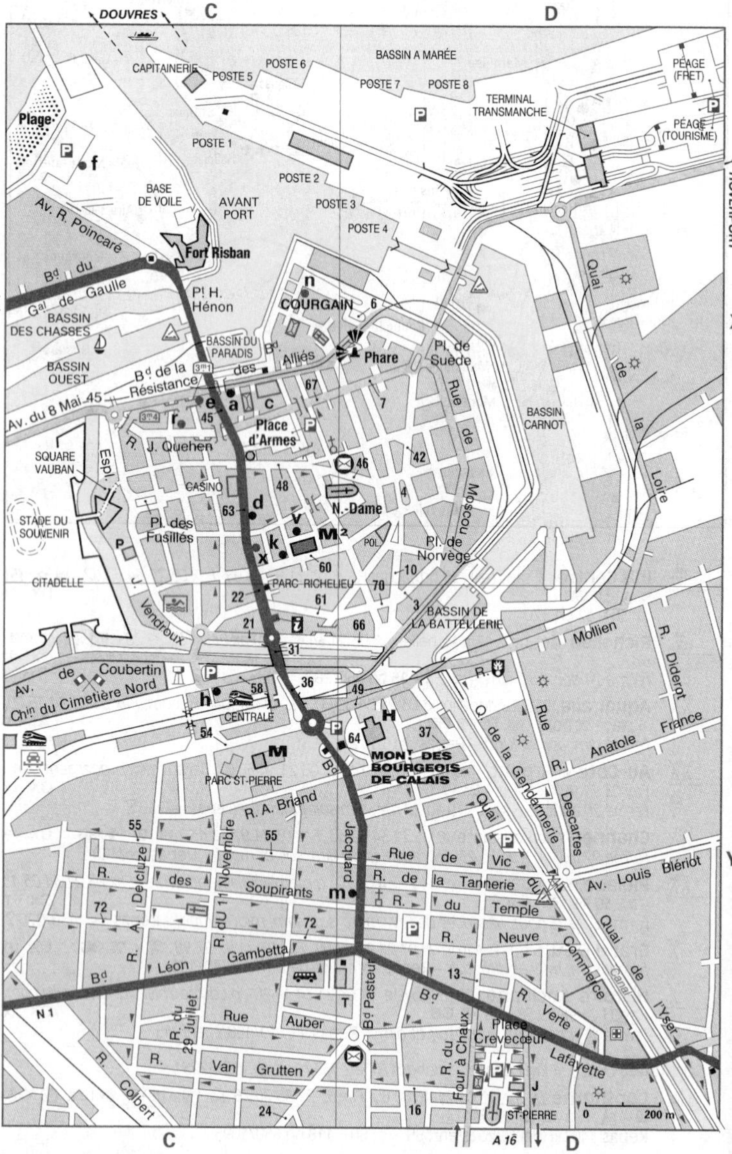

CALAIS

Bossuet (R.) . . . . **BT** 9
Cambronne (R.) . . . . **AU** 12
Chateaubriand (R.) . . . . **BT** 15
Égalité (Bd de l') . . . . **BT** 18
Einstein (Bd) . . . . **AU** 19
Fontinettes (R. des) . . . . . **ATU** 25
Four à Chaux (R. du) . . . . . . **AU** 27
Gambetta (Bd Léon) . . . . . . **AT** 28
Gaulle (Bd du Gén.-de) . . . . **AT** 30
Hoche (R.) . . . . **ATU** 33
Jacquard (Bd) . . . . **AT** 34
Lafayette (Bd) . . . . **AT** 39
Lattre-de-Tassigny (R. Mar.-de) . . . . **AT** 40
Lheureux (Quai L.) . . . . **BU** 41
Maubeuge (R. de) . . . . **BT** 43
Phalsbourg (R. de) . . . . **BT** 51
Prairies (R. des) . . . . **AU** 52
Ragueneau (R. de) . . . . . . **BTU** 57
Valenciennes (R. de) . . . . **AU** 69
Verdun (R. de) . . . . **AT** 73

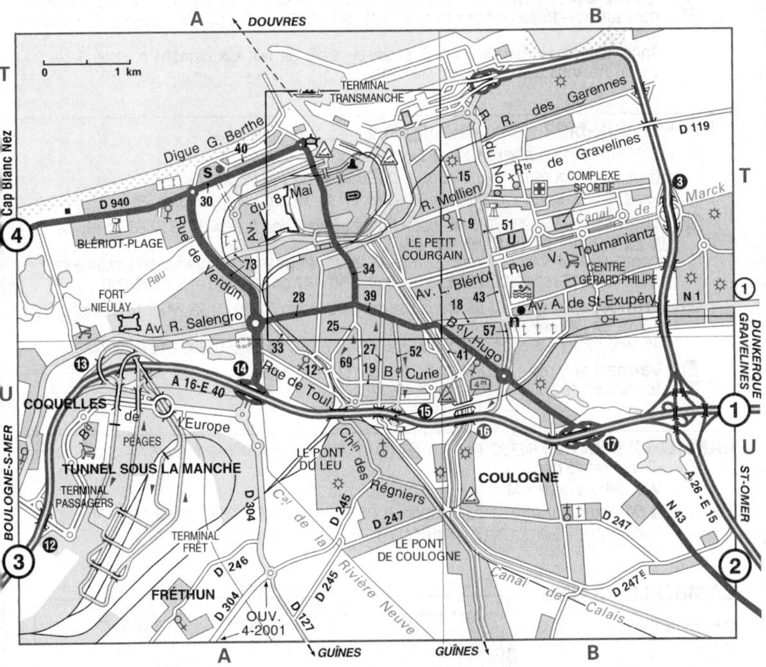

Donnez-nous votre avis sur les tables que nous recommandons, sur leurs spécialités et leurs vins de pays.

CALALONGA *2A Corse-du-Sud* 90 ⑨ *– voir à Corse (Bonifacio).*

CALA-ROSSA *2A Corse-du-Sud* 90 ⑧ *– voir à Corse (Porto-Vecchio).*

CALLAS *83830 Var* 84 ⑦, 114 ㉓ *G. Côte d'Azur – 1 276 h alt. 398.*
Paris 875 – Castellane 52 – Draguignan 16.

rte de Muy *Sud-Est : 7 km par D 25 – ✉ 83830 Callas :*

Hostellerie Les Gorges de Pennafort Ⓜ, D 25 ✆ 04 94 76 66 51, *Fax 04 94 76 67 23*, ←, « Face aux gorges de Pennafort », – ▤ TV ✆ ♿ P – 🏃 20. AE GB
fermé 15 janv. au 15 mars – **Repas** *(fermé lundi sauf le soir en juil.-août et dim. soir hors saison)* 190 (déj.), 265/370 et carte 470 à 560 ♀, enf. 100 – ☐ 85 – **16 ch** 850/1100 – 1/2 P 800/900
Spéc. Langoustines poêlées aux asperges. Carré d'agneau rôti au jus d'estragon. Gibier (saison). **Vins** Côtes de Provence.

CALVI *2B H.-Corse* 90 ⑬ *– voir à Corse.*

CALVINET *15340 Cantal* 76 ⑪ – *404 h alt. 600.*

Voir *Commune de la "Méridienne verte".*

Paris 593 – Aurillac 34 – Rodez 57 – Entraygues-sur-Truyère 31 – Figeac 40 – Maurs 18.

XX **Beauséjour** (Puech) avec ch, ✆ 04 71 49 91 68, *beausejour-puech@wanadoo.fr, Fax 04 71 49 98 63* – TV P. GB JCB
fermé 8 janv. au 25 fév., dim. soir d'oct. à juin, lundi sauf le soir en juil.-août, mardi et merc. hors saison – **Repas** (prévenir) 95/320 et carte 240 à 320, enf. 65 – 45 – **12 ch** 300 – 1/2 P 350
Spéc. Gaufre au foie de canard. Quasi de veau de lait aux oignons roussis. Sablé à la châtaigne. **Vins** Saint-Pourçain, Marcillac.

CAMARET-SUR-MER *29570 Finistère* 58 ③ *G. Bretagne* – *2 933 h alt. 4.*

Env. *Pointe de Penhir★★★ SO : 3,5 km.*

Office de Tourisme 15 q. Kléber ✆ 02 98 27 93 60, Fax 02 98 27 87 22.

Paris 596 – Brest 67 – Châteaulin 43 – Crozon 9 – Morlaix 89 – Quimper 58.

Thalassa, ✆ 02 98 27 86 44, *hotel.thalassa@wanadoo.fr, Fax 02 98 27 88 14,* ←, ⛶, – TV P – 25. AE GB JCB
hôtel : 15 avril-30 sept. ; rest. : 7 mai-27 sept. – **Repas** *(fermé le midi en semaine sauf du 1er août au 15 sept.)* 100/290 ♀, enf. 48 – 50 – **47 ch** 360/700 – 1/2 P 520/650

France, ✆ 02 98 27 93 06, *hotel.thalassa@wanadoo.fr, Fax 02 98 27 88 14,* ← – , rest, TV. AE GB JCB. rest
1er avril-30 oct. – **Repas** 100/290 ♀, enf. 48 – 37 – **20 ch** 290/600 – 1/2 P 290/450

Vauban sans rest, ✆ 02 98 27 91 36, *Fax 02 98 27 96 34,* ←, – P. GB.
fermé déc. et janv. – 35 – **16 ch** 170/250

CAMBO-LES-BAINS *64250 Pyr.-Atl.* 85 ③ *G. Aquitaine – 4 128 h alt. 67 – Stat. therm. (26 février-15 déc.).*

Voir *Villa Arnaga★★* **M.**

Office de Tourisme parc St-Joseph ✆ 05 59 29 70 25, Fax 05 59 29 90 77.

Paris 789 ② – Biarritz 20 ② – Pau 117 ① – San Sebastián 64 ②.

CAMBO-LES-BAINS

Chiquito de Cambo 2
Côte de la Gare 3
Espagne (Av. d') 4
Mairie (Av. de la) 6
Marronniers (Allées des) 7
Navarre (Av. de) 9
Neubourg (Allées A.-de) 12
Professeur-Grancher (Av. du) 13
Rostand (Av. Ed.) 14
Terrasses (R. des) 16
Thermes (Av. des) 18
Ursuya (Av. de) 19

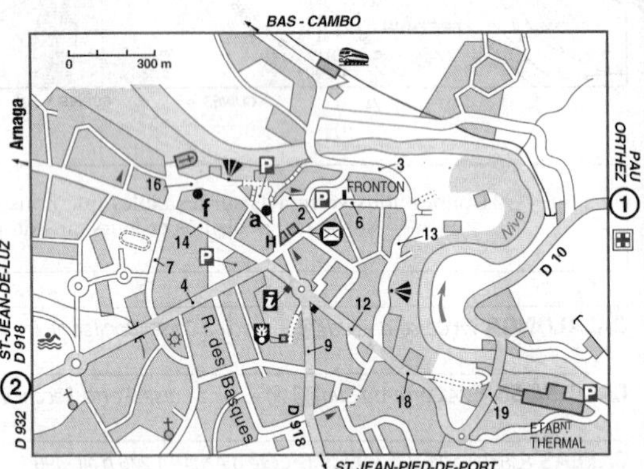

Bellevue, r. Terrasses **(f)** ✆ 05 59 93 75 75, *Fax 05 59 93 75 85,* ←, , , – TV P. AE GB. rest
hôtel : 1er fév.-19 nov. et fermé dim. et lundi sauf juil.-août et fériés – **Repas** *(fermé 20 nov. au 5 déc., 23 déc. au 5 janv., dim. soir et lundi sauf juil.-août et fériés)* 98/165 ♀ - ***Bistrot*** (déj. seul.) *(fermé 20/11 au 5/12, 23/12 au 5/1, lundi sauf juil.-août, dim. et fériés)* **Repas** (55)-65 ♀ – 36 – **26 ch** 275, 380 appart – P 333/385

Trinquet sans rest, r. Trinquet **(a)** ✆ 05 59 29 73 38, *Fax 05 59 29 25 61*
fermé 5 nov. au 4 déc., mardi sauf du 4 juil. au 17 sept. – 28 – **12 ch** 160/210

Chez Tante Ursule (annexe M 10 ch), quartier Bas-Cambo, au Nord : 2 km ✆ 05 59 29 78 23, *Fax 05 59 29 28 57,* – TV P. AE GB. ch
fermé 15 fév. au 15 mars et mardi – **Repas** 90/200 ♀, enf. 55 – 35 – **17 ch** 175/300 – 1/2 P 193/258

CAMBRAI ⟨SP⟩ 59400 Nord 53 ③ ④ *G. Picardie Flandres Artois* – *33 092 h alt. 53.*

Voir *Mise au tombeau*★★ *de Rubens dans l'église St-Géry* **AY** – *Musée Beaux-Arts : clôture du choeur*★, *char de procession*★ **AZ M.**

Office de Tourisme 48 r. de Noyon ✆ 03 27 78 36 15, Fax 03 27 74 82 82.

Paris 179 ⑥ – St-Quentin 50 ⑤ – Amiens 87 ⑥ – Arras 37 ⑥ – Lille 77 ⑦.

CAMBRAI

Albert-1er (Av.) ..... **BY** 2
Alsace-Lorraine (R. d') ..... **BYZ** 4
Berlaimont (Bd de) ..... **BZ** 5
Briand (Pl. A.) ..... **AYZ** 6
Cantimpré (R. de) ..... **AY** 7
Capucins (R. des) ..... **AY** 8
Chât.-de-Selles (R. du) ..... **AY** 10
Clefs (R. des) ..... **AY** 12
Épée (R. de l') ..... **AZ** 13
Fénelon (Gde-Rue) ..... **AY** 15
Fénelon (Pl.) ..... **AY** 16
Feutriers (R. des) ..... **AY** 17
Gaulle (R. Gén.-de) ..... **BZ** 18
Grand-Séminaire (R. du) ..... **AZ** 19
Lattre-de-Tassigny (R. du Mar.-de) ..... **BZ** 21
Leclerc (Pl. du Mar.) ..... **BZ** 22
Lille (R. de) ..... **BY** 23
Liniers (R. des) ..... **AZ** 24
Moulin (Pl. J.) ..... **AZ** 25
Nice (R. de) ..... **AY** 27
Pasteur (R.) ..... **AY** 29
Porte-Notre-Dame (R.) ..... **BY** 31
Porte de Paris (Pl. de la) ..... **AZ** 32
Râtelots (R. des) ..... **AZ** 33
Sadi-Carnot (R.) ..... **AY** 35
St-Aubert (R.) ..... **AY** 36
St-Géry (R.) ..... **AY** 37
St-Ladre (R.) ..... **BZ** 39
St-Martin (Mail) ..... **AZ** 40
St-Sépulcre (Pl.) ..... **AZ** 41
Selles (R. de) ..... **AY** 43
Vaucelette (R.) ..... **AZ** 45
Victoire (Av. de la) ..... **AZ** 46
Watteau (R.) ..... **BZ** 47
9-Octobre (Pl. du) ..... **AY** 48

Château de la Motte Fénelon ⑤, square Château (par allée St Roch - Nord du plan) BY ✆ 03 27 83 61 38, *cmf@hroy.com, Fax 03 27 83 71 61*, – – 30 à 100. AE GB. ch
Les Douves : Repas 130bc/240, enf. 80 – 60 – **40 ch** 350/1250 – ½ P 340/710

Beatus sans rest, 718 av. Paris par ⑤ : *1,5 km* ✆ 03 27 81 45 70, *Fax 03 27 78 00 83*, – – 30. AE GB
55 – **33 ch** 340/470

Mouton Blanc, 33 r. Alsace-Lorraine ✆ 03 27 81 30 16, *Fax 03 27 81 83 54* – – 30. AE GB BY a
fermé 1er au 6 août, dim. soir et lundi – **Repas** 109/220 – 45 – **32 ch** 260/450 – ½ P 275/325

Crabe Tambour, 52 r. Cantimpré ✆ 03 27 83 10 18 – GB AY r
fermé dim. soir et lundi – **Repas** 98/160

L'Escargot, 10 r. Gén. de Gaulle ✆ 03 27 81 24 54, *Fax 03 27 83 95 21* – GB BZ n
fermé merc. – **Repas** 100 bc (déj.), 150/220, enf. 80

CAMBREMER *14340 Calvados* 54 ⑰ – *1 006 h alt. 100.*
Syndicat d'Initiative r. Pasteur ✆ 02 31 63 08 87, Fax 02 31 63 08 21.
Paris 191 – Caen 38 – Deauville 28 – Falaise 39 – Lisieux 15 – Saint-Lô 108.

Château Les Bruyères , rte Cadran (D 85) ✆ 02 31 32 22 45, *chateau.bruyeres@wanadoo.fr, Fax 02 31 32 22 58*, , « Parc », , – AE GB JCB.
hôtel : 7 avril-31 déc. – **Repas** *(ouvert 14 juil.-31 août, sam. soir et dim. midi du 7 avril au 10 juil. et de sept. à déc.)* 150/190 – 65 – **13 ch** 450/990 – ½ P 570/730

CAMIERS *62176 P.-de-C.* 51 ⑪ – *2 176 h alt. 23.*
Paris 239 – Calais 57 – Arras 96 – Boulogne-sur-Mer 20 – Le Touquet 10.

Les Cèdres , ✆ 03 21 84 94 54, *Fax 03 21 09 23 29*, , – – 15. GB
Repas *(fermé 23 déc. au 13 janv., sam. midi, dim. soir d'oct. à mars et lundi midi)* (60) - 85/168 – 40 – **27 ch** 320 – ½ P 310

CAMOËL *56130 Morbihan* 63 ⑭ – *598 h alt. 26.*
Paris 455 – Nantes 79 – Vannes 40 – La Baule 28 – La Roche-Bernard 12 – St-Nazaire 37.

Vilaine sans rest, ✆ 02 99 90 01 96, *Fax 02 99 90 09 81* – AE GB
1er mars-30 nov. – 32 – **24 ch** 230/325

CAMORS *56330 Morbihan* 63 ② – *2 375 h alt. 113.*
Paris 474 – Vannes 32 – Auray 25 – Lorient 37 – Pontivy 29.

Bruyères sans rest, ✆ 02 97 39 29 99, *Fax 02 97 39 28 34* – GB.
fermé 5 au 27 janv. – 37 – **15 ch** 320

CAMPAGNE *24 Dordogne* 75 ⑯ – *rattaché au Bugue.*

CAMPBON *44750 Loire-Atl.* 63 ⑮ – *2 918 h alt. 31.*
Paris 419 – Nantes 43 – Redon 34 – St-Nazaire 28 – Vannes 71.

Jaguais, rte Bouvron Est : 1,5 km ✆ 02 40 56 58 93, *Fax 02 40 56 51 84*, , – GB
fermé 5 au 30 août, 2 au 10 janv., dim. soir, mardi soir, merc. soir et lundi – **Repas** (107) - 145/233 , enf. 60 - ***L'Auberge :*** Repas 62(déj.)89/109 , enf. 51

CAMPIGNY *27 Eure* 55 ④ – *rattaché à Pont-Audemer.*

Le CAMP-LAURENT *83 Var* 84 ⑤ ⑮., 114 ㊺ – *rattaché à Toulon.*

CAMPS *19 Corrèze* 75 ⑳ – *293 h alt. 700* – ✉ *19430 Mercoeur.*
Voir Rocher du Peintre ≤★ S : 1 km, G. Berry Limousin.
Paris 525 – Aurillac 45 – Brive-la-Gaillarde 62 – St-Céré 30 – Tulle 47.

Lac , ✆ 05 55 28 51 83, *Fax 05 55 28 53 71*, – GB
fermé vacances de fév. – **Repas** 105/230 – 31 – **11 ch** 230/250 – ½ P 240

CANAPVILLE *14 Calvados* 55 ③ – *rattaché à Deauville.*

CANCALE *35260 I.-et-V.* 59 ⑥ *G. Bretagne – 4 910 h alt. 50.*

Voir *Site★ – Port de la Houle★ – ☼★ de la tour de l'église St-Méen – Pointe du Hock et sentier des Douaniers ≤★.*

Env. *Pointe du Grouin★★.*

Office de Tourisme 44 r. du Port ☎ 02 99 89 63 72, Fax 02 99 89 75 08 et la Criée (saison et vacances scolaires) Port de la Houle ☎ 02 99 89 74 80.

Paris 395 ① – St-Malo 16 ② – Avranches 63 ① – Dinan 36 ① – Fougères 81 ①.

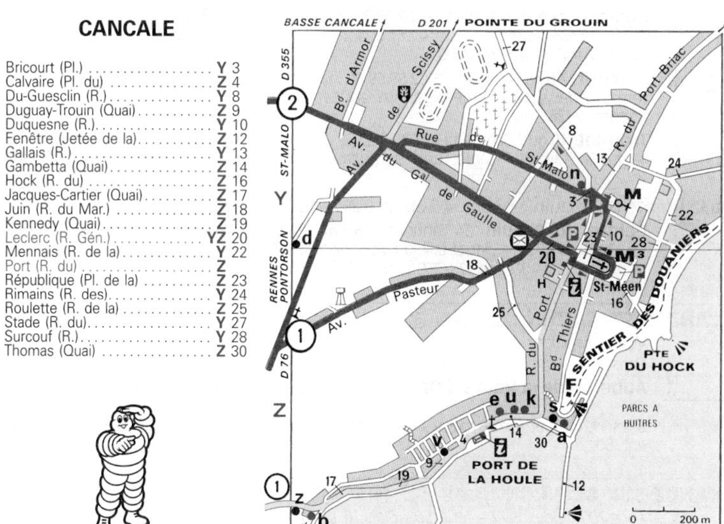

de Bricourt-Richeux ⌂, rte Mont-St-Michel : 6,5 km par D 76, D 155 et voie secondaire ☎ 02 99 89 64 76, *info@maisons-de-bricourt.com, Fax 02 99 89 88 47,* ≤ baie du Mont-St-Michel, ⛱, « Élégante villa des années 20 dominant la baie du Mont-St-Michel », – TV P. AE GB JCB
voir aussi rest. ***Maisons de Bricourt*** ci-après - ***Coquillage*** ☎ 02 99 89 25 25 *(fermé jeudi midi hors saison, mardi midi et lundi)* **Repas** 115/295, enf.80 – ☕ 95 – **13 ch** 950/1850

Continental, quai Thomas ☎ 02 99 89 60 16, *hotel-conti@wanadoo.fr, Fax 02 99 89 69 58,* ≤, ⛱ – TV AE GB. rest Z s
16 mars-11 nov. – **Repas** *(fermé lundi et mardi)* (90) - 134/340 ♀, enf. 68 – ☕ 56 – **18 ch** 450/780 – ½ P 395/560

Querrien M, 7 quai Duguay-Trouin ☎ 02 99 89 64 56, *Fax 02 99 89 79 35,* ≤, ⛱ – rest, TV AE GB Z v
Repas 90/210 ♀, enf. 50 – ☕ 52 – **15 ch** 350/720 – ½ P 340/510

Chatellier sans rest, par ② : *1 km sur D 355* ☎ 02 99 89 81 84, *Fax 02 99 89 61 69,* – TV P. GB
☕ 40 – **13 ch** 300/330

Nuit et Jour sans rest, av. Scissy ☎ 02 99 89 75 59, *Fax 02 99 89 77 13,* – cuisinette TV P. GB YZ d
fermé 15 nov. au 20 déc. et 5 au 31 janv. – ☕ 40 – **30 ch** 280/400

Voilerie sans rest, Le Chemin Neuf ☎ 02 99 89 88 00, *Fax 02 99 89 74 00* – TV P. GB
fermé 12 nov. au 14 déc., et lundi – ☕ 38 – **13 ch** 250/310 Z z

XXX ✿✿ **Maisons de Bricourt** (Roellinger), r. Duguesclin ☎ 02 99 89 64 76, *info@maisons.de.bricourt.com, Fax 02 99 89 88 47,* « Malouinière du 18e siècle », – P. AE GB JCB
mi-mars-mi-déc. – **Repas** *(fermé merc. soir, lundi midi et vend. midi d'oct. à avril, merc. midi et mardi)* (nombre de couverts limité, prévenir) 320 (déj.), 540/740 et carte 630 à 790, enf. 120 Y n
Spéc. Chair d'araignée et oseille sauvage. Homard aux saveurs de l'île aux épices. Bar aux huiles parfumées.

Les Rimains ⌂ sans rest, r. Rimains ☎ 02 99 89 64 76, *Fax 02 99 89 88 47,* ≤ baie du Mont-St-Michel, « Jardin surplombant la mer », – TV P. AE GB JCB
fermé début janv. à mi-mars – ☕ 95 – **6 ch** 950/1250

XX **St-Cast,** rte Corniche ☎ 02 99 89 66 08, *Fax 02 99 89 89 20*, ←, – AE GB Z b
fermé 18 nov. au 20 déc., 11 au 24 fév., dim. soir, mardi sauf juil.-août et merc. – **Repas** 115/215 ♀, enf. 65

XX **Cancalais** M avec ch, quai Gambetta ☎ 02 99 89 61 93, *Fax 02 99 89 89 24*, ← – rest, TV. GB Z u
fermé 30 nov. au 3 fév., dim. soir et lundi sauf vacances scolaires – **Repas** 95/240 – 40 – **10 ch** 375/475

XX **Phare** avec ch, quai Thomas ☎ 02 99 89 60 24, *Fax 02 99 89 91 75*, ←, – TV. GB
fermé 18 nov. au 1er fév., jeudi sauf juil.-août et merc. – **Repas** 105/270 ♀, enf. 72 – 43 – **11 ch** 270/460 – ½ P 300/400 Z a

X **Surcouf,** 7 quai Gambetta ☎ 02 99 89 61 75, *Fax 02 99 89 76 41*, – GB. Z k
fermé 17 déc. au 8 fév., merc. sauf juil.-août et jeudi
Repas 108/328

X **Troquet,** 19 quai Gambetta ☎ 02 99 89 99 42, ←, – GB Z e
fermé 20 nov. au 31 janv., vend. soir, dim. soir et lundi sauf vacances scolaires – **Repas** 98/218

à la Pointe du Grouin ★★ *Nord : 4,5 km par D 201 – ✉ 35260 Cancale :*

Pointe du Grouin (annexe à 6 km : 5 ch M TV), ☎ 02 99 89 60 55, *Fax 02 99 89 92 22*, ← îles et baie du Mt-St-Michel – TV P. GB
1er avril-1er oct. – **Repas** 120/330 ♀, enf. 75 – 50 – **25 ch** 450/550 – ½ P 420/475

CANDES-ST-MARTIN *37500 I.-et-L. 64 ⑬ G. Châteaux de la Loire – 244 h alt. 35.*

Voir *Collégiale*★.

Paris 294 – Angers 76 – Chinon 17 – Saumur 13 – Tours 56.

X **Auberge de la Route d'Or,** 2 pl. Église ☎ 02 47 95 81 10, *Fax 02 47 95 81 10*, – AE GB
8 fév.-12 nov. et fermé mardi soir sauf en juil.-août et merc. – **Repas** 85 (déj.), 130/190 ♀, enf. 60

CANDÉ-SUR-BEUVRON *41120 L.-et-Ch. 64 ⑰ – 1 134 h alt. 70.*

Paris 200 – Orléans 77 – Tours 50 – Blois 16 – Chaumont-sur-Loire 7 – Montrichard 21.

Caillère , 36 rte Montils ☎ 02 54 44 03 08, *Fax 02 54 44 00 95*, , – TV P. AE GB JCB
fermé 1er janv. au 28 fév. – **Repas** *(fermé jeudi midi sauf juil.-août et merc.)* 98/298 ♀, enf. 60 – 60 – **14 ch** 360/390 – ½ P 408

Lion d'Or, ☎ 02 54 44 04 66, *Fax 02 54 44 06 19*, , – TV P. GB
fermé 5 janv. au 26 fév., lundi soir hors saison et mardi – **Repas** 90/250 , enf. 55 – 35 – **10 ch** 120/260 – ½ P 160/230

CANET-EN-ROUSSILLON *66140 Pyr.-Or. 86 ⑳ – 7 575 h alt. 11 – Casino* **BZ.**

Office de Tourisme pl. Méditerranée ☎ 04 68 73 61 00, Fax 04 68 73 61 10.

Paris 859 ② – Perpignan 11 ② – Argelès-sur-Mer 21 ① – Narbonne 65 ②.

Plan page ci-contre

Canet-Plage *66140 G. Languedoc Roussillon.*

Voir *Musée du jouet*★.

Clos des Pins, 34 av. Roussillon ☎ 04 68 80 32 63, *mas.fleuri@wanadoo.fr*, *Fax 04 68 80 49 19*, , « Maison catalane », , , – ch, TV P – 25. GB
Pâques-fin oct. – ***Mas Fleuri*** *(fermé le midi sauf week-ends)* **Repas** 165/245, enf.70 – **16 ch** 650/880 – ½ P 600/700 AY a

Aquarius, 40 av. Roussillon ☎ 04 68 73 30 00, *Fax 04 68 80 24 34*, , – , rest, TV P – 20. GB AY d
fermé 25 déc. au 1er janv. – **Repas** (dîner seul. de sept. à juin) 90/130 ♀, enf. 55 – 40 – **50 ch** 380/400 – ½ P 305/315

Relais Mercure sans rest, 120 prom. Côte Vermeille ☎ 04 68 80 28 59, *Fax 04 68 73 37 27*, ← mer – TV. AE GB BZ b
50 – **48 ch** 480

Port, 21 bd Jetée ☎ 04 68 80 62 44, *Fax 04 68 73 28 83* – TV P. GB. rest
hôtel : 15 mai-15 sept. ; rest. : juin-août – **Repas** (dîner seul.)(résidents seul.) 85/105 ♀, enf. 45 – 40 – **36 ch** 350 – ½ P 300 BY e

Galion, 20 bis av. Grand large ☎ 04 68 80 28 23, *Fax 04 68 80 20 46*, , – TV P. AE GB BZ r
Repas 95/230 ♀ – 55 – **28 ch** 450 – ½ P 365

CANET-PLAGE

Aigues Marines (R. des) . . . **BZ** 2
Albères (R. des) . . . . **BY** 5
Amandiers (R. des) . . . . **BY** 6
Anémones (Bd des) . . . . . **AYZ** 7
Balcons du front de mer (Av. des) . . . . **BZ** 8
Bourgogne-Morvan (R.) . . . . . **BZ** 9
Capcir (Galerie du) . . . . **BY** 12
Cassanyes (Galerie) . . . . **BY** 14
Catalogne (Av. de la) . . . . **BY** 15
Cerdagne (R. de) . . . . **BY** 18
Cerisiers (R. des) . . . . **BY** 20
Champagne (R. de) . . . . **BZ** 22
Coquillages (R. des) . . . . **BZ** 25
Corbières (R. des) . . . . **BY** 28
Grande Bretagne (R. de) . . **BYZ** 29
Gratia (Av. Edmond) . . . . **BZ** 30
Ile de France (R.) . . . . **BZ** 32
Jouy d'Arnaud (R.) . . . . **BY** 33
Pountarrou (Av. du) . . . . **AY** 34
Pyrénées (R. des) . . . . **BY** 35
Sardane (R. de la) . . . . **ABY** 36

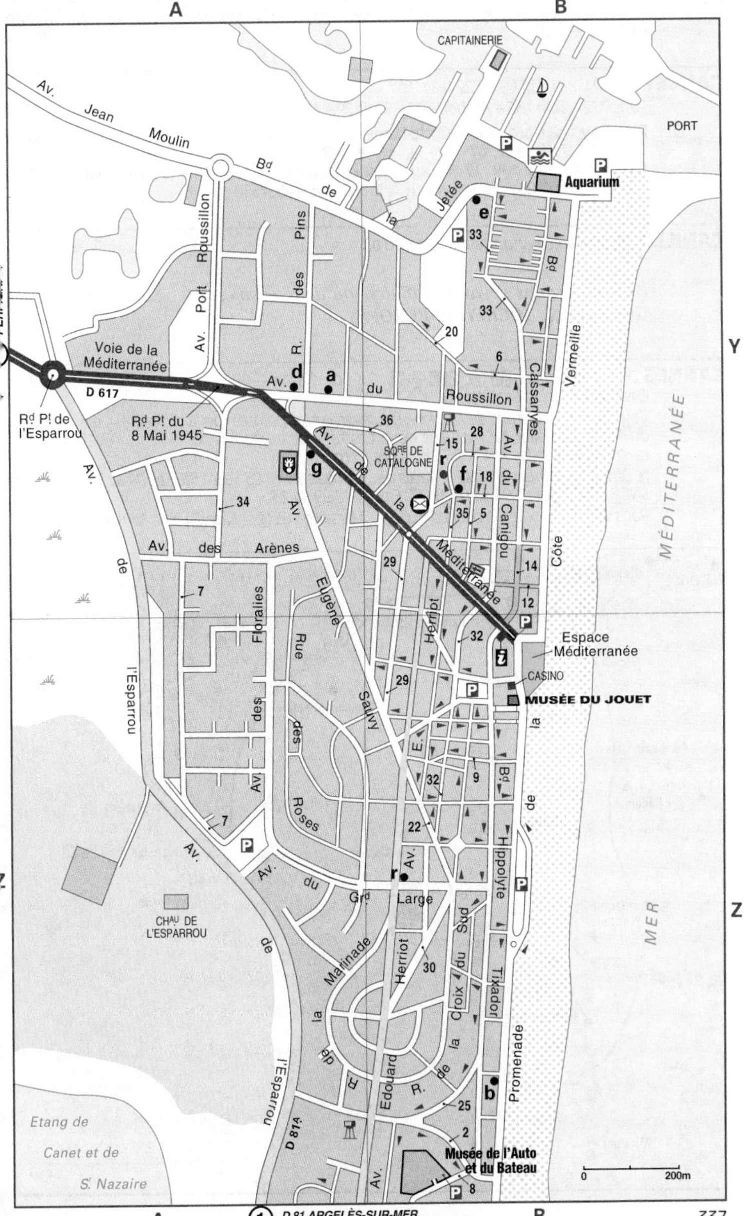

Frégate sans rest, 12 r. Cerdagne ✆ 04 68 80 22 87, *Fax 04 68 73 82 72* – TV P. GB
fermé 4 janv. au 20 mars – ☕ 39 – **27 ch** 370/390 BY f

Chalosse sans rest, 41 av. Méditerranée ✆ 04 68 80 35 69, *Fax 04 68 80 56 71* – TV ☎ P. GB.
fermé 15 nov. au 15 déc. – ☕ 37 – **15 ch** 320/370 AY g

Don Quichotte, 22 av. Catalogne ✆ 04 68 80 35 17, *Fax 04 68 73 36 05* – . GB JCB
fermé vacances de fév., dim. soir de sept. à juin, merc. midi, mardi en juil.-août et lundi –
Repas 125/250 ♀ BY r

CANGEY *37530 I.-et-L. 64 ⑯ – 722 h alt. 85.*

Paris 212 – Tours 35 – Amboise 12 – Blois 29 – Montrichard 26.

Fleuray, Nord : 7 km sur rte Dame-Marie ✆ 02 47 56 09 25, *lefleurayhotel@wanadoo.fr, Fax 02 47 56 93 97,* – P. GB
fermé 2 oct. au 6 nov., 19 déc. au 6 janv. et vacances de fév. – **Repas** (dîner seul.) (prévenir) 160/225 ♀, enf. 85 – ☕ 70 – **14 ch** 475/580 – ½ P 455/550

CANILLO 86 ⑭ – *voir à Andorre (Principauté d').*

Pour les grands voyages d'affaires ou de tourisme,
Guide Rouge MICHELIN : EUROPE.

CANNES *06400 Alpes-Mar.* 84 ⑨, 115 ㉟ ㊳ *G. Côte d'Azur – 68 676 h alt. 2 – Casinos : Carlton Casino Club* **BYZ**, *Croisette* **BZ**.

Voir *Site★★ – Le front de Mer★★ : boulevard★★ et pointe★ de la croisette – ≤★ de la tour du Mont-Chevalier* **AZ** *– Musée de la Castre★* **AZ** *– Chemin des Collines★ NE : 4 km* **V** *– La Croix des Gardes* **X** *≤★ O : 5 km puis 15 mn.*

Office de Tourisme"SEMEC" Palais des Festivals ✆ 04 93 39 24 53, Fax 04 92 99 84 23, Gare SNCF (1er étage) ✆ 04 93 99 19 77, Fax 04 92 99 84 23.

Paris 905 ⑤ – Aix-en-Provence 150 ⑤ – Marseille 163 ⑤ – Nice 34 ⑤ – Toulon 125 ⑤.

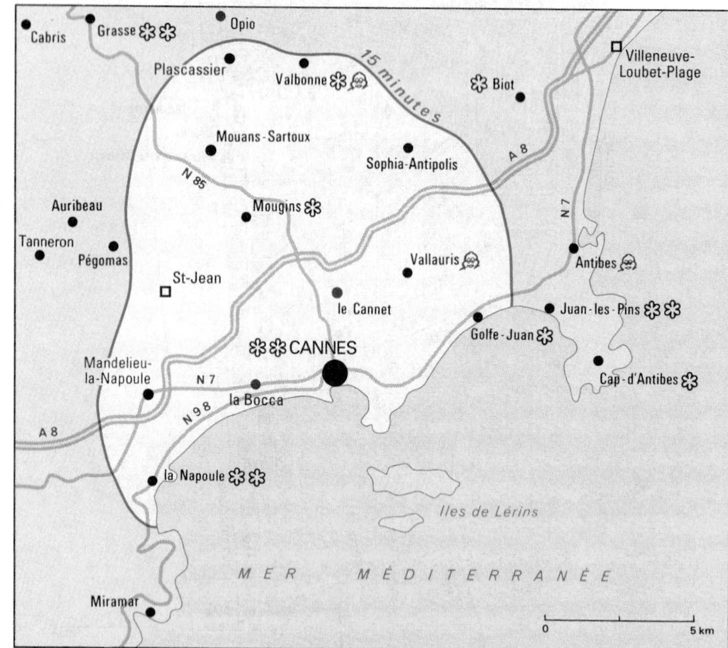

Carlton Inter-Continental, 58 bd Croisette ✆ 04 93 06 40 06, *cannes@interconti.com, Fax 04 93 06 40 25,* ≤, – – 25 à 250. AE GB JCB CZ e
voir rest. ***Belle Otéro*** ci-après - ***La Côte*** ✆ 04 93 06 40 23 *(juin-sept. et fermé dim. et lundi)* **Repas** (dîner seul.)495 ♀ – ***Brasserie Carlton*** ✆ 04 93 06 40 21 **Repas** 295 ♀, enf. 95 – 155 – **295 ch** 2335/4295, 28 appart

Majestic, 14 bd Croisette ✆ 04 92 98 77 00, *majestic@lucienbarriere.com, Fax 04 93 38 97 90,* ≤, – – 400. AE GB BZ n
fermé mi-nov. au 27 déc. - voir rest. ***Villa des Lys*** ci-après – 140 – **282 ch** 2520/4900, 23 appart

Martinez, 73 bd Croisette ✆ 04 92 98 73 00, *martinez@concorde-hotels.com, Fax 04 93 39 67 82,* ≤, – – 600. AE GB JCB DZ n
voir rest. ***Palme d'Or*** ci-après - ***Relais Martinez*** ✆ 04 92 98 74 12 *(fermé 1er au 15 janv.)* **Repas** (135)-195/290 ♀, enf. 100 – ***Plage*** (déj. seul.) *(avril-oct.)* **Repas** 230, enf. 75 – 140 – **371 ch** 2800/4800, 26 appart

Noga Hilton M, 50 bd Croisette ✆ 04 92 99 70 00, *Fax 04 92 99 70 11,* « Piscine et terrasse panoramiques », – – 500. AE GB JCB. ch CZ b
Scala : (dîner seul. en juil.-août) **Repas** 235/345 ♀ – 155 – **182 ch** 1397/4497, 47 appart

Sofitel Méditerranée M, 2 bd J. Hibert ✆ 04 92 99 73 00, *Fax 04 92 99 73 29,* « Piscine et restaurant panoramiques », – – 70. AE GB JCB
Méditerranée (7e étage) ✆ 04 92 99 73 02 (dîner seul. en juil.-août) *(fermé 19 nov. au 14 déc., dim. soir et lundi de janv. à mars)* **Repas** 205(déj.)/275/350♀ – ***Chez Panisse*** ✆ 04 92 99 73 10 - décor provençal **Repas** 160/190♀, enf. 70 – 135 – **149 ch** 1305/2270, 8 appart AZ n

Gray d'Albion M, 38 r. Serbes ✆ 04 92 99 79 79, *graydalbion@lucienbarriere.com, Fax 04 93 99 26 10,* – – 150. AE GB BZ d
Royal Gray ✆ 04 92 99 79 60 **Repas** 235/370 – 120 – **191 ch** 1970/2170, 8 appart

Radisson SAS Montfleury M, 25 av. Beauséjour ✆ 04 93 68 86 86, *sales@ceqzh.rdsas.com, Fax 04 93 68 87 87,* ≤, – – 260. AE GB JCB. DY m
L'Olivier *(fermé juil.-août et le midi de déc. à fév.)* **Repas** 145/190 ♀, enf. 75 – 105 – **182 ch** 1600/2800

Croisette Beach Hôtel M sans rest, 13 r. Canada ✆ 04 92 18 88 00, *croisettebea@pcse.fr, Fax 04 93 68 35 38* – . AE GB JCB DZ y
fermé 20 nov. au 29 déc. – 100 – **94 ch** 1200/1350

Amarante M, 78 bd Carnot ✆ 04 93 39 22 23, *amarante.hotel@wanandoo.fr, Fax 04 93 39 40 22,* – – 25. AE GB JCB V e
fermé déc., sam. et dim. de janv. à mars – **Repas** 160/200 bc ♀ – 85 – **71 ch** 1390/1489 – ½ P 664/795

Savoy M, 5 r. F. Einesy ✆ 04 92 99 72 00, *Fax 04 93 68 25 59,* « Piscine et terrasse sur le toit », – – 80. AE GB JCB CZ u
Roseraie : **Repas** 155/175 ♀, enf. 70 – 100 – **101 ch** 1150/1650, 5 appart – ½ P 775/930

Belle Plage M sans rest, 6 r. J. Dollfus ✆ 04 93 06 25 50, *Fax 04 93 99 61 06,* « Terrasse panoramique » – . AE GB JCB AZ u
1er fév.-1er nov. – 85 – **48 ch** 1260/1860

Sun Riviera M sans rest, 138 r. d'Antibes ✆ 04 93 06 77 77, *sun-riviera-hotel.cannes@wanadoo.fr, Fax 04 93 38 31 10,* – . AE GB JCB CZ h
fermé 22 nov. au 28 déc. – 88 – **42 ch** 900/1310

Splendid sans rest, 4 r. F. Faure ✆ 04 97 06 22 22, *hotel.splendid.cannes@wanadoo.fr, Fax 04 93 99 55 02,* ≤ le Port – cuisinette . AE GB JCB BZ a
75 – **64 ch** 655/1280

Cristal M, 15 rd-pt Duboys d'Angers ✆ 04 93 39 45 45, *Fax 04 93 38 64 66,* – . AE GB JCB CZ s
fermé 22 nov. au 27 déc. – **Repas** 150/180 ♀ – 82 – **50 ch** 1000/2300 – ½ P 715/1072

Fouquet's sans rest, 2 rd-pt Duboys d'Angers ✆ 04 92 59 25 00, *info@le-fouquets.com, Fax 04 92 98 03 39* – . AE GB CZ y
1er avril-15 nov. – 70 – **10 ch** 890/1500

Bleu Rivage sans rest, 61 bd Croisette ✆ 04 93 94 24 25, *Fax 04 93 43 74 92* – . AE GB. DZ s
60 – **19 ch** 1200/1600

Cannes Riviera M sans rest, 16 bd Alsace ✆ 04 97 06 20 40, *reservation@cannesriviera.com, Fax 04 93 39 20 75,* – . AE GB JCB. BY r
fermé 20 nov. au 26 déc. – 65 – **59 ch** 980/1800

CANNES

Albert-Édouard (Jetée) . **BZ**
Alexandre-III (Bd) .... **X** 2
Alsace (Bd) .... **BDY**
Anc. Combattants d'Afrique du Nord (Av.) ...... **AYZ** 4
André (R. du Cdt) ..... **CZ**
Antibes (R. d') .... **BCY**
Bachaga Saïd Boualam (Av.) .... **AY** 5
Beauséjour (Av.) ..... **DYZ**
Beau-Soleil (Bd) .... **X** 10
Belges (R. des) .... **BZ** 12
Blanc (R. Louis) ...... **AYZ**
Broussailles (Av. des) ... **V** 16
Buttura (R.) .... **BZ** 17
Canada (R. du) .... **DZ**
Carnot (Bd) .... **X**
Carnot (Square) .... **V** 20
Castre (Pl. de la) ...... **AZ** 21
Chabaud (R.) .... **CY** 22
Clemenceau (R. G.) ... **AZ**
Coteaux (Av. des) ...... **V**
Croisette (Bd de la) .. **BDZ**
Croix-des-Gardes (Bd) . **VX** 29
Delaup (Bd) .... **AY** 30
Dr-Pierre Gazagnaire (R.) .... **AZ** 32
Dr-R. Picaud (Av.) .... **X**
Dollfus (R. Jean) ...... **AZ** 33
États-Unis (R. des) ..... **CZ** 35
Faure (R. Félix) ..... **ABZ**
Favorite (Av. de la) ...... **X** 38
Félix-Faure (R.) ...... **ABZ**
Ferrage (Bd de la) ... **ABY** 40
Fiesole (Av.) .... **X** 43
Foch (R. du Mar.) ...... **BY** 44
Gallieni (R. du Mar.) ... **BY** 48
Gaulle (Pl. Gén.-de) ... **BZ** 51
Gazagnaire (Bd Eugène) . **X**
Grasse (Av. de) .... **VX** 53
Guynemer (Bd) .... **AY**
Hespérides (Av. des) .... **X** 55
Hibert (Bd Jean) ...... **AZ**
Hibert (R.) .... **AZ**
Isola-Bella (Av. d') .... **X**
Jaurès (R. Jean) .... **BCY**
Joffre (R. du Mar.) .... **BY** 60
Juin (Av. Mar.) .... **DZ**
Koenig (Av. Gén.) .... **DY**
Lacour (Bd Alexandre) . **X** 62
Latour-Maubourg (R.) . **DZ**
Lattre-de-T. (Av. de) ... **AY** 63
Laubeuf (Quai Max) .. **AZ**
Leader (Bd) .... **VX** 64
Lérins (Av. de) .... **X** 65
Lorraine (Bd de) .... **CDY**
Macé (R.) .... **CZ** 66
Madrid (Av. de) ..... **DZ**
Meynadier (R.) ..... **ABY**
Midi (Bd du) .... **X**
Mimont (R. de) ...... **BY**
Mont-Chevalier (R. du) **AZ** 72
Montfleury (Bd) .... **CDY** 74
Monti (R. Marius) .... **AY** 75
Noailles (Av. J.-de) .... **X**
Observatoire (Bd de l') . **X** 84
Oxford (Bd d') .... **V** 87
Pantiero (la) .... **ABZ**
Paradis-Terrestre (Corniches du) ...... **V** 88
Pasteur (R.) .... **DZ**
Pastour (R. Louis) .... **AY** 90
Perier (Bd du) .... **V** 91
Perrissol (R. Louis) ... **AZ** 92
Petit-Juas (Av. du) ... **VX**
Pins (Bd des) .... **X** 95
Pompidou (Espl. G.) .. **BZ**
Prince de-Galles (Av. du) **X** 97
République (Bd de la) .. **X**
Riou (Bd du) .... **VX**
Riouffe (R. Jean de) .. **BY** 98
Roi-Albert Ier (Av.) ...... **X**
Rouguière (R.) .... **BY** 100
St-Antoine (R.) .... **AZ** 102
St-Nicolas (Av.) .... **BY** 105
St-Pierre (Quai) .... **AZ**
Sardou (R. Léandre) ... **X** 108
Serbes (R. des) .... **BZ** 110
Source (Bd de la) .... **X** 112
Stanislas (Pl.) .... **AY**
Strasbourg (Bd de) .. **CDY**
Teisseire (R.) .... **CY** 114
Tuby (Bd Victor) .... **AYZ** 115
Vallauris (Av. de) ..... **VX** 116
Vallombrosa (Bd) ...... **AY** 118
Vautrin (Bd Gén.) ..... **DZ**
Vidal (R. du Cdt) ..... **CY** 120
Wemyss (Av. Amiral Wester) .. **X** 122

LE CANNET

Aubarède (Ch. de l') ... **V** 8
Bellevue (Pl.) .... **V** 13
Bréguières (Ch. des) ... **V** 14
Cannes (R. de) .... **V** 19
Carnot (R. de) .... **V**
Cheval (Av. Maurice) ... **V** 23
Collines (Ch. des) ...... **V**
Doumer (Bd Paul) ...... **V**
Écoles (R. des) .... **V** 34
Four-à-Chaux (Bd du) .. **V** 45
Gambetta (Bd) .... **V** 50
Gaulle (Av. Gén.-de) ... **V**
Jeanpierre (Av. Maurice) **V** 58
Mermoz (Av. Jean) ..... **V** 67
Monod (Bd Jacques) .... **V** 68
Mont-Joli (Av. du) ..... **V** 73
N.-D.-des-Anges (Av.) .. **V** 79
Olivet (Ch. de l') ...... **V** 85
Olivetum (Av. d') .... **V** 86
Paris (R. de) .... **V** 89
Pinède (Av. de la) ...... **V** 94
Pompidou (Av. Georges) **V** 96
République (Bd de la) .. **V**
Roosevelt (Av. Franklin) **V** 99
St-Sauveur (R.) .... **V** 106
Victor-Hugo (R.) .... **V** 119
Victoria (Av.) .... **V**

VALLAURIS

Cannes (Av. de) .... **V** 18
Clemenceau (Av. G.) ... **V** 25
Golfe (Av. du) .... **V** 52
Isnard (Pl. Paul) .... **V** 56
Picasso (Av. P.) .... **V** 93
Rouvier (Bd Maurice) .. **V** 102
Tapis-Vert (Av. du) ..... **V** 113

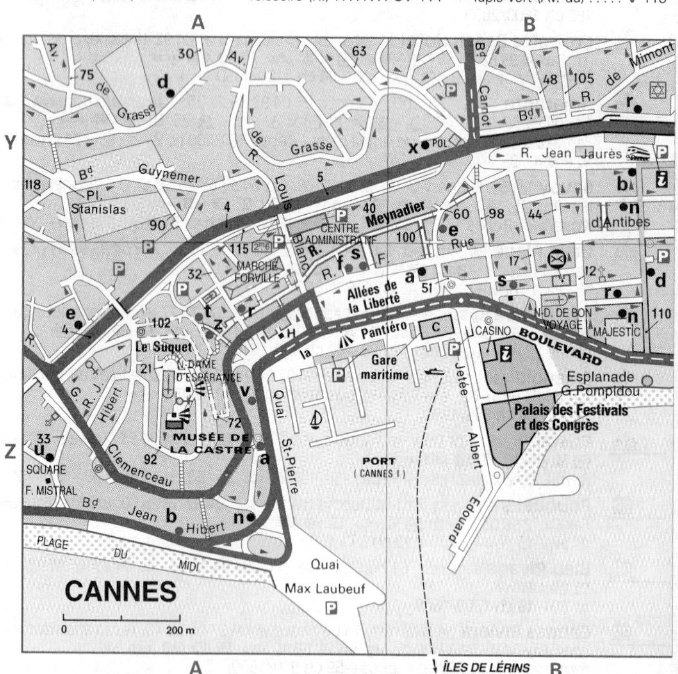

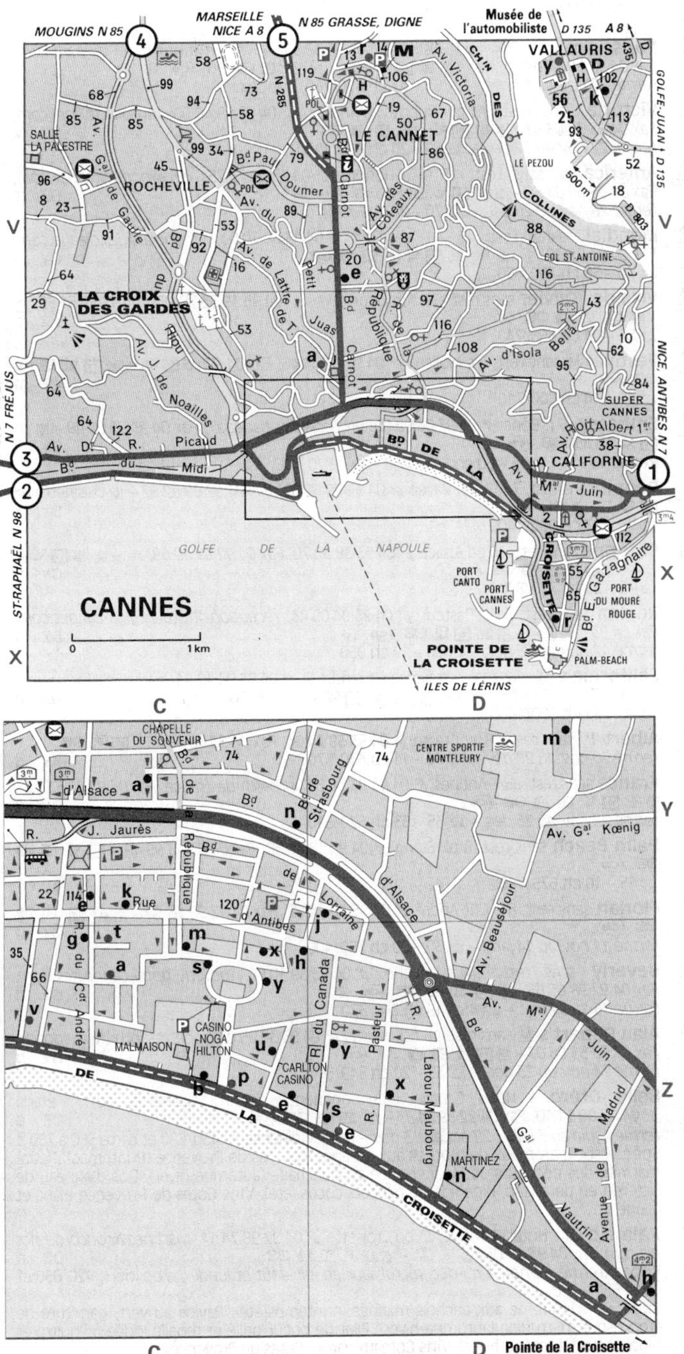

CANNES
MOUGINS N 85
MARSEILLE NICE A 8
N 85 GRASSE, DIGNE
Musée de l'automobiliste
VALLAURIS
GOLFE-JUAN D 135
LE CANNET
ROCHEVILLE
SALLE LA PALESTRE
LA CROIX DES GARDES
LE PEZOU
COL ST-ANTOINE
SUPER CANNES
NICE, ANTIBES N 7
LA CALIFORNIE
N 7 FRÉJUS
ST-RAPHAËL N 98
GOLFE DE LA NAPOULE
PORT CANTO
PORT CANNES II
PORT DU MOURÉ ROUGE
POINTE DE LA CROISETTE
PALM-BEACH
ILES DE LÉRINS
CHAPELLE DU SOUVENIR
CENTRE SPORTIF MONTFLEURY
CASINO NOGA HILTON
MALMAISON
CARLTON CASINO
MARTINEZ
Pointe de la Croisette

Paris sans rest, 34, bd Alsace ✆ 04 93 38 30 89, *reservation@hotel-de-paris.com, Fax 04 93 39 04 61*, – 25. CY a
fermé 20 nov. au 26 déc. – ☕ 65 – **47 ch** 670/780, 3 appart

Victoria sans rest, rd-pt Duboys d'Angers ✆ 04 92 59 40 00, *hotelvicto@aol.com, Fax 04 93 38 03 91* – CZ x
fermé 22 nov. au 27 déc. – ☕ 80 – **25 ch** 820/1230

America Ⓜ sans rest, 13 r. St-Honoré ✆ 04 93 06 75 75, *info@hotel-america.com, Fax 04 93 68 04 58* – BZ r
fermé 26 nov. au 26 déc. – ☕ 70 – **28 ch** 670/870

Mondial sans rest, 1 r. Tesseire ✆ 04 93 68 70 00, *mondial@dial.oleane.com, Fax 04 93 99 39 11* – CY e
☕ 70 – **58 ch** 700/850

Villa de l'Olivier sans rest, 5 r. Tambourinaires ✆ 04 93 39 53 28, *Fax 04 93 39 55 85*, – AZ e
☕ 52 – **24 ch** 550/740

Festival Ⓜ sans rest, 3 r. Molière ✆ 04 97 06 64 40, *Fax 04 97 06 64 45* – CZ m
☕ 48 – **14 ch** 600/710

Embassy, 6 r. Bône ✆ 04 97 06 99 00, *embassy@wanadoo.fr, Fax 04 93 99 07 98* – DY j
Repas 135 ♀ – ☕ 55 – **60 ch** 645/1050 – ½ P 570

Renoir sans rest, 7 r. Edith Cavell ✆ 04 92 99 62 62, *Fax 04 92 99 62 82* – cuisinette BY x
☕ 75 – **27 ch** 900/1400

Cézanne sans rest, 40 bd Alsace ✆ 04 93 38 50 70, *Fax 04 92 99 20 99*, – – 40. CY n
☕ 75 – **29 ch** 710/890

Régina sans rest, 31 r. Pasteur ✆ 04 93 94 05 43, *reception@hotel-regina-cannes.com, Fax 04 93 43 20 54* – DZ x
fermé 12 nov. au 28 déc. – ☕ 60 – **19 ch** 950

California's Ⓜ sans rest, 8 traverse Alexandre III ✆ 04 93 94 12 21, *nadia@californias-hotel.com, Fax 04 93 43 55 17*, – DZ h
☕ 60 – **33 ch** 960/1400

Albert 1er sans rest, 68 av. Grasse ✆ 04 93 39 24 04, *Fax 04 93 38 83 75* – AY d
fermé 20 nov. au 20 déc. – ☕ 36 – **11 ch** 330/370

France sans rest, 85 r. Antibes ✆ 04 93 06 54 54, *infos@h-de-france, Fax 04 93 68 53 43* – CY k
fermé 22 nov. au 26 déc. – ☕ 55 – **33 ch** 620/810

Palm Beach sans rest, 6 pl. Étang ✆ 04 92 18 86 86, *Fax 04 93 43 99 49* – X r
☕ 45 – **10 ch** 675/780

Florian sans rest, 8 r. Cdt André ✆ 04 93 39 24 82, *Fax 04 92 99 18 30* – CZ g
fermé 11 nov. au 14 janv. – ☕ 30 – **20 ch** 350/400

Beverly sans rest, 14 r. Hoche ✆ 04 93 39 10 66, *beverly-hotel-canne@csi.com, Fax 04 92 98 65 63* – BY n
fermé 15 au 31 déc. – ☕ 45 – **19 ch** 240/370

Alan Robert's Ⓜ sans rest, 16 r. J. Jaurès ✆ 04 93 38 05 07, *roberts-hotel@wanadoo.fr, Fax 04 93 38 06 07* – BY b
fermé 24 nov. au 23 déc. – ☕ 35 – **20 ch** 340/500

Belle Otéro - Hôtel Carlton Inter-Continental, 58 bd Croisette, au 7e étage ✆ 04 92 99 51 10, *Fax 04 92 99 51 13* – CZ e
fermé 4 juin au 3 juil. et 28 oct. au 13 nov. – **Repas** (dîner seul.) 450/680 et carte 560 à 750 ♀
Spéc. Risotto crémeux de morilles aux aspeges violettes de Provence (Printemps). Petite marmite des pêcheurs de Méditerranée en oursinade (automne-hiver). Dos d'agneau de Sisteron en persillade, piperade de haricots cocos (été). **Vins** Côtes de Provence blanc et rouge.

Palme d'Or - Hôtel Martinez, 73 bd Croisette ✆ 04 92 98 74 14, *martinez@concorde-hotels.com, Fax 04 93 39 03 38*, ≤, – DZ n
Repas *(fermé mi-nov. à mi-déc., mardi sauf en juil.-août et lundi)* 295 bc (déj.), 420/850 et carte 550 à 750
Spéc. Pot de crème aux anchois marinés (printemps-été). Ravioli au vert, garniture de stockfish et perrugina (automne-hiver). Filet de boeuf grillé et moelle iodée à l'huître et bigorneaux (automne-hiver). **Vins** Coteaux varois, Côtes de Provence.

XXXX ✿ **Villa des Lys** - Hôtel Majestic, 14 bd Croisette ☎ 04 92 98 77 00, *majestic@lucienbarriere.com, Fax 04 93 38 97 90,* 🏖 – ▤. AE ⓓ GB BZ n
fermé mi-nov. à fin déc., le midi en juil.-août, lundi et mardi midi de sept. à juin – **Repas** 280 (déj.), 420/780 et carte 510 à 720 ♀
Spéc. Grosses langoustines à la provençale. Carré d'agneau en croûte à la fleur de thym et caviar d'aubergine. "Traou Mad" tiède et crème brûlée à la vanille. **Vins** Côtes de Provence blanc et rouge.

XXX ✿ **Neat,** 11 square Mérimée ☎ 04 93 99 29 19, *neat.resto@wanadoo.fr, Fax 04 93 68 84 48,* 🏖 – ▤. AE ⓓ GB BZ s
fermé 18 nov. au 16 déc., le midi en juil.-août et dim. – **Repas** *(220)* - 270/690 et carte 520 à 640 ♀
Spéc. Foie gras fumé minute. Filet de sole poêlé aux écrevisses (nov. à mars). Canard en roulade de rösti (sept. à avril). **Vins** Côtes de Provence.

XXX **Mesclun,** 16 r. St-Antoine ☎ 04 93 99 45 19, *Fax 04 93 47 68 29* – ▤. AE GB JCB AZ t
fermé 20 nov. au 20 déc., 20 au 28 fév. et merc. – **Repas** (dîner seul.) 190

XXX **Félix,** 63 bd Croisette ☎ 04 93 94 00 61, *Fax 04 93 94 10 71,* 🏖 – ▤. AE GB. ⚘ DZ e
fermé 20 nov. au 20 déc. et merc. hors saison – **Repas** 230 et carte 320 à 500 ♀

XX **Festival,** 52 bd Croisette ☎ 04 93 38 04 81, *Fax 04 93 38 13 82,* 🏖 – ▤. AE ⓓ GB JCB CZ p
fermé 17 nov. au 27 déc. – **Repas** 190 (déj.)/225 ♀ ***- Grill :*** **Repas** carte environ 210 ♀

XX **Gaston et Gastounette,** 7 quai St-Pierre ☎ 04 93 39 47 92, *Fax 04 93 99 45 34,* 🏖 – ▤. AE ⓓ GB AZ v
fermé 1er au 20 déc. – **Repas** 135/200

XX **Côté Jardin,** 12 av. St-Louis ☎ 04 93 38 60 28, *contact@chef-cotejardin.com, Fax 04 93 38 60 28,* 🏖 – ▤. AE GB X a
fermé fév., dim. et lundi – **Repas** *(125 bc)* - 220

XX **Relais des Semailles,** 9 r. St-Antoine ☎ 04 93 39 22 32, *Fax 04 93 39 84 73* – ▤. AE GB
fermé 1er au 20 déc., 5 au 20 janv. et lundi midi – **Repas** 95 (déj.), 195/320 AZ z

XX **Rest. Arménien,** 82 bd Croisette ☎ 04 93 94 00 58, *lucieetchristian@lerestaurant.com, Fax 04 93 94 56 12* – ▤. ⓓ GB DZ a
fermé lundi hors saison – **Repas** - cuisine arménienne - menu unique 250

XX **Poêle d'Or,** 23 r. États-Unis ☎ 04 93 39 77 65, *lapoeledor.cannes@wanadoo.fr, Fax 04 93 40 45 59* – ▤. AE GB CZ v
fermé vacances de Toussaint, de fév., mardi midi sauf de sept. à juin, dim. soir sauf juil.-août et lundi – **Repas** (week-ends prévenir) 199/350

XX **Montagard,** 6 r. Mar. Joffre ☎ 04 93 39 98 38, *Fax 04 93 39 97 34* – ▤. GB BY e
fermé dim. et lundi – **Repas** - cuisine végétarienne - 138 (déj.)/235 ♀

XX **Au Mal Assis,** 15 quai St-Pierre ☎ 04 93 99 19 09, *Fax 04 93 39 13 38,* 🏖 – AE ⓓ GB
fermé 20 nov. au 22 déc. – **Repas** 120/180 ♀ AZ a

XX **Madeleine,** 13 bd Jean Hilbert ☎ 04 93 39 72 22, *Fax 04 93 94 61 57,* ≤ – ▤. AE ⓓ GB
fermé 15 déc. au 15 janv., dim. soir d'oct. à avril et mardi – **Repas** 128/200 ♀ AZ b

X **Caveau 30,** 45 r. F. Faure ☎ 04 93 39 06 33, *Fax 04 92 98 05 38,* 🏖 – ▤. AE ⓓ GB
Repas brasserie 122/172 ♀ AZ f

X **Cigale,** 1 r. Florian ☎ 04 93 39 65 79, 🏖 – ▤. AE ⓓ GB CZ t
fermé 1er au 10 juin, dim. soir et lundi – **Repas** 138/178 ♀

X **Mère Besson,** 13 r. Frères Pradignac ☎ 04 93 39 59 24, *Fax 04 92 18 03 58,* 🏖 – ▤. AE ⓓ GB CZ a
fermé sam. midi, lundi midi et dim. – **Repas** (dîner seul. de juin à sept.) 140/170

X **Radeau,** 53 r. F. Faure ☎ 04 93 39 20 88, *Fax 04 93 39 20 88,* 🏖 – ▤. AE GB AZ s
fermé 19 nov. au 17 déc. – **Repas** 118/195 ♀, enf. 55

X **Aux Bons Enfants** (sans ☎), 80 r. Meynadier, 🏖 AZ r
fermé 4 août au 3 sept., 22 déc. au 2 janv., sam. soir d'oct. à avril et dim. – **Repas** 97

au Cannet *Nord : 3 km - V – 41 842 h. alt. 80 – ✉ 06110 .*
Office de Tourisme Central Buro, Bretelle Autoroute ☎ 04 93 45 34 27, Fax 04 93 45 28 06.

X **Pézou,** 346 r. St-Sauveur ☎ 04 93 69 32 50, 🏖 – GB V r
fermé dim. soir hors saison et merc. – **Repas** *(85)* - 130/180 ♀

X **Magnanerie,** 6 r. Mûriers ☎ 04 93 46 44 22 – GB V v
fermé dim. soir et lundi – **Repas** 89 (déj.), 130/173 ♀

à La Bocca *par ③ : 3 km – ✉ 06150 Cannes-La Bocca :*
Office de Tourisme (saison) 1 r.P.-Sémard ☎ 04 93 47 04 12, Fax 04 93 90 99 85.

X **Luna Caffe,** 8 r. Barthélémy ☎ 04 93 90 96 20, 🏖 – ▤. GB
fermé déc., sam. midi et dim. – **Repas** 105/135 ♀, enf. 55

Le CANNET *06 Alpes-Mar.* 84 ⑨,, 115 ㉟ ㊳ – *rattaché à Cannes.*

Le CANNET-DES-MAURES *83340 Var* 84 ⑯, 114 ㉟ – *3 126 h alt. 124.*
Paris 838 – Fréjus 39 – Brignoles 29 – Cannes 71 – Draguignan 27 – Toulon 56.

Mas de Causserène, N 7 ☏ 04 94 60 74 87, *Fax 04 94 60 95 97,* – – 30 à 100. AE GB
L'Oustalet *(fermé dim. soir d'oct. à avril)* **Repas** 90-115/185 ♀, enf. 70 – ☕ 45 – **49 ch** 290/350 – ½ P 290/335

CAP *voir au nom propre du Cap.*

CAPBRETON *40130 Landes* 78 ⑰ *G. Aquitaine – 5 089 h alt. 6 – Casino.*
Office de Tourisme av. G.-Pompidou ☏ 05 58 72 12 11, Fax 05 58 41 00 29.
Paris 754 – Biarritz 31 – Mont-de-Marsan 88 – Bayonne 24 – St-Vincent-de-Tyrosse 12.

quartier de la plage :

L'Océan, av. G. Pompidou ☏ 05 58 72 10 22, *Fax 05 58 72 08 43,* ← – TV P. GB. rest
Repas brasserie *(fermé mardi sauf le soir en juil.-août)* 98/139, enf. 38 – ☕ 50 – **29 ch** 460/520

Café Bellevue, av. G. Pompidou ☏ 05 58 72 10 30, *Fax 05 58 72 11 12* – AE GB
fermé 11 nov. au 1er fév. – **Repas** 99/154, enf. 56

quartier la Pêcherie :

Regalty, port de plaisance ☏ 05 58 72 22 80, *Fax 05 58 41 82 18,* – AE GB
fermé 12 nov. au 4 déc., 13 au 31 janv., dim. soir et lundi hors saison sauf fériés – **Repas** - produits de la mer - 160 et carte 250 à 300 ♀

Pavé du Port, 2 quai Pêcherie ☏ 05 58 72 29 28, *Fax 05 58 72 29 28,* – . AE GB
fermé vacances de Toussaint, 20 déc. au 20 janv., lundi en juil.-août, mardi et merc. hors saison – **Repas** 102/150 ♀, enf. 55

CAP COZ *29 Finistère* 58 ⑮ – *rattaché à Fouesnant.*

CAP D'AGDE *34 Hérault* 83 ⑯ – *rattaché à Agde.*

CAP D'AIL *06 Alpes Mar.* 84 ⑩ – *voir à Monaco (Principauté de).*

CAPDENAC-GARE *12700 Aveyron* 79 ⑩ – *4 587 h alt. 175.*
Office de Tourisme pl. du 14 Juillet ☏ 05 65 64 74 87, Fax 05 65 80 88 15.
Paris 581 – Rodez 59 – Aurillac 67 – Villefranche-de-Rouergue 31.

à St-Julien-d'Empare *Sud : 2 km par D 86 et D 558 – ✉ 12700 Capdenac-Gare :*

Auberge La Diège , ☏ 05 65 64 70 54, *Fax 05 65 80 81 58,* , , , – TV P – 20 à 30. AE GB
fermé 18 déc. au 8 janv. – **Repas** *(fermé vend. soir et dim. soir d'oct. à avril et sam. sauf le soir d'avril à juin)* 88/215 ♀, enf. 45 – ☕ 49 – **24 ch** 300/339 – ½ P 290

La CAPELLE *02260 Aisne* 53 ⑯ *G. Picardie Flandres Artois – 2 149 h alt. 228.*
Paris 193 – St-Quentin 51 – Avesnes-sur-Helpe 16 – Le Cateau-Cambrésis 31 – Laon 52.

Grand Cerf, ☏ 03 23 97 20 61 – GB
fermé juil. et le soir sauf vend. et sam. – **Repas** 120/220 ♀, enf. 60

CAPESTANG *34310 Hérault* 83 ⑭ – *2 903 h alt. 22.*
Paris 789 – Montpellier 87 – Béziers 17 – Carcassonne 62 – Narbonne 19 – St-Pons 40.

à Poilhes *Sud-Est : 5 km par D 11 – 517 h. alt. 33 – ✉ 34310 :*

Tour Sarrasine, ☏ 04 67 93 41 31 – . AE GB
fermé vacances de Toussaint, de fév., dim. soir et lundi – **Repas** 135/235

CAP FERRET *33 Gironde* 78 ⑫ *G. Aquitaine – alt. 11 – ✉ 33950 Lege Cap Ferret.*
Voir ✻★ *du phare.*
Office de Tourisme 1 av. du Gén.-de-Gaulle ☏ 05 56 03 94 49, Fax 05 57 70 31 70, Annexes (saison) 12 av. Océan ☏ 05 56 60 63 26 et pl. de l'Europe ☏ 05 56 60 86 43.
Paris 655 – Bordeaux 71 – Arcachon 8 – Lacanau-Océan 60 – Lesparre-Médoc 88.

Frégate sans rest, av. Océan ✆ 05 56 60 41 62, *contact@hotel-la-fregate.com, Fax 05 56 03 76 18,* – TV. P. AE GB
fermé 1er nov. au 15 déc. et janv. – 40 – **31 ch** 290/700

Pins, r. Fauvettes ✆ 05 56 60 60 11, *Fax 05 56 60 67 41,* – GB. rest
1er avril-15 nov. – **Repas** *(fermé lundi sauf juil.-août)* (dîner seul.) 120 – 40 – **14 ch** 335/450 – 1/2 P 313/370

Patrick Chautant, rd-pt de l'Herbe, Nord : 7 km sur D 106 ✆ 05 56 60 51 32, *Fax 05 56 60 51 32,* – GB
fermé 15 au 30 mars, 15 nov. au 15 déc., lundi et mardi de sept.à juin – **Repas** 150 (déj.), 250/350 ♀, enf. 95

Pinasse Café, 2 bis av. Océan ✆ 05 56 03 77 87, *pinassecafe@wanadoo.fr, Fax 05 56 60 63 47,* ≤, – AE GB
1er avril-30 sept., vacances de Toussaint, week-ends de mars et du 1er oct. au 15 nov. – **Repas** 95 (déj.)/130 ♀, enf. 45

Chez Hortense, à la pointe ✆ 05 56 60 62 56, ≤, – GB
juil-août et week-ends d'avril à sept. – **Repas** - produits de la mer - carte 240 à 270

CAPINGHEM *59 Nord* 51 ⑮,, 111 ㉑ – *rattaché à Lille.*

CAPPELLE-LA-GRANDE *59 Nord* 51 ④ – *rattaché à Dunkerque.*

Le Guide change, changez de guide tous les ans.

La CAPTE *83 Var* 84 ⑮ ⑯,, 114 ㊻ ㊼ – *rattaché à Hyères.*

CAPVERN-LES-BAINS *65130 H.-Pyr.* 85 ⑨ *G. Midi-Pyrénées – alt. 450 – Stat. therm. (23 avril-20 oct.) – Casino.*
Env. *Donjon du château de Mauvezin* ✻★ *O : 4,5 km.*
Office de Tourisme r. Thermes ✆ 05 62 39 00 46, Fax 05 62 39 08 14.
Paris 826 – Bagnères-de-Luchon 70 – Bagnères-de-Bigorre 18 – Lannemezan 9 – Tarbes 34.

St-Paul, r. Provence ✆ 05 62 40 95 00, *au-saint-paul@wanadoo.fr, Fax 05 62 40 95 01* – TV P. GB. rest
21 avril-20 oct. – **Repas** 78/180 ♀, enf. 40 – 35 – **31 ch** 220/250 – 1/2 P 213/230

Lemoine, 846 r. Provence ✆ 05 62 39 02 18, *Fax 05 62 39 04 20,* – TV P. AE GB.
23 avril-20 oct. – **Repas** *(70)* - 80/110 ♀, enf. 45 – 35 – **14 ch** 250/300

Bellevue ⛰, rte Mauvezin, quartier le Laca ✆ 05 62 39 00 29, *Fax 05 62 39 15 72,* ≤ – P. GB. rest
2 mai-30 sept. – **Repas** 100/150, enf. 50 – 30 – **29 ch** 100/225 – 1/2 P 205

CARANTEC *29660 Finistère* 58 ⑥ *G. Bretagne – 2 609 h alt. 37.*
Voir *Croix de procession★ dans l'église – "Chaise du Curé" (plate-forme)* ≤★.
Env. *Pointe de Pen-al-Lann* ≤★★ *E : 1,5 km puis 15 mn.*
Office de Tourisme 4 r. Pasteur ✆ 02 98 67 00 43, Fax 02 98 67 90 51.
Paris 554 – Brest 71 – Lannion 54 – Morlaix 15 – Quimper 90 – St-Pol-de-Léon 10.

L'Hôtel de Carantec-Patrick Jeffroy ⛰, ✆ 02 98 67 00 47, *Fax 02 98 67 08 25,* ≤ Baie de Morlaix, – P. AE GB. ch
fermé 1er au 21 janv., dim. soir et lundi du 17 sept. au 16 juin – **Repas** 160 bc (déj.), 255/370 ♀ – 65 – **12 ch** 720/960 – 1/2 P 690
Spéc. Gâteau de sardines mi-cuites marinées en escabèche. Langouste royale et bouillie d'avoine au beurre d'ail. Millefeuille de crêpes dentelle aux fruits frais, crème à la bergamote.

Pors Pol ⛰ sans rest, r. Surcouf ✆ 02 98 67 00 52, *Fax 02 98 67 02 17,* ≤, – P. GB
15 avril-23 sept. – 42 – **30 ch** 265/285

Cabestan, au port ✆ 02 98 67 01 87, *Fax 02 98 67 90 49,* ≤ – GB
fermé 5 nov. au 10 déc., lundi sauf juil.-août et mardi
Repas 120/260 ♀

Chaise du Curé, pl. République ✆ 02 98 78 33 27, *Fax 02 98 78 33 27* – GB
fermé fév., jeudi sauf le soir d'avril à oct. et jeudi – **Repas** 98/175 ♀

CARBON-BLANC *33 Gironde* 71 ⑨ – *rattaché à Bordeaux.*

CARCASSONNE P 11000 Aude 83 ⑪ *G. Languedoc Roussillon – 43 470 h alt. 110.*

Voir *La Cité*★★★ – *Basilique St-Nazaire*★ : *vitraux*★★, *statues*★★ – *Musée du château Comtal : calvaire*★ *de Villanière – Montolieu*★ *(village du livre) – Châteaux de Latours*★ *– Commune de la "Méridienne verte".*

de Carcassonne-Salvaza : ℘ 04 68 71 96 46, par ④ : 3 km.

Office de Tourisme 15 bd Camille-Pelletan ℘ 04 68 10 24 30, Fax 04 68 10 24 38 et Tour Narbonnaise ℘ 04 68 10 24 36, Fax 04 68 10 24 37.

Paris 790 ④ – Perpignan 114 ② – Toulouse 92 ④ – Albi 110 ① – Narbonne 61 ②.

Plan page ci-contre

Trois Couronnes M, 2 r. Trois Couronnes ℘ 04 68 25 36 10, *Fax 04 68 25 92 92*, ←, – 120. AE GB BZ u
Repas 129 bc/165 – 65 – **68 ch** 495/595 – ½ P 365/415

Montségur sans rest, 27 allée d'Iéna ℘ 04 68 25 31 41, *hotel.montsegur@wanadoo.fr, Fax 04 68 47 13 22* – P. AE GB JCB AZ t
fermé 23 déc. au 31 janv. – 49 – **21 ch** 330/495

Bristol, 7 av. Foch ℘ 04 68 25 07 24, *Fax 04 68 25 71 89* – rest, – 20. GB
1er mars-30 nov. – **Repas** (fermé sam. midi et dim. soir) 95/250 bc – 50 – **56 ch** 350/400 – ½ P 260/300 BY n

Pont Vieux sans rest, 32 r. Trivalle ℘ 04 68 25 24 99, *hoteldupontvieux@minitel.net, Fax 04 68 47 62 71* – . GB BZ s
42 – **19 ch** 260/450

Languedoc, 32 allée Iéna ℘ 04 68 25 22 17, *Fax 04 68 47 13 22*, – . AE GB JCB
fermé 25 juin au 3 juil., 24 déc. au 22 janv., lundi sauf le soir en juil.-août et dim. soir – **Repas** 135/245 et carte 240 à 280, enf. 70 AZ z

L'Écurie, 43 bd Barbès ℘ 04 68 72 04 04, *Fax 04 68 25 55 89*, , « Authentiques écuries du 18e siècle » – AE GB AZ m
fermé dim. soir – **Repas** 135 bc/220, enf. 85

Chez Fred, 31 bd O. Sarraut ℘ 04 68 72 02 23, *Fax 04 68 72 02 23*, – . GB AY a
fermé vacances de fév. – **Repas** 75 (déj.), 110/140

à l'entrée de la Cité, *près porte Narbonnaise :*

Mercure Porte de la Cité M, 18 r. C. Saint-Saens D ℘ 04 68 11 92 82, *h1622@accor-hotels.com, Fax 04 68 71 11 45*, , , – P – 15 à 50. AE GB JCB
Repas 82/130, enf. 50 – 58 – **61 ch** 530/560

Espace Cité sans rest, 132 r. Trivalle ℘ 04 68 25 24 24, *Fax 04 68 25 17 17* – P – 25. AE GB JCB D r
35 – **48 ch** 310

dans la Cité - *Circulation réglementée en été :*

Cité, pl. Église ℘ 04 68 71 98 71, *reservations@hoteldelacite.com, Fax 04 68 71 50 15*, ←, « Demeure néo-gothique avec jardin et piscine sur les remparts », , – P – 50. AE GB JCB C e
fermé déc. à mi-janv. – ***Barbacane*** (dîner seul.) *avril-nov.* **Repas** 350/490 – ***Chez Saskia :*** **Repas** 100/180, enf. 45 – 130 – **55 ch** 1250/2200, 6 appart

Donjon et les Remparts, 2 r. Comte Roger ℘ 04 68 11 23 00, *info@bestwestern-donjon.com, Fax 04 68 25 06 60*, – rest, P – 50. AE GB JCB C a
Brasserie Le Donjon ℘ 04 68 25 95 72 *(fermé dim. soir de nov. à mars)* **Repas** (76)-89/130, enf. 45 – 55 – **63 ch** 370/1300 – ½ P 400/825

Marquière, 13 r. St Jean ℘ 04 68 71 52 00, *Fax 04 68 71 30 81* – AE GB C v
fermé 15 janv. au 15 fév., merc. et jeudi – **Repas** 95/280

L'Écu d'Or, 7 r. Porte d'Aude ℘ 04 68 25 49 03, *Fax 04 68 25 33 14*, – GB
fermé 15 nov. au 8 déc., merc. et jeudi de nov. au 10 fév. sauf vacances scolaires – **Repas** 140/280, enf. 60 C f

Comte Roger, 14 r. St-Louis ℘ 04 68 11 93 40, *Fax 04 68 11 93 41*, – AE GB
fermé 15 au 30 nov. et dim. – **Repas** 158/248, enf. 68 C z

Auberge de Dame Carcas, 3 pl. Château ℘ 04 68 71 23 23, *Fax 04 68 79 79 67*, – . GB C t
fermé janv. à mi-fév. et lundi – **Repas** (dîner seul.) 85/145

au hameau de Montredon *Nord-Est : 4 km par r. A. Marty* BY – ✉ *11090 Carcassonne :*

Château St-Martin "Trencavel", ℘ 04 68 71 09 53, *Fax 04 68 25 46 55*, , « Parc », – P. AE GB
fermé merc. – **Repas** 175/315 et carte 250 à 340

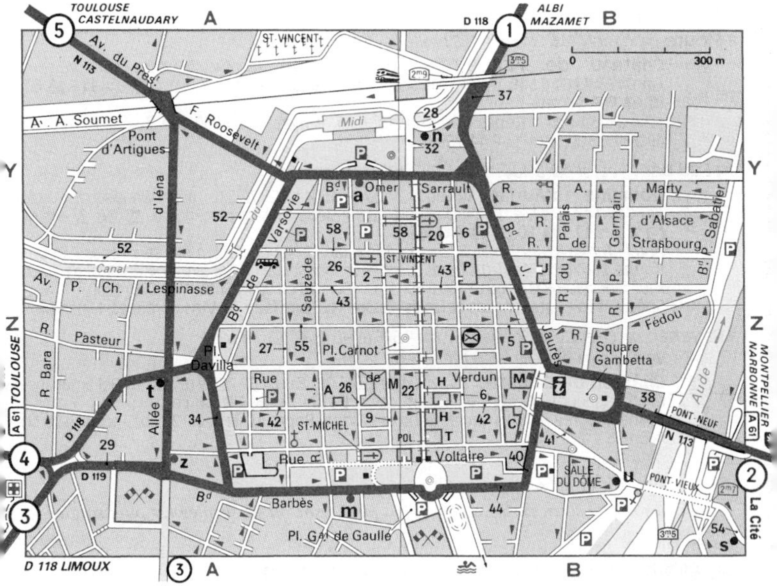

CARCASSONNE

Armagnac (R. A.) . . . . . . **AY** 2
Barbès (R.) . . . . **BZ** 5
Bringer (R. Jean). . . . . **BYZ** 6
Brunau-Varilla (Av.) . . . . **AZ** 7
Chartran (R.). . . . . **AZ** 9
Clemenceau (R. G.) . . . **BY** 20
Combéléran (Mtée G.) . . **D** 21
Courtejaire (R.). . . . . **BZ** 22
Cros-Mayrevieille (Rue). . **D** 24
Dr-A.-Tomey (R.) . . . . . . **AYZ** 26
Études (R. des) . . . . **AZ** 27
Foch (Av. du Mar.) . . . . **BY** 28
Gout (Av. Henri). . . . . . . **AZ** 29
Joffre (Av. du Mar.). . . . **BY** 32
Marcou (Bd) . . . . **AZ** 34
Médiévale (Voie) . . . . **D** 36
Minervoise (Route) . . . . **BY** 37
Mullot (Av. Arthur). . . . . **BZ** 38
Pelletan (Bd C.) . . . . **BZ** 40
Pont-Vieux (R. du) . . . . . **BZ** 41
Ramon (R. A.) . . . . **ABZ** 42
République (R. de la). **ABY** 43
Roumens (Bd du Cdt) . **BZ** 44
St. Jean (R.) . . . . **C** 46
St. Saëns (R. C.) . . . . **D** 48
St. Sernin (R.). . . . . **D** 49
Semard (Av. Pierre). . . . **AY** 52
Trivalle (R.) . . . . **BZ** 54
Verdun (R. de). . . . . . . **ABZ**
Victor-Hugo (R.). . . . . . . **AZ** 55
Viollet-le-Duc (Rue) . . . . . **C** 56
4-Septembre (R. du) . **ABY** 58

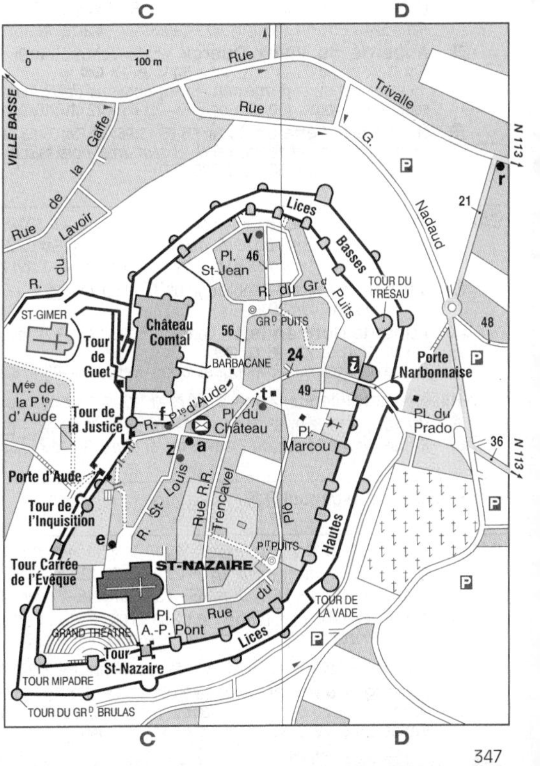

Les noms des rues sont soit écrits sur le plan soit répertoriés en liste et identifiés par un numéro.

à Floure *par ② et N 113 : 11 km – 255 h. alt. 77 – ✉ 11800 :*

Château de Floure 🐦, ☎ 04 68 79 11 29, *contact@chateau-de-floure.com, Fax 04 68 79 04 61,* ≤, 🏛, « Belle décoration intérieure », 🏊, 🌳, 🎾 – 📺 🚗 🅿 – 🏢 60. AE ⓓ GB. ✂ rest
30 mars-31 oct. – **Repas** *(fermé mardi midi et merc. midi)* 230/280 🍷 – ☕ 79 – **13 ch** 490/890, 3 appart – ½ P 445/995

au Sud par ③ *et Est par D 104 : 3 km – ✉ 11000 Carcassonne :*

Domaine d'Auriac (Rigaudis) 🐦, ☎ 04 68 25 72 22, *auriac@relaischateaux.fr, Fax 04 68 47 35 54,* ≤, 🏛, « Demeure du 19e siècle dans un parc, golf », 🏊, 🎾, 🌳 – 🛗 ▤ 📺 📞 🚗 🅿 – 🏢 50. AE ⓓ GB JCB
hôtel : fermé 1er au 7 mai, 2 janv. au 4 fév., dim. et lundi d'oct. à mai sauf fériés – **Repas** *(fermé 1er-7/05, 2/01-4/02, lundi, merc et vend. midi de 06-09, dim. soir et lundi de 10-05 sauf fériés)* 260/600 et carte 400 à 590 – ☕ 100 – **26 ch** 900/2500 – ½ P 825/1700
Spéc. Les foies gras chauds et froids. Cassoulet. Gibier (saison). **Vins** Corbières, Minervois.

à Cavanac *par ③ et rte de St-Hilaire : 7 km – 676 h. alt. 138 – ✉ 11570 :*
Voir *Commune de la "Méridienne verte".*

Château de Cavanac 🐦, ☎ 04 68 79 61 04, *Fax 04 68 79 79 67,* 🏛, « Bel aménagement intérieur », 🏋, 🏊, 🌳, 🎾 – 🛗, ▤ ch, 📺 🅿 – 🏢 15. GB. ✂ ch
fermé janv., fév. et lundi (sauf hôtel hors saison) – **Repas** (dîner seul.) 225 bc – ☕ 48 – **25 ch** 440/695 – ½ P 447

En juin et en septembre,
les hôtels sont moins chers qu'en pleine saison, le service est plus soigné.

CARENNAC *46110 Lot* 75 ⑲ *G. Périgord Quercy – 370 h alt. 123.*
Voir *Portail★ de l'église St Pierre – Mise au tombeau★ dans la salle capitulaire du cloître.*
🅸 *Office de Tourisme ☎ 05 65 10 97 01, Fax 05 65 10 97 01.*
Paris 524 – Brive-la-Gaillarde 40 – Cahors 77 – Martel 18 – St-Céré 16 – Tulle 51.

Auberge du Vieux Quercy Ⓜ 🐦, ☎ 05 65 10 96 59, *vieuxquercy@medianet.fr, Fax 05 65 10 94 05,* 🏛, 🏊, 🌳 – 📺 📞 🅿. ⓓ GB
15 mars-15 nov. et fermé dim. soir et lundi sauf du 1er mai au 30 sept. – **Repas** (dîner seul. sauf dim. et fêtes) 100/220, enf. 60 – ☕ 45 – **22 ch** 310/370 – ½ P 330/370

Hostellerie Fénelon 🐦, ☎ 05 65 10 96 46, *Fax 05 65 10 94 86,* 🏛, 🏊 – 📺 📞 🅿. GB
15 mars-18 nov. et fermé vend. et sam. midi hors saison – **Repas** 110/290 🍷, enf. 55 – ☕ 50 – **15 ch** 290/360 – ½ P 320/360

CARENTAN *50500 Manche* 54 ⑬ *G. Normandie Cotentin – 6 300 h alt. 18.*
🅸 *Office de Tourisme bd Verdun ☎ 02 33 42 74 01, Fax 02 33 42 74 01.*
Paris 304 – Cherbourg 52 – St-Lô 29 – Avranches 87 – Caen 72 – Coutances 36.

Vauban sans rest, 7 r. Sébline ☎ 02 33 71 00 20 – 📺 📞 🚗. GB. ✂
☕ 35 – **15 ch** 240/320

Auberge Normande, bd Verdun ☎ 02 33 42 28 28, *accueil@auberge-normande.com, Fax 02 33 42 00 72* – 🅿. AE GB
fermé dim. soir sauf juil.-août et lundi – **Repas** *(79)* - 96/178, enf. 60

à St-Hilaire-Petitville *Est : 2 km – 1 219 h. alt. 10 – ✉ 50500 Carentan :*

Kyriad, N 13 ☎ 02 33 71 11 11, *Fax 02 33 71 92 88,* 🏛 – 📺 📞 ♿ 🅿 – 🏢 60. AE ⓓ GB
Repas *(fermé 24 déc. au 7 janv., sam. et dim.)* 78/143 🍷 – ☕ 38 – **37 ch** 290/320 – ½ P 285

CARGÈSE *2A Corse-du-Sud* 90 ⑯ *– voir à Corse.*

CARHAIX-PLOUGUER *29270 Finistère* 58 ⑰ *G. Bretagne – 8 198 h alt. 138.*
🅸 *Office de Tourisme r. Brizeux ☎ 02 98 93 04 42, Fax 02 98 93 23 83.*
Paris 506 – Quimper 61 – Brest 85 – Guingamp 48 – Lorient 74 – Morlaix 46 – Pontivy 59.

Ahès sans rest, 1 r. F. Lancien ☎ 02 98 93 00 09, *Fax 02 98 93 00 09* – 📺. GB JCB. ✂
fermé 29 mai au 12 juin, 15 déc. au 30 janv. et dim. – ☕ 32 – **9 ch** 190/230

à Port de Carhaix *Sud-Ouest : 6 km par rte de Lorient – ✉ 29270 Motreff :*

Auberge du Poher, ☎ 02 98 99 51 18, *Fax 02 98 99 55 98,* 🌳 – 🅿. GB
fermé 10 juil. au 6 août, 4 au 18 fév., merc. soir, mardi soir hors saison, dim. soir et lundi – **Repas** *(68 bc)* - 72/238 🍷

CARIGNAN *08110 Ardennes* 56 ⑩ *– 3 359 h alt. 174.*

Paris 277 – Charleville-Mézières 44 – Mouzon 8 – Montmédy 23 – Sedan 22 – Verdun 72.

XX **Gourmandière,** 19 av. Blagny ☎ 03 24 22 20 99, *Fax 03 24 22 20 99*, – AE GB
fermé lundi – **Repas** 75/275, enf. 60

CARNAC *56340 Morbihan* 63 ⑫ *G. Bretagne – 4 243 h alt. 16.*

Voir *Musée de préhistoire*** **M** – *Église St-Cornély** **E** – *Tumulus St-Michel** : ≤* – *Alignements du Ménec*** *par D 196 : 1,5 km – Alignements de Kermario*** *par* ② *: 2 km – Alignements de Kerlescan** *par* ② *: 4,5 km.*

Office de Tourisme 74 av. des Druides (Carnac-Plage) ☎ *02 97 52 13 52, Fax 02 97 52 86 10.*

Paris 490 ② *– Vannes 31* ② *– Auray 13* ② *– Lorient 36* ① *– Quiberon 18* ①.

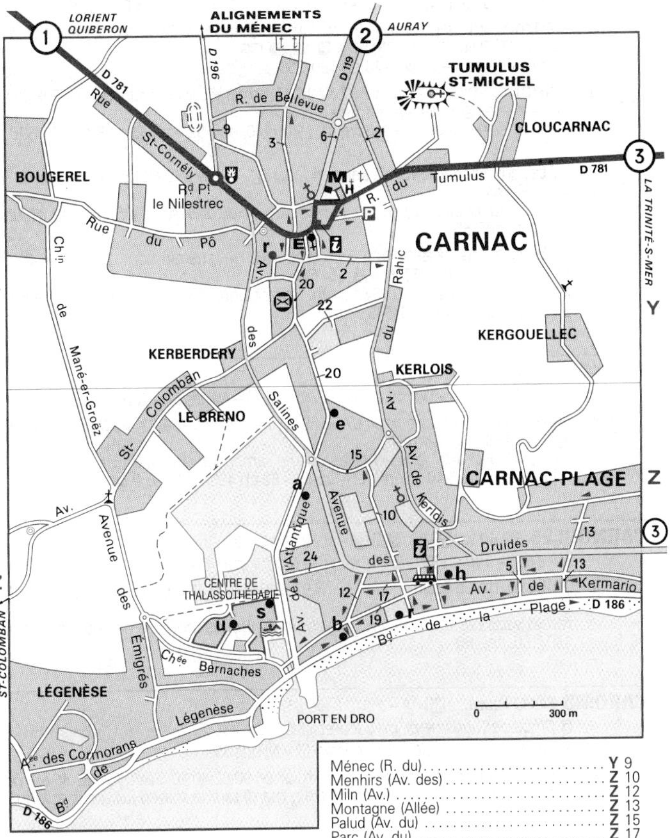

Colary (R.) .... Y 2
Courdiec (R. de) .... Y 3
Cromlech (Allée) .... Z 5
Korrigans (R. des) .... Y 6
Ménec (R. du) .... Y 9
Menhirs (Av. des) .... Z 10
Miln (Av.) .... Z 12
Montagne (Allée) .... Z 13
Palud (Av. du) .... Z 15
Parc (Av. du) .... Z 17
Port-en-Dro (Av. de) .... Z 19
Poste (Av. de la) .... Y 20
Poul-Person (R. de) .... Y 21
Roer (Av. du) .... Y 22
Talleyrand (R. de) .... Z 24

Diana M, 21 bd Plage ☎ 02 97 52 05 38, *diana@ot-carnac.fr, Fax 02 97 52 87 91*, ≤, – AE GB JCB   Z r
13 avril-30 sept. – **Repas** *(fermé merc. midi hors saison)* 150 (déj.), 260/350 – 90 –
32 ch 990/1350 – 1/2 P 680/1005

Novotel M, av. Atlantique 02 97 52 53 00, *h0406@accor-hotels.com, Fax 02 97 52 53 55,* ←, centre de thalassothérapie, – 25. AE GB JCB Z s
fermé 3 au 17 janv. – ***Clipper :*** Repas (125)-175 ♀, enf. 65 – ***Diététique :*** Repas 175 – 70 – **109 ch** 765/990 – ½ P 650/700

Celtique M, 17 av. Kermario 02 97 52 14 15, *hotel.celtique.bw.carnac@wanadoo.fr, Fax 02 97 52 71 10,* – 40. AE GB Z h
Repas *(fermé le midi sauf week-ends et vacances scolaires)* 130/275 ♀, enf. 56 – 60 – **48 ch** 690/770, 5 duplex – ½ P 420/570

Plancton, 12 bd Plage 02 97 52 13 65, *info@hotel-plancton.com, Fax 02 97 52 87 63,* ←, – 25. AE GB Z b
7 avril-30 sept. – **Repas** 124/276 ♀, enf. 65 – 55 – **23 ch** 618/729 – ½ P 492/540

Ibis M, av. Atlantique 02 97 52 54 00, *Fax 02 97 52 53 66,* ←, centre de thalassothérapie, – 20 à 40. AE GB Z u
Repas 135 ♀, enf. 40 – 45 – **96 ch** 595/695, 23 duplex – ½ P 440/505

Licorne M sans rest, 5 av. Atlantique 02 97 52 10 59, *lalicorne@minitel.net, Fax 02 97 52 80 30,* – AE GB Z a
1er mars-1er nov. – 40 – **26 ch** 360/550

Armoric, 53 av. Poste 02 97 52 13 47, *armoric.carnac@wanadoo.fr, Fax 02 97 52 98 66,* – AE GB JCB Z e
Repas *(fermé jeudi hors saison)* (75) - 118/160, enf. 52 – 43 – **25 ch** 350/520 – ½ P 430/450

Côte, aux Alignements de Kermario, par ② : *2 km* 02 97 52 02 80, *Fax 02 97 52 02 80,* – GB
fermé 3 au 17 déc., 3 janv. au 11 fév., sam. midi, dim. soir sauf juil.-août et lundi – Repas 120/260, enf. 50

Auberge le Râtelier avec ch, 4 chemin du Douet 02 97 52 05 04, *Fax 02 97 52 76 11* – – 15. GB Y r
Repas *(fermé 15 janv. au 13 fév., dim. soir et lundi d'oct. à mars)* 95/238 ♀, enf. 60 – 38 – **9 ch** 290/320 – ½ P 310/345

CARNON-PLAGE *34280 Hérault* 83 ⑦.
Paris 763 – Montpellier 19 – Aigues-Mortes 19 – Nîmes 57 – Sète 35.

Neptune M, au port 04 67 50 88 00, *Fax 04 67 50 96 72,* ←, – 30. AE GB. rest
fermé 16 déc. au 7 janv. – **Repas** *(fermé sam. midi, dim. soir et lundi midi de Toussaint à Pâques)* (90) - 105/240, enf. 52 – 48 – **52 ch** 400/600 – ½ P 340/435

CARNOULES *83660 Var* 84 ⑯, 114 ㉞ – *2 292 h alt. 205.*
Paris 835 – Toulon 36 – Brignoles 23 – Draguignan 49 – Hyères 33.

Tuilière, rte de Toulon : 2 km sur N 97 04 94 48 32 39, *Fax 04 94 48 36 06,* – GB
fermé vacances de fév., dim. soir et lundi – **Repas** (nombre de couverts limité, prévenir) 130/160, enf. 60

CAROMB *84330 Vaucluse* 81 ⑬ – *2 640 h alt. 95.*
Office de Tourisme pl. du Cabaret 04 90 62 36 21.
Paris 680 – Avignon 36 – Carpentras 10 – Nyons 35.

Four à Chaux, rte Malaucène : 2 km 04 90 62 40 10, *Fax 04 90 62 36 62,* – GB
fermé 19 nov. au 2 déc., 1er au 26 janv., mardi sauf le soir en juil.-août et lundi – **Repas** 90 (déj.), 150/230 ♀, enf. 80

Besonders angenehme Hotels oder Restaurants
sind im Führer rot gekennzeichnet.
Sie können uns helfen,
wenn Sie uns die Häuser angeben,
in denen Sie sich besonders wohl gefühlt haben.
Jährlich erscheint eine komplett überarbeitete Ausgabe
aller Roten Michelin-Führer.

CARPENTRAS ⟨SP⟩ 84200 Vaucluse 81 ⑫ ⑬ *G. Provence* – *24 212 h alt. 102.*

Voir *Ancienne cathédrale St-Siffrein*★ : *Synagogue*★.

Office de Tourisme 170 av. J.-Jaurès ☎ 04 90 63 57 88, Fax 04 90 60 41 02.

Paris 683 ④ – Avignon 28 ③ – Digne-les-Bains 142 ② – Gap 147 ① – Marseille 106 ②.

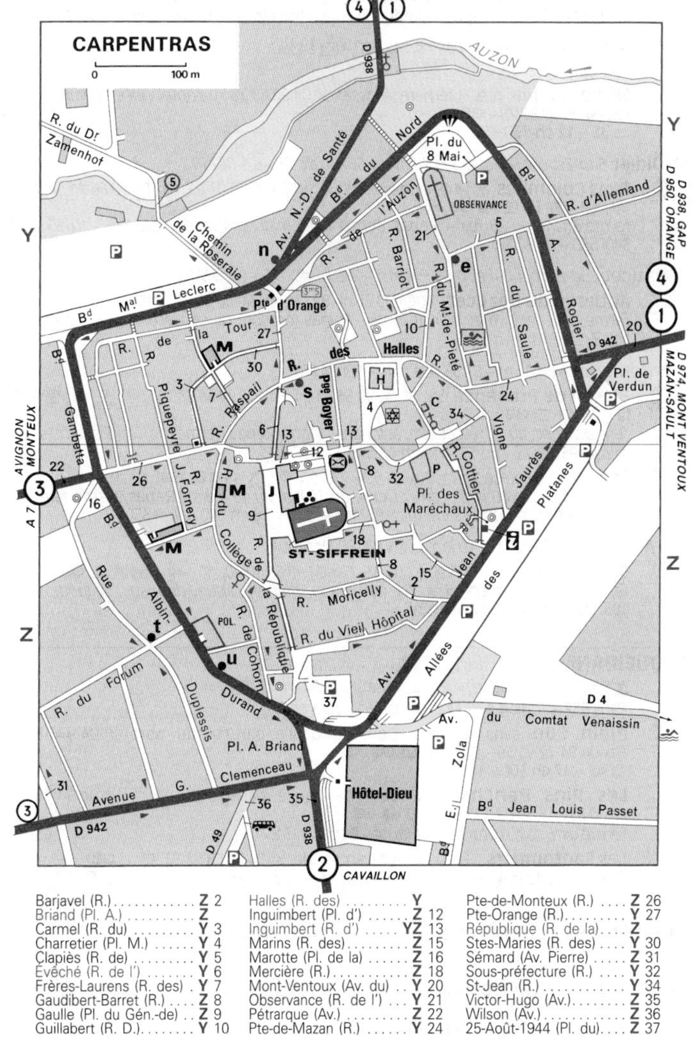

Forum M sans rest, 24 r. Forum ☎ 04 90 60 57 00, *Fax 04 90 63 52 65* – lift ▤ TV ♿ P. GB
☐ 49 – **28 ch** 320/400 Z t

Comtadin M sans rest, 65 bd Albin Durand ☎ 04 90 67 75 00, *Fax 04 90 67 75 01* – lift
▤ TV ♿ – 30. AE GB Z u
fermé 7 janv. au 1er fév. – ☐ 45 – **19 ch** 320/380

L'Atelier de Pierre, 30 pl. de l'Horloge (début r. des Halles) ☎ 04 90 60 75 00, *Fax 04 90 60 75 00,* – ▤. GB Y s
fermé 2 au 17 janv., dim. et lundi – **Repas** 150/265

X **Rives d'Auzon,** 47 bd Nord (face Porte d'Orange) ✆ 04 90 60 62 62 – GB Y n
fermé 11 déc. au 9 janv., le midi du 1er au 26 août, sam. midi et mardi – **Repas** 110 bc (déj.), 140/190 ♀

X **Vert Galant,** 12 r. Clapiès ✆ 04 90 67 15 50, *Fax 04 90 67 15 50 –* ▤. GB Y e
fermé 18 au 25 mars, 18 au 25 nov., sam. midi et dim. du 1/04 au 30/09, dim. soir et lundi du 1/10 au 31/03 – **Repas** (nombre de couverts limité, prévenir) 120 (déj.), 159/250 ♀

à Mazan *Est : 7 km par D 942 – 4 459 h. alt. 100 – ✉ 84380 .*
Voir *Cimetière* ≤★.

Siècle sans rest, (derrière l'église) ✆ 04 90 69 75 70, *hotel.lesiècle@worldonline.fr, Fax 04 90 69 80 78 –* GB
35 – **12 ch** 160/300

à St-Didier *Sud-Est par D 4 et D 39 : 2 km – 1 657 h. alt. 98 – ✉ 84210 :*

Trois Colombes , 148 av. des Garrigues ✆ 04 90 66 07 01, *Fax 04 90 66 11 54*, , , , – TV P. AE GB JCB
fermé 3 janv. au 28 fév. – **Repas** *(fermé lundi midi hors saison)* 135/185 – 55 – **38 ch** 340/530 – ½ P 350

au Beaucet *Sud-Est par D 4 et D 39 : 11 km – 280 h. alt. 275 – ✉ 84210 :*

XX **Auberge du Beaucet,** ✆ 04 90 66 10 82, *Fax 04 90 66 00 72 –* GB
fermé déc., janv., dim. soir et lundi – **Repas** (nombre de couverts limité, prévenir) 175/215 ♀

à Monteux *par ③ : 4,5 km – 8 157 h. alt. 42 – ✉ 84170 :*

Blason de Provence , ✆ 04 90 66 31 34, *Fax 04 90 66 83 05*, , , , – TV P – 40. AE GB.
fermé 15 déc. au 1er fév. et dim. soir hors saison – **Repas** *(fermé sam. midi et dim. soir hors saison)* 95/280 ♀ – 55 – **18 ch** 420/480 – ½ P 450

Select, ✆ 04 90 66 27 91, *Fax 04 90 66 33 05*, , – TV P. GB. ch
fermé 18 déc. au 8 janv., sam. et dim. du 15 oct. au 15 mars – **Repas** *(fermé sam. soir et dim. soir hors saison et sam. midi)* 95/165 – 45 – **8 ch** 340 – ½ P 350

rte d'Avignon *par ③ D 942 : 10 km : – ✉ 84180 Monteux :*

XXX **Saule Pleureur,** ✆ 04 90 62 01 35, *Fax 04 90 62 10 90*, , – ▤ P. AE GB
fermé 1er au 21 mars, 5 au 21 nov., sam. midi en saison, dim. soir et lundi – **Repas** 185/385 et carte 280 à 390, enf. 80

CARQUEIRANNE *83320 Var 84 ⑮, 114 ㊻ – 7 118 h alt. 30.*

Syndicat d'Initiative pl. République ✆ 04 94 01 40 40.
Paris 852 – Toulon 17 – Draguignan 81 – Hyères 9.

Plein Sud sans rest, av. Gén. de Gaulle par rte du port ✆ 04 94 58 52 86, *Fax 04 94 12 95 59 –* TV P. AE GB.
43 – **17 ch** 300/410

XXX **Les Pins Penchés,** av. Gén. de Gaulle par rte du port ✆ 04 94 58 60 25, *Fax 04 94 58 69 04*, – ▤. AE GB JCB
fermé dim. soir, mardi midi et lundi – **Repas** 215 ♀

X **Les Santonniers,** 18 r. J.-Jaurès (centre ville) ✆ 04 94 58 62 33, – GB
fermé 5 au 19 janv., merc. sauf juil.-août et jeudi de sept. à mai – **Repas** 95 ♀

CARRIÈRES-SUR-SEINE *78 Yvelines 55 ⑳., 101 ⑭ – voir à Paris, Environs.*

Les CARROZ-D'ARÂCHES *74300 H.-Savoie 74 ⑧ G. Alpes du Nord – alt. 1140 – Sports d'hiver : 1 140/2 480 m 1 18 .*

Office de Tourisme 9 pl. Ambiance ✆ 04 50 90 00 04, Fax 04 50 90 07 00.
Paris 584 – Chamonix-Mont-Blanc 48 – Thonon-les-Bains 70 – Annecy 66 – Bonneville 26.

Arbaron, ✆ 04 50 90 02 67, *arbaron@wanadoo.fr, Fax 04 50 90 37 60*, ≤, , « Jardin fleuri », , – TV P. GB. rest
15 juin-1er oct. et 10 déc.-25 avril – **Repas** 98/250, enf. 48 – 50 – **30 ch** 325/490 – ½ P 501

Croix de Savoie , 1 km rte Flaine ✆ 04 50 90 00 26, *jean-marc.tiret@wanadoo.fr, Fax 04 50 90 00 63*, ≤ montagnes et vallée – P. GB
16 juin-23 sept. et 15 déc.-28 avril – **Repas** 75/135, enf. 50 – 38 – **19 ch** 230/290 – ½ P 305/315

CARRY-LE-ROUET *13620 B.-du-R.* 84 ⑫ *G. Provence – 5 224 h alt. 5 – Casino.*
Office de Tourisme av. A.-Briand ✆ *04 42 13 20 36, Fax 04 42 44 52 03.*
Paris 771 – Marseille 34 – Aix-en-Provence 41 – Martigues 19 – Salon-de-Provence 44.

L'Escale (Clor), prom. du Port ✆ 04 42 45 00 47, *Fax 04 42 44 72 69,* ≤, « Terrasse surplombant le port » – AE GB
1er fév.-28 oct. et fermé lundi sauf le soir du 5 juil. au 21 août et dim. soir – **Repas** (dim. prévenir) *(200)* - 330 et carte 400 à 620
Spéc. Coquilles Saint-Jacques rôties en feuilles de choux (fév. à avril). Suprême de loup en grillade. Rognon de veau poêlé au caramel d'échalote. **Vins** Cassis, Châteauneuf-du-Pape.

Madrigal, 4 av. Dr G. Montus ✆ 04 42 44 58 63, *Fax 04 42 44 58 63,* ≤, – P. AE GB
2 fév.-31 oct. et fermé dim. soir et lundi en fév. et mars – **Repas** 149/189

CARSAC AILLAC *24200 Dordogne* 75 ⑰ *G. Périgord Quercy – 1 219 h alt. 80.*
Paris 538 – Brive-la-Gaillarde 57 – Sarlat-la-Canéda 12 – Gourdon 20.

Relais du Touron, rte Sarlat ✆ 05 53 28 16 70, *Fax 05 53 28 52 51,* « Parc », – TV P. GB
1er avril-31 oct. – **Repas** *(fermé mardi)* (½ pens. seul.) – 45 – **12 ch** 310/380 – ½ P 339/351

CARTERET *50 Manche* 54 ① – *voir à Barneville-Carteret.*

CARVIN *62220 P.-de-C.* 51 ⑮ – *17 059 h alt. 31.*
Paris 203 – Lille 27 – Arras 33 – Béthune 28 – Douai 22.

Parc Hôtel, N 17 - Z.I. du Château ✆ 03 21 79 65 65, *customer@parc-hotel.com, Fax 03 21 79 80 00,* – TV P – 25. AE GB
Repas *(fermé dim. soir)* 99/209 bc , enf. 55 – 47 – **46 ch** 300/355 – ½ P 310/355

CASAMOZZA *2B H.-Corse* 90 ③ – *voir à Corse.*

CASSEL *59670 Nord* 51 ④ *G. Picardie Flandres Artois – 2 177 h alt. 175.*
Voir *Site*★.
Paris 253 – Calais 55 – Dunkerque 30 – Hazebrouck 13 – Lille 50 – St-Omer 22.

Petit Bruxelles, au Petit-Bruxelles, Sud-Est : 3,5 km sur D 916 ✆ 03 28 42 44 64, *bdesnave@nordnet.fr, Fax 03 28 40 58 13,* – P. GB
fermé vacances de fév., dim. soir, mardi soir, merc. soir et lundi – **Repas** 145/322 , enf. 80

CASSIS *13260 B.-du-R.* 84 ⑬, 114 ㉙ *G. Provence – 7 967 h alt. 10 – Casino.*
Voir *Site*★ – *Les Calanques*★★ *(1h en bateau) – Mt de la Saoupe* ★★ *: 2 km par D 41A.*
Env. *Cap Canaille, la plus haute falaise maritime d'Europe,* ≤★★★ *5 km par D41A – Sémaphore* ★★★ *- Corniche des Crêtes*★★ *de Cassis à la Ciotat.*
Office de Tourisme pl. Baragnon ✆ *04 42 01 71 17, Fax 04 42 01 28 31.*
Paris 805 ① – Marseille 30 ① – Aix-en-Provence 50 ② – La Ciotat 9 ② – Toulon 42 ②.

Plan page suivante

Royal Cottage M sans rest, 6 av. 11 Novembre par ① ✆ 04 42 01 33 34, *Fax 04 42 01 06 90,* ≤, – TV P – 15. AE GB.
fermé 22 déc. au 4 janv. – 68 – **22 ch** 680/1200, 3 duplex

Les Jardins de Cassis sans rest, r. A. Favier par ① : *1 km* ✆ 04 42 01 84 85, *Fax 04 42 01 32 38,* – TV P. AE GB.
1er avril-31 oct. – 58 – **36 ch** 700/750

Golfe sans rest, quai Barthélemy **(t)** ✆ 04 42 01 00 21, *Fax 04 42 01 92 08,* ≤ – TV. AE GB
1er avril-1er nov. – 50 – **30 ch** 380/480

Cassitel sans rest, pl. Clemenceau **(n)** ✆ 04 42 01 83 44, *cassitel@hotel-cassis.com, Fax 04 42 01 96 31* – TV. AE GB JCB
35 – **25 ch** 390

Clos des Arômes, 10 r. Paul Mouton **(u)** ✆ 04 42 01 71 84, *Fax 04 42 01 31 76,* – . AE GB. ch
1er avril-10 nov. – **Repas** *(fermé lundi midi, mardi midi et merc. midi)* 120/160 – 48 – **14 ch** 290/450 – ½ P 365/395

Grand Jardin sans rest, 2 r. P. Eydin **(b)** ✆ 04 42 01 70 10, *Fax 04 42 01 33 75* – TV . AE GB.
38 – **26 ch** 350/405

CASSIS

Abbé-Mouton (R.)	2
Arène (R. de l')	4
Autheman (R. V.)	5
Baragnon (Pl.)	6
Barthélemy (Bd)	7
Barthélemy (Quai Jean-Jacques)	8
Baux (Quai des)	9
Ciotat (R. de la)	10
Clemenceau (Pl.)	12
Ganteaume (Av. de l'Amiral)	14
Jaurès (Av. J.)	16
Leriche (Av. Professeur)	17
Mirabeau (Pl.)	22
Moulins (Q. des)	23
République (Pl.)	25
Revestel (Av. du)	26
St-Michel (Pl.)	27
Thiers (R. Adolphe)	29
Victor-Hugo (Av.)	32

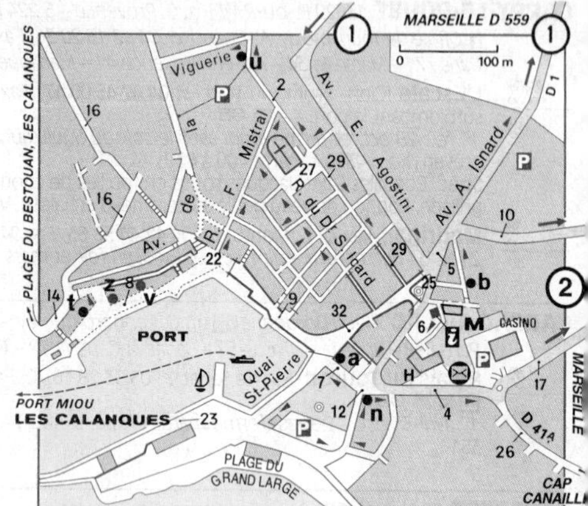

Le Guide change, changez de guide tous les ans.

Liautaud sans rest, 2 r. V. Hugo **(a)** ✆ 04 42 01 75 37, *Fax 04 42 01 12 08*, ≤ – |‡| TV. GB. ✻
fermé 1er déc. au 1er fév. – ☕ 38 – **39 ch** 410/490

Presqu'île, par rte Port-Miou, Sud-Ouest : 2 km ✆ 04 42 01 03 77, *Fax 04 42 01 94 49*, ≤ mer et Cap Canaille, 🏖 – P. AE GB
1er mars-10 nov. et fermé dim. soir de sept. à mai et lundi – **Repas** 165/245 et carte 320 à 420

Jardin d'Émile avec ch, plage Bestouan par av. Amiral Ganteaume : 1 km ✆ 04 42 01 80 55, *provence@lejardindemile.fr, Fax 04 42 01 80 70*, ≤, 🏖 – ≡ ch, TV P. AE GB
fermé 13 au 27 nov., 3 au 23 janv. et mardi – **Repas** 180/295 🍷, enf. 70 – ☕ 58 – **7 ch** 550/650

Nino, port de Cassis **(v)** ✆ 04 42 01 74 32, *Fax 04 42 01 74 32*, ≤ – AE ⓓ GB JCB
fermé 15 déc. au 10 fév., dim. soir hors saison et lundi – **Repas** 190 🍷

Romano, port de Cassis **(z)** ✆ 04 42 01 08 16, *Fax 04 42 01 30 33*, ≤, 🏖 – AE ⓓ GB JCB
fermé 26 au 30 nov., dim. soir de sept. à mars – **Repas** *(99)* - 135 🍷

The Guide changes, so renew your Guide every year.

CASTAGNÈDE *64 Pyr.-Atl.* 86 ② – *rattaché à Salies-de-Béarn.*

CASTAGNIERS *06670 Alpes-Mar.* 84 ⑨, 115 ㉖ – *1 229 h alt. 350.*
Voir Aspremont : ✻★ de la terrasse de l'ancien château SE : 4 km, **G. Côte d'Azur.**
Paris 943 – Nice 18 – Antibes 34 – Cannes 44 – Contes 30 – Levens 15 – Vence 22.

Chez Michel 🐾, ✆ 04 93 08 05 15, *Fax 04 93 08 05 38*, 🏖, 🏊 – TV. AE GB
fermé 29 oct. au 1er déc. – **Repas** *(fermé dim. soir et lundi) (65)* - 98/185 🍷, enf. 60 – ☕ 35 – **20 ch** 265/285 – ½ P 300

à Castagniers-les-Moulins *Ouest : 5 km – ✉ 06670 :*

Servotel, N 202 ✆ 04 93 08 22 00, *info@servotel.fr, Fax 04 93 29 03 66*, 🏊, 🌳, 🎾 – |‡| cuisinette, ≡ rest, TV P – 🏢 30. AE GB. ✻ rest
Servella ✆ 04 93 08 10 62 *(fermé 1er au 15 mars, oct., dim. soir et lundi midi de nov. à mars)* **Repas** 95/280 🍷, enf. 60 – ☕ 45 – **40 ch** 260/380, 31 studios – ½ P 270/320

CASTEIL *66 Pyr.-Or.* 86 ⑰ – *rattaché à Vernet-les-Bains.*

Le CASTELET *09 Ariège* 86 ⑮ – *rattaché à Ax-les-Thermes.*

CASTELJALOUX *47700 L.-et-G.* 79 ⑬ *G. Pyrénées Aquitaine – 5 048 h alt. 52.*

Office de Tourisme Maison du Roy ✆ *05 53 93 00 00, Fax 05 53 20 74 32.*

Paris 679 – Agen 55 – Mont-de-Marsan 74 – Langon 55 – Marmande 23 – Nérac 30.

Cordeliers, r. Cordeliers ✆ 05 53 93 02 19, *Fax 05 53 93 55 48* – P. GB
fermé 23 déc. au 15 janv. et dim. soir – **Repas** 92/130 – 40 – **24 ch** 260/310 – ½ P 240/260

Vieille Auberge, 11 r. Posterne ✆ 05 53 93 01 36, *Fax 05 53 93 18 89* – P. GB
fermé 18 juin au 4 juil., 19 nov. au 5 déc., vacances de fév., dim. soir et merc. – **Repas** 120/240 ♀, enf. 70

CASTELLANE *04120 Alpes-de-H.-P.* 81 ⑱, 114 ⑩ *G. Alpes du Sud – 1 349 h alt. 730.*

Voir *Site*★ – *Lac de Chaudanne*★ *4 km par* ①.

Excurs. *Grand canyon du Verdon*★★★.

Office de Tourisme r. Nationale ✆ *04 92 83 61 14, Fax 04 92 83 76 89.*

Paris 796 ③ – Digne-les-Bains 55 ③ – Draguignan 59 ② – Grasse 64 ① – Manosque 93 ②.

CASTELLANE

Blondeau (R. du Lt)	2
Église (Pl. de l')	3
Fontaine (R. de la)	4
Liberté (Pl. de la)	5
Mazeau (R. du)	6
Mitan (R. du)	7
Nationale (R.)	8
République (Bd de la)	9
Roc (Chemin du)	10
St-Michel (Bd)	12
St-Victor (R.)	13
Sauvaire (Pl. M.)	14
11-Novembre (R. du)	16

N 85 DIGNE-LES-B., GRENOBLE
D 955 BARRAGE DE CASTILLON
Tour Pentagonale
PROMENADE
St-Victor
Porte de l'Horloge
Porte de l'Annonciade
Notre-Dame du Roc
Bd F. Mistral
Verdon
N 85
D 102
D 952
MOUSTIERS-STE-M. GORGES DU VERDON
CANNES, GRASSE DRAGUIGNAN
0 200 m

Michelin n'accroche pas de panonceau aux hôtels et restaurants qu'il signale.

Nouvel Hôtel du Commerce, (e) ✆ 04 92 83 61 00, *Fax 04 92 83 72 82,* – P – 15. AE GB
1er mars-15 oct. – Repas *(fermé merc. midi et mardi)* 120/280 ♀ – 45 – **40 ch** 280/400 – ½ P 415

à la Garde *par ① et N 85 : 6 km – 88 h. alt. 928 – ✉ 04120 :*

Auberge du Teillon avec ch, ✆ 04 92 83 60 88, *Fax 04 92 83 74 08* – P. GB
fermé 15 déc. au 10 mars, dim. soir d'oct. à Pâques et lundi sauf juil.-août – Repas 115/240, enf. 45 – 40 – **8 ch** 230/290 – ½ P 270/300

Le CASTELLET *83330 Var* 84 ⑭, 114 ㊹ *G. Côte d'Azur – 3 084 h alt. 252.*

Voir *Site*★.

Circuit automobile permanent, *N : 11 km.*

Paris 822 – Toulon 21 – Brignoles 50 – La Ciotat 23 – Marseille 48.

Castel Lumière avec ch, 1 r. Portail ✆ 04 94 32 62 20, *Fax 04 94 32 70 33,* ≤ vignoble et pays varois, – . GB
fermé 7 janv. au 9 fév., dim. soir et lundi sauf fériés – **Repas** 130 (déj.), 185/280 et carte 220 à 290 ♀ – 60 – **6 ch** 380/480 – ½ P 380/480

Gli alberghi o ristoranti ameni sono indicati nella guida con un simbolo rosso.

Contribuite a mantenere la guida aggiornata segnalandoci gli alberghi e ristoranti dove avete soggiornato piacevolmente.

CASTELNAUDARY *11400 Aude 82 ⑳ G. Languedoc Roussillon – 10 970 h alt. 175.*

Office de Tourisme pl. République ☎ 04 68 23 05 73, Fax 04 68 23 61 40.

Paris 758 ④ – Toulouse 60 ④ – Carcassonne 41 ④ – Foix 70 ④ – Pamiers 49 ⑤.

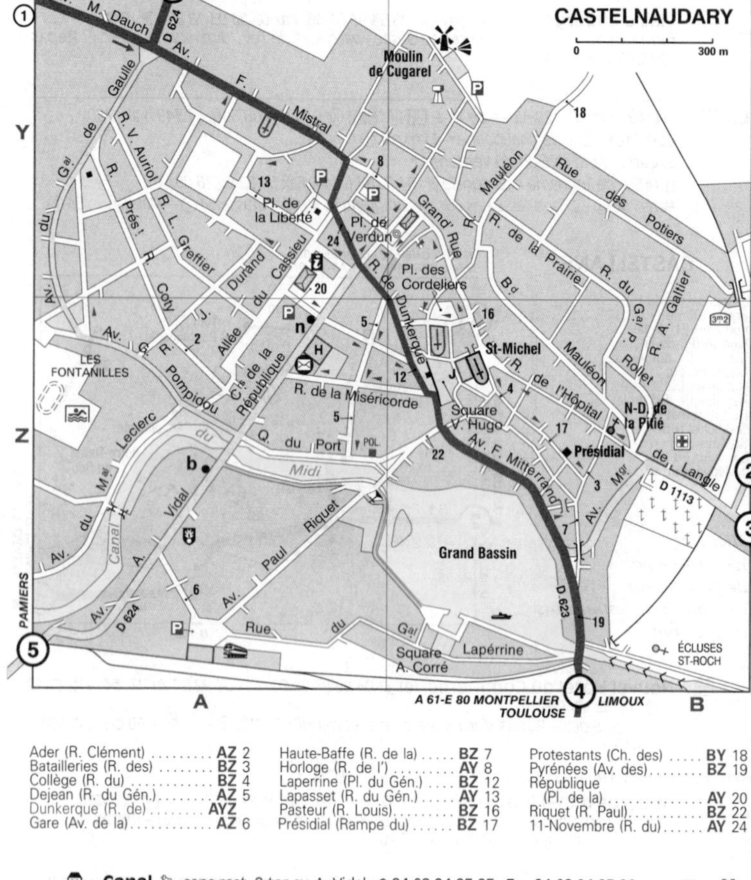

Ader (R. Clément) . . . . **AZ** 2	Haute-Baffe (R. de la) . . . . . **BZ** 7	Protestants (Ch. des) . . . . . **BY** 18
Batailleries (R. des) . . . . **BZ** 3	Horloge (R. de l') . . . . **AY** 8	Pyrénées (Av. des) . . . . **BZ** 19
Collège (R. du) . . . . **BZ** 4	Laperrine (Pl. du Gén.) . . . . **BZ** 12	République (Pl. de la) . . . . **AY** 20
Dejean (R. du Gén.) . . . . **AZ** 5	Lapasset (R. du Gén.) . . . . . . **AY** 13	Riquet (R. Paul) . . . . **BZ** 22
Dunkerque (R. de) . . . . **AYZ**	Pasteur (R. Louis) . . . . **BZ** 16	11-Novembre (R. du) . . . . . . **AY** 24
Gare (Av. de la) . . . . **AZ** 6	Présidial (Rampe du) . . . . . . **BZ** 17	

Canal sans rest, 2 ter av. A. Vidal ☎ 04 68 94 05 05, *Fax 04 68 94 05 06*, – TV & P – 25. AE ① GB JCB — AZ b
☐ 39 – **38 ch** 230/300

Clos St-Siméon, 134 av. Mgr. de Langle par ③ ☎ 04 68 94 01 20, *clos-saint-simeon@logis-de-france-aude.com, Fax 04 68 94 05 47*, – TV & P. AE ① GB JCB
fermé 15 déc. au 6 janv. et dim. de nov. à mars – **Repas** *(fermé dim. midi)* 75/160, enf. 40 – ☐ 30 – **31 ch** 230/260 – ½ P 230

Centre et Lauragais, 31 cours République ☎ 04 68 23 25 95, *Fax 04 68 94 01 66*, – TV. GB — AZ n
fermé 7 janv. au 7 fév. – **Repas** 92/130 ♁, enf. 55 – ☐ 30 – **16 ch** 220/240 – ½ P 225/235

Tirou, 90 av. Mgr de Langle ☎ 04 68 94 15 95, *tirou@atarascie.fr, Fax 04 68 94 15 96*, – P. GB — BZ e
fermé 24 juin au 2 juil., 6 janv. au 4 fév., merc. soir de sept. à juin, dim. soir et lundi – **Repas** 95 (déj.), 125/260

CASTELNAU-DE-LÉVIS *81 Tarn 82 ⑩ – rattaché à Albi.*

CASTELNOU 66300 Pyr.-Or. 86 ⑲ G. Languedoc Roussillon – 277 h alt. 300.

Paris 877 – Perpignan 21 – Argelès-sur-Mer 39 – Céret 29 – Prades 30.

L'Hostal, (accès piétonnier) ✆ 04 68 53 45 42, *Fax 04 68 53 45 42*, ≤, 🏠 – ⓓ GB
fermé 5 janv. au 28 fév., le soir de nov. à mars et lundi sauf juil.-août – **Repas** 140/250 bc 𝕐

CASTELPERS 12 Aveyron 80 ⑪ – ✉ 12170 Ledergues.

Paris 662 – Rodez 45 – Albi 48 – Millau 86 – St-Affrique 64 – Villefranche-de-Rouergue 62.

Château de Castelpers 🐎, ✆ 05 65 69 22 61, *Fax 05 65 69 25 31*, ≤, « Parc au bord de l'eau », 🌳 – P. AE ⓓ GB. ✂ rest
15 avril-15 oct. – **Repas** (résidents seul.) 150 🍷 – ☕ 50 – **8 ch** 270/520 – ½ P 315/385

CASTELSARRASIN ⟨SP⟩ 82100 T.-et-G. 79 ⑰ – 11 317 h alt. 82.

ℹ *Office de Tourisme pl. Liberté* ✆ *05 63 32 75 00, Fax 05 63 32 75 01.*
Paris 665 – Agen 54 – Toulouse 70 – Auch 76 – Cahors 82.

Félix 🐎, rte Moissac : 4 km ✆ 05 63 32 14 97, *Fax 05 63 32 37 51*, 🏠, décor Far-West, 🌳 – TV P – 🏔 40. AE GB. ✂ ch
hôtel: fermé 1er au 7 oct., 1er au 11 janv. – **Repas** *(fermé 25 sept. au 7 oct., 1er au 11 janv., dim. soir et lundi)* 80 (déj.), 110/198 🍷 – ☕ 34 – **14 ch** 238/400 – ½ P 245/270

CASTÉRA-VERDUZAN 32410 Gers 82 ④ – 794 h alt. 114.

ℹ *Office de Tourisme av. des Thermes* ✆ *05 62 68 10 66, Fax 05 62 68 14 58.*
Paris 753 – Auch 26 – Agen 62 – Condom 21.

Thermes, ✆ 05 62 68 13 07, *Fax 05 62 68 10 49*, 🏠 – AE ⓓ GB
fermé vend. soir et sam. d'oct. à avril et week-ends de janv. – **Repas** 72/200 𝕐 – ☕ 35 – **37 ch** 205/288 – ½ P 245

Ténarèze sans rest, Annexe à 500 m. ✆ 05 62 68 10 22, *Fax 05 62 68 14 69* – AE ⓓ GB
avril-oct. et fermé dim. et lundi hors saison – ☕ 35 – **24 ch** 211/250

Florida, ✆ 05 62 68 13 22, *Fax 05 62 68 10 44*, 🏠 – AE ⓓ GB
fermé vacances de fév., dim. soir et lundi sauf fériés
Repas 77 (déj.), 160/250 𝕐

CASTERINO 06 Alpes-Mar. 84 ⑩ – rattaché à Tende.

CASTILLON-DE-LARBOUST 31 H.-Gar. 85 ⑳ – rattaché à Bagnères-de-Luchon.

CASTILLON-DU-GARD 30 Gard 80 ⑲., 81 ⑪ – rattaché à Pont-du-Gard.

CASTILLON-EN-COUSERANS 09800 Ariège 86 ② G. Midi-Pyrénées – 403 h alt. 543.

Paris 810 – Bagnères-de-Luchon 63 – Foix 58 – St-Girons 14.

à Audressein *par rte de Luchon : 1 km – 121 h. alt. 509 – ✉ 09800 :*

L'Auberge avec ch, ✆ 05 61 96 11 80, *Fax 05 61 96 82 96* – ▤ rest,. AE GB
1er avril-1er nov.
Repas 115/280 𝕐 – ☕ 40 – **9 ch** 180/260 – ½ P 250/270

CASTRES ⟨SP⟩ 81100 Tarn 83 ① G. Midi-Pyrénées – 44 812 h alt. 170.

Voir *Musée Goya*★ – *Hôtel de Nayrac*★ **AY** – *Centre national et musée Jean-Jaurès* **AY**.
Env. *Le Sidobre*★ *9 km par* ① – *Musée du Protestantisme à Ferrières.*
✈ *de Castres-Mazamet :* ✆ *05 63 70 34 77 par* ③ *: 8 km.*
ℹ *Office de Tourisme 3 r. Milhau-Ducommun* ✆ *05 63 62 63 62, Fax 05 63 62 63 60.*
Paris 738 ⑦ – Toulouse 71 ④ – Albi 43 ⑦ – Béziers 107 ③ – Carcassonne 69 ③.

Plan page suivante

Renaissance 🐎, 17 r. V. Hugo ✆ 05 63 59 30 42, *Fax 05 63 72 11 57*, 🏠, « Maison du 17e siècle, belle décoration intérieure » – TV 📞 – 🏔 20. AE ⓓ GB AZ d
fermé 21 déc. au 3 janv. – **Repas** *(fermé 21 déc. au 3 janv., 1er au 21 août, lundi midi et dim.)* (75) - 95 (déj.), 100/250 𝕐 – ☕ 53 – **20 ch** 340/560 – ½ P 340/490

Europe, 5 r. V. Hugo ✆ 05 63 59 00 33, *Fax 05 63 59 21 38*, « Maison du 17e siècle » – TV – 🏔 20. AE ⓓ GB JCB AYZ v
Repas *(fermé 30 juil. au 26 août, 24 au 31 déc., vend. soir, sam. soir et dim.)* (52) - 120 𝕐 – ☕ 39 – **35 ch** 310/395

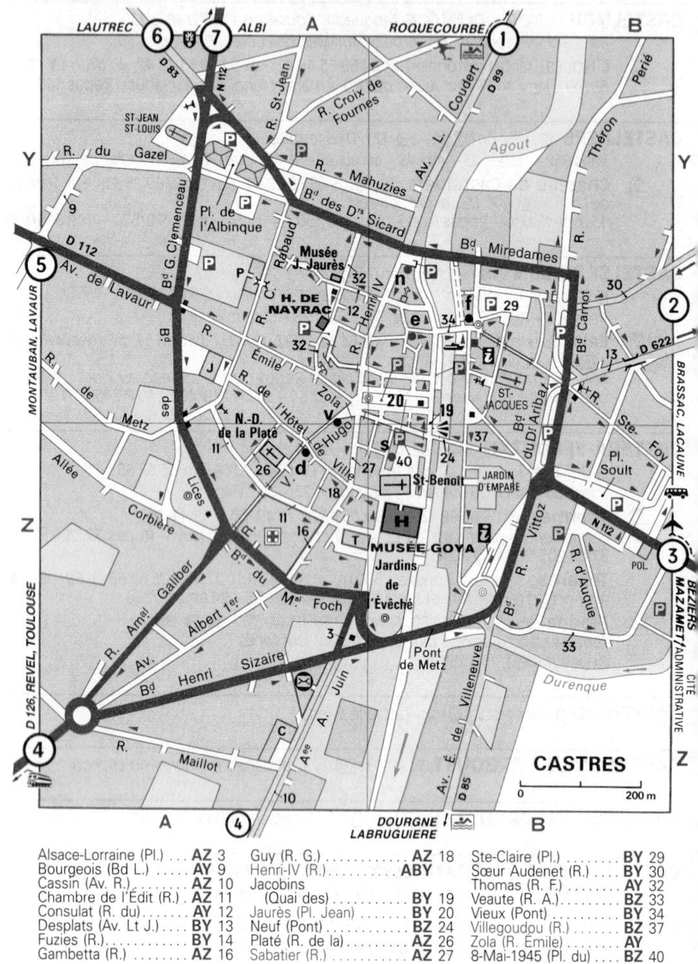

Alsace-Lorraine (Pl.) . . . **AZ** 3
Bourgeois (Bd L.) . . . . . **AY** 9
Cassin (Av. R.) . . . . **AZ** 10
Chambre de l'Édit (R.) . **AZ** 11
Consulat (R. du) . . . . . . **AY** 12
Desplats (Av. Lt J.) . . . . **BY** 13
Fuzies (R.) . . . . **BY** 14
Gambetta (R.) . . . . **AZ** 16
Guy (R. G.) . . . . **AZ** 18
Henri-IV (R.) . . . . **ABY**
Jacobins (Quai des) . . . . **BY** 19
Jaurès (Pl. Jean) . . . . **BY** 20
Neuf (Pont) . . . . **BZ** 24
Platé (R. de la) . . . . **AZ** 26
Sabatier (R.) . . . . **AZ** 27
Ste-Claire (Pl.) . . . . **BY** 29
Sœur Audenet (R.) . . . . **BY** 30
Thomas (R. F.) . . . . **AY** 32
Veaute (R. A.) . . . . **BZ** 33
Vieux (Pont) . . . . **BY** 34
Villegoudou (R.) . . . . **BZ** 37
Zola (R. Émile) . . . . **AY**
8-Mai-1945 (Pl. du) . . . . **BZ** 40

Occitan M, 201 av. Ch. de Gaulle par ③ ✆ 05 63 35 34 20, *Fax 05 63 35 70 32*, – rest, TV – 15. AE GB
fermé 25 déc. au 5 janv. – **Repas** *(fermé sam. midi)* 80/220 ♀, enf. 50 – 45 – **41 ch** 350/460 – ½ P 320/380

Miredames M, 1 pl. R. Salengro ✆ 05 63 71 38 18, *Fax 05 63 71 38 19*, – ch, TV GB BY f
Relais du Pont Vieux ✆ 05 63 35 56 14 **Repas** 64bc(déj.), 88/230 , enf.42 – 35 – **14 ch** 300/360

Victoria, 24 pl. 8-Mai 1945 ✆ 05 63 59 14 68 – . AE GB JCB BZ s
fermé 13 au 26 août, sam. midi et dim. – **Repas** 70 (déj.), 98/250 ♀

Mandragore, 1 r. Malpas ✆ 05 63 59 51 27, *Fax 05 63 59 51 27* – . AE GB JCB
fermé 1er au 30 janv., lundi midi et dim. – **Repas** 75/265 ♀, enf. 48 BY e

à Burlats *par ①, D 89 et D 58 : 9 km – 1 670 h. alt. 191 – ✉ 81100 :*

Castel de Burlats , ✆ 05 63 35 29 20, *Fax 05 63 51 14 69*, – TV – 20. AE GB JCB
fermé 26 août au 2 sept., 22 déc. au 2 janv. – **Repas** *(fermé dim. soir hors saison)* (dîner seul.)(résident seul.) 130/150 – 40 – **10 ch** 350/550

à Lagarrigue *par ③ : 4 km – 1 695 h. alt. 200 – ✉ 81090.*

Office de Tourisme 25 r. de la Fontaine à Cammazes ✆ 05 63 74 17 17.

Relais de la Montagne Noire Ⓜ, N 112 ✆ 05 63 35 52 00, *Fax 05 63 35 25 59,* – ch, – 30. AE GB
fermé 24 déc. au 2 janvier – **Repas** *(fermé 6 au 26 août, 24 déc. au 2 janv., vend. soir, sam. et dim.)* (85) - 120 ♀ – ☕ 50 – **30 ch** 395/445 – ½ P 305

CASTRIES *34160 Hérault* 83 ⑦ *G. Languedoc Roussillon – 3 992 h alt. 70.*

Voir *Château*★.

Paris 750 – Montpellier 19 – Lunel 14 – Nîmes 44.

L'Art du Feu, ✆ 04 67 70 05 97, *Fax 04 67 70 05 97* – . AE GB
fermé 1er au 10 sept., vacances de fév., mardi soir et merc. – **Repas** 90/110 ♀, enf. 50

Le CATEAU-CAMBRÉSIS *59360 Nord* 53 ⑭ ⑮ *G. Picardie Flandres Artois – 7 703 h alt. 123.*

Office de Tourisme Hôtel-de-Ville ✆ 03 27 84 10 94, Fax 03 27 77 81 74.

Paris 202 – St-Quentin 40 – Cambrai 24 – Hirson 45 – Lille 87 – Valenciennes 33.

Relais Fénelon avec ch, 21 r. Mar. Mortier ✆ 03 27 84 25 80, *Fax 03 27 84 38 60,* , – . GB
fermé 6 au 30 août – **Repas** *(fermé dim. soir et lundi sauf fériés)* 115/180 ♀ – ☕ 35 – **4 ch** 260/300 – ½ P 200/250

Hostellerie du Marché avec ch, r. Landrecies ✉ 59360 ✆ 03 27 84 09 32, *Fax 03 27 77 01 00* – . GB
fermé 16 au 25 avril, 30 juil. au 20 août, 26 déc. au 3 janv., dim. soir et lundi – **Repas** (75) - 135/290 ♀ – ☕ 35 – **3 ch** 210/250 – ½ P 200

Le CATELET *02420 Aisne* 53 ⑬ ⑭ *– 223 h alt. 90.*

Paris 168 – St-Quentin 18 – Cambrai 22 – Le Cateau-Cambrésis 29 – Laon 65 – Péronne 28.

Auberge de la Croix d'Or, ✆ 03 23 66 21 71, *Fax 03 23 66 28 32,* , – . GB
fermé 30 juil. au 14 août, 23 déc. au 3 janv., dim. soir et lundi – **Repas** 118 bc/185

Les CATONS *73 Savoie* 74 ⑮ *– rattaché au Bourget-du-Lac.*

CAUDEBEC-EN-CAUX *76490 S.-Mar.* 55 ⑤ *G. Normandie Vallée de la Seine – 2 265 h alt. 6.*

Voir *Église Notre-Dame*★.

Env. *Vallon de Rançon*★ *NE : 2 km.*

Office de Tourisme pl. Ch.-de-Gaulle ✆ 02 32 70 46 32, Fax 02 32 70 46 31.

Paris 160 – Le Havre 55 – Rouen 36 – Lillebonne 16 – Yvetot 14.

Normotel-La Marine, quai Guilbaud ✆ 02 35 96 20 11, *contact@normotel-lamarine.fr, Fax 02 35 56 54 40,* ≤ – – 50. AE GB JCB
Repas 78 (déj.), 98/275 ♀, enf. 60 – ☕ 50 – **31 ch** 285/495 – ½ P 275/368

Normandie, quai Guilbaud ✆ 02 35 96 25 11, *Fax 02 35 96 68 15,* ≤ – . AE GB JCB
fermé 4 au 25 fév. – **Repas** *(fermé dim. soir sauf fériés)* 70 (déj.), 98/230 ♀, enf. 45 – ☕ 35 – **15 ch** 230/380 – ½ P 300

Cheval Blanc, 4 pl. R. Coty ✆ 02 35 96 21 66, *Fax 02 35 95 35 40* – . AE GB
Repas *(fermé dim. soir sauf fériés)* 75/220 ♀ – ☕ 35 – **16 ch** 190/320 – ½ P 195/250

CAULIÈRES *80 Somme* 52 ⑰ *– rattaché à Poix-de-Picardie.*

CAUREL *22530 C.-d'Armor* 59 ⑫ *– 384 h alt. 188.*

Paris 462 – St-Brieuc 48 – Carhaix-Plouguer 44 – Guingamp 48 – Loudéac 24 – Pontivy 22.

Beau Rivage avec ch, au Lac de Guerlédan : 2 km par D 111 ✆ 02 96 28 52 15, *Fax 02 96 26 01 16,* ≤, , « Au bord du lac » – – 30. GB.
fermé 10 au 23 oct., 4 au 27 fév., dim. soir, lundi soir et mardi – **Repas** 95/350, enf. 65 – ☕ 40 – **8 ch** 250/320 – ½ P 250/300

CAURO *2A Corse-du-Sud* 90 ⑰ *– voir à Corse.*

CAUSSADE *82300 T.-et-G.* 79 ⑱ – *5 971 h alt. 109.*

Office de Tourisme r. de la République ☎ *05 63 26 04 04.*

Paris 621 – Cahors 39 – Gaillac 50 – Montauban 25 – Villefranche-de-Rouergue 52.

Dupont sans rest, r. Récollets ☎ 05 63 65 05 00, *Fax 05 63 65 12 62* – TV ☎ ♿ 🚗 P. GB
Pâques-mi-oct. et fermé dim. – ☕ 45 – **30 ch** 220/350

à Monteils *Nord-Est : 3 km par D 17 – 1 075 h. alt. 120 – ✉ 82300 :*

Clos Monteils, ☎ 05 63 93 03 51, *Fax 05 63 93 03 51,* –
fermé 15 janv. au 15 fév., sam. midi, dim. soir et lundi – **Repas** (prévenir) 75 (déj.), 145/180

CAUTERETS *65110 H.-Pyr.* 85 ⑰ *G. Midi-Pyrénées – 1 201 h alt. 932 – Stat. therm. – Sports d'hiver : 1 000/2 350 m* 3 18 *– Casino.*

Voir *La station*★ *– Route et site du Pont d'Espagne*★★★ *(chutes du Cave) au Sud par D 920 – Cascade*★★ *et vallée*★ *de Lutour S : 2,5 km par D 920.*

Env. *Cirque du Lys*★★.

Office de Tourisme pl. du Mar.-Foch ☎ *05 62 92 50 27, Fax 05 62 92 59 12.*

Paris 845 ① – Pau 75 ① – Argelès-Gazost 17 ① – Lourdes 30 ① – Tarbes 48 ①.

CAUTERETS

Benjamin-Dulau (Av.) 2
Bordenave (Pl.) 3
Clemenceau (Pl. G.) 4
Etigny (R. d') 5
Féria (R. de la) 6
Foch (Pl. Mar.) 8
Jean-Moulin (Pl.) 10
Latapie-Flurin (Bd) 12
Mamelon-Vert (Av.) 13
Pont-Neuf (R. du) 15
Richelieu (R. de) 16
Victoire (Pl. de la) 18

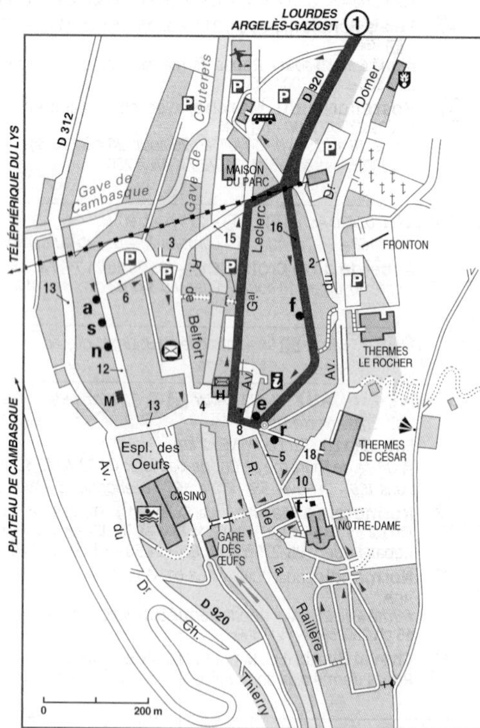

Sacca M, bd Latapie-Flurin (a) ☎ 05 62 92 50 02, *Fax 05 62 92 64 63,* – TV ♿. AE GB JCB. rest
fermé 1er oct. au 1er déc. – **Repas** 78/165, enf. 50 – ☕ 30 – **44 ch** 290/320 – ½ P 245/265

Bordeaux, r. Richelieu (f) ☎ 05 62 92 52 50, *hotel.le.bordeaux@wanadoo.fr, Fax 05 62 92 63 29* – TV 🚗. AE GB. rest
fermé 15 oct. au 30 nov. – **Repas** 130, enf. 35 – ☕ 45 – **21 ch** 320/420, 3 duplex – ½ P 370

César, r. César (r) ☎ 05 62 92 52 57, *Fax 05 62 92 08 19* – TV. AE GB. rest
fermé 29 avril au 25 mai et 30 sept. au 26 oct. – **Repas** *(fermé merc. en hiver sauf vacances scolaires)* 80/180 – ☕ 32 – **17 ch** 230/300 – ½ P 245/280

Astérides, 9 bd Latapie-Flurin **(s)** ℘ 05 62 92 50 43, *Fax 05 62 92 64 89* – |♦| TV. ⓓ GB. ✗ rest
fermé 9 au 23 mai et 28 oct. au 16 déc. – **Repas** *(fermé dim.)* (75) - 98/120 ♀ – ☕ 35 – **12 ch** 360/400 – 1/2 P 300

Paris sans rest, 1 pl. Mar. Foch **(e)** ℘ 05 62 92 53 85, *Fax 05 62 92 02 23* – |♦| cuisinette TV. AE GB. ✗
fermé 15 avril au 11 mai, 15 oct. au 7 déc. – ☕ 33 – **8 ch** 260/320, 6 studios

Edelweiss, bd Latapie-Flurin **(n)** ℘ 05 62 92 52 75, *Fax 05 62 92 62 73* – |♦| TV. AE ⓓ GB. ✗ rest
fermé 1er oct. au 1er déc. – **Repas** 86/150, enf. 45 – ☕ 32 – **24 ch** 295 – 1/2 P 270

Welcome ⛭, 3 r. V. Hugo **(t)** ℘ 05 62 92 50 22, *Fax 05 62 92 02 90* – |♦| TV. GB
fermé 21 oct. au 30 nov. – **Repas** 100/120 ♁, enf. 58 – ☕ 30 – **28 ch** 250/290 – 1/2 P 260

CAVAILLON *84300 Vaucluse* 81 ⑫ *G. Provence – 23 102 h alt. 75.*

Voir *Musée de l'Hôtel-Dieu : collection archéologique*★ **M** – ⇐★ *de la colline St-Jacques.*
ℹ *Office de Tourisme pl. François-Tourel* ℘ *04 90 71 32 01, Fax 04 90 71 42 99.*
Paris 706 ④ – Avignon 26 ① – Aix-en-Provence 61 ④ – Arles 44 ④ – Manosque 71 ②.

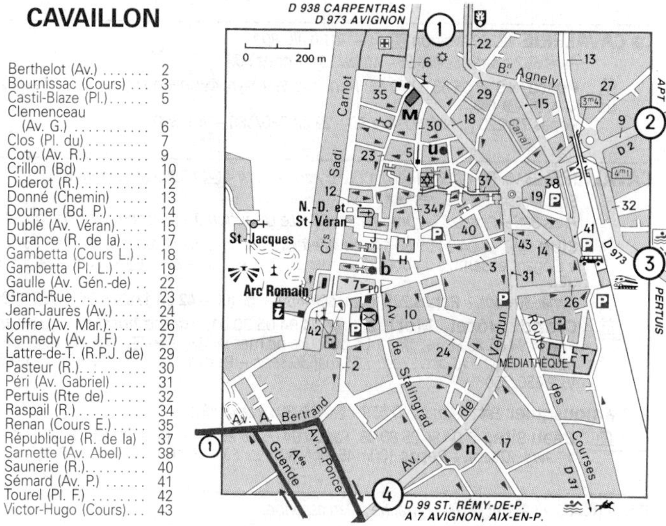

Relais Mercure M, 601 av. Boscodomini, par ④ : *2 km* ℘ 04 90 71 07 79, *Fax 04 90 78 27 94*, ☂, ⛱, ✿, ⚔ – |♦| ⇔ ▤ TV ☎ ♿ P – 🏫 60. AE ⓓ GB
Repas (75) - 95/140 ♁, enf. 50 – ☕ 55 – **61 ch** 380/530

Ibis M sans rest, 601 av. Boscodomini, par ④ : *2 km* ℘ 04 90 06 18 88, *Fax 04 90 71 03 50*, ⛱, ✿, ⚔ – |♦| ⇔ ▤ TV ☎ ♿ P – 🏫 60. AE ⓓ GB
☕ 36 – **47 ch** 320/435

Parc sans rest, pl. F. Tourel **(e)** ℘ 04 90 71 57 78, *hdp-lancelot@wanadoo.fr*, *Fax 04 90 76 10 35* – ▤ TV 🚗. GB
☕ 38 – **40 ch** 200/300

Prévot, 353 av. Verdun **(n)** ℘ 04 90 71 32 43, *jean-jacques.prévot2@freesbee.fr*, *Fax 04 90 71 97 05* – ▤. AE ⓓ GB JCB
fermé 12 au 26 août, dim. sauf le midi d'oct. à mai et lundi – **Repas** 160 (déj.), 260/560 ♀

Fin de Siècle, 46 pl. Clos (1er étage) **(b)** ℘ 04 90 71 12 27 – ▤. AE ⓓ GB
fermé 8 août au 8 sept., mardi et merc. – **Repas** 90/230 ♀

Fleur de Thym, 91 r. J.-J. Rousseau **(u)** ℘ 04 90 71 14 64, *Fax 04 90 71 14 64* – GB
fermé 1er au 15 juil., dim. et lundi sauf fériés – **Repas** (nombre de couverts limité, prévenir) (95) - 125/180 ♀

à Cheval-Blanc *par ③ : 5 km – 3 524 h. alt. 83 – ✉ 84460 :*

✗ **Auberge du Cheval Blanc,** La Canebière ☎ 04 32 50 18 55, *Fax 04 32 50 18 52,* – AE GB
fermé merc. – **Repas** 98 (déj.), 134/270, enf. 55

CAVALAIRE-SUR-MER *83240 Var 84 ⑰, 114 ㊾ G. Côte d'Azur – 4 188 h alt. 2 – Casino.*

Env. *Massif des Maures★★★.*

Office de Tourisme à la Maison de la Mer sq. de Lattre-de-Tassigny ☎ 04 94 01 92 10, Fax 04 94 05 49 89.

Paris 883 – Fréjus 43 – Draguignan 55 – Le Lavandou 22 – St-Tropez 19 – Toulon 63.

Calanque, r. Calanque ☎ 04 94 64 04 27, *mario.lacalanque@wanadoo.fr, Fax 04 94 64 66 20,* « En bordure de mer », – ch, P. AE GB
fermé 1er janv. au 15 mars – **Repas** *(fermé lundi d'oct. à déc.)* 170/290, enf. 70 – 75 – **28 ch** 980/2000 – ½ P 760/950

Pergola, av. Port ☎ 04 94 00 42 22, *Fax 04 94 64 60 08,* – AE GB
fermé 5 janv. au 5 fév. – **Repas** (90) - 98/195, enf. 75 – 40 – **25 ch** 425/605 – ½ P 465/495

Golfe Bleu, rte Croix-Valmer par D 559 : 1 km ☎ 04 94 64 07 56, *Fax 04 94 05 48 79,* – P. AE GB
1er fév.-1er nov. – **Repas** (dîner seul.) 95, enf. 50 – 39 – **15 ch** 400/450 – ½ P 355

La CAVALERIE *12230 Aveyron 80 ⑭ – 701 h alt. 800.*

Paris 662 – Montpellier 96 – Millau 19 – Rodez 86.

Poste, N 9 ☎ 05 65 62 70 66, *francebonnemayre@wanadoo.fr, Fax 05 65 62 78 24* – P. GB
Repas 79/220, enf. 50 – 38 – **29 ch** 280/380 – ½ P 300

CAVALIÈRE *83 Var 84 ⑰, 114 ㊾ G. Côte d'Azur – alt. 4 – ✉ 83980 Le Lavandou.*

Env. *Massif des Maures★★★.*

Paris 886 – Fréjus 55 – Draguignan 68 – Le Lavandou 9 – St-Tropez 31 – Toulon 51.

Club M, ☎ 04 94 05 80 14, *cavaliere@relaischateaux.com, Fax 04 94 05 73 16,* « Elégant ensemble au bord de la mer », – P – 30. AE GB JCB
4 mai-30 sept. – **Repas** 225 (déj.), 350/450 – 100 – **42 ch** 1760/3070 – ½ P 1485/1925

Grand Hôtel Moriaz, ☎ 04 94 05 80 01, *grand.hotel.moriaz@wanadoo.fr, Fax 04 94 05 70 88,* « En bordure de mer », – GB. rest
hôtel : 13 avril-10 oct. ; rest. : 23 mai-30 sept. – **Repas** 170/250 – 60 – **27 ch** 550/850 – ½ P 650/750

à Pramousquier *Est : 2 km sur D 559 – ✉ 83980 Le Lavandou :*

Beau Site, ☎ 04 94 05 80 08, *Fax 04 94 05 76 76,* – P. AE GB. rest
1er avril-30 sept. – **Repas** 100/145, enf. 50 – 39 – **25 ch** 350/400 – ½ P 285/330

CAVANAC *11 Aude 86 ⑦ – rattaché à Carcassonne.*

CAYLUS *82160 T.-et-G. 79 ⑲ G. Périgord Quercy – 1 308 h alt. 228.*

Voir *Christ★ en bois dans l'église.*

Paris 634 – Cahors 60 – Albi 60 – Montauban 47 – Villefranche-de-Rouergue 30.

✗ **Renaissance** avec ch, av. du Père Huc ☎ 05 63 67 07 26, *Fax 05 63 24 03 57,* – rest, GB. ch
fermé 7 au 14 mai, 8 au 22 oct., 3 au 18 fév., dim. soir et lundi – **Repas** 70/200, enf. 50 – 45 – **9 ch** 180/260 – ½ P 240/260

CÉAUX *50 Manche 59 ⑧ – rattaché à Pontaubault.*

CEILLAC *05600 H.-Alpes 77 ⑱ ⑲ G. Alpes du Sud – 289 h alt. 1640 – Sports d'hiver : 1 650/2 480 m 6.*

Voir *Site★ – Église St-Sébastien★.*

Env. *Vallon du Mélezet★ – Lac Ste-Anne★★.*

Office de Tourisme à la Mairie ☎ 04 92 45 05 74, Fax 04 92 45 47 00.

Paris 734 – Briançon 51 – Gap 76 – Guillestre 14.

Cascade ⛰, au pied du Mélezet Sud-Est : 2 km ☎ 04 92 45 05 92, *Fax 04 92 45 22 09*, ≤, 🏞 – P. GB. ✂
1er juin-9 sept. et 22 déc.-5 avril – **Repas** 75/130 ♀, enf. 50 – ☕ 45 – **23 ch** 280/410 – ½ P 275/370

La CELLE *83170 Var 84 ⑮ – 911 h alt. 260.*
Paris 813 – Aix-en-Provence 58 – Draguignan 61 – Marseille 65 – Toulon 50.

Hostellerie de l'Abbaye de la Celle ⛰, ☎ 04 98 05 14 14, *contact@abbaye-celle.com, Fax 04 98 05 14 15*, 🏞, « Demeure provençale du 18e siècle élégamment agencée », 🏊, 🌳 – ▤ ch, TV ☎ ♿ P. AE ⓓ GB. ✂
Repas 215/295 ♀ – ☕ 90 – **7 ch** 1300/1700, 3 appart

CELLES-SUR-BELLE *79370 Deux-Sèvres 72 ② G. Poitou Vendée Charentes – 3 425 h alt. 117.*
Voir *Portail★ de l'église Notre-Dame.*
Office de Tourisme (15 avril-15 oct.) Les Halles ☎ 05 49 32 92 28, Fax 05 49 79 78 62.
Paris 410 – Poitiers 76 – Couhé 37 – Niort 22 – St-Jean-d'Angély 52.

Hostellerie de l'Abbaye, 1 pl. Epoux-Laurant ☎ 05 49 32 93 32, *Fax 05 49 79 72 65*, 🏞 – TV ☎ P – 🏛 25. ⓓ GB
fermé vacances de fév. et dim. soir du 15 oct. au 31 mars – **Repas** 70/225 ♀, enf. 47 – ☕ 35 – **20 ch** 240/320 – ½ P 200

CELLETTES *41120 L.-et-Ch. 64 ⑰ – 2 138 h alt. 78.*
Office de Tourisme 2 r. de la Rozelle ☎ 02 54 70 30 46 ☎ 02 54 70 47 54 (Mairie), Fax 02 54 70 30 46.
Paris 191 – Orléans 68 – Tours 72 – Blois 9 – Romorantin-Lanthenay 35.

XXX **Bernard Noël - Rest. de la Roseile,** ☎ 02 54 70 31 27, *Fax 02 54 70 35 48*, « Belle demeure dans un parc », ✂, 🌳 – ▤ P. GB
fermé 22 janv. au 8 mars, jeudi soir du 19 sept. au 30 juin, dim soir et lundi sauf fériés – **Repas** 145 bc/230 et carte 250 à 350 ♀

CELONY *13 B.-du-R. 84 ③,, 114 ⑮ – rattaché à Aix-en-Provence.*

CERBÈRE *66290 Pyr.-Or. 86 ⑳ G. Languedoc Roussillon – 1 461 h alt. 1.*
Office de Tourisme r. du Gén.-de-Gaulle ☎ 04 68 88 42 36, Fax 04 68 88 48 62.
Paris 909 – Perpignan 49 – Port-Vendres 17.

Dorade, ☎ 04 68 88 41 93, 🏞 – AE ⓓ GB
1er avril-1er oct. – **Repas** 86/150 ♀, enf. 40 – ☕ 36 – **20 ch** 250/300 – ½ P 230/275

CERCY-LA-TOUR *58340 Nièvre 69 ⑤ – 2 258 h alt. 260.*
Paris 293 – Moulins 53 – Châtillon-en-Bazois 24 – Luzy 30 – Nevers 53.

Val d'Aron, r. Écoles ☎ 03 86 50 59 66, *terrierje@wanadoo.fr, Fax 03 86 50 04 24*, 🏞, 🏊, 🌳 – TV P. GB
Repas 95/250 🍷, enf. 60 – ☕ 50 – **12 ch** 350/450 – ½ P 370

CERDON *45620 Loiret 65 ① G. Châteaux de la Loire – 929 h alt. 145.*
Voir *Etang du Puits★ SE : 5 km – Commune de la "Méridienne verte".*
Paris 177 – Orléans 52 – Aubigny-sur-Nère 21 – Gien 25 – Sully-sur-Loire 16.

XX **Relais de Cerdon,** ☎ 02 38 36 02 15, *Fax 02 38 36 05 85* – GB
fermé 20 au 25 août, 23 au 30 déc., 18 au 28 fév., mardi soir et merc. – **Repas** 105/170 ♀, enf. 70

CÉRESTE *04280 Alpes-de-H.-P. 81 ⑭, 114 ③ G. Provence – 950 h alt. 356.*
Paris 750 – Digne-les-Bains 74 – Aix-en-Provence 61 – Apt 19 – Forcalquier 24.

Aiguebelle, ☎ 04 92 79 00 91, *Fax 04 92 79 07 29*, 🏞 – TV. AE ⓓ GB
15 fév.-15 nov. et fermé lundi sauf hôtel en juil.-août – **Repas** 89/220 ♀, enf. 60 – ☕ 38 – **17 ch** 190/330 – ½ P 300/350

CÉRET SP *66400 Pyr.-Or. 86 ⑲ G. Languedoc Roussillon – 7 285 h alt. 153.*
Voir *Vieux pont★ – Musée d'Art Moderne★★.*
Office de Tourisme 1 av. G.-Clemenceau ☎ 04 68 87 00 53, Fax 04 68 87 00 56.
Paris 885 – Perpignan 32 – Gerona 80 – Port-Vendres 38 – Prades 55.

Terrasse au Soleil, Ouest : 1,5 km par rte Fontfrède ☎ 04 68 87 01 94, *terrasse-au-soleil.hotel@wanadoo.fr, Fax 04 68 87 39 24,* ← le Canigou et plaine du Roussillon, – ch, GB JCB
Cerisaie *(fermé le midi sauf sam. et dim.)* **Repas** (195)-280 ♀, enf. 120 – 80 – **14 ch** 1315/1535, 7 appart – ½ P 1018

Mas Trilles, au Pont de Reynès : 3 km par rte d'Amélie ☎ 04 68 87 38 37, *Fax 04 68 87 42 62,* « Mas catalan du 17ᵉ siècle », – GB
Pâques-8 oct – **Repas** *(fermé mardi et vend.)* (dîner seul.)(résidents seul.) 195/240 – 70 – **12 ch** 660/1100 – ½ P 545/815

Les Arcades sans rest, 1 pl. Picasso ☎ 04 68 87 12 30, *Fax 04 68 87 49 44,* « Collection de lithographies » – cuisinette GB.
35 – **31 ch** 250/330

Les Feuillants avec ch, 1 bd La Fayette ☎ 04 68 87 37 88, *Fax 04 68 87 44 68,* – 15. AE GB
fermé 20 au 27 déc. et vacances de fév. – **Repas** *(fermé dim. soir et lundi)* 190/450 et carte 280 à 410 ♀, enf. 120 - ***Brasserie*** *(fermé dim. soir et mardi)* **Repas** (90)-125 ♀ – 75 – **3 ch** (½ pens. seul.), 3 appart – ½ P 600/800

Chat qui Rit, à la Cabanasse : 1,5 km par rte Amélie ☎ 04 68 87 02 22, *jean-paul.vander-elst@libertysurf.fr, Fax 04 68 87 43 40,* – GB
fermé 26 nov. au 3 déc., 7 janv. au 4 fév., dim. soir sauf juil.-août et lundi – **Repas** (70) - 140/190 ♀, enf. 55

Le CERGNE *42460 Loire* 73 ⑧ *– 650 h alt. 640.*
Paris 403 – Mâcon 73 – Roanne 31 – Charlieu 16 – Chauffailles 17 – Lyon 82 – St-Étienne 103.

Bel'Vue avec ch, ☎ 04 74 89 87 73, *lebelvue@wanadoo.fr, Fax 04 74 89 78 61,* ←, – AE GB
fermé 6 au 21 août, dim. soir et lundi – **Repas** 80/300 ♀, enf. 50 – 40 – **8 ch** 285/320 – ½ P 210

CERGY *95 Val-d'Oise* 55 ⑳., 106 ⑤., 101 ② *– voir à Paris, Environs (Cergy-Pontoise Ville Nouvelle).*

CÉRILLY *03350 Allier* 69 ⑫ *G. Auvergne – 1 591 h alt. 340.*
Paris 321 – Moulins 46 – Bourges 66 – Montluçon 40 – St-Amand-Montrond 34.

Chez Chaumat, pl. Péron ☎ 04 70 67 52 21, *Fax 04 70 67 35 28* – rest, GB
fermé 29 août au 13 sept., 23 déc. au 8 janv., dim. soir de sept. à Pâques et lundi – **Repas** 68 (déj.), 85/220, enf. 35 – 33 – **8 ch** 230/400 – ½ P 220/250

CERIZAY *79140 Deux-Sèvres* 67 ⑯ *– 4 787 h alt. 173.*
Paris 378 – Bressuire 15 – Cholet 37 – Niort 67 – La Roche-sur-Yon 70.

Cheval Blanc, 33 av. 25-Août ☎ 05 49 80 05 77, *Fax 05 49 80 08 74,* – GB
fermé 22 déc. au 13 janv., sam. et dim. de sept. à fin mai – **Repas** 69/129 ♀ – 38 – **20 ch** 198/310 – ½ P 240/275

CERNAY *68700 H.-Rhin* 66 ⑨ *G. Alsace Lorraine – 10 313 h alt. 275.*
Office de Tourisme 1 r. Latouche ☎ 03 89 75 50 35, Fax 03 89 75 49 24.
Paris 461 – Mulhouse 18 – Altkirch 26 – Belfort 37 – Colmar 36 – Guebwiller 14 – Thann 6.

Hostellerie d'Alsace avec ch, 61 r. Poincaré ☎ 03 89 75 59 81, *Fax 03 89 75 70 22* – GB
fermé 23 juil. au 12 août, 24 déc. au 6 janv., sam. et dim. – **Repas** 105/340 ♀, enf. 60 – 40 – **10 ch** 230/330 – ½ P 225/260

CERNAY-LA-VILLE *78 Yvelines* 60 ⑨., 106 ㉙., 101 ㉛ *– voir à Paris, Environs.*

CESSIEU *38 Isère* 74 ⑬ *– rattaché à la Tour-du-Pin.*

CESSON *22 C.-d'Armor* 59 ③ *– rattaché à St-Brieuc.*

CESSON-SÉVIGNÉ *35 I.-et-V.* 59 ⑰ *– rattaché à Rennes.*

CESTAS *33 Gironde* 71 ⑨ *– rattaché à Bordeaux.*

CEYSSAT (col de) *63 P.-de-D.* 73 ⑭ *– rattaché à Clermont-Ferrand.*

CHABEUIL *26120 Drôme* 77 ⑫ *– 4 790 h alt. 212.*

Office de Tourisme pl. Genissieu ✆ 04 75 59 28 67, Fax 04 75 59 28 60.

Paris 578 – Valence 12 – Crest 22 – Privas 51 – Romans-sur-Isère 17.

Relais du Soleil, rte Romans ✆ 04 75 59 01 81, *rigollet.bernard.relais.du.soleil@wanadoo.fr, Fax 04 75 59 11 82,* – – 60. AE GB JCB

Repas 125/250 – 52 – **16 ch** 260/420 – 1/2 P 290/350

CHABLIS *89800 Yonne* 65 ⑥ *G. Bourgogne – 2 569 h alt. 135.*

Office de Tourisme 1 q. du Biez ✆ 03 86 42 80 80, Fax 03 86 42 41 79.

Paris 183 – Auxerre 21 – Avallon 39 – Tonnerre 17 – Troyes 76.

Ibis, rte Auxerre ✆ 03 86 42 49 20, *Fax 03 86 42 80 04* – AE GB JCB

Repas *(75)* - 95, enf. 39 – 35 – **38 ch** 260/290

Hostellerie des Clos (Vignaud) avec ch, ✆ 03 86 42 10 63, *host.clos@wanadoo.fr, Fax 03 86 42 17 11,* – , rest, – 20 à 40. AE GB

fermé 22 déc. au 18 janv. – **Repas** 215/450 et carte 300 à 550, enf. 100 – 70 – **26 ch** 310/550 – 1/2 P 520/690

Spéc. Fricassée d'escargots de Bourgogne. Dos de sandre rôti sur peau au chablis. Rognon de veau poêlé dans sa graisse. **Vins** Chablis, Irancy.

Vieux Moulin, ✆ 03 86 42 47 30, *vxmoulinchablis@aol.com, Fax 03 86 42 84 44* – GB

Repas 99/260

Dans ce guide
un même symbole, un même caractère,
*imprimé en couleur ou en **noir**, en maigre ou en **gras**,*
n'ont pas tout à fait la même signification.
Lisez attentivement les pages explicatives.

CHABRIS *36210 Indre* 64 ⑱ *G. Châteaux de la Loire – 2 672 h alt. 100.*

Paris 221 – Bourges 76 – Blois 51 – Châteauroux 56 – Loches 62 – Vierzon 37.

Plage avec ch, 42 r. du Pont ✆ 02 54 40 02 24, *Fax 02 54 40 08 59,* – . GB

fermé 2 janv. au 8 fév., lundi sauf le soir du 13 juil. au 18 août et dim. soir du 19 août au 12 juil. – **Repas** 95/150 – 35 – **8 ch** 245 – 1/2 P 250

CHAGNY *71150 S.-et-L.* 69 ⑨ *– 5 346 h alt. 215.*

Office de Tourisme 2 r. Halles ✆ 03 85 87 25 95, Fax 03 85 87 14 44.

Paris 328 ① – Beaune 16 ① – Chalon-sur-Saône 19 ② – Autun 45 ① – Mâcon 77 ②.

Plan page suivante

Lameloise M, pl. d'Armes ✆ 03 85 87 65 65, *reception@lameloise.fr, Fax 03 85 87 03 57,* « Ancienne maison bourguignonne aménagée avec élégance » – . AE GB JCB Z e

fermé 19 déc. au 24 janv., jeudi midi, mardi midi et merc. – **Repas** (prévenir) 450/680 et carte 490 à 640 – 100 – **16 ch** 750/1600

Spéc. Ravioli d'escargots dans leur bouillon d'ail doux. Pigeonneau rôti à l'émietté de truffes. Griottines au chocolat noir sur une marmelade d'orange. **Vins** Rully blanc, Chassagne-Montrachet rouge.

Ferté sans rest, bd Liberté ✆ 03 85 87 07 47, *Fax 03 85 87 37 64,* – P. GB Z u

fermé 23 au 28 déc. – 32 – **13 ch** 200/300

rte de Chalon *par ②, N 6 et rte secondaire : 2 km – ✉ 71150 Chagny :*

Hostellerie du Château de Bellecroix , ✆ 03 85 87 13 86, *chateau.de.bellecroix@wanadoo.fr, Fax 03 85 91 28 62,* – P. AE GB JCB

fermé 19 déc. au 13 fév., merc. (sauf hôtel de juin à sept.) et jeudi midi – **Repas** 150 (déj.), 275/375 – 78 – **20 ch** 550/1200 – 1/2 P 610/890

à Chassey-le-Camp *par ④, D 974 et D 109 : 6 km – 257 h. alt. 300 – ✉ 71150 :*

Auberge du Camp Romain , ✆ 03 85 87 09 91, *auberge.du.camp.romain@wanadoo.fr, Fax 03 85 87 11 51,* – – 40. GB

fermé 1er janv. au 10 fév. – **Repas** 90/250, enf. 50 – 48 – **35 ch** 346/441, 5 duplex – 1/2 P 341/399

CHAGNY

Anciens d'Algérie (R. des) .... YZ 2
Beaune (R. de) .... Y 3
Bellecroix (R. de).......... Z
Boillet (R. M.) .... Z
Bourg (R. du) .... YZ 5
Boutière (R. de la) .... YZ
Bretin (R. T.) .... YZ
Chalon (Route de)......... Z 6
Charollais (Pl. M.) .... Z
Chaudenay (R. de) .... Y
Ferté (R. de la) .... Z 8
Gare (Av. de la) .... Z 10
Gaulle (Av. du Gén.-de) .... Y
Grabiau (R.) .... Y 12
Jaurès (R.J.)............... Y 14
Leclerc (Av. du Gén.) .... Y
Liberté (Bd de la) .... Z
Loyère (R. de la)........... Z 15
Marey (R. J.-E.) .... Z 18
Martin (R. J.) .... Z
Moulin (Chemin du) .... Y
Moulin de la Ville (R. du) .. Y 19
Muriers (Chemin des) ..... Y 22
Nantil (R. du) .... Z
Pierres (R. de) .... Z 25
Poste (R. de la)............ Z 27
Presles (R. de)............. Y 28
Remigny (Route de) .... Z 30
République (R. de la) ...... Y 32
Stand (R. du) .... Y 34
8-Mai (Av. du) .... Y 35

*Les pastilles numérotées des plans de ville ①, ②, ③ sont répétées sur les **cartes Michelin** à 1/200 000. Elles facilitent ainsi le passage entre les **cartes** et les **guides Michelin**.*

CHAILLES *73 Savoie* 74 ⑮ *– rattaché aux Échelles.*

CHAILLOL *05 H.-Alpes* 77 ⑯ *– alt. 1450 – ✉ 05260 St-Michel-de-Chaillol.*
Paris 668 – Gap 25 – Orcières 23 – St-Bonnet-en-Champsaur 10.

L'Étable ⑤, ☎ 04 92 50 48 35, ← – 🅿
25 juin-15 sept. et 20 déc.-30 mars – **Repas** (résidents seul.) 85/110 – ☕ 33 – **14 ch** 205/235 – ½ P 220/232

CHAILLY-SUR-ARMANÇON *21 Côte-d'or* 65 ⑱ *– rattaché à Pouilly-en-Auxois.*

CHAINTRÉ *71570 S.-et-L.* 74 ① *– 503 h alt. 284.*
Paris 401 – Mâcon 10 – Bourg-en-Bresse 47 – Lyon 67.

Table de Chaintré, ☎ 03 85 32 90 95, *Fax 03 85 32 91 04* – ▤. GB
fermé 6 au 21 août, 24 déc. au 8 janv., dim. soir, lundi et mardi – **Repas** 280 ♀

La CHAISE-DIEU *43160 H.-Loire* 76 ⑥ *G. Auvergne – 778 h alt. 1080.*
Voir *Église abbatiale St-Robert★★ : tapisseries★★★.*
🅘 *Office de Tourisme pl. Mairie ☎ 04 71 00 01 16, Fax 04 71 00 03 45.*
Paris 510 – Le Puy-en-Velay 42 – Ambert 30 – Brioude 35 – Issoire 58 – St-Étienne 80.

Écho et Abbaye ⑤, pl. Écho ☎ 04 71 00 00 45, *Fax 04 71 00 00 22,* – TV ✆. AE ⓓ GB.
6 avril-21 oct. et fermé merc. sauf juil.-août – **Repas** 110/380 ♀, enf. 70 – ☕ 52 – **10 ch** 260/380 – ½ P 340/360

Casadeï, pl. Abbaye ✆ 04 71 00 00 58, *casadei@es-conseil.com, Fax 04 71 00 01 67* – TV. GB
2 mai-5 nov. – **Repas** *(fermé dim. soir et lundi sauf juil.-août)* 95/140 ♀, enf. 45 – ☕ 50 – **9 ch** 230/310 – ½ P 270/320

Monastère et Terminus, ✆ 04 71 00 00 73, *Fax 04 71 00 09 18* – TV – 20. GB
21 mars-30 nov. et fermé dim. soir et lundi sauf juil.-août – **Repas** 67/137 ♀, enf. 40 – ☕ 45 – **17 ch** 260 – ½ P 195/240

au plan d'eau de la Tour *Nord : 2 km par D 906 – ✉ 43160 La Chaise-Dieu :*

Vénéré, ✆ 04 71 00 01 08, *Fax 04 71 00 08 36,* – cuisinette P. GB
15 mai-30 sept. – **Repas** (dîner seul.) 75/130 – ☕ 40 – **14 ch** 215/320 – ½ P 230/260

CHALAIS *16210 Charente* 75 ③ *G. Poitou Vendée Charentes – 2 172 h alt. 70.*
Paris 500 – Angoulême 47 – Bordeaux 80 – Périgueux 67.

Relais du Château, au château ✆ 05 45 98 23 58, *Fax 05 45 98 00 53,* – P. AE GB
fermé 1er au 25 oct., lundi soir et merc. – **Repas** 95/210 ♀

CHALAMONT *01320 Ain* 74 ② ③, 110 ⑧ *G. Vallée du Rhône – 1 476 h alt. 325.*
Paris 449 – Lyon 47 – Bourg-en-Bresse 26 – Nantua 48 – Villefranche-sur-Saône 40.

Clerc, Grande rue ✆ 04 74 61 70 30, *Fax 04 74 61 75 00,* – P. GB
fermé 25 juin au 6 juil., 12 au 30 nov., 2 au 18 janv., lundi et mardi – **Repas** 135/330, enf. 90

Pas de publicité payée dans ce guide.

La CHALDETTE *48 Lozère* 76 ⑭ *– rattaché à Brion.*

CHALEZEULE *25 Doubs* 66 ⑮ *– rattaché à Besançon.*

CHALLANGES *21 Côte-d'Or* 69 ⑨ *– rattaché à Beaune.*

CHALLANS *85300 Vendée* 67 ⑫ *G. Poitou Vendée Charentes – 14 203 h alt. 8.*
Office de Tourisme (fermé dim. et lundi) pl. de l'Europe ✆ 02 51 93 19 75, Fax 02 51 49 76 04.
Paris 441 ② – La Roche-sur-Yon 43 ③ – Cholet 84 ② – Nantes 59 ①.

CHALLANS

Baudry (R. P.) . . . . A
Bazin (Bd R.) . . . . A
Biochaud (Av.) . . . . B
Bois-de-Céné (R. de) . . . . A 2
Bonne-Fontaine (R.) . . . . B
Briand (Pl. A.) . . . . A 3
Calmette (R.) . . . . B
Carnot (Rue) . . . . A
Champ de Foire (Pl. du) . . . . B 4
Cholet (R. de) . . . . B 5
Clemenceau (Bd) . . . . A
Dodin (Bd L.) . . . . B
F.F.I. (Bd des) . . . . A 6
Gambetta (R.) . . . . B
Gare (Bd de la) . . . . B
Gaulle (Pl. du Gén. de) . . . . A 7
Guérin (Bd) . . . . B
Leclerc (R. du Général) . . . . A 8
Lézardière (R. P. de) . . . . A 10
Lorraine (R. de) . . . . A 12
Marzelles (R. des) . . . . B 13
Monnier (R. P.) . . . . A 15
Nantes (R. de) . . . . AB
Roche-sur-Yon (R. de la) . . . . B 16
Sables (R. des) . . . . B 17
Strasbourg (Bd de) . . . . A
Viaud Grand-Marais (Bd) . . . . B
Yole (Bd J.) . . . . AB

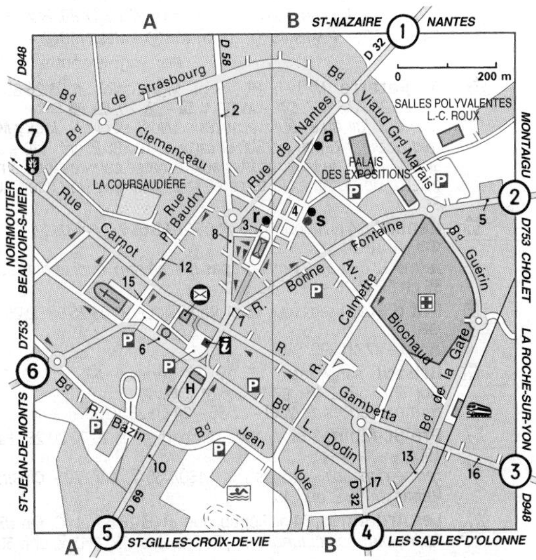

Antiquité sans rest, 14 r. Gallieni ☎ 02 51 68 02 84, *antiquitehotel@aol.com, Fax 02 51 35 55 74*, – TV P. AE GB. B a
35 – **16 ch** 260/400

Commerce sans rest, 17 pl. A. Briand ☎ 02 51 68 06 24, *aubard.g@wanadoo.fr, Fax 02 51 49 44 97* – TV – 25. AE GB A r
34 – **21 ch** 250/350

Champ de Foire, 10 pl. Champ de Foire ☎ 02 51 68 17 54, *hotel.champ.foire@wanadoo.fr, Fax 02 51 35 06 53* – TV. AE GB. ch B s
fermé 30 oct. au 6 nov., vend. soir sauf juil.-août – **Repas** 72/265 ♀, enf. 60 – 31 – **12 ch** 220/260 – ½ P 230/250

Chez Charles, 8 pl. Champ de Foire ☎ 02 51 93 36 65, *chezcharles85@aol.com, Fax 02 51 49 31 88* – . AE GB JCB B s
fermé 20 déc. au 25 janv., dim. soir et lundi – **Repas** 110/240, enf. 65

à la Garnache *par ① : 6,5 km – 3 379 h. alt. 28 – ✉ 85710 :*

Petit St-Thomas, ☎ 02 51 49 05 99 – GB
fermé 18 au 30 juin, 1er au 20 janv., mardi soir hors saison et lundi – **Repas** 70 (déj.), 105/205

rte de St-Gilles-Croix-de-Vie *par ⑤ – ✉ 85300 Challans :*

Château de la Vérie , 2,5 km sur D 69 ☎ 02 51 35 33 44, *verie@wanadoo.fr, Fax 02 51 35 14 84*, « Demeure du 16e siècle dans un parc », , , – TV P. AE GB
Repas 100 (déj.), 160/245 ♀, enf. 95 – 60 – **23 ch** 450/880 – ½ P 490/630

Gite du Tourne-Pierre, 3 km sur D 69 ☎ 02 51 68 14 78, *Fax 02 51 68 14 78*, , – P. AE GB JCB
fermé 5 au 27 mars, 5 au 27 oct., vend. hors saison, sam. midi et dim. soir – **Repas** (prévenir) 195/370, enf. 60

CHALONNES-SUR-LOIRE *49290 M.-et-L.* 63 ⑲ *G. Châteaux de la Loire – 5 354 h alt. 25.*
Voir *Corniche angevine★ E.*
Office de Tourisme (mai-sept.) pl. de l'Hôtel-de-Ville ☎ 02 41 78 26 21, Fax 02 41 74 91 54.
Paris 319 – Angers 26 – Ancenis 38 – Châteaubriant 63 – Château-Gontier 62 – Cholet 40.

Boule d'Or, 4 r. Las-Cases (près poste) ☎ 02 41 78 02 46, *Fax 02 41 74 94 38* – GB
fermé 17 juin au 8 juil., dim. soir, merc. soir et lundi – **Repas** 65 (déj.), 95/195 ♀, enf. 48

CHÂLONS-EN-CHAMPAGNE P *51000 Marne* 56 ⑰ *G. Champagne Ardenne – 48 423 h alt. 83.*
Voir *Cathédrale St-Étienne★★ – Église N.-D.-en-Vaux★ : intérieur★★* **F** *– Statues-colonnes★★ du musée du cloître de N.-D.-en-Vaux★* **AY M1**.
Env. *Basilique N.-D.-de-l'Épine★★.*
Office de Tourisme 3 q. des Arts ☎ 03 26 65 17 89, Fax 03 26 65 35 65.
Paris 191 ⑥ – Reims 48 ① – Dijon 258 ④ – Metz 160 ② – Nancy 163 ④ – Troyes 84 ⑤.

Plan page ci-contre

Angleterre (Michel) M, 19 pl. Mgr Tissier ☎ 03 26 68 21 51, *hot.angl@wanadoo.fr, Fax 03 26 70 51 67*, – TV P – 20. AE GB BY g
fermé 15 juil. au 6 août, vacances de Noël, et dim. – ***Jacky Michel :*** *(fermé sam. midi, lundi midi et dim.)* **Repas** 190/500 et carte 400 à 580 ♀, enf. 110 – 85 – **18 ch** 550/750
Spéc. Salade de langoustines aux tomates confites (oct. à mars). Rissoles d'ailes de caille, galette de pomme de terre et foie gras. Soufflé chaud au chocolat. **Vins** Champagne, Bouzy.

Renard, 24 pl. République ☎ 03 26 68 03 78, *Fax 03 26 64 50 07* – TV P – 30. AE GB. rest AZ r
fermé 22 déc. au 2 janv. – **Repas** *(fermé sam. midi et dim. soir)* 100/240 ♀, enf. 50 – 60 – **35 ch** 395/520 – ½ P 350/650

Pot d'Étain sans rest, 18 pl. République ☎ 03 26 68 09 09, *Fax 03 26 68 58 18* – TV. AE GB AZ u
50 – **27 ch** 290/350

Bristol sans rest, 77 av. P. Sémard ✉ 51510 Fagnières ☎ 03 26 68 24 63, *Fax 03 26 68 22 16* – TV P. GB. X a
fermé vacances de Noël – 35 – **24 ch** 250/300

Pré St-Alpin, 2 bis r. Abbé Lambert ☎ 03 26 70 20 26, *Fax 03 26 68 52 20*, , « Cadre 1900 » – . GB AZ v
fermé dim. soir – **Repas** *(115)* - 130/235 ♀, enf. 70 - ***Cuisine d'à Côté*** *(fermé dim. soir)* **Repas** *(68)*-99 ♀, enf. 45

Les Ardennes, 34 pl. République ☎ 03 26 68 21 42, *Fax 03 26 21 34 55*, – AE GB AZ s
fermé dim. soir et lundi soir – **Repas** *(115)* - 155/215 ♀, enf. 60

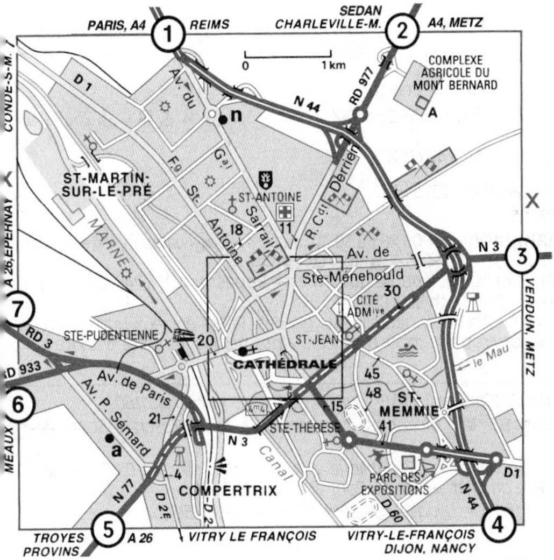

CHÂLONS-EN-CHAMPAGNE

Arche-de-Mauvillain (Pt de l')	BZ	2
Bourgeois (R. Léon)	BY	
Brossolette (Av. Pierre)	X	4
Chastillon (R. de)	ABZ	6
Croix-des-Teinturiers (R.)	AZ	9
Dr-Pellier (R.)	X	11
Flocmagny (R. du)	BY	12
Foch (Pl. Mar.)	AY	14
Gaulle (Av. Charles-de)	X, BZ	15
Godart (Pl.)	AY	17
Jacquiert (R. Clovis)	X	18
Jaurès (R. Jean)	X, AZ	20
Jeanne-d'Arc (Av.)	X	21
Jessaint (R. de)	BZ	22
Libération (Pl. de la)	AZ	24
Mariniers (Pt des)	AY	26
Marne (R. de la)	AY	27
Martyrs-de-la-Résistance (R. des)	BY	29
Metz (Av. de)	X	30
Orfeuil (R. d')	AZ	31
Ormesson (Cours d')	AZ	32
Prieur-de-la-Marne (R.)	BY	36
Récamier (R. Juliette)	AZ	38
République (Pl. de la)	AZ	39
Roosevelt (Av. du Prés.)	X	41
Simon (Av. Jacques)	X	45
Vaux (R. de)	AY	47
Vieilles-Postes (R. des)	X	48
Vinetz (R. de)	BZ	49
Viviers (Pt des)	AY	50

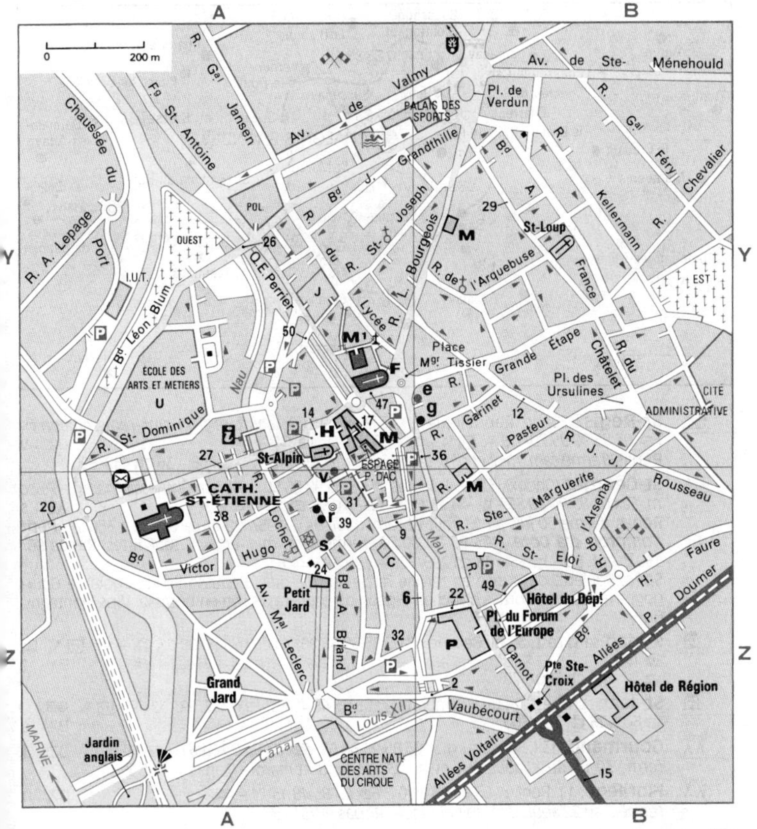

X **Carillon Gourmand,** 15 pl. Mgr Tissier ☎ 03 26 64 45 07, *Fax 03 26 21 06 09* – ▤. GB
fermé 1er au 19 août, 18 au 24 fév., dim. soir, merc. soir et lundi – **Repas** *(90)* - 140 BY e

rte de Reims *vers ① : 3 km – ✉ 51520 St-Martin-sur-le-Pré :*

Campanile, ☎ 03 26 70 41 02, *Fax 03 26 66 87 85,* – TV ☎ ♿ P – 25. AE ⓓ GB X n
Repas *(76)* - 94 ♀, enf. 39 – ☕ 36 – **47 ch** 295

à l'Épine *par ③ : 8,5 km – 631 h. alt. 153 – ✉ 51460.*
Voir *Basilique N.-Dame★★.*

Aux Armes de Champagne, ☎ 03 26 69 30 30, *aux.armes.de.champagne@wanadoo.fr, Fax 03 26 69 30 26,* – TV ☎ P – 100. AE ⓓ GB
✿ *fermé 7 janv. au 13 fév., dim. soir et lundi de nov. à mars* – **Repas** 135 (déj.), 240/525 et carte 350 à 540 ♀, enf. 100 – ☕ 75 – **37 ch** 550/880
Spéc. Noix de Saint-Jacques grillées, dentelle aux gaudes. Petits épineux braisés, brebis frais d'argonne. Pigeonneau rôti aux cocos moelleux. **Vins** Champagne, Rosé des Riceys.

CHALON-SUR-SAÔNE

SP *71100 S.-et-L. 69 ⑨ G. Bourgogne – 54 575 h alt. 180.*
Voir *Musées : Denon★* **BZ M1**, *Nicéphore Niepce★★* **BZ M2** – *Roseraie St-Nicolas★ SE : 4 km* **X**.
Office de Tourisme sq. Chabas, bd République ☎ 03 85 48 37 97, Fax 03 85 48 63 55
Annexe (juil.-août) Galerie du Châtelet 1 r. du Pont ☎ 03 85 48 79 56.
Paris 336 ⑦ – Besançon 130 ① – Dijon 69 ⑦ – Lyon 127 ④ – Mâcon 59 ④.

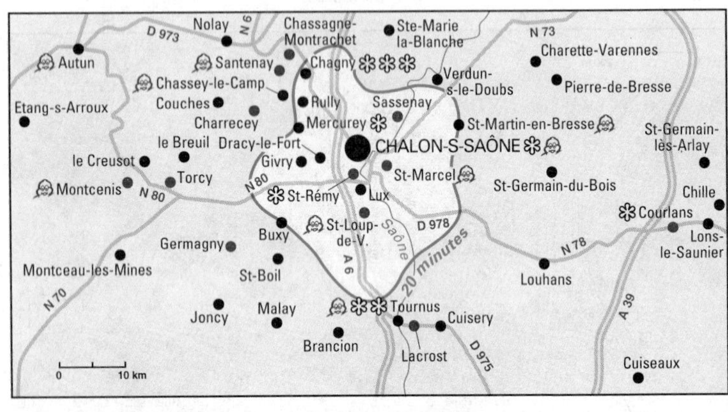

St-Régis, 22 bd République ☎ 03 85 90 95 60, *saint-regis@saint-regis-chalon.fr, Fax 03 85 90 95 70* – ▤ TV ☎ – 30. AE ⓓ GB JCB BZ v
Repas *(fermé sam. midi et dim. sauf fériés) (90)* - 135/180 ♀ – ☕ 58 – **36 ch** 440/690

St-Georges (Choux), 32 av. J. Jaurès ☎ 03 85 90 80 50, *reservation@lesaintgeorges71.com, Fax 03 85 90 80 55* – ▤ TV ☎ P – 30. AE ⓓ GB JCB AZ s
✿ **Repas** *(fermé 30 juil. au 13 août et sam. midi) (150)* - 195/420 et carte 290 à 350 ♀ - ***Petit Comptoir d'à Côté*** ☎ 03 85 90 80 52 *(fermé sam. midi et dim. sauf fêtes)* **Repas** 90/130 ♀, enf. 55 – ☕ 55 – **48 ch** 295/625 – 1/2 P 385/440
Spéc. Poulette de Bresse en terrine farcie au foie gras. Chausson d'escargots de Bourgogne au beurre d'orties blanches. Pigeon du Louhannais rôti en bécasse. **Vins** Montagny, Givry.

Kyriad sans rest, 35 pl. Beaune ☎ 03 85 90 08 00, *Fax 03 85 90 08 01,* – TV ☎. AE ⓓ GB BY t
☕ 36 – **44 ch** 300/370

St-Jean sans rest, 24 quai Gambetta ☎ 03 85 48 45 65, *Fax 03 85 93 62 69* – TV ☎. GB BZ s
☕ 30 – **25 ch** 230/300

XX **Gourmand,** 13 r. Strasbourg ☎ 03 85 93 64 61, *Fax 03 85 93 64 61* – ▤. AE GB CZ f
fermé 30 juil. au 21 août, 28 janv. au 13 fév., lundi et mardi – **Repas** 96/195 ♀

XX **Florilège,** 1 r. Pont ☎ 03 85 48 81 01, *Fax 03 85 48 15 71* – GB CZ n
fermé 5 au 22 août, dim. soir et lundi – **Repas** 98/310 ♀

CHALON-SUR-SAÔNE

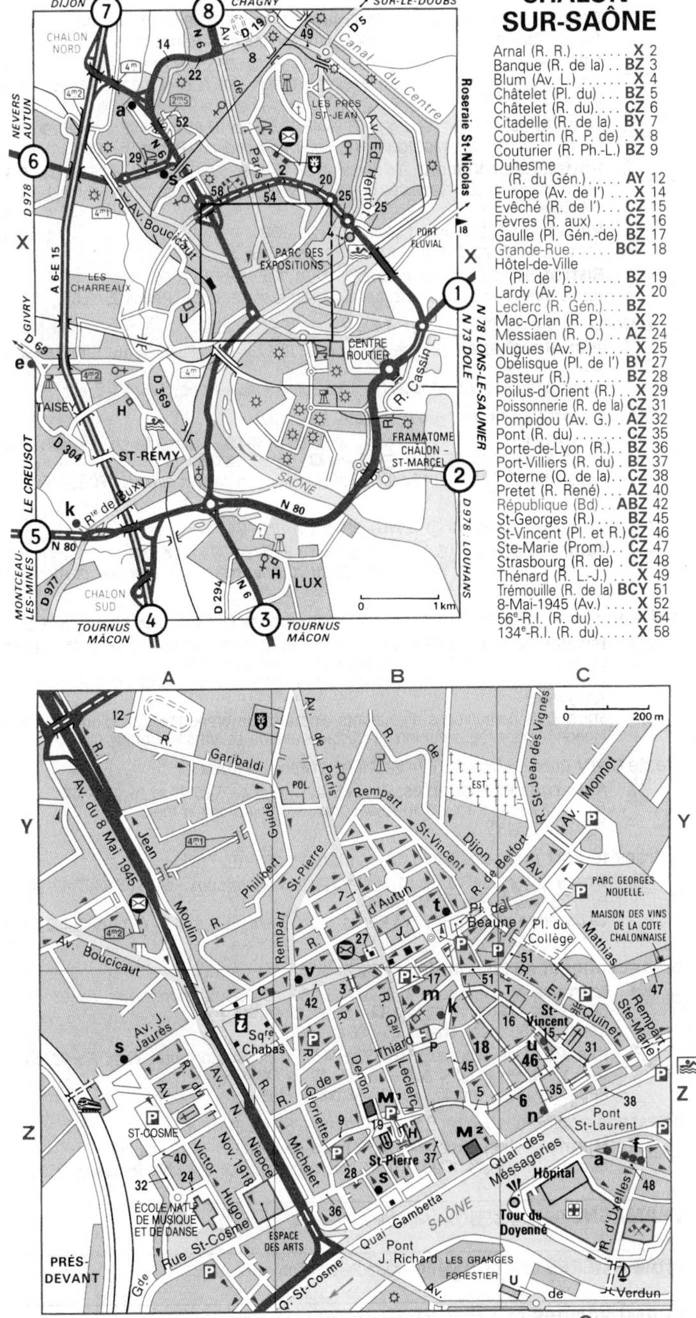

XX **Réale,** 8 pl. Gén. de Gaulle ✆ 03 85 48 07 21, *Fax 03 85 48 57 77* – ▤. GB BZ m
fermé 17 juil. au 14 août, vend. midi, dim. soir et lundi – **Repas** 98/190 ♀, enf. 60

XX **L'Ile Bleue,** 3 r. Strasbourg ✆ 03 85 48 39 83, *Fax 03 85 48 72 58* – GB CZ a
fermé 1er au 17 août, vacances de fév., mardi soir, sam. midi et merc. – **Repas** - produits de la mer - 95/180 ♀

X **Chez Jules,** 11 r. Strasbourg ✆ 03 85 48 08 34, *Fax 03 85 48 55 48* – ▤. AE ⓓ GB
fermé 1er au 20 août, vacances de fév., sam. midi et dim. – **Repas** 95/185 ♀ CZ f

X **Rôtisserie St-Vincent,** 9 r. du Blé ✆ 03 85 48 83 52, *Fax 03 85 48 83 52* – ▤. GB
fermé 1er au 15 juil., vacances de fév., dim. et lundi – **Repas** (100) - 115 (déj.), 155/165 ♀, enf. 60 CZ u

X **Ripert,** 31 r. St Georges ✆ 03 85 48 89 20 – GB BZ k
fermé 12 au 27 août, dim. et lundi – **Repas** 77/165 ♀

X **Bistrot,** 31 r. Strasbourg ✆ 03 85 93 22 01, *Fax 03 85 93 27 05* – GB CZ f
fermé sam. sauf le soir en été, lundi midi en saison et dim. – **Repas** 85/160 ♀

à St-Marcel *à l'Est par D 978 : 3 km – 4 118 h. alt. 185 – ✉ 71380 :*

XX **Jean Bouthenet,** 19 r. de la Villeneuve (D 978) ✆ 03 85 96 56 16, *Fax 03 85 96 75 81* – GB
fermé 20 au 31 août, 18 au 24 fév., dim. soir et lundi – **Repas** 115/400 ♀, enf. 70

à Lux *vers ③ par N 6 : 4 km – 1 620 h. alt. 180 – ✉ 71100 :*

Charmilles, r. Libération ✆ 03 85 48 58 08, *hotel.les.charmilles@wanadoo.fr, Fax 03 85 93 04 49,* – ⊁ TV ✆ 🚗 P – 🏛 20. AE GB
Repas *(fermé 30 juil. au 15 août, 22 au 30 déc., sam. midi et dim.)* 79/180 ♀, enf. 45 – ☕ 38 – **32 ch** 220/350

à St-Loup-de-Varennes *par ③ : 7 km – 986 h. alt. 186 – ✉ 71240 :*

XX **Saint Loup,** N 6 ✆ 03 85 44 21 58, *Fax 03 85 44 21 58* – ▤ P. GB
fermé 1er au 18 juil., 1er au 7 oct., 12 au 20 janv., mardi soir, dim. soir et merc. – **Repas** 68/160 ♀, enf. 68

à St-Rémy *vers ⑤ (rte du Creusot) N 6, N 80 et rte secondaire : 4 km – 5 961 h. alt. 187 – ✉ 71100 :*

XXX **Moulin de Martorey** (Gillot), ✆ 03 85 48 12 98, *Fax 03 85 48 73 67,* , « Décor rustique avec ancien mécanisme de meunerie » – ▤ P. AE GB X k
fermé 7 au 23 août, 18 fév. au 6 mars, dim. soir, mardi midi et lundi – **Repas** 155/440 et carte 300 à 450 ♀
Spéc. Trois préparations d'escargots. Fricassée de grenouilles, jus d'ortie et chips d'ail. Pigeon fermier rôti, émulsion de crustacés et lentilles. **Vins** Montagny, Givry.

rte de Givry *Ouest : 4 km sur D 69 – ✉ 71880 Châtenoy-le-Royal :*

XX **Auberge des Alouettes,** ✆ 03 85 48 32 15, *Fax 03 85 93 12 96,* – GB X e
fermé 18 juil. au 9 août, 2 au 16 janv., dim. soir, mardi soir et merc.
Repas 105/315 ♀

à Dracy-le-Fort *par ⑥ et D 978 : 6 km – 1 103 h. alt. 180 – ✉ 71640 :*

Dracy , ✆ 03 85 87 81 81, *le-dracy@charmehotel.com, Fax 03 85 87 77 49,* , , , – TV ✆ ♿ P – 🏛 60. AE ⓓ GB
La Garenne ✆ 03 85 87 72 73 **Repas** 98/240 ♀, enf. 65 – ☕ 47 – **41 ch** 380/490 – ½ P 385/415

près échangeur A6 Chalon-Nord – *✉ 71100 Chalon-sur-Saône :*

Mercure M, av. Europe ✆ 03 85 46 51 89, *h368@accor-hotels.com, Fax 03 85 46 08 96,* , , – ⊁ ▤ TV ✆ ♿ P – 🏛 80. AE ⓓ GB JCB X a
Repas 98/180 ♀, enf. 50 – ☕ 65 – **86 ch** 510/610

Ibis M, av. de l'Europe ✆ 03 85 41 04 10, *h1565@accor-hotels.com, Fax 03 85 41 04 11,* , – ⊁ ▤ TV ✆ ♿ P – 🏛 100. AE ⓓ GB JCB X s
Repas 95/138 ♀, enf. 40 – ☕ 42 – **86 ch** 350/395

à Sassenay *Nord-Est : 9 km par D 5 – 1 263 h. alt. 178 – ✉ 71530 :*

XX **Magny,** 29 Grande rue ✆ 03 85 91 61 58, *Fax 03 85 91 77 28* – AE GB
fermé 1er au 7 mars, 1er au 21 août, dim. soir, mardi soir et lundi – **Repas** 108/250 ♀

CHAMAGNE *88 Vosges* 62 ⑤ – *rattaché à Charmes.*

CHAMALIÈRES *63 P.-de-D.* 73 ⑭ – *rattaché à Clermont-Ferrand.*

CHAMARANDES *52 H.-Marne* 61 ⑳ – *rattaché à Chaumont.*

CHAMBERET *19370 Corrèze* 72 ⑲ *– 1 376 h alt. 450.*

Env. *Mont Gargan* ※★★ *NO : 9 km,* G. Berry Limousin.

Syndicat d'Initiative à la Mairie ✆ 05 55 98 30 12, Fax 05 55 97 90 66.

Paris 450 – Limoges 58 – Guéret 85 – Tulle 45 – Ussel 64.

France, ✆ 05 55 98 30 14, *Fax 05 55 73 47 15* – rest, TV. P. GB
fermé 10 janv. au 10 fév., vend. soir et dim. soir d'oct. à fin mai – **Repas** (78) - 98/170 ♀ – 38 – **12 ch** 210/280 – 1/2 P 260/310

CHAMBÉRY P *73000 Savoie* 74 ⑮ *G. Alpes du Nord – 54 120 h Agglo. 102 283 h alt. 270.*

Voir *Vieille ville*★★ *: Ste-Chapelle*★ A *, château*★*, place St-Léger*★ *, grilles*★ *de l'hôtel de Châteauneuf (rue de la croix d'or) – Crypte*★ *de l'église St-Pierre de Lémenc – Musée des Beaux-Arts*★ *– Cathédrale métropolitaine St-Francois-de-Sales*★ *– Rue basse du chateau*★ *– Musée savoisien*★ M[1].

de Chambéry-Aix-les-Bains : ✆ 04 79 54 49 66, au Bourget-du-Lac par ④ : 8 km.

Office de Tourisme 24 bd de la Colonne ✆ 04 79 33 42 47, Fax 04 79 85 71 39.

Paris 564 ④ – Grenoble 56 ② – Annecy 51 ④ – Lyon 102 ④ – Torino 205 ②.

CHAMBÉRY

Allobroges (Q. des) ..... A 2
Banque (R. de la) .... B 3
Basse-du-Château (R.) .. A 4
Bernardines (Av. des) .... A 6
Boigne (R. de) .... B
Borrel (Q. du Sénateur A.) ... B 7
Charvet (R. F.) .... B 9
Château (Pl. du) .... A 10
Colonne (Bd de la) ...... B 12
Ducis (R.) .... B 13
Ducs-de-Savoie (Av. des) .... B 14
Europe (Espl. de l') .... B 16
Freizier (R.) .... AB 17
Gaulle (Av. Gén.-de) .... B 18
Italie (R. d') .... B 20
Jaurès (Av. J.) .... A 21
Jeu-de-Paume (Q. du) ... A 23
Juiverie (R.) .... A
Lans (R. de) .... A 24
Libération (Pl. de la) .... B 25
Maché (Pl.) .... A 27
Maché (R. du Fg) .... A 28
Martin (R. Cl.) .... B 30
Métropole (Pl.) .... B 31
Michaud (R.) .... B 32
Mitterrand (Pl. F.) ...... B 33
Musée (Bd du) .... AB 34
Ravet (Q. Ch.) .... B 35
St-Antoine (R.) .... A 36
St-François (R.) .... B 38
St-Léger (Pl.) .... B
Théâtre (Bd du) .... B 39
Vert (Av. du Comte) ..... A 40

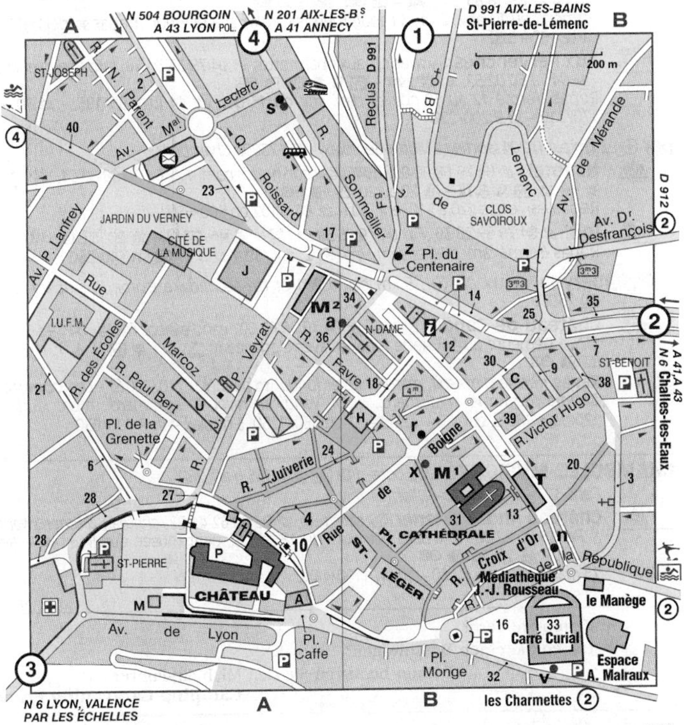

Mercure M sans rest, 183 pl. Gare ☎ 04 79 62 10 11, *h1541@accor-hotels.com* *Fax 04 79 62 10 23* – AE GB A
65 – **81 ch** 750

France sans rest, 22 fg Reclus ☎ 04 79 33 51 18, *hotellefrance@wanadoo.fr* *Fax 04 79 85 06 30* – – 50. AE GB B
55 – **48 ch** 380/510

Princes sans rest, 4 r. Boigne ☎ 04 79 33 45 36, *Fax 04 79 70 31 47* – – 20 AE GB B
40 – **45 ch** 340/390

City Hôtel sans rest, 9 r. Denfert-Rochereau ☎ 04 79 85 76 79, *Fax 04 79 85 86 11* – . GB B
34 – **40 ch** 210/310

L'Essentiel, 183 pl. Gare ☎ 04 79 96 97 27, *bouviergas@aol.com, Fax 04 79 96 17 78,* – . AE GB A
fermé sam. midi et dim. sauf fériés – **Repas** 128 (déj.), 190/350 ♀

St-Réal, 86 r. St-Réal ☎ 04 79 70 09 33, *Fax 04 79 33 49 65* – AE GB B
Repas *(fermé dim. sauf fêtes)* 190/490 et carte 260 à 530 ♀

Tonneau, 2 r. St-Antoine ☎ 04 79 33 78 26, *Fax 04 79 85 49 69,* – AE GB AB
fermé dim. soir en juil.-août et lundi
Repas *(95)* - 120/250 ♀

L'Hypothénuse, 141 Carré Curial ☎ 04 79 85 80 15, *Fax 04 79 85 80 18,* – AE GB JCB B
fermé vacances de printemps, 15 juil. au 16 août, dim. et lundi – **Repas** *(88)* - 105/250 ♀

à Sonnaz *par ① : 8 km sur D 991 – 977 h. alt. 370 – ✉ 73000 :*

Auberge Le Régent, ☎ 04 79 72 27 70, *Fax 04 79 72 27 70,* , – P. GB
fermé 15 août au 10 sept., dim. soir et merc. – **Repas** 145/260

au Sud-Est *: 2 km par D 912 et D 4 -* **B** *– ✉ 73000 Chambéry :*

Mont Carmel, à Barberaz (près église) ☎ 04 79 85 77 17, *montcarmel@aol.com, Fax 04 79 85 16 65,* , – AE GB.
fermé 1er au 10 janv., 20 au 31 août, merc. soir, dim. soir et lundi – **Repas** 95 (déj.), 155/330 et carte 180 à 320

Aux Pervenches avec ch, aux Charmettes ☎ 04 79 33 34 26, *infos@pervenches.net, Fax 04 79 60 02 52,* , , – P. AE GB
Repas *(fermé 12 au 19 nov. et dim. soir du 1er oct. au 11 juin)* 95/195 – 30 – **13 ch** 170/210 – ½ P 200/220

par *④ : 3 km sur D 201 (sortie La Motte-Servolex) – ✉ 73000 Chambéry :*

Novotel, ☎ 04 79 68 60 00, *h0409@accor-hotels.com, Fax 04 79 68 60 01,* , , – P – 20 à 120. AE GB
Repas *(95)* - carte 120 à 210, enf. 50 – 60 – **102 ch** 500/650

Ibis, ☎ 04 79 69 28 36, *Fax 04 79 96 39 91,* – P – 20. AE GB
Repas *(fermé dim. midi et sam.)* *(75)* - 95 ♀, enf. 39 – 35 – **88 ch** 340/360

à Chambéry-le-Vieux *par ④ : 5 km par N 201 et rte secondaire (sortie Chambéry-le-Haut) – ✉ 73000 :*

Château de Candie M , ☎ 04 79 96 63 00, *candie@icor.fr, Fax 04 79 96 63 10,* , , « Demeure du 14e siècle rénovée avec élégance », , – P. – 30 à 90. AE GB
Repas *(fermé dim. soir, mardi midi et lundi)* 170 bc (déj.), 270/400 ♀ *- **Les Comptoirs de Candie*** *(fermé le. midi merc., jeudi, vend. en hiver, le soir mardi, merc.,jeudi)* Repas 120(déj.)/180 ♀, enf. 90 – 80 – **17 ch** 650/1250, 3 duplex – ½ P 490/830

CHAMBOLLE-MUSIGNY *21220 Côte-d'Or* 65 ⑳ *– 355 h alt. 280.*

Paris 327 – Beaune 28 – Dijon 18.

Château André Ziltener sans rest, ☎ 03 80 62 41 62, *chateau.ziltener@wanadoo.fr, Fax 03 80 62 83 75,* « Belle demeure du 18e siècle, petit musée du vin », – P. – 25. AE GB
15 mars-30 nov. – 80 – **10 ch** 1100/1430

CHAMBON (Lac) ★★ *63 P.-de-D.* 73 ⑬ *G. Auvergne – alt. 877 – Sports d'hiver : 1 150/1 760 m* ⛷ *10* ⛷ *– ✉ 63790 Chambon-sur-Lac.*

Paris 464 – Clermont-Ferrand 37 – Condat 40 – Issoire 32 – Le Mont-Dore 19.

Grillon, ✆ 04 73 88 60 66, *Fax 04 73 88 65 55,* – TV P. AE GB
1er fév.-15 nov. – **Repas** *(fermé mardi midi en mars, avril, et oct. sauf vacances scolaires)* (85) - 70/185 ♀, enf. 45 – 40 – **22 ch** 220/270 – ½ P 250/280

Beau Site, ✆ 04 73 88 61 29, *Fax 04 73 88 66 73,* ←, – TV P. GB
vacances de fév.-15 oct. – **Repas** 85/160 ♀, enf. 50 – 40 – **17 ch** 270 – ½ P 250/270

CHAMBON-LA-FORÊT *45340 Loiret* 60 ⑳ *– 589 h alt. 117.*

Paris 97 – Orléans 44 – Châteauneuf-sur-Loire 26 – Montargis 39 – Pithiviers 15.

✕✕ **Auberge de la Rive du Bois,** Nord : 1 km par rte Pithiviers ✆ 02 38 32 28 44, *Fax 02 38 32 02 61,* – P. GB
fermé 2 au 21 août, 25 déc. au 8 janv., lundi soir, mardi soir et merc. – **Repas** 85/260 ♀, enf. 50

Le CHAMBON-SUR-LIGNON *43400 H.-Loire* 76 ⑧ *G. Vallée du Rhône – 2 854 h alt. 967.*

Office de Tourisme r. des Quatre Saisons ✆ 04 71 59 71 56, Fax 04 71 65 88 78.

Paris 579 – Le Puy-en-Velay 46 – Annonay 48 – Lamastre 33 – Privas 82 – St-Étienne 63.

Bel Horizon , chemin de Molle ✆ 04 71 59 74 39, *Fax 04 71 59 79 81,* ←, , , , – TV – 40. AE GB
10 avril-30 sept., 1er nov.-2 janv. et fermé dim. soir, mardi midi et lundi sauf de juil. à sept. – **Repas** 90/215 ♀, enf. 64 – 40 – **20 ch** 500 – ½ P 370/420

au Sud *: 3 km par D 151, rte de la Suchère et rte secondaire – ✉ 43400 Chambon-sur-Lignon :*

Bois Vialotte , ✆ 04 71 59 74 03, *Fax 04 71 65 86 32,* ←, – P. GB. rest
1er juin-30 sept. – **Repas** 80/125 ♀ – 37 – **17 ch** 350 – ½ P 302/318

à l'Est *: 3,5 km par D 157 et D 185 – ✉ 43400 Chambon-sur-Lignon :*

Clair Matin , ✆ 04 71 59 73 03, *clairmatin@clairmatin.com, Fax 04 71 65 87 66,* ←, , , , , – TV P – 30. AE GB JCB
fermé 1er nov. au 25 déc., 5 au 31 janv., mardi soir et merc. de nov. à mai – **Repas** 100/235, enf. 60 – 47 – **29 ch** 420/520 – ½ P 370/420

CHAMBORD *41250 L.-et-Ch.* 64 ⑦ ⑧ *– 200 h alt. 71.*

Voir Château★★★*, G. Châteaux de la Loire*

Paris 177 – Orléans 54 – Blois 18 – Châteauroux 101 – Romorantin-Lanthenay 38 – Salbris 56.

Grand St-Michel , ✆ 02 54 20 31 31, *Fax 02 54 20 36 40,* , « Face au château », – TV P. GB. ch
fermé 12 nov. au 20 déc. – **Repas** (dim. et fêtes prévenir) 105/220 ♀, enf. 65 – 42 – **38 ch** 290/450

CHAMBORIGAUD *30530 Gard* 80 ⑦ *– 716 h alt. 297.*

Paris 649 – Alès 31 – Florac 52 – La Grand-Combe 19 – Villefort 24.

Les Cévennes, ✆ 04 66 61 47 27, *Fax 04 66 61 51 01,* – TV P. GB
fermé 24 au 30 sept., 1er janv. au 15 fév. et mardi du 15 sept. au 15 juin – **Repas** (60) - 72/100 ♀, enf. 45 – 35 – **11 ch** 230/250 – ½ P 235

CHAMBOULIVE *19450 Corrèze* 75 ⑨ *G. Berry Limousin – 1 190 h alt. 429.*

Paris 463 – Brive-la-Gaillarde 44 – Bourganeuf 73 – Seilhac 10 – Tulle 23 – Uzerche 16.

Deshors Foujanet, rte Treignac ✆ 05 55 21 62 05, *hotel.deshors-foujanet@wanadoo.fr, Fax 05 55 21 68 80,* , , , – P. AE GB
fermé 1er au 27 oct. et dim. soir sauf juil.-août – **Repas** (55) - 80/110, enf. 55 – 38 – **27 ch** 180/330 – ½ P 230/310

CHAMBRAY-LÈS-TOURS *37 I.-et-L.* 64 ⑮ *– rattaché à Tours.*

CHAMBRETAUD *85500 Vendée* 67 ⑤ *– 1 310 h alt. 214.*

Paris 371 – La Roche-sur-Yon 51 – Angers 82 – Bressuire 45 – Cholet 21 – Nantes 74.

Château du Boisniard , ✆ 02 51 67 50 01, *Fax 02 51 67 53 81,* , , – TV P – 25. GB.
Repas *(fermé dim. soir et lundi)* 135/295 – 55 – **10 ch** 480/780

CHAMONIX-MONT-BLANC *74400 H.-Savoie* 74 ⑧ ⑨ *G. Alpes du Nord* – *9 701 h alt. 1040* – *Sports d'hiver : 1 035/3 840 m* 12 34 – *Casino* **AY**.

Env. *E : Mer de glace**** *et le Montenvers**** *par chemin de fer à crémaillère* – *SE : Aiguille du midi* ※*** *par téléphérique (station intermédiaire : plan de l'Aiguille*** *)* – *NO : Le Brévent* ※*** *par téléphérique (station intermédiaire : Planpraz*** *).*

Tunnel *du Mont-Blanc : fermé pour travaux-réouverture : printemps 2001.*

Office de Tourisme 85 pl. Triangle-de-l'Amitié ✆ 04 50 53 00 24, Fax 04 50 53 58 90.

Paris 613 ② – Albertville 68 ② – Annecy 95 ② – Aosta 61 ② – Genève 83 ②.

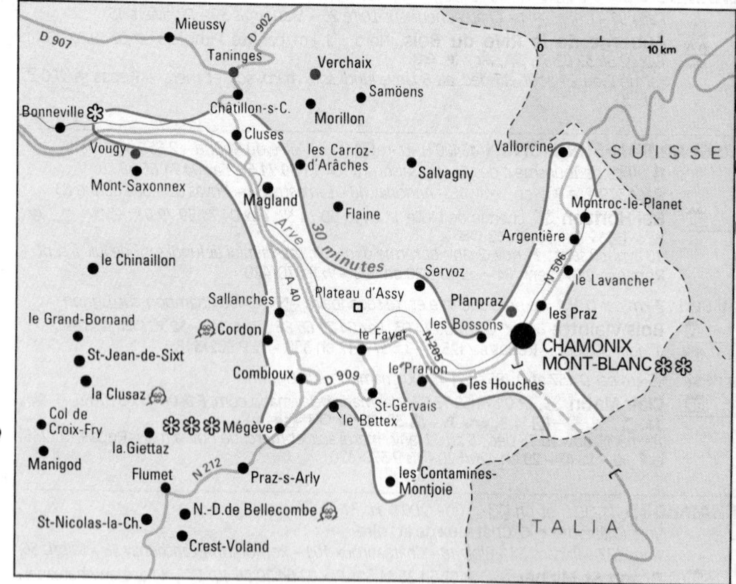

Hameau Albert 1er (Carrier) Ⓜ, 119 impasse Montenvers ✆ 04 50 53 05 09, *infos@hameaualbert.fr, Fax 04 50 55 95 48*, ←, « Bel ensemble de chalets dans un jardin fleuri » – – 15. AE GB JCB **AX f**
fermé 8 au 23 mai et fin oct. au 5 déc. – **Repas** *(fermé jeudi midi et merc.)* 250/700 et carte 490 à 800 ♀, enf. 130 – ☐ 95 – **27 ch** 980/1750, 3 chalets – ½ P 800/1185
Spéc. Menu "La Maison de Savoie". Truffes blanches d'Alba (sept. à Noël). Ravioli de champignons de saison au jus de truffe. **Vins** Chignin-Bergeron, Mondeuse.

La Ferme Ⓜ ≫, ← massif du Mont-Blanc, , « Bel aménagement intérieur », , , – **AX f**
Repas voir ***Hameau Albert 1er*** et rest. ***Maison Carrier*** – ☐ 95 – **12 ch** 1500/5000 – ½ P 1060/2810

Mont-Blanc, 62 allée Majestic ✆ 04 50 53 05 64, *mont-blanc@chamonixhotels.com, Fax 04 50 55 89 44*, ←, , , , – , rest, AE GB JCB
fermé 15 oct. au 15 déc. – ***Matafan :*** **Repas** 160(déj.)/400 ♀, enf. 85 – ☐ 80 – **34 ch** 880/1360, 8 appart – ½ P 890/940 **AY g**

Auberge du Bois Prin ≫, aux Moussoux ✆ 04 50 53 33 51, *boisprin@relaischateaux.fr, Fax 04 50 53 48 75*, ← massif du Mont-Blanc, , « Chalet fleuri », – AE GB JCB **AZ a**
fermé 17 avril au 3 mai et 29 oct. au 29 nov. – **Repas** *(fermé merc. midi et lundi)* (130 bc) - 180/430 ♀, enf. 80 – ☐ 80 – **11 ch** 720/1220 – ½ P 630/860

Les Aiglons Ⓜ, av. Courmayeur ✆ 04 50 55 90 93, *les-aiglons@chamonix.com, Fax 04 50 53 51 08*, ←, , – AE GB JCB **AY m**
fermé 1er nov. au 2 déc. – **Repas** (dîner seul.) 90/120 ♀, enf. 43 – ☐ 50 – **56 ch** 425/1260 – ½ P 425/550

CHAMONIX-MONT-BLANC

Aiguille-du-Midi (Av.) . . . . **AY** 2
Angeville (Rte H. d') . . . . **AX** 3
Balmat (Pl. Jacques) . . . . **AY** 5
Blanche (Rte) . . . . **AY**
Bois-du-Bouchet (Av. du) . . . . **AX** 6
Cachat-le-Géant (Av.) . . . . **AX** 7
Cour (Pont de) . . . . **AY** 8
Courmayeur (Av. de) . . . . **AY** 9
Cristalliers (Ch. des) . . . . **AX** 10
Croix-des-Moussoux (Montée) . . . . **AZ** 12
Croz (Av. Michel) . . . . **AY** 13
Devouassoux (Ch. F.) . . . . **AY** 14
Gaillands (Rte des) . . . . **AZ** 18
Gare (Pl. de la) . . . . **AY** 20
Helbronner (Rue) . . . . **AY**
Lyret (Rue du) . . . . **AY**
Majestic (Allée du) . . . . **AY** 21
Mollard (Ch. de la) . . . . **AX** 23
Mont-Blanc (Av. et Pl.) . . . . . . **AX** 24
Moussoux (Rte des) . . . . **AZ** 26
Mummery (R.) . . . . **AX** 27
Nants (Rte des) . . . . **AZ**
Paccard (R. du Dr.) . . . . **AY** 28
Pècles (Rte des) . . . . **AZ** 29
Pèlerins (Rte des) . . . . **AZ**
Plage (Av. de la) . . . . **AX**
Ravanel-le-Rouge (Av.) . . . . **AY** 31
Recteur-Payot (Allée) . . . . . . **AXY** 32
Roumnaz (Rte de la) . . . . **AZ** 33
Triangle-de-l'Amitié (Pl. du) . . . . **AX** 34
Tunnel (Rte du) . . . . **AZ**
Vallot (R. J.) . . . . **AX**
Whymper (R.) . . . . **AX** 37

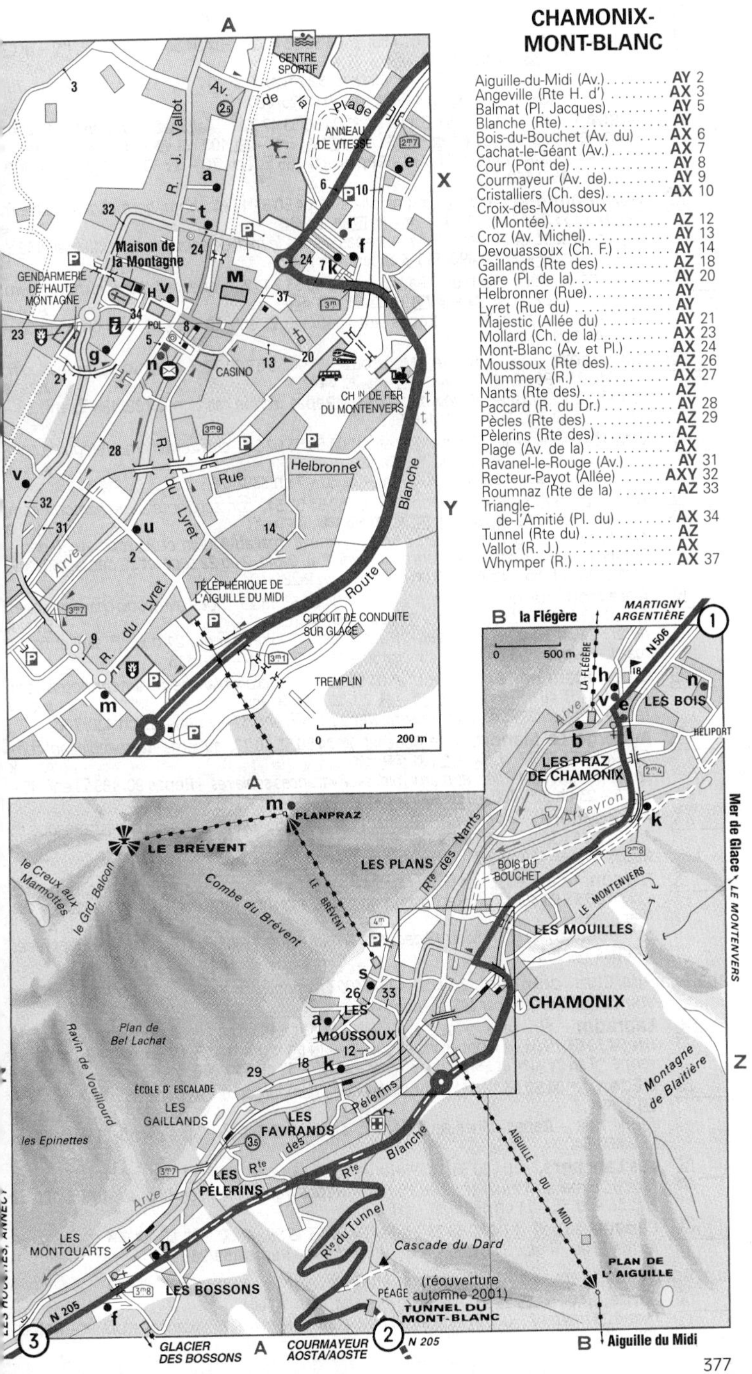

Morgane M, 145 av. Aiguille du Midi ☏ 04 50 53 47 27, *Fax 04 50 53 28 07*, ≤, – |♦| TV ☏ ♿ P – 🎓 40. AE ⓓ GB JCB AY
Repas (dîner seul.) 90/120 ♀ - ***Bistrot Savoyard*** ☏ 04 50 53 57 15 **Repas** 79/200 ♀, enf. 43 – ☕ 50 – **59 ch** 425/1210 – ½ P 425/600

Alpina, 79 av. Mt-Blanc ☏ 04 50 53 47 77, *alpina@chamonixhotels.com* *Fax 04 50 55 98 99*, ≤, – |♦| ✈, ▤ rest, TV ♿ – 🎓 100. AE ⓓ GB JCB AX
9 juin-30 sept. et 15 déc.-21 avril – **Repas** 160/285 ♀, enf. 70 – ☕ 60 – **127 ch** 680/1060 9 appart – ½ P 560/710

Hermitage-Paccard ✧, r. Cristalliers ☏ 04 50 53 13 87, *hotel-hermitage@infonie.fr* *Fax 04 50 55 98 14*, ≤, , , – |♦| TV P. AE GB AX e
16 juin-16 sept. et 22 déc.-16 avril – **Repas** *(fermé le midi en semaine et jeudi)* *(108)* - 139 ♀ enf. 60 – ☕ 57 – **27 ch** 490/630, 3 appart – ½ P 485

Prieuré, allée Recteur Payot ☏ 04 50 53 20 72, *prieure@chamonixhotels.com* *Fax 04 50 55 87 41*, ≤, – |♦| TV P. AE ⓓ GB JCB AY v
fermé 1er oct. au 21 déc. – **Repas** *(100)* - 130/140 ♀, enf. 70 – ☕ 60 – **91 ch** 550/900 – ½ P 540/590

Savoyarde ✧, 28 rte Moussoux ☏ 04 50 53 00 77, *lasavoyarde@wanadoo.fr* *Fax 04 50 55 86 82*, ≤, , – TV P. GB AZ s
fermé 9 au 23 mai et 26 nov. au 20 déc. – **Repas** *(fermé mardi midi)* 88/185 ♀, enf. 38 – ☕ 46 – **14 ch** 600/860 – ½ P 486/555

Chantel sans rest, 391 rte Pècles ☏ 04 50 53 02 54, *chantel@chamonixleguide.com* *Fax 04 50 53 54 52*, ≤, – ☏ P. GB. AZ k
fermé 2 au 17 avril et 22 oct. au 5 nov. – ☕ 30 – **7 ch** 338/428

Arve ✧, 60 impasse Anémones ☏ 04 50 53 02 31, *contact@hotelarve-chamonix.com* *Fax 04 50 53 56 92*, ≤, – |♦| TV P. AE ⓓ GB. rest AX a
hôtel : fermé 28 oct. au 20 déc. ; rest. : fermé 1er mai au 1er juin et 23 sept. au 20 déc. – **Repas** *(fermé le midi du 18 mars au 30 avril, 2 au 9 juin, 2 au 22 sept. et 22 déc. au 30 janv.)* 83/124 ♁, enf. 55 – ☕ 49 – **40 ch** 330/595 – ½ P 281/404

Arveyron, rte du Bouchet : 2 km ☏ 04 50 53 18 29, *hotel.aveyron@chamonix.com* *Fax 04 50 53 06 43*, ≤, , – TV ♿ P. GB. rest BZ k
hôtel : 2 juin-20 sept. et 21 déc.-15 avril ; rest. : 2 juin-20 sept., 21 déc.-1er avril et fermé mardi – **Repas** 79/125 ♀, enf. 45 – ☕ 50 – **31 ch** 215/345 – ½ P 315

Croix Blanche, 87 r. Vallot ☏ 04 50 53 00 11, *croix-blanche@chamonixhotels.com* *Fax 04 50 53 48 83*, ≤, – |♦| TV – 🎓 20. AE ⓓ GB JCB AX v
fermé 2 mai au 29 juin – ***L'M*** brasserie **Repas** 125 ♀, enf. 37 – ☕ 40 – **35 ch** 420/700

Auberge Le Manoir, 8 rte Bouchet ☏ 04 50 53 10 77, *auberge-du-manoir@aol.com* *Fax 04 50 53 36 37*, ≤, – TV P. GB. AX k
fermé 1er nov. au 1er déc. et mardi midi sauf vacances scolaires – **Repas** 90/165 ♀, enf. 45 – ☕ 35 – **23 ch** 325/480 – ½ P 300/360

Atmosphère, 123 pl. Balmat ☏ 04 50 55 97 97, *atmosphere@wanadoo.fr* *Fax 04 50 53 38 96* – ▤. AE ⓓ GB JCB AY n
Repas *(110 bc)* - 129/159 ♀

Maison Carrier, rte du Bouchet ☏ 04 50 53 00 03, *infos@hameaualbert.fr* *Fax 04 50 55 95 48*, , « Reconstitution d'une ancienne ferme savoyarde » – AE ⓓ GB JCB AX r
fermé 5 au 15 juin, 12 nov. au 13 déc., mardi midi et lundi sauf du 10 juil. au 31 août et fériés – **Repas** 155/255

aux Praz-de-Chamonix *Nord : 2,5 km* – ✉ *74400 Chamonix.*
Voir *La Flégère* ≤★★ *par téléphérique* BZ.

Labrador M sans rest, au golf ☏ 04 50 55 90 09, *info@hotel-labrador.com* *Fax 04 50 53 15 85*, ≤ Mont-Blanc et golf, – |♦| TV ☏ P – 🎓 25. AE ⓓ GB JCB BZ h
fermé 18 au 26 avril et 29 oct. au 30 nov. – ☕ 50 – **32 ch** 530/860

L'Eden, ☏ 04 50 53 18 43, *relax@hoteleden-chamonix.com*, *Fax 04 50 53 51 50*, ≤, – TV P. GB BZ e
fermé nov. – **Repas** (dîner seul. de déc. à mai) 145/360 ♀ – ☕ 45 – **15 ch** 460/590 – ½ P 460/540

Les Lanchers, ☏ 04 50 53 47 19, *Fax 04 50 53 66 14*, ≤, – TV. GB. ch BZ b
fermé 28 mai au 11 juin et 12 au 26 nov. – **Repas** *(fermé dim. soir hors saison)* 75/120 ♀, enf. 36 – ☕ 35 – **11 ch** 380/520 – ½ P 320

Cabane, au golf ☏ 04 50 53 23 27, *Fax 04 50 53 15 85*, ≤, – P. AE ⓓ GB BZ v
fermé 1er au 14 mai, 5 nov. au 15 déc. et lundi soir – **Repas** 159/269 ♀

aux Bois *Nord : 3,5 km* – ✉ *74400 Chamonix-Mt-Blanc :*

Sarpé, ☏ 04 50 53 29 31, *Fax 04 50 55 81 94*, – P. GB BZ n
fermé 29 mai au 21 juin, 27 oct. au 30 nov., lundi et le midi sauf vacances scolaires – **Repas** 125/265

au Lavancher *par ①, N 506 et rte secondaire : 6 km – Sports d'hiver : voir à Chamonix – ✉ 74400 Chamonix.*

Voir ≤★★.

Jeu de Paume Ⓜ, 📞 04 50 54 03 76, *jeu-de-paume-chamonix@wanadoo.fr, Fax 04 50 54 10 75,* ≤, « Joli décor de chalet », – 🅿 – 40. AE GB JCB. rest
8 juin-9 sept. et 7 déc.-14 mai et fermé merc. midi – **Repas** 185 ♀, enf. 85 – 70 – **23 ch** 960/1500 – ½ P 735/1005

Beausoleil, 📞 04 50 54 00 78, *hotel.beausoleil@libertysurf.fr, Fax 04 50 54 17 34,* ≤, « Jardin fleuri », – 🅿. AE GB JCB. rest
20 déc.-20 sept. – **Repas** *(fermé le midi du 20 déc. au 31 mai)* 78/150, enf. 55 – 48 – **15 ch** 500/590 – ½ P 380/425

aux Bossons *Sud : 3,5 km – ✉ 74400 :*

Novotel Ⓜ, 📞 04 50 53 26 22, *h0411@accor-hotels.com, Fax 04 50 53 31 31,* ≤, – rest, 🅿 – 25 à 60. AE GB JCB AZ f
Repas *(98)* - carte environ 160 ♀, enf. 50 – 60 – **89 ch** 590/780 – ½ P 515/565

Aiguille du Midi, 📞 04 50 53 00 65, *hotel.aiguille@télépost.fr, Fax 04 50 55 93 69,* ≤, « Parc ombragé et fleuri », – 🅿 – 18. GB. rest
22 mai-20 sept. et 20 déc.-18 avril – **Repas** 128/235 ♀, enf. 75 – 57 – **40 ch** 320/470 – ½ P 395/450 AZ n

à Planpraz *par télécabine – ✉ 74400 :*

Bergerie de Planpraz, 📞 04 50 53 05 42, *bergerie.planpraz@wanadoo.fr, Fax 04 50 53 93 40,* ≤ Mont-Blanc et aiguilles, – AE GB JCB AZ m
mi-juin-fin-sept. et mi-déc.-fin avril – **Repas** (déj. seul.) carte environ 180 ♀

A good moderately priced meal : **Repas** 100/140

CHAMOUILLE *02 Aisne* 56 ⑤ – *rattaché à Laon.*

CHAMOUSSET *73390 Savoie* 74 ⑯ – *373 h alt. 215.*

Paris 594 – Albertville 28 – Allevard 25 – Chambéry 31 – Grenoble 61.

Christin, 📞 04 79 36 42 06, *Fax 04 79 36 45 43,* – rest, 🅿. GB. rest
fermé 15 sept. au 8 oct., 2 au 10 janv., dim. soir et lundi – **Repas** 70 (déj.), 87/200 ♀ – 38 – **17 ch** 200/250 – ½ P 250

CHAMPAGNAC-DE-BELAIR *24 Dordogne* 75 ⑤ – *rattaché à Brantôme.*

CHAMPAGNEUX *73 Savoie* 74 ⑭ – *rattaché à St-Génix-sur-Guiers.*

CHAMPAGNEY *70 H.-Saône* 66 ⑦ – *rattaché à Ronchamp.*

CHAMPAGNOLE *39300 Jura* 70 ⑤ *G. Jura – 9 250 h alt. 541.*

Voir *Musée archéologique : plaques-boucles*★ **M.**

Office de Tourisme 📞 03 84 52 43 67, Fax 03 84 52 54 57.

Paris 421 ④ – Besançon 66 ④ – Dole 61 ④ – Genève 83 ② – Lons-le-Saunier 34 ③.

Plan page suivante

Bois Dormant Ⓜ, rte Pontarlier par ① : *1,5 km* 📞 03 84 52 66 66, *hotel@bois-dormant.com, Fax 03 84 52 66 67,* « Parc en forêt », – 🅿 – 50 à 60. GB
Repas 88/240, enf. 68 – 45 – **40 ch** 285/350 – ½ P 280/380

Grand Hôtel Ripotot, 54 r. Mar. Foch **(a)** 📞 03 84 52 15 45, *Fax 03 84 52 09 11,* – 🅿. GB
avril-oct. – **Repas** 95/245 ♀, enf. 54 – 40 – **35 ch** 240/330 – ½ P 250/360

rte de Genève *par ② : 8 km – ✉ 39300 Champagnole :*

Auberge des Gourmets avec ch, sur N 5 📞 03 84 51 60 60, *Fax 03 84 51 62 83,* – 🅿. AE GB
fermé 20 déc. au 25 janv., dim. soir et lundi midi du 15 oct. au 15 mars sauf vacances scolaires – **Repas** 95/290 ♀, enf. 60 – 45 – **7 ch** 300/380 – ½ P 380

CHAMPAGNOLE

Bazinet (R. L. et G.) . 2
Clemenceau (R.) . . . .
Delort (R. Baronne). .
Égalité (R. de l') 3
Foch (R. Mar.) 5
Gaulle (Pl. du Gén.-de) . . . 6
Herriot (Av. É.) 8
Lattre-de-Tassigny (Av. de) 9
Progin (R.) 12
République (Av. de la)

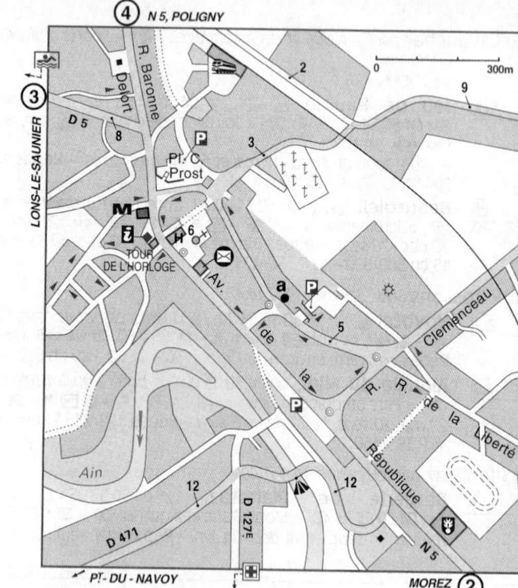

CHAMPAGNY-EN-VANOISE *73350 Savoie* 74 ⑱ *G. Alpes du Nord – 502 h alt. 1240.*

Voir *Retable★ dans l'église – Télécabine de Champagny★ : ≤★ – Champagny-le-Haut★★.*

Office de Tourisme Le Centre ☎ 04 79 55 06 55, Fax 04 79 55 04 66.

Paris 656 – Albertville 45 – Chambéry 94 – Moûtiers 18.

L'Ancolie M, ☎ 04 79 55 05 00, *hotel.ancolie@telepost.fr, Fax 04 79 55 04 42*, ≤, – TV. GB. rest
16 juin-2 sept. et 17 déc.-17 avril – **Repas** 95 (déj.), 110/125 ♀, enf. 48 – ☕ 55 – **31 ch** 540/700 – ½ P 500

Les Glières, ☎ 04 79 55 05 52, *@accueil.hotel-glieres.com, Fax 04 79 55 04 84*, ≤, – GB
23 juin-8 sept. et 15 déc.-20 avril – **Repas** *(100)* - 155, enf. 50 – ☕ 50 – **20 ch** 440/580 – ½ P 405/435

CHAMPEAUX *50530 Manche* 59 ⑦ *– 330 h alt. 80.*

Paris 340 – St-Lô 62 – St-Malo 85 – Avranches 18 – Granville 18.

Marquis de Tombelaine et H. les Hermelles avec ch, sur D 911 ☎ 02 33 61 85 94, *Fax 02 33 61 21 52*, ≤, – TV P. GB
fermé 20 au 30 nov., janv., mardi soir et merc. sauf juil.-août – **Repas** 99/350, enf. 50 – ☕ 38 – **6 ch** 290/330 – ½ P 290/390

CHAMPEIX *63320 P.-de-D.* 73 ⑭ *G. Auvergne – 1 087 h alt. 456.*

Env. *Église de St-Saturnin★★ N : 10 km.*

Paris 446 – Clermont-Ferrand 31 – Condat 49 – Issoire 14 – Le Mont-Dore 37 – Thiers 65.

Promenade, ☎ 04 73 96 70 24, *Fax 04 73 96 70 24* – AE GB
fermé en oct., mardi soir, jeudi soir et merc. sauf juil.-août – **Repas** 78/185, enf. 45

CHAMPENOUX *54280 M.-et-M.* 62 ⑤ *– 1 041 h alt. 234.*

Paris 323 – Nancy 15 – Château-Salins 17 – Pont-à-Mousson 44 – St-Avold 62.

La Lorette, ☎ 03 83 39 91 91, *la.lorette@wanadoo.fr, Fax 03 83 31 71 04* – TV P. AE GB
fermé 1er au 25 août – **Repas** *(fermé sam. midi, dim. soir et lundi) (65) - 90/215* ♀, enf. 55 – ☕ 30 – **10 ch** 220/265 – ½ P 225/320

CHAMPILLON *51 Marne* 56 ⑯ *– rattaché à Épernay.*

CHAMPS-SUR-MARNE *77 S.-et-M.* 56 ⑫., 101 ⑲ *– voir à Paris, Environs (Marne-la-Vallée).*

CHAMPS-SUR-TARENTAINE *15270 Cantal* 76 ② *– 1 088 h alt. 450.*

Env. *Gorges de la Rhue** SE : 9 km,* G. Auvergne.

Office de Tourisme (juin-15 sept.) Antenne ☎ 04 71 78 72 75, Fax 04 71 78 75 09.

Paris 507 – Aurillac 90 – Clermont-Ferrand 83 – Condat 24 – Mauriac 38 – Ussel 38.

Auberge du Vieux Chêne, ☎ 04 71 78 71 64, *danielle.moins@wanadoo.fr, Fax 04 71 78 70 88,* – P. GB
1er avril-1er nov. et fermé dim. soir et lundi sauf du 15 juin au 15 sept. – **Repas** (dîner seul. en semaine) 140/190 ♀, enf. 60 – ☕ 50 – **15 ch** 380/500 – ½ P 350/410

CHAMPTOCEAUX *49270 M.-et-L.* 63 ⑱ *G. Châteaux de la Loire – 1 524 h alt. 68.*

Voir *Site* – Promenade de Champalud**.*

Office de Tourisme ☎ 02 40 83 57 49 et (hors saison) à la Mairie ☎ 02 40 83 52 31.

Paris 358 – Nantes 34 – Ancenis 11 – Angers 65 – Beaupréau 30 – Cholet 50 – Clisson 35.

Chez Claudie, rte Oudon : 1 km ☎ 02 40 83 50 43, *Fax 02 40 83 59 72* – TV P. AE GB JCB
fermé vacances de fév. – **Repas** *(dim. soir et merc. hors saison)* 65/220, enf. 60 – ☕ 35 – **11 ch** 200/230 – ½ P 175

Les Jardins de la Forge (Pauvert) M avec ch, pl. Piliers ☎ 02 40 83 56 23, *Fax 02 40 83 59 80,* – ch, TV. AE GB. ch
fermé 1er au 15 mars et 2 au 18 oct. – **Repas** *(fermé lundi soir sauf d'avril à sept., dim. soir, mardi et merc.)* 178/460 et carte 290 à 420 – **7 ch** ☕ 500/950
Spéc. Poêlée de civelles et Saint-Jacques aux amandes. Feuille de sandre à la crème de cèpes. Blanquette de joues de veau au gingembre. **Vins** Muscadet sur lie, Coteau d'Ancenis.

Les localités dont les noms sont soulignés de rouge sur les ***cartes Michelin*** *à 1/200 000 sont citées dans ce guide.*

Utilisez une carte récente pour profiter de ce renseignement.

CHAMPTOCÉ-SUR-LOIRE *49123 M.-et-L.* 63 ⑲ *G. Châteaux de la Loire – 1 335 h alt. 17.*

Syndicat d'Initiative Mairie ☎ 02 41 39 91 80, Fax 02 41 39 95 89.

Paris 319 – Angers 26 – Châteaubriant 59 – Cholet 49 – Nantes 75.

Cheval Blanc, ☎ 02 41 39 91 81, *Fax 02 41 39 98 67* – TV P. GB
fermé 5 au 11 mars, 15 au 30 sept., dim. soir et sam. sauf juil.-août – **Repas** (45) - 75/195 ♀ – ☕ 35 – **12 ch** 190/380 – ½ P 255

CHAMROUSSE *38 Isère* 77 ⑤ *G. Alpes du Nord – 544 h alt. 1650 – Sports d'hiver : 1 650/2 255 m* 1 25 – ✉ *38410 Uriage.*

Voir *Réserve naturelle de Luitel* – Fôret de Prémol*.*

Env. *Croix de Chamrousse** : ※** par téléphérique.*

Office de Tourisme 24 pl. de Belledonne ☎ 04 76 89 92 65, Fax 04 76 89 98 06.

Paris 599 – Grenoble 29 – Allevard 64 – Chambéry 79 – Uriage-les-Bains 19 – Vizille 28.

L'Écureuil, ☎ 04 76 89 90 13, *Fax 04 76 89 90 13,* – GB
fermé 1er mai au 1er juil. – **Repas** 80/140 ♀

CHANAS *38150 Isère* 76 ⑩, 77 ① *– 1 727 h alt. 150.*

Paris 515 – Grenoble 88 – Lyon 57 – St-Étienne 75 – Valence 51.

Halte OK, à l'échangeur A 7 ☎ 04 74 84 27 50, *Fax 04 74 84 36 61,* – TV P – 25. GB
Repas *(fermé 24 déc. au 2 janv., fériés le midi, sam. midi et dim.)* 76/156 ♀, enf. 48 – ☕ 40 – **41 ch** 280/330 – ½ P 270

CHANCELADE *24 Dordogne* 75 ⑤ *– rattaché à Périgueux.*

CHANDAI *61300 Orne* 60 ⑤ *– 583 h alt. 200.*

Paris 132 – Alençon 73 – L'Aigle 9 – Chartres 72 – Dreux 52 – Évreux 56 – Lisieux 65.

L'Écuyer Normand, N 26 ☎ 02 33 24 08 54, *Fax 02 33 24 08 54* – AE GB JCB
fermé dim. soir, lundi et merc. sauf vacances scolaires – **Repas** 138/178 ♀, enf. 68

CHANDOLAS *07230 Ardèche* 80 ⑧ *– 366 h alt. 115.*
Paris 665 – Alès 44 – Privas 64 – Aubenas 34.

Auberge Les Murets, ✆ 04 75 39 08 32, *Fax 04 75 39 39 90*, – P. AE GB. ch
fermé 2 janv. au 12 fév., lundi et mardi du 15 oct. au 30 mars – **Repas** 90/140 – 35 – **7 ch** 290 – 1/2 P 265

CHANGÉ *53 Mayenne* 63 ⑩ *– rattaché à Laval.*

CHANTELLE *03140 Allier* 73 ④ *G. Auvergne – 1 043 h alt. 324.*
Office de Tourisme pl. de la Mairie ✆ 04 70 56 62 37, Fax 04 70 56 62 37.
Paris 372 – Moulins 46 – Gannat 17 – Montluçon 59 – St-Pourçain-sur-Sioule 15.

Poste, ✆ 04 70 56 62 12, – P. AE GB
fermé 21 sept. au 15 oct., vacances d'hiver et merc. hors saison – **Repas** *(50)* - 90/160, enf. 45 – 28 – **12 ch** 170/240 – 1/2 P 180/200

CHANTEMERLE *05 H.-Alpes* 77 ⑱ *– rattaché à Serre-Chevalier.*

CHANTEPIE *35 I.-et-V.* 59 ⑰ *– rattaché à Rennes.*

Un automobiliste averti utilise le **Guide Rouge Michelin** *de l'année.*

CHANTILLY

Berteux (Av. de) . . . . A 2
Canardière (Quai de la) . . . . A 3
Cascades (R. des) . . . . A 4
Chantilly (R. de) . . . . B 5
Condé (Av. de) . . . . B 6
Connétable (R. du) . . . . AB
Embarcadère (R. de l') . . . . A 8
Faisanderie (R. de la) . . . . B 9
Joffre (Av. du Mar.) . . . . A
Leclerc (Av. du Gén.) . . . . A 12
Orgemont (R. d') . . . . A 15
Paris (R. de) . . . . A 16
Schumann (Bd Maurice) . . . . A 18
Vallon (Pl. Omer) . . . . A 21
Victor-Hugo (R.) . . . . A 22

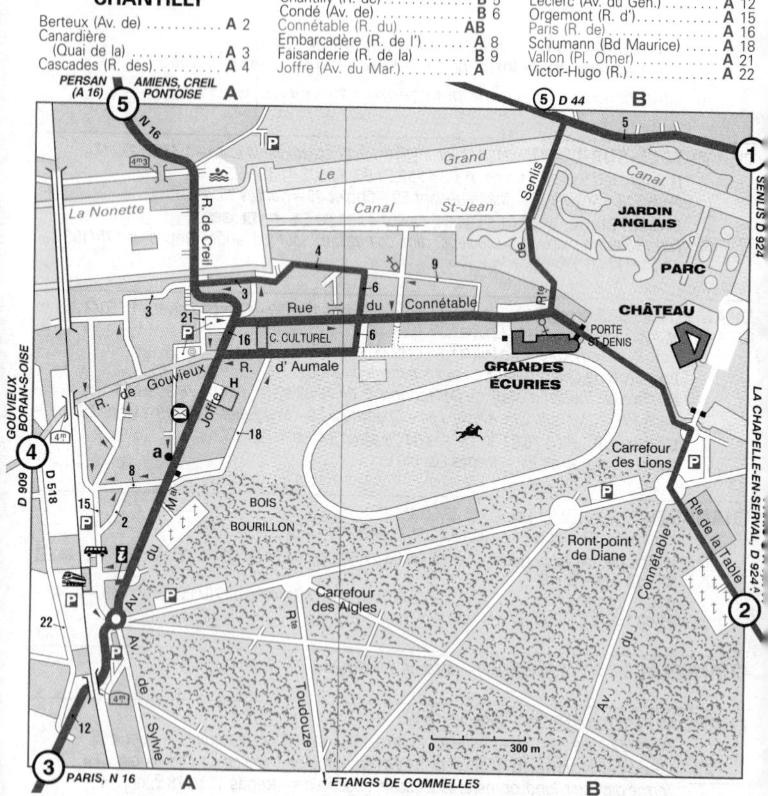

CHANTILLY *60500 Oise* 56 ⑪, 106 ⑧ *G. Ile de France* – *11 341 h alt. 59.*

Voir *Château*★★★ – *Parc*★★ – *Grandes Écuries*★★ : *musée vivant du Cheval*★★ – *L'Aérophile*★ *(vol en ballon captif)* : ≤★.

Env. *Site*★ *du château de la Reine-Blanche S : 5,5 km.*

Office de Tourisme 60 av. Mar.-Joffre ✆ *03 44 57 08 58, Fax 03 44 57 74 64.*

Paris 52 ② – *Compiègne 44* ① – *Beauvais 43* ⑤ – *Meaux 50* ② – *Pontoise 38* ④.

Plan page ci-contre

Parc sans rest, 36 av. Mar. Joffre ✆ 03 44 58 20 00, *Fax 03 44 57 31 10*, – ▮ TV – 🏔 50. AE ⓪ GB JCB A a
☕ 70 – **57 ch** 435/595

rte d'Apremont *par* ① *et D 606* :

Domaine de Chantilly M ⑤, à 2,5 km ✉ 60500 Vineuil-St-Firmin ✆ 03 44 58 47 77, *hotel.domaine.chantilly@wanadoo.fr, Fax 03 44 58 50 11*, ≤, « Dans un golf », – ▮ ch, TV & P – 25 à 150. AE ⓪ GB JCB. rest
Carmontelle *(fermé sam. midi et lundi)* **Repas** 240, enf. 85 – ***Etoile* :** **Repas** 225, enf. 85 – ☕ 100 – **100 ch** 1400/1600, 4 appart

Tour d'Apremont, au golf d'Apremont, 7 km ✉ 60300 Apremont ✆ 03 44 25 61 11, *masami.nagase@golf-apremont.com, Fax 03 44 25 11 72*, ≤ – P. AE GB JCB.
fermé lundi – **Repas** (déj. seul.) 180, enf. 80 ***Bistrot de la Tour*** (déj. seul.) **Repas** *(98)*-125

Auberge La Grange aux Loups ⑤ avec ch, à Apremont, 6 km ✉ 60300 Apremont ✆ 03 44 25 33 79, *lagrangeauxloups@wanadoo.fr, Fax 03 44 24 22 22*, – TV. AE GB JCB
Repas *(fermé sam. midi, dim. soir et lundi)* 160/220 bc ♀ – ☕ 55 – **4 ch** 480

à Montgrésin *par* ② : *5 km* – ✉ *60560 Orry-la-Ville* :

Relais d'Aumale ⑤, ✆ 03 44 54 61 31, *relaisd.aumale@wanadoo.fr, Fax 03 44 54 69 15*, – ▮ TV & P – 30. AE ⓪ GB JCB
fermé 22 au 30 déc. – **Repas** *(fermé 22 déc. au 2 janv.)* 230 – ☕ 65 – **24 ch** 680/820 – ½ P 580/640

à Gouvieux *par* ④ : *3,5 km* – *9 756 h. alt. 26* – ✉ *60270* :

Château de la Tour ⑤, ✆ 03 44 62 38 38, *le.chateau.de.la.tour@wanadoo.fr, Fax 03 44 57 31 97*, ≤, « Parc boisé », – TV & P – 80. AE ⓪ GB JCB
fermé 22 au 28 déc. – **Repas** 220/320 ♀, enf. 85 – ☕ 80 – **41 ch** 690/980 – ½ P 575

Château de Montvillargenne ⑤, ✆ 03 44 62 37 37, *montvillargenne@wanadoo.fr, Fax 03 44 57 28 97*, ≤, – TV & P – 25 à 150. AE ⓪ GB
Repas 210/410, enf. 98 – ☕ 88 – **130 ch** 995/1995, 3 duplex – ½ P 760/1260

Pavillon St-Hubert ⑤, à Toutevoie, bord de l'Oise ✆ 03 44 57 07 04, *Fax 03 44 57 75 42*, ≤, « Terrasse au bord de l'Oise », – TV P – 30. GB
fermé 2 janv. au 5 fév. – **Repas** *(fermé dim. soir et lundi du 1er nov. au 1er mars)* 160/200 ♀ – ☕ 40 – **19 ch** 320/420 – ½ P 360/380

Renardière, 2 r. Frères Segard (La Chaussée) ✆ 03 44 57 08 23, – ⓪ GB
fermé 1er au 15 août – **Repas** 89/320 bc ♀, enf. 49

rte de Creil *par* ⑤ : *3,5 km* – ✉ *60740 St-Maximin* :

Verbois, N 16, rd-pt Verbois ✆ 03 44 24 06 22, *Fax 03 44 25 76 63*, « Ancien relais de chasse à l'orée de la forêt », – P. GB
fermé 16 au 29 août, 14 au 28 janv., dim. soir et lundi – **Repas** 150/295 et carte 310 à 440, enf. 90

CHAOURCE *10210 Aube* 61 ⑰ *G. Champagne Ardenne* – *1 031 h alt. 150.*

Voir *Église St-Jean-Baptiste*★ : *sépulcre*★★.

Syndicat d'Initiative pl. de l'Église ✆ *03 25 40 97 22, Fax 03 25 40 10 22.*

Paris 196 – *Auxerre 66* – *Troyes 32* – *Bar-sur-Aube 60* – *Châtillon-sur-Seine 48.*

à Maisons-lès-Chaource *Sud-Est : 6 km par D 34* – *171 h. alt. 235* – ✉ *10210* :

Aux Maisons, ✆ 03 25 70 07 19, *Fax 03 25 70 07 75*, – rest, TV P. AE GB
Repas *(fermé dim. soir d'oct. à mars)* 110/180 ♀, enf. 58 – ☕ 45 – **15 ch** 295 – ½ P 330

CHAPARON *74 H.-Savoie* 74 ⑥ ⑯ – *rattaché à Bredannaz.*

La CHAPELAUDE *03380 Allier* 69 ⑪ – *982 h alt. 230.*

Paris 328 – *La Châtre 52* – *Montluçon 12* – *Moulins 87* – *St-Amand-Montrond 51.*

Grain d'Sel, ✆ 04 70 06 47 78, *Fax 04 70 06 44 32* – P. GB
fermé 3 au 19 sept., mardi soir et merc. – **Repas** *(58)* - 75/220 ♀, enf. 50

La CHAPELLE *19 Corrèze* 73 ⑪ – *rattaché à Meymac.*

La CHAPELLE-CARO *56460 Morbihan 63 ④ – 1 143 h alt. 73.*
Paris 422 – Vannes 40 – Dinan 80 – Lorient 95 – Rennes 73 – St-Brieuc 95.

Petit Kériquel avec ch, ✆ 02 97 74 82 44, *Fax 02 97 74 82 44* – TV. GB
fermé 24 sept. au 16 oct., vacances de fév., dim. soir et lundi – **Repas** 65/190 ♀, enf. 47 – ☕ 32 – **5 ch** 200/240 – ½ P 190/200

La CHAPELLE-D'ABONDANCE *74360 H.-Savoie 70 ⑱ G. Alpes du Nord – 727 h alt. 1020 – Sports d'hiver : 1 000/1 800 m 1 11.*
Office de Tourisme ✆ 04 50 73 51 41, Fax 04 50 73 56 04.
Paris 604 – Thonon-les-Bains 34 – Annecy 108 – Châtel 6 – Évian-les-Bains 36 – Morzine 32.

Cornettes, ✆ 04 50 73 50 24, *Fax 04 50 73 54 16*, « Petit musée savoyard », – cuisinette, rest, TV P – 40. GB
3 mai-8 oct. et 20 déc.-17 avril – **Repas** 120/350, enf. 100 – ☕ 55 – **43 ch** 490/530, 22 studios – ½ P 440/510

Les Gentianettes M, ✆ 04 50 73 56 46, *gentianettes@wanadoo.fr*, *Fax 04 50 73 56 39*, – TV P. GB
23 mai-7 oct. et 22 déc.-15 avril et fermé mardi en mai, juin et sept. – **Repas** 108/298, enf. 50 – ☕ 45 – **32 ch** 500 – ½ P 430/500

L'Ensoleillé, ✆ 04 50 73 50 42, *info@hotel-ensoleille.com*, *Fax 04 50 73 52 96*, – TV P. GB. rest
20 mai-15 sept. et 20 déc.-Pâques – **Repas** *(fermé mardi hors saison)* 120/300 ♀, enf. 60 – ☕ 50 – **35 ch** 350/450 – ½ P 400/450

Chabi, ✆ 04 50 73 50 14, *Fax 04 50 73 55 84*, – TV P. GB
fermé 17 au 28 avril et 1er au 27 oct. – **Repas** 80/150 ♀, enf. 55 – ☕ 50 – **21 ch** 350/370 – ½ P 340/400

Vieux Moulin, rte Chevenne ✆ 04 50 73 52 52, *Fax 04 50 73 55 62*, – TV P. AE GB.
15 mai-20 oct., 20 déc.-15 avril et fermé merc. hors saison – **Repas** 105/300, enf. 60 – ☕ 40 – **16 ch** 220/290 – ½ P 340/350

CHAPELLE-DES-BOIS *25240 Doubs 70 ⑯ G. Jura – 202 h alt. 1087 – Sports d'hiver : 1 050/1 300 m.*
Paris 464 – Genève 64 – Lons-le-Saunier 67 – Pontarlier 47.

Les Mélèzes, ✆ 03 81 69 21 82, *hotel.melezes@wanadoo.fr*, *Fax 03 81 69 12 75*, – GB
20 juin-10 sept., 15 déc.-30 mars et week-ends hors saison – **Repas** (dîner seul. en été) 90/160 ♀, enf. 58 – ☕ 45 – **9 ch** 250/350 – ½ P 265/375

La CHAPELLE-DU-GENÊT *49 M.-et-L. 67 ⑤ – rattaché à Beaupréau.*

La CHAPELLE-EN-SERVAL *60520 Oise 56 ⑪ – 2 185 h alt. 104.*
Paris 42 – Compiègne 43 – Beauvais 54 – Chantilly 10 – Meaux 39 – Senlis 10.

Mont-Royal M, Est : 2 km par D 118 ✆ 03 44 54 50 50, *commercial-montroyal@hotels.com*, *Fax 03 44 54 50 21*, « Pavillon de chasse dans un parc », – TV P – 180. AE GB JCB
Repas 205 ♀, enf. 98 – ☕ 98 – **100 ch** 1300/2100 – ½ P 675/855

La CHAPELLE-EN-VALGAUDEMAR *05800 H.-Alpes 77 ⑯ G. Alpes du Sud – 135 h alt. 1083.*
Voir *Les "Oulles du Diable"★★ (marmites des géants) – Cascade du Casset★ NE : 3,5 km.*
Env. *Chalet-hôtel du Gioberney : cirque★★.*
Maison du Tourisme La Fare-en-Champsaur ✆ 04 92 49 09 35, Fax 04 92 49 08 78.
Paris 659 – Gap 49 – Grenoble 92 – La Mure 52.

Mont-Olan, ✆ 04 92 55 23 03, *Fax 04 92 55 34 58*, – TV P. GB
31 mars-15 sept. – **Repas** 70/140 ♀ – ☕ 35 – **28 ch** 200/270 – ½ P 230/240

La CHAPELLE-EN-VERCORS *26420 Drôme 77 ⑭ G. Alpes du Nord – 628 h alt. 945 – Sports d'hiver au Col de Rousset : 1 255/1 700 m 8.*
Voir *Grotte de la Draye blanche★, 5 km au S par D 178.*
Office de Tourisme pl. Pietri ✆ 04 75 48 22 54, Fax 04 75 48 13 81.
Paris 607 – Grenoble 61 – Valence 64 – Die 41 – Romans-sur-Isère 46 – St-Marcellin 34.

Bellier, ✆ 04 75 48 20 03, *Fax 04 75 48 25 31*, – TV P. AE GB
avril-oct. et fermé mardi soir et merc. – **Repas** 90/196 ♀, enf. 69 – ☕ 40 – **13 ch** 380/450 – ½ P 350/380

Sports, ✆ 04 75 48 20 39, *Fax 04 75 48 10 52,* – . GB
fermé déc., janv., dim. soir et lundi sauf vacances scolaires – **Repas** 98/150, enf. 50 – 38 – **14 ch** 150/250 – ½ P 210/260

La-CHAPELLE-ST-LAURENT *79430 Deux-Sèvres* 67 ⑰ – *1 749 h alt. 180.*
Paris 370 – Niort 52 – Bressuire 12 – Cholet 56 – La Roche-sur-Yon 89.

Petite Auberge, Basilique Pitié ✆ 05 49 72 02 15, *Fax 05 49 80 30 73,* – GB JCB
fermé lundi – **Repas** 85/245

La CHAPELLE-ST-MESMIN *45 Loiret* 64 ⑨ – *rattaché à Orléans.*

La CHAPELLE-SUR-ERDRE *44 Loire-Atl.* 67 ③ – *rattaché à Nantes.*

CHARAVINES *38850 Isère* 74 ⑭ *G. Vallée du Rhône* – *1 251 h alt. 500.*
Voir *Tour du Lac*★.
Office de Tourisme r. des Bains ✆ 04 76 06 60 31, Fax 04 76 06 60 50.
Paris 537 – Grenoble 40 – Belley 48 – Chambéry 54 – La Tour-du-Pin 22 – Voiron 13.

Beau Rivage, Nord : 1 km par D 50 ✆ 04 76 06 61 08, *Fax 04 76 06 66 58,* ≤, , , – – 25. GB. ch
fermé 20 déc. au 1er fév., lundi sauf le soir en juil.-août, dim. soir et mardi soir de sept. à juin – **Repas** 98/280 ♀, enf. 60 – 45 – **29 ch** 280/310 – ½ P 278/298

Poste, ✆ 04 76 06 60 41, *maurice.despierre@wanadoo.fr, Fax 04 76 55 62 42,* – – 30. AE GB JCB
fermé vacances de Toussaint, de fév., dim. soir, merc. midi et lundi – **Repas** 108/280 ♀, enf. 70 – 40 – **15 ch** 230/330 – ½ P 280

CHARBONNIÈRES-LES-BAINS *69 Rhône* 74 ⑪, 110 ⑬ – *rattaché à Lyon.*

CHARETTE-VARENNES *71 S.-et-L.* 70 ②, 110 ⑳ – *rattaché à Pierre-de-Bresse.*

La CHARITÉ-SUR-LOIRE *58400 Nièvre* 65 ⑬ *G. Bourgogne* – *5 686 h alt. 170.*
Voir *Église N.-Dame*★★ : ≤★★ *sur le chevet* – *Esplanade rue du Clos* ≤★.
Office de Tourisme pl. Ste-Croix ✆ 03 86 70 15 06, Fax 03 86 70 21 55.
Paris 215 ① – Bourges 51 ④ – Auxerre 95 ② – Montargis 102 ① – Nevers 25 ①.

Grand Monarque, 33 quai Clemenceau **(e)** ✆ 03 86 70 21 73, *le.grand.monarque@wanadoo.fr, Fax 03 86 69 62 32,* – – 25. AE GB JCB
fermé 15 fév. au 18 mars et dim. soir du 12 nov. au 31 mars – **Repas** 138/238 ♀, enf. 70 – 50 – **15 ch** 320/670 – ½ P 340/450

Bon Laboureur sans rest, quai Romain Mollot (Ile de la Loire), par ④ : *0,5 km* ✆ 03 86 70 22 85, *Fax 03 86 70 23 64,* – . AE GB.
35 – **16 ch** 240/320

CHARLEVAL *13350 B.-du-R.* 84 ②, 114 ① – *1 877 h alt. 136.*
Paris 725 – Aix-en-Provence 33 – Cavaillon 28 – Marseille 63 – Salon-de-Provence 21.

Cherche-Midi, (derrière l'église) ✆ 04 42 28 52 50, *Fax 04 42 28 52 50,* – GB
fermé 20 déc. au 15 fév., dim. soir de nov. à mars et lundi d'avril à oct. – **Repas** (70) - 92/180 ♀, enf. 55

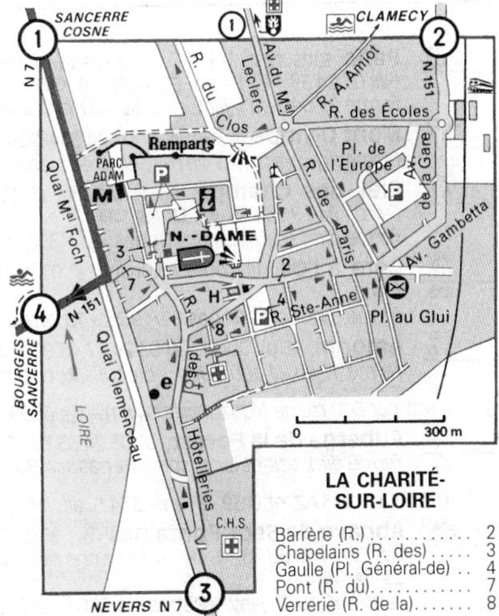

LA CHARITÉ-SUR-LOIRE

Barrère (R.) 2
Chapelains (R. des) 3
Gaulle (Pl. Général-de) . . 4
Pont (R. du) 7
Verrerie (R. de la) 8

CHARLEVILLE-MÉZIÈRES P 08000 *Ardennes* 53 ⑱ *G. Champagne Ardenne – 57 008 h.*
alt. 145.

Voir *Place Ducale★★ – Musée de l'Ardenne★* **BX M¹** – *Musée Rimbaud* **BX M²** – *Basilique N.-D.-d'Espérance : vitraux★* **BZ.**

Office de Tourisme 4 pl. Ducale ☎ 03 24 32 44 80, Fax 03 24 32 41 79.

Paris 241 ① – Liège 148 ② – Luxembourg 128 ① – Reims 89 ① – Sedan 24 ①.

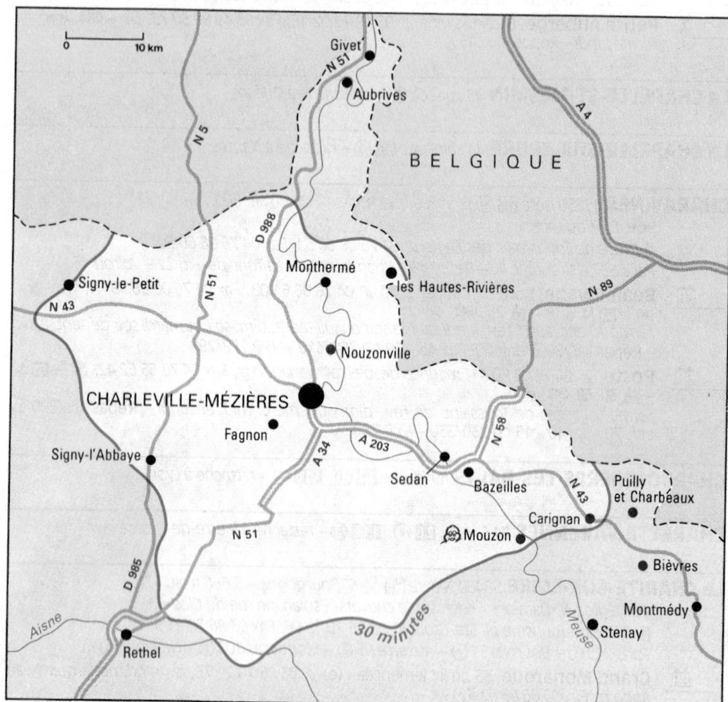

Paris sans rest, 24 av. G. Corneau ☎ 03 24 33 34 38, *hotel.de.paris.08@wanadoo.fr, Fax 03 24 59 11 21* – ✈ TV ☎. AE ⓓ GB — BY n
fermé 23 déc. au 5 janv. – ☕ 39 – **27 ch** 250/435

XX **Mont Olympe,** r. Pâquis ☎ 03 24 33 43 20, *Fax 03 24 59 93 38,* ☂ – AE GB — BX v
fermé nov., vacances de fév., lundi et mardi – **Repas** 110/280 ♀, enf. 70

XX **Clef des Champs,** 33 r. Moulin ☎ 03 24 56 17 50, *courrier@laclefdeschamps.fr, Fax 03 24 59 94 07* – ▤. AE ⓓ GB — BX e
fermé dim. soir et lundi – **Repas** *(95)* - 135/300 bc ♀

XX **Côte à l'Os,** 11 cours A. Briand ☎ 03 24 59 20 16, *Fax 03 24 59 48 30,* ☂ – ▤. AE ⓓ GB — BY e
fermé dim. soir – **Repas** 82/195 ♀ - ***Taverne*** (1er étage) *(fermé dim. soir)* **Repas** 82 ♀

X **Amorini,** 46 pl. Ducale ☎ 03 24 37 48 80 – GB — BX a
fermé 1er au 21 août, dim. et lundi – **Repas** carte 120 à 170 ♀

au Nord *par D 1, rte de Nouzonville : 4 km* – ✉ *08090 Montcy-Notre-Dame :*

XX **Auberge de la Forest,** ☎ 03 24 33 37 55 – P. GB. ✻
fermé dim. soir et lundi soir – **Repas** 75/180

à Fagnon *par D 3* **AZ** *et D 39 : 8 km – 334 h. alt. 171* – ✉ *08090 :*

Abbaye de Sept Fontaines ⛰, ☎ 03 24 37 38 24, *abbaye-7-fontaines@wanadoo.fr, Fax 03 24 37 58 75,* ≤, ☂, « Ancienne demeure dans un parc, golf », 🏌 – TV ☎ P – 🏛 25. AE ⓓ GB
fermé 10 au 25 janv. – **Repas** 145/390 ♀, enf. 65 – ☕ 65 – **23 ch** 470/950 – ½ P 420/640

CHARLEVILLE-MÉZIÈRES

Arches (Av. d') . . . . **BYZ**
Arquebuse (R. de l') . . . . . **BX** 2
Bérégovoy (R. P.) . . . . **BX** 3
Bourbon (R.) . . . . **BX** 4
Carré (R. Irénée) . . . . **BX** 5
Corneau (Av. G.) . . . . **BY** 6
Droits-de-l'Homme
(Pl. des) . . . . **BX** 7
Fg de Pierre (R. du) . . . . **BZ** 8
Flandre (R. de) . . . . **BX** 9
Hôtel de Ville
(Pl. de l') . . . . **BZ** 10
Jaurès (Av. Jean) . . . . **BY**
Leclerc (Av. Mar.) . . . . **BY** 19
Manchester
(Av. de) . . . . **AY** 20
Mantoue (R. de) . . . . **BX** 21
Mitterrand (Av. F.) . . . . **AX** 22
Monge (R.) . . . . **BZ** 23
Montjoly (R. de) . . . . **AX** 24
Moulin (R. du) . . . . **BX** 25
Nevers (Pl. de) . . . . **BX** 27
Petit-Bois
(Av. du) . . . . **BX** 28
Petit-Bois (R. du) . . . . **BX** 29
République
(R. de la) . . . . **BX** 30
Résistance (Pl. de la) . . . . **BZ** 31
St-Julien (Av. de) . . . . **AY** 32
Sévigné (R. Mme de) . . . . . . **BY** 33
Théâtre
(R. du) . . . . **BX** 34
91e-Régt-d'Infanterie
(Av. du) . . . . **BZ** 36

CHARLIEU *42190 Loire* 73 ⑧ *G. Bourgogne – 3 727 h alt. 265.*

Voir *Ancienne abbaye bénédictine★ : façade★★ – Couvent des Cordeliers★.*

Office de Tourisme (fermé lundi matin) pl. St-Philibert ✆ 04 77 60 12 42 , Fax 04 77 60 16 91.

Paris 387 ④ – Roanne 20 ④ – Mâcon 78 ② – St-Étienne 105 ④.

CHARLIEU

Abbaye (Pl. de l') 2
Chanteloup (R.) 4
Chantemerle (R.) 5
Écoles (R. des) 6
Farinet (R. A.) 7
Gaulle (R. Ch.-de) 9
Grenette (R.) 10
Jacquard (Bd) 12
Merle (R. du) 13
Michon (R.) 15
Morel (R. J.) 16
Moulins (R. des) 17
République (Bd de la) 18
Rouillier (R. C.) 19
St-Philibert (Pl.) 20
Solitude (R. de la) 21
Treuil-Buisson (R. du) 22
Valorge (Bd L.) 23

Ne prenez pas la route sans connaître votre temps de parcours. La carte Michelin n° 911 c'est "la carte du temps gagné".

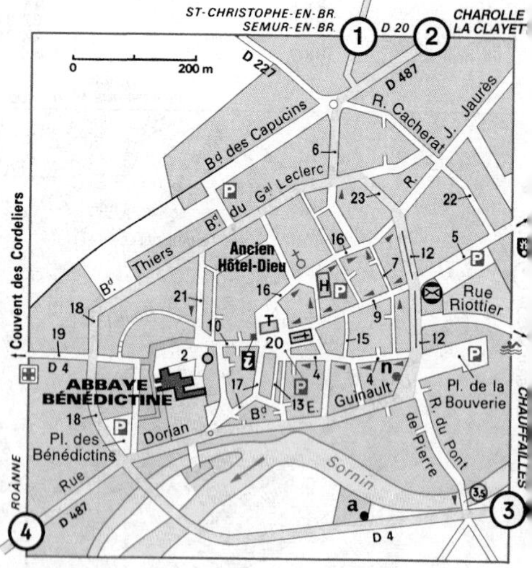

Relais de l'Abbaye, (a) ✆ 04 77 60 00 88, *Fax 04 77 60 14 60,* – 50. AE GB
fermé janv., vend. soir hors saison, dim. soir et lundi midi – **Repas** 80 (déj.), 108/235 , enf. 52 – 42 – **27 ch** 250/315 – ½ P 280

Sornin, 6 pl. Bouverie (n) ✆ 04 77 60 03 74, *Fax 04 77 60 32 51,* – . AE GB
fermé 20 août au 2 sept., vacances de fév., dim. soir et lundi – **Repas** 80 (déj.), 135/320

rte de Pouilly *par ④ et rte secondaire : 2,5 km :*

Moulin de Rongefer, ✉ 42190 St-Nizier-sous-Charlieu ✆ 04 77 60 01 57, *Fax 04 77 60 33 28,* – . AE GB
fermé 16 août au 3 sept., vacances de fév., dim. soir, mardi soir et merc. – **Repas** 88 (déj.), 108/320

Auberge du Château de Tigny, ✉ 42720 Pouilly-sous-Charlieu ✆ 04 77 60 09 55, *Fax 04 77 69 03 93,* , « Demeure du 16e siècle », – . GB
fermé 17 sept. au 5 oct., 24 déc. au 19 janv., merc. soir, jeudi soir, lundi et mardi d'oct. à avril – **Repas** 135/220 , enf. 75

Dans ce guide un même symbole, un même caractère, imprimé en couleur ou en ***noir****, en maigre ou en* ***gras****, n'ont pas tout à fait la même signification. Lisez attentivement les pages explicatives.*

CHARMES *88130 Vosges* 62 ⑤ *G. Alsace Lorraine – 4 721 h alt. 282.*

Paris 380 – Épinal 31 – Nancy 43 – Lunéville 35 – St-Dié 59 – Toul 63 – Vittel 41.

Dancourt avec ch, 6 pl. H. de Ville ✆ 03 29 38 80 80, *Fax 03 29 38 09 15,* – . AE GB
fermé 15 déc. au 15 janv., dim. soir d'oct. au 8 avril, sam. midi et vend. – **Repas** *(80)* - 95/320 , enf. 68 – 43 – **15 ch** 215/315 – ½ P 240/280

à Chamagne *Nord : 4 km par D 9 – 441 h. alt. 265 – ✉ 88130 :*

Office de Tourisme 2 pl. Henri-Breton ✆ 03 29 38 17 09, Fax 03 29 38 17 09.

Chamagnon, ✆ 03 29 38 14 74 – GB
fermé 25 juin au 12 juil., dim. soir, merc. soir et lundi – **Repas** 98/225

à Vincey *Sud-Est : 4 km par N 57 – 2 198 h. alt. 297 – ✉ 88450 :*

Relais de Vincey Ⓜ, ✆ 03 29 67 40 11, *Fax 03 29 67 36 66*, 🏊, 🌳, 🎾 – 🛗 📺 📞 ♿ 🅿 – 🏛 25. AE ⓓ GB JCB
fermé 10 au 26 août et 20 déc. au 6 janv. – **Repas** *(fermé sam.)* 120/270 🍷, enf. 60 – ☕ 45 – **30 ch** 280/360 – ½ P 285/345

CHARMES-SUR-RHÔNE *07800 Ardèche 77 ⑪ ⑫ – 1 826 h alt. 112.*

Paris 576 – Valence 11 – Crest 25 – Montélimar 42 – Privas 30 – St-Péray 11.

Autour d'une Fontaine Ⓜ avec ch, ✆ 04 75 60 80 10, *jmgaudry@hotmail.com*, *Fax 04 75 60 87 47*, 🏞 – 🍽 📺 📞 ♿ 🚗 – 🏛 40. AE ⓓ GB
fermé dim. soir et lundi sauf juil.-août – **Repas** 100 (dîner), 130 bc/360 bc 🍷, enf. 60 – ☕ 45 – **15 ch** 280/500 – ½ P 500/600

CHARNAY-LÈS-MÂCON *71 S.-et-L. 69 ⑲ – rattaché à Mâcon.*

CHARGLLES

CHAROLLES ⟨SP⟩ *71120 S.-et-L. 69 ⑰ ⑱ G. Bourgogne – 3 048 h alt. 279.*

ℹ *Office de Tourisme Couvent des Clarisses, r. Baudinot ✆ 03 85 24 05 95, Fax 03 85 24 05 95.*
Paris 366 – Mâcon 54 – Autun 75 – Chalon-sur-Saône 65 – Moulins 81 – Roanne 61.

Téméraire sans rest, 3 av. J. Furtin ✆ 03 85 24 06 66, *Fax 03 85 24 05 54* – 📺 📞 🚗. AE ⓓ GB
fermé 23 juin au 3 juil. et sam. du 1er nov. au 15 avril – ☕ 40 – **10 ch** 255/355

Poste avec ch, av. Libération (près église) ✆ 03 85 24 11 32, *Fax 03 85 24 05 74*, 🏞, « Terrasse fleurie » – 📺 🚗. AE GB
fermé 15 nov. au 1er déc., dim. soir et lundi – **Repas** 130/450 🍷, enf. 80 – ☕ 50 – **13 ch** 360/540 – ½ P 380

au Sud-Ouest *par D 985 et D 270 : 11 km – ✉ 71120 Changy :*

Chidhouarn, ✆ 03 85 88 32 07, *chidhouarn@wanadoo.fr*, *Fax 03 85 24 06 21*, 🏊, 🌳 – 🅿. AE ⓓ GB
fermé 3 au 15 sept., 15 janv. au 10 fév., mardi de nov. à mars et lundi – **Repas** 80 (déj.), 110/260 🍷, enf. 50

CHAROST *18290 Cher 68 ⑩ G. Berry Limousin – 1 134 h alt. 137.*

Paris 245 – Bourges 27 – Châteauroux 40 – Dun-sur-Auron 43 – Issoudun 11 – Vierzon 30.

à Brouillamnon *Nord-Est : 3 km par N 151 et D 16E – ✉ 18290 Plou :*

L'Orée du Bois, ✆ 02 48 26 21 40, *Fax 02 48 26 27 81*, 🏞, 🌳 – 🅿. GB. 🐕
fermé 29 juil. au 13 août, 20 janv. au 11 fév., dim. soir et lundi – **Repas** 80/210 🍷

CHARQUEMONT *25140 Doubs 66 ⑱ – 2 205 h alt. 864.*

Paris 480 – Besançon 75 – Basel 100 – Belfort 68 – Montbéliard 48 – Pontarlier 61.

Haut Doubs Hôtel, ✆ 03 81 44 00 20, *Fax 03 81 44 09 18*, 🏊, 🌳 – 📺 🅿. GB
fermé 15 nov. au 15 déc., dim. soir et merc. hors vacances scolaires – **Repas** 100/200 🍷, enf. 48 – ☕ 30 – **23 ch** 200/250 – ½ P 270

Au Bois de la Biche 🐦 avec ch, Sud-Est : 4,5 km par D 10E et rte secondaire ✆ 03 81 44 01 82, *Fax 03 81 68 65 09*, ≤, 🏞, 🌳 – 📺 🅿. GB
fermé 2 janv. au 1er fév. et lundi sauf juil.-août – **Repas** 95/215 🍷, enf. 48 – ☕ 37 – **3 ch** 215/225 – ½ P 260

CHARRECEY *71510 S.-et-L. 69 ⑨ – 313 h alt. 350.*

Paris 342 – Chalon-sur-Saône 18 – Autun 36 – Beaune 31 – Mâcon 77.

Petit Blanc, Est : 2 km par D 978, rte Chalon-sur-Saône ✆ 03 85 45 15 43, *Fax 03 85 45 19 80*, 🏞 – 🅿. GB
fermé 23 au 30 avril, 20 août au 4 sept., dim. soir et lundi – **Repas** 78 (déj.), 115/185, enf. 48

CHARROUX *03140 Allier 73 ④ G. Auvergne – 324 h alt. 420.*

Paris 348 – Clermont-Ferrand 60 – Moulins 51 – Montluçon 66 – Vichy 29.

Ferme St-Sébastien, ✆ 04 70 56 88 83, *Fax 04 70 56 86 66* – 🅿. GB
fermé 18 au 26 juin, 24 sept. au 2 oct., 7 janv. au 5 fév., mardi sauf juil.-août et lundi – **Repas** (prévenir) *(95)* - 140/450 🍷, enf. 90

CHARTRES 🅿 28000 *E.-et-L.* 60 ⑦ ⑧, 106 ㊲ *G. Ile de France – 39 595 h alt. 142 Grand pèlerinage des étudiants (fin avril-début mai).*

Voir *Cathédrale Notre-Dame*** : le portail Royal, les vitraux*** – Vieux Chartres* – Église St-Pierre* – ⩤* sur l'église St-André, des bords de l'Eure – Musée des Beaux-Arts : émaux** Y M² – *COMPA* (Conservatoire du Machinisme agricole et des Pratiques Agricoles) 2 km par D24.*

Office de Tourisme pl. Cathédrale ✆ 02 37 18 26 26, Fax 02 37 21 51 91.

Paris 89 ② – Évreux 78 ① – Le Mans 115 ④ – Orléans 77 ③ – Tours 143 ④.

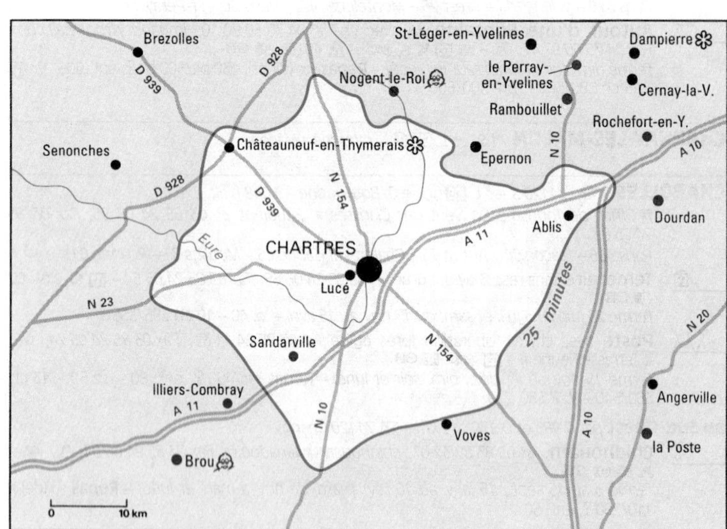

Grand Monarque, 22 pl. Épars ✆ 02 37 18 15 15, *Fax 02 37 36 34 18,* – 60. AE GB JCB — Z e
Repas 245/320 bc – 65 – **47 ch** 500/930, 5 appart

Ibis Centre M, 14 pl. Drouaise ✆ 02 37 36 06 36, *Fax 02 37 36 17 20,* – 30. AE GB — X b
Repas *(77)* - 97, enf. 39 – 35 – **79 ch** 350/400

Vieille Maison, 5 r. au Lait ✆ 02 37 34 10 67, *rest.la.vielle.maison@wanadoo.fr, Fax 02 37 91 12 41* – AE GB — Y s
fermé dim. soir et lundi – **Repas** 168/270 et carte 310 à 430, enf. 80

Moulin de Ponceau, 21 r. Tannerie ✆ 02 37 35 30 05, *Fax 02 37 35 30 12,* – GB
fermé vacances de fév., sam. midi et dim. soir – **Repas** 128 (déj.), 145/250 — Y a

St-Hilaire, 11 r. Pont-St-Hilaire ✆ 02 37 30 97 57, *Fax 02 37 30 97 57* – GB — YZ t
fermé 30 juil. au 19 août, 23 déc. au 6 janv., sam. midi, lundi midi et dim. – **Repas** (nombre de couverts limité, prévenir) *(98)* - 148/245, enf. 50

Dix de Pythagore, 2 r. Porte Cendreuse ✆ 02 37 36 02 38, *Fax 02 37 36 65 55* – . AE GB — Y d
fermé 15 au 31 juil., dim. soir, lundi et mardi – **Repas** 92/145

par ② *et N 10 : 4 km – ✉ 28000 Chartres :*

Novotel M, av. Marcel Proust ✆ 02 37 88 13 50, *h0413@accor-hotels.com, Fax 02 37 30 29 56,* , , – , rest, – 100. AE GB JCB
Repas carte environ 200, enf. 50 – 65 – **78 ch** 485/560

Campanile, parc des Propylées ✆ 02 37 90 76 00, *Fax 02 37 90 84 40,* – – 25. AE GB
Repas *(76)* - 94/150, enf. 39 – 36 – **48 ch** 335

Z.A. de Barjouville *par ④ : 4 km – ✉ 28630 Barjouville :*

Mercure, ✆ 02 37 35 35 55, *Fax 02 37 34 72 12,* – – 40. AE GB
Repas *(fermé dim. soir)* 98/150, enf. 39 – 40 – **74 ch** 375/400

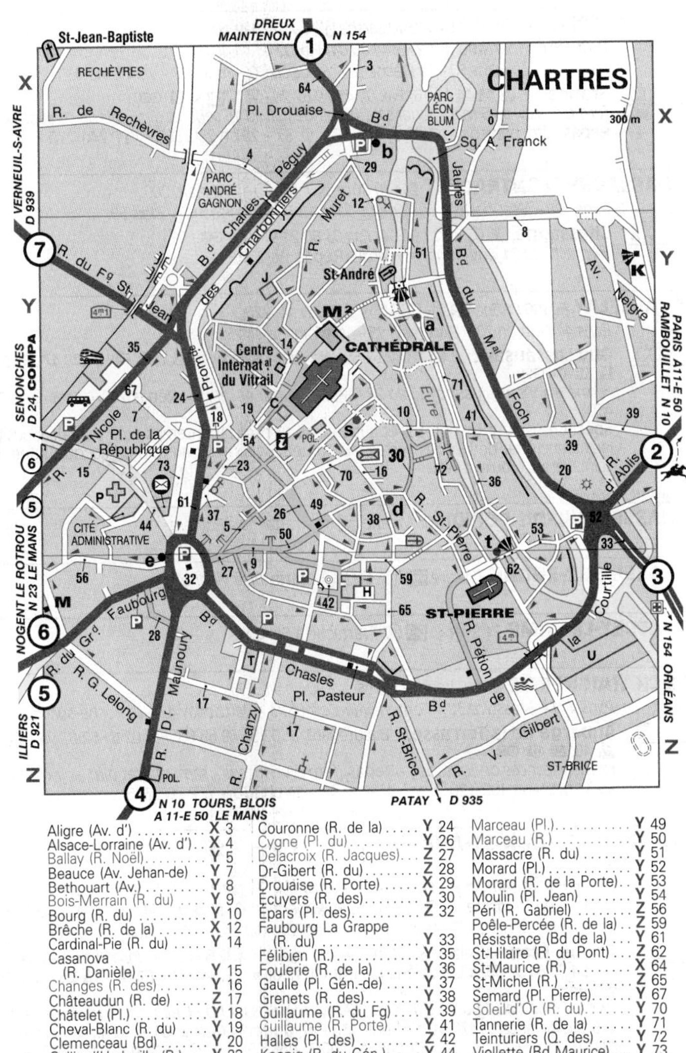

Aligre (Av. d') . . . . X 3	Couronne (R. de la) . . . . . Y 24	Marceau (Pl.) . . . . Y 49
Alsace-Lorraine (Av. d') . . X 4	Cygne (Pl. du) . . . . Y 26	Marceau (R.) . . . . Y 50
Ballay (R. Noël) . . . . Y 5	Delacroix (R. Jacques) . . . Z 27	Massacre (R. du) . . . . Y 51
Beauce (Av. Jehan-de) . . Y 7	Dr-Gibert (R. du) . . . . Z 28	Morard (Pl.) . . . . Y 52
Bethouart (Av.) . . . . Y 8	Drouaise (R. Porte) . . . . . X 29	Morard (R. de la Porte) . . Y 53
Bois-Merrain (R. du) . . . . Y 9	Écuyers (R. des) . . . . Y 30	Moulin (Pl. Jean) . . . . Y 54
Bourg (R. du) . . . . Y 10	Épars (Pl. des) . . . . Z 32	Péri (R. Gabriel) . . . . Z 56
Brêche (R. de la) . . . . X 12	Faubourg La Grappe (R. du) . . . . Y 33	Poêle-Percée (R. de la) . . Z 59
Cardinal-Pie (R. du) . . . . . Y 14	Félibien (R.) . . . . Y 35	Résistance (Bd de la) . . . Y 61
Casanova (R. Danièle) . . . . Y 15	Foulerie (R. de la) . . . . . . Y 36	St-Hilaire (R. du Pont) . . . Z 62
Changes (R. des) . . . . Y 16	Gaulle (Pl. Gén.-de) . . . . . Y 37	St-Maurice (R.) . . . . X 64
Châteaudun (R. de) . . . . . Z 17	Grenets (R. des) . . . . Y 38	St-Michel (R.) . . . . Z 65
Châtelet (Pl.) . . . . Y 18	Guillaume (R. du Fg) . . . . Y 39	Semard (Pl. Pierre) . . . . . Y 67
Cheval-Blanc (R. du) . . . . Y 19	Guillaume (R. Porte) . . . . Y 41	Soleil-d'Or (R. du) . . . . . . Y 70
Clemenceau (Bd) . . . . Y 20	Halles (Pl. des) . . . . Z 42	Tannerie (R. de la) . . . . . . Y 71
Collin-d'Harleville (R.) . . . Y 23	Koenig (R. du Gén.) . . . . . Y 44	Teinturiers (Q. des) . . . . . Y 72
		Viollette (Bd Maurice) . . . Y 73

à Lucé *par ⑥ et N 23 : 4 km – 18 796 h. alt. 158 – ✉ 28110 :*

Ibis, impasse Périgord ✆ 02 37 35 76 00, *h0688-gm@accor-hotels.com, Fax 02 37 30 01 49* – TV ♿ P – 🏛 60. AE ⓓ GB
Repas *(75)* - 95 , enf. 39 – ☕ 35 – **74 ch** 315/335

CHARTRES-DE-BRETAGNE *35 I.-et-V.* 63 ⑥ – *rattaché à Rennes.*

Towns underlined in red on the ***Michelin maps*** *at a scale of 1 : 200 000 are included in this Guide.*

Use the latest map to take full advantage of this information.

La CHARTRE-SUR-LE-LOIR *72340 Sarthe* 64 ④ *G. Châteaux de la Loire – 1 669 h alt. 55.*

Office de Tourisme ✆ 02 43 44 40 04, Fax 02 43 44 40 04.

Paris 218 – Le Mans 50 – La Flèche 57 – St-Calais 30 – Tours 42 – Vendôme 43.

France, ✆ 02 43 44 40 16, *Fax 02 43 79 62 20*, – P. GB
fermé 1er fév. au 5 mars, lundi sauf le soir de juil. au 15 sept. et dim. soir du 15 sept. à juin – **Repas** (dim. prévenir) 80/220 ♀, enf. 50 – ☕ 37 – **25 ch** 250/360 – ½ P 240/270

CHASSAGNE-MONTRACHET *21180 Côte-d'Or* 70 ① *– 472 h alt. 200.*

Paris 328 – Beaune 16 – Chalon-sur-Saône 24 – Amboise 340 – Blois 69.

XX **Chassagne**, ✆ *03 80 21 94 94, Fax 03 80 21 97 77* – GB
fermé 1er au 21 janv., lundi et mardi – **Repas** 110/220 ♀

CHASSELAY *69380 Rhône* 73 ⑩, 110 ⑬ *– 2 002 h alt. 220.*

Paris 444 – Lyon 20 – L'Arbresle 15 – Villefranche-sur-Saône 16.

XXX **Guy Lassausaie**, ✆ *04 78 47 62 59, guy.lassausaie@wanadoo.fr, Fax 04 78 47 06 19* – P. AE GB
fermé 6 août au 1er sept., 15 au 28 fév., mardi soir et merc. – **Repas** 200/400 et carte 300 à 450
Spéc. Croustillant de homard et aubergines au basilic (printemps-été). Saint-Jacques poêlées à la crème de lentilles vertes (automne). Pigeon cuit au foin en cocotte lutée. **Vins** Saint-Véran, Moulin à Vent.

CHASSENEUIL-DU-POITOU *86 Vienne* 68 ⑭ *– rattaché à Poitiers.*

CHASSE-SUR-RHÔNE *38 Isère* 74 ⑪., 110 ㉞ *– rattaché à Vienne.*

CHASSEY-LE-CAMP *71 S.-et-L.* 69 ⑨ *– rattaché à Chagny.*

La CHATAIGNERAIE *85120 Vendée* 67 ⑯ *– 2 904 h alt. 155.*

Paris 401 – Bressuire 32 – Fontenay-le-Comte 23 – Parthenay 42 – La Roche-sur-Yon 59.

Auberge de la Terrasse, r. Beauregard ✆ 02 51 69 68 68, *Fax 02 51 52 67 96* – – 40. AE GB JCB
fermé vacances de Toussaint – **Repas** *(fermé vend. soir , sam. midi et dim. soir du 15 sept. au 31 mai) (65)* - 100/120 ♀, enf. 45 – ☕ 40 – **14 ch** 370 – ½ P 260/325

CHÂTEAU-ARNOUX-ST-AUBAN *04160 Alpes-de-H.-P.* 81 ⑯ *G. Alpes du Sud – 5 109 h alt. 440.*

Env. *Église St-Donat★ – Belvédère de la chapelle St-Jean★ – Site★ de Montfort.*

Office de Tourisme "La Ferme de Font-Robert" ✆ 04 92 64 02 64, Fax 04 92 64 54 55.

Paris 725 – Digne-les-Bains 25 – Forcalquier 30 – Manosque 41 – Sault 69 – Sisteron 14.

Bonne Étape (Gleize), Chemin du lac ✆ 04 92 64 00 09, *info@bonneetape.com, Fax 04 92 64 37 36*, « Bel aménagement intérieur », – – 25 à 50. AE GB JCB
fermé 26 nov. au 11 déc., 3 janv. au 12 fév., mardi (sauf hôtel) et lundi d'oct. à avril – **Repas** 225/595 bc et carte 370 à 610 ♀, enf. 135 - ***Au Goût du Jour*** ✆ *04 92 64 48 48 (fermé mardi midi et lundi d'oct. à avril)* **Repas** *(90)*-140, enf. 65 – ☕ 90 – **11 ch** 600/1300, 7 appart – ½ P 1020/1320
Spéc. Thon habillé d'anchois frais marinés (avril à oct.). Filet d'agneau poêlé au parfum des collines. Crème glacée au miel de lavande. **Vins** Palette, Vacqueyras.

XXX **L'Oustaou de la Foun**, Nord : 1,5 km sur N 85 ✆ 04 92 62 65 30, *Fax 04 92 62 65 32*, – P. AE GB
fermé dim. soir et lundi – **Repas** *(95)* - 128/358 et carte 260 à 360 ♀, enf. 68

XX **Magnanerie** avec ch, sur rte Sisteron, N 85 : 2 km ✆ 04 92 62 60 11, *lamagnanerie@infonie.fr, Fax 04 92 62 63 05*, – P. GB
fermé 20 au 30 déc., 2 au 15 janv., dim. soir d'oct. à juin et lundi – **Repas** 110/260, enf. 50 – ☕ 55 – **9 ch** 350/450

à St-Auban *Sud-Ouest : 3,5 km par N 96 – ✉ 04600 .*

Voir *Site★ de Montfort S : 2 km.*

Villiard sans rest, ✆ 04 92 64 17 42, *Fax 04 92 64 23 29*, – P – 25. GB
fermé 20 déc. au 5 janv. et sam. d'oct. à Pâques – ☕ 45 – **20 ch** 280/420

CHÂTEAU-BERNARD *38650 Isère* 77 ⑭ *– 134 h alt. 850.*
Paris 603 – Grenoble 35 – Monestier-de-Clermont 12.

au col de l'Arzelier *Nord : 4 km – ✉ 38650 Monestier-de-Clermont.*
Voir *Site*★ *de Prélenfrey N : 4 km,* **G. Alpes du Nord.**

Deux Soeurs ⛰, ✆ 04 76 72 37 68, *Fax 04 76 72 20 25,* ←, 🍽, 🏊 – 🛗 [TV] 🚗 [P] – 🏛 40. GB
fermé 17 sept. au 13 oct., lundi soir et mardi sauf vacances scolaires – **Repas** 80/195, enf. 55 – ☕ 35 – **24 ch** 195/230 – ½ P 250/270

CHÂTEAUBOURG *35220 I.-et-V.* 59 ⑰ ⑱ *– 4 056 h alt. 50.*
Paris 329 – Rennes 24 – Angers 113 – Châteaubriant 52 – Fougères 43 – Laval 57.

Ar Milin' ⛰, ✆ 02 99 00 30 91, *armilin@wanadoo.fr, Fax 02 99 00 37 56,* 🍽, « Ancien moulin dans un parc au bord de la Vilaine », 🎾, 🌳 – 🛗 [TV] 📞 [P] – 🏛 50. AE ⓓ GB
fermé 22 déc. au 4 janv. – **Repas** *(fermé dim. soir du 1er nov. au 28 fév.)* (84) - 120/250 🍷, enf. 55 – ☕ 55 – **32 ch** 450/850 – ½ P 385/410

à St-Didier *Est : 6 km par D 33 – 1 055 h. alt. 49 – ✉ 35220 Chateaubourg :*

Pen'Roc ⛰, à La Peinière par D 105 ✆ 02 99 00 33 02, *hotellerie@penroc.fr, Fax 02 99 62 30 89,* 🍽, 🏋, 🏊, 🌳 – 🛗, ▤ rest, [TV] 📞 ♿ [P] – 🏛 50. AE ⓓ GB
fermé 26 déc. au 7 janv. – Repas *(fermé vend. soir et dim. soir hors saison)* 115/360 🍷 – ☕ 55 – **31 ch** 430/875 – ½ P 425/480

Les noms des localités citées dans ce guide
sont soulignés de rouge
sur les **cartes Michelin** à 1/200 000.

CHÂTEAUBRIANT SP *44110 Loire-Atl.* 63 ⑦ ⑧ *G. Bretagne – 12 783 h alt. 70.*
Voir *Château*★.
ℹ *Office de Tourisme 22 r. de Couéré ✆ 02 40 28 20 90, Fax 02 40 28 06 02.*
Paris 356 ① – Angers 74 ③ – Laval 66 ② – Nantes 62 ④ – Rennes 62 ⑤.

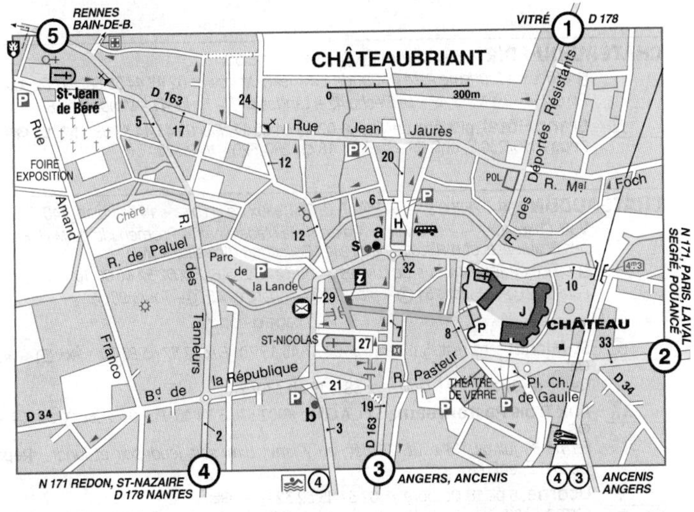

Alsace-Lorraine (R.) 2
Barre (R. de la) 3
Boispéan (R. du) 5
Bréant (Pl. E.) 6
Briand (R. Aristide) 7
Château (R. du) 8
Checheux (R. du Fg de) ... 10
Denieul-et-Gastineau (R.) .. 12
Gautier-Grosdoy (R. A.) 17
Grimault (R. M.) 19
Môquet (R. Guy) 20
Motte (Pl. de la) 21
Poterie (R. de la) 24
St-Nicolas (Pl.) 27
Victor-Hugo (R.) 29
11-Novembre (R. du) 32
27-Otages (R. des) 33

Châteaubriant sans rest, 30 r. 11-Novembre **(a)** ✆ 02 40 28 14 14, *Fax 02 40 28 26 49* – 30. AE GB
☕ 36 – **32 ch** 200/600

Auberge Bretonne avec ch, 23 pl. Motte **(b)** ✆ 02 40 81 03 05, *Fax 02 40 28 37 51* – TV. GB JCB
Repas *(fermé dim. soir)* 78 bc/280 et carte 300 à 380 ♀ – ☕ 38 – **8 ch** 180/380 – 1/2 P 200

Poêlon d'Or, 30 bis r. 11-Novembre **(s)** ✆ 02 40 81 43 33, *Fax 02 40 81 43 33* – GB JCB
fermé 7 au 27 août, dim. soir et lundi – **Repas** 102/300 et carte 300 à 400

CHÂTEAU-CHINON *58120 Nièvre* 69 ⑥ *G. Bourgogne – 2 307 h alt. 510.*
Voir *Musée du Septennat★ – ✻★ du Calvaire – Promenade du Château★.*
Office de Tourisme pl. Notre-Dame ✆ 03 86 85 06 58, Fax 03 86 85 06 58.
Paris 281 – Autun 40 – Clamecy 65 – Nevers 65.

Vieux Morvan, ✆ 03 86 85 05 01, *Fax 03 86 85 02 78,* ≤ – TV P. GB
fermé mi-déc. à fin janv. et dim. soir hors saison – **Repas** 95/215 ♀, enf. 65 – ☕ 40 – **24 ch** 260/350 – 1/2 P 400

CHÂTEAU D'OLÉRON *17 Char.-Mar.* 71 ⑬ ⑭ – *voir à Oléron (Ile d').*

CHÂTEAUDOUBLE *83300 Var* 84 ⑦ *G. Côte d'Azur – 322 h alt. 540.*
Voir *≤★ de la tour "sarrasine" – Gorges de Châteaudouble★.*
Paris 880 – Castellane 49 – Draguignan 13 – Fréjus 43 – Toulon 100.

Château, ✆ 04 94 70 90 05, *Fax 04 94 70 90 05,* – AE GB
fermé 4 au 10 juin, 5 au 11 nov., 24 au 30 déc., 25 fév. au 3 mars, merc. sauf juil.-août et mardi – **Repas** (dîner seul. sauf sam. en juil.-août et dim.) 180/270, enf. 85

Au moment de chercher un hôtel ou un restaurant, soyez efficace. Sachez utiliser les noms ***soulignés en rouge*** *sur les* ***cartes Michelin*** *à 1/200 000.*
Mais ayez une carte à jour!

CHÂTEAU-DU-LOIR *72500 Sarthe* 64 ④ – *5 473 h alt. 50.*
Office de Tourisme Parc H.-Goude 2 av. Jean-Jaurès ✆ 02 43 44 56 68, Fax 02 43 44 56 95.
Paris 236 – Le Mans 42 – La Flèche 42 – Langeais 47 – Tours 41 – Vendôme 58.

Grand Hôtel, pl. Hôtel de Ville ✆ 02 43 44 00 17, *Fax 02 43 44 37 58* – TV. AE GB
Repas 110/230 ♀, enf. 65 – ☕ 35 – **18 ch** 280/320 – 1/2 P 320

CHÂTEAUDUN SP *28200 E.-et-L.* 60 ⑰ *G. Châteaux de la Loire – 14 511 h alt. 140.*
Voir *Château★★ – Vieille ville★ : église de la Madeleine★ – Promenade du Mail ≤★ – Musée des Beaux-Arts et d'Histoire naturelle : Collection d'oiseaux★* **M.**
Office de Tourisme 1 r. de Luynes ✆ 02 37 45 22 46, Fax 02 37 66 00 16.
Paris 132 ① – Orléans 51 ② – Blois 58 ③ – Chartres 45 ① – Tours 98 ③.

Plan page ci-contre

St-Michel sans rest, 5 r. Péan ✆ 02 37 45 15 70, *Fax 02 37 45 83 39* – TV. AE GB A a
fermé du 20 déc. au 6 janv. – ☕ 38 – **19 ch** 170/310

Aux Trois Pastoureaux, 31 r. A Gillet ✆ 02 37 45 74 40, *Fax 02 37 66 00 32,* – AE GB A s
fermé 30 juil. au 13 août, 24 déc. au 7 janv., dim. soir, jeudi soir et lundi – **Repas** *(92)* - 120/241 ♀, enf. 68

Licorne, 6 pl. 18-Octobre ✆ 02 37 45 32 32 – ▤. GB A e
fermé 19 au 28 juin, 19 déc. au 15 janv., mardi soir et merc. – **Repas** 70/180, enf. 50

à Marboué *par ① sur N 10 : 5 km – 1 052 h. alt. 113 – ✉ 28200 :*

Toque Blanche, ✆ 02 37 45 12 14, *Fax 02 37 45 12 14* – ▤. AE GB
fermé 1er au 15 sept., fév., mardi soir et merc. – **Repas** 110/220

CHÂTEAUDUN

Cap-de-la-Madeleine (Pl.)	A 3
Château (R. du)	A 4
Cuirasserie (Rue de la)	A 5
Dunois (Pl. J.-de)	A 6
Gambetta (R.)	AB
Guichet (R.du)	A 7
Huileries (R. des)	A 8
Luynes (R. de)	A 10
Lyautey (R. Mar.)	A 12
Porte d'Abas (R. de la)	A 14
République (R.)	AB
St-Lubin (R.)	A 18
St-Médard (R.)	A 19
18-Octobre (Pl. du)	A 21

Participez à notre effort permanent de mise à jour

Adressez-nous vos remarques et vos suggestions.

Cartes et Guides Michelin

46 avenue de Breteuil - 75324 Paris Cedex 07

CHÂTEAUFORT *78 Yvelines* 60 ⑩ 101 ㉒ – *voir à Paris, Environs.*

CHÂTEAU-GONTIER SP *53200 Mayenne* 63 ⑩ *G. Châteaux de la Loire – 11 085 h alt. 33.*

Voir *Intérieur roman*★ *de l'église St-Jean-Baptiste.*

Office de Tourisme Péniche L'Elan q. Alsace ☎ 02 43 70 42 74, Fax 02 43 70 95 52.

Paris 279 ② – Angers 49 ③ – Châteaubriant 56 ⑤ – Laval 30 ① – Le Mans 85 ②.

Plan page suivante

Jardin des Arts, 5 r. A. Cahour ☎ 02 43 70 12 12, *Fax 02 43 70 12 07*, ←, « Jardin dominant la Mayenne », – TV ☎ P – 30. GB. — A e
fermé 29 juil. au 19 août et 21 déc. au 1er janv. – **Repas** *(fermé dim.)* (dîner seul.) 125/160 ♀ – ☕ 60 – **20 ch** 330/470 – 1/2 P 325/405

Auberge du Prieuré, à Azé, Sud-Est : 2 km par D 22, près Église ☎ 02 43 70 31 16, *Fax 02 43 70 31 16*, ←, – GB
fermé fév., dim. soir et lundi – **Repas** 82 (déj.), 112/212

L'Aquarelle, Sud (rte de Ménil) par D 267 : 1 km ☎ 02 43 70 15 44, *Fax 02 43 07 88 67*, ←, – P. GB
fermé sept., 15 au 31 janv., dim. soir et lundi – **Repas** 85/178 ♀, enf. 55

CHÂTEAU-GONTIER

Alsace-Lorraine (Quai et R. d') . . . B 2
Anjou (R. René d') . . . A
Bourg-Roussel (R. du) . . . A 5
Chevreul (R.) . . . A
Coubertin (Q. P. de) . . . B 7
Doumer (Pl. Paul) . . . A
Foch (Av. Mar.) . . . B 9
Fouassier (R.) . . . A 10
Français-Libres (Rond-Point des) . . . A 12
Gambetta (R.) . . . A 14
Garnier (R.) . . . A
Gaulle (Quai Ch. de) . . . B 15
Homo (R. René) . . . A 18
Joffre (Av. Mar.) . . . A 20
Leclerc (R. de la Division) . . . A 22
Lemonnier (R. Gén.) . . . B 24
Lierru (R. de) . . . B 25
Olivet (R. d') . . . A 29
Pasteur (Quai) . . . B 31
Pilori (Pl. du) . . . A 33
Razilly (Av. de) . . . A
République (Pl. de la) . . . A 36
St-Jean (Pl.) . . . A 39
St-Just (Pl.) . . . B 40
St-Rémi (Pl.) . . . A
Thiers (R.) . . . B
Thionville (R. de) . . . B 45

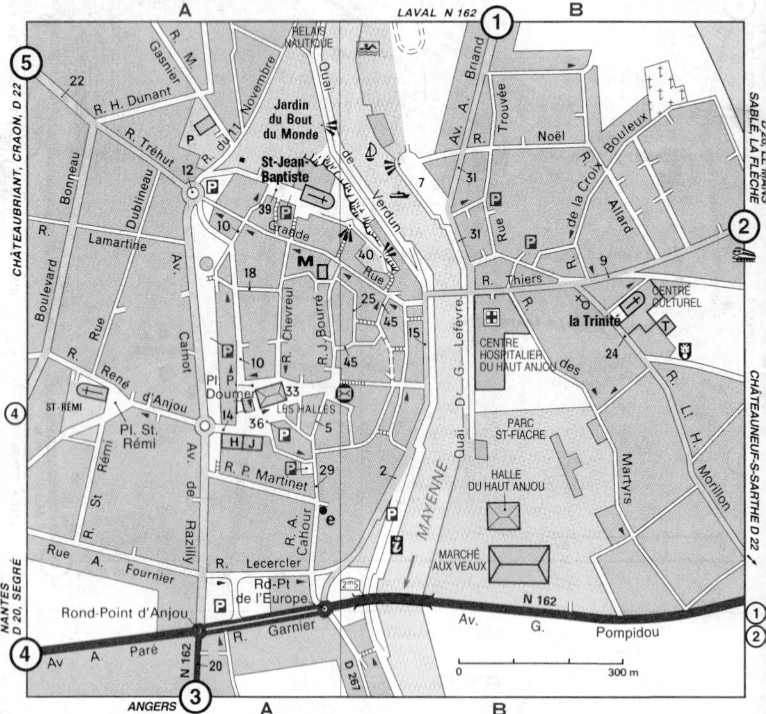

Pas de publicité payée dans ce guide.

CHÂTEAUMEILLANT *18370 Cher 68 ⑳ G. Berry Limousin – 2 081 h alt. 247.*

Voir *Chœur★ de l'église St-Genès.*

Office de Tourisme r. de la Victoire ☎ 02 48 61 39 89, Fax 02 48 61 39 89.

Paris 306 – Argenton-sur-Creuse 58 – Châteauroux 54 – La Châtre 19 – Guéret 60.

XX **Piet à Terre** (Finet) avec ch, ☎ 02 48 61 41 74, *Fax 02 48 61 41 88,* « Intérieur soigné » – TV. GB.
fermé janv., fév., mardi midi, dim. soir et lundi – **Repas** (nombre de couverts limité, prévenir) 125/450 et carte 340 à 440, enf. 80 – 50 – **7 ch** 260/390 – 1/2 P 325/380
Spéc. Foie gras de canard poêlé. Pigeon de ferme cuit sur le foin. Gourmandise de canard.
Vins Châteaumeillant, Menetou-Salon.

CHÂTEAUNEUF *21320 Côte-d'Or 65 ⑲ G. Bourgogne – 63 h alt. 475.*

Voir *Site★ du village★ – Château★.*

Paris 278 – Beaune 35 – Dijon 43 – Avallon 73 – Montbard 67.

Hostellerie du Château, ☎ 03 80 49 22 00, *hostellerie-du-chateau@hostellerie-chateau.com, Fax 03 80 49 21 27,* – AE GB
fermé 25 nov. au 14 fév., lundi et mardi sauf juil.-août – **Repas** 140/220, enf. 50 – 50 – **17 ch** 270/430 – 1/2 P 310/390

CHÂTEAUNEUF *71 S.-et-L.* **73** ⑧ *– rattaché à Chauffailles.*

CHÂTEAUNEUF-DE-GALAURE *26330 Drôme* **77** ② *– 1 246 h alt. 253.*

Paris 537 – Valence 39 – Beaurepaire 19 – Romans-sur-Isère 27 – Tournon-sur-Rhône 30.

XX **Yves Leydier,** ✆ 04 75 68 68 02, *Fax 04 75 68 66 19,* « Jardin fleuri et terrasse ombragée », – GB
fermé vacances de fév., 20 au 31 août, dim. soir, mardi soir et merc. – **Repas** carte 170 à 210 ♀, enf. 70

CHÂTEAUNEUF-DU-FAOU *29520 Finistère* **58** ⑯ *G. Bretagne – 3 777 h alt. 130.*

Voir *Domaine de Trévarez* S : 6 km.*

Office de Tourisme pl. Arsegal ✆ 02 98 81 83 90.

Paris 528 – Quimper 37 – Brest 64 – Carhaix-Plouguer 23 – Châteaulin 24 – Morlaix 50.

Relais de Cornouaille, rte Carhaix ✆ 02 98 81 75 36, *Fax 02 98 81 81 32* – – 30. GB. ch
fermé oct., dim. soir et sam. (sauf hôtel de Pâques à oct.) – **Repas** 75/200 ♀, enf. 50 – 38 – **30 ch** 240/320 – ½ P 255/285

CHÂTEAUNEUF-DU-PAPE *84230 Vaucluse* **81** ⑫ *G. Provence – 2 062 h alt. 87.*

Voir *<** du château des Papes.*

Office de Tourisme pl. Portail ✆ 04 90 83 71 08, Fax 04 90 83 50 34.

Paris 671 – Avignon 18 – Alès 81 – Carpentras 25 – Orange 13 – Roquemaure 11.

XX **Mère Germaine** avec ch, 3 r. Cdt Lemaitre ✆ 04 90 83 54 37, *resa@lameregermaine.com, Fax 04 90 83 50 27,* <, – . GB. ch
fermé fév. – **Repas** *(fermé mardi soir, dim. soir et merc.)* 160 (déj.), 195/410 bc ♀ – 40 – **8 ch** 320/450 – ½ P 375/440

XX **Verger des Papes,** au Château ✆ 04 90 83 50 40, *papeverger@aol.com, Fax 04 90 83 79 93,* < le vignoble, le Luberon et Avignon, – GB
fermé 16 déc. au 19 fév., dim. soir, lundi soir, mardi soir et merc. soir de nov. à mars – **Repas** 105 (déj.)/145 ♀

X **Pistou,** ✆ 04 90 83 71 75, *Fax 04 90 83 78 68* – GB
fermé 31 déc. au 15 janv., dim. soir, lundi et le soir de nov. à Pâques sauf sam. – **Repas** 87/146 ♀, enf. 55

à l'Ouest *4 km par D 17 – ✉ 84230 Châteauneuf-du-Pape :*

Sommellerie, ✆ 04 90 83 50 00, *la-sommellerie@wanadoo.fr, Fax 04 90 83 51 85,* , – rest, – 30. AE GB. rest
fermé dim. soir et lundi – **Repas** 180 (déj.), 250/430 – 60 – **14 ch** 480/850 – ½ P 550/595

CHÂTEAUNEUF-EN-THYMERAIS *28170 E.-et-L.* **60** ⑦ *– 2 459 h alt. 204.*

Paris 101 – Chartres 26 – Dreux 20 – Nogent-le-Rotrou 46 – Verneuil-sur-Avre 32.

XX **L'Écritoire** (Pasquier) avec ch, 43 r. É. Vivier ✆ 02 37 51 85 80, *Fax 02 37 51 86 87,* – . GB
fermé vacances de Toussaint, de fév., dim. soir et lundi – **Repas** (nombre de couverts limité, prévenir) 150 (déj.), 175/365 et carte 280 à 370 ♀ – 45 – **5 ch** 290
Spéc. Poêlée de Saint-Jacques et foie gras (printemps). Lapin du Thymerais et homard aux piments doux (été). Cailles et gambas en fricassée aux cinq poivres (automne)

CHÂTEAUNEUF-LE-ROUGE *13790 B.-du-R.* **84** ③, **114** ⑯ *– 1 283 h alt. 230.*

Paris 768 – Marseille 36 – Aix-en-Provence 13 – Aubagne 33 – Brignoles 45 – Rians 31.

Galinière, N 7 - rte St-Maximin : 2 km ✆ 04 42 53 32 55, *Fax 04 42 53 33 80,* , , – – 15. AE GB
Repas 120/280 – 55 – **17 ch** 300/420 – ½ P 360/450

CHÂTEAUNEUF-SUR-SARTHE *49330 M.-et-L.* **64** ① *– 2 370 h alt. 20.*

Office de Tourisme q. de la Sarthe ✆ 02 41 69 82 89, Fax 02 41 69 82 89.

Paris 278 – Angers 31 – Château-Gontier 25 – La Flèche 33.

XX **Sarthe** avec ch, ✆ 02 41 69 85 29, *Fax 02 41 69 85 29,* <, – GB. ch
fermé oct., dim. soir et lundi sauf juil.-août – **Repas** 90/220 ♀, enf. 55 – 30 – **7 ch** 230/280 – ½ P 350

CHÂTEAURENARD 13160 B.-du-R. 81 ⑫ *G. Provence – 11 790 h alt. 37.*

Voir *Château féodal : ✻★ de la tour du Griffon.*

Office de Tourisme 11 Crs Carnot ✆ 04 90 24 25 50, Fax 04 90 24 25 52.

Paris 696 – Avignon 10 – Carpentras 32 – Cavaillon 22 – Marseille 97 – Nîmes 45 – Orange 40.

X **Les Glycines** avec ch, 14 av. V. Hugo ✆ 04 90 94 10 66, *Fax 04 90 94 78 10* – rest, TV. GB

fermé dim. soir et lundi de sept. à avril – **Repas** 95/140 ♀, enf. 50 – ☕ 30 – **10 ch** 245 – ½ P 280

X **Bistrot Provençal,** ✆ 04 90 94 68 23, – . GB

fermé 23 août au 6 sept., 23 au 28 déc., vacances de fév., mardi soir et merc. – **Repas** 72 bc (déj.), 96/140 ♀

When looking for a hotel or restaurant use the most efficient method.
Look for the names of towns ***underlined in red***
on the ***Michelin maps*** *scale: 1:200 000.*
But make sure you have an up-to-date map!

CHÂTEAUROUX P 36000 Indre 68 ⑧ *G. Berry Limousin – 50 969 h alt. 155.*

Voir *Déols : clocher★ de l'ancienne abbaye, sarcophage★ dans l'église St-Etienne.*

Office de Tourisme pl. de la Gare ✆ 02 54 34 10 74, Fax 02 54 27 57 97.

Paris 268 ① – Bourges 66 ② – Blois 101 ⑨ – Limoges 125 ⑥ – Tours 116 ⑧.

Plan page ci-contre

Mercure M, r. V. Hugo ✆ 02 54 34 61 61, *h1080@accor-hotels.com, Fax 02 54 27 69 51* – TV – 15 à 30. AE GB BY v

Repas *(fermé sam. et dim. sauf juil.-août)* 98/138 ♀, enf. 52 – ☕ 54 – **60 ch** 395/440

Elysée Hôtel sans rest, 2 r. République ✆ 02 54 22 33 66, *elysee36@aol.com, Fax 02 54 07 34 34* – TV. AE GB JCB AY s

fermé 24 déc. au 2 janv. – ☕ 50 – **18 ch** 265/335

Boischaut sans rest, 135 av. La Châtre par ④ ✆ 02 54 22 22 34, *Fax 02 54 22 64 89* – TV P. GB X v

fermé 26 déc. au 7 janv. – ☕ 28 – **27 ch** 215/280

Comfort Inn Primevère, 384 av. Verdun par ⑤ ✆ 02 54 07 87 87, *Fax 02 54 07 04 47* – , rest, TV P – 30. AE GB

Repas 82/130 , enf. 44 – ☕ 38 – **50 ch** 298

Voltaire sans rest, 42 pl. Voltaire ✆ 02 54 34 17 44, *Fax 02 54 07 01 90* – TV. GB

☕ 32 – **34 ch** 140/260 BY a

XX **Ciboulette,** 42 r. Grande ✆ 02 54 27 66 28, *Fax 02 54 27 66 28* – GB BY e

fermé 22 juil. au 23 août, 30 déc. au 10 janv., dim., lundi et fériés – **Repas** 88/208 ♀

X **Relais d'Alsace,** 5 pl. Gare ✆ 02 54 22 77 80, *Fax 02 54 22 83 72,* – P. AE GB BY b

Repas *(59)* - 99/148 ♀, enf. 42

rte de Paris *près Céré par ① : 6 km – ✉ 36130 Déols :*

Relais St-Jacques, ✆ 02 54 60 44 44, *Fax 02 54 60 44 00,* – rest, TV P – 30 à 50. AE GB

Repas *(fermé dim. soir)* 100/285 ♀ – ☕ 45 – **46 ch** 300/350 – ½ P 310

par ② *rte de Bourges sur N 151 : 8 km – ✉ 36130 Montierchaume :*

Les Ajoncs, N 151 ✆ 02 54 26 93 93, *Fax 02 54 26 93 85,* – TV P – 50. AE GB

Repas *(fermé dim. soir)* 65/120 – ☕ 30 – **50 ch** 180/210

à la Forge de l'Ile *par ④ : 6 km – ✉ 36330 Le Poinçonnet :*

Auberge de l'Arc en Ciel sans rest, ✆ 02 54 34 09 83, *info@hotel-arc-en-ciel.com, Fax 02 54 34 46 74* – TV P – 15 à 70. GB

fermé Noël au Jour de l'An – ☕ 26 – **23 ch** 150/236

rte de Limoges *par ⑥ : 6 km – ✉ 36250 St-Maur :*

Campanile, ✆ 02 54 08 24 00, *Fax 02 54 07 17 09,* – TV P – 25. AE GB

Repas 94/106 , enf. 39 – ☕ 36 – **43 ch** 315

CHATEAUROUX

Albert Ier (R.) . . . . **BY** 2
Argenton (Av. d') . . . . **X** 4
Augras (R. E.) . . . . **X** 5
Auvergne (R. d') . . . . **X** 7
Bourdillon (R.) . . . . **BZ** 8
Bryas (Bd de) . . . . **X** 9
Cantrelle (R.) . . . . **ABZ** 10
Château-Raoul (R. du) . . . . **AY** 13
Châtre (Av. de la) . . . . **X, BZ** 14
Croix-Normand (Bd) . . . . . **BZ** 17
Duchâteau (Av. G.) . . . . **X** 18
États-Unis (R. des) . . **X, BY** 20
Fontaine-St-Germain (R.) . . **X** 22
Fournier (R. A.) . . . . **BY** 23
Gallieni (R.) . . . . **BZ** 24
Gambetta (Pl.) . . . . **BY** 25
Gare (R. de la) . . . . **BY**
Gaulle (Av. du Gén.-de) . . **AY** 26
Grande (R.) . . . . **BY** 27
J.-J.-Rousseau (R.) . . . . **AY** 28
Jeux-Marins (Av. des) . . . . **AY** 29
Kennedy (Av. J.-F.) . . . . **X, AZ** 30
Ledru-Rollin (R.) . . . . **BY** 32
Marins (Av. des) . . . . . **X, AY** 33
Marins (Bd des) . . . . **X** 34
Mitterrand (Av. F.) . . . **X, AY** 35
Moulin-Neuf (Bd du) . . . . . **X** 36
Palais-de-Justice (R. du) . . . . **ABZ** 37
Paris (Av. de) . . . . **X, BY** 38
Pont-Neuf (Av. du) . . . **X, AY** 40
République (Pl. de la) . . . **AY** 44
St-Denis (Bd) . . . . **X** 45
St-Luc (R.) . . . . **BY** 46
Ste-Hélène (Pl.) . . . . **BY** 48
Tours (Av. de) . . . . **X** 50
Valle (Bd de la) . . . . **X** 51
Verdun (Av. de) . . . . **X** 52
Victor-Hugo (R.) . . . . **ABY** 53
Vrille (Bd de la) . . . . **AZ** 54
3e-Rég.-Aviation-de-Chasse (R. du) . . . . . **X** 55

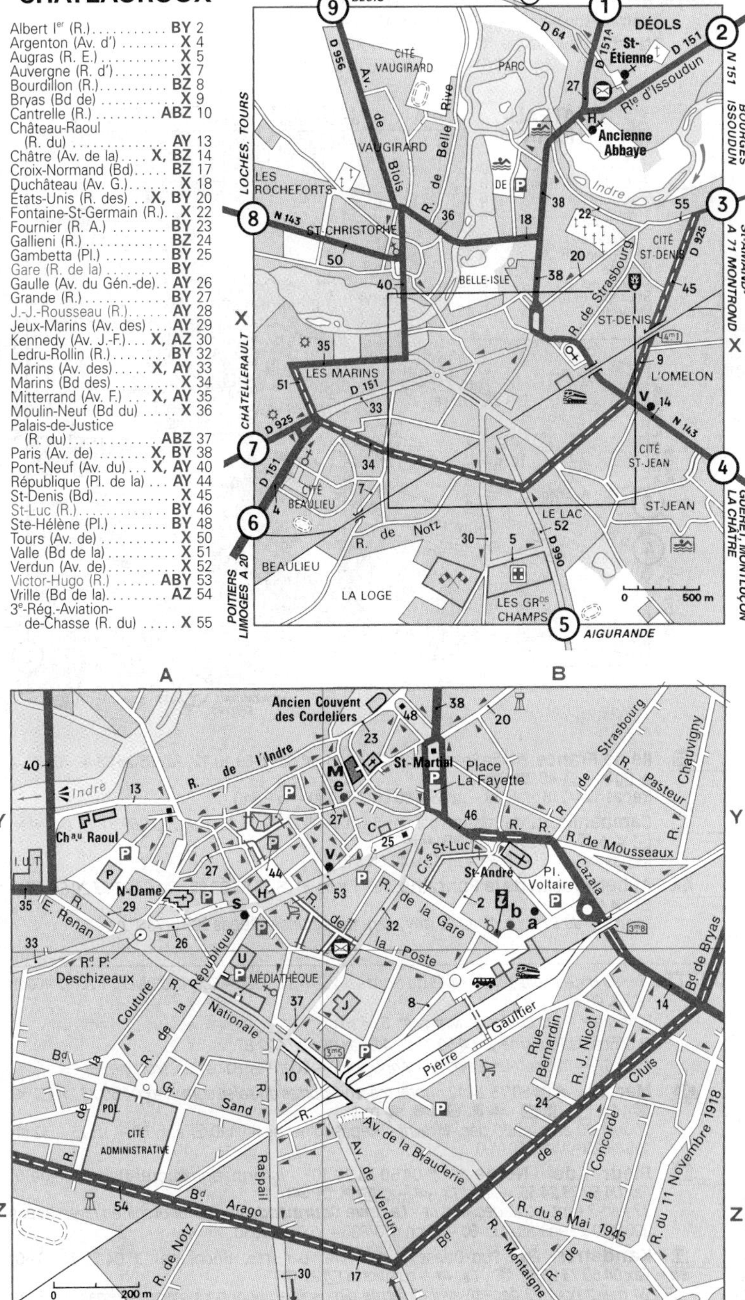

CHÂTEAU-THIERRY *02400 Aisne 56 ⑭ G. Champagne Ardenne – 15 312 h alt. 63.*

Voir *Maison natale de La Fontaine* A **M** – *Vallée de la Marne*★.

Office de Tourisme 11 r. Vallée ✆ 03 23 83 10 14, Fax 03 23 83 14 74.

Paris 95 ① – Reims 58 ① – Épernay 56 ② – Meaux 48 ⑤ – Soissons 42 ① – Troyes 112 ④.

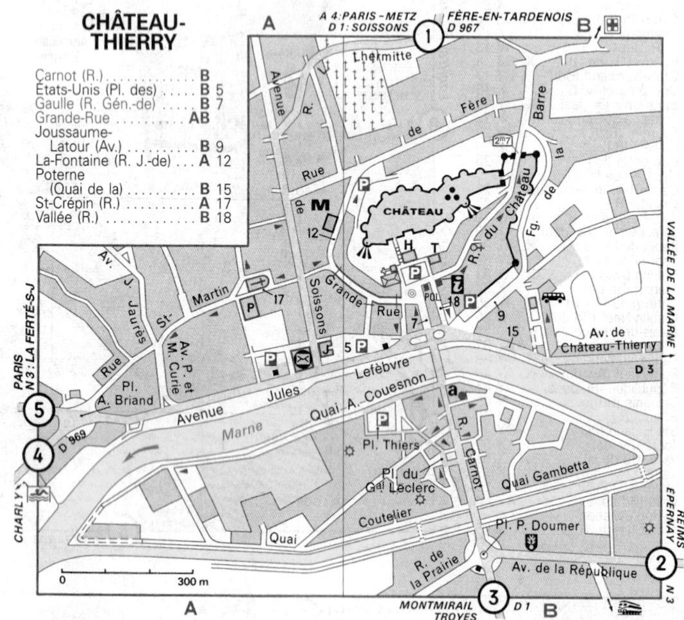

Ile de France, rte de Soissons par ① *: 2 km ✆ 03 23 69 10 12, Fax 03 23 83 49 70,* – TV P – 40. AE GB
Repas 124/218, enf. 69 – 45 – **50 ch** 270/380 – ½ P 310

Campanile, rte de Soissons par ① *: 3 km ✆ 03 23 69 23 23, Fax 03 23 69 91 11,* – TV P – 25. AE GB JCB
Repas *(78)* - 94 ♀, enf. 39 – 36 – **46 ch** 315

Auberge Jean de la Fontaine, 10 r. Filoirs *✆ 03 23 83 63 89, Fax 03 23 83 20 54,* – AE GB B a
fermé 1er au 21 août, 1er au 16 janv., dim. soir et lundi – **Repas** 200 bc/350 bc

CHÂTEL *74390 H.-Savoie 70 ⑱ G. Alpes du Nord – 1 255 h alt. 1180 – Sports d'hiver : 1 200/2 100 m 2 48.*

Voir *Site*★ – *Lac du Pas de Morgins*★ *S : 3 km.*

Office de Tourisme ✆ 04 50 73 22 44, Fax 04 50 73 22 87.

Paris 578 – Thonon-les-Bains 39 – Annecy 113 – Évian-les-Bains 42 – Morzine 38.

Macchi, *✆ 04 50 73 24 12, hotel.macchi@portes du soleil.com, Fax 04 50 73 27 25,* ←, – TV P. GB. rest
20 juin-30 août et 20 déc.-1er avril – **Repas** (dîner seul.) 110 ♀, enf. 60 – 75 – **32 ch** 495/1020 – ½ P 680/700

Fleur de Neige, *✆ 04 50 73 20 10, information@hotel-fleurdeneige.fr, Fax 04 50 73 24 55,* ←, – TV P. AE GB
17 juin-2 sept. et 22 déc.-7 avril – ***La Grive Gourmande*** *(fermé lundi soir en hiver)* **Repas** 200/420 ♀, enf. 85 – 60 – **37 ch** 410/680 – ½ P 590/630

Kandahar , Sud-Ouest : 1,5 km par rte Béchigne *✆ 04 50 73 30 60, Fax 04 50 73 25 17,* – cuisinette TV P. GB
24 mai-2 nov., 22 déc.-16 avril et fermé dim. soir et lundi hors saison – **Repas** 85/180 ♀, enf. 50 – 50 – **22 ch** 200/360 – ½ P 340/360

Triolets , rte Petit Châtel ✆ 04 50 73 20 28, *hotel.triolets@chatel.com, Fax 04 50 73 24 10*, ≤ vallée et montagnes, – . GB. rest
30 juin-1er sept. et Noël-Pâques – **Repas** (dîner seul.) 115/200 ♀, enf. 60 – ☕ 55 – **20 ch** 530 – ½ P 390/430

Ripaille, au Linga Sud-Ouest : 2 km ✆ 04 50 73 32 14, – . GB
1er juil.-15 sept., 15 déc.-30 avril et fermé lundi – **Repas** 95/220 ♀, enf. 50

CHÂTELAILLON-PLAGE *17340 Char.-Mar.* 71 ⑬ *G. Poitou Vendée Charentes – 4 993 h alt. 3 – Casino.*

Office de Tourisme av. de Strasbourg ✆ 05 46 56 26 97, Fax 05 46 56 09 49.
Paris 473 – La Rochelle 18 – Niort 63 – Rochefort 23 – Surgères 28.

Trois Iles M , à la Falaise ✆ 05 46 56 14 14, *hrcm3iles@aol.com, Fax 05 46 56 23 70*, ≤ mer et îles, , , , – cuisinette – 60. AE GB
fermé 17 au 30 déc. – **Repas** (115) - 145/179 , enf. 67 – ☕ 57 – **61 ch** 560/780, 17 duplex

Ibis M , à la Falaise ✆ 05 46 56 35 35, *Fax 05 46 56 33 44*, ≤, , centre de thalasso-thérapie – – 25. AE GB
Repas (97) - 120 , enf. 39 – ☕ 45 – **70 ch** 520/580

Majestic Hôtel, bd République ✆ 05 46 56 20 53, *majestic.chatelaillon@wanadoo.fr, Fax 05 46 56 29 24*, – . AE GB JCB
fermé 15 déc. au 8 janv., 10 au 20 fév., dim. soir, vend. soir et sam. d'oct. à mars – **Repas** (60) - 115/220 ♀, enf. 45 – ☕ 35 – **29 ch** 340/440 – ½ P 322

Rivage sans rest, 36 bd Mer ✆ 05 46 56 25 79, *Fax 05 46 56 1903*, ≤ – – 25. AE GB
6 avril-11 nov. – ☕ 32 – **40 ch** 350

Pergola, 2 r. Chassiron ✆ 05 46 56 27 86, *Fax 05 46 56 15 67*, ≤ – . GB.
25 mars-30 sept. – **Repas** 95/220 – ☕ 38 – **15 ch** 190/320 – ½ P 320

Plage, bd Mer ✆ 05 46 56 26 02, *fred-lachaux@libertysurf.fr, Fax 05 46 56 01 29*, ≤ – . GB
fermé 3 janv. au 10 fév., dim. soir et lundi – **Repas** 75/148 – ☕ 38 – **10 ch** 250/380 – ½ P 175/290

Acadie St-Victor avec ch, 35 bd Mer ✆ 05 46 56 25 13, *Fax 05 46 30 01 92*, ≤ – . AE GB
fermé 1er au 9 mars, 22 oct. au 12 nov., dim. et lundi du 24 sept. au 28 mai – **Repas** (78) - 108/195, enf. 50 – ☕ 34 – **13 ch** 275/370 – ½ P 295/345

Les Flots M avec ch, 52 bd Mer ✆ 05 46 56 23 42, *Fax 05 46 56 99 37*, ≤, , bistrot – – 20. GB
fermé 24 déc. au 30 janv. – **Repas** *(fermé mardi)* 130 ♀ – ☕ 42 – **11 ch** 380/480 – ½ P 400/420

Océan avec ch, 121 bd République ✆ 05 46 56 25 91, *Fax 05 46 56 46 65* – GB
fermé mi-déc. à mi-janv., dim. soir et lundi – **Repas** - produits de la mer - 72/230 ♀, enf. 45 – ☕ 33 – **15 ch** 135/300 – ½ P 235/300

CHÂTELARD *38 Isère* 77 ⑥ – *rattaché à Bourg d'Oisans.*

Le CHÂTELET *18170 Cher* 68 ⑳ – *1 106 h alt. 200.*

Voir Commune de la Méridienne verte.
Paris 294 – Bourges 54 – Argenton-sur-Creuse 66 – Châteauroux 55.

à Orsan *Nord-Ouest : 7 km par D 951 et D 65, rte de Lignères – ✉ 18170 Maisonnais :*

Table d'Orsan, ✆ 02 48 56 27 50, *Fax 02 48 56 39 64*, « Reconstitution originale et authentique d'un jardin monastique médiéval », – . GB
1er avril-1er nov. – **Repas** (150) - 195 (déj.), 225/320 ♀

CHÂTELGUYON *63140 P.-de-D.* 73 ④ *G. Auvergne – 4 743 h alt. 430 – Stat. therm. (4 mai-29 sept.) – Casino* B.

Office de Tourisme av. de l'Europe ✆ 04 73 86 01 17, Fax 04 73 86 27 03, Mairie ✆ 04 73 86 01 88.
Paris 417 ① – Clermont-Ferrand 21 ① – Gannat 32 ① – Vichy 43 ① – Volvic 11 ②.

Plan page suivante

Thermalia, av. Baraduc ✆ 04 73 86 00 11, *raymondc@nat.fr, Fax 04 73 86 21 97*, – . AE GB B m
mai-sept. – **Repas** 102/156 ♀ – ☕ 42 – **46 ch** 229/322 – P 380/448

Printania, av. Belgique ✆ 04 73 86 15 09, *printania@aol.com, Fax 04 73 86 22 87*, – . GB. rest A z
2 mai-1er oct. – **Repas** (75) - 99/179, enf. 53 – ☕ 42 – **39 ch** 165/299 – P 260/340

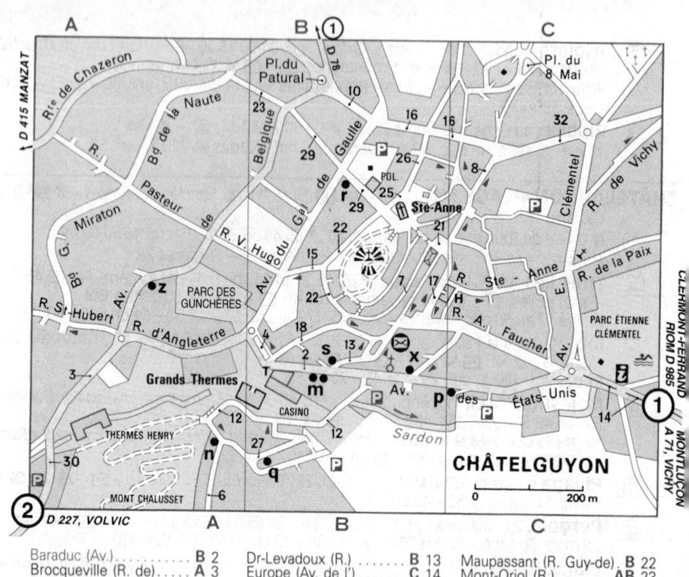

Baraduc (Av.) . . . . B 2	Dr-Levadoux (R.) . . . . B 13	Maupassant (R. Guy-de) . B 22
Brocqueville (R. de) . . . . . A 3	Europe (Av. de l') . . . . . . C 14	Mont-Oriol (R.) . . . . AB 23
Brosson (Pl.) . . . . B 4	Fénelon (R.) . . . . B 15	Orme (Pl. de l') . . . . B 25
Chalusset (R. du) . . . . A 6	Groslier (R. J.) . . . . B 16	Ormeau (R. de l') . . . . B 26
Château (R. du) . . . . B 7	Hôtel-de-Ville (R. de l') . . . . B 17	Punett (R. A.) . . . . B 27
Commerce (R. du) . . . . . . C 8	Lacroix (R.) . . . . B 18	Remparts (R. des) . . . . . . B 29
Coulon (R. Roger) . . . . . . B 10	Marché (Pl. du) . . . . B 21	Russie (Av. de) . . . . A 30
Dr-Gübler (R.) . . . . B 12		Thermal (Bd) . . . . C 32

Mont Chalusset, r. Punett ✆ 04 73 86 00 17, *Fax 04 73 86 22 94*, ←, – . rest — B q
fermé 24 déc. au 3 janv. – **Repas** 110/260 ♀, enf. 70 – ☐ 45 – **40 ch** 290/500 – ½ P 395

Hirondelles, av. États-Unis ✆ 04 73 86 09 11, *hotel.hirondelles@wanadoo.fr, Fax 04 73 86 48 38*, – . rest — B p
début avril-fin oct. – **Repas** 85/130 ♀, enf. 48 – ☐ 37 – **38 ch** 200/300 – P 270/310

Bains, av. Baraduc ✆ 04 73 86 07 97, *Fax 04 73 86 11 56* – . rest — B m
fin avril-début oct. – **Repas** *(80)* - 100/200 ♀, enf. 45 – ☐ 45 – **37 ch** 260/300 – ½ P 250/320

Beau Site, r. Chalusset ✆ 04 73 86 00 49, *Fax 04 73 86 14 33*, – . rest – — A n
1er mai-30 sept. – **Repas** 85/100, enf. 42 – ☐ 35 – **30 ch** 140/220 – ½ P 230

Paris, r. Dr Levadoux ✆ 04 73 86 00 12, *hotel.de.paris@wanadoo.fr, Fax 04 73 86 43 55* – , rest, . — B s
Repas *(fermé dim. soir sauf juil.-août)* 78 (déj.), 88/210 ♀ – ☐ 36 – **59 ch** 175/350 – P 270/360

Chante-Grelet, av. Gén. de Gaulle ✆ 04 73 86 02 05, *Fax 04 73 86 48 58*, – . rest — B r
2 mai-30 sept. – **Repas** 80/150, enf. 45 – ☐ 38 – **35 ch** 210/280 – ½ P 230/275

L'Univers, 37 av. Baraduc ✆ 04 73 86 02 71, *Fax 04 73 86 18 80* – – 50.
fermé 26 déc. au 31 déc. – **Repas** *(fermé vend. soir et sam. de déc. à fév. et dim. soir)* 85/245, enf. 60 – ☐ 40 – **28 ch** 230/400 – P 246/318 — B x

---

CHÂTELLERAULT

86100 Vienne 68 ④ *G. Poitou Vendée Charentes* – *34 678 h alt. 52.*
Office de Tourisme 2 av. Treuille ✆ 05 49 21 05 47, Fax 05 49 02 03 26.
Paris 307 ① – Poitiers 37 ③ – Châteauroux 99 ② – Cholet 131 ④ – Tours 72 ①.

Plan page ci-contre

Grand Hôtel Moderne, 74 bd Blossac ✆ 05 49 93 33 00, *grand.hotel.moderne.@wanadoo.fr, Fax 05 49 93 25 19* – , rest, . — BY n
Charmille *(fermé 15 au 30 nov., dim. soir et lundi)* **Repas** 150/220 ♀ – ***Grill*** *(fermé dim.)* **Repas** 86/120 – ☐ 52 – **21 ch** 400/750, 3 appart

Ibis, av. C. Pagé, par ③ : *3 km* ✆ 05 49 02 18 18, *Fax 05 49 02 01 79* – – 20 à 40.
Brasserie ✆ 05 49 02 18 19 **Repas** *(68)*-130/164, enf. 47 – ☐ 35 – **72 ch** 305/335

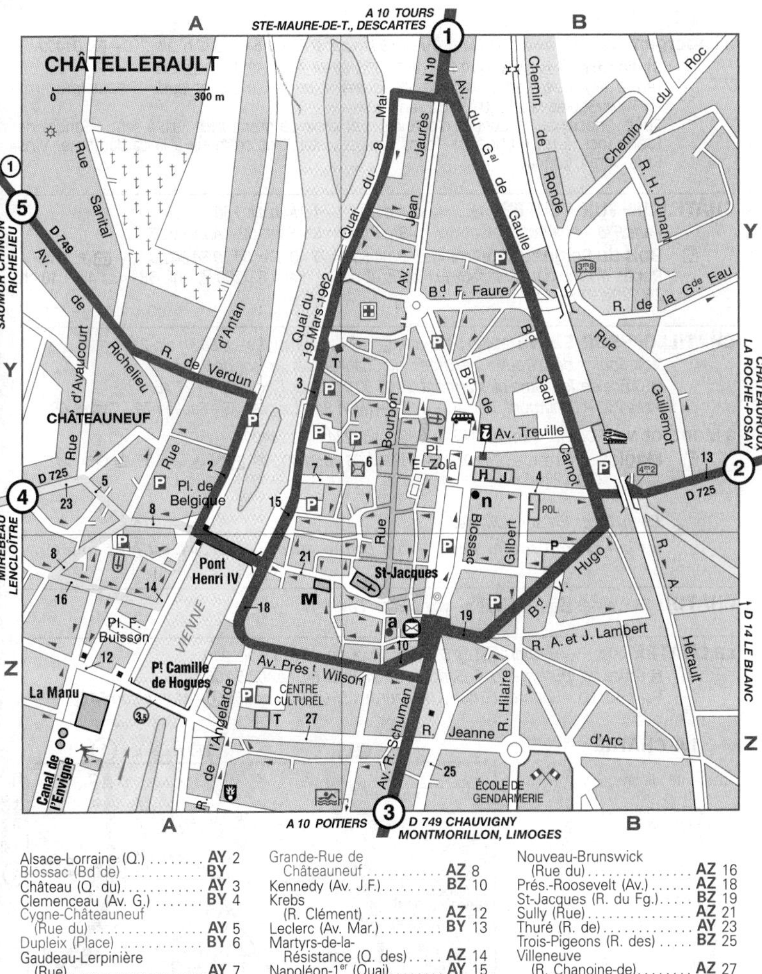

Alsace-Lorraine (Q.) . . . . AY 2
Blossac (Bd de) . . . . BY
Château (Q. du). . . . . AY 3
Clemenceau (Av. G.) . . . . BY 4
Cygne-Châteauneuf (Rue du) . . . . AY 5
Dupleix (Place) . . . . BY 6
Gaudeau-Lerpinière (Rue) . . . . AY 7
Grande-Rue de Châteauneuf . . . . AZ 8
Kennedy (Av. J.F.). . . . . BZ 10
Krebs (R. Clément) . . . . AZ 12
Leclerc (Av. Mar.) . . . . BY 13
Martyrs-de-la-Résistance (Q. des) . . . . . AZ 14
Napoléon-1er (Quai). . . . . AY 15
Nouveau-Brunswick (Rue du). . . . . AZ 16
Prés.-Roosevelt (Av.) . . . . . . AZ 18
St-Jacques (R. du Fg.). . . . . BZ 19
Sully (Rue) . . . . AZ 21
Thuré (R. de) . . . . AY 23
Trois-Pigeons (R. des) . . . . . BZ 25
Villeneuve (R. Chanoine-de). . . . . AZ 27

✕ **Petite Auberge,** 14 r. Cognet ✆ 05 49 21 72 85, 🏠 – GB — BZ a
fermé 1er au 13 août, 24 déc. au 2 janv., dim. et lundi – **Repas** 75/140 🍷

à Naintré *par ③ : 9 km sur N 10 – 4 718 h. alt. 73 – ✉ 86530 :*

✕✕ **Grillade,** ✆ 05 49 90 03 42, *Fax 05 49 90 06 75,* 🏠, 🌳 – 🅿. GB
fermé dim. soir – **Repas** 92/198 🍷

CHÂTILLON-SUR-CHALARONNE *01400 Ain* 74 ② *G. Vallée du Rhône – 3 786 h alt. 177.*

Voir *Triptyque★ dans l'ancien hôpital.*

🅘 *Office de Tourisme pl. Champ-de-Foire ✆ 04 74 55 02 27, Fax 04 74 55 34 78.*

Paris 418 – Mâcon 27 – Bourg-en-Bresse 28 – Lyon 58 – Villefranche-sur-Saône 29.

✕✕ **Tour** avec ch, pl. République ✆ 04 74 55 05 12, *Fax 04 74 55 09 19,* 🏠 – 🛗 📺 📞. GB
fermé 10 au 25 déc., dim. soir et merc. – **Repas** (115) - 135/325 🍷, enf. 75 – ☕ 49 – **20 ch** 395

rte de Marlieux *Sud-Est : 2 km sur D 7 – ✉ 01400 Châtillon-sur-Chalaronne :*

✕✕ **Auberge de Montessuy,** ✆ 04 74 55 05 14, *Fax 04 74 55 05 14,* ≤, 🏠 – 🅿. GB
fermé 2 janv. au 2 fév., lundi soir et mardi – **Repas** 90/230, enf. 60

à l'Abergement-Clémenciat *Nord-Ouest : 5 km par D 7 et D 64ᶜ – 579 h. alt. 250 – ✉ 01400 :*

XX **St-Lazare** (Bidard), ☎ 04 74 24 00 23, *Fax 04 74 24 00 62*, – AE GB
fermé 18 juil. au 3 août, vacances de Toussaint, de fév., merc. et jeudi – **Repas** (prévenir) *(120)* - 145/390 et carte 260 à 330 ♀, enf. 90
Spéc. Briochines de queues d'écrevisses et chair de grenouilles (juil. à sept.). Sandre de Saône (oct. à fév.). Chocolat "dans tous ses états" et crémeux à la cardamome. **Vins** Saint-Véran, Chénas.

CHÂTILLON-SUR-CLUSES *74300 H.-Savoie 74 ⑦ – 1 014 h alt. 730.*

Paris 575 – Chamonix-Mont-Blanc 48 – Thonon-les-Bains 52 – Annecy 57.

Bois du Seigneur, rte Taninges ☎ 04 50 34 27 40, *Fax 04 50 34 80 20*, ← – TV P. GB
Repas *(fermé dim. soir sauf juil.-août et déc. à mars)* 89/200 ♀, enf. 58 – ☕ 45 – **10 ch** 260/290 – ½ P 240/480

CHÂTILLON-SUR-SEINE *21400 Côte-d'Or 65 ⑧ G. Bourgogne – 6 862 h alt. 219.*

Voir *Source de la Douix★ – Musée★ du Châtillonnais : trésor de Vix★★.*
Office de Tourisme pl. Marmont ☎ 03 80 91 13 19, Fax 03 80 91 21 46.
Paris 232 – Chaumont 59 – Auxerre 85 – Dijon 84 – Langres 73 – Saulieu 79 – Troyes 68.

à Montliot *Nord-Ouest : 4 km par N 71 – 288 h. alt. 224 – ✉ 21400 :*

Magiot sans rest, ☎ 03 80 91 20 51, *Fax 03 80 91 30 20* – TV P. AE GB.
☕ 40 – **22 ch** 220/260

En juin et en septembre,
les hôtels sont moins chers qu'en pleine saison, le service est plus soigné.

CHATOU *78 Yvelines 55 ⑳, 101 ⑬ – voir à Paris, Environs.*

La CHÂTRE *36400 Indre 68 ⑲ G. Berry Limousin – 4 623 h alt. 210.*

Office de Tourisme sq. G.-Sand ☎ 02 54 48 22 64, Fax 02 54 06 09 15.
Paris 301 ① – Bourges 69 ② – Châteauroux 36 ① – Guéret 53 ④ – Montluçon 64 ③.

LA CHÂTRE

Abbaye (Pl. de l') 2
Beaufort (R. de) 3
Belgique (R. de) 4
Carmes (Pl. des) 5
Fleury (R. A.) 6
Gambetta (Av.) 8
George-Sand (Av.) 9
Lion d'Argent (R. du Pont du) 12
Maget (Pl.) 13
Marché (Pl. du) 15
Pacton (R. J.) 18
Prés-Burat (R. du) 22
République (Pl. de la) 23
14-Juillet (R. du) 26

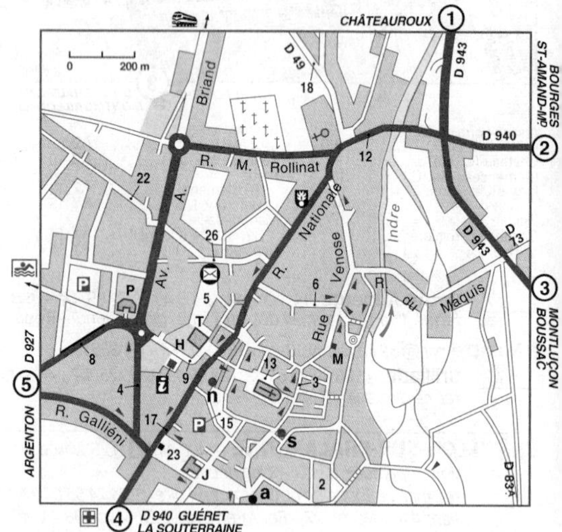

Pas de publicité payée dans ce guide.

Notre Dame sans rest, 4 pl. N.-Dame **(a)** ☎ 02 54 48 01 14, *Fax 02 54 48 31 14* – TV AE GB
☕ 38 – **19 ch** 235/300

XX **A l'Escargot,** pl. Marché **(s)** ☎ 02 54 48 03 85 – AE GB
fermé 9 janv. au 8 fév., lundi soir et mardi – **Repas** 105/235 ♀

Jardin de la Poste, 10 r. Basse-du-Mouhet (n) ✆ 02 54 48 05 62, *Fax 02 54 48 05 62*, – GB
fermé 15 nov. au 1er déc., 20 au 26 déc., vacances de fév., dim. soir, mardi soir et merc. – **Repas** *(85)* - 120/210 ♀

Auberge du Moulin Bureau, Sud : 1 km par pl. Abbaye ✆ 02 54 48 04 20, *Fax 02 54 48 04 20*, – P. GB
fermé 1er déc. au 28 fév., mardi midi d'oct. à nov., dim. soir et lundi sauf juil.-août – **Repas** 95/190

à Nohant-Vic *par ① et D 918 : 6 km – 500 h. alt. 221 – ✉ 36400 :*

Petite Fadette avec ch, ✆ 02 54 31 01 48, *Fax 02 54 31 10 19*, – TV P. AE GB JCB
Repas 90/250 ♀, enf. 60 – 50 – **9 ch** 320/600 – ½ P 300/390

à St-Chartier *par ① et D 918 : 9 km – 548 h. alt. 195 – ✉ 36400.*
Voir *Vic : fresques★ de l'église SO : 2 km.*

Château Vallée Bleue , rte Verneuil ✆ 02 54 31 01 91, *valleebleu@aol.com*, *Fax 02 54 31 04 48*, « Ancienne maison de maître du 19e siècle dans un parc », –
TV P – 60. AE GB.
mi mars-mi-nov. et fermé dim. soir et lundi sauf de mai à sept., lundi midi et mardi midi – **Repas** *(100)* - 175/295 ♀, enf. 75 – 60 – **15 ch** 595/745

à Pouligny-Notre-Dame *par ④ et D 940 : 12 km – ✉ 36160 :*

Les Dryades , ✆ 02 54 06 60 60, *hotel.desdryades@worldonline.fr*, *Fax 02 54 30 10 24*, ← Vallée Noire, , balnéothérapie, « Complexe de loisirs et de remise en forme, golf », – TV P – 200. AE GB
Repas 150 (déj.), 190/410, enf. 100 – 60 – **85 ch** 600/710 – ½ P 560/615

Towns underlined in red on the ***Michelin maps*** *at a scale of 1 : 200 000 are included in this Guide.*

Use the latest map to take full advantage of this information.

CHAUDES-AIGUES 15110 *Cantal* 76 ⑭ *G. Auvergne – 1 110 h alt. 750 – Stat. therm. (30 avril-27 oct.) – Casino.*
Office de Tourisme 1 av. G.-Pompidou ✆ 04 71 23 52 75, Fax 04 71 23 51 98.
Paris 548 – Aurillac 100 – Espalion 54 – St-Chély-d'Apcher 30 – St-Flour 29.

Arev Hôtel M, ✆ 04 71 23 52 43, *Fax 04 71 23 59 94*, casino – , rest, TV. GB
fermé lundi et mardi d'oct. à juin sauf vacances scolaires – **Repas** brasserie 88/170 – 40 – **36 ch** 230/320, 4 duplex – ½ P 260

Beauséjour, ✆ 04 71 23 52 37, *beausejour@wanadoo.fr*, *Fax 04 71 23 56 89*, , – TV. GB
2 avril-25 nov. et fermé vend. soir et sam. sauf vacances scolaires – **Repas** 73/170 ♀, enf. 44 – 39 – **40 ch** 270/340 – P 292/320

Aux Bouillons d'Or, ✆ 04 71 23 51 42 – TV. GB
fermé janv., fév., dim. soir et lundi en mars-avril et nov. – **Repas** 69/145 ♀, enf. 46 – 35 – **12 ch** 180/230 – P 260/300

à Lanau *Nord : 4,5 km par D 921 – ✉ 15260 Neuvéglise :*

Auberge du Pont de Lanau avec ch, ✆ 04 71 23 57 76, *cornut.jm@wanadoo.fr*, *Fax 04 71 23 53 84*, , – TV P. GB. rest
fermé janv., fév., mardi soir et merc. d'oct. à mai – **Repas** 80 (déj.), 150/280 – 37 – **8 ch** 280/360 – ½ P 365

à Maisonneuve *Sud-Ouest : 10 km par D 921 – ✉ 15110 Chaudes-Aigues :*

Moulin des Templiers avec ch, ✆ 04 71 73 81 80, *Fax 04 71 73 81 80* – P. GB
fermé 6 au 27 oct., dim. soir et sam. midi sauf juil.-août – **Repas** 65/100 , enf. 40 – 30 – **5 ch** 210 – ½ P 210

CHAUFFAILLES 71170 *S.-et-L.* 73 ⑧ *G. Bourgogne – 4 485 h alt. 405.*
Office de Tourisme 1 r. Gambetta ✆ 03 85 26 07 06, Fax 03 85 26 62 94.
Paris 392 – Mâcon 63 – Roanne 35 – Charolles 34 – Lyon 80.

à Châteauneuf *Ouest : 7 km par D 8 G. Bourgogne – 110 h. alt. 370 – ✉ 71740 :*

Fontaine, ✆ 03 85 26 26 87, *Fax 03 85 26 26 87* – P. AE GB
fermé 2 au 7 nov., 3 janv. au 7 fév., dim. soir d'oct. à mars, mardi soir et merc. – **Repas** 98 (déj.), 120/330 ♀

CHAUFFAYER *05 H.-Alpes* 77 ⑯ – *363 h alt. 910* – ✉ *05800 St-Firmin-en-Valgaudemar.*
Paris 645 – Gap 27 – Grenoble 78 – St-Bonnet-en-Champsaur 13.

Château des Herbeys ⛰, Nord : 2 km par N 85 et rte secondaire ☎ 04 92 55 26 83, *Fax 04 92 55 29 66*, « Demeure du 13e siècle », – TV P. AE GB
1er avril-1er nov. et fermé mardi sauf vacances scolaires – **Repas** 125/250, enf. 75 – 55 – **10 ch** 450/750 – 1/2 P 380/550

CHAUFFRY *77 S.-et-M.* 61 ③ – *rattaché à Coulommiers.*

CHAUFOUR-LÈS-BONNIÈRES *78270 Yvelines* 55 ⑱, 106 ① – *376 h alt. 157.*
Paris 71 – Rouen 64 – Évreux 27 – Mantes-la-Jolie 19 – Vernon 10 – Versailles 62.

Au Bon Accueil avec ch, N 13 ☎ 01 34 76 11 29, *Fax 01 34 76 00 36* – rest, TV P. GB
fermé 20 juil. au 20 août, 23 déc. au 2 janv., vend. soir et sam. – **Repas** 80/220 – 26 – **16 ch** 140/220

Relais, N 13 ☎ 01 34 76 11 33 – P. GB
fermé dim. soir et lundi – **Repas** 75/150 ♀

CHAUMES-EN-BRIE *77390 S.-et-M.* 61 ② – *2 500 h alt. 104.*
Paris 57 – Coulommiers 26 – Meaux 36 – Melun 21 – Provins 45.

Chaum'Yerres avec ch, 1 av. Libération (rte Melun) ☎ 01 64 06 03 42, *chaumyerre@wanadoo.fr, Fax 01 64 06 36 15*, – TV AE GB
fermé 15 au 30 nov., 14 au 21 janv., dim. soir et lundi de sept à mai – **Repas** 170/280 ♀ – 48 – **10 ch** 310/550 – 1/2 P 390/490

Le Guide change, changez de guide tous les ans.

CHAUMONT P *52000 H.-Marne* 62 ⑪ *G. Champagne Ardenne* – *27 041 h alt. 318.*
Voir *Viaduc★ – Basilique St-Jean-Baptiste★.*
Office de Tourisme pl. de la Gare ☎ 03 25 03 80 80, Fax 03 25 32 00 99.
Paris 265 ⑤ – Épinal 128 ② – Langres 34 ③ – St-Dizier 74 ① – Troyes 101 ⑤.

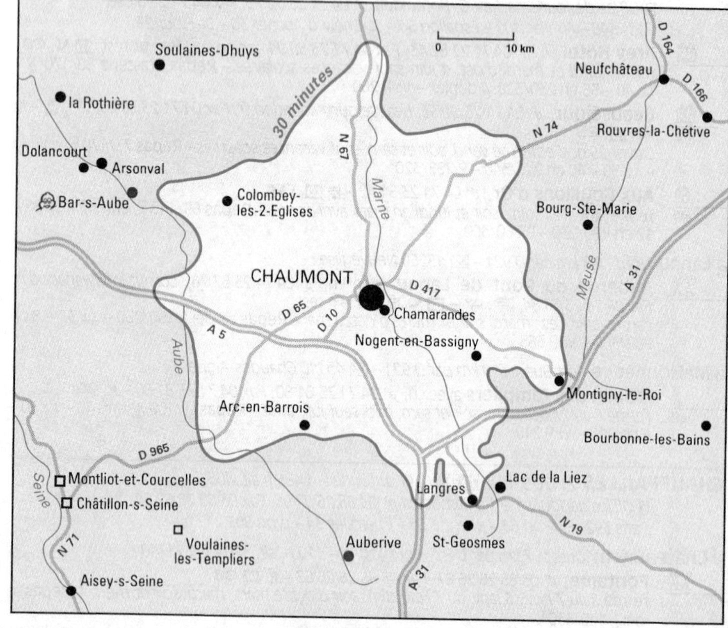

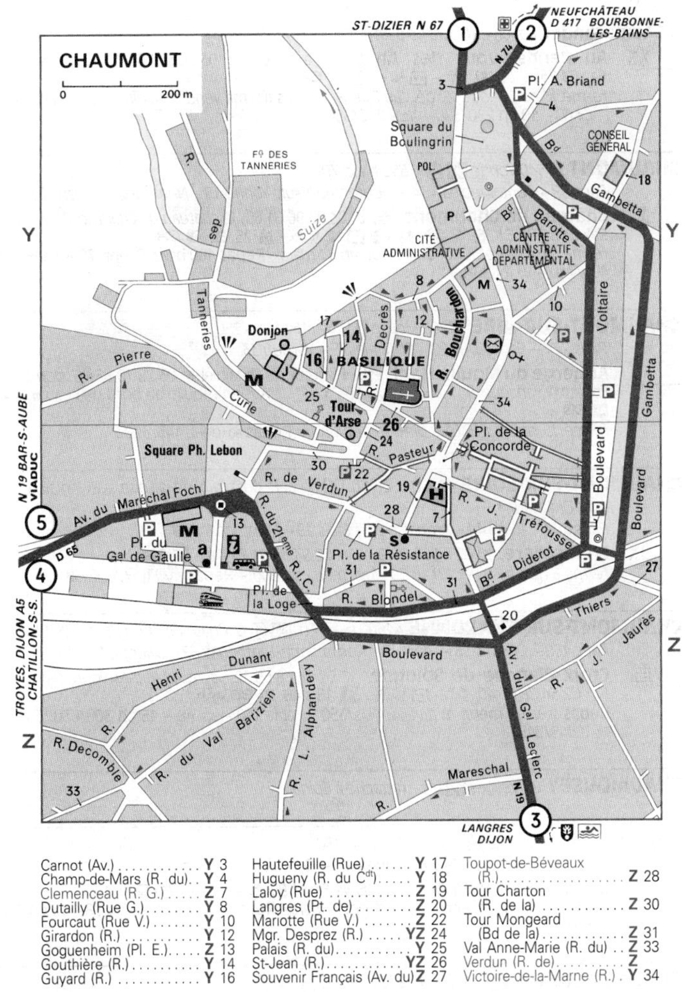

Carnot (Av.) . . . . Y 3
Champ-de-Mars (R. du). . Y 4
Clemenceau (R. G.) . . . . . Z 7
Dutailly (Rue G.). . . . . Y 8
Fourcaut (Rue V.) . . . . Y 10
Girardon (R.) . . . . Y 12
Goguenheim (Pl. E.). . . . . Z 13
Gouthière (R.). . . . . Y 14
Guyard (R.) . . . . Y 16
Hautefeuille (Rue) . . . . . . Y 17
Hugueny (R. du Cdt). . . . . Y 18
Laloy (Rue) . . . . Z 19
Langres (Pt. de) . . . . Z 20
Mariotte (Rue V.) . . . . Z 22
Mgr. Desprez (R.) . . . . . YZ 24
Palais (R. du). . . . . Y 25
St-Jean (R.). . . . . YZ 26
Souvenir Français (Av. du) Z 27
Toupot-de-Béveaux (R.). . . . . Z 28
Tour Charton (R. de la) . . . . Z 30
Tour Mongeard (Bd de la). . . . . Z 31
Val Anne-Marie (R. du) . . Z 33
Verdun (R. de). . . . . Z
Victoire-de-la-Marne (R.) . Y 34

Grand Hôtel Terminus-Reine, pl. Gén. de Gaulle ✆ 03 25 03 66 66, *relais.sud.terminus@wanadoo.fr, Fax 03 25 03 28 95* – 🛗 📺 🚗 – 🎤 60. GB — Z a
Repas *(fermé dim. soir du 1er nov. à Pâques)* 72 (dîner), 102/400 🍷 – ☕ 42 – **63 ch** 305/515 – 1/2 P 300/330

Grand Hôtel de France M, 25 r. Toupot de Béveaux ✆ 03 25 03 01 11, *hotelfrancechaumont@waika9.com, Fax 03 25 32 35 80* – 🛗 cuisinette ⇆ 📺 ✆ ♿ 🚗. AE ◑ GB JCB — Z s
Repas *(fermé sam. midi, lundi midi en été, dim. et fériés)* (95) - 120/195 🍷 – ☕ 55 – **16 ch** 490/630, 4 appart – 1/2 P 315

Grand Val, rte Langres par ③ *: 2,5 km* ✆ 03 25 03 90 35, *Fax 03 25 32 11 80* – 🛗 📺 🚗 P. AE ◑ GB
fermé 23 au 31 déc. – **Repas** 60/180 🍷, enf. 47 – ☕ 28 – **52 ch** 175/320 – 1/2 P 240/275

Étoile d'Or, rte Langres par ③ *: 2 km* ✆ 03 25 03 02 23, *Fax 03 25 32 52 33* – 📺 ✆ P – 🎤 25. GB
Repas *(fermé dim. soir)* 76/170 🍷, enf. 59 – ☕ 35 – **13 ch** 235/285 – 1/2 P 276/303

à Chamarandes *par ③ et D 162 : 3,5 km – ✉ 52000 :*

XX **Au Rendez-vous des Amis** avec ch, ✆ 03 25 32 20 20, *Rdvamis@online.fr, Fax 03 25 02 60 90,* – – 25. GB
fermé 1er au 22 août, 22 déc. au 2 janv. – **Repas** *(fermé vend. soir, dim. soir et sam.)* 98/280 – 40 – **19 ch** 220/370 – ½ P 275/350

CHAUMONT *89340 Yonne* 61 ⑬ *– 552 h alt. 70.*
Paris 98 – Fontainebleau 34 – Montereau-Fault-Yonne 15 – Nemours 35 – Sens 22.

Château de Chaumont , ✆ 03 86 96 61 69, *le.chateau.de.chaumont@wanadoo.fr, Fax 03 86 96 61 28,* , , – – 25. AE GB
fermé dim. soir et lundi du 1er nov. au 31 mars – **Repas** 160 bc/220, enf. 70 – 60 – **37 ch** 400/740 – ½ P 490/590

CHAUMONT-SUR-AIRE *55260 Meuse* 56 ⑳ *– 151 h alt. 250.*
Paris 271 – Bar-le-Duc 22 – St-Mihiel 25 – Verdun 33.

X **Auberge du Moulin Haut,** Est : 1 km sur rte St-Mihiel ✆ 03 29 70 66 46, *domaine.moulinhaut@wanadoo.fr, Fax 03 29 70 60 75,* , « Ancien moulin au bord de l'eau », – . AE GB
fermé 15 janv. au 15 fév., dim. soir et lundi – **Repas** 90 (déj.), 145/300

CHAUMONT-SUR-LOIRE *41150 L.-et-Ch.* 64 ⑯ *G. Châteaux de la Loire. – 876 h alt. 69.*
Voir *Château*★★.
Paris 202 – Tours 44 – Amboise 21 – Blois 19 – Montrichard 19.

X **Chancelière,** ✆ 02 54 20 96 95, *Fax 02 54 33 91 71* – . AE GB
fermé 6 nov. au 6 déc., 9 au 30 janv., merc. et jeudi – **Repas** 88/210 , enf. 58

CHAUMONT-SUR-THARONNE *41600 L.-et-Ch.* 64 ⑨ *G. Châteaux de la Loire – 901 h alt. 122.*
Paris 169 – Orléans 36 – Blois 53 – Romorantin-Lanthenay 32 – Salbris 31.

Croix Blanche de Sologne, ✆ 02 54 88 55 12, *lacroixblanchesologne@wanadoo.fr, Fax 02 54 88 60 40,* – – 15 à 40. AE GB JCB
Repas *(fermé merc. midi)* (128) - 145/350 , enf. 110 – 48 – **15 ch** 300/630, 3 duplex – ½ P 445/545

CHAUMOUSEY *88 Vosges* 62 ⑮ *– rattaché à Épinal.*

CHAUNAY *86510 Vienne* 72 ③ *– 1 174 h alt. 130.*
Paris 384 – Poitiers 47 – Angoulême 68 – Confolens 53 – Niort 57.

Central, ✆ 05 49 59 25 04, *Fax 05 49 53 41 88,* – rest, . GB
fermé 1er au 21 fév. et dim. soir d'oct. à mars – **Repas** 95/150 bc – 38 – **16 ch** 250/285 – ½ P 320/390

CHAUNY *02300 Aisne* 56 ③ ④ *– 12 926 h alt. 50.*
Office de Tourisme pl. du Marché Couvert ✆ 03 23 52 10 79, Fax 03 23 39 38 77.
Paris 125 – Compiègne 40 – St-Quentin 30 – Laon 36 – Noyon 18 – Soissons 32.

XXX **Toque Blanche** (Lequeux) avec ch, 24 av. V. Hugo ✆ 03 23 39 98 98, *Fax 03 23 52 32 79,* , , – – 30. GB. ch
fermé 29 juil. au 20 août, 1er au 8 janv., vacances de fév., sam. midi, dim. soir et lundi – **Repas** (prévenir) 170/395 et carte 350 à 470 – 60 – **6 ch** 310/495
Spéc. Etuvée de homard au sauternes. Filet de boeuf à la moutarde de fruits rouges. Soufflé chaud à la framboise.

à Ognes *Ouest : 2 km par rte de Noyon – 1 169 h. alt. 55 – ✉ 02300 :*

X **Relais St-Sébastien,** ✆ 03 23 52 15 77, *Fax 03 23 39 91 52* – GB
fermé 27 août au 3 sept., vacances de fév. dim. soir et lundi – **Repas** 100/188, enf. 60

au Rond-d'Orléans *Sud-Est : 8 km par D 937 et D 1750 – ✉ 02300 Sinceny :*

Auberge du Rond d'Orléans , ✆ 03 23 40 20 10, *Fax 03 23 52 36 80* – – 40. GB
fermé 24 déc. au 7 janv. et dim. soir – **Repas** (95) - 135/300 – 42 – **23 ch** 295/340 – ½ P 350/400

CHAUSEY (Iles) *50 Manche 59 ⑦ G. Normandie Cotentin.*

Voir *Grande Ile★.*

Accès *par transports maritimes.*

depuis **Granville** *Traversée 50 mn -Renseignements à : Vedette "Jolie France II" Gare Maritime ✆ 02 33 50 31 81 (Granville), Fax 02 33 50 39 90, ou en saison, à Émeraudes Lines Gare Maritime ✆ 02 33 50 16 36 (Granville), Fax 02 33 50 87 80 – depuis* **St-Malo** *Service saisonnier - Traversée 1 h 10 mn - Renseignements à Émeraude Lines B.P. 35401 ST MALO Cedex ✆ 02 23 18 01 80, Fax 02 23 18 15 00.*

Fort et des Iles, ✆ 02 33 50 25 02, *Fax 02 33 50 25 02*, ← archipel, – GB
14 avril-30 sept. – **Repas** *(fermé lundi sauf fériés)* (en saison, prévenir) 105/135 ♀, enf. 70 – ☐ 35 – **8 ch** (1/2 pens. seul.) – 1/2 P 318

La-CHAUSSÉE-ST-VICTOR *41 L.-et-Ch. 64 ⑦ – rattaché à Blois.*

La CHAUSSÉE-SUR-MARNE *51240 Marne 56 ⑱ – 628 h alt. 100.*

Paris 207 – Reims 64 – Châlons-en-Champagne 18 – Vitry-le-François 16.

CLos de Mutigny, 17 av. Dr Jolly ✆ 03 26 72 94 20, *Fax 03 26 72 65 76*, – TV P – 50. AE GB
fermé 1er au 15 fév. et dim. soir – **Repas** 119/230 – ☐ 40 – **18 ch** 310/480 – 1/2 P 260/320

CHAUSSIN *39120 Jura 70 ③ – 1 587 h alt. 191.*

Paris 354 – Beaune 53 – Besançon 73 – Chalon-sur-Saône 56 – Dijon 62 – Dole 20.

Chez Bach, pl. Ancienne Gare ✆ 03 84 81 80 38, *hotel.bach@wanadoo.fr*, *Fax 03 84 81 83 80*, – TV P – 25. AE GB JCB
fermé 22 déc. au 7 janv., vend. soir et lundi midi sauf juil-août et fériés et dim. soir – **Repas** (week-end prévenir) 85/340 ♀, enf. 65 – ☐ 40 – **22 ch** 200/300 – 1/2 P 270/330

Val d'Orain, 34 r. S.-M. Lévy ✆ 03 84 81 82 15, *Fax 03 84 81 75 24*, – TV. GB
fermé vacances de Toussaint, de fév., vend. soir, sam. midi sauf juil.-août et dim. soir – **Repas** 70 bc (déj.), 88/185, enf. 55 – ☐ 35 – **10 ch** 180/220 – 1/2 P 200

CHAUVIGNY *86300 Vienne 68 ⑭ ⑮ G. Poitou Vendée Charentes – 6 665 h alt. 65.*

Voir *Ville haute★ – Église St-Pierre★ : chapiteaux du choeur★★ – Donjon de Gouzon★.*

Env. *St-Savin : abbaye★★ (peintures murales★★★).*

Office de Tourisme 5 r. Saint-Pierre ✆ 05 49 46 39 01.

Paris 339 – Poitiers 25 – Bellac 65 – Le Blanc 37 – Châtellerault 30 – Montmorillon 27.

Lion d'Or, 8 r. Marché ✆ 05 49 46 30 28, *Fax 05 49 47 74 28*, – rest, TV P. AE GB
fermé 24 déc. au 5 janv. – **Repas** 95/160 ♀, enf. 75 – ☐ 33 – **26 ch** 260/270 – 1/2 P 240

Chalet Fleuri, 31 av. A. Briand ✆ 05 49 46 31 12, *Fax 05 49 56 48 31*, ←, – TV P. GB
Repas *(fermé lundi midi)* 78/210, enf. 45 – ☐ 45 – **32 ch** 250/320, 6 duplex – 1/2 P 245

Beauséjour, 18 r. Vassalour ✆ 05 49 46 31 30, *Fax 05 49 56 00 34*, – TV P. AE GB
fermé 21 déc. au 15 janv., dim. soir, vend. soir et lundi – **Repas** 70/115 – ☐ 30 – **20 ch** 190/300 – 1/2 P 170/230

CHAUX-NEUVE *25240 Doubs 70 ⑥ – 191 h alt. 992.*

Paris 451 – Besançon 95 – Genève 75 – Lons-le-Saunier 62 – Pontarlier 36 – St-Claude 53.

Auberge du Grand Gît, ✆ 03 81 69 25 75, *Fax 03 81 69 15 44*, ←, – P. GB
fermé avril, 15 oct. au 20 déc., dim. soir et lundi sauf fériés et vacances scolaires – **Repas** 73/115 ♀, enf. 38 – ☐ 38 – **8 ch** 230/270 – 1/2 P 290

CHAVANAY *42410 Loire 77 ① – 2 071 h alt. 200.*

Paris 507 – Annonay 27 – St-Étienne 52 – Serrières 12 – Tournon-sur-Rhône 50 – Vienne 20.

XXX **Alain Charles** avec ch, rte Nationale ✆ 04 74 87 23 02, *Fax 04 74 87 01 42*, – TV P. GB
fermé 20 août au 7 sept., 2 au 10 janv., dim. soir et lundi sauf fériés – **Repas** 98/330 et carte 200 à 340 ♀ – ☐ 40 – **4 ch** 240/290

CHAVIGNOL *18 Cher 65 ⑫ – rattaché à Sancerre.*

CHAVOIRES *74 H.-Savoie 74 ⑥ – rattaché à Annecy.*

CHAZELLES-SUR-LYON *42140 Loire* 73 ⑲ *G. Vallée du Rhône – 4 895 h alt. 630.*
Paris 491 – St-Étienne 36 – Lyon 49 – Montbrison 28 – Roanne 62.

Château Blanchard Ⓜ, 36 rte St-Galmier ✆ 04 77 54 28 88, *Fax 04 77 54 36 03,* – TV – 50. AE GB
fermé dim. et lundi – **Repas** 88 (déj.), 115/260 – 38 – **12 ch** 310/410 – ½ P 270

CHAZEY-SUR-AIN *01150 Ain* 74 ③, 110 ⑨ *– 895 h alt. 235.*
Paris 472 – Lyon 42 – Bourg-en-Bresse 45 – Chambéry 86 – Nantua 55.

au Sud *par D 62 et rte secondaire : 3 km :*

Louizarde, ✆ 04 74 61 53 23, *Fax 04 74 61 58 47,* – P. AE GB.
fermé 16 au 31 août, 5 au 20 fév., mardi soir, merc. soir, jeudi soir d'oct. à mai, sam. midi, dim. soir et lundi – **Repas** 105 bc (déj.), 165/285

Le CHEIX *63 P.-de-D.* 73 ⑭ *–* ✉ *63320 St-Diéry.*
Voir *Gorges de Courgoul*★ *SE : 5 km,* G. Auvergne.
Paris 459 – Clermont-Ferrand 44 – Besse-en-Chandesse 8 – Issoire 23 – Le Mont-Dore 31.

Relais des Grottes avec ch, ✆ 04 73 96 30 30, *Fax 04 73 96 31 34,* ←, – P. GB
fermé 29 août au 5 sept., 23 déc. au 14 janv., dim. soir et merc. sauf juil.-août – **Repas** 89/190 ♀, enf. 55 – 35 – **10 ch** 155/265 – ½ P 195/230

CHELLES *60 Oise* 56 ③ *– rattaché à Pierrefonds.*

CHÉNAS *69840 Rhône* 74 ① *– 372 h alt. 253.*
Paris 409 – Mâcon 17 – Bourg-en-Bresse 46 – Lyon 61 – Villefranche-sur-Saône 28.

Les Platanes de Chénas, aux Deschamps, Nord : 2 km par D 68 ✆ 03 85 36 79 80, *Fax 03 85 36 78 33,* , « Terrasse ombragée » – AE GB
fermé mardi et merc. du 15 sept. au 15 juin – **Repas** 135/315 ♀, enf. 65

CHÊNEHUTTE-LES-TUFFEAUX *49 M.-et-L.* 64 ⑫ *– rattaché à Saumur.*

CHÉNÉRAILLES *23130 Creuse* 73 ① *G. Berry Limousin – 794 h alt. 537.*
Voir *Haut-relief*★ *dans l'église.*
Paris 374 – Aubusson 19 – La Châtre 63 – Guéret 34 – Montluçon 46.

Coq d'Or avec ch, ✆ 05 55 62 30 83, *Fax 05 55 62 95 18* – GB
fermé 25 juin au 5 juil., 17 au 28 sept., 2 au 21 janv., dim. soir, merc. soir et lundi – **Repas** 65 (déj.), 105/210 ♀ – 27 – **7 ch** 160/250 – ½ P 220

CHENNEVIÈRES-SUR-MARNE *94 Val-de-Marne* 61 ①., 101 ㉘ *– voir à Paris, Environs.*

CHENONCEAUX *37150 I.-et-L.* 64 ⑯ *G. Châteaux de la Loire – 313 h alt. 62.*
Voir *Château de Chenonceau*★★★.
Office de Tourisme (mai-sept.) 1 r. du Dr-Bretonneau ✆ 02 47 23 94 45.
Paris 236 – Tours 31 – Amboise 12 – Château-Renault 36 – Loches 33 – Montrichard 9.

Bon Laboureur, ✆ 02 47 23 90 02, *laboureur@wanadoo.fr, Fax 02 47 23 82 01,* , , – TV P. AE GB JCB
fermé 11 nov. au 15 déc., 2 janv. au 10 fév., merc. soir et jeudi du 15 oct. à Pâques – **Repas** 170/370 et carte 310 à 410 ♀ – 55 – **24 ch** 400/780, 4 appart – ½ P 455/620
Spéc. Crème d'écrevisses et concassé de tomates au basilic (15 juin au 15 sept.). Filets de rouget barbet, pied de porc croustillant au jus de viande. Dacquoise praliné. **Vins** Montlouis, Bourgueil.

Roseraie, ✆ 02 47 23 90 09, *lfiorito@aol.com, Fax 02 47 23 91 59,* , , – TV P. AE GB
1er mars-30 nov. – **Repas** *(fermé mardi midi et lundi en mars et du 15 oct. au 30 nov.)* 98/185 ♀, enf. 60 – 48 – **18 ch** 335/550

Hostellerie La Renaudière, ✆ 02 47 23 90 04, *gerhotel@club-internet.fr, Fax 02 47 23 90 51,* , , , – cuisinette TV P. AE GB
fermé 15 nov. au 21 déc. sauf week-end et 7 janv. au 8 fév. – **Repas** *(fermé jeudi midi et merc.)* 99/199 ♀, enf. 52 – 35 – **16 ch** 250/630, 4 appart – ½ P 255/445

Relais Chenonceaux, ✆ 02 47 23 98 11, *info@chenonceaux.com, Fax 02 47 23 84 07,* – TV. AE GB
fév.-nov. et fermé merc. sauf d'avril à sept. – **Repas** *(67)* - 90/120 ♀, enf. 58 – 35 – **24 ch** 250/400

CHENÔVE *21 Côte-d'Or 66 ⑫ – rattaché à Dijon.*

CHÉPY *80210 Somme 52 ⑥ – 1 246 h alt. 96.*
Paris 170 – Amiens 71 – Abbeville 18 – Le Tréport 23.

Auberge Picarde M, à la Gare ☎ 03 22 26 20 78, *Fax 03 22 26 33 34* – TV ♿ P – 30. AE GB
Repas *(fermé sam. midi et dim. soir)* 90/205 ♀, enf. 65 – ☕ 35 – **25 ch** 240/385 – ½ P 217/435

CHERBOURG-OCTEVILLE *50100 Manche 54 ② G. Normandie Cotentin – 27 121 h alt. 10 – Casino* **BY.**
Voir *Fort du Roule* ≤★ *– Château de Tourlaville : parc★ 5 km par ①.*
✈ *de Cherbourg-Maupertus : ☎ 02 33 88 57 60, par ① : 13 km.*
Office de Tourisme 2 q. Alexandre III ☎ 02 33 93 52 02, Fax 02 33 53 66 97 et à la Gare Maritime ☎ 02 33 44 39 92.
Paris 356 ② – Brest 403 ② – Caen 124 ② – Laval 225 ② – Le Mans 278 ② – Rennes 210 ②.

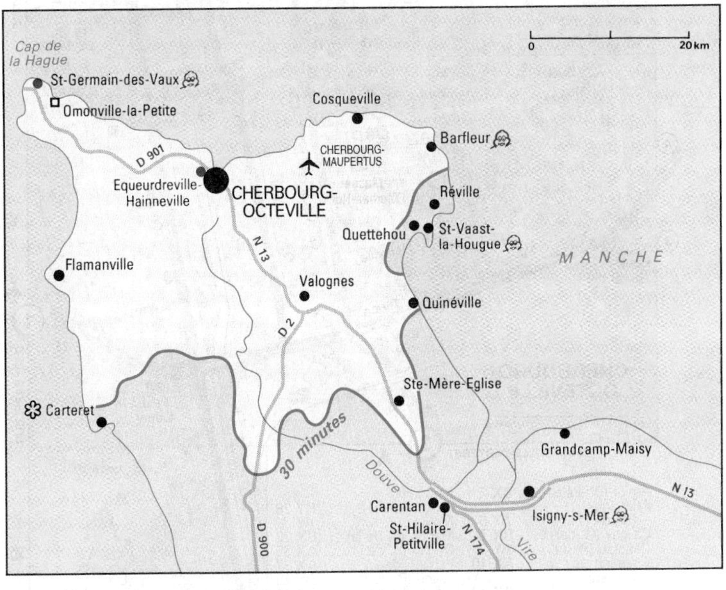

Mercure, gare maritime ☎ 02 33 44 01 11, *Fax 02 33 44 51 00,* ≤, – 🛗 ⇹ TV – 80. AE ⓓ GB — **BX s**
Repas 150 ♀, enf. 45 – ☕ 60 – **84 ch** 475/585

Quality Hôtel M, r. G. Sorel par ① ☎ 02 33 43 72 00, *quality.cherbourg@wanadoo.fr, Fax 02 33 43 72 06* – 🛗 ⇹ TV ☎ ♿ P – 70. AE ⓓ GB JCB
Repas *(fermé sam. midi et dim.)* *(82)* - 92/105 ♀, enf. 38 – ☕ 50 – **72 ch** 340/560 – ½ P 320/410

Chantereyne sans rest, port de plaisance ☎ 02 33 93 02 20, *Fax 02 33 93 45 29* – TV ☎ ♿. AE ⓓ GB — **AX b**
fermé 21 déc. au 6 janv. – ☕ 40 – **50 ch** 335/375

Louvre sans rest, 2 r. H. Dunant ☎ 02 33 53 02 28, *inter.hotel.le.louvre@wanadoo.fr, Fax 02 33 53 43 88* – 🛗 TV ☎ 🚗. AE ⓓ GB JCB — **AX e**
fermé 24 déc. au 1er janv. – ☕ 38 – **42 ch** 180/370

Ambassadeur sans rest, 22 quai de Caligny ☎ 02 33 43 10 00, *Fax 02 33 43 10 01* – 🛗 TV ☎ ♿. AE GB — **BX v**
☕ 32 – **40 ch** 180/310

Angleterre sans rest, 8 r. P. Talluau ☎ 02 33 53 70 06, *Fax 02 33 53 74 36* – TV ☎. GB. ✗ — **AX k**
☕ 35 – **23 ch** 190/290

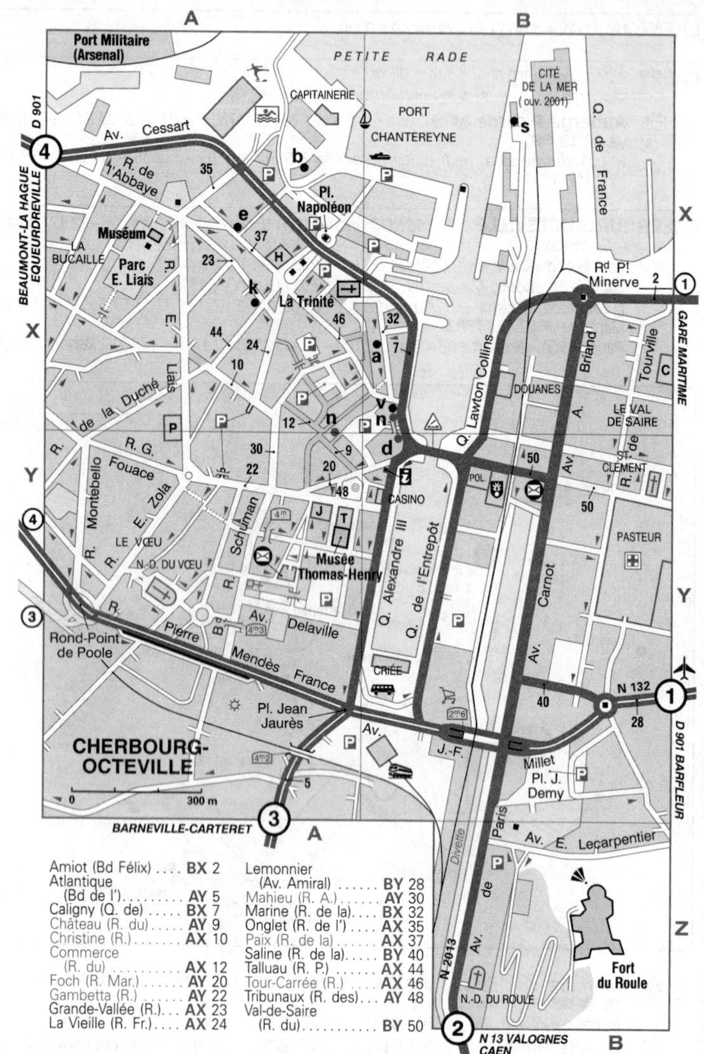

🏨 **Moderna** sans rest, 28 r. Marine ✆ 02 33 43 05 30, *hotel-moderna@wanadoo.fr, Fax 02 33 43 97 37* – TV ✆. AE GB JCB — BX a
☕ 30 – **25 ch** 170/300

XX **Café de Paris,** 40 quai Caligny ✆ 02 33 43 12 36, *cdpha@region.normande.com, Fax 02 33 43 98 49* – ▤. AE GB — BXY d
fermé 1er au 15 mars, 1er au 15 nov., dim. soir et lundi du 1er oct. au 30 avril sauf fériés – **Repas** *(85)* - 105/210 🍷

XX **Vauban,** 22 quai Caligny ✆ 02 33 43 10 11, *Fax 02 33 43 15 18* – AE GB — BX n
fermé vacances de Toussaint, dim. et lundi hors saison – **Repas** 105/280 🍷, enf. 50

X **Pommier,** 15 bis r. Notre-Dame ✆ 02 33 53 54 60, *Fax 02 33 53 40 86* – ▤. GB. ✂ — AXY n
fermé 25 sept. au 8 oct., 6 au 26 fév., dim. et lundi – **Repas** *(100)* - 145 🍷, enf. 50

par ② *Sud : 3 km par N 13 – ✉ 50100 Cherbourg :*

Ibis Ⓜ, rd-pt A. Malraux ✆ 02 33 44 31 55, *Fax 02 33 44 31 50,* – ⇆ TV ✆ & P – 45. AE GB
Repas *(75)* - 95 ♂, enf. 39 – 35 – **43 ch** 360

à Equeurdreville-Hainneville *par ④ : 4 km – 18 256 h. alt. 8 – ✉ 50120 :*

Gourmandine, 24 r. Surcouf ✆ 02 33 93 41 26, *rest.gourmandine.equeud@wanadoo.fr, Fax 02 33 93 41 26,* ≤ – ▤. AE ⓓ GB
fermé 16 juil. au 7 août, 24 déc. au 8 janv., dim. soir, mardi soir et lundi – **Repas** 75/202, enf. 75

CHERENG *59152 Nord* 51 ⑯ – *2 634 h alt. 24.*
Paris 224 – Lille 17 – Douai 43 – Tournai 16 – Valenciennes 46.

Verzenay, 142 rte Nationale ✆ 03 20 41 14 56, *Fax 03 20 41 28 50,* – P. AE GB JCB
fermé 23 juil. au 13 août, 7 au 16 janv., dim. soir et lundi – **Repas** *(92)* - 120/240 ♀, enf. 65

Les CHÈRES *69380 Rhône* 74 ①, 110 ③ – *1 027 h alt. 190.*
Paris 441 – Lyon 21 – L'Arbresle 15 – Meximieux 51 – Trévoux 8 – Villefranche-sur-Saône 12.

Auberge du Pont de Morancé, Ouest : 2 km par D 100 ✉ 69480 Anse ✆ 04 78 47 65 14, *jacquesverdier@mail.com, Fax 04 78 47 05 83,* , « Jardin fleuri », – P. GB
fermé vacances de fév., lundi soir en hiver, mardi soir et merc. – **Repas** 125/320 ♂, enf. 80

CHERISY *28 E.-et-L.* 60 ⑦, 106 ㉕ – *rattaché à Dreux.*

CHÉROY *89690 Yonne* 61 ⑬ – *1 326 h alt. 145.*
Paris 102 – Fontainebleau 42 – Auxerre 70 – Montargis 34 – Nemours 25 – Sens 23.

Tour de Chéroy, ✆ 03 86 97 53 43, *Fax 03 86 97 58 60* – GB
fermé 25 au 30 juin, 3 fév. au 5 mars, dim. soir (sauf fériés), lundi soir et mardi – **Repas** *(55)* - 93/185 ♂

Le CHESNAY *78 Yvelines* 60 ⑨, 101 ㉓ – *voir à Paris, Environs (Versailles).*

CHEVAGNES *03230 Allier* 69 ⑮ – *716 h alt. 224.*
Paris 313 – Moulins 18 – Bourbon-Lancy 18 – Decize 31 – Digoin 42 – Lapalisse 51.

Le Goût des Choses, 12 rte Nationale ✆ 04 70 43 11 12, *Fax 04 70 43 17 88,* – GB
fermé dim. soir et merc. – **Repas** 120/250 ♀

CHEVAL-BLANC *84 Vaucluse* 81 ⑫ – *rattaché à Cavaillon.*

CHEVANNES *89 Yonne* 65 ⑤ – *rattaché à Auxerre.*

CHEVERNY *41 L.-et-Ch.* 64 ⑰ ⑱ – *rattaché à Cour-Cheverny.*

CHEVIGNEY-LÈS-VERCEL *25 Doubs* 66 ⑱ – *rattaché à Valdahon.*

CHEVIGNY *21 Côte-d'Or* 66 ⑫ – *rattaché à Dijon.*

CHEVRY *01 Ain* 70 ⑮ – *rattaché à Gex.*

Le CHEYLARD *07160 Ardèche* 76 ⑲ – *3 833 h alt. 450.*
Paris 597 – Le Puy-en-Velay 62 – Valence 60 – Aubenas 50 – Lamastre 22 – Privas 47.

Provençal, av. Gare ✆ 04 75 29 02 08, *Fax 04 75 29 35 63,* – ▤ rest, TV ✆ P. GB. ch
fermé 17 août au 5 sept., 21 déc. au 8 janv., 16 fév. au 5 mars, vend. soir, dim. soir et lundi – **Repas** 105/340 bc ♀, enf. 70 – 45 – **10 ch** 250/350 – ½ P 300

CHÉZERY-FORENS *01410 Ain* 74 ⑤ *– 357 h alt. 585.*
Paris 507 – Bellegarde-sur-Valserine 17 – Bourg-en-Bresse 80 – Gex 40 – Nantua 32.

Commerce, ✆ 04 50 56 90 67, 🝊 – GB
fermé 18 au 30 juin, 24 sept. au 15 oct., 23 déc. au 6 janv., mardi soir et merc. sauf vacances scolaires – **Repas** 85/220 ♀, enf. 50 – ☕ 40 – **10 ch** 250 – ½ P 260/290

CHICHILIANNE *38930 Isère* 77 ⑭ *– 158 h alt. 1006.*
Paris 623 – Die 44 – Gap 79 – Grenoble 55 – La Mure 63.

Château de Passières ⛰, ✆ 04 76 34 45 48, *Fax 04 76 34 46 25*, ≤, 🝊, ⛱, 🝊, ✂ – 🅿 – 🝊 50. AE GB
fermé déc., janv., dim. soir et lundi hors saison – **Repas** 140/200, enf. 70 – ☕ 45 – **23 ch** 320/420 – ½ P 350/440

CHILLE *39 Jura* 70 ④ *– rattaché à Lons-le-Saunier.*

CHILLEURS-AUX-BOIS *45170 Loiret* 60 ⑳ *– 1 471 h alt. 125.*
Paris 97 – Orléans 30 – Chartres 70 – Étampes 47 – Pithiviers 14.

Lancelot, 12 r. Déportés ✆ 02 38 32 91 15, *Fax 02 38 32 92 11*, 🝊 – 🅿. GB
fermé 31 juil. au 8 août, 2 au 15 nov., dim. soir, merc. soir et lundi – **Repas** (dim. et fêtes, prévenir) *(95)* - 125/350 ♀

CHINAILLON *74 H.-Savoie* 74 ⑦ *– rattaché au Grand-Bornand.*

CHINDRIEUX *73310 Savoie* 74 ⑮ *– 1 059 h alt. 300.*
Env. *Abbaye de Hautecombe*★★ *SO : 10 km,* **G. Alpes du Nord.**
Paris 521 – Annecy 37 – Aix-les-Bains 16 – Bellegarde-sur-Valserine 39 – Chambéry 34.

Relais de Chautagne, ✆ 04 79 54 20 27, *Fax 04 79 54 51 63* – 🛗 ♿ 🅿 – 🝊 25. GB
fermé dim. soir et lundi – **Repas** 85 (dîner), 95/180 ♀ – ☕ 35 – **30 ch** 240/300

CHINON SP *37500 I.-et-L.* 67 ⑨ *G. Châteaux de la Loire – 8 627 h alt. 40.*
Voir *Vieux Chinon*★★ *: Grand Carroi*★★ **A E** – *Château*★★ *:* ≤★★.
Env. *Château d'Ussé*★★ *14 km par* ①.
🅸 *Office de Tourisme pl. Hofheim* ✆ *02 47 93 17 85, Fax 02 47 93 93 05.*
Paris 287 ① *– Tours 47* ① *– Châtellerault 51* ③ *– Poitiers 81* ③ *– Saumur 30* ③*.*

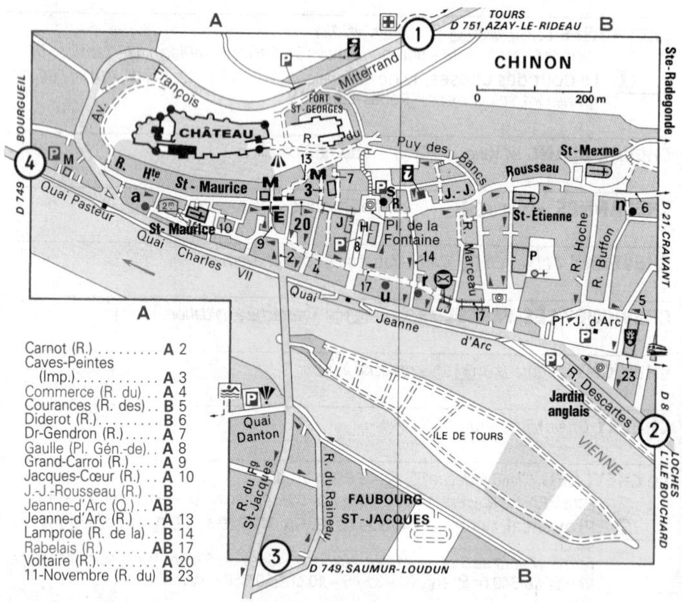

Carnot (R.) . . . . **A** 2
Caves-Peintes (Imp.) . . . . **A** 3
Commerce (R. du) . . **A** 4
Courances (R. des) . . **B** 5
Diderot (R.) . . . . **B** 6
Dr-Gendron (R.) . . . . . **A** 7
Gaulle (Pl. Gén.-de) . . **A** 8
Grand-Carroi (R.) . . . . **A** 9
Jacques-Cœur (R.) . . **A** 10
J.-J.-Rousseau (R.) . . . **B**
Jeanne-d'Arc (Q.) . . **AB**
Jeanne-d'Arc (R.) . . . **A** 13
Lamproie (R. de la) . . . **B** 14
Rabelais (R.) . . . . . . **AB** 17
Voltaire (R.) . . . . **A** 20
11-Novembre (R. du) **B** 23

France, 47 pl. Gén. de Gaulle 02 47 93 33 91, *elmachinon@aol.com, Fax 02 47 98 37 03* – rest, . ch A s
fermé 1er au 6 mars, 15 au 30 nov., 16 au 28 fév. et dim. de nov. à mars – **Repas** *(fermé dim. soir et lundi sauf du 15 juil. au 31 août)* 115 (déj.), 135/295, enf. 75 – 50 – **28 ch** 360/550 – 1/2 P 375/400

Chinon, centre St-Jacques (près piscine), par quai Danton - A 02 47 98 46 46, *lechinon@club-internet.fr, Fax 02 47 98 35 44*, – 20 à 50.
fermé 20 déc. au 10 janv. – **Repas** *(75)* - 120/210, enf. 50 – 45 – **53 ch** 395/450

Diderot sans rest, 4 r. Buffon 02 47 93 18 87, *Fax 02 47 93 37 10* – . B n
fermé 22 au 28 déc. et mi-janv. à mi-fév. – 40 – **28 ch** 260/410

Au Plaisir Gourmand (Rigollet), quai Charles VII 02 47 93 20 48, *Fax 02 47 93 05 66*, – . A a
fermé 15 fév. au 10 mars, dim. soir et lundi – **Repas** (nombre de couverts limité, prévenir) 180/370 et carte 250 à 370
Spéc. Langoustines sautées en salade aux épices. Sandre au beurre blanc. Queue de boeuf braisée au vieux chinon. **Vins** Vouvray, Chinon

L'Océanic, 13 r. Rabelais 02 47 93 44 55, *Fax 02 47 93 38 08*, – . A u
fermé 25 juin au 2 juil., 7 au 29 janv., dim. soir et lundi – **Repas** - produits de la mer - 115/300, enf. 60

Boule d'Or avec ch, 21 r. Rabelais 02 47 98 40 88, *Fax 02 47 93 24 25*, – . B r
fermé 20 déc. au 15 janv. – **Repas** *(fermé lundi midi)* 127/235 – 50 – **13 ch** 280/350 – 1/2 P 320/330

à Marçay *par ③ et D 116 : 9 km – 416 h. alt. 65 – 37500 :*

Château de Marçay, 02 47 93 03 47, *marcay@relaischateaux.fr, Fax 02 47 93 45 33*, « Château du 15e siècle, parc », – – 30 à 80.
fermé fin janv. à mi-mars – **Repas** *(fermé dim. soir et lundi hors saison, jeudi midi en saison, lundi midi et mardi midi)* 300/450 – 105 – **26 ch** 690/1450, 4 appart – 1/2 P 880/1410

à Beaumont-en-Véron *par ④ : 5 km – 2 569 h. alt. 37 – 37420 :*

Château de Danzay, 02 47 58 46 86, *danzay@micro.video.fr, Fax 02 47 58 84 35*, « Château du 15e siècle », – . rest
hôtel : 15 mars-1er nov. ; rest. : 1er mai-30 sept. – **Repas** (dîner seul.)(résidents seul.) 320 – 90 – **10 ch** 900/1300 – 1/2 P 910/1210

Manoir de la Giraudière, 02 47 58 40 36, *giraudiere@hotels-france.com, Fax 02 47 58 46 06*, « Pigeonnier du 16e siècle », – cuisinette – 25.
Repas 120/230 – 40 – **25 ch** 250/390 – 1/2 P 235/410

CHISSAY-EN-TOURAINE *41 L.-et-Ch. 64 ⑯ – rattaché à Montrichard.*

CHISSEAUX *37150 I.-et-L. 64 ⑯ – 522 h alt. 58.*
Syndicat d'Initiative (fermé lundi merc. après-midi et sam.) Mairie, 02 47 23 90 75.
Paris 237 – Tours 33 – Amboise 14 – Loches 32 – Romorantin-Lanthenay 60.

Clair Cottage, 02 47 23 90 69, *hotel.clair.cottage@wanadoo.fr, Fax 02 47 23 87 07*, – rest, .
1er mars-15 nov. et fermé dim. soir, mardi midi et lundi – **Repas** 90/170, enf. 55 – 40 – **20 ch** 280/340 – 1/2 P 280/310

CHISSEY-SUR-LOUE *39380 Jura 70 ④ G. Jura – 336 h alt. 230.*
Paris 390 – Besançon 40 – Arbois 18 – Dole 24 – Lons-le-Saunier 56 – Pontarlier 63.

Chaumière du Val d'Amour, 03 84 37 61 40, *Fax 03 84 37 68 14*
fermé lundi, mardi, merc. et jeudi – **Repas** (prévenir) 100/170

Ne confondez pas :

Confort des hôtels : ... ,
Confort des restaurants : ...
Qualité de la table : , , ,

CHITENAY *41120 L.-et-Ch.* **64** ⑰ *– 888 h alt. 90.*

Voir *Galerie des Illustres*** *du château de Beauregard** *N : 5 km,* **G. Châteaux de la Loire.**

Paris 195 – Orléans 72 – Tours 76 – Blois 13 – Châteauroux 89.

Auberge du Centre, ✆ 02 54 70 42 11, *aubcentr@clubinternet.fr, Fax 02 54 70 35 03,* [icons] – *fermé 15 au 28 fév., lundi midi de mai à sept., dim. soir et lundi d'oct. à avril* – **Repas** 120/210 ♀, enf. 50 – ☕ 42 – **25 ch** 335/400 – 1/2 P 325/345

CHOISY-AU-BAC *60 Oise* **56** ②,, **106** ⑩ *– rattaché à Compiègne.*

Use this year's Guide.

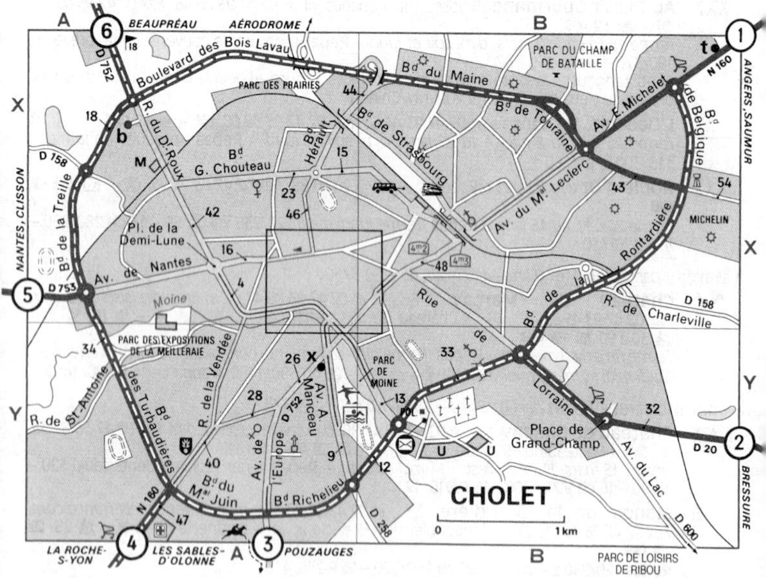

CHOLET

Abreuvoir (Av. de l') . . . . . . **Z** 2
Bons-Enfants (R. des) . . . . . **Z** 3
Bouet (Av. F.) . . . . **AX** 4
Bourg-Baudry (R. du) . . . . . **Z** 6
Bretonnaise (R.) . . . . **Z** 7
Champagny (Av. du Cdt de) . . . . **AY** 9
Clemenceau (R. G.) . . . . . . **Z** 10
Coubertin (Bd P. de) . . . . **BY** 12
Delhumeau Plessis (Bd) . . . . **BY** 13
Faidherbe (Bd du Gén.) . **AY** 15
Foch (Av. du Mar.) . . . . . **AX** 16
Godinière (Bd de la) . . . . **AX** 18
Guérineau (Pl. A.) . . . . **Z** 20
Hôtel-de-Ville (R. de l') . . . . **Z** 22
Joffre (Bd du Mar.) . . . . . **AX** 23
Libération (Av. de la) . . . . **AY** 26
Marne (Av. de la) . . . . **AY** 28
Maudet (Av.) . . . . **Z** 30
Maulévrier (R. de) . . . . . . **BY** 32
Minée (Bd de la) . . . . **BY** 33
Moinie (Bd de la) . . . . **AY** 34
Moine (R. de la) . . . . **Z** 36
Montfort (R. G. de) . . . . . . **Z** 37
Nantaise (R.) . . . . **Z** 39
Nationale (R.) . . . . **Z**
Napoléon Bonaparte (Av.) . . . . **AY** 40
Pasteur (R. L.) . . . . **AX** 42
Poitou (Bd du) . . . . **BX** 43
Pont-de-Pierre (Bd du) . . **AB** 44
Puits-de-l'Aire (R. du) . . . . . **Z** 45
Richard (Bd G.) . . . . **Z** 46
Sables (Av. des) . . . . **AY** 47
Sadi-Carnot (R.) . . . . **BX** 48 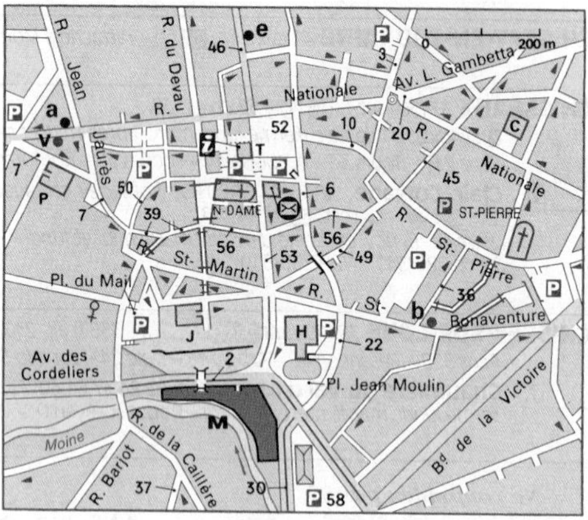
Salberie (R.) . . . . **Z** 49
Sardinerie (R. de la) . . . . **Z** 50
Toutlemonde (R. de) . . . . **BX** 54
Travot (Pl.) . . . . **Z** 52
Travot (R.) . . . . **Z** 53
Vieux-Greniers (R. des) . . . . **Z** 56
8-Mai-1945 (Pl. du) . . . . **Z** 58

CHOLET 49300 M.-et-L. 67 ⑤ ⑥ *G. Châteaux de la Loire – 55 132 h alt. 91.*
Voir Musée d'Art et d'Histoire★ Z **M.**
Office de Tourisme pl. Rougé ☎ 02 41 49 80 00, Fax 02 41 49 80 09.
Paris 350 ① – Angers 61 ① – La Roche-sur-Yon 67 ④ – Ancenis 48 ⑥ – Nantes 58 ⑤.

Plan page ci-contre

Atlantel M, rte Angers ☎ 02 41 71 08 08, *Fax 02 41 71 96 96*, – TV & P – 50. AE GB BX t
(fermé vend. soir et sam. du 15 sept. au 15 mai) – **Repas** 100/245, enf. 60 – 48 – **57 ch** 315/350 – ½ P 353

Grand Hôtel de la Poste, 26 bd G.-Richard ☎ 02 41 62 07 20, *Fax 02 41 58 54 10* – rest, TV – 50. AE GB JCB Z e
fermé 29 juil. au 8 août et 22 déc. au 6 janv. – **Repas** *(fermé dim.)* (90) - 100/330 – 48 – **48 ch** 320/580 – ½ P 350

Parc sans rest, 4 av. A. Manceau ☎ 02 41 62 65 45, *Fax 02 41 58 64 08* – TV – 35. AE GB. AY x
40 – **46 ch** 220/330

Commerce sans rest, 194 r. Nationale ☎ 02 41 62 08 97, *Fax 02 41 62 31 57* – TV. AE GB Z a
30 – **14 ch** 160/290

Touchetière, rd-pt St-Léger ☎ 02 41 62 55 03, *Fax 02 41 58 82 10*, – P. AE GB
fermé 30 juil. au 22 août, sam. midi et dim. soir – **Repas** (95) - 119/295 AX b

Thermidor, 40 r. St-Bonaventure ☎ 02 41 58 55 18, *thermidor@wanadoo.fr, Fax 02 41 58 55 18* – AE GB JCB Z b
fermé 1er au 6 janv., mardi soir et merc. – **Repas** (69) - 95/200, enf. 40

Passé Simple, 181 r. Nationale ☎ 02 41 75 90 06, *Fax 02 41 75 90 06* – AE GB Z v
fermé 5 au 20 août, dim. et lundi – **Repas** 80/180, enf. 55

à Nuaillé *par ① et D 960 : 7,5 km – 1 261 h. alt. 133 – ✉ 49340 :*

Relais des Biches, pl. Église ☎ 02 41 62 38 99, *Fax 02 41 62 96 24*, – TV P. AE GB
fermé 26 juil. au 6 août, lundi midi, sam. midi et dim. – **Repas** 75/145 – 50 – **12 ch** 340/400 – ½ P 365

par ④ *rte de la Roche-sur-Yon – ✉ 49300 Cholet :*

Château de la Tremblaye avec ch, à 5,5 km par N 160 et C 15 ☎ 02 41 58 40 17, *chateau.la.tremblaye@wanadoo.fr, Fax 02 41 58 20 67*, « Château du 19e siècle », – TV P – 50. AE GB
Repas *(fermé dim. soir et lundi midi)* (94) - 125/223 et carte 220 à 320 – 55 – **15 ch** 430/900 – ½ P 496/535

CHOMELIX *43500 H.-Loire 76 ⑦ – 376 h alt. 910.*
Paris 527 – Le Puy-en-Velay 30 – Ambert 44 – Brioude 60 – St-Étienne 69.

Auberge de l'Arzon avec ch, ☎ 04 71 03 62 35, *Fax 04 71 03 61 62* – TV &. GB
Pâques-1er nov. et fermé lundi et mardi sauf juil.-août – **Repas** 98/250 – 40 – **9 ch** 250/360 – ½ P 280/295

CHONAS-L'AMBALLAN *38 Isère 74 ⑪ – rattaché à Vienne.*

CHORANCHE *38680 Isère 77 ③ – 132 h alt. 280.*
Paris 592 – Grenoble 52 – Valence 49 – Villard-de-Lans 20.

Jorjane, ☎ 04 76 36 09 50, *jorjane@free.fr, Fax 04 76 36 00 80*, – . AE GB
fermé lundi – **Repas** 98/130 – 40 – **7 ch** 220/300 – ½ P 245/285

CIBOURE *64 Pyr.-Atl. 85 ② – voir à St-Jean-de-Luz.*

CIEUX *87520 H.-Vienne 72 ⑦ – 943 h alt. 320.*
Syndicat d'Initiative (Mairie) ☎ 05 55 03 33 23, Fax 05 55 03 26 88.
Paris 392 – Limoges 31 – Bellac 17 – Confolens 35 – St-Junien 18.

Auberge La Source, 1 av. Lac ☎ 05 55 03 33 23, *awaldbauer@aol.com, Fax 05 55 03 26 88*, – TV & – 60. GB
fermé 15 janv. au 15 fév. – **Repas** *(fermé dim. soir et lundi sauf juil.-août)* 80 (déj.), 120/315, enf. 40 – 34 – **8 ch** 250/450 – ½ P 275/325

CINQ CHEMINS *74 H.-Savoie* **70** ⑰ *– rattaché à Thonon-les-Bains.*

La CIOTAT *13600 B.-du-R.* **84** ⑭, **114** ㊸ *G. Provence – 30 620 h alt. 3 – Casino* **AZ.**

Voir *Calanque de Figuerolles★ SO : 1,5 km puis 15 mn* **AZ** *– Chapelle N.-D. de la Garde ≤★★ O : 2,5 km puis 15 mn.*

Excurs. *à l'Ile Verte ≤★ en bateau 30 mn* **BZ.**

Office de Tourisme bd A.-France ☏ 04 42 08 61 32, Fax 04 42 08 17 88.

Paris 806 ⑤ – Marseille 31 ⑤ – Toulon 40 ③ – Aix-en-Provence 51 ⑤ – Brignoles 62 ⑤.

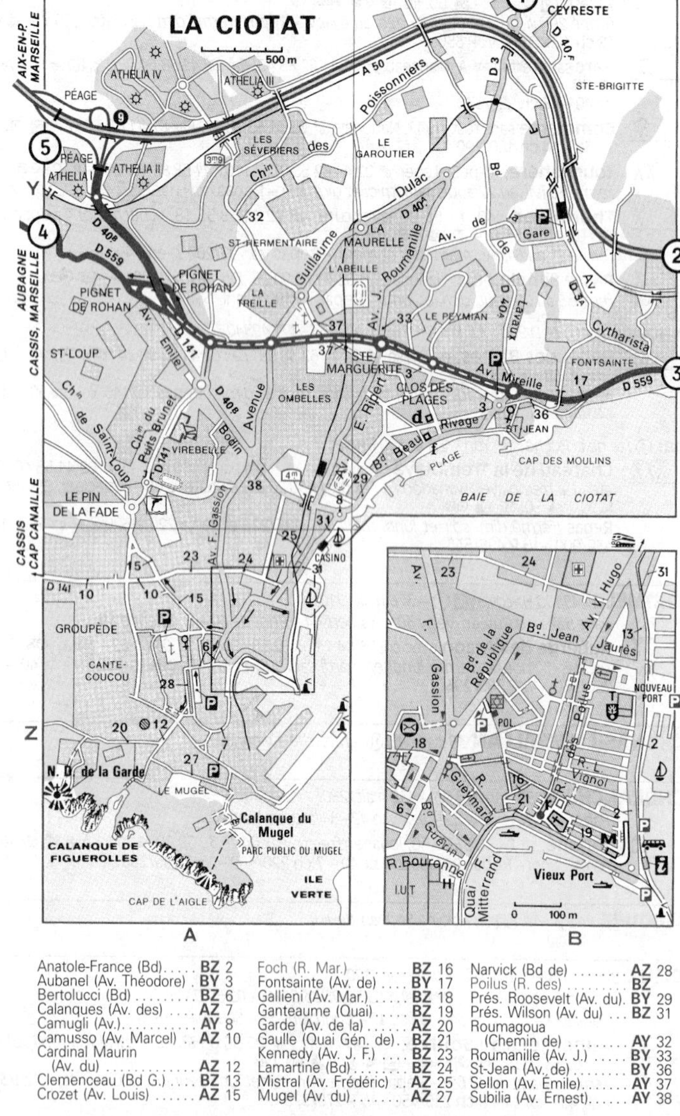

Anatole-France (Bd) . . . . . **BZ** 2
Aubanel (Av. Théodore) . **BY** 3
Bertolucci (Bd) . . . . **BZ** 6
Calanques (Av. des) . . . . **AZ** 7
Camugli (Av.) . . . . **AY** 8
Camusso (Av. Marcel) . . **AZ** 10
Cardinal Maurin (Av. du) . . . . **AZ** 12
Clemenceau (Bd G.) . . . . **BZ** 13
Crozet (Av. Louis) . . . . . . **AZ** 15
Foch (R. Mar.) . . . . **BZ** 16
Fontsainte (Av. de) . . . . **BY** 17
Gallieni (Av. Mar.) . . . . . **BZ** 18
Ganteaume (Quai) . . . . . **BZ** 19
Garde (Av. de la) . . . . . . **AZ** 20
Gaulle (Quai Gén. de) . . **BZ** 21
Kennedy (Av. J. F.) . . . . **BZ** 23
Lamartine (Bd) . . . . **BZ** 24
Mistral (Av. Frédéric) . . **AZ** 25
Mugel (Av. du) . . . . **AZ** 27
Narvick (Bd de) . . . . **AZ** 28
Poilus (R. des) . . . . **BZ**
Prés. Roosevelt (Av. du) . **BY** 29
Prés. Wilson (Av. du) . . . **BZ** 31
Roumagoua (Chemin de) . . . . **AY** 32
Roumanille (Av. J.) . . . . . **BY** 33
St-Jean (Av. de) . . . . **BY** 36
Sellon (Av. Émile) . . . . . . **AY** 37
Subilia (Av. Ernest) . . . . . **AY** 38

Fresque, 18 r. Combattants ✆ 04 42 08 00 60, *catherine.berange@lafresque.com, Fax 04 42 08 00 60,* – GB. BZ r
fermé 26 août au 7 sept., 22 déc. au 15 janv., sam. midi, dim. et fériés – **Repas** 130 (déj.), 195/340

au Clos des Plages – ✉ *13600 La Ciotat :*

Miramar, 3 bd Beaurivage ✆ 04 42 83 33 79, *Fax 04 42 83 33 79,* – P – 20. AE GB JCB. BY f
rest. fermé 26 oct. au 6 nov. et 2 au 8 janvier – **Repas** *(fermé lundi sauf le soir en juil.-août, dim. soir de sept. à juin, merc. midi en juil.-août et sam. midi)* 125/335 – 60 – **24 ch** 590/790 – ½ P 480/530

Provence Plage, 3 av. Provence ✆ 04 42 83 09 61, *Fax 04 42 08 16 28,* – P. AE GB BY d
fermé nov. – **Repas** *(fermé dim. soir d'oct. à mai)* 65 (déj.), 100/160, enf. 55 – 40 – **20 ch** 270/370 – ½ P 260/310

au Liouquet *par ③ et D 559 : 6 km* – ✉ *13600 La Ciotat :*

Ciotel Le Cap, ✆ 04 42 83 90 30, *Fax 04 42 83 04 17,* « Jardin fleuri », – P – 80. AE GB
hôtel : 30 mars-30 nov., rest. : 15 avril-15 nov. et fermé dim. soir – **Repas** 165/295 – 65 – **43 ch** 810/880 – ½ P 650

Corniche, ✆ 04 42 08 12 20, *info@hotelcorniche.com, Fax 04 42 71 68 34,* – P. GB
Repas *(15 juin-15 sept.)* (dîner seul.) 90 – 40 – **12 ch** 380/470 – ½ P 310/355

Auberge Le Revestel avec ch, ✆ 04 42 83 11 06, *Fax 04 42 83 29 50,* – . GB. ch
fermé 19 au 28 nov. et 7 janv. au 13 fév. – **Repas** *(fermé merc. sauf le soir en juil.-août et dim. soir)* (130) - 185/215, enf. 95 – 45 – **6 ch** 330 – ½ P 345

CIRES-LÈS-MELLO *60660 Oise* 56 ① – *3 458 h alt. 39.*
Voir *Commune de la Méridienne verte.*
Paris 58 – Compiègne 46 – Beauvais 32 – Chantilly 17 – Clermont 16 – Creil 11.

Relais du Jeu d'Arc, pl. Jeu d'Arc à Mello, Est : 1 km ✆ 03 44 56 85 00, *Fax 03 44 56 85 19,* « Ancien relais de poste du 17e siècle » – – 40. AE GB.
fermé 30 juil. au 23 août, 24 déc. au 1er janv. et dim. – **Repas** *(fermé dim. soir et lundi)* 98/235 – 42 – **10 ch** 330/450 – ½ P 540

CIRQUE *Voir au nom propre du Cirque.*

CLAIRA *66530 Pyr.-Or.* 86 ⑲ – *2 117 h alt. 10.*
Paris 853 – Perpignan 17 – Millas 34 – Narbonne 60 – Rivesaltes 10.

Baroque, 41 bis av. Agly ✆ 04 68 59 69 33, *Fax 04 68 28 60 11,* – AE GB
fermé dim. soir et lundi du 15 oct. du 1er mars – **Repas** 128/295, enf. 65

CLAIRAC *47320 L.-et-G.* 79 ⑭ – *2 338 h alt. 52.*
Syndicat d'Initiative Mairie 16 pl. Vicoze ✆ 05 53 88 71 59, Fax 05 53 88 71 59.
Paris 606 – Agen 40 – Marmande 24 – Nérac 36.

L'Écuelle d'Or, 22 r. Porte Peinte ✆ 05 53 88 19 78, *Fax 05 53 88 90 77* – AE GB
fermé 4 au 19 mars, 4 au 19 nov., sam. midi, dim. soir et lundi – **Repas** (75) - 95 bc/285, enf. 50

CLAIX *38 Isère* 77 ④ – *rattaché à Grenoble.*

CLAM *17 Char.-Mar.* 71 ⑥ – *rattaché à Jonzac.*

CLAMART *92 Hauts-de-Seine* 60 ⑩, 101 ㉕ – *voir à Paris, Environs.*

CLAMECY *58500 Nièvre* 65 ⑮ *G. Bourgogne* – *5 284 h alt. 144.*
Voir *Église St-Martin★.*
Office de Tourisme r. Grand Marché ✆ 03 86 27 02 51, Fax 03 86 27 20 65.
Paris 208 – Auxerre 42 – Avallon 38 – Cosne-sur-Loire 52 – Dijon 144 – Nevers 69.

Poste, 9 pl. E. Zola ☏ 03 86 27 01 55, *Fax 03 86 27 05 99* – TV – 30. AE GB
Repas 105/198 – 40 – **15 ch** 265/325

Au Bon Accueil, 3 rte Auxerre ☏ 03 86 27 91 67, *langlois.fr@wanadoo.fr* – . GB
fermé 1er au 15 juil., 1er au 10 janv., vacances de fév. – **Repas** *(fermé le soir hors saison, dim. soir de Pâques à nov. et sam.)* 110/180

CLAPIERS *34 Hérault* 83 ⑦ – *rattaché à Montpellier.*

Le CLAUX *15400 Cantal* 76 ③ – *293 h alt. 1080.*
Voir *Cascade du Sartre*★ *N : 4 km* **G. Auvergne.**
Paris 520 – Aurillac 51 – Mauriac 51 – Murat 24.

Peyre-Arse, ☏ 04 71 78 93 32, *cantallogisdefrance@wanadoo.fr, Fax 04 71 78 90 37*, ←, , – P – 50. GB
Repas 80/160, enf. 48 – 40 – **28 ch** 300 – 1/2 P 280

Les CLAUX *05 H.-Alpes* 77 ⑱ – *rattaché à Vars.*

La CLAYETTE *71800 S.-et-L.* 69 ⑰ ⑱ *G. Bourgogne – 2 307 h alt. 369.*
Voir *Château de Drée*★ *N : 4 km.*
Office de Tourisme 3 rte de Charolles ☏ 03 85 28 16 35, Fax 03 85 26 87 25.
Paris 379 – Mâcon 56 – Charolles 20 – Lapalisse 63 – Lyon 88 – Roanne 41.

Gare avec ch, ☏ 03 85 28 01 65, *Fax 03 85 28 03 13*, , , – TV P. GB
fermé fév., dim. soir et lundi sauf juil.-août – **Repas** 105/195, enf. 60 – 40 – **8 ch** 265/400 – 1/2 P 260/320

CLÉCY *14570 Calvados* 55 ⑪ *G. Normandie Cotentin – 1 182 h alt. 100.*
Env. *Croix de la Faverie*★.
Paris 266 – Caen 40 – Condé-sur-Noireau 11 – Falaise 29 – Flers 23 – Vire 36.

Moulin du Vey (Annexes Manoir du Placy à 400 m et, Relais de Surosne à 3 km) - Est : 2 km par D 133 ☏ 02 31 69 71 08, *reservations@moulinduvey.com, Fax 02 31 69 14 14*, ←, , « Parc au bord de l'Orne », – TV P – 80. AE GB JCB
fermé 30 nov. au 1er fév. – **Repas** *(fermé dim. soir du 15 nov. au 30 mars)* 140/390, enf. 90 – 56 – **25 ch** 420/585 – 1/2 P 500/560

Auberge du Chalet de Cantepie, à Cantepie, Nord : 1 km ☏ 02 31 69 88 88, *auberge .cantepie@wanadoo.fr, Fax 02 31 69 66 72*, , – P. AE GB
fermé 15 janv. au 6 fév., dim. soir et lundi sauf fériés – **Repas** 98/189, enf. 65

CLÉDEN-CAP-SIZUN *29770 Finistère* 58 ⑬ – *1 181 h alt. 30.*
Voir *Pointe de Brézellec* ←★ *N : 2 km*, **G. Bretagne.**
Paris 613 – Quimper 47 – Audierne 10 – Douarnenez 28.

L'Étrave, rte Pointe du Van sur D 7 : 2 km ☏ 02 98 70 66 87, ←, – P. GB
1er avril-1er oct. et fermé mardi sauf midi en juil.-août et merc. – **Repas** 95/285, enf. 40

CLELLES *38930 Isère* 77 ⑭ – *345 h alt. 746.*
Paris 619 – Gap 75 – Die 48 – Grenoble 52 – La Mure 29 – Serres 59.

Ferrat, ☏ 04 76 34 42 70, *Fax 04 76 34 47 47*, ←, , , – TV P. GB
30 mars-30 nov. et fermé mardi hors saison – **Repas** 120/200, enf. 60 – 35 – **23 ch** 210/320 – 1/2 P 330/350

CLÈRES *76690 S.-Mar.* 52 ⑭ *G. Normandie Vallée de la Seine – 1 254 h alt. 113.*
Voir *Parc zoologique*★.
Office de Tourisme (saison) 59 av. du Parc ☏ 02 35 33 38 64, Fax 02 35 33 38 64.
Paris 160 – Rouen 29 – Dieppe 45 – Forges-les-Eaux 35 – Neufchâtel-en-Bray 36 – Yvetot 37.

à Frichemesnil *Nord-Est : 4 km par D 6 et D 100 – 406 h. alt. 150 – ✉ 76690 :*

Au Souper Fin avec ch, ☏ 02 35 33 33 88, *Fax 02 35 33 50 42*, , – TV . GB. ch
fermé 16 août au 6 sept., dim. soir d'oct. à avril, merc. soir et jeudi – **Repas** 98/280, enf. 60 – 40 – **3 ch** 280/320 – 1/2 P 300

CLERGOUX 19320 Corrèze 75 ⑩ – 367 h alt. 520.

Paris 499 – Brive-la-Gaillarde 47 – Mauriac 46 – St-Céré 71 – Tulle 21 – Ussel 47.

Chammard sans rest, ☎ 05 55 27 76 04, – P.
24 – **15 ch** 160/210

CLERMONT 60600 Oise 56 ① *G. Picardie Flandres Artois – 8 934 h alt. 125.*

Office de Tourisme (fermé lundi et mardi) pl. de l'Hôtel-de-Ville ☎ 03 44 50 40 25, Fax 03 44 50 40 25.

Paris 78 – Compiègne 35 – Amiens 84 – Beauvais 27 – Mantes-la-Jolie 96 – Pontoise 56.

à Gicourt-Agnetz *Ouest : 2 km par ancienne rte de Beauvais – ✉ 60600 Agnetz :*

XX **Auberge de Gicourt,** 466 av. Forêt de Hez ☎ 03 44 50 00 31, *Fax 03 44 50 42 29,* – AE GB
fermé 1er au 15 août, dim. soir, merc.soir et lundi – **Repas** 110 (déj.), 198/250 ♀, enf. 60

à Étouy *Nord-Ouest : 7 km par D 151 – 814 h. alt. 85 – ✉ 60600 :*

XXX **L'Orée de la Forêt** (Leclercq), 255 r. Forêt ☎ 03 44 51 65 18, *Fax 03 44 78 92 11,* – P. AE GB.
fermé 16 août au 16 sept., 2 au 10 janv., dim. soir, vend. et les soirs fériés – **Repas** 130/380 et carte 350 à 430
Spéc. Escalopes de foie gras de canard au jus de betterave. Pigeonneau rôti à la badiane. Millefeuille vanillé.

CLERMONT-DESSOUS 47130 T.-et-G. 79 ⑭ – 643 h alt. 40.

Paris 701 – Agen 21 – Marmande 47 – Nérac 22 – Villeneuve-sur-Lot 36.

X **Marmite,** le bourg ☎ 05 53 67 40 72, *Fax 05 53 67 40 72,* ←, – GB
fermé 11 au 21 nov., 3 au 14 janv., mardi soir sauf juil.-août et merc. – **Repas** 110 (déj.), 130/290 bc ♀, enf. 60

CLERMONT-EN-ARGONNE 55120 Meuse 56 ⑳ *G. Champagne Ardenne – 1 794 h alt. 229.*

Paris 237 – Bar-le-Duc 47 – Dun-sur-Meuse 41 – Ste-Menehould 15 – Verdun 30.

XX **Bellevue** avec ch, r. Libération ☎ 03 29 87 41 02, *Fax 03 29 88 46 01,* , – TV P. AE GB. ch
fermé 23 déc. au 5 janv. – **Repas** 85/240 ♀, enf. 50 – 39 – **7 ch** 240/300 – 1/2 P 270

CLERMONT-FERRAND P 63000 P.-de-D. 73 ⑭ *G. Auvergne – 136 181 h Agglo. 254 416 h alt. 401.*

Voir *Le Vieux Clermont★★* **EFVX** *: Basilique de N.-D.-du-Port★★ (choeur★★★), Cathédrale★★ (vitraux★★), fontaine d'Amboise★, cour★ de la maison de Savaron* **EV** *– Cour★ dans le Musée du Ranquet* **EV M**[1] *– musée Bargoin★* **FX** *– Le Vieux Montferrand★★ : Hôtel de Lignat★, Hôtel de Fontenilhes★, Maison de l'Éléphant★, cour★ de l'hôtel Regin, porte★ de l'hôtel d'Albiat, – Bas-relief★ de la Maison d'Adam et d'Ève – Musée des Beaux-Arts★★ – Belvédère de la D 941A ←★★* **AY.**

Env. *Puy de Dôme ★★★ 15 km par ⑥ – Vulcania (Centre Européen du Vulcanisme).*

Circuit automobile de Clermont-Ferrand-Charade AZ.

de Clermont-Ferrand-Auvergne : ☎ 04 73 62 71 00 par D 766 **CY** *: 6 km.*

Office de Tourisme pl. de la Victoire ☎ 04 73 98 65 00, Fax 04 73 90 04 11, à la Gare SNCF ☎ 04 73 91 87 89 et (saison) pl. de Jaude.

Paris 425 ② – Lyon 170 ③ – Moulins 105 ① – St-Étienne 148 ③.

Plans pages suivantes

Mercure Gergovie M, 82 bd F. Mitterrand ☎ 04 73 34 46 46, *h1224@accor-hotels.com, Fax 04 73 34 46 36,* – TV – 100. AE GB EX v
Repas *(fermé sam. midi et dim. midi)* 135/200 ♀, enf. 55 – 65 – **123 ch** 585/630

Novotel M, Z.I. du Brézet, r. G. Besse ✉ 63100 ☎ 04 73 41 14 14, *h1175@accor-hotels.com, Fax 04 73 41 14 00,* , , – TV P – 100. AE GB CY a
Repas 110/140 ♀, enf. 50 – 61 – **96 ch** 560/620

des Puys, pl. Delille ☎ 04 73 91 92 06, *clermont@hoteldespuys.com, Fax 04 73 91 60 25,* – , rest, TV – 15 à 60. AE GB JCB FV m
Repas (56) - 98 (déj.), 130/260 – 58 – **57 ch** 465/560

Holiday Inn Garden Court M, 59 bd F. Mitterrand ☎ 04 73 17 48 48, *higcclermont@alliance-hotellerie.fr, Fax 04 73 35 58 47* – TV – 15 à 50. AE GB JCB EX a
Repas (68) - 95/115 , enf. 45 – 60 – **94 ch** 540

Coubertin M, 25 av. Libération ☎ 04 73 93 22 22, *Fax 04 73 34 88 66,* – TV – 35. AE GB EX m
Repas *(fermé dim. midi et sam.)* 95/140 ♀ – 60 – **81 ch** 455/495

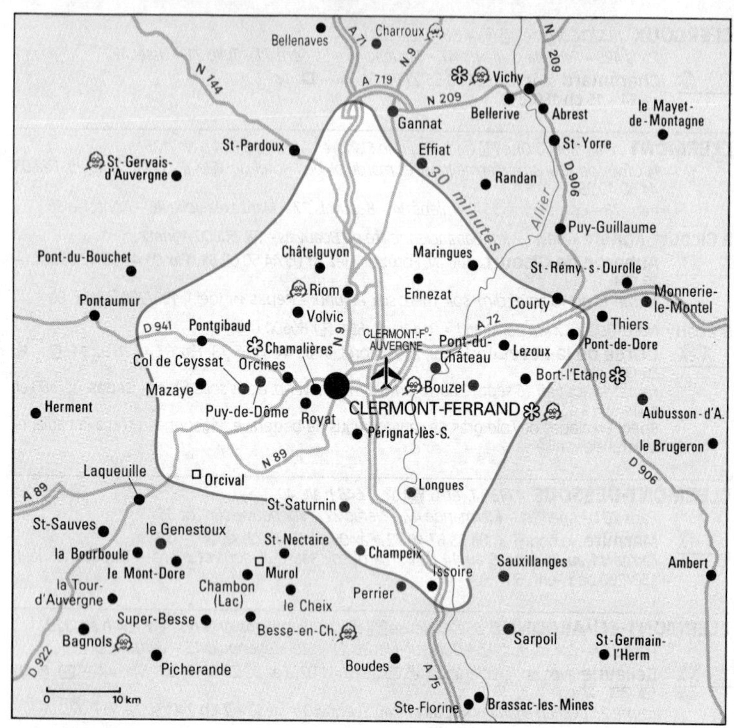

Kyriad, 51 bd Bonnabaud ✆ 04 73 93 59 69, *Fax 04 73 34 89 29* – 🛗 TV 🚗 – 🏫 15 à 50. AE ⓓ GB JCB. ✗ rest — EX e
Repas *(fermé sam. et dim.)* (63) - 83/103 🍷, enf. 39 – ☕ 40 – **80 ch** 295/360 – ½ P 245/265

Lafayette sans rest, 53 av. Union Soviétique ✆ 04 73 91 82 27, *hotel-le-lafayette@massif central.net, Fax 04 73 91 17 26* – 🛗 TV ✆ P. AE ⓓ GB — GV a
☕ 49 – **48 ch** 350/450

Dav'Hôtel Jaude M sans rest, 10 r. Minimes ✆ 04 73 93 31 49, *dav.hotel@wanadoo.fr, Fax 04 73 34 38 16* – 🛗 TV ✆. AE GB — EV f
☕ 39 – **28 ch** 260/300

Marmotel, Plateau St-Jacques près du CHRU, bd W. Churchill ✆ 04 73 26 24 55, *Fax 04 73 27 99 57*, 🌂, 🏋 – 🛗 TV ♿ P – 🏫 15 à 80. AE ⓓ GB — BZ h
Repas snack *(fermé sam. midi et dim. midi)* 98/115 🍷 – ☕ 45 – **87 ch** 295/370 – ½ P 283

Bordeaux sans rest, 39 av. F. Roosevelt ✆ 04 73 37 32 32, *Fax 04 73 31 40 56* – 🛗 TV ✆ 🚗. AE GB. ✗ – ☕ 32 – **32 ch** 180/320 — DX w

Albert-Élisabeth sans rest, 37 av. A. Élisabeth ✆ 04 73 92 47 41, *hotel-albert-elisabeth@ massifcentral.net, Fax 04 73 90 78 32* – 🛗 TV ✆. AE ⓓ GB — GV v
☕ 39 – **38 ch** 265/295

République M, 97, av. République ✉ 63100 ✆ 04 73 91 92 92, *Fax 04 73 90 21 88*, 🌂 – 🛗 ⇔ TV ♿ P – 🏫 60. AE ⓓ GB — BY n
Repas *(fermé sam. midi et dim.)* 95/140 🍷, enf. 45 – ☕ 40 – **55 ch** 310/330 – ½ P 270

Beaulieu sans rest, 13 av. Paulines ✆ 04 73 92 46 99, *Fax 04 73 90 47 02* – 🛗 cuisinette TV ✆ P. GB – ☕ 30 – **21 ch** 220/270 — FX y

XXX ✿ **Emmanuel Hodencq,** pl. Marché St-Pierre (1er étage) ✆ 04 73 31 23 23, *hodencq@nat. fr, Fax 04 73 31 36 00*, 🌂 – ▤. AE GB — EV a
fermé 13 août au 3 sept., vacances de fév., sam. midi, dim. soir et lundi – **Repas** 160/320 et carte 350 à 520 🍷
Spéc. Escalope de foie gras de canard. Turbot rôti à l'infusion de laurier. Tartelette amandine aux figues et raisins.

XXX **Clavé,** 12 r. St-Adjutor ☎ 04 73 36 46 30, *Fax 04 73 31 30 74*, – AE GB JCB EV k
fermé dim. – **Repas** 160 (déj.), 210/430 et carte 390 à 520 ♀, enf. 80

XX **Gérard Anglard,** 17 r. Lamartine ☎ 04 73 93 52 25, *Fax 04 73 93 29 25*, – ▤. AE GB
fermé 12 au 26 août, sam. midi et dim. – **Repas** 110 (déj.), 180/310 EX r

XX **Gérard Truchetet,** rd-pt La Pardieu ☎ 04 73 27 74 17, *Fax 04 73 27 74 17*, – ▤. AE GB CZ r
fermé 6 au 27 août, sam. midi et dim. sauf fériés – **Repas** 115/240 ♀

XX **L'Alambic,** 6 r. Ste-Claire ☎ 04 73 36 17 45 – GB EV v
fermé vacances de printemps, en août, lundi midi, merc. midi et dim. – **Repas** 132/172 ♀

X **Brasserie Danielle Bath,** pl. Marché St-Pierre (rez-de-chaussée) ☎ 04 73 31 23 22, *restaurant.bath@wanadoo.fr, Fax 04 73 31 08 33*, , bistrot – ▤. GB EV e
fermé 27 août au 10 sept., vacances de fév., dim., lundi et fériés – **Repas** 130 ♀

X **5 Claire,** 5 r. Ste-Claire ☎ 04 73 37 10 31, *Fax 04 73 36 49 12* – GB EV x
fermé 7 au 30 août, 15 au 28 fév., dim. et lundi – **Repas** 110 (déj.), 170/250 ♀

X **Terroir,** 16 r. Préfecture ☎ 04 73 37 47 13, *Fax 04 73 37 47 13* – AE GB EVX z
fermé 24 au 30 juin, 24 fév. au 3 mars, lundi soir et dim. – **Repas** 57 (déj.), 73/109 ♀, enf. 38

à Chamalières – *17 301 h. alt. 450* – ✉ *63400* :

Radio ⑤, 43 av. P.-Curie ☎ 04 73 30 87 83, *hotel-radio@wanadoo.fr, Fax 04 73 36 42 44*, ≤, « Cadre "Art Déco" », – |♦|, ▤ rest, TV ☎ P – 🔺 40. AE GB
fermé 5 au 14 nov. et 2 au 25 janv. – **Repas** *(fermé dim. sauf midi fériés, sam. midi et lundi midi)* 170/460 et carte 260 à 540 ♀ – ☕ 60 – **26 ch** 350/780 – 1/2 P 505/635 Plan de Royat B w
Spéc. Bouchées "vapeur" de langoustines bretonnes. Coquelet en cocotte lutée, foie gras et cardamone. Macaron pistache. **Vins** Saint-Pourçain blanc et rouge.

Europe Hôtel sans rest, 29 av. Royat ☎ 04 73 37 61 35, *Fax 04 73 31 16 59* – |♦| TV ☎ . GB AY e
fermé 5 au 25 août – ☕ 44 – **34 ch** 260/370

X **Gravière,** 22 r. Pont Gravière ☎ 04 73 36 99 35, *Fax 04 73 36 99 35* – GB AY d
fermé 15 juil. au 28 août, dim. soir et lundi – **Repas** 98/188

à l'aéroport d'Aulnat *par D 769* CY – ✉ *63610 Aulnat* :

Kyriad, ☎ 04 73 60 42 80, *Fax 04 73 90 12 33* – ▤ TV ♿ P – 🔺 25. AE GB
Repas *(75)* - 87/120 ♀, enf. 45 – ☕ 38 – **42 ch** 320

à Pérignat-lès-Sarliève : *8 km* – *1 716 h. alt. 364* – ✉ *63170* :

Voir *Plateau de Gergovie*★ : ※★★ *S : 8 km.*

Hostellerie St-Martin ⑤, ☎ 04 73 79 81 00, *reception@hostellerie-st-martin.com, Fax 04 73 79 81 01*, ≤, , « Parc », , , – |♦| TV ☎ ♿ P – 🔺 40 à 100. AE GB
Repas *(fermé dim. soir du 1er nov. au 31 mars)* 125/285 – ☕ 55 – **34 ch** 420/850 – 1/2 P 390/1030 CZ s

X **Pescalune** avec ch, r. J. Jaurès ☎ 04 73 79 11 22, *Fax 04 73 79 09 30*, – AE GB
fermé 6 au 26 août, vacances de fév., sam. midi, dim. soir et lundi – **Repas** 110/290 – ☕ 30 – **3 ch** 150/180 – 1/2 P 200 CZ e

rte de La Baraque *vers* ⑥ – ✉ *63830 Durtol* :

XXXX **Bernard Andrieux,** ☎ 04 73 19 25 00, *Fax 04 73 19 25 04* – ▤ P. AE GB JCB.
fermé 1er au 6 mai, 28 juil. au 20 août et vacances de fév. – **Repas** *(fermé lundi d'oct. à juin, dim. midi de juil. à sept., sam. midi et dim. soir)* 160/460 et carte 330 à 510 AY f
Spéc. Saumon mi-cuit au vin de Madargues. Blanc de bar sauvage rôti. Gros sablé aux noisettes et framboises (mai à sept.). **Vins** Madargues.

à Orcines *par* ⑥ : *8 km* – *2 873 h. alt. 810* – ✉ *63870* :

Hostellerie les Hirondelles, ☎ 04 73 62 22 43, *Fax 04 73 62 19 12*, – TV ☎ ♿ P – 🔺 25. GB
fermé 25 au 31 déc., fév., dim. soir et lundi midi d'oct. à avril – **Repas** 92/185, enf. 50 – ☕ 40 – **18 ch** 250/300 – 1/2 P 240/260

au sommet du Puy-de-Dôme *par* ⑥ : *13 km* – ✉ *63870 Orcines* :

XX **Mont Fraternité,** ☎ 04 73 62 23 00, *Fax 04 73 62 10 30*, ≤ volcans et Sancy – GB
début avril-1er nov. – **Repas** *(fermé le soir en avril et oct.)* 130/200 ♀ - ***Brasserie*** *(1er mai-30 sept.)* **Repas** *(68)*-89/110 ♀, enf. 45

au col de Ceyssat *par* ⑥ *et rte du Puy-de-Dôme : 12 km* – *424 h. alt. 800* – ✉ *63810 Orcines* :

X **Auberge des Muletiers,** ☎ 04 73 62 25 95, *Fax 04 73 62 28 03*, – P. GB
fermé 25 au 29 juin, 1er au 19 déc., 7 au 23 janv., mardi sauf juil.-août et lundi – **Repas** 125/260, enf. 45

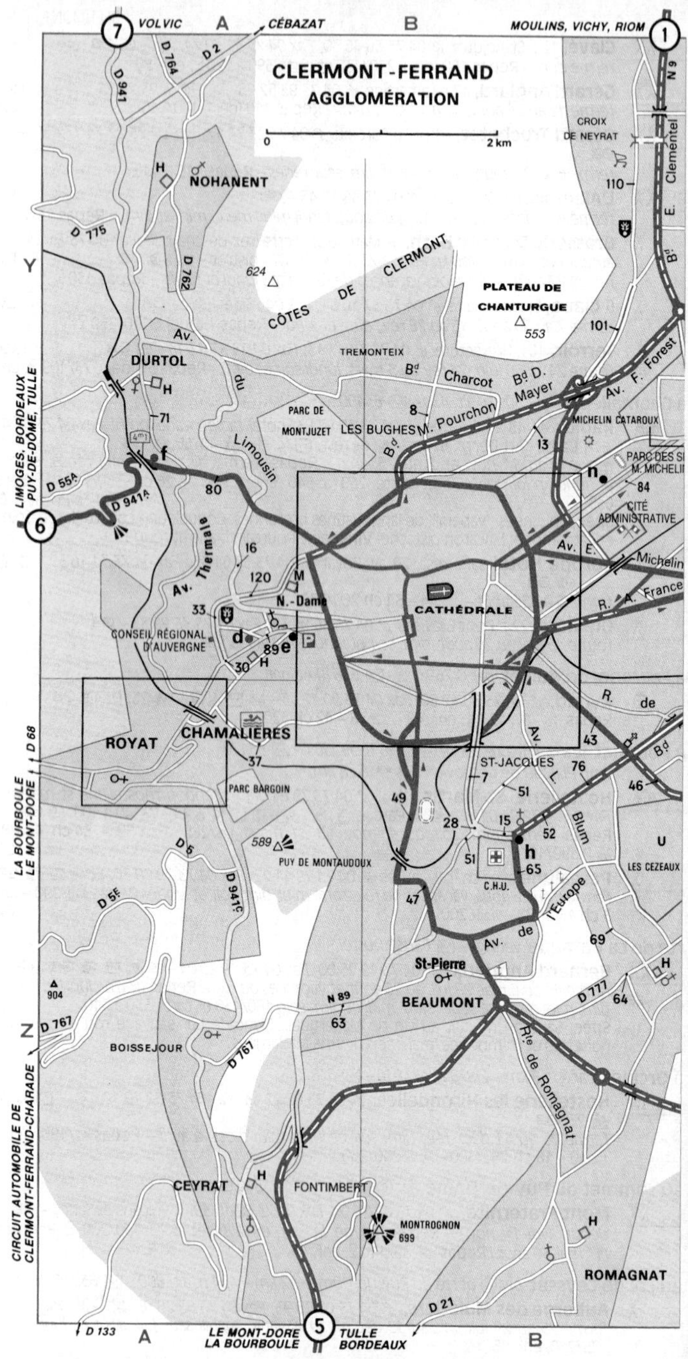

CLERMONT-FERRAND
AGGLOMÉRATION
0
2 km
VOLVIC
CÉBAZAT
MOULINS, VICHY, RIOM
LIMOGES, BORDEAUX
PUY-DE-DÔME, TULLE
LA BOURBOULE
LE MONT-DORE
CIRCUIT AUTOMOBILE DE
CLERMONT-FERRAND-CHARADE
LE MONT-DORE
LA BOURBOULE
TULLE
BORDEAUX
NOHANENT
DURTOL
CÔTES DE CLERMONT
PLATEAU DE
CHANTURGUE
TREMONTEIX
PARC DE
MONTJUZET
LES BUGHES
CROIX
DE NEYRAT
MICHELIN CATAROUX
PARC DES SP
M. MICHELIN
CITÉ
ADMINISTRATIVE
CATHÉDRALE
N.-Dame
CONSEIL RÉGIONAL
D'AUVERGNE
ROYAT
CHAMALIÈRES
PARC BARGOIN
PUY DE MONTAUDOUX
ST-JACQUES
C.H.U.
LES CEZEAUX
St-Pierre
BEAUMONT
BOISSEJOUR
CEYRAT
FONTIMBERT
MONTROGNON
699
ROMAGNAT

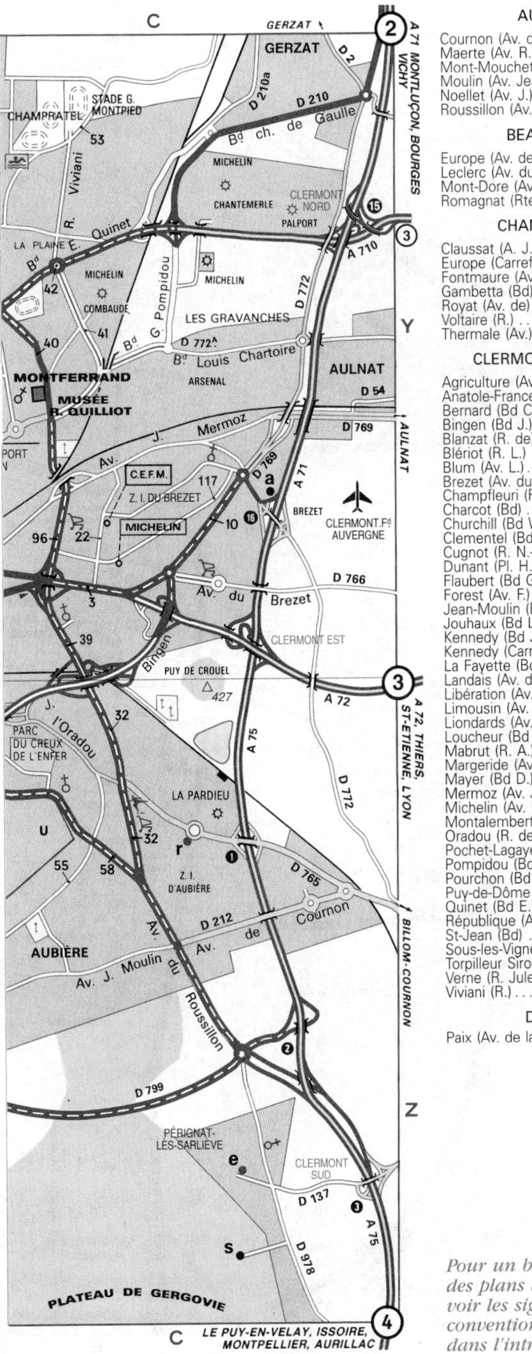

AUBIÈRE

Cournon (Av. de) . . . . **CZ**
Maerte (Av. R.) . . . . **CZ** 55
Mont-Mouchet (Av. du) . . . **BZ** 64
Moulin (Av. Jean) . . . . **CZ**
Noellet (Av. J.) . . . . **BZ** 69
Roussillon (Av. du) . . . . **CZ**

BEAUMONT

Europe (Av. de l') . . . . **BZ**
Leclerc (Av. du Gén.) . . . . . **BZ** 47
Mont-Dore (Av. du) . . . . . **ABZ** 63
Romagnat (Rte de) . . . . . . **BZ**

CHAMALIÈRES

Claussat (A. J.) . . . . **AY** 16
Europe (Carref. de l') . . . . . **AY** 30
Fontmaure (Av. de) . . . . . . **AY** 33
Gambetta (Bd) . . . . **AZ** 37
Royat (Av. de) . . . . **AY** 89
Voltaire (R.) . . . . **AY** 120
Thermale (Av.) . . . . **AY**

CLERMONT-FERRAND

Agriculture (Av. de l') . . . . **CY** 3
Anatole-France (R.) . . . . . . **BY**
Bernard (Bd Cl.) . . . . **BZ** 7
Bingen (Bd J.) . . . . **BCYZ**
Blanzat (R. de) . . . . **BY** 8
Blériot (R. L.) . . . . **CY** 10
Blum (Av. L.) . . . . **BZ**
Brezet (Av. du) . . . . **CY**
Champfleuri (R. de) . . . . . . **BY** 13
Charcot (Bd) . . . . **BY**
Churchill (Bd Winston) . . . **BZ** 15
Clementel (Bd E.) . . . . **BY**
Cugnot (R. N.-J.) . . . . **CY** 22
Dunant (Pl. H.) . . . . **BZ** 28
Flaubert (Bd G.) . . . . **CZ** 32
Forest (Av. F.) . . . . **BY**
Jean-Moulin (Bd) . . . . **CY** 39
Jouhaux (Bd L.) . . . . **CY** 40
Kennedy (Bd J.-F.) . . . . **CY** 41
Kennedy (Carref.) . . . . **CY** 42
La Fayette (Bd) . . . . **BZ** 43
Landais (Av. des) . . . . **BCZ** 46
Libération (Av. de la) . . . . . **BZ** 49
Limousin (Av. du) . . . . **AY**
Liondards (Av. des) . . . . . . **BZ** 51
Loucheur (Bd Louis) . . . . . **BZ** 52
Mabrut (R. A.) . . . . **CY** 53
Margeride (Av. de la) . . . . . **CZ** 58
Mayer (Bd D.) . . . . **BY**
Mermoz (Av. J.) . . . . **CY**
Michelin (Av. Edouard) . . . **BY**
Montalembert (R.) . . . . **BZ** 64
Oradou (R. de l') . . . . **BCZ**
Pochet-Lagaye (Bd P.) . . . . **BZ** 76
Pompidou (Bd G.) . . . . **CY**
Pourchon (Bd M.) . . . . **BY**
Puy-de-Dôme (Av. du) . . . . **AY** 80
Quinet (Bd E.) . . . . **CY**
République (Av. de la) . . . . **BY** 84
St-Jean (Bd) . . . . **CY** 96
Sous-les-Vignes (R.) . . . . . **BY** 101
Torpilleur Sirocco (R. du) . **BY** 110
Verne (R. Jules) . . . . **CY** 117
Viviani (R.) . . . . **CY**

DURTOL

Paix (Av. de la) . . . . **AY** 71

Pour un bon usage des plans de villes, voir les signes conventionnels dans l'introduction

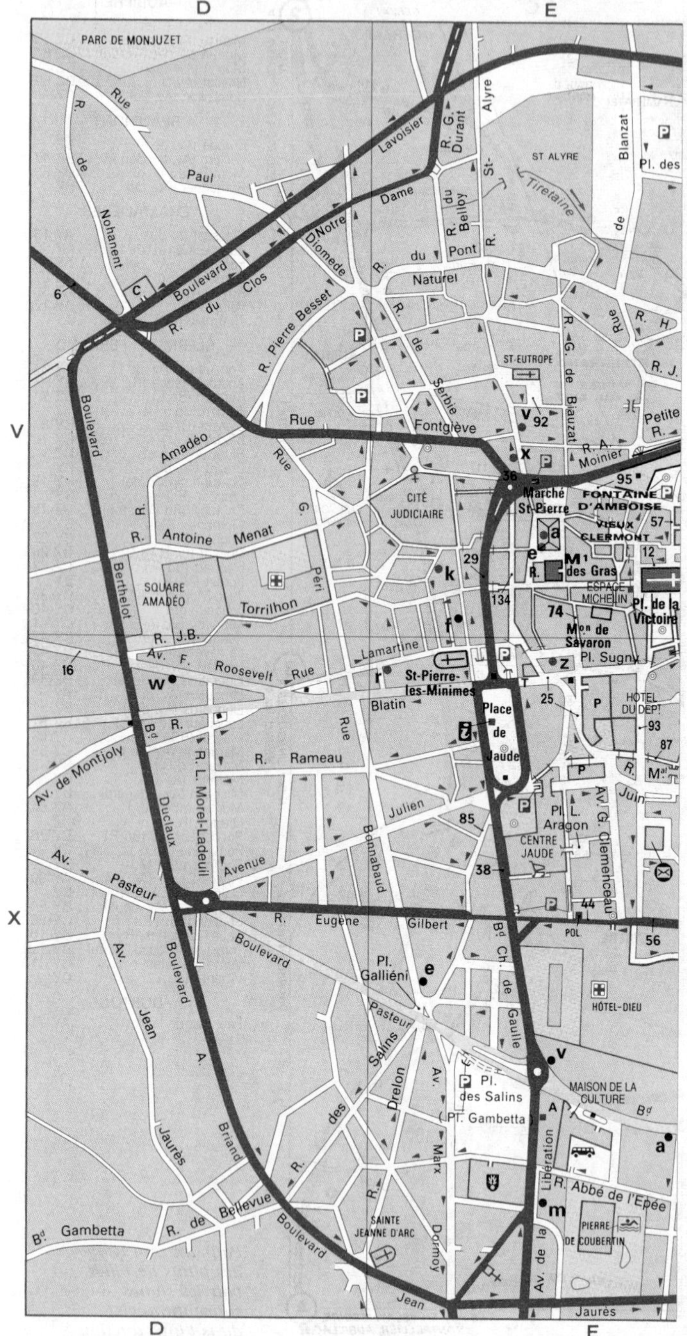
D
E
PARC DE MONJUZET
ST ALYRE
ST-EUTROPE
CITÉ JUDICIAIRE
SQUARE AMADÉO
Marché St-Pierre
FONTAINE D'AMBOISE
VIEUX CLERMONT
des Gras
ESPACE MICHELIN
Pl. de la Victoire
Mon de Savaron
Pl. Sugny
St-Pierre-les-Minimes
Place de Jaude
HOTEL DU DEPT
Pl. L. Aragon
CENTRE JAUDE
Pl. Galliéni
HÔTEL-DIEU
MAISON DE LA CULTURE
Pl. des Salins
(Pl. Gambetta)
SAINTE JEANNE D'ARC
PIERRE DE COUBERTIN
V
X
Bd Gambetta
Av. Pasteur
Av. de Montjoly
Av. F. Roosevelt
Bd Ch. de Gaulle
Av. de la Libération
R. Abbé de l'Epée
Jean Jaurès

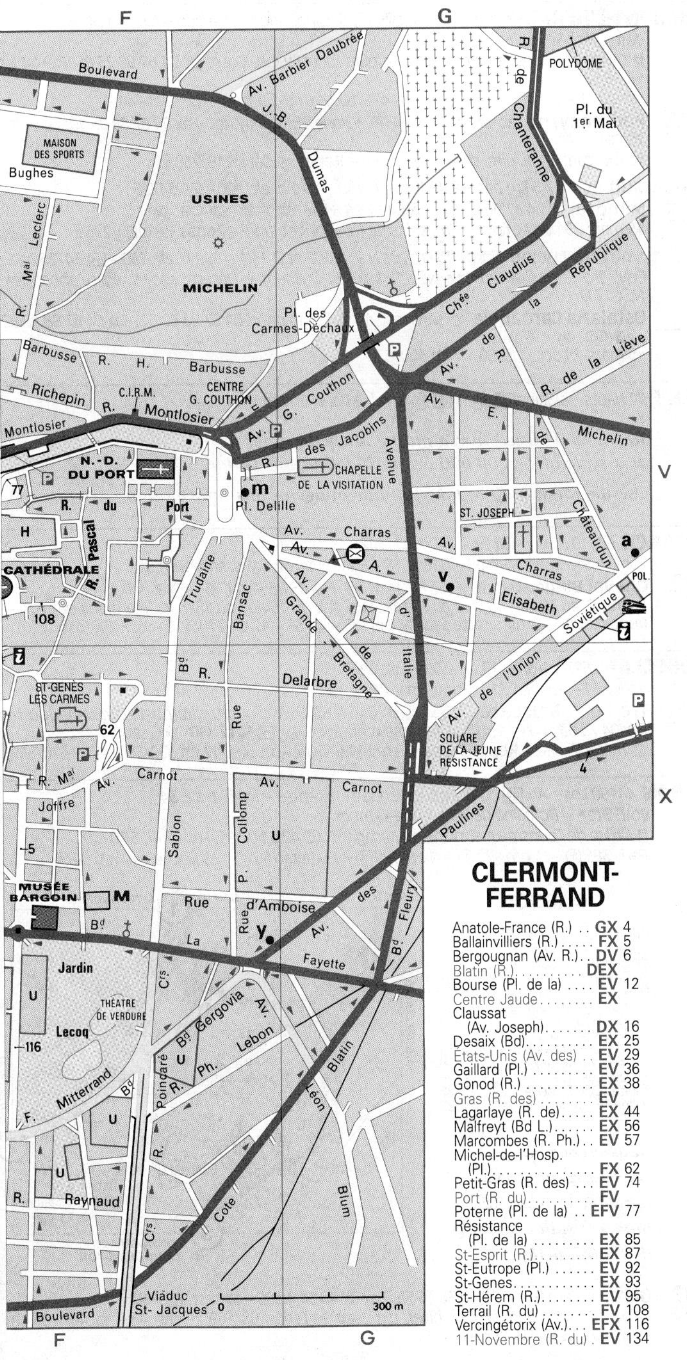

CLERMONT-FERRAND

Anatole-France (R.) .. GX 4
Ballainvilliers (R.) ..... FX 5
Bergougnan (Av. R.) .. DV 6
Blatin (R.) .... DEX
Bourse (Pl. de la) .... EV 12
Centre Jaude .... EX
Claussat
(Av. Joseph) .... DX 16
Desaix (Bd) .... EX 25
États-Unis (Av. des) .. EV 29
Gaillard (Pl.) .... EV 36
Gonod (R.) .... EX 38
Gras (R. des) .... EV
Lagarlaye (R. de) ..... EX 44
Malfreyt (Bd L.) ...... EX 56
Marcombes (R. Ph.) .. EV 57
Michel-de-l'Hosp.
(Pl.) .... FX 62
Petit-Gras (R. des) ... EV 74
Port (R. du) .... FV
Poterne (Pl. de la) .. EFV 77
Résistance
(Pl. de la) .... EX 85
St-Esprit (R.) .... EX 87
St-Eutrope (Pl.) ...... EV 92
St-Genes .... EX 93
St-Hérem (R.) .... EV 95
Terrail (R. du) .... FV 108
Vercingétorix (Av.) ... EFX 116
11-Novembre (R. du) . EV 134

CLERMONT-L'HÉRAULT *34800 Hérault* 83 ⑤ *G. Languedoc Roussillon – 6 041 h alt. 92.*

Voir *Église St-Paul*★.

Office de Tourisme (fermé dim. et jours fériés) 9 r. R.-Gosse ☎ *04 67 96 23 86, Fax 04 67 96 98 58.*

Paris 721 – Montpellier 42 – Béziers 47 – Lodève 19 – Pézenas 22 – Sète 44.

XX **Fontenay,** rte Lac ☎ 04 67 88 04 06, *valerie@fontenay.net, Fax 04 67 88 03 40,* – P. GB

fermé, sam. midi, dim. soir et merc. soir – **Repas** 78 (déj.), 118/230 ♀

à **St-Guiraud** *Nord : 7,5 km par N 9, N 109 et D 130^E – 171 h. alt. 120 – ✉ 34725 :*

XX **Mimosa,** ☎ 04 67 96 67 96, *Fax 04 67 96 61 15,* – . GB.

15 mars-29 oct. et fermé dim. soir sauf juil.-août et lundi – **Repas** 195 (déj.)/295 ♀

à **St-Saturnin-de-Lucian** *Nord : 10 km par N 9, N 109 et D 130^E – 199 h. alt. 150 – ✉ 34725 :*

Env. *Grotte de Clamouse*★★ *NE : 12 km – St-Guilhem-le-Désert : site*★★, *église abbatiale*★ *NE : 17 km.*

Ostalaria Cardabela sans rest, 10 pl. Fontaine ☎ 04 67 88 62 62, *Fax 04 67 88 62 82* – GB.

15 mars-29 oct. – 60 – **7 ch** 350/520

CLICHY *92 Hauts-de-Seine* 55 ⑳, 101 ⑮ – *voir à Paris, Environs.*

Towns underlined in red on the ***Michelin maps*** *at a scale of 1 : 200 000 are included in this Guide.*

Use the latest map to take full advantage of this information.

CLIMBACH *67510 B.-Rhin* 57 ⑲ *– 480 h alt. 347.*

Paris 475 – Strasbourg 63 – Bitche 38 – Haguenau 30 – Wissembourg 9.

XX **Cheval Blanc** avec ch, ☎ 03 88 94 41 95, *Fax 03 88 94 21 96* – TV P. GB

fermé 1er au 10 juil., 15 janv. au 15 fév., dim. soir du 15 nov. au 15 mars, mardi soir et merc. – **Repas** 95/170 et dim. carte seul., enf. 55 – 38 – **12 ch** 270/315 – ½ P 290/310

CLIOUSCLAT *26270 Drôme* 77 ⑫ *– 558 h alt. 235.*

Paris 591 – Valence 31 – Montélimar 24.

Treille Muscate , ☎ 04 75 63 13 10, *latreillemuscate@wanadoo.fr, Fax 04 75 63 10 79,* ≤, , « Terrasse ombragée » – TV P. GB. rest

1er mars-15 déc. – **Repas** *(fermé merc.)* 148/170 ♀ – 50 – **12 ch** 350/650 – ½ P 370/545

CLISSON *44190 Loire-Atl.* 67 ④ *G. Poitou Vendée Charentes – 5 495 h alt. 34.*

Voir *Site*★ *– Domaine de la Garenne-Lemot*★.

Office de Tourisme r. et plage du Minage ☎ *02 40 54 02 95, Fax 02 40 54 07 77.*

Paris 385 ① – Nantes 29 ① – Niort 129 ③ – Poitiers 150 ② – La Roche-sur-Yon 54 ③.

CLISSON

Bertin (R.)	2
Cacault (R.)	3
Clisson (R. O. de)	4
Dr-Boutin (R.)	6
Dimerie (R. de la)	7
Grand-Logis (R. du)	8
Halles (R. des)	12
Leclerc (Av. Gén.)	13
Nid-d'Oie (Pont de)	14
Nid-d'Oie (Rte de)	16
St-Jacques (R.)	18
Trinité (Gde-R. de la)	22
Vallée (R. de la)	23

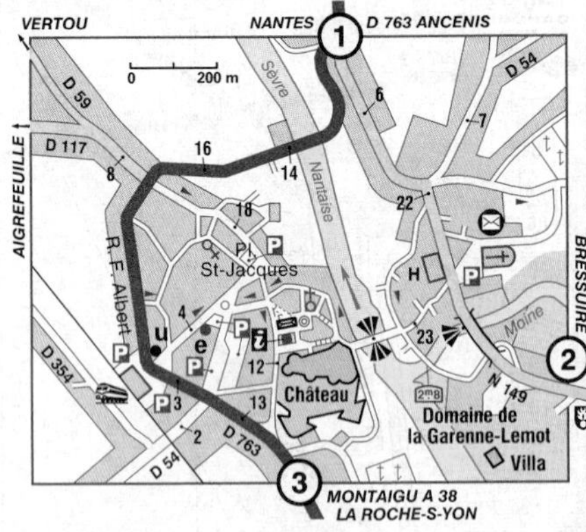

Ne cherchez pas au hasard un hôtel agréable et tranquille mais consultez les cartes de l'introduction.

Gare, pl. Gare **(u)** ☎ 02 40 36 16 55, *Fax 02 40 54 40 85* – rest, TV. GB

Repas *(fermé vend. soir en hiver, dim. soir et fériés)* 68/169 ♀, enf. 45 – 40 – **35 ch** 190/320 – ½ P 210/328

XXX **Bonne Auberge** (Poiron), 1 r. O. de Clisson **(e)** ✆ 02 40 54 01 90, *Fax 02 40 54 08 48*, – AE ⓪ GB
fermé 10 au 31 août, 15 au 28 fév., dim. soir, mardi midi et lundi – **Repas** 130 (déj.), 190/450 et carte 350 à 420 ♀
Spéc. Tarte fine aux cèpes et coquilles Saint-Jacques (saison). Sandre rôti, fumet au Saint-Emilion. Feuillantine de poires. **Vins** Muscadet, Coteaux du Layon.

à Gétigné *par ② : 3 km – 2 912 h. alt. 26 – ✉ 44190 :*

XX **Gétignière,** 3 r. Navette ✆ 02 40 36 05 37, *Fax 02 40 54 24 76* – AE GB
fermé 16 août au 9 sept., dim. soir, mardi soir et merc.
Repas *(85)* - 115/330 ♀

CLOHARS-FOUESNANT *29 Finistère 58 ⑮ – rattaché à Bénodet.*

CLOYES-SUR-LE-LOIR *28220 E.-et-L. 60 ⑯ ⑰ G. Châteaux de la Loire – 2 593 h alt. 97.*

Voir *Montigny-le-Gannelon★ : château★ N : 2 km.*

Office de Tourisme (fermé tous les lundi) 11 pl. Gambetta ✆ 02 37 98 55 27, Fax 02 37 98 55 27.

Paris 143 – Orléans 63 – Blois 55 – Chartres 56 – Châteaudun 12 – Le Mans 93.

Hostellerie St-Jacques, pl. Marché aux Oeufs ✆ 02 37 98 40 08, *Fax 02 37 98 32 63*, « Jardin au bord du Loir », – TV P – 20. AE ⓪ GB.
fermé 2 déc. au 5 mars – **Repas** *(fermé lundi)* 165 (déj.)/250 ♀, enf. 60 ***P'tit Bistrot*** ✆ 02 37 98 57 63 **Repas** 98 ♀, enf. 60 – ☕ 60 – **21 ch** 450/680 – ½ P 530

CLUNY *71250 S.-et-L. 69 ⑲ G. Bourgogne – 4 430 h alt. 248.*

Voir *Anc. abbaye★★ : clocher de l'Eau Bénite★★ – Musée Ochier★* **M** *– Clocher★ de l'église St-Marcel.*

Env. *Château de Cormatin★★ (cabinet de St-Cécile★★★) N : 13 KM – Communauté de Taizé N : 10 km.*

Office de Tourisme (fermé dim. de nov. à mars) 6 r. Mercière ✆ 03 85 59 05 34, Fax 03 85 59 06 95.

Paris 384 ① – Mâcon 27 ③ – Chalon-sur-Saône 48 ① – Montceau-les-Mines 44 ④ – Tournus 33 ②.

Bourgogne, pl. Abbaye **(n)** ✆ 03 85 59 00 58, *hotel.bourgogne@wanadoo.fr, Fax 03 85 59 03 73*, « Face à l'abbaye » – TV. AE GB
1er mars-30 nov. – **Repas** *(fermé merc. midi et mardi)* 130/350 ♀ – ☕ 60 – **13 ch** 470/1010, 3 appart – ½ P 425/525

St-Odilon M sans rest, rte Azé **(y)** ✆ 03 85 59 25 00, *saint-odilon@acmtel.com, Fax 03 85 59 06 18*, – TV P. AE ⓪ GB
fermé 21 déc. au 20 janv. – ☕ 38 – **36 ch** 295

Abbaye, av. Ch. de Gaulle **(e)** ✆ 03 85 59 11 14, *hotel@abbaye-cluny.fr, Fax 03 85 59 09 76*, – TV P. AE ⓪ GB
fermé 29 oct. au 4 nov., 25 janv. au 16 fév. et dim. soir – **Repas** 80 (déj.), 105/285 ♀ – ☕ 45 – **12 ch** 230/330 – ½ P 265/315

XX **Hermitage,** rte Cormatin par ① : 1km ✆ 03 85 59 27 20, *Fax 03 85 59 08 06*, – P. AE ⓪ GB JCB
fermé 11 nov.au 12 déc., 10 au 20 fév., lundi sauf le soir en juil.-août et dim. soir sauf juil.-août – **Repas** *(100)* - 142/280 ♀, enf. 70

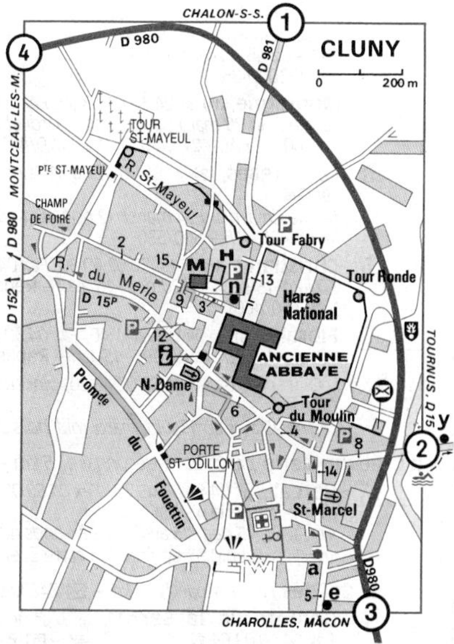

Avril (R. d')	2	Levée (R. de la)	8
Conant (Espace K. J.)	3	Marché (Pl. du)	9
Filaterie (R.)	4	Mercière (R.)	12
Gaulle (Av. Ch.-de)	5	Pte-des-Prés (R.)	13
Lamartine (R.)	6	Prud'hon (R.)	14
		République (R.)	15

Auberge du Cheval Blanc, 1 r. Porte de Mâcon **(a)** ✆ 03 85 59 01 13, *Fax 03 85 59 13 32* – GB
1er mars-30 nov. et fermé le soir en mars et nov., vend. soir et sam. – **Repas** 88/208, enf. 60

La CLUSAZ *74220 H.-Savoie* 74 ⑦ *G. Alpes du Nord – 1 845 h alt. 1040 – Sports d'hiver : 1 100/ 2 600 m* 6 51.
Voir *E : Vallon des Confins★ – Vallée de Manigod★ S – Col des Aravis* ≤★★ *par ② : 7,5 km.*
Office de Tourisme ✆ *04 50 32 65 00, Fax 04 50 32 65 01.*
Paris 569 ① – Annecy 33 ① – Chamonix-Mont-Blanc 63 ② – Albertville 38 ②.

Beauregard , **(k)** ✆ 04 50 32 68 00, *info@hotel-beauregard.fr, Fax 04 50 02 59 00,* ≤, , , – TV P – 25 à 100. AE GB. rest
fermé nov. – **Repas** 110 (déj.)/140 – 60 – **95 ch** 520/730, (en hiver : 1/2 pens. seul.) – 1/2 P 880

Alp'Hôtel, **(e)** ✆ 04 50 02 40 06, *alphotel@clusaz.com, Fax 04 50 02 60 16,* , – TV . AE GB
15 juin-15 sept. et 15 déc.-30 avril – **Repas** 95/160, enf. 50 – 55 – **15 ch** 600 – 1/2 P 680

Sapins , **(h)** ✆ 04 50 63 33 33, *Fax 04 50 63 33 34,* ≤, – TV P. GB. rest
15 juin-15 sept. et 17 déc.-15 avril – **Repas** 95/130 – 45 – **24 ch** 380/430 – 1/2 P 300/485

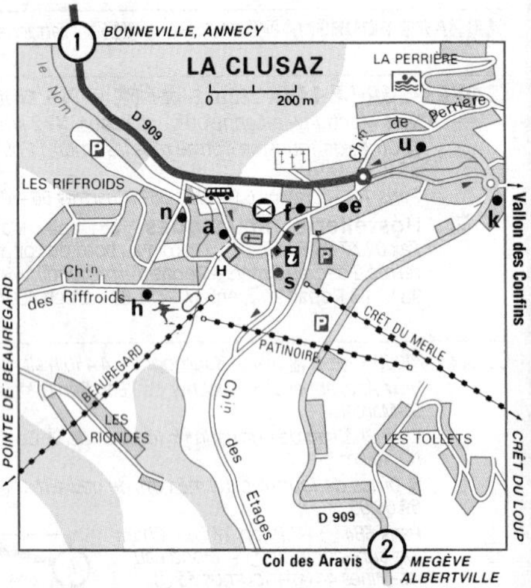

Montagne, **(u)** ✆ 04 50 63 38 38, *Fax 04 50 63 38 39,* – TV . GB
fermé 2 au 28 mai, 1er au 22 oct., mardi et merc. du 5 nov. au 15 déc. – **Repas** (75) - 98/195, enf. 60 – 48 – **27 ch** 650 – 1/2 P 420/460

Les Airelles, **(a)** ✆ 04 50 02 40 51, *airelles@clusaz.com, Fax 04 50 32 35 33,* – TV. AE GB
fermé fin avril au 24 mai et 12 nov. au 14 déc. – **Repas** 80 (déj.), 99/160, enf. 60 – 45 – **14 ch** 450 – 1/2 P 500/530

Christiania, **(f)** ✆ 04 50 02 60 60, *Fax 04 50 32 66 98* – TV P. GB.
30 juin-16 sept. et 20 déc.-16 avril – **Repas** 98/140, enf. 58 – 42 – **29 ch** 350/450 – 1/2 P 330/460

Floralp, **(n)** ✆ 04 50 02 41 46, *Fax 04 50 02 63 94* – TV. GB. rest
27 juin-15 sept. et 18 déc.-15 avril – **Repas** 90/140 – 40 – **22 ch** 280/380 – 1/2 P 370/430

L'Ourson, **(s)** ✆ 04 50 02 49 80, *vincentlugrin@wanadoo.fr, Fax 04 50 32 33 95* – AE GB
fermé 25 avril au 15 juin, mardi midi hors saison, dim. soir et lundi – **Repas** 99/290, enf. 70

à Crêt-du-Merle *par ② et rte secondaire : 5 km – 74220 La Clusaz :*

Bercail, ✆ 04 50 02 43 75, *Fax 04 50 02 43 75,* ≤, , « Chalet d'altitude dans une ancienne bergerie » – GB
juil.-août, 15 déc.-15 avril et week-ends du 1er sept au 13 déc. – **Repas** (nombre de couverts limité, prévenir) 92 et dîner à la carte, enf. 50

rte du Col des Aravis *par ② : 4 km – 74220 La Clusaz :*

Chalets de la Serraz , ✆ 04 50 02 48 29, *info@hotel-chalets-serraz.com, Fax 04 50 02 64 12,* ≤, , , – TV P – 15. AE GB
fermé 1er au 22 mai, et 1er oct au 8 nov. – **Repas** 125/185 – 68 – **7 ch** 850/1150, 3 duplex – 1/2 P 750

La CLUSE *01 Ain* 74 ④ – *rattaché à Nantua.*

CLUSES *74300 H.-Savoie* 74 ⑦ *G. Alpes du Nord – 16 358 h alt. 486.*

Voir *Bénitier★ de l'église.*

🅸 *Office de Tourisme Espace Carpano et Pons pl. du 11-novembre ✆ 04 50 98 31 79, Fax 04 50 96 46 99.*

Paris 573 ④ – Chamonix-Mont-Blanc 42 ② – Thonon-les-Bains 59 ④ – Annecy 55 ④.

CLUSES

Bargy (R. du) . . . . . AZ 3
Berthelot (R.M.) . . . . . BZ 4
Chautemps (R. E.) . . . . . BZ 7
Colomby (Av. de) . . . . . AY 9
Deuxième D.B. (R. de la) . . . . . BY 12
Europe (Carr. de l') . . . . . BY 13
Ferrié (R. du Gén.) . . . . . BZ 15
Gaillard (Av. A.) . . . . . AY 18
Gare (Av. de la) . . . . . BZ 19
Gaulle (Pl. du Gén.-de) . . . . . BZ 20
Grand Massif (Av. du) . . . . . BY 21
Grande Rue . . . . . BZ 22
Grands Champs (R. des) . . . . . BY 24
Hugard (R.Cl.) . . . . . BZ 25
Lattre-de-Tassigny (R. du Mar.-de) . . . . . AY 27
Leclerc (R. du Mar.) . . . . . BZ 28
Libération (Av. de la) . . . . . BZ 30
Louis Armand (R.) . . . . . AY 31
Luther King (R.M.) . . . . . AY 33
Lycée (R. du) . . . . . BZ 34
Mont-Blanc (Carr. du) . . . . . BZ 37
Pasteur (R.) . . . . . BZ 39
Pointe de la Lanche (R. de la) . . . . . BY 40
Pointe du Criou (R. de la) . . . . . BY 42
Pointe de la Cupoire (R. de la) . . . . . BY 43
Prairie (R. de la) . . . . . BY 48
Pré Benevix (R.du) . . . . . BZ 49
Sardagne (Pont de la) . . . . . AY 51
Tête de Colonney (R. de la) . . . . . BY 52
Trappier (R.P.) . . . . . AY 57
8-Mai-1945 . . . . . BZ 59

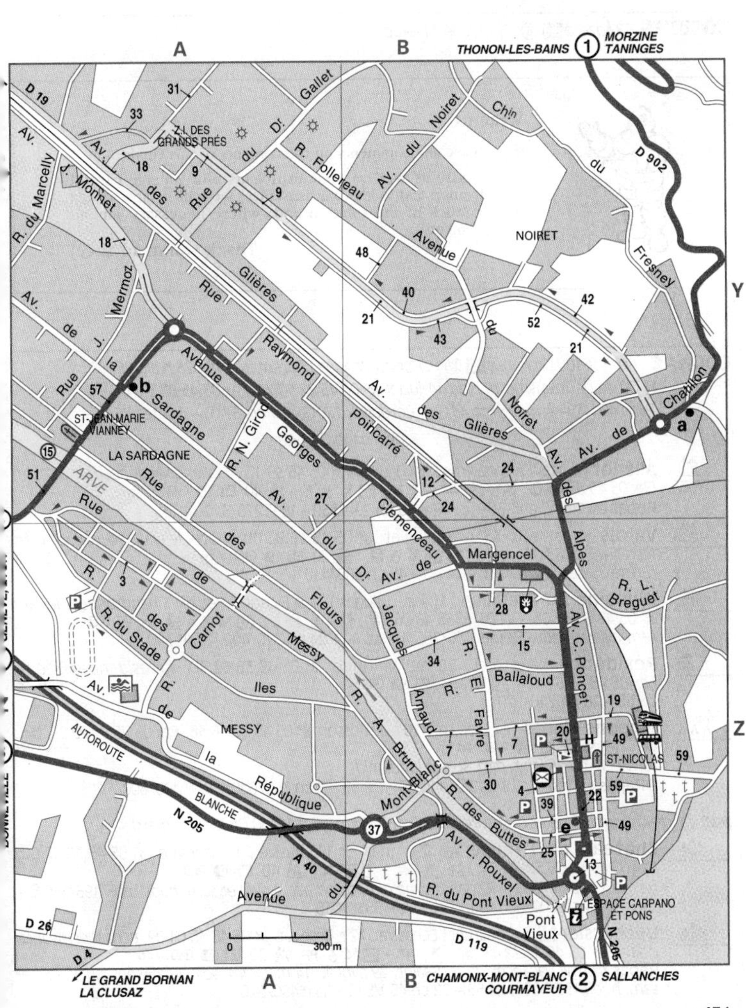

4 C M, 301 bd Chevran ✆ 04 50 98 01 00, *Fax 04 50 98 32 20*, – 25. AE GB. rest BY a
hôtel : fermé 16 au 24 août – **Repas** *(fermé 1er au 8 mai, 4 août au 5 sept., sam. midi et dim.)* 75/315 – 60 – **39 ch** 410/455

Bargy M, 28 av. Sardagne ✆ 04 50 98 01 96, *le.bargy@wanadoo.fr*, *Fax 04 50 98 23 24*, – AE GB JCB AY b
Cercle des Songes *(fermé 19 au 27/05, 4 au 28/08, 22/12 au 1/01, sam. de mai à déc. et dim.)* **Repas** 85bc(déj)/200 – 45 – **30 ch** 320/360 – ½ P 310

Grenette, 9 Grande Rue ✆ 04 50 96 31 50, – GB BZ e
fermé 29 juil. au 27 août, lundi soir, mardi soir et dim. – **Repas** 88 (déj.), 130/220, enf. 40

COCHEREL *27 Eure 55 ⑰ – rattaché à Pacy-sur-Eure.*

COCURÈS *48 Lozère 80 ⑥ – rattaché à Florac.*

Write us...

If you have any comments on the contents of this Guide.

Your praise as well as your criticisms will receive careful consideration and, with your assistance, we will be able to add to our stock of information and, where necessary, amend our judgments.

Thank you in advance!

COGNAC

16100 Charente 72 ⑫ G. Poitou Vendée Charentes – 19 528 h alt. 25.

Office de Tourisme 16 r. du 14-juillet ✆ 05 45 82 10 71, Fax 05 45 82 34 47.

Paris 481 ⑤ – Angoulême 43 ① – Bordeaux 120 ③ – Niort 82 ⑤ – Saintes 26 ④.

Plan page ci-contre

Aliénor M, rte d'Angoulême par ① : *2 km* ✆ 05 45 35 42 00, *alienor@cognac-france.com*, *Fax 05 45 35 45 02*, – 40. AE GB
Repas 85/145, enf. 50 – 42 – **55 ch** 290/350 – ½ P 275/310

Valois sans rest, 35 r. 14-Juillet ✆ 05 45 36 83 00, *hotel.le-valois@wanadoo.fr*, *Fax 05 45 36 83 01* – 20. AE GB JCB Z a
fermé 23 déc. au 1er janv. – 40 – **45 ch** 380/430

Domaine du Breuil, 104 av. Daugas par r. Fichon **Y** *et dir. Chaudronne : 1,5 km* ✆ 05 45 35 32 06, *Fax 05 45 35 48 06*, – ch, – 15. AE GB
fermé sam. midi – **Repas** 130/185 – 40 – **24 ch** 320/400 – ½ P 310

Résidence sans rest, 25 av. V. Hugo ✆ 05 45 36 62 40, *la residence@free.fr*, *Fax 05 45 36 62 49* – AE GB Z e
35 – **20 ch** 240/320

Pigeons Blancs avec ch, 110 r. J.-Brisson ✆ 05 45 82 16 36, *Fax 05 45 82 29 29*, – AE GB. ch Y d
fermé 1er au 15 janv., dim. soir et lundi midi
– **Repas** 120 (déj.), 178/299, enf. 85 – 55 – **7 ch** 350/600 – ½ P 400/600

par ①, *rte d'Angoulême et rte de Rouillac (D 15) : 3 km* – ✉ *16100 Châteaubernard :*

Château de l'Yeuse M, quartier l'Échassier, r. Bellevue ✆ 05 45 36 82 60, *Fax 05 45 35 06 32*, – 40. AE GB
fermé 1er au 10 janv. – **Repas** *(fermé dim. soir d'oct. à avril et sam. midi)* (130) - 195/350 – 80 – **21 ch** 800/900, 3 appart – ½ P 565/1015

L'Échassier M, quartier l'Échassier, 72 r. Bellevue ✆ 05 45 35 01 09, *echassier@wanadoo.fr*, *Fax 05 45 32 22 43*, – 20. AE GB JCB
Repas *(fermé vacances de Toussaint, 29 avril au 14 mai, dim. soir du 15 sept. au 15 juin et sam. midi)* 135/350 – 55 – **22 ch** 450/510 – ½ P 490/520

COGNAC

Angoulême (R. d') . . . . Y
Armes (Place d') . . . . Y
Bazoin (R. Abel) . . . . Y 6
Boucher (R. Cl.) . . . . Y 7
Briand (R. A.) . . . . Y
Canton (R. du) . . . . Y 8
Champ-de-Mars (Allées du) . . Z 9
Château (Q. du) . . . . Y 10
Cordeliers (R. des) . . . . Y 11
Corderie (Allées de la) . . . . . . Z 12
François-Ier (R.) . . . . Y 13
Germain (R. H.) . . . . Y 14
Grande-Rue . . . . Y 15
Isle-d'Or (R. de l') . . . . Y 16
Lusignan (R. de) . . . . Y 20
Magdeleine (R.) . . . . Y 21
Martell (Pl. Ed.) . . . . Z 22
Monnet (Pl. Jean) . . . . Z 23
Palais (R. du) . . . . Y 24
Victor-Hugo (Av.) . . . . Z
14-Juillet (R. du) . . . . Z 26

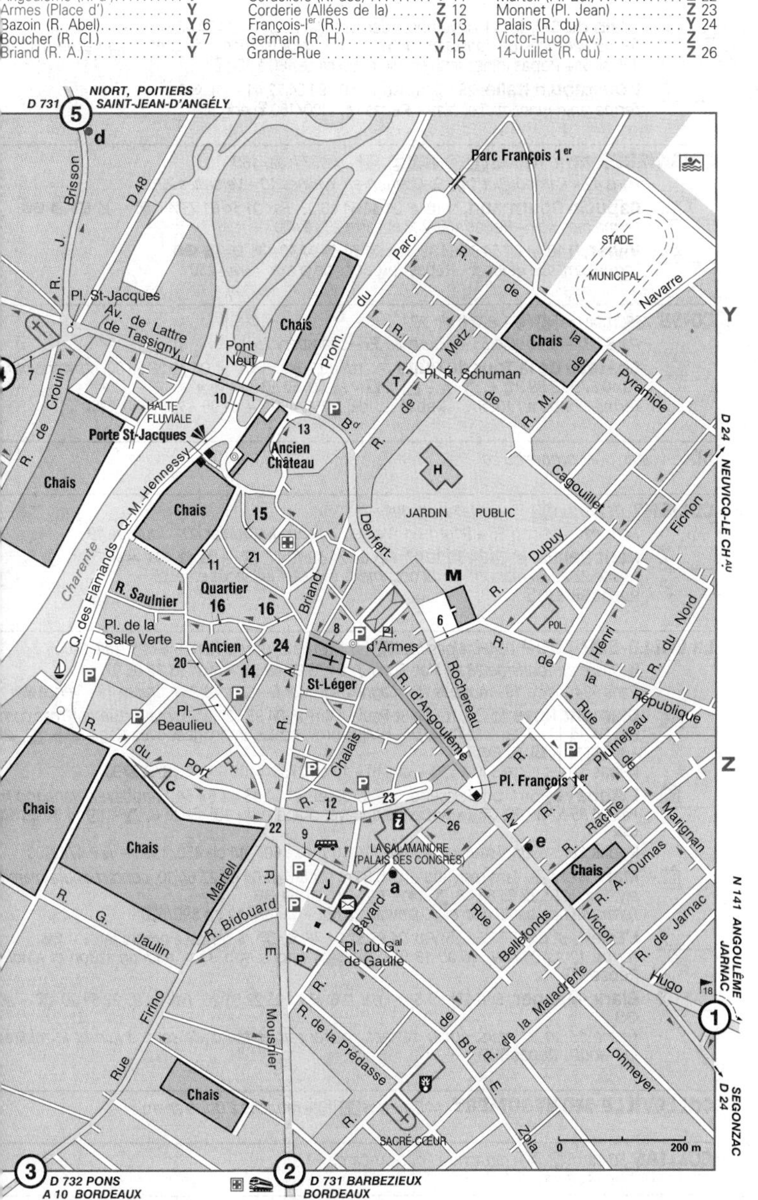

Plans de villes : *Les rues sont sélectionnées en fonction de leur importance pour la circulation et le repérage des établissements cités.*

Les rues secondaires ne sont qu'amorcées.

COGOLIN *83310 Var 84 ⑰ – 7 976 h alt. 20.*
Office de Tourisme pl. de la République ✆ 04 94 55 01 10, Fax 04 94 55 01 11.
Paris 868 – Fréjus 33 – Ste-Maxime 12 – Toulon 62.

X **Grain de Sel,** 6 r. 11-Novembre (derrière Mairie) ✆ 04 94 54 46 86 – GB
fermé vacances de Toussaint, de fév., sam. midi et merc. de sept. à juin et le midi en juil.-août – **Repas** (dîner seul. en juil.-août) carte 180 à 280 ♀

X **L'Oustaou d'Italie,** 28 r. Gambetta ✆ 04 94 54 72 41 – GB
fermé janv., lundi midi et dim. – **Repas** *(75)* - 120/160 ♀, enf. 55

COIGNIÈRES *78310 Yvelines 60 ⑨, 106 ㉘, 25 – 4 157 h alt. 160.*
Paris 42 – Rambouillet 15 – St-Quentin-en-Yvelines 10 – Versailles 22.

XXX **Capucin Gourmand,** N 10 ✆ 01 34 61 46 06, *Fax 01 34 61 73 46,* – P. AE GB
fermé dim. soir – **Repas** 168/200 et carte 290 à 400

XX **Vivier,** N 10 ✆ 01 34 61 64 39, *Fax 01 34 61 94 30* – P. AE GB
fermé dim. soir et lundi – **Repas** - produits de la mer - *(168)* - 230

COISE *73800 Savoie 74 ⑯ – 828 h alt. 292.*
Paris 587 – Grenoble 55 – Albertville 35 – Chambéry 25.

Château de la Tour du Puits, rte du Puits : 1 km ✆ 04 79 28 88 00, *ctp@prevot.fr*
Fax 04 79 28 88 01, ≤, – P – 50. AE GB JCB
fermé 1er nov. au 10 janv. – **Repas** 150 (déj.), 250/450 ♀ – 95 – **7 ch** 850/1250

COL *voir au nom propre du col.*

COLIGNY *01270 Ain 70 ⑬ – 1 117 h alt. 298.*
Paris 410 – Maçon 56 – Bourg-en-Bresse 22 – Lons-le-Saunier 40 – Tournus 49.

X **Petit Relais,** ✆ 04 74 30 10 07, *Fax 04 74 30 10 07,* – AE GB JCB
fermé 22 au 30 mars, 1er au 19 oct., merc. soir sauf juil.-août et jeudi
Repas 98/330 ♀

La COLLE-SUR-LOUP *06480 Alpes-Mar. 84 ⑨, 115 ㉟ G. Côte d'Azur – 6 025 h alt. 90.*
Office de Tourisme 28 av. Mar.-Foch ✆ 04 93 32 68 36, Fax 04 93 32 05 07.
Paris 924 – Nice 19 – Antibes 15 – Cagnes-sur-Mer 6 – Cannes 25 – Grasse 19 – Vence 8.

Diamant Rose M, rte de St-Paul : 1 km ✆ 04 93 32 82 20, *mav@diamant-rose.com*
Fax 04 93 32 69 98, ≤ St-Paul, « Villas provençales aménagées avec élégance »,
– P. AE GB
Repas 330 et carte 340 à 530 – 110 – **10 ch** 2750/4400 – 1/2 P 1875/2700

L'Abbaye, 541 bd Teisseire (rte Grasse) ✆ 04 93 32 68 34, *l-abbaye@wanadoo.fr*
Fax 04 93 32 85 06, « Ancienne abbaye, chapelle du 10e siècle », – P. AE
GB
Repas *(fermé lundi sauf juil.-août)* 190/450 ♀ – 60 – **14 ch** 450/1300 – 1/2 P 475/900

Marc Hély sans rest, Sud-Est : 0,8 km par D 6 ✆ 04 93 22 64 10, *contact@hotelmarc-hely, Fax 04 93 22 93 84,* ≤, – P. AE GB
fermé 12 nov. au 20 déc. et 10 janv. au 10 fév. – 49 – **12 ch** 390/520

X **L'Eden,** ✆ 04 93 32 50 25, *Fax 04 93 32 04 78,* ≤, « Terrasse ombragée » – GB
fermé 12 au 25 nov., 10 au 18 fév., dim. soir hors saison, sam. midi en saison et lundi
Repas 159

X **Blanc-Manger,** Sud-Est : 1,5 km par D 6 ✆ 04 93 22 51 20, *Fax 04 93 22 51 20,* – P
GB
fermé 13 au 22 mars, 10 au 14 sept., mardi soir et merc. de sept. à juin et le midi en juil.-août – **Repas** 165

COLLEVILLE-MONTGOMERY *14 Calvados 54 ⑯ – rattaché à Ouistreham.*

COLLIAS *30 Gard 80 ⑲ – rattaché à Pont-du-Gard.*

COLLIOURE *66190 Pyr.-Or. 86 ⑳ G. Languedoc Roussillon – 2 726 h alt. 2.*
Voir *Site★★ – Retables★ dans l'église Notre-Dame-des-Anges.*
Office de Tourisme pl. 18-Juin ✆ 04 68 82 15 47, Fax 04 68 82 46 29.
Paris 891 ② – Perpignan 31 ② – Argelès-sur-Mer 7 ② – Céret 35 ② – Port-Vendres 2 ①.

COLLIOURE

Aire (R. de l') . . . . B 2
Amirauté (Q. de l') . . . . B 3
Arago (R. François) . . . . B 4
Argelès (Rte d') . . . . A
Dagobert (R.) . . . . B 7
Démocratie (R. de la) . . . . B 8
Égalité (R. de l') . . . . B 9
Ferry (R. Jules) . . . . AB 13
Galère (R. de la) . . . . A
Gaulle (Av. du Gén.) . . . . B
Jaurès (Pl. Jean) . . . . B 14
Lamartine (R.) . . . . B 15
La Tour d'Auvergne (R. de) . . . . B 16
Leclerc (Pl. Gén.) . . . . AB 17
Maillol (Av. Aristide) . . . . A
Mailly (R.) . . . . B 19
Michelet (R. Jules) . . . . A 20
Miradou (Av. du) . . . . A 23
Pasteur (R.) . . . . B
Pla de Las Fourques (R. du) . . . . A
République (R. de la) . . . . . AB
Rolland (R. Romain) . . . . A
Rousseau (R. J. J.) . . . . AB 29
St-Vincent (R.) . . . . B 30
Soleil (R. du) . . . . B 33
Vauban (R.) . . . . B 34
18-Juin (Pl. du) . . . . B 35

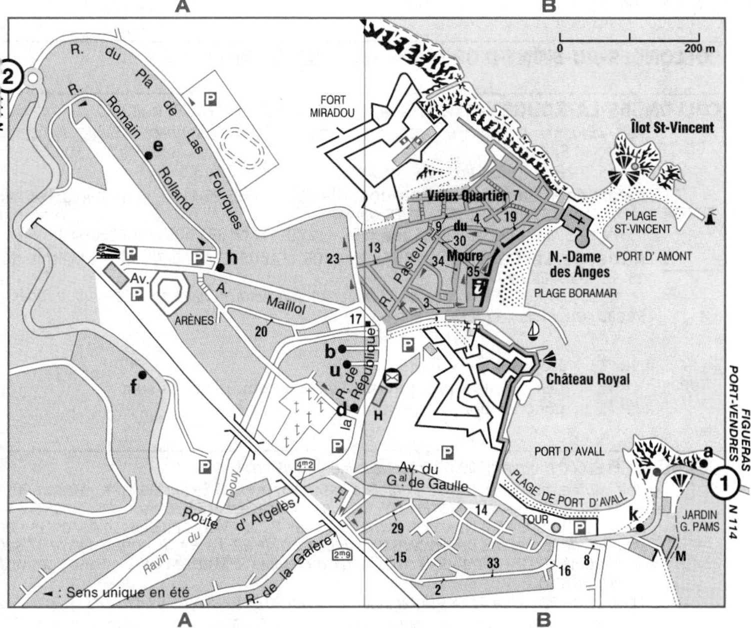

Relais des Trois Mas, rte Port-Vendres ✆ 04 68 82 05 07, *Fax 04 68 82 38 08,* ≤ port et château, 🏖, 🏊 – ▤ 📺 📞 🅿. GB — B a
fermé 12 nov. au 20 déc. – ***Balette :*** **Repas** 195/395 et carte 260 à 400 🍷 – ☕ 95 – **19 ch** 830/1430, 4 appart – ½ P 810/1110

Casa Païral sans rest, impasse Palmiers ✆ 04 68 82 05 81, *hotelsmascasa@wanadoo.fr, Fax 04 68 82 52 10,* 🏊, 🌳 – ▤ 📺 🅿. AE ⓓ GB — A b
1er avril-4 nov. – ☕ 60 – **28 ch** 400/995

L'Arapède Ⓜ, rte Port-Vendres ✆ 04 68 98 09 59, *Fax 04 68 98 30 90,* ≤, 🏖, 🏊 – |♦| ▤ 📺 📞 ♿ 🅿. ⓓ GB
3 mars-25 nov. et fermé lundi midi sauf juil.-août, mardi midi et merc. midi – **Repas** 105/300, enf. 75 – ☕ 60 – **20 ch** 430/950 – ½ P 390/650

Princes de Catalogne Ⓜ 🐌 sans rest, r. Palmiers ✆ 04 68 98 30 00, *Fax 04 68 98 30 31* – |♦| ▤ 📺 ♿. AE GB — A u
☕ 40 – **29 ch** 440

Mas des Citronniers, 22 r. République ✆ 04 68 82 04 82, *hotelsmascasa@wanadoo.fr, Fax 04 68 82 52 10* – ▤ 📺 🅿. AE ⓓ GB — A d
1er avril-11 nov. – **Repas** (dîner seul.) 135/155, enf. 70 – ☕ 45 – **30 ch** 330/490 – ½ P 310/380

Méditerranée sans rest, av. A. Maillol ✆ 04 68 82 08 60, *collioure@littlefrance.com, Fax 04 68 82 28 07,* 🌳 – ▤ 📺 🚗. GB — A h
1er avril-31 oct. – ☕ 40 – **23 ch** 390/450

Madeloc 🐌 sans rest, r. R.-Rolland ✆ 04 68 82 07 56, *hotel@madeloc.com, Fax 04 68 82 55 09,* 🏊, 🌳 – 📺 📞 🅿. AE ⓓ GB — A e
1er mars-15 nov. – ☕ 42 – **23 ch** 350/480

Ambeille sans rest, rte d'Argelès ☎ 04 68 82 08 74, ← – TV P. GB. A f
fin mars-début oct. – ☐ 35 – **21 ch** 285/370

Triton sans rest, r. Jean Bart ☎ 04 68 98 39 39, *Fax 04 68 82 11 32*, ← – TV. GB
☐ 37 – **20 ch** 200/340 B k

XXX **Neptune,** rte Port-Vendres ☎ 04 68 82 02 27, *smourlane@yahoo.fr, Fax 04 68 82 50 33*, ← vieux port, – P. AE GB. B v
1er avril-31 déc. et fermé mardi soir sauf juil.-août et merc. – **Repas** 145/330 et carte 290 à 390

COLLONGES-AU-MONT-D'OR *69 Rhône* 74 ⑪., 110 ⑭ – *rattaché à Lyon.*

COLLONGES-LA-ROUGE *19500 Corrèze* 75 ⑨ *G. Périgord Quercy – 381 h alt. 230.*

Voir *Village★★ : tympan★ et clocher★ de l'église, castel de Vassinhac★ – Saillac : tympan★ de l'église S : 4 km.*

Paris 510 – Brive-la-Gaillarde 23 – Cahors 97 – Figeac 81 – Tulle 37.

Relais de St-Jacques de Compostelle, ☎ 05 55 25 41 02, *relais-st-jacques@yahoo.fr, Fax 05 55 84 08 51*, – P. AE GB
15 mars-15 nov. – **Repas** 80/255 ♀, enf. 55 – ☐ 42 – **11 ch** 280/400 – ½ P 250/380

X **Auberge Le Cantou,** ☎ 05 55 25 41 05, *Fax 05 55 84 06 77*, , « Maison du 15e siècle » – AE GB
fermé 25 juin au 1er juil., 17 déc. au 27 janv., dim. soir, lundi et mardi sauf juil.-août et fériés – **Repas** *(88)* - 98 (déj.), 125/220 ♀, enf. 60

Repas 70/185

Repas à prix fixes :
des menus à prix intermédiaires à ceux indiqués sont généralement proposés.

COLMAR P *68000 H.-Rhin* 62 ⑲ *G. Alsace Lorraine – 63 498 h alt. 194.*

Voir *Musée d'Unterlinden★★★ (retable d'Issenheim★★★) – Ville ancienne★★ : Maison Pfister★★* **BZ K**, *Collégiale St-Martin★* **BY**, *Maison des Arcades★* **CZ E**, *Maison des Têtes★* **BY Y**, *Ancienne Douane★* **BZ N**, *Ancien Corps de Garde★* **BZ L** – *Vierge au buisson de roses★★ et vitraux★ de l'église des Dominicains* **BY** – *Tribunal civil★* **BZ J** – *←★ du pont St-Pierre* **BZ** *sur "la petite Venise"★ – Vitrail de la crucifixion★ du temple St-Matthieu* **CY Z** – *Maison des vins d'Alsace par ①.*

Office de Tourisme 4 r. des Unterlinden ☎ 03 89 20 68 92, Fax 03 89 41 34 13.

Paris 448 ① – Basel 67 ③ – Freiburg-im-Breisgau 51 ② – Nancy 143 ① – Strasbourg 74 ①.

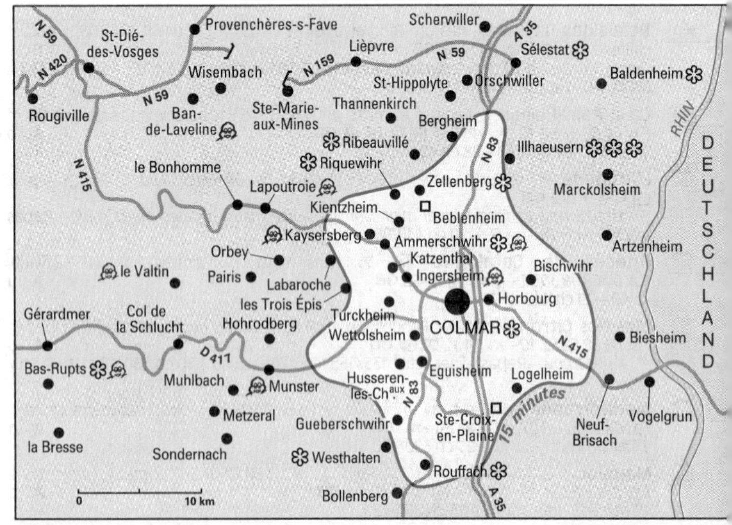

Les Têtes M, 19 r. Têtes ✆ 03 89 24 43 43, *les-tetes@rmcnet.fr, Fax 03 89 24 58 34,* « Belle cour intérieure » – |‡| TV ✆ ♿ P – 🏛 30. AE ⓓ GB JCB BY y
voir rest. ***Maison des Têtes*** ci-après – ☕ 75 – **21 ch** 595/1500

Colombier M sans rest, 7 r. Turenne ✆ 03 89 23 96 00, *info@hotel-le-colombier.com, Fax 03 89 23 97 27,* « Décor contemporain dans un cadre Renaissance » – |‡| ▤ TV ✆ ♿. AE ⓓ GB BZ u
fermé vacances de Noël – ☕ 65 – **24 ch** 450/1200

Mercure Champ de Mars M sans rest, 2 av. Marne ✆ 03 89 21 59 59, *h1225@accor-hotels.com, Fax 03 89 21 59 00* – |‡| ⚹ ▤ TV ✆ 🚗 – 🏛 200. AE ⓓ GB JCB BZ r
☕ 65 – **75 ch** 600/690

Grand Hôtel Bristol, 7 pl. Gare ✆ 03 89 23 59 59, *reservation@grand-hotelbristol.fr, Fax 03 89 23 92 26* – |‡| ⚹ TV ✆ ♿ – 🏛 25. AE ⓓ GB AZ g
voir rest. ***Rendez-vous de Chasse*** ci-après - ***L'Auberge*** brasserie **Repas** (76)- carte 160 à 270 ♀, enf. 46 – ☕ 60 – **70 ch** 560/580 – ½ P 560/740

Hostellerie Le Maréchal, 4 pl. Six Montagnes Noires ✆ 03 89 41 60 32, *marechal@calixo.net, Fax 03 89 24 59 40,* 🌳, « Maisons du 16e siècle dans la Petite Venise » – |‡| ⚹ ▤ TV. AE ⓓ GB BZ b
A l'Échevin : Repas 150(déj.)200/440 ♀, enf. 70 – ☕ 85 – **30 ch** 500/1400 – ½ P 950/1050

Amiral-Bleu Marine M sans rest, 11A bd Champ-de-Mars ✆ 03 89 23 26 25, *Fax 03 89 23 83 64,* 🏋 – |‡| ⚹ TV ✆ ♿ 🚗 – 🏛 30. AE ⓓ GB BZ d
☕ 63 – **41 ch** 475/600, 3 duplex

Mercure Unterlinden M sans rest, 15 r. Golbery ✆ 03 89 41 71 71, *Fax 03 89 23 82 71* – |‡| ⚹ TV ✆ ♿ 🚗 – 🏛 80. AE ⓓ GB JCB BY v
☕ 65 – **71 ch** 545/595

Turenne sans rest, 10 rte Bâle ✆ 03 89 21 58 58, *helminger@turenne.com, Fax 03 89 41 27 64* – |‡| ⚹ TV ✆ 🚗 – 🏛 15. AE ⓓ GB CZ x
☕ 48 – **83 ch** 320/405

St-Martin sans rest, 38 Grand'Rue ✆ 03 89 24 11 51, *colmar@hotel-saint-martin.com, Fax 03 89 23 47 78* – |‡| TV ✆. AE ⓓ GB JCB CZ e
fermé 1er janv. au 28 fév. – ☕ 55 – **24 ch** 400/750

Beauséjour M, 25 r. Ladhof ✆ 03 89 41 37 16, *resa@beausejour.fr, Fax 03 89 41 43 07,* 🌳, 🏋, 🌲 – |‡| cuisinette ⚹ TV ✆ ♿ P – 🏛 40. AE ⓓ GB JCB CY k
Repas ***Keller*** *(fermé sam. midi et dim.)* **Repas** (85)-105/380 ♀, enf. 55 – ☕ 50 – **44 ch** 320/750, 9 appart – ½ P 330/450

Rapp, 1 r. Weinemer ✆ 03 89 41 62 10, *rapp-lot@calixo.net, Fax 03 89 24 13 58,* 🌳, 🏋, 🏊 – |‡| TV ✆ ♿ – 🏛 30. AE ⓓ GB JCB BZ f
Repas *(fermé 25 juin au 9 juil., 18 au 25 nov., 30 déc. au 15 janv., dim. soir hors saison, sam. midi et vend.)* 63 (déj.), 105/300 ♀, enf. 55 – ☕ 48 – **42 ch** 330/450 – ½ P 358/378

XXX ✿ **Rendez-vous de Chasse** - Grand Hôtel Bristol, 7 pl. Gare ✆ 03 89 41 10 10, *reservation@grand.hotel-bristol.fr, Fax 03 89 23 92 26* – AE ⓓ GB AZ g
Repas 240/540 et carte 320 à 535 ♀
Spéc. Grenouilles poêlées, purée de pommes de terre. Filet de boeuf à la ficelle au chou vert et raifort. Noisettes de chevreuil sauce poivrade (15 juil. au 15 janv.). **Vins** Pinot blanc, Riesling.

XXX **Maison des Têtes** - Hôtel Les Têtes, 19 r. Têtes ✆ 03 89 24 43 43, *les-tetes@rmcnet.fr, Fax 03 89 24 58 34,* 🌳, « Belle maison Renaissance » – ▤. AE ⓓ GB JCB BY y
fermé fév., dim. soir et lundi – **Repas** 170/380 et carte 280 à 380 ♀, enf. 80

XXX ✿ **Au Fer Rouge** (Fulgraff), 52 Grand'Rue ✆ 03 89 41 37 24, *au.fer.rouge@calixo.net, Fax 03 89 23 82 24,* 🌳, « Maison alsacienne du 17e siècle » – AE ⓓ GB BZ s
fermé 28 juil. au 8 août, 5 au 24 janv., dim. et lundi sauf fériés – **Repas** 295/550 et carte 340 à 640
Spéc. Raviole farcie de morceaux d'oie et foie poêlé à la crème de riz. Sandre poêlé et ecrevisses au chou. Pomponnette fourrée de figues ivres de vin rouge, glace cannelle. **Vins** Tokay-Pinot gris, Pinot noir.

XX **Bartholdi,** 2 r. Boulangers ✆ 03 89 41 07 74, *Fax 03 89 41 14 65,* 🌳, « Décor alsacien » – GB BY e
fermé 4 au 18 juin, 12 au 20 nov., dim. soir et lundi – **Repas** 118/295 ♀, enf. 45

XX **Arpège,** 24 r. Marchands ✆ 03 89 23 37 89, *restaurant.arpege@wanadoo.fr, Fax 03 89 23 39 22,* 🌳 – AE GB JCB BZ a
fermé sam. midi, mardi soir et merc. – **Repas** (nombre de couverts limité, prévenir) 145 (déj.), 165/320 ♀, enf. 60

XX **Aux Trois Poissons,** 15 quai Poissonnerie ✆ 03 89 41 25 21, *Fax 03 89 41 25 21* – AE ⓓ GB CZ t
fermé 20 au 28 déc., dim. soir, mardi soir et merc. – **Repas** 135/230 ♀

COLMAR

Agen (R. d') **BY**
Alsace (Av. d') **CYZ**
Ancienne Douane (Pl. de l') **CZ** 2
Augustins (R. des) **BZ** 3
Bagatelle (R. de la) **AY**
Bains (R. des) **BY** 5
Bâle (Route de) **CZ**
Bartholdi (R.) **BCZ**
Blés (R. des) **BZ** 9
Boulangers (R. des) **BY** 12
Brasseries (R. des) **CY** 13
Bruat (R.) **BZ** 14
Cathédrale (Pl. de la) **BY** 17
Cavalerie (R. de la) **BCY**
Champ-de-Mars (Bd du) **BYZ** 18
Chauffour (R.) **BZ** 20
Clefs (R. des) **BCY**
Clemenceau (Av. Georges) **BCZ**
Écoles (R. des) **BZ** 22
Est (R. de l') **CYZ**
Fleischhauer (R.) **BCY**
Fleurent (R. J.-B.) **BY** 24
Fleurs (R. des) **CZ**
Florimont (R. du) **AY** 25
Foch (Av.) **BZ**
Fribourg (Av. de) **CZ**
Gare (Pl. et R. de la) **AZ**
Grad (R. Charles) **AY**
Gaulle (Av. du Gén. de) **ABYZ**
Golbéry (R.) **BY**
Grand'Rue **BCZ** 31
Grenouillère (R. de la) **CYZ** 32
Herse (R. de la) **BZ** 33
Ingersheim (Rte d') **ABY**
Jeanne d'Arc (Pl.) **CY**
Joffre (Av.) **BZ**
Kléber (R.) **BY** 35
Ladhof (R. du) **CY** 36
Lasch (R. Georges) **AZ** 37
Lattre-de-Tassigny (Av. J. de) **ABY** 43
Leclerc (Bd du Gén.) **BZ** 45
Liberté (Av. de la) **AZ**
Logelbach (R. du) **AY**
Manège (R. du) **BZ** 49
Marchands (R. des) **BYZ** 50
Marché-aux-Fruits (Pl. du) **BZ** 51
Marne (Av. de la) **BZ**
Messimy (R.) **ABZ** 52
Molly (R. Berthe) **BYZ** 54
Mouton (R. du) **CY** 57
Mulhouse (R. de) **AZ**
Neuf-Brisach (Route de) **CY**
Nord (R. du) **BCY**
Poincaré (Av. Raymond) **ABZ**
Poissonnerie (R. et Q. de la) **BCZ** 62
Preiss (R. Jacques) **ABZ** 63
Rapp (Pl.) **BZ**
Rapp (R.) **BCY**
Reims (R. de) **BZ** 65
République (Av. de la) **ABZ**
Ribeauvillé (R. de) **BY** 67
Rœsselman (R.) **BY** 69
Rouffach (Route de) **AZ**
St-Jean (R.) **BZ** 71
St-Joseph (Pl. et R.) **AY**
St-Josse (R.) **CZ**
St-Léon (R.) **AY**
St-Nicolas (R.) **BY** 73
St-Pierre (Bd et Pont) **BCZ**
Schlumberger (R. Camille) **ABZ**
Schwendi (R.) **CZ**
Sélestat (Route de) **CY**
Semm (R. de la) **CZ**
Serruriers (R. des) **BY** 75
Sinn (Quai de la) **BY** 77
Six-Montagnes-Noires (Pl. des) **BZ** 79
Stanislas (R.) **BY**
Tanneurs (R. des) **CZ** 82
Têtes (R. des) **BY** 83
Thann (R. de) **CY**
Tir (R. du) **AZ**
Turckheim (R. de) **AY**
Turenne (R.) **BCZ**
Unterlinden (Pl. d') **BY** 85
Val St-Grégoire (R. du) **AY**
Vauban (R.) **CY**
Voltaire (R.) **ABZ**
Weinemer (R.) **BZ** 86
1re Armée Française (R. de la) **BY**
2 Février (Pl. du) **CY** 87
5e Division Blindée (R.de la) **BY** 95
18 Novembre (Pl. du) **BY** 97

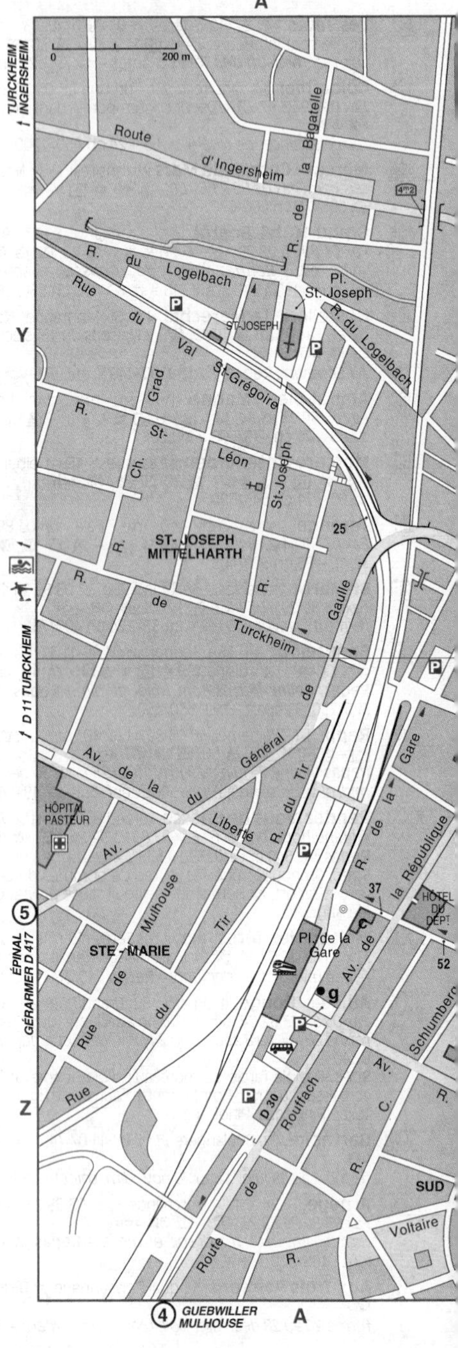

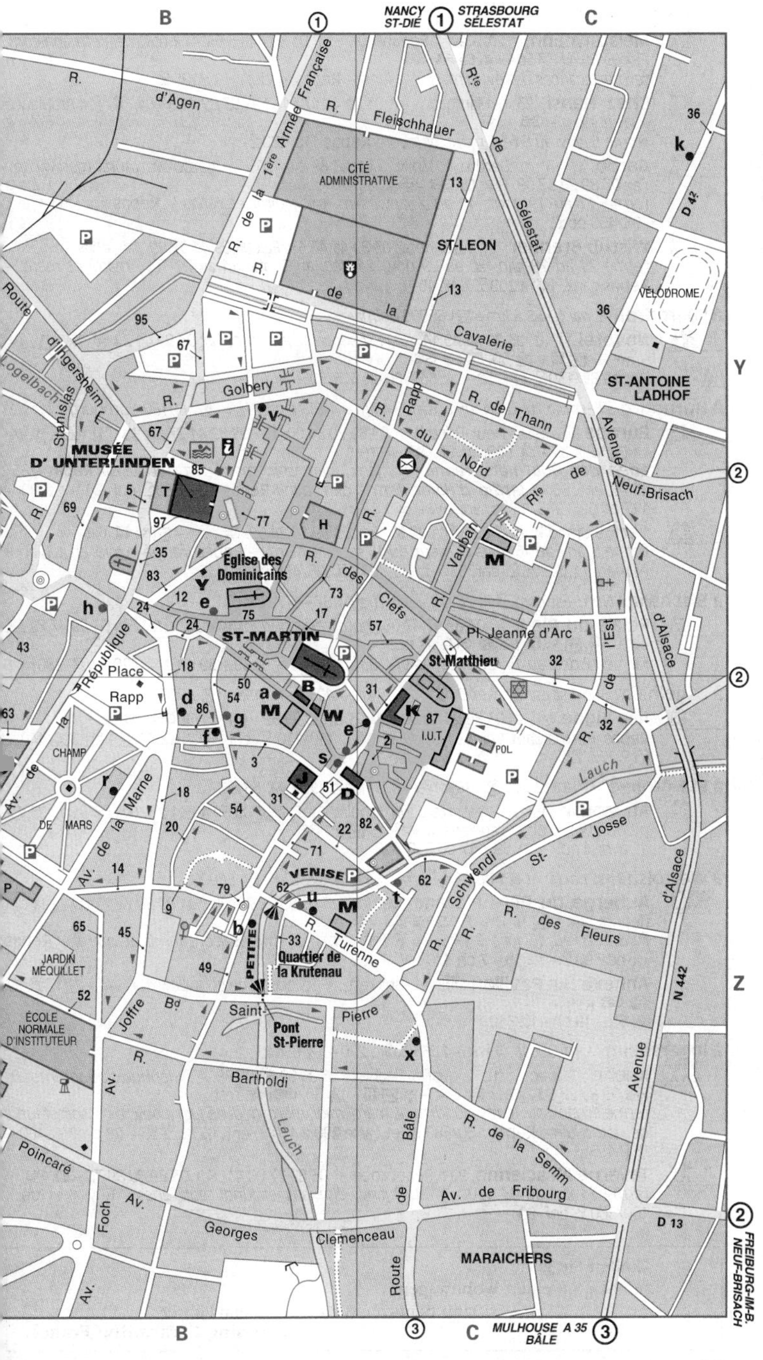
NANCY ST-DIÉ
STRASBOURG SÉLESTAT
MUSÉE D' UNTERLINDEN
Église des Dominicains
ST-MARTIN
St-Matthieu
CITÉ ADMINISTRATIVE
ST-LEON
VÉLODROME
ST-ANTOINE LADHOF
Place Rapp
CHAMP DE MARS
JARDIN MEQUILLET
ÉCOLE NORMALE D'INSTITUTEUR
Quartier de la Krutenau
Pont St-Pierre
PETITE VENISE
MARAICHERS
MULHOUSE A 35 BÂLE
FREIBURG-IM-B. NEUF-BRISACH
R. Fleischhauer
Rte de Sélestat
R. de la Cavalerie
R. Golbery
R. Rapp
R. de Thann
R. du Nord
Rte de Neuf-Brisach
R. des Clefs
R. Vauban
Pl. Jeanne d'Arc
Av. de la République
Av. de la Marne
R. Turenne
Bd Saint-Pierre
R. Bartholdi
R. de la Semm
Av. de Fribourg
Av. Georges Clemenceau
Av. Poincaré
Av. Foch
Route de Bâle
Avenue d'Alsace
R. des Fleurs
R. St-Josse
R. Schwendi
R. de l'Est
Lauch
N 442
D 13

XX **Meistermann,** 2A av. République 03 89 41 65 64, *info@meistermann.com, Fax 03 89 41 37 50* – . AE GB BY h
fermé vacances de fév., dim. soir et lundi – **Repas** 88 (déj.), 109/285

X **Chez Hansi,** 23 r. Marchands 03 89 41 37 84, *Fax 03 89 41 37 84*, , « Ambiance alsacienne » – GB BZ e
fermé 5 janv. au 5 fév., merc. et jeudi – **Repas** 110/280

X **Garbo,** 15 r.Berthe Molly 03 89 24 48 55, *garbo@restaurantgarbo.com, Fax 03 89 24 57 68* – . AE GB JCB BZ g
fermé 11 au 19 août, 1er au 7 janv., sam. midi, dim. et fériés – **Repas** *(78)* - 95 (déj.), 195/400 bc

X **Wistub Brenner,** 1 r. Turenne 03 89 41 42 33, *Fax 03 89 41 37 99*, – GB
fermé 21 au 28 juin, 20 au 29 nov., 24 déc. au 3 janv.,14 au 27 fév., mardi et merc. – **Repas** carte 140 à 200, enf. 45 BZ u

à l'aérodrome *par ① : 3,5 km – 68000 Colmar :*

Novotel M, 03 89 41 49 14, *h0416@accor-hotels.com, Fax 03 89 41 22 56*, , , – TV P – 50. AE GB
Repas 89/130, enf. 52 – 63 – **66 ch** 515/605

à Horbourg *à l'Est par rte de Neuf-Brisach : 4 km – 4 518 h. alt. 188 – 68180 Horbourg Wihr :*

Europe M, 15 rte Neuf-Brisach 03 89 20 54 00, *Fax 03 89 41 27 50*, , , – TV P – 500. AE GB. rest
Eden des Gourmets *(fermé juil., janv., dim. soir, mardi midi et lundi)* **Repas** 285/450, enf. 80 – ***Jardin d'Hiver*** *(fermé dim. midi)* **Repas** 150/180, enf. 80 – 80 – **127 ch** 625/985, 11 appart – 1/2 P 615

Cerf, 9 Grand'Rue 03 89 41 20 35, *Fax 03 89 24 24 98*, , – TV P. GB.
fermé 5 janv. au 10 mars et merc. du 15 sept. au 15 mai – **Repas** *(fermé le midi en juil.-août et merc.)* 125/225, enf. 55 – 55 – **27 ch** 325/435 – 1/2 P 335

à Bischwihr *Nord-Est par D 111 : 8 km – 598 h. alt. 187 – 68320 :*

Relais du Ried, 03 89 47 47 06, *hotel.relais.duried@wanadoo.fr, Fax 03 89 47 72 58*, – TV P. AE GB. rest
fermé 17 déc. au 15 fév. – **Repas** 97/185, enf. 49 – 39 – **59 ch** 270/420 – 1/2 P 280

à Logelheim *Sud-Est par D 13 et D 45 - CZ - 9 km – 406 h. alt. 195 – 68280 :*

A la Vigne , 03 89 20 99 60, *Fax 03 89 20 99 69* – TV . GB. ch
Repas *(fermé sam. midi et lundi)* 58 (déj.), 110/120, enf. 60 – 35 – **9 ch** 200/440 – 1/2 P 255/275

à Ste-Croix-en-Plaine *par ③ : 10 km – 1 895 h. alt. 192 – 68127 :*

Au Moulin sans rest, rte d'Herrlisheim sur D 1 03 89 49 31 20, *Fax 03 89 49 23 11*, « Collection d'objets anciens », – TV P. GB
1er avril-4 nov. – 58 – **17 ch** 250/510

à Wettolsheim *par ⑤ et D 1 bis II : 4,5 km – 1 616 h. alt. 220 – 68000 :*

XXX **Auberge du Père Floranc** avec ch, 03 89 80 79 14, *Fax 03 89 79 77 00*, « Jardin fleuri », – TV P. AE GB JCB
fermé 1er au 15 juil., 2 janv. au 8 fév., dim. soir hors saison, lundi et mardi – **Repas** 120 bc/390 – 65 – **7 ch** 370 – 1/2 P 465

Annexe : Le Pavillon sans rest,, « Collection de coquillages », – TV P. AE GB JCB
65 – **19 ch** 410/610

à Ingersheim *Nord-Ouest : 4 km – 4 063 h. alt. 220 – 68040 :*

XXX **Kuehn** avec ch, quai Fecht 03 89 30 08 88, *kuehng@club-internet.fr, Fax 03 89 27 00 77*, ≤, , – TV P – 30. GB. rest
fermé 10 janv. au 10 fév., lundi midi, mardi midi, merc. midi de juin à nov., dim. soir et lundi de nov. à juin – **Repas** 160/580 bc et carte 290 à 470, enf. 65 – 55 – **28 ch** 260/460 – 1/2 P 405

XX **Taverne Alsacienne,** 99 r. République 03 89 27 08 41, *Fax 03 89 80 89 75* – AE GB
fermé 23 juil. au 13 août, 1er au 8 janv., dim. soir et lundi sauf fériés – **Repas** 85 (déj.), 100/300, enf. 80

COLOMARS *06670 Alpes-Mar. 84 ⑨ – 2 307 h alt. 340.*

Syndicat d'Initiative ☎ 04 93 37 92 33.

Paris 940 – Nice 16 – Antibes 31 – Cannes 41 – Grasse 49 – St-Martin-Vésubie 54.

Auberge du Rédier, ☎ 04 92 15 19 00, *Fax 04 93 37 95 55*, – rest, P – 35. AE GB

fermé 4 janv. au 10 fév. – **Repas** *(fermé dim. soir et lundi du 15 oct. au 15 avril)* 130/200, enf. 60 – 50 – **24 ch** 450 – 1/2 P 400/450

COLOMBEY-LES-DEUX-ÉGLISES *52330 H.-Marne 61 ⑲ G. Champagne Ardenne – 660 h alt. 353.*

Voir *Mémorial du Général-de-Gaulle et la Boisserie (musée).*

Syndicat d'Initiative (fermé mardi et dim.) r. du Gén.-de-Gaulle ☎ 03 25 01 52 33, Fax 03 25 01 98 61.

Paris 249 – Chaumont 25 – Bar-sur-Aube 16 – Châtillon-sur-Seine 63 – Neufchâteau 72.

Dhuits, N 19 ☎ 03 25 01 50 10, *Fax 03 25 01 56 22*, – P – 50. GB

fermé 20 déc. au 5 janv. – **Repas** 88/170, enf. 60 – 42 – **40 ch** 250/380 – 1/2 P 265/330

Auberge de la Montagne avec ch, ☎ 03 25 01 51 69, *Fax 03 25 01 53 20*, – P. AE GB. ch

fermé 24 au 28 déc., 14 janv. au 6 fév., lundi soir et mardi – **Repas** 120/360 – 55 – **8 ch** 255/450 – 1/2 P 400/800

COLOMIERS *31 H.-Gar. 82 ⑦ – rattaché à Toulouse.*

COLROY-LA-ROCHE *67420 B.-Rhin 62 ⑧ – 435 h alt. 475.*

Paris 407 – Strasbourg 68 – Lunéville 70 – St-Dié 33 – Sélestat 31.

Hostellerie La Cheneaudière M, ☎ 03 88 97 61 64, *chenaudiere@relaischateaux.fr, Fax 03 88 47 21 73*, « Élégante hostellerie dans un jardin », – rest, P – 25. AE GB

Princes de Salm : **Repas** 585 et carte 460 à 590, enf. 60 – ***Pastoureaux :*** **Repas** 290, enf. 60 – 125 – **32 ch** 800/1750 – 1/2 P 775/1300

Spéc. Foie gras de canard aux épices. Fricassé de homard, nouilles larges au basilic. Soufflé chaud à l'eau de vie de mirabelle. **Vins** Tokay-Pinot gris, Klevner.

COLY *24 Dordogne 75 ⑦ – rattaché au Lardin-St-Lazare.*

La COMBE *73 Savoie 74 ⑮ – rattaché à Aiguebelette-le-Lac.*

COMBEAUFONTAINE *70120 H.-Saône 66 ⑤ – 446 h alt. 259.*

Paris 335 – Besançon 76 – Épinal 83 – Gray 41 – Langres 53 – Vesoul 26.

Balcon, ☎ 03 84 92 11 13, *Fax 03 84 92 15 89* – – 25. AE GB. ch

fermé 26 juin au 5 juil., dim. soir et lundi – **Repas** 145/340 – 40 – **17 ch** 200/360 – 1/2 P 290

La COMBE-DES-ÉPARRES *38 Isère 74 ⑬ – rattaché à Bourgoin-Jallieu.*

COMBLOUX *74920 H.-Savoie 74 ⑧ G. Alpes du Nord – 1 716 h alt. 980 – Sports d'hiver : 1 000/1 850 m 1 24.*

Voir ★★★ - *Table d'orientation★ de la Cry.*

Office de Tourisme ☎ 04 50 58 60 49, Fax 04 50 93 33 55.

Paris 596 – Chamonix-Mont-Blanc 31 – Annecy 78 – Bonneville 38 – Megève 6 – Morzine 53.

Aux Ducs de Savoie, au Bouchet ☎ 04 50 58 61 43, *aux-ducs-de-savoie@wanadoo.fr, Fax 04 50 58 67 43*, Mont-Blanc, – P – 35. AE GB. rest

1er juin-6 oct. et 15 déc.-25 avril – **Repas** 180/250 – 70 – **50 ch** 850 – 1/2 P 660

Au Coeur des Prés, ☎ 04 50 93 36 55, *Fax 04 50 58 69 14*, Aravis et Mont-Blanc, – P. GB

1er juin-25 sept. et 20 déc.-30 mars – **Repas** (résidents seul.) – 55 – **33 ch** 620 – 1/2 P 480/520

Idéal-Mont-Blanc sans rest, ☎ 04 50 58 60 54, *imontblan.@aol.com, Fax 04 50 58 64 50*, Mont-Blanc, – P. AE GB JCB

7 juin-15 sept. et 20 déc.-Pâques – 66 – **22 ch** 560/680

Feug M, ✆ 04 50 93 00 50, *hotel-le-feug@wanadoo.fr, Fax 04 50 21 21 44,* ≤, ⛱, Fб, 🛋 – |‡| TV ♿ P. AE ⓓ GB
15 juin-25 sept. et 20 déc.-30 mars – **Repas** *(95)* - 140/180 ♀ – ☕ 60 – **28 ch** 460/830 – ½ P 495/510

Tavaillon, La Barotière ✆ 04 50 58 65 99, *Fax 04 50 93 35 75* – GB
fermé 12 au 30 juin, nov., et merc. d'avril à juin et de sept. à déc. – **Repas** *(82)* - 112/289 ♀, enf. 75

au Haut-Combloux *Ouest : 3,5 km – ✉ 74920 Combloux :*

Rond-Point des Pistes ⛰, ✆ 04 50 58 68 55, *Fax 04 50 93 30 54,* ≤ Mont-Blanc, ⛱, Fб – |‡| TV P. GB
15 juin-10 sept. et 18 déc.-10 avril – **Repas** 150/200 ♀ – ☕ 60 – **29 ch** 400/700 – ½ P 480/500

COMBOURG *35270 I.-et-V.* 59 ⑯ *G. Bretagne – 4 843 h alt. 45.*
Voir Château★.
ℹ *Office de Tourisme 23 pl. A.-Parent ✆ 02 99 73 13 93, Fax 02 99 73 52 39.*
Paris 388 – St-Malo 37 – Avranches 51 – Dinan 25 – Fougères 49 – Rennes 41 – Vitré 57.

Château, pl. Châteaubriand ✆ 02 99 73 00 38, *hotelduchateau@wanadoo.fr, Fax 02 99 73 25 79,* ⛱, 🛋 – TV ☎ P – 🏛 50. AE ⓓ GB
fermé 15 déc. au 15 janv., dim. et lundi soir sauf de mi-juil. à fin août et lundi midi – **Repas** 102/260 ♀ – ☕ 52 – **35 ch** 300/580 – ½ P 340/450

Lac, pl. Chateaubriand ✆ 02 99 73 05 65, *Fax 02 99 73 23 34,* ≤, ⛱, 🛋 – TV ☎ P – 🏛 50. AE ⓓ GB
fermé fév., dim. soir et vend. hors saison – **Repas** 70/220 ♀, enf. 50 – ☕ 55 – **28 ch** 230/400 – ½ P 250/320

L'Écrivain, pl. St-Gilduin (face église) ✆ 02 99 73 01 61, *Fax 02 99 73 01 61,* ⛱ – P. GB
fermé 1er au 16 oct., vacances de fév., merc. soir et dim. soir hors saison et jeudi – **Repas** 85/165 ♀, enf. 55

COMMENTRY *03600 Allier* 73 ③ *G. Auvergne – 8 021 h alt. 407.*
Paris 341 – Moulins 66 – Aubusson 79 – Gannat 49 – Montluçon 16 – Riom 67.

Michel Rubod, 47 r. J.-J. Rousseau ✆ 04 70 64 45 31, *Fax 04 70 64 33 17* – GB
fermé 1er au 21 août, 23 déc. au 3 janv., vacances de fév., merc. midi, dim. soir et lundi – **Repas** 135/410 et carte 300 à 420 ♀
Spéc. Foie gras frais des Landes. Grand pot-au-feu de la mer au safran. Pêche jaune au beurre de verveine. **Vins** Saint-Pourçain

---

COMMERCY *55200 Meuse* 62 ③ *– 6 404 h alt. 240.*
ℹ *Office de Tourisme pl. Charles-de-Gaulle ✆ 03 29 91 33 16.*
Paris 264 – Nancy 53 – Bar-le-Duc 40 – Metz 75 – Toul 30 – Verdun 56.

Côté Jardin avec ch, 40 r. St-Mihiel ✆ 03 29 92 09 09, *Fax 03 29 92 09 10,* ⛱, 🛋 – ▤ rest, TV ♿. ⓓ GB
Repas *(fermé 27 août au 18 sept, 7 au 21 janv., dim. soir et lundi)* 90/280 ♀, enf. 60 – ☕ 45 – **11 ch** 250/430 – ½ P 290/350

COMPIÈGNE SP *60200 Oise* 56 ②, 106 ⑩ *G. Picardie Flandres Artois – 41 896 h alt. 41.*
Voir *Palais★★★ : musée de la voiture★★, musée du Second Empire★★ – Hôtel de ville★* **BZ H** *– Musée de la Figurine historique★* **BZ M** *– Musée Vivenel : vases grecs★★* **AZ M**[1].
Env. *Forêt★★ (les Beaux Monts) – Rethondes : Clairière de l'Armistice★★ (statue du Maréchal Foch, dalle commémorative, wagon du Maréchal Foch).*
ℹ *Office de Tourisme pl. Hôtel-de-Ville, ✆ 03 44 40 01 00, Fax 03 44 40 23 28.*
Paris 81 ⑥ – Amiens 82 ⑦ – Beauvais 61 ⑥ – St-Quentin 70 ① – Soissons 39 ②.

Plan page suivante

Beaux Arts M sans rest, 33 cours Guynemer ✆ 03 44 92 26 26, *hotel@bw-lesbeauxarts.com, Fax 03 44 92 26 00* – |‡| TV ☎ ♿ 🚗 – 🏛 35 à 50. AE ⓓ GB JCB AY v
☕ 60 – **37 ch** 360/470, 13 appart

de Harlay sans rest, 3 r. de Harlay ✆ 03 44 23 01 50, *Fax 03 44 20 19 46* – |‡| TV P. AE ⓓ GB. 🚫 AY a
☕ 45 – **20 ch** 330/400

Flandre sans rest, 16 quai République ✆ 03 44 83 24 40, *Fax 03 44 90 02 75* – |‡| TV ☎. ⓓ GB JCB AY u
☕ 39 – **42 ch** 245/300

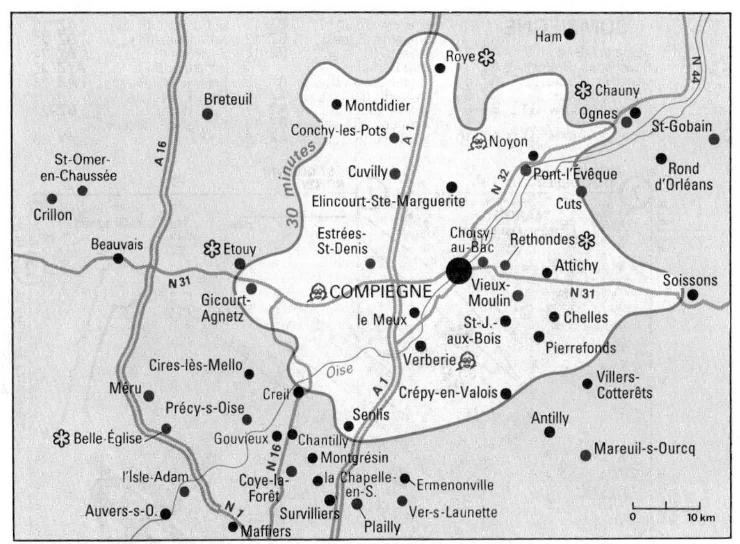

XXX **Hostellerie Royal-Lieu** avec ch, 9 r. Senlis par r. de Paris **AZ** ✆ 03 44 20 10 24, *hostellerieduroyallieu@bigfoot.com, Fax 03 44 86 82 27*, ☂, ☂ – TV P. AE ⓓ GB JCB. ✻ ch
Repas *(fermé dim. soir)* 160/500 bc et carte 300 à 460 ♀, enf. 60 – ☕ 52 – **17 ch** 520, 3 appart – ½ P 445

XXX **Nord** avec ch, pl. Gare ✆ 03 44 83 22 30, *Fax 03 44 90 11 87* – |‡| TV ✆. AE GB **AY b**
fermé sam. midi et dim. soir – **Repas** 145/220 et carte 260 à 420 – ☕ 40 – **20 ch** 260/280

XXX **Part des Anges,** 18 r. Bouvines ✆ 03 44 86 00 00, *Fax 03 44 86 09 00*, ☂ – P. AE GB **AZ d**
fermé 30 juil. au 30 août, sam. midi, dim. soir et lundi – **Repas** (120) - 140/220 ♀

XXX **Rive Gauche,** 13 cours Guynemer ✆ 03 44 40 29 99, *rivegauche@wanadoo.fr, Fax 03 44 40 38 00* – ▤. AE ⓓ GB JCB **BY e**
fermé lundi – **Repas** 158/198 ♀

X **Bistrot des Arts,** 35 cours Guynemer ✆ 03 44 20 10 10, *Fax 03 44 20 61 01* – ▤. GB **AY s**
fermé sam. midi et dim. – **Repas** 115 bc (déj.), 130/150 ♀

X **Palais Gourmand,** 8 r. Dahomey ✆ 03 44 40 13 13 – GB. ✻ **BZ k**
fermé vacances de Pâques, août, vacances de Noël et de fév., dim. soir et lundi – **Repas** (74) - 100/120 bc ♀

à Élincourt-Ste-Marguerite *par ① et D 142 : 15 km – 681 h. alt. 83 – ✉ 60157 :*

Château de Bellinglise 🐎, Nord : 1 km ✆ 03 44 96 00 33, *Fax 03 44 96 03 00*, ≤, ☂, « Demeure du 16e siècle dans un parc », ✂, ♣ – |‡|, ▤ ch, TV P – 🏛 70. AE ⓓ GB JCB. ✻ rest
Repas 195 ♀, enf. 125 – ☕ 95 – **35 ch** 1140/2090 – ½ P 808/1123

à Choisy-au-Bac *par ② : 5 km – 3 786 h. alt. 40 – ✉ 60750 :*

XX **Auberge du Buissonnet,** 825 r. Vineux ✆ 03 44 40 17 41, *Fax 03 44 85 28 18*, ☂, « Jardin avec étang », ☂ – P. AE GB
fermé dim. soir, mardi soir et lundi – **Repas** 149/230, enf. 100

à Rethondes *par ② : 10 km – 591 h. alt. 38 – ✉ 60153 .*

Voir *St-Crépin-aux-Bois : mobilier★ de l'église NE : 4 km.*

XXX **Alain Blot** ✆ 03 44 85 60 24, *Fax 03 44 85 92 35*, ☂, ☂ – AE GB
✿ *fermé 1er au 16 sept., 1er au 17 fév., sam. midi, dim. soir et lundi* – **Repas** (nombre de couverts limité, prévenir) 160 bc (déj.), 210 bc/390 et carte 350 à 500 ♀
Spéc. Marmite de queues d'écrevisses et grosses langoustines. Bar de ligne rôti à la fondue de poireaux. Assiette "tout chocolat".

COMPIÈGNE

Austerlitz (R. d') . . . . . . **AZ** 2
Boucheries (R. des) . . . **AZ** 3
Capucins (R. des) . . . . . **AZ** 4
Change (Pl. du) . . . . **AZ** 5
Clemenceau (Av. G.) . . **BY** 6
Harlay (R. de) . . . . **AY** 8
Hôtel-de-Ville (Pl. de l') **AZ** 10
Legendre (R. J.) . . . . . . **BZ** 12
Lombards (R. des) . . . . **BZ** 13
Magenta (R.) . . . . **BZ** 14
Notre-Dame-de-Bon-Secours (R.) . . . . **AZ** 15
Noyon (R. de) . . . . **AY** 16
Paris (R. de) . . . . **AZ** 17
Pierrefonds (R. de) . . . . **BZ** 18
St-Antoine (R.) . . . . **AZ** 19
St-Corneille (R.) . . . . **AZ** 20
St-Jacques (Pl.) . . . . **BZ** 22
Soissons (R. de) . . . . . . **BY** 24
Solferino (R.) . . . . **AYZ** 25
Sorel (R. du Prés.) . . . . **AZ** 26
Sous-Préfecture (R. de la) . . . . **BZ** 27
54e-Rgt.-d'Infanterie (Pl.) . . . . **AY** 30

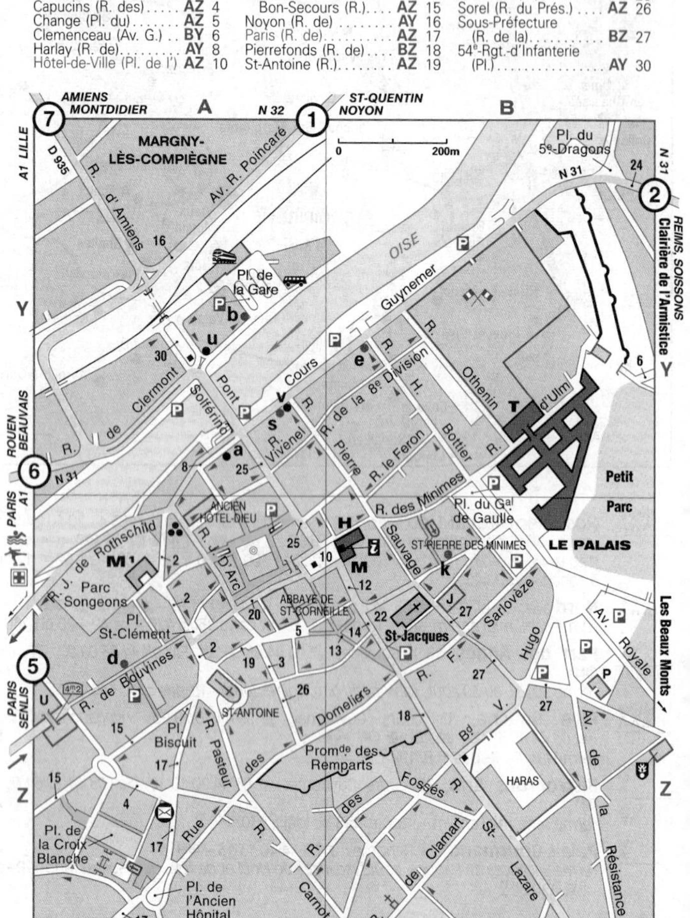

à Vieux-Moulin *par ③ et D 14 : 9,5 km – 495 h. alt. 49 – ✉ 60350.*

Voir *Mont St-Marc★ N : 2 km – Les Beaux-Monts★★ : ≤★ NO : 7 km.*

XXX **Auberge du Daguet,** face église ℘ 03 44 85 60 72, *Fax 03 44 85 61 28* – GB
fermé lundi soir et mardi sauf fériés – **Repas** 135/250 et carte 240 à 420

XX **Auberge du Mont St-Pierre,** 28 rte des Étangs ℘ 03 44 85 60 00, *Fax 03 44 85 23 03,* 🍽 – P. AE GB
fermé vacances de fév., dim. soir et lundi sauf fériés – **Repas** 98/210 ♀

Z.A.C. de Mercières *par ⑤ et D 200 : 6 km – ✉ 60200 :*

🏨 **Mercure** M, carrefour J. Monnet ℘ 03 44 30 30 30, *h1623@accor-hotel.com, Fax 03 44 30 30 44,* 🍽 – |⇕| ⅹ ▤ TV ℡ ♿ P – 🏛 40 à 150. AE ◑ GB JCB
Repas *(90)* - 120 ♀, enf. 50 – ☕ 60 – **92 ch** 555/585

🏨 **Relais Napoléon,** av. Europe ℘ 03 44 20 11 11, *contact@aurelaisnapoleon.com, Fax 03 44 20 41 60,* 🍽, 🌳 – ⅹ, ▤ rest, TV ℡ ♿ P – 🏛 50 à 200. AE ◑ GB JCB
Bonaparte *(fermé dim. soir)* **Repas** *(75)*-98/280 ♀, enf. 65 – ☕ 65 – **48 ch** 380/415

au Meux *par ⑤, D 200 et D 98 : 11 km – 1 471 h. alt. 50 – ✉ 60880 :*

Auberge de la Vieille Ferme, ☎ 03 44 41 58 54, *auberge.vielle.ferme@wanadoo.fr, Fax 03 44 41 23 50* – TV ☎ P – 15 à 30. GB
fermé 29 juil. au 21 août, 23 déc. au 8 janv., lundi (sauf hôtel) et dim. soir – **Repas** 120 bc/290 bc, enf. 65 – ☕ 50 – **14 ch** 295/380 – ½ P 310/340

Maison du Gourmet, ☎ 03 44 91 10 10, *Fax 03 44 91 13 94,* – P. AE GB
fermé 1er au 15 janv., 15 juil. au 7 août, sam. midi, dim. soir et lundi soir – **Repas** 98/150 ♀, enf. 60

COMPREIGNAC *87140 H.-Vienne 72 ⑦ G. Berry Limousin – 1 280 h alt. 400.*

Office de Tourisme (mi-juin-mi-sept.) Le Bourg ☎ 05 55 71 09 14, Fax 05 55 71 60 05.
Paris 378 – Limoges 28 – Bellac 29 – Guéret 73 – St-Junien 42.

Auberge du Moulin Joli, à Margnac, Est : 3 km par D 5 ☎ 05 55 71 30 70, *Fax 05 55 71 31 95,* – P. AE ⓓ GB
fermé merc. de sept. à juin et dim. soir – **Repas** 99/165 ♀, enf. 50

Les noms des localités citées dans ce guide
sont soulignés de rouge
sur les **cartes Michelin** à 1/200 000.

COMPS-SUR-ARTUBY *83840 Var 84 ⑦, 114 ⑩ G. Alpes du Sud – 272 h alt. 898.*

Env. *Balcons de la Mescla★★★ NO : 14,5 km – Tunnels de Fayet ≤★★★ O : 20 km.*
Paris 897 – Digne-les-Bains 83 – Castellane 28 – Draguignan 31 – Grasse 61 – Manosque 97.

Grand Hôtel Bain, ☎ 04 94 76 90 06, *Fax 04 94 76 92 24,* – TV ☎ . AE ⓓ GB
fermé 11 nov. au 25 déc. – **Repas** 85/220, enf. 55 – ☕ 40 – **17 ch** 280/365 – ½ P 290/300

CONCA *2A Corse-du-Sud 90 ⑦ – voir à Corse.*

CONCARNEAU *29900 Finistère 58 ⑪ ⑮ G. Bretagne – 18 630 h alt. 4.*

Voir *Ville Close★★* **C** – *Musée de la Pêche★* **C M1** – *Pont du Moros ≤★* **B** – *Fête des Filets bleus★ (fin août).*

pour **Beg Meil** *Traversée 25 mn -Renseignements et tarifs : Vedettes Glenn, face au Port de Plaisance à Concarneau ☎ 02 98 97 10 31, Fax 02 98 60 49 70 pour* **Iles Glénan** *Traversée 1h 10 mn - Renseignements et tarifs : voir ci-dessus – pour* **La Rivière de l'Odet** *Traversée 4h - Renseignements et tarifs : voir ci-sessus.*

Office de Tourisme q. d'Aiguillon ☎ 02 98 97 01 44, Fax 02 98 50 88 81.
Paris 548 ① – Quimper 22 ① – Brest 93 ① – Lorient 51 ① – Vannes 103 ①.

Plan page suivante

Océan M, plage Sables Blancs ☎ 02 98 50 53 50, *hotel-ocean@wanadoo.fr, Fax 02 98 50 84 16,* ≤, – TV ☎ P – 20 à 40. GB. rest — A r
Repas *(fermé 10 janv. au 28 fév., sam. midi, lundi midi et dim. soir)* 120/280 ♀, enf. 59 – ☕ 59 – **53 ch** 580/650, 17 duplex

Les Halles sans rest, pl. Hôtel de Ville ☎ 02 98 97 11 41, *Fax 02 98 50 58 54* – TV ☎. AE ⓓ GB — C s
fermé dim. soir hors saison – ☕ 36 – **23 ch** 300/360

France et Europe sans rest, 9 av. Gare ☎ 02 98 97 00 64, *danielle.sotiaux@wanadoo.fr, Fax 02 98 50 76 66* – TV ☎ P. AE ⓓ GB JCB — C b
fermé 21 déc. au 7 janv. et sam. du 15 nov. au 15 mars – ☕ 38 – **26 ch** 300/370

Coquille, quai Moros ☎ 02 98 97 08 52, *Fax 02 98 50 69 13,* « Collection de tableaux » – AE ⓓ GB — B k
fermé 1er au 15 mai, 15 au 31 janv., dim. soir et lundi – **Repas** 160/420 ♀

Chez Armande, 15 bis av. Dr Nicolas ☎ 02 98 97 00 76, *Fax 02 98 97 00 76* – AE GB
fermé 28 août au 5 sept., vacances de Noël, de fév., mardi sauf juil.-août et merc. – **Repas** 110/200 ♀ — C d

Buccin, 1 r. Duguay-Trouin ☎ 02 98 50 54 22, *Fax 02 98 50 70 37* – ⓓ GB — C v
fermé 8 au 25 oct., 1er au 15 fév., dim. soir et lundi – **Repas** 100/210, enf. 65

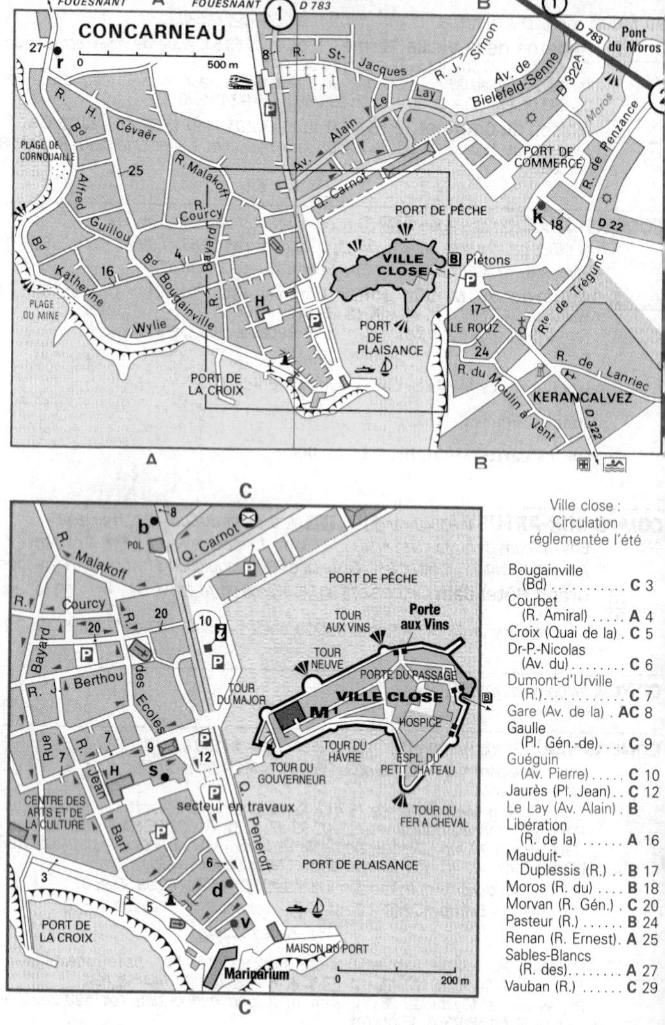

Au moment de chercher un hôtel ou un restaurant, soyez efficace. Sachez utiliser les noms **soulignés en rouge sur les** ***cartes Michelin*** *à 1/200 000.*

Mais ayez une carte à jour!

CONCHES-EN-OUCHE *27190 Eure 55 ⑯ – 4 009 h alt. 123.*

Syndicat d'Initiative pl. A.- Briand ☏ 02 32 30 76 42, Fax 02 32 60 22 35.

Paris 115 – Bernay 34 – Dreux 51 – Évreux 18 – Rouen 61.

Cygne, 2 R. Paul Guilbaud ☏ 02 32 30 20 60, *Fax 02 32 30 45 73* – TV ♿ P. GB
Repas *(fermé dim. soir et lundi)* 95 ♀ – ☕ 35 – **15 ch** 145/320 – ½ P 265/275

Grand'Mare, ☏ 02 32 30 23 30 – GB
fermé dim. soir, mardi soir et lundi – Repas 98/160 - ***Bistro :*** Repas 75

CONCHY-LES-POTS *60490 Oise* 56 ② – *462 h alt. 106.*

Paris 99 – Amiens 57 – Compiègne 27 – Beauvais 68 – Montdidier 14 – Roye 14.

XX **Relais,** N 17 ✆ 03 44 85 01 17, *Fax 03 44 85 00 58* – P. GB
fermé 30 juil. au 12 août, 12 au 18 nov., dim. soir et lundi – **Repas** 140/400

CONCORET *56430 Morbihan* 59 ⑮ – *626 h alt. 100.*

Paris 397 – Rennes 48 – Dinan 55 – Loudéac 47 – Ploërmel 24 – Vannes 71.

X **Chez Maxime** avec ch, ✆ 02 97 22 63 04, *Fax 02 97 22 67 12*, – P. GB
fermé 20 au 27 nov., vacances de fév., mardi soir et merc. sauf en août – **Repas** 90/195 ♀ – ☕ 32 – **7 ch** 128/195 – ½ P 190/215

CONDÉ-NORTHEN *57220 Moselle* 57 ⑭ – *507 h alt. 208.*

Paris 351 – Metz 20 – Pont-à-Mousson 52 – Saarlouis 36 – Saarbrücken 53 – Thionville 48.

XX **Grange de Condé,** ✆ 03 87 79 30 50, *Fax 03 87 79 30 51*, , – P. AE GB
fermé mardi soir et lundi sauf fériés – **Repas** 85/260 ♀, enf. 45

CONDÉ-STE-LIBIAIRE *77450 S.-et-M.* 56 ⑫, 106 ㉒ – *1 365 h alt. 47.*

Paris 45 – Coulommiers 23 – Lagny-sur-Marne 12 – Meaux 10 – Melun 49.

XX **Vallée de la Marne,** quai Marne ✆ 01 60 04 31 01, *Fax 01 64 63 15 83*, , – P. AE ⓓ GB
fermé 1er au 15 août, lundi soir et mardi – **Repas** 155/240

In this Guide,
a symbol or a character, printed in **black** *or another colour*
in light or **bold** *type,*
does not have the same meaning.
Please read the explanatory pages carefully.

CONDÉ-SUR-NOIREAU *14110 Calvados* 55 ⑪ *G. Normandie Cotentin* – *6 309 h alt. 85.*

Office de Tourisme 29 r. du 6 juin ✆ 02 31 69 27 64.

Paris 274 – Caen 48 – Argentan 53 – Falaise 33 – Flers 13 – Vire 26.

X **Cerf** avec ch, 18 r. Chêne (rte Aunay-sur-Odon) ✆ 02 31 69 40 55, *restcerf@wanadoo.fr, Fax 02 31 69 78 29* – TV ✆. P. AE GB JCB
fermé dim. soir – **Repas** *(fermé vacances de fév. et dim. soir)* 69/185 ♀, enf. 49 – ☕ 32 – **9 ch** 204/240 – ½ P 220/245

à St-Germain-du-Crioult *Ouest : 4,5 km sur rte Vire – 819 h. alt. 184 – ✉ 14110 :*

X **Auberge St-Germain** avec ch, ✆ 02 31 69 08 10, *Fax 02 31 69 14 67* – TV ✆. AE GB. rest
fermé 22 juil. au 6 août, 21 déc. au 8 janv. et dim. d'oct. à avril – **Repas** *(fermé vend. soir et sam. midi du 15 sept. au 15 juin et dim. soir)* 72/155 ♀, enf. 45 – ☕ 27 – **9 ch** 210/235 – ½ P 195/205

CONDOM SP *32100 Gers* 79 ⑭ *G. Midi-Pyrénées* – *7 717 h alt. 81.*

Voir *Cathédrale St-Pierre★ : Cloître★* **BZ.**

Office de Tourisme pl. Bossuet ✆ 05 62 28 00 80, Fax 05 62 28 45 46.

Paris 733 ① – Agen 42 ① – Auch 46 ② – Mont-de-Marsan 81 ③ – Toulouse 122 ②.

Plan page suivante

Trois Lys , 38 r. Gambetta ✆ 05 62 28 33 33, *hoteltroislys@wanadoo.fr, Fax 05 62 28 41 85*, , « Hôtel particulier du 18e siècle », – TV ✆ P. GB — Y a
Repas *(fermé dim. midi et lundi midi)* 160 ♀ – ☕ 55 – **10 ch** 490/690 – ½ P 405/455

Logis des Cordeliers sans rest, r. de la Paix ✆ 05 62 28 03 68, *le-logis-des-cordeliers@wanadoo.fr, Fax 05 62 68 29 03*, – TV P. GB — Z b
fermé 3 janv. au 3 fév. – ☕ 40 – **21 ch** 270/420

CONDOM

Aquitaine (Av. d') .... Y 2
Armuriers (R. des) .... Y 5
Barlet (Pont) .... Y 7
Bonnamy (R.) .... YZ 8
Buzon (R. et Quai) .... Z 12
Carmes (Pont des) .... Z 14
Cazaubon (R. H.) .... Z 16
Charron (R.) .... Y 19
Cordeliers (R. des) .... Z 21
Foch (R. Mar.) .... Y 22
Gaichies (R.) .... Y 24
Gambetta (R. L.) .... Y 26
Jaurès (R. J.) .... Z 28
Lannelongue (Pl.) .... Y 31
Lion-d'Or (Pl. du) .... Y 35
Monnaie (R. de la) .... YZ 38
Paix (R. de la) .... Z 40
Roquepine (R. de) .... Z 44
Roques (R.) .... Y 47
Saint-Exupéry (R.) .... Z 50
St-Pierre (Pl.) .... Y 53

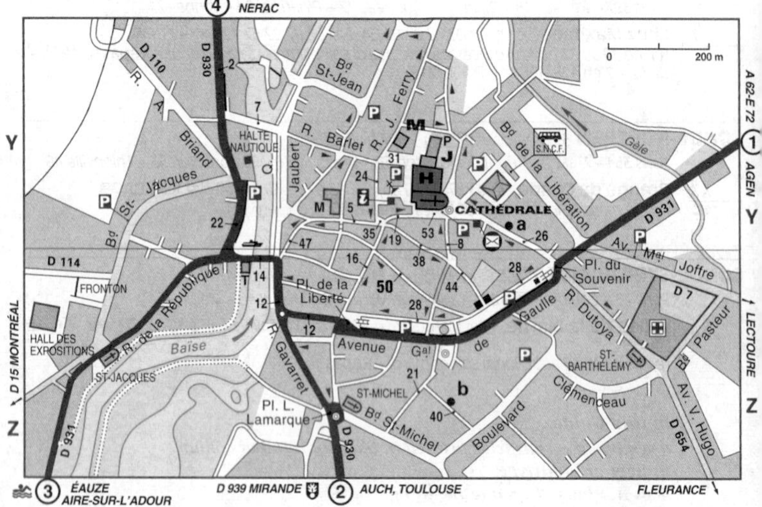

> ***Ne confondez pas :***
>
> Confort des hôtels : 🏨🏨 ... 🏠, ⛱
>
> Confort des restaurants : XXXXX ... X
>
> Qualité de la table : ✿✿✿, ✿✿, ✿, Repas

CONDRIEU *69420 Rhône* 74 ⑪ *G. Vallée du Rhône – 3 093 h alt. 150.*

Voir *Calvaire* ≤★.

ℹ *Office de Tourisme (ouv. de Pâques à fin sept.) pl. du Séquoïa N 86 ✆ 04 74 56 62 83, Fax 04 74 56 62 83.*

Paris 500 – Lyon 42 – Annonay 34 – Rive-de-Gier 22 – Tournon-sur-Rhône 54 – Vienne 13.

🏨 ✿ **Hôtellerie Beau Rivage** (Donet), ✆ 04 74 56 82 82, *infos@hotel-beaurivage.com, Fax 04 74 59 59 36*, ⛱, « Terrasse avec vue agréable sur le Rhône », – ⇌, ▤ rest, TV ✆ P. AE ⓓ GB JCB

Repas 180 bc (déj.), 310/450 et carte 350 à 510 – ☕ 80 – **25 ch** 680/850

Spéc. Quenelle de brochet et salpicon de homard. Fleur de courgette farcie beurre d'herbes (15 mai au 15 oct.). Côte de boeuf casserole aux échalotes confites. **Vins** Condrieu, Côte Rôtie.

X **Reclusière** avec ch, 14 rte Nationale ✆ 04 74 56 67 27, *Fax 04 74 56 80 05* – ▤ rest,. AE GB

fermé 12 fév. au 5 mars – **Repas** *(fermé lundi soir et mardi)* (prévenir) 150 bc (déj.), 160/350 – ☕ 60 – **8 ch** 330/480

CONFLANS-STE-HONORINE *78 Yvelines* 55 ⑳, 101 ③ *– voir à Paris, Environs.*

CONLEAU *56 Morbihan* 63 ③ *– rattaché à Vannes.*

CONNAUX *30 Gard* 80 ⑲ ⑳ *– rattaché à Bagnols-sur-Cèze.*

CONNELLES *27430 Eure 55 ⑦ – 154 h alt. 15.*

Paris 107 – Rouen 38 – Les Andelys 13 – Évreux 33 – Vernon-sur-Eure 35.

Moulin de Connelles, D 19 ℘ 02 32 59 53 33, *moulin.de.connelles@wanadoo.fr, Fax 02 32 59 21 83*, <, « Belle demeure normande, parc aménagé sur une île de la Seine », – P. AE GB JCB
fermé janv., dim. soir, mardi midi et lundi hors saison – **Repas** (140) - 195/325 ¶, enf. 70 – 70 – **7 ch** 550/850, 6 appart – 1/2 P 570/870

CONQUES *12320 Aveyron 80 ① ② G. Midi Pyrénées – 362 h alt. 350.*

Voir *Site** - Village* – Abbatiale Ste-Foy** : tympan du portail occidental*** et trésor de Conques*** – Le Cendié* O : 2 km par D 232 – Site du Bancarel* S : 3 km par D 901.*

Office de Tourisme pl. de L'Abbatiale ℘ 05 65 72 85 00, Fax 05 65 72 87 03.

Paris 612 – Rodez 37 – Aurillac 53 – Espalion 49 – Figeac 45.

Ste-Foy, Rue principale ℘ 05 65 69 84 03, *hotelsaintefoy@hotelsaintefoy.fr, Fax 05 65 72 81 04*, <, « Face à l'abbatiale » – AE GB
27 avril-15 oct. – **Repas** 130 (déj.), 175/390 – 70 – **17 ch** 490/1150 – 1/2 P 535/800

Auberge St-Jacques, ℘ 05 65 72 86 36, *Fax 05 65 72 82 47*, – GB. rest
fermé 5 au 31 janv. – **Repas** 106/220 ¶ – 40 – **13 ch** 260/320 – 1/2 P 270

au Sud *: 3 km sur D 901 – ✉ 12320 Conques :*

Moulin de Cambelong avec ch, ℘ 05 65 72 84 77, *Fax 05 65 72 83 91*, <, « Ancien moulin en bordure du Dourdou », – P. AE GB. rest
Repas *(fermé mardi, jeudi midi et merc. de sept. à juin et lundi sauf le soir en juil.-août)* 195/250 ¶ – 70 – **10 ch** 550/950 – 1/2 P 490/690

Le CONQUET *29217 Finistère 58 ③ G. Bretagne – 2 149 h alt. 30.*

Voir *Site*.*

Excurs. *Île d'Ouessant** – Les Abers**.*

Office de Tourisme parc de Beauséjour ℘ 02 98 89 11 31, Fax 02 98 89 08 20.

Paris 618 – Brest 24 – Brignogan-Plages 56 – St-Pol-de-Léon 83.

Pointe Ste-Barbe, ℘ 02 98 89 00 26, *Fax 02 98 89 14 81*, < mer et les îles – P – 40. AE GB. rest
fermé 11 nov. au 18 déc. – **Repas** *(fermé lundi du 15 sept. au 30 juin)* 105/490 ¶ – 41 – **49 ch** 205/672 – 1/2 P 332/565

à la Pointe de St-Mathieu *Sud : 4 km – ✉ 29217 Plougonvelin.*

Voir *Phare ** – Ruines de l'église abbatiale*.*

Hostellerie de la Pointe St-Mathieu (M), ℘ 02 98 89 00 19, *Fax 02 98 89 15 68*, <, – – 25. AE GB
fermé fév. – **Repas** *(fermé dim. soir sauf juil.-août)* 98/440 – 50 – **24 ch** 300/670 – 1/2 P 340/530

Les CONTAMINES-MONTJOIE *74170 H.-Savoie 74 ⑧ G. Alpes du Nord – 994 h alt. 1164 – Sports d'hiver : 1 165/2 500 m 3 23.*

Voir *Le Signal* (par télécabine).*

Office de Tourisme 18 rte de N.-D. de la Gorge ℘ 04 50 47 01 58, Fax 04 50 47 09 54.

Paris 609 – Chamonix-Mont-Blanc 33 – Annecy 91 – Bonneville 50 – Megève 20.

Chemenaz, près de la télécabine du Lay ℘ 04 50 47 02 44, *info@chemenaz.com, Fax 04 50 47 12 73*, – P. GB
hôtel : 9 juin-8 sept. et 22 déc.-14 avril – ***Trabla*** ℘ 04 50 47 02 50 *(30 juin-1er sept. et 22 déc.-14 avril)* **Repas** 98/195 bc, enf. 60 – 50 – **40 ch** 410/575 – 1/2 P 490/575

Gai Soleil, ℘ 04 50 47 02 94, *gaisoleil2@wanadoo.fr, Fax 04 50 47 18 43*, <, – P. GB. rest
15 juin-15 sept. et 22 déc.-16 avril – **Repas** 99/149 – 45 – **19 ch** 300/450 – 1/2 P 350/385

Grizzli (M) sans rest, 148 rte Notre-Dame de la Gorge ℘ 04 50 91 56 55, *grizzlihotel@grizzli.com, Fax 04 50 91 57 00*, < – AE GB
fermé 15 au 30 nov. – 38 – **16 ch** 340/380

Christiania, ℘ 04 50 47 02 72, *hotelchristiana.@wanadoo.fr, Fax 04 50 47 06 90*, <, – P. AE GB
hôtel : 20 juin-10 sept. et 20 déc.-15 avril ; rest. : 1er juil.-1er sept. et 20 déc.-31 mars – **Repas** snack (dîner seul. en été) 70 (déj.)/107 ¶, enf. 48 – 39 – **14 ch** 210/450 – 1/2 P 345/365

Le Guide change, changez de guide tous les ans.

CONTAMINE-SUR-ARVE 74130 H.-Savoie 74 ⑦ – 1 125 h alt. 450.

Paris 551 – Annecy 45 – Thonon-les-Bains 37 – Chamonix-Mont-Blanc 63 – Genève 20.

✕ **Tourne Bride** avec ch, ✆ 04 50 03 62 18, *Fax 04 50 03 91 99* – TV. GB
fermé 23 juil. au 12 août, 2 au 19 janv., dim. soir et lundi – **Repas** 110/195 ♀ – ☕ 32 – **8 ch** 210/250 – ½ P 190/210

CONTEVILLE 27210 Eure 55 ④ – 701 h alt. 33.

Paris 179 – Le Havre 31 – Évreux 81 – Honfleur 14 – Pont-Audemer 13 – Pont-l'Évêque 29.

✕✕✕ **Auberge du Vieux Logis** (Louet), ✆ 02 32 57 60 16, *Fax 02 32 57 45 84*, 🏡 – AE ⓓ GB
✿ *fermé 12 au 22 nov., 18 fév. au 1er mars, mardi sauf le soir du 15 mars au 15 nov. et lundi* – **Repas** 198/330 et carte 280 à 500 ♀
Spéc. Foie gras poêlé sur lit de pommes, sauce au cidre. Filet de sole "façon normande". Baluchon de pommes et raisins confits, sabayon au calvados.

CONTIS-PLAGE 40 Landes 78 ⑮ – ✉ 40170 St-Julien-en-Born.

Paris 716 – Mont-de-Marsan 75 – Bayonne 89 – Castets 32 – Mimizan 24.

🏠 **Neptune,** ✆ 05 58 42 85 28, *hotel.leneptune@wanadoo.fr, Fax 05 58 42 44 47*, 🏡 – P. AE ⓓ GB
fermé 25 oct. au 15 déc., et 5 janv. au 28 fév. – **Repas** brasserie (dîner seul.) carte environ 100 ♀ – ☕ 35 – **16 ch** 240/400

*Towns **underlined in red** on the **Michelin maps** at a scale of 1 : 200 000 are included in this Guide.*

Use the latest map to take full advantage of this information.

CONTRES 41700 L.-et-Ch. 64 ⑰ – 2 979 h alt. 98.

Paris 204 – Tours 66 – Blois 22 – Châteauroux 79 – Montrichard 23.

🏠 **France,** ✆ 02 54 79 50 14, *Fax 02 54 79 02 95*, 🏡, Fб, 🏊 – ⇔, ▤ rest, TV ✆ ♿ 🚗 P – 🚶 30. GB. ✗ rest
fermé dim. soir et lundi de Toussaint à Pâques – **Repas** *(fermé 25 janv. au 10 mars)* 120/290 ♀ – ☕ 54 – **30 ch** 365/520, (en été : ½ pens. seul.) – ½ P 415/470

✕✕ **Botte d'Asperges,** ✆ 02 54 79 50 49, *Fax 02 54 79 08 74* – GB
fermé 24 déc. au 27 déc. et lundi sauf fériés – **Repas** *(70)* - 90/170 ♀, enf. 50

CONTREVOZ 01 Ain 74 ⑭ – *rattaché à Belley.*

CONTREXÉVILLE 88140 Vosges 62 ⑭ *G. Alsace Lorraine* – 3 945 h alt. 342 – Stat. therm. (25 mars-14 oct.) – Casino Y.

ℹ *Office de Tourisme r. du Shah de Perse ✆ 03 29 08 08 68, Fax 03 29 08 25 40.*
Paris 338 ③ – Épinal 48 ① – Langres 69 ② – Nancy 81 ① – Neufchâteau 28 ③.

Plan page suivante

🏠 **Cosmos,** rue de Metz ✆ 03 29 07 61 61, *Fax 03 29 08 68 67*, 🏡, Fб, 🏊, 🌳 – |♦| ⇔ TV ✆ P – 🚶 40. AE ⓓ GB. ✗ rest — Y u
22 avril-14 oct. – **Repas** 220 – ☕ 48 – **76 ch** 457/504, 5 appart – ½ P 479/958

🏠 **L'Établissement,** Parc Thermal ✆ 03 29 08 17 30, *Fax 03 29 08 92 38*, 🏡 – |♦| TV ✆ P. AE ⓓ GB. ✗ rest — Z a
Repas 220 – ☕ 44 – **36 ch** 327/373 – ½ P 445

🏠 **Souveraine** sans rest, Parc Thermal ✆ 03 29 08 09 59 – TV ✆ P. AE ⓓ GB — Y e
25 mars-16 sept. – ☕ 44 – **31 ch** 327/373

🏠 **Sources,** r. Ziwer-Pacha ✆ 03 29 08 04 48, *hsources@club-internet.fr, Fax 03 29 08 63 01* – TV. AE ⓓ GB. ✗ rest — Z x
1er avril-30 sept. – **Repas** 95/160 ♀, enf. 50 – ☕ 42 – **38 ch** 350 – ½ P 280/315

🏠 **Villa Beauséjour,** r. Ziwer-Pacha ✆ 03 29 08 04 89, *villa-beausejour@wanadoo.fr, Fax 03 29 08 62 28* – TV ✆. GB. ✗ rest — Z v
25 mars-14 oct. – **Repas** 100/235 ♀, enf. 50 – ☕ 48 – **30 ch** 250/300

🏠 **France,** av. Roi Stanislas ✆ 03 29 05 05 05, *hfrance-@infonie.fr, Fax 03 29 08 69 96* – TV P. AE GB — Z z
fermé 15 déc. au 20 janv. et dim. soir du 20 janv. au 1er mars – **Repas** 88/180 ♀ – ☕ 42 – **33 ch** 210/350 – ½ P 280/330

CONTREXÉVILLE

Daudet (R.) .... Y 2
Hazau (Av. du Bois d') .... Y 5
Hirschauer (R. du Gén.) .... Y 6
Moulin (R. Jean) .... Z 9
Shah-de-Perse (R. du) .... Y 10
Stanislas (R. du Roi) .... Z 12
Thomson (R. Gaston) .... Z 13
Victoire (R. de la) .... Y 15
Wladimir (R. Grande-Duchesse) .. Z 16
Ziwer-Pacha (R.) .... Z 18
11-Septembre (R. du) .... Y 19

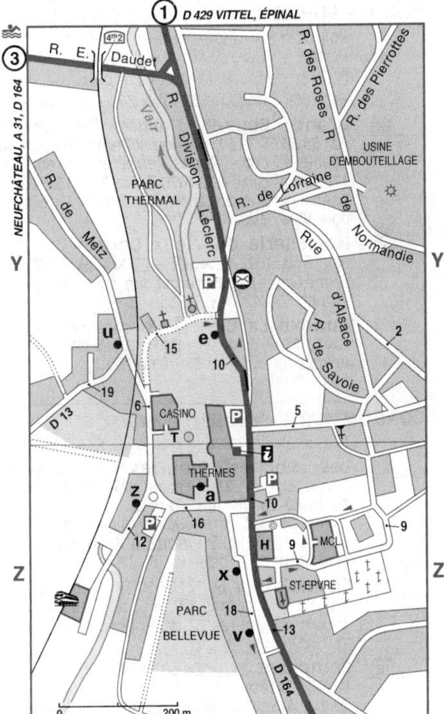

*Towns **underlined in red** on the **Michelin maps** at a scale of 1 : 200 000 are included in this Guide.*

Use the latest map to take full advantage of this information.

COQUELLES *62 P.-de-C.* 51 ② *– rattaché à Calais.*

La COQUILLE *24450 Dordogne* 72 ⑯ *– 1 515 h alt. 337.*

Paris 437 – Limoges 47 – Brive-la-Gaillarde 86 – Périgueux 49.

XX **Voyageurs** avec ch, N 21 05 53 52 80 13, *Fax 05 53 62 18 29*, – GB
fermé dim. soir et lundi midi hors saison – **Repas** 75 bc (déj.), 105/210, enf. 58 – 38 – **9 ch** 250/260 – 1/2 P 290

CORBEIL-ESSONNES *91 Essonne* 61 ①, 101 ㊲ *– voir à Paris, Environs.*

CORBIGNY *58800 Nièvre* 65 ⑮ *G. Bourgogne – 1 802 h alt. 203.*

Paris 235 – Autun 78 – Avallon 39 – Clamecy 28 – Nevers 59.

Buissonnière, pl. St-Jean 03 86 20 02 13, *Fax 03 86 20 13 85*, – AE GB
Marode 03 86 20 13 55 *(fermé fév., dim. soir et lundi)* **Repas** 85/300, enf. 55 – 35 – **23 ch** 265/305 – 1/2 P 238

XX **Cépage et Hôtel Europe** avec ch, 7 Grande Rue 03 86 20 09 87, *Fax 03 86 20 06 40*, – GB
fermé 10 fév. au 7 mars, merc. soir, dim. soir et jeudi sauf juil.-août – **Repas** 105/310 bc – 35 – **6 ch** 280/380 – 1/2 P 220

CORDES-SUR-CIEL *81170 Tarn* 79 ⑳ *G. Midi-Pyrénées – 932 h alt. 279.*

Voir *Site★★ – La Ville haute★★ : maisons gothiques★★ - musée d'Art et d'Histoire Charles-Portal★ – Musée de l'Outil et des Métiers anciens★ à Vindrac-Alayrac O : 5 km.*

ℹ *Office de Tourisme Maison Fonpeyrouse* ✆ *05 63 56 00 52, Fax 05 63 56 19 52.*

Paris 668 – Toulouse 82 – Albi 26 – Rodez 84 – Villefranche-de-Rouergue 48.

Grand Écuyer (Thuriès) ⛰, ✆ 05 63 53 79 50, *grandecuyer@thuries.fr, Fax 05 63 53 79 51,* ≤ vallée, « Demeure gothique, bel intérieur » – ▤ rest, TV. AE ⊙ GB
Pâques-10 oct. – **Repas** *(fermé le midi en semaine et lundi sauf du 15 juil. au 31 août)* 170/470 et carte 400 à 470 ♀ – ☕ 70 – **13 ch** 600/850 – ½ P 680
Spéc. Foie gras de canard au torchon. Pigeonneau confit au romarin. Gratin de fraises des bois. **Vins** Gaillac.

Hostellerie du Vieux Cordes ⛰, ✆ 05 63 53 79 20, *vieux.cordes@thuries.fr, Fax 05 63 56 02 47,* ≤, 🏡 – TV 📞 – 🏛 50. AE ⊙ GB
fermé janv. – **Repas** *(fermé dim. soir et lundi du 1er nov. à Pâques)* 88/200 ♀, enf. 50 – ☕ 40 – **21 ch** 300/420 – ½ P 335

Annexe La Cité 🏠 ⛰ sans rest, ✆ 05 63 56 03 53, *vieux.cordes@thuries.fr, Fax 05 63 56 02 47,* ≤ – TV 📞. AE ⊙ GB
Pâques-mi-oct. – ☕ 35 – **8 ch** 295

CORDON *74700 H.-Savoie* 74 ⑧ *– 766 h alt. 871.*

Paris 592 – Chamonix-Mont-Blanc 32 – Annecy 74 – Bonneville 34 – Megève 11.

Les Roches Fleuries ⛰, ✆ 04 50 58 06 71, *info@rochesfleuries.com, Fax 04 50 47 82 30,* ≤ chaîne Mont-Blanc, 🏡, « Chalet fleuri », Ⓛ, ⛱, 🌳 – TV 📞 P – 🏛 25. AE ⊙ GB JCB. ✂ rest
10 mai-25 sept. et mi-déc.-mi-avril – **Repas** *(fermé lundi midi et mardi midi sauf juil.-août)* 155 (déj.), 210/340 ♀ **- *Boîte à Fromages*** (dîner seul.)(prévenir) *(juil.-août, mi-déc. – fin mars)* **Repas** 175(bc) – ☕ 78 – **25 ch** 670/1230 – ½ P 760

Chamois d'Or ⛰, ✆ 04 50 58 05 16, *hotel@hotel-chamoisdor.com, Fax 04 50 93 72 96,* ≤ chaîne Mont-Blanc, 🏡, « Chalet fleuri », Ⓛ, ⛱, 🌳, 🎾 – |‡| TV 🚗 P. AE ⊙ GB JCB
1er juin-mi-sept. et 22 déc.-début avril – **Repas** 138/280 ♀ – ☕ 75 – **28 ch** 480/800 – ½ P 580/660

Cordonant ⛰, ✆ 04 50 58 34 56, *Fax 04 50 47 95 57,* ≤ chaîne Mont-Blanc, 🏡, Ⓛ – TV P. GB. ✂ rest
20 mai-20 sept. et 20 déc.-15 avril – **Repas** 128/180 – ☕ 38 – **16 ch** 360/420 – ½ P 380/420

Les Rhodos ⛰, ✆ 04 50 58 13 54, *rhodoshotel@aol.com, Fax 04 50 58 57 23,* ≤ chaîne Mont-Blanc – TV P. GB
1er juin-30 sept. et 15 déc.-30 mars – **Repas** 75/200 ♀, enf. 50 – ☕ 37 – **23 ch** 300/310 – ½ P 305/330

Planet ⛰, ✆ 04 50 58 04 91, *Fax 04 50 91 38 07,* ≤ chaîne Mont-Blanc, 🏡 – P. GB
1er juin-16 sept. et 22 déc.-15 avril – **Repas** 80/145 ♀, enf. 60 – ☕ 37 – **28 ch** 320 – ½ P 280/300

CORMEILLES-EN-VEXIN *95 Val-d'Oise* 55 ⑲,, 106 ⑤ *– voir à Paris, Environs (Cergy-Pontoise Ville Nouvelle).*

CORMERY *37320 I.-et-L.* 64 ⑮ *G. Châteaux de la Loire – 1 323 h alt. 59.*

Paris 255 – Tours 20 – Blois 61 – Château-Renault 49 – Loches 22 – Montrichard 33.

XX **Auberge du Mail,** pl. Mail ✆ 02 47 43 40 32, *Fax 02 47 43 08 72,* 🏡 – AE GB
fermé 30 juin-8 juil., 21 déc.-12 janv., vend. sauf le soir en juil.-août, sam. midi de sept-oct. et jeudi soir – **Repas** 105/280 ♀, enf. 60

X **Auberge des 2 Cèdres,** av. Gare ✆ 02 47 43 03 09, 🏡 – GB
fermé 2 au 17 juil., vacances de fév., dim. soir et lundi – **Repas** 65 (déj.), 90/200 🍷, enf. 45

CORNAS *07 Ardèche* 76 ⑳ *– rattaché à St-Péray.*

CORNILLON *30630 Gard* 80 ⑨ *– 609 h alt. 168.*

Paris 670 – Alès 53 – Avignon 51 – Bagnols-sur-Cèze 17 – Pont-St-Esprit 25.

XX **Vieille Fontaine** ⛰ avec ch, ✆ 04 66 82 20 56, *Fax 04 66 82 33 64,* ≤ vallée de la Cèze, 🏡, « Piscine et jardin en terrasses dominant la vallée », ⛱, 🌳 – TV. AE ⊙ GB
mars-déc. et fermé dim. soir et merc. hors saison – **Repas** 195/295 – ☕ 65 – **8 ch** 650/950 – ½ P 600/700

CORPS *38970 Isère* 77 ⑮ ⑯ *G. Alpes du Sud – 512 h alt. 939.*

Voir *Barrage★★ et pont★ du Sautet O : 4 km.*

Office de Tourisme ✆ 04 76 30 03 85, Fax 04 76 30 03 85.

Paris 633 – Gap 40 – Grenoble 65 – La Mure 25.

Tilleul, ✆ 04 76 30 00 43, *Fax 04 76 30 06 12,* – TV. AE GB JCB
fermé 1er nov. au 17 déc. – **Repas** 75/180 ♀, enf. 50 – ☕ 35 – **17 ch** 230/280 – ½ P 250

Napoléon sans rest, ✆ 04 76 30 00 42, *hotel.napoleon@waika9.com, Fax 04 76 30 06 83* – . GB
1er mai-31 oct. et 10 fév.-10 mars – ☕ 38 – **22 ch** 210/310

Poste avec ch, ✆ 04 76 30 00 03, *Fax 04 76 30 02 73,* , « Maison fleurie » – TV . AE GB
fermé 2 janv. au 15 fév. – **Repas** 100 (déj.), 125/255 ♀, enf. 68 – ☕ 40 – **18 ch** 250/450 – ½ P 260/380

CORRENÇON-EN-VERCORS *38 Isère* 77 ④ – *rattaché à Villard-de-Lans.*

CORRENS *83570 Var* 84 ⑤ – *661 h alt. 190.*

Paris 826 – Aix-en-Provence 71 – Draguignan 605 – Toulon 65.

Auberge du Parc avec ch, ✆ 04 94 59 53 52, *auberge-du-parc@hotmail.com, Fax 04 94 59 53 54,* , – TV. AE GB
Repas *(fermé mardi et merc. de nov. à avril)* 190/270 – ☕ 70 – **6 ch** 590/980

CORRÈZE *19800 Corrèze* 75 ⑨ – *1 152 h alt. 455.*

Office de Tourisme Mairie ✆ 05 55 21 32 82, Fax 05 55 21 63 56.

Paris 484 – Brive-la-Gaillarde 46 – Aubusson 99 – Tulle 18 – Uzerche 35.

Seniorie de Corrèze , ✆ 05 55 21 22 88, *Fax 05 55 21 24 00,* ←, , , , – TV – 30. AE GB.
fermé Noël, fév., sam. (sauf rest.), dim. et lundi de nov. à mars – **Repas** 98/200 – ☕ 40 – **29 ch** 535/600 – ½ P 400

Write us...

If you have any comments on the contents of this Guide.

Your praise as well as your criticisms will receive careful consideration and, with your assistance, we will be able to add to our stock of information and, where necessary, amend our judgments.

Thank you in advance!

CORSE

[90] *G. Corse - 249 729 h.*

RENSEIGNEMENTS PRATIQUES

TRANSPORTS MARITIMES

Depuis la France continentale les relations avec la Corse s'effectuent à partir de Marseille, Nice et Toulon

au départ de Marseille : SNCM-61 bd des Dames (2e) ✆ 04 91 56 30 10, Fax 04 91 56 95 86 CMN-4 quai d'Arenc (2e) ✆ 04 91 99 45 00, Fax 04 91 99 45 99.

au départ de Nice : SNCM-Ferryterranée quai du Commerce ✆ 04 93 13 66 99, Fax 04 93 13 66 81. CORSICA FERRIES-2 quai Papacino ✆ 04 93 55 55 55, Fax 04 92 00 52 52.

au départ de Toulon : SNCM/CMT-49 av. Infanterie de Marine (1er avr.-30 sept.) ✆ 04 94 16 66 66, Fax 04 94 16 66 68.

AÉROPORTS

La Corse dispose de quatre aéroports assurant des relations avec le continent, l'Italie et une partie de l'Europe :

Ajaccio ✆ 04 95 23 56 56, Calvi ✆ 04 95 65 88 88, Bastia ✆ 04 95 54 54 54 , et Figari-Sud-Corse ✆ 04 95 71 10 10 (Bonifacio et Porto-Vecchio).

Voir aussi au texte de ces localités.

MER MÉDITERRANÉE
Barcaggio
Macinaggio
Luri
D 80
Erbalunga
San-Martino-di-Lota
Pietranera
Palagaccio
Patrimonio
BASTIA
St-Florent
D 81
Oletta
N 193
BASTIA-PORETTA
Casamozza
N 193
N 198
40 minutes
l'Ile-Rousse
Algajola
N 197
Monticello
N 1197
Pigna
Belgodère
Calvi
Lumio
Feliceto
Pioggiola
CALVI-STE-CATHERINE
Ferayola
D 81
Piedicroce
Calacuccia
Corte
Col d'Arcarotta
Gorges de la Restonica
Porto
Ota
Evisa
N 200
Piana
Soccia
Vico
Guagno
Guagno-les-Bains
Cargèse
Col de Vizzavona
Bocognano
N 193
N 198
40 minutes
Peri
Bastelica
Afa
D 81
AJACCIO
Pisciatello
Cauro
Zicavo
AJACCIO-CAMPO-DELL'ORO
Ste-Marie-Sicché
Porticcio
Solenzara
Col de Bavella
Portigliolo
Petreto-Bicchisano
Aullène
Quenza
Favone
Coti-Chiavari
Conca
Zonza
Porto-Pollo
Olmeto
Levie
Propriano
Ste-Lucie-de Tallano
Cala Rossa
Sartène
Porto-Vecchio
Tizzano
N 196
FIGARI-SUD-CORSE
Sta Giulia
0
20 km
N 198
Plage de Catalonga
Bonifacio

Ajaccio P 2A Corse-du-Sud 90 ⑰ – 58 315 h – Casino Z – ✉ 20000.

Voir *Vieille Ville★ - Musée Fesch★★ : peintures italiennes★★★ – Maison Bonaparte★ – Musée Napoléonien★ (1er étage de l'hôtel de ville) – Jetée de la Citadelle ≤★ – Place Gén.-de-Gaulle ou Place du Diamant≤★.*

Env. *Golfe d'Ajaccio★★ – Les Milelli★ 5 km au NO par ①.*

Excurs. *aux Iles Sanguinaires★★.*

✈ *d'Ajaccio-Campo dell'Oro : ☎ 04 95 23 56 56, par ① : 7 km.*

Office de Tourisme bd du Roi Jérôme ☎ 04 95 51 53 03, Fax 04 95 51 53 01.

Bastia 150 ① – Bonifacio 134 ① – Calvi 168 ① – Corte 80 ① – L'Ile-Rousse 144 ①.

Plan page suivante

Les Mouettes, 9 bd Lucien Bonaparte ☎ 04 95 50 40 40, *lesmouettes@annuaire-corse.com, Fax 04 95 21 71 80,* ≤, « Piscine face à la mer », – TV P – 20. AE GB. Y r
hôtel : 1er mars-31 oct. ; rest. : 14 fév.-31 oct. et 15 déc.-3 janv. – **Repas** *(fermé dim. soir et lundi d'oct. à mai)* (190) - 250 – 100 – **21 ch** 680/1780 – 1/2 P 690/1240

Costa sans rest, 2 r. Colomba ☎ 04 95 21 43 02, *Fax 04 95 21 59 82* – TV. AE GB JCB. Y x
38 – **50 ch** 368/553

Napoléon sans rest, 4 r. Lorenzo Vero ☎ 04 95 51 54 00, *Fax 04 95 21 80 40* – TV. AE GB Z s
45 – **62 ch** 470/530

San Carlu sans rest, 8 bd Casanova ☎ 04 95 21 13 84, *Fax 04 95 21 09 99* – TV. AE GB. Z f
fermé 20 déc. au 31 janv. – 45 – **40 ch** 450/700

Fesch sans rest, 7 r. Cardinal Fesch ☎ 04 95 51 62 62, *Fax 04 95 21 83 36* – TV. AE GB JCB Z y
fermé 15 déc. au 15 janv. – 40 – **77 ch** 390/475

Impérial, 6 bd Albert 1er ☎ 04 95 21 50 62, *Fax 04 95 21 15 20,* – , rest, TV. AE GB. rest Y a
1er mars-30 nov. – **Repas** 110/125 – 40 – **57 ch** 418/478 – 1/2 P 344/374

Marengo sans rest, 2 r. Marengo ☎ 04 95 21 43 66, *Fax 04 95 21 51 26* – TV. GB. Y n
20 mars-10 nov. – 35 – **16 ch** 355/400

A La Funtana, 9 r. Notre Dame ☎ 04 95 21 78 04, *Fax 04 95 51 40 56* – . AE GB JCB Z a
fermé lundi midi et dim. – **Repas** 150/300

Floride, au port Charles Ornano ☎ 04 95 22 67 48, *Fax 04 95 22 67 48,* ≤, – . AE GB Y b
fermé dim. midi en saison, sam. midi et dim. soir – **Repas** - produits de la mer - 118 (déj.), 210/375

Grand Café Napoléon, 10 cours Napoléon ☎ 04 95 21 42 54, *Fax 04 95 21 53 32* – GB
fermé sam. soir et dim. – **Repas** 95 (déj.)/200 Z d

Le 20123, 2 r. Roi de Rome ☎ 04 95 21 50 05, *Fax 04 95 24 22 24,* « Évocation d'un village corse » Z v
fermé 15 janv. au 15 fév., le midi du 15 juin au 15 sept., lundi et mardi – **Repas** (prévenir) 165

Bec Fin, 3 bis bd Roi Jérôme ☎ 04 95 21 30 52, *Fax 04 95 21 30 52,* – AE GB Z k
fermé 20 déc. au 26 janv., lundi soir d'oct. au 15 juin et dim. – **Repas** 80/150, enf. 50

Piano, 13 bd Roi Jérôme ☎ 04 95 51 23 81, *Fax 04 95 20 95 98,* – . GB Z e
fermé 1er au 15 nov., 1er au 15 fév. et dim. – **Repas** 70/170

France, 59 r. Cardinal Fesch ☎ 04 95 21 11 00 – AE GB Z n
fermé nov. et dim. – **Repas** 99/130

à Afa *par ① : 15 km par rte de Bastia et D 161 – 1 726 h. alt. 150 – ✉ 20167 Mezzavia :*

Auberge d'Afa, ☎ 04 95 22 92 27, *Fax 04 95 22 92 27,* – P. AE GB
fermé nov., 15 au 28 fév. et lundi – **Repas** (nombre de couverts limité, prévenir) 120 (déj.), 160/180

Plaine de Cuttoli par ① *: 15 km par rte de Bastia, rte de Cuttoli (D 1) puis rte de Bastelicaccia – ✉ 20167 Mezzavia :*

U Licettu, ☎ 04 95 25 61 57, *Fax 04 95 53 71 00,* ≤, « Jardin fleuri », – P. GB
fermé janv. et lundi
Repas (prévenir) (menu unique) 220 bc

A Casetta, ☎ 04 95 25 66 59, *acasetta@infonie.fr, Fax 04 95 25 87 67,* – P. AE GB
fermé dim. soir hors saison et lundi – **Repas** 180/250

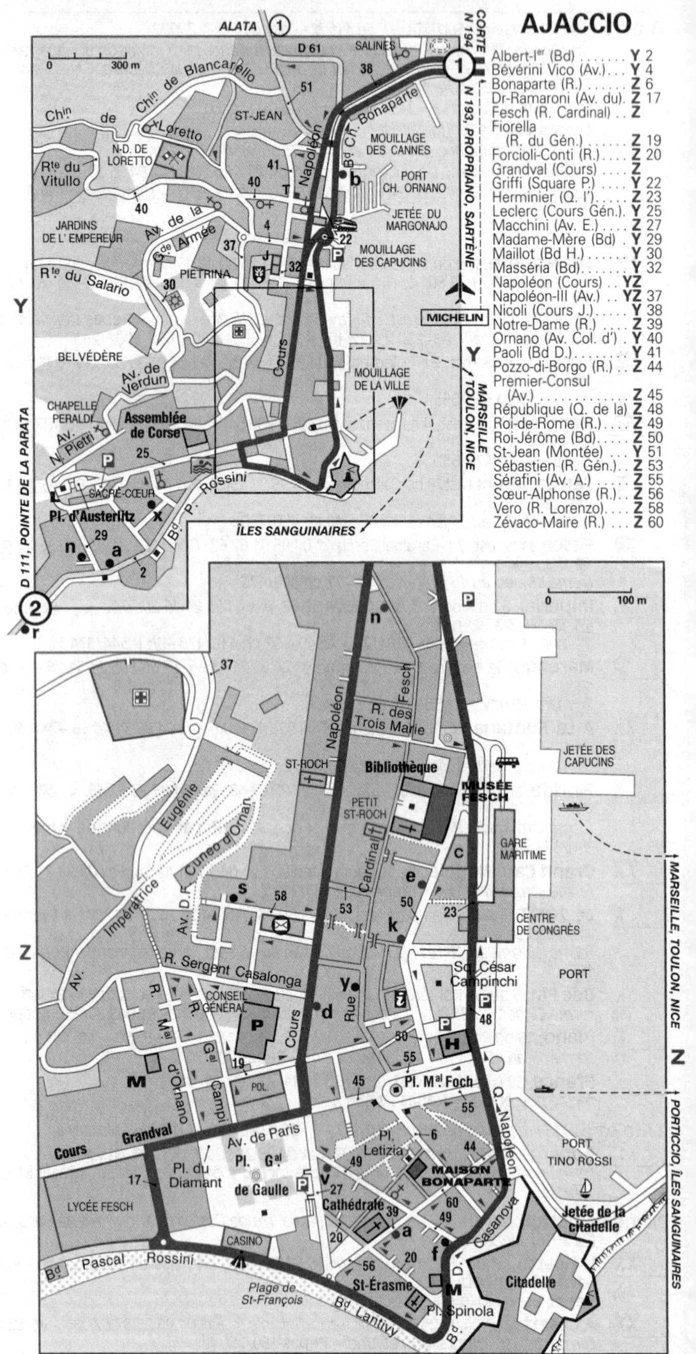
AJACCIO
Albert-Ier (Bd) . . . . Y 2
Bévérini Vico (Av.) . . . Y 4
Bonaparte (R.) . . . . . . Z 6
Dr-Ramaroni (Av. du). Z 17
Fesch (R. Cardinal) . . Z
Fiorella (R. du Gén.) . . . . . . Z 19
Forcioli-Conti (R.) . . . . Z 20
Grandval (Cours) . . . . Z
Griffi (Square P.) . . . . Y 22
Herminier (Q. l') . . . . . Z 23
Leclerc (Cours Gén.). Y 25
Macchini (Av. E.) . . . . Z 27
Madame-Mère (Bd) . Y 29
Maillot (Bd H.) . . . . . . Y 30
Masséria (Bd) . . . . . . Y 32
Napoléon (Cours) . . YZ
Napoléon-III (Av.) . . YZ 37
Nicoli (Cours J.) . . . . . Y 38
Notre-Dame (R.) . . . . Z 39
Ornano (Av. Col. d') . Y 40
Paoli (Bd D.) . . . . Y 41
Pozzo-di-Borgo (R.) . . Z 44
Premier-Consul (Av.) . . . . Z 45
République (Q. de la) Z 48
Roi-de-Rome (R.) . . . . Z 49
Roi-Jérôme (Bd) . . . . . Z 50
St-Jean (Montée) . . . . Y 51
Sébastien (R. Gén.) . . Z 53
Sérafini (Av. A.) . . . . . Z 55
Sœur-Alphonse (R.) . . Z 56
Vero (R. Lorenzo) . . . . Z 58
Zévaco-Maire (R.) . . . Z 60
ALATA
D 61
SALINES
CORTE N 194
N 193, PROPRIANO, SARTÈNE
0 300 m
Chin de Chin de Blancarello
St-JEAN
Loretto
N.-D. DE LORETTO
Rte du Vitullo
Bd Ch. Bonaparte
MOUILLAGE DES CANNES
PORT CH. ORNANO
JETÉE DU MARGONAJO
MOUILLAGE DES CAPUCINS
JARDINS DE L'EMPEREUR
Av. de la Gde Armée
PIETRINA
Rte du Salario
MICHELIN
BELVÉDÈRE
Av. de Verdun
Cours Napoléon
MOUILLAGE DE LA VILLE
MARSEILLE TOULON, NICE
CHAPELLE PERALDI
Assemblée de Corse
Av. N. Pietri
SACRÉ-CŒUR
Pl. d'Austerlitz
Bd. P. Rossini
ÎLES SANGUINAIRES
D 111, POINTE DE LA PARATA
0 100 m
R. des Trois Marie
ST-ROCH
Bibliothèque
MUSÉE FESCH
JETÉE DES CAPUCINS
PETIT ST-ROCH
Rue Cardinal Fesch
GARE MARITIME
Eugénie
Cuneo d'Ornano
Av. Impératrice
CENTRE DE CONGRÈS
R. Sergent Casalonga
Sq. César Campinchi
PORT
MARSEILLE, TOULON, NICE
CONSEIL GÉNÉRAL
R. Mal d'Ornano
R. Gal Campi
POL.
Pl. Mal Foch
Q. Napoléon
Cours Grandval
Av. de Paris
Pl. Gal de Gaulle
Pl. du Diamant
Pl. Letizia
MAISON BONAPARTE
PORT TINO ROSSI
PORTICCIO, ÎLES SANGUINAIRES
LYCÉE FESCH
Cathédrale
Jetée de la citadelle
CASINO
Bd Pascal Rossini
Bd D. Casanova
Citadelle
Plage de St-François
St-Érasme
Pl. Spinola
Bd Lantivy

à Pisciatello *par ① et N 196 : 12 km – ✉ 20129 Bastelicaccia :*

Auberge du Prunelli, ✆ 04 95 20 02 75, 🏖 – GB
fermé avril et mardi – **Repas** 110/169 bc 🍷, enf. 65

rte des îles Sanguinaires *par ② – ✉ 20000 Ajaccio :*

Dolce Vita 🐦, à 9 km ✆ 04 95 52 42 42, *Fax 04 95 52 07 15,* ≤ Iles Sanguinaires et le golfe, 🏖, « Terrasse en bord de mer », 🏊, 🏖, 🏖 – ▤ ch, 📺 📞 🅿 – 🏛 35. AE ⓓ GB
1er avril-31 oct. – ***Mer :*** **Repas** 220/320 et carte 390 à 600 🍷, enf. 160 – ☕ 95 – **32 ch** 580/1300 – ½ P 995/1170
Spéc. Langoustines rôties en croûte de cheveux d'ange. Filet de rouget raidi à l'huile vierge, vinaigrette de groseille au cédrat confit (avril à août). Pavé de loup rôti en peau, courgette fleur farcie (mai à sept.). **Vins** Coteaux d'Ajaccio.

Eden Roc 🐦, à 10 km ✆ 04 95 51 56 00, *edenroc@wanadoo.fr, Fax 04 95 52 05 03,* ≤ golfe, 🏖, 🏋, 🏊, 🏖 – 🛗 ▤ 📺 🅿 – 🏛 80. AE ⓓ GB JCB. ✗ rest
Toque Impériale : **Repas** 200, enf. 100 – ☕ 70 – **48 ch** 1350/2380 – ½ P 1240/1390

Cala di Sole 🐦, à 6 km ✆ 04 95 52 01 36, *caladisole@annuaire-corse.com, Fax 04 95 52 00 20,* ≤ mer, 🏊, 🏖, 🎾 – ▤ 📺 📞 🅿. AE ⓓ GB. ✗ rest
1er avril-15 oct. – **Repas** carte 230 à 390 🍷 – **31 ch** (½ pens. seul.) – ½ P 725

Pinède M 🐦 sans rest, à 3,5 km ✆ 04 95 52 00 44, *Fax 04 95 52 09 48,* ≤, 🏊, 🏖, 🎾 – 🛗 ▤ 📺 ♿ 🅿. AE ⓓ GB. ✗
☕ 40 – **38 ch** 905

Palm Beach, à 5 km ✆ 04 95 52 01 03, *noble@club-internet.fr, Fax 04 95 52 02 89,* ≤, 🏖, 🏖 – ▤. AE ⓓ GB JCB
Repas *(fermé dim. soir et lundi de nov. à avril)* 120 (déj.), 150/250

Nausicaa, à 7 km ✆ 04 95 52 01 42, *Fax 04 95 52 01 42,* ≤, 🏖 – 🅿. AE GB
fermé mardi d'oct. à mai – **Repas** *(100)* - 120/180

Algajola *2B H.-Corse* 90 ⑬ *– 211 h alt. 2 – ✉ 20220 L'Ile-Rousse.*
Voir *Citadelle★ – Descente de Croix★ dans l'église.*
Bastia 77 – Calvi 16 – L'Ile-Rousse 10.

Stellamare sans rest, ✆ 04 95 60 71 18, *Fax 04 95 60 69 39,* 🏖 – 🅿. AE GB. ✗
1er mai-15 oct. – ☕ 45 – **16 ch** 500

Beau Rivage, ✆ 04 95 60 73 99, *Fax 04 95 60 79 51,* ≤, 🏖, 🏖 – 🅿. AE GB. ✗ rest
hôtel : 15 avril-15 oct. ; rest. : 1er mai-30 sept. – **Repas** 100/130 🍷, enf. 40 – ☕ 40 – **36 ch** 700 – ½ P 360/430

Plage, ✆ 04 95 60 72 12, *Fax 04 95 60 64 89,* ≤, 🏖 – 🅿. GB. ✗
1er mai-30 sept. – **Repas** 130 – ☕ 30 – **36 ch** 330/380 – ½ P 310/325

Arcarotta (col d') *2B H.-Corse* 90 ④ *– ✉ 20234 Piobetta.*
Bastia 59 – Corte 65 – Vescovato 40.

Auberge des Deux Vallées, ✆ 04 95 35 91 20, *Fax 04 95 35 91 20,* ≤, 🏖 – GB
1er mai-30 sept. – **Repas** *(fermé lundi sauf juil.-août)* 80/125 🍷

Aullène *2A Corse-du-Sud* 90 ⑦ *– 149 h alt. 825 – ✉ 20116 .*
Ajaccio 71 – Bonifacio 86 – Corte 103 – Porto-Vecchio 59 – Propriano 37 – Sartène 35.

Poste, ✆ 04 95 78 61 21, *Fax 04 95 78 61 21,* ≤, 🏖 – GB. ✗ rest
mai-sept. – **Repas** 100/135 🍷 – ☕ 35 – **20 ch** 180/250 – ½ P 210/230

Barcaggio *2B H.-Corse* 90 ① *– ✉ 20275 Ersa.*
Bastia 52 – St-Florent 67.

Giraglia 🐦 sans rest, ✆ 04 95 35 60 54, *Fax 04 95 35 65 92,* ≤ La Giraglia
1er avril-30 sept. – ☕ 38 – **14 ch** 332/394

Bastelica *2A Corse-du-Sud* 90 ⑥ *– 436 h alt. 800 – ✉ 20119 .*
Voir *Route panoramique★★ du plateau d'Ese.*
Env. *A 400 m du col de Mercujo : belvédère ≤★★ et SO : 13,5 KM.*
Ajaccio 42 – Corte 69 – Propriano 70 – Sartène 82.

Chez Paul avec ch, ✆ 04 95 28 71 59, *Fax 04 95 28 73 13 –* cuisinette. GB
Repas 80/125 🍷 – **6 ch** ☕ 200 – ½ P 275/350

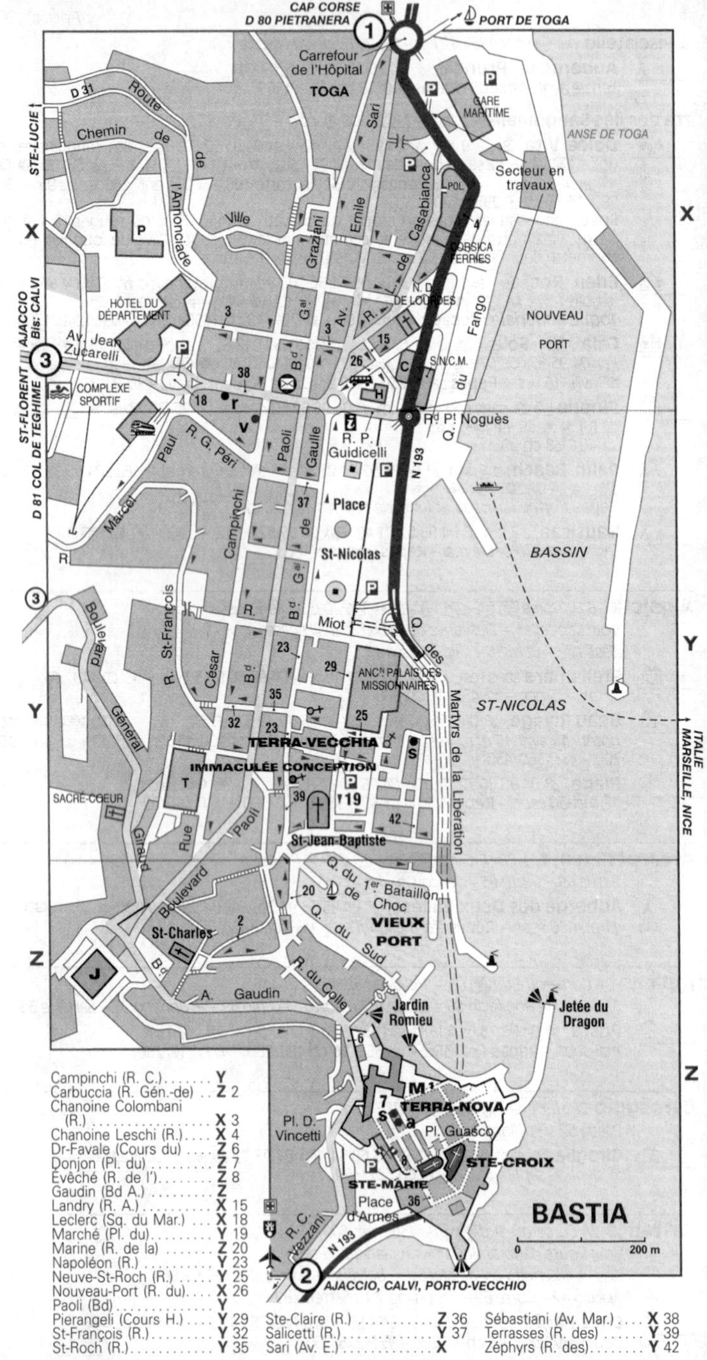
CAP CORSE
D 80 PIETRANERA
PORT DE TOGA
Carrefour de l'Hôpital
TOGA
GARE MARITIME
ANSE DE TOGA
Secteur en travaux
STE-LUCIE
D 31
Route de Ville
Chemin de l'Annonciade
Sari
Emile
Graziani
Casabianca
POL.
CORSICA FERRIES
N. D. DE LOURDES
HÔTEL DU DÉPARTEMENT
AJACCIO
Bis: CALVI
Av. Jean Zucarelli
COMPLEXE SPORTIF
NOUVEAU PORT
S.N.C.M.
Fango
Q. du Fango
Rd Pt Nogues
R. P. Guidicelli
R. G. Péri
Paul Marcel
Paoli
Gaulle
Campinchi
Place St-Nicolas
N 193
BASSIN
ST-FLORENT
D 81 COL DE TEGHIME
Miot
Boulevard Général Giraud
R. St-François
César
ANCN PALAIS DES MISSIONNAIRES
Q. des Martyrs de la Libération
ST-NICOLAS
ITALIE
MARSEILLE, NICE
TERRA-VECCHIA
IMMACULÉE CONCEPTION
SACRÉ-COEUR
Rue
St-Jean-Baptiste
Q. du 1er Bataillon de Choc
VIEUX PORT
Q. du Sud
St-Charles
Bd A. Gaudin
R. du Colle
Jardin Romieu
Jetée du Dragon
M1
TERRA-NOVA
Pl. D. Vincetti
Pl. Guasco
STE-CROIX
STE-MARIE
Place d'Armes
R. C. Vezzani
N 193
AJACCIO, CALVI, PORTO-VECCHIO
BASTIA
0
200 m
X
Y
Z
Campinchi (R. C.) . . . . Y
Carbuccia (R. Gén.-de) . . Z 2
Chanoine Colombani (R.) . . . . X 3
Chanoine Leschi (R.) . . . . X 4
Dr-Favale (Cours du) . . . . Z 6
Donjon (Pl. du) . . . . Z 7
Évêché (R. de l') . . . . Z 8
Gaudin (Bd A.) . . . . Z
Landry (R. A.) . . . . X 15
Leclerc (Sq. du Mar.) . . . X 18
Marché (Pl. du) . . . . Y 19
Marine (R. de la) . . . . Z 20
Napoléon (R.) . . . . Y 23
Neuve-St-Roch (R.) . . . . . Y 25
Nouveau-Port (R. du) . . . . X 26
Paoli (Bd) . . . . Y
Pierangeli (Cours H.) . . . . Y 29
St-François (R.) . . . . Y 32
St-Roch (R.) . . . . Y 35
Ste-Claire (R.) . . . . Z 36
Salicetti (R.) . . . . Y 37
Sari (Av. E.) X
Sébastiani (Av. Mar.) . . . . X 38
Terrasses (R. des) . . . . . . Y 39
Zéphyrs (R. des) . . . . Y 42

Bastia P 2B H.-Corse 90 ③ – 37 845 h alt. 3 – ✉ 20200.
Voir Terra-Vecchia★ : le vieux port★★, oratoire de l'Immaculée Conception★ – Terra-Nova★ : Assomption de la Vierge★★ dans l'église Ste-Marie, décor★★ rococo dans la chapelle Ste-Croix – musée d'Ethnographie corse★ **M1.**
Env. Église Ste-Lucie ≤★★ 6 km NO par D 31 **X** *– ✵★★★ de la Serra di Pigno 14 km par ③ – ≤★★ du col de Teghime 10 km par ③.*
✈ de Bastia-Poretta : ✆ 04 95 54 54 54, par ② : 20 km.
Office de Tourisme pl. Saint-Nicolas ✆ 04 95 55 96 96, Fax 04 95 55 96 00.
Ajaccio 152 ② – Bonifacio 171 ② – Calvi 92 ③ – Corte 72 ② – Porto 136 ②.

Plan page ci-contre

Les Voyageurs M sans rest, 9 av. Mar. Sébastiani ✆ 04 95 34 90 80, *Fax 04 95 34 00 65* – TV ✆. GB. ✗ X r
fermé 20 déc. au 10 janv. – ☕ 30 – **20 ch** 350/500

Posta Vecchia sans rest, r. Posta Vecchia ✆ 04 95 32 32 38, *Fax 04 95 32 14 05* – ▮ TV ✆. AE ① GB Y s
☕ 35 – **49 ch** 250/410

Citadelle, r. Ste-Croix ✆ 04 95 31 44 70, *Fax 04 95 32 77 53,* 🏖, « Ancien moulin à huile » – ▤. AE GB JCB Z a
fermé sam. midi et dim. – **Repas** 180

A Casarella, r. Ste-Croix ✆ 04 95 32 02 32, 🏖 – ▤. AE GB. ✗ Z s
fermé nov. et dim. – **Repas** 130 (déj.)/150

Onda Marina, 33 r. César Campinchi ✆ 04 95 32 09 37 – AE GB JCB Y v
fermé dim. – **Repas** 100/120 🍷

à Palagaccio *par ① : 2,5 km – ✉ 20200 Bastia :*

L'Alivi 🔇 sans rest, ✆ 04 95 55 00 00, *Fax 04 95 31 03 95,* ≤ mer, 🏊, 🏝 – ▮ ▤ TV ✆ P – 🏛 50. AE GB
fermé 16 déc. au 2 janv. – ☕ 48 – **37 ch** 570/810

à Pietranera *par ① : 3 km – ✉ 20200 Bastia :*

Pietracap 🔇 sans rest, sur D 131 ✆ 04 95 31 64 63, *hotel-pietracap@wanadoo.fr, Fax 04 95 31 39 00,* ≤, « Parc arboré et fleuri », 🏊, 🌳 – TV ✆ P – 🏛 20. AE ① GB JCB
1er avril-30 nov. – ☕ 50 – **39 ch** 660/850

Cyrnea sans rest, ✆ 04 95 31 41 71, *Fax 04 95 31 72 65,* ≤, 🏝 – ▤ TV ✆ 🚗 P – 🏛 20. GB. ✗
fermé 1er déc. au 1er fév. – ☕ 40 – **20 ch** 400/500

à San Martino di Lota *par ① et D 131 : 13 km – 2 466 h. alt. 350 – ✉ 20200 Bastia :*

Corniche 🔇, ✆ 04 95 31 40 98, *info@hotellacorniche.com, Fax 04 95 32 37 69,* ≤ mer et vallée, 🏖, 🏊 – TV ✆ P – 🏛 15. AE GB. ✗ ch
fermé janv. – **Repas** *(fermé dim. soir et lundi en mars, oct., nov. et déc.)* 135/220 🍷, enf. 70 – ☕ 45 – **18 ch** 320/490 – ½ P 380/420

rte d'Ajaccio *par ② : 4 km – ✉ 20600 Bastia :*

Ostella, ✆ 04 95 30 97 70, *Fax 04 95 33 11 70,* 🏖 – TV ✆ P – 🏛 20. GB. ✗ ch
Repas *(fermé dim.) (80)* - 150 🍷, enf. 45 – ☕ 45 – **30 ch** 450/580 – ½ P 410/420

rte de l'aéroport de Bastia-Poretta *par ②, N 193 et D 507 : 20 km – ✉ 20290 Lucciana :*

Poretta sans rest, ✆ 04 95 36 09 54, *Fax 04 95 36 15 32* – ▤ TV ✆ 🚗 P – 🏛 50. AE ① GB. ✗
☕ 40 – **33 ch** 350/500

Bavella (Col de) *2A Corse-du-Sud 90 ⑦ – ✉ 20124 Zonza.*
Voir Col et aiguilles de de Bavella★★★ – Forêt de Bavella★★.
Ajaccio 100 – Bonifacio 76 – Porto-Vecchio 49 – Propriano 49 – Sartène 47.

Auberge du Col, ✆ 04 95 57 43 87, 🏖 – AE ① GB JCB
1er avril-31 oct. – **Repas** 69/140 🍷, enf. 55

Belgodère *2B H.-Corse 90 ⑬ – 331 h alt. 320 – ✉ 20226.*
Voir ≤★ du vieux fort.
Bastia 68 – Calvi 40 – Corte 58 – L'Ile-Rousse 16.

Niobel 🔇, ✆ 04 95 61 34 00, *Fax 04 95 61 35 85,* ≤ vallée, 🏖 – P
1er avril-31 oct. – **Repas** 80/130 🍷, enf. 45 – ☕ 30 – **10 ch** 260/330 – ½ P 295

Bocognano *2A Corse-du-Sud* 90 ⑥ *– 343 h alt. 600 –* ✉ *20136 .*

Ajaccio 39 – Bonifacio 147 – Corte 43.

Beau Séjour, ✆ 04 95 27 40 26, *Fax 04 95 27 40 26,* ←, – P. GB
1er avril-30 oct. – **Repas** 85/180 – 30 – **17 ch** 205/265

Bonifacio *2A Corse-du-Sud* 90 ⑨ *G. Corse – 2 683 h alt. 55 –* ✉ *20169 .*

Voir *Site★★★ – Ville haute★★ : Place du marché ←★★ – Trésor★ des églises de Bonifacio (Palazzu Publicu) – Eglise St-Dominique★ – Esplanade St-Francois ←★ – Cimetière marin★.*
Excurs. *Grottes marines et la côte★★.*

Figari-Sud-Corse : ✆ 04 95 71 10 10, N : 21 km.
Office de Tourisme 2 r. Fred-Scamaroni ✆ 04 95 73 11 88, Fax 04 95 73 14 97.
Ajaccio 135 – Corte 151 – Sartène 52.

Genovese M sans rest, ville haute ✆ 04 95 73 12 34, *info@genovese.com, Fax 04 95 73 09 03* – TV P – 25. AE GB.
1er mars-30 nov. – 80 – **15 ch** 1300/1700

A Trama , rte Santa Manza Est : 2 km ✆ 04 95 73 17 17, *Fax 04 95 73 17 79,* , , – ch, TV P. AE GB. rest
fermé déc.(sauf hôtel) et janv. – **Repas** (dîner seul.) 145/180 – 45 – **25 ch** 530/1010 – ½ P 695

Caravelle, 35 quai Comparetti ✆ 04 95 73 00 03, *Fax 04 95 73 00 41,* – , ch, TV. AE GB JCB
8 avril-15 oct. – ***Caravelle*** ✆ 04 95 73 06 47 *(mi-avril-mi-oct.)* **Repas** 190/420 – **28 ch** 650/1700

Centre Nautique, quai Nord ✆ 04 95 73 02 11, *Fax 04 95 73 17 47,* – ch, TV P. AE GB. ch
Repas carte 180 à 280 – 60 – **10 ch** 850/1050 – ½ P 675/745

Roy d'Aragon sans rest, 3 quai Comparetti ✆ 04 95 73 03 99, *Fax 04 95 73 07 94,* ← – TV. AE GB.
45 – **31 ch** 530/1200

Santa Teresa sans rest, quartier St-François (ville haute) ✆ 04 95 73 11 32, *Fax 04 95 73 15 99,* ← – TV P. GB.
1er avril-10 oct. – 45 – **44 ch** 586/736

Voilier, à la Marine ✆ 04 95 73 07 06, *Fax 04 95 73 14 27,* – AE GB
fermé 31 déc. au 28 fév., dim. soir et lundi d'oct. à déc. – **Repas** 110/190, enf. 50

Stella d'Oro, 7 r. Doria ✆ 04 95 73 03 63, *stella.oro@bonifacio.com, Fax 04 95 73 03 12* – AE GB
1er avril-30 sept. – **Repas** (prévenir) 130 (déj.)et carte 180 à 300

à Gurgazu *Nord-Est : 6 km par rte de Santa-Manza –* ✉ *20169 Bonifacio :*

Golfe , ✆ 04 95 73 05 91, *Fax 04 95 73 17 18,* ←, – ch, TV P. AE GB
20 mars-20 oct. – **Repas** 95/130 – 40 – **12 ch** (½ pens. seul.) – ½ P 390

à Calalonga *Est : 6 km par D 258 et rte secondaire –* ✉ *20169 Bonifacio :*

Marina di Cavu avec ch, ✆ 04 95 73 14 13, *info@marinadicavu.com, Fax 04 95 73 04 82,* ← Iles Lavezzi et Cavallo, , – ch, TV P. AE GB JCB.
début avril-fin-oct. – **Repas** (nombre de couverts limité, prévenir) 95 (déj.), 210/310 – 70 – **5 ch** 1300/1800 – ½ P 930/1180

au Nord-Est *: 10 km par N 198 et rte de Canetto –* ✉ *20169 Bonifacio :*

U Capu Biancu , ✆ 04 95 73 05 58, *resas@capu-biancu.com, Fax 04 95 73 18 66,* ←, – TV P. AE GB. rest
31 mars- 5 nov. – **Repas** 190/430 – 85 – **43 ch** 780/1240 – ½ P 685/885

Calacuccia *2B H.-Corse* 90 ⑮ *– 331 h alt. 830 –* ✉ *20224 .*

Voir *Site★★ – Tour du lac de barrage★★ – Défilé de la Scala di Santa Régina★★ NE : 5 km.*
Bastia 78 – Calvi 96 – Corte 29 – Piana 68 – Porto 58.

Acqua Viva sans rest, ✆ 04 95 48 06 90, *Fax 04 95 48 08 82* – TV P. GB
50 – **12 ch** 400/430

Auberge Casa Balduina, lieu-dit Le Couvent ✆ 04 95 48 08 57, *jeannequilichini@aol.com, Fax 04 95 48 08 57,* , – P. GB.
1er mai-30 sept. – **Repas** 90/130

Calvi ⟨SP⟩ *2B H.-Corse* **90** ⑬ *– 4 815 h alt. 29 –* ✉ *20260.*

Voir *Citadelle★★ : fortifications★ – La Marine★.*

Env. *Intérieur★ de l'église St-Jean-Baptiste.*

Excurs. *La Balagne★★★.*

✈ *de Calvi-Ste-Catherine : ☎ 04 95 65 88 88, par ①.*

ℹ *Office du Tourisme port de plaisance ☎ 04 95 65 16 67, Fax 04 95 65 14 09 et (juin-sept.) à l'entrée de la Citadelle ☎ 04 95 65 36 74.*

Bastia 92 ① – Corte 90 ① – L'Ile-Rousse 25 ① – Porto 73 ①.

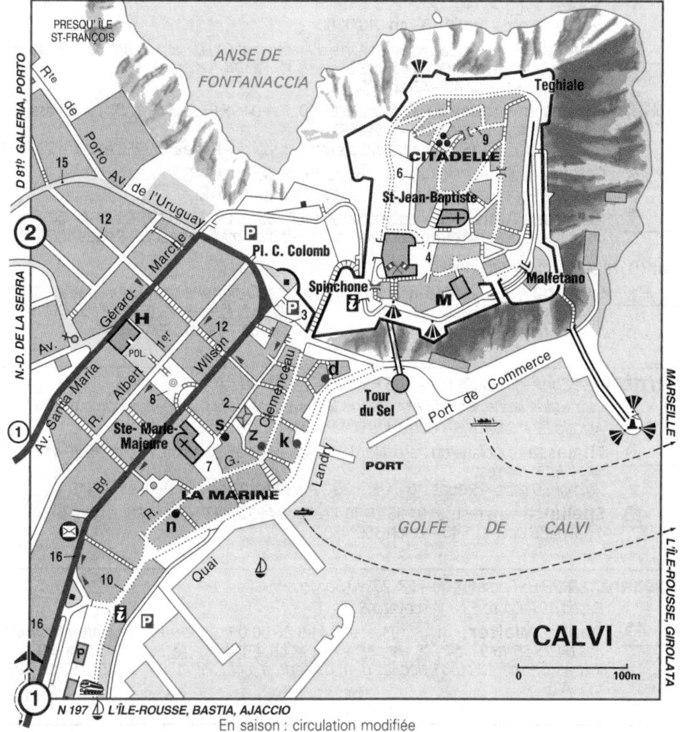

En saison : circulation modifiée

Alsace-Lorraine (R.)	2	Crudelli (Pl.)	7	Montée des Écoles (Chemin de)	12
Anges (R. des)	3	Dr-Marchal (Pl. du)	8	Napoléon (Av.)	15
Armes (Pl. d')	4	Fil (R. du)	9	République (Av. de la)	16
Clemenceau (R. G.)		Joffre (R.)	10	Wilson (Bd)	
Colombo (R.)	6				

Villa Ⓜ, chemin de Notre Dame de la Serra par ① : *1 km* ☎ 04 95 65 10 10, *la-villa.reservation@wanadoo.fr, Fax 04 95 65 10 50,* ←, ⛱, ⛱, 🎾, – |♿| ⅲ ▤ TV ☎ ♿ [P] – 🏔 40. AE ⓓ GB. ✂
1er avril-3 janv. – **Repas** carte 500 à 640 ♀ – ☕ 120 – **26 ch** 2240/2550, 10 appart – ½ P 1610/1765

Balanea sans rest, 6 r. Clemenceau **(n)** ☎ 04 95 65 94 94, *info@hotel-balanea.com, Fax 04 95 65 29 71,* ← – |♿| ▤ TV ☎. AE ⓓ GB
☕ 60 – **38 ch** 530/1210

Meridiana Ⓜ sans rest, av. Santa Maria ☎ 04 95 65 31 38, *info@hotel-meridiana.com, Fax 04 95 65 32 72,* ← – |♿| ▤ TV ☎ [P]. AE ⓓ GB. ✂
☕ 50 – **38 ch** 600/900

Magnolia, près pl. Marché **(s)** ✆ 04 95 65 19 16, *Fax 04 95 65 34 52*, – ▤ TV ✆. AE ◑ GB. ✻ ch
fermé 15 janv. au 15 mars – ***Jardin*** *(fermé merc. sauf le soir du 15 avril au 15 oct.)* **Repas** 98/350, enf. 90 – ☕ 65 – **11 ch** 450/850 – ½ P 525/625

L'Onda M sans rest, av. Christophe Colomb par ① : *1 km* ✆ 04 95 65 35 00, *Fax 04 95 65 16 26* – ▤ TV P. AE GB. ✻
1er avril-15 nov. – ☕ 40 – **24 ch** 450/650

Caravelle ⛰, à la plage par ① : *0,5 km* ✆ 04 95 65 95 50, *info@hotel-lacaravelle.com, Fax 04 95 65 00 03*, – ▤ TV ✆. GB. ✻
1er avril-31 oct. – **Repas** (dîner seul.) 130/200 – **34 ch** (½ pens. seul.) – ½ P 530/650

St-Erasme sans rest, rte Ajaccio par ② : *0,8 km* ✆ 04 95 65 04 50, *Fax 04 95 65 32 62*, ≤, – TV P. GB. ✻
28 avril-20 oct. – ☕ 50 – **33 ch** 610/1200

Revellata sans rest, av. Napoléon, rte d'Ajaccio par ② : *0,5 km* ✆ 04 95 65 01 89, *info@hotel.revellata.com, Fax 04 95 65 29 82*, ≤ – P. ◑ GB. ✻
1er avril-30 oct. – ☕ 40 – **43 ch** 500/600

Emile's, quai Landry **(k)** ✆ 04 95 65 09 60, *Fax 04 95 65 27 34*, ≤, « Terrasse panoramique surplombant le port » – ▤. GB
fermé 1er déc. au 15 janv., lundi hors saison et mardi – **Repas** 120/250 et carte 280 à 350 ♀

Calellu, quai Landry **(d)** ✆ 04 95 65 22 18, ≤, – AE GB
1er mars-31 oct. et fermé lundi hors saison – **Repas** 120 ♀

Aux Bons Amis, r. Clemenceau **(z)** ✆ 04 95 65 05 01, *Fax 04 95 65 32 41*, – ▤. GB
1er mars-30 oct., et fermé jeudi hors saison et dim. midi en saison – **Repas** 100/280

par ① *rte de l'aéroport et chemin privé : 5 km* – ✉ *20260 Calvi* :

Signoria ⛰, ✆ 04 95 65 93 00, *info@hotel-la-signoria.com, Fax 04 95 65 38 77*, « Demeure du 17e siècle dans une pinède », – ▤ ch, TV ✆ P. AE GB. ✻ ch
1er avril-fin oct. – **Repas** (dîner seul.) 240 ♀ – ☕ 100 – **18 ch** 1600

Cargèse *2A Corse-du-Sud 90 ⑯ – 915 h alt. 75 – ✉ 20130.*

Voir *Église latine ≤★ – Site★★ depuis le belvédère de la pointe Molendino E : 3 km.*
Ajaccio 52 – Calvi 106 – Corte 119 – Piana 21 – Porto 33.

Thalassa ⛰, plage du Pero, Nord : 1,5 km ✆ 04 95 26 40 08, *Fax 04 95 26 41 66*, ≤, – ♿ P. ✻ rest
20 mai-30 sept. – **Repas** (½ pens. seul.) – ☕ 30 – **22 ch** 350/450 – ½ P 410

Spelunca sans rest, ✆ 04 95 26 40 12, *Fax 04 95 26 47 36*, ≤ – ✻
1er avril-30 oct. – ☕ 40 – **20 ch** 380/450

Casamozza *2B H.-Corse 90 ③ – ✉ 20290 Borgo.*

Bastia 19 – Corte 53 – Vescovato 6.

Chez Walter, N 193 ✆ 04 95 36 00 09, *hotel.chez.walter@wanadoo.fr, Fax 04 95 36 18 92*, – ▤ ch, TV ✆ P – 30 à 80. AE ◑ GB
Repas *(fermé 10 au 31 déc. et dim. de sept. à juin.)* 110/150 – ☕ 45 – **52 ch** 380/500 – ½ P 425

Cauro *2A Corse-du-Sud 90 ⑰ – 849 h alt. 450 – ✉ 20117.*

Ajaccio 23 – Sartène 63.

Napoléon, ✆ 04 95 28 40 78 – ▤. AE ◑ GB
1er juil.-30 sept. et weeks-ends, fermé merc. – **Repas** (prévenir) 137

Conca *2A Corse-du-Sud 90 ⑦ – 783 h alt. 360 – ✉ 20135.*

Ajaccio 149 – Bonifacio 50.

San Pasquale ⛰ sans rest, ✆ 04 95 71 56 13, *Fax 04 95 71 56 13*, – P. ✻
1er avril-1er oct. – ☕ 35 – **10 ch** 400

Corte SP *2B H.-Corse 90 ⑤ G. Corse – 5 693 h alt. 396 – ✉ 20250.*

Voir *Ville haute★ : chapelle Ste-Croix★, citadelle★ ≤★, belvédère ≤★, ✻★★ – Musée de la Corse★★.*
Env. *✻★★ du Monte Cecu N : 7 km – SO : gorges de la Restonica★★.*
ℹ *Office de Tourisme quartier des 4 Fontaines ✆ 04 95 46 26 70.*
Bastia 72 – Bonifacio 151 – Calvi 90 – L'Ile-Rousse 66 – Porto 87 – Sartène 150.

dans les Gorges de La Restonica *Sud-Ouest sur D 623 – ✉ 20250 Corte :*

Dominique Colonna sans rest, à 2 km ☎ 04 95 45 25 65, *restonica@club-internet.fr, Fax 04 95 61 03 91,* – TV P. AE GB JCB
15 mars-10 nov. – 60 – **28 ch** 530/680

Auberge de la Restonica, à 2 km ☎ 04 95 46 09 58, *Fax 04 95 61 15 79,* – P. GB
1er mars-3 nov. et fermé lundi sauf le soir en saison – **Repas** 98/160 ♀, enf. 60

Coti-Chiavari *2A Corse-du-Sud* 90 ⑰ – *399 h alt. 625* – ✉ *20138.*
Ajaccio 42 – Propriano 38 – Sartène 50.

Belvédère , ☎ 04 95 27 10 32, *Fax 04 95 27 12 99,* ≤ golfe d'Ajaccio, , « Isolé dans le maquis », – P. rest
fermé 11 nov. au 15 fév. – **Repas** *(fermé le midi du 15 juin au 1er oct. et le soir d'oct. à avril)* (prévenir) 140/170 ♀ – 30 – **13 ch** 300/400 – ½ P 275/325

à Portigliolo *Nord-Ouest : 10 km – ✉ 20138 Coti-Chiavari :*

Chez Mico, ☎ 04 95 25 47 69, *Fax 04 95 25 47 69,* ≤, – P. GB
Repas carte 150 à 300, enf. 45

Erbalunga *2B H.-Corse* 90 ② – ✉ *20222.*
Voir *Le port*★.
Bastia 12 – Rogliano 29.

Castel'Brando sans rest, ☎ 04 95 30 10 30, *info@castelbrando.com, Fax 04 95 33 98 18,* – cuisinette TV P. AE GB JCB
45 – **27 ch** 630/880

Pirate, au port ☎ 04 95 33 24 20, *lepirate@infonie.fr,* ≤, – . AE GB.
28 mars-1er nov. et fermé lundi sauf juil.-août – **Repas** (déj. seul.) 140

Évisa *2A Corse-du-Sud* 90 ⑮ – *257 h alt. 850* – ✉ *20126.*
Voir *Forêt d'Aïtone*★★ – *Cascades d'Aïtone*★★ *NE : 3 km puis 30 mn.*
Env. *Col de Vergio* ≤★★ *NE : 10 km.*
Ajaccio 72 – Calvi 96 – Corte 64 – Piana 33 – Porto 23.

Scopa Rossa, ☎ 04 95 26 20 22, *Fax 04 95 26 24 17,* ≤, – P. GB. rest
1er avril-30 nov. – **Repas** 130/150 – 35 – **25 ch** 280/380 – ½ P 290/330

Favone *2A Corse-du-Sud* 90 ⑦ – ✉ *20144 Ste Lucie-de-Porto-Vecchio.*
Ajaccio 129 – Bonifacio 57.

U Dragulinu , ☎ 04 95 73 20 30, *Fax 04 95 73 22 06,* ≤, , , – P. AE GB. rest
hôtel : 1er avril-30 oct. ; rest. : 10 juil.-10 sept. – **Repas** 160 – 60 – **32 ch** 500, (en été : ½ pens. seul.) – ½ P 650/750

Feliceto *2B H.-Corse* 90 ⑭ – *145 h alt. 350* – ✉ *20225 Muro.*
Bastia 77 – Calvi 26 – Corte 75 – L'Ile-Rousse 15.

Mare E Monti sans rest, ☎ 04 95 63 02 00, *Fax 04 95 63 02 01,* ≤, « "Palais américain" du 19e siècle », – P. GB
1er avril-15 oct. – 40 – **16 ch** 340/440

Galéria *2B H.-Corse* 90 ⑭ – *305 h alt. 30* – ✉ *20245.*
Voir *Golfe de Galéria*★.
Syndicat d'Initiative carrefour "Cinque Arcate" ☎ 04 95 62 02 27.
Bastia 118 – Calvi 34 – Porto 48.

à Ferayola *Nord : 13 km par D 351 et D 81B – ✉ 20260 Calvi :*

Auberge de Ferayola , ☎ 04 95 65 25 25, *ferayola@aol.com, Fax 04 95 65 20 78,* , , , – P. GB. ch
1er mai-30 sept. – **Repas** 100 ♀ – 43 – **10 ch** (½ pens. seul.) – ½ P 395/430

Guagno *2A Corse-du-Sud* 90 ⑮ – *145 h alt. 750* – ✉ *20160.*
Ajaccio 72 – Calvi 133 – Corte 102 – Vico 21.

Colonna, ☎ 04 95 28 31 34,
avril-déc. – **Repas** 120

Guagno-les-Bains *2A Corse-du-Sud* 90 ⑮ – ✉ *20160 Poggiolo.*
Ajaccio 63 – Calvi 124 – Corte 94 – Vico 12.

Thermes Ⓜ, ☎ 04 95 26 80 50, *Fax 04 95 28 34 02*, ≤, rest, – 30. AE GB. rest
2 mai-31 oct. – **Repas** 135/149, enf. 75 – ☕ 35 – **40 ch** 400/520 – ½ P 385

L'Ile-Rousse *2B H.-Corse* 90 ⑬ – *2 288 h alt. 6* – ✉ *20220.*
Voir *Marché couvert★ – Ile de la Bietra★.*
Excurs. *La Balagne★★★.*
Office de Tourisme 7 pl. Paoli ☎ 04 95 60 04 35, Fax 04 95 60 24 74.
Bastia 68 – Calvi 25 – Corte 66.

Santa Maria Ⓜ sans rest, rte Port ☎ 04 95 63 05 05, *Fax 04 95 60 32 48*, ≤, – – 15. AE GB.
☕ 65 – **56 ch** 725/865

Funtana Marina sans rest, 1 km par rte Monticello et rte secondaire ☎ 04 95 60 16 12, *Fax 04 95 60 35 44*, ≤ mer, – . AE GB.
fermé fév. – ☕ 50 – **29 ch** 480/500

Cala di l'Oru sans rest, bd Fogata ☎ 04 95 60 14 75, *Fax 04 95 60 36 40*, ≤, – . AE GB.
1er mars-1er nov. – ☕ 50 – **26 ch** 470/590

L'Amiral sans rest, bd Ch.-Marie Savelli ☎ 04 95 60 28 05, *Fax 04 95 60 31 21*, ≤ – . GB.
1er avril-30 sept. – ☕ 45 – **25 ch** 450/500

Grillon, av. P. Doumer ☎ 04 95 60 00 49, *Fax 04 95 60 43 69* – GB
1er mars-31 oct. – **Repas** 78/98 – ☕ 32 – **16 ch** 290/320 – ½ P 280

à Monticello *Sud-Est : 4,5 km par D 63 – 944 h. alt. 220 –* ✉ *20220 L'Ile-Rousse :*

A Pasturella avec ch, ☎ 04 95 60 05 65, *Fax 04 95 60 21 78*, ≤, – rest, . AE GB
fermé début nov. à mi-déc.
Repas 130/200 ♀ – ☕ 50 – **12 ch** 270/360 – ½ P 365

à Pigna *Sud-Ouest : 8 km par N 197 et D 151 – 92 h. alt. 400 –* ✉ *20220 :*

Casa Musicale , ☎ 04 95 61 77 31, *casa.musicale.pigna@wanadoo.fr, Fax 04 95 61 74 28*, ≤, , « Ambiance musicale » – GB
fermé 5 janv. au 5 mars, dim. soir et lundi du 30 août au 14 juil. – **Repas** 210/300 ♀ – ☕ 30 – **7 ch** 280/400

Levie *2A Corse-du-Sud* 90 ⑧ – *781 h alt. 645* – ✉ *20170.*
Voir *Musée de l'Alta Rocca : christ en ivoire★.*
Env. *Sites★★ de Cucuruzzu et Capula O : 7 km.*
Office de Tourisme r. Sorba ☎ 04 95 78 41 95, Fax 04 95 78 41 95.
Ajaccio 100 – Bonifacio 58 – Porto-Vecchio 40 – Sartène 28.

Pergola, ☎ 04 95 78 41 62, – GB
mai-oct. – **Repas** (nombre de couverts limité, prévenir) 80/100, enf. 50

Lumio *2B H.-Corse* 90 ⑬ – *895 h alt. 150* – ✉ *20260.*
Bastia 82 – Calvi 10 – L'Ile-Rousse 15.

Chez Charles avec ch, ☎ 04 95 60 61 71, *chezcharles@wanadoo.fr, Fax 04 95 60 62 51*, – rest, . AE GB JCB.
fermé 1er janv. au 15 fév. et lundi d'oct. à avril – **Repas** 160/240 – ☕ 40 – **15 ch** 390 – ½ P 335

Luri *2B H.-Corse* 90 ② – *671 h alt. 107* – ✉ *20228.*
Bastia 32.

A Luna, à Santa Severa ☎ 04 95 35 03 17, *Fax 04 95 35 03 17*, ≤, – AE GB
1er juin-30 sept. et fermé lundi en juin et sept. – **Repas** 89/139 ♀

Macinaggio *2B H.-Corse* 90 ① – ✉ *20248.*
Bastia 36.

U Libecciu ⛰, ☎ 04 95 35 43 22, *Fax 04 95 35 46 08*, – rest, TV P. AE ① GB JCB. ✻
1er avril-30 sept. – **Repas** 100/135 – ☕ 35 – **30 ch** 350/550 – ½ P 400

U Ricordu, ☎ 04 95 35 40 20, *info@hotel-uricordu.com, Fax 04 95 35 41 88*, , – TV ♿ P. AE GB. ✻ rest
1er avril-31 oct. – **Repas** 100 ♀ – ☕ 40 – **60 ch** 610/670 – ½ P 475

Oletta *2B H.-Corse* 90 ③ – *830 h alt. 250* – ✉ *20232.*
Bastia 18 – Calvi 77 – Corte 75 – L'Ile-Rousse 53.

Auberge A Magina, ☎ 04 95 39 01 01, *Fax 04 95 39 01 01*, ≤ Nebbio et golfe de St-Florent, – GB. ✻
1er avril-31 oct. et fermé lundi sauf du 15 juin au 15 sept. – **Repas** 120/155

Olmeto *2A Corse-du-Sud* 90 ⑱ – *1 019 h alt. 320* – ✉ *20113.*
Syndicat d'Initiative Village Olmeto Plage ☎ 04 95 74 65 87, Fax 04 95 74 62 86.
Ajaccio 64 – Propriano 8 – Sartène 20.

Santa Maria ⛰, ☎ 04 95 74 65 59, *Fax 04 95 74 60 33*, – TV. ① GB
fermé nov. et déc. – **Repas** 80 (déj.), 120/150 – ☕ 35 – **12 ch** 350/700 – ½ P 350

Patrimonio *2B H.-Corse* 90 ③ – *546 h alt. 100* – ✉ *20253.*
Voir Église St-Martin★ – Nativu★.
Bastia 17 – St-Florent 6 – San-Michele-de-Murato 22.

Osteria di San Martinu, ☎ 04 95 37 11 93, – P. GB. ✻
1er avril-mi-oct. – **Repas** 120 bc ♀

Peri *2A Corse-du-Sud* 90 ⑯ – *924 h alt. 450* – ✉ *20167.*
Ajaccio 26 – Corte 66 – Propriano 82 – Sartène 94.

Chez Séraphin, ☎ 04 95 25 68 94,
fermé oct., nov., merc. et jeudi hors saison sauf fériés, lundi et mardi – **Repas** (menu unique) 220 bc

Petreto-Bicchisano *2A Corse-du-Sud* 90 ⑰ – *585 h alt. 600* – ✉ *20140 Petreto-Bicchisano.*
Ajaccio 52 – Sartène 35.

France avec ch, à Bicchisano ☎ 04 95 24 30 55, – P. GB. ✻
fermé 30 déc. au 21 janv. – **Repas** (prévenir) 180/280 ♀, enf. 90 – **3 ch** (½ pens. seul.) – ½ P 500

Piana *2A Corse-du-Sud* 90 ⑮ – *500 h alt. 420* – ✉ *20115.*
Voir Golfe de Porto★★★.
Ajaccio 72 – Calvi 85 – Évisa 33 – Porto 12.

Capo Rosso ⛰, ☎ 04 95 27 82 40, *caporosso@wanadoo.fr, Fax 04 95 27 80 00*, ≤, , « Agréable situation dominant le golfe et les calanche, beau panorama », , – TV P. AE GB. ✻ ch
1er avril-15 oct. – **Repas** 120/380 – ☕ 55 – **57 ch** 400/600, (en été : ½ pens. seul.) – ½ P 610/710

Scandola, rte Cargèse ☎ 04 95 27 80 07, *Fax 04 95 27 83 88*, ≤, – TV P. AE GB
1er avril-15 oct. – **Repas** 85/140 – ☕ 45 – **17 ch** 250/380

Continental sans rest, ☎ 04 95 27 89 00, – P. ✻
1er avril-30 sept. – ☕ 35 – **17 ch** 170/280

Piedicroce *2B H.-Corse* 90 ④ – *91 h alt. 636* – ✉ *20229.*
Bastia 53 – Corte 56 – Vescovato 34.

Le Refuge, ☎ 04 95 35 82 65, *Fax 04 95 35 84 42*, ≤, – ① GB. ✻ rest
hôtel : avril-oct. – **Repas** *(fermé 1er nov. au 1er déc.)* 98/250 – ☕ 35 – **20 ch** 280/350 – ½ P 450/630

Pioggiola *2B H.-Corse* 90 ⑬ – *49 h alt. 880 – ✉ 20259.*
Bastia 84 – Calvi 44.

Auberge Aghjola ⛰, ☏ 04 95 61 90 48, *Fax 04 95 61 92 99,* ☂, ⛱ – AE ⓓ GB. ✗ rest
1er avril-mi oct. – **Repas** (nombre de couverts limité, prévenir) *(80)* - 100/160 – **10 ch** (1/2 pens. seul.) – 1/2 P 380

Porticcio *2A Corse-du-Sud* 90 ⑰ – *✉ 20166.*
Ajaccio 19 – Sartène 68.

Maquis ⛰, ☏ 04 95 25 05 55, *hotel.le.maquis@wanadoo.fr, Fax 04 95 25 11 70,* ≤ Ajaccio et golfe, ☂, « Agréable situation en bord de mer », ⛱, ⛱, ⛺, ✗ – ▯, ▤ ch, TV P – 40. AE ⓓ GB. ✗ rest
***L'Arbousier :* Repas** 290(dîner) et carte 370 à 560♀, enf. 120 – ☕ 100 – **19 ch** 1800/2700, 6 appart – 1/2 P 1170/1620

Sofitel ⛰, ☏ 04 95 29 40 40, *h0587@accor-hotels.com, Fax 04 95 25 00 63,* ≤ golfe, ☂, centre de thalassothérapie, ⛱, ⛺, ✗ – ▯ ▤ TV ☏ P – 60. AE ⓓ GB. ✗ rest
fermé janv. – ***Caroubier :*** **Repas** 250 ♀, enf. 125 – ☕ 100 – **98 ch** 1580/2250 – 1/2 P 1440

à Agosta-Plage *Sud : 2 km – ✉ 20166 :*

Crique, ☏ 04 95 25 94 73, ☂ – GB
fermé 15 nov. au 1er déc., 1er au 16 janv., dim. soir et lundi sauf du 14 juil. au 1er sept. – **Repas** 85/140 ♀

Porto *2A Corse-du-Sud* 90 ⑮ – *✉ 20150 Ota.*
Voir *La Marine★ – Tour génoise★.*
Env. *Golfe de Porto★★★ : les Calanche★★★ – NO : réserve de Scandola★★★, Golfe★★ de Girolata.*
Office de Tourisme pl. de la Marine ☏ 04 95 26 10 55, Fax 04 95 26 14 25.
Ajaccio 84 – Calvi 73 – Corte 87 – Évisa 23.

Belvédère M ⛰ sans rest, à la Marine ☏ 04 95 26 12 01, *Fax 04 95 26 11 97,* ≤ – ▯ ▤ TV ♿. AE ⓓ GB
☕ 40 – **21 ch** 500/600

Subrini sans rest, à la Marine ☏ 04 95 26 14 94, *Fax 04 95 26 11 57,* ≤ – ▯ ▤ TV ♿ P. AE ⓓ GB. ✗
mi-mars-fin oct. – ☕ 45 – **23 ch** 550/700

Capo d'Orto sans rest, ☏ 04 95 26 11 14, *hotel.capo.d.orto@wanadoo.fr, Fax 04 95 26 13 49,* ≤, ⛱ – TV P. ⓓ GB. ✗
1er avril-15 oct. – ☕ 45 – **30 ch** 450/590

Romantique M ⛰, à la Marine ☏ 04 95 26 10 85, *Fax 04 95 26 14 04,* ≤, ☂ – ▤ TV. ⓓ GB
hôtel : 1er avril-15 oct. ; rest. : 1er mai-30 sept. – **Repas** 90 (déj.)/130 ♀ – ☕ 40 – **8 ch** 510 – 1/2 P 780

Bella Vista, ☏ 04 95 26 11 08, *bvcolo@club-internet.fr, Fax 04 95 26 15 18,* ≤, ☂, ⛺ – ▤ rest, TV ☏ P. GB. ✗
1er avril-31 oct. – **Repas** 98 (déj.), 140/250 ♀ – ☕ 50 – **19 ch** 400/570 – 1/2 P 375/475

Mer, à la Marine ☏ 04 95 26 11 27, ≤, ☂ – GB
1er mars-30 nov. – **Repas** 99/138 ♀

à Ota *Est : 5,5 km par D 124 – 460 h. alt. 350 – ✉ 20150 :*

Chez Félix, ☏ 04 95 26 12 92, *Fax 04 95 26 12 92,* ≤ vallée, ☂ – AE GB
Repas 110

Porto-Pollo *2A Corse-du-Sud* 90 ⑱ – *alt. 140 – ✉ 20140 Petreto-Bicchisano.*
Ajaccio 52 – Sartène 31.

Les Eucalyptus ⛰, ☏ 04 95 74 01 52, *Fax 04 95 74 06 56,* ≤, ☂, ✗ – P. AE ⓓ GB. ✗
fin avril-début oct. – **Repas** *(75)* - 120 (dîner)et carte 160 à 220, enf. 50 – ☕ 38 – **27 ch** 270/380 – 1/2 P 290/350

Kallisté, ✉ 20156 Serra di Ferro ☏ 04 95 74 02 38, *Fax 04 95 74 06 26,* ☂ – ▤ ☏ P. GB
1er avril-30 oct. – **Repas** 130/200, enf. 45 – ☕ 45 – **20 ch** 400/500 – 1/2 P 420

Porto-Vecchio *2A Corse-du-Sud* 90 ⑧ – *9 307 h alt. 40* – ✉ *20137*.

Env. *Golfe de Porto-Vecchio** – Castellu* d'Arraghju* ≤** *N : 7,5 km.*

✈ *Figari-Sud-Corse : ☎ 04 95 71 10 10, SO : 23 km.*

Office de Tourisme r. du Dr-Camille-de-Rocca-Serra ☎ 04 95 70 09 58, Fax 04 95 70 03 72.

Ajaccio 143 – Bonifacio 27 – Corte 123 – Sartène 61.

Belvédère M, rte plage de Palombaggia : 5 km ☎ 04 95 70 54 13, *info@hbcorsica.com, Fax 04 95 70 42 63*, ≤, « Bel ensemble en bord de mer, piscine panoramique, jardin fleuri », – ch, . AE GB.
Repas 300/420 et carte 380 à 560 ♀ - ***Mari e Tarra*** (terrasse)(dîner seul.) *(fin mai-mi-sept.)*
Repas carte 230 à 400 – **16 ch** ☐ 1900/2400, 3 appart – ½ P 1250/1450
Spéc. Capuccino de châtaignes à la poule faisane (nov. à janv.). Risotto crémeux à l'encre de calamar (été). Homard rôti aux oignons confits à l'orange. **Vins** Porto Vecchio, Figari.

Syracuse, rte plage de Palombaggia : 6 km ☎ 04 95 70 53 63, *contact@corse-hotelsyracuse.com, Fax 04 95 70 28 97*, ≤, – . AE GB. rest
1er avril-15 oct. – **Repas** 150/300 – **18 ch** ☐ 1150/1300 – ½ P 905

Golfe Hôtel M, rte du Port ☎ 04 95 70 48 20, *info@golfehotel.com, Fax 04 95 70 92 00*, – – 25. AE GB. rest
Repas *(fermé dim. soir de nov. à mars)* (dîner seul.) 100/300 ♀ – ☐ 50 – **43 ch** 680/1500, (en été : ½ pens. seul.) – ½ P 750/1100

Alcyon M sans rest, 9 r. Mar. Leclerc (face Poste) ☎ 04 95 70 50 50, *info@hotel-alcyon.com, Fax 04 95 70 25 84* – . AE GB.
☐ 45 – **40 ch** 720/790

San Giovanni, rte Arca, Sud-Ouest : 3 km par D 659 ☎ 04 95 70 22 25, *Fax 04 95 70 20 11*, ≤, « Dans un grand parc arboré et fleuri, belle piscine », – rest, . AE GB.
1er avril-31 oct. – **Repas** (résidents seul.) 120 – ☐ 50 – **29 ch** 465/590 – ½ P 460

Goéland sans rest, à la Marine ☎ 04 95 70 14 15, *hotel-goeland@wanadoo.fr, Fax 04 95 72 05 18*, ≤, – . AE GB
1er avril-1er nov. – ☐ 45 – **23 ch** 400/840

L'Orée du Maquis, à la Trinité, Nord : 5 km et chemin de la Lézardière ☎ 04 95 70 22 21, *Fax 04 95 70 22 21*, ≤, – . GB
fermé nov., janv., dim. et lundi du 19 mai au 30 juin et sept., du lundi au jeudi d'oct. à avril – **Repas** (nombre de couverts limité, prévenir)(dîner seul.) 325

Troubadour, 13 r. Gén. Leclerc ☎ 04 95 70 08 62, *Fax 04 95 70 55 95*, – . AE GB
fermé 15 nov. au 15 fév., dim. et lundi de janv. à juin – **Repas** (dîner seul. en saison) 90/130, enf. 50

au golfe de Santa Giulia *Sud : 8 km par N 198 et rte secondaire* – ✉ *20137 Porto-Vecchio :*

Moby Dick M (annexe pavillons 69 ch), ☎ 04 95 70 70 00, *webmaster@sudcorse.com, Fax 04 95 70 46 66*, ≤, « Sur la lagune », – ch, – 40. AE GB.
1er mai-20 oct. – **Repas** 230 – ☐ 70 – **114 ch** (½ pens. seul.) – ½ P 800/1160

Castell'Verde, ☎ 04 95 70 71 00, *webmaster@sud-corse.com, Fax 04 95 70 46 66*, ≤ golfe, – . AE GB.
1er mai-15 oct. – **Repas** -voir rest. ***Costa Rica*** – **30 ch** (½ pens. seul.) – ½ P 800

Costa Rica, ☎ 04 95 70 71 06, *Fax 04 95 70 55 95*, ≤, – AE GB
1er mai-14 oct. – **Repas** 200

à Cala Rossa *Nord-Est : 10 km par N 198 et D 468* – ✉ *20137 Porto-Vecchio :*

Grand Hôtel Cala Rossa, ☎ 04 95 71 61 51, *Fax 04 95 71 60 11*, ≤, « Dans les pins, jardin fleuri », – . AE GB JCB.
14 avril-3 janv. – **Repas** (dîner seul.) 600 et carte 590 à 900 ♀ – ☐ 150 – **48 ch** 850/2000, (en été : ½ pens. seul.) – ½ P 1500/2950
Spéc. Langoustines enrobées de basilic. Chapon de mer au jus de bouillabaisse. Moelleux chaud aux saveurs de la Castagniccia. **Vins** Patrimonio, Figari.

à la presqu'île du Benedettu *Nord-Est : 10 km par N 198 et D 468* – ✉ *20137 Porto-Vecchio :*

U Benedettu, ☎ 04 95 71 62 81, *benedettu@wanadoo.fr, Fax 04 95 71 66 37*, ≤, – ch, . AE GB JCB.
A Perla ☎ 04 95 71 60 68 *(1er avril-15 nov.)* **Repas** 180(déj.),260/420 ♀, enf. 70 – ☐ 75 – **13 ch** 800/1470 – ½ P 685/865

Propriano *2A Corse-du-Sud* 90 ⑱ *– 3 217 h alt. 5 – Stat. therm. 0 (Bains de Baracci) –* ✉ *20110.*
Office de Tourisme port de Plaisance ☎ *04 95 76 01 49, Fax 04 95 76 00 65.*
Ajaccio 72 – Bonifacio 65 – Corte 138 – Sartène 13.

Grand Hôtel Miramar, rte Corniche ☎ 04 95 76 06 13, *miramar@wanadoo.fr, Fax 04 95 76 13 14,* ≤ golfe de Valinco, – ch, – 25. AE GB.
15 avril-15 oct. – **Repas** 280/400 – **27 ch** 1250/1700 – ½ P 1130/1330

Roc é Mare sans rest, ☎ 04 95 76 04 85, *rocemare@rocemare.com, Fax 04 95 76 17 55,* ≤ golfe, – 50. AE GB.
10 avril-31 oct. – 60 – **60 ch** 545/765

Ibiscus sans rest, ☎ 04 95 76 01 56, *Fax 04 95 76 23 88,* ≤ – AE GB
45 – **27 ch** 410

Loft Hôtel sans rest, 3 r. Pandolfi ☎ 04 95 76 17 48, *Fax 04 95 76 22 04* – GB.
15 avril-30 sept. – 35 – **25 ch** 350/380

Arcu di Sole, rte Barraci, Nord-Est : 2 km ✉ 20113 Olmeto ☎ 04 95 76 05 10, *arcudisole@wanadoo.fr, Fax 04 95 76 13 36,* – AE GB. rest
12 avril-14 oct. – **Repas** 95/120 – 35 – **51 ch** 535/600 – ½ P 430/445

Lido avec ch, ☎ 04 95 76 06 37, *Fax 04 95 76 31 18,* ≤, « Au bord de l'eau » – AE GB. ch
2 mai-15 oct. – **Repas** 180 – 60 – **14 ch** 850/1200

A Manella, 18 r. Gén. de Gaulle ☎ 04 95 76 14 85, – GB
fermé fév. et dim. d'oct. à mai – **Repas** 140/160

Cabanon, av. Napoléon ☎ 04 95 76 07 76, *Fax 04 95 76 27 97,* ≤, – AE GB
1er mars-31 oct. – **Repas** - produits de la mer - 90 (déj.), 110/180

Quenza *2A Corse-du-Sud* 90 ⑦ *– 214 h alt. 840 –* ✉ *20122.*
Voir *Fresques★ de la chapelle Santa-Maria-Assunta.*
Ajaccio 84 – Bonifacio 75 – Porto-Vecchio 47 – Sartène 38.

Sole e Monti, ☎ 04 95 78 62 53, *sole.e.monti@wanadoo.fr, Fax 04 95 78 63 88,* ≤, – AE GB. rest
1er mai-15 oct. – **Repas** 150/250, enf. 65 – 50 – **20 ch** 500/800 – ½ P 450/600

St-Florent *2B H.-Corse* 90 ③ *– 1 350 h alt. 10 –* ✉ *20217.*
Voir *Église Santa Maria Assunta★★ – Vieille Ville★.*
Env. *Les Agriates★.*
Office de Tourisme Centre Administratif ☎ *04 95 37 06 04.*
Bastia 23 – Calvi 70 – Corte 77 – L'Ile-Rousse 46.

Bellevue sans rest, ☎ 04 95 37 00 06, *Fax 04 95 37 14 83,* ≤, – 100. GB
1er avril-fin oct. – 50 – **25 ch** 750/1000

Tettola sans rest, Nord : 1 km sur D 81 ☎ 04 95 37 08 53, *hotel.tettola@wanadoo.fr, Fax 04 95 37 09 19,* ≤, – cuisinette GB.
mars-oct. – 38 – **30 ch** 420/750

Dolce Notte sans rest, ☎ 04 95 37 06 65, *info@hotel-dolce-notte.com, Fax 04 95 37 10 70,* ≤ golfe, – AE GB
1er mars-31 oct. – 40 – **20 ch** 580/810

Maxime M sans rest, ☎ 04 95 37 05 30, *Fax 04 95 37 13 07* – GB.
40 – **19 ch** 360/380

Rascasse, promenade des Quais ☎ 04 95 37 06 99, *Fax 04 95 37 06 99,* ≤, – AE GB
1er avril-30 sept. et fermé lundi sauf du 15 juin au 15 sept. – **Repas** 120

Ste-Lucie-de-Tallano *2A Corse-du-Sud* 90 ⑧ *– 424 h alt. 450 –* ✉ *20112.*
Syndicat d'Initiative Mairie annexe ☎ *04 95 71 48 99, Fax 04 95 71 48 99.*
Ajaccio 92 – Bonifacio 71 – Porto-Vecchio 48 – Sartène 19.

Santa Lucia, ☎ 04 95 78 81 28, – GB.
Repas *(fermé dim. hors saison)* 85/140, enf. 46

Ste-Marie-Sicché *2A Corse-du-Sud* 90 ⑰ *– 355 h alt. 420 –* ✉ *20190 Santa-Maria-Sicché.*
Ajaccio 36 – Sartène 51.

Santa Maria, ☎ 04 95 25 72 65, *Fax 04 95 25 71 34,* – AE GB JCB.
Repas 100/150 – 40 – **22 ch** 250/350 – ½ P 265/315

Sartène 2A Corse-du-Sud 90 ⑱ *G. Corse – 3 525 h alt. 310 – ✉ 20100.*
Voir *Vieille ville★★ – Procession de Catenacciu★★ (vend. Saint) – Musée de Préhistoire corse★.*
Syndicat d'Initiative 6 r. Borgo ☎ 04 95 77 15 40, Fax 04 95 71 48 99.
Ajaccio 84 – Bonifacio 52 – Corte 150.

Villa Piana sans rest, rte Propriano ☎ 04 95 77 07 04, *hotel-la-villa-piana@wanadoo.fr, Fax 04 95 73 45 65,* ≤, « Parc, piscine panoramique », – P – 70. AE GB.
1er avril-15 oct. – 42 – **31 ch** 450/520

Auberge Santa Barbara, rte de Propriano ☎ 04 95 77 09 06, *Fax 04 95 77 09 09,* – P. AE GB
15 mars-15 oct. et fermé lundi sauf le soir en saison – **Repas** 160

Soccia *2A Corse-du-Sud* 90 ⑮ *– 143 h alt. 670 – ✉ 20125.*
Ajaccio 69 – Calvi 130 – Corte 100 – Vico 18.

U Paese sans rest, ☎ 04 95 28 31 92, *hotel.u.paese@wanadoo.fr, Fax 04 95 28 35 19,* ≤ – P. GB
37 – **33 ch** 225/335

Solenzara *2A Corse-du-Sud* 90 ⑦ *– ✉ 20145.*
Office de Tourisme r. Principale (hors saison-le matin) ☎ 04 95 57 43 75, Fax 04 95 57 43 59.
Ajaccio 119 – Bonifacio 68 – Sartène 77.

Solenzara sans rest, ☎ 04 95 57 42 18, *Fax 04 95 57 46 84,* ≤, – TV P. AE GB.
1er mars-30 nov. – 40 – **28 ch** 460/560

Maquis et Mer sans rest, ☎ 04 95 57 42 37, *Fax 04 95 57 46 85* – TV P – 30. AE GB JCB
1er avril-30 oct. – 50 – **42 ch** 400/1200

A Mandria, Nord : 1 km ☎ 04 95 57 41 95, *Fax 04 95 57 45 96,* – P. AE GB
fermé déc. – **Repas** 95/125

Tizzano *2A Corse-du-Sud* 90 ⑲ *– ✉ 20100 Sartène.*
Ajaccio 100 – Bonifacio 65 – Porto-Vecchio 73 – Sartène 18.

Golfe sans rest, ☎ 04 95 77 14 76, *Fax 04 95 77 14 76,* ≤ – TV P
saisonnier – **17 ch**

Vico *2A Corse-du-Sud* 90 ⑮ *– 921 h alt. 400 – ✉ 20160.*
Voir *Couvent St-François : christ en bois★ dans l'église conventuelle.*
Ajaccio 52 – Calvi 112 – Corte 82.

U Paradisu , ☎ 04 95 26 61 62, *Fax 04 95 26 67 01,* – TV. AE GB
fermé 1er janv. au 15 mars – **Repas** (85) - 110/135, enf. 60 – 45 – **21 ch** 430 – 1/2 P 370

Vizzavona (Col de) *2B H.-Corse* 90 ⑥ *– alt. 1161 – ✉ 20219 Vivario.*
Voir *Forêt★★.*
Bastia 101 – Bonifacio 135 – Corte 31.

Monte d'Oro , ☎ 04 95 47 21 06, *monte.oro@sitec.fr, Fax 04 95 47 22 05,* , en forêt, – P. GB. rest
1er mai-15 déc. – **Repas** carte 95 à 130 – 45 – **30 ch** 240/440 – 1/2 P 310/400

Zicavo *2A Corse-du-Sud* 90 ⑦ *– 245 h alt. 700 – ✉ 20132.*
Ajaccio 62 – Bonifacio 113 – Corte 78 – Porto-Vecchio 86 – Sartène 62.

Tourisme , ☎ 04 95 24 40 06, ≤, –
Repas 80/120, enf. 40 – 20 – **15 ch** 200/240 – 1/2 P 240

Zonza *2A Corse-du-Sud* 90 ⑦ *– 1 600 h alt. 780 – ✉ 20124.*
Voir *Col et aiguilles de Bavella★★★ NE : 9 km.*
Ajaccio 91 – Bonifacio 67 – Porto-Vecchio 40 – Sartène 38.

Tourisme, ☎ 04 95 78 67 72, *Fax 04 95 78 73 23,* ≤, – TV. AE GB JCB
25 mars-30 oct. – **Repas** 108/148, enf. 50 – 50 – **18 ch** 340/500 – 1/2 P 390/420

CORTE *2B H.-Corse* 90 ⑤ – *voir à Corse.*

COSNES-ET-ROMAIN *54 M.-et-M.* 57 ② – *rattaché à Longwy.*

COSNE-SUR-LOIRE *58200 Nièvre* 65 ⑬ *G. Bourgogne* – *12 123 h alt. 150.*

Voir *Cheminée★ du musée.*

Office de Tourisme pl. Hôtel-de-Ville ☎ 03 86 28 11 85, Fax 03 86 28 11 85.

Paris 189 ① – Bourges 61 ④ – Auxerre 84 ① – Montargis 76 ① – Nevers 54 ③.

COSNE-SUR-LOIRE

Baudin (R. Alphonse) . 2
Buchet-Desforges (R.) 4
Clemenceau (Pl. G.) 5
Dr-J. Moineau (Pl.) 6
Donzy (R. de) . . . 7
Frères-Gambon (R. des) 8
Gaulle (R. du Gén.-de) 12
Pêcherie (Pl. de la) 15
Pelletan (R. Eugène) . . . 16
République (Bd de la) 17
St-Agnan (R.) . . . 21
St-Jacques (R.) . . 22
Vieille-Route 25
14-Juillet (R. du) 26

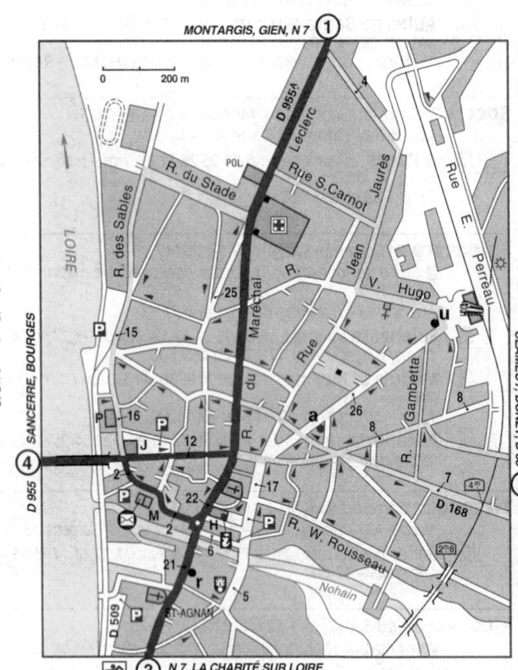

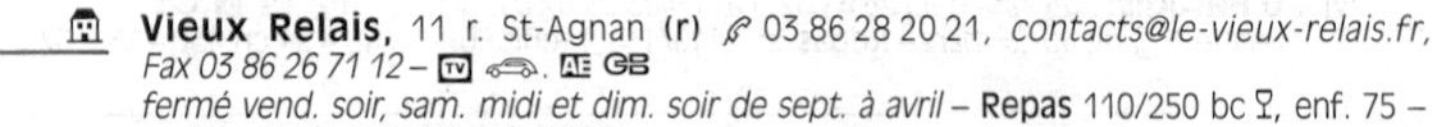

Vieux Relais, 11 r. St-Agnan (r) ☎ 03 86 28 20 21, *contacts@le-vieux-relais.fr, Fax 03 86 26 71 12* – AE GB
fermé vend. soir, sam. midi et dim. soir de sept. à avril – **Repas** 110/250 bc ♀, enf. 75 – ☕ 60 – **11 ch** 420/490 – ½ P 380

Saint-Christophe, pl. Gare (u) ☎ 03 86 28 02 01, *Fax 03 86 26 94 28* – AE GB
fermé 20 juil. au 17 août, 24 déc. au 1er janv., dim. soir et vend. – **Repas** 78/210 ♀, enf. 55 – ☕ 34 – **8 ch** 205/260 – ½ P 250/270

Sévigné (Derbord), 16 r. du 14 Juillet (a) ☎ 03 86 28 27 50, *Fax 03 86 26 93 60* – AE GB
fermé 22 au 27 avril, 24 juin au 2 juil., 2 au 17 janv., dim. soir, merc. soir et lundi – **Repas** (nombre de couverts limité, prévenir) *(95)* - 160/300 et carte 260 à 340 ♀, enf. 80
Spéc. Ravioles d'escargots de Bourgogne, petites tomates farcies à l'ail. Agneau du Bourbonnais rôti à l'ail, jeunes légumes aux épices douces. Madeleine tiède, fenouil confit, glace vanille. **Vins** Coteaux du Giennois, Pouilly-Fumé.

COSQUEVILLE *50330 Manche* 54 ② – *501 h alt. 22.*

Paris 354 – Cherbourg 21 – Caen 122 – Carentan 50 – St-Lô 78 – Valognes 26.

Au Bouquet de Cosqueville avec ch, ☎ 02 33 54 32 81, *Fax 02 33 54 63 38* – AE GB
fermé 25 juin au 1er juil., janv., mardi et merc. d'oct. à mars – **Repas** 110/350, enf. 65 - ***Petit Castro :*** Repas 68/90 ♀, , enf. 45 – ☕ 40 – **5 ch** 280/320 – ½ P 300/350

Le COTEAU *42 Loire* 73 ⑦ – *rattaché à Roanne.*

La CÔTE-ST-ANDRÉ *38260 Isère* 77 ③ *G. Vallée du Rhône – 3 966 h alt. 370.*
Paris 530 – Grenoble 51 – Lyon 68 – La Tour-du-Pin 37 – Valence 82 – Vienne 40 – Voiron 30.

XX **France** avec ch, pl. Église ✆ 04 74 20 25 99, *Fax 04 74 20 35 30* – rest, TV – 25. GB
Repas *(fermé dim. soir et lundi sauf fériés)* 160/450 et carte 300 à 380, enf. 95 – 50 – **14 ch** 300/400 – 1/2 P 360/400
Spéc. Jambonnettes de grenouilles. Filet de sole à la barigoule d'artichaut. Râble de lièvre à la crème (saison). **Vins** Viognier de l'Ardèche, Rasteau.

COTI-CHIAVARI *2A Corse-du-Sud* 90 ⑰ – *voir à Corse.*

COTINIÈRE *17 Char.-Mar.* 71 ⑬ ⑭ – *rattaché à Oléron (Ile d').*

La COUARDE-SUR-MER *17 Char.-Mar.* 71 ⑫ – *voir à Ré (île de).*

COUCHES *71490 S.-et-L.* 69 ⑧ *G. Bourgogne – 1 457 h alt. 320.*
Paris 311 – Beaune 32 – Chalon-sur-Saône 28 – Autun 25 – Le Creusot 16.

Les 3 Maures, ✆ 03 85 49 63 93, *Fax 03 85 49 50 29*, – TV. AE GB
fermé 18 au 26 déc., 15 fév. au 15 mars, mardi midi et lundi du 15 sept. au 15 juil. – **Repas** 85/210 ♀, enf. 50 – 35 – **16 ch** 250/300 – 1/2 P 260/285

COUCOURON *07470 Ardèche* 76 ⑰ *G. Vallée du Rhône – 705 h alt. 1150.*
Paris 581 – Le Puy-en-Velay 42 – Langogne 21 – Privas 84.

Carrefour des Lacs, ✆ 04 66 46 12 70, *Fax 04 66 46 16 42* – P. GB
mars-nov. – **Repas** 85/180 – 32 – **16 ch** 185/310 – 1/2 P 210/245

COUDEKERQUE BRANCHE *59 Nord* 51 ④ – *rattaché à Dunkerque.*

COUDRAY *53000 Mayenne* 63 ⑩ – *546 h alt. 68.*
Paris 283 – Laval 36 – Angers 43 – Château-Gontier 7 – La Flèche 49.

X **Amphitryon,** 2 rte Daon ✆ 02 43 70 46 46, *Fax 02 43 70 42 93* – GB
fermé 1er au 15 juil., vacances de fév., dim. soir d'oct. à mars, mardi soir et merc. – **Repas** 95/140 ♀, enf. 50

Le COUDRAY-MONTCEAUX *91 Essonne* 61 ① – *voir à Paris, Environs (Corbeil-Essonnes).*

COUILLY-PONT-AUX-DAMES *77860 S.-et-M.* 56 ⑫ *G. Ile-de-France – 1 635 h alt. 50.*
Paris 45 – Coulommiers 21 – Lagny-sur-Marne 13 – Meaux 9 – Melun 47.

XX **Auberge de la Brie** (Pavard), rte Quincy (D 436) ✆ 01 64 63 51 80, *Fax 01 64 63 51 80*, – P. AE GB
fermé 5 au 29 août, 24 fév. au 10 mars, dim. soir, lundi et mardi – **Repas** (nombre de couverts limité, prévenir) 230/395 et carte 340 à 470, enf. 80
Spéc. Millefeuille de homard aux tomates confites. Blanc de turbot rôti au velouté de crustacés. Soufflé chaud au Grand Marnier.

COULANDON *03 Allier* 69 ⑭ – *rattaché à Moulins.*

COULANGES-LA-VINEUSE *89580 Yonne* 65 ⑤ – *878 h alt. 193.*
Paris 180 – Auxerre 14 – Avallon 43 – Clamecy 34 – Cosne-sur-Loire 67.

à Val-de-Mercy *Sud : 4 km par D 165 et D 38 – 294 h. alt. 115 – ✉ 89580 :*

XX **Auberge du Château** avec ch, ✆ 03 86 41 60 00, *delfontaine.j@wanadoo.fr, Fax 03 86 41 73 28*, – TV. GB. rest
fermé 31 janv. au 2 mars – **Repas** (nombre de couverts limité, prévenir) 160/220 ♀ – 60 – **5 ch** 420/600 – 1/2 P 470

COULLONS *45720 Loiret* 65 ① – *2 274 h alt. 166.*
Paris 167 – Orléans 62 – Aubigny-sur-Nère 18 – Gien 15 – Sully-sur-Loire 22.

XX **Canardière,** ✆ 02 38 29 23 47, *Fax 02 38 29 27 33*, – GB
fermé 30 août au 6 sept., 1er au 15 janv., dim. soir, mardi soir et merc. – **Repas** 155/355 ♀, enf. 75 - ***Brasserie*** (déj. seul. en hiver) **Repas** (55)-69bc (déj.)/105

COULOMBIERS *86600 Vienne* **68** ⑬ *– 962 h alt. 141.*
Paris 355 – Poitiers 18 – Couhé 26 – Lusignan 8 – Parthenay 45 – Vivonne 11.

Centre Poitou, ✆ 05 49 60 90 15, *Fax 05 49 50 05 84,* – TV. GB
fermé 22 oct. au 7 nov. et 15 au 28 fév. – **Repas** *(femé dim. soir et lundi du 15 sept. à avril)* 110/390 ♀ – 40 – **11 ch** 280/500 – ½ P 400/450

COULOMMIERS *77120 S.-et-M.* **61** ③, **106** ㉔ *G. Ile de France – 13 087 h alt. 85.*
Office de Tourisme 7 bis r. Gén.-de-Gaulle ✆ 01 64 03 88 09, Fax 01 64 75 88 09.
Paris 63 – Châlons-en-Champagne 110 – Meaux 25 – Melun 47 – Provins 40.

à Chauffry *Est : 8 km par D 222 et D 66 – 762 h. alt. 112 – ✉ 77169 :*

Pot d'Étain, ✆ 01 64 04 48 22, *Fax 01 64 04 42 39,* – GB
fermé 1er au 15 août, dim. soir, lundi et mardi sauf fériés – **Repas** 120/300

COULON *79510 Deux-Sèvres* **71** ② *G. Poitou Vendée Charentes – 1 870 h alt. 6.*
Voir *Marais poitevin★★.*
Office de Tourisme pl. Église ✆ 05 49 35 99 29, Fax 05 49 35 84 31.
Paris 421 – La Rochelle 63 – Fontenay-le-Comte 25 – Niort 11 – St-Jean-d'Angély 56.

Au Marais sans rest, quai L. Tardy ✆ 05 49 35 90 43, *information@hotel-aumarais.com, Fax 05 49 35 81 98,* « Ancienne maison de bateliers » – TV. GB
fermé 25 déc. au 7 fév. – 45 – **18 ch** 330/460

Central, pl. Église ✆ 05 49 35 90 20, *Fax 05 49 35 81 07,* – AE GB
fermé 1er au 18 oct;, 28 janv. au 14 fév., dim. soir et lundi – **Repas** 99/210 ♀, enf. 53

Le Guide change, changez de guide tous les ans.

COULONGES-SUR-L'AUTIZE *79160 Deux-Sèvres* **71** ① *– 2 021 h alt. 80.*
Paris 422 – La Rochelle 68 – Bressuire 48 – Fontenay-le-Comte 17 – Niort 23 – Parthenay 36.

Citronnelle, 10 r. Commerce (derrière halles) ✆ 05 49 06 17 67, – GB
fermé dim. soir et lundi – **Repas** 58/210 ♀

COUPELLE-VIEILLE *62310 P.-de-C.* **51** ⑬ *– 494 h alt. 147.*
Paris 229 – Calais 68 – Abbeville 59 – Arras 65 – Boulogne-sur-Mer 50 – Lille 86.

Fournil, D 928 ✆ 03 21 04 47 13, *Fax 03 21 47 16 06,* – P. GB
fermé 2 au 18 janv., dim. soir et lundi – **Repas** 75/174 ♀, enf. 50

COURBEVOIE *92 Hauts-de-Seine* **55** ⑳,, **101** ⑮ *– voir à Paris, Environs.*

COURCELLES-DE-TOURAINE *37330 I.-et-L.* **64** ⑬ *– 298 h alt. 85.*
Paris 268 – Tours 35 – Angers 76 – Chinon 46 – Saumur 46.

au golf *Est : 7 km par D 3 et D 34 – ✉ 37330 Courcelles-de-Touraine :*

Château des Sept Tours , ✆ 02 47 24 69 75, *info@7tours.com, Fax 02 47 24 23 74,* ←, « Château au milieu d'un golf », – TV P – 25 à 40. AE GB. rest
fermé fév. – **Repas** *(fermé dim. soir et lundi du 12 nov. au 15 mars)* 170 (déj.), 255/315, enf. 100 ***Club House*** (déj. seul.) *(fermé janv., fév. et mardi)* **Repas** 150bc/250bc ♀, enf. 50 – 80 – **46 ch** 890/1190 – ½ P 740/890

COURCELLES-SUR-VESLE *02220 Aisne* **56** ⑤ *– 270 h alt. 75.*
Paris 123 – Reims 37 – Fère-en-Tardenois 19 – Laon 36 – Soissons 21.

Château de Courcelles , ✆ 03 23 74 13 53, *reservation@chateau-de-courcelles.fr, Fax 03 23 74 06 41,* ←, , « Parc », , , – cuisinette TV P – 40. AE GB JCB
Repas 170 (déj.), 240/450, enf. 90 – 100 – **15 ch** 850/1700, 3 appart – ½ P 905/1480
Spéc. Petits boudins de brochet truffés, beurre mousseux d'écrevisses. Souris d'agneau confite aux févettes. Pavé chocolat et praliné, crème légère à la chicorée. **Vins** Bouzy, Coteaux champenois

COURCHEVEL *73120 Savoie* 74 ⑱ *G. Alpes du Nord – Sports d'hiver : 1 100/1 850 m 10 57.*
Altiport International ☎ 04 79 03 31 14, S : 4 km.
Paris 660 ① – Albertville 52 ① – Chambéry 99 ① – Moûtiers 25 ①.

à Courchevel 1850.

Voir ※★ – *Belvédère la Saulire★★★ (télécabine).*

ℹ *Office de Tourisme La Croisette ☎ 04 79 08 00 29, Fax 04 79 08 15 63.*

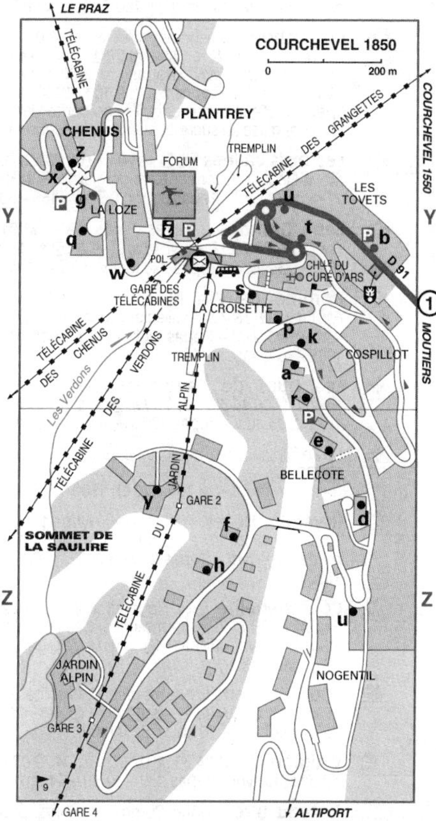

Byblos des Neiges M, au jardin Alpin ☎ 04 79 00 98 00, *courchevel@byblos.com, Fax 04 79 00 98 01*, ←, – TV – 40. AE GB JCB Z y
mi-déc.-mi-avril – ***La Clairière*** : Repas 380(déj.)/420 ♀ – ***L'Écailler*** (dîner seul.) Repas 470 ♀ – **66 ch** 1/2 Pension seul.) , 11 appart – 1/2 P 2525/6410

Les Airelles M, au Jardin Alpin ☎ 04 79 09 38 38, *info@airelles.fr, Fax 04 79 08 38 69*, ←, « Grand chalet décoré dans le style tyrolien », – , rest, TV . AE GB JCB Z h
15 déc.-15 avril – ***Table du Jardin*** : Repas 450(déj.), 620/1200, enf.300 – ***Coin Savoyard*** : spécialités savoyardes (dîner seul.) Repas 620, enf. 300 – ☕ 200 – **52 ch** 3600/7300, 3 appart – 1/2 P 2100/3750

Annapurna, rte Altiport ☎ 04 79 08 04 60, *hannapurna@aol.com, Fax 04 79 08 15 31*, ← pistes et la Saulire, – TV – 15 à 80. AE GB. rest
15 déc.-21 avril – **Repas** 295 (déj.)/390 ♀ – ☕ 110 – **62 ch** 1370/1770, 4 appart – 1/2 P 1580/1980

Carlina M, ☎ 04 79 08 00 30, *lecarlina@aol.com, Fax 04 79 08 04 03*, ←, , balnéothérapie, – TV – 25 à 60. AE GB Y a
16 déc.-15 avril – **Repas** 280 (déj.), 390/450 – **51 ch** (1/2 pens. seul.), 12 appart – 1/2 P 1630/2160

Bellecôte, r. Bellecôte ☎ 04 79 08 10 19, *hbellecote@aol.com, Fax 04 79 08 17 16*, ← vallée, – TV – 40. AE GB Z d
1er mars-15 avril et 16 déc.-15 avril – **Repas** 280 (déj.)/390 – **52 ch** (1/2 pens. seul.) – 1/2 P 1490/1890

Lana, ☎ 04 79 08 01 10, *info@lelana.com, Fax 04 79 08 36 70*, ←, – TV – 80. AE GB. rest Y p
15 déc.-15 avril – **Repas** 275 (déj.), 390/525 – ☕ 120 – **70 ch** (1/2 pens. seul.), 6 appart – 1/2 P 1600/2040

des Neiges, ☎ 04 79 08 03 77, *hotel-des-neiges@wanadoo.fr, Fax 04 79 08 18 70*, ←, – TV . AE GB. Z e
15 déc.-15 avril – **Repas** 250 (déj.)/355 – ☕ 100 – **37 ch** 2320/3780, 5 appart – 1/2 P 1590/1990

Alpes Hôtel du Pralong M, rte Altiport ☎ 04 79 08 24 82, *pralong@relaischateaux.fr, Fax 04 79 08 36 41*, ← montagnes, – TV – 30. AE GB JCB
mi-déc.-mi-avril – **Repas** 295 (déj.), 430/600 – **57 ch** (1/2 pens. seul.), 8 appart – 1/2 P 1200/1950

COURCHEVEL 1850
0 200 m
LE PRAZ
TÉLÉCABINE
CHENUS
PLANTREY
TREMPLIN
FORUM
TÉLÉCABINE DES GRANGETTES
LES TOVETS
LA LOZE
POL.
GARE DES TÉLÉCABINES
CH.LE DU CURÉ D'ARS
D 91
COURCHEVEL 1550
MOUTIERS
LA CROISETTE
TÉLÉCABINE DES CHENUS
Les Verdons
TÉLÉCABINE DES VERDONS
TREMPLIN
ALPIN
COSPILLOT
JARDIN
BELLECOTE
GARE 2
SOMMET DE LA SAULIRE
DU
TÉLÉCABINE
JARDIN ALPIN
NOGENTIL
GARE 3
GARE 4
ALTIPORT

Mélézin M, r. Bellecôte ☎ 04 79 08 01 33, *melezin@easynet.fr, Fax 04 79 08 08 96*, ≤, « Belle décoration contemporaine », – AE GB. Y r
16 déc.-16 avril – **Repas** 260 (dîner)et carte 330 à 530, enf. 160 – 120 – **31 ch** 3100/4500, 3 appart

Sivolière M, Nord-Ouest : 1 km ☎ 04 79 08 08 33, *sivoliere@wanadoo.fr, Fax 04 79 08 15 73*, ≤, – AE GB JCB.
déc.- avril – **Repas** 120 (déj.), 180/320 – 80 – **32 ch** 920/2700

Chabichou (Rochedy) M, ☎ 04 79 08 00 55, *chabi@courchevel.com, Fax 04 79 08 33 58*, ≤, – 40. AE GB JCB Y z
juil.-août et déc.-avril – **Repas** *(220)* - 320 (déj.), 400/760 et carte 500 à 700 – 120 – **25 ch** (1/2 pens. seul.), 18 appart – 1/2 P 1010/2150
Spéc. Millefeuille de grenouilles en petite viennoise. Demi-canard sauvage rôti aux épices. Feuilleté glacé au sucre et clémentine confite. **Vins** Chignin-Bergeron, Gamay du Bugey.

Les Trois Vallées M, ☎ 04 79 08 00 12, *les3vallees-hotel.com, Fax 04 79 08 17 98*, ≤, « Élégant décor contemporain », – 60. AE GB. Y q
1er déc.-18 avril – **Repas** 310/420 – 130 – **30 ch** 1600/2300 – 1/2 P 1400/1600

Les Grandes Alpes M, ☎ 04 79 08 03 35, *grandesalpes@wanadoo.fr, Fax 04 79 08 12 52*, ≤, – 15. AE GB. rest Y s
1er déc.-30 avril – **Repas** 170 (déj.)/230 – **41 ch** (1/2 pens. seul.), 4 appart – 1/2 P 1375/2600

Pomme de Pin M, ☎ 04 79 08 36 88, *pommedepin.courchevel@wanadoo.fr, Fax 04 79 08 38 72*, ≤ vallée et montagnes, – 30. AE GB
15 déc.-15 avril – **Repas** (voir aussi ***Le Bateau Ivre*** ci-après) - 240/280 – 75 – **49 ch** 1995 – 1/2 P 1190/1350 Y x

Les Ducs de Savoie, au Jardin Alpin ☎ 04 79 08 03 00, *lesducs@aol.com, Fax 04 79 08 16 30*, ≤, – 40. AE GB Z f
16 déc.-15 avril – **Repas** 220 (déj.)/310 – **70 ch** (1/2 pens. seul.) – 1/2 P 1020/1540

Loze M sans rest, ☎ 04 79 08 28 25, *info@la-loze.com, Fax 04 79 08 39 29* – AE GB. Y w
mi déc.-mi avril – 100 – **26 ch** 1900/2400

Crystal Hôtel, rte Altiport ☎ 04 79 08 28 22, *crystal.hotelwanadoo.fr, Fax 04 79 08 28 39*, ≤ montagnes, – AE GB
mi-déc.-mi-avril – **Repas** 230 (déj.), 350/500 – **44 ch** (1/2 pens. seul.), 7 appart – 1/2 P 990/1350

Courcheneige, r. Nogentil ☎ 04 79 08 02 59, *courcheneige-courchevel@telepost.fr, Fax 04 79 08 11 79*, ≤ montagnes, – AE GB.
21 déc.-21 avril – **Repas** (déj. seul.) 165, enf. 75 – **74 ch** (1/2 pens. seul.), 3 appart, 6 duplex – 1/2 P 800/900

Lodge Nogentil sans rest, r. Bellecôte ☎ 04 79 08 32 32, *lodgenogentil@wanadoo.fr, Fax 04 79 08 03 15*, ≤ – AE GB. Z u
15 déc.-20 avril – **10 ch** 825/2500

L'Aiglon, ☎ 04 79 08 02 66, *Fax 04 79 08 37 94* – AE GB. rest Y k
15 déc.-30 avril – **Repas** 180 – 59 – **34 ch** (1/2 pens. seul.) – 1/2 P 770/980

Bateau Ivre - Hôtel Pomme de Pin - (Jacob), ☎ 04 79 08 36 88, *Fax 04 79 08 38 72*, ≤ station et massif de la Vanoise, « Restaurant panoramique » – AE GB Y x
mi-déc.-mi-avril – **Repas** 280 (déj.), 390/780 et carte 540 à 810
Spéc. Queues de langoustines dorées aux épices. Saint-Jacques rôties, compotée d'endives à l'orange. Mousse soufflée au chocolat mi-amer. **Vins** Roussette de Savoie, Mondeuse d'Arbin.

L. A. Winstub, r. Tovets ☎ 04 79 08 02 10, *Fax 04 79 01 02 07* – AE GB Y u
fermé 1er au 15 mai, juil., sam. et dim. hors saison – **Repas** - cuisine alsacienne - 105 (déj.), 130/440 bc

Saulire, pl. Rocher ☎ 04 79 08 07 52, *lasaulire@wanadoo.fr, Fax 04 79 08 02 63*, –. AE GB Y t
1er juil.-10 sept., 10 oct.-30 avril et fermé dim. soir de sept. à nov. – **Repas** *(120)* - 160 (déj.), 170/240, enf. 100

Genépi, r. Park City ☎ 04 79 08 08 63, *legenepi@wanadoo.fr, Fax 04 79 08 08 63* – AE GB Y g
fermé 10 juil. au 10 sept., sam. et dim. de mai à nov. – **Repas** 110 (déj.), 130/180, enf. 65

Fromagerie, r. Tovets ☎ 04 79 08 27 47, *Fax 04 79 08 20 91* – GB Y b
1er juil.-31 août et 1er déc.-1er mai – **Repas** - spécialités savoyardes - 120 (déj.), 140/230

à Courchevel 1650 *par ① : 4 km – ✉ 73120 :*

Portetta, ☎ 04 79 08 01 47, *info@portetta.com, Fax 04 79 08 16 23,* ≤, 🏔, Lo, 🏊 – 🛗. GB
juil.-août et 15 déc.-15 avril – **Repas** 145/215 – ☕ 90 – **45 ch** 850/950 – ½ P 650/800

à Courchevel 1550 *par ① : 5,5 km – ✉ 73120 Courchevel.*

ℹ *Office de Tourisme (saison)* ☎ *04 79 08 04 10.*

Les Ancolies 🐌, ☎ 04 79 08 27 66, *ancolies@icor.fr, Fax 04 79 08 05 64,* ≤, Lo – 🛗 📺 🅿. AE ⓓ GB JCB. ✗ rest
déc.-fin avril – **Repas** (dîner seul.)(½ pension seul.) 212 – ☕ 75 – **32 ch** (½ pens. seul.) – ½ P 710

Les Flocons 🐌, ☎ 04 79 08 02 70, *Fax 04 79 08 11 29,* ≤ – 📺 🅿 – 🏛 25. AE GB. ✗
15 déc.-15 avril – **Repas** 110 (déj.), 180/220 – ☕ 75 – **28 ch** 950 – ½ P 620/670

au Praz *(Courchevel 1300) par ① : 8 km – ✉ 73120 Courchevel :*

Les Peupliers, ☎ 04 79 08 41 47, *lespeuplie@aol.com, Fax 04 79 08 45 05,* Lo – 🛗 📺 🅿. AE ⓓ GB
23 juin-15 oct. et 10 déc.-22 avril – **Repas** 115 (déj.)/165 🍷 – ☕ 60 – **33 ch** 600/850 – ½ P 570/670

Pour les grands voyages d'affaires ou de tourisme,
Guide Rouge MICHELIN : EUROPE.

COUR-CHEVERNY *41700 L.-et-Ch.* 64 ⑰ ⑱ – *2 347 h alt. 86.*

Env. *Château de Cheverny*★★★ *S : 1 km – Porte*★ *de la chapelle du château de Troussay SO : 3,5 km – Château de Beauregard*★, **G. Châteaux de la loire..**

ℹ *Office de Tourisme 12 r. du Chêne des Dames* ☎ *02 54 79 95 63, Fax 02 54 79 23 90.*

Paris 196 – Orléans 73 – Blois 14 – Châteauroux 89 – Romorantin-Lanthenay 28.

Trois Marchands, ☎ 02 54 79 96 44, *Fax 02 54 79 25 60* – 📺 🅿 – 🏛 30. AE ⓓ GB
fermé 3 fév. au 15 mars et lundi – **Repas** 130/265 🍷, enf. 55 – ☕ 40 – **36 ch** 180/360 – ½ P 220/320

St-Hubert, ☎ 02 54 79 96 60, *saint.hubert@wanadoo.fr, Fax 02 54 79 21 17,* 🏔 – 📺 📞 🅿. AE GB. ✗ rest
fermé fév. – **Repas** *(fermé dim. soir du 15 nov. au 15 mars)* 80/240 🍷, enf. 58 – ☕ 38 – **20 ch** 280/380 – ½ P 270/300

à Cheverny *Sud : 1 km – 900 h. alt. 110 – ✉ 41700 :*

Château du Breuil 🐌 sans rest, Ouest : 3 km par D 52 et voie privée ☎ 02 54 44 20 20, *Fax 02 54 44 30 40,* « Dans un parc », 🌳 – 📺 📞 🅿. AE GB
15 mars-15 nov. et fermé dim. et lundi hors saison – ☕ 68 – **18 ch** 540/920

Grand Chancelier, ☎ 02 54 79 22 57, *Fax 02 54 79 22 57,* 🏔 – AE ⓓ GB
fermé janv., fév., merc. sauf le midi en saison et mardi hors saison – **Repas** 98/250

Pousse Rapière, ☎ 02 54 79 94 23, *Fax 02 54 79 27 67* – AE GB
fermé déc., janv., mardi et merc. – **Repas** 95/210 🍷, enf. 60

COURCOURONNES *91 Essonne* 61 ①,, 101 ㊱ – *voir à Paris, Environs (Évry).*

COURLANS *39 Jura* 70 ⑭ – *rattaché à Lons-le-Saunier.*

COURRUERO *83 Var* 84 ⑰,, 114 ㊱ – *rattaché à Plan-de-la-Tour.*

COURS-LA-VILLE *69470 Rhône* 73 ⑧ – *4 637 h alt. 543.*

Paris 404 – Mâcon 70 – Roanne 28 – Chauffailles 17 – Lyon 79 – Villefranche-sur-Saône 58.

Nouvel Hôtel, 5 r. G. Clemenceau ☎ 04 74 89 70 21, *le.nouvel.hotel.cours@wanadoo.fr, Fax 04 74 89 84 41* – 📺. AE GB
fermé 4 au 28 août, 26 déc. au 5 janv., sam. et dim. – **Repas** 90/178 🍷 – ☕ 45 – **15 ch** 185/270 – ½ P 250/290

au col du Pavillon *Est : 4 km par D 64 – ✉ 69470 Cours-la-Ville :*

Pavillon 🐌, ☎ 04 74 89 83 55, *hotel-pavillon@wanadoo.fr, Fax 04 74 64 70 26,* 🏔, 🌳 – 📺 📞 ♿ 🅿 – 🏛 30. GB
fermé vacances de Toussaint, de fév., dim. soir sauf juil.-août, vend. soir et sam. d'oct. à mars – **Repas** 82 (déj.), 105/290 🍷, enf. 55 – ☕ 42 – **21 ch** 280/360 – ½ P 305/325

COUR-ST-MAURICE *25380 Doubs* 66 ⑰ ⑱ – *155 h alt. 500.*

Paris 481 – Besançon 68 – Baume-les-Dames 44 – Montbéliard 42 – Maiche 12 – Morteau 36.

Moulin , à Moulin du Milieu, Est : 3 km sur D 39 ☎ 03 81 44 35 18, ←, « Jardin ombragé en bordure de rivière », – TV P. GB. rest
fermé 1er au 5 oct., 15 janv. au 15 fév. – **Repas** *(fermé merc. sauf le soir en saison)* (nombre de couverts limité, prévenir) 110/170 – 40 – **6 ch** 260/400 – ½ P 280/360

Truite du Moulin, à Moulin du Bas, Est : 2 km sur D 39 ☎ 03 81 44 30 59, *Fax 03 81 44 30 59,* – P. GB
fermé déc., mardi soir et merc. – **Repas** (100) - 130/215 ♀

COURSAN *11 Aude* 83 ⑭ – *rattaché à Narbonne.*

COURSEGOULES *06140 Alpes-Mar.* 84 ⑨ *G. Côte d'Azur – 260 h alt. 1020.*

Paris 863 – Castellane 59 – Grasse 32 – Nice 41.

Auberge de L'Escaou M , ☎ 04 93 59 11 28, *escaou@wanadoo.fr, Fax 04 93 59 13 70,* ←, – TV . AE GB
fermé 2 au 31 janv., dim. soir et lundi hors vacances scolaires – **Repas** 80/168, enf. 45 – 38 – **10 ch** 245/390 – ½ P 265

COURSEULLES-SUR-MER *14470 Calvados* 55 ① *G. Normandie Cotentin – 3 182 h alt. 4.*

Voir *Clocher*★ *de l'église de Bernières-sur-Mer E : 2,5 km – Tour*★ *de l'église de Ver-sur-Mer O : 5 km par D 514.*

Env. *Château*★★ *de Fontaine-Henry S : 6,5 km.*

Office de Tourisme 54 r. Mer ☎ 02 31 37 46 80, Fax 02 31 36 17 18.

Paris 250 – Caen 20 – Arromanches-les-Bains 14 – Bayeux 21 – Cabourg 34.

Paris, pl. 6-Juin ☎ 02 31 37 45 07, *hoteldeparis14@aol.fr, Fax 02 31 37 51 63,* – TV P. GB. rest
fermé 2 au 31 janv., lundi et mardi du 12 nov. au 1er avril – **Repas** 85 (déj.), 110/360 ♀, enf. 49 – 39 – **27 ch** 250/380 – ½ P 260/670

Pêcherie avec ch, pl. 6-Juin ☎ 02 31 37 45 84, *Fax 02 31 37 90 40,* – TV P. AE GB
fermé 5 janv. au 5 fév. – **Repas** 75/255 ♀, enf. 45 – 45 – **6 ch** 480 – ½ P 480

Crémaillère, bd Plage ☎ 02 31 37 46 73, *cremaillere@wanadoo.fr, Fax 02 31 37 19 31,* ←, – P. AE GB
Repas 95/345 ♀

Annexe Gytan sans rest, ☎ 02 31 37 95 96, *cremaillere@wanadoo.fr, Fax 02 31 37 19 31,* – TV P – 30. AE GB
50 – **35 ch** 430, 11 duplex

COURTABOEUF *91 Essonne* 60 ⑩, 101 ㉞ – *voir à Paris, Environs (Villejust).*

COURTENAY *45320 Loiret* 61 ⑬ – *3 292 h alt. 146.*

Office de Tourisme (fermé dim. et lundi) pl. du Mail ☎ 02 38 97 00 60, Fax 02 38 97 39 12.

Paris 119 – Auxerre 56 – Nemours 44 – Orléans 102 – Sens 26.

Auberge La Clé des Champs (Delion) M avec ch, rte Joigny : 1 km ☎ *02 38 97 42 68, Fax 02 38 97 38 10,* , , – TV P. AE GB
fermé 15 au 31 oct., 7 au 23 janv., mardi et merc. – **Repas** (nombre de couverts limité, prévenir) 150/350 et carte 320 à 480 – 60 – **7 ch** 465/640
Spéc. Cromesquis d'escargots de Bourgogne. Pigeonneau désossé, jus à la réglisse. Noisettine meringuée du Duc de Praslin (oct. à mai). **Vins** Chitry, Irancy.

Raboliot, pl. Marché ☎ 02 38 97 44 52 – . GB
Repas (déj. seul.) 60/120 ♀

à Ervauville *Nord-Ouest : 9 km par N 60, D 32 et D 34 – 299 h. alt. 152 –* ✉ *45320 :*

Le Gamin, ☎ *02 38 87 22 02, Fax 02 38 87 25 40,* « Décor original », – GB
fermé 18 juin au 3 juil., 24 déc. au 4 janv., dim. soir, lundi et mardi – **Repas** (nombre de couverts limité, prévenir) 220/320 et carte 420 à 580
Spéc. Ravioles de foie gras de canard. Homard breton décortiqué, servi entier à la vanille bourbon. Terrine aux pommes, glace au pain d'épice. **Vins** Sancerre, Menetou-Salon.

COURTILS *50220 Manche* 59 ⑧ – *271 h alt. 35.*

Paris 344 – St-Malo 58 – Avranches 13 – Dol-de-Bretagne 32 – Fougères 43 – St-Lô 70.

Manoir de la Roche Torin ⑤, Bas Courtils ☎ 02 33 70 96 55, *manoir.rochetorin@wanadoo.fr, Fax 02 33 48 35 20,* ≤, 🌳, 🐎 – TV P. AE ⊙ GB
fermé 11 nov. au 15 déc., 5 janv. au 15 fév., lundi sauf le soir en juil.-août, mardi midi et sam. midi – **Repas** 130/320 ♀, enf. 65 – ☕ 67 – **15 ch** 480/1200 – ½ P 550/780

La COURTINE *23100 Creuse* 73 ⑪ – *1 057 h alt. 789.*

Paris 429 – Aubusson 38 – La Bourboule 56 – Guéret 82 – Ussel 21.

Au Petit Breuil, rte Felletin ☎ 05 55 66 76 67, *Fax 05 55 66 71 84,* 🌳, 🏊, 🐎 – |‡| TV ♿ 🚗 P. GB
fermé 20 déc. au 15 janv. et dim. soir – **Repas** 70/195 ♀, enf. 45 – ☕ 30 – **11 ch** 190/220 – ½ P 260

COURTY *63 P.-de-D.* 73 ⑮ – *rattaché à Thiers.*

COUSSAC-BONNEVAL *87500 H.-Vienne* 72 ⑰ ⑱ *G. Berry Limousin – 1 447 h alt. 376.*

Voir Château★.

Office de Tourisme (saison) Mairie ☎ 05 55 75 28 46, Fax 05 55 75 28 46.

Paris 436 – Limoges 43 – Brive-la-Gaillarde 70 – St-Yrieix-la-Perche 11 – Uzerche 30.

XX **Voyageurs** avec ch, ☎ 05 55 75 20 24, *Fax 05 55 75 28 90,* 🐎 – ▤ rest, TV. GB
fermé 28 mai au 1er juin, 10 au 20 oct., 2 au 21 janv., dim. soir et lundi de sept. à mai – **Repas** 110/250 ♀ – ☕ 35 – **9 ch** 250/280 – ½ P 250

COUSTELLET *84660 Vaucluse* 81 ⑬ *G. Provence – alt. 243.*

Paris 708 – Avignon 31 – Apt 23 – Carpentras 27 – Cavaillon 10.

X **Maison Gouin,** N 100 ☎ 04 90 76 90 18, *Fax 04 90 76 91 78,* 🌳 – ▤. GB
fermé 15 nov. au 10 déc., 15 fév. au 10 mars, mardi soir d'oct. à mars et merc. – **Repas** 69 bc (déj.), 150/170, enf. 90

COUTANCES

Albert-1er (Av.) . . . . . Z 2
Croûte (R. de la) . . . . . YZ 3
Daniel (R.) . . . . . Y 5
Duhamel (R.) . . . . . Z 6
Écluse-Chette (R. de l') . . . . . Y 8
Encoignard (Bd) . . . . . Z 9
Foch (R. Mar.) . . . . . Z 10
Gambetta (R.) . . . . . Y 12
Herbert (R. G.) . . . . . Z 13
Leclerc (Av. Division) . . . . . Y 15
Legentil-de-la-Galaisière (Bd) . . . . . Z 16
Lycée (R. du) . . . . . Z 17
Marest (R. Thomas du) . . . . . Y 18
Milon (R.) . . . . . Y 19
Montbray (R. G.-de) . . . . . Z 20
Normandie (R. de) . . . . . Y 21
Palais-de-Justice (R. du) . . . . . Y 23
Paynel (Bd J.) . . . . . Y 24
Quesnel-Morinière (R.) . . . . . Z 26
République (Av. de la) . . . . . Y 27
St-Dominique (R.) . . . . . Y 29
St-Nicolas (R.) . . . . . Y 30
Tancrède (R.) . . . . . Y 32
Tourville (R.) . . . . . Y 33

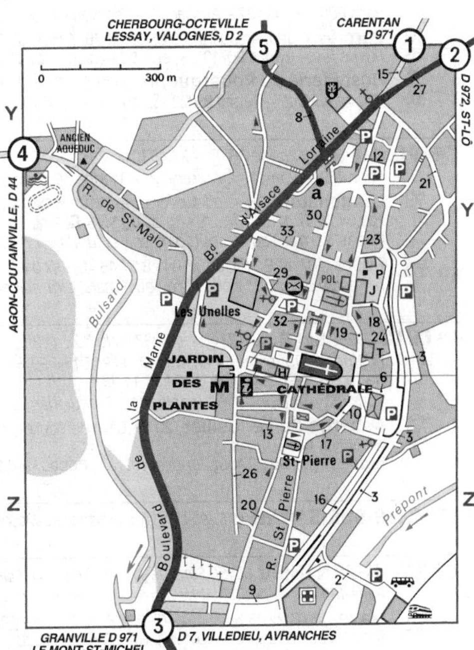

Dans la liste des rues des plans de villes, les noms en rouge indiquent les principales voies commerçantes.

COUTANCES 50200 Manche 54 ⑫ G. Normandie Cotentin – 9 715 h alt. 91.
Voir Cathédrale*** : tour-lanterne***, parties hautes** – Jardin des Plantes*.
Office de Tourisme pl. Georges-Leclerc 02 33 19 08 10, Fax 02 33 19 08 19.
Paris 335 ② – St-Lô 29 ② – Avranches 51 ③ – Cherbourg 77 ⑤ – Vire 56 ③.
Plan page précédente

Cositel, par ④ : 1 km sur D44 02 33 19 15 00, hotelcositel@wanadoo.fr, Fax 02 33 19 15 02, ← – 80. GB
Pommeau : Repas (85)-120/190 ♀, enf. 54 – ***Bistro Jazzy :*** Repas (82)-118 ♀, enf. 54 – 45 – **55 ch** 298/350 – ½ P 320/400

Pocatière sans rest, 25 bd Alsace-Lorraine 02 33 45 13 77, Fax 02 33 45 77 18 – P. GB Y a
36 – **18 ch** 140/346

à Gratot par ④ et D 244 : 4 km – 581 h. alt. 83 – 50200 :

Tourne-Bride, 02 33 45 11 00, Fax 02 33 45 11 00, – P. GB
fermé vacances de fév., dim. soir et lundi – **Repas** 98/235 ♀, enf. 55

COUTRAS 33230 Gironde 75 ② – 6 689 h alt. 15.
Office de Tourisme 17 r. Sully 05 57 69 36 53, Fax 05 57 69 36 43.
Paris 533 – Bordeaux 48 – Bergerac 64 – Blaye 51 – Jonzac 59 – Libourne 18 – Périgueux 81.

Henri IV sans rest, pl. 8 Mai 1945 (face gare) 05 57 49 34 34, HOTEL-HENRIIV.GIRONDE@wanadoo.fr, Fax 05 57 49 20 72, – P. GB
39 – **14 ch** 250/360

COYE-LA-FORÊT 60580 Oise 56 ⑪ – 3 199 h alt. 88.
Paris 47 – Compiègne 48 – Beauvais 48 – Chantilly 9 – Meaux 48 – Senlis 16.

Les Étangs, 1 r. Clos des Vignes 03 44 58 60 15, Fax 03 44 58 75 95, – GB
fermé 7 au 31 janv., lundi et mardi – **Repas** 140/195 ♀

CRANSAC 12110 Aveyron 80 ① – 2 180 h alt. 300 – Stat. therm. (2 avril-3 nov.).
Office de Tourisme 1 pl. J.-Jaurès 05 65 63 06 80, Fax 05 65 43 15 59.
Paris 605 – Rodez 37 – Aurillac 72 – Espalion 64 – Figeac 33 – Villefranche-de-Rouergue 39.

Parc, r. Gén. Artous 05 65 63 01 78, Fax 05 65 63 36 98, – P. GB
fermé fév. – **Repas** 80/195, enf. 50 – 35 – **25 ch** 150/275 – ½ P 180/255

Hostellerie du Rouergue, av. J. Jaurès 05 65 63 02 11, – P. GB
1er avril-15 oct. – **Repas** 85/225 ♀, enf. 55 – 40 – **16 ch** 200/300 – ½ P 240/270

CRAPONNE 69290 Rhône 74 ⑪ – 7 048 h alt. 285.
Paris 462 – Lyon 11 – L'Arbresle 21 – Vienne 36 – Villefranche-sur-Saône 35.

Longchamp, 26 r. 11-Novembre-1918 04 78 57 83 40, longchamps.hotel@opsi.fr, Fax 04 78 57 17 54, – 30 à 60. GB JCB
Repas (fermé 6 au 18 août, dim. soir et lundi) (70) - 140 ♀, enf. 60 – 60 – **40 ch** 420/490

Poste, 107 av. E. Millaud 04 78 57 45 40, Fax 04 37 22 02 15, – P. GB
fermé 29 oct. au 11 nov., 11 fév. au 3 mars, dim. soir et lundi – **Repas** (65) - 95 bc/230 ♀

La CRAU 83260 Var 84 ⑮, 114 ㊻ – 11 257 h alt. 36.
Office de Tourisme r. Renaude 04 94 01 56 99, Fax 04 94 01 56 99 et (juin-sept.) Parking de-Lattre-de-Tassigny 04 94 66 14 48.
Paris 852 – Toulon 17 – Brignoles 41 – Draguignan 72 – Hyères 9 – Marseille 77.

Auberge du Fenouillet, 20 av. Gén. de Gaulle 04 94 66 76 74, Fax 04 94 57 81 09 – GB
fermé 16 juil. au 20 août, lundi et merc. – **Repas** 135/290, enf. 70

CRÈCHES-SUR-SAÔNE 71 S.-et-L. 69 ⑲ – rattaché à Mâcon.

CRÉCY-EN-PONTHIEU 80150 Somme 52 ⑦ G. Picardie Flandres Artois – 1 491 h alt. 30.
Paris 189 – Amiens 59 – Abbeville 19 – Montreuil 32 – St-Omer 74.

Maye, 03 22 23 54 35, Fax 03 22 23 53 32, – P. GB
fermé 4 au 28 fév., dim. soir et lundi – **Repas** 98/190 – 37 – **11 ch** 290/350

CRÉCY-LA-CHAPELLE *77680 S.-et-M.* 56 ⑬ *G. Ile de France – 3 222 h alt. 50.*

Voir *Collégiale Notre-Dame★.*

Office de Tourisme ☎ 01 64 63 70 19.

Paris 47 – Coulommiers 16 – Lagny-sur-Marne 17 – Meaux 13 – Melun 43.

Futaie, 2 r. M. Herry ☎ 01 64 63 72 25, *Fax 01 64 63 72 25* – AE ⓓ GB
fermé 16 au 31 août, 2 au 11 janv., lundi et mardi – **Repas** 105/155 ♀

CREIL *60100 Oise* 56 ① ⑪ *G. Ile de France – 31 956 h alt. 30.*

Office de Tourisme 41 pl. Gén.-de-Gaulle ☎ 03 44 55 16 07, Fax 03 44 55 05 27.

Paris 62 – Compiègne 37 – Beauvais 46 – Chantilly 9 – Clermont 17.

Ferme de Vaux, rte Vaux (sur D 120 direction Verneuil) ☎ 03 44 64 77 00, *Fax 03 44 26 81 50* – TV P – 15 à 30. AE GB JCB
Repas *(fermé sam. midi et dim. soir)* 120 (déj.), 160/350 ♀ – 45 – **28 ch** 325/375 – ½ P 340/430

Petite Alsace, 8 pl. Ch. Brobeil (près gare) ☎ 03 44 55 28 89, *Fax 03 44 55 00 27* – GB
fermé 15 juil. au 14 août, sam. midi, dim. soir et lundi – **Repas** 89/192

CRÉMIEU *38460 Isère* 74 ⑬, 110 ㉙ *G. Vallée du Rhône – 2 855 h alt. 200.*

Voir *Halles★.*

Office de Tourisme pl. Nation Charles-de-Gaulle ☎ 04 74 90 45 13, Fax 04 74 90 02 25.

Paris 491 – Lyon 37 – Belley 50 – Bourg-en-Bresse 64 – Grenoble 86 – La Tour-du-Pin 34.

Auberge de la Chaite avec ch, ☎ 04 74 90 76 63, *Fax 04 74 90 88 08,* – TV P. AE ⓓ GB
fermé 2 au 10 mai, 2 au 31 janv., mardi midi d'oct. à juin, dim. soir et lundi – **Repas** 80/190, enf. 45 – 35 – **10 ch** 265/300

CREPON *14 Calvados* 54 ⑮ *G. Normandie Cotentin – 209 h alt. 52 – ✉ 14480 Creully.*

Paris 255 – Caen 23 – Bayeux 13 – Deauville 69.

Ferme de la Rançonnière , rte Arromanches-les-Bains ☎ 02 31 22 21 73, *ranconniere@wanadoo.com, Fax 02 31 22 98 39,* « Ancienne demeure fortifiée », – TV P – 30. AE GB
Repas 98/280 ♀, enf. 55 – 60 – **35 ch** 295/680 – ½ P 320/500

Annexe Ferme de Mathan sans rest, à 800 m., – TV P. AE GB
60 – **12 ch** 420/780

CRÉPY-EN-VALOIS *60800 Oise* 56 ⑬ *G. Île-de-France – 13 222 h alt. 93.*

Voir *Ville ancienne★.*

Office de Tourisme 7 r. de Soissons ☎ 03 44 59 03 97, Fax 03 44 59 23 15.

Paris 66 – Compiègne 24 – Beauvais 78 – Meaux 38 – Senlis 23 – Soissons 39.

Château de Geresme , 1 av. Europe ☎ 03 44 39 63 04, *Fax 03 44 87 53 21,* – TV P. AE GB
Repas *(fermé 28 août au 4 sept., sam. et dim.)* 200 – 65 – **11 ch** 360/1200 – ½ P 580

CRESSENSAC *46600 Lot* 75 ⑱ *– 570 h alt. 300.*

Paris 501 – Brive-la-Gaillarde 20 – Sarlat-la-Canéda 46 – Cahors 80 – Gourdon 45 – Larche 22.

Chez Gilles avec ch, N 20 ☎ 05 65 37 70 06, *Fax 05 65 37 77 15* – TV. AE ⓓ GB
Repas 115/270 – 40 – **8 ch** 300/330 – ½ P 340

CRESSERONS *14 Calvados* 54 ⑯ *– rattaché à Douvres-la-Délivrande.*

CREST *26400 Drôme* 77 ⑫ *G. Vallée du Rhône – 7 583 h alt. 196.*

Voir *Donjon★ : ✳★.*

Office de Tourisme pl. Dr M.-Rozier ☎ 04 75 25 11 38, Fax 04 75 76 79 65.

Paris 590 ④ – Valence 29 ④ – Die 37 ① – Gap 130 ① – Grenoble 114 ④ – Montélimar 38 ②.

Plan page suivante

Grand Hôtel, 60 r. Hôtel de Ville ☎ 04 75 25 08 17, *Fax 04 75 25 46 42* – TV. GB Y a
fermé 23 déc. au 14 janv., 4 au 18 mars, dim. soir du 1er sept. au 2 juil. et lundi sauf le soir d'avril à oct. – **Repas** 93/200 ♀, enf. 48 – 36 – **20 ch** 165/350 – ½ P 210/285

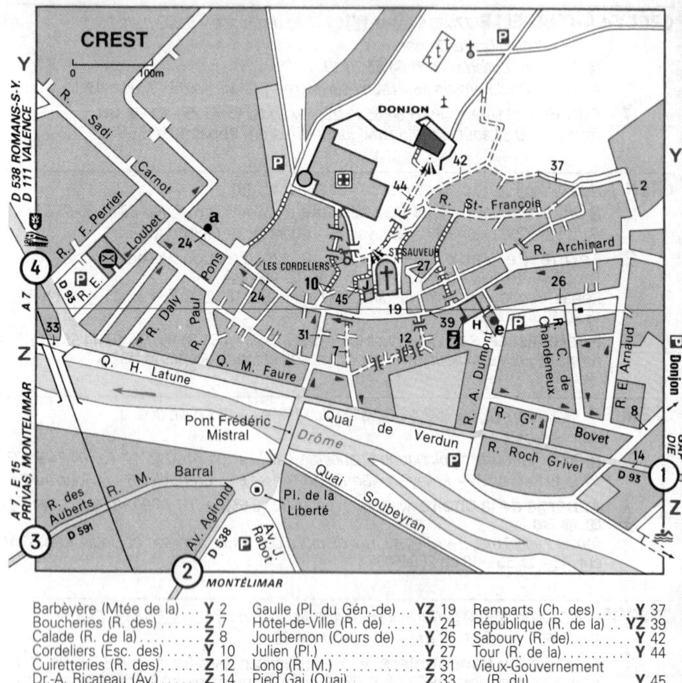

Barbèyère (Mtée de la) . . . **Y** 2
Boucheries (R. des) . . . . . . **Z** 7
Calade (R. de la) . . . . **Z** 8
Cordeliers (Esc. des) . . . . . **Y** 10
Cuiretteries (R. des) . . . . . . **Z** 12
Dr.-A. Ricateau (Av.) . . . . . . **Z** 14
Gaulle (Pl. du Gén.-de) . . **YZ** 19
Hôtel-de-Ville (R. de) . . . . . **Y** 24
Jourbernon (Cours de) . . . **Y** 26
Julien (Pl.) . . . . **Y** 27
Long (R. M.) . . . . **Z** 31
Pied Gai (Quai) . . . . **Z** 33
Remparts (Ch. des) . . . . . **Y** 37
République (R. de la) . . **YZ** 39
Saboury (R. de) . . . . **Y** 42
Tour (R. de la) . . . . **Y** 44
Vieux-Gouvernement (R. du) . . . . **Y** 45

XX **Porte Montségur** avec ch, par ① : *0,5 km sur D 93* ☎ 04 75 25 41 48, *Fax 04 75 25 22 63*, – P – 15. AE GB
fermé 5 au 20 mars, 5 au 22 nov., merc. et lundi sauf juil.-août – **Repas** 100/250 – ☕ 42 – **8 ch** 280/300 – ½ P 300/330

XX **Kléber** avec ch, 6 r. A. Dumont ☎ 04 75 25 11 69, *Fax 04 75 76 82 82* – rest, TV. GB
fermé 15 août au 4 sept., 1er au 17 janv., mardi midi, dim. soir et lundi – **Repas** 98/260 – ☕ 35 – **7 ch** 190/280 Z e

---

Le CRESTET *84 Vaucluse* 81 ② *– rattaché à Vaison-la-Romaine.*

CREST-VOLAND *73590 Savoie* 74 ⑰ *G. Alpes du Nord – 395 h alt. 1230 – Sports d'hiver : 1 150/1 650 m* 17.
Office de Tourisme ☎ *04 79 31 62 57, Fax 04 79 31 85 36.*
Paris 592 – Chamonix-Mont-Blanc 51 – Albertville 23 – Annecy 53 – Megève 15.

Caprice des Neiges, rte Saisies : 1 km ☎ 04 79 31 62 95, *Fax 04 79 31 79 30*, ≤, « Chalet fleuri », – P. GB. rest
20 juin-15 sept. et 15 déc.-20 avril – **Repas** 95/130 ♀, enf. 45 – ☕ 38 – **16 ch** 340/450

Mont Charvin, au Cernix Sud : 1,5 km par rte secondaire ☎ 04 79 31 61 21, *Fax 04 79 31 82 10*, ≤, – GB
26 juin-6 sept. et 15 déc.-20 avril – **Repas** 90/150, enf. 55 – ☕ 35 – **20 ch** 210/315 – ½ P 310

CRÉTEIL *94 Val-de-Marne* 61 ①, 101 ㉗ *– voir à Paris, Environs.*

CREULLY *14480 Calvados* 54 ⑮ *– 1 396 h alt. 27.*
Paris 251 – Caen 19 – Bayeux 13 – Deauville 65.

XX **Hostellerie St-Martin** avec ch, ☎ 02 31 80 10 11, *Fax 02 31 08 17 64* – TV P. AE GB
Repas 70/230 ♀, enf. 40 – ☕ 35 – **12 ch** 260/280 – ½ P 260/280

Le CREUSOT-MONTCEAU *71200 S.-et-L.* 69 ⑧ *G. Bourgogne – 28 909 h alt. 348.*

Voir *Château de la Verrerie★.*

Env. *Mont St-Vincent★ ✳★★.*

Office de Tourisme Château de la Verrerie ☎ 03 85 55 02 46, Fax 03 85 80 11 03.

Paris 315 – Chalon-sur-Saône 38 – Autun 30 – Beaune 46 – Mâcon 89.

Petite Verrerie, 4 r. J. Guesde ☎ 03 85 73 97 97, *Fax 03 85 73 97 90* – TV ☎ P – 15 à 30. AE ⓓ GB. rest

fermé 24 déc. au 2 janv., sam., dim. et fériés – **Repas** *(95)* - 135/170 ♀, enf. 60 – ☕ 57 – **40 ch** 320/390 – ½ P 350

au Breuil *Est : 3 km par D 290 – 3 741 h. alt. 337 – ✉ 71670 :*

Moulin Rouge ⛰, ☎ 03 85 55 14 11, *e.corbanese@wanadoo.fr, Fax 03 85 55 53 37,* – TV P. AE ⓓ GB JCB

fermé 20 déc. au 10 janv., vend. soir, sam. midi et dim. soir – **Repas** 120/220 ♀ – ☕ 45 – **30 ch** 250/400 – ½ P 320/400

à Montcenis *Ouest : 3 km par D 784 – 2 339 h. alt. 400 – ✉ 71710 :*

Montcenis, 2 pl. Champ de Foire ☎ 03 85 55 44 36, *Fax 03 85 55 89 52* – AE GB

fermé en août, dim. soir et lundi

Repas *(85)* - 115/195 ♀

à Torcy *Sud : 4 km par D 28 – 4 059 h. alt. 310 – ✉ 71210 :*

Vieux Saule, ☎ 03 85 55 09 53, *Fax 03 85 80 39 99,* – P. GB

fermé dim. soir et lundi – **Repas** 100/380 et carte 230 à 340 , enf. 65

CRÈVECOEUR-EN-AUGE *14340 Calvados* 54 ⑰ *G. Normandie Vallée de la Seine – 554 h alt. 49.*

Voir *Château★.*

Paris 194 – Caen 35 – Falaise 34 – Lisieux 18.

Galetière, rte de Falaise ☎ 02 31 63 04 28 – GB

fermé 26/03 au 1er/04, 24/09. au 8/10, 26/11 au 3/12, 29/01 au 5/02, jeudi soir, dim. soir et vend. – **Repas** 57/148 , enf. 49

CREVOUX *05200 H.-Alpes* 77 ⑱ *G. Alpes du Sud – 117 h alt. 1577 – Sports d'hiver : 1 650/1 900 m 4 .*

Paris 725 – Briançon 59 – Gap 54 – Embrun 15 – Guillestre 31.

Parpaillon ⛰, ☎ 04 92 43 18 08, *Fax 04 92 43 69 66,* ← – P. AE ⓓ GB. rest

fermé 20 au 30 avril et 10 au 30 nov. – **Repas** *(65)* - 80/130 ♀, enf. 55 – ☕ 35 – **25 ch** 215/320 – ½ P 240/275

CRILLON *60112 Oise* 52 ⑰ *– 440 h alt. 110.*

Paris 98 – Compiègne 77 – Aumale 33 – Beauvais 17 – Breteuil 35 – Gournay-en-Bray 18.

Petite France, 7 rte Gisors ☎ 03 44 81 01 13, *Fax 03 44 81 01 13* – . GB

fermé 15 août au 7 sept., dim. soir, lundi soir et mardi – **Repas** *(70)* - 140/180

CRILLON-LE-BRAVE *84410 Vaucluse* 81 ⑬ *– 370 h alt. 340.*

Paris 694 – Avignon 40 – Carpentras 15 – Nyons 42 – Vaison-la-Romaine 26.

Hostellerie de Crillon le Brave ⛰, pl. Église ☎ 04 90 65 61 61, *crillonbrave@relaischateau.fr, Fax 04 90 65 62 86,* ← plaine et Mont Ventoux, , « Terrasse panoramique », – TV ☎ P. AE ⓓ GB

fermé 2 janv. au 8 mars – **Repas** *(fermé le midi en semaine et mardi de nov. à mars.)* 160 (déj.), 250/460 – ☕ 95 – **18 ch** 1050/2150, 4 appart – ½ P 865/1790

CRISENOY *77 S.-et-M.* 61 ② *– rattaché à Melun.*

Le CROISIC *44490 Loire-Atl.* **63** ⑭ *G. Bretagne – 4 428 h alt. 6.*

Voir *Océarium*★ – ≤★ *du Mont-Lénigo.*

Office de Tourisme pl. 18-Juin-1940 ☏ 02 40 23 00 70, Fax 02 40 62 96 60.

Paris 464 ① – Nantes 88 ① – La Baule 9 ① – Redon 66 ① – Vannes 80 ①.

LE CROISIC

Aiguillon (Quai d') .... **AY** 2
Cordiers (R. des) .... **BY** 6
Europe (Rue de l') .... **AY** 7
Gaulle (Pl. du Gén.-de) ..... **AZ** 9
Grande-Rue .... **AY** 12
Lénigo (Quai du) .... **AY** 13
Lepré (Pl. Domatien) ...... **AY** 16
Mail de Broc (R. du) ...... **AY** 17
Petite Chambre (Q. de la) . **BY** 20
Pilori (R. du) .... **BY** 22
Poilus (R. des) .... **BZ** 23
Port Charly (Quai) .... **AY** 26
Port Ciguet (Quai du) ...... **AY** 27
Port Lin (Av. de) .... **AZ** 28
Rielle (Quai Hervé) .... **BY** 32
Saint-Christophe (R.) ...... **BY** 33
Saint-Goustan (Av. de) ..... **AY** 35
18-Juin-1940 (Pl. du) ...... **BZ** 36

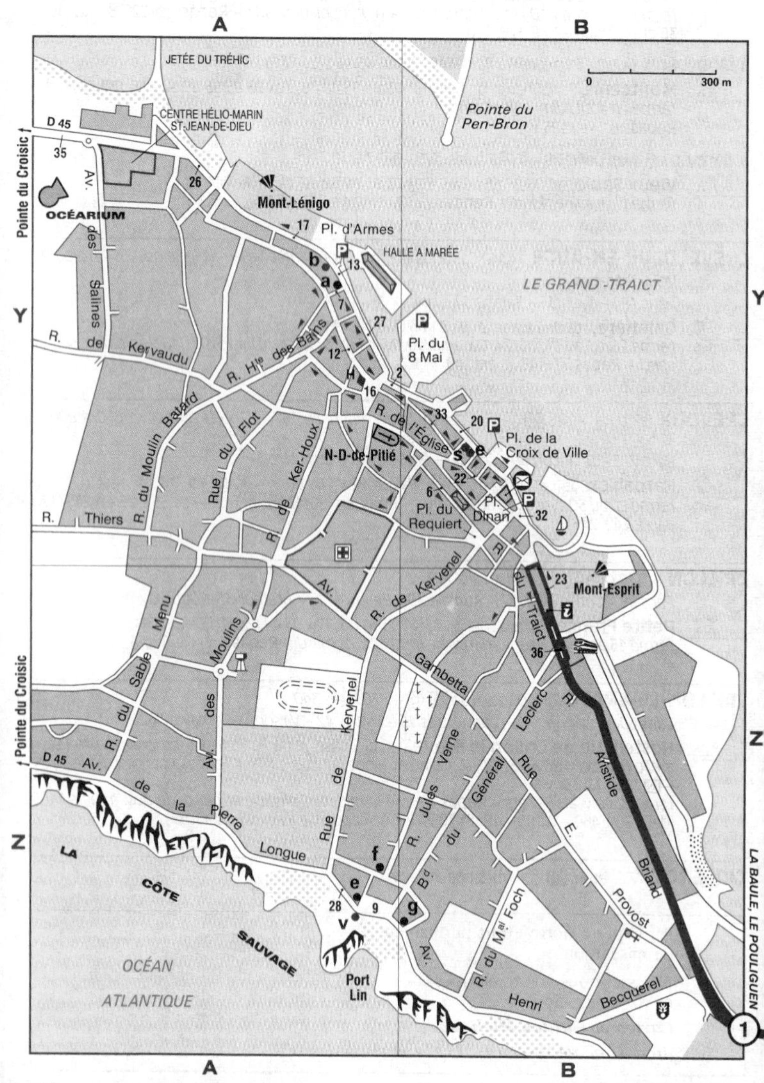

Fort de l'Océan Ⓜ, pointe du Croisic ☎ 02 40 15 77 77, *Fax 02 40 15 77 80*, ≤ Côte Sauvage, « Ancien fort du 17e siècle dominant la mer », – AE GB
Repas *(fermé 12 nov. au 12 déc., 4 janv. au 10 fév., lundi soir, merc. midi du 15 sept. au 15 juin et mardi)* 265/420 – 85 – **9 ch** 900/1300 – ½ P 830/1180

Villa Maris Stella Ⓜ, à Port-Lin ☎ 02 40 23 21 45, *Fax 02 40 23 22 63*, ≤, – GB. BZ g
hôtel : mars-15 nov. et 26 déc.-2 janv. ; rest : avril-sept. et fermé lundi sauf juil.-août – **Repas** (dîner seul.) 195/320 – 60 – **6 ch** 795/895, 3 duplex – ½ P 605/710

Vikings sans rest, à Port-Lin ☎ 02 40 62 90 03, *Fax 02 40 23 28 03*, ≤ – AE GB AZ e
55 – **24 ch** 420/660

Nids, 15 r. Pasteur à Port-Lin ☎ 02 40 23 00 63, *hotel.les nids@worldonline.fr*, *Fax 02 40 23 09 79*, – GB AZ f
avril-oct. – **Repas** *(fermé merc. midi et mardi)* 100/250 ♀, enf. 65 – 42 – **22 ch** 388/480 – ½ P 301/388

Castel Moor, av. Castouillet, Nord-Ouest : 1,5 km sur D 45 ☎ 02 40 23 24 18, *castel@castel-moor.com*, *Fax 02 40 62 98 90*, ≤, – GB
fermé 5 janv. au 5 fév., dim. soir et lundi d'oct. à mars – **Repas** 125/200 ♀, enf. 60 – 40 – **19 ch** 320/430 – ½ P 315/370

L'Estacade, 4 quai Lénigo ☎ 02 40 23 03 77, *lestacade@wanadoo.fr*, *Fax 02 40 23 24 32* – AE GB AY a
fermé 26 nov. au 10 déc. – **Repas** *(fermé mardi soir de sept. à mars et merc. sauf juil.-août)* 90/240 ♀, enf. 65 – 40 – **15 ch** 340/380 – ½ P 290/350

XXX **L'Océan** avec ch, à Port-Lin ☎ 02 40 62 90 03, *Fax 02 40 23 28 03*, ≤ mer et côte, « Sur les rochers de la Côte Sauvage » – AE GB AZ v
Repas - produits de la mer - carte 320 à 470 – 55 – **14 ch** 490/850 – ½ P 567/756

XX **Bretagne,** sur le port ☎ 02 40 23 00 51, *pierrecoic@restaurant-debretagne.com*, *Fax 02 40 23 18 32* – AE GB BY e
fermé 11 nov. au 20 déc., dim. soir et mardi soir sauf juil-août et lundi – **Repas** - produits de la mer - 129/299 ♀, enf. 80

XX **Lénigo,** 11 quai Lénigo ☎ 02 40 23 00 31, *Fax 02 40 23 01 01*, – AE GB AY b
fermé vacances de fév., lundi et mardi sauf juil.-août – **Repas** - produits de la mer - 92/180 ♀, enf. 60

XX **Bouillabaisse Bretonne,** sur le port ☎ 02 40 23 06 74, *Fax 02 40 15 71 43* – GB
fermé 2 janv. au 15 mars, dim. soir, lundi et mardi sauf juil.-août – **Repas** - produits de la mer - 125/250 ♀ BY s

---

CROISSY-BEAUBOURG *77 S.-et-M.* 61 ②, 101 ㉚ – *voir à Paris, Environs (Marne-la-Vallée).*

CROISSY-SUR-SEINE *78 Yvelines* 55 ⑳, 101 ⑬ – *voir à Paris, Environs.*

La CROIX-BLANCHE *71 S.-et-L.* 69 ⑲ – ✉ *71960 Berzé-la-Ville.*

Voir *Berzé-la-Ville : peintures murales★★ de la chapelle aux Moines E : 2 km – Château★ de Berzé-le-Châtel N : 3 km*, G. Bourgogne.

Paris 408 – Mâcon 14 – Charolles 44 – Cluny 11 – Roanne 86.

XX **Relais du Mâconnais** avec ch, D 17 (ancienne N 79) par la Roche-Vineuse ☎ 03 85 36 60 72, *lannuel@aol.com*, *Fax 03 85 36 65 47*, – AE GB
fermé 7 janv. au 4 fév., 8 au 15 oct., lundi sauf le soir du 1er juil. au 15 sept. et dim. soir hors saison – **Repas** 140/300 ♀, enf. 75 – 48 – **10 ch** 370/500 – ½ P 350/390

La CROIX-DU-BREUIL *87 H.-Vienne* 72 ⑧ – *rattaché à Bessines-sur-Gartempe.*

CROIX-FRY (Col de) *74 H.-Savoie* 74 ⑦ – *rattaché à Manigod.*

CROIX-MARE *76 S.-Mar.* 52 ⑬ – *rattaché à Yvetot.*

La CROIX-VALMER *83420 Var* 84 ⑰, 114 ㊲ *G. Côte d'Azur – 2 634 h alt. 120.*

Paris 877 – Fréjus 37 – Draguignan 49 – Le Lavandou 28 – Ste-Maxime 16 – Toulon 69.

Parc Hôtel sans rest, rte Ramatuelle, Est : 1 km par D 93 ☎ 04 94 79 64 04, *Fax 04 94 54 38 91*, ≤, – AE GB.
1er mai-1er oct. – 46 – **33 ch** 485/560

au Sud-Ouest : *3,5 km par D 559 puis rte secondaire par rd-pt du Débarquement – ✉ 83420 La Croix-Valmer :*

Petite Auberge de Barbigoua, quartier Barbigoua ✆ 04 94 54 21 82, – P. GB
fermé 15 nov. au 27 déc., 15 au 31 janv., le midi en juil.-août sauf dim., dim.soir, lundi et mardi hors saison – **Repas** 170 ♀

à Gigaro *Sud-Est : 5 km par rte secondaire – ✉ 83420 La Croix-Valmer :*

Château de Valmer M, ✆ 04 94 79 60 10, *chatvalmer@aol.com, Fax 04 94 54 22 68,* ←, « Piscine bordée d'une palmeraie », – ch, P – 30. AE GB. rest
avril-oct. – **Repas** *(fermé mardi)* (dîner seul.) carte 290 à 400 ♀ – 100 – **42 ch** 1065/1800

Souleias, ✆ 04 94 55 10 55, *Fax 04 94 54 36 23,* ← mer et îles, « Au sommet d'une colline dominant le littoral », – P – 25. AE GB. rest
Pâques-mi-oct. – **Repas** 190 (déj.), 280/390, enf. 90 – 85 – **41 ch** 750/2500 – ½ P 705/1155

Les Moulins de Paillas et de Gigaro, ✆ 04 94 79 71 11, *gigaro83@aol.com, Fax 04 94 54 37 05,* – P. AE GB
12 mai-fin sept. – ***Brigantine*** ✆ 04 94 79 67 16 (dîner seul.) **Repas** 220/280, enf. 110 – ***Pépé Le Pirate*** ✆04 94 79 67 16 grill - (déj. seul.) **Repas** 110, enf. 60 – 80 – **68 ch** 900/1240 – ½ P 840/1000

Pinède-Plage, ✆ 04 94 54 31 23, *pinedepla@aol.com, Fax 04 94 79 71 46,* ←, « En bord de mer », – ch, P. AE GB
avril-oct. – **Repas** (dîner seul.) 280 ♀, enf. 110 – 100 – **34 ch** 1100/1805

CROS-DE-CAGNES *06 Alpes-Mar.* 84 ⑨,, 115 ㉖ *– rattaché à Cagnes-sur-Mer.*

CROZANT *23160 Creuse* 68 ⑱ *G. Berry Limousin – 636 h alt. 263.*

Voir *Ruines*★.

Paris 333 – Argenton-sur-Creuse 30 – La Châtre 46 – Guéret 40 – Montmorillon 67.

Auberge de la Vallée, ✆ 05 55 89 80 03, *Fax 05 55 89 83 22* – AE GB
fermé 3 janv. au 3 fév., lundi soir et mardi du 15 sept. au 30 juin
Repas 98/195, enf. 50

Lac avec ch, au pont de Crozant, Est : 1 km par D 72 et D 30 ✆ 05 55 89 81 96, – P. GB
fermé fév., dim. soir et lundi sauf juil.-août – **Repas** 98/155 ♀ – 30 – **7 ch** 150/300 – ½ P 175/240

CROZON *29160 Finistère* 58 ④ *G. Bretagne – 7 705 h alt. 85.*

Voir *Retable*★ *de l'église.*

Env. *Circuit des Pointes*★★★.

Office de Tourisme bd Pralognan ✆ 02 98 27 07 92, Fax 02 98 27 24 89, Annexe (saison) bd de la Plage à Morgat ✆ 02 98 27 29 49.

Paris 588 – Brest 58 – Quimper 49 – Châteaulin 35 – Douarnenez 41 – Morlaix 81.

Presqu'île M sans rest, pl. Église ✆ 02 98 27 29 29, *Fax 02 98 26 11 97* – . AE GB.
fermé 26 nov. au 17 déc., dim. et lundi hors saison – 45 – **13 ch** 350/420

Mutin Gourmand, pl. Église ✆ 02 98 27 06 51, *mutin.gourmand@freesbee.fr, Fax 02 98 26 11 97* – . AE GB
fermé 26 nov. au 17 déc., dim. soir et lundi hors saison – **Repas** 88/275 ♀, enf. 60

Pergola, 25 r. Poulpatré ✆ 02 98 27 04 01 – GB
fermé 12 au 30 nov., lundi sauf le soir en juil.-août et dim. soir – **Repas** 85/155

au Fret *Nord : 5,5 km par D 155 et D 55 – ✉ 29160 Crozon :*

Hostellerie de la Mer, ✆ 02 98 27 61 90, *hostellerie.de.la.mer@wanadoo.fr, Fax 02 98 27 65 89,* ← – AE GB
fermé 2 janv. au 13 fév. – **Repas** 110/280 ♀ – 47 – **25 ch** 300/395 – ½ P 315/375

CRUIS *04230 Alpes-de-H.P.* 81 ⑮ *– 408 h alt. 728.*

Paris 739 – Digne-les-Bains 41 – Forcalquier 18 – Manosque 43 – Sisteron 26.

Auberge de l'Abbaye, ✆ 04 92 77 01 93, *Fax 04 92 77 01 92,* – – 25. GB
fermé 1er janv. au 15 fév., dim. soir et lundi sauf juil.-août – **Repas** 95/125, enf. 65 – 40 – **9 ch** 260/310 – ½ P 285

CRUSEILLES *74350 H.-Savoie* 74 ⑥ *– 2 716 h alt. 781.*

Paris 540 – Annecy 20 – Bellegarde-sur-Valserine 44 – Bonneville 35 – Genève 27.

XXX **L'Ancolie** M ⑤ avec ch, au parc des Dronières, Nord-Est : ☎ 04 50 44 28 98, *ancolie.hotel@wanadoo.fr, Fax 04 50 44 09 73*, ≤, 🏠, « Au bord d'un lac, bel environnement », – TV ☎ P – 🏔 35. AE ⓓ GB. ✂ rest
fermé vacances de Toussaint, de fév., dim. soir et lundi midi d'oct. à avril – **Repas** 140 (déj.), 210/385 et carte 260 à 350 – ☕ 55 – **10 ch** 400/565 – ½ P 470/510

aux Avenières *Nord : 6 km par D 41 et rte secondaire – ✉ 74350 Cruseilles :*

🏰 **Château des Avenières** ⑤, ☎ 04 50 44 02 23, *chateau-des-avenieres@aic.fr, Fax 04 50 44 29 09*, ≤ chaîne des Aravis, 🏠, « Parc », – |≑| TV ☎ P – 🏔 30. AE ⓓ GB. ✂ ch
fermé nov., déc. et lundi – **Repas** 150 (déj.), 220/550 ♀ – ☕ 85 – **12 ch** 700/1500 – ½ P 630/1030

CUBRY *25680 Doubs* 66 ⑯ *– 105 h alt. 340.*

Paris 390 – Besançon 52 – Belfort 48 – Lure 28 – Montbéliard 39 – Vesoul 33.

🏰 **Château de Bournel** ⑤, ☎ 03 81 86 00 10, *info@bournel.com, Fax 03 81 86 01 06*, 🏠, « Enceintes et dépendances du 18e siècle », ⛳, – |≑| TV P – 🏔 50. AE GB. ✂ rest
1er avril-31 oct. – ***Le Maugré*** ☎ *03 81 86 06 60 (15 mars-15 nov.et fermé dim. soir, lundi et mardi en mars et nov.)* **Repas** 80(déj.), 150/320 ♂, enf. 70 – ☕ 60 – **19 ch** 750/1050

CUCHERON (Col du) *38 Isère* 77 ⑤ *– rattaché à St-Pierre-de-Chartreuse.*

CUCQ *62780 P.-de-C.* 51 ① *– 4 299 h alt. 5.*

Paris 229 – Calais 67 – Arras 92 – Abbeville 50 – Le Touquet-Paris-Plage 7.

à Trépied – ✉ *62780 Cucq :*

🏠 **Relais de l'Espérance** sans rest, 561 av. Étaples ☎ 03 21 94 62 99, *Fax 03 21 94 53 10* – TV ☎ ♿. GB
fermé 22 déc. au 22 janv. et dim. soir – ☕ 40 – **10 ch** 320/400

CUCUGNAN *11350 Aude* 86 ⑧ *G. Languedoc Roussillon – 128 h alt. 310.*

Voir *Circuit des Corbières cathares*★★.

Paris 858 – Perpignan 42 – Carcassonne 76 – Limoux 74 – Quillan 50.

XX **Auberge du Vigneron** ⑤ avec ch, ☎ 04 68 45 03 00, *auberge.vigneron@ataraxie.fr, Fax 04 68 45 03 08*, 🏠 – TV ☎. GB. ✂
1er mars-30 nov. et fermé dim. soir et lundi – **Repas** 100/149 ♀ – ☕ 38 – **6 ch** 270 – ½ P 280

X **Auberge de Cucugnan** M ⑤ avec ch, ☎ 04 68 45 40 84, *Fax 04 68 45 01 52*, 🏠 – ▤ ch, TV ☎ P. GB
fermé janv., fév. et merc. en mars – **Repas** 95 bc/250 bc, enf. 45 – ☕ 35 – **6 ch** 270/300 – ½ P 250/275

CUCURON *84160 Vaucluse* 81 ⑭ *G. Provence – 1 624 h alt. 350.*

ℹ *Office de Tourisme r. Léonce- Brieugne ☎ 04 90 77 28 37, Fax 04 90 77 17 00.*

Paris 746 – Digne-les-Bains 108 – Apt 25 – Cavaillon 40 – Manosque 36.

XX **Petite Maison,** pl. Étang ☎ 04 90 77 18 60, *contact@la-petite-maison.com, Fax 04 90 77 18 61*, 🏠 – AE GB
fermé 13 au 30 nov., 4 au 12 fév., mardi midi et lundi de sept. à mai – **Repas** 140 (déj.), 240/270 ♀, enf. 100

X **Horloge,** ☎ 04 90 77 12 74, *Fax 04 90 77 29 90* – GB
fermé 23 au 28 déc., 5 fév. au 10 mars, mardi soir et merc. – **Repas** *(75 bc)* - 95/210 ♀, enf. 50

CUERS *83390 Var* 84 ⑮, 114 ㉝ *– 7 027 h alt. 140.*

Paris 837 – Toulon 24 – Brignoles 25 – Draguignan 60 – Marseille 84.

XXX **Lingousto,** Est : 2 km par rte Pierrefeu ☎ 04 94 28 69 10, *Fax 04 94 48 63 79*, 🏠 – P. AE ⓓ GB
fermé 2 janv. au 10 fév., dim soir sauf juil.-août et lundi – **Repas** 190/420 ♀, enf. 90

XX **Verger des Kouros,** rte de Solliès-Pont par N 97 : 2 km ☎ 04 94 28 50 17, *Fax 04 94 48 69 77*, 🏠 – P. AE GB
fermé 8 au 25 oct., 15 au 30 janv. et merc. – **Repas** *(90)* - 160/195

CUISEAUX *71480 S.-et-L.* **70** ⑬ *G. Bourgogne – 1 779 h alt. 280.*
Paris 400 – Chalon-sur-Saône 59 – Mâcon 72 – Lons-le-Saunier 26 – Tournus 48.

Vuillot, ✆ 03 85 72 71 79, *Fax 03 85 72 54 22,* – rest, . AE GB
fermé janv., dim. soir et lundi midi de mi-sept. à mai – **Repas** *(60)* - 80/250 ♀, enf. 45 – 36 – **16 ch** 220/280 – ½ P 250

CUISERY *71290 S.-et-L.* **70** ⑫ *G. Bourgogne – 1 505 h alt. 211.*
Paris 369 – Chalon-sur-Saône 32 – Lons-le-Saunier 50 – Mâcon 37 – Tournus 8.

XXX **Hostellerie Bressane** avec ch, ✆ 03 85 40 11 63, *hostellerie.bressane@worldonline.fr, Fax 03 85 40 14 96,* , – . GB
fermé 19 déc. au 23 janv., jeudi midi et merc. – **Repas** *(108)* - 128/290 ♀, enf. 70 – 48 – **14 ch** 270/440 – ½ P 360/420

CUQ-TOULZA *81470 Tarn* **82** ⑨ *– 546 h alt. 203.*
Paris 736 – Toulouse 38 – Albi 63 – Castelnaudary 37 – Castres 33 – Gaillac 47.

Cuq en Terrasses , Sud-Est : 2,5 km par D 45 ✆ 05 63 82 54 00, *cuq-en-terrasses@wanadoo.fr, Fax 05 63 82 54 11,* , , « Maison du 18e siècle », , – . AE GB
fermé 3 janv. au 31 mars – **Repas** (prévenir)(menu unique) 180 ♀ – 65 – **8 ch** 550/750 – ½ P 445/550

La CURE *39 Jura* **70** ⑯ *– rattaché aux Rousses.*

The Guide changes, so renew your Guide every year.

CUREBOURSE (Col de) *15 Cantal* **76** ⑫ ⑬ *– rattaché à Vic-sur-Cère.*

Le CURTILLARD *38 Isère* **77** ⑥ *– rattaché à La Ferrière.*

CURTIL-VERGY *21 Côte-d'Or* **66** ⑫ *– rattaché à Nuits-St-Georges.*

CURZAY-SUR-VONNE *86600 Vienne* **68** ⑫ *– 460 h alt. 125.*
Paris 371 – Poitiers 29 – Lusignan 13 – Niort 53 – Parthenay 36 – St-Maixent-l'École 27.

Château de Curzay M , rte Jazeneuil ✆ 05 49 36 17 00, *info@chateau-curzay.com, Fax 05 49 53 57 69,* , , , – – 30. AE GB JCB
fermé 2 au 12 janv. – ***La Cédraie*** *(fermé merc. midi, jeudi midi, lundi et mardi de nov. à Pâques)* **Repas** 190/480 ♀, enf. 150 – 90 – **22 ch** 790/1600 – ½ P 825/1380
Spéc. Cassolette de petits gris aux lentins de chêne. Tranche épaisse de foie de canard rôtie. Macaronade de fraises, crème glacée au fromage blanc.

CUSSAY *37 I.-et-L.* **68** ⑤ *– rattaché à Ligueil.*

CUSSEY-SUR-L'OGNON *25870 Doubs* **66** ⑮ *– 570 h alt. 227.*
Env. *Château de Moncley*★, G. Jura.
Paris 413 – Besançon 15 – Gray 38 – Vesoul 41.

XX **Vieille Auberge** avec ch, ✆ 03 81 48 51 70, *Fax 03 81 57 62 30,* – . GB
fermé 20 août au 3 sept. et dim. – **Repas** *(fermé vend. soir en hiver, dim. soir et lundi)* 85 (déj.), 125/265, enf. 55 – 45 – **8 ch** 260/330

CUTS *60400 Oise* **56** ③ *– 736 h alt. 79.*
Paris 110 – Compiègne 25 – St-Quentin 46 – Chauny 16 – Noyon 11 – Soissons 30.

XX **Auberge le Bois Doré,** 5 r. Ramée - D 934 ✆ 03 44 09 77 66, *Fax 03 44 09 79 27* – GB
fermé 26 fév. au 16 mars, dim. soir, mardi soir et lundi – **Repas** 88 (déj.), 115/230 ♀

CUVES *50 Manche* **59** ⑨ *– 297 h alt. 78 – ✉ 50670 St-Pois.*
Paris 316 – St-Lô 55 – Avranches 22 – Domfront 42 – Fougères 50 – Vire 25.

XX **Moulin de Jean,** Nord-Est : 2 km sur D 48 ✆ 02 33 48 39 29, *Fax 02 33 48 35 32,* – . AE GB
fermé dim. soir et lundi de mi-sept. à Pâques – **Repas** *(125)* - 170 ♀

CUVILLY *60490 Oise* 56 ② – *462 h alt. 78.*

Paris 93 – Amiens 56 – Compiègne 21 – Beauvais 62 – Montdidier 16 – Noyon 29 – Roye 20.

L'Auberge Fleurie, 64 rte Flandres (N 17) ✆ 03 44 85 06 55, – AE GB
fermé dim. soir et lundi – **Repas** 80/220 ♀, enf. 60

DABISSE *04 Alpes-de-H.-P.* 81 ⑯ – ✉ *04190 Les Mées.*

Paris 740 – Digne-les-Bains 33 – Forcalquier 19 – Manosque 26 – Sisteron 29.

Vieux Colombier, rte d'Oraison, Sud : 2 km sur D 4 ✆ 04 92 34 32 32, *snowak@wanadoo.fr, Fax 04 92 34 34 26,* – P. AE GB
fermé 2 au 5 janv., dim. soir et merc. – **Repas** 120/330 ♀, enf. 80

DACHSTEIN *67120 B.-Rhin* 62 ⑨ – *957 h alt. 160.*

Paris 477 – Strasbourg 23 – Molsheim 6 – Saverne 28 – Sélestat 41.

Auberge de la Bruche, ✆ 03 88 38 14 90, *Fax 03 88 48 81 12,* , « Décor élégant » – . GB
fermé 20 août au 7 sept., 24 déc. au 4 janv., sam. midi, dim. soir et mardi – **Repas** 160/275 ♀

DAGLAN *24250 Dordogne* 75 ⑰ – *477 h alt. 101.*

Paris 553 – Cahors 49 – Sarlat-la-Canéda 23 – Fumel 45 – Gourdon 18 – Périgueux 80.

Petit Paris, ✆ 05 53 28 41 10, *Fax 05 53 28 41 10,* – AE GB.
fermé 12 déc. au 13 fév., dim. soir et lundi sauf juil.-août – **Repas** 78 (déj.), 98/265 ♀, enf. 60

La DAILLE *73 Savoie* 74 ⑲ – *rattaché à Val-d'Isère.*

DAMBACH-LA-VILLE *67650 B.-Rhin* 62 ⑨ *G. Alsace Lorraine – 1 800 h alt. 210.*

Office de Tourisme pl. de la Mairie ✆ 03 88 92 61 00, Fax 03 88 92 60 09.

Paris 510 – Strasbourg 49 – Obernai 24 – Saverne 61 – Sélestat 9.

Vignoble sans rest, ✆ 03 88 92 43 75, *Fax 03 88 92 62 21* – TV. GB.
fermé 25 juin au 8 juil., 24 déc. au 10 mars et dim. soir hors saison – 35 – **7 ch** 270/310

Au Raisin d'Or, ✆ 03 88 92 48 66, *au-raisin-d-or@wanadoo.fr, Fax 03 88 92 61 42* – rest, TV P. GB.
fermé 20 déc. au 30 janv., mardi midi et lundi – **Repas** 95/160 ♀, enf. 25 – 35 – **8 ch** 270/290 – 1/2 P 225/235

DAMGAN *56750 Morbihan* 63 ⑬ – *1 032 h.*

Paris 473 – Vannes 27 – Muzillac 10 – Redon 46 – La Roche-Bernard 25.

L'Albatros, ✆ 02 97 41 16 85, *Fax 02 97 41 21 34,* – rest, TV P. GB
1er avril-7 oct. – **Repas** 60 (déj.), 95/210 ♀, enf. 50 – 35 – **28 ch** 220/380 – 1/2 P 265/320

Plage M sans rest, ✆ 02 97 41 10 07, *arrele@wanadoo.fr, Fax 02 97 41 12 82,* – TV P. GB
fermé 12 nov. au 21 déc. et 3 janv. au 1er fév. – 38 – **18 ch** 295/385

DAMPIERRE-EN-YVELINES *78 Yvelines* 60 ⑨,, 101 ㉛ – *voir à Paris, Environs.*

DAMPRICHARD *25450 Doubs* 66 ⑱ – *1 858 h alt. 825.*

Paris 487 – Besançon 82 – Basel 93 – Belfort 67 – Montbéliard 47 – Pontarlier 67.

Lion d'Or, ✆ 03 81 44 22 84, *hotel.lion.d.or@libertysurf.fr, Fax 03 81 44 23 10,* – TV P. GB
fermé dim. soir et lundi sauf du 15 juil. au 25 août – **Repas** 65 (déj.), 95/240 ♀, enf. 42 – 38 – **16 ch** 250/300 – 1/2 P 245/295

DANGÉ-ST-ROMAIN *86220 Vienne* 68 ④ – *3 150 h alt. 50.*

Office de Tourisme pl. des Cèdres ✆ 05 49 86 40 37, Fax 05 49 86 47 14.

Paris 295 – Poitiers 50 – Le Blanc 55 – Châtellerault 15 – Chinon 45 – Loches 44 – Tours 60.

Crémaillère, ✆ 05 49 86 40 24, *Fax 05 49 19 17 70* – AE GB
fermé 1er au 15 juil. et merc. – **Repas** (69) - 92/199 ♀, enf. 59

DANJOUTIN *90 Ter.-de-Belf.* 66 ⑧ – *rattaché à Belfort.*

DANNEMARIE *68210 H.-Rhin 66 ⑨ – 1 820 h alt. 320.*
Paris 448 – Mulhouse 25 – Basel 45 – Belfort 24 – Colmar 57 – Thann 24.

✗ **Wach,** près H. de Ville ✆ 03 89 25 00 01, *Fax 03 89 25 00 01* – GB JCB
fermé 16 au 28 août, 24 déc. au 8 janv. et lundi – **Repas** (déj. seul.) 60/185 ♀, enf. 50

✗ **Ritter,** face gare ✆ 03 89 25 04 30, *Fax 03 89 08 02 34,* – P. GB JCB
fermé 18 au 31 déc., 3 au 28 fév., jeudi soir, lundi soir et mardi – **Repas** 60/190 ♀

DAVÉZIEUX *07 Ardèche 76 ⑩ – rattaché à Annonay.*

DAX *40100 Landes 78 ⑥ ⑦ G. Aquitaine – 19 309 h alt. 12 – Casinos : La Potinière, et à St-Paul-lès-Dax.*
Office de Tourisme pl. Thiers ✆ 05 58 56 86 86, Fax 05 58 56 86 80.
Paris 733 ① – Biarritz 60 – Mont-de-Marsan 54 ② – Bordeaux 153 ① – Pau 88 ③.

DAX

Augusta (Cours J.) .... B 2
Baignots (Allée des) .... B 3
Bouvet (Pl. C.) .... B 5
Carmes (R. des) .... B 6
Chanoine-Bordes (Pl.) .... B 7
Chanzy (R.) .... B 8
Clemenceau (Av. G.) .... A 10
Ducos (Pl. R.) .... B 12
Foch (Cours Mar.) .... B 13
Fusillés (R. des) .... B 15
Gaulle (Espl. Gén.-de) .... B 16
Manoir (Bd Y.-du) .... A 19
Milliés-Lacroix (Av. E.) .... B 20
Pasteur (Cours) .... B 23
Sablar (Av. du) .... B 25
St-Pierre (Pl.) .... B 26
St-Pierre (R.) .... B 27
St-Vincent (R.) .... B 28
St-Vincent-de-Paul (Av.) .... AB 30
Sully (R.) .... B 35
Thiers (Pl.) .... B 36
Tuilleries (Av. des) .... B 37
Verdun (Cours de) .... B 38
Victor-Hugo (Av.) .... B 39

ST-PAUL-LÈS-DAX

Foch (R. Mar.) .... A 14
Liberté (Av. de la) .... A 17
Résistance (Av. de la) .... A 24
St-Vincent-de-Paul (Av.) .... A 32

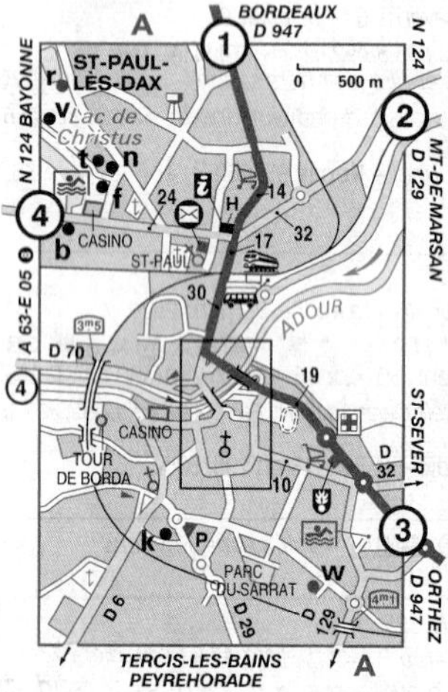

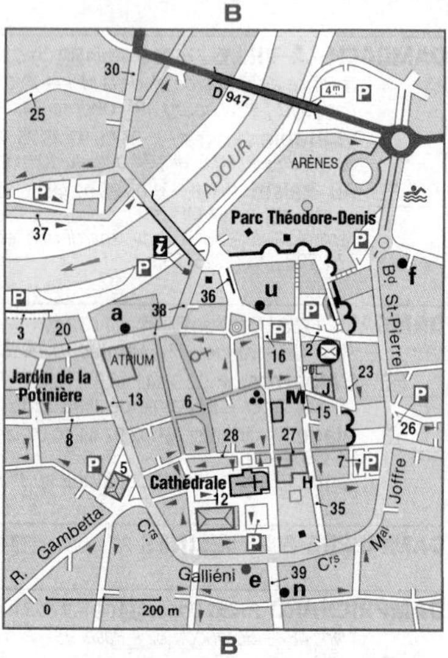

Grand Hôtel Mercure Splendid, cours Verdun ✆ 05 58 56 70 70, *Fax 05 58 74 76 33,* ←, centre thermal, « Décor art-déco originel », – 📺 P – 20 à 100. AE GB. rest B a
fermé 2 janv. au 24 fév. – **Repas** 130/190 ♀, enf. 65 – 60 – **155 ch** 460/720, 6 appart – 1/2 P 410/540

Grand Hôtel M, r. Source ✆ 05 58 90 53 00, *Fax 05 58 90 52 88,* centre thermal, – cuisinette, rest, 📺 ✆ P – 50. GB. rest B f
fermé 23 déc. au 6 janv. – **Repas** 100/130, enf. 50 – 38 – **130 ch** 390, 7 appart – 1/2 P 320

Richelieu, 13 av. V. Hugo ✆ 05 58 90 49 49, *Fax 05 58 90 80 86,* – cuisinette 📺 ✆ P – 25. AE GB B n
fermé 25 déc. au 3 janv. – **Repas** *(fermé sam. midi et dim. soir)* (70) - 90 bc (déj.), 120/200 ♀ – 30 – **39 ch** 250/300 – 1/2 P 230

Vascon sans rest, pl. Fontaine Chaude ✆ 05 58 56 64 60, *Fax 05 58 90 85 47* – GB B u
4 mars-1er déc. – 24 – **25 ch** 180/250

Jean Le Bon, 12 r. Jean Le Bon ✆ 05 58 74 29 14, *Fax 05 58 90 03 04*, – cuisinette, rest, P. AE GB JCB A k
fermé 15 déc. au 5 janv. – **Repas** *(fermé sam. soir et dim. de nov. à mars)* 75 (déj.), 100/140, enf. 50 – 35 – **27 ch** 250/270 – ½ P 225/260

L'Amphitryon, 38 cours Galliéni ✆ 05 58 74 58 05 – GB B e
fermé 18 août au 4 sept., 2 au 15 janv., dim. soir, sam. midi et lundi – **Repas** 120/220

Auberge des Pins avec ch, 86 av. F. Planté ✆ 05 58 74 22 46, *Fax 05 58 56 05 62*, – P. GB A w
fermé 16 déc. au 14 janv. – **Repas** *(fermé lundi soir et sam. soir d'oct. à avril et dim. soir)* 65 bc (déj.), 100/185, enf. 45 – 28 – **13 ch** 160/290 – ½ P 180/250

St-Paul-lès-Dax – *9 452 h. alt. 21* – ✉ *40990*.
Office de Tourisme 68 av. de la Résistance ✆ 05 58 91 60 01, Fax 05 58 91 97 44.

Calicéo M, au Lac de Christus ✆ 05 58 90 66 00, *tadour@aol.com, Fax 05 58 90 68 68*, espace de remise en forme aquatique, centre thermal, – cuisinette P – 25 à 80. AE GB. rest A n
Repas 90, enf. 35 – 50 – **48 ch** 450/595, 149 appart 595

Les Jardins du Lac M, au lac de Christus ✆ 05 58 91 43 43, *jardinsdulac@wanadoo.fr, Fax 05 58 91 34 24*, – cuisinette, rest, P – 15. AE GB JCB. rest A v
Repas 90/185, enf. 40 – 45 – 51 appart 515/765 – ½ P 390

Lac, au lac de Christus ✆ 05 58 90 60 00, *Fax 05 58 91 34 88*, centre thermal, – cuisinette, rest, P – 25 à 80. AE GB. rest A t
3 mars-2 déc. – ***L'Arc-en-Ciel :*** **Repas** 87/150, enf. 55 – 38 – **250 ch** 350/370 – ½ P 334

Campanile, rte Bayonne - N 124 ✆ 05 58 91 35 34, *Fax 05 58 91 37 00*, – P – 25. AE GB A b
Repas *(76)* - 86/109, enf. 39 – 36 – **46 ch** 340

Kyriad, au lac de Christus ✆ 05 58 91 70 70, *Fax 05 58 91 90 00* – P – 25. AE GB JCB A f
Repas 95/145, enf. 35 – 37 – **42 ch** 315

Moulin de Poustagnacq, ✆ 05 58 91 31 03, *Fax 05 58 91 37 97*, « Ancien moulin au bord d'un étang » – P. AE GB A r
fermé dim. soir et lundi – **Repas** 135/300 et carte 280 à 370

Relais des Plages avec ch, rte de Bayonne par ④ : *3 km* ✆ 05 58 91 78 86, *Fax 05 58 91 85 13*, – rest, P. AE GB
Repas *(fermé lundi sauf juil.-août)* 70/200, enf. 50 – 35 – **10 ch** 230/320 – ½ P 300/350

à Oeyreluy *Sud : 5 km par D 6-A et rte secondaire* – *1 120 h. alt. 10* – ✉ *40180 :*

Auberge Au Point du Jour, ✆ 05 58 57 81 01, *Fax 05 58 57 81 01* – AE GB
fermé 22 au 31 janv., dim. soir et merc. – **Repas** 125/195, enf. 45

DEAUVILLE *14800 Calvados* 55 ③ *G. Normandie Vallée de la Seine* – *4 261 h alt. 2* – *Casino* **AZ.**

Voir *Mont Canisy★ 5 km par ④ puis 20 mn.*
Excurs. *La corniche normande★★ – La côte fleurie★★.*
de Deauville-St-Gatien : ✆ 02 31 65 65 65, S : 7 km **BY.**
Office de Tourisme pl. Mairie ✆ 02 31 14 40 00, Fax 02 31 88 78 88.
Paris 200 ③ – Caen 47 ④ – Le Havre 42 ③ – Évreux 101 ③ – Lisieux 30 ③ – Rouen 90 ③.

Plan page suivante

Normandy, 38 r. J. Mermoz ✆ 02 31 98 66 22, *normandy@lucienbarriere.com, Fax 02 31 98 66 23*, – P – 15 à 160. AE GB JCB. rest AZ h
Belle Époque : **Repas** 285/325, enf. 125 – 130 – **272 ch** 1900/2800, 19 appart

Royal, bd E. Cornuché ✆ 02 31 98 66 33, *royal@lucienbarriere.com, Fax 02 31 98 66 34*, – P – 20 à 200. AE GB AZ y
début mars-début nov. – ***L'Etrier*** (dîner seul. sauf août et week-end) *(fermé merc. sauf du 1er juil. au 10 sept.)* **Repas** 265/295, enf. 130 – 130 – **223 ch** 2280/2800, 30 appart

L'Augeval M, 15 av. Hocquart de Turtot ✆ 02 31 81 13 18, *Fax 02 31 81 00 40*, – rest, – 30 à 50. AE GB JCB AZ d
Repas 168/385 – 62 – **32 ch** 680/1400 – ½ P 550/910

Yacht Club M sans rest, 2 r. Breney ✆ 02 31 87 30 00, *h2876-gm@accor-hotels.com, Fax 02 31 87 05 80* – AE GB JCB BY b
fermé 3 au 23 janv. – 65 – **53 ch** 880, 6 duplex

DEAUVILLE

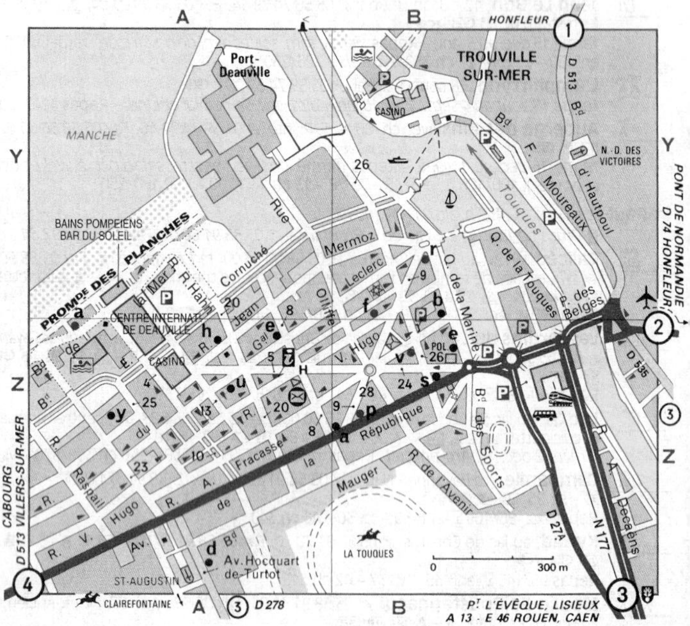

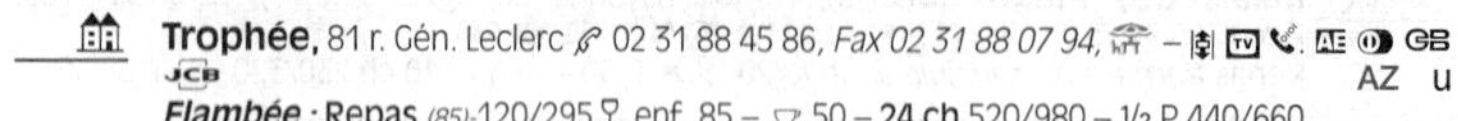

Trophée, 81 r. Gén. Leclerc ✆ 02 31 88 45 86, *Fax 02 31 88 07 94*, – |‡| TV ✆. AE ① GB JCB — AZ u
Flambée : **Repas** *(85)*-120/295 ♀, enf. 85 – ☐ 50 – **24 ch** 520/980 – ½ P 440/660

Hélios sans rest, 10 r. Fossorier ✆ 02 31 14 46 46, *Fax 02 31 88 53 87*, – |‡| TV ♿. AE ① GB JCB. ✗ — AZ e
☐ 49 – **45 ch** 480, 8 duplex

Continental sans rest, 1 r. Désiré Le Hoc ✆ 02 31 88 21 06, *Fax 02 31 98 93 67* – |‡| TV ✆ – 30. AE ① GB JCB — BZ s
fermé 11 nov. au 22 déc. – ☐ 43 – **42 ch** 440

Ibis, quai Marine ✆ 02 31 14 50 00, *h0795@accor-hotels.com, Fax 02 31 14 50 05*, – |‡| ✗ TV ♿ – 15 à 30. AE ① GB — BZ e
Repas *(80)* - 100/160 ♀, enf. 39 – ☐ 39 – **81 ch** 470/500, 14 duplex

Chantilly sans rest, 120 av. République ✆ 02 31 88 79 75, *hchantilly@aol.com, Fax 02 31 88 41 29* – TV ✆. AE ① GB JCB — BZ a
☐ 40 – **17 ch** 195/505

L'Espérance, 32 r. V. Hugo ✆ 02 31 88 26 88, *Fax 02 31 88 33 29*, – TV. GB. ✗ ch — BY f
fermé 15 au 30 juin – **Repas** *(fermé merc. et jeudi sauf de juil. à sept.)* 110/280 ♀ – ☐ 42 – **10 ch** 275/415 – ½ P 275/345

Ciro's, prom. Planches ✆ 02 31 14 31 31, *Fax 02 31 98 66 71*, ≤, – AE ① GB JCB
fermé 8 au 24 janv., mardi et merc. d'oct. à avril sauf vacances scolaires et fériés – **Repas** - produits de la mer - 205 et carte 320 à 490 ♀ — AZ a

Spinnaker, 52 r. Mirabeau ✆ 02 31 88 24 40, *Fax 02 31 88 43 58* – AE ① GB — BZ v
fermé 15 au 30 nov., 2 au 31 janv., mardi d'oct. à mars et lundi – **Repas** 170/270 ♀

Yearling, 38 av. Hocquart de Turtot (Sud du plan **AZ**) *D 278* ✆ 02 31 88 33 37, *le-yearling @wanadoo.fr, Fax 02 31 88 33 89* – AE GB
fermé 13 au 28 nov., 14 au 31 janv., mardi et merc. sauf août – **Repas** 135/380 bc ♀

X **Garage,** 118 bis av. République ✆ 02 31 87 25 25, *Fax 02 31 87 38 37*, brasserie – AE ⓓ GB JCB BZ p
fermé 12 nov. au 10 déc., dim. soir et lundi de nov. à avril – **Repas** 99/166 ♀

X **Chez Marthe,** 1 quai de la Marine ✆ 02 31 88 92 51, *Fax 02 31 87 34 95* – AE GB
fermé jeudi en janv., mardi soir et merc. – **Repas** carte 220 à 380 ♀ BY r

à l'aéroport Deauville-St-Gatien *Est : 7 km par D 74 – ✉ 14130 Pont-l'Évêque :*

XX **Rest. Aéroport,** 1er étage ✆ 02 31 64 81 81, *Fax 02 31 64 83 83*, 🏔 – AE ⓓ GB
fermé 10 janv. au 20 fév., lundi et mardi – **Repas** 110/340

à Touques *par ③ : 2,5 km – 3 070 h. alt. 10 – ✉ 14800 :*

🏨 **L'Amirauté** M, N 177 ✆ 02 31 81 82 83, *amiraute@mail.cpod.fr, Fax 02 31 81 82 93*, 🏔, Fø, 🏊, 🎾, ✂, 🌳 – 🛗 TV ☎ ♿ P – 🏛 20 à 400. AE ⓓ GB JCB
Grill : Repas 160 ♀, enf. 82 – ***Pré St-Arnoult*** *(fermé lundi et mardi de sept. à juin)* **Repas** 160 ♀, enf. 82 – ☕ 70 – **225 ch** 720/1400, 6 appart – ½ P 550/865

XX **Aux Landiers,** 90 r. Louvel et Brière ✆ 02 31 88 00 39, *salmont@wanadoo.fr, Fax 02 31 88 00 39*, 🏔, « Terrasse fleurie » – AE ⓓ GB
fermé 2 au 31 janv., jeudi midi et merc. sauf juil.-août – **Repas** 100/330, enf. 50

XX **Village** avec ch, 64 r. Louvel et Brière ✆ 02 31 88 01 77, *Fax 02 31 88 99 24*, 🏔 – TV. AE GB. ✂ ch
fermé 2 au 31 janv., dim. soir, lundi et mardi sauf juil.-août et fériés – **Repas** 89/225 ♀, enf. 50 – ☕ 38 – **8 ch** 300/350 – ½ P 300/350

à Canapville *par ③ : 6 km – 185 h. alt. 10 – ✉ 14800 :*

XX **Auberge du Vieux Tour,** sur N 177 ✆ 02 31 65 21 80, *Fax 02 31 65 03 75*, 🏔, 🌳 – P. GB
fermé vacances de Noël, en janv., vacances de fév., mardi soir et merc. – **Repas** 100/200 ♀

au New Golf *Sud : 3 km par D 278 -* **BAZ** *– ✉ 14800 Deauville :*

🏨 **Golf** ⛰, ✆ 02 31 14 24 00, *hoteldugolfdeauville@lucienbarriere.com, Fax 02 31 14 24 01*, ≤ campagne deauvillaise », 🏔, « Au milieu du golf », Fø, 🏊, 🎾, 🌳 – 🛗 TV P – 🏛 30 à 150. AE ⓓ GB JCB. ✂ rest
fermé 5 nov. au 27 déc. – ***Pommeraie*** (dîner seul) **Repas** 175/430 ♀, enf. 120 – ***Club House*** ✆ 02 31 14 24 23 (déj. seul.) *(fermé mardi en nov. et déc.)* **Repas** 170/210 ♀, enf. 80 – ☕ 100 – **178 ch** 1400/2500

au Sud : *6 km par D 278 et chemin de l'Orgueil – ✉ 14800 Deauville :*

🏨 **Hostellerie de Tourgéville** ⛰, ✆ 02 31 14 48 68, *hostellerie@hotel-de-tourgeville.com, Fax 02 31 14 48 69*, ≤, 🏔, Fø, 🎾, ✂, 🌳 – TV P – 🏛 20. AE GB JCB
fermé vacances de fév. – **Repas** 190/295 – ☕ 75 – **6 ch** 900, 6 appart 1700, 13 duplex 1150 – ½ P 690/1090

au golf de l'Amirauté *Sud : 7 km par D 278 – ✉ 14800 Deauville :*

XX **Chaumes,** ✆ 02 31 14 42 00, *golf@amiraute-resort.com, Fax 02 31 88 32 00*, 🏔 – P. GB
Repas 166/236 ♀

DECAZEVILLE *12300 Aveyron* 80 ① *G. Midi-Pyrénées – 7 754 h alt. 230.*

🅱 *Office de Tourisme sq. J.-Ségalat ✆ 05 65 43 18 36, Fax 05 65 43 19 89.*
Paris 599 – Rodez 39 – Aurillac 65 – Figeac 27 – Villefranche-de-Rouergue 40.

🏠 **Moderne,** 16 av. A. Bos (derrière église) ✆ 05 65 43 04 33, *Fax 05 65 43 17 17* – TV ☎ – 🏛 30. AE GB
fermé dim. – **Repas** 85/260 🍷 – ☕ 30 – **24 ch** 230/350 – ½ P 250/300

🏠 **Foulquier,** 16 av. V. Hugo (rte Figeac) ✆ 05 65 63 27 42, *Fax 05 65 43 37 33* – TV ♿ P. GB
Repas *(fermé 2 au 16 juil., 24 déc. au 7 janv., sam. soir et dim.)* 60/95 ♀ – ☕ 30 – **21 ch** 210 – ½ P 170

DECIZE *58300 Nièvre* 69 ④ *G. Bourgogne – 6 876 h alt. 197.*

🅱 *Office de Tourisme (saison) pl. du Champ-de-Foire ✆ 03 86 25 27 23*, Fax 03 86 77 16 58, Mairie 32 r. de la République ✆ 03 86 25 03 23.
Paris 274 – Moulins 35 – Châtillon-en-Bazois 35 – Luzy 44 – Nevers 35.

XX **Charolais,** 33 bis rte Moulins ✆ 03 86 25 22 27, *Fax 03 86 25 52 52*, 🏔 – ▤. ⓓ GB
fermé dim. soir et lundi sauf fériés – **Repas** 97/330 ♀

La DÉFENSE *92 Hauts-de-Seine* 55 ⑳, 101 ⑭ – *voir à Paris, Environs.*

DELME *57590 Moselle* 57 ⑭ – *681 h alt. 220.*
Paris 366 – Metz 33 – Nancy 31 – Château-Salins 12 – Pont-à-Mousson 30 – St-Avold 50.

A la XIIe Borne Ⓜ, ✆ 03 87 01 30 18, *Fax 03 87 01 38 39,* – , rest, . AE GB
Repas 60 (déj.), 98/250 – 35 – **15 ch** 260/380 – 1/2 P 430

Auberge de Delme, ✆ 03 87 01 33 33, *Fax 03 87 01 38 12,* – . AE GB
fermé 1er au 15 janv. – **Repas** 78/230 – 30 – **11 ch** 250/290 – 1/2 P 210

DENNEMONT *78 Yvelines* 55 ⑱ – *rattaché à Mantes-la-Jolie.*

DESCARTES *37160 I.-et-L.* 68 ⑤ *G. Châteaux de la Loire – 4 120 h alt. 50.*
Syndicat d'Initiative à la Mairie ✆ 02 47 92 42 20, Fax 02 47 59 72 20.
Paris 294 – Tours 59 – Châteauroux 94 – Châtellerault 24 – Chinon 50 – Loches 32.

Moderne, 15 r. Descartes ✆ 02 47 59 72 11, *Fax 02 47 92 44 90,* – . GB
fermé vacances de fév., dim. sauf le midi de juin à août et lundi midi – **Repas** 80/185 ♀, enf. 50 – 38 – **11 ch** 235/320 – 1/2 P 230/245

Auberge de l'Islette, à Lilette (86 Vienne) Ouest : 3 km par D 58 et D5 ✉ 37160 Descartes ✆ 02 47 59 72 22, *Fax 02 47 92 93 93* – . GB
fermé lundi soir et mardi du 16 sept. au 14 juin – **Repas** 63 (déj.), 95/175 ♀

DESVRES *62240 P.-de-C.* 51 ⑫ – *5 318 h alt. 98.*
Office de Tourisme r. Jean-Macé ✆ 03 21 87 69 23, Fax 03 21 83 44 45.
Paris 251 – Calais 45 – Arras 103.

Ferme du Moulin aux Draps Ⓜ sans rest, rte Crémarest (D 254^E) : 1,5 km ✆ 03 21 10 69 59, *Fax 03 21 87 14 56,* – . AE GB
75 – **20 ch** 430/530

Les DEUX-ALPES (Alpes de Mont-de-Lans et de Vénosc) *38860 Isère* 77 ⑥ *G. Alpes du Nord – Alpe de Vénosc, 1 660 m Alpe de Mont-de-Lans – Sports d'hiver : 1 650/3 600 m 7 55* .
Voir *Belvédères : de la Croix*★, *des Cimes*★ – *Croisière Blanche*★★★.
Office de Tourisme ✆ 04 76 79 22 00, Fax 04 76 79 01 38.
Paris 644 ① – Grenoble 76 ① – Le Bourg-d'Oisans 26 ①.

Bérangère , (a) ✆ 04 76 79 24 11, *berange@calva.net, Fax 04 76 79 55 08,* ≤, , , – – 25. AE GB. rest
juil.-août et début déc.-fin avril – **Repas** 180 (déj.), 220/490 – 70 – **59 ch** 780/1300 – 1/2 P 660/860

Farandole , (b) ✆ 04 76 80 50 45, *Fax 04 76 79 56 12,* ≤ massif de la Muzelle, , , , – – 25 à 60. AE GB. rest
6 juil-30 août et 15 déc.-20 avril – **Repas** 195/225 ♀, enf. 80 – 60 – **46 ch** 900/1350, 14 appart – 1/2 P 755/805

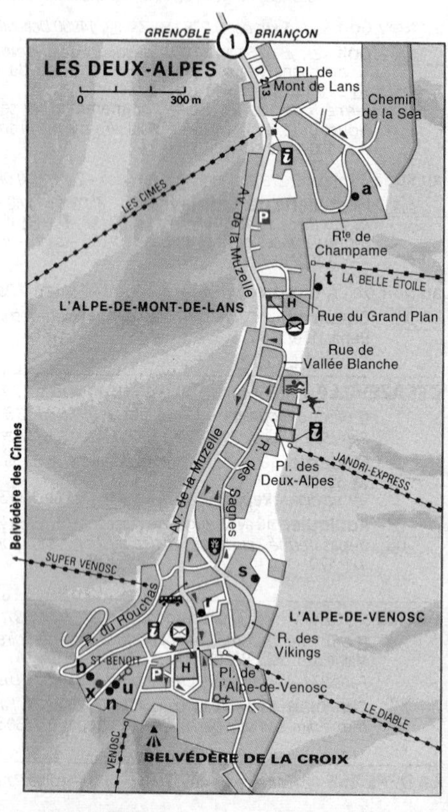

Chalet Mounier, (n) ✆ 04 76 80 56 90, *doc@chalet-mounier.com, Fax 04 76 79 56 51,* ≤, 🏠, Ls, 🏊, 🏊, 🌳, 🎾 – |‡|, 📺 ♿ – 🏛 15 à 25. GB. 🐕
30 juin-1er sept. et 15 déc.- 20 avril – **Repas** (dîner seul. sauf dim. et fériés) 145/200 ♀ - ***P'tit Polyte*** *(fermé lundi sauf fériés et le midi sauf dim.)* **Repas** (195)-230/330 ♀ – **44 ch** ☕ 540/1050, 3 duplex – ½ P 490/760
Spéc. Escalope de foie gras de canard en aigre doux. Croustillant d'omble chevalier. Aile et cuisse de pigeonneau aux épices. **Vins** Coteaux du Grésivaudan, Chignin-Bergeron.

Souleil'Or 🐎, (t) ✆ 04 76 79 24 69, *Fax 04 76 79 20 64,* ≤, 🏠, Ls, 🏊 – |‡|, ▤ rest, 📺 ✆ P – 🏛 25. AE GB. 🐕
23 juin-3 sept. et 19 déc.-1er mai – **Repas** 145 (déj.)/170 ♀ – ☕ 65 – **42 ch** 760 – ½ P 630/680

Les Mélèzes, (s) ✆ 04 76 80 50 50, *Fax 04 76 79 20 70,* ≤, Ls – 📺 ✆ P – 🏛 25. GB. 🐕 rest
20 déc.-28 avril – **Repas** 150/370 – ☕ 55 – **32 ch** 370/500 – ½ P 430/485

Serre-Palas sans rest, (u) ✆ 04 76 80 56 33, *Fax 04 76 79 04 36* – 📺. GB
fermé 6 mai au 22 juin, 3 sept. au 26 oct. et 5 au 30 nov. – ☕ 55 – **24 ch** 584/724

Bel'Auberge, (x) ✆ 04 76 79 57 90, *Fax 04 76 80 56 89,* 🏠 – P. GB
24 juin-1er sept. et 1er déc.-30 avril – **Repas** (dîner seul. en hiver) 106/190 ♀, enf. 55

Panoramic, au sommet du téléphérique Jandri 2 ou Jandri-Express 1 ✆ 04 76 79 06 75, *Fax 04 76 79 20 37,* ≤ du massif du Vercors au versant italien du Mont-Blanc, 🏠, « Restaurant d'altitude (2600 m), au coeur des pistes » – GB
1er déc.-2 mai – **Repas** (déj. seul.)(dîner sur réservation) carte environ 180 ♀, enf. 55

DHUIZON *41220 L.-et-Ch. 64 ⑧ – 1 100 h alt. 93.*

Paris 176 – Orléans 54 – Beaugency 23 – Blois 29 – Romorantin-Lanthenay 26.

Auberge du Grand Dauphin avec ch, ✆ 02 54 98 31 12, *Fax 02 54 98 37 64,* 🏠 – P. GB
fermé 15 janv. au 15 fév., dim. soir et lundi – **Repas** 95/240 ♀, enf. 50 – ☕ 33 – **9 ch** 220/240 – ½ P 225/245

DIE ⟨SP⟩ *26150 Drôme 77 ⑬ ⑭ G. Alpes du Sud – 4 230 h alt. 415.*

Voir *Mosaïque★ dans l'hôtel de ville.*
Env. *Paysages du Diois★★.*
🅸 *Office de Tourisme pl. St-Pierre ✆ 04 75 22 03 03, Fax 04 75 22 40 46.*
Paris 629 – Valence 67 – Gap 93 – Grenoble 97 – Montélimar 74 – Nyons 84 – Sisteron 101.

Relais de Chamarges, rte Valence : 1 km ✆ 04 75 22 00 95, *Fax 04 75 22 19 34,* 🏠, 🌳 – 📺 P. GB
fermé janv., fév., dim. soir et lundi hors saison sauf fériés – **Repas** 90/270 ♀, enf. 55 – ☕ 40 – **12 ch** 280/290

Alpes sans rest, 87 r. C. Buffardel ✆ 04 75 22 15 83, *Fax 04 75 22 09 39* – 📺 ✆. AE GB
☕ 37 – **24 ch** 230/270

Petite Auberge avec ch, av. Sadi-Carnot (face gare) ✆ 04 75 22 05 91, *Fax 04 75 22 24 60,* 🏠, 🌳 – 📺 P. GB
fermé 15 déc. au 15 janv., dim. soir sauf juil.-août et lundi – **Repas** 100/170 ♀, enf. 50 – ☕ 40 – **11 ch** 150/260 – ½ P 220/280

DIEFFENTHAL *67650 B.-Rhin 87 ⑯ – 246 h alt. 185.*

Paris 438 – Strasbourg 51 – Lunéville 101 – St-Dié 46 – Sélestat 8.

Les Châteaux M 🐎, ✆ 03 88 92 49 13, *hotel.restaurant.les.chateau@wanadoo.fr, Fax 03 88 92 40 99,* ≤, 🏠, 🌳 – |‡| 📺 ✆ ♿ P – 🏛 30. GB. 🐕 rest
fermé 24 au 27 déc. – **Repas** 160/350 ♀ – ☕ 35 – **32 ch** 360/450 – ½ P 310/330

DIEFMATTEN *68780 H.-Rhin 66 ⑨ – 227 h alt. 300.*

Paris 449 – Mulhouse 21 – Belfort 23 – Colmar 47 – Thann 14.

Auberge du Cheval Blanc, ✆ 03 89 26 91 08, *Fax 03 89 26 92 28,* 🏠, 🌳 – ▤ P. AE ⦿ GB
fermé 16 juil. au 7 août, vacances de fév., lundi et mardi sauf les midis fériés – **Repas** (125) - 165/390 et carte 240 à 440 ♀, enf. 60

DIENNE *15300 Cantal 76 ③ G. Auvergne – 359 h alt. 1053.*

Voir *≤★★ du Pas de Peyrol.*
Paris 536 – Aurillac 51 – Allanche 21 – Condat 30 – Mauriac 51 – Murat 11 – St-Flour 34.

Poste, ✆ 04 71 20 80 40, *Fax 04 71 20 82 75,* ≤ – P. AE GB. 🐕
fermé 15 nov. au 1er fév. – **Repas** (dîner seul.) 90/120 🍷 – ☕ 35 – **10 ch** 250/350 – ½ P 240/260

DIEPPE ⟨SP⟩ 76200 *S.-Mar.* 52 ④ *G. Normandie Vallée de la Seine – 35 894 h alt. 6 – Casino Municipal* **AY.**

Voir *Église St-Jacques★ – Chapelle N.-D.-de-Bon-Secours ⩽★ – Musée★ du château (ivoires dieppois★).*

Office de Tourisme Pont Jehan-Ango q. du Carenage ✆ 02 35 84 11 77, Fax 02 35 06 27 66..

Paris 195 ② – Abbeville 68 ① – Caen 172 ② – Le Havre 110 ② – Rouen 65 ②.

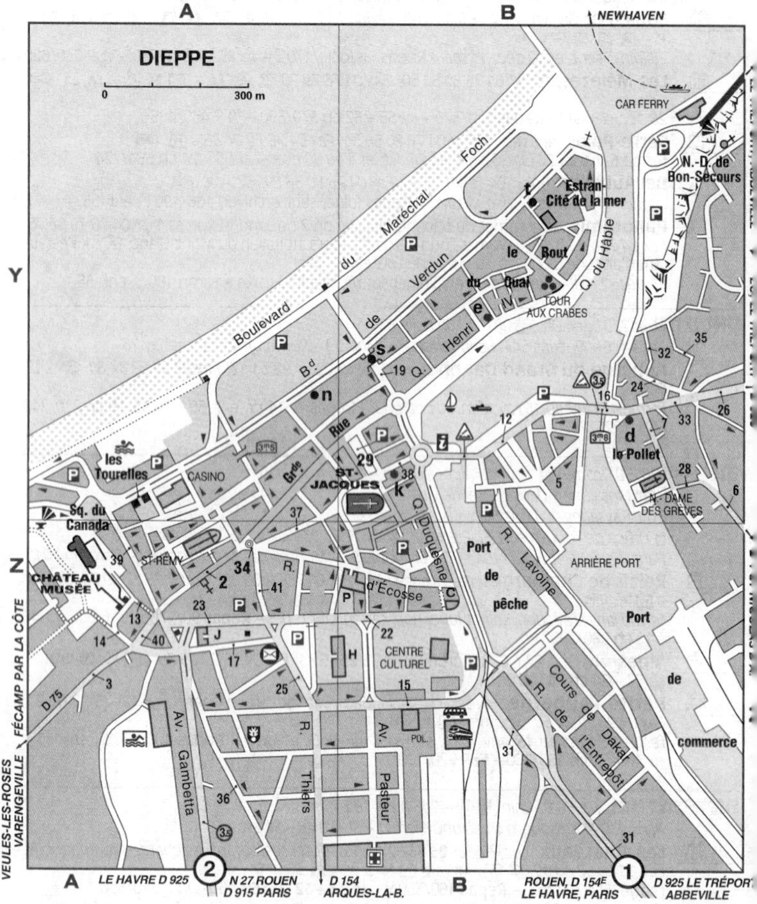

Rue	Plan	N°
Barre (R. de la)	AZ	2
Barre (R. du Fg-de-la)	AZ	3
Belleteste (R. Jean)	BY	5
Bonne-Nouvelle (R.)	BY	6
Brunel (R. J.)	BY	7
Carénage (Q. du)	BY	12
Chastes (R. de)	AZ	13
Citadelle (Ch. de la)	AZ	14
Clemenceau (Bd G.)	BZ	15
Colbert (Pont)	BY	16
Desmarets (R.)	AZ	17
Duquesne (R.)	BY	19
Gaulle (Bd Gén.-de)	ABZ	22
Grande-Rue	ABY	
Groulard (R. C.)	AZ	23
Guerrier (R.)	BY	24
Joffre (Bd Mar.)	AZ	25
Leclerc (Av. Gén.)	BY	26
Levasseur (R.)	BY	28
Nationale (Pl.)	BY	29
Normandie-Sussex (Av.)	BZ	31
Petit-Fort (R. du)	BY	32
Polet (Gde-R. du)	BY	33
Puits-Salé (Pl. du)	AZ	34
Quiquengrogne (R.)	BY	35
République (R. de la)	AZ	36
St-Jacques (R.)	AYZ	37
St-Jean (R.)	BY	38
Sygogne (R. de)	AZ	39
Toustain (R.)	AZ	40
Victor-Hugo (R.)	AZ	41

Aguado sans rest, 30 bd Verdun ✆ 02 35 84 27 00, *Fax 02 35 06 17 61*, ⩽ – |♦| TV. GB. ✂
☕ 50 – **56 ch** 360/515 — **BY s**

Europe M sans rest, 63 bd Verdun ✆ 02 32 90 19 19, *Fax 02 32 90 19 00*, ⩽ – |♦| ✂ TV ✆ ♿ – 🏛 25. GB
☕ 45 – **60 ch** 360/460 — **BY t**

Plage sans rest, 20 bd Verdun ✆ 02 35 84 18 28, *Fax 02 35 82 36 82*, ≤ – |♦| TV ✆. AE ⓓ GB AY n
☕ 39 – **40 ch** 300/380

Ibis M ⛰, par ② *le Val Druel* ✆ 02 35 82 65 30, *Fax 02 35 82 41 52* – ✕ TV ✆ P – 🏠 25. AE ⓓ GB. ✕ rest
Repas 75/105 ♨, enf. 40 – ☕ 35 – **45 ch** 325/380

Mélie, 2 Gde rue du Pollet ✆ 02 35 84 21 19, *Fax 02 35 06 24 27* – AE ⓓ GB BY d
fermé vend. soir de Pâques au 1er sept., dim. soir et lundi – **Repas** (en hiver et week-ends, prévenir) 180/230 bc

Marmite Dieppoise, 8 r. St-Jean ✆ 02 35 84 24 26, *Fax 02 35 84 31 12* – GB BY k
fermé 19 au 25 juin, 1er déc. au 3 janv., jeudi soir, dim. soir et lundi – **Repas** 105 (déj.), 155/230

Musardière, 61 quai Henri IV ✆ 02 35 82 94 14 – GB BY e
fermé 15 déc. au 31 janv., merc. soir et dim. soir sauf juil.-août et lundi – **Repas** 75/165 ♀

à Martin-Église *par D 1* **BYZ** *: 7 km – 1 167 h. alt. 11 – ✉ 76370 :*

Auberge du Clos Normand ⛰ avec ch, ✆ 02 35 04 40 34, *Fax 02 35 04 48 49*, 🌳, « Auberge du 15e siècle en bordure de rivière », 🌳 – TV P. AE GB
fermé 15 nov. au 15 déc., lundi soir et mardi – **Repas** 180/280 – **8 ch** ☕ 350/520 – ½ P 400/480

aux Vertus *par ② et N 27 : 3,5 km – ✉ 76550 Offranville :*

Bucherie, ✆ 02 35 84 83 10, *Fax 02 35 84 18 19*, 🌳 – P. AE GB JCB
fermé 25 juil. au 9 août, 21 nov. au 7 déc., 21 fév. au 7 mars, dim. soir, mardi soir et lundi – **Repas** *(95)* - 140/170 et carte 210 à 370 ♀

à Pourville-sur-Mer *Ouest par D 75* **AZ** *: 5 km – ✉ 76550 :*

ℹ Office de Tourisme Mairie d'Hautot-sur-Mer ✆ 02 35 84 24 55 et (saison) ✆ 02 35 84 71 06.

Trou Normand, ✆ 02 35 84 59 84, *Fax 02 35 40 29 41* – AE GB
fermé 10 août au 1er sept., 23 déc. au 4 janv., mardi soir, merc. soir et dim. – **Repas** 103/160 ♀

DIEULEFIT *26220 Drôme* 81 ② *G. Vallée du Rhône – 2 924 h alt. 366.*

ℹ Office de Tourisme pl. Abbé Magnet ✆ 04 75 46 42 49, Fax 04 75 46 36 48.
Paris 627 – Valence 67 – Crest 32 – Montélimar 28 – Nyons 30 – Orange 58.

Auberge de l'Escargot d'Or, rte Nyons : 1 km ✆ 04 75 46 40 52, *Fax 04 75 46 89 49*, 🌳, ⛱, 🌳 – TV ✆ P. GB. ✕ rest
fermé 18 nov. au 9 fév. – **Repas** 78 (déj.), 98/178 ♀, enf. 55 – ☕ 38 – **15 ch** 260/365 – ½ P 285/380

Relais du Serre avec ch, rte Nyons : 3 km sur D 538 ✆ 04 75 46 43 45, *Fax 04 75 46 40 98*, 🌳 – TV ✆ P. GB JCB
fermé 1er au 15 janv. et lundi de sept. à mai – **Repas** 75/165 ♀, enf. 45 – ☕ 35 – **8 ch** 220/350 – ½ P 270/280

au Poët-Laval *Ouest : 5 km par D 540 – 652 h. alt. 311 – ✉ 26160 .*
Voir *Site*★.

Les Hospitaliers ⛰, ✆ 04 75 46 22 32, *Fax 04 75 46 49 99*, ≤ vallée et montagnes, 🌳, « Au vieux village », ⛱, 🌳 – TV ✆ P. AE ⓓ GB
17 mars-11 nov. et 21 déc.-1er janv. – **Repas** *(fermé lundi sauf du 1er juil au 15 sept.)* 160/195 ♀, enf. 95 – ☕ 80 – **22 ch** 400/880 – ½ P 410/650

Write us...

If you have any comments on the contents of this Guide.

Your praise as well as your criticisms will receive careful consideration and, with your assistance, we will be able to add to our stock of information and, where necessary, amend our judgments.

Thank you in advance!

DIGNE-LES-BAINS 🅿 *04000 Alpes-de-H.-P.* 81 ⑰ *G. Alpes du Sud – 16 087 h alt. 608 – Stat. therm. (19 fév.-1er déc.).*

Voir *Musée départemental*★ **B M²** – *Cathédrale N.D.-du-Bourg*★ – *Dalles à ammonites géantes*★ *N : 1 km par D 900ᴬ.*

Env. ≤★ *de Courbons* – ≤★ *du Relais de Télévision.*

Office de Tourisme pl. du Tampinet ☏ 04 92 36 62 62, Fax 04 92 32 27 24.

Paris 749 ③ – Aix-en-Provence 109 ③ – Avignon 166 ③ – Cannes 136 ② – Gap 89 ③.

DIGNE-LES-BAINS

Arès (Cours des) . . . . **B** 2
Capitoul (R.) . . . . **B** 3
Dr-Romieu (R. du) . . . . **B** 4
Gassendi (Bd) . . . . **AB**
Gaulle (Pl. Ch. de) . . . . **B** 6
Hubac (R. de l') . . . . **A** 7
Mairie (R. de la) . . . . **B** 8
Mitan (Pl. du) . . . . **B** 10
Payan (R. du Col.) . . . . **A** 12
Pied-de-Ville (R.) . . . . **A** 13
Tribunal (Cours du) . . . . **B** 15
11-Novembre 1918 (Rd-Pt du) . . . . **A** 17

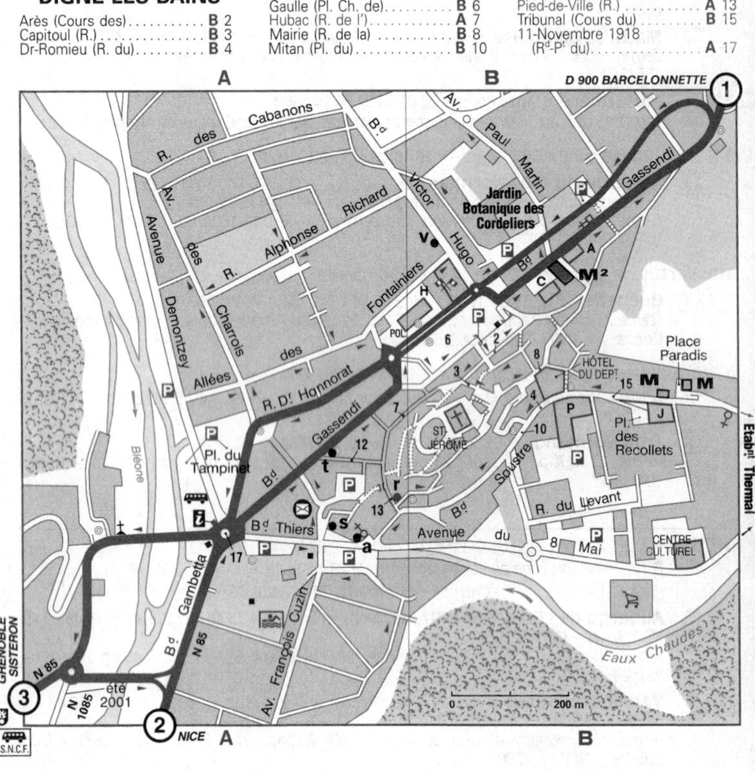

Grand Paris, 19 bd Thiers ☏ 04 92 31 11 15, *Fax 04 92 32 32 82,* – TV ☏ – 15. AE ⓓ GB JCB — **A a**
1er mars-30 nov. – **Repas** *(fermé dim. soir et lundi du 15 nov. au 15 avril)* 150 (déj.), 195/440 ♀, enf. 95 – ☕ 65 – **24 ch** 460/850, 4 appart – ½ P 590

Tonic Hôtel Ⓜ, rte Thermes Est : 2 km par av. 8-Mai **B** ☏ 04 92 32 20 31, *Fax 04 92 32 44 54,* – TV ☏ ♿ – 80. AE ⓓ GB. rest
1er avril-31 oct. – **Repas** 90/160 – ☕ 50 – **60 ch** 410/460 – ½ P 345

Coin Fleuri, 9 bd V. Hugo ☏ 04 92 31 04 51, *Fax 04 92 32 55 75,* – TV. GB — **B v**
fermé 13 nov. au 3 déc., dim. soir et lundi – **Repas** *(75)* - 110/140 ♀, enf. 55 – ☕ 35 – **14 ch** 220/300 – ½ P 220/250

Provence sans rest, 17 bd Thiers ☏ 04 92 31 32 19, *Fax 04 92 31 48 39* – TV ☏. AE GB — **A s**
☕ 35 – **17 ch** 210/360

Central sans rest, 26 bd Gassendi ☏ 04 92 31 31 91, *Fax 04 92 31 49 78* – TV. GB — **A t**
☕ 30 – **21 ch** 150/290

L'Origan avec ch, 6 r. Pied-de-Ville ☏ 04 92 31 62 13, *rest-origan@wanadoo.fr, Fax 04 92 31 62 13,* – AE ⓓ GB JCB — **A r**
fermé 20 au 27 déc., 10 au 24 fév. et dim. – **Repas** (en saison, prévenir) *(90)* - 118/215 ♀ – ☕ 25 – **8 ch** 90/140 – ½ P 135/170

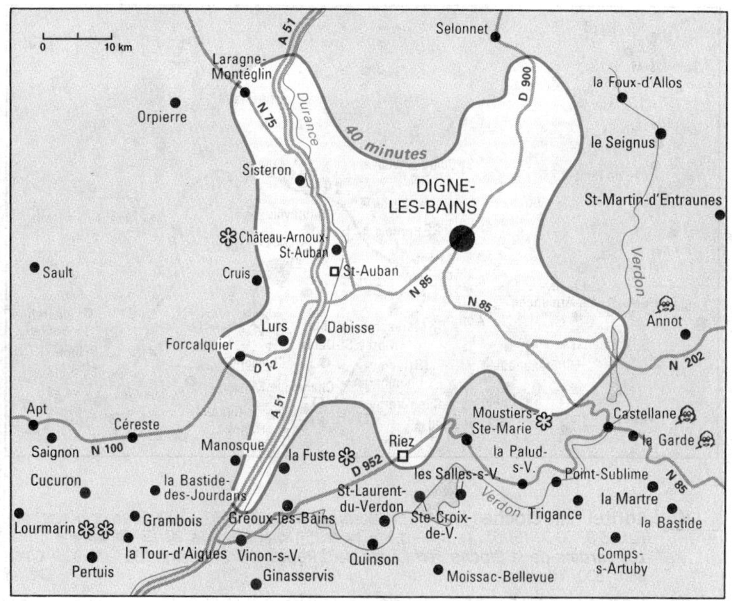

rte de Nice *par ② et N 85 : 2 km – ✉ 04000 Digne-les-Bains :*

Villa Gaïa 🐎, ☎ 04 92 31 21 60, *hotel.gaia@wanadoo.fr, Fax 04 92 31 20 12,* ☕, ✱ – 🅿. GB. ✱
30 mars-Toussaint – **Repas** *(fermé 29 juin au 9 juil, mardi et dim. sauf juil.-août)* (dîner seul.)(résidents seul.) 150/250 – ☕ 55 – **12 ch** 400/550 – ½ P 395/450

Évitez de fumer au cours du repas :
vous altérez votre goût et vous gênez vos voisins.

DIGOIN *71160 S.-et-L.* 69 ⑯ *G. Bourgogne – 10 032 h alt. 232.*

Office de Tourisme 8 r. Guilleminot ☎ 03 85 53 00 81, Fax 03 85 53 27 54 et (saison) parking entrée ouest ☎ 03 85 88 56 12.

Paris 340 – Moulins 55 – Autun 68 – Charolles 26 – Roanne 57 – Vichy 68.

XXX **Gare** avec ch, 79 av. Gén. de Gaulle ☎ 03 85 53 03 04, *Fax 03 85 53 14 70,* ✱ – ✱, ▤ rest, 📺 ☎ 🅿. GB
fermé 7 janv. au 3 fév., merc. sauf juil.-août et dim. soir en hiver – **Repas** 99/360 et carte 260 à 410, enf. 60 – ☕ 50 – **13 ch** 270/380

à Neuzy *Nord-Est : 4 km par D 994 – ✉ 71160 Digoin :*

Merle Blanc, ☎ 03 85 53 17 13, *Fax 03 85 88 91 71* – 📺 ☎ 🅿. GB
Repas *(fermé lundi midi d'oct. à mars et dim. soir)* (61) - 83/230, enf. 55 – ☕ 40 – **16 ch** 200/280 – ½ P 215/235

DIJON 🅿 *21000 Côte-d'Or* 66 ⑫ *G. Bourgogne – 146 703 h Agglo. 230 451 h alt. 245.*

Voir *Palais des Ducs et des États de Bourgogne★★ : Musée des Beaux-Arts★★ (tombeaux des Ducs de Bourgogne★★★) - Rue des Forges★ - Eglise Notre-Dame★ – Plafonds★ du Palais de Justice* **DY J** *– Chartreuse de Champmol★ : Puits de Moïse★★, Portail de la Chapelle★* **A** *– Église St-Michel★ – Jardin de l'Arquebuse★* **CY** *– Rotonde★★ de la crypte★ dans la cathédrale St-Bénigne – Musée de la Vie bourguignonne★* **DZ M**[7] *– Musée Archéologique★* **CY M**[2] *– Musée Magnin★* **DY M**[5] *– Muséum d'Histoire naturelle★* **CY M**[8]**.**

✈ *Dijon-Bourgogne ☎ 03 80 67 67 67 par ⑤ : 4,5 km.*

Office de Tourisme 34 r. des Forges ☎ 03 80 44 11 44, Fax 03 80 30 90 02.

Paris 312 ⑦ – Auxerre 152 ⑦ – Besançon 92 ③ – Genève 190 ③ – Lyon 194 ④.

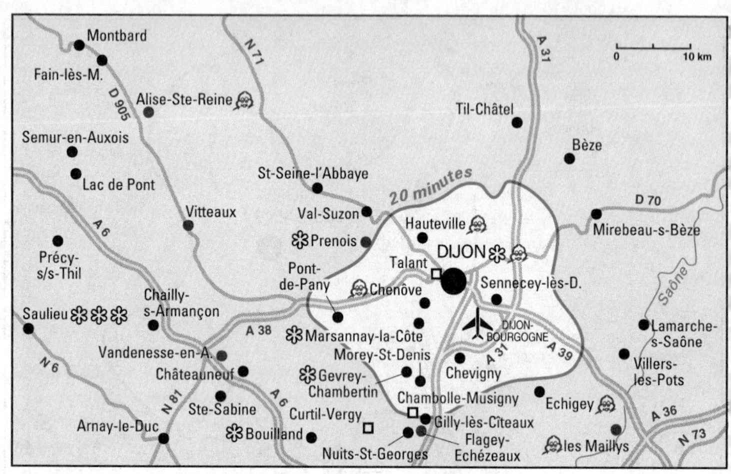

Sofitel La Cloche Ⓜ, 14 pl. Darcy ☎ 03 80 30 12 32, *h1202@accor-hotels.com, Fax 03 80 30 04 15,* – ascenseur – rest, ch, TV – 80. AE GB JCB
Les Jardins de la Cloche *(fermé dim. soir)* **Repas** 175/215 ♀, enf. 120 – ☕ 90 – **64 ch** 840/1300, 4 duplex — CY f

Hostellerie du Chapeau Rouge, 5 r. Michelet ☎ 03 80 50 88 88, *chapeau.rouge@bourgogne.net, Fax 03 80 50 88 89* – TV – 50. AE GB JCB — CY a
Repas 250 bc (déj.)/410 – ☕ 80 – **30 ch** 845/900 – ½ P 760

Mercure Ⓜ, 22 bd Marne ☎ 03 80 72 31 13, *h1227@accor-hotels.com, Fax 03 80 73 61 45,* – TV – 25 à 200. AE GB JCB. rest — EX z
Château Bourgogne : **Repas** 160/270 ♀, enf. 60 – ☕ 68 – **123 ch** 650/750

Philippe Le Bon Ⓜ, 18 r. Ste-Anne ☎ 03 80 30 73 52, *h2878gm@accor-hotels.com, Fax 03 80 30 95 51* – ch, TV P – 25 à 50. AE GB JCB — DY p
voir rest. ***Les Oenophiles*** ci-après – ☕ 55 – **29 ch** 410/550 – ½ P 435

Nord Ⓜ, pl. Darcy ☎ 03 80 50 80 50, *hotelnord@bourgogne.net, Fax 03 80 50 80 51* – TV – 30. AE GB — CY w
fermé 23 déc. au 4 janv. – ***Porte Guillaume :*** **Repas** 104/198 ♀, enf. 50 – ☕ 54 – **27 ch** 385/485 – ½ P 370

Wilson Ⓜ sans rest, pl. Wilson ☎ 03 80 66 82 50, *Fax 03 80 36 41 54,* « Ancien relais de poste du 17ᵉ siècle » – TV. AE GB — DZ k
☕ 60 – **27 ch** 410/520

Jura sans rest, 14 av. Mar. Foch ☎ 03 80 41 61 12, *hotel-du-jura@wanadoo.fr, Fax 03 80 41 51 13* – TV – 35. AE GB JCB — CY r
fermé 21 déc. au 14 janv. – ☕ 60 – **79 ch** 410/700

Ibis Central, 3 pl. Grangier ☎ 03 80 30 44 00, *Fax 03 80 30 77 12* – TV – 25. AE GB JCB — CY e
Rôtisserie "Le Central" *(fermé dim.)* **Repas** (125)-195/250 ♀, enf. 75 – ☕ 44 – **90 ch** 300/440

Jacquemart sans rest, 32 r. Verrerie ☎ 03 80 60 09 60, *Fax 03 80 60 09 69* – TV. GB JCB — DY h
☕ 35 – **32 ch** 165/360

Ibis Arquebuse, 15 av. Albert 1ᵉʳ ☎ 03 80 43 01 12, *h1380@accor-hotels.com, Fax 03 80 41 69 48,* – TV P – 100. AE GB JCB — A n
Repas 100/110 ♀, enf. 50 – ☕ 40 – **128 ch** 360/400

Victor Hugo sans rest, 23 r. Fleurs ☎ 03 80 43 63 45, *Fax 03 80 42 13 01* – TV. GB. — CX b
☕ 31 – **23 ch** 185/280

Congrès, 16 av. R. Poincaré ☎ 03 80 71 10 56, *Fax 03 80 74 34 89* – rest, TV P. AE GB — B t
Repas 96/145 ♀, enf. 45 – ☕ 40 – **47 ch** 250/360

DIJON

Aiguillottes (Bd des) A 2
Albert-Ier (Av.) A
Allobroges (Bd des) A 3
Auxonne (Rue d') B
Bachelard (Bd Gaston) A 4
Bellevue (R. de) A 5
Bertin (Av. J. B.) B 6
Bourroches (Bd des) A
Briand (Av. A.) B 8
Camus (Av. Albert) B 12
Castel (Bd du) A 13
Champollion (Av.) B 15
Chanoine-Bardy (Imp.) B 16
Chanoine-Kir (Bd) A 17
Chateaubriand (R. de) B 19
Chèvre-Morte (Bd de) A 20
Chevreul (R.) AB
Chicago (Bd de) B
Churchill (Bd W.) B 24
Clomiers (Bd des) A 26
Concorde (Av. de la) B 28
Cracovie (R. de) B
Dijon (R. de) A
Dr-Petitjean (Bd du) B
Doumer (Bd Paul) B
Drapeau (Av. du) B
Dumont (R. Ch.) AB
Eiffel (Av. G.) A
Einstein (Av. Albert) A 36
Europe (Bd de l') B 38
Europe (Rd-Pt de l') B 40
Faubourg-St-Martin (R. du) A
Fauconnet (R. Gén.) AB 42
Fontaine-lès-Dijon (R.) A 43
Fontaine-des-Suisses (Bd) B 44
France-Libre (Pl. de la) AB 45
Gabriel (Bd) B 46
Gallieni (Bd Mar.) AB 48
Gaulle (Crs Gén.-de) B 50
Gorgets (Bd des) A 52
Gray (R. de) B
Jaurès (Av. J.) A
Jeanne-d'Arc (Bd) B 55
Joffre (Bd Mar.) B
Jouvence (R. de) A
Kennedy (Bd J.) A 56
Langres (Av. de) B
Longvic (R. de) B
Magenta (R.) B 58
Maillard (Bd) A 60
Malines (R. de) B
Mansard (Bd) B 62
Mayence (R. de) B
Mirande (R. de) B
Mont-Blanc (Av. du) B 65
Moulins (R. des) A
Nation (Rd-Pt de la) B 66
Orfèvres (R. des) A 68
Ouest (Bd de l') A 69
Parc (Cours du) B 70
Pascal (Bd) B
Poincaré (Av. R.) B 71
Pompidou (Rd-Pt Georges) B 72
Pompidou (Voie Georges) B
Pompon (Bd F.) A 73
Prat (Av. du Colonel) B 75
Rembrandt (Bd) B 78
Rolin (Q. Nicolas) A 79
Roosevelt (Av. F. D.) B 80
Saint-Exupéry (Pl.) B 85
Salengro (Pl. R.) B
Schuman (Bd Robert) B 88
Stalingrad (Av. de) B
Stearinerie (R. de la) A
Strasbourg (Bd de) B 90
Sully (R.) B
Talant (R. de) A
Trimolet (Bd) B 91
Troyes (Bd de) A
Université (Bd de l') B
Valendons (Bd des) A
Valendons (R. des) A
Victor-Hugo (Av.) A
Ier-Consul (Av. du) A
8-Mai-1945 (Rd-Pt du) B 96
26e-Dragons (R. du) B 98

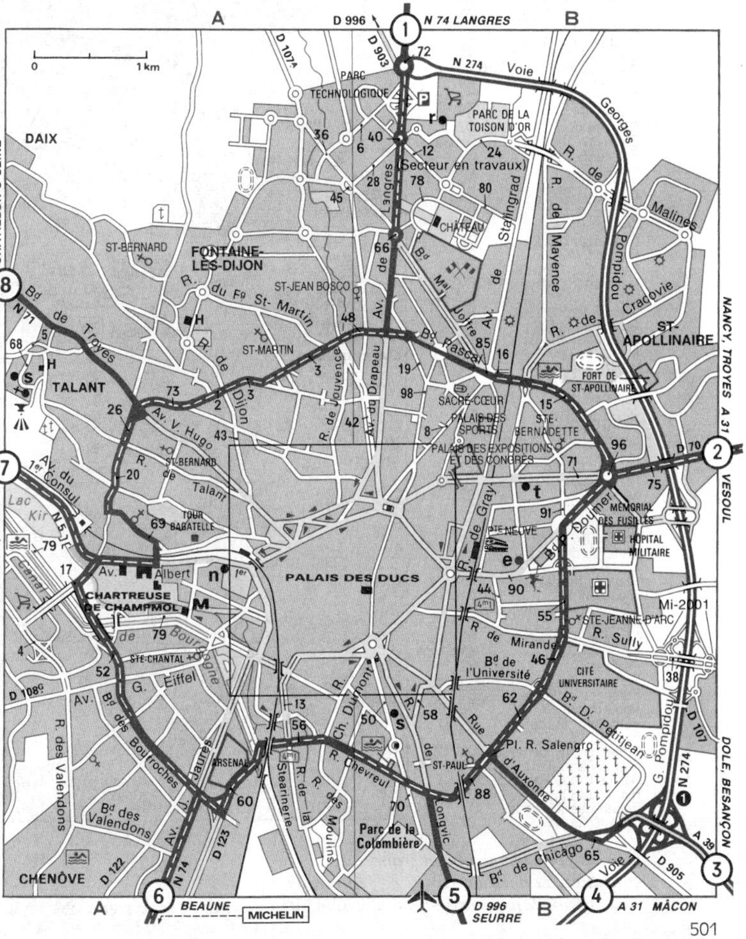

DIJON

Rue	Carré	N°
Adler (Pl. E.)	**EZ**	
Albert-Ier (Av.)	**CY**	
Arquebuse (R. de l')	**CY**	
Audra (R.)	**CY**	
Auxonne (R. d')	**EZ**	
Baudin (R. J.-B.)	**EYZ**	
Berbisey (R.)	**CYZ**	
Berlier (R.)	**DEY**	
Bordot (R.)	**DZ**	
Bossuet (R. et Pl.)	**CDY**	
Bouhey (Pl. J.)	**EX**	
Bourg (R. du)	**DY**	
Briand (Av. A.)	**EX**	8
Brosses (Bd de)	**CY**	9
Buffon (R.)	**DY**	
Cabet (R. P.)	**EY**	
Carnot (Bd)	**DEY**	
Castell (Bd du)	**CZ**	
Cellerier (R. J.)	**CX**	
Chabot-Charny (R.)	**DYZ**	
Champagne (Bd de)	**EX**	14
Charrue (R.)	**DY**	18
Chouette (R. de la)	**DY**	21
Clemenceau (Bd G.)	**EX**	
Colmar (R. de)	**EX**	
Comte (R. A.)	**DY**	27
Condorcet (R.)	**CY**	
Cordeliers (Pl. des)	**DY**	
Courtépée (R.)	**DX**	
Darcy (Pl.)	**CY**	
Daubenton (R.)	**CZ**	
Davout (R.)	**EY**	
Devosge (R.)	**CDXY**	
Diderot (R.)	**EY**	
Dr-Chaussier (R.)	**CY**	32
Dubois (Pl. A.)	**CY**	33
Dumont (R. Ch.)	**DZ**	
École-de-Droit (R.)	**DY**	35
Égalité (R. de l')	**CX**	
Févret (R.)	**DZ**	
Foch (Av. Mar.)	**CY**	43
Fontaine-lès-Dijon (R.)	**CX**	
Forges (R. des)	**DY**	
Fremiet (R. A.)	**DX**	
Gagnereaux (R.)	**DX**	
Garibaldi (Av.)	**DX**	
Gaulle (Crs Gén.-de)	**DZ**	
Godrans (R. des)	**DY**	51
Grangier (Pl.)	**DY**	54
Gray (R. de)	**EY**	
Guillaume-Tell (R.)	**CY**	
Hôpital (R. de l')	**CZ**	
Ille (R. de l')	**CZ**	
J.-J.-Rousseau (R.)	**DY**	
Jean-Jaurès (Av.)	**CZ**	
Jeannin (R.)	**DEY**	
Jouvence (R. de)	**DX**	
Ledru-Rollin (R.)	**EXY**	
Libération (Pl. de la)	**DY**	57
Liberté (R. de la)	**CY**	
Longvic (R. de)	**DEZ**	
Magenta (R.)	**EZ**	58
Manutention (R. de la)	**CZ**	
Marceau (R.)	**DX**	
Mariotte (R.)	**CY**	
Marne (Bd de la)	**EX**	
Metz (R. de)	**EY**	
Michelet (R.)	**CY**	64
Mirande (R. de)	**EY**	
Monge (R.)	**CY**	
Montchapet (R. de)	**CX**	
Mulhouse (R. de)	**EXY**	
Musette (R.)	**DY**	
Parmentier (R.)	**EX**	
Pasteur (R.)	**DYZ**	
Perrières (R. des)	**CY**	
Perspective (Pl. de la)	**CZ**	
Petit-Cîteaux (R. du)	**CZ**	
Petit-Potet (R. du)	**DY**	71
Piron (R.)	**DY**	
Préfecture (R. de la)	**DY**	
Prés.-Wilson (Pl.)	**DZ**	
Raines (R. du Fg)	**CYZ**	
Rameau (R.)	**DY**	77
République (Pl. de la)	**DX**	
Rolin (Quai N.)	**CZ**	
Roses (R. des)	**CX**	
Roussin (R. Amiral)	**DY**	
Rude (Pl. F.)	**DY**	
Rude (R. F.)	**DY**	81
St-Bénigne (Pl.)	**CY**	82
St-Bernard (Pl.)	**DY**	83
St-Michel (Pl.)	**DY**	86
Ste-Anne (R.)	**DYZ**	
Sambin (R.)	**DX**	
Sévigné (Bd de)	**CY**	
Suquet (Pl.)	**CZ**	
Tanneries (Rd-Pt des)	**CZ**	

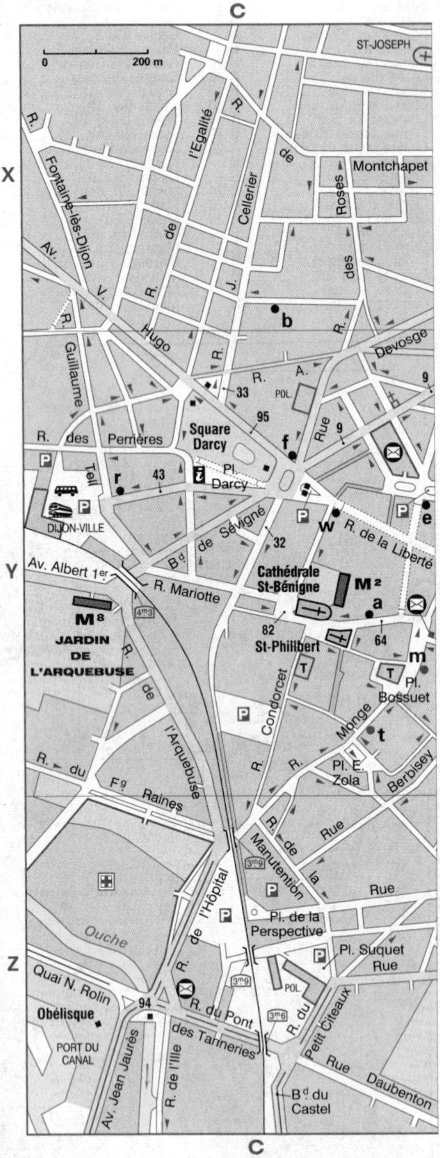

Si vous cherchez un hôtel tranquille, consultez d'abord les cartes de l'introduction ou repérez dans le texte les établissements indiqués avec le signe 🐎.

Théâtre (Pl. du) .... **DY**	Vaillant (R.) .... **DY** 92	Voltaire (Bd) .... **EYZ**
Thiers (Bd) .... **EY**	Vannerie (R.) .... **DY**	Zola (Pl. E.) .... **CY**
Tivoli (R. de) .... **CDZ**	Vauban (R.) .... **DY**	Ier-Mai (Pl. du) .... **CZ** 94
Transvaal (R. du) ...... **CDZ**	Verdun (Bd de) .... **EX** 93	Ire-Armée-Française (Av.) **CY** 95
Trémouille (Bd de la) .. **DXY**	Verrerie (R.) .... **DY**	26e-Dragons (R. du) ..... **EX** 98
Turgot (R.) .... **DZ**	Victor-Hugo (Av.) .... **CXY**	30-Octobre (Pl. du) ..... **EY**

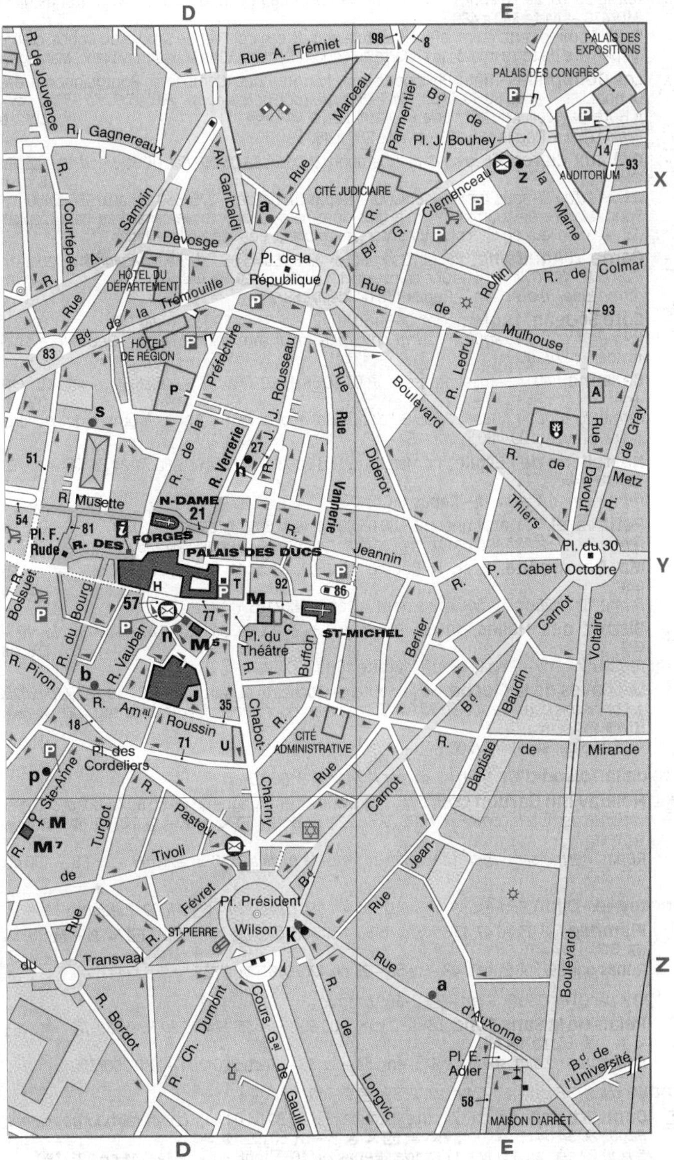

When looking for a quiet hotel use the maps in the introduction or look for establishments with the sign ♘

Allées sans rest, 27 cours Gén. de Gaulle ✆ 03 80 66 57 50, *hotelallees@wanadoo.fr, Fax 03 80 36 24 81* – AE GB JCB B s
42 – **31 ch** 225/400

Thibert, 10 pl. Wilson ✆ 03 80 67 74 64, *Fax 03 80 63 87 72* – AE GB DZ k
fermé 28 juil. au 20 août, 1er au 6 janv., vacances de fév., lundi midi et dim. – **Repas** (140) - 230/470 et carte 380 à 480
Spéc. Pomme verte en millefeuille au foie gras de canard. Filet de Sandre du Doubs, crème de pomme de terre (mai à janv.). Tarte au chocolat chaud. **Vins** Marsannay blanc, Maranges.

Les Oenophiles - Hôtel Philippe Le Bon, 18 r. Ste-Anne (Compagnie Bourguignonne des Oenophiles) ✆ 03 80 30 73 52, *h2878-gm@accor-hotels.com, Fax 03 80 30 95 51*, « Hôtel particulier du 15e siècle » – AE GB JCB DY p
fermé dim. – **Repas** 180/285 et carte 260 à 460

Pré aux Clercs (Billoux), 13 pl. Libération ✆ 03 80 38 05 05, *Fax 03 80 38 16 16* – AE GB DY n
fermé 20 au 28 août, dim. soir et lundi – **Repas** 200 bc (déj.), 275/530 et carte 350 à 450
Spéc. Marbré de tourteau et foie gras de canard. Charlotte de canard au pain d'épice. Gâteau moelleux au chocolat. **Vins** Marsannay blanc, Côte de Nuits-Villages.

Dame d'Aquitaine, 23 pl. Bossuet ✆ 03 80 30 45 65, *dame.aquitaine@wanadoo.fr, Fax 03 80 49 90 41*, « Dans une crypte du 13e siècle » – AE GB JCB. CY m
fermé lundi midi et dim. – **Repas** 138 bc (déj.), 168/235

Côte St-Jean, 13 r. Monge ✆ 03 80 50 11 77, *Fax 03 80 50 18 75* – AE GB CY t
fermé 14 juil. au 15 août, 1er. au 15 janv., merc. midi, sam. midi et mardi – **Repas** (prévenir) 130 (déj.), 150/195

Cézanne, 40 r. Amiral Roussin ✆ 03 80 58 91 92, *Fax 03 80 49 86 80* – AE GB JCB DY b
fermé 20 août au 3 sept., 24 au 30 déc., lundi midi et dim. – **Repas** (nombre de couverts limité, prévenir) 99/280, enf. 85

Hostellerie de l'Étoile, 1 r. Marceau ✆ 03 80 73 20 72, *Fax 03 80 71 24 76*, – AE GB JCB DX a
fermé dim. soir et lundi – **Repas** 110/240

Petit Vatel, 73 r. Auxonne ✆ 03 80 65 80 64, *Fax 03 80 31 69 92* – GB EZ a
fermé 24 juil. au 27 août, sam. midi et dim. sauf fériés – **Repas** 145/235

Ma Bourgogne, 1 bd P. Doumer ✆ 03 80 65 48 06, *Fax 03 80 67 82 65*, – AE GB B e
fermé 12 au 28 août, dim. soir et sam. – **Repas** 130/185

Bistrot des Halles, 10 rue Bannelier ✆ 03 80 49 94 15, *Fax 03 80 38 16 16* – GB DY s
fermé dim. soir – **Repas** 98 (déj.)et carte 160 à 190

Les Caves de la Cloche - Hôtel Sofitel La Cloche, 14 pl. Darcy ✆ 03 80 30 12 32, *h1202@accor-hotels.com, Fax 03 80 30 04 15*, « Caveau bourguignon, ambiance musicale » – AE GB JCB
Repas (dîner seul.) 140/200

au Parc de la Toison d'Or *Nord : 5 km par N 74 – ✉ 21000 Dijon :*

Holiday Inn Garden Court M, 1 pl. Marie de Bourgogne ✆ 03 80 60 46 00, *dijon.reservation@basshotels.com, Fax 03 80 72 32 72* – 70. AE GB JCB. rest B r
Repas *(fermé sam. midi, dim. midi et fériés le midi)* 89/150, enf. 35 – 65 – **100 ch** 550/650

à Sennecey-lès-Dijon *Sud-Est : 6 km sur D 905 – 1 535 h. alt. 224 – ✉ 21800 Quétigny :*

Flambée, ✆ 03 80 47 35 35, *Fax 03 80 47 07 08*, – 25. AE GB
Repas grill 99/208, enf. 48 – 55 – **23 ch** 420/546 – ½ P 335

à Chevigny *par ⑤ et D 996 : 9 km – ✉ 21600 Longvic :*

Relais de la Sans Fond, 33 rte Dijon ✆ 03 80 36 61 35, *Fax 03 80 36 94 89*, – 60. AE GB
Repas *(fermé dim. soir)* 75/260, enf. 52 – 35 – **14 ch** 220/280 – ½ P 250/320

à Chenôve *par ⑥ : 6 km – 17 721 h. alt. 263 – ✉ 21300 :*

Comfort Inn M, N 74 (rte Beaune) ✆ 03 80 54 04 04, *comfort@bourgogne.net, Fax 03 80 54 04 05*, – 50. AE GB
fermé 22 déc. au 3 janv. – ***Véranda :*** **Repas** (78)-105, enf. 38 – 39 – **41 ch** 295/380

Clos du Roy, 35 av. 14-Juillet ✆ 03 80 51 33 66, *Fax 03 80 51 36 66* – GB
fermé 6 au 20 août, dim. soir et lundi
– **Repas** 100 (déj.), 135/355

à Marsannay-la-Côte *par ⑥ : 8 km – 5 216 h. alt. 275 – ✉ 21160 :*

Novotel M, rte Beaune ✆ 03 80 51 59 00, *Fax 03 80 51 59 01*, – 100. AE GB
Repas 120/150 ♀, enf. 50 – 63 – **122 ch** 520/620 – ½ P 500/550

Gourmets (Perreaut), 8 r. Puits de Têt (près église) ✆ 03 80 52 16 32, *joel--nicole.perreault@wanadoo.fr*, *Fax 03 80 52 03 01*, – AE GB JCB
fermé 30 juil. au 14 août, 2 au 10 janv., 30 janv. au 13 fév., dim. soir et mardi midi – **Repas** 170/460 et carte 400 à 520
Spéc. Profiteroles d'escargots à la menthe fraîche. Pastilla de rouget au pesto. Travers de veau aux saveurs d'orange et parmesan. **Vins** Marsannay blanc et rouge.

à Talant *: 4 km – 12 860 h. alt. 354 – ✉ 21240 :*
Voir *Table d'orientation* ≤★.

Bonbonnière sans rest, au vieux village (près église) ✆ 03 80 57 31 95, *kreis.jocelyne@wanadoo.fr*, *Fax 03 80 57 23 92*, – AE GB A s
45 – **20 ch** 300/410

à Prenois *par ⑧ : 12 km par N 71 et D 104 – 299 h. alt. 485 – ✉ 21370 :*

Auberge de la Charme (Zuddas), ✆ 03 80 35 32 84, *Fax 03 80 35 34 48* – AE GB
fermé 1er au 14 août, vacances de fév., dim. soir, mardi midi et lundi – **Repas** (prévenir) 98 (déj.), 135/400 ♀, enf. 60
Spéc. Escargots et galette de brebis au pain trempé. Sandre de Saône et compotée de boeuf au vin rouge épicé. Tarte sablée aux pêches de vigne (15 août-30 sept.). **Vins** Hautes Côtes de Beaune, Bourgogne Passe-tout-grains.

rte de Troyes *par ⑧ : 4 km – ✉ 21121 Daix :*

Castel Burgond M sans rest, 3 rte Troyes (N 71) ✆ 03 80 56 59 72, *Fax 03 80 57 69 48* – 20 à 30. AE GB
fermé 25 déc. au 2 janv. – 38 – **38 ch** 290/325

Trois Ducs, ✆ 03 80 56 59 75, *Fax 03 80 56 00 16*, – AE GB JCB
fermé 1er au 19 août, dim. soir et lundi – **Repas** 130/315 ♀, enf. 75

à Hauteville-lès-Dijon *par ⑧ et D 107F : 6 km – 963 h. alt. 402 – ✉ 21121 :*

Musarde avec ch, ✆ 03 80 56 22 82, *Fax 03 80 56 64 40*, – AE GB JCB
fermé 29 juil. au 9 août et 23 déc. au 13 janv. – **Repas** 120/380 ♀, enf. 60 – 60 – **12 ch** 240/340 – ½ P 340

If you are held up on the road - from 6pm onwards - confirm your hotel booking by telephone. It is safer and quite an accepted practice.

DINAN

22100 C.-d'Armor 59 ⑮ *G. Bretagne* – 11 591 h alt. 92.
Voir *Vieille ville★★ : Tour de l'Horloge ✻★★* **E**, *Jardin anglais ≤★★, place des Merciers★* **BZ 33**, *– rue du Jerzual★* **BY** , *Promenade de la Duchesse Anne ≤★, Tour du Gouverneur ≤★★, Tour Ste-Catherine ≤★★ – Château★ : ✻★.*
Office de Tourisme 6 r. de l'Horloge ✆ 02 96 39 75 40, Fax 02 96 39 01 64.
Paris 402 ② – St-Malo 32 ① – Rennes 55 ② – St-Brieuc 62 ③ – Vannes 119 ③.

Plan page suivante

Challonge M, 29 pl. Duguesclin ✆ 02 96 87 16 30, *Fax 02 96 87 16 31*, – GB AZ e
fermé sam. midi – **Repas** 75/170 ♀, enf. 45 – 42 – **18 ch** 300/440 – ½ P 290/320

Avaugour sans rest, 1 pl. Champ ✆ 02 96 39 07 49, *Fax 02 96 85 43 04*, – AE GB AZ r
fermé 6 janv. au 15 mars – 54 – **24 ch** 500/820

Arvor M sans rest, 5 r. Pavie ✆ 02 96 39 21 22, *Fax 02 96 39 83 09* – GB BZ u
fermé 14 janv. au 3 fév. – 39 – **23 ch** 290/390

Grandes Tours sans rest, 6 r. Château ✆ 02 96 85 16 20, *carregi@wanadoo.fr*, *Fax 02 96 85 16 04* – AE GB. BZ v
fermé 15 déc. au 15 janv. et 1er au 15 fév. – 32 – **34 ch** 295

Tour de l'Horloge sans rest, 5 r. Chaux ✆ 02 96 39 96 92, *Fax 02 96 85 06 99* – cuisinette . AE GB ABZ a
39 – **12 ch** 298/345

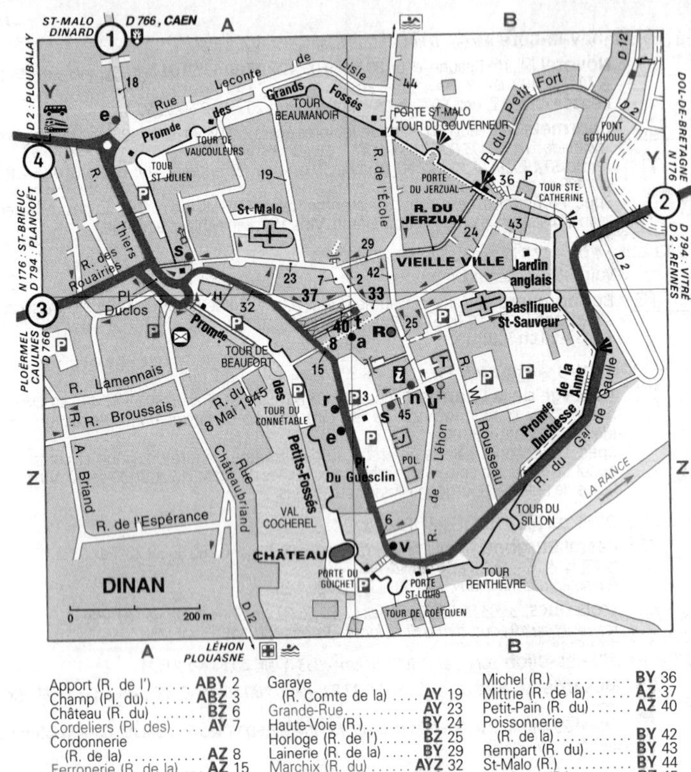

Apport (R. de l')	ABY 2	Garaye (R. Comte de la)	AY 19	Michel (R.)	BY 36
Champ (Pl. du)	ABZ 3	Grande-Rue	AY 23	Mittrie (R. de la)	AZ 37
Château (R. du)	BZ 6	Haute-Voie (R.)	BY 24	Petit-Pain (R. du)	AZ 40
Cordeliers (Pl. des)	AY 7	Horloge (R. de l')	BZ 25	Poissonnerie (R. de la)	BY 42
Cordonnerie (R. de la)	AZ 8	Lainerie (R. de la)	BY 29	Rempart (R. du)	BY 43
Ferronerie (R. de la)	AZ 15	Marchix (R. du)	AYZ 32	St-Malo (R.)	BY 44
Gambetta (R.)	AY 18	Merciers (Pl. des)	BYZ 33	Ste-Claire (R.)	BZ 45

XXX **Les Grands Fossés,** 2 pl. Gén. Leclerc ☎ 02 96 39 21 50, *Fax 02 96 39 42 60* – GB
fermé 25 au 30 juin. et jeudi – **Repas** 102 (déj.), 178/308 et carte 230 à 350 — AY e

XXX **Mère Pourcel,** 3 pl. Merciers ☎ 02 96 39 03 80, *Fax 02 96 39 49 91*, « Maison bretonne du 15e siècle » – AE ⓓ GB — BZ t
fermé fév., dim. soir, mardi soir et lundi sauf juil.-août – **Repas** 97 (déj.), 168/395 et carte 270 à 410 ♀

XX **Caravelle,** 14 pl. Duclos ☎ 02 96 39 00 11 – AE ⓓ GB — AY s
fermé 12 au 19 mars, 12 nov. au 8 déc., dim. soir et merc. sauf 12 juil. au 12 nov. – **Repas** 135/280

XX **Fleur de Sel,** 7 r. Ste-Claire ☎ 02 96 85 15 14, *Fax 02 96 85 16 66* – ▤. AE GB
fermé 13 au 28 nov., 2 au 16 janv., mardi et merc.
Repas 120/220 ♀ — BZ s

X **Cantorbery,** 6 r. Ste-Claire ☎ 02 96 39 02 52 – AE GB — BZ n
fermé 11 au 30 nov., 1er au 15 fév. et lundi – **Repas** *(65)* - 125/190 ♀

DINARD *35800 I.-et-V.* 59 ⑤ *G. Bretagne – 9 918 h alt. 25 – Casino* **BY.**

Voir *Pointe du Moulinet* ≤★★ – *Grande Plage ou Plage de l'Écluse*★ – *Promenade du Clair de Lune*★ - *Pointe de la Vicomté*★★ – *La Rance*★★ *en bateau* – *St-Lunaire : pointe du Décollé* ≤★★ *et grotte des Sirènes*★ *4,5 km par* ② – *Usine marémotrice de la Rance : digue* ≤★ *SE : 4 km.*

Env. *Pointe de la Garde Guérin*★ : ✻★★ *par* ② : *6 km puis 15 mn.*

✈ *de Dinard-Pleurtuit-St-Malo* ☎ *02 99 46 18 46, par* ① : *5 km.*

🅸 *Office de Tourisme 2 bd Féart* ☎ *02 99 46 94 12, Fax 02 99 88 21 07.*

Paris 421 ① – *St-Malo 12* ① – *Dinan 22* ① – *Dol-de-Bretagne 29* ① – *Rennes 75* ①.

DINARD

Abbé-Langevin (R.) .... **AY** 2
Albert-Ier (Bd) .... **BY** 3
Anciens Combattants (R. des) .... **AZ** 5
Barbine (R. de)........ **AZ** 7
Boutin (Pl. J.)......... **BY** 9
Clemenceau (R. G.) ... **BY** 10
Coppinger (R.) .... **BY** 12
Corbinais (R. de la) ..... **AZ** 13
Croix-Guillaume (R.) .... **AZ** 15
Douet-Fourche (R. du) .. **AZ** 17
Dunant (R. H.) .... **AY** 19
Féart (Bd) .... **BYZ**
Français-Libres (R.) ...... **BZ** 22
Gaulle (Pl. du Gén.-de) .. **BZ** 25
Giraud (Av. du Gén.) .... **BZ** 26
Leclerc (R. Mar.) ...... **BYZ** 28
Levasseur (R.) .... **BY** 29
Lhotelier (Bd) .... **AY** 31
Libération (Bd de la) .. **AZ** 32
Malouine (R. de la) ... **BY** 34
Mettrie (R. de la) ..... **BZ** 35
Pionnière (R. de la) . **ABY** 38
Prés.-Wilson (Bd)..... **BY** 40
Renan (R. E.)......... **AY** 43
République (Pl. de la) . **BY** 44
St-Lunaire (R. de)..... **AY** 48
Vallée (R. de la)..... **BYZ** 50
Verney (R. Y.) .... **BY** 52

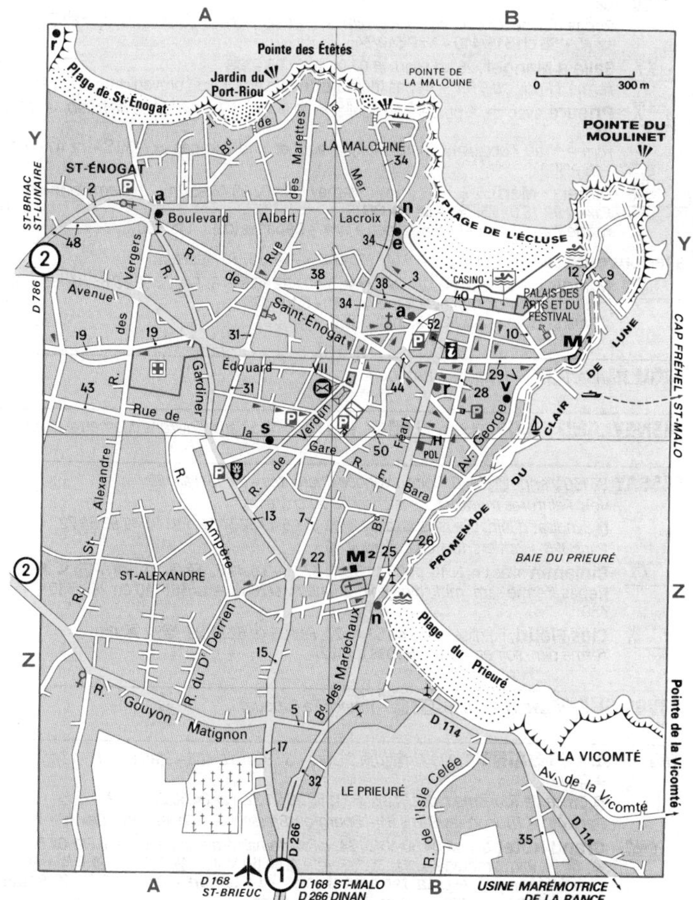

Grand Hôtel de Dinard, 46 av. George V ✆ 02 99 88 26 26, *grandhoteldinard@lucienbarriere.com, Fax 02 99 88 26 27,* ≤, 🏋, 🏊 – 🛗 📺 📞 ♿ 🅿 – 🏆 80. AE ⓓ GB. ✂ rest
23 mars-31 oct. – **Repas** (dîner seul.) 200/310 🍷 – ☕ 90 – **87 ch** 1040/1820, 3 appart – ½ P 800/1190 **BY v**

Novotel Thalassa Ⓜ 🐚, av. Château Hébert ✆ 02 99 16 78 10, *h114@accor-hotels.com, Fax 02 99 16 78 29,* ≤ mer, 🍽, centre de thalassothérapie, 🏋, 🏊, 🌿, 🎾 – 🛗 🚭 📺 📞 ♿ 🅿 – 🏆 55. AE ⓓ GB. ✂ rest **AY r**
fermé 8 au 21 déc. – **Repas** *(85)* - 165 🍷, enf. 75 – ☕ 67 – **106 ch** 915 – ½ P 665

Reine Hortense et Castel Eugénie 🐚 sans rest, 19 r. Malouine ✆ 02 99 46 54 31, *reine.hortensa@wanadoo.fr, Fax 02 99 88 15 88,* ≤ mer et St-Malo – 📺 🅿. AE GB **BY e**
25 mars-15 nov. – ☕ 75 – **8 ch** 980/1280

Crystal M sans rest, 15 r. Malouine ☎ 02 99 46 66 71, *hcrystal@club-internet.fr, Fax 02 99 88 17 73*, ← – |$| TV P. AE GB BY n
49 – **26 ch** 490/810

Améthyste sans rest, pl. Calvaire ☎ 02 99 46 61 81, *amethyst@fr.europost.org, Fax 02 99 46 96 91* – cuisinette TV. AE GB. AY a
1er mars-20 nov. – 43 – **19 ch** 310/370, 5 studios

Les Tilleuls, 36 r. Gare ☎ 02 99 82 77 00, *Fax 02 99 82 77 55*, – TV P. AE GB. AYZ s
Repas *(fermé 22 déc. au 3 janv., dim. soir et sam. d'oct. au 20 avril)* 80/162 ♀, enf. 50 – 45 – **53 ch** 315/410 – ½ P 310/345

Salle à Manger, 25 bd Féart ☎ 02 99 16 07 95 – GB BY r
fermé 11 nov. au 9 fév. – **Repas** (nombre de couverts limité, prévenir) 100 (déj.), 140/260 ♀

Prieuré avec ch, 1 pl. Gén. de Gaulle ☎ 02 99 46 13 74, *Fax 02 99 46 81 90*, ←, – TV. GB BZ n
fermé 1er au 7 oct., janv., mardi sauf juil.-août et lundi – **Repas** 100/230 ♀ – 41 – **7 ch** 300 – ½ P 300

Didier Méril, 6 r. Yves Verney ☎ 02 99 46 95 74, *didiermeril@wanadoo.fr, Fax 02 99 16 07 75*, – AE GB BY a
fermé 7 au 31 janv. et merc. d'oct. à janv. – **Repas** 98 (déj.), 145/300

à la Jouvente *Sud-Est : 7 km par D 114 -* **BZ** *et D 5 – ✉ 35730 Pleurtuit :*

Manoir de la Rance sans rest, ☎ 02 99 88 53 76, *Fax 02 99 88 63 03*, ←, « Dans un jardin fleuri surplombant la Rance », – TV P. GB
15 mars-15 nov. – 50 – **9 ch** 450/850

DIOU *36 Indre* 68 ⑨ *– rattaché à Issoudun.*

DISNEYLAND PARIS *77 S.-et-M.* 56 ⑫., 106 ㉒ *– voir à Paris, Environs (Marne-La-Vallée).*

DISSAY *86130 Vienne* 68 ⑭ *G. Poitou Vendée Charentes – 2 498 h alt. 69.*

Voir *Peintures murales★ de la chapelle du château.*

Syndicat d'Initiative (saison) à la Mairie ☎ 05 49 52 34 56, Fax 05 49 62 58 72.

Paris 323 – Poitiers 16 – Châtellerault 19.

Binjamin avec ch, N 10 ☎ 05 49 52 42 37, *Fax 05 49 62 59 06*, – TV P. AE GB
Repas *(fermé sam. midi, dim. soir et lundi)* 115/280 ♀ – 35 – **10 ch** 280/330 – ½ P 280/350

Clos Fleuri, r. Église ☎ 05 49 52 40 27, *Fax 05 49 62 37 29*, – P. GB
fermé dim. soir et merc. – **Repas** 89/182

DIVES-SUR-MER *14 Calvados* 54 ⑰ *– rattaché à Cabourg.*

DIVONNE-LES-BAINS *01220 Ain* 70 ⑯ *G. Jura – 5 580 h alt. 486 – Stat. therm. (12 mars-fin nov.) – Casino.*

Office de Tourisme r. des Bains ☎ 04 50 20 01 22, Fax 04 50 20 32 12.

Paris 491 – Thonon-les-Bains 51 – Bourg-en-Bresse 129 – Genève 18 – Gex 10 – Nyon 13.

Grand Hôtel , ☎ 04 50 40 34 34, *info@domaine-de-divonne.com, Fax 04 50 40 34 24*, ←, , « Parc ombragé », – |$| TV P – 200. AE GB JCB
fermé fév. – voir rest. ***La Terrasse*** ci-après **- *Le Léman*** ☎04 50 40 34 18 **Repas** 152/220 ♀, enf. 82 – 110 – **121 ch** 1550/2900, 12 appart

Château de Divonne , 115 r. Bains ☎ 04 50 20 00 32, *divonne@wanadoo.fr, Fax 04 50 20 03 73*, ← lac Léman et Mont-Blanc, , « Dans un parc ombragé », – |$|, rest, TV P – 30. AE GB JCB. rest
fermé 3 janv. au 8 fév. – **Repas** 265 bc (déj.), 300/535 et carte 440 à 590 – 100 – **24 ch** 670/1650, 5 appart – ½ P 1010/1270
Spéc. Gros cèpe farci de canard sauvage (automne). Croustillant de cochon de lait confit au gingembre. Variation de petits desserts au chocolat. **Vins** Bugey, Vin Jaune.

Jura M sans rest, rte Arbère ☎ 04 50 20 05 95, *hoteljura@aol.com, Fax 04 50 20 21 21*, – TV P. AE GB
41 – **22 ch** 295/575

Les Coccinelles sans rest, rte Lausanne ☎ 04 50 20 06 96, *hotel.coccinelles@wanado o.fr, Fax 04 50 20 01 18*, – |$| TV P. AE GB
39 – **24 ch** 205/320

XXXX **Terrasse** - Grand Hôtel, av. des Thermes ✆ 04 50 40 35 39, *info@domaine-de-divonne.com, Fax 04 50 40 34 24,* – ▤ P. AE ⦿ GB JCB
fermé fév., dim. soir et lundi – **Repas** 225 (déj.), 320/470 et carte 390 à 500 ♀
Spéc. Déclinaison d'asperges vertes au caviar pressé (mars à oct.).Omble chevalier du Léman à l'étouffée sur le foin (fin janv.- mi oct.). Pigeon de grain cuit dans un pain de seigle.
Vins Côtes du Jura, Chardonnais du Bugey.

XX **La Champagne,** 51 av. Salève ✆ 04 50 20 13 13, *Fax 04 50 20 31 90,* – P. AE GB
fermé jeudi midi, lundi midi sauf fériés et merc. – **Repas** grill carte 210 à 350 ♀

XX **Marée,** 93 av. Genève ✆ 04 50 20 01 87, *Fax 04 50 20 35 35,* – AE ⦿ GB
fermé 19 au 25 juin, 28 août au 6 sept. et 1er au 7 janv. – **Repas** - produits de la mer - 155/285

X **Auberge du Vieux Bois,** rte Gex : 1 km ✆ 04 50 20 01 43, *Fax 04 50 20 17 74,* – P. AE GB JCB
fermé 2 au 9 juil., 1er au 8 oct., 4 au 25 fév., dim. soir et lundi – **Repas** 95/260 ♀, enf. 65

DOLANCOURT *10 Aube 61 ⑱ – rattaché à Bar-sur-Aube.*

DOL-DE-BRETAGNE *35120 I.-et-V. 59 ⑥ G. Bretagne – 4 629 h alt. 20.*

Voir *Cathédrale St-Samson★★ - Cathédraloscope★ - Collection★ du musée Les "Trésors du mariage ancien" – Promenade des Douves★ : ≤★ – Mont-Dol ※★ 4,5 km NO par D 155.*
Office de Tourisme 3 Grande Rue des Stuarts ✆ 02 99 48 15 37, Fax 02 99 48 14 13, Fax (Mairie) 02 99 48 19 63.
Paris 373 – St-Malo 27 – Alençon 153 – Dinan 26 – Fougères 52 – Rennes 58.

Bretagne, pl. Châteaubriand ✆ 02 99 48 02 03, *Fax 02 99 48 25 75,* – TV. GB
fermé oct., 8 au 18 fév. et sam. du 11 nov. au 8 avril sauf fériés – **Repas** 63/165 ♀, enf. 38 – ☕ 33 – **27 ch** 172/320 – ½ P 161/245

XX **Bresche Arthur** avec ch, 36 bd Deminiac ✆ 02 99 48 01 44, *bresche.arthur@wanadoo.fr, Fax 02 99 48 16 32* – ▤ rest, P. GB
fermé vacances de Noël, de fév., dim. soir, lundi et mardi de nov. à mars – **Repas** *(fermé mardi de nov. à mars, dim. soir et lundi sauf juil.-août)* 98/195 ♀, enf. 60 – ☕ 38 – **24 ch** 240/280 – ½ P 275

X **Grabotais,** 4 r. Ceinte ✆ 02 99 48 19 89 – AE GB
fermé 19 nov. au 22 déc., dim. soir hors saison et lundi – **Repas** *(60)* - 76 (déj.), 106/196 ♀, enf. 46

DOLE *39100 Jura 70 ③ G. Jura – 26 577 h alt. 220.*

Voir *Le Vieux Dole★★* **BZ** *: Collégiale Notre-Dame★ – Grille★ en fer forgé de l'église St-Jean-l'Evangéliste* **AZ** *– Le musée des Beaux-Arts★.*
Env. *Fôret de Chaux★.*
Office de Tourisme 6 pl. Grévy ✆ 03 84 72 11 22, Fax 03 84 72 31 12.
Paris 364 ① – Beaune 65 ① – Besançon 52 ① – Dijon 50 ⑤ – Lons-le-Saunier 56 ③.

Plan page suivante

Chaumière, 346 av. Mar. Juin par ③ *: 3 km* ✆ 03 84 70 72 40, *Fax 03 84 79 25 60,* – TV P – 25. GB
fermé 29 avril au 7 mai, 3 au 10 sept., 1er au 22 janv. et dim. de sept. à juin – **Repas** *(fermé dim. sauf le soir en juil.-août, sam. midi et lundi midi de sept. à juin)* 130/300 ♀, enf. 75 – ☕ 60 – **18 ch** 335/495 – ½ P 380/450

Cloche sans rest, 2 pl. Grévy ✆ 03 84 82 06 06, *Fax 03 84 72 73 82* – TV – 50. AE GB — BY v
fermé Noël au Jour de l'An – ☕ 45 – **30 ch** 300/400

XXX **Les Templiers,** 35 Gde Rue ✆ 03 84 82 78 78, *Fax 03 84 72 12 52,* « Chapelle du 13e siècle » – ▤. AE ⦿ GB — BZ u
fermé sam. midi, dim. soir et lundi – **Repas** 98/280 et carte 290 à 360 ♀

XX **Bec Fin,** 67 r. Pasteur ✆ 03 84 82 43 43, *Fax 03 84 79 28 07,* « Salle voûtée » – AE ⦿ GB — BZ a
fermé 2 au 17 janv., mardi sauf juil.-août et lundi – **Repas** *(85)* - 95/260 ♀, enf. 65

XX **Romanée,** 13 r. Vieilles Boucheries ✆ 03 84 79 19 05, *Fax 03 84 79 26 97,* « Salle voûtée » – AE ⦿ GB — BZ n
fermé merc. sauf juil.-août – **Repas** 78/300 ♀, enf. 60

X **Grévy,** 2 av. Eisenhower ✆ 03 84 82 44 42, *Fax 03 84 82 44 42,* – GB — BY v
fermé 30 juil. au 19 août, sam. soir et dim. – **Repas** 85 (déj.)/110 ♀, enf. 40

DOLE

Arènes (R. des) . . . . **ABZ**
Besançon (R. de) . . . . **BYZ**
Béthouart (R. du Gén.) . . . . **BZ** 2
Boyvin (R.) . . . . **BZ** 4
Chifflot (R. L.) . . . . **AZ** 5
Duhamel (Av. J.) . . . . **AZ** 6
Gouvernement (R. du) . . . . **BY** 9
Grande-Rue . . . . **BZ** 10
Jean-Jaurès (Av.) . . . . **BY** 13
Juin (Av. du Mar.) . . . . **BZ** 14
Lattre-de-Tassigny (Av. du Mar. de) . . . . **BY** 15
Messageries (R. des) . . . . . . **AY** 16
Nationale, Charles-de-Gaulle (Pl.) . . . . **BZ** 17
Parlement (R. du) . . . . **BZ** 18
Rockefeller (R. J.) . . . . **BY** 21
Sous-Préfecture (R. de la) . . . . **BY** 22

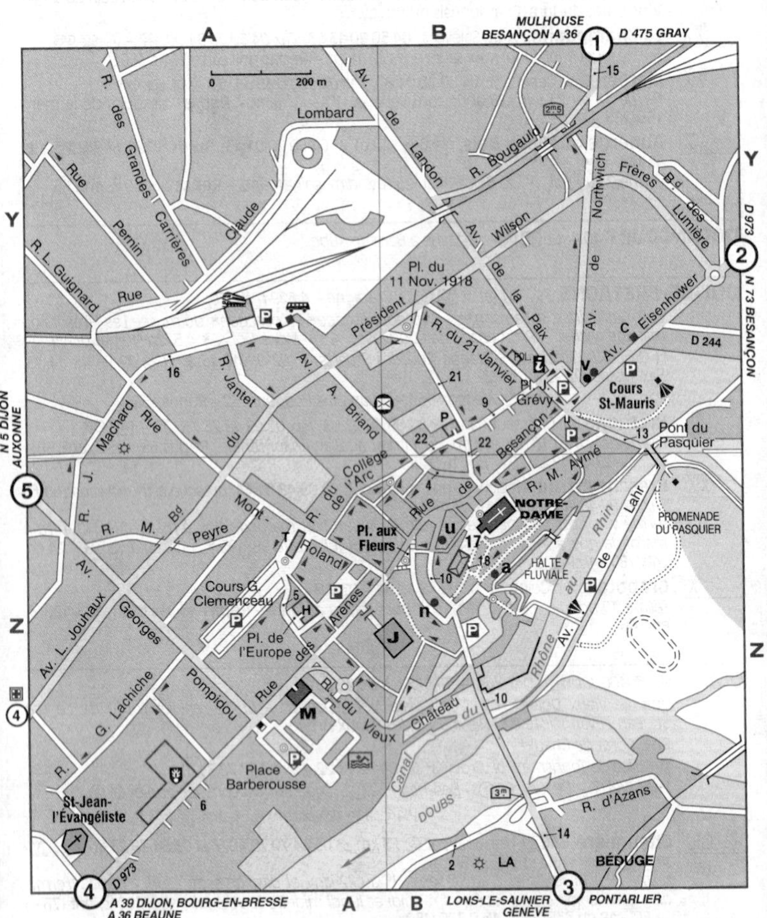

à Rochefort-sur-Nenon *par ② : 7 km par N 73 – 599 h. alt. 210 – ✉ 39700 :*

Fernoux-Coutenet ⛰, r. Barbière ✆ 03 84 70 60 45, *Fax 03 84 70 50 89,* 🚗 – TV 📞. GB
fermé 23 déc. au 10 janv., sam. midi et dim. d'oct. à avril – **Repas** 80/180 🍷, enf. 55 – ☕ 45 – **20 ch** 260/320 – ½ P 260/290

à Parcey par ③ *rte de Lons-le-Saunier : 8 km – 818 h. alt. 197 – ✉ 39100 :*

Les Jardins Fleuris, ✆ 03 84 71 04 84, *Fax 03 84 71 09 43,* 🚗 – GB
fermé 26 nov. au 5 déc., sam. midi sauf vacances de fév. et dim. soir – **Repas** 98/235 🍷

A good moderately priced meal : 😋 **Repas** 100/140

DOMFRONT *61700 Orne* 59 ⑩ *G. Normandie Cotentin – 4 410 h alt. 185.*

Voir *Site★ - Vieille ville★ – Église N.-D-sur-l'Eau★ – Jardin du donjon ※★ – Croix du Faubourg ※★.*

Office de Tourisme 12 pl. de la Voirie (à l'entrée du Donjon) ✆ 02 33 37 40 27.

Paris 254 – Alençon 61 – Argentan 54 – Avranches 66 – Fougères 56 – Mayenne 34 – Vire 40.

Auberge Grandgousier, 1 pl. Liberté (près Poste) ✆ 02 33 38 97 17 – GB.
fermé oct., fév., lundi soir, merc. soir et jeudi – **Repas** 85/150

DOMFRONT-EN-CHAMPAGNE *72240 Sarthe* 60 ⑬ *– 850 h alt. 131.*

Paris 216 – Le Mans 20 – Alençon 44 – Laval 77 – Mayenne 54.

Midi, D 304 ✆ 02 43 20 52 04, *Fax 02 43 20 56 03* – GB
fermé 2 au 10 oct., fév., lundi, mardi et le soir sauf vend. et sam. – **Repas** 79 (déj.), 119/250, enf. 45

DOMME *24250 Dordogne* 75 ⑰ *G. Périgord Quercy – 1 030 h alt. 250.*

Voir *La bastide★ : ※★★★.*

Office de Tourisme pl. de la Halle ✆ 05 53 31 71 00, Fax 05 53 31 71 09.

Paris 543 – Cahors 52 – Sarlat-la-Canéda 12 – Fumel 57 – Gourdon 22 – Périgueux 76.

L'Esplanade (Gillard), ✆ 05 53 28 31 41, *Fax 05 53 28 49 92*, ←, – rest, TV. AE GB
12 fév.-30 oct. – **Repas** *(fermé lundi sauf le soir de Pâques au 1er nov.)* 200/450 et carte 180 à 460, enf. 100 – 60 – **24 ch** 380/700 – ½ P 480/640
Spéc. "Truffinettes" au velours de truffe. Foie gras de canard en pot-au-feu truffé. Chaud et froid de fraises. **Vins** Domme, Bergerac.

Les plans de villes
sont orientés le Nord en haut.

DOMPAIRE *88270 Vosges* 62 ⑮ *– 907 h alt. 300.*

Paris 366 – Épinal 22 – Luxeuil-les-Bains 61 – Nancy 63 – Neufchâteau 55 – Vittel 24.

Commerce avec ch, pl. Gén. Leclerc ✆ 03 29 36 50 28, *Fax 03 29 36 66 12* – GB
fermé 20 déc. au 10 janv. – **Repas** *(fermé dim. soir et lundi)* 72/180 – 27 – **10 ch** 160/280 – ½ P 200/250

DOMPIERRE-SUR-BESBRE *03290 Allier* 69 ⑮ *– 3 807 h alt. 234.*

Paris 328 – Moulins 30 – Bourbon-Lancy 18 – Decize 52 – Digoin 26 – Lapalisse 36.

Auberge de l'Olive avec ch, av. Gare ✆ 04 70 34 51 87, *Fax 04 70 34 61 68* – rest, TV P. GB
fermé 16 nov. au 2 déc., vacances de fév. et vend. sauf juil.-août – **Repas** 68/260, enf. 45 – 30 – **17 ch** 250/280 – ½ P 219/249

DOMPIERRE-SUR-VEYLE *01240 Ain* 74 ③ *– 828 h alt. 285.*

Paris 441 – Mâcon 53 – Belley 70 – Bourg-en-Bresse 18 – Lyon 57 – Nantua 46.

Aubert, ✆ 04 74 30 31 19, *Fax 04 74 30 36 98*, – GB
fermé 18 au 27 juil., fév., dim. soir, merc. soir et jeudi – **Repas** 110/255, enf. 52

DOMRÉMY-LA-PUCELLE *88630 Vosges* 62 ③ *G. Alsace Lorraine – 182 h alt. 280.*

Voir *Maison natale de Jeanne d'Arc★.*

Paris 285 – Nancy 58 – Neufchâteau 10 – Toul 41.

Jeanne d'Arc sans rest, ✆ 03 29 06 96 06 –.
1er avril-15 nov. – 25 – **7 ch** 150/190

DONGES *44480 Loire-Atl.* 63 ⑮ *– 6 377 h alt. 11.*

Paris 428 – Nantes 52 – La Baule 31 – Redon 45 – St-Nazaire 17.

rte de Pontchâteau *Nord : 7 km par D 4, D 773 et rte secondaire – ✉ 44480 Donges :*

Duchée, ✆ 02 40 45 28 41, *Fax 02 40 45 36 72*, – P. AE GB
fermé 15 au 30 mars, 15 août au 1er sept., dim. soir et lundi – **Repas** 95/270

DONON (Col du) *67 B.-Rhin 62 ⑧ G. Alsace Lorraine – ✉ 67130 Schirmeck.*
Voir *❊★★ sur la chaîne des Vosges.*
Paris 398 – Strasbourg 63 – Lunéville 57 – St-Dié 41 – Sarrebourg 38 – Sélestat 55.

Donon ⛬, ✆ 03 88 97 20 69, *hotelrestdudonon@wanadoo.fr, Fax 03 88 97 20 17*, ←, 🏞, 🌳, 🍴 – 🅿 – 🏔 50. GB
fermé 12 au 18 mars, 18 nov. au 12 déc. et jeudi hors saison – **Repas** 60 (déj.), 98/230 ♀, enf. 39 – ☕ 42 – **21 ch** 300/330 – ½ P 295/315

DONZENAC *19270 Corrèze 75 ⑧ G. Périgord Quercy – 2 050 h alt. 204.*
Voir *Les Pans de Travassac★.*
ℹ *Syndicat d'Initiative à la Mairie ✆ 05 55 85 65 35, Fax 05 55 85 69 03.*
Paris 473 – Brive-la-Gaillarde 11 – Limoges 81 – Tulle 30 – Uzerche 26.

au Nord-Est *par rte d'Uzerche sur D 920*

Relais du Bas Limousin, à 6 km ✆ 05 55 84 52 06, *relais-du-bas-limousin@wanadoo.fr, Fax 05 55 84 51 41*, 🏞, 🏊, 🌳 – 📺 📞 🚗 🅿. GB
fermé 5 au 13 nov., 7 au 22 janv., dim. soir et lundi midi de mi-sept. à mi-juin – **Repas** 85/270 ♀, enf. 50 – ☕ 38 – **22 ch** 225/390 – ½ P 250/330

Maleyrie, à 5 km ✆ 05 55 84 50 67, *Fax 05 55 84 20 63*, 🏞, 🌳 – 📺 📞 🚗 🅿. GB
mars-oct. – **Repas** 80/170 ♀, enf. 48 – ☕ 30 – **15 ch** 130/230 – ½ P 200/235

DONZY *58220 Nièvre 65 ⑬ G. Bourgogne – 1 719 h alt. 188.*
Paris 206 – Bourges 72 – Auxerre 66 – Clamecy 39 – Cosne-sur-Loire 18 – Nevers 50.

Grand Monarque, près église ✆ 03 86 39 35 44, *Fax 03 86 39 37 09*, 🏞 – 📺 🅿. AE GB JCB
fermé janv., lundi soir et mardi d'oct. à mars – **Repas** *(89)* - 120/220 ♀, enf. 55 – ☕ 39 – **11 ch** 270/310 – ½ P 285

Le DORAT *87210 H.-Vienne 72 ⑦ G. Berry Limousin – 2 203 h alt. 209.*
Voir *Collégiale St-Pierre★★.*
ℹ *Office de Tourisme pl. Collégiale ✆ 05 55 60 76 81.*
Paris 372 – Limoges 53 – Poitiers 76 – Bellac 13 – Le Blanc 49 – Guéret 68.

Promenade avec ch, 3 av. Verdun ✆ 05 55 60 72 09, *Fax 05 55 68 67 62* – 📺 📞 🚗 🅿. GB
fermé 8 au 30 sept., 1er au 15 janv., dim. soir et lundi – **Repas** 66/190 ♀ – ☕ 30 – **8 ch** 175/210 – ½ P 175/195

DORMANS *51700 Marne 56 ⑮ G. Champagne – 3 125 h alt. 70.*
Paris 118 – Reims 41 – Château-Thierry 23 – Épernay 25 – Meaux 71 – Soissons 46.

Table Sourdet, ✆ 03 26 58 20 57, *Fax 03 26 58 88 82* – AE GB
fermé le soir sauf sam. – **Repas** 160/290 ♀ - ***Petite Table*** *(fermé 26 au 30 déc. et dim.)* **Repas** (déj. seul.)75/160 ♀

DORNECY *58530 Nièvre 65 ⑮ – 554 h alt. 167.*
Paris 215 – Auxerre 50 – Avallon 31 – Cosne-sur-Loire 59 – Nevers 75.

Manse avec ch, rte Clamecy, 1 km ✆ 03 86 24 23 24, *Fax 03 86 24 04 80*, 🏞 – 📺 📞. GB
fermé 21 au 30 sept., 2 au 15 janv., dim. soir et lundi d'oct. à mai – **Repas** 80/170 ♀, enf. 60 – ☕ 35 – **13 ch** 240/260 – ½ P 200

DORRES *66760 Pyr.-Or. 86 ⑯ G. Languedoc Roussillon – 192 h alt. 1458.*
Paris 868 – Font-Romeu-Odeillo-Via 16 – Ax-les-Thermes 47 – Perpignan 103.

Marty ⛬, ✆ 04 68 30 07 52, *Fax 04 63 30 08 12*, ←, 🏞 – 📺 🅿. GB
fermé 25 oct. au 20 déc. – **Repas** 90/185 🍷, enf. 48 – ☕ 35 – **21 ch** 260/280 – ½ P 220/240

DOUAI SP *59500 Nord 53 ③ G. Picardie Flandres Artois – 42 175 h Agglo. 199 562 h alt. 31.*
Voir *Beffroi★* **BY D** – *Musée de la Chartreuse★.*
Env. *Centre historique minier de Lewarde★★ SE : 8 km par ②.*
ℹ *Office de Tourisme 70 pl. d'Armes ✆ 03 27 88 26 79, Fax 03 27 99 38 78.*
Paris 196 ③ – Lille 43 ④ – Arras 26 ③ – Tournai 38 ① – Valenciennes 39 ②.

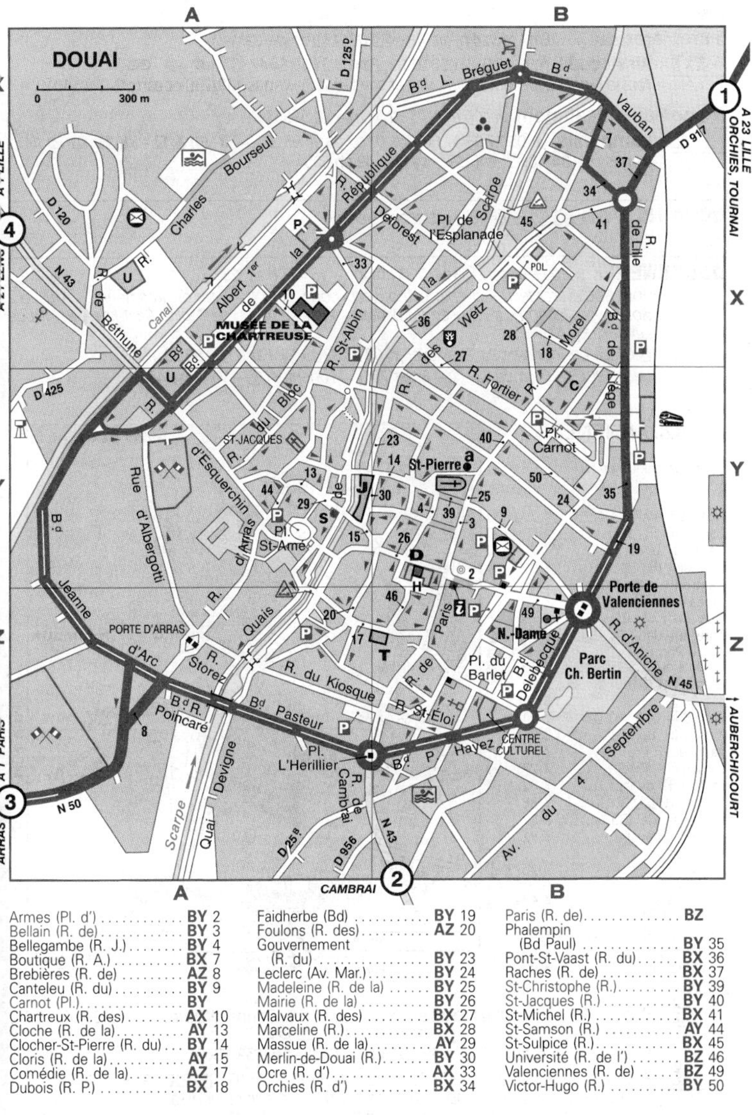

Armes (Pl. d') . . . . **BY** 2
Bellain (R. de) . . . . **BY** 3
Bellegambe (R. J.) . . . . **BY** 4
Boutique (R. A.) . . . . **BX** 7
Brebières (R. de) . . . . **AZ** 8
Canteleu (R. du) . . . . **BY** 9
Carnot (Pl.) . . . . **BY**
Chartreux (R. des) . . . . **AX** 10
Cloche (R. de la) . . . . **AY** 13
Clocher-St-Pierre (R. du) . . . **BY** 14
Cloris (R. de la) . . . . **AY** 15
Comédie (R. de la) . . . . **AZ** 17
Dubois (R. P.) . . . . **BX** 18
Faidherbe (Bd) . . . . **BY** 19
Foulons (R. des) . . . . **AZ** 20
Gouvernement
(R. du) . . . . **BY** 23
Leclerc (Av. Mar.) . . . . **BY** 24
Madeleine (R. de la) . . . . . . **BY** 25
Mairie (R. de la) . . . . **BY** 26
Malvaux (R. des) . . . . **BX** 27
Marceline (R.) . . . . **BX** 28
Massue (R. de la) . . . . **AY** 29
Merlin-de-Douai (R.) . . . . **BY** 30
Ocre (R. d') . . . . **AX** 33
Orchies (R. d') . . . . **BX** 34
Paris (R. de) . . . . **BZ**
Phalempin
(Bd Paul) . . . . **BY** 35
Pont-St-Vaast (R. du) . . . . . . **BX** 36
Raches (R. de) . . . . **BX** 37
St-Christophe (R.) . . . . **BY** 39
St-Jacques (R.) . . . . **BY** 40
St-Michel (R.) . . . . **BX** 41
St-Samson (R.) . . . . **AY** 44
St-Sulpice (R.) . . . . **BX** 45
Université (R. de l') . . . . **BZ** 46
Valenciennes (R. de) . . . . . . **BZ** 49
Victor-Hugo (R.) . . . . **BY** 50

Terrasse, 36 terrasse St-Pierre ☎ 03 27 88 70 04, *www.laterrasse.fr, Fax 03 27 88 36 05* – rest, TV P – 30. AE GB BY a
Repas 135 bc/395 – 45 – **26 ch** 295/600 – 1/2 P 340

Au Turbotin, 9 r. Massue ☎ 03 27 87 04 16, *Fax 03 27 87 87 57* – . AE GB AY s
fermé août, 22 au 28 fév., dim. soir, sam. midi et lundi – **Repas** 95/258

à Roost-Warendin *par ①, D 917 et D 8 : 10 km – 6 413 h. alt. 22 – ✉ 59286 :*

Chat Botté, Château de Bernicourt ☎ 03 27 80 24 44, *Fax 03 27 80 35 81,* , – P. GB
fermé 1er au 15 août, dim. soir et lundi sauf fériés – **Repas** *(95)* - 160/320

à Brebières *par ③ : 7 km – 4 324 h. alt. 48 – ✉ 62117 (Pas-de-Calais) :*

XXX **Air Accueil,** N 50 ☎ 03 21 50 01 02, *Fax 03 21 50 84 17,* – 🅿. GB
fermé lundi en juil.-août, dim. soir et soirs fériés – **Repas** 149/230 et carte 240 à 340 ♀

rte de Hénin-Beaumont *par ④ et N 43 : 2,5 km – ✉ 59553 Cuincy :*

Campanile, ☎ 03 27 96 97 00, *Fax 03 27 98 98 93,* – TV & P – 25. AE GB
Repas (76) - 94/106 ♀, enf. 39 – ☕ 36 – **49 ch** 305

DOUAINS *27 Eure* 55 ⑰., 106 ① – *rattaché à Vernon.*

DOUARNENEZ *29100 Finistère* 58 ⑭ *G. Bretagne – 16 457 h alt. 25.*

Voir *Boulevard Jean-Richepin et nouveau port★ ≤★ Y – Port du Rosmeur★ – Musée à flot★★ - collection★ au musée du bateau – Ploaré : tour★ de l'église S : 1 km – Pointe de Leydé★ ≤★ NO : 5 km.*

Office de Tourisme 2 r. Dr-Mével ☎ 02 98 92 13 35, Fax 02 98 92 70 47.

Paris 589 ① – Quimper 24 ② – Brest 76 ① – Lorient 91 ② – Vannes 143 ②.

DOUARNENEZ

Sens unique en saison : flèche noire

Anatole-France (R.) .... Y 2
Baigneurs (R. des) .... Y 5
Barré (R. J.) .... YZ 7
Berthelot (R.) .... Z 8
Centre (R. du) .... Y 10
Croas-Talud (R.) .... Z 14
Duguay-Trouin (R.) ...... YZ 15
Enfer (Pl. de l') .... YZ 16
Grand-Port (Quai du) .... Y 19
Grand-Port (R. du) .... Y 20
Jaurès (R. Jean) .... YZ
Jean-Bart (R.) .... Y 24
Kerivel (R. E.) .... YZ 21
Laënnec (R.) .... Z 25
Lamennais (R.) .... Z 27
Marine (R. de la) .... Y 32
Michel (R. L.) .... Y 36
Monte-au-Ciel (R.) .... Z 37
Péri (Pl. Gabriel) .... Y 42
Petit-Port (Quai du) .... Y 43
Plomarc'h (R. des) .... YZ 44
Stalingrad (Pl.) .... Z 56
Vaillant (Pl. E.) .... Y 59
Victor-Hugo (R.) .... Z 60
Voltaire (R.) .... Y 62

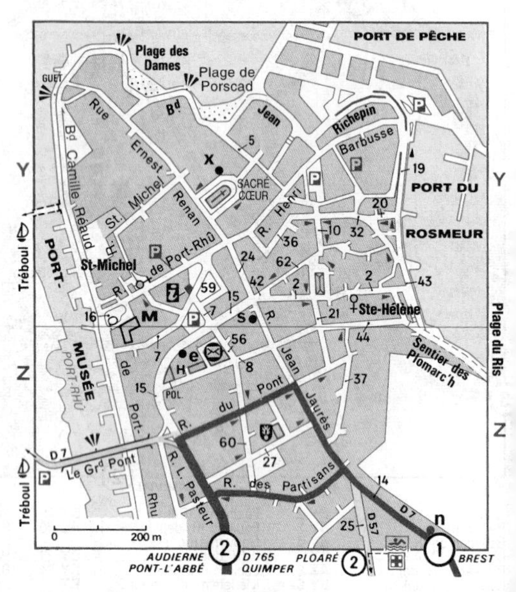

Clos de Vallombreuse , 7 r. d'Estienne-d'Orves ☎ 02 98 92 63 64, *Fax 02 98 92 84 98,* ≤, , , – TV & P. AE GB — Y x
Repas 99/335 ♀, enf. 60 – ☕ 48 – **25 ch** 450/790 – ½ P 390/560

France, 4 r. J. Jaurès ☎ 02 98 92 00 02, *Fax 02 98 92 27 05* – TV. AE GB JCB. rest
fermé 26 nov. au 9 déc., 7 au 13 janv., sam. midi, dim. soir et lundi sauf juil.-août – **Repas** 98 (déj.), 120/220 ♀, enf. 60 – ☕ 42 – **25 ch** 295/330 – ½ P 300 — Y s

Bretagne, 23 r. Duguay-Trouin ☎ 02 98 92 30 44, *Fax 02 98 92 09 07* – TV. AE GB — Z e
Repas *(fermé dim.)* 69 ♀, enf. 42 – ☕ 45 – **23 ch** 190/260 – ½ P 195/230

X **Kériolet** avec ch, 29 r. Croas Talud ☎ 02 98 92 16 89, *Fax 02 98 92 62 94,* – TV . GB
fermé vacances de fév. et lundi midi hors saison – **Repas** 67/225, enf. 48 – ☕ 30 – **8 ch** 200/225 – ½ P 250 — Z n

rte de Quimper *: 4 km – ✉ 29100 Douarnenez :*

Auberge de Kerveoc'h, ☎ 02 98 92 07 58, *auberge.de-kerveoch@worldonline.fr, Fax 02 98 92 03 58* – TV P. AE GB. rest
Repas (dîner seul.)(résidents seul.) 120 ♀ – ☕ 45 – **14 ch** 295/400 – ½ P 310/365

à Tréboul *Nord-Ouest : 3 km – ✉ 29100 :*

Thalasstonic Ⓜ, r. des Professeurs Curie ☎ 02 98 74 45 45, *hotel-thalasstonic@wanadoo.fr, Fax 02 98 74 36 07,* – ⬍ TV ☎ ♿ P. AE ⓓ GB. ✗ rest
Repas 115/200 ♀, enf. 60 – ☕ 47 – **50 ch** 345/505 – ½ P 399/410

Ty Mad sans rest, près chapelle St-Jean ☎ 02 98 74 00 53, *Fax 02 98 74 15 16,* ←, – P. GB
1er avril-30 sept. – ☕ 40 – **23 ch** 340

DOUBS *25 Doubs* **70** ⑥ *– rattaché à Pontarlier.*

DOUCIER *39130 Jura* **70** ⑭ ⑮ *– 231 h alt. 526.*
Voir *Lac de Chalain** N : 4 km* **G. Jura.**
Paris 427 – Champagnole 20 – Lons-le-Saunier 25.

XX **Comtois** avec ch, ☎ 03 84 25 71 21, *restaurant.comtois@wanadoo.fr, Fax 03 84 25 71 21,* – GB
15 mars-18 nov.et fermé mardi soir, dim. soir et merc. du 17 sept. au 14 juin – **Repas** 119/170 ♀, enf. 56 – **9 ch** ☕ 200/325 – ½ P 230/265

XX **Sarrazine,** ☎ 03 84 25 70 60, – P. GB
fermé mi-nov. à mi-janv. et jeudi hors saison – **Repas** - grillades - 80/130 ♀, enf. 66

*Towns **underlined in red** on the **Michelin maps** at a scale of 1 : 200 000 are included in this Guide.*

Use the latest map to take full advantage of this information.

DOUÉ-LA-FONTAINE *49700 M.-et-L.* **67** ⑧ *G. Châteaux de la Loire – 7 260 h alt. 75.*
Voir *Zoo de Doué**.*
Office de Tourisme pl. du Champ-de-Foire ☎ 02 41 59 20 49, Fax 02 41 59 93 85.
Paris 322 – Angers 41 – Châtellerault 86 – Cholet 51 – Saumur 18 – Thouars 30.

Saulaie sans rest, rte Montreuil-Bellay : 2 km ☎ 02 41 59 96 10, *hoteldelasaulaie@wanadoo.fr, Fax 02 41 59 96 11,* – TV ☎ ♿ P. AE ⓓ GB
☕ 38 – **32 ch** 210/330

XX **Auberge Bienvenue,** rte Cholet (face Zoo) ☎ 02 41 59 22 44, *Fax 02 41 59 93 49,* – P. AE GB
fermé vacances de fév., merc. soir d'oct. à mars, dim. soir et lundi – **Repas** (95) - 115/300 ♀, enf. 60

XX **France** avec ch, 19 pl. Champ de Foire ☎ 02 41 59 12 27, *Fax 02 41 59 76 00* – TV ☎. GB
fermé 25 juin au 3 juil., 22 déc. au 24 janv., dim. soir et lundi sauf juil.-août – **Repas** 120/240 ♀, enf. 50 – ☕ 35 – **18 ch** 230/300 – ½ P 260/300

DOURDAN *91410 Essonne* **60** ⑨, **106** ㊶ *G. Ile de France – 9 043 h alt. 100.*
Voir *Place du Marché aux grains* – Vierge au perroquet* au musée.*
Office de Tourisme pl. du Gén.-de-Gaulle ☎ 01 64 59 86 97, Fax 01 60 81 05 69.
Paris 55 – Chartres 47 – Étampes 18 – Évry 38 – Orléans 78 – Rambouillet 22 – Versailles 51.

XX **Auberge de l'Angélus,** 4 pl. Chariot ☎ 01 64 59 83 72, – AE ⓓ GB
fermé 13 août au 5 sept., vacances de fév., mardi soir et merc. – **Repas** 115/220

DOURGNE *81110 Tarn* **82** ⑳ *– 1 211 h alt. 250.*
Syndicat d'Initiative Mairie ☎ 05 63 50 31 20, Fax 05 63 50 31 25.
Paris 765 – Toulouse 64 – Carcassonne 52 – Castelnaudary 34 – Castres 19 – Gaillac 61.

X **Hostellerie de la Montagne Noire** avec ch, pl. Promenades ☎ 05 63 50 31 12, *hotel.restaurant.montagne.noire@wanadoo.fr, Fax 05 63 50 13 55* – GB
Repas *(fermé dim. soir et lundi sauf juil.-août)* 79/160 ♁, enf. 45 – ☕ 35 – **9 ch** 220/280 – ½ P 215/245

DOURLERS *59228 Nord* **53** ⑥ *– 582 h alt. 171.*
Paris 247 – St-Quentin 76 – Avesnes-sur-Helpe 10 – Lille 98 – Maubeuge 14 – Le Quesnoy 27.

XX **Auberge du Châtelet,** rte Avesnes-sur-Helpe sur N 2 : 1 km ✉ 59440 Avesnes-sur-Helpe ☎ 03 27 61 06 70, *Fax 03 27 61 20 02,* – P. AE ⓓ GB
fermé dim. soir et soirs fériés – **Repas** 120/400 bc ♁, enf. 80

DOUSSARD *74210 H.-Savoie* 74 ⑯ – *2 070 h alt. 456.*
Paris 559 – Annecy 20 – Albertville 27 – Megève 43.

Marceau sans rest, à Marceau-Dessus Ouest : 2 km par rte secondaire ☎ 04 50 44 30 11, *hotelmarceau@aol.com, Fax 04 50 44 39 44*, ←, – P. AE GB
55 – **16 ch** 460/720

Arcalod, ☎ 04 50 44 30 22, *arcalod@dial.oleane.com, Fax 04 50 44 85 03*, – P – 30. AE GB. rest
15 avril-30 sept. – **Repas** *(fermé dim. soir et lundi du 15 avril au 15 mai)* 90/165 ♀, enf. 60 – 48 – **33 ch** 380/480 – ½ P 320/380

à Bout-du-Lac *Nord-Ouest : 3 km par N 508 – ✉ 74210 :*

Chappet avec ch, ☎ 04 50 44 30 19, *hotel-chappet.com, Fax 04 50 44 83 26*, « Terrasse au bord de l'eau », – P. AE GB
20 fév.-30 sept. et fermé mardi et merc. sauf juil. août – **Repas** 150/300 ♀ – 50 – **9 ch** 280/400 – ½ P 390

DOUVAINE *74140 H.-Savoie* 70 ⑯ – *3 859 h alt. 428.*
Office de Tourisme pl. de l'Hôtel-de-Ville ☎ 04 50 94 10 55, Fax 04 50 94 36 13.
Paris 559 – Thonon-les-Bains 16 – Annecy 63 – Chamonix-Mont-Blanc 88 – Genève 18.

Couronne, ☎ 04 50 85 10 20, *la.couronne2@freesbee.fr, Fax 04 50 85 10 40* – P. GB
fermé juin, 23 déc. au 2 janv., dim. soir (sauf hôtel) et lundi – **Repas** 75 bc (déj.), 95/260 ♀ – 35 – **10 ch** 190/290 – ½ P 225/240

DOUVRES LA DÉLIVRANDE *14440 Calvados* 54 ⑯ – *3 983 h alt. 19.*
Paris 244 – Caen 14 – Bayeux 26 – Deauville 48.

Jacques Quirié, 1 pl. Ancienne Mairie ☎ 02 31 37 20 04, *Fax 02 31 37 76 12* – P. AE GB
fermé 6 au 25 juil., vacances de fév., dim. soir et lundi – **Repas** 78/188

à Cresserons *Est : 2 km par D 35 – 953 h. alt. 9 – ✉ 14440 :*

Valise Gourmande, rte Lion sur Mer ☎ 02 31 37 39 10, *Fax 02 31 37 59 13*, « Elégante demeure bourgeoise », – P. GB.
fermé 9 au 22 oct., dim. soir et lundi – **Repas** 128/310 et carte 270 à 380 ♀, enf. 90

DRACY-LE-FORT *71 S.-et-L.* 69 ⑨ – *rattaché à Chalon-sur-Saône.*

DRAGUIGNAN *83300 Var* 84 ⑦, 114 ㉓ *G. Côte d'Azur – 30 183 h alt. 178.*
Voir *Musée des Arts et Traditions populaires de moyenne Provence★* **M²**.
Env. *Site★ de Trans-en-Provence S : 5 km.*
Office de Tourisme 2 av. Carnot ☎ 04 98 10 51 05, Fax 04 98 10 51 10.
Paris 867 ② – Fréjus 31 ② – Marseille 126 ② – Nice 90 ② – Toulon 82 ②.

Plan page ci-contre

Relais Mercure sans rest, 11 bd G. Clemenceau ☎ 04 94 68 66 77, *Fax 04 94 68 23 49* – . AE GB JCB Z n
55 – **38 ch** 375/530

Parc sans rest, 21 bd Liberté ☎ 04 98 10 14 50, *hotelduparc@provence-verdon.com, Fax 04 98 10 14 55* – P. AE GB Y a
38 – **20 ch** 280/330

Lou Galoubet, 23 bd J. Jaurès ☎ 04 94 68 08 50 – . AE GB Z e
fermé 16 au 31 août, dim. soir et lundi soir – **Repas** 120

rte de Flayosc *par ③ et D 557 : 4 km – ✉ 83300 Draguignan :*

Les Oliviers sans rest, ☎ 04 94 68 25 74, *Fax 04 94 68 57 54*, – P. AE GB
fermé 5 au 20 janv. – 35 – **12 ch** 280/350

à Flayosc *par ③ et D 557 : 7 km – 3 233 h. alt. 310 – ✉ 83780 :*

Vieille Bastide avec ch, par rte Salernes et rte secondaire ☎ 04 98 10 62 62, *lavieillebastide@provence-verdon.com, Fax 04 94 84 61 23*, – P. GB
fermé 29 oct. au 18 nov., 7 au 27 janv., merc. midi de nov. à mars, dim. soir et lundi – **Repas** (105) - 135/300, enf. 90 – 50 – **8 ch** 360/580 – ½ P 330/430

L'Oustaou, au village ☎ 04 94 70 42 69, – AE GB
fermé 1er au 7 mai, 12 nov. au 17 déc., jeudi soir de sept. à juin, dim. sauf le midi de sept. à juin et lundi – **Repas** 125/280 ♀, enf. 75

DRAGUIGNAN

Cisson (R.) . . . . YZ 3
Clemenceau (Bd) . . . . Z
Clément (R. P.) . . . . Z 5
Droits de l'Homme (Parvis des) . . . . Z 6
Gay (Pl. C.) . . . . Y 7
Grasse (Av. de) . . . . Y 8
Joffre (Bd Mar.) . . . . Z 9
Juiverie (R. de la) . . . . Y 12
Kennedy (Bd J.) . . . . Z 13
Leclerc (Bd Gén.) . . . . Z 14
Marchands (R. des) . . . . . Y 15
Marché (Pl. du) . . . . Y 16
Martyrs-de-la-R. (Bd des) . . . . Z 17
Marx-Dormoy (Bd) . . . . . . Z 18
Mireur (R. F.) . . . . Y 19
Observance (R. de l') . . . . Y 20
République (R. de la) . . . . Z 23
Rosso (Av. P.) . . . . Z 24

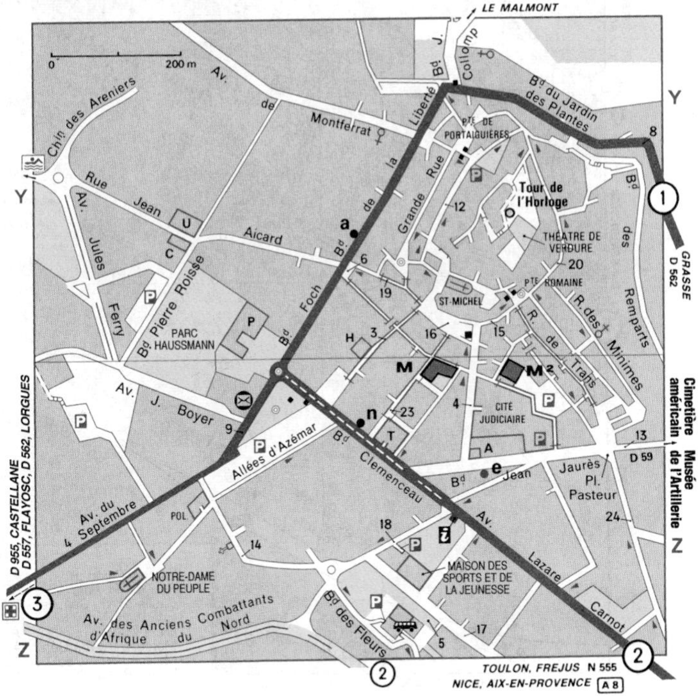

Le Guide change, changez de guide tous les ans.

Le DRAMONT *83 Var* 84 ⑧., 114 ㉖ *– rattaché à St-Raphaël.*

DREUX ⟨SP⟩ *28100 E.-et-L.* 60 ⑦, 106 ㉕ *G. Normandie Vallée de la Seine – 35 230 h alt. 82.*

Voir *Beffroi*★ **AY B** – *Glaces peintes*★★ *de la chapelle royale St-Louis* **AY**.

Office de Tourisme 4 r. Porte-Chartraine ☎ 02 37 46 01 73, Fax 02 37 46 02 19.

Paris 81 ② – Chartres 34 ④ – Évreux 45 ⑥ – Mantes-la-Jolie 44 ①.

Plan page suivante

Beffroi sans rest, 12 pl. Métézeau ☎ 02 37 50 02 03, *Fax 02 37 42 07 69* – TV ☎. AE ⓓ GB JCB — AZ e
fermé 28 juil. au 10 août – ☕ 35 – **16 ch** 335/355

St-Pierre, 19 r. Sénarmont ☎ 02 37 46 47 00, *lesaint.pierre@wanadoo.fr, Fax 02 37 46 43 19* – AE GB — BY r
fermé 16 au 30 juil., 6 au 13 janv., dim. soir et lundi – **Repas** (72) - 85/147 🌡

à Cherisy *par ② : 4,5 km – 1 741 h. alt. 88 – ✉ 28500 :*

Vallon de Chérisy, ☎ *02 37 43 70 08, Fax 02 37 43 86 00,* 🏠, 🍽 – P. GB
fermé 15 au 28 fév., 25 juil. au 16 août, dim. soir, mardi soir et merc. – **Repas** 130/210 🍷

à Ste-Gemme-Moronval *par ②, N 12, D 912 et D 308¹ : 6 km – 613 h. alt. 79 – ✉ 28500 :*

L'Escapade, ☎ *02 37 43 72 05, Fax 02 37 43 86 96,* 🏠 – P. AE GB
fermé 13 août au 5 sept., vacances de fév., dim. soir, lundi soir et mardi – **Repas** 170 (déj.), 190/350 bc et carte 300 à 420 🍷

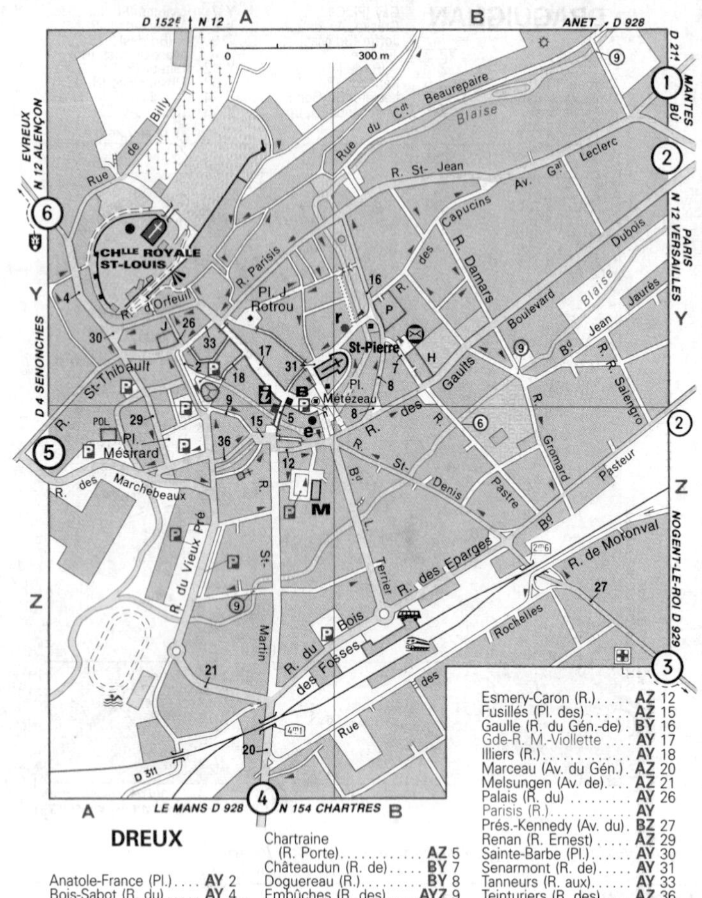

DREUX

à **Vernouillet-centre** *Sud par D 311* **AZ** *: 2 km – 11 680 h. alt. 97 – ✉ 28500 :*

XX **Auberge de la Vallée Verte** avec ch, (près Église) ✆ 02 37 46 04 04, *Fax 02 37 42 91 17* – TV 🚗 P. AE GB. ✗ ch
fermé 1er au 24 août, 25 déc. au 9 janv., vend. soir, dim. soir et lundi – **Repas** 150/260 bc 🍷 – ☕ 40 – **11 ch** 350/400 – ½ P 315

DRUSENHEIM *67410 B.-Rhin* 87 ④ *– 4 363 h alt. 122.*

Paris 501 – Strasbourg 29 – Haguenau 18 – Saverne 62 – Wissembourg 40.

XX **Auberge du Gourmet** M avec ch, rte Strasbourg, Sud-Ouest : 1 km ✆ 03 88 53 30 60, *Fax 03 88 53 31 39*, 🏡, 🌳 – TV ✆ ♿ P. GB
fermé 1er au 15 août, et 15 fév. au 9 mars – **Repas** *(fermé mardi soir et merc.)* 145/250 – ☕ 40 – **11 ch** 240/330

DRUYES-LES-BELLES-FONTAINES *89560 Yonne* 65 ⑭ *– 302 h alt. 168.*

Paris 183 – Auxerre 34 – Clamecy 18 – Gien 75 – Montargis 98.

🏠 **Auberge des Sources** 🐚, ✆ 03 86 41 55 14, *Fax 03 86 41 90 31* – ✆ ♿ P. GB
fermé 10 janv. au 10 fév., lundi midi en saison, mardi midi et lundi hors saison – **Repas** 105/250, enf. 60 – ☕ 50 – **17 ch** 260/340 – ½ P 240/290

DUCEY *50220 Manche* 59 ⑧ *G. Normandie Cotentin – 2 069 h alt. 15.*

Paris 343 – St-Lô 69 – Avranches 12 – Fougères 41 – Rennes 79 – St-Hilaire-du-Harcouët 16.

Moulin de Ducey M sans rest, ☎ 02 33 60 25 25, *Fax 02 33 60 26 76*, ≤, « Ancien moulin sur la Sélune » – |‡| TV ♿ P. AE ⓞ GB JCB
☕ 55 – **28 ch** 300/560

Auberge de la Sélune, ☎ 02 33 48 53 62, *info@selune.com, Fax 02 33 48 90 30*, « Jardin en bordure de rivière », – AE ⓞ GB
fermé 15 nov. au 10 déc., 20 janv. au 11 fév. et lundi d'oct. à mars – **Repas** 85/206 ♀, enf. 60 – ☕ 42 – **20 ch** 309/324 – ½ P 320/330

DUCLAIR *76480 S.-Mar.* 55 ⑥ *G. Normandie Vallée de la Seine – 3 822 h alt. 8.*

Bac: *renseignements* ☎ *02 35 37 53 11.*

Paris 150 – Rouen 20 – Dieppe 61 – Lillebonne 33 – Yvetot 21.

Poste, quai Libération ☎ 02 35 05 92 50, *hoteldelaposte@worldonline.fr, Fax 02 35 37 39 19*, ≤ – |‡| TV. AE ⓞ GB.
fermé 1er au 15 juil., 1er au 10 nov., lundi(sauf hôtel) et dim. soir sauf fériés – **Repas** (1er étage) 80/250 ♀, enf. 45 - ***Rôtisserie*** (déj. seul.) *(fermé 15 au 30 juil., 10 au 20 nov., sam. et dim.)* **Repas** 70/170 ♀, enf. 45 – ☕ 35 – **9 ch** 210/340 – ½ P 270/300

DUILHAC-SOUS-PEYREPERTUSE *11350 Aude* 86 ⑧ *G. Languedoc Roussillon – 87 h alt. 336.*

Paris 862 – Perpignan 46 – Carcassonne 80 – Millas 36 – Mouthoumet 28 – Narbonne 68.

Auberge du Vieux Moulin , ☎ 04 68 45 02 17, *Fax 04 68 45 02 18*, , ancien moulin à huile – TV ♿. GB.
fermé 20 déc. au 5 fév. – **Repas** 95/165 ♀, enf. 48 – ☕ 35 – **14 ch** 230

Le Guide change, changez de guide tous les ans.

DUINGT *74410 H.-Savoie* 74 ⑥ *G. Alpes du Nord – 635 h alt. 450.*

Paris 552 – Annecy 12 – Albertville 33 – Megève 49 – St-Jorioz 3.

Lac, ☎ 04 50 68 90 90, *info@hoteldulac.com, Fax 04 50 68 50 18*, ≤, , « Jardin au bord du lac », – |‡| TV P. GB. ch
hôtel : 1er fév.-15 oct. et fermé dim. soir et lundi de fév. à avril ; rest. : 11 avril-16 sept. – **Repas** 135/230, enf. 60 – ☕ 45 – **23 ch** 390/470 – ½ P 390/415

Clos Marcel, ☎ 04 50 68 67 47, *lionel@clos-marcel.com, Fax 04 50 68 61 11*, ≤, , « Jardin au bord du lac », – TV P. GB. rest
10 mars-30 sept. et fermé mardi soir et merc. hors saison – **Repas** 100/160 ♀, enf. 65 – ☕ 45 – **13 ch** 260/420 – ½ P 325/435

Auberge du Roselet, ☎ 04 50 68 67 19, *Fax 04 50 68 64 80*, , « Terrasse au bord de l'eau », – TV P. GB
fermé 1er nov. au 5 janv. – **Repas** 100/300 ♀, enf. 60 – ☕ 50 – **14 ch** 400 – ½ P 400

DUNES *82340 T.-et-G.* 79 ⑮ *– 853 h alt. 120.*

Paris 663 – Agen 21 – Auvillar 13 – Miradoux 12 – Moissac 32.

Les Templiers, ☎ 05 63 39 86 21, *Fax 05 63 39 86 21*, – GB
fermé 1er au 15 oct., mardi soir sauf juil.-août, sam. midi, dim. soir et lundi – **Repas** 115/260 ♀, enf. 70

DUNIÈRES *43220 H.-Loire* 76 ⑧ *– 3 009 h alt. 760.*

Paris 553 – Le Puy-en-Velay 52 – St-Étienne 36 – St-Agrève 34.

Tour, D 61 ☎ 04 71 66 86 66, *la.tour-hotel-restaurant@wanadoo.fr, Fax 04 71 66 82 32*, – TV ♿ P. AE GB
fermé 23/8 au 3/9, week-ends en janv., vacances de fév., vend. soir (sauf hôtel), dim. soir, lundi midi de 10 à 05 – **Repas** 65 (déj.), 108/270 ♀ – ☕ 40 – **11 ch** 239/289 – ½ P 260

DUNKERQUE SP *59140 Nord* 51 ③ ④ *G. Picardie Flandres Artois – 70 331 h Agglo. 190 879 h alt. 4 – Casino à Malo-les-Bains.*

Voir Port★★ – *Musée d'Art contemporain*★ : *jardin des sculptures*★ **CDY** – *Musée des Beaux-Arts*★ **CDZ M²** – *Musée portuaire*★ **CZ M³** – *Commune de la "Méridienne verte".*

ℹ *Office de Tourisme Beffroi r. de l'Amiral Romarc'h* ☎ *03 28 66 79 21, Fax 03 28 63 38 34 et (saison) 48 bis Digue de Mer à Malo-les-Bains* ☎ *03 28 26 28 88.*

Paris 292 ② – Calais 45 ③ – Amiens 154 ② – Ieper 55 ② – Lille 73 ② – Oostende 57 ①.

DUNKERQUE

Banc Vert (R. du) .... **AX** 8	Darses (Chaussées des) .... **AX** 25	Mendès-France (Bd) .... **BX** 52
Berteaux (Av. M.) .... **AX** 10	Jaurès (R. Jean) .... **BX** 39	Pasteur (R.) .... **BX** 56
Cambon (Bd P.) .... **BX** 17	Lille (R. de) .... **BX** 45	République (R. de la) ..... **AX** 61
	Malo (R. Célestin) .... **BX** 50	Waldeck-Rousseau (R.) .... **BX** 73

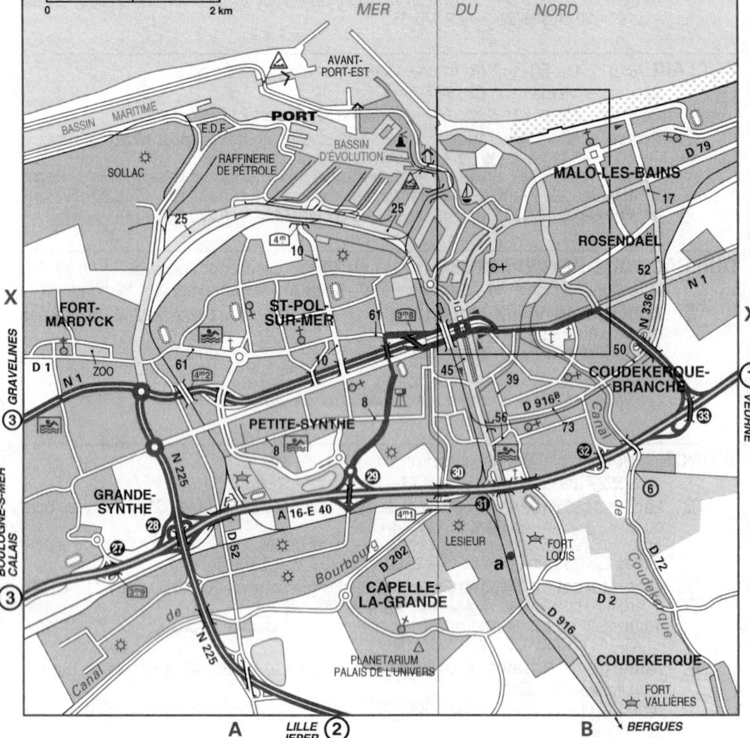

Europ'Hôtel Ⓜ, 13 r. Leughenaer ☎ 03 28 66 29 07, *Fax 03 28 63 67 87* – |♦|, ▤ rest, TV – 🚣 40 à 200. AE ⓞ GB JCB — CY s
La Ferme ☎ 03 28 65 08 05 *(fermé le midi et dim.)* **Repas** carte 120 à 200 ♫, enf. 30 – ☕ 55 – **116 ch** 380/430

Borel Ⓜ sans rest, 6 r. L'Hermite ☎ 03 28 66 51 80, *Fax 03 28 59 33 82* – |♦| ⇔ TV ☎. AE ⓞ GB — CY u
☕ 60 – **48 ch** 390/450

XX **Estouffade,** 2 quai Citadelle ☎ 03 28 63 92 78, *Fax 03 28 63 92 78,* ☂ – ⓞ GB — CZ s
fermé 5 au 29 août, vacances de fév., dim. soir et lundi – **Repas** 150/210 ♀

X **Au Petit Pierre,** 4 r. Dampierre ☎ 03 28 66 28 36, *Fax 03 28 66 28 49* – AE ⓞ GB — CZ a
fermé sam. midi, dim. soir et lundi soir – **Repas** 95/169 ♀, enf. 45

à Malo-les-Bains – ✉ *59240 Dunkerque :*

Hirondelle, 46 av. Faidherbe ☎ 03 28 63 17 65, *hotelhirondelle@netinfo.fr, Fax 03 28 66 15 43* – |♦|, ▤ rest, TV ☎ ♿ – 🚣 40. AE ⓞ GB — DY r
Repas *(fermé 20 août au 3 sept., 12 fév. au 5 mars, dim. soir et lundi)* (70) - 135/300 ♀ – ☕ 35 – **42 ch** 310/367 – ½ P 292

DUNKERQUE

Albert-Ier (R.) .... CZ 2
Alexandre-III (Bd) .... CZ 3
Arbres (R. des) .... CDY 6
Asseman (Pl. P.) .... DY 7
Bergues
(R. du Canal-de) .... CZ 9
Bollaert (Pl. Émile) .... CZ 12
Calonne (Pl.) .... DZ 16
Carnot (Bd) .... DY 18
Carton Lurat (Av.) .... DZ 19
Clemenceau (R.) .... CZ 21
Digue de Mer .... DY
Écluse-de-Bergues (R.) .... CZ 26
Faidherbe (Av.) .... DY
Fusiliers-Marins (R.) .... CZ 30
Gare (Pl. de la) .... CZ 32
Gaulle (Pl. du Gén.-de) .... CZ 33
Geeraert (Av. Adolphe) .... DY
Hermitte (R. l') .... CY 35
Hollandais (Quai des) .... CZ 36
Hôtel-de-Ville (R. de l') .... DY 37
Jardins (Quai des) .... CZ 38
Jaurès (R. Jean) .... CZ 40
Jean-Bart (Pl.) .... CZ 41
Jeu-de-Paume (R. du) ..... CZ 42
Leclerc (R. du Mar.) .... CY 43
Leughenaer (R. du) .... CY 44
Lille (R. de) .... CZ 45
Magasin-Général (R.) .... CZ 48
Malo (Av. Gaspard) .... DY 49
Mar.-de-France
(Av. des) .... DY 51
Minck (Pl. du) .... CY 53
Paris (R. de) .... CZ 54
Prés.-Poincaré
(R. du) .... CZ 57
Prés.-Wilson (R. du) .... CZ 58
Quatre-Ecluses (Quai) ..... CZ 59
Thiers (R.) .... CZ 65
Turenne (Pl.) .... DY 67
Valentin (Pl. C.) .... CZ 68
Verley (Bd Paul) .... DY 69
Victoire
(Pl. et R. de la) .... CDY 70
Victor-Hugo (Bd) .... CZ 72

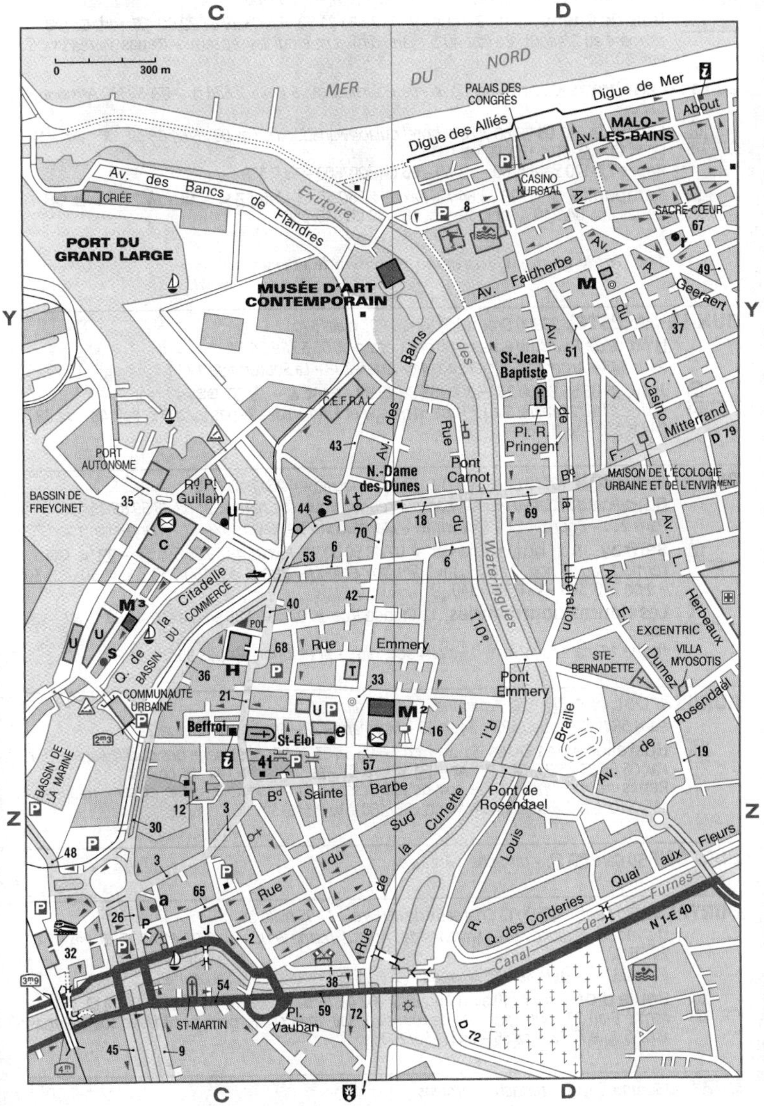

C D

MER DU NORD
PALAIS DES CONGRÈS
Digue de Mer
Digue des Alliés
MALO-LES-BAINS
CASINO KURSAAL
SACRÉ-CŒUR
Av. des Bancs de Flandres
Exutoire
CRIÉE
PORT DU GRAND LARGE
MUSÉE D'ART CONTEMPORAIN
Av. Faidherbe
Av. A. Geeraert
St-Jean-Baptiste
Pl. R. Pringent
C.E.F.R.A.L.
N.-Dame des Dunes
Pont Carnot
MAISON DE L'ÉCOLOGIE URBAINE ET DE L'ENVIRMENT
Av. F. Mitterrand
PORT AUTONOME
BASSIN DE FREYCINET
Rd Pt Guillain
Bd de la Libération
Canal des Wateringues
BASSIN DU COMMERCE
Q. de la Citadelle
Rue Emmery
Pont Emmery
EXCENTRIC
VILLA MYOSOTIS
STE-BERNADETTE
Av. E. Dumez
Av. L. Herbeaux
Av. de Rosendael
COMMUNAUTÉ URBAINE
BASSIN DE LA MARINE
Beffroi
St-Éloi
Bd Sainte Barbe
Pont de Rosendael
Rue du Sud
Rue de la Cunette
R. Louis Braille
Quai aux Fleurs
Q. des Corderies
Canal de Furnes
N 1-E 40
D 79
D 72
ST-MARTIN
Pl. Vauban

Y Z

C D

à Téteghem *Sud-Est par N 1* **BX** *et D 204 : 6 km – 5 839 h. alt. 1 – ✉ 59229 :*

XXX **Meunerie** avec ch, au Galghouck, Sud Est : 2 km par D 4 ☎ 03 28 26 14 30, *Fax 03 28 26 17 32,* « Décor élégant », – – 20. AE GB
fermé 25 juil. au 5 août et 2 au 15 janv. – **Repas** *(fermé mardi midi, dim. soir et lundi)* 150/380 et carte 360 à 430 – 80 – **9 ch** 550/850 – ½ P 600/850

à Coudekerque-Branche *– 23 644 h. alt. 1 – ✉ 59210 :*

XXX **Soubise,** 49 rte Bergues ☎ 03 28 64 66 00, *Fax 03 28 25 12 19* – AE GB
fermé 13 au 25 avril, 27 juil. au 22 août, 14 déc. au 4 janv., sam. midi et dim. soir – **Repas** 115/205, enf. 45 **BX a**

à Cappelle-la-Grande *Sud : 5 km sur D 916 – 8 908 h. – ✉ 59180 :*

XX **Bois de Chêne,** 48 rte Bergues ☎ 03 28 64 21 80, *Fax 03 28 61 22 00,* – AE GB
fermé 4 au 20 août, 24 fév. au 5 mars, dim. soir, lundi soir et sam. – **Repas** 110/335 bc, enf. 60

au Lac d'Armbouts-Cappel *par ② (sortie Bourbourg) : 9 km – 2 656 h. – ✉ 59380 Armbouts-Cappel :*

Lac M, ☎ 03 28 60 70 60, *hotel.dulac@wanadoo.fr, Fax 03 28 61 06 39,* , – – 30 à 120. AE GB
Repas 77/170, enf. 60 – 60 – **66 ch** 320/500 – ½ P 338

Campanile, ☎ 03 28 64 64 70, *Fax 03 28 60 53 12* – – 25. AE GB
Repas (78) - 84/110, enf. 39 – 36 – **40 ch** 340/350

The Guide changes, so renew your Guide every year.

DUN-LE-PALESTEL *23800 Creuse* 68 ⑱ *– 1 203 h alt. 370.*

Office de Tourisme (saison) pl. de la Poste ☎ 05 55 89 24 61.

Paris 343 – Argenton-sur-Creuse 41 – Guéret 28 – La Souterraine 19.

Joly, ☎ 05 55 89 00 23, *Fax 05 55 89 15 89* – – 20. GB. rest
fermé 1er au 20 mars, 5 au 25 oct., dim. soir et lundi midi – **Repas** 85/200, enf. 48 – 38 – **24 ch** 230 – ½ P 220

DUN-SUR-AURON *18130 Cher* 69 ① *G. Berry Limousin – 4 261 h alt. 182.*

Syndicat d'Initiative (nov. à mars sur rendez-vous) Le Chatelet ☎ 02 48 59 85 26.

Paris 274 – Bourges 27 – Moulins 81 – Montluçon 73 – Nevers 57 – St-Amand-Montrond 20.

Beffroy, 13 pl. Jacques Chartier ☎ 02 48 59 50 72, *Fax 02 48 59 85 39,* – . GB
fermé 12 au 19 nov., 2 au 23 janv., dim. soir et lundi – **Repas** (80) - 130/250, enf. 50 – 30 – **9 ch** 270/380 – ½ P 250/340

X **Les Heures Gourmandes,** 12 Grande Rue ☎ 02 48 59 88 94, *Fax 02 48 59 15 82* – . GB
fermé 16 mars au 12 avril, 13 au 24 oct., dim. soir et lundi – **Repas** 95/200

DURAS *47120 L.-et-G.* 75 ⑬ *G. Aquitaine – 1 200 h alt. 122.*

Paris 584 – Périgueux 87 – Agen 89 – Marmande 22 – Ste-Foy-la-Grande 22.

XX **Hostellerie des Ducs** avec ch, ☎ 05 53 83 74 58, *hostellerie.des.ducs@wanadoo.fr, Fax 05 53 83 75 03,* , , – – 20. AE GB. ch
Repas *(fermé lundi sauf le soir de juil. à sept., dim. soir hors saison et sam. midi)* (92) - 135/310, enf. 63 – 45 – **16 ch** 295/480 – ½ P 335/395

DURFORT *30 Gard* 80 ⑰ *– rattaché à Anduze.*

DURTAL *49430 M.-et-L.* 64 ② *G. Châteaux de la Loire – 3 195 h alt. 39.*

Syndicat d'Initiative "Les Marchés de l'Anjou" (fermé les lundi) ☎ 02 41 76 37 26, Fax 02 41 24 76 12.

Paris 262 – Angers 38 – Le Mans 63 – La Flèche 14 – Laval 67 – Saumur 65.

XX **Boule d'Or** avec ch, 19 av. d'Angers ☎ 02 41 76 30 20, *Fax 02 41 76 06 99* – . GB
fermé 6 au 22 août, vacances de fév., dim. soir, mardi soir, merc. et fériés le soir – **Repas** 76/215, enf. 38 – 35 – **5 ch** 230/290

DURY *80 Somme* 52 ⑱ *– rattaché à Amiens.*

EAUX-PUISEAUX *10130 Aube* 61 ⑯ *– 172 h alt. 220.*
Paris 162 – Troyes 32 – Auxerre 54 – Sens 57.

XX **Ferme du Clocher,** ℘ 03 25 42 02 21, *Fax 03 25 42 03 30,* ☂, ⛱ – P. GB
fermé 27 août au 3 sept., janv., dim. soir et lundi – **Repas** 90/170 ♀

Les ÉCHELLES *73360 Savoie* 74 ⑮ *G. Alpes du Nord – 1 246 h alt. 386.*
ℹ *Syndicat d'Initiative de la Vallée de Chartreuse r. Stendhal ℘ 04 79 36 56 24, Fax 04 79 36 53 12.*
Paris 540 – Grenoble 40 – Chambéry 23 – Lyon 93 – Valence 106.

à Chailles *Nord : 5 km – ✉ 73360 Les Échelles :*

X **Auberge du Morge** avec ch, N 6 ℘ 04 79 36 62 76, *gil.bouvier@wanadoo.fr, Fax 04 79 36 51 65,* ☂, ⛱ – P. AE GB. ✗ ch
fermé 1er déc. au 20 janv. et merc. sauf vacances scolaires – **Repas** 80/145 ♀, enf. 45 – ☕ 30 – **8 ch** 200/220 – 1/2 P 260

ECHENEVEX *01 Ain* 70 ⑮ *– rattaché à Gex.*

Les ÉCHETS *01 Ain* 74 ② *– alt. 276 – ✉ 01700 Miribel.*
Paris 455 – Lyon 16 – L'Arbresle 29 – Bourg-en-Bresse 47 – Villefranche-sur-Saône 29.

XXX **Jacques et Christophe Marguin** avec ch, ℘ 04 78 91 80 04, *Fax 04 78 91 06 83,* ☂, ⛱ – TV 🚗 P. AE ⓓ GB JCB
fermé 1er au 22 août, 23 déc. au 4 janv. et dim. soir – **Repas** 100/380, enf. 65 – ☕ 45 – **8 ch** 240/310

ÉCHIGEY *21 Côte-d'Or* 66 ⑫ *– rattaché à Genlis.*

ÉCHIROLLES *38 Isère* 77 ⑤ *– rattaché à Grenoble.*

ECKBOLSHEIM *67 B.-Rhin* 87 ⑤ *– rattaché à Strasbourg.*

EFFIAT *63260 P.-de-D.* 73 ⑤ *G. Auvergne – 730 h alt. 350.*
Voir Château★.
Paris 397 – Clermont-Ferrand 39 – Gannat 11 – Riom 23 – Thiers 38 – Vichy 17.

X **Cinq Mars,** r. Cinq-Mars (D 984) ℘ 04 73 63 64 16, *Fax 04 73 63 64 16* – GB
fermé 26 mars au 9 avril, 18 au 31 août et lundi soir – **Repas** 70 (déj.), 110/160 ♀

ÉGLETONS *19300 Corrèze* 75 ⑩ *– 4 487 h alt. 650.*
ℹ *Office de Tourisme r. J.-Vialaneix ℘ 05 55 93 04 34, Fax 05 55 93 21 01.*
Paris 504 – Aurillac 97 – Aubusson 78 – Limoges 112 – Mauriac 46 – Tulle 30 – Ussel 29.

🏠 **Ibis,** rte Ussel par N 89 : 1,5 km ℘ 05 55 93 25 16, *Fax 05 55 93 37 54,* ☂, ⛱, ✗ – ✗ TV ♿ P – 🏛 15. AE ⓓ GB
Repas *(75)* - 95 ♀, enf. 39 – ☕ 35 – **41 ch** 285/310

EGUISHEIM *68420 H.-Rhin* 62 ⑱ ⑲ *G. Alsace Lorraine – 1 530 h alt. 210.*
Voir *Circuit des remparts★ – Route des Cinq Châteaux★ SO : 3 km.*
Paris 476 – Colmar 6 – Belfort 66 – Gérardmer 52 – Guebwiller 22 – Mulhouse 42.

🏠 **St-Hubert** M 🌿 sans rest, r. Trois Pierres ℘ 03 89 41 40 50, *hotel.st.hubert@wanadoo.fr, Fax 03 89 41 46 88,* <, 🏊 – TV 📞 ♿ P. GB. ✗
fermé 12 au 19 nov. et fév. – ☕ 60 – **12 ch** 470/620

🏠 **Hostellerie du Château** M sans rest., 2 r. Château ℘ 03 89 23 72 00, *Fax 03 89 23 79 99,* « Décor contemporain » – TV ♿. AE ⓓ GB
fermé 2 janv. au 10 fév. – ☕ 55 – **11 ch** 410/780

🏠 **Hostellerie du Pape** M, 10 Grand Rue ℘ 03 89 41 41 21, *info@hostellerie-pape.com, Fax 03 89 41 41 31,* ☂ – |‡| TV ♿ P – 🏛 30. AE ⓓ GB JCB
fermé 2 janv. au 5 fév. – **Repas** *(fermé mardi midi et lundi)* 98/320 ♀, enf. 60 – ☕ 55 – **33 ch** 340/540 – 1/2 P 440

🏠 **Auberge des Comtes,** 1 pl. Ch. de Gaulle ℘ 03 89 41 16 99, *Fax 03 89 24 97 10* – 📞 ♿ P. GB
fermé 1er janv. au 15 mars – **Repas** *(fermé merc. et jeudi)* 90/155 ♀, enf. 40 – ☕ 50 – **14 ch** 280/370 – 1/2 P 325/345

XX **Caveau d'Eguisheim,** 3 pl. Château St-Léon ✆ 03 89 41 08 89, *Fax 03 89 23 79 99* – AE ⓓ GB
fermé 1er janv. au 10 fév., jeudi midi et merc. – **Repas** (nombre de couverts limité, prévenir) 145 (déj.), 175/375

XX **Grangelière,** 59 r. Rempart Sud ✆ 03 89 23 00 30, *Fax 03 89 23 61 62* – GB
fermé 15 fév. au 15 mars et jeudi – **Repas** 135 bc/390 bc

XX **Au Vieux Porche,** 16 r. Trois Châteaux ✆ 03 89 24 01 90, *Fax 03 89 23 91 25*, « Maison de vignerons » – GB
fermé 25 juin au 3 juil., 12 au 22 nov., 26 fév. au 22 mars, merc. sauf le soir de Pâques à nov. et mardi – **Repas** 105/350 ♀, enf. 60

X **Pavillon Gourmand,** 101 r. Rempart-Sud ✆ 03 89 24 36 88, *Fax 03 89 23 93 94* – GB
fermé 9 au 18/07, 4/02 au 4/03, dim. soir du 15/11 au 1er/03, mardi sauf le midi du 1er/03 au 15/11 et merc. – **Repas** 85/370 bc ♀, enf. 57

ÉLINCOURT-STE-MARGUERITE *60 Oise* 56 ② – *rattaché à Compiègne.*

ELNE *66200 Pyr.-Or.* 86 ⑳ *G. Languedoc Roussillon – 6 262 h alt. 30.*

Voir *Cloître*★★ *de la Cathédrale Ste-Eulalie et Ste-Julie.*

Office de Tourisme 2 r. Dr-Bolte ✆ 04 68 22 05 07, Fax 04 68 37 95 05.

Paris 876 – Perpignan 15 – Argelès-sur-Mer 8 – Céret 30 – Port-Vendres 18 – Prades 59.

Week-End, av. P. Reig ✆ 04 68 22 06 68, *hotel.weekend@libertysurf.fr, Fax 04 68 22 17 16*, – ch, TV. AE ⓓ GB JCB
Repas *(fermé sam. midi)* 65 bc (déj.), 98/220, enf. 48 – ☐ 38 – **8 ch** 310/350 – ½ P 275/310

ÉLOISE *74 H.-Savoie* 74 ⑤ – *rattaché à Bellegarde-sur-Valserine.*

EMBRUN *05200 H.-Alpes* 77 ⑰ ⑱ *G. Alpes du Sud – 5 793 h alt. 871.*

Voir *Cathédrale N.-D. du Réal*★ : *trésor*★, *portail*★ – *Peintures murales*★ *dans la chapelle des Cordeliers – Rue de la Liberté et Rue Clovis-Huques*★.

Office de Tourisme pl. Gén.-Dosse ✆ 04 92 43 72 72, Fax 04 92 43 54 06.

Paris 705 – Briançon 50 – Gap 40 – Barcelonnette 56 – Digne-les-Bains 94 – Guillestre 22.

Mairie, pl. Mairie ✆ 04 92 43 20 65, *Fax 04 92 43 47 02*, – TV – 20. AE GB
fermé 8 au 24 mai, oct. et nov. – **Repas** *(fermé lundi sauf le soir en juin et sept. et dim. soir de déc. à avril)* 100/130 ♀, enf. 55 – ☐ 40 – **24 ch** 270/320 – ½ P 285/300

Notre-Dame, av. Gén. Nicolas ✆ 04 92 43 08 36, *Fax 04 92 43 58 41*, – TV. GB
fermé 16 déc. au 29 janv., dim. soir et lundi hors saison – **Repas** 109/149 ♀ – ☐ 39 – **14 ch** 220/300 – ½ P 290/300

rte de Gap *Sud-Ouest : 3 km par N 94 – ✉ 05200 Embrun :*

Les Bartavelles, ✆ 04 92 43 20 69, *info@bartavelles.com, Fax 04 92 43 11 92*, – rest, TV – 80. AE ⓓ GB
femé dim. soir de nov. à avril sauf vacances scolaires – **Repas** 98/215 ♀, enf. 70 – ☐ 55 – **43 ch** 420/520 – ½ P 410/450

ÉMERAINVILLE *77 S.-et-M.* 61 ②., 101 ㉙ – *voir à Paris, Environs (Marne-la-Vallée).*

ÉMERINGES *69840 Rhône* 74 ① – *215 h alt. 353.*

Paris 411 – Mâcon 20 – Bourg-en-Bresse 53 – Lyon 67 – Villefranche-sur-Saône 34.

X **Auberge des Vignerons,** ✆ 04 74 04 45 72, *Fax 04 74 04 48 96* – . GB
fermé 24 au 31 août, 1er au 7 janv., merc. de déc. à fév., lundi soir et mardi – **Repas** *(125)* - 155/280 ♀, enf. 60

EMMERIN *59 Nord* 51 ⑯ – *rattaché à Lille.*

ENCAMP 86 ⑭ – *voir à Andorre (Principauté d').*

ENCAUSSE-LES-THERMES *31160 H.-Gar.* 86 ① – *560 h alt. 362.*

Paris 793 – Bagnères-de-Luchon 40 – St-Gaudens 12 – St-Girons 42 – Toulouse 99.

X **Aux Marronniers,** ✆ 05 61 89 17 12, *Fax 05 61 89 17 12*, – GB
fermé janv., dim. soir et lundi hors saison – **Repas** 78/150 ♀

ENGHIEN-LES-BAINS *95 Val-d'Oise* 55 ⑳, 101 ⑤ – *voir à Paris, Environs.*

ENGLOS *59 Nord* 51 ⑮, 111 ㉑ – *rattaché à Lille.*

ENNEZAT *63720 P.-de-D.* 73 ④ *G. Auvergne – 1 915 h alt. 320.*

Voir *Église★ et son Transept★.*

Paris 417 – Clermont-Ferrand 20 – Lezoux 18 – Riom 10 – Thiers 33 – Vichy 34.

Hure d'Argent, 5 r. Horloge ✆ 04 73 63 80 39, *Fax 04 73 63 96 47* – rest, TV. GB
fermé 2 au 15 janv., dim. soir et sam. – **Repas** 72/160 ♀, enf. 40 – ☐ 30 – **14 ch** 230/260 – ½ P 202

ENSISHEIM *68190 H.-Rhin* 66 ⑩ *G. Alsace Lorraine – 6 164 h alt. 217.*

Env. *Ecomusée d'Alsace★★ SO : 9 km.*

Paris 477 – Mulhouse 17 – Colmar 27 – Guebwiller 14 – Thann 23.

XXX **Couronne** avec ch, 47 r. 1e Armée Française ✆ 03 89 81 03 72, *Fax 03 89 26 40 05*, « Maison du 17e siècle » – TV P. GB
fermé 13 au 26 août, dim. soir et lundi – **Repas** 240/430 ♀ - ***Le Thaler*** ✆ 03 89 26 43 26 *(fermé sam. midi et dim.)* **Repas** carte 160 à 200 ♀, enf. 50 – ☐ 50 – **10 ch** 330/650

*Les localités dont les noms sont **soulignés de rouge** sur les **cartes Michelin** à 1/200 000 sont citées dans ce guide.*

Utilisez une carte récente pour profiter de ce renseignement.

ENTRAYGUES-SUR-TRUYÈRE *12140 Aveyron* 76 ⑫ *G. Midi-Pyrénées – 1 495 h alt. 236.*

Voir *Vieux Quartier : Rue Basse★ – Pont gothique★.*

Env. *Vallée du Lot★★.*

Office de Tourisme 30 Tour-de-Ville ✆ 05 65 44 56 10, Fax 05 65 44 50 85.

Paris 602 – Aurillac 44 – Rodez 46 – Figeac 59 – St-Flour 84.

Deux Vallées, ✆ 05 65 44 52 15, *Fax 05 65 44 54 47*, – TV. GB
fermé 1er au 15 fév., vend. soir et sam. de nov. à mars – **Repas** 70/190 , enf. 45 – ☐ 35 – **17 ch** 200/250 – ½ P 220

au Fel *Ouest : 10 km par D 107 et D 573 – 186 h. alt. 530 – ✉ 12140 Entraygues-sur-Truyère :*

Auberge du Fel , ✆ 05 65 44 52 30, *Fax 05 65 48 64 96*, – P. AE GB
1er avril-15 nov. – **Repas** 70/205 ♀, enf. 55 – ☐ 34 – **11 ch** 210/300 – ½ P 220/270

ENTRECHAUX *84 Vaucluse* 81 ③ – *rattaché à Vaison-la-Romaine.*

ENTRE-LÈS-FOURG *25 Doubs* 70 ⑦ – *rattaché à Jougne.*

ENTZHEIM *67 B.-Rhin* 87 ⑤ – *rattaché à Strasbourg.*

ÉPAGNY *74 H.-Savoie* 74 ⑥ – *rattaché à Annecy.*

ÉPERNAY SP *51200 Marne* 56 ⑯ *G. Champagne Ardenne – 26 682 h alt. 75.*

Voir *Caves de Champagne★★ – Collection archéologique★ au musée municipal.*

Office de Tourisme 7 av. de Champagne ✆ 03 26 53 33 00, Fax 03 26 51 95 22.

Paris 142 ④ – Reims 27 ① – Châlons-en-Champagne 34 ② – Château-Thierry 56 ④.

Plan page suivante

Clos Raymi M sans rest, 3 r. Joseph de Venoge ✆ 03 26 51 00 58, *closrayni@wanado o.fr, Fax 03 26 51 18 98*, – TV. AE GB JCB. BZ a
fermé dim. du 15 déc. au 15 fév. – ☐ 80 – **7 ch** 750/840

Les Berceaux (Michelon), 13 r. Berceaux ✆ 03 26 55 28 84, *Fax 03 26 55 10 36* – , rest, TV. AE GB. AZ a
Repas *(fermé 13 au 26 août, mi-fév. à début mars, lundi et mardi)* 160/360 et carte 350 à 500 ♀, enf. 80 - ***Le Wine Bar*** *(fermé sam. et dim.)* **Repas** (135)-150/250 ♀, enf. 60 – ☐ 50 – **29 ch** 390/500
Spéc. Grosse asperge des bords de Marne rôtie (mai-juin). Galette de pied de porc en croûte de pommes de terre. Bouquet de homard, langoustines et poissons de roche en salade tiède. **Vins** Champagne, Coteaux Champenois.

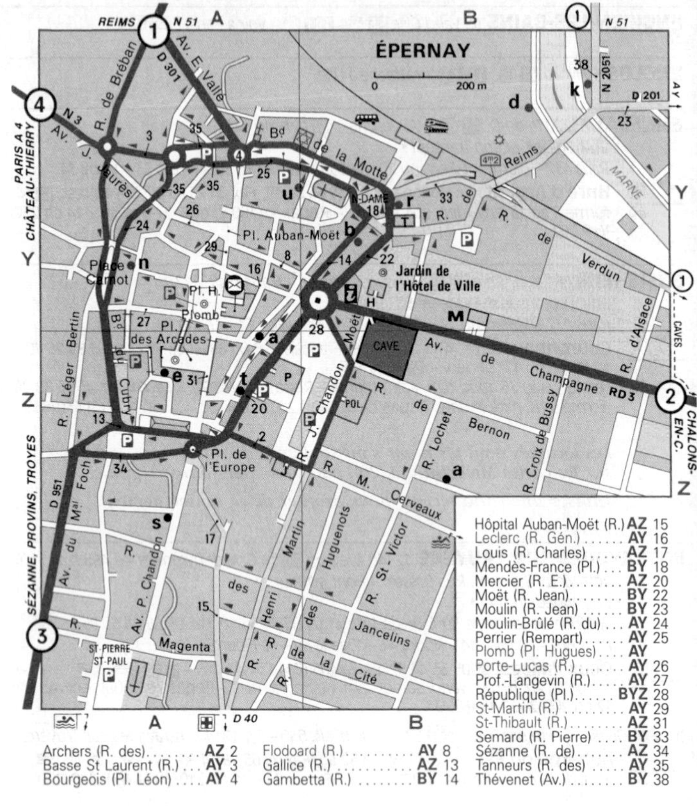

Archers (R. des) .... **AZ** 2	Flodoard (R.) .... **AY** 8	Hôpital Auban-Moët (R.) **AZ** 15
Basse St Laurent (R.) ... **AY** 3	Gallice (R.) .... **AZ** 13	Leclerc (R. Gén.) .... **AY** 16
Bourgeois (Pl. Léon) .... **AY** 4	Gambetta (R.) .... **BY** 14	Louis (R. Charles) ...... **AZ** 17
		Mendès-France (Pl.) ... **BY** 18
		Mercier (R. E.) .... **AZ** 20
		Moët (R. Jean) .... **BY** 22
		Moulin (R. Jean) .... **BY** 23
		Moulin-Brûlé (R. du) ... **AY** 24
		Perrier (Rempart) ...... **AY** 25
		Plomb (Pl. Hugues) .... **AY**
		Porte-Lucas (R.) .... **AY** 26
		Prof.-Langevin (R.) .... **AY** 27
		République (Pl.) .... **BYZ** 28
		St-Martin (R.) .... **AY** 29
		St-Thibault (R.) .... **AZ** 31
		Semard (R. Pierre) .... **BY** 33
		Sézanne (R. de) .... **AZ** 34
		Tanneurs (R. des) ..... **AY** 35
		Thévenet (Av.) .... **BY** 38

Champagne M sans rest, 30 r. E. Mercier ☎ 03 26 53 10 60, *infos@bw-hotel-champagne.com, Fax 03 26 51 94 63* – TV. AE ⓓ GB — AZ t
60 – **33 ch** 450/550

Ibis, 19 r. Chocatelle ☎ 03 26 51 14 51, *Fax 03 26 51 14 59* – TV. AE ⓓ GB
Repas (dîner seul.) carte environ 160 – 35 – **64 ch** 350/360 — AZ e

St-Pierre sans rest, 14 av. P. Chandon ☎ 03 26 54 40 80, *Fax 03 26 57 88 68* – TV. GB — AZ s
fermé fév. – 29 – **15 ch** 120/205

Chez Pierrot, 16 r. Fauvette ☎ 03 26 55 16 93, *Fax 03 26 54 51 30* – . GB — AY n
fermé 5 au 20 sept., 24 au 31 déc., vacances de fév., jeudi sauf le soir de mars à oct. et merc. – **Repas** 110 (déj.), 160/270

Théâtre, 8 pl. P. Mendès-France ☎ 03 26 58 88 19, *Fax 03 26 58 88 38* – . ⓓ GB
fermé 15 fév. au 8 mars, 18 juil. au 8 août, dim. soir du 1er déc. au 15 mars, mardi soir et merc. – **Repas** 130/250 — BY r

Table de Kobus, 3 r. Dr Rousseau ☎ 03 26 51 53 53, *Fax 03 26 58 42 68* – . GB
fermé 16 au 23 avril, 5 au 23 août, 23 au 31 déc., dim. soir, jeudi soir et lundi – **Repas** (105) - 145/270 — ABY u

Cave à Champagne, 16 r. Gambetta ☎ 03 26 55 50 70, *cave.champagne@wanadoo.fr, Fax 03 26 51 07 24* – . GB — BY b
fermé mardi soir et merc. – **Repas** (nombre de couverts limité, prévenir) 85/160

Terrasse, 7 quai Marne ☎ 03 26 55 26 05, *Fax 03 26 55 33 79* – AE ⓓ GB — BY d
fermé 18 au 25 déc., dim. soir et lundi sauf fériés – **Repas** 85/165, enf. 50

Chez Max, 13 av. A. Thévenet (à Magenta) ☎ 03 26 55 23 59, *Fax 03 26 54 02 97* – . GB — BY k
fermé 7 au 27 août, 2 au 17 janv., merc. soir, dim. soir et lundi – **Repas** 72/210

à Champillon *par ① : 6 km – 533 h. alt. 210 – ✉ 51160 :*

Royal Champagne Ⓜ, N 2051 ☎ 03 26 52 87 11, *royalchampagne@wanadoo.fr, Fax 03 26 52 89 69,* ≤ Épernay, vignoble et vallée de la Marne, – 15 à 25. AE GB JCB
fermé 4 au 18 fév. – **Repas** (155) - 195 (déj.), 300/400 et carte 480 à 590 – ☕ 90 – **26 ch** 880/1380, 3 appart
Spéc. Variation autour du foie gras de canard. Ailes de pigeonneau rôties, risotto à la truffe. Tarte fine aux poires épicées à la canelle. **Vins** Verzy, Champagne

rte de Reims *par ① : 8 km – ✉ 51160 St-Imoges :*

Maison du Vigneron, N 51 ☎ 03 26 52 88 00, *Fax 03 26 52 86 03* – AE GB JCB
fermé 23 juil. au 5 août, dim. soir et merc. – **Repas** 130/280 ♀

à Vinay *par ③ : 6 km – 489 h. alt. 102 – ✉ 51530 :*

Hostellerie La Briqueterie Ⓜ, rte de Sézanne ☎ 03 26 59 99 99, *Fax 03 26 59 92 10,* – 35. AE GB
fermé 20 au 26 déc. – **Repas** 140 (déj.), 250/435 et carte 270 à 430 ♀, enf. 110 – ☕ 80 – **42 ch** 820/1300
Spéc. Foie gras de canard aux figues et ratafia. Pigeonneau désossé au foie gras et aux truffes. Crêpes soufflées au marc de Champagne (oct. à avril). **Vins** Coteaux Champenois, Bouzy.

ÉPERNON *28230 E.-et-L. 60 ⑧ G. Ile de France – 5 097 h alt. 106.*

Paris 81 – Chartres 27 – Dreux 32 – Étampes 51 – Rambouillet 14 – Versailles 47.

Madeleine, 24 r. Madeleine ☎ 02 37 83 42 06, *Fax 02 37 83 57 34,* – GB
fermé 1er au 8 mars, août, dim. soir et lundi – **Repas** 96/258 bc ♀, enf. 50 – ☕ 36 – **7 ch** 230/360 – ½ P 250/300

Dans ce guide
un même symbole, un même caractère,
*imprimé en couleur ou en **noir**, en maigre ou en **gras**,*
n'ont pas tout à fait la même signification.
Lisez attentivement les pages explicatives.

ÉPINAL Ⓟ *88000 Vosges 62 ⑯ G. Alsace Lorraine – 36 732 h alt. 324.*

Voir *Vieille ville★ : Basilique★ – Parc du château★ – Musée départemental d'art ancien et contemporain★ – Imagerie d'Épinal.*
Office de Tourisme 13 r. Comédie ☎ 03 29 82 53 32, Fax 03 29 35 26 16.
Paris 385 ⑥ – Belfort 96 ④ – Colmar 92 ③ – Mulhouse 107 ③ – Nancy 71 ① – Vesoul 89 ③.

Plan page suivante

Mercure, 13 pl. E. Stein ☎ 03 29 29 12 91, *mercure-epinal@wanadoo.fr, Fax 03 29 29 12 92* – 100. AE GB — AZ e
Repas (dîner seul.) 118, enf. 50 – ☕ 62 – **46 ch** 535/570

Kyriad Ⓜ sans rest, 12 av. Gén. de Gaulle ☎ 03 29 82 10 74, *hotel-clarine-epinal@libertysurf.fr, Fax 03 29 35 35 14* – AE GB — AY b
fermé 22 déc. au 1er janv. – ☕ 40 – **48 ch** 320/480

Ibis Ⓜ, quai Mar. de Contades ☎ 03 29 64 28 28, *h0890-gm@accor-hotels.com, Fax 03 29 35 37 88,* – 100. AE GB — BY d
Repas (85) - 105 ♀, enf. 39 – ☕ 36 – **60 ch** 340/370

Azur sans rest, 54 quai Bons Enfants ☎ 03 29 64 05 25, *hotelazur@.fr, Fax 03 29 64 00 40* – AE GB JCB — AZ r
fermé 24 déc. au 2 janv. – ☕ 38 – **20 ch** 260/330

Relais des Ducs de Lorraine (Obriot) (transfert prévu en été, 5 av. Provence, Sud par av. Gambetta), 16 quai Col. Sérot ☎ 03 29 34 39 87, *Fax 03 29 34 27 61* – AE GB — BY n
Repas 195/460 et carte 370 à 520 ♀
Spéc. Tartare de homard aux légumes croquants. Dînette de pigeon en cinq façons. Soufflé à la mirabelle. **Vins** Gris de Toul, Riesling.

Petit Robinson, 24 r. R. Poincaré ☎ 03 29 34 23 51, *Fax 03 29 31 27 17* – AE GB — BZ a
fermé 15 juil. au 15 août, 23 déc. au 1er janv., sam., dim. et fériés – **Repas** 105/198, enf. 60

Toupine, 18 r. Gén. Leclerc ☎ 03 29 34 60 11 – AE GB — BZ e
fermé dim. – **Repas** (75) - carte 120 à 180 ♀, enf. 35

ÉPINAL

Abbé-Friesenhauser (R.) BZ 2
Ambrail (R. d') . . . . BZ 4
Blaudez (R. F.) . . . . BZ 6
Boegner (R. du Pasteur) BZ 7
Bons-Enfants (Quai des) AZ 8
Boudiou (Pt et R. du) . . AZ 10
Boulay-de-la-Meurthe (R.) . . . . AY 12
Bourg (R. L.) . . . . AY 13
Carnot (Pont-Sadi) . . . . . AZ 14
Chapitre (R. du) . . . . BZ 15
Chipotte (R. de la) . . . ABY 16
Clemenceau (Pl.) . . . . . . AY 17
Clemenceau (Pont) . . . . BY 18
Comédie (R. de la) . . . . BZ 20
Entre-les-Deux-Portes (R.) . . . . BYZ 24
États-Unis (R. des) . . . . AY
Foch (Pl.) . . . . BZ 26
Gaulle (Av. du Gén.-de) AY 27
Georgin (R.) . . . . BZ 29
Halles (R. des) . . . . BZ 30
Henri (Pl. E.) . . . . BZ 32
La Tour (R. G. de la) . . . AZ 35
Lattre (Av. Mar.-de) . . . . AY 36
Leclerc (R. Gén.) . . . . . . BZ 38
Lormont (R.) . . . . BZ 40
Lyautey (R. Mar.) . . . . . . AY 41
Maix (R. de la) . . . . BZ 43
Minimes (R. des) . . . . . . AZ 45
Neufchâteau (R. F. de) . AY 48
N.-D.-de-Lorette (R.) . . . AY 49
Pinau (Pl.) . . . . AZ 50
Poincaré (R. Raymond) BY 52
St-Goery (R.) . . . . BZ 54
Vosges (Pl. des) . . . . BZ 56
4-Nations (Pl. des) . . . . . AY 57
170e-Régt-d'Inf. (R. du) . BZ 58

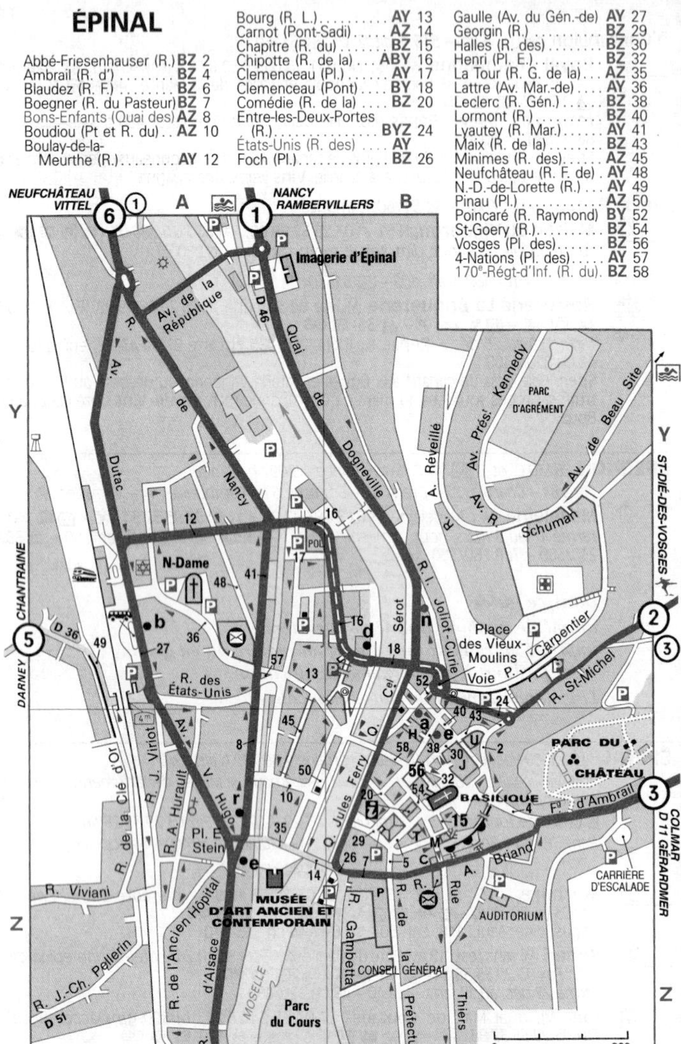

par ① : *3 km* – ✉ *88000 Épinal :*

La Fayette Ⓜ, parc économique Le Saut Le Cerf ✆ 03 29 81 15 15, *Fax 03 29 31 07 08,* – 50. AE ⓞ GB
Repas 112/255 ♀ – ☕ 58 – **48 ch** 490/600 – 1/2 P 360/400

Campanile, r. Merle Blanc, Bois Voivre ✆ 03 29 31 38 38, *Fax 03 29 34 71 65,* – 25. AE ⓞ GB
Repas *(84)* - 94/106 ♀, enf. 39 – ☕ 36 – **43 ch** 350

à Chaumousey *par ⑤ et D 460 : 10 km – 756 h. alt. 360 –* ✉ *88390 :*

XX **Calmosien,** ✆ 03 29 66 80 77, *Fax 03 29 66 89 41,* – AE ⓞ GB
fermé dim. soir – **Repas** 115/290 ♀, enf. 50

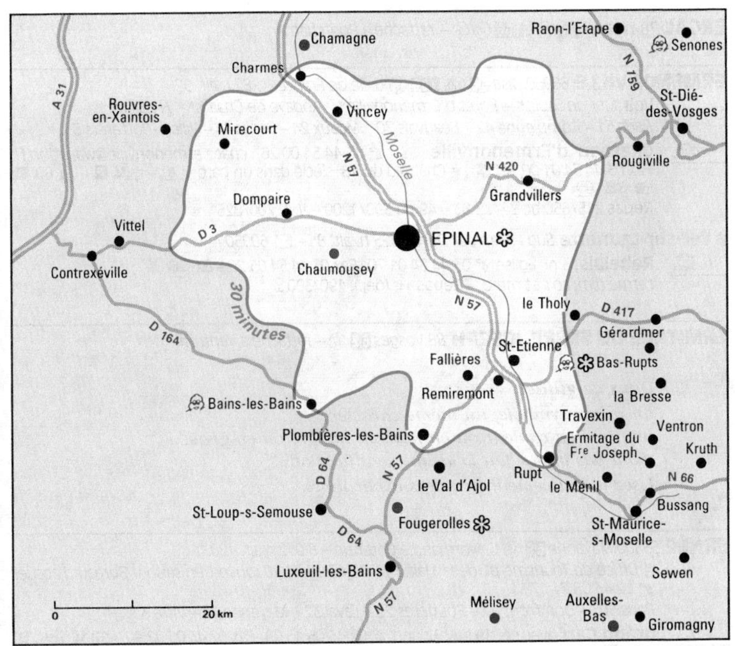

ÉPINAY-SUR-SEINE *93 Seine-St-Denis* 56 ⑪., 101 ⑮ – *voir à Paris, Environs.*

L'ÉPINE *51 Marne* 56 ⑱ – *rattaché à Châlons-en-Champagne.*

L'ÉPINE *85 Vendée* 67 ① – *voir à Noirmoutier (Ile de).*

ÈPINEAU-LES-VOVES *89 Yonne* 65 ④ – *rattaché à Joigny.*

EPINOUZE *26210 Drôme* 77 ② – *968 h alt. 208.*
Paris 526 – Grenoble 78 – Lyon 68 – St-Étienne 86 – Valence 62.

Auberge de la Valloire, ✆ 04 75 31 72 98, *j.j.galliffet@libertysurf.fr, Fax 04 75 31 62 30,* , – TV ♿ P. GB
Repas *(fermé vend. soir, dim. soir et sam.)* (déj. seul.) 60/200 – 40 – **19 ch** 260/310 – ½ P 380/400

EQUEURDREVILLE-HAINNEVILLE *50 Manche* 54 ① – *rattaché à Cherbourg-Octeville.*

ERBALUNGA *2B H.-Corse* 90 ② – *voir à Corse.*

ERDEVEN *56410 Morbihan* 63 ① – *2 352 h alt. 18.*
Paris 496 – Vannes 37 – Auray 19 – Carnac 9 – Lorient 27 – Quiberon 20 – Quimperlé 48.

Voyageurs, r. Océan ✆ 02 97 55 64 47, *Fax 02 97 55 64 24* – TV P. GB
1er avril-30 sept. – **Repas** 59/145 ♀, enf. 40 – 35 – **20 ch** 180/295 – ½ P 230/280

ERGAL *78 Yvelines 60 ⑨., 106 ⑯ ㉘ – rattaché à Pontchatrain.*

ERMENONVILLE *60950 Oise 56 ⑫, 106 ⑨ G. Ile de France – 782 h alt. 92.*

Voir *Mer de Sable★ – Forêt d'Ermenonville★ - Abbaye de Chaalis★★ N : 3 km.*

Paris 51 – Compiègne 42 – Beauvais 70 – Meaux 24 – Senlis 14 – Villers-Cotterêts 35.

Château d'Ermenonville, 03 44 54 00 26, *chato.ermenonville@wanadoo.fr, Fax 03 44 54 01 00,* « Château du 18e siècle dans un parc », – – 60. AE GB JCB

Repas 215/650 bc – 85 – **49 ch** 390/1200 – ½ P 700/825

à Ver-sur-Launette *Sud : 3 km par D 84 – 825 h. alt. 85 – 60950 :*

Rabelais, 3 pl. Église 03 44 54 01 70, *Fax 03 44 54 05 20* – AE GB

fermé dim. soir et merc. – **Repas** 145 (déj.), 190/300

ERMITAGE DU FRÈRE JOSEPH *88 Vosges 62 ⑰ – rattaché à Ventron.*

Dans ce guide

un même symbole, un même caractère,

*imprimé en couleur ou en **noir**, en maigre ou en **gras**,*

n'ont pas tout à fait la même signification.

Lisez attentivement les pages explicatives.

ERNÉE *53500 Mayenne 59 ⑲ G. Normandie Cotentin – 6 052 h alt. 120.*

Office de Tourisme pl. de la Mairie 02 43 08 71 10 (ouvert en saison) Bureau d'accueil 02 43 08 71 17.

Paris 305 – Domfront 47 – Fougères 22 – Laval 32 – Mayenne 25 – Vitré 31.

Grand Cerf avec ch, 19 r. A.-Briand 02 43 05 13 09, *Fax 02 43 05 02 90* – . AE GB JCB. ch

fermé 15 au 31 janv., dim. soir et lundi sauf hôtel en saison – **Repas** *(88)* - 110/220 – 38 – **7 ch** 198/249 – ½ P 340/380

à La Coutancière *Est : 9 km sur N 12 – 53500 Vautorte :*

Coutancière, 02 43 00 56 27, *Fax 02 43 00 66 09* – . GB

fermé 16 juil. au 8 août et merc. – **Repas** *(60)* - 95/195, enf. 55

ERQUY *22430 C.-d'Armor 59 ④ G. Bretagne – 3 568 h alt. 12.*

Voir *Cap d'Erquy ★ NO : 3,5 km puis 30 mn.*

Office de Tourisme bd de la Mer 02 96 72 30 12, Fax 02 96 72 02 88.

Paris 454 – St-Brieuc 34 – Dinan 48 – Dinard 41 – Lamballe 23 – Rennes 103.

Beauséjour, 21 r. Corniche 02 96 72 30 39, *Fax 02 96 72 16 30* – . GB

fermé 18 déc. au 4 janv., dim. soir et lundi du 15 sept. au 15 juin – **Repas** 87/177, enf. 59 – 40 – **16 ch** 270/320 – ½ P 295/335

L'Escurial, bd Mer 02 96 72 31 56, *Fax 02 96 63 57 92,* – AE GB.

fermé 11 au 14 juin, 18 nov. au 7 janv., dim. soir de sept. à juin et lundi sauf fériés – **Repas** 110/420 et carte 250 à 370

à St-Aubin *Sud-Est : 2,5 km par rte secondaire – 22430 Erquy :*

St-Aubin, 02 96 72 13 22, *Fax 02 96 63 54 31,* – . AE GB

fermé 24 au 30 sept., 20 au 27 déc., vacances de fév., mardi sauf juil.-août et lundi – **Repas** 80 (déj.), 120/205

ERSTEIN *67150 B.-Rhin 62 ⑩ – 8 600 h alt. 150.*

Paris 500 – Strasbourg 27 – Colmar 48 – Molsheim 24 – St-Dié 69 – Sélestat 26.

Crystal M, 41 av. Gare 03 88 64 81 00, *crystal@reperes.com, Fax 03 88 98 11 29,* – – 25 à 50. AE GB

fermé 1er au 19 août – **Repas** *(fermé vend. soir, sam. midi et dim.)* 85 (déj.), 95/250, enf. 39 – 50 – **69 ch** 295/450 – ½ P 295

Jean-Victor Kalt, 41 av. Gare 03 88 98 09 54, *Fax 03 88 98 83 01* – . AE GB JCB

fermé 22 juil. au 6 août, 6 au 14 janv., merc. soir, dim. soir et lundi – **Repas** 110 (déj.), 140/280 et carte 250 à 420

ERVAUVILLE *45 Loiret* 61 ⑬ *– rattaché à Courtenay.*

Les ESCALDES-ENGORDANY 86 ⑭ *– voir à Andorre (Principauté d').*

ESPALION *12500 Aveyron* 80 ③ *G. Midi-Pyrénées – 4 614 h alt. 342.*

Voir *Église de Perse★ SE : 1 km.*

Office de Tourisme 2 r. Saint-Antoine ✆ 05 65 44 10 63, Fax 05 65 48 02 57.

Paris 601 – Rodez 31 – Aurillac 70 – Figeac 93 – Mende 101 – Millau 82 – St-Flour 82.

France M sans rest, bd J. Poulenc ✆ 05 65 44 06 13, *Fax 05 65 44 76 26* – GB
40 – **9 ch** 230/270

Moderne, bd Guizard ✆ 05 65 44 05 11, *Fax 05 65 48 06 94* – rest, GB
fermé 11 nov. au 10 déc. et 2 au 15 janv. – ***L'Eau Vive*** *(fermé dim. soir et lundi)* **Repas** *(65)*-110/260 ♀, enf. 50 – 40 – **28 ch** 250/350 – ½ P 250/350

Méjane, r. Méjane ✆ 05 65 48 22 37, *Fax 05 65 48 13 00* – . AE GB
fermé 25 juin au 2 juil., vacances de fév., merc. de sept. à juin, lundi en juil.-août et dim. soir – **Repas** *(98)* - 130/300 ♀, enf. 70

ESPALY-ST-MARCEL *43 H.-Loire* 76 ⑦ *– rattaché au Puy-en-Velay.*

ESQUIÈZE-SÈRE *65 H.-Pyr.* 85 ⑱ *– rattaché à Luz-St-Sauveur.*

ESTAING *12190 Aveyron* 80 ③ *G. Midi-Pyrénées – 665 h alt. 313.*

Syndicat d'Initiative à la Mairie ✆ 05 65 44 03 22,.

Paris 610 – Rodez 36 – Aurillac 61 – Conques 40 – Espalion 10 – Figeac 74.

St-Fleuret, face mairie ✆ 05 65 44 01 44, *Fax 05 65 44 72 19,* – . GB
fermé janv., fév., dim. soir et lundi hors saison – **Repas** 70/250 ♀ – 35 – **14 ch** 210/260 – ½ P 225/245

Aux Armes d'Estaing, ✆ 05 65 44 70 02, *remicatusse@wanadoo.fr, Fax 05 65 44 74 54* – P. GB
1er mars-15 nov. – **Repas** 70/190 ♀ – 32 – **36 ch** 180/310 – ½ P 195/250

ESTAING *65400 H.-Pyr.* 85 ⑰ *G. Aquitaine – 86 h alt. 970.*

Voir *Lac d'Estaing★ S : 4 km.*

Paris 839 – Pau 69 – Argelès-Gazost 12 – Arrens 7 – Laruns 44 – Lourdes 24 – Tarbes 42.

Lac d'Estaing avec ch, au Lac Sud : 4 km ✆ 05 62 97 06 25, *Fax 05 62 97 06 25,* ←, – P. GB
1er mai-15 oct. – **Repas** 90/160 – 35 – **8 ch** 190/290 – ½ P 240/280

ESTÉRENÇUBY *64 Pyr.-Atl.* 85 ③ *– rattaché à St-Jean-Pied-de-Port.*

ESTIVAREILLES *03190 Allier* 69 ⑫ *– 1 104 h alt. 90.*

Paris 322 – Moulins 78 – Bourbon-l'Archambault 45 – Montluçon 11 – Montmarault 36.

Lion d'Or avec ch, N 144 ✆ 04 70 06 00 35, *Fax 04 70 06 09 78,* – P. AE GB
fermé 4 au 26 fév., dim. soir et lundi – **Repas** 105/272 ♀ – 35 – **10 ch** 160/240 – ½ P 235/265

ESTRABLIN *38780 Isère* 74 ⑫ *– 2 931 h alt. 223.*

Paris 499 – Lyon 40 – Grenoble 83 – Saint-Étienne 58 – Valence 81.

Gabetière sans rest, sur D 502 ✆ 04 74 58 01 31, *Fax 04 74 58 08 98,* – P. AE GB
40 – **13 ch** 270/390

*Towns **underlined in red** on the **Michelin maps** at a scale of 1 : 200 000 are included in this Guide.*

Use the latest map to take full advantage of this information.

ESTRÉES-ST-DENIS *60190 Oise* 52 ⑲ *– 3 498 h alt. 70.*

Paris 75 – Compiègne 17 – Beauvais 46 – Clermont 20 – Senlis 26.

XX **Moulin Brûlé,** 70 r. Flandres ✆ 03 44 41 97 10, *Fax 03 44 51 87 96*, – GB
fermé dim. soir, lundi et mardi – **Repas** (98) - 130/210 ♀

ÉTAIN *55400 Meuse* 57 ⑫ *G. Alsace Lorraine – 3 577 h alt. 210.*

Office de Tourisme 31 r. R.-Poincaré ✆ 03 29 87 20 80, Fax 03 29 87 20 80.

Paris 287 – Metz 49 – Briey 25 – Longwy 43.

Sirène, r. Prud'homme-Havette (rte Metz) ✆ 03 29 87 10 32, *Fax 03 29 87 17 65*, – TV P. GB
fermé 23 déc. au 1er fév., dim. soir et lundi – **Repas** 70/250, enf. 40 – 35 – **24 ch** 200/350 – ½ P 200/280

ÉTAMPES 91150 *Essonne* 60 ⑩, 106 ㊷ *G. Ile de France – 21 457 h alt. 80.*

Voir *Collégiale Notre-Dame*★.

Paris 51 – Fontainebleau 46 – Chartres 57 – Évry 37 – Melun 46 – Orléans 69 – Versailles 58.

Auberge de France, allée Coquerive, rte Pithiviers (N 191) ✆ 01 60 80 04 72, *auberge.de.france@wanadoo.fr, Fax 01 60 80 04 77*, – , rest, TV & P – 25. AE GB
Repas (75) - 95/210 ♀, enf. 39 – 38 – **50 ch** 320/450

XX **Auberge de la Tour St-Martin,** 97 r. St-Martin ✆ 01 69 78 26 19, *Fax 01 69 78 26 07* – GB
fermé août, sam. midi, dim. soir et lundi – **Repas** 185

à Ormoy-la-Rivière *au Sud : 5 km par D 49 et rte secondaire – 874 h. alt. 81 – ✉ 91150 :*

X **Auberge du Vieux Chaudron,** ✆ 01 64 94 39 46, *Fax 01 64 94 39 46*, – GB
fermé 20 août au 11 sept., lundi et mardi – **Repas** (118) - 149/170, enf. 65

Si vous êtes retardé sur la route, dès 18 h, confirmez votre réservation par téléphone, c'est plus sûr... et c'est l'usage.

Les ÉTANGS-DES-MOINES *59 Nord* 53 ⑯ *– rattaché à Fourmies.*

ÉTANG-SUR-ARROUX *71190 S.-et-L.* 69 ⑦ *– 1 835 h alt. 277.*

Voir *Mont Beuvray : ✻★★ (table d'orientation),* G. Bourgogne.

Paris 305 – Chalon-sur-Saône 61 – Moulins 85 – Autun 18 – Digoin 50 – Mâcon 112.

X **Hostellerie du Gourmet** avec ch, rte Toulon ✆ 03 85 82 20 88, *Fax 03 85 82 20 88* – TV. GB
fermé 8 au 31 janv. – **Repas** *(fermé dim. soir et lundi)* 65/169 – 30 – **12 ch** 150/215 – ½ P 180/200

ETEL *56410 Morbihan* 63 ① *G. Bretagne – 2 318 h alt. 20.*

Syndicat d'Initiative pl. des Thoniers ✆ 02 97 55 23 80, Fax 02 97 55 58 26.

Paris 495 – Vannes 36 – Lorient 26 – Quiberon 24.

Trianon, ✆ 02 97 55 32 41, *Fax 02 97 55 44 71*, – TV P. GB
Repas *(fermé dim. soir et lundi du 1er nov. au 31 mars)* 90/190 – 50 – **24 ch** 320/395 – ½ P 360/395

ÉTOILE-SUR-RHÔNE *26800 Drôme* 77 ⑫ *– 3 504 h alt. 170.*

Paris 573 – Valence 12 – Crest 17 – Privas 35.

XX **Vieux Four,** pl. Centre ✆ 04 75 60 72 21, *Fax 04 75 60 72 21*, – . GB.
fermé 6 au 27 août, 24 déc. au 1er janv., merc. soir, dim. soir et lundi – **Repas** 100/330

ÉTOUY *60 Oise* 56 ① *– rattaché à Clermont.*

L'ÉTRAT *42 Loire* 73 ⑲ *– rattaché à St-Étienne.*

ETRÉAUPONT *02580 Aisne* 53 ⑯ *– 966 h alt. 127.*
Paris 184 – St-Quentin 50 – Avesnes-sur-Helpe 25 – Hirson 15 – Laon 43.

Clos du Montvinage, 8 rue Albert Ledant ✆ 03 23 97 91 10, *contact@clos-du-montvinage.fr, Fax 03 23 97 48 92,* – TV ✆ ♿ P – 30. AE ⓓ GB JCB. ✻ ch
fermé dim. soir – ***Auberge du Val de l'Oise*** ✆ 03 23 97 40 18 *(fermé 13 au 19 août, 19 au 25 fév., dim. soir et lundi midi)* **Repas** *(95)*-115/200 ♀, enf. 70 – ☕ 43 – **20 ch** 300/475 – ½ P 300/375

ÉTRETAT *76790 S.-Mar.* 52 ⑪ *G. Normandie Vallée de la Seine – 1 565 h alt. 8 – Casino* **A**.
Voir *Le Clos Lupin★ – Falaise d'Aval★★★ – Falaise d'Amont★★.*
ℹ *Office de Tourisme pl. M.-Guillard ✆ 02 35 27 05 21, Fax 02 35 29 39 79.*
Paris 206 ③ – Le Havre 29 ④ – Bolbec 28 ③ – Fécamp 17 ② – Rouen 87 ②.

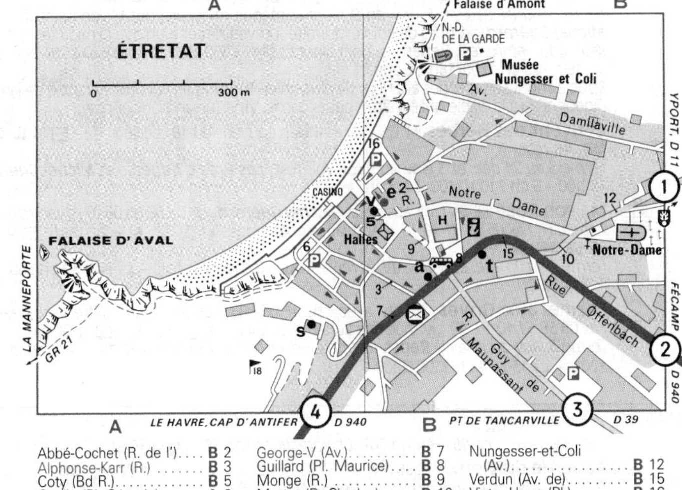

Abbé-Cochet (R. de l') . . . . **B** 2
Alphonse-Karr (R.) . . . . **B** 3
Coty (Bd R.) . . . . **B** 5
Gaulle (Pl. Gén.-de) . . . . . . **A** 6
George-V (Av.) . . . . **B** 7
Guillard (Pl. Maurice) . . . . **B** 8
Monge (R.) . . . . **B** 9
Mottet (R. Charles) . . . . . **B** 10
Nungesser-et-Coli (Av.) . . . . **B** 12
Verdun (Av. de) . . . . **B** 15
Victor-Hugo (Pl.) . . . . **B** 16

Dormy House ⛵, rte Le Havre ✆ 02 35 27 07 88, *dormy.house@wanadoo.fr, Fax 02 35 29 86 19,* ≤ falaise et mer, – TV ✆ P – 50. AE GB. ✻ rest — A s
Repas *(110)* - 160 (déj.), 195/260, enf. 95 – ☕ 55 – **54 ch** 400/950 – ½ P 435/635

Ambassadeur sans rest, 10 av. Verdun ✆ 02 35 27 00 89, *Fax 02 35 28 63 69* – TV P. GB
fermé 1er au 20 déc. – ☕ 50 – **15 ch** 390/680 — B t

Falaises sans rest, bd R. Coty ✆ 02 35 27 02 77 – TV. GB — B v
☕ 35 – **24 ch** 280/390

Poste sans rest, av. George V ✆ 02 35 27 01 34, *Fax 02 35 27 76 28* – TV ✆. AE GB
☕ 52 – **16 ch** 190/280 — B a

Galion, bd R. Coty ✆ 02 35 29 48 74, *Fax 02 35 29 74 48* – AE GB — B e
fermé 15 déc. au 15 janv., mardi soir et merc. sauf vacances scolaires – **Repas** 125/240 ♀

au Tilleul *par ④ et D 940 : 3 km – 564 h. alt. 107 – ✉ 76790 Étretat :*

St-Christophe sans rest, ✆ 02 35 28 84 29, *Fax 02 35 28 84 30* – TV ✆. AE ⓓ GB. ✻
☕ 35 – **21 ch** 290/310

EU *76260 S.-Mar.* 52 ⑤ *G. Normandie Vallée de la Seine – 8 344 h alt. 19.*
Voir *Collégiale Notre-Dame et St-Laurent★ – Chapelle du Collège★.*
ℹ *Office de Tourisme (saison) 41 r. P.-Bignon ✆ 02 35 86 04 68, Fax 02 35 50 16 03.*
Paris 172 – Amiens 87 – Abbeville 34 – Dieppe 33 – Rouen 102 – Le Tréport 4.

Domaine du Pavillon de Joinville ⛵, Ouest : 1 km par D 1915 ✆ 02 35 50 52 52, *pavillon76@aol.com, Fax 02 35 50 27 37,* – TV P – 30 à 200. AE GB JCB. ✻
Repas *(fermé 3 au 20 déc., janv., mardi midi, dim. soir et lundi)* (dîner seul.) 220/480 ♀ – ☕ 78 – **26 ch** 530/1280 – ½ P 1060/1440

Cour Carrée sans rest, Le Briquet, Sud-Ouest : 2 km par rte Dieppe ✆ 02 35 50 60 60, *reservations@hotel-courcarree-eu.fr, Fax 02 35 50 60 61* – TV ✆ ♿ P – 🏛 90. AE ⓓ GB JCB
☕ 49 – **28 ch** 360/380

Maine, 20 pl. Gare ✆ 02 35 86 16 64, *hotelmaine@aol.com, Fax 02 35 50 86 25,* ☂ – TV ✆ P. AE GB
Repas *(fermé dim. soir)* 95/220 🍷 – ☕ 42 – **18 ch** 260/370 – ½ P 330/355

EUGÉNIE-LES-BAINS *40320 Landes* 82 ① *– 467 h alt. 65 – Stat. therm. (12 fév.-2 déc.).*
Office de Tourisme (15 fév.-28 déc.) 147 r. R. Vielle ✆ 05 58 51 13 16, Fax 05 58 51 12 02.
Paris 737 – Mont-de-Marsan 26 – Aire-sur-l'Adour 14 – Dax 79 – Orthez 48 – Pau 58.

Les Prés d'Eugénie (Guérard) M 🐦, ✆ 05 58 05 06 07, *guerard@relaischateaux.fr, Fax 05 58 51 10 10,* ≤, ☂, « Demeure du 19ᵉ siècle élégamment décorée - parc et "ferme" thermale », Lб, ⛱, 🎾, 🌳 – 🛗 TV ✆ P – 🏛 40. AE ⓓ GB. 🚫
fermé 3 au 21 déc. et 3 janv. au 9 mars – (menus minceur pour résidents seul.) **- rest.** ***Michel Guérard*** (nombre de couverts limité ,prévenir)(menu unique le midi) *(fermé merc. sauf août et fériés)* **Repas** 420(déj.),dîner et dim. : 650/880 et carte 620 à 790 enf. 200 – ☕ 160 – **29 ch** 1700/1800, 6 appart
Spéc. Langoustines rôties à la fleur de citronnier. Turbotin en cocotte au rancio de jambon. Pigeonneau à la diable grillé à lâtre, petits cocos. **Vins** Tursan blanc et rosé.

Couvent des Herbes M 🐦,, ≤, « Ancien couvent du 18ᵉ siècle », 🌳 – TV ✆ P. AE ⓓ GB. 🚫 rest
fermé 3 au 21 déc. et 3 janv. au 9 fév. voir rest. ***Les Prés d'Eugénie*** et ***Michel Guérard*** – ☕ 160 – **5 ch** 2100/2300, 3 appart

Maison Rose M 🐦 (voir aussi rest. ***Michel Guérard***), ✆ 05 58 05 06 07, *guerard@relaischateau.fr, Fax 05 58 51 10 10,* « Ambiance guesthouse », ⛱, 🎾, 🌳 – cuisinette TV ✆ ♿ P. AE ⓓ GB. 🚫 rest
fermé 3 au 21 déc. et 3 janv. au 10 fév. – **Repas** (résidents seul.) – ☕ 90 – **32 ch** 550/750 – P 900/1000

Ferme aux Grives M 🐦 avec ch, ✆ 05 58 05 05 06, *guerard@relaischateaux.fr, Fax 05 58 51 10 10,* ☂, « Ancienne auberge de village », ⛱, 🎾, 🌳 – TV ✆ P. GB
fermé 3 janv. au 8 fév. – **Repas** *(fermé lundi et mardi sauf fériés et du 16 juil. au 26 août)* 220 🍷 – ☕ 130 – **4 ch** 2300/2800

ÉVELLE *21340 C.-d'Or* 70 ①.
Paris 312 – Beaune 15 – Autun 36 – Chalon-sur-Saône 32 – Dijon 59.

Auberge du Vieux Pressoir, ✆ 03 80 21 82 16, *Fax 03 80 21 82 16* – GB
fermé mardi midi, lundi et merc. – **Repas** 100/250 🍷, enf. 45

EVETTE-SALBERT *90350 Ter.-de-Belf.* 66 ⑧ *– 2 093 h alt. 390.*
Paris 416 – Besançon 102 – Mulhouse 47 – Belfort 8 – Lure 28 – Montbéliard 24 – Thann 40.

Auberge du Lac, 27 r. Lac ✆ 03 84 29 14 10, *Fax 03 84 29 14 10,* ≤ le lac et les Ballons, ☂ – GB
fermé 15 au 30 oct., 2 janv. au 15 fév., mardi sauf le soir en saison et lundi – **Repas** 80/160 🍷

ÉVIAN-LES-BAINS *74500 H.-Savoie* 70 ⑰ *G. Alpes du Nord – 6 895 h alt. 370 – Stat. therm. (5 fév.-10 nov.) – Casino* **B.**
Voir *Lac Léman★★★ – Promenade en bateau★★★ – L'escalier d'honneur★ de l'hôtel de ville.*
Env. *Falaises★★.*
Office de Tourisme pl. d'Allinges ✆ 04 50 75 04 26, Fax 04 50 75 61 08.
Paris 580 ③ – Thonon-les-Bains 10 ③ – Genève 44 ③ – Montreux 37 ①.

Plan page ci-contre

Royal 🐦, ✆ 04 50 26 85 00, *hotelroyal@domaine-royal.danone.com, Fax 04 50 75 38 40,* ≤ lac et montagnes, ☂, Lб, ⛱, 🏊, 🎾, 🌳 – 🛗 TV ✆ P – 🏛 25 à 50. AE ⓓ GB JCB. 🚫 rest C z
fermé 3 déc. au 1ᵉʳ fév. – voir rest. ***Café Royal*** ci-après ***Véranda*** (rôtisserie) **Repas** 360 🍷 – ***Jardin des Lys*** (rest. diététique) **Repas** 360 🍷 – ☕ 118 – **130 ch** 2296/3739, 24 appart – ½ P 1443/2165

La Verniaz et ses Chalets 🐦, rte Abondance ✆ 04 50 75 04 90, *verniaz@relaischateau.com, Fax 04 50 70 78 92,* ≤, ☂, « Chalets isolés dans la verdure », ⛱, 🎾, 🌳 – 🛗 TV P. AE ⓓ GB JCB C q
11 fév.-11 nov. – **Repas** *(fermé mardi sauf juil.-août)* 220/380 🍷 – ☕ 85 – **33 ch** 850/1350, 5 chalets – ½ P 790/1040

ÉVIAN-LES-BAINS

Abondance (Av. d') .... **C** 2
Bennevy (Bd de) .... **AB** 5
Besson (Quai Ch.).......... **B** 6
Blonay (Q. Baron de) .... **B**
Bocquies (Av. des) .... **A**
Clermont (R. de) .... **B** 10
Cordeliers (R. des) .... **C** 12
Cottet (Pl. Ch.).......... **B** 15
Détanche (Bd de la) .... **A**
Dupas (Av. Gén.).......... **A**
Fléry (Av. de) .... **B**
Folliet (R. Gaspard) .... **B** 19
Gare (Av. de la) .... **A**
Grottes (Av. des) .... **C** 22
Jean-Jaurès (Bd) .... **ABC**
Larringes (Av. de) .... **A** 25
Libération (Pl. de la).......... **C** 26
Mateirons (Av. des).......... **B** 27
Mélèzes (Av. des).......... **BC**
Mémises (Av. des).......... **AB**
Monnaie (R. de la) .... **B** 29
Nant-d'Enfer (Ch. du) ..... **BC**
Narvik (Av. de).......... **B** 31
Nationale (Rue) .... **B** 33
Neuvecelle (Av. de) .... **C** 36
Port (Pl. du) .... **C** 37
Royal (Bd du) .... **AB**
Sources (Av. des) .... **B** 39
Vallées (Av. des).......... **AB** 40
Veniaz (Av. de la) .... **BC**

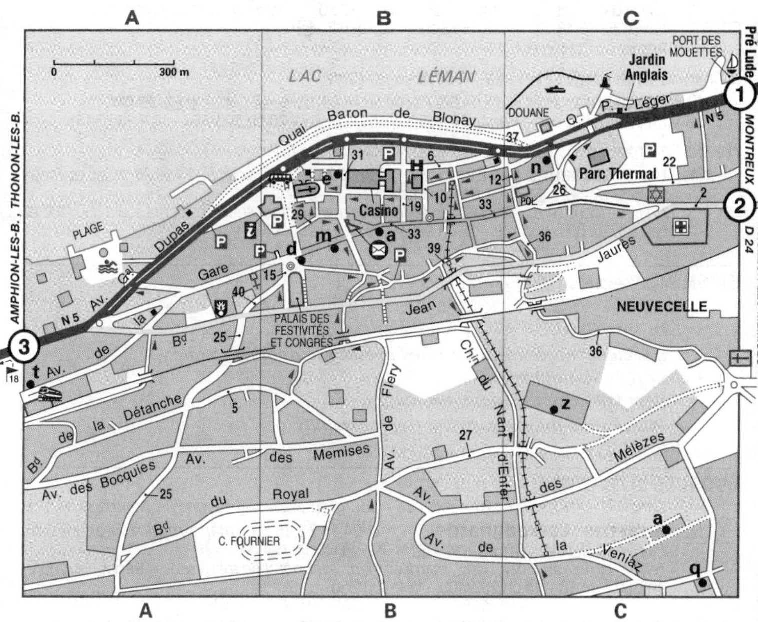

Ermitage ⛰, rte Abondance ☎ 04 50 26 85 00, *hotel_ermitage@domaine-royal.danone .com, Fax 04 50 75 29 37,* ≤ lac et montagnes, « Parc », – TV P – 25 à 100. AE GB JCB. rest — C a
fermé 12 nov. au 1er fév. – ***Gourmandin*** ☎ 04 50 26 85 54 **Repas** 270/380 ♀, enf. 100 – ☐ 105 – **87 ch** 1246/3214, 4 appart – ½ P 1082/1837

Bourgogne, pl. Charles Cottet ☎ 04 50 75 01 05, *bourgogne@wanadoo.fr, Fax 04 50 75 04 05,* – TV. AE GB JCB — B d
fermé 2 au 18 déc. et 2 au 30 janv. – **Repas** *(fermé dim. soir et lundi)* 160/350 - ***Brasserie :*** **Repas** *(69)*110/220 ♀, enf. 70 – ☐ 40 – **31 ch** 490/600 – ½ P 400/470

Alizé M, 2 av. J. Léger ☎ 04 50 75 49 49, *alize.hotel@wanadoo.fr, Fax 04 50 75 50 40,* ≤ – TV – 20. GB. — C n
fermé nov. et janv. – ***Grand Café*** ☎ 04 50 75 46 73 *(fermé dim. soir et lundi sauf juil.-août)* **Repas** 135/169 ♀, enf. 59 – ☐ 39 – **22 ch** 500/550 – ½ P 435

Littoral M sans rest, av. de Narvik ☎ 04 50 75 64 00, *Fax 04 50 75 30 04,* ≤, – TV. AE GB — B e
fermé 27 oct. au 6 nov. et 25 janv. au 8 fév. – ☐ 39 – **30 ch** 430/545

France M sans rest, 59 r. Nationale ☎ 04 50 75 00 36, *hotel.france.evian@wanadoo.fr, Fax 04 50 75 32 47,* – TV. AE GB JCB — B a
fermé 15 nov. au 15 déc. – ☐ 35 – **45 ch** 360/440

Continental sans rest, 65 r. Nationale ☎ 04 50 75 37 54, *hcontinental-evian@xanadoo.fr, Fax 04 50 75 31 11* – TV. AE GB. — B m
fermé 1er au 15 janv. – ☐ 32 – **32 ch** 280/360

Terminus, 32 av. Gare ☎ 04 50 75 15 07, *hotelterminusevian@wanadoo.fr, Fax 04 50 74 63 23* – TV. AE ⓓ GB A t
fermé 15 déc. au 5 janv. et dim. sauf juil.-août – **Repas** (55) - 65/125 ♀, enf. 45 – ☐ 35 – **14 ch** 300/340 – ½ P 280

Café Royal - Hôtel Royal, ☎ 04 50 26 85 00, 🏞, « Fresques "Belle Époque" »
fermé 3 déc. au 1er fév. – **Repas** 360/520 et carte 420 à 520 ♀
Spéc. Omble chevalier meunière, épeautre comme un risotto. Pigeonneau cuit à plat, bois de réglisse, jus court au vinaigre de Jerez. Moelleux au chocolat Manjari.

Liberté, au Casino ☎ 04 50 26 87 50, *casino@domaine-royal.danone.com, Fax 04 50 75 48 40*, ←, 🏞, brasserie – AE ⓓ GB JCB B
Repas (84) - 114 ♀, enf. 48

à Grande-Rive *par ① : 2 km* – ✉ *74500 Évian-les-Bains :*

Panorama, ☎ 04 50 75 14 50, *Fax 04 50 75 59 12*, ←, 🏞, 🌳 – |‡| TV. AE GB
fin avril-début oct. – **Repas** 78/185, enf. 50 – ☐ 35 – **28 ch** 300/360 – ½ P 285/315

rte de Thollon *par ② : 7 km – alt. 825* – ✉ *74500 Évian-les-Bains :*

Les Prés Fleuris sur Evian 🐎, ☎ 04 50 75 29 14, *Fax 04 50 74 68 75*, ← lac et montagnes, 🏞, 🌳 – TV P. AE GB. ✱ rest
fin juin-début sept. – **Repas** *(fermé lundi et mardi)* (dîner seul.)(résidents seul.) 350/480 et carte 370 à 600 – ☐ 120 – **12 ch** 900/1600 – ½ P 980/1400

ÉVISA *2A Corse-du-Sud* 90 ⑮ – *voir à Corse.*

In this Guide,
a symbol or a character, printed in **black** *or another colour*
in light or **bold** *type,*
does not have the same meaning.
Please read the explanatory pages carefully.

ÉVOSGES *01230 Ain* 74 ④ – *101 h alt. 750.*
Paris 483 – Aix-les-Bains 70 – Belley 35 – Bourg-en-Bresse 53 – Lyon 78 – Nantua 31.

Auberge Campagnarde 🐎, ☎ 04 74 38 55 55, *mano-merloz@wanadoo.fr, Fax 04 74 38 55 62*, 🏞, 🏊, 🌳 – TV 📞 P – 🎓 20. AE GB. ✱
fermé 11 nov. au 5 déc., janv., mardi et merc. sauf hôtel de mai à sept. – **Repas** 100/280 ♀, enf. 60 – ☐ 38 – **14 ch** 260/400 – ½ P 300/350

ÉVREUX P *27000 Eure* 55 ⑯ ⑰ *G. Normandie Vallée de la Seine – 49 103 h alt. 64.*
Voir *Cathédrale Notre-Dame★★ – Châsse★★ dans l'église St-Taurin – Musée★★* **M.**
ℹ *Office de Tourisme (fermé le dim.) 1 ter pl. Gén.-de-Gaulle ☎ 02 32 30 04 43, Fax 02 32 31 28 45.*
Paris 98 ② – Rouen 55 ① – Alençon 120 ③ – Caen 134 ④ – Chartres 79 ③.

Plan page ci-contre

Mercure M, bd Normandie ☎ 02 32 38 77 77, *h1575@accor-hotels.com, Fax 02 32 39 04 53* – |‡| ✱ ▤ TV 📞 ♿ 🚗 P – 🎓 80. AE ⓓ GB AZ s
Repas 110 ♀, enf. 39 – ☐ 57 – **60 ch** 475

Français, pl. Clemenceau (marché) ☎ 02 32 33 53 60, *Fax 02 32 38 60 17*, 🏞 – AE ⓓ GB
Repas (69) - 89/159 ♀, enf. 39 ABY r

Michel Thomas, 87 r. Joséphine ☎ 02 32 33 05 70, *Fax 02 32 33 05 70* – GB AZ u
fermé 11 au 26 août et dim. sauf fêtes – **Repas** (115) - 150/210 ♀

Vieille Gabelle, 3 r. Vieille Gabelle ☎ 02 32 39 77 13, *Fax 02 32 39 77 13* – AE GB BY s
fermé 1er au 21 août, 26 déc. au 2 janv., dim. soir et lundi – **Repas** 75/250 🍷

Gazette, 7 r. St-Sauveur ☎ 02 32 33 43 40, *Fax 02 32 33 43 40* – AE GB AY f
fermé 5 au 27 août, sam. midi et dim. – **Repas** 105/235 ♀

Bretagne, 3 r. St-Louis ☎ 02 32 39 27 38, *Fax 02 32 39 62 63* – AE ⓓ GB BY v
fermé 15 au 30 juil., vacances de fév., merc. soir et lundi – **Repas** 62 (déj.), 78/165 ♀

Croix d'Or, 3 r. Joséphine ☎ 02 32 33 06 07, *Fax 02 32 31 14 27*, 🏞 – AE GB AZ e
Repas 65 (déj.), 85/189, enf. 49

à Parville *par ④ : 4 km – 340 h. alt. 130* – ✉ *27180 :*

Côté Jardin, rte Lisieux ☎ 02 32 39 19 19, *Fax 02 32 31 21 85*, 🏞 – P. GB
Repas (100) - 170/230 ♀

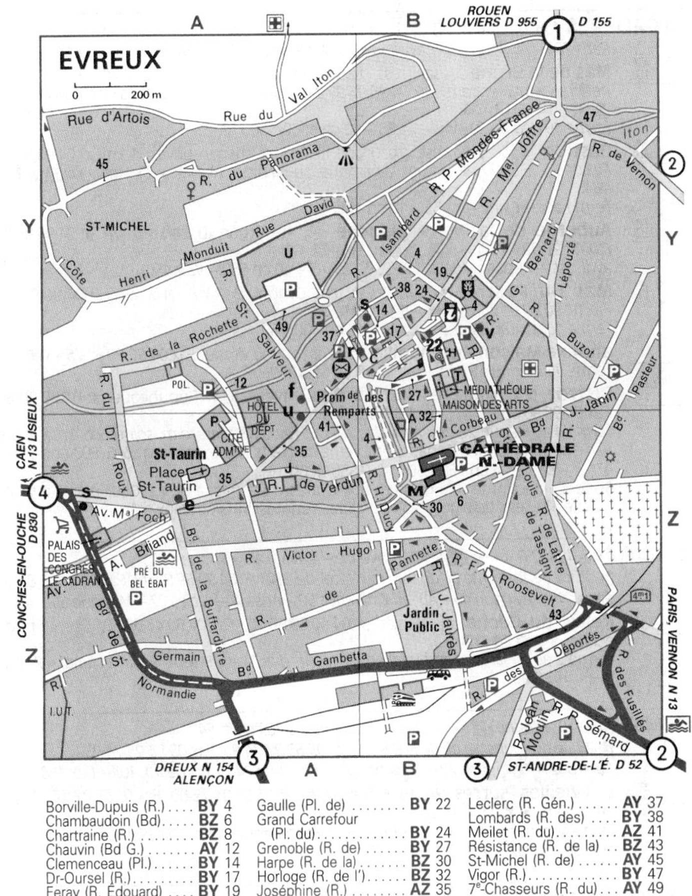

Borville-Dupuis (R.) .... **BY** 4	Gaulle (Pl. de) .... **BY** 22	Leclerc (R. Gén.) ...... **AY** 37
Chambaudoin (Bd) ..... **BZ** 6	Grand Carrefour (Pl. du) .... **BY** 24	Lombards (R. des) .... **BY** 38
Chartraine (R.) .... **BZ** 8	Grenoble (R. de) ...... **BY** 27	Meilet (R. du) .... **AZ** 41
Chauvin (Bd G.) .... **AY** 12	Harpe (R. de la) .... **BZ** 30	Résistance (R. de la) .. **BZ** 43
Clemenceau (Pl.) ...... **BY** 14	Horloge (R. de l') ...... **BZ** 32	St-Michel (R. de) ...... **AY** 45
Dr-Oursel (R.) .... **BY** 17	Joséphine (R.) .... **AZ** 35	Vigor (R.) .... **BY** 47
Feray (R. Édouard) .... **BY** 19		7e-Chasseurs (R. du) ... **AY** 49

ÉVRON *53600 Mayenne* 60 ⑪ *G. Normandie Cotentin – 6 904 h alt. 114.*

Voir *Basilique Notre-Dame★ : chapelle N.-D.-de l'Épine★★.*

Office de Tourisme (fermé dim. et lundi) pl. de la Basilique ☎ 02 43 01 63 75, Fax 02 43 01 63 75.

Paris 261 – Le Mans 55 – Alençon 57 – La Ferté-Bernard 109 – Laval 35 – Mayenne 25.

rte de Mayenne *6 km par D 7 – ✉ 53600 Mézangers :*

Relais du Gué de Selle, ☎ 02 43 91 20 00, *relaisduguedeselle@wanadoo.fr, Fax 02 43 91 20 10,* – 50. GB
fermé 24 déc. au 7 janv., vacances de fév., dim. soir, vend. soir et lundi d'oct. à mai – **Repas** *(83)* - 112/260 ♀, enf. 48 – ☕ 50 – **25 ch** 350/627, 7 duplex – ½ P 308/432

ÉVRY *91 Essonne* 61 ①, 101 ㊲, 106 ㉜ *– voir à Paris, Environs (Évry Agglomération d').*

EYBENS *38 Isère* 77 ⑤ *– rattaché à Grenoble.*

*Towns **underlined in red** on the **Michelin maps** at a scale of 1 : 200 000 are included in this Guide.*

Use the latest map to take full advantage of this information.

EYGALIÈRES *13810 B.-du-R. 84 ① G. Provence – 1 594 h alt. 134.*

Paris 704 – Avignon 27 – Cavaillon 13 – Marseille 81 – St-Rémy-de-Provence 13.

Mas de la Brune sans rest, rte St-Rémy par D 74^A : 1,5 km ☎ 04 90 90 67 67, *masbrune@francemarket.com, Fax 04 90 95 99 21,* « Belle demeure Renaissance dans un parc », – GB
fermé 10 déc. au 21 janv. – 85 – **10 ch** 1100/1500

Bastide M sans rest, rte Orgon (D 24^B) et chemin privé : 1 km ☎ 04 90 95 90 06, *Fax 04 90 95 99 77,* ≤, « Dans la garrigue, au pied des Alpilles », – GB.
fermé déc. et janv. – 55 – **12 ch** 420/490

Auberge de la Pierre Blanche, rte Orgon (D 24^B) : 3 km ☎ 04 90 95 93 17, *Fax 04 90 90 60 62,* ≤, – GB
avril-oct. – **Repas** 90 (déj.), 160/250 – 45 – **10 ch** 550 – 1/2 P 450

Mas Du Pastre sans rest, rte Orgon (D 24^B) : 1,5 km ☎ 04 90 95 92 61, *Fax 04 90 90 61 75,* – GB.
fermé 15 nov. au 15 déc. – 60 – **13 ch** 400/750

annexe Maison Roumanille sans rest, au village, *Fax 04 90 90 61 75* – GB
fermé 15 nov. au 15 déc. – 50 – **8 ch** 550/900

Bistrot d'Eygalières "Chez Bru" avec ch, r. République ☎ 04 90 90 60 34, *Fax 04 90 90 60 37,* – AE GB
fermé 4 au 8 août, 26 nov. à mi-déc., début fév. à mi-mars, dim. soir d'oct. à mai, mardi de juin à sept. et lundi – **Repas** (nombre de couverts limité, prévenir) 395/600 et carte 320 à 470 – 75 – **4 ch** 750/850 – 1/2 P 850/1000
Spéc. Carpaccio de foie gras cru aux truffes d'été (mai à sept.). Oeuf poché à la morue fraîche. Rouleau de pigeon aux échalotes confites. **Vins** Coteaux d'Aix-en-Provence.

EYGUIÈRES *13430 B.-du-R. 84 ① G. Provence – 4 481 h alt. 75.*

Office de Tourisme pl. de l'ancien Hôtel-de-Ville ☎ 04 90 59 82 44, Fax 04 90 59 89 07.

Paris 719 – Avignon 40 – Aix-en-Provence 50 – Arles 44 – Istres 27 – Marseille 66.

Relais du Coche, pl. Monier ☎ 04 90 59 86 70, *Fax 04 90 45 09 50,* « Anciennes écuries » – AE GB
fermé 2 au 21 janv., mardi midi en juil.-août, dim. soir de sept. à juin et lundi – **Repas** 105 (déj.), 158/208

EYMET *24500 Dordogne 75 ⑭ G. Périgord Quercy – 2 769 h alt. 54.*

Office de Tourisme pl. de la Bastide ☎ 05 53 23 74 95, Fax 05 53 23 74 95.

Paris 562 – Périgueux 72 – Arcachon 72 – Bayonne 240 – Bordeaux 103 – Dax 188.

Les Vieilles Pierres, rte de Marmande ☎ 05 53 23 75 99, *Fax 05 53 27 87 14,* – GB. ch
fermé vacances de Toussaint et de fév. – **Repas** *(fermé dim. soir sauf juil.août)* 60 bc/220, enf. 50 – 32 – **9 ch** 190/290 – 1/2 P 215/240

EYSINES *33 Gironde 71 ⑨ – rattaché à Bordeaux.*

Les EYZIES-DE-TAYAC *24620 Dordogne 75 ⑯ G. Périgord Quercy – 853 h alt. 70.*

Voir *Musée national de Préhistoire★ – Grotte du Grand Roc★★ : ≤★ – Grotte de Font-de-Gaume★.*

Office de Tourisme pl. Mairie ☎ 05 53 06 97 05, Fax 05 53 06 90 79.

Paris 517 – Périgueux 47 – Sarlat-la-Canéda 21 – Brive-la-Gaillarde 63 – Fumel 64.

Centenaire (Mazere) M (annexe 4 ch., ≤ site des Eyzies,), ☎ 05 53 06 68 68, *Fax 05 53 06 92 41,* « Bel aménagement intérieur », – ch, – 15. AE GB JCB
début avril-début nov. – **Repas** *(fermé lundi midi, mardi midi et merc. midi sauf fériés)* 200 (déj.), 350/700 et carte 430 à 640 – 105 – **20 ch** 700/1300, 5 appart – 1/2 P 800/1100
Spéc. Terrine chaude de cèpes du pays. Esturgeon caramélisé, crème de maïs blanc au caviar de truffe. Steak d'oie "Rossini", gratin de macaroni au vieux cantal. **Vins** Montravel, Cahors.

Cro-Magnon, ☎ 05 53 06 97 06, *cromagnon@minitel.net, Fax 05 53 06 95 45,* , exposition d'objets archéologiques, – AE GB JCB
début mai-début oct. – **Repas** *(fermé merc. midi, jeudi midi et vend. midi)* 140/300 – 55 – **19 ch** 400/600, 3 appart – 1/2 P 420/550

Moulin de la Beune, ☎ 05 53 06 94 33, *Fax 05 53 06 98 06,* « Ancien moulin dans un jardin au bord de la Brune », – AE GB
1er avril-1er nov. – **Repas** *(fermé mardi midi, merc.midi et sam. midi)* 108/350, enf. 60 – 42 – **20 ch** 280/370 – 1/2 P 360/380

des Roches sans rest, rte Sarlat ✆ 05 53 06 96 59, *hotel@roches-les-eyzies.com, Fax 05 53 06 95 54,* « Jardin en bord de rivière », ⛱, – TV ♿ P. GB. ✂
début avril-1er nov. – ☕ 39 – **41 ch** 390/540

Centre, ✆ 05 53 06 97 13, *Fax 05 53 06 91 63,* – TV P. GB
début fév.-début nov. – **Repas** *(fermé mardi midi)* 110 bc/245 ♀, enf. 60 – ☕ 42 – **19 ch** 300/520 – ½ P 345/435

Les Glycines, rte Périgueux ✆ 05 53 06 97 07, *les-glycines-aux-eyzies@wanadoo.fr, Fax 05 53 06 92 19,* ≤, , « Parc fleuri », ⛱, – TV P. GB
1er avril-30 oct. – **Repas** *(fermé sam. midi sauf de juil. à sept. et fériés)* 138/320 ♀, enf. 78 – ☕ 60 – **23 ch** 430/650 – ½ P 455/565

à l'Est : *7 km par rte de Sarlat* – ✉ *24620 Les-Eyzies-de-Tayac* :

Métairie, sur D 47 ✆ 05 53 29 65 32, *bourgeade@wanadoo.fr, Fax 05 53 29 65 30,* – P. AE GB JCB
fermé 3 déc. au 7 fév., lundi sauf le soir d'avril au 15 oct., mardi midi et dim. soir du 15 oct. à mars – **Repas** 65 (déj.), 105/180, enf. 50

If you are held up on the road - from 6pm onwards - confirm your hotel booking by telephone. It is safer and quite an accepted practice.

ÈZE *06360 Alpes-Mar.* 84 ⑩, 115 ㉗ *G. Côte d'Azur* – *2 446 h alt. 390.*
Voir *Site★★ - Sentier Frédéric Nietzsche★ – Le vieux village★ – Jardin exotique ★★★.*
Env. *"Belvédère" d'Èze ≤★★ O : 4 km.*
Office de Tourisme pl. Gén.-de-Gaulle ✆ 04 93 41 26 00, Fax 04 93 41 04 80.
Paris 943 – Monaco 8 – Nice 12 – Cap d'Ail 6 – Menton 20 – Monte-Carlo 8.

Château de la Chèvre d'Or , r. Barri (accès piétonnier) ✆ 04 92 10 66 66, *chevredor@relaischateaux.fr, Fax 04 93 41 06 72,* ≤ côte et presqu'île, , « Site pittoresque dominant la mer », ⛱, – ▤ TV – 20. AE GB JCB
mars-nov. – **Repas** *(fermé merc. en mars et en nov.)* (prévenir) *(320)* - 420 (déj.)/780(dîner) carte 640 à 750 – ☕ 140 – **28 ch** 2500/4500, 5 appart
Spéc. Levée de rougets barbet rôti et risotto de calmars. Longe d'agneau des Alpes farcie de tomate et ail confit. Soufflé chaud au pain d'épice, glace au lait de brebis. **Vins** Côtes de Provence.

Les Terrasses d'Eze M , rte La Turbie par N 7 et D 45 : 1,5 km ✆ 04 92 41 55 55, *Fax 04 92 41 55 10,* ≤ mer, , « Terrasse et piscine panoramiques », ⛱, – ▤ TV ♿ P – 15 à 100. AE GB. ✂ rest
Repas (dîner seul.) 195, enf. 80 – ☕ 115 – **75 ch** 1090/1350, 6 appart – ½ P 1830/1980

Auberge des Deux Corniches M sans rest, rte Col d'Èze (D 46) : 1 km ✆ 04 93 41 19 54, *Fax 04 92 10 86 26,* ≤ – TV P. GB. ✂
fermé 10 nov. au 1er fév. – ☕ 35 – **7 ch** 300/340

Château Eza avec ch, (accès piétonnier) ✆ 04 93 41 12 24, *chateza@webstore.fr, Fax 04 93 41 16 64,* ≤ côte et presqu'île, , « Terrasses dominant la baie » – ▤ ch, TV. AE GB JCB
hôtel : 1er avril-1er nov. ; rest. : fermé 1er nov. au 25 déc., mardi et merc. du 25 déc. au 1er avril – **Repas** 250 bc (déj.), 390/550 et carte 550 à 670 ♀ – **7 ch** ☕ 2000/3500, 3 appart

L'Oliveto, pl. Gén. de Gaulle ✆ 04 92 41 50 40, *Fax 04 92 41 50 45,* – ▤. AE GB
fermé 1er janv. au 15 fév., mardi midi et lundi – **Repas** -cuisine italienne 130/170 ♀

Troubadour, r. du Brec (accès piétonnier) ✆ 04 93 41 19 03 – GB
fermé 1er au 10 juil., 25 nov. au 21 déc., vacances de fév., lundi midi et dim. – **Repas** (prévenir) 175/250

Bistrot Loumiri, av. Jardin Exotique ✆ 04 93 41 16 42, *Fax 04 93 41 16 42,* – GB
fermé vacances de fév., merc. soir et lundi – **Repas** (prévenir) 98 (déj.), 130/155

FAGNON *08 Ardennes* 53 ⑱ – *rattaché à Charleville-Mézières.*

FAIN-LÈS-MONTBARD *21 Côte-d'Or* 65 ⑦ – *rattaché à Montbard.*

FALAISE *14700 Calvados* 55 ⑫ *G. Normandie Cotentin* – *8 119 h alt. 132.*
Voir *Château Guillaume-Le-Conquérant★ – Église de la Trinité★.*
Office de Tourisme bd de la Libération ✆ 02 31 90 17 26, Fax 02 31 90 98 70.
Paris 221 ③ – Caen 36 ① – Argentan 23 ③ – Flers 40 ⑤ – Lisieux 46 ① – St-Lô 105 ①.

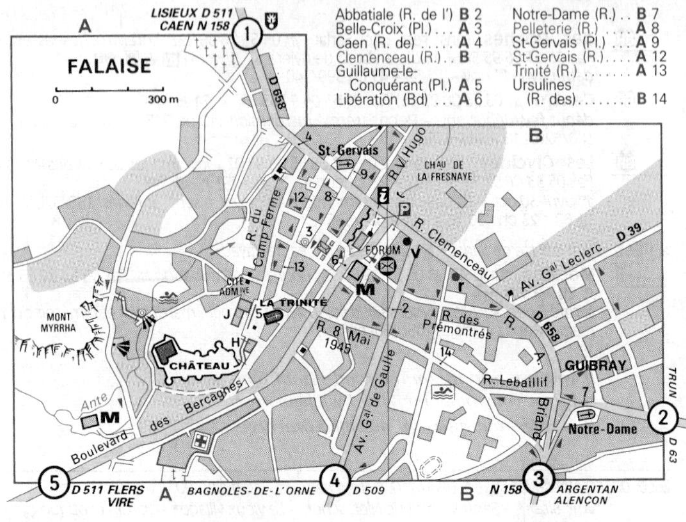

Poste, 38 r. G. Clemenceau ✆ 02 31 90 13 14, *Fax 02 31 90 01 81* – TV – 15. AE GB B V
fermé 15 au 22 oct., 23 déc. au 21 janv., dim. soir et lundi – **Repas** (68) - 87/235, enf. 55 – 38 – **17 ch** 280/320 – ½ P 275

Ibis M, rd-pt de l'Attache par ① : *1,5 km* ✆ 02 31 90 11 00, *h1678@accor-hotels.com, Fax 02 31 90 08 00,* – TV P – 15 à 50. AE GB
Repas (75) - 95 ♀, enf. 39 – 35 – **53 ch** 285/300

XXX **Fine Fourchette,** 52 r. G. Clemenceau ✆ 02 31 90 08 59, *Fax 02 31 90 00 83* – AE GB B r
fermé 25 janv. au 12 fév. et mardi soir hors saison – **Repas** 87/308 et carte 220 à 340 ♀, enf. 55

XX **L'Attache,** rte Caen par ① : *1,5 km* ✆ 02 31 90 05 38, *Fax 02 31 90 57 19* – AE GB.
fermé 15 au 30 sept., mardi soir et merc. – **Repas** (nombre de couverts limité, prévenir) 95/330

au Sud-Ouest *par ⑤ et D 44, rte de Fourneaux-le-Val : 5 km – ✉ 14700 St-Martin-de-Mieux :*

Château du Tertre sans rest, ✆ 02 31 90 01 04, *chateaudutertre@wanadoo.fr, Fax 02 31 90 33 16,* ←, « Château du 18e siècle dans un grand parc », – P. AE GB.
avril-oct. – 75 – **9 ch** 720/970

Le FALGOUX *15380 Cantal 76 ② – 226 h alt. 930 – Sports d'hiver : 1 050 m 1 .*
Voir *Vallée du Falgoux*★.
Env. *Cirque du Falgoux*★★ *SE : 6 km – Puy Mary* ★★★ *: 1 h AR du Pas de Peyrol*★★ *SE : 12 km,* G. Auvergne.
Paris 539 – Aurillac 56 – Mauriac 29 – Murat 34 – Salers 13.

Eterlou , ✆ 04 71 69 51 14, *Fax 04 71 69 53 26,* ←, – cuisinette TV. GB
1er avril-11 nov. – **Repas** 75/165 ♀ – 40 – **10 ch** 360 – ½ P 295

Voyageurs, ✆ 04 71 69 51 59, ←, – GB
fermé 15 nov. au 15 déc. – **Repas** 80/130, enf. 50 – 28 – **14 ch** 160/260 – ½ P 190/210

FALICON *06950 Alpes-Mar. 84 ⑩, 115 ㉖ G. Côte d'Azur – 1 498 h alt. 396.*
Voir *Terrasse* ←★ *– Mont Chauve d'Aspremont* ★★ *N : 8,5 km puis 30 mn.*
Paris 941 – Nice 11 – Aspremont 10 – Colomars 14 – Levens 17 – Sospel 41.

XX **Bellevue,** ✆ 04 93 84 94 57, *Fax 04 93 84 94 57,* ←, – AE GB
fermé oct., le soir de nov. à mai, dim. soir de juin à sept. et lundi – **Repas** 98/138 ♀

FALLIÈRES *88 Vosges 62 ⑯ – rattaché à Remiremont.*

Le FAOU *29580 Finistère* 58 ⑤ *G. Bretagne* – *1 522 h alt. 10.*

Voir *Site*★.

Office de Tourisme (saison) 10 r. Gén.-de-Gaulle ✆ 02 98 81 06 85, (hors saison) Mairie ✆ 02 98 81 90 44.

Paris 561 – Brest 31 – Châteaulin 18 – Landerneau 23 – Morlaix 53 – Quimper 42.

Beauvoir, pl. aux Foires ✆ 02 98 81 90 31, *hotel-beauvoir@wanadoo.com, Fax 02 98 81 92 93* – – 15 à 100. AE GB. rest
fermé 10 au 28 déc. – ***Vieille Renommée*** *(fermé dim. soir d'oct. à mai et lundi midi)* **Repas** 89(déj.)165/250 ♀, enf.70 – ☕ 50 – **30 ch** 360/480 – 1/2 P 320/360

Le FAOUËT *56320 Morbihan* 58 ⑰ *G. Bretagne* – *2 869 h alt. 68.*

Voir *Chapelle St-Fiacre*★ *: jubé*★★ *SE : 2,5 km – Site*★ *de la chapelle Ste-Barbe NE : 3 km.*

Office de Tourisme 1 r. de Quimper ✆ 02 97 23 23 23, Fax 02 97 23 13 75.

Paris 516 – Vannes 84 – Concarneau 45 – Lorient 39 – Pontivy 47 – Quimper 51.

Croix d'Or, ✆ 02 97 23 07 33, *Fax 02 97 23 06 52* – . GB. ch
fermé 15 déc. au 15 janv., dim. soir et lundi hors saison – **Repas** 87/210 – ☕ 45 – **11 ch** 230/270 – 1/2 P 225

FARROU *12 Aveyron* 79 ⑩ – *rattaché à Villefranche-de-Rouergue.*

La FAUCILLE (Col de) ★★ *01 Ain* 70 ⑮ *G. Jura* – *Sports d'hiver : (Mijoux-Lelex-la Faucille) 900/1 680 m* 3 25 – ✉ *01170 Gex.*

Voir *Descente sur Gex*★★ *(N 5)* ✻★★ *SE : 2 km – Mont-Rond*★★ *(accès par télécabine - gare à 500 m au SO du col).*

Paris 481 – Bourg-en-Bresse 108 – Genève 32 – Gex 12 – Morez 28 – Nantua 60.

Mainaz , Sud : 1 km par N5 ✆ 04 50 41 31 10, *mainaz@club-internet.fr, Fax 04 50 41 31 77,* ← *lac Léman et les Alpes,* , – . AE GB
fermé 1er nov. au 10 déc., dim. soir et lundi sauf vacances scolaires – **Repas** 140/220 ♀ – ☕ 75 – **22 ch** 350/530 – 1/2 P 495

Couronne, ✆ 04 50 41 32 65, *hotel-de-la-couronne@wanadoo.fr, Fax 04 50 41 32 47,* ←, , – . GB
15 mai-15 sept. – **Repas** 120 – ☕ 40 – **16 ch** 330 – 1/2 P 330

Petite Chaumière , ✆ 04 50 41 30 22, *info@petitechaumiere.com, Fax 04 50 41 33 22,* ←, – . GB
fermé 1er au 27 avril et 21 oct. au 22 déc. – **Repas** 107/175, enf. 59 – ☕ 50 – **34 ch** 300/377 – 1/2 P 375

FAVERGES *74210 H.-Savoie* 74 ⑯ ⑰ *G. Alpes du Nord* – *6 334 h alt. 507.*

Office de Tourisme pl. M.-Piquand ✆ 04 50 44 60 24, Fax 04 50 44 45 96.

Paris 566 – Albertville 19 – Annecy 27 – Megève 35.

Florimont, rte Albertville : 2,5 km ✆ 04 50 44 50 05, *info@hotelflorimont.com, Fax 04 50 44 43 20,* , – – 25. AE GB. rest
Repas *(fermé dim. soir de sept. à juin)* (88) - 110/300 , enf. 55 – ☕ 50 – **27 ch** 310/580 – 1/2 P 350/420

Carte d'Autrefois, 25 r. Gambetta ✆ 04 50 32 49 98, *Fax 04 50 32 53 89* – GB
fermé 25 au 31/05, 25 au 31/08, 1 au 6/01, le soir en semaine du 15/10 au 31/03, dim. soir et lundi – **Repas** 85/125 , enf. 45

au Tertenoz *Sud-Est : 4 km par D 12 et rte secondaire* – ✉ *74210 Faverges :*

Au Gay Séjour avec ch, ✆ 04 50 44 52 52, *gaysejour@chateauxhotels.com, Fax 04 50 44 49 52,* ←, – . AE GB JCB.
fermé 11 nov. au 18 déc., dim. soir et lundi de sept. à juin sauf fériés – **Repas** 150/420 ♀ – ☕ 60 – **11 ch** 300/500 – 1/2 P 460/520

FAVERGES-DE-LA-TOUR *38 Isère* 74 ⑭ – *rattaché à La Tour-du-Pin.*

La FAVIÈRE *83 Var* 84 ⑯., 114 ㊽ – *rattaché au Lavandou.*

En juin et en septembre,
les hôtels sont moins chers qu'en pleine saison, le service est plus soigné.

FAVIÈRES *80120 Somme* 52 ⑥ *– 406 h alt. 1.*
Voir *Le Crotoy : Butte du Moulin* ≤★ *SO : 5 km,* **G. Flandres Artois Picardie.**
Paris 204 – Amiens 74 – Abbeville 21 – Berck-Plage 30 – Le Crotoy 5.

XX **Clé des Champs,** ☎ 03 22 27 88 00, *Fax 03 22 27 79 36* – P. AE GB
fermé 18 août au 10 sept., 2 au 16 janv., vacances de fév., dim. soir et lundi sauf fériés – **Repas** 90/250 ♀, enf. 55

FAVONE *2A Corse-du-Sud* 90 ⑦ *– voir à Corse.*

FAYENCE *83440 Var* 84 ⑦, 114 ⑪ ㉔, 115 ㉒ *G. Côte d'Azur – 3 502 h alt. 350.*
Voir ≤★ *de la terrasse de l'Église.*
Office de Tourisme pl. L.-Roux ☎ *04 94 76 20 08, Fax 04 94 84 71 86.*
Paris 891 – Castellane 55 – Draguignan 35 – Fréjus 36 – Grasse 27 – St-Raphaël 37.

Les Oliviers sans rest, quartier La Ferrage (rte Grasse) ☎ 04 94 76 13 12, *Fax 04 94 76 08 05,* – TV P. GB
fermé 15 nov. au 6 déc. – 45 – **22 ch** 320/450

X **Farigoulette,** pl. Château ☎ 04 94 84 10 49, *Fax 04 94 84 10 49,* – GB.
1er avril-30 sept. et fermé lundi – **Repas** (dîner seul.) 185/250

à l'Ouest *par rte de Seillans (D 19) et rte secondaire – ✉ 83440 Fayence :*

Moulin de la Camandoule , à 2 km ☎ 04 94 76 00 84, *moulin.camandoule@wanadoo.fr, Fax 04 94 76 10 40,* ≤, , « Ancien moulin à huile », , – TV P. GB
Repas *(fermé 4 au 20 janv. et le midi en semaine sauf fériés)* 175/320 – 70 – **11 ch** 525/995 – ½ P 525/760

XXX **Castellaras** (Carro), à 4 km ☎ 04 94 76 13 80, *Fax 04 94 84 17 50,* ≤, , , – P. AE GB
fermé 13 au 27 mars, 26 juin au 3 juil., 19 nov. au 12 déc., lundi soir sauf juil.-août et mardi – **Repas** 235/295 et carte 350 à 450 ♀
Spéc. Carpaccio de langoustines à l'estragon (juil. à sept). Soupière chaude de coquillages et crustacés (janv. à mars). Tarte tatin à la rhubarbe (avril à juin). **Vins** Côtes de Provence rosé et rouge.

Le FAYET *74 H.-Savoie* 74 ⑧ *– voir à St-Gervais-les-Bains.*

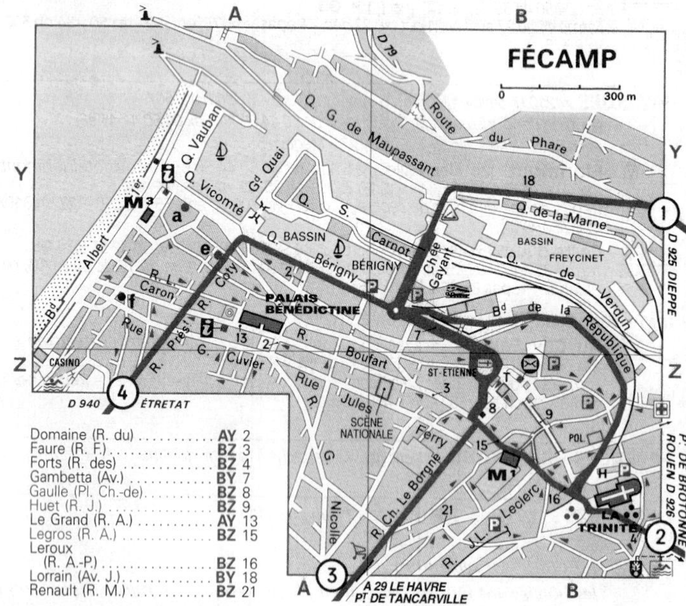

FÉCAMP *76400 S.-Mar.* 52 ⑫ *G. Normandie Vallée de la Seine – 20 808 h alt. 15 – Casino* **AZ.**

Voir Abbatiale de la Trinité★ – Palais Bénédictine★★ – Musée des Terres-Neuvas et de la Pêche★ **M**[3] *– Chapelle N.-D.-du-Salut ☼★★ N : 2 km par D 79* **BY.**

Office de Tourisme 113 r. Alexandre-le-Grand ✆ 02 35 28 51 01, Fax 02 35 27 07 77.

Paris 200 ③ – Le Havre 44 ③ – Amiens 162 ② – Caen 108 ③ – Dieppe 66 ① – Rouen 74 ②.

Plan page ci-contre

Ferme de la Chapelle ⑤, côte de la Vierge par ①, *rte du Phare et D 79 : 2 km ✆ 02 35 10 12 12, fermedelachapelle@wanadoo.fr, Fax 02 35 10 12 13,* <, ⛱, – cuisinette TV P – 15. AE GB
Repas *(fermé lundi d'oct. à mars)* 95/230 ♀ – ☕ 45 – **17 ch** 370/530, 5 studios – ½ P 340

Plage sans rest, 87 r. Plage ✆ 02 35 29 76 51, *Fax 02 35 28 68 30* – TV. AE ⓓ GB
☕ 45 – **24 ch** 325/400 AY f

XXX **Auberge de la Rouge** avec ch, par ③ : *2 km* ✆ 02 35 28 07 59, *Fax 02 35 28 70 55,* – TV ✆ ♿ P – 25. AE ⓓ GB
Repas *(fermé dim. soir et lundi)* 105/300 et carte 240 à 340 ♀, enf. 65 – ☕ 40 – **8 ch** 350

XX **Plaisance,** 33 quai Vicomté ✆ 02 35 29 38 14, *Fax 02 35 28 95 76,* – AE GB
fermé vacances de fév., mardi soir, jeudi soir et merc. – **Repas** 140/205 AY a

X **Le Vicomté,** 4 r. Prés. R. Coty ✆ 02 35 28 47 63 – GB AY e
fermé 20 août au 2 sept., 24 déc. au 6 janv., merc. soir, dim. et fériés – **Repas** 91 ♀, enf. 39

FEGERSHEIM *67 B.-Rhin* 62 ⑩ *– rattaché à Strasbourg.*

FEISSONS-SUR-ISÈRE *73260 Savoie* 74 ⑰ *– 376 h alt. 407.*

Paris 628 – Albertville 17 – Bourg-St-Maurice 39 – Chambéry 66 – Moûtiers 11.

XXX **Château de Feissons,** Sud : 2 km par rte secondaire ✆ 04 79 22 59 59, *Fax 04 79 22 59 76,* « Château médiéval restauré », – P. AE GB
fermé 26 au 30 déc., 2 au 7 janv., dim. soir et lundi – **Repas** (115) - 165/275 et carte 330 à 390, enf. 75

FEISSONS-SUR-SALINS *73350 Savoie* 74 ⑱ *– 130 h alt. 1272.*

Paris 648 – Albertville 37 – Annecy 82 – Bourg-St-Maurice 38 – Chambéry 86 – Moûtiers 10.

Balcon des 3 Vallées ⑤, ✆ 04 79 24 24 34, *b3v@club-internet.fr, Fax 04 79 24 24 79,* <, – GB
fermé 21 au 27 mai, vacances de Toussaint et merc. hors saison – **Repas** 95/140 ♀ – ☕ 35 – **11 ch** 180/250 – ½ P 220/235

Le FEL *12 Aveyron* 76 ⑫ *– rattaché à Entraygues-sur-Truyères.*

FELDBACH *68640 H.-Rhin* 87 ⑳ *G. Alsace Lorraine – 374 h alt. 410.*

Paris 460 – Mulhouse 34 – Altkirch 14 – Basel 34 – Belfort 43 – Colmar 73 – Montbéliard 44.

XX **Cheval Blanc,** ✆ 03 89 25 81 86, *Fax 03 89 07 72 88,* – P. GB
fermé 9 au 24 juil., 29 oct. au 6 nov., vacances de fév., lundi et mardi – **Repas** (58) - 82/210 ♀, enf. 45

FELICETO *2B H.-Corse* 90 ⑭ *– voir à Corse.*

FERAYOLA *2B H.-Corse* 90 ⑭ *– voir à Corse (Galéria).*

FÈRE-EN-TARDENOIS *02130 Aisne* 56 ⑭ ⑮ *G. Picardie Flandres Artois – 3 168 h alt. 180.*

Voir Château de Fère★ : Pont-galerie★★ N : 3 km.

Office de Tourisme 18 r. E.-Moreau-Nélaton ✆ 03 23 82 31 57, Fax 03 23 82 28 19..

Paris 110 – Reims 50 – Château-Thierry 23 – Laon 55 – Soissons 27.

Château de Fère ⑤, au Nord, 3 km par D 967 ✆ 03 23 82 21 13, *chateau.fere@wanadoo.fr, Fax 03 23 82 37 81,* <, « Belle demeure du 16e siècle, parc », ⛱, ✂, – TV ✆ ♿ P – 30. AE ⓓ GB JCB
fermé 3 janv. au 10 fév. – **Repas** 200/520 ♀ – ☕ 105 – **19 ch** 1000/1900, 6 appart

FERNEY-VOLTAIRE *01210 Ain* 70 ⑯ *G. Jura – 6 408 h alt. 430.*

Env. Genève★★★.

de Genève-Cointrin ✆ (00 41 22) 717 71 11, S : 4 km.

Syndicat d'Initiative 26 Grand'rue ✆ 04 50 28 09 16, Fax 04 50 40 78 99.

Paris 502 – Thonon-les-Bains 44 – Bellegarde-sur-Valserine 37 – Genève 10 – Gex 11.

Novotel Ⓜ, par D 35 rte de Meyrin ☎ 04 50 40 85 23, *h0422@accorhotels.com, Fax 04 50 40 76 33,* – 100. AE GB
Repas *(85)* - 105/115 ♀, enf. 50 – ▭ 63 – **80 ch** 550/600

Médian Ⓜ, chemin de Colovrex (près douane) ☎ 04 50 28 00 50, *Fax 04 50 42 88 93* – – 30. AE GB
Repas *(69)* - 97 ♀, enf. 55 – ▭ 48 – **57 ch** 435/495 – ½ P 263/298

Campanile, par D 35 et chemin Planche Brûlée ☎ 04 50 40 74 79, *Fax 04 50 42 97 29,* – – 30. AE GB
Repas *(80)* - 96/108 ♀, enf. 40 – ▭ 38 – **62 ch** 340

France avec ch, 1 r. Genève ☎ 04 50 40 63 87, *hotelfranceferney@wanadoo.fr, Fax 04 50 40 47 27,* – . AE GB.
fermé 23 déc. au 15 janv., lundi midi et dim. – **Repas** 129 (déj.), 195/265 ♀ – ▭ 50 – **15 ch** 360/420 – ½ P 365

Chanteclair, 13 r. Versoix ☎ 04 50 40 79 55, *Fax 04 50 40 93 04* – GB
fermé 15 au 31 août, 22 déc. au 4 janv., dim. et lundi – **Repas** *(110)* - 150 (déj.), 195/300 ♀

FERRETTE *68480 H.-Rhin* 66 ⑨ ⑩ *G. Alsace Lorraine – 863 h alt. 470.*

Voir *Site★ – Ruines du Château* ≤★.

Syndicat d'Initiative Espace Mazarin route de Lucelle ☎ 03 89 40 45 49, Fax 03 89 08 24 01.

Paris 466 – Mulhouse 40 – Altkirch 20 – Basel 30 – Belfort 50 – Colmar 81 – Montbéliard 50.

à Ligsdorf *Sud : 4 km par D 432 – 313 h. alt. 520 – ✉ 68480 :*

Moulin Bas avec ch, 1 r. Raedersdorf ☎ 03 89 40 31 25, *info@le-moulin-bas.fr, Fax 03 89 40 37 15,* « Ancien moulin au bord de l'Ill », – . GB
fermé 9 au 22 janv., lundi et mardi sauf fériés – **Repas** 190/380 ♀ – ▭ 85 – **7 ch** 400/520 – ½ P 495

à Moernach *Ouest : 5 km par D 473 – 454 h. alt. 470 – ✉ 68480 :*

Aux Deux Clefs avec ch, ☎ 03 89 40 80 56, *Fax 03 89 08 10 47,* – . GB
fermé 27 oct. au 8 nov., vacances de fév., merc. soir (sauf hôtel) et jeudi – **Repas** 60 (déj.), 98/310 ♀, enf. 48 – ▭ 30 – **7 ch** 235/270 – ½ P 280/320

à Lutter *Sud-Est : 8 km par D 23 – 283 h. alt. 428 – ✉ 68480 :*

Auberge Paysanne avec ch, r. Principale ☎ 03 89 40 71 67, *Fax 03 89 07 33 38,* – . GB
fermé 2 au 16 juil., vacances de fév., mardi du 15 oct. au 15 mars et lundi – **Repas** 135/330 ♀, enf. 60 – ▭ 40 – **7 ch** 240/310 – ½ P 290

Annexe Hostellerie Paysanne « Reconstitution d'une ancienne ferme alsacienne du 17e siècle », – . GB
Repas voir ***Auberge Paysanne*** – ▭ 40 – **9 ch** 300/450 – ½ P 320/340

La FERRIÈRE *38580 Isère* 77 ⑥ *– 191 h alt. 926.*

Paris 608 – Grenoble 53 – Allevard 12.

au Curtillard *Sud : 2 km par D 525A – ✉ 38580 La Ferrière :*

Curtillard , ☎ 04 76 97 50 82, *hotel@curtillard.com, Fax 04 76 97 56 57,* ≤ massif de Belledonne, – cuisinette – 25. AE GB.
hôtel: juin-15 sept. et 17 déc.-10 avril ; rest.: juil.-août et 17 déc.-10 avril – **Repas** (dîner seul. en hiver) 100/230, enf. 68 – ▭ 50 – **12 ch** 390/562, 9 studios – ½ P 367/450

Baroz , ☎ 04 76 97 50 81, *Fax 04 76 45 84 75,* ≤, – cuisinette . AE GB.
hôtel : 20 juin-début sept. et 26 déc.-Pâques ; rest. : mai-sept. et 26 déc.-Pâques – **Repas** 115 (dîner), 130/155 – ▭ 40 – **18 ch** 260/265, 3 chalets – ½ P 260/270

La FERRIÈRE-AUX-ÉTANGS *61 Orne* 60 ① *– rattaché à Flers.*

FERRIÈRES *45210 Loiret* 61 ⑫ *G. Bourgogne – 2 896 h alt. 96.*

Voir *Croisée du transept★ de l'église St-Pierre et St-Paul.*

Office de Tourisme (ouvert du 7 janv. au 23 déc.) pl. des Églises ☎ 02 38 96 58 86, Fax 02 38 96 60 39.

Paris 102 – Auxerre 81 – Fontainebleau 42 – Montargis 12 – Nemours 27 – Orléans 85.

Abbaye , ☎ 02 38 96 53 12, *Fax 02 38 96 57 63,* – – 30. GB
Repas *(65)* - 120/280 ♀, enf. 60 – ▭ 40 – **30 ch** 330/480 – ½ P 270/320

FERRIÈRES-EN-BRIE *77 S.-et-M.* 61 ②, 101 ㉚ *– voir à Paris, Environs (Marne-la-Vallée).*

La FERTÉ-BERNARD *72400 Sarthe 60 ⑮ G. Châteaux de la Loire – 9 355 h alt. 90.*

Voir *Église N.-D.-des Marais**.*

Office de Tourisme 15 pl. de la Lice ☎ 02 43 71 21 21, Fax 02 43 93 25 85.

Paris 165 – Le Mans 50 – Alençon 57 – Chartres 78 – Châteaudun 66.

XXX **Perdrix** avec ch, 2 r. Paris ☎ 02 43 93 00 44, *restaurantlaperdrix@hotmail.com, Fax 02 43 93 74 95* – rest, TV. GB
fermé fév., lundi soir et mardi – **Repas** 110/250 et carte 240 à 300 – 35 – **7 ch** 250/340

XX **Dauphin,** 3 r. d'Huisne (secteur piétonnier) ☎ 02 43 93 00 39, *Fax 02 43 71 26 65,* – GB
fermé 17 au 24 mars, 15 au 30 août, dim. soir et lundi – **Repas** 98/245, enf. 75

La FERTÉ-IMBAULT *41300 L.-et-Ch. 64 ⑲ – 1 047 h alt. 99.*

Paris 195 – Bourges 61 – Orléans 70 – Romorantin-Lanthenay 19 – Vierzon 24.

Auberge A la Tête de Lard, ☎ 02 54 96 22 32, *Fax 02 54 96 06 22,* – rest, TV P. GB. ch
fermé 7 au 21 sept., 18 janv. au 8 fév., dim. soir et, mardi midi et lundi sauf fériés – **Repas** 100/300 ♀ – 40 – **11 ch** 290/470 – ½ P 290/390

La FERTÉ-MACÉ *61600 Orne 60 ① ② G. Normandie Cotentin – 6 913 h alt. 250.*

Office de Tourisme 11 r. Victoire ☎ 02 33 37 10 97, Fax 02 33 37 13 37.

Paris 229 ① – Alençon 46 ③ – Argentan 32 ① – Domfront 23 ④ – Falaise 42 ⑤ – Flers 26 ⑤.

LA FERTÉ-MACÉ

Armand-Macé (R.) .... B 2
Barre (R. de la) .... B 4
Chauvière (R.) .... B 7
Clouet (R. du) .... A 8
De Contades (Bd Gérard) .... A 10
Fossés Nicole (R. des) .... B 12
Hautvie (R. d') .... B
Le Meunier de la Raillère (Av.) .... B 13
Leclerc (Pl. du Gén.) .... B 15
République (Pl. de la) .... B 16
Teinture (R. de la) .... B 18
Val Vert (R. du) .... A 19
4 Roues (R. des) .... B 21

Auberge d'Andaines, rte Bagnoles-de-l'Orne par ③ : *2 km* ☎ 02 33 37 20 28, *Fax 02 33 37 25 05,* , – P – 30. GB
fermé 15 janv. au 15 fév. et vend. du 1er nov. au 1er avril – **Repas** *(75)* - 93/200 ♀ – 35 – **15 ch** 190/350 – ½ P 250/280

XX **Céleste** avec ch, 6 r. Victoire ☎ 02 33 37 22 33, *Fax 02 33 38 12 25*, – TV. AE GB — B n
fermé dim. soir et lundi – **Repas** 90/290 ♀, enf. 46 – ☕ 30 – **12 ch** 165/300 – ½ P 150/210

X **Auberge de Clouet** avec ch, Le Clouet ☎ 02 33 37 18 22, *Fax 02 33 38 28 52*, « Terrasse fleurie » – TV P. AE GB. ch — A a
fermé dim. soir sauf fériés et lundi d'oct. à Pâques – **Repas** 95/350 ♀, enf. 60 – ☕ 40 – **6 ch** 260/350 – ½ P 350

X **L'Espérance,** 13 r. Barre ☎ 02 33 37 38 21, *Fax 02 33 37 38 24* – GB — B e
fermé 25 au 31 mars, 30 juil. au 12 août, 1er au 8 nov., 21 au 28 déc., dim. soir et merc. – **Repas** 55/180 ♀, enf. 50

La FERTÉ-ST-AUBIN *45240 Loiret 64 ⑨ G. Châteaux de la Loire – 6 414 h alt. 114.*

Voir Château*.

Office de Tourisme r. des Jardins ☎ 02 38 64 67 93, Fax 02 38 64 61 39.

Paris 156 – Orléans 23 – Blois 63 – Romorantin-Lanthenay 45 – Salbris 34.

L'Orée des Chênes M, Nord-Est : 3 km par rte Marcilly ☎ 02 38 64 84 00, *Fax 02 38 64 84 20*, ←, « Parc avec étang », – TV ♿ P – 30. AE GB
fermé 1er au 15 fév., dim. soir et lundi sauf hôtel de mars à oct. – **Repas** 200/250 – ☕ 60 – **24 ch** 450/650 – ½ P 330/460

XXX **Ferme de la Lande,** Nord-Est : 3 km par rte Marcilly ☎ 02 38 76 64 37, *Fax 02 38 64 68 87*, « Ancienne ferme aménagée », – P. AE GB
fermé 1er au 5 mars, 16 août au 3 sept., vacances de fév., dim. soir et lundi – **Repas** 145/230 et carte 190 à 370 ♀, enf. 85

XX **Les Brémailles,** Nord : 3 km sur N 20 ☎ 02 38 76 56 60, *Fax 02 38 64 68 04*, – P. GB
fermé lundi et mardi sauf fériés – **Repas** 110/168 ♀, enf. 60

XX **Auberge de l'Écu de France,** 6 r. Gén. Leclerc (N 20) ☎ 02 38 64 69 22, *Fax 02 38 64 09 54* – GB
fermé 23 août au 6 sept., vacances de fév., mardi soir, jeudi soir et merc. – **Repas** 85/200 ♀, enf. 50

En juin et en septembre,
les hôtels sont moins chers qu'en pleine saison, le service est plus soigné.

La FERTÉ-SOUS-JOUARRE *77260 S.-et-M. 56 ⑬, 106 ㉔ – 8 236 h alt. 58.*

Office de Tourisme (fermé le dim.) 26 pl. de l'Hôtel-de-Ville ☎ 01 60 22 63 43, Fax 01 60 22 19 73.

Paris 67 – Melun 69 – Reims 85 – Troyes 123.

Château des Bondons sans rest, Est : 2 km par D 70, rte Montménard ☎ 01 60 22 00 98, *Fax 01 60 22 97 01*, – TV P. AE GB JCB
☕ 60 – **14 ch** 500/1200

XX **Auberge du Petit Morin,** Sud-Est : 1,5 km par D 204, rte Rebais ☎ 01 60 22 02 39, *Fax 01 60 22 02 39*, – GB
fermé 27 août au 20 sept, vacances de fév., merc. soir, dim. soir et lundi sauf fériés – **Repas** 98/230 ♀, enf. 60

à Jouarre *Sud : 3 km par D 402 – 3 274 h. alt. 141 – ✉ 77640.*

Voir Crypte* de l'abbaye, G. Ile de France.

Plat d'Étain, ☎ 01 60 22 06 07, *hotel-le-plat-d-etain@wanadoo.fr, Fax 01 60 22 35 63* – TV P. GB
fermé 1er au 12 oct., 17 au 31 déc., dim. soir et vend. – **Repas** *(68)* - 95/220 ♀, enf. 55 – ☕ 32 – **18 ch** 235/300 – ½ P 255

FEURS *42110 Loire 73 ⑱ G. Vallée du Rhône – 7 803 h alt. 343.*

Office de Tourisme (fermé le dim.) pl. du Forum ☎ 04 77 26 05 27, Fax 04 77 26 00 55.

Paris 432 – Roanne 38 – St-Étienne 42 – Lyon 63 – Montbrison 26 – Thiers 69 – Vienne 89.

Motel Etésia M sans rest, rte Roanne ☎ 04 77 27 07 77, *Fax 04 77 27 03 33*, – TV ♿ P. AE GB.
fermé 21 déc. au 13 janv. – ☕ 33 – **15 ch** 230/280

L'Astrée sans rest, 2 chemin du Bout du Monde (près gare) ☎ 04 77 26 54 66, *Fax 04 77 26 62 68* – TV P. GB
☕ 35 – **16 ch** 130/270

XX **Boule d'Or,** rte Lyon ☎ 04 77 26 20 68, *Fax 04 77 26 56 84,* – GB
fermé 1er au 21 août, 15 au 31 janv., dim. soir et lundi – **Repas** 100/310

à Salt-en-Donzy *Est : 5 km – 393 h. alt. 337 – ✉ 42110 :*

X **Assiette Saltoise,** ☎ 04 77 26 04 29, *Fax 04 77 26 04 29,* – GB
fermé 31 janv. au 21 fév., vacances de fév., lundi soir, mardi soir et merc. – **Repas** (59) - 80/155

FEY *57 Moselle* 57 ⑬ *– rattaché à Metz.*

FIGEAC SP *46100 Lot* 79 ⑩ *G. Périgord Quercy – 9 549 h alt. 214.*

Voir *Le vieux Figeac** : hôtel de la Monnaie** **M¹**, *musée Champollion** **M²** *près de la place aux Ecritures* – Chapelle N.D.-de-Pitié* dans l'église St-Sauveur.*

Office de Tourisme pl. Vival ☎ 05 65 34 06 25, Fax 05 65 50 04 58.

Paris 573 ⑥ – Rodez 66 ② – Aurillac 65 ① – Villefranche-de-Rouergue 36 ③.

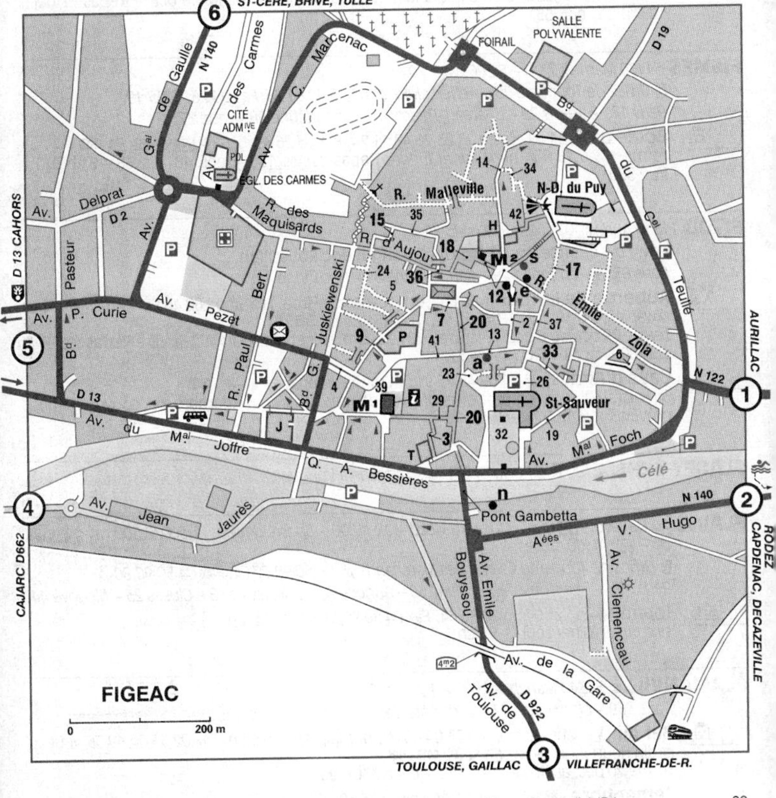

Aujou (R. d') ....
Baduel (R.) 2
Balène (R.) 3
Barthal (R.) 4
Bonhore (R.) 5
Canal (R. du) 6
Carnot (Pl.) 7
Caviale (R.) 9
Champollion (Pl. et R. des Frères) 12

Clermont (R.) 13
Colomb (R. de) 14
Crussol (R. du) 15
Delzhens (R.) 17
Ecritures (Pl. des) 18
Ferrer (R.) 19
Gambetta (R.) 20
Herbes (Pl. aux) 23
Laurière (R.) 24
Michelet (Pl. E.) 26

Ortabadial (R.) 29
Raison (Pl. de la) 32
Roquefort (R.) 33
St-Jacques (Rue) 34
St-Thomas (R.) 35
Seguier (R.) 36
Tomfort (R.) 37
Vival (Pl.) 39
11-Novembre (R. du) 41
16-Mai (R. du) 42

Château du Viguier du Roy, r. É. Zola (e) 05 65 50 05 05, *hotel@chateau-viguier-figeac.com, Fax 05 65 50 06 06*, « Demeure ancienne aménagée avec élégance », – ch, – 30. AE GB.
6 avril-28 oct. voir rest. ***Dînée du Viguier*** – 110 – **18 ch** 990/1500, 3 appart

Champollion sans rest, 3 pl. Champollion (v) 05 65 34 04 37, *Fax 05 65 34 61 69* – AE GB
33 – **10 ch** 230/270

Bains sans rest, 1 r. Griffoul (n) 05 65 34 10 89, *Fax 05 65 14 00 45* – . AE GB.
fermé 15 déc. au 13 janv., sam. et dim. du 11 nov. 28 fév. – 38 – **21 ch** 170/380

Dînée du Viguier - Hôtel Château du Viguier du Roy, r. Boutaric (s) 05 65 50 08 08, *Fax 05 65 50 09 09*, , « Aménagé dans une demeure historique » – . AE GB
fermé 19 au 25 nov., 21 janv. au 10 fév., lundi sauf le soir de mai à sept., dim. soir et sam. midi d'oct. à avril – **Repas** 150/370, enf. 65

Cuisine du Marché, 15 r. Clermont (a) 05 65 50 18 55, *Fax 05 65 50 18 55* – AE GB JCB
fermé dim. – **Repas** 85 (déj.), 135/175, enf. 50

Table de Marinette, 51 allée V. Hugo par ② 05 65 50 06 07, *Fax 05 65 50 04 57*, – AE GB
fermé 5 au 20 janv., dim. d'oct. à juin et sam. sauf le soir de juin à oct. – **Repas** 78 (déj.), 108/198, enf. 55

FISMES *51170 Marne 56 ⑤ – 5 286 h alt. 70.*
Office de Tourisme 28 r. René-Lelülly 03 26 48 81 28, Fax 03 26 77 45 19.
Paris 129 – Reims 28 – Château-Thierry 43 – Compiègne 68 – Laon 37.

Boule d'Or, 11 r. Lefèvre 03 26 48 11 24, *Fax 03 26 48 17 08* – . AE GB
fermé 1er au 15 fév., dim. soir et lundi – **Repas** (72) - 95/125, enf. 48 – 38 – **8 ch** 320 – ½ P 350

FITOU *11510 Aude 86 ⑨ ⑩ – 579 h alt. 38.*
Env. *Fort de Salses★★ SO : 11 km,* **G. Languedoc Roussillon.**
Paris 833 – Perpignan 29 – Carcassonne 89 – Narbonne 40.

Auberge de la Tour avec ch, Les Cabanes de Fitou, N 9 04 68 45 66 90, *daniel.auber@wanadoo.fr, Fax 04 68 45 65 97*, – . GB
fermé 29 oct. au 8 déc., 2 janv. au 12 fév., dim. soir et lundi sauf juil.-août – **Repas** 158/360, enf. 80 – 44 – **6 ch** 330/420

Cave d'Agnès, 04 68 45 75 91, « Grange aménagée » – . GB
31 mars-30 sept. et fermé jeudi midi et merc. – **Repas** (nombre de couverts limité, prévenir) 123/160, enf. 60

FLAGEY-ÉCHEZEAUX *21 C.-d'Or 65 ⑳ – rattaché à Vougeot.*

FLAINE *74 H.-Savoie 74 ⑧ G. Alpes du Nord – alt. 1600 – Sports d'hiver : 1 600/2 500 m 2 29 – 74300 Cluses.*
Office de Tourisme Galerie des Marchands 04 50 90 80 01, Fax 04 50 90 86 26.
Paris 596 – Chamonix-Mont-Blanc 60 – Annecy 78 – Bonneville 38 – Cluses 23 – Megève 44.

Totem , 04 50 90 80 64, *Fax 04 50 90 88 47*, –
saisonnier (dîner seul.) – **95 ch**

FLAMANVILLE *50340 Manche 54 ① – 1 781 h alt. 74.*
Paris 369 – Cherbourg 27 – Barneville-Carteret 24 – Valognes 36.

Bel Air sans rest, 02 33 04 48 00, *hotelbelair@aol.com, Fax 02 33 04 49 56*, « Beau jardin fleuri », – . GB.
fermé 20 déc. au 15 janv. – 50 – **15 ch** 330/390

Sémaphore, 02 33 52 18 98, *Fax 02 33 52 36 39*, , – GB
fermé 15 déc. au 31 janv., dim. soir sauf juil.-août et lundi – **Repas** 79/145

FLAVIGNY-SUR-MOSELLE *54 M.-et-M. 62 ⑤ – rattaché à Nancy.*

FLAYOSC *83 Var 84 ⑦,, 114 ㉒ – rattaché à Draguignan.*

La FLÈCHE ⟨SP⟩ *72200 Sarthe* **64** ② *G. Châteaux de la Loire – 14 953 h alt. 33.*

Voir *Prytanée militaire★ – Boiseries★ de la chapelle N.-D.-des-Vertus – Parc zoologique du Tertre Rouge★ 5 km par ② puis D 104.*

Env. *Bazouges-sur-le-Loir : pont ≤★, 7 km par ④.*

Office de Tourisme bd de Montréal ☎ 02 43 94 02 53, Fax 02 43 94 43 15.

Paris 243 ① – Angers 52 ④ – Le Mans 44 ① – Laval 71 ⑤ – Tours 70 ②.

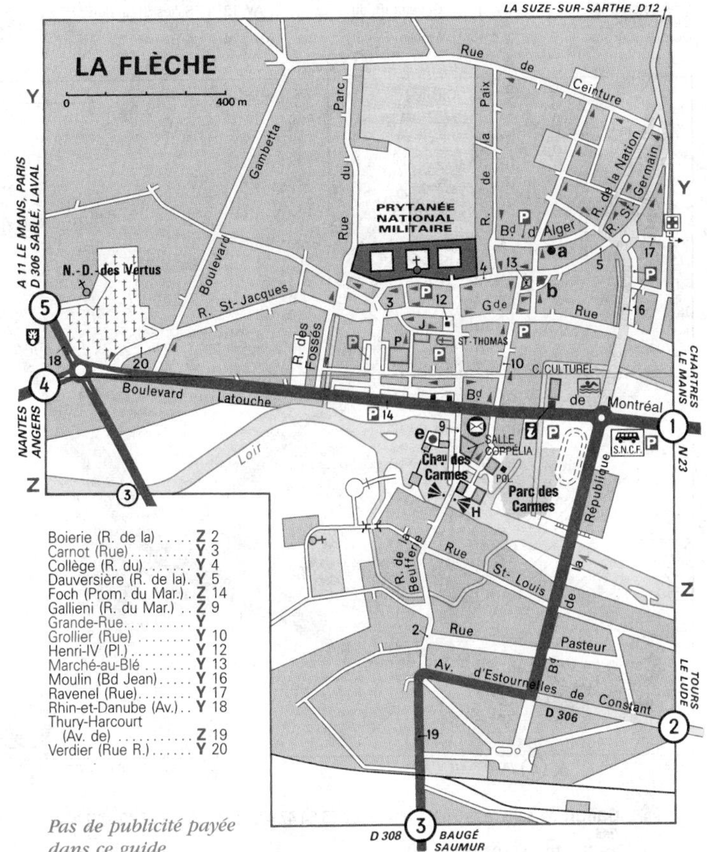

Pas de publicité payée dans ce guide.

Relais Cicero sans rest, 18 bd Alger ☎ 02 43 94 14 14, *Fax 02 43 45 98 96*, « Demeure du 17e siècle, belle décoration intérieure », – TV. AE GB — Y a
fermé 20 déc. au 4 janv. et dim. – ☕ 50 – **21 ch** 435/679

Moulin des Quatre Saisons, r. Galliéni ☎ 02 43 45 12 12, *Fax 02 43 45 10 31*, – P. AE GB — Z e
fermé 2 au 25 janv., merc. soir, dim. soir et lundi – **Repas** 105/152 ♀, enf. 69

Fesse d'Ange, pl. 8 Mai 1945 ☎ 02 43 94 73 60, *Fax 02 43 45 97 33* – ▤. GB — Y b
fermé 1er au 22 août, 1er au 12 fév., dim. soir, mardi soir et lundi – **Repas** 109/220 ♀

FLÉRÉ-LA-RIVIÈRE *36700 Indre* **68** ⑥ *– 628 h alt. 95.*

Paris 277 – Tours 61 – Le Blanc 50 – Châtellerault 60 – Châtillon-sur-Indre 7 – Loches 17.

Relais du Berry, 2 rte Tours ☎ 02 54 39 32 57 – GB
fermé 3 au 17 sept., dim. soir, mardi soir et lundi – **Repas** 80/230

FLERS *61100 Orne* 60 ① *G. Normandie Cotentin – 17 888 h alt. 270.*

Office de Tourisme pl. Gén.-de-Gaulle ☏ 02 33 65 06 75, Fax 02 33 65 09 84.

Paris 237 ② – Alençon 72 ③ – Argentan 43 ② – Caen 60 ① – Laval 85 ④ – Vire 31 ⑥.

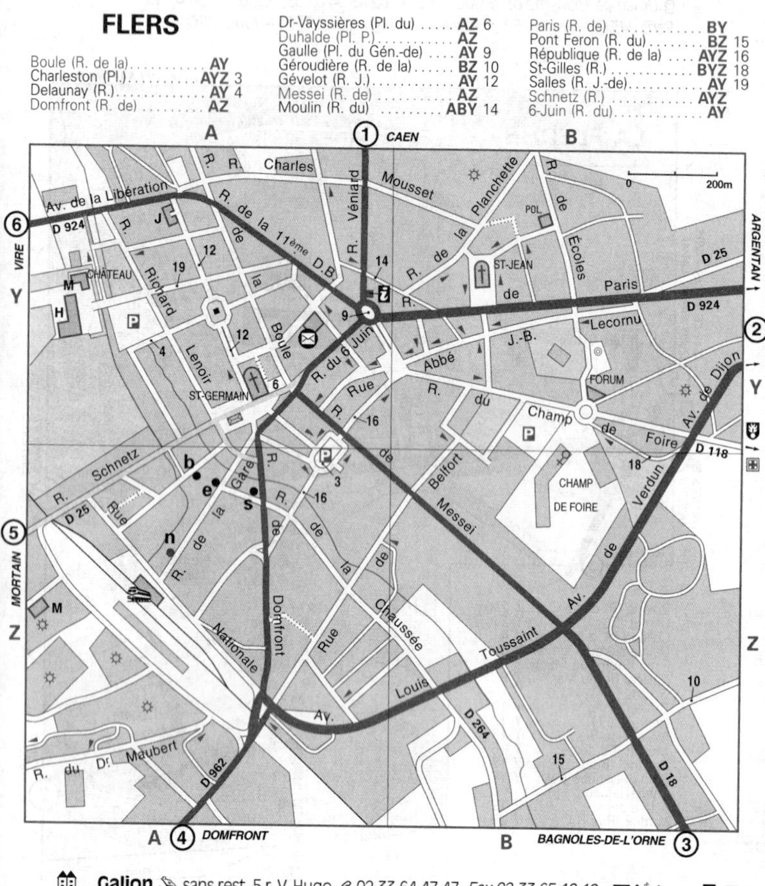

Galion sans rest, 5 r. V. Hugo ☏ 02 33 64 47 47, *Fax 02 33 65 10 10* – TV ☏ ♿ 🚗 P. AE GB — AZ b
☕ 35 – **30 ch** 240/280

Lys d'Or sans rest, 22 r. Gare ☏ 02 33 65 28 28, *Fax 02 33 65 20 56* – TV ☏ P. AE ◑ GB — AZ e
☕ 25 – **12 ch** 190/300

Beverl'inn, 9 r. Chaussée ☏ 02 33 96 79 79, *beverlinn@free.fr, Fax 02 33 65 94 89* – TV ☏. GB. ✂ ch — AZ s
fermé 24 juil. au 6 août, 24 déc. au 4 janv. – **Repas** grill *(fermé sam. midi et dim.)* (52) - 75/135 ♀, enf. 40 – ☕ 28 – **16 ch** 185/245 – ½ P 220/240

Auberge Le Relais Fleuri, 115 r. Schnetz, 1 km ☏ 02 33 65 23 89, *Fax 02 33 65 23 89,* ☂ – GB — AZ s
fermé 30 juil. au 17 août, 2 au 15 janv., dim. soir et lundi – **Repas** 98/195

Au Bout de la Rue, 60 r. Gare ☏ 02 33 65 31 53, *Fax 02 33 65 46 81* – ▤. GB — AZ n
fermé dim. et fériés – **Repas** (82) - 108/135 ♀, enf. 50

au Buisson-Corblin *par ② : 3 km – ✉ 61100 Flers :*

Auberge des Vieilles Pierres, ☏ 02 33 65 06 96, *Fax 02 33 65 80 72* – ▤ P. AE GB
fermé 30 juil. au 21 août, vacances de fév., lundi et mardi – **Repas** 85/215, enf. 50

à La Ferrière-aux-Étangs *par ③ : 10 km – 1 727 h. alt. 304 – ✉ 61450 :*

XX **Auberge de la Mine**, le Gué-Plat par rte Dompierre : 2 km ☎ 02 33 66 91 10, *Fax 02 33 96 73 90* – P. AE ⓓ GB
fermé 16 août au 6 sept., 2 au 24 janv., mardi et merc. – **Repas** 105/250, enf. 50

FLEURANCE *32500 Gers 82 ⑤ G. Midi-Pyrénées – 6 368 h alt. 97.*

Office de Tourisme 112 bis r. de la République ☎ 05 62 64 00 00, Fax 05 62 06 27 80.

Paris 695 – Auch 25 – Agen 49 – Condom 33 – Montauban 66 – Toulouse 86.

Fleurance, rte Agen ☎ 05 62 06 14 85, *Fax 05 62 64 05 12*, – TV P – 30. GB
fermé 30 déc. au 15 janv. – **Repas** *(fermé lundi midi et dim. soir d'oct. à avril) (68) - 85* (déj.), 125/255 ♀, enf. 80 – 42 – **23 ch** 250/430 – ½ P 302/367

Relais sans rest, rte Auch ☎ 05 62 06 05 08, *Fax 05 62 06 03 84* – TV P. AE ⓓ GB
fermé 24 au 31 déc. et vend. du 15 nov. au 31 mars – 35 – **24 ch** 190/275

FLEURIE *69820 Rhône 74 ① G. Vallée du Rhône – 1 105 h alt. 320.*

Paris 413 – Mâcon 22 – Bourg-en-Bresse 46 – Lyon 61 – Villefranche-sur-Saône 28.

Grands Vins sans rest, Sud : 1 km par D 119^E ☎ 04 74 69 81 43, *Fax 04 74 69 86 10*, ≤, – TV P. GB.
fermé déc. et janv. – 57 – **20 ch** 380/440

XX **Auberge du Cep** (Mme Chagny), pl. Église ☎ 04 74 04 10 77, *Fax 04 74 04 10 28* – . AE GB
fermé en août, mi-déc. à mi-janv., en fév., mardi midi, dim. soir et lundi – **Repas** (prévenir) 135/260 et carte 230 à 320 ♀
Spéc. Cuisses de grenouilles rôties aux fines herbes. Volaille fermière mijotée en coq au vin. Cassis du terroir beaujolais en sorbet et coulis. **Vins** Beaujolais blanc, Fleurie.

Les établissements signalés par un proposent des repas soignés à prix modérés.

FLEURVILLE *71260 S.-et-L. 69 ⑲ ⑳ – 485 h alt. 174.*

Paris 376 – Mâcon 17 – Cluny 27 – Pont-de-Vaux 6 – St-Amour 43 – Tournus 15.

Château de Fleurville, ☎ 03 85 33 12 17, *Fax 03 85 33 95 34*, – TV P. AE GB
fermé 19 nov. au 3 déc., 2 au 15 fév., dim. et lundi d'oct. à mars – **Repas** *(fermé lundi sauf le soir d'avril à sept. et dim. d'oct. à mars)* 155/285 ♀ – 60 – **15 ch** 550/700 – ½ P 470/540

XX **Fleurvil** avec ch, ☎ 03 85 33 10 65, *Fax 03 85 33 10 37*, – TV P. AE GB
fermé 6 au 12 juin, 12 nov. au 12 déc., lundi et mardi – **Repas** 92/240 ♀, enf. 60 – 38 – **9 ch** 190/300 – ½ P 220/280

à St-Oyen-Montbellet *Nord : 3 km par N6 – ✉ 71260 Lugny :*

X **Chaumière** avec ch, ☎ 03 85 33 10 41, *Fax 03 85 33 12 99*, « Jardin fleuri », – TV P. GB
fermé jeudi midi et merc. – **Repas** 120/220, enf. 60 – 45 – **9 ch** 260/390

FLEURY-SUR-ORNE *14 Calvados 55 ⑪ – rattaché à Caen.*

FLORAC *48400 Lozère 80 ⑥ G. Languedoc Roussillon – 2 065 h alt. 542.*

Env. *Corniche des Cévennes★.*

Office de Tourisme av. J.-Monestier ☎ 04 66 45 01 14, Fax 04 66 45 25 80.

Paris 630 – Mende 38 – Alès 67 – Millau 78 – Rodez 122 – Le Vigan 65.

Grand Hôtel du Parc, ☎ 04 66 45 03 05, *Fax 04 66 45 11 81*, – TV P – 40. AE ⓓ GB. ch
15 mars-15 nov. et fermé lundi soir hors saison – **Repas** *(fermé dim.soir, lundi sauf le soir en saison et mardi midi hors saison)* 96/190, enf. 50 – 43 – **60 ch** 265/380 – ½ P 270/320

XX **Gorges du Tarn**, ☎ 04 66 45 00 63, *gorges-du-tarn.adonis@wanadoo.fr, Fax 04 66 45 10 56* – cuisinette TV P. GB.
15 avril-1er nov. et fermé dim. soir sauf juil.-août – ***L'Adonis :*** Repas 98/250 ♀, enf. 55 – 38 – **31 ch** 260/270 – ½ P 225/245

X **Source du Pêcher**, 1 r. Remuret ☎ 04 66 45 03 01, *Fax 04 66 45 28 82*,
Pâques-Toussaint et fermé merc. sauf juil.-août – **Repas** *(70) - 85* (déj.), 120/170, enf. 40

à Cocurès *Nord-Est : 5,5 km par N 106 et D 998 – 153 h. alt. 600 – ✉ 48400 :*

Lozerette, ✆ 04 66 45 06 04, *lalozerette@wanadoo.fr, Fax 04 66 45 12 93,* – TV & P. AE ⓓ GB JCB. ✗ rest
Pâques-1er nov. – **Repas** *(fermé mardi sauf soir en juil.-août et merc. midi de sept. à juin)* 90/240 ♀, enf. 70 – ☕ 44 – **21 ch** 325/425 – ½ P 305/375

FLORENT-EN-ARGONNE *51 Marne* 56 ⑲ – *rattaché à Ste-Menehould.*

La FLOTTE *17 Char.-Mar.* 71 ⑫ – *voir à Ré (Ile de).*

FLOURE *11 Aude* 86 ⑧ – *rattaché à Carcassonne.*

FLUMET *73590 Savoie* 74 ⑦ *G. Alpes du Nord – 760 h alt. 920 – Sports d'hiver : 1 000/2 030 m* 11 .

Office de Tourisme "Le Dodécagone" av. de Savoie ✆ 04 79 31 61 08, Fax 04 79 31 84 67.
Paris 585 – Chamonix-Mont-Blanc 46 – Albertville 21 – Annecy 51 – Megève 10.

Hostellerie du Parc des Cèdres, ✆ 04 79 31 72 37, *Fax 04 79 31 61 66,* ←, , – P. AE ⓓ GB JCB
2 juin-24 sept. et 20 déc.-fin mars – **Repas** *(fermé le midi sauf dim.)* 92/180, enf. 55 – ☕ 45 – **20 ch** 250/360 – ½ P 290/375

à St-Nicolas-la-Chapelle *Sud-Ouest : 1,2 km par N 212 – 416 h. alt. 950 – ✉ 73590 :*

Vivier, sur N 212 ✆ 04 79 31 73 79, *contact@hotelduvivier.fr, Fax 04 79 31 60 70,* ←, – TV P. GB. ✗
fermé 25 mars au 13 avril, 14 oct. au 3 déc., dim. soir, lundi hors saison et lundi midi en saison – **Repas** 80/120 , enf. 55 – ☕ 40 – **20 ch** 280/320 – ½ P 260/280

Pas de publicité payée dans ce guide.

FOIX P *09000 Ariège* 86 ④ ⑤ *G. Midi-Pyrénées – 9 964 h alt. 375.*

Voir *Site* ★ – ✻★ *de la tour du château – Route Verte* ★★ *O par D17* A.
Env. *Rivière souterraine de Labouiche* ★ *NO : 6,5 km par D1.*
Office de Tourisme 45 Crs G.-Fauré ✆ 05 61 65 12 12, Fax 05 61 65 64 63.
Paris 780 ① – Andorra-la-Vella 105 ② – Carcassonne 89 ① – St-Girons 44 ③.

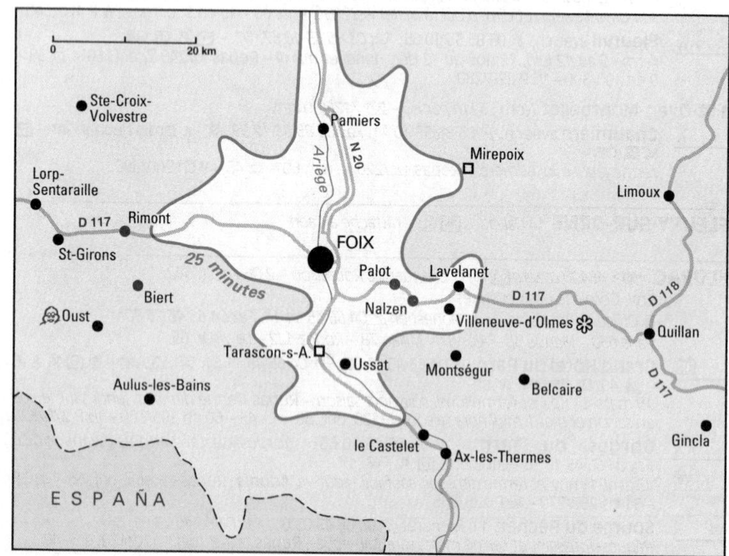

FOIX

Alsace-Lorraine (Bd). . . . . **B** 2
Bayle (R.). . . . . **B**
Chapeliers (R. des) . . . **A** 3
Delcassé (R. Th.). . . . . **B** 4
Delpech (R. Lt P.) . . . . **A** 5
Duthil (Pl.). . . . . **B** 6
Fauré (Crs G.) . . . . . . **AB** 7
Labistour (R. de) . . . . . **B** 8
Lazéma (R.) . . . . **A** 9
Lérida (Av. de) . . . . **A** 10
Lespinet (R. de). . . . . . **A** 13
Marchands (R. des) . . . . **B** 12
Préfecture (R. de la) . . **A** 14
Rocher (R. du) . . . . **A** 20
St-Jammes (R.) . . . . . . **A** 22
St-Volusien (Pl.) . . . . . **A** 23
Salenques (R. des) . . . **A** 24

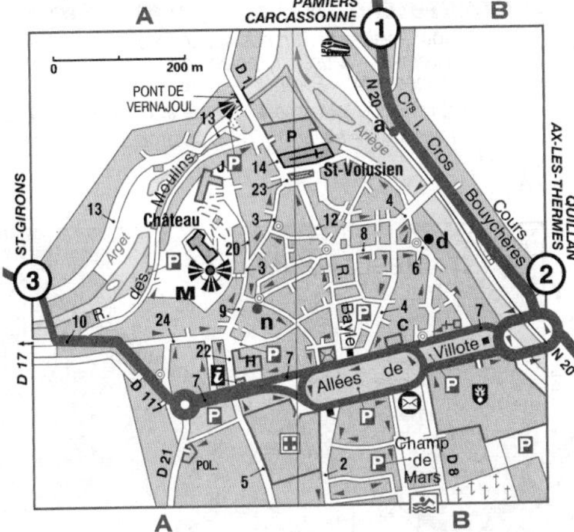

Les plans de villes sont orientés le Nord en haut.

Pyrène sans rest, par ② : *2 km* ☎ 05 61 65 48 66, *Fax 05 61 65 46 69*, GB
fermé 20 déc. au 20 janv. et dim. d'oct. au 10 mars – 39 – **20 ch** 280/350

Lons, 6 pl. G. Duthil ☎ 05 61 65 52 44, *hotel-lons-foix@wanadoo.fr, Fax 05 61 02 68 18* – rest, – 25. AE GB — B d
fermé 20 déc. au 20 janv. – **Repas** *(fermé vend. soir et sam. midi)* 77/150 ♀, enf. 45 - ***Brasserie du XIX siècle*** *(fermé sam. soir et dim.)* **Repas** 68/90 ♀, enf. 40 – 38 – **40 ch** 280/360 – ½ P 245/320

Ste-Marthe, 21 r. N. Peyrévidal ☎ 05 61 02 87 87, *restaurant@le-saintemarthe.fr, Fax 05 61 05 19 00*, – AE GB JCB — A n
fermé fév., mardi soir et merc. sauf juil.-août – **Repas** 145/260, enf. 70

Phoebus, 3 cours Irénée Cros ☎ 05 61 65 10 42, *Fax 05 61 65 10 42*, – GB — B a
fermé 15 juil.-15 août, sam. midi et lundi – **Repas** 120/230

au Sud *par ② : 7 km bifurcation N 20 et D 117* – ✉ *09000 St-Paul-de-Jarrat :*

Charmille avec ch, ☎ 05 61 64 17 03, *Fax 05 61 64 10 05* – GB
fermé 1er au 6 juil., 1er au 15 oct., 15 au 28 fév., lundi sauf hôtel en saison et dim. soir hors saison – **Repas** 95/200 ♀ – 37 – **10 ch** 260/280 – ½ P 235

au Col des Marrous *Ouest : 19 km par D 17* – ✉ *09000 Foix :*

Auberge des Myrtilles , ☎ 05 61 65 16 46, *aubergedesmyrtilles@wanadoo.fr, Fax 05 61 65 16 46*, – GB
fermé mi-nov. à fin janv., lundi et mardi de fin sept. à mi-juin – **Repas** 90/135 ♀, enf. 40 – 35 – **7 ch** 290/410 – ½ P 260/320

La FOLIE-COUVRECHEF *14 Calvados* 55 ⑭ – *rattaché à Caen.*

FONCINE-LE-HAUT *39460 Jura* 70 ⑯ – *855 h alt. 790.*
Paris 445 – Besançon 90 – Genève 75 – Lons-le-Saunier 56 – Pontarlier 42 – St-Claude 47.

Grand Chalet, au Sud : 2 km par rte secondaire ☎ 03 84 51 95 51, *grand.chalet@wanadoo.fr, Fax 03 84 51 93 58*, – 30. GB.
1er mai-30 sept. et Noël-fin mars – **Repas** *(70)* - 90/150 ♀, enf. 38 – **31 ch** (½ pens. seul.), 26 duplex – ½ P 420

FONDAMENTE *12540 Aveyron* 80 ⑭ – *316 h alt. 430.*
Paris 684 – Montpellier 95 – Albi 110 – Millau 41 – Rodez 108 – St-Affrique 28.

Baldy avec ch, ☎ 05 65 99 37 38, *Fax 05 65 99 37 38* – GB. ch
hôtel : 15 mars-15 oct. – **Repas** *(fermé 20 déc. au 20 fév., le soir du 15 oct. au 15 mars et sam. midi)* 78 bc (déj.), 110 bc/215 bc, enf. 52 – 40 – **10 ch** 132/280 – ½ P 250/280

Un automobiliste averti utilise le ***Guide Rouge Michelin*** *de l'année.*

FONTAINEBLEAU 77300 S.-et-M. 61 ② ⑫, 106 ㊺ ㊻ *G. Ile de France* – 15 714 h alt. 75.

Voir *Palais*** : Grands appartements*** (Galerie François 1er***, Salle de Bal***) – Jardins* – Musée napoléonien d'Art et d'Histoire militaire : collection de sabres et d'épées** **M**[1] – *Forêt*** – Gorges de Franchard** 5 km par ⑥.*

Office de Tourisme 4 r. Royale ✆ 01 60 74 99 99, Fax 01 60 74 80 22.

Paris 65 ⑦ – Melun 18 ① – Montargis 53 ④ – Orléans 90 ⑤ – Sens 55 ③.

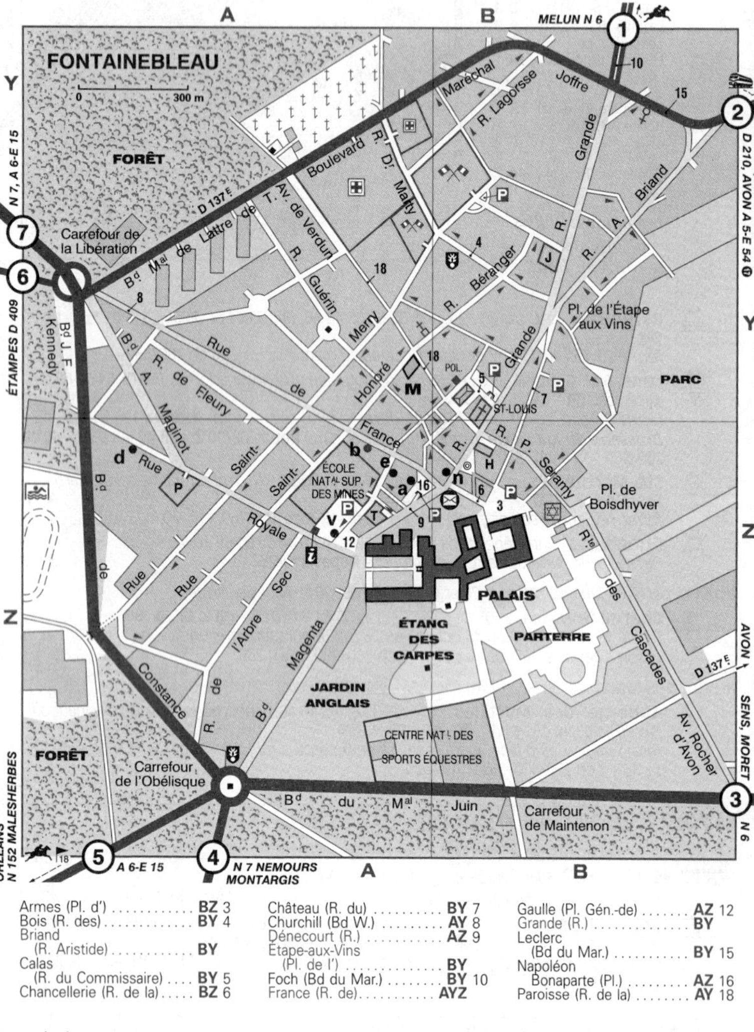

Armes (Pl. d') . . . . **BZ** 3
Bois (R. des) . . . . **BY** 4
Briand (R. Aristide) . . . . **BY**
Calas (R. du Commissaire) . . . . **BY** 5
Chancellerie (R. de la) . . . . . **BZ** 6
Château (R. du) . . . . **BY** 7
Churchill (Bd W.) . . . . **AY** 8
Dénecourt (R.) . . . . **AZ** 9
Étape-aux-Vins (Pl. de l') . . . . **BY**
Foch (Bd du Mar.) . . . . **BY** 10
France (R. de) . . . . **AYZ**
Gaulle (Pl. Gén.-de) . . . . **AZ** 12
Grande (R.) . . . . **BY**
Leclerc (Bd du Mar.) . . . . **BY** 15
Napoléon Bonaparte (Pl.) . . . . **AZ** 16
Paroisse (R. de la) . . . . **AY** 18

Aigle Noir M, 27 pl. Napoléon ✆ 01 60 74 60 00, *hotelaiglenoir@wanadoo.fr, Fax 01 60 74 60 01*, « Bel aménagement intérieur », – 50. AE GB — AZ a
Repas *(fermé 24 au 31 déc.)* (145) - 185/245 – 110 – **49 ch** 990/2400, 7 appart – ½ P 745

Grand Hôtel Mercure M, 41 r. Royale ✆ 01 64 69 34 34, *h1627@accor-hotels.com, Fax 01 64 69 34 39*, – 50. AE GB — AZ d
Repas 145/170 bc, enf. 50 – 70 – **91 ch** 715/830

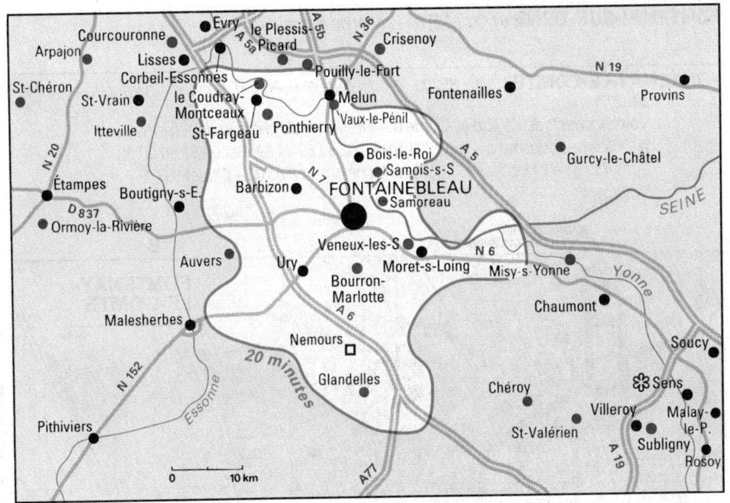

Napoléon, 9 r. Grande ☎ 01 60 39 50 50, *napoleon@worldonline.fr, Fax 01 64 22 20 87,* – – 80. AE GB JCB — BZ n
Table des Maréchaux : **Repas** 180/260, enf. 80 – 80 – **57 ch** 710/890 – ½ P 595

Londres sans rest, 1 pl. Gén. de Gaulle ☎ 01 64 22 20 21, *Fax 01 60 72 39 16,* – TV P. AE GB. — AZ v
fermé 13 au 18 août et 23 déc. au 8 janv. – 65 – **11 ch** 680/880

Ibis M, 18 r. Ferrare ☎ 01 64 23 45 25, *h1028@accor-hotels.com, Fax 01 64 23 42 22,* – TV – 40. AE GB — AZ e
Repas 97, enf. 39 – 39 – **81 ch** 405

Croquembouche, 43 r. France ☎ 01 64 22 01 57, *Fax 01 60 72 08 73* – . AE GB. — AZ b
fermé août, vacances de Noël, dim. soir, jeudi midi et merc. – **Repas** *(88)* - 130/210

FONTAINE-DE-VAUCLUSE *84800 Vaucluse* 81 ⑬ *G. Provence – 580 h alt. 75.*

Voir *La Fontaine de Vaucluse** – Collection Casteret* au Monde souterrain de Norbert Casteret – Église St-Véran*.*

Office de Tourisme Chemin du Gouffre ☎ 04 90 20 32 22, Fax 04 90 20 21 37.

Paris 704 – Avignon 30 – Apt 33 – Carpentras 21 – Cavaillon 18 – Orange 47.

Philip, ☎ 04 90 20 31 81, *Fax 04 90 20 28 63,* , , « Au pied des cascades » – GB
1er avril-30 sept. et fermé le soir sauf juil.-août – **Repas** 130/180

FONTANGES *15 Cantal* 76 ② *– rattaché à Salers.*

Le FONTANIL *38 Isère* 77 ⑤ *– rattaché à Grenoble.*

FONTENAILLES *77370 S.-et-M.* 61 ③ *– 773 h alt. 102.*

Paris 67 – Fontainebleau 32 – Coulommiers 35 – Melun 22 – Provins 26.

Golf Hôtel de Fontenailles M , Domaine du Bois Boudran Nord : 1 km ☎ 01 64 60 51 00, *Fax 01 60 67 52 12,* , , parc, , , – , rest, TV P – 35. AE GB JCB
fermé 24 déc. au 2 janv. – **Repas** *(110)* - 130 (déj.), 195/260 – 60 – **48 ch** 650/1150, 3 appart – ½ P 680/1080

Forge, rte Melun ☎ 01 64 08 44 11, *Fax 01 60 67 56 26,* – TV P. GB. ch
fermé août, dim. soir et lundi – **Repas** 98/140, enf. 40 – 30 – **16 ch** 160/220 – ½ P 180

Les pages explicatives de l'introduction vous aideront à mieux profiter de votre **Guide Rouge Michelin**

FONTENAI-SUR-ORNE *61 Orne* 60 ② *– rattaché à Argentan.*

FONTENAY-LE-COMTE SP *85200 Vendée* 71 ① *G. Poitou Vendée Charentes – 14 456 h alt. 21.*

Voir *Clocher★ de l'église N.-Dame* **B** *– Intérieur★ du château de Terre-Neuve.*

Office de Tourisme q. Poey-d'Avant ✆ 02 51 69 44 99, Fax 02 51 50 00 90.

Paris 439 ① – La Rochelle 51 ④ – La Roche-sur-Yon 63 ⑤ – Cholet 83 ①.

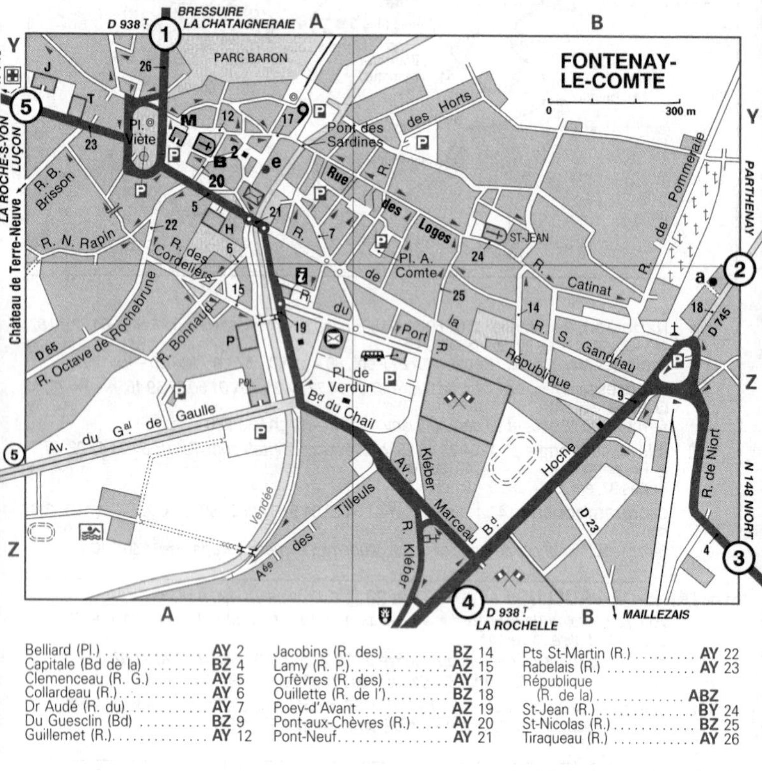

Belliard (Pl.) . . . . **AY** 2
Capitale (Bd de la) . . . . **BZ** 4
Clemenceau (R. G.) . . . . **AY** 5
Collardeau (R.). . . . . **AY** 6
Dr Audé (R. du). . . . . **AY** 7
Du Guesclin (Bd) . . . . **BZ** 9
Guillemet (R.). . . . . **AY** 12
Jacobins (R. des) . . . . **BZ** 14
Lamy (R. P.). . . . . **AZ** 15
Orfèvres (R. des) . . . . **AY** 17
Ouillette (R. de l'). . . . . **BZ** 18
Poey-d'Avant . . . . **AZ** 19
Pont-aux-Chèvres (R.) . . . . . **AY** 20
Pont-Neuf. . . . . **AY** 21
Pts St-Martin (R.) . . . . **AY** 22
Rabelais (R.) . . . . **AY** 23
République (R. de la) . . . . **ABZ**
St-Jean (R.). . . . . **BY** 24
St-Nicolas (R.). . . . . **BZ** 25
Tiraqueau (R.) . . . . **AY** 26

Rabelais M, rte Parthenay ✆ 02 51 69 86 20, *rabelais85@aol.com, Fax 02 51 69 80 45,* – 15 à 50. AE GB. rest — BZ a
Repas *(65)* - 80/150, enf. 45 – ☕ 50 – **54 ch** 330/370 – ½ P 320

Aux Chouans Gourmets, 6 r. Halles ✆ 02 51 69 55 92, *Fax 02 28 13 02 08* – AE GB
fermé dim. soir et lundi – **Repas** *(59)* - 85/225, enf. 40 — AY e

à St-Martin-de-Fraigneau *par ③ et N 148 : 5 km – 697 h. alt. 35 – ✉ 85200 :*

Eleis, ✆ 02 51 53 03 30, *Fax 02 51 53 01 56,* – TV. AE GB
Repas snack *(fermé sam. soir et dim. d'oct. à mai)* 90/140, enf. 45 – ☕ 33 – **30 ch** 200/270 – ½ P 240

à Velluire *par ④, D 938 ter et D 68 : 11 km – 514 h. alt. 9 – ✉ 85770 :*

Auberge de la Rivière M avec ch, ✆ 02 51 52 32 15, *Fax 02 51 52 37 42,* « En bordure de la Vendée » – TV. GB
fermé 1er janv. au 1er mars, dim. soir (sauf hôtel) d'oct. à juin et lundi sauf le soir de juil. à sept. – **Repas** 120 (déj.), 200/250 et carte 225 à 470 – ☕ 65 – **11 ch** 430/520 – ½ P 470/510

FONTENAY-SOUS-BOIS *94 Val-de-Marne* 56 ⑪,, 101 ⑰ *– voir à Paris, Environs.*

FONTEVRAUD-L'ABBAYE *49590 M.-et-L.* 67 ⑨ *G. Châteaux de la Loire – 1 108 h alt. 75.*

Voir *Abbaye** – Église St-Michel*.*

Office de Tourisme (15 mai-sept.) Chapelle Ste-Catherine ✆ 02 41 51 79 45, Fax 02 41 51 79 01.

Paris 300 – Angers 78 – Chinon 21 – Loudun 23 – Poitiers 78 – Saumur 15 – Thouars 38.

Hôtellerie Prieuré St-Lazare, r. St Jean de l'habit ✆ 02 41 51 73 16, *prieure@abbeyhotelfontevraud.com, Fax 02 41 51 75 50,* « Dans l'ancien prieuré de l'abbaye », – P – 450. AE GB.
1er avril-1er nov. – **Repas** 170/350 – 65 – **52 ch** 260/550 – 1/2 P 330/475

Croix Blanche, pl. Plantagenets ✆ 02 41 51 71 11, *snc.lacroixblanche@wanadoo.fr, Fax 02 41 38 15 38,* – rest, P – 50. AE GB
fermé 12 au 23 nov. et 7 janv. au 9 fév. – **Repas** 104/247, enf. 57 – 40 – **21 ch** 319/499 – 1/2 P 339/440

Licorne, allée Ste-Catherine ✆ 02 41 51 72 49, *Fax 02 41 51 70 40,* – AE GB
fermé mi-déc. à fin janv., dim. soir, merc. soir et lundi hors saison – **Repas** (nombre de couverts limité, prévenir) 140/400 et carte 290 à 360
Spéc. Ravioli de langoustines, sauce morilles.. Ris d'agneau poêlés à la sauge (printemps). Tarte gratinée à la rhubarbe, sorbet fraise (été). **Vins** Saumur blanc, Saumur-Champigny.

L'Abbaye "Le Délice", rte Montsoreau ✆ 02 41 51 71 04, *Fax 02 41 51 43 10* – GB
fermé 4 fév. au 2 mars, mardi soir et merc. – **Repas** 70/165, enf. 50

FONTFROIDE (Abbaye de) *11 Aude* 83 ⑬,, 86 ② *– rattaché à Narbonne.*

FONTJONCOUSE *11360 Aude* 86 ⑨ *– 102 h alt. 298.*

Paris 827 – Perpignan 66 – Carcassonne 56 – Narbonne 32.

Auberge du Vieux Puits (Goujon) (chambres prévues), ✆ 04 68 44 07 37, *Fax 04 68 44 08 31* – P. GB
fermé 2 janv. au 10 fév., dim. soir et lundi sauf juil.-août – **Repas** 185/380 et carte 330 à 420, enf. 75
Spéc. Galette d'estofinade en crème de verjus. Queues de langoustines en feuilles croustillantes. Canette croisée au confit de pétale de violette. **Vins** Corbières, Minervois.

FONT-ROMEU *66120 Pyr.-Or.* 86 ⑯ *G. Languedoc Roussillon – 1 857 h alt. 1800 – Sports d'hiver : 1 710/2 200 m 1 34 – Casino.*

Voir *Ermitage* : Camaril** – Calvaire **.*

Office de Tourisme av. E.-Brousse ✆ 04 68 30 68 30, Fax 04 68 30 29 70.

Paris 879 ② – Andorra la Vella 86 ② – Ax-les-Thermes 57 ② – Bourg-Madame 19 ②.

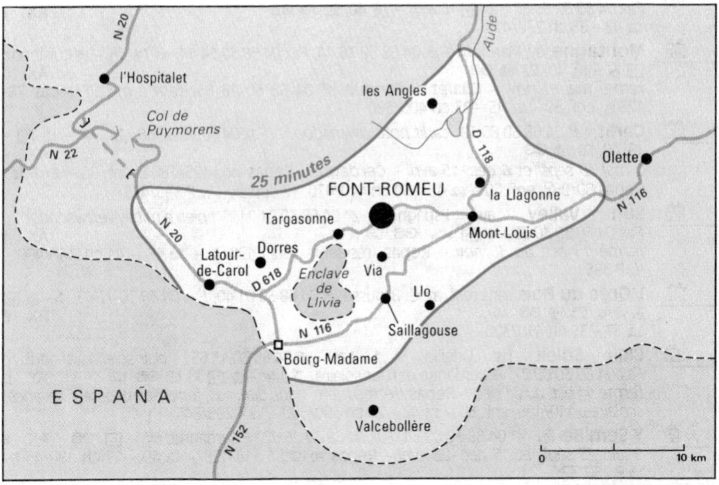

FONT-ROMEU

Allard (R. Henri) . . . . **BX** 2
Brousse (Av. Emmanuel) . . **BX** 3
Calvet (R.) . . . . **BX** 5
Capelle (R. du docteur) . . . . **AX** 6
Cytises (R. des) . . . . **AX** 8
Ecureuils (R. des) . . . . **AX** 9
Espagne (Av.d') . . . . **AX**
Genêts d'Or (R. des) . . . . **BY** 12
Liberté (R. de la) . . . . **AY** 13
Maillol (R.) . . . . **BX** 15
République (R. de la) . . . . **AY** 16
Saules (R. des) . . . . **AY** 18
Trombe (R. Professeur) . . . . . **AY** 19

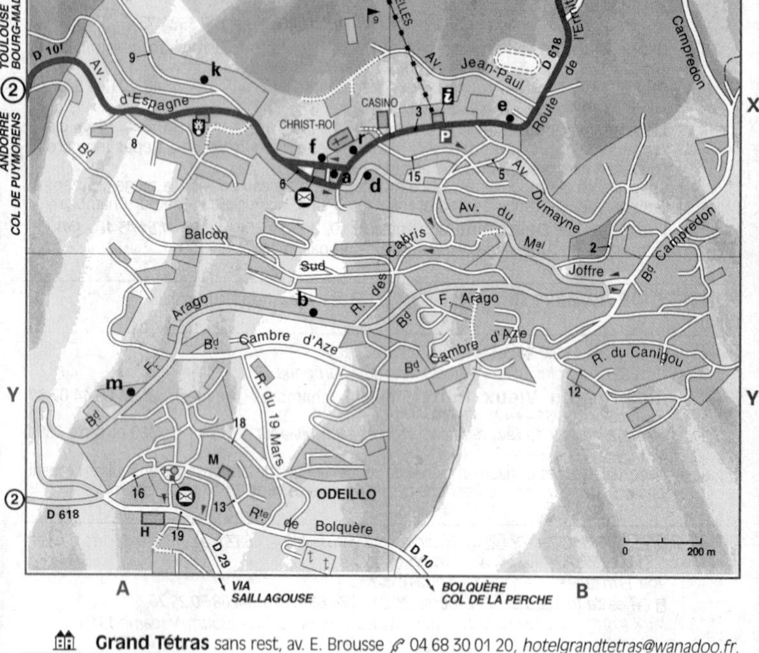

Grand Tétras sans rest, av. E. Brousse ✆ 04 68 30 01 20, *hotelgrandtetras@wanadoo.fr, Fax 04 68 30 35 67* – |‡| TV ✆ 🚗 – 🏛 40. AE ⓓ GB — AX r
☕ 42 – **36 ch** 270/420

Montagne, av. Mar. Joffre ✆ 04 68 30 36 44, *Fax 04 68 30 14 14*, ≤, ⛹, 🏊 – |‡| cuisinette TV ♿ – 🏛 40. AE ⓓ GB — AX d
fermé mai et nov. – ***Chalet à Fondue*** ✆ 04 68 30 26 63 *(fermé mardi)* **Repas** 78/125 🍷, enf. 50 – ☕ 45 – **23 ch** 400/580

Carlit, ✆ 04 68 30 80 30, *carlit.hotel@wanadoo.fr, Fax 04 68 30 80 68*, 🏊, 🌳 – |‡| TV – 🏛 40. AE ⓓ GB — AX a
2 mai-30 sept. et 6 déc.-15 avril – ***Cerdagne :*** **Repas** (100)-125/180 🍸, enf. 60 – ***El Foc :*** **Repas** 80/95🍸, enf. 60 – ☕ 45 – **58 ch** 410/470, 12 duplex – ½ P 395/425

Sun Valley, av. Espagne ✆ 04 68 30 21 21, *pierre.mitjaville@wanadoo.fr, Fax 04 68 30 30 38* – |‡| TV 🚗. GB. ✂ rest — AX f
fermé 15 oct. au 30 nov. – **Repas** (résidents seul.) 120 🍷 – ☕ 48 – **41 ch** 330/400 – ½ P 395

L'Orée du Bois sans rest, av. E. Brousse ✆ 04 68 30 01 40, *Fax 04 68 30 41 60*, ≤ – |‡| TV ♿ 🚗. AE ⓓ GB — BX e
☕ 37 – **37 ch** 310/320

Clair Soleil, rte Odeillo : 1 km ✆ 04 68 30 13 65, *clair.soleil@wanadoo.fr, Fax 04 68 30 08 27*, ≤ Cerdagne et four solaire, 🏊, 🌳 – |‡| TV P. AE GB. ✂ — AY b
fermé 31 oct. au 21 déc. – **Repas** *(fermé merc. midi, dim. soir, lundi et mardi sauf vacances scolaires)* 110/195, enf. 50 – ☕ 42 – **29 ch** 300/350 – ½ P 295/345

Y Sem Bé 🐌, ✆ 04 68 30 00 54, *Fax 04 68 30 25 42*, ≤ Cerdagne, 🌳 – TV. GB — AX k
9 juin-23 sept. et 15 déc.-25 avril – **Repas** 90 (déj.), 110/120 – ☕ 40 – **22 ch** 180/450 – ½ P 250/375

Romarin, rte d'Odeillo : 2,5 km ✆ 04 68 30 09 66, *hotel.leromarin@libertysurf.fr*, *Fax 04 68 30 18 52*, ≤ Cerdagne, – P. AE GB AY m
fermé 15 oct. au 15 nov. – **Repas** 75/90, enf. 50 – 48 – **14 ch** 304/367 – ½ P 270/312

à Via *Sud : 5 km par D 29* **AY** – ✉ *66120 Font-Romeu :*

L'Oustalet, ✆ 04 68 30 11 32, *Fax 04 68 30 31 89*, ≤, – TV P. GB. rest
1er juin-20 sept. – **Repas** (dîner seul.)(résidents seul.) 90, enf. 45 – 38 – **27 ch** 260/320 – ½ P 280/320

à Targasonne *par ② : 4 km – 133 h. alt. 1600 –* ✉ *66120 :*

Tourane, ✆ 04 68 30 15 03, *Fax 04 68 30 55 07*, ≤ – TV P. AE GB
fermé 30 sept. au 20 déc. – **Repas** 75 bc/170 – 37 – **28 ch** 190/240 – ½ P 200/240

FONTVIEILLE *13990 B.-du-R.* 83 ⑩ *G. Provence – 3 642 h alt. 20.*

Voir *Moulin de Daudet* ≤★.
Env. *Chapelle St-Gabriel★ N : 5 km.*
Office de Tourisme 5 r. Marcel-Honorat ✆ 04 90 54 67 49, Fax 04 90 54 69 82.
Paris 716 – Avignon 30 – Arles 10 – Marseille 90 – St-Rémy-de-Provence 18.

Regalido (Michel), r. F. Mistral ✆ 04 90 54 60 22, *regalido@avignon-parwan.net*, *Fax 04 90 54 64 29*, rest. non-fumeur, « Jardin fleuri », – TV P. AE GB JCB
fermé 3 janv. au 15 fév, sam. midi, mardi midi et lundi. – **Repas** 270 (déj.), 330/450 et carte 330 à 470 – 90 – **15 ch** 1100/1740 – ½ P 365/1280
Spéc. Gratin de moules aux épinards. Dos de loup à l'huile d'olive. Truffes fraîches de Sommières (fév.-mars). **Vins** Coteaux d'Aix-en-Provence-les-Baux, Châteauneuf-du-Pape.

Hostellerie St-Victor sans rest, chemin des Fourques par rte Arles ✆ 04 90 54 66 00, *Fax 04 90 54 67 88*, – TV P. AE GB
70 – **14 ch** 525/700

Val Majour, rte Arles ✆ 04 90 54 62 33, *Fax 04 90 54 61 67*, – TV P – 30. AE GB JCB. rest
Repas *(fermé 3 au 18 nov. et vacances de fév.)* 135/280, enf. 65 – 55 – **32 ch** 315/440

Daudet M sans rest, 7 av. Montmajour ✆ 04 90 54 76 06, *Fax 04 90 54 76 95*, – P. GB
1er avril-30 sept. – 60 – **14 ch** 330/380

Hostellerie de la Tour, rte Arles ✆ 04 90 54 72 21, – P. GB
15 mars-31 oct. – **Repas** (dîner seul.) 85/95, enf. 50 – 45 – **10 ch** 230/365 – ½ P 260/300

Patio, 117 rte du Nord ✆ 04 90 54 73 10, *Fax 04 90 54 63 52*, « Ancienne bergerie » – AE GB
fermé vacances de fév., merc. sauf le soir en juil.-août et mardi soir hors saison – **Repas** 98 (déj.), 138/190

Cuisine au Planet, 144 Grand'rue ✆ 04 90 54 63 97, *cuisineplanet@wanadoo.fr*, *Fax 04 90 54 63 97*, – AE GB
1er mars-31 oct. et 20 déc.-15 janv. et fermé lundi et mardi sauf le soir en été – **Repas** (90) - 150/190, enf. 75

Table du Meunier, 42 cours Hyacinthe Bellon ✆ 04 90 54 61 05, *Fax 04 90 54 77 24*, – P. GB
fermé vac. de Toussaint, de fév., 20 au 27 déc., merc. sauf le soir en juil.-août et mardi soir de sept. à juin – **Repas** (nombre de couverts limité, prévenir) 125/180

rte des Baux *Est : 3 km par D 17 –* ✉ *13990 Fontvieille :*

Ripaille, ✆ 04 90 54 73 15, *hotel@laripaille.com*, *Fax 04 90 54 60 69*, – TV P. GB
hôtel : 15 mars-31 oct. ; rest. : 1er avril-31 oct. et fermé merc. midi sauf juil.-août – **Repas** 95/140 – 50 – **20 ch** 310/420 – ½ P 370/400

rte de Tarascon *Nord-Ouest : 5 km par D 33 –* ✉ *13150 Tarascon :*

Mazets des Roches M, ✆ 04 90 91 34 89, *mazets-roches@wanadoo.fr*, *Fax 04 90 43 53 29*, – TV P – 40. AE GB.
1er avril-31 oct. – **Repas** *(fermé jeudi midi et sam. midi sauf juil.-août)* 100/210 – 65 – **37 ch** 350/850 – ½ P 365/575

Dans ce guide
un même symbole, un même caractère,
imprimé en couleur ou en **noir**, en maigre ou en **gras**
n'ont pas tout à fait la même signification.
Lisez attentivement les pages explicatives.

FORBACH 57600 Moselle 57 ⑥ *G. Alsace Lorraine – 27 076 h alt. 222.*

Office de Tourisme 174 r. Nationale ✆ 03 87 85 02 43, Fax 03 87 87 80 22.

Paris 386 ② – Metz 57 ② – St-Avold 20 ② – Sarreguemines 21 ② – Saarbrücken 14 ①.

FORBACH

Alliés (R. des)	B 2	Eglise (R. de l')	B 10	République (Pl. de la)	B 21
Arras (R. d')	A 3	Gare (R. de la)	B 12	Schlossberg (R. du)	A 23
Briand (Pl A.)	A 6	Jardins (R. des)	A 13	Schuman (Pl. R.)	B 24
Chapelle (R. de la)	A 7	Moulins (R. des)	A 15	St-Remy (Av.)	AB
Couturier (R.)	B 9	Nationale (R.)	AB	Tuilerie (R. de la)	A 26
		Ney (R. P.)	A 17	22-Novembre (R. du)	B 27
		Parc (R. du)	B 18		
		Remsing (R. de)	A 20		

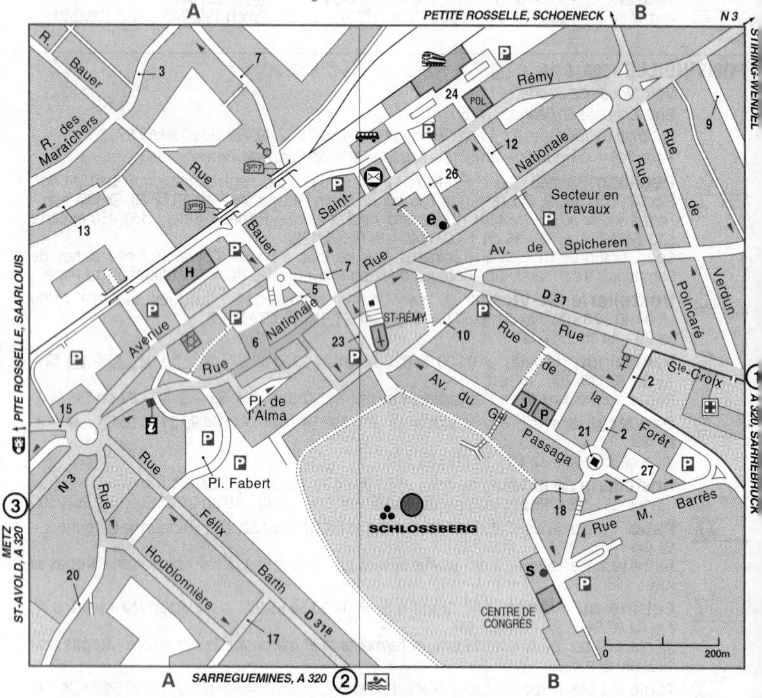

Poste sans rest, 57 r. Nationale ✆ 03 87 85 08 80, *Fax 03 87 85 91 91* – TV P. AE GB
35 – **29 ch** 150/310 B e

Relais Mercure, par ②, *près piscine et échangeur Forbach-Sud Centre de Loisirs* ✆ 03 87 87 06 06, *h1976@accor-hotels.com, Fax 03 87 84 04 23,* – TV P – 20. AE GB JCB
Repas (72) - 98/160 ♀, enf. 49 – 42 – **40 ch** 350/375

Schlossberg, 13 r. Parc ✆ 03 87 87 88 26, *Fax 03 87 87 83 86* – AE GB. B s
fermé 15 au 31 août, mardi soir et merc. – **Repas** 175/280 ♀, enf. 80

à Stiring-Wendel *Nord-Est : 3 km par N 3 – 13 743 h. alt. 240 – ✉ 57350 :*

Bonne Auberge (Mlle Egloff), 15 r. Nationale ✆ 03 87 87 52 78, *Fax 03 87 87 18 19,* – P. GB
fermé 19 août au 8 sept., 27 déc. au 3 janv., sam. midi, dim. soir et lundi sauf fériés – **Repas** 240 (déj.), 285/450 et carte 400 à 510 ♀
Spéc. Salade moulée de saumon d'Ecosse, gambas et girolles. Gelée de tête de veau en tortue. Beignets de fruits de saison.

à Rosbrück *par ③ : 6 km – 1 014 h. alt. 200 – ✉ 57800 :*

Auberge Albert Marie, 1 r. Nationale ✆ 03 87 04 70 76, *Fax 03 87 90 52 55* – P. GB JCB
fermé sam. midi, dim. soir et lundi – **Repas** 150 bc/380 (midi seul.)et carte 270 à 430 ♀

FORCALQUIER 04300 Alpes-de-H.-P. 81 ⑮ *G. Alpes du Sud – 3 993 h alt. 550.*
Voir *Site★ – Cimetière classé★ – ※★ de la terrasse N.-D. de Provence.*
Env. *Mane★ – St-Michel-l'Observatoire★ – Observatoire de Haute-Provence★.*
Office de Tourisme 13 pl. du Bourguet ✆ 04 92 75 10 02, Fax 04 92 75 26 76.
Paris 754 – Digne-les-Bains 50 – Aix-en-Provence 80 – Apt 43 – Manosque 23 – Sisteron 43.

Auberge Charembeau sans rest, Est : 4 km par N 100 et rte secondaire ✆ 04 92 70 91 70, *charembeau@provenceweb.fr, Fax 04 92 70 91 83,* ←, « Ancienne ferme du 18e siècle », – cuisinette TV ♿ P. AE GB
15 fév.-15 nov. – ☕ 47 – **24 ch** 330/510

Campagne St-Lazare, au Sud : 1,5 km par D 16 et rte secondaire ✆ 04 92 75 06 66, *chrysteIthierry@aol.com, Fax 04 92 75 05 04,* – P. GB
fermé fév. et merc. – **Repas** 85 (déj.), 125/350 ♀

FORÊT *voir au nom propre de la forêt.*

La FORÊT-FOUESNANT *29940 Finistère* 58 ⑮ *G. Bretagne – 2 369 h alt. 19.*
Office de Tourisme 2 r. du Vieux Port ✆ 02 98 51 42 07, Fax 02 98 51 42 07.
Paris 553 – Quimper 17 – Concarneau 8 – Pont-l'Abbé 22 – Quimperlé 36.

Beauséjour, pl. Baie ✆ 02 98 56 97 18, *Fax 02 98 51 40 77* – TV ♿ P. GB
24 mars-5 oct. – **Repas** *(fermé lundi midi)* 78/220 ♀, enf. 50 – ☕ 38 – **24 ch** 198/300 – ½ P 250/325

L'Espérance, pl. Église ✆ 02 98 56 96 58, *Fax 02 98 51 42 25,* – GB
4 avril-28 sept. – **Repas** *(fermé merc. midi et mardi)* 98/260 ♀, enf. 60 – ☕ 38 – **27 ch** 176/360 – ½ P 245/315

Auberge St-Laurent, rte Concarneau par la côte : 2 km ✆ 02 98 56 98 07, *Fax 02 98 56 98 07,* – P. GB
fermé vacances de Toussaint, de fév., mardi soir sauf juil.-août et merc. – **Repas** 74 (déj.), 98/195 ♀, enf. 49

FORÊT-SUR-SÈVRE *79380 Deux-Sèvres* 67 ⑯ *– 2 395 h alt. 153.*
Paris 385 – Bressuire 16 – Nantes 102 – Niort 63 – La Roche-sur-Yon 72.

Auberge du Cheval Blanc avec ch, ✆ 05 49 80 86 35, *Fax 05 49 80 66 75* – TV. AE GB – *fermé 27 août au 3 sept., 4 au 11 fév., dim. soir et lundi midi* – **Repas** 75/200 ♀ – ☕ 30 – **4 ch** 220/280 – ½ P 200

La FORGE-DE-L'ILE *36 Indre* 68 ⑧ *– rattaché à Châteauroux.*

FORGES-LES-EAUX *76440 S.-Mar.* 55 ⑧ *G. Normandie Vallée de la Seine – 3 376 h alt. 161 – Casino.*
Office de Tourisme r. du Mar.-Leclerc ✆ 02 35 90 52 10, Fax 02 35 90 34 80.
Paris 117 – Amiens 72 – Rouen 45 – Abbeville 75 – Beauvais 52 – Le Havre 123.

Folie du Bois des Fontaines M, rte Dieppe ✆ 02 32 89 50 68, *Fax 02 32 89 50 67,* – TV P. AE GB JCB.
fermé 16 au 31 août et 8 au 31 janv. – **Repas** *(fermé mardi et merc.)* 190 bc/420, enf. 90 – ☕ 80 – **10 ch** 900/2900

Continental sans rest, av. des Sources ✆ 02 32 89 50 50, *Fax 02 35 90 26 14* – TV ♿ P. AE GB.
☕ 35 – **45 ch** 350/420

Paix, 15 r. Neufchâtel ✆ 02 35 90 51 22, *Fax 02 35 09 83 62,* – TV ♿ P – 15. AE GB – *fermé 20 déc. au 10 janv. et dim.* – **Repas** *(fermé dim. soir hors saison et lundi midi)* 95/206 ♀, enf. 66 – ☕ 44 – **18 ch** 300/420 – ½ P 280/338

Auberge du Beau Lieu avec ch, rte Gournay : 2 km (D 915) ✆ 02 35 90 50 36, *aubeaulieu@aol.com, Fax 02 35 90 35 98,* – TV P. AE GB JCB
fermé 14 janv. au 5 fév., lundi soir et mardi – **Repas** 105/290 ♀, enf. 80 – ☕ 40 – **3 ch** 340

FORT-MAHON-PLAGE *80790 Somme* 51 ⑪ *G. Picardie Flandres Artois – 1 042 h alt. 2 – Casino.*
Env. *Parc ornithologique du Marquenterre★★ S : 15 km.*
Office de Tourisme 1000 av. de la Plage ✆ 03 22 23 36 00, Fax 03 22 23 93 40.
Paris 220 – Calais 93 – Abbeville 42 – Amiens 90 – Berck-sur-Mer 19 – Étaples 34.

Terrasse, ✆ 03 22 23 37 77, *Fax 03 22 23 36 74,* ←, – rest, TV ♿ P – 25 à 80. AE GB. ch
Repas 79/295 bc, enf. 50 – ☕ 50 – **56 ch** 295/495 – ½ P 261/352

XXX **Auberge Le Fiacre** avec ch, à Routhiauville Sud-Est : 2 km par rte de Rue ✉ 80120 Quend ☎ 03 22 23 47 30, *Fax 03 22 27 19 80*, « Ancienne ferme aménagée », – TV P. GB. ch
fermé mi-janv. à mi-fév. – **Repas** 115/230 et carte 200 à 310 ♀ – ☕ 50 – **11 ch** 450, 3 appart – 1/2 P 420

La FOSSETTE (Plage de) *83 Var* 84 ⑯., 114 ㊽ – *rattaché au Lavandou.*

FOS-SUR-MER *13270 B.-du-R.* 84 ⑪ *G. Provence – 11 605 h alt. 11.*
Voir *Village* ★.
Office de Tourisme pl. Hôtel-de-Ville ☎ 04 42 47 71 96, Fax 04 42 05 59 42 et (juil.-août) av. du Sable ☎ 04 42 05 34 38.
Paris 753 – Marseille 51 – Aix-en-Provence 58 – Arles 42 – Martigues 12.

Provence-Camargue M, rte d'Istres : 3 km ☎ 04 42 05 00 57, *contact@provence-camargue.net, Fax 04 42 05 51 00*, – TV P – 100. AE GB
Repas *(fermé week-end)* 120/180 – ☕ 55 – **72 ch** 504/710

Azur sans rest, 20 av. J. Moulin ☎ 04 42 05 20 50, *Fax 04 42 05 55 25* – TV P. AE GB JCB.
fermé 23 déc. au 3 janv. – ☕ 50 – **18 ch** 320/380

FOUDAY *67 B.-Rhin* 62 ⑧ *G. Alsace Lorraine* – ✉ *67130 Le Ban-de-la-Roche.*
Paris 408 – Strasbourg 63 – St-Dié 34 – Saverne 56 – Sélestat 37.

Julien, N 420 ☎ 03 88 97 30 09, *Fax 03 88 97 36 73*, – TV P – 40. AE GB
fermé 1er au 30 mars – **Repas** *(fermé mardi)* 62 (déj.), 100/220 ♀, enf. 55 – ☕ 50 – **36 ch** 310/450, 8 duplex – 1/2 P 300/480

FOUDON *49 M.-et-L.* 63 ⑳ – *rattaché à Angers.*

FOUESNANT *29170 Finistère* 58 ⑮ *G. Bretagne – 6 524 h alt. 30.*
Office de Tourisme (fermé le dim.) 49 r. de Kérourgué ☎ 02 98 56 00 93, Fax 02 98 56 64 02.
Paris 557 – Quimper 17 – Carhaix-Plouguer 70 – Concarneau 12 – Quimperlé 40.

L'Orée du Bois sans rest, 4 r. Kergoadig ☎ 02 98 56 00 06, *Fax 02 98 56 14 17* – TV. AE GB
☕ 37 – **15 ch** 170/290

au Cap Coz *Sud-Est : 2,5 km par rte secondaire* – ✉ *29170 Fouesnant :*

Pointe du Cap Coz, ☎ 02 98 56 01 63, *Fax 02 98 56 53 20*, ≤ mer et port, – TV. AE GB.
fermé 1er janv. au 10 fév., dim. soir du 15 sept. au 15 juin et merc. – **Repas** 108/290 ♀, enf. 65 – ☕ 44 – **18 ch** 298/430 – 1/2 P 390/404

Belle-Vue, ☎ 02 98 56 00 33, *Fax 02 98 51 60 85*, ≤, – TV P. GB.
hôtel : 1er mars-31oct. ; rest. : 24 mars-31 oct. et fermé lundi – **Repas** *(75)* - 95/180 ♀, enf. 60 – ☕ 40 – **19 ch** 222/410 – 1/2 P 295/355

à la Pointe de Mousterlin *Sud-Ouest : 6 km par D 145 et D 134* – ✉ *29170 Fouesnant :*

Pointe de Mousterlin, ☎ 02 98 56 04 12, *hopointe@club-internet.fr, Fax 02 98 56 61 02*, ≤, – TV P – 30. AE GB.
9 avril-30 sept. – **Repas** *(85)* - 100/200, enf. 65 – ☕ 46 – **47 ch** 410/610 – 1/2 P 400/500

FOUGÈRES SP *35300 I.-et-V.* 59 ⑱ *G. Bretagne – 22 239 h alt. 115.*
Voir *Château★★ – Église St-Sulpice★ – Jardin public★ : ≤★ – Vitraux★ de l'église St-Léonard.*
Office de Tourisme pl. A.-Briand ☎ 02 99 94 12 20, Fax 02 99 94 77 30 et (saison) au Château pl. P.-Simon.
Paris 327 ③ – Avranches 45 ⑤ – Laval 54 ② – Le Mans 132 ② – Rennes 50 ④ – St-Malo 85 ⑤.

Plan page ci-contre

H. Voyageurs sans rest, 10 pl. Gambetta ☎ 02 99 99 08 20, *Fax 02 99 99 99 04* – TV. AE GB — BY e
fermé 20 déc. au 3 janv. et sam. de déc. à fév. – ☕ 33 – **37 ch** 190/360

XX **Haute Sève,** 37 bd J. Jaurès ☎ 02 99 94 23 39 – AE GB — BY z
fermé 20 juil. au 16 août, 1er au 20 janv., dim. soir et lundi – **Repas** 100 bc (déj.), 120/260

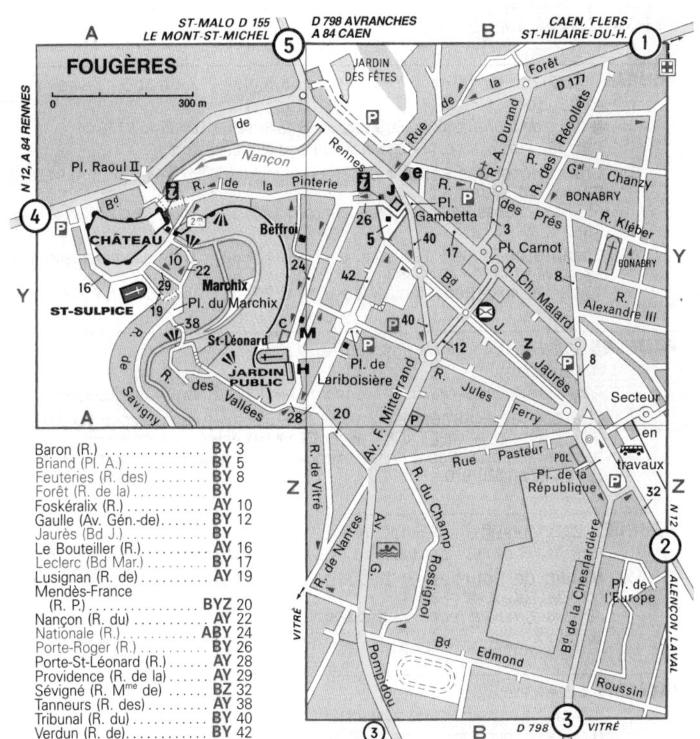

XX **Rest. Voyageurs,** 10 pl. Gambetta ✆ 02 99 99 14 17, *Fax 02 99 99 28 89* – ▤. AE GB
fermé sam. midi et dim. soir – **Repas** 100/240 ♀ BY e

à Parigné *par ①, D 108 rte de Mellé : 11 km – 1 133 h. alt. 162 – ✉ 35133 :*

Château du Bois Guy ⑤, rte Mellé par D 108 : 2 km ✆ 02 99 97 25 76, *Fax 02 99 97 27 27,* ⚘ – TV P – 🏠 60. AE GB. ✂ rest
fermé 15 au 31 oct., 15 au 31 janv., sam. midi, dim. soir et lundi – **Repas** 130 bc (déj.), 160/320 ♀, enf. 70 – ☕ 50 – **12 ch** 350/700 – ½ P 360/530

à Landéan *par ① : 8 km – 1 199 h. alt. 142 – ✉ 35133 :*

XX **Au Cellier,** D 177 ✆ 02 99 97 20 50, *Fax 02 99 97 20 50* – AE ① GB
fermé 2 au 22 janv., dim. et lundi – **Repas** *(68)* - 92/230 ♀, enf. 48

sur N 12 par ② *rte de Laval : 11 km – ✉ 35133 Fougères :*

XX **Petite Auberge,** ✆ 02 99 95 27 03, *Fax 02 99 95 27 03* – P. ① GB
fermé 30 juil. au 12 août, dim. soir, mardi soir et lundi – **Repas** (nombre de couverts limité, prévenir) 98 bc/290 bc, enf. 60

FOUGEROLLES *70220 H.-Saône* 66 ⑥ *G. Jura – 4 167 h alt. 311.*

Voir *Ecomusée du Pays de la Cerise et de la Distillation★.*

Paris 376 – Épinal 49 – Luxeuil-les-Bains 10 – Remiremont 26 – Vesoul 42.

XX **Au Père Rota** (Kuentz), ✆ 03 84 49 12 11, *Fax 03 84 49 14 51* – P. AE ① GB
✿ *fermé 2 au 25 janv., mardi soir d'oct. à mars, dim. soir et lundi sauf fériés* – **Repas** 105 (déj.), 180/360 et carte 280 à 440 ♀
Spéc. Terrine de canard aux griottines. Petite nage de turbot et homard au Vin Jaune. Suprême de pistache aux morilles. **Vins** Charcenne, Côtes du Jura.

La FOUILLOUSE *42480 Loire* 73 ⑱ *– rattaché à St-Étienne.*

FOURAS *17450 Char.-Mar.* 71 ⑬ *G. Poitou Vendée Charentes – 3 238 h alt. 5 – Casino.*

Voir *Donjon* ✳★.

Office de Tourisme av. du Bois Vert ☎ 05 46 84 60 69, Fax 05 46 84 28 04.

Paris 482 – La Rochelle 34 – Châtelaillon-Plage 18 – Rochefort 16.

Grand Hôtel des Bains, r. Gén.-Bruncher ☎ 05 46 84 03 44, *Fax 05 46 84 58 26*, – . GB. rest

fév.-nov. – **Repas** (dîner seul.)(résidents seul.) 105 ♀ – ☐ 40 – **32 ch** 330/540 – ½ P 310/410

Commerce, r. Gén. Bruncher ☎ 05 46 84 22 62, *fouras.lecommerce@wanadoo.fr, Fax 05 46 84 14 50* – . GB

15 mars-15 nov. – **Repas** (résidents seul.) – ☐ 29 – **12 ch** 260/300 – ½ P 239/259

FOURCÈS *32250 Gers* 79 ⑬ *G. Midi Pyrénées – 324 h alt. 76.*

Voir *Bastide.*

Paris 728 – Agen 48 – Auch 58 – Condom 13 – Mont-de-Marsan 71 – Nérac 21.

Château de Fourcès , ☎ 05 62 29 49 53, *chatogers@aol.com, Fax 05 62 29 50 59*, , , – , ch, – 15. AE GB JCB

début avril-31 oct. – **Repas** *(fermé mardi midi sauf juil.-août et lundi)* 135 (déj.), 155/280 ♀ – ☐ 70 – **17 ch** 620/970 – ½ P 700

FOURGES *27630 Eure* 55 ⑱ *– 685 h alt. 14.*

Paris 74 – Rouen 63 – Les Andelys 31 – Évreux 48 – Mantes-la-Jolie 26 – Vernon 15.

XX **Moulin de Fourges,** ☎ 02 32 52 12 12, *Fax 02 32 52 92 56*, , « Ancien moulin au bord de l'Epte », – GB

28 mars-1er nov. et fermé le soir en sept.-oct. sauf week-ends, dim. soir et lundi – **Repas** 165/355 ♀

FOURMIES *59610 Nord* 53 ⑯ *G. Picardie Flandres Artois – 14 505 h alt. 200.*

Voir *Musée du textile et de la vie sociale★.*

Office de Tourisme pl. Verte ☎ 03 27 60 40 97, Fax 03 27 57 30 44.

Paris 204 – St-Quentin 63 – Avesnes-sur-Helpe 16 – Charleroi 61 – Hirson 14 – Lille 115.

aux Étangs-des-Moines *Est : 2 km par D 964 et rte secondaire – ✉ 59610 Fourmies :*

Ibis sans rest, ☎ 03 27 60 21 54, *Fax 03 27 57 40 44* – – 25. AE GB

☐ 38 – **31 ch** 315/350

XX **Auberge des Étangs des Moines,** ☎ 03 27 60 02 62, *Fax 03 27 60 10 25*, ←, – GB

fermé 15 août au 7 sept., 1er au 15 janv., dim. soir et lundi – **Repas** 95/195 , enf. 70

FOURQUES *30 Gard* 83 ⑩ *– rattaché à Arles.*

La FOUX *83 Var* 84 ⑰., 114 ㊲ *– rattaché à Port-Grimaud.*

La FOUX D'ALLOS *04 Alpes-de H.-P.* 81 ⑧ *– rattaché à Allos.*

FRANCESCAS *47600 L.-et-G.* 79 ⑭ *– 625 h alt. 109.*

Paris 721 – Agen 29 – Condom 18 – Nérac 14 – Toulouse 140.

XXX **Relais de la Hire,** ☎ 05 53 65 41 59, *la.hire@wanadoo.fr, Fax 05 53 65 86 42*, , « Demeure du 18e siècle », – . AE GB JCB

fermé 30 oct. au 5 nov., dim. soir et lundi – **Repas** (prévenir) 140/350 et carte 250 à 410 ♀

FRANCHEVILLE *69 Rhône* 74 ⑪ *– rattaché à Lyon.*

FRANQUEVILLE-ST-PIERRE *76 S.-Mar.* 55 ⑦ *– rattaché à Rouen.*

FRÉHEL *22240 C.-d'Armor* 59 ④ – *1 995 h alt. 72 – Casino.*

Voir ✳★★★.

Env. *Fort La Latte*★★ *: site*★★, ✳★★ *SE : 5 km.*

Office de Tourisme Le Bourg ℘ 02 96 41 53 81 (en saison) Sables-d'Or-les-Pins ℘ 02 96 41 51 97, Fax 02 96 41 59 46.

Paris 440 – St-Malo 38 – Dinan 40 – Lamballe 29 – St-Brieuc 40 – St-Cast-le-Guildo 15.

XX **Victorine,** pl. Mairie ℘ 02 96 41 55 55, *Fax 02 96 41 55 55,* – GB JCB

fermé 13 nov. au 6 déc., mardi et merc. sauf juil.-août – **Repas** 100 bc (déj.), 130/400 ♀, enf. 60

FRÉHEL (Cap) *22 C.-d'Armor* 59 ⑤ *G. Bretagne* – ✉ *22240 Fréhel.*

Voir *Site*★★★ – ✳★★★ – *Fort La Latte : site*★★, ✳★★ *SE : 5 km.*

Paris 448 – St-Malo 46 – Dinan 48 – Dinard 41 – Lamballe 36 – Rennes 102 – St-Brieuc 48.

Fanal sans rest, Sud : 2,5 km par D 16 ℘ 02 96 41 43 19, – P. GB.

week-ends de mai et 1er juin - 16 sept. – 35 – **9 ch** 240/340

X **Fauconnière,** à la Pointe ℘ 02 96 41 54 20, ≤ mer et côte – GB

1er avril-30 sept. – **Repas** *(85)* - 105/175 ♀, enf. 50

La FREISSINOUSE *05 H.-Alpes* 81 ⑥ – *rattaché à Gap.*

FRÉJUS *83600 Var* 84 ⑧, 114 ㉕, 115 ㉝ *G. Côte d'Azur – 41 486 h alt. 20.*

Voir *Groupe épiscopal*★★ *: baptistère*★★, *cloître*★, *cathédrale*★ – *Ville romaine*★ **A** : *arènes*★ – *Parc zoologique*★ *N : 5 km par* ③.

℘ *08 36 35 35 35.*

Office de Tourisme 325 r. J.-Jaurès ℘ 04 94 51 83 83, Fax 04 94 51 00 26.

Paris 873 ③ – Cannes 39 ④ – Draguignan 31 ③ – Hyères 91 ② – Nice 66 ④.

FRÉJUS

Rue	Carré	N°
Aubenas (R. Joseph)	C	7
Beausset (R. du)	D	9
Clemenceau (R. G.)	D	19
Craponne (R.)	C	22
Decuers (Bd S.)	D	23
Fleury (R. de)	D	28
Formigé (Pl.)	D	29
Gallus	C	30
Girardin (R.)	C	35
Glacière (Pl. de la)	D	36
Grisolle (R.)	D	37
Jaurès (R. Jean)	C	
Liberté (Pl. de la)	C	42
Montgolfier (R.)	C	44
Portalet (Pge du)	D	48
Potiers (R. des)	C	49
Sieyès (R.)	D	52
Verdun (Av. de)	C	56

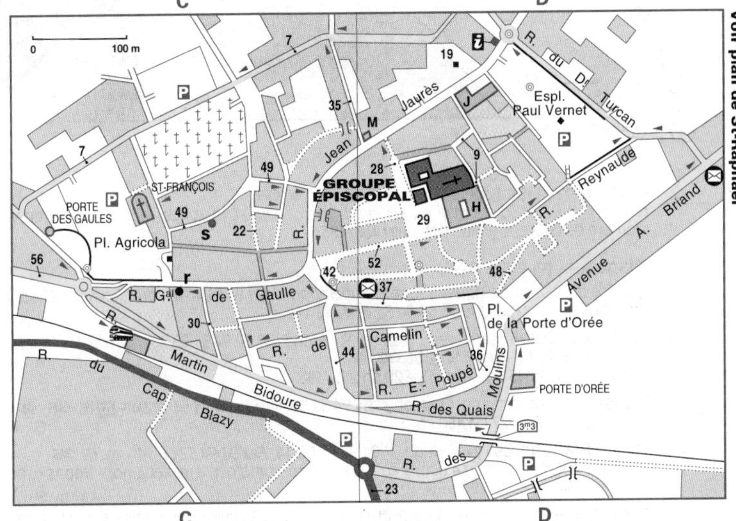

L'Aréna M, 145 bd Gén. de Gaulle ℘ 04 94 17 09 40, *info@arena-hotel.com, Fax 04 94 52 01 52,* « Décor provençal », – – P. AE GB. ch **C r**

fermé 5 au 30 nov. – **Repas** *(fermé sam. midi et lundi midi)* 145/265, enf. 75 – 50 – **36 ch** 550/750 – ½ P 480/650

FRÉJUS-ST-RAPHAËL

Agachon (Av. de l') . . . . A 2
Alger (Bd) . . . . B 5
Brosset (Av. du Gén.) . . . . . AB 13
Carrara (R. Jean) . . . . A 16
Coty (Prom. René) . . . . B 20
Decuers (Bd S.) . . . . A 23
Donnadieu (R.) . . . . B 24
Einaudi (R. Albert) . . . . A 25
Europe (Av. de l') . . . . A 26
Fabre (Av. Hippolyte) . . . . B 26
Garros (R. Roland) . . . . B 32
Gaulle (Av. du Gén.-de) . . . . . B 33
Leclerc (Av. Mar.) . . . . B 39
Libération (Bd de la) . . . . B 40
Mimosas (Bd des) . . . . B 43
Myrtes (Av. des) . . . . B 45
Papin (R. Denis) . . . . B 46
Poincaré (Av. Raymond) . . . . B 47
Rivière (Av. Théodore) . . . . . . B 51
Triberg (R. de) . . . . A 53
Valescure (Av. de) . . . . B 54
Verdun (Av. de) . . . . A 56
Victor-Hugo (Av.) . . . . B 60
XVe-Corps (Av. du) . . . . A 62

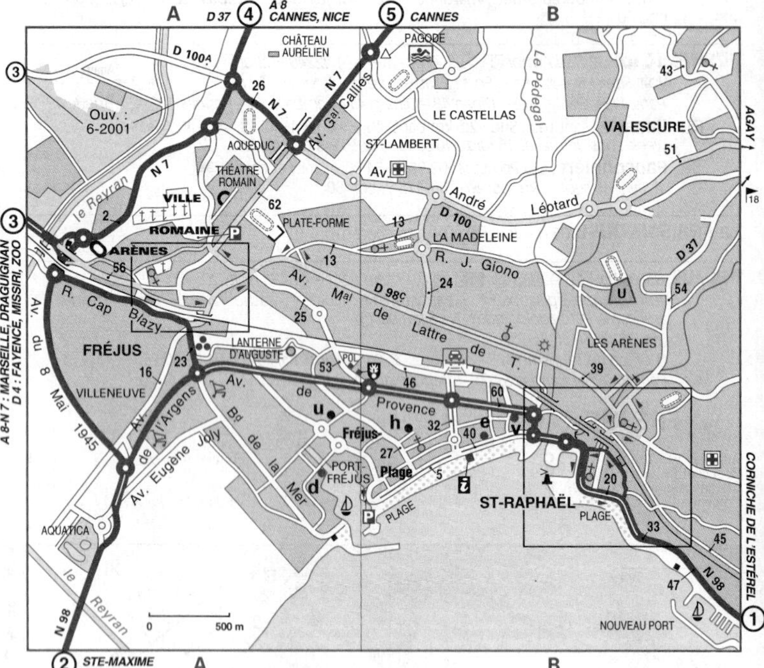

Les Potiers, 135 r. Potiers ✆ 04 94 51 33 74 – ▤. GB — C s
fermé 1er au 20 déc., le midi en juil.-août, merc. midi et mardi de sept. à juin – **Repas** (nombre de couverts limité, prévenir) 135/185

à Fréjus-Plage AB – ✉ *83600 Fréjus.*

Office de Tourisme (Pâques à sept.)bd Libération ✆ 04 94 51 48 42 (du 1er avril au 31 oct.) Port de Fréjus Capitainerie ✆ 04 94 53 47 12.

Sable et Soleil sans rest, 158 r. P. Arène ✆ 04 94 51 08 70, *guyduale@free.fr, Fax 04 94 53 49 12* – ▤ TV ✆ ♿ P. GB. — A u
fermé 15 nov. au 15 déc. – ☕ 35 – **20 ch** 245/390

L'Oasis sans rest, imp. Charcot ✆ 04 94 51 50 44, *Fax 04 94 53 01 04* – TV P. GB. — B h
mars-oct. – ☕ 37 – **27 ch** 450

Toque Blanche, 394 av. V. Hugo ✆ 04 94 52 06 14, *Fax 04 94 52 06 14* – ▤. AE GB — B v
fermé 18 au 21 juin, 1er au 4 oct., 3 au 17 déc., dim. soir d'oct. à juin et lundi – **Repas** 95 bc (déj.), 140/340 et carte 290 à 360

Port-Royal, pl. Tambourinaire à Port-Fréjus ✆ 04 94 53 09 11, *Fax 04 94 53 75 24,* <, – AE GB — A d
fermé 8 janv. au 10 fév., mardi soir et merc. hors saison, lundi midi, merc. midi et jeudi midi en saison – **Repas** 198/290 et carte 300 à 410

Mérou Ardent, 157 bd Libération ✆ 04 94 17 30 58, *Fax 04 94 17 33 79,* – ▤. GB — B e
fermé 5-13/06, 21/11-19/12, lundi midi et jeudi midi du 15/06-15/09, dim. et merc. soir et jeudi hors saison – **Repas** 89/139, enf. 40

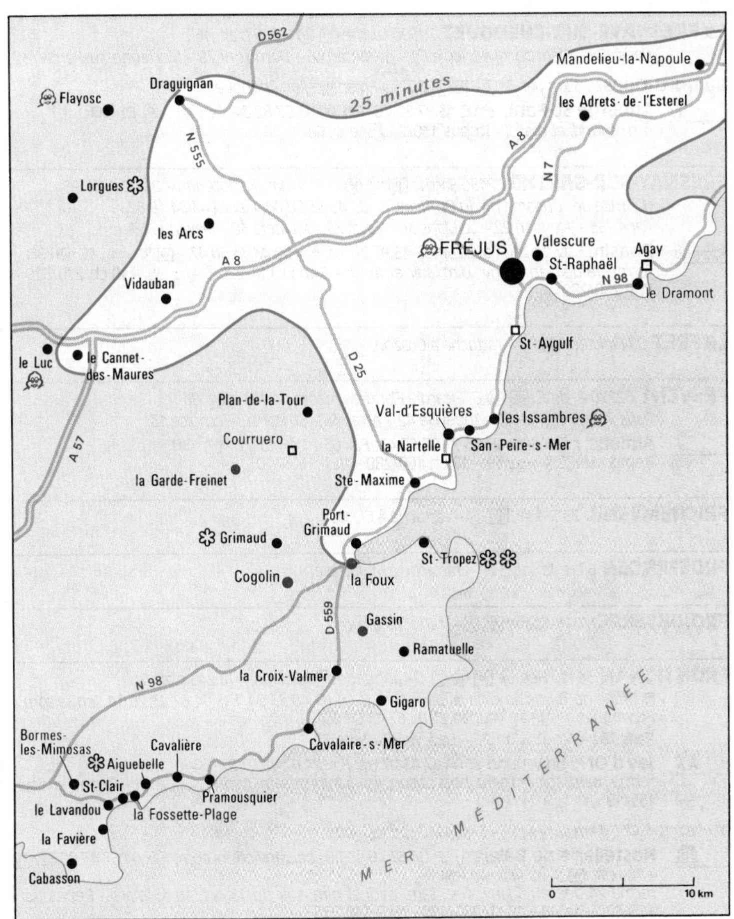

Le FRENEY-D'OISANS *38142 Isère* 77 ⑥ *– 177 h alt. 926.*

Voir Barrage du Chambon★★ SE : 2 km – Gorges de l'Infernet★ SO : 2 km, G. Alpes du Nord.

Syndicat d'Initiative ✆ 04 76 80 05 82, Fax 04 76 80 23 06.

Paris 630 – Bourg-d'Oisans 12 – La Grave 17 – Grenoble 62.

Cassini, ✆ 04 76 80 04 10, *info@hotel-cassini.com, Fax 04 76 80 23 06,* ... – TV ... GB
1er juin-10 oct. et 20 déc.-1er mai – **Repas** *(fermé lundi midi)* 94/170 ♀, enf. 58 – ☕ 45 – **10 ch** 280/385 – ½ P 290/385

à Mizoën *Nord-Est : 4 km par N 91 et D 25 – 122 h. alt. 1100 – ✉ 38142 :*

Panoramique ..., ✆ 04 76 80 06 25, *Fax 04 76 80 25 12,* ≤ montagne et vallée, ..., « Chalet fleuri », ... – TV ... P. GB. ... rest
1er juin-30 sept. et 20 déc.-1er mai – **Repas** (résidents seul.) 105/135 – ☕ 42 – **10 ch** 300/380 – ½ P 265/290

FRESNAY-EN-RETZ *44580 Loire-Atl.* 67 ② *– 848 h alt. 15.*

Paris 425 – Nantes 38 – La Roche-sur-Yon 60 – Challans 28 – St-Nazaire 50.

Colvert, ✆ 02 40 21 46 79, *Fax 02 40 21 95 99* – AE GB
fermé 20 août au 3 sept., merc. soir, dim. soir et lundi – **Repas** 125/260 ♀, enf. 65

La FRESNAYE-SUR-CHÉDOUET *72600 Sarthe* 60 ③ *– 839 h alt. 160.*

Paris 185 – Alençon 14 – L'Aigle 51 – Argentan 46 – Domfront 78 – Mortagne-au-Perche 30.

au Nord-Ouest *: 3 km par D 17 – ✉ 72600 La Fresnaye-sur-Chédouet :*

Auberge St-Paul, ✆ 02 43 97 82 76, *Fax 02 43 97 82 84*, – P. AE GB
fermé lundi et mardi – **Repas** 130/245 ♀, enf. 60

FRESNAY-SUR-SARTHE *72130 Sarthe* 60 ⑫ ⑬ *G. Normandie Cotentin – 2 452 h alt. 95.*

Office de Tourisme pl. du Dr.-Riant ✆ 02 43 33 28 04, Fax 02 43 34 19 62.

Paris 235 – Alençon 22 – Le Mans 39 – Laval 73 – Mamers 30 – Mayenne 53.

Ronsin, 5 av. Ch. de Gaulle ✆ 02 43 97 20 10, *Fax 02 43 33 50 47* – TV. AE GB
fermé 18 déc. au 9 janv., dim. soir et lundi – **Repas** 118/220 ♀ – 35 – **10 ch** 270/320 – ½ P 250/280

Le FRET *29 Finistère* 58 ④ *– rattaché à Crozon.*

FRÉVENT *62270 P.-de-C.* 51 ⑬ *G. Picardie Flandres Artois – 4 121 h alt. 86.*

Paris 189 – Amiens 48 – Abbeville 42 – Arras 45 – St-Pol-sur-Ternoise 13.

Amiens, r. Doullens ✆ 03 21 03 65 43, *Fax 03 21 47 15 01* – TV. GB
Repas 65/195 – 30 – **10 ch** 160/280 – ½ P 160/240

FRICHEMESNIL *76 S.-Mar.* 52 ⑭ *– rattaché à Clères.*

FROENINGEN *68 H.-Rhin* 66 ⑨ *– rattaché à Mulhouse.*

FROIDETERRE *70 H.-Saône* 66 ⑦ *– rattaché à Lure.*

FRONTIGNAN *34110 Hérault* 83 ⑯ ⑰ *G. Languedoc Roussillon – 16 245 h alt. 2.*

Office de Tourisme r. de la Raffinerie ✆ 04 67 48 33 94, Fax 04 67 43 26 34, (en saison) à Frontignan-Plage av. Vauban ✆ 04 67 43 07 40.

Paris 781 – Montpellier 26 – Lodève 60 – Sète 7.

Jas d'Or, 2 bd V. Hugo ✆ 04 67 43 07 57, *Fax 04 67 43 07 57* – GB
fermé mardi soir et merc. hors saison, lundi midi et sam. midi en juil.-août – **Repas** 90 (déj.), 155/195

au Nord-Est *: 4 km sur N 112 – ✉ 34110 Frontignan :*

Hostellerie de Balajan, ✆ 04 67 48 13 99, *balajanvic@aol.com, Fax 04 67 43 06 62*, – rest, TV P. GB. rest
fermé 24 déc. au 3 janv., fév., sam. midi et dim. soir du 15 oct. au 15 mars – **Repas** *(88)* - 115/300 – 48 – **18 ch** 350/480 – ½ P 340/375

FRONTONAS *38290 Isère* 74 ⑬ *– 1 714 h alt. 260.*

Paris 498 – Lyon 36 – Ambérieu-en-Bugey 43 – La Tour-du-Pin 33 – Vienne 34.

Auberge du Ru, Le Bergeron-Les Quatre Vies ✆ 04 74 94 25 71, *Fax 04 74 94 25 71*, – P. AE GB
fermé 15 au 30 janv., dim. soir et lundi – **Repas** 98/175 ♀

FUISSÉ *71960 S.-et-L.* 69 ⑲ *G. Bourgogne – 321 h alt. 290.*

Paris 402 – Mâcon 11 – Charolles 53 – Chauffailles 52 – Villefranche-sur-Saône 38.

Pouilly Fuissé, ✆ 03 85 35 60 68, *Fax 03 85 35 60 68*, – AE GB
fermé 30 juil. au 8 août, 2 au 31 janv., mardi soir, dim. soir et merc. – **Repas** (sam. et dim. prévenir) 98/225 ♀, enf. 50

La FUSTE *04 Alpes-de-H.-P.* 81 ⑮., 114 ⑤ *– rattaché à Manosque.*

FUTEAU *55 Meuse* 56 ⑲ *– rattaché à Ste-Menehould (51 Marne).*

FUTUROSCOPE *86 Vienne* 68 ⑬ ⑭ *– rattaché à Poitiers.*

GABRIAC *12340 Aveyron* 80 ③ *– 403 h alt. 580.*
Paris 614 – Rodez 28 – Espalion 13 – Mende 88 – Sévérac-le-Château 34.

Bouloc avec ch, ☎ 05 65 44 92 89, *Fax 05 65 48 86 74*, – P. GB
fermé 15 au 28 mars, 20 au 27 juin, 3 au 17 oct. et merc. sauf juil.-août – **Repas** 85/180, enf. 50 – ☐ 35 – **11 ch** 275/290 – ½ P 290

GACÉ *61230 Orne* 60 ④ *– 2 247 h alt. 210.*
Office de Tourisme (fermé le lundi) Mairie ☎ 02 33 35 50 24, Fax 02 33 36 92 82.
Paris 168 – Alençon 48 – Argentan 28 – Rouen 101.

Hostellerie Les Champs, rte Alençon ☎ 02 33 39 09 05, *Fax 02 33 36 81 26*, – P. GB
1er avril-31 oct. et fermé lundi et mardi – **Repas** 98 (déj.), 130/260, enf. 60 – ☐ 50 – **14 ch** 190/380 – ½ P 325/387

La GACILLY *56200 Morbihan* 63 ⑤ *– 2 268 h alt. 22.*
Paris 405 – Châteaubriant 67 – Dinan 90 – Ploërmel 30 – Redon 15 – Rennes 62 – Vannes 58.

France, ☎ 02 99 08 11 15, *Fax 02 99 08 25 88* – P – 25. AE GB
fermé 24 déc. au 4 janv. et dim. soir d'oct. à avril – **Repas** 72/200, enf. 45 – ☐ 35 – **25 ch** 240/260 – ½ P 245

GAGNY *93 Seine-St-Denis* 56 ⑪, 101 ⑱ *– voir à Paris, Environs.*

GAILLAC *81600 Tarn* 82 ⑨ ⑩ *G. Midi-Pyrénées – 10 378 h alt. 143.*
Office de Tourisme Abbaye de St-Michel ☎ 05 63 57 14 65, Fax 05 63 57 61 37.
Paris 671 – Toulouse 58 – Albi 22 – Cahors 89 – Castres 51 – Montauban 50.

Verrerie M, r. Égalité ☎ 05 63 57 32 77, *verrerie@club-internet.fr*, *Fax 05 63 57 32 27*, « Parc », – P – 25. AE GB JCB. rest
Repas *(fermé dim. soir du 15 oct. au 15 avril)* 80 bc (déj.), 120/190 – ☐ 40 – **14 ch** 260/360 – ½ P 278

L'Occitan sans rest, pl. Gare ☎ 05 63 57 11 52, *Fax 05 63 57 56 18* – . AE GB
fermé week-ends de nov. à mars – ☐ 35 – **13 ch** 130/280

Les Sarments, 27 r. Cabrol (derrière abbaye St-Michel) ☎ 05 63 57 62 61, *Fax 05 63 57 62 61*, « Décor rustique » – AE GB.
fermé 23 déc. au 7 janv., 17 fév. au 11 mars, merc. soir d'oct. à mai, dim. soir et lundi – **Repas** 135/240

GAILLAN-EN-MÈDOC *33 Gironde* 71 ⑰ *– rattaché à Lesparre-Médoc.*

GAILLON *27600 Eure* 55 ⑰ *G. Normandie Vallée de la Seine – 6 303 h alt. 15.*
Paris 91 – Rouen 47 – Les Andelys 13 – Évreux 25 – Vernon 15.

Grain de Sel, 12 r. P. Brossolette ☎ 02 32 53 51 10, – GB
fermé 30 juil. au 15 août, 24 déc. au 3 janv., dim. soir, mardi soir, merc. soir et lundi – **Repas** 105/160

GALÉRIA *2B H.-Corse* 90 ⑭ *– voir à Corse.*

GAMBAIS *78950 Yvelines* 60 ⑧, 106 ㉗ *– 1 730 h alt. 119.*
Paris 57 – Dreux 26 – Mantes-la-Jolie 31 – Rambouillet 22 – Versailles 37.

Auberge du Clos St-Pierre, 2 bis r. Goupigny ☎ 01 34 87 10 55, *Fax 01 34 87 03 88*, – AE GB
fermé 5 au 27 août, dim. soir, mardi soir et lundi – **Repas** 180/195, enf. 70

GANGES *34190 Hérault* 83 ⑥ *G. Languedoc Roussillon – 3 343 h alt. 175.*
Env. *Gorges de la Vis★★ SO – Grotte des Lauriers★ SE : 3 km – Grotte des Demoiselles★★★ SE : 9 km.*
Paris 733 – Montpellier 45 – Alès 47 – Nîmes 60 – Le Vigan 19.

Les Norias avec ch, à Cazilhac, Est sur D25 ☎ 04 67 73 55 90, *Fax 04 67 73 62 08*, – P. AE GB JCB
fermé 1er au 15 nov., vacances de fév., lundi soir et mardi hors saison – **Repas** 120/300, enf. 65 – ☐ 42 – **11 ch** 285/335 – ½ P 300/310

GANNAT *03800 Allier* 73 ④ *G. Auvergne – 5 919 h alt. 345.*
Voir *Évangéliaire★ au musée municipal (château).*
Paris 388 – Clermont-Ferrand 49 – Montluçon 75 – Moulins 57 – Vichy 20.

XX **Frégénie,** 20 r. Frères Bruneau ✆ 04 70 90 04 65, *Fax 04 70 90 35 90* – GB
fermé 17 au 25 avril, 20 août au 5 sept., 26 déc. au 10 janv., dim. soir, mardi soir et lundi – **Repas** 85 (déj.), 120/230

GAP P *05000 H.-Alpes* 77 ⑯ *G. Alpes du Sud – 33 444 h alt. 735.*
Voir *Vieille ville★ – Musée départemental★.*
Office de Tourisme 12 r. Faure du Serre ✆ 04 92 52 56 56, Fax 04 92 52 56 57.
Paris 672 ① – Avignon 169 ④ – Grenoble 104 ① – Sisteron 52 ③ – Valence 161 ①.

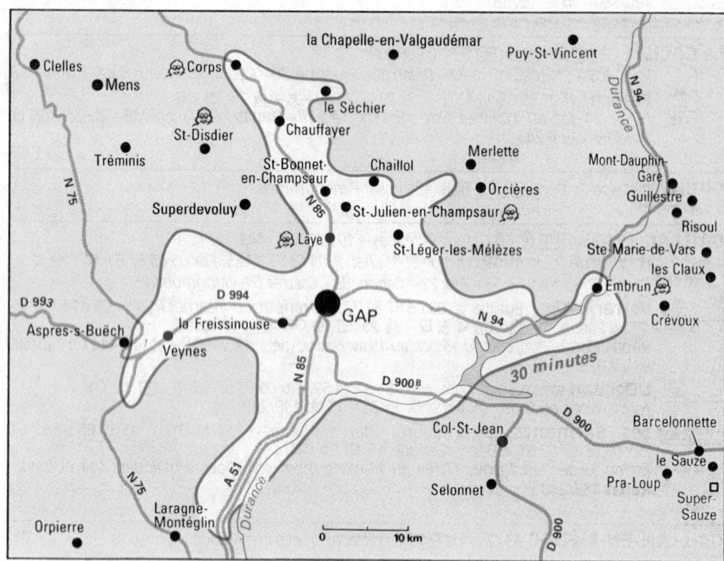

Porte Colombe, 4 pl. F. Euzières ✆ 04 92 51 04 13, *Fax 04 92 52 42 50* – AE GB Z n
Repas *(fermé 27 avril au 20 mai, 4 au 21 janv., vend., sam. et dim.)* (dîner seul.) (85) - 125/220 – 38 – **27 ch** 240/350 – 1/2 P 275/315

Climat de France sans rest, par ③ : *2,5 km (près piscine), rte Sisteron* ✆ 04 92 51 57 82, *Fax 04 92 51 56 52*, – P. AE GB
38 – **26 ch** 290/320

Clos, par ① *rte Grenoble et chemin privé* ✆ 04 92 51 37 04, *Fax 04 92 52 41 06*, – P – 15. GB
fermé dim. soir et lundi sauf du 15 juil. au 15 août et du 1er au 15 nov. – **Repas** 105/185, enf. 60 – 35 – **31 ch** 270/350 – 1/2 P 280

Grille, 2 pl. F. Euzières ✆ 04 92 53 84 84, *Fax 04 92 52 42 38* – cuisinette, ch, AE GB Z r
Repas *(fermé vacances de Noël, dim. soir et lundi)* 95/215, enf. 55 – 37 – **28 ch** 360 – 1/2 P 310

Ibis, 5 bd G. Pompidou ✆ 04 92 53 57 57, *Fax 04 92 53 38 15* – – 30 à 50. AE GB Y x
Repas (75) - 95, enf. 39 – 35 – **61 ch** 320/350

Ferme Blanche, par ① *et rte secondaire : 2 km (vers Romette)* ✆ 04 92 51 03 41, *la.ferme.blanche@wanadoo.fr, Fax 04 92 51 35 39*, – P. AE GB
Repas *(fermé jeudi hors saison)* (90) - 120 (dîner), 150/320 – 45 – **25 ch** 270/450 – 1/2 P 255/360

Paix sans rest, 1 pl. F. Euzières ✆ 04 92 51 03 29, *Fax 04 92 52 19 87* – GB Z v
33 – **23 ch** 150/260

GAP

Balmens (R.) . . . . **Z** 3
Carnot (R.) . . . . **Z** 4
Curie (Bd P. et M.) . . . . **Y** 5
Dumont (Av. du Cdt) . . . . **Y** 6
Euzières (Pl. Frédéric) . . . . . . **Z** 7
Eymar (R. Jean) . . . . **Y** 8
Faure-du-Serre (R.) . . . . **Y** 9
France (R. de) . . . . **Y** 10
Jaurès (Av. Jean) . . . . **Z** 12
Ladoucette (Cours) . . . . **Y** 13
Libération (Bd de) . . . . **Y** 14
Mazel (R. du) . . . . **Z** 15
Moreau (R. E.) . . . . **Z** 16
Révelly (Pl. du) . . . . **Y** 17
Roux (R. Colonel) . . . . **Z** 19
St-Arnoux (Pl.) . . . . **Z** 20
Valserres (R. de) . . . . **Z** 23

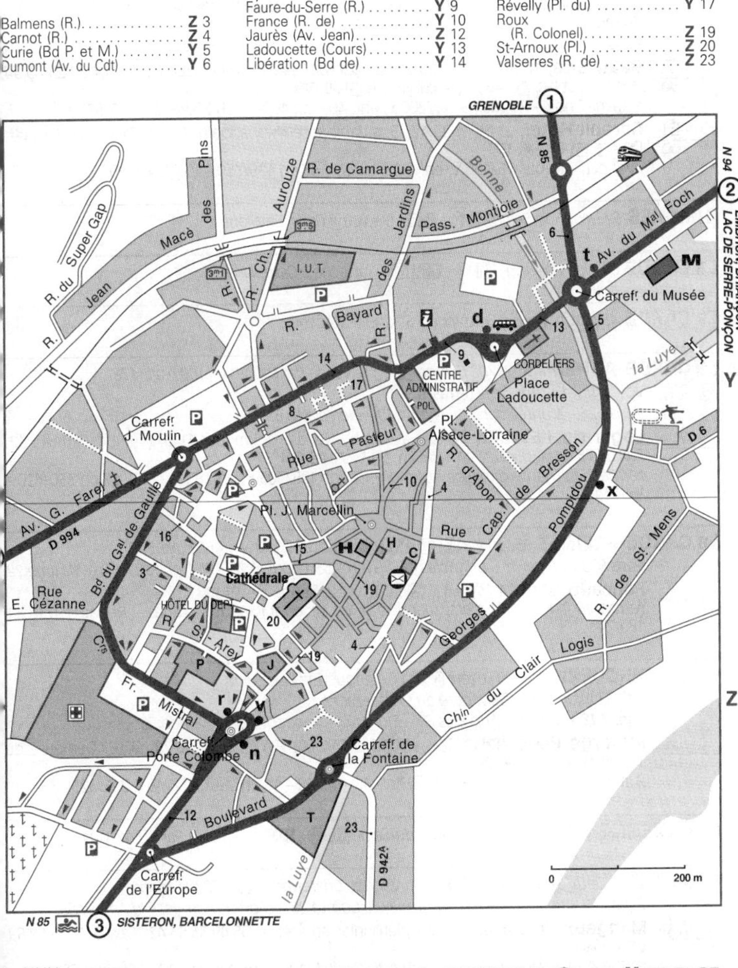

XXX **Patalain,** 2 pl. Ladoucette ☎ 04 92 52 30 83, *Fax 04 92 52 30 83,* – P. AE GB JCB Y d
fermé 2 au 21 janv., dim. et lundi – **Repas** 190/210 - ***Bistro du Patalain :*** Repas *(80)*-95/118 ♀, enf. 68

X **Grangette,** 1 av. Foch ☎ 04 92 52 39 82 – GB Y t
fermé 16 au 31 juil., 14 au 31 janv., dim. soir et lundi – **Repas** 105/178

X **Pique Feu,** par ③ *: 2,5 km, (près piscine) rte Sisteron* ☎ 04 92 52 16 06, – P. GB
fermé 2 au 16 juil., dim. soir et lundi – **Repas** 105/150, enf. 55

à la Freissinouse *par ④ : 9 km – 365 h. alt. 965 – ✉ 05000 :*

Azur, D 994 ☎ 04 92 57 81 30, *Fax 04 92 57 92 37,* – TV P. GB
Repas *(70)* - 85/170 – 30 – **45 ch** 250/310 – ½ P 280/320

Towns ***underlined in red*** *on the* ***Michelin maps*** *at a scale of 1 : 200 000 are included in this Guide.*

Use the latest map to take full advantage of this information.

GARABIT (Viaduc de) ★★ *15 Cantal* 76 ⑭ *G. Auvergne* – ✉ *15320 Ruynes-en-Margeride.*
Env. *Maison du paysan★ à Loubaresse S : 7 km – Belvédère de Mallet* ⋞★★ *SO : 13 km puis 10 mn.*
Paris 527 – Aurillac 88 – Mende 69 – Le Puy-en-Velay 90 – St-Flour 14.

Beau Site, N 9 ☎ 04 71 23 41 46, *garabitbeausite@wanadoo.fr, Fax 04 71 23 46 34,* ⋞ viaduc et lac, – cuisinette. GB
10 avril-2 nov. – **Repas** (59) - 80/200 ♀, enf. 40 – ☕ 46 – **21 ch** 280/550 – ½ P 330

Garabit Hôtel, ☎ 04 71 23 42 75, *garabit.hotel@wanadoo.fr, Fax 04 71 23 49 60,* ⋞, GB
avril-oct. – **Repas** 76/170 ♀, enf. 42 – ☕ 36 – **45 ch** 185/350 – ½ P 230/290

GARCHES *92 Hauts-de-Seine* 55 ⑳, 101 ⑭ – *voir à Paris, Environs.*

La GARDE *04 Alpes-de-H.-P.* 81 ⑱, 114 ⑩ – *rattaché à Castellane.*

La GARDE *48 Lozère* 76 ⑮ – *rattaché à St-Chély-d'Apcher.*

La GARDE-ADHÉMAR *26700 Drôme* 81 ① *G. Vallée du Rhône – 1 108 h alt. 178.*
Voir *Église★ –* ⋞★ *de la terrasse.*
Paris 626 – Montélimar 21 – Nyons 40 – Pierrelatte 6.

Logis de l'Escalin avec ch, Nord : 1 km par D 572 ☎ 04 75 04 41 32, *Fax 04 75 04 40 05,* – ch. AE GB. ch
fermé 2 au 8 janv., dim. soir et lundi – **Repas** 125/305 ♀, enf. 85 – ☕ 60 – **7 ch** 350/420 – ½ P 345

La GARDE-FREINET *83310 Var* 84 ⑰, 114 ㊱ *G. Côte d'Azur – 1 465 h alt. 380.*
Paris 855 – Fréjus 43 – Brignoles 46 – Hyères 55 – Toulon 73 – St-Tropez 21 – Ste-Maxime 22.

Faücado, ☎ 04 94 43 60 41, « Terrasse fleurie » – AE GB
fermé 10 janv. au 10 mars, mardi sauf le soir en juil.-août et fériés – **Repas** 150 (déj.), 189/375

La GARDE-GUÉRIN *48800 Lozère* 80 ⑦ *G. Languedoc Roussillon.*
Voir *Donjon* ✻★ *– Belvédère du Chassezac★★.*
Paris 618 – Alès 62 – Aubenas 69 – Florac 74 – Langogne 36 – Mende 56.

Auberge Régordane ☎ 04 66 46 82 88, *Fax 04 66 46 90 29,* « Demeure du 16e siècle » – GB
7 avril-30 sept. – **Repas** 98/195 ♀, enf. 55 – ☕ 38 – **15 ch** 285/355 – ½ P 295/325

La GARENNE-COLOMBES *92 Hauts-de-Seine* 55 ⑳, 101 ⑭ – *voir à Paris, Environs.*

GARETTE *79 Deux-Sèvres* 71 ② *G. Poitou Vendée Charentes* – ✉ *79270 Sansais.*
Paris 422 – La Rochelle 60 – Fontenay-le Comte 28 – Niort 12 – St-Jean-d'Angély 58.

Mangeux de Lumas, (accès piétonnier en été) ☎ 05 49 35 93 42, *Fax 05 49 35 82 89,* – GB
fermé 4 au 19 janv., lundi soir et mardi sauf juil.-août – **Repas** (80) - 100/250, enf. 65

GARNACHE *85 Vendée* 67 ⑫ – *rattaché à Challans.*

GARONS *30 Gard* 80 ⑲ – *rattaché à Nîmes.*

GASNY *27620 Eure* 55 ⑱ *– 2 957 h alt. 36.*
Paris 74 – Rouen 73 – Évreux 44 – Mantes-la-Jolie 22 – Vernon 11 – Versailles 66.

Auberge du Prieuré Normand, 1 pl. République ☎ 02 32 52 10 01, – GB
fermé 1er au 22 août, vacances de fév., mardi soir et merc. – **Repas** 90/195 ♀

GASSIN *83580 Var* 84 ⑰, 114 ㊲ *G. Côte d'Azur – 2 622 h alt. 200.*
Voir *Terrasse des Barri* ⋞★.
Env. *Moulins de Paillas* ✻★★ *SE : 3,5 km.*
Paris 875 – Fréjus 35 – Le Lavandou 34 – St-Tropez 11 – Ste-Maxime 14 – Toulon 70.

XX **Auberge la Verdoyante,** Nord : 2 km par rte St-Tropez et chemin privé ☎ 04 94 56 16 23, *Fax 04 94 56 43 10,* ≤, 🍽 – 🅿. GB. ✻
1er avril-21 oct. et fermé le midi en juil.-août et merc. – **Repas** 145/190

GAURIAC *33710 Gironde* 71 ⑧ *– 809 h alt. 50.*
Paris 555 – Bordeaux 43 – Blaye 10 – Jonzac 57 – Libourne 37.

X **Filadière,** Ouest : 2 km sur D 669E1 ☎ 05 57 64 94 05, *Fax 05 57 64 94 06,* ≤, 🍽, « Au bord de l'estuaire » – 🅿. GB
fermé 19 nov. au 15 déc., mardi soir du 15 sept. au 30 juin et merc. – **Repas** 90 (déj.), 120/240 ♀, enf. 50

GAVARNIE *65120 H.-Pyr.* 85 ⑱ *G. Midi-Pyrénées – 177 h alt. 1350 – Sports d'hiver : 1 350/2 400 m* ⛷ *10* ⛷.
Voir *Village★ – Cirque de Gavarnie★★★ S : 3 h 30.*
Office de Tourisme ☎ 05 62 92 49 10, Fax 05 62 92 41 00.
Paris 866 – Pau 96 – Lourdes 51 – Luz-St-Sauveur 20 – Tarbes 69.

Marboré, ☎ 05 62 92 40 40, *hotel@lemarbore.com, Fax 05 62 92 40 30,* ≤, 🍽, – TV ☎ 🅿 – 25. AE ◑ GB. ✻ ch
fermé 15 nov. au 25 déc. – **Repas** 120/150 ♀ – ☕ 38 – **24 ch** 295 – ½ P 285

GAVRINIS (Ile) *56 Morbihan* 63 ⑫ *G. Bretagne.*
Voir *Cairn★★ 15 mn en bateau de Larmor-Baden.*

GÉMENOS *13420 B.-du-R.* 84 ⑭, 114 ㉚ *G. Provence – 5 025 h alt. 150.*
Env. *Parc de St-Pons★ E : 3 km.*
Office de Tourisme Crs Pasteur ☎ 04 42 32 18 44, Fax 04 42 32 15 49.
Paris 793 – Marseille 24 – Toulon 51 – Aix-en-Provence 38 – Brignoles 50.

Relais de la Magdeleine ⛰, rd-pt de la Madeleine, N 396 ☎ 04 42 32 20 16, *Fax 04 42 32 02 26,* 🍽, « Élégante demeure avec mobilier ancien, parc », 🏊, – TV ☎ 🅿 – 30. GB
15 mars-1er déc. – **Repas** *(fermé merc d'oct. à avril)* 260/320 ♀ – ☕ 80 – **24 ch** 600/890 – ½ P 650/770

Parc ⛰, Vallée St-Pons par D 2 : 1 km ☎ 04 42 32 20 38, *Fax 04 42 32 10 26,* 🍽, – TV 🅿 – 20. AE GB
Repas (70) - 95/195 ♀, enf. 70 – ☕ 38 – **11 ch** 300/520 – ½ P 300/380

GENAS *69740 Rhône* 74 ⑫, 110 ㉖ *– 9 316 h alt. 218.*
Syndicat d'Initiative de la Plaine du Lyonnais 55 r. de la République ☎ 04 72 79 05 31, Fax 04 78 90 04 16.
Paris 474 – Lyon 17 – Meyzieu 9 – Pont-de-Chéruy 18 – St-Priest 8.

Forum Hôtel, 1 r. R. Salengro ☎ 04 78 40 60 50, *Fax 04 78 40 17 85* – TV ♿ 🅿 – 20 à 60. AE ◑ GB
Repas 95/145 🍷, enf. 59 – ☕ 45 – **73 ch** 360/390 – ½ P 325

GÉNÉRARGUES *30 Gard* 80 ⑰ *– rattaché à Anduze.*

GENESTON *44140 Loire-Atl.* 67 ③ *– 1 958 h alt. 28.*
Paris 403 – Nantes 20 – La Roche-sur-Yon 47 – Cholet 60.

XX **Pélican,** 13 pl. G. Gaudet ☎ 02 40 04 77 88 – ▤. GB. ✻
fermé 30 juil. au 24 août, dim. soir, lundi et merc.
Repas 125/190 ♀, enf. 40

Le GENESTOUX *63 P.-de-D.* 73 ⑬ *– rattaché au Mont-Dore.*

GENILLÉ *37460 I.-et-L.* 64 ⑯ *G. Châteaux de la Loire – 1 428 h alt. 88.*
Paris 241 – Tours 47 – Amboise 33 – Blois 58 – Loches 12 – Montrichard 22.

XX **Agnès Sorel** avec ch, ☎ 02 47 59 50 17, 🍽 – GB
fermé 15 janv. au 1er mars, dim. soir et lundi sauf juil.-août et fériés – **Repas** 100/250 ♀, enf. 55 – ☕ 40 – **3 ch** 198/265 – ½ P 265/300

GENIN (Lac) *01 Ain* 74 ④ *– rattaché à Oyonnax.*

GENLIS *21110 Côte-d'Or* 66 ⑫ ⑬ – *5 241 h alt. 199.*
Paris 330 – Dijon 18 – Auxonne 15 – Dole 34 – Gray 45.

à Échigey *Sud : 8 km par D 25 et D 34 – 184 h. alt. 197 – ✉ 21110 :*

XX **Place-Rey** avec ch, ✆ 03 80 29 74 00, *danyrey@wanadoo.fr, Fax 03 80 29 79 55,* – P. AE ⓓ GB
fermé 30 juil. au 6 août, 28 janv. au 26 fév. dim. soir et lundi sauf fériés – **Repas** 75/220 ♀ – ☕ 30 – **9 ch** 195/220 – ½ P 280/300

GENNES *49350 M.-et-L.* 64 ⑫ *G. Châteaux de la Loire – 1 867 h alt. 28.*
Voir *Église★★ de Cunault SE : 2,5 km – Église★ de Trèves-Cunault SE : 3 km.*
Office de Tourisme sq. de l'Europe ✆ 02 41 51 84 14, Fax 02 41 51 83 48.
Paris 305 – Angers 33 – Bressuire 66 – Cholet 61 – La Flèche 47 – Saumur 17.

Aux Naulets d'Anjou ⛺, ✆ 02 41 51 81 88, *Fax 02 41 38 00 78,* ←, , , – TV P – 20. GB
fermé 1er fév. au 15 mars – **Repas** *(fermé merc. soir et le midi sauf dim. et fériés)* 99/175 ♀ – ☕ 34 – **19 ch** 310 – ½ P 275

X **L'Aubergade,** ✆ 02 41 51 81 07, *Fax 02 41 38 07 85* – GB
fermé vacances de fév., mardi soir, dim. soir et merc. – **Repas** (95) - 138/250 ♀, enf. 60

Les établissements signalés par un
proposent des repas soignés à prix modérés.

GÉNOLHAC *30450 Gard* 80 ⑦ *G. Languedoc Roussillon – 827 h alt. 490.*
Office de Tourisme (du 1 juillet au 31 août fermé dim. après-midi et lundi matin) ✆ 04 66 61 18 32, Fax 04 66 61 15 29.
Paris 643 – Alès 38 – Florac 49 – La Grand-Combe 25 – Nîmes 80 – Villefort 17.

Mont Lozère, D 906 ✆ 04 66 61 10 72, *Fax 04 66 61 23 91,* – P. ⓓ GB
15 fév.-15 nov. et fermé mardi et merc. du 15 sept. au 15 juin – **Repas** 85/170 ♀, enf. 50 – ☕ 35 – **14 ch** 245/285 – ½ P 280

GENSAC *33890 Gironde* 75 ⑬ – *752 h alt. 78.*
Paris 613 – Bergerac 40 – Bordeaux 64 – Libourne 34 – La Réole 39.

XX **Remparts** M ⛺ avec ch, 16 r. Château ✆ 05 57 47 43 46, *rempartsgensac@aol.com, Fax 05 57 47 46 76,* ←, – TV P. GB
fermé nov. et fév. – **Repas** *(fermé dim. soir, mardi midi et lundi)* 149/245 ♀, enf. 55 – ☕ 40 – **7 ch** 290/320 – ½ P 310

au Nord-Ouest *: 2 km – ✉ 33890 Juillac :*

XX **Belvédère,** ✆ 05 57 47 40 33, *le-belvedere@wanadoo.fr, Fax 05 57 47 48 07,* ←, – P. AE ⓓ GB JCB
fermé oct., mardi sauf le midi en juil.-août et merc. – **Repas** 100 bc (déj.), 150/350 ♀, enf. 50

GENTILLY *94 Val-de-Marne* 60 ⑩., 101 ㉖ – *voir à Paris, Environs.*

GÉRARDMER *88400 Vosges* 62 ⑰ *G. Alsace Lorraine – 8 951 h alt. 669 – Sports d'hiver : 660/1 150 m 20 – Casino* **AZ.**
Voir *Lac de Gerardmer★ – Lac de Longemer★ – Saut des Cuves★ E : 3 km par ①.*
Office de Tourisme pl. des Déportés ✆ 03 29 27 27 27, Fax 03 29 27 23 25.
Paris 425 ③ – Colmar 53 ① – Épinal 41 ③ – Belfort 79 ② – St-Dié 28 ① – Thann 50 ②.

Plan page ci-contre

Grand Hôtel, pl. Tilleul ✆ 03 29 63 06 31, *grandhotel-gerardmer@gofornet.com, Fax 03 29 63 46 81,* , « Parc », , , – TV P – 15 à 150. AE ⓓ GB
Grand Cerf *(fermé dim. soir et lundi sauf vacances scolaires)* **Repas** 138/395 ♀, enf. 70 – ***L'Assiette du Coq à l'Âne*** *(fermé mardi et merc. sauf vacances scolaires)* **Repas** 99 , enf. 50 – ☕ 65 – **58 ch** 440/820, 4 appart – ½ P 485/595 **AZ f**

Manoir au Lac ⛺ sans rest, par ③ : *1 km rte d'Épinal* ✆ 03 29 27 10 20, *valentin@manoir-au-lac.com, Fax 03 29 27 10 27,* ← lac, « Chalet vosgien du 19e siècle dans un parc », , – TV P – 20. AE ⓓ GB JCB.
☕ 90 – **14 ch** 800/1500

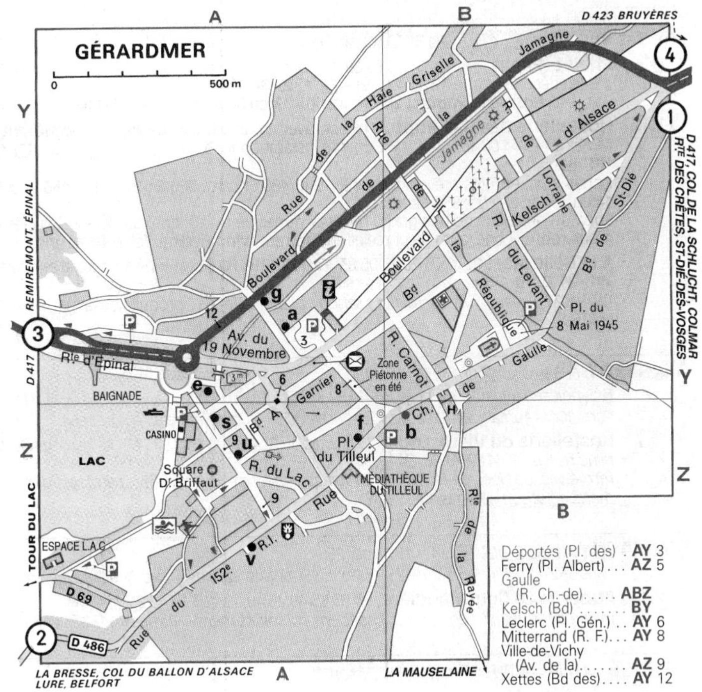

Beau Rivage M, esplanade du Lac ⅌ 03 29 63 22 28, *hotel-beau-rivage@wanadoo.fr, Fax 03 29 63 29 83*, ⇐ lac, – . GB. ch — AY e
fermé 20 oct. au 20 déc., dim. soir et lundi – **Repas** 105 (déj.), 145/280, enf. 70 – ⇔ 65 – **22 ch** 550/750, 12 studios – ½ P 460/580

Jamagne, 2 bd Jamagne ⅌ 03 29 63 36 86, *hotel.jamagne@wanadoo.fr, Fax 03 29 60 05 87*, – 50. GB. rest — AY g
fermé 6 au 29 mars, 13 nov. au 20 déc. – **Repas** 80/240, enf. 50 – ⇔ 55 – **48 ch** 350/500 – ½ P 350/370

Loges du Parc, 12 av. Ville de Vichy ⅌ 03 29 63 32 43, *les.loges.du.parc@wanadoo.fr, Fax 03 29 63 17 03*, – . AE GB. ch — AZ u
1er avril-7 oct. et 22 déc.-début mars – **Repas** 120/260, enf. 68 – ⇔ 47 – **30 ch** 400 – ½ P 370

Gérard d'Alsace sans rest, 14 r. 152e R. I. ⅌ 03 29 63 02 38, *gerard.dalsace.hotel@liberty surf.fr, Fax 03 29 60 85 21*, – . ⊙ GB. — AZ v
fermé 1er au 28 oct. – ⇔ 40 – **17 ch** 230/330

Chalet du Lac, par ③ : *1 km rte Épinal* ⅌ 03 29 63 38 76, *Fax 03 29 60 91 63*, ⇐ lac, – . GB
fermé 1er au 31 oct. – **Repas** 100/340, enf. 65 – ⇔ 45 – **11 ch** 330/420 – ½ P 320

Viry, pl. Déportés ⅌ 03 29 63 02 41, *hotel-viry-aubergade@yahoo.fr, Fax 03 29 63 14 03*, – . AE ⊙ GB — AY a
L'Aubergade *(fermé vend. soir hors saison)* **Repas** 78/240, enf. 48 – ⇔ 40 – **17 ch** 290/350 – ½ P 290/340

Paix, 6 av. Ville de Vichy ⅌ 03 29 63 38 78, *hoteldelapaix@wanadoo.fr, Fax 03 29 63 18 53*, – . GB. — AZ s
fermé 9 au 30 mars, 26 nov. au 11 déc. – **Repas** *(fermé dim.soir, vend. midi et lundi sauf juil.-août)* 125 (déj.), 140/450, enf. 70 – ⇔ 50 – **24 ch** 390/550 – ½ P 335/450

Bistrot de la Perle, 32 r. Ch. de Gaulle ⅌ 03 29 60 86 24, *Fax 03 29 60 86 24*, –. GB — BZ b
fermé 9 au 26 oct., et merc. sauf vacances scolaires – **Repas** *(59)* - 89/119, enf. 39

aux Bas Rupts *par ② : 4 km – ✉ 88400 Gérardmer :*

Chalet Fleuri Ⓜ, ✆ 03 29 63 09 25, *bas-rupts@wanadoo.fr, Fax 03 29 63 00 40*, ←, « Beau décor rustique », – TV P. AE GB JCB
voir rest. ***Host. Bas-Rupts*** ci-après – ☕ 90 – **13 ch** 800/980 – 1/2 P 900/1100

Hostellerie des Bas-Rupts (Philippe) avec ch, ✆ 03 29 63 09 25, *bas-rupts@wanadoo.fr, Fax 03 29 63 00 40*, ←, « Élégante installation », – rest, TV P. AE GB JCB
Repas (dim. et fêtes prévenir) 160 (déj.), 240/480 et carte 300 à 510 ♀, enf. 150 – ☕ 90 – **14 ch** 450/950 – 1/2 P 650/1000
Spéc. Terrine tiède de foie gras d'oie et pommes de terre. Tripes au riesling à la crème et moutarde. Civet de joues de porcelet en chevreuil. **Vins** Riesling, Tokay-Pinot gris.

A la Belle Marée, ✆ 03 29 63 06 83, *Fax 03 29 63 20 76*, ←, « Décor bateau en acajou », – P. AE GB
fermé 25 juin au 7 juil., mardi hors saison et lundi – **Repas** - produits de la mer - 95/280 ♀, enf. 60

GERBEROY *60380 Oise 55 ⑨ – 136 h alt. 180.*
Syndicat d'Initiative Mairie ✆ 03 44 82 33 63.
Paris 104 – Aumale 31 – Beauvais 23 – Breteuil 38 – Compiègne 83 – Rouen 64.

Hostellerie du Vieux Logis, 25 r. Logis du Roy ✆ 03 44 82 71 66, *levieuxlogis@worldonline.fr, Fax 03 44 82 71 66*, – GB
fermé vac. de Noël, de fév., du lundi soir au vend. soir de nov. à fév, mardi soir, dim. soir et merc. en saison – **Repas** 128/258 ♀

GERMAGNY *71430 S.-et-L. 69 ⑱ – 156 h alt. 265.*
Paris 362 – Chalon-sur-Saône 26 – Mâcon 55 – Montceau-les-Mines 28 – Paray-le-Monial 52.

Auberge La Gourmandière, ✆ 03 85 49 25 46, *Fax 03 85 49 25 46* – GB
fermé 30 août au 5 sept., 20 au 31 déc., mardi soir et merc. – **Repas** 67/168 ♀, enf. 48

GÉTIGNÉ *44 Loire-Atl. 67 ④ – rattaché à Clisson.*

Les GETS *74260 H.-Savoie 74 ⑧ G. Alpes du Nord – 1 287 h alt. 1170 – Sports d'hiver : 1 170/2 002 m 5 29.*
Env. *Mont Chéry ★★.*
Office de Tourisme ✆ 04 50 75 80 80, Fax 04 50 79 76 90.
Paris 585 – Thonon-les-Bains 37 – Annecy 72 – Bonneville 32 – Cluses 22 – Morzine 8.

Labrador, rte La Turche ✆ 04 50 75 80 00, *info@labrador-hotel.com, Fax 04 50 79 87 03*, ←, – TV P. AE GB JCB.
23 juin-9 sept. et 22 déc.-7 avril – ***St-Laurent :*** **Repas** 150/250 ♀, enf. 60 – ☕ 70 – **23 ch** 550/950 – 1/2 P 800

Marmotte Ⓜ, ✆ 04 50 75 80 33, *marmotte@portesdusoleil.com, Fax 04 50 75 83 26*, ←, – TV P. AE GB JCB. rest
30 juin-2 sept. et 22 déc.-7 avril – **Repas** (résidents seul.) 100 (déj.), 145/180 ♀ – ☕ 50 – **48 ch** 890/1520, 5 duplex – 1/2 P 1050/1150

Nagano Ⓜ, ✆ 04 50 79 71 46, *Fax 04 50 79 71 48*, ←, – cuisinette TV P. – 20
saisonnier – **25 ch**

Mont Chéry, ✆ 04 50 75 80 75, *hotel.montchery@portesdusoleil.com, Fax 04 50 79 70 13*, ←, – rest, TV P. AE GB.
hôtel : 1er juil.-31 août et 15 déc.-15 avril ; rest. : 15 déc.-15 avril – **Repas** 185/265 ♀ – **25 ch** ☕ 600/1300 – 1/2 P 530/1300

Alpina , par rte La Turche ✆ 04 50 75 80 22, *info@hotel-alpina74.com, Fax 04 50 75 83 48*, ←, – TV P. AE GB. rest
20 mai-20 sept. et 15 déc.-20 avril – **Repas** 100 (déj.), 110/185, enf. 50 – ☕ 40 – **35 ch** 510/600 – 1/2 P 460

Alpages, rte La Turche ✆ 04 50 75 80 88, *info@hotel.alpages.com, Fax 04 50 79 76 98*, ←, – TV P. GB. rest
1er juil.-31 août et 15 déc.-25 avril – **Repas** 80/190 – ☕ 85 – **22 ch** 400/900 – 1/2 P 400/950

Bellevue, ✆ 04 50 75 80 95, *bellevue.gets@wanadoo.fr, Fax 04 50 79 81 81*, ←, – TV GB. ch
1er avril-31 août et 22 déc.-10 avril – **Repas** 95 (déj.), 110/135 ♀ – ☕ 35 – **16 ch** 350/500 – 1/2 P 530

Stella, ✆ 04 50 75 80 40, *jmbaud@stella-galaxy.com, Fax 04 50 75 89 25* – ascenseur TV P. AE ◑ GB. ✂ rest
8 juil.-26 août et 22 déc.-13 avril – **Repas** (résidents seul.)(1/2 pens. seul.) – ☕ 30 – **25 ch** 750/950 – 1/2 P 430/490

Bel'Alpe, ✆ 04 50 79 74 11, *belalpe@portesdusoleil.com, Fax 04 50 79 80 99,* ←, ☂, ☂ – ascenseur TV P. GB
20 juin-10 sept. et 15 déc.-20 avril – **Repas** *(70)* - 100/130 ♀, enf. 60 – ☕ 45 – **34 ch** 500/570 – 1/2 P 460

Régina, ✆ 04 50 75 80 44, *Fax 04 50 79 87 29* – TV. ◑ GB. ✂ rest
hôtel : juil.-août et 15 déc.-16 avril ; rest. : 15 déc.-16 avril – **Repas** 85/190 ♀ – ☕ 40 – **21 ch** 350/480 – 1/2 P 430/460

Crychar ⚲ sans rest, par rte La Turche ✆ 04 50 75 80 50, *hotel.crychar@lesgets.com, Fax 04 50 79 83 12,* ←, ⛱, ☂ – TV ⛟ P. AE ◑ GB. ✂
1er juil.-31 août et 22 déc.-15 avril – ☕ 55 – **12 ch** 640/710

GEVREY-CHAMBERTIN *21220 Côte-d'Or* 66 ⑫ *G. Bourgogne* – *2 825 h alt. 275.*
Office de Tourisme 1 r. G.-Roupnel ✆ *03 80 34 38 40, Fax 03 80 34 15 49.*
Paris 315 ① – *Beaune 33* ① – *Dijon 12* ① – *Dole 61* ①.

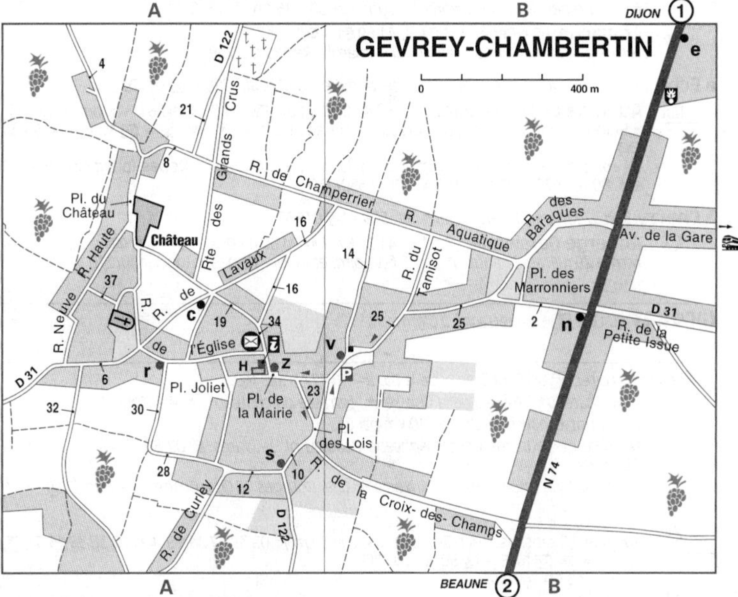

Ancienne Poste (R. de l') . . . . . B 2	Combe du Bas (R.) . . . . . B 14	Mees (R. des) . . . . . A 28
Argillière (Chemin de l') . . . . . A 4	Combe du Dessus (R.) . . . . . A 16	Meixvelle (R. de) . . . . . A 30
Aumonerie (R. de l') . . . . . A 6	Docteur Magnon Pujo (R. du) A 19	Planteligone (R. de) . . . . . A 32
Caron (R. du) . . . . . A 8	En Songe (R. d') . . . . . A 21	Roupnel (R. Gaston) . . . . . A 34
Chambertin (R. du) . . . . . A 10	Gaizot (R. du) . . . . . A 23	Tison (R. du) . . . . . A 37
Chêne (R. du) . . . . . A 12	Lattre de Tassigny (R. du Maréchal de) . . . . . B 25	

Grands Crus ⚲ sans rest, ✆ 03 80 34 34 15, *hotel-lesgrandscrus@ipac.fr, Fax 03 80 51 89 07,* « Jardin fleuri », ☂ – ✆ P. GB — A c
2 mars-1er déc. – ☕ 52 – **24 ch** 390/490

Arts et Terroirs sans rest, N 74 ✆ 03 80 34 30 76, *Fax 03 80 34 11 79,* ☂ – TV ✆ P. AE ◑ GB — B e
☕ 45 – **16 ch** 280/580

Aux Vendanges de Bourgogne, N 74 ✆ 03 80 34 30 24, *Fax 03 80 58 55 44,* – ✆ P. GB B n
fermé 23 déc. au 6 janv. – **Repas** *(fermé dim. et lundi)* 85 (déj.), 125/155 ♀ – ☕ 38 – **14 ch** 229/319 – ½ P 310/350

Les Millésimes (Sangoy), 25 r. Église ✆ 03 80 51 84 24, *Fax 03 80 34 12 73,* , « Cave aménagée, décor élégant » – P. AE GB A r
fermé 12 déc. au 25 janv., merc. midi et mardi – **Repas** 355/655 et carte 480 à 630
Spéc. Confit d'échalotes aux escargots de Bourgogne. Bar en croûte de sel à la lie de vin. Selle d'agneau rôtie aux épis de blé. **Vins** Gevrey-Chambertin, Nuits-Saint-Georges

Rôtisserie du Chambertin, ✆ 03 80 34 33 20, *Fax 03 80 34 12 30,* « Caves anciennes aménagées, petit musée » – P. GB JCB A s
fermé 1er au 15 août, 7 au 28 fév., dim. soir et lundi sauf fériés – **Repas** 210/330 et carte 240 à 420 ♀, enf. 80 - ***Le Bonbistrot :*** **Repas** carte 120 à160 ♀

Chez Guy, 3 pl. Mairie ✆ 03 80 58 51 51, *Fax 03 80 58 50 39* – GB A z
fermé vacances de fév., mardi hors saison et merc. – **Repas** *(100)* - 125/155 ♀, enf. 50

GEX *01170 Ain 70 ⑮ ⑯ G. Jura – 6 615 h alt. 626.*

Office de Tourisme sq. Jean-Clerc ✆ 04 50 41 53 85, Fax 04 50 41 81 00.

Paris 492 – Genève 21 – Lons-le-Saunier 95 – Pontarlier 93 – St-Claude 43.

Parc sans rest, av. Alpes ✆ 04 50 41 50 18, *Fax 04 50 42 37 29,* – P. AE GB.
fermé fin déc. au 15 janv., dim. et lundi – ☕ 50 – **15 ch** 280/350

Cravache, 60 r. Genève ✆ 04 50 41 69 61 – GB.
fermé 17 juil. au 15 août, sam. midi et mardi – **Repas** 125/258

à Echenevex *Sud : 4 km par D 984c et rte secondaire – 997 h. alt. 580 – ✉ 01170 Gex :*

Auberge des Chasseurs , ✆ 04 50 41 54 07, *Fax 04 50 41 90 61,* ≤ Mont-Blanc, , « Belle décoration intérieure, agréable terrasse fleurie », , , – P – 30. AE GB
1er mars-15 nov. et fermé dim. soir et lundi sauf juil.-août – **Repas** (prévenir) 195/315, enf. 80 – ☕ 60 – **15 ch** 450/800 – ½ P 550/750

à Chevry *Sud : 7 km par D 984c – 733 h. alt. 500 – ✉ 01170 :*

Auberge Gessienne, ✆ 04 50 41 01 67, *Fax 04 50 41 01 67,* – P. GB
fermé 29 juil. au 22 août, 1er au 15 fév., dim. et lundi – **Repas** 75 (déj.), 140/270

GICOURT *60 Oise 56 ① – rattaché à Clermont.*

GIEN *45500 Loiret 65 ② G. Châteaux de la Loire – 16 477 h alt. 162.*

Voir *Château★ : musée de la Chasse★★, terrasse du château ≤★* M – *Pont ≤★.*

Env. *Pont-canal★★ de Briare : 10 km par ②.*

Office de Tourisme Centre Anne-de-Beaujeu pl. J.-Jaurès ✆ 02 38 67 25 28, Fax 02 38 38 23 16.

Paris 152 ① – Orléans 70 ④ – Auxerre 85 ② – Bourges 78 ③ – Cosne-sur-Loire 47 ②.

Plan page ci-contre

Axotel M sans rest, 14 r. Bosserie, par ① *: 3 km* ✆ 02 38 67 11 99, *Fax 02 38 38 16 61,* , – P – 30. AE GB
☕ 55 – **48 ch** 300/345

Anne de Beaujeu sans rest, 10 rte Bourges par ③ ✆ 02 38 29 39 39, *Fax 02 38 38 27 29* – P. AE GB JCB
fermé 24 déc. au 2 janv. – ☕ 49 – **30 ch** 280/420

Poularde avec ch, 13 quai Nice ✆ 02 38 67 36 05, *Fax 02 38 38 18 78* – rest, . AE GB Z e
fermé 1er au 15 janv., dim. soir – **Repas** *(fermé lundi du 1er nov. au 31 janv.)* 100/350 – ☕ 50 – **9 ch** 280/320 – ½ P 275/550

Côté Jardin, 14 rte Bourges par ③ ✆ 02 38 38 24 67, – . GB
fermé 1er au 14 juil., vacances de fév., sam. midi et lundi – **Repas** (prévenir) 110/275 ♀

Loire, 18 quai Lenoir ✆ 02 38 67 00 75 – GB Z r
fermé 14 au 28 nov., 16 janv. au 6 fév., mardi soir et merc. – **Repas** 85/170, enf. 65

P'Tit Bouchon, 66 r. B. Palissy (par r. Hôtel de Ville Z) ✆ 02 38 67 84 40, *Fax 02 38 67 84 40* – GB.
fermé 5 au 29 août, 22 déc. au 3 janv., sam. midi et dim. – **Repas** *(80)* - 100/140 ♀, enf. 50

GIEN

Anne-de-Beaujeu (R.) . Z 2
Bildstein (R. du Lt.) . . . Y 3
Briqueteries (R. des) . . Y
Château (Pl. du) . . . . . . Z
Clemenceau (R. G.) . . . Z 5
Curie (Place) . . . . Y
Gambetta (R.) . . . . Z 6
Hôtel-de-Ville (R. de l') Z 7
Jean-Jaurès (Pl.) . . . . . . Z 9
Jeanne-d'Arc (R.) . . . YZ
Joffre (Q. du Mar.) . . . Z
Leclerc (Av. du Mar.) . . Z 12
Lenoir (Quai) . . . . Z
Louis-Blanc (R.) . . . . . . Z 13
Marienne (R. de l'Adj.-Chef) . . Z 15
Montbricon (R. de) . . YZ
Noé (R. de) . . . . Y
Paris (R. de) . . . . YZ
Paul-Bert (R.) . . . . Z 16
Président-Wilson (Av.) Y 17
République (Av. de la) Y 19
Thiers (R.) . . . . Z 23
Verdun (R. de) . . . . Y
Victor-Hugo (R.) . . . . . . Z 24
Vieille-Boucherie (R.) . . Z 25
Villejean (Av. J.) . . . . . . Y

Pour un bon usage des plans de villes, voir les signes conventionnels dans l'introduction.

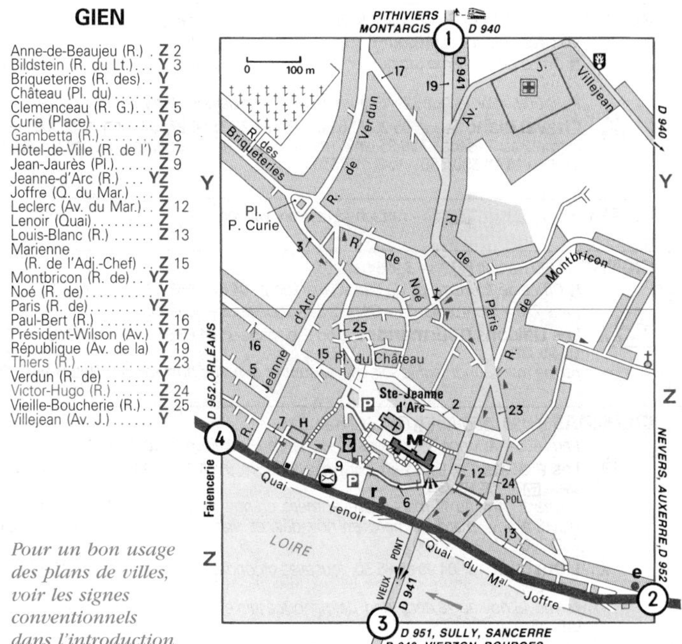

au Sud par ③, *D 940 et rte secondaire : 3 km – ✉ 45500 Poilly-lez-Gien :*

Villa Hôtel M, ✆ 02 38 27 03 30, *Fax 02 38 27 03 43* – TV ☎ ♿ P. GB
Repas *(fermé 20 déc. au 5 janv., vend., sam. et dim.)* (dîner seul.) 69/160 – ☕ 28 – **14 ch** 179 – 1/2 P 165

GIENS *83 Var* 84 ⑯, 114 ㊻ *G. Côte d'Azur* – ✉ *83400 Hyères.*
Voir *Ruines du château des Pontevès* ★★.
Paris 862 – Toulon 27 – Carqueiranne 10 – Draguignan 89 – Hyères 10.

Voir plan de Giens à Hyères.

Provençal, ✆ 04 98 04 54 54, *leprovencal@wanadoo.fr, Fax 04 98 04 54 40,* <, , « Parc en terrasses ombragé et fleuri », , – TV P. – 50. AE GB. rest X s
7 avril-21 oct. – **Repas** 135/260, enf. 70 – ☕ 65 – **41 ch** 390/720 – 1/2 P 505/645

Tire Bouchon, ✆ 04 94 58 24 61, <, – . GB X a
fermé 15 au 28 oct., déc., mardi sauf le midi de sept. à juin et merc. sauf le soir en juil.-août – **Repas** 145/185, enf. 75

La GIETTAZ *73590 Savoie* 74 ⑦ – *506 h alt. 1120.*
Paris 579 – Chamonix-Mont-Blanc 53 – Albertville 28 – Chambéry 79 – Megève 17.

Arondine, ✆ 04 79 32 90 60, *Fax 04 79 32 91 78,* , – TV P. AE GB
1er juin-20 sept. et 5 déc.-2 mai – **Repas** 85/160, enf. 45 – ☕ 35 – **21 ch** 195/250 – 1/2 P 230/250

Flor'Alpes, ✆ 04 79 32 90 88, <, – GB
15 juin-15 sept. et 20 déc.-10 avril – **Repas** 65 (déj.), 85/105 – ☕ 33 – **11 ch** 185/240 – 1/2 P 235/245

Repas 70/185

Repas à prix fixes :
des menus à prix intermédiaires à ceux indiqués sont généralement proposés.

GIFFAUMONT-CHAMPAUBERT *51290 Marne* 61 ⑨ *G. Champagne Ardenne – 227 h alt. 130.*

Voir *Lac du Der-chantecoq★★.*

Office de Tourisme Lac du Der Chante Coq, Maison du Lac ✆ 03 26 72 62 80, Fax 03 26 72 64 69.

Paris 208 – Bar-le-Duc 52 – Chaumont 69 – St-Dizier 24 – Vitry-le-François 29.

Cheval Blanc, ✆ 03 26 72 62 65, *Fax 03 26 73 96 97,* – . AE GB. ch
fermé 2 au 25 sept., 2 au 23 janv., mardi midi, dim. soir et lundi – **Repas** 130/350, enf. 55 – 35 – **14 ch** 300/360 – 1/2 P 315/350

GIGARO *83 Var* 84 ⑰., 114 ㊲ *– rattaché à La Croix-Valmer.*

GIGNAC *34150 Hérault* 83 ⑥ *– 3 955 h alt. 53.*

Office de Tourisme pl. du Gén.-Claparède ✆ 04 67 57 58 83, Fax 04 67 57 67 95.

Paris 728 – Montpellier 31 – Béziers 52 – Lodève 26 – Sète 45.

Les Liaisons Gourmandes, 3 bd Esplanade ✆ 04 67 57 50 83, *Fax 04 67 57 93 70* – . AE GB
fermé mars, lundi sauf le soir en juil.-août et dim. soir hors saison – **Repas** 98/280, enf. 55

GIGONDAS *84190 Vaucluse* 81 ② *– 612 h alt. 313.*

Paris 665 – Avignon 38 – Nyons 31 – Orange 19 – Vaison-la-Romaine 15.

Les Florets, Est : 2 km par rte secondaire ✆ 04 90 65 85 01, *Fax 04 90 65 83 80,* , – . AE GB
fermé 1er janv. au 1er mars, mardi et merc. en nov.-déc. et mars – **Repas** *(fermé mardi soir d'avril à nov., mardi et merc. en nov.-déc. et mars)* 140/200 ♀, enf. 80 – 65 – **15 ch** 480/750 – 1/2 P 475/600

L'Oustalet, ✆ 04 90 65 85 30, *loustalet-gigondas@libertysurf.fr, Fax 04 90 65 85 30,* – AE GB
fermé 15 nov. au 28 déc., lundi de mi-août à juin et dim. – **Repas** (95) - 138 (déj.), 225/380 ♀, enf. 48

GILETTE *06830 Alpes-Mar.* 81 ⑳ *G. Côte d'Azur – 1 024 h alt. 420.*

Voir ✻★★ *des ruines du château.*

Paris 952 – Antibes 43 – Nice 37 – St-Martin-Vésubie 44.

à Vescous *par rte de Rosquesteron (D 17) : 9 km – ✉ 06830 Gilette :*

Capeline, ✆ 04 93 08 58 06, – . GB
fermé lundi de mars à oct., mardi, merc. et jeudi de nov. à fév. – **Repas** (prévenir) 108 (déj.), 128/210

GILLY-LÈS-CÎTEAUX *21 Côte-d'Or* 65 ⑳ *– rattaché à Vougeot.*

GIMBELHOF *67 B.-Rhin* 57 ⑲ *– rattaché à Lembach.*

GINASSERVIS *83560 Var* 84 ④ *– 911 h alt. 407.*

Paris 787 – Aix-en-Provence 54 – Avignon 112 – Manosque 24 – Marseille 84 – Toulon 93.

Chez Marceau avec ch, pl. G. Péri ✆ 04 94 80 11 21, *Fax 04 94 80 16 82,* – AE GB.
fermé vacances de Toussaint et de fév. – **Repas** *(fermé mardi soir et merc.)* 80 bc/210, enf. 50 – 35 – **5 ch** 250 – 1/2 P 215/265

GINCLA *11140 Aude* 86 ⑰ *– 49 h alt. 570.*

Voir *Commune de la "Méridienne verte".*

Paris 844 – Foix 87 – Perpignan 67 – Carcassonne 76 – Quillan 24.

Hostellerie du Grand Duc, ✆ 04 68 20 55 02, *host-du-grand-duc@ataraxie.fr, Fax 04 68 20 61 22,* , – . GB
30 mars-12 nov. – **Repas** *(fermé merc. midi sauf juil.-août)* 135/360 ♀, enf. 75 – 43 – **12 ch** 280/370 – 1/2 P 335/365

Donnez-nous votre avis sur les tables que nous recommandons,
sur leurs spécialités et leurs vins de pays.

GIROMAGNY *90200 Ter.-de-Belf.* 66 ⑧ *G. Jura – 3 226 h alt. 495.*

Office de Tourisme Parc du Paradis des Loups ✆ 03 84 29 09 00, Fax 03 84 29 55 45.

Paris 418 – Épinal 81 – Mulhouse 47 – Belfort 14 – Lure 30 – Thann 34 – Le Thillot 32.

à Auxelles-Bas *Ouest : 4 km par D 12 – 353 h. alt. 480 – ✉ 90200 :*

XX **Vieux Relais,** ✆ 03 84 29 31 80, *bpoxo@aol.com, Fax 03 84 29 56 13* – GB
fermé 1er au 15 sept., sam. midi d'oct. à avril, dim. soir et lundi – **Repas** (60) - 90/180 ♀, enf. 65

rte du Ballon d'Alsace *Nord : 7 km par D 465 – alt. 701 – ✉ 90200 Giromagny :*

X **Saut de la Truite** avec ch, ✆ 03 84 29 32 64, *Fax 03 84 29 57 42*, ≤, 斎, « Frais jardin dans le vallon », – TV P. AE O GB
fermé 15 déc. au 1er fév. et vend. sauf juil.-août – **Repas** 90/180 ♀, enf. 40 – ☕ 35 – **5 ch** 240/280 – ½ P 260

GIROUSSENS *81 Tarn* 82 ⑨ *– rattaché à Lavaur.*

GISORS *27140 Eure* 55 ⑧ ⑨ *G. Normandie Vallée de la Seine – 9 481 h alt. 60.*

Voir *Château fort★★ – Église St-Gervais et St-Protais★.*

Office de Tourisme (fermé mardi) 4 r. du Gén.-de-Gaulle ✆ 02 32 27 60 63, Fax 02 32 27 60 75.

Paris 73 – Rouen 58 – Beauvais 33 – Évreux 64 – Mantes-la-Jolie 40 – Pontoise 38.

XX **Cappeville,** 17 r. Cappeville ✆ 02 32 55 11 08, *pierre.potel@worldonline.fr, Fax 02 32 55 93 92* – AE GB JCB
fermé 3 au 15 sept., 2 au 25 janv., merc. soir et jeudi – **Repas** 115/230, enf. 65

à Bazincourt-sur-Epte *Nord : 6 km par D 14 – 496 h. alt. 55 – ✉ 27140 :*

Château de la Rapée ♨, Ouest : 2 km par rte secondaire ✆ 02 32 55 11 61, *Fax 02 32 55 95 65*, 斎, « Parc », ⛳, – TV ✆ P – 🔔 30. AE GB.
fermé 16 au 31 août et fév. – ***Pommeraie*** *(fermé merc.)* **Repas** 175/235 ♀, enf. 60 – ☕ 65 – **13 ch** 490/590 – ½ P 425/475

à St-Denis-le-Ferment *Nord-Ouest : 7 km par rte secondaire et D 17 – 405 h. alt. 70 – ✉ 27140 :*

XXX **Auberge de l'Atelier,** ✆ 02 32 55 24 00, *Fax 02 32 55 10 20*, 斎 – P. GB
fermé 12 au 27 nov., mardi de début oct. à fin mars, dim. soir et lundi sauf fériés – **Repas** 145/295 et carte 280 à 330 ♀

GIVERNY *27620 Eure* 55 ⑱ *G. Normandie Vallée de la Seine – 548 h alt. 17.*

Voir *Maison de Claude Monet★ – Musée d'Art américain Giverny★.*

Paris 73 – Rouen 67 – Beauvais 67 – Évreux 36 – Mantes-la-Jolie 21.

XXX **Jardins de Giverny,** D 5 ✆ 02 32 21 60 80, *Fax 02 32 51 93 77*, 斎, – P. AE GB
fermé 2 au 12 nov., 2 janv. au 12 fév. et lundi sauf fériés – **Repas** 130/245 ♀, enf. 65

GIVET *08600 Ardennes* 53 ⑨ *G. Champagne Ardenne – 7 775 h alt. 103.*

Voir ≤★ *du fort de Charlemont★.*

Office de Tourisme pl. de la Tour ✆ 03 24 42 03 54, Fax 03 24 40 10 70.

Paris 288 – Charleville-Mézières 56 – Fumay 24 – Rocroi 41.

Les Reflets Jaunes M sans rest, 2 r.Gén. de Gaulle ✆ 03 24 42 85 85, *Fax 03 24 42 85 86* – TV ✆ ♿ P. AE O GB
☕ 60 – **17 ch** 240/519

Val St-Hilaire, 7 quai des Fours ✆ 03 24 42 38 50, *Fax 03 24 42 07 36* – TV ✆ ♿ P – 🔔 25. AE O GB. ch
Fermé 20 déc. au 15 janv. – ***Auberge de la Tour*** *(fermé lundi midi)* **Repas** 110/185 ♀, enf. 70 – ☕ 48 – **20 ch** 295/350 – ½ P 320

Roosevelt sans rest, 78 av. Roosevelt, face gare ✆ 03 24 42 14 14, *Fax 03 24 42 15 15* – TV ✆ ♿ P. GB
☕ 55 – **12 ch** 250/385

Rivhôtel-Roosevelt sans rest, 14 quai Remparts ✆ 03 24 42 66 66, *Fax 03 24 42 15 15* – TV ✆. GB
☕ 55 – **8 ch** 295/345

XXX **Méhul Gourmand,** 10 r. Flayelle ✆ 03 24 42 78 37, *Fax 03 24 42 78 37* – AE GB JCB
fermé 3 au 25 sept., 18 fév. au 5 mars, dim. soir, mardi sauf juil. et lundi – **Repas** 145/225 et carte 230 à 300 ♀

GIVORS *69700 Rhône* 74 ⑪, 110 ㉝ *G. Vallée du Rhône – 19 777 h alt. 156.*
Paris 484 – Lyon 25 – Rive-de-Gier 17 – Vienne 13.

à Loire-sur-Rhône *: 5 km par N 86, rte de Condrieu – 1 927 h. alt. 140 – ✉ 69700 :*

XX **Camerano,** ✆ 04 78 07 96 36, *Fax 04 72 49 99 94,* – GB
fermé 1er au 27 août, 26 déc. au 2 janv., sam. midi, dim. soir et lundi soir – **Repas** (90) - 130/285

GIVRY *71640 S.-et-L.* 69 ⑨ *G. Bourgogne – 3 340 h alt. 247.*
Paris 343 – Chalon-sur-Saône 9 – Autun 48 – Chagny 14 – Mâcon 68.

XX **Halle** avec ch, pl. Halle ✆ 03 85 44 32 45, *Fax 03 85 44 49 45* – GB
fermé 16 au 30 juil., 17 déc. au 2 janv., dim. soir et lundi – **Repas** 145/280 ♀ – ☕ 42 – **4 ch** 230 – ½ P 250

GLANDELLES *77 S.-et-M.* 61 ⑫ *– rattaché à Nemours.*

GLUIRAS *07190 Ardèche* 76 ⑲ *– 380 h alt. 800.*
Paris 611 – Valence 47 – Le Cheylard 20 – Lamastre 42 – Privas 33.

X **Relais de Sully,** ✆ 04 75 66 63 41, *Fax 04 75 64 69 88,* – GB
fermé vacances de fév., dim. soir et merc. sauf juil.-août – **Repas** 90/220 ♀, enf. 50

Le GOLFE-JUAN *06 Alpes-Mar.* 84 ⑨, 115 ㉟ ㊴ *G. Côte d'Azur – ✉ 06220 Vallauris.*
Office de Tourisme 84 av. Liberté ✆ 04 93 63 73 12, Fax 04 93 63 95 01.
Paris 912 – Cannes 6 – Antibes 4 – Grasse 21 – Nice 30.

Plans pour **Vallauris** voir plan de **Cannes**.

Beau Soleil Ⓜ, impasse Beau-Soleil par N 7 (dir. Antibes) ✆ 04 93 63 63 63, *contact@hotel-beau-soleil.com, Fax 04 93 63 02 89,* – P. GB.
30 mars-14 oct. – **Repas** (dîner seul.) 110 ♀ – ☕ 58 – **30 ch** 600/690 – ½ P 420/460

Lauvert sans rest, impasse des Hameaux de Beau-Soleil par N 7 (dir. Antibes) ✆ 04 93 63 46 06, *hotel.lauvert@wanadoo.fr, Fax 04 93 63 28 57,* – cuisinette P. GB
1er fév.-15 oct. – ☕ 40 – **28 ch** 490

Crijansy, av. J. Adam, par N 7 (dir. Cannes) ✆ 04 93 63 84 44, *Fax 04 93 63 42 04,* – ch, P. AE GB JCB. rest
5 fév.-30 sept. – **Repas** 80/135 – ☕ 35 – **20 ch** 400/450 – ½ P 400

XX **Tétou,** à la plage ✆ 04 93 63 71 16, *Fax 04 93 63 16 77,* ≤ îles de Lérins, – P
10 mars-31 oct. et fermé merc. – **Repas** - produits de la mer - carte 600 à 750
Spéc. Bouillabaisse. Langouste. Poissons au four. **Vins** Côtes de Provence, Bellet.

XX **Nounou,** à la plage ✆ 04 93 63 71 73, *Fax 04 93 63 46 91,* ≤ îles de Lérins, – P. AE GB JCB
fermé 10 nov. au 25 déc., dim. soir et lundi sauf juil.-août – **Repas** - produits de la mer - 195/350 ♀

à Vallauris *Nord-Ouest : 2,5 km par D 135 – 24 325 h. alt. 120 – ✉ 06220.*
Voir *Musée national "la Guerre et la Paix" (château) – Musée de l'Automobile★ NO : 4 km.*
Office de Tourisme sq. du 8 Mai 45, Parking (Sud) ✆ 04 93 63 82 58, Fax 04 93 63 95 01.

Val d'Auréa sans rest et sans ☕, 11 bis bd M. Rouvier ✆ 04 93 64 64 29 – GB
1er avril-30 sept. – **28 ch** ☕ 280/350 V k

XX **Gousse d'Ail,** 11 av. Grasse ✆ 04 93 64 10 71 – AE GB V y
fermé 25 juin au 3 juil., 5 nov. au 4 déc., dim. soir et lundi – **Repas** 98 (déj.), 128/178 ♀, enf. 75

GONCELIN *38570 Isère* 77 ⑤ *– 1 771 h alt. 282.*
Paris 594 – Grenoble 29 – Allevard 12 – Le Bourg-d'Oisans 74 – Chambéry 31.

XX **Clos du Château,** ✆ 04 76 71 72 04, *Fax 04 76 13 20 88,* – GB.
fermé 6 au 15 août, 26 au 30 déc., vacances de fév., merc. et le soir sauf vend. et sam. – **Repas** 125 (déj.), 175/250 ♀

GORDES *84220 Vaucluse* 81 ⑬ *G. Provence – 2 031 h alt. 372.*
Voir *Site★ - Village★ – Château : cheminée★ – Village des Bories★★ SO : 2 km par D 15 puis 15 mn – Abbaye de Sénanque★★ NO : 4 km. – Pressoir★ dans le musée des Moulins de Bouillons S : 5 km.*
Office de Tourisme pl. du Château ✆ 04 90 72 02 75, Fax (Mairie) 04 90 72 02 26.
Paris 715 – Apt 21 – Avignon 38 – Carpentras 26 – Cavaillon 17 – Sault 37.

Les Bories Ⓜ, rte Vénasque : 2 km ☎ 04 90 72 00 51, *lesbories@wanadoo.fr, Fax 04 90 72 01 22,* ≤ le Luberon, – 30. AE GB. rest
1er avril-31 déc. – **Repas** (prévenir) 195 (déj.), 320/520 et carte 380 à 650 – 110 – **28 ch** 960/1980 – 1/2 P 1010/1520
Spéc. Lasagne de grosses langoustines au gingembre. Pigeonneau cuit au plat, cuisse confite et risotto aux truffes. Caillé soufflé aux graines de vanille bourbon (15 juin au 15 sept.). **Vins** Côtes du Ventoux blanc, Côtes du Luberon.

Bastide de Gordes Ⓜ, ☎ 04 90 72 12 12, *bastide-gordes@avignon.pacwan.net, Fax 04 90 72 05 20,* ≤ le Luberon, – 30. AE GB. rest
fermé 2 janv. au 28 fév. – ***Les Terrasses*** *(fermé 2 janv. au 5 mars, lundi midi, merc. midi et mardi sauf fériés)* **Repas** 320/550bc – 115 – **31 ch** 920/2700

Gordos sans rest, rte Cavaillon : 1,5 km ☎ 04 90 72 00 75, *hotellegordos@pacwan.fr, Fax 04 90 72 07 00,* – AE GB
23 mars-4 nov. – 72 – **19 ch** 650/990

Gacholle, rte Murs par D 15 : 1,5 km ☎ 04 90 72 01 36, *la.gacholle.gordes@wanadoo.fr, Fax 04 90 72 01 81,* ≤ vallée, – AE GB
fermé 15 janv. au 1er mars – **Repas** *(90 bc)* - 205/300 – 70 – **11 ch** 700/820

Les Romarins sans rest, rte Sénanque ☎ 04 90 72 12 13, *Fax 04 90 72 13 13,* ≤ village, – AE GB.
fermé 15 déc. au 15 fév. – 60 – **10 ch** 560/1000

L'Estellan, rte Cavaillon : 1 km ☎ 04 90 72 04 90, *estellan@wanadoo.fr, Fax 04 90 72 04 90,* ≤, – AE GB
fermé 28 nov. au 1er fév., jeudi midi et merc. – **Repas** *(115)* - 140 (déj.), 200/290, enf. 70

rte d'Apt *Est : par D 2 – ✉ 84220 Gordes :*

Auberge de Carcarille, à 4 km ☎ 04 90 72 02 63, *carcaril@club-internet.fr, Fax 04 90 72 05 74,* – GB. ch
fermé 15 nov. au 28 déc. et vend. sauf le soir d'avril à sept. – **Repas** 98/220, enf. 55 – 48 – **11 ch** 350/400 – 1/2 P 370/395

Ferme de la Huppe, à 5 km, rte Goult ☎ 04 90 72 12 25, *gerald.konings@wanadoo.fr, Fax 04 90 72 01 83,* « Ferme provençale du 18e siècle », – GB.
31 mars- 20 déc. – **Repas** *(fermé dim. soir et jeudi)* 150/250 – 25 – **9 ch** 500/750 – 1/2 P 345/520

rte des Imberts *Sud-Ouest : par D 2 – ✉ 84220 Gordes :*

Mas de la Senancole Ⓜ sans rest, à 4 km ☎ 04 90 76 76 55, *gordes@mas-de-la-senancole.com, Fax 04 90 76 70 44,* – 15. GB
1er avril-31 oct. – 80 – **21 ch** 650/1150

aux Beaumettes *Sud : 5,5 km par D 15 et D 103 – 219 h. alt. 127 – ✉ 84220 :*

Bastide des 5 Lys, N 100 ☎ 04 90 72 38 38, *info@bastide-des-5-lys.fr, Fax 04 90 72 29 90,* – GB JCB
Repas *(avril-sept. et fermé dim. soir et mardi midi)* 180 (déj.), 198/480 – 105 – **18 ch** 950/1550 – 1/2 P 840/1140

GORGES *voir au nom propre des gorges.*

GORZE *57680 Moselle 57 ⑬ G. Alsace Lorraine – 1 389 h alt. 300.*
Paris 314 – Metz 20 – Jarny 17 – Pont-à-Mousson 22 – St-Mihiel 42 – Verdun 54.

Hostellerie du Lion d'Or avec ch, ☎ 03 87 52 00 90, *Fax 03 87 52 09 62,* – 25. GB
fermé dim. soir et lundi – **Repas** 100 (déj.), 140/360, enf. 60 – 40 – **15 ch** 220/350 – 1/2 P 330

GOSNAY *62 P.-de-C. 51 ⑭ – rattaché à Béthune.*

GOUESNACH *29950 Finistère 58 ⑮ – 1 769 h alt. 33.*
Paris 566 – Quimper 15 – Bénodet 7 – Concarneau 20 – Pont-l'Abbé 16 – Rosporden 27.

Aux Rives de l'Odet, ☎ 02 98 54 61 09, *Fax 02 98 54 73 21,* – AE GB
fermé 22 déc. au 7 janv., vend. soir, dim. soir et sam. hors saison – **Repas** 90 bc/135, enf. 52 – 30 – **33 ch** 175/310 – 1/2 P 215/280

Le Guide change, changez de guide tous les ans.

La GOUESNIÈRE *35350 I.-et-V.* 59 ⑥ *– 942 h alt. 22.*

Paris 386 – St-Malo 14 – Dinan 26 – Dol-de-Bretagne 13 – Lamballe 57 – Rennes 65.

Tirel-Guérin, à la Gare (rte Cancale) : 1,5 km D 76 ✆ 02 99 89 10 46, *Fax 02 99 89 12 62,* « Jardin fleuri », ⛶, ⛶, ⛶, ⛶ – ⛶, ⛶ rest, ⛶ ⛶ ⛶ ⛶ – ⛶ 100. AE ⓓ GB JCB
fermé 20 déc. au 20 janv. – **Repas** *(fermé dim. soir du 1er oct. au 1er avril)* (dim. et fêtes prévenir) 130/450 et carte 280 à 430 ♀, enf. 85 – ⛶ 60 – **55 ch** 380/780 – ½ P 415/595
Spéc. Salade de caille poêlée, lames de truffes et foie gras. Homard braisé en deux services. Dos de bar rôti à la pulpe de cassis.

Château de Bonaban ⛶, r. Alfred de Folliny ✆ 02 99 58 24 50, *chateau.bonaban@wanadoo.fr, Fax 02 99 58 28 41,* ⛶, ⛶ – ⛶ ⛶ ⛶ ⛶ ⛶ – ⛶ 30. AE GB
Repas *(fermé 1er-15/11, 14/1-6/3, dim. soir et merc. de 10 à 06, mardi, merc. et jeudi midi de 07 à 09 et lundi midi)* 145/295 ♀, enf. 85 – ⛶ 85 – **32 ch** 480/1800 – ½ P 475/1110

GOULT *84220 Vaucluse* 81 ⑬ *– 1 281 h alt. 258.*

Paris 718 – Apt 13 – Avignon 41 – Bonnieux 7 – Carpentras 37 – Cavaillon 19 – Sault 41.

Bartavelle, r. Cheval Blanc ✆ 04 90 72 33 72, *Fax 04 90 72 33 72,* ⛶, « Salle voûtée » – GB
début mars-fin nov. et fermé mardi de sept. à mai et merc. – **Repas** (dîner seul. hors saison sauf dim.) 145/180

GOUMOIS *25470 Doubs* 66 ⑱ *– 136 h alt. 490.*

Voir *Corniche de Goumois*★★, G. Jura.

Paris 510 – Besançon 94 – Biel 44 – Montbéliard 53 – Morteau 48.

Taillard ⛶, alt. 605 ✆ 03 81 44 20 75, *hotel.taillard@wanadoo.fr, Fax 03 81 44 26 15,* ≤vallée du Doubs, ⛶, « Jardin fleuri », ⛶, ⛶, ⛶ – ⛶ ⛶ ⛶ – ⛶ 25. AE ⓓ GB
10 mars-4 nov. – **Repas** *(fermé merc. sauf le soir en juil.-août et mardi midi de sept. à juin)* (115 bc) - 130/380 ♀, enf. 75 – ⛶ 56 – **17 ch** 360/520, 4 duplex – ½ P 385/590

Moulin du Plain ⛶, Nord : 5 km par rte secondaire ✆ 03 81 44 41 99, *thomas.choulet@libertysurf.fr, Fax 03 81 44 45 70,* ≤, « Au bord du Doubs », ⛶ – ⛶ ⛶ ⛶. GB
24 fév.-31 oct. – **Repas** 95/200 ♀, enf. 58 – ⛶ 42 – **22 ch** 230/340 – ½ P 270/290

GOUPILLIÈRES *14210 Calvados* 54 ⑮ *– 115 h alt. 162.*

Paris 252 – Caen 23 – Condé-sur-Noireau 26 – Falaise 34 – Saint-Lô 53.

Auberge du Pont de Brie ⛶ avec ch, Halte de Grimboscq, Est : 1,5 km ✆ 02 31 79 37 84, *Fax 02 31 79 87 22* – ⛶. GB
fermé 17 déc. au 8 fév., mardi de sept. à avril et lundi – **Repas** 90/240 ♀, enf. 50 – ⛶ 35 – **7 ch** 270/360 – ½ P 275/310

GOURDON ⛶ *46300 Lot* 75 ⑱ *G. Périgord Quercy – 4 851 h alt. 250.*

Voir *Rue du Majou*★ *– Cuve baptismale*★ *dans l'église des Cordeliers – Esplanade* ✲★.

Env. *Grottes de Cougnac*★ *NO : 3 km.*

Office de Tourisme r. du Majou ✆ 05 65 27 52 50, Fax 05 65 27 52 52.

Paris 547 – Cahors 44 – Sarlat-la-Canéda 26 – Bergerac 90 – Brive-la-Gaillarde 66 – Figeac 64.

Domaine du Berthiol ⛶, Est : 1 km par D 704 ✆ 05 65 41 33 33, *le.berthiol@accesinter.com, Fax 05 65 41 14 52,* ⛶, ⛶, ⛶ – ⛶, ⛶ rest, ⛶ ⛶ ⛶ ⛶ – ⛶ 25. AE ⓓ GB. ⛶ ch
1er avril-31 oct. – **Repas** *(fermé jeudi midi)* 100 (déj.), 135/280 ♀ – ⛶ 59 – **29 ch** 460 – ½ P 450

Hostellerie de la Bouriane ⛶, pl. Foirail ✆ 05 65 41 16 37, *hotellabouriane@dial.oceane.com, Fax 05 65 41 04 92,* ⛶ – ⛶, ⛶ rest, ⛶ ⛶ ⛶. AE ⓓ GB
fermé 15 janv. au 10 mars, dim. soir de nov. à Pâques, lundi sauf le soir de Pâques à sept. et sam. midi – **Repas** 90/260 ♀, enf. 60 – ⛶ 45 – **20 ch** 320/490 – ½ P 306/340

GOURDON *06620 Alpes-Mar.* 84 ⑧ *G. Côte d'Azur – 294 h alt. 800.*

Voir *Site*★★ *– ≤*★★ *du chevet de l'église – Château : musée de Peintures naïves*★.

Paris 927 – Cannes 27 – Castellane 58 – Grasse 14 – Nice 39 – Vence 26.

Nid d'Aigle, pl. Victoria ✆ 04 93 77 52 02, *resa@nid-daigle.com, Fax 04 93 77 14 45,* ≤ gorges du Loup et la Méditerranée, ⛶ – AE GB. ⛶
fermé janv. et le soir du 15 nov. au 15 mars – **Repas** (195) - 265/485 et carte 310 à 460

Au Vieux Four, r. Basse (au village) ✆ 04 93 09 68 60
fermé 5 au 19 juin, 5 nov. au 7 janv. et sam.
– **Repas** (déj. seul.)(prévenir) 98/108 ⛶, enf. 55

GOURETTE *64 Pyr.-Atl.* 85 ⑰ *G. Aquitaine – alt. 1400 – Sports d'hiver : 1 400/2 400 m* 3 26 – *64440 Eaux Bonnes.*

Voir Col d'Aubisque ** *N : 4 km.*

Office de Tourisme pl. Sarrière 05 59 05 12 17, Fax 05 59 05 12 56 et à Eaux-Bonnes 05 59 05 33 08, Fax 05 59 05 32 58.

Paris 832 – Pau 53 – Argelès-Gazost 36 – Eaux-Bonnes 8 – Laruns 14 – Lourdes 48.

Boule de Neige, 05 59 05 10 05, *bouledeneige@wanadoo.fr, Fax 05 59 05 11 81*, ≤, , – . GB.

1er juil.-7 sept. et 15 déc.-15 avril – **Repas** (58) - 85/180 ♀, enf. 50 – 43 – **20 ch** 400/440 – ½ P 380/390

Pene Blanque, 05 59 05 11 29, *Fax 05 59 05 10 85*, ≤, , , – – 15. GB. rest

1er juil.-1er sept. et 23 déc.-1er avril – **Repas** 90/190, enf. 55 – 50 – **24 ch** 360/480 – ½ P 380/390

GOURNAY-EN-BRAY *76220 S.-Mar.* 55 ⑧ *G. Normandie Vallée de la Seine – 6 147 h alt. 94.*

Office de Tourisme 9 pl. d'Armes 02 35 90 28 34, Fax 02 35 09 62 07.

Paris 97 – Rouen 52 – Amiens 80 – Les Andelys 38 – Beauvais 31 – Dieppe 76 – Gisors 25.

Cygne sans rest, 20 r. Notre Dame 02 35 90 27 80, *Fax 02 35 90 59 00* – . AE GB JCB

37 – **29 ch** 285/340

Les pages explicatives de l'introduction vous aideront à mieux profiter de votre ***Guide Rouge Michelin***

GOUSSAINVILLE *95 Val-d'Oise* 56 ⑪, 101 ⑦ *– voir à Paris, Environs.*

GOUVIEUX *60 Oise* 56 ⑪, 106 ⑦ ⑧ *– rattaché à Chantilly.*

GOUZON *23230 Creuse* 73 ① *– 1 370 h alt. 378.*

Paris 362 – Aubusson 30 – La Châtre 56 – Guéret 32 – Montluçon 34.

Lion d'Or, 05 55 62 28 54, *Fax 05 55 62 21 63* – – 20. GB

Repas 135/250 – 40 – **11 ch** 170/280 – ½ P 280

GRAÇAY *18310 Cher* 68 ⑨ *– 1 562 h alt. 111.*

Syndicat d'Initiative pl. du Marché 02 48 51 22 83.

Paris 236 – Bourges 46 – Blois 71 – Châteauroux 43 – Romorantin-Lanthenay 30.

XX **Grange aux Dîmes**, à St-Outrille, Ouest : 1 km 18310 St-Outrille 02 48 51 12 13, *Fax 02 48 51 12 13* – GB

fermé vacances de fév., mardi soir et merc. – **Repas** 68 bc (déj.), 99/200 ♀

GRADIGNAN *33 Gironde* 71 ⑨ *– rattaché à Bordeaux.*

GRAMAT *46500 Lot* 75 ⑲ *G. Périgord Quercy – 3 526 h alt. 305.*

Office de Tourisme pl. de la République 05 65 38 73 60, Fax 05 65 33 46 38.

Paris 538 – Cahors 56 – Brive-la-Gaillarde 57 – Figeac 35 – Gourdon 38 – St-Céré 22.

Lion d'Or, pl. République 05 65 38 73 18, *lion.d.or@wanadoo.fr, Fax 05 65 38 84 50*, , – – 15. AE GB JCB

fermé 15 déc. au 15 janv. – **Repas** *(fermé lundi midi et mardi midi sauf de juil. à sept.)* (90) - 130/400 – 58 – **15 ch** 300/470 – ½ P 450

Relais des Gourmands M, à la gare 05 65 38 83 92, *gcurtet@aol.com, Fax 05 65 38 70 99*, , , – . GB

fermé vacances de fév., dim. soir et lundi midi sauf juil.-août – **Repas** 93/220 , enf. 50 – 45 – **16 ch** 325/360 – ½ P 360/450

Centre, pl. République 05 65 38 73 37, *le.centre@wanadoo.fr, Fax 05 65 38 73 66*, – . AE GB

fermé 11 au 30 nov., vend. soir de nov. à Pâques et sam. sauf du 15 juin au 15 sept. – **Repas** 85/210 , enf. 40 – 42 – **14 ch** 250/330 – ½ P 310/350

à Lavergne *Nord-Est : 4 km par D 677 – 387 h. alt. 320 – 46500 :*

X **Limargue**, 05 65 38 76 02, *jackydambleve5@libertysurf.fr, Fax 05 65 33 68 13* – . GB

2 mars-30 nov. et fermé mardi soir et merc. hors saison – **Repas** 70/135 ♀, enf. 40

rte de Brive *4,5 km par N 140 et rte secondaire – ✉ 46500 Gramat :*

Château de Roumégouse ⊗, ☎ 05 65 33 63 81, *roumegouse@relaischateaux.fr, Fax 05 65 33 71 18*, ← Causse de Gramat, 🏖, « Château du 19ᵉ siècle dans un parc », ⛱, ♀ – TV P. AE ⓓ GB JCB
13 avril-5 nov. – **Repas** *(fermé lundi midi, merc. midi, jeudi midi et mardi)* 190/375 ♀, enf. 95 – ☕ 80 – **16 ch** 610/1200 – ½ P 860/1080

GRAMBOIS *84240 Vaucluse* 81 ⑭ *– 903 h alt. 390.*
ℹ *Syndicat d'Initiative r. de la Mairie ☎ 04 90 77 96 29, Fax 04 90 77 94 68.*
Paris 761 – Digne-les-Bains 81 – Aix-en-Provence 34 – Apt 39 – Manosque 22.

Clos des Sources Ⓜ ⊗, D 122 ☎ 04 90 77 93 55, *Fax 04 90 77 92 96*, ←, 🏖, ⛱ – TV P. AE GB. ✻ rest
Repas *(fermé 15 déc. au 1ᵉʳ mars, dim. soir et lundi hors saison)* 130 (déj.), 160/280, enf. 80 – ☕ 70 – **12 ch** 700/800 – ½ P 640

Le GRAND-BORNAND *74450 H.-Savoie* 74 ⑦ *G. Alpes du Nord – 1 925 h – Sports d'hiver 934 – Sports d'hiver : 1 000/2 100 m* 2 36 *.*
ℹ *Office de Tourisme pl. Église ☎ 04 50 02 78 00, Fax 04 50 02 78 01 et (saison) annexe du Chinaillon ☎ 04 50 02 78 02.*
Paris 568 – Annecy 32 – Chamonix-Mont-Blanc 78 – Albertville 46 – Bonneville 23.

Vermont sans rest, rte du Bouchet ☎ 04 50 02 36 22, *hotel.vermont@wamadoo.fr, Fax 04 50 02 39 36*, ←, Fɛ, ⛱ – TV. GB
1ᵉʳ mai-20 juin ; 1ᵉʳ juil.-30 sept.et 1ᵉʳ déc.-15 avril – ☕ 40 – **23 ch** 350/400

Delta Ⓜ sans rest, L'Envers de Villeneuve ☎ 04 50 02 26 25, *info@hotel.delta74.com, Fax 04 50 02 32 71* – TV ♿ P. GB. ✻
15 juin-15 sept. et 15 déc.-30 avril – ☕ 40 – **15 ch** 320/330

Glaïeuls, à la télécabine la Joyère ☎ 04 50 02 20 23, *Fax 04 50 02 25 00*, ← – TV P. GB. ✻ rest
15 juin-15 sept. et 20 déc.-15 avril – **Repas** 90/250, enf. 54 – ☕ 42 – **21 ch** 400 – ½ P 370

Croix St-Maurice, face église ☎ 04 50 02 20 05, *Fax 04 50 02 35 37*, ← – |♦| TV. AE ⓓ GB
16 juin-15 sept. et 22 déc.-20 avril – **Repas** 90/180 ♀, enf. 50 – ☕ 40 – **21 ch** 270/330 – ½ P 320/360

L'Hysope, Pont de Suize, rte du Bouchet ☎ 04 50 02 29 87, 🏖 – GB JCB
fermé 8 au 31 oct. et merc. en mai-juin et de sept.à nov. – **Repas** 115/360 ♀, enf. 50

au Chinaillon *Nord : 5,5 km par D 4 – ✉ 74450 Le Grand-Bornand :*

Roc des Tours, ☎ 04 50 27 00 11, *Fax 04 50 27 06 45*, ←, Fɛ, ⛱ – |♦| TV ☎ – 🏛 40 à 60. AE ⓓ GB. ✻ rest
1ᵉʳ juil.-31 août et déc.-15 avril – **Repas** (dîner seul.) 135 ♀ - ***Auberge des Tours*** *(fermé lundi, mardi et le midi sauf dim.)* **Repas** 155/225 ♀, enf. 155 – ☕ 70 – **42 ch** 990 – ½ P 640/700

Les Cimes Ⓜ sans rest, ☎ 04 50 27 00 38, *info@hotel-les-cimes.com, Fax 04 50 27 08 46*, ← – ✻ TV P. GB
15 juin-15 sept. et 15 nov.-25 avril – **10 ch** ☕ 540/750

GRANDCAMP-MAISY *14450 Calvados* 54 ③ *– 1 881 h alt. 5.*
Paris 292 – Cherbourg 73 – St-Lô 42 – Caen 60.

Duguesclin, sur la plage ☎ 02 31 22 64 22, *Fax 02 31 22 34 79*, ← – TV P. AE GB
fermé 15 au 21 oct. et 15 janv. au 12 fév. – **Repas** 65/200 – ☕ 35 – **25 ch** 180/300 – ½ P 275/300

Marée, ☎ 02 31 21 41 00, *Fax 02 31 21 44 55*, ←, 🏖 – AE GB
fermé janv., dim. soir et lundi d'oct. à mars – **Repas** 98/298 ♀

La GRAND-COMBE *30110 Gard* 80 ⑦ ⑧ *– 7 107 h alt. 185.*
Paris 684 – Alès 13 – Aubenas 78 – Florac 56 – Nîmes 59 – Villefort 42.

au Nord-Ouest *: 6 km par rte de Florac – ✉ 30110 La Grand-Combe :*

Lac, ☎ 04 66 34 12 85, *hoteldulac@aol.com, Fax 04 66 34 38 35*, 🏖 – P. GB
fermé 12 au 19 nov., et fév. – **Repas** *(fermé merc.)* 80/150 🍷, enf. 45 – ☕ 30 – **12 ch** 135/250 – ½ P 175/260

GRAND'COMBE-CHÂTELEU *25 Doubs* 70 ⑦ *– rattaché à Morteau.*

La GRANDE-MOTTE *34280 Hérault* 83 ⑧ *G. Languedoc Roussillon – 5 016 h alt. 1 – Casino.*

Office de Tourisme av. J.-Bene ✆ 04 67 56 40 50, Fax 04 67 56 78 30, Pavillon d'Accueil ✆ 04 67 56 42 00, Fax 04 67 29 03 45.

Paris 752 – Montpellier 27 – Aigues-Mortes 11 – Lunel 16 – Nîmes 46 – Sète 44.

Grand M'Hôtel, quartier Point Zéro ✆ 04 67 29 13 13, *Fax 04 67 29 14 74*, ≤ littoral, institut de thalassothérapie, – 50. AE GB.
fermé 16 déc. au 13 janv. – **Repas** 120/180 – 50 – **33 ch** 730/915, 3 appart – ½ P 665

Novotel M, av. Golf ✆ 04 67 29 88 88, *h2190-@accor.hotels.com, Fax 04 67 29 17 01*, ≤, – 60. AE GB
Repas *(30 juin-15 sept.)* carte environ 150, enf. 65 – 60 – **81 ch** 600/790

Mercure, r. du port ✆ 04 67 56 90 81, *h1230@accor-hotels.com, Fax 04 67 56 92 29*, ≤ littoral, – 90. AE GB
Repas *(juin-sept.)* 110 (déj.), 160/180, enf. 65 – 65 – **117 ch** 450/750

Azur Bord de Mer sans rest, esplanade de la Capitainerie ✆ 04 67 56 56 00, *Fax 04 67 29 81 26*, ≤, AE GB JCB
50 – **20 ch** 550/700

Golf sans rest, 1920 av. Golf ✆ 04 67 29 72 00, *Fax 04 67 56 12 44* – 20. AE GB
fermé 3 au 31 janv. – 50 – **45 ch** 440/590

Europe sans rest, près de la poste ✆ 04 67 56 62 60, *hoteleurope@waïka9.com, Fax 04 67 56 93 07*, AE GB JCB
1er avril-11 nov. – 50 – **34 ch** 530/650

Plage, allée du Levant par av. Grau-du-Roi ✆ 04 67 29 93 00, *Fax 04 67 56 00 07*, ≤, AE GB
hôtel : 13 avril-14 oct. ; rest : 28 avril-16 sept. – **Repas** 110 ♀, enf. 50 – 45 – **39 ch** 610/650 – ½ P 470

XXX **Alexandre**, esplanade Maurice Justin ✆ 04 67 56 63 63, *Fax 04 67 29 74 69*, ≤ – AE GB JCB.
fermé vacances de Toussaint, 7 janv. au 11 fév., merc. soir d'oct à mars, dim. soir sauf juil.-août et lundi – **Repas** 200/400 et carte 270 à 500 ♀, enf. 85

Le GRAND-PRESSIGNY *37350 I.-et-L.* 68 ⑤ *G. Châteaux de la Loire – 1 120 h alt. 63.*

Voir *Musée de Préhistoire*★.

Office de Tourisme ✆ 02 47 94 96 82, Fax 02 47 94 96 82.

Paris 306 – Poitiers 68 – Le Blanc 44 – Châtellerault 30 – Loches 35 – Tours 71.

Auberge Savoie-Villars, ✆ 02 47 94 96 86, *Fax 02 47 91 07 81*, GB
fermé vacances de Toussaint, de fév., dim. et lundi sauf juil.-août – **Repas** *(fermé dim. soir sauf juil.-août et lundi)* 100/155 – 35 – **10 ch** 230/250 – ½ P 195

Le GRAND-QUEVILLY *76 S.-Mar.* 55 ⑥ *– rattaché à Rouen.*

GRANDVILLARS *90600 Ter.-de-Belf.* 66 ⑧ *– 2 874 h alt. 357.*

Paris 435 – Besançon 89 – Mulhouse 56 – Basel 59 – Belfort 18 – Montbéliard 19.

XX **Choix de Sophie**, N 19 ✆ 03 84 27 76 03 – GB.
fermé 3 au 19 août, 22 déc. au 2 janv., sam. et dim. sauf fériés – **Repas** 89/180 ♀

GRANDVILLERS *88600 Vosges* 62 ⑯ *– 666 h alt. 365.*

Paris 404 – Épinal 21 – Lunéville 50 – Gérardmer 29 – Remiremont 37 – St-Dié 28.

Europe et Commerce M, ✆ 03 29 65 71 17, *Fax 03 29 65 85 23*, – 20. AE GB
Repas *(fermé dim. soir et vend. soir)* 75/220, enf. 65 – 35 – **21 ch** 250/400 – ½ P 230/260

GRANE *26400 Drôme* 77 ⑫ *– 1 384 h alt. 175.*

Paris 594 – Valence 29 – Crest 10 – Montélimar 34 – Privas 31.

XXX **Patrick Giffon** avec ch, ✆ 04 75 62 60 64, *Fax 04 75 62 70 11*, – rest, – 30. AE GB JCB
fermé mardi midi, dim. soir et lundi – **Repas** 130 (déj.), 175/390 et carte 270 à 370 – 60 – **13 ch** 320/600 – ½ P 400/500

GRANGES-LÈS-BEAUMONT *26 Drôme* 77 ② *– rattaché à Romans-sur-Isère.*

Les GRANGES-STE-MARIE *25 Doubs 70 ⑥ – rattaché à Malbuisson.*

Les GRANGETTES *25160 Doubs 70 ⑥ – 169 h alt. 864.*

Paris 455 – Besançon 70 – Champagnole 41 – Morez 50 – Pontarlier 11.

Bon Repos, ☎ 03 81 69 62 95, *Fax 03 81 69 66 61*, – P. AE GB.
fermé 20 au 30 mars, 22 oct. au 22 déc., dim. soir et lundi hors saison – **Repas** 73/182 ♀, enf. 44 – ☕ 33 – **15 ch** 208/268 – ½ P 238/279

GRANS *13450 B.-du-R. 84 ② – 3 753 h alt. 52.*

Office de Tourisme (ouv. du lundi au vend.) bd Victor-Jauffret ☎ 04 90 55 88 92, Fax 04 90 55 86 27.

Paris 728 – Marseille 49 – Arles 41 – Martigues 29 – Salon-de-Provence 6.

Planet, pl. J. Jaurès ☎ 04 90 55 83 66, – GB
fermé 24 sept. au 7 oct., vacances de Toussaint et de fév., lundi et mardi – **Repas** 88 (déj.), 120/230, enf. 48

GRANVILLE *50400 Manche 59 ⑦ G. Normandie Cotentin – 12 413 h alt. 10 – Casino* **Z** *et à St-Pair-sur-Mer.*

Voir *Le tour des remparts* : place de l'Isthme ≤** **Z** *– Pointe du Roc : site*.*

Office de Tourisme 4 Crs Jonville ☎ 02 33 91 30 03, Fax 02 33 91 30 19.

Paris 337 ② – St-Lô 58 ① – St-Malo 93 ③ – Avranches 26 ③ – Cherbourg 106 ①.

Plan page ci-contre

Grand Large M sans rest, 5 r. Falaise ☎ 02 33 91 19 19, *infos@hotel-le-grand-large.com*, *Fax 02 33 91 19 00*, ≤, centre de thalassothérapie, – cuisinette – 40. AE GB JCB. Z r
☕ 48 – **38 ch** 465/565, 13 duplex

Bains sans rest, 19 r. G. Clemenceau ☎ 02 33 50 17 31, *Fax 02 33 50 89 22*, ≤ – – 20. GB Z v
fermé déc. à fév. – ☕ 39 – **47 ch** 300/890

Michelet sans rest, 5 r. J. Michelet ☎ 02 33 50 06 55, *Fax 02 33 50 12 25* – P. AE GB. Z u
☕ 35 – **20 ch** 140/300

Gentilhommière, 152 r. Couraye ☎ 02 33 50 17 99, *Fax 02 33 50 17 99* – GB JCB
fermé 5 au 22 mars, dim. soir et lundi sauf juil.-août – **Repas** (nombre de couverts limité, prévenir) 98/220 Y a

Citadelle, 34 r. Port ☎ 02 33 50 34 10, *Fax 02 33 50 15 36*, ≤, – . GB Y d
fermé 10 déc. au 2 janv., vacances de fév., merc. de sept. à juin et mardi d'oct. à mars – **Repas** 85/190 ♀, enf. 60

par ① *rte de Coutances : 4,5 km – ✉ 50290 Bréville-sur-Mer :*

Beaumonderie, ☎ 02 33 50 36 36, *Fax 02 33 50 36 45*, ≤, , « Maison bougeoise face aux îles Anglo-Normandes », , , – P – 250. AE GB JCB. rest
L'Orangerie *(fermé dim. soir et lundi d'oct. à fév.)* **Repas** 129/385 ♀, enf. 95 – ☕ 55 – **12 ch** 350/870 – ½ P 370/630

à St-Pair-sur-Mer *par ④ : 4 km – 3 114 h. alt. 30 – ✉ 50380 :*

Office de Tourisme 3 r. Charles-Mathurin ☎ 02 33 50 52 77, Fax 02 33 50 00 04.

Au Pied de Cheval, au Casino ☎ 02 33 91 34 01, *Fax 02 33 50 26 27*, ≤, – . GB
fermé vacances de Toussaint, 1er au 20 janv., lundi sauf le soir en juil.-août et mardi – **Repas** - cuisine franco-italienne - 120/170 ♀, enf. 42

Write us...

If you have any comments on the contents of this Guide.

Your praise as well as your criticisms will receive careful consideration and, with your assistance, we will be able to add to our stock of information and, where necessary, amend our judgments.

Thank you in advance!

GRANVILLE

Briand (Av. A.) .... Y 2
Clemenceau (R. G.) ... Z 3
Corsaires (Pl. aux) .... Z 4
Corsaires (R. aux) .... Z 6
Couraye (R.) .... Z
Desmaisons (R. C.) .... Z 7
Granvillais (Bd des Amiraux) Z 8
Hauteserve (Bd d') .... Z 9
Juifs (R. des) .... Z
Lecampion (R.) .... Z
Leclerc (R. Gén.) .... Y
Parvis Notre-Dame (Montée du) .... Z 12
Poirier (R. Paul) .... Z 15
St-Sauveur (R.) .... Z 16
Ste-Geneviève (R.) ...... Z 17
Saintonge (R.) .... Z 18
Terreneuviers (Bd) ...... Y 21
Vaufleury (Bd) .... Y 22
2e et 202e de Ligne (Bd des) .... Z 25

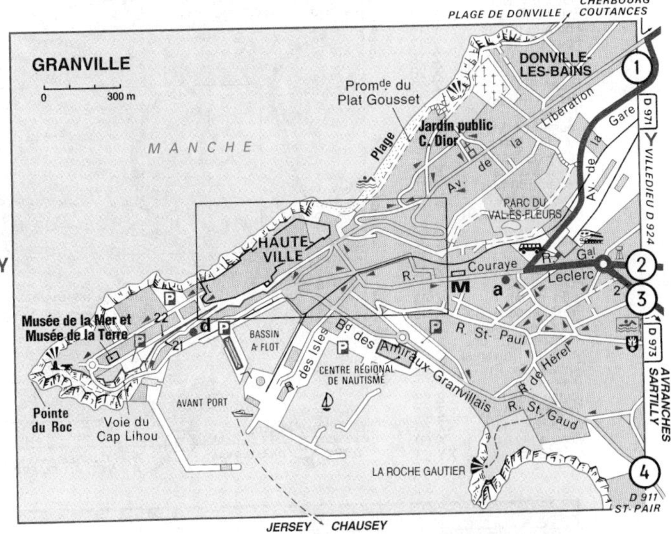

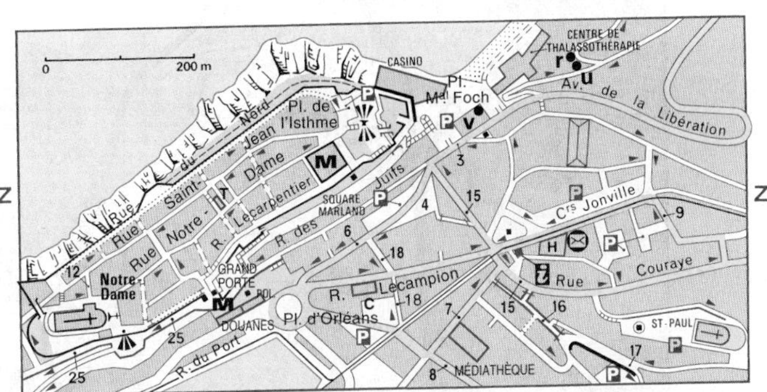

GRASSE <SP> 06130 *Alpes-Mar.* 84 ⑧, 114 ⑬, 115 ㉔ *G. Côte d'Azur* – *41 388 h alt. 250* – *Casino.*

Voir *Vieille ville★ : Place du Cours★ ⩽★* **Z**, *musée d'Art et d'Histoire de Provence★* **Z M¹** – *Toiles★ de Rubens dans la cathédrale Notre-Dame-du-Puy* **Z B** – *Parc de la Corniche ✳★★ 30 mn* **Z** – *Jardin de la Princesse Pauline ⩽★* **X K** – *Musée international de la Parfumerie★* **Z M³**.

Env. *Montée au col du Pilon ⩽★★ 9 km par ④.*

Office de Tourisme 22 Crs H.-Cresp ✆ 04 93 36 03 96, Fax 04 93 36 86 36 et pl. de la Foux ✆ 04 93 36 21 68, Fax 04 93 36 21 68.

Paris 911 ② – Cannes 17 ② – Digne-les-Bains 119 ④ – Draguignan 57 ③ – Nice 41 ②.

Plans page suivante

 **Panorama** sans rest, 2 pl. Cours ✆ 04 93 36 80 80, *Fax 04 93 36 92 04* – 🛗 cuisinette TV. AE GB Z u
fermé 7 janv. au 7 fév. – ☕ 40 – **36 ch** 395/495

GRASSE

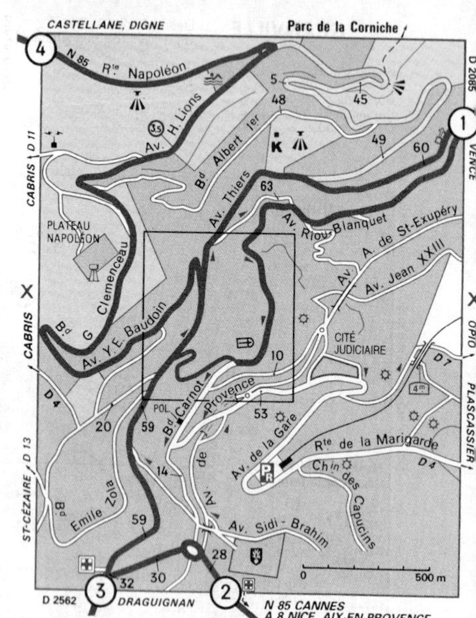

CASTELLANE, DIGNE
Parc de la Corniche
N 85 Rte Napoléon
Av. H. Lions
Bd Albert 1er
Av. Thiers
Av. Riou-Blanquet
A. de St-Exupéry
Av. Jean XXIII
PLATEAU NAPOLÉON
Bd G. Clemenceau
Av. Y. E. Baudoin
CITÉ JUDICIAIRE
Av. de Provence
Bd Carnot
POL.
Av. de la Gare
Rte de la Marigarde
Chin des Capucins
Bd Emile Zola
Av. Sidi-Brahim
CABRIS D 11
CABRIS
D 4
ST-CÉZAIRE D 13
D 2085
VENCE
OPIO
D 7
PLASCASSIER
D 4
D 2562
DRAGUIGNAN
N 85 CANNES
A 8 NICE, AIX-EN-PROVENCE
500 m

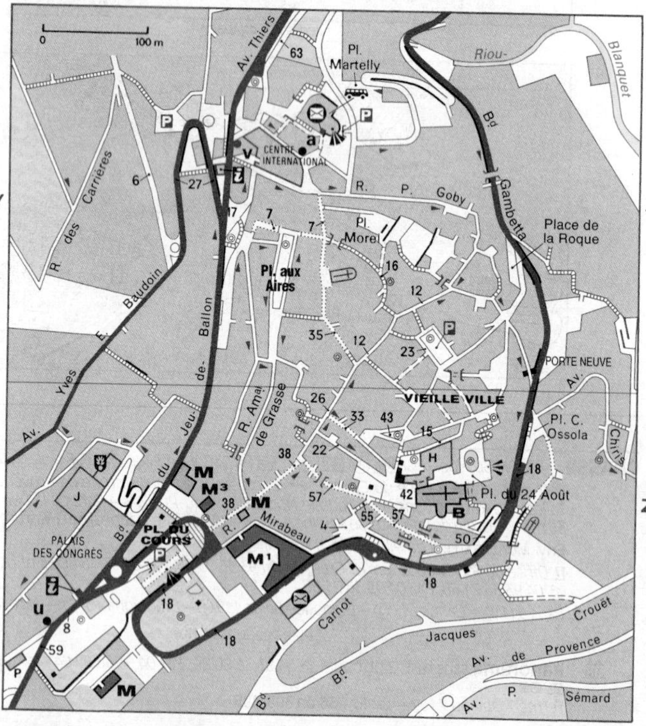

Patti Ⓜ, pl. Patti ☎ 04 93 36 01 00, *hotelpatti@libertysurf.fr, Fax 04 93 36 36 40,* – AE GB JCB Y a
Repas *(fermé dim.)* 95 – 40 – **73 ch** 420/650 – ½ P 340/440

Bastide St-Antoine (Chibois) avec ch, 48 av. H. Dunant (par bd Mar. Leclerc) 1,5 km ☎ 04 93 70 94 94, *info@jacques-chibois.com, Fax 04 93 70 94 95,* ≤, , « Bastide du 18e siècle dans une oliveraie », , – 20 à 60. AE GB JCB
Repas 260 (déj.), 570/750 et carte 470 à 620 – 135 – **11 ch** 1400/2500
Spéc. Ravioles à la "Nissart" aux pistes. Loup au citron et à la verveine. Soupière de fraises au vin d'épices, glace à l'huile d'olive et olives confites (avril à sept.). **Vins** Bandol, Côtes de Provence.

Arnaud, 10 pl. Foux ☎ 04 93 36 44 88 – AE GB Y v
fermé vacances de Toussaint, 7 au 15 janv. et dim. – **Repas** 135

à Magagnosc par ① *rte de Nice : 5 km* – ✉ *06520 .*
Voir ≤★ *du cimetière de l'Eglise St-Laurent – Le Bar-sur-Loup : site★, danse macabre★ dans l'église St-Jacques, place de l'Église ≤★ NE : 3,5 km.*

Petite Auberge, ☎ 04 93 42 75 32 – P. GB
fermé juil. – **Repas** *(fermé merc.)* 88/125 – **5 ch** (½ pens. seul.) – ½ P 220

Toque Blanche, ☎ 04 93 36 20 64, *Fax 04 93 36 16 67,* ≤, – AE GB
fermé 15 nov. au 8 déc., dim. soir et lundi – **Repas** 130/230 et carte 290 à 390, enf. 100

au Val de Tignet par ③ *rte de Draguignan : 8 km par D 2562* – ✉ *06530 Peymeinade :*

Auberge Chantegrill, ☎ 04 93 66 12 33, *restaurantchantegrill@wanadoo.fr, Fax 04 93 66 02 31,* , « Terrasse fleurie » – P. AE GB JCB
fermé 15 au 30 nov. et lundi du 1er mai au 30 sept. – **Repas** 98/230

à Cabris *: 5 km par D 4 X – 1 307 h. alt. 550* – ✉ *06530 .*
Voir *Site★ – ≤★★ des ruines du château.*

Horizon sans rest, ☎ 04 93 60 51 69, *Fax 04 93 60 56 29,* ≤ massif de l'Esterel, « Terrasse panoramique », – P. AE GB.
1er avril-15 oct. – 55 – **22 ch** 350/670

Vieux Château avec ch, ☎ 04 93 60 50 12, *auberge.vieux.chateau@wanadoo.fr, Fax 04 93 60 50 12,* – GB
fermé 7 janv. au 1er fév., mardi soir d'oct. à mars et merc. d'oct. à juin – **Repas** 146 (déj.), 186/340, enf. 80 – 55 – **4 ch** 400/660 – ½ P 420/550

GRATENTOUR *31 H.-Gar. 82 ⑧ – rattaché à Toulouse.*

GRATOT *50 Manche 54 ⑫ – rattaché à Coutances.*

Le GRAU-D'AGDE *34 Hérault 83 ⑮ – rattaché à Agde.*

Le GRAU-DU-ROI *30240 Gard 83 ⑧ G. Provence – 5 253 h alt. 2 – Casino.*
Office de Tourisme r. M.-Rédares ☎ 04 66 51 67 70, Fax 04 66 51 06 80 et (saison) Maison des Services, Nouveau Port de Pêche ☎ 04 66 53 14 06.
Paris 755 – Montpellier 33 – Aigues-Mortes 6 – Arles 55 – Lunel 22 – Nîmes 48 – Sète 50.

à Port Camargue *Sud : 3 km par D 62B* – ✉ *30240 Le Grau-du-Roi.*
Office de Tourisme (Pâques-oct.) Carrefour 2000 ☎ 04 66 51 71 68.

Mercure Ⓜ, rte Marines ☎ 04 66 73 60 60, *h1947@accor-hotels.com, Fax 04 66 73 60 50,* ≤, centre de thalassothérapie, , – – 90. AE GB. rest
fermé 2 au 22 déc. – **Repas** 155/185, enf. 60 – 68 – **89 ch** 590/740

Spinaker , pointe de la Presqu'île ☎ 04 66 53 36 37, *spinaker@wanadoo.fr, Fax 04 66 53 17 47,* ≤, , , – P – 40. AE GB JCB
8 avril-5 nov. – ***Carré des Gourmets*** *(fermé lundi et mardi sauf juil.-août et déj. en été sauf dim.)* **Repas** 285/445, enf. 85 – 68 – **16 ch** 660, 5 appart – ½ P 567/662

Oustau Camarguen , 3 rte Marines ☎ 04 66 51 51 65, *Fax 04 66 53 06 65,* , , – – 30. AE GB JCB
hôtel : 30 mars-14 oct. ; rest : 2 mai-fin sept. – **Repas** (dîner seul. sauf week-ends en juil.-août) 167 – 55 – **37 ch** 530/590 – ½ P 410/480

L'Amarette, centre commercial Camargue 2000 ☎ 04 66 51 47 63, ≤, – GB
fermé déc., janv. et merc. hors saison – **Repas** 190/260

GRAUFTHAL *67 B.-Rhin 57 ⑰ – rattaché à La Petite-Pierre.*

GRAULHET *81300 Tarn 82 ⑩ G. Midi-Pyrénées – 13 523 h alt. 166.*

Office de Tourisme sq. Foch ✆ 05 63 34 75 09, Fax 05 63 34 75 09.

Paris 710 – Toulouse 61 – Albi 35 – Castelnaudary 63 – Castres 32 – Gaillac 21.

XX **Rigaudié,** Est : 1,5 km par D 26 (rte St-Julien-du-Puy) ✆ 05 63 34 50 07, *Fax 05 63 34 29 27,* ☂, ♧ – ▤ P. GB. ✗
fermé 29 juil. au 28 août, 24 au 31 déc., sam. midi, dim. soir et lundi – **Repas** 79 (déj.), 120/240 ♀

La GRAVE *05320 H.-Alpes 77 ⑦ G. Alpes du Nord – 455 h alt. 1526 – Sports d'hiver : 1 450/3 550 m 2 2.*

Voir *Glacier de la Meije★★★ (par téléphérique) – ✲★★★.*

Env. *Oratoire du Chazelet★★★ NO : 6 km.*

Office de Tourisme ✆ 04 76 79 90 05, Fax 04 76 79 91 65.

Paris 647 – Briançon 39 – Gap 127 – Grenoble 79 – Col du Lautaret 11.

Meijette, ✆ 04 76 79 90 34, *Fax 04 76 79 94 76,* ≤, ☂ – |‡| TV P. GB. ✗ rest
1er juin-20 sept., 1er mars-1er mai et fermé mardi sauf juil.-août – **Repas** (85) - 140/190 ♀ – ☕ 46 – **18 ch** 330/490 – ½ P 460

GRAVELINES *59820 Nord 51 ③ G. Picardie Flandres Artois – 12 336 h.*

Office de Tourisme 11 r. République ✆ 03 28 51 94 00, Fax 03 28 65 58 19.

Paris 289 – Calais 26 – Cassel 36 – Dunkerque 20 – Lille 88 – St-Omer 35.

Hostellerie du Beffroi, pl. Ch. Valentin ✆ 03 28 23 24 25, *Fax 03 28 65 59 71,* ☂ – |‡| TV ✆ ♿ – ⚲ 30. AE ⓓ GB
La Tour *(fermé sam. midi et dim. soir)* **Repas** (79)-99/195 ♀, enf. 42 – ☕ 38 – **40 ch** 360/410 – ½ P 295/340

GRAVESON *13690 B.-du-R. 80 ⑳ G. Provence – 2 752 h alt. 14.*

Voir *Musée Auguste-chabaud★.*

Paris 699 – Avignon 14 – Carpentras 39 – Cavaillon 28 – Marseille 103 – Nîmes 38.

Moulin d'Aure, rte St-Rémy-de-Provence : 1 km par D 5 ✆ 04 90 95 84 05, *hotel-moulin-d-aure@wanadoo.fr, Fax 04 90 95 73 84,* ☂, ⛱, ✿ – TV P – ⚲ 20. GB JCB. ✗ rest
Repas (dîner seul.) 120/160 ♀ – ☕ 43 – **14 ch** 360/450 – ½ P 290/355

Mas des Amandiers, rte d'Avignon : 1,5 km ✆ 04 90 95 81 76, *Fax 04 90 95 85 18,* ☂, ⛱, ✿ – ▤ rest, TV ♿ P – ⚲ 35. AE ⓓ GB JCB
15 mars-15 oct. – **Repas** 105/140 ♂, enf. 68 – ☕ 43 – **25 ch** 320/350 – ½ P 310

Cadran Solaire ✎ sans rest, r. Cabaret Neuf ✆ 04 90 95 71 79, *Fax 04 90 90 55 04,* ✿ – P. GB – ☕ 39 – **12 ch** 300/400

XXX **Clos des Cyprès,** rte Châteaurenard ✆ 04 90 90 53 44, *Fax 04 90 90 55 84,* ☂, ✿ – ▤ P. GB
fermé 15 au 30 janv., 1er au 7 mars, dim. soir et lundi – **Repas** 190/350 ♀

GRAY *70100 H.-Saône 66 ⑭ G. Jura – 6 916 h alt. 220.*

Voir *Hôtel de ville★ – Collection de pastels et dessins★ de Prud'hon au musée Baron-Martin* **M**[1].

Office de Tourisme Ile Sauzay ✆ 03 84 65 14 24, Fax 03 84 65 46 26.

Paris 336 ⑤ – Besançon 46 ③ – Dijon 49 ⑤ – Dole 45 ④ – Langres 56 ① – Vesoul 57 ②.

Plan page ci-contre

Fer à Cheval sans rest, 9 av. Carnot ✆ 03 84 65 32 55, *Fax 03 84 65 42 63* – TV ✆ P. AE ⓓ GB JCB Y n
fermé 23 déc. au 6 janv. – ☕ 40 – **46 ch** 210/280

à Rigny *par ① D 70 et D 2 : 5 km – 529 h. alt. 196 – ✉ 70100 :*

Château de Rigny ✎, ✆ 03 84 65 25 01, *Fax 03 84 65 44 45,* ≤, ☂, « Manoir du 18e siècle dans un parc au bord de la Saône », ⛱, ✗, ♧ – TV P. AE ⓓ GB. ✗ rest
Repas 110 (déj.), 190/350 ♀ – ☕ 60 – **29 ch** 400/1200 – ½ P 450/850

à Nantilly *par ① et D 2 : 5 km – 456 h. alt. 200 – ✉ 70100 :*

Château de Nantilly ✎, ✆ 03 84 67 78 00, *nantilly@romantik.de, Fax 03 84 67 78 01,* ☂, « Manoir fin 19e siècle dans un parc », ⚲, ⛱, ✗, ♧ – TV ♿ P – ⚲ 25 à 60. AE ⓓ GB
15 mars-1er nov. – **Repas** (dîner seul.) 260/490, enf. 120 – ☕ 110 – **30 ch** 450/850, 4 appart, 7 duplex – ½ P 600/775

GRAY

Abreuvoir (R. de l') ..... Y 2
Boichut (Pl.)............ Y 3
Capucins (Av.).......... Z 5
Casernes (R. des)....... Z 6
Couyba (Av. Ch.)........ Y 7
Curie (Rue P.) .... Z 9
Devosge (R. F.)......... Y 10
Eglise (R. de l')......... Y 12
Gambetta (R.).......... Y 13
Gaulle
(Av. Général-de) ...... Z 14
Gaulle
(Pl. Charles-de)...... YZ 15
Libération (Av. de la) .... Z 17
Marché (R. du) .... Z 18
Mavia (Quai) .... Y 20
Neuf (Chemin) .... Z 21
Nicolas-Mouchet
(Rue A.) .... Z 22
Paris (R. de) .... Y 24
Perrières (R. des) .... Z 25
Perrières
(R. du Fg. des) .... Z 26
Pigalle (Rue) .... Y 28
Quatre-Septembre
(Place du)............ Y 29
Revon (Av.) .... Z 30
Rossen (R.) .... Z 31
Signard (Rue M.) .... Z 32
Soupirs (R. des) .... Z 34
Sous-Préfecture
(Place de la) .... Y 35
Thiers (R.) .... Y 36
Vieille-Tuilerie
(Rue de la)........... Z 38

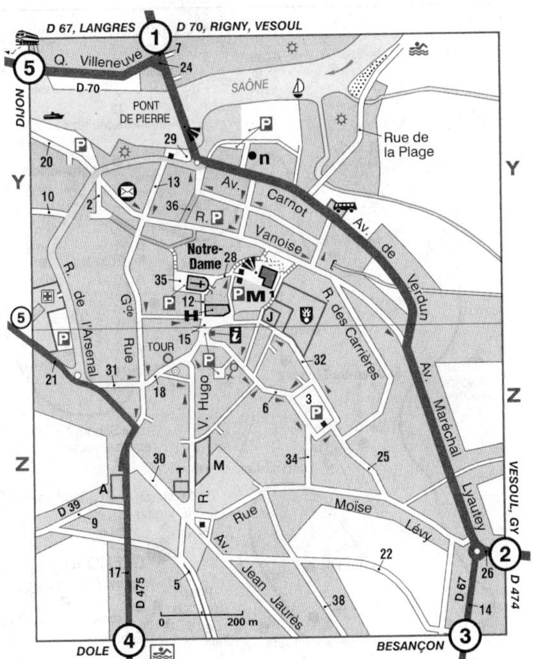

Si vous cherchez un hôtel tranquille,
consultez d'abord les cartes de l'introduction
ou repérez dans le texte les établissements indiqués avec le signe 🐎.

GRENADE-SUR-L'ADOUR *40270 Landes* 82 ① *– 2 187 h alt. 55.*

Paris 725 – Mont-de-Marsan 15 – Aire-sur-l'Adour 18 – Orthez 50 – St-Sever 14 – Tartas 41.

Pain Adour et Fantaisie (Garret), 14 pl. Tilleuls ☎ 05 58 45 18 80, *pain.adour.fantaisie@wanadoo.fr, Fax 05 58 45 16 57,* «Terrasse au bord de l'eau» – TV – 25. AE ⓓ GB

fermé 2 au 9 janv., vacances de fév. – **Repas** *(fermé lundi sauf le soir du 14 juil. au 15 août, dim. soir du 16 août au 13 juil. et merc. midi)* 180/540 bc – 75 – **10 ch** 420/800 – 1/2 P 440/610

Spéc. Foie gras de canard confit au jurançon. Thon mi-cru à l'huile d'olive. Agneau de lait des Pyrénées et ses atours rôtis. **Vins** Jurançon sec, Côtes de Gascogne.

GRENOBLE P *38000 Isère* 77 ⑤ *G. Alpes du Nord – 150 758 h Agglo. 404 733 h alt. 213.*

Voir *Site★★★ – Église-musée St-Laurent★★ : crypte St-Oyand★* **FY** *– Fort de la Bastille ★★ par téléphérique* **EY** *– Vieille ville★* **EY** *: Palais de Justice★ (boiseries★) - escalier★ de l'hôtel d'Ornacieux* **EY J** *– Musées : de Grenoble★★★* **FY***, de la Résistance et de la Déportation★* **F***, de l'ancien Evêché-Patrimoine del'Isère★★ – Musée dauphinois★ : chapelle★★, exposition thématique★★* **EY.**

✈ *de Grenoble-St-Geoirs ☎ 04 76 65 48 48, par ⑥ : 45 km.*

Office de Tourisme 14 r. de la République ☎ 04 76 42 41 41, Fax 04 76 00 18 98 Annexe : Bureau des Congrès ☎ 04 76 03 37 53.

Paris 570 ⑥ – Chambéry 56 ② – Genève 148 ② – Lyon 108 ⑥ – Torino 236 ②.

Plans pages suivantes

Park Hôtel M, 10 pl. Paul Mistral ☎ 04 76 85 81 23, *resa@park-hotel-grenoble.fr, Fax 04 76 46 49 88,* «Beaux aménagements intérieurs» – TV – 15 à 40. AE ⓓ GB JCB **FZ w**

fermé 28 juil. au 19 août et 22 déc. au 1er janv. – ***Ripaille*** *(fermé dim. midi et midis fériés)* **Repas** *(130)*-175/275, enf. 60 – 67 – **40 ch** 990/1600, 12 appart

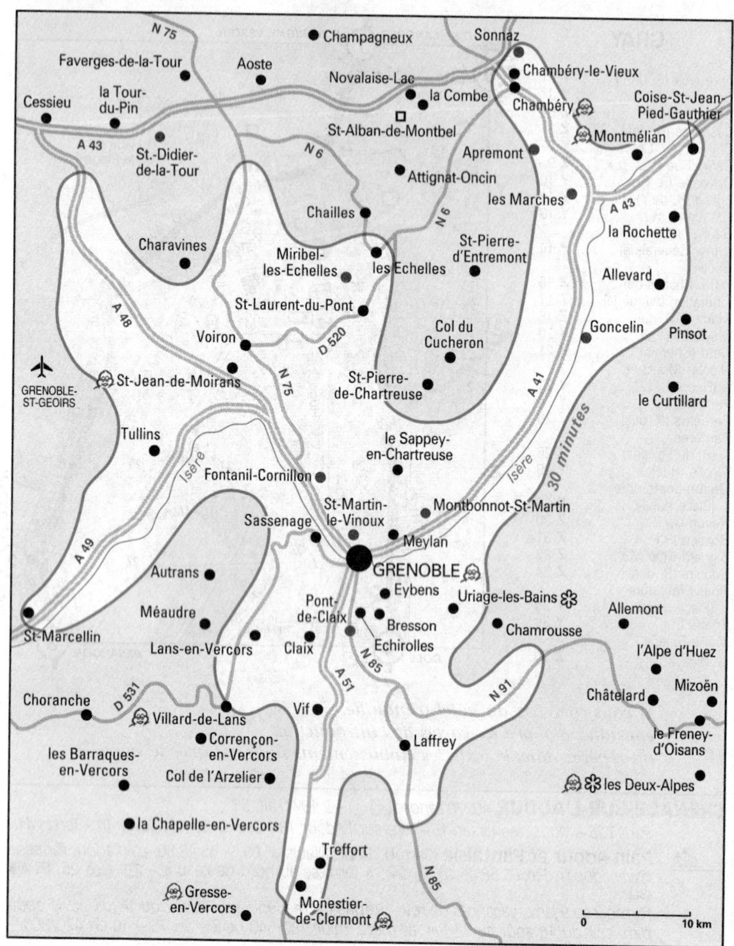

Grand Hôtel Mercure Président Ⓜ, 11 r. Gén. Mangin ✉ 38100 ✆ 04 76 56 26 56, *Fax 04 76 56 26 82*, – 15 à 120.
Repas 145 ♀, enf. 60 – 78 – **105 ch** 680/1200 AX y

Novotel Atria Ⓜ, à Europole, pl. R. Schuman ✆ 04 76 70 84 84, *h1624@accor-hotels.com, Fax 04 76 70 24 93* – – 540.
Repas 110 ♀, enf. 50 – 60 – **118 ch** 580/950 AV r

Mercure Centre Ⓜ, 12 bd Mar. Joffre ✆ 04 76 87 88 41, *Fax 04 76 47 58 52* – – 20 à 150.
Repas *(fermé sam. et dim.)* 120/140 ♀, enf. 55 – 65 – **88 ch** 610/670 EZ d

Ugerel Alpexpo, 1 av. Innsbruck ✆ 04 76 33 02 02, *hotel.ugerel.alpexpo@wanadoo.fr, Fax 04 76 33 34 44*, – – 150.
Repas *(fermé dim. midi et sam.)* 98 (déj.), 135/150 ♀ – 68 – **100 ch** 600/650 BX a

Angleterre sans rest, 5 pl. V. Hugo ✆ 04 76 87 37 21, *hotel-angleterre@hotel-angleterre.fr, Fax 04 76 50 94 10* – .
60 – **62 ch** 530/830 EZ z

Quality Hotel Patrick sans rest, 116 cours Libération ✆ 04 76 21 26 63, *Fax 04 76 48 01 07* – cuisinette – 60.
fermé 24 déc. au 3 janv. – 48 – **55 ch** 350/375, 4 studios AX n

Gambetta Ⓜ, 59 bd Gambetta ☎ 04 76 87 22 25, *Fax 04 76 87 40 94* – AE GB JCB — EZ a
Repas *(fermé 9 au 30 juil. et dim soir)* 85/160, enf. 51 – 40 – **44 ch** 219/345 – ½ P 248/270

Splendid sans rest, 22 r. Thiers ☎ 04 76 46 33 12, *info@splendid-hotel.com, Fax 04 76 46 35 24* – P. AE GB JCB — DZ q
38 – **45 ch** 280/465

Patinoires sans rest, 12 r. Marie Chamoux ✉ 38100 ☎ 04 76 44 43 65, *info@hotel-patinoire.com, Fax 04 76 44 44 77* – P. AE GB JCB — GZ b
36 – **35 ch** 260/360

Europe sans rest, 22 pl. Grenette ☎ 04 76 46 16 94, *hotel.europe.gre@wanadoo.fr, Fax 04 76 46 16 94,* – 80. AE GB JCB. — EY t
38 – **45 ch** 260/340

Trianon sans rest, 3 r. P. Arthaud ☎ 04 76 46 21 62, *info@hotel-trianon.com, Fax 04 76 46 37 56* – AE GB JCB — DZ m
fermé 4 au 19 août – 38 – **38 ch** 239/450

Ibis gare sans rest, 27 quai C. Bernard ☎ 04 76 86 68 68, *Fax 04 76 50 95 03* – AE GB — DY k
40 – **36 ch** 355

Alpes sans rest, 45 av. F. Viallet ☎ 04 76 87 00 71, *hotel-desalpes@wanadoo.fr, Fax 04 76 56 95 45* – AE GB — DY z
35 – **67 ch** 260/320

Gallia sans rest, 7 bd Mar. Joffre ☎ 04 76 87 39 21, *gallia-hotel@wanadoo.fr, Fax 04 76 87 65 76* – AE GB. — EZ s
fermé 1er au 20 août – 32 – **35 ch** 160/300

Paris-Nice sans rest, 61 bd J. Vallier ✉ 38100 ☎ 04 76 96 36 18, *hotel.paris.nice@wanadoo.fr, Fax 04 76 48 07 79* – AE GB — AVX t
35 – **29 ch** 190/310

Tilleuls sans rest, 236 cours Libération ✉ 38100 ☎ 04 76 09 17 34, *Fax 04 76 40 64 56* – P. AE GB. — AX s
fermé 5 au 27 août et 23 déc. au 2 janv. – 30 – **39 ch** 210/235

Auberge Napoléon, 7 r. Montorge ☎ 04 76 87 53 64, *Caby@auberge-napoléon.fr, Fax 04 76 87 80 67* – AE GB — EY b
fermé 30 juil. au 20 août, lundi midi, mardi midi, merc. midi et dim. – **Repas** (nombre de couverts limité, prévenir) 150/350, enf. 70

Brasserie de Strasbourg, 11 av. Alsace-Lorraine ☎ 04 76 46 18 03, *Fax 04 76 46 18 03* – AE GB — DEZ x
fermé 1er au 22 août, lundi soir et dim. – **Repas** (90) - 108/160

Table d'Ernest, 2 r. Doudart de Lagrée ☎ 04 76 43 19 56 – GB — DEZ v
fermé dim. et fériés – **Repas** (rest. non-fumeurs)(nombre de couverts limité, prévenir) 105 (déj.), 130/210

A Ma Table, 92 cours J. Jaurès ☎ 04 76 96 77 04, *Fax 04 76 96 77 04,* (rest. non fumeurs) – GB — DZ t
fermé 1er août au 1er sept., sam. midi, dim. et lundi – **Repas** (nombre de couverts limité, prévenir) carte 210 à 300

L'Arche, 4 r. P. Duclot ☎ 04 76 44 22 62, *Fax 04 76 44 70 04,* – AE GB — EY u
Repas 115/215

Bistrot Lyonnais, 168 cours Berriat ☎ 04 76 21 95 33, *Fax 04 76 21 95 33,* – AE GB — AV n
fermé 21 déc. au 7 janv., sam. et dim. – **Repas** 125/185

Panse, 7 r. Paix ☎ 04 76 54 09 54, *Fax 04 76 42 64 54* – AE GB — FY n
fermé 9 au 16 avril, 23 juil. au 20 août, dim. et fériés – **Repas** 77 (déj.), 90/157

à St-Martin-le-Vinoux : *2 km par A 48 et N 75 – 5 139 h. alt. 250 – ✉ 38950 :*

Pique-Pierre, ☎ 04 76 46 12 88, *Fax 04 76 46 43 90,* – P. AE GB — AV p
fermé 23 juil. au 21 août, dim. soir et lundi sauf fériés – **Repas** 150/280 et carte 210 à 370, enf. 65

à Meylan : *3 km par N 90 – 17 863 h. alt. 331 – ✉ 38240 :*

Mercure, 34 av. Verdun ☎ 04 76 90 63 09, *h2948@accor-hotels.com, Fax 04 76 90 28 27,* – cuisinette P – 100. AE GB JCB — BV e
Repas *(fermé sam.)* (85) - 115/200, enf. 48 – 60 – **60 ch** 480/570, 23 studios

Belle Vallée sans rest, 32 av. Verdun ☎ 04 76 90 42 65, *Fax 04 76 90 65 98* – P. AE GB JCB — CV a
35 – **30 ch** 295/350

CORENC

Eygala (Av. de l') . . . . **BCV**
Grésivaudan (Av. du) . . . . **BCV**

ÉCHIROLLES

États-Généraux (Av. des) . . **AX** 30
Grugliasco (Av. de) . . . . **AX**
Jaurès (Cours J.) . . . . **AX**

EYBENS

Innsbruck (Av. d') . . . . **BX** 38
Jaurès (Av. J.) . . . . **BX**
Mendès-France (R.) . . . . **BX**
Poisat (Av. de) . . . . **BX** 47

FONTAINE

Briand (Av. A.) . . . . **AV**
Joliot-Curie (Bd) . . . . **AV**
Vercors (Av. du) . . . . **AV**

GRENOBLE

Alliés (R. des) . . . . **AX**
Alsace-Lorraine (Av.) . . . . . **DYZ** 3
Ampère (R.) . . . . **AV**
Augereau (R.) . . . . **DZ**
Barnavel (R.) . . . . **EFY** 5
Bayard (R.) . . . . **FY** 6
Belgique (Av. Albert-Ier de) **EFZ** 7
Belgrade (R. de) . . . . **EY** 9
Berriat (Cours) . . . . **AV-DZ**
Bernard (Q. Cl.) . . . . **DY**
Berthelot (Av. M.) . . . . **BX**
Bistesi (R.) . . . . **FZ** 10
Bizanet (R.) . . . . **FGY**
Blanchard (R. P.) . . . . **EYZ**
Blum (Av. Léon) . . . . **AX**
Boissieux (R. B.-de) . . . . **EZ**
Bonne (R. de) . . . . **EZ** 12
Brenier (R. C.) . . . . **DY** 13
Briand (Pl. A.) . . . . **DY**
Brocherie (R.) . . . . **EY** 15
Casimir-Périer (R.) . . . . **EZ** 16
Champollion (R.) . . . . **FZ** 17
Champon (Av. Gén.) . . . . **FZ**
Chanrion (R. J.) . . . . **FYZ**
Chenoise (R.) . . . . **EFY** 18
Claudel (R. P.) . . . . **BX** 20
Clemenceau (Bd) . . . . **FGZ**
Clot-Bey (R.) . . . . **EYZ** 21
Condillac (R.) . . . . **EZ**
Condorcet (R.) . . . . **DZ**
Créqui (Q.) . . . . **DEY**
Diables-Bleus (Bd des) . . . . **FZ** 24
Diderot (R.) . . . . **AV** 25
Dr-Girard (Pl.) . . . . **FY** 26
Driant (Bd Col.) . . . . **FZ** 27
Dubedout (Pl. H.) . . . . **DY** 28
Esclangon (R. F.) . . . . **AV** 29
Esmonin (Av. E.) . . . . **AX**
Fantin-Latour (R.) . . . . **FZ** 31
Faure (R. E.) . . . . **FZ**
Flandrin (R. J.) . . . . **GZ** 32
Foch (Bd Mar.) . . . . **DEZ**
Fourier (R.) . . . . **FZ** 33
France (Q. de) . . . . **DEY**
Gambetta (Bd) . . . . **DEZ**
Gaulle (Av. Gén.-de) . . . . **BX** 34
Graille (Q. de la) . . . . **DY**
Grande-Rue . . . . **EY** 37
Grenette (Pl.) . . . . **EY**
Gueymard (R. E.) . . . . **DY**
Haxo (R.) . . . . **FZ**
Hébert (R.) . . . . **FYZ**
Hoche (R.) . . . . **EZ**
Jaurès (Cours J.) . . . . **DYZ**
Jay (Q. S.) . . . . **EY**
Jeanne-d'Arc (Av.) . . . . **GZ**
Joffre (Bd Mar.) . . . . **DEZ**
Jongking (Q.) . . . . **FY**
Jouhaux (R. L.) . . . . **BX-GZ**
Jouvin (Q. X.) . . . . **FY**
Lafayette (R.) . . . . **EY** 39
La Fontaine (Cours) . . . . **EZ**
Lakanal (R.) . . . . **EZ**
Lavalette (Pl.) . . . . **FY** 40
Leclerc (Av. Mar.) . . . . **FY**
Lesdiguières (R.) . . . . **EZ**
L'Herminier (R. Cdt) . . . . **FY** 41
Libération (Crs de la) . . . . . . **AX**
Lyautey (Bd Mar.) . . . . **EZ** 42
Lyon (Rte de) . . . . **DY**
Malakoff (R.) . . . . **FGZ**
Mallifaud (R.) . . . . **EFZ**
Martyrs (R. des) . . . . **AV**
Mistral (Pl. P.) . . . . **FZ**
Montorge (R.) . . . . **EY** 43
Mortillet (R. de) . . . . **FGY**
Moyrand (R.) . . . . **FGZ**
Notre-Dame (Pl.) . . . . **FY**
Pain (Bd J.) . . . . **FZ**
Palanka (R.) . . . . **EY** 44
Pasteur (Pl.) . . . . **FZ** 45
Perrière (Q.) . . . . **EY** 46
Perrot (Av. J.) . . . . **BX-FZ**
Poulat (R. F.) . . . . **EY** 48
Prévost (R. J.) . . . . **DZ**
Randon (Av. Mar.) . . . . **FY**
Rey (Bd Ed.) . . . . **EY**
Reynier (R. A.) . . . . **AX** 49
Reynoard (Av. M.) . . . . **BX** 50
Rhin-et-Danube (Av.) . . . . **AX**
Rivet (Pl. G.) . . . . **EZ** 53
Rousseau (R. J.-J.) . . . . **EY** 55
Sablon (Pont du) . . . . **GY**
St-André (Pl.) . . . . **EY** 56
Ste-Claire (Pl.) . . . . **EY** 57
Sembat (Bd A.) . . . . **EZ**
Servan (R.) . . . . **FY** 59
Stalingrad (R. de) . . . . **AX** 60
Strasbourg (R. de) . . . . **EFZ** 62
Thiers (R.) . . . . **DZ**
Très-Cloîtres (R.) . . . . **FY** 63

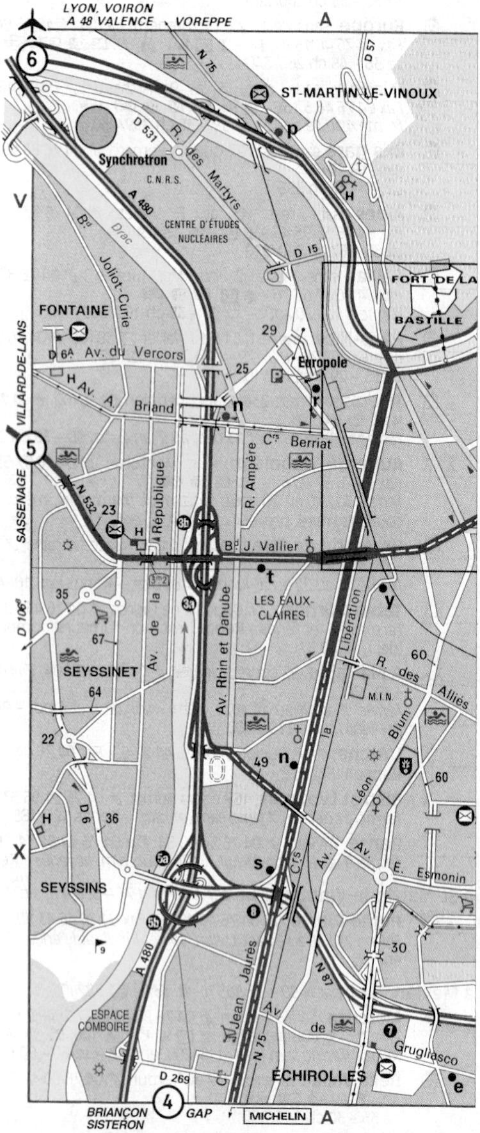

Turenne (R.) . . . . **DZ**
Vallès (Av. J.) . . . . **BV**
Vallier (Bd J.) . . . . **AVX**
Valmy (Av. de) . . . . **GZ**
Verdun (Pl.) . . . . **FZ**
Viallet (Av. F.) . . . . **DEY**
Vicat (R.) . . . . **EZ** 66
Victor-Hugo (Pl.) . . . . **EZ**
Villars (R. D.) . . . . **FYZ**
Voltaire (R.) . . . . **FY** 68

MEYLAN

Vercors (Av. du) . . . . **CV**
Verdun (Av. de) . . . . **CV**

SEYSSINET

Coubertin (Av. P. de) . . . . **AX** 22
Desaire (Bd des Frères) . **AV** 23
Gaulle (Av. Gén.-de) . . . . **AX** 35
République (Av. de la) . **AVX**
Tuilerie (R.) . . . . **AX** 64
Victor-Hugo (Av.) . . . . **AX** 67

SEYSSINS

Gaulle (Av. Gén.-de) . . . . **AX** 36

ST-MARTIN-D'HÈRES

Antoine (R.) . . . . **CX**
Cachin (Av. M.) . . . . **BX**
Croizat (Av. A.) . . . . **BCV**
Galochère (Av. de la) . . . **CX**
Jaurès (Av. J.) . . . . **CX**
Péri (Av. G.) . . . . **BCV**
Potié (Av.) . . . . **BX**
Prévert (Av. J.) . . . . **CX**
Romain-Rolland (Av.) . . . . **CX** 54

LA TRONCHE

Chantourne (Bd de la) . . **BV** 19
Grande-Rue . . . . **BV**
Maquis-du-Grésivaudan
(Av. des) . . . . **BV**

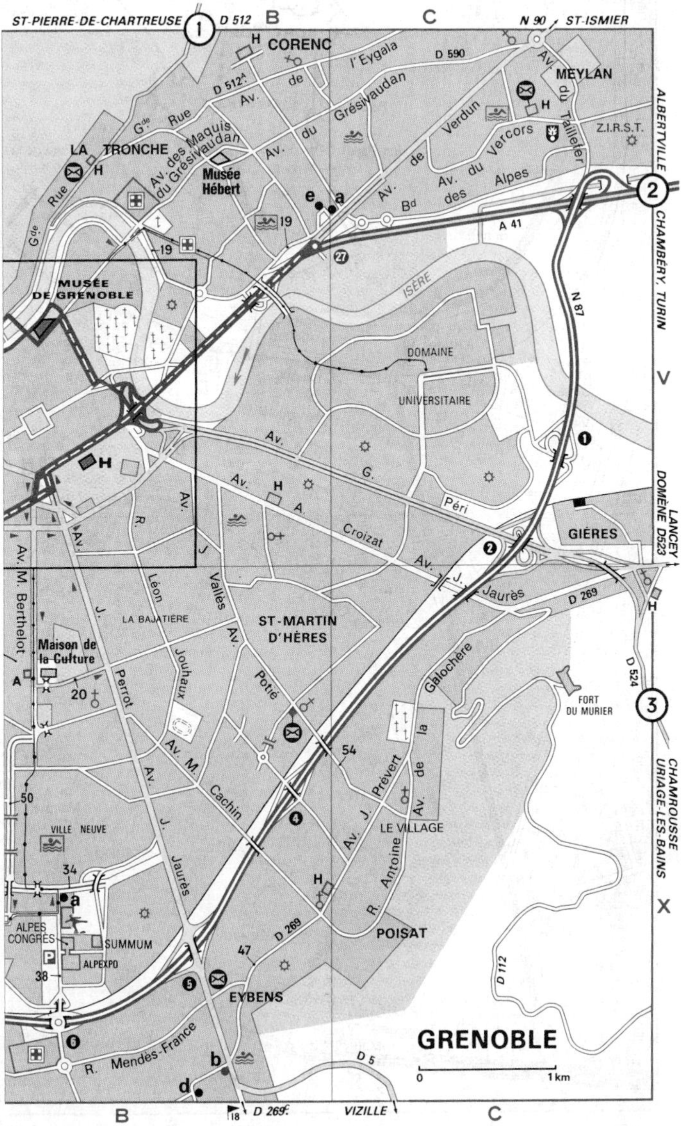

GRENOBLE

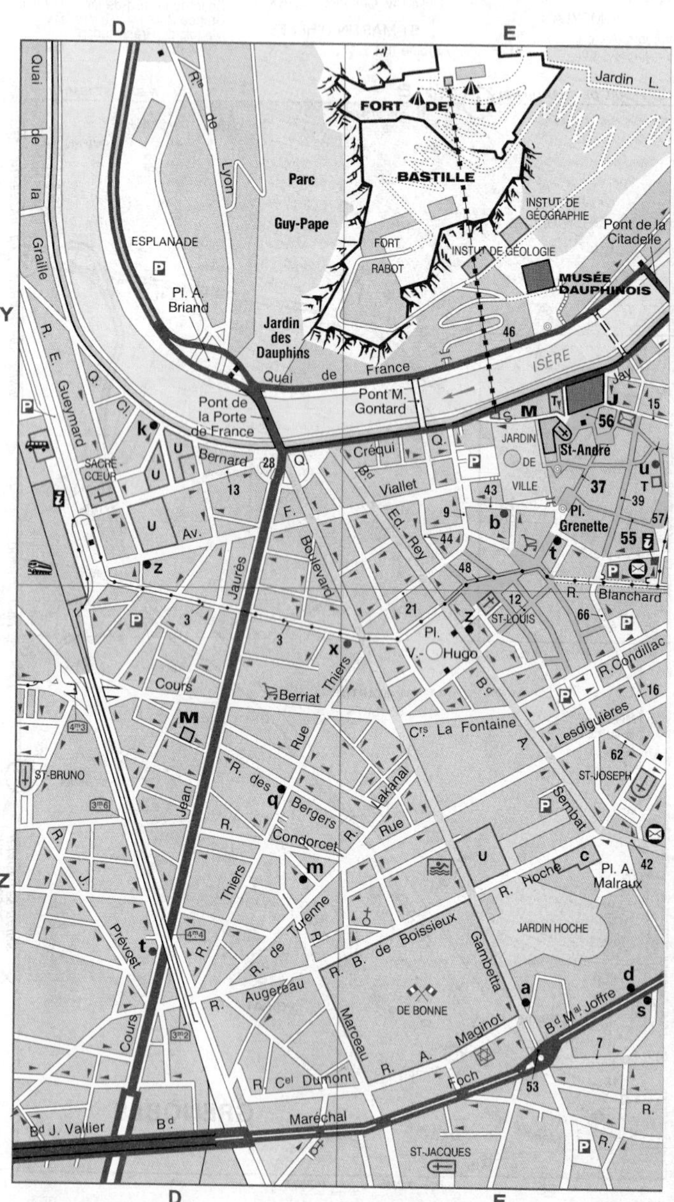

D
E
Y
Z
Quai de la Graille
R. E. Gueymard
Rte de Lyon
ESPLANADE
Pl. A. Briand
Parc Guy-Pape
Jardin des Dauphins
FORT DE LA BASTILLE
FORT RABOT
INSTUT DE GÉOGRAPHIE
INSTUT DE GÉOLOGIE
MUSÉE DAUPHINOIS
Pont de la Citadelle
Jardin
ISÈRE
Quai de France
Pont M. Gontard
Pont de la Porte de France
Q. Cl. Bernard
SACRÉ-CŒUR
Q. Créqui
Bd Ed. Rey
Viallet
JARDIN DE VILLE
St-André
Pl. Grenette
Jay
F. Av.
Jaurès
Boulevard
R. Blanchard
ST-LOUIS
Pl. V.-Hugo
Cours Berriat
Thiers
R. Condillac
Crs La Fontaine
Lesdiguières
ST-JOSEPH
ST-BRUNO
R. des Bergers
R. Condorcet
Rue Lakanal
Rue
A. Sembat
Cours Jean Jaurès
R. J. Prévost
R. Hoche
Pl. A. Malraux
JARDIN HOCHE
R. de Turenne
R. B. de Boissieux
Gambetta
R. Augereau
DE BONNE
Marceau
R. A. Maginot
Bd Mal Joffre
R. Cel Dumont
Foch
Maréchal
Bd J. Vallier
Bd
ST-JACQUES

à Montbonnot-St-Martin *Nord-Est : 7 km par av. de Verdun et N 90 – 2 808 h. alt. 310 – ✉ 38330 .*

Voir *Bec de Margain* ≤★★ *NE : 13 km puis 30 mn.*

XXX **Les Mésanges-Alain Pic,** ☎ 04 76 90 21 57, *Fax 04 76 90 94 48,* « Jardin et terrasse ombragés », – AE GB
fermé 6 au 27 août, vacances de fév., dim. soir, sam. midi et lundi – **Repas** 160/590 et carte 330 à 540 ♀

à Eybens *: 5 km – 8 013 h. alt. 230 – ✉ 38320 :*

Château de la Commanderie ⑤, av. Échirolles ☎ 04 76 25 34 58, *chateau.commanderie@wanadoo.fr, Fax 04 76 24 07 31,* – TV P – 25. AE GB.
Repas *(fermé 23 déc. au 8 janv., sam. midi, dim. soir et lundi)* 174 (déj.), 210/350 ♀ – 63 – **25 ch** 490/720 – 1/2 P 490/580 BX d

XX **Rustique Auberge,** 134 av. J. Jaurès ☎ 04 76 25 24 70, *Fax 04 76 62 39 53* – AE GB BX b
fermé 1er au 21 août, sam. midi, lundi midi et dim. – **Repas** 98/210 ♀

à Bresson *Sud par av. J. Jaurès : 8 km par D 269c – 753 h. alt. 300 – ✉ 38320 :*

XXXX **Chavant** avec ch, ☎ 04 76 25 25 38, *Fax 04 76 62 06 55,* « Jardin ombragé », – rest, TV P – 15. AE GB
fermé 25 au 31 déc. – **Repas** *(fermé sam. midi, dim. soir et lundi)* 210/280 et carte 310 à 440 ♀, enf. 80 – 75 – **7 ch** 650/820

à Échirolles *: 4 km – 34 435 h. alt. 237 – ✉ 38130 :*

Dauphitel M, 16 av. Kimberley ☎ 04 76 33 60 60, *info@dauphitel, Fax 04 76 33 60 00,* – TV P – 50. AE GB JCB. rest AX e
Repas *(fermé 1er au 20 août, 23 déc. au 1er janv., sam. midi et dim.)* (98) - 140 ♀, enf. 62 – 50 – **68 ch** 390/440

par la sortie ④ :

à Pont-de-Claix *8 km par N 75 – 11 871 h. alt. 240 – ✉ 38800 :*

X **Provençal,** 16 cours St-André ☎ 04 76 98 01 16, *Fax 04 76 98 01 16* – GB
fermé 21 juil. au 20 août, mardi soir, dim. soir et lundi – **Repas** (65) - 95/190 , enf. 50

à Claix *: 9 km par A 480, sortie 9 – 6 960 h. alt. 300 – ✉ 38640 :*

Comfort Inn Primevère M, 2 r. Europe ☎ 04 76 98 84 54, *Fax 04 76 98 66 22,* – TV P – 35. AE GB.
Repas 92/190 , enf. 46 – 39 – **45 ch** 320

par la sortie ⑥ :

à Sassenage *: 5 km par A 480 – 9 788 h. alt. 209 – ✉ 38360 :*

Office de Tourisme pl. Libération ☎ 04 76 53 17 17, Fax 04 76 53 52 17.

Relais de Sassenage, Z.I. l'Argentière (rocade sud, sortie Sassenage) ☎ 04 76 27 20 21, *Fax 04 76 53 56 04,* – rest, TV P – 30. AE GB
Repas *(fermé en août et sam. midi)* 119/189 ♀, enf. 77 – 48 – **47 ch** 295/325

au Fontanil *: 8 km par A 48, sortie 14 et N 75 – 2 079 h. alt. 210 – ✉ 38120 :*

XX **Queue de Cochon,** rte Lyon ☎ 04 76 75 65 54, *qcochon@free.fr, Fax 04 76 75 76 85,* – P. AE GB
fermé 1er au 15 mai, 1er au 15 nov., sam. midi, dim. soir et lundi – **Repas** 150/200 ♀, enf. 68

près échangeur A 48 *: 9 km – ✉ 38340 Voreppe :*

Novotel M, ☎ 04 76 50 55 55, *h0423@accor-hotels.com, Fax 04 76 56 76 26,* – TV P – 130. AE GB
Repas (75) - 119/125 ♀, enf. 50 – 60 – **114 ch** 495/565

GRÉOUX-LES-BAINS *04800 Alpes-de-H.-P.* 84 ④ ⑤, 114 ⑤ *G. Alpes du Sud – 1 718 h alt. 386 – Stat. therm. (5 mars-22 déc.) – Casino.*

Office de Tourisme 5 av. des Marronniers ☎ 04 92 78 01 08, Fax 04 92 78 13 00.

Paris 769 – Digne-les-Bains 66 – Aix-en-Provence 56 – Brignoles 56 – Manosque 14.

Crémaillère ⑤, rte Riez ☎ 04 92 70 40 04, *Fax 04 92 78 19 80,* – , rest, TV P – 40. AE GB
11 mars-30 nov. – **Repas** 200 – 55 – **51 ch** 450 – P 520

Villa Borghèse ⑤, av. Thermes ☎ 04 92 78 00 91, *villa.borghese@wanadoo.fr, Fax 04 92 78 09 55,* – rest, TV P – 30 à 80. AE GB. rest
25 mars-4 nov. – **Repas** (115) - 170/230 – 70 – **66 ch** 410/690 – P 595/685

Lou San Peyre, av. Thermes ✆ 04 92 78 01 14, *contact@lousanpeyre.com, Fax 04 92 78 03 85,* … – **40.** AE GB. rest
15 mars-31 oct. – **Repas** 90/205, enf. 65 – 68 – **38 ch** 480 – P 570

Chêneraie Ⓜ, Les Hautes Plaines, par av. Thermes ✆ 04 92 78 03 23, *contact@la-chen eraie.com, Fax 04 92 78 11 72,* … AE GB
fermé 25 nov. au 25 fév. – **Repas** 100/220, enf. 55 – 50 – **20 ch** 300/440 – P 370/440

Alpes, av. Alpes ✆ 04 92 74 24 24, *Fax 04 92 74 24 26,* … AE GB
mars-nov. – **Repas** 90/185, enf. 50 – 45 – **32 ch** 210/355 – ½ P 262/305

Grand Jardin, av. Thermes ✆ 04 92 70 45 45, *Fax 04 92 74 24 79,* … – 30. AE GB JCB. rest
1er mars-30 nov. – **Repas** 95/220, enf. 55 – 45 – **85 ch** 240/370 – P 315/400

GRESSE-EN-VERCORS *38650 Isère 77 ⑭ G. Alpes du Nord – 265 h alt. 1205 – Sports d'hiver : 1 300/1 700 m 16.*

Env. *Col de l'Allimas ≤★ S : 2 km.*

Office de Tourisme Le Faubourg ✆ 04 76 34 33 40, Fax 04 76 34 31 26.

Paris 616 – Grenoble 48 – Clelles 22 – Monestier-de-Clermont 14 – Vizille 44.

Chalet ✆ 04 76 34 32 08, *lechalet@free.fr, Fax 04 76 34 31 06,* … – 25. GB.
6 mai-14 oct. et 22 déc.-17 mars et fermé merc. sauf vacances scolaires – **Repas** 100/300, enf. 62 – 48 – **25 ch** 240/480 – ½ P 360/400

GRESSWILLER *67190 B.-Rhin 87 ⑮ – 1 181 h alt. 200.*

Paris 482 – Strasbourg 35 – Obernai 15 – Saverne 33 – Sélestat 41.

Écu d'Or, Z.A. : 1 km par D 217 ✆ 03 88 50 16 00, *info@lecudor.fr, Fax 03 88 50 15 11* – rest, … GB
Repas *(49)* - 60 (déj.), 75/250 – 40 – **25 ch** 295/325 – ½ P 250/270

GRESSY *77 S.-et-M. 56 ⑫., 101 ⑩ – voir à Paris, Environs.*

GRÉSY-SUR-ISÈRE *73740 Savoie 74 ⑯ – 890 h alt. 350.*

Env. *Site★★ – Château de Miolans ≤★ : Tour St-Pierre ≤★★, souterrain de défense★ G. Alpes du Nord.*

Paris 601 – Albertville 19 – Aiguebelle 12 – Chambéry 38 – St-Jean-de-Maurienne 47.

Tour de Pacoret avec ch, Nord-Est : 1,5 km par D 201 ✉ 73460 Frontenex ✆ 04 79 37 91 59, *info@hotel-pacoret-savoie.com, Fax 04 79 37 93 84,* ≤ vallée et montagnes, … GB. rest
début mai-fin oct. – **Repas** *(fermé merc. midi sauf juil.-août, lundi en oct. et mardi)* 90 (déj.), 125/300 – 60 – **9 ch** 300/680 – ½ P 370/480

GRÉZIEU-LA-VARENNE *69290 Rhône 74 ⑪, 110 ⑫ – 3 256 h alt. 332.*

Paris 461 – Lyon 14 – L'Arbresle 18 – Villefranche-sur-Saône 31.

Hostellerie de la Varenne, 9 r. É. Evellier ✆ 04 78 57 31 05, *Fax 04 78 57 31 05,* – AE GB
fermé dim. soir, merc. soir et lundi – **Repas** 138/295, enf. 50

La GRIÈRE *85 Vendée 71 ⑪ – rattaché à La Tranche-sur-Mer.*

GRIGNAN *26230 Drôme 81 ② G. Provence – 1 300 h alt. 198.*

Voir *Château★★ – Église St-Sauveur ★.*

Paris 632 – Crest 48 – Montélimar 24 – Nyons 24 – Orange 49 – Pont-St-Esprit 34.

Manoir de la Roseraie, rte Valréas ✆ 04 75 46 58 15, *roseraie.hotel@wanadoo.fr, Fax 04 75 46 91 55,* ≤, « Élégant manoir dans un parc », … rest, … AE GB
fermé 3 au 12 déc., 5 janv. au 14 fév., mardi et merc. hors saison – **Repas** (prévenir) 200/355 – 100 – **17 ch** 900/1180 – ½ P 795/935

Clair de la Plume sans rest, pl. Mail ✆ 04 75 91 81 30, *Fax 04 75 91 81 31,* « Maison du 17e siècle à la décoration soignée », … AE GB JCB
fermé fév. – **10 ch** 490/890

XX **Relais de Grignan,** rte Montélimar D 541 : 1 km ✆ 04 75 46 57 22, *Fax 04 75 46 92 96*, – ▤ P. AE GB
fermé merc. soir sauf juil.-août, dim. soir et lundi – **Repas** 98 (déj.), 152/320 ♀, enf. 60

X **Poème,** montée du Tricot ✆ 04 75 91 10 90 – GB
fermé fév., le midi en semaine en juil.-août, mardi et merc. – **Repas** 110 (déj.), 155/230 ♀

GRIMAUD *83310 Var 84 ⑰, 114 ㊲ G. Côte d'Azur – 3 322 h alt. 105.*

Voir Château ≤★.
Env. *Port Grimaud★ : ≤★ 5 km.*
Syndicat d'Initiative bd des Aliziers ✆ 04 94 43 26 98, Fax 04 94 43 32 40 annexe (saison) Port-Grimaud.
Paris 865 – Fréjus 32 – Le Lavandou 33 – St-Tropez 11 – Ste-Maxime 11 – Toulon 65.

Boulangerie sans rest, rte de Collobrières, Ouest : 2 km par D 14 ✆ 04 94 43 23 16, *Fax 04 94 43 38 27*, ≤, parc, – ▤ P. AE GB
Pâques-10 oct. – ☐ 65 – **11 ch** 780/820

Athénopolis M, rte La Garde-Freinet, Nord-Ouest : 3,5 km par D 558 ✆ 04 94 43 24 24, *athenopolis@var-provence.com, Fax 04 94 43 37 05*, – TV P. AE GB. rest
hôtel : 1er avril-31 oct. ; rest. : 15 mai-15 sept. – **Repas** grill (dîner seul. en plein air)(résidents seul.) 120 – ☐ 50 – **11 ch** 590/680 – ½ P 465/510

Hostellerie du Coteau Fleuri, pl. Pénitents ✆ 04 94 43 20 17, *coteaufleuri@wanadoo.fr, Fax 04 94 43 33 42*, ≤ – AE GB. rest
fermé 10 nov. au 15 déc., 5 au 20 janv. – **Repas** *(fermé mardi sauf juil.-août)* 150 (déj.), 195/250 – ☐ 45 – **14 ch** 400/550 – ½ P 420/495

XXX **Les Santons** (Girard), ✆ 04 94 43 21 02, *lessantons@wanadoo.fr, Fax 04 94 43 24 92*, « Cadre provençal » – ▤. GB
✿ *31 mars-début nov.* – **Repas** *(fermé merc. sauf le soir en saison, mardi midi de juin à sept. et jeudi midi)* 215 bc (déj.), 265/425 et carte 380 à 520 ♀, enf. 120
Spéc. Petite bourride des Santons. Agneau des Hautes Alpes sous toutes ses formes. Gibier (saison). **Vins** Coteaux Varois, Bandol.

XX **Bretonnière,** pl. Pénitents ✆ 04 94 43 25 26, *Fax 04 94 43 25 26* – ▤. GB
fermé 20 au 28 mars, 20 nov. au 17 déc., dim. soir et lundi sauf juil.-août – **Repas** 160 (déj.), 200/450 ♀

XX **Jardin des Cabris,** Sud : 1 km, carrefour D 552 - D 14 ✆ 04 94 43 26 48, *Fax 04 94 43 39 41*, – P. AE GB
fév.-fin oct. et fermé sam. midi et lundi – **Repas** 145 (déj.), 195/395 ♀

X **Auberge La Cousteline,** Sud-Est : 2,5 km sur D 14 ✆ 04 94 43 29 47, – P. GB
fermé janv., lundi midi et mardi – **Repas** 130 (déj.), 165/250 ♀

GRIS-NEZ (Cap) ★★ *62 P.-de-C. 51 ① G. Picardie Flandres Artois – ✉ 62179 Audinghen.*

Paris 278 – Calais 32 – Arras 127 – Boulogne-sur-Mer 21 – Marquise 13 – St-Omer 62.

Les Mauves , ✆ 03 21 32 96 06, – P. GB.
1er avril-15 nov. – **Repas** 125/235 ♀ – ☐ 47 – **16 ch** 320/520 – ½ P 340/455

X **Sirène,** ✆ 03 21 32 95 97, *Fax 03 21 32 74 75*, ≤ mer – P. AE GB
fermé 17 déc. au 26 janv., le soir sauf sam. de sept. à Pâques, dim. soir et lundi – **Repas** 121/217, enf. 44

La GRIVE *38 Isère 74 ⑬ – rattaché à Bourgoin-Jallieu.*

GROISY *74570 H.-Savoie 74 ⑥ – 2 190 h alt. 690.*

Paris 537 – Annecy 18 – Bellegarde-sur-Valserine 40 – Bonneville 27 – Genève 39.

XX **Auberge de Groisy,** ✆ 04 50 68 09 54, *Fax 04 50 68 09 54*, – GB
fermé 20 août au 4 sept., vacances de fév., lundi et mardi – **Repas** 108/300 ♀, enf. 55

GROIX (Ile de) ★ 56590 Morbihan 58 ⑫ *G. Bretagne* – *2 472 h alt. 38.*

Voir Site★ de Port-Lay – Trou de l'Enfer★.

Accès par transports maritimes pour **Port-Tudy** *(en été* **réservation recommandée** *pour le passage des véhicules).*

depuis **Lorient.** *- Traversée 45 mn - Tarifs, se renseigner : Cie Morbihannaise et Nantaise de Navigation, r. Gilles-Gahinet ☎ 02 97 64 77 64 -Fax 02 97 64 77 69.*

depuis **Doëlan** *servive saisonnier - Traversée 1h - Renseignements et tarifs : Vedettes Glenn ☎ 02 98 97 10 31.*

Syndicat d'Initiative Mairie "Le Bourg" ☎ 02 97 86 53 08 et (saison) Port Tudy ☎ 02 97 86 54 96.

Marine, au Bourg ☎ 02 97 86 80 05, *hotel.dela.marine@wanadoo.fr, Fax 02 97 86 56 37,* – GB
fermé janv., dim. soir et lundi hors saison sauf vacances scolaires – **Repas** 82/180 ♀, enf. 50 – 48 – **22 ch** 237/470 – ½ P 278/372

Ty Mad, au port ☎ 02 97 86 80 19, *Fax 02 97 86 50 79,* – GB.
hôtel : fermé janv. ; rest. : Pâques-nov. – **Repas** 90 (déj.)/200, enf. 55 – 40 – **32 ch** 270/450 – ½ P 265/350

GRON *18800 Cher* 69 ② – *341 h alt. 226.*

Paris 228 – Bourges 30 – Montluçon 104 – Nevers 41 – St-Amand-Montrond 64.

XX **Auberge de la Butte,** pl. Église ☎ 02 48 68 50 04, *cuisinierpoete@aol.com, Fax 02 48 68 52 71,* « Jolie maison villageoise » – GB
fermé janv., lundi et mardi sauf fériés – **Repas** 146/327 ♀, enf. 78

Restaurants, die sorgfältig zubereitete, preisgünstige Mahlzeiten anbieten, sind durch das Zeichen kenntlich gemacht.

GROSLÉE *01680 Ain* 74 ⑭ – *286 h alt. 280.*

Paris 498 – Belley 23 – Bourg-en-Bresse 71 – Lyon 69 – La Tour-du-Pin 26 – Voiron 45.

XX **Penelle,** à Port de Groslée Sud-Ouest : 2 km sur D 19 ☎ 04 74 39 71 01, *Fax 04 74 39 70 93,* ←, – GB
fermé 25 juin au 3 juil., 31 déc. au 29 janv., lundi et mardi – **Repas** 86/215

GROTTE *voir au nom propre de la grotte.*

GROUIN (Pointe du) *35 I.-et-V.* 59 ⑥ – *rattaché à Cancale.*

GRUFFY *74540 H.-Savoie* 74 ⑯ – *1 157 h alt. 570.*

Paris 549 – Annecy 17 – Aix-les-Bains 19 – Chambéry 37 – Genève 66.

Gorges du Chéran , au Pont de l'Abîme ☎ 04 50 52 51 13, *Fax 04 50 52 57 33,* ←, – GB. ch
18 mars-11 nov. – **Repas** 85/178 , enf. 50 – 38 – **8 ch** 280/370 – ½ P 250/310

GRUISSAN *11430 Aude* 86 ⑩ *G. Languedoc Roussillon* – *2 170 h alt. 2 – Casino.*

Office de Tourisme bd du Pech Maynaud ☎ 04 68 49 03 25, Fax 04 68 49 33 12.

Paris 806 – Perpignan 76 – Carcassonne 73 – Narbonne 15.

Corail M, quai Ponant, au port ☎ 04 68 49 04 43, *corail2@wanadoo.fr, Fax 04 68 49 62 89,* ←, – GB
6 fév.-5 nov. – **Repas** 98/198 ♀, enf. 45 – 45 – **32 ch** 380/420 – ½ P 350

du Casino M, bd Sagne (au casino) ☎ 04 68 49 03 05, *hotel@phoebus-sa.com, Fax 04 68 49 07 67* – ch, GB. rest
Repas 89/195 – 45 – **50 ch** 330/435

Plage sans rest, à la plage ☎ 04 68 49 00 75 – GB.
Pâques-mi-sept. – **17 ch** 270/350

XX **L'Estagnol,** au village ☎ 04 68 49 01 27, *Fax 04 68 32 23 38,* ←, – GB
16 avril-30 sept. et fermé lundi – **Repas** 90 (déj.), 135/175 ♀, enf. 46

X **Lamparo,** au village ☎ 04 68 49 93 65, *Fax 04 68 49 93 65,* – GB
fermé 17 déc. au 27 janv., dim. soir et lundi – **Repas** (80) - 110/180 ♀

Le GUA *17680 Char.-Mar.* 71 ⑭ *– 1 689 h alt. 3.*
Paris 495 – Royan 16 – La Rochelle 64 – Bordeaux 128 – Rochefort 26.

Moulin de Châlons, Châlons, Ouest : 1 km rte de Royan ☎ 05 46 22 82 72, *Fax 05 46 22 91 07*, « Ancien moulin à marée du 18e siècle », – P. AE GB
fermé 7 au 27 janv., dim. soir et lundi du 31 oct. au 1er avril – **Repas** 165/380 ♀, enf. 55 – ☕ 70 – **15 ch** 360/550 – ½ P 410/505

GUAGNO *2A Corse-du-Sud* 90 ⑮ *– voir à Corse.*

GUAGNO-LES-BAINS *2A Corse-du-Sud* 90 ⑮ *– voir à Corse.*

GUEBERSCHWIHR *68420 H.-Rhin* 62 ⑱ ⑲ *G. Alsace Lorraine – 703 h alt. 260.*
Paris 487 – Colmar 12 – Guebwiller 18 – Mulhouse 35 – Strasbourg 86.

Relais du Vignoble, ☎ 03 89 49 22 22, *hotelrelaisduvignoble@wanadoo.fr*, *Fax 03 89 49 27 82*, – P – 40. GB
fermé 26 janv. au 2 mars – ***Belle Vue*** *(fermé merc. soir du 15 nov. au 15 avril et jeudi)* **Repas** 80(déj.),115/250 ♀, enf. 50 – ☕ 47 – **30 ch** 300/450 – ½ P 310/350

GUEBWILLER *68500 H.-Rhin* 62 ⑱ *G. Alsace Lorraine – 10 942 h alt. 300.*
Voir *Église St-Léger★ : façade Ouest★★ – Intérieur★★ de l'église N.-Dame★ : Maître-Hôtel★★ - Hôtel de ville★ – Musée du Florival★.*
Env. *Vallée de Guebwiller★★ NO.*
Office de Tourisme Hôtel-de-Ville 73 r. de la République ☎ 03 89 76 10 63, Fax 03 89 76 52 72.
Paris 474 – Mulhouse 22 – Belfort 50 – Colmar 27 – Épinal 102 – Strasbourg 105.

Château de la Prairie sans rest, allée Marronniers ☎ 03 89 74 28 57, *Fax 03 89 74 71 88*, – P – 30. AE GB JCB
☕ 50 – **20 ch** 350/590

Ange, 4 r. Gare ☎ 03 89 76 22 11, *Fax 03 89 76 50 08* – P – 30. AE GB
Repas *(fermé dim. soir et lundi)* 60/300 ♀ – ☕ 42 – **36 ch** 235/370 – ½ P 310/403

à Murbach *Nord-Ouest : 5 km par D 40I – 116 h. alt. 420 – ✉ 68530.*
Voir *Église★★.*

Hostellerie St-Barnabé, ☎ 03 89 62 14 14, *hostellerie.st.barnabe@wanadoo.fr*, *Fax 03 89 62 14 15*, « Maison fleurie dans le vallon, jardin », – rest, P. AE GB JCB
fermé 6 janv. au 9 mars, lundi midi, merc. midi, vend. midi et dim. soir de nov. à avril – **Repas** 158/428 ♀ – ☕ 90 – **27 ch** 450/1100 – ½ P 560/885

à Jungholtz *Sud-Ouest : 6 km par D 51 – 677 h. alt. 332 – ✉ 68500 :*

Les Violettes, à Thierenbach ☎ 03 89 76 91 19, *Fax 03 89 74 29 12*, « En lisière de forêt », – P. AE GB
Repas *(fermé lundi soir et mardi sauf fériés)* 180/420 ♀ – ☕ 70 – **25 ch** 480/750

Biebler "La Roseraie" avec ch, ☎ 03 89 76 85 75, *Fax 03 89 74 91 45*, « Jardin fleuri », – P. AE GB
fermé merc. – **Repas** 80/280 ♀ – ☕ 55 – **7 ch** 250/350 – ½ P 300

à Hartmannswiller *Sud : 7 km par D 5 – 503 h. alt. 255 – ✉ 68500 :*

Meyer, sur D 5 ☎ 03 89 76 73 14, *hotel.meyer@wanadoo.fr*, *Fax 03 89 76 79 57*, – P. AE GB.
fermé 29 oct. au 5 nov., 24 déc. au 4 janv., 15 au 28 fév., sam. midi et vend. – **Repas** 70/300 ♀, enf. 40 – ☕ 40 – **11 ch** 240/400 – ½ P 255/300

à Rimbach-près-Guebwiller *Ouest : 11 km par D 51 – 223 h. alt. 550 – ✉ 68500 :*

Aigle d'Or, ☎ 03 89 76 89 90, *Fax 03 89 74 32 41*, – P. AE GB
Repas *(fermé 19 fév. au 15 mars, 3 au 7 déc. et lundi sauf de juil. à sept.)* 85/195 ♀, enf. 40 – ☕ 36 – **20 ch** 130/280 – ½ P 190/280

GUÉCELARD *72230 Sarthe* 64 ㊸ *– 2 261 h alt. 45.*
Paris 217 – Le Mans 18 – Château-du-Loir 39 – La Flèche 26 – Le Grand-Lucé 38.

Botte d'Asperges, ☎ 02 43 87 29 61, *Fax 02 43 87 29 61* – GB
fermé 4 au 11 mars, 5 au 28 août, dim. soir et lundi sauf fériés – **Repas** 99/275, enf. 48

GUÉMENÉ-SUR-SCORFF 56160 Morbihan 59 ⑪ – 1 332 h alt. 180.

Paris 484 – Vannes 66 – Concarneau 72 – Lorient 45 – Pontivy 21 – Rennes 131.

Bretagne, r. J. Peres ☎ 02 97 51 20 08, *Fax 02 97 39 30 49,* – TV P – 40. GB
fermé 1er au 15 sept., 20 déc. au 10 janv. et sam. hors saison – **Repas** (50) - 59/195 ♀, enf. 38 – ☕ 38 – **19 ch** 210/278 – ½ P 200/231

GUENROUËT 44530 Loire-Atl. 63 ⑮ – 2 383 h alt. 30.

Paris 408 – Nantes 57 – Redon 23 – St-Nazaire 42 – Vannes 71.

Relais St-Clair, rte Nozay ☎ 02 40 87 66 11, *cuisinerie@relais-saint-clair.com, Fax 02 40 87 71 01* – . GB
fermé fév., mardi sauf juil.-août et lundi – **Repas** 140/380 ♀, enf. 72

Paradis des Pêcheurs, au Cougou sur D 102 : 5 km ☎ 02 40 87 64 10, – P. GB
fermé vacances de fév., dim. soir et merc. – **Repas** 55 (déj.), 95/175 ♀, enf. 55

Dans la liste des rues des plans de villes, les noms en rouge indiquent les principales voies commerçantes.

GUÉRANDE 44350 Loire-Atl. 63 ⑭ *G. Bretagne* – 11 665 h alt. 54.

Voir *Collégiale St-Aubin★.*

Office de Tourisme 1 pl. Marché aux Bois ☎ 02 40 24 96 71, Fax 02 40 62 04 24.

Paris 455 – Nantes 79 – La Baule 6 – St-Nazaire 20 – Vannes 68.

Les Voyageurs, pl. du 8 Mai 1945 ☎ 02 40 24 90 13, *Fax 02 40 62 06 64,* – TV. GB
fermé 24 déc. au 23 janv., dim. soir sauf juil.-août et lundi – **Repas** 70/190 ♀, enf. 38 – ☕ 34 – **12 ch** 250/310 – ½ P 290/310

Les Remparts avec ch, bd Nord ☎ 02 40 24 90 69, *Fax 02 40 62 17 99* – TV. GB
fermé 27 nov. au 22 janv., dim. soir et lundi sauf juil.-août – **Repas** 110/210 ♀, enf. 60 – ☕ 35 – **8 ch** 250/280 – ½ P 290/300

L'Ostréa, 5 r. St-Michel (intra-muros) ☎ 02 40 42 93 03, – GB
fermé 8 au 26 oct., 24 déc. au 2 fév., dim. soir, jeudi soir et lundi sauf juil.-août – **Repas** -produits de la mer- 94/205, enf. 42

Vieux Logis, pl. Psalette ☎ 02 40 62 09 73, – GB
fermé 12 nov. au 13 déc., mardi soir et merc. sauf juil.-août et fériés – **Repas** - grillades - (78) - 108/148 ♀, enf. 60

à Saillé *Sud : 3 km – ✉ 44350 Guérande :*

Salorge, ☎ 02 40 15 14 19, *Fax 02 40 15 14 19,* , – P. GB
fermé 1er au 15 janv., merc. et jeudi sauf vacances scolaires – **Repas** crêperie carte 75 à 135 ♀

La GUERCHE-DE-BRETAGNE 35130 I.-et-V. 63 ⑧ *G. Bretagne* – 4 123 h alt. 77.

Paris 326 – Châteaubriant 30 – Laval 54 – Redon 85 – Rennes 43 – Vitré 22.

Calèche M avec ch, 16 av. Gén. Leclerc ☎ 02 99 96 21 63, *Fax 02 99 96 49 52,* – TV P. GB
fermé 1er au 20 août, dim. soir et lundi – **Repas** (65) - 75/185 ♀ – ☕ 45 – **10 ch** 220/295 – ½ P 225

GUÉRET P 23000 Creuse 72 ⑨ *G. Berry Limousin* – 14 706 h alt. 457.

Voir *Émaux Champlevés★ du musée d'art et d'archéologie de la Sénatorerie.*

Office de Tourisme 1 av. Ch.-de-Gaulle ☎ 05 55 52 14 29, Fax 05 55 41 19 38.

Paris 355 ① – Limoges 90 ② – Châteauroux 90 ① – Montluçon 66 ③.

Plan page suivante

Auclair, 19 av. Sénatorerie ☎ 05 55 41 22 00, *hotel-auclair@wanadoo.fr, Fax 05 55 52 86 89,* , , – TV. GB Z s
Repas *(fermé dim. soir)* 130/235 ♀ – ☕ 39 – **32 ch** 200/310 – ½ P 360

Campanile, av. R. Cassin par ⑤ ☎ 05 55 51 54 00, *Fax 05 55 52 56 16,* – TV P – 15 à 30. AE GB JCB
Repas 94/112 ♀, enf. 39 – ☕ 36 – **49 ch** 335

à Ste-Feyre *par ③ : 7 km – 2 250 h. alt. 450 – ✉ 23000 :*

Les Touristes, ☎ 05 55 80 00 07, *Fax 05 55 81 11 04* – . GB.
fermé dim. soir, mardi soir et merc. – **Repas** 90/220

GUÉRET

Allende (R. Salvador) . . . . . Y 2	Gare (Rond-Point de la) . . . . Y 12	Piquerelle (Pl.) . . . . Y 22
Ancienne-Mairie (R. de l') . Z 4	Grand (R. Alfred) . . . . Y 13	Poitou (Av. du) . . . . Y 23
Bonnyaud (Pl.) . . . . Z 5	Grande-Rue . . . . Z 15	Rollinat (R. Maurice) . . . . Y 25
Corneille (R. Pierre) . . . . . . Y 7	Jaurès (R. Jean) . . . . Z 16	Roosevelt (R. Franklin) . . . . Y 26
Ducouret (R.) . . . . Z 9	Londres (R. de) . . . . Z 17	St-Pardoux (Bd) . . . . Y 28
	Musset (R. Alfred-de) . . . Y 19	Verdun (R. de) . . . . Z 29
	Pasteur (Av.) . . . . YZ 20	Zola (Bd Émile) . . . . Y 30

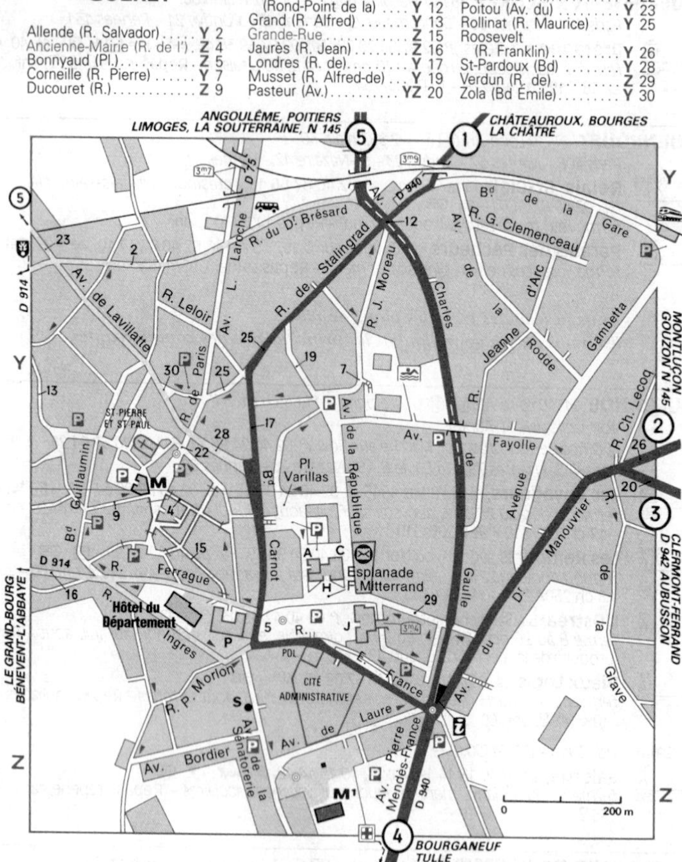

The Guide changes, so renew your Guide every year.

GUÉTHARY *64210 Pyr.-Atl.* 78 ⑪ ⑱ *G. Aquitaine – 1 105 h alt. 15.*

Office de Tourisme r. du Comte de Swiecinski ☏ 05 59 26 56 60, Fax 05 59 54 92 67.

Paris 786 – Biarritz 9 – Bayonne 18 – Pau 126 – St-Jean-de-Luz 6.

Brikéténia sans rest, r. Église ☏ 05 59 26 51 34, *Fax 05 59 54 71 55*, ← – GB
15 mars-15 nov. – ☕ 45 – **25 ch** 550

Le GUÉTIN *18 Cher* 69 ③ – ✉ *18150 La Guerche-sur-l'Aubois.*

Paris 245 – Bourges 58 – La Guerche-sur-l'Aubois 11 – Nevers 13 – St-Pierre-le-Moutier 28.

Auberge du Pont-Canal, D 976 ☏ 02 48 80 40 76, *Fax 02 48 80 45 11*, – GB
fermé 1er au 15 oct., 1er au 15 mars et lundi – **Repas** (déj. seul. d'oct. à avril sauf sam.) 75 (déj.), 120/180, enf. 42

GUEUGNON *71130 S.-et-L.* 69 ⑰ *– 9 697 h alt. 243.*

Paris 337 – Moulins 62 – Bourbon-Lancy 26 – Mâcon 87 – Montceau-les-Mines 29.

Centre, 34 r. Liberté ☏ 03 85 85 21 01, *Fax 03 85 85 02 67* – rest, GB
Repas *(fermé dim. soir)* 80/185, enf. 55 – ☕ 38 – **20 ch** 135/280

GUEWENHEIM *68116 H.-Rhin* 87 ⑲ *– 1 140 h alt. 323.*

Paris 443 – Mulhouse 21 – Altkirch 22 – Belfort 25 – Thann 9.

Gare, ✆ 03 89 82 51 29, *Fax 03 89 82 84 62,* – GB
fermé 22 juil. au 12 août, 15 fév. au 2 mars, mardi soir et merc. – **Repas** 150/360

GUIGNIÈRE *37 I.-et-L.* 64 ⑭ ⑮ *– rattaché à Tours.*

GUILHERAND-GRANGES *07 Ardèche* 77 ⑫ *– rattaché à Valence (26 Drôme).*

GUILLESTRE *05600 H.-Alpes* 77 ⑱ *G. Alpes du Sud – 2 000 h alt. 1000.*

Voir *Porche★ de l'église – Pied-la-Viste ≤★ E : 2 km – Peyre-Haute ≤★ S : 4 km puis 15 mn.*
Env. *Combe du Queyras★★ NE : 5,5 km.*
Office de Tourisme pl. Salva ✆ 04 92 45 04 37, Fax 04 92 45 19 09.
Paris 720 – Briançon 37 – Gap 62 – Barcelonnette 53 – Digne-les-Bains 115.

Les Barnières, ✆ 04 92 45 04 87, *Fax 04 92 45 28 74,* ≤ vallée et montagnes, – GB. rest
fermé 15 oct. au 20 déc. – **Repas** 100/200, enf. 80 – 50 – **40 ch** 420/500 – ½ P 420/450

Catinat Fleuri, ✆ 04 92 45 07 62, *Fax 04 92 45 28 88,* – 15. GB
Repas 89/185, enf. 42 – 38 – **31 ch** 390/450 – ½ P 360/380

Epicurien, ✆ 04 92 45 20 02, – GB
fermé 1er au 15 juin, 1er au 15 nov., lundi et mardi sauf juil.-août – **Repas** 130/210, enf. 50

à Mont-Dauphin gare *Nord-Ouest : 4 km par D 902A et N 94 – 73 h. alt. 1050 – ✉ 05600 .*

Voir *Charpente★ de la caserne Rochambeau.*

Lacour et rest. Gare, ✆ 04 92 45 03 08, *hotel.lacour@wanadoo.fr, Fax 04 92 45 40 09,* – 30. GB. rest
fermé sam. du 1er mai au 30 juin et du 1er sept. au 20 déc. – **Repas** 83/195, enf. 45 – 40 – **46 ch** 170/320 – ½ P 210/285

GUILLIERS *56490 Morbihan* 63 ④ *– 1 207 h alt. 86.*

Paris 419 – Vannes 60 – Dinan 64 – Lorient 91 – Ploërmel 13 – Rennes 68.

Relais du Porhoët, ✆ 02 97 74 40 17, *Fax 02 97 74 45 65,* – 20. AE GB
fermé 1er au 8 oct., 2 au 16 janv., lundi sauf de juin à sept. et dim. soir d'oct. à mai – **Repas** 63/200, enf. 48 – 35 – **12 ch** 210/270 – ½ P 230/300

GUILVINEC *29730 Finistère* 58 ⑭ *G. Bretagne – 3 365 h alt. 5.*

Paris 586 – Quimper 30 – Douarnenez 44 – Pont-l'Abbé 11.

Centre, r. Gén. de Gaulle ✆ 02 98 58 10 44, *Fax 02 98 58 31 05,* – GB
fermé janv. et dim. soir d'oct. à mars – **Repas** 70/240, enf. 48 – 38 – **9 ch** 240/330 – ½ P 280/350

Chandelier, 16 r. Marine ✆ 02 98 58 91 00 – GB
fermé vacances de Toussaint, de fév., mardi soir et lundi hors saison – **Repas** 89 (déj.), 139/239

à Treffiagat *Nord-Est : 3 km – 2 333 h. alt. 20 – ✉ 29730 Guilvinec :*

Gentilhommière, Nord : 1 km sur D 153 ✆ 02 98 58 13 29, – GB. rest
fermé vacances de Toussaint – **Repas** grill *(15 juin-15 sept.)* (dîner seul.) 150, enf. 75 – 46 – **6 ch** 300/370 – ½ P 350/380

GUINGAMP SP *22200 C.-d'Armor* 59 ② *G. Bretagne – 7 905 h alt. 81.*

Voir *Basilique N.D.-de-Bon-Secours★* B.
Office de Tourisme pl. du Champ au Roy ✆ 02 96 43 73 89, Fax 02 96 40 01 95.
Paris 484 ③ – St-Brieuc 33 ③ – Carhaix-Plouguer 48 ⑥ – Lannion 31 ⑦ – Morlaix 53 ⑦.

Plan page suivante

Armor sans rest, 44 bd Clemenceau ✆ 02 96 43 76 16, *hotelarmor.guingamp@wanadoo.fr, Fax 02 96 43 89 62* – AE GB JCB. — B s
42 – **23 ch** 300/340

Relais du Roy avec ch, pl. Centre ✆ 02 96 43 76 62, *Fax 02 96 44 08 01* – – 20. AE GB JCB — A e
fermé 1er au 15 janv. et dim. hors saison – **Repas** 130/220 et carte 230 à 380, enf. 75 – 65 – **7 ch** 520/680 – ½ P 650

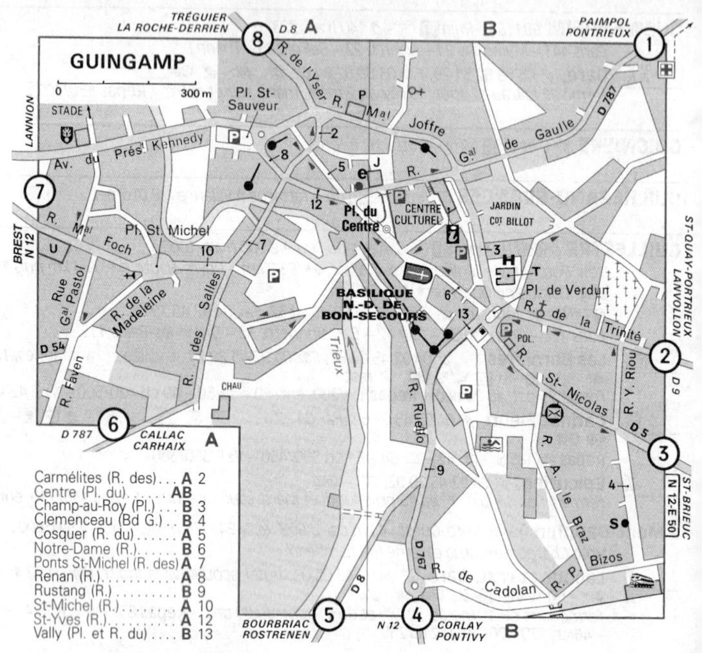

GUISE *02120 Aisne* 53 ⑮ *G. Picardie Flandres Artois – 5 976 h alt. 97.*

Voir *Château fort des Ducs de Guise*★.

Office de Tourisme 2 r. Chantraine ✆ 03 23 60 45 71, Fax 03 23 05 60 15.

Paris 179 – St-Quentin 28 – Avesnes-sur-Helpe 39 – Cambrai 50 – Hirson 38 – Laon 39.

Champagne Picardie, 41 r. A. Godin ✆ 03 23 60 43 44, *Fax 03 23 61 37 85,* – TV P. GB. ch
fermé 22 déc. au 2 janv. et dim. soir – **Repas** grill *(fermé dim. soir et lundi)* 60/135, enf. 40 – 28 – **12 ch** 240/290 – ½ P 180

Guise avec ch, 103 pl. Lesur ✆ 03 23 61 17 58 – TV. GB
fermé 15 au 31 déc. – **Repas** *(fermé sam. en hiver, vend. soir et dim. soir)* 75/135 – 25 – **8 ch** 200/240 – ½ P 250/270

GUJAN-MESTRAS *33470 Gironde* 78 ② *G. Aquitaine – 11 433 h alt. 5.*

Voir *Parc ornithologique du Teich*★ *E : 5 km.*

Office de Tourisme 19 av. de Lattre-de-Tassigny ✆ 05 56 66 12 65, Fax 05 56 66 94 44.

Paris 642 – Bordeaux 63 – Andernos-les-Bains 26 – Arcachon 16.

Guérinière, à Gujan ✆ 05 56 66 08 78, *hotel@lagueriniere.com, Fax 05 56 66 13 39,* – TV P – 20. AE GB JCB
Repas *(fermé sam. midi et dim. soir d'oct. à Pâques)* 160/380, enf. 75 – 55 – **27 ch** 490/750 – ½ P 520/800

à La Hume – *33470 :*

Les Deux Écluses, 58 rte des lacs ✆ 05 56 66 77 12, *Fax 05 56 66 73 73,* – AE GB
fermé dim. soir et lundi – **Repas** 95/130, enf. 50

GUNDERSHOFFEN *67110 B.-Rhin* 57 ⑲ *– 3 377 h alt. 180.*

Paris 465 – Strasbourg 48 – Haguenau 16 – Sarreguemines 62 – Wissembourg 35.

Au Cygne (Paul), 35 Gd Rue ✆ 03 88 72 96 43, *Fax 03 88 72 86 47* – GB
fermé 6 au 27 août, 1er au 8 janv., vacances de fév., jeudi soir, dim. soir et lundi – **Repas** 195/335 et carte 350 à 450
Spéc. Jambonnettes de grenouilles à la crème. Le cochon de la tête aux pieds, sur choucroute. Filet de chevreuil sauce aux épices douces (saison). **Vins** Riesling, Tokay-Pinot gris

XX **Chez Gérard,** à la Gare ✆ 03 88 72 91 20, *Fax 03 88 72 89 25,* 斎 – GB
fermé 23 juil. au 12 août, 28 janv. au 10 fév., lundi soir, merc. soir et mardi – **Repas** 120/350 ♀
- ***Bahnstuebel :*** **Repas** carte environ 140 ♀

GURCY-LE-CHÂTEL *77520 S.-et-M.* 61 ③ – *352 h alt. 129.*
Paris 83 – Fontainebleau 34 – Coulommiers 48 – Melun 38 – Provins 23.

X **Loiseau,** 21 r. Ampère ✆ 01 60 67 34 00 – GB
fermé 5 au 27 août, 30 déc. au 7 janv., dim. soir et lundi – **Repas** (prévenir) 60 (déj.), 102/140

GY *70700 H.-Saône* 66 ⑭ *G. Jura – 943 h alt. 237.*
Voir *Château*★.
Paris 355 – Besançon 33 – Dijon 68 – Dôle 49 – Gray 20 – Langres 75 – Vesoul 37.

Pinocchio M ⛰, ✆ 03 84 32 95 95, *Fax 03 84 32 95 75,* ⛱, 🌳, 🎾 – cuisinette TV ☎ P – 🏛 35. AE GB
Absolut ✆ 03 84 32 84 32 *(fermé vacances de Toussaint, dim. soir et lundi)* **Repas** 85bc/250 – ☕ 32 – **14 ch** 280/480 – ½ P 260

HABÈRE-POCHE *74420 H.-Savoie* 70 ⑰ – *662 h alt. 945 – Sports d'hiver : 930/1 600 m* ⛷ *9* ⛷.
Voir *Col de Cou*★ *NO : 4 km,* **G. Alpes du Nord.**
🅸 *Syndicat d'Initiative* ✆ *04 50 39 54 46, Fax 04 50 39 56 62.*
Paris 568 – Thonon-les-Bains 23 – Annecy 62 – Bonneville 32 – Genève 37.

Chardet ⛰, à Ramble, Nord : 2,5 km ✆ 04 50 39 51 46, *chardet@wanadoo.fr, Fax 04 50 39 57 18,* ≤, 斎, ⛱, 🏊, 🌳, 🎾 – 🛗 TV P. GB
hôtel : juin-sept. et 21 déc.-mars ; rest. : week-ends de printemps, juin-sept. et 21 déc.-mars – **Repas** 115/190, enf. 45 – ☕ 46 – **32 ch** 320/420 – ½ P 305/365

X **Tiennolet,** ✆ 04 50 39 51 01, *Fax 04 50 39 58 15,* 斎 – GB
fermé 28 mai au 29 juin, 15 oct. au 16 nov., mardi soir et merc. sauf vacances scolaires – **Repas** 95 (déj.), 135/210

L'HABITARELLE *48 Lozère* 76 ⑯ – ✉ *48170 Châteauneuf-de-Randon.*
Paris 600 – Mende 28 – Le Puy-en-Velay 62 – Langogne 19.

Poste, ✆ 04 66 47 90 05, *contact@hoteldelaposte48.com, Fax 04 66 47 91 41* – TV ☎ ♿ 🚗 P. GB
fermé 27 oct. au 5 nov., 21 déc. au 31 janv., dim. soir de sept. à juin, vend. soir et sam. midi – **Repas** 88/180 ♀, enf. 30 – ☕ 40 – **16 ch** 270/310 – ½ P 270/280

HAGENTHAL-LE-HAUT *68220 H.-Rhin* 87 ⑩ – *428 h alt. 400.*
Paris 481 – Mulhouse 35 – Altkirch 27 – Basel 14 – Colmar 71.

XX ✿ **Ancienne Forge,** ✆ 03 89 68 56 10, *Fax 03 89 68 17 38* – GB
fermé 13 août au 4 sept., 13 au 16 avril, 24 déc. au 7 janv., dim. et lundi – **Repas** 190 (déj.), 260/390 et carte 300 à 470
Spéc. Cuisses de grenouilles poêlées, risotto et crème de cresson. Fricassée d'écrevisses (juin à août). Jarret de veau de lait mijoté en cocotte.

HAGETMAU *40700 Landes* 78 ⑦ *G. Aquitaine – 4 449 h alt. 96.*
Voir *Chapiteaux*★ *de la Crypte de St-Girons.*
Paris 742 – Mont-de-Marsan 30 – Aire-sur-l'Adour 34 – Dax 47 – Orthez 25 – Pau 56.

Les Lacs d'Halco M ⛰, Sud-Ouest : 3 km sur rte de Cazalis ✆ 05 58 79 30 79, ≤, 🏊 – ♿ P – 🏛 120. AE ⓓ GB JCB. ✗ rest
Repas *(fermé 10 au 20 janv.)* 120 (déj.), 150/180 ♀ – ☕ 50 – **24 ch** 320/500 – ½ P 340/450

Jambon M ⛰, r. Carnot ✆ 05 58 79 32 02, *Fax 05 58 79 34 78,* ⛱ – ▤ rest, TV P. ⓓ GB. ✗ ch
fermé 21 oct. au 5 nov., dim. soir et lundi midi – **Repas** 110/190 ♀ – ☕ 35 – **8 ch** 280/400 – ½ P 350

HAGONDANGE *57300 Moselle* 57 ④ *G. Alsace Lorraine – 8 222 h alt. 160.*
🅸 *Office de Tourisme pl. Jean-Burger* ✆ *03 87 70 35 27, Fax 03 87 71 31 27.*
Paris 328 – Metz 17 – Briey 23 – Saarlouis 55 – Thionville 15.

Agena M, 50 r. 11 Novembre ✆ 03 87 70 21 32, *Fax 03 87 70 11 48,* 斎 – TV ☎ ♿ 🚗 P – 🏛 25. AE GB
Repas *(fermé dim. soir et sam.)* 79 (déj.), 99/150 ♀, enf. 47 – ☕ 42 – **41 ch** 310/385 – ½ P 273

HAGUENAU SP 67500 B.-Rhin 57 ⑲ *G. Alsace Lorraine – 27 675 h alt. 150.*

Voir *Musée historique*★ **BZ M**[1] – *Retable*★ *dans l'église St-Georges – Boiseries*★ *dans l'église St-Nicolas.*

Office de Tourisme pl. de la Gare ✆ 03 88 93 70 00, Fax 03 88 93 69 89 et Musée Alsacien 1 pl. J.-Thierry ✆ 03 88 73 30 41.

Paris 481 ④ – Strasbourg 33 ④ – Baden-Baden 42 ② – Sarreguemines 77 ⑥.

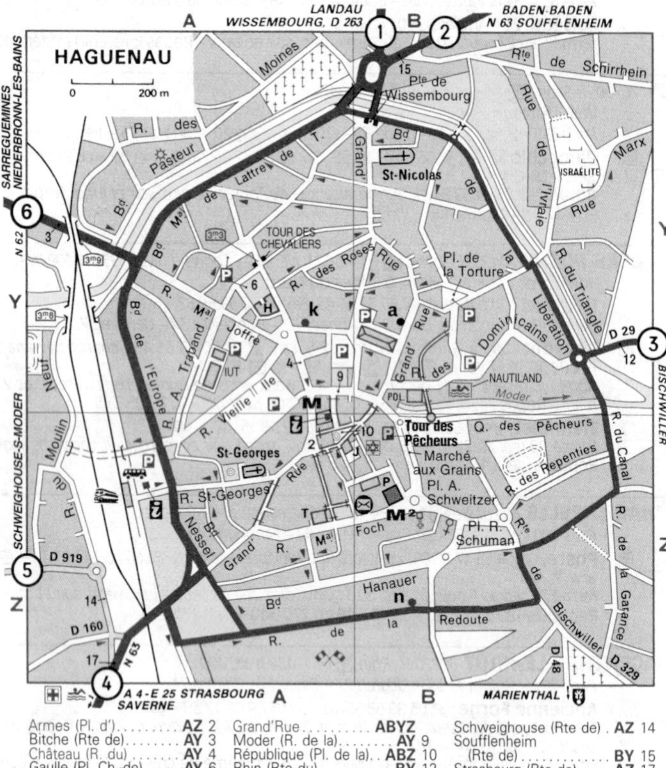

Armes (Pl. d')	AZ 2	Grand'Rue	ABYZ		Schweighouse (Rte de)	AZ 14
Bitche (Rte de)	AY 3	Moder (R. de la)	AY 9		Soufflenheim (Rte de)	BY 15
Château (R. du)	AY 4	République (Pl. de la)	ABZ 10		Strasbourg (Rte de)	AZ 17
Gaulle (Pl. Ch.-de)	AY 6	Rhin (Rte du)	BY 12			

Europe, 15 av. Prof. René Leriche par ④ ✆ 03 88 93 58 11, *Fax 03 88 06 05 43*, – 🛗 ⇆, ▤ rest, TV ✆ P – 40. AE GB JCB. ⚹ rest
Repas *(fermé sam. midi)* 59/220 ♀, enf. 38 – ☐ 40 – **75 ch** 310/340 – ½ P 475

Kaiserhof sans rest, 119 Gd Rue ✆ 03 88 73 43 43, *Fax 03 88 73 28 91* – 🛗 TV ♿. GB. ⚹ BY a
fermé 6 au 22 août, vacances de fév. – ☐ 43 – **15 ch** 275/340

Pins, 112 rte Strasbourg par ④ ✆ 03 88 93 68 40, *Fax 03 88 93 34 14*, – TV ✆ P. AE GB
Repas *(fermé 30 juil. au 20 août, 19 fév. au 4 mars, sam. midi, dim. soir et lundi midi)* 75/250 ♀ – ☐ 48 – **23 ch** 330 – ½ P 275

XX **Jardin,** 16 r. Redoute ✆ 03 88 93 29 39, *Fax 03 88 93 29 39* – ▤ P. GB BZ n
fermé mardi et merc. – **Repas** *(130)* - 175/265 ♀

XX **Barberousse,** 8 pl. Barberousse ✆ 03 88 73 31 09, *Fax 03 88 73 45 14*, – GB AY k
fermé 25 juil. au 17 août, mardi soir, dim. soir et lundi – **Repas** 65/260 ♀, enf. 40

à Schweighouse-sur-Moder *par ⑤ : 4 km – 4 354 h. alt. 150 – ✉ 67590 :*

XX **Auberge du Cheval Blanc** avec ch, 46 r. Gén. de Gaulle ✆ 03 88 72 76 96, *jml01@hotmail.com, Fax 03 88 72 07 32*, – TV P. GB
fermé 28 juil. au 21 août, 26 déc. au 4 janv., dim. soir et sam. – **Repas** 78/210 ♀, enf. 55 – ☐ 33 – **8 ch** 140/220

X **Cassolette,** 27 r. Gén. de Gaulle ✆ 03 88 72 61 12, *Fax 03 88 72 04 95*, – ▤. GB
fermé 15 au 31 juil., 15 au 31 janv., lundi soir, mardi soir et merc. – **Repas** 155 bc/345 bc, enf. 45

au Sud-Est *par D 329 et rte secondaire : 3 km* – ✉ *67500 Haguenau :*

Champ'Alsace, 12 r. St-Exupéry ✆ 03 88 93 30 13, *champalsace@aol.fr, Fax 03 88 73 90 04*, – |, ▤ rest, ☎ ♿ P – 40. AE GB
Repas 98/220 ♀ – 40 – **40 ch** 280/330 – ½ P 345

La HAIE FOUASSIÈRE *44 Loire-Atl.* 67 ④ – *rattaché à Nantes.*

La HAIE-TONDUE *14130 Calvados* 55 ③.
Paris 196 – Caen 39 – Le Havre 49 – Deauville 13 – Lisieux 20 – Pont-l'Évêque 8.

XX **Haie Tondue,** ✆ 02 31 64 85 00, *Fax 02 31 64 34 06*, – ▤ P. GB
fermé 24 déc. au 20 janv., lundi soir sauf août et mardi
Repas 122/265 ♀

HALLINES *62 P.-de-C.* 52 ① – *rattaché à St-Omer.*

HAM *80400 Somme* 53 ⑬ *G. Picardie Flandres Artois – 5 532 h alt. 65.*
Paris 138 – Compiègne 43 – St-Quentin 21 – Amiens 71 – Noyon 20 – Roye 27 – Soissons 57.

XX **France** avec ch, 5 pl. H. de Ville ✆ 03 23 81 00 22 – ☎. GB. ch
fermé vend. soir et dim. soir – **Repas** 110 – 30 – **6 ch** 230 – ½ P 370

HAMBACH *57910 Moselle* 57 ⑯ – *2 152 h alt. 230.*
Paris 397 – Strasbourg 98 – Metz 69 – Saarbrücken 26 – Sarreguemines 8.

Hostellerie St-Hubert M, La Verte Forêt ✆ 03 87 98 39 55, *Fax 03 87 98 39 57*, , , – | ☎ ♿ P. AE GB. rest
Repas *(fermé sam. midi et vend.)* 160/390 - ***Taverne Hansi*** *(fermé 23 au 30 déc., sam. midi et vend.)* **Repas** 130/180 ♀ – 45 – **53 ch** 345/520

HAMBYE *50450 Manche* 54 ⑬ *G. Normandie Cotentin – 1 218 h alt. 111.*
Voir *Église abbatiale*★★.
Paris 311 – St-Lô 26 – Coutances 20 – Granville 30 – Villedieu-les-Poêles 17.

à l'Abbaye *Sud : 3,5 km par D 51* – ✉ *50450 Hambye :*

XXX **Auberge de l'Abbaye** avec ch, ✆ 02 33 61 42 19, *Fax 02 33 61 00 85* – . GB
fermé 25 sept. au 12 oct., 10 au 25 fév., dim. soir et lundi – **Repas** 115/320 et carte 170 à 300, enf. 60 – 45 – **7 ch** 310 – ½ P 320

HANAU (Étang-de) *57 Moselle* 57 ⑱ – *rattaché à Philippsbourg.*

HARDELOT-PLAGE *62 P.-de-C.* 51 ⑪ *G. Picardie Flandres Artois* – ✉ *62152 Neufchâtel-Hardelot.*
Paris 251 – Calais 55 – Arras 111 – Boulogne-sur-Mer 15 – Le Touquet-Paris-Plage 24.

Parc M, 111 av. Francois 1er ✆ 03 21 33 22 11, *Fax 03 21 83 29 71*, , , , – |, ▤ rest, ♿ P – 25 à 100. AE GB
fermé 16 déc. au 15 janv. – **Repas** 145/385, enf. 50 – 60 – **81 ch** 695/1400 – ½ P 525/625

Régina, 185 av. François 1er ✆ 03 21 83 81 88, *Fax 03 21 87 44 01* – | P – 40. GB
15 fév.-10 nov. – **Repas** *(fermé dim. soir et lundi sauf juil.-août)* 130 et carte environ 180 ♀, enf. 49 – 40 – **40 ch** 360 – ½ P 310

HARFLEUR *76 S.-Mar.* 55 ③ – *rattaché au Havre.*

*Au moment de chercher un hôtel ou un restaurant, soyez efficace. Sachez utiliser les noms **soulignés en rouge** sur les **cartes Michelin** à 1/200 000.*
Mais ayez une carte à jour !

HARTMANNSWILLER *68 H.-Rhin* 66 ⑨ *– rattaché à Guebwiller.*

HASPARREN *64240 Pyr.-Atl.* 85 ③ *G. Aquitaine – 5 399 h alt. 50.*

Env. *Grottes d'Oxocelhaya et d'Isturits** SE : 11 km.*

Office de Tourisme 2 pl. Saint-Jean ✆ 05 59 29 62 02, Fax 05 59 29 13 80.

Paris 790 – Biarritz 35 – Bayonne 23 – Cambo-les-Bains 9 – Pau 108.

Les Tilleuls, pl. Verdun ✆ 05 59 29 62 20, *Fax 05 59 29 13 58* – GB.
fermé vacances de fév. – **Repas** *(fermé dim. soir et sam. d' oct. à juin sauf fériés)* 90/160 –
35 – **25 ch** 240/350 – ½ P 240/260

HASPRES *59198 Nord* 53 ④ *– 2 715 h alt. 44.*

Paris 197 – Lille 69 – Avesnes-sur-Helpe 48 – Cambrai 18 – Valenciennes 16.

Auberge St-Hubert, rte Denain (D 955) ✆ 03 27 25 70 97, *Fax 03 27 25 76 21,* –
P. AE GB JCB
fermé 4 au 14 janv., août, mardi soir et lundi sauf fériés – **Repas** 125/270 bc

HAUTE-GOULAINE *44 Loire-Atl.* 67 ④ *– rattaché à Nantes.*

Dans ce guide
un même symbole, un même caractère,
imprimé en couleur ou en ***noir,*** *en maigre ou en* ***gras,***
n'ont pas tout à fait la même signification.
Lisez attentivement les pages explicatives.

HAUTERIVES *26390 Drôme* 77 ② *G. Vallée du Rhône – 1 202 h alt. 299.*

Voir *Le Palais Idéal*.*

Office de Tourisme r. du Palais Idéal ✆ 04 75 68 86 82, Fax 04 75 68 92 96.

Paris 534 – Valence 46 – Grenoble 74 – Lyon 75 – Vienne 44.

Relais, ✆ 04 75 68 81 12, *Fax 04 75 68 92 42,* – GB
fermé mi-janv. à fin fév., dim. soir sauf juil.-août et lundi – **Repas** 85/160, enf. 45 – 35 –
17 ch 180/320 – ½ P 240/280

Les HAUTES-RIVIÈRES *08800 Ardennes* 53 ⑲ *G. Champagne Ardenne – 2 077 h alt. 175.*

Voir *Croix d'Enfer ≤* S : 1,5 km par D 13 puis 30 mn – Vallon de Linchamps* N : 4 km.*

Paris 263 – Charleville-Mézières 22 – Dinant 57 – Sedan 31.

Auberge en Ardenne, ✆ 03 24 53 41 93, *Fax 03 24 53 60 10,* – GB
fermé 31 déc. au 15 janv. – **Repas** *(fermé sam. midi de nov. à mars et dim. soir sauf juil.-août)* 68/155, enf. 58 – 37 – **14 ch** 265/305 – ½ P 260/280

Les Saisons, ✆ 03 24 53 40 94, *Fax 03 24 54 57 51* – AE GB.
fermé 27 août au 3 sept., fév., dim. soir et lundi sauf fériés – **Repas** 65/220

HAUTEVILLE-LÈS-DIJON *21 Côte-d'Or* 65 ⑳ *– rattaché à Dijon.*

Le HAVRE *76600 S.-Mar.* 55 ③ *G. Normandie Vallée de la Seine – 195 854 h Agglo. 253 627 h alt. 4.*

Voir *Port*** **EZ** *– Quartier moderne** **EFYZ** *: intérieur** de l'église St-Joseph** **EZ**, *pl. de l'Hôtel-de-Ville** **FY** *47, Av. Foch** **EFY** *– Musée des Beaux-Arts André-Malraux** **EZ.**

Env. *Ste-Adresse** : circuit*.*

du Havre-Octeville : ✆ 02 35 54 65 00 **A.**

Office de Tourisme 186 bd Clemenceau ✆ 02 32 74 04 04, Fax 02 35 42 38 39.

Paris 198 ④ – Amiens 182 ③ – Caen 86 ④ – Lille 292 ③ – Nantes 375 ④ – Rouen 88 ③.

Plans pages suivantes

Mercure M, chaussée d'Angoulême ✆ 02 35 19 50 50, *h0341@accor-hotels.com, Fax 02 35 19 50 99* – 25 à 100. AE GB **GZ b**
Repas *(85)* - 105, enf. 49 – 63 – **96 ch** 585/760

Vent d'Ouest M sans rest, 4 r. Caligny ✆ 02 35 42 50 69, *contact@ventdouest.fr, Fax 02 35 42 58 00* – 15. AE GB **EZ a**
45 – **33 ch** 460/580

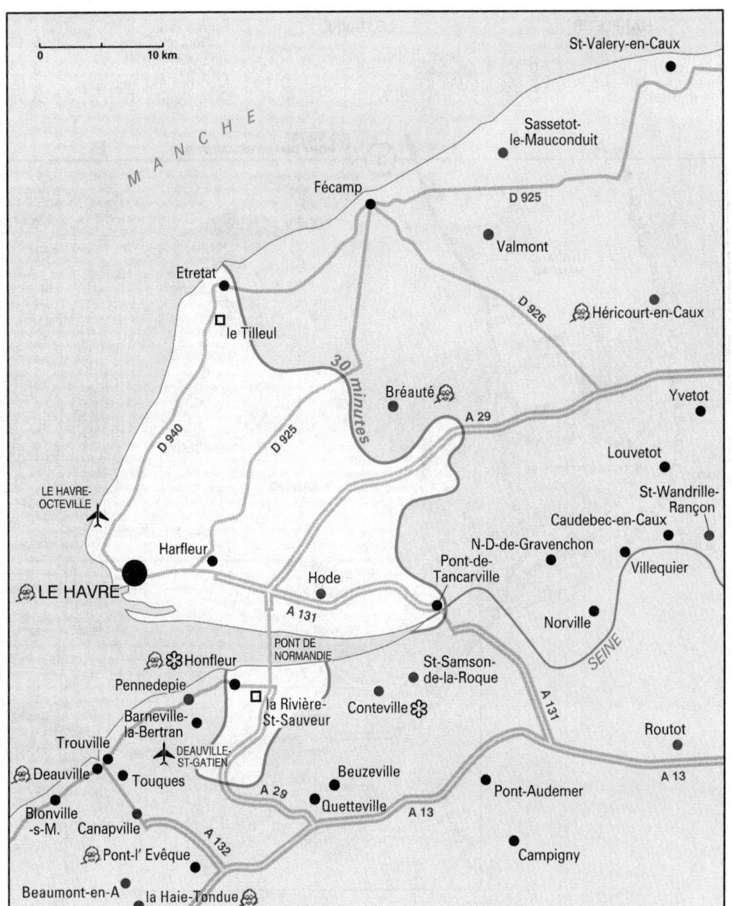

Marly sans rest, 121 r. Paris ✆ 02 35 41 72 48, *Fax 02 35 21 50 45* – |‡| ⇔ TV ✆. AE ⓓ GB JCB — FZ n
☕ 50 – **37 ch** 385/480

Ibis Centre Ⓜ, r. 129e Régt d'Infanterie ✆ 02 35 22 29 29, *h1123@accor-hotel.com, Fax 02 35 21 00 00* – |‡| ⇔ TV ✆ ♿ 🚗 – 🏛 15 à 30. AE ⓓ GB — GZ a
Repas 95 ♀, enf. 39 – ☕ 35 – **91 ch** 355/375

Parisien sans rest, 1 cours République ✆ 02 35 25 23 83, *Fax 02 35 25 05 06* – |‡| TV ✆. AE ⓓ GB JCB — HZ e
☕ 35 – **22 ch** 250/320

Petit Vatel sans rest, 86 r. L.-Brindeau ✆ 02 35 41 72 07, *lepetitevatel@multimania.com, Fax 02 35 21 37 86* – TV ✆. AE GB — FZ t
fermé vacances de Noël – ☕ 30 – **26 ch** 230/280

Celtic sans rest, 106 r. Voltaire ✆ 02 35 42 39 77, *Fax 02 35 21 67 65* – TV. AE GB — FZ k
fermé 17 déc. au 4 janv. – ☕ 35 – **14 ch** 255/305

Richelieu sans rest, 132 r. Paris ✆ 02 35 42 38 71, *Fax 02 35 21 07 28* – TV. AE ⓓ GB — FZ f
☕ 30 – **19 ch** 240/325

Petite Auberge, 32 r. Ste-Adresse ✆ 02 35 46 27 32, *Fax 02 35 48 26 15* – ▤. AE GB — EY r
fermé 4 au 29 août, sam. midi, dim. soir et lundi sauf fériés – **Repas** 120/235

HARFLEUR

Doumer (R. Paul) . . . . **D** 30
Verdun (Av. de) . . . . **D** 90
104 (R. des) . . . . **D** 98

LE HAVRE

Abbaye (R. de l') . . . . **C** 2
Aplemont (Av. d') . . . . **C** 7
Churchill (Bd W.) . . . . **B** 24
Hermann-du-Pasquier (Quai) . . . . **B** 44
Joannès-Couvert (Quai) . . . . **B** 52
Mouchez (Bd Amiral) . . . . . . **B** 68
Octeville (Rte d') . . . . **A** 74

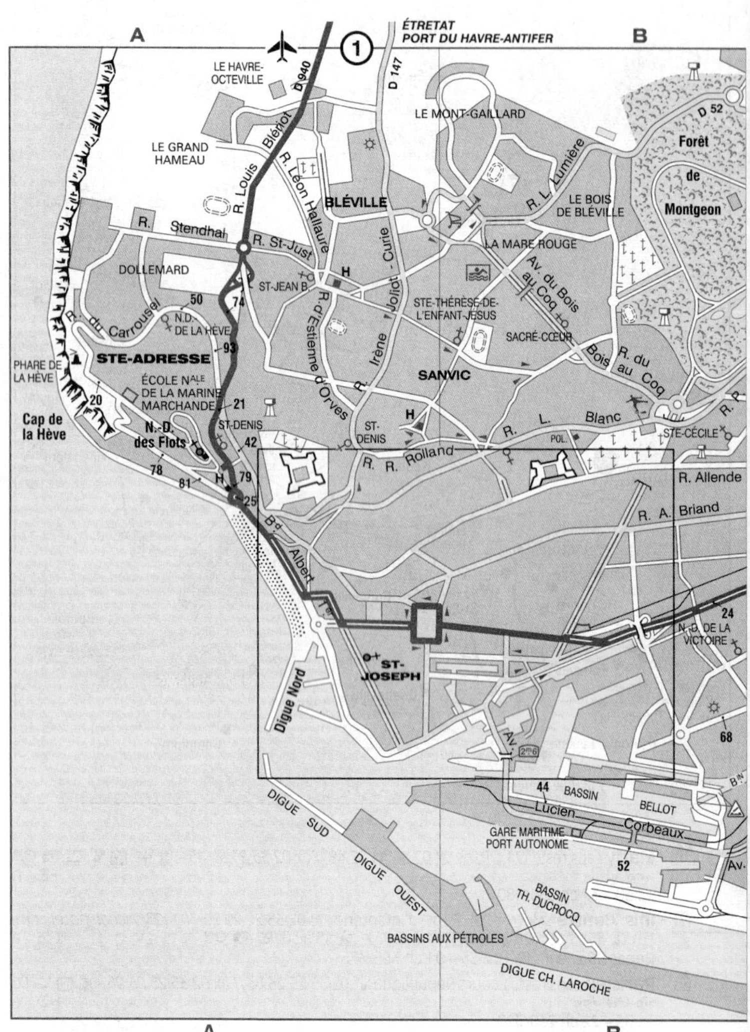

XX **Sorrento,** 77 quai Southampton ✆ 02 35 22 55 84, *Fax 02 35 41 12 34,* – AE GB FZ a
fermé 1er au 10 mai, 15 août au 5 sept., sam. midi et dim. – **Repas** - cuisine italienne - 120/160

X **L'Odyssée,** 41 r. Gén. Faidherbe ✆ 02 35 21 32 42, *Fax 02 35 21 32 42* – AE GB GZ s
fermé 16 août au 9 sept., sam. midi, dim. soir et lundi – **Repas** 125/195 ♀

X **Wilson,** 98 r. Prés. Wilson ✆ 02 35 41 18 28, *restaurant-le-wilson@planete-b.fr* – GB EY k
fermé 12 août au 3 sept., sam. midi, dim. soir et lundi sauf fériés – **Repas** 98/165

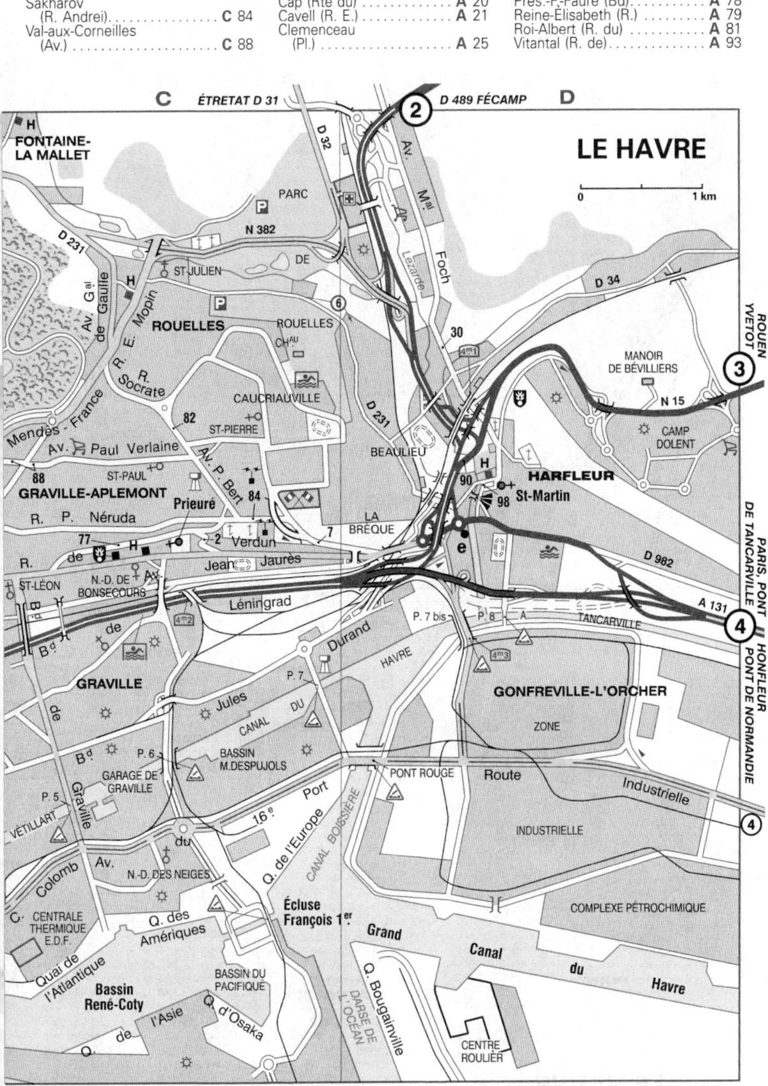

à Harfleur D – *9 180 h. alt. 18* – ✉ *76700 :*

🏨 **Ibis** Ⓜ, ☎ 02 35 45 54 00, *Fax 02 35 45 25 58* – |‡| ⇔ TV ♿ P – 🏔 20 à 40. AE ⓓ GB. ⋙ rest D e
Repas *(75)* - 95 ♁, enf. 39 – ☕ 35 – **72 ch** 320/345

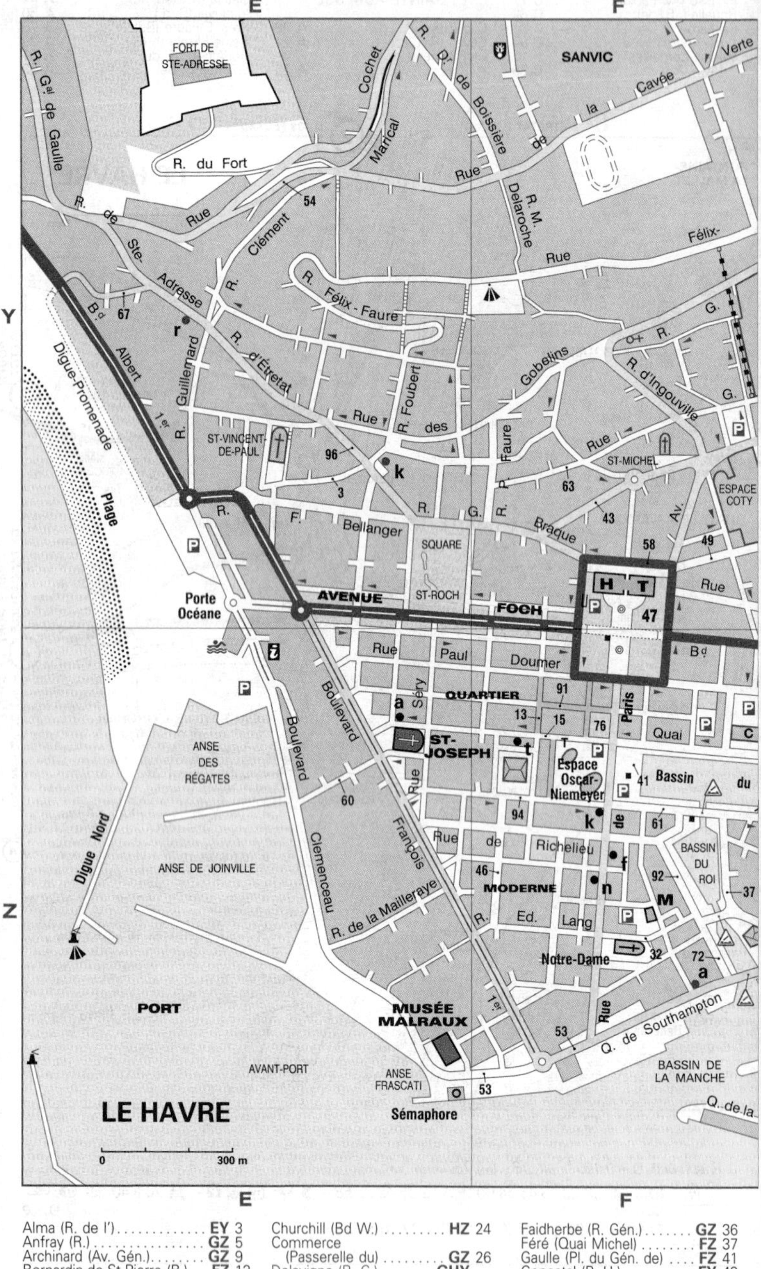

Alma (R. de l') .... **EY** 3
Anfray (R.) .... **GZ** 5
Archinard (Av. Gén.) .... **GZ** 9
Bernardin-de-St-Pierre (R.) ... **FZ** 13
Bretagne (R. de) .... **FGZ** 14
Briand (R. A.) .... **HY**
Brindeau (R. L.) .... **EFZ** 15
Chevalier-de-laBarre (Cours) . **HZ** 18

Churchill (Bd W.) .... **HZ** 24
Commerce (Passerelle du) .... **GZ** 26
Delavigne (R. C.) .... **GHY**
Delavigne (Quai C.) .... **GZ** 29
Drapiers (R. des) .... **FZ** 32
Étretat (R. d') .... **EY**

Faidherbe (R. Gén.) .... **GZ** 36
Féré (Quai Michel) .... **FZ** 37
Gaulle (Pl. du Gén. de) ..... **FZ** 41
Genestal (R. H.) .... **FY** 43
Honegger (R. A.) .... **FZ** 46
Hôtel-de-Ville (Pl. de l') ... **FYZ** 47
Huet (R. A.-A.) .... **FY** 49
Ile (Quai de l') .... **GZ** 51

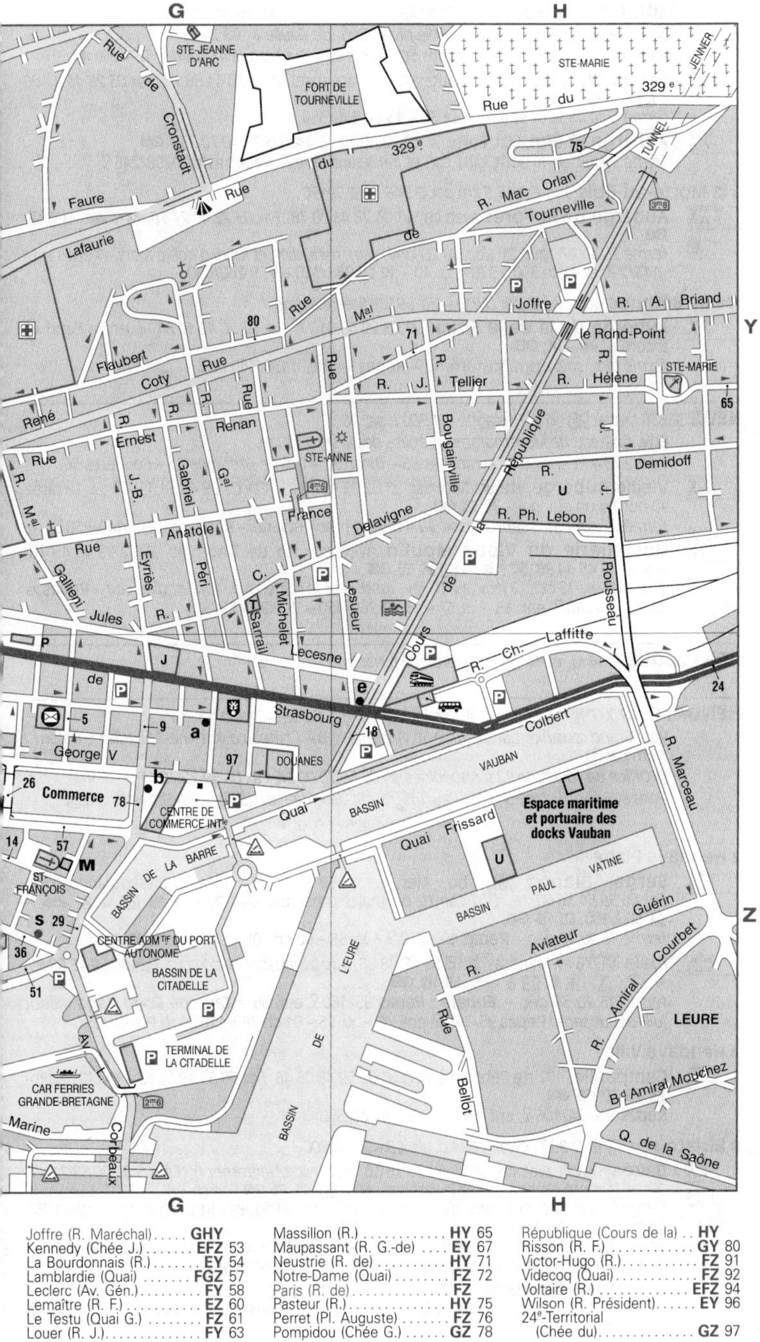

Joffre (R. Maréchal) . . . . . **GHY**	Massillon (R.) . . . . **HY** 65	République (Cours de la) . . **HY**
Kennedy (Chée J.) . . . . **EFZ** 53	Maupassant (R. G.-de) . . . . **EY** 67	Risson (R. F.) . . . . **GY** 80
La Bourdonnais (R.) . . . . **EY** 54	Neustrie (R. de) . . . . **HY** 71	Victor-Hugo (R.) . . . . **FZ** 91
Lamblardie (Quai) . . . . **FGZ** 57	Notre-Dame (Quai) . . . . **FZ** 72	Videcoq (Quai) . . . . **FZ** 92
Leclerc (Av. Gén.) . . . . **FY** 58	Paris (R. de) . . . . **FZ**	Voltaire (R.) . . . . **EFZ** 94
Lemaître (R. F.) . . . . **EZ** 60	Pasteur (R.) . . . . **HY** 75	Wilson (R. Président) . . . . . . **EY** 96
Le Testu (Quai G.) . . . . **FZ** 61	Perret (Pl. Auguste) . . . . **FZ** 76	24e-Territorial
Louer (R. J.) . . . . **FY** 63	Pompidou (Chée G.) . . . . **GZ** 78	(Chée du) . . . . **GZ** 97

HAZEBROUCK 59190 Nord 51 ④ *G. Picardie Flandres Artois – 20 567 h alt. 25.*

Office de Tourisme Hôtel-de-Ville pl. du Gén.-de-Gaulle ✆ 03 28 49.

Paris 240 – Calais 63 – Armentières 30 – Arras 60 – Dunkerque 43 – Ieper 37 – Lille 44.

Gambrinus sans rest, 2 r. Nationale (rue face gare) ✆ 03 28 41 98 79, *Fax 03 28 43 11 06* – TV ✆. GB. ✻
fermé 5 au 19 août et dim. – ☐ 35 – **15 ch** 310/350

XX **Auberge St-Éloi,** 60 r. Église ✆ 03 28 40 70 23, *Fax 03 28 40 70 23* – GB
fermé 30 juil. au 16 août, dim. soir et lundi sauf fériés – **Repas** 80 (déj.), 98/245 ♀

à la Motte-au-Bois *Sud-Est : 5,5 km par D 946 – ✉ 59190 :*

XXX **Auberge de la Forêt** avec ch, ✆ 03 28 48 08 78, *Fax 03 28 40 77 76,* ☂, ☂ – TV P. GB
fermé 20 au 27 août, 26 déc. au 20 janv., sam. midi, dim. et lundi d'oct. à mars – **Repas** *(105)* - 143/290 et carte 250 à 370 – ☐ 40 – **12 ch** 255/350 – ½ P 260/450

rte de Béthune *Sud : 7 km par D 916 – ✉ 59189 Steenbecque :*

XX **Auberge de la Belle Siska,** ✆ 03 28 43 61 77, *Fax 03 28 42 10 84,* « Jardin fleuri et arboré », ☂ – P. GB
fermé dim. soir, mardi soir et lundi – **Repas** 135 (déj.), 138/340 bc ♀

HÉDÉ 35630 *I.-et-V.* 59 ⑯ *G. Bretagne – 1 500 h alt. 90.*

Env. *Château de Montmuran★ et église des Iffs★ O : 8 km.*

Paris 373 – Rennes 27 – Avranches 65 – Dinan 32 – Dol-de-Bretagne 31 – Fougères 56.

XX **Vieille Auberge,** rte de Tinténiac ✆ 02 99 45 46 25, *Fax 02 99 45 51 35,* ☂, « Terrasse au bord d'un étang » – P. AE GB
fermé 27 août au 3 sept., 7 janv. au 4 fév., dim. soir et lundi – **Repas** 90 (déj.), 140/350 ♀

XX **Hostellerie du Vieux Moulin** avec ch, rte de Tinténiac ✆ 02 99 45 45 70, *Fax 02 99 45 44 86,* ☂, ☂ – TV P. AE GB
fermé 1er au 15 oct., 2 janv. au 1er fév., lundi sauf le soir en juil.-août et dim. soir – **Repas** 79 (déj.), 120/240 ♀, enf. 65 – ☐ 37 – **13 ch** 260/450 – ½ P 260/290

HEILLECOURT 54 *M.-et-M.* 62 ⑤ *– rattaché à Nancy.*

HENDAYE 64700 *Pyr.-Atl.* 85 ① *G. Aquitaine – 11 578 h alt. 30 – Casino* AX.

Voir *Grand crucifix★ dans l'église St-Vincent* BY B – *Château d'Antoine-Abbadie★★ (salon★) 3 km par ①.*

Office de Tourisme 12 r. Aubépines ✆ 05 59 20 00 34, Fax 05 59 20 79 17.

Paris 805 ② – Biarritz 31 ② – Pau 145 ② – St-Jean-de-Luz 13 ② – San Sebastián 20 ③.

Plan page ci-contre

à Hendaye Plage :

Serge Blanco M, bd Mer ✆ 05 59 51 35 35, *info@thalassoblanco.com, Fax 05 59 51 36 00,* ≤, ☂, centre de thalassothérapie, ⚒, ⛱ – ⛓ ▤ TV ✆ ♿ 🚗 – 🏛 30 à 100. AE ⊙ GB AX e
fermé 16 au 30 déc. – **Repas** 190/250 ♀ – ☐ 55 – **90 ch** 595/1340 – ½ P 700/905

Ibaïa M, 76 av. Mimosas ✆ 05 59 48 88 88, *info@thalasooblanco.com, Fax 05 59 48 88 89,* ≤, ☂, ⛱ – ⛓ ▤ TV ♿ 🚗. AE ⊙ GB AX n
fermé 15 au 30 déc. – ***Enbata :*** **Repas** 95/160 ♀, enf. 55 – ***Taverne Boga Boga*** *(début juil.-début sept.)* **Repas** 95/120 ♀, enf. 45 – ☐ 55 – **61 ch** 780/1100 – ½ P 705/765

à Hendaye Ville :

Campanile, 102 rte Béhobie par ② ✆ 05 59 48 06 48, *Fax 05 59 48 05 83* – ✻ TV ♿ P – 🏛 25. AE ⊙ GB
Repas *(80)* - 94/106 ♀, enf. 39 – ☐ 36 – **47 ch** 350

à Biriatou *par ② et D 258 : 4 km – 694 h. alt. 60 – ✉ 64700 :*

XX **Bakéa** (Duval) avec ch, ✆ 05 59 20 76 36, *bakea@club-internet.fr, Fax 05 59 20 58 21,* ≤, ☂, « Terrasse ombragée sur la vallée », ☂ – TV. AE ⊙ GB. ✻ ch
✿ *fermé fin janv. à début mars, dim. soir et lundi d'oct. à Pâques* – **Repas** 150/215 et carte 250 à 360 ♀ – ☐ 50 – **7 ch** 260/400 – ½ P 395/420
Spéc. Lasagne d'anchois frais marinés au basilic (avril à nov.). Foie chaud des soeurs Tatin. Dégustation d'agneau de lait du pays (mars à juil.). **Vins** Irouléguy.

Les Jardins de Bakéa, ✆ 05 52 20 02 01, ☂ – ⛓ TV ♿ P. AE ⊙ GB. ✻
13 avril-16 sept. et fermé dim. et lundi d'avril à juin – **Repas** voir rest ***Bakéa*** – ☐ 50 – **23 ch** 260/400

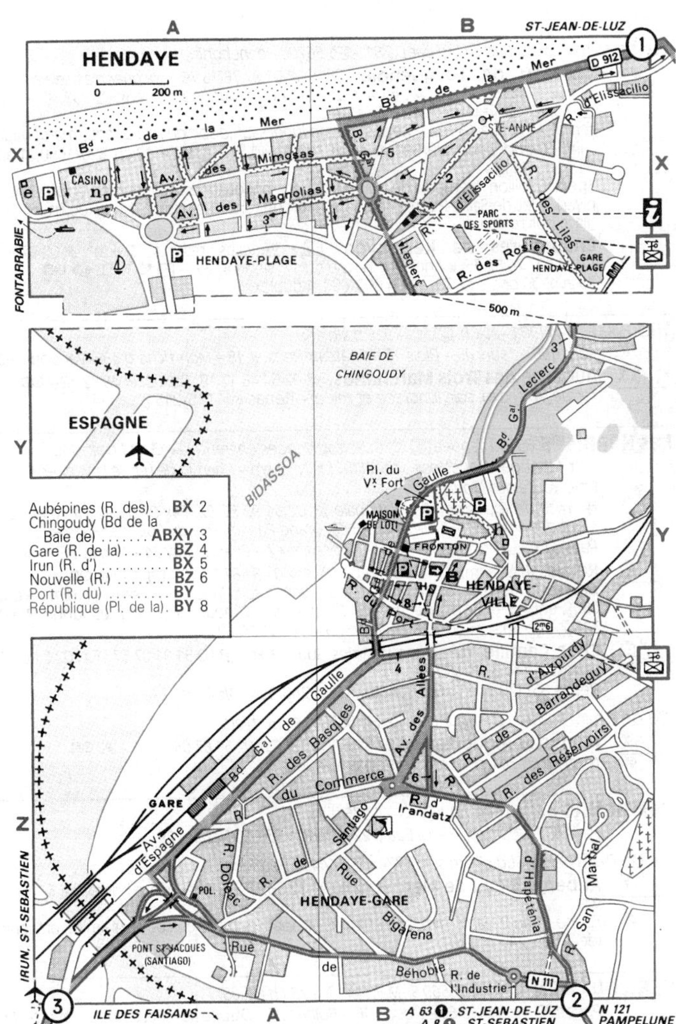

Un automobiliste averti utilise le ***Guide Rouge Michelin*** *de l'année.*

HÉNIN-BEAUMONT *62110 P.-de-C.* **51** ⑮ *– 26 257 h alt. 30.*

Paris 195 – Lille 34 – Arras 20 – Béthune 31 – Douai 13 – Lens 13.

Novotel Ⓜ, près échangeur Autoroute A1, par N 43 ✉ 62950 Noyelles-Godault ☎ 03 21 08 58 08, *Fax 03 21 08 58 00,* – 30 à 80. AE GB JCB

Repas 110 ♀, enf. 55 – 58 – **81 ch** 480/520

HENNEBONT *56700 Morbihan* **63** ① *G. Bretagne – 13 624 h alt. 15.*

Voir *Tour-clocher★ de la basilique N.-D.-de-Paradis.*

Env. *Port-Louis : citadelle★★ (musée de la Compagnie des Indes★★, musée de l'Arsenal★) S : 13 km.*

i *Office de Tourisme 9 pl. Mar.-Foch ☎ 02 97 36 24 52, Fax 02 97 36 21 91.*

Paris 492 – Vannes 49 – Concarneau 57 – Lorient 12 – Pontivy 47 – Quimperlé 27.

rte de Port-Louis *Sud : 4 km par D 781 – ✉ 56700 Hennebont :*

Château de Locguénolé ⚘, ✆ 02 97 76 76 76, *locguenole@relaischateaux.fr, Fax 02 97 76 82 35*, ≤, « Dans un parc en bordure de rivière », – 50. AE GB JCB. rest
fermé 1er janv. au 8 fév. – **Repas** *(fermé lundi sauf le soir de mai à sept., mardi midi, merc. midi et jeudi midi)* 390/580 et carte 380 à 510 – 90 – **18 ch** 820/1650, 4 appart – ½ P 900/1315
Spéc. Bouillon crémeux de Saint-Jacques, langoustines et légumes oubliés (automne-hiver). Filet de Saint-Pierre meunière, tatin de fenouil et citron. Nems de fruits rouges et glace poivre noir.

Chaumières de Kerniaven ⚘ sans rest, à 3 km ✆ 02 97 81 14 14, *Fax 02 97 76 82 35*, « Ancienne ferme du 17e siècle », – AE GB
13 avril-30 oct. – 79 – **9 ch** 600/690, 4 duplex

HERBAULT *41190 L.-et-Ch.* 64 ⑥ – *926 h alt. 138.*
Paris 198 – Tours 45 – Blois 16 – Château-Renault 18 – Montrichard 38 – Vendôme 28.

Auberge des Trois Marchands, ✆ 02 54 46 12 18, *Fax 02 54 46 12 18* – GB
fermé janv., dim. soir, lundi soir et mardi – **Repas** (80) - 115/215

Les HERBIERS *85500 Vendée* 67 ⑮ *G. Poitou Vendée Charentes – 13 413 h alt. 110.*
Voir *Mont des Alouettes★ : moulin ≤★★ N : 2 km – Chemin de fer de la Vendée★.*
Env. *Route des Moulins★.*
Office de Tourisme 10 r. Nationale ✆ 02 51 92 92 92, Fax 02 51 92 93 70 et (juil.-août) Mont des Alouettes ✆ 02 51 67 18 39, Grand Parc du Puy du Fou "Les Épesses".
Paris 377 – La Roche-sur-Yon 41 – Bressuire 47 – Chantonnay 24 – Cholet 26 – Clisson 36.

Relais, 18 r. Saumur ✆ 02 51 91 01 64, *Fax 02 51 67 36 50* – AE GB
Brasserie *(fermé 29 juil. au 10 août, vend. soir, lundi midi, sam. et dim.)* **Repas** 69/98, enf.45 – ***Cotriade*** *(fermé 29 juil. au 10 août, dim. soir et lundi)* **Repas** 95/315, enf. 50 – 40 – **26 ch** 260/300 – ½ P 280/360

Chez Camille, rte de Mouchamps Sud : 2 km ✆ 02 51 91 07 57, *Fax 02 51 67 19 28* – rest, AE GB
Repas 85/170, enf. 60 – 36 – **13 ch** 250/320 – ½ P 250/275

rte de Cholet *Nord : 3 km sur N 160 – ✉ 85500 Les Herbiers :*

Mont des Alouettes, ✆ 02 51 67 02 18, *Fax 02 51 67 03 22*, ≤ – GB
fermé 8 au 24 oct. et lundi – **Repas** 80/185

HERBIGNAC *44410 Loire-Atl.* 63 ⑭ – *4 175 h alt. 18.*
Paris 453 – Nantes 77 – La Baule 22 – Redon 36 – St-Nazaire 29.

rte de Guérande *Sud : 7 km sur D 774 – ✉ 44410 Herbignac :*

Auberge L'Eau de Mer, ✆ 02 40 91 32 36, « Chaumière briéronne », – AE GB
fermé 1er au 22 janv., dim. soir et lundi – **Repas** (nombre de couverts limité, prévenir) 99 bc (déj.), 126/240

HÈRICOURT-EN-CAUX *76560 S.-Mar.* 52 ⑬ – *730 h alt. 65.*
Paris 180 – Le Havre 60 – Rouen 46 – Bolbec 26 – Dieppe 49 – Fécamp 31 – Yvetot 11.

Saint-Denis, ✆ 02 35 96 55 23, *Fax 02 35 96 55 23* – GB
fermé mardi soir et merc.
Repas 87/255

Les HERMAUX *48340 Lozère* 80 ④ – *111 h alt. 1045.*
Paris 600 – Mende 51 – Espalion 59 – Florac 73 – Millau 72 – Rodez 79 – St-Flour 88.

Vergnet ⚘, ✆ 04 66 32 60 78, *Fax 04 66 32 68 13*, – GB
Repas 55/140 – 25 – **12 ch** 200/250 – ½ P 200

HERMENT *63470 P.-de-D.* 73 ⑫ – *350 h alt. 824.*
Paris 411 – Clermont-Ferrand 54 – Aubusson 53 – Le Mont-Dore 38 – Montluçon 80.

Souchal, ✆ 04 73 22 10 55, *Fax 04 73 22 13 63* – AE GB
Repas 60/175 – 30 – **27 ch** 220/240 – ½ P 245/260

HÉROUVILLE *95 Val-d'Oise* 55 ⑳ – *voir à Paris, Environs (Cergy-Pontoise).*

HÉROUVILLE-ST-CLAIR *14 Calvados* 55 ⑫ *– rattaché à Caen.*

HESDIN *62140 P.-de-C.* 51 ⑫ ⑬ *G. Picardie Flandres Artois – 2 713 h alt. 27.*
Paris 207 – Calais 89 – Abbeville 37 – Arras 56 – Boulogne-sur-Mer 62 – Lille 90.

Trois Fontaines, 16 rte Abbeville à Marconne ✆ 03 21 86 81 65, *Fax 03 21 86 33 34*, – TV P. GB
fermé 23 au 30 déc., le midi du 1er au 14 août, lundi midi et sam. midi – **Repas** *(80)* - 95/180 ♀ – ☕ 43 – **16 ch** 300/400 – ½ P 280/310

Flandres, r. Arras ✆ 03 21 86 80 21, *Fax 03 21 86 28 01* – TV P – 15. GB
fermé 25 juin au 4 juil. et 24 au 31 déc. – **Repas** 95/172 ♀, enf. 49 – ☕ 43 – **14 ch** 270/300

HESDIN L'ABBÉ *62 P.-de-C.* 51 ⑪ *– rattaché à Boulogne-sur-Mer.*

HÉSINGUE *68 H.-Rhin* 66 ⑩ *– rattaché à St-Louis.*

HEUDICOURT-SOUS-LES-CÔTES *55 Meuse* 57 ⑫ *– rattaché à St-Mihiel.*

HEUGUEVILLE-SUR-SIENNE *50200 Manche* 54 ⑫ *– 476 h alt. 15.*
Paris 334 – St-Lô 39 – Avranches 52 – Cherbourg 83 – Coutances 9 – Vire 60.

XX **Mascaret,** ✆ 02 33 45 86 09, *le.mascaret@wanadoo.fr, Fax 02 33 07 90 01*, – P. GB
fermé 3 au 31 janv., dim. soir du 1er sept. au 15 juil. et lundi – **Repas** 150 (déj.), 175/380 ♀, enf. 50

HEYRIEUX *38540 Isère* 74 ⑫, 110 ㉗ *– 3 872 h alt. 220.*
Paris 488 – Lyon 26 – Pont-de-Chéruy 20 – La Tour-du-Pin 36 – Vienne 23.

XXX **L'Alouette,** rte St-Jean-de-Bournay : 3 km ✆ 04 78 40 06 08, *alouette@jc.marlhins.com, Fax 04 78 40 54 74*, – P. AE GB JCB
fermé 6 au 27 août,, sam. midi, dim. soir et lundi – **Repas** 135 (déj.), 190/280 et carte 210 à 330, enf. 120

HINSINGEN *67260 B.-Rhin* 57 ⑯ *– 82 h alt. 220.*
Paris 408 – St-Avold 35 – Sarrebourg 34 – Sarreguemines 22 – Strasbourg 93.

X **Grange du Paysan,** ✆ 03 88 00 91 83, *Fax 03 88 00 93 23* – P. GB
fermé lundi
Repas 65/298 ♀

HIRMENTAZ *74 H.-Savoie* 70 ⑰ *– rattaché à Bellevaux.*

HIRTZBACH *68 H.-Rhin* 66 ⑨ *– rattaché à Altkirch.*

Le HODE *76 S.-Mar.* 55 ④ *– ✉ 76430 St-Vigor-d'Ymonville.*
Paris 180 – Le Havre 20 – Bolbec 20 – Évreux 103 – Honfleur 20 – Pont-Audemer 31.

XX **Auberge des Falaises,** sur D 982 ✆ 02 35 20 06 97, *Fax 02 35 30 21 02* – P. AE GB
fermé 1er au 20 août, sam. midi, dim. soir, lundi soir, mardi soir, merc. soir – **Repas** 125/220

HOERDT *67720 B.-Rhin* 87 ④ *– 3 836 h alt. 135.*
Paris 485 – Strasbourg 17 – Haguenau 16 – Molsheim 44 – Saverne 46.

X **A la Charrue,** 30 r. République ✆ 03 88 51 31 11, *lacharrue@wanadoo.fr, Fax 03 88 51 32 55*, – P. GB
fermé 31 juil. au 21 août, 23 déc. au 8 janv. et lundi de mi-juin à fin mars – **Repas** (spéc. d'asperges d'avril à juin) 75 (déj.), 150/210 ♀

HOHRODBERG *68 H.-Rhin* 62 ⑱ *G. Alsace Lorraine – alt. 750 – ✉ 68140 Munster.*
Voir ≤★★.
Paris 462 – Colmar 27 – Gérardmer 37 – Guebwiller 47 – Munster 7 – Le Thillot 58.

Panorama, ✆ 03 89 77 36 53, *hotel.panorama@libertysurf.fr, Fax 03 89 77 03 93*, ≤ vallée et montagnes, – TV P. AE GB
fermé 12 nov. au 19 déc. – **Repas** 95/220 ♀, enf. 48 – ☕ 42 – **30 ch** 280/395 – ½ P 270/340

Roess ⅋, ✆ 03 89 77 36 00, *info@hotel-roess.fr, Fax 03 89 77 01 95,* ≤ les Hautes Vosges, – TV P. GB. ch
fermé 5 nov. au 20 déc. – **Repas** 110/187 ♀, enf. 50 – ☕ 38 – **30 ch** 160/310 – ½ P 250/345

Le HOHWALD *67140 B.-Rhin* 62 ⑨ *G. Alsace Lorraine – 360 h alt. 570 – Sports d'hiver : 600/1 100 m* 1.
Env. *Le Neuntelstein★★ ≤★★ N : 6 km puis 30 mn.*
Office de Tourisme sq. Kuntz ✆ 03 88 08 33 92, Fax 03 88 08 32 05.
Paris 426 – Strasbourg 53 – Lunéville 89 – Molsheim 33 – St-Dié 47 – Sélestat 25.

Clos Ermitage M ⅋ sans rest, à 1,5 km par rte secondaire ✆ 03 88 08 31 31, *Fax 03 88 08 34 99,* « En lisière de forêt », – cuisinette TV P. GB
fermé 4 nov. au 16 déc., 2 janv. au 10 fév. et mardi – ☕ 55 – **5 ch** 350/470, 14 studios 580

Petite Auberge, ✆ 03 88 08 33 05, *Fax 03 88 08 34 62,* – P. GB
fermé 25 juin au 6 juil., 3 janv. au 8 fév., mardi soir et merc. – **Repas** 90/155 ♀, enf. 40

HOLNON *02 Aisne* 53 ⑬ *– rattaché à St-Quentin.*

Le HÔME *14 Calvados* 55 ② *– rattaché à Cabourg.*

L'HOMME d'ARMES *26 Drôme* 77 ⑪ *– rattaché à Montélimar.*

Pas de publicité payée dans ce guide.

HOMPS *11200 Aude* 83 ⑬ *– 611 h alt. 48.*
Paris 818 – Carcassonne 34 – Lézignan-Corbières 11 – Narbonne 28 – Perpignan 87.

Auberge l'Arbousier ⅋ avec ch, av. Carcassonne ✆ 04 68 91 11 24, *Fax 04 68 91 12 61,* ≤, – TV P. GB
fermé 25 oct. au 30 nov., 24 déc. au 2 janv. et 15 fév. au 15 mars – **Repas** *(fermé lundi en juil.-août, dim. soir et merc.)* 85/220 ♀, enf. 50 – ☕ 35 – **7 ch** 230/320 – ½ P 220/260

HONFLEUR *14600 Calvados* 55 ③④ *G. Normandie Vallée de la Seine – 8 272 h alt. 5.*
Voir *le vieux Honfleur★★ : Vieux bassin★★* **AZ**, *église Ste-Catherine★* **AY** *et clocher★* **AY B** – *Côte de Grâce★★***AY** *: calvaire★★.*
Env. *Pont de Normandie★★ par ① : 4 km (péage)..*
Office de Tourisme q. Le Paulmier ✆ 02 31 89 23 30, Fax 02 31 89 31 82.
Paris 185 ① – Caen 64 ② – Le Havre 24 ① – Lisieux 34 ② – Rouen 75 ①.

Plan page ci-contre

Ferme St-Siméon ⅋, r. A. Marais par ③ ✆ 02 31 81 78 00, *simeon@relaischateaux.fr, Fax 02 31 89 48 48,* ≤, « Parc ombragé dominant l'estuaire », – TV P – 50. AE GB JCB
Repas *(fermé mardi midi et lundi sauf fériés)* 340/640 et carte 560 à 730 ♀ – ☕ 120 – **30 ch** 1460/3510, 4 appart – ½ P 1430/3400
Spéc. Saint-Jacques rôties (nov. à avril). Lotte cloutée à l'anguille fumée (oct. à mai). Crumble à la pomme confite (oct. à avril).

Manoir du Butin ⅋, r. A. Marais par ③ ✆ 02 31 81 63 00, *Fax 02 31 89 59 23,* ≤, – TV P. AE GB JCB
fermé 12 nov. au 3 déc. et 2 au 18 janv. – **Repas** *(fermé jeudi midi et merc. sauf fériés)* 128 (déj.), 185/285 ♀ – ☕ 65 – **9 ch** 640/1970 – ½ P 570/1235

L'Écrin ⅋ sans rest, 19 r. E. Boudin ✆ 02 31 14 43 45, *hotel.ecrin@honfleur.com, Fax 02 31 89 24 41,* « Demeure du 18e siècle », – TV P. AE GB. AZ k
☕ 60 – **26 ch** 490/950

L'Absinthe sans rest, 1 r. de la Ville ✆ 02 31 89 23 23, *Fax 02 31 89 53 60,* « Ancien presbytère du 16e siècle » – TV . GB BZ s
fermé 13 nov. au 13 déc. et 15 au 22 janv. – ☕ 65 – **7 ch** 750

Diligence sans rest, 53 r. République ✆ 02 31 14 47 47, *hotel.diligence@honfleur.com, Fax 02 31 98 83 87* – TV P. AE GB JCB AZ m
☕ 55 – **21 ch** 475/750

Mercure M sans rest, r. Vases ✆ 02 31 89 50 50, *h0986@accor-hotels.com, Fax 02 31 89 58 77* – TV P – 30. AE GB BZ q
☕ 55 – **56 ch** 590

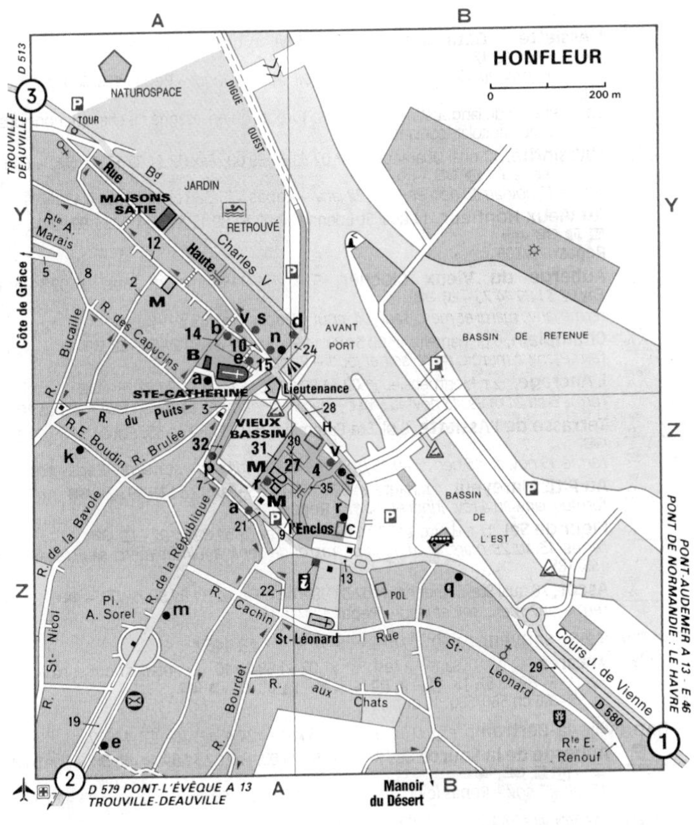

Albert-Ier (R.) . . . . **AY** 2
Berthelot (Pl. P.) . . . . **AZ** 3
Boudin (Pl. A.) . . . . **BZ** 4
Cachin (R.) . . . . **AZ**
Charrière-de-Grâce . . . . **AY** 5
Charrière-St-Léonard (R.) . . . . **BZ** 6
Dauphin (R. du) . . . . **AZ** 7
Delarue-Mardrus (R. L.) **AY** 8
Fossés (Cours des) . . . . **AZ** 9
Hamelin (Pl.) . . . . **AY** 10
Homme-de-Bois (R.) . . **AY** 12
Le-Paulmier (Q.) . . . . . **BZ** 13
Lingots (R. des) . . . . . . **AY** 14
Logettes (R. des) . . . . **AY** 15
Manuel (Cours A.) . . . **AZ** 19
Montpensier (R.) . . . . . **AZ** 21
Notre-Dame (R.) . . . . . . **AZ** 22
Passagers (Q. des) . . . . **ABY** 24
Porte-de-Rouen (Pl. de la) . . . . **AZ** 25
Prison (R. de la) . . . . **AZ** 27
Quarantaine (Q. de la) . . . . **BZ** 28
République (R. de la) . . **AZ**
Revel (R. J.) . . . . **BZ** 29
St-Antoine (R.) 30
St-Étienne (Quai) . . . . . . **AZ** 31
Ste-Catherine (Quai) . . . . **AZ** 32
Tour (Quai de la) . . . . . . **BZ** 34
Ville (R. de la) . . . . **BZ** 35

Tour sans rest, 3 quai Tour ✆ 02 31 89 21 22, *Fax 02 31 89 53 51* – |♦| TV. AE GB JCB — BZ r
fermé mi-nov. à Noël – ☕ 40 – **44 ch** 410/480, 4 duplex

Hostellerie Lechat, pl. Ste-Catherine ✆ 02 31 14 49 49, *hotel.lechat@honfleur.com, Fax 02 31 89 28 61,* 🍽 – TV. AE ⦿ GB JCB. ✗ ch — AY a
fermé janv. à mi-fév. (sauf hôtel les week-ends) – **Repas** 149/239, enf. 75 – ☕ 55 – **23 ch** 450/550 – 1/2 P 380/460

Castel Albertine sans rest, 19 cours A. Manuel ✆ 02 31 98 85 56, *info@honfleurhotels.com, Fax 02 31 98 83 18,* 🌳 – TV ♿ P – 🏛 25. AE ⦿ GB — AZ e
fermé 3 au 15 janv. – ☕ 50 – **26 ch** 400/600

Cheval Blanc sans rest, 2 quai Passagers ✆ 02 31 81 65 00, *lecheval.blanc@wanadoo.fr, Fax 02 31 89 52 80,* ← – |♦| TV. GB — AY n
fermé 3 au 31 janv. – ☕ 26 – **35 ch** 492/805

Otelinn, 62 cours A. Manuel par ② ✆ 02 31 89 41 77, *Fax 02 31 89 48 09,* 🍽 – TV ♿ P. AE ⦿ GB JCB
Repas *(72)* - 89 (déj.)/125 ♀, enf. 50 – ☕ 38 – **50 ch** 325

XXX **L'Assiette Gourmande** (Bonnefoy), quai Passagers ✆ 02 31 89 24 88, *Fax 02 31 89 90 17* – ▤. AE ⓓ GB — ABY d
fermé 15 janv. au 15 fév., dim. soir sauf juil.-août et lundi – **Repas** 170/480 et carte 370 à 460 ♀
Spéc. Risotto de langoustines et girolles. Turbot rôti en lasagne de champignons des bois. Moelleux au chocolat, coulant café.

XXX **L'Absinthe,** 10 quai Quarantaine ✆ 02 31 89 39 00, *Fax 02 31 89 53 60*, 🏠, « Cadre 15e et 17e siècles » – ⓓ GB — BZ v
fermé 13 nov. au 13 déc. et 15 au 22 janv. – **Repas** 175/380 et carte 350 à 420

XX **Au Vieux Honfleur,** 13 quai St-Étienne ✆ 02 31 89 15 31, *Fax 02 31 89 92 04*, ≤, 🏠 – AE ⓓ GB JCB — AZ r
Repas 175/305

XX **Auberge du Vieux Clocher,** 9 r. de l'Homme de Bois ✆ 02 31 89 12 06, *Fax 02 31 89 44 75* – AE GB — AY b
fermé janv., mardi et merc. sauf juil.-août – **Repas** 125/245 ♀

XX **Champlain,** 6 pl. Hamelin ✆ 02 31 89 14 91, *Fax 02 31 89 91 84* – AE GB — AY n
fermé janv. à mi-fév., merc. soir et jeudi – **Repas** 98/158

XX **L'Ancrage,** 12 r. Montpensier ✆ 02 31 89 00 70, *Fax 02 31 89 92 78* – GB — AZ a
fermé 6 au 21 mars, 13 nov. au 5 déc., mardi soir et merc. sauf juil.-août – **Repas** 108/188 ♀

X **Terrasse de l'Assiette,** 8 pl. Ste-Catherine ✆ 02 31 89 31 33, *Fax 02 31 89 90 17*, 🏠 – GB — AY e
fermé 15 nov. au 15 déc., 5 au 15 janv., merc. sauf juil.-août et mardi – **Repas** 139

X **Au P'tit Mareyeur,** 4 r. Haute ✆ 02 31 98 84 23, *Fax 02 31 89 99 32* – GB — AY s
fermé 7 janv. au 4 fév., lundi et mardi – **Repas** 125

X **Fleur de Sel,** 17 r. Haute ✆ 02 31 89 01 92, *Fax 02 31 89 01 92* – AE GB — AY v
fermé 13 au 28 mars, 2 au 19 janv., mardi de sept. à juin et merc. sauf fériés – **Repas** 135/185

X **Ascot,** 76 quai Ste-Catherine ✆ 02 31 98 87 91, *Fax 02 31 89 38 72*, 🏠 – GB — AZ p
fermé janv.,merc. soir et jeudi – **Repas** 124/169 ♀

à la Rivière-St-Sauveur *par ① : 2 km – 1 584 h. alt. 1 – ✉ 14600 :*

Antarès Ⓜ sans rest, ✆ 02 31 89 10 10, *antares.honfleur@wanadoo.fr, Fax 02 31 89 58 57*, 🏋, 🏊 – 🛗 📺 📞 ♿ 🅿 – 🔺 60. AE ⓓ GB
☕ 55 – **66 ch** 560/680, 10 duplex

à Barneville-la-Bertran *par ②, D 62 et D 279 : 5 km – 124 h. alt. 48 – ✉ 14600 :*

Auberge de la Source 🐚, ✆ 02 31 89 25 02, *Fax 02 31 89 44 40*, 🏠, « Jardin fleuri », 🌳 – 📺 🅿. GB. ✗
15 fév.-1er nov. – **Repas** (dîner seul.)(résidents seul.) – **16 ch** (½ pens. seul.) – ½ P 330/460

par ③ *rte de Trouville : 3 km – ✉ 14600 Vasouy :*

Chaumière 🐚, rte du Littoral, Vasouy ✆ 02 31 81 63 20, *chaumiere@relaischateaux.fr, Fax 02 31 89 59 23*, ≤, 🏠, 🏖 – 📺 📞 🅿. AE GB JCB
fermé 3 au 20 déc. et 14 janv. au 7 fév. – **Repas** *(fermé merc. midi, jeudi midi et mardi sauf fériés)* (nombre de couverts limité, prévenir) 190 (déj.), 260/380 – ☕ 85 – **9 ch** 990/1350 – ½ P 945/1650

à Pennedepie *par ③ : 5 km – 234 h. alt. 20 – ✉ 14600 :*

X **Moulin St-Georges,** ✆ 02 31 81 48 48, 🏠 – GB
fermé mi-fév. à mi-mars, mardi soir et merc. – **Repas** 82/145 ♀, enf. 40

par ③ *rte de Trouville et rte secondaire : 8 km – ✉ 14600 Honfleur :*

Romantica 🐚, chemin Petit Paris ✆ 02 31 81 14 00, *Fax 02 31 81 54 78*, ≤, 🏠, 🏊, 🏊, 🌳 – 📺 ♿ 🚗 🅿 – 🔺 25. AE GB
Repas *(fermé 3 au 21 déc., 3 au 25 janv., jeudi midi et merc. sauf vacances scolaires)* 142/260 ♀ – ☕ 45 – **24 ch** 360/850, 8 appart – ½ P 325/600

L'HÔPITAL-CAMFROUT *29460 Finistère 58 ⑤ – 1 505 h alt. 20.*

Voir *Daoulas : enclos paroissial★ et cloître★ de l'abbaye N : 4,5 km,* **G. Bretagne.**
Paris 568 – Brest 25 – Morlaix 57 – Quimper 49.

Auberge du Camfrout, ✆ 02 98 20 01 01, *Fax 02 98 20 06 91* – GB
Repas 60/220 🍷, enf. 40 – ☕ 40 – **14 ch** 280 – ½ P 340/440

L'HÔPITAL-ST-BLAISE *64130 Pyr.-Atl. 85 ⑤ G. Aquitaine – 76 h alt. 145.*

Voir *Église★.*
Paris 802 – Pau 51 – Oloron-Ste-Marie 18 – Orthez 35 – St-Jean-Pied-de-Port 54.

Auberge du Lausset avec ch, 05 59 66 53 03, *Fax 05 59 66 21 78*, – . AE GB. ch
fermé 1er au 28 nov., dim. soir et lundi hors saison – **Repas** 55 (déj.), 90/175, enf. 40 – 32 – **7 ch** 220/240 – ½ P 120/130

HORBOURG *68 H.-Rhin* 62 ⑲ – *rattaché à Colmar.*

L'HORME *42 Loire* 73 ⑲ – *rattaché à St-Chamond.*

L'HOSPITALET-PRÈS-L'ANDORRE *09390 Ariège* 86 ⑮ – *146 h alt. 1446.*

Paris 840 – Font-Romeu-Odeillo-Via 39 – Ax-les-Thermes 19 – Foix 62.

Puymorens, 05 61 05 20 03 – GB
Repas 93/115 – 28 – **12 ch** 150/210

HOSSEGOR *40150 Landes* 78 ⑰ *G. Aquitaine – alt. 4 – Casino.*

Voir *Le lac★.*

Office de Tourisme pl. des Halles 05 58 41 79 00, Fax 05 58 41 79 09.

Paris 757 – Biarritz 29 – Mont-de-Marsan 91 – Bayonne 20 – Bordeaux 177 – Dax 38.

Beauséjour, av. Tour du lac 05 58 43 51 07, *hbs-resa@club-internet.fr, Fax 05 58 43 70 13*, – 25. AE GB JCB
27 avril-15 oct. – **Repas** *(120)* - 189, enf. 80 – 65 – **41 ch** 500/750, 4 appart – ½ P 550/665

Les Hortensias du Lac, av. Tour du Lac 05 58 43 99 00, *Fax 05 58 43 42 81*, – 30. AE GB JCB
30 mars-11 nov. – **Repas** (dîner seul.) 245/295 – 70 – **11 ch** 680/860, 4 appart, 8 duplex – ½ P 705/755

Lacotel, av. Touring Club 05 58 43 93 50, *lacotel@wanadoo.fr, Fax 05 58 43 49 49*, – 30. GB
fermé 10 déc. au 20 janv. – **Repas** 65 bc (déj.), 95/140, enf. 50 – 40 – **42 ch** 510 – ½ P 405

La HOUBE *57 Moselle* – 57850 Dabo.

Paris 454 – Strasbourg 45 – Lunéville 84 – Phalsbourg 19 – Sarrebourg 27 – Saverne 22.

Vosges, 03 87 08 80 44, *Fax 03 87 08 85 96*, – . GB. ch
fermé 1er fév. au 1er mars, mardi soir et merc. hors saison – **Repas** 70/180, enf. 50 – 35 – **11 ch** 170/300 – ½ P 235/265

Les HOUCHES *74310 H.-Savoie* 74 ⑧ *G. Alpes du Nord – 1 947 h alt. 1004 – Sports d'hiver : 1 010/1 900 m 2 14.*

Voir *Le Prarion★★.*

Office de Tourisme pl. Église 04 50 55 50 62, Fax 04 50 55 53 16.

Paris 607 – Chamonix-Mont-Blanc 10 – Annecy 89 – Bonneville 48 – Megève 31.

du Bois, La Griaz 04 50 54 50 35, *reception@hotel-du-bois.com, Fax 04 50 55 50 87*, – 40. GB
Repas *(fermé nov., le midi de mi-mai à mi-juin et en oct.)* 98/230, enf. 45 – 55 – **43 ch** 805/1060 – ½ P 695

Auberge Beau Site, près Église 04 50 55 51 16, *hotelbeausite@wanadoo.fr, Fax 04 50 54 53 11*, « Terrasse fleurie », – . AE GB. rest
20 mai-15 oct. et 20 déc.-20 avril – ***Le Pèle*** *(fermé merc. en mai, juin, sept. et oct.)* – 45 – **18 ch** 450 – ½ P 360/400

Auberge Le Montagny M sans rest, Le Pont 04 50 54 57 37, *hotel.montagny@wanadoo.fr, Fax 04 50 54 52 97*, – . GB.
fermé 5 nov. au 15 déc. – 42 – **8 ch** 410

Chris-Tal, av des Alpages 04 50 54 50 55, *info@chris-tal.fr, Fax 04 50 54 45 77*, – cuisinette . AE GB
19 mai-30 sept. et 20 déc.-8 avril – **Repas** *(fermé le midi en mai, juin et sept.)* 110/145, enf. 50 – 48 – **19 ch** 470, 4 appart – ½ P 350/395

au Prarion *par télécabine* – 74170 St-Gervais-les-Bains.

Voir ★★ *30 mn.*

Prarion, alt.1 860 04 50 54 40 07, *info@prarion.com, Fax 04 50 54 40 03*, sommets, glaciers et vallées, – GB. ch
23 juin-9 sept. et 22 déc.-mi avril – **Repas** (self au déj. en hiver) carte 140 à 220 – 50 – **12 ch** 300/570 – ½ P 550

HOUDAN *78550 Yvelines* 60 ⑧, 106 ⑭ *G. Ile de France – 2 912 h alt. 104.*
Syndicat d'Initiative à la Mairie ☎ 01 30 59 61 41, Fax 01 30 59 561 41.
Paris 62 – Chartres 46 – Dreux 20 – Évreux 53 – Mantes-la-Jolie 28 – Versailles 41.

XXX **Poularde,** 24 av. République (rte Maulette) ☎ 01 30 59 60 50, *Fax 01 30 59 79 71*, – P. GB
fermé 1er au 6 mars, 16 au 30 août, mardi soir et merc. – **Repas** 135/350 ♀, enf. 85

X **Donjon,** 14 r. Epernon (près église) ☎ 01 30 59 79 14, *eric.deserville@wanadoo.fr, Fax 01 30 88 12 31* – . GB
fermé 30 juil. au 20 août, jeudi soir, dim. soir et lundi – **Repas** *(140)* - 160 (déj.), 220/290

à Berchères-sur-Vesgre *Nord-Ouest : 7 km par D 933 – 712 h. alt. 86 – ✉ 28560 :*

Château de Berchères sans rest, ☎ 02 37 82 28 22, *chateau-de-bercheres@wanadoo.fr, Fax 02 37 82 28 23*, – TV P – 50. AE GB
fermé nov., dim. et lundi – 85 – **10 ch** 850/1200

HOUDEMONT *54 M.-et-M.* 62 ⑤ *– rattaché à Nancy.*

HOULGATE *14510 Calvados* 55 ② *G. Normandie Vallée de la Seine – 1 654 h alt. 11 – Casino.*
Voir *Falaise des Vaches Noires★ au NE.*
Office de Tourisme bd Belges ☎ 02 31 24 34 79, Fax 02 31 24 42 27.
Paris 212 – Caen 33 – Deauville 14 – Lisieux 33 – Pont-l'Évêque 24.

1900, 17 r. Bains ☎ 02 31 28 77 77, *Fax 02 31 28 08 07* – TV. AE GB
fermé 8 janv. au 1er fév. et 12 nov. au 7 déc. – **Repas** 98/270 ♀, enf. 46 – 46 – **15 ch** 500/600 – ½ P 688/892

X **Mon Castel** avec ch, 1 bd Belges ☎ 02 31 24 83 47, *Fax 02 31 28 50 36* – GB. ch
fermé oct., et vacances de fév. – **Repas** *(fermé lundi soir, jeudi soir et dim. soir du 15 nov. au 15 fév., mardi soir et merc.)* 72/195 ♀, enf. 52 – 37 – **10 ch** 235/245 – ½ P 225/255

HUELGOAT *29690 Finistère* 58 ⑥ *G. Bretagne – 1 742 h alt. 149.*
Voir *Site★★ – Forêt★.*
Env. *St-Herbot : clôture★★ de l'église★ SO : 7 km.*
Office de Tourisme pl. de la Mairie ☎ 02 98 99 72 32, Fax 02 98 99 72 32.
Paris 523 – Brest 67 – Carhaix-Plouguer 17 – Châteaulin 37 – Morlaix 30 – Quimper 56.

Lac, ☎ 02 98 99 71 14, *Fax 02 98 99 70 91*, ← – TV. GB
fermé 1er nov. au 15 janv. – **Repas** 80 (déj.), 100/250 , enf. 45 – 38 – **13 ch** 280/330 – ½ P 400

HUISMES *37420 I.-et-L.* 64 ⑬ *– 1 397 h alt. 94.*
Paris 287 – Tours 46 – Angers 89 – Chinon 9 – Saumur 29.

X **Auberge de la Lanterne,** ☎ 02 47 95 43 46 – GB
fermé 1er au 18 nov., dim. soir et mardi hors saison – **Repas** 58 bc (déj.), 76/120 ♀, enf. 30

La HUME *33 Gironde* 71 ⑳ *– rattaché à Gujan-Mestras.*

HUNINGUE *68 H.-Rhin* 66 ⑩ *– rattaché à St-Louis.*

HUSSEREN-LES-CHÂTEAUX *68420 H.-Rhin* 62 ⑲ *G. Alsace Lorraine – 377 h alt. 380.*
Paris 479 – Colmar 9 – Belfort 67 – Gérardmer 55 – Guebwiller 22 – Mulhouse 39.

Husseren-les-Châteaux M , r. Schlossberg ☎ 03 89 49 22 93, *lucas@calixo.net, Fax 03 89 49 24 84*, ←, – , rest, TV P – 120. AE GB JCB
Repas 120/335 ♀ – 78 – **38 ch** 595/990 – ½ P 615

HYÈRES *83400 Var* 84 ⑮ ⑯, 114 ㊻ ㊼ *G. Côte d'Azur – 48 043 h alt. 40 – Casino des Palmiers* **Z.**
Voir *←★ de la place St-Paul* **Y 49** *– ←★ du parc St-Bernard* **Y** *– ←★ de l'esplanade de la Chapelle N.-D. de Consolation* **V B** *– ★ des Ruines du Château des aires – Presqu'île de Giens★★.*
de Toulon-Hyères : ☎ 04 94 00 83 83, SE : 4 km **V.**
Office de Tourisme 3 r. A.-Thomas ☎ 04 94 01 84 50, Fax 04 94 01 84 51 et annexes (été) : Autoroute A570, Gare SNCF, Porquerolles, Aéroport, Giens.
Paris 856 ③ – Toulon 20 ③ – Aix-en-Provence 100 ③ – Cannes 122 ③ – Draguignan 79 ③.

HYÈRES GIENS

Almanarre (Route de l') ..... **X** 2
Barbacane (R.) ..... **Y** 3
Barruc (R.) .... **Y** 4
Belgique (Av. de) ... **Y** 5
Bourgneuf (R.) ..... **Y** 6
Chateaubriand (Bd) . **Y** 7
Clemenceau (Pl.) ... **Y** 9
Clotis (Av. J.) ...... **Z** 10
Costebelle (Mtée) .. **V** 12
Degioanni Route (R.) .... **X** 13
Denis (Av. A.) .... **Y**
Dr-Perron (Av.) ..... **Z** 14
Foch (Av. Mar.) .... **Z** 15
Gambetta (Av.) ..... **Z**
Gaulle (Av. de) ..... **Y** 16
Geoffroy St-Hilaire (Av.) ... **V** 17
Godillot (Av. A.) .... **V** 18
Herriot (Bd E.) ...... **X** 20
Iles-d'Or (Av.) ...... **Z**
Lattre-de-T. (Av. de) **V** 22
Lefebvre (Pl. Th.) .. **Z** 23
Macri (Ch. Soldat) .. **V** 25
Madrague (Rte) .... **X** 26
Mangin (Av. Gén.) .. **Y** 28
Massillon (Pl. et R.) **Y** 29
Millet (Av. E.) ...... **Z** 32
Moulin-Premier- (Ch. du) .... **V** 33
Noailles (Mtée de) . **Y** 35
Palyvestre (Ch. du) . **V** 36
Paradis (R.) .... **Y** 37
Plaine-de-Bouisson (Ch.) ... **X** 38
Provence (R. de) ... **Z** 40
Rabaton (R.) .... **Y** 41
République (Pl. et R.) .... **Y** 42
Riondet (Av.) ..... **YZ** 43
Riquier (Av. O.) .... **V** 44
Roubaud (Ch.) ..... **V** 45
St-Bernard (R.) ..... **Y** 46
St-Esprit (R.) ...... **Y** 47
St-Paul (Pl., R.) .... **Y** 49
Ste-Catherine (R.) .. **Y** 50
Ste-Claire (R.) ..... **Y** 51
Strasbourg (Crs) ... **Y** 52
Versin (Pl. L.) ...... **Z** 53
Victoria (Av.) .... **Z** 54
11-Novembre (Pl.) .. **V** 56
15e-Corps (Av. du) .. **V** 57

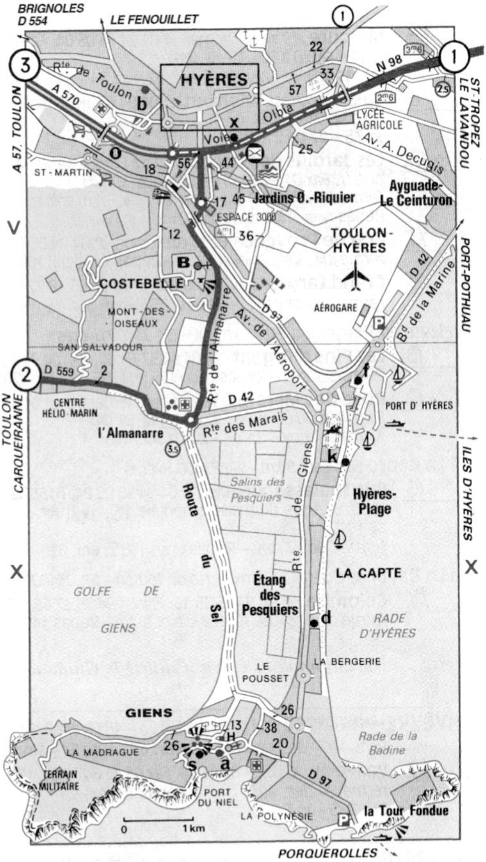

BRIGNOLES D 554
LE FENOUILLET
HYÈRES
Rte de Toulon
A 570
N 98
Olbia
LYCÉE AGRICOLE
Av. A. Decugis
ST-TROPEZ LE LAVANDOU
A 57. TOULON
ST-MARTIN
Voie
Jardins O.-Riquier
Ayguade-Le Ceinturon
ESPACE 3000
TOULON-HYÈRES
AÉROGARE
COSTEBELLE
MONT-DES-OISEAUX
SAN SALVADOUR
Av. de l'Aéroport
Rte de l'Almanarre
D 97
D 42
Bd de la Marine
PORT-POTHUAU
D 559
CENTRE HÉLIO-MARIN
l'Almanarre
Rte des Marais
PORT D'HYÈRES
TOULON CARQUEIRANNE
Salins des Pesquiers
Route du Sel
Rte de Giens
Hyères-Plage
ILES D'HYÈRES
GOLFE DE GIENS
Étang des Pesquiers
LA CAPTE
RADE D'HYÈRES
LE POUSSET
LA BERGERIE
GIENS
LA MADRAGUE
TERRAIN MILITAIRE
Rade de la Badine
PORT DU NIEL
LA POLYNÉSIE
la Tour Fondue
0 1 km
PORQUEROLLES

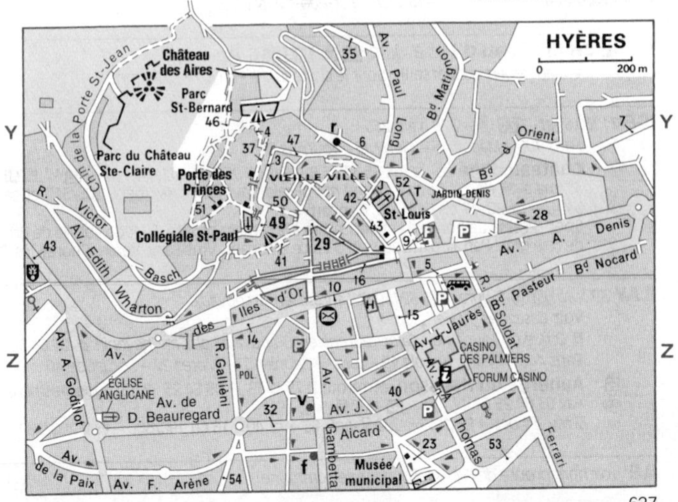

Mercure, 19 av. A. Thomas ✆ 04 94 65 03 04, *Fax 04 94 35 58 20,* – – AE GB V x
Repas grill *(99)* - 125/200 ꟸ, enf. 42 – ☕ 54 – **84 ch** 470/625

Soleil sans rest, r. Rempart ✆ 04 94 65 16 26, *soleil@hotel-du-soleil.fr, Fax 04 94 35 46 00* – . AE GB JCB Y r
☕ 35 – **22 ch** 210/390

Les Jardins de Bacchus, 32 av. Gambetta ✆ 04 94 65 77 63, *santionijeanclaude@wanadoo.fr, Fax 04 94 65 71 19,* – . AE GB Z v
fermé 25 juin au 8 juil., 3 au 14 janv., dim. soir en hiver, sam. midi en juil.-août et lundi – **Repas** *(118)* - 155/198, enf. 60

Crèche Provençale, 15 rte Toulon ✆ 04 94 65 30 28 – . GB V b
fermé juil., sam. midi et lundi – **Repas** 130 (déj.), 160/270

Grand Large, 46 av. Gambetta ✆ 04 94 65 18 22, – . GB Z f
fermé janv. et merc. – **Repas** 135 ꟸ, enf. 55

à Hyères-Plage *Sud-Est : 5 km - X – ✉ 83400 Hyères :*

Les Pins d'Argent, ✆ 04 94 57 63 60, *Fax 04 94 38 33 65,* , , – . AE GB
26 mars-7 oct. – **Repas** *(110)* - 155, enf. 65 – ☕ 50 – **20 ch** 540 – 1/2 P 450 X f

Rose des Mers sans rest, 3 allée E. Gérard ✆ 04 94 58 02 73, *rosemer@club-internet.fr, Fax 04 94 58 06 16,* ←, – . AE GB X k
15 mars-4 nov. – ☕ 45 – **20 ch** 360/490

à La Capte *Sud-Est : 8 km – ✉ 83400 Hyères :*

Ibis Thalassa, allée Mer ✆ 04 94 58 00 94, *h1559@accor-hotels.com, Fax 04 94 58 09 35,* ←, , centre de thalassothérapie, , , – – 20. AE GB. rest X d
fermé 6 au 27 janv. – **Repas** *(105)* - 138 ꟸ, enf. 62 – ☕ 47 – **95 ch** 670 – 1/2 P 480

à La Bayorre *Ouest : 2,5 km par rte de Toulon – ✉ 83400 :*

Colombe, ✆ 04 94 35 35 16, *Fax 04 94 35 37 68,* – . GB
fermé dim. soir de sept. à juin et lundi – **Repas** 145/195

Un automobiliste averti utilise le **Guide Rouge Michelin** *de l'année.*

HYÈVRE-PAROISSE *25110 Doubs* 66 ⑰ *– 183 h alt. 288.*
Paris 446 – Besançon 36 – Belfort 63 – Lure 54 – Montbéliard 47 – Pontarlier 70 – Vesoul 53.

Vallée M, ✆ 03 81 84 46 46, *Fax 03 81 84 37 52,* – – 20. GB
fermé 24 déc. au 2 janv. – **Repas** *(fermé sam. midi)* 88/145 ꟸ, enf. 45 – ☕ 40 – **21 ch** 250/285 – 1/2 P 200

IBARRON *64 Pyr.-Atl.* 85 ② *– rattaché à St-Pée-sur-Nivelle.*

IF (Ile du Château d') *13 B.-du-R.* 84 ⑬, 114 ㉗ *G. Provence.*
au départ de **Marseille** *pour le château d'If★★ (✻★★★) 20 mn.*

IGÉ *71960 S.-et-L.* 70 ⑪ *– 729 h alt. 265.*
Paris 400 – Mâcon 15 – Cluny 13 – Tournus 31.

Château d'Igé , ✆ 03 85 33 33 99, *Fax 03 85 33 41 41,* , – . AE GB
1er mars-1er déc. – **Repas** *(fermé mardi midi sauf fériés)* 160 (déj.), 205/395 et carte 280 à 530 ꟸ – ☕ 80 – **7 ch** 645/795, 6 appart
Spéc. Pressé de homard et concombre à la tomate confite. Filet de volaille de Bresse farcie de foie gras. Parfait glacé au pain d'épice craquant. **Vins** Saint-Véran, Chorey-lès-Beaune.

ILAY *39 Jura* 70 ⑮ *G. Jura – ✉ 39150 St-Laurent-en-Grandvaux.*
Voir *Cascades du Hérisson★★★.*
Office de Tourisme à Saint-Laurent-en-Grandvaux, pl. Ch.-Thevenin ✆ 03 84 60 15 25.
Paris 440 – Champagnole 19 – Lons-le-Saunier 37 – Morez 22 – St-Claude 40.

Auberge du Hérisson, carrefour D 75-D 39 ✆ 03 84 25 58 18, *auberge@herisson.com, Fax 03 84 25 51 11,* – . GB
2 fév.-31 oct. – **Repas** 65/230 ꟸ, enf. 65 – ☕ 40 – **16 ch** 190/300 – 1/2 P 200/280

ILE *voir nom propre de l'île (sauf si nom de commune).*

L'ILE BOUCHARD *37220 I.-et-L.* 68 ④ *G. Châteaux de la Loire – 1 800 h alt. 41.*
Voir *Chapiteaux★ et Cathèdre★ dans le prieuré St-Léonard.*
Env. *Champigny-sur-Veude : vitraux★★ de la Ste-Chapelle★ SO : 10,5 km.*
Paris 286 – Tours 51 – Châteauroux 120 – Chinon 18 – Châtellerault 50 – Saumur 43.

XXX **Auberge de l'Ile,** ✆ 02 47 58 51 07, *aubergedelile@wanadoo.fr, Fax 02 47 58 51 07,* – GB
fermé janv.,fév., mardi et merc – **Repas** 120/260 et carte 220 à 310, enf. 60

ILE-D'AIX ★ *17123 Char.-Mar.* 71 ⑬ *G. Poitou Vendée Charentes – 199 h.*
Accès *par transports maritimes.*
depuis la **Pointe de la Fumée** *(2,5 km NO de Fouras). Traversée 25 mn - Renseignements et tarifs à Société Fouras-Aix,* ✆ *05 46 41 76 24, Fax 05 46 84 69 88.*
depuis **La Rochelle.** *Services saisonniers - Traversée 1h 15 mn - Renseignements : Croisières Inter Iles,* ✆ *05 46 50 51 88 (La Rochelle) depuis* **Boyardville** *(Ile d'Oléron) Services saisonniers - Traversée 30 mn - Renseignements Inter Iles* ✆ *05 46 47 01 45, Fax 05 46 75 05 55 (Boyardville) – depuis* **La Tranche-sur-Mer** *Services saisonniers - Traversée 2h 30 mn - Renseignements et tarifs : Inter Iles* ✆ *02 51 27 43 04.*
depuis **Sablanceaux** *Service saisonnier - Agences Inter Iles de Sablanceaux - Renseignements et tarifs* ✆ *05 46 09 87 27, Fax 05 46 09 35 28 depuis* **Fouras** *Service permanent - Traversée 30 mn - Renseignements et tarifs* ✆ *05 46 84 60 50, Fax 05 46 84 53 83.*

ÎLE-D'ARZ *56840 Morbihan* 63 ⑬ *G. Bretagne – 256 h alt. 25.*
Accès *par transports maritimes.*
depuis **Barrarach et Conleau** *Traversée 20 mn - Renseignements : le passeur de l'Ile-d'Arz* ✆ *06 08 32 81 14, Fax 02 97 50 88 89 depuis* **Vannes** *Services quotidiens- Traversée 30 mn - Renseignements : Navix S.A. Gare Maritime (Vannes)* ✆ *02 97 46 60 00, Fax 02 97 46 60 29.*

Utilisez le guide de l'année.

ILE-DE-BATZ *29253 Finistère* 58 ⑥ *G. Bretagne – 746 h.*
Accès *par transports maritimes.*
depuis **Roscoff.** *-Traversée 15 mn - Renseignements et tarifs : Cie Finistérienne de transports maritimes, BP 10 29253 ILE DE BATZ* ✆ *02 98 61 78 87, Fax 02 98 61 75 94.*

ILE-DE-BRÉHAT ★ *22870 C.-d'Armor* 59 ② *G. Bretagne – 461 h alt. 7.*
Voir *Tour de l'île★★ – Phare du Paon★ – Croix de Maudez* ≤★ *– Chapelle St-Michel* ☀★★ *– Bois de la citadelle* ≤★.
Accès *par transports maritimes, pour* **Port-Clos.**
depuis la **Pointe de l'Arcouest** *- Traversée 10 mn - Renseignements et tarifs : Vedettes de Bréhat* ✆ *02 96 20 00 11, Fax 02 96 55 79 55 depuis* **St-Quay-Portrieux** *Service saisonnier - Traversée 1 h 15 mn - Renseignements et tarifs :* ✆ *02 96 70 40 64 – depuis* **Binic** *Service saisonnier - Traversée 1 h 30 mn -Renseignements et tarifs :* ✆ *02 96 73 60 12.*

Bellevue ⑤, Port-Clos ✆ 02 96 20 00 05, *hotelbellevue.brehat@wanadoo.fr, Fax 02 96 20 06 06,* ≤, – TV. GB
fermé 3 janv. au 3 mars – **Repas** 139/198, enf. 75 – 60 – **17 ch** 490/590 – 1/2 P 460/510

Vieille Auberge ⑤, au bourg ✆ 02 96 20 00 24, *Fax 02 96 20 05 12* – GB
Pâques-nov. – **Repas** 95/300, enf. 55 – 45 – **14 ch** (1/2 pens. seul.) – 1/2 P 400/500

ILE D'HOUAT *56 Morbihan* 63 ⑫ *G. Bretagne – 390 h alt. 31 –* ✉ *56170 Quiberon.*
Voir *Le Bourg* ≤★.
Accès *par transports maritimes.*
depuis **Quiberon.** *-Traversée 40 mn - Renseignements et tarifs : Cie Morbihannaise et Nantaise de Navigation* ✆ *02 97 50 06 90 (Quiberon), Fax 02 97 50 11 40.*

Sirène ⑤, ✆ 02 97 30 66 73, *Fax 02 97 30 66 94,* – TV. AE GB. ch
avril-oct. – **Repas** 100/200, enf. 50 – 50 – **13 ch** (1/2 pens. seul.) – 1/2 P 420/450

L'ILE-ROUSSE *2B H.-Corse* 90 ⑬ *– voir à Corse.*

Las ILLAS *66 Pyr.-Or.* 86 ⑲ *– rattaché à Maureillas-las-Illas.*

ILLHAEUSERN *68970 H.-Rhin 62 ⑲ – 578 h alt. 173.*
Paris 447 – Colmar 16 – Artzenheim 15 – St-Dié 55 – Sélestat 14 – Strasbourg 65.

Clairière sans rest, rte Guémar 03 89 71 80 80, *hotel.la.clairiere@wanadoo.fr, Fax 03 89 71 86 22,* – GB
fermé janv. et fév. – 80 – **27 ch** 480/1250

Hirondelles, au village 03 89 71 83 76, *Fax 03 89 71 86 40,* – ch, GB. rest
hôtel : fermé 20 au 27 déc. et 28 janv. au 1er mars ; rest. : 1er avril-1er oct. et fermé dim. soir – **Repas** (dîner seul.)(résidents seul.) – 40 – **19 ch** 300/350 – 1/2 P 280/310

Auberge de l'Ill (Haeberlin), 03 89 71 89 00, *auberge-de-l-ill@auberge-de-l-ill.com, Fax 03 89 71 82 83,* jardins fleuris, « Élégante installation au bord de l'Ill » – GB
fermé 28 janv. au 7 mars, lundi et mardi – **Repas** (prévenir) 530 (déj.)/770 et carte 510 à 780
Spéc. Mousseline de grenouilles "Paul Haeberlin". Truffe au chou et filet de lapin aux lentilles. Canard colvert laqué aux épices (sept. à janv.). **Vins** Riesling, Pinot noir.

Hôtel des Berges M, 03 89 71 87 87, *Fax 03 89 71 87 88,* « Reconstitution d'un séchoir à tabac du Ried », – ch, GB
fermé 1er fév. au 6 mars, lundi et mardi voir rest. ***Aub. de l'Ill*** – 140 – **11 ch** 1550/1800

ILLIERS-COMBRAY *28120 E.-et-L. 60 ⑰ G. Châteaux de la Loire – 3 329 h alt. 160.*
Office de Tourisme (ouvert du 1er avril-31 oct.) 5 r. Henri-Germond 02 37 24 24 00, Fax 02 37 24 21 79.
Paris 115 – Chartres 26 – Châteaudun 29 – Le Mans 94 – Nogent-le-Rotrou 37.

Florent, pl. Église 02 37 24 10 43, *Fax 02 37 24 11 78* – GB
fermé mardi soir d'oct. à avril, merc. soir, dim. soir et lundi sauf fériés – **Repas** 118/260, enf. 52

Use this year's Guide.

ILLKIRCH-GRAFFENSTADEN *67 B.-Rhin 62 ⑩ – rattaché à Strasbourg.*

IMSTHAL (Étang d') *67 B.-Rhin 57 ⑰ ⑱ – rattaché à La Petite-Pierre.*

INGERSHEIM *68 H.-Rhin 87 ⑰ – rattaché à Colmar.*

INGWILLER *67340 B.-Rhin 87 ⑬ – 3 753 h alt. 185.*
Office de Tourisme Hôtel-de-Ville, r. du Gén.-Goureau 03 88 89 23 45, Fax 03 88 89 60 27.
Paris 446 – Strasbourg 45 – Haguenau 26 – Sarrebourg 43 – Sarreguemines 51 – Saverne 23.

Aux Comtes de Hanau avec ch, 139 r. Gén. de Gaulle 03 88 89 42 27, *aux.comtes.de. Hanau@wanadoo.fr, Fax 03 88 89 51 18,* – 25. GB JCB
fermé 9 au 15 juil., 11 au 28 fév., merc. soir et lundi – **Repas** carte 150 à 200, enf. 49 – 30 – **12 ch** 260/400 – 1/2 P 260/320

INNENHEIM *67880 B.-Rhin 62 ⑨ – 840 h alt. 150.*
Paris 487 – Strasbourg 25 – Molsheim 12 – Obernai 10 – Sélestat 34.

Au Cep de Vigne, N 422 03 88 95 75 45, *Fax 03 88 95 79 73,* – 40. GB
fermé 18 au 28 fév., lundi(sauf hôtel) et dim. soir – **Repas** 95/265, enf. 60 – 42 – **40 ch** 240/400 – 1/2 P 230/325

INXENT *62 P.-de-C. 51 ⑫ – rattaché à Montreuil.*

ISBERGUES *62 P.-de-C. 51 ⑭ – rattaché à Aire-sur-la-Lys.*

ISIGNY-SUR-MER *14230 Calvados 54 ⑬ G. Normandie Cotentin – 3 018 h alt. 4.*
Paris 294 – Cherbourg 62 – St-Lô 31 – Bayeux 34 – Caen 63 – Carentan 11.

France, 13 r. E. Demagny 02 31 22 00 33, *Fax 02 31 22 79 19* – 25. GB
15 fév.-15 nov. et fermé vend. soir et sam. hors saison sauf fériés – **Repas** (58) - 72/175, enf. 48 – 34 – **19 ch** 160/320 – 1/2 P 260/380

L'ISLE-ADAM *95290 Val-d'Oise* 55 ⑳ *G. Ile de France – 9 979 h alt. 28.*

Voir *Chaire*★ *de l'église St-Martin.*

Office de Tourisme Maison des Joséphites 46 Grande Rue ☎ 01 34 69 41 99, Fax 01 34 08 09 79.

Paris 37 – Compiègne 66 – Beauvais 49 – Chantilly 25 – Pontoise 19 – Taverny 15.

XX **Gai Rivage,** 11 r. Conti ☎ 01 34 69 01 09, *Fax 01 34 69 30 37,* – AE GB.
fermé vacances de Toussaint, de fév., dim. soir et lundi – **Repas** 220/300

X **Relais Fleuri,** 61 bis r. St-Lazare ☎ 01 34 69 01 85, – AE GB
fermé 5 au 24 août, dim. soir, lundi soir, merc. soir et mardi – **Repas** 155 ♀

L'ISLE-D'ABEAU *38 Isère* 74 ⑬., 110 ㉙ *– rattaché à Bourgoin-Jallieu.*

L'ISLE-JOURDAIN *32600 Gers* 82 ⑥ ⑦ *G. Midi-Pyrénées – 5 029 h alt. 116.*

Voir *Centre-musée européen d'art campanaire*★.

Paris 702 – Auch 43 – Toulouse 37 – Montauban 57.

Hostellerie du Lac, Ouest : 1 km par rte d'Auch ☎ 05 62 07 03 91, *Fax 05 62 07 04 37,* ←, – TV P – 20 à 30. GB
fermé vacances de fév. – **Repas** *(fermé dim. soir du 1er sept. au 31 mai) (69) -* 65 bc/235 – ☕ 30 – **27 ch** 210/240 – ½ P 210/235

à Pujaudran *Est : 8 km par N 124 – 816 h. alt. 302 – ✉ 32600 :*

XXX **Puits St-Jacques** (Bach), ☎ 05 62 07 41 11, *Fax 05 62 07 44 09,* – AE GB
✿ *fermé 27 août au 9 sept., vacances de fév., mardi midi d'oct. à mai, dim. soir et lundi –* **Repas** (week-ends prévenir) 120 (déj.), 170/295 et carte 290 à 390, enf. 85
Spéc. Tatin de foie gras de canard. Pigeonneau rôti en deux cuissons. Gaufre à la marmelade de fruits de saison. **Vins** Madiran, Côtes de Gascogne.

rte de Toulouse *par N 124 : 11 km – ✉ 32600 L'Isle-Jourdain :*

XX **Frachengues,** ☎ 05 62 07 40 63, *Fax 05 62 07 42 16,* – P. AE GB
fermé 15 au 31 août, 2 au 20 janv., dim. soir, mardi midi et lundi – **Repas** 110/250, enf. 50

L'ISLE-JOURDAIN *86150 Vienne* 72 ⑤ *G. Poitou Vendée Charentes – 1 269 h alt. 142.*

Office de Tourisme (saison) pl. de l'Ancienne Gare ☎ 05 49 48 80 36, Fax 05 49 48 80 36 et (hors saison) à la Mairie ☎ 05 49 48 70 54.

Paris 389 – Poitiers 53 – Confolens 27 – Niort 101.

à Port de Salles *Sud : 7 km par D 8 et rte secondaire – ✉ 86150 Le Vigeant :*

Val de Vienne M sans rest, ☎ 05 49 48 27 27, *info@hotel-valdevienne.com, Fax 05 49 48 47 47,* ←, – TV P – 20. AE GB
fermé 2 au 28 fév. – ☕ 55 – **22 ch** 440

XXX **Grimolée,** ☎ 05 49 48 75 22, *info@hotel-valdevienne.com, Fax 05 49 48 47 47,* « Terrasse et jardin au bord de la Vienne », – AE GB.
fermé 2 janv. au 29 fév., dim. soir et lundi – **Repas** 95/200 ♀

L'ISLE-SUR-LA-SORGUE *84800 Vaucluse* 81 ⑫ ⑬ *G. Provence – 15 564 h alt. 57.*

Voir *Décoration*★ *de la collégiale de Notre-Dame des Anges.*

Env. *Église*★ *du Thor O : 5 km.*

Office de Tourisme pl. de la Liberté ☎ 04 90 38 04 78, Fax 04 90 38 35 43.

Paris 697 – Avignon 22 – Apt 34 – Carpentras 17 – Cavaillon 11 – Orange 40.

Araxe M , rte Apt : 1,5 km ☎ 04 90 38 40 00, *Fax 04 90 20 84 74,* , « Jardin en bordure de la Sorgue », – cuisinette TV P – 40. AE GB
Repas *(fermé janv.)* 134/151 ♀ – ☕ 55 – **50 ch** 390/850, 4 duplex – ½ P 365/545

Névons sans rest, chemin des Névons (derrière Poste) ☎ 04 90 20 72 00, *info@hotel-les-nevons.com, Fax 04 90 20 56 20,* – TV P. GB.
fermé mi-déc. à mi-janv. – ☕ 38 – **26 ch** 310/556

XX **Prévôté** (Mercier), 4 r. J.-J. Rousseau (derrière l'église) ☎ 04 90 38 57 29, *Fax 04 90 38 57 29,* – GB
✿ *fermé nov., vacances de fév., dim. soir, mardi midi d'oct. à juin et lundi –* **Repas** 150 (déj.), 260/380
Spéc. Cannelloni de saumon au chèvre frais. Canette laquée au miel de lavande. Gâteau d'agneau aux aubergines confites. **Vins** Côtes du Ventoux, Côtes du Rhône-Villages.

X **L'Oustau de l'Isle,** 21 av. 4 Otages ☎ 04 90 38 54 84, *Fax 04 90 38 54 84,* – . GB JCB
fermé 7 au 14 juin, 14 au 21 oct., début janv. à fin fév., jeudi sauf le soir en juil.-août et merc. – **Repas** *(95) -* 145/205 , enf. 70

au Nord *par D 938 et rte secondaire – ✉ 84740 Velleron :*

Hostellerie La Grangette , à 6 km ☎ 04 90 20 00 77, *tbb@club-internet.fr, Fax 04 90 20 07 06*, , « Demeure provençale dans un parc », , , – – 80. AE GB. rest
fermé 1er nov. au 1er fév. – **Repas** *(fermé mardi midi et merc. de fév. à mai sauf fériés)* 160 (déj.), 250/320 – **16 ch** 640/1360 – ½ P 605/930

Logis, à 7 km, chemin des Arrayies ☎ 04 90 20 01 42, *Fax 04 90 20 11 25*, – . GB
fermé janv, mardi soir, merc. soir de nov. à mars et lundi – **Repas** 75 (déj.), 140/250

rte d'Apt *Sud-Est : 6 km par N 100 – ✉ 84800 L'Isle-sur-la-Sorgue :*

Mas des Grès, ☎ 04 90 20 32 85, *info@masdesgres.com, Fax 04 90 20 21 45*, , , – . GB.
15 mars-15 nov. – **Repas** (dîner seul. sauf juil.-août) (prévenir) 170 – 60 – **14 ch** 500/990 – ½ P 495/750

à Petit-Palais *Sud-Est : 6 km par D 31 ou par N 100 et D 24 – ✉ 84800 L'Isle-sur-la-Sorgue :*

Bernard Auzet, ☎ 04 90 38 09 74, *Fax 04 90 20 91 26*, – . GB
fermé 12 nov. au 15 déc., dim. soir hors saison et merc. – **Repas** 119 (déj.), 178/290 , enf. 80

au Sud-Ouest *: 3 km par rte de Caumont sur D 25 et rte secondaire – ✉ 84800 L'isle-sur-la-Sorgue :*

Mas de Cure Bourse , ☎ 04 90 38 16 58, *Fax 04 90 38 52 31*, , « Ancien mas au milieu des vergers », , – – 60. GB
Repas *(fermé 12 au 30 nov., 1er au 14 janv., mardi midi et lundi)* 170/280 – 50 – **13 ch** 400/650 – ½ P 475/575

L'ISLE-SUR-SEREIN *89440 Yonne* 65 ⑥ – *533 h alt. 190.*
Paris 209 – Auxerre 50 – Avallon 17 – Montbard 33 – Tonnerre 36.

Auberge du Pot d'Étain avec ch, ☎ 03 86 33 88 10, *Fax 03 86 33 90 93*, – rest, . GB
fermé 15 au 23 oct., 28 janv. au 25 fév., dim. soir et lundi hors saison – **Repas** 108/318 , enf. 55 – 40 – **9 ch** 280/390 – ½ P 300/400

ISOLA 2000 *06420 Alpes-Mar.* 81 ⑩, 115 ⑤ *G. Alpes du Sud – alt. 2000 – Sports d'hiver : 2 000/2 600 m 1 25 .*
Voir *Vallon de Chastillon★ O.*
Office de Tourisme ☎ 04 93 23 15 15, Fax 04 93 23 14 25.
Paris 824 – Barcelonnette 83 – Nice 91 – St-Martin-Vésubie 56.

Chastillon , ☎ 04 93 23 26 00, *chastillon@dial.deane.com, Fax 04 93 23 26 12*, , – – 50. AE GB JCB. rest
déc.-avril – **Repas** 120 (déj.)/150, enf. 65 – 70 – **51 ch** 1015/1370 – ½ P 810

ISPE *40 Landes* 78 ⑬ – *rattaché à Biscarrosse.*

Les ISSAMBRES *83380 Var* 84 ⑱, 114 ㊳ *G. Côte d'Azur.*
Paris 882 – Fréjus 10 – Draguignan 37 – St-Raphaël 12 – Ste-Maxime 11 – Toulon 102.

à San-Peire-sur-Mer – *✉ 83380 Les Issambres :*

Provençal, N 98 ☎ 04 94 55 32 33, *info@hotel-le-provencal.com, Fax 04 94 55 32 34*, , – ch, . AE GB
9 fév.-25 oct. et 21 déc.-4 janv. – **Repas** *(fermé le midi sauf dim. et fériés du 1er juil. au 20 août et lundi midi hors saison)* 148/230 – 60 – **27 ch** 489/600 – ½ P 470/520

au parc des Issambres – *✉ 83380 Les Issambres :*

Villa-St-Elme M, N 98 ☎ 04 94 49 52 52, *info@saintelme.com, Fax 04 94 49 63 18*, , , « Terrasse en bordure de mer », , , – . AE GB JCB
Repas 260/350, enf. 100 – **17 ch** 1950/3700

Quiétude, N 98 ☎ 04 94 96 94 34, *laquietude@hotmail.com, Fax 04 94 49 67 82*, , , , – ch, . GB
23 fév.-9 oct. – **Repas** 96/182, enf. 54 – 39 – **19 ch** 355/389 – ½ P 355/382

Réserve, N 98 ☎ 04 94 96 90 41, *Fax 04 94 96 96 11*, , – . AE GB
fermé mi-nov. à début fév., mardi soir et merc. de sept. à avril – **Repas** 150/198, enf. 70

à la calanque des Issambres – ✉ *83380 Les Issambres :*

XX **Chante-Mer,** au village ☎ 04 94 96 93 23, 🏠 – GB
fermé 15 déc. au 31 janv., dim. soir de sept. à Pâques, mardi midi de Pâques à sept. et lundi – **Repas** 128/215

ISSENHEIM *68500 H.-Rhin* 87 ⑱ – *2 838 h alt. 245.*

Paris 473 – Mulhouse 22 – Belfort 49 – Guebwiller 4 – Strasbourg 102.

XX **Auberge Jean-Luc Wahl,** 58 rte Rouffach ☎ 03 89 76 86 68, *jean-luc-wahl@wanadoo.fr, Fax 03 89 76 93 19,* 🏠, « Auberge alsacienne du 18e siècle » – ⓓ GB JCB
fermé 1er au 8 avril, 1er au 15 août, 24 déc. au 7 janv., sam. midi, dim. soir et lundi – **Repas** 130/415 bc 🍷, enf. 85

ISSIGEAC *24560 Dordogne* 75 ⑮ – *617 h alt. 106.*

ℹ *Syndicat d'Initiative (fermé le lundi hors saison) pl. du Château ☎ 05 53 58 79 62.*

Paris 557 – Périgueux 67 – Bergerac 19 – Villeneuve-sur-Lot 45.

XX **Chez Alain,** ☎ 05 53 58 77 88, *info@chez-alain.com, Fax 05 53 57 88 64,* 🏠 – ⓓ GB
fermé 15 janv. au 20 fév., dim. soir et lundi sauf de mai à sept. – **Repas** 119/395 bc 🍷, enf. 55

Au moment de chercher un hôtel ou un restaurant, soyez efficace.
Sachez utiliser les noms ***soulignés en rouge*** *sur les* ***cartes Michelin*** *à 1/200 000.*
Mais ayez une carte à jour!

ISSOIRE ◈SP *63500 P.-de-D.* 73 ⑭ ⑮ *G. Auvergne – 13 559 h alt. 400.*

Voir *Anc. abbatiale St-Austremoine*★★ **Z.**

ℹ *Office de Tourisme pl. Gén.-de-Gaulle ☎ 04 73 89 15 90.*

Paris 453 ① – Clermont-Ferrand 38 ① – Le Puy-en-Velay 93 ③ – Thiers 56 ①.

ISSOIRE

Altaroche (Pl.) .... Z 2
Ambert (R. d') .... Y
Ancienne-Caserne (R. de l') .... Z 3
Berbiziale (R. de la) .... Y
Buisson (Bd A.) .... Y
Cerf-Volant (R. du) .... Y 4
Châteaudun (R. de) .... Z 5
Cibrand (Bd J.) .... Y
Dr Sauvat (R.) .... Z
Duprat (Pl. Ch.) .... Y
Espagnon (R. d') .... Z
Foirail (Pl. du) .... Y
Fours (R. des) .... Z
Gambetta (R.) .... Z 6
Gare (Av. de la) .... Y 9
Gaulle (Pl. du Gén.-de) .... Y
Gauttier (R. E.) .... Y
Haïnl (Bd G.) .... Z
Hauterive (R. E. d') .... Z
Libération (Av. de la) .... Z 10
Manlière (Bd de la) .... Z
Mas (R. du) .... Y
Montagne (Pl. de la) .... Y
Notre-Dame-des-Filles (R.) .... Z 12
Palais (R. du) .... Y
Pomel (Pl. N.) .... Z 13
Pont (R. du) .... Z 14
Ponteil (R. du) .... Y 16
Postillon (R. du) .... Z
République (Pl. de la) .... Z
St-Avit (Pl.) .... Y 22
Sous-Préfecture (Bd de la) .... Z
Terraille (R. de la) .... Z 24
Triozon-Bayle (Bd) .... YZ 25
Verdun (Pl. de) .... Z 26
8-Mai (Av. du) .... Y 30

Une réservation confirmée par écrit est toujours plus sûre.

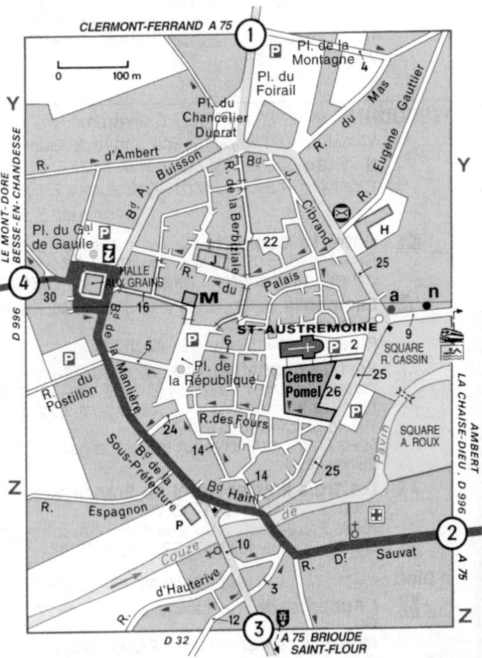

Pariou sans rest, 18 bd Kennedy par ① : *1 km* ✆ 04 73 55 90 37, *hotel.lepariou@voila.fr*, *Fax 04 73 55 96 16* – 25. AE GB
fermé vacances de Noël – 39 – **33 ch** 325/355

Tourisme sans rest, 13 av. Gare ✆ 04 73 89 23 68, *Fax 04 73 89 65 28* – . AE GB
fermé 29 avril au 6 mai, 1er au 21 oct. – 35 – **13 ch** 230/280 YZ n

Grilotel, ZAC des Prés (centre commercial), Nord-Est : 1,5 km par D 716 ou D 9 ✆ 04 73 89 60 76, *Fax 04 73 89 41 83*, – . AE GB
Repas *(fermé sam. et dim. de Toussaint à Pâques) (59)* - 85/135 ♀, enf. 30 – 35 – **36 ch** 270 – ½ P 235

Relais, 1 av. Gare ✆ 04 73 89 16 61, *Fax 04 73 89 55 62* – GB. YZ a
fermé 25 oct. au 5 nov., 15 au 28 fév., dim. soir et lundi hors saison – **Repas** 60/180 ♀

à Sarpoil *par ② et D 999 : 10 km* – ✉ *63490 St-Jean-en-Val :*

Bergerie, ✆ 04 73 71 02 54, *Fax 04 73 71 02 99*, , – P. AE GB
fermé janv., dim. soir, lundi et mardi de sept. à mai sauf fêtes – **Repas** (nombre de couverts limité, prévenir) 140/220 et carte 220 à 420 ♀

à Perrier *par ④ et D 996 : 5 km* – *727 h. alt. 415* – ✉ *63500 :*

Cour Carrée, ✆ 04 73 55 15 55, *Fax 04 73 55 15 55*, – P. GB
fermé 25/08-6/09, vacances de fév.,lundi midi en juil.-août, dim. soir et merc. soir, lundi et soirs fériés de 09 à 06 – **Repas** *(110)* - 145/195 ♀, enf. 85

When looking for a hotel or restaurant use the most efficient method.
Look for the names of towns ***underlined in red***
on the ***Michelin maps*** *scale: 1:200 000.*
But make sure you have an up-to-date map!

ISSONCOURT *55 Meuse 56 ⑳ – 119 h alt. 260 – ✉ 55220 Souilly.*
Paris 266 – Bar-le-Duc 26 – St-Mihiel 28 – Verdun 28.

Relais de la Voie Sacrée avec ch, ✆ 03 29 70 70 46, *christian-caillet@wanadoo.fr*, *Fax 03 29 70 75 75*, , – rest, P. GB
fermé 2 janv. au 1er mars, dim. soir d'oct. à avril et lundi – **Repas** 95/320 ♀, enf. 75 – 50 – **7 ch** 300 – ½ P 370

ISSOUDUN *36100 Indre 68 ⑨ G. Berry Limousin – 13 859 h alt. 130.*
Voir *Musée de l'hospice St-Roch : arbre de Jessé★ dans la chapelle et apothicairerie★* **AB.**
Office de Tourisme pl. St-Cyr ✆ 02 54 21 74 02, Fax 02 54 03 03 36.
Paris 247 ① – Bourges 37 ② – Châteauroux 29 ⑤ – Tours 127 ① – Vierzon 34 ①.

Plan page ci-contre

Hôtel La Cognette M , r. Minimes ✆ 02 54 21 21 83, *lacognette@wanadoo.fr*, *Fax 02 54 03 13 03* – . AE GB A e
voir rest. ***La Cognette*** ci-après – 65 – **11 ch** 390/690, 3 appart – ½ P 480/680

Campanile, par ② : *N 151* ✆ 02 54 21 06 40, *Fax 02 54 21 20 33*, – P – 25. AE GB
Repas 94 ♀, enf. 39 – 36 – **42 ch** 315

Rest. La Cognette -Hôtel La Cognette- (Nonnet), bd Stalingrad ✆ 02 54 21 21 83, *lacognette@wanadoo.fr*, *Fax 02 54 03 13 03*, – . AE GB A z
fermé janv., mardi midi, dim. soir et lundi d'oct. à mai sauf fériés – **Repas** (prévenir) *(150)* - 180/400 et carte 340 à 630 ♀
Spéc. Crème de lentilles aux truffes. Cannelloni d'huitres. Foie de veau miel et citron. **Vins** Quincy, Reuilly.

Les Trois Rois et Hôtel de France avec ch, 3 r. P. Brossolette ✆ 02 54 21 00 65, *Fax 02 54 21 50 61* – . AE GB A s
fermé 3 au 24 sept., 27 janv. au 11 fév.,dim.soir et lundi sauf juil.-août – **Repas** 90 bc/180 ♀, enf. 60 – 40 – **19 ch** 175/290 – ½ P 255

à Diou *par ① : 12 km sur D 918* – *212 h. alt. 130* – ✉ *36260 :*

L'Aubergeade, rte Issoudun ✆ 02 54 49 22 28, *Fax 02 54 49 22 28*, , – P. GB
fermé merc. soir et dim. soir – **Repas** 100/215

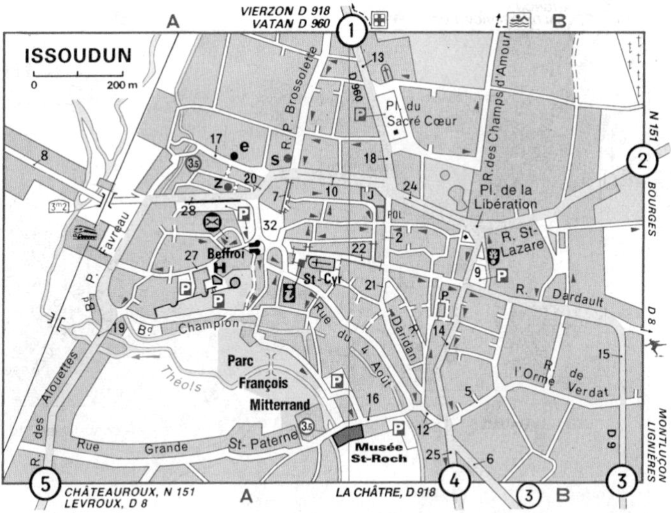

ISSOUDUN

VIERZON D 918 / VATAN D 960 — BOURGES N 151 — MONTLUÇON LIGNIÈRES D 9 — LA CHÂTRE, D 918 — CHÂTEAUROUX, N 151 / LEVROUX, D 8

Write us...

If you have any comments on the contents of this Guide.

Your praise as well as your criticisms will receive careful consideration and, with your assistance, we will be able to add to our stock of information and, where necessary, amend our judgments.

Thank you in advance!

ISSY-LES-MOULINEAUX *92 Hauts-de-Seine* 60 ⑩., 101 ㉕ *– voir à Paris, Environs.*

ISTRES *13800 B.-du-R.* 84 ① *G. Provence – 35 163 h alt. 32.*

Office de Tourisme 30 allées J.-Jaurès ✆ 04 42 55 51 15, Fax 04 42 56 59 50.

Paris 747 ③ – Marseille 55 ② – Arles 44 ③ – Martigues 14 ② – Salon-de-Provence 25 ②.

Plan page suivante

Castellan sans rest, pl. Ste-Catherine ✆ 04 42 55 13 09, *Fax 04 42 56 91 36*, – TV P. AE GB. — AX a
40 – **17 ch** 280/340

St-Martin, Port des Heures Claires, Sud-Est : 3 km ✆ 04 42 56 07 12, *restaurant-le-saint-martin@voila.fr, Fax 04 42 56 04 59*, <, – . GB — BZ e
fermé mardi soir et merc. – **Repas** 95 (déj.), 125/160

Les Deux Toques, 7 av. H. Boucher ✆ 04 42 55 16 01, *Fax 04 42 55 95 02*, – . GB. — AX n
fermé 23 déc. au 3 janv., dim. soir et lundi – **Repas** 105 (déj.), 155/335

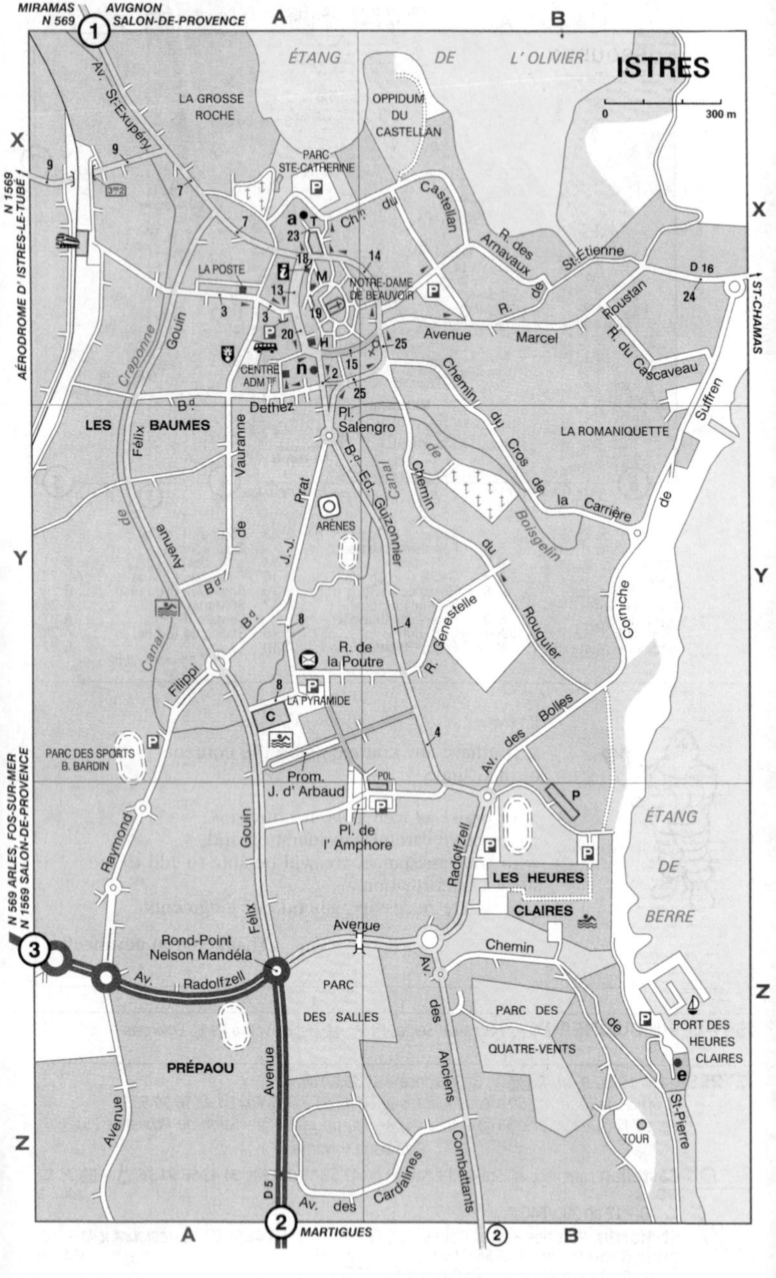

Boucher (Av. H.) . . . . **AX** 2
Briand (Av. A.) . . . . **AX** 3
Chave (Av. Alderic) . . . . **BY** 4
Craponne (Av. A. de) . . . . **AX** 7
Equerre (R. de l') . . . . **AY** 8
Guynemer (Av. G.) . . . . **AX** 9
Jean-Jaurès (Allée) . . . . **AX** 13
Mistral (Bd F.) . . . . **ABX** 14
Painlevé (Bd P.) . . . . **ABX** 15
Porte d'Arles (Pl. de la) . . . **AX** 18
Puits-Neuf (Pl. du) . . . . **AX** 19
République (Bd de la) . . . . . **AX** 20
Ste-Catherine (R.) . . . . **AX** 23
St-Chamas (Rte de) . . . . **BX** 24
Victor-Hugo (Bd) . . . . **ABX** 25

ITTERSWILLER *67140 B.-Rhin* 62 ⑨ *G. Alsace Lorraine – 248 h alt. 235.*
Paris 502 – Strasbourg 47 – Erstein 23 – Mittelbergheim 4 – Molsheim 27 – Sélestat 15.

Arnold Ⓜ, ☎ 03 88 85 50 58, *arnold-hotel@wanadoo.fr, Fax 03 88 85 55 54*, ←, – 40. AE GB
Winstub Arnold *(fermé 19 janv. au 5 mars, dim. soir de nov. à mai et lundi)* **Repas** 285/385 ♀, enf. 65 – ☕ 50 – **29 ch** 530/670 – ½ P 480/560

ITTEVILLE *91760 Essonne* 61 ①, 106 ㊸ *– 4 685 h alt. 72.*
Paris 48 – Fontainebleau 36 – Arpajon 14 – Corbeil-Essonnes 21 – Étampes 19 – Melun 29.

Auberge de l'Épine, Nord : 3 km, au domaine de l'Épine (29 r. Gén.-Leclerc) ☎ *01 64 93 10 75, Fax 01 64 93 09 89*, – AE GB
fermé août, 6 au 16 janv., lundi soir, mardi soir et merc. – **Repas** 165/225

ITXASSOU *64250 Pyr.-Atl.* 85 ③ *G. Aquitaine – 1 563 h alt. 39.*
Voir *Église*★.
Paris 793 – Biarritz 24 – Bayonne 23 – Cambo-les-Bains 5 – Pau 121 – St-Jean-de-Luz 36.

Fronton, ☎ 05 59 29 75 10, *Fax 05 59 29 23 50*, ←, – rest, P. AE GB. ch
fermé 12 au 17 nov., 1er janv. au 15 fév. et merc. – **Repas** 87/220, enf. 45 – ☕ 40 – **25 ch** 277/320 – ½ P 285/310

Txistulari , ☎ 05 59 29 75 09, *Fax 05 59 29 80 07*, – P. AE GB JCB.
fermé 7 déc. au 2 janv. et dim. soir hors saison – **Repas** (en hiver, sur réservation le soir) 88/165 ♀, enf. 40 – ☕ 30 – **20 ch** 180/250 – ½ P 223

Chêne , près église ☎ 05 59 29 75 01, *Fax 05 59 29 27 39*, ←, – P. GB. rest
fermé janv., fév., mardi d'oct. à juin et lundi – **Repas** 90/190, enf. 48 – ☕ 35 – **16 ch** 245 – ½ P 265

IVRY-LA-BATAILLE *27540 Eure* 55 ⑰, 106 ⑬ *G. Normandie Vallée de la Seine – 2 563 h alt. 54.*
Paris 78 – Anet 7 – Dreux 22 – Évreux 36 – Mantes-la-Jolie 25 – Pacy-sur-Eure 18.

Moulin d'Ivry, ☎ 02 32 36 40 51, *Fax 02 32 26 05 15*, « Jardin et terrasse au bord de l'Eure », – P. AE GB JCB
fermé 1er au 15 oct., 4 au 24 fév., lundi soir et mardi sauf fériés – **Repas** 165/300 ♀

IVRY-SUR-SEINE *94 Val-de-Marne* 61 ①, 101 ㉖ *– voir à Paris, Environs.*

IZERNORE *01580 Ain* 74 ④ *– 1 170 h alt. 452.*
Paris 479 – Bourg-en-Bresse 51 – Lyon 92 – Nantua 10 – Oyonnax 12.

Michaillard Ⓜ, ☎ 04 74 76 96 46 – P. GB
fermé 16 août au 6 sept., dim. soir (sauf hôtel) et lundi soir – **Repas** (60) - 75/148 ♀, enf. 42 – ☕ 40 – **14 ch** 190/340 – ½ P 250/280

JARNAC *16200 Charente* 72 ⑫ *G. Poitou Vendée Charentes – 4 786 h alt. 26.*
Voir *Donation François-Mitterrand – Maison Courvoisier – Maison Louis-Royer.*
Office de Tourisme pl. Château ☎ 05 45 81 09 30, Fax 05 45 36 52 45.
Paris 466 – Angoulême 30 – Barbezieux 31 – Bordeaux 116 – Cognac 15 – Jonzac 40.

Château, pl. Château ☎ 05 45 81 07 17, *Fax 05 45 35 35 71* – AE GB
fermé 1er au 20 août, 1er au 13 janv., dim. soir, merc. soir et lundi – **Repas** 100 (déj.), 155/236 ♀

à Bourg-Charente *Ouest : 6 km par N 141 et rte secondaire – 722 h. alt. 14 – ✉ 16200 :*

Ribaudière (Verrat), ☎ 05 45 81 30 54, *la.ribaudiere@wanadoo.fr, Fax 05 45 81 28 05*, « Terrasse face à la Charente », – P. AE GB
fermé 15 oct. au 1er nov., vacances de fév., dim. soir et lundi – **Repas** 150/360 et carte 310 à 430 ♀
Spéc. Soupe de cèpes et foie gras de canard (sept. à fév.). Tarte fine aux tomates et langoustines rôties au lait de chèvre (juin à sept.). Biscuit tendre au chocolat. **Vins** Vins de Pays Charentais blanc et rouge.

à Vibrac *Sud-Est : 11 km par N 141 et D 22 – 223 h. alt. 25 – ✉ 16120 :*

Les Ombrages , rte Angeac ☎ 05 45 97 32 33, *Fax 05 45 97 32 05*, – P – 15. GB.
fermé 15 déc. au 15 janv., dim. soir et lundi sauf juil.-août – **Repas** 75 (déj.)/200 – ☕ 40 – **9 ch** 270/400 – ½ P 240/265

JARNAC-CHAMPAGNE *17520 Char.-Mar.* 71 ⑤ *– 713 h alt. 55.*

Paris 509 – Angoulême 58 – Bordeaux 102 – Cognac 20 – La Rochelle 113 – Royan 54.

Relais de Jarnac-Champagne avec ch, Le Bourg ✆ 05 46 49 55 44, *Fax 05 46 49 43 16* – TV ♿ . GB
fermé 15 au 30 nov., 2 au 10 janv., 15 au 28 fév., dim. soir et merc. – **Repas** 65/195 ♀ – 35 – **7 ch** 210/250 – ½ P 280

JARVILLE-LA-MALGRANGE *54 M.-et-M.* 62 ⑤ *– rattaché à Nancy.*

JAVRON *53 Mayenne* 60 ① *– 1 400 h alt. 176 – ✉ 53250 Javron-les-Chapelles.*

Paris 228 – Alençon 35 – Bagnoles-de-l'Orne 21 – Le Mans 67 – Mayenne 26.

XXX **Terrasse,** 30 Grande Rue ✆ 02 43 03 41 91, *Fax 02 43 04 49 48* – GB
fermé vacances de fév., mardi soir et merc. – **Repas** 115/275 et carte 220 à 310, enf. 60

JERSEY (Ile de) ★★ *Ile* 54 ⑤ *G. Normandie Cotentin.*

Accès *par transports maritimes pour* St-Hélier (réservation indispensable).

depuis **St-Malo** *(réservation obligatoire) : par* **car-ferry** *-Traversée 70 mn. Renseignements et tarifs à Émeraude Lines, Terminal Ferry du Naye (St-Malo)* ✆ *02 23 18 01 80, Fax 02 23 18 15 00, par* **Hydroglisseur** *((Condor Ferries) - Traversée 1 h - Renseignements et tarifs : gare maritime de la bourse (St-Malo)* ✆ *02 99 20 03 00, Fax 02 99 56 39 27.*

depuis **Carteret** : *Catamaran -service saisonnier (traversée 50 mn -Gorey) par Émeraude Lines - Renseignements et tarifs : voir Granville.*

depuis **Granville** : *Catamaran rapide - service saisonnier (traversée 60 mn -St-Hélier) par Émeraudes Lines* ✆ *02 33 50 16 36, Fax 02 33 50 87 80.*

Ressources hôtelières : *voir Guide Rouge Michelin :* Great Britain and Ireland

Dans ce guide
un même symbole, un même caractère,
imprimé en couleur ou en ***noir****, en maigre ou en* ***gras****,*
n'ont pas tout à fait la même signification.
Lisez attentivement les pages explicatives.

JOIGNY *89300 Yonne* 65 ④ *G. Bourgogne – 9 697 h alt. 79.*

Voir *Vierge au sourire★ dans l'église St-Thibault* A E *– Côte St-Jacques★ ≤★ 1,5 km par D 20* A.

Office de Tourisme 4 q. H.-Ragobert ✆ *03 86 62 11 05, Fax 03 86 91 76 38.*

Paris 144 ④ – Auxerre 28 ② – Gien 73 ④ – Montargis 60 ④ – Sens 33 ⑤ – Troyes 76 ③.

Plan page ci-contre

✿✿ **Côte St-Jacques** (Lorain) M, 14 fg Paris ✆ 03 86 62 09 70, *lorain@relaischateaux.fr, Fax 03 86 91 49 70*, ≤, – |‡|, ▤ rest, TV ✆ P – 30. AE ⓓ GB JCB — A r
fermé 2 au 30 janv. – **Repas** (dim. prévenir) 390 bc (déj.)/820 et carte 660 à 1 000, enf. 180 – 130 – **27 ch** 790/1950, 5 appart – ½ P 1190/1530
Spéc. Huîtres creuses en petite terrine océane. Tronçon de turbot de ligne en croûte de sel, émulsion au lait d'amande. Galette d'escargots, chou vert, pied de veau et girolles (avril à nov.). **Vins** Chardonnay de Bourgogne, Côtes d'Auxerre.

Rive Gauche M, r. Port au Bois ✆ 03 86 91 46 66, *Fax 03 86 91 46 93*, ≤, – |‡|, ▤ rest, TV ✆ ♿ P – 25 à 50. AE GB — A s
Repas 105/250 ♀, enf. 60 – 50 – **42 ch** 260/660 – ½ P 320/420

Modern'Hôtel Godard, 17 av. R. Petit ✆ 03 86 62 16 28, *modern.godard@wanadoo.fr, Fax 03 86 62 44 33*, – TV P – 15 à 30. AE ⓓ GB JCB — A e
fermé dim. soir et lundi – **Repas** 140/360 ♀, enf. 70 – 45 – **21 ch** 250/500 – ½ P 335/555

à Épineau-les-Voves *par ③ : 7,5 km – 659 h. alt. 92 – ✉ 89400 :*

XX **L'Orée des Champs,** N 6 ✆ 03 86 91 20 39, *Fax 03 86 91 24 92*, – P. GB
fermé 20 août au 6 sept., vacances de fév., lundi soir, mardi soir et merc. – **Repas** 82 (déj.), 125/185 ♀, enf. 55

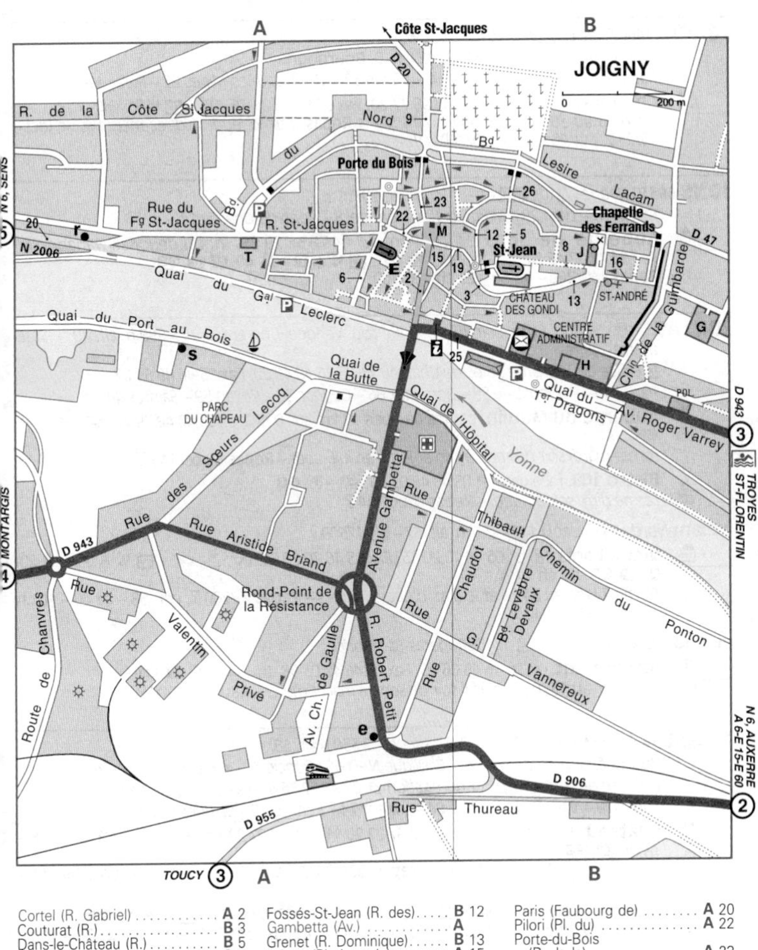

Cortel (R. Gabriel) . . . . **A** 2
Couturat (R.) . . . . **B** 3
Dans-le-Château (R.) . . . . **B** 5
Étape (R. de l') . . . . **A** 6
Ferrand (R. Jacques) . . . . **B** 8
Forêt d'Othe (Av. de la) . . . . **A** 9
Fossés-St-Jean (R. des) . . . . . **B** 12
Gambetta (Av.) . . . . **A**
Grenet (R. Dominique) . . . . . . **B** 13
Joigny (Pl. Jean de) . . . . **A** 15
Moines (R. des) . . . . **B** 16
Montant-au-Palais (R.) . . . . . . **B** 19
Paris (Faubourg de) . . . . **A** 20
Pilori (Pl. du) . . . . **A** 22
Porte-du-Bois (R. de la) . . . . **A** 23
Ragobert (Quai Henri) . . . . . **AB** 25
Tour-Carrée (R. de la) . . . . **B** 26

JOINVILLE *52300 H.-Marne* 62 ① *G. Champagne Ardenne – 4 755 h alt. 195.*

Voir *Château du Grand Jardin*★.

Office de Tourisme (fermé dim.) pl. Saunoise ☎ 03 25 94 17 90.

Paris 238 – Bar-le-Duc 50 – Bar-sur-Aube 47 – Chaumont 42 – St-Dizier 32.

Soleil d'Or, 9 r. Capucins ☎ 03 25 94 15 66, *Fax 03 25 94 39 02* – rest, TV ☎ 🚗. AE ⓞ GB
fermé 1er au 8 août, 1er au 10 nov., 25 au 28 fév., et dim. – **Repas** *(fermé dim. soir, sam. midi et lundi)* 120/330 ♀ – ☐ 60 – **17 ch** 230/460 – ½ P 280/350

Poste avec ch, pl. Grève ☎ 03 25 94 12 63, *Fax 03 25 94 36 23,* – TV ☎ 🚗. AE ⓞ GB
fermé 10 janv. au 1er fév. et dim. soir – **Repas** 80/220, enf. 45 – ☐ 30 – **10 ch** 220/280 – ½ P 210/230

JOINVILLE-LE-PONT *94 Val-de-Marne* 61 ①, 101 ㉗ – *voir à Paris, Environs.*

Le Guide change, changez de guide tous les ans.

JONCY *71460 S.-et-L.* 69 ⑱ *– 424 h alt. 236.*
Env. *Mont St-Vincent* ✻★★ *O : 12 km, G. Bourgogne.*
Paris 369 – Chalon-sur-Saône 34 – Mâcon 52 – Montceau-les-Mines 22 – Paray-le-Monial 44.

XX **Commerce** avec ch, ☎ 03 85 96 27 20, *Fax 03 85 96 21 76,* – TV ☎ P. GB
fermé 5 au 30 nov., 28 janv. au 14 fév. – **Repas** *(fermé jeudi midi et merc.)* 65 bc (déj.), 95/215 – ☕ 40 – **9 ch** 220/360 – ½ P 240/290

JONS *69330 Rhône* 74 ⑫, 110 ⑰ *– 1 001 h alt. 205.*
Paris 478 – Lyon 28 – Meyzieu 10 – Montluel 8 – Pont-de-Chéruy 14.

Auberge de Jons M, r. Pont ☎ 04 78 31 29 85, *hotel.de.jons@wanadoo.fr, Fax 04 72 02 48 24,* , , – rest, TV ☎ & P – 40. AE ⓓ GB
Repas 130/260 – ☕ 50 – **25 ch** 450/700

JONZAC *17500 Char.-Mar.* 71 ⑥ *G. Poitou Vendée Charentes – 3 998 h alt. 40 – Stat. therm. (19 fév.-8 déc.).*
Office de Tourisme 25 pl. du Château ☎ 05 46 48 49 29, Fax 05 46 48 51 07.
Paris 515 – Angoulême 58 – Bordeaux 86 – Cognac 36 – Royan 59 – Saintes 44.

X **Auberge du Moulin,** par rte de Pons : 2 km sur D 142 ☎ 05 46 48 39 76, , – P. GB
fermé mardi soir de sept. à juin et lundi en juil.-août – **Repas** 68 bc/149 ♀

X **Bistro 108,** face gare ☎ 05 46 48 02 95, – P. GB
fermé dim. soir et lundi – **Repas** 68 bc/144 ♀

à Clam *Nord : 6 km par D 142 – 237 h. alt. 67 – ✉ 17500 :*

Vieux Logis M, ☎ 05 46 70 20 13, *Fax 05 46 70 20 64,* , , – TV ☎ & P – 20. AE ⓓ GB. ch
fermé 7 janv. au 3 fév. et le dim. d'oct. à Pâques – **Repas** 90/200 ♀, enf. 58 – ☕ 40 – **10 ch** 250/310 – ½ P 240/270

au Sud *: 12 km par D 19 – ✉ 17130 Tugeras-St-Maurice :*

X **Au Sarment,** ☎ 05 46 49 06 05, *Fax 05 46 49 05 98,* , – P. ⓓ GB
fermé 1er au 15 mars, mardi soir de sept. à mai et merc. – **Repas** 65/200 ♀

JOSSELIN *56120 Morbihan* 63 ④ *G. Bretagne – 2 338 h alt. 58.*
Voir Château★★ : façade★★ – Basilique N.-D.-du-Roncier★ – ≤★ du Pont Ste-Croix.
Office de Tourisme pl. Congrégation ☎ 02 97 22 36 43, Fax 02 97 22 20 44.
Paris 428 – Vannes 44 – Dinan 84 – Lorient 74 – Rennes 79 – St-Brieuc 77.

Château, 1 r. Gén. de Gaulle ☎ 02 97 22 20 11, *Fax 02 97 22 34 09,* ≤, – TV ☎ P – 40. AE GB
fermé 23 au 31 déc. et fév. – **Repas** 89/170, enf. 50 – ☕ 40 – **36 ch** 245/370 – ½ P 215/275

France, pl. Notre-Dame ☎ 02 97 22 23 06, *Fax 02 97 22 35 78* – TV ☎ P. AE GB
fermé janv., dim. soir et lundi de sept. à avril. – **Repas** 83/207, enf. 52 – ☕ 36 – **20 ch** 200/320 – ½ P 251

JOUARRE *77 S.-et-M.* 56 ⑬ *– rattaché à La Ferté-sous-Jouarre.*

JOUCAS *84220 Vaucluse* 81 ⑬ *– 258 h alt. 263.*
Paris 720 – Apt 14 – Avignon 43 – Carpentras 32 – Cavaillon 21.

Hostellerie Le Phébus (Mathieu) , rte Murs ☎ 04 90 05 78 83, *resphebus@aol.com, Fax 04 90 05 73 61,* ≤ le Luberon, , , , – ch, TV ☎ & P. AE GB.
1er avril-15 nov. – **Repas** *(fermé merc. midi et mardi)* 220/420 et carte 310 à 560 ♀, enf. 120 – ☕ 95 – **21 ch** 990/2500, 5 appart – ½ P 780/1645
Spéc. Barigoule de pâtisson et céleri au serpolet. Filet de sole poêlé au parfum de vanille. Pigeonneau rôti en cocotte adouci au sirop d'érable.

Mas des Herbes Blanches , rte Murs : 2,5 km ☎ 04 90 05 79 79, *masherbes@relaischateaux.com, Fax 04 90 05 71 96,* ≤ le Luberon, , , , – ch, TV P. AE ⓓ GB JCB
fermé début janv. à mi-mars – **Repas** 220/430 et carte 380 à 500 – ☕ 100 – **16 ch** 930/2050, 3 appart – ½ P 895/1455
Spéc. Grosses gambas piquées de vanille bourbon (printemps). Crémeux d'araignée de mer et tourteau (été). Lièvre à la royale (automne). **Vins** Côtes du Lubéron, Côtes du Ventoux.

Mas du Loriot , sans rest. rte Murs : 4 km ✆ 04 90 72 62 62, *Fax 04 90 72 62 54*, ≤ le Luberon, , « Dans la garrigue », – P. GB
6 mars-15 déc. – 70 – **8 ch** 550/700.

JOUÉ-LÈS-TOURS *37 I.-et-L.* 64 ⑮ – *rattaché à Tours.*

JOUGNE *25370 Doubs* 70 ⑦ *G. Jura – 1 162 h alt. 1001 – Sports d'hiver : voir Métabief.*
Paris 464 – Besançon 79 – Champagnole 50 – Lausanne 49 – Morez 51 – Pontarlier 20.

Couronne, ✆ 03 81 49 10 50, *Fax 03 81 49 19 77*, , – . GB. ch
fermé nov., dim. soir et lundi soir hors vacances scolaires et sauf fériés – **Repas** 99/250 , enf. 50 – 38 – **12 ch** 190/350 – ½ P 260/320

à **Entre-lès-Fourg** *Sud-Est : 4,5 km par D 423 – ✉ 25370 Les Hôpitaux-Neufs :*

Petits Gris , ✆ 03 81 49 12 93, *Fax 03 81 49 13 93*, ≤, – GB
fermé 24 sept. au 15 oct. – **Repas** *(fermé merc.)* 90/180 , enf. 55 – 55 – **13 ch** 235/275 – ½ P 295/320

La JOUVENTE *35 I.-et-V.* 59 ⑤ – *rattaché à Dinard.*

Le Guide change, changez de guide tous les ans.

JOYEUSE *07260 Ardèche* 80 ⑧ *G. Vallée du Rhône – 1 411 h alt. 180.*
Voir *Corniche du Vivarais Cévenol★★ O.*
Office de Tourisme D 104 ✆ 04 75 39 56 76, Fax 04 75 39 58 87.
Paris 654 – Alès 54 – Mende 95 – Privas 53.

Cèdres, ✆ 04 75 39 40 60, *hotelcedres@wanadoo.fr*, *Fax 04 75 39 90 16*, , – , ch, P. AE GB
15 avril-15 oct. – **Repas** 75/180 , enf. 45 – 40 – **44 ch** 300/350 – ½ P 335

JUAN-LES-PINS *06160 Alpes-Mar.* 84 ⑨, 115 ㉟ ㊴ *G. Côte d'Azur – alt. 2 – Casino Eden Beach* **FZ.**
Env. *Massif de l'Esterel★★★ – Massif de Tanneron★.*
Office de Tourisme 51 bd Ch.-Guillaumont ✆ 04 92 90 53 05.
Paris 917 ③ – Cannes 9 ② – Aix-en-Provence 162 ③ – Nice 25 ①.

Plan page suivante

Juana , la Pinède, av. G. Gallice ✆ 04 93 61 08 70, *info@hotel-juana.com*, *Fax 04 93 61 76 60*, ≤, , – , ch, – 25. AE GB JCB **FZ f**
1er avril-31 oct. – ***Terrasse*** ✆04 93 61 20 37-(dîner seul.en juil.-août sauf dim.) *(fermé lundi midi, jeudi midi et merc. hors saison)* **Repas** 295(déj), 630/690 et carte 550 à 720 – 115 – **45 ch** 1150/2750, 5 appart – ½ P 1240/1920
Spéc. Cannelloni de supions et palourdes à l'encre de seiche. Selle d'agneau de Pauillac cuite en terre d'argile de Vallauris. Millefeuille de fraises des bois à la crème de mascarpone.
Vins Bellet, Côtes de Provence.

Belles Rives, bd E. Baudoin ✆ 04 93 61 02 79, *info@bellesrives.com*, *Fax 04 93 67 43 51*, ≤ mer et massif de l'Estérel, , « Bel ensemble "Art Déco" en bord de mer », – . AE GB JCB. rest **FZ d**
15 mars-31 oct. – **Repas** (dîner seul.) 350/550 - ***Plage Belles Rives*** (déj. seul.) **Repas** 220/250 , enf. 95 – 120 – **40 ch** 1150/3400, 5 appart

Méridien Garden Beach M, 15 bd Baudoin ✆ 04 92 93 57 57, *contact@lemeridien-juanlespins.com*, *Fax 04 92 93 57 56*, ≤, , , , – – 20 à 140. AE GB JCB. rest **FZ w**
Frégate *(fermé dim. soir et lundi de nov. à mars)* **Repas** carte 230 à 330 , enf. 75 – ***Plage*** *(avril-oct.)* **Repas** carte 190 à 260 , enf. 75 – 105 – **167 ch** 1650/2350, 4 appart – ½ P 1105/1455

Beauséjour sans rest, av. Saramartel ✆ 04 93 61 07 82, *Fax 04 93 61 86 78*, , – P. AE GB **FZ n**
1er avril-1er oct. – 55 – **30 ch** 700/1100

Mimosas sans rest, r. Pauline ✆ 04 93 61 04 16, *Fax 04 92 93 06 46*, « Parc fleuri », , – P. AE GB. **EZ q**
1er mai-30 sept. – 60 – **34 ch** 500/680, 3 appart

JUAN-LES-PINS

Ardisson (Bd B.) . . . . **FZ** 5
Courbet (Av. Amiral) . . . . **EZ** 18
Docteur Dautheville (Av.) **FZ** 22
Docteur Hochet (Av.) . . . . **FZ** 23
Gallet (Av. Louis) . . . . **EZ** 27
Gallice (Av. G.) . . . . **FZ** 29
Hôtel des Postes (R.) . . . . **FZ** 44
Iles (R. des) . . . . **EZ** 46
Joffre (Av. Maréchal) . . . . . . **EFZ** 47
Lauriers (Av. des) . . . . **FZ** 48
Maupassant (Av. Guy de) . . **EFZ** 53
Oratoire (R. de l') . . . . **FZ** 56
Palmiers (Av. des) . . . . **FZ** 59
Paul (R. M.) . . . . **EZ** 60
Printemps (R. du) . . . . **FZ** 63
St-Honorat (R.) . . . . **EZ** 71
Ste-Marguerite (R.) . . . . **EZ** 74
Vilmorin (Av.) . . . . **EZ** 88

Accès et sorties : voir à Antibes

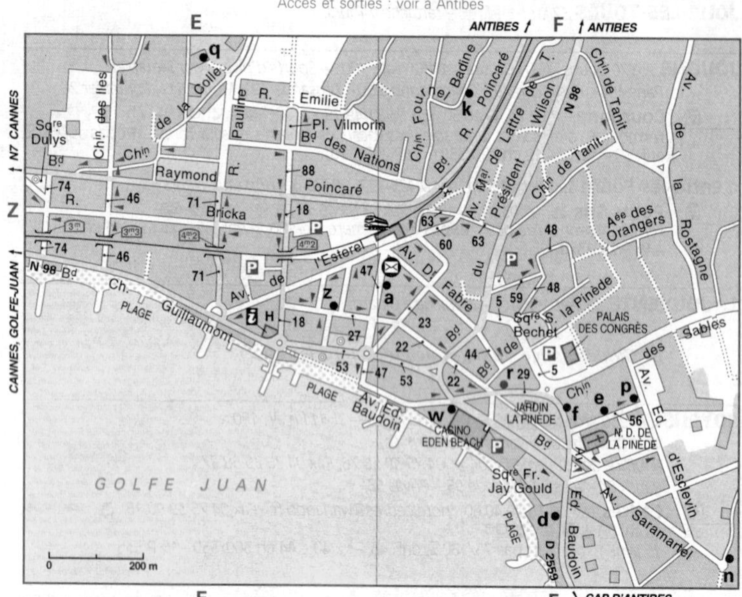

Ste-Valérie ⛭, r. Oratoire ✆ 04 93 61 07 15, *saintevalerie@juanlespins.net, Fax 04 93 61 47 52*, ⛱, ⛲, – |♿|, ▤ ch, TV ⛟ **P**. AE ⦿ GB. ✗ — FZ p
9 avril-30 sept. – **Repas** *(fermé jeudi)* (dîner seul.) 135 – ☕ 60 – **30 ch** 600/960 – ½ P 545/675

Annexe Villa Christie ⌂ ⛭ sans rest, ✆ 04 93 61 01 98, *christie@juanlespins.net, Fax 04 93 61 47 52*, – ▤ TV **P**. ✗
9 avril-15 oct. – ☕ 45 – **11 ch** 400/500

Astoria Ⓜ, 15 av. Mar. Joffre ✆ 04 93 61 23 65, *astoria@dial.oleane.com, Fax 04 93 67 10 40* – |♿| ⚭ ▤ TV **P**. AE ⦿ GB. ✗ rest — FZ a
Repas *(fermé nov., lundi et mardi)* 110 – ☕ 70 – **47 ch** 650/790 – ½ P 575

Astor sans rest, 61 r. Ch. Fournel Badine ✆ 04 92 93 34 00, *Fax 04 93 61 36 76* – cuisinette ▤ TV ✆. AE ⦿ GB — FZ k
☕ 40 – **20 ch** 380/550

Eden Hôtel sans rest, 16 av. L. Gallet ✆ 04 93 61 05 20, *Fax 04 92 93 05 31* – TV. GB — EZ z
2 mars-31 oct – ☕ 33 – **17 ch** 340/460

Juan Beach, r. Oratoire ✆ 04 93 61 02 89, *juan.beach@atsat.com, Fax 04 93 61 16 63*, ⛱ – TV **P**. GB. ✗ rest — FZ e
1er avril-1er nov. – **Repas** 140/240 – ☕ 42 – **26 ch** 395/580 – ½ P 380/420

XX **Bijou Plage**, bd Guillaumont ✆ 04 93 61 39 07, *Fax 04 93 67 81 78*, ≤ îles de Lérins, ⛱, ⛺ – ▤. AE ⦿ GB — AU d
Repas 110 (déj.), 165/280 ♀

XX **Perroquet**, La Pinède, av. G. Gallice ✆ 04 93 61 02 20, ⛱ – ▤. GB — FZ r
fermé 5 nov. au 26 déc. – **Repas** 155/185 ♀

JULIÉNAS *69840 Rhône* 74 ① *G. Vallée du Rhône – 703 h alt. 276.*
Paris 405 – Mâcon 14 – Bourg-en-Bresse 51 – Lyon 65 – Villefranche-sur-Saône 32.

Vignes ⛭ sans rest, rte St-Amour : 0,5 km ✆ 04 74 04 43 70, *Fax 04 74 04 41 95* – TV ♿ **P**. AE GB – ☕ 42 – **22 ch** 240/305

Coq au Vin, pl. Marché ✆ 04 74 04 41 98, *Fax 04 74 04 41 44,* – AE ⓓ GB
fermé 9 au 15 avril, 19 déc. au 13 janv., mardi soir et merc.
Repas 99/235 ♀

Chez la Rose avec ch, pl. Marché ✆ 04 74 04 41 20, *chez-la-rose@wanadoo.fr, Fax 04 74 04 49 29,* – TV ✆ P. AE ⓓ GB JCB
fermé 8 au 18 déc., 7 au 28 fév., lundi (sauf hôtel en été), mardi midi et jeudi midi – **Repas** 150/360 ♀, enf. 75 – ☕ 50 – **10 ch** 260/365 – ½ P 330/810

JULLOUVILLE *50610 Manche 59 ⑦ G. Normandie Cotentin – 2 046 h alt. 60.*
Env. ≤** *de Carolles.*
Office de Tourisme pl. de la Gare ✆ 02 33 61 82 48, Fax 02 33 61 52 99.
Paris 341 – St-Lô 64 – St-Malo 90 – Avranches 23 – Granville 9.

Equinoxe sans rest, 28 av. Libération ✆ 02 33 50 60 82, *Fax 02 33 50 87 71,* « Beaux meubles anciens », – TV ♿ P. GB
1er avril-30 sept. – ☕ 36 – **12 ch** 280/320

JUMIÈGES *76480 S.-Mar. 55 ⑤ G. Normandie Vallée de la Seine – 1 641 h alt. 25.*
Voir *Ruines de l'abbaye****.
Bac: *de Jumièges-renseignements ✆ 02 35 95 94 74.*
Paris 158 – Rouen 27 – Caudebec-en-Caux 16.

Auberge des Ruines, ✆ 02 35 37 24 05, *Fax 02 35 37 87 34,* – AE GB JCB
fermé 20 août au 5 sept., 20 déc. au 10 janv., dim. soir, merc. et le soir sauf week-ends de nov. au 15 mars – **Repas** 92/260 ♀

JUNGHOLTZ *68 H.-Rhin 66 ⑨ – rattaché à Guebwiller.*

JURANÇON *64 Pyr.-Atl. 85 ⑥ – rattaché à Pau.*

JUVIGNAC *34 Hérault 83 ⑦ – rattaché à Montpellier.*

JUVIGNY-SOUS-ANDAINE *61140 Orne 60 ① – 1 105 h alt. 200.*
Paris 243 – Alençon 50 – Argentan 48 – Domfront 12 – Mayenne 34.

Au Bon Accueil avec ch, ✆ 02 33 38 10 04, *Fax 02 33 37 44 92* – rest, TV . GB
fermé 15 fév. au 15 mars, dim. soir et lundi – **Repas** 82 (déj.), 110/235 ♀, enf. 70 – ☕ 45 – **8 ch** 260/340 – ½ P 305

Forêt avec ch, ✆ 02 33 38 11 77 – GB
fermé 26 déc. au 15 janv. – **Repas** 85/150 ♀, enf. 50 – ☕ 35 – **7 ch** 190/260 – ½ P 260

KATZENTHAL *68230 H.-Rhin 87 ⑰ – 505 h alt. 280.*
Paris 444 – Colmar 7 – Gérardmer 51 – Munster 18 – St-Dié 52.

A l'Agneau avec ch, ✆ 03 89 80 90 25, *hotel-restaurant.agneau@wanadoo.fr, Fax 03 89 27 59 58* – ✆ P. GB. ch
fermé 25 juin au 3 juil., 12 au 20 nov. et 7 janv. au 7 fév. – **Repas** *(fermé mardi sauf le soir de juil. à mi-oct. et lundi)* 75 (déj.), 95/280 ♀, enf. 50 – ☕ 40 – **12 ch** 280/360 – ½ P 280/350

KAYSERSBERG *68240 H.-Rhin 62 ⑱ G. Alsace Lorraine – 2 755 h alt. 242.*
Voir *Église Ste-Croix * : retable** – Hôtel de ville* - Vieilles maisons* – Pont fortifié* – Maison Brief*.*
Office du Tourisme 39 r. du Gén.-de-Gaulle ✆ 03 89 78 22 78, Fax 03 89 78 27 44.
Paris 437 – Colmar 12 – Gérardmer 51 – Guebwiller 36 – Munster 23 – St-Dié 45 – Sélestat 26.

Chambard et sa Résidence M, r. Gén. de Gaulle ✆ 03 89 47 10 17, *hotelrestaurantchambard@wanadoo.fr, Fax 03 89 47 35 03* – TV ✆ P. AE ⓓ GB JCB
Repas *(fermé mardi midi et lundi)* 250/450 ♀ - ***Bistrot*** *(fermé 1er au 21 mars)* **Repas** *(100)*120 ♀, enf. 60 – ☕ 60 – **20 ch** 450/750 – ½ P 690/810

Les Remparts sans rest (annexe Les Terrasses M 15 ch), 4 r. Flich ✆ 03 89 47 12 12, *hotel@lesremparts.com, Fax 03 89 47 37 24* – cuisinette TV ✆ ♿ P – 25. AE GB
☕ 42 – **40 ch** 360/470

A l'Arbre Vert (annexe Belle Promenade 14 ch), 1 r. Haute du Rempart ✆ 03 89 47 11 51, *Fax 03 89 78 13 40* – GB
fermé 5 janv. au 5 fév. – **Repas** *(fermé vend. midi et lundi)* 145/250 ♀, enf. 60 – ☕ 45 – **36 ch** 350/430 – ½ P 400/410

Constantin M sans rest, 10 r. Père Kohlman ☎ 03 89 47 19 90, *reservation@hotelconstantin.com, Fax 03 89 47 37 82* – |≑| TV ☎ – 25. GB.
40 – **20 ch** 340/420

Au Lion d'Or, 66 r. Gén. de Gaulle ☎ 03 89 47 11 16, *Fax 03 89 47 19 02,* – AE GB
fermé 19 janv. au 19 fév., mardi soir et merc. – **Repas** 88/195 ♀

Vieille Forge, 1 r. Écoles ☎ 03 89 47 17 51, *Fax 03 89 78 13 53* – . GB
fermé 4 au 27 juil., vacances de fév., mardi et merc.
Repas 120/220 ♀, enf. 55

Couvent, 1 r. Couvent ☎ 03 89 78 23 29, *Fax 03 89 47 31 62* – GB.
fermé 24 déc. au 29 janv., lundi soir et mardi – **Repas** 125/285 ♀, enf. 55

à Kientzheim *Est : 3 km par D 28 – 933 h. alt. 225 – ✉ 68240.*
Voir *Pierres tombales★ dans l'église.*

Hostellerie de l'Abbaye d'Alspach sans rest, ☎ 03 89 47 16 00, *Fax 03 89 78 29 73,* « Ancien couvent du 13ᵉ siècle » – TV ☎ P. AE GB
fermé 6 janv. au 15 mars – 52 – **29 ch** 360/465

Hostellerie Schwendi, ☎ 03 89 47 30 50, *Fax 03 89 49 04 49,* – TV ☎ P. AE GB
hôtel : fermé 2 janv. au 15 mars et merc. ; rest. : fermé 23 déc. au 15 mars, jeudi midi et merc. – **Repas** 120/350 ♀, enf. 55 – 44 – **17 ch** 340/420 – ½ P 360/400

KEMBS-LOÉCHLÉ *68680 H.-Rhin* 87 ⑨ *– alt. 245.*
Paris 492 – Mulhouse 25 – Altkirch 26 – Basel 16 – Belfort 68 – Colmar 57.

Les Écluses, 8 r. Rosenau ☎ 03 89 48 37 77, *restaurant.les.ecluses@freesbee.fr, Fax 03 89 48 49 31,* – P. GB
fermé vacances de Toussaint, de fév., merc. soir d'oct. à avril, dim. soir et lundi – **Repas** 70 (déj.), 95/260, enf. 60

KIENTZHEIM *68 H.-Rhin* 62 ⑱ ⑲ *– rattaché à Kaysersberg.*

KILSTETT *67840 B.-Rhin* 87 ④ *– 1 406 h alt. 130.*
Paris 491 – Strasbourg 14 – Haguenau 24 – Saverne 51 – Wissembourg 60.

Oberlé, 11 rte Nationale ☎ 03 88 96 21 17, *oberle@hotel-oberle.fr, Fax 03 88 96 62 29,* – TV ♿ P. GB
fermé 15 août au 5 sept. et vacances de fév. – **Repas** *(fermé vend. midi et jeudi)* 60 (déj.), 120/220 ♀ – 30 – **23 ch** 170/330 – ½ P 205/235

Le KREMLIN-BICÊTRE *94 Val-de-Marne* 61 ①, 101 ㉖ *– voir à Paris, Environs.*

KRUTH *68820 H.-Rhin* 62 ⑱ *– 976 h alt. 498.*
Voir *Cascade St-Nicolas★ SO : 3 km par D 13ᵇ¹ – Musée du textile et des costumes de Haute-Alsace à Husseren-Wesserling SE : 6 km,* **G. Alsace Lorraine.**
Paris 450 – Épinal 65 – Mulhouse 39 – Colmar 61 – Gérardmer 31 – Thann 19 – Le Thillot 26.

Auberge de France, rte Oderen ☎ 03 89 82 28 02, *aubergedefrance@wanadoo.fr, Fax 03 89 82 24 05,* – TV P. GB
fermé 18 juin au 1ᵉʳ juil., 2 janv. au 8 fév. et jeudi – **Repas** 58 (déj.), 90/240 ♀, enf. 45 – 38 – **16 ch** 180/240 – ½ P 220

LABAROCHE *68910 H.-Rhin* 62 ⑱ *– 1 676 h alt. 750.*
Paris 441 – Colmar 17 – Gérardmer 50 – Munster 23 – St-Dié 49.

Au Tilleul , ☎ 03 89 49 84 46, *au-tilleul@wanadoo.fr, Fax 03 89 78 91 88,* – |≑| TV P. GB
fermé 6 janv. au 6 fév. et lundi de nov. à mars – **Repas** 78/125 ♀ – 40 – **32 ch** 280 – ½ P 260

LABARTHE-INARD *31800 H.-Gar.* 86 ② *– 762 h alt. 330.*
Paris 779 – Bagnères-de-Luchon 56 – St-Gaudens 11 – Toulouse 84.

Hostellerie du Parc, N 117 ☎ 05 61 89 08 21, *Fax 05 61 95 99 14,* – TV ☎ ♿ P. GB
fermé fév., dim. soir et lundi – **Repas** 70/250 , enf. 50 – 35 – **16 ch** 230/280 – ½ P 230/255

LABARTHE-SUR-LÈZE *31860 H.-Gar.* 82 ⑱ *– 4 632 h alt. 162.*
Paris 716 – Toulouse 21 – Auch 90 – Pamiers 45 – St-Gaudens 82.

Poêlon, ℘ 05 61 08 68 49, *Fax 05 61 08 78 48,* – GB
fermé 1er au 15 août, dim. et lundi – **Repas** 125/220

Rose des Vents, carrefour D 19-D 4 ℘ 05 61 08 67 01, *Fax 05 61 08 85 84,* , – P. AE ① GB
fermé 20 août au 10 sept., vacances de fév., dim. soir et lundi – **Repas** 90/215

LABASTIDE-MURAT *46240 Lot* 75 ⑱ *G. Périgord Quercy – 610 h alt. 447.*
Paris 555 – Cahors 34 – Sarlat-la-Canéda 49 – Brive-la-Gaillarde 75 – Figeac 48 – Gourdon 24.

Kyriad, ℘ 05 65 21 18 80, *kyriad.labastide@wanadoo.fr, Fax 05 65 21 10 97,* – ch, TV. AE ① GB
fermé 15 déc. au 15 janv. – **Repas** (70) - 93, enf. 44 – 36 – **20 ch** 310/350

LABATUT *40300 Landes* 78 ⑦ *– 952 h alt. 45.*
Paris 756 – Biarritz 62 – Pau 69 – Auch 179 – Bayonne 51 – Dax 24.

Auberge du Bousquet, N 117 ℘ 05 58 98 14 44, *Fax 05 58 98 15 38,* , – P. GB
fermé 15 fév. au 7 mars, lundi soir et mardi – **Repas** 85 (déj.), 150/240 ♀, enf. 80

LAC *voir au nom propre du lac.*

*Towns **underlined in red** on the **Michelin maps** at a scale of 1 : 200 000 are included in this Guide.*

Use the latest map to take full advantage of this information.

LACABARÈDE *81240 Tarn* 83 ⑫ *– 304 h alt. 325.*
Paris 759 – Béziers 70 – Carcassonne 54 – Castres 36 – Mazamet 18 – Narbonne 61.

Demeure de Flore , ℘ 05 63 98 32 32, *demeure.de.flore@hotelrama.com, Fax 05 63 98 47 56,* , , – TV P. GB JCB. rest
fermé 5 au 21 janv. et lundi hors saison – **Repas** 140 (déj.)/185 ♀, enf. 110 – 62 – **11 ch** 390/510 – 1/2 P 490/520

LACANAU-OCÉAN *33680 Gironde* 71 ⑱ *G. Aquitaine.*
Voir *Lac de Lacanau★ E : 5 km.*
Paris 640 – Bordeaux 61 – Andernos-les-Bains 44 – Arcachon 87 – Lesparre-Médoc 52.

Aplus M , rte Baganais ℘ 05 56 03 91 00, *aplus.lacanau@wanadoo.fr, Fax 05 56 03 91 10,* , , , , – TV P – 70. AE ① GB
mars-nov. – **Repas** 140 – 55 – **57 ch** 520/620 – 1/2 P 495

Golf , au golf ℘ 05 56 03 92 92, *Fax 05 56 26 30 57,* <, , , – TV P – 70. AE ① GB. rest
Repas *(fermé le soir du 1er oct. au 23 mars)* 80 (déj.), 150/180 ♀ – 70 – **50 ch** 520/600, 40 appart – 1/2 P 460

LACAPELLE-MARIVAL *46120 Lot* 75 ⑲ ⑳ *G. Périgord Quercy – 1 201 h alt. 375.*
Office de Tourisme (hors saison de 10h à 12h) pl. de la Halle ℘ 05 65 40 81 11, Fax 05 65 40 81 11.
Paris 558 – Cahors 63 – Aurillac 67 – Figeac 21 – Gramat 20 – Rocamadour 31 – Tulle 79.

Terrasse, près château ℘ 05 65 40 80 07, *terrasse2@wanadoo.fr, Fax 05 65 40 99 45,* – TV. GB
fermé 2 janv. à début mars, dim. soir sauf juil.-août et lundi – **Repas** 78/215, enf. 55 – 40 – **13 ch** 200/300 – 1/2 P 265/290

LACAPELLE-VIESCAMP *15150 Cantal* 76 ⑪ *– 438 h alt. 550.*
Paris 552 – Aurillac 19 – Figeac 58 – Laroquebrou 11 – St-Céré 51.

Lac , ℘ 04 71 46 31 57, *hoteldulac@wanadoo.fr, Fax 04 71 46 31 64,* <, , – TV P. ① GB. rest
fermé janv., fév., dim. soir et vend. du 1er nov. au 15 avril – **Repas** 85/195 ♀, enf. 50 – 40 – **23 ch** 320/380 – 1/2 P 285/300

LACAUNE *81230 Tarn* 83 ③ *G. Midi-Pyrénées – 3 117 h alt. 793 – Casino.*

Office de Tourisme pl. Gén.-de-Gaulle ☎ 05 63 37 04 98, Fax 05 63 37 03 01.

Paris 715 – Albi 69 – Béziers 85 – Castres 46 – Lodève 72 – Millau 71 – Montpellier 131.

Fusiès, r. République ☎ 05 63 37 02 03, *espoutis@infonie.fr, Fax 05 63 37 10 98,* – TV. AE GB JCB
fermé 3 au 21 janv., vend. soir et dim. soir du 15 nov. au 15 mars – **Repas** 86/360 ♀, enf. 63 – ☕ 46 – **48 ch** 290/380, 4 appart – ½ P 360/380

Calas avec ch, pl. Vierge ☎ 05 63 37 03 28, *Fax 05 63 37 09 19,* – TV. AE GB JCB
fermé 15 déc. au 15 janv., vend. soir et sam. midi d'oct. au 10 mars – **Repas** 90/250 ♂, enf. 59 – ☕ 38 – **16 ch** 260/280 – ½ P 260

LACAVE *46200 Lot* 75 ⑱ *G. Périgord Quercy – 241 h alt. 130.*

Voir *Grottes*★.

Paris 533 – Brive-La-Gaillarde 52 – Sarlat-La-Canéda 42 – Cahors 57 – Gourdon 26.

Château de la Treyne ⑤, Ouest : 3 km par D 23, D 43 et voie privée ☎ 05 65 27 60 60, *Fax 05 65 27 60 70,* ≤, « Château du 17e siècle dominant la Dordogne, jardin à la française », – TV P. AE GB JCB
fin mars-mi-nov. – **Repas** *(fermé mardi midi, merc. midi et jeudi midi)* 260 (déj.), 350/450 ♀ – ☕ 95 – **16 ch** 950/2650 – ½ P 920/1420
Spéc. Foie gras de canard en terrine. Rognonnade de filet d'agneau aux haricots tarbais. "Tonneau" glacé aux noix, pruneaux au vin épicé.

Pont de l'Ouysse (Chambon) ⑤ avec ch, ☎ 05 65 37 87 04, *pont.ouysse@wanadoo.fr, Fax 05 65 32 77 41,* ≤, « Promenade aménagée au bord de la rivière », – ch, TV P. AE GB JCB
début mars-11 nov. et fermé lundi sauf le soir en saison et mardi midi – **Repas** 180/600 et carte 370 à 700 ♀ – ☕ 80 – **14 ch** 850 – ½ P 850/900
Spéc. Foie de canard "Bonne Maman". Cassolette d'écrevisses aux parfums de l'Ouysse (juin à fin déc.). Estouffade de légumes aux truffes et champignons. **Vins** Cahors

LACHAPELLE-SOUS-AUBENAS *07 Ardèche* 80 ⑨ – *rattaché à Aubenas.*

LACHASSAGNE *69 Rhône* 74 ①., 110 ② – *rattaché à Anse.*

LACROIX-FALGARDE *31 H.-Gar.* 82 ⑱ – *rattaché à Toulouse.*

LACROST *71 S.-et-L.* 69 ⑳ – *rattaché à Tournus.*

LADOIX-SERRIGNY *21 Côte-d'Or* 69 ⑨ – *rattaché à Beaune.*

LAFARE *84190 Vaucluse* 81 ⑫ – *97 h alt. 220.*

Paris 674 – Avignon 36 – Carpentras 13 – Nyons 36 – Orange 26.

Grand Jardin M ⑤, ☎ 04 90 62 97 93, *Fax 04 90 65 03 74,* ≤ vignobles et Dentelles de Montmirail, – TV &. AE GB
22 mars-28 oct. – **Repas** *(fermé lundi)* (95) - 145/190 ♀, enf. 60 – ☕ 50 – **8 ch** 460 – ½ P 395

LAFFREY *38220 Isère* 77 ⑤ *G. Alpes du Nord – 249 h alt. 910.*

Voir *Prairie de la Rencontre*★.

Paris 594 – Grenoble 26 – Le Bourg-d'Oisans 37 – La Mure 14 – Villard-de-Lans 54.

Pacodière ⑤ avec ch, rte du Lac ☎ 04 76 73 16 22, *Fax 04 76 73 16 22,* – P. GB
1er mai-23 oct., week-ends de nov. à avril (sauf janv.) et fermé dim. soir et lundi en sept.-oct. – **Repas** 132/190 ♀, enf. 65 – ☕ 38 – **3 ch** 280

LAGARDE-ENVAL *19150 Corrèze* 75 ⑨ – *766 h alt. 480.*

Paris 492 – Brive-la-Gaillarde 36 – Aurillac 74 – Mauriac 70 – St-Céré 52 – Tulle 14.

Central avec ch, ☎ 05 55 27 16 12, *Fax 05 55 27 13 79* – TV. GB, ch
fermé sept. et lundi – **Repas** 70 (déj.), 100/180 ♂, enf. 35 – ☕ 35 – **7 ch** 200/220 – ½ P 250

LAGARRIGUE *81 Tarn* 83 ① – *rattaché à Castres.*

LAGUÉPIE *82250 T.-et-G.* 79 ⑳ *– 787 h alt. 149.*

Office de Tourisme pl. du Foirail ✆ 05 63 30 20 34.

Paris 643 – Rodez 75 – Albi 38 – Montauban 68 – Villefranche-de-Rouergue 34.

Les Deux Rivières, ✆ 05 63 31 41 41, *Fax 05 63 30 20 91* – |♦| TV ♿. GB
fermé vacances de fév. – **Repas** *(fermé vend. soir, sam. midi, dim. soir et lundi)* 65/95, enf. 50 – ☕ 40 – **8 ch** 195/215 – ½ P 215

LAGUIOLE *12210 Aveyron* 76 ⑬ *G. Midi-Pyrénées – 1 264 h alt. 1004 – Sports d'hiver : 1 100/1 400 m 12.*

Office de Tourisme pl. du Foirail ✆ 05 65 44 35 94, Fax 05 65 44 35 76.

Paris 580 – Aurillac 78 – Rodez 53 – Espalion 22 – Mende 78 – St-Flour 61.

Grand Hôtel Auguy (Mme Muylaert), ✆ 05 65 44 31 11, *grand-hotel.auguy@wanadoo;fr, Fax 05 65 51 50 81,* – |♦| TV ✆ . AE ⓓ GB. rest
31 mars-24 nov. et fermé dim. soir et lundi sauf juil.-août – **Repas** 125 (déj.), 185/350 et carte 230 à 330 ♀, enf. 68 – ☕ 75 – **22 ch** 280/475 – ½ P 320/425
Spéc. Crépinettes de joues de porc confites à la crème de lentilles. Filet de boeuf d'Aubrac, sauce au vin de Marcillac. Petite tasse de chocolat et mousseline de café.

Relais de Laguiole, espace Les Cayres ✆ 05 65 54 19 66, *relais-de-laguiole@wanadoo.fr, Fax 05 65 54 19 49,* – |♦| TV ✆ ♿ – 15 à 100. AE ⓓ GB
fermé 15 nov au 20 déc., 2 au 20 janv. et lundi hors saison – **Repas** 85/160, enf. 55 – ☕ 45 – **34 ch** 350/520 – ½ P 310/430

Régis, ✆ 05 65 44 30 05, *Fax 05 65 48 46 44,* – |♦| TV ✆ P. AE ⓓ GB
fermé 15 nov. au 25 déc. et vend. sauf vacances scolaires – **Repas** *(69)* - 97/146, enf. 69 – ☕ 33 – **24 ch** 250/390 – ½ P 250/300

à l'Est *: 6 km par rte d'Aubrac (D 15) – ✉ 12210 Laguiole :*

Michel Bras M, ✆ 05 65 51 18 20, *Fax 05 65 48 47 02,* ✻ paysages de l'Aubrac, « Au sommet d'une colline » – |♦|, rest, TV ✆ ♿ P. AE ⓓ GB.
avril-oct. et fermé lundi sauf juil.-août – **Repas** *(fermé mardi midi, merc. midi sauf juil.-août et lundi)* (nombre de couverts limité, prévenir) 280/780 et carte 590 à 720, enf. 110 – ☕ 110 – **15 ch** 1200/1950
Spéc. "Gargouillou" de jeunes légumes. Viandes, volailles et gibier de pays. Biscuit de chocolat "coulant". **Vins** Marcillac, Gaillac.

à Soulages-Bonneval *Ouest : 5 km par D 541 – 259 h. alt. 830 – ✉ 12210 :*

Auberge du Moulin, ✆ 05 65 44 32 36, *Fax 05 65 54 11 01,* – P. GB
fermé vend. soir d'oct. à juin sauf vacances scolaires – **Repas** 60/120 ♀ – ☕ 28 – **12 ch** 130/170 – ½ P 160/180

La LAIGNE *17170 Char.-Mar.* 71 ② *– 243 h alt. 12.*

Paris 441 – La Rochelle 34 – Fontenay-le-Comte 38 – Niort 31 – Rochefort 42.

à l'Ouest *: 4 km par N 11, sortie Benon-Courçon – ✉ 17170 Courçon :*

Relais de Benon, dir. Benon par D 116 ✆ 05 46 01 61 63, *infos@bw-relais-benon.com, Fax 05 46 01 70 89,* – TV P – 15 à 80. AE ⓓ GB
Repas 92/255 ♀, enf. 58 – ☕ 52 – **30 ch** 380/460 – ½ P 420

LAJOUX *39 Jura* 70 ⑮ *– rattaché à Lamoura.*

LALACELLE *61320 Orne* 60 ② *– 251 h alt. 300.*

Env. *Château de Carrouges*★ *N : 11 km,* G. Normandie Cotentin.

Paris 212 – Alençon 19 – Argentan 35 – Domfront 42 – Falaise 58 – Mayenne 41.

Lentillère, rte d'Alençon : 1,5 km sur N 12 ✆ 02 33 27 38 48, *Fax 02 33 27 38 30,* – P. ⓓ GB
fermé 15 janv. au 15 fév., dim. soir et lundi – **Repas** 82/225 ♀, enf. 49

LALANDE *31 H.-Gar.* 82 ⑧ *– rattaché à Toulouse.*

Dans ce guide

un même symbole, un même caractère,
imprimé en couleur ou en **noir**, en maigre ou en **gras**
n'ont pas tout à fait la même signification.

Lisez attentivement les pages explicatives.

LALINDE *24150 Dordogne* 75 ⑮ *– 3 029 h alt. 46.*

Paris 543 – Périgueux 53 – Bergerac 22 – Brive-La-Gaillarde 99 – Villeneuve-sur-Lot 61.

Château M, *05 53 61 01 82, Fax 05 53 24 74 60,* ←, « En bordure de la Dordogne » – . AE GB

fermé 20 au 25 sept., 20 déc. au 15 fév. et dim. de nov. à mars – **Repas** *(fermé lundi sauf le soir en juil.-août, mardi midi en juil.-août et dim. soir de nov. à mars)* 130/280 – 70 – **7 ch** 440/950 – ½ P 480/680

Périgord, pl. 14-Juillet 05 53 61 19 86, *philippe.amagat@wanadoo.fr, Fax 05 53 61 27 49,* – . AE GB JCB

fermé 20 déc. au 10 janv. – **Repas** *(fermé dim. soir et lundi sauf juil.-août)* 130/500 ♀, enf. 70 – 50 – **16 ch** 280/450 – ½ P 290/370

à St-Capraise-de-Lalinde *Ouest, rte de Bergerac : 7 km – 584 h. alt. 42 – ✉ 24150 :*

Relais St-Jacques avec ch, 05 53 63 47 54, *Fax 05 53 73 33 52* – rest, . GB. ch

fermé 12 au 30 nov., vacances de fév. et merc. – **Repas** 95/210 ♀, enf. 65 – 45 – **7 ch** 230/300 – ½ P 240/280

LALLEYRIAT *01130 Ain* 74 ④ *– 191 h alt. 850.*

Paris 488 – Bourg-en-Bresse 60 – Genève 62 – Nantua 13 – Oyonnax 20.

Auberge Les Gentianes, 04 74 75 31 80, *Fax 04 74 75 30 60,* – GB

fermé 8 au 31 janv., dim. soir, mardi soir et merc.

Repas 90 (déj.), 120/215

LAMAGDELAINE *46 Lot* 79 ⑧ *– rattaché à Cahors.*

When looking for a hotel or restaurant use the most efficient method.
Look for the names of towns ***underlined in red***
on the ***Michelin maps*** *scale: 1:200 000.*
But make sure you have an up-to-date map!

LAMALOU-LES-BAINS *34240 Hérault* 83 ④ *G. Languedoc Roussillon – 2 194 h alt. 200 – Stat. therm. (5 fév.-15 déc.) – Casino.*

Env. St-Pierre-de-Rhèdes★ SO : 1,5 km.

Office de Tourisme 2 r. Dr-Ménard 04 67 95 70 91, Fax 04 67 95 64 52.

Paris 739 – Montpellier 81 – Béziers 38 – Lodève 37 – St-Pons-de-Thomières 38.

L'Arbousier et Paix , 04 67 95 63 11, *arbousier.hotel@wanadoo.fr, Fax 04 67 95 67 78,* – P. AE GB

Repas 90/260 ♀, enf. 55 – 42 – **31 ch** 230/335 – P 340/360

Belleville, 04 67 95 57 00, *hotel.belleville@wanadoo.fr, Fax 04 67 95 64 18* – P. GB

Repas *(70)* - 85/198 ♀, enf. 43 – 37 – **57 ch** 153/330 – P 250/340

Les Marronniers, 8 r. Capus 04 67 95 76 00, *Fax 04 67 95 76 00,* – . GB

fermé 2 au 25 janv., dim. soir et lundi – **Repas** 85/240 ♀

LAMARCHE-SUR-SAÔNE *21 Côte-d'Or* 66 ⑬ *– rattaché à Auxonne.*

LAMASTRE *07270 Ardèche* 76 ⑲ *G. Vallée du Rhône – 2 717 h alt. 375.*

Office de Tourisme pl. Montgolfier 04 75 06 48 99, Fax 04 75 06 37 53.

Paris 576 – Valence 39 – Privas 56 – Le Puy-en-Velay 73 – St-Étienne 92 – Vienne 87.

Château d'Urbilhac , Sud-Est : 2 km par rte Vernoux-en-Vivarais 04 75 06 42 11, *Fax 04 75 06 52 75,* ← montagnes, , « Élégante installation, mobilier ancien », , , – P. AE GB

1er mai-1er oct. – **Repas** *(dîner seul. en semaine)* 250 ♀ – 65 – **11 ch** 700 – ½ P 650

Midi (Perrier), pl. Seignobos 04 75 06 41 50, *Fax 04 75 06 49 75,* – . AE GB JCB

fermé fin déc. à mi-fév., vend. soir, dim. soir et lundi – **Repas** 195/450 ♀ – 75 – **12 ch** 365/575 – ½ P 450/525

Spéc. Salade tiède de foie gras de canard. Pain d'écrevisses sauce Cardinal. Soufflé glacé aux marrons de l'Ardèche. **Vins** Saint-Péray, Saint-Joseph.

LAMBALLE *22400 C.-d'Armor 59 ④ ⑭ G. Bretagne – 9 894 h alt. 55.*

Voir *Haras national★.*

Office de Tourisme pl. Martray ✆ 02 96 31 05 38, Fax 02 96 50 01 96.

Paris 432 ② – St-Brieuc 21 ④ – Dinan 43 ② – Rennes 81 ② – St-Malo 52 ① – Vannes 109 ③.

LAMBALLE

Augustins (R. des) 2
Bario (R.) 3
Blois (R. Ch. de) 5
Boucouets (R. des) 7
Cartel (R. Ch.) 8
Charpentier (R. Y.) 14
Dr-A.-Calmette (R. du) 15
Dr-Lavergne (R. du) 16
Foch (R. Mar.) 19
Gesle (Ch. de la) 23
Grand Boulevard (R. du) .. 24
Hurel (R. du Bg) 25
Jeu-de-Paume (R. du) 26
Leclerc (R. Gén.) 29
Marché (Pl. du) 30
Martray (Pl. du)
Mouëxigné (R.) 31
Poincaré (R.) 34
Préville (R.) 35
St-Jean (R.) 37
St-Lazare (R.) 38
Tery (R. G.) 39
Tour-aux-Chouettes (R.) .. 42
Val (R. du)
Villedeneu (R.) 45

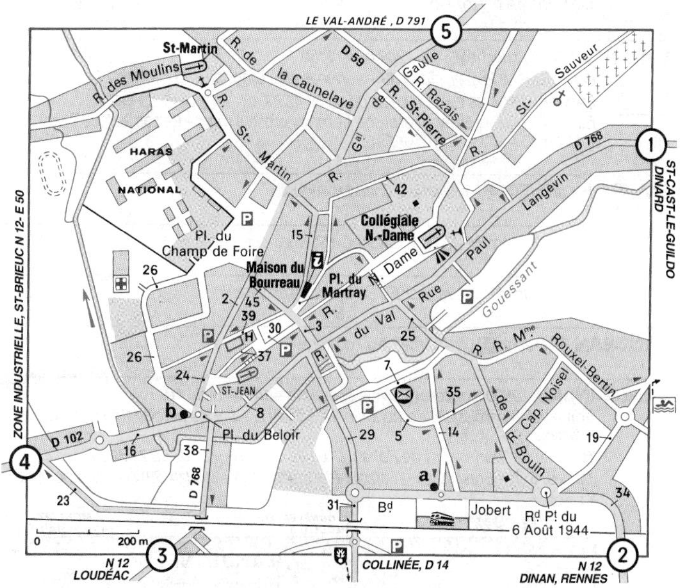

Alizés, Z.I., par ④ : 2 km ✆ 02 96 31 16 37, *alizes.hotel.rest.@wanadoo.fr, Fax 02 96 31 23 89,* – TV ✆ ♿ P – 60. AE ⓓ GB
fermé 20 déc. au 10 janv. – **Repas** *(fermé dim. sauf juil.-août)* 68 (déj.), 92/175 ♨, enf. 58 – ☕ 45 – **32 ch** 290/320 – ½ P 275/360

Angleterre, 29 bd Jobert **(a)** ✆ 02 96 31 00 16, *hotel-dangleterre@wanadoo.fr, Fax 02 96 31 91 54* – TV ✆ . AE ⓓ GB JCB
fermé fév. et hôtel : fermé dim. de nov. à mars – **Repas** *(fermé dim. soir et lundi sauf août)* *(87)* - 99/220 ♀ – ☕ 40 – **19 ch** 350/380 – ½ P 350

Tour d'Argent, 2 r. Dr Lavergne **(b)** ✆ 02 96 31 01 37, *Fax 02 96 31 37 59* – rest, TV – 50. AE ⓓ GB
fermé sam. d'oct. à mai – **Repas** *(60)* - 92/225 ♀, enf. 52 – ☕ 40 – **31 ch** 300/380 – ½ P 280/320

LAMOTTE-BEUVRON *41600 L.-et-Ch. 64 ⑨ – 4 247 h alt. 114.*

Paris 173 – Orléans 37 – Blois 60 – Gien 58 – Romorantin-Lanthenay 39 – Salbris 21.

Tatin, face gare ✆ 02 54 88 00 03, *Fax 02 54 88 96 73,* – TV ✆ P. AE GB
fermé 8 au 24 janv., 13 fév. au 8 mars, dim. soir et lundi – **Repas** *(105)* - 150/190 ♀, enf. 55 – ☕ 45 – **14 ch** 310/470

LAMOURA *39310 Jura 70 ⑮ – 388 h alt. 1156 – Sports d'hiver : voir aux Rousses.*

Paris 478 – Genève 53 – Gex 30 – Lons-le-Saunier 75 – St-Claude 16.

Spatule, ✆ 03 84 41 20 23, *Fax 03 84 41 24 16,* ≤, – ✆ P. GB. ch
2 juin-14 oct., 15 déc.-Pâques et fermé mardi midi et lundi hors saison – **Repas** 80/165 ♀, enf. 52 – ☕ 42 – **25 ch** 290/315 – ½ P 270/285

à Lajoux *Sud : 6 km par D 292 – 220 h. alt. 1180 – ✉ 39310 :*

Haute Montagne, ✆ 03 84 41 20 47, *hotel-haute-montagne@wanadoo.fr, Fax 03 84 41 24 20,* ⛱, 🌲 – 🛗 📺 ♿ 🅿. GB
fermé 16 avril au 1er mai et 29 sept. au 8 déc. – **Repas** 74/171 🍷, enf. 46 – ☕ 36 – **20 ch** 194/276

LAMURE-SUR-AZERGUES *69870 Rhône* 73 ⑨ *– 782 h alt. 383.*

Paris 447 – Mâcon 52 – Roanne 51 – Lyon 53 – Tarare 36 – Villefranche-sur-Saône 29.

Ravel, ✆ *04 74 03 04 72, Fax 04 74 03 05 26,* ⛱, 🌲 – 📺. GB
fermé 2 nov. au 1er déc. et vend. de sept. à mai – **Repas** 76/228 🍷, enf. 45 – ☕ 30 – **8 ch** 160/270 – ½ P 210/240

LANARCE *07660 Ardèche* 76 ⑰ *– 248 h alt. 1180.*

Paris 587 – Le Puy-en-Velay 48 – Aubenas 43 – Langogne 18 – Privas 71.

Sapins, ✆ *04 66 69 46 08, Fax 04 66 69 42 87,* ⛱ – 📺 ♿ 🅿. AE GB
fermé 26 nov. au 5 fév., mardi soir et merc. d'oct. à mars – **Repas** 90/180 🍷, enf. 39 – ☕ 34 – **17 ch** 200/300 – ½ P 230/250

LANAU *15 Cantal* 76 ⑭ *– rattaché à Chaudes-Aigues.*

LANCIEUX *22 C.-d'Armor* 59 ⑤ *– rattaché à St-Briac-sur-Mer.*

LANCRANS *01 Ain* 74 ⑤ *– rattaché à Bellegarde-sur-Valserine.*

LANDÉAN *35 I.-et-V.* 59 ⑱ *– rattaché à Fougères.*

LANDERNEAU *29800 Finistère* 58 ⑤ *G. Bretagne – 14 269 h alt. 10.*

Voir *Enclos paroissial★* de *Pencran S : 3,5 km* **Z** – *Enclos paroissial★* de *la Roche-Maurice : 5 km par ①.*

🅸 *Office de Tourisme pt de Rohan* ✆ *02 98 85 13 09, Fax 02 98 21 39 27.*

Paris 576 ③ – Brest 22 ③ – Carhaix-Plouguer 59 ② – Morlaix 39 ③ – Quimper 64 ③.

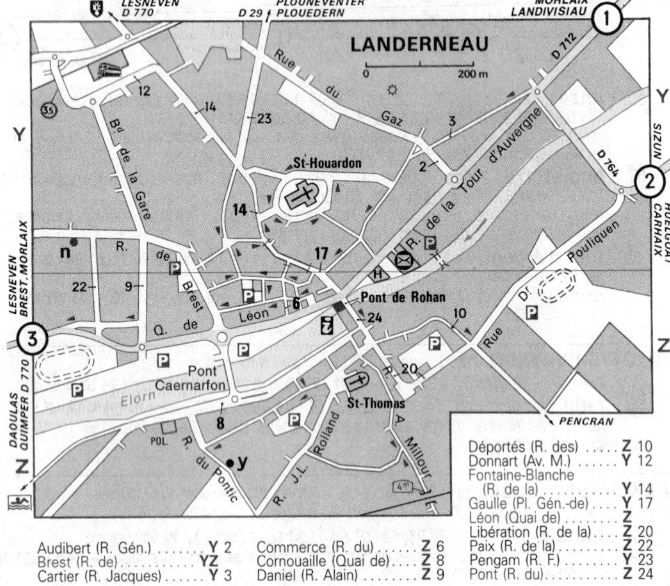

Clos du Pontic ⑤, r. Pontic ☎ 02 98 21 50 91, *clos.pontic@wanadoo.fr, Fax 02 98 21 34 33,* – 🚭 📺 🅿 – 🏠 30. GB Z y
Repas *(fermé dim. soir hors saison, lundi midi, sam. midi et vend. sauf le soir en saison)* (75) - 90/400 ♀, enf. 65 – ☕ 42 – **32 ch** 300/380 – ½ P 290/300

Ibis M ⑤, Nord : 1,5 km par ③ *et rte Lesneven* ☎ 02 98 21 85 00, *ibis-landerneau@mesco at.com, Fax 02 98 21 67 61* – 🚭 📺 📞 ♿ 🅿. AE ⓓ GB
Trois Rouleaux ☎ 02 98 21 85 05 *(fermé 24 déc. au 2 janv.)* **Repas** (78)-98/175 ♀, enf. 65 – ☕ 35 – **42 ch** 320

L'Amandier avec ch, 55 r. Brest ☎ 02 98 85 10 89, *Fax 02 98 85 34 14,* – 📺 📞. GB. ✱ rest Y n
fermé dim. soir et lundi – **Repas** (85) - 110/200 – ☕ 40 – **8 ch** 260/300 – ½ P 290

LANDERSHEIM *67700 B.-Rhin* 87 ⑭ – *151 h alt. 200.*

Paris 461 – Strasbourg 26 – Haguenau 34 – Molsheim 22 – Saverne 14.

Domaine du Kochersberg ⑤, ☎ 03 88 87 82 82, *domaine-landersheim@visit-alsace. com, Fax 03 88 87 82 89,* , « Belles salles à manger dans le style alsacien », – rest, 📺 📞 🅿 – 🏠 30 à 150. AE ⓓ GB
Repas *(fermé dim. soir, lundi et mardi)* 250/430, enf. 120 - ***D'Landerstueb*** : **Repas** (52)-95/150, enf. 38 – ☕ 70 – **17 ch** 400/700 – ½ P 550

LANDES-LE-GAULOIS *41190 L.-et-Ch.* 64 ⑦ – *582 h alt. 105.*

Paris 196 – Tours 52 – Blois 17 – Château-Renault 25 – Vendôme 21.

Château de Moulins ⑤ sans rest, Nord-Est : 2 km par D 26 ☎ 02 54 20 17 93, *Fax 02 54 20 17 99,* ←, « Dans un domaine boisé avec pièce d'eau » – 📺 🅿 – 🏠 25. AE GB JCB
☕ 70 – **22 ch** 700/1000

LANDIVISIAU *29400 Finistère* 58 ⑤ *G. Bretagne – 8 254 h alt. 75.*

Voir *Porche★ de l'église St-Thivisiau – Jubé★ de la Chapelle Ste-Anne.*
Env. *Église★ de Bodilis – St-Thégonnec★★ – Guimiliau★★.*
Paris 560 – Brest 37 – Landerneau 17 – Morlaix 23 – Quimper 72 – St-Pol-de-Léon 23.

Kyriad, Z.A. Le Vern par rte Roscoff : 2 km ☎ 02 98 24 42 42, *kyriad.landi@gofornet.com, Fax 02 98 24 42 00,* – 🚭 📺 📞 ♿ 🅿 – 🏠 15 à 30. AE ⓓ GB
fermé 23 déc. au 6 janv. – **Repas** 90/149 ♀, enf. 42 – ☕ 45 – **52 ch** 320/360

LANDSER *68 H.-Rhin* 87 ⑲ – *rattaché à Mulhouse.*

LANGEAC *43300 H.-Loire* 76 ⑤ *G. Auvergne – 4 195 h alt. 505.*

ℹ *Office de Tourisme pl. A.-Briand ☎ 04 71 77 05 41, Fax 04 71 77 19 93.*
Paris 515 – Le Puy-en-Velay 45 – Brioude 30 – Mende 92 – St-Flour 54.

à Reilhac *Nord : 3 km par D 585 – ✉ 43300 Mazeyrat-d'Allier :*

Val d'Allier M, ☎ 04 71 77 02 11, *Fax 04 71 77 19 20* – 📺 📞 🅿. GB. ✱ rest
1er avril-15 nov. et fermé dim. soir et lundi hors saison – **Repas** *(dîner seul. sauf dim. et fériés)* (prévenir) (100) - 130/200 ♀, enf. 70 – ☕ 45 – **22 ch** 300/360 – ½ P 310

LANGEAIS *37130 I.-et-L.* 64 ⑭ *G. Châteaux de la Loire – 3 960 h alt. 41.*

Voir *Château★★ : appartements★★★.*
Env. *Parc★ du château de Cinq-Mars-la-Pile NE : 5 km par N 152.*
ℹ *Office de Tourisme pl. du 14 juillet ☎ 02 47 96 58 22, Fax 02 47 96 83 41.*
Paris 265 – Tours 26 – Angers 101 – Château-la-Vallière 28 – Chinon 28 – Saumur 41.

Errard Hosten avec ch, 2 r. Gambetta ☎ 02 47 96 82 12, *info@errard.com, Fax 02 47 96 56 72,* – 📺 📞. AE ⓓ GB JCB
hôtel: fermé 19 fév. au 19 mars ; rest.: fermé 18 fév. au 23 mars, mardi midi, dim. soir et lundi hors saison – **Repas** 150/245 et carte 250 à 430 ♀, enf. 85 – ☕ 60 – **10 ch** 380/550

à St-Patrice *Ouest : 10 km par rte de Bourgueil – 593 h. alt. 39 – ✉ 37130 Langeais :*

Château de Rochecotte ⑤, ☎ 02 47 96 16 16, *chateau.rochecotte@wanadoo.fr, Fax 02 47 96 90 59,* ←, « Jardin à la française, parc », – 📺 📞 🅿 – 🏠 40. AE ⓓ GB. ✱ rest
fermé 5 au 25 fév. – **Repas** 230/360 ♀, enf. 90 – ☕ 90 – **31 ch** 760/1090, 3 appart – ½ P 665/825

LANGON
33210 Gironde 79 ② G. Aquitaine – 5 842 h alt. 10.

Env. *Château de Roquetaillade*** S : 7 km.*

Office de Tourisme 11 allées J.-Jaurès ✆ 05 56 62 34 00, Fax 05 56 63 42 46.

Paris 628 – Bordeaux 49 – Bergerac 82 – Libourne 55 – Marmande 47 – Mont-de-Marsan 86.

Claude Darroze, 95 cours Gén. Leclerc ✆ 05 56 63 00 48, *Fax 05 56 63 41 15,* – P – 40. AE GB JCB

fermé 15 oct. au 5 nov., 7 au 23 janv., lundi midi d'oct. à juin et dim. soir – **Repas** 230/480 et carte 290 à 480 – 75 – **16 ch** 340/550 – 1/2 P 550/650

Spéc. Huîtres chaudes farcies. Lamproie de Gironde au vin de Graves (janv. à mai). Filet de boeuf au foie gras sauce bordelaise. **Vins** Graves.

à St-Macaire *Nord : 2 km – 1 459 h. alt. 15 – ✉ 33490.*

Voir *Verdelais : calvaire ≤*, N : 3 km – Château de Malromé* N : 6 km – Ste-Croix-du-Mont : ≤*, grottes* NO : 5 km.*

Abricotier avec ch, N 113 ✆ 05 56 76 83 63, *Fax 05 56 76 28 51,* – cuisinette P. GB. ch

fermé 12 nov. au 10 déc., lundi soir et mardi soir – **Repas** 115/250 – 30 – **3 ch** 260/300

LANGRES
52200 H.-Marne 66 ③ G. Champagne – 9 987 h alt. 466.

Voir *Site** – Promenade des remparts** – Cathédrale St-Mammès** Y – *Section gallo-romaine* au musée d'art et d'histoire* Y **M**[1].

Office de Tourisme sq. Olivier Lahalle ✆ 03 25 87 67 67, Fax 03 25 88 73 33.

Paris 284 ① – Chaumont 34 ① – Dijon 78 ③ – Nancy 133 ① – Vesoul 78 ②.

LANGRES

Barbier-d'Aucourt (R.) .... Y 3
Beligné (R. Ch.) .... Y 4
Belle-Allée (La) .... Y 5
Boillot (R.) .... Y 6
Boulière (R.) .... Y 7
Canon (R.) .... Y 8
Centenaire (Pl. du) .... Y 10
Chambrûlard (R.) .... Y 12
Chavannes (R. des) .... Z 13
Crémaillère (R. de la) .... Y 14
Croc (R. du) .... Y 15
Denfert-Rochereau (R.) .... Z 16
Diderot (R.) .... YZ
Durand (R. Pierre) .... Y 17
Gambetta (R.) .... Y 18
Grand-Bie (R. du) .... Y 19
Grand-Cloître (R. du) .... Y 20
Grouchy (Pl. Col.-de) .... Z 21
Lambert-Payen (R.) .... Y 24
Leclerc (R. Général) .... Y 25
Lescornel (R.) .... Y 26
Longe-Porte (R.) .... X 27
Mance (Square J.) .... Y 28
Minot (R.) .... Z 31
Morlot (R. Card.) .... Y 32
Roger (R.) .... Y 33
Roussat (R. Jean) .... Y 35
St-Didier (R.) .... Y 36
Terreaux (R. des) .... Y 37
Tournelle (R. de la) .... Y 39
Turenne (R. de) .... Y 41
Ursulines (R. des) .... Y 43
Walferdin (R.) .... Y 44
Ziegler (Pl.) .... Y 45

PORTES

Boulière .... Y
Gallo-Romaine .... Y
Henri-IV .... Y
Hôtel-de-Ville (de l') .... Y
Longe-Porte X
Moulins (des) .... Z
Neuve .... Y

TOURS

Navarre et d'Orval (de) .... Z
Petit-Saut (du) X
Piquante X
St-Ferjeux .... Z
St-Jean X
Sous-Murs (de) .... Y
Virot .... Y

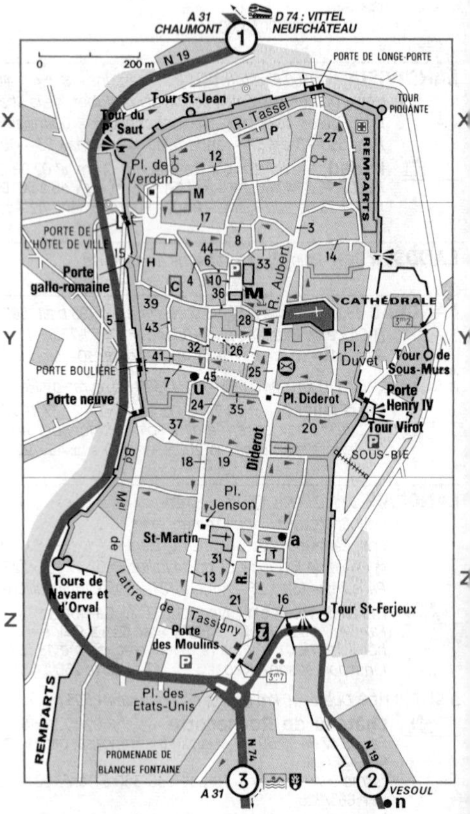

Cheval Blanc, 4 r. Estres ✆ 03 25 87 07 00, *info@cheval-blanc.com, Fax 03 25 87 23 13* – AE GB — Z a
fermé 15 au 30 nov. – **Repas** *(fermé mardi soir sauf juil.-août et merc. midi)* (100) - 145 (déj.), 180/390 ♀, enf. 70 – ☕ 48 – **22 ch** 320/480 – ½ P 425/700

Lion d'Or, rte Vesoul ✆ 03 25 87 03 30, *Fax 03 25 87 60 67*, – P – 15. GB
Repas 78/200 ♀, enf. 50 – ☕ 42 – **14 ch** 270/340 – ½ P 260/290 — Z n

Poste sans rest, 10 pl. Ziegler ✆ 03 25 87 10 51, *Fax 03 25 88 46 18* – P. GB
☕ 35 – **35 ch** 130/250 — Y u

au Lac de la Liez *par ②, N 19 et D 284 : 4 km – ✉ 52200 Langres :*

Auberge des Voiliers avec ch, au bord du Lac ✆ 03 25 87 05 74, *auberge.voiliers@wanadoo.fr, Fax 03 25 87 24 22*, ←, – ▤ rest, . GB
fermé vacances de Toussaint, de Noël, de fév., dim. soir sauf du 15 juin au 31 août et lundi – **Repas** 80 (déj.), 100/200 ♀, enf. 50 – ☕ 38 – **8 ch** 300/350 – ½ P 305/350

à Sts-Geosmes *par ③ : 4 km – 872 h. alt. 440 – ✉ 52200 Langres :*

Auberge des Trois Jumeaux avec ch, ✆ 03 25 87 03 36, *Fax 03 25 87 58 68*, – . AE GB
fermé dim. soir d'oct. à avril et lundi – **Repas** 85/320 ♀, enf. 40 – ☕ 35 – **10 ch** 240/400 – ½ P 250

LANGUIMBERG *57810 Moselle 62 ⑦ – 189 h alt. 290.*

Paris 414 – Nancy 60 – Lunéville 43 – Metz 81 – Sarrebourg 19 – Saverne 48.

Chez Michèle, ✆ 03 87 03 92 25, *Fax 03 87 03 93 47* – GB
fermé 21 déc. au 6 janv., mardi et merc. – **Repas** 130/350 ♀, enf. 50

In this Guide,
a symbol or a character, printed in ***black*** *or another colour*
in light or ***bold*** *type,*
does not have the same meaning.
Please read the explanatory pages carefully.

LANNILIS *29870 Finistère 58 ④ – 4 272 h alt. 48.*

Syndicat d'Initiative 1 pl. de l'Église ✆ 02 98 04 05 43, Fax 02 98 04 12 47.
Paris 602 – Brest 23 – Landerneau 32 – Morlaix 65 – Quimper 88.

Auberge des Abers, pl. Gén. Leclerc (près église) ✆ 02 98 04 00 29 – AE GB
fermé 12 au 31 mars, 1er au 21 oct. – **Repas** *(fermé dim. soir, mardi soir et lundi)* (1er étage)(nombre de couverts limité, prévenir)(dîner seul.) 250/410 ♀ - ***Rez-de-chaussée :*** (déj. seul.) *(fermé dim.)* **Repas** 52bc ♀, enf. 52

LANNION *22300 C.-d'Armor 59 ① G. Bretagne – 16 958 h alt. 12.*

Voir *Maisons anciennes★ (pl.Général Leclerc* **Y17**) – *Église de Brélévenez★ : mise au tombeau★* **Y**.
de Lannion : Air Liberté ✆ 02 96 05 82 24, N par ① : 2 km.
Office de Tourisme q. d'Aiguillon ✆ 02 96 46 41 00, Fax 02 96 37 19 64.
Paris 515 ③ – St-Brieuc 63 ③ – Brest 96 ⑤ – Morlaix 39 ⑤.

Plan page suivante

Ibis sans rest, 30 av. Gén. de Gaulle ✆ 02 96 37 03 67, *Fax 02 96 46 45 83* – ▤ . AE GB — Z a
☕ 38 – **70 ch** 380/560

rte de Perros-Guirec *par ① D 788 : 5 km – ✉ 22300 Lannion :*

Arcadia M sans rest, ✆ 02 96 48 45 65, *Fax 02 96 48 15 68*, – P – 25. AE GB
fermé 20 déc. au 5 janv. – ☕ 39 – **14 ch** 360/420, 6 duplex

à La Ville-Blanche *par ②, rte de Tréguier : 5 km sur D 786 – ✉ 22300 Lannion :*

Ville Blanche (Jaguin), ✆ 02 96 37 04 28, *jaguin@la-ville-blanche.com, Fax 02 96 46 57 82* – P. AE GB JCB
fermé 10 déc. au 1er fév., dim. soir, merc. soir et lundi – **Repas** (week-end prévenir) 150/410 et carte 270 à 390 ♀, enf. 90
Spéc. Saint-Jacques des Côtes d'Armor (oct. à mars). Homard breton rôti au beurre salé. Millefeuille aux pommes caramélisées (sept. à mai).

LANNION

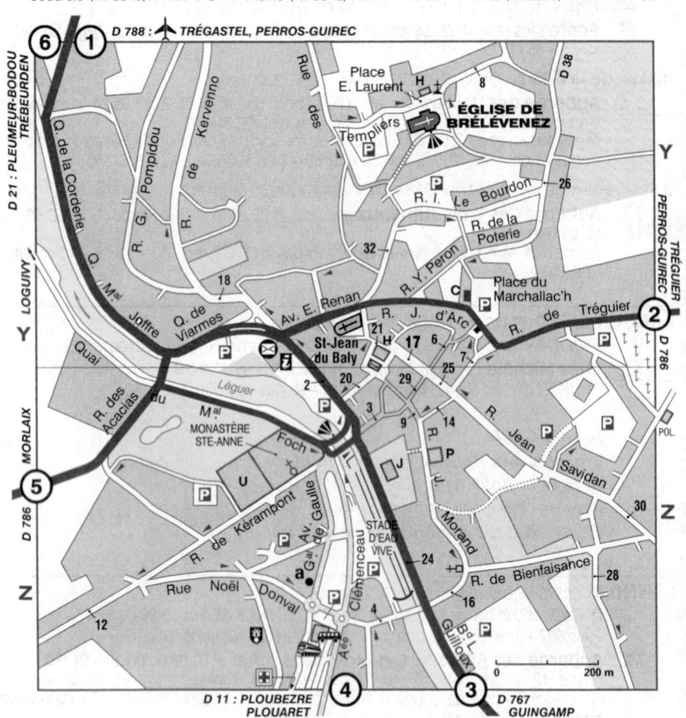

Campers... Use the current **Michelin Guide Camping Caravaning France.**

LANS-EN-VERCORS *38250 Isère* 77 ④ *– 1 451 h alt. 1120 – Sports d'hiver : 1 020/1 880 m* 16 .

Office de Tourisme pl. de l'Église ☎ 04 76 95 42 62, Fax 04 76 95 49 70.
Paris 583 – Grenoble 25 – Villard-de-Lans 9 – Voiron 43.

Val Fleuri, ☎ 04 76 95 41 09, *Fax 04 76 94 34 69,* ←, , « Belle salle à manger 1930 », – TV ☎ P. GB. rest
1er juin-10 sept. et 22 déc.-20 mars – **Repas** (résidents seul.) 110/185 – 39 – **16 ch** 180/330 – 1/2 P 252/314

Au Bon Accueil, D 531 ☎ 04 76 95 42 02, *Fax 04 76 95 44 32,* , – P. GB
fermé 2 au 9 mai, 28 oct. au 5 nov., vend. soir, dim. soir et sam. hors saison – **Repas** (75) - 110/225 – 38 – **17 ch** 200/300 – 1/2 P 250/285

au col de la Croix Perrin *Sud-Ouest : 4 km par D 106 – 38250 Lans-en-Vercors :*

Auberge de la Croix Perrin avec ch, ☎ 04 76 95 40 02, *Fax 04 76 94 33 10,* ←, , « En lisière de forêt », – ☎ P. GB
fermé 1er nov. au 20 déc. et fermé dim. soir et lundi (sauf juil.-août et du 20 déc. au 30 mars.) – **Repas** 89 (déj.)/210 , enf. 50 – 35 – **9 ch** 245/270 – 1/2 P 275

LANSLEBOURG-MONT-CENIS *73480 Savoie* 77 ⑨ *G. Alpes du Nord – 647 h alt. 1399 – Sports d'hiver : 1 400/2 100 m 1 21.*

Office de Tourisme de Val-Cenis Grande Rue ☎ 04 79 05 23 66, Fax 04 79 05 82 17.

Paris 688 – Albertville 115 – Chambéry 125 – St-Jean-de-Maurienne 55 – Torino 92.

Alpazur, ☎ 04 79 05 93 69, *Fax 04 79 05 86 55* – AE GB. rest
23 juin-8 sept. et 16 déc.-20 juin – **Repas** 120/280 – 50 – **24 ch** 340/450 – ½ P 410/430

Vieille Poste, ☎ 04 79 05 93 47, *info@lavieilleposte.com, Fax 04 79 05 86 85* – AE GB
1er juin-26 oct. et 26 déc.-15 avril – **Repas** 80/150 , enf. 45 – 40 – **18 ch** (½ pens. seul.) – ½ P 350

Relais des Deux Cols, ☎ 04 79 05 92 83, *Fax 04 79 05 83 74,* – . AE GB
5 mai-4 nov. et 22 déc.-31 mars – **Repas** 85/175 – 40 – **28 ch** 240/340 – ½ P 350

LANSLEVILLARD *73480 Savoie* 77 ⑨ *G. Alpes du Nord – 392 h alt. 1500 – Sports d'hiver (voir à Lanslebourg-Mont-Cenis).*

Voir *Peintures murales★ dans la chapelle St-Sébastien.*

Office de Tourisme de Val-Cenis Grande Rue ☎ 04 79 05 23 66, Fax 04 79 05 82 17.

Paris 691 – Albertville 118 – Briançon 90 – Chambéry 128 – Val-d'Isère 47.

Les Mélèzes, ☎ 04 79 05 93 82, *Fax 04 79 05 93 82,* – P. AE GB.
20 juin-10 sept. et 20 déc.-20 avril – **Repas** (dîner seul.) 95/160 – 35 – **16 ch** 330 – ½ P 298/370

Grand Signal, ☎ 04 79 05 91 24, *info@hotel-grandsignal.com, Fax 04 79 05 82 47,* – P. GB
17 juin-9 sept. et 16 déc.-7 avril – **Repas** 100/170, enf. 45 – 39 – **18 ch** 300/310 – ½ P 360

Dans ce guide
un même symbole, un même caractère,
imprimé en couleur ou en ***noir****, en maigre ou en* ***gras****,*
n'ont pas tout à fait la même signification.
Lisez attentivement les pages explicatives.

LANVOLLON *22290 C.-d'Armor* 59 ② *– 1 427 h alt. 90.*

Paris 475 – St-Brieuc 28 – Guingamp 16 – Lannion 43 – Paimpol 19.

Lucotel M, rte de St-Quay-Portrieux (par D 9 : 1 km) ☎ 02 96 70 01 17, *lucotel@wanadoo.fr, Fax 02 96 70 08 84,* – rest, P – 25. AE GB
fermé 29 oct. au 12 nov., 29 janv. au 16 fév., dim. soir et lundi midi d'oct. à mars – **Repas** 79/189 , enf. 47 – 41 – **25 ch** 280/370 – ½ P 310/330

LAON P *02000 Aisne* 56 ⑤ *G. Picardie Flandres Artois – 26 490 h alt. 181.*

Voir *Site★★ – Cathédrale Notre-Dame★★ : nef★★★ – Rempart du Midi et porte d'Ardon★* **CZ** *– Abbaye St-Martin★* **BZ** *– Porte de Soissons★* **ABZ** *– Rue Thibesard ★* **BZ** *– Musée★ et chapelle des Templiers★* **CZ.**

Office de Tourisme pl. du Parvis de la Cathédrale ☎ 03 23 20 28 62, Fax 03 23 20 68 11.

Paris 141 ③ – Reims 62 ② – St-Quentin 48 ② – Soissons 37 ③.

Plan pages suivantes

Hostellerie St-Vincent, av. Ch. de Gaulle par ② ☎ 03 23 23 42 43, *hotel.st.vincent@wanadoo.fr, Fax 03 23 79 22 55,* – P – 30. AE GB
Repas *(fermé sam. midi et dim. soir) (69)* - 95/159 , enf. 60 – 37 – **47 ch** 305/355 – ½ P 270

Petite Auberge, 45 bd Brossolette ☎ 03 23 23 02 38, *w.marc.zorn@wanadoo.fr, Fax 03 23 23 31 01* – AE GB **CY a**
fermé vacances de printemps, 1er au 15 août, vacances de fév., sam. midi, lundi soir et dim. sauf fériés – **Repas** 155/230 et carte 270 à 380 - ***Bistrot St-Amour*** ☎ 03 23 23 31 01 **Repas** 78/139 , enf. 40

Bannière de France avec ch, 11 r. F. Roosevelt ☎ 03 23 23 21 44, *hotel.banniere.de.france@wanadoo.fr, Fax 03 23 23 31 56* – – 25 à 40. AE GB JCB.
fermé 21 déc. au 20 janv. – **Repas** *(95)* - 128/330 , enf. 50 – 43 – **18 ch** 260/385 – ½ P 290/330 **BCZ t**

LAON

Arquebuse (R. de l') . . . . **CZ** 2
Aubry (Pl.) . . . . **CZ** 3
Berthelot (R. Marcelin) . . . . **AZ** 5
Bossus (R. del'Abbé) . . . . . **DY** 6
Bourg (R. du) . . . . **BCZ** 8
Carnot (Av.) . . . . **CY**
Change (R. au) . . . . **CZ** 9
Charles de Gaulle (Av.) . . . . **DY** 12
Châtelaine (R.) . . . . **CZ** 13
Cloître (R. du) . . . . **CZ** 15
Combattants d'Afrique du Nord (Pl. des) . . . . . . **DZ** 16
Cordeliers (R. des) . . . . **CZ** 18
Doumer (R. Paul) . . . . **CZ** 19

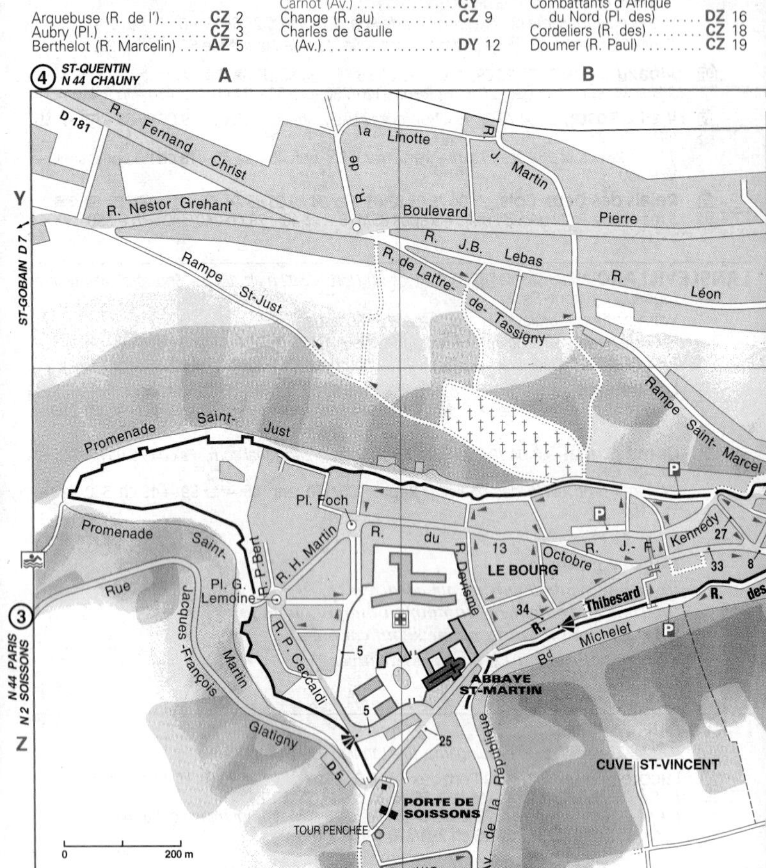

à Samoussy *par ② et D 977 : 13 km – 410 h. alt. 84 – ✉ 02840 :*

XXX **Relais Charlemagne,** ✆ 03 23 22 21 50, *Fax 03 23 22 18 75*, – AE GB
fermé 6 au 19 août, 15 au 28 fév., merc. soir, dim. soir et lundi – **Repas** 150/300 et carte 330 à 430

à Chamouille *par D 967* **DZ** *: 13 km – 147 h. alt. 112 – ✉ 02860 :*

Mercure M, parc nautique de l'Ailette, Sud 0,5 km par D 967 ✆ 03 23 24 84 85, *hotel-mercure@ailette.fr, Fax 03 23 24 81 20*, ←, , – , rest, TV ✆ ♿ P – 15 à 40. AE GB
Repas 125/135 ♂, enf. 65 – ☕ 60 – **58 ch** 480/600

> ***Dans ce guide***
> un même symbole, un même caractère,
> imprimé en couleur ou en **noir**, en maigre ou en **gras**
> n'ont pas tout à fait la même signification.
> Lisez attentivement les pages explicatives.

Ermant (R. Georges) . . . . . . CZ 21
Herriot (Pl. Edouard) . . . . . . CY 22
Hurée (R. de la) . . . . DY 24
Leduc (R. Eugène) . . . . DY
Libération
(R. de la) . . . . BZ 25
Marquette
(R. Père) . . . . BZ 27
Martinot (Allée Jean) . . . . . . DZ 28
Rabin (Promenade
Ytzhak) . . . . CZ 30
Roosevelt (R. Franklin) . . . . CZ 31
St-Jean (R.) . . . . BZ 33
Saint-Martin (R.) . . . . BZ 34
Signier (R. de) . . . . CZ 36
Thuillart (R. Fernand) . . . . . . DY 37
Victor Hugo (Pl.) . . . . DY 39
Vinchon (R.) . . . . CZ 40

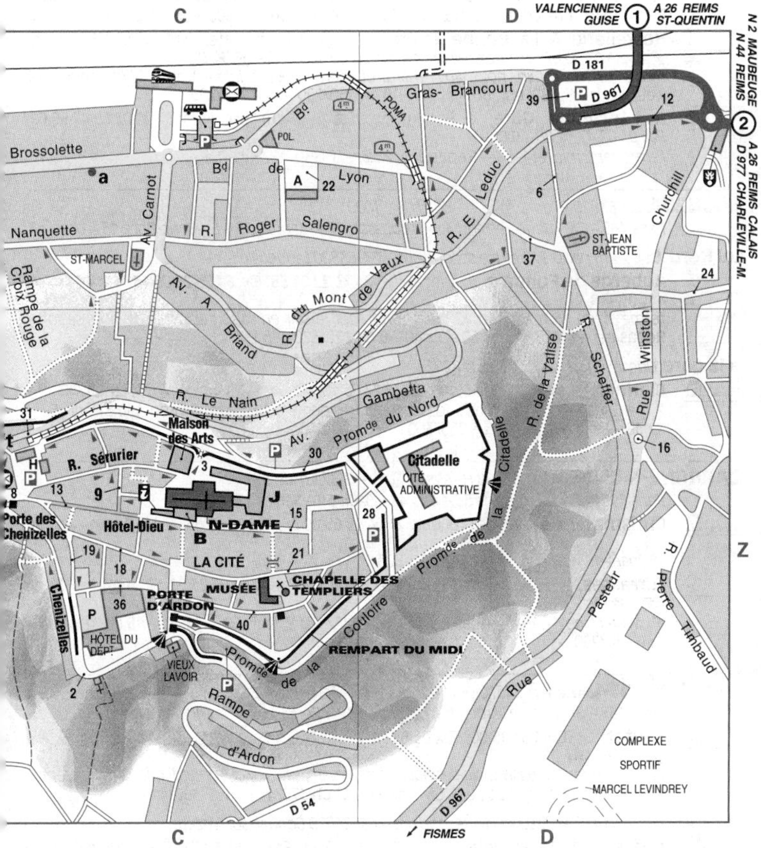

LAPALISSE *03120 Allier* 73 ⑥ *G. Auvergne – 3 603 h alt. 280.*

Voir Château**.

Office de Tourisme 3 r. du Prés.-Roosevelt ✆ 04 70 99 08 39, Fax 04 70 99 28 09.

Paris 350 – Moulins 49 – Digoin 45 – Mâcon 123 – Roanne 51 – St-Pourçain-sur-Sioule 30.

XXX **Galland** avec ch, pl. République ✆ 04 70 99 07 21, *Fax 04 70 99 34 64* – TV ✆ P – 40. GB
fermé 27 nov. au 11 déc., 29 janv. au 19 fév., dim. soir (hors saison) et lundi – Repas (dim. et fêtes, prévenir) 138/285 et carte 230 à 340 ♀ – ☕ 38 – **8 ch** 270/300

XX **Bourbonnais,** pl. 14-Juillet ✆ 04 70 99 29 23, *Fax 04 70 99 19 79,* – GB JCB
fermé 3 au 9 déc. et mardi – **Repas** *(60)* - 85/198 ♀

LAPOUTROIE *68650 H.-Rhin* 62 ⑱ *G. Alsace Lorraine – 1 981 h alt. 420.*

Paris 429 – Colmar 20 – Munster 32 – Ribeauvillé 21 – St-Dié 37 – Sélestat 35.

Faudé, ✆ 03 89 47 50 35, *Fax 03 89 47 24 82,* , , , – TV ✆ P. AE ⓞ GB
fermé 11 au 30 mars et 4 au 29 nov. – Repas 90/420 ♀, enf. 60 – ☕ 55 – **29 ch** 335/515 – 1/2 P 355/470

Les Alisiers avec ch, Sud-Ouest : 3 km par rte secondaire 03 89 47 52 82, *hotel-restaurant.lesalisiers@wanadoo.fr, Fax 03 89 47 22 38,* vallon, , rest. non-fumeurs exclusivement, « Restaurant panoramique », – P. GB
fermé 25 juin au 1er juil., 2 au 30 janv., 20 au 26 déc., lundi soir et mardi de nov. à mars – Repas (dim., prévenir) 89/220, enf. 50 – 50 – **18 ch** 310/600 – ½ P 340/550

Hostellerie A La Bonne Truite avec ch, à Hachimette, Est par N 415 : 1 km 03 89 47 50 07, *btruite@calixo.net, Fax 03 89 47 25 35* – TV P. AE GB
fermé 18 au 30 juin, nov., janv., mardi et merc. d'oct. à juin – **Repas** (dîner seul. sauf week-ends) 85/180, enf. 68 – 40 – **10 ch** 250/290 – ½ P 275/295

A l'Ancienne Gare, à Hachimette, Est : 1 km par N 415 03 89 47 56 69, *Fax 03 89 47 59 28* – GB
fermé sam. midi et jeudi – **Repas** 98/220, enf. 55

LAQUEUILLE *63820 P.-de-D. 73 ⑬ – 382 h alt. 1000.*

Paris 465 – Clermont-Ferrand 41 – Aubusson 77 – Mauriac 73 – Le Mont-Dore 15 – Ussel 43.

au Nord-Est *2 km par D 922 et rte secondaire – 63820 Laqueuille :*

Auberge de Fondain avec ch, 04 73 22 01 35, *Fax 04 73 22 06 13,* , , , – P. GB
fermé 1er au 15 nov., 5 au 12 mars, lundi sauf le soir en saison et dim. soir hors saison – **Repas** (58) - 78/128, enf. 50 – 40 – **6 ch** 220/320 – ½ P 270

à la gare *Ouest : 3 km par D 922 et D 82 :*

Clarines, 04 73 22 00 43, *Fax 04 73 22 06 10,* , – TV – 25. AE GB
2 mai-2 nov. – **Repas** (snack) (dîner seul.) (résidents seul) carte environ 150, enf. 58 – 38 – **8 ch** 230/320 – ½ P 255/300

LARAGNE-MONTÉGLIN *05300 H.-Alpes 81 ⑤ – 3 371 h alt. 571.*

Paris 693 – Digne-les-Bains 56 – Gap 41 – Sault 59 – Serres 17 – Sisteron 18.

Chrisma sans rest, rte de Grenoble 04 92 65 09 36, *Fax 04 92 65 08 12,* , – P. GB
1er mars-15 nov. – 35 – **17 ch** 220/300

Terrasses, av. Provence (N 75) 04 92 65 08 54, *Fax 04 92 65 21 08,* – TV P. AE GB. rest
1er avril-1er nov. – **Repas** (dîner seul.) (90) - 115/150, enf. 60 – 40 – **15 ch** 180/300 – ½ P 270/290

Le LARDIN-ST-LAZARE *24570 Dordogne 75 ⑦ – 2 047 h alt. 86.*

Paris 487 – Brive-la-Gaillarde 28 – Lanouaille 38 – Périgueux 47 – Sarlat-la-Canéda 31.

Sautet, 05 53 51 45 00, *Fax 05 53 51 45 09,* , « Parc », , , – TV P – 25. GB
fermé mi-déc. au 6 janv., week-ends d'oct. à mars, sam. midi et mardi midi d'avril à sept. – **Repas** 85 (déj.), 130/195, enf. 55 – 45 – **27 ch** 370/445 – ½ P 390/410

au Sud *: 4 km par D 704, D 62 et rte secondaire – 24570 Condat-sur-Vézère :*

Château de la Fleunie , 05 53 51 32 74, *Fax 05 53 50 58 98,* , , « Château des 12e et 15e siècles dans un parc », , , – TV P – 80. AE GB
fermé 2 janv. au 28 fév. – **Repas** 135/185 – 60 – **33 ch** 370/800 – ½ P 360/575

à Coly *Sud-Est : 6 km par D 74 et D 62 – 193 h. alt. 113 – 24120 :*

Voir *Église★★ de St-Amand-de-Coly SO : 3 km, G. Périgord Quercy.*

Manoir d'Hautegente , 05 53 51 68 03, *hotel@manoir-hautegente.com, Fax 05 53 50 38 52,* , « Ancien moulin à draps du 14e siècle dans un bel environnement », , – TV P. AE GB
1er avril-2 nov. – **Repas** 150 (déj.), 250/380 – 75 – **11 ch** 750/1100, 4 duplex – ½ P 560/850

LARGENTIÈRE *07110 Ardèche 80 ⑧ G. Vallée du Rhône – 1 990 h alt. 240.*

Voir *Le vieux Largentière★.*

Office de Tourisme av. de la République 04 75 39 14 28, Fax 04 75 39 23 66.

Paris 649 – Alès 65 – Aubenas 18 – Privas 48.

à Rocher *Nord : 4 km par D 5 – 260 h. alt. 353 – 07110 Largentière :*

Chêne Vert , 04 75 88 34 02, *Fax 04 75 88 33 85,* , , – TV P. GB
1er avril-1er nov. et fermé lundi en oct. – **Repas** 98/198, enf. 50 – 45 – **25 ch** 330/400 – ½ P 300/340

LARMOR-PLAGE *56260 Morbihan 63 ① G. Bretagne – 8 078 h alt. 4.*
Voir ≤★ *du Pont St-Maurice.*
Paris 509 – Vannes 64 – Lorient 6 – Quimper 73.

Les Mouettes Ⓜ, Anse de Kerguélen, Ouest : 1,5 km ☎ 02 97 65 50 30, *Fax 02 97 33 65 33,* ≤ – ▤ rest, TV ☎ ♿ P – 🏊 20. AE ⓓ GB. ✗ rest
Repas 110/280, enf. 55 – ☐ 50 – **21 ch** 390/460 – ½ P 420

LARRAU *64560 Pyr.-Atl. 85 ⑭ – 241 h alt. 636.*
Paris 836 – Pau 77 – Oloron-Ste-Marie 43 – St-Jean-Pied-de-Port 47.

Etchemaïté, ☎ 05 59 28 61 45, *hotel-etchemaite@wanadoo.fr, Fax 05 59 28 72 71,* ≤, ⛱, 🌳 – TV ☎. GB. ✗ ch
fermé 15 janv. au 1er fév., dim. soir (sauf hôtel) et lundi hors saison – **Repas** 90/240 ♀, enf. 45 – ☐ 40 – **16 ch** 220/340 – ½ P 225/260

Despouey sans rest, ☎ 05 59 28 60 82, 🌳 – P. AE ⓓ GB. ✗
15 fév.-15 nov. – ☐ 30 – **10 ch** 160/200

LARUNS *64440 Pyr.-Atl. 85 ⑯ – 1 466 h alt. 523.*
Paris 818 – Pau 39 – Argelès-Gazost 50 – Lourdes 51 – Oloron-Ste-Marie 33.

Auberge Bellevue, ☎ 05 59 05 31 58, ≤, ⛱ – P. GB
fermé 5 janv. au 20 fév., mardi soir et merc. – **Repas** 78/190 ♀, enf. 45

LATOUR-DE-CAROL *66760 Pyr.-Or. 86 ⑯ – 367 h alt. 1260.*
Paris 858 – Font-Romeu-Odeillo-Via 21 – Ax-les-Thermes 37 – Perpignan 107.

Auberge Catalane, ☎ 04 68 04 80 66, *carolee@club-internet.fr, Fax 04 68 04 95 25,* ⛱ – TV P. GB
fermé 9 au 23 mai, 18 nov. au 20 déc., dim. soir et lundi sauf vacances scolaires – **Repas** 89/160 🍷, enf. 40 – ☐ 35 – **10 ch** 230/290 – ½ P 240

LATTES *34 Hérault 83 ⑦ – rattaché à Montpellier.*

LAUTERBOURG *67630 B.-Rhin 57 ⑳ – 2 372 h alt. 115.*
Paris 531 – Strasbourg 59 – Haguenau 40 – Karlsruhe 22 – Wissembourg 20.

Poêle d'Or, 35 r. Gén. Mittelhauser ☎ 03 88 94 84 16, *info@poeledor.com, Fax 03 88 54 62 30,* ⛱ – ▤. AE ⓓ GB
fermé 25 juil. au 9 août, 3 au 31 janv., merc. et jeudi – **Repas** (120) - 160 (déj.), 250/460 et carte 240 à 400 ♀, enf. 80

LAUTREC *81440 Tarn 82 ⑩ G. Midi-Pyrénées – 1 527 h alt. 294.*
Office de Tourisme (fermé en janv.) r. du Mercadial ☎ 05 63 75 31 40, Fax 05 63 75 32 90.
Paris 723 – Toulouse 76 – Albi 31 – Castelnaudary 56 – Castres 17 – Gaillac 35.

Champ d'Allium, 4 rte Castres ☎ 05 63 70 52 41, *Fax 05 63 75 34 36* – ▤. ⓓ GB JCB
fermé dim. soir, mardi midi et lundi sauf juil.-août – **Repas** (prévenir) 135/300 ♀, enf. 50

Moulin Gourmand, rte Castres ☎ 05 63 75 30 13, *Fax 05 63 75 30 13* – ▤ P. ⓓ GB
fermé 16 sept. au 5 oct., mardi soir de juin à sept., merc. soir d'oct. à avril et lundi soir – **Repas** 65 bc (déj.), 85/195, enf. 45

LAUZERTE *82110 T.-et-G. 79 ⑰ – 1 487 h alt. 224.*
Office de Tourisme pl. des Cornières ☎ 05 63 94 61 94, Fax 05 63 94 61 93.
Paris 622 – Cahors 39 – Agen 53 – Auch 98 – Montauban 38.

Quercy, fg d'Auriac ☎ 05 63 94 66 36 – GB
fermé 1er au 22 oct., 4 au 18 fév., dim. soir sauf juil.-août et lundi – **Repas** 150/300 🍷 – ☐ 40 – **9 ch** 210/260 – ½ P 190/210

LAVAL Ⓟ *53000 Mayenne 63 ⑩ G. Normandie Cotentin – 50 473 h alt. 65.*
Voir *Vieux château★* **Z** *: charpente★★ du donjon, musée d'Art naïf★,* ≤★ *des remparts – Vieille ville★* **YZ** *: – Les quais★* ≤★ *– Jardin de la Perrine★* **Z** *– Chevet★ de la basilique N.-D. d'Avesnières* **X** *– Église N.-D. des Cordeliers★ : retables★★* **X.**
Office de Tourisme r. du Vieux Saint-Louis ☎ 02 43 49 46 46, Fax 02 43 49 46 21.
Paris 279 ① – Angers 79 ④ – Le Mans 85 ① – Rennes 75 ⑦ – St-Nazaire 153 ⑤.

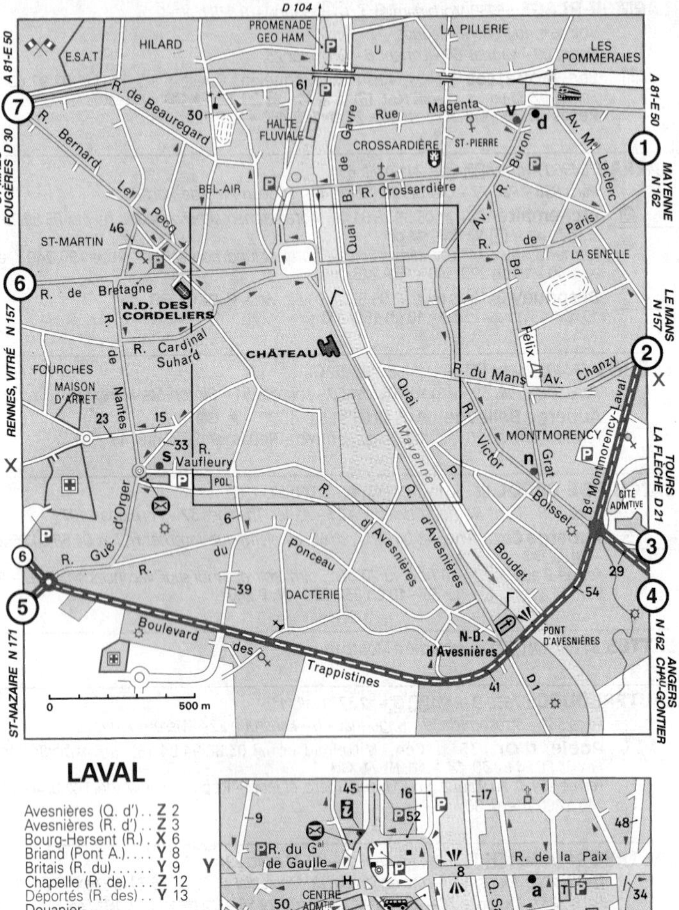

D 104
PROMENADE GEO HAM
LA PILLERIE
LES POMMERAIES
HILARD
E.S.A.T
A 81-E 50
ST-MALO FOUGÈRES D 30
R. de Beauregard
R. Bernard Le Pecq
HALTE FLUVIALE
Rue Magenta
CROSSARDIÈRE
ST-PIERRE
Av. Mal Leclerc
MAYENNE N 162
BEL-AIR
R. Crossardière
Bd de Gavre
Quai
Av. R. Buron
R. de Paris
LA SENELLE
ST-MARTIN
R. de Bretagne
N.D. DES CORDELIERS
R. Cardinal Suhard
CHÂTEAU
Bd Félix
R. du Mans
Av. Chanzy
LE MANS N 157
RENNES, VITRÉ N 157
FOURCHES
MAISON D'ARRET
R. de Nantes
Quai Mayenne
R. Victor Boissel
MONTMORENCY
Bd Montmorency-Laval
Grat
TOURS LA FLÈCHE D 21
CITÉ ADMTIVE
R. Vaufleury
POL.
R. Gué d'Orger
R. d'Avesnières
Q. d'Avesnières
R. du Ponceau
P. Boudet
DACTERIE
PONT D'AVESNIÈRES
N-D. d'Avesnières
Boulevard des Trappistines
D 1
N 162 ANGERS CHÂU-GONTIER
ST-NAZAIRE N 171
0 500 m

LAVAL

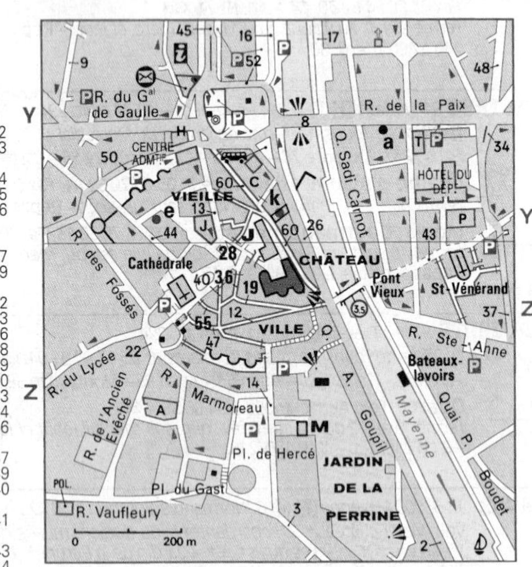

Avesnières (Q. d') . . Z 2
Avesnières (R. d') . . Z 3
Bourg-Hersent (R.) . . X 6
Briand (Pont A.) . . . . Y 8
Britais (R. du) . . . . . . Y 9
Chapelle (R. de) . . . . Z 12
Déportés (R. des) . . Y 13
Douanier-Rousseau (R.) . . . Z 14
Étaux (R. des) . . . . . X 15
Gambetta (Quai) . . . Y 16
Gaulle (R. Gén.-de) . . . . . Y
Gavre (Q. B. de) . . . Y 17
Grande-Rue . . . . Z 19
Hardy-de-Lévaré (Pl.) . . . . . . Z 22
Haut-Rocher (R.) . . . X 23
Jean-Fouquet (Q.) . . Y 26
La Trémoille (Pl. de) Z 28
Le Basser (Bd F.) . . X 29
Macé (R. J.) . . . . X 30
Messager (R.) . . . . . X 33
Moulin (Pl. J.) . . . . . Y 34
Orfèvres (R. des) . . . Z 36
Paix (R. de la) . . . . . Y
Paradis (R. de) . . . . . Z 37
Picardie (R. de) . . . . X 39
Pin-Doré (R. du) . . . . Z 40
Pont-d'Avesnières (Bd du) . . . . X 41
Pont-de-Mayenne (R. du) . . . . Z 43
Renaise (R.) . . . . Y 44
Résistance (Crs de la) Y 45
St-Martin (R.) . . . . . . X 46
Serruriers (R. des) . . Z 47
Solferino (R.) . . . . . . Y 48
Souchu-Servinière (R.) . . . . . Y 50
Strasbourg (R. de) . . . . Y 52
Tisserands (Bd des) . . . . X 54
Trinité (R. de la) . . . . Z 55
Val-de-Mayenne (R. du) . . . YZ 60
Vieux-St-Louis (R. du) . . . . . X 61

Grand Hôtel de Paris M sans rest, 22 r. Paix ☎ 02 43 53 76 20, *Fax 02 43 56 91 83* – AE GB JCB Y a
☐ 40 – **39 ch** 280/480

Ibis, rte Mayenne par ① : *3 km* ☎ 02 43 53 81 82, *Fax 02 43 53 11 19*, – P – 60. AE GB
Repas *(77)* - 97 , enf. 39 – ☐ 35 – **51 ch** 315/340

Marin'Hôtel sans rest, 102 av. R. Buron ☎ 02 43 53 09 68, *Fax 02 43 56 95 35* – . AE GB X d
☐ 40 – **25 ch** 230/315

Bistro de Paris (Lemercier), 67 r. Val de Mayenne ☎ 02 43 56 98 29, *bistro.de.paris@wanadoo.fr, Fax 02 43 56 52 85*, « Décor ''Art Nouveau'' » – . AE GB. Y k
fermé 7 au 27 août, sam. midi, dim. soir et lundi – **Repas** 139/260 et carte 230 à 270 ♀, enf. 85
Spéc. Rouget barbet, crème de cocos à l'anguille fumée. Poêlée de pintade et encornets à l'ail confit. Croûte d'Emmental au lard. **Vins** Savennières, Anjou-Villages.

Capucin Gourmand, 66 r. Vaufleury ☎ 02 43 66 02 02, *Fax 02 43 26 25 05*, – AE GB X s
fermé 30 juil. au 21 août, dim. soir et lundi – **Repas** *(98 bc)* - 115/260 et carte 220 à 290

Gerbe de Blé avec ch, 83 r. V.-Boissel ☎ 02 43 53 14 10, *Fax 02 43 49 02 84* – . AE GB X n
fermé 29 juil. au 20 août, 2 au 10 janv., lundi midi et dim. sauf fériés – **Repas** 95 (déj.), 135/250 ♀ – ☐ 52 – **8 ch** 340/480 – ½ P 360/480

Bonne Auberge avec ch, 170 r. Bretagne par ⑥ ☎ 02 43 69 07 81, *Fax 02 43 91 15 02* – P. AE GB
fermé 28 juil. au 26 août, vacances de fév., vend. soir du 15 oct. au 30 mars, dim. soir et sam. – **Repas** 90/260 ♀ – ☐ 42 – **11 ch** 300/450

L'Antiquaire, 5 r. Béliers ☎ 02 43 53 66 76, *Fax 02 43 56 92 18* – . GB Y e
fermé 4 au 27 juil., vacances de fév., sam. midi et merc. – **Repas** 99/220 ♀, enf. 55

Edelweiss, 99 av. R. Buron ☎ 02 43 53 11 00, *Fax 02 43 53 36 51* – GB X v
fermé 12 au 31 août, vacances de fév., dim. soir et lundi – **Repas** *(70)* - 82/170 ♀, enf. 50

à Changé *au Nord : 4 km – 4 323 h. alt. 55 – ✉ 53810 :*

Table Ronde, pl. Mairie ☎ 02 43 53 43 33, *Fax 02 43 49 05 60*, – GB
fermé dim. soir, merc. soir et lundi – **Repas** 135/238 ♀, enf. 60 - ***Bistrot* :** **Repas** *(75)*-85/115 ♀, enf. 60

Domaine des Saveurs, rte Louverné par D 561 : 2 km ☎ 02 43 67 16 66, *domainedessaveurs@wanadoo.fr, Fax 02 43 67 19 39*, – AE GB.
fermé 5 au 25 août, 4 au 15 fév., dim. soir, sam. midi et lundi – **Repas** *(79)* - 104 (déj.), 138/168

Le LAVANCHER *74 H.-Savoie* 74 ⑨ – *rattaché à Chamonix.*

Le LAVANDOU *83980 Var* 84 ⑯, 114 ㊽ *G. Côte d'Azur – 5 212 h alt. 1.*
Env. *Ile d'Hyères★★★.*
Office de Tourisme q. G.-Péri ☎ 04 94 00 40 50, Fax 04 94 00 40 59.
Paris 877 ② – Fréjus 64 ① – Cannes 102 ① – Draguignan 77 ① – Toulon 42 ②.

Plan page suivante

Petite Bohème, av. F.-Roosevelt ☎ 04 94 71 10 30, *hotelpetiteboheme@wanadoo.fr, Fax 04 94 64 73 92*, – rest, . AE GB JCB B f
fermé 15 nov. au 31 janv. – **Repas** 120/165, enf. 50 – ☐ 42 – **19 ch** 390/470 – ½ P 385/410

Rabelais sans rest, face Vieux Port ☎ 04 94 71 00 56, *hotel.le rabelais@wanadoo.fr, Fax 04 94 71 82 55*, ← – . GB B a
fin janv.-11 nov. – ☐ 35 – **19 ch** 340/420

L'Escapade sans rest, chemin du Vannier ☎ 04 94 71 11 52, *hotelescapa@wanadoo.fr, Fax 04 94 71 22 14* – . AE GB B s
fermé 15 nov. au 31 janv. – ☐ 42 – **16 ch** 420/470

Krill, r. Patron Ravello ☎ 04 94 71 06 43, *Fax 04 94 15 10 56*, – . AE GB B r
fermé 1er nov. au 20 déc. et lundi – **Repas** 145/165

à la Favière *Sud : 2 km - A – ✉ 83230 Bormes-les-Mimosas :*

Plage, ☎ 04 94 71 02 74, *hotel.sarl@wanadoo.fr, Fax 04 94 71 77 22*, – rest, P. AE GB. rest
1er avril-30 sept. – **Repas** 90/140 ♀, enf. 56 – ☐ 40 – **45 ch** 300/390 – ½ P 310/350

à St-Clair *par ① : 2 km – ✉ 83980 Le Lavandou :*

Roc Hôtel sans rest, ☎ 04 94 01 33 66, *Fax 04 94 01 33 67*, ← – P. GB.
30 mars-20 oct. – ☐ 45 – **25 ch** 510/790

LE LAVANDOU

Bois Notre-Dame (R. du).... **A** 2
Bouvet (Bd. Gén. G.)....... **A** 3
Cazin (R. Charles)........... **A** 4
Gaulle (Av. Gén. de)....... **AB**
Lattre-de-Tassigny (Bd. de)... **A** 7
Martyrs de-la-Résistance (Av. des)................ **A** 8
Patron Ravello (R.)........... **B** 10
Péri (Quai Gabriel)........... **B** 12
Port (R. du).................. **B** 13
Port Cros (R.)................ **A** 15
Vincent Auriol (Av. Prés.)..... **A** 16

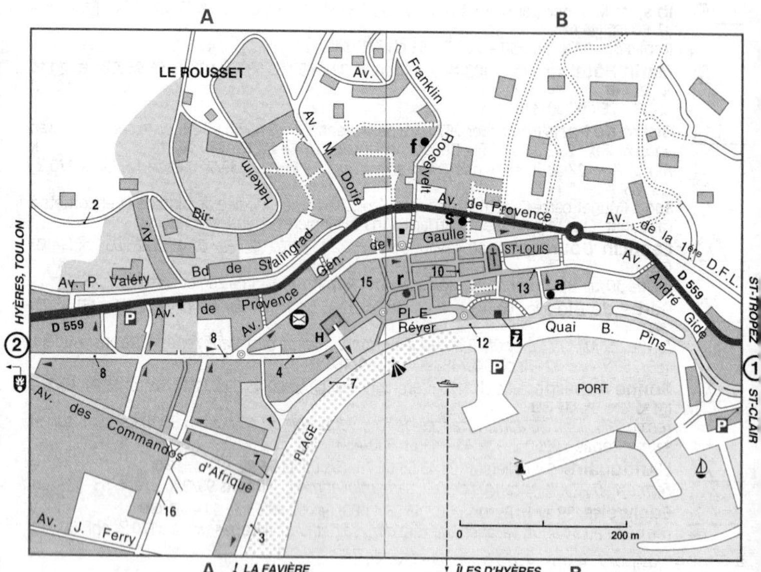

Belle Vue, ☎ 04 94 00 45 00, *hotelbellevue@wanadoo.fr, Fax 04 94 00 45 25*, ≤ – P. AE GB.
hôtel : avril.-oct. ; rest. : fin mai-fin sept. – **Repas** (dîner seul.) 180/210 – ☐ 70 – **19 ch** 400/950 – ½ P 400/750

Méditerranée, ☎ 04 94 01 47 70, *hotel.med@wanadoo.fr, Fax 04 94 01 47 71*, ≤, – rest, P. GB. rest
15 mars-20 oct. – **Repas** (résidents seul.) – ☐ 40 – **22 ch** 400/620 – ½ P 352/462

Bastide M sans rest, ☎ 04 94 01 57 00, *Fax 04 94 01 57 13* – P. GB
15 mars-15 nov. – ☐ 40 – **17 ch** 450/490

Tamaris sans rest, ☎ 04 94 71 79 19, *Fax 04 94 71 88 64*, – P. AE GB
1er avril-3 nov. – ☐ 40 – **41 ch** 450/500

L'Orangeraie sans rest, ☎ 04 94 71 04 25, *Fax 04 94 15 24 42* – cuisinette P. AE GB
3 fév.-4 nov. – ☐ 45 – **22 ch** 380/560

à La Fossette-Plage *par ① : 3 km* – ✉ *83980 Le Lavandou :*

83 Hôtel, ☎ 04 94 71 20 15, *hotel83@wanadoo.fr, Fax 04 94 71 63 42*, ≤ côte et mer, – P. AE GB
8 avril-15 oct. – ***Jardin de la Fossette :*** **Repas** 195/360, enf. 100 – ***Grill*** (déj. seul.) **Repas** carte environ 180 – ☐ 90 – **30 ch** 950/1750 – ½ P 910/1135

à Aiguebelle *par ① : 4,5 km* – ✉ *83980 Le Lavandou :*

Les Roches M, ☎ 04 94 71 05 07, *Fax 04 94 71 08 40*, ≤ mer et les îles, **« Agréables terrasses en bordure de mer »**, – P – 20. AE GB
7 avril-oct. – **Repas** (dîner seul.) 350/650 - ***Beach*** grill en terrasse (déj. seul.) **Repas** carte 370 à 490, enf. 100 – ☐ 110 – **35 ch** 2300/6500, 5 appart

Les Alcyons sans rest, ☎ 04 94 05 84 18, *Fax 04 94 05 70 89* – P. AE GB
8 avril-15 oct. – ☐ 38 – **24 ch** 520/580

Hydra sans rest, ☎ 04 94 71 65 46, *Fax 04 94 15 08 07*, – AE GB JCB.
☐ 50 – **26 ch** 470/595

Beau Soleil, ☎ 04 94 05 84 55, *Fax 04 94 05 70 89,* – ▤ TV P – 20. AE GB
hôtel: Pâques-30 sept. ; rest.: mi-mai-30 sept. – **Repas** (snack le midi) 98/180, enf. 48 – 35 – **17 ch** 465/510, (en été : 1/2 pens. seul.) – 1/2 P 393/415

Le Sud (Petra), ☎ 04 94 05 76 98, – GB
fermé 2 au 31 janv., le midi en sem. du 15 juin au 15 sept. et lundi hors saison – **Repas** (menu unique) 245/295
Spéc. Lasagnes aux truffes. Pigeonneau en cocotte. Moelleux au chocolat.

LAVARDENS *32360 Gers 82 ④ – 378 h alt. 193.*

Syndicat d'Initiative (ouv. d'avr. à oct.) Château de Lavardens ☎ 05 62 64 56 21, Fax 05 62 64 51 20.
Paris 714 – Auch 22 – Agen 68 – Condom 31.

Château, ☎ 05 62 64 58 90, *Fax 05 62 64 57 85,* – JCB
avril-oct. et fermé lundi – **Repas** *(130)* - 160, enf. 70

LAVARDIN *41 L.-et-Ch. 64 ⑤ – rattaché à Montoire-sur-le-Loir.*

LAVAUDIEU *43100 H.-Loire 76 ⑤ G. Auvergne – 238 h alt. 465.*

Voir *Fresques★ de l'église abbatiale - Cloître★ – Carrefour du vitrail★.*
Paris 495 – Le Puy-en-Velay 58 – Brioude 10 – Clermont-Ferrand 80 – St-Flour 63.

Auberge de l'Abbaye, ☎ 04 71 76 44 44 – GB
fermé dim. soir sauf du 16 juil. au 31 août et lundi – **Repas** 80/180 ꝟ

Court La Vigne, ☎ 04 71 76 45 79, *Fax 04 71 76 45 79,* – GB
fermé janv., mardi soir et merc. – **Repas** (nombre de couverts limité, prévenir) 77/135 ꝟ

The Guide changes, so renew your Guide every year.

Les LAVAULTS *89 Yonne 65 ⑯ – rattaché à Quarré-les-Tombes.*

LAVAUR *81500 Tarn 82 ⑨ G. Midi-Pyrénées – 8 148 h alt. 140.*

Voir *Cathédrale St-Alain★.*
Office de Tourisme Tour des Rondes ☎ 05 63 58 02 00.
Paris 701 – Toulouse 44 – Albi 51 – Castelnaudary 62 – Castres 40 – Montauban 58.

Jardin avec ch, 8 allées Ferréol-Mazas ☎ 05 63 41 40 30, *Fax 05 63 41 47 74* – ▤ rest, TV . AE GB JCB
fermé 13 août au 4 sept. – **Repas** *(fermé dim. soir et lundi)* 85 (déj.), 115/225 – 28 – **9 ch** 230/280

à Giroussens *Nord-Ouest : 10 km par D 87 – 1 051 h. alt. 204 – ✉ 81500 :*

L'Échauguette avec ch, ☎ 05 63 41 63 65, *Fax 05 63 41 63 13,* <, – AE GB
fermé 17 au 30 sept., 4 au 24 fév., dim. soir et lundi sauf de juil. à sept. – **Repas** *(75)* - 135/280 ꝟ, enf. 55 – 30 – **4 ch** 155/280

LAVELANET *09300 Ariège 86 ⑤ – 7 740 h alt. 512.*

Office de Tourisme Maison de Lavelanet ☎ 05 61 01 22 20, Fax 05 61 03 06 39.
Paris 795 – Foix 27 – Carcassonne 71 – Castelnaudary 53 – Limoux 47 – Pamiers 42.

à Villeneuve-d'Olmes *Sud-Ouest : 3 km par D 109 – 1 292 h. alt. 595 – ✉ 09300 :*

Castrum (Benet) M avec ch, ☎ 05 61 01 35 24, *lecastrum@lecastrum.fr, Fax 05 61 01 22 85,* <, , , – TV P. AE GB JCB
Repas 135/550 bc et carte 290 à 350 ꝟ – 50 – **8 ch** 400/900 – 1/2 P 370/700
Spéc. Salade de langoustines aux asperges vertes (mars à juin)). Saint-Jacques rôties à la plancha et aux truffes (déc. à mars). Palombe rôtie au sang. **Vins** Limoux, Corbières.

à Nalzen *Ouest : 6 km sur D 117 – 148 h. alt. 632 – ✉ 09300 :*

Les Sapins, ☎ 05 61 03 03 85 – P. GB JCB
fermé 13 au 27 nov., 2 au 22 janv., dim. soir, merc. soir et lundi – **Repas** 70 bc/250, enf. 50

à Palot *Ouest : 10 km sur D 117 – ✉ 09300 Roquefixade :*

Relais des Trois Châteaux avec ch, ☎ 05 61 01 33 99, *Fax 05 61 01 73 73,* <, , , – TV P – 15. GB
fermé 12 au 29 nov., 21 janv. au 12 fév., dim. soir et mardi – **Repas** 70/225 ꝟ – 50 – **7 ch** 310/370 – 1/2 P 260/275

à Montségur *Sud : 13 km par D 109 et D 9 – 124 h. alt. 900 – ✉ 09300 Lavelanet :*
Office de Tourisme ✆ 05 63 01 03 03, Fax 05 63 03 03 03.

Costes, ✆ 05 61 01 10 24, *Fax 05 61 03 06 28*, – GB
1er mars-15 nov. et fermé dim. soir et lundi – **Repas** 100/170, enf. 45 – 40 – **9 ch** 195/225 – ½ P 220/250

LAVENTIE *62840 P.-de-C. 51 ⑮ – 4 410 h alt. 18.*
Paris 231 – Lille 26 – Armentières 13 – Arras 47 – Béthune 17 – Dunkerque 63 – Ieper 36.

Cerisier, 3 r. Gare ✆ 03 21 27 60 59, *Fax 03 21 65 35 85* – GB.
fermé août, vacances de fév., sam. midi, dim. soir et lundi – **Repas** 165/340

LAVERGNE *46 Lot 75 ⑲ – rattaché à Gramat.*

LAVILLEDIEU *07 Ardèche 80 ⑨ – rattaché à Aubenas.*

LAVIOLLE *07530 Ardèche 76 ⑱ – 119 h alt. 650.*
Paris 616 – Le Puy-en-Velay 70 – Aubenas 20 – Lamastre 51 – Mézilhac 8 – Privas 40.

Les Plantades, rte Antraigues Sud : 2 km sur D 578 ✆ 04 75 38 71 58, ←, – P. GB
fermé 11 nov. au 15 déc., mardi soir et merc. de nov. à Pâques – **Repas** 65/150, enf. 40 – 28 – **9 ch** 230/260 – ½ P 175/215

LAXOU *54 M.-et-M. 62 ⑤ – rattaché à Nancy.*

LAYE *05 H.-Alpes 77 ⑯ – rattaché à Bayard (Col).*

La LÉCHÈRE *73260 Savoie 74 ⑰ G. Alpes du Nord – 1 936 h alt. 461 – Stat. therm. (26 mars-27 oct.).*
Office de Tourisme (en saison) Les Eaux Claires ✆ 04 79 22 51 60, Fax 04 79 22 57 10.
Paris 633 – Albertville 22 – Celliers 16 – Chambéry 71 – Moûtiers 7.

Radiana M, ✆ 04 79 22 61 61, *hotelradiana@ifrance.com, Fax 04 79 22 65 25*, ←, – , rest, P – 30. AE GB. rest
avril-mi-oct. et fin déc.-mi-mars – **Repas** 105/155 – 50 – **87 ch** 370/760 – ½ P 410/440

Les LECQUES *83 Var 84 ⑭,, 114 ㊸ – rattaché à St-Cyr-sur-Mer.*

LECTOURE *32700 Gers 82 ⑤ G. Midi-Pyrénées – 4 034 h alt. 155.*
Voir Site★ – Promenade du bastion ←★ – Musée municipal★.
Office de Tourisme pl. de l'Hôtel-de-Ville ✆ 05 62 68 76 98, Fax 05 62 68 79 30.
Paris 689 – Agen 39 – Auch 35 – Condom 26 – Montauban 73 – Toulouse 97.

Bastard, r. Lagrange ✆ 05 62 68 82 44, *Fax 05 62 68 76 81*, – – 15 à 30. AE GB
fermé 18 déc. au 1er fév. – **Repas** 90/320, enf. 50 – 50 – **29 ch** 270/395 – ½ P 320/420

LEIGNÉ-LES-BOIS *86450 Vienne 68 ⑤ – 500 h alt. 125.*
Paris 322 – Poitiers 56 – Le Blanc 36 – Châtellerault 17 – Loches 61 – La Roche-Posay 10.

Bernard Gautier, ✆ 05 49 86 53 82, *Fax 05 49 86 58 05* – GB
fermé 17 fév. au 28 mars, 12 au 30 nov., dim. soir, mardi soir, merc. soir et lundi – **Repas** 135/300

LELEX *01410 Ain* 70 ⑮ *– 232 h alt. 900 – Sports d'hiver : voir au Col de la Faucille.*
Paris 492 – Bourg-en-Bresse 92 – Gex 28 – Morez 39 – Nantua 44 – St-Claude 31.

Crêt de la Neige, ✆ *04 50 20 90 15, maryline.grospiron@wanadoo.fr, Fax 04 50 20 94 46,* – TV P. AE GB. rest
17 juin-9 sept. et 22 déc.-10 avril – **Repas** 87/125, enf. 50 – ☕ 33 – **25 ch** 200/345 – ½ P 250/328

Centre, ✆ 04 50 20 90 81, *Fax 04 50 20 93 97,* – TV P. GB
12 juil.-30 sept. et 20 déc.-30 avril – **Repas** *(fermé du lundi midi au vend. midi hors saison)* 97/138 ♀, enf. 50 – ☕ 36 – **19 ch** 290/350 – ½ P 312/338

Mont Jura avec ch, ✆ 04 50 20 90 53, *Fax 04 50 20 95 20,* – TV P. GB
fermé 17 au 23 avril, 2 au 10 nov. et mardi hors saison – **Repas** 98/149, enf. 48 – ☕ 36 – **12 ch** 180/280 – ½ P 290

In this Guide,
a symbol or a character, printed in **black** *or another colour*
in light or **bold** *type,*
does not have the same meaning.
Please read the explanatory pages carefully.

LEMBACH *67510 B.-Rhin* 57 ⑲ *G. Alsace Lorraine – 1 710 h alt. 190.*
Env. *Château de Fleckenstein★★ NO : 7 km.*
Office de Tourisme 23 rte de Bitche ✆ 03 88 94 43 16, Fax 03 88 94 20 04.
Paris 469 – Strasbourg 57 – Bitche 32 – Haguenau 24 – Wissembourg 15.

Heimbach sans rest, 15 rte Wissembourg ✆ 03 88 94 43 46, *Fax 03 88 94 20 85* – P.
☕ 55 – **18 ch** 325/415

Vosges du Nord sans rest, 59 rte Bitche ✆ 03 88 94 43 41, *Fax 03 88 94 23 08* – P.
fermé fév. et lundi – ☕ 30 – **7 ch** 280/295

Auberge du Cheval Blanc (Mischler), 4 rte Wissembourg ✆ 03 88 94 41 86, *Fax 03 88 94 20 74,* « Ancien relais de poste », – P. AE GB
fermé 2 au 20 juil., 4 fév. au 1er mars, lundi et mardi – **Repas** 195/485 et carte 360 à 460, enf. 130
Spéc. Farandole de quatre foies d'oie chauds. Sandre lardé d'anguille fumée à la choucroute. Demi-jarret de veau braisé à l'orange. **Vins** Pinot blanc, Pinot noir.

à Gimbelhof *Nord : 10 km par D 3, D 925 et rte forestière – ✉ 67510 Lembach :*

Gimbelhof avec ch, ✆ 03 88 94 43 58, *Fax 03 88 94 23 30,* – P. GB
fermé 20 nov. au 26 déc. et vacances de fév. – **Repas** *(fermé lundi et mardi)* 65/135 ♀, enf. 33 – ☕ 25 – **6 ch** 150/240 – ½ P 200/230

LENCLOITRE *86140 Vienne* 68 ③ *G. Poitou Vendée Charentes – 2 222 h alt. 71.*
Paris 322 – Poitiers 29 – Châtellerault 18 – Mirebeau 12 – Richelieu 24.

Champ de Foire, pl. Champ de foire ✆ 05 49 90 74 91, *Fax 05 49 93 33 76* – GB.
fermé 11 au 26 août, 22 au 27 déc., dim. soir et lundi
Repas 95/220 ♀

LENS *62300 P.-de-C.* 51 ⑮ *G. Picardie Flandres Artois – 35 017 h Agglo. 323 174 h alt. 38.*
Office de Tourisme (fermé le dim.) 26 r. de la Paix ✆ 03 21 67 66 66, Fax 03 21 67 65 66.
Paris 200 ③ – Lille 37 ① – Arras 19 ③ – Béthune 19 ④ – Douai 25 ② – St-Omer 69 ④.

Plan page suivante

Lensotel, centre commercial Lens 2 par ⑤ *: 3,5 km* ✉ 62880 Vendin-le-Vieil ✆ *03 21 79 36 36, Fax 03 21 79 36 00,* – TV P – 15 à 120. AE GB
Repas 100/170 ♀ – ☕ 48 – **70 ch** 350/390 – ½ P 280/300

Espace Bollaert M, 13C rte Béthune ✆ 03 21 78 30 30, *Fax 03 21 78 24 83* – rest, TV P – 50 à 150. AE GB AX e
Repas *(fermé août et dim. soir)* 110/360 ♀ – ☕ 58 – **54 ch** 320

L'Arcadie, 13 r. Decrombecque ✆ 03 21 70 32 22, *Fax 03 21 70 32 22* – GB BY r
fermé 28 juil. au 27 août, dim. soir, mardi soir, merc. soir et lundi – **Repas** 83/205 ♀

LENS

- Anatole-France .... BXY
- Basly (Bd Emile) .... ABY
- Berthelot (R. Marcelin) .... BY 3
- Combes (R. Emile) .... CX 4
- Decrombecque (R. Guilsain) .... BXY 6
- Diderot (R. Denis) .... CY 7
- Faidherbe (R. Louis) ...... BY 8
- Flament (R. Etienne) ...... BX 10
- Freycinet (R. Louis de) ..... CX 12
- Gare (R. de la) .... BCY
- Gauthier (R. François) ...... BY 13
- Havre (R. du) .... BY 14
- Hospice (R. de l') .... CY 15
- Huleux (R. François) ...... BXY 16
- Jean Jaurès (Pl) .... BY 18
- Jean Moulin (R.) .... BX 19
- Lamendin (R. Arthur) ..... CXY 20
- Lanoy (R. René) .... BXY 21
- Leclerc (R. du Mar.) .... BY 22
- Paix (R. de la) .... BY 23
- Paris (R. de) .... BY 24
- Pasteur (R. Louis) .... BX 25
- Pourquoi-Pas (R. du) ...... ABX 26
- Pressense (R. Francis de) .... CX 27
- République (Pl. de la) ...... BY 28
- Reumaux (Av. Elie) .... ABX 29
- Sorriaux (R. Uriane) .... BCX 30
- Varsovie (Av de) .... CY 31
- Wetz (R. du) .... BX 32
- 8 Mai 1945 (R.) .... CY 33
- 11 Novembre (R. du) ..... ABX 36

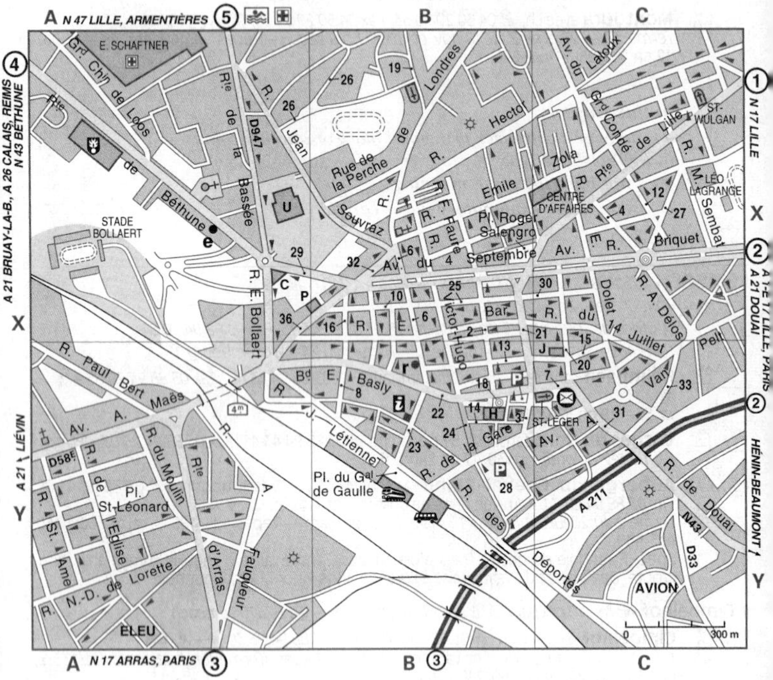

Pas de publicité payée dans ce guide.

LÉON *40550 Landes* 78 ⑯ *– 1 330 h alt. 9.*

Voir *Courant d'Huchet★ en barque NO : 1,5 km,* G. Aquitaine.

Office de Tourisme pl. J.-B.-Courtiau ✆ 05 58 48 76 03, Fax 05 58 48 76 03 et (hors saison) Mairie ✆ 05 58 49 20 01.

Paris 729 – Mont-de-Marsan 81 – Castets 14 – Dax 29.

Lac sans rest, 2 r. des Berges du Lac ✆ 05 58 48 73 11, ← – GB.
début avril-fin sept. – ☕ 29 – **15 ch** 165/370

LÉRÉ *18240 Cher* 65 ⑫ *G. Berry Limousin – 1 161 h alt. 145.*

Paris 182 – Auxerre 73 – Bourges 65 – Montargis 65 – Nevers 63 – Orléans 105.

XX **Lion d'Or,** ✆ 02 48 72 60 12, *Fax 02 48 72 56 18* – ▤. GB
fermé dim. soir – **Repas** 105/305 ♀

LÉRINS (Iles de) *06 Alpes-Mar.* 84 ⑨ *– voir à Ste-Marguerite et St-Honorat.*

LESCAR *64 Pyr.-Atl.* 85 ⑥ *– rattaché à Pau.*

LESCUN *64490 Pyr.-Atl.* 85 ⑮ *G. Aquitaine – 198 h alt. 900.*

Voir ✻★★ *30 mn.*

Paris 847 – Pau 71 – Lourdes 88 – Oloron-Ste-Marie 36.

Pic d'Anie ⅋, ✆ 05 59 34 71 54, *Fax 05 59 34 53 22*, ←, 🍽 – GB. ⅏ ch
début juin-mi-sept. – **Repas** (dîner seul.) 100/200 ♀, enf. 70 – ☕ 35 – **10 ch** 220/280 – 1/2 P 260/280

LÉSIGNY *77 S.-et-M.* 61 ②., 101 ㉙ – *voir à Paris, Environs.*

LESPARRE-MÉDOC ⟨SP⟩ *33340 Gironde* 71 ⑰ – *4 661 h alt. 12.*

Paris 544 – Bordeaux 71 – Soulac-sur-Mer 30.

à Gaillan-en-Médoc *Nord-Ouest : 5 km par N 215 – 1 773 h. alt. 9 – ✉ 33340 :*

XXX **Château Layauga** avec ch, ✆ 05 56 41 26 83, *Fax 05 56 41 19 52*, 🍽, 🌳 – ⅏, ▤ rest, TV ☎ ♿ 🚗 P. AE GB JCB
fermé fév. – **Repas** 195/450 ♀ – ☕ 65 – **7 ch** 650 – 1/2 P 650

à St-Germain-d'Esteuil *Sud-Est : 7 km par D 204E1 – 1 020 h. alt. 21 – ✉ 33340 :*

X **Bouchon d'Esteuil,** près Église ✆ 05 56 09 08 63, *Fax 05 56 09 08 63*, 🍽 – GB
fermé oct., dim. soir en saison,, mardi et merc. hors saison et lundi – **Repas** 135/175

à Queyrac *Nord-Ouest : 8 km par N 215 et D 102E2 – 1 129 h. alt. 4 – ✉ 33340 :*

Vieux Acacias ⅋ sans rest, ✆ 05 56 59 80 63, *vieuxacaci@aol.com, Fax 05 56 59 85 93*, 🌳 – TV P. ◑ GB
fermé 5 déc. au 15 fév. – ☕ 39 – **14 ch** 260/330

Restaurants, die sorgfältig zubereitete, preisgünstige Mahlzeiten anbieten, sind durch das Zeichen ☺ kenntlich gemacht.

LESTELLE-BÉTHARRAM *64800 Pyr.-Atl.* 85 ⑦ *G. Aquitaine – 865 h alt. 299.*

Voir *Grottes★ de Bétharram S : 5 km.*

Paris 807 – Pau 28 – Laruns 35 – Lourdes 17 – Nay 9 – Oloron-Ste-Marie 43.

Vieux Logis ⅋, rte des Grottes de Bétharram : 2 km ✆ 05 59 71 94 87, *Fax 05 59 71 96 75*, ←, 🍽, « Parc », 🏊, 🌳 – |‡| TV ♿ P – 🏛 25. AE ◑ GB
fermé 25 oct. au 8 nov., 1er fév. au 1er mars, dim. soir et lundi hors saison – **Repas** 110/240, enf. 50 – ☕ 45 – **40 ch** 210/300, 5 chalets – 1/2 P 270/310

Touristes-Chez Lartigue, ✆ 05 59 71 93 05, *Fax 05 59 71 90 09*, 🍽 – GB. ⅏ rest
fermé 26 déc. au 1er fév., dim. soir et lundi du 15 sept. au 30 juin – **Repas** 70/200 ♁, enf. 50 – ☕ 35 – **14 ch** 140/260 – 1/2 P 200/250

LEUCATE *11370 Aude* 86 ⑩ *G. Languedoc Roussillon – 2 177 h alt. 21.*

Voir ←★ *du sémaphore du Cap E : 2 km.*

ℹ *Office de Tourisme Espace Culturel ✆ 04 68 40 91 31, Fax 04 68 40 24 76.*

Paris 831 – Perpignan 36 – Carcassonne 87 – Narbonne 38 – Port-la-Nouvelle 18.

XX **Jouve** avec ch, sur la plage ✆ 04 68 40 02 77, *Fax 04 68 40 03 60*, ←, 🍽 – TV. AE ◑ GB. ⅏ ch
1er avril-7 oct. – **Repas** *(fermé lundi sauf le soir en juil.-août et oct., et dim. soir)* 110/230 ♀ – ☕ 42 – **7 ch** 380/460 – 1/2 P 360/400

X **Village,** au village, 129 av. J. Jaurès ✆ 04 68 40 06 91, *andrieu.eric@free.fr* – ▤. GB
fermé jeudi – **Repas** 80 (déj.), 105/160 ♀, enf. 45

à Port-Leucate *Sud : 7 km par D 627 – ✉ 11370 :*

Deux Golfs sans rest, sur le port ✆ 04 68 40 99 42, *Fax 04 68 40 79 79* – |‡| TV P. AE ◑ GB
1er mars-31 oct. – ☕ 35 – **30 ch** 295/395

LEUTENHEIM *67480 B.-Rhin* 87 ③ – *669 h alt. 119.*

Paris 513 – Strasbourg 41 – Haguenau 22 – Karlsruhe 48.

X **Auberge Au Vieux Couvent,** à Koenigsbruck, Nord-Ouest : 2 km par D 163 ✆ 03 88 86 39 86, 🍽 – P. GB
fermé 5 au 21 mars, 3 au 20 sept., 31 déc. au 9 janv., lundi et mardi – **Repas** *(50)* - 150/250 ♀

LEVALLOIS-PERRET *92 Hauts-de-Seine 55 ⑳., 101 ⑮ – voir à Paris, Environs.*

LEVENS *06670 Alpes-Mar. 84 ⑲, 115 ⑯ G. Côte d'Azur – 2 686 h alt. 600.*
Voir ≤★ – *Saut des Français★★ N : 8 km.*
Paris 953 – Antibes 44 – Cannes 54 – Nice 24 – Puget-Théniers 49 – St-Martin-Vésubie 38.

Vigneraie, rte St-Blaise 1,5 km ☎ 04 93 79 70 46, *Fax 04 93 79 84 35*, – P. GB
1er fév.-15 oct. – **Repas** (dîner pour résidents seul.) 100/150 – ☐ 35 – **18 ch** 180/220 – ½ P 260

Les Santons, au village ☎ 04 93 79 72 47, – GB
fermé 25 juin au 4 juil., 1er au 10 oct., 3 janv. au 9 fév., merc. et le soir sauf sam. – **Repas** (prévenir) 110/195

LEVERNOIS *21 Côte-d'Or 69 ⑨ – rattaché à Beaune.*

LEVIE *2A Corse-du-Sud 90 ⑧ – voir à Corse.*

LEVROUX *36110 Indre 68 ⑧ G. Berry Limousin – 3 045 h alt. 142.*
Voir *Collégiale St-Sylvain★.*
Env. *Château de Bouges★★, parc★ NE : 9,5 km.*
Office de Tourisme (ouvert juil.-août) r. Gambetta ☎ 02 54 35 63.
Paris 265 – Blois 81 – Châteauroux 20 – Châtellerault 96 – Loches 55 – Vierzon 56.

Cloche, 3 r. Nationale ☎ 02 54 35 70 43, *Fax 02 54 35 67 43* – GB. ch
fermé fév., dim. soir, lundi soir et mardi – **Repas** 85/178 ♀ – ☐ 30 – **18 ch** 175/320

Relais St-Jean, 34 r. Nationale ☎ 02 54 35 81 56, *accueil@relais-saint-jean.fr, Fax 02 54 35 36 09*, – AE GB
fermé 24 sept. au 8 oct., vacances de fév., dim. soir et merc. soir sauf fériés – **Repas** 90/225 ♀, enf. 68

Dans ce guide
un même symbole, un même caractère,
imprimé en couleur ou en ***noir****, en maigre ou en* ***gras****,*
n'ont pas tout à fait la même signification.
Lisez attentivement les pages explicatives.

LÉZIGNAN-CORBIÈRES *11200 Aude 83 ⑬ – 7 881 h alt. 51.*
Office de Tourisme 9 Crs de la République ☎ 04 68 27 05 42, Fax 04 68 27 05 42.
Paris 818 – Perpignan 82 – Carcassonne 40 – Narbonne 22 – Prades 126.

Rest. Tournedos et H. Tassigny avec ch, pl. de Lattre-de-Tassigny ☎ 04 68 27 11 51, *Fax 04 68 27 67 31* – rest, . GB
fermé 1er au 7 oct., 1er au 6 fév., lundi (sauf hôtel) – **Repas** *(68)* - 76/150 ♀, enf. 42 – ☐ 35 – **19 ch** 190/270 – ½ P 230

LEZOUX *63190 P.-de-D. 73 ⑮ G. Auvergne – 4 819 h alt. 340.*
Syndicat d'Initiative à la Mairie ☎ 04 73 73 01 00 et Antenne d'été: Musée(1er juin-30 sept.) r. Pasteur ☎ 04 73 73 03 13.
Paris 445 – Clermont-Ferrand 30 – Issoire 43 – Riom 29 – Thiers 16 – Vichy 41.

Les Voyageurs avec ch, pl. de la Mairie ☎ 04 73 73 10 49, *Fax 04 73 73 92 60* – . GB
fermé 27 août au 3 sept., 24 sept. au 8 oct., 7 au 14 janv., dim. soir et lundi – **Repas** 90/200, enf. 60 – ☐ 35 – **9 ch** 210/290 – ½ P 210/250

à Bort-l'Étang *Sud-Est : 8 km par D 223 et D 309 – 409 h. alt. 420 – ✉ 63190.*
Voir ★ *de la terrasse du château★ à Ravel O : 5 km.*

Château de Codignat, Ouest : 1 km ☎ 04 73 68 43 03, *Fax 04 73 68 93 54*, ≤, , « Château du 15e siècle décoré avec raffinement », – P – 40. AE GB
20 mars-1er nov. – **Repas** *(fermé le midi du lundi au vend. sauf fériés)* (nombre de couverts limité, prévenir) 295/500 et carte 400 à 490 – ☐ 90 – **19 ch** 890/2200 – ½ P 875/1200
Spéc. Terrine de foie gras de canard. Canard aux dix épices et petit chou farci. Tarte soufflée aux abricots (juil.-août). **Vins** Châteaugay, Madargues.

LIBOURNE <SP> 33500 *Gironde* 75 ⑫ *G. Aquitaine – 21 012 h alt. 7.*

Office de Tourisme (fermé dim.) pl. A.-Surchamp ☎ 05 57 51 15 04, Fax 05 57 25 00 58.

Paris 580 ⑤ – Bordeaux 31 ④ – Agen 131 ③ – Bergerac 64 ③ – Périgueux 94 ②.

LIBOURNE

Amade (Q. du Gén. d') .... **AZ** 4
Clemenceau (Av. G.) ...... **BY** 5
Decazes (Pl.) .... **BY** 6
Ferry (R. J.) .... **AZ** 7
Foch (Av. du Mar.) .... **BY** 8
Gambetta (R.) .... **ABY**
Jaurès (R. J.) .... **ABZ**
J.-J.-Rousseau (R.) ...... **ABZ** 10
Lattre-de-Tassigny (Pl. du Mar.-de) .... **AZ** 14
Montaigne (R. M.) .... **BZ** 21
Montesquieu (R.) .... **BY** 23
Prés.-Carnot (R. du) ..... **ABY**
Prés.-Doumer (R. du) .... **ABY** 28
Prés.-Wilson (R. du) ...... **BY** 29
Princeteau (Pl.) .... **ABY** 30
Salinières (Quai des) .... **AY** 35
Surchamp (Pl. A.) .... **AZ**
Thiers (R.) .... **AZ**
Waldeck-Rousseau (R.) .... **AY** 45

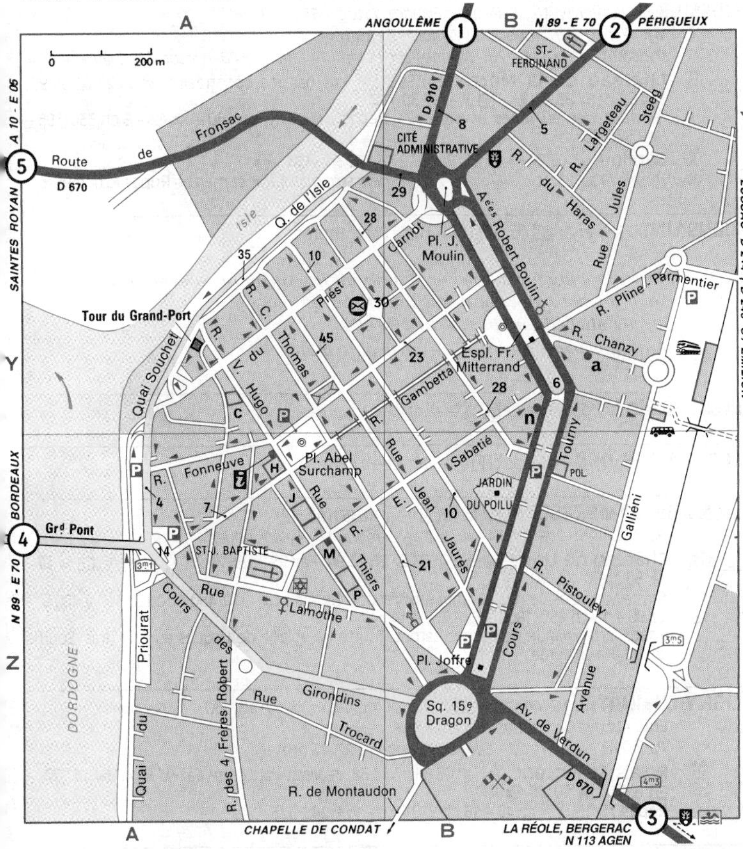

XX **Chez Servais,** 14 pl. Decazes ☎ 05 57 51 83 97 – GB — BY n
fermé dim. soir et lundi – **Repas** 100 (déj.), 130/190 ♀

XX **Bord d'Eau,** par ⑤ : *1,5 km* ✉ 33126 Fronsac ☎ 05 57 51 99 91, *Fax 05 57 25 11 56*, ←, « Au bord de la Dordogne » – P. GB
fermé 18 fév. au 5 mars, dim. soir et lundi – **Repas** 100/270 ♀, enf. 65

X **Bistrot Chanzy,** 16 r. Chanzy ☎ 05 57 51 84 26, *Fax 05 57 51 84 89*, 🏠 – ▤. GB
fermé 29 juil. au 19 août, lundi soir, merc. soir et dim. – **Repas** *(85)* - 95 (déj.)et carte 170 à 210 — BY a

Repas soignés à prix modérés : **Repas** 100/140

LIÈPVRE *68660 H.-Rhin* 62 ⑱ – *1 558 h alt. 272.*

Paris 422 – Colmar 34 – Ribeauvillé 20 – St-Dié 30 – Sélestat 15.

XX **Auberge Frankenbourg** avec ch, à La Vancelle Nord-Est : 2,5 km par rte secondaire ✉ 67730 ✆ 03 88 57 93 90, *Fax 03 88 57 91 31*, – GB
fermé 1er au 12 mars et 1er au 10 juil. – **Repas** *(fermé mardi soir et merc.)* 128/210 ♀ – ☕ 40 – **11 ch** 240/270 – ½ P 260

XX **Vieille Forge,** à Bois-l'Abbesse, Est : 3 km par rte Sélestat ✆ 03 89 58 92 54, *Fax 03 89 58 43 58* – P. AE GB
fermé 10 au 24 juil., dim. soir, mardi soir et lundi – **Repas** 130/285 ♀

LIESSIES *59740 Nord* 53 ⑥ *G. Picardie Flandres Artois – 531 h alt. 165.*

Voir *Parc départemental du Val Joly★ E : 5 km.*

Paris 218 – St-Quentin 76 – Avesnes-sur-Helpe 14 – Charleroi 48 – Hirson 24 – Maubeuge 24.

Château de la Motte, Sud : 1 km par rte secondaire ✆ 03 27 61 81 94, *Fax 03 27 61 83 57*, – P – 50. GB
fermé 20 déc. au 10 fév. et dim. soir – **Repas** 120/210, enf. 60 – ☕ 42 – **9 ch** 330/395 – ½ P 323/357

X **Carillon,** ✆ 03 27 61 80 21, *Fax 03 27 61 82 34* – GB JCB
fermé 14 au 28 nov., 14 fév. au 7 mars, dim. soir, mardi soir et merc. – **Repas** 85 bc/198 ♀

LIEUSAINT *77 S.-et-M.* 56 ①, 101 ㊳ – *voir à Paris, Environs.*

When looking for a hotel or restaurant use the most efficient method.
Look for the names of towns **underlined in red**
on the **Michelin maps** *scale: 1:200 000.*
But make sure you have an up-to-date map!

LIEZ (Lac de la) *52 H.-Marne* 66 ③ – *rattaché à Langres.*

LIGNAN-SUR-ORB *34 Hérault* 83 ⑭ – *rattaché à Béziers.*

LIGNY-EN-CAMBRÉSIS *59191 Nord* 53 ⑭ – *1 835 h alt. 127.*

Paris 194 – St-Quentin 34 – Arras 52 – Cambrai 17 – Valenciennes 41.

Château de Ligny M, ✆ 03 27 85 25 84, *Fax 03 27 85 79 79*, – P – 80 à 200. AE GB.
fermé vacances de fév. et lundi sauf fériés – **Repas** (160) - 260/450 et carte 360 à 480 ♀ – ☕ 80 – **13 ch** 650/1800 – ½ P 565/1140
Spéc. Tarte friande de rouget barbet. Tourte de volaille de Licques au foie gras. Soufflé chaud à la chicorée.

LIGNY-LE-CHÂTEL *89144 Yonne* 65 ⑤ *G. Bourgogne – 1 122 h alt. 130.*

Env. *Abbaye de Pontigny★ 4 km au NE.*

Paris 178 – Auxerre 22 – Sens 60 – Tonnerre 27 – Troyes 64.

Relais St-Vincent, ✆ 03 86 47 53 38, *realisrsv@aol.com, Fax 03 86 47 54 16*, – P – 50. AE GB
Repas 78/160 ♀ – ☕ 45 – **15 ch** 250/410 – ½ P 245/325

LIGSDORF *68 H.-Rhin* 87 ⑳ – *rattaché à Ferrette.*

LIGUEIL *37240 I.-et-L.* 68 ⑤ *G. Châteaux de la Loire – 2 201 h alt. 85.*

Paris 274 – Tours 46 – Le Blanc 56 – Châteauroux 81 – Châtellerault 37 – Loches 19.

Colombier, pl. Gén. Leclerc ✆ 02 47 59 60 83, *Fax 02 47 59 61 12* – GB
fermé 1er au 15 sept., 2 au 6 fév. et dim. soir sauf juil.-août et lundi – **Repas** (52) - 68/195 ♀, enf. 45 – ☕ 30 – **11 ch** 150/230 – ½ P 230/260

à Cussay *Sud-Ouest : 3,5 km par D 31 – 551 h. alt. 105 –* ✉ *37240 :*

XX **Auberge du Pont Neuf** avec ch, ✆ 02 47 59 66 37, *Fax 02 47 59 67 53*, – P. AE GB
fermé vacances de Toussaint, de fév., dim. soir et lundi – **Repas** (80) - 98/250 ♀, enf. 68 – ☕ 48 – **5 ch** 160/290

LILLE

P 59000 Nord 51 ⑯ *G. Picardie Flandres Artois*
172 142 h. - Agglo. 952 234 h - alt. 10.

Paris 224 ⑩ – Bruxelles 114 ⑧ – Gent 76 ② – Luxembourg 312 ⑧ – Strasbourg 529 ⑧

OFFICE DE TOURISME

Palais Rihour ☎ 03 20 21 94 21, Fax 03 20 21 94 20.

RENSEIGNEMENTS PRATIQUES

TRANSPORTS

Auto-train ☎ 08 36 35 35 35.

AÉROPORTS

Lille-Lesquin ☎ 03 20 49 68 68 par A1 : 8 km **HT**

DÉCOUVRIR

AUTOUR DU BEFFROI DE L'HÔTEL DE VILLE

Quartier St-Sauveur **FZ** *: porte de Paris★, ≤★ du beffroi - Palais des Beaux-Arts★★★* **EZ**

AUTOUR DU BEFFROI DE LA CHAMBRE DE COMMERCE

Le Vieux-Lille★★ **EY** *: Vieille Bourse★★, Demeure de Gilles de la Boé★ (29 place Louise-de-Bettignies) - rue de la Monnaie★ - Hospice Comtesse★ - Maison natale du Général de Gaulle* **EY** *- Église St-Maurice★* **EFY***, La Citadelle★* **BV**

LES QUARTIERS QUI BOUGENT

Place du Général-de-Gaulle (Grand'Place)★ **EY** *- Place Rihour* **EY** *- Rue de Béthune (cinémas)* **EYZ** *- Euralille (tour du Crédit Lyonnais★).*

Et autour de la gare Lille-Flandres **FY**.

...ET AUX ENVIRONS

Villeneuve d'Ascq : musée d'Art moderne★★ **HS M**

Bondues : château du Vert-Bois★ **HR**

Bouvines : vitraux de l'église et évocation de la bataille **JT**

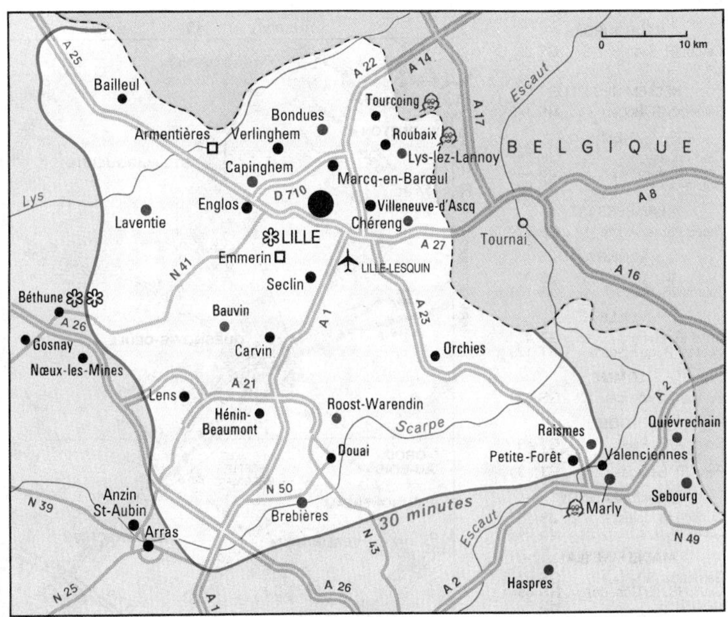

Alliance M, 17 quai du Wault ✉ 59800 ☎ 03 20 30 62 62, *Fax 03 20 42 94 25*, « Ancien couvent du 17e siècle » – 35 à 100. AE GB p. 6 BV d
Repas *(fermé lundi du 15 juil. au 31 août)* 95/185 bc, enf. 45 – 80 – **80 ch** 950/1150, 3 appart

Carlton sans rest, 3 r. Paris ✉ 59800 ☎ 03 20 13 33 13, *carlton@carltonlille.com*, *Fax 03 20 51 48 17* – 35 à 100. AE GB JCB p. 8 EY u
85 – **56 ch** 1080/1300

Novotel Centre M, 116 r. Hôpital Militaire ✉ 59800 ☎ 03 28 38 53 53, *h0918-gm@accor-hotels.com*, *Fax 03 28 38 53 54*, – 30. AE GB JCB
Repas *(89)* - 115, enf. 50 – 62 – **102 ch** 595/650 p. 8 EY s

Grand Hôtel Bellevue sans rest, 5 r. J. Roisin ☎ 03 20 57 45 64, *grand.hotel.bellevue@wanadoo.fr*, *Fax 03 20 40 07 93* – 50. AE GB p. 8 EY a
65 – **61 ch** 890

Express by Holiday Inn M, 75 bis r. Gambetta ☎ 03 20 42 90 90, *expresslille@alliance-hotellerie.fr*, *Fax 03 20 57 14 24* – 25 à 100. AE GB JCB
Repas *(fermé dim. midi et sam.)* *(86)* - 110/130, enf. 40 – **97 ch** 540/700 p. 8 EZ e

Mercure Royal M sans rest, 2 bd Carnot ✉ 59800 ☎ 03 20 14 71 47, *h0802@accor-hotels.com*, *Fax 03 20 14 71 48* – 25. AE GB JCB p. 8 EY h
65 – **102 ch** 650/700

Paix sans rest, 46 bis r. Paris ✉ 59800 ☎ 03 20 54 63 93, *Fax 03 20 63 98 97* – AE GB p. 8 EY r
50 – **35 ch** 380/530

Ibis Centre, av. Ch. St-Venant ✉ 59800 ☎ 03 28 36 30 40, *h0901@accor-hotels.com*, *Fax 03 28 36 30 99*, – 20 à 60. AE GB p. 8 FYZ a
Repas *(77)* - carte environ 130, enf. 39 – 35 – **151 ch** 415

Lille Europe M sans rest, av. Le Corbusier ☎ 03 28 36 76 76, *lilleeurope@citadines.com*, *Fax 03 20 21 41 59* – AE GB JCB p. 8 FY m
50 – **97 ch** 395/440

Treille sans rest, 7 pl. L. de Bettignies ✉ 59800 ☎ 03 20 55 45 46, *Fax 03 20 51 51 69* – AE GB p. 8 EY d
50 – **42 ch** 430/500

HAUBOURDIN

Carnot (R. Sadi) . . . . **GT** 22
Vanderhaghen (R. A.) . . . . **GT** 157

HELLEMMES-LILLE

Salengro (R. Roger) . . . . . **HS** 142

HEM

Clemenceau . . . . **JS** 28
Croix (R. de) . . . . **JS** 40
Gaulle (Av. Ch. de) . . . . **JS** 64

LAMBERSART

Hippodrome (Av. de l') . . . **GS** 76

LANNOY

Leclerc (R. du Gén.) . . . . . **JS** 97
Tournai (R. de) . . . . **JS** 153

LILLE

Arras (R. du Fg-d') . . . . **GT** 4
Postes (R. du Fg-des) . . **GST** 129

LOMME

Dunkerque (Av. de) . . . . . **GS** 52

LOOS

Doumer (R. Paul) . . . . **GT** 49
Foch (R. du Mar.) . . . . . . **GST** 58
Potié (R. Georges) . . . . . . **GT** 130

LYS-LEZ-LANNOY

Guesde (R. Jules) . . . . **JS** 75
Lebas (R. J.-B.) . . . . **JS** 94

MADELEINE (LA)

Gambetta (R.) . . . . **GS** 63
Gaulle (R. du Gén.-de) . . . **HS** 69
Lalau (R.) . . . . **HS** 87

MARCQ-EN-BARŒUL

Clemenceau . . . . **HS** 30
Couture (R. de la) . . . . **HS** 39
Foch (Av. Mar.) . . . . **HS** 57
Nationale (Rue) . . . . **HS** 122

MARQUETTE-LEZ-LILLE

Lille (R. de) . . . . **GS** 103
Menin (R. de) . . . . **HS** 117

MONS-EN-BARŒUL

Gaulle (R. du Gén.-de) . . . **HS** 70

MOUVAUX

Carnot (Bd) . . . . **HR** 21

ST-ANDRE

Lattre-de-Tassigny
(Av. du Mar. de) . . . . **GS** 91
Leclerc (R. du Gén.) . . . . . **GS** 99

TOUFFLERS

Déportés (R. des) . . . . **JS** 48

TOURCOING

Yser (R. de l') . . . . **JR** 165
3 Pierres (R. des) . . . . **JR** 166

VILLENEUVE-D'ASCQ

Ouest (Bd de l') . . . . **HS** 124
Ronsse (R. Ch.) . . . . **JT** 136
Tournai (Bd de) . . . . **JT** 151

WAMBRECHIES

Marquette (R. de) . . . . **GS** 108

WATTIGNIES

Clemenceau (R.) . . . . **GT** 31
Gaulle
(R. du Gén.-de) . . . . **GT** 72
Victor-Hugo (R.) . . . . **GT** 160

WATTRELOS

Carnot (R.) . . . . **JRS** 24
Jaurès (R. J.) . . . . **JR** 82
Lebas (R. J.-B.) . . . . **JR** 96
Mont-à-Leux (R. du) . . . . . **JR** 121

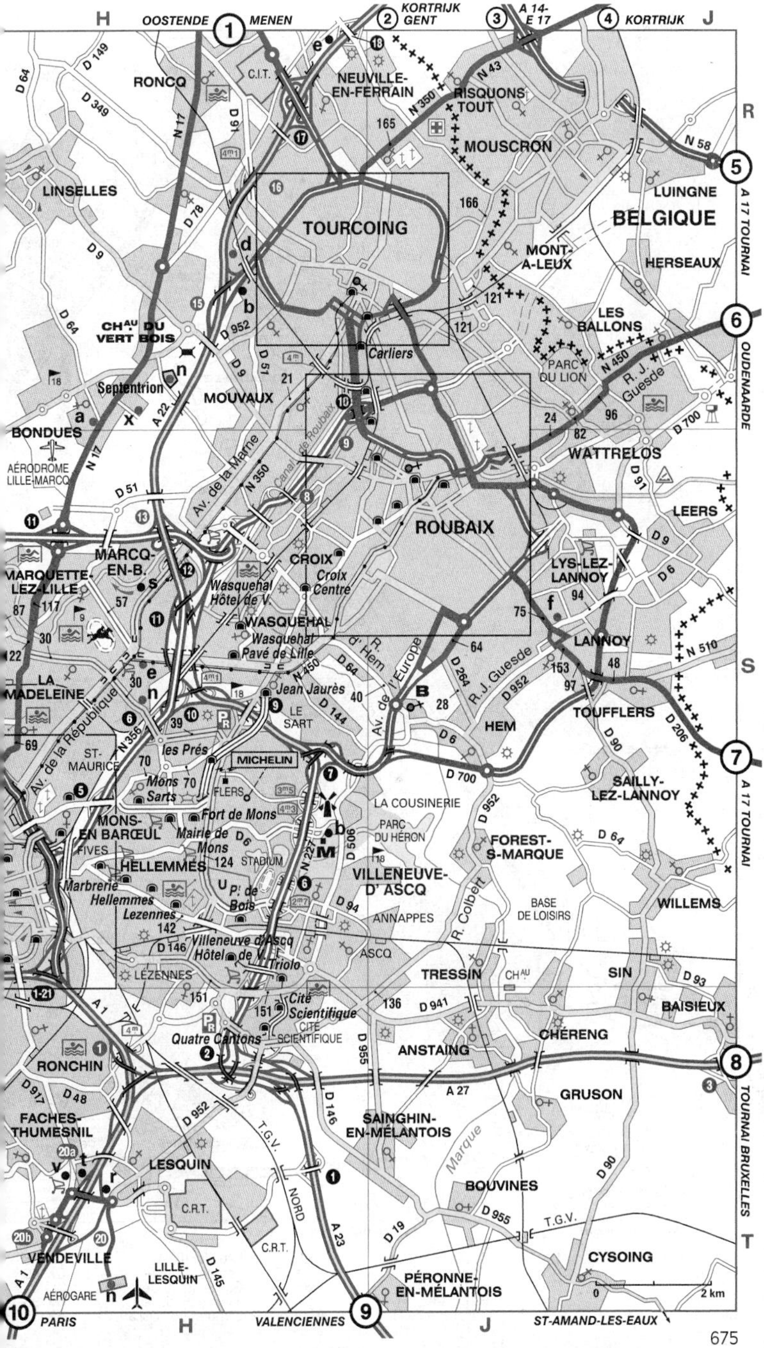

H OOSTENDE 1 MENEN 2 KORTRIJK GENT 3 A 14-E 17 4 KORTRIJK J

RONCQ
C.I.T.
NEUVILLE-EN-FERRAIN
RISQUONS TOUT
MOUSCRON
LUINGNE
LINSELLES
TOURCOING
BELGIQUE
MONT-A-LEUX
HERSEAUX
CH^AU DU VERT BOIS
LES BALLONS
PARC DU LION
Carliers
Septentrion
MOUVAUX
BONDUES
AÉRODROME LILLE-MARCQ
WATTRELOS
LEERS
ROUBAIX
MARCQ-EN-B.
MARQUETTE-LEZ-LILLE
CROIX
Croix Centre
Wasquehal Hôtel de V.
WASQUEHAL
Wasquehal Pavé de Lille
LYS-LEZ-LANNOY
LANNOY
LA MADELEINE
Jean Jaurès
LE SART
HEM
TOUFFLERS
ST-MAURICE
les Prés
MICHELIN
FLERS
Mons Sarts
LA COUSINERIE
PARC DU HÉRON
SAILLY-LEZ-LANNOY
MONS-EN BARŒUL
Fort de Mons
Mairie de Mons
FIVES
HELLEMMES
STADIUM
FOREST-S-MARQUE
VILLENEUVE-D' ASCQ
Marbrerie
Hellemmes
Lezennes
P.^t de Bois
ANNAPPES
BASE DE LOISIRS
WILLEMS
Villeneuve d'Ascq Hôtel de V.
Triolo
ASCQ
LÉZENNES
TRESSIN
CH^AU
SIN
BAISIEUX
Cité Scientifique
CITÉ SCIENTIFIQUE
Quatre Cantons
ANSTAING
CHÉRENG
RONCHIN
GRUSON
FACHES-THUMESNIL
SAINGHIN-EN-MÉLANTOIS
LESQUIN
Marque
BOUVINES
C.R.T.
T.G.V. NORD
VENDEVILLE
CYSOING
LILLE-LESQUIN
AÉROGARE
PÉRONNE-EN-MÉLANTOIS
0 2 km

Av. de la Marne
Canal de Roubaix
Av. de la République
R. de Hem
Av. de l'Europe
R. J. Guesde
R. Colbert

A 17 TOURNAI
OUDENAARDE
A 17 TOURNAI
TOURNAI BRUXELLES

10 PARIS H VALENCIENNES 9 J ST-AMAND-LES-EAUX

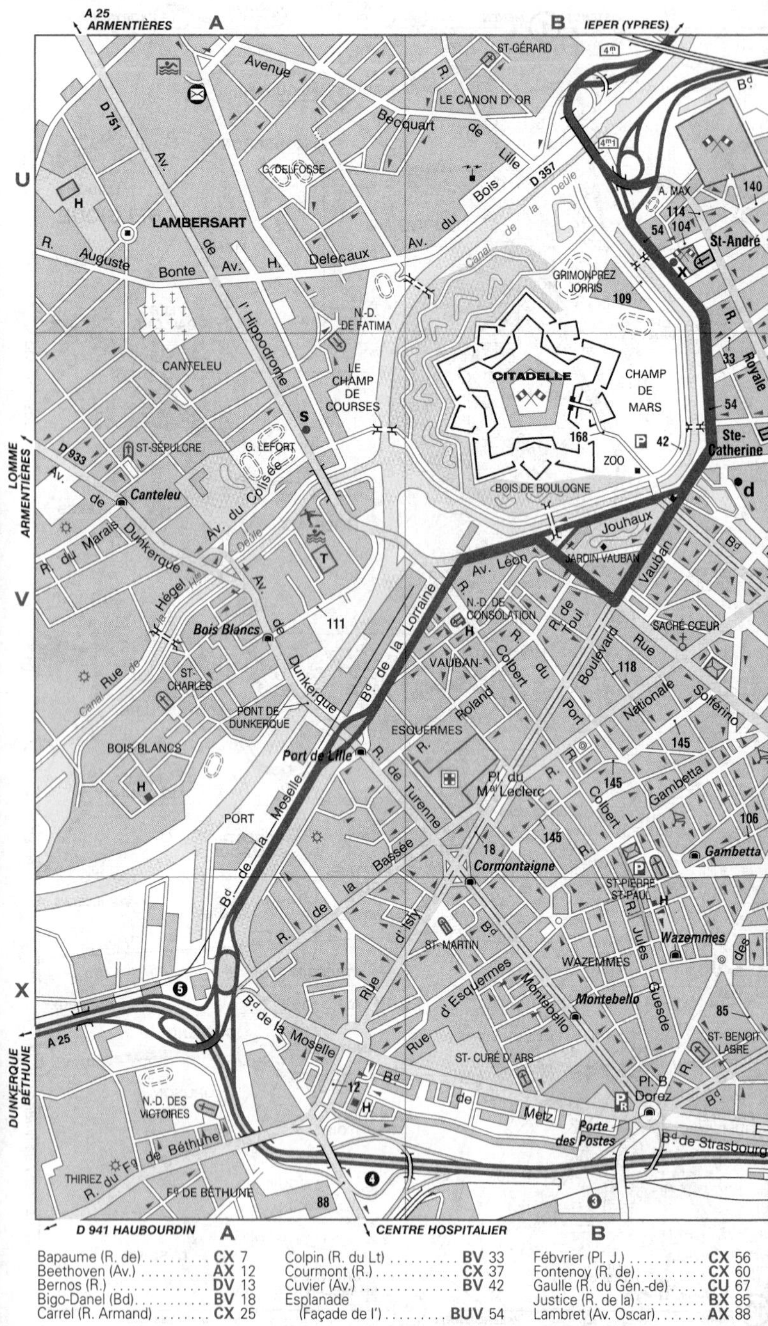

Bapaume (R. de) . . . . **CX** 7
Beethoven (Av.) . . . . **AX** 12
Bernos (R.) . . . . **DV** 13
Bigo-Danel (Bd) . . . . **BV** 18
Carrel (R. Armand) . . . . **CX** 25
Colpin (R. du Lt) . . . . **BV** 33
Courmont (R.) . . . . **CX** 37
Cuvier (Av.) . . . . **BV** 42
Esplanade
(Façade de l') . . . . **BUV** 54
Fébvrier (Pl. J.) . . . . **CX** 56
Fontenoy (R. de) . . . . **CX** 60
Gaulle (R. du Gén.-de) . . . . . **CU** 67
Justice (R. de la) . . . . **BX** 85
Lambret (Av. Oscar) . . . . **AX** 88

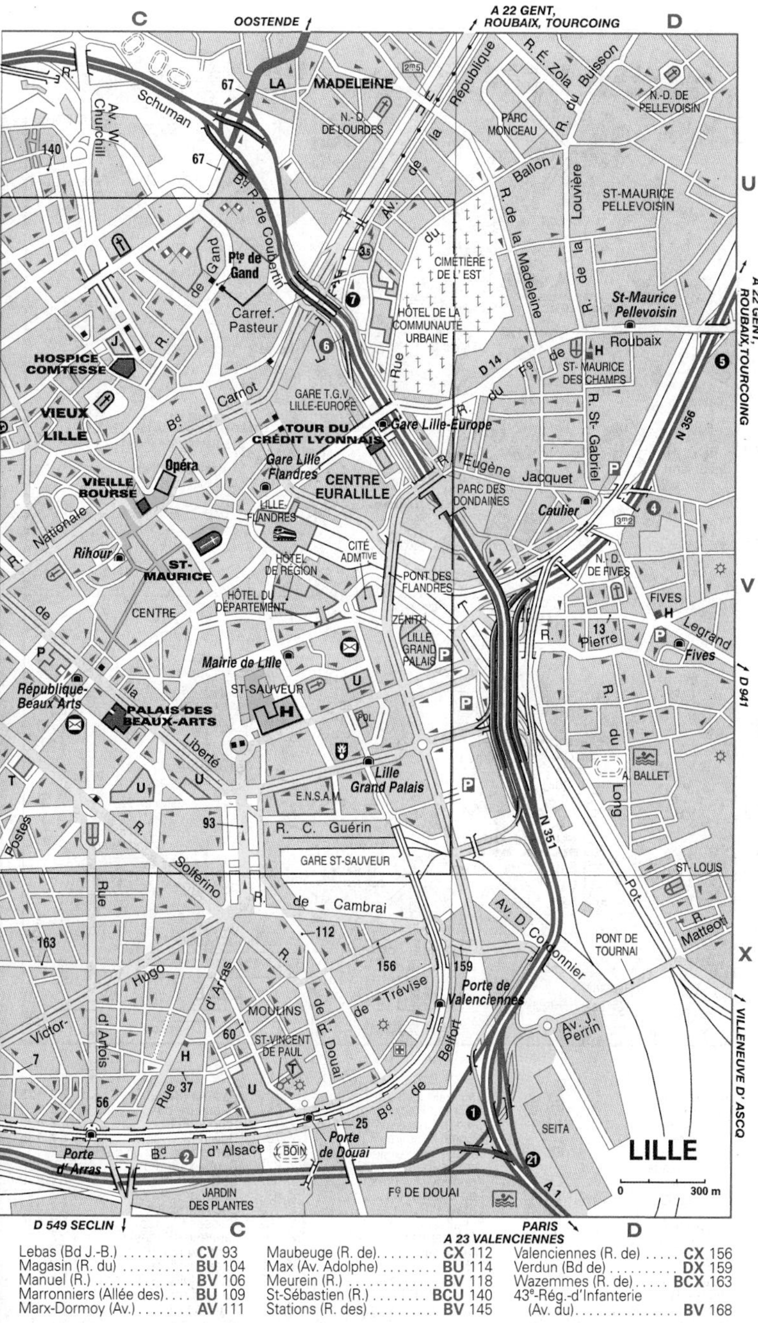
OOSTENDE
A 22 GENT, ROUBAIX, TOURCOING
LA MADELEINE
N.-D. DE LOURDES
PARC MONCEAU
N.-D. DE PELLEVOISIN
ST-MAURICE PELLEVOISIN
CIMETIÈRE DE L'EST
HÔTEL DE LA COMMUNAUTÉ URBAINE
Pte de Gand
Carref. Pasteur
HOSPICE COMTESSE
VIEUX LILLE
GARE T.G.V. LILLE-EUROPE
Gare Lille-Europe
TOUR DU CRÉDIT LYONNAIS
Gare Lille Flandres
CENTRE EURALILLE
Opéra
VIEILLE BOURSE
St-Maurice Pellevoisin
ST-MAURICE DES CHAMPS
Caulier
PARC DES DONDAINES
LILLE-FLANDRES
CITÉ ADMTIVE
HÔTEL DE RÉGION
PONT DES FLANDRES
Rihour
ST-MAURICE
CENTRE
HÔTEL DU DÉPARTEMENT
N.-D. DE FIVES
FIVES
Fives
ZÉNITH
LILLE GRAND PALAIS
Mairie de Lille
ST-SAUVEUR
République-Beaux Arts
PALAIS DES BEAUX-ARTS
Lille Grand Palais
E.N.S.A.M.
A. BALLET
GARE ST-SAUVEUR
ST-LOUIS
PONT DE TOURNAI
MOULINS
ST-VINCENT DE PAUL
Porte de Valenciennes
SEITA
Porte d'Arras
Porte de Douai
J. BOIN
JARDIN DES PLANTES
FG DE DOUAI
LILLE
0 300 m
D 549 SECLIN
PARIS A 23 VALENCIENNES
A 22 GENT, ROUBAIX, TOURCOING
D 941
VILLENEUVE D'ASCQ
N 356
N 351
A 1
D 14
C
D
U
V
X

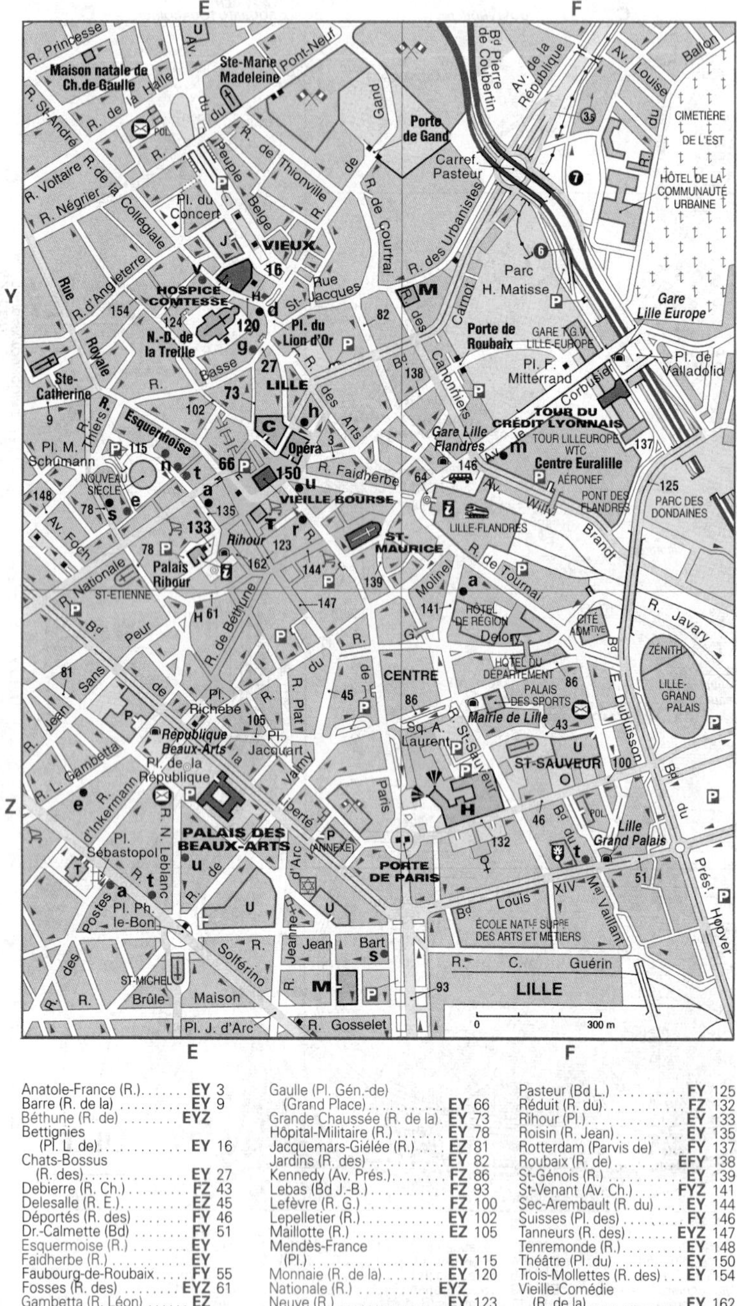

Anatole-France (R.) . . . . **EY** 3
Barre (R. de la) . . . . **EY** 9
Béthune (R. de) . . . . **EYZ**
Bettignies (Pl. L. de) . . . . **EY** 16
Chats-Bossus (R. des) . . . . **EY** 27
Debierre (R. Ch.) . . . . **FZ** 43
Delesalle (R. E.) . . . . **EZ** 45
Déportés (R. des) . . . . **FY** 46
Dr.-Calmette (Bd) . . . . **FY** 51
Esquermoise (R.) . . . . **EY**
Faidherbe (R.) . . . . **EY**
Faubourg-de-Roubaix . . . . . **FY** 55
Fosses (R. des) . . . . **EYZ** 61
Gambetta (R. Léon) . . . . . . **EZ**
Gaulle (Pl. Gén.-de) (Grand Place) . . . . **EY** 66
Grande Chaussée (R. de la) . **EY** 73
Hôpital-Militaire (R.) . . . . . . **EY** 78
Jacquemars-Giélée (R.) . . . . **EZ** 81
Jardins (R. des) . . . . **EY** 82
Kennedy (Av. Prés.) . . . . **FZ** 86
Lebas (Bd J.-B.) . . . . **FZ** 93
Lefèvre (R. G.) . . . . **FZ** 100
Lepelletier (R.) . . . . **EY** 102
Maillotte (R.) . . . . **EZ** 105
Mendès-France (Pl.) . . . . **EY** 115
Monnaie (R. de la) . . . . **EY** 120
Nationale (R.) . . . . **EYZ**
Neuve (R.) . . . . **EY** 123
Pasteur (Bd L.) . . . . **FY** 125
Réduit (R. du) . . . . **FZ** 132
Rihour (Pl.) . . . . **EY** 133
Roisin (R. Jean) . . . . **EY** 135
Rotterdam (Parvis de) . . . . **FY** 137
Roubaix (R. de) . . . . **EFY** 138
St-Génois (R.) . . . . **EY** 139
St-Venant (Av. Ch.) . . . . . . **FYZ** 141
Sec-Arembault (R. du) . . . . **EY** 144
Suisses (Pl. des) . . . . **FY** 146
Tanneurs (R. des) . . . . **EYZ** 147
Tenremonde (R.) . . . . **EY** 148
Théâtre (Pl. du) . . . . **EY** 150
Trois-Mollettes (R. des) . . . **EY** 154
Vieille-Comédie (R. de la) . . . . **EY** 162

XXXX ✿ **A L'Huîtrière,** 3 r. Chats Bossus ✉ 59800 ✆ 03 20 55 43 41, *poisson.huitriere@libertysurf.fr, Fax 03 20 55 23 10,* « Original décor de céramiques dans la poissonnerie » – ▤. AE ⓓ GB JCB p. 8 **EY** g
fermé 22 juil. au 23 août, dim. soir et soirs fériés – **Repas** 280 (déj.) et carte 400 à 570 ♀
Spéc. Huîtres, poissons et produits de la mer. Baluchons de lotte au chou vert et à la truffe. Tranche de turbot rôti aux légumes.

XXX **Laiterie,** 138 av. Hippodrome à Lambersart Nord-Ouest : 2 km ✉ 59130 Lambersart ✆ 03 20 92 79 73, *Fax 03 20 22 16 19,* 🏡, 🌳 – 🅿. AE GB JCB p. 6 **AV** s
fermé dim. soir, merc. soir et lundi – **Repas** *(180)* - 230 bc (déj.), 340/440 bc ♀, enf. 99

XXX **Sébastopol,** 1 pl. Sébastopol ✆ 03 20 57 05 05, *Fax 03 20 40 11 31* – AE GB
fermé 12 au 27 août, dim. sauf le midi de sept. à juin et sam. midi – **Repas** 170/265 et carte 300 à 410 ♀, enf. 85 p. 8 **EZ** a

XXX **Cour des Grands,** 61 r. Monnaie ✉ 59800 ✆ 03 20 06 83 61, *Fax 03 20 14 03 75* – AE ⓓ GB p. 8 **EY** v
fermé 1er au 19 août, 15 fév. au 2 mars, sam. midi, lundi midi et dim. – **Repas** (nombre de couverts limité, prévenir) 185/315 et carte 290 à 380 ♀

XX **Baan Thaï,** 22 bd J.-B. Lebas ✆ 03 20 86 06 01, *Fax 03 20 86 03 23* – ▤. AE GB p. 8 **EZ** s
fermé 27 juil. au 27 août, sam. midi et dim. soir – **Repas** - cuisine thaïlandaise - 150/230

XX **Varbet,** 2 r. Pas ✉ 59800 ✆ 03 20 54 81 40, *Fax 03 20 57 55 18* – AE ⓓ GB p. 8 **EY** t
fermé 13 juil. au 20 août, 25 déc. au 6 janv., dim., lundi et fériés – **Repas** 180/480

XX **Clément Marot,** 16 r. Pas ✉ 59800 ✆ 03 20 57 01 10, *Fax 03 20 57 39 69* – ▤. AE ⓓ GB p. 8 **EY** n
fermé dim. sauf le midi de sept. à juil. et lundi en août – **Repas** *(98)* - 138/250 bc ♀

XX **Champlain,** 13 r. N. Leblanc ✆ 03 20 54 01 38, *Fax 03 20 40 07 28,* 🏡 – AE ⓓ GB. ✂ p. 8 **EZ** u
fermé 6 au 27 août, sam. midi et dim. soir – **Repas** 150 bc (déj.), 170/250 ♀

XX **Lanathaï,** 189 r. Solférino ✆ 03 20 57 20 20, 🏡 – AE GB. ✂ **EZ** t
fermé dim. – **Repas** - cuisine thaïlandaise - 140 (déj.), 195/250

XX **L'Écume des Mers,** 10 r. Pas ✉ 59800 ✆ 03 20 54 95 40, *aproye@nordnet.com, Fax 03 20 54 96 66* – ▤. AE ⓓ GB p. 8 **EY** n
fermé 29 juil. au 21 août et dim. soir – **Repas** - produits de la mer - *(98)* - 130 (dîner en semaine)et carte 190 à 290 ♀

XX **Bistrot Tourangeau,** 61 bd Louis XIV ✉ 59800 ✆ 03 20 52 74 64, *hehochart@nordnet.fr, Fax 03 20 85 06 39* – ▤. AE GB p. 8 **FZ** t
fermé sam. midi et dim. – **Repas** 159 ♀

XX **Cardinal,** 84 façade Esplanade ✉ 59800 ✆ 03 20 06 58 58, *Fax 03 20 51 42 59* – AE GB JCB p. 6 **BU** x
fermé 13 au 19 août et dim. – **Repas** 145 bc (déj.), 165/195

X **Coquille,** 60 r. St-Étienne ✉ 59800 ✆ 03 20 54 29 82, *Fax 03 20 54 29 82* – GB
fermé 1er au 15 août, sam. midi et dim. – **Repas** 135 bc/239 ♀ p. 8 **EY** e

à Bondues – *10 281 h. alt. 37* – ✉ *59910 :*

XX **Val d'Auge,** 805 av. Gén. de Gaulle ✆ 03 20 46 26 87, *valdauge@nornet.fr, Fax 03 20 37 43 78* – ▤ 🅿. AE ⓓ GB p. 5 **HR** a
fermé 12 au 21 mars, 23 juil. au 10 août, dim. soir, mardi soir et merc. – **Repas** 199/260 bc ♀

à Marcq-en-Baroeul – *36 601 h. alt. 15* – ✉ *59700 :*

🏨 **Sofitel** Ⓜ, av. Marne, par N 350 : 5 km ✆ 03 28 33 12 12, *Fax 03 28 33 12 24* – 🛗 ⅹ ▤ 📺 📞 ♿ 🅿 – 🎤 15 à 150. AE ⓓ GB p. 5 **HS** s
Europe *(fermé sam. midi)* **Repas** *(110)*-140 ♀, enf. 80 – ☕ 100 – **125 ch** 1000/1200

XXX **L'Épicurien,** 18 av. Flandre par N 350 : 4 km ✆ 03 20 45 82 15, *Fax 03 20 72 21 45,* 🏡 – 🅿. AE GB JCB p. 5 **HS** e
fermé dim. soir et lundi – **Repas** 150 et carte 200 à 300

XXX **L'Auberge,** 287 bd Clemenceau ✆ 03 20 45 90 00, *Fax 03 20 65 25 65,* 🏡 – ▤. AE ⓓ GB JCB p. 5 **HS** n
fermé sam., dim. et le soir en semaine sauf vend. – **Repas** 149/300 bc et carte 270 à 340

XX **Auberge de la Garenne,** 17 chemin de Ghesles ✆ 03 20 46 20 20, *contact@aubergagarenne.fr, Fax 03 20 46 32 33,* 🏡, 🌳 – 🅿. AE GB JCB p. 5 **HR** x
fermé 31 juil. au 24 août, merc. soir et mardi en hiver, dim soir et lundi – **Repas** *(98)* - 175 bc/420 bc, enf. 58

XX **Septentrion,** parc du château Vert-Bois, par N 17 : 9 km ✆ 03 20 46 26 98, *Fax 03 20 46 38 33,* 🏡, « Dans un parc, pièce d'eau », 🌳 – 🅿. AE GB p. 5 **HR** n
fermé 24 juil. au 14 août, mardi soir, merc. soir et lundi – **Repas** *(98)* - 145/270 ♀

à Villeneuve d'Ascq – *65 320 h. alt. 26 – ✉ 59650 :*

Campanile, av. Canteleu, La Cousinerie ☎ 03 20 91 83 10, *Fax 03 20 67 21 18,* – TV ☎ ♿ P. AE ⓓ GB p. 5 **HS** b
Repas *(76)* - 94 ♀, enf. 39 – ☐ 36 – **46 ch** 330/360

à l'aéroport de Lille-Lesquin – *✉ 59810 Lesquin :*

Novotel Aéroport, ☎ 03 20 62 53 53, *h0427@accor-hotels.com, Fax 03 20 97 36 12,* – ▤ TV ☎ ♿ P – 25 à 140. AE ⓓ GB JCB p. 5 **HT** t
Repas 120/165 bc ♀, enf. 50 – ☐ 58 – **92 ch** 505/520

Mercure Aéroport, ☎ 03 20 87 46 46, *h1098@hotels-accor.com, Fax 03 20 87 46 47,* – ▤ TV ☎ ♿ P – 700. AE ⓓ GB JCB p. 5 **HT** r
Grill La Flamme : Repas 140/230bc ♀, enf. 50 – ***Poêlon*** *(fermé sam. et dim.)* Repas (déj. seul.)carte environ 110 ♀, enf. 40 – ☐ 58 – **212 ch** 515/575

Agena sans rest, ✉ 59155 Faches-Thumesnil ☎ 03 20 60 13 14, *Fax 03 20 97 31 79* – TV ☎ ♿ P. AE ⓓ GB JCB p. 5 **HT** v
☐ 60 – **40 ch** 370/400

Septième Ciel, niveau supérieur de l'aérogare ☎ 03 20 49 67 77, *Fax 03 20 49 67 75,* ← – ▤. AE ⓓ GB p. 5 **HT** n
fermé dim. soir – **Repas** 165 ♀ - ***Zingue :*** brasserie **Repas** 95(déj.)/109 ♀, enf. 45

à Emmerin – *2 997 h. alt. 24 – ✉ 59320 :*

Howarderie M sans rest, 1 r. Fusillés ☎ 03 20 10 31 00, *howarderie@nordnet.fr, Fax 03 20 10 31 09* – TV ☎ ♿. AE ⓓ GB JCB. p. 4 **GT** e
fermé 22 déc. au 7 janv. – ☐ 85 – **8 ch** 650/1250

à Englos – *510 h. alt. 46 – ✉ 59320 :*

Novotel Englos M, ☎ 03 20 10 58 58, *h0429@accor-hotels.com, Fax 03 20 10 58 59,* – TV ☎ ♿ P – 120. AE ⓓ GB p. 4 **GS** s
Repas *(85)* - 115 ♀, enf. 50 – ☐ 58 – **124 ch** 480/525

à Capinghem – *1 170 h. alt. 50 – ✉ 59160 :*

Marmite, 93 r. Poincaré ☎ 03 20 92 12 41, *Fax 03 20 92 72 51,* « Cadre rustique » – P. AE GB p. 4 **GS** v
fermé 15 juil. au 15 août, dim. soir et lundi – **Repas** carte 120 à 200 ♀

à Verlinghem – *2 182 h. alt. 27 – ✉ 59237 :*

Château Blanc avec ch, 20 rte Lambersart ☎ 03 20 21 81 41, *Fax 03 20 21 81 40,* – TV ☎ P. AE GB p. 4 **GS** r
fermé 5 au 27 août, sam. (sauf rest.) et dim. – **Repas** 225/280 et carte 320 à 390 ♀ – ☐ 80 – **4 ch** 800

LIMERAY *37530 I.-et-L.* 64 ⑯ – *945 h alt. 70.*

Paris 219 – Tours 33 – Amboise 10 – Blois 31 – Loches 45 – Vendôme 46.

Auberge de Launay, N 152 ☎ 02 47 30 16 82, *auberge.de.launay@wanadoo.fr, Fax 02 47 30 15 16,* – TV ☎ ♿ P. GB
fermé 22 déc. au 21 janv., lundi soir et mardi midi hors saison – **Repas** *(100)* - 130/240 ♀, enf. 60 – ☐ 45 – **15 ch** 320/400 – ½ P 335/375

LIMEUIL *24510 Dordogne* 75 ⑯ *G. Périgord Quercy – 335 h alt. 65.*

Voir *Site*★.

Paris 532 – Périgueux 48 – Sarlat-la-Canéda 40 – Bergerac 42 – Brive-la-Gaillarde 80.

Les Terrasses de Beauregard avec ch, rte de Trémolat : 1,5 km ☎ 05 53 63 30 85, *Fax 05 53 24 53 55,* ←, – TV ☎ P. AE ⓓ GB
1er avril-31 oct. – **Repas** 90/280 ♀, enf. 45 – ☐ 40 – **8 ch** 260/280 – ½ P 320/330

LIMOGES P *87000 H.-Vienne* 72 ⑰ *G. Berry Limousin – 133 464 h Agglo. 170 065 h alt. 300.*

Voir *Cathédrale St-Etienne*★ – *Église St-Michel-des-Lions*★ – *Cour du temple*★ **CZ 115** – *Jardins de l'évêché*★ – *Musée A. Dubouché*★★ *(porcelaines)* **BY** – *Rue de Boucherie*★ – *Musée de l'évêché*★ *: les émaux*★ – *Chapelle St-Aurélien*★ - *Gare des Bénédictins*★.

✈ *Limoges-Bellegarde : ☎ 05 55 43 30 30, par ⑦ : 10 km.*

ℹ *Office de Tourisme bd Fleurus ☎ 05 55 34 46 87, Fax 05 55 34 19 12.*

Paris 395 ① – Angoulême 105 ⑦ – Brive-la-Gaillarde 93 ④ – Châteauroux 126 ①.

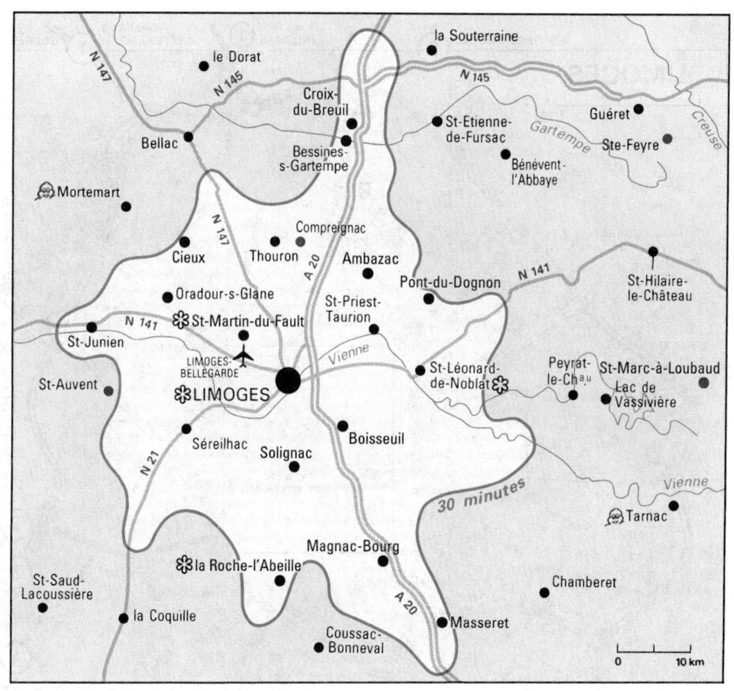

Royal Limousin M sans rest, 1 pl. République ✆ 05 55 34 65 30, *Fax 05 55 34 55 21* – – 150. AE GB CY u
60 – **72 ch** 460/680, 5 appart

Richelieu M sans rest, 40 av. Baudin ✆ 05 55 34 22 82, *Fax 05 55 34 35 36* – . AE GB JCB CZ k
48 – **32 ch** 330/530

St-Martial sans rest, 21 r. A. Barbès ✆ 05 55 77 75 29, *Fax 05 55 79 27 60* – . AE GB AX x
45 – **30 ch** 340/370

Petit Paris sans rest, 48 bis av. Garibaldi ✆ 05 55 77 39 82, *petit.paris@wanado.fr, Fax 05 55 77 23 99* – . GB CY n
fermé 12 au 19 août, 22 déc. au 2 janv. – 40 – **35 ch** 260/315

Jeanne-d'Arc sans rest, 17 av. Gén. de Gaulle ✆ 05 55 77 67 77, *hoteljeanned'arc.limoges@wanadoo.fr, Fax 05 55 79 86 75* – – 30. AE GB DY s
fermé 21 déc. au 6 janv. – 45 – **50 ch** 290/480

Luk Hôtel sans rest, 29 pl. Jourdan ✆ 05 55 33 44 00, *Fax 05 55 34 33 57* – . AE GB DY x
fermé 22 déc. au 2 janv. – 30 – **57 ch** 255/365

Paix sans rest, 25 pl. Jourdan ✆ 05 55 34 36 00, *Fax 05 55 32 37 06*, « Collection de phonographes » – . GB DY r
30 – **31 ch** 220/360

Philippe Redon, 3 r. d'Aguesseau ✆ 05 55 34 66 22, *Fax 05 55 34 18 05* – . AE GB
fermé 1er au 15 août, 1er au 15 janv., sam. midi, lundi midi et dim. – **Repas** 160 (déj.), 220/280 BZ t
Spéc. Légumes cuits en cocotte à l'instant. Bavette de boeuf du Limousin et fricassée de joue de veau. Biscuit moelleux au chocolat brut.

L'Escapade du Gourmet, 5 r. 71e Mobiles ✆ 05 55 32 40 26, *Fax 05 55 32 11 95* – . GB DZ a
fermé 20 juil. au 18 août, dim. sauf le midi de sept. à juin, lundi midi et sam. midi – **Repas** 98 (déj.), 120/240

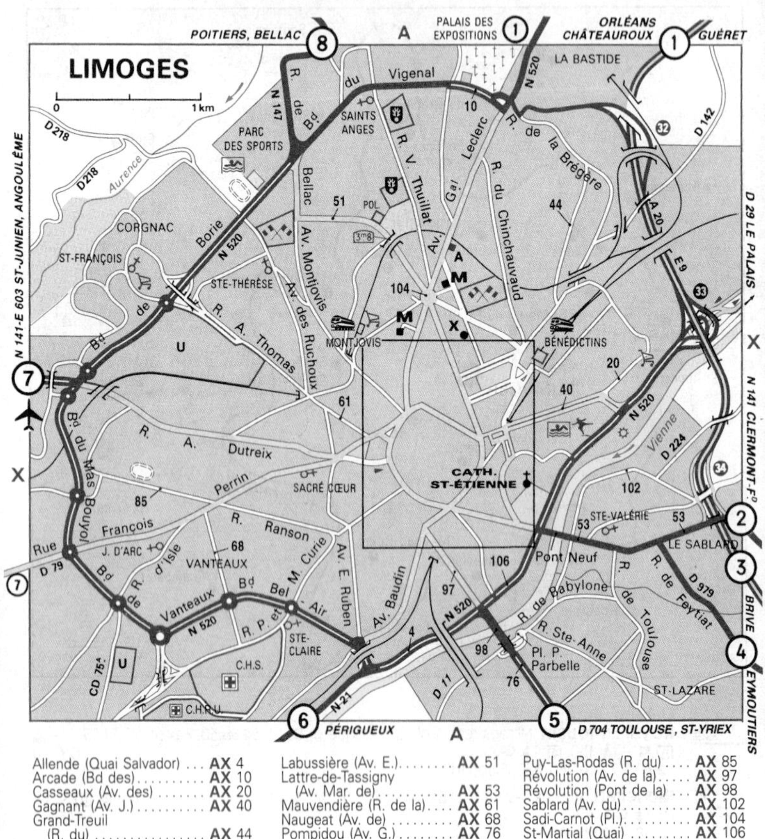

Allende (Quai Salvador) . . . **AX** 4	Labussière (Av. E.) . . . . **AX** 51	Puy-Las-Rodas (R. du) . . . . **AX** 85
Arcade (Bd des) . . . . **AX** 10	Lattre-de-Tassigny (Av. Mar. de) . . . . **AX** 53	Révolution (Av. de la) . . . . . **AX** 97
Casseaux (Av. des) . . . . **AX** 20	Mauvendière (R. de la) . . . . **AX** 61	Révolution (Pont de la) . . . **AX** 98
Gagnant (Av. J.) . . . . **AX** 40	Naugeat (Av. de) . . . . **AX** 68	Sablard (Av. du) . . . . **AX** 102
Grand-Treuil (R. du) . . . . **AX** 44	Pompidou (Av. G.) . . . . **AX** 76	Sadi-Carnot (Pl.) . . . . **AX** 104
		St-Martial (Quai) . . . . **AX** 106

XX **Amphitryon,** 26 r. Boucherie ✆ 05 55 33 36 39, *amphitryon@inext.fr, Fax 05 55 32 98 50,* – AE GB. — CZ u
fermé 19 août au 5 sept., sam.midi et dim. – **Repas** *(100)* - 130 (déj.), 155/320 ♀

X **Pré St-Germain,** 26 r. Loi ✆ 05 55 32 71 84 – ▤. ◑ GB — CZ r
fermé 23 juil. au 13 août, dim. soir et lundi – **Repas** 105/190 ♀, enf. 46

X **Versailles,** 20 pl. Aine ✆ 05 55 34 13 39, *Fax 05 55 32 84 73,* brasserie – ▤. GB — BZ a
Repas *(65)* - 80/135 ♀, enf. 35

X **Les Petits Ventres,** 20 r. Boucherie ✆ 05 55 34 22 90, *Fax 05 55 32 41 04,* – AE GB — CZ u
fermé 1er au 15 mai, 15 au 30 sept., dim. soir et lundi – **Repas** *(80)* - 110/200 ♀, enf. 40

X **Chez Alphonse,** 5 pl. Motte ✆ 05 55 34 34 14, *Fax 05 55 34 34 14,* bistrot – ▤. GB — CZ e
fermé 1er au 12 août, 1er au 6 janv., dim. et fériés – **Repas** 79 bc et carte 120 à 190

X **Grillon,** 18 r. Charles Michels ✆ 05 55 34 64 36 – ▤. GB — CZ n
fermé 5 au 14 mars, 5 au 23 août, mardi et merc. – **Repas** 99/120 ♀

par ① *et A 20 – ✉ 87280 Limoges :*

Novotel Ⓜ, sortie n° 30 : 5 km ✆ 05 44 20 20 00, *h0431@accor-hotels.com, Fax 05 44 20 20 10,* – ▤ – 🅿 – 30 à 100. AE ◑ GB JCB
Repas *(95)* - 125/135 ♀, enf. 50 – ☕ 60 – **90 ch** 510/560

LIMOGES

Aine (Pl. d') . . . . **BZ** 2
Allois (R. des) . . . . **DZ** 6
Amphithéâtre (R. de l') . . . . **BY** 8
Barreyrrette (Pl. de la). . . . . **CZ** 12
Bénédictins (Av. des). . . . . . **DY** 14
Betoulle (Pl. L.). . . . . **CZ** 16
Boucherie (R. de la). . . . . . . **CZ** 18
Cathédrale (R. de la) . . . . . . **DZ** 23
Clocher (R. du) . . . . **CZ** 25
Collège (R. du) . . . . **CZ** 26
Consulat (R. du) . . . . **CZ**
Coopérateurs (R. des). . . . . **BY** 27
Dupuytren (R.). . . . . **CZ** 30
Ferrerie (R.) . . . . **CZ** 33
Fonderie (R. de la) . . . . **BY** 35
Fontaine-des-Barres (Pl.). . . **CY** 37
Gambetta (Bd) . . . . **BCZ**
Giraudoux (Sq. J.) . . . . **CY** 42
Haute-Cité (R.) . . . . **DZ** 46
Jacobins (Pl. des). . . . . **CZ** 49
Jean-Jaurès (R.). . . . . **CYZ**
Louis-Blanc (Bd) . . . . **CZ**
Louvrier-de-Lajolais (R.). . . . **BY** 55
Manigne (Pl.). . . . . **CZ** 57
Maupas (R. du). . . . . **DY** 59
Michels (R. Charles) . . . . **CZ** 63
Motte (Pl. de la) . . . . **CZ** 66
Périn (Bd G.). . . . . **CY** 71
Préfecture (R. de la) . . . . . . **CY** 83
Raspail (R.) . . . . **DZ** 89
Réforme (R. de la). . . . . **CY** 91
République (Pl. de la) . . . . . **CY** 95
St-Martial (R.) . . . . **CY** 107
St-Maurice (Bd). . . . . **DZ** 109
St-Pierre (Pl.). . . . . **CZ** 110
Stalingrad (Pl.). . . . . **CY** 112
Temple (Cour du) . . . . **CZ** 115
Temple (R. du) . . . . **CZ** 116
Tourny (Carr.). . . . . **CY** 118
Victor-Hugo (Bd). . . . . **BY** 120
Vigne-de-Fer (R.). . . . . **CZ** 122
71e-Mobile (R. du) . . . . **DZ** 125

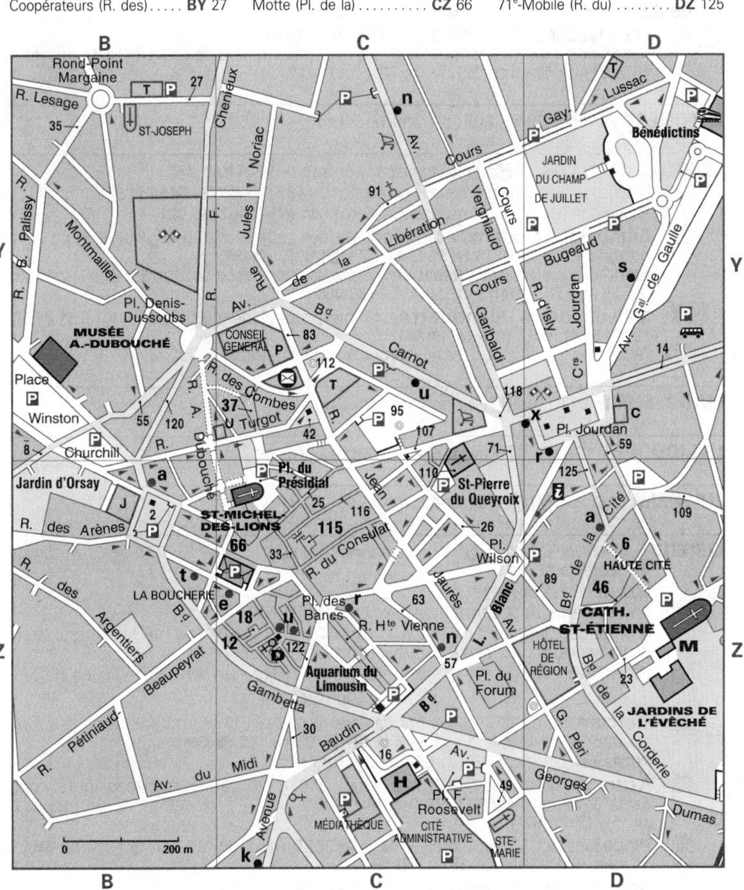

Résidence, sortie n° 28 : 12 km ✉ 87280 Beaune-les-Mines ✆ 05 55 39 90 47, *la-residence2@wanadoo.fr, Fax 05 55 39 28 85,* – TV ✆ P – 50. AE ⓓ GB JCB
fermé dim. soir – **Repas** 110/220 ♀, enf. 50 – ☕ 40 – **20 ch** 240/280 – ½ P 320

par ③ *et A 20 sortie n° 36 : 6 km* – ✉ *87220 Feytiat :*

Kyriad, ✆ 05 55 06 14 60, *Fax 05 55 06 38 93,* – TV ✆ P – 25. AE GB
Repas 88/118 ♀, enf. 39 – ☕ 39 – **50 ch** 315

au golf municipal *par* ⑤ *et rte secondaire : 3 km* – ✉ *87000 Limoges :*

Albatros , ✆ 05 55 06 00 00, *Fax 05 55 06 23 49,* , « A l'orée du golf » – TV ✆ P – 30 à 100. GB – *fermé 24 déc. au 1er janv.* – **Repas** *(fermé dim. soir)* 78/135 ♀, enf. 40 – ☕ 42 – **33 ch** 305/370 – ½ P 290

à St-Martin-du-Fault *par ⑦, N 141 et D 20 : 13 km –* ✉ *87510 Nieul :*

Chapelle St-Martin (Dudognon) ⑤, ✆ 05 55 75 80 17, *chapelle@relaischateaux.fr, Fax 05 55 75 89 50,* ←, « Gentilhommière dans un parc », ⛳, ✂, ☘ – TV 🚗 P – 🏛 25. AE ⓓ GB JCB
Repas *(fermé janv., dim. soir de nov. à mars, merc. midi et lundi)* (nombre de couverts limité, prévenir) 170/320 et carte 300 à 390 ♀ – ☕ 80 – **10 ch** 690/980, 3 appart – ½ P 750/900
Spéc. Tourtière de pommes de terre et truffes. Filet de boeuf et croustillant de pied de veau. Paris-Brest.

rte de Bellac *par ⑧ sur N 147 : 12 km –* ✉ *87510 Nieul :*

Les Justices avec ch, ✆ 05 55 75 84 54, 🌳 – P. GB
fermé lundi sauf midi fériés et dim. soir – **Repas** (nombre de couverts limité, prévenir) 157/197 – ☕ 40 – **3 ch** 265

LIMONEST *69 Rhône* 74 ⑪,, 110 ⑬ – *rattaché à Lyon.*

LIMOUX ⓢⓟ *11300 Aude* 86 ⑦ *G. Languedoc Roussillon – 9 665 h alt. 172.*
🅸 *Office de Tourisme promenade du Tivoli ✆ 04 68 31 11 82, Fax 04 68 31 87 14.*
Paris 792 – Foix 70 – Carcassonne 25 – Perpignan 101 – Toulouse 94.

Grand Hôtel Moderne et Pigeon, 1 pl. Gén. Leclerc (près Poste) ✆ 04 68 31 00 25, *modpig@chez.com, Fax 04 68 31 12 43,* 🌳 – TV ☎. AE ⓓ GB
fermé 15 nov. au 15 janv. – **Repas** *(fermé dim. soir hors saison, sam. midi et lundi)* 165/235 ♀, enf. 75 – ☕ 70 – **19 ch** 310/550 – ½ P 380/460

Maison de la Blanquette, 46 bis promenade du Tivoli ✆ 04 68 31 01 63, *Fax 04 68 31 20 59,* 🌳 – ▤. ⓓ GB
fermé 9 au 31 oct., 3 au 17 janv., mardi soir et merc. – **Repas** 88/200, enf. 49

LINGOLSHEIM *67 B.-Rhin* 62 ⑩ – *rattaché à Strasbourg.*

Le LIOUQUET *13 B.-du-R.* 84 ⑭,, 114 ㊸ – *rattaché à La Ciotat.*

LIPSHEIM *67 B.-Rhin* 87 ⑤ – *rattaché à Strasbourg.*

LISIEUX ⓢⓟ *14100 Calvados* 55 ⑬ *G. Normandie Vallée de la Seine – 23 703 h alt. 51 Pèlerinage (fin septembre).*
Voir *Cathédrale St-Pierre*★ BY.
Env. *Château*★ *de St-Germain-de-Livet 7 km par ④.*
🅸 *Office de Tourisme 11 r. Alençon ✆ 02 31 48 18 10, Fax 02 31 48 18 11, annexes (été) : pl. Mitterrand et près de la Basilique Ste-Thérèse.*
Paris 176 ② – Caen 62 ⑥ – Alençon 94 ④ – Évreux 73 ② – Le Havre 56 ① – Rouen 93 ②.

Plan page ci-contre

Mercure M, par ② : *2,5 km (rte de Paris)* ✆ 02 31 61 17 17, *h1725@accor-hotels.com, Fax 02 31 32 33 43,* 🌳, ⛳ – 🛗 TV ☎ ♿ P – 🏛 15 à 80. AE ⓓ GB
Repas *(98)* - 128 ♀, enf. 58 – ☕ 55 – **69 ch** 470/595

Azur M sans rest, 15 r. au Char ✆ 02 31 62 09 14, *resa@azur-hotel.com, Fax 02 31 62 16 06* – 🛗 TV ☎. AE GB. ✗ BYZ b
☕ 55 – **15 ch** 380/490

Place sans rest, 67 r. H. Chéron ✆ 02 31 48 27 27, *Fax 02 31 48 27 20* – 🛗 TV ☎. AE GB
15 mars-31 oct. – ☕ 40 – **35 ch** 320/480 ABY a

Grand Hôtel de l'Espérance, 16 bd Ste Anne ✆ 02 31 62 17 53, *booking@lisieux-hotel.com, Fax 02 31 62 34 00* – 🛗 ⇆ TV ☎ 🚗. AE ⓓ GB BZ e
15 avril-15 oct. – ***Pays d'Auge :*** **Repas** 89/149 ♀, enf. 50 – ☕ 39 – **100 ch** 360/520 – ½ P 325/375

Terrasse Hôtel, 25 av. Ste Thérèse ✆ 02 31 62 17 65, *Fax 02 31 62 20 25* – TV. AE GB BZ r
fermé 3 janv. au 15 fév. – **Repas** *(fermé dim. soir du 15 déc. au 15 fév.)* 95/165, enf. 48 – ☕ 37 – **17 ch** 200/300 – ½ P 272/282

St-Louis sans rest, 4 r. St-Jacques ✆ 02 31 62 06 50 – TV. GB BZ s
☕ 35 – **17 ch** 190/290

Parc, 21 bd H. Fournet ✆ 02 31 62 08 11, *Fax 02 31 62 79 55,* « Salle à manger néo-gothique » – P. GB BY t
fermé dim. soir et lundi – **Repas** 99/320 et carte 280 à 400, enf. 70

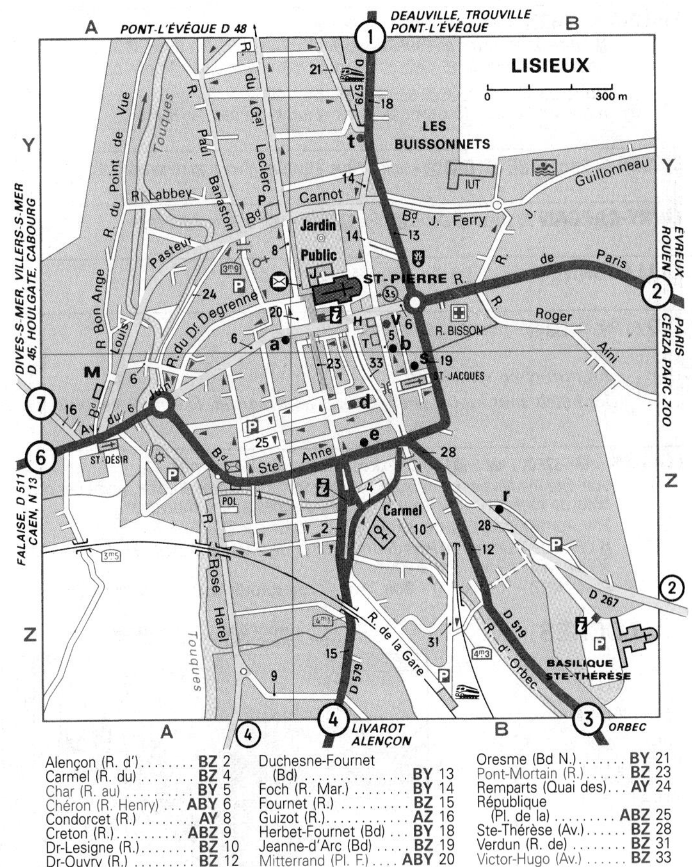

XX **Ferme du Roy,** par ① : *2 km* ☎ 02 31 31 33 98, [illustration], « Ancienne ferme, jardin », [illustration] – (P). AE GB
fermé dim. soir et lundi sauf fériés – **Repas** (prévenir) *(95)* - 130/330 ♀

XX **Aux Acacias,** 13 r. Résistance ☎ 02 31 62 10 95, *Fax 02 31 32 91 36* – [illustration]. GB
fermé 26 au 30 nov., dim. soir et lundi sauf fériés, jeudi soir de nov. à mars – **Repas** 98/290 ♀, enf. 55 BZ d

XX **France,** 5 r. au Char ☎ 02 31 62 03 37, *restaurant-lefrance@hotmail.com, Fax 02 31 62 03 37* – AE GB BY v
fermé 12 au 28 janv., dim. soir du 15 oct. à fin juin et lundi – **Repas** 92/230 ♀, enf. 62

À Ouilly-du-Houley *par ②, D 510 et D 262 : 10 km – 183 h. alt. 55 –* ✉ *14590 Moyaux :*

XX **Paquine,** rte Moyaux ☎ 02 31 63 63 80, *Fax 02 31 63 63 80*, [illustration], « Auberge fleurie » – (P). GB
fermé 4 au 12 sept., 13 au 28 nov., mardi soir et merc. – **Repas** 178/350

à Manerbe *par ⑦ : 7 km – 498 h. alt. 58 –* ✉ *14340 :*

XX **Pot d'Étain,** ☎ 02 31 61 00 94, [illustration], « Jardin fleuri », [illustration] – (P). GB
fermé 15 janv. au 15 fév., mardi soir et merc. – **Repas** 86/201 ♀, enf. 57

A good moderately priced meal : [illustration] Repas 100/140

LISLE-SUR-TARN *81310 Tarn* 82 ⑨ *– 3 588 h alt. 127.*

Office de Tourisme pl. Paul-Saissac ☎ 05 63 40 31 85, Fax 05 63 33 36 18.

Paris 688 – Toulouse 45 – Albi 32 – Cahors 105 – Castres 57 – Montauban 46.

X **Romuald,** 6 r. Port ☎ 05 63 33 38 85, – GB

fermé vacances de Toussaint, dim. soir et lundi – **Repas** *(58)* - 85/165

LISSES *91 Essonne* 61 ①,, 106 ㉜ *– voir à Paris, Environs (Évry Agglomération d').*

LIVRY-GARGAN *93 Seine-St-Denis* 56 ⑪,, 101 ⑱ *– voir à Paris, Environs.*

La LLAGONNE *66 Pyr.-Or.* 86 ⑯ *– rattaché à Mont-Louis.*

LLO *66 Pyr.-Or.* 86 ⑯ *– rattaché à Saillagouse.*

En juin et en septembre,
les hôtels sont moins chers qu'en pleine saison, le service est plus soigné.

LOCHES SP *37600 I.-et-L.* 68 ⑥ *G. Châteaux de la Loire – 6 544 h alt. 80.*

Voir *Cité médiévale★★ : donjon★★, église St-Ours★, Porte Royale★, porte des cordeliers★, hôtel de ville★* **Y H** *– Chateaux★★ : gisant d'Agnès Sorel★, triptyque★.*

Env. *Portail★ de la Chartreuse du Liget E : 10 km par ②.*

Office de Tourisme du Pays (fermé dim.) pl. de la Marne ☎ 02 47 91 82 82, Fax 02 47 91 61 50, (en saison) Point I Porte Royale.

Paris 260 ① – Tours 42 ① – Blois 72 ① – Châteauroux 73 ③ – Châtellerault 56 ④.

LOCHES

Anciens A.F.N. (Pl. des) . Z
Auguste (Bd Ph.) .... Z
Balzac (R.)............ YZ
Bas-Clos (Av. des) ...... Y 2
Blé (Pl. au)........... Y 3
Château (R. du) .... YZ 5
Descartes (R.)......... Y 7
Donjon (Mail du)........ Z
Droulin (Mail).......... Z
Filature (Q. de la)...... Y 8
Foulques-Nerra (R.).................. Z 9
Gaulle (Av. Gén.-de)..... Y 10
Grand Mail (Pl. du)...... Y 12
Grande-Rue .... Y 13
Lansyer (R.)........... Z 14
Marne (Pl. de la) .... Y
Mazerolles (Pl.)......... Y 15
Moulins (R. des)......... Y 16
Pactius (R. T.) .... Z 17
Picois (R.) .... Y
Poterie (Mail de la) ..... Z
Ponts (R. des).......... Y 18
Porte-Poitevine (R. de la) .... Z 19
Quintefol (R.)......... YZ
République (R. de la).... Y
Ruisseaux (R. des)...... Z 20
St-Antoine (R.) .... Y 21
St-Ours (R.)........... Z 22
Tours (R. de)........... Y
Verdun (Pl. de) .... Y
Victor-Hugo (R.) .... Y
Vigny (R. A.-de) .... Y
Wermelskirchen (Pl. de) .... Y 29

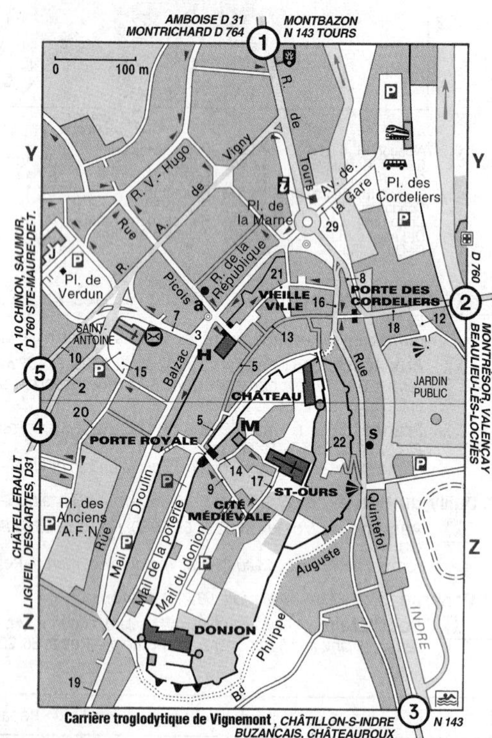

Dans la liste des rues des plans de villes, les noms en **rouge** *indiquent les principales voies commerçantes.*

George Sand, 39 r. Quintefol ✆ 02 47 59 39 74, *Fax 02 47 91 55 75,* – . GB
Repas 100/350 ♀, enf. 60 – ⊐ 40 – **20 ch** 280/650 – ½ P 270/450 Z s

Luccotel , r. Lézards, par ⑤ : *1 km* ✆ 02 47 91 30 30, *luccotel@wanadoo.fr, Fax 02 47 91 30 35,* ≤, , , , , – rest, – 15 à 100. AE GB
fermé 21 déc. au 8 janv. – **Repas** *(fermé sam. midi)* (90) - 115/155 ♀, enf. 60 – ⊐ 36 – **42 ch** 290/425 – ½ P 290/310

France, 6 r. Picois ✆ 02 47 59 00 32, *Fax 02 47 59 28 66,* – . GB
fermé 7 janv. au 12 fév., lundi sauf le soir en juil.-août, dim. soir de sept. à juin et mardi midi – **Repas** 88/264 ♀, enf. 55 – ⊐ 38 – **13 ch** 245/370, 4 duplex – ½ P 276/310 Y a

---

LOCMARIAQUER *56740 Morbihan 63 ⑫ G. Bretagne – 1 309 h alt. 5.*
Voir *Ensemble mégalithique★★ – dolmens de Mané Lud★ et de Mané Rethual★ – Tumulus de Mané-er-Hroech★ S : 1 km – Dolmen des Pierres Plates★ SO : 2 km – Pointe de Kerpenhir ≤★ SE : 2 km.*
Office de Tourisme (avril-sept.) r. de la Victoire ✆ 02 97 57 33 05.
Paris 490 – Vannes 31 – Auray 13 – Quiberon 31 – La Trinité-sur-Mer 10.

Trois Fontaines M sans rest, rte Auray ✆ 02 97 57 42 70, *hot3f@aol.com, Fax 02 97 57 30 59,* – . GB
24 mars-4 nov. – ⊐ 55 – **18 ch** 430/600

Neptune M sans rest, port du Guilvin ✆ 02 97 57 30 56, ≤ –
avril-oct. – ⊐ 35 – **12 ch** 320/450

Lautram, près église ✆ 02 97 57 31 32, *Fax 02 97 57 37 87* – GB
hôtel : 22 mars-8 nov. ; rest. :29 mars-8 nov. – **Repas** 80/200, enf. 45 – ⊐ 37 – **24 ch** 260/360 – ½ P 250/330

LOCMINÉ *56500 Morbihan 63 ③ G. Bretagne – 3 346 h alt. 108.*
Paris 454 – Vannes 29 – Lorient 51 – Pontivy 26 – Quimper 112 – Rennes 105.

Auberge de la Ville au Vent, r. O. de Clisson ✆ 02 97 60 08 40 – . AE GB
fermé 5 au 19 nov., dim. soir, merc. soir et lundi de sept. à juin – **Repas** 95/350 ♀, enf. 70

à Bignan *Est : 5 km par D 1 – 2 567 h. alt. 148 – ✉ 56500 :*

Auberge La Chouannière, ✆ 02 97 60 00 96, *Fax 02 97 44 24 58* – GB
fermé 1er au 15 oct., vacances de fév., dim. soir et lundi
Repas 120/310 et carte 265 à 380 ♀

LOCQUIREC *29241 Finistère 58 ⑦ G. Bretagne – 1 226 h alt. 15.*
Voir *Église★ – Pointe de Locquirec★ 30 mn – Table d'orientation de Marc'h Sammet ≤★ O : 3 km.*
Office de Tourisme pl. du Port ✆ 02 98 67 40 83, Fax 02 98 79 32 50.
Paris 535 – Brest 80 – Guingamp 52 – Lannion 22 – Morlaix 23.

Grand Hôtel des Bains , ✆ 02 98 67 41 02, *hotel.des.bains@wanadoo.fr, Fax 02 98 67 44 60,* ≤ la baie, « Dans un jardin en bordure de mer », , , , – . AE GB. rest
fermé fév. – **Repas** *(fermé le midi en semaine hors saison)* 170 ♀ – ⊐ 60 – **36 ch** 720/1170 – ½ P 540/735

St-Quirec, rte Plestin : 1,5 km ✆ 02 98 67 41 07 – . GB
fermé 12 au 18 mars, mardi et merc. – **Repas** 75/150, enf. 45

LOCRONAN *29180 Finistère 58 ⑮ G. Bretagne – 796 h alt. 105.*
Voir *Place★★ – Église St-Ronan et chapelle du Pénity★★ – Montagne de Locronan ★ E : 2 km.*
Office de Tourisme pl. de la Mairie ✆ 02 98 91 70 14, Fax 02 98 51 83 64.
Paris 579 – Quimper 17 – Brest 66 – Briec 20 – Châteaulin 18 – Crozon 33 – Douarnenez 11.

Prieuré, ✆ 02 98 91 70 89, *leprieure1@aol.com, Fax 02 98 91 77 60,* , – . GB. ch
hôtel : 1er avril-11 nov. ; rest.: 18 mars-9 déc. – **Repas** 79/220 ♀, enf. 45 – ⊐ 43 – **14 ch** 320/380 – ½ P 310/325

au Nord-Ouest *: 3 km par rte secondaire – ✉ 29550 Plonévez-Porzay :*

Manoir de Moëllien , ✆ 02 98 92 50 40, *manmoel@aol.com, Fax 02 98 92 55 21,* ≤, , – . AE GB
fin mars-mi-nov. – **Repas** *(fermé merc. midi et jeudi midi d'avril à mi-juin, jeudi midi, mardi midi et merc. de mi-sept. à mi-nov.)* 128/250 ♀, enf. 56 – ⊐ 50 – **13 ch** 380/740, 5 duplex – ½ P 390/570

LODÈVE

SP 34700 Hérault 83 ⑤ *G. Languedoc Roussillon – 7 602 h alt. 165.*

Voir Anc. cathédrale St-Fulcran★ – Musée de Lodève★.

Office de Tourisme 7 pl. République ☎ 04 67 88 86 44, Fax 04 67 44 07 56.

Paris 702 ② – Montpellier 56 ② – Alès 97 ① – Béziers 65 ② – Millau 59 ① – Pézenas 40 ②.

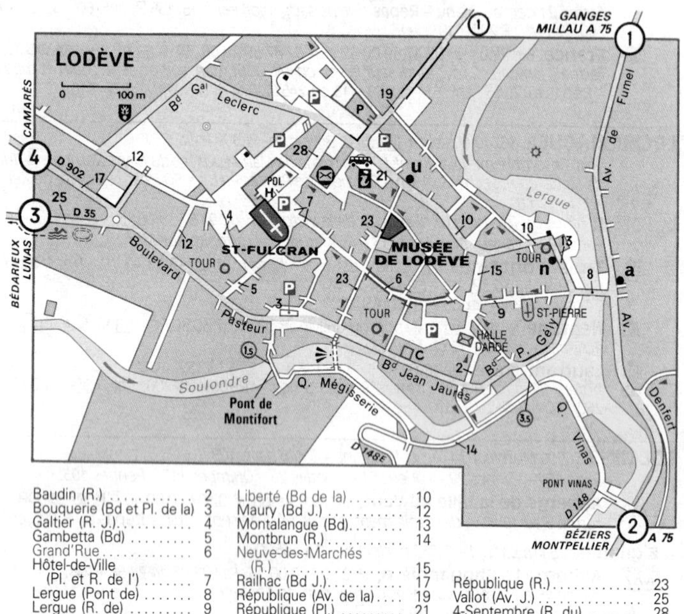

Baudin (R.) 2
Bouquerie (Bd et Pl. de la) 3
Galtier (R. J.) 4
Gambetta (Bd) 5
Grand'Rue 6
Hôtel-de-Ville (Pl. et R. de l') 7
Lergue (Pont de) 8
Lergue (R. de) 9
Liberté (Bd de la) 10
Maury (Bd J.) 12
Montalangue (Bd) 13
Montbrun (R.) 14
Neuve-des-Marchés (R.) 15
Railhac (Bd J.) 17
République (Av. de la) 19
République (Pl.) 21
République (R.) 23
Vallot (Av. J.) 25
4-Septembre (R. du) 28

Paix, 11 bd Montalangue **(n)** ☎ 04 67 44 07 46, *hotel-de-la-paix@wanadoo.fr, Fax 04 67 44 30 47,* – TV – 20. GB
fermé 1er fév. au 5 mars, dim. soir et lundi d'oct. à avril – **Repas** 85/200, enf. 50 – 40 – **23 ch** 250/350 – ½ P 310

Nord sans rest, 18 bd Liberté **(u)** ☎ 04 67 44 10 08, *Fax 04 67 44 10 08* – cuisinette. GB
40 – **28 ch** 250/420

Croix Blanche, 6 av. Fumel **(a)** ☎ 04 67 44 10 87, *Fax 04 67 44 38 33,* – P. GB
1er avril-30 nov. – **Repas** *(fermé vend. midi)* 75/180, enf. 45 – 35 – **32 ch** 130/250 – ½ P 200/250

LODS

25930 Doubs 70 ⑥ *G. Jura – 284 h alt. 361.*

Paris 442 – Besançon 37 – Baume-les-Dames 52 – Levier 23 – Pontarlier 23 – Vuillafans 5.

Truite d'Or, ☎ 03 81 60 95 48, *latruite-dor@wanadoo.fr, Fax 03 81 60 95 73,* – TV P. AE GB
fermé 15 déc. au 25 janv., dim. soir et lundi d'oct. à avril – Repas 98/280 ♀, enf. 55 – 38 – **11 ch** 280 – ½ P 295

LOGELHEIM

68 H.-Rhin 62 ⑲ – *rattaché à Colmar.*

Les LOGES-EN-JOSAS

78 Yvelines 60 ⑩,, 101 ㉓ – *voir à Paris, Environs.*

Le LOGIS-NEUF

01 Ain 70 ⑫ – ✉ *01310 Confrançon.*

Paris 410 – Mâcon 20 – Bourg-en-Bresse 16 – Lyon 76 – Villefranche-sur-Saône 51.

Poulardière avec ch, ☎ 04 74 30 27 13, *Fax 04 74 25 21 18,* – TV P. GB.
fermé 2 au 24 janv., dim. soir et lundi – **Repas** 115/295 ♀, enf. 50 – 38 – **12 ch** 250/400 – ½ P 330

LOGNES *77 S.-et-M.* 56 ⑫,, 101 ㉙ *– voir à Paris, Environs (Marne-la-Vallée).*

LOHÉAC *35550 I.-et-V.* 63 ⑥ *– 508 h alt. 50.*

Voir *Manoir de l'automobile★★*, G. Bretagne.

Paris 381 – Rennes 35 – Châteaubriant 50 – Ploërmel 46 – Redon 33.

Gibecière, ☎ 02 99 34 06 14, *Fax 02 99 34 10 37* – TV ✆ ♿ P. AE GB
Repas *(fermé dim. soir)* 68/235 ♀ – ☕ 35 – **18 ch** 210/260 – ½ P 155/205

LOIRÉ *49440 M.-et-L.* 63 ⑲ *– 747 h alt. 39.*

Paris 322 – Angers 46 – Ancenis 34 – Châteaubriant 34 – Laval 66 – Nantes 72 – Rennes 85.

Auberge de la Diligence, ☎ 02 41 94 10 04, *Fax 02 41 94 10 04* – GB
fermé 6 au 27 août, 2 au 8 janv., sam. midi, dim. soir et lundi – **Repas** (nombre de couverts limité, prévenir) 78 (déj.), 115/165 ♀, enf. 70

LOIRE-SUR-RHÔNE *69 Rhône* 74 ⑪ *– rattaché à Givors.*

LOMENER *56 Morbihan* 58 ⑫ *– rattaché à Ploemeur.*

LONDINIÈRES *76660 S.-Mar.* 52 ⑮ *– 1 119 h alt. 78.*

Paris 148 – Amiens 77 – Dieppe 28 – Neufchâtel-en-Bray 15 – Le Tréport 32.

Auberge du Pont avec ch, ☎ 02 35 93 80 47, *Fax 02 32 97 00 57*, 🏡 – TV P – 🏛 25. GB
fermé 1er au 15 fév. – **Repas** 55/190 ♀, enf. 39 – ☕ 30 – **10 ch** 150/220 – ½ P 150/195

Le Guide change, changez de guide tous les ans.

LONGCHAMP *73 Savoie* 74 ⑰ *– rattaché à St-François-Longchamp.*

LONGJUMEAU *91 Essonne* 60 ⑩,, 101 ㉟ *– voir à Paris, Environs.*

LONGUES *63 P.-de-D.* 73 ⑭ *– rattaché à Vic-le-Comte.*

LONGUYON *54260 M.-et-M.* 57 ② *– 6 064 h alt. 213.*

ℹ *Office de Tourisme pl. Allende ☎ 03 82 39 21 21, Fax 03 82 26 44 37.*

Paris 315 – Metz 80 – Nancy 135 – Sedan 71 – Thionville 59 – Verdun 44.

Mas et H. Lorraine avec ch, face gare ☎ 03 82 26 50 07, *mas.lorraine@wanadoo.fr, Fax 03 82 39 26 09*, 🏡 – TV 🚗 – 🏛 40. AE ⓓ GB JCB
fermé 7 au 25 janv. – **Repas** *(fermé lundi sauf 1er juil. au 25 sept.)* 120/380 et carte 210 à 330 – ☕ 40 – **14 ch** 270/340 – ½ P 325

à Rouvrois-sur-Othain *(Meuse) Sud : 7,5 km par N 18 – 201 h. alt. 223 – ✉ 55230 :*

Marmite, ☎ 03 29 85 90 79, *Fax 03 29 85 99 23* – ▤. GB. ✂
fermé 16 au 24 août, 2 au 10 janv., dim. soir, lundi et mardi sauf 15 mai au 15 août – **Repas** 120/240 ♀, enf. 50

LONGWY *54400 M.-et-M.* 57 ② *G. Alsace Lorraine – 15 439 h alt. 262.*

Voir *Musée municipal :* **M** *collection de fers à repasser★.*

ℹ *Office de Tourisme Hôtel-de-Ville, Longwy Haut ☎ 03 82 24 27 17 et ☎ 03 82 24 94 54, Fax 03 82 24 77 75.*

Paris 330 ③ – Luxembourg 42 ① – Metz 64 ② – Thionville 43 ②.

Plan page suivante

à Longwy-Haut :

Nord, pl. Darche ☎ 03 82 23 40 81, *Fax 03 82 23 17 73* – TV ✆. AE ⓓ GB — A a
Repas *(fermé dim. et fériés)* carte 120 à 190 ♀ – ☕ 40 – **20 ch** 260/310

à Méxy *Sud : 3 km par ② (N 52) – 1 959 h. alt. 369 – ✉ 54400 :*

Relais Mercure Ⓜ, ☎ 03 82 23 14 19, *Fax 03 82 25 61 06*, 🏡 – 🛗 ⇆ TV ✆ ♿ P – 🏛 25. AE ⓓ GB JCB
Repas 68/129 ♀, enf. 45 – ☕ 40 – **42 ch** 338/358

LONGWY

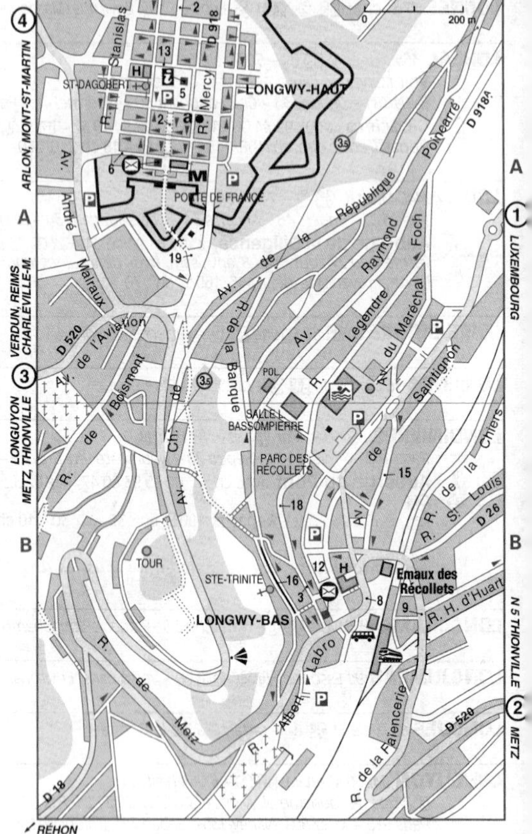

Si vous cherchez un hôtel tranquille, consultez d'abord les cartes de l'introduction ou repérez dans le texte les établissements indiqués avec le signe 🐴.

à Cosnes-et-Romain *par r. A. Briand puis D 43 – 2 053 h. alt. 378 – ✉ 54400 :*

✕✕ **Auberge des Trois Canards,** 69 rue de Lorraine ☏ 03 82 24 35 36, *Fax 03 82 25 66 40* – AE ⓓ GB JCB
fermé 16 août au 7 sept., 18 fév. au 4 mars, jeudi soir, dim. soir et lundi – **Repas** 118/260 ♀

LONS-LE-SAUNIER Ⓟ *39000 Jura* 70 ④ ⑭ *G. Jura – 19 144 h alt. 255 – Stat. therm. (9 avril-27 oct.) – Casino.*

Voir *Rue du Commerce★ – Théâtre★ – Pharmacie★ de l'Hôtel-Dieu.*

ℹ *Office de Tourisme (fermé dim.) pl. du 11-Novembre ☏ 03 84 24 65 01, Fax 03 84 43 22 59.*

Paris 407 ③ – Chalon-sur-Saône 62 ③ – Besançon 83 ① – Bourg-en-Bresse 71 ③.

Plan page ci-contre

🏨 **Parc** Ⓜ, 9 av. J. Moulin ☏ 03 84 86 10 20, *Fax 03 84 24 97 28* – 🛗 ▤ TV ☏ ♿. AE ⓓ GB JCB Y s
Repas 85/160 ♀, enf. 38 – ☕ 35 – **16 ch** 300/330 – ½ P 250/260

🏨 **Nouvel Hôtel** sans rest, 50 r. Lecourbe ☏ 03 84 47 20 67, *Fax 03 84 43 27 49* – 🛗 TV ☏ P. AE ⓓ GB Y r
fermé 22 déc. au 6 janv. – ☕ 38 – **26 ch** 220/310

✕✕ **Comédie,** 65 r. Agriculture ☏ 03 84 24 20 66, *Fax 03 84 24 12 64,* 🏖 – ▤. GB Y e
fermé vacances de Pâques, 28 juil. au 20 août, dim. et lundi – **Repas** 98/155 ♀

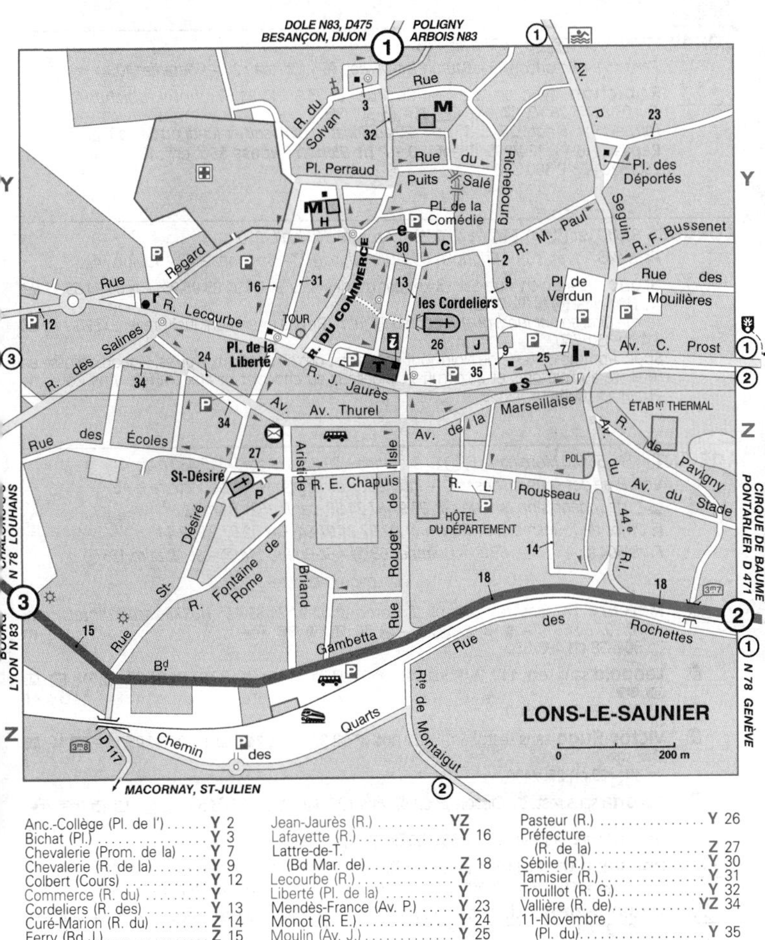

Anc.-Collège (Pl. de l') . . . . . . Y 2
Bichat (Pl.) . . . . Y 3
Chevalerie (Prom. de la) . . . . Y 7
Chevalerie (R. de la) . . . . Y 9
Colbert (Cours) . . . . Y 12
Commerce (R. du) . . . . Y
Cordeliers (R. des) . . . . Y 13
Curé-Marion (R. du) . . . . Z 14
Ferry (Bd J.) . . . . Z 15
Jean-Jaurès (R.) . . . . YZ
Lafayette (R.) . . . . Y 16
Lattre-de-T. (Bd Mar. de) . . . . Z 18
Lecourbe (R.) . . . . Y
Liberté (Pl. de la) . . . . Y
Mendès-France (Av. P.) . . . . . Y 23
Monot (R. E.) . . . . Y 24
Moulin (Av. J.) . . . . Y 25
Pasteur (R.) . . . . Y 26
Préfecture (R. de la) . . . . Z 27
Sébile (R.) . . . . Y 30
Tamisier (R.) . . . . Y 31
Trouillot (R. G.) . . . . Y 32
Vallière (R. de) . . . . YZ 34
11-Novembre (Pl. du) . . . . Y 35

XX **Relais d'Alsace,** 740 rte Besançon par ① ✆ 03 84 47 24 70, *Fax 03 84 24 17 14*, 🌳 – 🅿. GB – *fermé 15 au 31 juil., vacances de fév., dim. soir et lundi* – **Repas** *(86)* - 98/126 🌡

à Chille par ① *rte de Besançon et D 157 : 3 km – 217 h. alt. 330 – ✉ 39570 :*

🏨 **Parenthèse** Ⓜ 🐎, ✆ 03 84 47 55 44, *parenthese.hotel@wanadoo.fr, Fax 03 84 24 92 13*, 🌳, 🏊, 🌿 – 🛗 📺 ♿ 🅿 – 🏛 30. AE GB
Repas *(fermé 17 fév. au 5 mars, dim. soir et lundi midi) (90)* - 100/270 🍷, enf. 50 – ☕ 55 – **31 ch** 330/780 – ½ P 400/600

au Sud *par D 117 et D 41 : 6 km – ✉ 39570 Vernantois :*

🏨 **Golf** Ⓜ 🐎, ✆ 03 84 43 04 80, *Fax 03 84 47 31 21*, ≤, 🌳, « Sur le golf », 🏋, 🏊, 🎾 – 🛗, ▤ rest, 📺 🅿 – 🏛 50. AE ⓓ GB
Repas *(fermé 22 déc. au 26 janv. et dim. soir d'oct. à avril)* 105/400 – ☕ 55 – **36 ch** 590/680 – ½ P 490/580

à Courlans par ③ *rte de Chalon, N 78 : 6 km – 640 h. alt. 227 – ✉ 39570 :*

XXX **Auberge de Chavannes** (Carpentier), ✆ 03 84 47 05 52, *Fax 03 84 43 26 53*, 🌳 – ▤ 🅿. GB
✿ *fermé 25 juin au 5 juil., janv., dim. soir, mardi midi et lundi* – **Repas** (nombre de couverts limité, prévenir) 185/295 et carte 330 à 420 🍷
Spéc. Nage d'escargots en cassolette. Suprême de poularde de Bresse en rouelles. Filets de gros pigeons rôtis. **Vins** L'Etoile, Arbois-Pupillin

LORAY *25390 Doubs 66 ⑰ – 372 h alt. 745.*

Paris 451 – Besançon 45 – Baume-les-Dames 36 – Morteau 21 – Pontarlier 40.

XX **Robichon** avec ch, 22 Grande Rue ✆ 03 81 43 21 67, *hotel.robichon@free.fr, Fax 03 81 43 26 10*, – TV P – 30. GB
fermé 1er au 8 oct., 25 au 30 nov., 20 au 30 janv., dim. soir et lundi du 21 août au 19 juil. – **Repas** 75 (déj.), 120/295 ♀, enf. 70 - ***P'tit Bichon :*** **Repas** 85 ♀, enf. 40 – ☕ 45 – **11 ch** 250/320 – 1/2 P 300/320

LORGUES *83510 Var 84 ⑥, 114 ㉒ G. Côte d'Azur – 6 340 h alt. 200.*

Paris 845 – Fréjus 39 – Brignoles 33 – Draguignan 13 – St-Raphaël 42 – Toulon 74.

XXX **Bruno** avec ch, Sud-Est : 3 km par rte des Arcs ✆ 04 94 85 93 93, *Fax 04 94 85 93 99*, < , – TV P. AE ① GB
✿ *fermé dim. soir et lundi du 15 sept. au 15 juin* – **Repas** (menu unique)(prévenir) 320 – ☕ 80 – **4 ch** 430/750
Spéc. Pomme de terre de Noirmoutier en robe des champs aux truffes. Pigeon désossé en feuilleté au foie gras et aux truffes. Moelleux au chocolat et aux truffes. **Vins** Côtes de Provence, Coteaux Varois.

LORIENT SP *56100 Morbihan 63 ① G. Bretagne – 59 271 h Agglo. 115 488 h alt. 4.*

Voir *Base des sous-marins★* **AZ** – *Intérieur★ de l'église N.-D.-de-Victoire* **BY E.**

✈ *de Lorient Lann-Bihoué : ✆ 02 97 87 21 50, par D 162 : 8 km* **AZ.**

ℹ *Office de Tourisme q. de Rohan ✆ 02 97 21 07 84, Fax 02 97 21 99 44.*

Paris 504 ③ – Vannes 59 ③ – Quimper 68 ③ – St-Brieuc 114 ③ – St-Nazaire 135 ③.

Plan page ci-contre

Mercure M sans rest, 31 pl. J. Ferry ✆ 02 97 21 35 73, *H0873@accor-hotels.com, Fax 02 97 64 48 62* – TV – 30. AE ① GB JCB BZ m
☕ 60 – **58 ch** 480/530

Léopold sans rest, 11 r. W. Rousseau ✆ 02 97 21 23 16, *Fax 02 97 84 93 27* – TV. AE ① GB BY r
☕ 31 – **26 ch** 260/300

Victor-Hugo sans rest, 36 r. L. Carnot ✆ 02 97 21 16 24, *Fax 02 97 84 95 13* – TV. AE GB. BZ f
☕ 39 – **29 ch** 250/400

Astoria sans rest, 3 r. Clisson ✆ 02 97 21 10 23, *Fax 02 97 21 03 55* – TV. AE ① GB JCB. BY q
fermé 24 déc. au 3 janv. – ☕ 35 – **35 ch** 250/280

XXX **Poisson d'Or,** 1 r. Maître Esvelin ✆ 02 97 21 57 06, *Fax 02 97 64 65 42* – AE GB BZ m
fermé vacances de Toussaint, de fév., sam. midi et dim. – **Repas** 110/380 et carte 240 à 350

XX **Jardin Gourmand,** 46 r. J. Simon ✆ 02 97 64 17 24, *le-jardin-gourmand@wanadoo.fr, Fax 02 97 64 15 75*, – . GB AY t
fermé 29 juil. au 8 août, vacances de fév., dim. sauf fériés et lundi – **Repas** 125 (déj.), 155/225 et carte le soir 185 à 210

XX **Neptune** avec ch, 15 av. Perrière, au Sud par r. de Carnel **AZ** ✆ 02 97 37 04 56, *Fax 02 97 87 07 54* – TV. AE ① GB
fermé 18 sept. au 8 oct. et dim. – **Repas** 75/249 ♀ – ☕ 35 – **23 ch** 220/280 – 1/2 P 235/245

XX **Saint-Louis,** 48 r. J. Le Grand ✆ 02 97 21 50 45, *Fax 02 97 84 00 77* – GB BZ a
fermé 22 août au 13 sept., vacances de fév., mardi soir et merc. – **Repas** 65/220 ♀

X **Pic,** 2 bd Mar. Franchet d'Esperey ✆ 02 97 21 18 29, *Fax 02 97 21 92 64*, – GB AY b
fermé sam. midi et dim. – **Repas** *(80)* - 105/220 ♀, enf. 80

X **Pécharmant,** 5 r. Carnel ✆ 02 97 21 33 86 – GB AZ a
fermé 29 avril au 8 mai, 15 juil. au 6 août, 1er au 9 janv., dim., lundi et fériés – **Repas** 98/238 ♀, enf. 60

X **Rest. Victor-Hugo,** 36 r. L. Carnot ✆ 02 97 64 26 54, *Fax 02 97 64 24 87* – AE ① GB JCB BZ f
fermé sam. midi et dim. – **Repas** 88/320 ♀, enf. 65

Z.I. de Kerpont *par ① : 6 km – ✉ 56850 Caudan :*

Novotel M, centre hôtelier de Bellevue ✆ 02 97 89 21 21, *h0434@accor-hotels.com, Fax 02 97 89 21 24*, , – P – 70. AE ① GB JCB
Repas *(88)* - 115 ♀, enf. 50 – ☕ 60 – **87 ch** 495/600

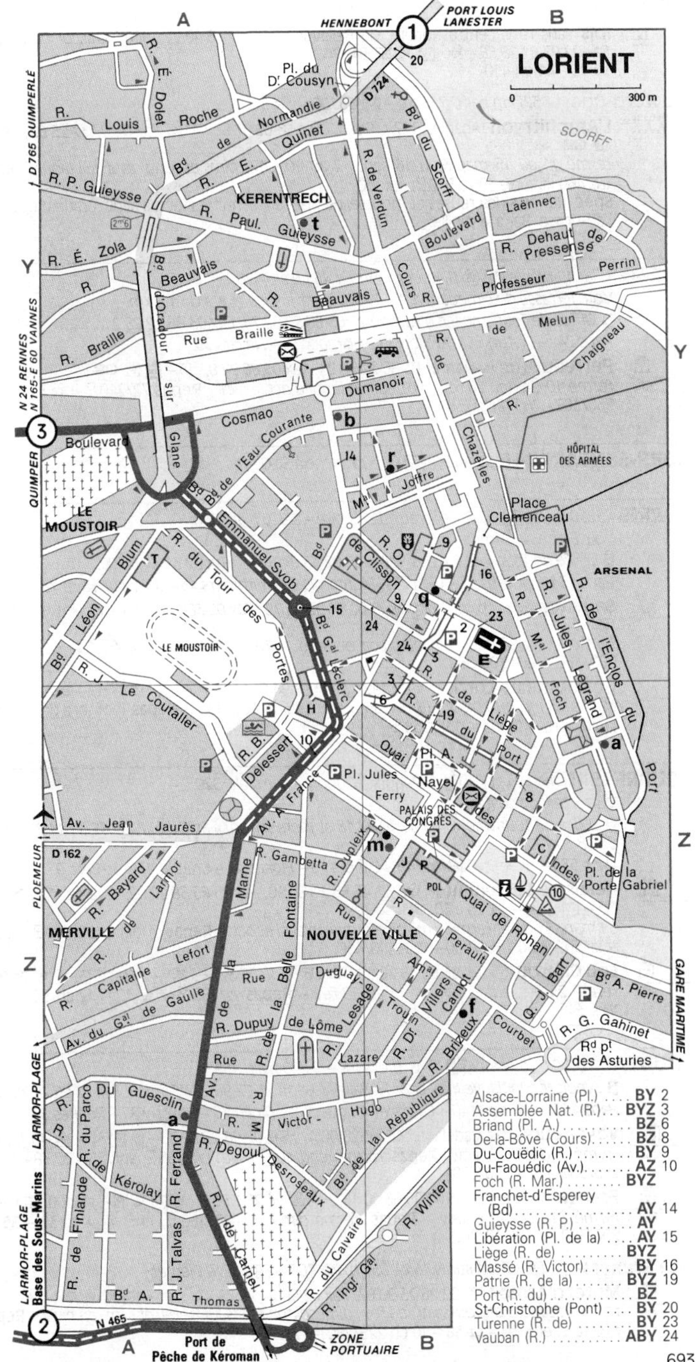
LORIENT
0
300 m
HENNEBONT
PORT LOUIS
LANESTER
D 765 QUIMPERLÉ
N 24 RENNES
N 165-E 60 VANNES
QUIMPER
PLOEMEUR
LARMOR-PLAGE
LARMOR-PLAGE
Base des Sous-Marins
GARE MARITIME
ZONE PORTUAIRE
Port de
Pêche de Kéroman
KERENTRECH
LE MOUSTOIR
MERVILLE
NOUVELLE VILLE
HÔPITAL
DES ARMÉES
ARSENAL
SCORFF
PALAIS DES CONGRÈS
Place Clemenceau
Pl. Jules Ferry
Pl. de la Porte Gabriel
Rd pt des Asturies
Pl. du Dr Cousyn
Alsace-Lorraine (Pl.) . . . . BY 2
Assemblée Nat. (R.) . . . BYZ 3
Briand (Pl. A.) . . . . BZ 6
De-la-Bôve (Cours) . . . . . BZ 8
Du-Couëdic (R.) . . . . BY 9
Du-Faouëdic (Av.) . . . . AZ 10
Foch (R. Mar.) . . . . BYZ
Franchet-d'Esperey
(Bd) . . . . AY 14
Guieysse (R. P.) . . . . AY
Libération (Pl. de la) . . . . AY 15
Liège (R. de) . . . . BYZ
Massé (R. Victor) . . . . BY 16
Patrie (R. de la) . . . . BYZ 19
Port (R. du) . . . . BZ
St-Christophe (Pont) . . . . BY 20
Turenne (R. de) . . . . BY 23
Vauban (R.) . . . . ABY 24

Ibis sans rest, centre hôtelier de Bellevue ☎ 02 97 76 40 22, *h0616@accor-hotels.com, Fax 02 97 81 28 56* – AE GB
35 – **41 ch** 410

au Nord-Ouest : *3,5 km par D 765* AY – ✉ *56100 Lorient* :

L'Amphitryon (Abadie), 127 r. Col. Müller ☎ 02 97 83 34 04, *Fax 02 97 37 25 02* – AE GB
fermé 1er au 15 mai, 3 au 16 sept., 2 au 10 janv., dim. et lundi sauf juil.-août – **Repas** 180/460 et carte 380 à 530, enf. 90
Spéc. Ravioles de creuses et mousseline glacée aux huitres (oct. à avril). Gratin d'étrilles au Kari-Gosse. Bar à la vanille.

LORMES *58140 Nièvre* 65 ⑯ *G. Bourgogne* – *1 464 h alt. 420.*

Voir *Terrasse du cimetière* ✱★ – *Mont de la Justice* ✱★ *NO : 1,5 km.*

Office de Tourisme 5 r. d'Avallon ☎ 03 86 22 82 74, Fax 03 86 22 88 21.

Paris 242 – Autun 64 – Avallon 29 – Clamecy 35 – Nevers 75.

Perreau, 8 rte Avallon ☎ 03 86 22 53 21, *Fax 03 86 22 82 15* – TV P. GB
fermé 10 janv. au 20 fév., dim. soir et lundi d'oct. à avril – **Repas** 72/210 – 32 – **17 ch** 260/300 – 1/2 P 240/250

LORP-SENTARAILLE *09 Ariège* 86 ③ – *rattaché à St-Girons.*

LORRIS *45260 Loiret* 65 ① *G. Châteaux de la Loire* – *2 620 h alt. 126.*

Voir *Église N.-Dame*★.

Office de Tourisme 2 r. des Halles ☎ 02 38 94 81 42, Fax 02 38 94 88 00.

Paris 134 – Orléans 55 – Gien 27 – Montargis 23 – Pithiviers 45 – Sully-sur-Loire 19.

Sauvage avec ch, pl. Martroi ☎ 02 38 92 43 79, *Fax 02 38 94 82 46* – rest, TV. AE GB
fermé 1er au 20 oct., fév., dim. soir et vend. – **Repas** 125/300, enf. 52 – 35 – **8 ch** 280/360 – 1/2 P 300/330

Guillaume de Lorris, 1 r. Pasteur ☎ 02 38 94 83 55, *Fax 02 38 94 83 55* – GB
fermé 23 juil. au 7 août, 18 fév. au 5 mars, lundi et mardi – **Repas** (nombre de couverts limité, prévenir) *(108)* - 138/250

LOUBRESSAC *46130 Lot* 75 ⑲ *G. Périgord Quercy* – *449 h alt. 320.*

Voir *Site*★ *du château.*

Office de Tourisme ☎ 05 65 10 82 18 et (hors saison) à St-Céré ☎ 05 65 38 11 85, Fax 05 65 38 38 71.

Paris 533 – Brive-la-Gaillarde 49 – Cahors 73 – Figeac 47 – Gramat 17 – St-Céré 9.

Relais de Castelnau M, ☎ 05 65 10 80 90, *Fax 05 65 38 22 02,* vallée, – TV P – 25 à 50. GB. rest
31 mars-5 nov. et fermé dim.soir et lundi en avril et oct. – **Repas** 89 (déj.), 130/270, enf. 60 – 50 – **40 ch** 460/600 – 1/2 P 410/450

Lou Cantou, ☎ 05 65 38 20 58, *Fax 05 65 38 25 37,* – rest, TV P. AE GB
fermé 25 oct. au 15 nov. et 15 au 28 fév. – **Repas** 72/185 – 40 – **12 ch** 315/320 – 1/2 P 315

LOUDÉAC *22600 C.-d'Armor* 58 ⑲ *G. Bretagne* – *9 820 h alt. 155.*

Syndicat d'Initiative (mai-sept.) r. Saint-Joseph ☎ 02 96 28 25 17 15, Fax 02 96 28 25 33.

Paris 438 – St-Brieuc 40 – Carhaix-Plouguer 68 – Dinan 75 – Pontivy 22 – Rennes 87.

Voyageurs, 10 r. Cadélac ☎ 02 96 28 00 47, *Fax 02 96 28 22 30* – TV – 40. AE GB
fermé 24 déc. au 3 janv. – **Repas** *(fermé vend. soir et sam.)* 79/255, enf. 55 – 38 – **28 ch** 225/330 – 1/2 P 230/320

France, 1 r. Cadélac ☎ 02 96 66 00 15, *Fax 02 96 28 61 94* – TV P – 100. AE GB
fermé 31 déc. au 6 janv. – **Repas** *(fermé dim.)* *(60)* - 80/180, enf. 47 – 38 – **35 ch** 200/350 – 1/2 P 210/260

à La Prénessaye *Est : 7 km sur N 164 – 854 h. alt. 109* – ✉ *22210 Plémet* :

Motel d'Armor, ☎ 02 96 25 90 87, *Fax 02 96 25 76 72,* – TV P. GB
fermé vacances de Toussaint, de fév., dim. soir en été (sauf hôtel) et sam. en hiver – **Repas** 78/210, enf. 60 – 38 – **10 ch** 225/280 – 1/2 P 250/275

LOUDUN *86200 Vienne* 67 ⑨ *G. Poitou Vendée Charentes – 7 854 h alt. 120.*

Voir *Tour carrée* ☼ ★ AY.

Office de Tourisme r. des Marchands ✆ 05 49 98 15 96, Fax 05 49 98 69 49.

Paris 313 ① – Angers 78 ④ – Châtellerault 47 ① – Poitiers 56 ④ – Tours 73 ①.

LOUDUN

Anjou (Av. d') .... **BY** 2
Château (R. du) .... **AY** 3
Chevreau (R. U.) .... **BZ** 4
Collège (R. du) .... **BZ** 6
Corderie (R. de la) .... **ABY** 7
Croix-Bruneau (R. de la) .... **AY** 9
Grand-Cour .... **BY** 10
Jeu de Paume (R. du) .... **BYZ** 12
Leuze (Av. de) .... **BY** 13
Meures (R. des) .... **BY** 15
Palais (R. du) .... **BYZ** 16
Petit Château (R. du) .... **AYZ** 17
Portail-Chaussé (R. du) .... **BY** 18
Porte-de-Chinon (R.) .... **BY**
Poitou (Av. du) .... **BZ** 20
Porte de Chinon (Pl.) .... **BY** 22
Porte Mirebeau (Pl.) .... **BZ** 23
Porte Mirebeau (R.) .... **BZ** 24
Porte St-Nicolas (R.) .... **AY** 27
Renaudot (R.) .... **BY** 28
Touraine (Av. de) .... **BY** 29
Vieille Charité (R.) .... **BZ** 31
Vieille porte du Martray .... **AY** 32

Hostellerie de la Roue d'Or, 1 av. Anjou ✆ 05 49 98 01 23, *Fax 05 49 22 31 05* – TV ✆ ♿ P. AE ① GB BY e
fermé vacances de fév. – **Repas** *(fermé sam. et dim. soir du 15 oct. au 15 avril)* 85/220 ♀, enf. 55 – ☕ 35 – **14 ch** 250/330 – ½ P 280/310

Renaudot, 40 av. de Leuze ✆ 05 49 98 19 22, *Fax 05 49 98 94 22* – |‡| TV. GB. ✻ rest
Repas (dîner seul.)(résidents seul.) – ☕ 30 – **29 ch** 250/280 – ½ P 280 BY a

LOUÉ *72540 Sarthe* 60 ⑫ – *1 929 h alt. 112.*

Paris 230 – Le Mans 29 – Laval 58 – Rennes 127 – Sillé-le-Guillaume 26.

Ricordeau M, 13 r. Libération ✆ 02 43 88 40 03, *ricordeau.hotel@libertysurf.fr, Fax 02 43 88 62 08,* 🏛, 🏊, 🌳 – |‡| TV ✆ ♿ P – 🏅 25. AE GB. ✻ ch
Repas 128/398 ♀, enf. 75 – ☕ 68 – **14 ch** 350/670, 4 appart – ½ P 320/530

Send us your comments on the restaurants we recommend and your opinion on the specialities and local wines they offer.

LOUHANS SP 71500 S.-et-L. 70 ⑬ G. Bourgogne – 6 140 h alt. 179.

Voir Grande-Rue★.

Office de Tourisme 1 Arcade St-Jean ☎ 03 85 75 05 02, Fax 03 85 76 48 70.

Paris 378 – Chalon-sur-Saône 37 – Bourg-en-Bresse 58 – Dijon 85 – Dole 76 – Tournus 31.

Moulin de Bourgchâteau ⑤, r. Guidon (rte Chalon) ☎ 03 85 75 37 12, bourgchateau @netcourrier.com, Fax 03 85 75 45 11, ≤, « Ancien moulin sur la Seille », – TV P – 15. AE GB

fermé 20 déc. au 20 janv. et dim. du 15 sept. à Pâques – **Repas** *(fermé le midi en semaine de Pâques au 15 sept. dim. du 15 sept. à Pâques et lundi)* (nombre de couverts limités, prévenir) 130/200 ♀ – ☐ 55 – **18 ch** 280/650

Hostellerie du Cheval Rouge, 5 r. Alsace ☎ 03 85 75 21 42, *Fax 03 85 75 44 48,* – TV . GB

fermé 24 déc. au 15 janv., mardi midi et lundi – **Repas** 90/250 ♀ – ☐ 40 – **9 ch** 200/280 – ½ P 270

annexe La Buge M ⑤ sans rest, – TV & – 20. GB.

fermé 24 déc. au 15 janv. et lundi – ☐ 40 – **14 ch** 260/360

Cotriade, 4 r. Alsace ☎ 03 85 75 19 91, *Fax 03 85 75 19 91* – AE GB

fermé 2 au 6 juil. et mardi soir sauf juil.-août – **Repas** 72/210 ♀, enf. 50

Si vous cherchez un hôtel tranquille,
consultez d'abord les cartes de l'introduction
ou repérez dans le texte les établissements indiqués avec le signe ⑤.

LOURDES 65100 H.-Pyr. 85 ⑱ G. Midi-Pyrénées – 16 300 h alt. 420 Grand centre de pèlerinage.

Voir Château fort★ DZ : musée pyrénéen★ – Musée Grévin de Lourdes★ DZ M[1] – Basilique souterraine St-Pie X CZ – Pic du Jer★.

✈ de Tarbes-Lourdes-Pyrénées : ☎ 05 62 32 92 22, par ① : 1m.

Office de Tourisme pl. Peyramale ☎ 05 62 42 77 40, Fax 05 62 94 60 95.

Paris 817 ① – Pau 46 ④ – Bayonne 148 ④ – St-Gaudens 84 ② – Tarbes 18 ①.

LOURDES

←→ : Sens unique alterné tous les quinze jours.

Basse (R.)	DZ	5
Bourg (Chaussée du)	DZ	8
Capdevielle (Rue Louis)	EZ	12
Carrières Peyramale (R. des)	CZ	15
Fontaine (R. de la)	DZ	20
Fort (R. du)	DZ	22
Grotte (Bd de la)	DZ	30
Jeanne-d'Arc (Pl.)	DZ	35
Latour-de-Brie (R. de)	DZ	40
Marcadal (Pl. du)	DZ	45
Martyrs de la Déportation (R. des)	EZ	47
Paradis (Espl. du)	CZ	50
Petits Fossés (R. des)	DZ	53
Peyramale (Av.)	CZ	55
Peyramale (Pl.)	DZ	56
Pont-Vieux	CZ	57
Reine Astrid (R. de la)	CZ	60
St-Frai (R. Marie)	CZ	65
St-Michel (Pont)	DZ	66
St-Pierre (R.)	DZ	67
Ste-Marie (R.)	CZ	68
Schœpfer (Av. Mgr)	CZ	71
Soubirous (Av. Bernadette)	CZ	73
Soubirous (R. Bernadette)	DZ	74

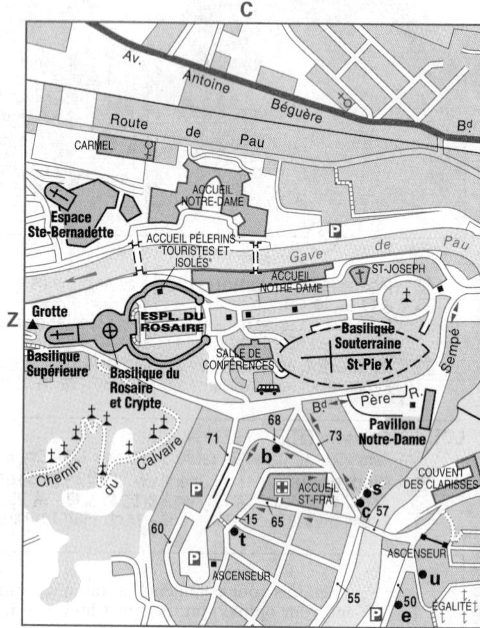

Grand Hôtel de la Grotte, 66 r. Grotte ✆ 05 62 94 58 87, *grotte@sudfr.com, Fax 05 62 94 20 50,* ≤, – |\$|, ▤ rest, TV ✆ 🚗 P. AE ◑ GB JCB — DZ y
9 avril-31 oct. – **Repas** (80) - 90 (déj.), 180/200 – ☕ 65 – **76 ch** 400/630 – ½ P 410/510

Alba M, 27 av. Paradis ✆ 05 62 42 70 70, *hotelalba@aol.com, Fax 05 62 94 54 52,* – |\$| ▤ ♿ 🚗 P – 60. AE GB — AY f
fin mars-fin oct. – **Repas** 95, enf. 40 – ☕ 40 – **237 ch** 450/500 – ½ P 350/365

Méditerranée M, 23 av. Paradis ✆ 05 62 94 72 15, *Fax 05 62 94 10 54* – |\$| ▤ ♿ P – 20 à 60. AE GB — AY s
15 mars-15 nov. – **Repas** 90/120 🍷, enf. 45 – ☕ 40 – **171 ch** 399/500 – ½ P 365

Impérial M, 3 av. Paradis ✆ 05 62 94 06 30, *hotelimperial.lourdes.fr@gofornet.com, Fax 05 62 94 48 04* – |\$| ▤ TV ♿. AE ◑ GB JCB. — CZ u
1er mars-31 oct. – **Repas** 90/95 – ☕ 60 – **93 ch** (½ pens. seul.) – ½ P 405

Solitude M, 3 passage St-Louis ✆ 05 62 42 71 71, *contact@hotelsolitude, Fax 05 62 94 40 65,* ≤ – |\$|, ▤ rest, ♿ 🚗 – 15 à 100. AE ◑ GB JCB — CZ s
1er avril-30 nov. – **Repas** (69) - 100 🍷 – ☕ 60 – **281 ch** 395/745, 4 appart, 8 duplex – ½ P 345/380

Paradis M, 15 av. Paradis ✆ 05 62 42 14 14, *Fax 05 62 94 64 04,* ≤ – |\$|, ▤ rest, TV ♿ 🚗 P – 150. AE GB — AY n
10 avril-fin oct. – **Repas** 140 – ☕ 68 – **300 ch** 580 – ½ P 450

Excelsior, 83 bd Grotte ✆ 05 62 94 02 05, *hotel.excelsior@wanadoo.fr, Fax 05 62 94 82 88* – |\$|. AE ◑ GB JCB. rest — DZ h
29 mars-fin oct. – **Repas** (80) - 110/125 – ☕ 60 – **70 ch** 355/470 – ½ P 355

Espagne, 9 av. Paradis ✆ 05 62 94 50 02, *hoteldespagne@wanadoo.fr, Fax 05 62 94 58 15,* ≤ – |\$|, ▤ rest, ♿ P – 35. AE ◑ GB. — CZ e
1er avril-30 oct. – **Repas** 104/110 – ☕ 40 – **129 ch** 489 – ½ P 321

Gallia et Londres, 26 av. B. Soubirous ✆ 05 62 94 35 44, *Fax 05 62 42 24 64,* – |\$|, ▤ rest, TV. AE ◑ GB JCB. — CZ c
1er avril-1er nov. – **Repas** 90/130 🍷 – ☕ 90 – **90 ch** 500/720 – ½ P 450

Christ-Roi, 9 r. Mgr Rodhain ✆ 05 62 94 24 98, *Fax 05 62 94 17 65* – |\$|, ▤ rest, ♿ 🚗 – 30. AE GB. rest — AY t
Pâques-15 oct. – **Repas** 100 – ☕ 40 – **173 ch** 290/410, 7 duplex – ½ P 340

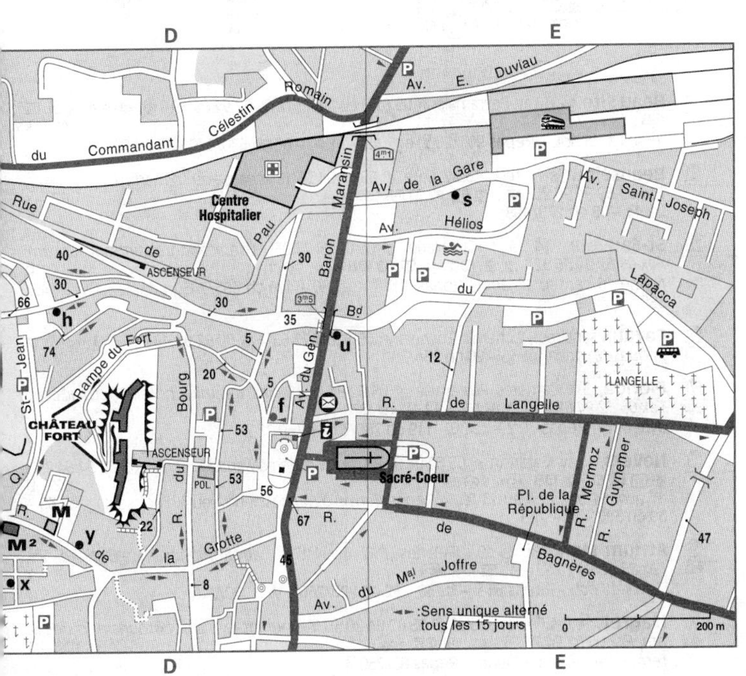

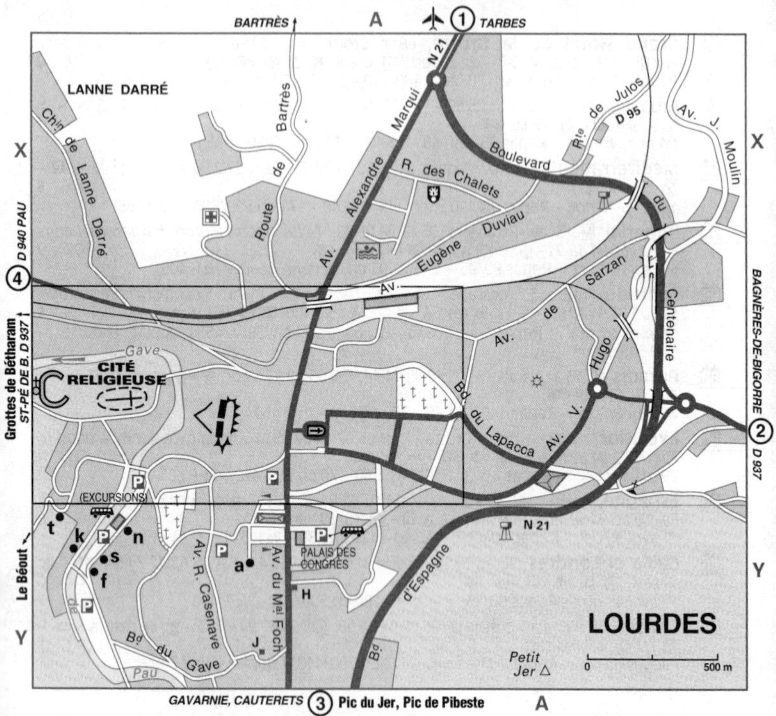

Beau Site M, 36 av. Peyramale ✆ 05 62 94 04 08, *Fax 05 62 94 06 59* – |‡|, ≡ rest, ♿ P. AE GB — AY k
15 mars-15 nov. – **Repas** 90/120 ♀, enf. 45 – ☕ 40 – **66 ch** 370/470 – ½ P 350

Beauséjour sans rest, 16 av. Gare ✆ 05 62 94 38 18, *beausejour.p.martin@wanadoo.fr, Fax 05 62 94 96 20,* ≋ – |‡| TV P. AE ⓓ GB JCB — EZ s
☕ 43 – **45 ch** 278/498

St-Sauveur M, 9 r. Ste-Marie ✆ 05 62 94 25 03, *contact@hotelsaintsauveur.com, Fax 05 62 94 36 52* – |‡|, ≡ rest, ♿. AE ⓓ GB JCB. ✂ ch — CZ b
fermé 16 déc. au 31 janv. – **Repas** 100 ♀ – ☕ 60 – **170 ch** 395/745, 4 duplex – ½ P 345/380

Cazaux sans rest, 2 chemin Rochers ✆ 05 62 94 22 65, *Fax 05 62 94 48 32* – GB — Y a
Pâques-fin oct. – ☕ 35 – **20 ch** 155/280

Florida, 3 r. Carrières Peyramale ✆ 05 62 94 51 15, *flo_aca_mira_hotels@hotmail.com, Fax 05 62 94 69 49* – |‡| ≡ TV ♿ P. AE ⓓ GB
avril-oct. – **Repas** 70 ♀ – ☕ 30 – **119 ch** 280/370 – ½ P 280

Nevers, 13 av. Maransin ✆ 05 62 94 90 88, *hotel.nevers@wanadoo.fr, Fax 05 62 94 84 23* – |‡| TV P. AE ⓓ GB JCB. ✂ rest — DZ u
1er avril-31 oct. et 5 au 13 fév. – **Repas** *(fermé dim.)* (résidents seul.)(dîner seul.) – ☕ 39 – **38 ch** 320 – ½ P 268

Atrium Mondial ⛶, 9 r. Pélerins ✆ 05 62 94 27 28, *atriummondialhotel@minitel.net, Fax 05 62 94 70 92* – |‡|. AE GB JCB — DZ x
7 avril-15 oct. – **Repas** 65 ♀ – ☕ 30 – **52 ch** 220/260 – ½ P 220/240

Magret, 10 r. 4 Frères Soulas ✆ 05 62 94 20 55, *restaurant-le-magret@tourismalourdes.com, Fax 05 62 94 20 55* – ≡. ⓓ GB JCB — DZ f
fermé 7 au 28 janv. et lundi – **Repas** 85/250 ♀

à **Saux** *par ① : 3 km – ✉ 65100 Lourdes :*

XXX **Relais de Saux** avec ch, ☎ 05 62 94 29 61, *relais.de.saux@sudfr.com, Fax 05 62 42 12 64,* ≤, , – TV ☎ P. AE ① GB.
Repas 140 (déj.), 180/310 et carte 240 à 360 – ☐ 45 – **7 ch** 440/580 – ½ P 400/470

à **Adé** *par ① : 4,5 km – 637 h. alt. 428 – ✉ 65100 :*

Virginia, 3 av. Pyrénées ☎ 05 62 94 66 18, *Fax 05 62 94 61 32,* , – |♦|, ▤ rest, TV ☎ ♿ P. AE GB
Repas 95/160, enf. 50 – ☐ 34 – **43 ch** 260/350 – ½ P 240/280

LOURMARIN *84160 Vaucluse 84 ③, 114 ② G. Provence – 1 108 h alt. 224.*

Voir *Château*★.

Office de Tourisme 8 av. Ph.-de-Girard ☎ 04 90 68 10 77, Fax 04 90 68 10 77.

Paris 739 – Digne-les-Bains 112 – Apt 19 – Aix-en-Provence 33 – Cavaillon 34.

✿✿ **Moulin de Lourmarin** (Loubet) M , r. Temple ☎ 04 90 68 06 69, *lourmarin@francemarket.com, Fax 04 90 68 31 76,* – |♦| ▤ TV . AE ① GB
fermé du 26 nov. au 9 déc. et 13 janv. au 10 fév. – **Repas** *(fermé merc. midi et mardi)* 400/600 et carte 550 à 750 ♀ – ☐ 100 – **20 ch** 1200/2800 – ½ P 1400/1900
Spéc. Turbot et pomme de terre écrasée au citron (printemps-été). Dos de lapin rôti (printemps-été). Brisé à la crème blanche et citron vert (juil. à sept.). **Vins** Côtes du Lubéron.

de Guilles sans rest, rte Vaugines : 2 km ☎ 04 90 68 30 55, *hotel@guilles.com, Fax 04 90 68 37 41,* ≤, « Mas provençal au milieu des vignes et vergers », , , – TV P – 25. AE ① GB
1er mars-11 nov. – ☐ 70 – **28 ch** 440/680

XXX ✿ **Auberge La Fenière** (Mme Sammut) M avec ch, Sud, rte de Cadenet par D 943 : 2 km ☎ 04 90 68 11 79, *reine@wanadoo.fr, Fax 04 90 68 18 60,* ≤ plaine de la Durance, , , – ▤ TV ♿ P. AE ① GB JCB
fermé 12 nov. au 1er fév. – **Repas** *(fermé mardi midi d'oct. à fin juin et lundi)* 250/580 et carte 450 à 550 ♀ – ☐ 80 – **7 ch** 650/1050 – ½ P 730/955
Spéc. Filet de thon à la poutargue. Loup en peau croustillante à la mirepoix de légumes. Pain perdu aux noisettes et framboises, glace à l'huile d'olive. **Vins** Côtes du Lubéron, Coteaux d'Aix-en-Provence-les-Baux.

XX **L'Antiquaire,** 9 r. Grand Pré ☎ 04 90 68 17 29, *Fax 04 90 68 17 29* – ▤. GB
fermé 12 au 30 nov., 14 au 31 janv., dim. soir sauf juil.-août et lundi – **Repas** 95 (déj.), 158/210 ♀

If you are held up on the road - from 6pm onwards - confirm your hotel booking by telephone. It is safer and quite an accepted practice.

LOUVETOT *76490 S.-Mar. 52 ⑬, 54 ⑨, 55 ⑤ – 562 h alt. 137.*

Paris 165 – Le Havre 55 – Rouen 44 – Bolbec 22 – Fécamp 34 – Yvetot 9.

Louvhôtel-Au Grand Méchant Loup, carr. D 131 - D 33 ☎ 02 35 95 46 56, *Fax 02 35 95 33 73* – TV ♿ P – 40 à 100. AE GB
Repas *(fermé dim. soir)* 58/160 ♀, enf. 45 – ☐ 28 – **24 ch** 240/255 – ½ P 226

LOUVIERS *27400 Eure 55 ⑯ ⑰ G. Normandie Vallée de la Seine – 18 658 h alt. 15.*

Voir *Église N.-Dame*★ *: oeuvres d'art*★*, porche*★ BY.

Env. *Vironvay* ≤★.

Office de Tourisme 10 r. Mar.-Foch ☎ 02 32 40 04 41.

Paris 101 ③ – Rouen 32 ② – Les Andelys 22 ③ – Lisieux 75 ⑤ – Mantes-la-Jolie 49 ③.

Plan page suivante

Pré-St-Germain , 7 r. St-Germain ☎ 02 32 40 48 48, *le-pre-saint-germain@wanadoo.fr, Fax 02 32 50 75 60,* – |♦| TV ♿ P – 70. AE GB BY s
Repas *(fermé dim. sauf le midi de début sept. à juil.)* 125/190 , enf. 70 – ☐ 60 – **30 ch** 390/550 – ½ P 400/450

à **St-Pierre-du-Vauvray** *par ② : 8 km – 1 113 h. alt. 20 – ✉ 27430 :*

Hostellerie St-Pierre , bords de Seine ☎ 02 32 59 93 29, *stpierre@free.fr, Fax 02 32 59 41 93,* ≤, – |♦| TV P. AE GB
hôtel : mi-mars-mi-nov. ; rest. : 1er avril-30 oct. et fermé merc. midi et mardi – **Repas** 125 (déj.)/195 ♀, enf. 85 – ☐ 65 – **14 ch** 650/990 – ½ P 550/725

LOUVIERS

Anc.-Combattants-d'Afrique-du-N. (R.). **BY** 2
Beaulieu (R. de) ..... **AZ** 3
Coq (R. au) .... **ABY** 5
Dr-Postel (Bd du)...... **BZ** 6
Flavigny (R.) .... **AZ** 7
Foch (R. Mar.) .... **BZ** 8
Gaulle (R. Gén.-de) .... **AZ** 9
Halle-aux-Drapiers (Pl.). **AZ** 10
Huet (R. J.)........... **AZ** 12
Matrey (R. du) .... **AZ** 14
Mendès-France (R. P.) . **AY** 15
Pénitents (R. des)..... **BY** 16
Poste (R. de la) .... **BY** 18
Quai (R. du) .... **BY**
Quatre-Moulins (R. des) **BY** 21
Thorel (Pl. E.) .... **AY** 22
Vexin (Chaussée du)... **BY** 24

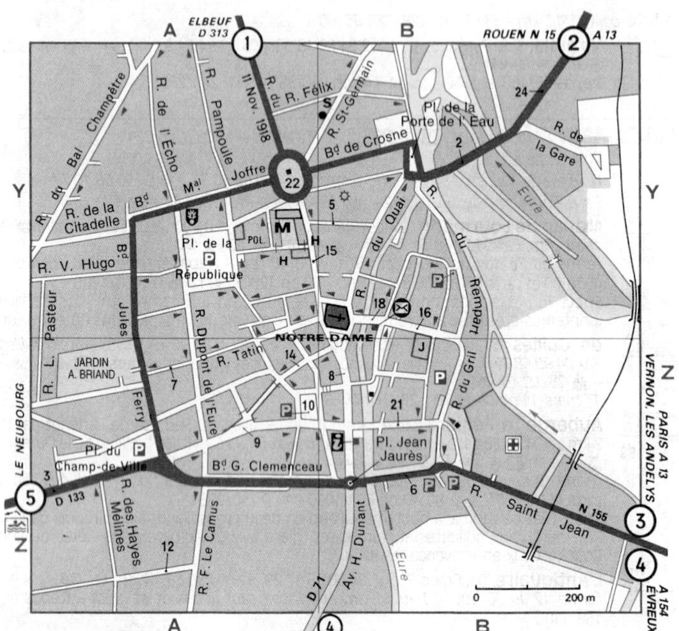

à Vironvay *par ③ : 5 km – 276 h. alt. 119 – ✉ 27400.*
Voir *Église*★.

XXX ✿ **Les Saisons** (Portier) 🕊 avec ch, ☎ 02 32 40 02 56, *Fax 02 32 25 05 26*, « Pavillons dans un jardin », – TV ♿ P – 30. AE ⓓ GB.
fermé 4 fév. au 4 mars, dim. soir et lundi – **Repas** 135 (déj.), 190/390 – ☕ 65 – **8 ch** 450/700, 4 appart – ½ P 850/1100
Spéc. Soupière de crustacés en croûte. Turbot rôti cuit entier à la crème de coquillages. Tarte fine aux pommes amandine.

LOUVIGNY *14 Calvados* 55 ⑪ *– rattaché à Caen.*

LUBBON *40240 Landes* 79 ⑫ ⑬ *– 99 h alt. 140.*
Paris 690 – Mont-de-Marsan 50 – Aire-sur-l'Adour 62 – Condom 42 – Nérac 36.

du Bon Coin "Chez Jeanne", D 933 ☎ 05 58 93 60 43, *Fax 05 58 93 61 42*, – P. AE GB.
fermé 22 juin au 13 juil., 5 au 20 janv., vend. soir et sam. sauf juil.-août – **Repas** 70/220 ♀, enf. 40 – ☕ 30 – **7 ch** 180/220 – ½ P 200

Le LUC *83340 Var* 84 ⑯ *G. Côte d'Azur – 6 929 h alt. 160.*
ℹ *Office de Tourisme Le Château des Vintimille ☎ 04 94 60 74 51 et (hors saison) à la Mairie ☎ 04 94 50 01 00.*
Paris 840 – Fréjus 41 – Cannes 73 – Draguignan 29 – St-Raphaël 44 – Toulon 58.

XX **Gourmandin,** pl. L. Brunet ☎ 04 94 60 85 92, *Fax 04 94 47 91 10* – AE ⓓ GB JCB
fermé 20 août au 18 sept., 25 fév. au 10 mars, dim. soir et lundi – **Repas** (week-end, prévenir) 140/190 ♀

à l'Ouest *: 4 km par N 7 – ✉ 83340 Le Luc :*

Grillade au Feu de Bois ⛰, ☏ 04 94 69 71 20, *Fax 04 94 59 66 11*, 🏔, antiquités, 🏊, – 🛗 📺 📞 🅿. AE GB JCB
Repas 190/300 🍷 – ☕ 50 – **15 ch** 400/650 – ½ P 480/705

LUCÉ *28 E.-et-L.* **60** ⑦ *– rataché à Chartres.*

LUCELLE *68480 H.-Rhin* **66** ⑲ *– 71 h alt. 640.*
Paris 471 – Altkirch 31 – Basel 36 – Belfort 55 – Colmar 94 – Delémont 19 – Montbéliard 46.

au Nord-Est *: 4,5 km par D 41 et rte secondaire – ✉ 68480 Lucelle :*

Petit Kohlberg ⛰, ☏ 03 89 40 85 30, *Fax 03 89 40 89 40*, ≤, 🏔, 🌳 – 🛗 📺 ♿ 🅿 – 🏕 40. GB
Repas *(fermé lundi et mardi)* 85/205 🍷, enf. 65 – ☕ 60 – **35 ch** 250/335 – ½ P 310/335

LUCEY *54 M.-et-M.* **62** ④ *– rattaché à Toul.*

LUCHÉ-PRINGÉ *72800 Sarthe* **64** ③ *G. Châteaux de la Loire – 1 486 h alt. 34.*
Paris 238 – Angers 65 – Le Mans 39 – La Flèche 14 – Le Lude 10.

Auberge du Port des Roches ⛰, au Port des Roches Est : 2,5 km par D 13 et D 214 ☏ 02 43 45 44 48, *Fax 02 43 45 39 61*, 🏔, « Terrasse au bord du Loir », 🌳 – 🅿. GB
fermé 29 janv. au 6 mars, dim. soir et lundi – **Repas** 115/205 🍷, enf. 50 – ☕ 35 – **12 ch** 240/310 – ½ P 260/290

LUCHON *31 H.-Gar.* **85** ⑳ *– voir Bagnères-de-Luchon.*

LUÇON *85400 Vendée* **71** ⑪ *G. Poitou Vendée Charentes – 9 099 h alt. 8.*
Voir *Jardin Dumaine★.*
ℹ *Office de Tourisme Sq. E.-Herriot ☏ 02 51 56 36 52, Fax 02 51 56 03 56.*
Paris 438 – La Rochelle 41 – La Roche-sur-Yon 33 – Cholet 88 – Fontenay-le-Comte 32.

XXX **Mirabelle,** 89 bis r. de Gaulle, rte des Sables d'Olonne ☏ 02 51 56 93 02, *Fax 02 51 56 35 92*, 🏔 – 🍽. GB
fermé 22 au 31 oct., 28 janv. au 13 fév., dim. soir, lundi soir, mardi en hiver et sam. midi – **Repas** 89/270 🍷, enf. 55

XX **Boeuf Couronné** avec ch, rte de la Roche-sur-Yon : 2 km ☏ 02 51 56 11 32, *boeufcouronne@wanadoo.fr, Fax 02 51 56 98 25*, 🏔 – 📺 ♿ 🅿. AE ⓓ GB
fermé mi-sept. à début oct., dim. soir et lundi – **Repas** 73/168 – ☕ 32 – **4 ch** 250/280

LUC-SUR-MER *14530 Calvados* **54** ⑯ *G. Normandie Cotentin – 2 902 h – Casino.*
Voir *Parc municipal★.*
ℹ *Office de Tourisme r. Dr-Charcot ☏ 02 31 97 33 25, Fax 02 31 61 22 09.*
Paris 247 – Caen 18 – Arromanches-les-Bains 25 – Bayeux 30 – Cabourg 28.

Des Thermes et du Casino, ☏ 02 31 97 32 37, *hotelresto@hotelresto.lesthermes.com, Fax 02 31 96 72 57*, ≤, 🏔, 🏋, 🏊, 🌳 – 🛗 📺 📞 ♿ 🅿. AE ⓓ GB
6 avril-7 oct. – **Repas** 125/360 🍷, enf. 65 – ☕ 55 – **48 ch** 500/550 – ½ P 400/425

Le LUDE *72800 Sarthe* **64** ③ *G. Châteaux de la Loire – 4 424 h alt. 48.*
Voir *Château★★.*
ℹ *Office de Tourisme pl. F.-de-Nicolay ☏ 02 43 94 62 20, Fax 02 43 94 48 46.*
Paris 247 – Le Mans 45 – Angers 73 – Chinon 62 – La Flèche 20 – Saumur 52 – Tours 50.

XX **Renaissance,** 2 av. Libération ☏ 02 43 94 63 10, *Fax 02 43 94 21 05* – AE ⓓ GB JCB
fermé dim. soir et lundi – **Repas** 84/219 🍷, enf. 55

LUGON ET L'ILE-DU-CARNEY *33 Gironde* **71** ⑧ *– 1 026 h alt. 36 – ✉ 33240 St-André-de-Cubzac.*
Paris 570 – Bordeaux 32 – Libourne 11 – St-André-de-Cubzac 10.

XX **Auberge de la Vieille Chapelle,** Sud-Ouest : 3 km par D 670 et rte secondaire ☏ 05 57 84 48 65, *Fax 05 57 84 40 28*, ≤, 🏔 – 🍽 🅿. GB
fermé 10 au 25 sept., 14 janv. au 5 fév., dim. soir et mardi – **Repas** 98 (déj.), 158/280 🍷, enf. 80

LUGOS *33830 Gironde* **78** ③ *– 476 h alt. 40.*

Paris 644 – Bordeaux 64 – Arcachon 44 – Bayonne 140.

Bonne Auberge avec ch, 05 57 71 95 28, *Fax 05 57 71 94 32*, – P. GB

fermé nov., dim. soir et lundi sauf juil.-août – **Repas** 60/230 – 25 – **12 ch** 180/220 – 1/2 P 230

LUMBRES *62380 P.-de-C.* **51** ③ *– 3 944 h alt. 45.*

Paris 260 – Calais 45 – Arras 80 – Boulogne-sur-Mer 42 – Dunkerque 53 – St-Omer 11.

Moulin de Mombreux M, Ouest : 2 km par rte Boulogne, D 225 et rte secondaire 03 21 39 13 13, *Fax 03 21 93 61 34*, « Parc sur les rives du Bléquin », – P – 25. AE GB

fermé 20 déc. au 20 janv. – **Repas** 220 bc/610 bc – 60 – **24 ch** 500/720

LUNEL *34400 Hérault* **83** ⑧ *– 18 404 h alt. 6.*

Office de Tourisme 16 Crs Gabriel-Péri 04 67 71 01 37, Fax 04 67 71 26 67.

Paris 738 – Montpellier 29 – Aigues-Mortes 16 – Alès 57 – Arles 57 – Nîmes 31.

Chodoreille, 140 r. Lakanal 04 67 71 55 77, *chodoreille@wanadoo.fr, Fax 04 67 83 19 97*, – . AE GB

fermé 15 au 31 août et dim. sauf fériés – **Repas** 125/330

LUNÉVILLE 54300 *M.-et-M.* **62** ⑥ *G. Alsace Lorraine – 20 711 h alt. 224.*

Voir *Château*★ **A** – *Parc des Bosquets*★ **AB** – *Boiseries*★ *de l'église St-Jacques* **A**.

Office de Tourisme au Château 03 83 74 06 55, Fax 03 83 73 57 95.

Paris 341 ⑤ – Nancy 36 ⑤ – Épinal 64 ④ – Metz 95 ① – St-Dié 55 ③ – Strasbourg 131 ②.

LUNÉVILLE

Banaudon (R.) . . . . . A 2
Basset (R. R.) . . . . . B 3
Bosquets (R. des) . . . . . B 4
Brèche (R. de la) . . . . . A 5
Carnot (R.) . . . . . B 7
Castara (R.) . . . . . A 9
Chanzy (R.) . . . . . A 10
Charier (R. G.) . . . . . A 13
Charité (R. de la) . . . . . A 15
Château (R. du) . . . . . A 16
Erckmann (R.) . . . . . B 18
Gaillardot (R.) . . . . . A 20
Gambetta (R.) . . . . . B 21
Haxo (R.) . . . . . B 23
Lebrun (R.) . . . . . B 25
Leclerc (R. Gén.) . . . . . A 27
Léopold (Pl.) . . . . . AB 28
République (R.) . . . . . A 30
St-Jacques (Pl.) . . . . . A 32
St-Rémy (Pl.) . . . . . A 36
Ste-Marie (R.) . . . . . A 37
Sarrebourg (R. de) . . . . . A 39
Templiers (R. des) . . . . . A 41
Thiers (R.) . . . . . A 43
Viller (R. de) . . . . . A 48
2e-Div.-de-Cavalerie (Pl. de la) . . . . . A 50

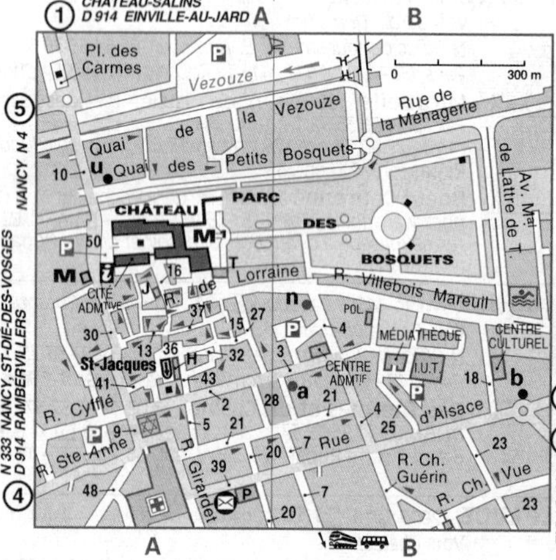

des Pages, 5 quai Petits Bosquets 03 83 74 11 42, *Fax 03 83 73 46 63*, – P – 40. AE GB — A u

Petit Comptoir 03 83 73 14 55 *(fermé sam. midi et dim. soir)* **Repas** 98/130, enf. 70 – 36 – **30 ch** 260/320 – 1/2 P 280

Oasis M sans rest, 3 av. Voltaire 03 83 73 52 85, *Fax 03 83 73 02 28* – P. AE GB — B b

36 – **34 ch** 280/320

Floréal, 1 pl. Léopold (1er étage) 03 83 73 39 80, *Fax 03 83 73 39 80* – AE GB — B a

fermé dim. soir et lundi – **Repas** 80/210, enf. 50

Les Bosquets, 2 r. Bosquets 03 83 74 00 14, *Fax 03 83 74 16 93* – AE GB — B n

fermé 6 au 19 août, 12 au 18 fév., dim. soir, merc. soir et jeudi – **Repas** 89/199

à Moncel-lès-Lunéville *rte de St-Dié par ③ : 3 km – 364 h. alt. 234 – ✉ 54300 :*

Acacia, sur N 59, proche échangeur Lunéville-Z.I. ☎ 03 83 73 49 00, *ihacacia@aol.com, Fax 03 83 73 46 51* – TV ☎ & P. AE ① GB
fermé Noël au Jour de l'An – **Repas** 80/140 ♀, enf. 35 – ☕ 34 – **42 ch** 235/285 – ½ P 250/295

Relais St-Jean, sur N 59 ☎ 03 83 74 08 65, *Fax 03 83 73 34 15* – ▤ P. AE GB
fermé 10 juil. au 10 août, dim. soir, merc. soir et lundi – **Repas** 89/265 ♀

au Sud par ④ *puis av. G. Pompidou et cités Ste-Anne : 5 km – ✉ 54300 Lunéville :*

Château d'Adomenil (Million) M ⛰, ☎ 03 83 74 04 81, *Fax 03 83 74 21 78,* 🏞, « Belle demeure dans un parc », 🏊, 🐴 – ▤ TV ☎ P – 🏛 20. AE ① GB JCB
fermé 2 janv. au 9 fév., dim. et lundi du 1er nov. au 14 avril – **Repas** *(fermé lundi sauf le soir du 1er nov. au 14 avril, dim. soir et mardi midi)* (nombre de couverts limité, prévenir) 250/480 et carte 390 à 490, enf. 100 – ☕ 85 – **7 ch** 580/980, 4 duplex – ½ P 855/1050
Spéc. Salade de grenouilles à la menthe fraîche (juin à oct.). Filets de pigeonneau aux épices. Cornets craquants de pavot bleu aux mirabelles de Lorraine (15 août au 10 sept.)
Vins Côtes de Toul blanc et rouge.

LURBE-ST-CHRISTAU *64660 Pyr.-Atl.* 85 ⑥ *– 214 h alt. 260 – Stat. therm. en travaux : fermés en 2001.*
Paris 821 – Pau 44 – Laruns 31 – Lourdes 60 – Oloron-Ste-Marie 10 – Tardets-Sorholus 28.

Au Bon Coin M, rte des Thermes ☎ 05 59 34 40 12, *valerielassala@worldonline.fr, Fax 05 59 34 46 40,* 🏊, 🏞 – TV ☎ P – 🏛 25. AE GB
fermé dim. soir et lundi du 10 oct. au 30 mars – **Repas** 90/290 ♀ – ☕ 45 – **18 ch** 280/430 – ½ P 285/340

Au moment de chercher un hôtel ou un restaurant, soyez efficace.
Sachez utiliser les noms ***soulignés en rouge*** *sur les* ***cartes Michelin*** *à 1/200 000.*
Mais ayez une carte à jour!

LURE *70200 H.-Saône* 66 ⑥ *G. Jura – 8 843 h alt. 290.*
Paris 386 – Besançon 77 – Belfort 34 – Épinal 77 – Montbéliard 35 – Vesoul 30.

Luron M, 92 av. République par rte Vesoul ☎ 03 84 30 03 03, *Fax 03 84 62 76 62,* 🏞 – 🛗 TV ☎ & P – 🏛 40. AE ① GB
Repas *(fermé vend. soir et sam. midi)* (45) - 60/180 🍷 – ☕ 30 – **40 ch** 220/250 – ½ P 180/210

à Roye *Est : 2 km par rte de Belfort – 1 176 h. alt. 301 – ✉ 70200 :*

Saisonnier, La Verrerie (sur N 19) ☎ 03 84 30 46 00, *Fax 03 84 30 46 00,* 🏞 – P. GB
fermé 6 au 26 août, vacances de fév., dim. soir et merc. – **Repas** 90/270, enf. 50

à Froideterre *Nord-Est : 3 km par D 486 – 278 h. alt. 306 – ✉ 70200 :*

Hostellerie des Sources, 4 r. Grand Bois ☎ 03 84 30 13 91, *Fax 03 84 30 29 87,* 🏞 – ▤ P. AE GB JCB. 🚭
fermé 7 au 28 janv., dim. soir et lundi sauf fériés – **Repas** (nombre de couverts limité, prévenir) 120/340 ♀, enf. 65

LURI *2b H.-Corse* 90 ② *– voir à Corse.*

LURS *04700 Alpes-de-H.P.* 81 ⑮ *G. Alpes du Sud – 320 h alt. 600.*
Voir Site★.
🅸 *Syndicat d'Initiative allée A.-Gouin ☎ 04 92 79 10 20 (hors saison) Mairie ☎ 04 92 79 95 24.*
Paris 743 – Digne-les-Bains 40 – Forcalquier 12 – Manosque 27 – Sisteron 33.

Séminaire ⛰, ☎ 04 92 79 94 19, *seminaire@pacwan.fr, Fax 04 92 79 11 18,* ←, 🏞 – ✂ TV ☎ & P – 🏛 25. GB
fermé 1er déc. au 31 janv. et lundi midi – **Repas** 95 (déj.), 135/350 ♀, enf. 65 – ☕ 66 – **16 ch** 355/580 – ½ P 410/470

Bello Visto, ☎ 04 92 79 95 09, *Fax 04 92 79 11 34,* ← – GB
fermé 1er oct. au 6 nov., mardi soir et merc. – **Repas** 90/220

LUSIGNAN 86600 Vienne 68 ⑬ *G. Poitou Vendée Charentes – 2 749 h alt. 134.*

Paris 363 – Poitiers 26 – Angoulême 95 – Confolens 74 – Niort 53.

Chapeau Rouge, r. Chypre ✆ 05 49 43 31 10, *Fax 05 49 43 31 20*, – TV P. GB
fermé 15 au 31 oct., vacances de fév., dim. soir et lundi – **Repas** 80/170 ♀, enf. 50 – ☕ 35 – **8 ch** 230/280 – ½ P 230/260

LUSSAC-LES-CHÂTEAUX 86320 Vienne 68 ⑮ *G. Poitou Vendée Charentes – 2 297 h alt. 104.*

Env. *Nécropole mérovingienne★ de Civaux NO : 6 km sur D 749.*

Office de Tourisme (fermé le dim.) pl. Champ de Foire ✆ 05 49 84 57 73, Fax 05 49 84 57 73.

Paris 375 – Poitiers 39 – Bellac 42 – Châtellerault 52 – Montmorillon 12 – Ruffec 52.

Les Orangeries sans rest, ✆ 05 49 84 07 07, *orangerie@wanadoo.fr, Fax 05 49 84 98 82*, « Décor rustique original, beau jardin », – TV P – 30. GB
fermé 15 déc. au 15 janv. – ☕ 55 – **7 ch** 450/580, 3 appart

Montespan sans rest, ✆ 05 49 48 41 42, *Fax 05 49 84 96 10* – TV P. GB
☕ 40 – **22 ch** 225/270

Roche de Fonsalive, Les Bordes, Sud-Ouest : 5 km par N 147 et D 25 ✉ 86320 Gouëx
✆ 05 49 84 50 26, *Fax 05 49 84 06 95*, – P. GB
fermé vacances de fév., dim. soir et lundi – **Repas** 95/245 ♀, enf. 55

LUTTER 68 H.-Rhin 66 ⑩ ⑳ – *rattaché à Ferrette.*

LUTZELBOURG 57820 Moselle 62 ⑧ *G. Alsace Lorraine – 705 h alt. 212.*

Voir *Plan-incliné★ de St-Louis-Arzviller SO : 3,5 km.*

Paris 439 – Strasbourg 63 – Metz 110 – Obernai 50 – Sarrebourg 19 – Sarreguemines 53.

Des Vosges avec ch, ✆ 03 87 25 30 09, *Fax 03 87 25 42 22*, – TV P. GB
fermé 12 nov. au 1er déc., 15 janv. au 10 fév., jeudi soir et vend. d'oct. à Pâques – **Repas** 80/200 ♀, enf. 50 – ☕ 40 – **14 ch** 200/300 – ½ P 190/280

LUX 71 S.-et-L. 70 ① – *rattaché à Chalon-sur-Saône.*

LUXÉ 16 Charente 72 ③ – *rattaché à Mansle.*

LUXEUIL-LES-BAINS 70300 H.-Saône 66 ⑥ *G. Jura – 8 790 h alt. 305 – Stat. therm. (2 avril-25 nov.) – Casino.*

Voir *Hôtel Cardinal Jouffroy★* **B** – *Musée de la tour des Échevins★ : stèle★* **M** – *Anc. Abbaye St-Colomban★ : buffet d'orgues★ – Maison François 1er★* **F**.

Office de Tourisme 1 av. Thermes ✆ 03 84 40 06 41, Fax 03 84 93 74 47.

Paris 375 ④ – Épinal 57 ① – Vesoul 31 ③ – Vittel 73 ④.

Beau Site, 18 r. G. Moulimard **(u)** ✆ 03 84 40 14 67, *Fax 03 84 40 50 25*, « Jardin fleuri », – TV P. GB. rest
Repas *(fermé vend. soir, sam. midi et dim. soir du 1er nov. au 31 mars)* 85/160 ♀, enf. 40 – ☕ 40 – **33 ch** 260/380 – ½ P 220/275

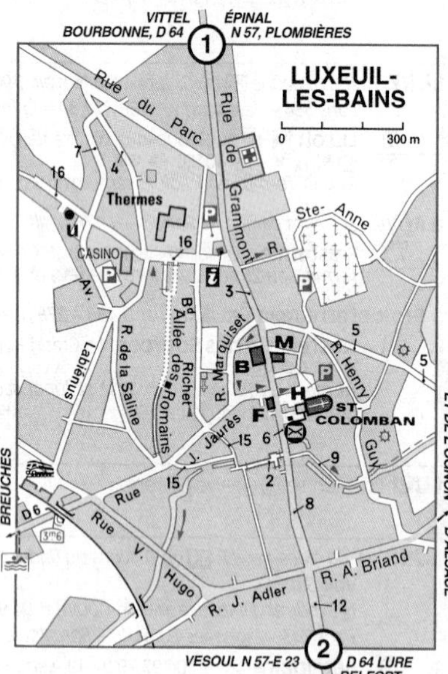

Cannes (R. des)	2	Jeanneney (R. J.)	8
Carnot (R.)	3	Lavoirs (R. des)	9
Clemenceau (R. G.)	4	Maroselli (Allées A.)	12
Gambetta (R.)	5	Morbief (R. du)	15
Genoux (R. V.)	6	Thermes (Av. des)	16
Hoche (R.)	7		

LUYNES *37230 I.-et-L.* 64 ⑭ *G. Châteaux de la Loire – 4 128 h alt. 60.*

Voir *Église* au Vieux-Bourg de St-Etienne de Chigny O : 3 km.*

Office de Tourisme 9 r. Alfred-Baugé ☎ 02 47 55 77 14, Fax (Mairie) 02 47 55 52 56.

Paris 251 – Tours 12 – Angers 116 – Chinon 42 – Langeais 17 – Saumur 57.

Domaine de Beauvois, Nord-Ouest : 4 km par D 49 ☎ 02 47 55 50 11, *beauvois@wanadoo.fr, Fax 02 47 55 59 62,* ←, – , rest, – 40. AE GB JCB. rest

fermé 30 janv. au 15 mars – **Repas** (dîner seul. en été) 265/440 – 90 – **36 ch** 1080/1650

Spéc. Langoustines poêlées au beurre d'orange. Sandre en pavé cuit moelleux. Agneau rôti à la gousse d'ail. **Vins** Montlouis, Chinon

LUZ-ST-SAUVEUR *65120 H.-Pyr.* 85 ⑱ *G. Midi-Pyrénées – 1 173 h alt. 710 – Stat. therm. (7 mai-20 oct.) – Sports d'hiver : 710/2 450 m 19 .*

Voir *Église fortifiée*.*

Office de Tourisme pl. 8-Mai ☎ 05 62 92 81 60, Fax 05 62 92 87 19.

Paris 847 – Pau 77 – Argelès-Gazost 19 – Cauterets 23 – Lourdes 32 – Tarbes 50.

à **Esquièze-Sère** : *au Nord – 500 h. alt. 710 – ✉ 65120 :*

Montaigu, rte Vizos ☎ 05 62 92 81 71, *hotelmontaigu@wanadoo.fr, Fax 05 62 92 94 11,* ←, – – 25. AE GB. rest

2 mai-30 sept. et 1er déc.-15 avril – **Repas** (dîner seul.) 100/150 – 45 – **35 ch** 300/450 – ½ P 300/340

Besonders angenehme Hotels oder Restaurants sind im Führer rot gekennzeichnet.
Sie können uns helfen, wenn Sie uns die Häuser angeben, in denen Sie sich besonders wohl gefühlt haben.
Jährlich erscheint eine komplett überarbeitete Ausgabe aller Roten Michelin-Führer.

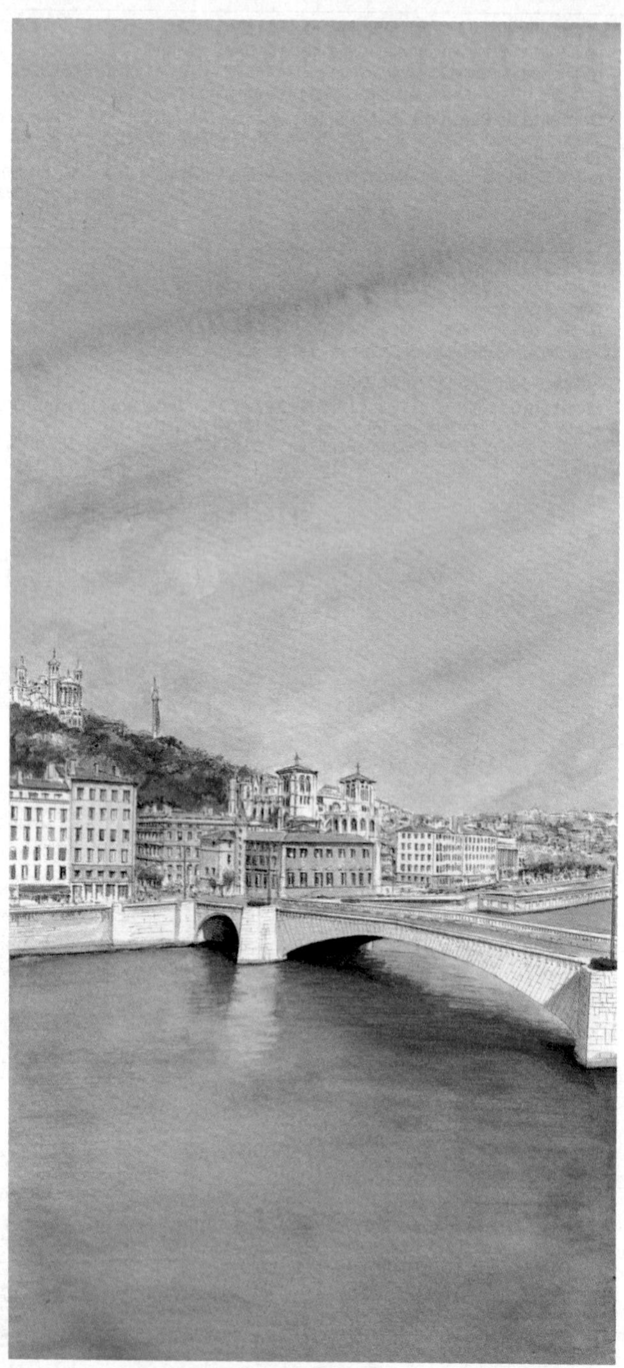

LYON

P 69000 Rhône 74 ⑪ ⑫ 110 ⑭ *G. Vallée du Rhône - 415 487 h. - Agglo. 1 262 223 h - alt. 175.*

Paris 461 ⑩ – Genève 152 ② – Grenoble 110 ④ – Marseille 316 ⑥ – St-Étienne 61 ⑥

OFFICES DE TOURISME

pl. Bellecour ☏ 04 72 77 69 69, Fax 04 78 42 04 32

5 av. A.-Briand à Villeurbanne (lundi au sam.) ☏ 04 78 68 13 20, Fax 04 78 69 94 64

RENSEIGNEMENTS PRATIQUES

TRANSPORTS

Auto-train ☏ 08 36 35 35 35

AÉROPORT

Lyon-Saint-Exupéry : ☏ 04 72 22 72 21 par ④ : 27 km

DÉCOUVRIR

LE SITE

⩽★★★ de la basilique Notre-Dame de Fourvière **EX**

Montée du Garillan★ **EX**

⩽★ sur la Saône et la presqu'île depuis la place Rouville **EV**

LYON ROMAIN ET GALLO-ROMAIN

Théâtres romains et l'Odéon **EY** *- Aqueducs romains* **EY** *- Musée de la Civilisation gallo-romaine★★ : table claudienne★★★* **EY M¹⁰**

LE VIEUX LYON

Quartiers St-Jean, St-Paul et St-Georges★★★ **EFXY** *- Rue Saint-Jean :Cour★★ au nº 28 et cour★ de l'hôtel du Gouvernement au nº2 - Couloir voûté★ au nº18 rue Lainerie - galerie★★ de l'hôtel*

Bullioud au nº 8 rue Juiverie - Hôtel Gadagne★ **FX M⁴** *: musée historique de Lyon★, musée lapidaire★, musée international de la Marionnette★ - Primitiale St-Jean★ (Choeur★★)* **EFY** *- Maison du Crible★ au nº 16 rue du Boeuf - Théâtre "le Guignol de Lyon"* **FX T**

LA PRESQU'ILE

Place Bellecour **FY** - *Fontaine★ de la place des Terreaux* **FX** - *Palais St-Pierre★* **FX M**[9]

Musée des Beaux-Arts★★★ **FX M**[9] - *Musée historique des tissus★★★* **FY M**[17] - *Musée de l'Imprimerie★★* **FX M**[16] - *Musées des Arts décoratifs★★* **FY M**[7]

LA CROIX ROUSSE

Aux origines de la soierie lyonnaise

Mur des Canuts **FV R** - *Maison des Canuts* **FV M**[5] - *Ateliers de Soierie vivante★* **FV E**

RIVE GAUCHE DU RHÔNE

Quartiers : les Brotteaux, la Guillotière, Gerland, la Part-Dieu

Parc de la Tête d'Or★ : Roseraie★ **GHV** - *Musée d'Histoire naturelle★★* **GV M**[20] - *Centre d'Histoire de la Résistance et de la Déportation★* **FZ M**[1]

Musée d'Art contemporain★ **GU** - *Musée urbain Tony-Garnier* **CQ** - *Halle Tony-Garnier* **BQR** - *Château Lumière* **CQ M**[2]

ENVIRONS

Musée de l'automobile Henri-Malartre★★ à Rochetaillée-sur-Saône 12 km par ⑪

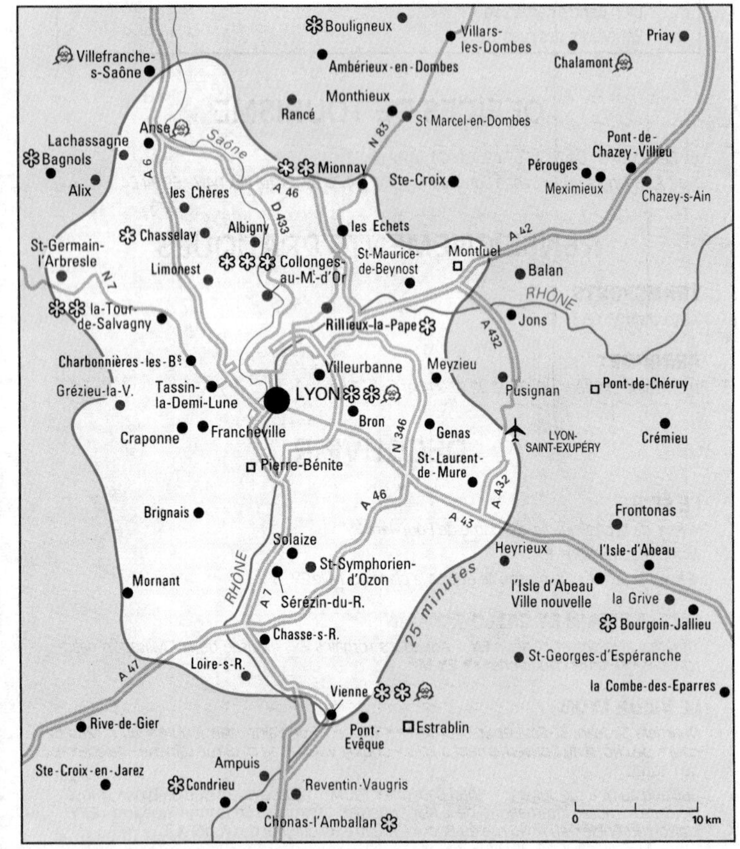

Hôtels

Centre-ville (Bellecour-Terreaux) :

Sofitel M, 20 quai Gailleton ✉ 69002 ✆ 04 72 41 20 20, *h0553@accor-hotels.com, Fax 04 72 40 05 50,* ≤ – 🅿 – 200. AE ⓓ GB JCB p. 8 FY p
Les Trois Dômes (au 8e étage) ✆ 04 72 41 20 97 *(fermé août)* **Repas** 230(déj.), 365/450 ♀ – ***Sofi Shop*** (rez-de-chaussée) ✆ *04 72 41 20 80* **Repas** 110/145 ♀, enf. 49 – ☕ 130 – **137 ch** 1385/1550, 29 appart

Grand Hôtel Concorde, 11 r. Grolée ✉ 69002 ✆ 04 72 40 45 45, *reservation@grand-hotel-concorde.com, Fax 04 78 37 52 55* – – 60. AE ⓓ GB JCB. rest p. 8 FX y
Table des Saveurs : ✆ 04 78 37 15 08 *(fermé 28 juil. au 20 août, dim. midi et sam.)* **Repas** 110(déj.)/145 ♀ – ☕ 90 – **140 ch** 810/1475, 3 appart

Royal, 20 pl. Bellecour ✉ 69002 ✆ 04 78 37 57 31, *h2952@accor-hotels.com, Fax 04 78 37 01 36* – – 15. AE ⓓ GB JCB p. 8 FY g
Repas *(fermé sam.)* (92) - 118/168 ♀ – ☕ 90 – **80 ch** 785/1760

Carlton sans rest, 4 r. Jussieu ✉ 69002 ✆ 04 78 42 56 51, *h2950@accor-hotels.com, Fax 04 78 42 10 71* – . AE ⓓ GB JCB p. 8 FX b
☕ 62 – **83 ch** 550/930

Mercure Plaza République M sans rest, 5 r. Stella ✉ 69002 ✆ 04 78 37 50 50, *h2951-gm@accor-hotels.com, Fax 04 78 42 33 34* – – 40. AE ⓓ GB JCB p. 8 FY k
☕ 65 – **78 ch** 550/810

Beaux-Arts sans rest, 75 r. Prés. E. Herriot ✉ 69002 ✆ 04 78 38 09 50, *h2949@accor-hotel.com, Fax 04 78 42 19 19* – – 20. AE ⓓ GB JCB p. 8 FX t
☕ 62 – **75 ch** 590/810

Globe et Cécil sans rest, 21 r. Gasparin ✉ 69002 ✆ 04 78 42 58 95, *globe.et.cecil@wanadoo;fr, Fax 04 72 41 99 06* – – 25. AE ⓓ GB JCB p. 8 FY b
60 ch ☕ 660/780

Artistes sans rest, 8 r. G. André ✉ 69002 ✆ 04 78 42 04 88, *hartiste@club-internet.fr, Fax 04 78 42 93 76* – . AE ⓓ GB. p. 8 FY r
☕ 50 – **45 ch** 400/600

Résidence sans rest, 18 r. V. Hugo ✉ 69002 ✆ 04 78 42 63 28, *hotel-la-residence@wanadoo.fr, Fax 04 78 42 85 76* – . AE ⓓ GB JCB p. 8 FY s
☕ 38 – **67 ch** 350/380

Élysée Hôtel sans rest, 92 r. Prés. E. Herriot ✉ 69002 ✆ 04 78 42 03 15, *elyseehotel@lyon-france.com, Fax 04 78 37 76 49* – . AE ⓓ GB JCB p. 8 FY z
☕ 45 – **29 ch** 294/407

Colbert sans rest, 4 r. Archers ✉ 69002 ✆ 04 72 56 08 98, *reception@hotel-le-colbert.com, Fax 04 72 56 08 65* – . AE ⓓ GB. p. 8 FY a
☕ 42 – **20 ch** 325/355

Perrache :

Grand Hôtel Mercure Château Perrache, 12 cours Verdun ✉ 69002 ✆ 04 72 77 15 00, *h1292@accor-hotels.com, Fax 04 78 37 06 56,* « Décor Art Nouveau » – – 200. AE ⓓ GB JCB p. 8 EY a
Les Belles Saisons : **Repas** (125)-145/195 ♀, enf. 75 – ☕ 80 – **111 ch** 590/930

Charlemagne M, 23 cours Charlemagne ✉ 69002 ✆ 04 72 77 70 00, *charlemagne@hotel-france-lyon.com, Fax 04 78 42 94 84,* – , rest, – 120. AE ⓓ GB
Repas 98/120 ♀ – ☕ 57 – **116 ch** 465/605 p. 8 EZ t

Axotel M, 12 r. Marc-Antoine Petit ✉ 69002 ✆ 04 72 77 70 70, *axotel-perrache@hotel-france-lyon.com, Fax 04 72 40 00 65,* – , rest, – 100. AE ⓓ GB. ch
Chalut ✆ 04 72 56 07 69 *(fermé 13 août au 2 sept., vacances de Noël, sam. midi et dim.)*
Repas 145/280 ♀, enf. 70 – ☕ 50 – **128 ch** 425/615 p. 8 EZ r

Savoies sans rest, 80 r. Charité ✉ 69002 ✆ 04 78 37 66 94, *Fax 04 72 40 27 84* – . AE ⓓ GB JCB p. 8 FY h
☕ 30 – **46 ch** 280/350

à Vaise :

Saphir M, 12 r. L. Loucheur ✉ 69009 ✆ 04 78 83 48 75, *com-hotel-saphir@wanadoo.fr, Fax 04 78 83 30 81* – – 50. AE ⓓ GB p. 4 BP r
Repas (70) - 98/136 ♀ – ☕ 70 – **111 ch** 570/770

Vieux-Lyon :

Villa Florentine M, 25 montée St-Barthélémy ✉ 69005 ✆ 04 72 56 56 56, *florentine@relaischateaux.com, Fax 04 72 40 90 56,* ≤ Lyon, , – . AE ⓓ GB JCB p. 6 EFX s
Les Terrasses de Lyon : **Repas** 170(déj.),320/650 et carte 440 à 610 – ☕ 110 – **16 ch** 1400/2200, 3 appart
Spéc. Moelleux d'anchois frais marinés aux épices. Blanc de turbotin laqué. Caneton de Challans en cocotte. **Vins** Saint-Joseph blanc, Mercurey.

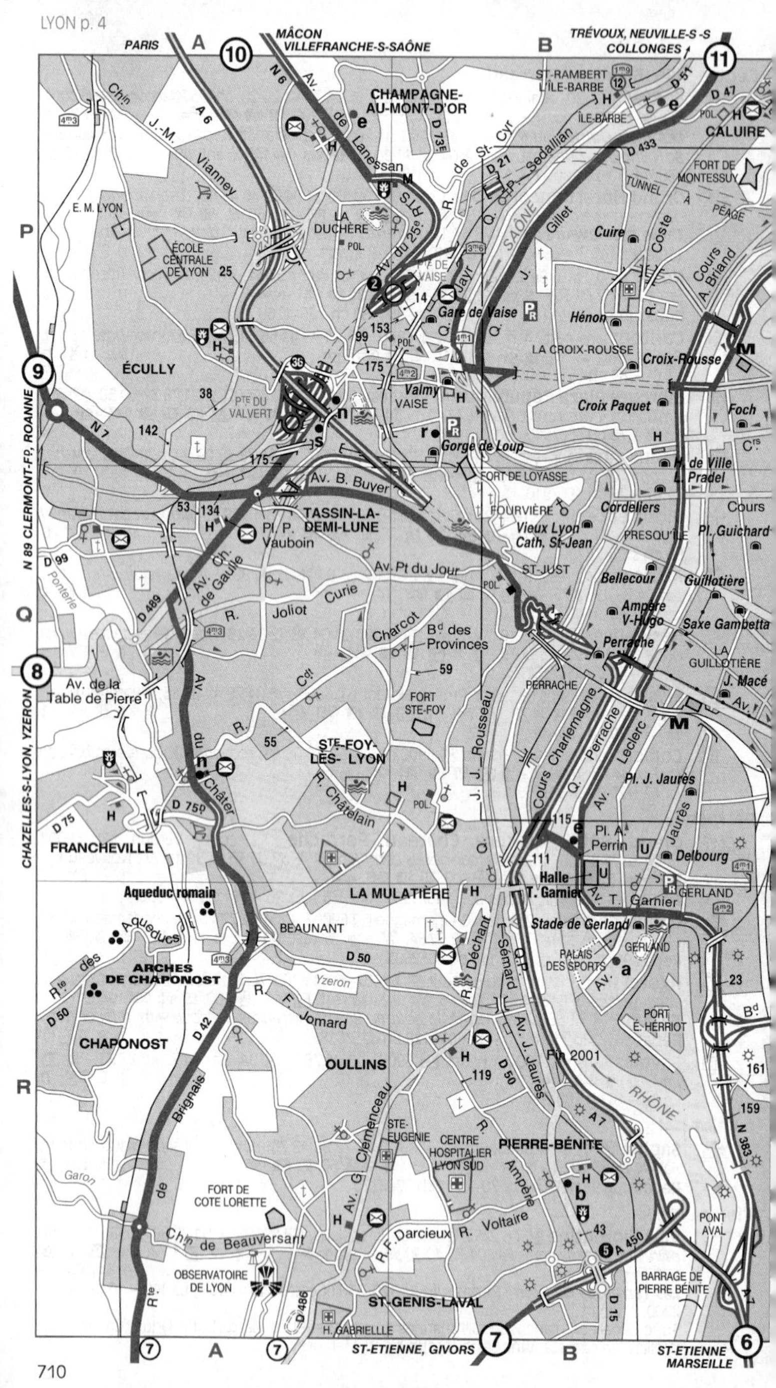
PARIS
MÂCON
VILLEFRANCHE-S-SAÔNE
TRÉVOUX, NEUVILLE-S-S
COLLONGES
CHAMPAGNE-AU-MONT-D'OR
ST-RAMBERT L'ÎLE-BARBE
ÎLE-BARBE
CALUIRE
FORT DE MONTESSUY
TUNNEL À PÉAGE
E. M. LYON
ÉCOLE CENTRALE DE LYON
LA DUCHÈRE
SAÔNE
Cuire
Hénon
Gare de Vaise
LA CROIX-ROUSSE
Croix-Rousse
ÉCULLY
PTE DU VALVERT
Valmy
VAISE
Croix Paquet
Foch
Gorge de Loup
FORT DE LOYASSE
H. de Ville L. Pradel
TASSIN-LA-DEMI-LUNE
Av. B. Buyer
Pl. P. Vauboin
FOURVIÈRE
Cordeliers
Vieux Lyon Cath. St-Jean
PRESQU'ÎLE
Pl. Guichard
ST-JUST
Bellecour
Guillotière
Ampère V-Hugo
Saxe Gambetta
Perrache
LA GUILLOTIÈRE
J. Macé
PERRACHE
Av. de la Table de Pierre
FORT STE-FOY
STE-FOY-LÈS-LYON
Pl. J. Jaurès
FRANCHEVILLE
Pl. A. Perrin
Delbourg
Halle
T. Garnier
GERLAND
Aqueduc romain
LA MULATIÈRE
Stade de Gerland
BEAUNANT
PALAIS DES SPORTS
ARCHES DE CHAPONOST
Yzeron
PORT É. HERRIOT
CHAPONOST
OULLINS
Fin 2001
RHÔNE
STE-EUGÉNIE
CENTRE HOSPITALIER LYON SUD
PIERRE-BÉNITE
FORT DE COTE LORETTE
PONT AVAL
BARRAGE DE PIERRE BÉNITE
OBSERVATOIRE DE LYON
ST-GENIS-LAVAL
H. GABRIELLE
N 89 CLERMONT-FD, ROANNE
CHAZELLES-S-LYON, YZERON
ST-ETIENNE, GIVORS
ST-ETIENNE MARSEILLE

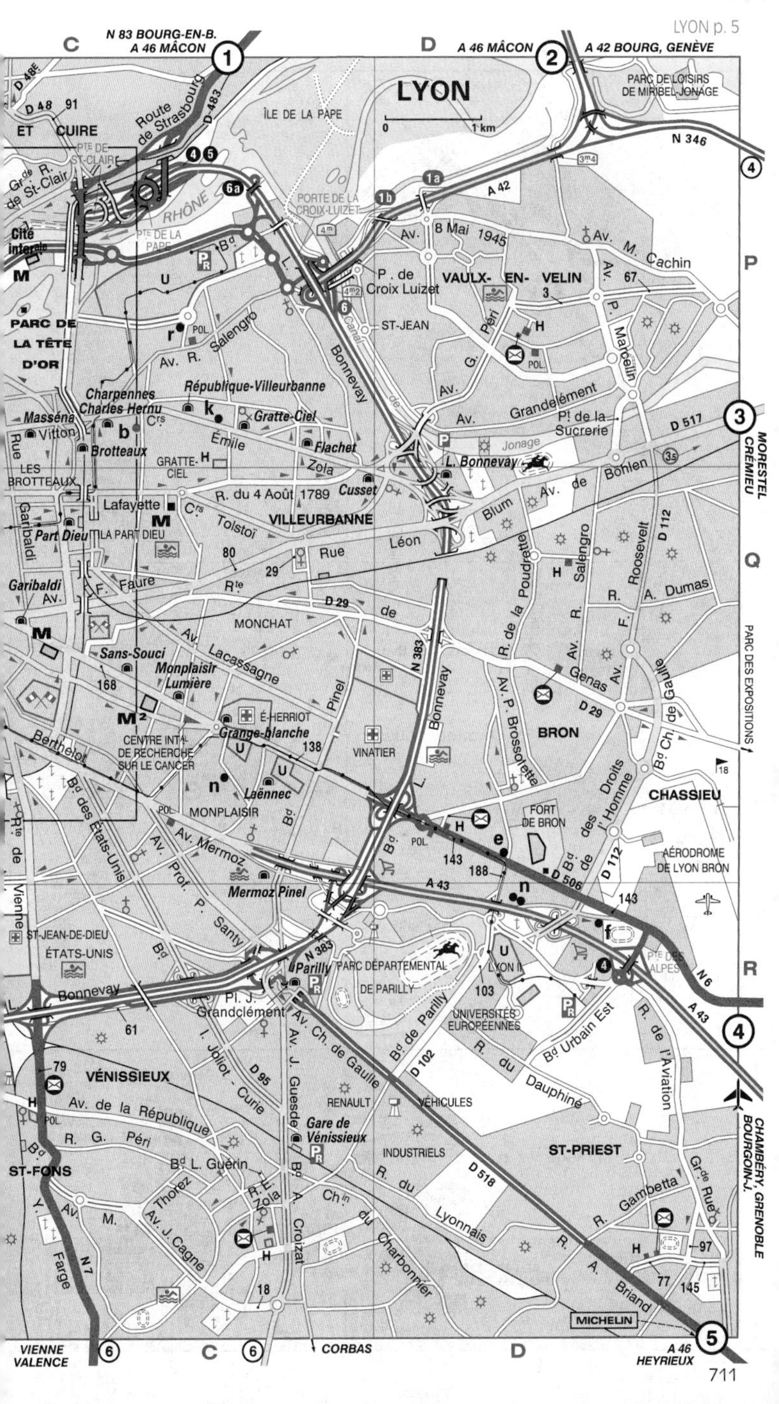
LYON
N 83 BOURG-EN-B.
A 46 MÂCON
A 46 MÂCON
A 42 BOURG, GENÈVE
PARC DE LOISIRS DE MIRIBEL-JONAGE
ÎLE DE LA PAPE
CUIRE
PARC DE LA TÊTE D'OR
VAULX-EN-VELIN
VILLEURBANNE
MONCHAT
BRON
CHASSIEU
MONPLAISIR
VÉNISSIEUX
ST-FONS
ST-PRIEST
PARC DÉPARTEMENTAL DE PARILLY
AÉRODROME DE LYON BRON
PARC DES EXPOSITIONS
MORESTEL CRÉMIEU
CHAMBÉRY, GRENOBLE BOURGOIN-J.
VIENNE VALENCE
CORBAS
A 46 HEYRIEUX
MICHELIN

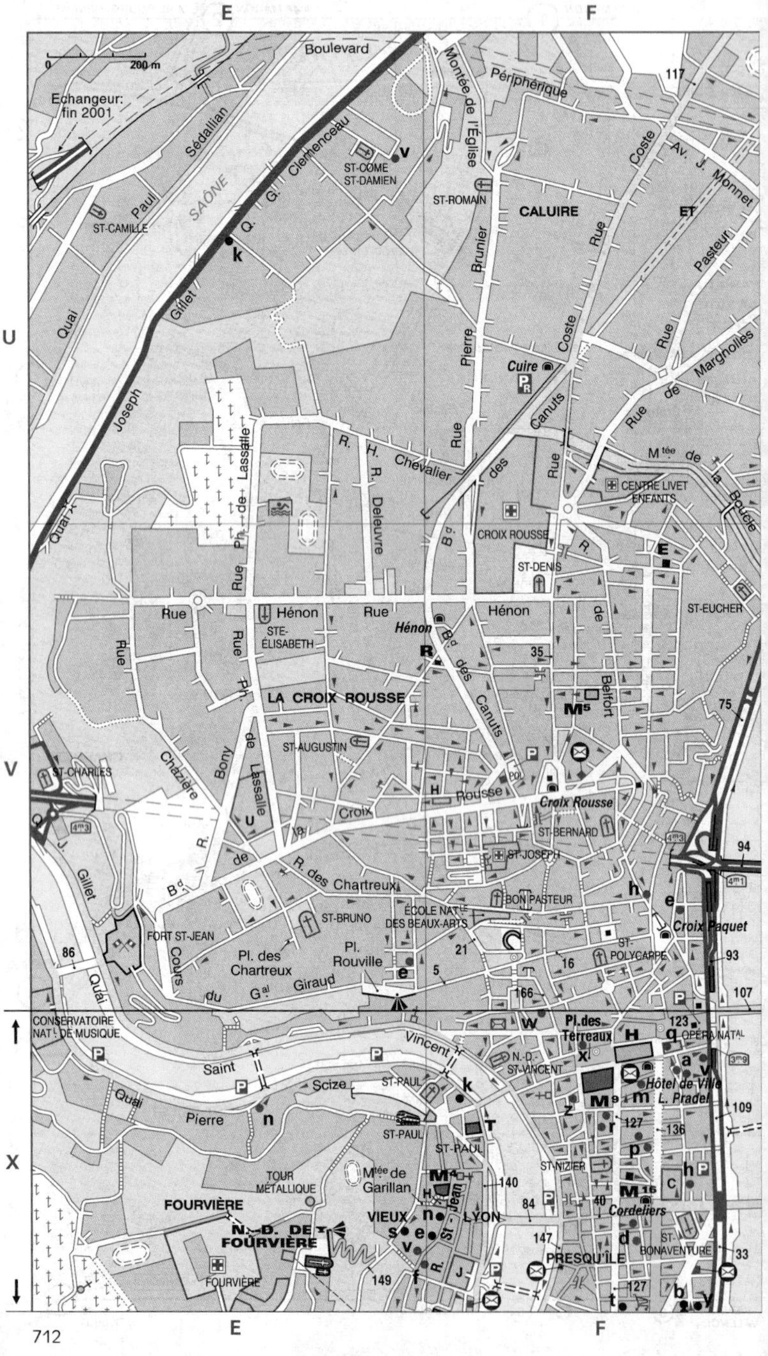

E F

0 200 m

Echangeur: fin 2001

Boulevard Périphérique

Montée de l'Église

Quai Paul Sédallian

SAÔNE

Q. G. Clemenceau

Quai Joseph Gillet

ST-CÔME ST-DAMIEN

ST-ROMAIN

CALUIRE ET

Av. J. Monnet

Rue Coste

Rue Pasteur

ST-CAMILLE

Rue Pierre Brunier

Cuire

Rue des Canuts

Rue de Margnolles

U

R. H. Chevalier

R. Deleuvre

Rue Ph. de Lassalle

Mtée de la Boucle

CENTRE LIVET ENFANTS

CROIX ROUSSE

Bd des Canuts

ST-DENIS

R. de Belfort

ST-EUCHER

Rue Hénon

Hénon

STE-ÉLISABETH

35

LA CROIX ROUSSE

75

ST-AUGUSTIN

Rue Chazière

Bony

V

ST-CHARLES

Bd de la Croix Rousse

Croix Rousse

ST-BERNARD

ST-JOSEPH

94

Q. J. Gillet

R. des Chartreux

BON PASTEUR

ÉCOLE NATLE DES BEAUX-ARTS

ST-BRUNO

FORT ST-JEAN

Croix Paquet

86

Pl. des Chartreux

Pl. Rouville

21

16

ST-POLYCARPE

93

Cours du Gal Giraud

5

166

107

CONSERVATOIRE NATL DE MUSIQUE

Pl. des Terreaux

123

OPÉRA NATAL

Quai Saint Vincent

N.-D. ST-VINCENT

Hôtel de Ville L. Pradel

Quai Pierre Scize

ST-PAUL

109

127

136

X

TOUR MÉTALLIQUE

Mtée de Garillan

ST-NIZIER

140

FOURVIÈRE

84

40

Cordeliers

N.-D. DE FOURVIÈRE

VIEUX LYON

R. St-Jean

147

PRESQU'ÎLE

ST-BONAVENTURE

33

149

127

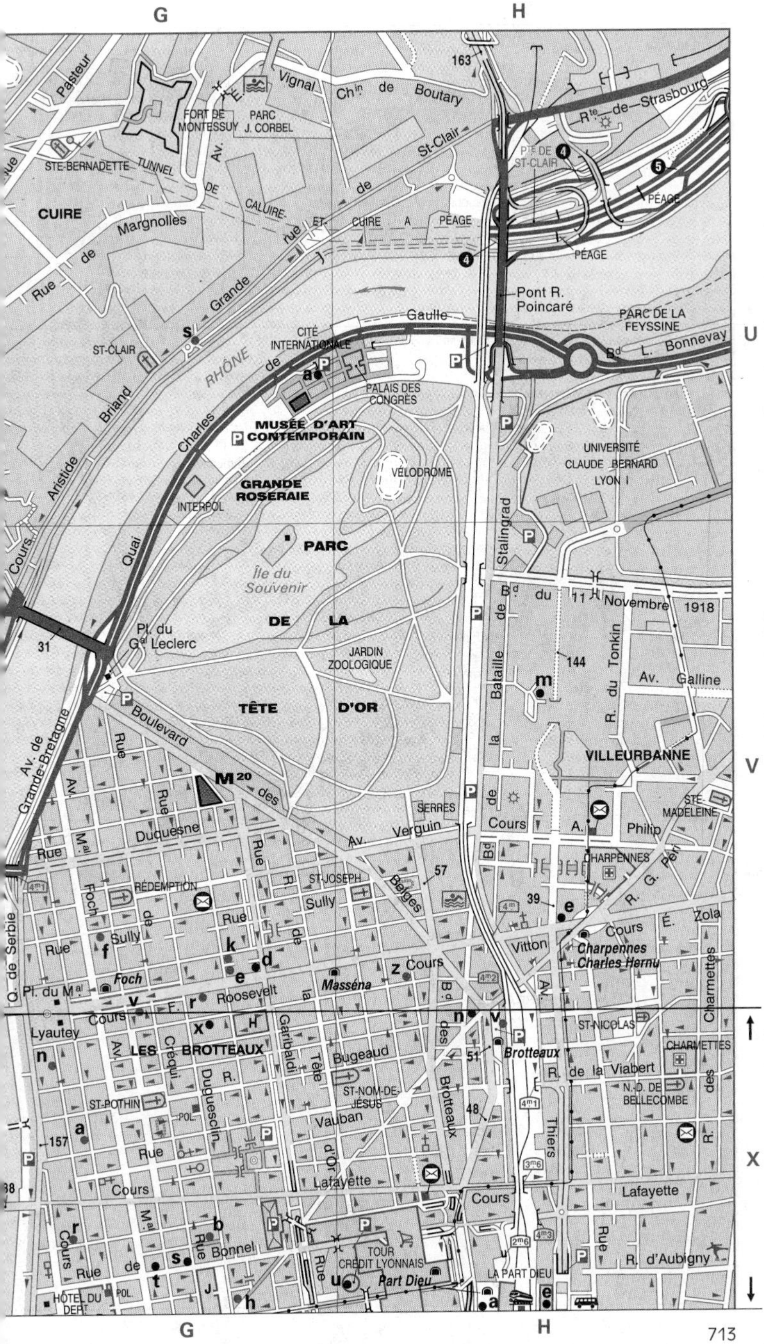

G H

FORT DE MONTESSUY
PARC J. CORBEL
STE-BERNADETTE
CUIRE
TUNNEL DE CALUIRE-ET-CUIRE A PÉAGE
Rue de Margnolles
Grande rue de St-Clair
Chin de Boutary
Rte de Strasbourg
PTE DE ST-CLAIR
PÉAGE
Pont R. Poincaré
PARC DE LA FEYSSINE
Bd L. Bonnevay
ST-CLAIR
RHÔNE
CITÉ INTERNATIONALE
PALAIS DES CONGRÈS
MUSÉE D'ART CONTEMPORAIN
Quai Charles de Gaulle
Cours Aristide Briand
INTERPOL
GRANDE ROSERAIE
VÉLODROME
UNIVERSITÉ CLAUDE BERNARD LYON I
PARC DE LA TÊTE D'OR
Île du Souvenir
JARDIN ZOOLOGIQUE
Pl. du Gal Leclerc
Stalingrad
Bd du 11 Novembre 1918
Bd de la Bataille de Stalingrad
R. du Tonkin
Av. Galline
VILLEURBANNE
Av. de Grande-Bretagne
Boulevard des Belges
SERRES
Cours A. Philip
STE-MADELEINE
CHARPENNES
Av. Verguin
Rue Duquesne
Rue Mal Foch
RÉDEMPTION
ST-JOSEPH
Rue Sully
R. G. Péri
Cours É. Zola
Cours Vitton
Charpennes Charles Hernu
Q. de Serbie
Pl. du Mal Lyautey
Foch
Masséna
Cours F. Roosevelt
Cours Lyautey
LES BROTTEAUX
Av. de Créqui
R. Duguesclin
Rue Garibaldi
Rue Tête d'Or
Bugeaud
Bd des Brotteaux
Brotteaux
ST-NICOLAS
CHARMETTES
Rue des Charmettes
R. de la Viabert
N.D. DE BELLECOMBE
ST-POTHIN
ST-NOM-DE-JÉSUS
Vauban
Thiers
Rue Lafayette
Cours Lafayette
Cours Bonnel
Rue Bonnel
Rue de Bonnel
TOUR CRÉDIT LYONNAIS
Part Dieu
LA PART DIEU
R. d'Aubigny
HÔTEL DU DÉPT
POL.

U V X

G H

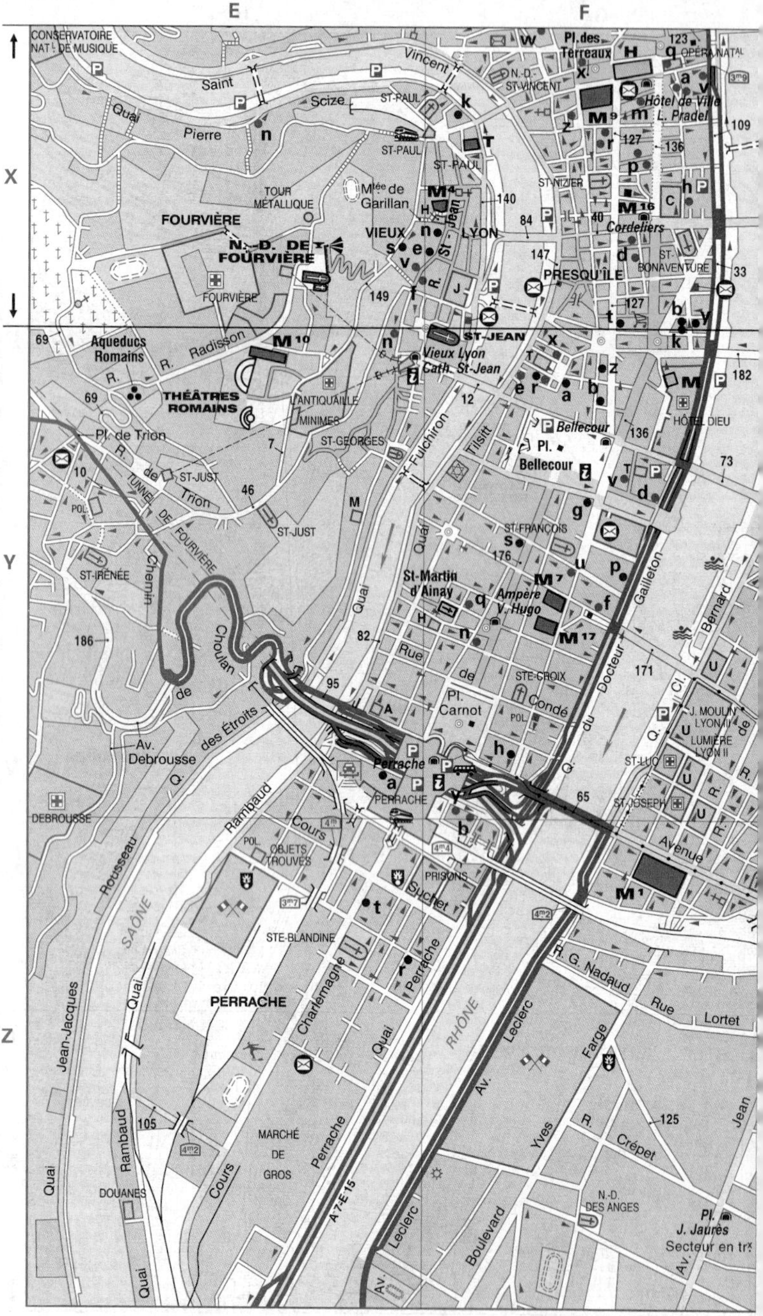

E F

X Y Z

CONSERVATOIRE NAT^L DE MUSIQUE

Saint Quai Pierre Scize Vincent

ST-PAUL

N.-D. ST-VINCENT

Pl. des Terreaux

OPÉRA NAT^L

Hôtel de Ville L. Pradel

TOUR MÉTALLIQUE

M^lée de Garillan

FOURVIÈRE

N.-D. DE FOURVIÈRE

VIEUX LYON

R. St-Jean

ST-NIZIER

Cordeliers

ST-BONAVENTURE

PRESQU'ÎLE

ST-JEAN

Aqueducs Romains

R. Radisson

THÉÂTRES ROMAINS

L'ANTIQUAILLE

MINIMES

ST-GEORGES

Vieux Lyon Cath. St-Jean

Pl. de Trion

R. de Trion

ST-JUST

TUNNEL DE FOURVIÈRE

Bellecour

Pl. Bellecour

HÔTEL DIEU

Tilsitt

Fulchiron

Quai

ST-FRANÇOIS

ST-IRÉNÉE

Chemin de Choulan

St-Martin d'Ainay

Ampère V. Hugo

Rue de Condé

STE-CROIX

Pl. Carnot

Q. du Docteur Gailleton

Bernard

Cl. Bernard

J. MOULIN LYON III

LUMIÈRE LYON II

ST-LUC

ST-JOSEPH

Av. Debrousse

Q. des Étroits

Perrache

PERRACHE

DEBROUSSE

Rambaud

Cours Suchet

OBJETS TROUVÉS

PRISONS

Avenue

SAÔNE

STE-BLANDINE

Quai Perrache

Charlemagne

PERRACHE

RHÔNE

R. G. Nadaud

Rue Lortet

Jean-Jacques Rousseau

Quai Rambaud

Av. Leclerc

Yves Farge

R. Crépet

Jean

MARCHÉ DE GROS

Cours

DOUANES

Boulevard

N.-D. DES ANGES

Pl. J. Jaures

Secteur en tr.

A 7-E 15

69 69 10 186 46 7 149 140 84 147 127 136 109 123 40 33 12 182 136 73 176 171 82 95 65 105 125

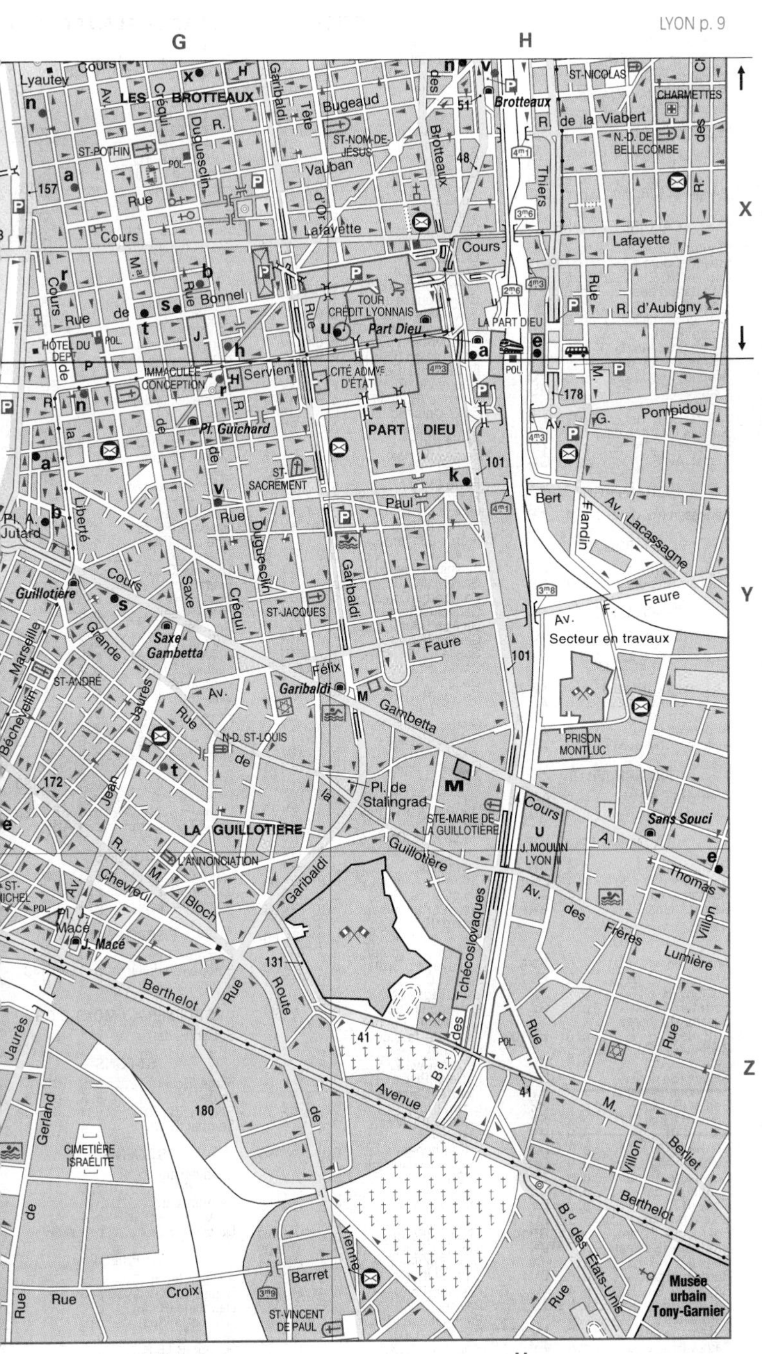
G
H
X
Y
Z
LES BROTTEAUX
ST-POTHIN
ST-NOM-DE-JÉSUS
Brotteaux
ST-NICOLAS
CHARMETTES
N.-D. DE BELLECOMBE
TOUR CRÉDIT LYONNAIS
Part Dieu
LA PART DIEU
HÔTEL DU DÉPT
IMMACULÉE CONCEPTION
CITÉ ADMVE D'ÉTAT
PART DIEU
Pl. Guichard
ST-SACREMENT
Pl. A. Jutard
Guillotière
ST-JACQUES
Secteur en travaux
Saxe Gambetta
Garibaldi
ST-ANDRÉ
N.-D. ST-LOUIS
PRISON MONTLUC
Pl. de Stalingrad
STE-MARIE DE LA GUILLOTIÈRE
LA GUILLOTIÈRE
Sans Souci
J. MOULIN LYON III
L'ANNONCIATION
J. Macé
CIMETIÈRE ISRAÉLITE
ST-VINCENT DE PAUL
Musée urbain Tony-Garnier

RÉPERTOIRE DES RUES DU PLAN DE LYON

BRON

Bonnevay (Bd L.) .... p. 5 **DQ**
Brossolette (Av. P.) .. p. 5 **DQ**
Droits-de-l'Homme (Bd des) .... p. 5 **DQ**
Genas (Rte de) ...... p. 3 **CDQ**
Mendès-France (Av. P.) p. 5 **DR** 103
Pinel (Bd) .... p. 5 **CQ**
Roosevelt (Av. F.) .... p. 5 **DQR** 143
8-Mai-1945 (R. du) ... p. 5 **DQ** 188

CALUIRE ET CUIRE

Boutary (Ch. de) ..... p. 7 **HU**
Briand (Cours A.) .... p. 7 **GUV**
Brunier (R. P.) .... p. 6 **FU**
Canuts (Bd des) ..... p. 6 **FU**
Chevalier (R. H.) ..... p. 6 **EFU**
Clemenceau (Quai G.) p. 6 **EU**
Coste (Rue) .... p. 6 **FU**
Église (Montée de l'). p. 6 **FU**
Margnolles (R. de) .... **FGU**
Monnet (Av. J.) ...... p. 6 **FU**
Pasteur (R.) .... **FGU**
St-Clair (Grande R. de) .... p. 7 **GHU**
Soldats (Montée des) p. 7 **HU** 163
Strasbourg (Rte de) .. p. 5 **CP**
Vignal (Av. E.) .... p. 7 **GU**

CHAMPAGNE

Lanessan (Av. de) .... p. 4 **AP**

CHAPONOST

Aqueducs (Rte des) . p. 4 **AR**
Brignais (Rte de) .... p. 4 **AR**

CHASSIEU

Gaulle (Bd Ch.-de) ... p. 5 **DQ**

ÉCULLY

Champagne (Rte de). p. 4 **AP** 25
Dr-Terver (Av.) ...... p. 4 **AP** 38
Marietton (Rue) ..... p. 4 **AP** 99
Roosevelt (Av. F.) .... p. 4 **AP** 142
Vianney (Chin J.-M.) . p. 4 **AP**

FRANCHEVILLE

Chater (Av. du) ...... p. 4 **AQ**
Table-de-Pierre (Av.) . p. 4 **AQ**

LA MULATIÈRE

Dechant (R. S.) ...... p. 4 **BR**
Mulatière (Pont de la) p. 4 **BQ** 111
Rousseau (Quai J.-J.) p. 4 **BQ**
Semard (Quai P.) .... p. 4 **BR**

LYON

Annonciade (R. de l') . p. 6 **FV** 5
Antiquaille (R. de l') .. p. 8 **EY** 7
Aubigny (R. d') ...... p. 7 **HX**
Barret (R. Croix) ..... p. 9 **GZ**
Basses-Vercheres (R. des) .... p. 8 **EY** 10
Béchevelin (R.) ...... p. 9 **GY**
Belfort (R. de) .... p. 6 **FV**
Belges (Bd des) ..... p. 7 **GHV**
Bellecour (Place) .... p. 8 **FY**
Berliet (R. M.) .... p. 9 **HZ**
Bernard (Quai Cl.) ... p. 8 **FY**
Bert (R. P.) .... p. 9 **GHY**
Berthelot (Av.) ...... p. 9 **GHZ**
Bloch (R. M.) .... p. 9 **GZ**
Bonaparte (Pont) .... p. 8 **FY** 12
Bonnel (R. de) ...... p. 7 **GX**
Bony (R.) .... p. 6 **EV**
Boucle (Montée de la). p. 6 **FU**
Bourgogne (R. de) ... p. 4 **BP** 14
Brotteaux (Bd des) .. p. 7 **HVX**
Bugeaud (R.) .... p. 7 **HX**
Burdeau (Rue) ...... p. 6 **FV** 16
Buyer (Av. B.) ...... p. 4 **AQ**
Canuts (Bd des) ..... p. 6 **FUV**
Carmélites (Montée des) ..... p. 6 **FV** 21
Carnot (Pl.) .... p. 8 **FY**
Chambaud de la Bruyère (Bd) .... p. 4 **BR** 23
Charcot (R. Cdt) ..... p. 4 **ABQ**
Charlemagne (Cours) .... p. 8 **EZ**
Charmettes (R. des) . p. 7 **HVX**
Chartreux (Pl. des) ... p. 6 **EV**
Chartreux (R. des) ... p. 6 **EV**
Chazière (Rue) ...... p. 6 **EV**
Chevreul (Rue) ...... p. 9 **GYZ**
Choulans (Ch. de) ... p. 8 **EY**
Churchill (Pt W.) ..... p. 7 **GV** 31
Condé (R. de) .... p. 8 **FY**
Courmont (Quai J.) .. p. 6 **FX** 33
Crepet (Rue) .... p. 8 **FZ**
Créqui (R. de) .... **GVY**
Croix-Rousse (Bd) ... p. 6 **EFV**
Croix-Rousse (Grande R. de la) .. p. 6 **FV** 35
Debrousse (Av.) ..... p. 8 **EY**
Deleuvre (R.) .... p. 6 **EUV**
Dr-Gailleton (Quai) ... p. 8 **FY**
Duguesclin (Rue) .... p. 7 **GVY**
Duquesne (Rue) ..... p. 7 **GV**
Épargne (R. de l') .... p. 9 **HZ** 41
États-Unis (Bd des) .. p. 5 **CQR**
Étroits (Quai des) .... p. 8 **EY**
Farge (Bd Y.) .... p. 8 **FZ**
Farges (R. des) ...... p. 8 **EY** 46
Faure (Av. F.) .... p. 9 **GHY**
Favre (Bd J.) .... p. 7 **HX** 48
Ferry (Pl. J.) .... p. 7 **HX** 51
Flandin (R. M.) ...... p. 9 **HXY**
France (Bd A.) ...... p. 7 **HV** 57
Frères-Lumière (Av. des) .... p. 9 **HZ**
Fulchiron (Quai) ..... p. 8 **EY**
Gallieni (Pont) .... p. 8 **FY** 65
Gambetta (Cours) ... p. 9 **GHY**
Garibaldi (Rue) .... **GVZ**
Garillan (Montée de) . p. 6 **EFX**
Garnier (Av. T.) ...... p. 4 **BR**
Gaulle (Q. Ch.-de) ... p. 7 **GHU**
Genas (Rte de) ...... p. 5 **CDQ**
Gerland (R. de) ...... p. 9 **GZ**
Gerlier (R. Cardinal) .. p. 8 **EY** 69
Gillet (Quai J.) .... p. 6 **EUV**
Giraud (Cours Gén.) . p. 6 **EV**
Grande-Bretagne (Av. de) .... p. 7 **GV**
Grenette (Rue) ...... p. 6 **FX** 71
Guillotière (Grande R. de la) .. p. 9 **GYZ**
Guillotière (Pt de la) .. p. 8 **FY** 73
Hénon (Rue) .... p. 6 **EFV**
Herbouville (Cours d'). p. 6 **FV** 75
Jaurès (Av. J.) .... p. 9 **GY**
Jayr (Quai) .... p. 4 **BP**
Joffre (Quai Mar.) ... p. 8 **EY** 82
Joliot-Curie (Rue) .... p. 4 **AQ**
Juin (Pt Alphonse) ... p. 6 **FX** 84
Jutard (Pl. A.) .... p. 9 **GY**
Koening (Pt Gén.) .... p. 6 **EV** 86
La Fayette (Cours) ... p. 7 **GHX**
La Fayette (Pont) .... p. 7 **GX** 88
La Part Dieu .... p. 9 **HXY**
Lacassagne (Av.) .... p. 5 **CQ**
Lassagne (Quai A.) .. p. 6 **FV** 93
Lassalle (R. Ph. de) .. p. 6 **EUV**
Lattre-de-Tassigny (Pt de) .... p. 6 **FV** 94
Leclerc (Av.) .... p. 8 **EFZ**
Leclerc (Pl. Gén.) .... p. 7 **GV**
Liberté (Cours de la) . p. 9 **GXY**
Lortet (Rue) .... p. 8 **FZ**
Lyautey (Pl. Mar.) .... p. 7 **GVX**
Marchand (Pt Kitchener) ..... p. 8 **EY** 95
Marius-Vivier-Merle (Bd) .... p. 9 **HY** 101
Marseille (R. de) .... p. 9 **GY**
Mermoz (Av.) .... p. 5 **CQ**
Montrochet (R. P.) ... p. 8 **EZ** 105
Morand (Pont) .... p. 6 **FVX** 107
Moulin (Quai J.) ..... p. 6 **FX** 109
Mulatière (Pont de la) . p. 4 **BQ** 111
Nadaud (R. G.) ...... p. 8 **FZ**
Pasteur (Pont) .... p. 4 **BQ** 115
Peissel (R. F.) .... p. 6 **FU** 117
Périphérique (Bd) .... p. 6 **EHU**
Perrache (Quai) ..... p. 8 **EZ**
Pinel (Bd) .... p. 5 **CQ**
Point-du-Jour (Av.) .. p. 4 **ABQ**
Pompidou (Av. G.) ... p. 9 **HY**
Pradel (Pl. L.) .... p. 6 **FX** 123
Pré-Gaudry (Rue) .... p. 8 **FZ** 125
Prés.-Herriot (R. du) .... p. 6 **FX** 127
Prof. P.-Santy (Av.) .. p. 5 **CQ**
Radisson (R. R.) ..... p. 8 **EY**
Rambaud (Quai) ..... p. 8 **EYZ**
Repos (R. du) .... p. 9 **GZ** 131
République (R. de la) p. 8 **FXY** 136
Rockefeller (Av.) .... p. 5 **CQ** 138
Rolland (Quai R.) .... p. 6 **FX** 140
Roosevelt (Cours F.) p. 7 **GVX**
St-Antoine (Quai) .... p. 6 **FX** 147
St-Bartélemy (Montée) .... p. 6 **EX** 149
St-Jean (Rue) .... p. 6 **FX**
St-Simon (R.) .... p. 4 **ABP** 153
St-Vincent (Quai) .... p. 6 **EFX**
Sarrail (Quai Gén.) .. p. 7 **GX** 157
Saxe (Av. Mar. de) .. p. 9 **GXY**
Scize (Quai P.) ...... p. 6 **EX**
Sedallian (Quai P.) .. p. 6 **EU**
Serbie (Quai de) ..... p. 7 **GV**
Servient (R.) .... p. 9 **GY**
Stalingrad (Bd de) .. p. 7 **HUV**
Stalingrad (Pl. de) .. p. 9 **GHY**
Suchet (Cours) ...... p. 8 **EFZ**
Sully (Rue) .... p. 7 **GV**
Tchécoslovaques (Bd des) .... p. 9 **HZ**
Terme (Rue) .... p. 6 **FV** 166
Terreaux (Pl. des) ... p. 6 **FX**
Tête d'Or (Rue) ..... p. 7 **GVX**
Thiers (Av.) .... p. 7 **HVX**
Thomas (Crs A.) ..... p. 5 **CQ** 168
Tilsitt (Quai) .... p. 8 **FY**
Trion (Pl. de) .... p. 8 **EY**
Trion (R. de) .... p. 8 **EY**
Université (Pont de l') .... p. 8 **FY** 171
Université (R. de l') . p. 9 **GY** 172
Vauban (Rue) .... p. 7 **GHX**
Verguin (Av.) .... p. 7 **HV**
Viabert (R. de la) .... p. 7 **HX**
Victor-Hugo (Rue) ... p. 8 **FY** 176
Vienne (Rte de) ..... p. 9 **GZ**
Villette (R. de la) .... p. 9 **HY** 178
Villon (Rue) .... p. 9 **HZ**
Vitton (Cours) .... p. 7 **HV**
Vivier (R. du) .... p. 9 **GZ** 180
Wilson (Pont) .... p. 8 **FY** 182
Ire-Div.-Fr.-Libre (Av.) p. 8 **EY** 186
25e-R.T.S. (Av. du) .. p. 4 **ABP**

OULLINS

Jaurès (Av. J.) ...... p. 4 **BR**
Jomard (R. F.) ...... p. 4 **AR**
Perron (R. du) ...... p. 4 **BR** 119

PIERRE-BÉNITE

Ampère (Rue) ...... p. 4 **BR**
Europe (Bd de l') ... p. 4 **BR** 43
Voltaire (Rue) ...... p. 4 **BR**

ST-DIDIER-AU-MONT-D'OR

St-Cyr (R. de) ...... p. 4 **BP**

ST-FONS

Farge (Bd Y.) .... p. 5 **CR**
Jaurès (Av. J.) ..... p. 5 **CR** 79
Semard (Bd P.) ..... p. 4 **BR** 159
Sembat (R. M.) .... p. 4 **BR** 161

ST-GENIS-L.

Beauversant (Ch. de) .... p. 4 **AR**
Clemenceau (Av. G.) .... p. 4 **AR**
Darcieux (R. F.) ..... p. 4 **ABR**

ST-PRIEST

Aviation (R. de l') ... p. 5 **DR**
Briand (R. A.) ...... p. 5 **DR**
Dauphiné (R. du) ... p. 5 **DR**
Gambetta (Rue) .... p. 5 **DR**
Grande Rue .... p. 5 **DR**
Herriot (Bd E.) ..... p. 5 **DR** 77

Liste alphabétique des hôtels et restaurants

Cour des Loges M, 6 r. Boeuf 69005 04 72 77 44 44, *contact@courdesloges.com, Fax 04 72 40 93 61,* « Décoration originale dans des maisons du Vieux Lyon », – – 60. AE GB JCB. rest p. 6 **FX** n
Repas carte 300 à 400 – 120 – **52 ch** 1200/2400, 10 appart

Tour Rose (Chavent) M, 22 r. Boeuf 69005 04 78 92 69 10, *chavent@asi.fr, Fax 04 78 42 26 02,* « Maison du 17e siècle, élégante décoration sur le thème de la soie » – – 20 à 45. AE GB JCB p. 6 **EFX** e
Repas *(fermé dim.)* 295/595 et carte 440 à 600 – 105 – **8 ch** 1350/1850, 5 appart, 4 duplex
Spéc. Saumon mi-cuit au fumoir. Croustillant d'agneau aux abricots secs. Pot au feu de pigeon en feuille de chou. **Vins** Brouilly, Crozes-Hermitage.

Phénix Hôtel sans rest, 7 quai Bondy 69005 04 78 28 24 24, *Fax 04 78 28 62 86* – – 20 à 30. AE GB JCB p. 6 **FX** k
36 ch 800/1080

La Croix-Rousse (bord de Saône) :

Lyon Métropole M, 85 quai J. Gillet 69004 04 72 10 44 44, *metropole@wanadoo.fr, Fax 04 78 39 99 20,* – – 350. AE GB JCB p. 6 **EU** k
Brasserie Lyon Plage : Repas 129(déj)/167, enf. 120 – 95 – **118 ch** 750/920

Les Brotteaux :

Hilton M, 70 quai Ch. de Gaulle 69006 04 78 17 50 50, *rm-lyon@hilton.com, Fax 04 78 17 52 52* – – 400. AE GB JCB p. 7 **GU** a
Blue Elephant *(fermé 15 juil. au 15 août, sam. midi et dim.)* **Repas** 170(déj.),260/285 – ***Brasserie Belge*** 04 78 17 51 00 **Repas** *(99)*-138(déj.)bc et carte 160 à 210, enf. 55 – 120 – **196 ch** 1440/2000, 5 appart

Roosevelt M sans rest, 48 r. Sèze 69006 04 78 52 35 67, *hotel.roosevelt@wanadoo.fr, Fax 04 78 52 39 82* – – 15 à 40. AE GB p. 7 **GX** x
60 – **48 ch** 695/795

Holiday Inn Garden Court M sans rest, 114 bd Belges 69006 04 78 24 44 68, *holilyon@imaginet.fr, Fax 04 78 24 82 36* – . AE GB p. 7 **HX** n
59 – **55 ch** 590/650

Olympique sans rest, 62 r. Garibaldi 69006 04 78 89 48 04, *Fax 04 78 89 49 97* – . AE GB JCB p. 7 **GV** d
35 – **23 ch** 265/310

La Part-Dieu :

Méridien Part-Dieu M, 129 r. Servient (32e étage) 69003 04 78 63 55 00, *reception@meridien-lyon.com, Fax 04 78 63 55 20,* Lyon et vallée du Rhône – – 110. AE GB JCB p. 7 **GX** u
L'Arc-en-Ciel *(fermé 15 juil. au 26 août et sam. midi)* **Repas** 190/305, enf. 110 – ***Bistrot de la Tour*** (rez-de-chaussée) *(fermé vend. soir , sam. et dim.)* **Repas** *(97)*112, enf. 65 – 95 – **245 ch** 1145/1595

Grand Hôtel Mercure Saxe-Lafayette, 29 r. Bonnel 69003 04 72 61 90 90, *h2057@accor-hotels.com, Fax 04 72 61 17 54,* – – 120. AE GB JCB p. 7 **GX** t
Repas *(fermé 6 au 19 août et sam. midi) (100)* - 125/175, enf. 68 – 80 – **156 ch** 790/990, 7 appart

Novotel La Part-Dieu M, 47 bd Vivier-Merle 69003 04 72 13 51 51, *h0735@accor-hotels.com, Fax 04 72 13 51 99* – – 70. AE GB JCB
Repas *(95)* - 120, enf. 50 – 63 – **124 ch** 670/770 p. 9 **HX** a

Créqui M, 158 r. Créqui 69003 04 78 60 20 47, *Fax 04 78 62 21 12,* – , ch, . AE GB p. 7 **GX** s
Repas *(fermé vacances de printemps, août, Noël au Jour de l'An, sam. et dim.)* 115 – 42 – **28 ch** 372/392

Ibis La Part-Dieu Gare, pl. Renaudel 69003 04 78 95 42 11, *Fax 04 78 60 42 85,* – – 60. AE GB p. 9 **HY** k
Repas *(75)* - 95, enf. 39 – 35 – **144 ch** 420

Campanile Forum Part-Dieu, 31 r. Maurice Flandin 69003 04 72 36 31 00, *Fax 04 72 34 02 80,* – – 20 à 50. AE GB p. 9 **HX** e
Repas 98/116, enf. 39 – 39 – **168 ch** 450

La Guillotière :

Libertel Wilson M sans rest, 6 r. Mazenod ✉ 69003 ✆ 04 78 60 94 94, *h2780-gm@accor-hotels.com, Fax 04 78 62 72 01* – AE GB JCB p. 9 **GY** a
☕ 62 – **54 ch** 730/950

Bleu Marine M sans rest, 4 r. Mortier ✉ 69003 ✆ 04 78 60 03 09, *hotelbleumarinelyon@wanadoo.fr, Fax 04 78 60 01 95*, – 15 à 40. AE GB
☕ 60 – **126 ch** 470/560 p. 9 **GY** b

Noailles sans rest, 30 cours Gambetta ✉ 69007 ✆ 04 78 72 40 72, *Fax 04 72 71 09 10* – GB p. 9 **GY** s
☕ 50 – **24 ch** 310/490

Gerland :

Mercure Gerland M, 70 av. Leclerc ✉ 69007 ✆ 04 72 71 11 11, *h0736@accor-hotels.com, Fax 04 72 71 11 00*, – 200. AE GB JCB
Repas *(110)* - 130/150 ♀, enf. 60 – ☕ 65 – **187 ch** 610/900 p. 4 **BQ** e

Montchat-Monplaisir :

Mercure Lumière M, 69 cours A. Thomas ✆ 04 78 53 76 76, *Fax 04 72 36 97 65* – – 30. AE GB JCB p. 9 **HZ** e
Repas *(fermé sam.)* 105/160 ♀, enf. 45 – ☕ 65 – **78 ch** 598/690

Laënnec sans rest, 36 r. Seignemartin ✉ 69008 ✆ 04 78 74 55 22, *Fax 04 78 01 00 24* – AE GB JCB p. 5 **CQ** n
fermé 11 au 19 août – ☕ 40 – **14 ch** 355/410

à Villeurbanne – *116 872 h. alt. 168* – ✉ *69100 :*

Mercure Charpennes M, 7 pl. Ch. Hernu ✆ 04 72 44 46 46, *h1625@accor-hotels.com, Fax 04 78 89 10 14* – – 80. AE GB p. 7 **HV** e
Repas *(fermé 4 au 19 août et sam. midi)* 99/159 ♀, enf. 50 – ☕ 65 – **98 ch** 598/750

Congrès, pl. Cdt Rivière ✆ 04 72 69 16 16, *hotelcongres@wanadoo.fr, Fax 04 78 94 64 86* – – 65. AE GB JCB p. 7 **HV** m
Repas *(fermé 21 juil. au 19 août, 24 déc. au 1er janv., vend. soir, dim. midi et sam.)* 160 bc (dîner), 175/295 ♀ – ☕ 60 – **136 ch** 460/590

Holiday Inn Garden Court M, 130 bd 11 Nov. 1918 ✆ 04 78 89 95 95, *higcvilleurbanne@alliance-hotellerie.fr, Fax 04 72 43 91 55* – – 100. AE GB JCB p. 5 **CP** r
Repas *(72)* - 100/125 ♀, enf. 48 – ☕ 60 – **79 ch** 590/790

Ariana M sans rest, 163 cours É. Zola ✆ 04 78 85 32 33, *ariana@ariana-hotel.fr, Fax 04 72 65 78 55* – AE GB p. 5 **CP** k
☕ 50 – **102 ch** 298/420

à Bron – *39 683 h. alt. 204* – ✉ *69500 :*

Novotel Bron M, 260 av. J. Monnet ✆ 04 72 15 65 65, *h0436@accor-hotels.com, Fax 04 72 15 09 09*, – – 15 à 500. AE GB
Repas *(110)* - 135 ♀, enf. 50 – ☕ 65 – **190 ch** 595/640 p. 5 **DR** f

Ibis Bron Eurexpo, r. M. Bastié ✆ 04 72 37 01 46, *h0854-gm@accor-hotels.com, Fax 04 78 26 65 43*, – – 80. AE GB p. 5 **DR** n
Repas *(75)* - 95 ♀, enf. 39 – ☕ 35 – **79 ch** 385

Dau Ly sans rest, 28 r. Prévieux ✆ 04 78 26 04 37, *Fax 04 78 26 62 47* – AE GB JCB p. 5 **DQ** e
☕ 37 – **22 ch** 325/370

Relais Porte des Alpes, r. Col. Chambonnet ✆ 04 72 37 00 14, *relais.alpes@frgateway.net, Fax 04 78 26 95 05*, – AE GB p. 5 **DR** n
Repas *(fermé sam. midi et dim.)* 118/168 – ☕ 46 – **45 ch** 298/325 – ½ P 380

à Pierre-Bénite – *9 574 h. alt. 167* – ✉ *69310 :*

Europe sans rest, 67 bd Europe ✆ 04 78 50 55 55, *Fax 04 78 50 16 01* – AE GB p. 4 **BR** b
☕ 35 – **34 ch** 270/290

à Francheville – *10 863 h. alt. 240* – ✉ *69340 :*

Auberge de la Vallée, 39 av. Chater ✆ 04 78 59 11 88, *Fax 04 78 59 47 16*, – GB p. 4 **AQ** n
fermé 1er au 21 août – **Repas** *(fermé vacances de fév., dim. soir et lundi)* 80 (déj.), 100/300 ♀ – ☕ 30 – **12 ch** 205/355 – ½ P 238/245

Restaurants

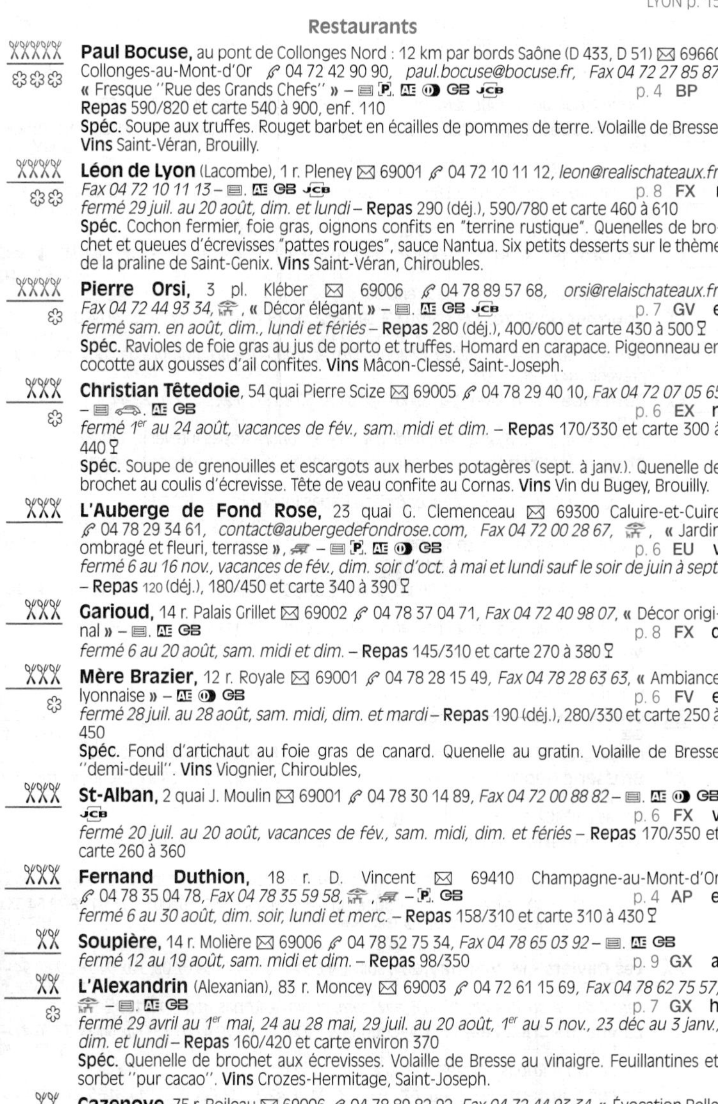

XXXXX ✿✿✿ **Paul Bocuse,** au pont de Collonges Nord : 12 km par bords Saône (D 433, D 51) ✉ 69660 Collonges-au-Mont-d'Or ✆ 04 72 42 90 90, *paul.bocuse@bocuse.fr, Fax 04 72 27 85 87,* « Fresque "Rue des Grands Chefs" » – ▤ P. AE ⓓ GB JCB p. 4 **BP**
Repas 590/820 et carte 540 à 900, enf. 110
Spéc. Soupe aux truffes. Rouget barbet en écailles de pommes de terre. Volaille de Bresse. **Vins** Saint-Véran, Brouilly.

XXXX ✿✿ **Léon de Lyon** (Lacombe), 1 r. Pleney ✉ 69001 ✆ 04 72 10 11 12, *leon@realischateaux.fr, Fax 04 72 10 11 13* – ▤. AE GB JCB p. 8 **FX** r
fermé 29 juil. au 20 août, dim. et lundi – **Repas** 290 (déj.), 590/780 et carte 460 à 610
Spéc. Cochon fermier, foie gras, oignons confits en "terrine rustique". Quenelles de brochet et queues d'écrevisses "pattes rouges", sauce Nantua. Six petits desserts sur le thème de la praline de Saint-Genix. **Vins** Saint-Véran, Chiroubles.

XXXX ✿ **Pierre Orsi,** 3 pl. Kléber ✉ 69006 ✆ 04 78 89 57 68, *orsi@relaischateaux.fr, Fax 04 72 44 93 34,* ☂, « Décor élégant » – ▤. AE GB JCB p. 7 **GV** e
fermé sam. en août, dim., lundi et fériés – **Repas** 280 (déj.), 400/600 et carte 430 à 500 ♀
Spéc. Ravioles de foie gras au jus de porto et truffes. Homard en carapace. Pigeonneau en cocotte aux gousses d'ail confites. **Vins** Mâcon-Clessé, Saint-Joseph.

XXX ✿ **Christian Têtedoie,** 54 quai Pierre Scize ✉ 69005 ✆ 04 78 29 40 10, *Fax 04 72 07 05 65* – ▤ 🚗. AE GB p. 6 **EX** n
fermé 1er au 24 août, vacances de fév., sam. midi et dim. – **Repas** 170/330 et carte 300 à 440 ♀
Spéc. Soupe de grenouilles et escargots aux herbes potagères (sept. à janv.). Quenelle de brochet au coulis d'écrevisse. Tête de veau confite au Cornas. **Vins** Vin du Bugey, Brouilly.

XXX **L'Auberge de Fond Rose,** 23 quai G. Clemenceau ✉ 69300 Caluire-et-Cuire ✆ 04 78 29 34 61, *contact@aubergedefondrose.com, Fax 04 72 00 28 67,* ☂, « Jardin ombragé et fleuri, terrasse », 🚗 – ▤ P. AE ⓓ GB p. 6 **EU** v
fermé 6 au 16 nov., vacances de fév., dim. soir d'oct. à mai et lundi sauf le soir de juin à sept. – **Repas** 120 (déj.), 180/450 et carte 340 à 390 ♀

XXX **Garioud,** 14 r. Palais Grillet ✉ 69002 ✆ 04 78 37 04 71, *Fax 04 72 40 98 07,* « Décor original » – ▤. AE GB p. 8 **FX** d
fermé 6 au 20 août, sam. midi et dim. – **Repas** 145/310 et carte 270 à 380 ♀

XXX ✿ **Mère Brazier,** 12 r. Royale ✉ 69001 ✆ 04 78 28 15 49, *Fax 04 78 28 63 63,* « Ambiance lyonnaise » – AE ⓓ GB p. 6 **FV** e
fermé 28 juil. au 28 août, sam. midi, dim. et mardi – **Repas** 190 (déj.), 280/330 et carte 250 à 450
Spéc. Fond d'artichaut au foie gras de canard. Quenelle au gratin. Volaille de Bresse "demi-deuil". **Vins** Viognier, Chiroubles,

XXX **St-Alban,** 2 quai J. Moulin ✉ 69001 ✆ 04 78 30 14 89, *Fax 04 72 00 88 82* – ▤. AE ⓓ GB JCB p. 6 **FX** v
fermé 20 juil. au 20 août, vacances de fév., sam. midi, dim. et fériés – **Repas** 170/350 et carte 260 à 360

XXX **Fernand Duthion,** 18 r. D. Vincent ✉ 69410 Champagne-au-Mont-d'Or ✆ 04 78 35 04 78, *Fax 04 78 35 59 58,* ☂, 🚗 – P. GB p. 4 **AP** e
fermé 6 au 30 août, dim. soir, lundi et merc. – **Repas** 158/310 et carte 310 à 430 ♀

XX **Soupière,** 14 r. Molière ✉ 69006 ✆ 04 78 52 75 34, *Fax 04 78 65 03 92* – ▤. AE GB
fermé 12 au 19 août, sam. midi et dim. – **Repas** 98/350 p. 9 **GX** a

XX ✿ **L'Alexandrin** (Alexanian), 83 r. Moncey ✉ 69003 ✆ 04 72 61 15 69, *Fax 04 78 62 75 57,* ☂ – ▤. AE GB p. 7 **GX** h
fermé 29 avril au 1er mai, 24 au 28 mai, 29 juil. au 20 août, 1er au 5 nov., 23 déc au 3 janv., dim. et lundi – **Repas** 160/420 et carte environ 370
Spéc. Quenelle de brochet aux écrevisses. Volaille de Bresse au vinaigre. Feuillantines et sorbet "pur cacao". **Vins** Crozes-Hermitage, Saint-Joseph.

XX **Cazenove,** 75 r. Boileau ✉ 69006 ✆ 04 78 89 82 92, *Fax 04 72 44 93 34,* « Évocation Belle Époque » – ▤. AE GB JCB p. 7 **GV** k
fermé août, sam., dim. et fériés – **Repas** 200/280 ♀

XX **Passage,** 8 r. Plâtre ✉ 69001 ✆ 04 78 28 11 16, *Fax 04 72 00 84 34* – ▤. AE ⓓ GB JCB
fermé dim. et lundi – **Repas** 95 (déj.), 195/270 p. 8 **FX** r

XX ✿ **Auberge de l'Ile** (Ansanay-Alex), sur l'Ile Barbe ✉ 69009 ✆ 04 78 83 99 49, *Fax 04 78 47 80 46,* « Maison du 17e siècle sur une île de la Saône » – P. AE GB JCB
fermé 5 au 20 août, dim. sauf le midi d'oct. à mai et lundi – **Repas** 300 bc (déj.), 330/440 et carte 410 à 560 ♀ p. 4 **BP** e
Spéc. Nage d'huîtres et Saint-Jacques (automne-hiver). Langoustines royales, beurre d'agrumes et chutney de fruits (printemps-été). Glace réglisse, lait d'amande et pain d'épice. **Vins** Saint-Véran, Morgon.

XX **Fleur de Sel,** 3 r. Remparts d'Ainay ✉ 69002 ☎ 04 78 37 40 37, *Fax 04 78 37 26 37* – GB
fermé 29 juil. au 22 août et dim. – **Repas** 135 (déj.), 245/360 ♀ p. 8 FY q

XX **Alex Chevallier,** 40 r. Sergent Blandan ✉ 69001 ☎ 04 78 28 19 83, *Fax 04 78 29 42 32* – AE GB. ✱ p. 6 FX w
fermé 20 juil. au 20 août, sam. midi, mardi midi et lundi – **Repas** (98) - 115/260

XX **J.-C. Pequet,** 59 pl. Voltaire ✉ 69003 ☎ 04 78 95 49 70, *Fax 04 78 62 85 26* – ▤. AE ⓓ GB JCB p. 9 GY v
fermé août, sam. et dim. – **Repas** 165/270

XX **Brunoise,** 4 r. A. Boutin ✉ 69100 Villeurbanne ☎ 04 78 52 07 77, *Fax 04 72 83 54 96* – ▤. GB p. 5 CP b
fermé 11 au 27 août, week-ends et le soir sauf jeudi – **Repas** 157/230 ♀

XX **Le Nord,** 18 r. Neuve ✉ 69002 ☎ 04 72 10 69 69, *Fax 04 72 10 69 68*, 余 – ▤. AE ⓓ GB JCB p. 8 FX p
Repas brasserie (110) - 125/158 ♀, enf. 58

XX **Gourmet de Sèze,** 129 r. Sèze ✉ 69006 ☎ 04 78 24 23 42, *Fax 04 78 24 66 81* – ▤. AE GB p. 7 HV z
fermé 1er au 8 mai, 28 juil. au 22 août, dim. et lundi – **Repas** (nombre de couverts limité, prévenir) (140) - 190/300 ♀

XX **Romanée,** 19 r. Rivet ✉ 69001 ☎ 04 72 00 80 87, *Fax 04 72 07 88 44* – ▤. AE GB JCB p. 6 EV e
fermé août, 1er au 6 janv., sam. midi, dim. soir et lundi – **Repas** (prévenir) 120/225 ♀

XX **Chez Jean-François,** 2 pl. Célestins ✉ 69002 ☎ 04 78 42 08 26, *Fax 04 72 40 04 51* – ▤. AE GB JCB p. 8 FY x
fermé 21 juil. au 21 août., dim. et fériés – **Repas** (prévenir) (80) - 100/190 ♀

XX **Tassée,** 20 r. Charité ✉ 69002 ☎ 04 72 77 79 00, *jpborgaot@latassee.fr, Fax 04 72 40 05 91* – ▤. AE ⓓ GB p. 8 FY u
fermé dim. – **Repas** 135 (déj.), 160/290 ♀

XX **Vivarais,** 1 pl. Gailleton ✉ 69002 ☎ 04 78 37 85 15, *Fax 04 78 37 59 49* – ▤. AE ⓓ GB JCB p. 8 FY f
fermé 22 juil. au 19 août, 23 déc. au 1er janv. et dim. – **Repas** 115 (déj.), 150/195 🍷

XX **Mère Vittet,** 26 cours de Verdun ✉ 69002 ☎ 04 78 37 20 17, *Fax 04 78 42 40 70* – ▤. AE ⓓ GB p. 8 FY y
Repas (90) - 119/230 ♀, enf. 50

XX **Grenier des Lyres,** 21 r. Creuzet ✉ 69007 ☎ 04 78 72 81 77, *Fax 04 78 72 01 75* – ▤. AE GB p. 9 GY t
fermé 12 au 26 Août, lundi soir, sam. midi et dim. – **Repas** 115 bc (déj.), 128/238

XX **Brasserie Georges,** 30 cours Verdun ✉ 69002 ☎ 04 72 56 54 54, *brasserie.georges@wanadoo.fr, Fax 04 78 42 51 65*, « Brasserie 1925 » – AE ⓓ GB JCB p. 8 FZ b
Repas (71) - 102/153 ♀, enf. 49

XX **Machonnerie,** 36 r. Tramassac ✉ 69005 ☎ 04 78 42 24 62, *Fax 04 72 40 23 32* – ▤. AE ⓓ GB p. 8 EY n
fermé le midi sauf dim. de sept. à Pâques, dim. soir et sam. – **Repas** (prévenir) 110/250 bc ♀

XX **Seven'th,** 40 allée P. de Coubertin à Gerland ✉ 69007 ☎ 04 78 72 64 53, *Fax 04 78 61 78 02*, 余 – P. AE ⓓ GB JCB p. 4 BR a
fermé sam. midi et dim. – **Repas** 98 ♀

XX **Les Oliviers - M. Viannay,** 20 r. Sully ✉ 69006 ☎ 04 78 89 07 09, *Fax 04 78 89 89 94* – ▤. AE GB p. 7 GV f
fermé 30 juil. au 19 août, 1er au 6 janv., sam. et dim. – **Repas** (120) - 140/180 ♀

XX **La Voûte - Chez Léa,** 11 pl. A. Gourju ✉ 69002 ☎ 04 78 42 01 33, *Fax 04 78 37 36 41* – ▤. AE GB p. 8 FY e
fermé dim. – **Repas** 140/198 ♀

XX **Boeuf d'Argent,** 29 r. Boeuf ✉ 69005 ☎ 04 78 42 21 12, *Fax 04 72 40 24 65*, 余 – AE ⓓ GB p. 8 EFX f
Repas 80 bc (déj.), 99/280 ♀, enf. 65

XX **Sakura,** 4 r. Rabelais 69003 ☎ 04 78 60 69 11, *Fax 04 78 60 15 93* – ▤. AE GB JCB p. 9 GX r
fermé 29 juil. au 20 août, dim. et lundi – **Repas** - cuisine japonaise - 89 (déj.), 125/240 🍷

X **L'Est,** Gare des Brotteaux, 14 pl. J. Ferry ✉ 69006 ☎ 04 37 24 25 26, *Fax 04 37 24 25 25*, 余, « Dans une ancienne gare, brasserie sur le thème des voyages » – ▤. AE ⓓ GB JCB
Repas brasserie (110) - 125/158 ♀, enf. 58 p. 7 HX v

X **Le Sud,** 11 pl. Antonin Poncet ✉ 69002 ☎ 04 72 77 80 00, *Fax 04 72 77 80 01*, 余 – ▤. AE ⓓ GB JCB p. 8 FY d
Repas (prévenir) 125/158 ♀, enf. 58

X **Francotte,** 8 pl. Célestins ✉ 69002 ☎ 04 78 37 38 64, *Fax 04 78 38 20 35* – ▤. AE GB
fermé dim. – **Repas** 98 (déj.)et carte 180 à 230 ♀ p. 8 **FY** r

X **Terrasse St-Clair,** 2 Grande r. St-Clair ✉ 69300 Caluire-et-Cuire ☎ 04 72 27 37 37, *Fax 04 72 27 37 38,* 🍽 – AE GB p. 7 **GU** s
fermé 2 au 16 janv., lundi soir, mardi soir hors saison et dim. – **Repas** 125 ♀

X **Théodore,** 34 cours Franklin Roosevelt ✉ 69006 ☎ 04 78 24 08 52, *Fax 04 72 74 41 21,* 🍽 – ▤. AE ⓓ GB JCB p. 9 **GVX** v
fermé dim. et fériés – **Repas** 99 (déj.), 120/230 ♀, enf. 65

X **Les Adrets,** 30 r. Boeuf ✉ 69005 ☎ 04 78 38 24 30, *Fax 04 78 42 79 52* – GB p. 6 **EX** v
fermé août, 31 déc. au 6 janv., sam. et dim. – **Repas** 80 bc (déj.), 115/235, enf. 55

X **Assiette et Marée,** 49 r. Bourse ✉ 69002 ☎ 04 78 37 36 58, *Fax 04 78 37 98 52,* 🍽 – ▤. AE GB p. 6 **FX** h
Repas - produits de la mer - 98 (déj.)et carte 160 à 180 ♀

X **Grenadin,** 27 r. Franklin ✉ 69002 ☎ 04 78 37 80 94, *Fax 04 72 41 81 06* – ▤. AE ⓓ GB
fermé août, dim. et lundi – **Repas** 98/188 ♀ p. 8 **FY** n

X **Petit Léon,** 3 r. Pleney ✉ 69001 ☎ 04 72 10 11 11, *Fax 04 72 10 11 13* – AE GB
fermé 29 juil. au 20 août, dim. et lundi – **Repas** (déj. seul.) 98 ♀, enf. 65 p. 8 **FX** r

X **Bernachon Passion,** 42 cours Franklin-Roosevelt ✉ 69006 ☎ 04 78 52 23 65 – ▤. GB
fermé 22 juil. au 20 août, dim., lundi et fériés – **Repas** (nombre de couverts limité, prévenir)(déj. seul.) 120 ♀ p. 7 **GV** r

X **Les Muses de l'Opéra,** pl. Comédie, au 7e étage de l'Opéra ✉ 69001 ☎ 04 72 00 45 58, *Fax 04 78 29 34 01,* ≤ Fourvière, 🍽, « Décor contemporain » – ▤. AE GB p. 8 **FX** q
fermé dim. – **Repas** *(105)* - 139 (déj.)/169 ♀

X **Maison Villemanzy,** 25 montée St-Sébastien ✉ 69001 ☎ 04 72 98 21 21, *Fax 04 72 98 21 22,* ≤ Lyon, 🍽 – AE GB p. 6 **FV** h
fermé 2 au 16 janv., lundi midi et dim. – **Repas** (prévenir) 132 ♀, enf. 65

X **Bistrot du Palais,** 220 r. Duguesclin ✉ 69003 ☎ 04 78 14 21 21, *Fax 04 78 14 21 22,* 🍽 – AE GB p. 9 **GY** r
fermé 5 au 20 août, lundi soir et dim. – **Repas** 125 ♀, enf. 65

X **L'Étage,** 4 pl. Terreaux (2e étage) ✉ 69001 ☎ 04 78 28 19 59 – ▤. GB. ✻ p. 8 **FX** x
fermé 22 juil. au 22 août, vacances de fév., dim. et lundi – **Repas** (prévenir) 110/160 ♀

X **Assiette et Marée,** 26 r. Servient ✉ 69003 ☎ 04 78 62 89 94, *Fax 04 78 60 39 27* – ▤. AE GB p. 9 **GY** n
fermé dim. – **Repas** - produits de la mer - 98 (déj.)et carte 160 à 180 ♀

X **Comptoir des Marronniers,** 8 r. Marronniers ✉ 69002 ☎ 04 72 77 10 00, *Fax 04 72 77 10 01,* 🍽 – ▤. AE GB p. 8 **FY** v
fermé 5 au 20 août et dim. – **Repas** 125 ♀, enf. 65

X **Daniel et Denise,** 156 r. Créqui ✉ 69003 ☎ 04 78 60 66 53, *Fax 04 78 60 66 53,* bistrot – ▤. GB p. 7 **GX** b
fermé août, sam., dim. et fériés – **Repas** carte 150 à 220

X **En mets fait ce qu'il te plaît,** 43 r. Chevreul ✉ 69007 ☎ 04 78 72 46 58 – GB. ✻ p. 9 **GY** e
fermé août, mardi soir, sam. et dim. – **Repas** (prévenir) carte environ 200 ♀

LES BOUCHONS : *dégustation de vins régionaux et cuisine locale dans une ambiance typiquement lyonnaise*

X **Garet,** 7 r. Garet ✉ 69001 ☎ 04 78 28 16 94, *Fax 04 72 00 06 84* – ▤. AE GB p. 6 **FX** a
fermé 23 juil. au 23 août, sam. et dim.
– **Repas** (prévenir), 98 (déj.)/128 ♀

X **Chez Hugon,** 12 rue Pizay ✉ 69001 ☎ 04 78 28 10 94 – GB p. 6 **FX** m
fermé août, sam. et dim. – **Repas** (prévenir) 145 ♀

X **Café des Fédérations,** 8 r. Major Martin ✉ 69001 ☎ 04 78 28 26 00, *yr@lesfedeslyon.com, Fax 04 72 07 74 52* – ▤. GB JCB p. 6 **FX** z
fermé août, sam. et dim. – **Repas** (prévenir) 118 (déj.)/148

X **Au Petit Bouchon "Chez Georges",** 8 r. Garet ✉ 69001 ☎ 04 78 28 30 46 – GB p. 6 **FX** a
fermé août, sam. et dim. – **Repas** 92/125 (midi seul.) et carte le soir 180 environ

X **Jura,** 25 r. Tupin ✉ 69002 ☎ 04 78 42 20 57 – GB p. 8 **FX** d
fermé 28 juil. au 28 août, lundi de sept. à avril, sam. de mai à sept. et dim. – **Repas** (prévenir) 105 ♀

X **Meunière,** 11 r. Neuve ✉ 69001 ☎ 04 78 28 62 91 – AE ⓓ GB p. 8 **FX** p
fermé 13 juil. au 17 août, dim. et lundi – **Repas** (prévenir) 98 (déj.), 120/160 🍷

Environs

à Tassin-la-Demi-Lune : *5 km par D 407 – 15 460 h. alt. 220 – ✉ 69160 :*

Novotel Tassin Ⓜ, 13 D av. V. Hugo ✆ 04 78 64 68 69, *h1201@accor-hotels.com, Fax 04 78 64 61 11,* – 25 à 80. AE GB JCB
Repas carte environ 150 ♀, enf. 50 – ☕ 63 – **103 ch** 535/620 — p. 4 **AP n**

Campanile Tassin, 12 r. Montribloud ✆ 04 78 36 69 69, *Fax 04 78 36 02 68* – rest, – 15 à 35. AE GB. ch — p. 4 **AP s**
Repas *(82)* - 98 ♀, enf. 39 – ☕ 39 – **101 ch** 365

à Collonges-au-Mont-d'Or *Nord : 12 km par bords de Saône (D 433, D 51) – 3 165 h. alt. 176 – ✉ 69660 :*

voir XXXXX ✿✿✿ **Paul Bocuse** *à Lyon*

par la sortie ① :

à Rillieux-la-Pape : *7 km par N 83 et N 84 – 30 791 h. alt. 269 – ✉ 69140 :*

XXX ✿ **Larivoire** (Constantin), chemin des Iles ✆ 04 78 88 50 92, *Larivoire@free.fr, Fax 04 78 88 35 22,* – P. AE GB JCB
fermé 16 au 28 août, dim. soir, lundi soir et mardi – **Repas** 190/460 et carte 340 à 460
Spéc. Cassolette d'écrevisses pattes rouges au lait d'amande. Brochette de Saint-Jacques à la réglisse (oct. à avril). Volaille de Bresse au vinaigre de vieux vin. **Vins** Mâcon-Villages, Côtes de Vivarais.

par la sortie ② :

à St-Maurice-de-Beynost *par A 42 sortie nº 5 : 16 km – 3 468 h. alt. 200 – ✉ 01700 :*

Lyon Est, ✆ 04 78 55 90 90, *hotel-lyon-est@wanadoo.fr, Fax 04 78 55 90 05* – – 260. AE GB JCB
Repas *(fermé sam. midi et dim. midi) (90)* - 120/250 ♀, enf. 70 – ☕ 62 – **82 ch** 540/600

par la sortie ④ :

à l'aérogare de Lyon St-Exupéry *: 27 km par A 43 – ✉ 69125 Lyon St-Exupéry-Aéroport :*

Sofitel Lyon Aéroport Ⓜ sans rest, 3ᵉ étage aérogare centrale ✆ 04 72 23 38 00, *h913@accor-hotels.com, Fax 04 72 23 98 00,* ≤ – . AE GB JCB
☕ 105 – **120 ch** 995/1295

Kyriad, zone de frêt ✆ 04 72 23 90 90, *kyriad.lyon-saintexupery@wanadoo.fr, Fax 04 72 23 80 32* – , rest, – 30. AE GB
Repas *(fermé sam. midi et dim. midi)* 95/130 , enf. 39 – ☕ 40 – **84 ch** 355/380

XXX **Les Canuts,** 1ᵉʳ étage ✆ 04 72 22 71 76, *Fax 04 72 22 71 72,* ≤ – . AE GB
fermé août, 25 déc. au 1ᵉʳ janv., sam. et dim. – **Repas** *(150)* - 190/210 et carte 190 à 240 ♀

X **Bouchon,** 1ᵉʳ étage ✆ 04 72 22 72 31, *Fax 04 72 22 71 72* – . AE GB
Repas brasserie *(96)* - 125 bc, enf. 57

par la sortie ⑨ :

à Charbonnières-les-Bains *: 8 km par N 7 – 4 033 h. alt. 233 – ✉ 69260 .*
Voir *Parc Lacroix Laval : château de la Poupée★.*

Mercure Charbonnières Ⓜ, N 7 ✆ 04 78 34 72 79, *h0345@accor-hotels.com, Fax 04 78 34 88 94,* – – 25. AE GB JCB
Repas *(fermé sam. et dim.)* 130 ♀, enf. 55 – ☕ 62 – **60 ch** 510

Beaulieu sans rest, 19 av. Gén. de Gaulle ✆ 04 78 87 12 04, *Fax 04 78 87 00 62* – P. AE GB JCB
☕ 34 – **45 ch** 285/305

XX **L'Orée du Parc,** 8 av. Victoire ✆ 04 78 87 14 51, *Fax 04 78 87 63 62,* – GB
fermé août, sam. midi, dim. soir et lundi – **Repas** 98/195 ♀

à La Tour-de-Salvagny *: 11 km par N 7 – 3 226 h. alt. 356 – ✉ 69890 :*

Golf Ⓜ, allée du Levant ✆ 04 78 87 29 87, *hoteldugolf@wanadoo.fr, Fax 04 78 87 29 89,* – – 150 à 180. AE GB JCB
Repas *(fermé sam. et dim.) (90)* - 120 (déj.)/140 , enf. 45 – ☕ 60 – **71 ch** 520/580

XXXX ✿✿ **Rotonde,** au Casino Le Lyon Vert ✆ 04 78 87 00 97, *com.lyonvert@wanadoo.fr, Fax 04 78 87 81 39, « Cadre art-déco »* – . AE GB JCB
fermé août, dim. soir, mardi midi et lundi – **Repas** 180 (déj.), 350/610 et carte 450 à 570 ♀
Spéc. Quatre foies pressés et salade de fonds d'artichauts. Tajine de homard entier aux petits farcis. Cannelloni glacé de chocolat amer à la glace de crème brûlée. **Vins** Beaujolais blanc, Morgon.

par la sortie ⑩ :

Porte de Lyon - *Échangeur A6-N 6 sortie Limonest Nord : 10 km – ✉ 69570 Dardilly :*

Novotel Lyon Nord Ⓜ, ✆ 04 72 17 29 29, *h0437@accor-hotels.com, Fax 04 78 35 08 45*, – 100. AE GB JCB
Repas *(92)* - 125 ♀, enf. 50 – 63 – **107 ch** 520/620

Ibis Lyon Nord, ✆ 04 78 66 02 20, *Fax 04 78 47 47 93*, – 20. AE GB
Repas *(78)* - 115/135 ♀ – 39 – **82 ch** 405/480

à Limonest : *13 km par A 6 et D 42 – 2 459 h. alt. 390 – ✉ 69760 :*

Puy d'Or, carrefour N 6 et D 42 ✆ 04 78 35 12 20, *Fax 04 78 64 55 15* – AE GB
fermé 30 juil. au 22 août, dim; soir et lundi – **Repas** *(95)* - 118/348

LYONS-LA-FORÊT *27480 Eure* 55 ⑧ *G. Normandie Vallée de la Seine – 701 h alt. 88.*

Voir *Forêt★★ : hêtre de la Bunodière★ – N.-D.-de la Paix ≤★ O : 1,5 km.*

Office de Tourisme 20 r. de l'Hôtel-de-Ville ✆ 02 32 49 31 65, Fax 02 32 48 10 60.

Paris 105 – Rouen 35 – Les Andelys 20 – Gisors 30 – Gournay-en-Bray 25.

Licorne, ✆ 02 32 49 62 02, *Fax 02 32 49 80 09*, « Jardin fleuri », – 25. AE GB JCB.
fermé 20 déc. au 25 janv., dim. soir et lundi d'oct. à mars – **Repas** *(fermé 15 nov. au 25 janv., dim. soir d'oct. à mars, mardi midi et lundi sauf fêtes)* 205 – 65 – **13 ch** 415/590, 6 appart – 1/2 P 440/520

LYS-LEZ-LANNOY *59 Nord* 51 ⑯, 111 ⑮ – *rattaché à Roubaix.*

LYS-ST-GEORGES *36230 Indre* 68 ⑲ – *213 h alt. 200.*

Paris 291 – Argenton-sur-Creuse 29 – Bourges 78 – Châteauroux 29 – La Châtre 22.

Forge, Le Bourg ✆ 02 54 30 81 68, *Fax 02 54 30 94 96* – GB
fermé 26 sept. au 12 oct., 2 au 21 janv., lundi et mardi – **Repas** 98/240, enf. 50

MACÉ *61 Orne* 60 ③ – *rattaché à Sées.*

MACHILLY *74140 H.-Savoie* 70 ⑯ – *829 h alt. 525.*

Paris 552 – Thonon-les-Bains 19 – Annemasse 11 – Genève 19.

Refuge des Gourmets, ✆ 04 50 43 53 87, *Fax 04 50 43 53 76*, cadre d'inspiration Belle Époque – AE GB
fermé 16 juil. au 10 août, vacances de fév., dim. soir et lundi – **Repas** 170/280 et carte 200 à 350 ♀, enf. 70

La MACHINE (Col de) *26 Drôme* 77 ⑬ – *rattaché à St-Jean-en-Royans.*

MACINAGGIO *2B H.-Corse* 90 ① – *voir à Corse.*

MÂCON Ⓟ *71000 S.-et-L.* 69 ⑲ *G. Bourgogne – 37 275 h alt. 175.*

Voir *Musée des Ursulines★* **BY M**[1] – *Musée Lamartine* **BZ M**[2] – *Apothicairerie★ de l'Hôtel-Dieu* **BY** – *≤★ du Pont St-Laurent.*

Env. *Roche de Solutré★★ O : 9 km – Clocher★ de l'église de St-André de Bagé E : 8,5 km.*

Office de Tourisme 1 pl. St-Pierre ✆ 03 85 21 07 07, Fax 03 85 40 96 00.

Paris 392 ① – Bourg-en-Bresse 37 ② – Chalon-sur-Saône 59 ① – Lyon 73 ③ – Roanne 97 ③.

Plan page suivante

Bellevue, 416 quai Lamartine ✆ 03 85 21 04 04, *bellevue.macon@wanadoo.fr, Fax 03 85 21 04 02* – rest, – 25. AE GB JCB **BZ u**
fermé 25 nov. au 19 déc. et 27 janv. au 8 fév. – **Repas** *(fermé mardi sauf le soir de nov. à mars et dim. sauf le soir d'avril à oct.)* 145/300 ♀, enf. 75 – 60 – **25 ch** 495/750

Mercure Bord de Saône Ⓜ, 26 r. Coubertin par ① : *0,5 km* ✆ 03 85 21 93 93, *mercbds @clubinternet.fr, Fax 03 85 39 11 45*, ≤, ch, – 60. AE GB JCB
Repas *(105)* - 125/160 ♀, enf. 50 – 65 – **64 ch** 510/610

Bourgogne, 6 r. V. Hugo ✆ 03 85 21 10 23, *Fax 03 85 38 65 92* – 25. AE GB JCB **AZ n**
Repas *(fermé 1er au 14 janv. et dim.)* *(60)* - 80/220, enf. 39 – 50 – **50 ch** 320/440 – 1/2 P 320/330

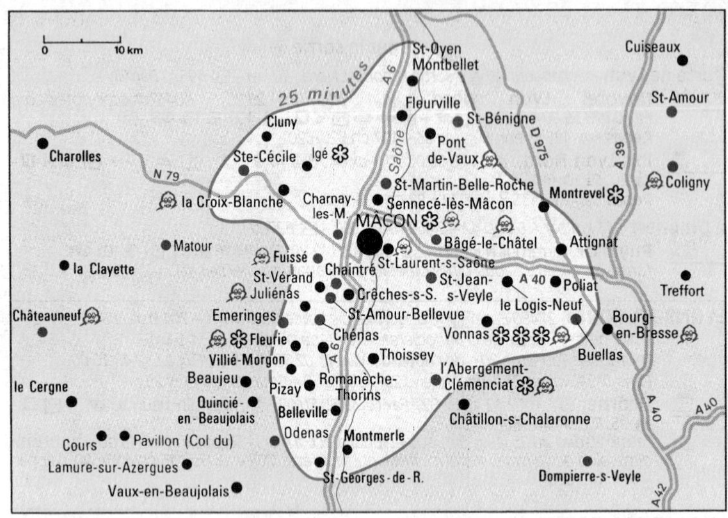

Concorde sans rest, 73 r. Lacretelle ✆ 03 85 34 21 47, *Fax 03 85 29 21 79*, – TV ✆. GB — AY d
fermé 16 déc. au 14 janv. et dim. du 15 oct. au 15 avril – 32 – **13 ch** 200/270

Pierre (Gaulin), 7 r. Dufour ✆ 03 85 38 14 23, *Fax 03 85 39 84 04* – . AE ⊙ GB — BZ k
fermé 1er au 21 juil., vacances de fév., dim. soir et lundi – **Repas** 128/360 et carte 300 à 390 ♀, enf. 75
Spéc. Escargots de Bourgogne. Quenelle de brochet. Tournedos charolais. **Vins** Mâcon-Uchizy, Mâcon-Prissé.

Poisson d'Or, allée Parc par ① *et bords de Saône : 1 km* ✆ 03 85 38 00 88, *Fax 03 85 38 82 55*, ←, , « Terrasse ombragée en bordure de Saône » – P. AE GB
fermé 1er au 10 nov., vacances de fév., mardi soir d'oct. à avril et merc. – **Repas** 102/250 ♀, enf. 58

Rocher de Cancale, 393 quai J. Jaurès ✆ 03 85 38 07 50, *Fax 03 85 38 70 47* – . AE GB — BZ r
fermé dim. soir et lundi sauf fériés – **Repas** 105/250 ♀, enf. 65

Les Tuileries, quai Marans BZ ✆ 03 85 38 43 30, *Fax 03 85 39 35 10*, – P. AE GB
fermé sam. sauf le soir de juin à sept. et vend. soir d'oct. à mai – **Repas** *(78)* - 110/200 ♀

L'Amandier, 74 r. Dufour ✆ 03 85 39 82 00, *Fax 03 85 38 92 21*, – AE ⊙ GB — BZ s
Repas 105/300 ♀

Charolais, 71 r. Rambuteau ✆ 03 85 38 36 23 – GB — AY v
fermé 10 au 30 juin, dim. soir et lundi – **Repas** 76/195

à St-Laurent-sur-Saône *(Ain)* – *1 710 h. alt. 176* – ✉ *01750 St-Laurent :*

Beaujolais sans rest, 88 pl. République ✆ 03 85 38 42 06, *Fax 03 85 38 78 02* – TV ✆. ⊙ GB — BZ m
fermé 1er au 14 oct., 14 au 27 janv. et dim. d'oct. à mars – 35 – **15 ch** 230/300

Saint-Laurent, 1 quai Bouchacourt ✆ 03 85 39 29 19, *saintlaurent@georgesblanc.com, Fax 03 85 38 29 77*, ←, , cadre bistrot – AE ⊙ GB — BZ b
Repas 98 (déj.), 110/260 ♀, enf. 70

à l'échangeur A6-N6 de Mâcon-Nord *par ① : 7 km* – ✉ *71000 Mâcon :*

Novotel M, ✆ 03 85 20 40 00, *h0438@accor-hotel.com, Fax 03 85 20 40 33*, , , – TV ✆ P – 25 à 100. AE ⊙ GB
Repas *(100)* - 130 ♀, enf. 50 – 63 – **114 ch** 520/620

au Nord *par ① : 3 km sur N 6* – ✉ *71000 Mâcon :*

Vieille Ferme, ✆ 03 85 21 95 15, *vieil.ferme@wanadoo.fr, Fax 03 85 21 95 16*, ←, , « Parc au bord de la Saône », , – cuisinette TV ✆ P – 40. GB
fermé 19 nov. au 9 déc. – **Repas** 69/165 ♀, enf. 42 – 32 – **24 ch** 280/380

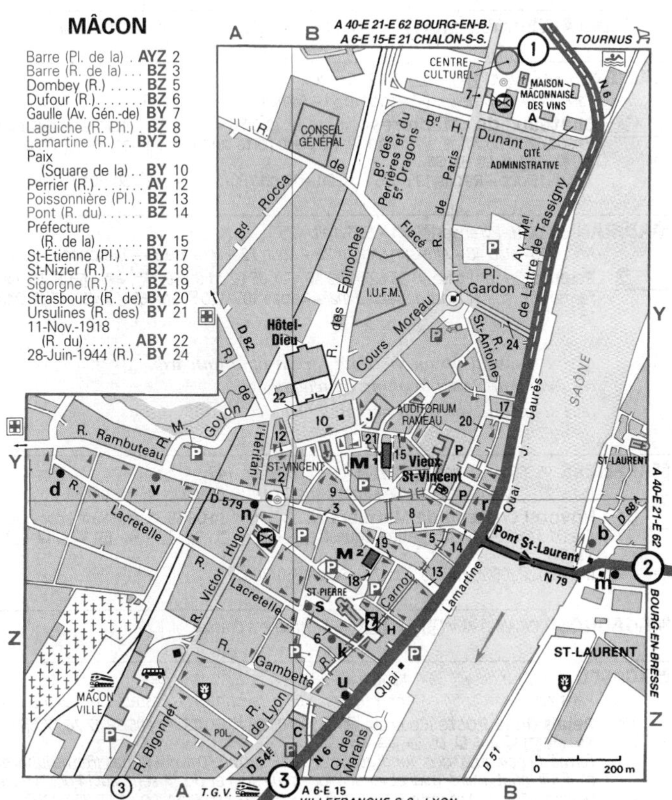

à Sennecé-lès-Mâcon *par ① : 7,5 km – ✉ 71000 Mâcon :*

Auberge de la Tour, ✆ 03 85 36 02 70, *Fax 03 85 36 03 47,* – TV P – 25. GB
fermé 15 fév. au 7 mars, dim. soir et lundi – **Repas** (76) - 92 (déj.), 120/250 ♀, enf. 50 – ☕ 41 – **24 ch** 165/350 – ½ P 250/320

à St-Martin-Belle-Roche *par ① : 10 km – 1 150 h. alt. 208 – ✉ 71118 :*

XX **Port St-Nicolas,** en bordure de Saône ✆ 03 85 36 00 86, *Fax 03 85 37 53 20,* ≤, , « Terrasse en bord de Saône » – P. GB
fermé 15 janv. au 15 fév., mardi soir et merc. – **Repas** 85/250 , enf. 50

par ② *rte de Bourg-en-Bresse – ✉ 01750 Replonges :*

Huchette, à 4,5 km près accès sortie n°3 de l'A40 ✆ 03 85 31 03 55, *lahuchette@wanadoo.fr, Fax 03 85 31 10 24,* , , – TV P. AE GB
fermé 24 oct. au 29 nov. – **Repas** *(fermé mardi midi et lundi)* 170/260 ♀ – ☕ 65 – **13 ch** 500/650 – ½ P 550

Oréon, à 5 km près accès sortie n°3 de l'A40 ✆ 03 85 31 00 10, *Fax 03 85 31 00 90,* , , – TV P – 20 à 70. AE GB
Repas *(fermé 17 déc. au 2 janv., sam. midi, dim. et fériés)* (70) - 90/210 ♀ – ☕ 40 – **36 ch** 320/350 – ½ P 305/375

à Crèches-sur-Saône *au Sud, par ③ : 8 km par N 6 – 2 753 h. alt. 180 – ✉ 71000 :*

Ibis, espace commercial Les Bouchardes ✆ 03 85 36 51 60, *h0670@accor-hotels.com, Fax 03 85 37 42 40,* , – rest, TV P – 80. AE GB
Repas (75) - 95 ♀, enf. 39 – ☕ 39 – **62 ch** 350/390

à Charnay-lès-Mâcon *Ouest : 2,5 km – 6 102 h. alt. 217 – ✉ 71850 :*

XXX **Moulin du Gastronome,** D 17, rte Cluny ✆ 03 85 34 16 68, *Fax 03 85 34 37 25,* , – P. AE GB – *fermé 16 au 23 juil., 19 au 26 fév., dim. soir et lundi sauf fériés* – **Repas** 110/320 et carte 230 à 350 ♀

La MADELAINE-SOUS-MONTREUIL *62 P.-de-C.* 51 ⑫ – *rattaché à Montreuil.*

MADIÈRES *34 Hérault* 80 ⑯ – ✉ *34190 Ganges.*

Paris 712 – Montpellier 64 – Lodève 31 – Nîmes 79 – Le Vigan 20.

Château de Madières M ⛱, ☎ 04 67 73 84 03, *madieres@wanadoo.fr, Fax 04 67 73 55 71,* ←, « Ancienne place forte surplombant les gorges de la Vis », – TV P. AE GB

7 avril-15 oct. – **Repas** 195/435 – ☕ 90 – **12 ch** 780/1370 – ½ P 750/1030

MADIRAN *65700 H.-Pyrénées* 82 ② – *553 h alt. 125.*

Paris 755 – Pau 48 – Aire-sur-l'Adour 28 – Auch 72 – Mirande 53 – Tarbes 41.

Prieuré ⛱, pl. Église ☎ 05 62 31 92 50, *Fax 05 62 31 90 66,* – TV P. AE GB

fermé dim. soir et lundi de sept. à mai – **Repas** 105/170 ♀, enf. 65 – ☕ 30 – **7 ch** 240/300 – ½ P 310

If you are held up on the road - from 6pm onwards - confirm your hotel booking by telephone. It is safer and quite an accepted practice.

MAFFLIERS *95560 Val-d'Oise* 55 ⑳, 106 ⑦ – *1 168 h alt. 145.*

Paris 30 – Compiègne 68 – Beaumont-sur-Oise 10 – Beauvais 55 – Senlis 35.

Novotel Château de Maffliers M ⛱, ☎ 01 34 08 35 35, *h0383@accor-hotels.com, Fax 01 34 69 97 49,* centre équestre, « Parc », – TV P – 60. AE GB

Repas 145/205 ♀, enf. 55 – ☕ 72 – **80 ch** 660/700

MAGAGNOSC *06 Alpes-Mar.* 84 ⑧,, 114 ⑬ – *rattaché à Grasse.*

MAGESCQ *40140 Landes* 78 ⑯ – *1 218 h alt. 28.*

Paris 725 – Biarritz 54 – Mont-de-Marsan 68 – Bayonne 47 – Castets 15 – Dax 16.

Relais de la Poste (Coussau) M ⛱, ☎ 05 58 47 70 25, *Fax 05 58 47 76 17,* – TV P. AE GB JCB

✿✿

fermé 12 nov. au 20 déc., lundi et mardi du 15 oct. au 30 avril – **Repas** *(fermé lundi et mardi sauf juil.-août, mardi midi et jeudi midi en mai-juin et du 1er sept. au 14 oct.)* (week-ends, prévenir) 320/440 et carte 360 à 510 ♀ – ☕ 80 – **13 ch** 900/1200 – ½ P 850/1100

Spéc. Foie gras de canard chaud aux raisins. Magret de pigeon aux champignons sauvages. Gibier (saison). **Vins** Tursan, Madiran.

XX **Cabanon et Grange au Canard,** Nord : 1 km sur ancienne N 10 ☎ 05 58 47 71 51, *le.cabanon@mageos.com, Fax 05 58 47 75 19,* « Demeure landaise rustique », – P. GB

fermé 20 sept. au 20 oct., dim. soir sauf du 14 juil. au 15 août et lundi – **Repas** 140/350 ♀

MAGLAND *74300 H.-Savoie* 74 ⑧ – *2 861 h alt. 513.*

Paris 580 – Chamonix-Mont-Blanc 44 – Thonon-les-Bains 66 – Annecy 62 – Megève 24.

XX **Relais du Mont-Blanc** avec ch, ☎ 04 50 34 75 33, *Fax 04 50 34 77 91* – TV P – 20. AE GB

Repas *(fermé sam. midi, dim. soir et lundi)* 115 (déj.), 155/225 ♀ – ☕ 30 – **7 ch** 220/250 – ½ P 190/250

MAGNAC-BOURG *87380 H.-Vienne* 72 ⑱ – *857 h alt. 444.*

ℹ *Office de Tourisme pl. de la Bascule ☎ 05 55 00 89 91, Fax 05 55 00 78 38.*

Paris 423 – Limoges 30 – St-Yrieix-la-Perche 27 – Uzerche 28.

Midi, ☎ 05 55 00 80 13, *Fax 05 55 48 70 96,* – TV AE GB JCB

fermé 15 au 30 nov., 15 janv. au 15 fév., mardi midi et lundi hors saison sauf fêtes – **Repas** 85/250 ♀, enf. 55 – ☕ 40 – **13 ch** 250/300 – ½ P 280/300

XX **Voyageurs** avec ch, ☎ 05 55 00 80 36, *Fax 05 55 00 56 37* – TV AE GB

fermé 8 au 24 juin, 10 au 26 sept., 2 au 24 janv., dim. soir et sam. de sept. à juin et mardi soir – **Repas** 98/230 ♀, enf. 49 – ☕ 45 – **7 ch** 230/360 – ½ P 260/300

MAGNY-COURS *58 Nièvre* 69 ③ ④ – *rattaché à Nevers.*

MAGNY-LE-HONGRE *77 S.-et-M.* 56 ⑫ – *voir à Paris, Environs (Marne-la-Vallée).*

MAÎCHE *25120 Doubs* 66 ⑱ *G. Jura – 4 168 h alt. 777.*
Paris 480 – Besançon 75 – Baume-les-Dames 55 – Morteau 29 – Pontarlier 60.

Panorama, ✆ 03 81 64 04 78, *panorama@wanadoo.fr, Fax 03 81 64 08 95,* – cuisinette GB
fermé 29 oct. au 11 nov., 2 au 7 janv., dim. soir et vend. d'oct. à mars – **Repas** (dîner seul. d'oct. à mars) 115/240, enf. 50 – 40 – **32 ch** 235/335, 6 studios – 1/2 P 245/325

MAILLANE *13 B.-du-R.* 81 ⑪ ⑫ – *rattaché à St-Rémy-de-Provence.*

MAILLEZAIS *85420 Vendée* 71 ① *G. Poitou Vendée Charentes – 930 h alt. 6.*
Voir *Abbaye*★.
Office de Tourisme r. du Dr Daroux ✆ 02 51 87 23 01, Fax 02 51 00 72 51.
Paris 434 – La Rochelle 46 – Fontenay-le-Comte 15 – Niort 26 – La Roche-sur-Yon 71.

St-Nicolas sans rest, ✆ 02 51 00 74 45, *Fax 02 51 87 29 10* – GB
15 fév.-15 nov. – 41 – **16 ch** 260/340

MAILLY-LE-CHÂTEAU *89660 Yonne* 65 ⑤ *G. Bourgogne – 555 h alt. 180.*
Voir ←★ *de la terrasse.*
Paris 196 – Auxerre 30 – Avallon 32 – Clamecy 21 – Cosne-sur-Loire 65.

Castel avec ch, près église ✆ 03 86 81 43 06, *michelbreerette@waika9.com, Fax 03 86 81 49 26,* – GB JCB
15 mars-15 nov. et fermé merc. – **Repas** 75/175 – 38 – **12 ch** 230/340 – 1/2 P 340/370

Les MAILLYS *21 Côte-d'Or* 66 ⑬ – *rattaché à Auxonne.*

MAISON NEUVE *16 Charente* 72 ⑭ – *rattaché à Angoulême.*

MAISONNEUVE *15 Cantal* 76 ⑭ – *rattaché à Chaudes-Aigues.*

MAISONS-ALFORT *94 Val-de-Marne* 61 ①,, 101 ㉗ – *voir à Paris, Environs.*

MAISONS-DU-BOIS *25 Doubs* 70 ⑦ – *rattaché à Montbenoit.*

MAISONS-LAFFITTE *78 Yvelines* 55 ⑳,, 101 ⑬ – *voir à Paris, Environs.*

MAISONS-LÈS-CHAOURCE *10 Aube* 61 ⑰ – *rattaché à Chaource.*

MALAY *71460 S.-et-L.* 70 ⑪ *G. Bourgogne – 200 h alt. 242.*
Voir *Château de Cormatin*★★ *: cabinet de Ste-Cécile*★★★ *S : 3 km.*
Paris 367 – Chalon-sur-Saône 32 – Mâcon 40 – Montceau-les-Mines 43 – Paray-le-Monial 54.

Place M, sur D 981 ✆ 03 85 50 15 08, *remy.litaudon@wanadoo.fr, Fax 03 85 50 13 23,* – – 30. GB
Repas 85/210, enf. 52 – 45 – **30 ch** 270/295 – 1/2 P 270

MALAY-LE-PETIT *89 Yonne* 61 ⑭ – *rattaché à Sens.*

MALBUISSON *25160 Doubs* 70 ⑥ *G. Jura – 366 h alt. 900.*
Voir *Lac de St-Point*★.
Office de Tourisme Grande Rue ✆ 03 81 69 31 21, Fax 03 81 69 71 94.
Paris 457 – Besançon 75 – Champagnole 42 – Pontarlier 16 – St-Claude 73.

Lac, ✆ 03 81 69 34 80, *Fax 03 81 69 35 44,* ←, – GB
fermé 15 nov. au 15 déc. sauf week-ends – **Repas** 105/255, enf. 50 - ***Rest. du Fromage*** (cuisine fromagère) **Repas** 105/120, enf. 46 – 45 – **53 ch** 230/800, 5 appart – 1/2 P 245/315

annexe Beau Site M sans rest, – cuisinette GB
fermé 15 nov. au 15 déc. sauf week-ends – 45 – **14 ch** 170/220, 3 duplex

XXX **Jean-Michel Tannières** avec ch, ✆ 03 81 69 30 89, *Fax 03 81 69 39 16*, – P. GB
fermé 18 avril au 1er mai, janv., fév., lundi et mardi – **Repas** 145/420 et carte 260 à 320 ♀, enf. 85 – ☕ 50 – **4 ch** 480 – ½ P 500
Spéc. Ragoût d'escargots frais de Bourgogne (mai à nov.). Poulet fermier au vin jaune et morilles. Soufflé glacé au pontarlier. **Vins** Arbois-Chardonnay, Arbois rouge.

XX **Bon Accueil** (Faivre) avec ch, ✆ 03 81 69 30 58, *lebonaccueilfaivre@wanadoo.fr*, *Fax 03 81 69 37 60*, – P. GB.
fermé 17 déc. au 16 janv., dim. soir, de de mi-sept. à mi-mai, mardi midi et lundi – **Repas** (135) - 165/280 et carte 220 à 340 ♀, enf. 85 – ☕ 48 – **12 ch** 280/420 – ½ P 340/470
Spéc. Tarte fine à la saucisse de Morteau. Râble de lapin au savagnin et cuisse en daube (15 juin au 15 sept.). Sorbet à la gentiane, macaronade au pamplemousse. **Vins** Arbois Chardonnay, Arbois-Pupillin.

aux Granges-Ste-Marie *Sud-Ouest : 2 km* – ✉ *25160 Labergement-Ste-Marie :*

Auberge du Coude, ✆ 03 81 69 31 57, *Fax 03 81 69 33 90*, – P. GB
fermé 20 oct. au 18 déc. et dim. soir hors saison – **Repas** 95/230 ♀ – ☕ 35 – **11 ch** 265/285 – ½ P 260/280

La MALÈNE *48210 Lozère 80 ⑤ G. Languedoc Roussillon – 188 h alt. 450.*

Voir *O : les Détroits★★ et cirque des Baumes★★ (en barque).*
Syndicat d'Initiative (mi-juin-mi-sept.) ✆ 04 66 48 50 77 et (hors saison) ✆ 04 66 48 53 44, Fax 04 66 48 58 51.
Paris 616 – Mende 41 – Florac 41 – Millau 45 – Sévérac-le-Château 33 – Le Vigan 74.

Manoir de Montesquiou, ✆ 04 66 48 51 12, *Fax 04 66 48 50 47*, « Belle demeure du 15e siècle », – P. GB
fin mars-fin oct. – **Repas** 135/260 ♀, enf. 70 – ☕ 65 – **12 ch** 420/820 – ½ P 445/645

au Nord-Est *5,5 km sur D 907bis* – ✉ *48210 Ste-Énimie :*

Château de la Caze, ✆ 04 66 48 51 01, *chateau.de.la.caze@wanadoo.fr*, *Fax 04 66 48 55 75*, ←, « Château du 15e siècle au bord du Tarn, parc », – P. AE GB. rest
7 avril-11 nov. et fermé jeudi midi sauf juil.-août et merc. du 7/4 au 16/5 et du 15/9 au 11/11 sauf fériés – **Repas** 175/320 ♀, enf. 80 – ☕ 75 – **13 ch** 650/1050, 6 appart – ½ P 555/755

MALESHERBES *45330 Loiret 61 ⑪ G. Châteaux de la Loire – 5 778 h alt. 108.*

Office de Tourisme 2 r. de la Pilonne ✆ 02 38 34 81 94, Fax 02 38 34 81 94.
Paris 81 – Fontainebleau 27 – Étampes 27 – Montargis 63 – Orléans 62 – Pithiviers 19.

Écu de France, 10 pl. Martroi ✆ 02 38 34 87 25, *ecudefrance@wanadoo.fr*, *Fax 02 38 34 68 99*, – P. AE GB
Repas *(fermé 10 au 23 août, jeudi soir et dim. soir)* 110/175 ♀, enf. 40 - ***Brasserie de l'Écu :*** **Repas** carte 120 à 160 ♀, enf. 40 – ☕ 36 – **16 ch** 285/360 – ½ P 240/280

MALICORNE-SUR-SARTHE *72270 Sarthe 64 ② G. Châteaux de la Loire – 1 659 h alt. 39.*

Paris 235 – Le Mans 33 – Château-Gontier 52 – La Flèche 16.

XX **Petite Auberge,** au pont ✆ 02 43 94 80 52, *Fax 02 43 94 31 37*, – GB
fermé 20 déc. au 10 janv., 15 fév. au 15 mars, lundi et le soir de sept. à juin sauf sam. – **Repas** 94 (déj.), 129/147 ♀, enf. 60

MALO-LES-BAINS *59 Nord 51 ④ – rattaché à Dunkerque.*

MALROY *57 Moselle 57 ⑭ – rattaché à Metz.*

Le MALZIEU-VILLE *48140 Lozère 76 ⑮ – 947 h alt. 860.*

Office de Tourisme ✆ 04 66 31 82 73.
Paris 549 – Le Puy-en-Velay 75 – Mende 51 – Millau 109 – Rodez 124 – St-Flour 37.

Voyageurs, rte Saugues ✆ 04 66 31 70 08, *pagesc@wanadoo.fr*, *Fax 04 66 31 80 36* – P. GB.
fermé 15 déc. au 28 fév. et dim. sauf juil.-août – **Repas** (48) - 85/165 ♀, enf. 45 – ☕ 45 – **19 ch** 240/330 – ½ P 270/320

MAMERS 72600 Sarthe 60 ⑭ G. Normandie Vallée de la Seine – 6 071 h alt. 128.

Office de Tourisme 29 pl. Carnot ☎ 02 43 97 60 63, Fax 02 43 97 42 87.

Paris 185 – Alençon 25 – Le Mans 44 – Mortagne-au-Perche 24 – Nogent-le-Rotrou 39.

Dauphin, 54 r. Fort ☎ 02 43 34 24 24, Fax 02 43 34 44 05 – P. AE GB
fermé vend. soir et dim. soir – **Repas** 65/162 – 35 – **14 ch** 170/250 – 1/2 P 150/200

au **Pérou** (61 Orne) Est : 7 km par rte de Bellême – ✉ 61360 Chemilly :

Petite Auberge, ☎ 02 33 73 11 34, Fax 02 33 25 59 50, – P. GB
fermé lundi soir et mardi – **Repas** 70/270, enf. 50

MANCIET 32 Gers 82 ③ – rattaché à Nogaro.

MANDELIEU-LA-NAPOULE 06210 Alpes-Mar. 84 ⑧, 114 ㉖, 115 ㉞ G. Côte d'Azur – 16 493 h alt. 4 – Casino.

Voir ≤★ de la colline de San Peyré – Site★ du château-musée.

Office de Tourisme 340 r. Jean-Monnet ☎ 04 93 93 64 64, Fax 04 93 93 64 66, bd H.-Clews ☎ 04 93 49 95 31, sortie autoroute ☎ 04 92 97 99 57.

Paris 896 ⑥ – Cannes 9 ③ – Fréjus 30 ⑤ – Brignoles 87 ⑥ – Draguignan 54 ⑥ – Nice 37 ③.

Plan page suivante

Domaine d'Olival sans rest, 778 av. Mer ☎ 04 93 49 31 00, Fax 04 92 97 69 28, – cuisinette P. AE GB — Y b
fermé 1er nov. au 19 janv. – 60 – **7 ch** 980, 11 appart 1575/1835

Les Bruyères M sans rest, 1400 av. Fréjus ☎ 04 93 49 92 01, Fax 04 93 49 21 55, – cuisinette P. AE GB — Y h
50 – **14 ch** 490

Hostellerie du Golf, 780 av. Mer ☎ 04 93 49 11 66, Fax 04 92 97 04 01, – P – 20 à 30. AE GB — Y n
fermé 20 déc. au 8 janv. – **Repas** 110/145 – 46 – **39 ch** 570/800, 16 appart – 1/2 P 446/566

Acadia sans rest, 681 av. Mer ☎ 04 93 49 28 23, Fax 04 92 97 55 54, – P. AE GB — Y v
fermé 10 nov. au 27 déc. – 40 – **29 ch** 430/490, 6 appart

La Napoule – ✉ 06210.

Voir Site★ du château-musée.

Paris 899 – Cannes 9 – Mandelieu-la-Napoule 3 – Nice 40 – St-Raphaël 35.

Sofitel Royal Hôtel Casino M, 605 av. Gén. de Gaulle (N 98) ☎ 04 92 97 70 00, h-1168@accor-hotels.com, Fax 04 93 49 51 50, ≤, casino, – P – 500. AE GB JCB — Z a
carte environ 180 - ***Le Féréol*** ☎ 04 92 97 70 20 **Repas** 200(déj.) et carte le soir 265 à 420, enf. 130 – 110 – **192 ch** 1790/2190, 13 appart – 1/2 P 945/1130

Ermitage du Riou, av. H.-Clews ☎ 04 93 49 95 56, hotel@ermitage-du-riou.fr, Fax 04 92 97 69 05, ≤, – P – 30 à 60. AE GB JCB — Z e
Le Riou : Repas 240bc/450, enf. 120 – 95 – **41 ch** 1150/1795 – 1/2 P 780/1098

Villa Parisiana sans rest, r. Argentière ☎ 04 93 49 93 02, villa.parisiana@wanadoo.fr, Fax 04 93 49 62 32 – AE GB — Z d
fermé 19 nov. au 3 déc. – 35 – **13 ch** 270/390

Corniche d'Or sans rest, pl. Fontaine ☎ 04 93 49 92 51 – — Z s
25 avril-15 oct. – 32 – **12 ch** 185/305

L'Oasis (Raimbault), r. J. H. Carle ☎ 04 93 49 95 52, message@oasis-raimbault.com, Fax 04 93 49 64 13, « Patio ombragé et fleuri » – AE GB JCB — Z r
Repas 260 (déj.), 350/750 et carte 540 à 600
Spéc. Foie gras de canard chaud en verdure de blettes. Loup en croûte dorée "exquissé" d'estragon. Filet mignon de veau et foie gras au gingembre. **Vins** Côteaux d'Aix-en-Provence.

L'Armorial, bd H. Clews ☎ 04 93 49 91 80, Fax 04 93 93 28 50, ≤ – GB — Z f
fermé merc. de sept. à juin – **Repas** 140/185 et carte 250 à 340

Les Bartavelles, bd Henri Clews ☎ 04 93 49 95 15, Fax 04 93 49 95 15, – AE GB
fermé 15 nov. au 15 déc. et merc. hors saison – **Repas** 138/198 — Z n

MANDELIEU-LA NAPOULE

Bon-Puits (Bd du) . . . . Y 6
Cannes (Av. de) . . . . Y 8
Ecureuils (Bd des) . . . . Y 13
Esterel-Parc (Bd) . . . . Y 14
Europe (Av. de l') . . . . Y 16
Fontmichel (Av. G.) . . . . Y 17
Frejus P. Ricard (Av. de) . . . . Y
Gaulle (Av. Gén. de) . . . . Y 19
Juin (Av. Mar.) . . . . Y
Marine-Royale (Allée de la) . . . . Y 23
Mer (Av. de la) . . . . Y
Princes (Bd des) . . . . Y 25
Siagne (R. de la) . . . . Y
Tavernière (Bd de la) . . . . Y 26

LA NAPOULE

Abaguiers (R. des) . . . . Z 2
Argentière (R. de l') . . . . Z 3
Balcons-d'Azur (Rd-Pt) . . . . Z 5
Carle (R. J.H.) . . . . Z 10
Chantiers-Naval (R. du) . . . . Z 12
Clews (Av. H.) . . . . Z
Fanfarigoule (Bd) . . . . Z
Gaulle (Av. Gén. de) . . . . Z
Hautes-Roches (R. des) . . . . Z 20
Mancha (Av. de la) . . . . Z 22
Petit-Port (R.) . . . . Z
Plage (R. de la) . . . . Z
Riou (Av. du) . . . . Z
San-Peyré (Bd du) . . . . Z
Soustelle (Bd J.) . . . . Z
23-Août (Av. du) . . . . Z

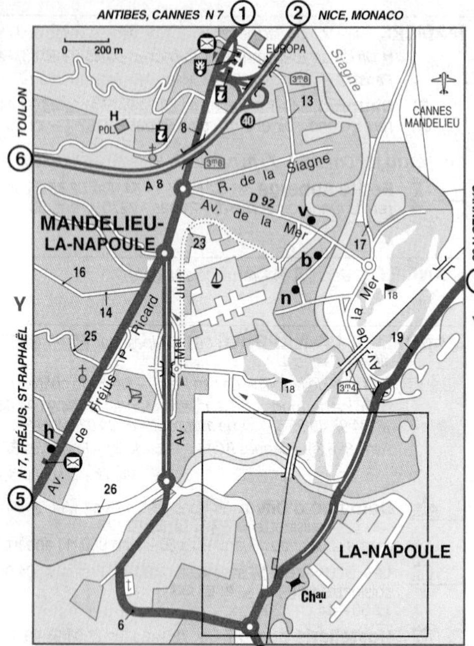

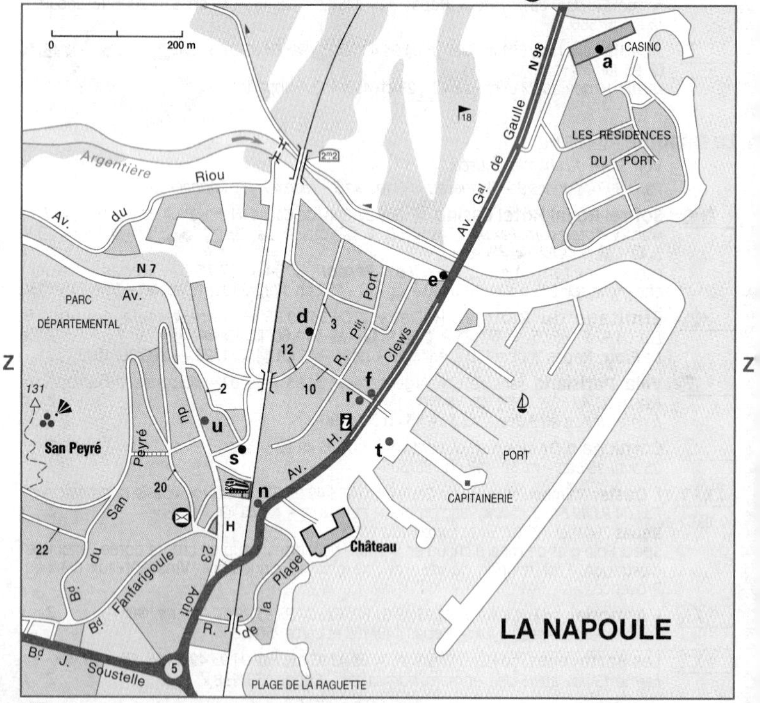

0 200 m
CASINO
N 98
Av. Gal de Gaulle
LES RÉSIDENCES DU PORT
Argentière
Riou
Av. du
N 7
Av.
PARC DÉPARTEMENTAL
Z
Port
R. Pit
Clews
Av. H.
131
San Peyré
Bd du San Peyré
PORT
CAPITAINERIE
Château
Fanfarigoule
Bd
23 Août
R. de la Plage
Bd J. Soustelle
LA NAPOULE
PLAGE DE LA RAGUETTE

XX **Pomme d'Amour,** 209 av. 23-Août ℰ 04 93 49 95 19, *jacques.arwacher@wanadoo.fr, Fax 04 93 49 95 24,* – GB Z u
fermé 15 nov. au 15 déc., sam. midi de juil. à sept., mardi sauf le soir de juil. à sept. et merc. midi – **Repas** 138/205

X **Bistrot du Port,** au port ℰ 04 93 49 80 60, *Fax 04 93 93 28 50,* – . GB
fermé mi-nov. à mi-déc. et merc. de sept. à juin – **Repas** 130/168 Z t

---

MANDEREN *57 Moselle* 57 ④ – *rattaché à Sierck-les-Bains.*

MANERBE *14 Calvados* 55 ⑬ – *rattaché à Lisieux.*

MANIGOD *74230 H.-Savoie* 74 ⑦ – *636 h alt. 950.*
Voir *Vallée de Manigod★★*, **G. Alpes du Nord.**
Office de Tourisme (saison) Chef Lieu ℰ 04 50 44 92 44, Fax 04 50 44 94 68.
Paris 561 – Annecy 26 – Chamonix-Mont-Blanc 70 – Albertville 38 – Thônes 6.

rte du col de la Croix-Fry *: 5,5 km :*

Chalet Hôtel Croix-Fry , ℰ 04 50 44 90 16, *Fax 04 50 44 94 87,* ≤ montagnes, , , , – P. AE GB
mi-juin-mi-sept. et mi-déc.-mi-avril – **Repas** *(fermé mardi hors saison)* 150 (déj.), 170/450 – 100 – **6 ch** 950/2000, 4 duplex – ½ P 750/1000

au col de la Croix-Fry *Nord-Est : 7 km – 74230 Thônes :*

X **Les Sapins** avec ch, ℰ 04 50 44 90 29, *les-sapins@wanadoo.fr, Fax 04 50 44 94 96,* ≤, – P. AE GB
fermé 1er au 6 mai, fin oct. au 23 nov. et dim. soir hors saison – **Repas** 130/205, enf. 55 – 40 – **10 ch** 350 – ½ P 250/300

Les noms des localités citées dans ce guide
sont soulignés de rouge
sur les **cartes Michelin** à 1/200 000.

MANOSQUE *04100 Alpes-de-H.-P.* 81 ⑮, 114 ⑤ *G. Alpes du Sud – 19 107 h alt. 387.*
Voir *Le vieux Manosque★ : Porte Saunerie★, façade★ de l'hôtel de ville – Sarcophage★ et Vierge noire★ dans l'église N.-D. de Romigier – Fondation Carzou★* **M** – *≤★ du Mont d'Or NE : 1,5 km.*
Office de Tourisme pl. Dr. P.-Joubert ℰ 04 92 72 16 00, Fax 04 92 72 58 98.
Paris 762 ③ – Digne-les-Bains 59 ① – Aix-en-Provence 57 ② – Avignon 93 ③.

MANOSQUE

Arthur-Robert (R.) 2
Aubette (R. d') 3
Bret (Bd M.) 5
Chacundier (R.) 6
Dauphine (R.) 8
Giono (Av. J.) 9
Grande (R.) 10
Guilhempierre (R.) 12
Hôtel-de-Ville (Pl. de l') 13
J.-J. Rousseau (R.) 14
Marchands (R. des) 15
Mirabeau (Bd) 16
Mont d'Or (R. du) 17
Observantins (Pl. des) 19
Ormeaux (Pl. des) 20
Pelloutier (Bd C.) 22
Plaine (Bd de la) 23
République (R. de la) 26
St-Lazare (Av.) 28
Saunerie (R. de la) 30
Soubeyran (R.) 32
Tanneurs (R. des) 33
Tourelles (R. des) 34
Voland (R.) 35
Vraies-Richesses (Montée des) 36

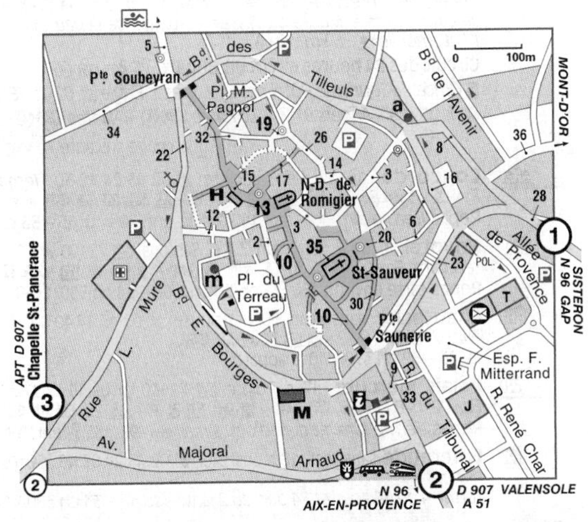

Pré St-Michel sans rest, Nord : 1,5 km par bd M. Bret et rte Dauphin 04 92 72 14 27, *pre.st.michel@wanadoo.fr, Fax 04 92 72 53 04,* – 25. AE GB
43 – **24 ch** 420/490

Relais Mercure, av. Gén. de Gaulle 04 92 87 78 58, *relais.manosque@wanadoo.fr, Fax 04 92 72 66 60* – P. AE GB
Repas 105/180 – 45 – **36 ch** 400/450

Campanile, par ① 04 92 71 73 50, *Fax 04 92 71 73 89,* – P – 15. AE GB
Repas 95/110, enf. 39 – 36 – **31 ch** 350

Source, Nord : 1,5 km par bd M. Bret et rte Dauphin 04 92 72 12 79, *Fax 04 92 72 12 79,* – P. AE GB
fermé vacances de Toussaint et de Noël, sam. midi et lundi – **Repas** 98 (déj.), 110/185, enf. 60

Dominique Bucaille, 43 bd Tilleuls **(a)** 04 92 72 32 28, *Fax 04 92 72 32 28* – AE GB JCB
fermé mi-juil. à mi-août, vacances de fév., merc. soir et dim. sauf fériés – **Repas** 150/260,
enf. 60

Luberon, pl. Terreaux **(m)** 04 92 72 03 09, *Fax 04 92 72 03 09,* – GB
fermé 1er au 17 sept., dim. soir et lundi – **Repas** *(70)* - 110/210

à La Fuste *Sud-Est : 6,5 km par rte de Valensole – 04210 Valensole :*

Hostellerie de la Fuste (Jourdan), 04 92 72 05 95, *lafuste@aol.com, Fax 04 92 72 92 93,* <, , **« Parc fleuri »**, – P – 70. AE GB JCB
fermé 7 janv. au 11 fév., dim. soir et lundi d'oct. à juin sauf fériés – **Repas** (nombre de couverts limité, prévenir) 280/490 et carte 310 à 520, enf. 130 – 90 – **14 ch** 700/1200 – 1/2 P 740/990
Spéc. Légumes du jardin en petits farcis provençaux. Agneau des Alpes de Haute-Provence. Gibier (saison). **Vins** Palette, Côtes du Lubéron.

Dans ce guide
un même symbole, un même caractère,
imprimé en couleur ou en ***noir,*** *en maigre ou en* ***gras,***
n'ont pas tout à fait la même signification.
Lisez attentivement les pages explicatives.

Le MANS P *72000 Sarthe* 60 ⑬, 64 ③ *G. Châteaux de la Loire – 145 502 h Agglo. 189 107 h alt. 80.*

Voir *Cathédrale St-Julien*★★ *: chevet*★★★ *– Le Vieux Mans*★★ *: maison de la Reine Bérengère*★*, enceintegallo-romaine*★ **DV M²** *– Église de la Couture*★ *: Vierge*★★ *– Église Ste-Jeanne-d'Arc*★ *– Musée de Tessé*★ *– Abbaye de l'Épau*★ **BZ** *, 4 km par D 152 – Musée de l'Automobile*★★ *: 5 km par* ④.

Circuit des 24 heures et circuit Bugatti *: 5 km par* ④.

Office de Tourisme Hôtel des Ursulines, r. Étoile 02 43 28 17 22, Fax 02 43 28 12 14.

Paris 202 ② *– Angers 97* ④ *– Le Havre 204* ⑥ *– Nantes 186* ④ *– Rennes 155* ⑤ *– Tours 83* ③.

Plan page suivante

Concorde, 16 av. Gén. Leclerc 02 43 24 12 30, *lemans@concorde-hotels.com, Fax 02 43 24 85 74,* – P – 50. AE GB JCB CX b
Repas *(fermé dim. soir) (95)* - 140/215, enf. 70 – 65 – **56 ch** 520/850

Novotel M, bd R. Schuman (Z.A.C. Sablons) 72100 02 43 85 26 80, *h0440@accor-hotels.com, Fax 02 43 75 31 76,* – P – 120. AE GB
Repas carte environ 150, enf. 50 – 60 – **94 ch** 990/1350 BZ a

Chantecler sans rest, 50 r. Pelouse 02 43 14 40 00, *hotel.chantecler@wanadoo.fr, Fax 02 43 77 16 28* – P. AE GB CY f
48 – **32 ch** 370/440, 3 appart

Relais Mercure, 17 r. Pointe 72100 02 43 72 27 20, *h0344@accor-hotels.com, Fax 02 43 85 96 06,* – P – 25. AE GB JCB AZ b
Repas *(fermé sam. et dim. d'oct. à mai) (69)* - 99/135, enf. 38 – 42 – **41 ch** 355/385

Emeraude sans rest, 18 r. Gastelier 02 43 24 87 46, *Fax 02 43 24 60 64* – GB. CY z
fermé 4 au 26 août et 24 déc. au 2 janv. – 50 – **33 ch** 380/400

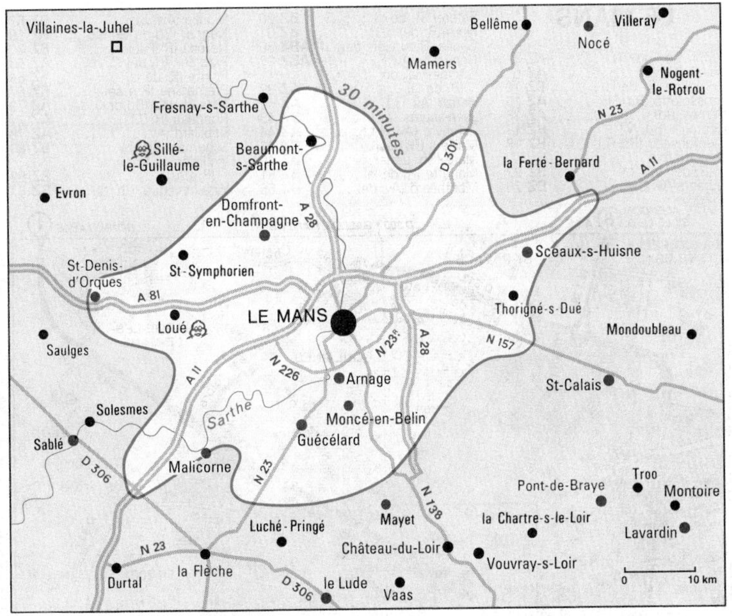

Commerce sans rest, 41 bd Gare ✆ 02 43 83 20 20, *commerce.hotel@wanadoo.com, Fax 02 43 83 20 21* – TV ✆. AE GB. ⋘ — CY d
☕ 45 – **31 ch** 280/320

L'Escale sans rest, 72 r. Chanzy ✆ 02 43 50 40 00, *Fax 02 43 84 76 82* – 🛗 TV ✆ P. AE ⓞ GB JCB — DY u
fermé 21 déc. au 7 janv. – ☕ 40 – **46 ch** 250/290

XXX **Beaulieu,** 24 r. Ponts Neufs ✆ 02 43 87 78 37, *Fax 02 43 87 78 27* – ▤. AE GB. ⋘ — DX h
fermé 3 août au 3 sept., vacances de fév., lundi midi, sam. midi et dim. – **Repas** 125 (déj.), 175/450 et carte 260 à 410 ♀

XX **Chez Jean,** 9 r. Dorée ✆ 02 43 28 22 96, *chezjeanrestaurant@wanadoo.fr, Fax 02 43 28 22 40,* 🏠 – AE ⓞ GB JCB — CX e
fermé 27/08-9/09, 26/11-2/12, 31/12-6/01, mardi midi de 04 à 10 , merc. soir de 11 à 03, dim. soir et lundi – **Repas** 159/189, enf. 52

XX **St-Lô,** 97 av. Gén. Leclerc ✆ 02 43 24 71 85, *Fax 02 43 23 32 52* – ▤. GB JCB — CY v
fermé 1er au 20 août, 22 au 28 janv., dim. soir et sam. – **Repas** 80/165 ♀, enf. 60

X **Ciboulette,** 14 r. Vieille Porte ✆ 02 43 24 65 67, *Fax 02 43 87 51 18* – ▤. AE GB — CX x
fermé 28 juil. au 19 août, sam. et dim. – **Repas** 178/258 ♀

par ③ *sur N 138 : 4 km* – ✉ *72100 Le Mans :*

Green 7 M, 447 av. G. Durand (rte de Tours) ✆ 02 43 40 30 30, *Fax 02 43 40 30 00,* 🏠, 🏋, 🌳 – ▤ rest, TV ✆ ♿ P – 🏫 40. GB
Repas *(fermé 1er au 20 août, vend. soir et dim. soir)* 83/183 ♀, enf. 50 – ☕ 39 – **70 ch** 295/370 – ½ P 355/425

à Arnage *par* ④ *: 10 km – 5 600 h. alt. 42* – ✉ *72230 :*

XXX **Auberge des Matfeux,** Sud sur D 147 ✆ 02 43 21 10 71, *Fax 02 43 21 25 23* – P. AE ⓞ GB JCB
fermé 23 juil. au 31 août, 2 au 23 janv., dim. soir, lundi et soirs fériés – **Repas** 120/360 et carte 280 à 540 ♀

par ⑤ *et N 157 : 4 km* – ✉ *72000 Le Mans :*

Auberge de la Foresterie M, rte de Laval ✆ 02 43 51 25 12, *aubergedelaforesterie@wanadoo.fr, Fax 02 43 28 54 58,* 🏊, 🌳 – ⋘, ▤ rest, TV ✆ ♿ P – 🏫 60. AE ⓞ GB
Repas *(fermé dim. soir)* (95) - 145/195 ♀ – ☕ 55 – **40 ch** 330/495 – ½ P 395

LE MANS

Ambroise Paré (R.) .... AZ 4
Ballon (R. de) .... AZ 6
Bertinière (R. de la) .... BZ 10
Brossolette (Bd P.) .... AZ 15
Carnot (Bd) .... AZ 16
Churchill (Bd W.) .... BZ 17
Clemenceau (Bd G.) ...... BZ 18
Douce-Amie
(R. de) .... BZ 22
Durand (Av. G.) .... BZ 26
Esterel (R. de l') .... BZ 30
Flore (R. de) .... BZ 31
Gaulle (R.du Gén.-de) .... ABZ 36
Géneslay (Av. F.) .... ABZ 37
Grande-Maison
(R. de la) .... AZ 39
Heuzé (Av. O.) .... AZ 42
Jean-Jaurès (Av.) .... BZ 43
Lefeuvre (Av. H.) .... AZ 44
Maillets (R. des) .... BZ 46
Mare (Ch. de la) .... BZ 49
Mariette (R. de la) .... BZ 51
Monthéard (Av. de) .... BZ 55
Moulin (Av. J.) .... BZ 57
Négrier (Bd du Gén.) ...... BZ 58
Néruda (R. Pablo) .... BZ 60
Pied-Sec (R. de) .... AZ 63
Pointe (R. de la) .... AZ 64
Prémartine (Rte de) .... BZ 67
Riffaudières (Bd des) ...... AZ 73
Rondeau (R. J.) .... AZ 74
Rubillard (Av.) .... AZ 78
Schuman (Bd R.) .... BZ 80
Victimes du Nazisme
(R. des) .... BZ 82
Yvré-Levêque (Ch. d') ..... BZ 87

Write us...

If you have any comments on the contents of this Guide.

Your praise as well as your criticisms will receive careful consideration and, with your assistance, we will be able to add to our stock of information and, where necessary, amend our judgments.

Thank you in advance!

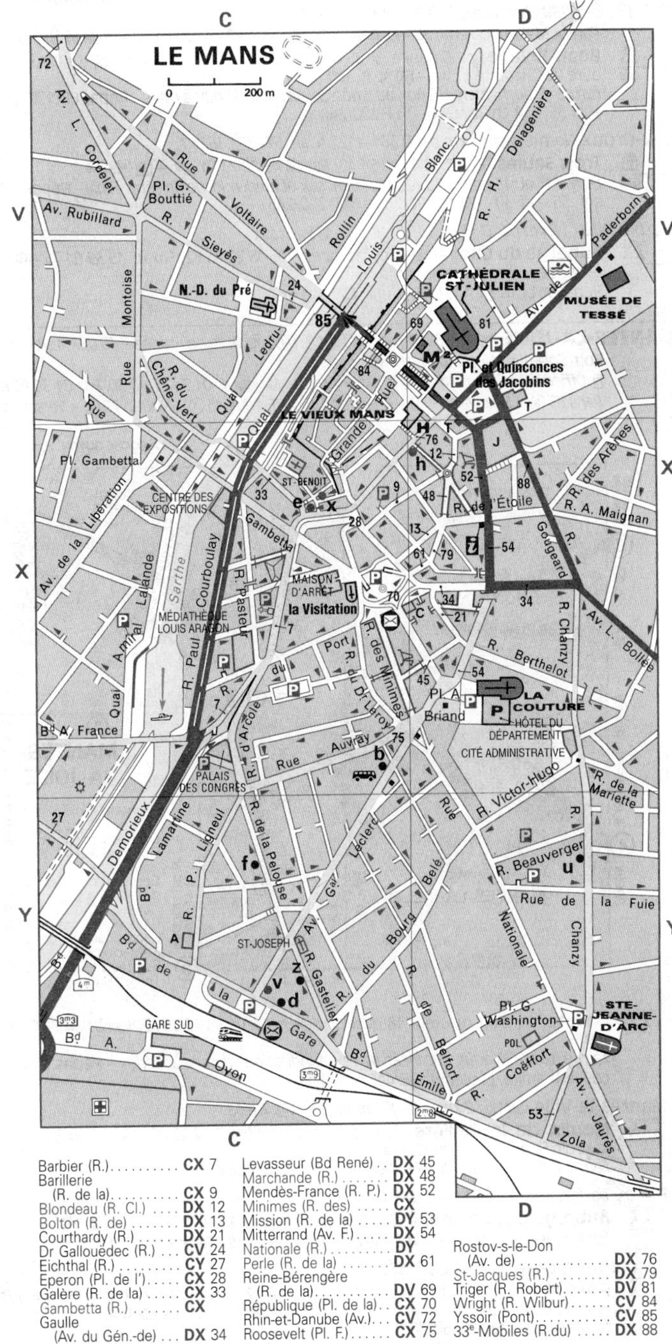
LE MANS
0
200 m
C
D
V
X
Y
Av. L. Cordelet
Rue Voltaire
Pl. G. Bouttié
Av. Rubillard
R. Sieyès
Rue Montoise
N.-D. du Pré
Ledru
Rollin
Louis Blanc
R. H. Delagenière
Av. de Paderborn
CATHÉDRALE ST-JULIEN
MUSÉE DE TESSÉ
Pl. et Quinconces des Jacobins
R. du Chêne-Vert
Quai
LE VIEUX MANS
Grande Rue
Pl. Gambetta
ST-BENOIT
CENTRE DES EXPOSITIONS
Av. de la Libération
Gambetta
R. des Arènes
R. de l'Étoile
R. A. Maignan
Gougeard
MAISON D'ARRÊT
la Visitation
R. Pasteur
R. Paul Courboulay
Sarthe
MÉDIATHÈQUE LOUIS ARAGON
Quai Amiral Lalande
R. du Port
R. du Dr Leroy
R. des Minimes
R. Chanzy
R. Berthelot
Av. L. Bollée
Pl. A. Briand
LA COUTURE
HÔTEL DU DÉPARTEMENT
CITÉ ADMINISTRATIVE
Bd A. France
R. d'Arcole
Rue Auvray
PALAIS DES CONGRÈS
R. Victor-Hugo
R. de la Mariette
Demorieux
Lamartine
Ligneul
R. de la Pelouse
Av. Gal Leclerc
Rue Belé
R. Beauverger
Rue de la Fuie
Bd R. P.
ST-JOSEPH
R. Gastelier
R. du Bourg
Nationale
Chanzy
Bd de la Gare
R. de Belfort
Pl. G. Washington
STE-JEANNE-D'ARC
GARE SUD
Bd A. Oyon
R. Émile Zola
R. Coëffort
Av. J. Jaurès
PDL

MANSLE *16230 Charente* 72 ③ ④ – *1 601 h alt. 65.*

Paris 424 – Angoulême 26 – Cognac 53 – Limoges 92 – Poitiers 87 – St-Jean-d'Angély 62.

Beau Rivage, pl. Gardoire ✆ 05 45 20 31 26, *Fax 05 45 22 24 24*, « Jardin en bordure de Charente », – TV ✆ P. GB

fermé 1er au 15 mars, 15 nov. au 5 déc. et dim. soir de nov. à mars – **Repas** 68/170, enf. 40 – 36 – **32 ch** 220/260 – ½ P 200/240

à St-Groux *Nord-Ouest : 3 km par D 361 – 122 h. alt. 57 – ✉ 16230 :*

Trois Saules, ✆ 05 45 20 31 40, *Fax 05 45 22 73 81*, – TV P. GB

fermé 1er au 15 nov., 15 au 23 fév., dim. soir et lundi midi de fin sept. à mai – **Repas** 63/170 ♀, enf. 35 – 30 – **10 ch** 198/265 – ½ P 220/245

à Luxé *Ouest : 6 km par D 739 – 733 h. alt. 70 – ✉ 16230 :*

XX **Auberge du Cheval Blanc,** à la gare ✆ 05 45 22 23 62, *Fax 05 45 39 94 75* – GB

fermé fév., dim. soir et lundi

Repas 70 bc (déj.), 115/195 ♀, enf. 45

MANTES-LA-JOLIE *78200 Yvelines* 55 ⑱, 106 ⑮ *G. Ile de France – 45 087 h alt. 34.*

*Voir Collégiale Notre-Dame*** **BB.**

Office de Tourisme (fermé le dim.) 4 pl. St-Maclou ✆ 01 34 77 10 30, Fax 01 30 98 61 49.

Paris 55 ③ – Beauvais 69 ① – Chartres 78 ④ – Évreux 45 ④ – Rouen 79 ④ – Versailles 46 ③.

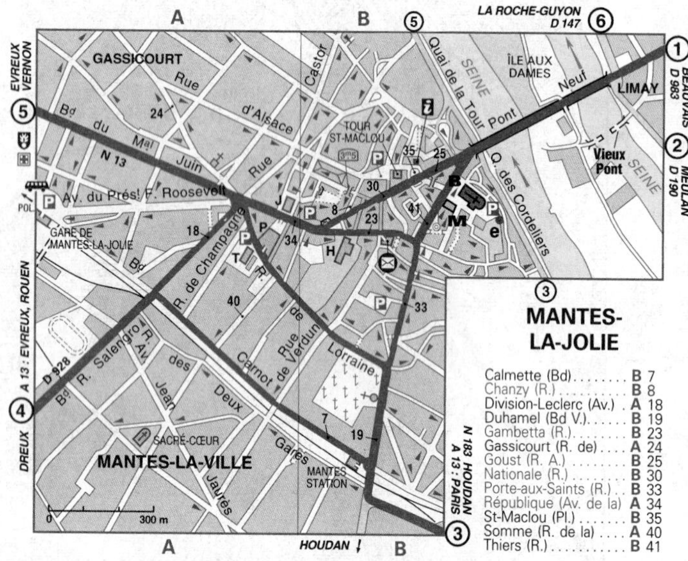

XX **Galiote,** 1 r. Fort (hauteur 18 quai Cordeliers) ✆ 01 34 77 03 02, *Fax 01 34 77 07 90* – AE GB   B e

fermé 10 au 20 août, vacances de fév., lundi soir et dim. sauf fériés – **Repas** (nombre de couverts limité, prévenir) 185/415 bc ♀

à Mantes-la-Ville *par ③ : 2 km – 19 081 h. alt. 36 – ✉ 78200 :*

XXX **Moulin de la Reillère,** 171 rte Houdan ✆ 01 30 92 22 00, *Fax 01 30 92 22 00*, « Jardin fleuri », – P. AE GB

fermé dim. soir et lundi – **Repas** 145/265 et carte 360 à 400

à Rosay *par ③ : 10 km – 348 h. alt. 98 – ✉ 78790 :*

XX **Auberge de la Truite,** ✆ 01 34 76 30 52, *Fax 01 34 76 30 65*, – GB

fermé vacances de Noël, dim. soir, mardi midi et lundi – **Repas** 195/340 ♀

à Dennemont *par ⑥ : 3 km – ✉ 78520 :*

XX **Port Maria,** 35 r. J. Jaurès ✆ 01 34 77 18 22, *restaurant.port.maria@wanadoo.fr*, *Fax 01 34 97 57 58*, « Terrasse au bord de la Seine » – P. AE GB

fermé lundi – **Repas** 150/300

à St-Martin-la-Garenne *par ⑥ et D 147 : 7 km – 654 h. alt. 125 – ✉ 78520 Limay :*

XX **Auberge St-Martin,** ✆ 01 34 77 58 45 – P. GB
fermé 29 juil. au 30 août, lundi, mardi, merc. et jeudi – **Repas** 140/160

MANTES-LA-VILLE *78 Yvelines* 55 *⑱ – rattaché à Mantes-la-Jolie.*

MANZAC-SUR-VERN *24110 Dordogne* 75 *⑤ – 488 h alt. 80.*
Paris 504 – Périgueux 18 – Bergerac 35 – Bordeaux 111.

XX **Lion d'Or** avec ch, ✆ 05 53 54 28 09, *Fax 05 53 54 25 50,* ⌂, ⌂ – TV ✆ – 🏠 25. AE ⓓ GB
fermé fév., dim. soir sauf juil.-août et lundi – **Repas** 78 (déj.), 120/220, enf. 55 – ☐ 38 – **7 ch** 240

MARANS *17230 Char.-Mar.* 71 *⑫ G. Poitou Vendée Charentes – 4 170 h alt. 1.*
Paris 466 – La Rochelle 24 – La Roche-sur-Yon 59 – Fontenay-le-Comte 27 – Niort 55.

X **Porte Verte,** 20 quai Foch ✆ 05 46 01 09 45, ⌂ – GB
fermé vacances de Toussaint, 24 au 26 déc., vacances de fév., dim. soir du 15 sept. au 15 juin et merc. – **Repas** (nombre de couverts limité, prévenir) 95/200

MARAUSSAN *34 Hérault* 83 *⑭ – rattaché à Béziers.*

MARBOUÉ *28 E.-et-L.* 60 *⑰ – rattaché à Châteaudun.*

MARÇAY *37 I.-et-L.* 67 *⑨ – rattaché à Chinon.*

MARCENAY *21330 Côte-d'Or* 65 *⑧ – 130 h alt. 220.*
Paris 233 – Auxerre 72 – Chaumont 73 – Dijon 89 – Montbard 35 – Troyes 67.

Santenoy ⌂, au Lac : 1 km ✆ 03 80 81 40 08, *Fax 03 80 81 43 05,* ←, ⌂, ⌂ – TV ✆ P – 🏠 30. GB
Repas (56) - 77 bc/200 ♀, enf. 56 – ☐ 32 – **18 ch** 153/268 – ½ P 178/235

Les MARCHES *73800 Savoie* 74 *⑯ – 2 135 h alt. 328.*
Paris 574 – Grenoble 46 – Albertville 44 – Allevard 23 – Chambéry 12.

X **Ferme de Champlong,** N 90, dir. Grenoble ✆ 04 79 28 11 57, *Fax 04 79 71 56 30* – P. GB
fermé 27 août au 10 sept., 2 au 7 janv., dim. soir et lundi – **Repas** - cuisine savoyarde - 80/170 ♨

MARCILLAC-LA-CROISILLE *19320 Corrèze* 75 *⑩ G. Berry Limousin – 787 h alt. 550.*
Paris 505 – Aurillac 80 – Argentat 26 – Égletons 17 – Mauriac 41 – Tulle 27.

au Pont du Chambon *Sud-Est : 15 km, dir. Mauriac par D 60 et D 13 – ✉ 19320 St-Merd-de-Lapleau :*

XX **Fabry** *(Au Rendez-vous des Pêcheurs)* ⌂ avec ch, ✆ 05 55 27 88 39, *fabry@medianet.fr, Fax 05 55 27 83 19,* ←, ⌂ – TV ✆ P. ⓓ GB
14 fév.-11 nov. et fermé vend. soir et sam. midi d'oct. à mars – **Repas** 85/220 ♨, enf. 50 – ☐ 38 – **8 ch** 240/270 – ½ P 260/270

MARCILLY-EN-VILLETTE *45240 Loiret* 64 *⑨ – 1 714 h alt. 124.*
Paris 156 – Orléans 21 – Blois 82 – Romorantin-Lanthenay 55 – Salbris 42.

X **Auberge de la Croix Blanche** avec ch, 118 pl. Église ✆ 02 38 76 10 14, *Fax 02 38 76 10 67* – TV ✆. GB
fermé 17 au 31 août, 8 fév. au 1er mars et vend. – **Repas** 102/200 ♨, enf. 66 – ☐ 36 – **7 ch** 165/270 – ½ P 238/274

MARCKOLSHEIM *67390 B.-Rhin* 87 *⑦ – 3 306 h alt. 178.*
ℹ Office de Tourisme 13 r. du Mar. Foch ✆ 03 88 92 56 98, Fax 03 88 92 56 07 (hors saison) Mairie ✆ 03 88 58 62 20.
Paris 452 – Colmar 21 – Gérardmer 81 – St-Dié 60 – Sélestat 15 – Strasbourg 70.

XX **Restaurant** avec ch, 28 r. Mar. Foch ☎ 03 88 92 56 56, *info@le-restaurant.com.fr, Fax 03 88 92 77 99,* – AE GB
fermé 24 déc. au 6 janv., vacances de fév., mardi soir de déc. à avril, sam. midi et merc. – **Repas** 90 (déj.), 220/340 – 40 – **14 ch** 200/270 – ½ P 250/265

MARCOUSSIS *91 Essonne* 60 ⑩,, 101 ㉞ – *voir à Paris, Environs.*

MARCQ-EN-BAROEUL *59 Nord* 51 ⑯,, 111 ⑬ – *rattaché à Lille.*

MARENNES *17320 Char.-Mar.* 71 ⑭ *G. Poitou Vendée Charentes – 4 634 h alt. 10.*

Voir ★ *de la terrasse de la tour de l'église St-Pierre-de-Sales.*

Env. *Remparts*★★ *de Brouage NE : 6,5 km – Pointe du Chapus : fort Louvois*★ *NE : 7 km par D 26.*

Pont de la Seudre : passage gratuit.

Office de Tourisme pl. Chasseloup-Laubat ☎ *05 46 85 04 36, Fax 05 46 85 14 20.*

Paris 500 – La Rochelle 60 – Royan 32 – Rochefort 22 – Saintes 40.

à Bourcefranc-le-Chapus *Nord-Ouest : 5 km – 2 851 h. alt. 5 –* ✉ *17560.*

Voir *A la pointe du Chapus* ★ *sur le pont d'Oléron NO : 3 km.*

Terminus, au port du Chapus ☎ 05 46 85 02 42, *Fax 05 46 85 32 39,* – AE GB
Repas 79/190, enf. 45 – 35 – **10 ch** 250/380 – ½ P 300/390

MAREUIL-CAUBERT *80 Somme* 52 ⑦ – *rattaché à Abbeville.*

MAREUIL-SUR-OURCQ *60890 Oise* 56 ⑬ – *1 411 h alt. 69.*

Paris 79 – Compiègne 41 – Beauvais 97 – Meaux 26 – Senlis 41 – Soissons 38.

X **Auberge de l'Ourcq,** r. Thury ☎ 03 44 87 24 14, *Fax 03 44 87 44 20* – GB
fermé 17 au 31 juil., 22 janv. au 15 fév. et lundi – **Repas** 80 (déj.), 145/220

MARGAUX *33460 Gironde* 71 ⑧ – *1 387 h alt. 16.*

Paris 605 – Bordeaux 31 – Lesparre-Médoc 42.

Relais de Margaux, chemin de l'Ile Vincent - au Nord-Est : 2,5 km ☎ 05 57 88 38 30, *relais-margaux@relais-margaux.fr, Fax 05 57 88 31 73,* – 100. AE GB JCB
Repas *(fermé dim. soir, sam. midi et lundi du 15 nov. au 28 fév.)* 195/420, enf. 80 – 90 – **61 ch** 990/1380, 3 appart

Pavillon de Margaux, ☎ 05 57 88 77 54, *le-pavillon-margaux@wanadoo.fr, Fax 05 57 88 77 73,* – AE GB
Repas *(fermé 15 déc. au 15 janv., merc. midi hors saison et mardi)* 89 (déj.), 140/220, enf. 60 – 60 – **14 ch** 480/660 – ½ P 470/560

XX **Savoie,** ☎ 05 57 88 31 76, *Fax 05 57 88 31 76,*
fermé vacances de printemps, lundi soir hors saison, sam. midi en saison, dim. et fériés – **Repas** 85/225

à Arcins *Nord-Ouest : 6 km sur D 2 – 304 h. alt. 10 –* ✉ *33460 :*

X **Lion d'Or,** ☎ 05 56 58 96 79, – AE GB
fermé juil., 23 déc. au 1er janv., dim. et lundi – **Repas** (nombre de couverts limité, prévenir) 68, enf. 45

MARGÈS *26260 Drôme* 77 ② – *723 h alt. 282.*

Paris 548 – Valence 36 – Grenoble 92 – Hauterives 14 – Romans-sur-Isère 13.

Auberge Le Pont du Chalon, 3 km par rte Romans ☎ 04 75 45 62 13, *Fax 04 75 45 60 19,* – GB
fermé 25 sept. au 8 oct., 2 au 15 janv., dim. soir et lundi – **Repas** 98/180 – 30 – **9 ch** 200/300 – ½ P 200/210

MARGON *34320 Hérault* 83 ⑮ – *209 h alt. 90.*

Paris 745 – Montpellier 65 – Agde 30 – Béziers 20 – Lodève 43 – Sète 48.

Auberge du Château, chemin des Serres ☎ 04 67 24 85 65, *charleskress@southernfrance.com, Fax 04 67 24 75 99,* – rest, GB
fermé 12 au 19 mars et 5 au 19 nov. – **Repas** *(fermé mardi midi et lundi sauf juil.-août)* (75) - 95/220, enf. 45 – 35 – **13 ch** 280/380 – ½ P 250/340

MARGUERITTES *30 Gard 80 ⑲ – rattaché à Nîmes.*

MARIENTHAL *67500 B.-Rhin 57 ⑲.*
Syndicat d'Initiative 27 r. Principale.
Paris 480 – Strasbourg 28 – Haguenau 6 – Saverne 41.

Relais Princesse Maria Leczinska, 1 r. Rothbach ☎ 03 88 93 43 48, *Fax 03 88 93 40 35,* – AE GB
fermé 20 août au 4 sept., lundi et mardi – **Repas** 120 (déj.), 160/255

MARIGNANE *13700 B.-du-R. 84 ⑫, 114 ㉗ G. Provence – 32 325 h alt. 10.*
Voir *Canal souterrain du Rove★ SE : 3 km.*
de Marseille-Provence : ☎ 04 42 14 14 14.
Office de Tourisme 4 bd F.-Mistral ☎ 04 42 09 78 83, Fax 04 42 31 49 39.
Paris 759 – Marseille 27 – Aix-en-Provence 25 – Martigues 16 – Salon-de-Provence 32.

à l'aéroport *au Nord – ✉ 13700 :*

Sofitel M, ☎ 04 42 78 42 78, *h0541@accor-hotels.com, Fax 04 42 78 42 70,* – 200. AE GB JCB
Cenadou *(fermé août, sam. et dim. de mai à oct.)* **Repas** 220, enf. 50 – ***Café de Provence*** *(fermé sam. et dim. de nov. à avril)* **Repas** 170, enf. 50 – 105 – **176 ch** 1090/1250, 3 appart

Primotel, ✉ 13127 Vitrolles ☎ 04 42 15 54 00, *marseilleaeroport@hotels-primotel.com, Fax 04 42 89 69 18,* – 100. AE GB
Repas 135, enf. 57 – 55 – **120 ch** 450

Ibis, ☎ 04 42 79 61 61, *Fax 04 42 89 93 13,* – ch, AE GB
Repas 83/103, enf. 40 – 35 – **85 ch** 400

Z.I. Les Estroublans *Nord-Est : 4 km par D 9 (rte Vitrolles) – ✉ 13127 Vitrolles :*

Novotel M, 5e Rue ☎ 04 42 89 90 44, *h0442@accor-hotels.com, Fax 04 42 79 07 04,* – 200. AE GB JCB
Repas *(110)* - 165/210, enf. 50 – 60 – **128 ch** 525/545

MARIGNY-ST-MARCEL *74150 H.-Savoie 74 ⑤ – 581 h alt. 404.*
Paris 540 – Annecy 18 – Aix-les-Bains 20 – Bellegarde-sur-Valserine 43 – Rumilly 6.

Blanc avec ch, ☎ 04 50 01 09 50, *hotel-blanc@wanadoo.fr, Fax 04 50 64 58 05,* – AE GB
Repas *(fermé dim. soir et sam.)* 90 (déj.), 120/380 – 45 – **8 ch** 400/430 – ½ P 340

MARINGUES *63350 P.-de-D. 73 ⑤ G. Auvergne – 2 345 h alt. 315.*
Paris 415 – Clermont-Ferrand 30 – Lezoux 16 – Riom 21 – Thiers 24 – Vichy 27.

Clos Fleuri avec ch, rte Clermont ☎ 04 73 68 70 46, *Fax 04 73 68 75 58,* « Jardin ombragé », – GB. ch
fermé 15 fév. au 15 mars, dim. soir et lundi du 16 sept. au 14 juin – **Repas** 75/219 – 35 – **14 ch** 220/300 – ½ P 240/260

MARLENHEIM *67520 B.-Rhin 62 ⑨ – 2 956 h alt. 195.*
Paris 468 – Strasbourg 22 – Haguenau 36 – Molsheim 12 – Saverne 18.

Cerf (Husser), ☎ 03 88 87 73 73, *info@lecerf.com, Fax 03 88 87 68 08,* « Hostellerie fleurie » – rest, AE GB
fermé mardi et merc. – **Repas** 330 bc (déj.), 385/685 et carte 440 à 640, enf. 95 – 95 – **13 ch** 550/1200
Spéc. Presskopf de tête de veau en croustille, sauce gribiche. Choucroute au cochon de lait et foie gras fumé. Chausson à la truffe noire du Périgord (janv. à mars). **Vins** Sylvaner, Pinot noir.

Hostellerie Reeb, ☎ 03 88 87 52 70, *hostellerie-reeb@wanadoo.fr, Fax 03 88 87 69 73,* – rest, – 25. AE GB JCB. ch
fermé dim. soir et lundi – **Repas** 170/350 - ***Crémaillère :*** **Repas** 60(déj.),105/290, enf.60 – 50 – **30 ch** 300 – ½ P 290

MARLY *59 Nord 53 ⑤ – rattaché à Valenciennes.*

MARLY-LE-ROI *78 Yvelines 55 ⑲ ⑳,, 101 ⑫ ⑬ – voir à Paris, Environs.*

MARMANDE

47200 L.-et-G. 79 ③ G. Aquitaine – 17 568 h alt. 30.

Office de Tourisme bd Gambetta 05 53 64 44 44, Fax 05 53 20 17 19.

Paris 670 – Agen 67 – Bergerac 57 – Bordeaux 91 – Libourne 67.

Capricorne, rte Agen (N 113) : 2 km 05 53 64 16 14, Fax 05 53 20 80 18, – P. AE GB
fermé 21 déc. au 6 janv. – **Trianon** 05 53 20 80 94 (fermé 29/4 au 8/5, 25/8 au 2/9, lundi midi en 07-08, sam. midi et dim.) **Repas** 95/290, enf. 55 – 40 – **35 ch** 290/320 – ½ P 270

à l'Est, rte de Périgueux par D 933, puis D 267 (rte de Birac-sur-Trec) : 7 km – ✉ 47200 Virazeil :

Auberge du Moulin d'Ané, 05 53 20 18 25, Fax 05 53 89 67 99, – P. AE GB
fermé 19 au 27 juin, 29 janv. au 13 fév., mardi et merc. – **Repas** 90 (déj.), 140/210, enf. 45

à l'échangeur A 62 Sud : 9 km par D 933 – ✉ 47430 Sainte-Marthe :

Les Rives de l'Avance M sans rest, 05 53 20 60 22, Fax 05 53 20 98 76, – P. GB
35 – **16 ch** 200/290

MARNE-LA-VALLÉE

77 S.-et-M. 56 ⑫, 101 ⑲ – voir à Paris, Environs.

MARQUAY

24620 Dordogne 75 ⑰ – 473 h alt. 175.

Paris 512 – Brive-la-Gaillarde 58 – Périgueux 60 – Sarlat-la-Canéda 12.

Bories sans rest, 05 53 29 67 02, Fax 05 53 29 64 15, – P. GB
1er avril-2 nov. – 38 – **30 ch** 230/380

Condamine, rte Meyrals : 1 km 05 53 29 64 08, hotel.lacondamine@wanadoo.fr, Fax 05 53 28 81 59, – P. AE GB
10 avril-1er nov. – **Repas** (dîner seul.) 90/190, enf. 50 – 40 – **22 ch** 250/290 – ½ P 270/290

L'Esterel, 05 53 29 67 10, r.esterel@wanadoo.fr, Fax 05 53 30 43 46 – AE GB JCB
Pâques-1er nov. et fermé le midi en semaine sauf du 15 juin au 15 sept. – **Repas** 85/200, enf. 50

MARQUISE

62250 P.-de-C. 51 ① – 4 453 h alt. 57.

Paris 269 – Calais 23 – Arras 115 – Boulogne-sur-Mer 17 – St-Omer 50.

Grand Cerf, 34 av. Ferber 03 21 87 55 05, s.pruvot@legrandcerf.com, Fax 03 21 33 61 09 – P. GB
fermé dim. soir et lundi – **Repas** 135 (déj.), 175/255

MARSANNAY-LA-CÔTE

21 Côte-d'Or 66 ⑫ – rattaché à Dijon.

MARSEILLAN

34340 Hérault 83 ⑯ G. Languedoc Roussillon – 4 950 h alt. 3.

Paris 761 – Montpellier 48 – Agde 7 – Béziers 31 – Pézenas 21 – Sète 24.

Table d'Emilie, 8 pl. Couverte 04 67 77 63 59, Fax 04 67 01 72 02, – GB
fermé 12 nov. au 6 déc., 18 janv. au 7 mars, jeudi midi et lundi en saison, dim. soir et merc. hors saison – **Repas** 100 (déj.), 150/270

Chez Philippe, 20 r. Suffren 04 67 01 70 62, Fax 04 67 01 70 62, – GB
fermé 23 déc. au 26 fév., dim. soir de sept. à juin, lundi et mardi – **Repas** (prévenir) 130

Write us...

If you have any comments on the contents of this Guide.

Your praise as well as your criticisms will receive careful consideration and, with your assistance, we will be able to add to our stock of information and, where necessary, amend our judgments.

Thank you in advance!

MARSEILLE

P 13000 B.-du-R. 84 ⑬ 114 ㉘ G. Provence - 800 550 h. - Agglo. 1 230 936 h.
Paris 774 ④ – Lyon 315 ④ – Nice 191 ② – Torino 376 ② – Toulon 64 ② – Toulouse 405 ④

OFFICES DE TOURISME

4 La Canebière (1er) ℘ 04 91 13 89 00, Fax 04 91 13 89 20, Gare St-Charles 1er ℘ 04 91 50 59 18, annexe (été): Le Panier 20 r. des Pistoles

RENSEIGNEMENTS PRATIQUES

TRANSPORTS

Auto-train ℘ 08 36 35 35 35.

Tunnel Prado-Carénage : Péage 2000, tarif normal : 14F

TRANSPORTS MARITIMES

Pour la Corse : SNCM 61 bd des Dames (2e) ℘ 08 36 67 95 00, Fax 04 91 5 6 95 86 - CMN 4 quai d'Arenc (2e) ℘ 08 10 20 13 20, Fax 04 91 99 45 95

Pour le Château d'If : G.A.C.M 1 quai des Belges ℘ 04 91 55 50 09, Fax 04 91 55 60 23

AÉROPORT

Marseille-Provence ℘ 04 42 14 14 14 par ① : 28 km.

DÉCOUVRIR

AUTOUR DU VIEUX PORT

Le vieux port★★ - *Quai des Belges (marché aux poissons)* **ET 5** - *Musée d'Histoire de Marseille*★ **ET M**[3] - *Musée du Vieux Marseille* **DET M**[7] - *Musée des Docks romains*★ **DT M**[6] - ⩤★ *depuis le belvédère St-Laurent* **DT D** - *Musée Cantini*★ **FU M**[2]

QUARTIER DU PANIER

Centre de la Vieille Charité★★ *: Musée d'archéologie méditerranéenne, Muséed'Arts africains, océaniens, amérindiens MAAOA*★★ **DS E** - *Ancienne cathédrale de la Major*★ **DS B**

NOTRE-DAME-DE-LA-GARDE

⩤★★★ *du parvis de la basilique de N.-D.-de-la-Garde* **EV** - *Basilique St-victor*★ *(crypte*★★*)* **DU**

LA CANEBIÈRE

De la rue Longue-des-Capucins au cours Julien : place du Marché-des-Capucins, rue du Musée, rue Rodolphe-Pollack, rue d'Aubagne, rue St-Ferréol

QUARTIER LONGCHAMP

Musée Grobet-Labadié★★ **GS M**[8] - *Palais Longchamp*★ **GS** *: musée des Beaux-Arts*★ *et musée d'Histoire naturelle*★

QUARTIERS SUD

Corniche Président-J.-F.-Kennedy★★ **AYZ** - *Parc du Pharo* **DU**

AUTOUR DE MARSEILLE

Visite du port★ - *Château d'If*★★ *:* ✻★★★ *sur le site de Marseille - Massif des Calanques*★★ - *Musée de la faïence*★

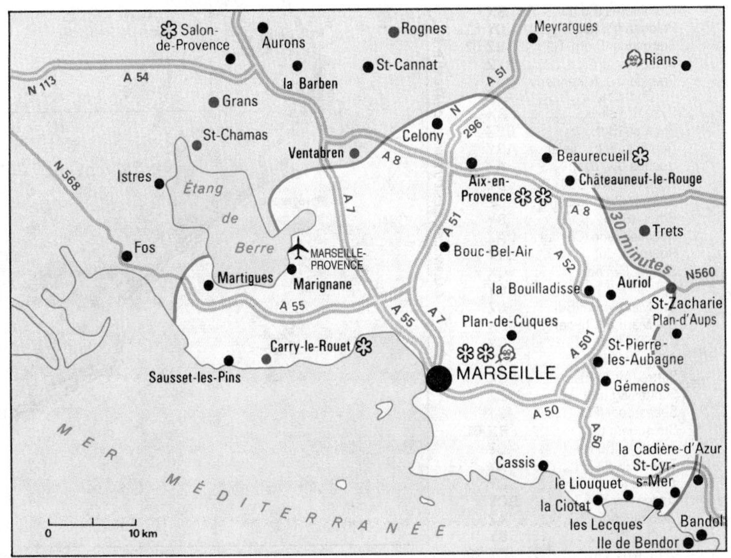

MARSEILLE

Rue	Carroyage	N°
Aix (R. d')	BY	
Anthoine (R. d')	AX	
Baille (Bd)	BCY	
Belsunce (Cours)	BY	
Blancarde (Bd de la)	CY	
Bompard (Bd)	AYZ	
Briançon (Bd de)	BX	13
Canebière (La)	BY	
Cantini (Av. Jules)	BCZ	
Capelette (Av. de la)	CYZ	
Castellane (Pl.)	BY	
Catalans (R. des)	AY	16
Chartreux (Av. des)	CY	17
Chave (Bd)	BCY	
Chutes-Lavie (Av.)	CX	
Dunkerque (Bd de)	AX	
Duparc (Bd F.)	CXY	
Endoume (R. d')	AY	
Estrangin (Bd G.)	ABZ	
Fleming (Bd A.)	CX	
Foch (Av. Mar.)	CY	
Guesde (Pl. Jules)	BY	35
Guibal (R.)	BX	
Guigou (Bd)	BX	36
Jean-Jaurès (Pl.)	BY	
Jeanne-d'Arc (Bd)	CY	
Lazaret (Quai du)	AX	
Leclerc (Av. Gén.)	BY	
Lesseps (Bd F. de)	AX	40
Lieutaud (Cours)	BY	
Livon (Bd Charles)	AY	
Mazargues (Av. de)	BZ	
Mermoz (R. Jean)	BZ	
Michelet (Bd)	BCZ	
Moulin (Bd Jean)	CY	47
National (Bd)	BX	
Notre-Dame (Bd)	BY	
Paradis (R.)	BYZ	
Paris (Bd de)	ABX	
Pelletan (Av. C.)	BXY	
Périer (Bd)	BZ	
Plombières (Bd de)	BX	
Pologne (Pl. de)	CY	51
Pompidou (Prom. G.)	BZ	52
Prado (Av. du)	BYZ	
Président J.-F.-Kennedy (Corniche)	AYZ	
Pyat (R. Félix)	BX	
Rabatau (Bd)	BCZ	
République (R. de la)	ABY	
Roches (Av. des)	AZ	
Rolland (R. du Cdt)	BZ	
Rolland (Bd Romain)	CZ	
Rome (R. de)	BY	
Roucas-Blanc (Ch. du)	AZ	
Rouet (R. du)	BYZ	
St-Just (Av. de)	CX	
St-Pierre (R.)	BCY	
Ste-Marguerite (Bd)	CZ	
Ste-Marthe (Ch. de)	BX	
Sakakini (Bd)	CY	
Salengro (Av. R.)	BX	
Sartre (Av. J.-P.)	CX	59
Schlœsing (Bd)	CZ	
Sébastopol (Pl.)	CY	
Strasbourg (Bd)	BX	61
Teisseire (Bd R.)	CZ	
Tellène (Bd)	AY	
Timone (Av. de la)	CY	
Toulon (Av. de)	BCY	
Vallon-l'Oriol (Ch.)	AZ	
Vauban (Bd)	BY	
Verdun (R. de)	CY	70

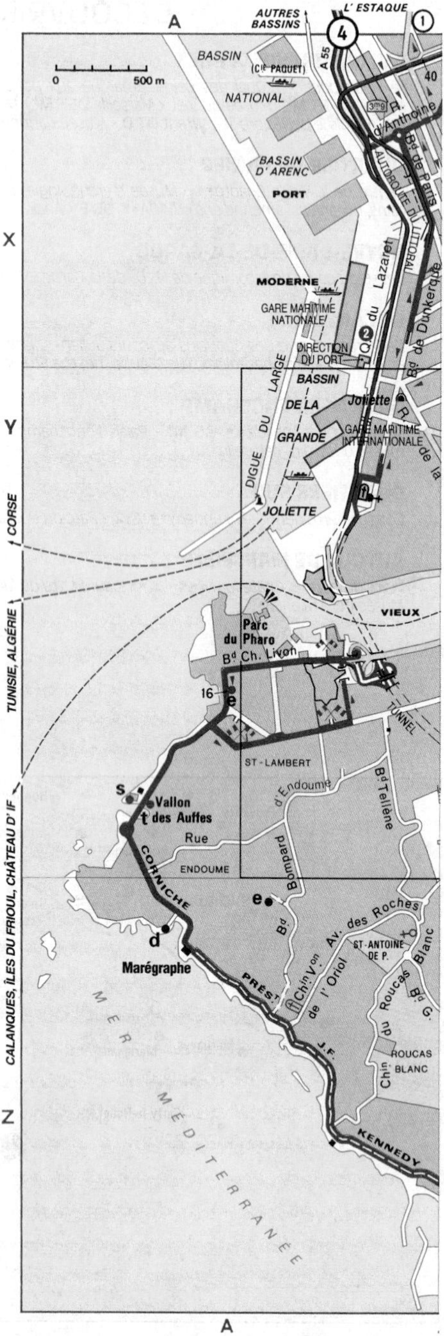

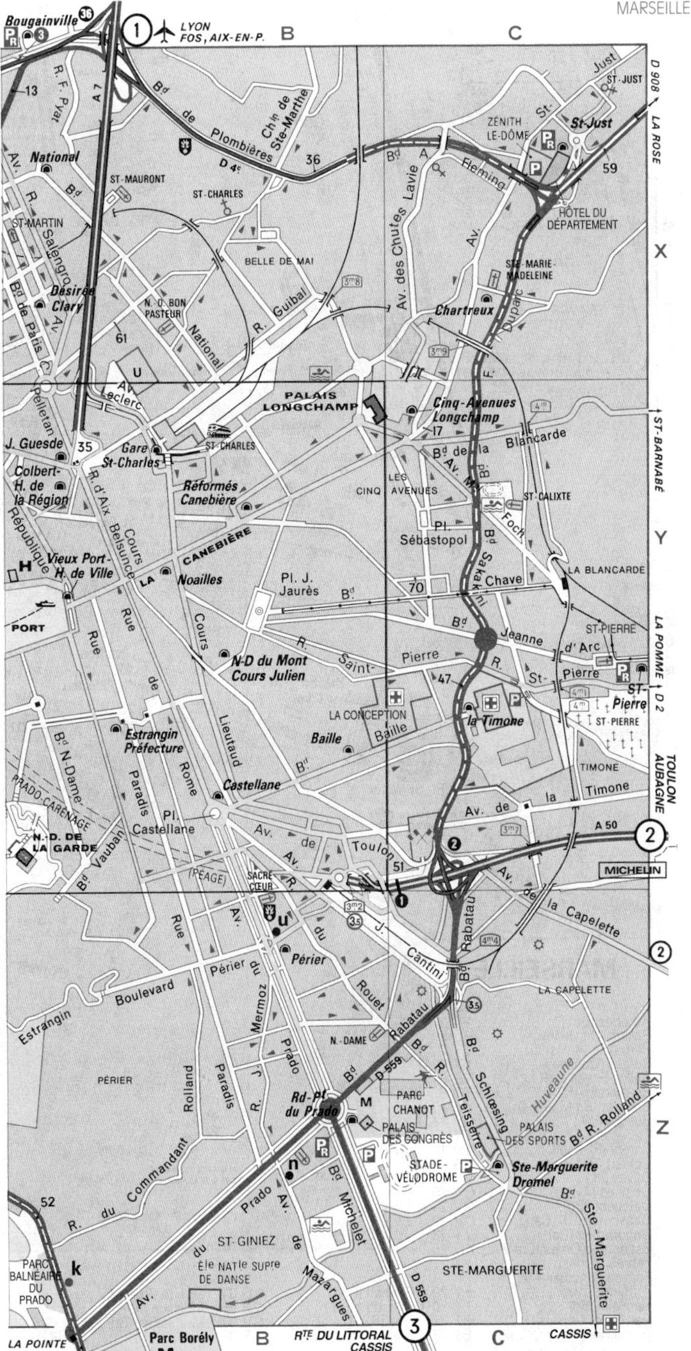

LYON
FOS, AIX-EN-P.
B
C
D 908
LA ROSE
ST-BARNABÉ
LA POMME
D 2
TOULON
AUBAGNE
A 50
MICHELIN
CASSIS
Rte DU LITTORAL
CASSIS
LA POINTE
ROUGE
Parc Borély
X
Y
Z
PALAIS LONGCHAMP
Bougainville
National
Désirée Clary
J. Guesde
Colbert-H. de la Région
Vieux Port-H. de Ville
Gare St-Charles
Réformés Canebière
Noailles
N-D du Mont Cours Julien
Estrangin Préfecture
Castellane
Baille
la Timone
Chartreux
Cinq-Avenues Longchamp
St-Just
Ste-Pierre
Périer
Rd-Pt du Prado
Ste-Marguerite Dromel
ZÉNITH LE-DÔME
HÔTEL DU DÉPARTEMENT
STE-MARIE-MADELEINE
BELLE DE MAI
ST-MAURONT
ST-CHARLES
ST-MARTIN
N.-D. BON PASTEUR
LA CANEBIÈRE
PORT
CINQ AVENUES
Pl. Sébastopol
Pl. J. Jaurès
LA BLANCARDE
ST-CALIXTE
ST-PIERRE
TIMONE
LA CONCEPTION
N.-D. DE LA GARDE
PRADO-CARÉNAGE
Pl. Castellane
SACRÉ CŒUR
LA CAPELETTE
PÉRIER
N.-DAME
PARC CHANOT
PALAIS DES CONGRÈS
STADE-VÉLODROME
PALAIS DES SPORTS
ST-GINIEZ
Éle Natle Supre de Danse
PARC BALNÉAIRE DU PRADO
STE-MARGUERITE
Huveaune
Bd de Plombières
Chin de Ste-Marthe
R. F. Pyat
Av. des Chutes Lavie
R. Guibal
National
Bd de Paris
R. Salengro
Av. Leclerc
Pelletan
République
R. d'Aix
Cours Belsunce
Rue de Rome
Cours Lieutaud
Rue Paradis
Bd N.-Dame
Bd Vauban
Av. du Prado
R. Saint-Pierre
Bd de la Blancarde
Av. Foch
Bd Sakakini
Bd Chave
Bd Jeanne d'Arc
R. St-Pierre
Av. de la Timone
Av. de Toulon
Av. de la Capelette
R. J. Cantini
Bd Rabatau
Bd Schlœsing
Bd R. Rolland
R. Teisseire
Bd Ste-Marguerite
Bd Michelet
Av. de Mazargues
R. du Commandant Rolland
Boulevard Périer
Estrangin
R. J. Mermoz
Paradis
Fleming
Av. F. Duparc
D 559
D 4c
(PÉAGE)

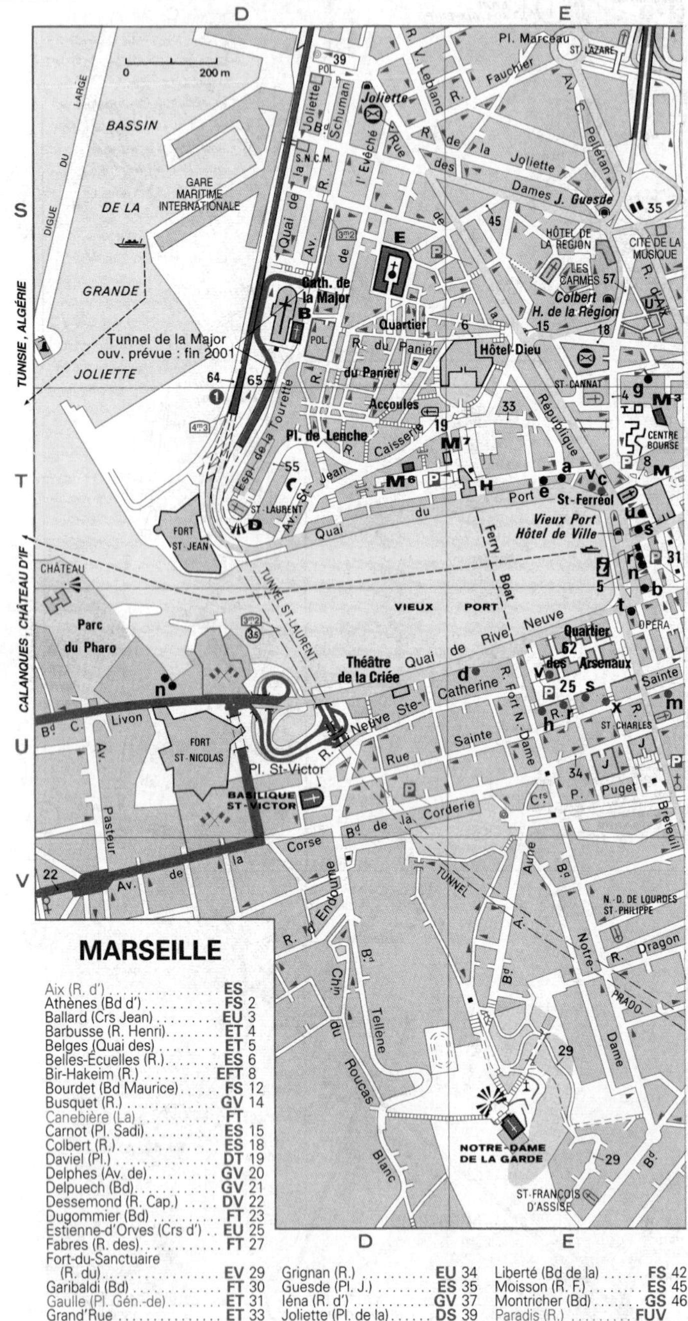

MARSEILLE

Aix (R. d') . . . . **ES**
Athènes (Bd d') . . . . **FS** 2
Ballard (Crs Jean) . . . . **EU** 3
Barbusse (R. Henri). . . . . **ET** 4
Belges (Quai des) . . . . **ET** 5
Belles-Écuelles (R.). . . . . **ES** 6
Bir-Hakeim (R.) . . . . **EFT** 8
Bourdet (Bd Maurice) . . . . . . **FS** 12
Busquet (R.) . . . . **GV** 14
Canebière (La) . . . . **FT**
Carnot (Pl. Sadi). . . . . **ES** 15
Colbert (R.). . . . . **ES** 18
Daviel (Pl.) . . . . **DT** 19
Delphes (Av. de). . . . . **GV** 20
Delpuech (Bd). . . . . **GV** 21
Dessemond (R. Cap.) . . . . . . **DV** 22
Dugommier (Bd) . . . . **FT** 23
Estienne-d'Orves (Crs d') . . **EU** 25
Fabres (R. des). . . . . **FT** 27
Fort-du-Sanctuaire (R. du) . . . . **EV** 29
Garibaldi (Bd) . . . . **FT** 30
Gaulle (Pl. Gén.-de) . . . . **ET** 31
Grand'Rue . . . . **ET** 33
Grignan (R.) . . . . **EU** 34
Guesde (Pl. J.) . . . . **ES** 35
Iéna (R. d') . . . . **GV** 37
Joliette (Pl. de la). . . . . . . **DS** 39
Liberté (Bd de la) . . . . . . **FS** 42
Moisson (R. F.) . . . . **ES** 45
Montricher (Bd) . . . . **GS** 46
Paradis (R.) . . . . **FUV**

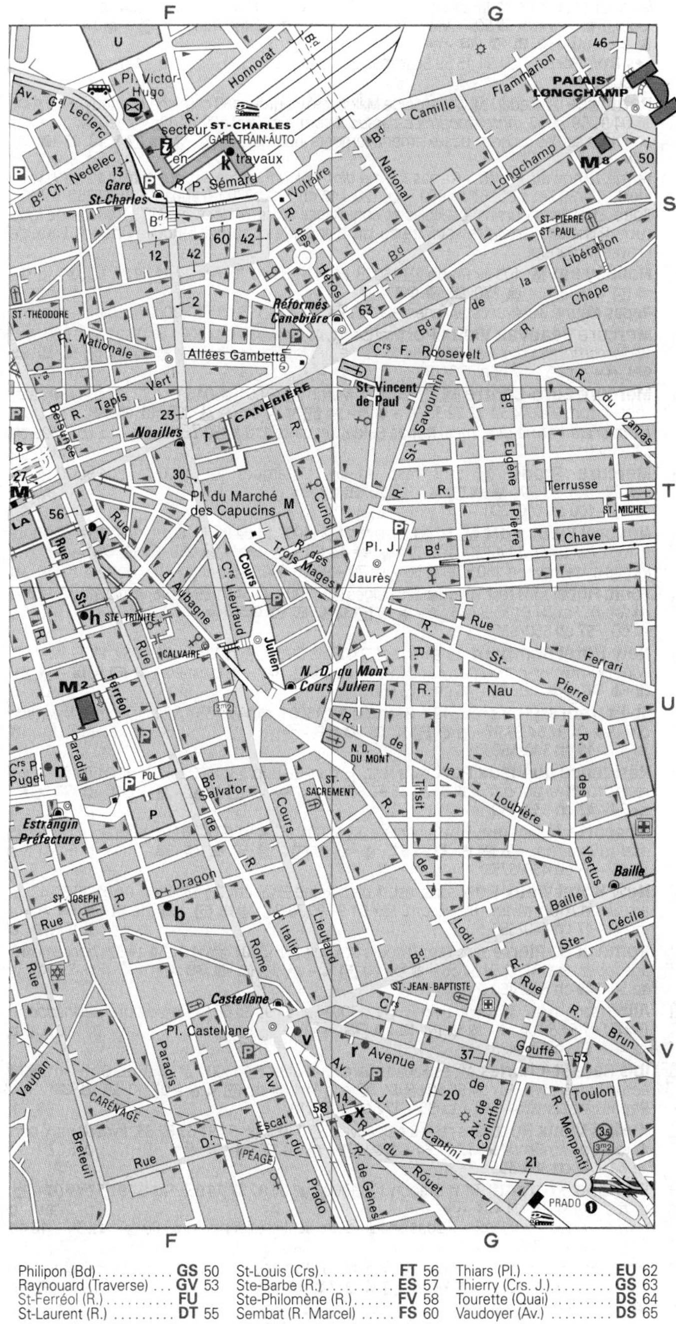
F
G
S
T
U
V
PALAIS LONGCHAMP
Pl. Victor-Hugo
Av. Gal Leclerc
Honnorat
ST-CHARLES
GARE TRAIN-AUTO
secteur en travaux
Bd Ch. Nedelec
Gare St-Charles
R. P. Sémard
Voltaire
R. des Héros
Bd National
Camille
Flammarion
Longchamp
ST-PIERRE ST-PAUL
Bd de la Libération
R. Chape
Réformés Canebière
Crs F. Roosevelt
ST-THÉODORE
R. Nationale
Allées Gambetta
Crs Belsunce
R. Tapis Vert
CANEBIÈRE
St-Vincent de Paul
R. St-Savournin
Bd Eugène Pierre
R. du Camas
Noailles
Pl. du Marché des Capucins
R. Curiol
R. Terrusse
ST-MICHEL
Chave
Pl. J. Jaurès
R. des Trois Mages
Rue d'Aubagne
Crs Lieutaud
Cours Julien
STE-TRINITÉ
CALVAIRE
Rue St-Ferréol
Rue St-Pierre
Ferrari
R. Nau
N.-D. du Mont Cours Julien
N. D. DU MONT
Paradis
Crs P. Puget
Bd L. Salvator
ST-SACREMENT
R. de la Loubière
R. Tilsit
R. des Vertus
Estrangin Préfecture
R. Dragon
ST-JOSEPH
Rue
Baille
Ste-Cécile
Rue d'Italie
Rome
Lieutaud
Bd Lodi
ST-JEAN-BAPTISTE
Castellane
Pl. Castellane
Rue Brun
Gouffé
Avenue de Toulon
Av. J. Cantini
Av. de Corinthe
R. Menpenti
Vauban
CARÉNAGE
Breteuil
Rue Dr Escat
(PÉAGE)
Av. du Prado
R. du Rouet
R. de Gênes
PRADO

Sofitel Vieux Port M, 36 bd Ch. Livon ✉ 13007 ☎ 04 91 15 59 00, *h0542@accor-hotels.com, Fax 04 91 15 59 50,* ≤ vieux port, « Restaurant panoramique », – – 130. AE GB JCB p. 6 DU n
Les Trois Forts ☎ 04 91 15 59 56 **Repas** 255/345 ♀, enf. 100 – ☐ 110 – **127 ch** 1300/1980, 3 appart

Petit Nice (Passédat) M, anse de Maldormé (hauteur 160 corniche Kennedy) ✉ 13007 ☎ 04 91 59 25 92, *hotel@petitnice-passedat.com, Fax 04 91 59 28 08,* ≤ mer, , « Villas perchées sur les rochers, beaux aménagements intérieurs », – P. AE GB JCB p. 4 AZ d
fermé 18 nov. au 11 déc. – **Repas** *(fermé dim. et lundi sauf le soir de mi-avril à sept.)* 350 bc (déj.), 700/890 et carte 630 à 960 – ☐ 120 – **13 ch** 1500/2700, 3 appart – ½ P 2250/3550
Spéc. Effeuillé d'oursins, coulibiac et coquillages au citron (oct. à avril) . Tronçon de loup Lucie Passédat. Tartelette soufflée au lait d'amande et sorbet fenouil. **Vins** Les Baux de Provence, Bandol.

Holiday Inn M, 103 av. Prado ✉ 13008 ☎ 04 91 83 10 10, *Fax 04 91 79 84 12,* – – 150. AE GB JCB p. 5 BZ u
Repas *(fermé week-ends et fériés)* 90/150 ♀ – ☐ 70 – **115 ch** 730/900, 4 appart

Mercure Beauvau Vieux Port sans rest, 4 r. Beauvau ✉ 13001 ☎ 04 91 54 91 00, *h1293@accorhotels.com, Fax 04 91 54 15 76,* ≤, « Mobilier ancien » – . AE GB JCB – ☐ 67 – **71 ch** 570/780 p. 6 ET n

Mercure Euro-Centre M, r. Neuve St-Martin ✉ 13001 ☎ 04 91 17 22 22, *h1148@accor-hotels.com, Fax 04 91 17 22 33,* ≤ – – 200. AE GB
L'Oliveraie (fermé dim. midi) **Repas** 88(déj.) et carte 110 à 150 ♀, enf. 50 – ☐ 65 – **199 ch** 530/1500 p. 6 EST g

Mercure Prado M sans rest, 11 av. Mazargues ✉ 13008 ☎ 04 96 20 37 37, *Fax 04 96 20 37 99* – – 20. AE GB BZ n
☐ 65 – **100 ch** 600/700

Novotel Vieux Port M, 36 bd ch. Livon ✉ 13007 ☎ 04 96 11 42 11, *h0911@accor-hotels.com, Fax 04 96 11 42 20,* , – – 250. AE GB JCB
Repas carte environ 160 ♀, enf. 50 – ☐ 70 – **90 ch** 650/770 p. 6 DU n

Tonic Hôtel sans rest, 43 quai des Belges ✉ 13001 ☎ 04 91 55 67 46, *tonic.marseille@wanadoo.fr, Fax 04 91 55 67 56,* ≤ – . AE GB JCB p. 6 EU t
☐ 60 – **57 ch** 550/650

New Hôtel Bompard sans rest, 2 r. Flots Bleus ✉ 13007 ☎ 04 91 52 10 93, *marseillebompard@new-hotel.com, Fax 04 91 31 02 14,* , – cuisinette P – 25. AE GB JCB – ☐ 65 – **46 ch** 550/650 p. 4 AZ e

St-Ferréol's M sans rest, 19 r. Pisançon ✉ 13001 ☎ 04 91 33 12 21, *St.Ferreol@wanadoo.fr, Fax 04 91 54 29 97* – . AE GB JCB p. 7 FU h
☐ 45 – **19 ch** 340/580

Résidence du Vieux Port sans rest, 18 quai du Port ✉ 13002 ☎ 04 91 91 91 22, *hotelresidence@wanadoo.fr, Fax 04 91 56 60 88,* ≤ – – 30. AE GB JCB
☐ 64 – **42 ch** 530/730 p. 6 ET a

Mascotte M sans rest, 5 La Canebière ✉ 13001 ☎ 04 91 90 61 61, *mascotte-marseille@hotel-sofibra.com, Fax 04 91 90 95 61* – – 30. AE GB p. 6 ET s
☐ 45 – **45 ch** 430/575

New Hôtel Vieux Port sans rest, 3 bis r. Reine Élisabeth ✉ 13001 ☎ 04 91 90 51 42, *marseillevieux-port@new-hotel.com, Fax 04 91 90 76 24* – – 25. AE GB JCB
☐ 60 – **47 ch** 460/550 p. 6 ET u

Rome et St-Pierre sans rest, 7 cours St-Louis ✉ 13001 ☎ 04 91 54 19 52, *hderome@wanadoo.fr, Fax 04 91 54 34 56* – – 30. AE GB JCB p. 7 FT y
☐ 50 – **49 ch** 360/460

Alizé sans rest, 35 quai Belges ✉ 13001 ☎ 04 91 33 66 97, *alize-hotel@wanadoo.fr, Fax 04 91 54 80 06,* ≤ – . AE GB JCB p. 6 ETU b
☐ 40 – **39 ch** 325/425

Ibis Gare St-Charles M, esplanade Gare St-Charles ✉ 13001 ☎ 04 91 85 62 09, *h1390@accor-hotels.com, Fax 04 91 50 68 42,* – , ch, – 40. AE GB
Repas carte environ 130 – ☐ 35 – **172 ch** 385/410 FS k

Kyriad Vieux Port sans rest, 6 r. Beauvau ✉ 13001 ☎ 04 91 33 02 33, *kyriad.vieux-port@wanadoo.fr, Fax 04 91 33 21 34* – – 30. AE GB JCB p. 6 ET r
☐ 44 – **49 ch** 380/395

Edmond Rostand, 31 r. Dragon ✉ 13006 ☎ 04 91 37 74 95, *Fax 04 91 57 19 04* – , rest, . AE GB JCB p. 7 FV b
fermé 21 déc. au 6 janv. – **Repas** snack (dîner seul.)(résidents seul.) 80 – ☐ 36 – **16 ch** 290/320 – ½ P 245

Hermès M sans rest, 2 r. Bonneterie ✉ 13002 ☎ 04 96 11 63 63, *hotel.hermes@wanadoo.fr, Fax 04 96 11 63 64* – . AE GB JCB ET e
☐ 42 – **28 ch** 280/500

Kyriad sans rest, 31 r. Rouet ✉ 13006 ☎ 04 91 79 56 66, *Fax 04 91 78 33 85* – AE GB p. 7 GV X
☐ 38 – **53 ch** 340/360

Miramar (Minguella), 12 quai Port ✉ 13002 ☎ 04 91 91 10 40, *contact@bouillabaisse.com, Fax 04 91 56 64 31*, – AE GB JCB p. 6 ET v
fermé 5 au 27 août, 5 au 21 janv., dim. et lundi – **Repas** - produits de la mer - carte 330 à 550
Spéc. Bouillabaisse. Sar "à la Raimu". Loup craquant à l'unilatéral, brandade d'artichaut.

Ferme, 23 r. Sainte ✉ 13001 ☎ 04 91 33 21 12, *Fax 04 91 33 81 21* – AE GB JCB
fermé août, sam. midi et dim. – **Repas** 190/230 p. 6 EU m

L'Épuisette, Vallon des Auffes ✉ 13007 ☎ 04 91 52 17 82, *Fax 04 91 59 18 80*, ≤ îles du Frioul et Châteu d'If – AE GB p. 4 AY s
fermé 20 août au 2 sept., sam. midi, dim. soir et lundi – **Repas** 195/380

Une Table au Sud, 2 quai Port (1er étage) ✉ 13002 ☎ 04 91 90 63 53, *Fax 04 91 90 63 86*, ≤ – GB ET c
fermé 8 au 31 août, 1er au 7 janv., dim. et lundi – **Repas** 145 (déj.)/275

Au Pescadou, 19 pl. Castellane ✉ 13006 ☎ 04 91 78 36 01, *Fax 04 91 79 81 57* – AE GB JCB p. 7 FV v
fermé 13 juil. au 31 août, dim. soir et lundi – **Repas** - produits de la mer - *(138)* - 188

Chez Fonfon, 140 Vallon des Auffes ✉ 13007 ☎ 04 91 52 14 38, *Fax 04 91 52 14 16*, ≤ – AE GB JCB p. 4 AY t
fermé 2 au 24 janv., dim. soir et lundi midi – **Repas** - produits de la mer - 190/305

Michel-Brasserie des Catalans, 6 r. Catalans ✉ 13007 ☎ 04 91 52 30 63, *Fax 04 91 59 23 05* – AE GB p. 4 AY e
Repas - produits de la mer - carte 250 à 410
Spéc. Bouillabaisse. Bourride. Supions sautés à la poêle. **Vins** Cassis, Bandol.

Les Échevins, 44 r. Sainte ✉ 13001 ☎ 04 96 11 03 11, *echevins@wanadoo.fr, Fax 04 96 11 03 14* – AE GB JCB p. 6 EU x
fermé 14 juil. au 15 août, sam. midi et dim. – **Repas** 135/260, enf. 100

L'Ambassade des Vignobles, 42 pl. aux Huiles ✉ 13001 ☎ 04 91 33 00 25, *Fax 04 91 54 25 60* – AE GB JCB p. 6 EU h
fermé août, sam. midi et dim. – **Repas** 160 (déj.), 210 bc/260 bc

Les Arcenaulx, 25 cours d'Estienne d'Orves ✉ 13001 ☎ 04 91 59 80 30, *laffitte-jeanne@pacwan.fr, Fax 04 91 54 76 33*, « Restaurant-librairie aménagé dans les entrepôts des Galères du 17e siècle » – AE GB JCB p. 6 EU s
fermé 8 au 23 août et dim. – **Repas** 155/295, enf. 65

Les Mets de Provence "Chez Maurice Brun", 18 quai de Rive Neuve (2e étage) ✉ 13007 ☎ 04 91 33 35 38, *Fax 04 91 33 05 69*, « Cadre rustique provençal » – GB
fermé 1er au 20 août, lundi midi et dim. – **Repas** 200 bc (déj.)/300 p. 6 EU d

René Alloin, 8 pl. Amiral Muselier (par prom. G. Pompidou) ✉ 13008 ☎ 04 91 77 88 25, *alloinfilipe@aol.com, Fax 04 91 71 82 46*, – GB p. 5 BZ k
fermé sam. midi et dim. soir – **Repas** 205/285

Cyprien, 56 av. Toulon ✉ 13006 ☎ 04 91 25 50 00, *Fax 04 91 25 50 00* – GB p. 7 GV r
fermé 29 juil. au 28 août, 23 déc. au 6 janv., sam. midi, dim. et fériés – **Repas** *(100)* - 140/295

Maris Caupona, 11 r. Gustave Ricard ☎ 04 91 33 58 07, *Fax 04 91 33 58 07* – AE GB
fermé août, sam. midi et dim. – **Repas** 250/400 p. 7 FU n

Côte de Boeuf, 35 cours d'Estienne d'Orves ✉ 13001 ☎ 04 91 54 89 08, *Fax 04 91 54 25 60* – AE GB JCB p. 6 EU r
fermé 1er juil. au 1er août, dim. et fériés – **Repas** 160/180

César's Place, 21 pl. aux Huiles ✉ 13001 ☎ 04 91 33 25 22, *Fax 04 91 33 06 17*, – AE GB p. 6 EU v
fermé 24 déc. au 3 janv., sam. midi et dim. – **Repas** 105/154 bc

à Plan-de-Cuques *Nord-Est : 10 km par La Rose et D 908 – 9 847 h. alt. 70 – ✉ 13380 :*

Caesar M, av. G. Pompidou ☎ 04 91 07 25 25, *Fax 04 91 05 37 16*, – P – 60. AE GB
Repas *(fermé dim. soir)* 135/230 – ☐ 50 – **30 ch** 420/480 – 1/2 P 375

au centre commercial Bonneveine *par corniche Kennedy : 8 km AZ – ✉ 13008 Marseille :*

Mercure Bonneveine M, av. E. Triolet ☎ 04 91 22 96 00, *h1576@accor-hotels.com, Fax 04 91 25 20 02*, – P – 40. AE GB
Repas *(fermé sam. midi)* *(105)* - 118/150, enf. 60 – ☐ 60 – **60 ch** 490/590, 9 appart

Ibis Bonneveine M, av. E. Triolet ☎ 04 91 72 34 34, *h0932-gm@accor-hotels.com, Fax 04 91 25 32 78*, – P – 20 à 35. AE GB
Repas *(75)* - 95, enf. 39 – ☐ 35 – **88 ch** 380/420

MARTEL 46600 Lot 75 ⑱ *G. Périgord Quercy – 1 462 h alt. 225.*

Voir *Place des Consuls★ – Façade★ de l'Hotel de la Raymondie★.*

Office de Tourisme Palais de la Raymondie ☎ 05 65 37 43 44, Fax 05 65 37 37 27.

Paris 514 – Brive-la-Gaillarde 33 – Cahors 78 – Figeac 59 – St-Céré 32.

Relais Ste-Anne M sans rest, ☎ 05 65 37 40 56, *Fax 05 65 37 42 82*, « Jardin fleuri », ⛱, – TV ☎ ♿ P. AE ⓓ GB JCB
25 mars-15 nov. – ☕ 80 – **11 ch** 480/880, 4 appart

MARTIGUES 13500 B.-du-R. 84 ⑫ *G. Provence – 42 678 h alt. 1.*

Voir *Miroir aux oiseaux★ – Étang de Berre★* **Z.**

Env. *⩽★ de la chapelle N.D.-des-Marins, 3,5 km par ④.*

Office de Tourisme 2 q. P.-Doumer ☎ 04 42 42 31 10, Fax 04 42 42 31 11, Annexe Galerie Marchande Auchan, Annexes (été): La Couronne Village Maison de Carro Sainte-Anne.

Paris 761 ② – Marseille 41 ② – Aix-en-Provence 49 ② – Arles 53 ④.

MARTIGUES

Belges (Esplanade des) ...... **Z** 3
Brescon (Quai) .... **Z** 4
Cachin (Bd Marcel) ..... **Z** 5
Calmette-et-Guerin (Av.)........ **Z** 6
Combes (R. L.) .... **Z** 7
Denfert (R. Colonel)..... **Y** 8
Dr-Flemming (Av. du) ... **Y** 9
Font-Sarade (Ch. de) .... **Z** 10
Gambetta (R.) .... **Z** 12
Girondins (Quai des) .... **Y** 13
J.-J.-Rousseau (Bd) ..... **Z** 14
Lamartine (Pl.)......... **Z** 15
Libération (Pl. de la)..... **Z** 16
Lorto (Av. P.-di) .... **Z** 17
Marceau (Quai)........ **Z** 18
Martyrs (Pl. des)....... **Z** 19
Prés.-S.-Allende (Av.)... **Y** 21
Richaud (Bd) .... **Z** 22
Roques (R. Jean)...... **Y** 24
Tessé (Quai Marcel) ... **Y** 25
Ziem (Av. F.) .... **Z** 26
4-Septembre (Cours du) .... **Z** 27

St-Roch ⚘, av. G. Braque ☎ 04 42 42 36 36, *hotel-st-roch@wanadoo.fr, Fax 04 42 80 01 80*, … – 40. AE GB — Y x
Repas 115/155 – 50 – **63 ch** 430/540 – ½ P 300/375

Bouchon à la Mer, 19 quai L. Toulmond ☎ 04 42 49 41 41, *Fax 04 42 80 80 10*, … AE GB — Y v
fermé dim. soir sauf juil.-août, mardi midi en juil.-août, sam. midi et lundi – **Repas** 120 bc/185, enf. 60

MARTILLAC *33 Gironde* 71 ⑩ – *rattaché à Bordeaux.*

MARTIN-ÉGLISE *76 S.-Mar.* 52 ④ – *rattaché à Dieppe.*

La MARTRE *83240 Var* 81 ⑱ – *133 h alt. 984.*

Paris 831 – Digne-les-Bains 80 – Castellane 26 – Draguignan 688 – Grasse 52.

Château de Taulane ⚘, au golf, Nord-Est : 4 km sur N 85 ☎ 04 93 40 60 80, *chateau-de-taulane@wanadoo.fr, Fax 04 93 60 37 48*, ≤, … – 50. AE GB
1er avril-31 oct. – **Repas** (120) - 165 (déj.), 260/330 – 100 – **42 ch** 1250/1700, 3 appart – ½ P 1740/2295

MARVEJOLS *48100 Lozère* 80 ⑤ *G. Languedoc Roussillon – 5 476 h alt. 650.*

Voir *Porte de Soubeyran★.*

Env. *Parc à loups du Gévaudan★ : N.*

Office de Tourisme pl. du Soubeyran ☎ 04 66 32 02 14, Fax (Mairie) 04 66 32 33 50.

Paris 580 – Mende 22 – Espalion 63 – Florac 50 – Millau 70 – Rodez 85.

Gare et Rochers, pl. Gare ☎ 04 66 32 10 58, *hotel.rocher@wordonline.fr, Fax 04 66 32 30 63*, ≤ – … GB
10 janv.-15 nov. – **Repas** *(fermé sam. midi et dim. soir hors saison)* (66) - 80/195, enf. 58 – 36 – **30 ch** 265/320 – ½ P 260/295

Les pages explicatives de l'introduction vous aideront à mieux profiter de votre **Guide Rouge Michelin**

MASEVAUX *68290 H.-Rhin* 66 ⑧ *G. Alsace Lorraine – 3 267 h alt. 425.*

Env. *Descente du col du Hundsrück ≤★★ NE : 13 km.*

Office de Tourisme 36 Fossé Flagellants ☎ 03 89 82 41 99, Fax 03 89 82 49 44.

Paris 439 – Mulhouse 30 – Altkirch 31 – Belfort 23 – Colmar 56 – Thann 16 – Le Thillot 39.

Hostellerie Alsacienne avec ch, r. Mar. Foch ☎ 03 89 82 45 25, *philippe.battmann@wanadoo.fr, Fax 03 89 82 45 25*, …, « Décor alsacien » – … GB
fermé 22 oct. au 5 nov. – **Repas** *(fermé le lundi de sept. à mai)* 60 (déj.), 105/170, enf. 62 – 38 – **9 ch** 230/300 – ½ P 235

MASLACQ *64 Pyr.-Atl.* 78 ⑧ – *rattaché à Orthez.*

La MASSANA 86 ⑭ – *voir à Andorre (Principauté d').*

MASSERET *19510 Corrèze* 72 ⑱ – *669 h alt. 380.*

Paris 434 – Limoges 42 – Guéret 129 – Tulle 48 – Ussel 85.

Tour ⚘, ☎ 05 55 73 40 12, *Fax 05 55 73 49 41*, … – 30. GB
fermé dim. soir d'oct. à mars – **Repas** 80/250 – 30 – **15 ch** 250/280 – ½ P 250/280

MASSIAC *15500 Cantal* 76 ④ *G. Auvergne – 1 881 h alt. 534.*

Voir *N : Gorges de l'Alagnon★ – Site de la chapelle Ste-Madeleine★ N : 2 km.*

Office de Tourisme 24 r. du Dr Mallet ☎ 04 71 23 07 76, Fax 04 71 23 08 50.

Paris 490 – Aurillac 87 – Brioude 23 – Issoire 37 – Murat 36 – St-Flour 29.

Grand Hôtel de la Poste, 26 av. Ch. de Gaulle ☎ 04 71 23 02 01, *delmas@hotel-massiac.com, Fax 04 71 23 09 23*, …, rest, … – 20. AE GB
Repas 75/200, enf. 45 – 40 – **32 ch** 260/340 – ½ P 290/320

MASSIGNAC *16310 Charente 72 ⑮ – 451 h alt. 240.*

Paris 449 – Angoulême 45 – Nontron 38 – Rochechouart 17 – La Rochefoucauld 24.

XX **Domaine des Étangs,** ✆ 05 45 61 85 00, *Fax 05 45 61 85 01*, ⌂, ♧ – P. GB
1er avril-15 nov. et fermé dim. soir, lundi et mardi – **Repas** 180/225 bc

MASSY *91 Essonne 60 ⑩,, 101 ㉕ – voir à Paris, Environs.*

MATOUR *71520 S.-et-L. 69 ⑱ G. Bourgogne – 1 003 h alt. 500.*

Office de Tourisme (saison) Maison du Patrimoine ✆ 03 85 59 72 24.

Paris 407 – Mâcon 37 – Charolles 28 – Cluny 25 – Lapalisse 81 – Lyon 92 – Roanne 60.

XX **Christophe Clément,** pl. Église ✆ 03 85 59 74 80, *Fax 03 85 59 75 77* – ▤. GB
fermé 28 sept. au 16 oct., 23 déc. au 3 janv., dim. soir et lundi – **Repas** 110/240, enf. 65

MAUBEUGE *59600 Nord 53 ⑥ G. Picardie Flandres Artois – 34 989 h Agglo. 102 772 h alt. 134.*

Office de Tourisme Porte de Mons pl. Vauban ✆ 03 27 62 11 93, Fax 03 27 64 10 23.

Paris 242 ⑤ – Mons 22 ① – St-Quentin 77 ④ – Valenciennes 40 ⑤.

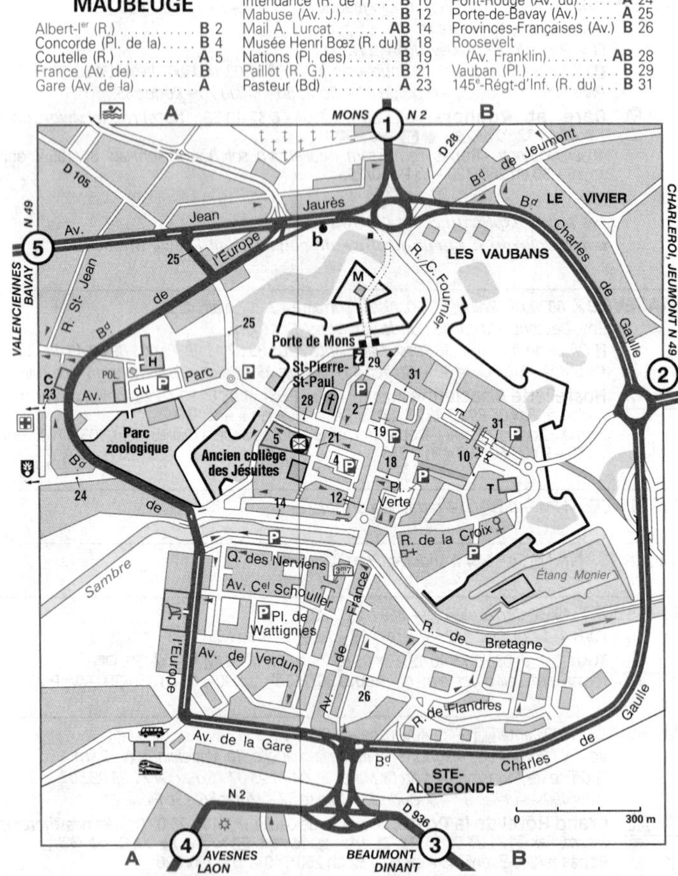

Campanile, av. J. Jaurès ✆ 03 27 64 00 91, *Fax 03 27 65 34 47*, 🏕, 🪑 – ⭾ 📺 📞 ♿ 🅿 – 🏛 25. AE ⓓ GB JCB B b
Repas *(76)* - 109 ♀, enf. 39 – ☕ 36 – **39 ch** 315

Primevère, av. J. Jaurès par ⑤ ✆ 03 27 62 15 00, *Fax 03 27 65 64 70* – ⭾ 📺 📞 ♿ 🅿 – 🏛 30. AE ⓓ GB JCB
Repas 85/109 ♀, enf. 46 – ☕ 35 – **42 ch** 310

rte d'Avesnes-sur-Helpe *par ④ et N 2 : 6 km – ✉ 59330 Beaufort :*

Auberge de l'Hermitage, ✆ 03 27 67 89 59, *Fax 03 27 67 89 59* – 🅿. AE GB
fermé 23 juil. au 14 août, 26 au 30 déc., 2 au 7 janv., mardi soir, dim. soir et lundi – **Repas** *(100)* - 145/380

MAULÉON *79700 Deux-Sèvres 67 ⑥ ⑯ G. Poitou Vendée Charentes – 8 779 h alt. 180.*
Office de Tourisme 27 Grand'Rue ✆ 05 49 81 95 22, Fax 05 49 81 95 22.
Paris 364 – Cholet 23 – Nantes 81 – Niort 82 – Parthenay 55 – La Roche-sur-Yon 66.

Terrasse 🐦, 7 pl. Terrasse ✆ 05 49 81 47 24, *Fax 05 49 81 65 04*, 🏕, 🪑 – 📺 📞 🅿. GB
fermé 28/04 au 8/05,29/07 au 15/08,28/10 au 4/11,22/12 au 1er/01 le week-end de sept.à mai et dim.de juin à août – **Repas** 85/185 🍷, enf. 60 – ☕ 35 – **14 ch** 240/310 – ½ P 245/275

MAUREILLAS-LAS-ILLAS *66400 Pyr.-Or. 86 ⑲ G. Languedoc Roussillon – 2 037 h alt. 130.*
Paris 882 – Perpignan 28 – Gerona 71 – Port-Vendres 31 – Prades 56.

à Las Illas *Sud-Ouest : 11 km par D 13 – ✉ 66480 :*

Hostal dels Trabucayres 🐦 avec ch, ✆ 04 68 83 07 56, ≤, 🏕 – 🅿. GB. ✗ ch
fermé 20 janv. au 20 mars, 25 au 30 oct., mardi et merc. de sept. à juin – **Repas** 70 bc/230 bc – ☕ 29 – **5 ch** 170/200 – ½ P 200

MAUREPAS *78 Yvelines 60 ⑨., 101 ㉑ – voir à Paris, Environs.*

MAURIAC <SP> *15200 Cantal 76 ① G. Auvergne – 4 224 h alt. 722.*
Voir *Basilique Notre-Dame-des-Miracles★ – Le Vigean : châsse★ dans l'église NE : 2 km – Commune de la "Méridienne verte".*
Env. *Barrage de l'Aigle★★ : 11 km par D 678 et D105,* G. Berry Limousin.
Office de Tourisme r. Chappe d'Haute-Roche ✆ 04 71 67 30 26, Fax 04 71 68 25 08.
Paris 496 – Aurillac 54 – Le Mont-Dore 78 – Clermont-Ferrand 114 – Tulle 67.

Voyageurs, ✆ 04 71 68 01 01, *auberge.des.voyageurs@wanadoo.fr, Fax 04 71 68 01 56* – 📺. AE GB
fermé 18 déc. au 8 janv., dim. soir et sam. du 2 nov. au 31 avril – ***Bonne Auberge*** **:** Repas 60/180 🍷, enf. 40 – ☕ 30 – **19 ch** 150/260 – ½ P 140/185

Serre sans rest, r. du 11 Novembre ✆ 04 71 68 19 10, *Fax 04 71 68 17 77* – 🛗 📺 📞 🚗 🅿. GB. ✗
fermé 25 déc. au 15 janv. – ☕ 29 – **12 ch** 250/310

MAUROUX *46 Lot 79 ⑥ – rattaché à Puy-l'Évêque.*

MAURS *15600 Cantal 76 ⑪ G. Auvergne – 2 350 h alt. 290.*
Voir *Buste-reliquaire★ et statues★ dans l'église.*
Office de Tourisme pl. Champ de Foire ✆ 04 71 46 73 72, Fax 04 71 46 74 81.
Paris 572 – Aurillac 43 – Rodez 61 – Entraygues-sur-Truyère 48 – Figeac 22 – Tulle 94.

Châtelleraie M 🐦, à St-Étienne, Nord-Est : 1,5 km par rte Aurillac ✆ 04 71 49 09 09, *Fax 04 71 49 07 07*, 🏕, « Demeure du 16e siècle dans un parc », 🏊, 🏊, 🎾 – 📺 ♿ 🅿. GB. ✗ rest
31 mars-11 nov. – **Repas** (dîner seul.)(résidents seul.) 130 ♀ – ☕ 45 – **33 ch** 490 – ½ P 410

MAUSSAC *19 Corrèze 73 ⑪ – rattaché à Meymac.*

MAUSSANE-LES-ALPILLES *13520 B.-du-R. 84 ① – 1 886 h alt. 32.*
Paris 715 – Avignon 29 – Arles 19 – Marseille 82 – Martigues 44 – St-Rémy-de-Provence 10.

Val Baussenc M 🐦, av. Vallée des Baux ✆ 04 90 54 38 90, *Fax 04 90 54 33 36*, 🏕, 🏊, 🪑 – 📺 ♿ 🅿. AE ⓓ GB. ✗ rest
1er mars-15 nov. et 15 déc.-5 janv. – **Repas** *(fermé merc.)* (dîner seul.) 190 ♀, enf. 70 – ☕ 70 – **21 ch** 570/680 – ½ P 470/520

Aurelia M, 124 av. Vallée des Baux ☎ 04 90 54 22 54, *hotel.restaurant.aurelia@wanadoo.fr, Fax 04 90 54 20 75*, – GB. ch
fermé fév. – **Repas** *(fermé merc.)* (dîner seul.) carte environ 160, enf. 65 – 60 – **11 ch** 430/550 – ½ P 400/450

Pré des Baux M sans rest, r. Vieux Moulin ☎ 04 90 54 40 40, *Fax 04 90 54 53 07*, – P. AE GB
23 mars-29 oct. – 60 – **10 ch** 600/700

Margaux, 1 r. P. Revoil ☎ 04 90 54 35 04, *Fax 04 90 54 35 04*, – GB
fermé 15 nov. au 7 déc., 7 janv. au 15 fév., merc. midi et mardi – **Repas** 165/215 ♀, enf. 70

au Paradou *Ouest : 2 km par D 17, rte d'Arles – 926 h. alt. 21 – ✉ 13520 :*

Du Côté des Olivades M, lieu dit de Bourgeac ☎ 04 90 54 56 78, *Fax 04 90 54 56 79*, ←, « Bel aménagement intérieur », – ch, P. AE GB.
fermé 10 au 31 janv. – **Repas** *(fermé lundi)* (résidents seul.) carte 190 à 350 ♀ – **10 ch** 650/1490

Petite France (Maffre-Bogé), av. Vallée des Baux ☎ 04 90 54 41 91, *Fax 04 90 54 52 50* – P. GB
fermé 12 nov. au 1er fév., jeudi sauf le soir d'avril à sept. et merc. – **Repas** 180/390 et carte 250 à 380 ♀, enf. 80
Spéc. Ravioles d'olives vertes à la ricotte et à la sauge. Crépinette de pieds de cochon aux morilles. Fondant chaud au chocolat, crème vanille. **Vins** Coteaux d'Aix-en-Provence-les Baux.

Bistrot du Paradou, ☎ 04 90 54 32 70, *Fax 04 90 54 32 70* – P. GB
fermé 10 nov. au 2 déc., vacances de fév. et dim. – **Repas** *(dîner seul. de juil. à sept.)* (prévenir)(menu unique) 210 (déj.)/230

MAUVEZIN *32120 Gers 82 ⑥ – 1 671 h alt. 153.*

Paris 703 – Auch 30 – Agen 74 – Montauban 55 – Toulouse 62.

Rapière, r. Justices (face à Marché U) ☎ 05 62 06 80 08, *Fax 05 62 06 76 90*, – AE GB.
fermé 18 juin au 6 juil., 1er au 20 oct., mardi et merc. – **Repas** (70) - 110/260, enf. 50

MAUZAC *24 Dordogne 75 ⑮ ⑯ – 958 h alt. 49 – ✉ 24150 Mauzac-et-Grand-Castang.*

Paris 539 – Périgueux 51 – Bergerac 28 – Brive-la-Gaillarde 95 – Sarlat-la-Canéda 57.

Métairie, rte de Trémolat : 3 km ☎ 05 53 22 50 47, *metairie-la@wanadoo.fr, Fax 05 53 22 52 93*, ←, « Dans un parc surplombant la Dordogne », – P. AE GB JCB
1er avril-31 oct. – **Repas** 110 (déj.), 180/300 – 70 – **10 ch** 525/770 – ½ P 550/665

MAUZÉ-SUR-LE-MIGNON *79210 Deux-Sèvres 71 ② – 2 378 h alt. 30.*

Paris 432 – La Rochelle 43 – Niort 23 – Rochefort 40.

France avec ch, 54 Grande Rue (rte Niort) ☎ 05 49 26 30 15, *Fax 05 49 26 72 80* – P. GB. ch
fermé 1er au 8 oct., 24 déc. au 1er janv., sam. et dim. de fin sept. à fin mai – **Repas** (60) - 90/185 ♀, enf. 45 – 35 – **7 ch** 240/260 – ½ P 230/245

MAYENNE SP *53100 Mayenne 59 ⑳ G. Normandie Cotentin – 13 549 h alt. 124.*

Voir *Ancien château* ←★.

Office de Tourisme q. de Waiblingen ☎ 02 43 04 19 37, Fax 02 43 00 01 99.

Paris 283 – Alençon 60 – Flers 56 – Fougères 47 – Laval 30 – Le Mans 88.

Croix Couverte avec ch, rte Alençon : 2 km sur N 12 ☎ 02 43 04 32 48, *Fax 02 43 04 43 69*, – P. GB
fermé 1er au 6 janv., vend. soir et dim. – **Repas** 74/175 ♀, enf. 48 – 38 – **11 ch** 240/320 – ½ P 260/310

rte de Laval *N 162 – ✉ 53100 Mayenne :*

Marjolaine M avec ch, à 6,5 km, au domaine du Bas-Mont ☎ 02 43 00 48 42, *Fax 02 43 08 10 58*, – P – 30. GB
fermé 1er au 6 janv., vacances de fév., lundi midi et dim. soir – **Repas** 88/320 et carte 220 à 320 ♀, enf. 75 – 35 – **12 ch** 270/340 – ½ P 320/380

Beau Rivage avec ch, à 4 km ☎ 02 43 00 49 13, *Fax 02 43 04 43 69*, ←, « Terrasse au bord de l'eau », – P. GB
hôtel : fermé janv. à juin, dim. et lundi – **Repas** - grillades - *(fermé 1er janv. au 1er mars, dim. soir et lundi)* 70/175 ♀, enf. 48 – 35 – **3 ch** 240/280 – ½ P 260/310

MAYET *72360 Sarthe 64 ③ – 2 877 h alt. 74.*

Env. *Forêt de Bercé★ E : 6 km,* **G. Châteaux de la Loire.**

Paris 227 – Le Mans 31 – Château-la-Vallière 27 – La Flèche 32 – Tours 58 – Vendôme 75.

X **Auberge des Tilleuls,** pl. H. de Ville ☎ 02 43 46 60 12, *Fax 02 43 46 60 12* – GB

fermé 1er au 15 fév., dim. soir, lundi soir, mardi soir et merc. – **Repas** 54 bc/150 bc

---

Le MAYET-DE-MONTAGNE *03250 Allier 73 ⑥ G. Auvergne – 1 609 h alt. 535.*

Chalet Cantonal pl. aux Foires ☎ 04 70 59 38 40, Fax 04 70 59 78 91.

Paris 373 – Clermont-Ferrand 79 – Lapalisse 23 – Moulins 72 – Thiers 42 – Vichy 27.

X **Relais du Lac** avec ch, Sud : 0,5 km sur D 7 ☎ 04 70 59 70 23, *Fax 04 70 59 79 00* – TV P. GB. ch

fermé oct. et mardi – **Repas** 75/210 ♁, enf. 45 – ☕ 35 – **7 ch** 250/280 – 1/2 P 250

MAZAGRAN *57 Moselle 57 ⑭ – rattaché à Metz.*

MAZAMET *81200 Tarn 83 ⑪ ⑫ G. Midi-Pyrénées – 11 481 h alt. 241.*

Voir *Commune de la "Méridienne verte".*

Env. *<★ des gorges de l'Arnette S : 4 km.*

✈ de Castres-Mazamet : ☎ 05 63 70 34 77, par ③ : 14 km.

Office de Tourisme 2 r. H.-Cardet ☎ 05 63 98 12 80, Fax 05 63 61 31 35.

Paris 757 ④ – Toulouse 83 ③ – Albi 62 ④ – Carcassonne 49 ② – Castres 20 ④.

MAZAMET

Arnette (R. de l')	2
Barbey (R. Édouard)	
Brenac (R. Paul)	3
Caville (R. du Pont de)	4
Champ-de-la-Ville (R. du)	5
Chamson (Pl. A.)	6
Chevalière (Av. de la)	7
Galibert-Ferret (R.)	8
Gambetta (Pl.)	9
Guynemer (Av. G.)	10
Lattre-de-Tassigny (Bd de)	13
Nouvela (R. du)	14
Olombel (Pl. Ph.)	16
Reille (Cours R.)	17
St-Jacques (R.)	19
Tournier (Pl. G.)	20
Tournier (R. Alphonse)	22

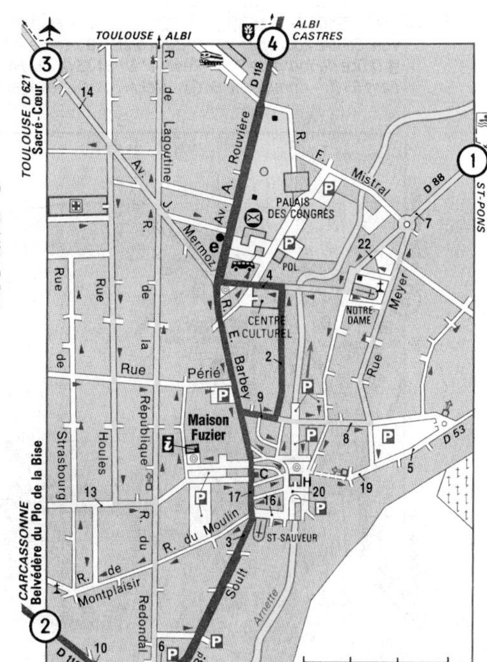

Les plans de villes sont orientés le Nord en haut.

Pour un bon usage des plans de villes, voir les signes conventionnels dans l'introduction.

H. Jourdon, 7 av. A. Rouvière (e) ☎ 05 63 61 56 93, *Fax 05 63 61 83 38* – ▤ rest, TV. GB.

fermé lundi (sauf hôtel) et dim. soir – **Repas** 90/250, enf. 45 – ☕ 40 – **11 ch** 230/380 – 1/2 P 280

à Bout-du-Pont-de-Larn *par ① et D 54 : 2 km – 1 053 h. alt. 280 – ✉ 81660 :*

Métairie Neuve , ℘ 05 63 97 73 50, *metairieneuve@aol.com, Fax 05 63 61 94 75,* – 25. GB

fermé 15 déc. au 25 janv. – **Repas** *(fermé sam. et dim. d'oct. à juin)* (dîner seul.)(sur réservation) 100/125 – 55 – **14 ch** 370/500 – ½ P 360/420

MAZAN *84 Vaucluse* 81 ⑬ *– rattaché à Carpentras.*

MAZAYE *63230 P.-de-D.* 73 ⑬ *– 537 h alt. 760.*

Paris 445 – Clermont-Fd 24 – Le Mont-Dore 33 – Pontaumur 26 – Pontgibaud 7.

Auberge de Mazaye , à Mazayes-Basses ℘ 04 73 88 93 30, *Fax 04 73 88 93 80,* – GB

fermé 17 déc. au 25 janv., jeudi de sept. à mai et vend. – **Repas** 80/200 , enf. 55 – 40 – **15 ch** 240/320

MAZET-ST-VOY *43520 H.-Loire* 76 ⑧ *– 1 077 h alt. 1060.*

Paris 582 – Le Puy-en-Velay 39 – Lamastre 37 – St-Étienne 66 – Yssingeaux 18.

L'Escuelle, ℘ 04 71 65 00 51, *Fax 04 71 65 09 29* – GB

fermé 1er janv. au 2 fév., dim. soir et lundi hors saison – **Repas** *(fermé dim. soir et soirs fériés)* 85/150 – 40 – **12 ch** 190/250 – ½ P 240/280

MÉAUDRE *38 Isère* 77 ④ *– rattaché à Autrans.*

MEAUX *77100 S.-et-M.* 56 ⑫ ⑬, 106 ㉒ *G. Ile de France – 48 305 h alt. 51.*

Voir *Centre épiscopal** **ABY** *: cathédrale** **B**, ** de la terrasse des remparts.*

Office de Tourisme 2 r. St-Rémy ℘ 01 64 33 02 26, Fax 01 64 33 24 86.

Paris 53 ③ – Compiègne 66 ⑤ – Melun 55 ③ – Reims 97 ②.

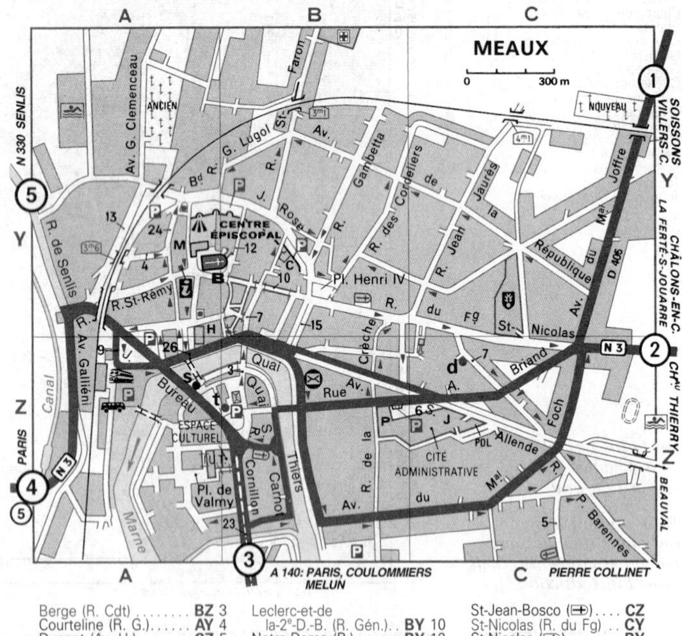

Berge (R. Cdt) . . . . **BZ** 3	Leclerc-et-de la-2e-D.-B. (R. Gén.) . . **BY** 10	St-Jean-Bosco (⊞) . . . . **CZ**
Courteline (R. G.) . . . . . . **AY** 4	Notre-Dame (R.) . . . . **BY** 12	St-Nicolas (R. du Fg) . . **CY**
Dunant (Av. H.) . . . . **CZ** 5	N.-D.-du-Marché (⊞) . . **BZ**	St-Nicolas (⊞) . . . . **BY**
Europe (Pl. de) . . . . . . **BCZ** 6	Pinteville (Cours) . . . . . . **AY** 13	St-Rémy (R.) . . . . **AY**
Fublaines (R. de) . . . . . . **CZ** 7	Raoult (Cours) . . . . **BY** 15	Tessan (R. F.-de) . . . . . . **BZ** 23
Grand-Cerf (R. du) . . . . . **BY** 7	St-Étienne (Pl. et ⊞) **ABY B**	Ursulines (R. des) . . . . . **AY** 24
Lafayette (Pl.) . . . . **AZ** 9		Victor-Hugo (Quai) . . . . . **AZ** 26

Richemont sans rest, quai Grande Ile ☎ 01 60 25 12 10, *Fax 01 60 25 18 27* – AE GB AZ s
45 – **42 ch** 270/290

Marinone, 30 pl. Marché ☎ 01 64 33 57 37, *Fax 01 64 33 57 37* – AE GB ABZ t
fermé 6 au 31 août, dim. soir et lundi – **Repas** 135/280 ♀, enf. 50

Grignotière, 36 r. Sablonnière ☎ 01 64 34 21 48, *Fax 01 64 33 93 93* – AE GB
fermé août, sam. midi, mardi soir et merc. – **Repas** 110 (déj.), 140/198 ♀ CZ d

à Varreddes *par ① : 6 km – 1 520 h. alt. 53 – ✉ 77910 :*

Auberge du Cheval Blanc avec ch, 55 rue V. Clairet ☎ 01 64 33 18 03, *Fax 01 60 23 29 68*, – AE GB
fermé 1er au 24 août, dim. soir et lundi – **Repas** 198/298 et carte 300 à 400 ♀, enf. 98 – 59 – **8 ch** 480/600

Auberge du Petit Nain, 7 r. Orsoy ☎ 01 64 33 18 12, *Fax 01 64 34 39 60*, – AE GB
fermé 17 juil. au 8 août, 15 janv. au 6 fév., mardi et merc. – **Repas** 135/280 ♀, enf. 65

à Poincy *par ② et D 17A : 5 km – 591 h. alt. 53 – ✉ 77470 :*

Moulin de Poincy, ☎ 01 60 23 06 80, *Fax 01 60 23 12 56*, « Jardin en bord de Marne », – AE GB
fermé 4 au 27 sept., 2 au 24 janv., lundi soir d'oct. à avril, mardi et merc. – **Repas** 175/355 ♀

Read the introduction with its explanatory pages to make the most of your ***Michelin Red Guide.***

MEGÈVE *74120 H.-Savoie 74 ⑦ ⑧ G. Alpes du Nord – 4 750 h alt. 1113 – Sports d'hiver : 1 113/2 350 m 9 79 – Casino* **AY.**

Voir *Mont d'Arbois★★.*

Altiport de Megève-Mont-d'Arbois ☎ 04 50 21 33 67, SE : 7 km **BZ.**

Office de Tourisme (saison) Maison des Frères ☎ 04 50 21 27 28, Fax 04 50 93 03 09.

Paris 602 ① – Chamonix-Mont-Blanc 36 ① – Albertville 31 ② – Annecy 61 ②.

Plan page suivante

Les Fermes de Marie , chemin de Riante Colline par ② ☎ 04 50 93 03 10, *contact@fermes de marie.com, Fax 04 50 93 09 84*, ←, , centre de remise en forme, « Anciennes fermes savoyardes reconstituées en hameau », – 15 à 100. AE GB
hôtel : 1er juin-30 sept. et 1er déc.-15 avril ; rest. : 30 juin-10 sept. et 15 déc.-15 avril – **Repas** carte 380 à 500. – ***Rôtisserie*** (dîner seul.) *(fermé merc.)* **Repas** 280 – ***Restaurant à Fromages*** (dîner seul) *(fermé mardi et jeudi)* **Repas** 250 – 80 – **61 ch** 1490/4040, 5 appart, 3 duplex – ½ P 1220/2330

Lodge Park Ⓜ, 100 r. Arly ☎ 04 50 93 05 03, *contact@lodgepark.com, Fax 04 50 93 09 52*, – 50. AE GB JCB AY s
15 juin-15 sept. et 15 déc.-15 avril – **Repas** *(fermé vend. midi)* carte 320 à 450 ♀ – 80 – **39 ch** 1370/2100, 11 appart – ½ P 970/1200

Chalet du Mont d'Arbois (annexe Chalet de Noémie Ⓜ ← 5 appart.), 447 chemin de la Rocaille (par rte Edmond de Rothschild) ☎ 04 50 21 25 03, *Fax 04 50 21 24 79*, ←, – AE GB BY p
22 juin-24 sept. et mi-déc.-31 mars – **Repas** *(fermé le midi en semaine et lundi sauf vacances scolaires)* 300/750, enf. 120 – 150 – **23 ch** 1950/5250, 6 appart – ½ P 1605/3095

Mont-Blanc sans rest, pl. Église ☎ 04 50 21 20 02, *Fax 04 50 21 45 28*, – AE GB AY r
fermé 1er mai au 10 juin – 80 – **40 ch** 1550/3570

Fer à Cheval, 36 rte Crêt d'Arbois ☎ 04 50 21 30 39, *fer-a-cheval@wanadoo.fr, Fax 04 50 93 07 60*, , rest, – 70. AE GB. rest
mi-juin-fin-sept. et mi-déc.-début-avril – **Repas** *(fermé lundi et mardi)* (dîner seul) carte 280 à 380 ♀ - ***L'Alpage*** *(mi-déc.-fin mars et fermé lundi et mardi)* **Repas** (dîner seul.) carte 190 à 260 ♀ – 75 – **39 ch** 1270/1800, 8 appart – ½ P 890/1150 BY a

Chalet St-Georges Ⓜ, 159 r. Mgr Conseil ☎ 04 50 93 07 15, *chalet-st-georges@wanado o.fr, Fax 04 50 21 51 18*, – 25. AE GB. rest AY n
20 juin-20 sept. et 15 déc.-Pâques – ***Table du Pêcheur*** *(20 juin-15 sept. et 15 déc.-31 mars)* **Repas** carte 190 à 220 ♀, enf. 75 – ***Table du Trappeur*** *(20/06-30/09, 1/11-15/04 et fermé lundi, mardi et merc. de nov. au 15 déc.)* **Repas** carte 190 à 230 ♀, enf. 75 – 85 – **19 ch** 830/1650, 5 appart – ½ P 820/1100

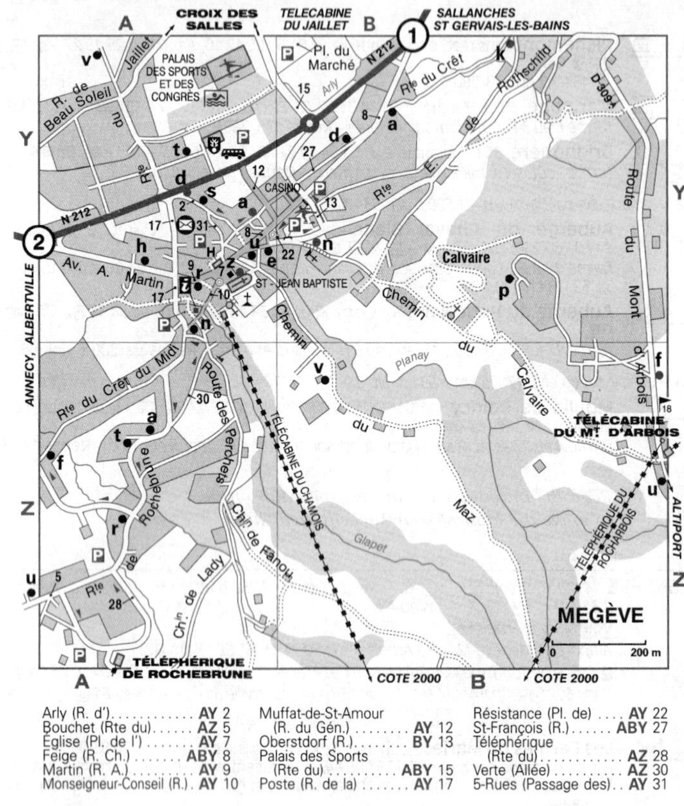

Arly (R. d') . . . . AY 2
Bouchet (Rte du) . . . . . . AZ 5
Église (Pl. de l') . . . . AY 7
Feige (R. Ch.) . . . . ABY 8
Martin (R. A.) . . . . AY 9
Monseigneur-Conseil (R.) . AY 10
Muffat-de-St-Amour (R. du Gén.) . . . . AY 12
Oberstdorf (R.) . . . . BY 13
Palais des Sports (Rte du) . . . . ABY 15
Poste (R. de la) . . . . AY 17
Résistance (Pl. de) . . . . AY 22
St-François (R.) . . . . . . ABY 27
Téléphérique (Rte du) . . . . AZ 28
Verte (Allée) . . . . AZ 30
5-Rues (Passage des) . . AY 31

Au Coin du Feu, 252 rte Rochebrune ☎ 04 50 21 04 94, *contact@coindufeu.com, Fax 04 50 21 20 15,* ← – |‡| TV. AE ⓓ GB AZ t
14 juil.-31 août et 15 déc.-10 avril – ***Saint Nicolas*** ☎ 04 50 21 41 75 (dîner seul.) *(15 déc.-10 avril)* **Repas** 230/300 ♀, enf. 95 – ☕ 35 – **23 ch** 1070/1570 – ½ P 815/980

Grange d'Arly 🐎, 10 r. Allobroges ☎ 04 50 58 77 88, *contact@grange-darly.com, Fax 04 50 93 07 13,* 🏖 – |‡| TV 📞 🚗 P – 🏫 15. AE ⓓ GB JCB. ✗ AY t
fin juin-mi-oct. et mi-déc.-mi-avril – **Repas** *(fin juin-début sept. et mi-déc.-mi-avril)* (dîner seul.) 100/170 – ☕ 55 – **22 ch** 990/1630, 3 appart – ½ P 743/985

Chaumine 🐎 sans rest, 36 chemin des Bouleaux par chemin du Maz ☎ 04 50 21 37 05, *Fax 04 50 21 37 21,* ←, 🌳 – TV 🚗. GB. ✗ BZ v
29 juin-2 sept. et 22 déc.-15 avril – ☕ 42 – **11 ch** 505/580

Coeur de Megève, 44 av. Ch. Feige ☎ 04 50 21 25 30, *info@hotel-megeve.com, Fax 04 50 91 91 27,* 🏖 – |‡| TV ♿ – 🏫 30. AE GB. ✗ rest AY u
fermé 15 avril au 30 juin – **Repas** 98/155 ♀, enf. 55 – ☕ 50 – **33 ch** 510/1460, 5 appart – ½ P 465/940

Au Vieux Moulin 🐎, 188 r. A. Martin ☎ 04 50 21 22 29, *vieuxmoulin@compuserve.com, Fax 04 50 93 07 91,* 🏖, 🏊 – |‡| TV P – 🏫 20. AE GB. ✗ AY h
2 juin-30 sept. et 15 déc.-15 avril – **Repas** 170/210 ♀, enf. 60 – ☕ 50 – **36 ch** 950/1120 – ½ P 730/865

Prairie sans rest, r. Ch. Feige ☎ 04 50 21 48 55, *hotel.la.prairie@wanadoo.fr, Fax 04 50 21 42 13,* 🌳 – |‡| TV 📞 🚗 P – 🏫 25. ⓓ GB JCB BY d
23 juin-16 sept. et 15 déc.-mi-avril – ☕ 50 – **32 ch** 650/930

Ferme Hôtel Duvillard, 3048 rte Edmond de Rothschild ☎ 04 50 21 14 62, *Fax 04 50 21 42 82,* ←, 🏖, 🏊, 🌳 – TV P. AE ⓓ GB BZ u
15 juin-1er oct. et 15 déc.-1er mai – **Repas** 120 (déj.)/172 ♀, enf. 75 – ☕ 65 – **21 ch** 870/1690 – ½ P 687/845

Alpina sans rest, r. St-Jean ✆ 04 50 21 54 77, *ygaiddon@club-internet.fr, Fax 04 50 21 53 79* – TV. AE ⓓ GB AY e
fermé juin – ☕ 30 – **14 ch** 550/700

Alp'Hôtel, 434 rte Rochebrune ✆ 04 50 21 07 58, *alp.hotel@wanadoo.fr, Fax 04 50 21 13 82* – TV P. GB. ch AZ r
1er juil.-16 sept. et 22 déc.-15 avril – **Repas** 103/120 – ☕ 39 – **20 ch** 310/500 – 1/2 P 385/405

L'Auguille sans rest, chemin de l'Auguille ✆ 04 50 21 40 00, *Fax 04 50 21 53 20,* – TV P. GB. AY v
1er juin-30 sept. et 15 déc.-25 avril – ☕ 40 – **11 ch** 350/420

Gai Soleil, rte Crêt du Midi ✆ 04 50 21 00 70, *info@le-gai-soleil.fr, Fax 04 50 21 57 63,* ←, – TV P. AE GB. rest AZ f
15 juin-15 sept. et 15 déc.-15 avril – **Repas** 95 (déj.)/135 ♀ – ☕ 45 – **21 ch** 570 – 1/2 P 440/490

Week-End sans rest, rte Rochebrune ✆ 04 50 21 26 49, *Fax 04 50 21 26 51,* ← – TV. GB
fermé 10 mai au 15 juin et 15 au 30 oct. – ☕ 40 – **16 ch** 450/600 AZ a

XXXX ✿✿✿ **Ferme de mon Père** (Veyrat), 367 rte Crêt ✆ 04 50 21 01 01, *Fax 04 50 21 43 43,* « Reconstitution d'une vieille ferme savoyarde-évocation de la vie paysanne d'antan » – P. AE ⓓ GB BY k
15 déc.-31 mars et fermé mardi midi, merc. midi, jeudi midi et lundi – **Repas** 900/1400 et carte 980 à 1 250
Spéc. Oignons brûlés au gros sel, soupe caramélisée. Oeufs coque, écume de topinambour, jus d'oxalis et mouillette à la canelle. Tartiflette de rattes du pays, moelleux de reblochon, croustillant de lard fumé.

XX ✿ **Flocons de Sel** (Renaut), 75 r. St-François ✆ 04 50 21 49 99, *Fax 04 50 21 68 22* – AE GB
fermé mai, nov., mardi et merc. hors vacances scolaires – **Repas** 190 (déj.), 210/330 ♀, enf. 40 AY a
Spéc. Foie gras confit, confiture d'eau aux épices. Féra du Léman, peau croustillante et fondue de poireaux. Tourte aux pommes et noix.

XX **Taverne du Mont d'Arbois,** 2811 rte Edmond de Rothschild ✆ 04 50 21 03 53, *montarbois@relaischateaux.fr,* , « Chalet savoyard » – AE GB BZ f
fermé 9 mai au 15 juin, 12/11 au 15/12 lundi, mardi, merc. et jeudi du 1/10 au 11/11 et le midi du 15/06 au 30/09 – **Repas** 140 (déj.)/240 ♀

XX **Michel Gaudin,** carrefour d'Arly (N 212) ✆ 04 50 21 02 18, *Fax 04 50 21 02 18* – GB
fermé lundi et mardi hors saison – **Repas** 120/400 ♀ AY d

X **Jacques Mégean,** 489 rte Nationale par ① ✆ 04 50 21 26 82, *Fax 04 50 21 26 82,* – P. GB
fermé 1er au 24 mai, 12 nov. au 5 déc., dim. sauf le midi en saison et lundi – **Repas** (prévenir) 140 (déj.), 250/760

X **Prieuré,** pl. Église ✆ 04 50 21 01 79, – AE ⓓ GB AY z
fermé 5 au 30 juin, 6 nov. au 19 déc., dim. soir et lundi hors saison – **Repas** 119/220 ♀

X **Vieux Megève,** 58 pl. Résistance ✆ 04 50 21 16 44, *vieux-megeve@py-internet.com, Fax 04 50 93 06 69* – GB BY n
10 juil.-10 sept. et 15 déc.-10 avril – **Repas** carte 170 à 310 ♀, enf. 90

au sommet du Mont d'Arbois *par télécabine du Mt d'Arbois ou télécabine de la Princesse – ✉ 74170 St-Gervais :*

Igloo M , ✆ 04 50 93 05 84, *igloo2@wanadoo.fr, Fax 04 50 21 02 74,* ✳ chaîne du Mont Blanc, , – TV – 25. AE GB JCB
20 juin-10 sept. et 18 déc.-20 avril – **Repas** (130) - 130/240 ♀ – ☕ 70 – **12 ch** (1/2 pens. seul.) – 1/2 P 630/1100

X **Idéal,** ✆ 04 50 21 31 26, *Fax 04 50 93 02 63,* ✳ de la chaîne des Aravis au Mont-Blanc, – AE GB
15 déc.-15 avril – **Repas** (déj. seul.) 160 ♀

à la Côte 2000 *Sud-Est : 8 km par rte Edmond de Rothschild* - **BZ** – *alt. 1450* – *✉ 74120 Megève :*

X **Côte 2000,** ✆ 04 50 21 31 84, *Fax 04 50 93 02 63,* ←, , « Authentique chalet savoyard » – AE GB
30 juin-2 sept. et 15 déc.-15 avril – **Repas** 160 ♀

à Leutaz *Sud-Ouest : 4 km par rte du Bouchet* **AZ** – *✉ 74120 Megève :*

XX **La Sauvageonne-Chez Nano,** ✆ 04 50 91 90 81, *Fax 04 50 58 75 44,* ←, , « Ancienne ferme aménagée » – GB
28 juin-16 sept. et 15 déc.-20 avril – **Repas** 170 (déj.)et carte 290 à 360 ♀

Les prix Pour toutes précisions sur les prix indiqués dans ce guide, reportez-vous aux pages explicatives.

MEHUN-SUR-YÈVRE *18500 Cher 64 ⑳ G. Berry Limousin – 7 227 h alt. 130.*

Voir *Spectacle★ du Pôle de la porcelaine.*

Office de Tourisme pl. 14 Juillet ✆ 02 48 57 35 51, Fax 02 48 57 13 40.

Paris 226 – Bourges 18 – Cosne-sur-Loire 71 – Gien 77 – Issoudun 32 – Vierzon 16.

XXX **Les Abiès,** rte Vierzon ✆ 02 48 57 39 31, *Fax 02 48 57 00 70,* – P. AE GB
fermé 1er au 13 mars, 30 juil. au 8 août, 29 oct. au 5 nov., dim. soir, merc. soir et lundi – **Repas** 98/220

MEISENTHAL *57960 Moselle 57 ⑰ – 793 h alt. 380.*

Paris 428 – Strasbourg 64 – Haguenau 44 – Sarreguemines 38 – Saverne 39.

Auberge des Mésanges , ✆ 03 87 96 92 28, *hotel-restaurant.auberge-mesanges@wanadoo.fr, Fax 03 87 96 99 14,* – TV P – 15. GB
fermé 23 au 27 déc., vacances de fév. – **Repas** *(fermé dim. soir et lundi)* 55 (déj.), 78/130 ♀, enf. 40 – ☕ 40 – **20 ch** 250/290 – ½ P 280

MÉJANNES-LÈS-ALÈS *30 Gard 80 ⑱ – rattaché à Alès.*

MÉLISEY *70270 H.-Saône 66 ⑦ G. Jura – 1 805 h alt. 330.*

Office de Tourisme du Canton de Melisey pl. de la Gare ✆ 03 84 63 22 80.

Paris 397 – Épinal 63 – Belfort 33 – Besançon 91 – Lure 13 – Luxeuil-les-Bains 21.

X **Bergeraine,** ✆ 03 84 20 82 52, *Fax 03 84 20 04 47,* – P. AE GB JCB
fermé 28 juin au 12 juil., 15 au 28 fév., dim. soir, mardi soir et merc. sauf fériés et juil.-août – **Repas** 65 (déj.), 85/300 ♀, enf. 55

MELLE *79500 Deux-Sèvres 72 ② – 4 003 h alt. 138.*

Office de Tourisme 3 r .Emilien-Traver ✆ 05 49 29 15 10, Fax 05 49 29 19 83.

Paris 397 – Poitiers 61 – Niort 29 – St-Jean-d'Angély 45.

XX **Les Glycines** avec ch, 5 pl. R. Groussard ✆ 05 49 27 01 11, *eric.caillon@wanadoo.fr, Fax 05 49 27 93 45* – TV. AE GB
fermé 5 au 13 janv., dim. soir d'oct. au 1er mai – **Repas** *(fermé vend. soir et lundi d'oct. à avril)* 82/230 ♀, enf. 55 – ☕ 45 – **7 ch** 215/300 – ½ P 224/249

MELLES *31440 H.-Gar. 86 ① – 104 h alt. 726.*

Paris 833 – Bagnères-de-Luchon 30 – St-Gaudens 45 – Tarbes 93 – Toulouse 138.

X **Auberge du Crabère** avec ch, ✆ 05 61 79 21 99, *patrick.beauchet@wanadoo.fr, Fax 05 61 79 74 71,* – GB
fermé 20 nov. au 10 déc., mardi soir et merc. sauf juil.-août – **Repas** (prévenir) 70 bc/180 – ☕ 35 – **6 ch** 185/310 – ½ P 190

MELUN P *77000 S.-et-M. 61 ②, 106 ㊺ G. Ile de France – 35 319 h Agglo. 107 705 h alt. 43.*

Voir *Portail★ de l'église St-Aspais.*

Env. *Vaux-le-Vicomte : château★★ et jardins★★★ 6 km par ②.*

Bureau de Tourisme municipal Mairie ✆ 01 64 52 64 52, Fax 01 64 52 97 97.

Paris 48 ⑧ – Fontainebleau 18 ⑤ – Orléans 104 ⑥ – Troyes 128 ③.

Plan page ci-contre

Bleu Marine, par ⑤ *: 2,5 km rte Fontainebleau* ✆ 01 64 39 04 40, *Fax 01 64 39 94 10,* – TV P – 150. AE GB
Repas 98/155 ♀, enf. 49 – ☕ 65 – **49 ch** 440/580

Kyriad M, par ① *: 2 km, Z.A. St-Nicolas* ✆ 01 64 52 41 41, *kyriadmelun@wanadoo.fr, Fax 01 64 52 26 00,* – TV P – 60. AE GB — X n
Repas *(fermé sam. et dim.)* (63) - 89/129 ♀ – ☕ 39 – **54 ch** 330/380 – ½ P 390

XX **Melunoise,** 5 r. Gâtinais ✆ 01 64 39 68 27 – GB — X b
fermé vacances scolaires, dim. soir, lundi soir, mardi soir, merc. soir et sam. midi – **Repas** 145/280, enf. 75

XX **Mariette,** 31 r. St-Ambroise ✆ 01 64 37 06 06, *Fax 01 64 37 00 47* – . GB — AZ a
fermé 22 avril au 1er mai, 31 juil. au 29 août, lundi soir, merc. soir, dim. et fériés – **Repas** (98) - 145/195

XX **Marotte,** 9 bd Gambetta ✆ 01 64 52 79 79, *Fax 01 64 52 63 37,* « Ancien caveau médiéval » – GB — BZ e
Repas 145 ♀ - ***Fablier*** ✆01 64 52 78 78 *(fermé 15 août au 15 sept., dim. soir, lundi et mardi)* **Repas** 165/225, enf. 85

MELUN

Alsace-Lorr. (Q.) . . . BZ 2
Carnot (R.) . . . . AY 3
Chartrettes (Rte de) . X 6
Chasse (R. de la) . . . X 7
Corbeil (Av. de) . . . . . X 8
Courtille (R. de la) . BZ 9
Doumer (R. Paul) . . BY 13
Europe (Rd-Pt de l') . X 14
Galliéni (Pl.) . . . . X 18
Godin (Av. E.) . . . . . AZ 19
Jaurès (Av. J.) . . . . . . X 20
Leclerc (Av. Gén.) . . . X 22
Libération
(Av. de la) . . . . X 23
Miroir (R. du) . . . . . . AY 25
Montagne-du-Mée
(R. de la) . . . . AY 26
N.-Dame (Pl.) . . . . . . BZ 32
Pouteau (R. René) . BY 34
Prés.-Despatys (R.). AY 35
Rossignol (Q. H.) . . . . X 39
St-Ambroise (R.) . . . AZ
St-Aspais (R.) . . . . . BY 41
St-Étienne (R.) . . . . . AZ 43
St-Liesne (R.) . . . . X 44
Vaux (R. de) . . . . X 45
Voisenon (Rte de) . . . X 46
13e-Dragons (Av.) . . . X 49
31e-d'Inf. (Av. du) . . . X 50

LE MÉE-SUR-SEINE

Courtilleraies (Av. des) X 10
Dauvergne (Av. M.) . X 12

A 5b MARNE-LA-V.
A 5b ÉVRY-PARIS
LAGNY
D 471
MEAUX
VAUX-LE-Vte
A 5
CESSON
Secteur
en travaux
N 1105
N 6
500 m
TROIS
MOULINS
CORBEIL
N 446
PROVINS
D 408 NANGIS
Av. du Gal Patton
Pompidou
Av. de Meaux
Trois Moulins
L'ALMONT
LE MÉE
S-SEINE
Bd A. Briand
PONTHIERRY D 39
SEINE
ZONE
INDUSTRIELLE
Av. Gal de Gaulle
MONTEREAU, SENS
N 105
R. A. Moreau
Av. Thiers
CHau DE VAUX
VAUX-
LE-PÉNIL
R. de la Baste
Joffre
A 6 PARIS, LYON
ORLÉANS
Av. Montaigne
DAMMARIE-
LES-LYS
N 372
D 132
BARBIZON
N 6
FONTAINEBLEAU
D 39
CHARTRETTES

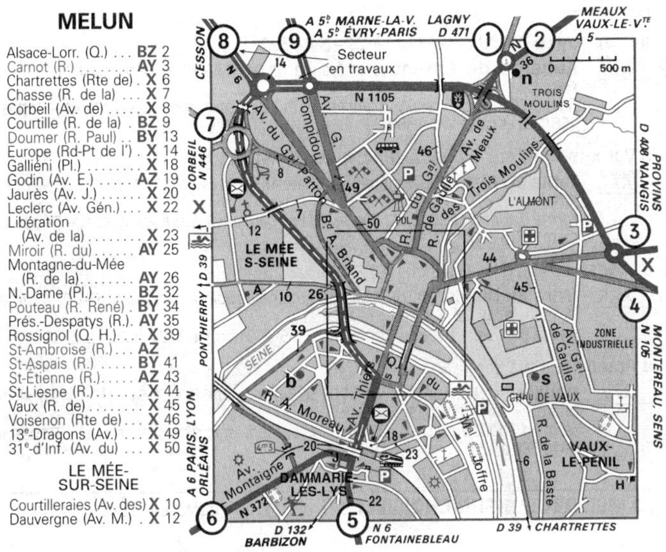

A
B
R. de la Fontaine la Reine
CLOCHER
R. st-Louis
Gaulle
R. Bancel
R. des Trois Moulins
HÔTEL DU
DÉPARTEMENT
Bd Aristide Briand
St-Barthélemy
R. des Fossés
R. du Gal de
Place de la
Porte de
Paris
Bd V. Hugo
ST-ASPAIS
R. St-Liesne
Pl. St-
Jean
D 39
Quai
Pasteur
JARDIN
BOTANIQUE
Pl. Praslin
Pl. Jeanne
d'Arc
Bd Gambetta
Q. Mal Foch
Gaillardon
Pl. de
Lattre
PRIEURÉ
ST-SAUVEUR
Quai H.
Rossignol
Pont
Leclerc
NOTRE-DAME
Promde de Vaux
CITÉ
ADMINISTRATIVE
PRISON
CENTRALE
SEINE
Bd Chamblain
R. St-Ambroise
Quai
Mal Joffre
Pl. Chapu
Dajot
R. de Dammarie
R. de la
Rochette
R. Doré
I.U.F.M.
300 m
Y
Z

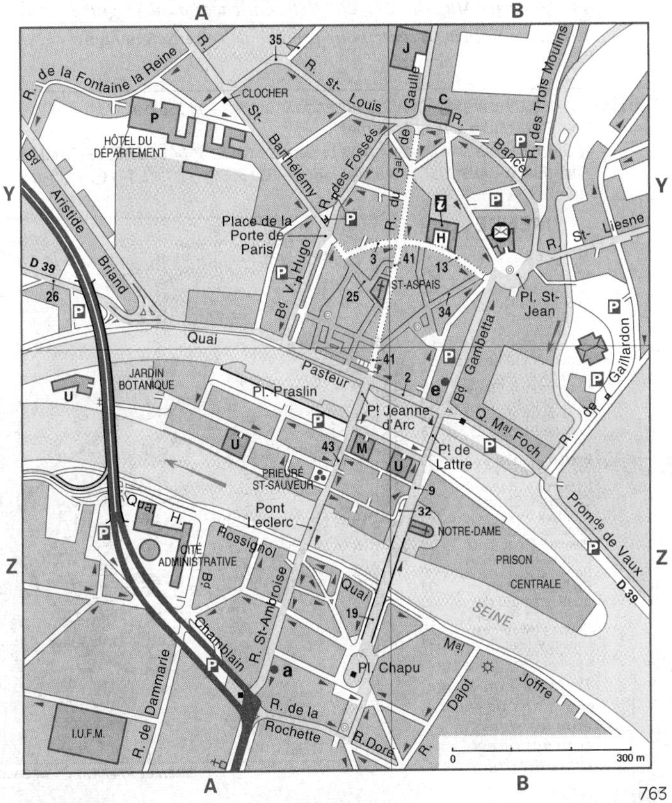

à Crisenoy *par ② : 10 km – 580 h. alt. 89 – ✉ 77390 :*

XXX **Auberge de Crisenoy,** r. Grande ☎ 01 64 38 83 06, *Fax 01 64 38 83 06,* 🏠 – AE GB
fermé 30 juil. au 21 août, vacances de fév., dim. soir , merc. soir et lundi – **Repas** 120 (déj.), 168/275 et carte 270 à 350

à Vaux-le-Pénil *Sud-Est : 3 km – 8 143 h. alt. 60 – ✉ 77000 :*

XXX **Table St-Just,** r. Libération (près Château) ☎ 01 64 52 09 09, *Fax 01 64 52 09 09* – P. AE GB X s
fermé 6 août au 3 sept., 22 déc. au 8 janv., sam. midi, lundi soir et dim. – **Repas** 150/320 et carte 310 à 380

au Plessis-Picard *par ⑧ : 8 km – ✉ 77550 :*

XXX **Mare au Diable,** ☎ 01 64 10 20 90, *mareaudiable@wanadoo.fr, Fax 01 64 10 20 91,* 🏠, 🏊, 🎾 – P. AE ⓓ GB
fermé dim. soir et lundi – **Repas** *(100)* - 155/350 et carte 310 à 400 ♀, enf. 55

à Pouilly-le-Fort *par ⑨ : 6 km – ✉ 77240 :*

XXX **Pouilly,** r. Fontaine ☎ 01 64 09 56 64, *Fax 01 64 09 56 64,* 🏠, « Ancienne ferme briarde », 🌳 – P. AE ⓓ GB
fermé 15 août au 9 sept., 22 au 27 déc., merc. soir, dim. soir et lundi – **Repas** 165/320 et carte 380 à 470

La MEMBROLLE-SUR-CHOISILLE *37 I.-et-L. 64 ⑮ – rattaché à Tours.*

*Les localités dont les noms sont **soulignés de rouge** sur les **cartes Michelin** à 1/200 000 sont citées dans ce guide. Utilisez une carte récente pour profiter de ce renseignement.*

MENDE P *48000 Lozère 80 ⑤ ⑥ G. Languedoc Roussillon – 11 286 h alt. 731.*

Voir *Cathédrale★ – Pont N.-Dame★.*

ℹ *Office de Tourisme Mairie annexe pl. Gén.-de-Gaulle ☎ 04 66 65 02 69, Fax 04 66 65 02 69.*

Paris 594 ① – Alès 103 ③ – Aurillac 156 ① – Gap 308 ② – Issoire 141 ① – Millau 97 ③.

MENDE

Aigues-Passes (R. d') . . 2
Ange (R. de l') 3
Angiran (R. d') 4
Arjal (R. de l') 5
Beurre (Pl. au) 6
Blé (Pl. au) 7
Britexte (Bd) 8
Capucins (Bd des) 9
Carmes (R. des) 10
Chanteronne (R. de) . . 12
Chaptal (R.) 13
Chastel (R. du) 14
Collège (R. du) 18
Droite (R.) 19
Écoles (R. des) 20
Épine (R. de l') 21
Estoup (Pl. René) 22
Gaulle (Pl. Ch.-de) 23
Montbel (R. du Fg) . . . 24
Piencourt (Allée) 25
Planche (Pont de la) . . 26
Pont N.-Dame (R. du) . 27
République (Pl. et R.) . 30
Roussel (Pl. Th.) 32
Soubeyran (Bd du) . . . 33
Soubeyran (R. du) 34
Soupirs (Allée des) . . . 36
Urbain V (Place) 37

Pour un bon usage des plans de villes, voir les signes conventionnels dans l'introduction.

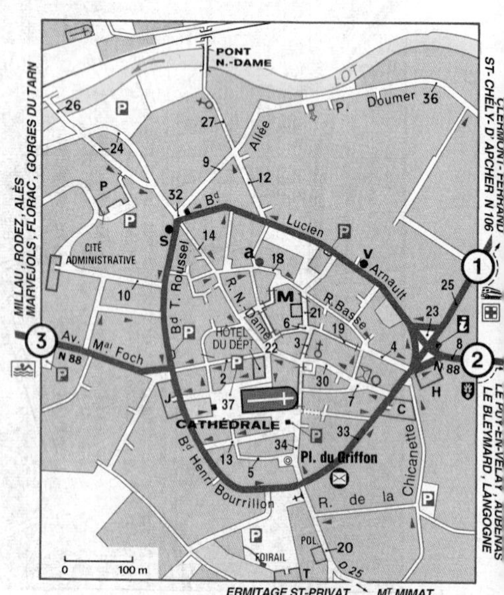

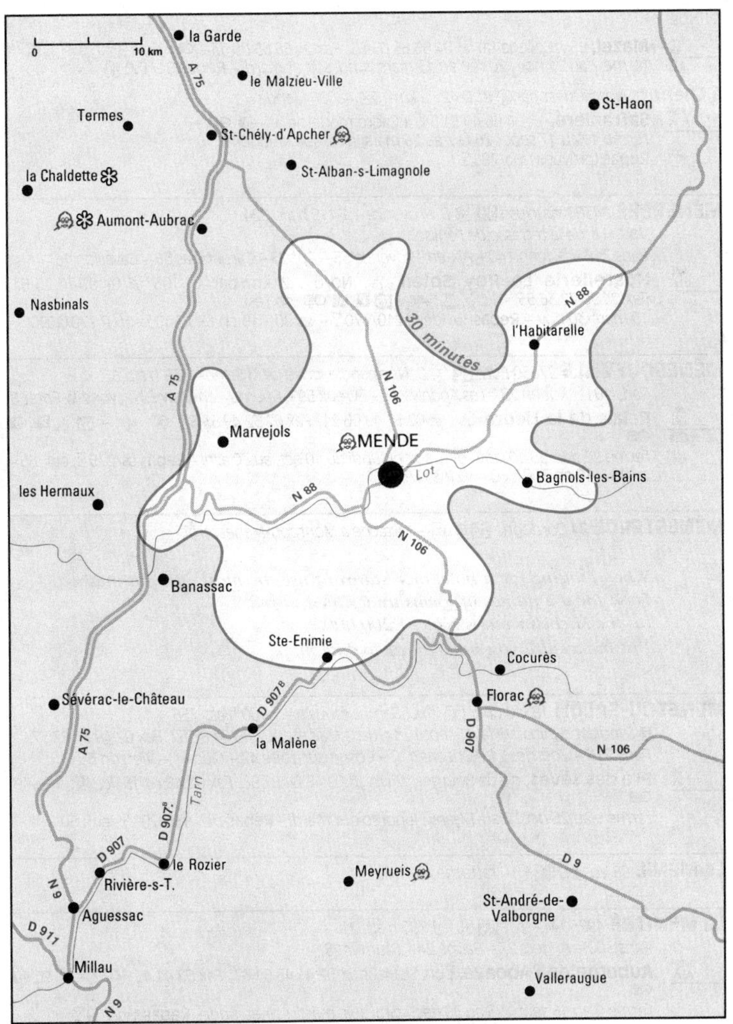

Lion d'Or, 12 bd Britexte par ② ✆ 04 66 49 16 46, *liondor.mende@wanadoo.fr, Fax 04 66 49 23 31,* – 40. AE GB JCB
fermé 2 au 31 janv. et dim. hors saison – **Repas** 115/190 ♀, enf. 75 – ☕ 47 – **39 ch** 294/490 – 1/2 P 332/407

Urbain V sans rest, 9 bd Th. Roussel **(s)** ✆ 04 66 49 14 49, *Fax 04 66 49 20 42* – 30. GB.
fermé dim. hors saison – ☕ 50 – **60 ch** 250/350

Pont Roupt, av. 11-Novembre par ③ ✆ 04 66 65 01 43, *hotel-pont-roupt@wanadoo.fr, Fax 04 66 65 22 96,* – AE GB JCB
Repas *(fermé mars et dim. soir)* 130/290 bc ♀ – ☕ 50 – **26 ch** 310/495 – 1/2 P 380/480

France, 9 bd L. Arnault **(v)** ✆ 04 66 65 00 04, *Fax 04 66 49 30 47,* – . GB
fermé janv. – **Repas** *(fermé dim. soir et lundi)* *(80)* - 115 (dîner)/140 ♀, enf. 70 – ☕ 36 – **27 ch** 250/320 – 1/2 P 270

X **Mazel,** 25 r. Collège (a) ☎ 04 66 65 05 33, *Fax 04 66 65 05 33* – GB
fermé 7 au 21 nov., 20 fév. au 13 mars, lundi soir et mardi – **Repas** 81/150

à Chabrits *Nord-Ouest par ③ et D 42 : 5 km – ✉ 48000 Mende :*

XX **Safranière,** ☎ 04 66 49 31 54, « Cadre moderne » – GB
fermé 10 au 17 sept., 26 fév. au 26 mars, dim. soir et lundi
Repas (prévenir) 110/285 ♀

MÉNERBES *84560 Vaucluse 81 ⑬ G. Provence – 1 118 h alt. 224.*
Voir ≤★ *de la terrasse de l'église.*
Paris 717 – Avignon 40 – Aix-en-Provence 55 – Apt 23 – Carpentras 36 – Cavaillon 16.

Hostellerie Le Roy Soleil, Nord : 2 km par D 103 ☎ 04 90 72 25 61, *Fax 04 90 72 36 55*, ≤, – P. AE GB. rest
15 mars-30 nov. – **Repas** 160 (déj.), 210/370 ♀ – 90 – **19 ch** 680/1400 – ½ P 770/1090

MÉNESQUEVILLE *27850 Eure 55 ⑦ G. Normandie Vallée de la Seine – 358 h alt. 65.*
Paris 101 – Rouen 28 – Les Andelys 16 – Évreux 59 – Gournay-en-Bray 33 – Lyons-la-Forêt 8.

Relais de la Lieure, ☎ 02 32 49 06 21, *Fax 02 32 49 53 87*, – TV P. GB
fermé 20 déc. au 10 janv., dim. soir et lundi du 10 oct. au 30 avril – **Repas** 85/275 ♀, enf. 65 – 45 – **16 ch** 300/360 – ½ P 310/370

MÉNESTEROL *24 Dordogne 75 ③ ⑬ – rattaché à Montpon-Ménesterol.*

When looking for a hotel or restaurant use the most efficient method.
Look for the names of towns ***underlined in red***
on the ***Michelin maps*** *scale: 1:200 000.*
But make sure you have an up-to-date map!

MENETOU-SALON *18510 Cher 65 ⑪ G. Berry Limousin – 1 600 h alt. 256.*
Syndicat d'Initiative (avril-sept.) 23 r. de la Mairie ☎ 02 48 64 87 57, Fax 02 48 64 87 57.
Paris 213 – Bourges 21 – Orléans 110 – Cosne-sur-Loire 47 – Gien 61 – Vierzon 38.

X **Pré des Sèves,** rte de Bourges : 2 km ☎ 02 48 64 82 98, *Fax 02 48 64 18 78*, – P. GB
fermé 9 au 25 oct., 2 au 17 janv., lundi soir et mardi – **Repas** *(78)* - 135/200 ♀, enf. 50

Le MÉNIL *88 Vosges 66 ⑧ – rattaché au Thillot.*

La MÉNITRÉ *49250 M.-et-L. 64 ⑪ – 1 780 h alt. 21.*
Paris 300 – Angers 27 – Baugé 24 – Saumur 25.

XX **Auberge de l'Abbaye,** port St-Maur ☎ 02 41 45 64 67, *Fax 02 41 45 64 67* – P. AE GB
fermé 2 au 16 sept., 23 au 30 déc., dim. soir, mardi soir et lundi – **Repas** 110/220 ♀

MENS *38710 Isère 77 ⑮ – 1 175 h alt. 780.*
Office de Tourisme Maison du Tourisme r. du Breuil ☎ 04 76 34 84 25, Fax 04 76 34 69 01.
Paris 622 – Gap 64 – Die 64 – Grenoble 54 – La Mure 19.

Auberge de Mens, ☎ 04 76 34 81 00, *Fax 04 76 34 80 90*, – TV. AE GB
Repas *(fermé fév.)* (sur réservation hors saison) 90/110 – 35 – **10 ch** 240/280 – ½ P 250

MENTHON-ST-BERNARD *74290 H.-Savoie 74 ⑥ G. Alpes du Nord – 1 517 h alt. 482.*
Voir *Château de Menthon★ : ≤★ E : 2 km.*
Office de Tourisme (fermé après-midi oct.-mai) ☎ 04 50 60 14 30, Fax 04 50 60 22 19.
Paris 549 – Annecy 10 – Albertville 37 – Bonneville 49 – Megève 52 – Talloires 3 – Thônes 13.

Beau Séjour, ☎ 04 50 60 12 04, *Fax 04 50 60 05 56*, – P. rest
hôtel : 15 avril-fin sept. ; rest. : 1er juil.- 31 août – **Repas** (dîner seul.)(résidents seul.) 170/200 – 45 – **18 ch** 420/450 – ½ P 430/450

MENTON *06500 Alpes-Mar.* 84 ⑩ ⑳, 115 ㉘ *G. Côte d'Azur – 29 141 h – Casino du Soleil* **AZ**.

Voir *Site★★ – Vieille ville★★ : Parvis St-Michel★★, Façade★ de la Chapelle de la Conception* **BY B** – *≤★ du cimetière Anglais* **BX D** – *Promenade du Soleil★★, ≤★ de la jetée Impératrice-Eugénie* **BV** – *Jardin de Menton★ : le Val Rameh★* **BV E** – *Salle des mariages★ de l'hôtel de Ville* **BY H** – *Musée des Beaux-Arts★ (palais Carnolès)* **AX M**[1].

Env. *Jardin Hanbury★★ à Vintimille, O : 2 km.*

Office de Tourisme 8 av. Boyer ☎ 04 92 41 76 76, Fax 04 92 41 76 78 et Port Public ☎ 04 93 28 26 27.

Paris 962 ③ – Monaco 13 ③ – Cannes 63 ① – Cuneo 101 ① – Nice 30 ①.

Plan page suivante

Ambassadeurs M, 3 rue Partouneaux ☎ 04 93 28 75 75, *ambassadeurs-menton@wanadoo.fr, Fax 04 93 35 62 32,* « Élégante installation » – 40 à 70. AE GB JCB. rest — AY k
Café Fiori *(fermé 7 au 13 fév., sam. midi, dim et lundi)* **Repas** 195/240 – 120 – **47 ch** 800/1700

Royal Westminster M, 1510 prom. du Soleil ☎ 04 93 28 69 69, *westminster@vacancesbleues.fr, Fax 04 92 10 12 30,* ≤, – 40. AE GB. — BY t
fermé nov. – **Repas** 120 – 45 – **92 ch** 510/770 – ½ P 450/560

Riva M sans rest, 600 prom. du Soleil ☎ 04 92 10 92 10, *hotelriva@aws.fr, Fax 04 93 28 87 87,* ≤ – AE GB. — AZ n
50 – **42 ch** 630/700

Aiglon, 7 av. Madone ☎ 04 93 57 55 55, *Fax 04 93 35 92 39,* – ch, P. AE GB JCB — AZ b
fermé 5 nov. au 15 déc. – ***Riaumont :*** **Repas** (110)-190 ♀, enf. 80 – 50 – **29 ch** 480/790 – ½ P 510/625

Princess et Richmond sans rest, 617 prom. du Soleil ☎ 04 93 35 80 20, *princess.hotel@wanadoo.fr, Fax 04 93 57 40 20,* ≤, – P. AE GB JCB — AZ s
fermé 5 nov. au 18 déc. – 55 – **46 ch** 525/680

Prince de Galles, 4 av. Gén. de Gaulle ☎ 04 93 28 21 21, *hotelprincedegalles@, Fax 04 93 35 92 91,* ≤, – P – 25. AE GB JCB. ch — AX e
Petit Prince ☎ 04 93 41 66 05 **Repas** 105/160, enf. 50 – 45 – **65 ch** 430/590 – ½ P 365/445

Chambord sans rest, 6 av. Boyer ☎ 04 93 35 94 19, *hotel-chambord@wanadoo.fr, Fax 04 93 41 30 55* – AE GB JCB — AYZ a
fermé début déc. à début janv. – 35 – **40 ch** 505/570

Méditerranée, 5 r. République ☎ 04 92 41 81 81, *info@hotel-med-menton.com, Fax 04 92 41 81 82* – AE GB JCB. rest — BY m
fermé 8 nov. au 5 déc. – **Repas** (75) - 110, enf. 45 – 50 – **90 ch** 450/565 – ½ P 355/370

Dauphin, 28 av. Gén. de Gaulle ☎ 04 93 35 76 37, *Fax 04 93 35 31 74,* ≤, – ch, AE GB JCB — AZ y
fermé 20 oct. au 20 déc. – **Repas** snack 85/180 ♀ – 40 – **28 ch** 375/510 – ½ P 310/370

Kyriad M, 57 av. Sospel ☎ 04 93 28 28 38, *Fax 04 92 10 00 92,* – P. AE GB. — ABV d
Repas *(fermé 6 au 31 janv. et dim.)* (dîner seul.) 70/110 – 40 – **40 ch** 380/420

Paris Rome, 79 Porte de France ☎ 04 93 35 73 45, *paris-rome@wanadoo.fr, Fax 04 93 35 29 30* – AE GB JCB. ch — BV n
fermé 1er nov. au 28 déc. – **Repas** *(fermé 15 nov. au 15 déc. et lundi)* 130/180 – 46 – **22 ch** 340/490

Orly, 27 Porte de France ☎ 04 93 35 60 81, *Fax 04 93 35 49 13,* ≤, – rest, P. AE GB — BV d
fermé 15 nov. au 27 déc. – **Repas** *(fermé mardi midi, merc. midi, jeudi midi de juil. à sept. et jeudi soir et merc. hors saison)* 110/185, enf. 70 – 40 – **29 ch** 385/630 – ½ P 340/450

Narev's Hôtel sans rest, 12bis r. Lorédan Larchey ☎ 04 93 35 21 31, *Fax 04 93 35 21 20* – AE GB JCB — BY u
39 – **35 ch** 378/700

Amirauté sans rest, 3 Porte de France ☎ 04 93 35 59 41, *Fax 04 93 57 74 44* – GB. — BX s
fermé 15 au 25 oct. et 8 au 28 janv. – 38 – **18 ch** 410/574

Lion d'Or, 7 r. Marins (pl. Halles) ☎ 04 93 35 74 67, – GB — BY d
fermé 6 nov. au 6 déc., le midi en juil.-août, dim. soir et lundi – **Repas** carte 220 à 320

Chaudron, 28 r. St Michel ☎ 04 93 35 90 25, *Fax 04 93 41 55 48,* – GB — BY h
fermé 1er au 15 juil., 20 oct. au 1er déc., mardi sauf le midi d'oct. à juin et merc. sauf de juil. à sept. – **Repas** (prévenir) 95/180 ♀, enf. 65

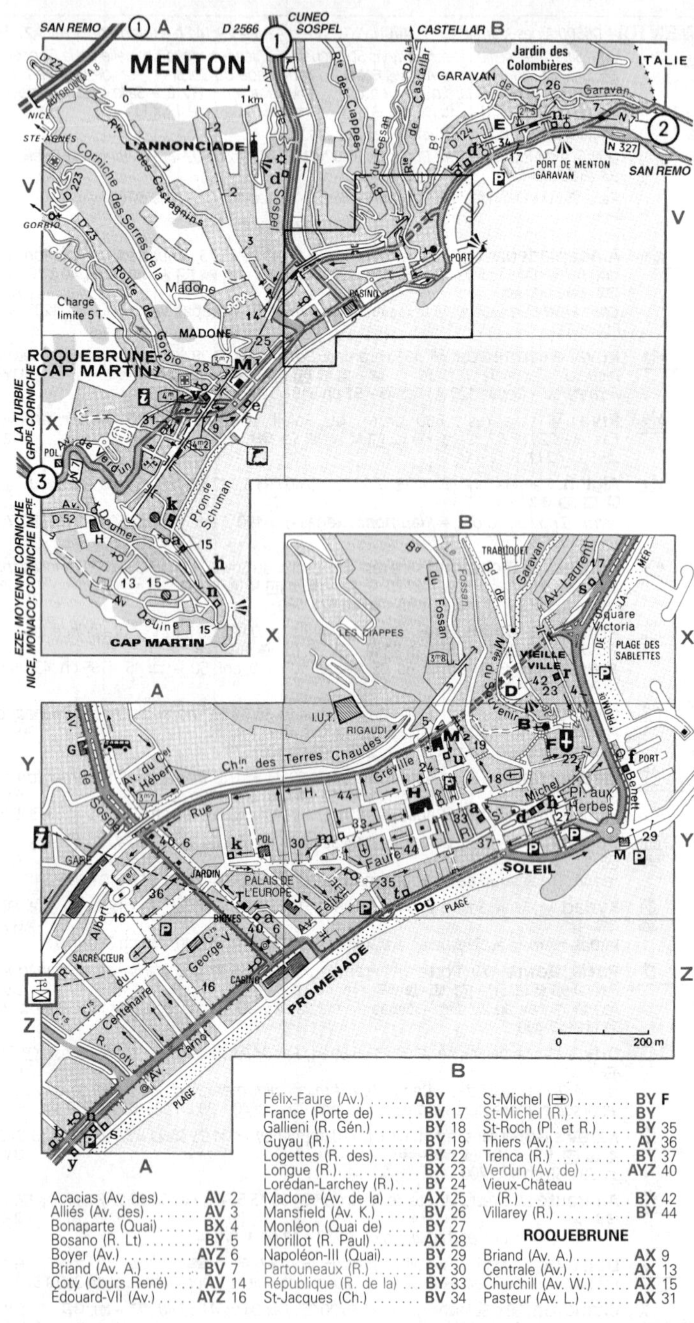

Les plans de villes sont orientés le Nord en haut.

X **Au Pistou,** 9 quai Gordon Bennett ✆ 04 93 57 45 89, *Fax 04 93 57 45 89,* – . GB
fermé 20 nov. au 18 déc. et lundi – **Repas** 88 ♀ BY f

X **Au Petit Gourmand,** 11 r. Trenca ✆ 04 93 35 79 27, – AE GB BY a
fermé 15 au 31 mars, 25 juin au 10 juil., lundi midi et merc. – **Repas** 98/180

X **A Braijade Méridiounale,** 66 r. Longue ✆ 04 93 35 65 65, *Fax 06 61 61 65 65* – GB JCB BX r
fermé 10 nov. au 10 déc. et merc. de sept à juin – **Repas** (dîner seul. en juil.-août) 118 bc (déj.), 132 bc/285 bc

à Monti *Nord : 5 km par rte de Sospel* – ✉ *06500 Menton :*

XX **Pierrot-Pierrette** avec ch, ✆ 04 93 35 79 76, *Fax 04 93 35 79 76,* ←, , – GB
fermé 1er déc. au 15 janv. et lundi – **Repas** 150/198 – ☕ 37 – **7 ch** 350/480 – ½ P 395

Les MENUIRES *73 Savoie* 77 ⑦ ⑧ *G. Alpes du Nord* – *Sports d'hiver : 1 400/3 200 m* 6 45
– ✉ *73440 St-Martin-de-Belleville.*
Office de Tourisme ✆ *04 79 00 73 00, Fax 04 79 00 75 06.*
Paris 661 – *Albertville 50* – *Chambéry 99* – *Moûtiers 23.*

L'Ours Blanc M , à Reberty 2000, Sud-Est : 1,5 km ✆ 04 79 00 61 66, *info@hotel-ours-blanc.com, Fax 04 79 00 63 67,* ← montagnes, , – TV – 50. AE GB.
1er déc.-23 avril – **Repas** 100 (déj.), 180/290 ♀, enf. 85 – ☕ 65 – **49 ch** 730/740 – ½ P 505/520

MERCUÈS *46 Lot* 79 ⑧ – *rattaché à Cahors.*

MERCUREY *71640 S.-et-L.* 69 ⑨ – *1 276 h alt. 269.*
Paris 345 – *Beaune 28* – *Chalon-sur-Saône 13* – *Autun 40* – *Chagny 12* – *Mâcon 73.*

Hôtellerie du Val d'Or (Cogny), Grande-Rue ✆ 03 85 45 13 70, *Fax 03 85 45 18 45,* – TV P. GB. rest
fermé 2 au 6 juil., 16 déc. au 17 janv., mardi midi et lundi – **Repas** 130 (déj.), 185/420 et carte 280 à 440 ♀ – ☕ 65 – **13 ch** 480 – ½ P 460/510
Spéc. Pochouse de sandre, grenouilles et écrevisses. Charollais aux échalotes confites et beurre rouge. Harmonie des chocolats. **Vins** Rully, Mercurey.

MÉRÉVILLE *54 M.-et-M.* 62 ⑤ – *rattaché à Nancy.*

MÉRIBEL *73550 Savoie* 74 ⑱ *G. Alpes du Nord* – *Sports d'hiver : 1 450/2 950 m* 16 36 .
Voir ✻*** *la Saulire,* ✻** *Mont du Vallon,* ✻** *Roc des Trois marches,* ✻** *Tougnète.*
Altiport ✆ *04 79 08 61 33, NE.*
Office de Tourisme ✆ *04 79 08 60 01, Fax 04 79 00 59 61.*
Paris 653 ① – *Albertville 43* ① – *Annecy 88* ① – *Chambéry 91* ① – *Moûtiers 16* ①.

Plan page suivante

Grand Coeur , **(a)** ✆ 04 79 08 60 03, *grandcoeur@relaischateau.com, Fax 04 79 08 58 38,* ←, , – TV P. AE GB JCB
14 déc.-15 avril – **Repas** 350/550 (le soir seul.)et carte 320 à 480, enf. 110 – ☕ 100 – **38 ch** 1210/2470, 3 appart – ½ P 1050/1625

Allodis M , au Belvédère **(d)** ✆ 04 79 00 56 00, *allodis@wanadoo.fr, Fax 04 79 00 59 28,* ← montagnes, , , – TV P – 100. GB.
1er juil.-31 août et 20 déc.-20 avril – **Repas** 190 (déj.), 230/385 ♀ – ☕ 70 – **41 ch** 1530/2460, 3 duplex – ½ P 1340

Yéti M , rd-pt des Pistes **(p)** ✆ 04 79 00 51 15, *le.yeti@telepost.fr, Fax 04 79 00 51 73,* ←, , – TV – 25. AE GB.
7 juil.-31 août et 15 déc.-25 avril – **Repas** 125 (déj.), 175/260, enf. 120 – ☕ 70 – **28 ch** 1030/1310, 9 appart, 3 duplex – ½ P 910/1090

Alba M , rd-pt des Pistes **(f)** ✆ 04 79 08 55 55, *info@hotelalba.com, Fax 04 79 00 55 63,* ←, – TV – 30. GB. rest
mi-déc.-mi-avril – **Repas** *(98)* - 140 (déj.), 200/350 ♀ – ☕ 80 – **20 ch** 800/1600 – ½ P 800/980

Marie-Blanche M , rte Renarde **(h)** ✆ 04 79 08 65 55, *marieblan@aol.com, Fax 04 79 08 57 07,* ←, – TV . GB. rest
juil.-août et 15 déc.-25 avril – **Repas** (dîner seul.) 180 – ☕ 60 – **20 ch** 950/1540 – ½ P 820/920

L'Orée du Bois , rd-pt des Pistes **(k)** ✆ 04 79 00 50 30, *contact@meribel-oree.com, Fax 04 79 08 57 52,* ←, , – TV. AE GB.
juil.-août et Noël-Pâques – **Repas** 170 (déj.), 220/250, enf. 80 – ☕ 80 – **35 ch** 880/960 – ½ P 700/810

Mérilys sans rest, rd-pt des Pistes **(m)** ✆ 04 79 08 69 00, *merilys@merilys.com, Fax 04 79 08 68 99*, ≤ – |‡| TV ✆ ♿ ⇔. GB
30 juin-1er sept. et 15 déc.-27 avril – ☕ 70 – **28 ch** 721/2100

Tremplin M sans rest, **(v)** ✆ 04 79 08 89 17, *lachaudanne@teleposte.fr, Fax 04 79 08 57 75*, Ⅎ6, ⛱ – |‡| TV ✆ ⇔ – 🏔 30. GB
début juin-fin sept. et 1er déc.-fin avril – ☕ 75 – **41 ch** 700/1575

Chaudanne, (e) ✆ 04 79 08 61 76, *lachaudanne@telepost.fr, Fax 04 79 08 57 75*, Ⅎ6 – |‡| TV ⇔ – 🏔 30. GB. ✗ rest
début juin-fin sept. et 1er déc.-fin avril – **Repas** (dîner seul.) 195 - ***L'Épicuriade*** (dîner seul.) **Repas** 195, enf. 70 – ☕ 75 – **76 ch** 1215/1635, 6 appart – 1/2 P 695/1065

Adray Télébar , sur les pistes (accès piétonnier) **(n)** ✆ 04 79 08 60 26, *adray73@club-internet.fr, Fax 04 79 08 53 85*, ≤ montagnes et pistes, 🍽 – AE GB
20 déc.-20 avril – **Repas** 180 🍷 – ☕ 60 – **24 ch** (1/2 pens. seul.) – 1/2 P 650/800

Les Enfants Terribles, altitude 1600 **(z)** ✆ 04 79 08 64 62, *terrible@wanadoo.fr, Fax 04 79 01 11 97* – AE ⓓ GB
déc.-avril – **Repas** (dîner seul.) 250

Blanchot, rte Altiport : 3,5 km ✆ 04 79 00 55 78, *Fax 04 79 00 53 20*, ≤, 🍽 – P. AE GB
25 juin-5 sept. et 15 déc.-25 avril – **Repas** *(fermé lundi soir en été)* 120 (déj.), 195/300 🍷, enf. 75

à l'altiport *Nord-Est : 4,5 km – ✉ 73550 Méribel-les-Allues :*

Altiport Hôtel , ✆ 04 79 00 52 32, *hotelaltiport@aol.com, Fax 04 79 08 57 54*, ≤ montagnes, 🍽, Ⅎ6, ⛱, 🎾 – |‡| TV ✆ – 🏔 30. AE GB. ✗ rest
1er juil.-31 août et mi-déc.-mi-avril – **Repas** 140 (déj.)/310 – **41 ch** (1/2 pens. seul.) – 1/2 P 1100

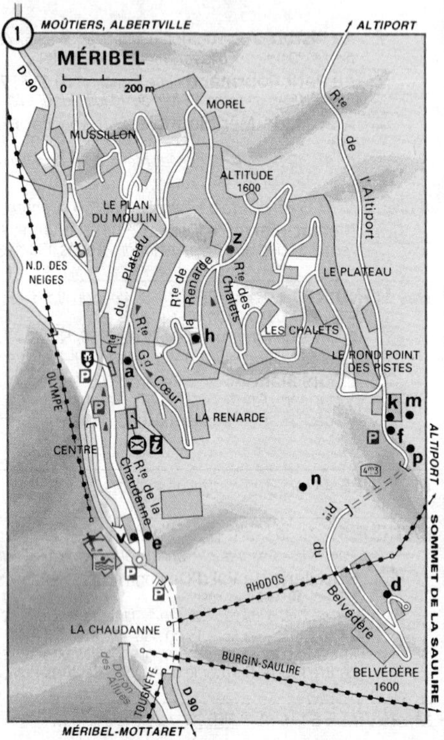

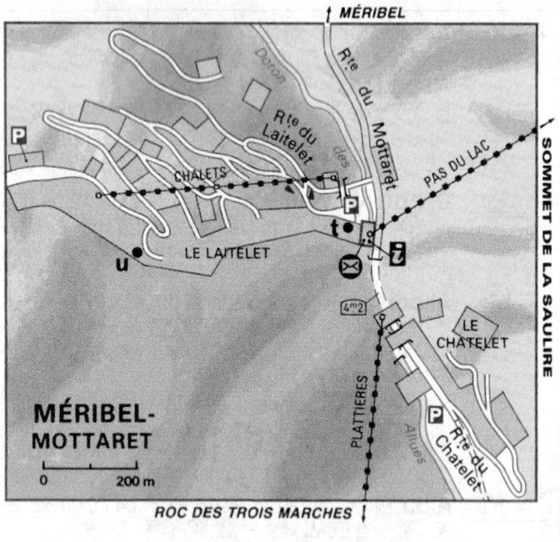

à Méribel-Mottaret *: 6 km – ✉ 73550 Méribel-les-Allues :*

Alpen Ruitor , **(t)** ✆ 04 79 00 48 48, *Fax 04 79 00 48 31*, ≤, 🍽, Ⅎ6 – |‡| TV ⇔ – 🏔 20. AE ⓓ GB JCB. ✗ rest
15 déc.-15 avril – **Repas** 250 (dîner) et carte le midi 200 à 320 🍷, enf. 70 – ☕ 70 – **44 ch** 1290/3000 – 1/2 P 1100/1225

Les Arolles ⛰, (u) ✆ 04 79 00 40 40, *Fax 04 79 00 45 50,* ←, 🏔, 🏋, 🏊 – 🛗 📺. GB. ✗ rest
22 déc.-24 avril – **Repas** (105) - 140 (déj.)/250, enf. 60 – ☕ 60 – **60 ch** 1600 – ½ P 880/980

aux Allues *Nord : 7 km par D 915A – 1 570 h. alt. 1125 – ✉ 73550 :*

Croix Jean-Claude ⛰, ✆ 04 79 08 61 05, *Fax 04 79 00 32 72,* 🏔 – 📺. GB
fermé 10 mai au 25 juin et 20 sept. au 28 oct. – **Repas** 130/240 – ☕ 50 – **18 ch** 450/550 – ½ P 400/560

MÉRIGNAC *33 Gironde 71 ⑨ – rattaché à Bordeaux.*

MERKWILLER-PECHELBRONN *67250 B.-Rhin 57 ⑲ G. Alsace Lorraine – 825 h alt. 160.*
Paris 479 – Strasbourg 50 – Haguenau 17 – Wissembourg 18.

XX **Auberge Baechel-Brunn,** ✆ 03 88 80 78 61, *Fax 03 88 80 75 20,* 🏔 – 🅿. GB. ✗
fermé 15 au 31 janv., 15 août au 5 sept., dim. soir, lundi soir et mardi – **Repas** 80 (déj.), 220/290 ♀, enf. 60

MERLETTE *05 H.-Alpes 77 ⑰ – rattaché à Orcières.*

MÉRU *60110 Oise 55 ⑳ – 11 928 h alt. 110.*
Paris 54 – Compiègne 74 – Beauvais 27 – Mantes-la-Jolie 52 – Pontoise 24.

X **Les Trois Toques,** 5 r. P. Curie (Méru-Nord) ✆ 03 44 52 01 15, *Fax 03 44 52 01 15* – GB
fermé 6 au 31 août, dim. soir, lundi soir, mardi soir et merc. soir – **Repas** 130/190

MERY-CORBON *14370 Calvados 54 ⑰ – 873 h alt. 10.*
Paris 218 – Caen 27 – Falaise 38 – Lisieux 29.

XX **Relais du Lion d'Or,** au Lion d'Or Sud : 3 km sur N 13 ✆ 02 31 23 65 30, *Fax 02 31 23 65 30,* 🏔 – 🅿. AE GB
fermé 20 au 30 juin, 24 au 30 nov., dim. soir et lundi – **Repas** 99 (déj.), 159/249 ♀

MÉRY-SUR-OISE *95 Val-d'Oise 55 ⑳,, 106 ③ – voir à Paris, Environs (Cergy-Pontoise Ville Nouvelle).*

MESCHERS-SUR-GIRONDE *17132 Char.-Mar. 71 ⑮ G. Poitou Vendée Charentes – 1 862 h alt. 5.*
ℹ Office de Tourisme pl. de Verdun ✆ 05 46 02 70 39, Fax 05 46 02 51 65.
Paris 511 – Royan 12 – Blaye 74 – La Rochelle 90 – Saintes 42.

X **Forêt,** 1 bd Marais ✆ 05 46 02 79 87, *Fax 05 46 02 61 45* – 🅿. ⓓ GB
fermé 25 sept. au 11 oct., 2 janv. au 12 fév., lundi et mardi sauf juil.-août – **Repas** - produits de la mer - 98/195 ♀, enf. 38

MESNIÈRES-EN-BRAY *76 S.-Mar. 52 ⑮ – rattaché à Neufchâtel-en-Bray.*

MESNIL-ST-PÈRE *10140 Aube 61 ⑰ G. Champagne Ardenne – 287 h alt. 131.*
Voir *Parc naturel régional de la forêt d'Orient★★.*
Paris 195 – Troyes 22 – Bar-sur-Aube 33 – Châtillon-sur-Seine 55 – St-Dizier 73.

XXX **Auberge du Lac Au Vieux Pressoir** avec ch, ✆ 03 25 41 27 16, *auberge.lac.p.gublin @wanadoo.fr, Fax 03 25 41 57 59,* 🏔 – ▤ rest, 📺 📞 ♿ 🅿 – 🏛 40. GB
fermé 12 au 30 nov., dim. soir d'oct. au 15 mars et lundi midi – **Repas** 120 (déj.)/340 et carte 280 à 410 ♀ – ☕ 55 – **21 ch** 360/690 – ½ P 410/560

MESNIL-SELLIERES *10 Aube 61 ⑰ – rattaché à Troyes.*

Le MESNIL-SUR-OGER *51190 Marne 56 ⑯ G. Champagne Ardenne – 1 118 h alt. 119.*
Voir *Musée de la vigne et du vin (maison Launois).*
Paris 145 – Reims 44 – Châlons-en-Champagne 31 – Épernay 17 – Vertus 6.

XXX **Mesnil,** ✆ 03 26 57 95 57, *mesnil@chez.com, Fax 03 26 57 78 57* – ▤ 🅿. GB
fermé 16 août au 6 sept., 23 janv. au 8 fév., lundi soir, mardi soir et merc. – **Repas** 115/280 et carte 220 à 370, enf. 70

MESNIL-VAL *76 S.-Mar.* 52 ⑤ – ✉ *76910 Criel-sur-Mer.*

Paris 180 – Amiens 95 – Dieppe 26 – Le Tréport 6.

Royal Albion ⛰ sans rest, ✆ 02 35 86 21 42, *evergreen2@wanadoo.fr, Fax 02 35 86 78 51,* « Bel aménagement intérieur », – TV ♿ P – 20. AE GB.
☕ 45 – **20 ch** 400/703

Hostellerie de la Vieille Ferme ⛰, ✆ 02 35 86 72 18, *Fax 02 35 86 12 67,* – TV P – 15. AE GB
fermé 3 déc. au 7 janv., dim. soir et lundi hors saison – **Repas** 109/239 ♀, enf. 52 – ☕ 50 – **31 ch** 320/520 – ½ P 320/420

Les MESNULS *78490 Yvelines* 60 ⑨, 106 ㉘ – *793 h alt. 120.*

Paris 48 – Dreux 39 – Mantes-la-Jolie 36 – Rambouillet 16 – Versailles 27.

Toque Blanche, 12 Gde Rue ✆ 01 34 86 05 55, *Fax 01 34 86 82 18,* – P. AE GB
fermé 7 au 30 août, vacances de fév., dim. soir et lundi – **Repas** carte 300 à 430 ♀

MESQUER *44420 Loire-Atl.* 63 ⑭ – *1 372 h alt. 6.*

Office de Tourisme pl. du Marché ✆ 02 40 42 64 37, Fax 02 40 42 64 37.

Paris 465 – Nantes 89 – La Baule 16 – St-Nazaire 29 – Vannes 57.

Vieille Forge, ✆ 02 40 42 62 68, – ▤. GB
fermé 2 au 26 janv., merc. de sept. à juin et mardi – **Repas** 135/195 ♀, enf. 50

METZ P *57000 Moselle* 57 ⑬ ⑭ *G. Alsace Lorraine* – *119 594 h Agglo. 193 117 h alt. 173.*

Voir *Cathédrale St-Etienne*★★★ **CDV** – *Porte des Allemands*★ **DV** – *Esplanade*★ **CV** : *église St-Pierre-aux-Nonnains*★ **CX V** – *Place St-Louis*★ **DVX** – *Église St-Maximin*★ **DVX** – *Narthex*★ *de l'église St-Martin* **DX** – ≤★ *du Moyen Pont* **CV** – *Musée de la Cour d'Or*★★ *(section archéologique*★★★*)* **M**[1] – *Place du Général de Gaulle*★.

✈ *de Metz-Nancy-Lorraine : ✆ 03 87 56 70 00, par ③ : 23 km.*

🚗 *✆ 08 36 35 35 35.*

Office de Tourisme pl. d'Armes ✆ 03 87 55 53 76, Fax 03 87 36 59 43 et Bureau Autoroutier de l'Est de la France, aire autoroute A4 à Longeville-lès-St-Avold.

Paris 333 ① – Luxembourg 62 ① – Nancy 57 ④ – Saarbrücken 69 ③ – Strasbourg 163 ②.

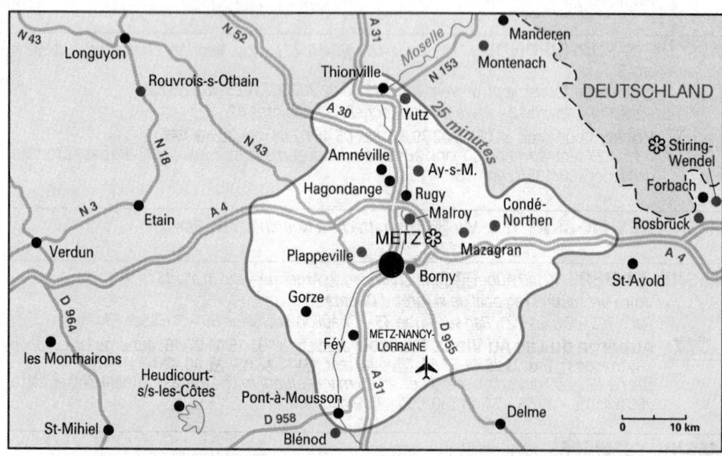

Royal Bleu Marine, 23 av. Foch ✆ 03 87 66 81 11, *bleumarine-metz@bplorraine.fr, Fax 03 87 56 13 16,* – TV – 50. AE GB **DX s**
Repas *(fermé sam. midi)* (98) - 150 ♀, enf. 49 - ***Caveau*** *(fermé juil., août, vend., sam. et dim.)* **Repas** (59)-79/99 ♀, enf.49 – ☕ 60 – **62 ch** 470/1000

Novotel Centre M, pl. Paraiges ✆ 03 87 37 38 39, *h0589@accor-hotels.com, Fax 03 87 36 10 00,* – ▤ TV ♿ – 15 à 90. AE GB **DV t**
Repas carte environ 160 ♀, enf. 55 – ☕ 63 – **120 ch** 570/610

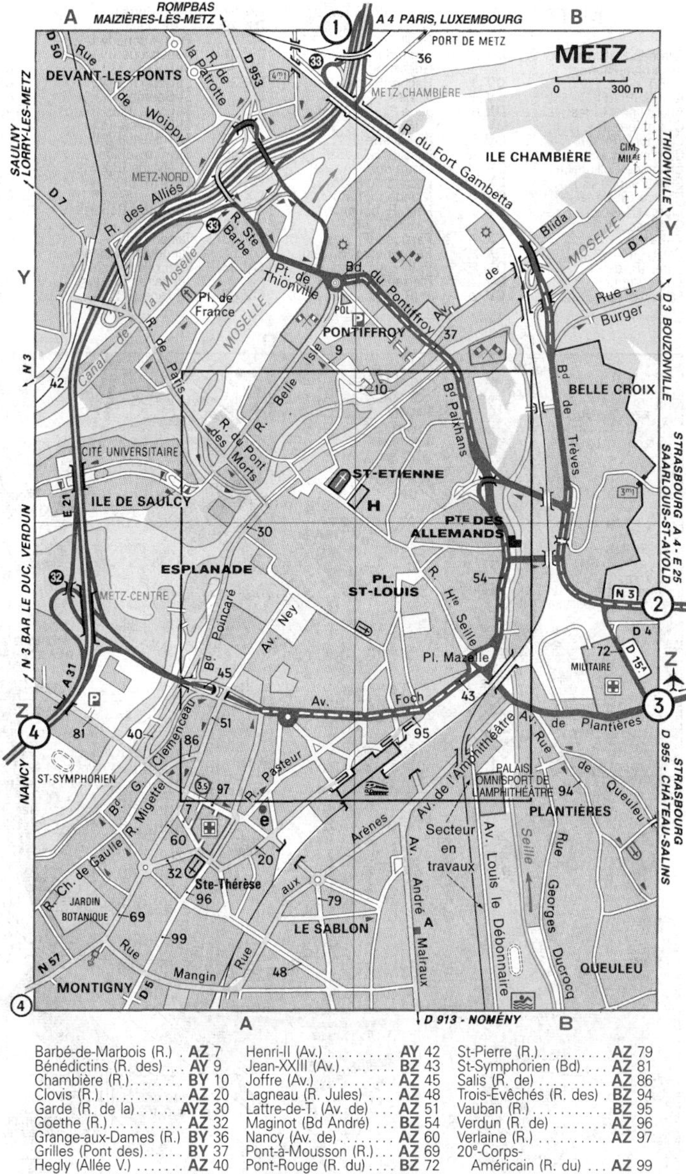

Barbé-de-Marbois (R.) . AZ 7
Bénédictins (R. des) . . . AY 9
Chambière (R.) . . . . BY 10
Clovis (R.) . . . . AZ 20
Garde (R. de la) . . . . AYZ 30
Goethe (R.) . . . . AZ 32
Grange-aux-Dames (R.) BY 36
Grilles (Pont des) . . . . . . BY 37
Hegly (Allée V.) . . . . AZ 40
Henri-II (Av.) . . . . AY 42
Jean-XXIII (Av.) . . . . BZ 43
Joffre (Av.) . . . . AZ 45
Lagneau (R. Jules) . . . . AZ 48
Lattre-de-T. (Av. de) . . . . AZ 51
Maginot (Bd André) . . . BZ 54
Nancy (Av. de) . . . . AZ 60
Pont-à-Mousson (R.) . . . AZ 69
Pont-Rouge (R. du) . . . . BZ 72
St-Pierre (R.) . . . . AZ 79
St-Symphorien (Bd) . . . . AZ 81
Salis (R. de) . . . . AZ 86
Trois-Évêchés (R. des) . BZ 94
Vauban (R.) . . . . BZ 95
Verdun (R. de) . . . . AZ 96
Verlaine (R.) . . . . AZ 97
20e-Corps-Américain (R. du) . . . AZ 99

Pour vos voyages, en complément de ce guide, utilisez :

- Les **guides Verts Michelin** régionaux paysages, monuments et routes touristiques.
- Les **cartes Michelin à** 1/1 000 000 grands itinéraires
  1/200 000 cartes détaillées.

METZ

Allemands (R. des) . . . . **DV** 2
Ambroise-Thomas (R.) . . . . **CV** 3
Armes (Pl. d') . . . . **DV** 5
Augustins (R. des) . . . . **DX** 6
Chambière (R.) . . . . **DV** 10
Chambre (Pl. de) . . . . **CV** 12
Champé (R. du) . . . . **DV** 13
Chanoine-Collin (R.) . . . . **DV** 15
Charlemagne (R.) . . . . **CX** 17
Chèvre (R. de la) . . . . **DX** 19
Clercs (R. des) . . . . **CV**
Coëtlosquet (R. du) . . . . **CX** 22
Coislin (Pl.) . . . . **DX** 23
Enfer (R. d') . . . . **DV** 25
En Fournirue . . . . **DV**
Fabert (R.) . . . . **CV** 26
Faisan (R. du) . . . . **CV** 27
Fontaine (R. de la) . . . . **DX** 29
Gaulle (Pl. du Gén.-de) . . . . **DX** 31
Gde-Armée (R. de la) . . . . **DV** 34
Hache (R. de la) . . . . **DV** 39
Jardins (R. des) . . . . **DV**
Juge-Pierre-Michel (R. du) . . . . **CV** 46
La Fayette (R.) . . . . **CX** 47
Lasalle (R.) . . . . **DX** 49
Lattre-de-T. (Av. de) . . . . **CX** 51
Leclerc-de-H. (Av.) . . . . **CX** 52
Mondon (Pl. R.) . . . . **CX** 57
Paix (R. de la) . . . . **CV** 61
Palais (R. du) . . . . **CV** 62
Paraiges (Pl. des) . . . . **DV** 63
Parmentiers (R. des) . . . . **DX** 64
Petit-Paris (R. du) . . . . **CV** 65
Pierre-Hardie (R. de la) . . . . **CV** 66
Pont-Moreau (R. du) . . . . **CDV** 70
Prés.-Kennedy (Av.) . . . . **CX** 73
République (Pl. de la) . . . . **CX** 75
St-Eucaire (R.) . . . . **DV** 76
St-Gengoulf (R.) . . . . **CX** 77
St-Georges (R.) . . . . **CV** 78
St-Louis (Pl.) . . . . **DVX**
St-Simplice (Pl.) . . . . **DV** 80
St-Thiébault (Pl.) . . . . **DX** 82
Ste-Croix (Pl.) . . . . **DV** 83
Ste-Marie (R.) . . . . **CV** 84
Salis (R. de) . . . . **CX** 86
Schuman (Av. R.) . . . . **CX**
Sérot (Bd Robert) . . . . **CV** 87
Serpenoise (R.) . . . . **CV**
Taison (R.) . . . . **DV** 88
Tanneurs (R. des) . . . . **DV** 90
Tête d'Or (R. de la) . . . . **DV**
Trinitaires (R. des) . . . . **DV** 93
Verlaine (R.) . . . . **CX** 97

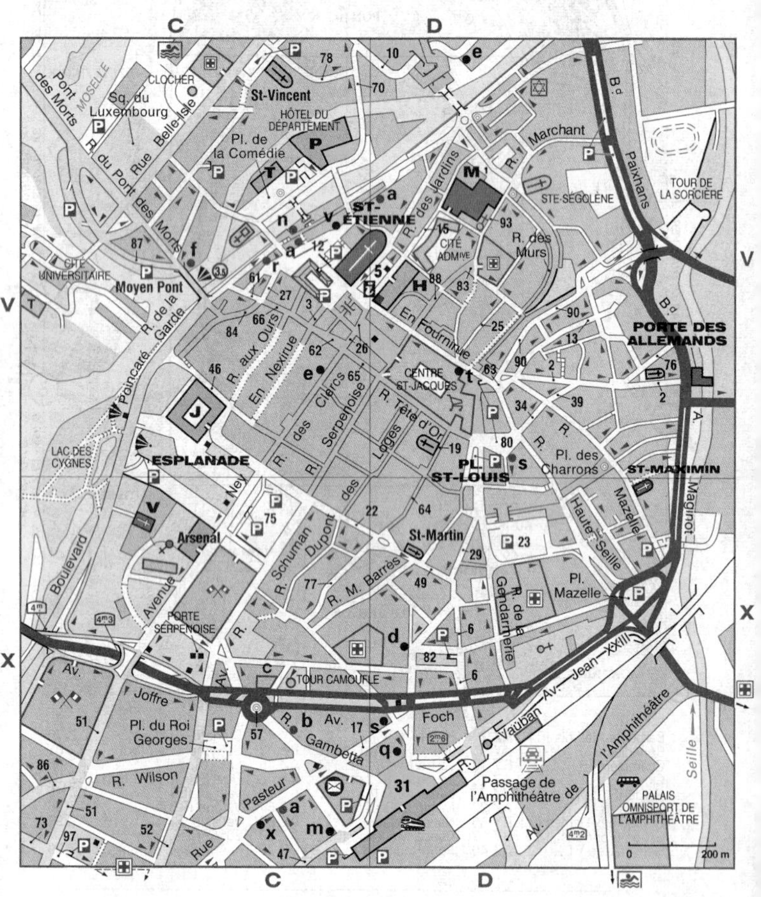

Mercure Centre St-Thiébault [M], 29 pl. St-Thiébault ✆ 03 87 38 50 50, *h1233@accor-hotels.com, Fax 03 87 75 48 18* – – 25 à 120. AE ① GB JCB DX d
Repas *(105)* - 130/195, enf. 52 – ☕ 65 – **112 ch** 610/700

Cathédrale sans rest, 25 pl. Chambre ✆ 03 87 75 00 02, *hotelcathedrale-metz@wanadoo.fr, Fax 03 87 75 40 75*, ←, « Maison du 17e siècle » – . AE ① GB JCB CV v
☕ 58 – **20 ch** 380/490

Cécil sans rest, 14 r. Pasteur ✆ 03 87 66 66 13, *cecil.hotel@wanadoo.fr, Fax 03 87 56 96 02* – AE ⓓ GB JCB. CX x
fermé 26 déc. au 4 janv. – ☕ 37 – **39 ch** 290/340

Grand Hôtel de Metz sans rest, 3 r. Clercs ✆ 03 87 36 16 33, *Fax 03 87 74 17 04* – – 25. AE ⓓ GB JCB CV e
☕ 35 – **62 ch** 320/495

Métropole sans rest, 5 pl. Gén. de Gaulle ✆ 03 87 66 26 22, *hotelmetz@aol.com, Fax 03 87 66 29 91* – . AE GB DX q
☕ 30 – **80 ch** 210/310

Ibis Cathédrale, 47 r. Chambière, quartier Pontiffroy ✆ 03 87 31 01 73, *h0621@accor-hotels.com, Fax 03 87 31 25 46,* – – 25. AE ⓓ GB JCB DV e
Repas carte environ 150, enf. 39 – ☕ 35 – **79 ch** 360/380

Moderne sans rest, 1 r. La Fayette ✆ 03 87 66 57 33, *hotelmoderne@wanadoo.fr, Fax 03 87 55 98 59* – . AE ⓓ GB CX m
☕ 30 – **43 ch** 270/320

Au Pampre d'Or (Lamaze), 31 pl. Chambre ✆ 03 87 74 12 46, *Fax 03 87 36 96 92* – AE ⓓ GB CV a
fermé 30 juil. au 8 août, 24 déc. au 6 janv., jeudi midi, dim. soir et merc. – **Repas** 170/350 et carte 300 à 480 ♀
Spéc. Moelleux d'escargots. Grosses langoustines de Bretagne poêlées. Selle d'agneau en croûte d'herbes et pommes de terre. **Vins** Côtes de Toul, Vins de Moselle.

Maire, 1 r. Pont des Morts ✆ 03 87 32 43 12, *Fax 03 87 31 16 75,* , « Salle à manger surplombant la Moselle » – . AE ⓓ GB CV f
fermé merc. midi et mardi – **Repas** 150 (déj.), 280/380 et carte 290 à 400 ♀

Ville de Lyon, 7 r. Piques ✆ 03 87 36 07 01, *Fax 03 87 74 47 17* – P. AE ⓓ GB DV a
fermé 26 juil. au 23 août, dim. soir et lundi – **Repas** 125/310 ♀, enf. 45

L'Écluse, 45 pl. Chambre ✆ 03 87 75 42 38, *Fax 03 87 37 30 11* – AE GB CV r
fermé 5 au 20 août, sam. midi, dim. soir et lundi – **Repas** *(110)* - 180/350 ♀

Roches, 29 r. Roches ✆ 03 87 74 06 51, *Fax 03 87 75 40 04,* , « Terrasse au bord de la Moselle » – AE ⓓ GB CV n
fermé dim. soir et lundi soir – **Repas** 160/350

Goulue, 24 pl. St-Simplice ✆ 03 87 75 10 69, *Fax 03 87 36 94 05,* – . AE GB DV s
fermé dim. et lundi – **Repas** 190/260 ♀

Flo, 2 bis r. Gambetta ✆ 03 87 55 94 95, *flometz@id-net.fr, Fax 03 87 38 09 26,* – AE ⓓ GB CX b
Repas brasserie *(104)* - 172 ♀

Chat Noir, 30 r. Pasteur ✆ 03 87 56 99 19, *Fax 03 87 66 67 64,* – AE GB AZ e
fermé 22 juil. au 6 août, dim. et lundi – **Repas** 120 ♀

Bistrot des Sommeliers, 10 r. Pasteur ✆ 03 87 63 40 20, *Fax 03 87 63 54 46* – . GB CX a
fermé sam. midi et dim. – **Repas** 85 ♀

par ① *et A 31 sortie Maizières-lès-Metz : 10 km* – ✉ *57280 Maizières-lès-Metz :*

Novotel-Hauconcourt M, ✆ 03 87 80 18 18, *h0446@accor-hotels.com, Fax 03 87 80 36 00,* , , – , ch, P – 25 à 120. AE ⓓ GB
Repas *(98)* - 122 ♀, enf. 50 – ☕ 63 – **132 ch** 525/575

à Malroy *Nord : 8 km par D 1 – 304 h. alt. 180* – ✉ *57640 :*

Aux 3 Capitaines, ✆ 03 87 77 77 07, *Fax 03 87 77 89 78,* – AE GB
fermé lundi – **Repas** 115/165 ♀, enf. 45

à Rugy *Nord : 12 km par D 1* – ✉ *57640 Argancy :*

Bergerie , ✆ 03 87 77 82 27, *Fax 03 87 77 87 07,* , « Décor rustique », – rest, P – 80 à 100. GB
Repas 125/280 ♀ – ☕ 60 – **48 ch** 430/460 – 1/2 P 440/590

à Mazagran *par ② et D 954 : 13 km* – ✉ *57530 Courcelles-Chaussy :*

Auberge de Mazagran, ✆ 03 87 76 62 47, *Fax 03 87 76 79 50* – P. AE GB
fermé mardi soir et merc. – **Repas** *(80)* - 175/200 ♀

à Borny *par ③ et rte Strasbourg : 3 km* – ✉ *57070 Metz :*

Jardin de Bellevue, 58 r. Claude Bernard (près Technopole Metz 2000) ✆ 03 87 37 10 27, *Fax 03 87 37 15 45* – P. GB
fermé dim. soir et lundi – **Repas** *(155)* - 190/370 et carte 300 à 400 ♀

à Technopole 2000 *par ③ et rte de Strasbourg : 5 km – ✉ 57070 Metz :*

Holiday Inn Ⓜ, 1 r. F. Savart ☎ 03 87 39 94 50, *mail@holidayinn-metz.com, Fax 03 87 39 94 55*, – 25 à 100. AE GB
Les Alizés : **Repas** *(110)*-149, enf. 60 – ***Cos'Club*** ☎ 03 87 20 33 15 *(fermé 1er au 19 août, le soir,* **Repas** *(82)*-110 ♀ – ☕ 60 – **90 ch** 550/710

à Fey *par ④, A 31 sortie Fey : 11 km – 487 h. alt. 227 – ✉ 57420 :*

Tuileries Ⓜ, ☎ 03 87 52 03 03, *lestuileries@wanadoo.frr, Fax 03 87 52 84 24*, – rest, – 25 à 90. AE GB
Repas *(fermé dim. soir)* 120/300 ♀, enf. 70 – ☕ 47 – **41 ch** 330/350 – ½ P 300/328

à Plappeville *par av. Henri II -* **AY** *: 7 km – 2 130 h. alt. 280 – ✉ 57050 :*

XX **Grignotière,** 50 r. Gén. de Gaulle ☎ 03 87 30 36 68, *Fax 03 87 30 79 01* – AE GB
fermé sam. midi et merc. – **Repas** 150 (déj.), 225/320 ♀, enf. 65

METZERAL *68380 H.-Rhin 62 ⑱ – 1 041 h alt. 480.*
Paris 463 – Colmar 26 – Gérardmer 39 – Guebwiller 41 – Thann 44.

Pont, ☎ 03 89 77 60 84, *Fax 03 89 77 63 88*, – cuisinette GB
fermé 13 nov. au 20 déc. et lundi – **Repas** 80/360 ♀, enf. 50 – ☕ 40 – **8 ch** 200/300, 8 studios 400 – ½ P 300/320

XX **Deux Clefs** avec ch, ☎ 03 89 77 61 48, *Fax 03 89 77 63 88*, ← – – 15. GB
fermé janv. et mardi de nov. à avril – **Repas** 70/350 ♀, enf. 50 – ☕ 40 – **15 ch** 200/300 – ½ P 280/300

MEUDON *92 Hauts-de-Seine 60 ⑩., 101 ㉔ – voir à Paris, Environs.*

MEULAN *78250 Yvelines 55 ⑲, 106 ④ ⑯ – 8 101 h alt. 25.*
Paris 43 – Beauvais 62 – Mantes-la-Jolie 20 – Pontoise 21 – Rambouillet 51 – Versailles 34.

Mercure Ⓜ, l'Ile Belle (dir. Mureaux) ☎ 01 34 74 63 63, *Fax 01 34 74 00 98*, ←, – – 20 à 70. AE GB
Repas *(130)* - 160 bc/175 bc, enf. 55 – ☕ 68 – **60 ch** 590/640, 9 appart

---

MEURSAULT *21 Côte-d'Or 69 ⑨ – rattaché à Beaune.*

Le MEUX *60 Oise 56 ② – rattaché à Compiègne.*

MEXIMIEUX *01800 Ain 74 ③, 110 ⑧ – 6 230 h alt. 245.*
Paris 460 – Lyon 36 – Bourg-en-Bresse 37 – Chambéry 92 – Genève 119 – Grenoble 125.

XXX **Claude Lutz** avec ch, 17 r. Lyon ☎ 04 74 61 06 78, *Fax 04 74 34 75 23* – – 80. AE GB JCB
fermé 16 au 23 juil., 15 oct. au 7 nov., dim soir, merc. midi et lundi – **Repas** (prévenir) 160/350 et carte 200 à 280 ♀, enf. 70 – ☕ 45 – **14 ch** 210/360

au Pont de Chazey-Villieu *Est : 3 km sur N 84 – ✉ 01800 Meximieux :*

XXX **Mère Jacquet** avec ch, ☎ 04 74 61 94 80, *Fax 04 74 61 92 07*, « Jardin fleuri », – GB
fermé 24 déc. au 16 janv. – **Repas** *(fermé sam. midi, dim. soir et lundi)* 135/360 et carte 230 à 330 ♀ – ☕ 50 – **19 ch** 300/440

MÉXY *54 M.-et-M. 57 ② – rattaché à Longwy.*

MEYLAN *38 Isère 77 ⑤ – rattaché à Grenoble.*

MEYMAC *19250 Corrèze 73 ⑪ G. Berry Limousin – 2 796 h alt. 702.*
Voir *Vierge noire★ dans l'église abbatiale.*
Office de Tourisme pl. de la Fontaine ☎ 05 55 95 18 43, Fax 05 55 46 19 99.
Paris 448 – Aubusson 57 – Limoges 97 – Neuvic 30 – Tulle 50 – Ussel 17.

X **Chez Françoise** avec ch, 24 r. Fontaine du Rat ☎ 05 55 95 10 63, *Fax 05 55 95 40 22*, – AE GB. ch
fermé 15 nov. au 15 déc. et lundi – **Repas** 85 (déj.), 200/380, enf. 45 – ☕ 50 – **4 ch** 350/450

à Maussac *Sud : 9 km par D 36 et N 89 – 397 h. alt. 615 – ✉ 19250 :*

Europa, sur N 89 ✆ 05 55 94 25 21, *Fax 05 55 94 26 08,* – rest, – 25. AE GB
fermé 20 déc. au 5 janv. – **Repas** 70/110 – 30 – **24 ch** 250/300 – 1/2 P 200

à La Chapelle *Sud : 12 km par D 36 et N 89 – ✉ 19250 Combressol :*

Chatel, sur N 89 ✆ 05 55 94 22 64, *Fax 05 55 94 24 62,* – – 25. AE GB
(fermé dim. soir de nov. à fév.) – **Repas** 95/165 – 55 – **30 ch** 250/350 – 1/2 P 290

MEYRALS *24220 Dordogne 75 ⑯ – 417 h alt. 150.*
Paris 544 – Périgueux 55 – Sarlat-la-Canéda 16 – Bergerac 60 – Cahors 74 – Fumel 60.

au Nord-Est *: 4 km par rte de Sarlat – ✉ 24220 Meyrals :*

Ferme Lamy M sans rest, ✆ 05 53 29 62 46, *Fax 05 53 59 61 41,* ←, , – . AE GB
75 – **12 ch** 480/1030

MEYRARGUES *13650 B.-du-R. 84 ③, 114 ⑯ G. Provence – 2 814 h alt. 247.*
Paris 752 – Marseille 48 – Aix-en-Provence 19 – Avignon 77 – Manosque 36.

Château de Meyrargues , ✆ 04 42 63 49 90, *Fax 04 42 63 49 92,* ←, , « Château fortifié dominant la vallée », , – , ch, . AE GB JCB.
fermé nov. – **Repas** *(fermé 1er nov. au 15 déc. et 15 janv. au 1er mars)* 250/420 – 65 – **11 ch** 700/1300 – 1/2 P 600/1250

MEYRONNE *46200 Lot 75 ⑱ – 269 h alt. 130.*
Paris 528 – Brive-la-Gaillarde 47 – Cahors 63 – Figeac 53 – Sarlat-la-Canéda 42.

Terrasse , ✆ 05 65 32 21 60, *terrasse.liebus@wanadoo.fr, Fax 05 65 32 26 93,* ←, , , – – 15. AE GB JCB
15 mars-15 nov. – **Repas** *(fermé mardi midi)* 100 (déj.), 150/300 , enf. 50 – 50 – **17 ch** 300/600 – 1/2 P 380/450

MEYRUEIS *48150 Lozère 80 ⑤ ⑮ G. Languedoc Roussillon – 907 h alt. 698.*
Voir *NO : Gorges de la Jonte★★.*
Env. *Aven Armand★★★ NO : 11 km – Grotte de Dargilan★★ NO : 8,5 km.*
Office de Tourisme Tour de l'Horloge ✆ 04 66 45 60 33, Fax 04 66 45 64 27.
Paris 641 – Mende 57 – Florac 35 – Millau 43 – Rodez 103 – Le Vigan 49.

Château d'Ayres , Est : 1,5 km par D 57 ✆ 04 66 45 60 10, *Fax 04 66 45 62 26,* ←, , « Demeure du 12e siècle, parc », , , – . AE GB. rest
27 mars-15 nov. – **Repas** 110 (déj.), 160/265 , enf. 87 – 68 – **20 ch** 680/885, 7 appart – 1/2 P 460/633

Mont Aigoual, r. Barrière ✆ 04 66 45 65 61, *Fax 04 66 45 64 25,* , – . AE GB. rest
fin mars-début nov. – **Repas** 100/250, enf. 55 – 42 – **30 ch** 300/460 – 1/2 P 300/365

Europe, ✆ 04 66 45 60 05, *Fax 04 66 45 65 31* – . GB
12 avril-1er nov. – **Repas** (70) - 85/105 , enf. 50 – 35 – **29 ch** 240 – 1/2 P 255

Family Hôtel, ✆ 04 66 45 60 02, *Fax 04 66 45 66 54,* , – – 30. GB
1er avril-5 nov. – **Repas** 80/120 , enf. 48 – 39 – **48 ch** 215/265 – 1/2 P 265

Grand Hôtel de France, ✆ 04 66 45 60 07, *Fax 04 66 45 67 62,* , , – . GB
hôtel : 10 avril-30 sept. ; rest. : 15 mai-30 sept. – **Repas** (dîner seul.) 98/128 – 38 – **45 ch** 300 – 1/2 P 265

St-Sauveur, ✆ 04 66 45 62 12, *Fax 04 66 45 65 94,* – . AE GB
1er avril-11 nov. – **Repas** 95/175 , enf. 40 – 30 – **10 ch** 230/250 – 1/2 P 235/250

MÉYZIEU *69330 Rhône 74 ⑫, 110 ⑯ – 28 077 h alt. 201.*
Paris 469 – Lyon 18 – Pont-de-Chéruy 14 – St-Priest 13 – Vienne 35.

Mont Joyeux , r. V. Hugo (près lac du Gd Large) ✆ 04 78 04 21 32, *monjoyeu@club.internet.fr, Fax 04 72 02 85 72,* , , – . AE GB
Repas 130/280 – 60 – **20 ch** 430/550 – 1/2 P 500

Petite Auberge du Pont d'Herbens, 32 r. V. Hugo ✆ 04 78 31 41 09, *Fax 04 78 04 34 93,* – . AE GB JCB
fermé mars, dim.soir et lundi – **Repas** 80 (déj.), 110/250

MÈZE *34140 Hérault* 83 ⑯ *G. Languedoc Roussillon – 6 502 h alt. 20.*

Office de Tourisme r. A.-Massaloup ✆ 04 67 43 93 08.

Paris 753 – Montpellier 35 – Agde 20 – Béziers 40 – Lodève 51 – Pézenas 19 – Sète 18.

à Bouzigues *Nord-Est : 4 km par N 113 et rte secondaire – 907 h. alt. 3 – ✉ 34140 :*

Côte Bleue, ✆ 04 67 78 31 42, *Fax 04 67 78 35 49*, ←, – 40. AE GB. ch
fermé 21 janv. au 21 fév., dim. soir de nov. à mars, mardi soir et merc. de sept. à juin – **Repas** -produits de la mer- ✆04 67 78 30 87 108 (déj.), 158/260 – 45 – **32 ch** 350/500

La MÉZIÈRE *35 I.-et-V.* 59 ⑯ *– rattaché à Rennes.*

MÉZIÈRES-EN-BRENNE *36290 Indre* 68 ⑥ *G. Berry Limousin – 1 194 h alt. 88.*

Office de Tourisme "Le Moulin" 1 r. du Nord ✆ 02 54 38 12 24, Fax 02 54 38 13 76, (de sept. à juin) Maison de la Pisciculture ✆ 02 54 38 12 99.

Paris 307 – Le Blanc 28 – Châteauroux 41 – Châtellerault 59 – Poitiers 89 – Tours 88.

Boeuf Couronné avec ch, ✆ 02 54 38 04 39, *Fax 02 54 38 02 84* – . AE GB. ch
fermé 20 nov. au 31 janv., dim. soir et lundi sauf fériés – **Repas** 115/250, enf. 42 – 36 – **8 ch** 175/245 – ½ P 215/225

MIEUSSY *74440 H.-Savoie* 74 ⑦ *G. Alpes du Nord – 1 346 h alt. 636.*

Office de Tourisme (saison) Le Pont du Diable ✆ 04 50 43 02 72, Fax 04 50 43 01 87, Mairie ✆ 04 50 43 01 67.

Paris 568 – Chamonix-Mont-Blanc 58 – Thonon-les-Bains 49 – Annecy 62 – Bonneville 21.

Accueil Savoyard, ✆ 04 50 43 01 90, *Fax 04 50 43 09 59*, – . GB
fermé 21 au 28 avril, 27 oct. au 10 nov. et dim. soir hors saison – **Repas** 72 (déj.), 98/145, enf. 45 – 40 – **19 ch** 180/320 – ½ P 210/300

MILLAU SP *12100 Aveyron* 80 ⑭ *G. Languedoc Roussillon – 21 788 h alt. 372.*

Voir *Musée de Millau : poteries★, maison de la Peau et du Gant ★ (1er étage)* **M.**

Env. *Canyon de la Dourbie★★ 8 km par ②.*

Office de Tourisme 1 av. A.-Merle ✆ 05 65 60 02 42, Fax 05 65 61 36 08.

Paris 645 ① – Mende 97 ① – Rodez 66 ⑤ – Albi 108 ④ – Montpellier 115 ③.

Plan page ci-contre

Musardière sans rest, 34 av. République ✆ 05 65 60 20 63, *hotel-lamusardiere@wanado o.fr*, *Fax 05 65 59 78 13*, – . GB — AY n
– 65 – **14 ch** 550/1200

International, 1 pl. Tine ✆ 05 65 59 29 00, *mhclub@infosud.fr*, *Fax 05 65 59 29 01*, ←, salon panoramique au 8e étage, – , rest, – 30 à 120. AE GB
Repas *(fermé sam. midi, dim. soir et lundi midi)* 140/360, enf. 48 – 48 – **94 ch** 420/470 – ½ P 336/436 — BY y

Cévenol Hôtel, 115 r. Rajol ✆ 05 65 60 74 44, *cenevol@wanadoo.fr*, *Fax 05 65 60 85 99*, – . GB — BY k
8 mars-22 nov. – ***Pot d'Étain*** *(fermé à midi lundi et merc et dim hors sais, mardi midi et lundi en saison)* **Repas** 108/155, enf. 50 – 40 – **42 ch** 290/340 – ½ P 315/340

Millau Hôtel Club M, par ④ *et rte Montpellier* ✆ 05 65 59 71 33, *mhclub@inforsud.fr*, *Fax 05 65 59 71 67*, – . AE GB
avril-oct. – **Repas** grill 90/110, enf. 40 – 38 – **36 ch** 275 – ½ P 255

Campanile, par ⑤ : *1,5 km (au centre commercial)* ✆ 05 65 59 17 60, *Fax 05 65 59 17 66* – , rest, – 25. AE GB
Repas *(76)* - 94/106 – 36 – **47 ch** 317

Capelle sans rest, 7 pl. Fraternité ✆ 05 65 60 14 72 – GB. — BY b
Pâques-1er oct. – 36 – **46 ch** 160/265

Terrasse, 15 r. St-Martin ✆ 05 65 60 74 89, – GB — AZ v
fermé 1er au 15 oct., dim. soir et lundi – **Repas** 78 (déj.), 100/200, enf. 50

Braconne, 7 pl. Mar. Foch ✆ 05 65 60 30 93, – GB — BZ r
fermé mardi soir en hiver, dim. soir et lundi – **Repas** 98/195

Square, 10 r. St-Martin ✆ 05 65 61 26 00, – AE GB — AZ t
fermé 12 au 30 mars, 11 au 30 juin, mardi soir et merc. sauf juil.-août – **Repas** *(70)* - 95/188, enf. 50

Capion, 3 r. J.-F. Alméras ✆ 05 65 60 00 91, *Fax 05 65 60 42 13* – GB — AY f
fermé vacances de fév., mardi soir et merc. sauf juil.-août – **Repas** 70 bc (déj.), 96/195, enf. 40

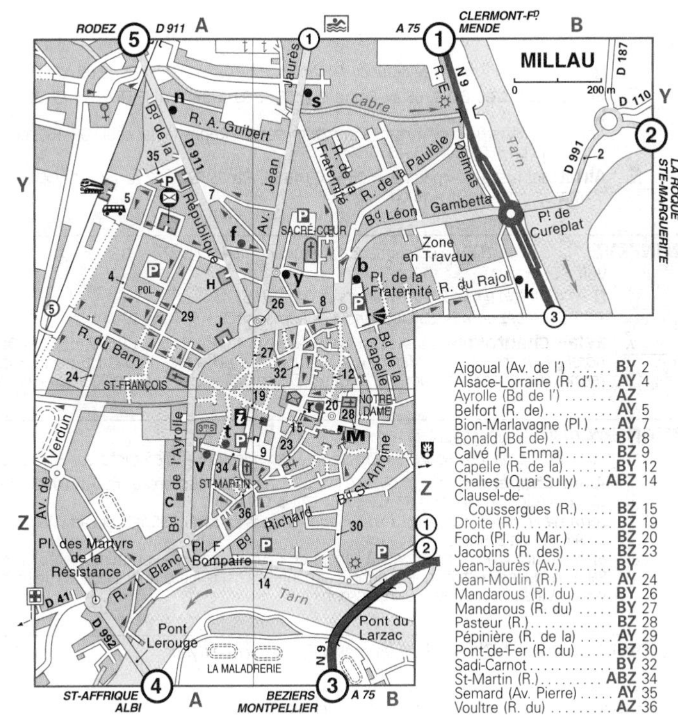

par ④ *rte St-Affrique : 2 km :*

Château de Creissels 🔇, ✆ 05 65 60 16 59, *Fax 05 65 61 24 63*, ←, 🏡, 🛋 – 📺 📞 ♿ 🅿. AE ⓓ GB JCB
fermé 1er janv. au 1er mars, dim. soir et lundi midi du 30 sept. au 28 avril – **Repas** 124/240 ♀, enf. 65 – ☕ 48 – **30 ch** 295/450 – ½ P 300/390

au Nord *: 4 km par* ⑤ *– ✉ 12100 Millau :*

✗ **Auberge de la Borie Blanque,** ✆ 05 65 60 85 88, ←, 🏡 – 🅿. GB
fermé vacances de fév. et dim. soir sauf juil.-août – **Repas** 68/140 🍷, enf. 38

MILLY-LA-FORÊT *91490 Essonne* 61 ⑪, 106 ㊹ *G. Ile de France – 4 307 h alt. 68.*

Voir Parc★★ du chateau de Courances★★ N : 5 km.

Office de Tourisme 60 r. Jean-Cocteau ✆ 01 64 98 83 17, Fax 01 64 98 94 80.

Paris 61 – Fontainebleau 19 – Étampes 26 – Évry 32 – Melun 26 – Nemours 27.

à Auvers *(S.-et-M.) Sud : 4 km par D 948 – ✉ 77123 Noisy-sur-École :*

✗✗ **Auberge d'Auvers Galant,** ✆ 01 64 24 51 02, *Fax 01 64 24 56 40*, 🏡 – AE GB
fermé 27 août au 7 sept., 15 fév. au 9 mars, dim. soir, lundi et mardi – **Repas** 135/290 ♀

MIMIZAN *40200 Landes* 78 ⑭ *G. Aquitaine – 6 710 h alt. 13 – Casino.*

Paris 686 – Mont-de-Marsan 77 – Arcachon 66 – Bayonne 109 – Bordeaux 107 – Dax 71.

à Mimizan-Bourg :

✗✗✗ **Au Bon Coin du Lac** (Caule) 🔇 avec ch, au lac : Nord 1,5 km ✆ 05 58 09 01 55, *Fax 05 58 09 40 84*, ←, 🏡, 🛋 – ▤ rest, 📺 📞. AE ⓓ GB. ✂ ch
✿ *fermé fév., dim. soir et lundi* – **Repas** 160/350 et carte 340 à 450 – ☕ 65 – **4 ch** 395/650, 4 appart 580/650 – ½ P 580/650
Spéc. Sole soufflée aux langoustines. Paupiette de magret de canard vigneronnne. Pain perdu aux pommes caramélisées. **Vins** Jurançon, Madiran.

✗ **Vauclin,** 2 av. Bayonne (angle r. Abbaye) ✆ 05 58 09 15 09, *restaurant.le.vauclin@wanadoo.fr, Fax 05 58 09 15 09* – AE GB
fermé 10 au 31 mars, 10 au 25 oct., dim. soir et lundi de sept. à juin – **Repas** 90/135 🍷

Plage Sud :

Office de Tourisme 38 av. Maurice-Martin ✆ 05 58 09 11 20, Fax 05 58 09 40 31.

Émeraude des Bois, 68 av. Courant ✆ 05 58 09 05 28, *Fax 05 58 09 35 73,* – P. GB. rest
hôtel : fin mars-fin sept. ; rest. : fin mai-mi sept. – **Repas** (dîner seul.) 99/160, enf. 55 – ☕ 37 – **15 ch** 360/380 – ½ P 300/320

Airial sans rest, 6 r. Papeterie ✆ 05 58 09 46 54, *Fax 05 58 09 32 10,* – P. GB
1er mai-31 oct. – ☕ 35 – **16 ch** 280/300

MINERVE *34210 Hérault* 83 ⑬ *G. Languedoc Roussillon – 104 h alt. 227.*
Voir *Site*★★.
Syndicat d'Initiative 2 r. des Martyrs ✆ 04 68 91 81 43.
Paris 818 – Béziers 46 – Carcassonne 45 – Narbonne 32 – St-Pons 30.

Relais Chantovent avec ch, ✆ 04 68 91 14 18, *Fax 04 68 91 81 99,* ≤, – GB
hôtel : 15 mars-12 nov. et fermé dim. et lundi sauf juil.-août – **Repas** *(15 mars-15 déc. et fermé dim. soir sauf juil.-août et lundi)* 98/230, enf. 45 – ☕ 35 – **10 ch** 200/300 – ½ P 300

MIONNAY *01390 Ain* 74 ②, 110 ⑤ *– 1 103 h alt. 276.*
Paris 458 – Lyon 19 – Bourg-en-Bresse 44 – Meximieux 26 – Villefranche-sur-Saône 32.

Alain Chapel avec ch, ✆ 04 78 91 82 02, *chapel@relaischateaux.fr, Fax 04 78 91 82 37,* « Jardin fleuri », – P. AE GB JCB
fermé janv., mardi midi, jeudi midi et lundi – **Repas** 320 (déj.), 595/800 et carte 480 à 680 ♀ – ☕ 94 – **12 ch** 675/850
Spéc. Petit ragoût d'encornets à l'encre en paupiette de raie (printemps-été). Crème de Saint-Jacques aux châtaignes confites et oeufs à la neige (automne). Poulette de Bresse en vessie. **Vins** Mâcon-Clessé, Saint-Joseph.

MIRABEL-AUX-BARONNIES *26 Drôme* 81 ③ *– rattaché à Nyons.*

MIRAMAR *06 Alpes-Mar.* 84 ⑧ *– rattaché à Théoule-sur-Mer.*

MIRANDE *32300 Gers* 82 ⑭ *G. Midi-Pyrénées – 3 565 h alt. 173.*
Voir *Musée des Beaux-Arts*★.
Office de Tourisme (fermé dim. et jours fériés) r. de l'Évéché ✆ 05 62 66 68 10, Fax 05 62 66 78 89.
Paris 757 – Auch 25 – Mont-de-Marsan 99 – Tarbes 50 – Toulouse 102.

Pyrénées, av. d'Etigny ✆ 05 62 66 51 16, *hotel-des-pyrenee@wanadoo.fr, Fax 05 62 66 79 96,* – P – 30. GB
fermé 15 au 22 oct., 19 nov. au 3 déc., 26 fév. au 5 mars, dim. soir hors saison et lundi – **Repas** 110/280, enf. 55 – ☕ 45 – **28 ch** 260/550 – ½ P 315/450

MIRANDIL-BOURGNOUNAC *81190 Tarn* 80 ⑪ *– 1 081 h alt. 393.*
Office de Tourisme (fermé merc. et dim.) 2 pl. de la Liberté ✆ 05 63 76 97 65, Fax 05 63 76 90 11.
Paris 648 – Rodez 56 – Albi 29 – St-Affrique 83 – Villefranche-de-Rouergue 39.

Voyageurs avec ch, ✆ 05 63 76 90 10, – GB
fermé vacances de printemps, 23 août au 8 sept. et le soir du 1er oct. au 15 avril – **Repas** 70 bc/170 ♀ – ☕ 38 – **8 ch** 200/320 – ½ P 240

MIREBEAU-SUR-BÈZE *21310 Côte-d'Or* 66 ⑬ *– 1 464 h alt. 202.*
Paris 335 – Dijon 25 – Châtillon-sur-Seine 106 – Dole 45 – Gray 24 – Langres 67.

Auberge des Marronniers avec ch, ✆ 03 80 36 71 05, *Fax 03 80 36 75 92,* – . AE GB
fermé vacances de Noël, lundi d'oct. à avril et dim. soir – **Repas** 66 (déj.), 100/185 ♀, enf. 50 – ☕ 35 – **15 ch** 200/260 – ½ P 240/250

à Bèze *Nord : 9 km par D 959 G. Bourgogne – 569 h. alt. 217 – ✉ 21310 :*

Bourguignon, ✆ 03 80 75 34 51, *Fax 03 80 75 37 06,* – P. AE GB
Repas 60 (déj.), 95/210 ♀, enf. 55 – ☕ 40 – **25 ch** 210/320 – ½ P 290

MIRECOURT *88500 Vosges* 62 ⑮ *G. Alsace Lorraine – 6 900 h alt. 285.*
Paris 362 – Épinal 35 – Luxeuil-les-Bains 76 – Nancy 48 – Neufchâteau 40 – Vittel 24.

Luth ⛰, rte Neufchâteau ☎ 03 29 37 12 12, *Fax 03 29 37 23 44,* – TV ☎ P – 🏛 25. AE GB
hôtel : fermé vend. et sam. hors saison – **Repas** *(fermé 23 juil. au 14 août, 2 au 7 janv., vend. soir et sam.)* 85/185 ⚲, enf. 50 – ☕ 50 – **30 ch** 240/315 – ½ P 260

MIREPOIX *09500 Ariège* 86 ⑤ *G. Midi-Pyrénées – 2 993 h alt. 308.*
Voir *Place principale★★.*
ℹ *Office de Tourisme pl. Mar.-Leclerc ☎ 05 61 68 83 76, Fax 05 61 68 89 48.*
Paris 776 – Foix 37 – Carcassonne 52 – Castelnaudary 34 – Limoux 33 – Pamiers 25.

Maison des Consuls sans rest, 6 pl. Mar. Leclerc ☎ 05 61 68 81 81, *pyrene@afatvoyages.fr, Fax 05 61 68 81 15,* « Maison du 14e siècle, bel aménagement intérieur » – TV 🚗. AE GB
☕ 45 – **8 ch** 480/500

MIRIBEL-LES-ECHELLES *38380 Isère* 74 ⑭ *– 1 607 h alt. 600.*
Paris 541 – Grenoble 40 – Chambéry 29 – Le Pont-de-Beauvoisin 16.

Les Trois Biches, ☎ 04 76 55 28 02, *Fax 04 76 55 49 37* – ⓓ GB
fermé 20 au 30 juin, 1er au 15 sept., 5 janv. au 15 fév. et merc. sauf juil.-août – **Repas** 68/175 ⚲, enf. 55

MIRMANDE *26 Drôme* 77 ⑫ *– rattaché à Saulce-sur-Rhône.*

MISSILLAC *44780 Loire-Atl.* 63 ⑮ *G. Bretagne – 3 915 h alt. 44.*
Voir *Retable★ dans l'église – Site★ du château de la Bretesche O : 1 km.*
Paris 439 – Nantes 63 – Redon 23 – St-Nazaire 37 – Vannes 54.

Bretesche ⛰, rte La Baule : 1 km ☎ 02 51 76 86 96, *hotel@bretesche.com, Fax 02 40 66 99 47,* ←, 🏞, « Demeure des 14e et 19e siècles bordée par un golf », 🏊, 🎾, ⛳ – |‡| TV ☎ ♿ P – 🏛 30. AE ⓓ GB JCB. ✂ rest
fermé 21 janv. au 9 mars – **Repas** *(fermé 4-15 nov., 21/01 au 9/03, lundi midi et mardi midi du 15/04 au 15/10, dim. soir et lundi du 15/10 au 15/04)* 160 (déj.), 220/450 ⚲ – ☕ 85 – **32 ch** 650/1700 – ½ P 620/890

MISY-SUR-YONNE *77130 S.-et-M.* 61 ⑬, 106 ㊽ *– 515 h alt. 72.*
Paris 89 – Fontainebleau 34 – Auxerre 99 – Montereau-Fault-Yonne 12 – Sens 28.

Gaule, chemin de Halage ☎ 01 64 31 31 11, *Fax 01 64 31 31 11,* 🏞 – GB
fermé 17-25/04, 27/08-5/09, 29/10-7/11, 21/12-3/01, dim. soir, mardi soir et merc. – **Repas** 98/250 🍷

MITTELBERGHEIM *67140 B.-Rhin* 62 ⑨ *G. Alsace Lorraine – 628 h alt. 220.*
Paris 498 – Strasbourg 43 – Barr 2 – Erstein 21 – Molsheim 23 – Sélestat 20.

Winstub Gilg avec ch, ☎ 03 88 08 91 37, *gilg@reperes.com, Fax 03 88 08 45 17* – TV P. AE ⓓ GB
fermé 25 juin au 11 juil., 7 au 30 janv., mardi et merc. – **Repas** 105/380 ⚲ – ☕ 40 – **15 ch** 240/420

Am Lindeplatzel, ☎ 03 88 08 10 69, *Fax 03 88 08 45 08,* 🏞 – ▤. AE ⓓ GB
fermé 20 au 31 août, vacances de fév., lundi midi, merc. soir et jeudi – **Repas** 145 bc/360 ⚲, enf. 65

MITTELHAUSBERGEN *67 B.-Rhin* 87 ④ *– rattaché à Strasbourg.*

MITTELHAUSEN *67170 B.-Rhin* 62 ⑨, 87 ④ *– 490 h alt. 185.*
Paris 474 – Strasbourg 24 – Haguenau 20 – Saverne 28.

A l'Étoile, 12 r. La Hey ☎ 03 88 51 28 44, *Fax 03 88 51 24 79,* 🏋 – |‡|, ▤ rest, TV ☎ P. AE GB
Repas *(fermé 8 juil. au 2 août, 1er au 11 janv., 13 au 17 avril, sam. midi, dim. soir et lundi)* 90/250 ⚲, enf. 50 – ☕ 30 – **24 ch** 250/320 – ½ P 270/290

Dans la liste des rues des plans de villes, les noms en rouge indiquent les principales voies commerçantes.

MITTERSHEIM *57930 Moselle* 57 ⑯ *– 571 h alt. 230.*

Syndicat d'Initiative 10 Grand'Rue ✆ 03 87 07 54 46.

Paris 410 – Nancy 62 – Metz 82 – Sarrebourg 22 – Sarre-Union 17 – Saverne 39.

L'Escale avec ch, rte Dieuze ✆ 03 87 07 67 01, *Fax 03 87 07 54 57,* – P. AE GB
Repas 65/250 – 40 – **13 ch** 200/280 – ½ P 250/280

MIZOËN *38 Isère* 77 ⑥ *– rattaché au Freney-d'Oisans.*

MOËLAN-SUR-MER *29350 Finistère* 58 ⑪ ⑫ *G. Bretagne – 6 596 h alt. 58.*

Office de Tourisme r. des Moulins ✆ 02 98 39 67 28, Fax 02 98 39 63 93.

Paris 524 – Quimper 46 – Carhaix-Plouguer 68 – Concarneau 28 – Lorient 26 – Quimperlé 10.

Les Moulins du Duc, Nord-Ouest : 2 km ✆ 02 98 96 52 52, *tqad29@aol.com, Fax 02 98 96 52 53,* « Moulins dans un cadre de verdure, parc », – 25. AE GB
1er mars-31 oct. et 21 au 31 déc. – **Repas** *(fermé lundi midi et mardi midi de mai au 15 sept., dim. soir et lundi hors saison)* 145 (déj.), 210/390, enf. 60 – 60 – **15 ch** 495/785 – ½ P 440/590

Manoir de Kertalg sans rest, rte Riec-sur-Belon, Ouest : 3 km par D 24 et chemin privé ✆ 02 98 39 77 77, *Fax 02 98 39 72 07,* « Exposition de peintures, parc forestier » – P. GB.
10 avril-5 nov. – 65 – **9 ch** 490/990

MOERNACH *68 H.-Rhin* 66 ⑨ *– rattaché à Ferrette.*

MOIRANS-EN-MONTAGNE *39260 Jura* 70 ⑭ *– 2 121 h alt. 627.*

Office de Tourisme 2 pl. Robert-Monnier ✆ 03 84 42 31 57, Fax 03 84 42 31 57.

Paris 444 – Lons-le-Saunier 38 – Oyonnax 26 – St-Claude 22.

Hostellerie Lacuzon M, ✆ 03 84 42 33 22, *Fax 03 84 42 38 34* – AE GB.
fermé 18 août au 4 sept., 23 déc. au 10 janv., dim. soir (sauf hôtel), vend. soir et sam. midi – **Repas** 130/175 - ***Brasserie*** *(fermé vend. soir, sam. midi et dim.)* **Repas** 88/120, enf. 45 – 35 – **11 ch** 310/370 – ½ P 300

Un automobiliste averti utilise le ***Guide Rouge Michelin*** *de l'année.*

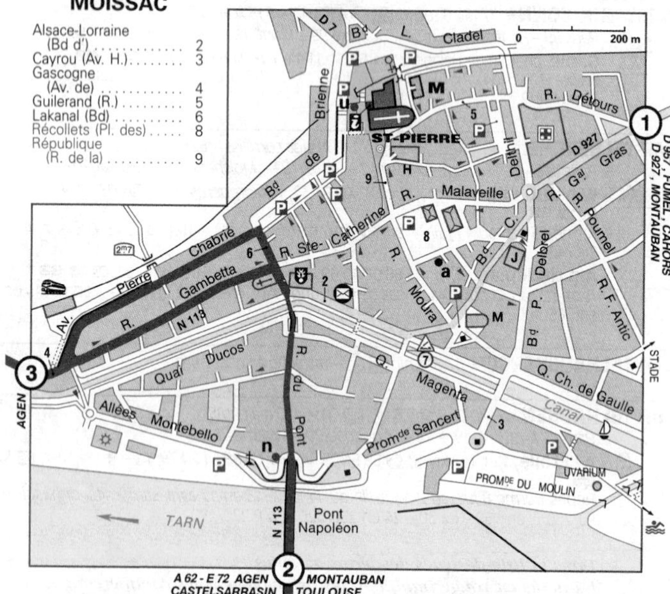

MOISSAC 82200 T.-et-G. 79 ⑯ ⑰ G. Midi-Pyrénées – 11 971 h alt. 76.

Voir Église St-Pierre★ : portail méridional★★★, cloître★★, christ★.

Env. Boudou ✻★ 7 km par ③.

Office de Tourisme 6 pl. Durand-de-Bredon ✆ 05 63 04 01 85, Fax 05 63 04 27 10.

Paris 645 ① – Agen 43 ③ – Cahors 63 ① – Auch 86 ② – Montauban 31 ① – Toulouse 74 ②.

Plan page ci-contre

Chapon Fin, pl. Récollets **(a)** ✆ 05 63 04 04 22, *Fax 05 63 04 58 44* – rest, TV – 20. GB
fermé 15 au 30 nov. – **Repas** 110/190 bc – 48 – **28 ch** 285/365 – 1/2 P 240/340

Pont Napoléon avec ch, 2 allées Montebello **(n)** ✆ 05 63 04 01 55, *Fax 05 63 04 34 44* – TV. AE GB. rest
fermé 3 au 20 janv., dim. soir, lundi midi et merc. – **Repas** 139/350 et carte 245 à 345 ♀ – 45 – **12 ch** 180/350 – 1/2 P 295/370

Bistrot du Cloître, 5 pl. Durand-de-Bredon **(u)** ✆ 05 63 04 37 50, – . GB.
fermé 12 au 21 nov., 25 au 31 déc., vacances de fév., lundi soir, sam. midi et mardi – **Repas** (69) - 89/149 ♀

MOISSAC-BELLEVUE 83630 Var 84 ⑥, 114 ⑧ – 148 h alt. 599.

Paris 819 – Digne-les-Bains 70 – Aix-en-Provence 86 – Draguignan 36 – Manosque 56.

Bastide du Calalou , rte d'Aups ✆ 04 94 70 17 91, *bastide-du-calalou.net*, *Fax 04 94 70 50 11*, ←, , , , – TV P. AE GB JCB
15 mars-30 oct. – **Repas** 150/250 ♀ – 75 – **32 ch** 650/1100 – 1/2 P 580/855

Le Guide change, changez de guide tous les ans.

MOLINES-EN-QUEYRAS 05350 H.-Alpes 77 ⑲ G. Alpes du Sud – 336 h alt. 1750 – Sports d'hiver : 1 750/2 580 m 15 .

Env. Château-Queyras : site★★, fort Queyras★, espace géologique★, NO : 8 km.

Office de Tourisme ✆ 04 92 45 83 22, Fax 04 92 45 80 79.

Paris 727 – Briançon 44 – Gap 88 – Guillestre 26 – St-Véran 6.

Cognarel , au Coin, Est : 3 km par D 205 et rte secondaire ✆ 04 92 45 81 03, *cognarel @imaginet.fr, Fax 04 92 45 81 17*, ←, , – AE GB JCB
1er juin-15 sept. et 22 déc.-31 mars – **Repas** *(fermé lundi)* 120/210, enf. 55 – 45 – **21 ch** 405/423 – 1/2 P 396

L'Équipe , rte St-Véran ✆ 04 92 45 83 20, *lequipe@infonie.fr, Fax 04 92 45 81 85*, ←, , – P. AE GB
19 mai-30 sept. et 22 déc.-31 mars. – **Repas** *(fermé dim.soir et lundi soir hors saison)* 80/140 ♀, enf. 45 – 40 – **22 ch** 325/344 – 1/2 P 325

Chamois, ✆ 04 92 45 83 71, *hotel.lechamois@wanadoo.fr, Fax 04 92 45 80 58*, ←, – P. AE GB
1er mai-3 nov. et 18 déc.-31 mars – **Repas** *(fermé sam. midi sauf vacances scolaires et lundi)* 100/163, enf. 55 – 44 – **17 ch** 310/330 – 1/2 P 325

MOLINEUF 41 L.-et-Ch. 64 ⑦ – rattaché à Blois.

MOLITG-LES-BAINS 66500 Pyr.-Or. 86 ⑰ – 185 h alt. 607 – Stat. therm. (2 avril-25 nov.).

Syndicat d'Initiative Mairie ✆ 04 68 05 02 12, Fax 04 68 05 02 40, route des Bois ✆ 04 68 05 03 28, Fax 04 68 05 04 50.

Paris 908 – Perpignan 51 – Prades 8 – Quillan 55.

Château de Riell , ✆ 04 68 05 04 40, *riell@relaischateaux.fr, Fax 04 68 05 04 37*, ←, , , , – TV P – 15 à 120. AE GB JCB. rest
1er avril-1er nov. – **Repas** 250/390 ♀ – 95 – **19 ch** 995/1700 – P 1265/1570

Grand Hôtel Thermal , ✆ 04 68 05 00 50, *Fax 04 68 05 02 91*, ←, , « Parc », , , , – TV P – 15 à 120. AE GB. rest
1er avril-25 nov. – **Repas** 165/215 ♀, enf. 74 – 50 – **50 ch** 335/650, 8 appart – P 350/530

MOLLANS-SUR-OUVÈZE 26170 Drôme 81 ③ G. Alpes du Sud – 782 h alt. 280.

Paris 680 – Carpentras 31 – Nyons 20 – Vaison-la-Romaine 12.

St-Marc , av. de l'Ancienne Gare ✆ 04 75 28 70 01, *Fax 04 75 28 78 63*, , , , – GB. rest
16 mars-11 nov. – **Repas** *(fermé jeudi midi et mardi)* 125/198 ♀ – 45 – **32 ch** 310/360 – 1/2 P 345

MOLLKIRCH *67190 B.-Rhin 62 ⑨ – 552 h alt. 320.*

Paris 484 – Strasbourg 42 – Molsheim 12 – Saverne 35.

Fischhutte, rte Grendelbruch : 3,5 km ☎ 03 88 97 42 03, *Fax 03 88 97 51 85*, ←, – TV ☎ P – 30. AE GB.
fermé 25 juin au 6 juil. et 3 fév. au 5 avril – **Repas** *(fermé lundi soir et mardi)* 150/270 ♀, enf. 55 – ☕ 45 – **18 ch** 330/450 – ½ P 330/420

MOLSHEIM SP *67120 B.-Rhin 62 ⑨ G. Alsace Lorraine – 7 973 h alt. 180.*

Voir *La Metzig★ – Église des Jésuites★.*

Env. *Fresques★ de la chapelle St-Ulrich N : 3,5 km.*

Office de Tourisme 19 pl. Hôtel-de-Ville ☎ 03 88 38 11 61, Fax 03 88 49 80 40.

Paris 477 – Strasbourg 32 – Lunéville 91 – St-Dié 67 – Saverne 27 – Sélestat 37.

Diana M, pont de la Bruche ☎ 03 88 38 51 59, *hotel.diana@wanadoo.fr*, *Fax 03 88 38 87 11*, – ▮, ▤ ch, TV ☎ ♿ P – 25 à 150. AE ① GB JCB
Repas *(fermé 21 au 31 déc. et dim. soir)* 170/325 ♀ - ***Taverne*** *(fermé 31 juil. au 19 août, 21 au 31 déc. et dim. soir)* **Repas** 80/140, enf. 60 – ☕ 55 – **60 ch** 430/470 – ½ P 410

Bugatti M sans rest, r. Commanderie ☎ 03 88 49 89 00, *hotel-bugatti@wanadoo.fr*, *Fax 03 88 38 36 00* – ▮ TV ☎ ♿ P – 40. AE ① GB JCB
☕ 37 – **45 ch** 270/300

Les MOLUNES *39310 Jura 70 ⑮ – 93 h alt. 1274.*

Paris 480 – Genève 52 – Gex 32 – Lons-le-Saunier 74 – St-Claude 15.

Pré Fillet, rte Moussières ☎ 03 84 41 62 89, *Fax 03 84 41 64 75*, ←, – P – 30. GB
fermé 8 au 19 mai, 14 oct. au 3 déc. – **Repas** *(fermé dim. soir hors saison)* 68 bc/170 ♀, enf. 30 – ☕ 30 – **18 ch** 260 – ½ P 205/220

The Guide changes, so renew your Guide every year.

MOMMENHEIM *67 B.-Rhin 87 ④ – rattaché à Brumath.*

MONACO (Principauté de) 84 ⑩, 115 ㉗ ㉘ *G. Côte d'Azur – 29 972 h alt. 65 – Casino.*

Beausoleil *06240 Alpes-Mar. – 12 326 h alt. 89.*

Voir *Mont des Mules ★ N : 1 km puis 30 mn.*

Office de Tourisme (fermé le dim.) 32 bd de la République ☎ 04 93 78 01 55, Fax 04 93 78 79 87.

Paris 953 ⑤ – Monaco 4 ③ – Menton 14 ② – Nice 20 ③ – San Remo 39 ①.

Villa Boeri sans rest, 29 bd Gén. Leclerc ☎ 04 93 78 38 10, *Fax 04 93 41 90 95* – ▤ TV ☎. AE ① GB — DX x
☕ 35 – **30 ch** 250/410

Cap d'Ail *06320 Alpes-Mar. – 4 859 h alt. 51.*

Office de Tourisme 87 bis av. du 3 Septembre ☎ 04 93 78 02 33, Fax 04 92 10 74 36.

Marriott M, au port ☎ 04 92 10 67 67, *Fax 04 92 10 67 00*, ←, – ▮ ▤ TV ☎ ♿ – 15 à 150. AE ① GB JCB. — AV n
Repas (155) - 199/235 ♀, enf. 92 – ☕ 130 – **174 ch** 1300/2300, 12 appart

Monaco Capitale de la Principauté – ✉ *98000.*

Voir *Jardin exotique★★* **CZ** : *←★ – Grotte de l'Observatoire★* **CZ D** *– Jardins St-Martin★* **DZ** *– Ensemble de primitifs niçois★★ dans la cathédrale* **DZ** *– Christ gisant★ dans la chapelle de la Miséricorde* **D D** *– Place du Palais★* **CZ** *– Palais du Prince★ : musée napoléonien et des archives du palais★* **CZ** *– Musées : océanographique★★★* **DZ** *(aquarium★★, ←★★ de la terrasse), d'anthropologie préhistorique★* **CZ M**³, *– Collection princière de voitures anciennes★* **CZ M**¹.

Circuit automobile urbain-A.C.M. 23 bd Albert-1er.

Paris 954 ⑤ – Menton 12 ② – Nice 22 ③ – San Remo 42 ①.

à Monaco Ville, sur le Rocher :

Castelroc, pl. Palais ☎ (00-377) 93 30 36 68, *Fax (00-377) 93 30 59 88*, ←, – AE GB JCB — CZ p
fermé déc., janv. et sam. – **Repas** *(déj. seul. d'oct. à mai)* 125/245 ♀

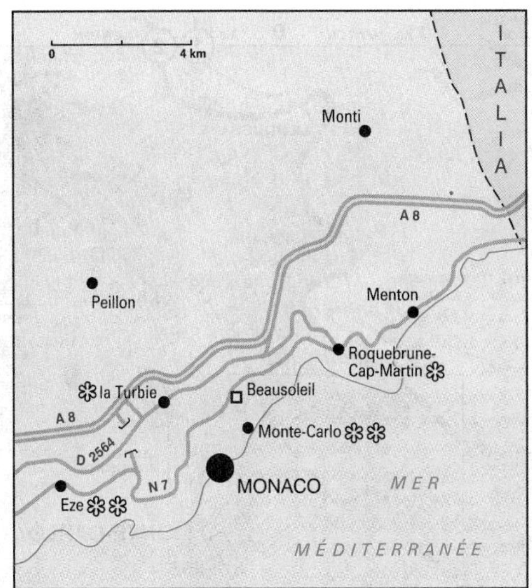

à Fontvieille :

Colombus Hôtel M, 23 av. Papalins ✆ (00-377) 92 05 90 00, *colombus-resa@monte-carlo.mc, Fax (00-377) 92 05 91 67*, ←, 🏖, 🏊 – 🛗 ✈ ▤ TV ☎ ♿ 🚗 – 🏛 15 à 150. AE ⓓ GB
Repas carte environ 200 🍷 – ☕ 120 – **179 ch** 1500/2600 **AV s**

Amici Miei, 16 quai J.-C. Rey ✆ (00-377) 92 05 92 14, *amici-miei@monte-carlo.mc, Fax (00-377) 92 05 31 74*, ←, 🏖 – ▤. AE GB JCB **AV t**
Repas 150 (déj.) et carte 235 à 350

Monte-Carlo Centre mondain de la Principauté – *Casinos : Grand Casino* **DY**, *Monte-Carlo Sporting Club* **BU**, *Sun Casino* **DX** – ✉ *98000 .*

Voir *Terrasse★★ du Grand casino* **DXY** – *Musée de poupées et automates★* **DX M⁵** – *Jardin japonais★* **U.**

ℹ *Office de Tourisme 2 A bd des Moulins ✆ (00-377) 92 16 61 16, Fax (00-377) 92 16 60 00.*

Paris 952 ⑤ – Monaco 2 ② – Menton 11 ② – Nice 19 ③ – San Remo 41 ①.

Paris, pl. Casino ✆ (00-377) 92 16 30 00, *hp@sbm.mc, Fax (00-377) 92 16 38 50*, ←, 🏖, centre de thalassothérapie, 🏋, 🏊 – 🛗 ✈ ▤ TV ☎ 🚗 – 🏛 70. AE ⓓ GB JCB. ✗ **DY y**
voir rest. ***Louis XV*** et ***Grill*** ci-après - ***Côté Jardin*** ✆(00-377) 92 16 68 44 (déj. seul.) *(fermé 21 juil. au 19 août)* **Repas** carte 320 à 450 🍷 – ***Salle Empire*** ✆(00-377) 92 16 29 52 *(ouvert juil.-août)* **Repas** (dîner seul.)carte 660 à 880 🍷 – ☕ 184 – **153 ch** 3607/5182, 44 appart

Hermitage, square Beaumarchais ✆ (00-377) 92 16 40 00, *hh@sbm.mc, Fax (00-377) 92 16 38 52*, ←, 🏖, centre de thalassothérapie, 🏋, 🏊 – 🛗 ▤ TV ☎ 🚗 – 🏛 15 à 80. AE ⓓ GB JCB. ✗ rest **DY r**
voir rest. ***Vistamar*** ci-après – ☕ 160 – **229 ch** 2886/4985, 18 appart

Métropole Palace M, 4 av. Madone ✆ (00-377) 93 15 15 15, *metropole@metropole.mc, Fax (00-377) 93 25 24 44*, 🏖, 🏊 – 🛗 ▤ TV ☎ ♿ 🚗 – 🏛 15 à 220. AE ⓓ GB JCB. ✗ rest
Jardin ✆(00-377)93 15 15 10 **Repas** 250(déj),400/550 🍷, enf. 150 – ☕ 170 – **150 ch** 1750/3300, 10 appart **DX z**

Méridien Beach Plaza M, av. Princesse Grace, à la plage du Larvotto ✆ (00-377) 93 30 98 80, *operation@lemeridien-montecarlo.com, Fax (00-377) 93 50 23 14*, ←, 🏖, « Bel ensemble balnéaire et luxueux centre de conférences », 🏋, 🏊, 🏊, 🏖 – 🛗 ✈ ▤ TV ☎ ♿ 🚗 – 🏛 300. AE ⓓ GB JCB **BU b**
L'Albatros *(fermé 15 nov. au 14 déc., dim. d'oct. à juin et lundi)* **Repas** (dîner seul.)320/390 🍷 – ***Les Pergolas :*** **Repas** *(190)*-270/315 🍷 – ***Sea Club*** - snack *(1er mai-30 sept)* **Repas** (déj. seul.) 320 🍷 – ☕ 160 – **324 ch** 2680/3940, 8 appart

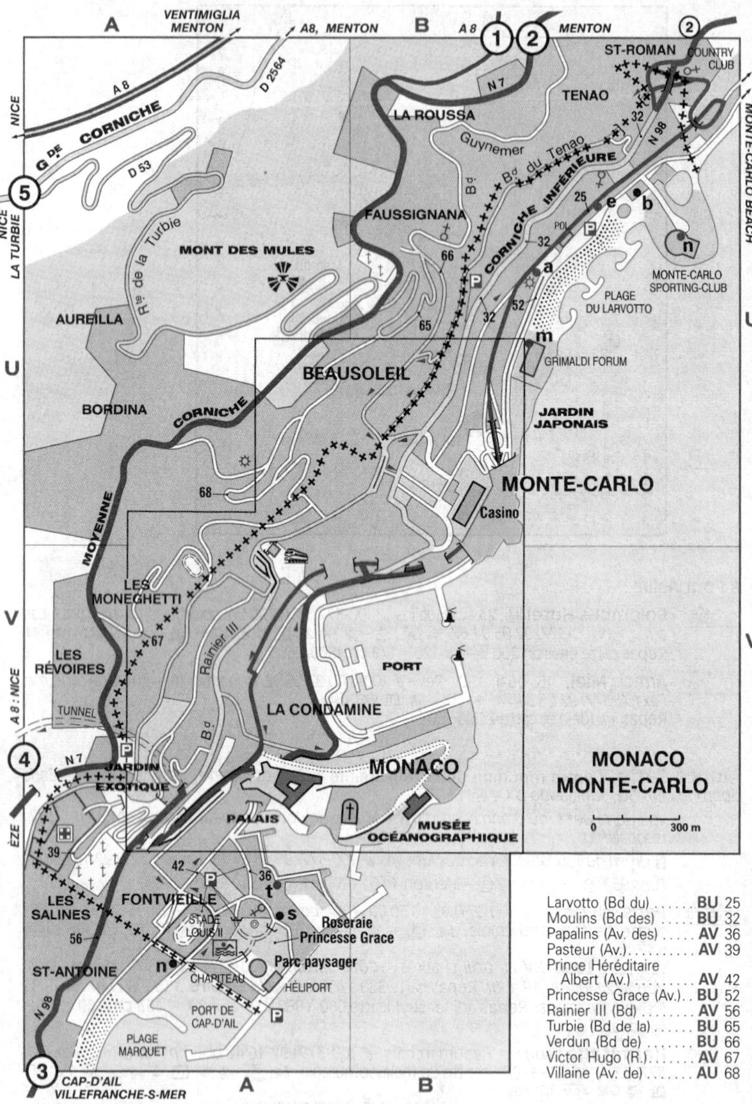

Larvotto (Bd du) . . . . . . **BU** 25
Moulins (Bd des) . . . . . **BU** 32
Papalins (Av. des) . . . . . **AV** 36
Pasteur (Av.) . . . . **AV** 39
Prince Héréditaire
Albert (Av.) . . . . **AV** 42
Princesse Grace (Av.) . . **BU** 52
Rainier III (Bd) . . . . **AV** 56
Turbie (Bd de la) . . . . . . **BU** 65
Verdun (Bd de) . . . . **BU** 66
Victor Hugo (R.) . . . . **AV** 67
Villaine (Av. de) . . . . **AU** 68

Monte-Carlo Grand Hôtel M, 12 av. Spélugues ☎ (00-377) 93 50 65 00, *grandhotel@monaco.mc, Fax (00-377) 93 30 01 57*, ≤, casino et cabaret, – – 25 à 1 500. AE GB JCB. rest DX e
L'Argentin *(fermé 15 nov. au 15 déc., mardi et merc.)* **Repas** 380(dîner) et carte 230 à 500 – ***Pistou*** *(15 avril-15 déc. et fermé dim. et lundi sauf du 1er juin au 15 sept.)* **Repas** carte 250 à 500 – ***Café de la Mer*** (déj. seul.) *(15 avril-15 déc.)* **Repas** carte 230 à 290 – 120 – **577 ch** 2200/2750, 20 appart

Mirabeau M, 1 av. Princesse Grace ☎ (00-377) 92 16 65 65, *mi@sbm.mc, Fax (00-377) 93 50 84 85*, ≤, – , ch, – 40 à 80. AE GB JCB. rest DX n
voir rest. ***La Coupole*** ci-après - ***Café Mirabeau*** (déj. seul.) *(juin-sept.)* **Repas** *(200)*-carte 270 à 340 – 160 – **83 ch** 2300/3410, 10 appart – ½ P 1500/1810

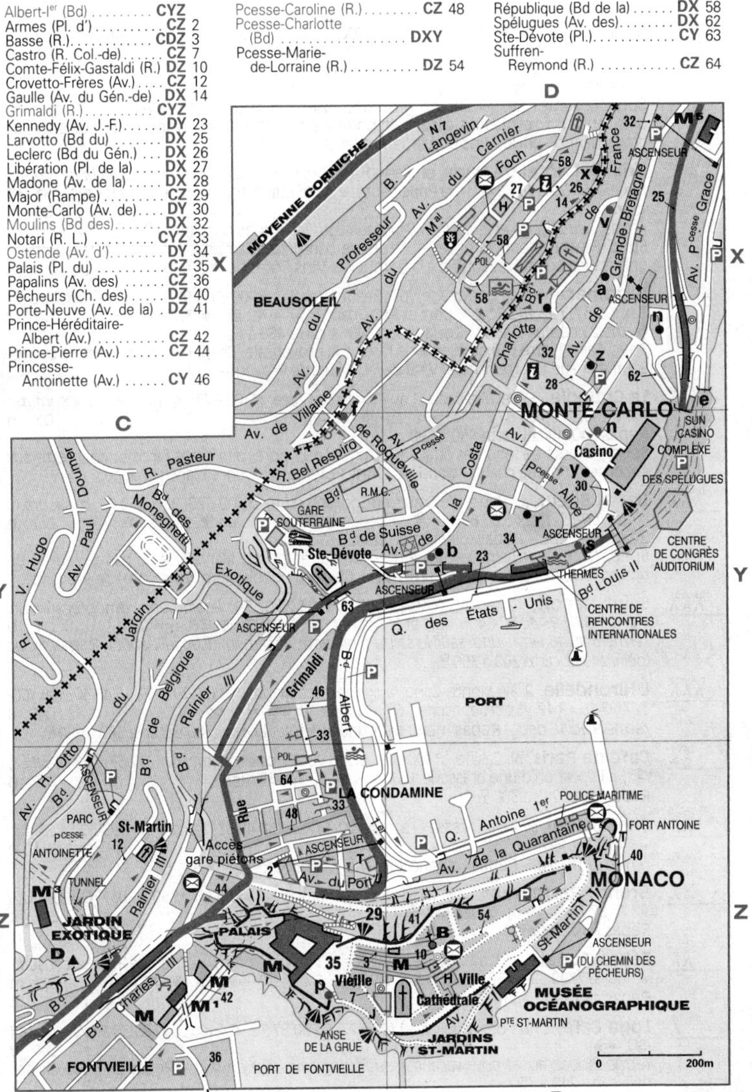

Balmoral, 12 av. Costa ✆ (00-377) 93 50 62 37, *resa@hotel-balmoral.mc, Fax (00-377) 93 15 08 69*, < – |$|, ch, [TV] – 20. AE (D) GB JCB. DY b
Repas snack *(fermé nov., dim. soir et lundi)* 130 – 90 – **53 ch** 1000/1100, 12 appart – 1/2 P 760

Alexandra sans rest, 35 bd Princesse Charlotte ✆ (00-377) 93 50 63 13, *hotelalexandra@imcn.com, Fax (00-377) 92 16 06 48* – |$| [TV]. AE (D) GB JCB. DX r
75 – **56 ch** 570/890

Louvre sans rest, 16 bd des Moulins ✆ (00-377) 93 50 65 25, *hotel-louvre@monte-carlo.mc, Fax (00-377) 93 30 23 68* – |$| [TV] – 15. AE (D) GB. DX a
75 – **33 ch** 840/1030

XXXXX ✿✿ **Louis XV** - Hôtel de Paris, pl. Casino ✆ (00-377) 92 16 29 76, *lelouisxv@alain-ducasse.com, Fax (00-377) 92 16 69 21,* – ▤ P. AE ⓓ GB JCB. ⅋ DY y
fermé 27 nov. au 27 déc., 19 fév. au 6 mars, merc. sauf le soir du 20 juin au 22 août et mardi – **Repas** 550 bc (déj.), 920/1050 et carte 750 à 1 120
Spéc. Légumes des jardins de Provence mijotés à la truffe noire écrasée. Poitrine de pigeonneau, foie gras de canard et pommes de terre au jus d'abats. Le "Louis XV" au croustillant de pralin. **Vins** Côtes-de-Provence, Bandol.

XXXX ✿ **Grill de l'Hôtel de Paris,** pl. Casino ✆ (00-377) 92 16 29 66, *restauration.hp@sbm.mc, Fax (00-377) 92 16 38 40,* ≤ la Principauté, « Au 8e étage, toit ouvrant » – |‡| ▤ P. AE ⓓ GB JCB. ⅋ DY y
fermé 7 au 22 janv. et le midi du 8 juil. au 30 août – **Repas** carte 630 à 760 ♀
Spéc. Filets de rougets grillés et fleurs de courgettes farcies (printemps). Chateaubriand grillé sauce béarnaise. Soufflé à la framboise. **Vins** Côtes de Provence.

XXXX ✿ **Vistamar** - Hôtel Hermitage, pl. Beaumarchais ✆ (00-377) 92 16 27 72, *hh@sbm.mc, Fax (00-377) 92 16 38 52,* ≤ port et Principauté, – ▤. AE ⓓ GB JCB. ⅋ DY r
fermé 29 déc. au 2 janv. – **Repas** *(250)* - 380 et carte 480 à 610
Spéc. Saint-Pierre rôti et trilogie de farcis à la provençale. Chapon de mer au jus de bouille. Soufflé chaud à le framboise. **Vins** Bellet, Côtes de Provence.

XXXX ✿ **La Coupole** - Hôtel Mirabeau, 1 av. Princesse Grace ✆ (00-377) 92 16 65 65, *mi@sbm.mc, Fax (00-377) 93 50 84 85* – ▤ ⇐. AE ⓓ GB JCB. ⅋ DX n
Repas 340/490 et carte 450 à 690
Spéc. Fricassé de légumes au jus de truffe. Loup doré, pimientos farcis et courgette aux encornets. Soufflé chaud "gianduja". **Vins** Côtes de Provence blanc et rouge.

XXX ✿ **Bar et Boeuf,** av. Princesse Grace, au Sporting d'Été ✆ (00-377) 92 16 60 60, *b.b@sbm.mc, Fax (00-377) 92 16 60 61,* ≤, , « Décoration originale » – P. AE ⓓ GB JCB BU n
24 mai-30 sept. – **Repas** (dîner seul.) carte 370 à 650
Spéc. "Tomate et tomates" au sorbet tomate et bloody Mary. Pavé de bar en feuilles de figuier, fruits rôtis, tomates et artichauts. Glace au bubble-gum. **Vins** Côtes de Provence.

XXX **Saint Benoit,** 10 ter av. Costa ✆ (00-377) 93 25 02 34, *lesaintbenoit@montecarlo.mc, Fax (00-377) 93 30 52 64,* ≤ port et le Rocher, – ▤. AE ⓓ GB JCB DY b
fermé 3 au 15 janv., lundi sauf le soir en juil.-août et sam. midi en juil.-août – **Repas** 200 bc (déj.)/240 et carte 260 à 390 ♀

XXX **L'Hirondelle,** 2 av. Monte-Carlo (aux Thermes Marins) ✆ (00-377) 92 16 49 30, *Fax (00-377)92 16 49 49,* ≤ port et rocher, – ▤. AE ⓓ GB JCB. ⅋ DY s
fermé 9 au 16 déc. – **Repas** menu diététique (déj. seul.) *(250)* - 300 et carte 360 à 490 ♀

XX **Café de Paris,** pl. Casino ✆ (00-377) 92 16 20 20, *cp@sbm.mc, Fax (00-377) 92 16 38 58,* , « Evocation d'une brasserie 1900 » – ▤. AE ⓓ GB JCB DY n
Repas carte 210 à 300 ♀

XX **Chez Gianni,** 39 av. Princesse Grace ✆ (00-377) 93 30 46 33, *Fax (00-377) 93 30 54 86,* – ▤. AE ⓓ GB BU e
fermé sam. midi – **Repas** - cuisine italienne - 250/300 ♀

XX **Bruno Restaurant,** 31 av. Princesse Grace ✆ (00-377) 93 50 20 03, *Fax (00-377) 97 70 87 75,* – ▤. AE ⓓ GB JCB BU a
Repas *(165)* - 290/390

XX **Zébra Square,** 10 av. Princesse Grâce (Grimaldi Forum : 2e étage, par ascenseur) ✆ (00-377) 99 99 25 50, *Fax (00-377) 99 99 25 60,* ≤, – ▤. AE ⓓ GB JCB BU m
Repas carte 240 à 310 ♀

X **Loga Café,** 25 bd des Moulins ✆ (00-377) 93 30 87 72, *Fax (00-377) 93 30 87 72* – ▤. AE GB JCB DX v
fermé 28 oct. au 11 nov., vacances de fév. et dim. sauf en déc. – **Repas** 240/300 (dîner), déj.: carte 210 à 350

X **Polpetta,** 2 r. Paradis ✆ (00-377) 93 50 67 84 – ▤. AE GB CY f
fermé 10 au 30 juin, sam. midi et mardi – **Repas** - cuisine italienne - 150

à Monte-Carlo-Beach *(06 Alpes-Mar.) Nord-Est* **BU** *: 2,5 km* – ✉ *06190 Roquebrune-Cap-Martin :*

Monte-Carlo Beach Hôtel M , av. Princesse Grace ✆ 04 93 28 66 66, *bh@sbm.mc, Fax 04 93 78 14 18,* ≤ mer et Monaco, , « Beau complexe de loisirs balnéaires », , , – |‡|, ▤ ch, ☎ ♿ P – 30. AE ⓓ GB JCB. ⅋ rest
1er mars-25 nov. – ***Salle à Manger*** (residents seul.) *(fermé le midi en juil.-août)* **Repas** carte 360 à 580 – ***Potinière*** ✆ 04 93 28 66 43 (déj. seul.) *(1er juin-9 sept.)* **Repas** carte 380 à 450 ♀ – ***Rivage*** ✆ 04 93 28 66 42 (déj. seul.) *(30 mars-7 oct.)* **Repas** carte 220 à 280 – ***Vigie*** ✆ 04 93 28 66 44 -buffet- *(29 juin-2 sept.)* **Repas** 300 (déj.)/320 (dîner) – ☐ 160 – **46 ch** 2890/3400

MONCÉ-EN-BELIN *72230 Sarthe* 64 ③ – *2 257 h alt. 60.*

Paris 214 – Le Mans 15 – La Flèche 35 – Le Grand-Lucé 23.

XX **Belinois,** bd Avocats ✆ 02 43 42 01 18, *Fax 02 43 42 22 16* – P. GB
fermé 15 juil. au 13 août, vacances de fév., lundi et le soir sauf vend. et sam. – **Repas** 85 (déj.), 128/180

MONCEL-LÈS-LUNÉVILLE *54 M.-et-M.* 62 ⑥ – *rattaché à Lunéville.*

MONCOUTANT *79320 Deux-Sèvres* 67 ⑯ – *3 102 h alt. 180.*

Syndicat d'Initiative ✆ 05 49 72 78 83 et Mairie ✆ 05 49 72 60 44.

Paris 376 – Bressuire 16 – Cholet 50 – Niort 55 – La Roche-sur-Yon 78.

XX **St-Pierre** avec ch, rte Niort ✆ 05 49 72 88 88, *Fax 05 49 72 88 89,* – TV ✆ ♿ P. GB
Repas *(fermé dim. soir et lundi midi)* 130/270 ♀ – ☕ 32 – **7 ch** 195/225 – ½ P 295

MONCRABEAU *47600 L.-et-G.* 79 ⑭ – *789 h alt. 150.*

Paris 721 – Agen 37 – Condom 11 – Mont-de-Marsan 86 – Nérac 13.

XX **Phare** avec ch, ✆ 05 53 65 42 08, *le.phare@worldonline.fr, Fax 05 53 97 04 87,* – TV. AE GB
avril-sept. et nov.-15 janv. et fermé dim. soir et lundi – **Repas** *(108)* - 138/178, enf. 48 – ☕ 35 – **8 ch** 245/395 – ½ P 280/345

MONDEVILLE *14 Calvados* 55 ⑫ – *rattaché à Caen.*

MONDOUBLEAU *41170 L.-et-Ch.* 60 ⑮ ⑯ *G. Châteaux de la Loire* – *1 557 h alt. 170.*

Paris 168 – Le Mans 63 – Blois 62 – Chartres 81 – Châteaudun 40 – Orléans 89.

Grand Monarque, pl. Marché ✆ 02 54 80 92 10, *Fax 02 54 80 77 40,* – TV P. AE GB
fermé 19 fév. au 6 mars, dim. soir et lundi – **Repas** 95/210 ♀ – ☕ 40 – **13 ch** 260

MONDRAGON *84430 Vaucluse* 81 ① – *3 118 h alt. 40.*

Paris 644 – Avignon 45 – Montélimar 42 – Nyons 41 – Orange 17.

XX **Beaugravière** avec ch, N 7 ✆ 04 90 40 82 54, *Fax 04 90 40 91 01,* – rest, TV P. GB
fermé 17 au 30 sept., dim. soir et lundi – **Repas** 135/395 bc ♀ – ☕ 40 – **3 ch** 295/395

MONESTIER *24240 Dordogne* 75 ⑭ – *325 h alt. 100.*

Paris 558 – Périgueux 67 – Bergerac 19 – Duras 19 – Ste-Foy-la-Grande 18.

au Nord-Ouest *7 km par D 4 et D 18 – ✉ 24240 Monestier :*

Château des Vigiers M, au golf des Vigiers ✆ 05 53 61 50 00, *reservevigiers@calva.net, Fax 05 53 61 50 20,* « Château du 16e siècle, golf », – TV ✆ ♿ P – 25 à 50. AE GB.
fermé 3 au 29 déc. et 3 janv. au 28 fév. – ***Les Fresques*** ✆ 05 53 61 50 39 (dîner seul.) *(fermé 3 au 29 déc., 9 janv. au 28 fév., dim. et mardi en mars-avril et oct.)* **Repas** 300/425 ♀, enf. 100 – ***Brasserie Le Chai*** ✆ 05 53 61 50 39 *(fermé le soir du 3 au 29/12, du 9/1 au 28/2 et lundi de déc. à fév.)* **Repas** 115(déj.)150/200 ♀, enf. 55 – ☕ 100 – **36 ch** 930/1950, 11 appart

MONESTIER-DE-CLERMONT *38650 Isère* 77 ⑭ *G. Alpes du Nord* – *905 h alt. 825.*

Syndicat d'Initiative (en saison, matin seul.) Parc Municipal ✆ 04 76 34 15 99, Fax 04 76 34 06 20.

Paris 602 – Grenoble 35 – La Mure 30 – Serres 74 – Sisteron 109.

Piot, ✆ 04 76 34 07 35, *hotepiot@club-internet.fr, Fax 04 76 34 12 74,* – TV ✆ P. GB
15 fév.-15 nov. et fermé dim. soir et lundi d'oct. à mai – **Repas** 88/165 ♀, enf. 55 – ☕ 39 – **16 ch** 195/295 – ½ P 210/280

Au Sans Souci, à St-Paul-lès-Monestier, Nord-Ouest : 2 km sur D 8 - alt. 800 ✆ 04 76 34 03 60, *Fax 04 76 34 17 38,* – TV ✆ P. AE GB JCB
fermé 20 déc. à fin janv., dim. soir et lundi sauf juil.-août – **Repas** 92/230 ♀, enf. 58 – ☕ 40 – **15 ch** 180/350 – ½ P 320

Le MONETIER-LES-BAINS *05 H.-Alpes* 77 ⑦ – *rattaché à Serre-Chevalier.*

La MONGIE *65 H.-Pyr.* 85 ⑱ ⑲ *G. Midi-Pyrénées – Sports d'hiver : 1 800/2 500 m* 2 33 – ✉ *65200 Bagnères-de-Bigorre.*

Voir *Le Taoulet* ≤★★ *N par téléphérique – Col du Tourmalet*★★ *O : 4 km.*

Env. *Pic du Midi de Bigorre*★★★, *accès par le col du Tourmalet puis par route à péage ouverte en été NO : 10 km.*

Office de Tourisme ☎ *05 62 91 94 15, Fax 05 62 95 33 13.*

Paris 843 – Bagnères-de-Luchon 71 – Pau 87 – Bagnères-de-Bigorre 26 – Tarbes 46.

Pourteilh, ☎ 05 62 91 93 33, *Fax 05 62 91 90 88*, ≤ – |$| TV – 20. AE GB. rest *15 juin-15 sept. et 15 déc.-fin avril* – **Repas** *(15 déc.-fin avril)* 100/170 – 50 – **42 ch** 500/560 – ½ P 410

MONNAIE *37380 I.-et-L.* 64 ⑮ *– 2 829 h alt. 113.*

Paris 228 – Tours 17 – Château-Renault 15 – Vouvray 11.

XX **Soleil Levant,** ☎ 02 47 56 10 34, *Fax 02 47 56 45 22* – . GB
fermé 30 juil. au 19 août, 2 au 20 janv., jeudi soir, dim.soir et lundi – **Repas** 99/198 ♀, enf. 50

La-MONNERIE-LE-MONTEL *63 P.-de-D.* 73 ⑥ *– rattaché à Thiers.*

MONPAZIER *24540 Dordogne* 75 ⑯ *G. Périgord Quercy – 531 h alt. 180.*

Voir *Place des Cornières*★.

Office de Tourisme pl. des Cornières ☎ *05 53 22 68 59, Fax 05 53 74 30 08.*

Paris 577 – Périgueux 76 – Sarlat-la-Canéda 50 – Bergerac 46 – Villeneuve-sur-Lot 46.

Edward 1er sans rest, ☎ 05 53 22 44 00, *Fax 05 53 22 57 99*, ≤, « Demeure du 19e siècle », – TV & P. AE GB
1er avril-1er nov. – 65 – **13 ch** 370/1000

When looking for a hotel or restaurant use the most efficient method.
Look for the names of towns ***underlined in red***
on the ***Michelin maps*** *scale: 1:200 000.*
But make sure you have an up-to-date map!

MONSÉGUR *33580 Gironde* 79 ③ *– 1 537 h alt. 62.*

Paris 630 – Bergerac 53 – Langon 35 – Libourne 50 – Marmande 23 – La Réole 16.

Grand Hôtel, ☎ 05 56 61 60 28, *Fax 05 56 61 63 89*, – TV . GB
fermé dim. soir, mardi soir et lundi d'oct. à Pâques – **Repas** 55/170 – 25 – **11 ch** 130/250 – ½ P 260/330

MONT *voir au nom propre du mont.*

MONTAGNY *42840 Loire* 73 ⑧, 110 ㉓ *– 1 124 h alt. 530.*

Paris 405 – Roanne 15 – Lyon 75 – Montbrison 77 – St-Étienne 97 – Thizy 8.

XX **Philippe Degoulange,** ☎ 04 77 66 11 31, *Fax 04 77 66 15 63* – GB
fermé 6 au 27 août, dim. soir, jeudi soir et lundi
Repas 92/270 ♀

MONTAGNY-LÈS-BEAUNE *21 Côte-d'Or* 69 ⑨ *– rattaché à Beaune.*

MONTAIGU *85600 Vendée* 67 ④ *– 4 323 h alt. 40.*

Env. *Mémorial de vendée* ★★ *: le logis de la Chabotterie*★ *(salles historiques*★★*) SO : 14 km, le chemin de la Mémoire des Lucs*★ *SO : 24 km* G. Poitou Vendée Charentes.

Paris 387 – Nantes 33 – La Roche-sur-Yon 39 – Cholet 36 – Fontenay-le-Comte 88.

au Pont de Sénard *Nord : 7 km par N 137 et D 77 –* ✉ *85600 St-Hilaire-de-Loulay :*

Pont de Sénard M , ☎ 02 51 46 49 50, *hotel.pont.senard@wanadoo.fr, Fax 02 51 94 11 11*, – TV & P – 30. AE GB. rest
fermé 28 juil. au 9 août, 26 déc. au 3 janv. – **Repas** *(fermé dim. soir)* 92/285 ♀, enf. 60 – 37 – **23 ch** 250/380 – ½ P 315/325

MONTARGIS ⓈⓅ *45200 Loiret* **61** ⑫ *G. Bourgogne – 15 020 h alt. 95.*

Voir *Collection Girodet★* du musée **M**[1].

i *Office de Tourisme pl. du 18 juin* ✆ *02 38 98 00 87, Fax 02 38 98 82 01.*

Paris 112 ① – Auxerre 81 ② – Bourges 118 ④ – Orléans 73 ⑤ – Sens 51 ②.

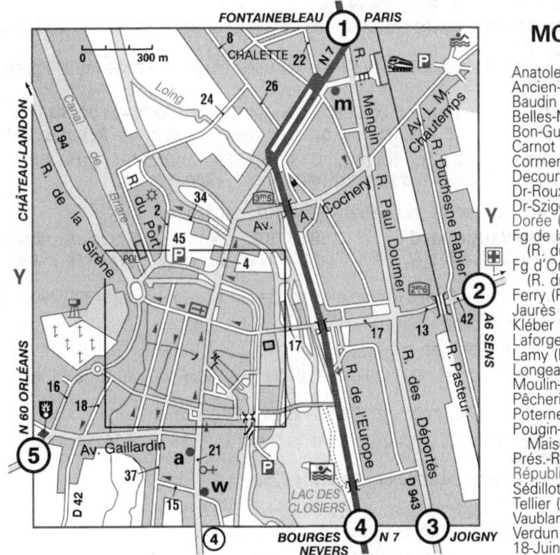

MONTARGIS

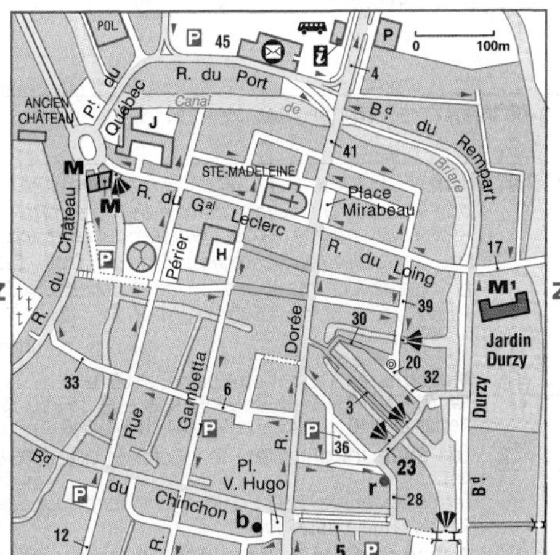

Ibis, 2 pl. V. Hugo ✆ 02 38 98 00 68, *Fax 02 38 89 14 37,* – |⇅| ⇆ TV ♿ ⇐ **P** – 25. AE ⓓ GB JCB — Z b

Brasserie de la Poste : Repas *(70)*-115/155 ♀, enf. 42 – ☕ 35 – **59 ch** 325/365

Climat de France, 1250 av. Antibes (centre commercial), Sud : 3 km par r. J. Jaurès ✆ 02 38 98 20 21, *climat.de.france-montargis@wanadoo;fr, Fax 02 38 89 19 16* – TV ✆ ♿ **P** – 30. ⓓ GB

fermé dim. soir de nov. à mars – **Repas** 95/130 ♀, enf. 42 – ☕ 36 – **40 ch** 310

XXX **Gloire** avec ch, 74 av. Gén. de Gaulle ☏ 02 38 85 04 69, *Fax 02 38 98 52 32* – rest, TV, GB Y m
fermé 15 fév. au 7 mars, 13 au 29 août, mardi et merc. – **Repas** 180/275 et carte 320 à 430 – 40 – **12 ch** 300/350
Spéc. Salade de homard. Filets de rougets étuvés, vinaigrette tiède au basilic. Chariot des douceurs. **Vins** Sancerre, Menetou-Salon.

XX **Le Coche de Briare** avec ch, 72 pl. République ☏ 02 38 85 30 75, *Fax 02 38 93 44 68* – rest, TV. GB Z r
fermé 30 juil. au 21 août, 16 fév. au 6 mars, dim. soir et lundi – **Repas** 100/280, enf. 75 – 35 – **10 ch** 225/275

X **Chez Pierre,** 22 r. J. Jaurès ☏ 02 38 85 22 65, *Fax 02 38 85 30 78* – P. GB Y a
fermé 30 juil. au 21 août, 1er au 15 janv., dim. soir, merc. soir et lundi – **Repas** 98/180

X **L'Orangerie du Lac,** 57 r. J. Jaurès ☏ 02 38 93 33 83, *Fax 02 38 93 33 83* – GB
fermé 23 juin au 15 juil., dim. soir, mardi soir et merc. – **Repas** 95/210 Y w

rte de Ferrières *par ①, N 7 et rte secondaire – ✉ 45210 Fontenay-sur-Loing :*

Domaine de Vaugouard, ☏ 02 38 89 79 00, *domaine-golf-vaugouard@wanadoo.fr, Fax 02 38 89 79 01*, « Au milieu d'un golf », – TV P – 15 à 40. AE GB JCB
fermé 22 au 30 déc. – **Repas** *(fermé dim. soir et lundi de nov. à mars)* 220/290 – 80 – **20 ch** 690/1490, 15 duplex

à Amilly *par ③ : 5 km – 11 029 h. alt. 110 – ✉ 45200 :*

Belvédère sans rest, 192 r. J. Ferry ☏ 02 38 85 41 09, *Fax 02 38 98 75 63*, – TV P. GB
fermé 16 au 30 août et 24 déc. au 13 janv. – 50 – **24 ch** 275/350

XX **Auberge de l'Écluse,** r. Ponts (au bord du Canal) ☏ 02 38 85 44 24, *Fax 02 38 85 75 89*, – P. GB.
fermé jeudi soir, dim. soir et lundi – **Repas** 145/230

Au moment de chercher un hôtel ou un restaurant, soyez efficace. Sachez utiliser les noms ***soulignés en rouge*** *sur les* ***cartes Michelin*** *à 1/200 000.*
Mais ayez une carte à jour!

Le MONTAT *46 Lot 79 ⑱ – rattaché à Cahors.*

MONTAUBAN P *82000 T.-et-G. 79 ⑰ ⑱ G. Midi-Pyrénées – 51 224 h alt. 98.*

Voir *Le vieux Montauban★ : portail★ de l'hôtel Lefranc-de-Pompignan* **Z E** – *Musée Ingres★ – Place Nationale★ – Dernier Centaure mourant★ (bronze de Bourdelle)* **B**.
Env. *Pente d'eau de Montech★ : 15 km par ③ et D 928.*
Office de Tourisme Ancien Collège pl. Prax ☏ 05 63 63 60 60, Fax 05 63 63 65 12.
Paris 644 ① – Toulouse 56 ③ – Agen 75 ④ – Albi 72 ② – Auch 85 ③ – Cahors 61 ①.

Plan page ci-contre

Mercure M, 12 r. Notre-Dame ☏ 05 63 63 17 23, *mercure.montauban@wanadoo;fr, Fax 05 63 66 43 66* – TV – 15 à 50. AE GB Z s
Repas 85/210, enf. 45 – 55 – **44 ch** 470/540

XX **Les Saveurs d'Ingres,** 13 r. Hôtel de Ville ☏ 05 63 91 26 42, *Fax 05 63 66 28 92* – . GB Z u
fermé 20 août au 3 sept., 2 au 9 janv., lundi sauf de sept. à juin, sam. midi et dim. soir – **Repas** 98 (déj.), 155/290

XX **Cuisine d'Alain et Hôtel Orsay** avec ch, face gare ☏ 05 63 66 06 66, *Fax 05 63 66 19 39*, – TV – 20. AE GB Y f
fermé 6 au 26 août, 23 déc. au 7 janv., lundi midi, dim. et fêtes – **Repas** 130/320, enf. 70 – 42 – **20 ch** 290/360

XX **Au Chapon Fin,** 1 pl. St-Orens ☏ 05 63 63 12 10, *Fax 05 63 20 47 43* – . GB Y d
fermé 21 juil. au 20 août, vend. soir et sam. – **Repas** 95/180, enf. 60

XX **Au Fil de l'Eau,** 14 quai Dr Lafforgue ☏ 05 63 66 11 85, *Fax 05 63 66 11 85* – . GB JCB X e
fermé 27 août au 6 sept., dim. soir et lundi – **Repas** *(89)* - 130/295, enf. 55

X **Mille Saveurs,** 6 r. St-Jean ☏ 05 63 66 37 51 – . GB X a
fermé 1er au 20 août, 2 au 10 janv., dim. soir et lundi – **Repas** 70 (déj.), 105/205

MONTAUBAN

Abbaye (R. de l') . . . . Z
Alsace-Lorraine (Bd) . . . . . X 3
Arago (R.) . . . . Z
Banque (R. de la) . . . . Z
Barbazan (R.) . . . . Z
Bourdelle (Pl.) . . . . Z 4
Bourjade (Pl. L.) . . . . Z 6
Briand (Av. A.) . . . . Y 7
Cambon (R.) . . . . Z 9
Carmes (R. des) . . . . Z 10
Chamier (Av.) . . . . Y 12
Cladel (R. L.) X
Comédie (R. de la) . . . . Z 13
Consul-Dupuy (Allée du) . . Z 14
Coq (Pl. du) . . . . Z 16
Dr-Alibert (R.) X
Dr-Lacaze (R. du) . . . . Z 19
Doumerc (Bd B.) X
Foch (Pl. du Mar.) . . . . Z
Fort (R. du) . . . . Z
Gambetta (Av.) . . . . YZ
Garrisson (Bd G.) . . . . YZ
Gaulle (Av. Ch.-de) . . . . Y 25
Grand'Rue Sapiac . . . . Z
Grand'Rue Villenouvelle . . X 28
Guibert (Pl.) . . . . Z 29
Herriot (Av. E.) . . . . Y 30
Hôtel-de-Ville (R. de l') . . . . Z 31
Ingres (R. D.) X
Jourdain (R. A.) . . . . Z
Lacapelle (Fg) . . . . YZ
Lafon (R. Mary) . . . . Z 32
Lafon (R. du Pasteur L.) . . Y 34
Lagrange (R. L.) . . . . YZ 35
Leclerc (Pl. du Gén.) . . . . . Z
Libération (Pl. de la) X
Lycée (R. du) . . . . Z
Malcousinat (R.) . . . . Z 36
Mandoune (R. de la) . . . . . . Z
Marceau-Hamecher (Av.) . Y 37
Marre (R. H.) . . . . Z
Marty (Pl. A.) . . . . XY
Martyrs (Carrefour des) . . . Z 46
Mayenne (Av.) . . . . Y 50
Michelet (R.) . . . . Z 51
Midi-Pyrénées (Bd) . . . . Z 52
Monet (R. J.) . . . . Z 53
Montauriol (Bd) . . . . Y
Montmurat (Q. de) . . . . Z 54
Mortarieu (Allées de) . . . . . Z 56
Moustier (Fg du) . . . . Z
Nationale (Pl.) . . . . Z
Notre-Dame (R.) . . . . Z 60
Piquard (Sq. Gén.) . . . . Z 62
Pouvillon (R. E.) . . . . Z
Prax-Paris (Pl.) . . . . Z
République (R. de la) . . . . . Z 63
Résistance (R. de la) . . . . . Z 64
Roosevelt (Pl. F.) . . . . Z 66
St-Jean (R.) . . . . X 67
Ste-Claire (R.) . . . . Z
Sapiac (Pont de) . . . . YZ 68
Sarrail (R. Gén.) . . . . Y 70
Verdun (Q. de) . . . . Z 71
10e-Dragons (Av. du) X
IIe-Rég.-d'Infanterie (Av. du) . . . . X 73
19-Août-1944 (Av. du) . . . . X 75
22-Septembre (Pl.du) . . . . . Z 76

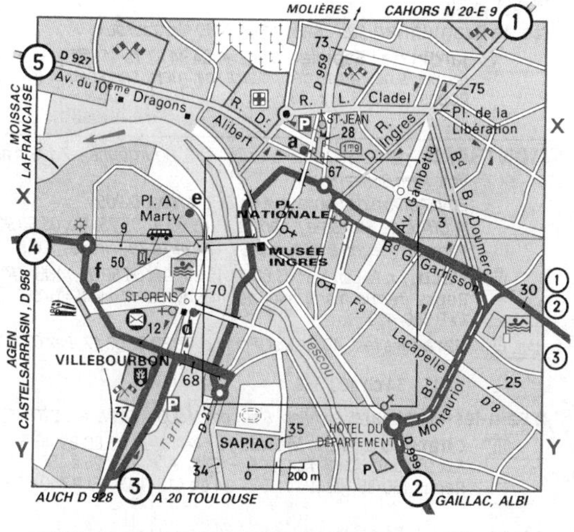

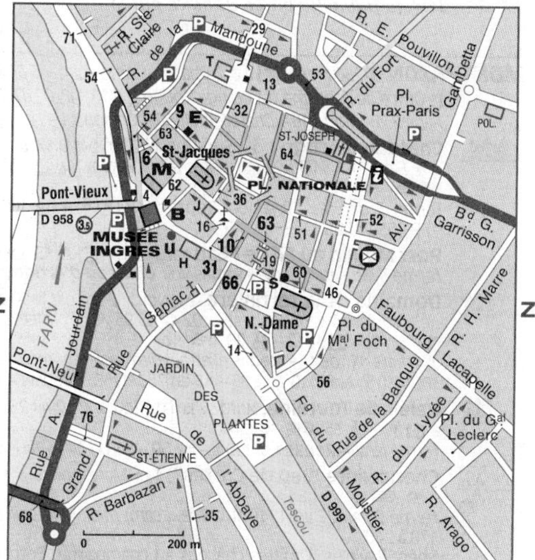

Pas de publicité payée dans ce guide.

MONTAUBAN-DE-LUCHON *31 H.-Garonne 85 ⑳ – rattaché à Bagnères-de-Luchon.*

MONTAUROUX *83440 Var 84 ⑧, 114 ⑫ ㉕, 115 ㉓ G. Côte d'Azur – 2 773 h alt. 364.*

Office de Tourisme pl. du Clos ☎ 04 94 47 75 90, Fax 04 94 47 61 97.

Paris 895 – Cannes 33 – Draguignan 42 – Fréjus 29 – Grasse 21.

rte de Grasse *Sud-Est : 3 km – ✉ 83340 Montauroux :*

XX **Auberge des Fontaines d'Aragon,** D 37 ☎ 04 94 47 71 65, *Fax 04 94 47 71 65,* ⛱, – P, GB, *fermé 15 nov. au 1er déc., 15 janv. au 1er fév., jeudi sauf le soir d'avril à sept. et merc.* – **Repas** 215/380

rte de Draguignan *Sud : 3 km – ✉ 83440 Montauroux :*

✗ **Jardin de l'Espicier,** D 562 ✆ 04 94 47 75 41, – P. GB
fermé 15 nov. au 15 déc., mardi soir, merc. soir et jeudi soir du 15 déc. au 30 avril et lundi –
Repas 125/205, enf. 58

MONTBARD *21500 Côte-d'Or 65 ⑦ G. Bourgogne – 7 108 h alt. 221.*

Voir *Parc Buffon*★.
Env. *Abbaye de Fontenay*★★★ *E : 6 km par D 905.*
Office de Tourisme r. Carnot ✆ 03 80 92 03 75, Fax 03 80 92 03 75.
Paris 237 – Dijon 81 – Autun 87 – Auxerre 78 – Troyes 100.

L'Écu, 7 r. A. Carré ✆ 03 80 92 11 66, *Fax 03 80 92 14 13,* – TV. AE GB
Repas *(fermé mardi midi du 14 nov. au 11 avril)* 101/360 – 50 – **23 ch** 350/500 – ½ P 380/420

Gare sans rest, 10 av. Mar. Foch ✆ 03 80 92 02 12, *Fax 03 80 92 41 72,* – TV P. AE GB
45 – **34 ch** 190/360

à Fain-lès-Montbard *Sud-Est : 6 km par N 905 – 341 h. alt. 220 – ✉ 21500 :*

Château de Malaisy , ✆ 03 80 89 46 54, *ch-malaisy@ifrance.com, Fax 03 80 92 30 16,* , , – TV P – 25 à 150. GB.
Repas 150/350 bc – 50 – **24 ch** 310/850 – ½ P 340/595

Pas de publicité payée dans ce guide.

MONTBAZON *37250 I.-et-L. 64 ⑮ G. Châteaux de la Loire – 3 354 h alt. 59.*

Office de Tourisme "La Grange Rouge" - N10 - ✆ 02 47 26 97 87, Fax 02 47 34 01 78.
Paris 251 – Tours 16 – Châtellerault 59 – Chinon 41 – Loches 33 – Saumur 70.

Château d'Artigny , Sud-Ouest : 2 km par D 17 ✆ 02 47 34 30 30, *contact@artigny.com, Fax 02 47 34 30 39,* ≤ l'Indre, , « Parc », , , , – TV P – 20 à 40. AE GB JCB
fermé 3 déc. au 12 janv. – **Repas** 290/490 – 100 – **52 ch** 920/1850, 4 duplex – ½ P 1030/1395

Port Moulin au Fil de l'Eau sans rest, – TV P. AE GB JCB
fermé 3 déc. au 12 janv. – Repas voir ***Château d'Artigny*** – 100 – **9 ch** 750/1100

Domaine de la Tortinière , Nord : 2 km par N 10 et D 287 ✆ 02 47 34 35 00, *domaine.tortiniere@wanadoo.fr, Fax 02 47 65 95 70,* ≤ vallée de l'Indre, , « Dans un parc », , , – TV P – 20. GB.
1er mars-1er déc. – **Repas** *(fermé dim. soir en mars et nov.)* (prévenir) 230 bc (déj.), 300/430, enf. 110 – 85 – **15 ch** 750/1250, 6 appart – ½ P 630/960

Relais de Touraine, Nord : 2 km rte Tours ✆ 02 47 26 06 57, *Fax 02 47 26 18 40,* , – TV P – 35. GB. ch
fermé janv. – **Repas** 120/190 – 50 – **21 ch** 340 – ½ P 300/360

✗✗ **Chancelière "Jeu de Cartes",** 1 pl. Marronniers ✆ 02 47 26 00 67, *Fax 02 47 73 14 82* – . GB
fermé 20 au 26 août, 10 au 28 fév., sam. midi, dim. soir et lundi – **Repas** 130/230 et carte 170 à 240
Spéc. Ravioles d'huîtres chaudes au champagne. Cotriade épicée de poissons blancs et écrevisses. Côte de cochon fermier au sautoir. **Vins** Montlouis, Chinon

✗✗ **Auberge de la Courtille,** 13 av. Gare ✆ 02 47 26 28 26, *Fax 02 47 26 14 34* – GB
fermé 15 juil. au 12 août, dim. soir et merc. – **Repas** 105/230

Ouest : *5 km par N 10, D 287 et D 87 – ✉ 37250 Montbazon :*

✗✗ **Moulin Fleuri** avec ch, ✆ 02 47 26 01 12, *Fax 02 47 34 04 71,* ≤, « Ancien moulin au bord de l'Indre », – TV P. AE GB JCB
fermé 1er fév. au 13 mars, dim. soir du 12 nov. au 30 mars, lundi et jeudi midi sauf fériés –
Repas 175/310, enf. 75 – 50 – **10 ch** 320 – ½ P 378

MONTBÉLIARD *25200 Doubs 66 ⑧ G. Jura – 29 005 h Agglo. 117 510 h alt. 325.*

Voir *Le Vieux Montbéliard*★ *: hôtel Beurnier-Rossel*★ *– Sochaux : Musée de l'aventure Peugeot*★.
Office de Tourisme 1 r. H.-Mouhot ✆ 03 81 94 45 60, Fax 03 81 94 14 04.
Paris 420 ④ – Besançon 77 ④ – Mulhouse 60 ② – Belfort 22 ② – Vesoul 62 ①.

MONTBÉLIARD

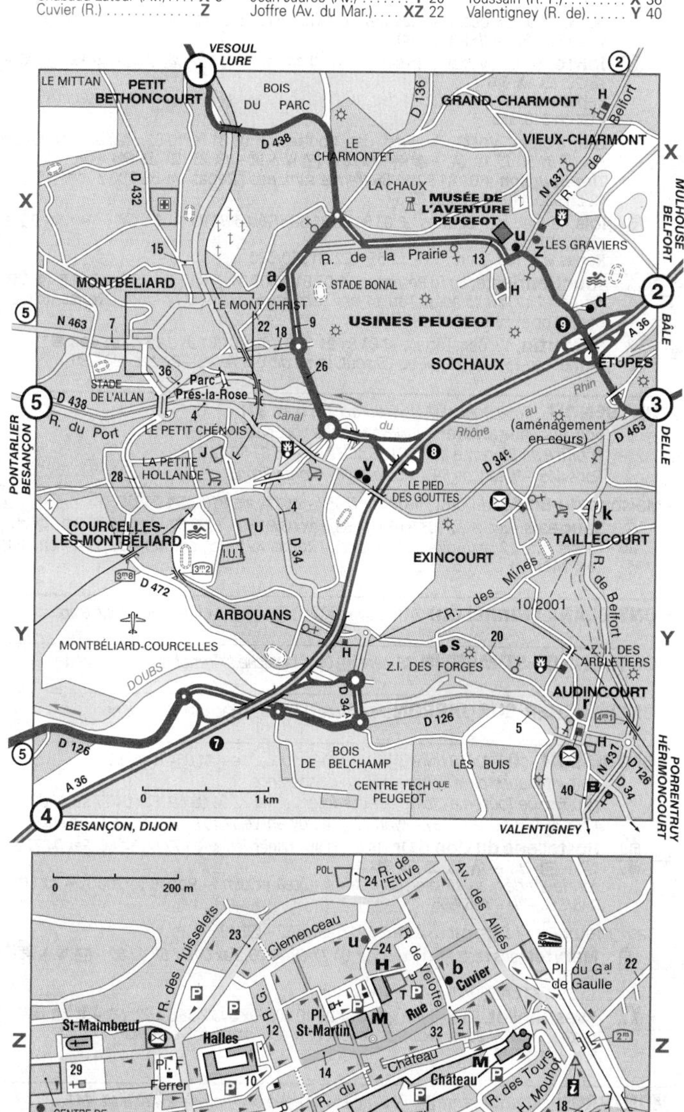

Bristol sans rest, 2 r. Velotte ✆ 03 81 94 43 17, *Fax 03 81 94 15 29* – TV ✆ P – 50. AE GB. Z b
fermé 27 juil. au 27 août et 26 déc. au 3 janv. – ☐ 36 – **43 ch** 265/445

Balance, 40 r. Belfort ✆ 03 81 96 77 41, *Fax 03 81 91 47 16* – TV ✆ & P – 15. AE ⓓ GB. Z s
fermé 23 au 28 déc. – **Repas** *(fermé sam., dim. et le midi en août)* 105/170 ♀ – ☐ 48 – **42 ch** 350/500 – ½ P 350/380

Joffre, 34 bis av. Mar. Joffre ✆ 03 81 94 44 64, *Fax 03 81 94 37 40* – TV ✆ & P – 20. AE ⓓ GB X a
Repas snack *(fermé août, 24 déc. au 1er janv., vend., sam. et dim.)* (dîner seul.) 95 – ☐ 47 – **62 ch** 318/353

Les Relais Verts, le Pied des Gouttes ✆ 03 81 90 10 69, *relais.vert@wanadoo.fr, Fax 03 81 90 15 18,* – rest, TV ✆ & P – 25. AE ⓓ GB JCB X v
Tire-Bouchon ✆ 03 81 90 11 56 *(fermé sam. midi)* **Repas** *(78)*-98/280 ♀, enf. 45 – ☐ 55 – **42 ch** 330/410 – ½ P 285/305

Ibis, le Pied des Gouttes ✆ 03 81 90 21 58, *Fax 03 81 90 44 37,* – TV & P – 30. AE ⓓ GB JCB X v
Repas *(82)* - 105, enf. 39 – ☐ 35 – **62 ch** 350/380

Tour Henriette, 59 fg Besançon ✆ 03 81 91 03 24, *Fax 03 81 96 71 43* – AE ⓓ GB
fermé 14 juil. au 15 août, 7 au 14 janv. sam. midi, dim. soir et lundi – **Repas** 100 (déj.), 150 bc/250 bc et carte 250 à 380 ♀ Z r

St-Martin, 1 r. Gén. Leclerc ✆ 03 81 91 18 37, *Fax 03 81 91 18 37* – AE ⓓ GB Z u
fermé 7 au 15 avril, 28 juil. au 20 août, sam., dim. et fériés – **Repas** 180/280

MONTBENOIT *25650 Doubs* 70 ⑦ *G. Jura – 238 h alt. 804.*

Voir *Ancienne abbaye★ : stalles★★, niche abbatiale★★.*

Office de Tourisme ✆ 03 81 38 10 32, Fax 03 81 38 12 97.

Paris 465 – Besançon 59 – Morteau 18 – Pontarlier 15.

à Maisons-du-Bois *Sud-Ouest : 4 km sur D 437 – 461 h. alt. 810 – ✉ 25650 :*

Saugeais avec ch, ✆ 03 81 38 14 65, *Fax 03 81 38 11 27,* – TV ✆ P. GB. ch
fermé 8 au 22 janv., dim. soir et lundi – **Repas** 70/170 ♀, enf. 40 – ☐ 35 – **7 ch** 200/265 – ½ P 240/280

MONT-BLANC (Tunnel du) *74 H.-Savoie* 74 ⑧ ⑨ *– voir à Chamonix-Mont-Blanc.*

MONTBONNOT-ST-MARTIN *38 Isère* 77 ⑤ *– rattaché à Grenoble.*

MONTBOUCHER-SUR-JABRON *26 Drôme* 81 ① *– rattaché à Montélimar.*

MONTBRISON *42600 Loire* 73 ⑰ *G. Vallée du Rhône – 14 064 h alt. 391.*

Voir *Intérieur★ de la Collégiale N.-D.-d'Espérance.*

Office de Tourisme Cloître des Cordeliers ✆ 04 77 96 08 69, Fax 04 77 96 20 88.

Paris 461 – St-Étienne 37 – Lyon 77 – Le Puy-en-Velay 101 – Roanne 67 – Thiers 69.

Hostellerie du Lion d'Or, 14 quai Eaux Minérales ✆ 04 77 58 34 66, *Fax 04 77 58 73 13,* – TV – 30. AE ⓓ GB
fermé 20 déc. au 16 janv., sam. (sauf hôtel) et dim. – **Repas** 85/200 – ☐ 60 – **19 ch** 245/350 – ½ P 495/595

à Savigneux *Est : 1,5 km par D 496 – 2 391 h. alt. 382 – ✉ 42600 :*

Marytel sans rest, 95 rte Lyon ✆ 04 77 58 72 00, *Fax 04 77 58 42 81* – TV ✆ & P – 40. AE ⓓ GB
☐ 35 – **33 ch** 260/290

Yves Thollot, 93 rte Lyon ✆ 04 77 96 10 40, *Fax 04 77 58 31 92,* – P. AE GB
fermé 1er au 21 août, vacances de fév., dim. soir, mardi soir et lundi
Repas 110/310

MONTBRON *16220 Charente* 72 ⑮ *G. Poitou Vendée Charentes – 2 422 h alt. 141.*

Paris 463 – Angoulême 30 – Nontron 23 – Rochechouart 37 – La Rochefoucauld 14.

Hostellerie Château Ste-Catherine, au Sud : 4,5 km par rte Marthon ✆ 05 45 23 60 03, *Fax 05 45 70 72 00,* <, , « Demeure du 18e siècle dans un parc », – TV ✆ P. AE GB
fermé fév. – **Repas** *(fermé dim. soir de nov. à mars)* 130 (déj.), 160/230 – ☐ 50 – **16 ch** 350/600 – ½ P 350/500

MONTCEAU-LES-MINES *71300 S.-et-L.* 69 ⑰ ⑱ *G. Bourgogne – 22 999 h alt. 285.*

Env. *Mont-St-Vincent : tour* ✻★★ *12 km par* ②.

Office de Tourisme 1 pl. Hôtel-de-Ville ✆ *03 85 69 00 00, annexe (dim. et jours fériés mi avril-fin sept.) Musée archéologique J.-Régnier et au Port de Plaisance à la Capitainerie.*

Paris 328 ① – Chalon-sur-Saône *45* ① – *Autun 42* ① – *Mâcon 70* ② – *Moulins 90* ③.

MONTCEAU-LES-MINES

André-Malraux (R.) .... **AY** 3
Barbès (R.) .... **ABZ**
Bel-Air (R. de) .... **BY** 4
Carnot (R.) .... **AZ** 6
Champ-du-Moulin (R. du) .... **BYZ** 7
Chausson (R. Henri) .... **BZ** 9
Emorine (R. Antoine) ...... **BZ** 10
Gauthey (Quai) .... **AZ** 12
Génelard (R. de) .... **BZ** 13
Guesde (Quai Jules) .... **AY** 14
Hospice (R. de l') .... **AZ** 15
Jean-Jacques-Rousseau (R.) .... **BZ** 16
Jean-Jaurès (R.) .... **AZ**
Lamartine (R.) .... **AZ** 19
Merzet (R. Etienne) .... **BY** 21
Palinges (R. de) .... **BZ** 22
Paul-Bert (R.) .... **AZ** 24
Pépinière (R. de la) ...... **AY** 25
République (R. de la) ..... **AY** 26
Sablière (R. de la) .... **ABY** 27
St-Vallier (R. de) .... **BZ** 28
Semard (R. de) .... **BZ** 30
Strasbourg (R. de) .... **BZ** 31
Tournus (R. de) .... **BZ** 33
8-Mai-1945 (R. du) .... **BY** 34
11-Nov.-1918 (R. du) ...... **AY** 36

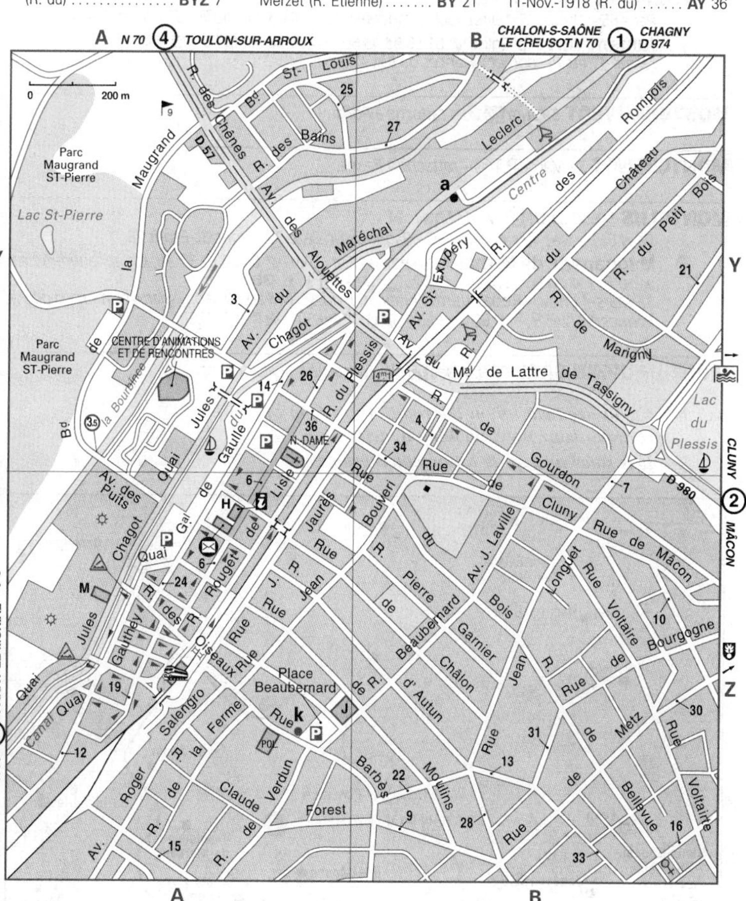

Grilhôtel, av. Mar. Leclerc (proche centre commercial) ✆ 03 85 57 49 49, *Fax 03 85 57 72 23* – GB BY a
Repas *(fermé dim. soir)* 65/155 ♀, enf. 38 – ☕ 38 – **30 ch** 275 – ½ P 223/315

France avec ch, 7 pl. Beaubernard ✆ 03 85 67 95 30, *hotel.restaurant.lefrance@wanadoo.fr, Fax 03 85 67 95 44* – rest, GB AZ k
fermé 31 juil. au 20 août – **Repas** *(fermé dim. soir et lundi)* 110 bc/395, enf. 55 – ☕ 38 – **10 ch** 235/320 – ½ P 350/390

par ② *et D 980 : 4 km* – ✉ *71300 Gourdon :*

X **Auberge Plain-Joly** avec ch, ☎ 03 85 57 24 74, *Fax 03 85 57 24 74*, – TV P. GB
Repas 78/140 ⅀ – ☕ 38 – **8 ch** 170/290 – 1/2 P 210

à Galuzot *Sud-Ouest : 5 km par* ③ *et D 974* – ✉ *71230 St-Vallier :*

X **Moulin de Galuzot,** ☎ 03 85 57 18 85 – P. AE GB
fermé 24 juil. au 17 août, mardi soir, dim. soir et merc. – **Repas** 90/220

MONTCENIS *71 S.-et-L.* 69 ⑧ *– rattaché au Creusot.*

MONTCHAUVET *78790 Yvelines* 55 ⑱ *– 236 h alt. 100.*
Paris 65 – Dreux 33 – Évreux 47 – Mantes-la-Jolie 16 – Rambouillet 39 – Versailles 44.

X **Jument Verte,** pl.Église ☎ 01 30 93 43 60, *Fax 01 30 93 49 20* – AE GB
fermé 1er au 15 sept. et vacances de fév. – **Repas** 140/210

MONTCHAUVROT *39 Jura* 70 ④ *– rattaché à Poligny.*

MONTCHENOT *51 Marne* 56 ⑯ *– rattaché à Reims.*

MONTCLUS *30630 Gard* 80 ⑨ *– 134 h alt. 94.*
Paris 661 – Alès 45 – Avignon 59 – Bagnols-sur-Cèze 25 – Pont-St-Esprit 25.

Magnanerie de Bernas, à Bernas, Est : 2 km ☎ 04 66 82 37 36, *lamagnanerie@wanadoo.fr, Fax 04 66 82 37 41*, – TV P. GB
15 mars-11 nov. – **Repas** *(fermé lundi midi du 13 avril au 30 sept., mardi et merc. d'oct. à Pâques)* 98/245 ⅀, enf. 60 – ☕ 60 – **13 ch** 280/650 – 1/2 P 350/425

MONT-DAUPHIN GARE *05 H.-Alpes* 77 ⑱ *– rattaché à Guillestre.*

If you are held up on the road - from 6pm onwards -
confirm your hotel booking by telephone.
It is safer and quite an accepted practice.

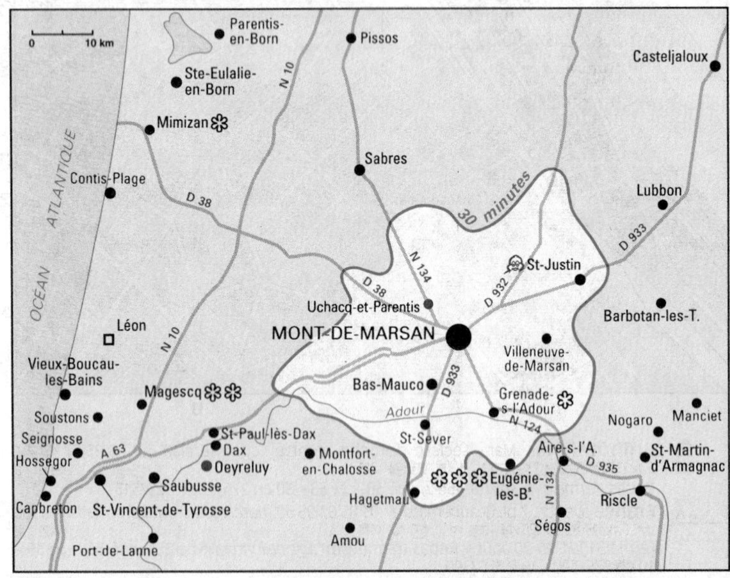

MONT-DE-MARSAN P 40000 *Landes* 82 ① *G. Aquitaine – 28 328 h alt. 43.*

Voir *Musée Despiau-Wlérick*★.

Office de Tourisme (fermé le dim.) 6 pl. Gén.-Leclerc ☎ 05 58 05 87 37, Fax 05 58 05 87 36.

Paris 711 ① – Agen 121 ① – Bayonne 106 ⑥ – Bordeaux 131 ① – Pau 85 ③ – Tarbes 102 ③.

MONT-DE-MARSAN

Alsace-Lorraine (R. d') .... AZ 2
Bastiat (R. F.) .... ABZ
Bosquet (R. Mar.) .... AZ 3
Briand (R. A.) .... BY 4
Brouchet (Allées) .... BZ 5
Carnot (Av. Sadi) .... BZ 6
Delamarre (Bd) .... BZ 8
Despiau (R. Ch.) .... AZ 9
Farbos (Allée Raymond) .... BZ 10
Gambetta (R. L.) .... BZ 12
Gaulle (Pl. Ch.-de) .... BY 13
Gourgues (R. D.-de) .... BY 14
Landes (R. L. des) .... BZ 15
Lasserre (R. Gén.) .... AZ 16
Lattre-de-Tassigny (Bd de) .... BY 17
Lesbazeilles (R. A.) .... BZ 18
Martinon (R.) .... BZ 19
Pancaut (Pl. J.) .... AZ 20
Poincaré (Pl. R.) .... AY 21
Président-Kennedy (Av. du) .... BZ 22
St-Jean-d'Août (R.) .... AY 24
St-Roch (Pl.) .... BZ 25
Victor-Hugo (R.) .... BY 26
8-Mai-1945 (R. du) .... BY 27
34e-d'Inf. (Av. du) .... BZ 28

Dans la liste des rues des plans de villes, les noms en rouge indiquent les principales voies commerçantes.

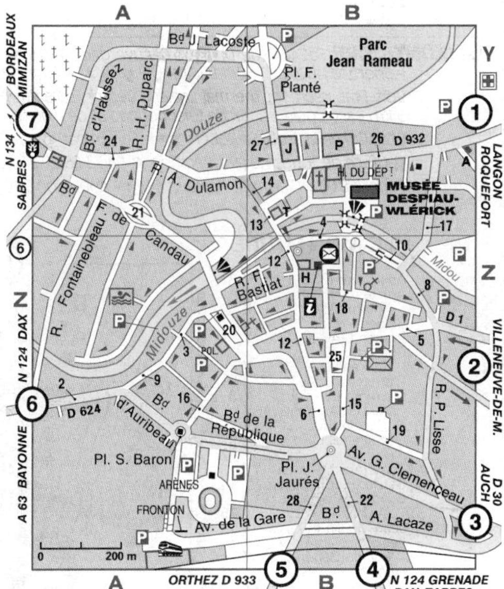

Renaissance ⛔, rte Villeneuve par ② : *2 km* ☎ 05 58 51 51 51, *Fax 05 58 75 29 07*, 🌳, 🏊, 🌲 – 📺 ♿ 🅿 – 🎪 20 à 50. AE ⓓ GB
Repas *(fermé 24 au 30 déc., 1er au 5 janv., vend. soir, sam. midi et dim.)* 145/195 🍷 – ☕ 40 – **29 ch** 300/600 – ½ P 330/460

Abor Ⓜ, rte Grenade par ④ : *3 km* ✉ 40280 St-Pierre-du-Mont ☎ 05 58 51 58 00, *abor@free.fr, Fax 05 58 75 78 78*, 🌳, 🏊 – 🛗 ⛔ ▤ 📺 📞 ♿ 🅿 – 🎪 15 à 50. AE GB
Repas *(fermé 20 déc. au 5 janv., dim. midi et sam. sauf saison et fériés)* 98/120 🍷, enf. 58 – ☕ 54 – **68 ch** 298/365 – ½ P 286/325

Zanchettin avec ch, rte Villeneuve par ② : *3 km* ☎ 05 58 75 19 52, *Fax 05 58 85 92 04*, 🌳, 🌲 – 📺 🅿. GB. ⛔ ch
fermé 15 août au 11 sept. – **Repas** *(fermé dim. soir et lundi)* 73/165, enf. 50 – ☕ 28 – **9 ch** 170/280 – ½ P 180/205

à Uchacq-et-Parentis *par ⑦ : 7 km – 403 h. alt. 50 – ✉ 40090 :*

Didier Garbage, N 134 ☎ 05 58 75 33 66, *didier.garbage@wanadoo.fr, Fax 05 58 75 22 77*, 🌳 – ▤ 🅿. AE ⓓ GB
fermé 2 au 12 janv. – **Repas** 98/380 bc 🍷, enf. 80 - ***Bistrot*** *(fermé dim. soir et lundi)* **Repas** 69bc et carte environ 130

MONTDIDIER 80500 Somme 52 ⑲ *G. Picardie Flandres Artois – 6 262 h alt. 82.*

Office de Tourisme 5 pl. du Gén.-de-Gaulle ✆ 03 22 78 92 00, Fax 03 22 78 00 88.

Paris 108 – Amiens 41 – Compiègne 36 – Beauvais 50 – Péronne 48 – St-Quentin 64.

Dijon, 1 pl. 10-Août-1918 (rte de Rouen) ✆ 03 22 78 01 35, *Fax 03 22 78 27 24* – TV. GB
fermé 5 au 25 août, sam. (sauf hôtel) et dim. soir – **Repas** 92/152 – 42 – **19 ch** 235/330

Le MONT-DORE 63240 P.-de-D. 73 ⑬ *G. Auvergne – 1 975 h alt. 1050 – Stat. therm. (3 mai-20 oct.) – Sports d'hiver : 1 050/1 850 m 2 18 – Casino* **Z.**

Voir *Etablissement thermal : galerie César*★, *salle des pas perdus* ★ – *Puy de Sancy* ★★★ *5 km par ② puis 1 h. AR de téléphérique et de marche – Funiculaire du capucin*★.

Env. *Col de la Croix-St-Robert* ★★ *6,5 km par ②.*

Office de Tourisme av. Libération ✆ 04 73 65 20 21, Fax 04 73 65 05 71.

Paris 468 ① – Clermont-Ferrand 44 ① – Aubusson 90 ⑤ – Issoire 50 ① – Ussel 56 ④.

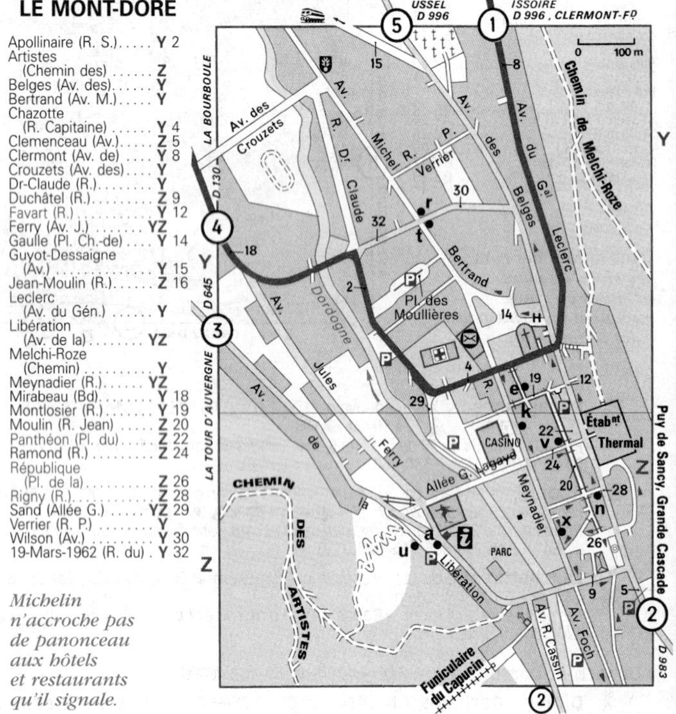

Panorama ⑤, av. Libération ✆ 04 73 65 11 12, *panorama@nat.fr, Fax 04 73 65 20 80*, ←, ⅃, 🏊, 🌳 – 🛗 TV ✆ P. GB. ✻ rest — Z u
début mai-10 oct. et 25 déc.-15 mars – **Repas** 110/195, enf. 70 – ☕ 65 – **39 ch** 385/470 – ½ P 412/435

Castelet, av. M. Bertrand ✆ 04 73 65 05 29, *Fax 04 73 65 27 95*, 🏊, 🌳 – 🛗 TV ✆ P. ⊕ GB. ✻ rest — Y t
18 mai-30 sept., 20 déc.-6 janv. et 23 janv.-30 mars – **Repas** 98/195, enf. 50 – ☕ 37 – **34 ch** 338/380 – ½ P 311/336

Annexe Wilson M sans rest, ✆ 04 73 65 00 06, *Fax 04 73 65 27 95*, 🌳 – 🛗 cuisinette TV ✆ ♿ P. GB — Y r
18 mai-30 sept. et 20 déc.-30 mars – ☕ 37 – **4 ch** 396, 12 studios 396/510

Parc, r. Meynadier ✆ 04 73 65 02 92, *Fax 04 73 65 28 36* – |♦| TV ✆. AE GB. ⚘ rest Z k
30 avril-8 oct. et 26 déc.-20 mars – **Repas** 87/105 ♁, enf. 39 – ☕ 37 – **33 ch** 250/270 – 1/2 P 255

Londres sans rest, r. Meynadier ✆ 04 73 65 01 12 – |♦|. GB Z x
fermé 16 sept. au 30 déc. – ☕ 30 – **21 ch** 210/250

Paix, r. Rigny ✆ 04 73 65 00 17, *Fax 04 73 65 00 31* – |♦| TV ✆. GB Z n
fermé 15 oct. au 22 déc. – **Repas** 86/180, enf. 43 – ☕ 38 – **36 ch** 220/270 – 1/2 P 240

Paris, 11 pl. Panthéon ✆ 04 73 65 01 79, *Fax 04 73 65 20 98*, ☂, Fō – |♦| TV. GB. ⚘ rest Z v
8 mai-15 oct. et 25 déc.-1er avril – **Repas** (65) - 75/165 bc ♀, enf. 35 – **23 ch** ☕ 250/300 – 1/2 P 290

Les Charmettes sans rest, 30 av. G. Clemenceau par ② ✆ 04 73 65 05 49, *Fax 04 73 65 20 28* – P. GB. ⚘
15 mai-8 oct., vacances de Toussaint, de Noël, de fév. et week- ends en hiver – ☕ 30 – **21 ch** 265

Madalet sans rest, av. Libération ✆ 04 73 65 03 13, *Fax 04 73 65 00 93* – ✆. GB Z a
début mai-fin sept. et Noël-Pâques – ☕ 26 – **18 ch** 160/235

Mon Clocher, r. M. Sauvagnat ✆ 04 73 65 05 41, *Fax 04 73 65 20 80* – TV. GB Y e
15 mai-30 sept. et 2 fév.-10 mars – **Repas** 77/100 ♁, enf. 32 – ☕ 36 – **30 ch** 178/269 – 1/2 P 220/260

au Genestoux *par ⑤ : 3,5 km sur D 996* – ✉ *63240 Le Mont-Dore :*

Pitsounet, ✆ 04 73 65 00 67, *Fax 04 73 65 06 22*, ☂ – P. GB
fermé mi-oct. à mi-déc., dim. soir et lundi sauf fév. et août – **Repas** 75 (dîner), 85/175 ♀, enf. 45

Dans ce guide
un même symbole, un même caractère,
imprimé en couleur ou en ***noir***, *en maigre ou en* ***gras***,
n'ont pas tout à fait la même signification.
Lisez attentivement les pages explicatives.

MONTE-CARLO Principauté de Monaco 84 ⑩,, 115 ㉗ ㉘ – *voir à Monaco.*

MONTEILS *12200 Aveyron* 79 ⑳ – *490 h alt. 240.*

ℹ *Syndicat d'Initiative Mairie ✆ 05 65 29 63 48.*
Paris 619 – Rodez 68 – Albi 56 – Montauban 70 – Villefranche-de-Rouergue 11.

Clos Gourmand ⛰ avec ch, ✆ 05 65 29 63 15, *Fax 05 65 29 64 98*, ☂, ⛱ – AE GB. ⚘ rest
1er mars-31 oct. – **Repas** 70/180 ♁ – ☕ 35 – **4 ch** 280 – 1/2 P 250

MONTEILS *82 T.-et-G.* 79 ⑱ – *rattaché à Caussade.*

MONTÉLIER *26120 Drôme* 77 ⑫ – *2 738 h alt. 219.*

Paris 569 – Valence 12 – Crest 26 – Romans-sur-Isère 13.

Martinière, rte Chabeuil ✆ 04 75 59 60 65, *Fax 04 75 59 69 20*, ☂, ⛱ – TV ✆ P – 🏠 25. AE ◑ GB JCB
Repas 85/280 ♀ – ☕ 35 – **30 ch** 220/280 – 1/2 P 250

MONTÉLIMAR *26200 Drôme* 81 ① *G. Vallée du Rhône* – *29 982 h alt. 90.*

Voir *Allées provençales*★ – *Musée de la Miniature*★ **M.**
Env. *Site*★★ *du Château de Rochemaure*★, *7 km par ④.*
ℹ *Office de Tourisme allées Provençales ✆ 04 75 01 00 20, Fax 04 75 52 33 69.*
Paris 605 ① – Valence 46 ① – Avignon 85 ② – Nîmes 111 ② – Le Puy-en-Velay 132 ③.

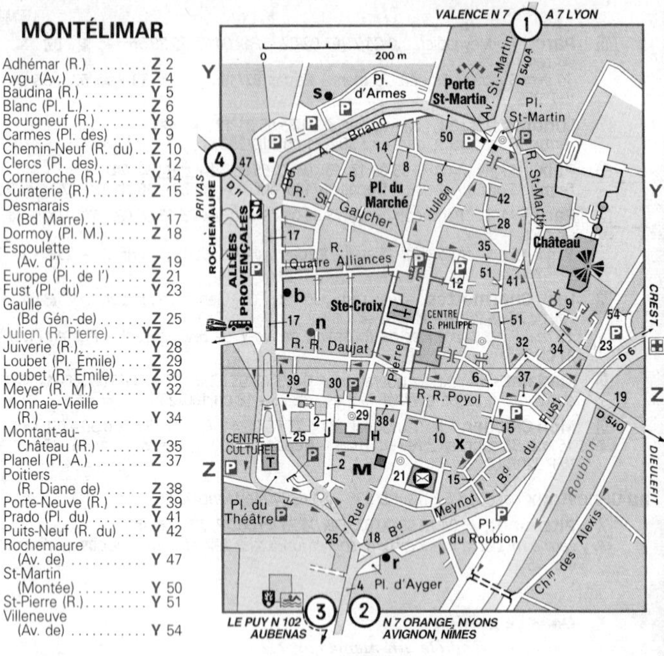

Relais de l'Empereur, pl. Marx Dormoy ✆ 04 75 01 29 00, *Fax 04 75 01 32 21*, – TV P. AE GB JCB — Z r
fermé mi-nov. à mi-déc. – **Repas** *(85)* - 100/255 ♀ – ☕ 45 – **31 ch** 260/670 – ½ P 440/490

Sphinx sans rest, 19 bd Desmarais ✆ 04 75 01 86 64, *Fax 04 75 52 34 21* – TV P. GB — Y b
fermé 21 déc. au 6 janv. – ☕ 36 – **24 ch** 260/335

Printemps , 8 chemin Manche par ① ✆ 04 75 01 32 63, *Fax 04 75 46 03 14*, , ,
– rest, TV P. GB. rest
fermé 15 janv. au 15 fév. et dim. du 1er nov. au 15 fév. – **Repas** (dîner seul.) 115/170 –
☕ 55 – **11 ch** 370/440 – ½ P 370/390

Provence sans rest, 118 av. J. Jaurès par ② ✆ 04 75 01 11 67, *Fax 04 75 00 92 88* –
P. GB
fermé 15 janv. au 15 fév. et sam. de nov. à fév. – ☕ 34 – **16 ch** 175/270

Beausoleil sans rest, 14 bd Pêcher ✆ 04 75 01 19 80, *Fax 04 75 01 08 17* – TV P. GB — Y s
☕ 33 – **16 ch** 280

Francis, 202 rte Marseille (direction Orange par ②) ✆ 04 75 01 43 82 – P. GB
fermé 25 juil. au 22 août, mardi soir, dim. soir et merc. sauf fériés – **Repas** 98/168 ♀, enf. 63

Petite France, 34 impasse Raymond Daujat ✆ 04 75 46 07 94 – GB — Y n
fermé 15 juil. au 20 août, 23 au 27 déc., sam. midi, dim. et fériés – **Repas** 85/165

Grillon, 40 r. Cuiraterie ✆ 04 75 01 79 02, *Fax 04 75 01 79 02*, – AE GB — Z x
fermé 3 au 23 juil., dim. soir et lundi – **Repas** 88/180 ♀, enf. 50

à L'Homme d'Armes *Nord : 4 km par N 7 – ✉ 26740 :*

Lou Mas, ✆ 04 75 01 90 83, *Fax 04 75 01 24 56* – AE GB
fermé 14 au 28 août et mardi – **Repas** 95/175 , enf. 55

à Montboucher-sur-Jabron *Sud-Est par D 940 : 4 km – 1 278 h. alt. 124 – ✉ 26740 :*

Château du Monard M , au golf de la Valdaine, sortie Montélimar-Sud ✆ 04 75 00 71 30, *hotel@domainedelavaldaine.com, Fax 04 75 00 71 31*, ←, , , , ,
– TV P – 30. AE GB
Repas *(fermé dim. soir de fin oct. à début avril)* 175/345 - ***Brasserie*** *(fermé dim. soir de nov. à mars)* **Repas** *(89)*-128 , enf. 60 – **34 ch** ☕ 795/1330 – ½ P 675/987

sur N 7 par ② : *7,5 km – ✉ 26780 Chateauneuf-du-Rhône :*

XX **Pavillon de l'Étang,** ✆ 04 75 90 76 82, *Fax 04 75 90 72 39,* – P. AE GB
fermé 3 au 19 sept., 2 au 17 janv., dim. soir et lundi – **Repas** 100/295 ♀, enf. 65

par ② : *9 km par N 7 et D 844, rte Donzère – ✉ 26780 Malataverne :*

Domaine du Colombier ✆ 04 75 90 86 86, *domainecolombier@voila.fr, Fax 04 75 90 79 40,* ←, « Jardin fleuri », – TV P – 25. AE GB
Repas 150 bc (déj.), 190/360 ♀ – ☐ 70 – **22 ch** 480/880, 3 appart – 1/2 P 500/910

MONTENACH *57 Moselle* 57 ④ *– rattaché à Sierck-les-Bains.*

MONTEUX *84 Vaucluse* 81 ⑫ *– rattaché à Carpentras.*

MONTFAUCON *25 Doubs* 66 ⑮ *– rattaché à Besançon.*

MONTFAVET *84 Vaucluse* 81 ⑫ *– rattaché à Avignon.*

MONTFERRAT *83131 Var* 84 ⑦ *– 629 h alt. 466.*
Voir *S : Gorges de Châteaudouble★,* G. Côte d'Azur.
Paris 882 – Castellane 44 – Draguignan 15 – Toulon 102.

X **Ferme du Baudron,** rte Draguignan : 1 km par D 955 ✆ 04 94 70 91 03, « Cadre rustique », – P
fermé janv., fév., merc. et le soir sauf sam. – **Repas** - grillades au feu de bois - 115/130 ♀

Si vous êtes retardé sur la route, dès 18 h, confirmez votre réservation par téléphone, c'est plus sûr... et c'est l'usage.

MONTFORT-EN-CHALOSSE *40380 Landes* 78 ⑦ *G. Aquitaine – 1 116 h alt. 110.*
Voir *Musée de la Chalosse★.*
Paris 743 – Mont-de-Marsan 42 – Aire-sur-l'Adour 59 – Dax 19 – Hagetmau 28 – Orthez 29.

Aux Tauzins, Est : 1,5 km par D 32 et D 2 ✆ 05 58 98 60 22, *Fax 05 58 98 45 79,* ←, – TV P – 25. GB
fermé 1er au 15 oct., 8 janv. au 5 fév., dim. soir et lundi sauf juil.-août et fériés – **Repas** 100/210, enf. 55 – ☐ 40 – **16 ch** 250/315 – 1/2 P 275/285

MONTFORT-L'AMAURY *78490 Yvelines* 60 ⑨, 106 ㉗ *G. Ile de France – 2 651 h alt. 185.*
Voir *Église★ – Ancien cimetière★ – Ruines du château ←★.*
Office de Tourisme 6 r. Amaury ✆ 01 34 86 87 96, Fax 01 34 86 87 96.
Paris 48 – Dreux 35 – Houdan 16 – Mantes-la-Jolie 30 – Rambouillet 20 – Versailles 27.

XX **Chez Nous,** 22 r. Paris ✆ 01 34 86 01 62, *Fax 01 34 86 84 87* – GB
fermé vacances de Toussaint, dim. soir et lundi sauf fériés
Repas 140/180

MONTGRÉSIN *60 Oise* 56 ⑪, 106 ⑧ *– rattaché à Chantilly.*

Les MONTHAIRONS *55 Meuse* 57 ⑪ *– rattaché à Verdun.*

MONTHERMÉ *08800 Ardennes* 53 ⑱ *G. Champagne Ardenne – 2 866 h alt. 180.*
Voir *Roche aux Sept Villages ←★★ S : 3 km – Roc de la Tour ←★★ E : 3,5 km puis 20 mn – Longue Roche ←★★ NO : 2,5 km puis 30 mn – Roche à Sept Heures ←★ N : 2 km – Roche de Roma ←★ S : 4 km – Vallée de la Semoy★ : Croix d'enfer ←★ E.*
Env. *Roches de Laifour★ NO : 6 km.*
Office de Tourisme Mairie ✆ 03 24 53 00 09 Bureau d'accueil (juil.-sept) pl. J.-Baptiste-Clément ✆ 03 24 54 46 73, Fax 03 24 54 87 88.
Paris 258 – Charleville-Mézières 18 – Fumay 28.

Franco-Belge, 2 r. Pasteur ✆ 03 24 53 01 20, *Fax 03 24 53 54 49* – rest, TV. GB. ch
fermé 24 sept. au 8 oct., 21 déc. au 2 janv., vend. soir, sam. midi et dim. soir de sept. à juin – **Repas** 98/268 – ☐ 36 – **13 ch** 263/330 – 1/2 P 266/298

MONTHIEUX *01390 Ain* 74 ②, 110 ⑤ *– 344 h alt. 295.*

Paris 440 – Lyon 27 – Bourg-en-Bresse 39 – Meximieux 25 – Villefranche-sur-Saône 24.

Gouverneur M, ☎ 04 72 26 42 00, *info@golfgouverneur.fr, Fax 04 72 26 42 20,* ≤, « Sur le golf », – TV P – 15 à 70. AE GB
fermé 23 déc. au 1er janv. – **Repas** 195/240 – 65 – **45 ch** 540/590, 8 appart – ½ P 430

MONTI *06 Alpes-Mar.* 84 ⑳ *– rattaché à Menton.*

MONTICELLO *2B H.-Corse* 90 ⑬ *– voir à Corse.*

MONTIGNAC *24290 Dordogne* 75 ⑦ *G. Périgord Quercy – 2 938 h alt. 77.*

Voir *Grottes de Lascaux** SE : 2 km.*

Env. *Le Thot, espace cro-magnon* S : 7 km – Église** de St-Amand de Coly E : 7 km.*

Office de Tourisme (fermé en janv.) pl. Bertran-de-Born ☎ 05 53 51 82 60, Fax 05 53 50 49 72.

Paris 494 – Brive-la-Gaillarde 39 – Périgueux 49 – Sarlat-la-Canéda 25 – Limoges 101.

Château de Puy Robert, Sud-Ouest : 1,5 km par D 65 ☎ 05 53 51 92 13, *chateau.puy.robert@wanadoo.fr, Fax 05 53 51 80 11,* ≤, « Élégante décoration intérieure », – TV P. AE GB JCB
5 mai-15 oct. – **Repas** *(fermé le midi sauf sam. et dim.)* 215/445 ♀, enf. 95 – 95 – **34 ch** 990/1520, 4 duplex – ½ P 835/1435
Spéc. Croustillant de pommes de terre et foie gras, pieds de porc panés. Sauté d'écrevisses aux girolles et courgettes (été). Cul de lapin à la moutarde de Brive.. **Vins** Haut-Montravel, Bergerac.

Roseraie, pl. d'Armes ☎ 05 53 50 53 92, *Fax 05 53 51 02 23,* « Demeure du 19e siècle dans un jardin fleuri », – TV GB
1er mai-1er nov. et 20 déc.-2 janv. – **Repas** *(fermé le midi en semaine sauf du 15 juin au 15 sept.)* carte 200 à 330 ♀, enf. 80 – 65 – **14 ch** 515/650 – ½ P 445/540

Relais du Soleil d'Or, r. 4-Septembre ☎ 05 53 51 80 22, *lessoleildor@le-soleil-dor.com, Fax 05 53 50 27 54,* « Jardin », – TV P – 60. AE GB JCB
fermé 13 janv. au 11 fév. – **Repas** *(fermé dim. soir et lundi midi de nov. à mars)* 120/285 ♀ - ***Bistrot*** (déj. seul.) *(fermé dim. soir et lundi midi de nov. à mars)* **Repas** 69 ♀, enf. 45 – 55 – **28 ch** 360/550, 4 appart – ½ P 390/490

MONTIGNY *76 S.-Mar.* 55 ⑥ *– rattaché à Rouen.*

MONTIGNY-LA-RESLE *89230 Yonne* 65 ⑤ *– 548 h alt. 155.*

Paris 170 – Auxerre 14 – St-Florentin 18 – Tonnerre 32.

Soleil d'Or M, ☎ 03 86 41 81 21, *Fax 03 86 41 86 88* – TV P – 20. AE GB JCB
Repas 79 bc (déj.), 98/330 ♀, enf. 58 – 45 – **16 ch** 300/330 – ½ P 300

MONTIGNY-LE-BRETONNEUX *78 Yvelines* 60 ⑨,, 101 ㉒ *– voir à Paris, Environs (St-Quentin-en-Yvelines).*

MONTIGNY-LE-ROI *52140 H.-Marne* 62 ⑬ *– 2 167 h alt. 404.*

Paris 297 – Chaumont 36 – Bourbonne-les-Bains 22 – Langres 24 – Neufchâteau 59.

Moderne, carrefour D74 et D417 ☎ 03 25 90 30 18, *hotel.moderne@wanadoo.fr, Fax 03 25 90 71 80* – rest, TV P – 25. AE GB
Repas 90/230 ♀, enf. 45 – 48 – **26 ch** 290/390 – ½ P 370/470

MONTIGNY-SUR-AVRE *28270 E.-et-L.* 60 ⑥ *– 276 h alt. 140.*

Paris 112 – Alençon 86 – Argentan 86 – Chartres 50 – Dreux 33 – Verneuil-sur-Avre 9.

Moulin des Planches, Nord-Est : 1,5 km par D 102 ☎ 02 37 48 25 97, *moulin.des.planches@wanadoo.fr, Fax 02 37 48 35 63,* ≤, « Ancien moulin sur l'Avre », – TV P – 80. GB.
fermé janv., dim. soir et lundi – **Repas** 120/280 ♀, enf. 75 – 48 – **18 ch** 290/625 – ½ P 348/510

MONTLIOT *21 Côte-d'Or* 65 ⑧ *– rattaché à Châtillon-sur-Seine.*

MONT-LOUIS 66210 Pyr.-Or. 86 ⑯ G. Languedoc Roussillon – 200 h alt. 1565.

Voir Remparts★ – Lac des Bouillaises★.

Office de Tourisme r. du Marché ✆ 04 68 04 21 97.

Paris 885 – Font-Romeu-Odeillo-Via 9 – Andorra-la-Vella 89 – Perpignan 80.

Taverne-Bernagie, 10 r. V. Hugo ✆ 04 68 04 23 67, info@bernagie.fr, Fax 04 68 04 13 35 – GB
fermé 15 au 30 nov., 19 au 30 déc., dim. soir et lundi midi sauf de juin à sept. – **Repas** 85 (déj.), 125/190, enf. 55 – ☕ 37 – **8 ch** 290/350 – 1/2 P 285/325

à la Llagonne Nord : 3 km par D 118 – 243 h. alt. 1600 – ✉ 66210 Mont-Louis :

Corrieu ⛰, ✆ 04 68 04 22 04, hotel.corrieu@wanadoo.fr, Fax 04 68 04 16 63, ← – P. AE ⓓ GB. ⚔ rest
8 juin-23 sept. et 22 déc.-26 mars – **Repas** (76) - 112/186 ♀, enf. 54 – ☕ 42 – **28 ch** 175/440 – 1/2 P 240/350

MONTLOUIS-SUR-LOIRE 37270 I.-et-L. 64 ⑮ G. Châteaux de la Loire – 8 309 h alt. 60.

Office de Tourisme pl. F.-Mitterrand ✆ 02 47 45 00 16, Fax 02 47 45 10 87, Mairie ✆ 02 47 45 85 85.

Paris 236 – Tours 11 – Amboise 13 – Blois 48 – Château-Renault 32 – Loches 41.

Ville, pl. Mairie ✆ 02 47 50 84 84, Fax 02 47 45 08 43, 🏨 – TV P – 🏢 15. GB
Repas (fermé 20 déc. au 20 janv., dim. soir et lundi du 15 oct. au 15 avril) 95/260 ♀, enf. 50 – ☕ 40 – **29 ch** 290/410 – 1/2 P 265/285

Dans ce guide
un même symbole, un même caractère,
imprimé en couleur ou en ***noir****, en maigre ou en* ***gras****,*
n'ont pas tout à fait la même signification.
Lisez attentivement les pages explicatives.

MONTLUÇON ⟨SP⟩ 03100 Allier 69 ⑪ ⑫ G. Auvergne – 44 248 h alt. 220.

Voir Intérieur★ de l'église St-Pierre (Sainte Madeleine★★) CYZ - Esplanade du château ←★ – Musée des musiques populaires★.

Office de Tourisme 5 pl. Piquand ✆ 04 70 05 11 44, Fax 04 70 03 89 91.

Paris 331 ① – Moulins 80 ② – Bourges 97 ① – Clermont-Ferrand 111 ① – Limoges 154 ⑤.

Plan page suivante

Domaine Château St-Jean ⛰, près hippodrome par ③ ✆ 04 70 02 71 71, chateau.st jean@wanadoo.fr, Fax 04 70 02 71 70, 🏨, « Demeure du 15e siècle près d'un parc », 🏊, 🌳, 🎾 – 🛗 TV ✆ ♿ P – 🏢 25 à 100. AE ⓓ GB
Repas 195/320 ♀ – ☕ 65 – **15 ch** 420/750, 5 appart – 1/2 P 560/760

Bourbons, 47 av. Marx Dormoy ✆ 04 70 05 28 93, Fax 04 70 05 16 92 – 🛗 ⚔, ▤ rest, TV ✆ – 🏢 30. AE ⓓ GB — BZ a
Repas (fermé dim. soir et lundi) 120/200 ♀ – ☕ 35 – **43 ch** 250/310 – 1/2 P 260/290

Ibis, quai Favières ✆ 04 70 28 48 42, h1112@accor-hotels.com, Fax 04 70 28 58 62 – 🛗 ⚔ ▤ TV ✆ ♿ 🚗 – 🏢 40. AE ⓓ GB — BY b
Repas (75) - 95 🍷, enf. 39 – ☕ 36 – **63 ch** 340/370

Grenier à Sel avec ch, pl. des Toiles ✆ 04 70 05 53 79, contact@le grenierasel.fr, Fax 04 70 05 87 91, 🏨, « Hôtel particulier du vieux Montluçon », 🌳 – TV. AE GB — CZ n
fermé vacances de fév., sam. midi en hiver, dim. soir et lundi sauf été et fériés – **Repas** 120/390 et carte 270 à 370 ♀ – ☕ 60 – **7 ch** 400/700, (en été : 1/2 pens. seul.) – 1/2 P 425/525

Safran d'Or, 12 pl. des Toiles ✆ 04 70 05 09 18, Fax 04 70 05 55 60 – AE GB — CZ u
fermé 19 août au 10 sept., vacances de fév. dim. soir et lundi – **Repas** (79) - 98/185 ♀

à St-Victor par ① : 5 km sur N 144 – 1 957 h. alt. 212 – ✉ 03410 :

Comfort Inn Primevère, ✆ 04 70 28 88 88, Fax 04 70 28 87 73, 🏨 – ⚔ TV ♿ P – 🏢 30. AE ⓓ GB JCB
Repas 69 (déj.), 86/106 🍷, enf. 40 – ☕ 38 – **40 ch** 295

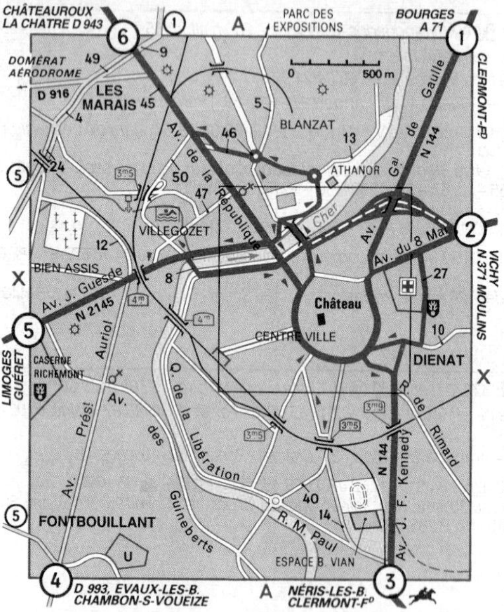

MONTLUÇON

Barathon (R.) . . . . . **CZ** 2
Beaulieu (R. de) . . **AX** 4
Blanzat (R. de) . . . **AX** 5
Château (R. du) . . **CZ** 6
Châtelet
(Pont du) . . . . . . **AX** 8
Courtais (Bd de) **BCZ**
Desmoulins (R. C.) **AX** 9
Dienat (R. du) . . . . **AX** 10
Egalité (R. de l') . . **AX** 12
Einstein (R. A.) . . . **AX** 13
Faucheroux (R.) . . **AX** 14
Favières (Q.) . . . . . **BY** 15
Fontaine
(R. de la) . . . . . . **CZ** 16
Forges (R. Porte) . **CZ** 17
Jaurès (Pl. Jean) . . **CZ** 18
Menut (R. L.) . . . . **CY** 22
Nègre (Av. J.) . . . . **AX** 24
Notre-Dame (Pl.) . . **CZ** 25
Notre-Dame (R.) . . **CZ** 26
Pamparoux (R.) . . **AX** 27
Petit (R. P.) . . . . . . **CY** 30
Picasso (R. P.) . . . . **CY** 31
Piquand (R. E.) . . . **BZ** 32
République (Av.) . . **BY**
St-Pierre (Pl.) . . . **BCZ** 35
St-Pierre (R. Fg) . . **BY** 36
St-Roch (R.) . . . . **BCZ** 38
Semard (R. P.) . . . . **AX** 40
Serruriers (R.) . . . **BCZ** 42
Thomas (Av. A.) . . **AX** 45
Verrerie
(R. et Pl. de la) . **AX** 46
Victor-Hugo (R.) . . **AX** 47
Villon (R. P.) . . . . . **AX** 49
Voltaire (R.) . . . . . **AX** 50
5-Piliers (R. des) . . **CZ** 52

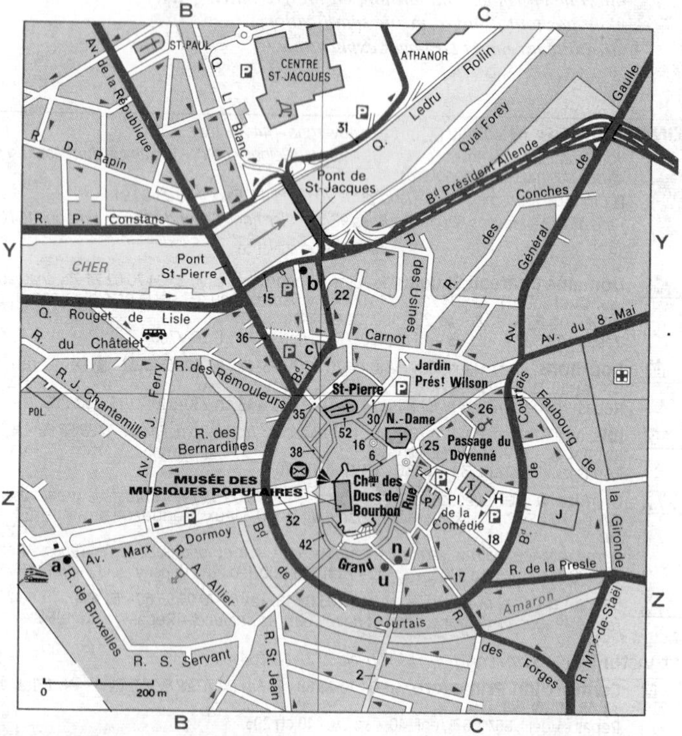

MONTLUEL *01120 Ain 74 ② – 5 954 h alt. 190.*
Paris 468 – Lyon 25 – Bourg-en-Bresse 47 – Chalamont 21 – Villefranche-sur-Saône 42.

Petit Casset sans rest, à La Boisse Sud-Ouest : 2 km ☎ 04 78 06 21 33, *Fax 04 78 06 55 20* – TV P. AE GB
☐ 41 – **15 ch** 315/335

à Ste-Croix *Nord : 5 km par D 61 – 365 h. alt. 263 – ✉ 01120 :*

Chez Nous, ☎ 04 78 06 61 20, *Fax 04 78 06 63 26*, – TV P – 25 à 40. AE GB
Repas *(fermé dim. soir et lundi)* 120/265 – ☐ 35 – **30 ch** 195/295 – ½ P 250

MONTMARAULT *03390 Allier 69 ⑬ – 1 597 h alt. 480.*
Paris 351 – Moulins 46 – Gannat 40 – Montluçon 38 – St-Pourçain-sur-Sioule 28.

France avec ch, 1 r. Marx Dormoy ☎ 04 70 07 60 26, *Fax 04 70 07 68 45* – TV P – 15. GB
fermé 2 au 9 avril, 12 nov. au 4 déc., dim. soir et lundi – **Repas** 90/265, enf. 48 – ☐ 42 – **8 ch** 250/280 – ½ P 255/270

MONTMÉDY *55600 Meuse 57 ① G. Alsace Lorraine – 1 943 h alt. 193.*
Voir *Citadelle*★.
Office de Tourisme Ville Haute ☎ 03 29 80 15 90, Fax 03 29 80 05 79.
Paris 260 – Charleville-Mézières 67 – Longwy 37 – Metz 98 – Verdun 49 – Vouziers 60.

Mâdy, ☎ 03 29 80 10 87, *Fax 03 29 80 02 40*, – TV. AE GB
fermé janv., dim. soir et lundi sauf juil.-août – **Repas** 80/210 ♀ – ☐ 50 – **11 ch** 250/300 – ½ P 225/290

MONTMÉLIAN *73800 Savoie 74 ⑯ G. Alpes du Nord – 3 930 h alt. 307.*
Voir ★★ *du rocher.*
Syndicat d'Initiative Mairie ☎ 04 79 84 07 31, Fax 04 79 84 08 20.
Paris 578 – Grenoble 51 – Albertville 41 – Allevard 25 – Chambéry 15.

Comfort Inn Primevère, N 6 ☎ 04 79 84 12 01, *Fax 04 79 84 23 01*, – TV P. AE GB
Repas *(75)* - 89/115 ♀ – ☐ 37 – **42 ch** 300

George, N 6 ☎ 04 79 84 05 87, *Fax 04 79 84 40 14* – P. GB
Repas (dîner seul.)(snack) 55/75 ♀ – ☐ 30 – **11 ch** 160/200 – ½ P 180

Hostellerie des Cinq Voûtes, N 6 ☎ 04 79 84 05 78, *Fax 04 79 84 28 85*, « Voûtes moyenâgeuses » – P. AE GB JCB
fermé 17 au 23 avril, 16 au 28 août, mardi soir, dim. soir et lundi – **Repas** *(100)* - 190 et carte 260 à 360 ♀

L'Arlequin (Centre technique hôtelier), N 6 ☎ 04 79 84 33 14, *Fax 04 79 84 25 77* – P. AE GB
fermé 6 juil. au 22 août, 22 déc. au 2 janv. et sam. – **Repas** *(65)* - 85/160 ♀, enf. 45

Viboud avec ch, Vieux Montmélian ☎ 04 79 84 07 24, *Fax 04 79 84 44 07* – TV P. AE GB
fermé 26 juin au 18 juil., 1er au 16 janv., dim. soir, lundi et mardi – **Repas** (dîner sur réservation) *(79)* - 115/148 ♀, enf. 55 – ☐ 38 – **8 ch** 170/300 – ½ P 240/260

MONTMERLE-SUR-SAÔNE *01090 Ain 74 ① – 2 596 h alt. 170.*
Paris 422 – Mâcon 29 – Bourg-en-Bresse 45 – Lyon 46 – Villefranche-sur-Saône 13.

Rivage, au pont ☎ 04 74 69 33 92, *hotel.du.rivage@wanadoo.fr, Fax 04 74 69 49 21*, – TV. AE GB
fermé 1er au 15 mars, 24 oct au 15 nov., dim. soir d'oct. à mai et lundi – **Repas** 125/320 ♀, enf. 70 – ☐ 45 – **22 ch** 290/400 – ½ P 380

MONTMEYRAN *26120 Drôme 77 ⑫ – 2 360 h alt. 189.*
Paris 579 – Valence 16 – Crest 15 – Romans-sur-Isère 26.

Vieille Ferme, Les Dorelons, Est : 1,5 km par D 125 ☎ 04 75 59 31 64, *Fax 04 75 59 49 17*, « Intérieur rustique », – P. GB
fermé 6 au 20 août, dim. soir, lundi soir et mardi – **Repas** (prévenir) 135 (déj.), 185/235 ♀

MONTMIRAIL *84 Vaucluse 81 ⑫ – rattaché à Vacqueyras.*

MONTMOREAU-ST-CYBARD *16190 Charente* 75 ③ *G. Poitou Vendée Charentes – 1 120 h alt. 90.*

Office de Tourisme Mairie ✆ *05 45 24 04 07.*

Paris 484 – Angoulême 31 – Bordeaux 98 – Chalais 16 – Périgueux 68.

XX **Plaisir d'Automne,** pl. Église ✆ 05 45 60 39 40, – GB
fermé 12 au 19 nov., 2 au 16 janv., dim. soir et lundi
Repas 80 bc (déj.), 108/250, enf. 60

MONTMORENCY *95 Val-d'Oise* 56 ⑪, 101 ⑤ – *voir Paris, Environs.*

MONTMORILLON *86500 Vienne* 68 ⑮ *G. Poitou Vendée Charentes – 6 667 h alt. 100.*

Voir *Église Notre-Dame : fresques★ dans la crypte Ste-Catherine.*

Office de Tourisme 2 pl. du Mar.-Leclerc ✆ *05 49 91 11 96, Fax 05 49 91 11 96.*

Paris 359 – Poitiers 51 – Bellac 43 – Châtellerault 56 – Limoges 83 – Niort 122.

XX **Lucullus et Hôtel de France** avec ch, ✆ 05 49 84 09 09, *Fax 05 49 84 58 68* – . GB
Repas *(fermé dim. soir et lundi)* 115/180 ♀, enf. 70 - ***Bistrot de Lucullus*** *(fermé dim. sauf le soir de juin à sept. et sam.)* **Repas** 111 ♀, enf. 45 – 45 – **10 ch** 230/350 – ½ P 260/280

MONTMORT *51270 Marne* 56 ⑮ ⑯ *G. Champagne Ardenne – 583 h alt. 210.*

Env. *Fromentières : retable★★ de l'église SO : 11 km.*

Paris 124 – Reims 44 – Châlons-en-Champagne 48 – Épernay 19 – Sézanne 26.

Cheval Blanc, ✆ 03 26 59 10 03, *Fax 03 26 59 15 88* – . GB
fermé vacances de fév. – **Repas** 100/400, enf. 50 – 40 – **19 ch** 200/380 – ½ P 360/450

MONTOIRE-SUR-LE-LOIR *41800 L.-et-Ch.* 64 ⑤ *G. Châteaux de la Loire – 4 065 h alt. 65.*

Voir *Chapelle St-Gilles★ : fresques★★ – Pont ≤★.*

Office de Tourisme 16 pl. Clemenceau ✆ *02 54 85 23 30, Fax 02 54 85 23 87.*

Paris 189 – Le Mans 69 – Blois 44 – La Flèche 82 – Vendôme 19.

XX **Cheval Rouge** avec ch, pl. Foch ✆ 02 54 85 07 05, *Fax 02 54 85 17 42,* – .
AE GB
fermé 13 au 28 nov., 20 janv. au 6 fév., merc. sauf le soir en juil.-août et mardi soir de sept. à juin – **Repas** (dim. prévenir) 94 (déj.), 135/265 ♀, enf. 50 – 34 – **15 ch** 159/280 – ½ P 240/290

à Lavardin *Sud-Est : 2 km par D 108 – 245 h. alt. 78 –* ✉ *41800 :*

XX **Relais d'Antan,** ✆ 02 54 86 61 33, *Fax 02 54 85 06 46,* – GB
fermé 22 oct. au 6 nov., 19 fév. au 6 mars, lundi soir et mardi – **Repas** 155/200 ♀

MONTPELLIER P *34000 Hérault* 83 ⑦ *G. Languedoc Roussillon – 207 996 h Agglo. 248 303 h alt. 27.*

Voir *Vieux Montpellier★★ : hôtel de Varennes★* **FY M²**, *hôtel des Trésoriers de la Bourse★* **FY Q**, *rue de l'Ancien Courrier★* **EFY 4** – *Promenade du Peyrou★★ : ≤★ de la terrasse supérieure – Quartier Antigone★ – Musée Fabre★★* **FY** – *Musée Atger★ (dans la faculté de médecine)* **EX** – *Musée languedocien★ (dans l'hôtel des trésoriers de France)* **FY M¹**.

Env. *Château de Flaugergues★ E : 3 km – Château de la Mogère★ E : 5 km par D 24* **DU**.

✈ *de Montpellier-Méditerranée* ✆ *04 67 20 85 00 SE par ③ : 7 km.*

Office de Tourisme Esplanade Comédie ✆ *04 67 60 60 60, Fax 04 67 60 60 61 et 78 av. du Pirée* ✆ *04 67 22 06 16, Fax 04 67 22 38 10, Annexe (saison) Gare SNCF r. J.-Ferry* ✆ *04 67 92 90 03.*

Paris 759 ② – Marseille 171 ② – Nice 328 ② – Nîmes 53 ② – Toulouse 240 ⑤.

Plan page suivante

Holiday Inn Métropole, 3 r. Clos René ✆ 04 67 12 32 32, *himontpellier@alliance-hotelerie.fr, Fax 04 67 92 13 02,* – – – 100. AE GB JCB
Repas *(fermé sam. et dim.)* 140 ♀ – 80 – **76 ch** 880, 4 appart FZ a

Sofitel Antigone M sans rest, 1 r. Pertuisanes ✆ 04 67 99 72 72, *sofitel.montpellier@wanadoo.fr, Fax 04 67 65 17 50,* « Piscine sur le toit », – – – 100. AE GB JCB CU v
95 – **89 ch** 950/1050

Astron Méditerranée M sans rest, 45 av. Pirée ✆ 04 67 20 57 57, *Fax 04 67 20 58 58,* – cuisinette . AE GB JCB DU t
85 – **23 ch** 520/720, 115 appart 720

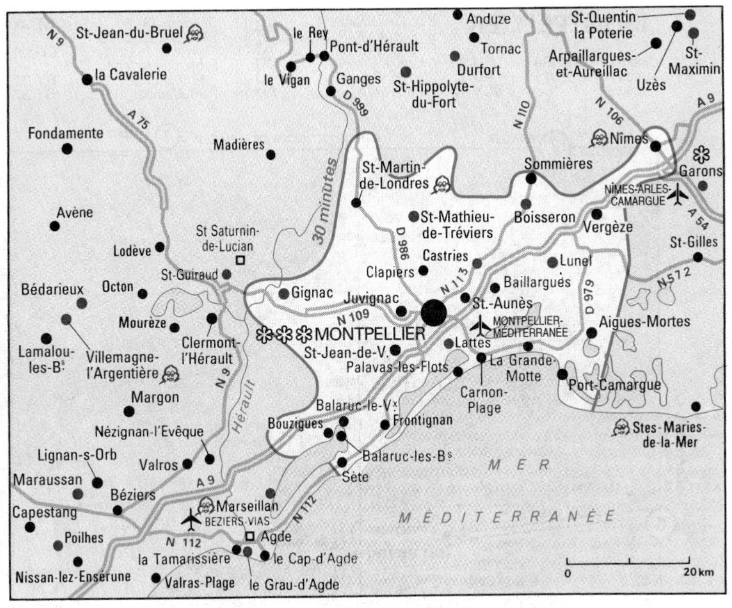

Mercure Antigone M, 285 bd Aéroport International ☎ 04 67 20 63 63, *mercure@hotel-centre-ville.fr, Fax 04 67 20 63 64* – ascenseur, ☐ TV ☎ ♿ – 25 à 100. AE ① GB JCB. rest — DU f

Repas *(98)* - 128/195 ♀ – ☐ 65 – **108 ch** 565/630, 6 appart

Maison Blanche, 1796 av. Pompignane ☎ 04 99 58 20 70, *Fax 04 67 79 53 39,* « Maison de style Louisiane », – ☐ ch, TV ☎ ♿ P – 30. AE ① GB JCB. rest — DT r

Repas *(fermé 23 déc. au 2 janv., sam. midi et dim.)* 120 – ☐ 50 – **38 ch** 380/540 – ½ P 395/420

Guilhem sans rest, 18 r. J.-J. Rousseau ☎ 04 67 52 90 90, *hotel-leguilhem@mnet.fr, Fax 04 67 60 67 67* – TV. AE ① GB JCB — EY a

☐ 52 – **33 ch** 380/700

Parc sans rest, 8 r. A. Bège ☎ 04 67 41 16 49, *hotelduparc@minitel.net, Fax 04 67 54 10 05* – ☐ TV P. AE GB JCB — BT k

☐ 40 – **19 ch** 210/370

Palais sans rest, 3 r. Palais ☎ 04 67 60 47 38, *Fax 04 67 60 40 23* – ☐ TV ☎. GB — EY m

☐ 52 – **26 ch** 320/430

Ulysse sans rest, 338 av. St-Maur ☎ 04 67 02 02 30, *Fax 04 67 02 16 50* – TV ☎. AE ① GB JCB — DT b

☐ 40 – **25 ch** 310/350

Les Troënes sans rest, 17 av. Émile Bertin-Sans par av. Bouisson-Bertrand (**AT**), dir. Hôpitaux-Facu ✉ 34090 ☎ 04 67 04 07 76, *Fax 04 67 61 04 43* – TV ☎. GB

☐ 35 – **14 ch** 280/340

✿✿✿ **Jardin des Sens** (Jacques et Laurent Pourcel) M avec ch, 11 av. St-Lazare ☎ 04 99 58 38 38, *Fax 04 99 58 38 39,* « Élégant décor contemporain », – ☐ TV ☎ ♿ P – 25. AE ① GB JCB — CT e

fermé 2 au 30 janv., lundi midi, merc. midi et dim. – **Repas** (nombre de couverts limité, prévenir) 290 (déj.), 495/720 et carte 600 à 830 – ☐ 100 – **14 ch** 980/1380

Spéc. Petits encornets farcis aux langoustines. Filet de loup aux citrons confits. Pigeon en pastilla, jus au cacao. **Vins** Coteaux du Languedoc.

Chandelier, 39 pl. Zeus (6e étage) ☎ 04 67 15 34 38, *Fax 04 67 15 34 33,* ≤, « Restaurant panoramique sous une coupole » – ☐ P. AE ① GB JCB — CU s

fermé lundi midi et dim. – **Repas** *(110)* - 155 (déj.), 230/400 et carte 330 à 490

MONTPELLIER

Anatole-France (R.) . . . . . **BU** 3
Arceaux (Bd des) . . . . . **AU** 7
Bazille (R. F.) . . . . **BCV** 12
Blum (R. Léon) . . . . **CU** 13
Broussonnet (R. A.). . . . . **AT** 18
Chancel (Av.). . . . . **AT** 25
Citadelle (Allée) . . . . **CU** 26
Clapiès (R.). . . . . **AU** 28
Comte (R. A.). . . . . **AU** 29
Délicieux (R. B.). . . . . **CT** 31
Etats-du-Languedoc (Av.) . . . . **CU** 35
Fabre-de-Morlhon (Bd) . . . . **BV** 36
Fg-Boutonnet (R.) . . . . . . **BT** 37

Fg-de-Nîmes (R.) .... **CT** 41
Flahault (Av. Ch.) .... **AT** 43
Fontaine-de-Lattes (R.).. **CU** 44
Henri-II-de-Montmorency (Allée) . **CU** 51
Leclerc (Av. du Mar.) ... **CV** 58
Millénaire (Pl. du) ...... **CU** 62
Nombre-d'Or (Pl. du) ... **CU** 64
Olivier (R. A.).......... **CU** 66
Polygone (Le).......... **CU**
Pont-de-Lattes (R. du) .. **CU** 69
Pont-Juvénal (Av.) .... **CDU** 70
Près-d'Arènes (Av. des) . **BV** 71
Prof. E.-Antonelli (Av.) . **CDV** 72
Proudhon (R.).......... **BT** 73
René (R. H.)........... **CV** 74
Villeneuve-d'Angoulême (Av.) .. **ABV** 88

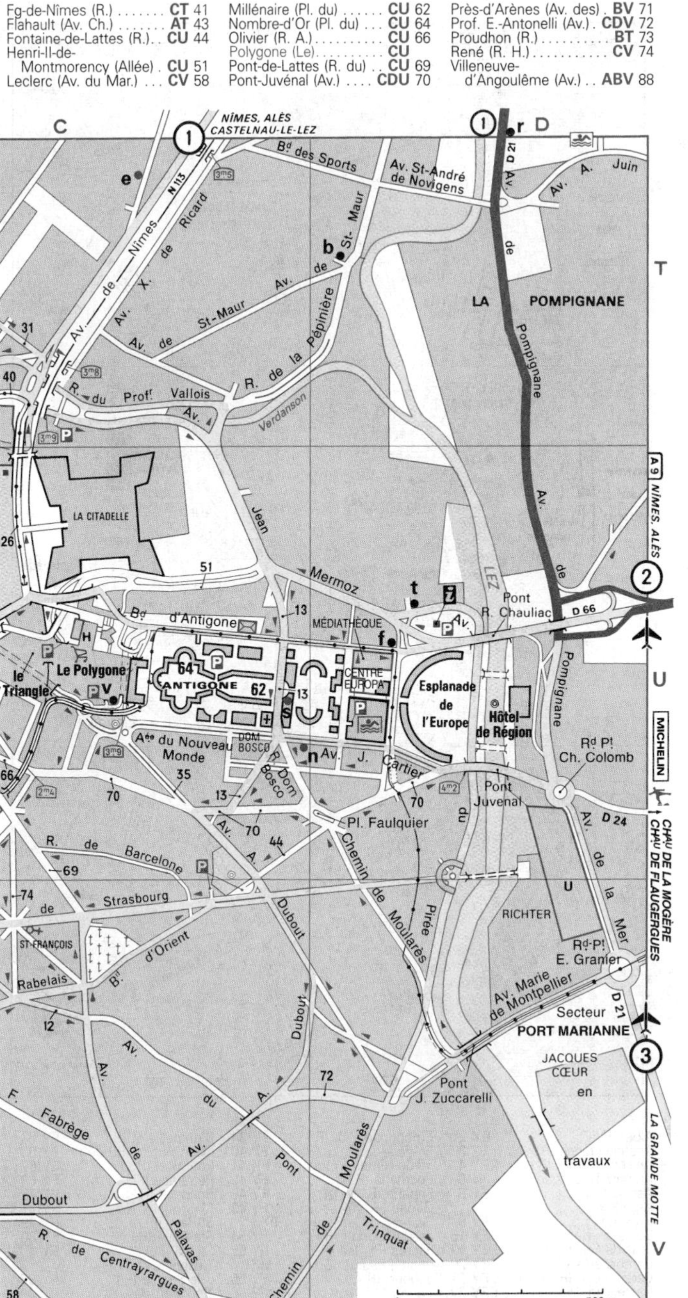

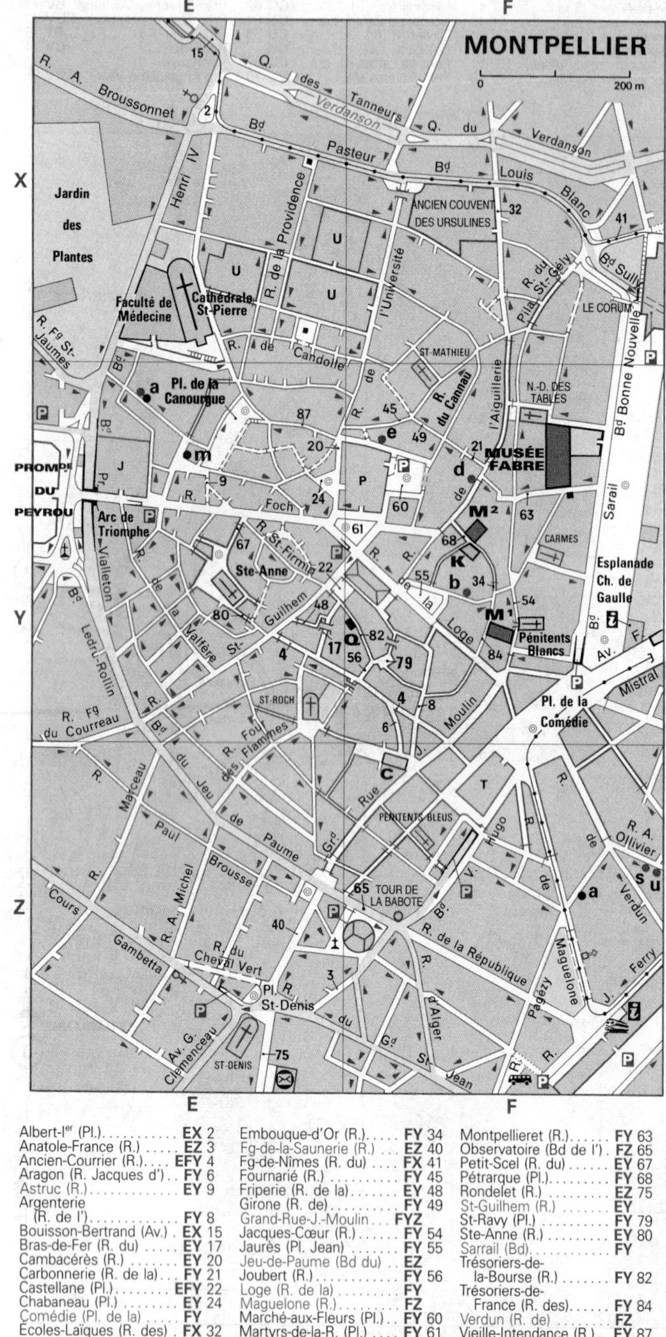

Albert-Ier (Pl.) . . . . **EX** 2
Anatole-France (R.) . . . . . **EZ** 3
Ancien-Courrier (R.) . . . . **EFY** 4
Aragon (R. Jacques d') . . **FY** 6
Astruc (R.) . . . . **EY** 9
Argenterie
(R. de l') . . . . **FY** 8
Bouisson-Bertrand (Av.) . **EX** 15
Bras-de-Fer (R. du) . . . . . **FY** 17
Cambacérès (R.) . . . . **EY** 20
Carbonnerie (R. de la) . . . **FY** 21
Castellane (Pl.) . . . . **EFY** 22
Chabaneau (Pl.) . . . . **EY** 24
Comédie (Pl. de la) . . . . . **FY**
Écoles-Laïques (R. des) . **FX** 32

Embouque-d'Or (R.) . . . . . **FY** 34
Fg-de-la-Saunerie (R.) . . . **EZ** 40
Fg-de-Nîmes (R. du) . . . . **FX** 41
Fournarié (R.) . . . . **FY** 45
Friperie (R. de la) . . . . **EY** 48
Girone (R. de) . . . . **FY** 49
Grand-Rue-J.-Moulin . . . . **FYZ**
Jacques-Cœur (R.) . . . . . . **FY** 54
Jaurès (Pl. Jean) . . . . **FY** 55
Jeu-de-Paume (Bd du) . . **EZ**
Joubert (R.) . . . . **FY** 56
Loge (R. de la) . . . . **FY**
Maguelone (R.) . . . . **FZ**
Marché-aux-Fleurs (Pl.) . . **FY** 60
Martyrs-de-la-R. (Pl.) . . . . **FY** 61

Montpelliéret (R.) . . . . . . **FY** 63
Observatoire (Bd de l') . **FZ** 65
Petit-Scel (R. du) . . . . . . **EY** 67
Pétrarque (Pl.) . . . . **FY** 68
Rondelet (R.) . . . . **EZ** 75
St-Guilhem (R.) . . . . **EY**
St-Ravy (Pl.) . . . . **FY** 79
Ste-Anne (R.) . . . . **EY** 80
Sarrail (Bd) . . . . **FY**
Trésoriers-de-
la-Bourse (R.) . . . . **FY** 82
Trésoriers-de-
France (R. des) . . . . . . **FY** 84
Verdun (R. de) . . . . **FZ**
Vieille-Intendance (R.) . . **EY** 87

Cellier Morel, Maison de la Lozère 27 r. Aiguillerie ☎ 04 67 66 46 36, *Fax 04 67 66 23 61*, « Salle voûtée du 13e siècle » – AE GB JCB FY d
fermé 13 au 19 août, 1er au 6 janv., lundi midi, merc. midi et dim. – **Repas** 140 (déj.), 250/300

L'Écusson, 6 bis r. Embouque d'Or ☎ 04 67 66 35 13, *Fax 04 67 66 35 27*, – AE GB JCB FY b
fermé mercredi midi et dim. – **Repas** 160 (déj.)/250

Les Vignes, 2 r. Bonnier d'Alco ☎ 04 67 60 48 42 – AE GB. FY e
fermé vacances de fév., 6 au 26 août, merc. soir, sam. midi et dim. – **Repas** *(99)* - 130 (déj.), 180/290, enf. 70

Castel Ronceray, 130 r. Castel Ronceray par ⑤ ✉ 34070 ☎ 04 67 42 46 30, *Fax 04 67 27 41 96*, – P. AE GB
fermé 4 au 28 août, vacances de fév., dim. et lundi – **Repas** 130 (déj.), 185/245, enf. 75

Fabrice Guilleux, 36 av. J. Cartier ☎ 04 67 22 26 20 – AE GB CDU n
fermé août, sam. midi et dim. – **Repas** 135 (déj.), 175/245, enf. 70

Petit Jardin, 20 r. J.-J. Rousseau ☎ 04 67 60 78 78, *jle.soli@wanadoo.fr*, *Fax 04 67 66 16 79*, « Agréable terrasse ombragée » – AE GB JCB EY a
fermé janv. et lundi – **Repas** 85 (déj.), 130/180

L'Olivier (Breton), 12 r. A. Ollivier ☎ 04 67 92 86 28 – AE GB. FZ u
fermé 24 juil. au 31 août, dim., lundi et fériés – **Repas** (prévenir) 218 et carte 260 à 380
Spéc. Rissoles de foie gras de canard à la truffe fraîche (hiver). Pigeon des Costières en bécasse. Tarte tiède aux pêches et framboises (été). **Vins** Picpoul de Pinet, Faugères.

Anis et Canisses, 47 av. Toulouse ☎ 04 67 42 54 48, – GB AV a
fermé 1er au 6 mai, août, 1er au 6 fév., sam. midi, mardi midi, dim. et lundi – **Repas** - cuisine languedocienne, catalane - carte 140 à 180

Verdi, 10 r. A. Ollivier ☎ 04 67 58 68 55, *enoteca-leverdi@wanadoo.fr*, *Fax 04 67 58 28 47* – AE GB JCB FZ s
fermé 1er au 21 août, sam. midi et dim. – **Repas** - cuisine italienne - *(75)* - 120/198

par ②, *A 9 sortie n° 29 et D 127E : 5 km* – ✉ *34000 Montpellier* :

Mas des Brousses, 540 r. Mas des Brousses ☎ 04 67 64 18 91, *Fax 04 67 64 18 89*, – P. AE GB
fermé dim. soir et lundi midi de sept. à juin – **Repas** 145/350 et carte 410 à 550

à l'échangeur A9-Montpellier-Sud *par ④ : 2 km* – ✉ *34000 Montpellier* :

Novotel, 125 bis av. Palavas ☎ 04 99 52 34 34, *h0450gm@accor-hotels.com*, *Fax 04 99 52 34 33*, – P – 150. AE GB
Repas *(79)* - carte environ 180, enf. 50 – 65 – **162 ch** 535/635

à Lattes *par ④ : 5 km – 10 203 h. alt. 3* – ✉ *34970* :

Domaine de Soriech, dans Z.A.C. Soriech, près rd-pt D 189 et D 21, face Castorama ☎ 04 67 15 19 15, *Fax 04 67 15 58 21*, « Belle villa des années 1970, parc », – P. AE GB
fermé 2 au 8 janv., vacances de fév., dim. soir et lundi sauf le midi de sept. à juil. – **Repas** 185 (déj.), 250/430 et carte 330 à 440

Mazerand, rte Fréjorgues CD 172 ☎ 04 67 64 82 10, *Fax 04 67 20 10 73*, « Terrasses ombragées ouvrant sur le parc », – P. AE GB
fermé dim. soir hors saison, sam. midi et lundi – **Repas** *(120)* - 165/340 et carte 260 à 360

Bistrot d'Ariane, à Port Ariane ☎ 04 67 20 01 27, *Fax 04 67 15 03 25*, bistrot – AE GB
fermé 29 avril au 1er mai, 23 déc. au 6 janv. et dim. sauf le midi de mi-sept. à fin déc. – **Repas** 95 (déj.), 140/240, enf. 50

Les Cuisiniers Vignerons, Maison des Vins du Languedoc, mas de Saporta ☎ 04 67 06 88 66, *Fax 04 67 06 88 65*, – P. GB
Repas 84 bc (déj.), 98/140, enf. 45

à St-Jean-de-Védas *par ⑤ et N 112 : 6 km – 5 390 h. alt. 49* – ✉ *34430* :

Yan's, Parc St- Jean, direction salle Victoire ☎ 04 67 47 07 45, *info@yans-hotel.com*, *Fax 04 67 47 16 90*, – P – 30. AE GB JCB
Repas *(fermé 20 déc. au 2 janv., sam. sauf le soir en juil.-août et dim.)* *(46)* - 88/145 – 50 – **40 ch** 350/450 – ½ P 330/355

rte de Lodève *par ⑥ : 5 km* – ✉ *34080 Montpellier* :

Abélia sans rest, 70 rte Lodève ☎ 04 67 03 17 77, *abeliahot@aol.com*, *Fax 04 67 03 28 19* – P. GB
fermé dim. d'oct. à avril – 33 – **12 ch** 250/285

à Juvignac *par ⑥, rte de Millau : 6 km – 4 221 h. alt. 32 – ✉ 34990 :*

Golf Hôtel de Fontcaude M, au golf international, Nord-Ouest : 3 km ✆ 04 67 45 90 00, *Fax 04 67 45 90 20,* – TV P – 60. AE GB JCB
Repas *(80)* - 100/180 – 60 – **46 ch** 440/580 – ½ P 450

à Clapiers *par ⑦ et D 65 : 8 km – 3 478 h. alt. 25 – ✉ 34830 :*

Les Pins M, chemin Romarins ✆ 04 67 59 33 00, *hotel.lespins@wanadoo.fr, Fax 04 67 59 33 99,* , « Dans une pinède », – rest, TV P – 80. AE GB. rest
1er mars-30 nov. – **Repas** 130 – 60 – **69 ch** 545/590 – ½ P 470

MONTPON-MÉNESTEROL *24700 Dordogne 75 ③ ⑬ – 5 481 h alt. 93.*

Paris 538 – Bergerac 40 – Libourne 39 – Périgueux 55 – Ste-Foy-la-Grande 24.

à Ménesterol *Nord : 1,5 km par D 708, D 730 et D 3E1 – ✉ 24700 Montpon-Ménesterol :*

XX **Auberge de l'Éclade,** ✆ 05 53 80 28 64, *Fax 05 53 80 28 64,* – . GB
fermé 1er au 20 mars, oct., mardi soir et merc.
Repas 80 (déj.), 130/240

MONT-PRÈS-CHAMBORD *41250 L.-et-Ch. 64 ⑰ – 2 786 h alt. 108.*

Paris 194 – Orléans 71 – Blois 12 – Bracieux 8 – Romorantin-Lanthenay 34.

St-Florent, 14 r. Chabardière ✆ 02 54 70 81 00, *Fax 02 54 70 78 53,* – TV P. AE GB JCB. ch
fermé 17 déc. au 6 fév., dim. soir et lundi de mi-oct. à mi-avril – **Repas** *(85)* - 100/225, enf. 60 – 38 – **18 ch** 295/375 – ½ P 260/330

MONTRÉAL *32250 Gers 79 ⑬ G. Midi-Pyrénées – 1 221 h alt. 131.*

Paris 734 – Agen 57 – Auch 58 – Condom 16 – Mont-de-Marsan 65 – Nérac 27.

X **Chez Simone,** face église ✆ 05 62 29 44 40, *Fax 05 62 29 49 94* – AE GB
fermé vacances de fév., dim. soir et lundi – **Repas** 80/200

MONTREDON *11 Aude 83 ⑪ – rattaché à Carcassonne.*

MONTREUIL *62170 P.-de-C. 51 ⑫ G. Picardie Flandres Artois – 2 450 h alt. 54.*

Voir *Site★ – Citadelle★ : ★★ – Remparts★ – Église St-Saulve★.*

Office de Tourisme 21 r. Carnot ✆ 03 21 06 04 27, Fax 03 21 06 57 85.

Paris 227 – Calais 72 – Abbeville 49 – Arras 80 – Boulogne-sur-Mer 39 – Lille 116.

Château de Montreuil (Germain), chaussée Capucins ✆ 03 21 81 53 04, *chateau.de.montreuil@wanadoo.fr, Fax 03 21 81 36 43,* , « Belle demeure dans un jardin fleuri », – TV P. AE GB JCB
fermé 16 déc. au 8 fév., lundi sauf le soir d'avril à sept., mardi midi d'oct. à avril et jeudi midi sauf fériés – **Repas** 200 (déj.), 325/425, enf. 130 – 80 – **14 ch** 1200/1400 – ½ P 1000/2000
Spéc. Tempura d'huîtres au caramel de bière. Homard bleu cuit vapeur (juin à sept.). Grouse d'écosse (20 août au 15 oct.).

X **Darnétal** avec ch, pl. Poissonnerie ✆ 03 21 06 04 87, *Fax 03 21 86 64 67* – AE GB. ch
fermé 25 juin au 12 juil., 17 au 27 déc., lundi et mardi – **Repas** 100/190 – 30 – **4 ch** 220/330

à La Madelaine-sous-Montreuil *Ouest : 2,5 km par D 139 et rte secondaire – 147 h. alt. 7 – ✉ 62170 Madelaine-sous-Montreuil :*

XX **Auberge La Grenouillère** (Gauthier) avec ch, ✆ 03 21 06 07 22, *auberge.de.la.grenouillere@wanadoo.fr, Fax 03 21 86 36 36,* , « Cadre rustique agrémenté de peintures originales des années 20 », – P. AE GB JCB
fermé janv., merc. sauf juil.-août et mardi – **Repas** 170/420 et carte 340 à 440 – 50 – **4 ch** 480/600
Spéc. Cuisses de grenouilles poêlées. Agneau de pré-salé de la baie de Somme. Crêpes Suzette.

à Attin *Nord-Ouest : 4 km par N 39 – 560 h. alt. 11 – ✉ 62170 :*

XX **Auberge du Bon Accueil,** ✆ 03 21 06 04 21, *Fax 03 21 06 04 21* – . GB
fermé 20 août au 11 sept., vacances de fév., merc. soir hors saison, dim. soir et lundi – **Repas** *(84)* - 96 bc/180, enf. 55

au Moulinel *Ouest : 9 km par D 139 – ✉ 62170 St-Josse :*

XX **Auberge du Moulinel,** ✆ 03 21 94 79 03, *Fax 03 21 09 37 14* – P. GB
fermé 25 juin au 3 juil., 2 au 25 janv., lundi et mardi sauf vacances scolaires – **Repas** 150/280 ♀

à Inxent *Nord : 9 km sur D 127 – 157 h. alt. 28 – ✉ 62170 :*

X **Auberge d'Inxent** avec ch, ✆ 03 21 90 71 19, *Fax 03 21 86 31 67,* – TV P. GB
fermé mi-déc. à mi-janv., lundi midi en juil.-août, mardi et merc. – **Repas** 85/225 ♀, enf. 40 – 40 – **6 ch** 255/370 – 1/2 P 285/310

MONTREUIL 93 Seine-St-Denis 56 ⑪., 101 ⑰ – *voir à Paris, Environs.*

MONTREUIL-AUX-LIONS *02310 Aisne 56 ⑬ – 1 001 h alt. 150.*

Paris 74 – Château-Thierry 17 – Laon 100 – Meaux 27 – Reims 80 – Soissons 63.

XX **Auberge des Templiers** avec ch, 82 av. de Paris ✆ 03 23 70 40 65, *a.templiers@quidinfo.fr, Fax 03 23 70 18 93,* – ✆. GB
fermé 17 oct. au 7 nov., mardi soir et merc. – **Repas** 85/190 – 37 – **3 ch** 250/290

MONTREUIL-BELLAY *49260 M.-et-L. 67 ⑧ G. Châteaux de la Loire – 4 041 h alt. 50.*

Voir *Château★★ – Site★.*

Office de Tourisme (mars-déc.) pl. de la Concorde ✆ 02 41 52 32 39, Fax 02 41 52 32 35 Mairie ✆ 02 41 40 17 60, Fax 02 41 40 17 69.

Paris 335 – Angers 53 – Châtellerault 74 – Chinon 40 – Cholet 61 – Poitiers 81 – Saumur 16.

X **Hostellerie St-Jean,** 432 r. Nationale ✆ 02 41 52 30 41 – P. GB
fermé vacances de fév., dim. soir et lundi – **Repas** 85/220 ♀

MONTREUIL-L'ARGILLÉ *27390 Eure 55 ⑭ – 706 h alt. 170.*

Paris 152 – L'Aigle 26 – Argentan 50 – Bernay 22 – Évreux 56 – Lisieux 34 – Vimoutiers 28.

Courteilles M sans rest, N 138, rte d'Orbec ✆ 02 32 47 41 41, *Fax 02 32 47 41 51* – cuisinette TV ✆ P. AE GB
35 – **20 ch** 280/370

X **Auberge de la Truite,** ✆ 02 32 44 50 47, *Fax 02 32 44 00 66,* « Collection d'orgues de Barbarie » – GB
fermé 25 juin au 5 juil., 15 janv. au 15 fév., mardi soir et merc. – **Repas** 95/220, enf. 50

MONTREVEL-EN-BRESSE *01340 Ain 70 ⑫ – 1 973 h alt. 215.*

Paris 397 – Mâcon 24 – Bourg-en-Bresse 18 – Pont-de-Vaux 22 – St-Amour 25 – Tournus 36.

XX **Léa** (Monnier), ✆ 04 74 30 80 84, *Fax 04 74 30 85 66* – . AE GB
✿ *fermé 22 juin au 7 juil., 20 déc. au 18 janv., dim. soir, lundi soir et merc.* – **Repas** (nombre de couverts limité, prévenir) 150/315 et carte 300 à 360
Spéc. Gâteau de foies de volailles. Poulet de Bresse à la crème et aux morilles. Parfait glacé aux pralines roses. **Vins** Seyssel, Montagnieu.

X **Comptoir,** ✆ 04 74 25 45 53 – . GB
fermé 22 juin au 7 juil., 19 déc. au 18 janv., merc. sauf le soir en juil.-août, mardi soir et dim. soir de sept. – **Repas** 75/150 ♀

rte de Bourg-en-Bresse *Sud : 2 km sur D 975 – ✉ 01340 Montrevel-en-Bresse :*

Pillebois M, ✆ 04 74 25 48 44, *Fax 04 74 25 48 79,* – TV ✆ P – 30. GB
L'Aventure *(fermé sam. midi et dim. soir d'oct. à avril)* **Repas** 98/280 ♀, enf. 78 – 40 – **30 ch** 280/320 – 1/2 P 280/300

MONTRICHARD *41400 L.-et-Ch. 64 ⑯ ⑰ G. Châteaux de la Loire – 3 786 h alt. 62.*

Voir *Donjon★ : ★★.*

Office de Tourisme (Rameaux-sept.) 1r. du Pont ✆ 02 54 32 05 10, Fax 02 54 32 28 80.

Paris 221 – Tours 44 – Blois 38 – Châteauroux 85 – Châtellerault 95 – Loches 34 – Vierzon 74.

Château de la Menaudière , Nord Ouest : 2,5 km par rte Amboise D 115 ✆ 02 54 71 23 45, *chat-menaudiere@wanadoo.fr, Fax 02 54 71 34 58,* – TV ✆ P – 25. AE GB JCB. rest
fermé 3 janv. au 9 mars, dim. soir et lundi en mars-avril et d'oct. à déc. – **Repas** 130 (déj.), 230/330 ♀, enf. 80 – 70 – **27 ch** 630/880 – 1/2 P 600/700

Bellevue, 24 quai République ✆ 02 54 32 06 17, *Fax 02 54 32 48 06*, ≤ – |♦|, ▤ rest, TV ✆ 🚗. AE ⓓ GB
fermé 19 nov. au 10 déc. – **Repas** (75) - 95/290, enf. 50 – ☕ 48 – **29 ch** 325/475 – ½ P 345

Tête Noire, 24 r. Tours ✆ 02 54 32 05 55, *Fax 02 54 32 78 37* – TV ✆ P. GB
fermé 7 janv. au 4 fév. – **Repas** 100/265 ♀, enf. 60 – ☕ 38 – **36 ch** 200/350 – ½ P 298/350

à Chissay-en-Touraine *Ouest : 4 km par D 176 – 871 h. alt. 63 – ✉ 41400 :*

Château de Chissay 🐎, ✆ 02 54 32 32 01, *chateau.chissay@wanadoo.fr, Fax 02 54 32 43 80*, ≤, 🌳, « Château du 15e siècle, parc », 🏊, 🌳 – |♦| ✆ P – 🏛 100. AE ⓓ GB. ✂ rest
15 mars-15 nov. – **Repas** *(fermé lundi midi et mardi midi)* 195/295 ♀ – ☕ 65 – **18 ch** 495/830, 14 appart – ½ P 495/650

MONTRICOUX *82800 T.-et-G.* 79 ⑱ ⑲ – *909 h alt. 113.*
Paris 633 – Cahors 51 – Gaillac 38 – Montauban 24 – Villefranche-de-Rouergue 58.

XXX **Les Gorges de l'Aveyron,** Le Bugarel ✆ 05 63 24 50 50, *Fax 05 63 24 50 52*, 🌳, « Parc surplombant l'Aveyron », ✂, 🌳 – P. ⓓ GB
16 mars-4 nov. et fermé dim. soir, lundi et mardi sauf 1er juin au 15 sept. – **Repas** 148/250 et carte 260 à 370

MONTROC-LE-PLANET *74 H.-Savoie* 74 ⑨ – *rattaché à Argentière.*

MONTROND-LES-BAINS *42210 Loire* 73 ⑱ *G. Vallée du Rhône – 3 627 h alt. 356 – Stat. therm. (26 mars-24 nov.) – Casino.*
ℹ Syndicat d'Initiative (fermé le dim.) av. Philibert-Gary ✆ 04 77 94 64 74.
Paris 443 – St-Étienne 31 – Lyon 62 – Montbrison 15 – Roanne 49 – Thiers 81.

Hostellerie La Poularde (Etéocle), ✆ 04 77 54 40 06, *lapoularde@aol.com, Fax 04 77 54 53 14*, 🏊 – ▤ TV 🚗 – 🏛 30. AE ⓓ GB JCB
✿✿ *fermé 2 au 22 janv., dim. soir de nov. à avril, mardi midi et lundi* – **Repas** (dim. prévenir) 265/630 et carte 510 à 920 – ☕ 98 – **4 ch** 500/690, 6 appart 800/1500, 3 duplex
Spéc. Foie gras de canard froid poché à la lie de sauvignon. Ecrevisses et osso bucco de lapereau, galette à la châtaigne. Pigeonneau du Forez en pastilla, sauce vigneronne. **Vins** Condrieu, Saint-Joseph.

Motel du Forez, 37 rte Roanne ✆ 04 77 54 42 28, *Fax 04 77 94 66 58* – TV ✆ ♿ P. AE ⓓ GB
Repas (dîner seul.) 90/130 🍷 – ☕ 35 – **18 ch** 250/300

Cirius, bd Château, rte St-Étienne ✆ 04 77 54 89 22, *Fax 04 77 54 84 32* – cuisinette TV ♿ P – 🏛 25. AE ⓓ GB. ✂ ch
fermé 1er au 6 janv. – **Repas** snack 82 ♀, enf. 45 – ☕ 38 – **46 ch** 270/320 – ½ P 275

XX **Vieux Logis,** 4 rte Lyon ✆ 04 77 54 42 71, *Fax 04 77 54 42 71*, 🌳 – GB
fermé 1er au 15 mars, 1er au 15 sept., dim. soir et lundi – **Repas** 120/240

MONTROUGE *92 Hauts-de-Seine* 60 ⑩., 101 ㉕ – *voir à Paris, Environs.*

MONTS *37260 I.-et-L.* 64 ⑮ – *6 221 h alt. 50.*
Paris 255 – Tours 19 – Azay-le-Rideau 13 – Chenonceaux 45 – Chinon 33.

XX **Auberge du Moulin** avec ch, Le Vieux Bourg, rte Azay-le-Rideau ✆ 02 47 26 76 86, *Fax 02 47 26 76 86* – TV P. GB. ✂
fermé 23 juil. au 8 août, 2 au 15 janv., lundi et mardi – **Repas** 95/215 ♀ – ☕ 30 – **3 ch** 220 – ½ P 250

Le MONT-ST-MICHEL *50116 Manche* 59 ⑦ *G. Normandie Cotentin, G. Bretagne – 72 h alt. 10.*
Voir *Abbaye*** : La Merveille***, Cloître*** – Remparts** – Grande-Rue* – Jardins de l'abbaye* – Baie du Mont-St-Michel**.*
ℹ Office de Tourisme Corps de Garde des Bourgeois ✆ 02 33 60 14 30, Fax 02 33 60 06 75.
Paris 354 – St-Malo 57 – Alençon 135 – Avranches 23 – Dinan 55 – Fougères 45 – Rennes 71.

Auberge St-Pierre 🐎, ✆ 02 33 60 14 03, *auberge.saint-pierre@gofornet.com, Fax 02 33 48 59 82*, 🌳 – TV. AE ⓓ GB JCB
Repas (75) - 88/340 ♀, enf. 50 – ☕ 60 – **21 ch** 540/750 – ½ P 480/560

Croix Blanche 🐎, ✆ 02 33 60 14 04, *hotel.croix-blanche@gofornet.com, Fax 02 33 48 59 82*, 🌳 – TV. GB
fermé 11 nov. au 14 fév. – **Repas** 85/320 ♀, enf. 50 – ☕ 60 – **9 ch** 550/620 – ½ P 430/480

à la Digue *Sud : 2 km sur D 976 :*

Relais St-Michel Ⓜ, ✆ 02 33 89 32 00, *mere.poulard.restot.michel@wanadoo.fr, Fax 02 33 89 32 01,* ≤ Mont-St-Michel, – 30. AE GB. ch
Repas 90 (déj.), 140/290 ♀, enf. 55 – 65 – **32 ch** 450/1250, 7 appart – ½ P 640/1440

Relais du Roy, ✆ 02 33 60 14 25, *le.relais.du.roy@wanadoo.fr, Fax 02 33 60 37 69* – AE GB. ch
23 mars-30 nov. – **Repas** 92/200, enf. 48 – 50 – **27 ch** 460 – ½ P 370/410

Mercure Ⓜ, ✆ 02 33 60 14 18, *stmichel@le-mont-saint-michel.com, Fax 02 33 60 39 28,* – 80. AE GB
10 fév.-4 nov. – ***Pré Salé :*** **Repas** 96/228 ♀, enf. 58 – 60 – **100 ch** 430/620

Digue, ✆ 02 33 60 14 02, *hotel-de-la-digue@wanadoo.fr, Fax 02 33 60 37 59,* ≤ – rest, AE GB. ch
31 mars-4 nov. – **Repas** 95/210, enf. 55 – 54 – **36 ch** 360/475 – ½ P 360/410

à Beauvoir *Sud : 4 km par D 976 – 426 h. – ✉ 50170 Pontorson :*

Beauvoir, ✆ 02 33 60 09 39, *Fax 02 33 48 59 65* – GB
15 mars-15 nov. – **Repas** 79/295, enf. 50 – 45 – **18 ch** 290/360 – ½ P 299/340

MONTSALVY *15120 Cantal* 76 ⑫ *G. Auvergne – 970 h alt. 800.*
Voir *Puy-de-l'Arbre* ✻★ *NE : 1,5 km.*
Office de Tourisme r. du Tour-de-Ville ✆ 04 71 49 21 43, Fax 04 71 49 21 43.
Paris 589 – Aurillac 31 – Rodez 59 – Entraygues-sur-Truyère 13 – Figeac 57.

Nord, ✆ 04 71 49 20 03, *Fax 04 71 49 29 00,* – AE GB JCB
13 avril-31 déc.
Repas 90/260 ♀, enf. 48 – 45 – **20 ch** 290/360 – ½ P 310/350

MONTSAUCHE-LES-SETTONS *58230 Nièvre* 65 ⑯ *G. Bourgogne – 714 h alt. 574.*
Voir *Lac des Settons★ SE : 5 km.*
Syndicat d'Initiative pl. de l'Ancienne Gare ✆ 03 86 84 55 90, Fax 03 86 84 55 90.
Paris 254 – Autun 43 – Avallon 41 – Clamecy 56 – Nevers 89 – Saulieu 25.

Idéal, ✆ 03 86 84 51 26, *Fax 03 86 84 57 46,* – GB
fermé janv., fév. et lundi de sept. à avril – **Repas** 69/140 ♀, enf. 50 – 35 – **15 ch** 170/320 – ½ P 195/230

MONT-SAXONNEX *74130 H.-Savoie* 74 ⑦ *G. Alpes du Nord – 880 h alt. 1000 – Sports d'hiver : 1 100/1 570 m* 7.
Voir *Église* ✻★★ *15 mn.*
Syndicat d'Initiative ✆ 04 50 96 97 27, Fax 04 50 96 92 08 et (hors saison) Mairie ✆ 04 50 96 90 56.
Paris 568 – Chamonix-Mont-Blanc 52 – Thonon-les-Bains 54 – Annecy 50 – Bonneville 9.

Jalouvre, ✆ 04 50 96 90 67, – GB. rest
fermé 2 au 31 mai, 17 sept. au 31 oct. et merc. de nov. au 20 déc. – **Repas** *(62)* - 105/170 ♀, enf. 50 – 50 – **14 ch** 160/255 – ½ P 270

Les MONTS-DE-VAUX *39 Jura* 70 ④ *– rattaché à Poligny.*

MONTSÉGUR *09 Ariège* 86 ⑤ *– rattaché à Lavelanet.*

MONTSOREAU *49730 M.-et-L.* 64 ⑫ ⑬ *G. Châteaux de la Loire – 561 h alt. 77.*
Voir ✻★★ *du belvédère.*
Env. *Candes St-Martin★ : Collégiales★.*
Paris 296 – Angers 74 – Châtellerault 66 – Chinon 19 – Poitiers 82 – Saumur 11 – Tours 59.

Diane de Méridor, ✆ 02 41 51 71 76, *Fax 02 41 51 17 17,* ≤ – GB
fermé 2 janv. au 8 fév., mardi et merc. sauf juil.-août – **Repas** 75 (déj.), 99/215 ♀, enf. 49

MORANGIS *91 Essonne* 61 ①, 101 ㉟ *– voir à Paris, Environs.*

A good moderately priced meal : Repas 100/140

MORESTEL *38510 Isère* 74 ⑭ *G. Vallée du Rhône – 2 972 h alt. 220.*

Paris 499 – Bourg-en-Bresse 72 – Chambéry 50 – Grenoble 71 – Lyon 58 – La Tour-du-Pin 16.

France, Gde rue ✆ 04 74 80 04 77, *Fax 04 74 33 07 47* – TV – 25. AE GB
Repas *(fermé dim. soir et lundi)* 130/250, enf. 85 – 40 – **11 ch** 270/445 – ½ P 270/300

Grille, N 75 ✆ 04 74 80 02 88, *la.grille@wanadoo.fr, Fax 04 74 80 05 10* – P. AE GB
fermé dim. soir et lundi d'oct. à avril – **Repas** 80 bc/180

MORET-SUR-LOING *77250 S.-et-M.* 61 ⑫, 106 ㊻ *G. Ile de France – 4 174 h alt. 50.*

Voir *Site★.*

Office de Tourisme 4 bis pl. Samois ✆ 01 60 70 41 66, Fax 01 60 70 82 52.

Paris 74 – Fontainebleau 10 – Melun 27 – Nemours 17 – Sens 44.

Hostellerie du Cheval Noir avec ch, 47 av. J. Jaurès ✆ 01 60 70 32 91, *chevalnoir@chateauhotels.com, Fax 01 60 70 80 21*, – TV. AE GB
Repas *(fermé lundi et jeudi)* 180/280 – 40 – **10 ch** 280/700 – ½ P 390/640

Palette, 10 av. J. Jaurès ✆ 01 60 70 50 72, *Fax 01 64 31 17 99* – GB
fermé 17 au 27 avril, 16 août au 7 sept., 2 au 18 janv., mardi soir et merc. – **Repas** 115/290, enf. 50

à Veneux-les-Sablons *Ouest : 3,5 km – 4 298 h. alt. 76 – ✉ 77250 :*

Rôtisserie du Bon Abri, av. Fontainebleau ✆ 01 60 70 55 40, *Fax 01 64 31 12 27*, – AE GB
fermé 23 juil. au 7 août, 19 au 26 fév., mardi soir, dim. soir et lundi – **Repas** 135/350, enf. 80

MOREY-ST-DENIS *21220 C.-d'Or* 65 ⑳ *– 639 h alt. 275.*

Paris 319 – Beaune 30 – Dijon 16.

Castel de Très Girard avec ch, 7 r. Très Girard ✆ 03 80 34 33 09, *Fax 03 80 51 81 92*, – TV P – 15. AE GB JCB
fermé 15 fév. au 1er mars – **Repas** 140 (déj.), 190/270, enf. 70 – 65 – **8 ch** 640/740

MORGAT *29 Finistère* 58 ⑭ *G. Bretagne – ✉ 29160 Crozon.*

Voir *Grandes Grottes★.*

Office de Tourisme (saison) bd de la Plage ✆ 02 98 27 29 49.

Paris 590 – Quimper 52 – Brest 61 – Châteaulin 37 – Douarnenez 43 – Morlaix 83.

Grand Hôtel de la Mer M, ✆ 02 98 27 02 09, *Fax 02 98 27 02 39*, ←, « Parc », – TV P – 20 à 30. GB.
31 mars-17 oct. – **Repas** *(fermé lundi midi et mardi midi)* (110) - 160/198, enf. 80 – 62 – **78 ch** 455/545 – ½ P 427

Ville d'Ys, ✆ 02 98 27 06 49, *Fax 02 98 26 21 88*, ← – P. GB. rest
Pâques-30 sept. – **Repas** *(dîner seul.)* 90/240, enf. 45 – 42 – **41 ch** 295/450 – ½ P 270/355

Julia, ✆ 02 98 27 05 89, *Fax 02 98 27 23 10*, – TV P. AE GB. rest
20 fév.-1er nov. et 20 déc.-4 janv. et fermé mardi midi et lundi sauf vacances scolaires – **Repas** 88/280, enf. 50 – 42 – **20 ch** 230/360 – ½ P 285/350

MORILLON *74 H.-Savoie* 74 ⑧ *– rattaché à Samoëns.*

MORLAAS *64160 Pyr.-Atl.* 85 ⑦ *G. Aquitaine – 3 094 h alt. 287.*

Voir *Portail★ de l'église Sainte-Foy.*

Paris 772 – Pau 13 – Tarbes 38.

Bourgneuf, ✆ 05 59 33 44 02, *Fax 05 59 33 07 74* – rest, TV P. GB
fermé 15 oct. au 5 nov., sam. midi et dim. soir – **Repas** 90 bc/120 bc, enf. 50 – 28 – **12 ch** 230/320 – ½ P 200

Ne confondez pas :

Confort des hôtels	:	...
Confort des restaurants	:	XXXXX ... X
Qualité de la table	:	✿✿✿, ✿✿, ✿,

MORLAIX 29600 Finistère 58 ⑥ *G. Bretagne* – 16 701 h alt. 7.

Voir *Vieux Morlaix★ : Viaduc★ – Grand'Rue★ – Intérieur★ de la maison de "la Reine Anne" – Vierge★ dans l'église St-Mathieu – Rosace★ dans le musée des Jacobins★.*

Env. *Calvaire★★ de Plougonven★ 12 km par D 9.*

Office de Tourisme pl. des Otages ✆ 02 98 62 14 94, Fax 02 98 63 84 87.

Paris 539 ② – Brest 59 ② – Quimper 77 ② – St-Brieuc 87 ②.

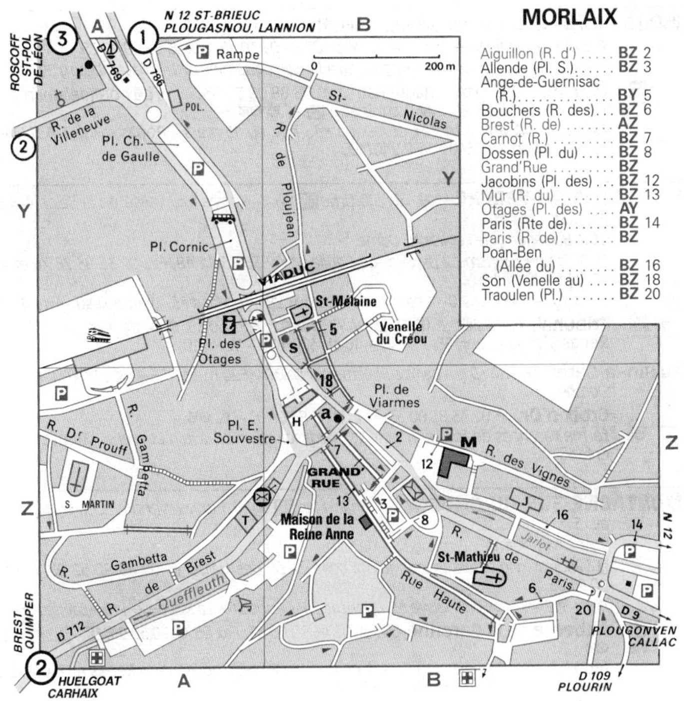

Europe, 1 r. Aiguillon ✆ 02 98 62 11 99, *reservations@hotel-europe-com.fr, Fax 02 98 88 83 38* – 25. AE GB — BZ a
fermé vacances de Noël sauf rest. – **Le Lof** ✆ 02 98 88 81 15 **Repas** 85/160 – 45 – **60 ch** 360/500 – ½ P 300/400

Port sans rest, 3 quai de Léon ✆ 02 98 88 07 54, *Fax 02 98 88 43 80* – AE GB — AY r
30 – **25 ch** 190/250

Fontaine, ZA la Boissière par ① *et rte Lannion : 3 km* ✆ 02 98 62 09 55, *Fax 02 98 63 82 51* – 20. AE GB. rest
fermé 24 déc. au 8 janv. – **Repas** *(fermé sam. et dim. sauf août)* 68/130 – 38 – **38 ch** 280/300 – ½ P 220

Les Bruyères sans rest, par rte de Plouigneau Est sur D 712 : 3 km ✉ 29610 Plouigneau ✆ 02 98 88 08 68, *Fax 02 98 88 66 54*, – . GB
fermé mi-déc.-mi-janv. – 35 – **32 ch** 250/350

Campanile, Z.A. du Launay par r. de la Villeneuve **AY** *Ouest : 3 km* ✆ 02 98 63 34 63, *Fax 02 98 63 35 66*, – – 20. AE GB
Repas 80/106, enf. 39 – 36 – **50 ch** 315

Marée Bleue, 3 rampe St Mélaine ✆ 02 98 63 24 21 – GB — BY s
fermé 8 au 28 oct., dim. soir et lundi – **Repas** 85/235

MORNANT *69440 Rhône* 74 ⑪, 110 ㉒ *G. Vallée du Rhône* – *3 900 h alt. 380.*

Paris 479 – Lyon 28 – St-Étienne 37 – Givors 12 – Rive-de-Gier 14 – Vienne 24.

Poste avec ch, ✆ 04 78 44 00 40, *Fax 04 78 44 19 07*, – rest, . AE GB
Repas *(fermé dim. soir)* 78/190, enf. 58 – 35 – **13 ch** 180/300 – ½ P 220/250

MORNAS *84550 Vaucluse* 81 ① *G. Provence – 2 087 h alt. 37.*
Paris 648 – Avignon 41 – Bollène 11 – Montélimar 43 – Nyons 45 – Orange 13.

Manoir, N 7 ☎ 04 90 37 00 79, *lemanoir@ifrance.com, Fax 04 90 37 10 34,* – rest, P – 15. AE GB
fermé 12 nov. au 11 déc., 2 au 15 janv., mardi midi d'avril à sept., dim. soir d'oct. à mars et lundi – **Repas** 100 (déj.), 150/230, enf. 50 – 40 – **25 ch** 250/310 – ½ P 310

MORSBRONN-LES-BAINS *67360 B.-Rhin* 87 ③ *– 522 h alt. 200.*
Syndicat d'Initiative 27 r. Principale ☎ 03 88 09 30 18, Fax 03 88 09 48 25.
Paris 472 – Strasbourg 44 – Haguenau 11 – Sarreguemines 70 – Wissembourg 29.

Marne, 19 rte Haguenau ☎ 03 88 09 30 53, *info@hoteldelamarne.com, Fax 03 88 09 35 65,* – cuisinette P. GB
fermé début janv. à mi-fév. et jeudi du 15 nov. au 15 mars – **Repas** 60 (déj.), 137/240 – 35 – **48 ch** 240/340 – ½ P 240/300

MORTAGNE-AU-PERCHE *61400 Orne* 60 ④ *G. Normandie Vallée de la Seine – 4 584 h alt. 260.*
Voir *Boiseries* de l'église N.-Dame.*
Office de Tourisme 2 pl. Gén.-de-Gaulle ☎ 02 33 85 11 18, Fax 02 33 83 76 76 et Mairie ☎ 02 33 85 11 11.
Paris 157 – Alençon 40 – Chartres 80 – Lisieux 88 – Le Mans 73 – Verneuil-sur-Avre 41.

Tribunal, 4 pl. Palais ☎ 02 33 25 04 77, *Fax 02 33 83 60 83,* – . GB
Repas 90/190, enf. 55 – 42 – **16 ch** 300/620 – ½ P 310

au Pin-la-Garenne *Sud : 9 km par rte Bellême sur D 938 – 620 h. alt. 158 – ✉ 61400 Mortagne-au-Perche :*

Croix d'Or, ☎ 02 33 83 80 33, *Fax 02 33 83 06 03* – P. GB
fermé vacances de fév., dim. soir et mardi soir de sept. à juin et merc. – **Repas** 62/240, enf. 45

MORTAGNE-SUR-GIRONDE *17120 Char.-Mar.* 71 ⑥ *G. Poitou Vendée Charentes – 972 h alt. 51.*
Voir *Chapelle* de l'Ermitage St-Martial S : 1,5 km.*
Syndicat d'Initiative (saison juin à sept.) 1 pl. des Halles ☎ 05 46 90 52 90, Fax 05 46 90 61 25.
Paris 512 – Royan 33 – Blaye 55 – Jonzac 31 – Pons 26 – La Rochelle 116 – Saintes 36.

Auberge de la Garenne, ☎ 05 46 90 63 69, *Fax 05 46 90 50 93,* – P. GB
fermé 23 déc. au 18 janv., dim. soir et lundi du 20 sept. au 20 mai – **Repas** 70/200, enf. 42 – 34 – **11 ch** 240/300 – ½ P 250/265

MORTAGNE-SUR-SÈVRE *85290 Vendée* 67 ⑤ *G. Poitou Vendée Charentes – 5 724 h alt. 115.*
Office de Tourisme av. de la Gare ☎ 02 51 65 11 32, Fax 02 51 65 11 32.
Paris 360 – Angers 70 – La Roche-sur-Yon 57 – Bressuire 41 – Cholet 10 – Nantes 63.

France, pl. Dr Pichat ☎ 02 51 65 03 37, *Fax 02 51 65 27 83,* – , rest, – 15 à 40. AE GB
fermé sam. et dim. de nov. à mars – ***Taverne*** *(fermé sam. midi et dim. de nov. à mars)* **Repas** 165/326, enf. 60 – ***Petite Auberge*** (déj. seul.) *(fermé sam. et dim.)* **Repas** 85/100, enf. 60 – 45 – **23 ch** 270/370 – ½ P 290/450

MORTEAU *25500 Doubs* 70 ⑦ *G. Jura – 6 458 h alt. 780.*
Office de Tourisme pl. de la Halle ☎ 03 81 67 18 53, Fax 03 81 67 62 34.
Paris 469 – Besançon 64 – Basel 123 – Belfort 90 – Neuchâtel 39 – Pontarlier 32.

Auberge de la Roche (Feuvrier), au Pont de la Roche Sud-Ouest : 3 km par D 437 ✉ 25570 Gd Combe Chateleu ☎ 03 81 68 80 05, *Fax 03 81 68 87 64,* – P. GB
fermé 3 au 16 juil., 18 au 25 sept., 15 au 31 janv. dim. soir et lundi – **Repas** 140/425 et carte 300 à 420
Spéc. Mousseline de brochet à l'embeurrée de choux. Jambonnettes de cuisses de grenouilles à l'émulsion de cresson. Chariot de desserts. **Vins** Côtes du Jura, Arbois-Pupillin.

à Grand'Combe-Châteleu *Sud-Ouest : 5 km par D 437 et D 47 – 1 301 h. alt. 760 – ✉ 25570.*
Voir *Fermes anciennes*.*

Faivre, ☎ 03 81 68 84 63, *Fax 03 81 68 87 80* – GB
fermé 31 juil. au 26 août, dim. soir et lundi – **Repas** 108 (déj.), 130/300

MORTEMART *87330 H.-Vienne* 72 ⑥ *G. Berry Limousin – 152 h alt. 300.*
Paris 393 – Limoges 40 – Bellac 15 – Confolens 31 – St-Junien 20.

Relais avec ch, ✆ 05 55 68 12 09, – TV. GB
fermé fév., mardi sauf juil.-août et merc. – **Repas** 100/220 ♀ – ☕ 45 – **5 ch** 250/320 – ½ P 350

MORZINE *74110 H.-Savoie* 74 ⑧ *G. Alpes du Nord – 2 967 h alt. 960 – Sports d'hiver : 1 000/ 2 100 m 4 24.*
Voir le Pléney★ par téléphérique, pointe du Nyon★ par téléphérique – Télésiège de Chamossière★★.
Office de Tourisme (saison) pl. de la Crusaz ✆ 04 50 74 72 72, Fax 04 50 79 03 48.
Paris 593 ② – Thonon-les-Bains 33 ① – Annecy 79 ② – Cluses 29 ② – Genève 62 ②.

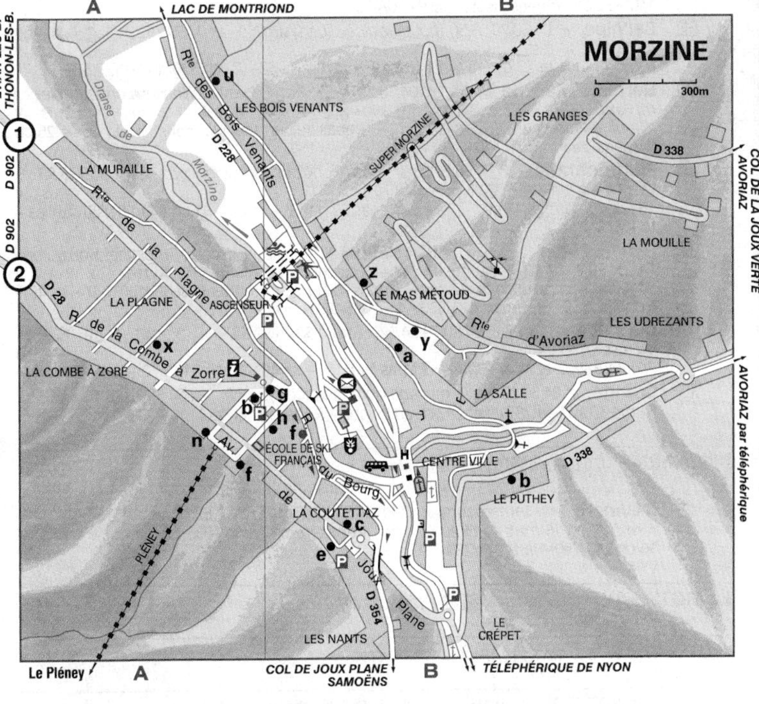

Dahu , ✆ 04 50 75 92 92, *info@dahu.com, Fax 04 50 75 92 50,* ≤, – TV P – 15 à 25. GB. rest — B z
20 juin-10 sept. et 20 déc.-10 avril – **Repas** *(fermé lundi en hiver)* (dîner seul. en hiver) 160/280 – ☕ 65 – **40 ch** 565/1130, 4 appart, 4 duplex – ½ P 675/910

Samoyède M, ✆ 04 50 79 00 79, *samoyede@portesdusoleil.com, Fax 04 50 79 07 91,* ≤, – TV P. AE GB JCB. rest — B g
début juil.-mi-sept. et 15 déc.-fin avril – **Repas** 125/260, enf. 60 – ☕ 60 – **26 ch** 380/900 – ½ P 650/850

Champs Fleuris, ✆ 04 50 79 14 44, *info@hotel-champsfleuris.fr, Fax 04 50 79 27 75,* ≤, – TV – 20 à 30. AE GB. rest — A f
30 juin-10 sept. et 18 déc.-15 avril – **Repas** (résidents seul.) 170 ♀ – ☕ 55 – **48 ch** 650/1300 – ½ P 630/900

Les Airelles, ✆ 04 50 74 71 21, *infos@les-airelles.com, Fax 04 50 79 17 49,* ≤, – cuisinette, ch, TV P – 30 à 50. GB JCB. rest — A b
15 mai-30 sept. et 1er déc.-16 avril – ***Les Jardins d'Ulysse :*** **Repas** *(70)*-95/390 ♀, enf. 48 – ☕ 65 – **47 ch** 850/1200, 9 studios – ½ P 690/850

Bergerie sans rest, ☎ 04 50 79 13 69, *info@hotel-bergerie.com, Fax 04 50 75 95 71*, ←, ⅏, ⛱, ⛰ – 🛗 cuisinette 📺 🚗. GB — B h
28 juin-16 sept. et 19 déc.-22 avril – ☕ 60 – **5 ch** 500/600, 22 studios 850/1200

Tremplin, ☎ 04 50 79 12 31, *Fax 04 50 75 95 70*, ←, 🏖, ⅏, ⛰ – 🛗 📺 📞 🚗 🅿. GB — A n
13 juil.-20 août et 15 déc.-6 avril – **Repas** 160/260 – ☕ 70 – **35 ch** 500/1000 – ½ P 600/750

Chalet Philibert Ⓜ, ☎ 04 50 79 25 18, *chaletphilibert@worldonline.fr, Fax 04 50 79 25 81*, ←, 🏖, ⅏, ⛱ – 📺 📞 ♿ 🅿. AE GB — B b
fermé nov. – ***Restaurant du Chalet*** (dîner seul. en semaine) *(fermé lundi et mardi du 1er mai au 1er juil. et du 15 sept au 15 déc.)* **Repas** *(185)*-205/235 ♀, enf. 60 – ☕ 50 – **18 ch** 360/1350 – ½ P 480/795

Clef des Champs, ☎ 04 50 79 10 13, *hotel@clefdeschamps, Fax 04 50 79 08 18*, ←, 🏖, ⅏, ⛱, ⛰ – 🛗 📺 🅿 – 🎪 20. GB. ✻ rest — B e
hôtel: 20 juin-10 sept. et 20 déc.-10 avril ; rest. : 1er juil.-5 sept. et 20 déc.-10 avril – **Repas** 140 – **32 ch** (½ pens. seul.) – ½ P 470/480

Bel'Alpe, ☎ 04 50 79 05 50, *hotel.belalpe@libertysurf.fr, Fax 04 50 79 22 76*, ⛱, ⛰ – 🛗 📺 🅿. GB. ✻ rest — A x
8 juil.-1er sept. et 23 déc.-5 avril – **Repas** 120/170 – ☕ 38 – **22 ch** 320/400 – ½ P 380

Hermine Blanche Ⓜ 🐦, ☎ 04 50 75 76 55, *hotel.hermineblanche@portesdusoleil.com, Fax 04 50 74 72 47*, ←, 🏖, ⅏, 🏊, ⛰ – 🛗 📺 🅿. GB. ✻ rest — B y
1er juil.-31 août et 22 déc.-20 avril – **Repas** (dîner seul.)(½ pens. seul.) 95 – **25 ch** (½ pens. seul.) – ½ P 370

Florimontane, ☎ 04 50 79 03 87, *florimon@portesdusoleil.com, Fax 04 50 75 93 38*, 🏖, ⅏ – 🛗 cuisinette 📺 ♿ 🅿 – 🎪 20 à 120. GB — B c
15 juin-15 sept. et 15 déc.-30 avril – **Repas** 99/116 ♀ – ☕ 45 – **41 ch** 349/581, 20 studios – ½ P 475

Les Côtes 🐦, ☎ 04 50 79 09 96, *hotel-lescotes@morzine-avoriaz.com, Fax 04 50 75 97 38*, ←, ⅏, 🏊, ⛰, 🎾 – 🛗 cuisinette 📺 🚗 🅿. GB. ✻ rest — B a
30 juin-4 sept. et 22 déc.-17 avril – **Repas** (dîner seul.)(résidents seul.) 100/120 – ☕ 48 – **4 ch** 300/350, 19 studios 420/670 – ½ P 335/360

Ours Blanc 🐦, ☎ 04 50 79 04 02, *Fax 04 50 75 97 82*, ←, ⛱, ⛰ – 📺 🅿. GB. ✻ rest — A u
24 juin-8 sept. et Noël-Pâques – **Repas** 110/130 – ☕ 46 – **22 ch** 210/370 – ½ P 335/355

XX **Grange,** ☎ 04 50 75 96 40, *morzine.lagrange@libertysurf.fr, Fax 04 50 75 96 40* – GB
fermé 30 avril au 28 juin et 28 oct. au 29 nov. – **Repas** (dîner seul.) 185/235 ♀ — B f

---

MOTHERN *67470 B.-Rhin* 57 ⑳ – *1 721 h alt. 115.*

Paris 524 – Strasbourg 52 – Haguenau 33 – Karlsruhe 28 – Wissembourg 23.

A L'Ancre, 2 rte Lauterbourg ☎ 03 88 94 81 99, *Fax 03 88 54 67 74*, 🏖 – 📺 📞 ♿ 🅿. GB
fermé 1er au 15 mars et 1er au 15 nov. – **Repas** *(fermé vend.)* 85/160 ♀, enf. 50 – ☕ 55 – **16 ch** 240/290 – ½ P 240/280

La MOTTE-AU-BOIS *59 Nord* 51 ⑭ – *rattaché à Hazebrouck.*

MOTTEVILLE *76 S.-Mar.* 52 ⑬ – *rattaché à Yvetot.*

MOUANS-SARTOUX *06370 Alpes-Mar.* 84 ⑧, 114 ⑬, 115 ㉔ – *7 989 h alt. 120.*

Paris 911 – Cannes 10 – Antibes 15 – Grasse 8 – Mougins 4 – Nice 34.

L'Albatros Ⓜ 🐦 sans rest, 1000 chemin Plaines (dir. Grasse) ✉ 06370 ☎ 04 92 28 40 00, *albatros.eg.@wanadoo.fr, Fax 04 92 92 05 10*, ⛱ – 🛗 ▤ 📺 📞 ♿ 🅿. AE ⓞ GB
☕ 55 – **62 ch** 645

XX **Gavroche,** 1 pl. Gén. de Gaulle ☎ 04 93 75 69 72, 🏖 – AE ⓞ GB
Repas 135/230

X **Relais de la Pinède,** rte La Roquette-sur-Siagne 1,5 km par D 409 ☎ 04 93 75 28 29, 🏖 – 🅿. GB
fermé 15 nov. au 1er déc., 15 juin au 1er juil., dim. soir et merc. sauf juil.-août – **Repas** (prévenir) 99/170

Les noms des localités citées dans ce guide

sont soulignés de rouge

sur les **cartes Michelin** à 1/200 000.

MOUCHARD *39330 Jura* 70 ④ ⑤ – *997 h alt. 285.*

Paris 395 – Besançon 38 – Arbois 10 – Dole 36 – Lons-le-Saunier 47 – Salins-les-Bains 9.

XX **Chalet Bel'Air** avec ch, ✆ 03 84 37 80 34, *Fax 03 84 73 81 18*, – rest, TV P. AE GB
fermé 19 au 27 juin, 21 nov. au 12 déc., dim. soir, jeudi midi et merc. sauf vacances scolaires – **Repas** 165/400 bc ♀ – ☕ 40 – **9 ch** 250/450 – ½ P 270/390

X **Rôtisserie,** ✆ 03 84 37 80 34, – P. AE GB
fermé 19 au 27 juin, 21 nov. au 12 déc., dim. soir, jeudi midi et merc. – **Repas** 130/190 ♀

MOUDEYRES *43150 H.-Loire* 76 ⑱ – *111 h alt. 1177.*

Paris 572 – Le Puy-en-Velay 26 – Aubenas 64 – Langogne 59.

Pré Bossu , ✆ 04 71 05 10 70, *Fax 04 71 05 10 21*, salle à manger réservée aux non-fumeurs, « Authentique chaumière dans un village classé », – P. AE GB. rest
7 avril-1er nov. et fermé le midi sauf sam. et dim. – **Repas** (prévenir) 195/385 – ☕ 75 – **10 ch** 395/495 – ½ P 525/575

MOUGINS *06250 Alpes-Mar.* 84 ⑨, 115 ㉔ ㊳ *G. Côte d'Azur – 13 014 h alt. 260.*

Voir *Site★ – Ermitage N.-D. de Vie : site★, ≤★ SE : 3,5 km – Musée de l'Automobiliste★ NO : 5 km.*

Office de Tourisme (fermé dim. et lundi d'oct. à juin) av. J.-Ch.-Mallet ✆ 04 93 75 87 67, Fax 04 92 92 04 03.

Paris 908 – Cannes 8 – Antibes 13 – Grasse 11 – Nice 32 – Vallauris 10.

Mougins M , 205 av. Golf (rte Antibes) 2,5 km ✆ 04 92 92 17 07, *Fax 04 92 92 17 08*, « Jardin fleuri », – TV P – 15 à 30. AE GB
fermé 27 nov. au 27 déc. et dim. de janv. à mars – **Repas** 190/240 ♀ – ☕ 95 – **50 ch** 1360/1900 – ½ P 895

Manoir de l'Étang , Bois de Font-Merle (rte Antibes) - allée du Manoir : 2 km ✆ 04 92 28 36 00, *manoir.etang@wanadoo.fr, Fax 04 92 28 36 10*, ≤, « Parc », – TV P. AE GB.
2 mars-31 oct. – **Repas** *(fermé lundi)* 150 (déj.), 190/280 ♀ – ☕ 65 – **17 ch** 600/1200 – ½ P 550/750

Arc Hôtel, rte Valbonne ✆ 04 93 75 77 33, *infos@arc-hotel.com, Fax 04 92 92 20 57*, – TV P – 40. AE GB. rest
Repas 150/185 ♀, enf. 65 – ☕ 45 – **44 ch** 570/620

XXXX ✿ **Moulin de Mougins** (Vergé) avec ch, à Notre-Dame-de-Vie, Sud-Est : 2,5 km par D 3 ✆ 04 93 75 78 24, *moulins@relaischateau.fr, Fax 04 93 90 18 55*, « Ancien moulin à huile du 16e siècle », – TV P. AE GB
fermé 9 déc. au 11 janv. – **Repas** *(fermé lundi)* 270 (déj.), 550/740 et carte 580 à 700 ♀ – ☕ 90 – **3 ch** 850/950, 4 appart
Spéc. Grains de caviar, mousseline d'asperges et coulis à la cardamome. Poupeton de fleur de courgette à la truffe noire. Filet de loup sauvage cuit en croûte de sel. **Vins** Côtes de Provence blanc et rouge.

XXX **Ferme de Mougins,** à St-Basile (rte de Valbonne) ✆ 04 93 90 03 74, *Fax 04 92 92 21 48*, – P. AE GB
Repas 195 (déj.), 275/475 et carte 440 à 590

XXX **Les Muscadins** avec ch, au village ✆ 04 92 28 28 28, *muscadins@alcyonis.fr, Fax 04 92 92 88 23*, ≤, « Belle décoration intérieure » – ch, TV P. AE GB.
Repas *(fermé mardi du 1er nov. au 1er avril)* 185/250 et carte 280 à 400 ♀ – ☕ 100 – **12 ch** 1100/2200 – ½ P 1590/2690

XX **Terrasse et Hôtel du Village** avec ch, 31 bd Courteline ✆ 04 92 28 36 20, *laterrasseamougins@lemel.fr, Fax 04 92 28 36 21*, ≤, – rest, TV. AE GB
Repas *(fermé mi-nov. à mi-déc., jeudi midi et merc.)* 130 (déj.), 220/350 ♀ – ☕ 100 – **4 ch** 800/1500 – ½ P 1500

XX **L'Amandier de Mougins,** au village ✆ 04 93 90 00 91, *Fax 04 92 92 89 95*, ≤, « Ancien pressoir du 14e siècle » – AE GB
Repas 165/200 ♀, enf. 65

XX **Feu Follet,** au village ✆ 04 93 90 15 78, *battaglia@feu-follet.fr, Fax 04 92 92 92 62*, « Terrasse » – . AE GB
fermé 10 déc. au 14 janv., dim. soir en hiver, mardi midi en été et lundi – **Repas** 135 (déj.), 175/300 ♀

XX **Broche de Fer,** à St-Basile (rte Valbonne) ✆ 04 92 92 08 08, *Fax 04 92 92 88 54*, – P. AE GB
fermé 5 au 16 mars, 5 au 16 nov., jeudi midi et merc. – **Repas** 98 (déj.), 120/185 ♀, enf. 50

Clos St-Basile, à St-Basile (rte de Valbonne) ☏ 04 92 92 93 03, *an.muscat@wanadoo.fr, Fax 04 92 92 19 34,* – P. AE GB JCB
fermé 15 nov. au 15 déc., 20 fév. au 15 mars, jeudi midi et merc. sauf juil.-août – **Repas** 120 (déj.), 195/320 ♀

Brasserie de la Méditerranée, au village ☏ 04 93 90 03 47, *brasm@provence-riviera.com, Fax 04 93 75 72 83,* , bistrot – ▤. AE GB
fermé 10 janv. au 3 fév. et mardi du 15 oct. au 1er avril – **Repas** 138 (déj.), 172/227

Bistrot de Mougins, au village ☏ 04 93 75 78 34, *Fax 04 93 75 25 52* – ▤. AE GB
fermé 3 au 23 déc., sam. midi et merc. – **Repas** (prévenir) 125 (déj.), 175/248 ♀

MOULIN-DU-PONT *29 Finistère 58 ⑮ – rattaché à Quimper.*

MOULINS P *03000 Allier 69 ⑭ G. Auvergne – 22 799 h alt. 240.*

Voir *Cathédrale Notre-Dame★ : triptyque★★★, vitraux★★ – Statue Jacquemart★ – Mausolée du duc de Montmorency★* **B** *(chapelle de la Visitation) – Musée d'Art et d'Archéologie★★* **M**1.

Office de Tourisme 11 r. F.-Péron ☏ 04 70 44 14 14, Fax 04 70 34 00 21.

Paris 298 ① – Bourges 101 ① – Clermont-Ferrand 104 ⑤ – Nevers 55 ① – Roanne 100 ④.

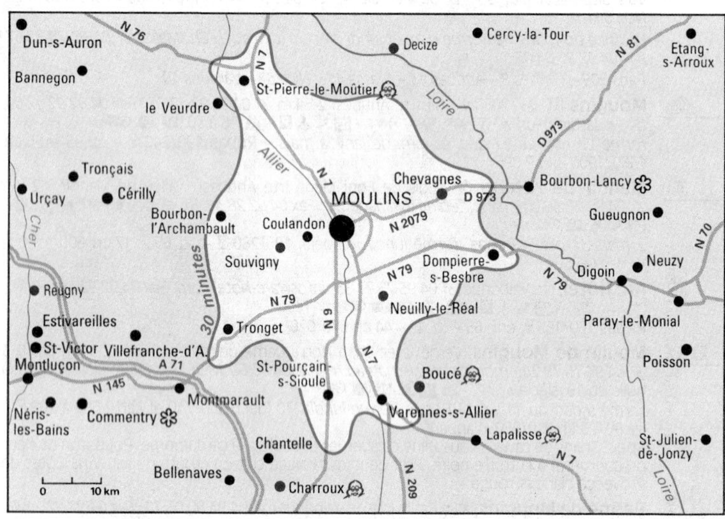

Paris-Jacquemart, 21 r. Paris ☏ 04 70 44 00 58, *Fax 04 70 34 05 39,* – ▤ rest, TV P. AE GB — DY p
Repas *(fermé 4 au 27 août, dim. soir et lundi)* 160/330 ♀ – 60 – **27 ch** 350/650 – ½ P 410/625

Parc, 31 av. Gén. Leclerc ☏ 04 70 44 12 25, *Fax 04 70 46 79 35* – ▤ rest, TV P. GB
fermé 9 au 29 juil., 28 sept. au 6 oct., 23 déc. au 4 janv. – **Repas** *(fermé sam.)* 98/220 – 38 – **29 ch** 215/370 – ½ P 270/290 — BX a

Moderne M, 9 pl. J. Moulin ☏ 04 70 35 50 50, *Fax 04 70 35 50 60,* – ▤ TV P – 20. AE GB — CY a
Repas 90/150 ♀, enf. 50 – 40 – **43 ch** 290/380

Cours, 36 cours J. Jaurès ☏ 04 70 44 25 66, *patrick.bourhy@wanadoo.fr, Fax 04 70 20 58 45* – ▤. AE GB — DY x
fermé 1er au 18 juil. et merc. – **Repas** 98/260 et carte 210 à 320 ♀, enf. 50

Toquée, 97 r. Allier ☏ 04 70 35 01 60 – ▤. GB — DY a
fermé dim. soir et lundi – **Repas** 140/185 ♀

rte de Paris *par ① : 8 km – ✉ 03460 Trevol :*

Relais Mercure M, ☏ 04 70 46 84 84, *h0827@accor-hotels.com, Fax 04 70 46 84 80,* – TV P – 150. AE GB. rest
Repas *(fermé dim. d'oct. à avril)* 120/130 ♀, enf. 52 – 48 – **41 ch** 355/400

MOULINS

Allier (Pl. d') .... CDZ
Allier (R. d') .... DYZ
Alsace-Lorraine (Av. d') .... BX 3
Ancien-Palais (R.) .... DY 4
Bourgogne (R. de) .... BV, DY 6
Bréchimbault (R.) .... DZ 7
Cerf-Volant (R.) .... BV 8
Clermont-Ferrand (Rte de) .... AX 10
Desboutins (R.) .... BX 16
Fausses-Braies (R. des) .... DY 19
Flèche (R. de la) .... DZ 20
Grenier (R.) .... DY 25
Horloge (R. de l') .... DZ 26
Hôtel-de-Ville (Pl. de l') .... DY 27
Jeu-de-Paume (R. du) .... BV 28
Laussédat (Pl. du Col.) .... DY 29
Leclerc (Av. Gén.) .... BX 30
Libération (Av. de la) .... AX 31
Montilly (Rte de) .... AX 32
Orfèvres (R. des) .... DY 33
Pascal (R. Blaise-) .... CZ 34
Péron (R. F.) .... DY 35
République (Av.) .... BX 36
Tanneries (R. des) .... BV, DY 38
Tinland (R.M.) .... CY 39
Vert-Galant (R. du) .... CDY 40
4-Septembre (R.) .... DZ 42

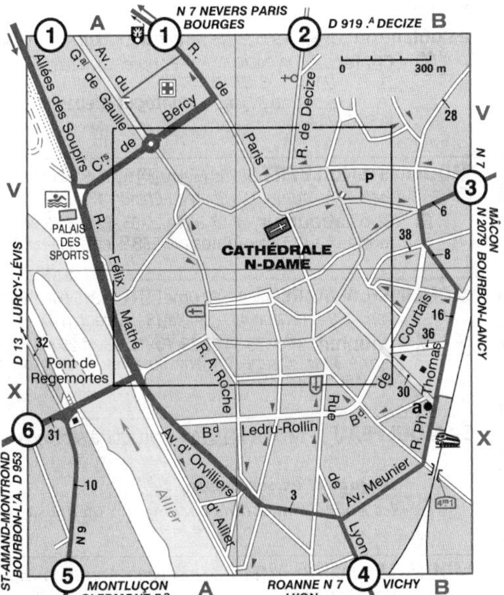

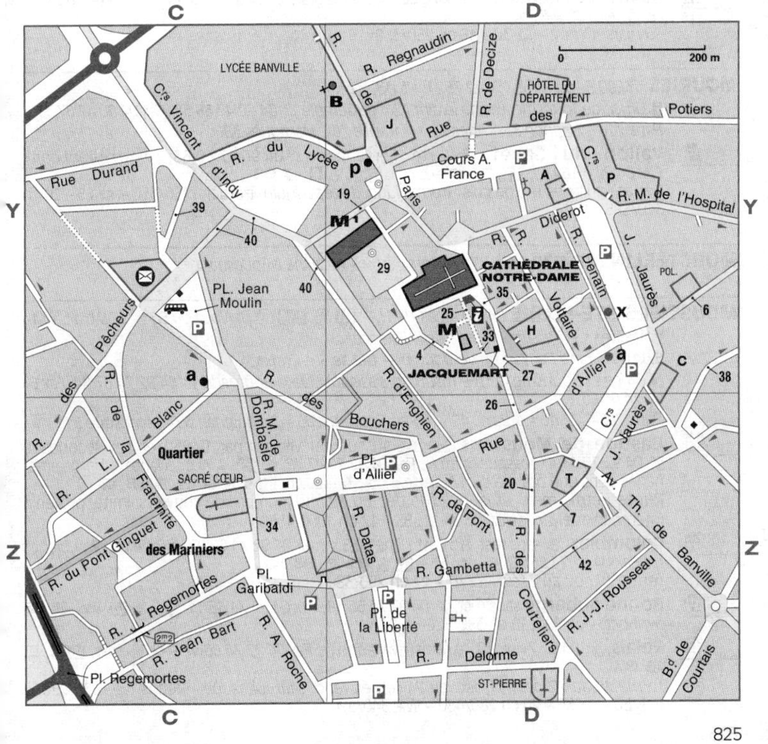

à Coulandon par ⑥, D 945 et rte secondaire : 7 km – 554 h. alt. 250 – ✉ 03000 :

Chalet ⊗, ☎ 04 70 44 50 08, hotel-chalet@cs3i.fr, Fax 04 70 44 07 09, ≤, ☂, « Parc », ⛱, ⚘ – 📺 ☎ ♿ 🅿. AE ⓓ GB
fermé 16 déc. au 31 janv. – ***Montégut*** : **Repas** 115/250 ♀, enf. 60 – ☕ 48 – **28 ch** 310/480 – ½ P 355/420

MOULINS-ENGILBERT 58290 Nièvre 69 ⑥ G. Bourgogne – 1 711 h alt. 215.

Paris 297 – Autun 50 – Château-Chinon 17 – Corbigny 40 – Moulins 73 – Nevers 57.

Bon Laboureur, ☎ 03 86 84 20 55, Fax 03 86 84 35 52 – 📺. GB
fermé 1er au 13 janv. – **Repas** 70/238 ♀, enf. 55 – ☕ 35 – **23 ch** 210/350 – ½ P 195/290

MOULINS-LA-MARCHE 61380 Orne 60 ④ – 816 h alt. 257.

Paris 158 – Alençon 43 – L'Aigle 18 – Argentan 47 – Mortagne-au-Perche 17.

Dauphin, ☎ 02 33 34 50 55, Fax 02 33 34 25 35 – 🅿. AE GB JCB
fermé 3 au 26 sept., 21 janv. au 6 fév., mardi soir, dim. soir et lundi – **Repas** 65 (déj.), 110/180 ♨, enf. 41

Le MOULLEAU 33 Gironde 78 ② ⑫ – rattaché à Arcachon.

En juin et en septembre,
les hôtels sont moins chers qu'en pleine saison, le service est plus soigné.

MOURÈZE 34800 Hérault 83 ⑤ G. Languedoc Roussillon – 100 h alt. 200.

Voir Cirque★★.

Paris 729 – Montpellier 50 – Bédarieux 23 – Clermont-l'Hérault 8.

Navas "Les Hauts de Mourèze" ⊗ sans rest, ☎ 04 67 96 04 84, Fax 04 67 96 25 85, ≤, ⛱, ⚘ – 🅿. GB. ✗
25 mars-1er nov. – ☕ 30 – **16 ch** 250/350

MOURIÈS 13890 B.-du-R. 84 ① – 2 752 h alt. 13.

ℹ Office de Tourisme (fermé le dim.) 2 r. du Temple ☎ 04 90 47 56 58, Fax 04 90 47 67 33.

Paris 716 – Avignon 35 – Arles 25 – Marseille 76 – Martigues 38.

Vallon du Gayet ⊗, rte Servannes ☎ 04 90 47 50 63, wcarre@aol.com, Fax 04 90 47 64 31, ☂, ⛱, ⛺ – ▤ ch, 📺 ☎ ♿ 🅿. ⓓ GB
Repas - grillades-feu de bois - (fermé lundi de sept. à juin) 138 (déj.), 150/550 – ☕ 65 – **20 ch** 510/585

MOUSTERLIN (Pointe de) 29 Finistère 58 ⑮ – rattaché à Fouesnant.

MOUSTIERS-STE-MARIE 04360 Alpes-de-H.-P. 81 ⑰, 114 ⑧ G. Alpes du Sud – 580 h alt. 631.

Voir Site★★ – Église★ – Musée de la Faïence★.

Excurs. Grand Canyon du Verdon★★★ – Lac de Ste-Croix★★.

ℹ Office de Tourisme (fermé matin hors saison) r. de la Bourgade ☎ 04 92 74 67 84, Fax 04 92 74 60 65.

Paris 785 – Digne-les-Bains 49 – Aix-en-Provence 93 – Draguignan 62 – Manosque 51.

Bastide de Moustiers Ⓜ ⊗, au sud du village, par D 952 et rte secondaire ☎ 04 92 70 47 47, bastide@i2m.fr, Fax 04 92 70 47 48, ≤, ☂, « Accueillante auberge aménagée dans une bastide du 17e siècle », ⛱, ⚘ – ▤ ch, 📺 ☎ ♿ 🅿. AE ⓓ GB. ✗
Repas (fermé merc. et jeudi du 15 déc. au 28 fév.) (nombre de couverts limité, prévenir) (menu unique) 230 (déj.)/295 ♀ – ☕ 85 – **12 ch** 1000/1550

Colombier ⊗ sans rest, rte Castellane : 0,5 km ☎ 04 92 74 66 02, infos@le-colombier.com, Fax 04 92 74 66 70, ≤, ⛺, ⚔ – 📺 ♿ 🚗 🅿. GB. ✗
fermé 18 nov. au 2 fév. – ☕ 47 – **22 ch** 290/380

Bonne Auberge sans rest, ☎ 04 92 74 66 18, Fax 04 92 74 65 11, ⛱ – 🛗 📺 🚗. AE GB
avril-oct. – ☕ 49 – **19 ch** 390/520

Relais, ☎ 04 92 74 66 10, le.relais@wanadoo.fr, Fax 04 92 74 60 47 – 🛗, ▤ rest, 📺 ☎. AE ⓓ GB
fermé 15 au 22 oct., 31 déc. au 24 fév. et vend. sauf juil.-août – **Repas** (88) - 135/220 ♀, enf. 50 – ☕ 55 – **20 ch** 280/480 – ½ P 340/390

Les Santons (Abert), pl. Église ✆ 04 92 74 66 48, *Fax 04 92 74 63 67*, – AE GB
fermé 15 nov. au 15 déc., janv., lundi soir et mardi – **Repas** (nombre de couverts limité, prévenir) 250/340
Spéc. Nouilles au foie gras et aux truffes de pays. "Bouillabaisse" de pintade aux écrevisses. Agneau de Sisteron. **Vins** Coteaux Varois. Coteaux d'Aix-en-Provence.

Ferme Ste-Cécile, rte de Castellane : 1,5 km ✆ 04 92 74 64 18, *restaurant@ferme-ste-cecile.com, Fax 04 92 74 63 51*, – P. GB
fermé 12 nov. au 12 déc., vacances de fév., dim. soir hors saison et lundi – **Repas** 125 (déj.), 185/260 bc, enf. 65

MOUTHIER-HAUTE-PIERRE *25920 Doubs 70 ⑥ G. Jura – 356 h alt. 450.*

Voir *Belvédère de Mouthier* ≤★★ *SE : 2,5 km – Gorges de Nouailles★ SE : 3,5 km – Belvédère du moine de la vallée★★.*

Paris 444 – Besançon 39 – Baume-les-Dames 55 – Pontarlier 21 – Salins-les-Bains 42.

Cascade, ✆ 03 81 60 95 30, *Fax 03 81 60 94 55*, ≤ vallée, rest. non-fumeurs exclusivement – TV P. AE GB.
3 mars-11 nov. – **Repas** 115/250 – 48 – **19 ch** 290/380 – ½ P 335/355

MOÛTIERS *73600 Savoie 74 ⑰ G. Alpes du Nord – 4 295 h alt. 480.*

Office de Tourisme pl. St-Pierre ✆ 04 79 24 04 23, Fax 04 79 24 56 05.

Paris 638 – Albertville 27 – Chambéry 76 – St-Jean-de-Maurienne 87.

Ibis, colline Champoulet ✆ 04 79 24 27 11, *h0626-@accor-hotels.com, Fax 04 79 24 30 03*, ≤ – TV P. AE GB
Repas (75) - 95, enf. 39 – 35 – **61 ch** 390

Voûte, 172 Grande rue ✆ 04 79 24 23 23, *Fax 04 79 24 23 23* – GB
fermé 1er au 15 juin, 1er au 8 oct., 23 déc. au 7 janv., dim. soir, mardi soir et lundi – **Repas** 99/230

Coq Rouge, 115 pl. A. Briand ✆ 04 79 24 11 33 – GB
fermé 20 juin au 12 juil., 26 nov. au 10 déc., dim. et lundi – **Repas** 145/210

MOUX-EN-MORVAN *58230 Nièvre 65 ⑰ – 744 h alt. 502.*

Paris 263 – Autun 31 – Château-Chinon 30 – Clamecy 71 – Nevers 91 – Saulieu 16.

Beau Site, ✆ 03 86 76 11 75, *Fax 03 86 76 15 84*, , « Parc », – P. GB. rest
hotel : fermé 12 déc.-17 fév., dim soir et lundi du 18 nov. au 17 mars – **Repas** *(fermé 23 déc. au 31 janv., dim. soir et lundi du 18 nov. au 17 mars)* 70/195, enf. 53 – 34 – **20 ch** 150/295 – ½ P 197/250

MOUZON *08210 Ardennes 56 ⑩ G. Champagne Ardenne – 2 637 h alt. 160.*

Voir *Église Notre-Dame★.*

Paris 272 – Charleville-Mézières 40 – Carignan 8 – Longwy 63 – Sedan 17 – Verdun 64.

Les Échevins, 33 r. Ch. de Gaulle ✆ 03 24 26 10 90, *Fax 03 24 29 05 95* – GB
fermé 30 juil. au 23 août, 7 au 24 janv., dim. soir et lundi sauf fériés
Repas 100/280

MUHLBACH-SUR-MUNSTER *68380 H.-Rhin 62 ⑱ G. Alsace Lorraine – 631 h alt. 460.*

Paris 462 – Colmar 24 – Gérardmer 38 – Guebwiller 45.

Perle des Vosges, ✆ 03 89 77 61 34, *Fax 03 89 77 74 40*, ≤, , – P – 100. GB JCB. rest
fermé 15 nov. au 1er déc. et 1er janv. au 2 fév. – **Repas** 80/220 – 45 – **40 ch** 230/700, 5 appart 700 – ½ P 400/475

MUIDES-SUR-LOIRE *41500 L.-et-Ch. 64 ⑧ – 1 115 h alt. 82.*

Syndicat d'Initiative Mairie ✆ 02 54 87 50 08, Fax 02 54 87 01 25.

Paris 170 – Orléans 48 – Blois 20 – Châteauroux 108.

Auberge du Bon Terroir, 20 r. 8-Mai ✆ 02 54 87 59 24, *Fax 02 54 87 59 19*, – P. AE GB
fermé 12 au 20 mars, 20 nov. au 10 déc., 2 au 15 janv., lundi et mardi sauf le soir en juil.-août – **Repas** 110/270, enf. 78

Chanterelle, 21 av. Loire ✆ 02 54 87 50 19, *Fax 02 54 87 50 19*, – GB
fermé 8 au 22 janv., dim. soir, lundi et mardi midi – **Repas** 85/125

MULHOUSE SP 68100 H.-Rhin 66 ⑨ ⑩ G. Alsace Lorraine – 108 357 h Agglo. 223 856 h alt. 240.

Voir *Parc zoologique et botanique*★★ – *Hôtel de Ville*★★ **FY** $\mathbf{H^1}$, *musée historique*★★ – *Vitraux*★ *du temple St-Étienne* – *Musée de l'automobile-collection Schlumpf*★★★ **BU** – *Musée français du chemin de fer*★★★ **AV** – *Musée de l'Impression sur étoffes*★ **FZ** $\mathbf{M^6}$ – *Electropolis : musée de l'énergie électrique*★ **AV** $\mathbf{M^2}$.

Env. *Musée du Papier peint*★ *: collection*★★ *à Rixheim E : 6 km* **DV** $\mathbf{M^7}$.

✈ *de Bâle-Mulhouse (Euro-Airport) par* ③ *: 27 km,* ✆ *03 89 90 31 11 à St-Louis et* ✆ *061* ✆ *(00 41 61) 325 31 11 à Bâle (Suisse).* 🚗 ✆ *08 36 35 35 35.*

ℹ *Office de Tourisme 9 av. Mar.-Foch* ✆ *03 89 35 48 48, Fax 03 89 45 66 16.*

Paris 465 ⑤ *– Basel 34* ③ *– Belfort 40* ⑤ *– Freiburg-im-Breisgau 59* ② *– Strasbourg 119* ①.

Parc Ⓜ, 26 r. Sinne ✆ 03 89 66 12 22, *Fax 03 89 66 42 44* – – 80. AE ⓓ GB FZ a
Repas *(fermé août, sam. midi et dim. soir)* (145) - 180 bc (déj.), 290/380 – ☕ 90 – **76 ch** 700/2200 – ½ P 1350/1900

Mercure Centre Ⓜ, 4 pl. Gén. de Gaulle ✆ 03 89 36 29 39, *h1264@accor-hotels.com, Fax 03 89 36 29 49,* – – 120. AE ⓓ GB JCB FZ b
Repas 110/150 ♀, enf. 50 – ☕ 65 – **96 ch** 565/595

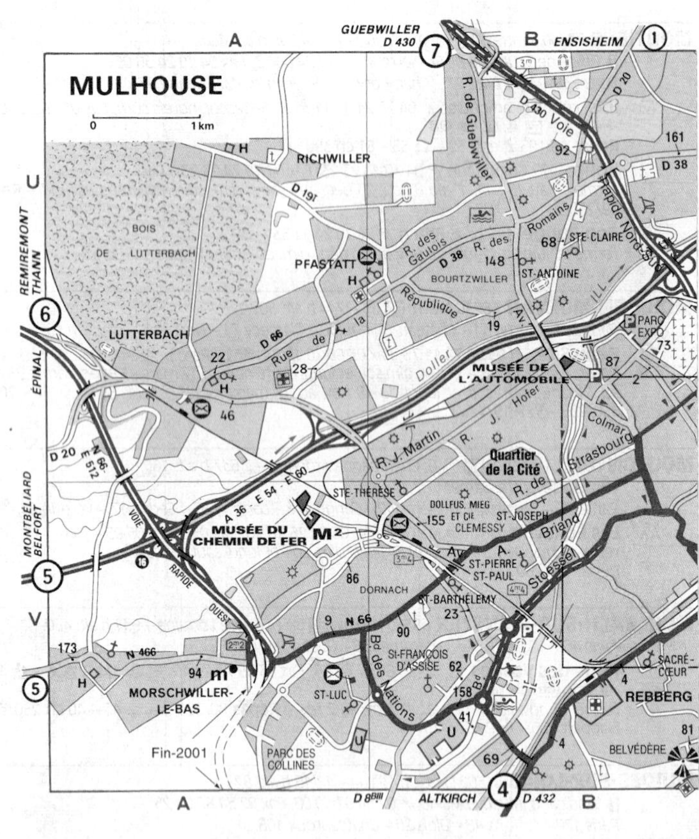

Bristol sans rest, 18 av. Colmar ☎ 03 89 42 12 31, *hbristol@club-internet.fr,* *Fax 03 89 42 50 57* – |‡| ⇔ TV ☏ ♿ P – 🏛 30. AE ⓓ GB JCB — FY e
☕ 48 – **70 ch** 380/750

Tulip Inn sans rest, 15 r. Lambert ☎ 03 89 66 47 77, *mc@hotel-mulhouse.com,* *Fax 03 89 46 30 66,* – |‡| TV ☏ ♿ P – 🏛 40. AE ⓓ GB JCB — FY a
fermé 22 déc. au 2 janv. – ☕ 50 – **60 ch** 380/480

Bourse sans rest, 14 r. Bourse ☎ 03 89 56 18 44, *bourse.hotel@wanadoo.fr,* *Fax 03 89 56 60 51,* – |‡| ⇔ TV ☏. AE ⓓ GB JCB — FZ d
fermé 21 déc. au 7 janv. – ☕ 55 – **50 ch** 340/490

Ibis Centre Filature Ⓜ, 34 allée Nathan Katz ☎ 03 89 56 09 56, *Fax 03 89 45 53 57* – |‡| ⇔ TV ☏ ♿ – 🏛 50. AE ⓓ GB — GX f
Repas 100/140 ♀, enf. 39 – ☕ 35 – **70 ch** 350

Bâle sans rest, 19 passage Central ☎ 03 89 46 19 87, *Fax 03 89 66 07 06* – TV. GB — FY p
☕ 39 – **32 ch** 185/325

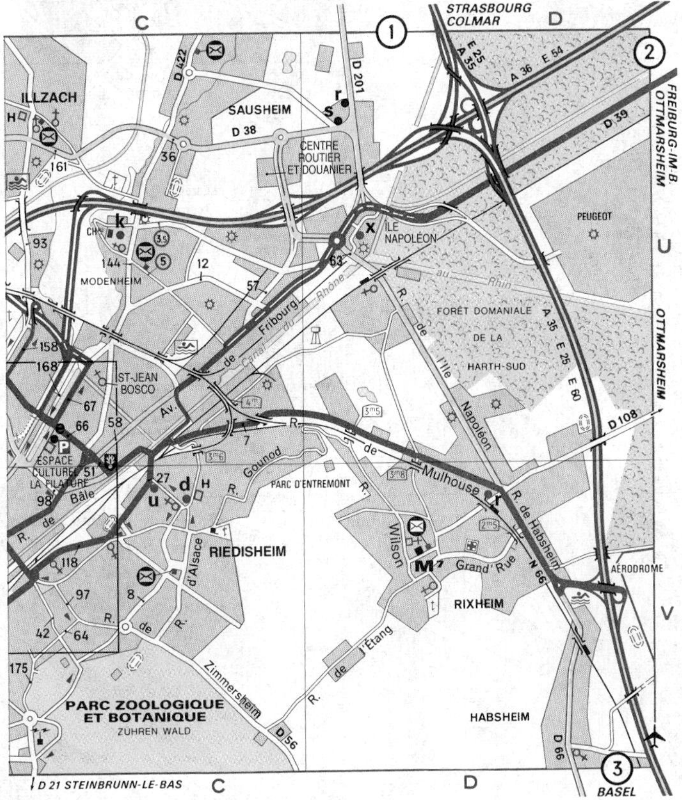

Kingersheim (R. de) . . . **BU** 68	Mulhouse (R. de) ILLZACH . . . . **CU** 93	Sausheim (R. de) . . . . **CU** 144
Lagrange (R. Léo) . . . . **BV** 69	Mulhouse (R. de) MORSCHWILLER-LE-BAS . . . . **AV** 94	Soultz (R. de) . . . . **BU** 148
Lefèbvre (R.) . . . . **BU** 73	Noelting (R. Émilio) . . **CV** 97	Thann (R. de) . . . . **BV** 155
Lustig (R. Auguste) . . . . **BV** 81	Nordfeld (R. du) . . . . . **CV** 98	Vauban (R.) . . . . **CU** 158
Mer-Rouge (R. de la) . . **AV** 86	Riedisheim (Av. de) . . **CV** 118	Vosges (R. des) . . . . **BCU** 161
Mertzau (R. de la) . . . . **BU** 87		Wyler (Allée William) . . . . **CU** 168
Mitterrand (Av. F.) . . . . **BV** 90		Iʳᵉ-Armée-Française (R.) . . . . **AV** 173
Mulhouse (Fg de) . . . . . **BU** 92		9ᵉ-Div.-d'Infanterie Col. (R.) **CV** 175

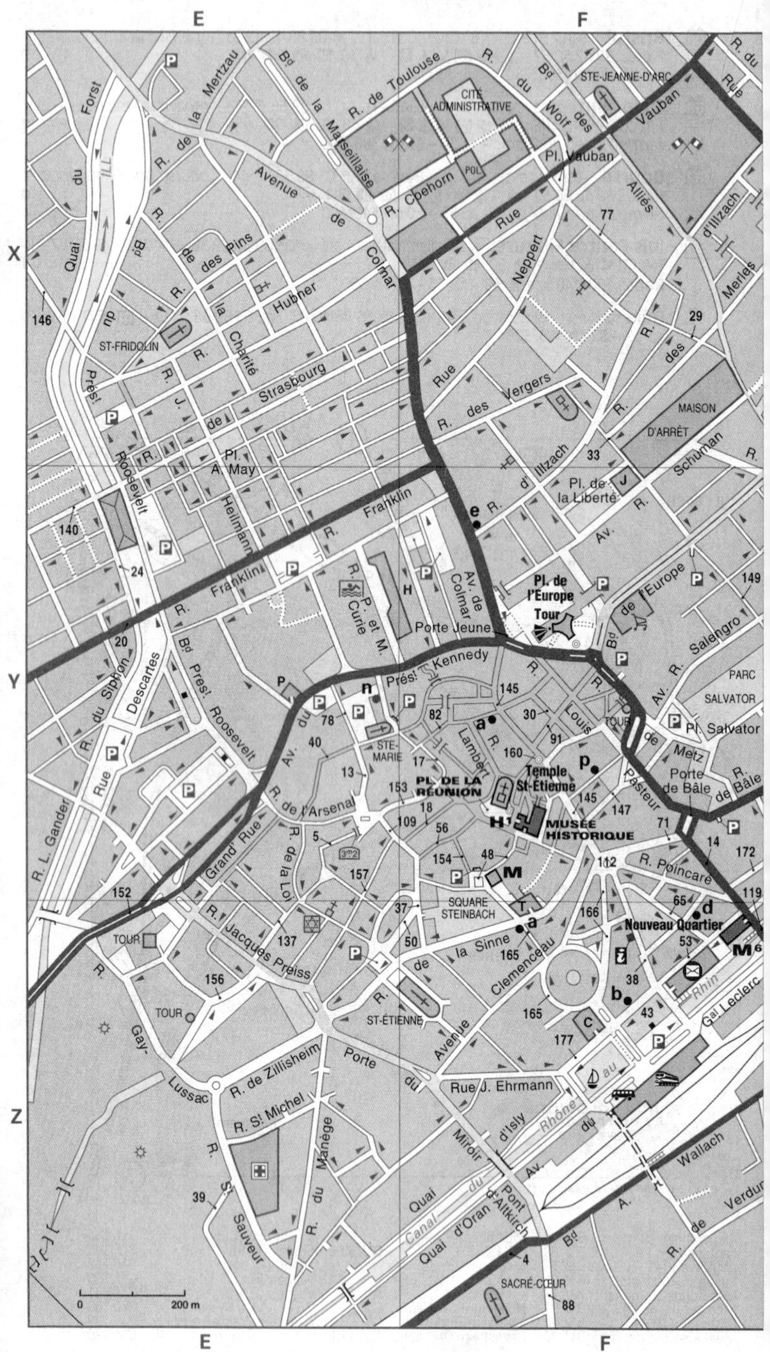
E
F
X
Y
Z
CITÉ ADMINISTRATIVE
STE-JEANNE-D'ARC
ST-FRIDOLIN
MAISON D'ARRÊT
Pl. de l'Europe
Tour
Porte Jeune
PARC SALVATOR
Pl. Salvator
Porte de Bâle
PL. DE LA RÉUNION
Temple St-Étienne
MUSÉE HISTORIQUE
STE-MARIE
SQUARE STEINBACH
Nouveau Quartier
ST-ÉTIENNE
SACRÉ-CŒUR
Pl. A. May
Pl. de la Liberté
Pl. Vauban
Avenue de Colmar
R. Franklin
R. de Strasbourg
R. des Vergers
Rue Neppert
Bd Prés. Roosevelt
Grand' Rue
R. Jacques Preiss
Av. Clemenceau
R. de Zillisheim
R. St Michel
R. du Manège
Quai du Miroir
Quai d'Oran
Canal du Rhône au Rhin
Pont d'Altkirch
Rue J. Ehrmann
R. Poincaré
R. Louis Pasteur
R. de Metz
R. de Bâle
Bd de l'Europe
Av. R. Salengro
R. Schuman
R. d'Illzach
R. de Toulouse
Bd de la Marseillaise
R. Coehorn
Bd du Wolf
Rue des Alliés
Rue Vauban
R. des Merles
R. Lambert
Prés. Kennedy
Av. du Prés. Kennedy
R. de l'Arsenal
R. de la Loi
R. du Siphon
Rue Descartes
R. L. Gander
R. Gay-Lussac
R. St Sauveur
R. de la Sinne
R. Hubner
R. des Pins
R. de la Charité
R. J. Heilmann
R. P. et M. Curie
Quai du Forst
R. de la Mertzau
Bd du Prés. Roosevelt
ILL
Av. d'Italie
A. Wallach
R. de Verdun
Bd Gal Leclerc
R. du Rhin
TOUR
POL
0
200 m

MULHOUSE

Altkirch (Av. d') .... **FZ** 4
Augustins (Passage des) .... **EY** 5
Bonbonnière (R.) .... **EY** 13
Bonnes-Gens (R. des) .... **FY** 14
Bons-Enfants (R. des) .... **FY** 17
Boulangers (R. des) .... **FY** 18
Briand (Av. Aristide) .... **EY** 20
Cloche (Quai de la) .... **EY** 24
Colmar (Av. de) .... **EXFY**
Dollfus (Av. Gustave) .... **GY** 27
Dreyfus (R. du Capit.) .... **FX** 29
Engelmann (Rue) .... **FY** 30
Ensisheim (R. d') .... **FX** 33
Fleurs (R. des) .... **FYZ** 37
Foch (Av. du Mar.) .... **FZ** 38
Fonderie (R. de la) .... **EZ** 39
Franciscains (R. des) .... **EY** 40
Gaulle (Pl. Gén.-de) .... **FZ** 43
Guillaume-Tell (Pl. et R.) .... **FY** 48
Halles (R. des) .... **FZ** 50
Henner (R. J.-J.) .... **FZ** 53
Henriette (R.) .... **FY** 56
Jardin-Zoologique (R. du) .... **GZ** 64
Joffre (Av. du Mar.) .... **FYZ** 65
Jura (R. du) .... **FZ** 67
Lambert (Rue) .... **FY**
Lattre-de-Tassigny (Av. Mar. de) .... **FY** 71
Loisy (R. du Lt de) .... **FX** 77
Lorraine (R. de) .... **EY** 78
Maréchaux (R. des) .... **FY** 82
Montagne (R. de la) .... **FZ** 88
Moselle (R. de la) .... **FY** 91
Président-Kennedy (Av. du) .... **EFY**
Raisin (R. du) .... **EFY** 109
République (Pl. de la) .... **FY** 112
Riedisheim (Pont de) .... **FZ** 119
Ste-Claire (R.) .... **EZ** 137
Ste-Thérèse (R.) .... **EY** 140
Sauvage (R. du) .... **FY** 145
Schœn (R. Anna) .... **EX** 146
Somme (R. de la) .... **FY** 147
Stalingrad (R. de) .... **FGY** 149
Stoessel (Bd Charles) .... **EYZ** 152
Tanneurs (R. des) .... **EFY** 153
Teutonique (Passage) .... **FY** 154
Tour-du-Diable (R.) .... **EZ** 156
Trois-Rois (R. des) .... **EY** 157
Victoires (Pl. des) .... **FY** 160
Wicky (Av. Auguste) .... **FZ** 165
Wilson (R.) .... **FYZ** 166
Zuber (R.) .... **FY** 172
17-Novembre (R. du) .... **FZ** 177

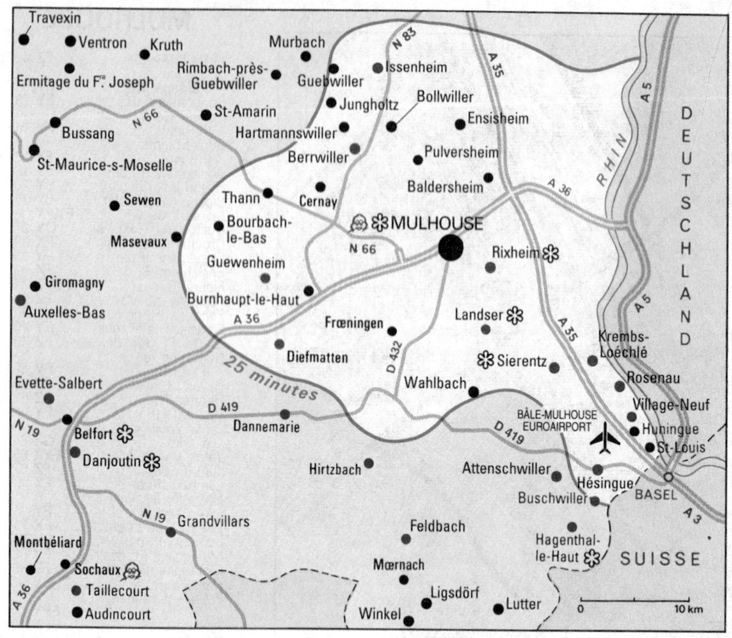

Ibis Centre Gare, 53 r. Bâle ✆ 03 89 46 41 41, *h1392@accor-hotels.com, Fax 03 89 56 24 26* – |♦|, ✈, ▤ rest, TV & P – 30. AE ⓘ GB JCB GY n
A l'Étoile ✆ 03 89 45 21 00 *(fermé dim.)* **Repas** 68(déj.)-80/140 ♀, enf. 50 – ☕ 35 – **66 ch** 455/475

Poste (Kieny), 7 r. Gén. de Gaulle à Riedisheim ✉ 68400 Riedisheim ✆ 03 89 44 07 71, *Fax 03 89 64 32 79* – P. AE GB CV d
fermé 1er au 19 août, vacances de fév., dim. soir, mardi midi et lundi – **Repas** 145 (déj.), 195/430 et carte 320 à 400 ♀
Spéc. Dos de porcelet en cocotte, strudel de choucroute. Hachis parmentier aux escargots du Sundgau. Déclinaison autour du chocolat. **Vins** Riesling, Tokay-Pinot gris.

Parc, 8 r. V. Hugo à Illzach-Modenheim ✉ 68110 Illzach ✆ 03 89 56 61 67, *parc@sehh.com, Fax 03 89 56 13 85,* ☂, ⛱ – P. GB CU k
fermé sam. midi, dim. soir et lundi – **Repas** 220/425 ♀

Auberge de la Tonnelle (Hirtzlin), 61 r. Mar.-Joffre à Riedisheim ✉ 68400 Riedisheim ✆ 03 89 54 25 77, *Fax 03 89 64 29 85* – P. GB CV u
fermé mardi et merc. – **Repas** 130 (déj.), 190/250 ♀
Spéc. Friture de filets de carpe du Sundgau. Carré d'agneau au coulis d'olive. Poire rôtie "Stamm de la Tonnelle". **Vins** Riesling, Pinot noir.

Aux Caves du Vieux Couvent, 23 r. Couvent ✆ 03 89 46 28 79, *Fax 03 89 66 47 87,* ☂, Taverne – ▤. GB EY n
fermé dim. soir et lundi – **Repas** 57/160 ♀

au Nord-Est : Ile Napoléon – ✉ *68110 Illzach :*

Closerie, 6 r. H. de Crousaz ✆ 03 89 61 88 00, *Fax 03 89 61 95 49* – ▤ P. GB DU x
fermé 13 juil. au 6 août, 23 déc. au 6 janv., sam. midi, lundi soir et dim. – **Repas** 238/335 et carte 280 à 400

au Nord-Est par D 201 – ✉ *68390 Sausheim :*

Mercure M, N 422 ✆ 03 89 61 87 87, *h0556@accor-hotel.com, Fax 03 89 61 88 40,* ☂, ⛱, ⛱, ✂ – |♦| ✈ ▤ TV ✆ & P – 60. AE ⓘ GB JCB DU r
Repas *(92)* - 155 ♀, enf. 65 – ☕ 65 – **100 ch** 545/645

Novotel M, r. Ile Napoléon ✆ 03 89 61 84 84, *h0452@accor-hotels.com, Fax 03 89 61 77 99*, – 80. AE GB DU s
Repas *(83)* - 105/180 ♀, enf. 50 – 63 – **77 ch** 515/595

à Baldersheim *par ① : 8 km – 2 238 h. alt. 226 – ✉ 68390 :*

Cheval Blanc, ✆ 03 89 45 45 44, *cheval-blanc@wanadoo.fr, Fax 03 89 56 28 93*, – rest, – 30. GB
fermé 23 déc. au 4 janv. – **Repas** *(fermé dim. soir)* 92/250 ♀, enf. 54 – 45 – **83 ch** 260/385 – ½ P 270/295

à Rixheim *Sud-Est par N 66 – 11 669 h. alt. 240 – ✉ 68170 :*

Manoir (Runser), 65 av. Gén. de Gaulle ✆ 03 89 31 88 88, *Fax 03 89 31 88 89*, – AE GB JCB DV r
Repas 200 (déj.), 290/490 et carte 410 à 540 ♀
Spéc. Dégustation des foies gras. Gratin de homard breton parfumé à la vanille. Sablé à la truffe noire et crème glacée aux pruneaux. **Vins** Pinot blanc, Sylvaner.

à Landser *Sud-Est : 11 km par rte parc zoologique, Bruebach, D 21 et D 6B – 1 941 h. alt. 230 – ✉ 68440 :*

Hostellerie Paulus, 4 pl. Paix ✆ 03 89 81 33 30, *Fax 03 89 26 81 85*, – GB
fermé 30 juil. au 16 août, 23 déc. au 7 janv., sam. midi, dim. soir et lundi – **Repas** (nombre de couverts limité, prévenir) 130 (déj.)/410 et carte 360 à 480 ♀
Spéc. Escalopes de foie d'oie grillées à l'unilatérale (hiver). Dos de sandre braisé à la potée de choux verts (automne). Côte de veau de lait poêlée au foin (été). **Vins** Riesling, Tokay-Pinot gris.

à Froeningen *Sud-Ouest : 9 km par D 8BIII* - **BV** *– 467 h. alt. 256 – ✉ 68720 :*

Auberge de Froeningen avec ch, ✆ 03 89 25 48 48, *Fax 03 89 25 57 33*, « Maison fleurie », – GB
fermé 20 août au 2 sept., 7 au 29 janv., mardi de nov. à avril, dim. soir et lundi – **Repas** 80 (déj.), 150/360 ♀, enf. 70 – 45 – **7 ch** 375/400 – ½ P 450

Dans la liste des rues des plans de villes,
les noms en rouge indiquent les principales voies commerçantes.

MUNSTER

MUNSTER *68140 H.-Rhin* 62 ⑱ *G. Alsace Lorraine – 4 657 h alt. 400.*
Env. *Soultzbach-les-Bains : autels★★ dans l'église E : 7 km.*
Office de Tourisme 1 r. du Couvent ✆ 03 89 77 31 80, Fax 03 89 77 07 17.
Paris 458 – Colmar 20 – Guebwiller 40 – Mulhouse 61 – St-Dié 55 – Strasbourg 92.

Verte Vallée M, 10 r. A. Hartmann, parc de la Fecht ✆ 03 89 77 15 15, *Fax 03 89 77 17 40*, – rest, – 25 à 100. AE GB
fermé 6 au 31 janv. – **Repas** 110/280 ♀ – 65 – **107 ch** 485 – ½ P 415

Deybach sans rest, rte Colmar, D 417 : 1 km ✆ 03 89 77 32 71, *Fax 03 89 77 52 41* – GB
fermé oct. et lundi – 34 – **16 ch** 235/290

Deux Sapins, 49 r. 9e Zouaves par rte Gérardmer ✆ 03 89 77 33 96, *Fax 03 89 77 03 90* – AE GB
fermé 10 nov. au 10 déc., dim. soir et lundi sauf juil.-août – **Repas** 75/300 ♀, enf. 42 – 35 – **19 ch** 230/320 – ½ P 240/280

Nouvelle Auberge, rte Colmar, sur D 417, Est : 6 km ✆ 03 89 71 07 70 – GB
fermé vacances de Toussaint, de fév., lundi et mardi
Repas 50 (déj.), 98/285 ♀, enf. 40

MURAT

MURAT *15300 Cantal* 76 ③ *G. Auvergne – 2 409 h alt. 930.*
Voir *Site★★ – Église★ d'Albepierre-Bredons S : 2 km.*
Office de Tourisme 2 r. du Fg Notre-Dame ✆ 04 71 20 09 47, Fax 04 71 20 21 94.
Paris 526 – Aurillac 52 – Brioude 59 – Issoire 73 – Le Puy-en-Velay 120 – St-Flour 24.

Hostellerie Les Breuils sans rest, ✆ 04 71 20 01 25, *Fax 04 71 20 33 20*, – GB.
mai-oct., vacances de Noël et de fév. – 40 – **10 ch** 450/480

Les Messageries, ✆ 04 71 20 04 04, *hugon.roger@wanadoo.fr, Fax 04 71 20 02 81*, – GB
fermé 1er nov. au 25 déc. – **Repas** 78/130, enf. 35 – 40 – **36 ch** 230/270 – ½ P 250

à l'Est *par N 122, rte de Clermont-Ferrand : 4 km – ✉ 15300 Murat :*

XXX **Jarrousset,** ✆ 04 71 20 10 69, *Fax 04 71 20 15 26,* ⛱, 🌳 – 🅿. GB
✿ *fermé janv., merc. sauf juil.-août et lundi* – **Repas** *(95)* - 135/370 ♀
Spéc. Queues de langoustines rôties. Côte de boeuf du pays. Tarte moelleuse aux abricots (juil.-août). **Vins** Boudes.

MURBACH *68 H.-Rhin* 62 ⑱ *– rattaché à Guebwiller.*

MUR-DE-BARREZ *12600 Aveyron* 76 ⑫ *G. Midi-Pyrénées – 1 109 h alt. 790.*
Paris 576 – Aurillac 39 – Rodez 76 – St-Flour 57.

Auberge du Barrez Ⓜ 🐦, ✆ 05 65 66 00 76, *auberge.du.barrez@wanadoo.fr, Fax 05 65 66 07 98,* ⛱, 🌳 – 📺 📞 ♿ 🅿. AE ⓓ GB
fermé 7 janv. au 25 fév., dim. de nov. à Pâques et lundi du 15 sept. à Pâques sauf fériés – **Repas** 69/199 🍷, enf. 50 – ☕ 40 – **18 ch** 200/500 – ½ P 275/350

MUR-DE-BRETAGNE *22530 C.-d'Armor* 58 ⑲ *G. Bretagne – 2 049 h alt. 225.*
Voir *Rond-Point du lac* ≤★ *– Lac de Guerlédan*★★ *O : 2 km.*
ℹ *Office de Tourisme (Pâques-sept.) pl. de l'Église ✆ 02 96 28 51 41, Fax 02 96 26 09 12.*
Paris 458 – St-Brieuc 43 – Carhaix-Plouguer 50 – Guingamp 46 – Loudéac 20 – Pontivy 17.

XXX **Auberge Grand'Maison** (Guillo) avec ch, ✆ 02 96 28 51 10, *grandmaison@armornettm.fr, Fax 02 96 28 52 30* – 📺. AE GB JCB
✿ *fermé 1er au 25 oct., 1er au 15 avril, mardi sauf en juil.-août, dim. soir et lundi* – **Repas** (nombre de couverts limité, prévenir) 170 (déj.), 220/500 et carte 330 à 430 – ☕ 90 – **9 ch** 500/650 – ½ P 480/630
Spéc. Profiteroles de foie gras. Tournedos de pied de porc. Menu "tout homard" (mars à nov.)

When looking for a hotel or restaurant use the most efficient method.
Look for the names of towns ***underlined in red***
on the ***Michelin maps*** *scale: 1:200 000.*
But make sure you have an up-to-date map!

Les MUREAUX *78130 Yvelines* 55 ⑲ *– 33 089 h alt. 28.*
Paris 42 – Mantes-la-Jolie 20 – Pontoise 22 – Rambouillet 50 – Versailles 33.

Climat de France, quartier Grand Ouest (près échangeur A 13 par rte Bouafle) ✆ 01 34 74 72 50, *Fax 01 30 99 39 04,* ⛱ – 📺 📞 ♿ 🅿. AE ⓓ GB
Repas *(69)* - 94/115 🍷, enf. 39 – ☕ 39 – **42 ch** 325/395 – ½ P 280/329

MUROL *63790 P.-de-D.* 73 ⑬ ⑭ *G. Auvergne – 606 h alt. 830.*
Voir *Château*★★.
ℹ *Office de Tourisme r. Jassaguet ✆ 04 73 88 62 62, Fax 04 73 88 60 23.*
Paris 463 – Clermont-Ferrand 38 – Condat 38 – Issoire 30 – Le Mont-Dore 21.

Volcans sans rest, r. George Sand ✆ 04 73 88 60 77, 🌳 – 📺 🅿. GB
vacances de printemps, 15 juin-30 sept. et vacances d'hiver – ☕ 35 – **10 ch** 250/280

MUSSIDAN *24400 Dordogne* 75 ④ *G. Périgord Quercy – 2 985 h alt. 50.*
ℹ *Syndicat d'Initiative (fermé le dim.) pl. de la République ✆ 05 53 81 73 87.*
Paris 529 – Périgueux 38 – Angoulême 86 – Bergerac 26 – Libourne 57.

Midi 🐦, à la gare ✆ 05 53 81 01 77, *Fax 05 53 82 90 14,* ⛱, 🏊, 🌳 – 📺 📞 🅿. GB. 🚫 ch
fermé 22/4 au 6/5, 26/10, au 4/11, 21 au 30 déc., week-ends de nov. à avril, vend. soir et sam. sauf juil.-août – **Repas** (dîner seul.) 78/140 ♀ – ☕ 36 – **10 ch** 275/300 – ½ P 270/290

XX **Relais de Gabillou,** rte de Périgueux : 1,5 km ✆ 05 53 81 01 42, ⛱, 🏊 – 🅿. GB
fermé janv. et lundi – **Repas** 90/300 ♀, enf. 50

à Sourzac *Est : 4 km par N 89 – 1 011 h. alt. 50 – ✉ 24400 :*

Chaufourg en Périgord, ✆ 05 53 81 01 56, *chaufourg.hotel@wanadoo.fr, Fax 05 53 82 94 87,* ⛱, « Ambiance guesthouse », 🏊, 🌳 – 📺 📞 🅿. AE ⓓ GB. 🚫
1er avril-15 nov. – **Repas** (dîner seul.) (résidents seul.) carte 310 à 400 ♀ – ☕ 90 – **9 ch** 774/1350

MUTZIG *67190 B.-Rhin* 62 ⑨ *G. Alsace Lorraine – 4 552 h alt. 190.*
Paris 479 – Strasbourg 32 – Obernai 12 – Saverne 30 – Sélestat 38.

Hostellerie de la Poste, pl. Fontaine ☎ 03 88 38 38 38, *hostellerie.pfeiffer@wanadoo.fr, Fax 03 88 49 82 05,* – rest, . GB
Repas *(fermé lundi)* 78 (déj.), 120/165 ♀ – ☕ 40 – **19 ch** 210/320 – ½ P 265/330

L'Ours de Mutzig, pl. Fontaine ☎ 03 88 47 85 55, *hotel@loursdemutzig.com, Fax 03 86 47 85 56,* – – 40. GB
Repas *(54)* - 129 bc ♀, enf. 44 – ☕ 35 – **32 ch** 250 – ½ P 255

NAINTRÉ *86 Vienne* 68 ④ *– rattaché à Châtellerault.*

NAJAC *12270 Aveyron* 79 ⑳ *G. Midi-Pyrénées – 766 h alt. 315.*
Voir *La Forteresse★ : ≤★.*
Office de Tourisme pl. Faubourg ☎ 05 65 29 72 05, Fax 05 65 29 72 29.
Paris 627 – Rodez 77 – Albi 50 – Cahors 86 – Gaillac 49 – Villefranche-de-Rouergue 19.

Belle Rive , Nord-Ouest : 3 km par D 39 ☎ 05 65 29 73 90, *hotel.bellerive.najac@wanadoo.fr, Fax 05 65 29 76 88,* ≤, , « Dans les gorges de l'Aveyron », , , – . GB
début avril-mi-oct. et fermé dim. soir en avril et oct. – **Repas** 88/230 ♀, enf. 55 – ☕ 46 – **29 ch** 290/310 – ½ P 280/300

Oustal del Barry avec ch, ☎ 05 65 29 74 32, *oustal@caramail.com, Fax 05 65 29 75 32,* ≤, , – . AE GB
1er avril-15 nov. – **Repas** *(fermé mardi midi et lundi d'avril à juin et en oct.)* 120 (déj.), 140/280 et carte 260 à 330 ♀, enf. 65 – ☕ 50 – **20 ch** 275/420 – ½ P 355/395

au Nord-Est *: 8 km par D 39, D 339 et D 638 – ✉ 12270 Najac :*

Longcol , ☎ 05 65 29 63 36, *longcol@relaischateaux.fr, Fax 05 65 29 64 28,* ≤, , « Ancienne ferme du 17e siècle aménagée avec élégance », , , – – 40. AE GB JCB. rest
1er mars-11 nov. – **Repas** *(fermé lundi midi, merc. midi et mardi du 11 sept. au 18 juin)* (nombre de couverts limité, prévenir) 225/490 ♀ – ☕ 86 – **20 ch** 750/1050
Spéc. Chou farci de morue demi-sel. Filet mignon de coche rôti en croûte de marjolaine. Rôti de jeune lapin, calmars sautés et tomate confite. **Vins** Gaillac, Vin de Najac.

NALZEN *09 Ariège* 86 ⑤ *– rattaché à Lavelanet.*

NANCY P *54000 M.-et-M.* 62 ⑤ *G. Alsace Lorraine – 99 351 h Agglo. 329 447 h alt. 206.*
Voir *Place Stanislas★★★, Arc de Triomphe★* **BY B** *– Place de la Carrière★ et Palais du Gouverneur★* **BX R** *– Palais ducal★★ : musée historique lorrain★★★ – Église et Couvent des Cordeliers★ : gisant de Philippe de Gueldre★★ – Porte de la Craffe★ – Église N.-D.-de-Bon-Secours★* **EX** *– Façade★ de l'église St-Sébastien – Musées : Beaux-Arts★★* **BY M³***, Ecole de Nancy★★* **DX M⁴***, aquarium tropical★ du muséum-aquarium* **CY M⁸** *– Jardin botanique du Montet★* **DY.**
Env. *Basilique★★ de St-Nicolas-de-Port par ② : 12 km.*
de Metz-Nancy-Lorraine : ☎ 03 87 56 70 00, par ⑥ : 43 km.
☎ 08 36 35 35 35.
Office de Tourisme 14 pl. Stanislas ☎ 03 83 35 22 41, Fax 03 83 35 90 10.
Paris 308 ⑤ – Dijon 213 ⑤ – Metz 57 ⑥ – Reims 195 ⑤ – Strasbourg 151 ①.

Plans pages suivantes

Grand Hôtel de la Reine, 2 pl. Stanislas ☎ 03 83 35 03 01, *nancy@concorde-hotels.com, Fax 03 83 32 86 04,* , « Palais du 18e siècle sur la place Stanislas » – – 40. AE GB JCB — BY d
Stanislas *(fermé sam. midi d'avril à nov. et dim. de nov. à avril)* **Repas** 180/250, enf. 80 – ☕ 85 – **48 ch** 850/1450, 17 appart

Mercure Centre Thiers, 11 r. R. Poincaré ☎ 03 83 39 75 75, *Fax 03 83 32 78 17* – – 30 à 150. AE GB JCB — AY r
Rendez-Vous *(fermé sam. midi et dim. midi)* **Repas** 95/130 ♀, enf. 65 – ☕ 65 – **192 ch** 565/850

Mercure Centre Stanislas sans rest, 5 r. Carmes ☎ 03 83 30 92 60, *h1068@accor-hotels.com, Fax 03 83 30 92 92* – – 18. AE GB — BY m
☕ 65 – **80 ch** 505/530

Crystal sans rest, 5 r. Chanzy ☎ 03 83 17 54 00, *Fax 03 83 17 54 30* – . AE GB JCB — AY a
fermé 28 déc. au 3 janv. – ☕ 50 – **58 ch** 480/550

NANCY

Adam (R. Sigisbert) . **BX** 2
Albert-Ier (Bd) . . . . **DV** 3
Anatole-France (Av.) . **DV** 6
Armée-Patton (R.) . . **DV** 7
Auxonne (R. d') . . . . **DV** 8
Barrès (R. Maurice) . **CY** 10
Bazin (R. H.) . . . . **CY** 13
Benit (R.) . . . . **BY** 14
Blandan
(R. du Sergent) . . . **DX** 15
Braconnot (R.) . . . . . . **BX** 19
Carmes (R. des) . . . . **BY** 20
Chanoine-Jacob (R.) . **AX** 23
Chanzy (R.) . . . . **AY** 24
Cheval-Blanc (R. du) . **BY** 25
Clemenceau (Bd G.) . **EX** 26
Craffe (R. de la) . . . . **AX** 27
Croix de Bourgogne
(Espl.) . . . . **AZ** 28
Dominicains (R. des) **BY** 29
Erignac (R. C.) . . . . . . **BY** 31
Foch (Av.) . . . . **DV** 34
Gambetta (R.) . . . . . . **BY** 36
Gaulle (Pl. Gén.-de) . **BX** 37
Grande-Rue . . . . **BXY**
Haussonville (Bd d') . **DX** 38
Haut-Bourgeois (R.) . **AX** 39
Héré (R.) . . . . **BY** 40
Ile de Corse
(R. de l') . . . . **CY** 41
Jaurès (Bd Jean) . . . . **EX** 43
Jeanne-d'Arc (R.) . . **DEX** 44
Keller (R. Ch.) . . . . . . **AX** 46
La Fayette (Pl. de) . . **BY** 47
Linnois (R.) . . . . **EX** 49
Louis (R. Baron) . . . **AXY** 50
Loups (R. des) . . . . . . **AX** 51
Majorelle (R. Louis) . **DX** 52
Maréchaux (R. des) . **BY** 53
Mazagran (R.) . . . . . . **AY** 54
Mengin (Pl. Henri) . . **BY** 55
Molitor (R.) . . . . **CZ** 60
Mon-Désert (R. de) **ABZ** 61
Monnaie (R. de la) . . **BY** 62
Mgr-Ruch (Pl.) . . . . . . **CY** 63
Mouja (R. du Pont) . . **BY** 64
Nabécor (R. de) . . . . . **EX** 65
Oudinot
(R. Maréchal) . . . . . **EX** 68
Poincaré (R. H.) . . . . . **AY** 69
Poincaré (R. R.) . . . . . **AY** 70
Point-Central . . . . **BY** 72
Ponts (R. des) . . . . . **BYZ** 73
Primatiale
(R. de la) . . . . **CY** 74
Raugraff (R.) . . . . **BY** 75
St-Dizier (R.) . . . . **BY**
St-Epvre (Pl.) . . . . **BY** 82
St-Georges (R.) . . . . . **CY**
St-Jean (R.) . . . . **BY**
St-Lambert (R.) . . . . **DV** 84
St-Léon (R.) . . . . **AY** 85
Source (R. de la) . . . . **AY** 99

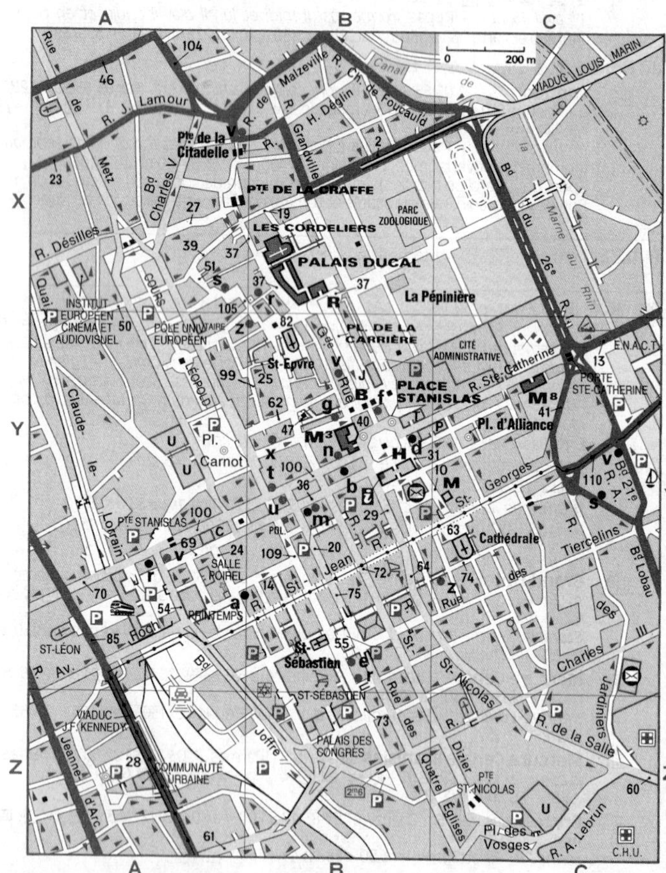

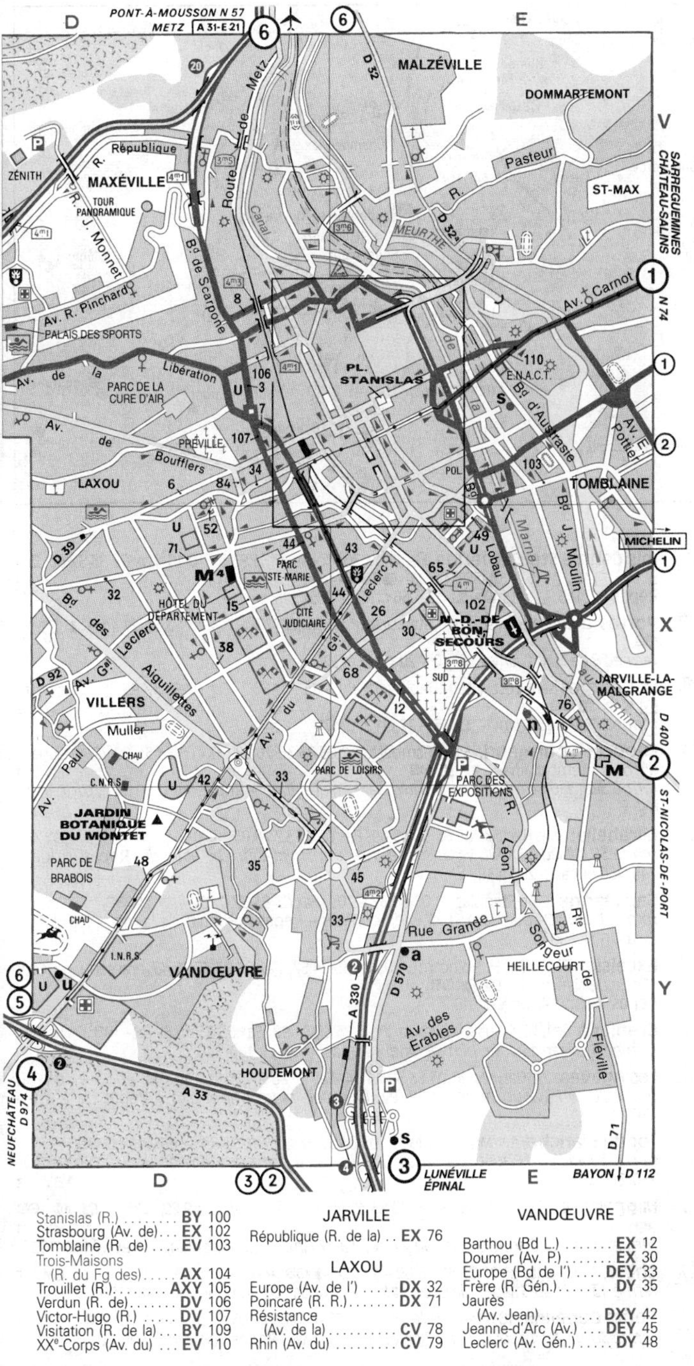

Stanislas (R.) .... **BY** 100	**JARVILLE**	**VANDŒUVRE**
Strasbourg (Av. de) ... **EX** 102	République (R. de la) .. **EX** 76	Barthou (Bd L.) .... **EX** 12
Tomblaine (R. de) .... **EV** 103		Doumer (Av. P.) .... **EX** 30
Trois-Maisons (R. du Fg des) ..... **AX** 104	**LAXOU**	Europe (Bd de l') .... **DEY** 33
Trouillet (R.) .... **AXY** 105	Europe (Av. de l') ..... **DX** 32	Frère (R. Gén.) .... **DY** 35
Verdun (R. de) .... **DV** 106	Poincaré (R. R.) .... **DX** 71	Jaurès (Av. Jean) .... **DXY** 42
Victor-Hugo (R.) ..... **DV** 107	Résistance (Av. de la) .... **CV** 78	Jeanne-d'Arc (Av.) ... **DEY** 45
Visitation (R. de la) ... **BY** 109	Rhin (Av. du) .... **CV** 79	Leclerc (Av. Gén.) ..... **DY** 48
XXe-Corps (Av. du) ... **EV** 110		

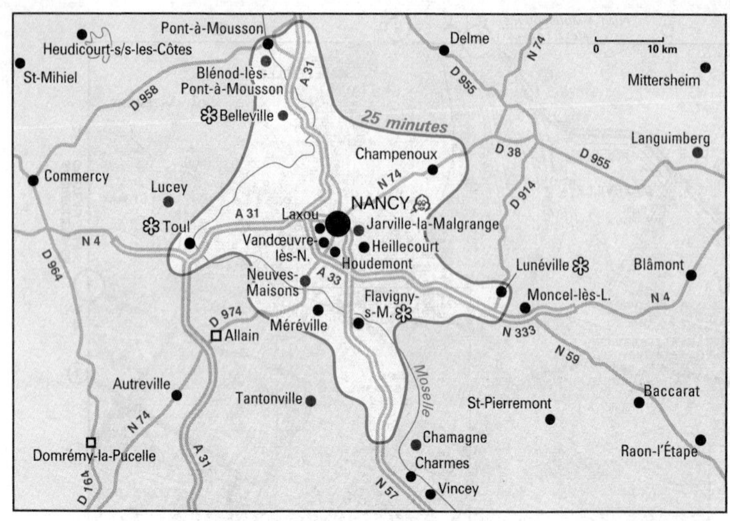

Ibis Centre Ste-Catherine Ⓜ, 42 av. 20ᵉ Corps ☎ 03 83 37 10 10, *Fax 03 83 37 66 33* – 30 à 80. AE GB JCB CY v
Repas 82/145, enf. 40 – 35 – **66 ch** 360/385

Portes d'Or sans rest, 21 r. Stanislas ☎ 03 83 35 42 34, *Fax 03 83 32 51 41* – GB BY b
fermé 28 déc. au 2 janv. – 40 – **20 ch** 260/320

St-Georges sans rest, 7 ter r. Tapis Vert ☎ 03 83 35 16 72, *Fax 03 83 37 99 25* – cuisinette P. AE GB CY s
fermé 23 déc. au 2 janv. – 35 – **27 ch** 270/370

XXX **Capucin Gourmand,** 31 r. Gambetta ☎ 03 83 35 26 98, *Fax 03 83 35 99 29*, « Élégant décor contemporain » – AE GB BY m
fermé dim. sauf le midi de sept. à juin, sam. midi et lundi – **Repas** 160/250 bc et carte 310 à 430

XXX **Mirabelle,** 24 r. Héré ☎ 03 83 30 49 69, *Fax 03 83 32 78 93* – GB BY f
fermé 30 juil. au 20 août, vacances de Noël, sam. midi, dim. soir et lundi – **Repas** 105 (déj.), 145/400 et carte 250 à 380

XXX **Cap Marine,** 60 r. Stanislas ☎ 03 83 37 05 03, *Fax 03 83 37 01 32* – AE GB BY t
fermé 1ᵉʳ au 19 août, sam. midi, dim. et fériés – **Repas** - produits de la mer - 105/225 et carte 260 à 390

XX **Excelsior Flo,** 50 r. H. Poincaré ☎ 03 83 35 24 57, *Fax 03 83 35 18 48*, brasserie, « Décor "École de Nancy" » – AE GB AY v
Repas 128 bc/172 bc, enf. 48

XX **Grenier à Sel,** 28 r. Gustave Simon ☎ 03 83 32 31 98, *Fax 03 83 35 32 88* – GB BY x
fermé 23 juil. au 15 août, dim. et lundi – **Repas** 105 (déj.), 160/340

XX **Les Agaves,** 2 r. Carmes ☎ 03 83 32 14 14, *Fax 03 83 37 13 31* – AE GB BY u
fermé 20 au 26 août, vacances de fév., lundi soir, merc. soir et dim. – **Repas** carte 210 à 280

XX **Toque Blanche,** 1 r. Mgr Trouillet ☎ 03 83 30 17 20, *Fax 03 83 32 60 24* – AE GB
fermé 30 juil. au 13 août, 2 au 8 janv., 25 fév. au 4 mars, dim. soir et lundi – **Repas** *(100)* - 130/320 ABY z

XX **Mignardise,** 28 r. Stanislas ☎ 03 83 32 20 22, *Fax 03 83 32 19 20*, – AE GB JCB BY n
fermé 16 juil. au 5 août, 29 oct. au 4 nov., 2 au 7 janv., dim. soir et lundi – **Repas** 140/260

XX **Chine,** 31 r. Ponts ☎ 03 83 30 13 89 – AE GB JCB BY r
fermé 13 août au 3 sept., dim. soir et lundi – **Repas** - cuisine chinoise - 148/188

X **Petits Gobelins,** 18 r. Primatiale ☎ 03 83 35 49 03, *Fax 03 83 37 41 49* – AE GB CY z
fermé 30 juil. au 19 août, 1ᵉʳ au 7 janv., dim. et lundi – **Repas** 108/220, enf. 60

V Four, 10 r. St-Michel 03 83 32 49 48, *Fax 03 83 32 49 48*, – GB BX r
fermé 23 sept. au 2 oct., 20 au 28 janv., dim. et lundi – **Repas** 130/170

Gastrolâtre, 1 pl. Vaudémont 03 83 35 51 94, *Fax 03 83 32 96 79*, – GB BY v
fermé 1er au 6 mai, 15 au 30 août, vacances de Noël, dim. et lundi – **Repas** (96) - 185/230

Les Pissenlits, 25 bis r. Ponts 03 83 37 43 97, *pissenlits@wanadoo.fr, Fax 03 83 35 72 49* – . GB BY e
fermé 1er au 15 août, dim. et lundi – **Repas** 99/129

Bouchon Lyonnais, 15 r. Maréchaux 03 83 37 55 77, *Fax 03 83 35 28 71* – . AE GB BY g
fermé 23 déc. au 4 janv., sam. midi et dim. – **Repas** 85/98, enf. 55

Nouveaux Abattoirs, 4 bd Austrasie 03 83 35 46 25, *Fax 03 83 35 13 64* – GB
fermé 28 juil. au 20 août, sam., dim. et fériés – **Repas** 96/270 EV s

Chez Lize, 52 r. H. Déglin 03 83 30 36 26, *Fax 03 83 30 18 93* – . AE GB.
fermé 13 au 19 août et dim. soir – **Repas** 100/139 AX v

à Jarville-la-Malgrange – *9 992 h. alt. 210 – 54140 :*

Les Chanterelles, 27 av. Malgrange 03 83 51 43 17, *Fax 03 83 51 43 17* – GB EX n
fermé 28 juil. au 20 août, 24 au 31 déc., sam. midi et dim. – **Repas** 98/210, enf. 47

à Heillecourt – *6 393 h. alt. 265 – 54180 :*

L'Éclipse, 1 r. Épinette 03 83 56 63 63, *mail@hotel-eclipse.fr, Fax 03 83 57 90 10*, – – 20. AE GB EY a
Repas (75) - 89/129, enf. 42 – 35 – **58 ch** 270/325 – 1/2 P 229/259

à Houdemont – *1 836 h. alt. 270 – 54180 :*

Novotel Nancy Sud M, près centre commercial 03 83 56 10 25, *h0408@accor-hotels.com, Fax 03 83 57 62 20*, , , – – 25 à 80. AE GB EY s
Repas carte environ 160, enf. 50 – 60 – **86 ch** 515/585

à Flavigny-sur-Moselle *par ③ et A 330 : 16 km – 1 609 h. alt. 240 – 54630 :*

Prieuré (Roy) M avec ch, 03 83 26 70 45, *Fax 03 83 26 75 51*, , – . AE GB
fermé 16 août au 3 sept., 15 fév. au 1er mars, dim. soir, merc. soir et lundi – **Repas** 200 (déj.), 300/450 et carte 400 à 610 – 70 – **4 ch** 700
Spéc. Quiche de grenouilles au lard. Baeckeoffe de lapereau. Tatin de mirabelles, sorbet bergamote.

à Vandoeuvre-lès-Nancy – *34 105 h. alt. 300 – 54500 :*

Ibis Brabois M, allée de Bourgogne 03 83 44 55 77, *Fax 03 83 44 21 44*, – – 25 à 40. AE GB DY u
Repas (75) - 105, enf. 39 – 35 – **68 ch** 350

à Méréville *par ③, A 330, D 570 et D 115 : 16 km – 1 289 h. alt. 250 – 54850 :*

Maison Carrée (rest. à 100 m.), 03 83 47 09 23 / rest. 03 83 47 08 02, *hotel@maisoncarree.com, Fax 03 83 47 50 75 / rest. 03 83 47 66 08*, ≤, , – – 25 à 80. AE GB
fermé 20 déc. au 7 janv., dim. soir de déc. à fév. – **Repas** *(fermé 20 déc. au 7 janv., vacances de fév., dim. soir et lundi)* 155/350 – 48 – **23 ch** 330/490 – 1/2 P 340/360

à Neuves-Maisons *par ④ : 14 km – 6 432 h. alt. 230 – 54230 :*

L'Union, 1 impassse A. Briand, près pont de chemin de fer 03 83 47 30 46, *Fax 03 83 47 33 42* – GB
fermé 1er au 15 août, dim. soir, mardi soir et lundi – **Repas** 90/198

à Laxou – *15 490 h. alt. 258 – 54520 :*

Novotel Nancy Ouest M, 03 83 93 45 45, *h0407@accor-hotels.com, Fax 03 83 98 57 07*, , , , – – 25 à 200. AE GB JCB CV a
Repas 110/140, enf. 50 – 63 – **119 ch** 535/595

Ne confondez pas :

Confort des hôtels : ... ,
Confort des restaurants : XXXXX ... X
Qualité de la table : , , ,

NANS-LES-PINS *83860 Var 84 ⑭ – 3 159 h alt. 380.*

Office de Tourisme 2 Crs Gén.-de-Gaulle ✆ 04 94 78 95 91, Fax 04 94 78 60 67.
Paris 799 – Aix-en-Provence 44 – Brignoles 26 – Marseille 43 – Toulon 71.

Domaine de Châteauneuf, Nord : 3 km sur N 560 ✆ 04 94 78 90 06, *chateauneuf hotel@opengolfclub.com, Fax 04 94 78 63 30,* ←, 🏠, 🏊, 🎾, ⛳ – ▤ TV ☎ ♿ P – 🏠 20 à 30. AE ⓓ GB. ✂ rest
fermé janv. et fév. – **Repas** 175 (déj.), 240/360 🍷 – ☕ 90 – **27 ch** 650/1550, 3 appart – ½ P 960/1860

Château de Nans, sur N 560 à 3 km (rte d'Auriol) ✆ 04 94 78 92 06, *Fax 04 94 78 60 46,* 🏠, 🏊, 🌿 – TV ☎ P. AE GB
fermé 13 nov. au 9 déc., 22 janv. au 7 fév., lundi sauf le soir en juil.-août et mardi – **Repas** 200 (déj.), 230/320 🍷 – ☕ 80 – **8 ch** 800/1200 – ½ P 580/830

NANS-SOUS-STE-ANNE *25330 Doubs 70 ⑤ G. Jura – 142 h alt. 367.*

Voir *Source du Lison★★ 15 mn, Grotte Sarrazine★★ 30 mn, Creux Billard ★★ 30 mn, SE : 3 km.*
Paris 417 – Besançon 42 – Pontarlier 36 – Salins-les-Bains 14.

Poste, ✆ 03 81 86 62 57, *Fax 03 81 86 55 32,* 🏠 – GB. ✂ ch
fermé 17 déc. au 28 janv., mardi soir et merc. d'oct. à mars – **Repas** 85/170, enf. 45 – ☕ 32 – **8 ch** 230 – ½ P 245

NANTERRE *92 Hauts-de-Seine 55 ⑳., 101 ⑭ – voir Paris, Environs.*

Gli alberghi o ristoranti ameni sono indicati nella guida con un simbolo rosso.
Contribuite a mantenere la guida aggiornata segnalandoci gli alberghi e ristoranti dove avete soggiornato piacevolmente.

🏨 ... 🏠
XXXXX ... X

NANTES

🅿 *44000 Loire-Atl.* 67 ③ *G. Bretagne - 244 995 h. - Agglo. 496 078 h - alt. 8.*

Paris 384 ② – Angers 91 ② – Bordeaux 326 ④ – Quimper 231 ⑥ – Rennes 110 ⑦

OFFICES DE TOURISME

Pl. du Commerce ✆ 02 40 20 60 00, Fax 02 40 89 11 99 et Château des Ducs de Bretagnes (dim.)

RENSEIGNEMENTS PRATIQUES

TRANSPORTS

Auto-train ✆ 08 36 35 35 35.

AÉROPORT

International Nantes-Atlantique ✆ 02 40 84 80 00 par D 85 : 8,5 km BX

DÉCOUVRIR

SOUVENIRS DES DUCS DE BRETAGNE

Château★★ : tour de la Couronne d'Or★★, puits★★ - Intérieur★★ de la cathédrale St-Pierre-et-St-Paul : tombeau de Francois II★★, cénotaphe de Lamoricière★

NANTES DU 18e S.

Ancienne île Feydeau★ GZ

LA VILLE DU 19e S.

Passage Pommeraye★ GZ - *Quartier Graslin★* FZ - *Cours Cambronne★* FZ - *Jardin des Plantes★* HY

MUSÉES

Musée des Beaux-Arts★★ HY - *Muséum d'histoire naturelle★★* FZM4 - *Musée Dobrée★* FZ - *Musée archéologique★* M3 - *Musée Jules-Verne★* BX M1

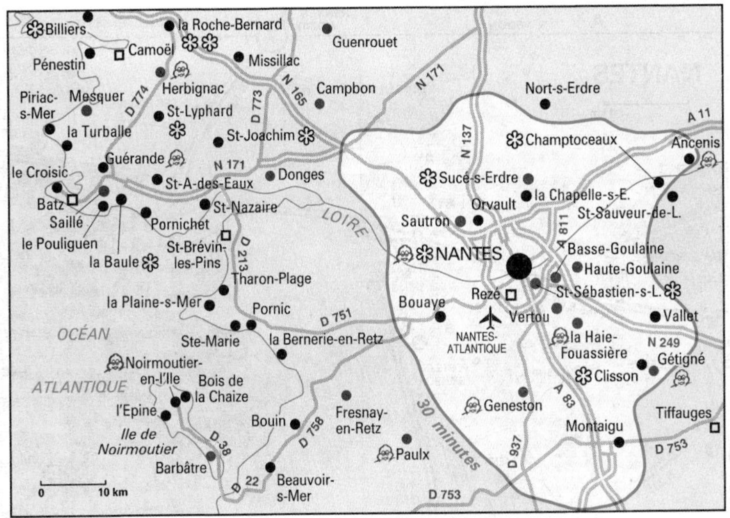

Grand Hôtel Mercure M, 4 r. Couëdic ✆ 02 51 82 10 00, *h1985@accor-hotel.com, Fax 02 51 82 10 10* – |♦| cuisinette ⇔ ▤ TV ♿ ⇔ – 🏛 180. AE ① GB p. 7 **GZ m**
Repas 105/135 ♀, enf. 50 – ☕ 75 – **152 ch** 670/750, 10 appart

Holiday Inn Garden Court M, 1 bd Martyrs Nantais ✉ 44200 ✆ 02 40 47 77 77, *Fax 02 40 47 36 52*, ☂ – |♦| ⇔, ▤ rest, TV ✆ ♿ ⇔ – 🏛 35. AE ① GB p. 7 **HZ v**
Repas *(fermé sam. midi et dim. midi)* 105/175 ♀, enf. 50 – ☕ 25 – **108 ch** 590/800

Novotel Cité des Congrès M, 3 r. Valmy ✆ 02 51 82 00 00, *h1571@accor-hotels.com, Fax 02 51 82 07 40*, ☂ – |♦| ⇔ ▤ TV ✆ ♿ – 🏛 30. AE ① GB JCB p. 7 **HZ t**
Repas 120/160 ♀, enf. 50 – ☕ 65 – **105 ch** 525/575

Mercure Beaulieu, Ile Beaulieu ✉ 44200 ✆ 02 40 95 95 95, *Fax 02 40 48 23 83*, ≤, ☂, 🏊, ✗ – |♦| ⇔ ▤ TV ✆ ♿ P – 🏛 80. AE ① GB JCB p. 5 **CX a**
fermé 22 déc. au 2 janv. – **Repas** *(89)* - 118, enf. 49 – ☕ 60 – **100 ch** 555/640

La Pérouse M sans rest, 3 allée Duquesne ✆ 02 40 89 75 00, *Fax 02 40 89 76 00*, « Décor contemporain » – |♦| ▤ TV ✆ ♿. AE ① GB JCB p. 7 **GY k**
☕ 50 – **47 ch** 440/580

Jules Verne M sans rest, 3 r. Couëdic ✆ 02 40 35 74 50, *Fax 02 40 20 09 35* – |♦| ▤ TV ✆ ♿. AE ① GB JCB p. 7 **GZ h**
☕ 50 – **65 ch** 395/560

Amiral sans rest, 26 bis r. Scribe ✆ 02 40 69 20 21, *Fax 02 40 73 98 13* – |♦| TV ♿. AE ① GB JCB p. 6 **FZ a**
☕ 40 – **49 ch** 329/349

Grand Hôtel sans rest, 2 bis r. Santeuil ✆ 02 40 73 46 68, *Fax 02 40 69 65 98* – |♦| TV. AE ① GB JCB p. 7 **GZ p**
fermé 19 déc. au 2 janv. – ☕ 35 – **40 ch** 280/480

Graslin sans rest, 1 r. Piron ✆ 02 40 69 72 91, *Fax 02 40 69 04 44* – |♦| TV ✆. AE ① GB JCB p. 6 **FZ v**
☕ 40 – **47 ch** 350/400

Vendée sans rest, 8 allée Cdt Charcot ✆ 02 40 74 14 54, *Fax 02 40 74 77 68* – |♦| TV ✆ – 🏛 15. AE ① GB JCB p. 7 **HY n**
☕ 40 – **94 ch** 250/330

Paris sans rest, 2 r. Boileau ✆ 02 40 48 78 79, *Fax 02 40 47 63 75* – |♦| TV ✆. AE ① GB JCB p. 7 **GZ x**
☕ 38 – **50 ch** 280/310

Ibis Gare Sud, 3 allée Baco ✆ 02 40 20 21 20, *h0892@accor-hotels.com, Fax 02 40 48 24 64* – |♦| ⇔ ▤ TV ♿ ⇔ – 🏛 35. AE ① GB p. 7 **HZ q**
Repas *(75)* - 95 ♀, enf. 39 – ☕ 35 – **104 ch** 350

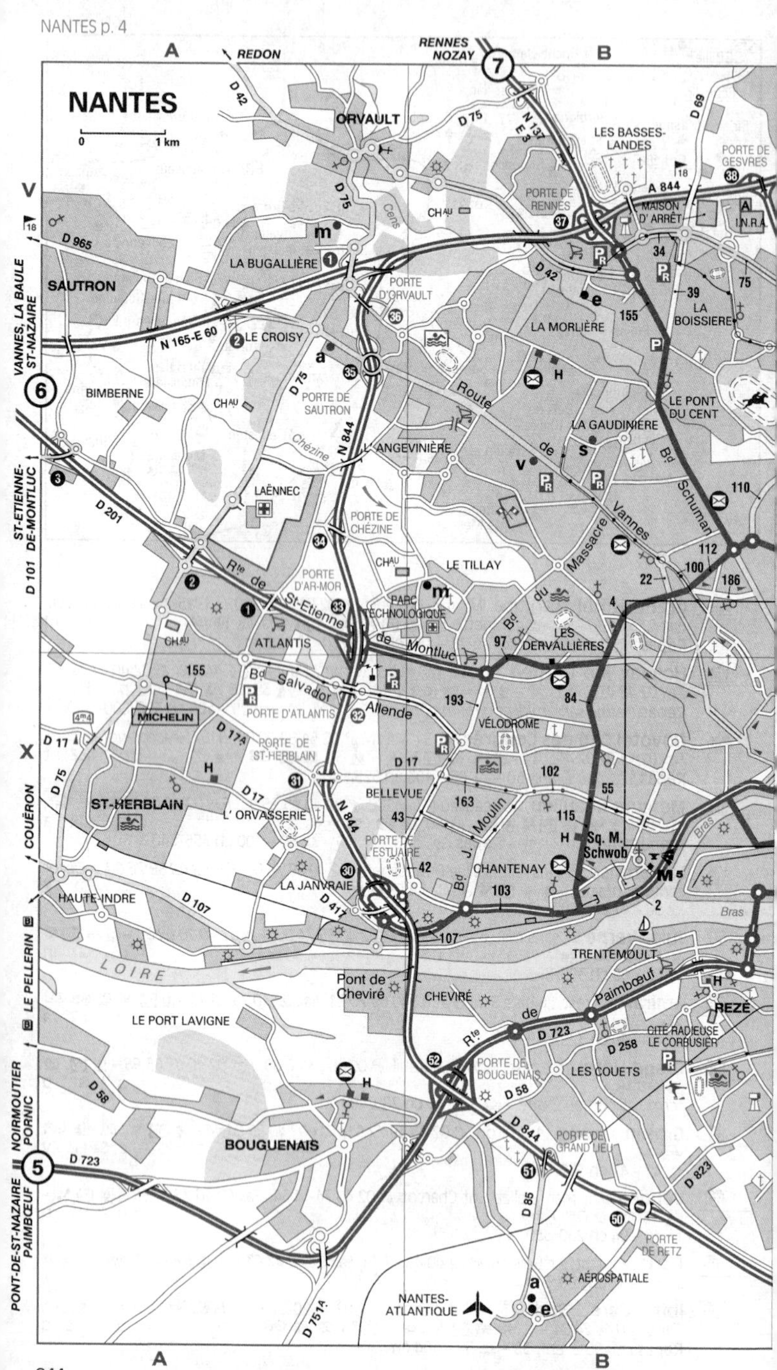
NANTES
0 1 km
REDON
RENNES NOZAY
ORVAULT
LES BASSES-LANDES
PORTE DE GESVRES
PORTE DE RENNES
MAISON D' ARRÊT
I.N.R.A.
SAUTRON
LA BUGALLIÈRE
PORTE D'ORVAULT
LE CROISY
N 165-E 60
LA MORLIÈRE
LA BOISSIÈRE
VANNES, LA BAULE ST-NAZAIRE
BIMBERNE
PORTE DE SAUTRON
Route de Vannes
LE PONT DU CENT
LA GAUDINIÈRE
L'ANGEVINIÈRE
Chézine
ST-ETIENNE-DE-MONTLUC
LAËNNEC
PORTE DE CHÉZINE
Bd Schuman
LE TILLAY
Bd du Massacre
PORTE D'AR-MOR
PARC TECHNOLOGIQUE
Rte de St-Etienne de Montluc
ATLANTIS
LES DERVALLIÈRES
Bd Salvador Allende
PORTE D'ATLANTIS
MICHELIN
PORTE DE ST-HERBLAIN
VÉLODROME
ST-HERBLAIN
BELLEVUE
L' ORVASSERIE
Bd J. Moulin
Sq. M. Schwob
COUËRON
PORTE DE L'ESTUAIRE
CHANTENAY
HAUTE-INDRE
LA JANVRAIE
LE PELLERIN
LOIRE
TRENTEMOULT
Bras
Pont de Cheviré
CHEVIRÉ
Rte de Paimbœuf
LE PORT LAVIGNE
REZÉ
CITÉ RADIEUSE LE CORBUSIER
PORTE DE BOUGUENAIS
LES COUETS
NOIRMOUTIER PORNIC
BOUGUENAIS
PORTE DE GRAND LIEU
PONT-DE-ST-NAZAIRE PAIMBŒUF
PORTE DE RETZ
AÉROSPATIALE
NANTES-ATLANTIQUE

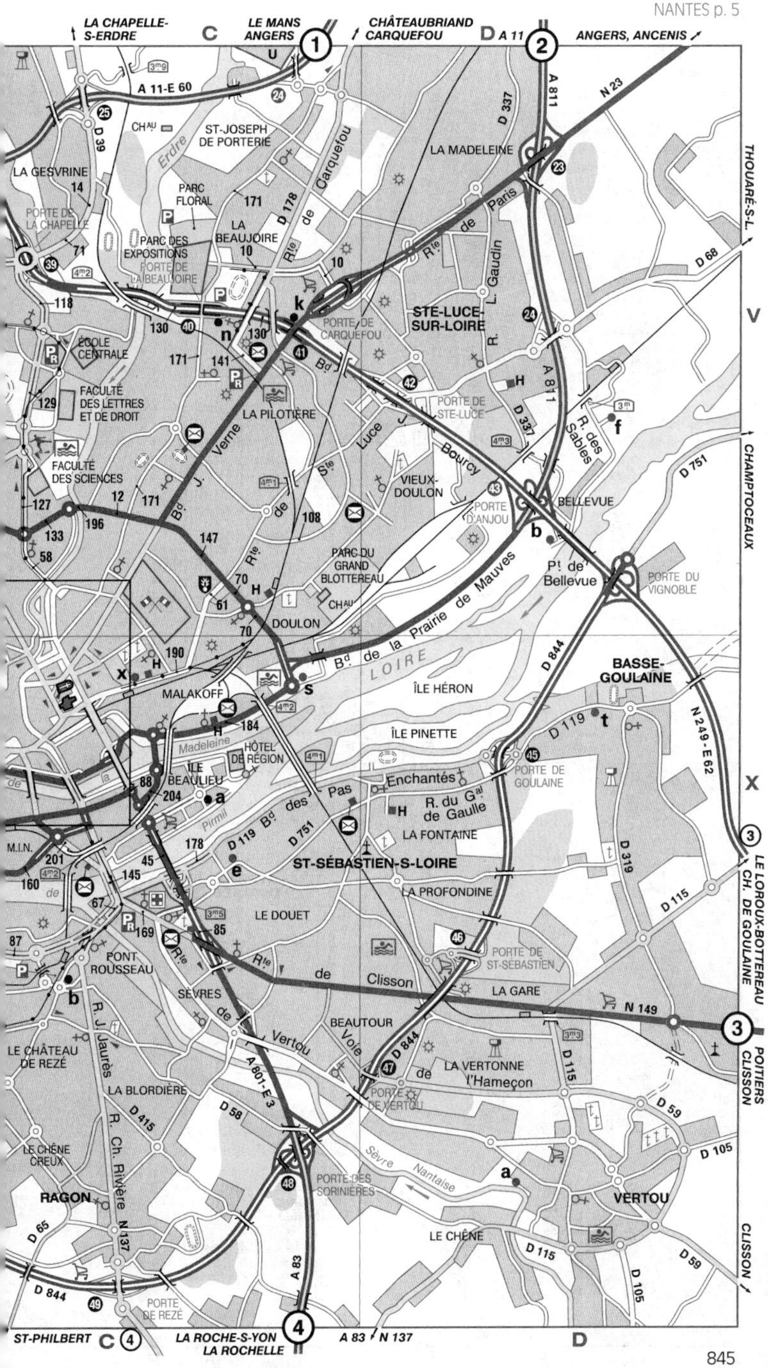

LA CHAPELLE-S-ERDRE
C
LE MANS ANGERS
1
CHÂTEAUBRIAND CARQUEFOU
D
A 11
2
ANGERS, ANCENIS

ST-JOSEPH DE PORTERIE
LA MADELEINE
LA GESVRINE
PORTE DE LA CHAPELLE
PARC FLORAL
LA BEAUJOIRE
PARC DES EXPOSITIONS
PORTE DE LA BEAUJOIRE
THOUARÉ-S-L.
STE-LUCE-SUR-LOIRE
PORTE DE CARQUEFOU
ÉCOLE CENTRALE
FACULTÉ DES LETTRES ET DE DROIT
LA PILOTIÈRE
PORTE DE STE-LUCE
FACULTÉ DES SCIENCES
VIEUX-DOULON
PORTE D'ANJOU
BELLEVUE
CHAMPTOCEAUX
PARC DU GRAND BLOTTEREAU
Pt de Bellevue
PORTE DU VIGNOBLE
DOULON
LOIRE
BASSE-GOULAINE
MALAKOFF
ÎLE HÉRON
ÎLE PINETTE
HÔTEL DE RÉGION
ÎLE BEAULIEU
PORTE DE GOULAINE
LA FONTAINE
ST-SÉBASTIEN-S-LOIRE
LA PROFONDINE
LE DOUET
PONT ROUSSEAU
PORTE DE ST-SÉBASTIEN
SÈVRES
LA GARE
LE LOROUX-BOTTEREAU CH. DE GOULAINE
BEAUTOUR
LE CHÂTEAU DE REZÉ
LA VERTONNE
LA BLORDIÈRE
PORTE DE VERTOU
POITIERS CLISSON
LE CHÊNE CREUX
RAGON
PORTE DES SORINIÈRES
VERTOU
LE CHÊNE
CLISSON
PORTE DE REZÉ
M.I.N.

A 11-E 60
N 23
A 811
D 337
D 39
D 178
Rte de Carquefou
Rte de Paris
R. L. Gaudin
D 68
Bd J. Verne
Rte de Ste Luce
Bd J. Bourcy
R. des Sables
D 751
Bd de la Prairie de Mauves
D 844
N 249-E 62
D 119
Madeleine
Pirmil
Bd des Pas Enchantés
R. du Gal de Gaulle
D 319
D 115
Rte de Clisson
N 149
Rte de Vertou
Voie de l'Hameçon
A 801-E 3
R. J. Jaurès
R. Ch. Rivière
D 415
D 58
D 59
D 105
Sèvre Nantaise
N 137
A 83
D 65

ST-PHILBERT
C
4
LA ROCHE-S-YON LA ROCHELLE
4
A 83
N 137
D

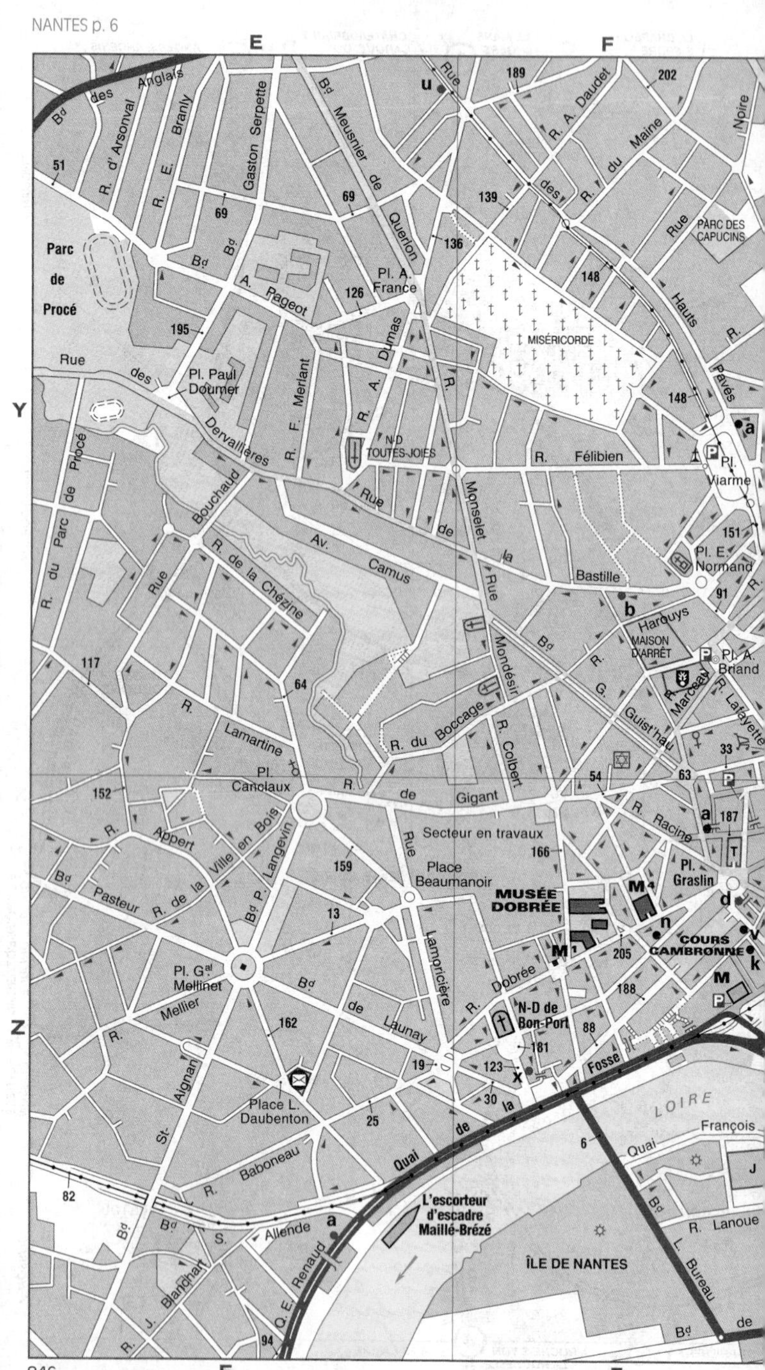
E
F
Y
Z
Parc de Procé
MISÉRICORDE
N-D TOUTES-JOIES
MAISON D'ARRÊT
PARC DES CAPUCINS
MUSÉE DOBRÉE
COURS CAMBRONNE
N-D de Bon-Port
LOIRE
ÎLE DE NANTES
L'escorteur d'escadre Maillé-Brézé
Secteur en travaux
Place Beaumanoir
Pl. Gal Mellinet
Place L. Daubenton
Pl. Canclaux
Pl. Paul Doumer
Pl. A. France
Pl. Viarme
Pl. E. Normand
Pl. A. Briand
Pl. Graslin

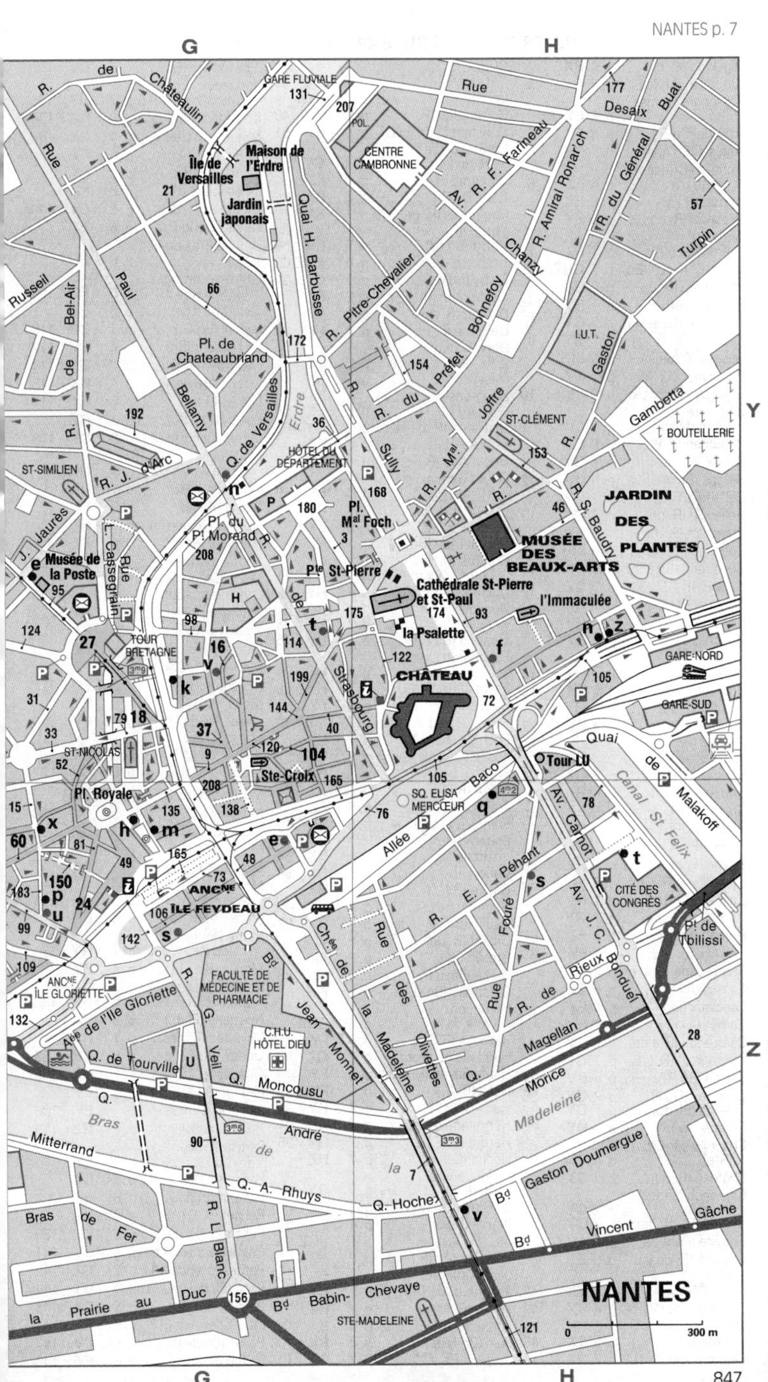
NANTES
GARE FLUVIALE
CENTRE CAMBRONNE
Maison de l'Erdre
Île de Versailles
Jardin japonais
Pl. de Chateaubriand
HÔTEL DU DÉPARTEMENT
Pl. Mal Foch
Pte St-Pierre
Cathédrale St-Pierre et St-Paul
la Psalette
MUSÉE DES BEAUX-ARTS
JARDIN DES PLANTES
l'Immaculée
CHÂTEAU
GARE-NORD
GARE-SUD
Tour LU
SQ. ELISA MERCŒUR
Canal St Félix
CITÉ DES CONGRÈS
Pl. de Tbilissi
Musée de la Poste
TOUR BRETAGNE
ST-NICOLAS
Pl. Royale
Ste-Croix
ANCNE ÎLE FEYDEAU
ANCNE ÎLE GLORIETTE
FACULTÉ DE MÉDECINE ET DE PHARMACIE
C.H.U. HÔTEL DIEU
ST-SIMILIEN
ST-CLÉMENT
BOUTEILLERIE
I.U.T.
STE-MADELEINE
Bras de la Madeleine
Q. Moncousu
Q. André Rhuys
Q. Hoche
Allée Baco
Bd Babin-Chevaye
Bd Vincent Gâche
Gaston Doumergue
Mitterrand
la Prairie au Duc
Bras de Fer
0
300 m

RÉPERTOIRE DES RUES DU PLAN DE NANTES

Gare sans rest, 5 allée Cdt Charcot ☏ 02 40 74 37 25, *Fax 02 40 93 33 71* – AE GB JCB p. 7 HY z
36 – **28 ch** 200/240

Ibis Tour Bretagne, 19 r. Jean Jaurès ☏ 02 40 35 39 00, *Fax 02 40 89 07 74* – 35. AE GB p. 7 GY e
Repas (77) - 97, enf. 39 – 37 – **140 ch** 320

Cholet sans rest, 10 r. Gresset ☏ 02 40 73 31 04, *hotelcholet@wanadoo.fr, Fax 02 40 73 78 82* – AE GB p. 6 FZ n
35 – **38 ch** 240/310

Fourcroy sans rest, 11 r. Fourcroy ☏ 02 40 44 68 00 – p. 6 FZ k
fermé 21 déc. au 6 janv. – 28 – **19 ch** 185

XXX **L'Atlantide** (Guého), quai E. Renaud (4e étage) ✉ 44100 ☏ 02 40 73 23 23, *Fax 02 40 73 76 46*, <, « Cadre contemporain » – AE GB p. 6 EZ a
fermé 29 juil. au 7 août, sam. midi et dim. – **Repas** 155 (déj.), 200/400 et carte 290 à 360
Spéc. Langoustines royales au beurre mousseux (janv. à mars). Tronçon de turbot aux échalotes nouvelles et grenailles (juin-juil.). Lièvre à la royale (nov.-déc). **Vins** Muscadet, Anjou blanc.

XXX **San Francisco,** 3 chemin Bateliers ✉ 44300 ☏ 02 40 49 59 42, *information@sanfrancisco.fr, Fax 02 40 68 99 16*, – AE GB p. 5 CX s
fermé 31 juil. au 21 août, dim. soir et lundi – **Repas** 158/298 et carte 250 à 360, enf. 85

XXX **Gavroche,** 139 r. Hauts Pavés ☏ 02 40 76 22 49, *Fax 02 40 76 37 80*, – AE GB p. 6 EY u
fermé 20 juil. au 20 août, dim. soir et lundi – **Repas** 120/260 et carte 230 à 400

XX **Poissonnerie,** 8 r. Léon Maître ☏ 02 40 47 79 50, *Fax 02 51 80 57 77* – AE GB p. 7 GZ e
fermé vacances de Pâques, août, vacances de Noël, sam. midi, lundi et dim. – **Repas** - produits de la mer - (75) - carte 180 à 280

XX **Auberge du Château,** 5 pl. Duchesse Anne ☏ 02 40 74 31 85, *Fax 02 40 37 97 57* – GB p. 7 HY f
fermé 4 au 27 août, 23 déc. au 2 janv., dim. et lundi – **Repas** (nombre de couverts limité, prévenir) 135/232

XX **L'Océanide,** 2 r. P. Bellamy ✆ 02 40 20 32 28, *contact@oceanide.fr, Fax 02 40 48 08 55* – AE ⓓ GB JCB p. 7 **GY n**
fermé 12 au 26 août et dim. – **Repas** - produits de la mer - 115/340 ♀, enf. 45

XX **Cigale,** 4 pl. Graslin ✆ 02 51 84 94 94, *lacigale@lacigale.com, Fax 02 51 84 94 95,* « Brasserie 1900 » – GB p. 6 **FZ d**
Repas *(75)* - 100 (dîner), 125/150 ♀, enf. 39

XX **L'Esquinade,** 7 r. St-Denis ✆ 02 40 48 17 22, *Fax 02 40 48 49 36* – AE ⓓ GB JCB p. 7 **GY t**
fermé août, 24 déc. au 4 janv., dim. et lundi – **Repas** 98 (déj.), 142/220 ♀, enf. 70

X **Coin du Champ de Mars,** 11 r. Fouré ✆ 02 40 47 01 18 – GB p. 7 **HZ s**
fermé 30 juil. au 22 août, 22 déc. au 6 janv., sam. et dim.
Repas (déj. seul.) *(115)* - 142

X **Paludier,** 2 r. Santeuil ✆ 02 40 69 44 06, *Fax 02 40 71 76 69* – AE GB p. 7 **GZ u**
fermé 9 au 16 avril, 30 juil. au 20 août, 1er au 7 janv., merc. soir, lundi midi et dim. – **Repas** *(75)* - 98/180 ♀, enf. 50

X **Palombière,** 13 bd Stalingrad ✆ 02 40 74 05 15, *Fax 02 40 74 05 15* – AE GB p. 5 **CX x**
fermé 1er au 22 août, dim. sauf midi d'oct. à avril et sam. midi – **Repas** *(69)* - 89/210 ♀

X **Pressoir,** 11 allée Turenne ✆ 02 40 35 31 10 – AE GB p. 7 **GZ s**
fermé 20 juil. au 31 août, lundi soir, sam. midi et dim. – **Repas** (nombre de couverts limité, prévenir) carte environ 200 ♀

X **Christophe Bonnet,** 6 r. Mazagran ✆ 02 40 69 03 39, *Fax 02 40 69 04 10* – GB
fermé août, 1er au 6 janv., dim. et lundi sauf fériés – **Repas** *(95)* - 170 ♀ p. 6 **FZ x**

X **Les Capucines,** 11 bis r. Bastille ✆ 02 40 20 41 58, *Fax 02 51 72 02 96* – AE GB p. 6 **FY b**
fermé 30 juil. au 27 août, vacances de fév., sam. midi, lundi soir et dim. – **Repas** 67 (déj.), 72/185 ♀

Environs

au Nord

à la Chapelle-sur-Erdre *9 km par D 39* - **CV** – *14 830 h. alt. 29* – ✉ *44240* :

Westotel M, ✆ 02 51 81 36 36, *Fax 02 51 12 35 99,* – cuisinette, rest, – 200. AE ⓓ GB JCB
Repas 150/270 ♀ – ☐ 60 – **315 ch** 530/1005, 12 appart, 67 duplex

à Sucé-sur-Erdre : *16 km par D 69* - **BV** – *4 806 h. alt. 14* – ✉ *44240* :

Office de Tourisme q. de Criklade ✆ 02 40 77 70 66, Fax 02 40 77 70 66.

XXX **Chataigneraie** (Delphin), 156 rte Carquefou ✆ 02 40 77 90 95, *contact@delphin.fr, Fax 02 40 77 90 08,* ←, « Manoir du 19e siècle dans un parc au bord de l'Erdre », – P. AE ⓓ GB JCB
fermé 23 juil. au 7 août, 2 au 22 janv., mardi midi, dim. soir et lundi – **Repas** 180/450 et carte 380 à 490 ♀, enf. 105
Spéc. Queues de langoustines panées rôties (été). Sandre au beurre blanc nantais. Tartare de fraises à l'estragon (été). **Vins** Muscadet de Sèvre et Maine sur lie.

au Nord-Est

à La Beaujoire – ✉ *44300 Nantes* :

Otelinn, 45 bd Batignolles ✆ 02 40 50 07 07, *otelinn@otelinn.com, Fax 02 40 49 41 40,* rest, P – 150. AE ⓓ GB JCB. rest p. 5 **CV n**
Repas *(59)* - 112/179 ♀, enf. 55 – ☐ 50 – **60 ch** 320 – 1/2 P 280

rte de Paris – ✉ *44300 Nantes* :

Ibis Beaujoire, allée Champ de Tir ✆ 02 40 93 22 22, *Fax 02 40 52 17 73* – P – 30. AE ⓓ GB p. 5 **CV k**
Repas 97 ♀, enf. 39 – ☐ 35 – **64 ch** 360

par D 178 *et rte de la Chantrerie : 11 km* - **CV** :

XXX **Manoir de la Régate,** 155 rte Gachet ✉ 44300 Nantes ✆ 02 40 18 02 97, *Fax 02 40 25 23 36,* – P. AE ⓓ GB
fermé vacances de fév., dim. soir et lundi – **Repas** 99 (déj.), 150/385 et carte 250 à 350 ♀

XX **Auberge du Vieux Gachet,** rte Gachet ✉ 44470 Carquefou ✆ 02 40 25 10 92, *Fax 02 40 18 03 92,* ←, « Terrasse en bordure de l'Erdre » – P. AE GB
fermé dim. soir et lundi – **Repas** 95 (déj.), 150/260 ♀

rte d'Angers *par N 23* - **DV** – ✉ *44470 Carquefou :*

Novotel Carquefou ⛟, Z.I. Belle Étoile-Antarès : 12 km ☎ 02 28 09 44 44, *Fax 02 28 09 44 54*, 🅷, 🅷, 🅷 – 🅷 ▤ 🅃 ♿ 🅿 – 🅷 110. AE ⊙ GB JCB
Repas 109 ♀, enf. 50 – ☐ 60 – **79 ch** 490/550

Belle Étoile, à la Belle Étoile : 11,5 km ☎ 02 40 68 01 69, *hotel.belleetoile@free.fr*, *Fax 02 40 68 07 27*, 🅷 – ▤ rest, 🅃 ☏ ♿ 🅿 – 🅷 20. GB
Repas *(fermé 23 juil. au 19 août, 22 au 30 déc., sam, dim. et fériés)* 80/160 ♀ – ☐ 37 – **37 ch** 295/310 – 1/2 P 280/285

vers ②, *sortie Bellevue puis r. des Sables : 11 km* – ✉ *44980 Ste-Luce-sur-Loire :*

XX **Bénureau,** Le Grand Plessis ☎ 02 40 25 95 25, *Fax 02 40 25 84 17*, 🅷, « Demeure du 19e siècle dans un parc », 🅷 – 🅿. AE GB p. 5 **DV f**
fermé 30 juil. au 20 août, vacances de fév., dim. soir et lundi – **Repas** 160/275

au pont de Bellevue *: 9 km par A 11* – ✉ *44980 :*

XXX **Beauséjour,** ☎ 02 40 25 60 39, *rest-beausejour@restaurant-beausejour.com*, *Fax 02 40 25 60 30*, ≤ – AE ⊙ GB JCB p. 5 **DV b**
fermé 16 juil. au 6 août, vacances de fév., dim. soir, merc. soir et lundi – **Repas** 110 (déj.), 145/290 et carte 210 à 280 ♀, enf. 85

à l'Est

vers ②, *249 et D 751 (rte des Bords de Loire)* **DV** – ✉ *44450 St-Julien-de-Concelles :*

XX **Auberge Nantaise,** à 13 km, au Bout des Ponts ☎ 02 40 54 10 73, *Fax 02 40 36 83 28*, ≤ – ▤. AE GB
fermé 15 au 25 sept., dim. soir et lundi – **Repas** (90) - 120/260, enf. 65

XX **Divate,** à 11 km, à Boire-Courant ☎ 02 40 54 19 66, *Fax 02 40 36 58 39*, 🅷 – ▤ 🅿. AE GB
fermé 27 août au 12 sept., vacances de fév., dim. soir, mardi soir et merc. – **Repas** 78/172 ♀, enf. 55

XX **Pierre Percée,** à 17 km, à la Pierre Percée ✉ 44450 La Chapelle-Basse-Mer ☎ 02 40 06 33 09, *Fax 02 40 33 32 29*, ≤, 🅷 – AE GB
fermé 2 au 21 janv., dim. soir et lundi – **Repas** 138/310

à Basse-Goulaine *: 10 km – 5 910 h. alt. 22* – ✉ *44115 :*

XX **Pont,** 147 r. Grignon (D 119) ☎ 02 40 03 58 62, *Fax 02 40 06 20 80* – AE GB **DX t**
fermé 1er au 26 août, vacances de fév., dim. soir, lundi soir et merc. – **Repas** 88 (déj.), 130/220 ♀

au Sud-Est

à St-Sébastien-sur-Loire *: 4 km – 22 202 h. alt. 24* – ✉ *44230 :*

XXX **Manoir de la Comète** (Thomas-Trophime), 21 av. Libération ☎ 02 40 34 15 93, *Fax 02 40 34 46 23*, « Élégant cadre contemporain » – ▤ 🅿. AE GB p. 5 **CX e**
fermé 28 juil. au 21 août, 2 au 10 janv., sam. midi et dim. – **Repas** 170/360 et carte 290 à 470
Spéc. Salade de mâche aux Saint-Jacques poêlées (Oct. à mars). Pressé de pommes de terre nouvelles et homard breton (avril à juil.). Pigeonneau braisé, crêpe de coco, farci de pieds et oreilles de cochon (sept. à déc.). **Vins** Muscadet de Sèvre et Maine, Anjou-Villages Brissac.

à Haute-Goulaine *par ③ et D 119 : 14 km – 4 925 h. alt. 41* – ✉ *44115 :*

XXX **Manoir de la Boulaie,** ☎ 02 40 06 15 91, *Fax 02 40 54 56 83*, « Demeure bourgeoise entourée d'un parc dans les vignes », 🅷 – 🅿. AE GB
fermé 13 août au 3 sept., vacances de fév., dim. soir, merc. soir et lundi – **Repas** 115 (déj.), 170/350, enf. 80

à La Haie-Fouassière *par ③, N 149 et D 74 : 15 km – 2 911 h. alt. 25* – ✉ *44690 :*

XX **Cep de Vigne,** à la Gare Nord : 1 km par D 74 ☎ 02 40 36 93 90, *Fax 02 51 71 60 69*, 🅷 – GB
fermé 16 juil. au 3 août, vacances de fév., dim. soir, mardi soir et merc. – **Repas** 110 bc/305 ♀

à Vertou *: 10 km par D 59 – 18 235 h. alt. 32* – ✉ *44120 :*

🅸 *Office de Tourisme pl. du Beau Verger ☎ 02 40 34 12 22, Fax 02 40 34 06 86.*

XX **Monte-Cristo,** Chaussée des Moines ☎ 02 40 34 40 36, *restel3@wanadoo.fr*, *Fax 02 40 03 26 20*, 🅷 – AE ⊙ GB p. 5 **DX a**
fermé 1er au 7 août, 1er au 15 nov., dim. soir et lundi – **Repas** 88 (déj.), 135/250 bc ♀

au Sud

rte de La Roche-sur-Yon *par ④ et D 178 : 12 km – ✉ 44840 Les Sorinières :*

Abbaye de Villeneuve ⛰, ✆ 02 40 04 40 25, *abbayevilleneuve@aol.com, Fax 02 40 31 28 45,* ≤, 🏞, « Demeure du 18e siècle dans un parc », 🏊, 🌳 – ▤ ch, 📺 🅿 – 🏛 100. AE ⓓ GB JCB
Repas 140/310 ♀, enf. 85 – ☕ 75 – **17 ch** 450/890, 3 appart – ½ P 410/925

à Rézé *: 6 km – 33 262 h. alt. 8 – ✉ 44400 :*

Cheval Blanc sans rest, 50 r. Commune de 1871 ✆ 02 40 75 65 07, *Fax 02 40 75 92 48* – ⚡ 📺 🅿. AE GB p. 5 **CX b**
fermé 29 juil. au 26 août, 30 déc. au 6 janv. et dim. – ☕ 33 – **20 ch** 242/305

au Sud-Ouest

à l'aéroport Nantes-Atlantique – ✉ *44340 Bouguenais :*

Océania Ⓜ, ✆ 02 40 05 05 66, *Fax 02 40 05 12 03,* 🏞, 🏋, 🏊, 🎾 – 🛗 ⚡ ▤ 📺 📞 ♿ 🅿 – 🏛 100. AE ⓓ GB p. 4 **BX e**
Repas *(fermé dim. midi)* 120/195 ♀ – ☕ 65 – **87 ch** 540/600, 11 appart

Mascotte sans rest, ✆ 02 40 32 14 14, *Fax 02 40 32 14 13* – 🛗 ⚡ ▤ 📺 📞 ♿ 🅿 – 🏛 30. AE ⓓ GB p. 4 **BX a**
☕ 45 – **73 ch** 350/420

à Bouaye *par D 751 : 13 km -* **AX** *– 4 815 h. alt. 16 – ✉ 44830 :*

Kyriad, sur D 751^A ✆ 02 40 65 43 50, *informations@champs-d-avaux.com, Fax 02 40 32 64 83,* 🏞, 🏊, 🌿, 🎾 – ▤ rest, 📺 📞 ♿ 🅿 – 🏛 50. AE ⓓ GB
Les Champs d'Avaux *(fermé dim. soir)* Repas 105/280 ♀, enf. 70 – ☕ 48 – **42 ch** 320/440

au Nord-Ouest

rte de Vannes

Marine ⛰, Porte de Chézine à St-Herblain ✆ 02 40 95 26 66, *Fax 02 40 46 85 70,* 🌿 – 🛗 📺 ♿ 🅿. GB p.4 **BV m**
Repas (dîner pour résidents seul.) 65 bc (déj.) – ☕ 30 – **23 ch** 220/250 – ½ P 340

Phénicien ⛰ sans rest, à 4 km, av. R. Chasteland ✉ 44700 Orvault ✆ 02 40 40 25 06, *phenicien@phenicien.com, Fax 02 51 83 80 67* – ⚡ 📺 🅿. GB p. 4 **BV s**
☕ 35 – **27 ch** 280/360

Pavillon, à 7 km sur N 165 ✉ 44800 St-Herblain ✆ 02 40 94 99 99, *Fax 02 40 94 96 07* – 🅿. GB p. 4 **AV a**
fermé 28 juil. au 19 août, sam. midi et dim. – Repas (150) - 170 bc/295 et carte 220 à 330, enf. 90

Les Caudalies, N 165 ✉ 44800 St-Herblain ✆ 02 40 94 35 35, *Fax 02 40 40 89 90* – AE GB p. 4 **BV v**
fermé 28 juil. au 22 août, 19 au 29 janv., merc. soir, dim. soir et lundi – Repas 95/195 ♀, enf. 45

rte de Vannes *par ⑥ et N 165 : 17 km – ✉ 44360 Vigneux-de-Bretagne :*

Brit Hôtel Atlantel Ⓜ, ✆ 02 40 57 10 80, *Fax 02 40 57 13 30,* 🏞, 🏋, 🏊, 🌿, 🎾 – ⚡, ▤ rest, 📺 📞 ♿ 🅿 – 🏛 150. AE ⓓ GB JCB
Repas (95) - 130 ♀, enf. 51 – ☕ 40 – **86 ch** 395/435

à Sautron *: 11 km -* **AV** *– 6 026 h. alt. 64 – ✉ 44880 :*

Romarin, 79 r. Bretagne (D 965) ✆ 02 40 63 15 87, *Fax 02 40 63 39 24* – ⓓ GB
fermé 3 au 31 août, 2 au 10 janv., dim. soir, mardi soir et merc. – Repas 110 bc/280 ♀

à Orvault *– 23 115 h. alt. 45 – ✉ 44700 :*

Bleu Marine ⛰, par N 137 et voie pavillonnaire : 6 km ✆ 02 40 76 84 02, *Fax 02 40 76 04 21,* 🏞, 🏋, 🌳 – 🛗, ▤ rest, 📺 🅿 – 🏛 30. AE ⓓ GB JCB
Domaine d'Orvault *(fermé sam. midi)* Repas (100)-135/345 ♀, enf. 95 – ☕ 60 – **30 ch** 440/900 – ½ P 425/600 p. 4 **BV e**

L'Orée du Bois, rte Garenne : 9 km ✆ 02 40 63 63 54, *Fax 02 40 63 91 79,* 🏞, « Terrasse avec pièce d'eau », 🌿 – 🅿. GB p. 4 **AV m**
fermé dim. soir et lundi – Repas 115/215 et carte 200 à 320 ♀

par ⑦, *rte de Rennes sortie Ragon-Tourneuve – ✉ 44119 Treillères :*

Relais Mercure, Parc d'Activité Treillères ✆ 02 40 72 87 88, *h1833-gm@accor-hotels.com, Fax 02 40 72 85 07,* 🏞, 🏊 – ⚡ 📺 📞 ♿ 🅿 – 🏛 50. AE ⓓ GB
Repas *(fermé sam., dim. et fériés)* 98/180 ♀, enf. 45 – ☕ 40 – **48 ch** 330/350

NANTILLY *70 H.-Saône* 66 ⑬ *– rattaché à Gray.*

NANTUA 01130 Ain 74 ④ *G. Jura – 3 602 h alt. 479.*
Voir *Église St-Michel★ : Martyre de St-Sébastien★★ par E. Delacroix – Lac★.*
Env. *La cuivrerie★ de Cerdon.*
Office de Tourisme pl. de la Déportation ✆ 04 74 75 00 05, Fax 04 74 75 06 83.
Paris 478 – Aix-les-Bains 79 – Annecy 67 – Bourg-en-Bresse 51 – Genève 66 – Lyon 91.

L'Embarcadère, av. Lac ✆ 04 74 75 22 88, *Fax 04 74 75 22 25,* ← – TV P – 30. GB. rest
fermé 30 avril au 6 mai et 20 déc. au 20 janv. – **Repas** *(fermé mardi midi et lundi)* 105/295 ♀, enf. 65 – 34 – **50 ch** 210/325 – ½ P 280/300

France, 44 r. Dr Mercier ✆ 04 74 75 00 55, *Fax 04 74 75 26 22* – TV P. AE GB
fermé 1er nov. au 20 déc., merc. midi et mardi
Repas 138/305 ♀ – 35 – **16 ch** 260/405

à Brion *Nord-Ouest : 5 km par N 84 et D 979 – 587 h. alt. 475 – ✉ 01460 :*

Bernard Charpy, 1 r. Croix-Chalon ✆ 04 74 76 24 15, *Fax 04 74 76 22 36,* – P. GB
fermé 22 au 28 mai, 5 au 27 août, 26 déc. au 8 janv., lundi soir, dim. et fériés – **Repas** 105 (déj.), 150/240 ♀

à La Cluse *Nord-Ouest : 3,5 km par N 84 – ✉ 01460 Montréal-la-Cluse :*

Lac Hôtel sans rest, 22 av. Bresse ✆ 04 74 76 29 68, *alblanc@club-internet.fr, Fax 04 74 76 13 70* – TV P. GB.
29 – **28 ch** 185/220

La NAPOULE *06 Alpes-Mar. 84 ⑧,, 114 ㉖ – voir à Mandelieu-La-Napoule.*

NARBONNE 11100 Aude 83 ⑭ *G. Languedoc Roussillon – 45 849 h alt. 13.*
Voir *Cathédrale St-Just-et-St-Pasteur★★ (Trésor : tapisserie représentant la Création★★) – Donjon Gilles Aycelin★ (★) H – Choeur★ de la basilique St-Paul – Palais des Archevêques★* BY *: musée d'Art et d'Histoire★ - Musée archéologique★ – Musée lapidaire★* BZ *– Pont des marchands★.*
✆ 08 36 35 35 35.
Office de Tourisme pl. R.-Salengro ✆ 04 68 65 15 60, Fax 04 68 65 59 12.
Paris 797 ② – Perpignan 65 ③ – Béziers 28 ① – Carcassonne 61 ③ – Montpellier 95 ②.

Plan page suivante

Novotel M, par ③, *rte Perpignan : 3 km* ✆ 04 68 42 72 00, *h0412@accor-hotels.com, Fax 04 68 42 72 10,* – TV P – 80. AE GB JCB
Repas *(90)* - 115 ♀, enf. 50 – 62 – **96 ch** 530/620

Motel d'Occitanie M, av. Mer par ② *: 2 km* ✆ 04 68 65 47 60, *motel.occitanie@wanadoo.fr, Fax 04 68 65 09 17,* – rest, TV P – 100. AE GB JCB
Silène : Repas 112/210 ♀, enf. 50 – 55 – **31 ch** 250/435 – ½ P 360

Résidence sans rest, 6 r. 1er-Mai ✆ 04 68 32 19 41, *Fax 04 68 65 51 82* – TV. AE GB — AY r
fermé 15 janv. au 15 fév. – 45 – **25 ch** 365/465

France sans rest, 6 r. Rossini ✆ 04 68 32 09 75, *hotelfrance@bigfoot.com, Fax 04 68 65 50 30* – TV. GB — BZ s
33 – **15 ch** 140/290

Table St-Crescent (Giraud), au Palais du Vin par ③ ✆ 04 68 41 37 37, *saint-crescent@wanadoo.fr, Fax 04 68 41 01 22,* – P. AE GB
fermé sam. midi, dim. soir et lundi – **Repas** *(100)* - 158/268 et carte 280 à 510
Spéc. Salade chaude de grosses langoustines caparaçonnées aux cèpes. Filet de loup à la plancha, viennoise de moules, copeaux de jambon de montagne. "L'oléade" (dessert). **Vins** Minervois, Corbières.

L'Alsace, 2 av. P. Sémard ✆ 04 68 65 10 24, *Fax 04 68 90 79 45* – AE GB — BY a
fermé mardi – **Repas** - produits de la mer - 98/178 ♀

L'Estagnol, 5 bis cours Mirabeau ✆ 04 68 65 09 27, *Fax 04 68 32 23 38,* , brasserie – GB — BZ t
fermé 18 au 26 nov., 28 janv. au 4 fév., lundi soir sauf juil.-août et dim. – **Repas** 100/130 ♀, enf. 42

à Coursan *par ① : 7 km – 5 137 h. alt. 6 – ✉ 11110 .*
Office de Tourisme 10 av. J.Jaurès ✆ 04 68 33 60 86.

L'Os à Moelle, rte Salles d'Aude ✆ 04 68 33 55 72, *Fax 04 68 33 35 39,* – P. AE GB
fermé 15 au 30 sept., vacances de fév., dim. soir et lundi – **Repas** 118/248 ♀

sur aire A 9 de Narbonne-Vinassan Nord *Est : 6 km par D 68 – ✉ 11110 Salles d'Aude :*

Aude Hôtel M, ✆ 04 68 45 25 00, *aude-hotel@wanadoo.fr, Fax 04 68 45 25 20* – TV P. AE GB
Repas (dîner seul.) 75/130 ♀, enf. 45 – 42 – **59 ch** 295/365 – ½ P 277/292

NARBONNE

Anatole France (Av.) ..... **AYZ** 2
Ancien Courrier (R. de l') .... **BY** 3
Ancienne Porte de Béziers (R.de l') ..... **BY** 4
Blum (Sq. Th.-Léon)........ **BY** 6
Cabirol (R.)................ **AZ** 7
Carnot (Av.) .... **BY** 8
Chennebier (R.)........... **AY** 9
Concorde (Pont de la) .... **AY** 10
Condorcet (Bd.) .... **BY** 12
Courier (R.P.-L.) .... **BZ** 13
Crémieux (R. B.)........ **BZ** 15
Deymes (R. du Lt.-Col.) ... **BY** 16
Droite (R.)................ **BY**
Escoute (Pont de l')....... **AY** 17
Fabre (R. Gustave)........ **AY** 18
Foch (Av. Mar.)........... **BY** 19
Garibaldi (R.)............. **BY** 20
Gaulle (Bd. Gén.de)....... **BY** 21
Gauthier (R. Armand) ..... **BY** 22
Hôtel de Ville (Pl. de l') .... **BYZ**
Jacobins (R. des) .... **BZ** 23
Jaurès (R. Jean) .... **AY** 24
Joffre (Bd. Mar.)......... **AYZ** 25
Liberté (Pont de la) .... **BZ** 27
Lion d'Or (R. du)........... **AY** 28
Louis-Blanc (R.) .... **BY** 29
Luxembourg (R.du) .... **AZ** 30
Major (R. de la)............ **BZ** 31
Maraussan (R.)............ **AZ** 32
Michelet (R.)............... **BY** 33
Mirabeau (Cours) .... **BZ** 35
Pont-des-Marchands (R. du)..................... **BZ** 36
Pyrénées (Av. des)........ **AY** 37
Pyrénées (Pl. des) .... **AZ** 39
Rabelais (R.) .... **AZ** 40
République (Crs de la)..... **BZ** 41
Salengro (Pl. R.) .... **BY** 43
Sermet (Av. E.) .... **BY** 44
Toulouse (Av. de) .... **AZ** 45
Voltaire (Pont) .... **AY** 47

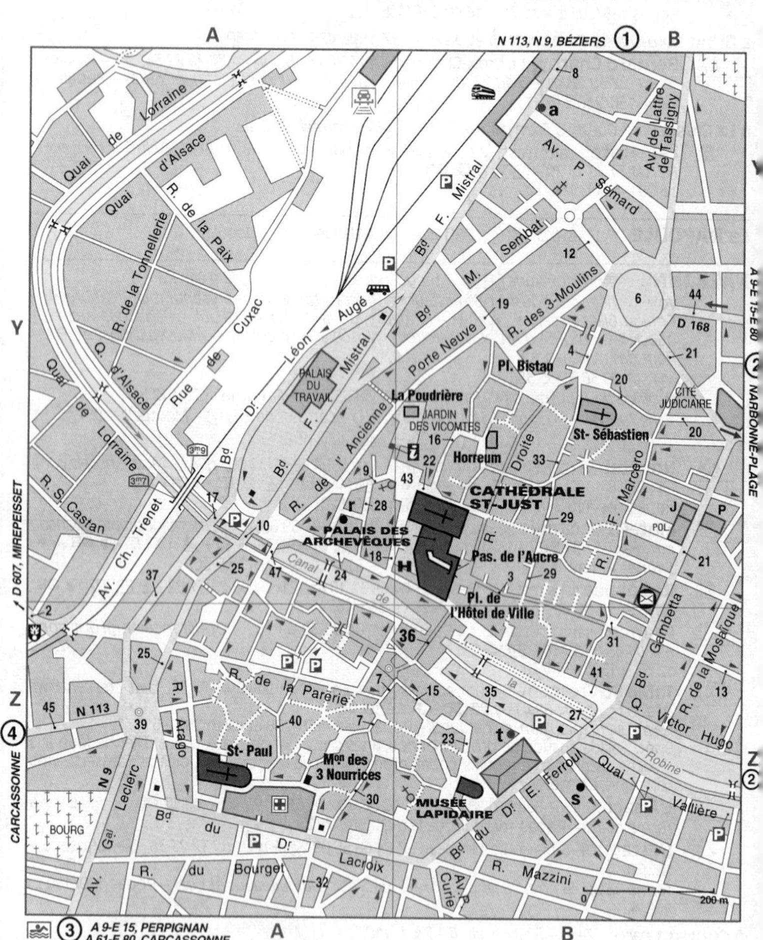

à l'Hospitalet *par ② et rte de Narbonne-Plage (D 168) : 10 km –* ✉ *11100 Narbonne :*

Domaine de l'Hospitalet - Auberge des Vignes, ✆ 04 68 45 28 50, *cuisiniers-vignerons@wanadoo.fr, Fax 04 68 45 28 78,* « Dans un domaine vinicole », – cuisinette, rest, TV – 25. GB. ch
1er avril-31 oct. et fermé lundi sauf le soir en juil.-août et dim. soir hors saison – **Repas** 89 (déj.), 135/180, enf. 45 – 60 – **22 ch** 445/760 – ½ P 450/555

à Bages *par ③, N 9 et D 105 : 8 km – 694 h. alt. 30 – ✉ 11100 :*

XX **Portanel,** ✆ 04 68 42 81 66, *Fax 04 68 41 75 93,* ≤ étang de Bages – ▤. AE ⓓ GB
fermé 15 au 30 nov., dim. soir et lundi – **Repas** 98 (déj.), 148/285 ♀, enf. 65

à l'Abbaye de Fontfroide *par ④, 14 km par N 113, D 613 et rte secondaire – ✉ 11100 Narbonne :*
Voir *Abbaye*★★.

XXX **David Moreno,** ✆ 04 68 41 86 00, *Fax 04 68 41 86 05,* 🏠, « Ancienne bergerie, belle terrasse bordée d'oliviers » – ▤ P. GB
✿ *15 avril-15 oct. et fermé lundi soir* – **Repas** (dîner seul.) 200/380 et carte 280 à 460, enf. 55 - ***Les Cuisiniers Vignerons*** ✆ 04 68 41 86 06 (déj. seul.) *(1er mars-31 oct.)* **Repas** 84/140 ♀, enf. 45
Spéc. Foie gras poêlé, pommes de terre et lait d'amande. Daurade royale au jus de viande. Pigeonneau fermier, fumet de homard au rancio. **Vins** Corbières, Côteaux du languedoc.

à Ornaisons *par ④, N 113 et D 24 : 14 km – 943 h. alt. 34 – ✉ 11200 :*

🏨 **Relais du Val d'Orbieu** ⛰, ✆ 04 68 27 10 27, *info@relaisvaldorbieu.com, Fax 04 68 27 52 44,* 🏠, 🏊, 🌳, 🎾 – TV P – 🏃 15. AE ⓓ GB JCB
fermé 25 nov. au 27 janv., dim. soir en nov. et fév. et le midi du lundi au jeudi sauf fériés. – **Repas** 195/345 ♀, enf. 105 – ☕ 80 – **20 ch** 492/790 – ½ P 695/795

NARNHAC *15230 Cantal* 76 ⑬ *– 118 h alt. 1000.*
Paris 563 – Aurillac 44 – Espalion 74 – St-Flour 44.

🏠 **Auberge de Pont La Vieille,** par D 990 : 2 km ✆ 04 71 73 42 60, *Fax 04 71 73 42 60,* 🌳 – P. GB
fermé 15 oct. au 15 déc. et lundi de sept. à avril – **Repas** 63/140 🍷, enf. 45 – ☕ 30 – **8 ch** 230/250 – ½ P 220

La NARTELLE *83 Var* 84 ⑰., 114 ㊲ *– rattaché à Ste-Maxime.*

NASBINALS *48260 Lozère* 76 ⑭ *G. Languedoc Roussillon – 503 h alt. 1180 – Sports d'hiver : 1 240/1 320 m* ⛷ *1* ⛷.
Paris 579 – Aurillac 104 – Mende 52 – Rodez 65 – Aumont-Aubrac 23 – St-Flour 56.

🏠 **Relais de l'Aubrac** ⛰, au Pont de Gournier (carrefour D 12 - D 112), Nord : 4 km par D 12 ✆ 04 66 32 52 06, *Fax 04 66 32 56 58,* 🏠 – TV ♿ P. GB
13 fév.-10 nov. – **Repas** 100 (déj.), 125/190 🍷, enf. 45 – ☕ 45 – **27 ch** 250/290 – ½ P 245/285

NATZWILLER *67130 B.-Rhin* 62 ⑧ *– 634 h alt. 500.*
Paris 417 – Strasbourg 61 – Barr 33 – Molsheim 32 – St-Dié 43.

🏠 **Auberge Metzger,** ✆ 03 88 97 02 42, *auberge.metzger@wanadoo.fr, Fax 03 88 97 93 59,* 🏠, 🌳 – TV ✆ P. GB
fermé 25 juin au 2 juil., 7 au 28 janv., lundi midi en juil.-août, dim. soir et lundi de sept. à juin – **Repas** 65/320 ♀, enf. 45 – ☕ 46 – **16 ch** 290/395 – ½ P 370/420

NAUZAN *17 Char.-Mar.* 71 ⑮ *– voir St-Palais-sur-Mer et Royan.*

NAVAROSSE *40 Landes* 78 ⑬ *– rattaché à Biscarrosse.*

NAY *64800 Pyr.-Atl.* 85 ⑦ *– 3 591 h alt. 300.*
Paris 800 – Pau 21 – Laruns 34 – Lourdes 25 – Oloron-Ste-Marie 37 – Tarbes 31.

Auberge Chez Lazare ⛰, Les Labassères Sud-Ouest : 3 km par D 36 et D 287 ✆ 05 59 61 05 26, *Fax 05 59 61 25 11,* 🏠, 🌳 – TV P. GB
Repas *(fermé dim. soir)* (55) - 75/140 🍷, enf. 45 – ☕ 33 – **7 ch** 230 – ½ P 225

NÉANT-SUR-YVEL *56430 Morbihan* 63 ④ *– 882 h alt. 54.*
Paris 416 – Rennes 65 – Dinan 61 – Loudéac 41 – Ploërmel 11 – Vannes 58.

X **Auberge de la Table Ronde** avec ch, ✆ 02 97 93 03 96, *Fax 02 97 93 05 26* – GB
fermé 16 au 26 sept., 7 janv. au 6 fév., dim. soir et lundi – **Repas** 58/175 ♀, enf. 35 – ☕ 30 – **9 ch** 130/195 – ½ P 165

NEAUPHLE-LE-CHÂTEAU *78640 Yvelines* 60 ⑨, 106 ⑯ *G. Ile de France – 2 499 h alt. 185.*
Paris 39 – Dreux 43 – Mantes-la-Jolie 29 – Rambouillet 25 – Versailles 19.

Domaine du Verbois, 38 av. République ☎ 01 34 89 11 78, *verbois@hotelverbois, Fax 01 34 89 57 33*, ←, « Demeure bourgeoise fin 19e siècle dans un parc », – TV – 15 à 60. AE GB JCB
fermé 12 au 24 août, 24 au 29 déc. – **Repas** *(fermé dim. soir)* 165 ♀, enf. 95 – ☕ 68 – **22 ch** 590/740 – ½ P 528/603

Griotte, 58 av. République ☎ 01 34 89 19 98, *Fax 01 34 89 68 86*, « Jardin fleuri », – AE GB
fermé dim. soir et lundi – **Repas** 165/195

NEMOURS *77140 S.-et-M.* 61 ⑫ *G. Ile de France – 12 072 h alt. 60.*
Voir *Musée de Préhistoire de l'Ile de France*★ *à l'Est.*
Office de Tourisme 41 q. V.-Hugo ☎ 01 64 28 03 95, Fax 01 64 45 09 67.
Paris 79 – Fontainebleau 17 – Melun 34 – Montargis 37 – Orléans 90 – Sens 48.

Autoroute A 6 *sur l'aire de service, Sud-Est 2 km accès par A 6 ou par ② D 225 – ✉ 77140 Nemours :*

Relais Mercure sans rest, ☎ 01 64 78 40 40, *h1267@accor-hotels.com, Fax 01 64 78 40 30*, – cuisinette TV P. AE GB
☕ 50 – **102 ch** 350/400

à Glandelles *au Sud : 7 km par N 7 – ✉ 77167 Bagneaux-sur-Loing :*

Glandelière, Sud : 1 km sur N 7 ☎ 01 64 28 10 20, *Fax 01 64 28 10 20*, – P. GB
fermé 13 au 20 mars, 10 sept. au 5 oct., lundi soir, jeudi soir et mardi – **Repas** 125/215 ♀, enf. 50

Les Marronniers, N 7 ☎ 01 64 28 07 04, *frederic.condomines@wrikas.com, Fax 01 64 29 29 91*, – AE GB
fermé 6 au 29 août, lundi soir, mardi soir et merc. – **Repas** *(86)* - 105/210 ♂, enf. 50

NÉRAC *47600 L.-et-G.* 79 ⑭ *G. Aquitaine – 7 015 h alt. 65.*
Office de Tourisme 7 av. Mondenard ☎ 05 53 65 27 75, Fax 05 53 65 97 48.
Paris 708 – Agen 28 – Bordeaux 129 – Condom 22 – Marmande 54.

Château, 7 av. Mondenard ☎ 05 53 65 09 05, *Fax 05 53 65 89 78* – GB. ch
fermé 2 au 18 janv. – **Repas** *(fermé vend. soir, sam. midi et dim. soir d'oct. à mai)* 70/240 ♂ – ☕ 30 – **16 ch** 200/250 – ½ P 225

Aux Délices du Roy, 7 r. Château ☎ 05 53 65 81 12, *Fax 05 53 65 81 12* – GB
fermé merc. – **Repas** 105/265 ♀, enf. 60

The Guide changes, so renew your Guide every year.

NÉRIS-LES-BAINS

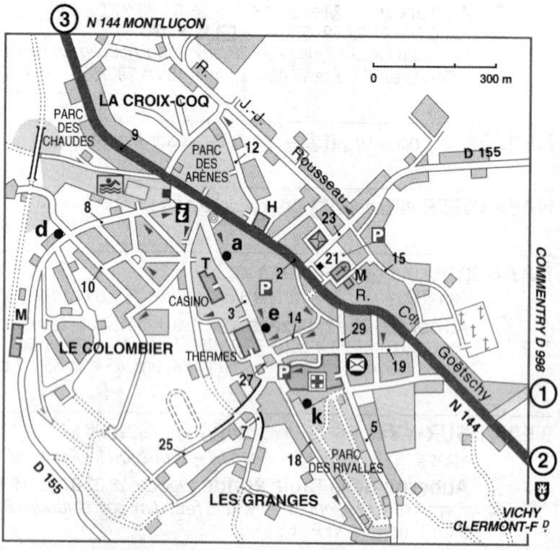

Ne voyagez pas aujourd'hui avec une carte d'hier.

NÉRIS-LES-BAINS *03310 Allier* 73 ② *G. Auvergne – 2 831 h alt. 364 – Stat. therm. (avril-mi oct.) – Casino.*

Office de Tourisme carrefour des Arènes ✆ 04 70 03 11 03, Fax 04 70 03 11 03.

Paris 341 ③ – Moulins 73 ① – Clermont-Ferrand 83 ② – Montluçon 9 ③.

Plan page ci-contre

Garden, 12 av. Marx Dormoy **(d)** ✆ 04 70 03 21 16, *Fax 04 70 03 10 67,* « Jardin fleuri », – TV P – 25. AE GB. ch
fermé 28 janv. au 2 mars – **Repas** *(fermé dim. soir et lundi de nov. à mars)* 78/250, enf. 45 – 32 – **19 ch** 245/345 – P 310/348

Parc des Rivalles , r. Parmentier **(k)** ✆ 04 70 03 10 50, *rivalleshotel@wanadoo.fr, Fax 04 70 03 11 05,* – TV P. GB. rest
16 avril-30 sept. – **Repas** 88/250, enf. 56 – 35 – **26 ch** 220/280 – P 310

Promenade, 38 r. Boisrot-Desserviers **(e)** ✆ 04 70 03 26 26, *Fax 04 70 03 25 62 –* cuisinette TV P – 40. AE GB.
15 avril-20 oct. – **Repas** 80/220, enf. 45 – 35 – **26 ch** 280/320, 8 studios – P 295/330

Terrasse, 52 r. Boisrot-Desserviers **(a)** ✆ 04 70 03 10 42, *terrasse-neris@wanadoo.fr, Fax 04 70 03 15 41 –* TV. GB. rest
8 avril-10 oct. – **Repas** (65) - 85/110 – 35 – **21 ch** 230/270 – P 280/300

NÉRONDES *18350 Cher* 69 ② *– 1 521 h alt. 200.*

Paris 244 – Bourges 36 – Montluçon 85 – Nevers 34 – St-Amand-Montrond 44.

Lion d'Or avec ch, pl. Mairie ✆ 02 48 74 87 81, *Fax 02 48 74 92 63 –* rest, TV P. GB
fermé vacances de Toussaint, de fév., dim. soir d'oct. à mai, merc. et soirs fériés – **Repas** 92/215, enf. 60 – 38 – **10 ch** 220/300 – ½ P 248/278

NESTIER *65150 H.-Pyr.* 85 ⑳ *– 196 h alt. 500.*

Paris 811 – Bagnères-de-Luchon 48 – Auch 76 – Lannemezan 14 – St-Gaudens 24.

Relais du Castéra avec ch, ✆ 05 62 39 77 37, *Fax 05 62 39 77 29,* – TV – 20. AE GB.
fermé 1er au 8 juin, 4 au 26 janv., dim. soir et lundi – **Repas** 100 (déj.), 140/260, enf. 60 – 45 – **7 ch** 240/320 – ½ P 260/280

NEUF-BRISACH *68600 H.-Rhin* 62 ⑲ *G. Alsace Lorraine – 2 092 h alt. 197.*

Office de Tourisme 6 pl. d'Armes ✆ 03 89 72 56 66, Fax 03 89 72 91 53.

Paris 463 – Colmar 16 – Basel 63 – Belfort 78 – Freiburg-im-Breisgau 35 – Mulhouse 39.

Petite Palette, ✆ 03 89 72 73 50, *palette@caramail.com, Fax 03 89 72 61 93 –* . GB
fermé 1er au 16 août, dim. soir, mardi soir et lundi – **Repas** 155/450

à Biesheim *Nord : 3 km par D 468 – 2 125 h. alt. 189 – ✉ 68600 :*

Aux Deux Clefs, ✆ 03 89 72 51 20, *hostellerie-groff@calixo.fr, Fax 03 89 72 92 94,* , – rest, TV P – 25. AE GB
Repas *(fermé 1er au 15 janv. et dim. soir)* 100/275, enf. 60 – 45 – **28 ch** 400/450 – ½ P 400/430

à Vogelgrün *Est : 5 km par N 415 – 415 h. alt. 192 – ✉ 68600.*

Voir *Bief hydro-électrique★ – ★ du pont-frontière.*

L'Européen M , à la frontière, sur l'île du Rhin ✆ 03 89 72 51 57, *Fax 03 89 72 74 54,* , , , – TV P – 60. AE GB JCB
Repas 130/480 bc – 65 – **45 ch** 350/690 – ½ P 410/580

NEUFCHÂTEAU *88300 Vosges* 62 ⑬ *G. Alsace Lorraine – 7 803 h alt. 300.*

Voir *Escalier★ de l'hôtel de ville – Groupe en pierre★ dans l'église St-Nicolas.*

Office de Tourisme (fermé dim. et lundi) 3 parking des Grandes Écuries ✆ 03 29 94 10 95, Fax 03 29 94 10 89.

Paris 322 – Chaumont 58 – Belfort 159 – Épinal 75 – Langres 83 – Verdun 106.

Eden M, r. 1re Armée Française ✆ 03 29 95 61 30, *eden2@wanadoo.fr, Fax 03 29 94 03 42 –* TV P – 25. AE GB.
Repas *(fermé dim. soir d'oct. au 15 mars et lundi midi sauf fériés)* 120/250, enf. 60 – 45 – **25 ch** 295/520 – ½ P 262/375

St-Christophe, 1 av. Grande-Fontaine ✆ 03 29 94 38 71, *saint.christophe@relais-sud-champagne.com, Fax 03 29 06 02 09 –* , rest, TV P – 25. GB
Repas 75/250, enf. 50 – 40 – **34 ch** 275/350

Romain, rte de Chaumont ✆ 03 29 06 18 80, *Fax 03 29 06 18 80,* – P. AE GB
fermé 27 août au 10 sept., 18 fév. au 4 mars, dim. soir et lundi – **Repas** 77 (déj.), 125/200, enf. 45

à Rouvres-la-Chétive *Sud-Est : 10 km par D 166 – 378 h. alt. 390 – ✉ 88170 :*

Frezelle, ☎ 03 29 94 51 51, *Fax 03 29 94 69 10* – TV. AE GB. ch
fermé 22 déc. au 5 janv. – **Repas** *(fermé sam.)* 80/280 – 60 – **7 ch** 230/365 – ½ P 220/310

NEUFCHÂTEL-EN-BRAY *76270 S.-Mar. 52 ⑮ G. Normandie Vallée de la Seine – 5 322 h alt. 99.*

Env. *Forêt d'Eawy★★ 10 km au SO.*

Office de Tourisme 6 pl. Notre-Dame ☎ 02 35 93 22 96, Fax 02 35 97 00 62.

Paris 134 – Amiens 73 – Rouen 50 – Abbeville 58 – Dieppe 40 – Gournay-en-Bray 37.

Les Airelles avec ch, 2 passage Michu ☎ 02 35 93 14 60, *Fax 02 35 93 89 03*, – TV – 20. AE GB
fermé 20 déc. au 6 janv., dim. soir et lundi sauf 1er juil. au 15 sept. – **Repas** 92/208, enf. 60 – 36 – **14 ch** 250/380

à Mesnières-en-Bray *Nord-Ouest : 5,5 km par D 1 – 609 h. alt. 65 – ✉ 76270 :*

Voir *Château★.*

Auberge du Bec Fin, ☎ 02 35 94 15 15, *Fax 02 35 94 42 14*, – GB
fermé 15 sept. au 15 oct. et lundi – **Repas** 80 (déj.)/188, enf. 80

NEUFCHATEL-SUR-AISNE *02190 Aisne 56 ⑥ – 483 h alt. 59.*

Paris 165 – Reims 21 – Laon 46 – Rethel 32 – Soissons 60.

Jardin, 22 r. Principale ☎ 03 23 23 82 00, *Fax 03 23 23 84 05*, « Jardin fleuri », – . AE GB
fermé 14 au 31 janv., dim. soir, lundi et mardi – **Repas** *(83)* - 98/280, enf. 68

NEUF-MARCHÉ *76220 S.-Mar. 55 ⑧ – 568 h alt. 86.*

Paris 90 – Rouen 53 – Les Andelys 35 – Beauvais 32 – Gisors 18 – Gournay-en-Bray 7.

Auberge du Puits de Corval, ☎ 02 35 09 12 25, *Fax 02 35 09 24 17* – GB
fermé 27 août au 6 sept., 23 déc. au 2 janv., merc. soir et mardi – **Repas** 95/300, enf. 55

André de Lyon, D 915 ☎ 02 35 90 10 01, *Fax 02 35 90 10 01* – AE GB
fermé 23 juil. au 11 août, 1er au 18 janv., merc. et le soir sauf vend. et sam. – **Repas** *(77)* - 105 et carte le week-end, enf. 45

NEUILLÉ-LE-LIERRE *37380 I.-et-L. 64 ⑮ ⑯ – 514 h alt. 92.*

Paris 219 – Tours 26 – Amboise 14 – Château-Renault 10 – Montrichard 32 – Reugny 5.

Auberge de la Brenne, ☎ 02 47 52 95 05, *admin@ivo.com, Fax 02 47 52 29 43*, – P. AE GB
fermé 30 janv. au 6 mars, dim. soir d'oct. à mai, mardi soir et merc. – **Repas** (dim. prévenir) 99/220, enf. 58

NEUILLY-LE-REAL *03340 Allier 69 ⑭ – 1 287 h alt. 260.*

Paris 317 – Moulins 16 – Mâcon 128 – Roanne 84 – Vichy 47.

Logis Henri IV, ☎ 04 70 43 87 64, « Ancien relais de chasse du 16e siècle » – GB
fermé 27 au 31 août,, vacances de fév., dim. soir et lundi – **Repas** 106 (déj.), 155/260

NEUILLY-SUR-SEINE *92 Hauts-de-Seine 55 ⑳,, 101 ⑮ – voir à Paris, Environs.*

NEUNG-SUR-BEUVRON *41210 L.-et-Ch. 64 ⑲ – 1 152 h alt. 102.*

Paris 185 – Orléans 49 – Blois 40 – Bracieux 21 – Romorantin-Lanthenay 21 – Salbris 26.

Les Tilleuls, 5 pl. A. Prudhomme ☎ 02 54 83 63 30, *Fax 02 54 83 74 91*, – AE GB. ch
fermé 15 fév. au 15 mars, mardi soir et merc. – **Repas** 80/210, enf. 65 – 40 – **7 ch** 210/220 – ½ P 240/260

NEUVÉGLISE *15260 Cantal 76 ⑭ – 1 078 h alt. 938.*

Env. *Château d'Alleuze★★ : site★★ NE : 14 km,* G. Auvergne.

Office de Tourisme Le Bourg ☎ 04 71 23 85 43, Fax 04 71 23 86 40.

Paris 537 – Aurillac 77 – Espalion 68 – St-Chély-d'Apcher 44 – St-Flour 18.

à Cordesse *Est : 1,5 km sur D 921 – ✉ 15260 Neuvéglise :*

Relais de la Poste, ☎ 04 71 23 82 32, *relais.poste@wanadoo.fr, Fax 04 71 23 86 23,* – TV P. AE GB
20 mars-15 nov. – **Repas** (58) - 72/210 ♀, enf. 45 – ☐ 37 – **9 ch** 270/450 – ½ P 260/320

NEUVES-MAISONS *54 M.-et-M.* 62 ⑤ *– rattaché à Nancy.*

NEUVILLE-AUX-BOIS *45170 Loiret* 60 ⑲ *– 3 870 h alt. 127.*
Paris 94 – Orléans 27 – Chartres 64 – Étampes 45 – Pithiviers 21.

L'Hostellerie M, 50 pl. Gén. Leclerc ☎ 02 38 75 50 00, *hotel-neuville@post.club-internet.fr, Fax 02 38 91 86 81,* – TV P – 25 à 60. AE GB
Repas *(fermé 24 déc. au 2 janv.)* 85/185 bc ♀, enf. 48 – ☐ 40 – **34 ch** 340/390 – ½ P 415

NEUVILLE-DE-POITOU *86170 Vienne* 68 ⑬ *– 3 840 h alt. 116.*
Paris 337 – Poitiers 16 – Châtellerault 35 – Parthenay 40 – Saumur 79 – Thouars 51.

St-Fortunat, 4 r. Bangoura-Moridé ☎ 05 49 54 56 74 – AE GB
fermé 16 au 30 août, 5 au 26 janv., dim. soir, mardi soir et lundi
Repas 98/185

NEUVILLE-ST-AMAND *02 Aisne* 53 ⑭ *– rattaché à St-Quentin.*

NEUVILLE-SUR-SAONE *69250 Rhône* 74 ①, 110 ⑭ *G. Vallée du Rhône – 6 762 h alt. 177.*
Paris 446 – Lyon 15 – Bourg-en-Bresse 52 – Villefranche-sur-Saône 20.

à Albigny-sur-Saône *par rive droite : 2,5 km – 2 836 h. alt. 170 – ✉ 69250 :*

Cellier, 14 av. H.Barbusse ☎ 04 78 98 26 16, *Fax 04 72 08 90 10,* – P. AE GB
fermé 16 au 22 août, 2 au 15 janv., dim. soir, mardi soir et lundi – **Repas** 140/350 et carte 220 à 350 ♀

NEUZY *71 S.-et-L.* 69 ⑯ *– rattaché à Digoin.*

NEVERS P *58000 Nièvre* 69 ③ ④ *G. Bourgogne – 41 968 h alt. 194 Pèlerinage de Ste Bernadette d'avril à octobre : couvent St-Gildard.*
Voir *Cathédrale St-Cyr-et-Ste-Julitte★★ – Palais ducal★ – Église St-Étienne★ - Façade★ de la Chapelle Ste-Marie – Porte du Croux★ – Faïences de Nevers★ du musée municipal Frédéric Blandin* **M**[1].
Env. *Circuit de Nevers-Magny-Cours : musée Ligier F1★.*
Circuit Automobile permanent à Magny-Cours par ④ *: 12 km.*
Office de Tourisme Palais Ducal, r. Sabatier ☎ 03 86 68 46 00, Fax 03 86 68 45 98 et (saison) Parc R.-Salengro (face au couvent St-Gildard).
Paris 240 ① – Bourges 70 ④ – Clermont-Ferrand 158 ④ – Orléans 167 ①.

Plan page suivante

Mercure, quai Médine ☎ 03 86 93 93 86, *Fax 03 86 59 43 29* – , rest, TV P – 80. AE GB — Z a
Repas 125/200 ♀ – ☐ 55 – **59 ch** 450/500

Kyriad M, 35 bd V. Hugo ☎ 03 86 71 95 95, *climatdefrancenevers@gofornet.com, Fax 03 86 36 08 16* – TV P – 30. AE GB JCB — V f
Repas 93/129 ♀, enf. 39 – ☐ 37 – **54 ch** 310/330

Clos Ste-Marie sans rest, 25 r. Petit Mouësse ☎ 03 86 71 94 50, *Fax 03 86 71 94 69* – TV P. AE GB — X n
fermé 1er au 17 août – ☐ 40 – **14 ch** 380/410

Ibis, rte de Moulins par ④ ☎ 03 86 37 56 00, *h0947@hotel.com, Fax 03 86 37 64 48,* – TV P – 15 à 30. AE GB
Repas (78) - 98 , enf. 39 – ☐ 35 – **56 ch** 365/395

Molière sans rest, 25 r. Molière ☎ 03 86 57 29 96, *Fax 03 86 36 00 13* – TV P. GB. — V k
fermé 30 juil. au 19 août et 21 déc. au 6 janv. – ☐ 35 – **18 ch** 240/295

Clèves sans rest, 8 r. St-Didier ☎ 03 86 61 15 87, *Fax 03 86 57 13 80* – TV. AE GB
fermé 26 déc. au 2 janv. – ☐ 32 – **15 ch** 189/289 — Z x

NEVERS

- Ardilliers (R. des) . . Y 2
- Banlay (R. du) . . . . V 3
- Barre (R. de la) . . . . Y 4
- Bourgeois (R. Mlle) . . . . V 5
- Champ-de-Foire (R. du) . . . . Z 6
- Charnier (R. du) . . . . Y 7
- Chauvelles (R. des) V 8
- Cloître-St-Cyr (R. du) . . . . Z 9
- Colbert (Av.) . . . . Y 10
- Coquille (Pl. G.) . . . . Y 12
- Docks (R. des) . . . . V 13
- Francs-Bourgeois (R.) . . . . Y 14
- Gaulle (Av. Gén.-de) . . . YZ
- Gautron-du-Coudray (Bd) . Y 15
- Jacobins (R. des) . . Z 16
- Lattre-de-Tassigny (Bd Mar. de) . . . . V 17
- Mantoue (Quai de) . Z 18
- Marceau (Av.) . . . . . . Y 19
- Midi (R. du) . . . . Z 20
- Mitterrand (R. F.) . YZ
- Nièvre (R. de) . . . . . Y 21
- Ouches (R. des) . . YZ 22
- Pelleterie (R. de la). Y 24
- Petit-Mouësse (R. du) . . . . X 26
- Préfecture (R. de la) . . . . Y 27
- Remigny (R. de) . . . Y 28
- Renardats (R. des) . V 30
- République (Bd de la) . . . . X 32
- République (Pl. de la) . . . . Z 34
- Roy (R.C.) . . . . Y 36
- St-Martin (R.) . . . . Y 38
- Tillier (R.C.) . . . . Z 40
- Vaillant-Couturier (R. Paul) . . . . V 42
- 14-Juillet (R. du) . . . Z 45

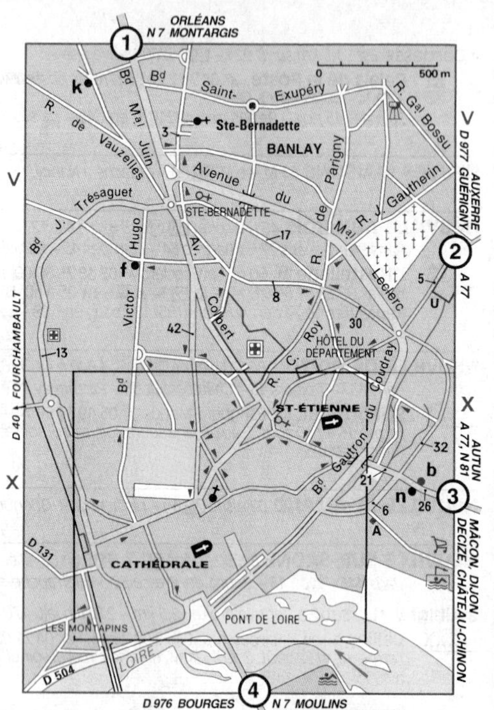

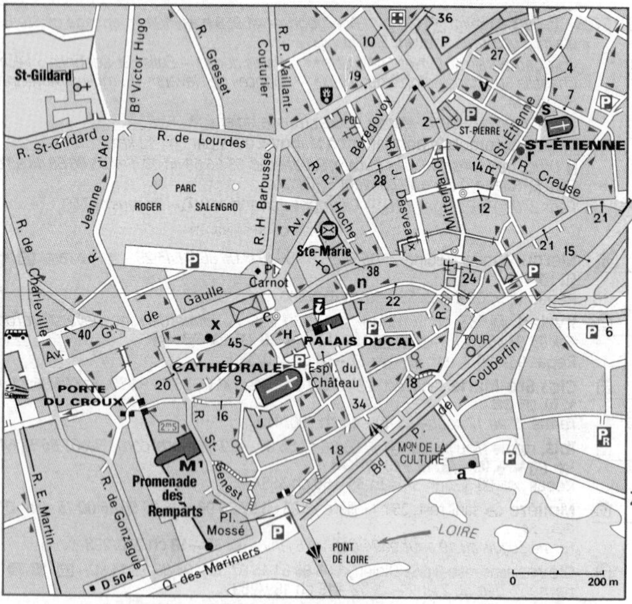

XX **Jean-Michel Couron,** 21 r. St-Etienne ✆ 03 86 61 19 28, *Fax 03 86 36 02 96* – GB
✿ *fermé 16 juil. au 6 août, 2 au 15 janv., mardi midi, dim. soir et lundi* – **Repas** (nombre de couverts limité, prévenir) 118/249 et carte 230 à 380 ♀ Y r
Spéc. Tarte de tomates à l'huile d'olive et chèvre frais. Pièce de boeuf charolais. Soupe tiède au chocolat amer. **Vins** Sancerre, Pouilly-Fumé.

XX **Cour St-Étienne,** 33 r. St-Étienne ✆ 03 86 36 74 57, *Fax 03 86 61 14 95* – GB Y s
fermé 5 au 28 août, 2 au 17 janv., dim. et lundi – **Repas** (nombre de couverts limité, prévenir) 88/150 ♀

XX **Puits de St-Pierre,** 21 r. Mirangron ✆ 03 86 59 28 88, *Fax 03 86 61 29 81* – AE GB Y v
fermé 17 fév. au 5 mars, 16 juil. au 15 août, dim. soir et lundi – **Repas** 98/165 ♀, enf. 50

XX **Morvan,** 28 r. Mouësse ✆ 03 86 61 14 16, *Fax 03 86 21 47 75* – ▤ P. AE GB X b
fermé 8 au 24 juil., 17 au 27 fév. et dim. soir hors saison. – **Repas** *(75)* - 105/240 ♀, enf. 55

XX **Botte de Nevers,** r. Petit Château ✆ 03 86 61 16 93, *labottedenevers@wanadoo.fr, Fax 03 86 36 42 22,* « Cadre d'inspiration médiévale » – AE GB Y n
fermé 6 au 28 août, sam. midi, dim. soir et lundi – **Repas** 110/250 ♀

rte de Paris *par ① – ✉ 58640 Varennes-Vauzelles :*

Rocherie, à 5 km par N 7 et rte secondaire ✆ 03 86 38 07 21, *Fax 03 86 38 23 01,* – TV P. AE GB
fermé 6 au 19 août, sam. midi et dim. sauf fériés – **Repas** 115/270 ♀ – ☕ 40 – **12 ch** 250/410

Campanile, à 3 km par N 7 ✆ 03 86 93 02 58, *Fax 03 86 57 73 33* – TV ✆ ♿ P – 🚶 30. AE ⓓ GB JCB
Repas *(76)* - 80/106 ♀, enf. 39 – ☕ 36 – **46 ch** 325

X **Relais du Bengy,** à 4,5 km sur N 7 ✆ 03 86 38 02 84, *Fax 03 86 38 29 00,* – GB
fermé 20 juil. au 10 août et vacances de fév. – **Repas** 85/210 ♀

rte de Moulins *par ④ : 3 km sur N 7 – ✉ 58000 Challuy :*

XX **Gabare,** ✆ 03 86 37 54 23, *Fax 03 86 37 64 49,* – P. GB
fermé 23 juil. au 17 août, vacances de fév., dim. et fériés – **Repas** 100/230 ♀, enf. 60

à Magny-Cours *par ④ rte Moulins : 12 km – 1 483 h. alt. 205 – ✉ 58470 :*

Holiday Inn M, ✆ 03 86 21 22 33, *holiday-inn.magny@wanadoo.fr, Fax 03 86 21 22 03,* « A côté du circuit et du golf », – ▤ TV ✆ ♿ P – 🚶 20 à 100. AE ⓓ GB JCB
Repas 102/190 – ☕ 60 – **70 ch** 510/610

Renaissance, au village ✆ 03 86 58 10 40, *hotel.la.renaissance@wanadoo.fr, Fax 03 86 21 22 60,* – TV P. AE GB
fermé 30 juil. au 14 août, 16 fév. au 16 mars, dim. soir et lundi – **Repas** 250 bc/440 – ☕ 80 – **9 ch** 500/600

NÉZIGNAN-L'ÉVÊQUE *34 Hérault* 83 ⑮ – *rattaché à Pézenas.*

NICE

P 06000 Alpes-Mar. 84 ⑨ ⑩ 115 **2627** *G. Côte d'Azur*
342 439 h. - Agglo. 516 740 h - alt. 6.
Paris 932 ⑥ – Cannes 33 ⑥ – Genova 198 ① – Lyon 473 ⑥ – Marseille 190 ⑥ – Torino 209 ①

OFFICES DE TOURISME

5 prom. des Anglais ✆ 04 92 14 48 00, Fax 04 93 92 82 98, Gare SNCF ✆ 04 93 87 07 07, Aéroport de Nice (T.1) ✆ 04 93 21 44 11, Fax 04 93 21 44 50

Nice Ferber (près aéroport) prom. des Anglais ✆ 04 93 83 32 64

RENSEIGNEMENTS PRATIQUES

TRANSPORTS

Auto-train ✆ 08 36 35 35 35.

TRANSPORTS MARITIMES

Pour la Corse : SNCM-Ferryterranée quai du Commerce ✆ 04 93 13 66 99, Fax 04 93 13 66 81 -CORSICA FERRIES 2 quai Papacino ✆ 04 93 55 55 55, Fax 04 92 00 52 52

AÉROPORT

Nice-Côte-d'Azur ✆ 04 93 21 30 30, 7 km **AU.**

DÉCOUVRIR

LE FRONT DE MER ET LE VIEUX NICE

Site★★ - Promenade des Anglais★★ - ≤★★ du château - Intérieur★ de l'église St-Martin-St-Augustin **HY** *- Église St Jacques★* **HZ** *- Escalier monumental★ du palais Lascaris* **HZ V** *- Intérieur★ de la cathédrale Ste-Réparate* **HZ** *- Décors★ de la chapelle de l'Annonciation* **HZ B** *- Retables★ de la chapelle de la Miséricorde★* **HZ D**

CIMIEZ

Musée Marc-Chagall★★ **GX** *- Musée Matisse★★* **HV M**[4] *- Monastère franciscain★ : primitifs niçois★★ dans l'église* **HV K** *- Site archéologique gallo-romain★*

LES QUARTIERS OUEST

Musée des Beaux-Arts (Jules Chéret)★★ **DZ** *- Musée d'Art naïf A. Jakovsky★* **AU M**[10] *- Serre géante★ du Parc Phoenix★* **AU** *- Musée des Arts asiatiques★★*

PROMENADE DU PAILLON

Musée d'Art moderne et d'Art contemporain★★ **HY M**[2] *- Palais des Arts, du Tourisme et des Congrès (Acropolis)★* **HJX.**

AUTRES CURIOSITÉS

Cathédrale orthodoxe russe St-Nicolas★ **EXY** *- Mosaïque★ de Chagall dans la faculté de Droit* **DZ U** *- Musée Masséna★* **FZ M**[3].

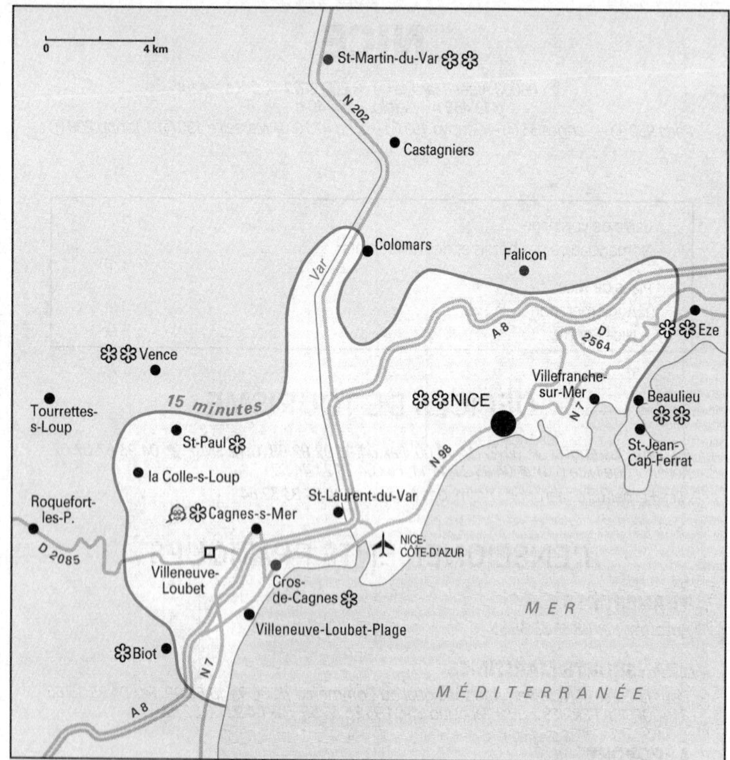

Négresco, 37 promenade des Anglais ✆ 04 93 16 64 00, *direction@hotel-negresco.com, Fax 04 93 88 35 68,* ←, 🏨 , « Mobilier d'époque : 17e et 18e siècle, Empire, Napoléon III », 🏋 – 🛗 ▤ 📺 📞 🚗 – 🏛 20 à 200. AE ⓓ GB JCB p. 6 FZ k
voir rest. ***Chantecler*** ci-après - ***Rotonde :*** **Repas** *(145)*-190, carte le dim. 135 à 385 🍷 – ☕ 200 – **119 ch** 1750/2850, 22 appart

Palais Maeterlinck Ⓜ 🐎, 30 bd Maeterlinck (Basse Corniche) ✉ 06300 ✆ 04 92 00 72 00, *info@palais-maeterlinck.com, Fax 04 92 04 18 10,* ← littoral, 🏨, « Piscine, jardin et terrasses dominant la mer », 🏋, 🏊, 🏖, 🌴 – 🛗 cuisinette ▤ 📺 📞 ♿ 🚗 🅿 – 🏛 80. AE ⓓ GB JCB p. 5 CU t
Mélisande ✆ 04 92 00 72 01 **Repas** 240/550 🍷, enf. 150 – ☕ 160 – **16 ch** 1800/3600, 13 appart, 11 duplex

Radisson SAS Ⓜ, 223 promenade des Anglais ✉ 06200 ✆ 04 93 37 17 17, *res@ncezh.rdsas.com, Fax 04 93 71 21 71,* 🏨 , « Piscine panoramique sur le toit », 🏋, 🏊 – 🛗 🚭 ▤ 📺 📞 – 🏛 30 à 200. AE ⓓ GB JCB p. 4 AU n
Bleu Citron *(fermé juil. et août)* **Repas** 175(déj.)/195 🍷, enf. 75 – ***Les Terrasses*** grill *(15 juin-15 sept.)* **Repas** 175(déj.)/195 🍷, enf. 75 – ☕ 110 – **328 ch** 1425/1850, 11 appart

Méridien Ⓜ, 1 promenade des Anglais ✆ 04 93 82 25 25, *Fax 04 93 16 08 90,* 🏨, « Piscine panoramique sur le toit », 🏋, 🏊 – 🛗 ▤ 📺 📞 ♿ – 🏛 20 à 300. AE ⓓ GB
Colonial Café ✆ 04 97 03 44 44 **Repas** carte 250 à 320 🍷, enf. 85 – ***Terrasse du Colonial*** ✆ 04 97 03 40 37 *mars-mi-déc.* **Repas** carte 230/370 🍷, enf. 85 – ☕ 125 – **305 ch** 1600/2450, 9 appart p. 6 FZ d

Élysée Palace Ⓜ, 2, r. Sauvan ✆ 04 93 97 90 90, *reservations@elysee-palace.fr, Fax 04 93 44 50 40,* 🏨, « Piscine panoramique sur le toit », 🏊 – 🛗 ▤ 📺 ♿ 🚗 – 🏛 70. AE ⓓ GB JCB. 🚫 rest p. 6 EZ d
Repas *(128)* - 158/240 🍷 – ☕ 110 – **143 ch** 1150/1500

Sofitel M, 2-4 parvis de l'Europe ✉ 06300 ☎ 04 92 00 80 00, *h1119@accor-hotels, Fax 04 93 26 27 00*, « Piscine panoramique sur le toit », – 30. AE GB JCB p. 7 JX t
Repas 120/160 – 120 – **152 ch** 1250/1600

Plaza Concorde, 12 av. Verdun ☎ 04 93 16 75 75, *info@plaza-hotel-nice.com, Fax 04 93 88 61 11*, – 15 à 400. AE GB JCB GZ u
Repas carte 230 à 320 – 110 – **172 ch** 1200/1800, 10 appart

La Pérouse, 11 quai Rauba-Capéu ✉ 06300 ☎ 04 93 62 34 63, *lp@hroy.com, Fax 04 93 62 59 41*, ≤ Nice et la Baie des Anges, « Terrasses fleuries », – ch, – 30. AE GB JCB. p. 7 HZ k
Repas grill carte environ 250 – 105 – **64 ch** 1020/2350

Park Hôtel, 6 av. Suède ☎ 04 97 03 19 00, *info@park-hotel-nice.com, Fax 04 93 82 29 27*, ≤ – – 150. AE GB JCB p. 6 FZ a
Repas *(fermé dim.)* 150 (déj.), 200/250 – 95 – **100 ch** 1000/1450, 4 appart – 1/2 P 740/840

West End, 31 promenade des Anglais ☎ 04 92 14 44 00, *hotel-westend@hotel-westend.com, Fax 04 93 88 85 07*, ≤, – – 60. AE GB JCB p. 6 FZ p
Le Siècle : Repas 165(déj.), 178/250 – 100 – **116 ch** 1000/2400, 10 appart – 1/2 P 868

Beau Rivage, 24 r. St-François-de-Paule ✉ 06300 ☎ 04 92 47 82 82, *nicebeaurivage@new-hotel.com, Fax 04 92 47 82 83*, – – 50. AE GB JCB
Bistrot du Rivage : Repas carte 210 à 250, enf. 90 – ***Plage*** ☎ 04 93 80 75 06 Repas carte 220 à 310, enf. 90 – 95 – **118 ch** 1000/2000 – 1/2 P 780/1255 p. 7 GZ y

Holiday Inn M, 20 bd V. Hugo ☎ 04 97 03 22 22, *Fax 04 97 03 22 23*, – – 90. AE GB JCB p. 6 FY a
Repas *(115)* - 148/260, enf. 75 – 90 – **131 ch** 880/1400 – 1/2 P 735/960

Masséna M sans rest, 58 r. Gioffredo ☎ 04 92 47 88 88, *info@hotel-massena-nice.com, Fax 04 92 47 88 89* – – 20. AE GB JCB p. 7 GZ k
85 – **106 ch** 570/1050

Atlantic, 12 bd V. Hugo ☎ 04 97 03 89 89, *info@atlantic-hotel.com, Fax 04 93 88 68 60*, – – 200. AE GB JCB p. 6 FY d
Repas 140/180, enf. 65 – 90 – **123 ch** 1050/1150 – 1/2 P 705/1380

Splendid, 50 bd V. Hugo ☎ 04 93 16 41 00, *info@splendid-nice.com, Fax 04 93 16 42 70*, « Piscine panoramique sur le toit », – – 60. AE GB JCB. rest p. 6 FYZ g
Repas 150/190, enf. 50 – 95 – **113 ch** 1090/1450, 14 appart – 1/2 P 695/875

Mercure Centre Notre Dame M sans rest, 28 av. Notre-Dame ☎ 04 93 13 36 36, *h1291-gm@accor-hotels.com, Fax 04 93 62 61 69*, « Jardin suspendu au 2e étage », – – 80. AE GB JCB p. 6 FXY q
90 – **201 ch** 800/1500

Novotel M, 8-10 Parvis de l'Europe ✉ 06300 ☎ 04 93 13 30 93, *novotel.nice@wanadoo.fr, Fax 04 93 13 09 04*, « Piscine panoramique sur le toit », – – 100. AE GB JCB p. 7 JX v
Repas carte environ 180, enf. 50 – 65 – **175 ch** 710

Mercure Promenade des Anglais M sans rest, 2 rue Halevy ☎ 04 93 82 30 88, *h0360-re@accor-hotels.com, Fax 04 93 82 18 20* – – 25. AE GB JCB
85 – **122 ch** 725/985 p. 6 FZ v

Windsor, 11 r. Dalpozzo ☎ 04 93 88 59 35, *windsor@webstore.fr, Fax 04 93 88 94 57*, « Chambres d'artistes, jardin exotique avec piscine », – , ch, . AE GB. rest p. 6 FZ f
Repas snack *(fermé dim.)* carte environ 200 – 50 – **57 ch** 750

Grimaldi sans rest, 15 r. Grimaldi ☎ 04 93 16 00 24, *zesse@le-grimaldi.com, Fax 04 93 87 00 24* – . AE GB p. 6 FY s
75 – **23 ch** 670/870

Bleu Marine Victoria sans rest, 33 bd V. Hugo ☎ 04 93 88 39 60, *Fax 04 93 88 07 98*, – . AE GB JCB p. 6 FZ s
fermé 21 au 28 déc. – 60 – **38 ch** 500/850

Petit Palais sans rest, 17 av. E. Bieckert ☎ 04 93 62 19 11, *petitpalais@provence-riviera.com, Fax 04 93 62 53 60*, ≤ Nice et la mer – . AE GB JCB p. 7 HX p
55 – **25 ch** 560/810

Durante sans rest, 16 av. Durante ☎ 04 93 88 84 40, *info@hotel-durante.com, Fax 04 93 87 77 76*, – cuisinette P. AE GB p. 6 FY b
50 – **25 ch** 450/550

RÉPERTOIRE DES RUES

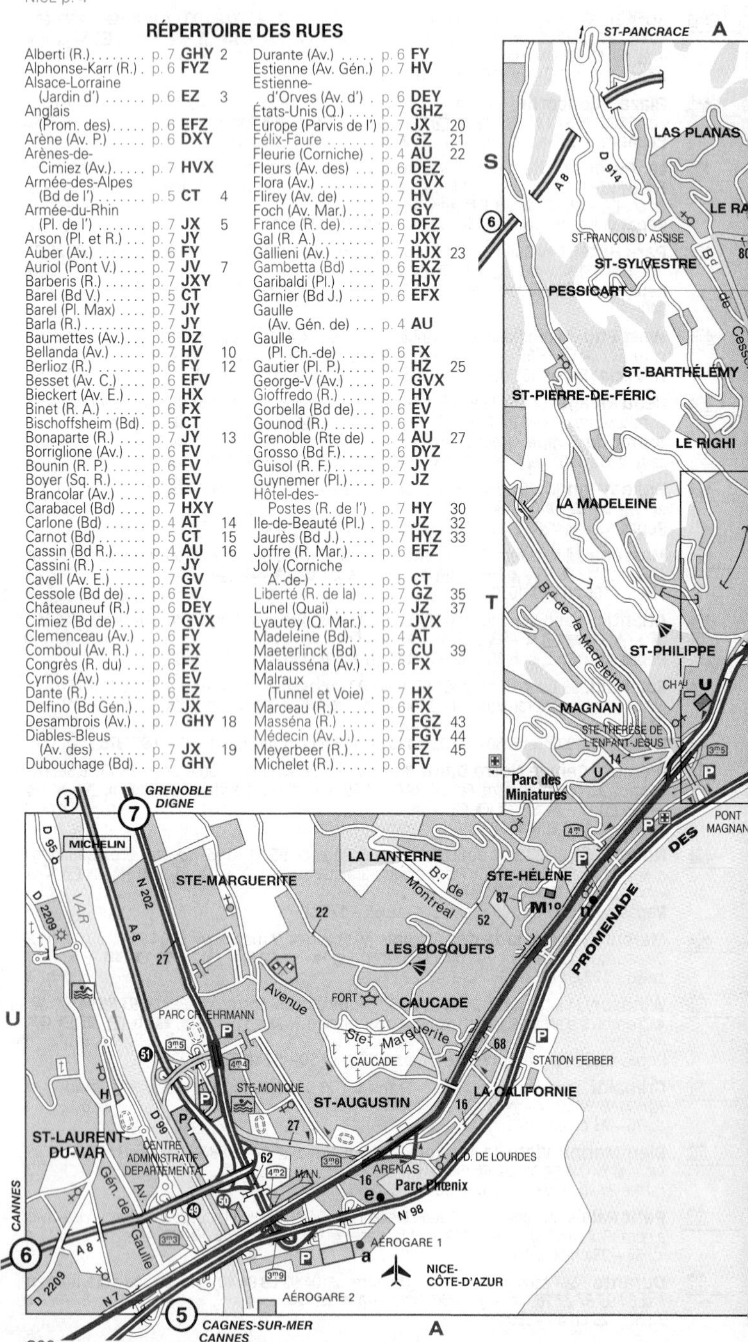

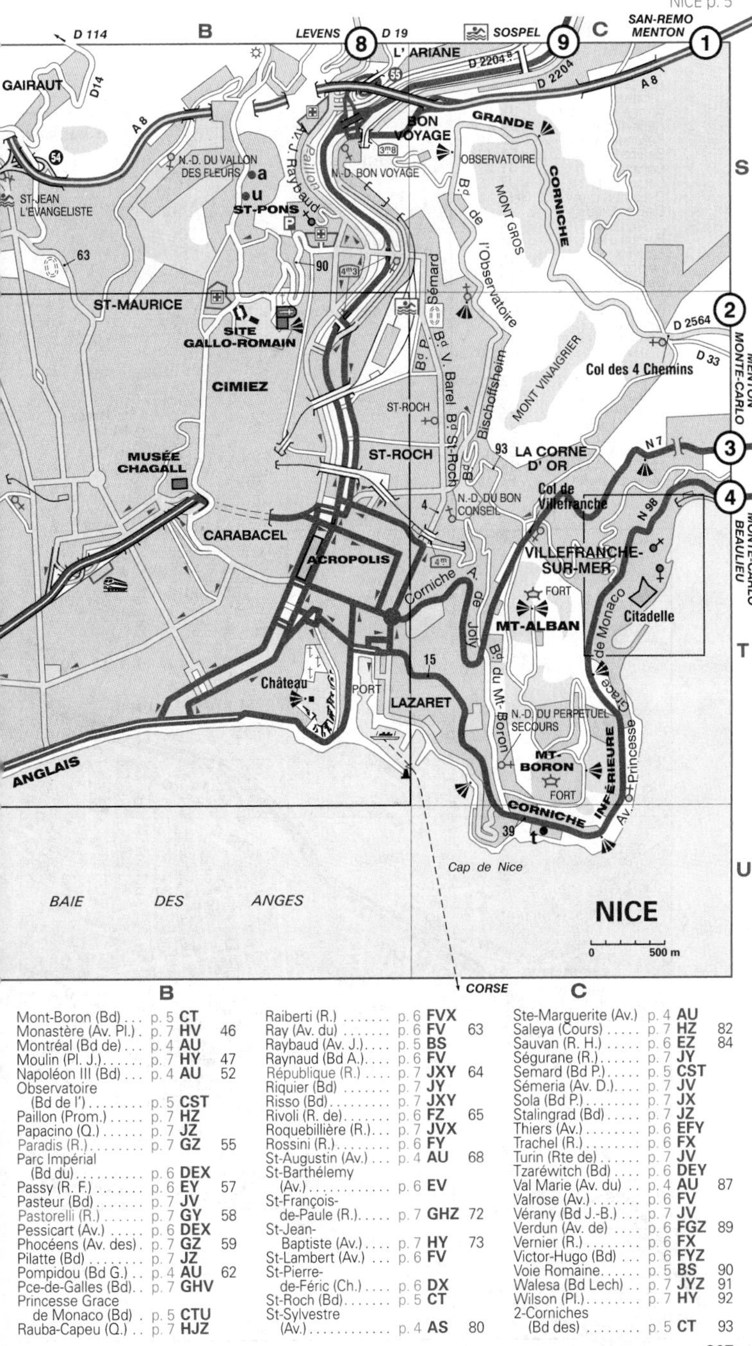

D 114
B
LEVENS
D 19
SOSPEL
C
SAN-REMO MENTON
8
9
1
L' ARIANE
D 2204 B
D 2204
A 8
GAIRAUT
D14
A 8
54
55
BON VOYAGE
GRANDE
CORNICHE
OBSERVATOIRE
MONT GROS
N.-D. DU VALLON DES FLEURS
a
u
ST-PONS
N.-D. BON VOYAGE
Av. J. Raybaud
Paillon
Bd de l'Observatoire
ST-JEAN L'EVANGELISTE
63
90
3m8
4m3
S
ST-MAURICE
SITE GALLO-ROMAIN
Bd P. Sémard
Bd V. Barel
Bd St-Roch
2
D 2564
D 33
MENTON MONTE-CARLO
MONT VINAIGRIER
Col des 4 Chemins
Bischoffsheim
CIMIEZ
ST-ROCH
ST-ROCH
MUSÉE CHAGALL
93
LA CORNE D' OR
N 7
3
Col de Villefranche
4
N 98
MONTE-CARLO BEAULIEU
N.-D. DU BON CONSEIL
CARABACEL
ACROPOLIS
4m
VILLEFRANCHE-SUR-MER
Corniche
A. de Joly
FORT
MT-ALBAN
Citadelle
Bd de Monaco
Château
PORT
LAZARET
15
Bd du Mt-Boron
N.-D. DU PERPETUEL SECOURS
MT-BORON
FORT
INFÉRIEURE
Princesse Grace
Av. Princesse
T
ANGLAIS
CORNICHE
39
t
Cap de Nice
U
BAIE DES ANGES
NICE
0
500 m
CORSE
B
C

NICE

Alberti (R.)	GHY	2
Alsace-Lorraine (Jardin)	EZ	3
Armée-du-Rhin (Pl.)	JX	5
Auriol (Pont V.)	JV	7
Bellanda (Av.)	HV	10
Berlioz (R.)	FY	12
Bonaparte (R.)	JY	13
Carnot (Bd)	JZ	15
Desambrois (Av.)	GHX	18
Diables-Bleus (Av. des)	JX	19
Europe (Parvis de l')	JX	20
Félix-Faure (Av.)	GZ	21
France (R. de)	DFZ	
Gallieni (Av.)	HJX	23
Gambetta (Bd)	EXZ	
Gautier (Pl. P.)	HZ	25
Gioffredo (R.)	HY	
Hôtel-des-Postes (R.)	HY	30
Ile-de-Beauté (Pl. de l')	JZ	32
J.-Jaurès (Bd)	HYZ	33
Liberté (R. de la)	GZ	35
Lunel (Quai)	JZ	37
Masséna (Esp., Pl.)	GZ	
Masséna (R.)	FGZ	43
Médecin (Av. J.)	FGY	44
Meyerbeer (R.)	FZ	45
Monastère (Av. et Pl. du)	HV	46
Moulin (Pl. J.)	HY	47
Paradis (R.)	GZ	55
Passy (R. F.)	EY	57
Pastorelli (R.)	GY	58
Phocéens (Av. des)	GZ	59

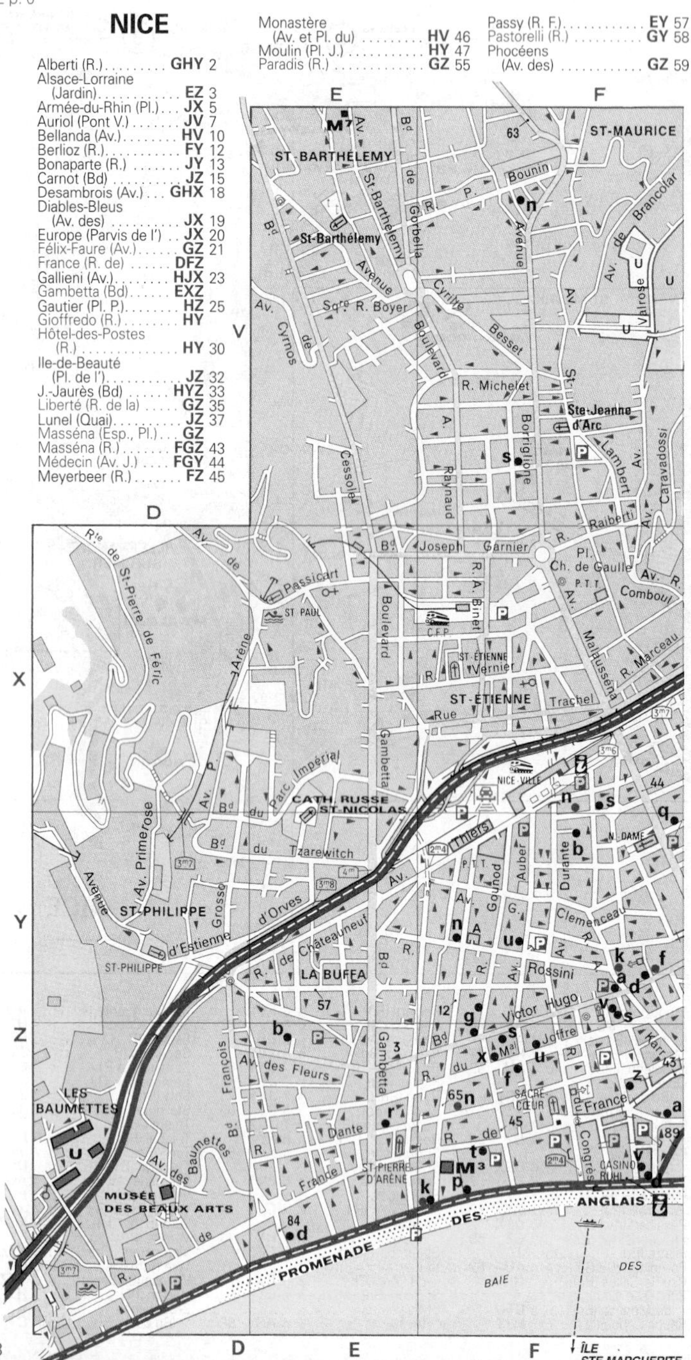

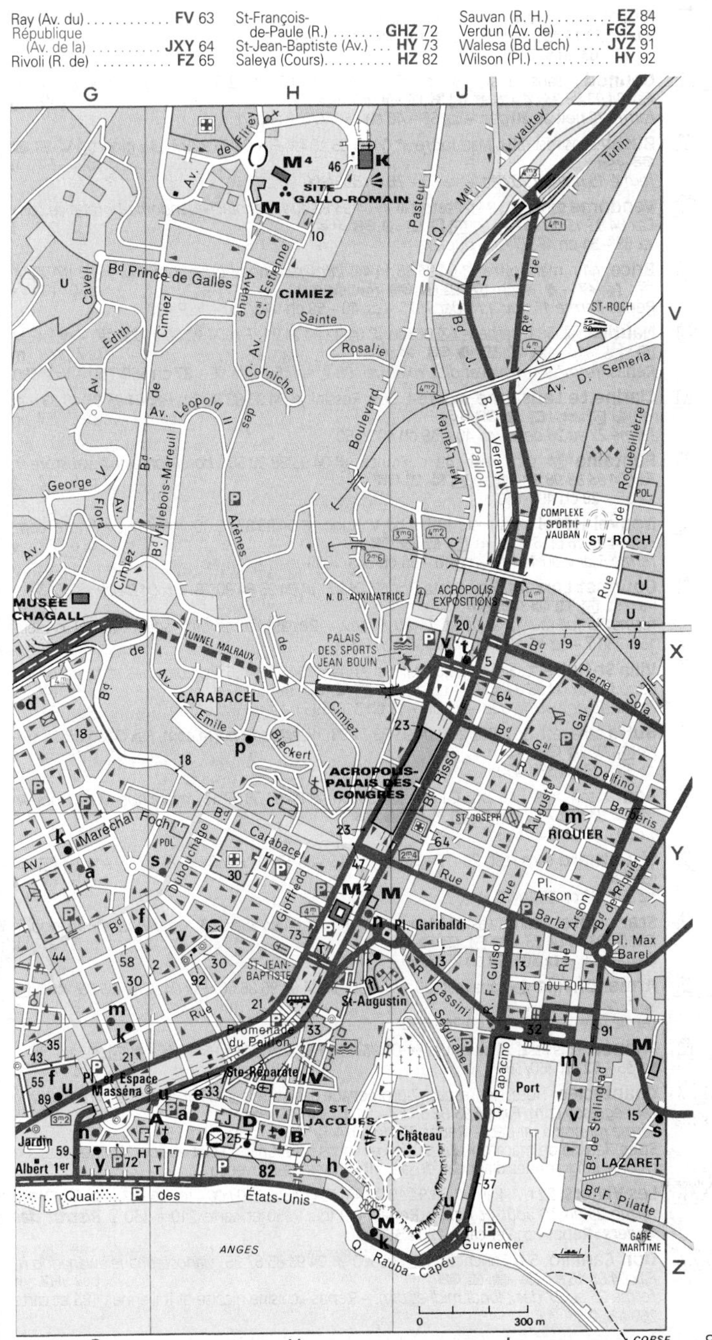
SITE GALLO-ROMAIN
CIMIEZ
Bd Prince de Galles
Sainte Rosalie
MUSÉE CHAGALL
TUNNEL MALRAUX
CARABACEL
N. D. AUXILIATRICE
ACROPOLIS EXPOSITIONS
PALAIS DES SPORTS JEAN BOUIN
COMPLEXE SPORTIF VAUBAN
ST-ROCH
ACROPOLIS-PALAIS DES CONGRÈS
ST-JOSEPH
RIQUIER
Pl. Arson
Pl. Garibaldi
Pl. Max Barel
ST-JEAN-BAPTISTE
St-Augustin
N. D. DU PORT
Promenade du Paillon
Ste-Réparate
Pl. et Espace Masséna
ST-JACQUES
Château
Port
LAZARET
Jardin Albert 1er
Quai des États-Unis
ANGES
Q. Rauba-Capéu
Pl. Guynemer
GARE MARITIME
CORSE
300 m

Flore sans rest, 2 r. Maccarani ☎ 04 92 14 40 20, *hotel-de-flore@wanadoo.fr, Fax 04 92 14 40 21* – AE GB JCB. p. 6 **FZ z**
60 – **63 ch** 575/750

Gounod sans rest, 3 r. Gounod ☎ 04 93 16 42 00, *info@gounod-nice.com, Fax 04 93 88 23 84* – AE GB JCB p. 6 **FYZ g**
fermé 22 nov. au 20 déc. – 65 – **40 ch** 650/770, 6 appart

Busby sans rest, 38 r. Mar. Joffre ☎ 04 93 88 19 41, *Fax 04 93 87 73 53* – AE GB JCB p. 6 **FZ u**
fermé 15 nov. au 20 déc. – 50 – **76 ch** 500/800

Vendôme sans rest, 26 r. Pastorelli ☎ 04 93 62 00 77, *contact@vendome-hotel-nice.com, Fax 04 93 13 40 78* – AE GB JCB p. 7 **GY f**
55 – **51 ch** 485/770, 5 duplex

Brice, 44 r. mar. Joffre ☎ 04 93 88 14 44, *info@nice-hotel-brice.com, Fax 04 93 87 38 54,* – ch, AE GB JCB. rest p. 6 **FZ x**
Repas *(fermé 1er nov. au 9 déc.)* 125 – 40 – **58 ch** 640/710 – ½ P 480

Nautica M, 38 r. Barbéris ✉ 06300 ☎ 04 92 00 21 21, *Fax 04 92 00 21 22,* – 20. AE GB. rest p. 7 **JXY m**
Repas *(fermé sam. midi et dim. midi)* (78) - 98 ♀, enf. 58 – 60 – **87 ch** 550/750 – ½ P 380

Clarine Le Lausanne sans rest, 36 r. Rossini ☎ 04 93 88 85 94, *Fax 04 93 88 15 88* – AE GB JCB p. 6 **FY n**
fermé 22 au 28 déc. – 40 – **35 ch** 400/650

Fontaine M sans rest, 49 r. France ☎ 04 93 88 30 38, *hotel-fontaine@webstore.fr, Fax 04 93 88 98 11* – AE GB p. 6 **FZ t**
55 – **28 ch** 490/650

Nouvel Hôtel sans rest, 19 bis bd V. Hugo ☎ 04 93 87 15 00, *info@nouvel-hotel.com, Fax 04 93 16 00 67* – AE GB. p. 6 **FY v**
fermé 5 janv. au 10 fév. – 30 – **56 ch** 565/1035

Gourmet Lorrain, 7 av. Santa Fior ✉ 06100 ☎ 04 93 84 90 78, *Fax 04 92 09 11 25,* – rest, AE GB JCB p. 6 **FV n**
fermé 15 juil. au 13 août et 1er au 8 janv. – **Repas** *(fermé dim. soir et lundi)* 95 (déj.), 150/250 ♀ – 45 – **11 ch** 300/350 – ½ P 300

Villa St-Hubert sans rest, 26 r. Michel-Ange ☎ 04 93 84 66 51, *hotel-ville-st-hubert@wanadoo.fr, Fax 04 93 84 70 96* – cuisinette GB. p. 6 **FV s**
fermé 15 nov. au 15 déc. – 30 – **13 ch** 310/395

Buffa sans rest, 56 r. Buffa ☎ 04 93 88 77 35, *nice@hotel-buffa.com, Fax 04 93 88 83 39* – AE GB JCB p. 6 **EZ r**
35 – **13 ch** 380/450

Agata sans rest, 46 bd. Carnot ✉ 06300 ☎ 04 93 55 97 13, *agata.hotel@wanadoo.fr, Fax 04 93 55 67 38* – AE GB p. 7 **JZ s**
50 – **45 ch** 545/685

St-Gothard sans rest, 20 r. Paganini ☎ 04 93 88 13 41, *Fax 04 93 82 27 55* – AE GB P. 6 **FX s**
33 – **64 ch** 350/410

Star Hôtel sans rest, 14 r. Biscarra ☎ 04 93 85 19 03, *star-hotel@wanadoo.fr, Fax 04 93 13 04 23* – AE GB p. 7 **GY k**
fermé nov. – 30 – **19 ch** 250/350

Armenonville sans rest, 20 av. Fleurs ☎ 04 93 96 86 00, *Fax 04 93 96 86 00,* – p. 6 **EZ b**
fermé nov. – 38 – **13 ch** 260/590

Trianon sans rest, 15 av. Auber ☎ 04 93 88 30 69, *Fax 04 93 88 11 35* – AE GB
35 – **32 ch** 260/390 p. 6 **FY u**

Chantecler - Hôtel Négresco, 37 promenade des Anglais ☎ 04 93 16 64 00, *direction@hotel-negresco.com, Fax 04 93 88 35 68* – AE GB JCB p. 6 **FZ k**
fermé mi-nov. à mi-déc. – **Repas** 260 (déj.), 440/590 et carte 470 à 850
Spéc. Terrine de macaroni aux truffes et cocos frais. Chapon cuit au four, pannequets à la niçoise. Epigrammes d'agneau de lait. **Vins** Côtes-de-Provence.

Les Viviers, 22 r. A. Karr ☎ 04 93 16 00 48, *Fax 04 93 16 04 06* – AE GB p. 6 **FY k**
fermé 25 au 30 août et dim. – **Repas** 149 (déj.)/350 et carte 210 à 330 ♀ ***Bistrot des Viviers :*** **Repas** (100)- et carte 190 à 330 ♀

Don Camillo, 5 r. Ponchettes ✉ 06300 ☎ 04 93 85 67 95, *vianostephane@wanadoo.fr, Fax 04 93 13 97 43* – AE GB p. 7 **HZ h**
fermé 23 au 27 déc., lundi midi et dim. – **Repas** - cuisine niçoise et italienne - 185 et carte 260 à 350 ♀

XXX **L'Ane Rouge,** 7 quai Deux-Emmanuel ✉ 06300 ✆ 04 93 89 49 63, *anerouge@free.fr, Fax 04 93 89 49 63,* – ▤. AE ⓓ GB p. 7 JZ m
fermé 11 au 25 juil., vacances de fév. et merc. – **Repas** 158 (déj.), 208/345 et carte 260 à 450 ♀

XX ✿ **L'Univers-Christian Plumail,** 54 bd J. Jaurès ✉ 06300 ✆ 04 93 62 32 22, *plumailuniv ers@aol.com, Fax 04 93 62 55 69* – ▤. AE ⓓ GB p. 7 HZ u
fermé sam. midi, lundi midi et dim. – **Repas** (prévenir) *(110)* - 195/350 et carte 300 à 420 ♀
Spéc. Saint-Pierre au plat, brandade, tomates séchées et aromates. Morue fraîche aux artichauts. "Tarte sans fond" aux fraises des bois. **Vins** Bellet, Côtes de Provence.

XX **Boccaccio,** 7 r. Masséna ✆ 04 93 87 71 76, *infos@boccaccio-nice.com, Fax 04 93 82 09 06,* , « Décor de caravelle » – ▤. AE ⓓ GB JCB p. 7 GZ f
Repas - produits de la mer - 220

XX **Brasserie Flo,** 4 r. S. Guitry ✆ 04 93 13 38 38, *Fax 04 93 13 38 39,* brasserie, « Ancien théatre » – ▤. AE ⓓ GB p. 7 GYZ m
Repas 174 bc ♀, enf. 48

XX **L'Effeuillant,** 26 bd V. Hugo ✆ 04 93 82 48 63, *Fax 04 93 88 35 64* – ▤. AE GB
fermé 1er au 15 août, dim. soir et lundi sauf fériés – **Repas** 145/250 ♀ p. 6 FY f

XX **Fleur de Sel,** 10 bd Dubouchage ✆ 04 93 13 45 45, *Fax 04 93 13 45 45,* – ▤. AE GB
fermé sam. et dim. – **Repas** 94/160 ♀ p. 7 HY s

XX **L'Allegro,** 6 pl. Guynemer ✉ 06300 ✆ 04 93 56 62 06, *Fax 04 93 56 38 28,* « Fresques représentant les personnages de la "Comedia Dell'Arte" » – ▤. AE GB p. 7 JZ u
fermé sam. midi et dim. – **Repas** - cuisine italienne - 120/200 bc

XX **Les Épicuriens,** 6 pl. Wilson ✆ 04 93 80 85 00, *Fax 04 93 85 65 00,* – ▤. GB
fermé 6 au 22 août, sam. midi et dim. – **Repas** 130 (déj.), 150/230 ♀ p. 7 HY v

XX **Auberge de Théo,** 52 av. Cap de Croix ✆ 04 93 81 26 19, *Fax 04 93 81 51 73* – ▤. GB p. 5 BS u
fermé 20 août au 12 sept., lundi de mars au 20 août et dim. soir du 1er juin au 20 août – **Repas** 120 (déj.), 170/210

X **Les Pêcheurs,** 18 quai des Docks ✆ 04 93 81 21 68, *Fax 04 93 55 47 55,* – ▤. AE GB p. 7 JZ v
fermé nov. à mi-déc., merc. et jeudi midi de mai à oct., mardi soir et merc. de déc. à avril – **Repas** - produits de la mer - 165

X **Chez Rolando,** 3 r. Desboutins ✉ 06300 ✆ 04 93 85 76 79 – ▤. AE GB p. 7 GZ n
fermé août, le soir en juil.-août, dim. et fériés – **Repas** - cuisine italienne - carte 150 à 200 ♀

X **Bông-Laï,** 14 r. Alsace-Lorraine ✆ 04 93 88 75 36 – ▤. AE GB p. 6 FX n
Repas - cuisine vietnamienne - carte 200 à 300

X **Casbah,** 3 r. Dr Balestre ✆ 04 93 85 58 81 – ▤. GB p. 7 GY a
fermé 30 juin au 1er sept., dim. soir et lundi midi – **Repas** - couscous - 95/145

X **Mireille,** 19 bd Raimbaldi ✆ 04 93 85 27 23 – ▤. GB p. 7 GX d
fermé 11 juin au 3 juil., 1er au 9 oct., lundi et mardi – **Repas** - plat unique : paella - 120/160

X **L'Olivier,** 2 pl. Garibaldi ✆ 04 93 26 89 09, *Fax 04 93 26 89 09* – GB p. 7 HY n
fermé août, 1er au 7 janv., merc. soir, dim. et fériés – **Repas** 125/180 ♀

X **Merenda** (sans ✆), 4 r. Terrasse ✉ 06300 – ▤ p. 7 HZ a
fermé 8 au 15 avril, 29 juil. au 12 août, 28 oct. au 4 nov., 23 déc. au 3 janv., sam. et dim. – **Repas** - cuisine niçoise - (nombre de couverts limité, prévenir) carte 170 à 220 ♀

X **Lou Pistou,** 4 r. Terrasse ✉ 06300 ✆ 04 93 62 21 82 – ▤. GB p. 7 HZ a
fermé sam. et dim. – **Repas** - cuisine niçoise - carte 170 à 210 ♀

X **Gaité-Nallino,** 72 av. Cap de Croix à Cimiez ✉ 06100 ✆ 04 93 81 91 86 – ▤. AE GB p. 5 BS a
fermé août et dim. – **Repas** - cuisine niçoise - (déj. seul.) carte 140 à 250

à l'aéroport *: 7 km – ✉ 06200 Nice :*

Novotel Arenas M, 455 promenade des Anglais ✆ 04 93 21 22 50, *h0478@accor-hotels .com, Fax 04 93 21 63 50* – ▤ TV & P – 15 à 150. AE ⓓ GB p. 4 AV e
Repas 99 ♀, enf. 50 – ☕ 65 – **131 ch** 710

XXX **Ciel d'Azur,** aérogare 1, 2e étage ✆ 04 93 21 36 36, *pascal.bourdois@clior.com, Fax 04 93 21 35 31* – ▤. AE ⓓ GB p. 4 AU a
Repas (déj. seul.) *(170)* - 240

NIEDERBRONN-LES-BAINS *67110 B.-Rhin* 57 ⑱ ⑲ *G. Alsace Lorraine – 4 372 h alt. 190 – Stat. therm. – Casino.*

Office de Tourisme 6 pl. Hôtel-de-Ville ✆ 03 88 80 89 70, Fax 03 88 80 37 01.

Paris 459 – Strasbourg 54 – Haguenau 22 – Sarreguemines 56 – Saverne 39.

Muller M, av. Libération ✆ 03 88 63 38 38, *Fax 03 88 63 38 39*, – rest, P – 25 à 50. AE GB JCB
Repas *(fermé janv. et lundi)* (dim. prévenir) 62/240 – 52 – **43 ch** 385/460 – 1/2 P 352

Grand Hôtel sans rest, av. Foch ✆ 03 88 80 84 48, *eb.moncy@alsace-casino.com*, *Fax 03 88 80 84 40*, – P. AE GB
73 – **59 ch** 315/610

Cully, r. République ✆ 03 88 09 01 42, *hotel-cully@wanadoo.fr*, *Fax 03 88 09 05 80*, – P. AE GB
fermé fév. – **Repas** *(fermé dim. soir d'oct. à avril)* 59 (déj.), 90/250 – 49 – **40 ch** 250/350 – 1/2 P 250/290

Bristol, pl. H. de Ville ✆ 03 88 09 61 44, *Fax 03 88 09 01 20* – rest, P. AE GB
fermé janv. – **Repas** 80/260 – 35 – **27 ch** 250/305 – 1/2 P 345/360

Parc, pl. Thermes ✆ 03 88 80 84 84, *Fax 03 88 80 84 80*, – AE GB
fermé 28 janv. au 23 fév. et jeudi – **Repas** 190/330 et carte 250 à 310 - ***Bierstubel*** : Repas 60/190, enf. 40

Les Acacias, 35 r. Acacias ✆ 03 88 09 00 47, *acacias@free.fr*, *Fax 03 88 80 83 33*, – P. AE GB
fermé 27 août au 7 sept., 27 déc. au 28 janv., dim. soir de sept. à avril, sam. midi et vend. – **Repas** 70 (déj.), 98/280, enf. 55

NIEDERHASLACH *67280 B.-Rhin* 62 ⑨ *G. Alsace Lorraine – 1 088 h alt. 255.*

Voir *Église*★.

Paris 482 – Strasbourg 45 – Molsheim 15 – St-Dié 57 – Saverne 33.

Pomme d'Or, face église ✆ 03 88 50 90 21, *Fax 03 88 50 95 17* – . GB. ch
fermé 1er au 8 juil., 4 fév. au 5 mars, dim. soir et lundi – **Repas** (48) - 63 (déj.), 98/160 – 40 – **20 ch** 180/260 – 1/2 P 260

NIEDERSCHAEFFOLSHEIM *67500 B.-Rhin* 57 ⑲ *– 1 267 h alt. 185.*

Paris 475 – Strasbourg 24 – Haguenau 7 – Saverne 35.

Au Boeuf Rouge avec ch, ✆ 03 88 73 81 00, *Fax 03 88 73 89 71*, – rest, P – 30. AE GB
fermé 17 juil. au 6 août et vacances de fév. – **Repas** *(fermé dim. soir et lundi)* 135/360, enf. 60 – 42 – **13 ch** 340/370 – 1/2 P 310

NIEDERSTEINBACH *67510 B.-Rhin* 57 ⑲ *G. Alsace Lorraine – 161 h alt. 225.*

Paris 461 – Strasbourg 65 – Bitche 24 – Haguenau 32 – Lembach 8 – Wissembourg 23.

Cheval Blanc , ✆ 03 88 09 55 31, *cheval.blanc@wanadoo.fr*, *Fax 03 88 09 50 24*, – . GB. rest
fermé 15 au 30 juin, 1er au 10 déc. et 1er fév. au 3 mars – **Repas** *(fermé jeudi)* 98/300, enf. 85 – 48 – **26 ch** 280/350 – 1/2 P 290/320

à Wengelsbach *Nord-Ouest : 5 km par D 190 – ✉ 67510 :*

Au Wasigenstein, ✆ 03 88 09 50 54, *Fax 03 88 09 50 54*, – GB
fermé mi-janv. à fin fév., lundi et mardi – **Repas** 75/185

NIEUIL *16270 Charente* 72 ⑤ *– 954 h alt. 150.*

Paris 440 – Angoulême 41 – Confolens 26 – Limoges 65 – Nontron 51 – Ruffec 36.

Château de Nieuil , à l'Est par D 739 et rte secondaire ; 2 km ✆ 05 45 71 36 38, *nieuil@relaischateau.fr*, *Fax 05 45 71 46 45*, , « Belle demeure Renaissance dans un parc », – P – 30. AE GB JCB
28 avril-1er nov. – **Repas** *(fermé dim. soir et lundi sauf juil.-août)* 200 (déj.), 260/350 et carte 300 à 380 - ***Grange aux Oies*** *(15 déc.-15 avril et fermé mardi soir, dim. soir et lundi)* Repas 195bc, enf. 95 – 85 – **11 ch** 675/1600, 3 appart – 1/2 P 800/1130
Spéc. Langoustines et rouget marinés, pomme de terre au caviar d'Aquitaine. Sole de la Cotinière, marinière de coquillages. Canette rôtie en cocotte, jus de pineau.

NÎMES 🅿 *30000 Card* **80** ⑲ *G. Provence – 128 471 h Agglo. 138 527 h alt. 39.*

Voir *Arènes*★★★ – *Maison Carrée*★★★ – *Jardin de la Fontaine*★★ : *Tour Magne*★, ⩽★ – *Intérieur*★ *de la chapelle des Jésuites* **DU B** – *Carré d'Art*★ – *Musée d'Archéologie*★ **M**[1] – *Musée du Vieux Nîmes* **M**[3].

✈ *de Nîmes-Arles-Camargue : ✆ 04 66 70 06 88, par ⑤ : 8 km.*

ℹ *Office de Tourisme 6 r. Auguste ✆ 04 66 58 38 00, Fax 04 66 58 38 01, à la Gare SNCF ✆ 04 66 84 18 13 et 3 r. C.-Brousson ✆ 04 66 67 38 43.*

Paris 712 ② – Montpellier 56 ⑤ – Lyon 253 ② – Marseille 124 ④.

NÎMES

Briçonnet (R.)	**BY** 8
Cirque-Romain (R. du)	**AY** 13
Fontaine (Q. de la)	**AX** 20
Gambetta (Bd)	**ABX**
Gamel (Av. P.)	**BZ** 22
Générac (R. de)	**AYZ** 23
Mallarmé (R. Steph.)	**AX** 34
Martyrs-de-la-R. (Pl.)	**AZ** 36
Mendès-France (Av. P.)	**BZ** 39
République (R. de la)	**AYZ**
Ste-Anne (R.)	**AY** 46
Verdun (R. de)	**AY** 47

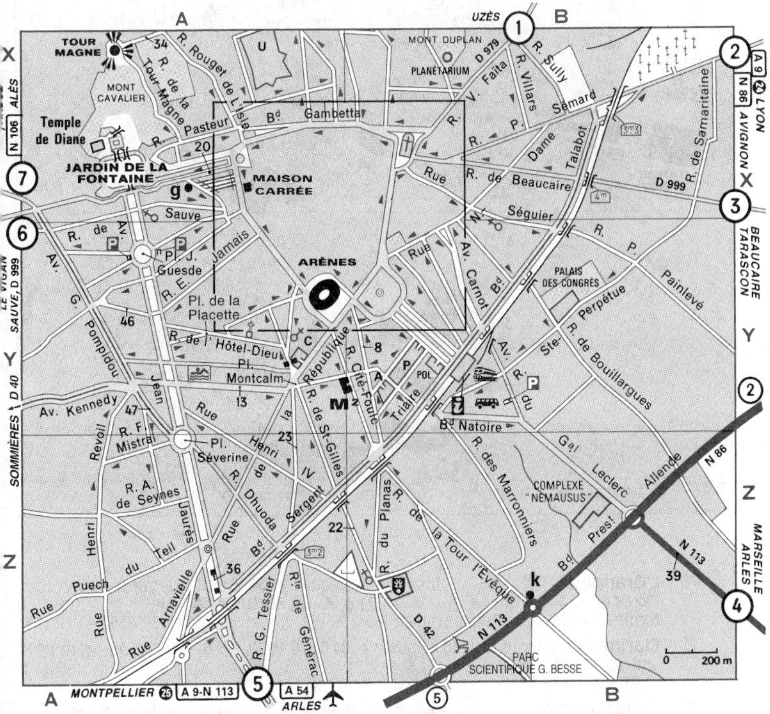

Imperator Concorde, quai de la Fontaine ✉ 30900 ✆ 04 66 21 90 30, *hotel.imperator @wanadoo.fr, Fax 04 66 67 70 25,* « Jardin fleuri », – 🛗 ⊭ ▤ 📺 ✆ 🚗 – 🏛 40. AE ⓓ GB JCB **AX g**
Repas 180/365 – ☕ 80 – **63 ch** 650/1000 – ½ P 550

Vatel Ⓜ (École hôtelière), 140 r. Vatel par av. Kennedy **AY** ✆ 04 66 62 57 57, *Fax 04 66 62 57 57,* 🏋, 🏊 – 🛗 ⊭ ▤ 📺 ✆ 🅿 – 🏛 150. AE ⓓ GB JCB
Les Palmiers (6ᵉ étage) *(fermé 22 juil. au 4 sept., dim. soir et lundi)* **Repas** 130(déj.)-150/210 ♀, enf. 85 – ***Provençal :*** **Repas** 95/115 🍷, enf. 48 – ☕ 48 – **46 ch** 500/600

Novotel Atria Nîmes Centre Ⓜ, 5 bd Prague ✆ 04 66 76 56 56, *H0985@accor-hotels. com, Fax 04 66 76 56 59* – 🛗 ⊭ ▤ 📺 ✆ ♿ 🚗 – 🏛 25 à 480. AE ⓓ GB JCB **DV f**
Repas carte environ 160 ♀, enf. 50 – ☕ 60 – **112 ch** 560/610, 7 appart

New Hôtel la Baume Ⓜ, 21 r. Nationale ✆ 04 66 76 28 42, *nimeslabaume@new-hotel. com, Fax 04 66 76 28 45,* « Hôtel particulier du Vieux Nîmes » – 🛗, ▤ ch, 📺 ✆ ♿. AE ⓓ GB JCB **DU b**
Repas 80/135 🍷 – ☕ 55 – **34 ch** 520/580 – ½ P 330

NÎMES

Arènes (Bd des) .... CV 2
Aspic (R. de l') .... CUV
Auguste (R.) .... CU 4
Bernis (R. de) .... CV 6
Chapitre (R. du) .... CU 12
Courbet (Bd Amiral) .... DUV 14
Crémieux (Rue) .... DU 16
Curaterie (R.) .... DU 17
Daudet (Bd A.) .... CU 18
Fontaine (Q. de la) .... CU 20
Gambetta (Bd) .... CDU
Grand'Rue .... DU 24
Guizot (R.) .... CU 26
Halles (R. des) .... CU 27
Horloge (R. de l') .... CU 28
Libération (Bd de la) .... DV 30
Madeleine (R. de la) .... CU 32
Maison Carrée (Pl. de la) .... CU 33
Marchands (R. des) .... CU 35
Nationale (R.) .... CDU
Perrier (R. Gén.) .... CU
Prague (Bd de) .... DV 42
République (R. de la) .... CV 43
Saintenac (Bd E.) .... DU 45
Victor-Hugo (Bd) .... CUV
Violettes (R.) .... CV 49

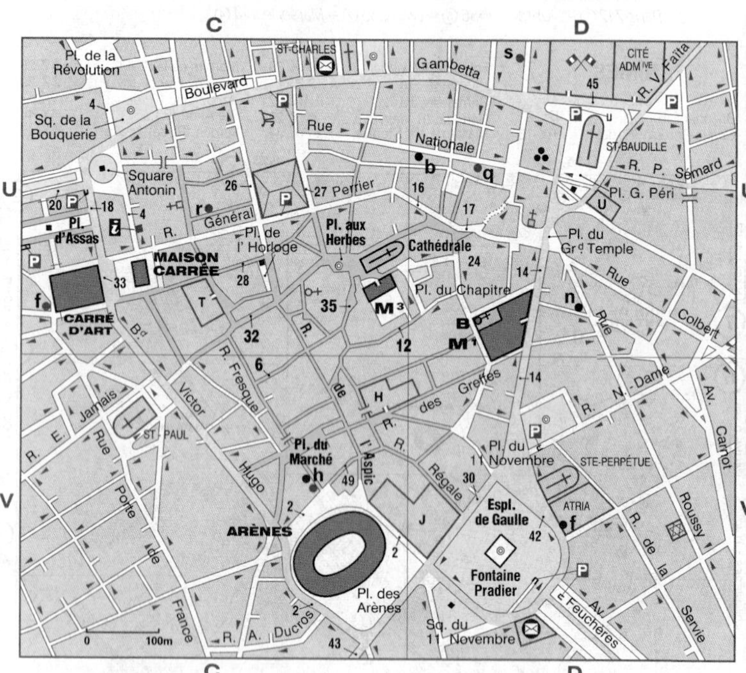

L'Orangerie Ⓜ, 755 r. Tour de l'Évêque ☎ 04 66 84 50 57, *hrorang@aol.com, Fax 04 66 29 44 55*, – 30. AE ⓓ GB JCB — BZ k
fermé 23 au 28 déc. – **Repas** 115(déj.) 165/215, enf. 75 – ☐ 55 – **31 ch** 395/650 – 1/2 P 395

Clarine Plazza sans rest, 10 r. Roussy ☎ 04 66 76 16 20, *Fax 04 66 67 65 99* – AE ⓓ GB JCB — DU n
☐ 48 – **28 ch** 330/450

Amphithéâtre sans rest, 4 r. Arènes ☎ 04 66 67 28 51, *hotel-amphitheatre@wanadoo.fr, Fax 04 66 67 07 79* – AE GB — CV h
fermé 2 au 15 janv. – ☐ 37 – **16 ch** 215/325

Aux Plaisirs des Halles, 4 r. Littré ☎ 04 66 36 01 02, *Fax 04 66 36 08 00*, – AE ⓓ GB — CU r
fermé 12 au 20 août, lundi sauf le soir en juil.-août et dim. soir – **Repas** 98 (déj.), 140/250 ♀, enf. 70

Le Bouchon et L'Assiette, 5 bis r. Sauve ☎ 04 66 62 02 93, *Fax 04 66 62 03 57* – ⓓ GB — CU f
fermé 29 avril au 2 mai, 29 juil. au 23 août, 2 au 17 janv., mardi midi et merc. – **Repas** 95 (déj.), 125/240 ♀, enf. 70

Magister, 5 r. Nationale ☎ 04 66 76 11 00, *le.magister@wanadoo.fr, Fax 04 66 67 21 05* – AE GB — DU q
fermé 22 juil. au 19 août, 22 au 31 janv., sam. midi et dim. – **Repas** 130 (déj.), 195/290 ♀, enf. 70

Lisita, 2 bd Arènes ☎ 04 66 67 29 15, *Fax 04 66 67 25 32*, – GB — CV h
fermé dim. soir et lundi soir – **Repas** 95 (déj.), 145/350 ♀, enf. 75

XX **Jardin d'Hadrien**, 11 r. Enclos Rey ✆ 04 66 21 86 65, *Fax 04 66 21 54 42*, – AE GB DU s
fermé 22/08 au 5/09, vacances de Toussaint, de fév., dim. sauf le midi de 09 à 06 et merc sauf le soir en 08/09 – **Repas** 105/160 ♀, enf. 70

à Marguerittes *par ② et N 86 : 8 km – 7 548 h. alt. 60 – ✉ 30320 :*

L'Hacienda ⑤, Le Mas de Brignon, Sud-Est : 2 km par rte secondaire ✆ 04 66 75 02 25, *hacienda@altavista.net, Fax 04 66 75 45 58*, – ch, TV ✆ P. GB. rest
15 mars-25 oct. – **Repas** (dîner seul.) 195/315, enf. 85 – ☐ 80 – **12 ch** 590/890 – ½ P 590/690

à Garons *par ⑤, D 42 et D 442 : 9 km – 3 648 h. alt. 90 – ✉ 30128 :*

XXX **Alexandre** (Kayser), ✆ 04 66 70 08 99, *restaurant.alexandre@wanadoo.fr, Fax 04 66 70 01 75*, « Jardin arboré », – P. AE GB JCB
✿ *fermé 27 au 31 août, vacances de fév., merc. soir sauf en juil.-août, dim. sauf le midi de sept. à juin et lundi* – **Repas** 215 bc (déj.), 295/465 et carte 430 à 510
Spéc. Iles flottantes aux truffes d'Uzès et cèpes des Cévennes (sept. à mai). Brandade de morue. Pigeon au chutney d'abricot des Costières (mai à sept.). **Vins** Costières de Nîmes blanc et rouge.

près échangeur A9 - A54 *parc hôtelier Ville Active par ⑤ : 3 km – ✉ 30900 Nîmes :*

Mercure Nîmes-Ouest, ✆ 04 66 70 48 00, *h0558@accor-hotels.com, Fax 04 66 70 48 01*, – TV ✆ P – 25 à 80. AE GB JCB
Repas *(fermé 17 déc. au 2 janv.)* 130/150, enf. 50 – ☐ 60 – **100 ch** 490/600

Holiday Inn, ✆ 04 66 29 86 87, *contact@holidayinn.nimes.com, Fax 04 66 84 72 76*, – TV ✆ P – 40. AE GB JCB
Repas 93/195, enf. 45 – ☐ 60 – **54 ch** 530/590

Nimotel, ✆ 04 66 38 13 84, *nimotel@gofornet.com, Fax 04 66 38 14 06*, – TV ✆ P – 80. AE GB JCB
Repas *(80)* - 91/194 ♂, enf. 50 – ☐ 43 – **180 ch** 285/325

NIORT P *79000 Deux-Sèvres* 71 ② *G. Poitou Vendée Charentes* – 57 012 h alt. 24.
Voir *Donjon★ : salle de la chamoiserie et de la ganterie★ – Le Pilori★.*
Env. *Le Marais Poitevin★★.*
Office de Tourisme (saison) r. Ernest-Pérochon ✆ 05 49 24 18 79, Fax 05 49 24 98 90.
Paris 411 ② – La Rochelle 66 ⑤ – Bordeaux 185 ④ – Nantes 141 ⑥ – Poitiers 76 ②.

Plan page suivante

Mercure M ⑤, 17 r. Bellune ✆ 05 49 24 29 29, *hotel.mercure@mercureniort.fr, Fax 05 49 28 00 90*, – TV ✆ P – 60. AE GB BY a
Repas *(100)* - 140/160, enf. 55 – ☐ 60 – **79 ch** 510/790

Grand Hôtel sans rest, 32 av. Paris ✆ 05 49 24 22 21, *Fax 05 49 24 42 41*, – TV ✆ – 25. GB BY v
☐ 45 – **39 ch** 335/435

Moulin M sans rest, 27 r. Espingole ✆ 05 49 09 07 07, *Fax 05 49 09 19 40* – TV ✆ P. AE GB. AZ a
☐ 30 – **34 ch** 270/300

Paris sans rest, 12 av. Paris ✆ 05 49 24 93 78, *hotel-leparis@marcireau-fr, Fax 05 49 28 27 57* – cuisinette TV ✆. GB BY n
fermé 24 déc. au 2 janv. – ☐ 35 – **44 ch** 285/305

Avenue sans rest, 43 av. St-Jean-d'Angély ✆ 05 49 79 28 42, *Fax 05 49 73 10 85* – TV ✆. AE GB AZ t
☐ 33 – **20 ch** 130/275

XXX **Belle Étoile**, 115 quai M. Métayer (près périph. ouest) -AY- *Ouest : 2,5 km* ✆ 05 49 73 31 29, *Fax 05 49 09 05 59*, – P. AE GB
fermé 6 au 21 août, dim. soir et lundi – **Repas** 160/435 bc et carte 260 à 350 ♀, enf. 75

X **Table des Saveurs**, 9 r. Thiers ✆ 05 49 77 44 35, *Fax 05 49 77 44 36* – GB AY n
fermé dim. sauf fêtes – **Repas** 80/225

par *② : 5 km sur N 11 – ✉ 79180 Chauray :*

Solana M sans rest, ✆ 05 49 33 33 33, *Fax 05 49 33 33 33* – TV P – 20. AE GB
☐ 40 – **50 ch** 310/350

sur autoroute A 10 *aire Les Ruralies ou accès de Niort par ③ et rte secondaire : 9 km – ✉ 79230 Prahecq :*

Les Ruralies M, ✆ 05 49 75 67 66, *ruralies@marcireau.fr, Fax 05 49 75 80 29* – ch, TV ✆ P – 25. AE GB
Mijotière (rest. d'autoroute) **Repas** 99/140 ♂, enf. 52 – ☐ 35 – **51 ch** 310/370 – ½ P 319

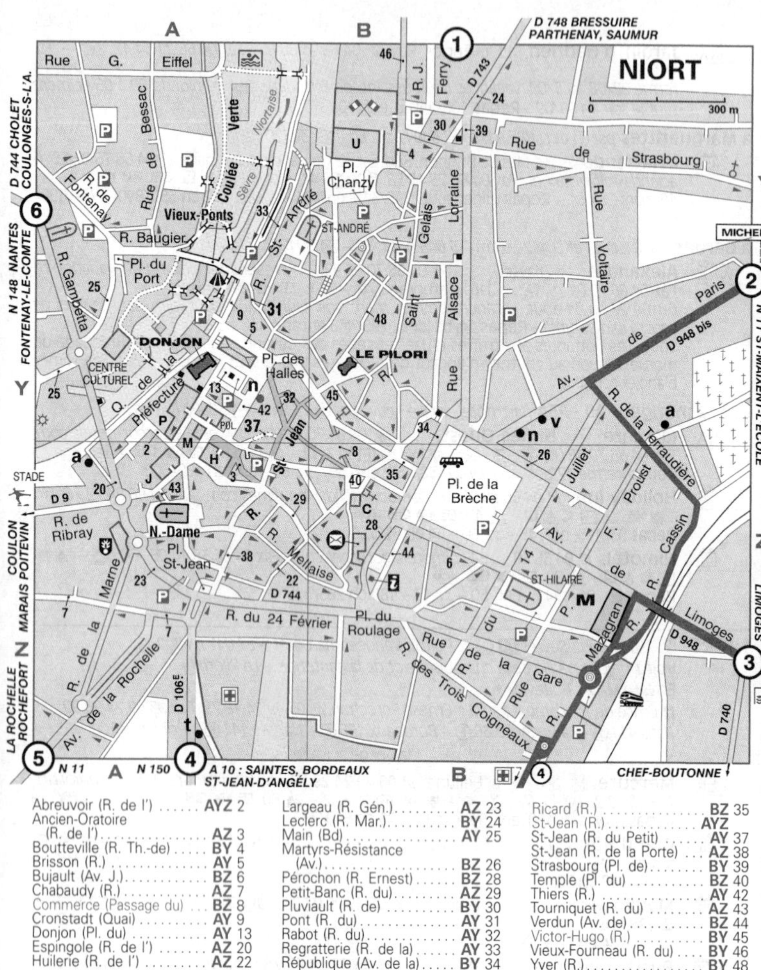

Abreuvoir (R. de l') ...... **AYZ** 2
Ancien-Oratoire (R. de l') ...... **AZ** 3
Boutteville (R. Th.-de) ...... **BY** 4
Brisson (R.) ...... **AY** 5
Bujault (Av. J.) ...... **BZ** 6
Chabaudy (R.) ...... **AZ** 7
Commerce (Passage du) ...... **BZ** 8
Cronstadt (Quai) ...... **AY** 9
Donjon (Pl. du) ...... **AY** 13
Espingole (R. de l') ...... **AZ** 20
Huilerie (R. de l') ...... **AZ** 22
Largeau (R. Gén.) ...... **AZ** 23
Leclerc (R. Mar.) ...... **BY** 24
Main (Bd) ...... **AY** 25
Martyrs-Résistance (Av.) ...... **BZ** 26
Pérochon (R. Ernest) ...... **BZ** 28
Petit-Banc (R. du) ...... **AZ** 29
Pluviault (R. de) ...... **BY** 30
Pont (R. du) ...... **AY** 31
Rabot (R. du) ...... **AY** 32
Regratterie (R. de la) ...... **AY** 33
République (Av. de la) ...... **BY** 34
Ricard (R.) ...... **BZ** 35
St-Jean (R.) ...... **AYZ**
St-Jean (R. du Petit) ...... **AY** 37
St-Jean (R. de la Porte) ...... **AZ** 38
Strasbourg (Pl. de) ...... **BY** 39
Temple (Pl. du) ...... **BZ** 40
Thiers (R.) ...... **AY** 42
Tourniquet (R. du) ...... **AZ** 43
Verdun (Av. de) ...... **BZ** 44
Victor-Hugo (R.) ...... **BY** 45
Vieux-Fourneau (R. du) ...... **BY** 46
Yver (R.) ...... **BY** 48

rte de Saintes *par ④ : 12 km – ✉ 79360 Granzay-Gript :*

Domaine du Griffier 🐎, ✆ 05 49 32 62 62, *Fax 05 49 32 62 63*, 🏖, 🏊, 🎾 – 📺 ♿ 🅿 – 🏛 15 à 100. AE ⓓ GB
fermé 24 déc. au 2 janv. – **Repas** 99 (déj.), 159/189, enf. 65 – ☕ 60 – **38 ch** 350/750 – ½ P 370/570

rte de La Rochelle *par ⑤ : 4,5 km sur N 11 – ✉ 79000 Niort :*

Reix sans rest, ✆ 05 49 09 15 15, *Fax 05 49 09 14 13*, 🏊 – 📺 📞 ♿ 🅿. AE ⓓ GB
fermé 25 déc. au 2 janv. – ☕ 35 – **34 ch** 320/360

Comfort Hôtel sans rest, ✆ 05 49 09 08 07, *Fax 05 49 09 16 07* – 📺 ♿ 🅿 – 🏛 25. AE GB
☕ 35 – **30 ch** 320/330

Tuilerie (Coq'corico), ✆ 05 49 09 12 45, *tuilerie@tuilerie.com*, *Fax 05 49 09 16 22*, 🏖, 🏊, 🌳, 🎾 – ▤ 🅿. AE GB
Fermé dim. soir et lundi – **Repas** 78/150 🍷, enf. 36

Le Guide change, changez de guide tous les ans.

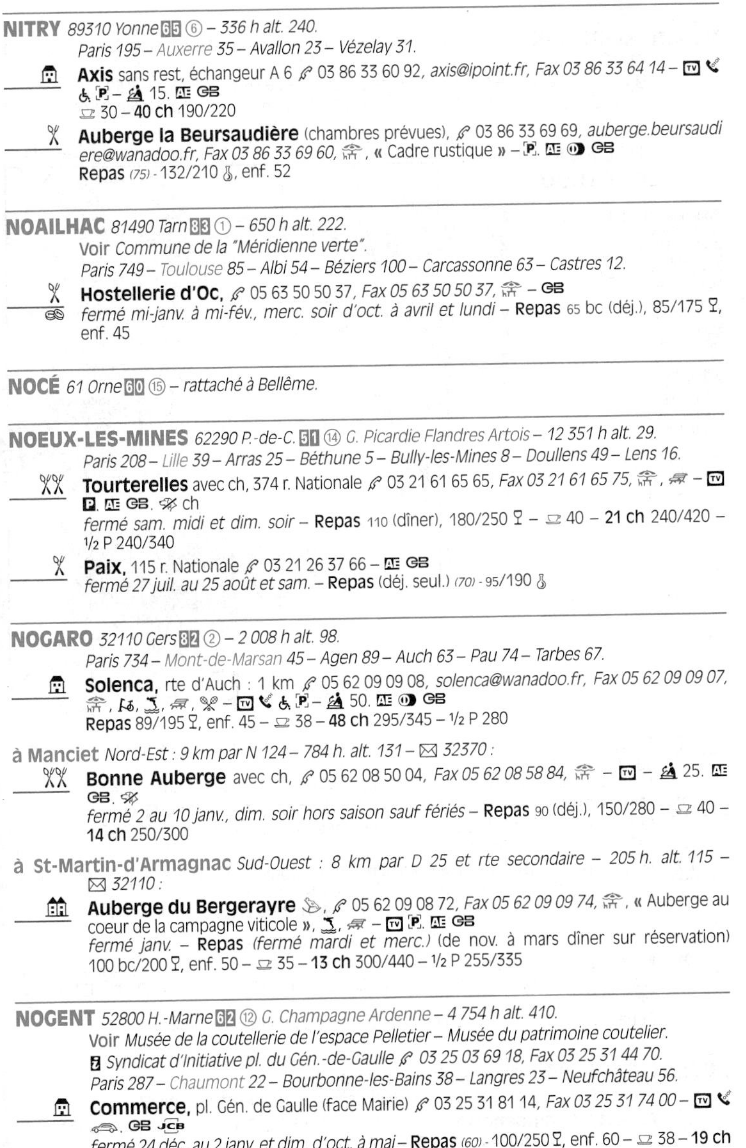

NISSAN-LEZ-ENSÉRUNE *34440 Hérault* 83 ⑭ *G. Languedoc Roussillon – 2 835 h alt. 21.*
Voir *Oppidum d'Ensérune★ : musée★, ≤★ NO : 5 km.*
Office de Tourisme 17 Sq. René-Dez ✆ 04 67 37 14 12, Fax 04 67 37 14 12.
Paris 784 – Montpellier 81 – Béziers 12 – Capestang 9 – Narbonne 17.

Résidence, ✆ 04 67 37 00 63, *Fax 04 67 37 68 63,* – TV. GB.
fermé 1er déc. au 31 janv. – **Repas** (dîner seul.) (résidents seul.) 99 ♀, enf. 55 – ☐ 40 – **18 ch** 280/300 – ½ P 275

NITRY *89310 Yonne* 65 ⑥ *– 336 h alt. 240.*
Paris 195 – Auxerre 35 – Avallon 23 – Vézelay 31.

Axis sans rest, échangeur A 6 ✆ 03 86 33 60 92, *axis@ipoint.fr, Fax 03 86 33 64 14* – TV ✆ P – 15. AE GB
☐ 30 – **40 ch** 190/220

Auberge la Beursaudière (chambres prévues), ✆ 03 86 33 69 69, *auberge.beursaudiere@wanadoo.fr, Fax 03 86 33 69 60,* , « Cadre rustique » – P. AE GB
Repas *(75)* - 132/210 , enf. 52

NOAILHAC *81490 Tarn* 83 ① *– 650 h alt. 222.*
Voir *Commune de la "Méridienne verte".*
Paris 749 – Toulouse 85 – Albi 54 – Béziers 100 – Carcassonne 63 – Castres 12.

Hostellerie d'Oc, ✆ 05 63 50 50 37, *Fax 05 63 50 50 37,* – GB
fermé mi-janv. à mi-fév., merc. soir d'oct. à avril et lundi – **Repas** 65 bc (déj.), 85/175 ♀, enf. 45

NOCÉ *61 Orne* 60 ⑮ *– rattaché à Bellême.*

NOEUX-LES-MINES *62290 P.-de-C.* 51 ⑭ *G. Picardie Flandres Artois – 12 351 h alt. 29.*
Paris 208 – Lille 39 – Arras 25 – Béthune 5 – Bully-les-Mines 8 – Doullens 49 – Lens 16.

Tourterelles avec ch, 374 r. Nationale ✆ 03 21 61 65 65, *Fax 03 21 61 65 75,* , – TV P. AE GB. ch
fermé sam. midi et dim. soir – **Repas** 110 (dîner), 180/250 ♀ – ☐ 40 – **21 ch** 240/420 – ½ P 240/340

Paix, 115 r. Nationale ✆ 03 21 26 37 66 – AE GB
fermé 27 juil. au 25 août et sam. – **Repas** (déj. seul.) *(70)* - 95/190

NOGARO *32110 Gers* 82 ② *– 2 008 h alt. 98.*
Paris 734 – Mont-de-Marsan 45 – Agen 89 – Auch 63 – Pau 74 – Tarbes 67.

Solenca, rte d'Auch : 1 km ✆ 05 62 09 09 08, *solenca@wanadoo.fr, Fax 05 62 09 09 07,* , , , , – TV ✆ P – 50. AE GB
Repas 89/195 ♀, enf. 45 – ☐ 38 – **48 ch** 295/345 – ½ P 280

à Manciet *Nord-Est : 9 km par N 124 – 784 h. alt. 131 – ✉ 32370 :*

Bonne Auberge avec ch, ✆ 05 62 08 50 04, *Fax 05 62 08 58 84,* – TV – 25. AE GB.
fermé 2 au 10 janv., dim. soir hors saison sauf fériés – **Repas** 90 (déj.), 150/280 – ☐ 40 – **14 ch** 250/300

à St-Martin-d'Armagnac *Sud-Ouest : 8 km par D 25 et rte secondaire – 205 h. alt. 115 – ✉ 32110 :*

Auberge du Bergerayre , ✆ 05 62 09 08 72, *Fax 05 62 09 09 74,* , « Auberge au coeur de la campagne viticole », , – TV P. AE GB
fermé janv. – **Repas** *(fermé mardi et merc.)* (de nov. à mars dîner sur réservation) 100 bc/200 ♀, enf. 50 – ☐ 35 – **13 ch** 300/440 – ½ P 255/335

NOGENT *52800 H.-Marne* 62 ⑫ *G. Champagne Ardenne – 4 754 h alt. 410.*
Voir *Musée de la coutellerie de l'espace Pelletier – Musée du patrimoine coutelier.*
Syndicat d'Initiative pl. du Gén.-de-Gaulle ✆ 03 25 03 69 18, Fax 03 25 31 44 70.
Paris 287 – Chaumont 22 – Bourbonne-les-Bains 38 – Langres 23 – Neufchâteau 56.

Commerce, pl. Gén. de Gaulle (face Mairie) ✆ 03 25 31 81 14, *Fax 03 25 31 74 00* – TV ✆ . GB JCB
fermé 24 déc. au 2 janv. et dim. d'oct. à mai – **Repas** *(60)* - 100/250 ♀, enf. 60 – ☐ 38 – **19 ch** 180/280 – ½ P 230/250

NOGENT-LE-ROI 28210 E.-et-L. 60 ⑧, 106 ㉖ *G. Ile de France – 3 832 h alt. 93.*

Paris 77 – Chartres 27 – Ablis 35 – Dreux 19 – Maintenon 10 – Rambouillet 27.

XX **Relais des Remparts,** 2 pl. Marché aux Légumes ✆ 02 37 51 40 47, *Fax 02 37 51 40 47,* – AE ⓓ GB
fermé 7 au 29 août, vacances de fév., dim. soir, mardi soir et merc. – **Repas** 95/230 ♀

X **Capucin Gourmand,** 1 r. Volaille ✆ 02 37 51 96 00, *Fax 02 37 82 67 19* – . GB
fermé 27 août au 10 sept., 8 au 15 janv., mardi midi en juil.-août, dim. soir de sept. à juin et lundi – **Repas** 98 (déj.), 150/185, enf. 85

NOGENT-LE-ROTROU 28400 E.-et-L. 60 ⑮ *G. Normandie Vallée de la Seine – 11 591 h alt. 116.*

Office de Tourisme 44 r. Villette-Gaté ✆ 02 37 29 68 86, Fax 02 37 29 68 69.

Paris 155 ① – Alençon 64 ⑤ – Le Mans 72 ④ – Chartres 55 ① – Châteaudun 55 ③.

NOGENT-LE-ROTROU

Bouchers (R. des) . . . Z 2
Bourg-le-Comte (R.) . . . Z 3
Bretonnerie (R.) . . . Z
Château-St-Jean (R.) . . . Z
Croix-la-Comtesse (R.) . . . Y
Deschanel (R.) . . . YZ
Dr-Desplantes (R.) . . . Z 8
Foch (Av. Mar.) . . . Y 9
Fuye (R. de la) . . . YZ 10
Giroust (R.) . . . Y 12
Gouverneur (R.) . . . YZ 13
Marches-St-Jean (R. des) . . . Z 14
Paty (R. du) . . . Z 15
Poupardières (R. des) . . . Z 16
Prés (Av. des) . . . Y
République (Pl. de la) . . . Z 17
Rhone (R. de) . . . Z 18
St-Hilaire (R.) . . . Y
St-Laurent (R.) . . . Z 20
St-Martin (R.) . . . Y
Sully (R. de) . . . YZ 23
Villette-Gaté (R.) . . . Y 25

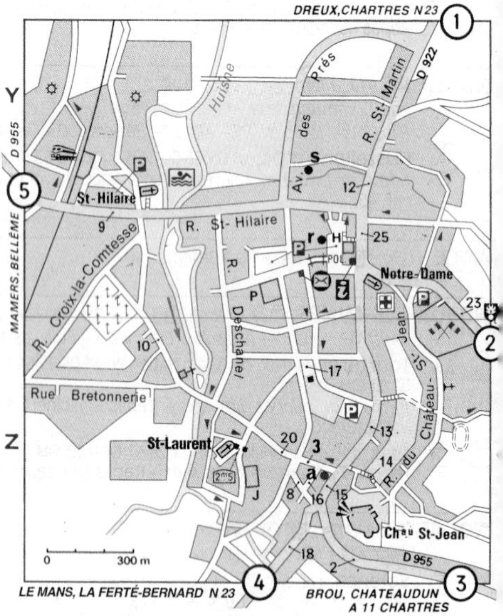

Si vous êtes retardé sur la route, dès 18 h, confirmez votre réservation par téléphone, c'est plus sûr... et c'est l'usage.

Sully M sans rest, 51 rue Viennes ✆ 02 37 52 15 14, *Fax 02 37 52 15 20* – TV P – 30. GB. Y s
fermé 21 déc. au 4 janv., vend. et sam. de nov. à mars – 39 – **42 ch** 299/349

Lion d'Or, 28 pl. St-Pol ✆ 02 37 52 01 60, *Fax 02 37 52 23 82* – TV P. GB. ch
Repas *(fermé 1er au 21 août, 22 déc. au 3 janv., dim. soir et lundi)* ✆ 02 37 52 03 02 *(80)* - 110/250 ♀ – 40 – **14 ch** 260/360 Y r

XX **Hostellerie de la Papotière,** 3 r. Bourg le Comte ✆ 02 37 52 18 41, *Fax 02 37 52 94 71,* « Maison du 16e siècle » – GB Z a
fermé dim. soir et lundi – **Repas** 150/210 ♀ - ***Bistrot :*** **Repas** 75, enf. 40

à Villeray *(61 Orne) par ① D 918 et D 10 : 11 km –* ✉ *61110 Condeau :*

Moulin de Villeray , ✆ 02 33 73 30 22, *moulin.de.villeray@wanadoo.fr, Fax 02 33 73 38 28,* ←, « Ancien moulin au bord de l'Huisne, parc », – TV P. AE ⓓ GB JCB
Repas 180/360 ♀ – 80 – **34 ch** 490/1500, 4 appart – 1/2 P 555/1340

NOGENT-SUR-AUBE 10240 Aube 61 ⑦ – *311 h alt. 99.*

Paris 175 – Troyes 34 – Châlons-en-Champagne 65 – Romilly-sur-Seine 47.

XX **Assiette Champenoise,** D 441 ✆ 03 25 37 66 74, *Fax 03 25 37 51 08,* « Jardin fleuri ouvert sur la campagne », – P. AE ⓓ GB JCB
fermé dim. soir – **Repas** (dîner sur réservation) 95 (déj.), 165/235

NOGENT-SUR-MARNE *94 Val-de-Marne* 56 ⑪,, 101 ㉗ – *voir Paris, Environs.*

NOGENT-SUR-SEINE *10400 Aube* 61 ④ ⑤ *G. Champagne Ardenne – 5 505 h alt. 67.*
Paris 106 – Troyes 58 – Épernay 83 – Fontainebleau 66 – Provins 18 – Sens 43.

XX **Beau Rivage** avec ch, r. Villiers-aux-Choux, près piscine ✆ 03 25 39 84 22, *Fax 03 25 39 18 32,* – TV. GB. ch
fermé 16 au 31 août, 18 fév. au 4 mars, dim. soir et lundi – **Repas** 100/210 – ☕ 38 – **10 ch** 270/300 – ½ P 250

XX **Auberge du Cygne de la Croix,** 22 r. Ponts ✆ 03 25 39 91 26, *cygnedelacroix@wanadoo.fr, Fax 03 25 39 81 79,* – GB
fermé 22 au 30 déc., vacances de fév., mardi du 16 sept. au 31 mars, dim. soir et lundi soir – **Repas** 90 (déj.), 125/250 ♀

NOHANT-VIC *36 Indre* 68 ⑲ – *rattaché à La Châtre.*

NOIRÉTABLE *42440 Loire* 73 ⑯ *G. Auvergne – 1 719 h alt. 720.*
Office de Tourisme 8 r. des Tilleuls ✆ 04 77 24 93 04.
Paris 420 – Roanne 47 – Ambert 48 – Lyon 113 – Montbrison 44 – St-Étienne 91 – Thiers 24.

Rendez-vous des Chasseurs, Ouest : 2 km par D 53 ✆ 04 77 24 72 51, *Fax 04 77 24 93 40,* ← – TV P. GB
fermé 14 sept. au 9 oct., vacances de fév., dim. soir et lundi hors saison – **Repas** 62/200 – ☕ 30 – **14 ch** 135/275

NOIRLAC (Abbaye de) *18 Cher* 69 ⑪ – *rattaché à St-Amand-Montrond.*

NOIRMOUTIER (Ile de) ★ *85 Vendée* 67 ① *G. Poitou Vendée Charentes – alt. 8.*
Accès par le pont routier au départ de Fromentine : passage gratuit.
- par le passage du Gois★★ : 4,5 km.
- pendant le premier ou le dernier quartier de la lune par beau temps (vents hauts) d'une heure et demie environ avant la basse mer, à une heure et demie environ après la basse mer.
- pendant la pleine lune ou la nouvelle lune par temps normal : deux heures avant la basse mer à deux heures après la basse mer.
- en toutes périodes par mauvais temps (vents bas) ne pas s'écarter de l'heure de la basse mer.

Barbâtre *85630 – 1 269 h alt. 5.*
Paris 466 – Nantes 77 – La Roche-sur-Yon 76 – Cholet 117.

XX **Bistrot des Iles,** Pointe de la Fosse, au pied du pont de Noirmoutier ✆ 02 51 39 68 95, *Fax 02 51 35 80 64,* ←, – P. AE GB
mars-oct. et fermé lundi soir et mardi sauf juil.-août – **Repas** 115/250 ♀, enf. 65

L'Épine – *1 653 h alt. 2 – ✉ 85740.*
Paris 475 – Nantes 87 – La Roche-sur-Yon 86 – Cholet 126 – Noirmoutier-en-l'Ile 4.

Punta Lara, Sud : 2 km par D 95 et rte secondaire ✉ 85680 La Guérinière ✆ 02 51 39 11 58, *chateaudesable.hotelpuntalara@wanadoo.fr, Fax 02 51 39 69 12,* ← l'Océan, « Dans une pinède en bordure de mer », – P – 100. AE GB JCB
1er avril-1er oct. – **Repas** 165 (déj.)/190 – ☕ 75 – **64 ch** 510/1025 – ½ P 660/805

Noirmoutier-en-l'Ile – *4 846 h alt. 8 – ✉ 85330.*
Voir Collection de faïences anglaises★ au château.
Office de Tourisme route du Pont à Barbâtre ✆ 02 51 39 80 71, Fax 02 51 39 53 16, Bureau annexe de Noirmoutier-en-l'Ile ✆ 02 51 39 12 42.
Paris 476 – Nantes 88 – La Roche-sur-Yon 87 – Cholet 127.

Fleur de Sel M, ✆ 02 51 39 09 07, *contact@fleurdesel.fr, Fax 02 51 39 09 76,* , « Jardin fleuri », – TV P – 25. AE GB
1er mars-mi-oct. – **Repas** *(fermé mardi midi sauf vacances scolaires et lundi midi)* 140 (déj.), 195/235 ♀, enf. 100 – ☕ 57 – **35 ch** 560/740 – ½ P 510/615

Général d'Elbée sans rest, pl. Château ✆ 02 51 39 10 29, *general-delbee@wanadoo.fr, Fax 02 51 39 08 23,* – . AE GB JCB
27 mars-15 oct. – ☕ 65 – **28 ch** 490/765

Les Douves, 11 r. Douves (face au Château) ✆ 02 51 39 02 72, *Fax 02 51 39 73 09*, – – 25. AE GB
hôtel : fermé 3 au 15 déc., 7 janv. au 2 fév. et dim. hors vacances scolaires – ***Manoir*** ✆ 02 51 35 77 73 *(fermé dim. soir et lundi hors vacances scolaires)* **Repas** 99/185, enf. 55 – 45 – **22 ch** 415/480

Grand Four, 1 r. Cure (derrière le château) ✆ 02 51 39 61 97, *Fax 02 51 39 61 97* – AE GB
fermé 3 déc. au 1er fév., dim. soir et lundi hors saison
Repas 99 bc/210 ♀, enf. 80

L'Étier, rte L'Épine, Sud-Ouest : 1 km ✆ 02 51 39 10 28, *Fax 02 51 39 23 00* – P. AE GB
vacances de fév. à vacances de Toussaint et fermé lundi et mardi hors saison – **Repas** 80/200 ♀, enf. 60

Côté Jardin, 1 bis r. Grand Four (derrière le château) ✆ 02 51 39 03 02, *Fax 02 51 39 24 46* – AE GB
fermé en oct., 15 nov. à fin janv. sauf week-ends et vacances scolaires – **Repas** 96/215 ♀, enf. 48

au Bois de la Chaize *Est : 2 km* – ✉ *85330 Noirmoutier.*
Voir *Bois*★.

Les Prateaux , ✆ 02 51 39 12 52, *les.prateaux@wanadoo.fr*, *Fax 02 51 39 46 28*, « Jardin fleuri », – P. AE GB. ch
mi-fév.-mi-nov. – **Repas** 135/300 – 65 – **22 ch** (1/2 pens. seul.) – 1/2 P 453/660

St-Paul , ✆ 02 51 39 05 63, *christian.buron@wanadoo.fr*, *Fax 02 51 39 73 98*, , « Jardin fleuri », , , – – 20 à 25. AE GB. rest
15 mars-2 nov. – **Repas** *(fermé dim. soir et lundi de mi-sept. à mai)* 128/325 – 50 – **37 ch** 690/890 – 1/2 P 695

Les Capucines (annexe -11 ch), ✆ 02 51 39 06 82, *Fax 02 51 39 33 10*, – P. GB
10 fév.-31 oct. – **Repas** 69 bc (déj.), 79/198, enf. 50 – 40 – **21 ch** 370/460 – 1/2 P 330/400

Repas 70/185 — **Repas à prix fixes :** des menus à prix intermédiaires à ceux indiqués sont généralement proposés.

NOISY-LE-GRAND *93 Seine-St-Denis* 56 ⑪., 101 ⑱ – *voir à Paris, Environs.*

NOIZAY *37210 I.-et-L.* 64 ⑮ – *1 155 h alt. 56.*
Paris 232 – Tours 20 – Amboise 10 – Blois 44 – Vendôme 49.

Château de Noizay , ✆ 02 47 52 11 01, *noizay@relaischateau.com*, *Fax 02 47 52 04 64*, , « Château du 16e siècle », , , – P – 20. AE GB. ch
fermé mi-janv. à mi-mars – **Repas** *(fermé le midi du lundi au jeudi)* 165 (déj.), 250/370 ♀ – 95 – **19 ch** 700/1600 – 1/2 P 795/1245

NOLAY *21340 Côte-d'Or* 69 ⑨ *G. Bourgogne – 1 551 h alt. 299.*
Voir *site*★ *du Château de la Rochepot E : 5 km – Site*★ *du Cirque du Bout-du-Monde NE : 5 km.*
Office de Tourisme (avril-sept.) pl. des Halles ✆ 03 80 21 80 73, Fax 03 80 21 80 73.
Paris 316 – Beaune 20 – Chalon-sur-Saône 33 – Autun 29 – Dijon 65.

Parc, 3 pl. Hôtel-de-Ville ✆ 03 80 21 78 88, *Fax 03 80 21 86 39*, – P. GB. rest
hôtel : 15 mars-30 nov., rest. : 1er avril-30 nov. – **Repas** 79/350 ♀, enf. 50 – 53 – **14 ch** 280/488 – 1/2 P 290/376

Halle sans rest, ✆ 03 80 21 76 37, *Fax 03 80 21 76 37* – GB
35 – **12 ch** 240/280

Burgonde, 35 r. République ✆ 03 80 21 71 25, *burgonde.resto@wanadoo.fr*, *Fax 03 80 21 88 06* – . AE GB
fermé 1er au 15 mars, vacances de fév., mardi et merc. – **Repas** 108/235 ♀, enf. 50

Les NONIÈRES *26410 Drôme* 77 ⑭ – *alt. 282.*
Paris 640 – Die 25 – Gap 85 – Grenoble 72 – Valence 92.

Mont-Barral , ✆ 04 75 21 12 21, *mtbarral@aol.com*, *Fax 04 75 21 12 70*, , , , – P. GB
fermé 15 nov. au 1er fév., mardi soir et merc. du 15 sept. au 15 juin. – **Repas** 98 bc/200 ♀, enf. 40 – 40 – **22 ch** 240/288 – 1/2 P 265/295

NONTRON 24300 Dordogne 72 ⑮ *G. Berry Limousin – 3 558 h alt. 260.*
Office de Tourisme 5 r. de Verdun ☎ 05 53 56 25 50, Fax 05 53 56 25 50.
Paris 457 – Angoulême 44 – Libourne 116 – Limoges 67 – Périgueux 49 – Rochechouart 42.

Grand Hôtel, 3 pl. A. Agard ☎ 05 53 56 11 22, *Fax 05 53 56 59 94,* – TV P. GB
fermé dim. soir d'oct. à avril – **Repas** 88/260 – 35 – **24 ch** 215/320 – ½ P 260/300

NORT-SUR-ERDRE 44390 Loire-Atl. 63 ⑰ *– 5 362 h alt. 13.*
Paris 372 – Nantes 31 – Ancenis 26 – Châteaubriant 37 – Rennes 82 – St-Nazaire 63.

Bretagne avec ch, 41 r. A. Briand ☎ 02 40 72 21 95, *hotel-de-bretagne@wanadoo.fr, Fax 02 40 72 25 07,* – TV P. GB
fermé dim. soir et lundi – **Repas** 85/215, enf. 50 – 38 – **7 ch** 205/290 – ½ P 270

NORVILLE 76330 S.-Mar. 55 ⑤ *– 827 h alt. 50.*
Voir *Château d'Etelan★ S : 1 km,* G. Normandie Vallée de la Seine.
Paris 170 – Le Havre 46 – Rouen 46 – Bolbec 19 – Honfleur 45 – Lisieux 72.

Auberge de Norville avec ch, ☎ 02 35 39 91 14, *Fax 02 35 38 47 08* – TV. GB
Repas *(fermé dim. soir et lundi)* 70/210, enf. 50 – 28 – **10 ch** 200/240

NOTRE-DAME-DE-BELLECOMBE 73590 Savoie 74 ⑦ *G. Alpes du Nord – 459 h alt. 1150 – Sports d'hiver : 1 150/2 070 18.*
Office de Tourisme ☎ 04 79 31 61 40, Fax 04 79 31 67 09.
Paris 588 – Chamonix-Mont-Blanc 47 – Albertville 24 – Annecy 54 – Chambéry 76.

Bellevue, ☎ 04 79 31 60 56, *Fax 04 79 31 69 84,* – TV. GB. rest
20 juin-10 sept. et 18 déc.-20 avril – **Repas** 115/170, enf. 54 – 42 – **18 ch** 300/360 – ½ P 340/360

Ferme de Victorine, Le Planay, Est : 3 km par rte des Saisies ☎ 04 79 31 63 46, *Fax 04 79 31 79 91,* « Ancienne ferme aménagée » – P. GB
fermé 25 juin au 5 juil., 12 nov. au 15 déc., dim. soir et lundi d'avril à juin et de sept. à nov. – **Repas** 115 (déj.), 138/230, enf. 65

NOTRE-DAME-DE-BONDEVILLE 76 S.-Mar. 55 ⑥ *– rattaché à Rouen.*

NOTRE-DAME-DE-GRAVENCHON 76330 S.-Mar. 55 ⑤ *G. Normandie Vallée de la Seine – 8 901 h alt. 35.*
Paris 175 – Le Havre 41 – Rouen 50 – Bolbec 15 – Yvetot 25.

Pascal Saunier, 1 r. Amiral Grasset ☎ 02 35 38 60 67, *saunierpascal@yahoo.fr, Fax 02 35 38 30 64,* – TV P – 20. AE GB
Repas *(fermé 28 juil. au 12 août, 21 au 29 déc.)* 110/240 – 45 – **27 ch** 340/570 – ½ P 500

NOTRE-DAME-DE-MONTS 85690 Vendée 67 ⑪ *– 1 333 h alt. 6.*
Voir *La Barre-de-Monts : Centre de découverte du Marais breton-vendéen N : 6 km* G. Poitou Vendée Charentes.
Paris 461 – La Roche-sur-Yon 64 – Challans 23 – Nantes 72 – Noirmoutier-en-l'Ile 26.

Plage, 145 av. Mer ☎ 02 51 58 83 09, *hotelplage@eurospot.org, Fax 02 51 58 97 12,* – TV P. AE GB
1er avril-30 oct. – **Repas** (80) - 120/250, enf. 55 – 50 – **49 ch** 207/520 – ½ P 321/462

Centre, pl. Église ☎ 02 51 58 83 05, *Fax 02 51 59 16 62,* – TV P. GB
15 fév.-15 nov. – **Repas** *(fermé dim. soir et lundi de sept. à juin)* 70/160, enf. 50 – 37 – **19 ch** 231/284 – ½ P 242/294

L'Orée du Bois , 14 r. Frisot ☎ 02 51 58 84 04, *Fax 02 51 58 81 78,* – TV P. GB
1er avril-30 sept. – **Repas** 75/115, enf. 47 – 40 – **30 ch** 300/350 – ½ P 280/310

NOTRE-DAME-DU-HAMEL 27390 Eure 55 ⑭ *– 186 h alt. 200.*
Paris 152 – L'Aigle 21 – Argentan 52 – Bernay 30 – Évreux 55 – Lisieux 41 – Vimoutiers 29.

Marigotière, ☎ 02 32 44 58 11, *Fax 02 32 44 78 62,* « Parc en bordure de rivière », – P. GB
fermé 1er au 10 oct., 18 au 27 fév., dim. soir, mardi soir et merc. – **Repas** 150/360 et carte 330 à 410

NOUAN-LE-FUZELIER *41600 L.-et-Ch.* 64 ⑲ *– 2 274 h alt. 113.*

Office de Tourisme pl. de la Gare ☎ 02 54 88 76 75, Fax 02 54 88 19 91.

Paris 179 – Orléans 45 – Blois 59 – Cosne-sur-Loire 74 – Gien 56 – Lamotte-Beuvron 8.

Les Charmilles sans rest, D 122-rte Pierrefitte-sur-Sauldre ☎ 02 54 88 73 55, *Fax 02 54 88 74 55,* « Parc », – TV P. GB.
fermé fév. – 35 – **13 ch** 240/400

Dahu, 14 r. H. Chapron ☎ 02 54 88 72 88, *Fax 02 54 88 21 28,* , – P. GB
fermé 16 fév. au 20 mars, mardi et merc. – **Repas** *(100)* - 135/260 ♀

Raboliot, av. Mairie ☎ 02 54 94 40 00, *Fax 02 54 94 40 04* – . AE GB
fermé 14 janv. au 21 fév., mardi soir et merc. sauf fériés – **Repas** 95/235 ♀, enf. 60 - ***Bistrot*** (déj. seul.) *(fermé week-ends et merc.)* **Repas** *(60)* ♀, enf. 50

Le NOUVION-EN-THIÉRACHE *02170 Aisne* 53 ⑮ *– 2 905 h alt. 185.*

Paris 199 – St-Quentin 49 – Avesnes-sur-Helpe 20 – Guise 21 – Hirson 26 – Vervins 28.

Paix, r. J. Vimont-Vicary ☎ 03 23 97 04 55, *pierrart.lapouise@caramail.com, Fax 03 23 98 98 39,* – TV P. GB
fermé 16 au 31 août, vacances de fév., dim. soir et lundi midi – **Repas** 95/250 ♀, enf. 55 – 35 – **17 ch** 280/350 – ½ P 250/300

NOUZONVILLE *08700 Ardennes* 53 ⑱ *G. Champagne Ardenne – 6 970 h alt. 120.*

Paris 248 – Charleville-Mézières 8 – Givet 52 – Rocroi 26.

Potinière, Nord : 1 km rte Joigny-sur-Meuse ☎ 03 24 53 13 88, *Fax 03 24 53 36 19,* , « Jardin fleuri », – P. GB
fermé 16 août au 4 sept., vacances de fév., dim. soir et lundi – **Repas** 110 (déj.), 165/265

Les plans de villes

sont orientés le Nord en haut.

NOVALAISE *73 Savoie* 74 ⑮ *– rattaché à Aiguebelette-le-Lac.*

NOVES *13550 B.-du-R.* 81 ⑫ *G. Provence – 4 021 h alt. 97.*

Paris 691 – Avignon 14 – Arles 37 – Carpentras 26 – Cavaillon 16 – Marseille 91 – Orange 34.

Auberge de Noves , rte Châteaurenard, 2 km par D 28 ☎ 04 90 24 28 28, *noves@relaischateau.fr, Fax 04 90 24 28 00,* , , « Belle demeure dans un parc », , , – TV P – 30. AE GB JCB
fermé mi-nov. à mi-déc. – **Repas** *(fermé mardi midi et lundi du 15 oct. à début mai)* 235 (déj.), 400/535 et carte 380 à 600 ♀, enf. 140 – 110 – **19 ch** 1250/1750, 4 appart – ½ P 1190/1440
Spéc. Rougets de Méditerranée grillés, aux graines de moutarde. Tournedos façon "bateliers du Rhône". Gratin de fraises des bois (mai à sept.). **Vins** Coteaux des Baux, Lirac.

NOYAL-MUZILLAC *56190 Morbihan* 63 ⑭ *– 1 864 h alt. 52.*

Office de Tourisme pl. de l'Hôtel-de-Ville ☎ 02 97 41 53 04, Fax 02 97 41 65 42.

Paris 457 – Vannes 30 – La Baule 53 – St-Nazaire 56.

Manoir de Bodrevan , au Nord-Est : 2 km par D 153 et rte secondaire ☎ 02 97 45 62 26, *Fax 02 97 45 61 40,* – TV P. GB. rest
Repas (dîner seul.)(résidents seul.)(menu unique) 125 ♀ – 60 – **6 ch** 460/620 – ½ P 390/470

NOYAL-SUR-VILAINE *35 I.-et-V.* 59 ⑰ *– rattaché à Rennes.*

NOYANT-DE-TOURAINE *37 I.-et-L.* 68 ④ *– rattaché à Ste-Maure-de-Touraine.*

NOYON *60400 Oise* 56 ③ *G. Picardie Flandres Artois – 14 426 h alt. 52.*

Voir *Cathédrale Notre-Dame★★ – Abbaye d'Ourscamps★ 5 km par N 32.*

Office de Tourisme pl. Hôtel-de-Ville ☎ 03 44 44 21 88, Fax 03 44 93 36 39.

Paris 108 – Compiègne 24 – St-Quentin 40 – Amiens 69 – Laon 53 – Soissons 40.

Cèdre M sans rest, 8 r. Évêché ✆ 03 44 44 23 24, *Fax 03 44 09 53 79* – TV ✆ ♿ P – 15 à 60. AE ⓓ GB
40 – **35 ch** 290/350

Saint-Eloi avec ch, 81 bd Carnot ✆ 03 44 44 01 49, *Fax 03 44 09 20 90* – TV ✆ P – 60. AE ⓓ GB JCB
fermé 16 juil. au 12 août, 26 au 31 déc. et dim. soir – **Repas** 120/230 et carte 200 à 380 ♀ – 45 – **18 ch** 260/340 – ½ P 310/360

Dame Journe, 2 bd Mony ✆ 03 44 44 01 33, *Fax 03 44 09 59 68* – AE GB
fermé lundi soir, mardi soir et dim. soir
Repas 118/330 ♀

à Pont l'Évêque *Sud : 3 km par N 32 et D 165 – 659 h. alt. 35 – ✉ 60400 :*

L'Auberge, ✆ 03 44 44 05 17, *remi.cathy.@wanadoo.fr, Fax 03 44 44 39 50,* – P. AE GB
fermé 16 au 30 août, dim. soir, mardi soir et merc. – **Repas** 90 (déj.), 165/195

NUAILLÉ *49 M.-et-L.* 67 ⑥ – *rattaché à Cholet.*

NUITS-ST-GEORGES *21700 Côte-d'Or* 66 ⑫ *G. Bourgogne – 5 569 h alt. 243.*

Office de Tourisme r. Sonoys ✆ 03 80 62 01 38, Fax 03 80 61 30 98.

Paris 321 – Beaune 22 – Dijon 22 – Chalon-sur-Saône 46 – Dole 67.

Gentilhommière , rte Meuilley, Ouest : 1,5 km ✆ 03 80 61 12 06, *gentilhommiere-nuits-st-georges@wanadoo.fr, Fax 03 80 61 30 33,* , « Parc avec rivière », , , – TV ✆ P – 30. AE ⓓ GB JCB
fermé mi-déc. à mi-janv. – ***Chef Coq*** *(fermé merc. midi, sam. midi et mardi)* **Repas** 145(déj.),250/350♀, enf. 90 – 50 – **20 ch** 490

Hostellerie St-Vincent M, r. Gén. de Gaulle ✆ 03 80 61 14 91, *hostellerie.stvincent@wanadoo.fr, Fax 03 80 61 24 65* – TV ✆ ♿ P – 25 à 40. AE ⓓ GB JCB
L'Alambic ✆ 03 80 61 35 00 *(fermé 18 fév. au 3 mars et lundi midi)* **Repas** *(85)*-105/255 ♀, enf. 49 – 47 – **24 ch** 350/400 – ½ P 355

à l'échangeur *Autoroute A 31 - carrefour de l'Europe – ✉ 21700 Nuits-St-Georges :*

St-Georges (annexe M 17 ch.), ✆ 03 80 62 00 62, *hotel-saint-georges@wanadoo.fr, Fax 03 80 61 23 80,* , – TV ✆ ♿ P – 30. AE ⓓ GB
Repas 132/328 ♀, enf. 50 – 50 – **47 ch** 295/375 – ½ P 355/388

à Curtil-Vergy *Nord-Ouest : 7 km par D 25, D 35 et rte secondaire – 78 h. alt. 350 – ✉ 21220 :*

Manassès M sans rest, ✆ 03 80 61 43 81, *Fax 03 80 61 42 79,* « Musée de la vigne et du vin », – TV ✆ P. AE ⓓ GB.
mars- nov. – 60 – **12 ch** 450/600

NYONS 26110 *Drôme* 81 ③ *G. Provence – 6 353 h alt. 271.*

Voir *Vieux Nyons★ : Rue des Grands Forts★ – Pont Roman (vieux Pont)★.*

Office de Tourisme pl. Libération ✆ 04 75 26 10 35, Fax 04 75 26 01 57.

Paris 656 ④ – Alès 108 ③ – Gap 105 ① – Orange 42 ③ – Sisteron 99 ① – Valence 96 ④.

Plan page suivante

Colombet, pl. Libération **(a)** ✆ 04 75 26 03 66, *thevenet@worldonline.fr, Fax 04 75 26 42 37,* – , rest, TV ✆ . GB
fermé 18 nov. au 12 janv. – **Repas** *(86)* - 105/210 ♀, enf. 70 – 45 – **25 ch** 370/660 – ½ P 330/410

Caravelle sans rest, r. Antignans par prom. Digue ✆ 04 75 26 07 44, *Fax 04 75 26 23 79,* – TV P. GB
fermé nov., déc. et janv. – 50 – **11 ch** 410/495

Picholine , prom. Perrière par prom. des Anglais, Nord : 1 km ✆ 04 75 26 06 21, *Fax 04 75 26 40 72,* , , , – TV P – 15. GB
fermé 15 oct. au 6 nov. et fév. – **Repas** *(fermé lundi d'oct. à avril et mardi)* 135/230, enf. 65 – 45 – **16 ch** 325/410 – ½ P 345/390

Une Autre Maison avec ch, pl. République, par ④ ✆ 04 75 26 43 09, *uneautremaison@mail.dotcom.fr, Fax 04 75 26 93 69,* , – TV ✆. GB
fermé 5 nov. au 14 déc., 7 janv. au 1er fev. – **Repas** *(fermé dim. soir et lundi)* (dîner seul. en semaine) 175/210 – 65 – **6 ch** 590/690 – ½ P 490/540

NYONS

Autiero (Pl.) 2
Chapelle (R. de la) 3
Digue (Promenade de la) 4
Liberté (R. de la)........ 6
Maupas (Rue) 8
Petits-Forts (R. des)..... 10
Randonne (R.) 12
Résistance (R. de la)............ 14

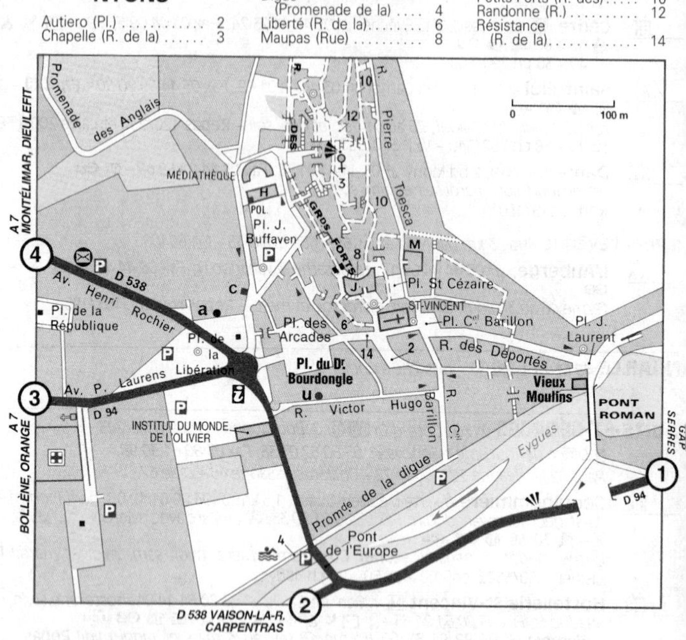

X **Petit Caveau,** 9 r. V. Hugo **(u)** ✆ 04 75 26 20 21, *Fax 04 75 26 07 28* – ▤. GB
fermé 15 nov. au 26 déc., jeudi soir hors saison, lundi sauf fériés et dim. soir – **Repas** *(110)* - 160/240 ♀

rte de Gap *par ① : 7 km sur D 94 – ☒ 26110 Nyons :*

X **Charrette Bleue,** ✆ 04 75 27 72 33, *Fax 04 75 27 76 14,* 盒 – P. GB
fermé 29 oct. au 7 nov., 17 déc. au 31 janv., mardi soir de sept. à juin, dim. soir de mi-sept. à mars et merc. – **Repas** 98/182 ♀, enf. 48

à Mirabel-aux-Baronnies *par ② et D 538 : 7 km – 1 276 h. alt. 263 – ☒ 26110 :*
Voir *Office de Tourisme* ✆ *04 75 27 13 93, Fax 04 75 27 13 93.*

X **Coloquinte,** av. Résistance ✆ 04 75 27 19 89, *Fax 04 75 27 19 99,* 盒 – GB
fermé vacances de Toussaint, de Noël, de fév., dim. soir de nov. à mars, jeudi midi et merc. – **Repas** *(110)* - 170/225

rte d'Orange *par ③ : 6 km sur D 94 – ☒ 26110 Nyons :*

XX **Croisée des Chemins,** ✆ 04 75 27 61 19, *Fax 04 75 27 68 55,* 盒 – P. GB
fermé 25 au 29 juin, 15 nov. au 15 déc., jeudi soir et vend. – **Repas** *(78)* - 118/240 ♀, enf. 52

OBERHASLACH *67280 B.-Rhin* 62 ⑨ *G. Alsace Lorraine – 1 333 h alt. 270.*
Paris 481 – Strasbourg 38 – Molsheim 16 – Saverne 32 – St-Dié 58.

Hostellerie St-Florent M, ✆ 03 88 50 94 10, *Fax 03 88 50 99 61* – |♦|, ▤ rest, TV ✆ ♿ P – 🏠 35. AE ◑ GB. ✗ ch
fermé 28 déc. au 1er fév. – **Repas** *(fermé dim. soir et lundi)* 60 (déj.), 140/280 ♀ – ☕ 45 – **24 ch** 250/285 – ½ P 280

OBERNAI *67210 B.-Rhin* 62 ⑨ *G. Alsace Lorraine – 9 610 h alt. 185.*
Voir *Place du Marché*★★ – *Hôtel de ville*★ **H** – *Tour de la Chapelle*★ **L** – *Ancienne halle aux blés*★ **D** - *Maisons anciennes*★.
ℹ *Office de Tourisme Chapelle du Beffroi* ✆ *03 88 95 64 13, Fax 03 88 49 90 84.*
Paris 487 ① – Strasbourg 36 ① – Colmar 49 ② – Molsheim 12 ① – Sélestat 27 ②.

OBERNAI

Acacias (R. des) .... AB
Altav (R. de l') .... A
Caspar (Rempart Mgr.) ..... A
Chamoine Gyss (R. du) ..... A 2
Chapelle (R. de la) .... A 3
Dietrich (R.) .... A 4
Étoile (Pl. de l') .... A 5
Fines Herbes (Pl. des) .... AB 6
Foch (Rempart Mar.) .... B
Freppel (Rempart Mgr.) .... AB
Gouraud (R. du Gén.) ...... AB
Joffre (Rempart Mar.) ..... A
Juifs (Ruelle des) .... A 8
Leclerc (Rue du Mar.) ..... B
Marché (Place du) .... AB
Marché (R. du) .... B 12
Montagne (R. de la) .... B
Paix (R. de la) .... A
Pèlerins (Rue des) .... A
Sainte-Odile (Rue) .... A 16
Sélestat (R. de) .... B
Victoire (R. de la) .... B

Parc M, 169 r. Gén. Gouraud, à l'Ouest par D 426 ☎ 03 88 95 50 08, *leparc@imaginet.fr, Fax 03 88 95 37 29*, – rest, – 60 à 120. AE GB
fermé 1er au 8 juil. et 5 déc. au 15 janv. – **Repas** *(fermé le midi sauf dim., dim. soir et lundi)* 220/420 ♀, enf. 90 - ***Stub*** (déj. seul.) *(fermé dim. soir et lundi)* **Repas** carte 170 à 190 ♀, enf. 90 – 85 – **44 ch** 750/1300, 6 appart, 3 studios – ½ P 900/1100

A la Cour d'Alsace M, 3 r. Gail ☎ 03 88 95 07 00, *info@cour-alsace.com, Fax 03 88 95 19 21*, – – 60. AE GB. A a
fermé 25 déc. au 23 janv. – ***Jardin des Remparts*** *(fermé sam. midi, lundi, mardi et merc.)* **Repas** 279/435 ♀, enf. 85 – ***Caveau de Gail*** *(fermé lundi midi, jeudi et dim.)* **Repas** 185/265 ♀, enf. 85 – 60 – **44 ch** 780/830 – ½ P 665/715

Colombier sans rest, 6 r. Dietrich ☎ 03 88 47 63 33, *hotel.colombier@wanadoo.fr, Fax 03 88 47 63 39* – . AE GB A n
50 – **40 ch** 440/480, 4 appart

Les Jardins d'Adalric M sans rest, 19 r. Mar. Koenig par ① ☎ 03 88 47 64 47, *Fax 03 88 49 91 80*, – – 25. AE GB
55 – **48 ch** 320/690

Diligence sans rest, 23 pl. Mairie ☎ 03 88 95 55 69, *hotel.la.diligence@wanadoo.fr, Fax 03 88 95 42 46* – . AE GB JCB A f
54 – **25 ch** 275/440

Annexe Résidence Bel Air sans rest, à 1 km, 2 r. Haute Corniche ☎ 03 88 95 60 05, *Fax 03 88 95 42 46*, – . AE GB JCB
54 – **15 ch** 295/340

Hostellerie Duc d'Alsace sans rest, 6 r. Gare ☎ 03 88 95 55 34, *ducalsace@pandemonium.fr, Fax 03 88 95 00 92* – – 25. AE GB B e
60 – **19 ch** 360/550

Vosges, 5 pl. Gare ☎ 03 88 95 53 78, *Fax 03 88 49 92 65*, – . AE GB JCB B d
Repas *(fermé 25 juin au 9 juil., 7 au 28 janv., dim. soir hors saison et lundi)* 90/145 ♀, enf. 50 – 55 – **22 ch** 290/350 – ½ P 340

Cloche, 90 r. Gén. Gouraud ✆ 03 88 95 52 89, *hotel.lacloche@wanadoo.fr, Fax 03 88 95 07 63* – rest, . GB. ch A s
fermé 4 au 19 janv. – **Repas** *(fermé dim. soir de mi-nov. à mars)* 75/155 ♀ – 35 – **20 ch** 240/320 – 1/2 P 265/280

Fourchette des Ducs, 6 r. Gare ✆ 03 88 48 33 38, *Fax 03 88 95 44 39* – AE GB
fermé août, 25 au 31 janv., midi sauf dim et fériés, dim. soir et lundi – **Repas** 190/395 et carte 300 à 390 ♀ B e

Cour des Tanneurs, ruelle du canal de l'Ehn ✆ 03 88 95 15 70, *Fax 03 88 95 43 84* – . GB B r
fermé 21 déc. au 3 janv., mardi soir et merc. – **Repas** 125/195 ♀

à Ottrott *Ouest : 4 km par D 426 – 1 501 h. alt. 268 – ✉ 67530.*
Voir *Couvent de Ste-Odile : ※★★ de la terrasse, chapelle de la Croix★ SO : 11 km - pèlerinage 13 décembre.*

Hostellerie des Châteaux M, Ottrott-le-Haut ✆ 03 88 48 14 14, *hostellerie-chateaux@wanadoo.fr, Fax 03 88 48 14 18,* ←, – – 30 à 100. AE GB
fermé 22 juil. au 7 août et fév. – **Repas** *(fermé dim. soir et lundi hors saison)* 160/460 ♀, enf. 100 – 80 – **60 ch** 700/1600, 6 appart – 1/2 P 675/1123

Beau Site M, Ottrott-le-Haut ✆ 03 88 95 80 61, *hostellerie-chateaux@wanadoo.fr, Fax 03 88 48 14 18,* – . AE GB
fermé 22 juil. au 7 août et fév. – **Repas** *(fermé dim. soir et lundi hors saison)* (90) - 120/260 ♀, enf. 65 – 60 – **18 ch** 470/950 – 1/2 P 580/650

A l'Ami Fritz M, Ottrott-le-Haut ✆ 03 88 95 80 81, *ami-fritz@wanadoo.fr, Fax 03 88 95 84 85,* – . AE GB
fermé 28 juin au 12 juil. (sauf hôtel) et 7 au 31 janv. – **Repas** *(fermé merc.)* 125/375 ♀, enf. 65 – 60 – **22 ch** 385/560 – 1/2 P 385/470

Clos des Délices, rte Klingenthal, Nord-Ouest : 1 km par D 426 ✆ 03 88 95 81 00, *Fax 03 88 95 97 71,* , « Parc », – – 80. AE GB. rest
Repas *(fermé dim. soir et merc.)* (120) - 160/380 ♀, enf. 85 – 70 – **23 ch** 480/680 – 1/2 P 520

Domaine Le Moulin, rte Klingenthal, Nord-Ouest : 1 km par D 426 ✆ 03 88 95 87 33, *domaine-le-moulin@wanadoo.fr, Fax 03 88 95 98 03,* , « Parc », – – 25. GB
fermé 20 déc. au 15 janv. – **Repas** *(fermé sam. midi et dim. soir)* 150 bc/280 ♀, enf. 80 – 48 – **17 ch** 310/450, 3 duplex – 1/2 P 400/430

Aux Chants des Oiseaux sans rest, Ottrott-le-Haut ✆ 03 88 95 87 39, *ami-fritz@wanadoo.fr, Fax 03 88 95 84 85,* ←, – – 25. AE GB
fermé 28 juin au 12 juil. et 7 au 31 janv. – 60 – **17 ch** 315/395

à Boersch *Ouest : 4 km par D 322 – 1 892 h. alt. 225 – ✉ 67530 :*

Chatelain, ✆ 03 88 95 83 33, *Fax 03 88 95 80 63,* , « Décor rustique, petit musée du tonnelier » – . AE GB
fermé 15 janv. au 12 fév., jeudi midi, mardi midi et lundi – **Repas** 150 bc (déj.), 195/360 ♀, enf. 60 - ***Winstub* :** Repas 120(déj.) et carte de 140 à 160 ♀, enf. 60

OBERSTEIGEN *67 B.-Rhin* 62 ⑧ *G. Alsace Lorraine* – ✉ *67710 Wangenbourg.*
Voir *Vallée de la Mossig★ E : 2 km.*
Paris 460 – Strasbourg 39 – Molsheim 27 – Sarrebourg 32 – Saverne 16 – Wasselonne 13.

Hostellerie Belle Vue , ✆ 03 88 87 32 39, *hostellerie.belle-vue@wanadoo.fr, Fax 03 88 87 37 77,* ←, , , , – , rest, – 40. AE GB JCB. rest
4 avril-4 janv. et fermé dim. soir et lundi hors saison – **Repas** 98/280 ♀, enf. 60 – 50 – **32 ch** 350/450, 6 appart – 1/2 P 400

OBERSTEINBACH *67510 B.-Rhin* 57 ⑱ ⑲ *G. Alsace Lorraine – 199 h alt. 239.*
Paris 459 – Strasbourg 69 – Bitche 22 – Haguenau 34 – Wissembourg 25.

Anthon avec ch, ✆ 03 88 09 55 01, *Fax 03 88 09 50 52,* , – . GB
fermé 2 au 25 fév., mardi et merc. – **Repas** 155/400 et carte 270 à 410 ♀, enf. 80 – 60 – **9 ch** 370 – 1/2 P 470

OBJAT *19130 Corrèze* 75 ⑧ *– 3 163 h alt. 131.*
Office de Tourisme Mairie ✆ 05 55 25 96 73, Fax 05 55 25 97 45.
Paris 474 – Brive-la-Gaillarde 21 – Limoges 81 – Tulle 46 – Uzerche 31.

France, av. G. Clemenceau (vers la gare) ✆ 05 55 25 80 38, *Fax 05 55 25 91 87* – rest, . GB
fermé 15 sept. au 2 oct., sam. soir sauf hôtel et dim. hors saison – **Repas** 75/200 ♀, enf. 45 – 35 – **30 ch** 130/220 – 1/2 P 200/220

à St-Aulaire *par rte des 4 Chemins : 3 km – 707 h. alt. 251 – ✉ 19130 :*

X **Bellevue** avec ch, ☎ 05 55 25 81 39, *Fax 05 55 84 12 01,* ←, – P. AE ① GB. ch
fermé 1er au 15 janv., 15 au 28 fév., dim. soir et lundi hors saison – **Repas** (50) - 120/205 ♀, enf. 45 – ☕ 40 – **9 ch** 200/290 – 1/2 P 250/270

OCHIAZ *01 Ain* 74 ⑤ *– rattaché à Bellegarde-sur-Valserine.*

OCTON *34800 Hérault* 83 ⑤ *– 350 h alt. 185.*
Paris 717 – Montpellier 57 – Béziers 57 – Lodève 14.

Mas de Clergues, ☎ 04 67 96 08 84, *Fax 04 67 96 08 84,* ←, , – P. GB
fermé janv. – **Repas** 90 (déj.)/170 bc, enf. 80 – ☕ 35 – **13 ch** 320 – 1/2 P 320

ODENAS *69460 Rhône* 74 ① *– 750 h alt. 300.*
Paris 428 – Mâcon 32 – Bourg-en-Bresse 54 – Lyon 49 – Villefranche-sur-Saône 15.

X **Christian Mabeau,** ☎ 04 74 03 41 79, *christianmabeau@france-beaujolais.com, Fax 04 74 03 49 40,* , « Terrasse en bordure des vignes » – GB
fermé 3 au 19 sept., 2 au 17 janv., dim. soir et lundi – **Repas** 125/360 ♀, enf. 80

OEYRELUY *40 Landes* 78 ⑦ *– ratatché à Dax.*

OGNES *02 Aisne* 56 ③ *– rattaché à Chauny.*

L'OIE *85140 Vendée* 67 ⑮ *– 852 h alt. 102.*
Paris 390 – La Roche-sur-Yon 30 – Cholet 40 – Nantes 62 – Niort 92.

Grand Turc M, ☎ 02 51 66 08 74, *Fax 02 51 66 14 13,* – TV P. AE ① GB
fermé dim. de sept. à avril – **Repas** 100/190 – ☕ 40 – **19 ch** 275/345 – 1/2 P 320

OINGT *69620 Rhône* 73 ⑨ *– 445 h alt. 550.*
Paris 447 – Roanne 61 – Lyon 37 – Tarare 20 – Villefranche-sur-Saône 15.

XX **Donjon,** ☎ 04 74 71 20 24, *Fax 04 74 71 10 91,* ←, – GB
fermé vacances de printemps, 3 au 20 janv., vacances de fév., mardi soir et merc. – **Repas** 105/275, enf. 75

OIRON *79100 Deux-Sèvres* 68 ② *G. Poitou Vendée Charentes – 1 009 h alt. 95.*
Voir *Château★ : galerie★★ – Collégiale★.*
Paris 329 – Poitiers 56 – Loudun 15 – Parthenay 41 – Thouars 13.

XX **Relais du Château** avec ch, ☎ 05 49 96 54 96, *Fax 05 49 96 54 45,* – TV . GB
fermé vacances de fév., lundi (sauf hôtel) et dim. soir – **Repas** 80/230 ♀ – ☕ 30 – **14 ch** 150/230 – 1/2 P 175/210

OISLY *41700 L.-et-Ch.* 64 ⑬ *– 319 h alt. 120.*
Paris 210 – Tours 61 – Blois 28 – Châteauroux 79 – Romorantin-Lanthenay 32.

XX **St-Vincent,** ☎ 02 54 79 50 04, *Fax 02 54 79 50 04,* – GB
fermé 20 déc. au 31 janv., mardi et merc.
Repas 125/250 ♀

OIZON *18700 Cher* 65 ⑪ *– 776 h alt. 230.*
Paris 181 – Bourges 55 – Orléans 74 – Cosne-sur-Loire 36 – Gien 29 – Salbris 38 – Vierzon 50.

X **Les Rives de l'Oizenotte,** à l'étang de Nohant, Est : 1 km ☎ 02 48 58 06 20, *Fax 02 48 58 28 97,* ←, , « Au bord d'un étang » – P. GB
fermé vacances de fév., le soir sauf week-end et merc. – **Repas** 65 (déj.), 100/140, enf. 48

OLARGUES *34390 Hérault* 83 ③ *– 571 h alt. 183.*
Office de Tourisme (ouv. juillet-août ; hors saison perm. merc. et sam.) av. de la Gare ☎ 04 67 97 71 26.
Paris 755 – Béziers 50 – Carcassonne 84 – Castres 73 – Lodève 54 – Narbonne 65.

Domaine de Rieumégé, rte St-Pons : 3 km ☎ 04 67 97 73 99, *Fax 04 67 97 78 52,* , , , – P. AE ① GB
1er avril-10 nov. – **Repas** 130 (déj.), 210/300 ♀, enf. 65 – ☕ 65 – **12 ch** 600/800 – 1/2 P 485/770

OLEMPS *12 Aveyron* **80** ② – *rattaché à Rodez.*

OLÉRON (Ile d') ★ *17 Char.-Mar.* **71** ⑬ ⑭ *G. Poitou Vendée Charentes.*
Accès *par le pont viaduc :* Passage gratuit.

Boyardville – ✉ *17190 St-Georges-d'Oléron.*
Paris 522 – La Rochelle 83 – Marennes 24 – Rochefort 45 – Saintes 64.

XX **Bains** avec ch, au port ☎ 05 46 47 01 02, *Fax 05 46 47 16 90,* – TV. AE ◑ GB JCB
24 mai-23 sept. – **Repas** *(fermé merc. en mai et juin)* 92/338 ♀, enf. 57 – ☕ 36 – **11 ch** 183/286 – ½ P 267/303

La Brée-les-Bains – *644 h alt. 5* – ✉ *17840.*
Paris 530 – La Rochelle 91 – Marennes 32 – Rochefort 53 – Royan 60.

Chaudrée, ☎ 05 46 47 81 85, *Fax 05 46 75 73 99,* – rest. TV. AE GB
1er avril-4 nov. et 22 déc.-6 janv. – **Repas** (dîner seul.)(résidents seul.) 80, enf. 50 – ☕ 40 – **17 ch** 390/480 – ½ P 315/360

Château d'Oléron – *3 544 h alt. 9* – ✉ *17480.*
Office de Tourisme pl. République ☎ 05 46 47 60 51, Fax 05 46 47 73 65.
Paris 510 – La Rochelle 71 – Royan 40 – Marennes 12 – Rochefort 33.

France, 11 av. Mar. Foch ☎ 05 46 47 60 07, *Fax 05 46 75 21 55,* – TV. AE ◑ GB
fermé 15 déc. au 30 janv. – **Repas** *(fermé dim. soir et lundi sauf juil.-août)* 98/158 ♀ – ☕ 33 – **11 ch** 280/320 – ½ P 390/430

La Cotinière – ✉ *17310 St-Pierre-d'Oléron.*
Paris 523 – La Rochelle 84 – Royan 52 – Marennes 24 – Rochefort 46 – Saintes 65.

Motel Ile de Lumière sans rest, av. Pins ☎ 05 46 47 10 80, *ile.de.lumiere@wanadoo.fr, Fax 05 46 47 30 87,* ←, « Dans les dunes », – cuisinette TV P. GB
7 avril-30 sept. – **45 ch** ☕ 690

Face aux Flots, ☎ 05 46 47 10 05, *Fax 05 46 47 45 95,* ←, – TV. AE GB
fermé déc. et janv. sauf vacances de Noël – **Repas** 98/195 ♀ – ☕ 45 – **21 ch** 340/460 – ½ P 360/420

La Remigeasse – ✉ *17550 Dolus-d'Oléron.*
Paris 517 – La Rochelle 78 – Royan 47 – Marennes 19 – Rochefort 40 – Saintes 59.

Grand Large , à la plage ☎ 05 46 75 37 89, *le.grand.large.@wanadoo.fr, Fax 05 46 75 49 15,* ←, « Dans les dunes, face à la mer », – TV P. AE ◑ GB
mai-fin sept. – ***L'Amiral*** *(fermé le midi sauf week-ends)* **Repas** 190/390 ♀ – ☕ 95 – **17 ch** 1870, 5 appart – ½ P 1445

St-Georges-d'Oléron – *3 144 h alt. 10* – ✉ *17190.*
Office de Tourisme 28 r. des Dames ☎ 05 46 76 63 75, Fax 05 46 76 86 49.
Paris 525 – La Rochelle 86 – Marennes 27 – Rochefort 48 – Saintes 67.

aux Sables Vignier *Sud-Ouest : 6 km par rte de Chéray et rte secondaire* – ✉ *17190 St-Georges-d'Oléron :*

Hermitage , ☎ 05 46 76 52 56, *lhermitage@wanadoo.fr, Fax 05 46 76 67 76,* – rest, TV P – 40. GB
hôtel : 1er avril-13 oct. ; rest. : 1er avril-30 sept. – **Repas** 110/265 ♀, enf. 40 – ☕ 40 – **34 ch** 310/435 – ½ P 372

St-Pierre-d'Oléron – *5 365 h alt. 8* – ✉ *17310.*
Voir *Église* ★.
Office de Tourisme pl. Gambetta ☎ 05 46 47 11 39, Fax 05 46 47 10 41 et (Pâques-août) à la Cotinière ☎ 05 46 47 09 08.
Paris 521 – La Rochelle 82 – Royan 50 – Marennes 22 – Rochefort 44 – Saintes 63.

XXX **Campagne,** D 734 ☎ 05 46 47 25 42, *Fax 05 46 75 16 04,* – P. AE GB.
Pâques-début nov. et fermé dim. soir hors saison et lundi – **Repas** 160 (déj.)/285 ♀, enf. 85

XX **Moulin du Coivre,** D 734 ☎ 05 46 47 44 23, *Fax 05 46 47 33 57,* – P. GB
fermé dim. soir. et lundi de sept. à mi-juil. – **Repas** 178 (déj.), 208/238, enf. 60

X **Alizés,** 4 r. Dubois-Aubry ☎ 05 46 47 20 20 – GB
fermé 13 nov. au 19 déc., 15 janv. au 28 fév., mardi soir et merc. sauf juil.-août et fériés – **Repas** 85/178 ♀, enf. 48

St-Trojan-les-Bains – *1 490 h alt. 5* – ✉ *17370.*

Office de Tourisme carrefour du Port ☎ 05 46 76 00 86, Fax 05 46 76 17 64.

Paris 515 – La Rochelle 76 – Royan 45 – Marennes 17 – Rochefort 38 – Saintes 57.

Novotel M, plage de Gatseau, Sud : 2,5 km ☎ 05 46 76 02 46, *Fax 05 46 76 09 33*, ←, centre de thalassothérapie, « En forêt près de la mer », ch, – 25. AE GB

fermé 2 au 22 déc. – **Repas** 155 ꝗ, enf. 69 – 69 – **80 ch** 840/930 – ½ P 625/670

Forêt M, bd P. Wiehn ☎ 05 46 76 00 15, *Fax 05 46 76 14 67*, ←, – rest, GB

6 avril-30 sept. – **Repas** 95/250 ꝗ, enf. 55 – 42 – **43 ch** 330/600 – ½ P 305/460

L'Albatros, 11 bd Dr Pineau ☎ 05 46 76 00 08, *Fax 05 46 76 03 58*, ←, – rest, GB

7 fév.-4 nov. – **Repas** 164 – 46 – **13 ch** 336/400 – ½ P 339/365

Homard Bleu, 10 bd Félix Faure ☎ 05 46 76 00 22, *Fax 05 46 76 14 95*, ←, – AE GB

fermé 1er nov. au 22 déc., 2 janv. au 15 fév., mardi soir et mer. du 25 sept. à Pâques – **Repas** 98/320, enf. 65 – 42 – **20 ch** 390 – ½ P 375/395

Belle Cordière, 76 r. République ☎ 05 46 76 12 87, *Fax 05 46 75 24 74*, – GB

fermé mardi sauf juil.-août – **Repas** 70/145, enf. 50

OLETTE *66360 Pyr.-Or.* 86 ⑰ – *345 h alt. 616.*

Paris 917 – Font-Romeu-Odeillo-Via 29 – Perpignan 60 – Prades 16.

Fontaine, ☎ 04 68 97 03 67, *Fax 04 68 97 09 18*, – AE GB

fermé 6 au 27 janv., mardi soir et merc. sauf vacances scolaires – **Repas** 70/120, enf. 55 – 25 – **7 ch** 180/240 – ½ P 180

The Guide changes, so renew your Guide every year.

OLIVET *45 Loiret* 64 ⑨ – *rattaché à Orléans.*

Les OLLIÈRES-SUR-EYRIEUX *07360 Ardèche* 76 ⑲ ⑳ – *769 h alt. 200.*

Paris 597 – Valence 34 – Le Cheylard 28 – Lamastre 33 – Montélimar 53 – Privas 19.

Auberge de la Vallée avec ch, ☎ 04 75 66 20 32, *Fax 04 75 66 20 63* – rest, GB. ch

fermé 24/09 au 3/10, 4 au 10 déc., 1er fév. au 15 mars, dim. soir et lundi de mi-sept. à mi-juin sauf fériés – **Repas** 100/325 ꝗ, enf. 65 – 42 – **7 ch** 280/360 – ½ P 280/320

OLLIOULES *83190 Var* 84 ⑭, 114 ㊹ *G. Côte d'Azur* – *10 398 h alt. 52.*

Voir *Gorges d'Ollioules*★.

Office de Tourisme 110 av. Mar.-Leclerc-de-Hauteclocque ☎ 04 94 63 11 74, Fax 04 94 63 11 74.

Paris 830 – Toulon 11 – Aix-en-Provence 75 – Marseille 56.

L'Assiette Gourmande, pl. H. Duprat (parvis de l'église) ☎ 04 94 63 04 61, – GB

fermé lundi midi, merc. midi et sam. midi en juil.-août, mardi soir et merc. hors saison – **Repas** (nombre de couverts limité, prévenir) 135/195, enf. 55

OLMETO *2A Corse-du-Sud* 90 ⑱ – *voir à Corse.*

OLONNE-SUR-MER *85340 Vendée* 67 ⑫ – *8 546 h alt. 40.*

Paris 483 – La Roche-sur-Yon 34 – Les Sables-d'Olonne 6 – St-Gilles-Croix-de-Vie 26.

au Nord-Ouest *sur D 80 : 7 km* – ✉ *85340 Olonne-sur-Mer :*

Auberge de la Forêt, ☎ 02 51 90 52 29, *Fax 02 51 20 11 89*, – AE GB

fermé mi-janv. à mi-mars., lundi et mardi de sept. à juin – **Repas** *(88)* - 110/295 ꝗ, enf. 56

OLORON-STE-MARIE SP *64400 Pyr.-Atl.* 85 ⑤ ⑥ *G. Aquitaine* – *11 067 h alt. 224.*

Voir *Portail*★★ de l'église Ste-Marie.

Office de Tourisme pl. Résistance ☎ 05 59 39 98 00, Fax 05 59 39 43 97.

Paris 810 ⑤ – Pau 35 ② – Bayonne 96 ⑤ – Mont-de-Marsan 98 ①.

OLORON-STE-MARIE

Barthou (R. Louis) . . . . . . B
Bellevue (Promenade) . . . . B 2
Biscondau . . . . B 3
Bordelongue (R. A.) . . . . . B 4
Camou (R.) . . . . B
Casamayor-Dufaur (R.) . . A 5
Cathédrale (R.) . . . . A 6
Dalmais (R.) . . . . B 7
Derème (Av. Tristan) . . . . A 8
Despourins (R.) . . . . A 9
Gabe (Pl. Amédée) . . . . . B 10
Gambetta (Pl.) . . . . B 12
Jaca (Pl. de) . . . . A 13
Jeliotte (R.) . . . . B 14
Mendiondou (Pl.) . . . . B 15
Moureu (Av. Charles et Henri) . A 16
Oustalots (Pl. des) . . . . . . A 18
Pyrénées (Bd. des) . . . . . A 19
Résistance (Pl. de la) . . . . B 20
St-Grat (Rue) . . . . A 22
Tassigny (Av. de Lattre de) . . . . . A 23
Toulet (R. Paul-Jean) . . . . A 24
Vigny (Av. Alfred de) . . . . A 26
4-Septembre (Av. du) . . . A 28
14-Juillet (Av. du) . . . . A 30

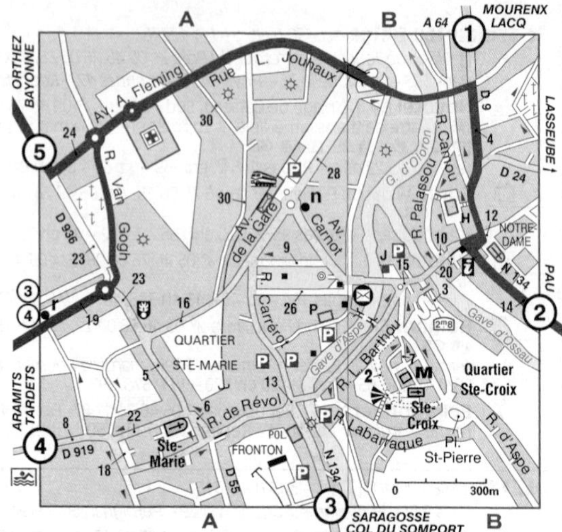

Alysson Ⓜ, bd Pyrénées ✆ 05 59 39 70 70, *alysson.hotel@wanadoo.fr, Fax 05 59 39 24 47*, ←, 🏞, ⛱, 🌳 – 🛗 ⇆, ▤ rest, 📺 ✆ ♿ 🅿 – 🏫 15 à 35. AE ⓓ GB
Repas *(fermé vacances de Noël, sam. sauf le soir de mai à sept. et vend. soir hors saison)* 140/250 – ☕ 50 – **34 ch** 430/550 – ½ P 410/470 A r

Paix sans rest, 24 av. Sadi-Carnot ✆ 05 59 39 02 63, *Fax 05 59 39 98 20* – 📺 🅿. GB. ✗
fermé nov. et dim. du 15 sept. au 1er juin – ☕ 30 – **24 ch** 200/260 A n

---

OMONVILLE-LA-PETITE *50440 Manche* 54 ① – *137 h alt. 33.*
Paris 378 – Cherbourg 26 – Barneville-Carteret 45 – Nez de Jobourg 7 – St-Lô 102.

Fossardière 🐦 sans rest, au hameau de la Fosse ✆ 02 33 52 19 83, *Fax 02 33 52 73 49* – 🅿. GB
15 mars-15 nov. – ☕ 40 – **10 ch** 260/370

ONZAIN *41150 L.-et-Ch.* 64 ⑯ – *3 080 h alt. 69.*
Paris 201 – Tours 44 – Amboise 21 – Blois 18 – Château-Renault 24 – Montrichard 23.

✿✿ **Domaine des Hauts de Loire** Ⓜ 🐦, Nord-Ouest : 3 km par D 1 et voie privée ✆ 02 54 20 72 57, *hauts.loire@relaischateaux.fr, Fax 02 54 20 77 32*, 🏞, « Élégant relais de chasse dans un grand parc », ⛱, 🎾, 🌳 – 📺 ✆ ♿ 🅿 – 🏫 70. AE ⓓ GB JCB. ✗
fermé 1er déc. au 15 fév., lundi et mardi de nov. à mars – **Repas** (nombre de couverts limité, prévenir) 350 (déj.), 490/750 et carte 460 à 730 ♀ – ☕ 110 – **25 ch** 700/1700, 10 appart – ½ P 1500/1700
Spéc. Carpacio de homard et pâtes au thé vert. Saint-Pierre à la mousseline de pois chiche truffée. Pigeonneau du vendômois au jus de presse. **Vins** Sauvignon de Touraine, Touraine-Mesland.

Château des Tertres 🐦 sans rest, Ouest : 1,5 km par D 58 ✆ 02 54 20 83 88, *chateau.des.tertres@wanadoo.fr, Fax 02 54 20 89 21*, « Gentilhommière dans un parc », 🌳 – 🛗 📺 ✆ 🅿. AE ⓓ GB. ✗
6 avril-4 nov. – ☕ 50 – **18 ch** 400/600

Hostellerie Les Couronnes 🐦, au golf de la Carte, Sud-Est : 4,5 km sur N 152 ✆ 02 54 20 49 00, *Fax 02 54 20 43 78*, 🏞, ⛱, 🎾 – 📺 ✆ ♿ 🅿 – 🏫 30. AE ⓓ GB
1er avril-15 nov. – **Repas** 95/190 ♀, enf. 55 – ☕ 50 – **10 ch** 480/690, 10 duplex – ½ P 420/525

OPIO *06650 Alpes-Mar.* 81 ⑳, 115 ㉔ – *1 792 h alt. 300.*
ℹ *Syndicat d'Initiative Espace de la Fontneuve ✆ 04 93 77 70 11, Fax 04 93 77 71 89.*
Paris 917 – Cannes 17 – Digne-les-Bains 125 – Draguignan 74 – Grasse 8 – Nice 30.

✗✗ **Mas des Géraniums**, à San Peyre, Est : 1 km sur D 7 ✆ 04 93 77 23 23, *Fax 04 93 77 76 05*, 🏞, « Terrasse ombragée et fleurie », 🌳 – 🅿. GB
fermé 18 nov. au 10 janv., jeudi midi en juil.-août, mardi et merc. – **Repas** 150/195 ♀, enf. 75

ORADOUR-SUR-GLANE *87520 H.-Vienne 72 ⑥ ⑦ G. Berry Limousin – 1 998 h alt. 275.*

Voir *"Village martyr" dont la population a été massacrée en juin 1944.*

Paris 412 – Limoges 23 – Angoulême 83 – Bellac 26 – Confolens 33 – Nontron 65.

Glane, 8 pl. Gén. de Gaulle ✆ 05 55 03 10 43, *Fax 05 55 03 15 42* – TV ✆ P. GB
Repas *(fermé 15 déc. au 31 janv. et lundi)* (55) - 120 ♁, enf. 42 – ☕ 35 – **10 ch** 230/290 – ½ P 240

Milord, 10 av. du 10-Juin ✆ 05 55 03 10 35, *Fax 05 55 03 21 76* – GB
fermé nov., dim. soir et merc. soir – **Repas** 65/210 ♁, enf. 42

ORANGE *84100 Vaucluse 81 ⑪ ⑫ G. Provence – 26 964 h alt. 97.*

Voir *Théâtre antique★★★ – Arc de Triomphe★★ – Colline St-Eutrope ≤★.*

Office de Tourisme Crs A.-Briand ✆ 04 90 34 70 88, Fax 04 90 34 99 62.

Paris 658 ⑤ – Avignon 32 ⑤ – Alès 84 ⑤ – Carpentras 24 ③ – Nîmes 57 ⑤.

ORANGE

Arc-de-Triomphe (Av. de l') .... AY
Artaud (Av. A.) .... ABY
Blanc (R. A.) .... BZ
Briand (Crs A.) .... AYZ
Caristie (R.) .... BY 2
Châteauneuf (R. de) .... BZ 3
Clemenceau (Pl. G.) .... BY 4
Concorde (R. de la) .... BY
Contrescarpe (R. de la) .... BY
Daladier (Bd E.) .... ABY
Fabre (Av. H.) .... BY
Frères-Mounet (Pl. des) .... BY 5
Guillaume-le Taciturne (Av.) .... BY
Lacour (R.) .... AY
Leclerc (Av. Gén.) .... BZ
Levade (R. de la) .... BY
Mistral (Av. F.) .... BY 6
Noble (R. du) .... ABY
Pourtoules (Cours) .... BZ
Pourtoules (R.) .... BZ 7
Princes d'Orange-Nassau (Mtée des) .... AZ
République (Pl. de la) .... BY 8
République (R. de la) .... BY 9
Roch (R. Madeleine) .... BZ 10
St-Clement (Rue) .... AZ
St-Florent (R.) .... BY 12
St-Jean (Rue) .... AY
St-Martin (R.) .... AY 13
Tanneurs (R. des) .... AY 16
Thermes (Av. des) .... AZ
Tourre (R. de) .... AZ 20
Victor-Hugo (Rue) .... AY

Promeneurs,
campeurs,
fumeurs,
Soyez prudents!
Le feu
est le plus terrible ennemi
de la forêt.

Mercure M, rte Caderousse par ⑤ ✆ 04 90 34 24 10, *hotelmercure.orange@wanadoo.fr, Fax 04 90 34 85 48,* – ▤ TV ♿ P – 100. AE ⓓ GB JCB
Repas *(fermé sam. et dim. de nov. à fév.)* 125/170, enf. 60 – ☕ 60 – **99 ch** 580/660

Arène sans rest, pl. Langes ✆ 04 90 11 40 40, *Fax 04 90 11 40 45* – ▤ TV ✆ . AE ⓓ GB JCB — AY a
fermé 8 au 30 nov. – ☕ 50 – **30 ch** 355/600

Glacier sans rest, 46 cours A. Briand ✆ 04 90 34 02 01, *hotelgla@aol.com, Fax 04 90 51 13 80* – TV. AE ⓓ GB — AY r
fermé 21 déc. au 6 janv., dim. de nov. à mars et sam. en janv. et fév. – ☕ 36 – **28 ch** 290/400

Ibis, rte Caderousse par ⑤ ✆ 04 90 34 35 35, *h0925@accor-hotels.com, Fax 04 90 34 96 47,* – , ch, – 20. AE GB
Repas (77) - 97, enf. 39 – 35 – **72 ch** 340/380

St-Jean sans rest, 7 cours Pourtoules ✆ 04 90 51 15 16, *Fax 04 90 11 05 45* – . GB
fermé 1er janv. au 15 fév. – 35 – **23 ch** 280/400 BZ s

Clarine sans rest, 4 r. Caristie ✆ 04 90 34 10 07, *finnegan@wanadoo.fr, Fax 04 90 34 89 76* – . AE GB JCB BY z
40 – **29 ch** 350/450

Parvis, 3 cours Pourtoules ✆ 04 90 34 82 00, *Fax 04 90 51 18 19,* – . AE GB BZ e
fermé 4 nov. au 3 déc., 20 au 28 janv., dim. soir et lundi – **Repas** 105/265, enf. 60

Yaca, 24 pl. Silvain ✆ 04 90 34 70 03, – GB JCB BZ n
fermé 2 au 28 nov., mardi soir sauf juil.-août et merc. – **Repas** (60 bc) - 70/130

Forum, 3 r. Mazeau ✆ 04 90 34 01 09, *leforum@fr.st, Fax 04 90 34 01 09* – GB BY e
fermé 20 au 30 août, vacances de fév., sam. midi et lundi – **Repas** 90/310

par ① *N 7 et rte secondaire : 4 km* – ✉ *84100 Orange :*

Mas des Aigras, ✆ 04 90 34 81 01, *Fax 04 90 34 05 66,* , « Joli mas provençal », , – . GB
fermé 3 au 23 janv. et mardi soir d'oct. à mars – **Repas** *(fermé merc. du 1er avril au 30 sept., mardi soir et merc. d'oct. à mars)* 95 (déj.), 145/250 – 60 – **12 ch** 470/550 – ½ P 415/480

à Sérignan-du-Comtat *par ①, N 7 et D 976 : 8 km – 2 069 h. alt. 80 –* ✉ *84830 :*

Host. du Vieux Château et Pré du Moulin avec ch, rte Ste-Cécile-les-Vignes ✆ 04 90 70 05 58, *Fax 04 90 70 05 62,* , , – . AE GB JCB. ch
fermé vacances de Toussaint, de fév., lundi sauf le soir hors saison et dim. soir – **Repas** ✆ 04 90 70 14 55 – 110 (déj.), 170/270 – 60 – **8 ch** 400/1400 – ½ P 425/785

ORBEC *14290 Calvados* 55 ⑭ *G. Normandie Vallée de la Seine – 2 642 h alt. 110.*
Voir *Vieux manoir*★.
Syndicat d'Initiative r. Guillonnière ✆ 02 31 61 12 35, Fax 02 31 61 12 35.
Paris 170 – L'Aigle 39 – Alençon 80 – Argentan 52 – Bernay 17 – Caen 84 – Lisieux 22.

Au Caneton, 32 r. Grande ✆ 02 31 32 73 32, *Fax 02 31 62 48 91* – AE GB JCB
fermé 3 au 13 sept., 2 au 16 janv., dim. soir et lundi sauf fériés – **Repas** (nombre de couverts limité, prévenir) 105/380 et carte 280 à 430

L'Orbecquoise, 60 r. Grande ✆ 02 31 62 44 99, *Fax 02 31 62 44 99* – GB.
fermé 18 au 30 juin, 11 au 21 nov., merc. soir et jeudi – **Repas** 78/208

ORBEY *68370 H.-Rhin* 62 ⑱ *G. Alsace Lorraine – 3 282 h alt. 550 – Sports d'hiver Voir "Le Bonhomme".*
Office de Tourisme ✆ 03 89 71 30 11, Fax 03 89 71 34 11 et (mi juin-mi sept.) Wagon d'Accueil à Hachinette ✆ 03 89 47 53 11.
Paris 433 – Colmar 22 – Gérardmer 42 – Munster 20 – St-Dié 41 – Sélestat 37.

Bois Le Sire et son Motel, r. Ch. de Gaulle ✆ 03 89 71 25 25, *boislesire@bois-le-sire.fr, Fax 03 89 71 30 75,* – – 25. AE GB JCB
fermé 2 janv. au 5 fév. et lundi sauf juil.-août – **Repas** 56/300, enf. 50 – 50 – **35 ch** 280/375 – ½ P 310/350

Aux Bruyères, r. Ch. de Gaulle ✆ 03 89 71 20 36, *beaulieu@auxbruyeres.com, Fax 03 89 71 35 30,* – . AE GB
6 avril-28 oct., 20 déc.-2 janv., vacances de fév. et fermé merc. midi sauf juil.-août – **Repas** 78/165, enf. 48 – 40 – **29 ch** 290/350 – ½ P 245/305

à Basses-Huttes *Sud : 4 km par D 48 –* ✉ *68370 Orbey :*

Wetterer, ✆ 03 89 71 20 28, *Fax 03 89 71 36 50* – . GB.
fermé 5 nov. au 21 déc., lundi et mardi de janv. à mars et merc. – **Repas** 85/190, enf. 48 – 42 – **16 ch** 200/300 – ½ P 255/270

à Pairis *Sud-Ouest : 3 km sur D 48II –* ✉ *68370 Orbey.*
Voir *Lac Noir*★ : ≤★ *30 mn 0 : 5 km.*

Bon Repos, ✆ 03 89 71 21 92, *au-bon-repos@wanadoo.fr, Fax 03 89 71 24 51,* – . GB
fermé 27 oct. au 31 mars sauf week-ends, vacances scolaires et merc. sauf juil.-août – **Repas** 80/160 – 40 – **18 ch** 175/260 – ½ P 265/275

ORCHAMPS-VENNES *25390 Doubs* 66 ⑰ *G. Jura – 1 497 h alt. 795.*

Voir *Grandfontaine-Fournets : tuyé★ de la ferme du Montagnon E : 4 km.*

Env. *La Roche du Prêtre ⩽★★★ sur le Cirque de Consolation★★ NE : 13 km.*

Paris 454 – Besançon 49 – Baume-les-Dames 42 – Montbéliard 70 – Morteau 18.

Barrey, pl. Église ✆ 03 81 43 50 97, *philippe.bole@wanadoo.fr, Fax 03 81 43 62 68,* – ☎. GB

fermé dim. soir et lundi – **Repas** 115/290 ♀, enf. 50 – ☐ 30 – **9 ch** 250 – ½ P 280

ORCHIES *59310 Nord* 51 ⑯ *– 6 945 h alt. 40.*

Paris 219 – Lille 30 – Denain 28 – Douai 20 – Tournai 19 – Valenciennes 30.

Manoir Ⓜ, Ouest par rte Seclin ✆ 03 20 64 68 68, *le.manoir@wanadoo.fr, Fax 03 20 64 68 69,* – ☎ ♿ P – 15 à 30. AE ⓓ GB

Repas *(fermé sam. midi, dim. soir et soirs fériés) (98)* - 140/320 ♀, enf. 55 – ☐ 39 – **34 ch** 380/590 – ½ P 300/400

Chaumière, Sud : 3 km D 957, rte Marchiennes ✆ 03 20 71 86 38, *Fax 03 20 61 65 91,* – P. AE ⓓ GB

fermé fév., dim. soir et lundi – **Repas** 80 (déj.), 155/350 bc

ORCIÈRES *05170 H.-Alpes* 77 ⑰ *G. Alpes du Sud – 841 h alt. 1446 – Sports d'hiver à Orcières-Merlette : 1 850/2 650 m ⛷ 2 ⛷ 27 ⛷.*

Env. *Vallée du Drac Blanc★★ NO : 14 km.*

ℹ *Office de Tourisme Maison du Tourisme ✆ 04 92 55 89 89, Fax 04 92 55 89 75.*

Paris 684 – Briançon 112 – Gap 33 – Grenoble 116 – La Mure 76.

Poste, ✆ 04 92 55 70 04, *Fax 04 92 55 73 38,* ⩽ – AE GB

fermé nov. – **Repas** 90/160 ♖, enf. 45 – ☐ 35 – **21 ch** 290/340 – ½ P 285/295

à Merlette *Nord : 5 km par D 76 – ✉ 05170 Orcières :*

Les Gardettes ⛰, ✆ 04 92 55 71 11, *Fax 04 92 55 77 26,* ⩽ – P. AE ⓓ GB JCB. ch

15 juin-15 sept. et 1er déc.-1er mai – **Repas** 78/175 ♖, enf. 50 – ☐ 40 – **15 ch** 370/450 – ½ P 345/385

ORCINES *63 P.-de-D.* 73 ⑭ *– rattaché à Clermont-Ferrand.*

ORCIVAL *63210 P.-de-D.* 73 ⑬ *G. Auvergne – 283 h alt. 840.*

Voir *Basilique Notre-Dame★★.*

ℹ *Syndicat d'Initiative ✆ 04 73 65 92 25.*

Paris 451 – Clermont-Ferrand 27 – Aubusson 85 – Le Mont-Dore 18 – Ussel 56.

Roche ⛰ sans rest, ✆ 04 73 65 82 31, – GB.

fermé 15 nov. au 20 déc. et vend. hors saison – ☐ 30 – **9 ch** 200/250

Les Bourelles ⛰ sans rest, ✆ 04 73 65 82 28, ⩽, –

Pâques-1er oct. – ☐ 30 – **7 ch** 145/185

ORDINO 86 ⑭ *– voir à Andorre (Principauté d').*

ORGEVAL *78 Yvelines* 55 ⑲, 101 ⑪ *– voir à Paris, Environs.*

ORGNAC-L'AVEN *07150 Ardèche* 80 ⑨ *– 327 h alt. 190.*

Voir *Aven d'Orgnac★★★ NO : 2 km,* G. Vallée du Rhône.

Paris 659 – Alès 44 – Aubenas 52 – Pont-St-Esprit 23.

Stalagmites, ✆ 04 75 38 60 67, *Fax 04 75 38 66 02,* – P. GB

1er mars-15 nov. – **Repas** 68/145 ♀ – ☐ 30 – **24 ch** 168/255 – ½ P 195/225

ORLÉANS P 45000 Loiret 64 ⑨ *G. Châteaux de la Loire – 105 111 h Agglo. 243 153 h alt. 100.*

Voir *Cathédrale Ste-Croix★ : boiseries★★ – Maison de Jeanne d'Arc★* **V** *– Quai Fort-des-Tourelles ≤★* **EZ** *60 – Musée des Beaux-Arts★★* **M**[1] *– Musée Historique et Archéologique★* **M**[2] *– Muséum.*

Env. *Olivet : parc floral de la Source★★ SE : 8 km* **CZ.**

Office de Tourisme et Accueil de France 6 r. Albert-1er ☎ 02 38 24 05 05, Fax 02 38 54 49 84.

Paris 132 ⑪ – Caen 310 ⑪ – Clermont-Ferrand 299 ⑥ – Le Mans 142 ⑩ – Tours 116 ⑨.

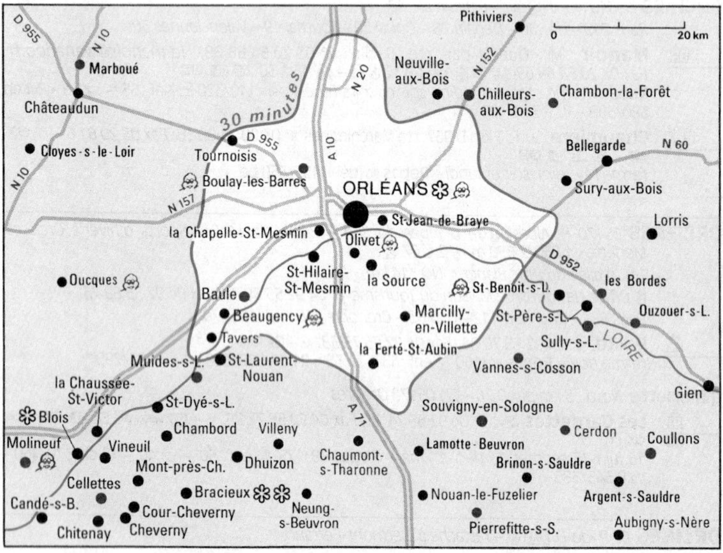

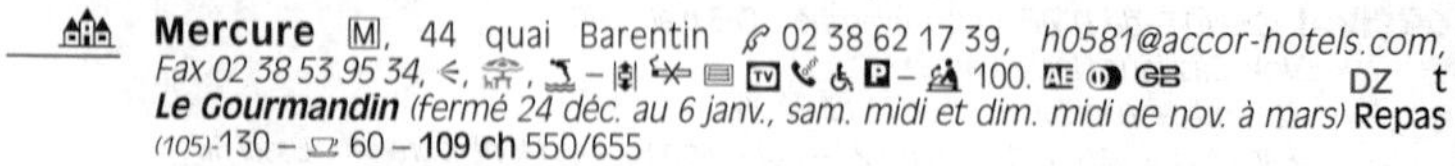

Mercure M, 44 quai Barentin ☎ 02 38 62 17 39, *h0581@accor-hotels.com, Fax 02 38 53 95 34,* ≤, ☂, ⛱ – |$| ⇔ ▤ TV ☎ ♿ P – 🏛 100. AE ⓓ GB — DZ t
Le Gourmandin (fermé 24 déc. au 6 janv., sam. midi et dim. midi de nov. à mars) **Repas** (105)-130 – ☕ 60 – **109 ch** 550/655

Terminus sans rest, 40 r. République ☎ 02 38 53 24 64, *Fax 02 38 53 24 18* – |$| TV ☎ – 🏛 25. AE ⓓ GB — EY z
fermé 24 déc. au 3 janv. – ☕ 40 – **47 ch** 360/420

d'Arc sans rest, 37 r. République ☎ 02 38 53 10 94, *Fax 02 38 81 77 47* – |$| TV ☎. AE ⓓ GB — EY g
☕ 45 – **35 ch** 335/365

Cèdres sans rest, 17 r. Mar. Foch ☎ 02 38 62 22 92, *contact@hoteldescedres.com, Fax 02 38 81 76 46,* ☂ – |$| ⇔ TV. AE ⓓ GB JCB — DY b
fermé 23 déc. au 1er janv. – ☕ 35 – **34 ch** 330/390

d'Orléans sans rest, 6 r. A. Crespin ☎ 02 38 53 35 34, *Fax 02 38 53 68 20* – |$| ⇔ TV ☎ 🚗. AE ⓓ GB — EY t
☕ 40 – **18 ch** 270/400

Marguerite sans rest, 14 pl. Vieux Marché ☎ 02 38 53 74 32, *Fax 02 38 53 31 56* – |$| TV. GB. ⛔ — DZ f
fermé 22 au 30 déc. – ☕ 30 – **25 ch** 190/260

St-Martin sans rest, 52 bd A. Martin ☎ 02 38 62 47 47, *Fax 02 38 81 13 28* – TV. GB — EY r
fermé Noël au Jour de l'An – ☕ 32 – **22 ch** 180/270

XXX ✿ **Les Antiquaires** (Bardau), 2 r. au Lin ☎ 02 38 53 52 35, *Fax 02 38 62 06 95* – ▤. AE GB — EZ d
fermé dim. sauf le midi de sept. à juin et lundi – **Repas** 200 bc/320 et carte 270 à 380
Spéc. Lentilles du Berry, foie gras et pieds de cochon compressés. Turbot poêlé et rouget grillé. Perdreau en chemise de lard fermier (1er oct. au 20 déc.). **Vins** Reuilly, Sancerre.

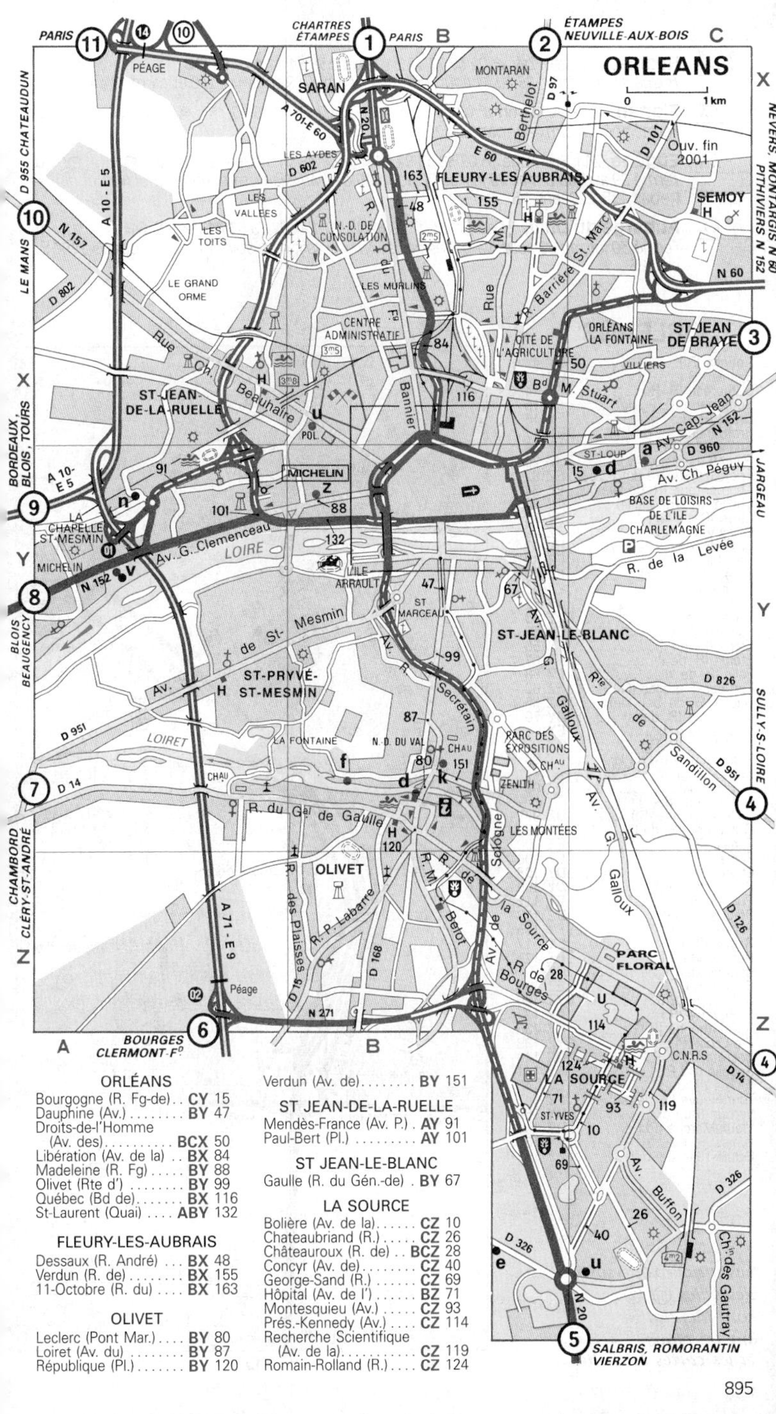

ORLÉANS

Bourgogne (R. Fg-de) . . **CY** 15
Dauphine (Av.) . . . . **BY** 47
Droits-de-l'Homme
(Av. des) . . . . **BCX** 50
Libération (Av. de la) . . **BX** 84
Madeleine (R. Fg) . . . . . **BY** 88
Olivet (Rte d') . . . . **BY** 99
Québec (Bd de) . . . . **BX** 116
St-Laurent (Quai) . . . . **ABY** 132
Verdun (Av. de) . . . . **BY** 151

FLEURY-LES-AUBRAIS

Dessaux (R. André) . . . **BX** 48
Verdun (R. de) . . . . **BX** 155
11-Octobre (R. du) . . . . . **BX** 163

OLIVET

Leclerc (Pont Mar.) . . . . **BY** 80
Loiret (Av. du) . . . . **BY** 87
République (Pl.) . . . . **BY** 120

ST JEAN-DE-LA-RUELLE

Mendès-France (Av. P.) . **AY** 91
Paul-Bert (Pl.) . . . . **AY** 101

ST JEAN-LE-BLANC

Gaulle (R. du Gén.-de) . **BY** 67

LA SOURCE

Bolière (Av. de la) . . . . . . **CZ** 10
Chateaubriand (R.) . . . . . **CZ** 26
Châteauroux (R. de) . . **BCZ** 28
Concyr (Av. de) . . . . **CZ** 40
George-Sand (R.) . . . . . . **CZ** 69
Hôpital (Av. de l') . . . . . **BZ** 71
Montesquieu (Av.) . . . . . **CZ** 93
Prés.-Kennedy (Av.) . . . . **CZ** 114
Recherche Scientifique
(Av. de la) . . . . **CZ** 119
Romain-Rolland (R.) . . . . **CZ** 124

XXX **Redina,** 1 av. Jean Zay ✆ 02 38 77 72 51, *Fax 02 38 81 01 14* – AE GB — FY b
fermé 1er au 6 janv., 26 au 31 août, dim. soir et lundi – **Repas** 140/240 et carte 270 à 410

XX **Florian,** 70 bd A. Martin ✆ 02 38 53 08 15, *Fax 02 38 53 08 49*, 🏠, 🍽 – AE GB — EY p
fermé août et dim. – **Repas** 135/220 ♀

XX **Eugène,** 24 r. Ste-Anne ✆ 02 38 53 82 64, *Fax 02 38 54 31 89* – ▤. AE ⓓ GB — EY u
fermé 29 avril au 8 mai, 29 juil. au 20 août, 26 déc. au 2 janv. sam. midi, lundi midi et dim. –
Repas 135/220, enf. 85

XX **Auberge du Quai,** 6 r. au Lin ✆ 02 38 62 40 00, *Fax 02 38 53 41 00* – AE GB — EZ n
fermé 30 juil. au 20 août, vacances de fév., mardi soir, dim. soir et lundi – **Repas** 95/260 ♀,
enf. 65

ORLEANS

Antigna (R.) .... **DY** 4
Bannier (R.) .... **DY**
Bothereau (R. R.) .... **FY** 14
Bourgogne (R. Fg-de) .... **FZ** 15
Brésil (R. du) .... **FY** 16
Bretonnerie (R. de la) .... **DEY** 17
Briand (Bd A.) .... **FY** 19
Champ-de-Mars (Av.) .... **DZ** 25
Châtelet (Square du) .... **EZ** 32
Charpenterie (R. de la) .... **EZ** 34
Chollet (R. Théophile) .... **EY** 36
Claye (R. de la) .... **FY** 38
Coligny (R.) .... **FZ** 39
Croix-de-la-Pucelle (R.) .... **EZ** 43
Dauphine (Av.) .... **EZ** 47
Dolet (R. Étienne) .... **EZ** 49
Ducerceau (R.) .... **EZ** 51
Dunois (Pl.) .... **DY** 52
Dupanloup (R.) .... **EFY** 53
Escures (R. d') .... **EY** 55
Étape (Pl. de l') .... **EY** 56
Ételon (R. de l') .... **FY** 57
Folie (R. de la) .... **FZ** 58
Fort-des-Tourelles (Q.) .... **EZ** 60
Gaulle (Pl. du Gén.-de) .... **DZ** 65
Hallebarde (R. de la) .... **DY** 70
Jeanne-d'Arc (R.) .... **EY**
Madeleine (R. Fg) .... **DZ** 88
Manufacture (R. de la) .... **FY** 89
Motte-Sanguin (Bd de la) .... **FZ** 95
Notre-Dame-de-Recouvrance (R.) .... **DZ** 97
Oriflamme (R. de l') .... **FZ** 98
Parisie (R.) .... **EZ** 100
Poirier (R. du) .... **EZ** 106
Pte-Madeleine (R.) .... **DY** 108
Pte-St-Jean (R.) .... **DY** 109
Pothier (R.) .... **EZ** 112
Prague (Quai) .... **DZ** 113
Pressoir (R. du) .... **FY** 115
Rabier (R. F.) .... **EY** 117
République (Pl.) .... **EZ** 121
République (R. de la) .... **EY**
Royale (R.) .... **EZ** 125
St-Euverte (Bd) .... **FYZ** 126
St-Euverte (R.) .... **FY** 127
Ste-Catherine (R.) .... **EZ** 135
Ste-Croix (Pl.) .... **EYZ** 139
Secrétain (Av. R.) .... **DZ** 140
Segellé (Bd P.) .... **FY** 141
Tabour (R. du) .... **EZ** 145
Tour Neuve (R. de la) .... **FZ** 147
Verdun (Bd de) .... **DY** 152
Vieux-Marché (Pl.) .... **DZ** 159
Weiss (R. L.) .... **FY** 160
6-Juin-1944 (Pl. du) .... **FY** 162

Les numéros de sorties des villes ①, ②... sont identiques sur les **plans** *et les* **cartes Michelin**.

XX **L'Archange,** 66 r. Fg Madeleine ✆ 02 38 88 64 20, *Fax 02 38 43 08 81*, 🍽 – GB
fermé 9 au 25 avril, 29 juil. au 23 août, 24 déc. au 31 janv., lundi et le soir sauf vend. et sam. – **Repas** 85/215 🍷 BY z

XX **L'Épicurien,** 54 r. Turcies ✆ 02 38 68 01 10, *Fax 02 38 68 19 02* – ▤. AE GB DZ r
fermé 1er au 21 août, dim. et lundi – **Repas** 130/280 🍷

XX **Chancellerie,** pl. Martroi ✆ 02 38 53 57 54, *Fax 02 38 77 09 92*, 🍽 – AE GB JCB
fermé dim. – **Repas** 150/180 🍷, enf. 48 - ***Brasserie*** **:** **Repas** *(63)*- et carte environ 160 🍷, enf. 48 EY a

XX **Promenade,** 1 r. A. Crespin (1er étage) ✆ 02 38 81 12 12, *Fax 02 38 81 11 22* – AE GB EY s
Repas *(fermé 9 au 22 août, dim. et lundi)* *(90)* - 120/160 bc 🍷, enf. 65 - ***Martroi*** brasserie - ✆ 02 38 42 15 00 *(fermé dim. et lundi)* **Repas** 90 🍷, enf. 60

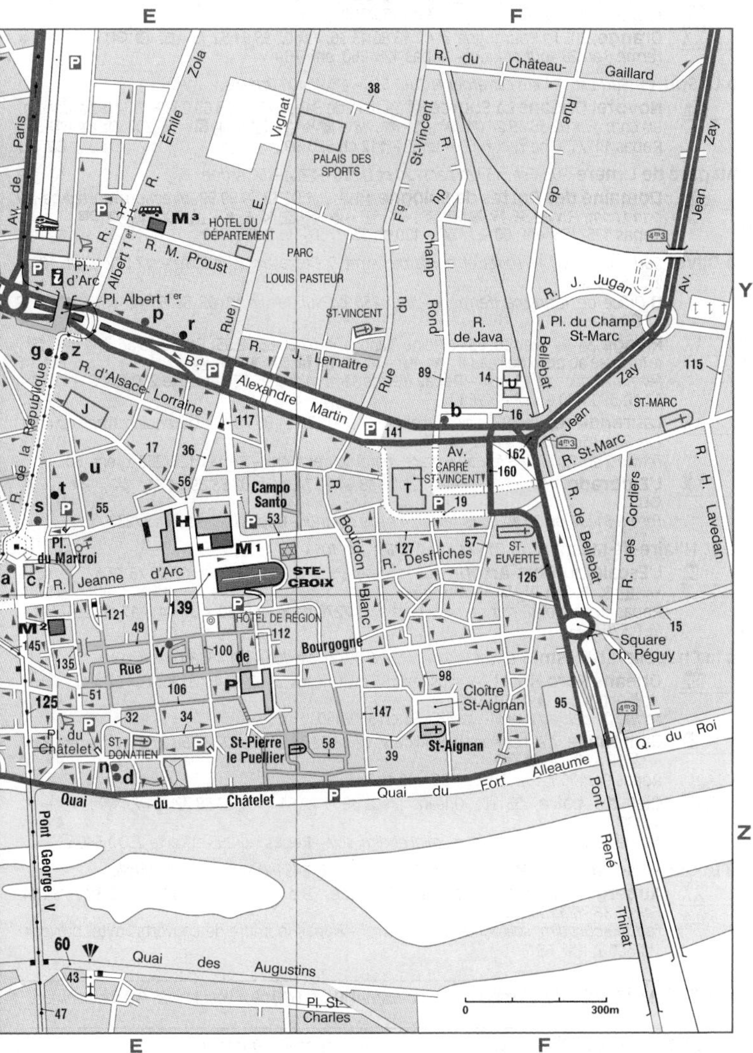

XX **Mosaique,** 109 r. Fg St-Jean ☎ 02 38 72 11 10, *mosaifissa@wanadoo.fr, Fax 02 38 43 47 75* – GB. BX u
fermé 24 juil. au 13 août, mardi midi, dim. soir et lundi – **Repas** - cuisine marocaine - 88 (déj.), 125/195 ♀, enf. 58

X **Dariole,** 25 r. Etienne Dolet ☎ 02 38 77 26 67, *Fax 02 38 77 26 67,* – GB EZ v
fermé 25 fév. au 5 mars, 4 au 27 août, merc. midi, sam. midi et dim. – **Repas** (nombre de couverts limité, prévenir) 110/200 ♀

à St-Jean-de-Braye *Est : 4 km* - **CXY** – *16 387 h. alt. 108* – ✉ *45800 :*

Novotel Orléans Charbonnière, N 152 ☎ 02 38 84 65 65, *h1075@accor-hotels.com, Fax 02 38 84 66 61,* – P – 20 à 150. AE GB JCB
Repas 115/120 ♀, enf. 50 – 60 – **107 ch** 530/605

Promotel sans rest, 117 fg Bourgogne ☎ 02 38 53 64 09, *Fax 02 38 62 70 62,* « Jardin ombragé », – P. GB JCB. CY d
fermé 1ᵉʳ au 19 août – 46 – **83 ch** 280/390

XX **Grange,** 205 fg Bourgogne ☎ 02 38 86 43 36, *Fax 02 38 61 52 15* – AE GB CY a
fermé 6 au 26 août et lundi – **Repas** 125/260, enf. 70

à La Source *Sud-Est : 11 km carrefour N 20-D 326* – ✉ *45100 Orléans :*

Novotel Orléans La Source M, r. H. de Balzac ☎ 02 38 63 04 28, *h0419@accor-hotels.com, Fax 02 38 69 24 04,* – P – 200. AE GB
Repas 112/130 bc ♀, enf. 50 – 60 – **112 ch** 520/595 CZ u

au parc de Limère *Sud-Est : 13 km par N 20 et D 326* – ✉ *45160 Ardon :*

Domaine des Portes de Sologne M, ☎ 02 38 49 99 99, *direction@portes-de-sologne.com, Fax 02 38 49 99 00,* – P – 300. AE GB
Repas 125/185, enf. 60 – 60 – **120 ch** 530/750 – ½ P 483/560 BZ e

à Olivet *Sud : 5 km par av. Loiret et bords du Loiret G. Châteaux de la Loire – 17 572 h. alt. 100 –* ✉ *45160.*

Office de Tourisme (fermé le dim.) 236 r. Paul-Genain ☎ 02 38 63 49 68, Fax 02 38 64 06 14.

XXX **Rivage** M avec ch, 635 r. Reine Blanche ☎ 02 38 66 02 93, *Fax 02 38 56 31 11,* « Terrasse au bord de l'eau », – ch, P. AE GB JCB BY f
fermé 26 déc. au 18 janv. – **Repas** *(fermé sam. midi)* 155/330 et carte 250 à 400 – 70 – **17 ch** 390/480 – ½ P 600/650

XX **Laurendière,** 68 av. Loiret ☎ 02 38 51 06 78, *laurendiere@net-up.com, Fax 02 38 56 36 20* – AE GB BY k
fermé 2 au 25 juil., 18 fév. au 6 mars, mardi soir et merc. – **Repas** 120/255 ♀, enf. 60

XX **L'Eldorado,** 10 r. M. Belot ☎ 02 38 64 29 74, *Fax 02 38 69 14 33,* – P. GB BY d
fermé 31 juil. au 20 août, 19 fév. au 4 mars et lundi – **Repas** (déj. seul.) 100/230

à St-Hilaire-St-Mesmin *par ⑦ : 7 km – 2 025 h. alt. 101* – ✉ *45160 :*

L'Escale du Port-Arthur, 205 r. Église ☎ 02 38 76 30 36, *Fax 02 38 76 37 67,* – P – 25. AE GB JCB
Repas *(fermé dim. soir de nov. à mars)* 124/278 bc ♀, enf. 80 – 44 – **17 ch** 285/340 – ½ P 370/390

à la Chapelle-St-Mesmin *Ouest : 4 km* - **AY** – *8 207 h. alt. 101* – ✉ *45380 :*

Orléans Parc Hôtel sans rest, 55 rte Orléans ☎ 02 38 43 26 26, *Fax 02 38 72 00 99,* – P – 40. AE GB AY v
fermé 21 déc. au 2 janv. – 48 – **33 ch** 350/450

Campanile, Z.A. Les Portes de Micy ☎ 02 38 72 23 23, *Fax 02 38 88 21 81,* – P – 25 à 30. AE GB AY n
Repas 94/106 ♀, enf. 39 – 36 – **48 ch** 315

XXX **Ciel de Loire,** 55 rte Orléans ☎ 02 38 72 29 51, *Fax 02 38 72 29 67,* – P. AE GB AY v
fermé 30 juil. au 22 août, sam. midi et dim. soir – **Repas** 140/255 et carte 250 à 340 ♀

à Boulay-les-Barres *par ⑩ : 12 km – 466 h. alt. 126* – ✉ *45140 St-Jean-de-la-Ruelle :*

XX **Auberge du Relais de la Beauce,** Les Barres (D 955) ☎ 02 38 75 36 04, *Fax 02 38 75 33 39* – AE GB JCB
fermé août, dim. soir, lundi soir et mardi – **Repas** (nombre de couverts limité, prévenir) 110/300 ♀, enf. 65

ORLY (Aéroports de Paris) *94 Val-de-Marne* 61 ①., 101 ㉖ – *voir à Paris, Proche banlieue.*

ORMOY-LA-RIVIÈRE *91 Essonne* 60 ⑳., 106 ㊷ – *rattaché à Étampes.*

ORNAISONS *11 Aude 83 ⑬ – rattaché à Narbonne.*

ORNANS *25290 Doubs 66 ⑯ G. Jura – 4 016 h alt. 355.*

Voir *Grand Pont ≤* – O : Vallée de la Loue** – Le Château ≤* N : 2,5 km – Dino-Zoo* N : 12 km.*

Office de Tourisme r. P.-Vernier ☎ 03 81 62 21 50, Fax 03 81 62 21 50.

Paris 430 – Besançon 25 – Baume-les-Dames 42 – Morteau 53 – Pontarlier 35.

France, r. P. Vernier ☎ 03 81 62 24 44, *Fax 03 81 62 12 03,* – TV P – 40. AE GB. ch
fermé déc., janv., dim. soir et lundi sauf vacances scolaires – **Repas** 110 (déj.), 150/250 – 50 – **27 ch** 250/480 – ½ P 475

rte de Bonnevaux-le-Prieuré *Nord-Ouest : 8 km par D 67 et D 280 – ✉ 25620 Bonnevaux :*

Moulin du Prieuré avec ch, ☎ 03 81 59 21 47, *philippemigot@wanadoo.fr, Fax 03 81 59 28 79,* – TV P – 20. AE GB
fermé 15 nov. au 20 déc. et 3 janv. au 5 fév. – **Repas** *(fermé merc. midi, lundi soir et mardi du 15 sept. au 30 avril)* 195/365 et carte 250 à 360 – 55 – **8 ch** 420/450 – ½ P 420/590

OROUET *85 Vendée 67 ⑫ – rattaché à St-Jean-de-Monts.*

ORPIERRE *05700 H.-Alpes 81 ⑤ G. Alpes du Sud – 335 h alt. 682.*

Paris 696 – Digne-les-Bains 71 – Gap 56 – Château-Arnoux 46 – Serres 20 – Sisteron 32.

aux Bégües *Sud-Ouest : 4,5 km – ✉ 05700 Orpierre :*

Céans , ☎ 04 92 66 24 22, *le.ceans@infonie.fr, Fax 04 92 66 28 29,* ≤, , , , – TV P. AE GB
15 mars-1er nov. – **Repas** 85/190 , enf. 50 – 38 – **24 ch** 265 – ½ P 263

Si vous cherchez un hôtel tranquille,
consultez d'abord les cartes de l'introduction
ou repérez dans le texte les établissements indiqués avec le signe .

ORSAN *18 Cher 68 ⑳ – rattaché au Châtelet.*

ORSCHWILLER *67600 B.-Rhin 87 ⑲ – 535 h alt. 240.*

Office de Tourisme (ouv. en saison) rte de Sélestat ☎ 03 88 82 09 90, Fax 03 88 82 79 70.

Paris 436 – Colmar 21 – St-Dié 44 – Sélestat 7 – Strasbourg 58.

Fief du Château, ☎ 03 88 82 56 25, *info@fief-chateau.com, Fax 03 88 82 26 24* – TV. GB
fermé 25 au 30 juin, 12 au 20 nov., 7 au 21 janv. et merc. – **Repas** 100/210 , enf. 40 – 45 – **8 ch** 230/285 – ½ P 270

ORTHEZ *64300 Pyr.-Atl. 78 ⑧ G. Aquitaine – 10 159 h alt. 55.*

Voir *Pont Vieux*.*

Office de Tourisme Maison Jeanne-d'Albret ☎ 05 59 69 02 75, Fax 05 59 69 12 00.

Paris 767 ⑤ – Pau 48 ② – Bayonne 74 ④ – Dax 39 ⑤ – Mont-de-Marsan 55 ①.

Plan page suivante

Au Temps de la Reine Jeanne , 44 r. Bourg-Vieux ☎ 05 59 67 00 76, *reinejeanneorthez@wanadoo.fr, Fax 05 59 69 09 63* – TV . AE GB — BZ r
fermé 1er mars au 15 mai – **Repas** 90/185 , enf. 40 – 33 – **20 ch** 250/320 – ½ P 260/275

Auberge St-Loup, 20 r. Pont Vieux ☎ 05 59 69 15 40, *brosse.p@wanadoo.fr, Fax 05 59 67 13 19,* – GB — AZ e
fermé 20 au 28 mai, dim. soir et lundi – **Repas** 98/200, enf. 50

à Maslacq *par ② : 9 km – 738 h. alt. 74 – ✉ 64300 Orthez :*

Maugouber , ☎ 05 59 38 78 00, *christine.maugouber@wanadoo.fr, Fax 05 59 38 78 29,* , – rest, TV . GB
Repas *(fermé 23 déc. au 2 janv., vend. soir, sam. et fériés d'oct. à avril)* 65/180 , enf. 50 – 35 – **22 ch** 255/360 – ½ P 235/255

ORTHEZ

Albret (R. Jeanne-d') .... BZ 2
Aquitaine (Av. d') .... AY 3
Argote (R. Daniel) .... AZ 4
Armes (Pl. d') .... BZ 5
Baillères (R. Paul) .... BZ 6
Bourg-Vieux (R.) .... AZ 7
Briand (R. Aristide) .... BY 8
Brossers (Pl.) .... BZ 9
Corps-Franc-Pommiès (Av. du) ..... AY 12
Darget (R. Xavier) .... BZ 13
Foy (R. du Gén.) .... BY 14
Frères-Reclus (R. des) .... AZ 16
Horloge (R. de l') .... BY 21
Jacobins (R. des) .... BZ 22
Jammes (Av. Francis) .... BZ 23
Lasserre (R. Pierre) .... ABZ 26
Moncade (R.) .... BY 28
Moulin (R. du) .... BZ 29
Moutète (Pl. de la) .... AZ 30
Pont-Neuf (Av. du) .... ABZ 32
Poustelle (Pl. de la) .... BY 33
St-Gilles (R.) .... BZ
St-Pierre (Pl. et ⛪) .... AY 35
St-Pierre (R.) .... AY 36
Tilleuls (Av. des) .... BY 38
Viaduc (R. du) .... AY 40

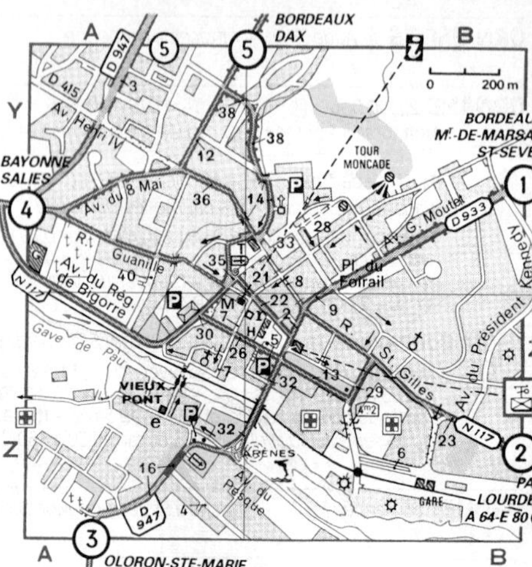

ORVAULT *44 Loire-Atl.* 67 ③ – *rattaché à Nantes.*

OSNY *95 Val-d'Oise* 55 ⑲., 106 ⑤., 101 ② – *voir à Paris, Environs (Cergy-Pontoise Ville Nouvelle).*

OSTHOUSE *67150 B.-Rhin* 87 ⑤ – *884 h alt. 155.*
Paris 502 – Strasbourg 30 – Obernai 18 – Offenburg 41 – Sélestat 23.

A La Ferme sans rest, ✆ 03 90 29 92 50, *Fax 03 90 29 92 51* – TV ✆ ♿. GB
☕ 75 – **7 ch** 480/900

Aigle d'Or, ✆ 03 88 98 06 82, *Fax 03 88 98 81 75* – ▤ P. AE GB
fermé 1er au 21 août, vacances de fév., lundi soir et mardi – **Repas** 180/415 ♀ - ***Winstub :*** **Repas** (45)et carte 170 à 230

OSTWALD *67 B.-Rhin* 62 ⑩ – *rattaché à Strasbourg.*

OTA *2A Corse-du-Sud* 90 ⑮ – *voir à Corse (Porto).*

OTTROTT *67 B.-Rhin* 62 ⑨ – *rattaché à Obernai.*

OUCHAMPS *41120 L.-et-Ch.* 64 ⑰ – *648 h alt. 92.*
Voir *Château de Fougères-sur-Bièvre★ NO : 5 km,* G. Châteaux de la Loire.
Paris 200 – Tours 55 – Blois 19 – Montrichard 19 – Romorantin-Lanthenay 40.

Relais des Landes 🐦, Nord : 1,5 km ✆ 02 54 44 40 40, *info@relaisdeslandes.com, Fax 02 54 44 03 89,* 🏊, 🎾 – TV P – 🏢 30. AE ⓓ GB JCB
2 avril-12 nov. – **Repas** 190/300 ♀, enf. 70 – ☕ 65 – **28 ch** 505/795 – ½ P 557/697

OUCQUES *41290 L.-et-Ch.* 64 ⑦ – *1 473 h alt. 127.*
Paris 161 – Orléans 60 – Beaugency 30 – Blois 28 – Châteaudun 30 – Vendôme 20.

Commerce avec ch, ✆ 02 54 23 20 41, *Fax 02 54 23 02 88* – ▤ rest, TV ✆ 🚗. AE GB
fermé 20 déc. au 15 janv., dim. soir et lundi – **Repas** (dim. prévenir) 98/290 ♀, enf. 60 – ☕ 41 – **11 ch** 300/340 – ½ P 310

OUESSANT (île d') *29242 Finistère* 58 ② – *1 062 h alt. 23.*
⛴ *Transports uniquement piétons - depuis* **Brest** *traversée 2 h 15 mn - Renseignements et tarifs : Cie Maritime Penn Ar Bed (Brest)* ✆ *02 98 80 24 68, Fax 02 98 44 75 43 depuis* **Le Conquet** *Traversée 1 h - Renseignements et tarifs : (voir ci-dessus) – depuis* **Camaret** *(uniquement mi juillet-mi août)- Traversée 1 h 15 mn -Renseignements et tarifs : (voir ci-dessus).*
ℹ *Office de Tourisme pl. de l'Église* ✆ *02 98 48 85 83, Fax 02 98 48 87 09.*

Roc'h-Ar-Mor Ⓜ, au bourg de Lampaul ☎ 02 98 48 80 19, *roch.armor@wanadoo.fr, Fax 02 98 48 87 51*, ≤, – TV. GB. rest
fermé 7 janv. au 5 fév. – **Repas** *(fermé lundi)* 70/270 ♀ – 48 – **15 ch** 300/450 – ½ P 280/350

OUHANS *25520 Doubs 70 ⑥ – 287 h alt. 600.*

Voir *Source de la Loue★★★ N : 2,5 km puis 30 mn – Belvédère du Moine de la Vallée ★★ NO : 5 km – Belvédère de Renédale ≤★ NO : 4 km puis 15 mn, G. Jura.*

Paris 453 – Besançon 48 – Pontarlier 16 – Salins-les-Bains 40.

Sources de la Loue, au village ☎ 03 81 69 90 06, *hotel-des-sources-loue@wanadoo.fr, Fax 03 81 69 93 17*, – TV. GB
fermé 25 oct. au 8 nov., 22 déc. au 1er fév., vend. soir et sam. midi hors saison – **Repas** 80 bc/155 ♀, enf. 45 – 40 – **14 ch** 180/240 – ½ P 240/260

OUILLY-DU-HOULEY *14 Calvados 55 ⑭ – rattaché à Lisieux.*

OUISTREHAM *14150 Calvados 55 ② G. Normandie Cotentin – 6 709 h – Casino (Riva Bella).*

Voir *Église St-Samson★.*

Office de Tourisme Jardin du Casino ☎ 02 31 97 18 63, Fax 02 31 96 87 33.

Paris 233 – Caen 15 – Arromanches-les-Bains 32 – Bayeux 42 – Cabourg 19.

au Port d'Ouistreham :

XXX **Normandie** avec ch, 71 av. M. Cabieu ☎ 02 31 97 19 57, *hotel@lenormandie.com, Fax 02 31 97 20 07* – TV P. AE GB JCB
fermé 20 déc. au 20 janv., dim. soir et lundi de nov. à mars – **Repas** 98/359 ♀ – 45 – **22 ch** 340/360 – ½ P 340/370

à Riva-Bella :

Thermes Riva-Bella Normandie, av. Cdt Kieffer ☎ 02 31 96 40 40, *Fax 02 31 96 45 45*, ≤, centre de thalassothérapie, – TV P – 50. AE GB. rest
fermé 1er au 15 déc. – **Repas** 110/240 ♀, enf. 60 – 55 – **46 ch** 650/790, 5 appart – ½ P 530

Plage sans rest, 39 av. Pasteur ☎ 02 31 96 85 16, *Fax 02 31 97 37 46*, – TV P. AE GB
1er mars-1er nov. – 38 – **16 ch** 360/380.

X **Métropolitain,** 1 rte Lion ☎ 02 31 97 18 61, *Fax 02 31 97 18 61*, « Évocation d'un wagon de métropolitain 1900 » – AE GB
fermé 26 nov.au 9 déc., lundi soir et mardi d'oct. à mai – **Repas** 70/197 ♀

à Colleville-Montgomery bourg *Ouest : 3,5 km par D 35A – 1 926 h. alt. 10 – ✉ 14880 :*

XX **Ferme St-Hubert,** ☎ 02 31 96 35 41, *Fax 02 31 97 45 79*, – P. AE GB
fermé 24 déc. au 15 janv., dim. soir et lundi sauf juil.-août et fériés – **Repas** 90/255

Les OURSINIÈRES *83 Var 84 ⑮., 114 ㊻ – rattaché au Pradet.*

OUST *09140 Ariège 86 ③ – 449 h alt. 500.*

Paris 814 – Foix 60 – Tarascon-sur-Ariège 50 – St-Girons 17.

Hostellerie de la Poste, ☎ 05 61 66 86 33, *Fax 05 61 66 77 08*, – P. GB
1er mai-30 sept. – **Repas** *(fermé lundi et mardi sauf du 1er juil. au 15 sept.)* (dîner seul. sauf sam. et dim.) 120/230, enf. 60 – 45 – **25 ch** 280/400 – ½ P 350/400

OUZOUER-SUR-LOIRE *45570 Loiret 65 ① – 2 310 h alt. 140.*

Paris 153 – Orléans 53 – Gien 18 – Montargis 44 – Pithiviers 55 – Sully-sur-Loire 9.

XX **L'Abricotier,** 106 r. Gien ☎ 02 38 35 07 11, *Fax 02 38 35 63 63* – GB
fermé 15 août au 3 sept., 23 au 31 déc., dim. soir, merc. soir et lundi – **Repas** *(100)* - 135/300 bc ♀, enf. 52

OYE-ET-PALLET *25160 Doubs 70 ⑥ – 467 h alt. 853.*

Paris 458 – Besançon 66 – Champagnole 44 – Morez 55 – Pontarlier 7.

Parnet, ☎ 03 81 89 42 03, *Fax 03 81 89 41 47*, ≤, – TV P. AE GB.
fermé 20 déc. au 5 fév., dim. soir et lundi sauf vacances scolaires – **Repas** 100/260 – 45 – **16 ch** 295/360 – ½ P 330/370

OYONNAX *01100 Ain* 70 ⑭ *G. Jura – 23 869 h alt. 540.*

Office de Tourisme 1 r. Bichat ☎ 04 74 77 94 46, Fax 04 74 77 68 27.

Paris 490 ③ – Bellegarde-sur-Valserine 32 ② – Bourg-en-Bresse 63 ④ – Nantua 21 ③.

OYONNAX

Anatole-France (R.) . . . . YZ
Bichat (R.) . . . . YZ 2
Brunet (R.) . . . . Y 3
Château (R. du) . . . . Z 4
Jean-Jaurès (Av.) . . . . Z 10
Michelet (R. Jules) . . . . Y
Muret (R. du) . . . . Z 12
Paix (R. de la) . . . . Z 14
Renan (R.) . . . . Z 15
Roosevelt (Av. Prés.) . . . . Y 16
Sonthonnax (R. J.) . . . . Y 18
Vaillant-Couturier (Pl.) . . . . . . Y 20
Vandel (R.) . . . . Y 22
Victoire (R. de la) . . . . Z 23
Voltaire (R.) . . . . Z
Zola (Pl. Émile) . . . . Z 25
8-Mai-1945 (R. du) . . . . Z 26

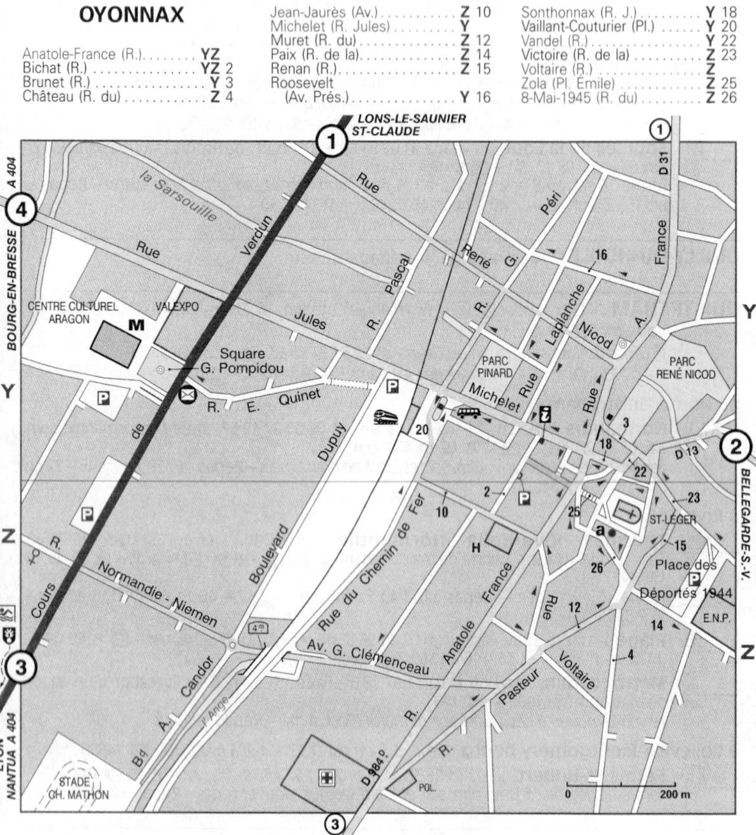

Grandes Roches, par ④, *sortie autoroute n° 11 : 1,5 km* ☎ 04 74 77 27 60, *Fax 04 74 73 89 87,* ≤, – TV P – 50. AE GB
Les Feuillantines ☎ 04 74 81 88 83 *(fermé sam. midi et dim. soir)* **Repas** 105/195, enf. 50 – 49 – **36 ch** 460

Toque Blanche, 11 pl. Église St-Léger ☎ 04 74 73 42 63, *Fax 04 74 73 76 48* – . AE GB
fermé 27 juil. au 19 août, sam. midi et dim. soir
Repas 130 bc/350 ♀, enf. 75 Z a

au Lac Genin *par ② et D 13 : 10 km –* ✉ *01130 Charix.*
Voir *Site*★ *du lac.*

Auberge du Lac Genin avec ch, ☎ 04 74 75 52 50, *denis.godet@wanadoo.fr, Fax 04 74 75 51 15,* ≤, – TV P. AE GB
fermé 15 oct. au 29 nov., dim. soir et lundi – **Repas** 69/115 ♀, enf. 35 – 28 – **5 ch** 130/250

à Bellignat *par ③ : 2,5 km – 3 233 h. alt. 530 –* ✉ *01100 :*

Mélodie, av. V. Hugo ☎ 04 74 73 45 26, *hotel-melodie@wanadoo.fr, Fax 04 74 73 04 56,* – TV P – 15. GB
Repas *(fermé 28 juil. au 20 août, sam. et dim.)* 82/132 – 32 – **35 ch** 240/288 – ½ P 280/300

OZOIR-LA-FERRIÈRE *77 S.-et-M.* 61 ②, 106 ㉝, 101 ㉚ – *voir à Paris, Environs.*

PACY-SUR-EURE *27120 Eure* 55 ⑰, 106 ① *G. Normandie Vallée de la Seine – 4 295 h alt. 40.*
Paris 79 – Rouen 62 – Dreux 39 – Évreux 19 – Louviers 32 – Mantes-la-Jolie 27 – Vernon 15.

Altina M, rte Paris ☎ 02 32 36 13 18, *altinasa@aol.com, Fax 02 32 26 05 11,* – P – 30. AE GB
Repas *(fermé 4 au 26 août, 24 au 31 déc. et dim. soir)* 65/145 ♀, enf. 56 – ☐ 37 – **29 ch** 296/310 – ½ P 252

à Caillouet *Ouest : 6 km par N 13 et rte secondaire – 336 h. alt. 122 – ✉ 27120 :*

Deux Tilleuls, ☎ 02 32 36 90 48, *Fax 02 32 36 90 48,* – P. GB
fermé 5 au 21 mars et 20 août au 8 sept. – **Repas** 80/260

à Cocherel *Nord-Ouest : 6,5 km par D 836 – ✉ 27120 Pacy-sur-Eure :*

Ferme de Cocherel avec ch, ☎ 02 32 36 68 27, *Fax 02 32 26 28 18,* – TV P. AE GB
fermé 3 au 20 sept, 2 au 23 janv., mardi et merc. – **Repas** 220 et carte 310 à 450 ♀ – ☐ 60 – **3 ch** 600/800 – ½ P 580/680

PADIRAC *46500 Lot* 75 ⑲ – *160 h alt. 360.*
Voir *Gouffre de Padirac*** N : 2,5 km,* **G. Périgord Quercy.**
Paris 539 – Brive-la-Gaillarde 58 – Cahors 67 – Figeac 40 – Gramat 11 – St-Céré 16.

Montbertrand, au village ☎ 05 65 33 64 47, – P. GB
hotel: 1er avril-14 oct.; rest.: 1er avril-8 juil. et 1er sept.-14 oct. – **Repas** 105/150 ♀, enf. 68 – ☐ 36 – **7 ch** 230/290 – ½ P 233/260

Auberge de Mathieu, rte gouffre : 2 km ☎ 05 65 33 64 68, *Fax 05 65 33 69 29,* – TV P. GB
hôtel : 15 mars-15 nov. ; rest. : 1er mars-15 nov. et fermé sam. en mars et nov. – **Repas** *(78)* - 128/260 ♀, enf. 52 – ☐ 38 – **7 ch** 260/320 – ½ P 280/320

Padirac Hôtel, au Gouffre : 2,5 km ☎ 05 65 33 64 23, *padirac-hotel@wanadoo.fr, Fax 05 65 33 72 03,* – rest, P. GB
1er avril-14 oct. – **Repas** 67/210 ♀, enf. 42 – ☐ 39 – **22 ch** 130/270 – ½ P 188/260

PAILHEROLS *15800 Cantal* 76 ⑬ – *171 h alt. 1000.*
Paris 569 – Aurillac 34 – Entraygues-sur-Truyère 50 – Murat 44 – Vic-sur-Cère 13.

Auberge des Montagnes , ☎ 04 71 47 57 01, *aubdesmont@aol.com, Fax 04 71 49 63 83,* – TV P. GB
fermé 10 oct. au 20 déc. – **Repas** *(fermé mardi hors saison)* 80/130 – ☐ 38 – **22 ch** 230/290 – ½ P 240/285

PAIMPOL *22500 C.-d'Armor* 59 ② *G. Bretagne – 7 856 h alt. 15.*
Voir *Abbaye de Beauport* ★ *2 km par ② – Tour de Kerroc'h* ←★ *3 km par ① puis 15 mn.*
Env. *Pointe de Minard*★★ *11 km par ②.*
Office de Tourisme pl. de la République ☎ 02 96 20 83 16, Fax 02 96 55 11 12.
Paris 494 ② – St-Brieuc 47 ② – Guingamp 29 ④ – Lannion 33 ⑤.

Plan page suivante

K'Loys sans rest, 21 quai Morand **(r)** ☎ 02 96 20 40 01, *Fax 02 96 20 72 68,* ←, « Beau mobilier » – TV. GB
☐ 50 – **11 ch** 595/695

Paimpol-Eurotel, par ③ : 1 km ☎ 02 96 20 81 85, *p-eurotel@magic.fr, Fax 02 96 20 48 24* – TV P – 25. AE GB
19 mars-28 oct. – **Repas** *(75)* - 90/120, enf. 50 – ☐ 45 – **30 ch** 250/320 – ½ P 265/285

Motel Nuit et Jour sans rest, rte Ile-de-Bréhat par ① : *2 km* ✉ 22620 Ploubazlanec ☎ 02 96 20 97 97, – cuisinette TV P. GB
☐ 40 – **38 ch** 295/355

Marne avec ch, 30 r. Marne **(u)** ☎ 02 96 20 82 16, *Fax 02 96 20 92 07* – rest, TV P. AE GB JCB
fermé 1er au 22 oct., dim. soir, lundi et mardi sauf juil.-août – **Repas** 120/350 ♀, enf. 75 – ☐ 75 – **12 ch** 340/360 – ½ P 320/340

Vieille Tour, 13 r. Église **(e)** ☎ 02 96 20 83 18, *Fax 02 96 20 90 41* – GB
fermé lundi midi en juil.-août, dim. soir et merc. hors saison – **Repas** 120/340 ♀, enf. 75

à la Pointe de l'Arcouest *par ① : 6 km – ✉ 22620 Ploubazlanec.*
Voir ←★★.

Barbu , ☎ 02 96 55 86 98, *Fax 02 96 55 73 87,* ← Ile de Bréhat, – TV P. AE GB JCB
15 fév.-5 nov. – **Repas** *(fermé lundi du 15 fév. au 30 mars)* 160/220 ♀ – ☐ 60 – **20 ch** 450/800 – ½ P 600/700

PAIMPOL

Circulation réglementée l'été

Bertho (R. Sylvain) 2
Botrel (Sq. T.) 3
Église (R. de l') 4
Fromal (R. H.) 5
Gaulle (Av. Gén.-de) . . . 7
Islandais (R. des) 8
Labenne (R. de) 9
Leclerc (R. Gén.) 10
Marne (R. de la) 12
Martray (Pl. du) 13
Morand (Quai) 14
Pasteur (R.) 15
République (Pl. de la) . . 16
St-Vincent (R.) 17
Verdun (Pl. de) 19
18-Juin (R. du) 22

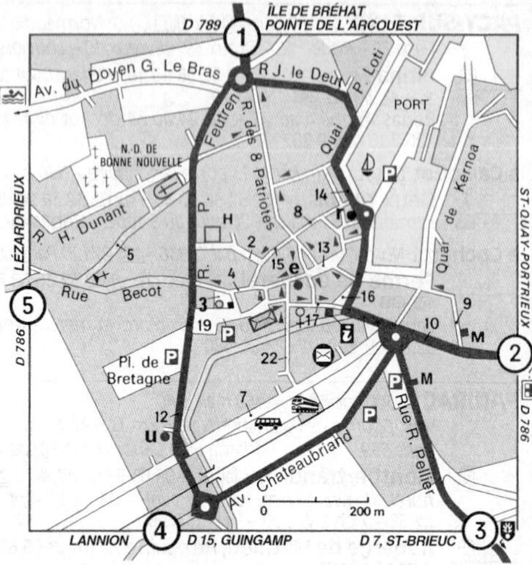

Les plans de villes sont orientés le Nord en haut.

près du pont de Lézardrieux *par ⑤ : 5 km – ✉ 22500 Paimpol :*

Relais Brenner sans rest, r. St-Julien ☎ 02 96 22 29 95, *Fax 02 96 22 22 72*, ←, « Parc fleuri sur le Trieux », – |‡| TV ♿ P. AE ⓓ GB JCB
1er avril-30 oct. – ☕ 50 – **16 ch** 380/650, 3 duplex

PAIRIS *68 H.-Rhin* 62 ⑱ *– rattaché à Orbey.*

PAJAY (Roches de) *38 Isère* 77 ② *– rattaché à Beaurepaire.*

PALAGACCIO *2B H.-Corse* 90 ③ *– voir à Corse (Bastia).*

LE PALAIS *56 Morbihan* 63 ⑪ *– voir à Belle-Ile-en-Mer.*

PALAISEAU *91 Essonne* 60 ⑩,, 101 ㉞ *– voir à Paris, Environs.*

PALAVAS-LES-FLOTS *34250 Hérault* 83 ⑦ ⑰ *G. Languedoc Roussillon – 4 748 h alt. 1 – Casino.*

Voir *Ancienne cathédrale*★ de *Maguelone SO : 4 km.*

Office de Tourisme pl. de la Méditerranéé ☎ 04 67 07 73 34, Fax 04 67 07 73 58.

Paris 766 – Montpellier 17 – Aigues-Mortes 25 – Nîmes 59 – Sète 30.

Amérique Hôtel sans rest, av. F. Fabrège ☎ 04 67 68 04 39, *hotel.amerique@wanadoo.fr, Fax 04 67 68 07 83*, – |‡| ▤ TV ☎ ♿. AE ⓓ GB
☕ 42 – **49 ch** 330/410

Brasilia sans rest, bd Joffre ☎ 04 67 68 00 68, *Fax 04 67 68 40 41* – ▤ TV ☎. AE ⓓ GB JCB
22 ch ☕ 450/710

L'Escale, 5 bd Sarrail (rive gauche) ☎ 04 67 68 24 17, *Fax 04 67 68 24 17* – AE ⓓ GB
Repas 160/380 et carte 280 à 500 ♀, enf. 60

La PALMYRE *17570 Char.-Mar.* 71 ⑮.

Office de Tourisme av. de Royan"Les Mathes" ☎ 05 46 22 41 07, Fax 05 46 22 52 69.

Paris 521 – Royan 16 – La Rochelle 81.

Palmyrotel, ☎ 05 46 23 65 65, *Fax 05 46 22 44 13*, – |‡| TV ☎ ♿ P. GB
hôtel : 1er avril-31 oct. ; rest. : 1er avril-15 oct. – ***Flamant Rose :*** Repas 115/225♀, enf. 38 – ☕ 40 – **30 ch** 490/510, 16 duplex – ½ P 395

La PALUD-SUR-VERDON *04120 Alpes-de-H.-P. 81 ⑰ G. Alpes du Sud – 243 h alt. 930.*

Env. *Belvédères : Trescaïre★★ 5 km, l'Escalès★★★ 7 km par D952 puis D 23 – Point Sublime★★★ ≤ sur le Grand Canyon du Verdon NE : 7,5 km puis 15 mn.*

Paris 802 – Digne-les-Bains 66 – Castellane 25 – Draguignan 60 – Manosque 68.

Gorges du Verdon, Sud : 1 km ✆ 04 92 77 38 26, *Fax 04 92 77 35 00*, ≤, , , , – TV ♿ P – 25. GB
1er avril-31 oct. – **Repas** 120/170 ♀, enf. 60 – **28 ch** (1/2 pens. seul.) – 1/2 P 465/600

Auberge des Crêtes, Est : 1 km sur D 952 ✆ 04 92 77 38 47, *aubergedescretes@wanadoo.fr, Fax 04 92 77 30 40*, , – P. GB
7 avril-1er oct. – **Repas** *(fermé jeudi sauf juil.-août, vacances scolaires et fériés)* 89/135 ♀, enf. 55 – ☕ 39 – **12 ch** 274/320 – 1/2 P 276/288

PAMIERS *SP 09100 Ariège 86 ④ ⑤ G. Midi-Pyrénées – 12 965 h alt. 280.*

Office de Tourisme bd Delcassé ✆ 05 61 67 52 52, Fax 05 61 67 22 40.

Paris 759 – Foix 20 – Auch 133 – Carcassonne 77 – Castres 98 – Toulouse 64.

France, 5 cours Rambaud ✆ 05 61 60 20 88, *Fax 05 61 67 29 48* – rest, TV P – 35. AE GB
fermé vacances de Noël – **Repas** *(fermé vend. soir et dim. du 15 sept. au 15 juin)* – 72 (déj.), 98/230, enf. 50 – ☕ 38 – **29 ch** 285/360 – 1/2 P 280

PANTIN *93 Seine-St-Denis 56 ⑪, 101 ⑯ – voir à Paris, Environs.*

Le PARADOU *13 B.-du-R. 83 ⑩ – rattaché à Maussane-les-Alpilles.*

PARAMÉ *35 I.-et-V. 59 ⑥ – voir à St-Malo.*

PARAY-LE-MONIAL *71600 S.-et-L. 69 ⑰ G. Bourgogne – 9 859 h alt. 245.*

Voir *Basilique du Sacré-Coeur★★ – Hôtel de ville★* **H** – *Tympan★ du musée du Hiéron* **M**[1].

Office de Tourisme 25 av. Jean-Paul-II ✆ 03 85 81 10 92, Fax 03 85 81 36 61.

Paris 352 ⑤ – Moulins 67 ⑤ – Mâcon 67 ② – Montceau-les-Mines 36 ① – Roanne 55 ④.

PARAY-LE-MONIAL

- Alsace-Lorraine (Pl.) 2
- Billet (R.) 3
- Chapelains (Allée des) 5
- Charolles (av. de) 6
- Commerce (Quai du) 7
- Dauphin-Louis (Bd) 8
- Desrichard (R. Louis) 9
- Deux-Ponts (R.) 12
- Dr. Griveaud (R.) 13
- Four (R. du) 14
- Gaulle (Av. Ch.-de) 15
- Guignault (Pl.) 17
- Industrie (Quai de l') 18
- Jaurès (Cours Jean) 20
- Lamartine (Pl.) 21
- Paix (R. de la) 23
- Regnier (Bd H. de) 26
- République (R.) 27
- St-Vincent (R.) 28
- Victor-Hugo (R.) 29
- Visitation (R.) 30

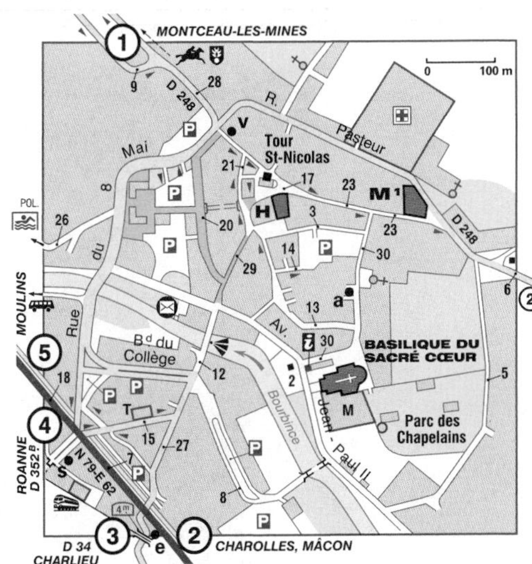

Parada M sans rest, Z.A.C. Champ Bossu par ①, *rte Montceau* ✆ 03 85 81 91 71, *Fax 03 85 81 91 70* – TV ♿ P – 30. GB
☕ 40 – **30 ch** 250/360

Terminus, 27 av. Gare (s) ✆ 03 85 81 59 31, *Fax 03 85 81 38 31*, , – TV P. GB. ch
fermé 1er au 15 nov., 25 déc. au 2 janv., sam. et dim. sauf hôtel en saison – **Repas** (dîner seul.) 79/120 – ☕ 56 – **17 ch** 240/400 – 1/2 P 315/400

Trois Pigeons, 2 r. Dargaud (v) ✆ 03 85 81 03 77, *hotel3pigeons@wanadoo.fr, Fax 03 85 81 58 59,* – AE GB
1er mars-30 nov. – **Repas** *(70)* - 85/220 – 38 – **44 ch** 235/330 – ½ P 255/290

Grand Hôtel de la Basilique, 18 r. Visitation (a) ✆ 03 85 81 11 13, *resa@hotelbasilique .com, Fax 03 85 88 83 70* – AE GB
20 mars-31 oct. – **Repas** 75/230 ♀, enf. 45 – 35 – **58 ch** 200/310 – ½ P 230/270

Vendanges de Bourgogne, 5 r. D. Papin (e) ✆ 03 85 81 13 43, *Fax 03 85 88 87 59,* – AE GB
fermé 4 janv. au 15 fév., dim. soir et lundi du 1er oct. au 30 juin – **Repas** 75/195 ♀, enf. 55 – 38 – **16 ch** 195/260 – ½ P 250/290

à Poisson *par ③ : 8 km sur D 34 – 578 h. alt. 300 – ✉ 71600 :*

Poste et Hôtel La Reconce Ⓜ avec ch, ✆ 03 85 81 10 72, *Fax 03 85 81 64 34,* – rest, AE GB JCB
fermé 30 sept. au 18 oct., 3 fév. au 1er mars, lundi sauf le soir et mardi sauf le soir en juil.-août – **Repas** *(90)* - 130/500 bc ♀, enf. 60 – 60 – **7 ch** 350/500

par ⑤ *: 4 km sur N 79 – ✉ 71600 Paray-le-Monial :*

Charollais Ⓜ, ✆ 03 85 81 03 35, *Fax 03 85 81 50 31,* – 15. AE GB
Repas grill *(69)* - 94/150, enf. 38 – 44 – **20 ch** 298/520 – ½ P 235/285

PARCEY *39 Jura* 70 ③ *– rattaché à Dole.*

PARENTIS-EN-BORN *40160 Landes* 78 ③ *G. Aquitaine – 4 056 h alt. 32.*
Office de Tourisme pl. Gén.-de-Gaulle ✆ 05 58 78 43 60, Fax 05 58 78 43 60.
Paris 662 – Bordeaux 82 – Mont-de-Marsan 76 – Arcachon 42 – Mimizan 25.

Cousseau avec ch, r. St-Barthélemy ✆ 05 58 78 42 46, *Fax 05 58 78 42 46,* – GB
fermé 15 oct. au 4 nov., vend. soir et dim. soir – **Repas** 68/210 – 32 – **9 ch** 165/265

Poste, av. 8-Mai-1945 ✆ 05 58 78 40 23 – GB
fermé dim. soir et lundi sauf 15 juil. au 30 août – **Repas** 55 bc/130

PARIGNÉ *35 I.-et-V.* 59 ⑱ *– rattaché à Fougères.*

Au moment de chercher un hôtel ou un restaurant, soyez efficace. Sachez utiliser les noms soulignés en rouge sur les **cartes Michelin** *à 1/200 000.*
Mais ayez une carte à jour!

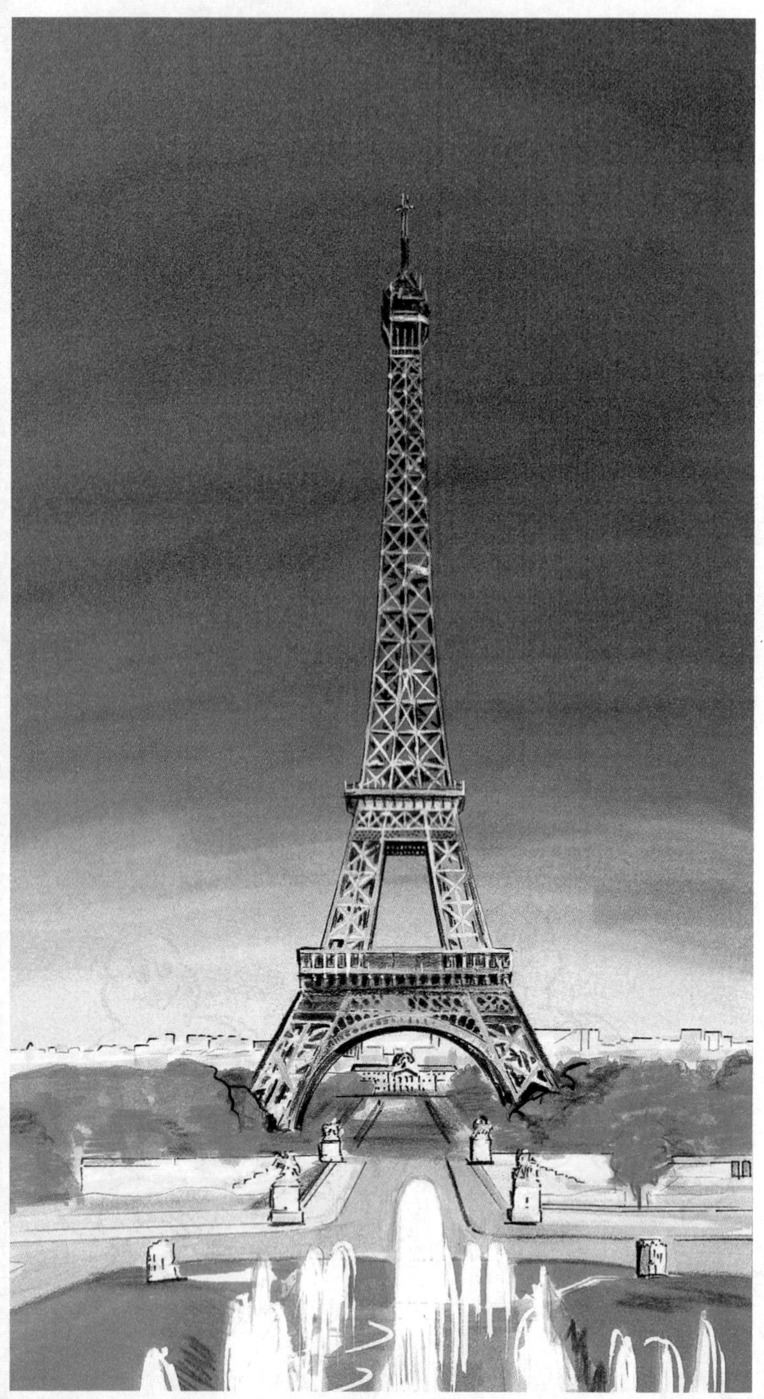

PARIS et ENVIRONS

🅿 75 Plans : 10, 11, 12 et 14 G. Paris – 2 152 333 h.
Région d'Ile-de-France 10 651 000 h. – alt. Observatoire 60 m
Place de la Concorde 34 m.

ARRONDISSEMENTS

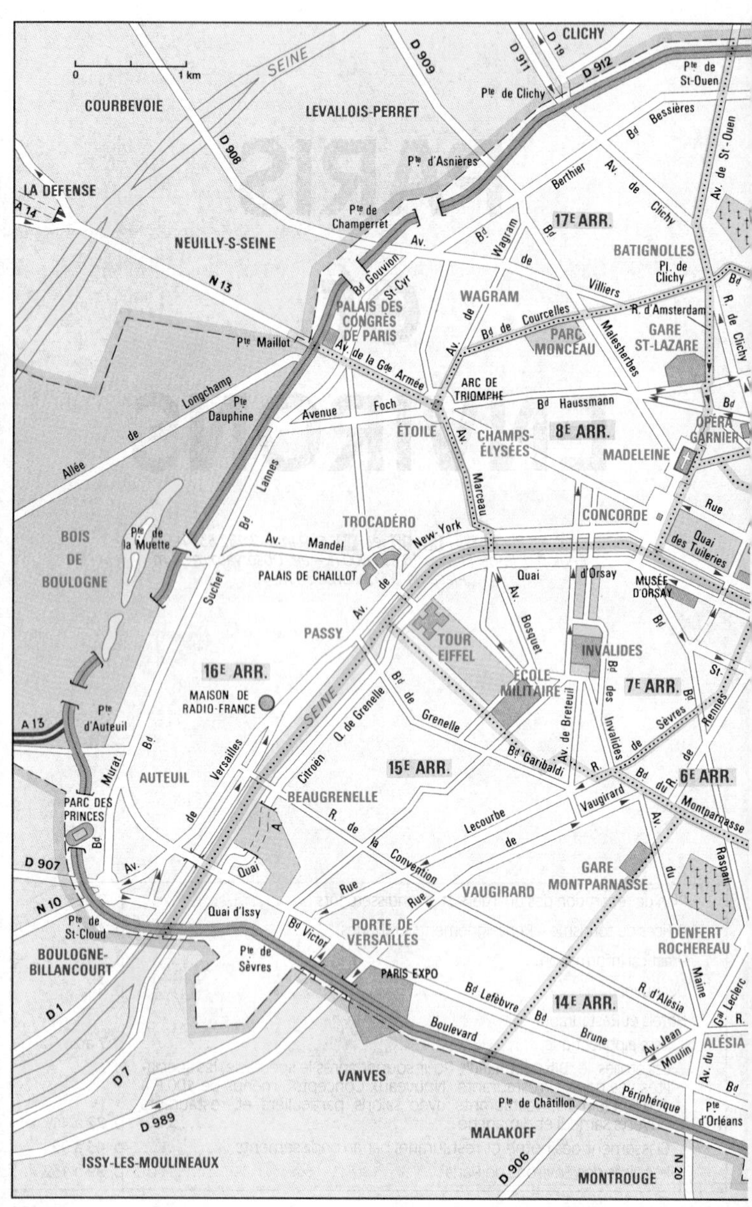

ET QUARTIERS

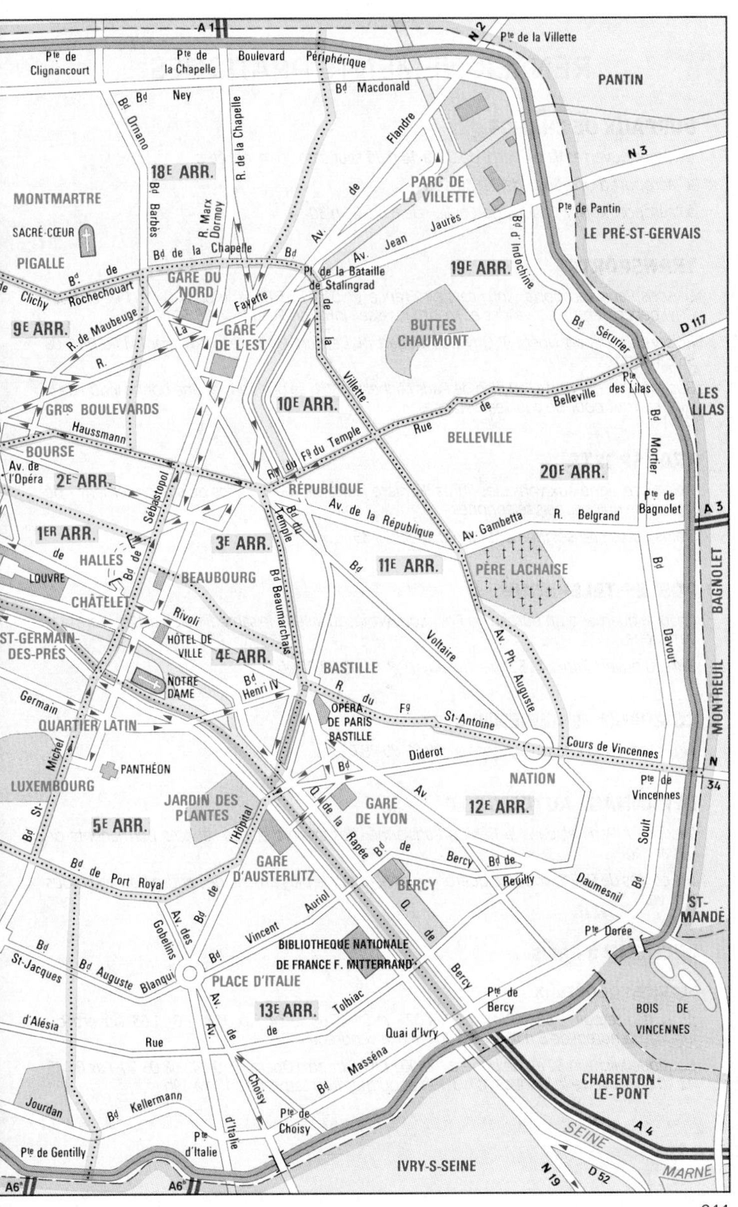

OFFICES DE TOURISME

127 av. des Champs-Élysées 8e ☎ 08 36 68 31 12, Fax 01 49 52 53 20 (7 jours/7)

Bureaux Annexes (fermés dim.) Gare de Lyon ☎ 01 43 43 33 24, Gare du Nord ☎ 01 45 26 94 82 et Tour Eiffel ☎ 01 45 51 22 15 (de mai à sept. de 11h à 18h)

RENSEIGNEMENTS PRATIQUES

BUREAUX DE CHANGE

Banques ouvertes (la plupart), de 9 h à 16 h 30 sauf sam., dim. et fêtes.

à l'aéroport d'Orly-Sud : de 6 h 30 à 23 h

à l'aéroport Roissy-Charles-de-Gaulle : de 6 h à 23 h 30

TRANSPORTS

Liaisons Paris Aéroports : Info cars Air France ☎ 01 41 56 89 00 (Roissy-C-d-G1 et C-d-G2/ Orly) départ Terminal Invalides et Montparnasse : Info Bus R.A.T.P ☎ 08 36 68 77 14.

Roissy-Bus, départ Opéra 9e Orly-Bus, départ pl. Denfert-Rochereau 14e : par rail (RER) ☎ 08 36 68 77 14

Bus-Métro : se reporter au plan de Paris Michelin no 11. Le bus permet une bonne vision de la ville, surtout pour de courtes distances.

TRANSPORTS

Taxi : faire signe aux véhicules libres (lumière jaune allumée) - Aires de stationnement - de jour et de nuit : appels téléphonés

Trains-autos : renseignements ☎ 08 36 35 35 35

POSTES-TELEPHONE

Chaque quartier a un bureau de Poste ouvert jusqu'à 19 h, le samedi de 8h à 12h - fermé le dimanche

Bureau ouvert 24h/24 : 52 rue du Louvre ☎ 01 40 28 20 00

COMPAGNIES AERIENNES

Air France : 119 Champs-Élysées ☎ 08 02 80 28 02

DEPANNAGE AUTOMOBILE

Il existe, à Paris et dans la Région Parisienne, des ateliers et des services permanents de dépannage.

Les postes de Police vous indiqueront le dépanneur le plus proche de l'endroit où vous vous trouvez

MICHELIN à Paris

Services généraux

46 av. de Breteuil - 75324 PARIS CEDEX 07 - ☎ 01 45 66 12 34, Fax 01 45 66 11 63. Ouverts du lundi au vendredi de 8 h 45 à 16 h 30 (16 h le vendredi)

Boutique Michelin 32 av. de l'Opéra - 75002 PARIS (métro Opéra) ☎ 01 42 68 05 20, Fax 01 45 42 10 50. Ouverte le lundi de 12h à 19h et du mardi au samedi de 10h à 19h

PRACTICAL INFORMATION

TOURIST INFORMATION

Paris "Welcome" Office (Office de Tourisme de Paris) : 127 Champs-Élysées, 8th ✆ 08 36 68 31 12, Fax 01 49 52 53 20

American Express 11 rue Scribe, 9 th ✆ 01 47 14 50 00, Fax 01 42 68 17 17

FOREIGN EXCHANGE OFFICES

Banks : close at 4.30 pm and at week-end

Orly Sud Airport : daily 6.30 am to 11 pm

Charles-de-Gaulle Airport : daily 6.am to 11.30 pm

TRANSPORT

Airports-Roissy-Charles-de-Gaulle ✆ 01 48 62 12 12 : Orly Aérogare ✆ 01 49 75 15 15

Bus-Métro (subway) : for full details see the Michelin Plan de Paris n° 11. The métro is quickest but the bus is good for sightseeing and practical for short distances

Taxis : may be hailed in the street when showing the illuminated sign-available, day and night al taxi ranks or called by telephone

POSTAL SERVICES

Local post offices : open Mondays to Fridays 8 am to 7 pm ; Saturdays 8 am to noon

General Post Office, 52 rue du Louvre, 1st : open 24 hours, ✆ 01 40 28 20 00

AIRLINES

AMERICAN AIRLINES : 109 r. Fg. St-Honoré, 8th, ✆ 08 01 87 28 72 .

DELTA AIRLINES : 4 r. Scribe, 9th, ✆ 08 00 35 40 80

UNITED AIRLINES : 55 r. Raspail ✆ 08 01 72 72 72

T.W.A. : 6 r. Christophe-Colomb, 8 th, ✆ 08 01 89 28 92

BRITISH AIRWAYS : 13-15 bd de la Madeleine, 1 st, ✆ 01 44 77 23 00

AIR FRANCE : 119 Champs-Élysées, 8 th, ✆ 08 02 80 28 02

BREAKDOWN SERVICE

Some garages in central and outer Paris operate a 24-hour breakdown service. If you breakdown the police are usually able to help by indicating the nearest one.

TIPPING

In France, in addition to the usual people who are tipped (the barber or ladies'hairdresser, hat-check girl, taxi-driver, doorman, porter, et al.), the ushers in Paris theaters and cinemas,

as well as the custodians of the "men's" and "ladies" in all kinds of establishments, expect a small gratuity.

In restaurants, the tip ("service") is always included in the bill to the tune of 15 %. However you may choose to leave in addition the small change in your plate, especially if it is

a place you would like to come back to, but there is no obligation to do so.

DÉCOUVRIR

PERSPECTIVES CÉLÈBRES ET PARIS VU D'EN HAUT

⩽★★★ depuis l'Obélisque de la place de la Concorde : Champs-Elysées, Arc de Triomphe, Grande Arche de la Défense. - ⩽★★ depuis l'Obélisque de la place de la Concorde : La Madeleine, Assemblée nationale. - ⩽★★★ depuis la terrasse du Palais de Chaillot : Tour Eiffel, Ecole Militaire, Trocadéro. - ⩽★★ depuis le pont Alexandre III : Invalides, Grand et Petit Palais - Tour Eiffel★★★ - Tour Montparnasse★★★ - Tour Notre-Dame★★★ - Dôme du Sacré-Coeur★★★ - Plate-forme de l'Arc de Triomphe★★★

QUELQUES MONUMENTS HISTORIQUES

Le Louvre★★★ (cour carrée, colonnade de Perrault, la pyramide) - Tour Eiffel★★★ - Notre-Dame★★★ - Sainte-Chapelle★★★ - Arc de Triomphe★★★ - Invalides ★★★ (Tombeau de Napoléon) - Palais-Royal★★ - Opéra★★ - Conciergerie★★ - Panthéon★★ - Luxembourg ★★ (Palais et Jardins)

Églises :

Notre-Dame★★★ - La Madeleine★★ - Sacré-Coeur★★ - St-Germain-des-Prés★★ - St-Étienne-du-Mont★★ - St-Germain-l'Auxerrois★★

Dans le Marais :

Place des Vosges★★★ - Hôtel Lamoignon★★ - Hôtel Guénégaud★★ - Palais Soubise★★

QUELQUES MUSÉES

Le Louvre★★★ - Orsay★★★ (milieu du 19e s. jusqu'au début du 20e s.) - Art moderne ★★★ (au Centre Pompidou) - Armée★★★ (aux Invalides) - Arts décoratifs★★ (107, rue de Rivoli) - Musée National du Moyen Âge et Thermes de Cluny★★ - Rodin★★ (Hôtel de Biron) - Carnavalet★★ (Histoire de Paris) - Picasso★★ - Cité des Sciences et de l'Industrie★★★ (La Villette) - Marmottan★★ (collection de peintres impressionnistes) - Orangerie★★ (des Impressionnistes à 1930) - Jacquemart-André★★

MONUMENTS CONTEMPORAINS

La Défense★★ (C.N.I.T., la Grande Arche) - Centre Georges-Pompidou★★ - Forum des Halles - Institut du Monde Arabe★ - Opéra-Bastille - Bercy (Palais Omnisports, Ministère des Finances) - Bibliothèque Nationale de France à Tolbiac

QUARTIERS PITTORESQUES

Montmartre★★★ - Le marais★★★ - Île St-Louis★★ - les Quais★★ (entre le Pont des Arts et le Pont de Sully) - St-Germain-des-Prés★★ - Quartier St-Séverin★★

LE SHOPPING

Grands magasins : *Printemps, Galeries Lafayette (Boulevard Haussmann), Samaritaine (Rue de Rivoli), Bon Marché (rue de Sèvres)*

Commerce de luxe :

Au Faubourg St-Honoré (mode), Rue de la Paix et place Vendôme (joaillerie), rue Royale (faïencerie et cristallerie), av. Montaigne (mode)

Occasions et antiquités :

Marché aux Puces (Porte de Clignancourt), Village Suisse (av. de la Motte-Picquet) - Louvre des Antiquaires.

Liste alphabétique des hôtels et restaurants

B

C

D

E

F

G

H

I

J - K

L

M

Restaurants de Paris et environs

Les bonnes tables... à étoiles

✿✿✿

68 XXXXX **Lucas Carton** *(Senderens)* - **8e**
68 XXXXX **Plaza Athénée - 8e**
67 XXXXX **Taillevent** *(Vrinat)* - **8e**
50 XXXX **Ambroisie (L')** *(Pacaud)* - **4e**
61 XXXX **Arpège** *(Passard)* - **7e**
46 XXXX **Grand Vefour - 1er**
68 XXXX **Pierre Gagnaire - 8e**

✿✿

67 XXXXX **Ambassadeurs (Les) - 8e**
68 XXXXX **Bristol - 8e**
68 XXXXX **"Cinq" (Le) - 8e**
68 XXXXX **Lasserre - 8e**
68 XXXXX **Laurent - 8e**
68 XXXXX **Ledoyen - 8e**
55 XXXXX **Tour d'Argent - 5e**
68 XXXX **Astor (L') - 8e**
46 XXXX **Carré des Feuillants - 1er**
68 XXXX **Élysées (Les) - 8e**
88 XXXX **Faugeron - 16e**
46 XXXX **Gérard Besson - 1er**
93 XXXX **Guy Savoy - 17e**
61 XXXX **Le Divellec - 7e**
93 XXXX **Michel Rostang - 17e**
90 XXXX **Pré Catelan - 16e**
130 XXXX **Trois Marches (Les)** Versailles
93 XXX **Apicius - 17e**
88 XXX **Jamin - 16e**
88 XXX **Relais d'Auteuil - 16e**
56 XXX **Relais Louis XIII - 6e**
105 XXX **Relais Ste-Jeanne** Cergy-Pontoise Ville Nouvelle

✿

46 XXXXX **Espadon (L') - 1er**
46 XXXXX **Meurice (Le) - 1er**
82 XXXX **Célébrités (Les) - 15e**
68 XXXX **Chiberta - 8e**
69 XXXX **Clovis - 8e**
46 XXXX **Drouant - 2e**
47 XXXX **Goumard - 1er**
90 XXXX **Grande Cascade - 16e**
68 XXXX **Marée (La) - 8e**
83 XXXX **Montparnasse 25 - 14e**
75 XXXX **Muses (Les) - 9e**
83 XXXX **Relais de Sèvres - 15e**
69 XXX **Bath's - 8e**
96 XXX **Beauvilliers - 18e**
61 XXX **Cantine des Gourmets - 7e**
47 XXX **Céladon - 2e**
83 XXX **Chen-Soleil d'Est - 15e**
105 XXX **Chiquito** Cergy-Pontoise Ville Nouvelle
102 XXX **Comte de Gascogne (Au)** Boulogne-Billancourt
69 XXX **Copenhague - 8e**
83 XXX **Duc (Le) - 14e**
93 XXX **Faucher - 17e**
56 XXX **Hélène Darroze - 6e**
47 XXX **Il Cortile - 1er**
55 XXX **Jacques Cagna - 6e**
69 XXX **Jardin - 8e**
61 XXX **Jules Verne - 7e**
119 XXX **Magnolias (Les)** Le Perreux-sur-Marne
55 XXX **Paris - 6e**

89	XXX	Pergolèse - 16e
61	XXX	Pétrossian - 7e
89	XXX	Port Alma - 16e
78	XXX	Pressoir (Au) - 12e
93	XXX	Sormani - 17e
75	XXX	Table d'Anvers - 9e
113	XXX	Tastevin Maisons-Laffitte
93	XXX	Timgad - 17e
61	XXX	Violon d'Ingres - 7e
69	XXX	W (Le) - 8e
89	XX	Astrance - 16e
110	XX	Auberge du Château "Table des Blot" Dampierre-en-Yvelines
93	XX	Béatilles (Les) - 17e
61	XX	Bellecour - 7e
51	XX	Benoît - 4e
93	XX	Braisière - 17e
69	XX	Luna - 8e
70	XX	Marius et Janette - 8e
56	XX	Maxence - 6e
61	XX	Récamier - 7e
89	XX	Tang - 16e
79	XX	Trou Gascon (Au) - 12e
117	XX	Truffe Noire Neuilly-sur-Seine

Le "Bib Gourmand"

1er arrondissement
48 X Ardoise (L')

2e arrondissement
48 X Pierrot

3e arrondissement
50 XX Ambassade d'Auvergne
51 X Pamphlet

5e arrondissement
58 X Moissonnier

6e arrondissement
56 XX Maître Paul (Chez)
57 X Épi Dupin (L')

7e arrondissement
62 XX Champ de Mars
62 X Bon Accueil (Au)
62 X Clos des Gourmets
62 X Maupertu
62 X Olivades (Les)
62 X P'tit Troquet

8e arrondissement
71 X Boucoléon
71 X Ferme des Mathurins

9e arrondissement
76 X Jean (Chez)
76 X Petite Sirène de Copenhague
76 X Pré Cadet

11e arrondissement
51 XX Péché Mignon
51 XX Repaire de Cartouche
51 X Astier

12e arrondissement
79 XX Traversière
79 X Biche au Bois
79 X Jean-Pierre Frelet

13e arrondissement
79 X Anacréon
79 X Avant Goût (L')

14e arrondissement
83 XX Monsieur Lapin
84 X La Bonne Table (A)

15e arrondissement
83 XX Caroubier
85 X Marché (du)
85 X Mûrier
85 X Troquet

16e arrondissement
89 XX Géraud (Chez)
90 X Ormes (Les)

17e arrondissement
94 X A et M Le Bistrot
93 XX Graindorge
94 XX Léon (Chez)
94 X Café d'Angel
94 X Petite Auberge
94 X Soupière

ENVIRONS

Asnières-sur-Seine
100 XX Petite Auberge

Bois-Colombes
101 X Chefson

Gagny
111 XX Vilgacy

Triel-sur-Seine
127 X St-Martin

Versailles
130 XX Étape Gourmande
130 XX Potager du Roy

Pour souper après le spectacle

(Nous indiquons entre parenthèses l'heure limite d'arrivée)

Page		Restaurant
75	XXX	Charlot "Roi des Coquillages" - 9e (0 h)
83	XXX	Dôme - 14e (0 h 30)
89	XXX	Étoile (L') - 16e (0 h 30)
69	XXX	Fouquet's - 8e (0 h)
89	XXX	Pavillon Noura - 16e (0 h)
47	XXX	Pierre " A la Fontaine Gaillon " - 2e (0 h 30)
56	XXX	Procope - 6e (1 h)
56	XX	Alcazar - 6e (1 h)
48	XX	Baan Boran - 1er (0 h)
93	XX	Ballon des Ternes - 17e (0 h 30)
51	XX	Blue Elephant - 11e (0 h)
50	XX	Bofinger - 4e (1 h)
75	XX	Brasserie Café de la Paix - 9e (0 h)
76	XX	Brasserie Flo - 10e (1 h 30)
83	XX	Coupole (La) - 14e (1 h)
89	XX	El Malouf - 16e (0 h)
62	XX	Esplanade (L') - 7e (1 h)
70	XX	Fermette Marbeuf 1900 - 8e (0 h)
62	XX	Françoise (Chez) - 7e (0 h)
47	XX	Gallopin - 2e (0 h)
50	XX	Georges - 4e (1 h)
94	XX	Georges (Chez) - 17e (0 h 30)
75	XX	Grand Café - 9e (jour et nuit)
47	XX	Grand Colbert - 2e (1 h)
112	XX	Ile (L') Issy-les-Moulineaux (0 h)
75	XX	Petit Riche (Au) - 9e (0 h 15)
47	XX	Pied de Cochon (Au) - 1er (jour et nuit)
124	XX	Régency 1925 St-Maur-des-Fossés (1 h)
76	XX	Terminus Nord - 10e (1 h)
70	XX	Village d'Ung et Li Lam - 8e (0 h)
83	XX	Vin et Marée - 14e (0 h)
89	XX	Zébra Square - 16e (0 h)
57	X	Balzar - 5e (0 h)
94	X	Bellagio - 17e (0 h)
76	X	Bistro des Deux Théâtres - 9e (0 h 30)
51	X	C'Amelot (Au) - 11e (0 h)
48	X	Café Marly - 1er (1 h)
57	X	Dominique - 6e (1 h)
76	X	I Golosi - 9e (0 h)
76	X	Michel (Chez) - 10e (0 h)
84	X	Père Claude - 15e (0 h)
51	X	Petit Bofinger - 4e (0 h)
85	X	Petit Bofinger - 15e (0 h)
76	X	Petite Sirène de Copenhague - 9e (0 h)
85	X	Régalade - 14e (0 h)
57	X	Rotonde - 6e (1 h)
70	X	Spicy - 8e (0 h)
48	X	Tour de Montlhéry, Chez Denise - 1er (jour et nuit)
71	X	Zo - 8e (0 h)
65		Café M (H.Hyatt Regency) - 8e (0 h)
56		Brasserie (Closerie des Lilas) - 6e (1 h)
44		Ritz Club (H.Ritz) - 1er (1 h)

Le plat que vous recherchez

Une andouillette

50	XX	Ambassade d'Auvergne - 3^{e}
83	XX	Coupole (La) - 14^{e}
56	XX	Marty - 5^{e}
79	XX	Petit Marguery - 13^{e}
51	X	Anjou-Normandie - 11^{e}
76	X	Catherine (Chez) - 9^{e}
94	X	Caves Petrissans - 17^{e}
51	X	Chardenoux - 11^{e}
85	X	Château Poivre - 14^{e}
71	X	Ferme des Mathurins - 8^{e}
62	X	Fontaine de Mars - 7^{e}
48	X	Georges (Chez) - 2^{e}
51	X	Grizzli - 4^{e}
58	X	Moissonnier - 5^{e}
84	X	Petit Mâchon - 15^{e}
120	X	Pouilly Reuilly (Au) à Le Pré St-Gervais
48	X	Relais Chablisien - 1er
90	X	Scheffer - 16^{e}

Du boudin

50	XX	Ambassade d'Auvergne - 3^{e}
62	XX	Chez Eux (D') - 7^{e}
51	X	Anjou-Normandie - 11^{e}
79	X	Auberge Aveyronnaise (L') - 12^{e}
51	X	Bascou (Au) - 3^{e}
62	X	Fontaine de Mars - 7^{e}
57	X	Marlotte - 6^{e}
58	X	Moissonnier - 5^{e}
120	X	Pouilly Reuilly (Au) à Le Pré St-Gervais
84	X	St-Vincent - 15^{e}

Une bouillabaisse

47	XXXX	Goumard - 1er
93	XXX	Augusta - 17^{e}
75	XXX	Charlot "Roi des Coquillages" - 9^{e}
83	XXX	Dôme - 14^{e}
79	XX	Frégate - 12^{e}
89	XX	Marius - 16^{e}
56	XX	Méditerranée - 6^{e}
127	XX	Orée du Bois à Vélizy-Villacoublay
84	XX	Senteurs de Provence (Aux) - 15^{e}

Un cassoulet

51	XX	Benoît - 4^{e}
62	XX	Chez Eux (D') - 7^{e}
75	XX	Julien - 10^{e}
94	XX	Léon (Chez) - 17^{e}
47	XX	Pays de Cocagne - 2^{e}
75	XX	Quercy - 9^{e}
70	XX	Sarladais - 8^{e}
51	XX	Sousceyrac (A) - 11^{e}
113	XX	St-Pierre à Longjumeau
125	XX	Table d'Antan à Ste-Geneviève-des-Bois
79	XX	Trou Gascon (Au) - 12^{e}
51	X	Auberge Pyrénées Cévennes - 11^{e}
48	X	Dauphin - 1er
84	X	Gastroquet - 15^{e}
79	X	Quincy - 12^{e}
62	X	Thoumieux - 7^{e}

Une choucroute

50	XX	Bofinger - 4^{e}
83	XX	Coupole (La) - 14^{e}
76	XX	Terminus Nord - 10^{e}
76	X	Alsaco Winstub (L') - 9^{e}
57	X	Balzar - 5^{e}
48	X	Café Runtz - 2^{e}
44		Brasserie Le Louvre (H. Louvre) - 1er

Un confit

124	XXX	Cazaudehore à St-Germain-en-Laye
62	XX	Chez Eux (D') - 7^{e}
89	XX	Paul Chêne - 16^{e}
47	XX	Pays de Cocagne - 2^{e}
75	XX	Quercy - 9^{e}
70	XX	Sarladais - 8^{e}
79	XX	Trou Gascon (Au) - 12^{e}
110	X	Aub. Landaise à Enghien-les-Bains
51	X	Bascou (Au) - 3^{e}
76	X	Deux Canards (Aux) - 10^{e}
84	X	Gastroquet - 15^{e}
48	X	Lescure - 1er
51	X	Monde des Chimères - 4^{e}
62	X	Thoumieux - 7^{e}

Un coq au vin

Des coquillages, crustacés, poissons

Des escargots

Une paëlla

Une grillade

De la tête de veau

Des tripes

94	XX	Georges (Chez) - 17e
51	X	Anjou-Normandie - 11e
79	X	Auberge Aveyronnaise (L') - 12e
51	X	Chardenoux - 11e
85	X	Château Poivre - 14e
51	X	Fernandises (Les) - 11e
84	X	Petit Mâchon - 15e
62	X	Thoumieux - 7e

Des fromages

83	XXXX	Montparnasse 25 - 14e
100	XX	Escargot (A l') à Aulnay-sous-Bois

Des soufflés

47	XX	Soufflé - 1er
62	X	Cigale - 7e

CUISINE VÉGÉTARIENNE

48	X	Entre Ciel et Terre - 1er

Cuisines d'Ailleurs

Dans la tradition : bistrots et brasseries

Les bistrots

1er arrondissement

48 X Bistrot St-Honoré
48 X Dauphin
48 X Lescure
48 X Souletin
48 X Tour de Montlhéry, Chez Denise

2e arrondissement

48 X Georges (Chez)
48 X Pierrot

3e arrondissement

51 X Bascou (Au)

4e arrondissement

51 XX Benoît
51 X Grizzli
51 X Petit Bofinger

5e arrondissement

57 X Buisson Ardent
58 X Moissonnier
57 X Moulin à Vent (Au)
58 X Reminet

6e arrondissement

57 X Allard
57 X Joséphine "Chez Dumonet"
58 X Marcel (Chez)

7e arrondissement

62 X Bistrot de Paris
63 X Bistrot du 7e
62 X Fontaine de Mars
62 X P'tit Troquet

9e arrondissement

76 X Catherine (Chez)
76 X Relais Beaujolais

11e arrondissement

51 X Astier
51 X Chardenoux
51 X Fernandises (Les)

12e arrondissement

79 X Bistrot de la Porte Dorée
79 X Quincy
79 X Zygomates (Les)

13e arrondissement

79 XX Petit Marguery
79 X Avant Goût (L')

14e arrondissement

85 X Régalade

15e arrondissement

84 X Bistro d'Hubert
85 X Coteaux (Les)
85 X Marché (du)
85 X Os à Moelle (L')
84 X Petit Mâchon
84 X St-Vincent

16e arrondissement

90 X Scheffer
90 X Victor

17e arrondissement

94 XX Georges (Chez)
94 XX Léon (Chez)
94 X Ampère (L')
94 X Caves Petrissans
94 X Clou (Le)

18e arrondissement

96 X Bouclard
96 X Marie-Louise

ENVIRONS

Bois-Colombes

101 X Chefson

Levallois-Perret

113 X Petit Poste

Neuilly-sur-Seine

117 X Bistrot d'à Côté Neuilly
117 X Petit Bofinger

Pré St-Gervais (Le)

120 X Pouilly Reuilly (Au)

St-Cloud

122 X Garde-Manger

Les brasseries

1er arrondissement

47 XX Pied de Cochon (Au)

2e arrondissement

47 XX Gallopin
47 XX Grand Colbert
47 XX Vaudeville

4e arrondissement

50 XX Bofinger

5e arrondissement

56 XX Marty
57 X Balzar

6e arrondissement

57 X Rotonde
52 Brasserie (H. Lutétia)

7e arrondissement

62 X Thoumieux

9e arrondissement

75 XX Brasserie Café de la Paix
76 XX Brasserie Flo
75 XX Grand Café

10e arrondissement

76 XX Brasserie Flo
75 XX Julien
76 XX Terminus Nord

12e arrondissement

78 XXX Train Bleu

14e arrondissement

83 XXX Dôme
83 XX Coupole (La)

15e arrondissement

80 Brasserie (H. Sofitel-Sèvres)
80 Brasserie Pont Mirabeau (H. Nikko)

17e arrondissement

93 XX Ballon des Ternes

ENVIRONS

Issy-les-Moulineaux

112 X Coquibus

Restaurants "Nouveaux Concepts"

Restaurants proposant des menus de 100 F à 160 F

1er arrondissement

48	X	Bistrot St-Honoré
48	X	Entre Ciel et Terre
48	X	La Vieille "Adrienne" (Chez)
48	X	Lescure

2e arrondissement

47	XX	Gallopin
48	XX	Gandhi
47	XX	Grand Colbert

3e arrondissement

51	X	Clos du Vert Bois

4e arrondissement

51	X	Grizzli

5e arrondissement

56	XX	Inagiku
56	XX	Mavrommatis
56	XX	Pactole (Au)
57	X	Buisson Ardent
57	X	Coco de Mer
58	X	Lhassa
58	X	Petit Pontoise

6e arrondissement

58	X	Marcel (Chez)
57	X	Marmite et Cassolette
58	X	Palanquin

7e arrondissement

62	XX	New Jawad
63	X	Apollon
63	X	Bistrot du 7e
63	X	Calèche
62	X	Collinot (Chez)
63	X	Miyako
62	X	Thoumieux

8e arrondissement

70	XX	Village d'Ung et Li Lam
71	X	Cô Ba Saigon

9e arrondissement

75	XX	Bistrot Papillon
75	XX	Quercy
76	X	Alsaco Winstub (L')
76	X	Excuse Mogador (L')
76	X	Petit Batailley
76	X	Petite Sirène de Copenhague
76	X	Pré Cadet

11e arrondissement

50	XX	Aiguière (L')
51	XX	Péché Mignon
51	X	Anjou-Normandie
51	X	Astier
51	X	Auberge Pyrénées Cévennes
51	X	Fernandises (Les)
51	X	Piton des Iles

12e arrondissement

79	XX	Janissaire
79	X	Auberge Aveyronnaise (L')
79	X	Biche au Bois
79	X	Temps des Cerises
79	X	Zygomates (Les)

13e arrondissement

79	X	Anacréon
79	X	Avant Goût (L')

14e arrondissement

84	XX	Créole (La)
85	X	Château Poivre
85	X	Gourmands (Les)
84	X	La Bonne Table (A)
84	X	Pascal Champ

15e arrondissement

83	XX	Caroubier
84	XX	Copreaux
84	XX	Erawan
84	XX	Étape (L')

ENVIRONS

Plein air

Restaurants avec salons particuliers

1er arrondissement

46	XXXX	Carré des Feuillants
47	XXXX	Goumard
46	XXXX	Grand Vefour
47	XXX	Macéo
47	XX	Kinugawa
47	XX	Palais Royal
47	XX	Pauline (Chez)
47	XX	Pied de Cochon (Au)

2e arrondissement

46	XXXX	Drouant
47	XXX	Céladon
47	XXX	Pierre " A la Fontaine Gaillon "
47	XX	Rôtisserie Monsigny

3e arrondissement

50	XX	Ambassade d'Auvergne

4e arrondissement

51	XX	Benoît
50	XX	Bofinger

5e arrondissement

55	XXXXX	Tour d'Argent
56	XX	Marty
56	XX	Ziryab
58	X	Moissonnier

6e arrondissement

56	XXX	Procope
56	XXX	Relais Louis XIII
56	XX	Alcazar
56	XX	Bastide Odéon
56	XX	Maître Paul (Chez)
56	XX	Maxence

7e arrondissement

61	XXXX	Arpège
61	XXX	Cantine des Gourmets
61	XXX	Maison des Polytechniciens
62	XX	Champ de Mars
62	XX	Françoise (Chez)
61	XX	Maison de l'Amérique Latine
61	XX	Récamier
61	XX	Tante Marguerite
62	X	Thoumieux

8e arrondissement

67	XXXXX	Ambassadeurs (Les)
68	XXXXX	"Cinq" (Le)
68	XXXXX	Lasserre
68	XXXXX	Laurent
68	XXXXX	Ledoyen
68	XXXXX	Lucas Carton
67	XXXXX	Taillevent
69	XXX	Fouquet's
70	XX	Bistrot du Sommelier
70	XX	Marius et Janette

9e arrondissement

75	XXX	Table d'Anvers
75	XX	Petit Riche (Au)

11e arrondissement

50	XX	Aiguière (L')

12e arrondissement

78	XXX	Pressoir (Au)

14e arrondissement

83	XXX	Pavillon Montsouris
83	XX	Chaumière des Gourmets
83	XX	Coupole (La)
83	XX	Vin et Marée
84	X	Pascal Champ

15e arrondissement

82	XXXX	Célébrités (Les)
83	XXX	Chen-Soleil d'Est
83	XX	Gauloise
85	X	Marché (du)

16e arrondissement

88	XXXX	Faugeron
90	XXXX	Grande Cascade
90	XXXX	Pré Catelan

Restaurants ouverts samedi et dimanche

1er arrondissement

46	XXXXX	Espadon (L')
46	XXXXX	Meurice (Le)
47	XXXX	Goumard
47	XX	Pied de Cochon (Au)
48	X	Café Marly
48	X	Dauphin

2e arrondissement

47	XXX	Pierre " A la Fontaine Gaillon "
47	XX	Café Drouant
47	XX	Grand Colbert
47	XX	Vaudeville

3e arrondissement

50	XX	Ambassade d'Auvergne

4e arrondissement

51	XX	Benoît
50	XX	Bofinger
50	XX	Georges
51	X	Bistrot du Dôme
51	X	Petit Bofinger

5e arrondissement

55	XXXXX	Tour d'Argent
56	XX	Marty
56	XX	Mavrommatis
57	XX	Toutoune (Chez)
57	X	Balzar
58	X	Lhassa
58	X	Reminet
57	X	Rôtisserie du Beaujolais

6e arrondissement

56	XXX	Closerie des Lilas
56	XXX	Procope
56	XX	Alcazar
56	XX	Méditerranée
62	XX	New Jawad
56	XX	Yugaraj
62	X	Bistrot de Paris
57	X	Bouillon Racine
57	X	Rotonde

7e arrondissement

61	XXX	Cantine des Gourmets
61	XXX	Jules Verne
62	XX	Bar au Sel
62	XX	Champ de Mars
62	XX	Esplanade (L')
62	XX	Françoise (Chez)
62	X	Fontaine de Mars
62	X	Thoumieux
62	X	Vin et Marée

8e arrondissement

67	XXXXX	Ambassadeurs (Les)
68	XXXXX	Bristol
68	XXXXX	"Cinq" (Le)
69	XXX	Fouquet's
69	XXX	Obélisque (L')
69	XXX	Yvan
70	XX	Fermette Marbeuf 1900
70	XX	Marius et Janette
70	X	Appart' (L')
71	X	Bistrot de Marius
71	X	Café Indigo
70	X	Cap Vernet
70	X	Spicy

9e arrondissement

75	XXX	Charlot "Roi des Coquillages"
75	XX	Brasserie Café de la Paix
75	XX	Grand Café
76	X	Bistro des Deux Théâtres

10e arrondissement

76	XX	Brasserie Flo
75	XX	Julien
76	XX	Terminus Nord

11e arrondissement

51	XX	Vin et Marée

12e arrondissement

78	XXX	Train Bleu
79	XX	Grandes Marches (Les)
79	X	Bistrot de la Porte Dorée
79	X	Temps des Cerises

13e arrondissement

79	XX	Marronniers (Les)

14e arrondissement

83	XXX	Dôme
83	XXX	Pavillon Montsouris
83	XX	Coupole (La)
84	XX	Créole (La)
83	XX	Monsieur Lapin
83	XX	Vin et Marée
85	X	Bistrot du Dôme

METROPOLITAIN

PARIS
Hôtels - Restaurants
par arrondissements

(Liste alphabétique des Hôtels et Restaurants, voir p. 7 à 21)

G 12 : Ces lettres et chiffres correspondent au carroyage du **Plan de Paris** Michelin n° 10, **Paris Atlas** n° 11, **Plan avec répertoire** n° 12 et **Plan de Paris** n° 14.

En consultant ces quatre publications vous trouverez également les parkings les plus proches des établissements cités.

Opéra - Palais-Royal Halles - Bourse

1er et 2e arrondissements

1er : ✉ 75001 - 2e : ✉ 75002

Ritz, 15 pl. Vendôme (1er) ☎ 01 43 16 30 30, *mgt@ritzparis.com, Fax 01 43 16 33 68,* , « Belle piscine et luxueux centre de remise en forme », , – – 30 à 80. AE GB JCB. G 12
voir rest. ***L'Espadon*** ci-après - ***Ritz Club*** (dîner seul.) *(fermé août, dim. et fériés)* **Repas** carte 360 à 430 – - ***Bar Vendôme*** (déj. seul.) **Repas** carte 440 à 630 – 200 – **130 ch** 3280/4527, 45 appart.

Meurice, 228 r. Rivoli (1er) ☎ 01 44 58 10 10, *reservations@meuricehotel.com, Fax 01 44 58 10 15,* – – 40 à 70. AE GB JCB. rest G 12
voir rest. ***Le Meurice*** ci-après - ***Jardin d'Hiver*** ☎ 01 44 58 10 44 **Repas** carte 260 à 390 – 190 – **135 ch** 3500/4700, 25 appart.

Inter - Continental, 3 r. Castiglione (1er) ☎ 01 44 77 11 11, *paris@interconti.com, Fax 01 44 77 14 60,* , – – 15 à 350. AE GB JCB. rest G 12
234 Rivoli ☎ 01 44 77 10 40 **Repas** carte 260 à 370 – ***Terrasse Fleurie*** *(mai-sept.)* **Repas** carte 260 à 370 – 200 – **410 ch** 3411/4526, 33 appart.

Costes, 239 r. St-Honoré (1er) ☎ 01 42 44 50 00, *Fax 01 42 44 50 01,* , « Bel hôtel particulier décoré avec élégance », , – . AE GB JCB G 12
Repas carte 290 à 460 – 170 – **80 ch** 2000/4500, 3 duplex.

Vendôme M, 1 pl. Vendôme (1er) ☎ 01 55 04 55 00, *Fax 01 49 27 97 89,* « Hôtel particulier du 18e siècle » – . AE GB JCB G 12
Café de Vendôme ☎ 01 55 04 55 55 **Repas** 240/270 – ***Les Perles de Vendôme*** ☎ 01 55 04 55 62 *(fermé sam. et dim.)* **Repas** carte 150 à 300 – 160 – **19 ch** 3200/4500, 10 appart.

Castille M, 37 r. Cambon (1er) ☎ 01 44 58 44 58, *reservation@castille.com, Fax 01 44 58 44 00* – – 30. AE GB JCB G 12
voir rest. ***Il Cortile*** ci-après – 150 – **86 ch** 2875/5938, 7 appart, 14 duplex.

Louvre, pl. A. Malraux (1er) ☎ 01 44 58 38 38, *hoteldulouvre@hoteldulouvre.com, Fax 01 44 58 38 01,* – – 15 à 80. AE GB JCB H 13
Brasserie Le Louvre : **Repas** *(145)*-190 , enf. 75 – 125 – **195 ch** 2350/4800.

Westminster, 13 r. Paix (2e) 01 42 61 57 46, *resa-westminster@warwickhotels.com, Fax 01 42 60 30 66,* – ch, – 15 à 30. G 12
voir rest. ***Céladon*** ci-après – 120 – **82 ch** 2500/3100, 20 appart.

Lotti sans rest, 7 r. Castiglione (1er) 01 42 60 37 34, *hotel.lotti@wanadoo.fr, Fax 01 40 15 93 56* – . G 12
140 – **129 ch** 2000/3400.

Edouard VII sans rest, 39 av. Opéra (2e) 01 42 61 56 90, *info@edouard7hotel.com, Fax 01 42 61 47 73* – – 15 à 25. G 13
110 – **65 ch** 1850/2350, 4 appart.

Royal St-Honoré sans rest, 221 r. St-Honoré (1er) 01 42 60 32 79, *rsh@hotel-royal-st-honore.com, Fax 01 42 60 47 44* – . G 12
105 – **67 ch** 1700/2200, 5 appart.

Normandy, 7 r. Échelle (1er) 01 42 60 30 21, *normandy@hotelsparis.fr, Fax 01 42 60 45 81* – – 15 à 30. H 13
L'Échelle *(fermé août, sam. et dim.)* **Repas** *(130)*-185/285 – 95 – **118 ch** 1100/2800, 4 appart.

Régina, 2 pl. Pyramides (1er) 01 42 60 31 10, *management@regina-hotel.com, Fax 01 40 15 95 16,* « Hall "Art Nouveau" » – – 30. H 13
Repas *(fermé août, sam., dim. et fériés) (160)* - 175/285 bc et carte 330 à 440 – 100 – **105 ch** 1770/2400, 15 appart.

Opéra Richepanse sans rest, 14 r. Richepanse (1er) 01 42 60 36 00, *richepanseotel@wanadoo.fr, Fax 01 42 60 13 03* – . G 12
110 – **35 ch** 1630/1890, 3 appart.

Washington Opéra sans rest, 50 r. Richelieu (1er) 01 42 96 68 06, *hotel@washingtonopera.com, Fax 01 40 15 01 12,* « Hôtel particulier de la marquise de Pompadour, terrasse Palais Royal » – . G 13
80 – **36 ch** 1400/1800.

Cambon sans rest, 3 r. Cambon (1er) 01 44 58 93 93, *cambon@cybercable.fr, Fax 01 42 60 30 59* – . G 12
85 – **40 ch** 1680/1880.

Stendhal sans rest, 22 r. D. Casanova (2e) 01 44 58 52 52, *h1610@accor-hotels.com, Fax 01 44 58 52 00* – . G 12
105 – **20 ch** 1680/2100.

Mansart sans rest, 5 r. Capucines (1er) 01 42 61 50 28, *hotel.mansart@wanadoo.fr, Fax 01 49 27 97 44* – . G 12
60 – **57 ch** 800/1700.

L'Horset Opéra sans rest, 18 r. d'Antin (2e) 01 44 71 87 00, *Fax 01 42 66 55 54* – – 20. G 13
85 – **55 ch** 1400/1550.

Novotel Les Halles, 8 pl. M.-de-Navarre (1er) 01 42 21 31 31, *h0785@accor-hotel.com, Fax 01 40 26 05 79* – – 15 à 20. H 14
Repas carte environ 180, enf. 50 – 85 – **271 ch** 1500/1625.

États-Unis Opéra sans rest, 16 r. d'Antin (2e) 01 42 65 05 05, *us-opare@wanadoo.fr, Fax 01 42 65 93 70* – – 25. G 13
65 – **45 ch** 720/1130.

Violet sans rest, 7 r. J. Lantier (1er) 01 42 33 45 38, *hotel.violet@wanadoo.fr, Fax 01 40 28 03 56* – . J 14
60 – **30 ch** 600/800.

Noailles sans rest, 9 r. Michodière (2e) 01 47 42 92 90, *goldentulip.denoailles@wanadoo.fr, Fax 01 49 24 92 71,* décor contemporain – – 20. G 13
60 – **55 ch** 1100/1300, 6 appart.

Malte Opéra sans rest, 63 r. Richelieu (2e) 01 44 58 94 94, *hotel.malte@astotel.com, Fax 01 42 86 88 19* – . G 13
90 – **54 ch** 990/1290, 5 duplex.

Britannique sans rest, 20 av. Victoria (1er) 01 42 33 74 59, *mailbox@hotel-britannique.fr, Fax 01 42 33 82 65* – . J 14
67 – **40 ch** 780/1080.

Relais du Louvre sans rest, 19 r. Prêtres-St-Germain-L'Auxerrois (1er) 01 40 41 96 42, *au-relais-du-louvre@dial.oleane.com, Fax 01 40 41 96 44* – . H 14
60 – **19 ch** 650/1050.

Louvre St-Honoré sans rest, 141 r. St-Honoré (1er) 01 42 96 23 23, *hotellouvresainthonore@regetel.com, Fax 01 42 96 21 61* – . H 14
75 – **40 ch** 950/1350.

Place du Louvre sans rest, 21 r. Prêtres-St-Germain-L'Auxerrois (1er) ✆ 01 42 33 78 68, *hotel.place.louvre@wanadoo.fr, Fax 01 42 33 09 95* – ▮ TV ✆. AE ① GB JCB H 14
☕ 60 – **20 ch** 560/910.

Grand Hôtel de Champagne sans rest, 17 r. J.-Lantier (1er) ✆ 01 42 36 60 00, *Fax 01 45 08 43 33* – ▮ ⇆ TV ✆. AE ① GB JCB J 14
☕ 70 – **43 ch** 866/972.

Favart sans rest, 5 r. Marivaux (2e) ✆ 01 42 97 59 83, *favart.hotel@wanadoo.fr, Fax 01 40 15 95 58* – ▮ TV ✆. AE ① GB JCB F 13
☕ 20 – **38 ch** 520/645.

Molière sans rest, 21 r. Molière (1er) ✆ 01 42 96 22 01, *moliere@worldnet.fr, Fax 01 42 60 48 68* – ▮ TV. AE ① GB. ✂ G 13
☕ 70 – **32 ch** 780/880.

Victoires Opéra M sans rest, 56 r. Montorgueil (2e) ✆ 01 42 36 41 08, *hotel@victoiresopera.com, Fax 01 45 08 08 79* – ▮ ▤ TV ✆ ♿. AE ① GB JCB. ✂ G 14
☕ 80 – **24 ch** 1200/1800.

Ducs de Bourgogne sans rest, 19 r. Pont-Neuf (1er) ✆ 01 42 33 95 64, *mail@hotel-paris-bourgogne.com, Fax 01 40 39 01 25* – ▮ ▤ TV ✆. AE ① GB JCB H 14
☕ 70 – **50 ch** 610/1010.

Baudelaire Opéra sans rest, 61 r. Ste Anne (2e) ✆ 01 42 97 50 62, *hotel@cybercable.fr, Fax 01 42 86 85 85* – ▮ TV ✆. AE ① GB JCB. ✂ G 13
☕ 47 – **24 ch** 600/800, 5 duplex.

Louvre Rivoli sans rest, 20 r. Molière (1er) ✆ 01 42 60 31 20, *louvre@hotelsparis.fr, Fax 01 42 60 32 06* – ▮ ▤ TV ✆ ♿. AE ① GB JCB. ✂ G 13
☕ 75 – **29 ch** 990/1030.

Louvre Ste-Anne sans rest, 32 r. Ste-Anne (1er) ✆ 01 40 20 02 35, *ste-anne@worldonline.fr, Fax 01 40 15 91 13* – ▮ ▤ TV ♿. AE ① GB JCB. ✂ G 13
☕ 60 – **20 ch** 796/1190.

Vivienne sans rest, 40 r. Vivienne (2e) ✆ 01 42 33 13 26, *paris@hotel-vivienne.com, Fax 01 40 41 98 19* – ▮ TV. GB F 14
☕ 40 – **44 ch** 305/540.

XXXXX ✿ **L'Espadon** - Hôtel Ritz, 15 pl. Vendôme (1er) ✆ 01 43 16 30 80, *mgt@ritzparis.com, Fax 01 43 16 33 75,* 🏠 – ▤. AE ① GB JCB. ✂ G 12
Repas 400 (déj.)/850 et carte 580 à 830
Spéc. Homard de Bretagne à la crème de corail. Turbot rôti sur lit de cèpes au jus de viande (automne). Poulet "gauloise blanche" rôti aux rattes confites.

XXXXX ✿ **Le Meurice** - Hôtel Meurice, 228 r. Rivoli (1er) ✆ 01 44 58 10 55, *restauration@meuricehotel.com, Fax 01 44 58 10 13* – ▤. AE ① GB JCB. ✂ G 12
Repas 360 (déj.), 600/950 et carte 430 à 630
Spéc. Millefeuille de tomate et chèvre frais au basilic. Pavé de thon poêlé à l'huile d'olive. Volaille et petites pommes de terre nouvelles rôties ensemble.

XXXX ✿✿✿ **Grand Vefour,** 17 r. Beaujolais (1er) ✆ 01 42 96 56 27, *grand.vefour@wanadoo.fr, Fax 01 42 86 80 71,* « Ancien café du Palais Royal fin 18e siècle » – ▤. AE ① GB JCB. ✂ G 13
fermé 14 au 22 avril, août, 22 déc. au 2 janv., vend. soir, sam. et dim. – **Repas** 415 (déj.)/990 et carte 740 à 990
Spéc. Foie gras de canard en terrine. Tronçon de sole à la tomate, jus menthe-coriandre. Tourte d'artichauts et légumes confits, sorbet aux amandes amères (dessert).

XXXX ✿✿ **Carré des Feuillants** (Dutournier), 14 r. Castiglione (1er) ✆ 01 42 86 82 82, *Fax 01 42 86 07 71* – ▤. AE ① GB JCB G 12
fermé août, sam. midi et dim. – **Repas** 360 (déj.)/880 et carte 560 à 780
Spéc. Huîtres spéciales de Marennes en chaud-froid et tartines de foie gras (sept. à avril). Filets de perdreau flanqués de foie gras caramélisé (saison). Figues fraîches à la crème de noix et glace à la fourme d'Ambert (automne-hiver).

XXXX ✿ **Drouant** voir aussi rest. ***Café Drouant***, pl. Gaillon (2e) ✆ 01 42 65 15 16, *drouantrv@elior.com, Fax 01 49 24 02 15,* « Siège de l'Académie Goncourt depuis 1914 » – ▤. AE ① GB JCB G 13
fermé 28 juil. au 26 août, sam. et dim. – **Repas** 320 (déj.)/680 (dîner)et carte 500 à 780 ♀
Spéc. Raviole d'oeuf au coulis de truffe. Saint-Jacques aux crevettes grises et bigorneaux (oct. à mai). Millefeuille au pralin et chocolat noir.

XXXX ✿✿ **Gérard Besson,** 5 r. Coq Héron (1er) ✆ 01 42 33 14 74, *Fax 01 42 33 85 71* – ▤. AE ① GB JCB H 14
fermé sam. sauf le soir de sept. à juin et dim. – **Repas** (240) - 300 (déj.)/580 et carte 590 à 620 ♀
Spéc. Homard "Georges Garin". Gibier (saison). Fenouil confit aux épices (dessert).

XXXX **Goumard,** 9 r. Duphot (1er) ✆ 01 42 60 36 07, *Fax 01 42 60 04 54* – |‡| ▤. AE GB G 12
✿ *fermé 1er au 23 août* – **Repas** - produits de la mer - 250 (déj.)et carte 340 à 480 ♀
Spéc. Emincé de palmiste et Saint-Jacques poêlées (oct. à avril) Turbot de ligne rôti au jus de volaille. Arlette caramélisée et glace à la confiture de lait.

XXX **Céladon** - Hôtel Westminster, 15 r. Daunou (2e) ✆ 01 42 61 77 42, *resa@westminster.hepta.fr, Fax 01 42 60 30 66* – ▤. AE ⓓ GB JCB G 12
✿ *fermé août, sam., dim. et fériés* – **Repas** 290 bc (déj.)/380 (dîner)et carte 400 à 540 ♀
Spéc. Minestrone de bouquets au lomo (sept. à déc.). Saint-Pierre rôti en persillade d'amandes fraîches. Tomates rôties aux fruits secs.

XXX **Macéo,** 15 r. Petits-Champs (1er) ✆ 01 42 97 53 85, *Fax 01 47 03 36 93* – ▤. GB G 13
fermé sam. midi et dim. – **Repas** 220 (déj.)/250 et carte 290 à 410 ♀.

XXX **Il Cortile** - Hôtel de Castille, 37 r. Cambon (1er) ✆ 01 44 58 45 67, *ilcortile@castille.com, Fax 01 44 58 45 69,* 🏠 – AE ⓓ GB JCB G 12
✿ *fermé sam., dim. et fériés* – **Repas** - cuisine italienne - 290 bc (déj.)et carte 260 à 420
Spéc. Cannelloni à l'encre, chair de tourteau et homard. Piccata de veau à la sauge. Palet moelleux au chocolat, noisettes et amandes.

XXX **Pierre " A la Fontaine Gaillon ",** pl. Gaillon (2e) ✆ 01 47 42 63 22, *Fax 01 47 42 82 84,* 🏠 – ▤. AE ⓓ GB JCB G 13
fermé août – **Repas** 195 et carte 260 à 440.

XX **Pierre - J.-P. Arabian,** 10 r. Richelieu (1er) ✆ 01 42 96 09 17, *Fax 01 42 96 09 62* – ▤. AE ⓓ GB JCB H 13
fermé 24 déc. au 2 janv., sam. midi et dim. – **Repas** carte 260 à 360 ♀.

XX **Palais Royal,** 110 Galerie de Valois - Jardin du Palais Royal (1er) ✆ 01 40 20 00 27, *palaisrest@aol.com, Fax 01 40 20 00 82,* 🏠, « Terrasse dans le jardin du Palais Royal » – AE ⓓ GB G 13
fermé 15 déc. au 15 fév., sam. midi d'oct. à avril et dim. – **Repas** carte 240 à 380 ♀.

XX **Chez Pauline,** 5 r. Villédo (1er) ✆ 01 42 96 20 70, *Fax 01 49 27 99 89* – ▤. AE ⓓ GB JCB G 13
fermé sam. sauf le soir en hiver et dim. – **Repas** *(170)* - 220 (déj.)/250 et carte 370 à 450 ♀.

XX **Café Drouant,** pl. Gaillon (2e) ✆ 01 42 65 15 16, *Fax 01 49 24 02 15,* 🏠 – ▤. AE ⓓ GB JCB
Repas 220 et carte 250 à 460 ♀.

XX **Pays de Cocagne,** -Espace Tarn- 111 r. Réaumur (2e) ✆ 01 40 13 81 81, *Fax 01 40 13 87 70* – ▤. AE ⓓ GB JCB G 14
fermé août, 24 déc. au 2 janv., sam. midi, dim. et fériés – **Repas** - cuisine du Sud-Ouest - 178/295 bc ♀.

XX **Au Pied de Cochon** (ouvert jour et nuit), 6 r. Coquillière (1er) ✆ 01 40 13 77 00, *Fax 01 40 13 77 09,* 🏠, brasserie – |‡| ▤. AE ⓓ GB H 14
Repas carte 180 à 420 ♀.

XX **Aristippe,** 8 r. J. J. Rousseau (1er) ✆ 01 42 60 08 80, *Fax 01 42 60 11 13* – ▤. AE GB JCB H 14
fermé août, sam. midi et dim. – **Repas** - produits de la mer - 179 (déj.)/240 et carte 210 à 300 ♀.

XX **Rôtisserie Monsigny,** 1 r. Monsigny (2e) ✆ 01 42 96 16 61, *Fax 01 42 97 40 97* – ▤. AE ⓓ GB JCB G 13
fermé 1er au 25 août, sam. midi et dim. – **Repas** *(129)* - 165 et carte 200 à 300 ♀.

XX **Kinugawa,** 9 r. Mont Thabor (1er) ✆ 01 42 60 65 07, *Fax 01 42 60 45 21* – ▤. AE ⓓ GB JCB. ⚘ G 12
fermé 23 déc. au 5 janv. et dim. – **Repas** - cuisine japonaise - 165 (déj.), 510/700 et carte 250 à 450 ♀.

XX **Gallopin,** 40 r. N.-D.-des-Victoires (2e) ✆ 01 42 36 45 38, *Fax 01 42 36 10 32,* « Brasserie fin 19e siècle » – AE ⓓ GB G 14
fermé dim. – **Repas** *(129)* - 159/189 bc et carte 180 à 340 ♀.

XX **Soufflé,** 36 r. Mont-Thabor (1er) ✆ 01 42 60 27 19, *c_rigaud@club-internet.fr, Fax 01 42 60 54 98* – ▤. AE GB JCB G 12
fermé dim. et fériés – **Repas** 175/220 et carte 210 à 310 ♀.

XX **Vaudeville,** 29 r. Vivienne (2e) ✆ 01 40 20 04 62, *Fax 01 49 27 08 78,* brasserie – AE ⓓ GB JCB G 14
Repas 138 (déj.)/189 et carte 210 à 260 ♀.

XX **Grand Colbert,** 2 r. Vivienne (2e) ✆ 01 42 86 87 88, *Fax 01 42 86 82 65,* brasserie – ▤. AE ⓓ GB JCB G 13
Repas 160 et carte 230 à 300 ♀.

XX **Delizie d'Uggiano,** 18 r. Duphot (1er) ✆ 01 40 15 06 69, *Fax 01 40 15 03 90* – AE ⓓ GB JCB G 12
fermé sam. midi et dim. – **Repas** - cuisine italienne - 179 bc (déj.), 225/285 et carte 280 à 380 ♀.

XX **Gandhi,** 66 r. Ste-Anne (2e) ✆ 01 47 03 41 00, *Fax 01 49 10 03 73* – ▤. AE ⓓ GB JCB G 13
fermé dim. midi – **Repas** - cuisine indienne - *(69)* - 80 (déj.), 149/179 et carte 210 à 280 ♀.

XX **Poquelin,** 17 r. Molière (1er) ✆ 01 42 96 22 19, *Fax 01 42 96 05 72* – ▤. AE ⓓ GB JCB G 13
fermé 1er au 20 août, sam. midi, lundi midi et dim. – **Repas** 198 et carte 240 à 340.

XX **Baan Boran,** 43 r. Montpensier (1er) ✆ 01 40 15 90 45, *Fax 01 40 15 90 45* – ▤. AE GB. ✂ G 13
fermé dim. – **Repas** - cuisine thaïlandaise - 70 (le midi en semaine)et carte 180 à 250 ♀.

XX **Saudade,** 34 r. Bourdonnais (1er) ✆ 01 42 36 30 71, *Fax 01 42 36 27 77* – ▤. AE GB. ✂ H 14
fermé dim. – **Repas** - cuisine portugaise - 129 (déj.)et carte 220 à 250.

XX **Willi's Wine Bar,** 13 r. Petits-Champs (1er) ✆ 01 42 61 05 09, *Fax 01 47 03 36 93* – GB G 13
fermé dim. – **Repas** 158 (déj.), 195/230 ♀.

X **L'Atelier Berger,** 49 r. Berger (1er) ✆ 01 40 28 00 00, *contact@atelierberger.com, Fax 01 40 28 10 65* – AE GB H 14
fermé 13 au 19 août et dim. – **Repas** 132 (déj.), 186/260.

X **Bistrot St-Honoré,** 10 r. Gomboust (1er) ✆ 01 42 61 77 78, *Fax 01 42 61 77 78* – AE GB JCB G 13
fermé août, 24 déc. au 2 janv., sam. soir et dim. – **Repas** 150 et carte 230 à 280 ♀.

X **Chez Georges,** 1 r. Mail (2e) ✆ 01 42 60 07 11, bistrot – AE GB G 14
fermé 29 juil. au 19 août, dim. et fériés – **Repas** carte 230 à 300.

X **Café Marly,** 93 r. Rivoli - Cour Napoléon (1er) ✆ 01 49 26 06 60, *Fax 01 49 26 07 06*, ⛱, « Décor original dans le Grand Louvre » – ▤. AE ⓓ GB H 13
Repas carte environ 260 ♀.

X **Café Runtz,** 16 r. Favart (2e) ✆ 01 42 96 69 86, *Fax 01 40 20 92 95*, bistrot – AE ⓓ GB F 13
fermé 19 au 27 mai, 28 juil. au 26 août, sam. (sauf le soir d'oct. à juin), dim. et fériés – **Repas** - cuisine alsacienne - *(133)* - carte 180 à 280 ♀.

X **Pierrot,** 18 r. Étienne Marcel (2e) ✆ 01 45 08 00 10 – ▤. AE GB H 15
fermé août, 1er au 7 janv., sam. midi et dim.
Repas carte 170 à 200 ♁.

X **L'Ardoise,** 28 r. Mont-Thabor (1er) ✆ 01 42 96 28 18 – GB G 12
fermé 1er au 7 mai, août, 24 déc. au 1er janv., sam. midi et lundi
Repas 175 ♀.

X **Relais Chablisien,** 4 r. B. Poirée (1er) ✆ 01 45 08 53 73, *Fax 01 45 08 53 73*, « Maison du 17e siècle » – ▤. GB. ✂ J 14
fermé 1er au 21 août, sam. et dim. – **Repas** carte 150 à 310 ♀.

X **Tour de Montlhéry, Chez Denise** (ouvert jour et nuit), 5 r. Prouvaires (1er) ✆ 01 42 36 21 82, *Fax 01 45 08 81 99* – ▤. GB H 14
fermé 14 juil. au 19 août , sam. et dim. – **Repas** carte 220 à 350.

X **Chez La Vieille "Adrienne",** 1 r. Bailleul (1er) ✆ 01 42 60 15 78, *Fax 01 42 33 85 71* – AE GB JCB H 14
fermé sam., dim. et le soir sauf jeudi – **Repas** (prévenir) 150/250 et carte 220 à 350 ♀.

X **Souletin,** 6 r. Vrillière (1er) ✆ 01 42 61 43 78, *Fax 01 42 61 43 78*, bistrot – GB G 14
fermé 30 juil. au 26 août, sam. midi, dim. et fériés – **Repas** carte 170 à 250 ♀.

X **Lescure,** 7 r. Mondovi (1er) ✆ 01 42 60 18 91, bistrot – ▤. GB G 11
fermé 1er au 23 août, sam. et dim. – **Repas** 115 bc et carte 120 à 190 ♀.

X **Entre Ciel et Terre,** 5 r. Hérold (1er) ✆ 01 45 08 49 84, rest. exclusivement non-fumeurs – ⓓ GB G 14
fermé 21 juil. au 19 août, sam. et dim. – **Repas** - cuisine végétarienne - *(74)* - 107 et carte 140 à 160.

X **Dauphin,** 167 r. St-Honoré (1er) ✆ 01 42 60 40 11, *Fax 01 42 60 01 18* – AE ⓓ GB JCB H 13
Repas *(140)* - 150 (déj.), 195/270 ♀.

Bastille - République
Hôtel de Ville

3ᵉ, 4ᵉ et 11ᵉ arrondissements

3ᵉ : ✉ 75003 - 4ᵉ : ✉ 75004 - 11ᵉ : ✉ 75011

Pavillon de la Reine sans rest, 28 pl. Vosges (3ᵉ) ✆ 01 40 29 19 19, *pavillon@club-internet.fr, Fax 01 40 29 19 20,* « Belle décoration intérieure » – AE GB JCB — J17
120 – **31 ch** 2200/2400, 14 appart, 10 duplex.

Holiday Inn M, 10 pl. République (11ᵉ) ✆ 01 43 14 43 50, *holidays@holiday.innsfrance.fr, Fax 01 47 00 32 34* – – 25 à 150. AE GB JCB — G 17
Au 10 de la République : **Repas** 195, enf. 65 – 135 – **318 ch** 2995/5000.

Villa Beaumarchais M, 5 r. Arquebusiers (3ᵉ) ✆ 01 40 29 14 00, *beaumarchais@hotelsparis.fr, Fax 01 40 29 14 01* – – 30. AE GB JCB — H 17
Repas *(fermé 1ᵉʳ au 20 août, sam. et dim.)* 165 (déj.)/195 et carte 290 à 380 – 150 – **50 ch** 2000/3500.

Jeu de Paume sans rest, 54 r. St-Louis-en-l'Ile (4ᵉ) ✆ 01 43 26 14 18, *Fax 01 40 46 02 76,* « Ancien jeu de paume du 17ᵉ siècle » – – 25. AE GB JCB — K 16
85 – **30 ch** 970/1660.

Bretonnerie sans rest, 22 r. Ste-Croix-de-la-Bretonnerie (4ᵉ) ✆ 01 48 87 77 63, *hotel@bretonnerie.com, Fax 01 42 77 26 78* – GB. — J 16
fermé 30 juil. au 26 août – 60 – **22 ch** 680/870, 4 appart, 3 duplex.

Little Palace ⓜ, 4 r. Salomon de Caus (3e) ☎ 01 42 72 08 15, *littlepalacehotel@compuserve.com, Fax 01 42 72 45 81* – AE GB JCB. G 15
Repas *(fermé 13 juil. au 20 août, sam. et dim.)* carte environ 170 – 65 – **57 ch** 850/950.

Caron de Beaumarchais sans rest, 12 r. Vieille-du-Temple (4e) ☎ 01 42 72 34 12, *Fax 01 42 72 34 63* – AE GB. J 16
58 – **19 ch** 790/870.

Meslay République sans rest, 3 r. Meslay (3e) ☎ 01 42 72 79 79, *Fax 01 42 72 76 94* – AE GB JCB. G 16
47 – **39 ch** 756/862.

Beaubourg sans rest, 11 r. S. Le Franc (4e) ☎ 01 42 74 34 24, *Fax 01 42 78 68 11* – AE GB JCB H 15
42 – **28 ch** 700.

Verlain sans rest, 97 r. St-Maur (11e) ☎ 01 43 57 44 88, *verlain@3and1hotels.com, Fax 01 43 57 32 06* – AE GB JCB G 19
50 – **38 ch** 580/650.

Axial Beaubourg sans rest, 11 r. Temple (4e) ☎ 01 42 72 72 22, *axial@axialbeaubourg.com, Fax 01 42 72 03 53* – AE GB JCB. J 15
45 – **39 ch** 500/750.

Lutèce sans rest, 65 r. St-Louis-en-l'Ile (4e) ☎ 01 43 26 23 52, *hotel.lutece@free.fr, Fax 01 43 29 60 25* – AE GB. K 16
60 – **23 ch** 930.

Deux Iles sans rest, 59 r. St-Louis-en-l'Ile (4e) ☎ 01 43 26 13 35, *Fax 01 43 29 60 25* – AE GB. K 16
57 – **17 ch** 790/910.

Rivoli Notre Dame sans rest, 19 r. Bourg Tibourg (4e) ☎ 01 42 78 47 39, *Fax 01 40 29 07 00* – AE GB JCB. J 16
75 – **30 ch** 800/1200.

Vieux Saule sans rest, 6 r. Picardie (3e) ☎ 01 42 72 01 14, *Fax 01 40 27 88 21* – AE GB JCB. H 17
55 – **31 ch** 590/890.

Nord et Est sans rest, 49 r. Malte (11e) ☎ 01 47 00 71 70, *Fax 01 43 57 51 16* – AE GB JCB. G 17
fermé août et 24 déc. au 2 janv. – 35 – **45 ch** 330/370.

Grand Prieuré sans rest, 20 r. Grand Prieuré (11e) ☎ 01 47 00 74 14, *Fax 01 49 23 06 64* – AE GB JCB. G 17
30 – **32 ch** 350/400.

Nice sans rest, 42 bis r. Rivoli (4e) ☎ 01 42 78 55 29, *Fax 01 42 78 36 07* – GB J 16
35 – **23 ch** 410/580.

Prince Eugène sans rest, 247 bd Voltaire (11e) ☎ 01 43 71 22 81, *Fax 01 43 71 24 71* – AE GB JCB K 21
32 – **35 ch** 345/405.

Croix de Malte sans rest, 5 r. Malte (11e) ☎ 01 48 05 09 36, *Fax 01 43 57 02 54* – AE GB JCB H 17
49 – **29 ch** 615/685.

XXXX ✿✿✿ **L'Ambroisie** (Pacaud), 9 pl. des Vosges (4e) ☎ 01 42 78 51 45 – AE GB. J 17
fermé août, vacances de fév., dim. et lundi – **Repas** carte 960 à 1 210
Spéc. Feuillantine de queues de langoustines aux graines de sésame, sauce curry. Selle d'agneau en nougatine d'ail, ragoût de cocos au pistou. Tarte fine sablée au chocolat, glace vanille.

XX **Ambassade d'Auvergne,** 22 r. Grenier St-Lazare (3e) ☎ 01 42 72 31 22, *info@ambassade-auvergne.com, Fax 01 42 78 85 47* – AE GB JCB H 15
fermé 5 au 16 août – **Repas** 170 et carte 200 à 270.

XX **Georges,** Centre Pompidou, 6e étage (4e) ☎ 01 44 78 47 99, *Fax 01 44 78 48 93,* ≤ toits de Paris, «Décor design et terrasse» – AE GB. H 15
fermé mardi – **Repas** carte 230 à 300.

XX **Bofinger,** 5 r. Bastille (4e) ☎ 01 42 72 87 82, *Fax 01 42 72 97 68,* brasserie, «Décor Belle Époque» – AE GB J 17
Repas *(119)* - 189 bc et carte 220 à 370.

XX **L'Aiguière,** 37 bis r. Montreuil (11e) ☎ 01 43 72 42 32, *patrick-masbatin1@libertysurf.com, Fax 01 43 72 96 36* – AE GB JCB K 20
fermé sam. midi et dim. – **Repas** 145 bc/350 bc et carte 285 à 440.

XX **Benoît**, 20 r. St-Martin (4e) ℘ 01 42 72 25 76, *Fax 01 42 72 45 68*, bistrot – ▤. AE J 15
✿ *fermé août* – **Repas** 250 (déj.)et carte 340 à 470 Y
Spéc. Pannequets d'huîtres chaudes au gingembre (saison). Cassoulet. Tête de veau ravigote.

XX **A Sousceyrac**, 35 r. Faidherbe (11e) ℘ 01 43 71 65 30, *Fax 01 40 09 79 75* – ▤ ⓓ GB J 19
fermé août – **Repas** 185 et carte 240 à 350 Y.

XX **L'Excuse**, 14 r. Charles V (4e) ℘ 01 42 77 98 97, *excuse@calva.net, Fax 01 42 77 88 55* – AE GB J 16
fermé 28 juil. au 20 août et dim. – **Repas** *(120)* - 150 (déj.)/196 et carte 280 à 350 Y.

XX **Vin et Marée**, 276 bd Voltaire (11e) ℘ 01 43 72 31 23, *vin.maree@wanadoo.fr, Fax 01 40 09 05 24* – ▤. AE GB K 21
Repas - produits de la mer - carte 200 à 250 Y.

XX **Blue Elephant**, 43 r. Roquette (11e) ℘ 01 47 00 42 00, *Fax 01 47 00 45 44*, « Décor typique » – ▤. AE ⓓ GB J 18
fermé sam. midi – **Repas** - cuisine thaïlandaise - 120 (déj.)/310 et carte 280 à 340.

XX **Mansouria**, 11 r. Faidherbe (11e) ℘ 01 43 71 00 16, *Fax 01 40 24 21 97* – ▤. GB. ✂ K 19
fermé lundi midi et dim. – **Repas** - cuisine marocaine - 182/280 bc et carte 180 à 250.

XX **Les Amognes**, 243 r. Fg St-Antoine (11e) ℘ 01 43 72 73 05, *Fax 01 43 28 77 23* – GB K 20
fermé 1er au 19 août, 24 déc. au 2 janv., lundi midi, sam. midi et dim. – **Repas** 180 Y.

XX **Les Jumeaux**, 73 r. Amelot (11e) ℘ 01 43 14 27 00 – GB H 17
fermé août, dim. et lundi – **Repas** *(150)* - 185 Y.

XX **Péché Mignon**, 5 r. Guillaume Bertrand (11e) ℘ 01 43 57 68 68, *Fax 01 49 83 91 62* – AE GB H 19
fermé août, dim. soir et lundi – **Repas** *(120)* - 159/210 Y.

XX **Repaire de Cartouche**, 99 r. Amelot (11e) ℘ 01 47 00 25 86, *Fax 01 43 38 85 91* – ▤. GB H 17
fermé 25 juil. au 25 août, dim. et lundi – **Repas** 130 (déj.)/200 et carte 180 à 280 Y.

X **Bistrot du Dôme**, 2 r. Bastille (4e) ℘ 01 48 04 88 44, *Fax 01 48 04 00 59* – ▤. AE GB J 17
Repas - produits de la mer - carte 240 à 280 Y.

X **Petit Bofinger**, 6 r. Bastille (4e) ℘ 01 42 72 05 23, *Fax 01 42 72 04 94* – ▤. AE GB J 17
Repas *(105)* - carte 160 à 250 Y.

X **Pamphlet**, 38 r. Debelleyne (3e) ℘ 01 42 72 39 24, *Fax 01 42 72 12 53* – GB H 17
fermé 8 au 27 août, 1er au 15 janv., sam. midi et dim.
Repas *(130)* - 170 Y.

X **Auberge Pyrénées Cévennes**, 106 r. Folie-Méricourt (11e) ℘ 01 43 57 33 78 – ▤. AE GB G 17
fermé 14 juil. au 15 août, 1er au 7 janv., sam. midi et dim. – **Repas** 158 et carte 170 à 290.

X **Grizzli**, 7 r. St-Martin (4e) ℘ 01 48 87 77 56, ☂, bistrot – AE ⓓ GB JCB J 15
fermé lundi midi, sam. midi et dim. – **Repas** 120/160 et carte 180 à 280 Y.

X **Astier**, 44 r. J.-P. Timbaud (11e) ℘ 01 43 57 16 35, bistrot – GB G 18
fermé vacances de Pâques, août, Noël au jour de l'An, sam. et dim. – **Repas** (prévenir) 120 (déj.)/145.

X **Au Bascou**, 38 r. Réaumur (3e) ℘ 01 42 72 69 25, *Fax 01 42 72 69 25*, bistrot – AE GB G 16
fermé 28 juil. au 27 août, 23 déc. au 1er janv., sam. midi, lundi midi et dim. – **Repas** 180 et carte 190 à 230 Y.

X **Monde des Chimères**, 69 r. St-Louis-en-L'Ile (4e) ℘ 01 43 54 45 27, *Fax 01 43 29 84 88* – GB K 16
fermé dim. et lundi – **Repas** 89 (déj.)/165 et carte 250 à 350.

X **Chardenoux**, 1 r. J. Vallès (11e) ℘ 01 43 71 49 52, *Fax 01 45 62 04 07*, bistrot – AE GB ✂ K 20
fermé août, vacances de fév., sam. midi et dim. – **Repas** carte 200 à 300 Y.

X **Clos du Vert Bois**, 13 r. Vert Bois (3e) ℘ 01 42 77 14 85 – GB JCB G 16
fermé 27 juil. au 28 août, sam. midi et lundi – **Repas** *(103)* - 130/215 et carte 280 à 370 Y.

X **Anjou-Normandie**, 13 r. Folie-Méricourt (11e) ℘ 01 47 00 30 59, *Fax 01 47 00 30 59* – GB H 18
fermé août, sam. et dim. – **Repas** (déj. seul.) *(81)* - 129 et carte 150 à 220 Y.

X **Les Fernandises**, 19 r. Fontaine au Roi (11e) ℘ 01 48 06 16 96, bistrot – GB G 18
fermé août, dim. et lundi – **Repas** 110 (déj.)/135 et carte 170 à 260 Y.

X **Au C'Amelot**, 50 r. Amelot (11e) ℘ 01 43 55 54 04, *Fax 01 43 14 77 05* – GB H 17
fermé août, dim. et lundi – **Repas** *(135)* - 180 Y.

X **Piton des Iles**, 174 r. Roquette (11e) ℘ 01 43 48 61 89 – GB H 20
fermé lundi midi et dim. – **Repas** - cuisine réunionnaise - 68 et carte 130 à 160 ♂.

Quartier Latin - Luxembourg St-Germain-des-Prés

5ᵉ et 6ᵉ arrondissements

5ᵉ : ✉ 75005 - 6ᵉ : ✉ 75006

Lutétia, 45 bd Raspail (6ᵉ) ☎ 01 49 54 46 46, *lutetia-paris@lutetia-paris.com, Fax 01 49 54 46 00,* – – 300. AE GB JCB K 12
voir rest. ***Paris*** ci-après - ***Brasserie Lutétia*** ☎01 49 54 46 76 **Repas** *(165)*-195 ♀, enf. 65 – ☕ 75 – **240 ch** 2100/4000, 10 appart.

Victoria Palace sans rest, 6 r. Blaise-Desgoffe (6ᵉ) ☎ 01 45 49 70 00, *victoria@club-internet.fr, Fax 01 45 49 23 75* – – 30. AE GB JCB L 11
☕ 95 – **64 ch** 1800/2250.

Aubusson sans rest, 33 r. Dauphine (6ᵉ) ☎ 01 43 29 43 43, *reservationherve@hoteldaubusson.com, Fax 01 43 29 12 62,* « Hôtel particulier à l'élégant décor intérieur » – . AE GB J 13
☕ 110 – **47 ch** 1550/2300, 3 studios.

Relais Christine sans rest, 3 r. Christine (6ᵉ) ☎ 01 40 51 60 80, *relaisch@club-internet.fr, Fax 01 40 51 60 81,* « Élégante décoration intérieure » – – 20. AE GB JCB J 14
☕ 115 – **35 ch** 2250/2400, 16 duplex.

Littré sans rest, 9 r. Littré (6ᵉ) ☎ 01 53 63 07 07, *infos@hotel-littre.fr, Fax 01 45 44 88 13* – – 25. AE GB JCB. L 11
☕ 90 – **88 ch** 1350/1850.

Bel Ami St-Germain-des-Prés M sans rest, 7 r. St-Benoit (6e) 01 42 61 53 53, *contact@hotel-bel-ami.com, Fax 01 49 27 09 33,* « Bel aménagement contemporain » – AE GB JCB J 13
100 – **115 ch** 1750/3400.

Buci M sans rest, 22 r. Buci (6e) 01 55 42 74 74, *hotelbuci@wanadoo.fr, Fax 01 55 42 74 44* – AE GB. J 13
90 – **24 ch** 1550/1950.

L'Abbaye sans rest, 10 r. Cassette (6e) 01 45 44 38 11, *hotel.abbaye@wanadoo.fr, Fax 01 45 48 07 86* – AE GB. K 12
42 ch 1220/1750, 4 duplex.

Relais St-Germain M sans rest, 9 carrefour de l'Odéon (6e) 01 44 27 07 97, *Fax 01 46 33 45 30,* « Bel aménagement intérieur » – cuisinette AE GB JCB K 13
18 ch 1290/1850, 4 studios.

Madison M sans rest, 143 bd St-Germain (6e) 01 40 51 60 00, *resa@hotel-madison.com, Fax 01 40 51 60 01,* « Beau mobilier » – AE GB JCB J 13
54 ch 850/1700.

Relais Médicis M sans rest, 23 r. Racine (6e) 01 43 26 00 60, *Fax 01 40 46 83 39* – AE GB JCB. K 13
16 ch 1230/1595.

Villa Panthéon M sans rest, 41 r. Écoles (5e) 01 53 10 95 95, *pantheon@hotelsparis.fr, Fax 01 53 10 95 96* – AE GB JCB K 14
170 – **59 ch** 2450.

Left Bank St-Germain sans rest, 9 r. Ancienne Comédie (6e) 01 43 54 01 70, *lb@paris-hotels-charm.com, Fax 01 43 26 17 14* – AE GB JCB. K 13
31 ch 1082/1351.

Holiday Inn Saint-Germain-des-Prés M sans rest, 92 r. Vaugirard (6e) 01 49 54 87 00, *holiday-inn.psg@wanadoo.fr, Fax 01 49 54 87 01* – – 60. AE GB JCB L 12
85 – **134 ch** 1400/1550.

Angleterre sans rest, 44 r. Jacob (6e) 01 42 60 34 72, *anglotel@wanadoo.fr, Fax 01 42 60 16 93* – AE GB JCB. J 13
65 – **23 ch** 780/1300, 4 appart.

Villa M sans rest, 29 r. Jacob (6e) 01 43 26 60 00, *hotel@villa-saintgermain.com, Fax 01 46 34 63 63,* « Original décor contemporain » – AE GB JCB J 13
80 – **32 ch** 1400/2500.

St-Grégoire M sans rest, 43 r. Abbé Grégoire (6e) 01 45 48 23 23, *hotel@saintgregoire.com, Fax 01 45 48 33 95* – AE GB JCB. L 12
70 – **20 ch** 890/1490.

Millésime Hôtel sans rest, 15 r. Jacob (6e) 01 44 07 97 97, *reservation@millesimehotel.com, Fax 01 46 34 55 97* – AE GB JCB J 13
75 – **22 ch** 950/1250.

Résidence Henri IV M sans rest, 50 r. Bernardins (5e) 01 44 41 31 81, *henri4@hotellerie.net, Fax 01 46 33 93 22* – cuisinette AE GB K 15
45 – **8 ch** 900, 5 appart.

Rives de Notre-Dame M sans rest, 15 quai St-Michel (5e) 01 43 54 81 16, *hotel@rivesdenotredame.com, Fax 01 43 26 27 09,* ←, « Maison du 16e siècle, décor provençal » – – 15. AE GB JCB J 14
70 – **10 ch** 1300/2500.

Au Manoir St-Germain-des-Prés sans rest, 153 bd St-Germain (6e) 01 42 22 21 65, *msg@paris-hotels-charm.com, Fax 01 45 48 22 25* – AE GB JCB. J 12
33 ch 1100/1456.

Ste-Beuve M sans rest, 9 r. Ste-Beuve (6e) 01 45 48 20 07, *saintebeuve@wanadoo.fr, Fax 01 45 48 67 52* – AE GB JCB. L 12
85 – **22 ch** 780/1700.

Panthéon sans rest, 19 pl. Panthéon (5e) 01 43 54 32 95, *henri4@hotellerie.net, Fax 01 43 26 64 65,* ← – AE GB JCB. L 14
55 – **36 ch** 900/1000.

Jardins du Luxembourg M sans rest, 5 imp. Royer-Collard (5e) 01 40 46 08 88, *jardinslux@wanadoo.fr, Fax 01 40 46 02 28* – AE GB JCB. L 14
55 – **26 ch** 825/890.

Tour Notre-Dame sans rest, 20 r. Sommerard (5e) 01 43 54 47 60, *tour-notre-dame@magic.fr, Fax 01 43 26 42 34* – AE GB JCB K 14
65 – **48 ch** 925/995.

Villa des Artistes M sans rest, 9 r. Grande Chaumière (6e) 01 43 26 60 86, *hotel@villa-artistes.com, Fax 01 43 54 73 70* – AE GB JCB. L 12
55 – **59 ch** 720/1300.

Relais St-Sulpice M sans rest, 3 r. Garancière (6e) 01 46 33 99 00, *relaisstsulpice@wanadoo.fr, Fax 01 46 33 00 10* – AE GB JCB. K 13
60 – **26 ch** 980/1200.

Grand Hôtel St-Michel sans rest, 19 r. Cujas (5e) 01 46 33 33 02, *grand.hotel@st.michel.com, Fax 01 40 46 96 33* – AE GB JCB K 14
65 – **45 ch** 690/890, 7 appart.

Fleurie sans rest, 32 r. Grégoire de Tours (6e) 01 53 73 70 00, *bonjour@hotel-de-fleurie.tm.fr, Fax 01 53 73 70 20* – AE GB. K 13
50 – **29 ch** 1050/1700.

St-Germain-des-Prés sans rest, 36 r. Bonaparte (6e) 01 43 26 00 19, *hotel-saint-germain-des-pres@wanadoo.fr, Fax 01 40 46 83 63* – AE GB J 13
50 – **30 ch** 900/1500.

Saints-Pères sans rest, 65 r. des Sts-Pères (6e) 01 45 44 50 00, *hotelsts.peres@wanadoo.fr, Fax 01 45 44 90 83* – AE GB. J 12
70 – **36 ch** 700/1800, 3 appart.

Royal St-Michel M sans rest, 3 bd St-Michel (5e) 01 44 07 06 06, *hotel.royal.st.michel@wanadoo.fr, Fax 01 44 07 36 25* – AE GB JCB K 14
60 – **39 ch** 1020/1250.

Notre Dame sans rest, 1 quai St-Michel (5e) 01 43 54 20 43, *Fax 01 43 26 61 75*, ≤ – AE GB. K 14
40 – **23 ch** 910/1200, 3 duplex.

Relais St-Jacques sans rest, 3 r. Abbé de l'Épée (5e) 01 53 73 26 00, *sanevers@wanadoo.fr, Fax 01 43 26 17 81* – – 20. AE GB JCB. L 14
72 – **23 ch** 1177/1456.

St-Christophe sans rest, 17 r. Lacépède (5e) 01 43 31 81 54, *hotelstcristophe@compuserve.com, Fax 01 43 31 12 54* – AE GB L 15
50 – **31 ch** 580/700.

Sully St-Germain M sans rest, 31 r. Écoles (5e) 01 43 26 56 02, *hotel@sullysaintgermain.com, Fax 01 43 29 74 42*, – AE GB JCB. K 15
75 – **58 ch** 950/1300.

Parc St-Séverin sans rest, 22 r. Parcheminerie (5e) 01 43 54 32 17, *hotel.parc.severin@wanadoo.fr, Fax 01 43 54 70 71* – AE GB JCB. K 14
55 – **27 ch** 550/1070.

Jardin de Cluny sans rest, 9 r. Sommerard (5e) 01 43 54 22 66, *hotel.decluny@wanadoo.fr, Fax 01 40 51 03 36* – AE GB JCB. K 14
60 – **40 ch** 790/1200.

Libertel Quartier Latin M sans rest, 9 r. Écoles (5e) 01 44 27 06 45, *Fax 01 43 25 36 70* – AE GB JCB L 15
82 – **29 ch** 1165/1350.

Jardin de l'Odéon M sans rest, 7 r. Casimir Delavigne (6e) 01 53 10 28 50, *hotel@jardindelodeon.com, Fax 01 43 25 28 12* – AE GB K 13
56 – **41 ch** 715/1170.

Prince de Conti sans rest, 8 r. Guénégaud (6e) 01 44 07 30 40, *Fax 01 44 07 36 34* – AE GB JCB J 13
82 – **26 ch** 1165/1900.

Clos Médicis M sans rest, 56 r. Monsieur Le Prince (6e) 01 43 29 10 80, *clos-medicis@composewe.com, Fax 01 43 54 26 90* – AE GB JCB K 14
60 – **38 ch** 790/1300.

Odéon Hôtel M sans rest, 3 r. Odéon (6e) 01 43 25 90 67, *odeon@odeonhotel.fr, Fax 01 43 25 55 98*, « Maison du 17e siècle » – AE GB JCB. K 13
60 – **33 ch** 750/1500.

Grands Hommes sans rest, 17 pl. Panthéon (5e) 01 46 34 19 60, *Fax 01 43 26 67 32*, ≤ – – 20. AE GB JCB L 14
50 – **32 ch** 850/1200.

de l'Odéon sans rest, 13 r. St-Sulpice (6e) 01 43 25 70 11, *hotelodeon@wanadoo.fr, Fax 01 43 29 97 34*, « Maison du 16e siècle » – AE GB JCB K 13
65 – **29 ch** 820/1350.

Prince de Condé sans rest, 39 r. Seine (6e) 01 43 26 71 56, *Fax 01 46 34 27 95* – AE GB JCB J 13
82 – **12 ch** 1165/1900.

Régent sans rest, 61 r. Dauphine (6e) 01 46 34 59 80, *hotel-leregent@wanadoo.fr, Fax 01 40 51 05 07* – AE GB JCB. J 13
60 – **25 ch** 750/1150.

Select sans rest, 1 pl. Sorbonne (5e) ℘ 01 46 34 14 80, *select.hotel@wanadoo.fr, Fax 01 46 34 51 79* – AE GB JCB — K 14
40 – **68 ch** 670/920.

Albe sans rest, 1 r. Harpe (5e) ℘ 01 46 34 09 70, *albehotel@wanadoo.fr, Fax 01 40 46 85 70* – AE GB JCB. — K 14
58 – **45 ch** 650/920.

Agora St-Germain sans rest, 42 r. Bernardins (5e) ℘ 01 46 34 13 00, *agorastg@hotelleri e.net, Fax 01 46 34 75 05* – AE GB JCB. — K 15
50 – **39 ch** 650/880.

Bréa sans rest, 14 r. Bréa (6e) ℘ 01 43 25 44 41, *breahote@wanadoo.fr, Fax 01 44 07 19 25* – AE GB. — L 12
55 – **23 ch** 700/900.

Ferrandi sans rest, 92 r. Cherche-Midi (6e) ℘ 01 42 22 97 40, *hotel.ferrandi@wanadoo.fr, Fax 01 45 44 89 97* – AE GB JCB — L 11
65 – **42 ch** 640/1480.

Dacia-Luxembourg sans rest, 41 bd St-Michel (5e) ℘ 01 53 10 27 77, *info@hoteldacia.c om, Fax 01 44 07 10 33* – AE GB JCB. — K 14
50 – **38 ch** 650/800.

Marronniers sans rest, 21 r. Jacob (6e) ℘ 01 43 25 30 60, *Fax 01 40 46 83 56* – GB. — J 13
70 – **37 ch** 885/1240.

Pierre Nicole sans rest, 39 r. Pierre Nicole (5e) ℘ 01 43 54 76 86, *Fax 01 43 54 22 45* – AE GB. — M 13
40 – **33 ch** 370/520.

St-Jacques sans rest, 35 r. Écoles (5e) ℘ 01 44 07 45 45, *Fax 01 43 25 65 50* – AE GB JCB. — K 15
40 – **35 ch** 420/640.

Maxim sans rest, 28 r. Censier (5e) ℘ 01 43 31 16 15, *Fax 01 43 91 93 87* – AE GB JCB — M 15
50 – **36 ch** 615/685.

Familia sans rest, 11 r. Écoles (5e) ℘ 01 43 54 55 27, *Fax 01 43 29 61 77* – AE GB JCB. — L-K 15
38 – **30 ch** 410/595.

Dauphine St-Germain sans rest, 36 r. Dauphine (6e) ℘ 01 43 26 74 34, *Fax 01 43 26 49 09* – AE GB JCB — J 13
92 – **30 ch** 1090/1585.

Sèvres Azur sans rest, 22 r. Abbé-Grégoire (6e) ℘ 01 45 48 84 07, *sevres.azur@wanadoo.f r, Fax 01 42 84 01 55* – AE GB JCB — K 11-12
40 – **31 ch** 485/590.

California sans rest, 32 r. Écoles (5e) ℘ 01 46 34 12 90, *hotel@californiasaintgermain. com, Fax 01 46 34 75 52* – AE GB. — K 14-15
65 – **44 ch** 805/1300.

XXXXX ✿✿ **Tour d'Argent** (Terrail), 15 quai Tournelle (5e) ℘ 01 43 54 23 31, *Fax 01 44 07 12 04*, ≤ Notre-Dame, « Petit musée de la table. Dans les caves, spectacle historique sur le vin » – AE GB JCB — K 16
fermé lundi – **Repas** 390 (déj.)et carte 950 à 1 200
Spéc. Quenelles de brochet "André Terrail". Caneton "Tour d'Argent". Crêpes "Belle Époque".

XXX ✿ **Jacques Cagna,** 14 r. Grands Augustins (6e) ℘ 01 43 26 49 39, *Fax 01 43 54 54 48*, « Maison du Vieux Paris » – AE GB JCB — J 14
fermé 1er au 21 août, sam. midi, lundi midi et dim. – **Repas** 270 (déj.)/490 et carte 520 à 710
Spéc. Foie gras de canard chaud aux fruits confits caramélisés. Poularde de Houdan en deux services. Gibier (saison).

XXX ✿ **Paris** - Hôtel Lutétia, 45 bd Raspail (6e) ℘ 01 49 54 46 90, *lutetia-paris@lutetia-paris.com, Fax 01 49 54 46 00*, « Décor inspiration "Art-Déco" » – AE GB JCB — K 12
fermé août, sam., dim. et fériés – **Repas** 250 (déj.), 350/750 et carte 340 à 560
Spéc. Cannelloni de foie gras de canard à la truffe. Turbot cuit dans le sel de Guérande et algues bretonnes. Le "Tout chocolat".

XXX ✿✿ **Relais Louis XIII** (Martinez), 8 r. Grands Augustins (6e) ✆ 01 43 26 75 96, *Fax 01 44 07 07 80*, « Maison historique, caveau du 16e siècle » – ▤. AE GB JCB. ✂ J 14
fermé 4 au 28 août, vacances de fév., dim. et lundi – **Repas** 240 (déj.)/380 (dîner sauf sam.)et carte 430 à 550 ♀
Spéc. Ravioli de homard, foie gras et jus crémé aux cèpes. Caneton challandais rôti aux épices. Millefeuille à la vanille.

XXX ✿ **Hélène Darroze,** 4 r. d'Assas (6e) ✆ 01 42 22 00 11, *helene.darroze@wanadoo.fr*, *Fax 01 42 22 25 40* – ▤. AE GB K 12
fermé 23 juil. au 20 août, dim. et lundi – **Repas** 240 (déj.), 580/850 et carte 390 à 690 ***Salon :*** **Repas** *(145)*185bc et carte 160 à 230 ♀
Spéc. Escaoutoun landais au brebis basque et aux cèpes (sept. à nov.). Foie gras de canard des Landes grillé au feu de bois. Baba imbibé au vieil armagnac.

XXX **Closerie des Lilas,** 171 bd Montparnasse (6e) ✆ 01 40 51 34 50, *closerie@club-internet.fr*, *Fax 01 43 29 99 94*, ⛱, « Ancien café littéraire » – AE ⓓ GB JCB M 13
Repas 250 bc (déj.)et carte 320 à 420 - ***Brasserie :*** **Repas** carte 180 à 320 ♀.

XXX **Procope,** 13 r. Ancienne Comédie (6e) ✆ 01 40 46 79 00, *Fax 01 40 46 79 09*, « Ancien café littéraire du 18e siècle » – ▤. AE ⓓ GB K 13
Repas 130 (déj.)/178 et carte 210 à 310 ♀.

XX **Atelier Maître Albert,** 1 r. Maître Albert (5e) ✆ 01 46 33 13 78, *Fax 01 44 07 01 86* – ▤. AE GB K 15
fermé lundi en août, dim. et fêtes – **Repas** *(150)* - 210.

XX **Mavrommatis,** 42 r. Daubenton (5e) ✆ 01 43 31 17 17, *Fax 01 43 36 13 08* – ▤ GB ✂ M 15
fermé lundi – **Repas** - cuisine grecque - 120 (déj.), 160/170 et carte 200 à 280 ♀.

XX ✿ **Maxence** (Van Laer), 9 bis bd Montparnasse (6e) ✆ 01 45 67 24 88, *Fax 01 45 67 10 22* – ▤. AE GB JCB L 11
fermé 1er au 15 août, lundi midi, sam. midi et dim. – **Repas** 150 (déj.)/340 et carte 350 à 500 ♀
Spéc. Crème de topinambours et truffes (déc. à mars). Waterzoï de volaille à la gantoise. Chicons confits, glace aux spéculoos.

XX **Ziryab,** à l'Institut du Monde Arabe, 1 r. Fossés-St-Bernard (5e) ✆ 01 53 10 10 20, *Fax 01 44 07 30 98*, ← Paris, ⛱, « Terrasse panoramique » – AE ⓓ GB. ✂ K 16
fermé dim. soir et lundi – **Repas** - cuisine orientale - carte 250 à 300.

XX **Chat Grippé,** 87 r. Assas (6e) ✆ 01 43 54 70 00, *Fax 01 43 26 42 05* – ▤. AE GB LM 13
fermé août, lundi midi, sam. midi et dim. – **Repas** 145 (déj.)/205 et carte 250 à 320 ♀.

XX **Alcazar,** 62 r. Mazarine (6e) ✆ 01 53 10 19 99, *atlanticblue@wanadoo.fr*, *Fax 01 53 10 23 23*, « Original cadre contemporain » – ▤. AE ⓓ GB JCB J 13
Repas *(120)* - 160 bc (déj.)et carte 280 à 350 ♀.

XX **Inagiku,** 14 r. Pontoise (5e) ✆ 01 43 54 70 07, *Fax 01 40 51 74 44* – ▤. AE GB K 15
fermé 6 au 19 août et dim. – **Repas** - cuisine japonaise - 88 (déj.), 148/348 et carte 260 à 300.

XX **Marty,** 20 av. Gobelins (5e) ✆ 01 43 31 39 51, *Fax 01 43 37 63 70*, brasserie, « Cadre des années 30 » – ▤. AE ⓓ GB JCB M 15
Repas 200 et carte 230 à 300 ♀, enf. 85.

XX **Catalogne,** 4 cour du Commerce St-André (6e) ✆ 01 55 42 16 19, *Fax 01 55 42 16 33* – AE ⓓ GB JCB K 13
fermé dim. soir et lundi – **Repas** - cuisine catalane - 195/295 bc ♀.

XX **Méditerranée,** 2 pl. Odéon (6e) ✆ 01 43 26 02 30, *Fax 01 43 26 18 44* – ▤. AE GB K 13
Repas *(160)* - 190 et carte 250 à 380 ♀.

XX **Au Pactole,** 44 bd St-Germain (5e) ✆ 01 46 33 31 31, *nedra@au-pactole.com*, *Fax 01 46 33 07 60* – AE GB JCB K 15
fermé 7 au 22 août, sam. midi et dim. – **Repas** 98 (déj.), 155/179 et carte 230 à 300 ♀.

XX ☺ **Chez Maître Paul,** 12 r. Monsieur-le-Prince (6e) ✆ 01 43 54 74 59, *chezmaitrepaul@aol.com*, *Fax 01 46 34 58 33* – ▤. AE ⓓ GB K 13
fermé dim. et lundi en juil.-août – Repas 165/195 bc.

XX **Yugaraj,** 14 r. Dauphine (6e) ✆ 01 43 26 44 91, *Fax 01 46 33 50 77* – ▤. AE ⓓ GB JCB J 14
fermé lundi – **Repas** - cuisine indienne - 99 (déj.), 180/290 et carte 230 à 330.

XX **Yen,** 22 r. St-Benoît (6e) ✆ 01 45 44 11 18 – ▤. AE GB JCB J 13
fermé lundi midi et dim. – **Repas** - cuisine japonaise - carte 210 à 300 ♀.

XX **Bastide Odéon,** 7 r. Corneille (6e) ✆ 01 43 26 03 65, *bastide.odeon@wanadoo.fr*, *Fax 01 44 07 28 93* – AE GB K 13
fermé 5 au 30 août, 30 déc. au 7 janv., dim. et lundi – **Repas** 194.

XX **Chez Toutoune,** 5 r. Pontoise (5e) ✆ 01 43 26 56 81, *infos@cheztoutoune.com, Fax 01 40 46 80 34* – AE GB K 15
fermé lundi – **Repas** *(148)* - 218 ♀.

X **Coco de Mer,** 34 bd St-Marcel (5e) ✆ 01 47 07 06 64, *frichot@seychelles-saveurs.com, Fax 01 47 07 41 88* – AE GB M 16
fermé août, lundi midi et dim. – **Repas** - cuisine des Seychelles - 135/170 ♀.

X **Campagne et Provence,** 25 quai Tournelle (5e) ✆ 01 43 54 05 17, *Fax 01 43 29 74 93* – ▤. GB K 15
fermé 5 au 26 août, sam. midi, lundi midi et dim. – **Repas** *(120)* - 230 et carte 260 à 320.

X **Bouillon Racine,** 3 r. Racine (6e) ✆ 01 44 32 15 60, *bouillon.racine@wanadoo.fr, Fax 01 44 32 15 61,* « Cadre "Art Nouveau" » – AE GB K 14
Repas - cuisine flamande - 129 (déj.)/189 et carte 200 à 250 ♀, enf. 59.

X **Les Bookinistes,** 53 quai Grands Augustins (6e) ✆ 01 43 25 45 94, *bookinistes@guysavoy.com, Fax 01 43 25 23 07* – ▤. AE ⓓ GB JCB J 14
fermé sam. midi et dim. – **Repas** 160 (déj.)et carte 230 à 320.

X **Dominique,** 19 r. Bréa (6e) ✆ 01 43 27 08 80, *Fax 01 43 26 84 84* – ▤. AE ⓓ GB JCB L 12
fermé 22 juil. au 21 août, dim. et lundi – **Repas** - cuisine russe - (dîner seul.) 250/350 et carte 270 à 390.

X **Allard,** 41 r. St-André-des-Arts (6e) ✆ 01 43 26 48 23, *Fax 01 46 33 04 02,* bistrot – ▤. AE ⓓ GB JCB K 14
fermé 6 au 27 août et dim. – **Repas** *(150)* - 200 et carte 230 à 350.

X **Buisson Ardent,** 25 r. Jussieu (5e) ✆ 01 43 54 93 02, *Fax 01 46 33 34 77* – AE GB L 15
fermé 4 août au 2 sept., sam. et dim. – **Repas** 90 (déj.)/160 ♀.

X **L'Espadon Bleu,** 25 r. Grands Augustins (6e) ✆ 01 46 33 00 85 – ▤. AE ⓓ GB JCB J 14
fermé 5 au 21 août, dim. et lundi – **Repas** - produits de la mer - *(140)* - 160 (déj.)/240 et carte 230 à 280.

X **Rotonde,** 105 bd Montparnasse (6e) ✆ 01 43 26 68 84, *Fax 01 46 34 52 40,* brasserie – ▤. AE GB JCB L 12
Repas 178/288 et carte 200 à 310 ♀.

X **Les Bouchons de François Clerc,** 12 r. Hôtel Colbert (5e) ✆ 01 43 54 15 34, *Fax 01 46 34 68 07,* « Maison du vieux Paris » – AE GB JCB K 15
fermé sam. midi et dim. – **Repas** 234.

X **Marmite et Cassolette,** 157 bd Montparnasse (6e) ✆ 01 43 26 26 53, *Fax 01 43 26 43 40* – GB M 13
fermé 28 juil. au 26 août, 9 au 17 fév., sam. et dim. – **Repas** *(85)* - 110 et carte 160 à 210 ♀.

X **Rôtisserie d'en Face,** 2 r. Christine (6e) ✆ 01 43 26 40 98, *rotisface@aol.fr, Fax 01 43 54 22 71* – ▤. AE ⓓ GB JCB J 14
fermé sam. midi et dim. – **Repas** 105 (déj.)/240 ♀.

X **Joséphine "Chez Dumonet",** 117 r. Cherche-Midi (6e) ✆ 01 45 48 52 40, *Fax 01 42 84 06 83,* bistrot – AE GB L 11
fermé 15 juil. au 15 août, sam. et dim. – **Repas** carte 260 à 480.

X **Emporio Armani Caffé,** 149 bd St-Germain (6e) ✆ 01 45 48 62 15, *maximori@aol.com, Fax 01 45 48 53 17* – ▤. AE ⓓ GB J 13
fermé dim. – **Repas** - cuisine italienne - carte 240 à 340.

X **L'Épi Dupin,** 11 r. Dupin (6e) ✆ 01 42 22 64 56, *Fax 01 42 22 30 42* – AE GB K 12
fermé 27 juil.au 20 août, lundi midi, sam. et dim. – **Repas** (nombre de couverts limité, prévenir) *(115)* - 185.

X **Marlotte,** 55 r. Cherche-Midi (6e) ✆ 01 45 48 86 79, *infos@lamarlotte, Fax 01 45 44 34 80* – ▤. AE ⓓ GB JCB K 12
fermé 5 au 20 août, sam. midi et dim. – **Repas** *(120)* - carte 200 à 340.

X **Rôtisserie du Beaujolais,** 19 quai Tournelle (5e) ✆ 01 43 54 17 47, *Fax 01 56 24 43 71* – ▤. GB K 15
fermé lundi – **Repas** carte 180 à 250 ♀.

X **Cafetière,** 21 r. Mazarine (6e) ✆ 01 46 33 76 90, *Fax 01 43 25 76 90* – GB J 13
fermé août, 25 déc. au 2 janv., dim. et lundi – **Repas** - cuisine italienne - 150 (déj.), 200/300 bc et carte 210 à 280 ♀.

X **Casa Corsa,** 25 r. Mazarine (6e) ✆ 01 44 07 38 98, *Fax 01 43 54 14 79* – ▤. AE ⓓ GB J 13
fermé août, lundi midi et dim. – **Repas** - cuisine corse - carte 200 à 250 ♀.

X **Au Moulin à Vent,** 20 r. Fossés-St-Bernard (5e) ✆ 01 43 54 99 37, *Fax 01 40 46 92 23,* bistrot – GB. ✻ K 15
fermé août, 24 au 30 déc., sam. midi, dim. et lundi – **Repas** carte 250 à 330.

X **Balzar,** 49 r. Écoles (5e) ✆ 01 43 54 13 67, *Fax 01 44 07 14 91,* brasserie – ▤. AE GB K 14
Repas carte 150 à 330.

Moissonnier, 28 r. Fossés-St-Bernard (5e) ✆ 01 43 29 87 65, bistrot – GB K 15
fermé 1er août au 1er sept., dim. et lundi
Repas 150 (déj.)et carte 200 à 260.

Bauta, 129 bd Montparnasse (6e) ✆ 01 43 22 52 35, *Fax 01 43 22 10 99* – AE ⓓ GB JCB M 12
fermé 16 juil. au 16 août, sam. midi, lundi midi et dim. – **Repas** - cuisine vénitienne - carte 250 à 390.

Reminet, 3 r. Grands Degrés (5e) ✆ 01 44 07 04 24 – AE GB K 15
fermé 13 au 28 août, 7 au 29 janv., lundi et mardi – **Repas** 80/110 (dîner sauf week-ends)et carte 210 à 260.

Chez Marcel, 7 r. Stanislas (6e) ✆ 01 45 48 29 94 – GB L12
fermé 6 au 26 août, sam. et dim. – **Repas** *(85)* - 150/200 et carte 150 à 210 ♀.

Palanquin, 12 r. Princesse (6e) ✆ 01 43 29 77 66, *info@lepalanquin.com* – GB K 13
fermé 5 au 22 août, lundi midi et dim. – **Repas** - cuisine vietnamienne - 74 (déj.), 123/165 et carte 170 à 220.

Lhassa, 13 r. Montagne Ste-Geneviève (5e) ✆ 01 43 26 22 19, *Fax 01 42 17 00 08* – GB K 15
fermé lundi – **Repas** - cuisine tibétaine - *(60)* - 70 (déj.)/136 ♀.

Les Délices d'Aphrodite, 4 r. Candolle (5e) ✆ 01 43 31 40 39, *Fax 01 43 36 13 08*, bistrot – ▤. GB. ✂ M 15
fermé dim. – **Repas** - cuisine grecque - *(92)* - carte 170 à 220.

Table de Fés, 5 r. Ste-Beuve (6e) ✆ 01 45 48 07 22 – GB L 12
fermé 22 juil. au 31 août et dim. – **Repas** - cuisine marocaine - (dîner seul.) carte 200 à 300.

Petit Pontoise, 9 r. Pontoise (5e) ✆ 01 43 29 25 20, *Fax 01 43 25 35 93* – AE GB K 15
fermé dim. soir et lundi – **Repas** 100 (déj.), 150/200 et carte 190 à 280 ♀.

Faubourg St-Germain Invalides - École Militaire

7e arrondissement

7e : ✉ 75007

Pont Royal M, 7 r. Montalembert ☎ 01 42 84 70 00, *hpr@hotel-pont-royal.com, Fax 01 42 84 71 00,* – ♿ – 🚣 40. AE ⓓ GB JCB. ✻ rest J 12
Repas (déj. seul.) *(165)* - carte 230 à 310 – ☕ 150 – **75 ch** 2300/3200.

Montalembert M, 3 r. Montalembert ☎ 01 45 49 68 68, *welcome@hotel-montalembert.fr, Fax 01 45 49 69 49,* « Décoration originale » – – 🚣 25. AE ⓓ GB J 12
Repas carte 240 à 350 – ☕ 120 – **48 ch** 2200/2600, 8 appart.

Duc de Saint-Simon sans rest, 14 r. St-Simon ☎ 01 44 39 20 20, *duc.de.saint.simon@wanadoo.fr, Fax 01 45 48 68 25* – . AE GB. ✻ J 11
☕ 75 – **29 ch** 1400/1650, 5 appart.

Golden Tulip Cayré M sans rest, 4 bd Raspail ☎ 01 45 44 38 88, *reservations@kkhotels.com, Fax 01 45 44 98 13* – . AE ⓓ GB JCB J 12
☕ 80 – **120 ch** 1650/1850.

Bourgogne et Montana sans rest, 3 r. Bourgogne ☎ 01 45 51 20 22, *bmontana@bourgogne-montana.com, Fax 01 45 56 11 98* – . AE ⓓ GB JCB H 11
28 ch ☕ 900/1350, 4 appart.

Tourville M sans rest, 16 av. Tourville ☎ 01 47 05 62 62, *hotel@tourville.com, Fax 01 47 05 43 90* – . AE ⓓ GB JCB J 9
☕ 70 – **30 ch** 890/1990.

Verneuil sans rest, 8 r. Verneuil ☎ 01 42 60 82 14, *verneuil@cybercable.fr, Fax 01 42 61 40 38,* « Belle décoration intérieure » – . AE ⓓ GB. ✻ J 12
☕ 60 – **26 ch** 730/1100.

Lenox Saint-Germain sans rest, 9 r. Université ☎ 01 42 96 10 95, *hotel@lenoxsaintgermain.com, Fax 01 42 61 52 83* – . AE ⓓ GB JCB. ✻ J 12
☕ 55 – **34 ch** 750/1700.

Bellechasse M sans rest, 8 r. Bellechasse ☎ 01 45 50 22 31, *Fax 01 45 51 52 36* – ♿. AE ⓓ GB H 11
☕ 82 – **41 ch** 1020/1085.

Eiffel Park Hôtel M sans rest, 17 bis r. Amélie ☎ 01 45 55 10 01, *eiffelpk@club-internet.fr*, *Fax 01 47 05 28 68* – AE GB JCB. J 9
55 – **36 ch** 1000/1200.

Cadran M sans rest, 10 r. Champ-de-Mars ☎ 01 40 62 67 00, *lecadran@worldnet.fr*, *Fax 01 40 62 67 13* – AE GB. J 9
60 – **42 ch** 950/1040.

Muguet M sans rest, 11 r. Chevert ☎ 01 47 05 05 93, *muguet@wanadoo.fr*, *Fax 01 45 50 25 37* – AE GB J 9
47 – **48 ch** 520/620.

Les Jardins d'Eiffel M sans rest, 8 r. Amélie ☎ 01 47 05 46 21, *paris@jardinseiffel.fr*, *Fax 01 45 55 28 08* – AE GB JCB H 9
70 – **80 ch** 720/980.

Relais Bosquet M sans rest, 19 r. Champ-de-Mars ☎ 01 47 05 25 45, *hotel@relaisbosquet.com*, *Fax 01 45 55 08 24* – AE GB JCB J 9
60 – **40 ch** 950/1150.

Timhôtel Invalides M sans rest, 35 bd La Tour Maubourg ☎ 01 45 56 10 78, *invalides@timhotel.fr*, *Fax 01 47 05 65 08* – AE GB JCB H 10
60 – **30 ch** 1150/1350.

Londres Eiffel sans rest, 1 r. Augereau ☎ 01 45 51 63 02, *info@londres-eiffel.com*, *Fax 01 47 05 28 96* – AE GB JCB. J 8
40 – **30 ch** 575/675.

St-Germain sans rest, 88 r. Bac ☎ 01 49 54 70 00, *info@hotel-saint-germain.fr*, *Fax 01 45 48 26 89* – AE GB. J 11
65 – **29 ch** 850/950.

Splendid M sans rest, 29 av. Tourville ☎ 01 45 51 29 29, *splendid@club-internet.fr*, *Fax 01 44 18 94 60* – AE GB J 9
55 – **48 ch** 690/930.

Sèvres Vaneau sans rest, 86 r. Vaneau ☎ 01 45 48 73 11, *Fax 01 45 49 27 74* – AE GB JCB K 11
82 – **39 ch** 970/1045.

La Bourdonnais sans rest, 111 av. La Bourdonnais ☎ 01 47 05 45 42, *otlourd@club-internet.fr*, *Fax 01 45 55 75 54* – AE GB JCB J 9
50 – **57 ch** 620/850, 3 appart.

Derby Eiffel Hôtel sans rest, 5 av. Duquesne ☎ 01 47 05 12 05, *info@derbyeiffelhotel.com*, *Fax 01 47 05 43 43* – AE GB. J 9
65 – **43 ch** 750/1200.

Varenne sans rest, 44 r. Bourgogne ☎ 01 45 51 45 55, *hotel.varenne@wanadoo.fr*, *Fax 01 45 51 86 63* – AE GB J 10
56 – **24 ch** 660/780.

Beaugency sans rest, 21 r. Duvivier ☎ 01 47 05 01 63, *Fax 01 45 51 04 96* – AE GB. J 9
45 – **30 ch** 680/730.

Champ-de-Mars sans rest, 7 r. Champ-de-Mars ☎ 01 45 51 52 30, *stg@club-internet.fr*, *Fax 01 45 51 64 36* – GB. J 9
38 – **25 ch** 400/470.

Bersoly's sans rest, 28 r. Lille ☎ 01 42 60 73 79, *bersolys@wanadoo.fr*, *Fax 01 49 27 05 55* – AE GB J 13
fermé août – 55 – **16 ch** 630/780.

France sans rest, 102 bd La Tour Maubourg ☎ 01 47 05 40 49, *hoteldefrance@wanadoo.fr*, *Fax 01 45 56 96 78* – AE GB JCB. J 9
40 – **60 ch** 410/510.

L'Empereur sans rest, 2 r. Chevert ☎ 01 45 55 88 02, *contact@hotelempereur.com*, *Fax 01 45 51 88 54*, ← – AE GB JCB J 9
37 – **38 ch** 465/535.

Lévêque sans rest, 29 r. Clerc ☎ 01 47 05 49 15, *info@hotelleveque.com*, *Fax 01 45 50 49 36* – AE GB. J 9
40 – **50 ch** 300/500.

Chomel sans rest, 15 r. Chomel ☎ 01 45 48 55 52, *chomel@cybercable.fr*, *Fax 01 45 48 89 76* – AE GB JCB. K 12
70 – **23 ch** 990/1590.

XXXX ✿✿✿ **Arpège** (Passard), 84 r. Varenne ✆ 01 45 51 47 33, *arpege.passard@wanadoo.fr, Fax 01 44 18 98 39* – ▤. AE ⓓ GB JCB J 10
fermé dim. et lundi – **Repas** 1400 et carte 1 000 à 1 500 ♀
Spéc. Saveur de harissa et légumes en léger couscous. Homard de la baie de Granville au curry. Tomate farcie aux douze saveurs (dessert).

XXXX ✿✿ **Le Divellec,** 107 r. Université ✆ 01 45 51 91 96, *Fax 01 45 51 31 75* – ▤. AE ⓓ GB JCB. ✻ H 10
fermé Noël au Jour de l'An, sam. et dim. – **Repas** - produits de la mer - 300/400 (déj.)et carte 470 à 950
Spéc. Homard à la presse avec son corail. Pibales pochées à l'huile d'olive et piment (janv. à mars). Turbot braisé aux truffes.

XXX ✿ **Jules Verne,** 2e étage Tour Eiffel, ascenseur privé pilier sud ✆ 01 45 55 61 44, *Fax 01 47 05 29 41,* ≤ Paris – ▤. AE ⓓ GB JCB. ✻ J 7
Repas 320 (déj.)/720 et carte 590 à 710 ♀
Spéc. Fricassée de supions à l'escalope de foie gras de canard poêlé. Tagine de bar de ligne aux dattes et petits oignons. Palet au chocolat.

XXX ✿ **Violon d'Ingres** (Constant), 135 r. St-Dominique ✆ 01 45 55 15 05, *violondingres@wanadoo.fr, Fax 01 45 55 48 42* – ▤. AE GB J 8
fermé dim. et le midi sauf jeudi – **Repas** 590 et carte 480 à 580 ♀
Spéc. Suprême de bar en croûte d'amandes. Tatin de pieds de porc, moelleux de pommes rattes et foie gras. Pommes soufflées, crème légère à la réglisse.

XXX ✿ **Cantine des Gourmets,** 113 av. La Bourdonnais ✆ 01 47 05 47 96, *la.cantine@wanadoo.fr, Fax 01 45 51 09 29* – ▤. AE GB J 9
Repas 280 (déj.), 380/480 et carte 450 à 630 ♀
Spéc. "Lou Cappou" de blettes, lard fumé aux cèpes. Saint-Jacques et royale de foie gras aux noix (oct. à mars). Dacquoise aux pistaches.

XXX ✿ **Pétrossian,** 144 r. Université ✆ 01 44 11 32 32, *Fax 01 44 11 32 35* – AE ⓓ GB JCB H 10
fermé 12 août au 3 sept., dim. et lundi – **Repas** 350/600 et carte 390 à 640.
Spéc. Assiette de zakouskis. Blin-soufflé de cabillaud croustillant. Bouchées feuilletées au chocolat fondant.

XXX **Maison des Polytechniciens,** 12 r. Poitiers ✆ 01 49 54 74 54, *info@maison-des-x.com, Fax 01 49 54 74 84,* « Hôtel particulier du 18e siècel » – AE ⓓ GB H 12
fermé 1er août au 3 sept., 23 déc. au 2 janv., sam. et dim. – **Repas** 210 et carte 280 à 350.

XXX **Petit Laurent,** 38 r. Varenne ✆ 01 45 48 79 64, *Fax 01 45 44 15 95* – AE ⓓ GB JCB J 11
fermé août, lundi midi, sam. midi et dim. – **Repas** 190/260 et carte 270 à 420 ♀.

XX ✿ **Bellecour** (Goutagny), 22 r. Surcouf ✆ 01 45 51 46 93, *Fax 01 45 50 30 11* – ▤. AE ⓓ GB H 9
fermé août, sam. midi et dim. – **Repas** 240
Spéc. Quenelles de brochet. Truffière de Saint-Jacques (janv. à avril). Lièvre à la cuillère (15 oct. au 15 déc.).

XX ✿ **Récamier,** 4 r. Récamier ✆ 01 45 48 86 58, *Fax 01 42 22 84 76,* ⛱ – ▤. AE ⓓ GB JCB K 12
fermé dim. – **Repas** carte 300 à 500 ♀
Spéc. Oeufs en meurette. Mousse de brochet sauce Nantua. Boeuf bourguignon.

XX **Maison de l'Amérique Latine,** 217 bd St-Germain ✆ 01 49 54 75 10, *commercial@mal217.org, Fax 01 40 49 03 94,* ⛱, « Dans un hôtel particulier du 18e siècle, terrasse ouverte sur le jardin », ⛰ – AE GB. ✻ J 11
fermé août, 23 déc. au 1er janv., sam., dim. et le soir d'oct. à avril – **Repas** 230 et carte environ 370.

XX **Beato,** 8 r. Malar ✆ 01 47 05 94 27, *beato.rest@wanadoo.fr, Fax 01 45 55 64 41* – ▤. AE GB JCB H 9
fermé 22 juil. au 20 août, 23 déc. au 1er janv. et dim. – **Repas** - cuisine italienne - *(130)* - 160 (déj.) et carte 260 à 380 ♀.

XX **Tante Marguerite,** 5 r. Bourgogne ✆ 01 45 51 79 42, *tante.marguerite@wanadoo.fr, Fax 01 47 53 79 56* – ▤. AE ⓓ GB H 11
fermé août, sam. et dim. – **Repas** 195 (déj.)/230 et carte 260 à 350 ♀.

XX **Ferme St-Simon,** 6 r. St-Simon ✆ 01 45 48 35 74, *fermestsimon@wanadoo.fr, Fax 01 40 49 07 31* – ▤. AE ⓓ GB J 11
fermé 4 au 20 août, sam. midi et dim. – **Repas** 180 (déj.)/195 et carte 270 à 360.

XX **Vin sur Vin,** 20 r. Monttessuy ✆ 01 47 05 14 20 – ▤. GB H 8
fermé 1er au 21 août, 23 déc. au 3 janv., sam. midi, lundi midi et dim. – **Repas** carte 270 à 420.

XX **Bamboche,** 15 r. Babylone ✆ 01 45 49 14 40, *ccolliot@club-internet.fr, Fax 01 45 49 14 44* – ▤. GB K 11
fermé sam. midi et dim. – **Repas** *(150)* - 190/320 et carte 310 à 420 ♀.

XX **Les Glénan,** 54 r. Bourgogne ✆ 01 47 05 96 65, *Fax 01 45 51 27 34* – ▤. AE GB J 10
fermé 27 juil. au 27 août, sam., dim. et fériés – **Repas** - produits de la mer - 210/260 et carte 290 à 380 ♀.

XX **Gildo,** 153 r. Grenelle ✆ 01 45 51 54 12, *Fax 01 45 51 54 12* – ▤. AE GB JCB J 9
fermé 25 juil. au 25 août et vacances de Noël – **Repas** - cuisine italienne - *(149)* - carte 260 à 410.

XX **Thiou,** 3 r. Surcouf ✆ 01 40 62 96 50, *Fax 01 40 62 96 70* – AE GB H 9
fermé août, sam. midi et dim. – **Repas** - cuisine thaïlandaise - *(155)* - carte 230 à 310 ♀.

XX **Télégraphe,** 41 r. de Lille ✆ 01 42 92 03 04, *leblancala@aol.com, Fax 01 42 92 02 77,* 🏞 – ▤. AE ⓓ GB HJ 12
fermé 1er au 23 août et sam. midi – **Repas** 150 (déj.)/195 ♀.

XX **Gaya Rive Gauche,** 44 r. Bac ✆ 01 45 44 73 73, *Fax 01 45 44 73 73* – AE GB J 12
fermé 28 juil. au 27 août, dim. et lundi – **Repas** - produits de la mer - carte 325 à 585 ♀.

XX **New Jawad,** 12 av. Rapp ✆ 01 47 05 91 37, *Fax 01 45 50 31 27* – ▤. AE ⓓ GB H 8
Repas - cuisine indienne et pakistanaise - 99/140 et carte 250 à 300 🍶.

XX **L'Esplanade,** 52 r. Fabert ✆ 01 47 05 38 80, *Fax 01 47 05 23 70* – AE GB J 9
Repas carte 210 à 380 ♀.

XX **D'Chez Eux,** 2 av. Lowendal ✆ 01 47 05 52 55, *Fax 01 45 55 60 74* – ▤. AE ⓓ GB J 9
fermé 28 juil. au 22 août et dim. – **Repas** *(180)* - 220/600 bc et carte 290 à 400.

XX **Bar au Sel,** 49 quai d'Orsay ✆ 01 45 51 58 58, *Fax 01 40 62 97 30* – AE ⓓ GB H 9
Repas - produits de la mer - 195 et carte 230 à 400 ♀.

XX **Tan Dinh,** 60 r. Verneuil ✆ 01 45 44 04 84, *Fax 01 45 44 36 93* J 12
fermé 29 juil. au 28 août et dim. – **Repas** - cuisine vietnamienne - carte 250 à 300.

XX **Chez Françoise,** Aérogare des Invalides ✆ 01 47 05 49 03, *pm@chezfrançoise.com, Fax 01 45 51 96 20,* 🏞 – AE ⓓ GB JCB H 10
Repas *(120)* - 179 et carte 210 à 260 ♀.

XX ☺ **Champ de Mars,** 17 av. La Motte-Picquet ✆ 01 47 05 57 99, *Fax 01 44 18 94 69* – AE ⓓ GB JCB J 9
fermé 15 juil. au 17 août et lundi – **Repas** 165/198 et carte 200 à 280.

X **Cigale,** 11 bis r. Chomel ✆ 01 45 48 87 87, *Fax 01 45 48 87 87* – GB. ✂ K 12
fermé sam. midi et dim. – **Repas** carte 220 à 260 ♀.

X ☺ **Les Olivades,** 41 av. Ségur ✆ 01 47 83 70 09, *Fax 01 42 73 04 75* – AE GB K 9
fermé 13 au 16 août, sam. midi, lundi midi et dim.
Repas 135 (déj.)/189 et carte 250 à 370.

X **Bistrot de Paris,** 33 r. Lille ✆ 01 42 61 15 84, *Fax 01 49 27 06 09*, évocation bistrot 1900 – AE GB J 12
Repas 189 et carte 230 à 300 ♀.

X **Nabuchodonosor,** 6 av. Bosquet ✆ 01 45 56 97 26, *Fax 01 45 56 98 44* – ▤. AE GB H 9
fermé 28 juil. au 19 août, sam. midi, dim. et fériés – **Repas** *(120)* - carte 200 à 300 ♀.

X ☺ **P'tit Troquet,** 28 r. Exposition ✆ 01 47 05 80 39, *Fax 01 47 05 80 39*, bistrot – GB J 9
fermé 1er au 23 août, 23 déc. au 2 fév., sam. midi, lundi midi et dim. – **Repas** (nombre de couverts limité, prévenir) 165 ♀.

X **Vin et Marée,** 71 av. Suffren ✆ 01 42 83 27 12, *vin.maree@wanadoo.fr, Fax 01 43 06 62 35* – AE GB K 8
Repas - produits de la mer - carte 190 à 255.

X **Thoumieux** avec ch, 79 r. St-Dominique ✆ 01 47 05 49 75, *Fax 01 47 05 36 96*, brasserie – ▤ rest, TV. AE GB H 9
Repas 150/190 bc et carte 180 à 240 ♀ – ☕ 50 – **10 ch** 750/950.

X ☺ **Clos des Gourmets,** 16 av. Rapp ✆ 01 45 51 75 61, *Fax 01 47 05 74 20* – GB H 8
fermé 1er au 20 août, dim. et lundi
Repas *(135)* - 175 (déj.)/185.

X ☺ **Maupertu,** 94 bd La Tour Maubourg ✆ 01 45 51 37 96 – GB J 10
fermé 8 au 28 août, vacances de fév., sam. et dim.
Repas *(135)* - 179 ♀.

X **Fontaine de Mars,** 129 r. St-Dominique ✆ 01 47 05 46 44, *Fax 01 47 05 11 13,* 🏞, bistrot – AE GB J 9
Repas carte 180 à 270 ♀.

X **Chez Collinot,** 1 r. P. Leroux ✆ 01 45 67 66 42 – GB K 11
fermé août, sam. sauf le soir d'oct. à juin et dim. – **Repas** 135/175 ♀.

X ☺ **Au Bon Accueil,** 14 r. Monttessuy ✆ 01 47 05 46 11 – ▤. GB H 8
fermé 10 au 25 août, sam. et dim.
Repas 155 (déj.)/175 (dîner)et carte 280 à 380 ♀.

X **Florimond,** 19 av. La Motte-Picquet ✆ 01 45 55 40 38, *Fax 01 45 55 40 38* – GB **J 9**
fermé 4 au 27 août, 22 déc. au 2 janv., sam. midi et dim. – **Repas** 112 (déj.)/172 et carte 190 à 280.

X **Perron,** 6 r. Perronet ✆ 01 45 44 71 51, *Fax 01 45 44 71 51* – AE GB **J 12**
fermé 6 au 23 août et dim. – **Repas** - cuisine italienne - carte 170 à 250.

X **Miyako,** 121 r. Université ✆ 01 47 05 41 83, *Fax 01 45 55 13 18* – ▤. AE GB **H 9**
fermé 5 au 27 août et dim. – **Repas** - cuisine japonaise - *(68)* - 100/150 et carte 120 à 200 ♀.

X **Calèche,** 8 r. Lille ✆ 01 42 60 24 76, *lacaleche@yahoo.fr, Fax 01 47 03 31 10* – ▤. AE ⓓ GB JCB **J 12**
fermé 13 au 31 août, 26 déc. au 1er janv., sam et dim. – **Repas** 100/175 et carte 180 à 230 ♀.

X **Apollon,** 24 r. J. Nicot ✆ 01 45 55 68 47, *Fax 01 47 05 13 60* **H 9**
fermé dim. – **Repas** - cuisine grecque - *(79)* - 138 et carte 180 à 210 ♀.

X **Bistrot du 7e,** 56 bd La Tour-Maubourg ✆ 01 45 51 93 08, *Fax 01 45 50 33 24* – AE GB **J 10**
fermé sam. midi et dim. midi – **Repas** 78 (déj.)/98 et carte 140 à 170 ♀.

Champs-Élysées St-Lazare - Madeleine

8e arrondissement

8e : ✉ 75008

Plaza Athénée, 25 av. Montaigne ☏ 01 53 67 66 65, *reservation@plaza-athenee-paris.com, Fax 01 53 67 66 66,* 🍴, 🏋 – 🛗 ⇔ ▤ 📺 📞 – 🏛 20 à 60. AE ⦿ GB JCB. ✂ rest G 9
voir rest. ***Plaza Athénée*** ci-après - ***Relais-Plaza*** ☏ 01 53 67 64 00 *(fermé 30 juil. au 28 août)* **Repas** 263 ⅀ – ***La Cour Jardin*** (terrasse) ☏ 01 53 67 66 02 *(mai-sept.)* **Repas** 315 (déj.) et carte 490 à 600 – ☕ 197 – **121 ch** 3202/5104, 66 appart.

Bristol, 112 r. Fg St-Honoré ☏ 01 53 43 43 00, *resa@hotel-bristol.com, Fax 01 53 43 43 01,* « Belle cour intérieure avec jardin à la française », 🏋, 🏊, 🌳 – 🛗, ▤ ch, 📺 📞 🚗 – 🏛 30 à 60. AE ⦿ GB JCB. ✂ F 10
voir rest. ***Bristol*** ci-après – ☕ 190 – **152 ch** 3350/6900, 26 appart.

Four Seasons George V, 31 av. George V ☏ 01 49 52 70 00, *par.reservations@fourseasons.com, Fax 01 49 52 70 20,* 🏋, 🏊 – 🛗 ⇔ ▤ 📺 📞 ♿ – 🏛 30 à 400. AE ⦿ GB JCB ✂ F 8
voir rest. ***Le Cinq*** ci-après – ☕ 230 – **184 ch** 3740/5575, 61 appart.

Crillon, 10 pl. Concorde ☏ 01 44 71 15 00, *Fax 01 44 71 15 02,* 🏋 – 🛗 ⇔ ▤ 📺 📞 – 🏛 30 à 60. AE ⦿ GB JCB G 11
voir rest. ***Les Ambassadeurs*** et ***L'Obélisque*** ci-après – ☕ 119 – **114 ch** 3500/6800, 43 appart.

Prince de Galles, 33 av. George-V ☏ 01 53 23 77 77, *hotel_prince_de_galles@sheraton.com, Fax 01 53 23 78 78,* 🍴 – 🛗 ⇔ ▤ 📺 📞 – 🏛 25 à 100. AE ⦿ GB JCB. ✂ ch G 8
Jardin des Cygnes : **Repas** 280(déj.), 320/670 ⅀ – ☕ 160 – **139 ch** 2800/4400, 29 appart.

Royal Monceau, 37 av. Hoche 01 42 99 88 00, *royalmonceau@jetmultimedia.fr, Fax 01 42 99 89 90,* , « Piscine et centre de remise en forme », – – 25 à 100. AE GB JCB. E 8
voir rest. ***Le Jardin*** ci-après - ***Carpaccio*** 01 42 99 98 90 *(fermé août)* **Repas** carte 330 à 490 – 170 – **166 ch** 2600/3800, 34 appart.

Lancaster, 7 r. Berri 01 40 76 40 76, *reservations@hotel-lancaster.fr, Fax 01 40 76 40 00,* , « Décor élégant », – . AE GB. F 9
Repas (résidents seul.) carte 280 à 430 – 164 – **48 ch** 2558/3509, 10 appart.

Vernet, 25 r. Vernet 01 44 31 98 00, *hotelvernet@jetmultimedia.fr, Fax 01 44 31 85 69* – . AE GB JCB. rest F 8
voir rest. ***Les Élysées*** ci-après – 140 – **42 ch** 2350/3300, 9 appart.

Astor M, 11 r. d'Astorg 01 53 05 05 05, *hotelastor@aol.com, Fax 01 53 05 05 30,* – , ch, . AE GB JCB. rest F 11
voir rest. ***L'Astor*** ci-après – 155 – **129 ch** 1950/3400, 5 appart.

San Régis, 12 r. J. Goujon 01 44 95 16 16, *message@hotel-sanregis.fr, Fax 01 45 61 05 48,* « Bel aménagement intérieur » – . AE GB JCB. G 9
Repas *(fermé août)* 210 et carte 290 à 430 – 120 – **33 ch** 1850/3300, 11 appart.

Sofitel Le Faubourg M, 15 r. Boissy d'Anglas 01 44 94 14 14, *h1295@accor-hotel.com, Fax 01 44 94 14 28,* – . AE GB JCB G 11
Café Faubourg 01 44 94 14 24 **Repas** carte 250 à 330 – 140 – **153 ch** 2800/4050, 7 appart, 3 duplex.

Sofitel Arc de Triomphe, 14 r. Beaujon 01 53 89 50 50, *h1296@accor-hotels.com, Fax 01 53 89 50 51* – – 40. AE GB F 8
voir rest. ***Clovis*** ci-après – 160 – **135 ch** 3100/5200.

Hyatt Regency M, 24 bd Malhesherbes 01 55 27 12 34, *madeleine.concierge@paris.hyatt.com, Fax 01 55 27 12 35,* – – 20. AE GB JCB rest F 11
Café M : **Repas** carte 250 à 350 – 160 – **81 ch** 3300/3900, 5 appart.

de Vigny, 9 r. Balzac 01 42 99 80 80, *de-vigny@wanadoo.fr, Fax 01 42 99 80 40,* « Élégante installation » – , ch, . AE GB JCB F 8
Repas carte 300 à 400 – 130 – **29 ch** 2500/2950, 8 appart.

Concorde St-Lazare, 108 r. St-Lazare 01 40 08 44 44, *Fax 01 42 93 01 20,* « Hall fin 19e siècle » – – 25 à 150. AE GB JCB E 12
Café Terminus : **Repas** 178/240bc , enf. 45 – 135 – **257 ch** 1800/3500, 11 appart.

Marriott M, 70 av. Champs-Élysées 01 53 93 55 00, *Fax 01 53 93 55 01,* , – – 15 à 165. AE GB JCB. F 9
Pavillon *(fermé sam. midi et dim. soir)* **Repas** 270 (déj.)/380 , enf. 90 – 140 – **174 ch** 2395/6002, 18 appart.

Balzac M, 6 r. Balzac 01 44 35 18 00, *hbalzac@cybercable.fr, Fax 01 44 35 18 05* – , ch, . AE GB JCB F 8
voir rest. ***Pierre Gagnaire*** ci-après – 130 – **56 ch** 2000/2600, 14 appart.

Warwick M, 5 r. Berri 01 45 63 14 11, *cesa.whparis@warwickhotels.com, Fax 01 45 63 75 81* – – 30 à 110. AE GB JCB. rest F 9
voir rest. ***Le W*** ci-après – 155 – **147 ch** 2750/3500.

Napoléon sans rest, 40 av. Friedland 01 56 68 43 21, *napoleon@hotelnapoleonparis.com, Fax 01 47 66 82 33* – – 15 à 80. AE GB JCB F 8
160 – **102 ch** 1800/2950.

California, 16 r. Berri 01 43 59 93 00, *Fax 01 45 61 03 62,* , « Importante collection de tableaux » – – 20 à 100. AE GB JCB. rest F 9
Repas *(fermé août, sam. et dim.)* (déj. seul.) *(165)* - 250/300 – 140 – **161 ch** 2900, 13 duplex.

Château Frontenac sans rest, 54 r. P. Charron 01 53 23 13 13, *reservation@hotelchateaufontenac.com, Fax 01 53 23 13 01* – – 25. AE GB G 9
95 – **98 ch** 1300/1850, 6 appart.

Bedford, 17 r. de l'Arcade 01 44 94 77 77, *contact@hotel-bedford.com, Fax 01 44 94 77 97* – – 15 à 50. AE GB. rest F 11
Repas *(fermé août, sam. et dim.)* (déj. seul.) *(170)* - 200 – 80 – **134 ch** 920/1320, 11 appart.

Queen Elizabeth, 41 av. Pierre-1er-de-Serbie 01 53 57 25 25, *contact@hotel-queen.fr, Fax 01 53 57 25 26* – – 30. AE GB JCB. rest G 8
Repas *(fermé août, sam. et dim.)* (déj. seul.) 170 – 105 – **48 ch** 1800/2800, 12 appart.

Montaigne M sans rest, 6 av. Montaigne 01 47 20 30 50, *contact@hotel-montaigne.com, Fax 01 47 20 94 12* – . AE GB JCB G 9
105 – **29 ch** 1500/2200.

Élysées Star M sans rest, 19 r. Vernet ☎ 01 47 20 41 73, *Fax 01 47 23 32 15* – AE GB JCB F8
90 – **38 ch** 2125/4225, 4 appart.

François 1er M sans rest, 7 r. Magellan ☎ 01 47 23 44 04, *Fax 01 47 23 93 43* – 15. AE GB JCB F 8
110 – **40 ch** 1950/2700.

Bradford Élysées sans rest, 10 r. St-Philippe-du-Roule ☎ 01 45 63 20 20, *hotel.bradford@astotel.com, Fax 01 45 63 20 07* – AE GB JCB. F 9
120 – **50 ch** 1690/1990.

Royal M sans rest, 33 av. Friedland ☎ 01 43 59 08 14, *rh@royal-hotel.com, Fax 01 45 63 69 92* – AE GB JCB F 8
110 – **58 ch** 2000/2800.

Sofitel Champs-Élysées M, 8 r. J. Goujon ☎ 01 40 74 64 64, *h1184-gm@accor-hotels.com, Fax 01 40 74 64 99,* – 15 à 150. AE GB JCB G 9
Les Signatures ☎ *01 40 74 64 94 (fermé 1er au 20 août, sam. et dim.)* **Repas** (210)-255 et carte 280 à 330 – 140 – **40 ch** 2900/3400.

Élysées-Ponthieu et Résidence sans rest, 24 r. Ponthieu ☎ 01 53 89 58 58, *Fax 01 53 89 59 59* – cuisinette AE GB JCB F 9
82 – **91 ch** 1165/1920, 6 appart.

Powers sans rest, 52 r. François 1er ☎ 01 47 23 91 05, *Fax 01 49 52 04 63* – AE GB JCB G 9
110 – **55 ch** 620/1950.

Résidence du Roy M sans rest, 8 r. François 1er ☎ 01 42 89 59 59, *rdr@residence-du-roy.com, Fax 01 40 74 07 92* – cuisinette – 25. AE GB JCB G 9
105, 28 appart 2300/4000, 4 studios, 3 duplex.

Chateaubriand sans rest, 6 r. Chateaubriand ☎ 01 40 76 00 50, *chateaubriand@copatel.com, Fax 01 40 76 09 22* – AE GB JCB F 9
80 – **28 ch** 1750/1950.

New Roblin, 6 r. Chauveau-Lagarde ☎ 01 44 71 20 80, *parisroblin@newhotel.com, Fax 01 42 65 19 49* – AE GB JCB F 11
Mazagran *(fermé sam., dim. et fériés)* **Repas** (98)-185 – 80 – **78 ch** 1000/1800.

Résidence Monceau sans rest, 85 r. Rocher ☎ 01 45 22 75 11, *residencemonceau@wanadoo.fr, Fax 01 45 22 30 88* – AE GB JCB. E 11
55 – **51 ch** 780.

L'Arcade M sans rest, 7 r. de l'Arcade ☎ 01 53 30 60 00, *contact@hotel-arcade.fr, Fax 01 40 07 03 07* – 25. AE GB JCB F 11
60 – **37 ch** 850/1080, 4 duplex.

Monna Lisa M, 97 r. La Boétie ☎ 01 56 43 38 38, *Fax 01 45 62 39 90* – AE GB JCB F 9
Caffe Ristretto - cuisine italienne - *(fermé 5 au 26 août et dim.)* **Repas** 200(déj.)/250 et carte 250 à 420 – 150 – **22 ch** 1250/1450.

Lavoisier M sans rest, 21 r. Lavoisier ☎ 01 53 30 06 06, *info@hotellavoisier.com, Fax 01 53 30 23 00* – AE GB JCB. F 11
70 – **30 ch** 1290/1890.

Marignan sans rest, 12 r. Marignan ☎ 01 40 76 34 56, *Fax 01 40 76 34 34* – – 15 à 50. AE GB JCB G 9
160 – **57 ch** 2200/2950, 16 duplex.

Élysées Mermoz M sans rest, 30 r. J. Mermoz ☎ 01 42 25 75 30, *elymermoz@worldnet.fr, Fax 01 45 62 87 10* – – 15. AE GB JCB F 10
60 – **22 ch** 780/960, 5 appart.

Franklin Roosevelt sans rest, 18 r. Clément-Marot ☎ 01 53 57 49 50, *franklin@iway.fr, Fax 01 47 20 44 30* – AE GB. G 9
90 – **48 ch** 1200/2200.

Queen Mary M sans rest, 9 r. Greffulhe ☎ 01 42 66 40 50, *hotelqueenmary@wanadoo.fr, Fax 01 42 66 94 92* – AE GB JCB. F 12
85 – **36 ch** 795/1015.

Vignon M sans rest, 23 r. Vignon ☎ 01 47 42 93 00, *h-vignon@club-internet.fr, Fax 01 47 42 04 60* – AE GB. F 12
55 – **30 ch** 850/1200.

Relais Mercure Opéra Garnier M sans rest, 4 r. de l'Isly ☎ 01 43 87 35 50, *Fax 01 43 87 03 29* – AE GB JCB F 12
80 – **140 ch** 790/850.

Étoile Friedland sans rest, 177 r. Fg St-Honoré ☎ 01 45 63 64 65, *Fax 01 45 63 88 96* – AE GB JCB. F 9
110 – **40 ch** 1500/1700.

Élysées Céramic sans rest, 34 av. Wagram ☎ 01 42 27 20 30, *cerotel@aol.com, Fax 01 46 22 95 83,* « Façade "Art Nouveau" » – |♦| ▤ TV ✆. AE ⓓ GB E 8
☕ 50 – **57 ch** 980/1260.

Atlantic sans rest, 44 r. Londres ☎ 01 43 87 45 40, *Fax 01 42 93 06 26* – |♦| ▤ TV ✆. AE ⓓ GB JCB. ✗ E 12
☕ 55 – **86 ch** 790/930.

L'Élysée sans rest, 12 r. Saussaies ☎ 01 42 65 29 25, *hotel-de-l-elysee@wanadoo.fr, Fax 01 42 65 64 28* – |♦| ▤ TV ✆. AE ⓓ GB JCB. ✗ F 11
☕ 75 – **32 ch** 820/1380.

Astoria sans rest, 42 r. Moscou ☎ 01 42 93 63 53, *hotel.astoria@astotel.com, Fax 01 42 93 30 30* – |♦| ✗ ▤ TV. AE ⓓ GB JCB. ✗ D 11
☕ 80 – **86 ch** 990/1190.

Flèche d'or sans rest, 29 rue d'Amsterdam ☎ 01 48 74 06 86, *Fax 01 48 74 06 04* – |♦| ▤ TV ✆. AE ⓓ GB E 12
☕ 40 – **61 ch** 850/950.

Mayflower sans rest, 3 r. Chateaubriand ☎ 01 45 62 57 46, *Fax 01 42 56 32 38* – |♦| TV. AE GB F 9
☕ 60 – **24 ch** 695/995.

West-End sans rest, 7 r. Clément-Marot ☎ 01 47 20 30 78, *contact@hotel-west-end.com, Fax 01 47 20 34 42* – |♦| ▤ TV ✆. AE ⓓ GB JCB G 9
☕ 85 – **50 ch** 1050/1600.

Cordélia sans rest, 11 r. Greffulhe ☎ 01 42 65 42 40, *hotelcordelia@wanadoo.fr, Fax 01 42 65 11 81* – |♦| ▤ TV ✆. AE ⓓ GB. ✗ F 12
☕ 70 – **30 ch** 780/950.

Comfort St-Augustin sans rest, 9 r. Roy ☎ 01 42 93 32 17, *hotelsa@gofornet.com, Fax 01 42 93 19 34* – |♦| ▤ TV ✆. AE ⓓ GB JCB. ✗ F 11
☕ 55 – **62 ch** 590/910.

Fortuny sans rest, 35 r. de l'Arcade ☎ 01 42 66 42 08, *info@hotel-fortuny.com, Fax 01 42 66 00 32* – |♦| ▤ TV ✆. AE ⓓ GB JCB. ✗ F 11
☕ 60 – **30 ch** 900/950.

Pavillon Montaigne Ⓜ sans rest, 34 r. J. Mermoz ☎ 01 53 89 95 00, *Fax 01 42 89 33 00* – |♦| ▤ TV ✆. AE ⓓ GB JCB. ✗ F 10
☕ 50 – **18 ch** 850/1050.

New Orient sans rest, 16 r. Constantinople ☎ 01 45 22 21 64, *new.orient.hotel@wanadoo.fr, Fax 01 42 93 83 23* – |♦| TV. AE ⓓ GB. ✗ E 11
☕ 40 – **30 ch** 415/630.

Alison sans rest, 21 r. de Surène ☎ 01 42 65 54 00, *hotel.alison@wanadoo.fr, Fax 01 42 65 08 17* – |♦| TV. AE ⓓ GB JCB. ✗ F 11
☕ 45 – **35 ch** 490/880.

Newton Opéra sans rest, 11 bis r. de l'Arcade ☎ 01 42 65 32 13, *newtonopera@easynet.fr, Fax 01 42 65 30 90* – |♦| ▤ TV ✆. AE ⓓ GB JCB. ✗ F 11
☕ 60 – **31 ch** 980/1060.

Madeleine Haussmann sans rest, 10 r. Pasquier ☎ 01 42 65 90 11, *3hotels@hotels.com, Fax 01 42 68 07 93* – |♦| ▤ TV ✆. AE ⓓ GB JCB F 11
☕ 40 – **36 ch** 630/680.

Comfort Malesherbes sans rest, 11 pl. St-Augustin ☎ 01 42 93 27 66, *hotelmalesherbes@gofornet.com, Fax 01 42 93 27 51* – |♦| ▤ TV ✆. AE ⓓ GB JCB. ✗ F 11
☕ 65 – **24 ch** 740/1010.

✗✗✗✗✗ ✿✿✿ **Taillevent** (Vrinat), 15 r. Lamennais ☎ 01 44 95 15 01, *mail@taillevent.com, Fax 01 42 25 95 18* – ▤. AE ⓓ GB JCB. ✗ F 9
fermé 28 juil. au 28 août, sam., dim. et fériés – **Repas** (nombre de couverts limité, prévenir) 850 et carte 580 à 800
Spéc. Ravioles de champignons aux truffes. Pigeonneau de Vendée rôti à la broche. Crème glacée au caramel demi-sel.

✗✗✗✗✗ ✿✿ **Les Ambassadeurs** - Hôtel Crillon, 10 pl. Concorde ☎ 01 44 71 16 16, *Fax 01 44 71 15 02,* « Cadre 18e siècle » – ▤. AE ⓓ GB JCB. ✗ G 11
Repas 400 (déj.)/850 et carte 800 à 910
Spéc. Charlotte de crabe et crémeux au jus de carapaces. Gigot d'agneau de sept heures et pomme purée. Millefeuille caramélisé à la vanille de Tahiti.

XXXXX ✿✿ **Lasserre,** 17 av. F.-D.-Roosevelt ✆ 01 43 59 53 43, *Fax 01 45 63 72 23*, « Toit ouvrant » – ▤. AE GB JCB. ✗ G 10
fermé août, dim. et lundi – **Repas** 340 (déj.)/800 et carte 610 à 830
Spéc. Homard breton en salade. Sole au plat braisée au Noilly Prat. Rosettes d'agneau en écrin de champignons sauvages.

XXXXX ✿✿✿ **Lucas Carton** (Senderens), 9 pl. Madeleine ✆ 01 42 65 22 90, *Fax 01 42 65 06 23*, « Authentique décor 1900 » – ▤. AE ⓪ GB JCB. ✗ G 11
fermé 28 juil. au 27 août, 23 déc. au 2 janv., lundi midi, sam. midi et dim. – **Repas** 395 (déj.)/850 et carte 740 à 1 490
Spéc. Homard à la vanille "Bourbon de Madagascar". Foie gras des Landes au chou à la vapeur. Canard Apicius rôti au miel et aux épices.

XXXXX ✿✿ **Le "Cinq"** - Hôtel Four Seasons George V, 31 av. George V ✆ 01 49 52 70 00, *Fax 01 49 52 70 10*, ⛱ – ▤. AE ⓪ GB JCB. ✗
Repas 393 (déj.), 983/1100 bc et carte 560 à 1 200
Spéc. Tarte d'artichaut et de truffe du Périgord. Côte de veau de lait au jus, gratin de macaroni. Fantaisie au café de Colombie, nougatine croustillante.

XXXXX ✿✿ **Bristol** - Hôtel Bristol, 112 r. Fg St-Honoré ✆ 01 53 43 43 40, *resa@hotel-bristol.com, Fax 01 53 43 43 01*, ⛱ – ▤. AE ⓪ GB JCB. ✗ F 10
Repas 370/720 et carte 650 à 810
Spéc. Gaufre de caviar, crème acidulée en mimosa. Poitrine de canard au sang, purée de navets caramélisée à l'orange. Biscuit mi-cuit au chocolat.

XXXXX ✿✿✿ **Plaza Athénée** - Hôtel Plaza Athénée, 25 av. Montaigne ✆ 01 53 67 65 00, *Fax 01 53 67 66 66* – ▤. AE ⓪ GB JCB. ✗ G 9
fermé 14 juil. au 20 août, 22 au 30 déc., lundi midi, mardi midi, merc. midi, sam., dim. et fériés – **Repas** 1250/1700 et carte 1 100 à 1 400
Spéc. Langoustines rafraîchies, nage réduite, caviar oscietre. Volaille de Bresse, sauce albufera. Baba au rhum.

XXXXX ✿✿ **Ledoyen**, carré Champs-Élysées (1er étage) ✆ 01 53 05 10 01, *Fax 01 47 42 55 01* – ▤ P. AE ⓪ GB JCB. ✗ G 10
fermé 28 juil. au 2 sept., sam., dim. et fériés – **Repas** 360 (déj.)/720 et carte 730 à 950 ♀
Spéc. Grosses langoustines bretonnes croustillantes. Blanc de turbot braisé, pommes rattes au beurre de truffe. Millefeuille de fines "krampouz" craquantes au citron.

XXXXX ✿✿ **Laurent,** 41 av. Gabriel ✆ 01 42 25 00 39, *info@le-laurent.com, Fax 01 45 62 45 21*, ⛱, « Agréable terrasse d'été » – AE GB. ✗ G 10
fermé dim. (sauf le soir du 10 juin au 28 oct.), sam. midi et fériés – **Repas** 390/790 et carte 630 à 980
Spéc. Foie gras de canard aux haricots noirs pimentés. Turbot rôti au beurre salé. Macaron au citron et fraises des bois (saison).

XXXX ✿✿ **Les Élysées** - Hôtel Vernet, 25 r. Vernet ✆ 01 44 31 98 98, *hotelvernet@jetmultimedia.fr, Fax 01 44 31 85 69*, « Belle verrière » – ▤. AE ⓪ GB JCB. ✗ F 8
fermé 23 juil. au 24 août, 17 au 28 déc., sam., dim. et fériés – **Repas** 340 (déj.), 520/850 et carte 670 à 850 ♀
Spéc. Epeautre "comme un risotto" aux produits du marché. Pigeon doré au speck, pommes grenailles. Chausson feuilleté au chocolat amer.

XXXX ✿✿✿ **Pierre Gagnaire** - Hôtel Balzac, 6 r. Balzac ✆ 01 44 35 18 25, *pierre.gagnaire@bigfoot.co m, Fax 01 44 35 18 37* – ▤. AE ⓪ GB F 8
fermé vacances de Pâques, 15 au 31 juil., vacances de Toussaint, dim. midi, sam. et fériés – **Repas** 520 (déj.), 1100/2400 et carte 860 à 1 210
Spéc. Langoustines bretonnes en tempura. Pavé de turbot rôti à l'arête, agria croustillante et morue. Coffre de canard frotté d'épices, crumble de mangue verte , cassis et pamplemousse.

XXXX ✿✿ **L'Astor** - Hôtel Astor, 11 rue d'Astorg ✆ 01 53 05 05 20, *hotelastor@aol.com, Fax 01 53 05 05 30* – ▤. AE ⓪ GB JCB F 11
fermé 30 juil. au 27 août, sam. et dim. – **Repas** 298/540 et carte 510 à 690 ♀
Spéc. Tourteau et araignée de mer à la crème de chou fleur et caviar. Lièvre à la royale (oct. à déc.). Arlettes croustillantes au café.

XXXX ✿ **La Marée,** 1 r. Daru ✆ 01 43 80 20 00, *Fax 01 48 88 04 04* – ▤. AE ⓪ GB E 8
fermé 1er au 15 août, sam. midi et dim. – **Repas** - produits de la mer - carte 550 à 630 ♀
Spéc. Langoustines poêlées aux carottes fondantes. Bar "Marie-Do". Millefeuille chaud caramélisé.

XXXX ✿ **Chiberta,** 3 r. Arsène-Houssaye ✆ 01 53 53 42 00, *chiberta@noos.fr, Fax 01 45 62 85 08* – ▤. AE ⓪ GB F 8
fermé août, sam. midi et dim. – **Repas** 290 (déj.), 590/990 et carte 440 à 600 ♀.
Spéc. Langoustines rôties aux piquillos. Selle d'agneau de pré-salé rôtie au sel de Guérande. Variations sur le cacao.

XXXX **Clovis** - Hôtel Sofitel Arc de Triomphe, 14 r. Beaujon ✆ 01 53 89 50 53, *h1296@accor-hotels.com, Fax 01 53 89 50 51* – ▤. AE ⓓ GB F 8
✿ *fermé 24 juil. au 25 août, 24 déc. au 2 janv., sam., dim. et fériés* – **Repas** 298/520 et carte 390 à 450 ♀
Spéc. Compote de lapin du Poitou. Bar rôti à la purée de pois cassés. Filet de boeuf aux ravioles de pommes de terre.

XXX **Jardin** - Hôtel Royal Monceau, 37 av. Hoche ✆ 01 42 99 98 70, *Fax 01 42 99 89 94,* 🏡 – ▤. AE ⓓ GB JCB. ✗ E 8
✿ *fermé sam. et dim. sauf août* – **Repas** 320 (déj.)/490 et carte 500 à 730
Spéc. Salade de grosses langoustines rôties, légumes croquants et foie gras grillé. Pavé de bar poêlé aux citrons mentonnais. Carré d'agneau rôti en cocotte, petits farcis niçois.

XXX **Fouquet's,** 99 av. Champs Élysées ✆ 01 47 23 50 00, *fouquets@lucienbarriere.com, Fax 01 47 23 50 55,* 🏡 – AE ⓓ GB JCB F 8
Repas 320 et carte 310 à 670 ♀.

XXX **Le W** - Hôtel Warwick, 5 r. Berri ✆ 01 45 61 82 08, *lerestaurantw@warwickhotel.com, Fax 01 45 63 75 81* – ▤. AE ⓓ GB JCB G 9
✿ *fermé 28 juil. au 3 sept., 22 au 30 déc., 1er au 6 janv. sam. et dim.* – **Repas** 250 (déj.)/350 et carte 370 à 550 ♀
Spéc. Saint-Jacques dorées au lomo et pissenlits (oct. à avril). Selle d'agneau de Lozère, pois chiche au chorizo. Palet de chocolat et glace au café.

XXX **L'Obélisque** - Hôtel Crillon, 6 r. Boissy d'Anglas ✆ 01 44 71 15 15, *restaurants@crillon.com, Fax 01 44 71 15 02* – ▤. AE ⓓ GB JCB G 11
fermé 28 juil. au 26 août – **Repas** 310 ♀.

XXX **Marcande,** 52 r. Miromesnil ✆ 01 42 65 19 14, *info@marcande.com, Fax 01 40 76 03 27,* 🏡 – ⓓ GB F 10
fermé 6 au 27 août, sam. et dim. – **Repas** 240 et carte 280 à 450.

XXX **Copenhague** (réouverture prévue en juin après travaux), 142 av. Champs-Élysées (1er étage) ✆ 01 44 13 86 26, *floricadanica@wanadoo.fr, Fax 01 42 25 83 10,* 🏡 – ▤. AE ⓓ GB JCB. ✗ F 8
✿ *fermé sam. midi et dim.* – **Repas** - cuisine danoise - 280 et carte 340 à 520 - ***Flora Danica :*** **Repas** 185 et carte 220 à 390 ♀
Spéc. Assiette gourmande de poissons fumés et marinés. Cabillaud rôti aux crevettes du Groenland. Croustillant de pain d'épice aux mûres jaunes.

XXX **El Mansour,** 7 r. Trémoille ✆ 01 47 23 88 18 – ▤. AE ⓓ GB G 9
fermé 5 au 19 août, lundi midi, dim. et fériés – **Repas** - cuisine marocaine - carte 270 à 390 ♀.

XXX **Yvan,** 1bis r. J. Mermoz ✆ 01 43 59 18 40, *Fax 01 42 89 30 95* – ▤. AE ⓓ GB JCB F-G 10
Repas *(148)* - 188 (déj.)/198 et carte 290 à 350 ♀.

XXX **Bath's,** 9 r. La Trémoille ✆ 01 40 70 01 09, *restaurantbath@wanadoo.fr, Fax 01 40 70 01 22* – ▤. AE GB G 9
✿ *fermé 1er au 27 août, 22 au 30 déc., sam. et dim.* – **Repas** 190 et carte 350 à 450 ♀
Spéc. Crème de lentilles au bouillon de canard. Tatin de pied de porc. Côte de veau du Limousin au jus, fenouil confit.

XXX **Indra,** 10 r. Cdt-Rivière ✆ 01 43 59 46 40, *Fax 01 42 25 00 32* – ▤. AE ⓓ GB F 9
fermé sam. midi et dim. – **Repas** - cuisine indienne - 195 (déj.), 220/300 et carte 230 à 280.

XX **Spoon,** 14 r. Marignan ✆ 01 40 76 34 44, *spoonfood@aol.com, Fax 01 40 76 34 37,* « Décor contemporain » – ▤. AE ⓓ GB JCB G 9
fermé 23 juil. au 23 août, 23 déc. au 2 janv., sam. et dim. – **Repas** - cuisine et vins du monde - carte 270 à 380.

XX **Rue Balzac,** 3 r. Balzac ✆ 01 53 89 90 91, *rostang@relaischateaux.fr, Fax 01 53 89 90 94* – ▤. AE GB F 8
fermé 13 au 19 août, sam. midi et dim. midi – **Repas** carte 250 à 360 ♀.

XX **Luna,** 69 r. Rocher ✆ 01 42 93 77 61, *Fax 01 40 08 02 44* – ▤. AE GB E 11
✿ *fermé en août et dim.* – **Repas** - produits de la mer - carte 330 à 450 ♀
Spéc. Galette de langoustines aux poireaux. Homard en cassolette et lard fumé. Daurade royale au gingembre.

XX **Tante Louise,** 41 r. Boissy-d'Anglas ✆ 01 42 65 06 85, *tante.louise@wanadoo.fr, Fax 01 42 65 28 19* – ▤. AE ⓓ GB JCB F 11
fermé août, sam. et dim. – **Repas** 195 (déj.)/230 et carte 240 à 350 ♀.

XX **Shozan,** 11 r. de la Trémoille ✆ 01 47 23 37 32, *Fax 01 47 23 67 30* – ▤. AE ⓓ GB JCB G 9
fermé 6 au 21 août, sam. midi et dim. – **Repas** - cuisine franco-japonaise - 125 (dîner)/395 et carte 330 à 420 ♀.

XXX **Korova,** 33 r. Marbeuf ☎ 01 53 89 93 93, *info@korova.fr, Fax 01 53 89 93 94,* « Intérieur design » – ▤. AE ⓓ GB JCB G 9
fermé 1er au 15 août – **Repas** carte 270 à 410 ♀.

XX **Grenadin,** 46 r. Naples ☎ 01 45 63 28 92, *Fax 01 45 61 24 76* – ▤. AE GB E 11
fermé sam. midi, lundi soir et dim. – **Repas** 200/330 et carte 340 à 410 ♀.

XX **Hédiard,** 21 pl. Madeleine ☎ 01 43 12 88 99, *Fax 01 43 12 88 98* – ▤. AE ⓓ GB. ⚘ F 11
fermé dim. – **Repas** carte 235 à 285 ♀.

XX **Sarladais,** 2 r. Vienne ☎ 01 45 22 23 62, *Fax 01 45 22 23 62* – ▤. AE GB JCB E 11
fermé 28 avril au 8 mai, 4 août au 3 sept., sam. sauf le soir de sept. à avril, dim. et fériés – **Repas** 175 (dîner)/215 et carte 270 à 400 ♀.

XX **Fermette Marbeuf 1900,** 5 r. Marbeuf ☎ 01 53 23 08 00, *Fax 01 53 23 08 09,* « Décor 1900, céramiques et vitraux d'époque » – ▤. AE ⓓ GB G 9
Repas 178 et carte 240 à 420 ♀.

XX **Marius et Janette,** 4 av. George-V ☎ 01 47 23 41 88, *Fax 01 47 23 07 19,* 🏖 – ▤. AE ⓓ GB JCB G 8
✿ **Repas** - produits de la mer - 300 et carte 350 à 550
Spéc. Poissons crus. Merlan frit sauce tartare (juin à oct.). Saint-Jacques rôties aux champignons des bois (oct.-nov.).

XX **Stella Maris,** 4 r. Arsène Houssaye ☎ 01 42 89 16 22, *stella.maris.paris@wanadoo.fr, Fax 01 42 89 16 01* – ▤. AE ⓓ GB JCB F 8
fermé 10 au 22 août, sam. midi, lundi midi et dim. – **Repas** 280 (déj.)/460 et carte 310 à 450.

XX **Les Bouchons de François Clerc "Étoile",** 6 r. Arsène Houssaye ☎ 01 42 89 15 51, *Fax 01 42 89 28 67* – ▤. AE GB JCB F 8
fermé sam. midi et dim. – **Repas** - produits de la mer - 234 et carte environ 230 ♀.

XX **Stresa,** 7 r. Chambiges ☎ 01 47 23 51 62 – ▤. AE ⓓ GB. ⚘ G 9
fermé août, 20 déc. au 3 janv., sam. et dim. – **Repas** - cuisine italienne - (prévenir) carte 260 à 370.

XX **Les Persiennes,** 28 r. Marbeuf ☎ 01 56 69 26 90, *Fax 01 53 75 39 89* – ▤. AE GB G 9
fermé août, sam. midi et dim. – **Repas** - cuisine méridionale - *(118)* - 195/325 bc et carte 200 à 310 ♀.

XX **Bistrot du Sommelier,** 97 bd Haussmann ☎ 01 42 65 24 85, *bistrot-du-sommelier@noos.fr, Fax 01 53 75 23 23* – ▤. AE GB F 11
fermé 28 juil. au 26 août, 22 déc. au 1er janv., sam. et dim – **Repas** 390 bc/650 bc (dîner)et carte 290 à 390.

XX **Kinugawa,** 4 r. St-Philippe du Roule ☎ 01 45 63 08 07, *Fax 01 42 60 45 21* – ▤. AE ⓓ GB JCB. ⚘ F 9
fermé 23 déc. au 5 janv. et dim. – **Repas** - cuisine japonaise - 165 (déj.), 510/700 et carte 250 à 450 ♀.

XX **Les Bouchons de François Clerc,** 7 r. Boccador ☎ 01 47 23 57 80, *Fax 01 47 23 74 54* – AE GB JCB G 9
fermé sam. midi et dim. – **Repas** *(139)* - 234.

XX **Al Ajami,** 58 av. François 1er ☎ 01 42 25 38 44, *Fax 01 42 25 38 39* – ▤. AE ⓓ GB G 9
Repas - cuisine libanaise - *(105)* - 139/169 et carte 150 à 260 ♀.

XX **Village d'Ung et Li Lam,** 10 r. J. Mermoz ☎ 01 42 25 99 79, *Fax 01 42 25 12 06* – ▤. AE ⓓ GB JCB F 10
fermé sam. midi et dim. midi – **Repas** - cuisine chinoise et thaïlandaise - *(118)* - 138/188 et carte 170 à 220 ♀, enf. 75.

XX **Pichet,** 68 r. P. Charron ☎ 01 43 59 50 34, *Fax 01 42 89 68 91* – ▤. AE ⓓ GB G 9-F 9
fermé sam. sauf le soir de sept. à avril et dim. – **Repas** carte 290 à 530 ♀.

XX **Bistro de l'Olivier,** 13 r. Quentin Bauchart ☎ 01 47 20 17 00, *Fax 01 47 20 17 04* – ▤. GB JCB G 8
fermé sam. midi et dim. – **Repas** (nombre de couverts limité, prévenir) *(140)* - 190 ♀.

X **Cap Vernet,** 82 av. Marceau ☎ 01 47 20 20 40, *savoy@calvacom.fr, Fax 01 47 20 95 36,* 🏖 – ▤. AE ⓓ GB JCB F 8
Repas - produits de la mer - *(215)* - carte 250 à 330.

X **L'Appart',** 9 r. Colisée ☎ 01 53 75 16 34, *restapart@aol.com, Fax 01 53 76 15 39* – ▤. AE GB JCB F 9
Repas 185 et carte 220 à 310 ♀.

X **Spicy,** 8 av. Franklin Roosevelt ☎ 01 56 59 62 59, *restspicy@aol.com, Fax 01 56 59 62 50* – ▤. AE GB JCB F 10
Repas *(120 bc)* - 180 bc et carte 190 à 220, enf. 69.

X **Saveurs et Salon,** 3 r. Castellane ☎ 01 40 06 97 97, *Fax 01 40 06 98 06* – ▤. AE GB F 12
fermé sam. et dim. – **Repas** *(105)* - 190 et carte 210 à 260 ♀.

Cô Ba Saigon, 181 r. Fg St-Honoré ☎ 01 45 63 70 37, *Fax 01 45 70 94 74* – ▤. AE GB F 9
fermé 28 juil. au 19 août, 25 déc. au 1er janv. et dim. – **Repas** - cuisine vietnamienne - 80 (déj.)/130 et carte 140 à 170 ♀.

Zo, 13 r. Montalivet ☎ 01 42 65 18 18, *restzo@club-internet.fr, Fax 01 42 65 10 91* – ▤. AE GB F 11
fermé sam. midi et dim. midi – **Repas** *(98)* - carte 190 à 240 ♀.

Xu, 19 r. Bayard ☎ 01 47 20 82 24, *Fax 01 47 20 20 21* – ▤. AE ⓓ GB G 9
Repas carte 200 à 320.

Bistrot de Marius, 6 av. George V ☎ 01 40 70 11 76, 🏠 – AE ⓓ GB G 8
Repas carte 210 à 310 ♀.

Rocher Gourmand, 89 r. Rocher ☎ 01 40 08 00 36, *Fax 01 40 08 05 29* – GB E 10
fermé 29 juil. au 26 août, sam. midi et dim. – **Repas** *(145)* - 180/270.

Daru, 19 r. Daru ☎ 01 42 27 23 60, *Fax 01 47 54 08 14* – ▤. AE GB E 9
fermé août, dim. et fériés – **Repas** - cuisine russe - 130/170 et carte 170 à 230.

Ferme des Mathurins, 17 r. Vignon ☎ 01 42 66 46 39, *Fax 01 42 66 00 27* – ⓓ GB JCB F 12
fermé août, dim. et fériés – **Repas** 170/230 et carte 290 à 320 ♀.

Maline, 40 r. Ponthieu ☎ 01 45 63 14 14 – GB F 9
fermé sam. et dim. – **Repas** *(150)* - 175 ♀.

Version Sud, 3 r. Berryer ☎ 01 40 76 01 40, *Fax 01 40 76 03 96* – ▤. AE ⓓ GB JCB F 9
fermé 5 au 19 août, sam. midi et dim. – **Repas** (prévenir) carte 230 à 300 ♀.

Café Indigo, 12 av. George V ☎ 01 47 20 89 56, *Fax 01 47 20 76 16* – ▤. AE ⓓ GB G 8
Repas carte 210 à 330.

Boucoléon, 10 r. Constantinople ☎ 01 42 93 73 33, *jeremy.claval@fnac.net, Fax 01 42 93 17 44* – GB E 11
fermé 28 juil. au 19 août, sam. et dim. – **Repas** (nombre de couverts limité, prévenir) carte 140 à 180 ♀.

Shin Jung, 7 r. Clapeyron ☎ 01 45 22 21 06 D 11
fermé sam. midi, dim. midi et fériés – **Repas** - cuisine coréenne - *(74)* - 124/190 et carte 130 à 210.

Opéra - Gare du Nord
Gare de l'Est - Grands Boulevards

9e et 10e arrondissements

9e : ✉ 75009 - 10e : ✉ 75010

Grand Hôtel Inter-Continental, 2 r. Scribe (9e) ☎ 01 40 07 32 32, *Fax 01 40 07 33 86,* – 300. AE GB. rest F 12
voir rest. ***Brasserie Café de la Paix*** ci-après **- *La Verrière*** (déj. seul.) *(fermé août, vacances de Noël et sam.)* **Repas** 200/275 – 85 – **492 ch** 3411/4002, 22 appart.

Scribe M, 1 r. Scribe (9e) ☎ 01 44 71 24 24, *scribe.reservation@wanadoo.fr, Fax 01 42 65 39 97* – – 50. AE GB JCB F 12
voir rest. ***Les Muses*** ci-après **- *Jardin des Muses* : Repas** *(130)*-160, enf. 80 – 110 – **206 ch** 2700/3600, 11 appart.

Millennium Opéra M, 12 bd Haussmann (9e) ☎ 01 49 49 16 00, *opera@mill-cop.com, Fax 01 49 49 17 00,* – ch, – 80. AE GB JCB F 13
Brasserie Haussmann ☎ 01 49 49 16 64 **Repas** *(130)*- et carte 250 à 300 – 150 – **150 ch** 2800/4300, 13 appart.

Ambassador, 16 bd Haussmann (9e) ☎ 01 44 83 40 40, *ambass@concorde-hotels.com, Fax 01 42 46 20 83* – – 110. AE GB F 13
voir rest. ***16 Haussmann*** ci-après – 145 – **294 ch** 1900/2800, 4 appart.

Villa Opéra Drouot M sans rest, 2 r. Geoffroy Marie (9e) ☎ 01 48 00 08 08, *drouot@hotelsparis.fr, Fax 01 48 00 80 60,* « Décor baroque » – AE GB JCB F 14
125 – **27 ch** 1600/2100, 3 duplex.

Terminus Nord M sans rest, 12 bd Denain (10e) ☎ 01 42 80 20 00, *Fax 01 42 80 63 89* – – 70. AE GB JCB E 16
82 – **236 ch** 1100/1165.

Holiday Inn Paris Opéra, 38 r. Échiquier (10e) 01 42 46 92 75, *information@hi-pariso pera.com, Fax 01 42 47 03 97* – 60. F 15
Repas 195 bc, enf. 60 – 110 – **92 ch** 1490/1790.

Pavillon de Paris M sans rest, 7 r. Parme (9th) 01 55 31 60 00, *mail@pavillondeparis.c om, Fax 01 55 31 60 01* – . D 12
90 – **30 ch** 1300/1600.

Lafayette M sans rest, 49 r. Lafayette (9e) 01 42 85 05 44, *h2802-gm@accor-hotels.co m, Fax 01 49 95 06 60* – cuisinette . F 14
82 – **96 ch** 1075/1140, 7 appart.

St-Pétersbourg, 33 r. Caumartin (9e) 01 42 66 60 38, *hotel.st-petersbourg@wanadoo .fr, Fax 01 42 66 53 54* – – 25. rest F 12
Relais *01 42 66 85 90 (fermé août, sam. et dim.)* **Repas** (98)-148 et carte 210 à 260 –
70 – **100 ch** 1010/1280.

Astra sans rest, 29 r. Caumartin (9e) 01 42 66 15 15, *Fax 01 42 66 98 05* – . F 12
120 – **82 ch** 1690/1990.

Richmond Opéra sans rest, 11 r. Helder (9e) 01 47 70 53 20, *paris@richmond-hotel.co m, Fax 01 48 00 02 10* – . F 13
60 – **59 ch** 860/990.

Carlton's Hôtel sans rest, 55 bd Rochechouart (9e) 01 42 81 91 00, *carltonsclub-inter net.fr, Fax 01 42 81 97 04*, « Sur le toit, terrasse panoramique » – . D 14
55 – **108 ch** 800/850.

Albert 1er M sans rest, 162 r. Lafayette (10e) 01 40 36 82 40, *Fax 01 40 35 72 52* – . E 16
55 – **55 ch** 540/780.

Opéra Cadet M sans rest, 24 r. Cadet (9e) 01 53 34 50 50, *infos@hotel-opera-cadet.fr, Fax 01 53 34 50 60* – – 50. F 14
70 – **85 ch** 890/960, 3 appart.

Bergère Opéra sans rest, 34 r. Bergère (9e) 01 47 70 34 34, *hotel.bergere@astotel.co m, Fax 01 47 70 36 36* – – 40. F 14
90 – **134 ch** 1090/1190.

Franklin sans rest, 19 r. Buffault (9e) 01 42 80 27 27, *Fax 01 48 78 13 04* – . E 14
82 – **68 ch** 918/1235.

Caumartin sans rest, 27 r. Caumartin (9e) 01 47 42 95 95, *h2811@accor-hotels.com, Fax 01 47 42 88 19* – . F 12
82 – **40 ch** 1075/1275.

Grand Hôtel Haussmann sans rest, 6 r. Helder (9e) 01 48 24 76 10, *ghh@club-intern et.fr, Fax 01 48 00 97 18* – . F 13
55 – **59 ch** 730/930.

Blanche Fontaine sans rest, 34 r. Fontaine (9e) 01 44 63 54 95, *Fax 01 42 81 05 52* – . D 13
95 – **62 ch** 990/1290, 4 appart.

Anjou-Lafayette sans rest, 4 r. Riboutté (9e) 01 42 46 83 44, *hotel.anjou.lafayette@w anadoo.fr, Fax 01 48 00 08 97* – . E 14
55 – **39 ch** 550/750.

Touraine Opéra sans rest, 73 r. Taitbout (9e) 01 48 74 50 49, *Fax 01 42 81 26 09* – . E 13
82 – **39 ch** 970/1280.

Paris-Est sans rest, 4 r. 8 Mai 1945 (cour d'Honneur gare de l'Est)(10e) 01 44 89 27 00, *h otel-parisest@autogrill.fr, Fax 01 44 89 27 49* – . E 16
55 – **45 ch** 555/1080.

Français sans rest, 13 r. 8-Mai 1945 (10e) 01 40 35 94 14, *hotelfrancais@wanadoo.fr, Fax 01 40 35 55 40* – – 20. E 16
45 – **71 ch** 460/505.

Moulin M sans rest, 39 r. Fontaine (9e) 01 42 81 93 25, *h2765-gm@accor-hotels.com, Fax 01 40 16 09 90* – . D 13
82 – **52 ch** 920/990.

Trois Poussins M sans rest, 15 r. Clauzel (9e) 01 53 32 81 81, *h3p@les3poussins.com, Fax 01 53 32 81 82* – cuisinette . E 13
60 – **40 ch** 750/1250.

Celte La Fayette sans rest, 25 r. Buffault (9e) 01 49 95 09 49, *inforesa@hotel-celte-laf ayette.com, Fax 01 49 95 01 88* – . E 14
60 – **50 ch** 650/850.

Printania sans rest, 19 r. Château d'Eau (10e) ☎ 01 42 01 84 20, *printania@hotelprintania.fr, Fax 01 42 39 55 12* – ascenseur TV ☎. AE ① GB JCB. ✻ F 16
☕ 50 – **51 ch** 610/740.

République Les Halles sans rest, 9 r. Pierre Chausson (10e) ☎ 01 40 18 11 00, *republique@hotelsparis.fr, Fax 01 40 18 11 06* – ✻ TV ☎ ♿. AE ① GB JCB F 16
☕ 60 – **58 ch** 950/1100.

Monterosa M sans rest, 30 r. La Bruyère (9e) ☎ 01 48 74 87 90, *Fax 01 42 81 01 12* – ascenseur TV. AE ① GB E 13
☕ 40 – **36 ch** 470/670.

Mercure Monty sans rest, 5 r. Montyon (9e) ☎ 01 47 70 26 10, *Fax 01 42 46 55 10* – ascenseur ✻ ▤ TV ☎ – 🏛 50. AE ① GB JCB F 14
☕ 68 – **70 ch** 950/990.

Pré sans rest, 10 r. P. Sémard (9e) ☎ 01 42 81 37 11, *Fax 01 40 23 98 28* – ascenseur TV ☎. AE ① GB E 15
☕ 60 – **40 ch** 495/650.

Résidence du Pré sans rest, 15 r. P. Sémard (9e) ☎ 01 48 78 26 72, *Fax 01 42 80 64 83* – ascenseur ✻ TV ☎. AE ① GB JCB E 15
☕ 50 – **40 ch** 445/530.

Sudotel Grands Boulevards sans rest, 42 r. Petites-Écuries (10e) ☎ 01 42 46 91 86, *info@sudotel.com, Fax 01 40 22 90 85* – ascenseur TV ♿. AE ① GB JCB F 15
☕ 60 – **49 ch** 620/960.

Gotty sans rest, 11 r. Trévise (9e) ☎ 01 47 70 12 90, *hotelgotty@hotelgottyopera.fr, Fax 01 47 70 21 26* – ascenseur TV ☎. AE ① GB JCB F 14
☕ 45 – **44 ch** 650/750.

Acadia M sans rest, 4 r. Geoffroy Marie (9e) ☎ 01 40 22 99 99, *astotel@astotel.com, Fax 01 40 22 01 82* – ascenseur ▤ TV ☎ ♿. AE ① GB JCB. ✻ F 14
☕ 90 – **36 ch** 990/1190.

Axel sans rest, 15 r. Montyon (9e) ☎ 01 47 70 92 70, *h2954-gn@accor-hotels.com, Fax 01 47 70 43 37* – ascenseur ✻ ▤ TV. AE ① GB JCB F 14
☕ 60 – **38 ch** 820/950.

Paix République sans rest, 2 bis bd St-Martin (10e) ☎ 01 42 08 96 95, *hotelpaix@wanadoo.fr, Fax 01 42 06 36 30* – ascenseur TV. AE ① GB JCB. ✻ G 16
☕ 45 – **45 ch** 690/1290.

Trinité Plaza sans rest, 41 r. Pigalle (9e) ☎ 01 42 85 57 00, *trinite.plaza@wanadoo.fr, Fax 01 45 26 41 20* – ascenseur TV ☎. AE ① GB JCB E 13
☕ 30 – **42 ch** 670/760.

Corona ⛰ sans rest, 8 cité Bergère (9e) ☎ 01 47 70 52 96, *hotelcoronaopera@regetel.com, Fax 01 42 46 83 49* – ascenseur TV ☎ ♿. AE ① GB JCB F 14
☕ 50 – **56 ch** 740/1250, 4 appart.

Montréal sans rest, 23 r. Godot-de-Mauroy (9e) ☎ 01 42 65 99 54, *hmontreal@magic.fr., Fax 01 49 24 07 33* – ascenseur ✻ TV ☎. AE ① GB JCB. ✻ F 12
☕ 40 – **12 ch** 640/690, 6 appart.

Alba ⛰ sans rest, 34 ter r. La Tour d'Auvergne (9e) ☎ 01 48 78 80 22, *Fax 01 42 85 23 13* – ascenseur cuisinette TV ☎. AE ① GB JCB. ✻ E 14
☕ 45 – **24 ch** 650/1500.

Peyris, 10 r. Conservatoire (9e) ☎ 01 47 70 50 83, *peyris@club-internet.fr, Fax 01 40 22 95 91* – ascenseur TV. AE ① GB JCB. ✻ rest F 14
Repas *(fermé 1er au 20 août, sam. midi et dim.)* 95/155 ♀ – ☕ 50 – **50 ch** 600/700.

Comfort Gare du Nord sans rest, 33 r. St-Quentin (10e) ☎ 01 48 78 02 92, *hgn-nordotel@wanadoo.fr, Fax 01 45 26 88 31* – ascenseur TV ☎. AE ① GB. ✻ E 16
☕ 60 – **47 ch** 550/750.

Amiral Duperré M sans rest, 32 r. Duperré (9e) ☎ 01 42 81 55 33, *h2765-GH@accor-hotels.com, Fax 01 44 63 04 73* – ascenseur ✻ TV ☎. AE ① GB JCB D 13
☕ 50 – **52 ch** 615/685.

Riboutté-Lafayette sans rest, 5 r. Riboutté (9e) ☎ 01 47 70 62 36, *Fax 01 48 00 91 50* – ascenseur TV ☎. AE ① GB JCB E 14
☕ 35 – **24 ch** 490.

Relais du Pré sans rest, 16 r. P. Sémard (9e) ☎ 01 42 85 19 59, *relaisdupre@wanadoo.fr, Fax 01 42 85 70 59* – ascenseur TV ☎. AE ① GB E 15
☕ 50 – **34 ch** 465/560.

Ibis Gare de l'Est M, 197 r. Lafayette (10e) ☎ 01 44 65 70 00, *Fax 01 44 65 70 07* – ascenseur ✻, ▤ ch, TV ☎ ♿ 🚗. AE ① GB. ✻ rest E 17
Repas carte environ 150 ♀ – ☕ 39 – **165 ch** 445/495.

Aulivia Opéra sans rest, 4 r. Petites Écuries (10th) ☎ 01 45 23 88 88, *hotel.aulivia@astotel.com, Fax 01 45 23 88 89* – AE GB JCB. F 15
☕ 60 – **31 ch** 690/990.

Strasbourg-Mulhouse sans rest, 87 bd Strasbourg (10e) ☎ 01 42 09 12 28, *h2754-gm@accor-hotels.com, Fax 01 42 09 48 12* – AE GB JCB. E 15
☕ 50 – **31 ch** 700/800.

Ibis Lafayette sans rest, 122 r. Lafayette (10e) ☎ 01 45 23 27 27, *Fax 01 42 46 73 79* – AE GB E 16
☕ 39 – **70 ch** 480/530.

Campanile Gare du Nord sans rest, 232 r. Fg St-Martin (10e) ☎ 01 40 34 38 38, *Fax 01 40 34 38 50* – AE GB DE 17
☕ 39 – **91 ch** 495.

Suède sans rest, 106 bd Magenta (10e) ☎ 01 40 36 10 12, *h2754-gm@accor-hotels.com, Fax 01 40 36 11 98* – AE GB JCB. E 15-16
☕ 50 – **51 ch** 700/800.

Capucines sans rest, 6 r. Godot de Mauroy (9e) ☎ 01 47 42 25 05, *capucines@pariscityhotel.com, Fax 01 42 68 05 05* – AE GB. F 12
☕ 40 – **45 ch** 610/735.

Gilden Magenta sans rest, 35 r. Yves Toudic (10e) ☎ 01 42 40 17 72, *hotel.gilden.magenta@multi-micro.com, Fax 01 42 02 59 66* – AE GB F 17
☕ 40 – **32 ch** 345/420.

XXXX ✿ **Les Muses** - Hôtel Scribe, 1 r. Scribe (9e) ☎ 01 44 71 24 26, *Fax 01 44 71 24 64* – AE GB JCB F 12
fermé août, sam. et dim. – **Repas** 270/350 et carte 330 à 390 ♀
Spéc. Gelée d'étrilles et crémeux de tourteau. Gibier (saison). Feuilleté aux amandes à la crème pralinée.

XXX ✿ **Table d'Anvers** (Conticini), 2 pl. d'Anvers (9e) ☎ 01 48 78 35 21, *conticini@latabled'anvers.fr, Fax 01 45 26 66 67* – AE GB JCB D 14
fermé sam. midi et dim. – **Repas** 270 (déj.)/350 (dîner) et carte 630 à 770 ♀
Spéc. Salade de langoustines en nage, piment et avocat. Filet de veau dans une crème de girolles. Khéops au caramel.

XXX **Charlot "Roi des Coquillages",** 12 pl. Clichy (9e) ☎ 01 53 20 48 00, *charlot-paris.com, Fax 01 53 20 48 09* – AE GB D 12
Repas - produits de la mer - *(148)* - 178 (sauf dim.)et carte 250 à 440 ♀.

XX **Au Chateaubriant,** 23 r. Chabrol (10e) ☎ 01 48 24 58 94, *Fax 01 42 47 09 75*, collection de tableaux – AE GB JCB E 15
fermé août, dim. et lundi – **Repas** - cuisine italienne - *(135)* - 165 ♀.

XX **16 Haussmann** - Hôtel Ambassador, 16 bd Haussmann (9e) ☎ 01 44 83 40 40, *Fax 01 42 46 19 84* – AE GB F 13
fermé dim. – **Repas** *(175)* - 220/290 ♀.

XX **Au Petit Riche,** 25 r. Le Peletier (9e) ☎ 01 47 70 68 68, *Fax 01 48 24 10 79*, bistrot, « Cadre fin 19e siècle » – AE GB JCB F 13
fermé dim. – **Repas** 140 (déj.), 165/180 et carte 180 à 250 ♀.

XX **Brasserie Café de la Paix** - Grand Hôtel Inter-Continental, 12 bd Capucines (9e) ☎ 01 40 07 30 20, *Fax 01 40 07 33 86* – AE GB F 12
Repas 188 et carte 270 à 360 ♀, enf. 95.

XX **Bistrot Papillon,** 6 r. Papillon (9e) ☎ 01 47 70 90 03, *Fax 01 48 24 05 59* – AE GB JCB E 15
fermé 4 au 26 août, 14 au 22 avril, sam. sauf le soir d'oct. à avril et dim. – **Repas** 160 et carte 230 à 290 ♀.

XX **Julien,** 16 r. Fg St-Denis (10e) ☎ 01 47 70 12 06, *Fax 01 42 47 00 65*, « Brasserie "Belle Époque" » – AE GB F 15
Repas 189 bc et carte 200 à 250.

XX **Grand Café** (ouvert jour et nuit), 4 bd Capucines (9e) ☎ 01 43 12 19 00, *Fax 01 43 12 19 09*, brasserie, « Décor "Belle Époque" » – AE GB F 13
Repas 178 et carte 190 à 360 ♀.

XX **Quercy,** 36 r. Condorcet (9e) ☎ 01 48 78 30 61, *Fax 01 48 78 16 29* – AE GB JCB E 14
fermé août, dim. et fériés – **Repas** 152 et carte 210 à 320.

XX **Grange Batelière,** 16 r. Grange Batelière (9e) ☎ 01 47 70 85 15, *Fax 01 47 70 85 15* – AE GB F 14
fermé 6 au 26 août, sam. midi, et dim. – **Repas** 165/190 ♀.

XX **Bubbles,** 6 r. Édouard VII (9e) ☎ 01 47 42 77 95, *Fax 01 47 42 31 32,* – ▤. AE ⓓ GB. F 12
fermé lundi de nov. à mars et dim. – **Repas** 250 bc/300 bc et carte 250 à 350.

XX **Brasserie Flo,** 7 cour Petites-Écuries (10e) ☎ 01 47 70 13 59, *Fax 01 42 47 00 80,* « Cadre 1900 » – ▤. AE ⓓ GB JCB F 15
Repas 189 et carte 200 à 330.

XX **Terminus Nord,** 23 r. Dunkerque (10e) ☎ 01 42 85 05 15, *Fax 01 40 16 13 98,* brasserie – ▤. AE ⓓ GB E 16
Repas 189 bc et carte 165 à 260, enf. 62.

XX **Brasserie Flo,** Magasin du Printemps (6e étage)(9e) ☎ 01 42 82 58 81, *morel@groupeflo.fr, Fax 01 42 82 51 88* – ▤. AE GB F 12
fermé dim. – **Repas** *(138)* - 230 bc et carte 150 à 260 ♀.

XX **Paprika,** 28 av. Trudaine (9e) ☎ 01 44 63 02 91, *Fax 01 44 63 09 62* – AE GB JCB E 14
fermé mardi soir et dim. soir – **Repas** - cuisine hongroise - 80 (déj.), 180/250 et carte 280 à 370 ♀.

XX **Wally Le Saharien,** 36 r. Rodier (9e) ☎ 01 42 85 51 90, *Fax 01 45 86 08 35* – ▤ GB E 14
fermé lundi midi et dim. – **Repas** - cuisine nord-africaine - 250 et carte 170 à 230 ♀.

X **Cotriade,** 62 r. Fg Montmartre (9e) ☎ 01 42 80 39 92, *Fax 01 42 80 53 38* – AE GB JCB E 14
fermé 5 au 26 août, sam. midi et dim. – **Repas** 165/180 ♀.

X **Chez Jean,** 8 r. St-Lazare (9e) ☎ 01 48 78 62 73, *Fax 01 48 78 35 30* – GB E 14
fermé 6 au 12 août, sam. midi et dim.
Repas 195/310 ♀.

X **Petite Sirène de Copenhague,** 47 r. N.-D. de Lorette (9e) ☎ 01 45 26 66 66 – GB E 13
fermé 29 juil. au 20 août, 3 au 10 fév., dim. et lundi – **Repas** - cuisine danoise - (prévenir) 125/165 et carte 190 à 260 ♀.

X **Pré Cadet,** 10 r. Saulnier (9e) ☎ 01 48 24 99 64 – ▤. AE ⓓ GB JCB F 14
fermé 1er au 8 mai, 3 au 24 août, Noël au Jour de l'An, sam. midi et dim. – **Repas** (nombre de couverts limité, prévenir) 160 et carte 250 à 300.

X **L'Oenothèque,** 20 r. St-Lazare (9e) ☎ 01 48 78 08 76, *loenotheque@free.fr, Fax 01 40 16 10 27* – ▤. AE ⓓ GB JCB E 13
fermé 13 au 31 août, sam. et dim. – **Repas** 180 et carte 220 à 350 ♀.

X **I Golosi,** 6 r. Grange Batelière (9e) ☎ 01 48 24 18 63, *i.golosi@wanadoo.fr, Fax 01 45 23 18 96,* « Décor de style vénitien » – ▤. GB F 14
fermé août, sam. soir et dim. – **Repas** - cuisine italienne - carte 180 à 250 ♀.

X **Bistro de Gala,** 45 r. Fg Montmartre (9e) ☎ 01 40 22 90 50, *Fax 01 40 22 98 30* – ▤. AE GB F 14
fermé 13 au 19 août, sam. midi et dim. – **Repas** 180 ♀.

X **Bistro des Deux Théâtres,** 18 r. Blanche (9e) ☎ 01 45 26 41 43, *Fax 01 48 74 08 92* – ▤. AE GB E 12
Repas 179.

X **Aux Deux Canards,** 8 r. Fg Poissonnière (10e) ☎ 01 47 70 03 23, *Fax 01 47 70 18 85* – ▤. AE ⓓ GB F 15
fermé 30 juil. au 20 août, sam. midi, lundi midi et dim. – **Repas** carte 170 à 260.

X **Chez Catherine,** 65 r. Provence (9e) ☎ 01 45 26 72 88, *Fax 01 45 80 96 88,* bistrot – ⓓ GB F 13
fermé lundi soir, sam. et dim. – **Repas** carte 220 à 330.

X **Petit Batailley,** 26 r. Bergère (9e) ☎ 01 47 70 85 81 – AE ⓓ GB JCB F 14
fermé 1er au 15 août, 20 au 27 déc., sam. midi et dim. – **Repas** 150/280 ♀.

X **Relais Beaujolais,** 3 r. Milton (9e) ☎ 01 48 78 77 91, bistrot – GB E 14
fermé août, sam., dim. et fériés – **Repas** carte 160 à 220.

X **Chez Michel,** 10 r. Belzunce (10e) ☎ 01 44 53 06 20, *Fax 01 44 53 61 31* – GB F 15
fermé juil., dim. et lundi – **Repas** 185 ♀.

X **L'Alsaco Winstub,** 10 r. Condorcet (9e) ☎ 01 45 26 44 31, *Fax 01 42 85 11 05* – AE GB E 15
fermé août, sam. midi et dim. – **Repas** 95 (déj.), 105/190 bc et carte 160 à 240 ♀.

X **L'Excuse Mogador,** 21 r. Joubert (9e) ☎ 01 42 81 98 19 – GB F 12
fermé août, sam. et dim. – **Repas** (déj. seul.) 90/110 et carte 110 à 160 ♀.

X **Il Sardo,** 46 bis r. Clichy (9e) ☎ 01 48 78 25 38, *Fax 01 48 78 25 38* – AE GB E 12
fermé 9 au 16 avril, août, sam. midi et dim. – **Repas** - cuisine italienne - *(90)* - carte 200 à 300 ♀.

Bastille - Gare de Lyon
Place d'Italie - Bois de Vincennes

12e et 13e arrondissements

12e : ✉ 75012 - 13e : ✉ 75013

Sofitel Paris Bercy M, 1 av. Terroirs de France (12e) ☎ 01 44 67 34 00, *h2192@accor-hotel.com, Fax 01 44 67 34 01* – ⇅ ⇔ ▤ TV ✆ ♿ – 🎤 250. AE ⓞ GB JCB. ✂ rest **NP 20**
Repas *(140)* - carte 180 à 300 ♀ – ☕ 120 – **376 ch** 1600/1900, 20 appart, 10 duplex.

Holiday Inn Bastille M sans rest, 11 r. Lyon (12e) ☎ 01 53 02 20 00, *Fax 01 53 02 20 01* – ⇅ ⇔ ▤ TV ✆ ♿ – 🎤 75. AE ⓞ GB JCB. ✂ **L 18**
☕ 90 – **125 ch** 1295.

Novotel Gare de Lyon M, 2 r. Hector Malot (12e) ☎ 01 44 67 60 00, *h1735@accor-hotels.com, Fax 01 44 67 60 60*, 🌳, 🏊 – ⇅ ⇔ ▤ TV ✆ ♿ 🚗 – 🎤 75. AE ⓞ GB JCB **L 18**
Repas carte environ 180 ♀, enf. 50 – ☕ 77 – **253 ch** 950.

Novotel Bercy M, 85 r. Bercy (12e) ☎ 01 43 42 30 00, *h0935@accor-hotels.com, Fax 01 43 45 30 60*, 🌳 – ⇅ ⇔ ▤ TV ✆ ♿ – 🎤 80. AE ⓞ GB **M 19**
Repas *(99)* - carte environ 180 ♀, enf. 50 – ☕ 75 – **129 ch** 850/890.

Holiday Inn Tolbiac M sans rest, 21 r. Tolbiac (13e) ☎ 01 45 84 61 61, *Fax 01 45 84 43 38* – ⇅ ⇔ ▤ TV ✆ ♿ – 🎤 25. AE ⓞ GB JCB **P 18**
☕ 70 – **71 ch** 990/1400.

Mercure Pont de Bercy M sans rest, 6 bd Vincent Auriol (13e) ☎ 01 45 82 48 00, *h0934@accor-hotels.com, Fax 01 45 82 19 16* – ⇅ ▤ TV ✆ – 🎤 35. AE ⓞ GB JCB **M 18**
☕ 65 – **89 ch** 810/850.

Mercure Blanqui M sans rest, 25 bd Blanqui (13e) ☎ 01 45 80 82 23, *mercure.blanqui@wanadoo.fr, Fax 01 45 81 45 84* – ⇅ ⇔ ▤ TV ♿ – 🎤 20. AE ⓞ GB JCB **P 15**
☕ 65 – **50 ch** 950/1070.

Pavillon Bastille M sans rest, 65 r. Lyon (12e) ✆ 01 43 43 65 65, *hotel-pavillon@akamail.com, Fax 01 43 43 96 52*, « Élégant décor contemporain » – AE GB JCB K 18
75 – **25 ch** 840/1375.

Nation M sans rest, 33 av. Dr A. Netter (12e) ✆ 01 40 04 90 90, *Fax 01 40 04 99 20* – AE GB M 12
82 – **49 ch** 890/990.

Paris Bastille M sans rest, 67 r. Lyon (12e) ✆ 01 40 01 07 17, *infos@hotelparisbastille.com, Fax 01 40 01 07 27* – 25. AE GB K 18
78 – **37 ch** 840/1200.

Relais Mercure Bercy M, 77 r. Bercy (12e) ✆ 01 53 46 50 50, *h0941@accor-hotels.com, Fax 01 53 46 50 99*, – 40. AE GB JCB M 19
Repas 129, enf. 50 – 60 – **364 ch** 700/730.

Relais de Lyon sans rest, 64 r. Crozatier (12e) ✆ 01 43 44 22 50, *Fax 01 43 41 55 12* – AE GB JCB. K 19
40 – **34 ch** 380/540.

Résidence Vert Galant sans rest, 43 r. Croulebarbe (13e) ✆ 01 44 08 83 50, *Fax 01 44 08 83 69* – AE GB JCB. N 15
45 – **15 ch** 450/550.

Slavia sans rest, 51 bd St-Marcel (13e) ✆ 01 43 37 81 25, *Fax 01 45 87 05 03* – AE GB JCB. M 16
45 – **37 ch** 400/430, 6 appart.

Terminus-Lyon sans rest, 19 bd Diderot (12e) ✆ 01 56 95 00 00, *terminuslyon@free.fr, Fax 01 43 44 09 00* – AE GB JCB. L 18
48 – **60 ch** 450/580.

Manufacture M sans rest, 8 r. Philippe de Champagne (13e) ✆ 01 45 35 45 25, *lamanufacturehot@aol.com, Fax 01 45 35 45 40* – AE GB JCB N 16
42 – **57 ch** 640/1250.

Bercy Gare de Lyon M sans rest, 209 r. Charenton (12e) ✆ 01 43 40 80 30, *bercy@hotelsparis.fr, Fax 01 43 40 81 30* – 20. AE GB JCB. M 20
60 – **48 ch** 690/780.

Agate sans rest, 8 cours Vincennes (12e) ✆ 01 43 45 13 53, *agate-hotel@wanadoo.fr, Fax 01 43 42 09 39* – AE GB. L 22
35 – **43 ch** 340/420.

Ibis Place d'Italie M sans rest, 25 av. Stephen Pichon (13e) ✆ 01 44 24 94 85, *Fax 01 44 24 20 70* – AE GB N 16
40 – **58 ch** 460/500.

Ibis Italie Tolbiac M sans rest, 177 r. Tolbiac (13e) ✆ 01 45 80 16 60, *h0923@accor-hotels.com, Fax 01 45 80 95 80* – AE GB P 15
39 – **60 ch** 440/470.

Lux Hôtel Picpus sans rest, 74 bd Picpus (12e) ✆ 01 43 43 08 46, *lux-hotel@wanadoo.fr, Fax 01 43 43 05 22* – GB L 22
35 – **38 ch** 280/395.

Touring Hôtel Magendie M sans rest, 6 r. Corvisart (13e) ✆ 01 43 36 13 61, *magendie@vvf-vacances.fr, Fax 01 43 36 47 48* – 30. GB N 14
32 – **112 ch** 350/410.

Nouvel H. sans rest, 24 av. Bel Air (12e) ✆ 01 43 43 01 81, *nouvelhotel@wanadoo.fr, Fax 01 43 44 64 13* – AE GB L 21
43 – **28 ch** 375/585.

Arts sans rest, 8 r. Coypel (13e) ✆ 01 47 07 76 32, *arts@escapade-paris.com, Fax 01 43 31 18 09* – AE GB. N 16
32 – **37 ch** 295/380.

XXX **Au Pressoir** (Seguin), 257 av. Daumesnil (12e) ✆ 01 43 44 38 21, *Fax 01 43 43 81 77* – AE GB JCB M 22
fermé août, sam. et dim. – **Repas** 420 et carte 440 à 610
Spéc. Assiette de fruits de mer tièdes (oct. à mai). Millefeuille de champignons aux truffes (déc. à avril). Lièvre à la royale (oct.-nov.).

XXX **Train Bleu,** Gare de Lyon (12e) ✆ 01 43 43 09 06, *isabelle.car@compass-group.fr, Fax 01 43 43 97 96*, brasserie, « Cadre 1900 - fresques évoquant le voyage de Paris à la Méditerranée » – AE GB JCB L 18
Repas (1er étage) 255 bc et carte 270 à 440, enf. 75.

XXX **L'Oulette,** 15 pl. Lachambeaudie (12e) ✆ 01 40 02 02 12, *info@l-oulette.com, Fax 01 40 02 04 77,* 🏠 – AE ⓓ GB JCB N 20
fermé sam. et dim. – **Repas** 170 (déj.)/280 bc et carte 290 à 340 ♀.

XX ✿ **Au Trou Gascon,** 40 r. Taine (12e) ✆ 01 43 44 34 26, *Fax 01 43 07 80 55* – ▤. AE ⓓ GB JCB M 21
fermé août, Noël au Jour de l'An, sam. midi et dim. – **Repas** (nombre de couverts limité, prévenir) 200 (déj.) et carte 290 à 370
Spéc. Gâteau landais de pommes de terre au foie gras. Agneau de lait des Pyrénées rôti sur l'os (déc. à mai). Tourtière landaise, glace aux pruneaux.

XX **Les Grandes Marches,** 6 pl. Bastille (12e) ✆ 01 43 42 90 32, *Fax 01 43 44 80 02* – AE ⓓ GB K 18
Repas *(138)* - 198 et carte 220 à 340 ♀.

XX **Frégate,** 30 av. Ledru-Rollin (12e) ✆ 01 43 43 90 32 – ▤. GB L 18
fermé août, dim. et lundi – **Repas** - produits de la mer - 190 ♀.

XX **Gourmandise,** 271 av. Daumesnil (12e) ✆ 01 43 43 94 41, *Fax 01 43 45 59 78* – ▤. AE GB JCB M 22
fermé août, dim. soir et lundi – **Repas** 180/250 et carte 250 à 320.

XX **Petit Marguery,** 9 bd. Port-Royal (13e) ✆ 01 43 31 58 59, bistrot – AE ⓓ GB JCB M 15
fermé août, 23 déc. au 3 janv., dim. et lundi – **Repas** 165/215 ♀.

XX ☺ **Traversière,** 40 r. Traversière (12e) ✆ 01 43 44 02 10, *Fax 01 43 44 64 20* – AE ⓓ GB JCB K 18
fermé 28 juil. au 20 août, dim. soir et lundi – **Repas** *(110)* - 130 (déj.), 175/245 ♀, enf. 80.

XX **Les Marronniers,** 53 bis bd Arago (13e) ✆ 01 47 07 58 57, *Fax 01 47 07 46 09* – ▤. AE GB N 14
fermé août – **Repas** *(130)* - 180.

XX **Sologne,** 164 av. Daumesnil (12e) ✆ 01 43 07 68 97, *Fax 01 43 44 66 23* – ▤. AE GB M 21
fermé sam. midi et dim. – **Repas** 175 ♀.

XX ⓢ **Janissaire,** 22 allée Vivaldi (12e) ✆ 01 43 40 37 37, *Fax 01 43 40 38 39,* 🏠 – AE ⓓ GB M 20
fermé sam. midi et dim. – **Repas** - cuisine turque - 62/130 et carte 110 à 180 ♀.

X ☺ **L'Avant Goût,** 26 r. Bobillot (13e) ✆ 01 53 80 24 00, *Fax 01 53 80 00 77,* bistrot – ▤ GB P 15
fermé 1er au 7 mai, 7 au 27 août, 1er au 7 janv., dim. et lundi – **Repas** (nombre de couverts limité, prévenir) 150/190 ♀.

X ☺ **Jean-Pierre Frelet,** 25 r. Montgallet (12e) ✆ 01 43 43 76 65 – ▤. GB L 20
fermé août, vacances de fév., sam. midi et dim. – **Repas** *(105)* - 150 (dîner) et carte 180 à 260 ♀.

X **Bistrot de la Porte Dorée,** 5 bd Soult (12e) ✆ 01 43 43 80 07, *Fax 01 43 43 80 07* – ▤. GB N 22
Repas 195 bc.

X **Quincy,** 28 av. Ledru-Rollin (12e) ✆ 01 46 28 46 76, *Fax 01 46 28 46 76,* bistrot – ▤ L 17
fermé 15 août au 15 sept., vacances de fév., sam., dim. et lundi – **Repas** carte 300 à 450.

X ☺ **Anacréon,** 53 bd St-Marcel (13e) ✆ 01 43 31 71 18, *Fax 01 43 31 94 94* – ▤. AE ⓓ GB JCB. ✗ M 16
fermé 14 au 23 avril, août, dim. et lundi – **Repas** 120/190.

X **Chez Jacky,** 109 r. du Dessous-des-Berges (13e) ✆ 01 45 83 71 55, *Fax 01 45 86 57 73* – ▤. GB P 18
fermé 27 juil. au 26 août, 21 au 28 déc., sam. et dim. – **Repas** 188 et carte 250 à 370.

X **Potinière du Lac,** 4 pl. E. Renard (12e) ✆ 01 43 43 39 98, *Fax 01 43 43 32 43* – GB N 23
fermé dim. soir et lundi – **Repas** *(108)* - 138 et carte 200 à 300 ♀.

X ☺ **Biche au Bois,** 45 av. Ledru-Rollin (12e) ✆ 01 43 43 34 38 – AE ⓓ GB K 18
fermé 14 juil. au 14 août, sam. et dim.
Repas 132 et carte 130 à 190.

X **Temps des Cerises,** 216 r. Fg St-Antoine (12e) ✆ 01 43 67 52 08, *Fax 01 43 67 60 91* – ▤. AE ⓓ GB JCB K 20
fermé 12 au 21 août et lundi – **Repas** 110/250 et carte 190 à 290 ♀.

X **L'Auberge Aveyronnaise,** 40 r. Lamé (12e) ✆ 01 43 40 12 24, *Fax 01 43 40 12 15* – ▤. AE GB N 20
fermé 15 juil. au 15 août, dim. soir et lundi – **Repas** *(92)* - 125 ♀.

X ⓢ **Les Zygomates,** 7 r. Capri (12e) ✆ 01 40 19 93 04, *Fax 01 44 73 46 63,* bistrot – GB ✗ N 21
fermé août, lundi midi, sam. midi et dim. – **Repas** 80/140 et carte 170 à 220 ♀.

Vaugirard - Gare Montparnasse Grenelle - Denfert-Rochereau

14e et 15e arrondissements

14e : ✉ 75014 - 15e : ✉ 75015

Hilton, 18 av. Suffren (15^e^) ☎ 01 44 38 56 00, *parhitnfb@hilton.com, Fax 01 44 38 56 10,* – AE GB JCB **J 7**
Pacific Eiffel ☎ 01 44 38 57 77 **Repas** *(138)*-180, enf. 85 – 160 – **434 ch** 3500/3800, 27 appart.

Nikko, 61 quai Grenelle (15e) ☎ 01 40 58 20 00, *Fax 01 40 58 24 44,* – 600. AE GB JCB **K 6**
voir rest. ***Les Célébrités*** ci-après - ***Brasserie Pont Mirabeau*** ☎ 01 40 58 20 75 **Repas** *(140)*-180, enf. 85 – ***Benkay*** ☎ 01 40 58 21 26 - cuisine japonaise **Repas** 145(déj.), 340/650 – 120 – **758 ch** 2000/2550, 6 appart.

Méridien Montparnasse, 19 r. Cdt Mouchotte (14e) ☎ 01 44 36 44 36, *meridien.montparnasse@forte-hotels.com, Fax 01 44 36 49 00,* – 25 à 500. AE GB JCB, rest **M 11**
voir rest. ***Montparnasse 25*** ci-après - ***Justine*** ☎ 01 44 36 44 00 **Repas** 208 – 125 – **916 ch** 2000/2300, 37 appart.

Sofitel Porte de Sèvres M, 8 r. L. Armand (15e) ☎ 01 40 60 30 30, *h0572@accor-hotels.com, Fax 01 45 57 04 22,* – 450. AE GB JCB **N 5**
voir rest. ***Relais de Sèvres*** ci-après - ***Brasserie*** ☎ 01 40 60 33 77 **Repas** *(110)*- 140, – 100 – **579 ch** 1600/1800, 15 appart.

Sofitel Forum Rive Gauche M, 17 bd St-Jacques (14e) 01 40 78 79 80, *h1297@accor-hotels.com, Fax 01 45 88 43 93*, centre de conférences, – – 25 à 1 200. AE GB JCB N 13-14
La Table et la Forme (menu basse calorie) 01 40 78 79 60 *(fermé 23 juil. au 19 août)* Repas *(88)*-184 bc – ***Patio*** *01 40 78 79 50* Repas *(82)*-139 (déj.) et carte 130 à 290, enf. 51 – 125 – **766 ch** 1600/2400, 16 appart.

Novotel Porte d'Orléans M, 15-19 bd R. Rolland (14e) 01 41 17 26 00, *Fax 01 41 17 26 26* – – 100. AE GB JCB S 12
Repas 125, enf. 50 – 80 – **150 ch** 930/1725.

Novotel Vaugirard M, 257 r. Vaugirard (15e) 01 40 45 10 00, *h1978@accor-hotels.com, Fax 01 40 45 10 10*, , – – 300. AE GB M 9
Transatlantique : Repas carte environ 160 – 80 – **184 ch** 980/1050, 3 appart.

Mercure Montparnasse M, 20 r. Gaîté (14e) 01 43 35 28 28, *h0905@accor-hotels.com, Fax 01 43 35 78 00* – – 50. AE GB JCB M 11
Bistrot de la Gaîté : Repas *(99)*-170, enf. 55 – 62 – **185 ch** 1280, 5 appart.

L'Aiglon sans rest, 232 bd Raspail (14e) 01 43 20 82 42, *hotelaiglon@wanadoo.fr, Fax 01 43 20 98 72* – . AE GB JCB M 12
40 – **34 ch** 650/870, 4 appart.

Mercure Porte de Versailles M sans rest, 69 bd Victor (15e) 01 44 19 03 03, *h1131@accor-hotels.com, Fax 01 48 28 22 11* – – 250. AE GB N 7
90 – **91 ch** 1600/1710.

Mercure Tour Eiffel M sans rest, 64 bd Grenelle (15e) 01 45 78 90 90, *hotel@mercuretoureiffel.com, Fax 01 45 78 95 55*, – – 25. AE GB JCB K 7
80 – **76 ch** 1350/1550.

Holiday Inn Garden Court sans rest, 10 r. Gager Gabillot (15e) 01 44 19 29 29, *reservations@holidayinn-paris.com, Fax 01 44 19 29 39* – – 30. AE GB JCB M 9
80 – **60 ch** 1200/1400.

Raspail Montparnasse sans rest, 203 bd Raspail (14e) 01 43 20 62 86, *raspailm@aol.com, Fax 01 43 20 50 79* – . AE GB JCB. M 12
50 – **38 ch** 690/1500.

Lenox Montparnasse sans rest, 15 r. Delambre (14e) 01 43 35 34 50, *Fax 01 43 20 46 64* – . AE GB JCB M 12
50 – **52 ch** 620/760.

Bailli de Suffren sans rest, 149 av. Suffren (15e) 01 56 58 64 64, *hotel@wanadoo.fr, Fax 01 45 67 75 82* – . AE GB JCB. L 9
70 – **25 ch** 685/935.

Delambre M sans rest, 35 r. Delambre (14e) 01 43 20 66 31, *Fax 01 45 38 91 76* – . AE GB. M 12
48 – **30 ch** 510/590.

Alizé Grenelle sans rest, 87 av. É. Zola (15e) 01 45 78 08 22, *alizegre@micronet.fr, Fax 01 40 59 03 06* – . AE GB JCB L 7
52 – **50 ch** 550/590.

Mercure Paris XV M sans rest, 6 r. St-Lambert (15e) 01 45 58 61 00, *h0903@accor-hotels.com, Fax 01 45 54 10 43* – – 30. AE GB M 7
70 – **56 ch** 850/895.

Apollinaire sans rest, 39 r. Delambre (14e) 01 43 35 18 40, *infos@hotel.apollinaire.com, Fax 01 43 35 30 71* – . AE GB M 12
45 – **36 ch** 585/790.

Relais Mercure Raspail Montparnasse sans rest, 207 bd Raspail (14e) 01 43 20 62 94, *h0351@accor-hotels.com, Fax 01 43 27 39 69* – . AE GB M 12
70 – **63 ch** 690/870.

Park Plaza Orléans Palace sans rest, 185 bd Brune (14e) 01 45 39 68 50, *orléans.palace@wanadoo.fr, Fax 01 45 43 65 64* – – 30. AE GB R 11
60 – **92 ch** 695/850.

Alésia Montparnasse sans rest, 84 r. R. Losserand (14e) 01 45 42 16 03, *Fax 01 45 42 11 60* – . AE GB JCB N 10
50 – **45 ch** 580/650.

Beaugrenelle St-Charles sans rest, 82 r. St-Charles (15e) 01 45 78 61 63, *beaugre@francenet.fr, Fax 01 45 79 04 38* – . AE GB JCB K 7
52 – **51 ch** 520/590.

Arès sans rest, 7 r. Gén. de Larminat (15e) 01 47 34 74 04, *aresotel@easynet.fr, Fax 01 47 34 48 56* – . AE GB JCB K 8
47 – **42 ch** 590/1200.

Versailles sans rest, 213 r. Croix-Nivert (15ᵉ) ℘ 01 48 28 48 66, *Fax 01 45 30 16 22* –. AE GB N 7
60 – **41 ch** 500/750.

Terminus Vaugirard sans rest, 403 r. Vaugirard (15ᵉ) ℘ 01 48 28 18 72, *terminus-vaugirard@wanadoo.fr, Fax 01 48 28 56 34* – – 25. GB. N 7
fermé 15 au 27 déc. – 50 – **89 ch** 600/700.

Abaca Messidor sans rest, 330 r. Vaugirard (15ᵉ) ℘ 01 48 28 03 74, *info@abacahotel.com, Fax 01 48 28 75 17,* – – 20. AE GB M 8
70 – **72 ch** 790/1100.

Daguerre M sans rest, 94 r. Daguerre (14ᵉ) ℘ 01 43 22 43 54, *hotel.daguerre.paris14@gofornet.com, Fax 01 43 20 66 84* –. AE GB JCB. N 11
45 – **30 ch** 450/680.

Ibis Brancion M sans rest, 105 r. Brancion (15ᵉ) ℘ 01 56 56 62 30, *Fax 01 56 56 62 31* –. AE GB. P 8-9
39 – **71 ch** 500/550.

Lilas Blanc M sans rest, 5 r. Avre (15ᵉ) ℘ 01 45 75 30 07, *hotellilasblanc@minitel.net, Fax 01 45 78 66 65* –. AE GB K 8
38 – **32 ch** 390/465.

Acropole sans rest, 199 bd Brune (14ᵉ) ℘ 01 45 39 64 17, *Fax 01 45 42 18 21* –. AE GB. R 12
35 – **43 ch** 336/432.

Sèvres-Montparnasse sans rest, 153 r. Vaugirard (15ᵉ) ℘ 01 47 34 56 75, *Fax 01 40 65 01 86* –. AE GB. L 10
40 – **35 ch** 450/570.

Istria sans rest, 29 r. Campagne Première (14ᵉ) ℘ 01 43 20 91 82, *Fax 01 43 22 48 45* –. AE GB JCB. M 12
46 – **26 ch** 590/700.

Lion sans rest, 1 av. Gén. Leclerc (14ᵉ) ℘ 01 40 47 04 00, *hotel.du.lion@wanadoo.fr, Fax 01 43 20 38 18* –. AE GB JCB. N 12
50 – **33 ch** 420/580.

Apollon Montparnasse sans rest, 91 r. Ouest (14ᵉ) ℘ 01 43 95 62 00, *apdlonm@club-internet.fr, Fax 01 43 95 62 10* –. AE GB JCB N 10-11
35 – **33 ch** 405/480.

Résidence St-Lambert sans rest, 5 r. E. Gibez (15ᵉ) ℘ 01 48 28 63 14, *hotel.st-lambert@easynet.fr, Fax 01 45 33 45 50* –. AE GB JCB N 8
42 – **48 ch** 520/650.

Carladez Cambronne sans rest, 3 pl. Gén. Beuret (15ᵉ) ℘ 01 47 34 07 12, *carladez@club-internet.fr, Fax 01 40 65 95 68* –. AE GB JCB M 9
45 – **28 ch** 435/475.

Parc sans rest, 60 r. Beaunier (14ᵉ) ℘ 01 45 40 77 02, *Fax 01 45 40 81 99* –. AE GB JCB R 12
42 – **24 ch** 395/490.

Châtillon Hôtel. sans rest, 11 square Châtillon (14ᵉ) ℘ 01 45 42 31 17, *chatillon.hotel@wanadoo.fr, Fax 01 45 42 72 09* –. GB. P 11
45 – **31 ch** 350/450.

Aberotel sans rest, 24 r. Blomet (15ᵉ) ℘ 01 40 61 70 50, *aberotel@aol.com, Fax 01 40 61 08 31* –. AE GB JCB L 9
50 – **28 ch** 560/770.

Paix sans rest, 225 bd Raspail (14ᵉ) ℘ 01 43 20 35 82, *resa@hoteldelapaix.com, Fax 01 43 35 32 63* –. AE GB. M 12
37 – **39 ch** 430/590.

Pasteur sans rest, 33 r. Dr Roux (15ᵉ) ℘ 01 47 83 53 17, *Fax 01 45 66 62 39* – GB M 10
fermé août – 50 – **19 ch** 380/590.

XXXX **Les Célébrités** - Hôtel Nikko, 61 quai Grenelle (15ᵉ) ℘ 01 40 58 21 29, *restaurant@hotel-nikko.fr, Fax 01 40 58 21 50,* –. AE GB JCB K 6
fermé août – **Repas** 250 (déj.), 290/440 et carte 410 à 670
Spéc. Tronçon de turbot rôti aux pommes. Saint-Jacques au jus de cresson (oct. à mars). Rognon de veau en fricassée aux champignons, gratin de macaroni.

XXXX **Montparnasse 25** - Hôtel Méridien Montparnasse, 19 r. Cdt Mouchotte (14e) ✆ 01 44 36 44 25, *meridien.montparnasse@forte-hotels.com, Fax 01 44 36 49 03* – ▤ P. AE ⓓ GB JCB. ✂ M 25
fermé août, sam. dim. et fériés – **Repas** 270 (déj.), 330/420 (dîner) et carte 360 à 450 ♀
Spéc. Compression de légumes (printemps-été). Sole de ligne en croûte d'herbes (printemps-été). Lièvre de Sologne à la royale (oct. à déc.).

XXXX **Relais de Sèvres** - Hôtel Sofitel Porte de Sèvres, 8 r. L. Armand (15e) ✆ 01 40 60 33 66, *h 0572@accor-hotels.com, Fax 01 45 57 04 22* – ▤ P. AE ⓓ GB JCB N 5
fermé 30 juil. au 26 août, sam., dim. et fériés – **Repas** 245/385 bc et carte 350 à 500 ♀
Spéc. Ravioli de homard au saté et basilic pourpre. Epaule d'agneau de sept heures servie à la cuiller (oct. à avril). Fondant au chocolat.

XXX **Ciel de Paris,** Tour Maine Montparnasse, au 56e étage (15e) ✆ 01 40 64 77 64, *ciel-de-paris.rv@elior.com, Fax 01 40 64 59 71,* ≤ Paris – ▤. AE ⓓ GB JCB M 11
Repas 198 (déj.)/295 et carte 280 à 480 ♀.

XXX **Le Duc,** 243 bd Raspail (14e) ✆ 01 43 20 96 30, *Fax 01 43 20 46 73* – ▤. AE ⓓ GB JCB M 12
fermé 28 juil. au 20 août, 23 déc. au 2 janv., sam. midi, dim. et lundi – **Repas** - produits de la mer - 280 (déj.) et carte 310 à 590
Spéc. Poissons crus. Saint-Jacques au naturel (oct. à mai). Homard sauce piquante.

XXX **Dôme,** 108 bd Montparnasse (14e) ✆ 01 43 35 25 81, *Fax 01 42 79 01 19,* brasserie – ▤. AE ⓓ GB JCB LM 12
Repas - produits de la mer - carte 310 à 510 ♀.

XXX **Chen-Soleil d'Est,** 15 r. Théâtre (15e) ✆ 01 45 79 34 34, *Fax 01 45 79 07 53* – ▤. AE GB JCB K 6
fermé 13 au 31 août et dim. – **Repas** - cuisine chinoise - 250 (déj.), 450/950 et carte 400 à 530
Spéc. Cuisses de grenouilles sautées au sel et poivre de Se Tchuang. Mijotée d'ailerons de requin à la Mandarin. Pigeonneau aux cinq parfums.

XXX **Pavillon Montsouris,** 20 r. Gazan (14e) ✆ 01 45 88 38 52, *Fax 01 45 88 63 40,* ≤, 宀, « Pavillon 1900 en bordure du parc » – P. GB. ✂ R 14
Repas 268.

XXX **Maison Courtine,** 157 av. Maine (14e) ✆ 01 45 43 08 04, *Fax 01 45 45 91 35* – ▤ GB ✂ N 11
fermé 8 au 25 août, sam. midi, lundi midi et dim. – **Repas** 185 ♀.

XX **Yves Quintard,** 99 r. Blomet (15e) ✆ 01 42 50 22 27, *Fax 01 42 50 22 27* – ▤. AE GB ✂ M 8
fermé 4 au 31 août, sam. midi et dim. – **Repas** 198/320.

XX **La Coupole,** 102 bd Montparnasse (14e) ✆ 01 43 20 14 20, *Fax 01 43 35 46 14,* « Brasserie parisienne des années 20 » – ▤. AE ⓓ GB JCB L 12
Repas *(138)* - 189 bc et carte 190 à 300.

XX **Vin et Marée,** 108 av. Maine (14e) ✆ 01 43 20 29 50, *vin.maree@wanadoo.fr, Fax 01 43 27 84 11* – ▤. AE GB JCB N 11
Repas - produits de la mer - carte 190 à 255 ♀.

XX **Caroubier,** 82 bd Lefebvre (15e) ✆ 01 40 43 16 12 – ▤. GB P 8
fermé août et lundi
Repas - cuisine nord-africaine - *(95)* - 145 et carte 210 à 230 ♀.

XX **Monsieur Lapin,** 11 r. R. Losserand (14e) ✆ 01 43 20 21 39, *Fax 01 43 21 84 86* – ▤ GB N 11
fermé août, mardi midi et lundi – **Repas** (nombre de couverts limité, prévenir) 185/300 et carte 220 à 320 ♀.

XX **Clos Morillons,** 50 r. Morillons (15e) ✆ 01 48 28 04 37, *Fax 01 48 28 70 77* – AE GB JCB N 8
fermé 23 déc. au 2 janv., sam. midi, lundi midi et dim. – **Repas** *(150)* - 175/250 ♀.

XX **La Dînée,** 85 r. Leblanc (15e) ✆ 01 45 54 20 49, *Fax 01 40 60 73 76* – AE GB JCB M 5
fermé sam. et dim. – **Repas** *(155)* - 185 ♀.

XX **Chaumière des Gourmets,** 22 pl. Denfert-Rochereau (14e) ✆ 01 43 21 22 59, *Fax 01 43 21 26 08* – AE GB N 12
fermé août, sam. midi et dim. – **Repas** 170/255 ♀.

XX **Gauloise,** 59 av. La Motte-Picquet (15e) ✆ 01 47 34 11 64, *Fax 01 40 61 09 70,* 宀 – AE GB JCB K 8
Repas *(130)* - 160 et carte 190 à 300 ♀, enf. 75.

XX **Moniage Guillaume,** 88 r. Tombe-Issoire (14e) ✆ 01 43 22 96 15, *Fax 01 43 27 11 79* – AE ⓓ GB P 12
fermé 8 au 20 août et dim. – **Repas** *(185)* - 245 et carte 320 à 410 ♀.

XX **Erawan,** 76 r. Fédération (15e) ℘ 01 47 83 55 67, *Fax 01 47 34 85 98* – ▤. AE GB. ⅏ K 8
fermé août et dim. – **Repas** - cuisine thaïlandaise - 122/250 et carte 150 à 250.

XX **Philippe Detourbe,** 8 r. Nicolas Charlet (15e) ℘ 01 42 19 08 59, *Fax 01 45 67 09 13* – ▤. AE GB JCB L 10
fermé lundi midi, sam. midi et dim. – **Repas** *(150)* - 180 (déj.)/240.

XX **Chez les Frères Gaudet,** 19 r. Duranton (15e) ℘ 01 45 58 43 17, *Fax 01 45 58 42 65* – AE ⊙ GB M 6
fermé 1er au 15 sept., sam. midi et dim. – **Repas** *(130)* - 170 ♀.

XX **La Créole,** 122 bd Montparnasse (14e) ℘ 01 43 20 62 12, *Fax 01 42 79 94 39* – ▤. AE ⊙ GB M 12
Repas - cuisine antillaise - 130/250 bc et carte 230 à 260.

XX **Filoche,** 34 r. Laos (15e) ℘ 01 45 66 44 60 – ▤. GB. ⅏ K 8
fermé 20 juil. au 4 sept., 23 déc. au 5 janv., sam. et dim. – **Repas** *(146)* - 169.

XX **L'Étape,** 89 r. Convention (15e) ℘ 01 45 54 73 49, *Fax 01 45 58 20 91* – ▤. AE GB M 6
fermé 6 au 19 août, sam. midi et dim. – **Repas** 130/170.

XX **Aux Senteurs de Provence,** 295 r. Lecourbe (15e) ℘ 01 45 57 11 98, *Fax 01 45 58 66 84* – AE ⊙ GB JCB M 6
fermé 6 au 21 août, sam. midi et dim. – **Repas** - produits de la mer - *(130)* - 160 et carte 220 à 300 ♀.

XX **Copreaux,** 15 r. Copreaux (15e) ℘ 01 43 06 83 35 – ▤. GB M 9
fermé août, dim. et lundi – **Repas** 129 et carte 160 à 240 ♀.

X **L'O à la Bouche,** 124 bd Montparnasse (14e) ℘ 01 56 54 01 55, *Fax 01 43 21 07 87* – ▤. AE GB JCB M 12
fermé 15 au 23 avril, 5 au 27 août, 1er au 9 janv., dim. et lundi – **Repas** *(105)* - 140 (déj.), 195/290 ♀.

X **Bistro d'Hubert,** 41 bd Pasteur (15e) ℘ 01 47 34 15 50, *message@bistrodhubert.com, Fax 01 45 67 03 09* – AE ⊙ GB JCB L 10
fermé dim. du 20 juin au 15 sept. et sam. midi – **Repas** *(120)* - 210.

X **Fontanarosa,** 28 bd Garibaldi (15e) ℘ 01 45 66 97 84, *Fax 01 47 83 96 30,* ⌂ – AE GB JCB L 9
fermé 24 déc. au 2 janv. – **Repas** - cuisine italienne - *(89)* - 120 (déj.) et carte 200 à 340 ♀.

X **Pascal Champ,** 5 r. Mouton-Duvernet (14e) ℘ 01 45 39 39 61, *Fax 01 45 39 39 61* – GB N 12
fermé août, dim. et lundi – **Repas** 119 (déj.), 129/169 ♀.

X **A La Bonne Table,** 42 r. Friant (14e) ℘ 01 45 39 74 91, *Fax 01 45 43 66 92* – AE ⊙ GB R 11
fermé 14 au 29 juil., 24 fév. au 3 mars, sam. midi et dim. – **Repas** 146 et carte 180 à 300 ♀.

X **Contre-Allée,** 83 av. Denfert-Rochereau (14e) ℘ 01 43 54 99 86, *Fax 01 43 25 08 11* – AE GB N 13
fermé sam. midi – **Repas** *(169)* - 199/210.

X **Père Claude,** 51 av. La Motte-Picquet (15e) ℘ 01 47 34 03 05, *Fax 01 40 56 97 84* – ▤. AE GB K 8
Repas 120 (déj.)/170 et carte 230 à 360 ♀.

X **Gastroquet,** 10 r. Desnouettes (15e) ℘ 01 48 28 60 91, *Fax 01 45 33 23 70* – AE GB N 7
fermé août, lundi midi, sam. et dim. – **Repas** *(135)* - 169 et carte 240 à 310 ♀.

X **Stéphane Martin,** 67 r. Entrepreneurs (15e) ℘ 01 45 79 03 31, *resto.stephanemartin@free.fr, Fax 01 45 79 44 69* – ▤. AE GB. ⅏ L 7
fermé 13 au 31 août, vacances de fév., dim. et lundi – **Repas** 150 bc (déj.)/185 et carte 210 à 260.

X **Les Cévennes,** 55 r. Cévennes (15e) ℘ 01 45 54 33 76 – ▤. AE GB L 6
fermé 13 juil. au 15 août, sam. midi et dim. – **Repas** 180 (déj.) et carte 190 à 240.

X **Au Soleil de Minuit,** 15 r. Desnouettes (15e) ℘ 01 48 28 15 15, *Fax 01 48 28 17 17* – AE GB N 7
fermé 1er au 20 août, 25 au 30 déc., dim. soir et lundi – **Repas** - cuisine finlandaise - *(90)* - 125/180 et carte 190 à 260 ♁.

X **L'Épopée,** 89 av. É. Zola (15e) ℘ 01 45 77 71 37, *Fax 01 45 77 71 37* – AE GB JCB L 7
fermé 15 au 22 avril, 29 juil. au 27 août, sam. midi et dim. – **Repas** *(165)* - 195.

X **Les P'tits Bouchons de François Clerc,** 32 bd Montparnasse (15e) ℘ 01 45 48 52 03, *Fax 01 45 48 52 17* – AE GB L 11
fermé sam. midi et dim. – **Repas** 179 ♀.

X **Petit Mâchon,** 123 r. Convention (15e) ℘ 01 45 54 08 62, bistrot – GB M 7
fermé août, vacances de fév. dim. et lundi – **Repas** *(75)* - 110 (déj.)/145 et carte 190 à 270 ♀.

X **St-Vincent,** 26 r. Croix-Nivert (15e) ℘ 01 47 34 14 94, *Fax 01 45 66 02 80,* bistrot – ▤. AE GB L 8
fermé 1er au 19 août, sam. midi et dim. – **Repas** carte 190 à 300 ♀.

✗ **Régalade,** 49 av. J. Moulin (14e) ✆ 01 45 45 68 58, *Fax 01 45 40 96 74,* bistrot – ▤ GB R 11
fermé août, sam. midi, dim. et lundi – **Repas** (prévenir) 195 ♀.

✗ **L'Agape,** 281 r. Lecourbe (15e) ✆ 01 45 58 19 29 – GB M 7
fermé 6 au 27 août, sam. midi et dim. – **Repas** 120 et carte environ 140.

✗ **du Marché,** 59 r. Dantzig (15e) ✆ 01 48 28 31 55, *restaurant.du.marché@wanadoo.fr, Fax 01 48 28 18 31* – AE GB N 8
fermé 15 juil. au 15 août, sam. midi, lundi midi et dim. – Repas *(120)* - 168 et carte 290 à 400.

✗ **Château Poivre,** 145 r. Château (14e) ✆ 01 43 22 03 68, *chateaupoivre@noos.fr* – AE ⓓ GB JCB N 11
fermé 10 au 22 août, 23 déc. au 3 janv., dim. et fériés – **Repas** 100 et carte 140 à 250 ♀.

✗ **Troquet,** 21 r. F. Bonvin (15e) ✆ 01 45 66 89 00, *Fax 01 45 66 89 83* – GB. ✂ L 9
fermé août, 24 déc. au 2 janv., dim. et lundi
Repas 140 (déj.), 170/185 ♀.

✗ **L'Os à Moelle,** 3 r. Vasco de Gama (15e) ✆ 01 45 57 27 27, *Fax 01 45 57 27 27,* bistrot – AE GB M 6
fermé août, dim. et lundi – **Repas** 175 (déj.)/190.

✗ **Bistrot du Dôme,** 1 r. Delambre (14e) ✆ 01 43 35 32 00 – ▤. AE GB M 12
Repas - produits de la mer - carte environ 220 ♀.

✗ **Mûrier,** 42 r. Olivier de Serres (15e) ✆ 01 45 32 81 88 – GB N 8
fermé 6 au 26 août, sam. midi et dim.
Repas *(82)* - 98/125 ♀.

✗ **Sept/Quinze,** 29 av. Lowendal (15e) ✆ 01 43 06 23 06, *Fax 01 45 67 14 11* – GB K 9
fermé 8 au 22 août et dim. – **Repas** *(100)* - 140 (déj.)/150 et carte 160 à 200 ♀.

✗ **Petit Bofinger,** 46 bd Montparnasse (15e) ✆ 01 45 48 49 16, *Fax 01 45 44 92 05* – ▤. AE GB L 11
Repas *(98)* - 149 ♀.

✗ **L'Amuse Bouche,** 186 r. Château (14e) ✆ 01 43 35 31 61, *Fax 01 45 38 96 60* – GB N 11
fermé août, lundi midi et dim. – **Repas** (nombre de couverts limité, prévenir) *(145)* - 178 ♀.

✗ **Les Gourmands,** 101 r. Ouest (14e) ✆ 01 45 41 40 70, *Fax 01 45 41 17 66* – AE GB N 10
fermé mi-juil. à mi-août, dim. et lundi – **Repas** *(112)* - 152/192.

✗ **Flamboyant,** 11 r. Boyer-Barret (14e) ✆ 01 45 41 00 22 – AE GB N 11
fermé août, dim. soir, mardi midi et lundi – **Repas** - cuisine antillaise - 70 (déj.), 180 bc/300 bc et carte 160 à 250 ♁.

✗ **Les Coteaux,** 26 bd Garibaldi (15e) ✆ 01 47 34 83 48, bistrot – GB. ✂ L 9
fermé août, sam., dim. et lundi – **Repas** 140.

Passy - Auteuil - Chaillot Bois de Boulogne

16e arrondissement

16e : ✉ 75016 ou 75116

Raphaël, 17 av. Kléber ✉ 75116 ☎ 01 53 64 32 00, *management@raphael-hotel.com, Fax 01 53 64 32 01,* « Élégant cachet ancien et terrasse panoramique avec ≤ Paris » – 50. AE GB JCB F 7
Jardins Plein Ciel ☎ 01 53 64 32 30 (7e étage)-buffet *(mai-oct.)* **Repas** 320(déj.)/370 ♀ – ***Salle à Manger*** ☎ 01 53 64 32 11 *(fermé août, sam. et dim.)* **Repas** 315 (déj)/480 ♀ – ☐ 190 – **62 ch** 2500/3010, 25 appart.

Parc, 55 av. R. Poincaré ✉ 75116 ☎ 01 44 05 66 66, *le-parc@compuserve.com, Fax 01 44 05 66 00,* « Atmosphère de belle demeure anglaise » – 30 à 250. AE GB JCB G 6
voir ***59 Poincaré*** ci-après **- *Les Jardins du 59*** *(15 mai-15 sept.)* **Repas** carte 300 à 500 ♀ – ☐ 165 – **113 ch** 2400/4650, 3 duplex.

St-James Paris, 43 av. Bugeaud ✉ 75116 ☎ 01 44 05 81 81, *stjames@club-internet.fr, Fax 01 44 05 81 82,* « Bel hôtel particulier du 19e siècle », – 25. AE GB JCB F 5
Repas *(fermé week-ends et fériés)* (résidents seul.) 300 – ☐ 120 – **12 ch** 2100/2700, 28 appart 2950/4500, 8 duplex.

Costes K. M sans rest, 81 av. Kléber ✉ 75116 ☎ 01 44 05 75 75, *Fax 01 44 05 74 74,* « Architecture et décoration contemporaines », – . AE GB G 7
☐ 120 – **83 ch** 1750/3250.

Baltimore, 88 bis av. Kléber ✉ 75116 ☎ 01 44 34 54 54, *welcome@hotelblatimore.com, Fax 01 44 34 54 44,* – 50. AE GB JCB G 7
Repas carte 200 à 350 ♀ – ☐ 150 – **105 ch** 3450.

Square M, 3 r. Boulainvilliers ✉ 75016 ☎ 01 44 14 91 90, *hotel.square@wanadoo.fr, Fax 01 44 14 91 99*, « Architecture et décoration contemporaines » – |‡|, ▤ ch, TV ✆ ♿ 🚗. AE ⓓ GB JCB. ✂ ch K 5
Repas voir rest ***Zébra Square*** ci-après – ☕ 100 – **22 ch** 1500/2800.

Trocadero Dokhan's sans rest, 117 r. Lauriston ✉ 75116 ☎ 01 53 65 66 99, *hotel.trocadero.dokhans@wanadoo.fr, Fax 01 53 65 66 88*, « Élégante décoration et beau mobilier » – |‡| ⇄ ▤ TV ✆. AE ⓓ GB JCB G 6
☕ 150 – **41 ch** 2500/2800, 4 appart.

Villa Maillot M sans rest, 143 av. Malakoff ✉ 75116 ☎ 01 53 64 52 52, *resa@lavillamaillot.fr, Fax 01 45 00 60 61*, « Élégant décor contemporain » – |‡| ⇄ ▤ TV ✆ ♿ – 🏛 25. AE ⓓ GB JCB F 6
☕ 130 – **39 ch** 1800/2050, 3 appart.

Élysées Régencia M sans rest, 41 av. Marceau ✉ 75116 ☎ 01 47 20 42 65, *info@regencia.com, Fax 01 49 52 03 42*, « Belle décoration » – |‡| ⇄ ▤ TV ✆ – 🏛 20. AE ⓓ GB JCB. ✂ G 8
☕ 80 – **43 ch** 1200/1800.

Auteuil M sans rest, 8 r. F. David ✉ 75016 ☎ 01 40 50 57 57, *Fax 01 40 50 57 50* – |‡| ⇄ ▤ TV ✆ ♿ 🚗 – 🏛 35. AE ⓓ GB K 5
☕ 82 – **94 ch** 1085/1595.

Pergolèse M sans rest, 3 r. Pergolèse ✉ 75116 ☎ 01 53 64 04 04, *hotel@pergolese.com, Fax 01 53 64 04 40*, « Décor contemporain » – |‡| ⇄ ▤ TV ✆. AE ⓓ GB JCB E 6
☕ 85 – **40 ch** 1250/2000.

Argentine M sans rest, 1 r. Argentine ✉ 75116 ☎ 01 45 02 76 76, *Fax 01 45 02 76 00* – |‡| ⇄ TV ✆ ♿. AE ⓓ GB JCB F 7
☕ 82 – **40 ch** 1560/1790.

Majestic sans rest, 29 r. Dumont d'Urville ✉ 75116 ☎ 01 45 00 83 70, *management@majestic-hotel.com, Fax 01 45 00 29 48* – |‡| ⇄ ▤ TV ✆. AE ⓓ GB JCB F 7
☕ 80 – **27 ch** 1530/1925, 3 appart.

Régina de Passy sans rest, 6 r. Tour ✉ 75116 ☎ 01 55 74 75 75, *pregina@566, Fax 01 45 25 23 78* – |‡| TV ✆. AE ⓓ GB JCB H-J 6
☕ 65 – **63 ch** 570/890.

Garden Élysée M 🌿 sans rest, 12 r. St-Didier ✉ 75116 ☎ 01 47 55 01 11, *garden.elysee@wanadoo.fr, Fax 01 47 27 79 24* – |‡| ⇄ ▤ TV ✆ ♿. AE ⓓ GB JCB. ✂ G 7
☕ 120 – **48 ch** 1750/2300.

Élysées Union sans rest, 44 r. Hamelin, ✉ 75116 ☎ 01 45 53 14 95, *unionetoil@aol.com, Fax 01 47 55 94 79* – |‡| cuisinette TV ✆ ♿. AE ⓓ GB. ✂ G 7
☕ 50 – **47 ch** 950/1260, 12 appart.

Élysées Bassano sans rest, 24 r. Bassano ✉ 75116 ☎ 01 47 20 49 03, *h2815-gm@accor-hotels.com, Fax 01 47 23 06 72* – |‡| ⇄ ▤ TV ✆. AE ⓓ GB JCB G 8
☕ 82 – **40 ch** 1155/1500.

Alexander sans rest, 102 av. V. Hugo ✉ 75116 ☎ 01 45 53 64 65, *Fax 01 45 53 12 51* – |‡| ▤ TV. AE ⓓ GB JCB. ✂ G 6
☕ 125 – **61 ch** 1990/2390.

Frémiet sans rest, 6 av. Frémiet ✉ 75016 ☎ 01 45 24 52 06, *hotel.fremiet@wanadoo.fr, Fax 01 53 92 06 46* – TV ✆. AE ⓓ GB JCB J 6
☕ 70 – **36 ch** 810/1250.

Résidence Bassano M sans rest, 15 r. Bassano ✉ 75116 ☎ 01 47 23 78 23, *info@hotel-bassano.com, Fax 01 47 20 41 22* – |‡| ⇄ ▤ TV ✆. AE ⓓ GB. ✂ G 8
☕ 80 – **28 ch** 1200/1800, 3 appart.

Résidence Impériale sans rest, 155 av. Malakoff ✉ 75116 ☎ 01 45 00 23 45, *res.imperiale@wanadoo.fr, Fax 01 45 01 88 82* – |‡| ⇄ ▤ TV ✆ ♿. AE ⓓ GB E 6
☕ 60 – **37 ch** 850/980.

Passy Eiffel sans rest, 10 r. Passy ✉ 75016 ☎ 01 45 25 55 66, *Fax 01 42 88 89 88* – |‡| TV ✆. AE ⓓ GB JCB J 6
☕ 50 – **48 ch** 726/802.

Élysées Sablons M sans rest, 32 r. Greuze ✉ 75116 ☎ 01 47 27 10 00, *h2778-gm@accor-hotels.com, Fax 01 47 27 47 10* – |‡| ⇄ TV ✆ ♿. AE ⓓ GB JCB G 6
☕ 82 – **41 ch** 1085/1360.

Chambellan Morgane sans rest, 6 r. Keppler ✉ 75116 ☎ 01 47 20 35 72, *Fax 01 47 20 95 69* – |‡| ▤ TV ✆ – 🏛 20. AE ⓓ GB JCB. ✂ GF 8
☕ 60 – **20 ch** 800/1000.

Floride Étoile sans rest, 14 r. St-Didier ✉ 75116 ☎ 01 47 27 23 36, *floridetoi@aol.com, Fax 01 47 27 82 87* – |‡| ▤ TV ✆ – 🏛 30. AE ⓓ GB JCB. ✂ G 7
☕ 70 – **63 ch** 850/1050.

Résidence Marceau sans rest, 37 av. Marceau ✉ 75016 ✆ 01 47 20 43 37, *Fax 01 47 20 14 76* – ▤ 📺 ✆. AE ⓓ GB JCB G 8
☕ 50 – **30 ch** 950/1050.

Victor Hugo sans rest, 19 r. Copernic ✉ 75116 ✆ 01 45 53 76 01, *resa@hotel-victor-hugo.com, Fax 01 45 53 69 93* – ▤ 📺 ✆. AE ⓓ GB JCB. ✻ G 7
☕ 50 – **75 ch** 730/915.

Kléber sans rest, 7 r. Belloy ✉ 75116 ✆ 01 47 23 80 22, *kleberhotel@aol.com, Fax 01 49 52 07 20* – ▤ 📺 ✆ – 🏛 20. AE ⓓ GB JCB G 7
☕ 75 – **22 ch** 1190/1490.

Jardins du Trocadéro M sans rest, 35 r. Franklin ✉ 75116 ✆ 01 53 70 17 70, *jardintroc@ad.com, Fax 01 53 70 17 80* – ▤ 📺 ✆. AE ⓓ GB JCB. ✻ H 6
☕ 75 – **17 ch** 1390/1800.

Sévigné sans rest, 6 r. Belloy ✉ 75116 ✆ 01 47 20 88 90, *hotel.de.sevigne@wanadoo.fr, Fax 01 40 70 98 73* – 📺. AE ⓓ GB G 7
☕ 55 – **30 ch** 880/1000.

Résidence Foch sans rest, 10 r. Marbeau ✉ 75116 ✆ 01 45 00 46 50, *reservation@residence-foch.com, Fax 01 45 01 98 68* – 📺 ✆. AE ⓓ GB JCB. ✻ F 6
☕ 55 – **25 ch** 800/1010.

Hameau de Passy M 🐾 sans rest, 48 r. Passy ✉ 75016 ✆ 01 42 88 47 55, *hameau.passy@wanadoo.fr, Fax 01 42 30 83 72* – 📺. AE ⓓ GB JCB J 5-6
☕ 30 – **32 ch** 555/600.

Boileau sans rest, 81 r. Boileau ✉ 75016 ✆ 01 42 88 83 74, *Fax 01 45 27 62 98* – 📺 ✆ – 🏛 15. AE ⓓ GB M 3
☕ 45 – **30 ch** 420/485.

Bois sans rest, 11 r. Dôme ✉ 75116 ✆ 01 45 00 31 96, *hoteldubois@wanadoo.fr, Fax 01 45 00 90 05* – 📺. AE ⓓ GB JCB F 7
☕ 58 – **41 ch** 690/790.

Queen's Hôtel sans rest, 4 r. Bastien Lepage ✉ 75016 ✆ 01 42 88 89 85, *contact@queens-hotel.fr, Fax 01 40 50 67 52* – 📺 ✆. AE ⓓ GB JCB. ✻ K 4
☕ 40 – **22 ch** 430/630.

Nicolo 🐾 sans rest, 3 r. Nicolo ✉ 75116 ✆ 01 42 88 83 40, *hotel.nicolo@wanadoo.fr, Fax 01 42 24 45 41* – 📺. AE ⓓ GB JCB J 6
☕ 35 – **28 ch** 445/660.

Palais de Chaillot sans rest, 35 av. R. Poincaré ✉ 75116 ✆ 01 53 70 09 09, *hapc@club-internet.fr, Fax 01 53 70 09 08* – 📺 ✆. AE ⓓ GB JCB. ✻ G 6
☕ 47 – **28 ch** 505/695.

Gavarni sans rest, 5 r. Gavarni ✉ 75116 ✆ 01 45 24 52 82, *reservation@gavarni.com, Fax 01 40 50 16 95* – 📺 ✆. AE ⓓ GB JCB. ✻ J 6
☕ 40 – **25 ch** 420/540.

Longchamp sans rest, 68 r. Longchamp ✉ 75116 ✆ 01 44 34 24 14, *info@hotel-paris-hotels.com, Fax 01 44 34 24 24* – 📺 ✆. AE ⓓ GB JCB G 6
☕ 50 – **23 ch** 620/780.

XXXX ✿✿ **Faugeron,** 52 r. Longchamp ✉ 75116 ✆ 01 47 04 24 53, *faugeron@wanadoo.fr, Fax 01 47 55 62 90,* « Décor élégant » – ▤. AE GB JCB. ✻ G 7
fermé août, 23 déc. au 3 janv., sam. et dim. – **Repas** (290) - 350 (déj.)/540 bc et carte 590 à 780 ♀
Spéc. Oeufs coque à la purée de truffes. Truffes (janv. à mars). Gibier (15 oct. au 10 janv.).

XXX **59 Poincaré,** 59 av. R. Poincaré ✉ 75116 ✆ 01 47 27 59 59, *59poincare@leparc-paris.com, Fax 01 47 27 59 00* – ▤. AE ⓓ GB JCB. ✻ G 6
fermé dim. et lundi – **Repas** carte 300 à 500 ♀.

XXX ✿✿ **Jamin** (Guichard), 32 r. Longchamp ✉ 75116 ✆ 01 45 53 00 07, *Fax 01 45 53 00 15* – ▤. AE ⓓ GB G 7
fermé 27 juil. au 21 août, sam. et dim. – **Repas** 310 (déj.)/495 et carte 520 à 730
Spéc. Fricassée de langoustines aux aromates. Tronçon de turbot rôti. Volaille de Bresse cuite à l'étouffée.

XXX ✿✿ **Relais d'Auteuil** (Pignol), 31 bd. Murat ✉ 75016 ✆ 01 46 51 09 54, *Fax 01 40 71 05 03* – ▤. AE ⓓ GB JCB L 3
fermé août, lundi midi, sam. midi et dim. – **Repas** 280 (déj.), 590/790 et carte 470 à 660
Spéc. Amandine de foie gras. Dos de bar à la croûte poivrée. Madeleines au miel de bruyère, glace miel et noix.

XXX **Pergolèse** (Corre), 40 r. Pergolèse ✉ 75116 ☎ 01 45 00 21 40, *Fax 01 45 00 81 31* – ▤. AE GB JCB F 6
✿ *fermé 3 août au 3 sept., sam. et dim.* – **Repas** 235/395 et carte 230 à 360 ♀
Spéc. Ravioli de langoustines à la duxelles de champignons. Saint-Jacques rôties en robe des champs (oct. à mars). Côte de veau en casserole aux champignons.

XXX **Tsé-Yang,** 25 av. Pierre 1er de Serbie ✉ 75116 ☎ 01 47 20 70 22, *Fax 01 49 52 03 68*, « Cadre élégant » – ▤. AE ⓓ GB JCB. ✗ G 8
Repas - cuisine chinoise - 265/285 et carte 260 à 360.

XXX **Pavillon Noura,** 21 av. Marceau ✉ 75116 ☎ 01 47 20 33 33, *Fax 01 47 20 60 31* – ▤. AE ⓓ GB. ✗ G 8
Repas - cuisine libanaise - 168 (déj.), 280/350 et carte 260 à 370.

XXX **Les Arts,** 9 bis av. Iéna ✉ 75116 ☎ 01 40 69 27 53, *Fax 01 40 69 27 08*, 🏠 – ▤. AE ⓓ GB G 7
fermé juil., août, sam. et dim. – **Repas** 220 et carte 280 à 380.

XXX **L'Étoile,** 12 r. Presbourg ✉ 75116 ☎ 01 45 00 78 70, *Fax 01 45 00 78 71* – ▤. AE GB F 7
fermé août, 23 déc. au 2 janv., sam. midi et dim. midi – **Repas** *(250 bc)* - 290 bc (déj.) et carte 310 à 450.

XXX **Port Alma** (Canal), 10 av. New York ✉ 75116 ☎ 01 47 23 75 11, *Fax 01 47 20 42 92* – ▤. AE ⓓ GB JCB H 8
✿ *fermé dim. et lundi* – **Repas** - produits de la mer - 200 (déj.) et carte 320 à 400
Spéc. Langoustines rôties aux tomates confites. Fricassée de sole au foie gras de canard. Soufflé au chocolat.

XX **Astrance,** 4 r. Beethoven ✉ 75016 ☎ 01 40 50 84 40, *Fax 01 40 50 11 45* – AE ⓓ GB J 7
✿ *fermé 1er au 21 août, mardi midi et lundi* – **Repas** 185 (déj.), 245/375 bc et carte 240 à 320 ♀.
Spéc. Crabe en fines ravioles d'avocat. Épaule d'agneau à la cuiller, rognon en brochette et côte grillée. Le lait "dans tous ses états".

XX **Giulio Rebellato,** 136 r. Pompe ✉ 75116 ☎ 01 47 27 50 26 – ▤. AE GB. ✗ G 6
fermé août – **Repas** - cuisine italienne - 185 (déj.) et carte 270 à 430.

XX **Fakhr el Dine,** 30 r. Longchamp ✉ 75016 ☎ 01 47 27 90 00, *fakhr.el.dine@libertysurf.fr*, *Fax 01 53 70 01 81* – ▤. AE ⓓ GB G 7
Repas - cuisine libanaise - 150/168 et carte 160 à 250.

XX **San Francisco,** 1 r. Mirabeau ✉ 75016 ☎ 01 46 47 84 89, *Fax 01 46 47 75 45*, 🏠 – AE ⓓ GB JCB L 5
fermé dim. – **Repas** - cuisine italienne - carte 240 à 340 ♀.

XX **Bellini,** 28 r. Lesueur ✉ 75116 ☎ 01 45 00 54 20, *Fax 01 45 00 11 74* – ▤. AE GB F 7
fermé août, sam. et dim. – **Repas** - cuisine italienne - *(150)* - 180 (déj.) et carte 220 à 300 ♀.

XX **Paul Chêne,** 123 r. Lauriston ✉ 75116 ☎ 01 47 27 63 17, *Fax 01 47 27 53 18* – ▤. AE ⓓ GB G 6
fermé août, 24 déc. au 2 janv., sam. midi et dim. – **Repas** 200/250 et carte 250 à 350.

XX **Tang,** 125 r. de la Tour ✉ 75116 ☎ 01 45 04 35 35, *Fax 01 45 04 58 19* – ▤. AE GB. ✗ H 5
✿ *fermé 1er au 26 août, 23 déc. au 1er janv., lundi midi et dim.* – **Repas** - cuisine chinoise et thaïlandaise - 200 (déj.)/250 et carte 300 à 450.
Spéc. Dim sum vapeur. Croustillants de langoustines en sauce caramélisée. Pigeonneau laqué aux cinq parfums.

XX **Zébra Square,** 3 pl. Clément Ader ✉ 75016 ☎ 01 44 14 91 91, *Fax 01 45 20 46 41*, « Décor moderne original » – ▤. AE ⓓ GB JCB K 5
Repas *(120)* - carte 210 à 360 ♀.

XX **Conti,** 72 r. Lauriston ✉ 75116 ☎ 01 47 27 74 67, *Fax 01 47 27 37 66* – ▤. AE ⓓ GB G 7
fermé 4 au 26 août, 24 déc. au 2 janv., sam., dim. et fériés – **Repas** - cuisine italienne - 198 (déj.) et carte 310 à 470.

XX **Vinci,** 23 r. P. Valéry ✉ 75116 ☎ 01 45 01 68 18, *Fax 01 45 01 60 37* – ▤. GB F 7
fermé 1er au 19 août, sam. et dim. – **Repas** - cuisine italienne - 180 et carte 250 à 330 ♀.

XX **Marius,** 82 bd Murat ✉ 75016 ☎ 01 46 51 67 80, *Fax 01 47 43 10 24*, 🏠 – AE GB M 2
fermé 1er au 19 août, sam. midi et dim. – **Repas** carte 220 à 350 ♀.

XX **El Malouf,** 1 bd Exelmans ✉ 75016 ☎ 01 45 25 53 25, *Fax 01 45 20 87 85* – ▤. AE ⓓ GB. ✗ M 4
fermé août et sam. midi – **Repas** - cuisine tunisienne - *(120)* - 150 et carte 200 à 300 ♀.

XX **Chez Géraud,** 31 r. Vital ✉ 75016 ☎ 01 45 20 33 00, *Fax 01 45 20 46 60*, « Fresque en faïence de Longwy » – AE GB H 5
☺ *fermé 28 juil. au 3 sept., sam. et dim.* – **Repas** 180 et carte 230 à 330 ♀.

XX **Fontaine d'Auteuil,** 35 bis r. La Fontaine ✉ 75016 ☎ 01 42 88 04 47, *Fax 01 42 88 95 12* – ▤. AE ⓓ GB K 5
fermé sam. midi et dim. – **Repas** *(150)* - 175 ♀.

XX **Petite Tour,** 11 r. de la Tour ✉ 75116 ☎ 01 45 20 09 31, *Fax 01 45 20 09 31* – AE ⓓ GB JCB H 6
fermé août et dim. – **Repas** carte 240 à 410 ♀.

XX **Detourbe Duret,** 23 r. Duret ✉ 75016 ☎ 01 45 00 10 26, *Fax 01 45 00 10 16* – ▤. AE GB JCB F 6
fermé sam. midi, lundi soir et dim. – **Repas** 168/240 ♀.

XX **Butte Chaillot,** 110 bis av. Kléber ✉ 75116 ☎ 01 47 27 88 88, *Fax 01 47 04 85 70* – ▤. AE ⓓ GB JCB G 7
Repas (150) - 195 et carte 210 à 290 ♀.

X **A et M Le Bistrot,** 136 bd Murat ✉ 75016 ☎ 01 45 27 39 60, *Fax 01 45 27 69 71,* 佘 – AE ⓓ GB JCB M 3
fermé 1er au 20 août, sam. midi et dim. – **Repas** (145) - 180.

X **Les Ormes,** 8 r. Chapu ✉ 75016 ☎ 01 46 47 83 98, *Fax 01 46 47 83 98* – ▤. AE GB
fermé 6 au 31 août, 2 au 7 janv., dim. et lundi – **Repas** (135) - 170 (déj.)/190 et carte 210 à 270 ♀.

X **Vin et Marée,** 183 bd Murat ✉ 75016 ☎ 01 46 47 91 39, *vin.maree@wanadoo.fr, Fax 01 46 47 69 07* – AE GB M 3
Repas - produits de la mer - carte 190 à 255.

X **Les Bouchons de François Clerc,** 79 av. Kléber ✉ 75016 ☎ 01 47 27 87 58, *Fax 01 47 04 60 97* – AE GB JCB G 7
Repas 227 ♀.

X **Bistrot de l'Étoile Lauriston,** 19 r. Lauriston ✉ 75116 ☎ 01 40 67 11 16, *Fax 01 45 00 99 87* – ▤. AE ⓓ GB JCB F 7
fermé 15 au 30 août, sam. midi et dim. – **Repas** (135) - 165 (déj.)et carte 210 à 260 ♀.

X **Rosimar,** 26 r. Poussin ✉ 75016 ☎ 01 45 27 74 91, *Fax 01 45 20 75 05* – ▤. AE GB JCB K 3
fermé 28 juil. au 27 août, 24 au 30 déc., sam., dim. et fériés – **Repas** - cuisine espagnole- (100) - 135 (déj.)/175 et carte 200 à 310 ♀.

X **Victor,** 101 bis r. Lauriston ✉ 75116 ☎ 01 47 27 72 21, *Fax 01 47 27 72 22,* bistrot – ▤. AE GB G 7
fermé sam. midi et dim. – **Repas** (115) - carte 200 à 250 ♀.

X **Gare,** 19 chaussée de la Muette ✉ 75016 ☎ 01 42 15 15 31, *Fax 01 42 15 15 23,* 佘, « Décor original dans une gare de 1854 » – AE GB J 5
Repas (99) - carte 180 à 270 ♀.

X **Scheffer,** 22 r. Scheffer ✉ 75116 ☎ 01 47 27 81 11, bistrot – AE GB H 6
fermé 23 déc. au 2 janv., dim. et fériés – **Repas** carte 180 à 200 ♀.

au Bois de Boulogne :

XXXX ✿✿ **Pré Catelan,** rte Suresnes ✉ 75016 ☎ 01 44 14 41 14, *Fax 01 45 24 43 25,* 佘, « Pavillon Napoléon III », 佘 – ▤ P. AE ⓓ GB JCB H 2
fermé vacances de Toussaint, fév., dim. sauf le midi du 8 mai au 28 oct. et lundi – **Repas** 295 (déj.), 570/690 et carte 530 à 750
Spéc. Étrilles à la fine gelée d'aromates. Saint-Jacques au jus de cidre, noix écrasées et torréfiées (15 oct. au 15 avril). Carotte confite, caramel au pain d'épice.

XXXX ✿ **Grande Cascade,** allée de Longchamp (face hippodrome) ✉ 75016 ☎ 01 45 27 33 51, *contact@lagrandecascade.fr, Fax 01 42 88 99 06,* 佘, « Pavillon Napoléon III » – P. AE ⓓ GB JCB
fermé 25 janv. au 25 fév. – **Repas** 355/790 et carte 680 à 930
Spéc. Langoustines, fleur de courgette et fenouil en tempura. Macaroni aux truffes et céleri. Selle et carré d'agneau en croûte d'herbes, ris et rognon aux fruits secs.

XXX **Terrasse du Lac,** Pavillon Royal - rte Suresnes ✉ 75116 ☎ 01 40 67 11 56, *Fax 01 45 00 31 24,* ←, 佘 – P. AE GB JCB G 4
fermé 22 déc. au 2 janv., dim. soir de mai à sept., week-end et le soir d'oct. à avril – **Repas** 210/380 et carte 270 à 400 ♀.

Batignolles - Ternes
Wagram

17e arrondissement

17e : ✉ 75017

Meridien Étoile Ⓜ, 81 bd Gouvion St-Cyr ☎ 01 40 68 34 34, *guest.etoile@forte-hotels.com, Fax 01 40 68 31 31* – 50 à 1 500. AE GB JCB E 6
Repas 175/280 – 129 – **1 008 ch** 2200/2650, 17 appart.

Concorde La Fayette Ⓜ, 3 pl. Gén. Koenig ☎ 01 40 68 50 68, *info@concorde-lafayette.com, Fax 01 40 68 50 43,* – 40 à 2 000. AE GB JCB E 6
L'Arc-en-Ciel (buffet) ☎ 01 40 68 51 25 (déj. seul.) *(fermé août et dim.)* **Repas** 175/270 –
Les Saisons ☎ 01 40 68 51 19 **Repas** *(135)*-210/260, enf.75 – 152 – **966 ch** 1900/2600, 34 appart.

Splendid Étoile sans rest, 1 bis av. Carnot ☎ 01 45 72 72 00, *reservation@hotel-splendid-etoile.com, Fax 01 45 72 72 01* – . AE GB F 7
95 – **52 ch** 1300/1850, 5 appart.

Regent's Garden sans rest, 6 r. P. Demours ☎ 01 45 74 07 30, *hotel.regents.garden@wanadoo.fr, Fax 01 40 55 01 42,* – . AE GB JCB. E 7
60 – **39 ch** 786/1506.

Balmoral sans rest, 6 r. Gén. Lanrezac ☎ 01 43 80 30 50, *Fax 01 43 80 51 56* – . AE GB E 7
60 – **57 ch** 710/960.

Banville sans rest, 166 bd Berthier ☎ 01 42 67 70 16, *hotelbanville@wanadoo.fr, Fax 01 44 40 42 77,* « Atmosphère élégante » – . AE GB JCB D 8
70 – **38 ch** 810/1150.

Quality Inn Pierre Ⓜ sans rest, 25 r. Th.-de-Banville ☎ 01 47 63 76 69, *hotel@qualitypierre.com, Fax 01 43 80 63 96* – 30. AE GB JCB D 8
50 – **50 ch** 1150/1350.

Ampère Ⓜ, 102 av. Villiers ☎ 01 44 29 17 17, *resa@hotelampere.com, Fax 01 44 29 16 50,* – 40 à 100. AE GB. rest D 8
Jardin d'Ampère *(fermé 30 juil. au 19 août et dim. soir)* **Repas** *(145)*-159, enf. 60 – 70 – **101 ch** 1150/1600.

Villa Alessandra Ⓜ sans rest, 9 pl. Boulnois ☎ 01 56 33 24 24, *alessandra@hotelsparis.fr, Fax 01 56 33 24 30* – . AE GB JCB E 8
110 – **51 ch** 1750/2050.

Villa Eugénie sans rest, 167 r. Rome ✆ 04 44 29 06 06, *eugenie@hotelsparis.fr, Fax 01 44 29 06 07* – AE GB JCB **C 10**
▭ 105 – **41 ch** 1240/1790.

Champerret Élysées sans rest, 129 av. Villiers ✆ 01 47 64 44 00, *champerret-elysees@compuserve.com, Fax 01 47 63 10 58* – AE GB JCB. **D 7**
▭ 70 – **45 ch** 590/790.

Mercure Wagram Arc de Triomphe M sans rest, 3 r. Brey ✆ 01 56 68 00 01, *h2053@accor-hotels.com, Fax 01 56 68 00 02* – AE GB JCB. **E 8**
▭ 80 – **43 ch** 1050.

Ternes Arc de Triomphe M sans rest, 97 av. Ternes ✆ 01 53 81 94 94, *hotel@hoteltern es.com, Fax 01 53 81 94 95* – AE GB JCB **E 6**
▭ 75 – **39 ch** 920/1600.

Magellan sans rest, 17 r. J.B.-Dumas ✆ 01 45 72 44 51, *hotel.magellan@wanadoo.fr, Fax 01 40 68 90 36*, – AE GB. **D 7**
▭ 45 – **75 ch** 630/670.

Tilsitt Étoile sans rest, 23 r. Brey ✆ 01 43 80 39 71, *info@tilsitt.com, Fax 01 47 66 37 63* – – 20. AE GB JCB. **E 8**
▭ 65 – **38 ch** 650/890.

Mercure Étoile M sans rest, 27 av. Ternes ✆ 01 47 66 49 18, *h0372@-hotels.com, Fax 01 47 63 77 91* – AE GB JCB **E 8**
▭ 80 – **56 ch** 1050.

Étoile St-Ferdinand sans rest, 36 r. St-Ferdinand ✆ 01 45 72 66 66, *ferdinand@paris-h onotel.com, Fax 01 45 74 12 92* – AE GB JCB **E 6-7**
▭ 75 – **42 ch** 980/1330.

Jardin de Villiers sans rest, 18 r. C. Pouillet ✆ 01 42 67 15 60, *Fax 01 42 67 32 11* – . AE GB JCB. **D 10**
▭ 40 – **26 ch** 950.

Neva M sans rest, 14 r. Brey ✆ 01 43 80 28 26, *Fax 01 47 63 00 22* – . AE GB JCB. **E 8**
▭ 60 – **31 ch** 600/950.

Étoile Park Hôtel sans rest, 10 av. Mac Mahon ✆ 01 42 67 69 63, *ephot@easynet.fr, Fax 01 43 80 18 99* – AE GB JCB **E 8**
▭ 45 – **28 ch** 750/820.

Monceau sans rest, 7 r. Rennequin ✆ 01 47 63 07 52, *h2765-gm@accor-hotels.com, Fax 01 47 66 84 44* – AE GB JCB **E 8**
▭ 82 – **25 ch** 970/1045.

Harvey sans rest, 7 bis r. Débarcadère ✆ 01 55 37 20 00, *info@hotel-harvey.com, Fax 01 40 68 03 56* – AE GB JCB **E 6**
▭ 40 – **32 ch** 650/800.

Étoile Péreire sans rest, 146 bd Péreire ✆ 01 42 67 60 00, *Fax 01 42 67 02 90* – . AE GB. **D 7**
▭ 60 – **22 ch** 650/1150, 4 duplex.

Star Hôtel Étoile sans rest, 18 r. Arc de Triomphe ✆ 01 43 80 27 69, *ckouhana@cie.fr, Fax 01 40 54 94 84* – AE GB JCB **E 7**
▭ 45 – **62 ch** 600/1000.

Monceau Élysées sans rest, 108 r. Courcelles ✆ 01 47 63 33 08, *Fax 01 46 22 87 39* – AE GB **E 9**
▭ 55 – **29 ch** 650/900.

Astrid sans rest, 27 av. Carnot ✆ 01 44 09 26 00, *paris@hotel-astrid.com, Fax 01 44 09 26 01* – AE GB JCB **E 7**
▭ 50 – **41 ch** 580/815.

Villiers Étoile M sans rest, 6 r. Lebouteux ✆ 01 40 53 05 05, *villiers@hotelsparis.fr, Fax 01 40 53 05 06* – AE GB JCB **D 10**
▭ 65 – **55 ch** 900/1000.

Flaubert sans rest, 19 r. Rennequin ✆ 01 46 22 44 35, *Fax 01 43 80 32 34* – . AE GB **D 8**
▭ 48 – **40 ch** 550/700.

Monceau Étoile sans rest, 64 r. de Levis ✆ 01 42 27 33 10, *hotelmonceauetoile@ansm.f r, Fax 01 42 27 59 58* – . AE GB **D 10**
▭ 50 – **26 ch** 600/650.

Campanile, 4 bd Berthier ✆ 01 46 27 10 00, *resa@campanile-berthier.com, Fax 01 46 27 00 57*, – – 15 à 40. AE GB **B 10**
Repas buffet *(82)* - 90/116, enf. 39 – ▭ 40 – **246 ch** 495.

XXXX **Guy Savoy,** 18 r. Troyon ☎ 01 43 80 40 61, *reserv@guysavoy.com, Fax 01 46 22 43 09* – ▤. AE ⦿ GB JCB E 8
✿✿ *fermé 22 juil. au 20 août, sam. midi et dim.* – **Repas** 1050 et carte 720 à 1 100 ♀
Spéc. Soupe d'artichaut à la truffe noire. Lieu jaune en pâte à sel, potée de légumes à la truffe blanche d'Alba (automne). Fondant chocolat au pralin feuilleté noisette.

XXXX **Michel Rostang,** 20 r. Rennequin ☎ 01 47 63 40 77, *rostang@relaischateaux.fr, Fax 01 47 63 82 75,* « Cadre élégant » – ▤. AE ⦿ GB JCB D 8
✿✿ *fermé 1er au 15 août, sam. midi, dim. et lundi* – **Repas** 365 (déj.)/750 et carte 550 à 760 ♀
Spéc. "Sandwich" à la truffe (15 déc. au 15 mars). Brochettes de langoustines au romarin. Volaille de Bresse aux morilles blondes (avril-mai).

XXX **Apicius** (Vigato), 122 av. Villiers ☎ 01 43 80 19 66, *Fax 01 44 40 09 57* – ▤. AE ⦿ GB JCB D 8
✿✿ *fermé août, sam. et dim.* – **Repas** 620 et carte 460 à 600
Spéc. Foie gras de canard en aigre-doux. Homard bleu en tronçon et corail caramélisé (printemps-été). Grand dessert "tout chocolat".

XXX **Faucher,** 123 av. Wagram ☎ 01 42 27 61 50, *Fax 01 46 22 25 72,* 🏠 – ▤. AE GB D 8
✿ *fermé sam. et dim.* – **Repas** 250 (déj.)/500 et carte 340 à 490 ♀
Spéc. Oeuf au plat, foie gras chaud et coppa grillée. Montgolfière de Saint-Jacques aux champignons (oct. à mars). Canette rôtie et ses filets laqués.

XXX **Sormani** (Fayet), 4 r. Gén. Lanrezac ☎ 01 43 80 13 91, *Fax 01 40 55 07 37* – ▤. GB E 7
✿ *fermé 28 juil. au 21 août, 22 déc. au 2 janv., sam., dim. et fériés* – **Repas** - cuisine italienne - 280 (déj.), 380/500 et carte 370 à 480 ♀
Spéc. Vitello tonnato, céleri rémoulade à la truffe noire. Oeufs au plat à la truffe blanche et fontina (oct. à déc.). Ravioli de choux verts aux langoustines et mozzarella.

XXX **Pétrus,** 12 pl. Mar. Juin ☎ 01 43 80 15 95, *Fax 01 47 66 49 86* – ▤. AE ⦿ GB JCB D 8
Repas - produits de la mer - 250 et carte 430 à 530 ♀.

XXX **Augusta,** 98 r. Tocqueville ☎ 01 47 63 39 97, *Fax 01 47 63 39 97* – ▤. GB C 9
fermé 6 au 27 août, sam. et dim. – **Repas** - produits de la mer - carte 400 à 510.

XXX **Timgad,** 21 r. Brunel ☎ 01 45 74 23 70, *Fax 01 40 68 76 46,* « Décor mauresque » – ▤. AE ⦿ GB. ✂ E 7
✿ **Repas** - cuisine marocaine - carte 260 à 350
Spéc. Couscous. Pastilla. Tajine d'agneau.

XX **Braisière** (Vaxelaire), 54 r. Cardinet ☎ 01 47 63 40 37, *Fax 01 47 63 04 76* – AE GB D 9
✿ *fermé 28 avril au 8 mai, août, sam. et dim.* – **Repas** 195 et carte 270 à 420 ♀
Spéc. Tartare d'huîtres (oct. à avril). Salade de pintadeau aux légumes confits. Saint-Pierre rôti à la peau, ragoût d'artichauts.

XX **Petit Colombier,** 42 r. Acacias ☎ 01 43 80 28 54, *Fax 01 44 40 04 29* – ▤. AE GB E 7
fermé 1er au 25 août, sam. (sauf le soir de sept. à avril) et dim. – **Repas** 200 (déj.)/360 et carte 310 à 470 ♀.

XX **Dessirier,** 9 pl. Mar. Juin ☎ 01 42 27 82 14, *rostang@relaischateau.fr, Fax 01 47 66 82 07* – ▤. AE ⦿ GB JCB D 8
Repas - produits de la mer - 218 et carte 350 à 540.

XX **Les Béatilles** (Bochaton), 11 bis r. Villebois-Mareuil ☎ 01 45 74 43 80, *Fax 01 45 74 43 81* – ▤. AE GB E 7
✿ *fermé 30 juil. au 26 août, 24 au 30 déc. sam. et dim.* – **Repas** 220/390 (dîner) et carte 330 à 470
Spéc. Nems d'escargots et champignons des bois. Pastilla de pigeon et foie gras. La"Saint-Cochon" (nov. à mars).

XX **Graindorge,** 15 r. Arc de Triomphe ☎ 01 47 54 00 28, *Fax 01 47 54 00 28* – AE GB E 7
☺ *fermé sam. midi et dim.* – **Repas** - cuisine flamande - 168 (déj.), 198/260 et carte 230 à 310 ♀.

XX **L'Atelier Gourmand,** 20 r. Tocqueville ☎ 01 42 27 03 71, *Fax 01 42 27 03 71* – AE GB D 10
fermé 5 au 20 août, sam. sauf le soir du 15 sept. au 15 juin et dim. – **Repas** *(150)* - 195 ♀.

XX **Beudant,** 97 r. des Dames ☎ 01 43 87 11 20, *Fax 01 43 87 27 35* – ▤. AE ⦿ GB JCB D 11
fermé 6 au 26 août, sam. midi et dim. – **Repas** 175/300 et carte 200 à 330 ♀.

XX **Coco et sa Maison,** 18 r. Bayen ☎ 01 45 74 73 73, *Fax 01 45 74 73 52* – AE GB E 7
fermé 1er au 20 août, 24 déc. au 2 janv., sam. midi et dim. – **Repas** carte 250 à 350 ♀.

XX **Truite Vagabonde,** 17 r. Batignolles ☎ 01 43 87 77 80, *Fax 01 43 87 31 50,* 🏠 – AE GB D 11
fermé 1er août au 1er sept. – **Repas** 195/340 ♀.

XX **Ballon des Ternes,** 103 av. Ternes ☎ 01 45 74 17 98, *Fax 01 45 72 18 84,* brasserie – AE GB JCB E 6
fermé 28 juil. au 28 août – **Repas** carte 200 à 360 ♀.

XX **Paolo Petrini,** 6 r. Débarcadère ✆ 01 45 74 25 95, *paolo.petrini@wanadoo.fr, Fax 01 45 74 12 95* – ▤. AE ⓓ GB JCB E 6
fermé 1er au 21 août, sam. midi et dim. midi – **Repas** - cuisine italienne - 130 (déj.)/190 et carte 210 à 310 ♀.

XX **Taïra,** 10 r. Acacias ✆ 01 47 66 74 14, *Fax 01 47 66 74 14* – ▤. AE ⓓ GB E 7
fermé sam. midi et dim. – **Repas** - produits de la mer - 170/380 et carte 300 à 400.

XX **Les Marines,** 27 av. Niel ✆ 01 47 63 04 24, *Fax 01 44 15 92 20* – ▤. AE ⓓ GB D 8
fermé août, dim. et lundi – **Repas** - produits de la mer - carte 190 à 280 ♀.

XX **Chez Georges,** 273 bd Péreire ✆ 01 45 74 31 00, *Fax 01 45 74 02 56*, bistrot – GB JCB. ✻ E 6
Repas carte 210 à 320 ♀.

XX **Chez Léon,** 32 r. Legendre ✆ 01 42 27 06 82, *Fax 01 46 22 63 67*, bistrot – AE ⓓ GB D 10
fermé 30 juil. au 19 août, vacances de Noël, sam. et dim. – **Repas** (nombre de couverts limité, prévenir) 170 bc et carte 210 à 350 ♀.

X **Rôtisserie d'Armaillé,** 6 r. Armaillé ✆ 01 42 27 19 20, *Fax 01 40 55 00 93* – ▤. AE ⓓ GB JCB E 7
fermé 6 au 19 août, sam. midi et dim. – **Repas** (175) - 240.

X **Soupière,** 154 av. Wagram ✆ 01 42 27 00 73, *Fax 01 46 22 27 09* – ▤. AE GB D 9
fermé 6 au 26 août, sam. midi et dim.
Repas 145/320 et carte 200 à 340.

X **Petite Auberge,** 38 r. Laugier ✆ 01 47 63 85 51, *Fax 01 47 63 85 81* – AE GB D 7-8
fermé août, sam. midi , lundi midi et dim. – **Repas** (nombre de couverts limité, prévenir) (140) - 170.

X **A et M le Bistrot,** 105 r. Prony ✆ 01 44 40 05 88, *Fax 01 44 40 05 89*, ☂ – ▤ AE GB D 8
fermé 16 au 24 août, sam. midi et dim. – **Repas** (145) - 180 ♀.

X **Troyon,** 4 r. Troyon ✆ 01 40 68 99 40, *Fax 01 40 68 99 57* – AE GB. ✻ E 8
fermé août, 23 déc. au 4 janv., sam. midi et dim. – **Repas** (prévenir) 198 ♀.

X **Les Dolomites,** 38 r. Poncelet ✆ 01 47 66 32 54, *Fax 01 42 27 39 57* – AE GB E 8
fermé 13 au 30 août et dim. – **Repas** 140/190 ♀.

X **Café d'Angel,** 16 r. Brey ✆ 01 47 54 03 33, *Fax 01 47 54 03 33* – GB E 8
fermé août, Noël au Jour de l'An, sam. et dim.
Repas (95) - 115 (déj.)/200 et carte le midi ♀.

X **L'Impatient,** 14 passage Geffroy Didelot ✆ 01 43 87 28 10, *Fax 01 43 87 28 10* – GB D 10-11
fermé sam. midi, lundi soir et dim. – **Repas** 110 (déj.)/130 et carte 250 à 350.

X **Caves Petrissans,** 30 bis av. Niel ✆ 01 42 27 52 03, *Fax 01 40 54 87 56*, ☂, bistrot – AE GB D 8
fermé 28 juil. au 26 août, 22 déc. au 2 janv., sam., dim. et fériés – **Repas** 170 et carte 200 à 300 ♀.

X **Petit Gervex,** 2 r. Gervex ✆ 01 43 80 53 63, ☂ – ⓓ GB C 8
fermé 30 juil. au 27 août, dim. soir et sam. – **Repas** (115) - 150 et carte 190 à 250 ♀.

X **Le Clou,** 132 r. Cardinet ✆ 01 42 27 36 78, *Fax 01 42 27 89 96*, bistrot – AE GB C 10
fermé 6 au 19 août, sam. midi, dim. et fériés – **Repas** 108 et carte 180 à 220 ♀.

X **Huîtrier et Presqu'île,** 16 r. Saussier-Leroy ✆ 01 40 54 83 44, *Fax 01 40 54 83 86* – ▤. AE GB E 8
fermé août, dim. de mai à août et lundi – **Repas** - produits de la mer - carte 200 à 300 ♀.

X **L'Ampère,** 1 r. Ampère ✆ 01 47 63 72 05, *Fax 01 47 63 37 33*, bistrot – ▤. AE GB D 9
fermé sam. midi et dim. – **Repas** carte 180 à 220.

X **Bellagio,** 101 av. Ternes ✆ 01 40 55 55 20, *Fax 01 45 74 96 16* – ▤. AE GB E 6
Repas carte 220 à 300.

X **Bistrot de Théo,** 90 r. Dames ✆ 01 43 87 08 08, *Fax 01 43 87 06 15* – AE GB D 11
fermé 13 au 26 août, dim. de janv. à août et lundi en juil.-août – **Repas** (80) - 135/170 bc et carte 180 à 260 ♀.

X **Nagoya,** 16 r. Brey ✆ 01 45 72 61 68 – GB E 8
fermé 15 au 31 août et dim. – **Repas** - cuisine japonaise - 78/188 et carte 120 à 200 ♁.

Montmartre La Villette - Belleville

18e, 19e et 20e arrondissements

18e : ✉ 75018 - 19e : ✉ 75019 - 20e : ✉ 75020

Terrass'Hôtel M, 12 r. J. de Maistre (18e) ☎ 01 46 06 72 85, *terrasse@francenet.fr, Fax 01 42 52 29 11,* , « Terrasse panoramique sur le toit » – 25 à 100. AE GB JCB C 13
Terrasse : Repas 174, enf. 60 – 75 – **75 ch** 1195/1580, 13 appart – 1/2 P 850/925.

Holiday Inn M, 216 av. J. Jaurès (19e) ☎ 01 44 84 18 18, *hilavillette@alliance-hostellerie.fr, Fax 01 44 84 18 20,* – 15 à 140. AE GB JCB C 21
rest
Repas 120 ♀, enf. 45 – 95 – **174 ch** 1900/2100, 8 appart.

Mercure Montmartre sans rest, 3 r. Caulaincourt (18e) ☎ 01 44 69 70 70, *h0373@accor-hotels.com, Fax 01 44 69 70 71* – 20 à 70. AE GB JCB D 12
75 – **308 ch** 1030/1100.

Holiday Inn Garden Court M sans rest, 23 r. Damrémont (18e) ☎ 01 44 92 33 40, *hiparmm@aol.com, Fax 01 44 92 09 30* – 20. AE GB JCB C 13
85 – **54 ch** 950.

Parc des Buttes Chaumont sans rest, 1 pl. Armand Carrel (19e) ☎ 01 42 08 08 37, *Fax 01 42 45 66 91* – AE GB D 19
50 – **45 ch** 520/750.

Kyriad M, 147 av. Flandre (19e) ☎ 01 44 72 46 46, *clarine-paris-villette@wanadoo.fr, Fax 01 44 72 46 47* – , rest, TV – 70. AE ① GB JCB B 19
Repas carte 100 à 150 – 40 – **207 ch** 400/445.

Roma Sacré Coeur sans rest, 101 r. Caulaincourt (18e) ☎ 01 42 62 02 02, *@wanadoo.fr, Fax 01 42 54 34 92* – TV. AE ① GB JCB C 14
37 – **57 ch** 420/490.

Palma sans rest, 77 av. Gambetta (20e) ☎ 01 46 36 13 65, *hotel.palma@wanadoo.fr, Fax 01 46 36 03 27* – TV. AE ① GB JCB G 21
36 – **32 ch** 375/450.

Crimée sans rest, 188 r. Crimée (19e) ☎ 01 40 36 75 29, *hotel.crimee@free.fr, Fax 01 40 36 29 57* – TV. AE GB JCB C 18
35 – **31 ch** 290/360.

Laumière sans rest, 4 r. Petit (19e) ☎ 01 42 06 10 77, *Fax 01 42 06 72 50* – TV. GB D 19
36 – **54 ch** 295/395.

Abricôtel sans rest, 15 r. Lally Tollendal (19e) ☎ 01 42 08 34 49, *abricotel@wanadoo.fr, Fax 01 42 40 83 95* – TV. AE ① GB. D 18
36 – **39 ch** 310/420.

Damrémont sans rest, 110 r. Damrémont (18e) ☎ 01 42 64 25 75, *hotel-damremont@easynet.fr, Fax 01 46 06 74 64* – TV. AE ① GB JCB. B 13
40 – **35 ch** 490.

XXX **Beauvilliers** (Carlier), 52 r. Lamarck (18e) ☎ 01 42 54 54 42, *Fax 01 42 62 70 30*, « Décor original, terrasse » – . AE ① GB JCB C 14
fermé lundi midi et dim. – **Repas** 185 (déj.)/400 et carte 440 à 620
Spéc. Filets de rougets grillés aux piments oiseaux. Rognonnade de veau aux truffes. Millefeuille aux deux chocolats.

XXX **Pavillon Puebla,** Parc Buttes-Chaumont, entrée : av Bolivar, r. Botzaris (19e) ☎ 01 42 08 92 62, *Fax 01 42 39 83 16*, « Agréable situation dans le parc » – P AE GB E 19
fermé dim. et lundi – **Repas** 190/260 et carte 360 à 450.

XX **Cottage Marcadet,** 151 bis r. Marcadet (18e) ☎ 01 42 57 71 22 – . GB. C 13
fermé 21 au 30 avril , 28 juil. au 28 août et dim. – **Repas** 170/230 et carte 230 à 340.

XX **Les Allobroges,** 71 r. Grands-Champs (20e) ☎ 01 43 73 40 00 – AE GB K 22
fermé 28 juil. au 28 août, dim. et lundi – **Repas** 99 (déj.)/181 et carte 260 à 350.

XX **Relais des Buttes,** 86 r. Compans (19e) ☎ 01 42 08 24 70, *Fax 01 42 03 20 44*, – GB E 20
fermé août, sam. midi et dim. – **Repas** 185 et carte 220 à 330.

XX **Chaumière,** 46 av. Secrétan (19e) ☎ 01 42 06 54 69, *Fax 01 42 06 28 12* – . AE ① GB JCB E 18
fermé 5 au 21 août, vend. soir, dim. soir et sam. – **Repas** 143/198 bc et carte 270 à 360.

XX **Au Clair de la Lune,** 9 r. Poulbot (18e) ☎ 01 42 58 97 03, *Fax 01 42 55 64 74* – AE GB JCB D 14
fermé 20 août au 15 sept., lundi midi et dim. – **Repas** 165 et carte 240 à 300.

X **Poulbot Gourmet,** 39 r. Lamarck (18e) ☎ 01 46 06 86 00, *Fax 01 46 06 86 00* – GB C 14
fermé 12 au 19 août et dim. sauf le midi d'oct. à mai – **Repas** (115) - 190 et carte 220 à 300.

X **L'Oriental,** 76 r. Martyrs (18e) ☎ 01 42 64 39 80, *Fax 01 42 64 39 80* – AE GB. D 13-D4
fermé 22 juil. au 28 août et dim. – **Repas** - cuisine nord-africaine - 220 bc et carte 160 à 210.

X **Marie-Louise,** 52 r. Championnet (18e) ☎ 01 46 06 86 55, bistrot – GB B 15
fermé 1er au 19 août, lundi soir et dim. – **Repas** 130 et carte 200 à 280.

X **Bouclard,** 1 r. Cavallotti (18e) ☎ 01 45 22 60 01, *michel.bonnemort@wanadoo.fr, Fax 01 45 22 60 01*, bistrot – . AE GB D 12
fermé lundi midi, sam. midi et dim. – **Repas** 130 et carte 210 à 380.

X **Village Kabyle,** 4 r. Aimé Lavy (18e) ☎ 01 42 55 03 34, *Fax 01 45 86 08 35* – GB. B 14
fermé lundi midi et dim. – **Repas** - cuisine nord-africaine - 160/300 et carte environ 180.

X **Histoire de ...,** 14 r. Ferdinand Flocon (18e) ☎ 01 42 52 24 60 – GB C 14
fermé 15 au 23 avril, 5 au 20 août, 23 déc. au 2 janv., dim. et lundi – **Repas** 190.

X **Perroquet Vert,** 7 r. Cavalotti (18e) ☎ 01 45 22 49 16, *Fax 01 42 93 70 29* – AE GB JCB D 12
fermé 1er au 19 août, sam. midi et dim. – **Repas** 178.

X **Bistrot des Soupirs "Chez Raymonde",** 49 r. Chine (20e) ☎ 01 44 62 93 31, *Fax 01 44 62 77 83* – GB G 21
fermé 15 au 30 août, dim. et lundi – **Repas** (79) - 89 et carte 180 à 300, enf. 45.

ENVIRONS
Hôtels - Restaurants
40 km environ autour de Paris

F 15 : Ces lettres et ces chiffres correspondent au carroyage des **plans Michelin Banlieue de Paris** n° 18, n° 20, n° 22, n° 24 et 25.

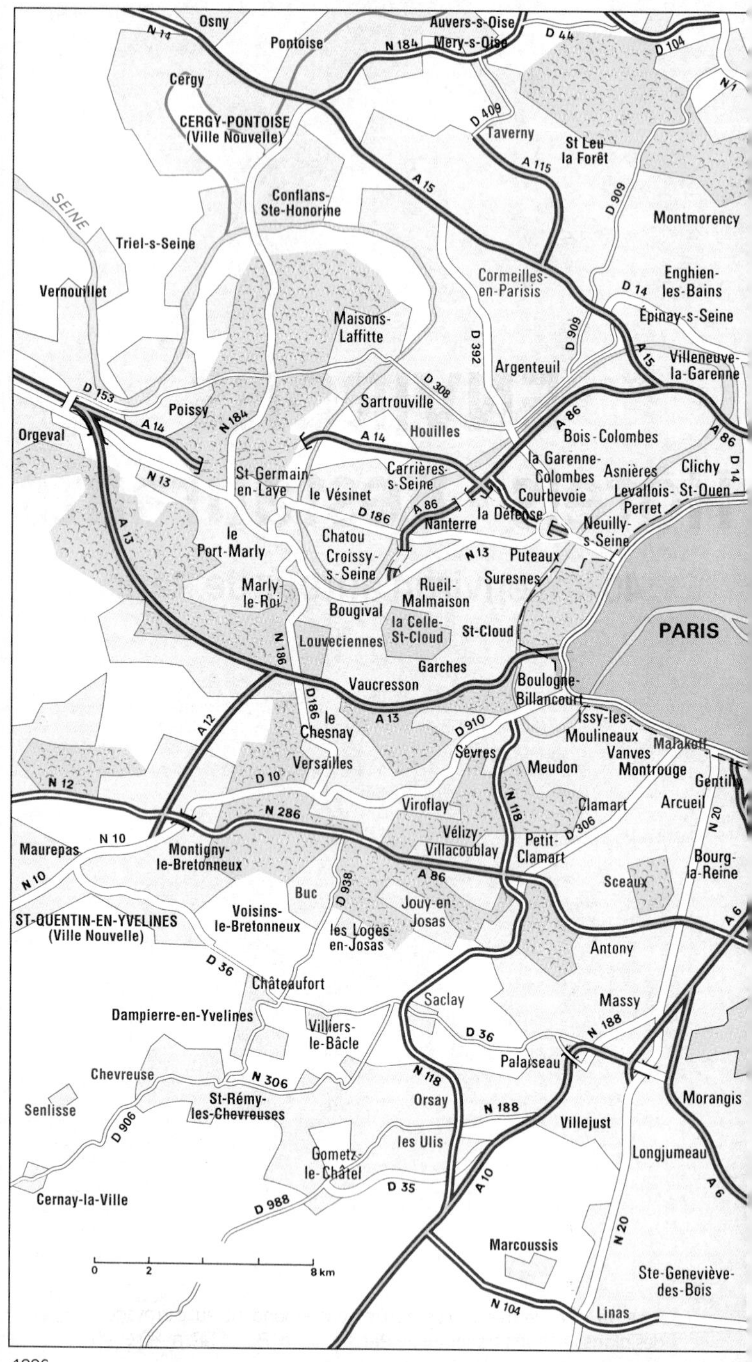
Osny
Pontoise
Auvers-s-Oise
Mery-s-Oise
Cergy
CERGY-PONTOISE
(Ville Nouvelle)
Taverny
St Leu
la Forêt
Montmorency
SEINE
Conflans-
Ste-Honorine
Triel-s-Seine
Vernouillet
Cormeilles-
en-Parisis
Enghien-
les-Bains
Épinay-s-Seine
Maisons-
Laffitte
Argenteuil
Villeneuve-
la-Garenne
Poissy
Sartrouville
Orgeval
Houilles
Bois-Colombes
la Garenne-
Colombes
Asnières
Clichy
St-Germain-
en-Laye
Carrières-
s-Seine
le Vésinet
Courbevoie
Levallois-
Perret
St-Ouen
Nanterre
la Défense
Neuilly-
s-Seine
le
Port-Marly
Chatou
Croissy-
s-Seine
Puteaux
Suresnes
Marly-
le-Roi
Rueil-
Malmaison
Bougival
la Celle-
St-Cloud
St-Cloud
PARIS
Louveciennes
Garches
Vaucresson
Boulogne-
Billancourt
le
Chesnay
Issy-les-
Moulineaux
Vanves
Malakoff
Montrouge
Gentilly
Sèvres
Meudon
Versailles
Viroflay
Clamart
Arcueil
Vélizy-
Villacoublay
Petit-
Clamart
Bourg-
la-Reine
Maurepas
Montigny-
le-Bretonneux
Buc
Sceaux
Jouy-en-
Josas
Voisins-
le-Bretonneux
ST-QUENTIN-EN-YVELINES
(Ville Nouvelle)
les Loges-
en-Josas
Antony
Châteaufort
Saclay
Massy
Dampierre-en-Yvelines
Villiers-
le-Bâcle
Palaiseau
Chevreuse
Orsay
Morangis
St-Rémy-
les-Chevreuses
Senlisse
Villejust
les Ulis
Gometz-
le-Châtel
Longjumeau
Cernay-la-Ville
Marcoussis
Ste-Geneviève-
des-Bois
Linas
N 14
N 184
D 44
D 104
N 1
D 409
A 115
A 15
D 909
D 14
D 392
D 308
D 153
A 14
N 184
A 86
D 14
N 13
D 186
A 13
N 13
N 186
D 186
A 12
D 910
N 118
D 10
N 12
N 286
N 10
D 306
N 20
A 86
D 938
A 6
D 36
N 188
N 306
D 906
D 35
A 10
D 988
N 20
N 104
0
2
8 km

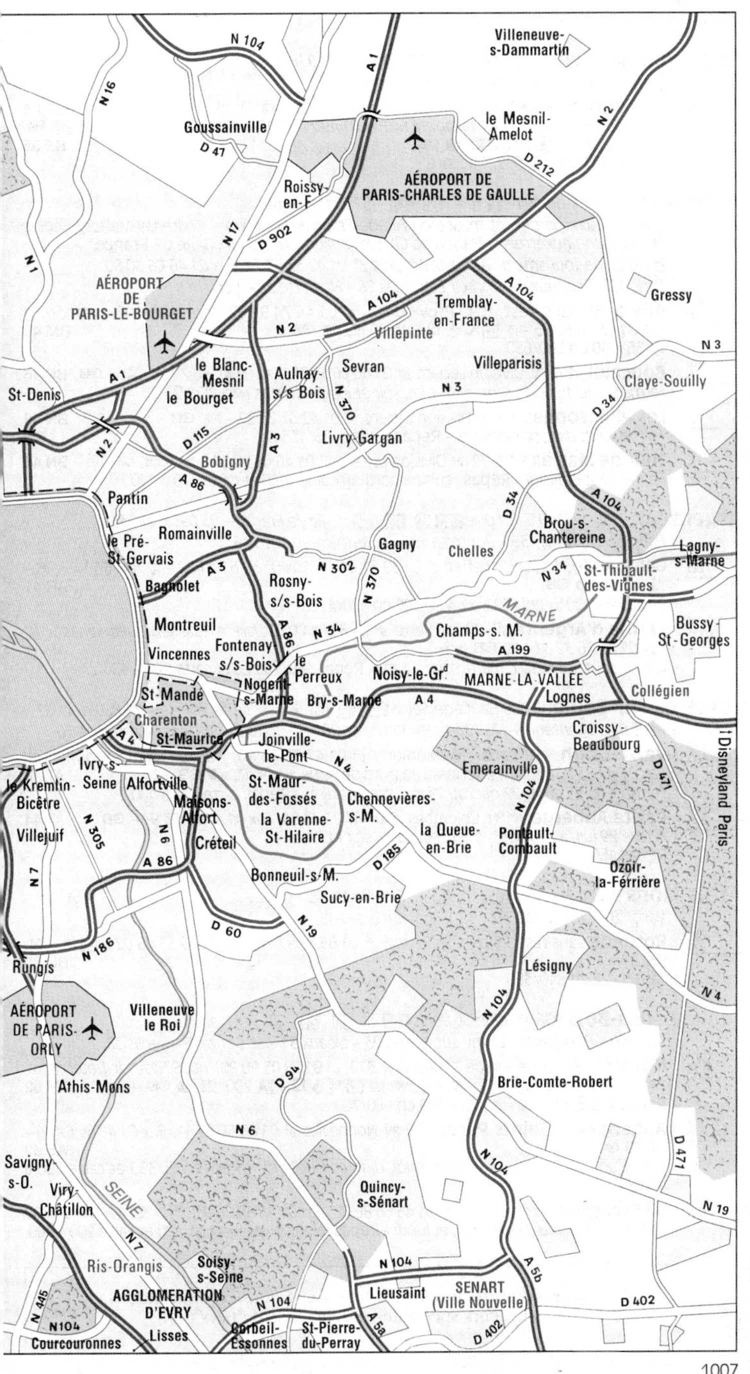

N 104
A 1
Villeneuve-s-Dammartin
N 16
Goussainville
D 47
le Mesnil-Amelot
N 2
D 212
AÉROPORT DE PARIS-CHARLES DE GAULLE
Roissy-en-F
N 17
D 902
N 1
AÉROPORT DE PARIS-LE-BOURGET
A 104
Tremblay-en-France
Gressy
N 2
Villepinte
N 3
A 1
le Blanc-Mesnil
le Bourget
Aulnay-s/s Bois
Sevran
Villeparisis
Claye-Souilly
St-Denis
N 370
N 3
D 34
N 2
D 115
A 3
Livry-Gargan
Bobigny
A 86
Pantin
D 34
A 104
Brou-s-Chantereine
le Pré-St-Gervais
Romainville
Gagny
Chelles
Lagny-s-Marne
A 3
N 302
N 34
St-Thibault-des-Vignes
Bagnolet
Rosny-s/s-Bois
N 370
MARNE
Montreuil
A 86
N 34
Champs-s. M.
Bussy-St-Georges
Vincennes
Fontenay-s/s-Bois
le Perreux
A 199
St-Mandé
Nogent-s-Marne
Noisy-le-Grd
MARNE-LA-VALLÉE
Bry-s-Marne
A 4
Lognes
Collégien
Charenton
A 4
St-Maurice
Joinville-le-Pont
Croissy-Beaubourg
Disneyland Paris
N 4
Emerainville
D 471
Ivry-s-Seine
Alfortville
St-Maur-des-Fossés
le Kremlin-Bicêtre
Maisons-Alfort
Chennevières-s-M.
N 104
la Varenne-St-Hilaire
la Queue-en-Brie
Pontault-Combault
Villejuif
N 305
N 6
Créteil
A 86
D 185
Ozoir-la-Ferrière
N 7
Bonneuil-s-M.
Sucy-en-Brie
D 60
N 19
N 186
Lésigny
Rungis
N 4
AÉROPORT DE PARIS-ORLY
Villeneuve le Roi
N 104
Athis-Mons
D 94
Brie-Comte-Robert
N 6
D 471
Savigny-s-O.
Viry-Châtillon
N 104
Quincy-s-Sénart
N 19
SEINE
N 7
Ris-Orangis
Soisy-s-Seine
N 104
A 5b
AGGLOMERATION D'EVRY
N 104
Lieusaint
SENART (Ville Nouvelle)
D 402
N 445
N104
A 5a
D 402
Courcouronnes
Lisses
Corbeil-Essonnes
St-Pierre-du-Perray

Alfortville *94140 Val-de-Marne* 101 ㉗, 24 , 25 – *36 119 h alt. 32.*
Paris 10 – Créteil 6 – Maisons-Alfort 1 – Melun 41.

Chinagora Hôtel M sans rest, centre Chinagora, 1 pl. Confluent France-Chine ☎ 01 43 53 58 88, *hotel@chinagora.fr, Fax 01 49 77 57 17*, « Jardin exotique », – 15 à 200. GB BE 55
50 – **183 ch** 490/550, 4 appart.

Antony *92160 Hauts-de-Seine* 101 ㉕, 22 , 25 – *57 771 h alt. 80.*
Voir *Sceaux : parc★★ et musée de l'Île-de-France★ N : 4 km – Châtenay-Malabry : église St-Germain-l'Auxerrois★, Maison de Chateaubriand★ NO : 4 km,* **G. Île de France.**
Office de Tourisme pl. Auguste-Mounie ☎ 01 42 37 57 77, Fax 01 46 66 30 80.
Paris 13 – Bagneux 9 – Corbeil-Essonnes 26 – Nanterre 28 – Versailles 17.

Alixia M sans rest, 1 r. Providence ☎ 01 46 74 92 92, *hotel.alixia@wanadoo.fr, Fax 01 46 74 50 55* – 20. AE GB BM 46
55 – **40 ch** 500/650.

Boucalot, 157 av. Division Leclerc ☎ 01 46 66 19 32, *Fax 01 46 66 79 74*, – GB BP 46
fermé 1er au 15 août, sam. midi, dim. soir et lundi – **Repas** (140) - 175 ♀.

Les Philosophes, 53 av. Division Leclerc ☎ 01 42 37 23 22 – GB BN 46
fermé août, dim. soir et lundi – **Repas** 78 (déj.), 95/135.

Tour de Marrakech, 72 av. Division Leclerc ☎ 01 46 66 00 54 – GB. BN 46
fermé août et lundi – **Repas** - cuisine nord-africaine - 140 et carte 170 à 240.

Argenteuil *95100 Val-d'Oise* 101 ⑭, 18 , 25 *G. Ile de France – 93 096 h alt. 33.*
Paris 20 – Chantilly 39 – Pontoise 19 – St-Germain-en-Laye 19.

Campanile, 1 r. Ary Scheffer ☎ 01 39 61 34 34, *Fax 01 39 61 44 20* – 40. AE GB AR 41
Repas 90/120 ♀, enf. 39 – 41 – **100 ch** 400/420.

Ferme d'Argenteuil, 2 bis r. Verte ☎ 01 39 61 00 62, *lafermedargenteuil@wanadoo.fr, Fax 01 30 76 32 31* – AE GB JCB AP 41
fermé août, lundi soir, mardi soir et dim. – **Repas** 180/250 bc et carte 260 à 330 ♀.

Asnières-sur-Seine *92600 Hauts-de-Seine* 101 ⑮, 18 , 25 *G. Ile de France – 71 850 h alt. 37.*
Paris 9 – Argenteuil 8 – Nanterre 8 – Pontoise 26 – St-Denis 8 – St-Germain-en-Laye 20.

Van Gogh, 2 quai Aulagnier ☎ 01 47 91 05 10, *accueil@levangogh.com, Fax 01 47 93 00 93*, « Terrasse en bord de Seine » – AE GB. AT 46
fermé 3 au 27 août, 22 déc. au 2 janv., sam. et dim. – **Repas** carte 300 à 400 ♀.

Petite Auberge, 118 r. Colombes ☎ 01 47 93 33 94, *Fax 01 47 93 33 94* – GB AT 44
fermé 29 juil. au 28 août, merc. soir, dim. soir et lundi
Repas 150.

Athis-Mons *91200 Essonne* 101 ㊱, 25 – *29 123 h alt. 85.*
Paris 18 – Créteil 14 – Évry 12 – Fontainebleau 48.

Rotonde sans rest, 25 bis r. H. Pinson ☎ 01 69 38 97 78, *Fax 01 69 38 48 02* – GB. BU 52
32 – **22 ch** 310/350.

Aulnay-sous-Bois *93600 Seine-St-Denis* 101 ⑱, 20 , 25 – *82 314 h alt. 46.*
Paris 19 – Bobigny 9 – Lagny-sur-Marne 23 – Meaux 31 – St-Denis 15 – Senlis 38.

Novotel M, carrefour de l'Europe N 370 ☎ 01 58 03 90 90, *h0387@accor-hotels.com, Fax 01 58 03 90 99*, – 200. AE GB JCB AM 62
Repas 129 ♀, enf. 50 – 70 – **139 ch** 660/700.

Auberge des Saints Pères, 212 av. Nonneville ☎ 01 48 66 62 11, *Fax 01 48 66 67 44* – AE GB AS 62
fermé août, 1er au 10 janv., sam. midi, dim. soir et lundi – **Repas** 195/360 et carte 300 à 430 ♀.

A l'Escargot, 40 rte Bondy ☎ 01 48 66 88 88, *Fax 01 48 68 26 91*, – AE GB AR 62
fermé août, 1er au 6 janv., dim. et lundi – **Repas** (dîner, prévenir) 130/180 et carte 200 à 360.

Donnez-nous votre avis sur les tables que nous recommandons, sur leurs spécialités et leurs vins de pays.

Auvers-sur-Oise *95430 Val-d'Oise* 101 ③, 106 ⑥ *G. Ile de France – 6 129 h alt. 30.*

Voir *Maison de Van Gogh★ – Parcours-spectacle "voyage au temps des Impressionnistes"★ au château de Léry.*

Office de Tourisme Manoir des Colombières r. de La Sansonne ✆ 01 30 36 10 06, Fax 01 34 48 08 47.

Paris 34 – Compiègne 78 – Beauvais 54 – Chantilly 29 – L'Isle-Adam 8 – Pontoise 7.

XX **Hostellerie du Nord** avec ch, r. Gén. de Gaulle ✆ 01 30 36 70 74, *hostel.nord@magic.fr, Fax 01 30 36 72 75,* – ch, TV P. AE GB JCB
hôtel : fermé dim. et lundi – **Repas** *(fermé 13 août au 13 sept., vacances de fév., sam. midi, dim. soir et lundi)* 260 (déj.), 280/380 ₹ – 70 – **8 ch** 650/1200.

X **Auberge Ravoux,** face Mairie ✆ 01 30 36 60 60, *aubergeravoux@maison-de-van-gogh.com, Fax 01 30 36 60 61,* « Ancien café d'artistes dit "Maison de Van Gogh" » – AE GB JCB.
fermé 25 déc. au 24 janv., mardi soir et merc. soir hors saison, dim. soir et lundi soir – **Repas** (nombre de couverts limité, prévenir) *(155)* - 195 ₹.

Bagnolet *93170 Seine-St-Denis* 101 ⑰, 20, 25 *– 32 600 h alt. 96.*

Paris 8 – Bobigny 10 – Lagny-sur-Marne 32 – Meaux 38.

Novotel Porte de Bagnolet M, av. République, échangeur porte de Bagnolet ✆ 01 49 93 63 00, *h0380-sb@accor-hotels.com, Fax 01 43 60 83 95,* – TV – 500. AE GB. rest — AZ 56
Repas *(98)* - carte environ 180, enf. 50 – 75 – **611 ch** 980/1030, 3 appart.

Campanile, 30 av. Gén. de Gaulle, échangeur Porte de Bagnolet ✆ 01 48 97 36 00, *Fax 01 48 97 95 60* – TV P – 15 à 200. AE GB — AZ 56
Repas *(82)* - 119/185 ₹, enf. 39 – 42 – **274 ch** 535.

Le Blanc-Mesnil *93150 Seine-St-Denis* 101 ⑰, 20, 25 *– 46 956 h alt. 48.*

Paris 19 – Bobigny 5 – Lagny-sur-Marne 30 – St-Denis 10 – Senlis 39.

Bleu Marine M, 219 av. Descartes ✆ 01 48 65 52 18, *Fax 01 45 91 07 75,* – TV P – 45. AE GB — AN 60
Repas 165 ₹, enf. 49 – 65 – **118 ch** 700.

voir aussi ***Le Bourget***

Bois-Colombes *92270 Hauts-de-Seine* 101 ⑮, 18, 25 *– 24 415 h alt. 37.*

Paris 12 – Nanterre 9 – Pontoise 25 – St-Denis 11 – St-Germain-en-Laye 19.

XXX **Bouquet Garni,** 7 r. Ch. Chefson ✆ 01 47 80 55 51, *Fax 01 47 60 15 55* – GB — AT 44
fermé août, sam. et dim. – **Repas** 180/208 ₹.

X **Chefson,** 17 r. Ch. Chefson ✆ 01 42 42 12 05, *Fax 01 42 42 12 05,* bistrot – GB — AT 44
fermé août, vacances de fév., sam. et dim. – **Repas** (nombre de couverts limité, prévenir) 70 (déj.), 125/165 et carte 180 à 250 ₹.

Bougival *78380 Yvelines* 101 ⑬, 18, 25 *G. Ile de France – 8 552 h alt. 40.*

Syndicat d'Initiative 7 r. du Gén.-Leclerc ✆ 01 39 69 21 23.

Paris 20 – Rueil-Malmaison 5 – St-Germain-en-Laye 6 – Versailles 8 – Le Vésinet 7.

Maréchaux sans rest, 10 côte de la Jonchère ✆ 01 30 82 77 11, *Fax 01 30 82 78 40,* – TV P – 20 à 150. AE GB — AY 33 - AZ 33
45 – **48 ch** 550/630.

XX **Camélia,** 7 quai G. Clemenceau ✆ 01 39 18 36 06, *Fax 01 39 18 00 25* – . AE GB — AZ 31
fermé dim. et lundi – **Repas** 210 et carte 300 à 500.

Boulogne-Billancourt SP *92100 Hauts-de-Seine* 101 ㉔, 22, 25 *G. Île de France – 101 743 h alt. 35.*

Voir *Musée départemental Albert-Kahn★ : jardins★ – Musée Paul Landowski★.*

Paris 10 – Nanterre 14 – Versailles 13.

Golden Tulip M, 37 pl. René Clair ✆ 01 49 10 49 10, *info@goldentulip-parispscld.com, Fax 01 46 08 27 09,* – TV P – 150. AE GB JCB — BC 42
L'Entracte ✆ 01 49 10 49 50 *(fermé dim. midi, sam. et fériés)* **Repas** 180(déj.) et carte 200 à 300 ₹ – 95 – **176 ch** 1370/1880, 4 appart.

Acanthe M sans rest, 9 rd-pt Rhin et Danube ✆ 01 46 99 10 40, *hotel-acanthe@adiamail.com, Fax 01 46 99 00 05* – TV – 15 à 30. AE GB JCB — BB 39
75 – **69 ch** 895/995.

Melià Confort M, 20 r. Abondances ☎ 01 48 25 80 80, *melia.confort.paris.boulogne@solmedia.com, Fax 01 48 25 33 13,* – rest, – 20 à 80. AE GB JCB BB 40
fermé 27 août au 31 déc. – **Repas** *(fermé sam. et dim.) (95)* - 125 – 80 – **75 ch** 850/1100.

Sélect Hôtel sans rest, 66 av. Gén.-Leclerc ☎ 01 46 04 70 47, *Fax 01 46 04 07 77* – AE GB JCB BC 40
45 – **62 ch** 540/660.

Paris sans rest, 104 bis r. Paris ☎ 01 46 05 13 82, *contact@hotel-paris-boulogne.com, Fax 01 48 25 10 43* – AE GB BB40-41
41 – **31 ch** 355/430.

Bijou Hôtel sans rest, 15 r. V. Griffuelhes, pl. Marché ☎ 01 46 21 24 98, *Fax 01 46 21 12 98* – AE GB JCB BC 41
34 – **50 ch** 340/370.

Olympic Hôtel sans rest, 69 av. V. Hugo ☎ 01 46 05 20 69, *Fax 01 46 04 04 07* – AE GB BC 41
fermé 6 au 20 août – 35 – **36 ch** 350/440.

Au Comte de Gascogne (Charvet), 89 av. J.-B. Clément ☎ 01 46 03 47 27, *Fax 01 46 04 55 70,* « Jardin d'hiver » – AE GB BB 40
fermé 11 au 21 août, sam. midi et dim. – **Repas** 280 (déj.)/480 et carte 480 à 750
Spéc. Les foies gras de canard. Ragoût de homard et sa pince rôtie. Pigeon farci et confit aux lentilles du Puy (nov. à mars).

L'Auberge, 86 av. J.-B. Clément ☎ 01 46 05 67 19, *Fax 01 46 05 23 16* – GB BB 40
fermé sam. midi et dim. soir – **Repas** 195 ♀.

Aux Merveilles de l'Océan, 117 av. J.-B. Clément ☎ 01 48 25 43 88, *Fax 01 41 10 94 40* – AE GB JCB BB 40
fermé sam. midi et dim. soir – **Repas** - produits de la mer - 198 et carte 270 à 430.

Ferme de Boulogne, 1 r. Billancourt ☎ 01 46 03 61 69, *Fax 01 46 04 55 70* – AE GB BB 40
fermé 5 au 27 août, sam. midi et dim. – **Repas** 175 et carte 270 à 300 ♀.

Songe de Poliphile, 79 bd République ☎ 01 49 10 05 41 – AE GB BC 41
fermé sam., dim. et fériés – **Repas** carte 230 à 300.

Grange, 34 quai Le Gallo ☎ 01 46 05 22 38, *Fax 01 48 25 19 66* – AE GB BC 39
fermé 5 au 30 août, sam. et dim. – **Repas** *(150)* - 170/250 ♀.

Petit Bofinger, 61 ter av. J.-B. Clément ☎ 01 46 03 01 63, *Fax 01 46 03 31 12,* – AE GB BB 40
Repas *(105)* - 149 ♀.

Le Bourget *93350 Seine-St-Denis* 101 ⑰, 20, 25 *G. Ile de France – 11 699 h alt. 47.*

Voir *Musée de l'Air et de l'Espace*★★.
Paris 12 – Bobigny 5 – Chantilly 38 – Meaux 40 – St-Denis 7 – Senlis 37.

Novotel M, 2 r. Perrin, ZA pont Yblon au Blanc-Mesnil ✉ 93150 ☎ 01 48 67 48 88, *h0388@accor-hotels.com, Fax 01 45 91 08 27,* – – 200. AE GB JCB AM 59
Repas carte environ 180 ♀, enf. 50 – 67 – **143 ch** 750/790.

Bleu Marine M, aéroport du Bourget - Zone aviation d'affaires ☎ 01 49 34 10 38, *Fax 01 49 34 10 35* – – 15 à 60. AE GB AM 58
Repas 165 ♀, enf. 49 – 65 – **86 ch** 800.

Bourg-la-Reine *92340 Hauts-de-Seine* 101 ㉕, 22, 25 *– 18 499 h alt. 56.*

Voir *L'Hay-les-Roses : roseraie*★★ *E : 1,5 km,* G. Île de France.
Office de Tourisme 1 bd Carnot ☎ 01 46 61 36 41, Fax 01 46 61 61 08.
Paris 10 – Boulogne-Billancourt 12 – Évry 24 – Versailles 18.

Alixia M sans rest, 82 av. Gén. Leclerc ☎ 01 46 60 56 56, *hotel.alixia@wanadoo.fr, Fax 01 46 60 57 34* – cuisinette – 15. AE GB BJ 47
45 – **41 ch** 550.

Brie-Comte-Robert *77170 S.-et-M.* 101 ㊴ *G. Ile de France – 11 501 h alt. 90.*

Voir *Verrière*★ *du chevet de l'église.*
Syndicat d'Initiative (ouvert mer. et sam. après-midi, dim. matin) pl. Jeanne-d'Évreux ☎ 01 64 05 30 09.
Paris 31 – Brunoy 10 – Évry 21 – Melun 19 – Provins 56.

A la Grâce de Dieu M, 79 r. Gén. Leclerc (N 19) ☎ 01 64 05 00 76, *gracedie@alapia.com, Fax 01 64 05 60 57* – GB
fermé 6 au 19 août – **Repas** *(fermé dim. soir) (89)* - 109/205 ♀, enf. 60 – 50 – **17 ch** 185/290.

Brou-sur-Chantereine *77177 S.-et-M.* 101 ⑲, 25 *– 4 469 h alt. 120.*

Paris 35 – Coulommiers 41 – Meaux 24 – Melun 49.

XX **Lotus de Brou,** 2 ter r. Carnot ✆ 01 64 21 01 44 – GB. ✻ AX-AW74
fermé août et lundi – **Repas** - cuisine chinoise et thaï - carte 160 à 310.

Bry-sur-Marne *94360 Val-de-Marne* 101 ⑱, 25 *– 13 826 h alt. 40.*

Paris 16 – Créteil 12 – Joinville-le-Pont 6 – Nogent-sur-Marne 4 – Vincennes 9.

XX **Auberge du Pont de Bry,** 3 av. Gén. Leclerc ✆ 01 48 82 27 70 – AE GB BC 65
fermé août, merc. soir, dim. soir et lundi – **Repas** 175 et carte 200 à 280.

Carrières-sur-Seine *78420 Yvelines* 101 ⑭, 18, 25 *– 11 469 h alt. 52.*

Paris 20 – Argenteuil 9 – Nanterre 10 – Pontoise 29 – St-Germain-en-Laye 6.

XX **Panoramic de Chine,** 1 r. Fermettes ✆ 01 39 57 64 58, *Fax 01 39 15 17 68,* – P. AE
D GB. ✻ AT 36
fermé 16 au 30 août – **Repas** - cuisine chinoise et thaï - 88/268 et carte 120 à 240 ♀.

Participez à notre effort permanent
de mise à jour

Adressez-nous vos remarques
et vos suggestions.

Cartes et Guides Michelin

46 avenue de Breteuil - 75324 Paris Cedex 07

CERGY-PONTOISE

Bougara (Av. Redouane) . . . **BV** 4
Bouticourt (R. Ch.) . . . . **BV** 6
Constellation (Av. de la) . . . **AV** 15
Delarue (Av. du Gén.-G.) . . **BX** 16
Genottes (Av. des) . . . . **AV** 28
Lavoye (R. Pierre) . . . . **BV** 40
Mendès-France (Mail) . . . . . **AX** 44
Mitterrand (Av. Fr.) . . . . . . **BVX** 45
Moulin-à-Vent (Bd du) . . . . **AV** 47
Petit-Albi (R. du) . . . . **AV** 55
Verdun (Av. de) . . . . **BX** 76
Viosne (Bd de la) . . . . **BVX** 83

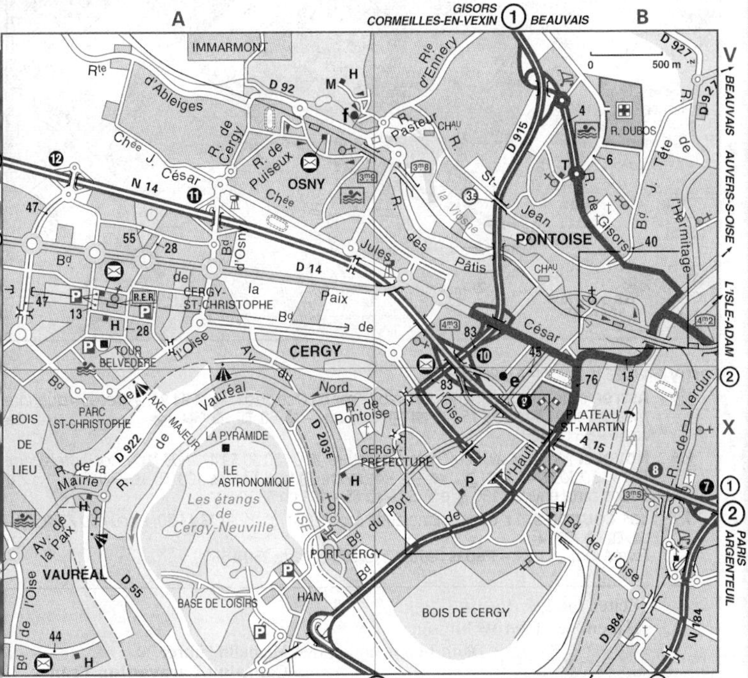

Cergy-Pontoise Ville Nouvelle P *95 Val-d'Oise* 55 ⑳, 106 ⑤, 101 ② *G. Ile de France.*
Paris 36 ② – Mantes-la-Jolie 40 ④ – Pontoise 3 – Rambouillet 61 ④ – Versailles 34 ③.

CERGY-PRÉFECTURE

Arts (Pl. des) . . . . . Z 2
Boucle (R. de la) . . . . . Y 3
Bourgognes (R. des) . . . . . Z 5
Chênes-Émeraudes (R. des) . Y 13
Colombia (Square) . . . . . Y 14
Diapason (Square du) . . . . . Y 17
Écureuil (R. de l') . . . . . Y 19
Étoile (Allée de l') . . . . . Y 21
Galeries (R. des) . . . . . Y 24
Gare (R. de la) . . . . . Z 25
Grouettes (Av. des) . . . . . Z 33
Herbes (R. aux) . . . . . Y 34
Italiens (R. des) . . . . . Y 39
Marché-Neuf (R. du) . . . . . Y 43
Pays-de-France (R. des) . . . . . Y 52
Pergola (Pl. de la) . . . . . Z 53
Platanes (Allée des) . . . . . Z 59
Préfecture (Parvis de la) . . . . . Z 63
Préfecture (R. de la) . . . . . Z 64
Prieuré (R. du) . . . . . Z 66
Théâtre (Allée du) . . . . . Z 71
Traversière (R.) . . . . . Y 74
Vergers (R. des) . . . . . Z 77
Villarceaux (R. de) . . . . . Y 81

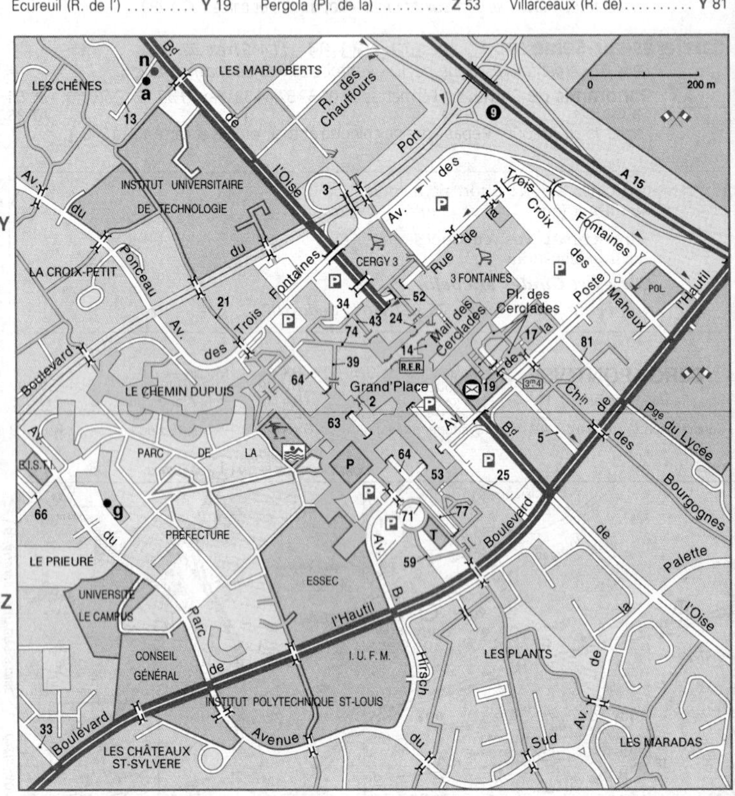

Cergy – *48 226 h. alt. 30* – ✉ *95000* :

Astrée sans rest, 3 r. Chênes Émeraude par bd Oise ☎ 01 34 24 94 94, *astree95@club-internet.fr, Fax 01 34 24 95 15* – 60. AE GB JCB — Y a
☕ 60 – **55 ch** 600.

Novotel M, 3 av. Parc, près préfecture ☎ 01 30 30 39 47, *h0381@accor-hotels.com, Fax 01 30 30 90 46*, ch, P – 100. AE GB — Z g
Repas carte environ 180 🍷, enf. 50 – ☕ 65 – **191 ch** 580/620.

XXX **Les Coupoles,** 1 r. Chênes Emeraude par bd Oise ☎ 01 30 73 13 30, *Fax 01 30 73 46 90* – AE GB JCB — Y n
fermé sam. et dim. – **Repas** *(130 bc)* - 175/275 et carte 250 à 360.

Cormeilles-en-Vexin *par ① : 10 km – 802 h. alt. 111 – ✉ 95830 :*

XXX ✿✿ **Relais Ste-Jeanne** (Cagna), sur ancienne D 915 ☎ 01 34 66 61 56, *saintejeanne@hotmail.com, Fax 01 34 66 40 31,* – P. AE ⓓ GB
fermé 28 juil. au 22 août, 22 au 27 déc., dim. soir, lundi et mardi – **Repas** 300/550 et carte 530 à 680
Spéc. Soufflé landais et escalope de foie gras poêlé. Poitrine de canard challandais aux écorces d'orange. Adagio chocolat-pistache au coulis de griottes.

Hérouville *au Nord-Est par D 927 : 8 km – 439 h. alt. 120 – ✉ 95300 :*

XX **Vignes Rouges,** pl. Église ☎ 01 34 66 54 73, *Fax 01 34 66 20 88,* – ▤. GB
fermé 1er au 10 mai, 1er au 25 août, 2 au 13 janv., dim. soir, lundi et mardi – **Repas** 174 (déj.)/245.

Méry-sur-Oise *– 6 179 h. alt. 29 – ✉ 95540 :*

Syndicat d'Initiative 30 av. M.-Perrin ☎ 01 34 64 85 15.

XXX ✿ **Chiquito** (Mihura), rte Pontoise 1,5 km par D922 ☎ 01 30 36 40 23, *Fax 01 30 36 42 22,* – ▤ P. AE ⓓ GB
fermé 2 au 9 janv., sam. midi, dim. soir et lundi – **Repas** (prévenir) carte 320 à 380
Spéc. Escargots de Bourgogne et grenouilles à la crème d'ail. Pavé de veau de lait en rognonnade. Croustillant aux poires.

Osny *– 12 195 h. alt. 37 – ✉ 95520 :*

XX **Moulin de la Renardière,** r. Gd Moulin ☎ 01 30 30 21 13, *Fax 01 34 25 04 98,* , « Ancien moulin dans un parc », – P. AE ⓓ GB JCB AV f
fermé dim. soir et lundi – **Repas** 179.

Pontoise P *– 27 150 h. alt. 48 – ✉ 95300 :*

Office de Tourisme 6 pl. du Petit-Matroy ☎ 01 30 38 24 45, Fax 01 30 73 54 84.

Campanile, r. P. de Coubertin ☎ 01 30 38 55 44, *Fax 01 30 30 48 87,* – TV ☎ & P – 25. AE ⓓ GB BVX e
Repas 94/106 ♀, enf. 39 – ☕ 39 – **81 ch** 360.

XX **Cheval Blanc,** 47 r. Gisors (Nord du plan) ☎ 01 30 32 25 05, *Fax 01 34 24 12 34* – AE GB
fermé août, mardi soir, sam. midi et dim. – **Repas** 145/210 et carte 260 à 350 ♀.

PONTOISE

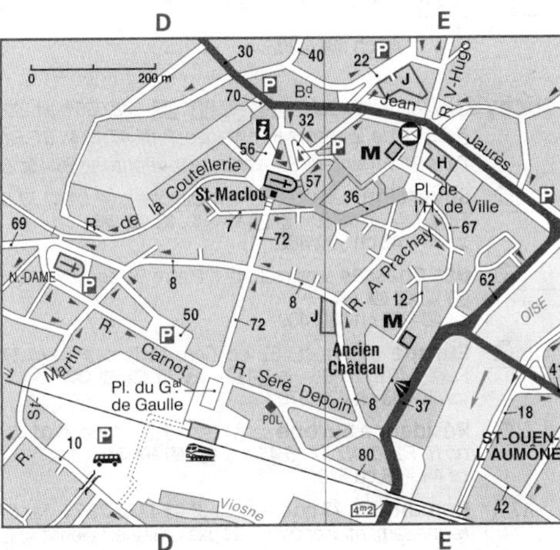

Cernay-la-Ville *78720 Yvelines* 101 ㉛, 106 ㉙ *– 1 757 h alt. 170.*

Voir *Abbaye★ des Vaux-de-Cernay O : 2 km,* G. Île de France.

Paris 47 – Chartres 52 – Longjumeau 27 – Rambouillet 12 – Versailles 24.

Abbaye des Vaux de Cernay , Ouest : 2,5 km par D 24 ☎ 01 34 85 23 00, *Fax 01 34 85 11 60,* , , « Ancienne abbaye cistercienne du 12e siècle dans un parc », , – TV & P – 25 à 500. AE ⓓ GB JCB
Repas 170 (déj.), 270/415, enf. 95 – ☕ 80 – **116 ch** 410/1900, 3 appart.

Charenton-le-Pont *94220 Val-de-Marne* 101 ㉗, 24, 25 *– 21 872 h alt. 45.*
Paris 8 – Alfortville 4 – Ivry-sur-Seine 4.

Novotel Atria Ⓜ, 5 pl. Marseillais (r. Paris) ✆ 01 46 76 60 60, *h1549@accor-hotels.com, Fax 01 49 77 68 00,* – – 15 à 180. AE GB **BD 55**
Repas *(98)* - carte environ 180 ♀, enf. 50 – ☕ 68 – **133 ch** 795/845.

Châteaufort *78117 Yvelines* 101 ㉒ *– 1 427 h alt. 153.*
Paris 35 – Arpajon 30 – Chartres 75 – Versailles 14.

Belle Époque, 10 pl. Mairie ✆ 01 39 56 95 48, *Fax 01 39 56 99 93,* – AE GB JCB **BP 27**
fermé 13 août au 3 sept., dim. et lundi – **Repas** 175/280 et carte 290 à 430.

Chatou *78400 Yvelines* 101 ⑬, 18, 25 *G. Île de France – 27 977 h alt. 30.*
Paris 17 – Maisons-Laffitte 14 – Pontoise 34 – St-Germain-en-Laye 5 – Versailles 13.

Les Canotiers, 16 av. Mar. Foch ✆ 01 30 71 58 69, *Fax 01 30 71 48 60* – . AE GB JCB **AW 33**
fermé 1er au 28 août, sam. midi, dim. soir et lundi – **Repas** 139 ♀.

Chennevières-sur-Marne *94430 Val-de-Marne* 101 ㉘, 24, 25 *– 17 857 h alt. 108.*
Paris 20 – Coulommiers 54 – Créteil 10 – Lagny-sur-Marne 25.

Écu de France, 31 r. Champigny ✆ 01 45 76 00 03, ≤, , « Cadre rustique, terrasse fleurie en bordure de rivière », – P. GB. **BG 65**
fermé 3 au 10 sept., dim. soir et lundi – **Repas** carte 260 à 360.

Clamart *92140 Hauts-de-Seine* 101 ㉕, 22, 25 *– 47 227 h alt. 102.*
Office de Tourisme 22 rue P.-V.-Couturier ✆ 01 46 42 17 95, Fax 01 46 42 44 30.
Paris 10 – Boulogne-Billancourt 6 – Issy-les-Moulineaux 4 – Nanterre 18 – Versailles 14.

Trosy sans rest, 41 r. P. Vaillant-Couturier ✆ 01 47 36 37 37, *Fax 01 47 36 88 38* – TV . AE GB **BG 42**
☕ 35 – **40 ch** 350/420.

Clichy *92110 Hauts-de-Seine* 101 ⑮, 18, 25 *– 48 030 h alt. 30.*
Office de Tourisme 61 r. Martre ✆ 01 47 15 31 61, Fax 01 47 15 30 45.
Paris 9 – Argenteuil 8 – Nanterre 9 – Pontoise 26 – St-Germain-en-Laye 21.

Sovereign sans rest, 14 r. Dagobert ✆ 01 47 37 54 24, *sovereign.clichy@wanadoo.fr, Fax 01 47 30 05 80* – TV . AE GB **AU 46**
☕ 40 – **42 ch** 390/460.

des Chasses sans rest, 49 r. Pierre Bérégovoy ✆ 01 47 37 01 73, *Fax 01 47 31 40 98* – TV . AE GB **AU 46**
☕ 40 – **35 ch** 380/400.

Europe sans rest, 52 bd Gén. Leclerc ✆ 01 47 37 13 10, *europe-hotel@wanadoo.fr, Fax 01 40 87 11 06* – TV P – 25. AE GB **AU 47**
☕ 45 – **43 ch** 420/570.

Résidence Europe sans rest, 15 r. P. Curie ✆ 01 47 37 12 13, *europe-residence@wanadoo.fr, Fax 01 47 37 15 43* – TV. AE GB **AU 47**
☕ 45 – **28 ch** 570.

Romantica, 73 bd J. Jaurès ✆ 01 47 37 29 71, *Fax 01 47 37 76 32,* – AE GB **AU 46**
fermé sam. midi et dim. – **Repas** - cuisine italienne - 215 (déj.), 260/315 et carte 280 à 380 ♀.

Barrière de Clichy, 1 r. Paris ✆ 01 47 37 05 18, *Fax 01 47 37 77 05* – . AE GB **AV 47**
fermé 4 août au 3 sept., sam. midi et dim. – **Repas** 180/260 et carte 220 à 350.

Au moment de chercher un hôtel ou un restaurant, soyez efficace. Sachez utiliser les noms soulignés en rouge sur les **cartes Michelin** *à 1/200 000.*
Mais ayez une carte à jour!

Conflans-Ste-Honorine *78700 Yvelines* 101 ③ *G. Île de France – 31 467 h alt. 25 Pardon national de la Batellerie (fin juin).*
Voir ←★ *de la terrasse du parc du château – Musée de la Batellerie.*
Office de Tourisme 1 r. René-Albert ☎ 01 34 90 99 09, Fax 01 39 19 80 77.
Paris 38 – Mantes-la-Jolie 41 – Poissy 12 – Pontoise 8 – Versailles 28.

XX **Au Confluent de l'Oise,** 15 cours Chimay ☎ 01 39 72 60 31, *Fax 01 39 19 99 90*, ←, – P. AE GB
fermé dim. soir et lundi soir – **Repas** (119) - 139/200 et carte 230 à 360.

X **Au Bord de l'Eau,** 15 quai Martyrs-de-la-Résistance ☎ 01 39 72 86 51 – . GB
fermé 10 au 24 août, 21 déc. au 4 janv. et lundi – **Repas** 169/295.

Corbeil-Essonnes *91100 Essonne* 101 ㊲ – *40 345 h alt. 37.*
Office de Tourisme 4 pl. P.-V.-Couturier ☎ 01 64 96 23 97, Fax 01 60 88 05 37.
Paris 540 ④ – Fontainebleau 37 ③ – Créteil 27 ① – Évry 5 ④ – Melun 25 ②.

Plan pages suivantes

XXX **Aux Armes de France** avec ch, 1 bd J. Jaurès ☎ 01 64 96 24 04, *auxarmesdefrance@wanadoo.fr, Fax 01 60 88 11 29* – rest, TV P. AE ① GB. ch AZ a
fermé 30 juil. au 26 août – **Repas** *(fermé sam. midi et dim. soir)* 220 et carte 320 à 460 – 45 – **8 ch** 190/230.

au Coudray-Montceaux *Sud-Est par ⑤ : 5 km – 2 494 h. alt. 81 – ✉ 91850 :*

Mercure M , rte Milly-la-Forêt sur D 948 : 1 km ☎ 01 64 99 00 00, *h0977accor-hotels.com, Fax 01 64 93 95 55*, , « Parc avec aménagements sportifs », , , – , ch, TV & P – 15 à 200. AE ① GB
Repas carte 200 à 250, enf. 65 – 70 – **125 ch** 700.

XX **Auberge du Barrage,** par bord de Seine, 40 ch. de Halage ☎ 01 64 93 81 16, *Fax 01 69 90 41 32*, ←, – AE ① GB JCB
fermé 22 oct. au 7 nov., dim. soir et lundi – **Repas** 160/285 ♀.

Courbevoie *92400 Hauts-de-Seine* 101 ⑮, 18, 25 *G. Île de France – 65 389 h alt. 28.*
Paris 10 – Asnières-sur-Seine 3 – Levallois-Perret 3 – Nanterre 5 – St-Germain-en-Laye 18.

George Sand sans rest, 18 av. Marceau ☎ 01 43 33 57 04, *hotel.george.sand@golornet.com, Fax 01 47 88 59 38*, « Décor évoquant l'époque de George Sand » – TV . AE ① GB JCB AV 41
50 – **31 ch** 490/600.

Central sans rest, 99 r. Cap. Guynemer ☎ 01 47 89 25 25, *Fax 01 46 67 02 21* – TV P. AE ① GB AV 41
32 – **55 ch** 360/420.

Quartier Charras :

Mercure La Défense 5 M, 18 r. Baudin ☎ 01 49 04 75 00, *h1546@accor-hotels.com, Fax 01 47 68 83 32* – TV & – 150. AE ① GB JCB AV 41
Charleston Brasserie ☎ 01 49 04 75 85 **Repas** (110) et carte 160 à 310 ♀, enf. 50 – 82 – **509 ch** 820/1050, 6 appart.

au Parc de Bécon :

XX **Trois Marmites,** 215 bd St-Denis ☎ 01 43 33 25 35, *Fax 01 43 33 25 35* – . AE ① GB AV 43
fermé 9 au 17 août, sam. et dim. – **Repas** (déj. seul.) (170) - 200.

Créteil P *94000 Val-de-Marne* 101 ㉗, 24, 25 *G. Ile de France – 82 088 h alt. 48.*
Voir *Hôtel de ville★ : parvis★.*
Office de Tourisme 1 r. F.-Mauriac ☎ 01 48 98 58 18, Fax 01 42 07 09 65.
Paris 14 – Bobigny 21 – Évry 32 – Lagny-sur-Marne 30 – Melun 36.

Novotel M , au lac ☎ 01 56 72 56 72, *h0382@accor-hotels.com, Fax 01 56 72 56 73*, , – TV P – 80. AE ① GB BJ 58
Repas carte environ 180 ♀, enf. 50 – 70 – **110 ch** 580/640, 5 appart.

Croissy-sur-Seine *78290 Yvelines* 101 ⑬, 18, 25 – *9 098 h alt. 24.*
Paris 21 – Maisons-Laffitte 11 – Pontoise 29 – St-Germain-en-Laye 5 – Versailles 10.

X **Buissonnière,** 9 av. Mar. Foch (près église) ☎ 01 39 76 73 55 – GB AX 32
fermé août, dim. soir et lundi – **Repas** 150 et carte 180 à 260.

CORBEIL-ESSONNES

Alsace-Lorraine (R. d') . . . . . **BZ** 3
Apport-Paris (Quai de l') . . . **BY**
Arche (R. de l') . . . . **CY** 4
Armée Patton (Pont de l') . **CY**
Barbusse (Pl. Henri) . . . . **AY**
Barre (R. de la) . . . . **BY** 7
Bas-Coudray (R. du) . . . . . . **CZ**
Berteaux (R. Maurice) . . . **ABZ** 8
Bourgoin (Quai Jacques) . **CYZ**
Briand (Allées Aristide) . . **BYZ**
Buisson (R. Ferdinand) . . . . **CY** 9
Carnot (Av.) . . . . **BYZ**
Champlouis (R.) . . . . **BYZ**
Chantemerle (Av. de) . . . . **AYZ**
Chevaliers St-Jean (R. des) **BZ** 13
Combes Marnes (Bd) . . . . . **AZ** 14
Commanderie (R. de la) . . . **BZ**
Courbet (R. Gustave) . . . . . . **AY**
Crété (Bd) . . . . **BY**
Darblay (Av.) . . . . **BY**
Dauphine (R. de la) . . . . . . **BCZ**
Doumer (R. Paul) . . . . **AZ** 16
Dunant (Bd Henri) . . . . **BZ**
Essonne (Pl. d') . . . . **AZ**
Essonne (Quai de l') . . . . . . **BZ** 17
Féray (R.) . . . . **ABYZ**
Fours à Chaux (R. des) . . . . **CY**
Galignani (Pl.) . . . . **BY** 18
Gournay (R. de) . . . . **ABZ**
Haymon (Pl. du Comte) . . . **BY** 20
Jean-Jaurès (Bd) . . . . **AZ**
Kruger (R.) . . . . **CZ**
Lafayette (R.) . . . . **ABY**
Laminoir (R. du) . . . . **AZ**
Lattre-de-Tassigny (R. du Mar.de) . . . . **AYZ**
Leclerc (R. du Gén.) . . . . . **ABY**
Liberté (R. de la) . . . . **AYZ**
Marchand (R.) . . . . **AZ** 22
Matisse (R. Henri) . . . . **AY**
Mauzaisse (Quai) . . . . **BY**
Michel (Bd Georges) . . . . . . **AZ**
Montagne des Glaises (R. de la) . . . . **AY**
Moulin (Pl. Jean) . . . . **CZ**
Nagis (R. de) . . . . **BZ**
Notre-Dame (R.) . . . . **BY** 23
Oberkampf (R.) . . . . **ABYZ**
Ormes (Allée des) . . . . **CZ**
Paris (R. de) . . . . **AZ**
Pècherie (R. de la) . . . . **CY** 24
Petit (R. Edouard) . . . . **BZ** 26
Remoiville (R.) . . . . **CZ**
Remparts (R. des) . . . . **BY** 28
République (R. de la) . . . . . **BY** 29
Riquiez (Quai Maurice) . . . . **CY**
Robert (R. Louis) . . . . **ABZ**
Robin (R. Charles) . . . . **AY**
Robinson (R. de) . . . . **AZ** 30
Rops (R. Félicien) . . . . **BY** 31
Rousseau (R. Jean-Jacques) . . . . . **BYZ**
Saint-Germain (Rte de) . . . . **CY** 32
Saint-Léonard (Pl.) . . . . **CY**
Saint-Nicolas (R.) . . . . **CYZ**
Saint-Spire (R.) . . . . **CYZ**
Seine (R.de) . . . . **BY**
Sémard (R. Pierre) . . . . **BY** 34
Vaillant-Couturier (Pl. Paul) . **AZ**
Victor Hugo (R.) . . . . **AZ**
Vigier (R.) . . . . **BY** 36
Vignes (R. du Dr.) . . . . **ABY**
Widmer (R.) . . . . **ABZ**
Zola (R. Emile) . . . . **AY**
14 Juillet (R. du) . . . . **BCY**

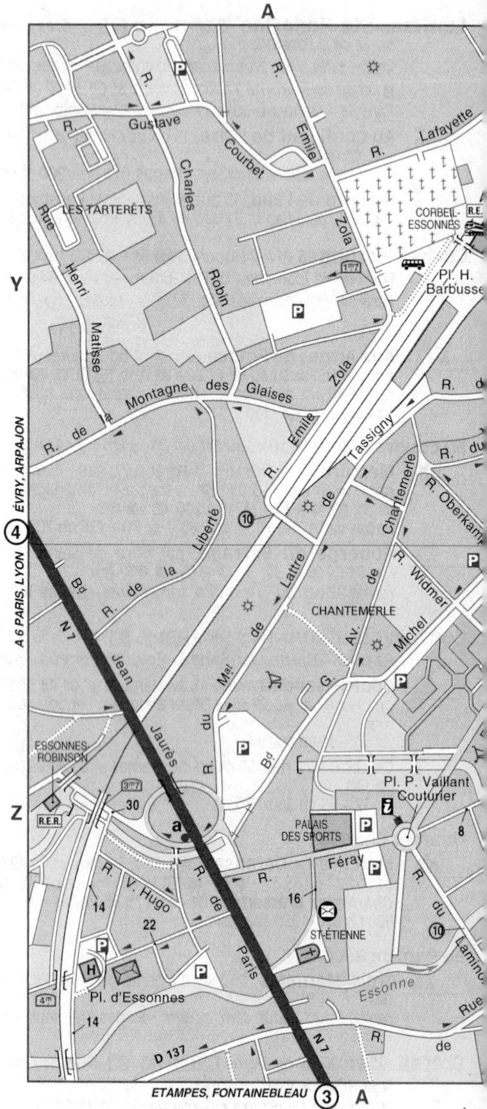

Dans ce guide

un même symbole, un même caractère,
imprimé en couleur ou en **noir**, en maigre ou en **gras**
n'ont pas tout à fait la même signification.

Lisez attentivement les pages explicatives.

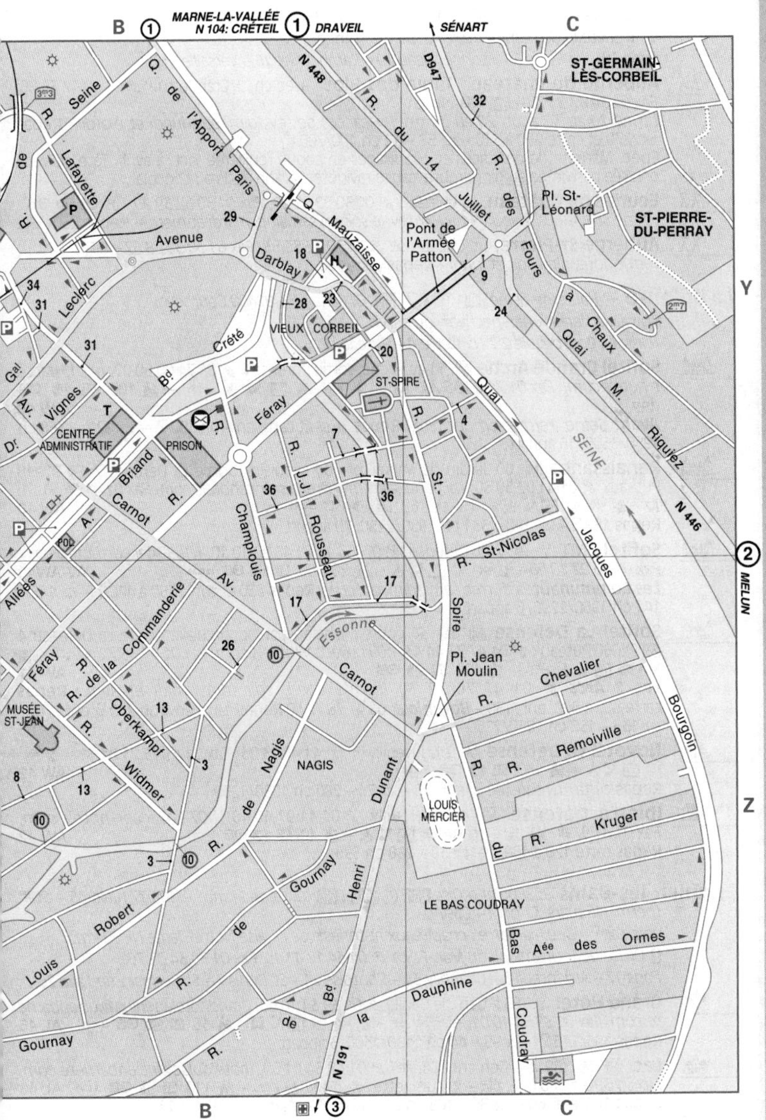

In this Guide,
a symbol or a character,
printed in **black** or another colour, in light or **bold** type,
does not have the same meaning.
Please read the explanatory pages carefully.

Dampierre-en-Yvelines *78720 Yvelines 101 ㉛ – 1 030 h alt. 100.*
Voir *Château de Dampierre*★★, G. Île de France.
Paris 49 – Chartres 58 – Longjumeau 29 – Rambouillet 16 – Versailles 19.

Auberge du Château "Table des Blot" avec ch, 1 Grande rue ✆ 01 30 47 56 56, *Fax 01 30 47 51 75* – TV. GB. ch
fermé 20 au 30 août, 20 au 30 déc., vacances de fév., dim. soir, lundi et mardi – **Repas** 180/270 et carte 260 à 310 – 50 – **12 ch** 400/700
Spéc. Marmite de crustacés et coquillages en coque feuilletée (oct. à avril). Tête de veau pressée parfumée au gingembre, sauce ravigote. Savarin tiède au chocolat.

Écuries du Château, au château ✆ 01 30 52 52 99, *Fax 01 30 52 59 90* – P. AE GB
fermé 30 juil. au 22 août, 11 au 27 fév. le soir en semaine, mardi et merc. – **Repas** 230/330.

Auberge St-Pierre, 1 r. Chevreuse ✆ 01 30 52 53 53, *Fax 01 30 52 58 57* – GB
fermé août, dim. soir et lundi – **Repas** (150) - 190.

La Défense *92 Hauts-de-Seine 101 ⑭, 18 , 25 G. Paris – ✉ 92400 Courbevoie.*
Voir *Quartier*★★ *: perspective*★ *du parvis.*
Paris 9 – Courbevoie 2 – Nanterre 4 – Puteaux 2.

Sofitel Grande Arche M, 11 av. Arche, sortie Défense 6 ✆ 01 71 00 50 00, *h3013@accor-hotels.com, Fax 01 71 00 56 78,* – TV – 100. AE GB JCB AW 40
Avant Seine *(fermé sam. et dim.)* **Repas** (165)- et carte environ 300 – 120 – **368 ch** 1950/3500, 16 appart.

Renaissance M, 60 Jardin de Valmy, par bd circulaire, sortie La Défense 7 ✉ 92918 Puteaux ✆ 01 41 97 50 50, *rhi.parld.sales.mgr@renaissancehotels.com, Fax 01 41 97 51 51,* – TV – 160. AE GB JCB AW 40
Repas 187 – 120 – **331 ch** 1950/2250, 20 appart.

Sofitel CNIT M, 2 pl. Défense ✉ 92053 ✆ 01 46 92 10 10, *h1089@accor-hotels.com, Fax 01 46 92 10 50* – TV – 20 à 60. AE GB JCB AV-AW40
Les Communautés *(fermé sam., dim. et fériés)* **Repas** 350 et carte 350 à 440 – 145 – **141 ch** 1960/2290, 6 appart.

Sofitel La Défense M, 34 cours Michelet, par bd circulaire sortie La Défense 4 ✉ 92060 Puteaux ✆ 01 47 76 44 43, *h0912@accor-hotels.com, Fax 01 47 76 72 10,* – TV – 100. AE GB AW 41
Les 2 Arcs ✆ *01 47 76 72 30 (fermé vend. soir, dim. midi et sam.)* **Repas** carte 300 à 390, enf. 150 – ***Botanic*** ✆ 01 47 76 72 40 **Repas** carte environ 240, enf. 110 – 135 – **152 ch** 1850/2250.

Novotel La Défense M, 2 bd Neuilly ✆ 01 41 45 23 23, *Fax 01 41 45 23 24,* – TV – 130. AE GB JCB AW 42
Repas carte environ 180, enf. 50 – 75 – **280 ch** 1080/1200.

Ibis La Défense M, 4 bd Neuilly ✆ 01 41 97 40 40, *h0771@accor-hotels.com, Fax 01 41 97 40 50,* – TV – 40. AE GB AW 42
Repas carte 120 à 160 – 39 – **286 ch** 595.

Enghien-les-Bains *95880 Val-d'Oise 101 ⑤, 18 , 25 G. Île de France – 10 077 h alt. 45 – Stat. therm. (15 mars-31 oct.) – Casino.*
Voir *Lac*★ *– Deuil-la-Barre : chapiteaux historiés*★ *de l'église Notre-Dame NE : 2 km.*
Office de Tourisme pl. du Mar.-Foch ✆ 01 34 12 41 15, Fax 01 39 34 05 76.
Paris 17 – Argenteuil 6 – Chantilly 31 – Pontoise 21 – St-Denis 7 – St-Germain-en-Laye 26.

Grand Hôtel , 85 r. Gén. de Gaulle ✆ 01 39 34 10 00, *grandhotelenghien@lucienbarriere.com, Fax 01 39 34 10 01,* – TV P – 35. AE GB JCB AL 46
Repas 195/275 – 95 – **44 ch** 1100/1300, 3 appart.

Lac M , 89 r . Gén. de Gaulle ✆ 01 39 34 11 00, *hoteldulac@lucienbarriere.com, Fax 01 39 34 11 01,* – cuisinette TV – 120. AE GB JCB AL 46
Repas 145, enf. 60 – 85 – **106 ch** 940/1075, 3 appart.

Aub. Landaise, 32 bd d'Ormesson ✆ 01 34 12 78 36, *Fax 01 34 12 78 36* – AE GB AK 47
fermé août, 19 au 28 fév., dim. soir et merc. – **Repas** carte 170 à 220.

Épinay-sur-Seine *93800 Seine-St-Denis 101 ⑮, 18 , 25 – 48 762 h alt. 34.*
Voir *Commune de la "Méridienne verte".*
Paris 16 – Argenteuil 5 – Bobigny 16 – Pontoise 21 – St-Denis 5.

Ibis, 1 av. 18-Juin-1940 ✆ 01 48 29 83 41, *h0733@accor-hotels.com, Fax 01 48 22 93 03,* – TV P – 25 à 50. AE GB AM 46
Repas *(fermé sam. midi et dim. midi)* (75) - 95, enf. 39 – 39 – **91 ch** 305.

Évry (Agglomération d') *91 Essonne* 101 ㊲.
Paris 32 – Fontainebleau 36 – Chartres 80 – Créteil 30 – Étampes 36 – Melun 23.

Évry P *G. Ile de France – 45 531 h. alt. 54 – ✉ 91000.*
Voir Cathédrale de la Résurrection★.
Office de Tourisme de l'Agglomératon d'Évry 23 Crs B.-Pascal, Évry-Centre ✆ 01 60 78 79 99, Fax 01 60 78 03 01.

Mercure M, 52 bd Coquibus (face cathédrale) ✆ 01 69 47 30 00, *h1986@accor-hotels.com, Fax 01 69 47 30 10*, – – 15 à 100. AE GB — CE 57
Repas *(fermé fériés le midi, sam. et dim.)* (110) - 145, enf. 60 – 70 – **114 ch** 595/635.

Novotel M, Z.I. Évry, quartier Bois Briard, 3 r. Mare Neuve ✆ 01 69 36 85 00, *Fax 01 69 36 85 10*, – – 250. AE GB — CE 56
Repas carte environ 180, enf. 50 – 70 – **174 ch** 595/635.

Ibis M, Z.I. Évry, quartier Bois Briard, 1 av. Lac ✆ 01 60 77 74 75, *Fax 01 60 78 06 03*, – – 60. AE GB — CE 56
Repas (77) - 97, enf. 39 – 39 – **90 ch** 370.

à Courcouronnes – *13 262 h. alt. 80 – ✉ 91080 Évry-Courcouronnes :*

Canal, 31 r. Pont Amar (près hôpital) ✆ 01 60 78 34 72, *Fax 01 60 79 22 70* – AE GB CD 55
fermé 6 au 19 août, sam. et dim. – **Repas** 89/179 et carte 210 à 310.

à Lisses – *6 860 h. alt. 86 – ✉ 91090 :*

Espace Léonard de Vinci M, av. Parcs ✆ 01 64 97 66 77, *contact@leonard-de-vinci.com, Fax 01 64 97 59 21*, , centre de balnéothérapie, – rest, – 15 à 100. AE GB — CG 55
Repas 150/250 – 50 – **73 ch** 535/650.

Fontenay-sous-Bois *94120 Val-de-Marne* 101 ⑰, 20, 24 – *51 868 h alt. 70.*
Office de Tourisme 4 bis av. Charles-Garcia ✆ 01 43 94 33 48, Fax 01 43 94 02 93.
Paris 17 – Créteil 12 – Lagny-sur-Marne 25 – Villemomble 7 – Vincennes 4.

Mercure M, av. Olympiades ✆ 01 49 74 88 88, *h1037@accor-hotels.com, Fax 01 49 74 88 90* – – 15 à 70. AE GB. rest — BA 62
Repas *(fermé dim. midi, sam. et fériés midi)* 125/165, enf. 60 – 70 – **133 ch** 700/800.

Musardière, 61 av. Mar. Joffre ✆ 01 48 73 96 13 – . AE GB — BA 62
fermé 4 au 26 août, lundi soir, mardi soir et dim. – **Repas** (99) - 155 et carte 190 à 300.

Gagny *93220 Seine-St-Denis* 101 ⑱, 20 – *36 059 h alt. 70.*
Paris 17 – Bobigny 10 – Raincy 4 – St-Denis 18.

Vilgacy, 45 av. H. Barbusse ✆ 01 43 81 23 33, *Fax 01 43 81 23 33*, – GB — AW 65
fermé 7 au 30 août, dim. soir et lundi – **Repas** (120) - 148/186 et carte 190 à 290.

Garches *92380 Hauts-de-Seine* 101 ⑭, 22, 25 – *17 957 h alt. 114.*
Paris 16 – Courbevoie 9 – Nanterre 8 – St-Germain-en-Laye 15 – Versailles 9.

Tardoire, 136 Grande Rue ✆ 01 47 41 41 59 – GB — BB 36
fermé 1er au 19 août, dim. soir et lundi – **Repas** 110 (déj.)/180 et carte 230 à 330.

La Garenne-Colombes *92250 Hauts-de-Seine* 101 ⑭, 18, 25 – *21 754 h alt. 40.*
Office de Tourisme 24 r. E.-d'Orves ✆ 01 47 85 09 90.
Paris 12 – Argenteuil 6 – Asnières-sur-Seine 5 – Courbevoie 2 – Nanterre 3 – Pontoise 29.

Auberge du 14 Juillet, 9 bd République ✆ 01 42 42 21 79, *Fax 01 42 42 24 56* – AE JCB — AU 42
fermé en août, sam. midi, lundi soir et dim. – **Repas** 170.

Gentilly *94250 Val-de-Marne* 101 ㉖, 24, 25 *G. Île de France – 17 093 h alt. 46.*
Voir Commune de la "Méridienne verte".
Paris 8 – Créteil 15.

Mercure M, 51 av. Raspail ✆ 01 47 40 87 87, *h1651@accor-hotels.com, Fax 01 47 40 15 88*, – – 40. AE GB — BE 50
Repas *(fermé vend. soir, sam., dim. et fériés)* (98) - 135 – 65 – **88 ch** 680/720.

Goussainville *95190 Val-d'Oise* 101 ⑦ – *24 812 h alt. 95.*
Paris 31 – Chantilly 24 – Pontoise 33 – Senlis 28.

Médian M, 2 av. F. de Lesseps (par D 47) ✆ 01 39 88 93 93, *Fax 01 39 88 75 65*, – – 30. AE GB JCB
Repas *(fermé sam. et dim.)* 99/142 – 50 – **49 ch** 630/690, 6 appart.

Gressy *77410 S.-et-M.* 101 ⑩ *– 868 h alt. 98.*
Paris 32 – Meaux 19 – Melun 58 – Senlis 34.

Manoir de Gressy M, 01 60 26 68 00, *gressy77@aol.com, Fax 01 60 26 45 46*, – , rest, – 100. AE GB JCB
Repas 195 et carte 290 à 430 ♀, enf. 80 – 95 – **86 ch** 1250/1650.

Issy-les-Moulineaux *92130 Hauts-de-Seine* 101 ㉕, 22, 25 *G. Île de France – 46 127 h alt. 37.*
Voir *Musée de la Carte à jouer★.*
Office de Tourisme espl. de l'Hôtel-de-Ville 01 40 95 65 43, Fax 01 40 95 67 33.
Paris 8 – Boulogne-Billancourt 3 – Clamart 4 – Nanterre 15 – Versailles 15.

Campanile, 213 r. J.-J. Rousseau 01 47 36 42 00, *Fax 01 47 36 88 93* – , rest, – 15 à 40. AE GB. rest BD 42
Repas *(98)* - 116 , enf. 39 – 39 – **164 ch** 440.

River Café, Pont d'Issy, 146 quai Stalingrad 01 40 93 50 20, *Fax 01 41 46 19 45*, – AE GB P 3
fermé 25 déc. au 1er janv. et sam. midi – **Repas** *(160)* - 190 ♀, enf. 80.

L'Ile, Parc Ile St-Germain, 170 quai Stalingrad 01 41 09 99 99, *Fax 01 41 09 99 19*, – . AE GB BD 42
Repas *(110)* - 140 (déj.), 220 bc/350 bc et carte 210 à 280.

Manufacture, 20 espl. Manufacture (face au 30 r. E. Renan) 01 40 93 08 98, *Fax 01 40 93 57 22*, – . AE GB BD 44
fermé 6 au 19 août, sam. midi et dim. – **Repas** *(158)* - 185 ♀.

Coquibus, 16 av. République 01 46 38 75 80, *Fax 01 41 08 95 80*, brasserie – AE GB BD 43
fermé 27 juil. au 20 août, sam. midi et dim. – **Repas** *(130)* - 170/270 ♀.

Ivry-sur-Seine *94200 Val-de-Marne* 101 ㉖, 24, 25 *– 53 619 h alt. 60.*
Paris 7 – Créteil 10 – Lagny-sur-Marne 30.

L'Oustalou, 9 bd Brandebourg 01 46 72 24 71, *Fax 01 46 70 36 86* – AE GB BE 54
fermé 27 juil. au 20 août, lundi soir, mardi soir, merc. soir, sam. et dim. – **Repas** 105/159 ♀.

Joinville-le-Pont *94340 Val-de-Marne* 101 ㉗, 24, 25 *– 16 657 h alt. 49.*
Syndicat d'Initiative 23 r. de Paris 01 42 83 41 16, Fax 01 49 76 92 28.
Paris 11 – Créteil 6 – Lagny-sur-Marne 24 – Maisons-Alfort 4 – Vincennes 5.

Bleu Marine M, 16 av. Gén. Gallieni 01 48 83 11 99, *Fax 01 48 89 51 58*, – – 80. AE GB BE 61
Repas 165 ♀, enf. 49 – 65 – **91 ch** 650.

Cinépole sans rest, 8 av. Platanes 01 48 89 99 77, *Fax 01 48 89 43 92* – . AE GB BE 61
34 – **34 ch** 310.

Le Kremlin-Bicêtre *94270 Val-de-Marne* 101 ㉖, 24, 25 *– 19 348 h alt. 60.*
Paris 6 – Boulogne-Billancourt 11 – Évry 29 – Versailles 27.

Campanile, bd Gén. de Gaulle (pte d'Italie) 01 46 70 11 86, *campa.kremlin@wanadoo.fr, Fax 01 46 70 64 47*, – – 100. AE GB BE 51
Repas *(90)* - 116 ♀, enf. 39 – 42 – **150 ch** 465.

Lésigny *77150 S.-et-M.* 101 ㉙, 25 *– 7 865 h alt. 95.*
Paris 34 – Brie-Comte-Robert 9 – Évry 29 – Melun 27 – Provins 64.

au golf *par rte secondaire, Sud : 2 km ou par Francilienne : sortie n° 19 – ✉ 77150 Lésigny :*

Réveillon, ferme des Hyverneaux 01 60 02 25 26, *Fax 01 60 02 03 84*, golf – – 80. AE GB BR 73
Repas *(130)* - 140/180 ♀, enf. 55 – 55 – **48 ch** 410/460.

Levallois-Perret *92300 Hauts-de-Seine* 101 ⑮, 18, 25 *– 47 548 h alt. 30.*
Paris 9 – Argenteuil 10 – Nanterre 7 – Pontoise 28 – St-Germain-en-Laye 20.

Evergreen Laurel M, 8 pl. G. Pompidou 01 47 58 88 99, *elhpar@evergreen.com.tw, Fax 01 47 58 88 88*, – cuisinette – 150. AE GB JCB AV 44
Canton Palace : Repas 190 (déj.) et carte 250 à 320 ♀ – ***Café Laurel*** : Repas 180 ♀ – 100 – **333 ch** 1800/3100.

Espace Champerret sans rest, 26 r. Louise Michel 01 47 57 20 71, *Fax 01 47 57 31 39* – . AE GB JCB AW 45
40 – **39 ch** 405/435, 3 duplex.

Champagne Hôtel sans rest, 20 r. Baudin ✆ 01 47 48 96 00, *Fax 01 47 58 13 29* – AE GB AV 44
40 – **30 ch** 330/440.

Splendid'Hôtel sans rest, 73 r. Louise Michel ✆ 01 47 37 47 03, *splendid.hotel@goforne t.com, Fax 01 47 37 50 01* – AE GB JCB AW 45
40 – **47 ch** 359/429.

Parc sans rest, 18 r. Baudin ✆ 01 47 58 61 60, *Fax 01 47 48 07 92* – AE GB AV 44
50 – **52 ch** 420/760.

ABC Champerret sans rest, 63 r. Danton ✆ 01 47 57 01 55, *Fax 01 47 57 54 23* – AE GB AW 44
34 – **39 ch** 340/390.

Rôtisserie, 24 r. A. France ✆ 01 47 48 13 82 – AE GB AW 45
fermé sam. midi et dim. – **Repas** 160 ♀.

Petit Jardin, 58 r. Kléber ✆ 01 47 48 10 91, *Fax 01 47 48 11 28* – AE GB AV 44
fermé août, vacances de fév., sam. et dim. – **Repas** *(98)* - 120/220 et carte 130 à 260 ♀.

Petit Poste, 39 r. Rivay ✆ 01 47 37 34 46, bistrot – AE GB AV 45
fermé août, Noël au Jour de l'An, lundi soir, sam. midi et dim. – **Repas** 170.

Lieusaint *77127 S.-et-M. 101 (38) – 5 200 h alt. 89.*

Paris 45 – Brie-Comte-Robert 11 – Évry 12 – Melun 15.

Flamboyant M, 98 r. Paris (près N 6) ✆ 01 60 60 05 60, *Fax 01 60 60 05 32*, – rest, – 45. AE GB
Repas *(fermé dim. soir)* 100/180 ♀, enf. 45 – 38 – **72 ch** 310/380.

Livry-Gargan *93190 Seine-St-Denis 101 (18), 20, 25 – 35 387 h alt. 60.*

Office de Tourisme 5 pl. F.-Mitterrand ✆ 01 43 30 61 60, Fax 01 43 30 48 41.
Paris 19 – Aubervilliers 14 – Aulnay-sous-Bois 5 – Bobigny 8 – Meaux 27 – Senlis 43.

Petite Marmite, 8 bd République ✆ 01 43 81 29 15, *Fax 01 43 02 69 59*, – GB AU 65
fermé août, dim. soir et merc. – **Repas** 185 et carte 210 à 350 ♀, enf. 100.

Les Loges-en-Josas *78350 Yvelines 101 (23), 22, 25 – 1 506 h alt. 160.*

Paris 33 – Bièvres 7 – Chevreuse 14 – Palaiseau 12 – Versailles 6.

Relais de Courlande M, 23 av. Div. Leclerc ✆ 01 30 83 84 00, *Fax 01 39 56 06 72*, – – 100. AE GB JCB BL 31
Repas 169/199 ♀, enf. 90 – 60 – **53 ch** 550/750.

Longjumeau *91160 Essonne 101 (35), 25 – 19 864 h alt. 78.*

Paris 21 – Chartres 70 – Dreux 85 – Évry 16 – Melun 42 – Orléans 112 – Versailles 27.

St-Pierre, 42 Grande Rue (F. Mitterrand) ✆ 01 64 48 81 99, *saint-pierre@wanadoo.fr, Fax 01 69 34 25 53* – AE GB BV 45
fermé 22 avril au 1er mai, 29 juil. au 20 août, lundi soir, merc. soir et dim. – **Repas** 135/220 et carte 260 à 350 ♀, enf. 98.

à Saulx-les-Chartreux *Sud-Ouest par D 118 – 4 141 h. alt. 75 – ✉ 91160 :*

St-Georges , rte de Montlhéry : 1 km ✆ 01 64 48 36 40, *Fax 01 64 48 89 48*, <, , – – 150. AE GB BX42-43
fermé mi-juil. à mi-août – **Repas** 160/450 et carte 200 à 340 – 40 – **41 ch** 430.

Maisons-Alfort *94700 Val-de-Marne 101 (27), 24, 25 G. Ile de France – 53 375 h alt. 37.*

Paris 10 – Créteil 5 – Évry 35 – Melun 40.

Bourgogne, 164 r. J. Jaurès ✆ 01 43 75 12 75, *Fax 01 43 68 05 86* – AE GB BG 57
fermé 6 au 26 août, sam. et dim. – **Repas** 180 et carte 240 à 420 ♀.

Maisons-Laffitte *78600 Yvelines 101 (13), 18, 25 G. Île de France – 22 173 h alt. 38.*

Voir *Château*★, G. Île de France.
Office de Tourisme 41 av. de Longueil ✆ 01 39 62 63 64, Fax 01 39 12 02 89.
Paris 22 – Mantes-la-Jolie 38 – Poissy 9 – Pontoise 21 – St-Germain-en-Laye 8 – Versailles 25.

Climat de France, 2 r. Paris (accès par av. Verdun) ✆ 01 39 12 20 20, *Fax 01 39 62 45 54*, – – 25. AE GB AN 33
Repas 89/105 ♀, enf. 39 – 39 – **66 ch** 350.

Tastevin (Blanchet), 9 av. Eglé ✆ 01 39 62 11 67, *Fax 01 39 62 73 09*, – AE GB JCB AN 32
fermé 1er au 24 août, lundi et mardi – **Repas** 240 (déj.) et carte 310 à 500
Spéc. Foie gras chaud de canard au vinaigre de cidre. Gibier (saison). Sanciaux aux pommes (oct. à mars).

XX **Rôtisserie Vieille Fontaine,** 8 av. Grétry ☎ 01 39 62 01 78, *Fax 01 39 62 13 43*, « Demeure bourgeoise dans un parc », – AE GB **AM 33**
fermé 13 au 20 août, dim. soir et lundi – **Repas** 183.

XX **Ribot,** 5 av. St-Germain ☎ 01 39 62 01 53, *Fax 01 39 62 01 53* – AE GB **AN 32**
fermé 1er au 15 août, dim. soir et lundi – **Repas** - cuisine italienne - 95 (déj.), 165/220 et carte 230 à 270 ♀.

Marcoussis *91460 Essonne 101 ㉞ G. Île de France – 5 680 h alt. 79.*

Syndicat d'Initiative 13 r. Alfred-Dubois ☎ 01 69 01 76 50, Fax 01 69 01 76 50.
Paris 30 – Arpajon 10 – Évry 17.

X **Les Colombes de Bellejame,** 97 r. A. Dubois ☎ 01 69 80 66 47, *Fax 01 69 80 66 47* – GB
fermé 10 au 30 juil., dim. soir, mardi soir et merc. – **Repas** *(75)* - 130/180 et carte 180 à 310, enf. 45.

Marly-le-Roi *78160 Yvelines 101 ⑫ ⑬, 18, 25 G. Île de France – 16 741 h alt. 90.*

Voir Parc★★.
Paris 23 – Saint-Germain-en-Laye 4 – Versailles 9.

XX **Village,** 3 Grande Rue ☎ 01 39 16 28 14, *Fax 01 39 58 62 60* – GB **AZ 28**
fermé août, sam. midi, dim. soir et lundi – **Repas** (nombre de couverts limité, prévenir) 140 bc (déj.)/185 ♀.

Au moment de chercher un hôtel ou un restaurant, soyez efficace. Sachez utiliser les noms soulignés en rouge sur les ***cartes Michelin*** *à 1/200 000.*
Mais ayez une carte à jour!

Marne-la-Vallée *77206 S.-et-M. 101 ⑲ ⑳, 24 G. Ile de France.*

Maison du Tourisme d'Ile-de-France Disneyland Paris pl. des passagers du vent ☎ 01 60 43 33 33, Fax 01 60 43 74 95.
Paris 28 – Meaux 28 – Melun 42.

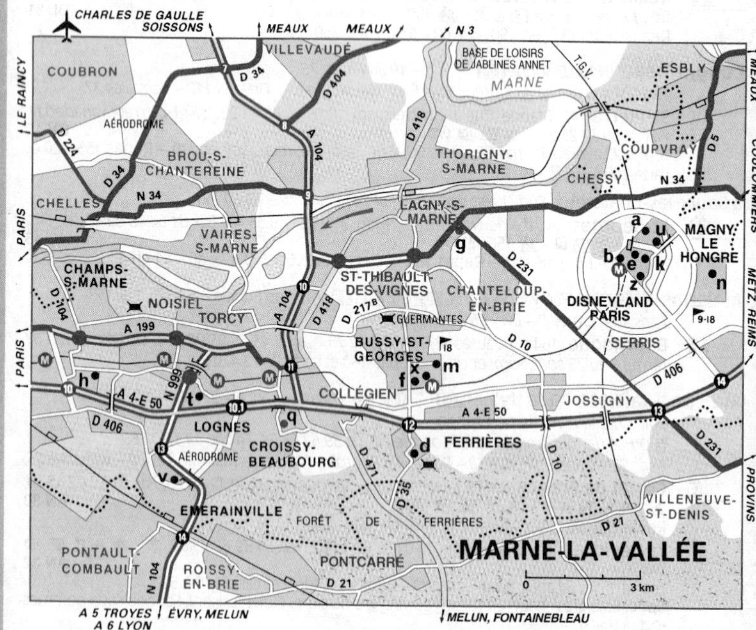

à Bussy-St-Georges – *1 545 h. alt. 105 – ✉ 77600 :*

Holiday Inn M, 39 bd Lagny **(f)** ✆ 01 64 66 35 65, *hibussy@compuserve.com, Fax 01 64 66 03 10,* – 80.
Repas (dîner seul.) 179, enf. 65 – 80 – **120 ch** 1100/1260.

Golf Hôtel M, 15 av. Golf **(m)** ✆ 01 64 66 30 30, *golf.hotel@wanadoo.fr, Fax 01 64 66 04 36,* – 120.
Repas *(fermé dim. midi et sam. de nov. à mars)* 130/170, enf. 55 – 65 – **94 ch** 600/675.

Sol Inn Paris Bussy M, 44 bd A. Giroust **(x)** ✆ 01 64 66 11 11, *solinn@wanadoo.fr, Fax 01 64 66 29 05,* – 90.
Repas *(fermé sam. midi et dim.)* carte 140 à 160 – 54 – **87 ch** 480/610.

à Champs-sur-Marne – *21 611 h. alt. 80 – ✉ 77420.*
Voir *Château★ (salon chinois★★) et parc★★.*

Ibis, cité Descartes, bd Newton **(h)** ✆ 01 64 68 00 83, *Fax 01 64 68 02 60,* – 45.
Repas 97, enf. 39 – 39 – **110 ch** 305/315.

à Croissy-Beaubourg – *2 396 h. alt. 102 – ✉ 77183 :*

L'Aigle d'Or, 8 r. Paris **(q)** ✆ 01 60 05 31 33, *Fax 01 64 62 09 39,* –
fermé dim. soir – **Repas** 180/450 et carte 360 à 420.

à Disneyland Paris *accès par autoroute A 4 et bretelle Disneyland.*
Voir *Disneyland Paris★★★ (voir Guide Vert Disneyland Paris).*

Disneyland Hôtel M, **(b)** ✆ 01 60 45 65 00, *Fax 01 60 45 65 33,* « Bel ensemble de style victorien à l'entrée du parc d'attractions », – 25 à 50.
California Grill (dîner seul.) **Repas** 250, enf.150 – ***Inventions*** (buffet) **Repas** 180 (déj.)/250, enf. 140 – **478 ch** 2550/3800, 18 appart.

New-York M, **(e)** ✆ 01 60 45 73 00, *Fax 01 60 45 73 33,* « Ambiance du Manhattan des années 30 », – 1 500.
Manhattan Restaurant (dîner seul.) **Repas** 195, enf. 65 – ***Parkside Diner :*** **Repas** 119, enf. 55 – **536 ch** 1580/1880, 27 appart.

Newport Bay Club M, **(z)** ✆ 01 60 45 55 00, *Fax 01 60 45 55 33,* centre de conférences, « Évocation du bord de mer de la Nouvelle Angleterre », – 1 500.
Cape Cod : **Repas** 155(déj.)/119(dîner) – ***Yacht Club*** (dîner seul.) **Repas** 195/235 – **1 082 ch** 1345/1745, 11 appart.

Séquoia Lodge M, **(k)** ✆ 01 60 45 51 00, *Fax 01 60 45 51 33,* « Atmosphère d'un hôtel des Montagnes Rocheuses », rest, – 75.
Hunter's Grill (dîner seul.) **Repas** 150, enf. 55 – ***Beaver Creek Tavern*** (dîner seul.) **Repas** 119, enf. 55 – **1 001 ch** 1220/1420, 10 appart.

Cheyenne, **(a)** ✆ 01 60 45 62 00, *Fax 01 60 45 62 33,* « Reconstitution d'une petite ville du Far-West », rest,
Chuck Wagon Café (self) **Repas** carte environ 130, enf. 55 – **1 000 ch** 1010.

Santa Fé, **(u)** ✆ 01 60 45 78 00, *Fax 01 60 45 78 33,* « Construction évoquant les pueblos du Nouveau Mexique » –
La Cantina (self) **Repas** carte environ 130 enf. 55 – **1 000 ch** 865.

à Émerainville – *6 766 h. alt. 109 – ✉ 77184 :*

Ibis, ZI Pariest bd Beaubourg **(v)** ✆ 01 60 17 88 39, *Fax 01 64 62 12 34* – 150.
Repas 105, enf. 39 – 39 – **80 ch** 340/370.

à Ferrières-en-Brie – *1 655 h. alt. 108 – ✉ 77164 :*

St-Rémy M, 24 r. J. Jaurès **(d)** ✆ 01 64 76 74 00, *Fax 01 64 76 74 01,* –
Repas 135/195, enf. 55 – 50 – **25 ch** 550/690.

à Lognes – *12 973 h. alt. 97 – ✉ 77185 :*

Relais Mercure, 55 bd Mandinet **(t)** ✆ 01 64 80 02 50, *h2210@accor-hotels.com, Fax 01 64 80 02 70,* – 60.
Repas 79/90, enf. 55 – 54 – **57 ch** 480/565, 28 duplex.

à Magny-le-Hongre – *331 h. alt. 117 – ✉ 77700 :*

Moulin de Paris M, 60 r. Moulin à Vent **(n)** ✆ 01 60 43 77 77, *Fax 01 60 43 78 88,* – 25.
Repas *(85)* - 115, enf. 49 – 50 – **82 ch** 420/470.

Massy *91300 Essonne* 101 ㉕, 22, 25 – *38 574 h alt. 78.*
Paris 20 – Arpajon 19 – Évry 21 – Palaiseau 3 – Rambouillet 39.

Mercure M, 21 av. Carnot (gare T.G.V.) ✆ 01 69 32 80 20, *h1176@accor-hotels.com, Fax 01 69 32 80 25,* – – 100. AE GB **BS 43**
Repas *(fermé dim. midi, vend. soir et sam.)* (135) - 155 ♀, enf. 60 – 68 – **116 ch** 620/670.

Pavillon Européen, 5 av. Gén. de Gaulle ✆ 01 60 11 17 17, *Fax 01 69 20 05 60* – GB **BR 43**
fermé août, dim. soir – **Repas** 180/250.

Maurepas *78310 Yvelines* 101 ㉑ – *19 718 h alt. 165.*
Voir *France Miniature*★ *NE : 3km,* G. Île de France.
Paris 40 – Houdan 28 – Palaiseau 35 – Rambouillet 17 – Versailles 20.

Mercure M, N 10 ✆ 01 30 51 57 27, *h038@accor-hotels.com, Fax 01 30 66 70 14,* – – 25 à 80. AE GB JCB **BM 15**
Repas *(fermé vend. soir, dim. midi et sam.)* carte 180 à 200, enf. 55 – 68 – **91 ch** 535/585.

Meudon *92190 Hauts-de-Seine* 101 ㉔, 22, 25 *G. Île de France* – *45 339 h alt. 100.*
Voir *Terrasse*★ : ✻★ – *Forêt de Meudon*★.
Paris 11 – Boulogne-Billancourt 4 – Clamart 4 – Nanterre 16 – Versailles 15.

au sud *à Meudon-la-Forêt* – ✉ *92360 :*

Mercure Ermitage de Villebon M, rte Col. Moraine ✆ 01 46 01 46 86, *Fax 01 46 01 46 99,* – , ch, – 15 à 90. AE GB **BH 39**
Repas 110/285, enf. 110 – 65 – **63 ch** 730/875.

Montmorency *95160 Val-d'Oise* 101 ⑤, 25 *G. Île de France* – *20 920 h alt. 82.*
Voir *Collégiale St-Martin*★ – *Commune de la "Méridienne verte".*
Env. *Château d'Écouen*★★ : *musée de la Renaissance*★★ *(tenture de David et de Bethsabée*★★★*).*
Office de Tourisme 1 av. Foch ✆ *01 39 64 42 94, Fax 01 39 12 18 65.*
Paris 20 – Enghien-les-Bains 5 – Pontoise 24 – St-Denis 9.

Au Coeur de la Forêt, av. Repos de Diane et accès par chemin forestier ✆ 01 39 64 99 19, *Fax 01 34 28 17 52,* , – . GB **AG 48**
fermé 6 au 29 août, jeudi soir, dim. soir et lundi – **Repas** 155/190 et carte 260 à 330.

Montreuil *93100 Seine-St-Denis* 101 ⑰, 20, 25 *G. Ile de France* – *94 754 h alt. 70.*
Office de Tourisme fermé sam. après-midi et lundi) 1 r. Kléber ✆ *01 42 87 38 09, Fax 01 42 27 27 13.*
Paris 8 – Bobigny 10 – Lagny-sur-Marne 31 – Meaux 38 – Senlis 47.

Gaillard, 71 r. Hoche ✆ 01 48 58 17 37, *gaillard@free.fr, Fax 01 48 70 09 74,* , – . GB **AZ 57**
fermé 6 au 23 août, dim. soir et lundi soir – **Repas** 160/220 et carte 240 à 340 ♀.

Montrouge *92120 Hauts-de-Seine* 101 ㉕, 22, 25 – *38 106 h alt. 75.*
Paris 5 – Boulogne-Billancourt 7 – Longjumeau 18 – Nanterre 18 – Versailles 17.

Mercure M, 13 r. F.-Ory ✆ 01 58 07 11 11, *h0374@accor-hotels.com, Fax 01 58 07 11 21* – , rest, – 15 à 100. AE GB **BE 48**
Repas *(fermé dim. midi et sam.)* 160 ♀, enf. 55 – 72 – **180 ch** 990/1090, 7 appart.

Morangis *91420 Essonne* 101 ㉟, 25 – *10 043 h alt. 85.*
Voir *Commune de la "Méridienne verte".*
Paris 22 – Évry 14 – Longjumeau 5 – Versailles 24.

Sabayon, 15 r. Lavoisier ✆ 01 69 09 43 80, *Fax 01 64 48 27 28* – . AE GB **BV 49**
fermé 31 août au 30 sept., sam. midi, lundi soir, mardi soir et dim. – **Repas** 185/335 et carte 200 à 330 ♀, enf. 105.

Nanterre P *92000 Hauts-de-Seine* 101 ⑭, 18, 25 – *84 565 h alt. 35.*
Office de Tourisme (fermé dim. et lundi) 4 r. du Marché ✆ *01 47 21 58 02, Fax 01 47 25 99 02.*
Paris 13 – Beauvais 82 – Rouen 121 – Versailles 18.

Mercure La Défense Parc M, r. des 3 Fontanot ✆ 01 46 69 68 00, *Fax 01 47 25 46 24* – , rest, – 130. AE GB JCB **AV 39**
Repas *(fermé le soir du 13 juil. au 19 août, dim. midi, vend. soir, sam. et fériés)* (113) - 188 ♀, enf. 60 – 80 – **135 ch** 1180/1230, 25 appart.

Quality Inn M, 2 av. B. Frachon ☎ 01 46 95 08 08, *quality.nanterre@wanadoo.fr*, *Fax 01 46 95 01 24* – – 30. AE GB JCB AV 37
Repas *(fermé août, vend. soir, sam. et dim.) (115)* - 135 – 65 – **85 ch** 800/1100.

Rôtisserie, 180 av. G. Clemenceau ☎ 01 46 97 12 11, – AE GB AW 39
fermé 11 au 26 août, lundi soir, sam. midi et dim. – **Repas** 160.

Neuilly-sur-Seine *92200 Hauts-de-Seine* 101 ⑮, 18, 25 *G. Île de France – 61 768 h alt. 34.*
Paris 8 – Argenteuil 11 – Nanterre 5 – Pontoise 30 – St-Germain-en-Laye 18 – Versailles 17.

Courtyard M, 58 bd V. Hugo ☎ 01 55 63 64 65, *cy.parcy.sales@marriott.com*, *Fax 01 55 63 64 66*, – – 220. AE GB JCB. ch AW 44
Repas 180 – 110 – **173 ch** 1500, 69 appart.

Paris Neuilly sans rest, 1 av. Madrid ☎ 01 47 47 14 67, *h0883@accor-hotels.com*, *Fax 01 47 47 97 42* – . AE GB AX 42
75 – **74 ch** 940/1100, 6 appart.

Jardin de Neuilly sans rest, 5 r. P. Déroulède ☎ 01 46 24 51 62, *hotel.jardin.de.neuilly@wanadoo.fr*, *Fax 01 46 37 14 60* – . AE GB. AX 44
95 – **30 ch** 800/1300.

Jatte sans rest, 4 bd Parc ☎ 01 46 24 32 62, *Fax 01 46 40 77 31* – . AE GB JCB AV 43
60 – **68 ch** 850/950, 3 appart.

Neuilly Park Hôtel sans rest, 23 r. M. Michelis ☎ 01 46 40 11 15, *Fax 01 46 40 14 78* – . AE GB JCB AX 44
60 – **30 ch** 650/870.

Riad, 42 av. Ch. de Gaulle ☎ 01 46 24 42 61, *Fax 01 46 40 19 91* – . AE GB AX 44
fermé 5 au 19 août, sam. midi et dim. – **Repas** - cuisine marocaine - carte 270 à 380.

Truffe Noire (Jacquet), 2 pl. Parmentier ☎ 01 46 24 94 14, *Fax 01 46 24 94 60* – AE GB JCB AX 44
fermé 19 au 27 mai, août, sam. et dim. – **Repas** 195 et carte 280 à 400
Spéc. Mousseline de brochet au beurre blanc. Truffes d'été et d'hiver (saisons). Gibier (oct. à déc.).

Foc Ly, 79 av. Ch. de Gaulle ☎ 01 46 24 43 36, *Fax 01 46 24 48 46* – . AE GB AW 42
fermé 10 au 26 août – **Repas** - cuisine chinoise - 99 (déj.), 110/270 et carte 170 à 300, enf. 75.

Les Feuilles Libres, 34 r. Perronet ☎ 01 46 24 41 41, *feuilibre@wanadoo.fr*, *Fax 01 46 40 77 61*, – . AE GB. AX 44
fermé 7 au 24 août, 24 déc. au 2 janv., sam. et dim. – **Repas** 150 (déj.), 220/260 et carte 240 à 310.

Bistrot d'à Côté Neuilly, 4 r. Boutard ☎ 01 47 45 34 55, *rostang@relaischateau.fr*, *Fax 01 47 45 15 08*, bistrot – AE GB AX 42
fermé sam. midi et dim. – **Repas** 129 (déj.)/192.

Petit Bofinger, 18 av. Ch. de Gaulle ☎ 01 47 22 37 25, *Fax 01 46 24 95 35*, bistrot – . AE GB AX 44
Repas *(98)* - 149.

Les Pieds dans l'Eau, 39 bd Parc ☎ 01 47 47 64 07, *Fax 01 47 22 09 55*, , « Terrasse en bord de Seine » – AE GB AW 43
fermé sam. midi et dim. d'oct. à avril – **Repas** *(140)* - 180 et carte 220 à 370.

Catounière, 4 r. Poissonniers ☎ 01 47 47 14 33, *Fax 01 47 47 13 85* – . AE GB AX 43
fermé août, sam. midi et dim. – **Repas** *(158)* - 186 bc.

Nogent-sur-Marne SP *94130 Val-de-Marne* 101 ㉗, 24, 25 *G. Île de France – 25 248 h alt. 59.*
Office de Tourisme 5 av. Joinville ☎ 01 48 73 73 97, Fax 01 48 73 75 90.
Paris 13 – Créteil 8 – Montreuil 5 – Vincennes 4.

Mercure Nogentel M, 8 r. Port ☎ 01 48 72 70 00, *h1710@accor.hotels.com*, *Fax 01 48 72 86 19*, – , ch, – 15 à 200. AE GB JCB BC 62
Le Canotier : Repas *(175)*-215 – 68 – **60 ch** 580/650.

Campanile, quai du port (Pt de Nogent) ☎ 01 48 72 51 98, *Fax 01 48 72 05 09*, – – 40. AE GB BC62-63
Repas 98/130 – 45 – **90 ch** 425.

Noisy-le-Grand *93160 Seine-St-Denis* 101 ⑱, 24, 25 *G. Île de France – 54 032 h alt. 82.*

Office de Tourisme Ancienne Mairie 167 r. P.-Brossolette ☏ 01 43 04 51 55, Fax 01 43 03 79 48.

Paris 19 – Bobigny 18 – Lagny-sur-Marne 14 – Meaux 37.

Mercure M, 2 bd Levant ☏ 01 45 92 47 47, *Fax 01 45 92 47 10,* – – 150. AE GB BB 67
Les Météores *(fermé sam. midi et dim. midi)* **Repas** *(95)*-125 ♀, enf. 60 – ☕ 70 – **192 ch** 575/690.

Novotel Atria M, 2 allée Bienvenüe-quartier Horizon ☏ 01 48 15 60 60, *h1536@accor-hotels.com, Fax 01 43 04 78 83,* – P – 250. AE GB JCB BC 67
Repas carte environ 160 ♀, enf. 60 – ☕ 70 – **144 ch** 610/670.

Amphitryon, 56 av. A. Briand ☏ 01 43 04 68 00, *Fax 01 43 04 68 10,* – AE GB BA 68
fermé 10 au 23 août, sam. midi et dim. soir – **Repas** 130/230.

Orgeval *78630 Yvelines* 101 ⑪ *– 4 509 h alt. 100.*

Paris 31 – Mantes-la-Jolie 23 – Pontoise 25 – St-Germain-en-Laye 11 – Versailles 22.

Moulin d'Orgeval , r. Abbaye, Sud : 1,5 km ☏ 01 39 75 85 74, *moulin-orgeval@wanadoo.fr, Fax 01 39 75 48 52,* « Parc ombragé avec étang », – P – 15 à 30. AE GB
Repas *fermé 21 au 30 déc. et dim. soir (160)* - 220/370 ♀ – ☕ 75 – **12 ch** 650/850.

Orly (Aéroports de Paris) *94310 Val-de-Marne* 101 ㉖, 24, 25 *– 21 646 h alt. 89.*

✈ *☏ 01 49 75 15 15.*

Paris 16 – Corbeil-Essonnes 24 – Créteil 12 – Longjumeau 15 – Villeneuve-St-Georges 9.

Hilton Orly M, près aérogare, Orly Sud ✉ 94544 ☏ 01 45 12 45 12, *fb-orly@hilton.com, Fax 01 45 12 45 00,* – P – 280. AE GB JCB BR 51
Repas *(145)* - 198 (dîner) – ☕ 100 – **353 ch** 630/1300.

Mercure M, N 7, Z.I. Nord, Orlytech ✉ 94547 ☏ 01 46 87 23 37, *h1246@accor-hotels.com, Fax 01 46 87 71 92* – P – 40. AE GB BP 51
Repas *(115)* - carte 150 à 200 ♀, enf. 55 – ☕ 70 – **190 ch** 800.

Aérogare d'Orly Ouest :

Maxim's, 2ᵉ étage ☏ 01 49 75 16 78, *Fax 01 46 87 05 39,* ← – . AE GB BS 51
fermé août, 22 déc. au 2 janv., sam., dim. et fériés – **Repas** 230/480 et carte 360 à 440 ♀.

à Orly ville : *– 21 646 h. alt. 71.*

Kyriad - Air Plus M, 58 voie Nouvelle (près Parc G. Méliès) ☏ 01 41 80 75 75, *airplus@club-internet.fr, Fax 01 41 80 12 12,* – P. AE GB JCB BN 54
Repas *(fermé sam. et dim.) (67)* - 129 – ☕ 38 – **72 ch** 425.

Voir aussi à ***Rungis***

Ozoir-la-Ferrière *77330 S.-et-M.* 101 ㉚, 106 ㉝ *– 19 031 h alt. 110.*

Syndicat d'Initiative pl. de la Mairie ☏ 01 60 40 10 20, Fax 01 64 40 09 91.

Paris 35 – Coulommiers 43 – Lagny-sur-Marne 15 – Melun 31 – Sézanne 84.

Gueulardière, 66 av. Gén. de Gaulle ☏ 01 60 02 94 56, *Fax 01 60 02 98 51,* – AE GB
fermé août, vacances de fév., sam. midi, dim. soir et lundi – **Repas** 160/380 et carte 260 à 440, enf. 100.

Palaiseau *91120 Essonne* 101 ㉞, 22, 25 *– 28 395 h alt. 101.*

Paris 23 – Arpajon 19 – Chartres 72 – Évry 21 – Rambouillet 37.

Novotel M, 18 r. E. Baudot (Z.I. Massy) ☏ 01 64 53 90 00, *Fax 01 64 47 17 80,* – rest, P – 15 à 180. AE GB JCB BS 43
Repas carte environ 180 ♀, enf. 50 – ☕ 65 – **147 ch** 580/630.

Pantin *93500 Seine-St-Denis* 101 ⑯, 20, 25 *– 47 303 h alt. 26.*

Voir Centre international de l'Automobile★, G. Île de France.

Office de Tourisme 25 ter r. du Pré-St-Gervais ☏ 01 48 44 93 72, Fax 01 48 44 18 51.

Paris 9 – Bobigny 5 – Montreuil 7 – St-Denis 6.

Référence M, 22 av. J. Lolive ☏ 01 48 91 66 00, *Fax 01 48 44 12 17,* – rest, – 15 à 70. AE GB JCB AW 54
Repas *fermé sam., dim. et fériés* 100/180 ♀ – ☕ 82 – **123 ch** 920/990.

Mercure Porte de Pantin M, 25 r. Scandicci ☏ 01 49 42 85 85, *h0680@accor-hotels.com, Fax 01 48 46 07 90* – – 25 à 100. AE GB JCB AV-AW54
Repas *(98)* - 128 ♀, enf. 55 – ☕ 72 – **129 ch** 820/880, 9 appart.

Le Perreux-sur-Marne *94170 Val-de-Marne* 101 ⑱, 24, 25 *– 28 477 h alt. 50.*

Office de Tourisme 75 av. Ledru-Rollin ☎ 01 43 24 26 58, Fax 01 43 24 26 58.

Paris 16 – Créteil 11 – Lagny-sur-Marne 23 – Villemomble 7 – Vincennes 7.

XXX ✿ **Les Magnolias** (Chauvel), 48 av. Bry ☎ *01 48 72 47 43, Fax 01 48 72 22 28* – ▤. AE ⓓ GB
fermé août, lundi midi, sam. midi et dim. – **Repas** *(185)* - 230 ♀. **BC 63**
Spéc. Risotto d'ailerons de volaille. Nougatine d'agneau à la marjolaine. Œufs coque au chocolat café (dessert).

XX **Les Lauriers,** 5 av. Neuilly-Plaisance ☎ 01 48 72 45 75, 🍽 – GB **BA 63**
fermé sam. midi, dim. soir et lundi – **Repas** 190 et carte 250 à 370 ♀.

Petit-Clamart *92 Hauts-de-Seine* 101 ㉔, 22, 25 – ✉ *92140 Clamart.*

Voir Bièvres : Musée français de la photographie★ S : 1 km, G. Ile de France.

Paris 13 – Antony 9 – Clamart 5 – Meudon 6 – Nanterre 21 – Sèvres 9 – Versailles 9.

XX **Au Rendez-vous de Chasse,** 1 av. du Gén. Eisenhower ☎ 01 46 31 11 95, *Fax 01 40 94 11 40* – ▤ P. AE ⓓ GB **BK 40**
fermé dim. soir et lundi soir – **Repas** *(170)* - 198 et carte 300 à 370 ♀.

Poissy *78300 Yvelines* 101 ⑫ *G. Île de France.*

Voir Collégiale Notre-Dame★ – Villa Savoye★.

Office de Tourisme 132 r. du Gén.-de-Gaulle ☎ 01 30 74 60 65, Fax 01 39 65 07 00.

Paris 33 ③ – Mantes-la-Jolie 30 ④ – Pontoise 20 ② – St-Germain-en-Laye 6 ③.

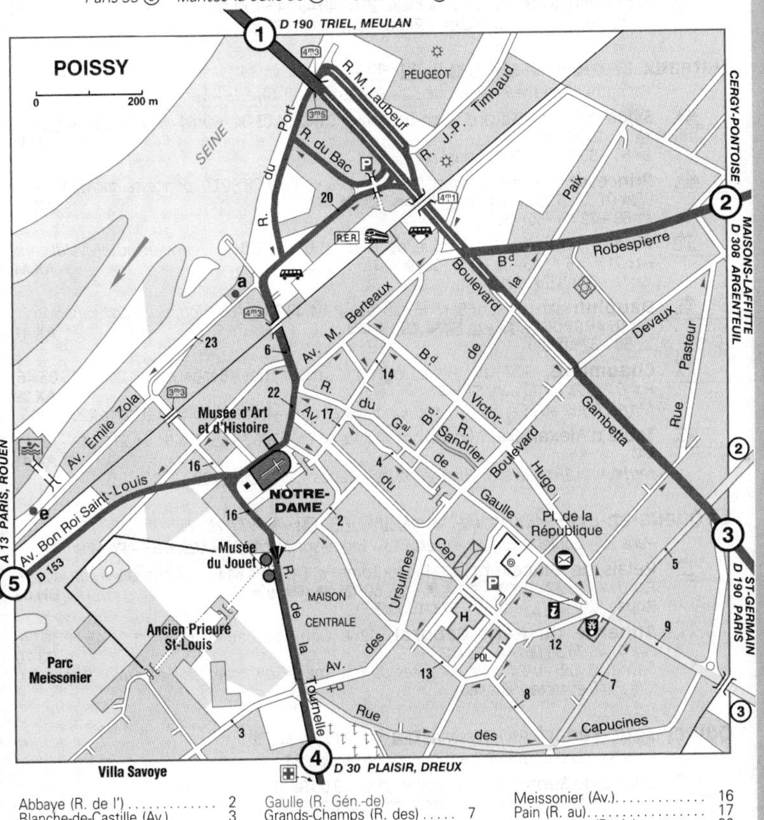

- Abbaye (R. de l') 2
- Blanche-de-Castille (Av.) 3
- Bœuf (R. du) 4
- Cep (Av. du)
- Foch (Av. Mar.) 5
- Gambetta (Bd)
- Gare (R. de la) 6
- Gaulle (R. Gén.-de)
- Grands-Champs (R. des) 7
- Joly (Av. A.) 8
- Lefebvre (Av. F.) 9
- Lemelle (Bd L.) 12
- Libération (R. de la) 13
- Mary (R. J.-Cl.) 14
- Meissonier (Av.) 16
- Pain (R. au) 17
- Pont-Ancien (R. du) 20
- St-Louis (R.) 22
- Victor-Hugo (Bd)
- 14-Juillet (Cours du) 23

XX **Bon Vivant,** 30 av. É. Zola (e) ✆ 01 39 65 02 14, *Fax 01 39 65 28 05*, ←, 佘 – GB
fermé août, vacances de fév., dim. soir et lundi – **Repas** 220.

XX **L'Esturgeon,** 6 cours 14-Juillet (a) ✆ 01 39 65 00 04, *Fax 01 39 79 19 94*, ← – GB
fermé août, dim. soir et jeudi – **Repas** 200/300 et carte 260 à 400.

Pontault-Combault *77340 S.-et-M. 101 ㉙, 24, 25 – 26 804 h alt. 94.*

Paris 30 – Créteil 26 – Lagny-sur-Marne 18 – Melun 34.

Saphir Hôtel M, aire des Berchères sur N 104 ✆ 01 64 43 45 47, *saphirhotel@wanadoo.fr, Fax 01 64 40 52 43*, 佘, Fá, ⊡, ✕ – |‡| ≡ TV ✆ ♿ ⇔ P – 🔏 150. AE ⓞ GB BH 74
Repas *(97)* - 127 ♨, enf. 50 – ☕ 60 – **158 ch** 500/550, 21 appart.

Le Port-Marly *78560 Yvelines 101 ⑬, 18, 25 – 4 181 h alt. 30.*

Paris 22 – St-Germain-en-Laye 3 – Versailles 12.

XX **Auberge du Relais Breton,** 27 r. Paris ✆ 01 39 58 64 33, *Fax 01 39 58 35 75*, 佘, 桌 – AE GB AX 29
fermé août, dim. soir et lundi – **Repas** 159/239 bc et carte 220 à 400.

Le Pré St-Gervais *93310 Seine-St-Denis 101 ⑯, 20, 25 – 15 373 h alt. 82.*

Paris 9 – Bobigny 6 – Lagny-sur-Marne 30 – Meaux 37 – Senlis 44.

X **Au Pouilly Reuilly,** 68 r. A. Joineau ✆ 01 48 45 14 59, bistrot – AE GB AW 55
fermé août, sam. midi et dim. – **Repas** carte 180 à 380 ♀.

Puteaux *92800 Hauts-de-Seine 101 ⑭, 18, 25 – 42 756 h alt. 36.*

Paris 10 – Nanterre 5 – Pontoise 30 – St-Germain-en-Laye 18 – Versailles 17.

Syjac sans rest, 20 quai de Dion-Bouton ✆ 01 42 04 03 04, *Fax 01 45 06 78 69* – |‡| TV ✆ – 🔏 30. AE ⓞ GB AX 41
☕ 60 – **30 ch** 670/980, 3 duplex.

Princesse Isabelle sans rest, 72 r. J. Jaurès ✆ 01 47 78 80 06, *princesse.isa@wanadoo.fr, Fax 01 47 75 25 20* – |‡| ≡ TV ✆ ⇔. AE ⓞ GB AX 41
☕ 60 – **29 ch** 765/1300.

Vivaldi sans rest, 5 r. Roque de Fillol ✆ 01 47 76 36 01, *vivaldi@hotelvivaldi.com, Fax 01 47 76 11 45* – |‡| TV ✆. AE ⓞ GB AX 41
☕ 47 – **27 ch** 550/570.

Dauphin sans rest, 45 r. J. Jaurès ✆ 01 47 73 71 63, *ledauphin2@wanadoo.fr, Fax 01 46 98 08 82*, Fá – |‡| TV ✆. AE ⓞ GB AX 41
☕ 50 – **37 ch** 600.

XX **Chaumière,** 127 av. Prés. Wilson - rd-pt des Bergères ✆ 01 47 75 05 46, *Fax 01 47 75 05 46* – ≡. AE GB AX 39
fermé 28 juil. au 25 août, dim. soir, lundi soir et sam. – **Repas** *(150)* - 180 et carte 220 à 370 ♀.

XX **Table d'Alexandre,** 7 bd Richard Wallace ✆ 01 45 06 33 63, *Fax 01 41 38 27 42* – ≡. AE GB AX 41
fermé 4 au 26 août, sam., dim. et fériés – **Repas** 130 et carte 200 à 270 ♀.

La Queue-en-Brie *94510 Val-de-Marne 101 ㉙, 24, 25 – 9 897 h alt. 95.*

Paris 22 – Coulommiers 52 – Créteil 13 – Lagny-sur-Marne 23 – Melun 33 – Provins 67.

Relais de Pincevent, av. Hippodrome ✆ 01 45 94 61 61, *pietro-salvi@wanadoo.fr, Fax 01 45 93 32 69*, 佘 – TV ♿ P – 🔏 60. AE ⓞ GB JCB BH 68
Repas 120/190 ♨ – ☕ 45 – **57 ch** 290/390.

XXX **Auberge du Petit Caporal,** 42 r. Gén. de Gaulle (N 4) ✆ 01 45 76 30 06, *Fax 01 45 76 30 06* – ≡. AE GB BJ 70
fermé 28 juil. au 24 août, vacances de fév., mardi soir, merc. soir et dim. – **Repas** 190 (déj.)/240 et carte 285 à 460.

Quincy-sous-Sénart *91480 Essonne 101 ㊳ – 7 079 h alt. 76.*

Paris 33 – Brie-Comte-Robert 7 – Évry 12 – Melun 23.

X **Lisière de Sénart,** 33 r. Libération ✆ 01 69 00 87 15, 佘 – AE GB
fermé 15 au 30 août et vacances de fév. – **Repas** 165/255 et carte 270 à 400.

Dans la liste des rues des plans de villes,
*les **noms en rouge** indiquent les principales voies commerçantes.*

Roissy-en-France (Aéroports de Paris) *95700 Val-d'Oise* 101 ⑧ – *2 054 h alt. 85.*
Charles-de-Gaulle ☎ 01 48 62 22 80.
Paris 26 – Chantilly 28 – Meaux 39 – Pontoise 38 – Senlis 27.

à Roissy-ville :

Copthorne M, allée Verger ☎ 01 34 29 33 33, *sales.cdg@mill-cop.com, Fax 01 34 29 03 05,* – 150. AE GB.
Repas *(fermé sam. midi, dim. midi et fériés midi)* 160 – 90 – **239 ch** 2050/2650.

Bleu Marine M, Z.A. parc de Roissy ☎ 01 34 29 00 00, *bleu.roissy@wanadoo.fr, Fax 01 34 29 00 11,* – 80. AE GB JCB
Repas *(105)* - 165 et carte le dim., enf. 49 – 65 – **153 ch** 760/960.

Mercure M, allée Verger ☎ 01 34 29 40 00, *h1245@accor-hotels.com, Fax 01 34 29 00 18,* – 90. AE GB
Repas 124, enf. 50 – 75 – **203 ch** 970/1600.

Campanile, Z.A. parc de Roissy ☎ 01 34 29 80 40, *Fax 01 34 29 80 39,* – 100. AE GB
Repas *(82)* - 98/116, enf. 39 – 39 – **264 ch** 525.

Ibis M, av. Raperie ☎ 01 34 29 34 34, *Fax 01 34 29 34 19* – 70. AE GB JCB
Repas *(75)* - 95, enf. 49 – 65 – **300 ch** 850.

à l'aérogare n° 2 :

Sheraton M, Aérogare n° 2 ☎ 01 49 19 70 70, *Fax 01 49 19 70 71,* « Architecture contemporaine originale », – 60. AE GB JCB
Les Étoiles *(fermé août, sam. et dim.)* Repas 310(déj.)/350 – ***Les Saisons :*** Repas 210(déj.)/250, enf. 120 – 145 – **256 ch** 2900/3550, 12 appart.

à Roissypole :

Hilton M, ☎ 01 49 19 77 77, *cdghitwsal@hilton.com, Fax 01 49 19 77 78,* – 500. AE GB JCB. rest
Gourmet *(fermé 15 juil. au 15 août, sam. et dim.)* Repas *(190)*-220 – ***Aviateurs*** - brasserie Repas 195 – ***Oyster bar*** - produits de la mer Repas carte 250 à 350 – 130 – **387 ch** 3200/3700, 4 appart.

Sofitel M, Zone centrale Ouest ☎ 01 49 19 29 29, *Fax 01 49 19 29 00,* – 60. AE GB JCB
Repas brasserie (déj. seul.) *(95)* - 170/220 – 110 – **343 ch** 1800/2100, 5 appart.

Novotel M, ☎ 01 49 19 27 27, *h1014@accor-hotels.com, Fax 01 49 19 27 99* – 60. AE GB JCB
Repas carte environ 180, enf. 50 – 75 – **201 ch** 870.

Ibis M, ☎ 01 49 19 19 19, *Fax 01 49 19 19 21,* rest, – 80. AE GB
Repas *(77)* - 97, enf. 39 – 39 – **556 ch** 510.

Z.I. Paris Nord II – ✉ *95912 :*

Hyatt Regency M, 351 av. Bois de la Pie ☎ 01 48 17 12 34, *Fax 01 48 17 17 17,* « Original décor contemporain », – 300. AE GB JCB.
Repas 230 (déj.), 295/345 – 115 – **383 ch** 2430/3030, 5 appart.

Voir aussi *ressources hôtelières au* **Mesnil-Amelot (77 S.-et-M.)**

Romainville *93230 Seine-St-Denis* 101 ⑰, 20, 25 – *23 563 h alt. 110.*
Paris 10 – Bobigny 4 – St-Denis 12 – Vincennes 5.

Chez Henri, 72 rte Noisy ☎ 01 48 45 26 65, *Fax 01 48 91 16 74* – AE GB **AV 57**
fermé août, dim., lundi et fériés – **Repas** 130/180 et carte 280 à 380.

Rosny-sous-Bois *93110 Seine-St-Denis* 101 ⑰, 20, 25 – *37 489 h alt. 80.*
Paris 17 – Bobigny 8 – Le Perreux-sur-Marne 4 – St-Denis 16.

Quality Hôtel M, 4 r. Rome ☎ 01 48 94 33 08, *qualityhotel.rosny@wanadoo.fr, Fax 01 48 94 30 05,* – 15 à 100. AE GB **AY 61**
Vieux Carré *(fermé août, 24 déc. au 2 janv., vend. soir, sam. et dim.)* **Repas** *(99)*-135/150 – 70 – **97 ch** 850/950.

Comfort Inn, 1 r. Lisbonne ☎ 01 48 12 30 30, *confort.rosny@wanadoo.fr, Fax 01 45 28 83 69* – rest, – 30 à 70. AE GB. **AX 61**
Repas *(fermé 20 juil. au 20 août, 21 déc. au 2 janv., vend. soir, sam. et dim.)* carte environ 160 – 55 – **100 ch** 550/650.

Rueil-Malmaison *92500 Hauts-de-Seine* 101 ⑭, 18, 25 *G. Ile de France – 66 401 h alt. 40.*

Voir *Château de Bois-Préau★ – Buffet d'orgues★ de l'église – Malmaison : musée★★ du château.*

Office de Tourisme 160 av. Paul-Doumer ✆ 01 47 32 35 75, Fax 01 47 14 04 48 et La Capitainerie 11 pl. des Impressionnistes ✆ 01 47 16 72 66, Fax 01 47 49 46 68.

Paris 14 – Argenteuil 11 – Nanterre 3 – St-Germain-en-Laye 9 – Versailles 13.

Novotel Atria M, 21 av. Ed. Belin ✆ 01 47 16 60 60, *Fax 01 47 51 09 29* – rest, – 20 à 180. AE GB JCB AW 34
Repas *(fermé dim. midi et sam.)* 125/145, enf. 50 – 75 – **118 ch** 850/1020.

Cardinal sans rest, 1 pl. Richelieu ✆ 01 47 08 20 20, *hotelcardinal@wanadoo.fr, Fax 01 47 08 35 84* – – 15. AE GB AY 35
60 – **63 ch** 750/930.

Rastignac, 1 pl. Europe ✆ 01 47 32 92 29, *Fax 01 47 32 93 35* – . AE GB AW 34
fermé 30 juil. au 26 août, sam. et dim. – **Repas** 195/395 et carte 260 à 330.

Pavillon des Muettes, 4 r. René Cassin ✆ 01 47 08 41 68, *Fax 01 47 08 43 20,* – AE GB AX 36
fermé 30 juil. au 25 août, vacances de fév., sam. midi et dim. – **Repas** 190 et carte 200 à 310.

Bonheur de Chine, 6 allée A. Maillol (face 35 av. J. Jaurès) ✆ 01 47 49 88 88, *Fax 01 47 49 48 68* – . AE GB AZ 37
fermé lundi – **Repas** - cuisine chinoise - 98 (déj.), 160/230 et carte 130 à 200.

Rungis *94150 Val-de-Marne* 101 ㉖, 24, 25 *– 2 939 h alt. 80 Marché d'Intérêt National.*

Voir *Commune de la "Méridienne verte".*

Paris 14 – Antony 5 – Corbeil-Essonnes 29 – Créteil 10 – Longjumeau 11.

à Pondorly : *accès : de Paris, A6 et bretelle d'Orly ; de province, A6 et sortie Rungis*

Holiday Inn M, 4 av. Ch. Lindbergh ✆ 01 49 78 42 00, *hiorty-sales@alliance-hospitality.fr, Fax 01 45 60 91 25* – – 15 à 150. AE GB BM 50
Repas *(98)* - 138, enf. 75 – 85 – **171 ch** 1050/1250.

Grand Hôtel Mercure Orly M, 20 av. Ch. Lindbergh ✆ 01 56 70 56 70, *h1298@accor-hotels.com, Fax 01 56 70 56 56,* – – 15 à 140. AE GB BM 50
Repas *(fermé sam. midi et dim. midi)* 215, enf. 65 – 75 – **190 ch** 1235.

Novotel M, Zone du Delta, 1 r. Pont des Halles ✆ 01 45 12 44 12, *h1628@accor-hotels.com, Fax 01 45 12 44 13,* – – 15 à 150. AE GB BM 50
Repas *(99)* - carte environ 160, enf. 50 – 70 – **187 ch** 830/875.

Ibis, 1 r. Mondétour ✆ 01 46 87 22 45, *h085@accor-hotels.com, Fax 01 46 87 84 72,* – – 60. AE GB, rest BM 50
Repas 95 – 39 – **119 ch** 395.

à Rungis-ville :

Charolais, 13 r. N.-Dame ✆ 01 46 86 16 42 – AE GB BN 50
fermé 8 août au 3 sept., sam. et dim. – **Repas** 150/215.

St-Cloud *92210 Hauts-de-Seine* 101 ⑭, 22, 25 *G. Ile de France – 28 597 h alt. 63.*

Voir *Parc★★ (Grandes Eaux★★) – Église Stella Matutina★.*

Paris 13 – Nanterre 8 – Rueil-Malmaison 6 – St-Germain 17 – Versailles 11.

Villa Henri IV, 43 bd République ✆ 01 46 02 59 30, *Fax 01 49 11 11 02* – – 25. AE GB BB 38
Bourbon *(fermé 27 juil. au 27 août et dim. soir)* **Repas** *(90)*-120/185, enf. 85 – 48 – **36 ch** 480/580.

Quorum, 2 bd République ✆ 01 47 71 22 33, *Fax 01 46 02 75 64* – , rest, . AE GB BB 38
Repas *(fermé août, sam. et dim.)* 128 – 45 – **58 ch** 480/520.

Garde-Manger, 21 r. Orléans ✆ 01 46 02 03 66, *Fax 01 46 02 11 55,* bistrot – GB BB 39
fermé dim. et fériés – **Repas** 90 et carte environ 220.

St-Denis (SP) *93200 Seine-St-Denis* 101 ⑯, 20, 25 *G. Île de France – 89 988 h alt. 33.*
Voir *Basilique*** – Stade de France* – Commune de la "Méridienne Verte".*
Office de Tourisme 1 r. de la République ℘ 01 55 87 08 70, Fax 01 48 20 24 11.
Paris 12 – Argenteuil 12 – Beauvais 71 – Bobigny 10 – Chantilly 31 – Pontoise 27 – Senlis 43.

Ibis Stade de France Sud M sans rest, r. Coquerie ℘ 01 55 93 36 00, *Fax 01 55 93 36 36* – AE GB – 39 – **95 ch** 345. **AS 51**

Campanile, 14 r. J. Jaurès ℘ 01 48 20 74 31, *Fax 01 48 20 74 26* – 25. AE GB – **Repas** 98/116 ₮, enf. 39 – 39 – **99 ch** 460. **AP 51**

Les Verdiots, 26 bd M. Sembat ℘ 01 42 43 24 33, *verdiotsperney@wanadoo.fr, Fax 01 42 43 43 44* – AE GB **AR 50**
fermé août, 14 au 20 janv., dim. et lundi – **Repas** 68 (déj.)/108 et carte environ 230 ₮.

ST-GERMAIN-EN-LAYE

Bonnenfant (R.A.) . . . . . AZ 3
Coches (R. des) . . . . . . AZ 4
Denis (R. M.) . . . . AZ 5
Detaille (Pl.) . . . . AY 6
Giraud-Teulon (R.) . . . . BZ 9
Gde-Fontaine (R.) . . . . . AZ 10
Loges (Av. des) . . . . . . AY 14
Malraux (Pl. A.) . . . . . . BZ 16
Marché-Neuf (Pl. du) . . AZ
Mareil (Pl.) . . . . AZ 19
Pain (R. au) . . . . AZ 20
Paris (R. de) . . . . AZ
Poissy (R. de) . . . . AZ 22
Pologne (R. de) . . . . AY 23
Surintendance (R. de la). AY 28
Victoire (Pl. de la) . . . . . AY 30
Vieil-Abreuvoir (R. du) . . . AZ 32
Vieux-Marché (R. du) . . . . . AZ 33

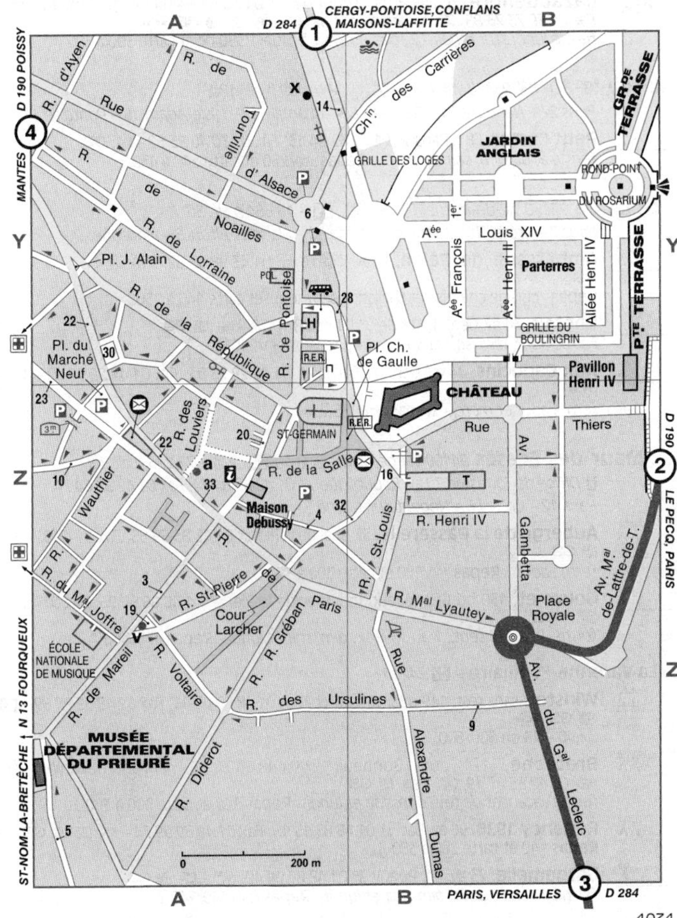

St-Germain-en-Laye SP *78100 Yvelines* 101 ⑬, 18 , 25 *G. Île de France – 39 926 h alt. 78.*

Voir *Terrasse★★ – Jardin anglais★ – Château★ : musée des Antiquités nationales★★ – Musée du Prieuré★.*

Office de Tourisme 38 r. Au Pain ✆ 01 34 51 05 12, Fax 01 34 51 36 01.

Paris 24 ③ – Beauvais 81 ① – Dreux 68 ③ – Mantes-la-Jolie 35 ④ – Versailles 14 ③.

Plan page précédente

Ermitage des Loges M, 11 av. Loges ✆ 01 39 21 50 90, *ermitage@easynet.fr, Fax 01 39 21 50 91*, – P – 30 à 150. AE GB. rest AY x
Repas *(98)* - 175/335 ♀, enf. 60 – 60 – **56 ch** 600/710 – ½ P 555.

Clémentine, 24 r. St-Pierre ✆ 01 34 51 77 78, *Fax 01 39 73 87 32* – AE GB JCB AZ v
fermé 15 au 31 août, dim. soir et lundi – **Repas** 90 (déj.), 179/450 et carte 300 à 550 ♀.

Feuillantine, 10 r. Louviers ✆ 01 34 51 04 24 – . AE GB AZ a
Repas *(98)* - 155 ♀.

par ① *et D 284 : 2,5 km – ✉ 78100 St-Germain-en-Laye :*

Forestière M, 1 av. Prés. Kennedy ✆ 01 39 10 38 38, *hotel@cazauddechore.fr, Fax 01 39 73 73 88*, « En lisière de forêt », – P – 30. AE GB JCB
voir rest. ***Cazaudehore*** ci-après – 85 – **25 ch** 950/1200, 5 appart.

Cazaudehore, 1 av. Prés. Kennedy ✆ 01 30 61 64 64, *hotel@cazauddehore.fr, Fax 01 39 73 73 88*, « Jardin fleuri », – P. AE GB JCB
fermé lundi sauf fériés – **Repas** *(190)* - 290 bc (déj.)/380 bc et carte 300 à 500.

St-Leu-la-Forêt *95320 Val d'Oise* 101 ④ *– 14 489 h alt. 120.*

Paris 27 – Nanterre 21 – Beauvais 60 – Chantilly 29 – L'Isle-Adam 15 – Pontoise 14.

Petit Castor, 68 r. Paris ✆ 01 39 32 94 13, *Fax 01 30 40 85 52* – . GB
fermé août, dim. soir et merc. – **Repas** 100/250 et carte 240 à 430 ♀.

St-Mandé *94160 Val-de-Marne* 101 ㉗, 24 , 25 *– 18 684 h alt. 50.*

Paris 7 – Créteil 10 – Lagny-sur-Marne 30 – Maisons-Alfort 6 – Vincennes 2.

Ambassade de Pékin, 6 av. Joffre ✆ 01 43 98 13 82, *Fax 01 43 28 31 93* – AE GB BA 56
Repas - cuisine chinoise et thaïlandaise 76 (déj.) et carte 140 à 250.

Rhétais, 34 av. Gén. de Gaulle ✆ 01 43 28 10 28 – . AE GB BB 56
fermé août, dim. soir et lundi – **Repas** 150 (déj.)/210 ♀.

Aux Capucins, 44 av. Gén. de Gaulle ✆ 01 43 28 23 93, *Fax 01 43 28 10 90* – . AE GB JCB BB 56
fermé août et merc. – **Repas** 130/185 ♀.

St-Maur-des-Fossés *94100 Val-de-Marne* 101 ㉗, 24 , 25 *– 77 206 h alt. 38.*

Office de Tourisme 70 av. République ✆ 01 42 83 84 74, Fax 01 42 83 84 74.

Paris 12 – Créteil 6 – Nogent-sur-Marne 5.

Auberge de la Passerelle, 37 quai de la Pie ✆ 01 48 83 59 65, *Fax 01 48 89 91 24* – . AE GB BH 61
fermé août – **Repas** 190/260 et carte 300 à 350 ♀.

Gourmet, 150 bd Gén. Giraud (quartier de la Pie) ✆ 01 48 86 86 96, *Fax 01 48 86 86 96*, – GB BH 62
fermé 1er au 15 sept., 7 au 15 janv., dim. soir et lundi – **Repas** 175/300.

à La Varenne-St-Hilaire *– ✉ 94210 :*

Winston sans rest, 119 quai W. Churchill ✆ 01 48 85 00 46, *Fax 01 48 89 98 89* – P. AE GB JCB BG 65
40 – **23 ch** 500/600.

Bretèche, 171 quai Bonneuil ✆ 01 48 83 38 73, *labreteche@cyber-club.org, Fax 01 42 83 63 19*, – . AE GB BJ 64
fermé vacances de fév., dim. soir et lundi – **Repas** 160 et carte 300 à 360.

Régency 1925, 96 av. Bac ✆ 01 48 83 15 15, *Fax 01 48 89 99 74* – . AE GB BH 65
Repas 140 et carte 280 à 380.

Gargamelle, 23 av. Ch. Péguy ✆ 01 48 86 04 40, – AE GB BG 65
fermé 12 au 27 août, dim. soir et lundi – **Repas** *(95)* - 149/249 ♀.

St-Maurice *94410 Val-de-Marne* 101 ㉗ *– 11 157 h alt. 50.*
Paris 8 – Évry 34 – Fontainebleau 66 – Chartres 90 – Étampes 53 – Melun 43.

Michel B., 6 r. P. Verlaine ✆ 01 48 89 40 90, *Fax 01 48 89 48 23,* – . AE GB — BE 59
fermé août, vacances de fév., sam. midi, dim. soir et lundi soir – **Repas** (160) - 200 ♀.

St-Ouen *93400 Seine-St-Denis* 101 ⑯, 18, 25 *– 42 343 h alt. 36.*
Voir Commune de la "Méridienne verte".
Office de Tourisme (fermé en août) pl. République ✆ 01 40 11 77 36, Fax 01 40 11 01 70.
Paris 9 – Bobigny 11 – Chantilly 35 – Meaux 48 – Pontoise 26 – St-Denis 5.

Sovereign, 54 quai Seine ✆ 01 40 12 91 29, *sovereign.st.ouen@wanadoo.fr, Fax 01 40 10 89 49* – – 30. AE GB — AS 49
Repas *(fermé sam. et dim.)* (78) - 115 – 40 – **104 ch** 320/355.

Coq de la Maison Blanche, 37 bd J. Jaurès ✆ 01 40 11 01 23, *Fax 01 40 11 67 68,* – . AE GB JCB — AT 49
fermé dim. – **Repas** 190 et carte 230 à 360 ♀.

St-Pierre-du-Perray *91280 Essonne* 101 ㊳ *– 3 342 h alt. 88.*
Paris 43 – Brie-Comte-Robert 16 – Évry 10 – Melun 21.

Novotel Ⓜ, golf de Greenparc ✆ 01 69 89 75 75, *h1783@accor-hotel.com, Fax 01 69 89 75 50,* , , – – 120. AE GB JCB
Repas (98) - 128 ♀, enf. 50 – 65 – **78 ch** 595/735.

St-Quentin-en-Yvelines *78 Yvelines* 101 ㉑, 25 *G. Île de France.*
Paris 33 – Houdan 31 – Palaiseau 22 – Rambouillet 21 – Versailles 14.

Montigny-le-Bretonneux – *31 687 h. alt. 162 – ✉ 78180 :*

Mercure Ⓜ, 9 pl. Choiseul ✆ 01 39 30 18 00, *h1983@accor-hotels.com, Fax 01 30 57 15 22,* – – 20 à 70. AE GB — BJ 23
Repas *(fermé dim. midi et sam.)* (95) - 125/165 ♀ – 68 – **74 ch** 640/695.

Auberge du Manet , 61 av. Manet ✆ 01 30 64 89 00, *mail@aubergedumanet, Fax 01 30 64 55 10,* – . AE GB JCB — BL 21
Repas 160/215 ♀, enf. 50 – 60 – **35 ch** 520/630.

Holiday Inn Garden Court Ⓜ, r. J.-P. Timbaud (rte Bois d'Arcy sur D 127) ✆ 01 30 14 42 00, *higcsaintquentin@alliance-hotellerie.fr, Fax 01 30 14 42 42,* – – 20 à 60. AE GB JCB — BH 22
Repas *(fermé sam. et dim.)* (88) - 102/142 , enf. 50 – 65 – **81 ch** 800.

Voisins-le-Bretonneux – *11 220 h. alt. 163 – ✉ 78960 .*
Voir Vestiges de l'abbaye Port-Royal des Champs★ SO : 4 km.

Novotel St-Quentin Golf National Ⓜ , au Golf National, Est : 2 km par D 36 ✉ 78114 Magny-lès-Hameaux ✆ 01 30 57 65 65, *h1139@accor-hotels.com, Fax 01 30 57 65 00,* , , , , , – – – 15 à 180. AE GB — BN 25
Repas carte environ 180 ♀, enf. 50 – 68 – **130 ch** 620/670.

Relais de Voisins , av. Grand-Pré ✆ 01 30 44 11 55, *Fax 01 30 44 02 04,* – – 40. GB. — BM 23
fermé 1er au 15 déc. et dim. soir – **Repas** 79/159 – 32 – **54 ch** 350/370.

Port Royal sans rest, 20 r. H. Boucher ✆ 01 30 44 16 27, *Fax 01 30 57 52 11,* – . GB — BM 24
38 – **40 ch** 300/320.

Ste-Geneviève-des-Bois *91700 Essonne* 101 ㉟ ㊱ *G. Île de France – 31 286 h alt. 78.*
Voir Commune de la "Méridienne verte".
Office de Tourisme Le Donjon 8 av. du Château ✆ 01 60 16 29 33, Fax 01 60 15 56 78.
Paris 28 – Arpajon 12 – Corbeil-Essonnes 17 – Étampes 31 – Évry 10 – Longjumeau 10.

Table d'Antan, 38 av. Gde Charmille du Parc, près H. de Ville ✆ 01 60 15 71 53, *Fax 01 60 15 71 53* – GB — CC 48
fermé 7 août au 3 sept., mardi soir, merc. soir, dim. soir et lundi – **Repas** 155/295 et carte 230 à 370 ♀.

Sartrouville *78500 Yvelines* 101 ⑬, 18, 25 *– 50 329 h alt. 46.*
Paris 21 – Maisons-Laffitte 2 – Pontoise 19 – St-Germain-en-Laye 8 – Versailles 20.

Jardin Gourmand, 109 rte Pontoise (N 192) ✆ 01 39 13 18 88, *Fax 01 61 04 03 07* – . AE GB — AN 37
fermé 13 au 26 août et dim. soir – **Repas** 140/280 et carte 260 à 340.

Savigny-sur-Orge *91600 Essonne 101 ㊱ – 33 295 h alt. 81.*
Voir *Commune de la "Méridienne verte".*
Paris 23 – Arpajon 19 – Corbeil-Essonnes 17 – Évry 11 – Longjumeau 6.

XX **Au Ménil,** 24 bd A. Briand ☏ 01 69 05 47 48, *Fax 01 69 44 09 44* – ▤. AE GB — BX 50
fermé 15 juil. au 15 août, lundi soir et mardi – **Repas** 168/280 ♁.

Sevran *93270 Seine-St-Denis 101 ⑱, 20, 25 – 48 478 h alt. 50.*
Paris 21 – Bobigny 8 – Meaux 28 – Villepinte 4.

Campanile, 5 r. A. Léonov ☏ 01 43 84 67 77, *Fax 01 43 83 27 40* – |♦| ⇹ TV ☎ ♿ P – ⚑ 25. AE ◑ GB — AN 65
Repas 98/119 ♁, enf. 39 – ☕ 39 – **55 ch** 395.

Sèvres *92310 Hauts-de-Seine 101 ㉔, 22, 25 G. Île de France – 21 990 h alt. 48.*
Voir *Musée National de céramique★★ – Étangs★ de Ville d'Avray O : 3 km.*
Paris 12 – Boulogne-Billancourt 3 – Nanterre 14 – St-Germain-en-Laye 19 – Versailles 8.

XX **Auberge Garden,** 24 rte Pavé des Gardes ☏ 01 46 26 50 50, *Fax 01 46 26 58 58*, 🏠 – AE GB — BF 38
fermé 30 juil. au 20 août, 23 déc. au 1er janv., sam. midi, dim. soir et lundi – **Repas** *(152)* - 188.

Soisy-sur-Seine *91450 Essonne 101 ㊲ – 7 145 h alt. 39.*
Paris 34 – Évry 4 – Fontainebleau 40 – Chartres 83 – Étampes 40 – Melun 26.

XX **Terrasse des Donjons,** 74 av. République ☏ 01 60 75 66 06, *Fax 01 60 75 66 44*, 🏠 – GB — CB 59
fermé sam. midi, dim. soir et lundi – **Repas** *(125)* - 160.

Sucy-en-Brie *94370 Val-de-Marne 101 ㉘, 24, 25 – 25 839 h alt. 96.*
Voir *Château de Gros Bois★ : mobilier★★ S : 5 km,* G. Ile de France.
Paris 22 – Créteil 7 – Chennevières-sur-Marne 4.

quartier les Bruyères *Sud-Est : 3 km :*

Tartarin 🐎, carrefour de la Patte d'Oie ☏ 01 45 90 42 61, *aub-tartarin@wanadoo.fr*, *Fax 01 45 90 52 55*, 🏠 – TV ☎ – ⚑ 30. GB — BM 68
fermé août et lundi – **Repas** 125/275 – **12 ch** ☕ 295/325.

XX **Terrasse Fleurie,** 1 r. Marolles ☏ 01 45 90 40 07, *Fax 01 45 90 40 07*, 🏠 – P AE GB — BM 68
fermé 6 au 29 août, 2 au 12 fév., le soir (sauf vend. et sam.) et merc. – **Repas** 110/190, enf. 60.

Suresnes *92150 Hauts-de-Seine 101 ⑭, 18, 25 G. Ile de France – 35 998 h alt. 42.*
Voir *Fort du Mont Valérien (Mémorial National de la France combattante).*
Office de Tourisme 50 bd Henri-Sellier ☏ 01 41 18 18 76, Fax 01 41 18 18 78.
Paris 12 – Nanterre 5 – Pontoise 33 – St-Germain-en-Laye 14 – Versailles 13.

Novotel M, 7 r. Port aux Vins ☏ 01 40 99 00 00, *h1143@accor-hotels.com*, *Fax 01 45 06 60 06* – |♦| ⇹ ▤ TV ☎ ♿ 🚗 – ⚑ 25 à 100. AE ◑ GB — AY 40
Repas *(110)* - 150 et carte 180 à 230 ♁, enf. 50 – ☕ 70 – **107 ch** 940, 3 appart.

Atrium M sans rest, 68 bd H. Sellier ☏ 01 42 04 60 76, *Fax 01 46 97 71 61*, ⛹ – |♦| TV ☎ ♿ 🚗 – ⚑ 25. AE ◑ GB JCB — AZ 39
☕ 55 – **42 ch** 680/750.

Astor sans rest, 19 bis r. Mt Valérien ☏ 01 45 06 15 52, *Fax 01 42 04 65 29* – |♦| TV. AE ◑ GB — AY 39
☕ 42 – **51 ch** 380.

XX **Les Jardins de Camille,** 70 av. Franklin Roosevelt ☏ 01 45 06 22 66, *Fax 01 47 72 42 25*, ≤, 🏠 – AE GB JCB — AY 39
fermé dim. soir – **Repas** 175/210.

Tremblay-en-France *93290 Seine-St-Denis 101 ⑱, 20, 25 – 31 385 h alt. 60.*
Paris 24 – Aulnay-sous-Bois 6 – Bobigny 14 – Villepinte 4.

XXX **Relais Gourmand,** 2 rte Petits Ponts ☏ 01 48 60 87 34, *Fax 01 49 63 85 47* – ▤ AE GB — AL 68
fermé 1er au 8 mai, dim. soir et lundi – **Repas** 198 et carte 320 à 410.

au Tremblay-Vieux-Pays :

XX **Cénacle,** 1 r. Mairie ✉ 93290 ☏ 01 48 61 32 91, *Fax 01 48 60 43 89* – AE GB — AJ 68
fermé août, sam et dim. – **Repas** 230/380 et carte 290 à 430, enf. 100.

Triel-sur-Seine *78510 Yvelines* 101 ① ② *G. Île de France – 9 615 h alt. 20.*
Voir Église St-Martin★.
Paris 39 – Mantes-la-Jolie 27 – Pontoise 14 – Rambouillet 55 – St-Germain-en-Laye 12.

St-Martin, 2 r. Galande (face Poste) ✆ 01 39 70 32 00, *Fax 01 39 74 30 34* – GB
fermé 5 au 29 août, dim. soir, lundi soir et merc. – **Repas** (nombre de couverts limité, prévenir) 109/180, enf. 60.

Vanves *92170 Hauts-de-Seine* 101 ㉕, 22, 25 – *25 967 h alt. 61.*
Paris 7 – Boulogne-Billancourt 4 – Nanterre 17.

Mercure Porte de la Plaine M, 36 r. Moulin ✆ 01 46 48 55 55, *h0375@accor-hotels.com, Fax 01 46 48 56 56* – 20 à 180. AE GB JCB BD 45
Repas *(105)* - carte 130 à 210 ♀, enf. 50 – ☕ 80 – **384 ch** 1060/1220, 4 appart.

Parc des Expositions M sans rest, 18 r. E. Baudouin ✆ 01 41 46 06 46, *info@hotel-parc-expositions.fr, Fax 01 41 46 06 47* – 15 à 30. AE GB BD 44
☕ 60 – **55 ch** 650/750.

Ibis M sans rest, 43 r. J. Bleuzen ✆ 01 40 95 80 00, *Fax 01 40 95 96 99* – . AE GB BD 45
☕ 39 – **71 ch** 425/475.

Pavillon de la Tourelle, 10 r. Larmeroux ✆ 01 46 42 15 59, *pavillontourelle@wanadoo.fr, Fax 01 46 42 06 27,* – P. AE GB JCB BE 44
fermé 30 juil. au 27 août, vacances de fév., dim. soir et lundi – **Repas** *(160)* - 200/490 bc et carte 310 à 500, enf. 150.

Vaucresson *92420 Hauts-de-Seine* 101 ㉓, 22, 25 – *8 118 h alt. 160.*
Voir Etang de St-Cucufa★ NE : 2,5 km – Institut Pasteur - Musée des Applications de la Recherche★ à Marnes-la-Coquette SO : 4 km, G. Ile de France.
Paris 18 – Mantes-la-Jolie 44 – Nanterre 17 – St-Germain-en-Laye 12 – Versailles 5.

voir plan de Versailles.

Auberge de la Poularde, 36 bd Jardy (près autoroute) D 182 ✆ 01 47 41 13 47, *Fax 01 47 41 13 47,* – P. AE GB JCB U a
fermé août, vacances de fév., dim. soir, mardi soir et merc. – **Repas** 175 et carte 260 à 340.

Vélizy-Villacoublay *78140 Yvelines* 101 ㉔, 22, 25 – *20 725 h alt. 164.*
Paris 19 – Antony 13 – Chartres 81 – Meudon 9 – Versailles 6.

Holiday Inn M, av. Europe, près centre commercial Vélizy II ✆ 01 39 46 96 98, *hivelizy.hotel@alliance-hotellerie.fr, Fax 01 34 65 95 21,* – P – 170. AE GB. rest BJ 39
Repas 200/245 et carte 190 à 340, enf. 65 – ☕ 95 – **182 ch** 1390/1590.

Orée du Bois, 2 r. M. Sembat ✆ 01 39 46 38 40, *Fax 01 30 70 88 67,* – AE GB BH 35
fermé août, sam. et dim. – **Repas** *(125)* - 155 et carte environ 300.

Vernouillet *78540 Yvelines* 101 ① *G. Île de France – 8 676 h alt. 24.*
Voir Clocher★ de l'église.
Paris 37 – Mantes-la-Jolie 25 – Pontoise 16 – Rambouillet 53 – Versailles 28.

Les Charmilles avec ch, 38 av. P. Doumer ✆ 01 39 71 64 02, *Fax 01 39 65 98 62,* – P – 30. AE GB
fermé 8 au 22 août – **Repas** *(fermé dim. soir et lundi) (110)* - 160/230 ♀ – ☕ 35 – **9 ch** 230/330.

Versailles P *78000 Yvelines* 101 ㉓, 22, 25 *G. Île de France – 87 789 h alt. 130.*
Voir Château★★★ – Jardins★★★ (Grandes Eaux★★★ et fêtes de nuit★★★ en été) – Ecuries Royales★ – Trianon★★ – Musée Lambinet★ Y M.
Env. *Jouy-en-Josas : la "Diège"★ (statue) dans l'église, 7 km par ③.*
Office de Tourisme 2 bis av. Paris ✆ 01 39 24 88 88, Fax 01 39 24 88 89.
Paris 21 ① – Beauvais 95 ⑨ – Dreux 60 ⑥ – Évreux 89 ⑧ – Melun 65 ④ – Orléans 127 ④.

Plans pages suivantes

Trianon Palace M, 1 bd Reine ✆ 01 30 84 50 00, *trian@westin.com, Fax 01 30 84 50 01,* « Élégant décor début de siècle », ch, P – 15 à 200. AE GB JCB X r
voir rest. ***Les Trois Marches*** ci-après - ***Café Trianon :*** **Repas** carte 240 à 420 ♀, enf. 80 – ☕ 190 – **166 ch** 2700/3400, 26 appart.

Sofitel Château de Versailles M, 2 bis av. Paris ✆ 01 39 07 46 46, *h1300@accor-hotels.com, Fax 01 39 07 46 47,* – 90. AE GB JCB. rest
Repas *(fermé 28 juil. au 26 août et 22 au 30 déc.)* 175/290 – ☕ 120 – **146 ch** 1400/1600, 6 appart. Y a

VERSAILLES

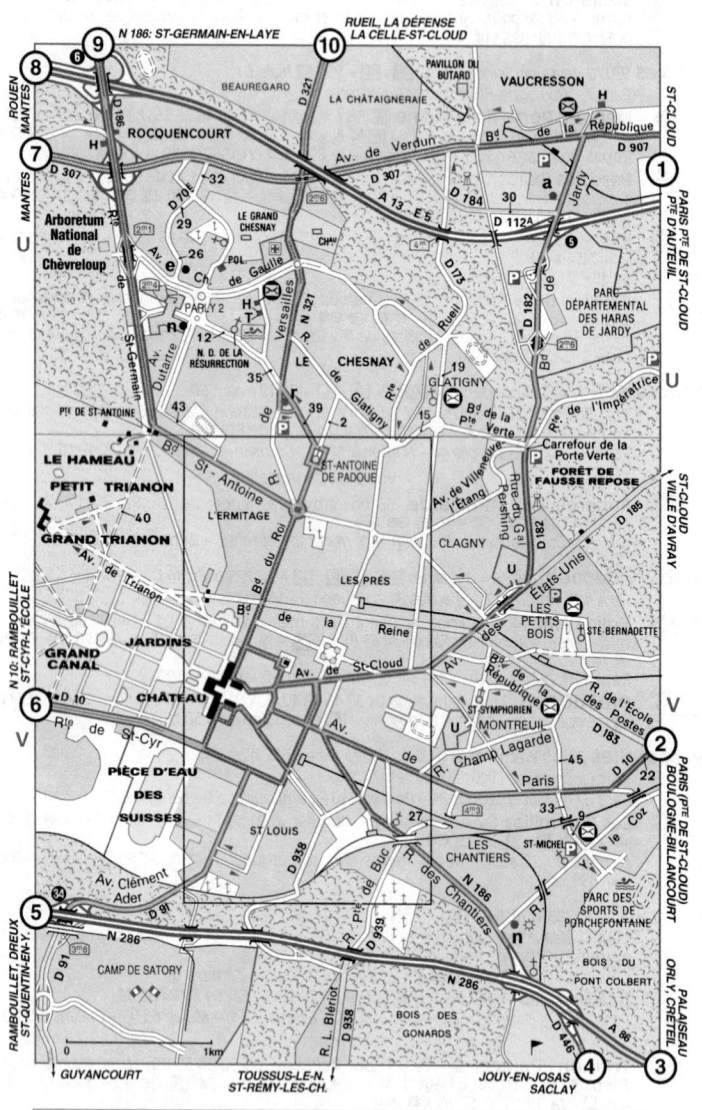

Bellevue (Av. de) .... U 2
Coste (R.) .... V 9
Dr-Schweitzer (Av. du) .. U 12
Franchet-d'Esperey
(Av. du Mar.) .... U 15
Glatigny (Bd de) .... U 19
Leclerc (Av. du Gén.) ... V 22
Marly-le-Roi (R. de) ..... U 26
Mermoz (R. Jean) ...... V 27
Moxouris (R.) .... U 29
Napoléon-III (Rte) .... U 30
Pelin (R. L.) .... U 32
Porchefontaine
(Av. de) .... V 33
Pottier (R.) .... U 35
Rocquencourt (Av. de) ... U 39
St-Antoine (Allée) .... V 40
Sports (R. des) .... U 43
Vauban (R.) .... V 45

Les **guides Rouges,** les **guides Verts** et les **cartes Michelin**
sont complémentaires.
Utilisez-les ensemble.

VERSAILLES

Carnot (R.) . . . . **Y**
Clemenceau
(R. Georges) . . . . **Y** 7
Chancellerie (R. de la) . . . **Y** 3
Chantiers (R. des) . . . . . . **Z** 5
Cotte (R. Robert-de) . . . . **Y** 10
Europe (Av. de l') . . . . **Y** 14
États-Généraux (R. des) . **Z**
Foch (R. du Mar.) . . . . . **XY**
Gambetta (Pl.) . . . . **Y** 17
Gaulle (Av. Gén.-de) . . . **YZ** 18
Hoche (R.) . . . . **Y**
Indép. Américaine
(R. de l') . . . . **Y** 20
Leclerc (R. du Gén.) . . . . **Z** 24
Mermoz (R. Jean) . . . . **Z** 27
Nolhac (R. Pierre-de) . . . . . **Y** 31
Orangerie (R. de l') . . . . . **YZ**
Paroisse (R. de la) . . . . **Y**
Porte de Buc (R. de la) . . . **Z** 34
Royale (R.) . . . . **Z**
Rockefeller (Av.) . . . . **Y** 37
Satory (R. de) . . . . **YZ** 42
Vieux-Versailles (R. du) . . **YZ** 47

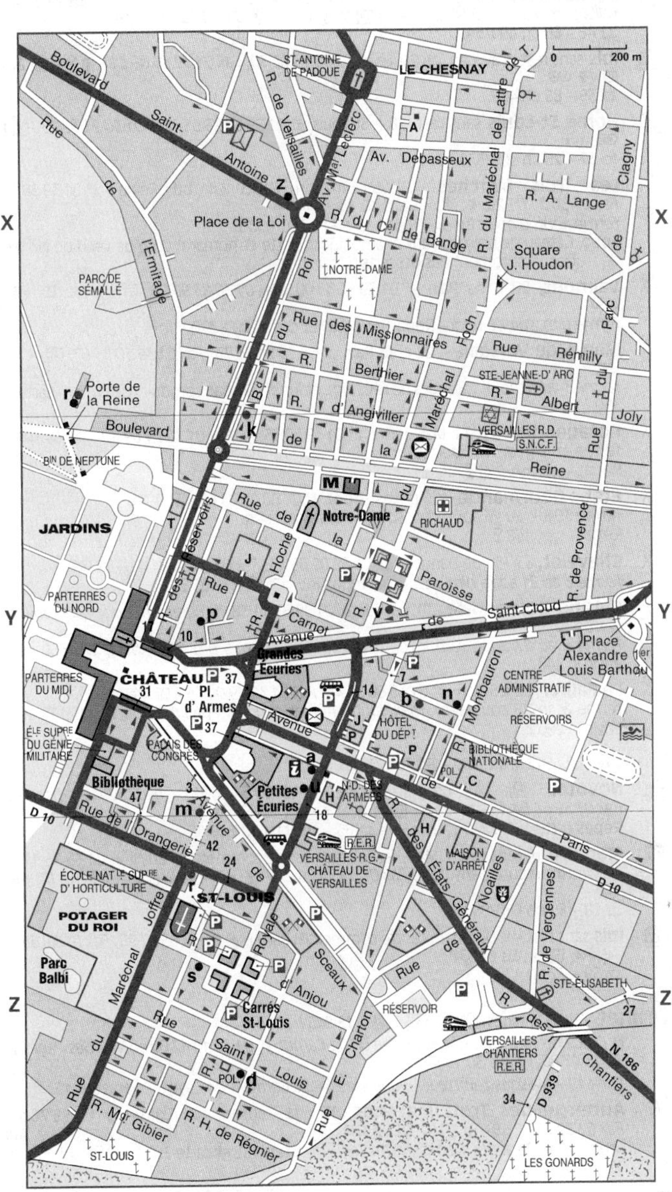

Versailles M sans rest, 7 r. Ste-Anne ☎ 01 39 50 64 65, *Fax 01 39 02 37 85* – 25. AE GB JCB Y p
61 – **46 ch** 540/660.

Résidence du Berry M sans rest, 14 r. Anjou ☎ 01 39 49 07 07, *resa@hotel-berry.com, Fax 01 39 50 59 40* – AE GB JCB Z s
58 – **38 ch** 580/710.

Relais Mercure M sans rest, 19 r. Ph. de Dangeau ☎ 01 39 50 44 10, *hotel@mercure-versaille.com, Fax 01 39 50 65 11* – 35. AE GB JCB Y n
48 – **60 ch** 490/540.

Ibis sans rest, 4 av. Gén. de Gaulle ☎ 01 39 53 03 30, *Fax 01 39 50 06 31* – AE GB Y u
39 – **85 ch** 455.

Home St-Louis sans rest, 28 r. St-Louis ☎ 01 39 50 23 55, *Fax 01 30 21 62 45* – AE GB JCB Z d
37 – **25 ch** 300/330.

Les Trois Marches - Hôtel Trianon Palace, 1 bd Reine ☎ 01 39 50 13 21, *Fax 01 30 21 01 25*, – AE GB JCB X r
fermé août, dim. et lundi – **Repas** 380 (déj.), 750/850
Spéc. Gâteau de poireaux aux champignons, lotte et homard. Côte de veau de lait piquée de truffes. Assortiment des desserts.

Valmont, 20 r. au Pain ☎ 01 39 51 39 00, *Fax 01 30 83 90 99*, – AE GB JCB Y v
fermé dim. soir et lundi – **Repas** *(118)* - 169 et carte 280 à 370.

Marée de Versailles, 22 r. au Pain ☎ 01 30 21 73 73, *Fax 01 39 50 55 87*, – AE GB Y c
fermé 3 au 18 août, vacances de fév., dim. et lundi – **Repas** - produits de la mer - carte 240 à 350.

Potager du Roy, 1 r. Mar.-Joffre ☎ 01 39 50 35 34, *Fax 01 30 21 69 30* – AE GB Z r
fermé sam. midi, dim. soir et lundi
Repas *(145)* - 189/285

Étape Gourmande, 125 r. Yves Le Coz ☎ 01 30 21 01 63, – GB V n
fermé 30 juil. au 23 août, dim. soir, mardi soir et merc.
Repas *(128)* - 168

Chevalet, 6 r. Ph. de Dangeau ☎ 01 39 02 03 13, *Fax 01 39 50 81 41* – AE GB Y b
fermé 6 au 21 août, dim. et lundi – **Repas** *(94)* - 125 (déj.)/165

Cuisine Bourgeoise, 10 bd Roi ☎ 01 39 53 11 38, *la.cuisine.bougeoise@wanadoo.fr, Fax 01 39 53 25 26* – AE GB XY k
fermé 3 au 27 août, sam. midi, dim. et lundi – **Repas** *(120)* - 175 (déj.), 270/350 et carte environ 340.

Le Falher, 22 r. Satory ☎ 01 39 50 57 43, *Fax 01 39 49 04 66* – AE GB. Y m
fermé 8 au 26 août, sam. midi, lundi midi et dim. – **Repas** 138 (déj.), 168/195 et carte environ 280

au Chesnay – *29 542 h. alt. 120* – ✉ *78150* :

Novotel M, 4 bd St-Antoine ☎ 01 39 54 96 96, *h1022@accor-hotels.com, Fax 01 39 54 94 40* – 90. AE GB X z
Repas carte 160 à 220, enf. 50 – 65 – **105 ch** 620/670.

Mercure M sans rest, r. Marly-le-Roi, face centre commercial Parly II ☎ 01 39 55 11 41, *reception@mercure-parly.com, Fax 01 39 55 06 22* – 15. AE GB JCB U e
68 – **89 ch** 660/850.

Ibis sans rest, av. Dutartre, centre commercial Parly II ☎ 01 39 63 37 93, *Fax 01 39 55 18 66* – AE GB U n
39 – **72 ch** 420.

Le Vésinet *78110 Yvelines* 101 ⑬, 18, 25 – *15 945 h alt. 44.*

Office de Tourisme Hôtel-de-Ville 60 bd Carnot ☎ 01 30 15 47 00 et 3 av. des Pages ☎ 01 30 15 47 80, Fax 01 30 15 47 77.

Paris 19 – Maisons-Laffitte 9 – Pontoise 25 – St-Germain-en-Laye 3 – Versailles 16.

Auberge des Trois Marches, 15 r. J. Laurent (pl. Église) ☎ 01 39 76 10 30, *Fax 01 39 76 62 58* – AE GB **AW 31**
fermé 12 au 26 août – **Repas** *(fermé dim. soir) (110)* - 152 et carte 210 à 340 – 45 – **15 ch** 450/560.

Villejuif *94800 Val-de-Marne 101 ㉖, 22, 25 – 48 405 h alt. 100.*
Paris 8 – Créteil 11 – Orly 7 – Vitry-sur-Seine 3.

Relais Mercure Timing Ⓜ, 116 r. Éd. Vaillant ✆ 01 53 14 50 50, *h1879@accor-hotels.com, Fax 01 53 14 50 60,* – ch, – 15 à 300. AE GB — BH 50
Repas *(fermé 12 juil. au 22 août, sam. midi, dim. midi et fériés le midi) (124)* - 154 bc ♀, enf. 55 – ☕ 65 – **148 ch** 645/685.

Campanile, 20 r. Dr Pinel ✆ 01 46 78 10 11, *Fax 01 46 77 88 94,* – – 50. AE GB — BG 50
Repas *(82)* - 90/119 ♀, enf. 39 – ☕ 39 – **72 ch** 410.

Villejust *91140 Essonne 101 ㉞ – 1 324 h alt. 162.*
Paris 25 – Chartres 65 – Étampes 32 – Évry 20 – Melun 46 – Versailles 23.

à **Courtaboeuf 7** *sur D 118 : 2 km – ✉ 91971 :*

Campanile, av. des Deux Lacs ✆ 01 69 31 16 17, *Fax 01 69 31 07 18,* – AE GB — BX 38
Repas 80/106, enf. 39 – ☕ 39 – **76 ch** 360.

Villeneuve-la-Garenne *92390 Hauts-de-Seine 101 ⑮, 20, 25 – 23 824 h alt. 30.*
Voir *Commune de la "Méridienne verte".*
Paris 13 – Nanterre 13 – Pontoise 24 – St-Denis 3 – St-Germain-en-Laye 23.

XXX **Les Chanteraines,** av. 8 Mai 1945 ✆ 01 47 99 31 31, *Fax 01 41 21 31 17,* ≤, – P. AE GB — AP 48
fermé 14 au 21 août, dim. soir et sam. – **Repas** 185 et carte 280 à 330 ♀.

Villeneuve-le-Roi *94290 Val-de-Marne 101 ㉖ – 20 325 h alt. 100.*
Paris 21 – Créteil 9 – Arpajon 31 – Corbeil-Essonnes 22 – Évry 15.

XX **Beau Rivage,** 17 quai de Halage ✆ 01 45 97 16 17, *Fax 01 49 61 02 60,* ≤ – AE GB — BS 58
fermé 13 au 20 août, merc. soir d'oct. à avril, mardi soir, dim. soir et lundi – **Repas** 190 et carte 200 à 290.

Villeneuve-sous-Dammartin *77230 S.-et-M. 101 ⑨ – 413 h alt. 70.*
Paris 35 – Bobigny 25 – Goussainville 16 – Meaux 26 – Melun 71 – Senlis 27.

XXX **Amarande,** 28 r. Paris ✆ 01 60 54 92 92, *Fax 01 60 54 92 92,* – P. AE GB JCB
fermé dim. soir – **Repas** 140 (déj.), 255/310 et carte 220 à 360.

Villeparisis *77270 S.-et-M. 101 ⑲, 25 – 18 790 h alt. 72.*
Paris 25 – Bobigny 15 – Chelles 10 – Tremblay-en-France 5.

Relais du Parisis, Z.I. L'Ambrésis ✆ 01 64 27 83 83, *Fax 01 64 27 94 49,* – P. AE GB JCB — AN 74
Repas *(fermé dim. soir) 85*/218 ♀, enf. 48 – ☕ 42 – **44 ch** 295.

XX **Bastide,** 15 av. J. Jaurès ✆ 01 60 21 08 99 – GB — AP 73
fermé 10 au 31 août, dim. et lundi – **Repas** *(98)* - 132/162 et carte 200 à 340.

Villiers-le-Bâcle *91190 Essonne 101 ㉓, 22, 25 – 953 h alt. 153.*
Paris 32 – Arpajon 27 – Rambouillet 28 – Versailles 11.

XX **Petite Forge,** ✆ 01 60 19 03 88, *Fax 01 60 19 03 88,* – AE GB — BS 30
fermé sam. et dim. – **Repas** 250 et carte 330 à 370 ♀.

Vincennes *94300 Val-de-Marne 101 ⑰, 24, 25 – 42 267 h alt. 51.*
Voir *Château★★ – Bois de Vincennes★★ : Zoo★★, Parc floral de Paris★★, Musée des Arts d'Afrique et d'Océanie★,* G. Paris.
Office de Tourisme 11 av. Nogent ✆ 01 48 08 13 00, Fax 01 43 74 81 01.
Paris 8 – Créteil 11 – Lagny-sur-Marne 27 – Meaux 46 – Melun 52 – Senlis 49.

St-Louis Ⓜ sans rest, 2 bis r. R. Giraudineau ✆ 01 43 74 16 78, *Fax 01 43 74 16 49* – – 25. AE GB JCB — BB 57
☕ 58 – **25 ch** 590/990.

Daumesnil Vincennes sans rest, 50 av. Paris ✆ 01 48 08 44 10, *daumesnil@micronet.fr, Fax 01 43 65 10 94* – AE GB JCB — BB 57
☕ 45 – **50 ch** 490/620.

Donjon sans rest, 22 r. Donjon ✆ 01 43 28 19 17, *Fax 01 49 57 02 04* – GB — BB 57
fermé 26 juil. au 27 août – ☕ 33 – **25 ch** 330/390.

X **Rigadelle,** 26 r. Montreuil ✆ 01 43 28 04 23 – AE GB — BB 57
fermé août, vacances de fév., dim. soir et lundi – **Repas** (nombre de couverts limité, prévenir) *(125)* - 170 et carte 230 à 330.

Viroflay *78220 Yvelines* 101 ㉔, 22 – *14 689 h alt. 115.*

Paris 17 – Antony 16 – Boulogne-Billancourt 8 – Versailles 4.

XX **Chaumière,** 3 av. Versailles ☎ 01 30 24 48 76, *Fax 01 30 24 59 69,* ⛱ – GB BG 34
fermé 6 au 19 août, merc. soir et lundi – **Repas** (140) - 175/240.

Viry-Châtillon *91170 Essonne* 101 ㊱ – *30 580 h alt. 34.*

Paris 27 – Corbeil-Essonnes 16 – Évry 9 – Longjumeau 9 – Versailles 33.

XXX **Dariole de Viry,** 21 r. Pasteur ☎ 01 69 44 22 40, *Fax 01 69 96 88 87* – ▤. AE GB BX 52
fermé 4 au 22 août, 22 déc. au 5 janv., sam. midi et dim. – **Repas** 250.

X **Marcigny,** 27 r. D. Casanova ☎ 01 69 44 04 09 – ▤. GB BY 52
fermé 5 au 21 août, dim. soir et lundi – **Repas** 100/230 ♀, enf. 80.

Participez à notre effort permanent
de mise à jour

Adressez-nous vos remarques
et vos suggestions.

Cartes et Guides Michelin

46 avenue de Breteuil - 75324 Paris Cedex 07

PARTHENAY ⟨SP⟩ *79200 Deux-Sèvres* 67 ⑱ *G. Poitou Vendée Charentes – 10 809 h alt. 175.*

Voir ≤★ du Pont-Neuf - ≤★ de la terrasse de l'hôtel de ville – Pont et porte St-Jacques★ Y **B** *– Rue de la Vau-St-Jacques★ Y – Église St-Pierre★ de Parthenay-le-Vieux par ④ : 1,5 km.*

Office de Tourisme 8 r. de la Vau St-Jacques ✆ 05 49 64 24 24, Fax 05 49 64 52 29.

Paris 379 ② – Poitiers 48 ② – Bressuire 33 ① – Niort 42 ④ – Thouars 41 ①.

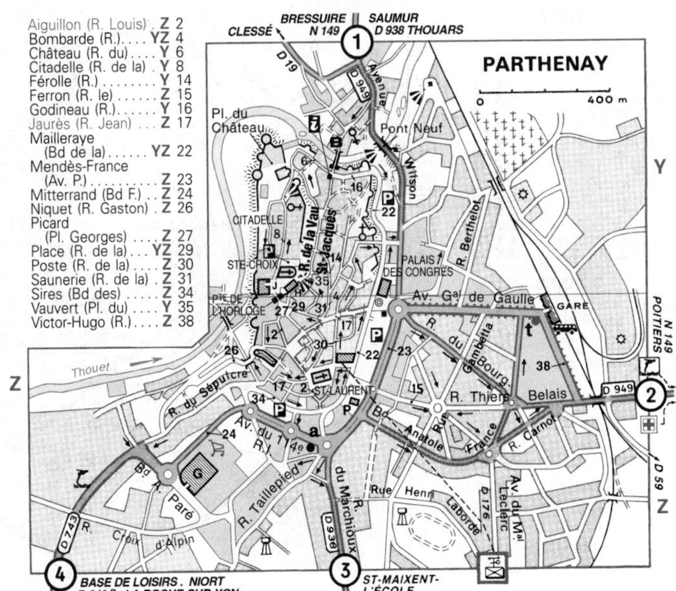

St-Jacques sans rest, 13 av. 114e R.I. ✆ 05 49 64 33 33, *hotel-st-jacques@districtparthenay.fr, Fax 05 49 94 00 69* – TV ♿ P. AE ⓓ GB Z a
42 – **46 ch** 210/370

Nord avec ch, 86 av. Gén. de Gaulle ✆ 05 49 94 29 11, *hotel-du-nord@district-parthenay.fr, Fax 05 49 64 11 72* – rest, TV. AE ⓓ GB Z t
fermé 22 déc. au 7 janv. et sam. – **Repas** *(86)* - 90 (dîner), 120/250 ♀, enf. 55 – 38 – **10 ch** 290/325 – ½ P 275

Les prix Pour toutes précisions sur les prix indiqués dans ce guide, reportez-vous aux pages explicatives.

PARVILLE *27 Eure* 55 ⑯ *– rattaché à Évreux.*

PASSENANS *39 Jura* 70 ④ *– rattaché à Poligny.*

PATRIMONIO *2B H.-Corse* 90 ③ *– voir à Corse.*

PAU P *64000 Pyr.-Atl.* 85 ⑥ ⑦ *G. Aquitaine – 82 157 h Agglo. 144 674 h alt. 207 – Casino.*

Voir Boulevard des Pyrénées ✻★★★ **DEZ** *– Château★★ : tapisseries★★★ – Musée des Beaux-Arts★* **EZ M.**

Circuit automobile urbain.

de Pau-Pyrénées : ✆ 05 59 33 33 00, par ① : 12 km.

Office de Tourisme pl. Royale ✆ 05 59 27 27 08, Fax 05 59 27 03 21.

Paris 780 ① – Bayonne 113 ⑥ – Bordeaux 201 ① – Toulouse 198 ② – Zaragoza 236 ⑤.

PAU

Bérard (Cours Léon) ..... BV 12
Condorcet (Allée)........ BV 31
Corps Franc Pommiès
  et du 49e R.I. (Bd)..... CX 37
Dufau (Av.)............. BVX 50
Gaulle (Av. Gén. de) ..... BV 75
Lyautey (Cours)........ BVX 101
14 Juillet (R. du) .... BX 170

BILLERE

Baron Séguier
  (Av. du)............. AX 7
Château d'Este
  (Av. du)............. AX 23
Claverie (R.)........... AX 24
Entrepreneurs
  (R. des)............. AX 57
Galas (R. de) .... BV 70
Golf (R. du)............ AX 81
Lalanne (Av.)......... AVX 91
Lavoir (R. du).......... AX 95
Lons (Av. de)......... ABV 100
Piedmont (R.)........... AX 129
Pilar (R.).............. BV 130
Plaine (R. de la)....... AX 132
Rousseau (R. J.J.)...... AX 145

BIZANOS

Albert 1er (Av.)........ BCX 2
Clemenceau (R. G.) ..... BX 27
Foch (R. Maréchal) .... BX 64
Larribau (Chemin) ...... CX 93
Pic du Midi (R. du) ..... CX 127
République
  (Av. de la)........... CX 138

GELOS

Barthou (R. L.)......... BX 9
Gélos (Av. de) .... BX 80
Leclerc
  (Av. du Maréchal)..... BX 96
Vallée Heureuse
  (Av. de la)........... BX 162

JURANÇON

Cambot (Av. G.) .... AX 17
Corps Franc Pommiès
  (Av. du).............. AX 36
Espagne (Pont d')....... AX 58
Gaulle (R. Ch. de)...... AX 77
Ollé-Laprune .... AX 115

LESCAR

Carrérot (Av.).......... AV 19
Coustettes
  (Chemin des)......... AV 42
Lacau (R.).............. AV 89
Santos-Dumont (Av.) .... AV 147
Vigné (Côte du)......... AV 168

LONS

Ampère
  (Av. André-Marie) .... AV 3
Ariste (R.)................. AV 6
Château
  (R. du).................. AV 22
Dassault
  (Av. Marcel)............ AX 45
Ecoles (R. des) .... AV 51

Kyriad sans rest, 80 r. E. Garet ✆ 05 59 82 58 00, *kyriad.paucentre@wanadoo.fr, Fax 05 59 27 30 20* – ¶ TV P – 30. AE GB JCB — EY n
☐ 40 – **38 ch** 380/410

Mercure Palais des Sports M, av. Europe ✆ 05 59 84 29 70, *h0952@accor-hotels.com, Fax 05 59 84 56 11*, – ¶ TV P – 80. AE GB — BV m
Repas 87/135, enf. 58 – ☐ 58 – **92 ch** 660/680

de Gramont sans rest, 3 pl. Gramont ✆ 05 59 27 84 04, *gramont@club-internet.fr, Fax 05 59 27 62 23* – ¶ TV. AE GB JCB — DZ t
fermé 23 déc. au 2 janv. – ☐ 35 – **36 ch** 280/495

Roncevaux sans rest, 25 r. L. Barthou ✆ 05 59 27 08 44, *Fax 05 59 27 08 01* – ¶ TV P. AE GB JCB – ☐ 50 – **39 ch** 345/495 — EZ f

Commerce, 9 r. Mar. Joffre ✆ 05 59 27 24 40, *hotel.commerce.pau@wanadoo.fr, Fax 05 59 83 81 74*, – ¶ TV – 60. AE GB — EZ q
Repas *(fermé dim.)* 90/160 – ☐ 35 – **51 ch** 230/330 – 1/2 P 260/273

Ibis sans rest, 26 r. Samonzet ✆ 05 59 83 71 83, *Fax 05 59 83 82 51* – ¶ TV P – 15 à 30. AE GB – ☐ 35 – **60 ch** 320/335 — EZ a

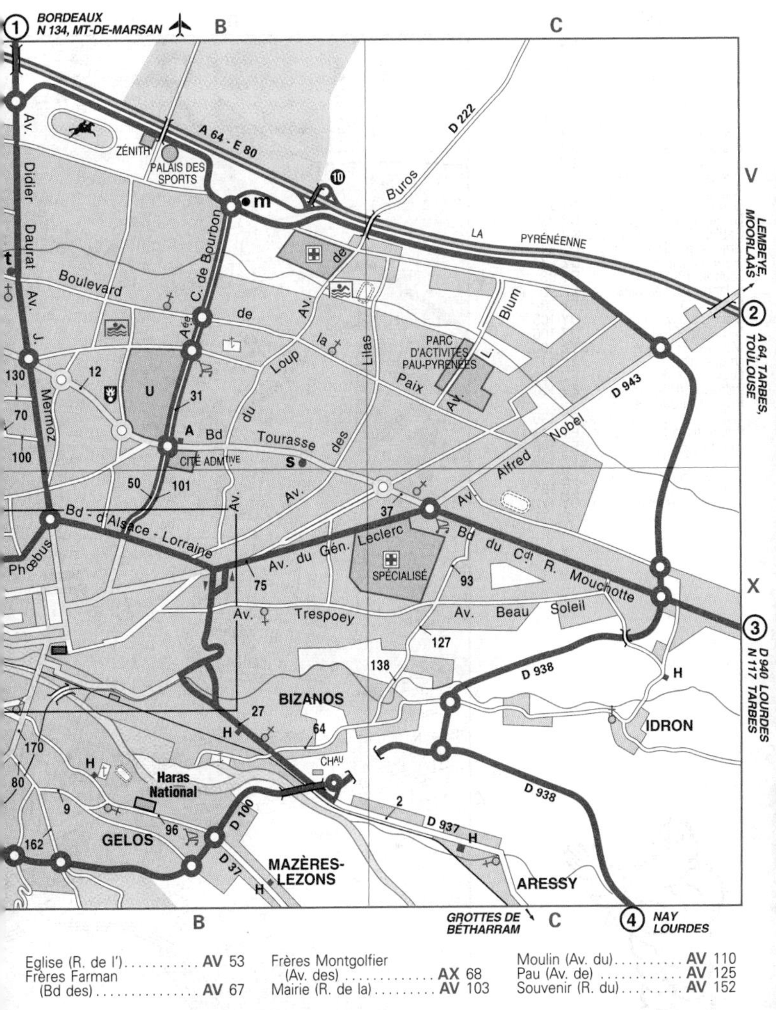

Eglise (R. de l') . . . . **AV** 53
Frères Farman (Bd des) . . . . **AV** 67
Frères Montgolfier (Av. des) . . . . **AX** 68
Mairie (R. de la) . . . . **AV** 103
Moulin (Av. du) . . . . **AV** 110
Pau (Av. de) . . . . **AV** 125
Souvenir (R. du) . . . . **AV** 152

Montpensier sans rest, 36 r. Montpensier ☎ 05 59 27 42 72, *Fax 05 59 27 70 95* – 🛗 TV 📞 P. AE ⓓ GB — DY h
☕ 40 – **22 ch** 340/370

Bourbon sans rest, 12 pl. Clemenceau ☎ 05 59 27 53 12, *Fax 05 59 82 90 99* – 🛗 TV. AE ⓓ GB — EZ d
☕ 37 – **33 ch** 275/340

Central sans rest, 15 r. L. Daran ☎ 05 59 27 72 75, *hotelcentralpau@dial-oleane.com, Fax 05 59 27 33 28* – TV. AE ⓓ GB — EZ t
☕ 35 – **28 ch** 185/350

XXX **Au Fin Gourmet,** 24 av. G. Lacoste (face gare) ☎ 05 59 27 47 71, *Fax 05 59 82 96 77*, – ▤. AE ⓓ GB — EZ v
fermé 23 juil. au 5 août, vacances de Toussaint, dim. soir et lundi – **Repas** 110/240 et carte 240 à 380 ♀

XXX **Chez Pierre,** 16 r. L. Barthou ☎ 05 59 27 76 86, *Fax 05 59 27 08 14* – ▤. AE ⓓ GB JCB
fermé 1er au 15 août, 2 au 16 janv., sam. midi et dim. sauf fériés – **Repas** *(100)* - 200 et carte 250 à 420 — EZ x

PAU

Barthou (R. Louis) . . . . . **EFZ**
Bernadotte (R.). . . . . **DZ** 14
Bordenave-d'Abère (R.) . . . . **DZ** 15
Cassin (R. René) . . . . **EY** 20
Clemenceau (Pl. G.) . . . . **EZ** 25
Clemenceau (R. G.) . . . . . **FZ** 28
Cordeliers (R. des). . . . . . **EZ** 33
Despourrins (R.). . . . . **EY** 47
Ducasse (R. Amiral) . . . . **DY** 48
Espalungue (R. d') . . . . . . **DZ** 59
Gambetta (R.) . . . . **EZ** 72
Gassion (R.) . . . . **DZ** 73
Gaulle (Av. Gén. de) . . . . **BV** 75
Grammont (Pl.). . . . . **DZ** 84
Henri IV (R.) . . . . **DZ** 87
Jeanne-d'Arc (R.) . . . . **DY** 88
Lalanne (R. Mathieu). . . . **EZ** 92
Lespy (R.) . . . . **EFY** 98
Mermoz (Av. J.) . . . . **DY** 105
Monnaie (Pl. de la) . . . . . **DZ** 106
Monnet (R. J.) . . . . **EYZ** 108
Nogue (R.). . . . . **EY** 113
Ossau (Av. d') . . . . **EZ** 121
Palassou (R.). . . . . **EY** 123
Reine Marguerite (Pl.) . . . . **EZ** 135
Réveil (R. J.) . . . . **EY** 140
St-Louis (R.) . . . . **EZ** 146
Say (Av. L.) . . . . **EFZ** 149
Serviez (R.) . . . . **EZ**
Tran (R.). . . . . **EZ** 158
218ᵉ R. I. (R. du) . . . . **DY** 172

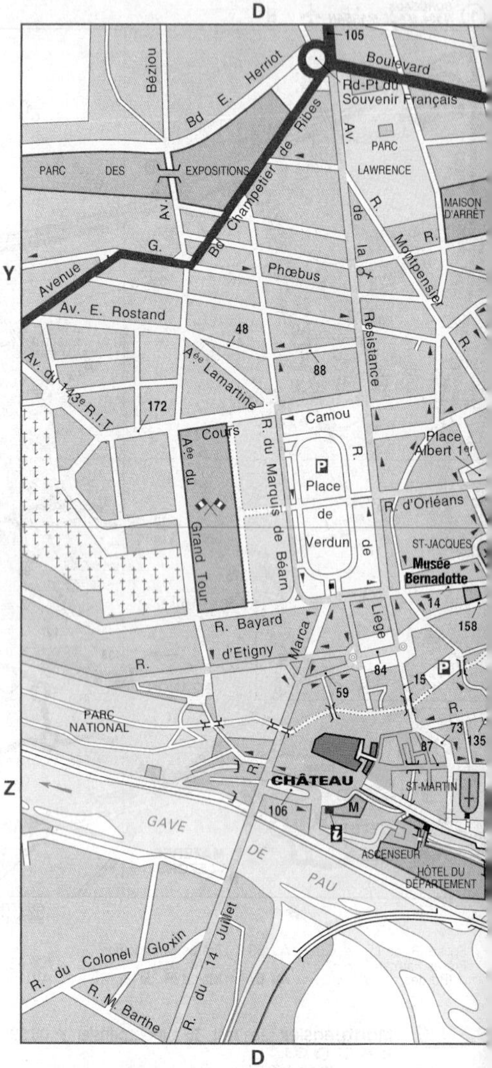

XX **Michodière,** 34 r. Pasteur ✆ 05 59 27 53 85, *Fax 05 59 27 53 85* – GB — DY b
fermé 29 juil. au 20 août et dim. – **Repas** 68 (déj.), 85/138 ♨

XX **Viking,** 33 bd Tourasse ✆ 05 59 84 02 91, *Fax 05 59 80 21 05,* 🏠 – ▤ P. AE ⓓ GB
fermé 1ᵉʳ au 15 août, dim. sauf le midi de sept. à juin, lundi sauf en juil.-août et sam. midi – **Repas** 100 (déj.), 130/240 ♀ — BV s

XX **Fer à Cheval** avec ch, 1 av. Martyrs du Pont Long ✉ 64140 Lons ✆ 05 59 32 17 40, *Fax 05 59 72 97 53,* 🏠, 🌳 – TV P. GB — BV t
Repas *(fermé merc. midi et mardi)* 110 (déj.), 145/195 – ☕ 35 – **6 ch** 250/310 – 1/2 P 380/440

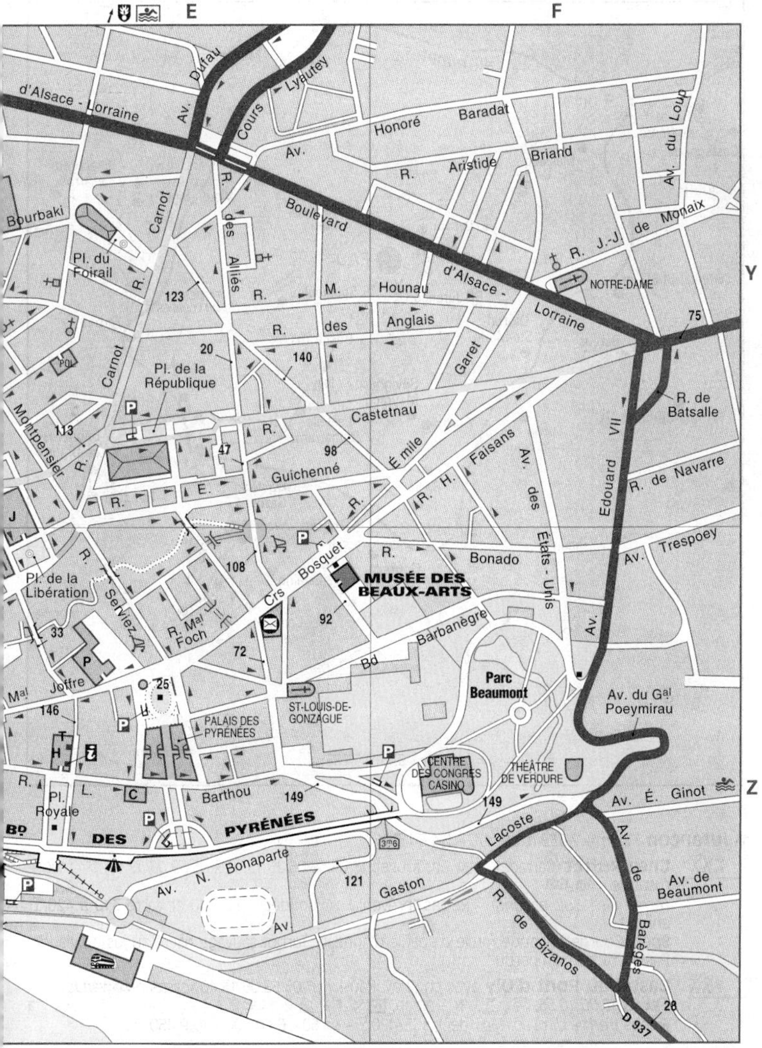

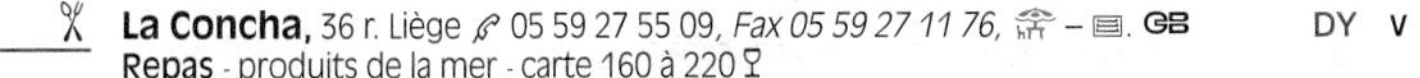

La Concha, 36 r. Liège ✆ 05 59 27 55 09, *Fax 05 59 27 11 76,* ☂ – ▤. GB — DY v
Repas - produits de la mer - carte 160 à 220 ♀

Planche de Boeuf, 30 r. Pasteur ✆ 05 59 27 62 60, *Fax 05 59 27 62 60* – GB — EY s
fermé août, dim. soir, merc. soir et lundi – **Repas** 68 bc (déj.), 90/168 ♁

Table d'Hôte, 1 r. Hédas ✆ 05 59 27 56 06, *Fax 05 59 27 56 06,* ☂ – GB — EZ k
fermé vacances de Pâques, de Toussaint, lundi sauf le soir en août et dim. hors saison – **Repas** 118/155, enf. 45

Brasserie Le Berry, 4 r. Gachet ✆ 05 59 27 42 95, ☂ – ▤. GB — EZ u
fermé 30 avril au 13 mai – **Repas** carte 100 à 200 ♀

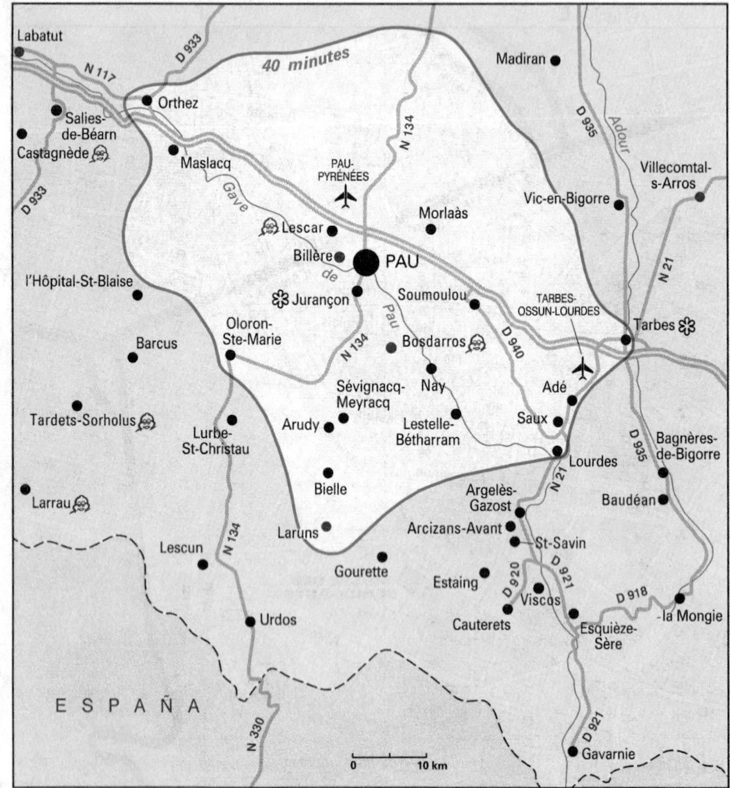

à Jurançon : *2 km – 7 538 h. alt. 177 – ✉ 64110 :*

XXX ✿ **Chez Ruffet** (Carrade), 3 av. Ch. Touzet ☎ 05 59 06 25 13, *Fax 05 59 06 52 18,* 🏠, cadre rustique – ◑ GB AX e

fermé dim. soir et lundi – **Repas** (prévenir) 110 bc (déj.), 180/240 et carte 310 à 420 ♀, enf. 80

Spéc. Courgette ronde farcie d'épaule d'agneau. Turbot sauvage nacré au jus de viande. Pastis "façon pain perdu".

XX **Castel du Pont d'Oly** avec ch, 2 av. Rausky ☎ 05 59 06 13 40, *castel.oly@wanadoo.fr, Fax 05 59 06 10 53,* 🏠, 🏊, 🌳 – ▤ ch, 📺 📞 🅿 – 🏃 20. GB AX a

Repas *(fermé dim. soir)* 100 (déj.), 165/420 ♀ – ☕ 60 – **6 ch** 700 – ½ P 450

à Billère *par ⑥, rte de Bayonne (N 117) puis dir. Golf : 3,5 km – 12 570 h. alt. 170 – ✉ 64140 :*

XX **Au Bord de l'Eau,** r. Gravière ☎ 05 59 62 15 62, *Fax 05 59 62 50 02,* ⋖, 🏠, 🌳 – ▤ 🅿. GB AX v

fermé janv. et dim. – **Repas** carte environ 200

rte de Bayonne *par ⑥ et N 117 : 6 km – ✉ 64230 Lescar :*

🏨 **Novotel** Ⓜ, centre commercial ☎ 05 59 13 04 04, *h0421@accor-hotels.com, Fax 05 59 13 04 13,* 🏠, 🏊, 🌳 – ⇔ ▤ 📺 📞 ♿ 🅿 – 🏃 40. AE ◑ GB JCB

Repas carte environ 180 🍷, enf. 50 – ☕ 62 – **89 ch** 515/570

à Lescar *par ⑥ : 7,5 km – 5 793 h. alt. 179 – ✉ 64230 :*

🏠 **Terrasse,** 1 r. Maubec ☎ 05 59 81 02 34, *Fax 05 59 81 08 77,* 🏠 – 📺 📞 🅿 – 🏃 20. AE ◑ GB

fermé 1er au 21 août, 23 déc. au 3 janv. – **Repas** *(fermé sam. midi et dim.)* 95/200 ♀ – ☕ 35 – **22 ch** 250/280 – ½ P 215

PAUILLAC *33250 Gironde 71 ⑦ G. Aquitaine – 5 670 h alt. 20.*

Voir château Mouton Rothschild★ : musée★★ NO : 2 km.

Office de Tourisme la Verrerie ☎ 05 56 59 03 08, Fax 05 56 59 23 38.

Paris 561 – Bordeaux 57 – Arcachon 117 – Blaye 16 – Lesparre-Médoc 23.

Château Cordeillan Bages Ⓜ, Sud : 1 km par D 2 ☎ 05 56 59 24 24, *cordeillan@relaischateau.fr, Fax 05 56 59 01 89*, – – TV ☎ P. AE ① GB JCB
fermé 15 déc. au 31 janv. – **Repas** *(fermé sam. midi, mardi midi et lundi)* 200/480 et carte 400 à 520 – 95 – **25 ch** 1000/1420 – 1/2 P 880/1280
Spéc. Pommes de terre craquantes, morue éclatée et galette d'épeautre. Dos de bar rissolé au genièvre et amandes. Filet de boeuf légèrement mariné à l'huile d'herbes. **Vins** Graves blanc, Pauillac.

France et Angleterre, 3 quai A. Pichon ☎ 05 56 59 01 20, *hotel-de-france-et-angleterre@wanadoo.fr, Fax 05 56 59 02 31* – TV – 25. AE ① GB
fermé 20 déc. au 10 janv. – **Repas** *(fermé dim. et lundi du 15 oct. au 15 avril)* 78 (déj.), 125/330, enf. 53 – 45 – **29 ch** 350/410 – 1/2 P 330

PAULX *44270 Loire-Atl. 67 ② – 1 311 h alt. 15.*

Paris 422 – Nantes 40 – La Roche-sur-Yon 47 – Challans 18 – St-Nazaire 63.

Les Voyageurs, pl. Église ☎ 02 40 26 02 76, *rest.les-voyageurs@wanadoo.fr, Fax 02 40 26 02 77* – . AE ① GB JCB
fermé 20 août au 10 sept., vacances de fév., dim. soir, lundi et mardi – **Repas** 105/295, enf. 90

In this Guide,
a symbol or a character, printed in ***black*** *or another colour*
in light or ***bold*** *type,*
does not have the same meaning.
Please read the explanatory pages carefully.

PAVILLON (col du) *69 Rhône 73 ⑧ – rattaché à Cours-la-Ville.*

PAYRAC *46350 Lot 75 ⑱ – 492 h alt. 320.*

Paris 534 – Cahors 48 – Sarlat-la-Canéda 31 – Brive-la-Gaillarde 53 – Figeac 61.

Hostellerie de la Paix, ☎ 05 65 37 95 15, *host.la.paix@escalotel.com, Fax 05 65 37 90 37*, – TV ☎ P – 20. AE ① GB
fermé 2 janv. au 15 fév. – **Repas** 80/170, enf. 45 – 36 – **51 ch** 300/350 – 1/2 P 325

PÉAULE *56130 Morbihan 63 ⑭ – 2 188 h alt. 82.*

Paris 458 – Vannes 37 – Ploërmel 45 – Redon 25 – La Roche-Bernard 10.

Auberge Armor Vilaine, pl. Ste-Anne (près église) ☎ 02 97 42 91 03, *Fax 02 97 42 82 27* – TV ☎. GB
fermé vacances de Toussaint, 2 au 21 janv., dim. soir et lundi – **Repas** 72/247, enf. 55 – 40 – **17 ch** 230/270 – 1/2 P 245/255

PÉCY *77970 S.-et-M. 61 ③ – 565 h alt. 132.*

Paris 69 – Coulommiers 23 – Meaux 45 – Melun 39 – Provins 25 – Sézanne 51.

Auberge Paysanne avec ch, à Cornefève, Sud : 3 km par rte secondaire ☎ 01 64 60 25 70, *olivier.chevreux@free.fr, Fax 01 64 60 60 95*, , , – P. GB
fermé 10 au 26 fév., mardi sauf le midi de mars à oct. et merc. – **Repas** 140/180 – 40 – **10 ch** 165/200 – 1/2 P 245

PÉGOMAS *06580 Alpes-Mar. 84 ⑧, 114 ㉖, 115 ㉞ – 4 618 h alt. 18.*

Paris 902 – Cannes 11 – Draguignan 60 – Grasse 9 – Nice 38 – St-Raphaël 38.

Bosquet sans rest, chemin des Périssols - rte Mouans-Sartoux ☎ 04 92 60 21 20, *Fax 04 92 60 21 49*, , , – cuisinette TV ☎ P. AE GB.
fermé 1er fév. au 1er mars – 35 – **16 ch** 290/350, 7 studios

Relais du Pas de l'Aï, rte de Tanneron Sud-Ouest par D 109 et D 309 : 2 km ☎ 04 93 60 98 47, *Fax 04 93 42 81 84*, , – P. AE GB
fermé 19/11 au 1/12, lundi midi et mardi midi en juil.-août, lundi soir, mardi soir et dim. soir d'oct. à avril – **Repas** 170/325 et carte 300 à 560

L'Écluse, au bord de la Siagne - Ouest : 1,5 km par rte secondaire ✆ 04 93 42 22 55, *Fax 04 93 40 72 65,* , « Terrasse au bord de l'eau » – AE GB
fermé 1er au 30 nov., en semaine du 30 sept. au 15 avril et lundi du 16 avril au 30 sept. – **Repas** 90 (déj.), 130/175, enf. 50

à St-Jean *Sud-Est : 2 km par D 9 – ✉ 06550 La Roquette-sur-Siagne :*

Chasseurs sans rest, ✆ 04 92 19 18 00, *Fax 04 92 19 19 61* – cuisinette TV P. GB.
fermé 21 oct. au 18 nov. – ☕ 35 – **17 ch** 200/260, 3 studios

---

PEILLON *06440 Alpes-Mar.* 84 ⑩, 115 ㉗ *G. Côte d'Azur – 1 139 h alt. 200.*

Voir *Village★ – Fresques★ dans la chapelle des Pénitents Blancs.*
Syndicat d'Initiative à la Mairie ✆ 04 93 79 91 04, Fax 04 93 79 87 65.
Paris 952 – Monaco 28 – Contes 13 – L'Escarène 13 – Menton 37 – Nice 21 – Sospel 34.

Auberge de la Madone , ✆ 04 93 79 91 17, *c.millo@club-internet.fr, Fax 04 93 79 99 36,* ←, , « Au pied d'un village pittoresque, terrasse fleurie et jardin », , – P. GB. ch
fermé 20 oct. au 20 déc., 7 au 31 janv. et merc. – **Repas** 220/320 – ☕ 70 – **20 ch** 580/1000 – ½ P 700/900
Annexe Lou Pourtail sans rest,, ←
☕ 70 – **6 ch** 240/420

PEISEY-NANCROIX *73210 Savoie* 74 ⑱ *G. Alpes du Nord – 521 h alt. 1320.*

Office de Tourisme ✆ 04 79 07 94 28, Fax 04 79 07 95 34.
Paris 667 – Albertville 57 – Bourg-St-Maurice 14.

Vanoise , à Plan Peisey : 4 km ✆ 04 79 07 92 19, *Fax 04 79 07 97 48,* ←, , – TV P. GB.
23 juin-31 août et 20 déc.-22 avril – **Repas** 98 , enf. 52 – ☕ 50 – **34 ch** 420 – ½ P 355/400

L'Armoise, à Plan-Peisey, Ouest : 4,5 km ✆ 04 79 07 94 24, *Fax 04 79 07 94 24,* – GB
fermé dim. soir et le soir hors saison – **Repas** 96/145 , enf. 40

PÉLUSSIN *42410 Loire* 76 ⑩ *G. Vallée du Rhône – 3 132 h alt. 420.*

Paris 515 – St-Étienne 41 – Annonay 30 – Tournon-sur-Rhône 57 – Vienne 27.

Guy Chenavier avec ch, ✆ 04 74 87 61 51, *restaurant-chenavier@fr.st, Fax 04 74 87 63 96,* – rest, TV P. GB. rest
fermé 10 au 18 juil. et dim. soir hors saison – **Repas** 115/280 , enf. 62 – ☕ 30 – **6 ch** 180/260 – ½ P 230/250

PELVOUX (Commune de) *05340 H.-Alpes* 77 ⑰ *G. Alpes du Sud – 335 h alt. 1260 – Sports d'hiver : 1 250/2 300 m 6 .*

Voir *Route des Choulières : ←★★ E.*
Paris 706 – Briançon 23 – L'Argentière-la-Bessée 12 – Gap 86 – Guillestre 33.

Belvédère, ✆ 04 92 23 56 63, *belvedere.f@wanadoo.fr, Fax 04 92 23 21 00* – TV P. GB
fermé 6 nov. au 6 déc. – **Repas** 75/145 , enf. 50 – ☕ 45 – **27 ch** 280/300 – ½ P 290/320

Le Sarret *:*

Condamine , ✆ 04 92 23 35 48, *Fax 04 92 23 49 71,* ←, – TV P. AE GB. rest
1er juin-15 sept. et 20 déc.-30 mars – **Repas** 78/150 , enf. 65 – ☕ 45 – **19 ch** 200/320 – ½ P 290

Ailefroide *– alt. 1510.*

Voir *Pré de Madame Carle : paysage★★ NO : 6 km.*

Chalet Hôtel Rolland , ✆ 04 92 23 32 01, *Fax 04 92 23 49 97,* ←, , – P. GB
15 juin-10 sept. – **Repas** 98/135 , enf. 50 – ☕ 36 – **24 ch** 220/310 – ½ P 255

Zelten Sie gern?
Haben Sie einen Wohnwagen?
Dann benutzen Sie den **Michelin-Führer**
Camping Caravaning France.

PÉNESTIN *56760 Morbihan* 63 ⑭ *– 1 394 h alt. 20.*

Voir *Pointe du Bile* ≤★ *S : 5 km, G. Bretagne.*

Office de Tourisme allée du Grand Pré ☎ 02 99 90 37 74, Fax 02 99 90 47 08.

Paris 461 – Nantes 85 – Vannes 46 – La Baule 31 – La Roche-Bernard 18 – St-Nazaire 45.

Loscolo , Pointe de Loscolo Sud-Ouest : 4 km ☎ 02 99 90 31 90, *Fax 02 99 90 32 14*, ≤, , – TV ♿ P. GB
13 avril-4 nov. – **Repas** 180 ♀, enf. 100 – ☕ 70 – **14 ch** 350/630 – ½ P 430/555

PENHORS *29 Finistère* 58 ⑭ *– rattaché à Pouldreuzic.*

PENNE-D'AGENAIS *47140 L.-et-G.* 79 ⑥ *– 2 330 h alt. 207.*

Maison du Tourisme Porte de la Ville ☎ 05 53 41 37 80, Fax 05 53 49 38 37.

Paris 622 – Agen 34 – Cahors 61 – Villeneuve-sur-Lot 12.

Compostelle , r. J. Moulin ☎ 05 53 41 12 41, *Fax 05 53 49 35 03*, ≤, , – TV ☎ ♿ P – 25. GB
fermé janv. et fév. – **Repas** *(fermé sam. midi et mardi)* 98/120 – ☕ 38 – **26 ch** 350/550 – ½ P 310

PENNEDEPIE *14 Calvados* 55 ③ *– rattaché à Honfleur.*

Dans ce guide
un même symbole, un même caractère,
imprimé en couleur ou en ***noir****, en maigre ou en* ***gras****,*
n'ont pas tout à fait la même signification.
Lisez attentivement les pages explicatives.

PENVÉNAN *22710 C.-d'Armor* 59 ① *– 2 489 h alt. 70.*

Paris 510 – St-Brieuc 62 – Guingamp 32 – Lannion 20 – Tréguier 8.

Crustacé, ☎ 02 96 92 67 46, *Fax 02 96 92 85 02* – GB
fermé 12 nov. au 23 déc., 4 fév. au 4 mars, mardi et merc. sauf juil.-août – **Repas** 94/290 , enf. 60

PENVINS *56 Morbihan* 63 ⑬ *– rattaché à Sarzeau.*

PERI *2A Corse-du-Sud* 90 ⑯ *– voir à Corse.*

PÉRIGNAC *17 Char.-Mar.* 71 ⑤ *– rattaché à Pons.*

PÉRIGNAT-LÈS-SARLIÈVE *63 P.-de-D.* 73 ⑭ *– rattaché à Clermont-Ferrand.*

PÉRIGNY *86 Vienne* 68 ⑬ *– rattaché à Poitiers.*

PÉRIGUEUX P *24000 Dordogne* 75 ⑤ *G. Périgord Quercy – 30 280 h alt. 86.*

Voir *Cathédrale St-Front*★★, *église Saint-Étienne de la Cité*★ **AZ K** – *Quartier St-Front*★★ : *rue Limogeanne*★ **BY**, *escalier*★ *Renaissance de l'hôtel de Lestrade, rue de la sagesse* **BY** – *Galerie Daumesnil*★ *face au n° 3 de la rue Limogeanne – Musée du Périgord*★ **CY M**[2].

✈ *de Périgueux-Bassillac ☎ 05 53 02 79 75 par ② : 8 km.*

Office de Tourisme 26 pl. Francheville ☎ 05 53 53 10 63, Fax 05 53 09 02 50.

Paris 486 ① – Agen 139 ③ – Bordeaux 124 ④ – Limoges 96 ① – Poitiers 198 ⑤.

Plan pages suivantes

Bristol sans rest, 37 r. A. Gadaud ☎ 05 53 08 75 90, *bristol.hotel@wanadoo.fr*, *Fax 05 53 07 00 49* – TV ☎ P. AE GB BY u
fermé vacances de Noël – ☕ 40 – **29 ch** 315/415

Ibis, 8 bd G. Saumande ☎ 05 53 53 64 58, *Fax 05 53 07 51 79*, – TV – 25. AE GB CZ a
Repas *(75)* - 95 , enf. 39 – ☕ 35 – **89 ch** 320/360

Roi Bleu, 2 r. Montaigne ☎ 05 53 09 43 77, *Fax 05 53 09 43 77* – AE GB JCB BY z
fermé 13 au 19 août, sam. midi et dim. – **Repas** 170/450 bc ♀

PÉRIGUEUX

Abreuvoir (R. de l') ... CY 2
Amphithéâtre (R. de l') ... AZ 3
Aquitaine (Av. d') ... BYZ 4
Arènes (Bd des) ... AZ 6
Aubergerie (R.) ... BZ 9
Barbecane (R.) ... CY 12
Barbusse (Av. Henri) ... AY 13
Bride (R. de la) ... BZ 15
Bugeaud (Pl.) ... BZ
Calvaire (R. du) ... BZ 16
Cavaignac (Av.) ... AZ 18
Cité (R. de la) ... ABZ 23
Clarté (R. de la) ... BZ 24
Claútre (Pl. de la) ... BZ 26
Clos-Chassaing ... BY 27
Coderc (Pl. du) ... BYZ 28
Condé (R.) ... BZ 29
Constitution (R. de la) ... CY 30
Daumesnil (Galerie) ... BYZ 31
Daumesnil (Av. et Pl.) ... BCZ 32
Durand (Rd Pt Charles.) ... AZ 34
Eguillerie (R.) ... BY 35
Fénelon (Cours) ... BCZ
Hôtel de Ville (Pl. de l') ... BZ 37
Lanmary (R.) ... BY 38
Limogeanne (R.) ... BY
Maurois (Pl. André.) ... BY 39
Miséricorde (R. de la) ... BY 40
Mobiles-de-Coulmiers (R.) ... AY 41
Montaigne (Bd, Cours et Pl.) ... BY
Notre-Dame (R.) ... CY 42
Port (Allée du) ... AY 43
Port-de-Graule (R. du) ... CYZ 45
Président. Wilson (R.) ... AY
République (R. de la) ... BYZ 46
St-Pierre-ès-Liens (R.) ... ABZ 47
St-Roch (R.) ... BZ 48
St-Silain (Pl.) ... BY 49
Ste-Marthe (R.) ... CZ 50
Sagesse (R. de la) ... BY 51
Sully (R. de) ... BZ 53
Taillefer (R.) ... BZ
Talleyrand-Périgord (R.) ... CZ 54
Turenne (R. de) ... AZ 60
15e Régt de Tirailleurs Algériens (R. du) ... AZ 61
50e Régt d'Infanterie (Av. du) ... AZ 62

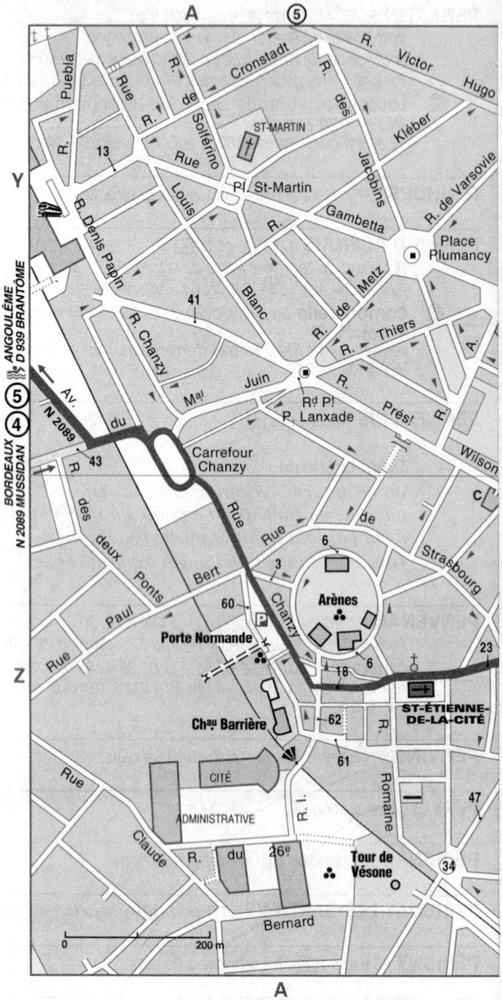

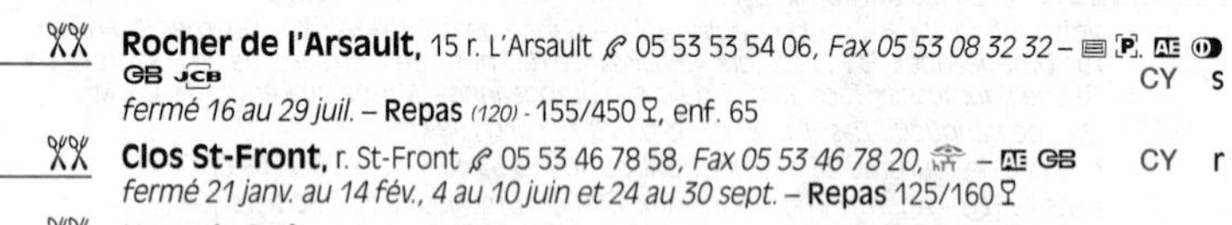

XX **Rocher de l'Arsault,** 15 r. L'Arsault ✆ 05 53 53 54 06, *Fax 05 53 08 32 32* – ▤ 🅿. AE ⓓ GB JCB — CY s
fermé 16 au 29 juil. – **Repas** *(120)* - 155/450 ♀, enf. 65

XX **Clos St-Front,** r. St-Front ✆ 05 53 46 78 58, *Fax 05 53 46 78 20*, 🏡 – AE GB — CY r
fermé 21 janv. au 14 fév., 4 au 10 juin et 24 au 30 sept. – **Repas** 125/160 ♀

XX **Hercule Poireau,** 2 r. Nation ✆ 05 53 08 90 76 – ▤. AE ⓓ GB. 🐕 — CZ r
fermé 24 déc. au 3 janv. – **Repas** *(99)* - 119/235 ♀

X **Le 8,** 8 r. Clarté ✆ 05 53 35 15 15, *Fax 05 53 35 15 15*, 🏡 – AE GB — BZ n
fermé 1er au 15 juil., dim. et lundi – **Repas** (nombre de couverts limité, prévenir) 165/400 ♀

à Trélissac *par ① : 4 km – 6 422 h. alt. 92 – ✉ 24750 :*

🏠 **Kyriad,** ✆ 05 53 03 39 70, *Fax 05 53 03 39 71*, 🏡 – ⇆ TV ✆ ♿ 🅿 – 🏛 20 à 50. AE ⓓ GB JCB – **Repas** 65 (déj.), 95/150 ♀, enf. 39 – ☕ 36 – **48 ch** 330/350

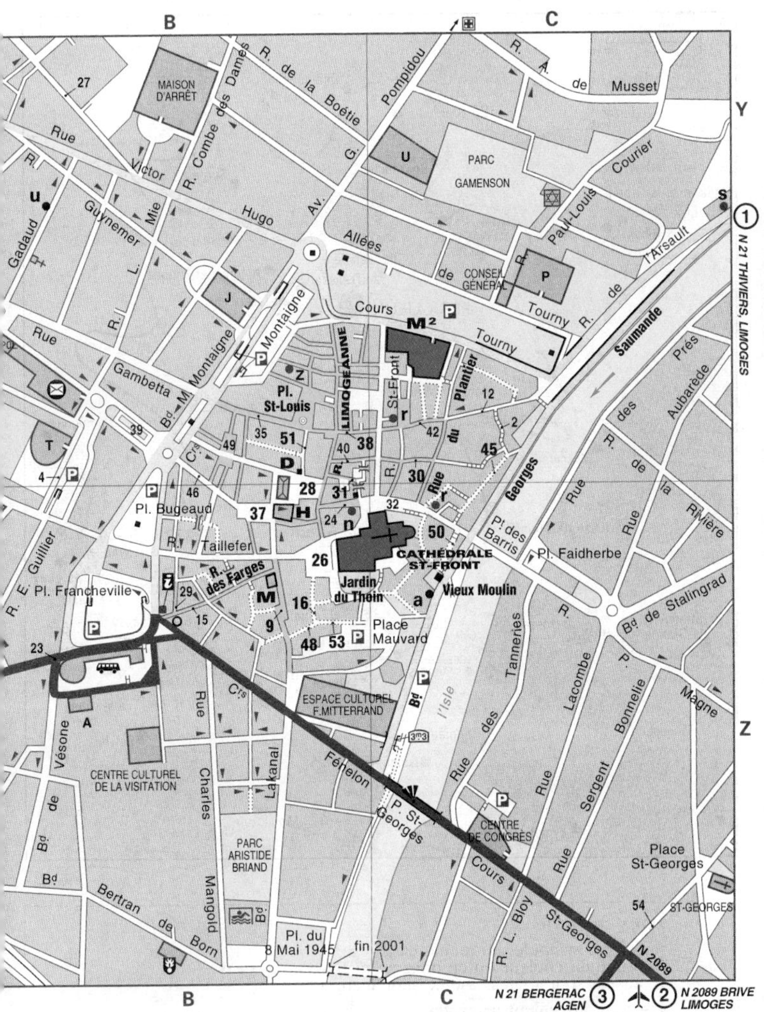

à Antonne-et-Trigonant *par ① : 10,5 km – 1 050 h. alt. 106 – ✉ 24420.*

Voir *Architecture intérieure★ du château des Bories NE : 2 km.*

L'Écluse, ☎ 05 53 06 00 04, *beaugier@perigord.com, Fax 05 53 06 06 39,* **« Dans un parc au bord de l'Isle »**, – TV – 15 à 120. AE GB
Repas 105 bc/190 – 50 – **47 ch** 250/340 – ½ P 260/310

à Chancelade *par ⑤, D 710 et D 1 : 5,5 km – 3 718 h. alt. 88 – ✉ 24650.*

Voir *Abbaye★.*

Château des Reynats, ☎ 05 53 03 53 59, *reynats@chateau.hotel-perigord.com, Fax 05 53 03 44 84,* – TV – 15 à 60. AE GB JCB
fermé 2 janv. au 1er mars – **Repas** *(fermé dim. soir de nov. à avril, lundi sauf le soir de mai à oct., mardi midi et sam. midi)* *(140)* - 190/350 et carte 290 à 440 – 60 – **33 ch** 475/740, 4 appart – ½ P 520/795

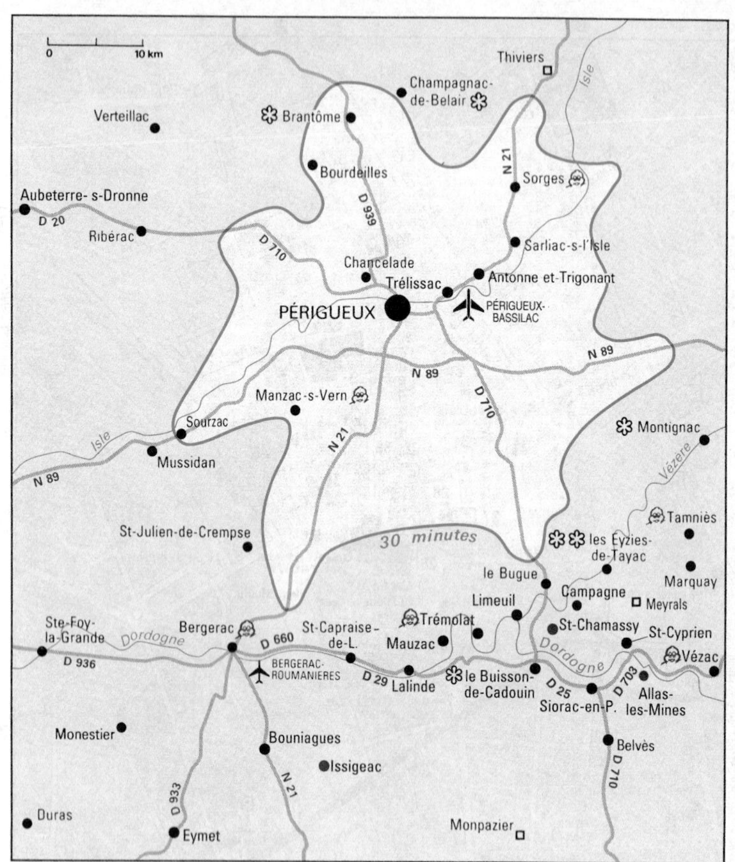

> ***Dans ce guide***
> un même symbole, un même caractère,
> imprimé en couleur ou en **noir**, en maigre ou en **gras**
> n'ont pas tout à fait la même signification.
> Lisez attentivement les pages explicatives.

PERNES-LES-FONTAINES *84210 Vaucluse* 81 ⑫ *G. Provence – 8 304 h alt. 75.*

Voir *Porte Notre-Dame*★.

Office de Tourisme pl. Gabriel-Moutte ☎ 04 90 61 31 04, Fax 04 90 61 33 23.

Paris 689 – Avignon 23 – Apt 44 – Carpentras 6 – Cavaillon 20.

L'Hermitage sans rest, rte Carpentras : 2 km ☎ 04 90 66 51 41, *hotel-lhermitage@libertysurf.fr, Fax 04 90 61 36 41,* « Parc », , – – 25. GB
fermé janv. et fév. – ☕ 55 – **20 ch** 420/500

Au Fil du Temps (Robert), pl. L. Giraud (face centre culturel) ☎ 04 90 66 48 61, *Fax 04 90 66 48 61* – . GB.
fermé nov. vacances de fév., mardi sauf juil.-août et merc. – **Repas** (nombre de couverts limité, prévenir) 165 (déj.), 230/350
Spéc. Saumon mariné à la badiane. Potage parmentier aux truffes (hiver). Crème brûlée au thym. **Vins** Vacqueyras, Châteauneuf-du-Pape.

au Nord-Est : *4 km par D 1 et rte secondaire – ✉ 84210 Pernes-les-Fontaines :*

Mas La Bonoty ⛰, ✆ 04 90 61 61 09, *bonoty@aol.com, Fax 04 90 61 35 14*, , « Ancienne ferme du 17e siècle », , – **P**. AE GB
fermé 12 nov. au 8 déc. et 12 janv. au 12 fév. – **Repas** *(fermé dim. soir et lundi d'oct. à mars et mardi midi)* 175/235 ♀ – **8 ch** ☕ 350/450 – ½ P 360/380

PÉRONNE

80200 Somme 53 ⑬ *G. Picardie Flandres Artois – 8 497 h alt. 52.*

Voir *Historial de la Grande Guerre*★.

Office de Tourisme 1 r. Louis-XI ✆ 03 22 84 42 38, Fax 03 22 84 51 25.

Paris 141 ② – St-Quentin 31 ① – Amiens 54 ② – Arras 48 ① – Doullens 54 ③.

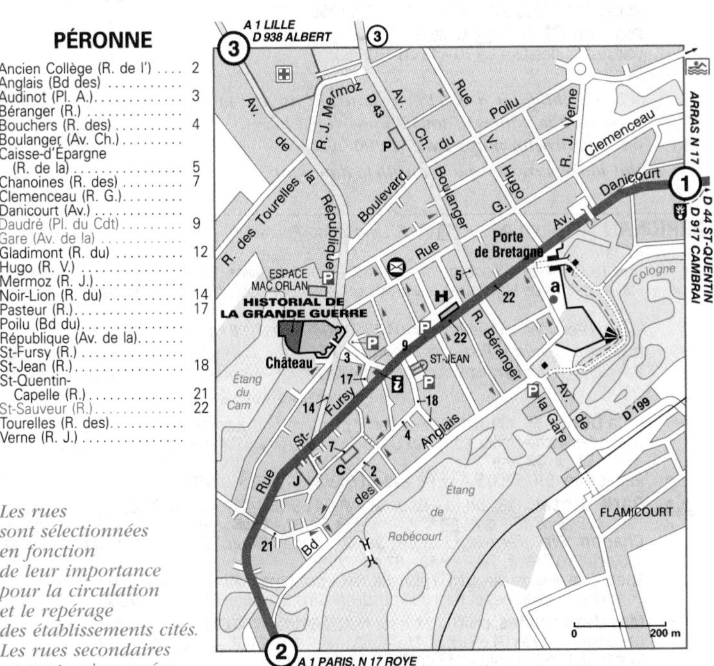

Quenouille, 4 av. Australiens, N 17 par ① ✆ 03 22 84 00 62, *Fax 03 22 84 67 50*, , – **P**. AE GB
fermé 1er au 20 mai, 20 août au 2 sept., dim soir et lundi – **Repas** 95/185 ♀, enf. 65

Hostellerie des Remparts avec ch, 23 r. Beaubois **(a)** ✆ 03 22 84 01 22, *Fax 03 22 84 31 96*, – TV – 20. AE GB JCB
Repas (75) - 90 (déj.), 100/225 ♀ – ☕ 40 – **16 ch** 235/480 – ½ P 275/320

à Rancourt *par ① et N 17 : 10 km – 143 h. alt. 143 – ✉ 80360 :*

Prieuré M, ✆ 03 22 85 04 43, *Fax 03 22 85 06 69*, – TV **P** – 25 à 35. AE GB
Repas 90 (déj.), 120/260 – ☕ 42 – **27 ch** 325/370 – ½ P 390

rte de Paris *par ② : 3 km – ✉ 80200 Péronne :*

Campanile, ✆ 03 22 84 22 22, *Fax 03 22 84 16 86*, – TV **P** – 25. AE GB
Repas 94/106 ♀, enf. 39 – ☕ 36 – **39 ch** 315

Aire d'Assevillers *sur A 1 par ②, rte d'Amiens (N 29) et rte secondaire : 15 km – ✉ 80200 Péronne :*

Mercure, ✆ 03 22 85 78 30, *Fax 03 22 85 78 31,* – – 30 à 60. AE ⓓ GB
Repas (93) - 119/181, enf. 40 – 56 – **69 ch** 485/670

PÉROUGES

01800 Ain 74 ② ③, 110 ⑧ G. Vallée du Rhône – 851 h alt. 290.
Voir *Cité★★ : place de la Halle★★★.*
Syndicat d'Initiative Entrée de la Cité ✆ 04 74 61 01 14.
Paris 462 – Lyon 36 – Bourg-en-Bresse 39 – Villefranche-sur-Saône 58.

Ostellerie du Vieux Pérouges et Manoir, ✆ 04 74 61 00 88, *thibaut@ostellerie.com, Fax 04 74 34 77 90,* « Intérieur vieux bressan », – – 30. AE GB
Repas 200/500, enf. 100 – 70 – **15 ch** 750/1150

Pavillon , – . AE GB
voir rest. ci-dessus – 70 – **13 ch** 450/750

When looking for a hotel or restaurant use the most efficient method.
Look for the names of towns ***underlined in red***
on the ***Michelin maps*** *scale: 1:200 000.*
But make sure you have an up-to-date map!

PERPIGNAN

P *66000 Pyr.-Or. 86 ⑲ G. Languedoc Roussillon – 105 983 h Agglo. 157 873 h alt. 60.*
Voir *Le Castillet★ – Loge de mer★* **BY K** – *Hôtel de ville★* **BY H** – *Cathédrale St-Jean★ – Palais des rois de Majorque★ – Musée numismatique Joseph-Puig★ – Place Arago : maison Julia★.*
de Perpignan-Rivesaltes : ✆ 04 68 52 60 70, par ① : 6 km.
Office de Tourisme Palais des Congrès pl. A.-Lanoux ✆ 04 68 66 30 30, Fax 04 68 66 30 26.
Paris 857 ① – Andorra-la-Vella 169 ⑥ – Béziers 93 ① – Montpellier 155 ① – Toulouse 204 ①.
Plans pages suivantes

Villa Duflot M, 109 av. V. Dalbiez par ④ *puis direction autoroute : 3 km* ✆ 04 68 56 67 67, *villa.duflot@little-france.com, Fax 04 68 56 54 05,* « Patio », – – 80. AE ⓓ GB JCB
Repas carte 230 à 300 – 60 – **25 ch** 640/840 – ½ P 560/660

Park Hôtel, 18 bd J. Bourrat ✆ 04 68 35 14 14, *accueil@parkhotel-fr.com, Fax 04 68 35 48 18* – – 50. AE ⓓ GB JCB CY y
Chapon Fin *(fermé 13 août au 2 sept., 1er au 20 janv. et dim.)* **Repas** 130(déj)/370, enf. 70 – 50 – **67 ch** 300/550
Spéc. Foie gras de canard à la plancha. Civet de homard au vieux banyuls. Pain d'épice aux pommes caramélisées et miel du Roussillon. **Vins** Collioure, Côtes du Roussillon

Mas des Arcades, par ④ *: 2 km sur N 9* ✉ 66100 ✆ 04 68 85 11 11, *mas-des-arcades@smi-telecom.fr, Fax 04 68 85 21 41,* – – 150. GB.
Repas 160/250 – 48 – **137 ch** 396/536, 3 appart

Mercure M sans rest, 5 cours Palmarole ✆ 04 68 35 67 66, *Fax 04 68 35 58 13,* – – 40. AE ⓓ GB JCB BY b
60 – **55 ch** 450/515, 5 duplex

New Christina M, 51 cours Lassus ✆ 04 68 35 12 21, *Fax 04 68 35 67 01* – . GB CY w
Repas 110 – 45 – **25 ch** 375/395 – ½ P 328

Windsor, 8 bd Wilson ✆ 04 68 51 18 65, *windsor@hotel66.net, Fax 04 68 51 01 00* – cuisinette, ch, – 15. AE ⓓ GB BY t
fermé 23 déc. au 3 janv. – **Repas** *(fermé dim.)* 80/150 – 45 – **40 ch** 420/650, 9 appart – ½ P 370

Ibis, 16 cours Lazare Escarguel ✆ 04 68 35 62 62, *Fax 04 68 35 13 38* – – 100. AE ⓓ GB AY a
Repas (75) - 95, enf. 39 – 35 – **100 ch** 360/370

Clarine, 170 av. Guynemer par ③ ✆ 04 68 66 00 00, *Fax 04 68 66 02 02* – , rest, – 50. AE ⓓ GB
Repas (69) - 89/119, enf. 39 – 40 – **89 ch** 320 – ½ P 255

Kennedy sans rest, 9 av. P. Cambres ✉ 66100 ✆ 04 68 50 60 02, *Fax 04 68 67 55 10* – . AE ⓓ GB JCB CZ k
32 – **24 ch** 240/290

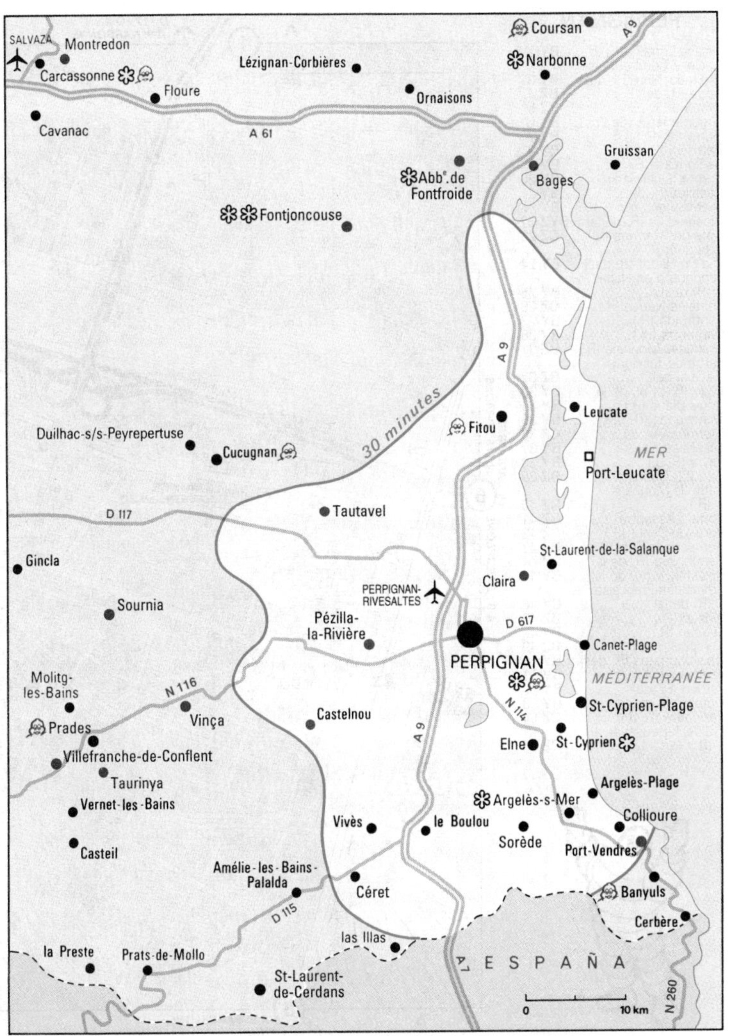

XXX **Côté Théâtre** (Portos), 7 r. Théâtre ✆ 04 68 34 60 00, *Fax 04 68 34 60 00* – ▤. AE ⓞ GB — BZ d

✿ *fermé 2 au 9 avril, 23 juil. au 6 août, 1er au 8 janv., lundi midi, dim. et fériés* – **Repas** (158) - 240/300 bc et carte 230 à 330 ♀

Spéc. Salade d'encornets et jambon cru. Galinette de Méditerranée, façon bouillabaisse. Tarte à la tomate confite (dessert).

XX **Clos des Lys,** chemin de la Fauceille par ④ *et N 114, dir. Argelès : 4 km* ✉ 66100 ✆ 04 68 56 75 00, *vila.jean-claude@wanadoo.fr, Fax 04 68 54 60 60,* ⌂, ⌂ – ▤ P. AE GB

fermé dim. et lundi (sauf le midi de sept. à juin) et merc. soir – **Repas** (79) - 99/210 ♀, enf. 60

XX **Passerelle,** 1 cours Palmarole ✆ 04 68 51 30 65, *Fax 04 68 51 90 58* – ▤. AE ⓞ GB

fermé 20 déc. au 4 janv., lundi midi et dim. – **Repas** - produits de la mer - 100 — BY z

XX **Les Antiquaires,** pl. Desprès ✆ 04 68 34 06 58, *Fax 04 68 35 04 47* – ▤. AE ⓞ GB

fermé 1er au 24 juil., dim. soir et lundi

Repas 130/230 ♀ — BZ u

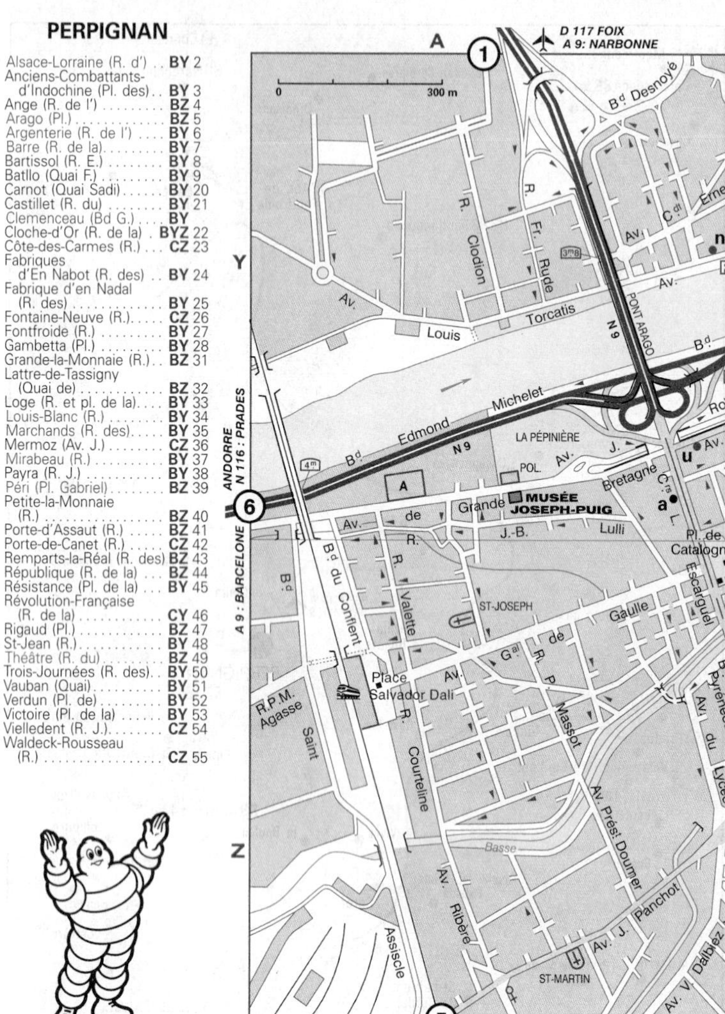

PERPIGNAN

Alsace-Lorraine (R. d') .. **BY** 2
Anciens-Combattants-d'Indochine (Pl. des) .. **BY** 3
Ange (R. de l') .... **BZ** 4
Arago (Pl.) .... **BZ** 5
Argenterie (R. de l') .... **BY** 6
Barre (R. de la) .... **BY** 7
Bartissol (R. E.) .... **BY** 8
Batllo (Quai F.) .... **BY** 9
Carnot (Quai Sadi) ...... **BY** 20
Castillet (R. du) .... **BY** 21
Clemenceau (Bd G.) .... **BY**
Cloche-d'Or (R. de la) . **BYZ** 22
Côte-des-Carmes (R.) ... **CZ** 23
Fabriques d'En Nabot (R. des) .. **BY** 24
Fabrique d'en Nadal (R. des) .... **BY** 25
Fontaine-Neuve (R.) ..... **CZ** 26
Fontfroide (R.) .... **BY** 27
Gambetta (Pl.) .... **BY** 28
Grande-la-Monnaie (R.) .. **BZ** 31
Lattre-de-Tassigny (Quai de) .... **BZ** 32
Loge (R. et pl. de la) .... **BY** 33
Louis-Blanc (R.) .... **BY** 34
Marchands (R. des) ..... **BY** 35
Mermoz (Av. J.) .... **CZ** 36
Mirabeau (R.) .... **BY** 37
Payra (R. J.) .... **BY** 38
Péri (Pl. Gabriel) .... **BZ** 39
Petite-la-Monnaie (R.) .... **BZ** 40
Porte-d'Assaut (R.) ..... **BZ** 41
Porte-de-Canet (R.) ..... **CZ** 42
Remparts-la-Réal (R. des) **BZ** 43
République (R. de la) ... **BZ** 44
Résistance (Pl. de la) ... **BY** 45
Révolution-Française (R. de la) .... **CY** 46
Rigaud (Pl.) .... **BZ** 47
St-Jean (R.) .... **BY** 48
Théâtre (R. du) .... **BZ** 49
Trois-Journées (R. des) .. **BY** 50
Vauban (Quai) .... **BY** 51
Verdun (Pl. de) .... **BY** 52
Victoire (Pl. de la) ...... **BY** 53
Vielledent (R. J.) .... **CZ** 54
Waldeck-Rousseau (R.) .... **CZ** 55

XX Voilier des Saveurs, 1 r. Viète (accès par 1 bd Kennedy) ✆ 04 68 50 25 25, *vsaveurs@aol.com, Fax 04 68 50 38 73* – ▤. Ⓓ GB — CZ r
fermé 15 juil. au 19 août, sam. midi, dim. soir et lundi – **Repas** 95 (déj.), 130/260 ♀

XX Les Casseroles en Folies, 72 av. L. Torcatis ✆ 04 68 52 48 03, *Fax 04 68 52 47 96* – ▤
3 oct.-2 juin et fermé 21 déc. au 7 janv. – **Repas** 130/165 ♀, enf. 50 — AY n

XX Carlit, 63 av. Gén. Leclerc ✆ 04 68 51 17 86, *Fax 04 68 51 17 86* – ▤. GB — AY u
fermé lundi – **Repas** 79 (déj.), 182/250 ♀

X Café Vienne, 3 pl. Arago ✆ 04 68 34 80 00, *Fax 04 68 66 13 34*, 🏠, brasserie – GB — BZ f
Repas *(78)* - 115 ♀, enf. 35

X Casa Sansa, 4 r. Fabrique Couverte ✆ 04 68 34 21 84, *Fax 04 68 35 19 65*, 🏠, bistrot – AE Ⓓ GB — BY f
fermé dim. et lundi – **Repas** - spécialités catalanes - 59/140 ♀

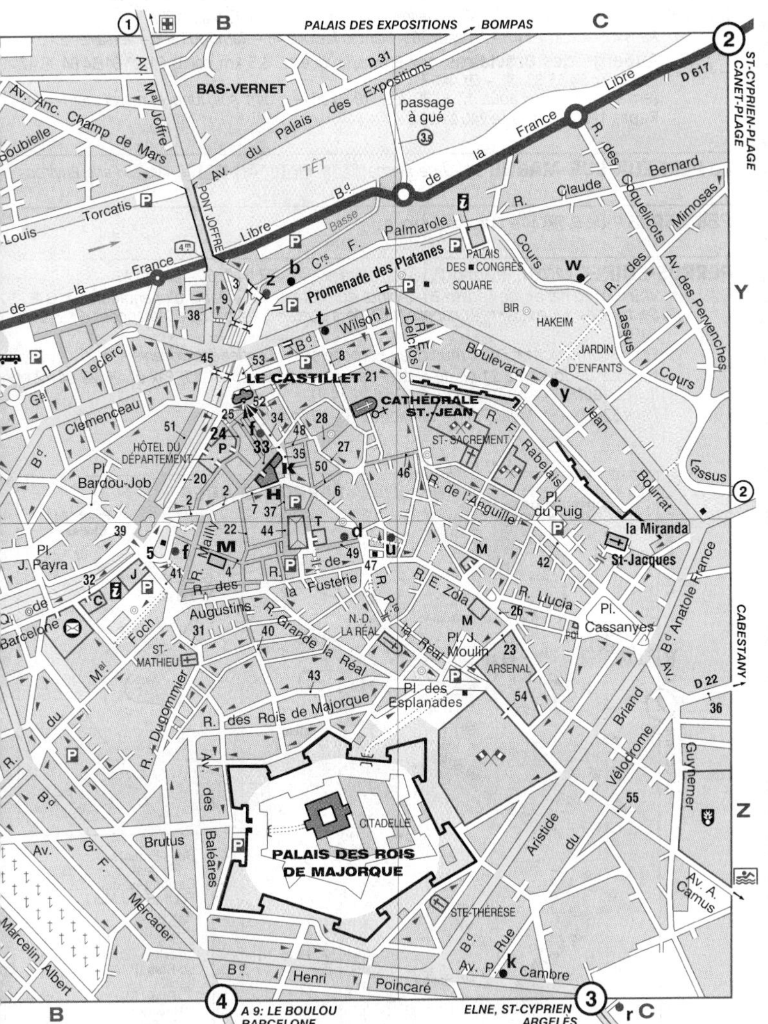

par ① près échangeur Perpignan-Nord : 10 km – ✉ 66600 Rivesaltes :

Novotel Ⓜ, ☎ 04 68 64 02 22, Fax 04 68 64 24 27, ⛱, 🏊, 🌳 – ⇌ ▤ TV ☎ ♿ P – 🏛 100. AE ⓓ GB JCB
Repas carte environ 160 ₸, enf. 50 – ☕ 62 – **86 ch** 535/605

Relais Mercure Ⓜ, ☎ 04 68 38 55 38, *mercurerelais@groupe-hotelier.com, Fax 04 68 38 55 66,* ⛱, 🏊 – |‡| ⇌ ▤ TV ☎ ♿ P – 🏛 60. AE ⓓ GB
Repas *(fermé dim. soir sauf juil.-août)* (80) - 98/180 🍷, enf. 45 – ☕ 50 – **64 ch** 430

par ②, D 617 et rte secondaire : 5 km – ✉ 66000 Perpignan :

Mas Vermeil, traverse de Cabestany ☎ 04 68 66 95 96, *mas-vermail@little-france.com, Fax 04 68 66 89 13,* ⛱, « Ancienne exploitation vinicole, patio », 🌳 – P. AE GB
fermé janv. et fév. – **Repas** (125) - 235/315 bc 🍷, enf. 100

Un automobiliste averti utilise le ***Guide Rouge Michelin*** *de l'année.*

Le PERRAY-EN-YVELINES *78610 Yvelines 60 ⑨, 106 ㉘ – 4 645 h alt. 180.*
Paris 47 – Chartres 47 – Arpajon 36 – Mantes-la-Jolie 46 – Rambouillet 6 – Versailles 27.

XXX **Auberge des Bréviaires,** aux Bréviaires Ouest : 3,5 km par D 61 ✆ 01 34 84 98 47, *Fax 01 34 84 65 88,* – AE GB
fermé 30 juil. au 21 août, 17 au 25 déc., 18 au 26 fév., dim. soir, lundi et mardi sauf fériés – **Repas** 190/270 et carte 240 à 420 ♀

Le PERREUX-SUR-MARNE *94 Val-de-Marne 56 ⑪., 106 ⑰ ⑱., 101 ⑱ – voir à Paris, Environs.*

PERRIER *63 P.-de-D. 73 ⑭ – rattaché à Issoire.*

PERROS-GUIREC *22700 C.-d'Armor 59 ① G. Bretagne – 7 497 h alt. 60 – Casino* **A**.
Voir *Nef romane* de l'église* B – *Pointe du château ⩽* – Table d'orientation ⩽** B E – *Sentier des douaniers** – Chapelle N.-D. de la Clarté* 3 km par ② – Sémaphore ⩽* 3,5 km par ②.*
Env. *Ploumanach** : parc municipal**, rochers** – Sentier des Douaniers**.*
Office de Tourisme 21 pl. de l'Hôtel-de-Ville ✆ 02 96 23 21 15, Fax 02 96 23 04 72 et (juillet-août) plage de Trestraou ✆ 02 96 91 14 91.
Paris 526 ① – St-Brieuc 75 ① – Lannion 12 ① – Tréguier 19 ①.

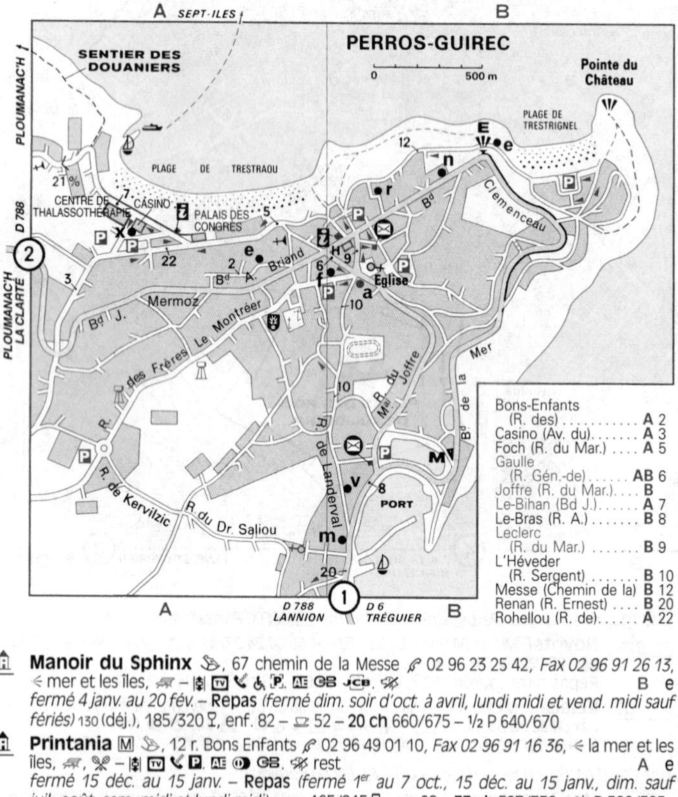

PERROS-GUIREC

Bons-Enfants (R. des) . . . . . . A 2
Casino (Av. du) . . . . . . A 3
Foch (R. du Mar.) . . . . A 5
Gaulle (R. Gén.-de) . . . . . AB 6
Joffre (R. du Mar.) . . . . B
Le-Bihan (Bd J.) . . . . . A 7
Le-Bras (R. A.) . . . . . . B 8
Leclerc (R. du Mar.) . . . . . . B 9
L'Héveder (R. Sergent) . . . . . . B 10
Messe (Chemin de la) B 12
Renan (R. Ernest) . . . . B 20
Rohellou (R. de) . . . . . A 22

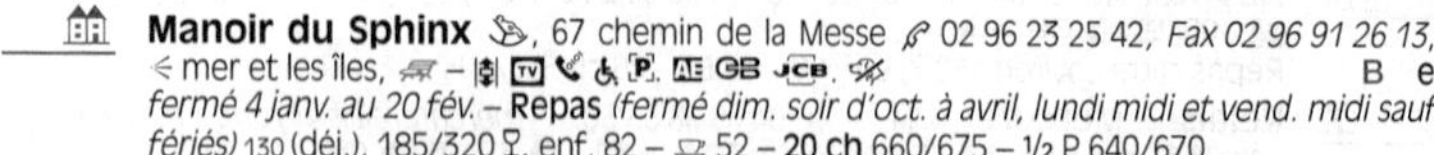

Manoir du Sphinx , 67 chemin de la Messe ✆ 02 96 23 25 42, *Fax 02 96 91 26 13,* ⩽ mer et les îles, – TV P. AE GB JCB. B e
fermé 4 janv. au 20 fév. – **Repas** *(fermé dim. soir d'oct. à avril, lundi midi et vend. midi sauf fériés)* 130 (déj.), 185/320 ♀, enf. 82 – 52 – **20 ch** 660/675 – ½ P 640/670

Printania M , 12 r. Bons Enfants ✆ 02 96 49 01 10, *Fax 02 96 91 16 36,* ⩽ la mer et les îles, – TV P. AE GB. rest A e
fermé 15 déc. au 15 janv. – **Repas** *(fermé 1er au 7 oct., 15 déc. au 15 janv., dim. sauf juil.-août, sam. midi et lundi midi) (130)* - 165/215 ♀ – 60 – **33 ch** 597/750 – ½ P 509/585

Au Bon Accueil, 11 r. Landerval ✆ 02 96 23 25 77, *Fax 02 96 23 12 66,* – TV P. AE GB B v
fermé 23 déc. au 2 janv. – **Repas** *(fermé dim. soir sauf juil.-août)* 90/250 – 38 – **21 ch** 310/420 – ½ P 370

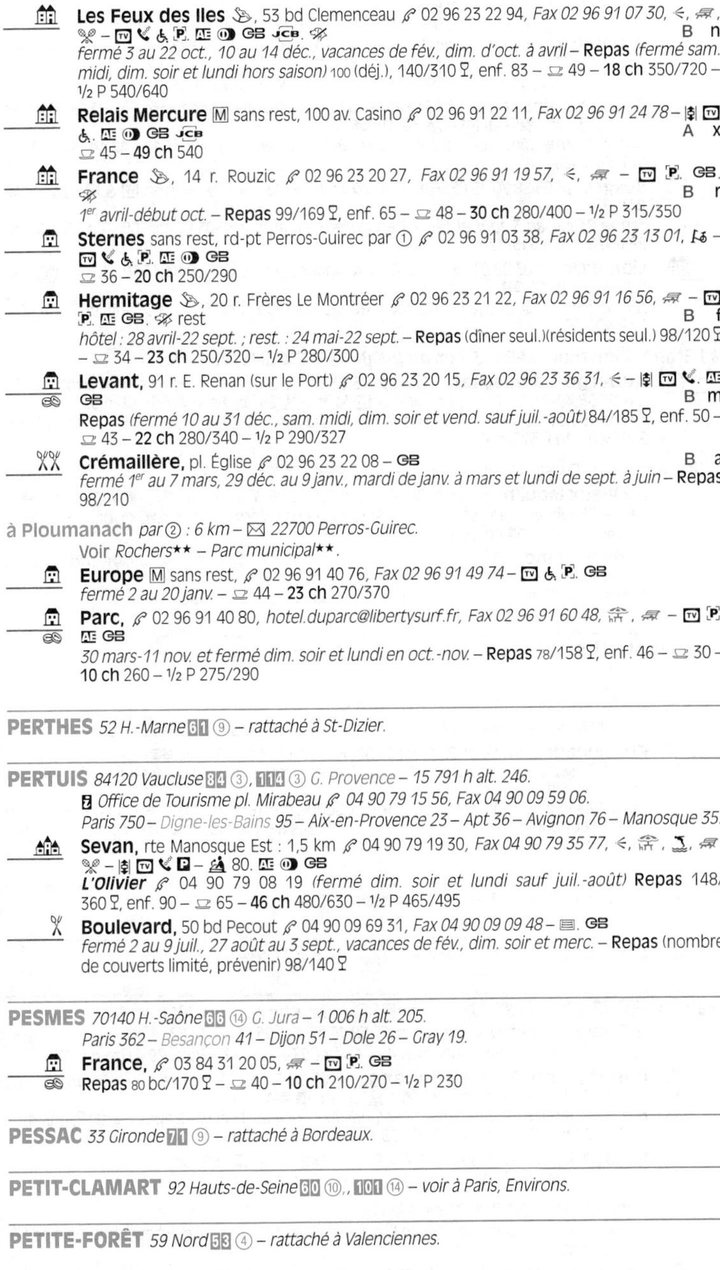

Les Feux des Iles, 53 bd Clemenceau 02 96 23 22 94, *Fax 02 96 91 07 30*, – TV P. AE GB JCB. B n
fermé 3 au 22 oct., 10 au 14 déc., vacances de fév., dim. d'oct. à avril – **Repas** *(fermé sam. midi, dim. soir et lundi hors saison)* 100 (déj.), 140/310, enf. 83 – 49 – **18 ch** 350/720 – 1/2 P 540/640

Relais Mercure M sans rest, 100 av. Casino 02 96 91 22 11, *Fax 02 96 91 24 78* – TV AE GB JCB A x
45 – **49 ch** 540

France, 14 r. Rouzic 02 96 23 20 27, *Fax 02 96 91 19 57*, – TV P. GB. B r
1er avril-début oct. – **Repas** 99/169, enf. 65 – 48 – **30 ch** 280/400 – 1/2 P 315/350

Sternes sans rest, rd-pt Perros-Guirec par ① 02 96 91 03 38, *Fax 02 96 23 13 01*, – TV P. AE GB
36 – **20 ch** 250/290

Hermitage, 20 r. Frères Le Montréer 02 96 23 21 22, *Fax 02 96 91 16 56*, – TV P. AE GB. rest B f
hôtel : 28 avril-22 sept. ; rest. : 24 mai-22 sept. – **Repas** (dîner seul.)(résidents seul.) 98/120 – 34 – **23 ch** 250/320 – 1/2 P 280/300

Levant, 91 r. E. Renan (sur le Port) 02 96 23 20 15, *Fax 02 96 23 36 31*, – TV AE GB B m
Repas *(fermé 10 au 31 déc., sam. midi, dim. soir et vend. sauf juil.-août)* 84/185, enf. 50 – 43 – **22 ch** 280/340 – 1/2 P 290/327

Crémaillère, pl. Église 02 96 23 22 08 – GB B a
fermé 1er au 7 mars, 29 déc. au 9 janv., mardi de janv. à mars et lundi de sept. à juin – **Repas** 98/210

à Ploumanach *par ② : 6 km – 22700 Perros-Guirec.*
Voir *Rochers★★ – Parc municipal★★.*

Europe M sans rest, 02 96 91 40 76, *Fax 02 96 91 49 74* – TV P. GB
fermé 2 au 20 janv. – 44 – **23 ch** 270/370

Parc, 02 96 91 40 80, *hotel.duparc@libertysurf.fr, Fax 02 96 91 60 48*, – TV P. AE GB
30 mars-11 nov. et fermé dim. soir et lundi en oct.-nov. – **Repas** 78/158, enf. 46 – 30 – **10 ch** 260 – 1/2 P 275/290

PERTHES *52 H.-Marne 61 ⑨ – rattaché à St-Dizier.*

PERTUIS *84120 Vaucluse 84 ③, 114 ③ G. Provence – 15 791 h alt. 246.*
Office de Tourisme pl. Mirabeau 04 90 79 15 56, Fax 04 90 09 59 06.
Paris 750 – Digne-les-Bains 95 – Aix-en-Provence 23 – Apt 36 – Avignon 76 – Manosque 35.

Sevan, rte Manosque Est : 1,5 km 04 90 79 19 30, *Fax 04 90 79 35 77*, – TV P – 80. AE GB
L'Olivier 04 90 79 08 19 *(fermé dim. soir et lundi sauf juil.-août)* **Repas** 148/360, enf. 90 – 65 – **46 ch** 480/630 – 1/2 P 465/495

Boulevard, 50 bd Pecout 04 90 09 69 31, *Fax 04 90 09 09 48* – GB
fermé 2 au 9 juil., 27 août au 3 sept., vacances de fév., dim. soir et merc. – **Repas** (nombre de couverts limité, prévenir) 98/140

PESMES *70140 H.-Saône 66 ⑭ G. Jura – 1 006 h alt. 205.*
Paris 362 – Besançon 41 – Dijon 51 – Dole 26 – Gray 19.

France, 03 84 31 20 05, – TV P. GB
Repas 80 bc/170 – 40 – **10 ch** 210/270 – 1/2 P 230

PESSAC *33 Gironde 71 ⑨ – rattaché à Bordeaux.*

PETIT-CLAMART *92 Hauts-de-Seine 60 ⑩, 101 ⑭ – voir à Paris, Environs.*

PETITE-FORÊT *59 Nord 53 ④ – rattaché à Valenciennes.*

A good moderately priced meal : **Repas** 100/140

La PETITE-PIERRE *67290 B.-Rhin 57 ⑰ G. Alsace Lorraine – 623 h alt. 340.*
Paris 433 – Strasbourg 55 – Haguenau 39 – Sarreguemines 48 – Sarre-Union 24.

Clairière Ⓜ, rte d'Ingwiller (D 7) : 1,5 km ✆ 03 88 71 75 00, *info@la-clairiere.com, Fax 03 88 70 41 05*, – rest, – 100. AE GB
Repas 142/335, enf. 68 – 57 – **51 ch** 411/659 – ½ P 450/574

Aux Trois Roses, ✆ 03 88 89 89 00, *hotel.3roses@wanadoo.fr, Fax 03 88 70 41 28*, ≤, – – 30. AE GB
Repas *(fermé dim. soir et lundi soir)* 98/275 ♀, enf. 48 – 54 – **42 ch** 370/620 – ½ P 360/480

Vosges, ✆ 03 88 70 45 05, *Fax 03 88 70 41 13*, ≤, – rest, – 25. AE GB JCB
fermé 23 juil. au 3 août et fév. – **Repas** *(fermé mardi)* 120/305 ♀, enf. 65 – 55 – **33 ch** 295/490 – ½ P 315/470

Lion d'Or, ✆ 03 88 01 47 57, *phil.lion@liondor.com, Fax 03 88 01 47 50*, ≤, – AE GB
fermé 2 au 11 juil. et 3 janv. au 3 fév. – **Repas** 120/350 ♀, enf. 65 – 55 – **40 ch** 350/600 – ½ P 400/500

à l'Étang d'Imsthal *Sud-Est : 3,5 km par D 178 – ✉ 67290 La Petite-Pierre :*

Auberge d'Imsthal, ✆ 03 88 01 49 00, *auberge.imsthal@wanadoo.fr, Fax 03 88 70 40 26*, ≤, – – 25. AE GB JCB. rest
fermé 15 nov. au 15 déc. – **Repas** *(fermé mardi)* (110) - 135/235 ♀, enf. 45 – 50 – **23 ch** 240/660 – ½ P 320/480

à Graufthal *Sud-Ouest : 11 km par D 178 et D 122 – ✉ 67320 :*

Au Vieux Moulin, ✆ 03 88 70 17 28, *Fax 03 88 70 11 25*, ≤, – GB
fermé 25 juin au 7 juil. et vacances de fév. – **Repas** *(fermé mardi soir)* 60 (déj.), 85/190 ♀, enf. 40 – 36 – **14 ch** 230/399 – ½ P 265/335

Cheval Blanc, 19 r. Principale ✆ 03 88 70 17 11, *gilles.stutzmann@worldonline.fr, Fax 03 88 70 12 37*, – GB.
fermé 2 au 25 janv., lundi soir et mardi – **Repas** 60 (déj.), 155/240 ♀

PETIT-PALAIS *84 Vaucluse 81 ⑫ ⑬ – rattaché à L'Isle-sur-la-Sorgue.*

Le PETIT-PRESSIGNY *37350 I.-et-L. 68 ⑤ – 394 h alt. 80.*
Paris 289 – Poitiers 75 – Le Blanc 40 – Châtellerault 37 – Châteauroux 75 – Tours 62.

Promenade (Dallais), ✆ 02 47 94 93 52, *Fax 02 47 91 06 03* – GB
fermé 24 sept. au 9 oct., 2 au 26 janv., dim. soir, mardi midi et lundi sauf fériés. – **Repas** 140/420 et carte 290 à 420
Spéc. Géline de Touraine rôtie au citron et beurre d'écrevisses. Côte de cochon fermier en cocotte et boudin noir. Lièvre à la royale et ravioles de foie gras (oct. à janv.). **Vins** Cheverny blanc, Touraine-Mesland.

Le PETIT QUEVILLY *76 S.-Mar. 55 ⑥ – rattaché à Rouen.*

PETRETO-BICCHISANO *2A Corse-du-Sud 90 ⑰ – voir à Corse.*

PEYRAT-LE-CHÂTEAU *87470 H.-Vienne 72 ⑲ G. Berry Limousin – 1 194 h alt. 426.*
Office de Tourisme r. du Lac ✆ 05 55 69 48 75, Fax 05 55 69 47 82.
Paris 407 – Limoges 54 – Aubusson 45 – Guéret 53 – Tulle 77 – Ussel 79 – Uzerche 58.

Auberge du Bois de l'Étang, ✆ 05 55 69 40 19, *serge.merle@wanadoo.fr, Fax 05 55 69 42 93*, – rest, – 30. AE GB
fermé 15 déc. au 20 janv., dim. soir et lundi du 12 nov. au 15 avril – **Repas** 75/200 ♀, enf. 45 – 35 – **27 ch** 170/290 – ½ P 175/235

Voyageurs, ✆ 05 55 69 40 02, *Fax 05 55 69 49 69* – GB.
1er mars-30 sept. – **Repas** 75/155 – 38 – **14 ch** 190/300 – ½ P 220/260

au Lac de Vassivière – ✉ *87470 Peyrat-le-Château.*
Voir *Centre d'art contemporain de l'île de Vassivière★★ – Centre d'art contemporain de l'île de Vassivière★★.*

Golf du Limousin, ✆ 05 55 69 41 34, *Fax 05 55 69 49 16*, ≤, – GB. rest
1er avril-30 oct. – **Repas** 88/168 ♀, enf. 60 – 36 – **18 ch** 252/298 – ½ P 264/289

PÉZENAS *34120 Hérault* 83 ⑮ *G. Languedoc Roussillon – 7 613 h alt. 15.*
Voir *Vieux Pézenas★★ : Hôtels de Lacoste★, d'Alfonce★, de Malibran★.*
Office de Tourisme pl. Gambetta ✆ 04 67 98 35 45, Fax 04 67 98 96 80, Annexe : Gare SNCF 04 67 98 35 39.
Paris 742 – Montpellier 54 – Agde 20 – Béziers 25 – Lodève 40 – Sète 37.

à **Nézignan-l'Évêque** *Sud : 5 km par N 9 et D 13 – 753 h. alt. 40 – ✉ 34120 Pézenas :*

Hostellerie de St-Alban Ⓜ, 31 rte Agde ✆ 04 67 98 11 38, *Fax 04 67 98 91 63*, – . GB.
fermé 1er déc. au 1er fév. – **Repas** *(fermé mardi midi et merc. midi en saison, jeudi midi et merc. hors saison)* 125/310 ♀, enf. 50 – ☕ 60 – **14 ch** 400/600 – ½ P 440/510

PÉZILLA-LA-RIVIÈRE *66370 Pyr.-Or.* 86 ⑲ *– 2 754 h alt. 75.*
Paris 866 – Perpignan 12 – Argelès-sur-Mer 34 – Le Boulou 30 – Prades 35.

L'Aramon, rte Baho, D 614 ✆ 04 68 92 43 59, *Fax 04 68 92 39 88*, – . GB
fermé 29 août au 13 sept., 2 au 17 janv. et merc. – **Repas** 95 (déj.), 130/210

PEZOU *41100 L.-et-Ch.* 64 ⑥ *– 861 h alt. 84.*
Paris 161 – Blois 43 – Chartres 73 – Le Mans 79 – Orléans 66 – Tours 70.

à **Fontaine** *Nord-Est : 4 km par N 10 – ✉ 41100 Pezou :*

Auberge de la Sellerie, ✆ 02 54 23 41 43, *Fax 02 54 23 48 00*, – GB
fermé 9 au 22 oct., 5 au 26 janv., lundi et mardi – **Repas** 150/280

PFAFFENHOFFEN *67350 B.-Rhin* 57 ⑱ *G. Alsace Lorraine – 2 285 h alt. 170.*
Voir *Musée de l'Imagerie peinte et populaire alsacienne★.*
Paris 457 – Strasbourg 37 – Haguenau 15 – Sarrebourg 50 – Sarre-Union 48 – Saverne 29.

De l'Agneau avec ch, ✆ 03 88 07 72 38, *gisele.ernwein@wanadoo.fr*, *Fax 03 88 72 20 24*, – . GB. ch
fermé 20 août au 8 sept., dim. soir de sept. à mai et lundi – **Repas** 70 (déj.), 150/350 ♀ – ☕ 35 – **14 ch** 250/450 – ½ P 260/380

PFULGRIESHEIM *67 B.-Rhin* 57 ⑱ *– rattaché à Strasbourg.*

PHALSBOURG *57370 Moselle* 57 ⑰ *G. Alsace Lorraine – 4 189 h alt. 365.*
Office de Tourisme 30 pl. d'Armes ✆ 03 87 24 42 42, Fax 03 87 24 42 87.
Paris 436 – Strasbourg 60 – Metz 107 – Sarrebourg 16 – Sarreguemines 50.

Erckmann-Chatrian, pl. d'Armes ✆ 03 87 24 31 33, *Fax 03 87 24 27 81*, – – 25. GB
Repas *(fermé mardi midi et lundi)* 135/275 ♀ – ☕ 42 – **16 ch** 290/360

Au Soldat de l'An II (Schmitt), 1 rte Saverne ✆ 03 87 24 16 16, *info@an2.com*, *Fax 03 87 24 18 18*, , « Ancienne grange au décor rustique » – GB
fermé 30 oct. au 13 nov., 2 au 24 janv., mardi midi, dim. soir et lundi – **Repas** 185 bc (déj.), 365/540 et carte 420 à 550 ♀, enf. 85
Spéc. Foie gras. Papillote de vivanot (été). Plateau de la Saint-Hubert aux six gibiers (saison).
Vins Muscat, Pinot noir.

à **Bonne-Fontaine** *Est : 4 km par N 4 et rte secondaire – ✉ 57370 Phalsbourg :*

Notre-Dame de Bonne Fontaine, ✆ 03 87 24 34 33, *ndbonnefontaine@aol.com*, *Fax 03 87 24 24 64*, – – 40. AE GB JCB
fermé 7 au 26 janv. et 17 au 24 fév. – **Repas** 88/270 bc ♀, enf. 57 – ☕ 45 – **34 ch** 265/450 – ½ P 300/365

PHILIPPSBOURG *57230 Moselle* 57 ⑱ *– 504 h alt. 215.*
Paris 452 – Strasbourg 60 – Haguenau 29 – Wissembourg 46.

Tilleul, ✆ 03 87 06 50 10, *Fax 03 87 06 58 89*, – . GB
fermé 1er au 15 oct., janv., lundi soir, mardi soir et merc. – **Repas** 70 (déj.), 125/300 ♀, enf. 50

à **l'étang de Hanau** *Nord-Ouest : 5 km par N 62 et rte secondaire – ✉ 57230 Philippsbourg.*
Voir *Étang★*, G. Alsace Lorraine.

Beau Rivage, ✆ 03 87 06 50 32, *Fax 03 87 06 57 46*, ←, , – – 25. GB
fermé fév. – **Repas** *(fermé lundi hors saison)* 90/240 ♀ – ☕ 45 – **23 ch** 230/600 – ½ P 330

PIANA *2A Corse-du-Sud* 90 ⑮ *– voir à Corse.*

Le PIAN-MÉDOC *33290 Gironde* 71 ⑧ *– 5 078 h alt. 36.*
Paris 599 – Bordeaux 25 – Lesparre-Médoc 55.

Pont Bernet, à Louens ☎ 05 56 70 20 19, *logifrance@pont-bernet.fr, Fax 05 56 70 22 90*, – TV & P – 30. AE GB
fermé 1er au 15 nov. – **Repas** *(fermé lundi sauf le soir d'avril à sept. et dim. soir d'oct. à mars)* 95 (déj.), 158/300 ♀, enf. 50 – ☕ 45 – **18 ch** 340/370 – ½ P 360

PICHERANDE *63113 P.-de-D.* 73 ⑬ *– 491 h alt. 1116.*
Paris 484 – Clermont-Ferrand 64 – Issoire 48 – Le Mont-Dore 31.

Central Hôtel, ☎ 04 73 22 30 79, *Fax 04 73 22 37 02* – GB
fermé 30 sept. au 1er déc. – **Repas** (dîner seul.) 70/150 ♀ – ☕ 30 – **18 ch** 90/170 – ½ P 180

PIEDICROCE *2B H.-Corse* 90 ④ *– voir à Corse.*

PIERRE-BÉNITE *69 Rhône* 74 ⑪,, 110 ㉔ *– rattaché à Lyon.*

PIERRE-DE-BRESSE *71270 S.-et-L.* 70 ③ *G. Bourgogne – 1 981 h alt. 202.*
Voir *Ecomusée de la Bresse bourguignonne★.*
Office de Tourisme de Louhans (15 mai-15 sept.) pl. du Château ☎ 03 85 76 24 95.
Paris 355 – Beaune 47 – Chalon-sur-Saône 42 – Dole 36 – Lons-le-Saunier 37.

à Charette-Varennes *Nord-Ouest : 6,5 km par D 73 – 316 h. alt. 182 – ✉ 71270 :*

Doubs Rivage, ☎ 03 85 76 23 45, *Fax 03 85 72 89 18*, – TV P. GB, ch
fermé 20 déc. au 10 janv, fév., dim. soir et lundi sauf juil.-août et fériés – **Repas** 85/250 ♀, enf. 55 – ☕ 40 – **10 ch** 200/255 – ½ P 260

PIERREFITTE-EN-AUGE *14130 Calvados* 55 ③ *– 122 h alt. 59.*
Paris 194 – Caen 46 – Deauville 20 – Le Havre 47 – Lisieux 14.

Auberge des Deux Tonneaux, ☎ 02 31 64 09 31, *Fax 02 31 64 69 69*, – GB
mars-mi nov. et fermé dim. soir et lundi sauf vacances scolaires – **Repas** carte 150 à 220, enf. 55

PIERREFITTE-SUR-SAULDRE *41300 L.-et-Ch.* 64 ⑳ *– 835 h alt. 125.*
Paris 188 – Bourges 55 – Orléans 53 – Aubigny-sur-Nère 23 – Blois 74 – Salbris 13.

Lion d'Or, ☎ 02 54 88 62 14, « Cadre rustique », – GB
fermé 5 au 13 mars, 3 au 18 sept., 2 au 10 janv., lundi et mardi sauf fériés – **Repas** 175/225

PIERREFONDS *60350 Oise* 56 ③ *G. Picardie Flandres Artois – 1 548 h alt. 81.*
Voir *Château★★ – St-Jean-aux-Bois : église★ O : 6 km.*
Office de Tourisme pl. de l'Hôtel-de-Ville ☎ 03 44 42 81 44, Fax 03 44 42 37 73.
Paris 83 – Compiègne 15 – Beauvais 75 – Soissons 32 – Villers-Cotterêts 18.

Blés d'Or avec ch, 8 r. J. Michelet ☎ 03 44 42 85 91, *Fax 03 44 42 98 94*, – TV . AE GB
fermé janv., mardi soir (sauf hôtel) et merc. – **Repas** 100/225 – ☕ 50 – **6 ch** 280/350 – ½ P 300

à Chelles *Est : 4,5 km par D 85 – 334 h. alt. 75 – ✉ 60350 :*

Relais Brunehaut avec ch, ☎ 03 44 42 85 05, *Fax 03 44 42 83 30*, « Auberge rustique », – cuisinette TV P. GB. rest
fermé 15 janv. au 15 fév. et lundi – **Repas** *(fermé merc. et jeudi du 15 nov. au 30 avril, lundi et mardi)* 160/280 bc ♀ – ☕ 48 – **7 ch** 270/360 – ½ P 370/390

à St-Jean-aux-Bois *: 6 km par D 85 – 319 h. alt. 71 – ✉ 60350 :*

Auberge A la Bonne Idée avec ch, 3 r. Meuniers ☎ 03 44 42 84 09, *a-la-bonne-idee-auberge@wanadoo.fr, Fax 03 44 42 80 45*, – rest, TV & P – 20. AE GB
fermé 14 janv. au 8 fév., dim. soir et lundi d'oct. à fév. – **Repas** 130/380 et carte 250 à 420 ♀ – ☕ 55 – **24 ch** 380/450 – ½ P 490

PIERREFONTAINE-LES-VARANS *25510 Doubs* 66 ⑰ *– 1 505 h alt. 695.*
Paris 456 – Besançon 51 – Montbéliard 58 – Morteau 32 – Pontarlier 45.

Commerce avec ch, ☎ 03 81 56 10 50, *Fax 03 81 56 01 89* – TV . GB
fermé 20 déc. au 20 janv., dim. soir et lundi sauf juil.-août – **Repas** 65/205 ♀, enf. 40 – ☕ 38 – **10 ch** 120/270 – ½ P 240/270

PIERREFORT *15230 Cantal 76 ⑬ – 1 017 h alt. 950.*
Paris 549 – Aurillac 61 – Entraygues-sur-Truyère 54 – Espalion 61 – St-Flour 30.

Midi Ⓜ, ✆ 04 71 23 30 20, *Fax 04 71 23 39 34* – TV ✆ . GB. ✗ rest
fermé 24 déc. au 2 janv. – **Repas** 78/170 ♀ – ☕ 35 – **13 ch** 280/300 – ½ P 270/300

PIERRELATTE *26700 Drôme 81 ① G. Vallée du Rhône – 11 770 h alt. 50.*
Voir *Ferme aux crocodiles*, S : 4 km par N 7 jusqu'à l'échangeur avec la D 59.*
Office de Tourisme (fermé le dim.) Hôtel-de-Ville ✆ 04 75 04 07 98, Fax 04 75 98 40 65.
Paris 627 – Bollène 16 – Montélimar 22 – Nyons 45 – Orange 34 – Pont-St-Esprit 17.

Tricastin sans rest, r. Caprais-Favier ✆ 04 75 04 05 82, *Fax 04 75 04 19 36* – TV P. GB
☕ 36 – **13 ch** 228/270

Centre sans rest, 6 pl. Église ✆ 04 75 04 28 59, *info@hotelducentre26.com, Fax 04 75 98 83 29* – TV P. GB
☕ 40 – **27 ch** 200/295

Gourmand-Gourmet, 6 pl. Église ✆ 04 75 96 83 10, *Fax 04 75 96 46 18* – P. AE GB
fermé 13 au 27 août, vend. soir et sam. – **Repas** 100 (déj.), 158/295 ♀

PIETRANERA *2B H.-Corse 90 ② ③ – voir à Corse (Bastia).*

PIGNA *2b H.-Corse 90 ⑬ – voir à Corse (Ile-Rousse).*

PILAT-PLAGE *33 Gironde 78 ⑫ – voir à Pyla-sur-Mer.*

Le PIN-LA-GARENNE *61 Orne 60 ④ – rattaché à Mortagne-au-Perche.*

PINSOT *38 Isère 77 ⑥ – rattaché à Allevard.*

PIOGGIOLA *2B H.-Corse 90 ⑬ – voir à Corse.*

PIRIAC-SUR-MER *44420 Loire-Atl. 63 ⑬ G. Bretagne – 1 442 h alt. 7.*
Voir *Pointe du Castelli ≤* SO : 1 km.*
Paris 467 – Nantes 91 – La Baule 19 – La Roche-Bernard 34 – St-Nazaire 32.

Poste, 26 r. Plage ✆ 02 40 23 50 90, *Fax 02 40 23 68 96* – TV. AE GB
hôtel : début avril-11 nov. ; rest. : Pâques-début oct. et fermé lundi sauf le soir du 15 juin au 15 sept. – **Repas** 98/130, enf. 45 – ☕ 38 – **15 ch** 230/350 – ½ P 270/315

PISCIATELLO *2A Corse-du-Sud 90 ⑰ – voir à Corse (Ajaccio).*

PISIEU *38270 Isère 77 ② – 362 h alt. 400.*
Paris 519 – Annonay 44 – Grenoble 68 – Romans-sur-Isère 45 – Tournon-sur-Rhône 59.

Auberge de Pisieu, ✆ 04 74 84 57 94, – . GB
fermé merc. – **Repas** 60 (déj.), 90/150, enf. 45

PISSOS *40410 Landes 78 ④ G. Aquitaine – 970 h alt. 46.*
Paris 663 – Mont-de-Marsan 55 – Biscarrosse 35 – Bordeaux 83 – Castets 62 – Mimizan 43.

Café de Pissos avec ch, ✆ 05 58 08 90 16, *Fax 05 58 08 96 89*, , – TV P. GB
fermé 12 nov. au 3 déc., mardi soir et merc. sauf juil.-août – **Repas** 75 (déj.), 100/240 – ☕ 35 – **5 ch** 220/310 – ½ P 210/240

PITHIVIERS SP *45300 Loiret 60 ⑳ G. Châteaux de la Loire – 9 327 h alt. 115.*
Office de Tourisme (fermé le dim.) Mail-Ouest Gare Routière ✆ 02 38 30 50 02, Fax 02 38 30 55 00.
Paris 83 ① – Fontainebleau 46 ② – Orléans 44 ⑤ – Chartres 73 ⑥ – Montargis 45 ④.

Plan page suivante

Relais St-Georges, av. du 8 Mai **(d)** ✆ 02 38 30 40 25, *relais.saint.georges@wanadoo.fr, Fax 02 38 30 09 05*, – – TV ✆ P – 25. AE GB
Repas *(fermé dim. et soirs fériés)* 75 (dîner), 150/250 ♀, enf. 50 – ☕ 37 – **43 ch** 300/380 – ½ P 285/325

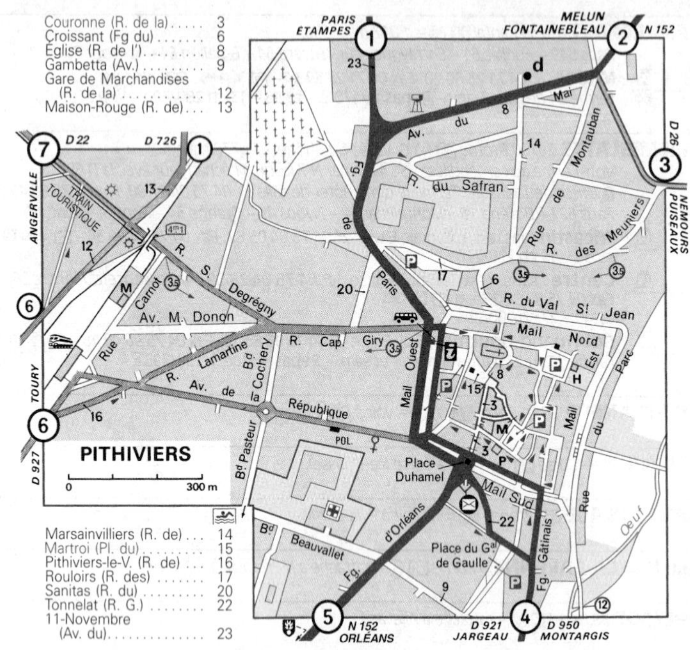

PIZAY 69 Rhône 74 ①, 110 ⑦ – rattaché à Belleville.

PLAILLY 60128 Oise 56 ⑪ – 1 636 h alt. 100.

Paris 39 – Compiègne 49 – Beauvais 58 – Chantilly 15 – Meaux 34 – Pontoise 41 – Senlis 15.

XX **Gentilhommière**, 25 r. G. Bouchard (derrière église) ✆ 03 44 54 30 20, *Fax 03 44 54 31 27*, 余 – GB
fermé 13 août au 3 sept., 15 fév. au 1er mars, dim. soir et lundi – **Repas** 110/238 ♀

La PLAINE-SUR-MER 44770 Loire-Atl. 67 ① – 2 104 h alt. 26.

Voir *Pointe de St-Gildas*★ *O : 5 km*, G. Poitou Vendée Charentes.

Paris 446 – Nantes 58 – Pornic 9 – St-Michel-Chef-Chef 7 – St-Nazaire 28.

Anne de Bretagne M ⛱, au Port de Gravette Nord-Ouest : 3 km ✆ 02 40 21 54 72, *anne-de-bretagne@wanadoo.fr, Fax 02 40 21 02 33*, ≤, 余, 🏊, 🌳, 🎾 – 📺 ✆ P – 🏛 30. AE GB
fermé janv. à début fév. – **Repas** *(fermé dim. soir de mi-sept. à mai, mardi midi et lundi)* (98) - 135/455 ♀, enf. 78 – ☕ 65 – **24 ch** 490/750 – ½ P 560/670

PLAISIANS 26170 Drôme 81 ③ – 157 h alt. 612.

Paris 694 – Carpentras 45 – Nyons 34 – Vaison-la-Romaine 26.

X **Auberge de la Clue**, pl. Église ✆ 04 75 28 01 17, *Fax 04 75 28 29 17*, ≤, 余 – ▤ P
avril-sept., week-ends de nov. à mars et fermé lundi
Repas 135/165

PLANCOËT 22130 C.-d'Armor 59 ⑤ – 2 507 h alt. 41.

Paris 419 – St-Malo 27 – Dinan 17 – Dinard 22 – St-Brieuc 45.

XXX ✿✿ **Jean-Pierre Crouzil** M avec ch, ✆ 02 96 84 10 24, *Fax 02 96 84 01 93*, 余, « Belle décoration intérieure » – ▤ rest, 📺 ✆ P. AE GB. ✂ ch
fermé 1er au 15 oct., 8 au 30 janv., dim. soir et lundi d'oct. à avril – **Repas** *(fermé dim. soir, mardi midi sauf juil.-août et lundi)* (week-ends prévenir) 250 (déj.), 350/650 et carte 460 à 580 ♀, enf. 120 – ☕ 90 – **8 ch** 680/980 – ½ P 600/875
Spéc. Saint-Jacques dorées au sautoir, verjus de tokay. Homard breton brûlé au lambic. Blanc de turbot fourré à l'araignée de mer.

PLAN-D'AUPS *83640 Var* 84 ⑭, 114 ㉚ *G. Provence – 361 h alt. 670.*

Office de Tourisme pl. de L'Hôtel-de-Ville ✆ 04 42 04 57 57, Fax 04 42 62 57 57.

Paris 801 – Marseille 45 – Aix-en-Provence 46 – Brignoles 39 – Toulon 73.

XX **Lou Pebre d'Aï** avec ch, ✆ 04 42 04 50 42, *Fax 04 42 62 55 52*, – P. AE GB
fermé 2 au 17 janv., vacances de fév., mardi soir et merc. sauf du 1er juin au 15 sept. – **Repas** 115 (déj.), 160/250, enf. 60 – 38 – **12 ch** 280/390 – 1/2 P 298/353

PLAN-DE-CUQUES *13 B.-du-R.* 84 ⑬, 114 ㉘ *– rattaché à Marseille.*

PLAN-DE-LA-TOUR *83120 Var* 84 ⑰, 114 ㊱ *– 1 991 h alt. 69.*

Paris 863 – Fréjus 31 – Cannes 75 – Draguignan 36 – St-Tropez 19 – Ste-Maxime 10.

Mas des Brugassières sans rest, Sud : 1,5 km par rte Grimaud ✆ 04 94 55 50 55, *mas.brugassieres@free.fr, Fax 04 94 55 50 51*, – P. GB
23 mars-7 oct. – 45 – **11 ch** 560

X **Au Vieux Moulin,** ✆ 04 94 43 02 07, – GB
mi-mars-1er nov. et fermé merc. sauf en juil.-août – **Repas** 170, enf. 65

à **Courruero** *Sud : 3,5 km par rte Grimaud – ✉ 83120 Plan de la Tour :*

Parasolis sans rest, ✆ 04 94 43 76 05, *Fax 04 94 43 77 09*, – cuisinette P.
25 mars-15 oct. – 45 – **9 ch** 550, 3 studios

PLAN-DU-VAR *06 Alpes-Mar.* 84 ⑲, 115 ⑯ *– ✉ 06670 Levens.*

Voir *Gorges de la Vésubie*** NE – Défilé du Chaudan** N : 2 km.*

Env. *Bonson : site*, ≤** de la terrasse de l'église,* G *Côte d'Azur.*

Paris 873 – Antibes 39 – Cannes 49 – Nice 33 – Puget-Théniers 34 – Vence 27.

XX **Cassini** avec ch, rte Nationale ✆ 04 93 08 91 03, *Fax 04 93 08 45 48*, – AE GB
fermé nov., mardi soir et dim. soir sauf juil.-août et lundi – **Repas** (85) - 140/170, enf. 60 – 30 – **12 ch** 140/250 – 1/2 P 220/250

PLANPRAZ *74 H.-Savoie* 74 ⑧ ⑨ *– rattaché à Chamonix-Mont-Blanc.*

PLAPPEVILLE *57 Moselle* 57 ⑬ *– rattaché à Metz.*

PLASCASSIER *06 Alpes-Mar.* 84 ⑧ *– rattaché à Valbonne.*

PLATEAU D'ASSY *74480 H.-Savoie* 74 ⑧ *G. Alpes du Nord.*

Voir **** – Église* : décoration** – Pavillon de Charousse ** O : 2,5 km puis 30 mn – Lac Vert* NE : 5 km – Plaine-Joux ≤** NE : 5,5 km.*

Office de Tourisme av. J.-Arnaud ✆ 04 50 58 80 52, Fax 04 50 93 83 74, Bureau annexe à la SNCF.

Paris 602 – Chamonix-Mont-Blanc 29 – Annecy 84 – Bonneville 44 – Megève 23.

Tourisme sans rest, ✆ 04 50 58 80 54, *hotel.le.tourisme@wanadoo.fr, Fax 04 50 93 82 11*, ≤, – P. GB
fermé 13 au 29 juin, 17 oct. au 2 nov. et lundi – 35 – **15 ch** 130/250

PLÉNEUF-VAL-ANDRÉ *22370 C.-d'Armor* 59 ④ *– 3 600 h alt. 52 – Casino au Val-André.*

Paris 448 – St-Brieuc 28 – Dinan 43 – Erquy 9 – Lamballe 17 – St-Cast 30 – St-Malo 53.

Georges M sans rest, ✆ 02 96 72 23 70, *hotel-georges@casino-val-andré.com, Fax 02 96 72 23 72* – AE GB
fermé 2 au 22 janv. – 60 – **24 ch** 430/650

au **Val-André** *Ouest : 2 km, G. Bretagne – ✉ 22370 Pléneuf-Val-André.*

Voir *Pointe de Pléneuf* N 15 mn – Le tour de la Pointe de Pléneuf ≤** N 30 mn.*

Office de Tourisme 1 r. W.-Churchill ✆ 02 96 72 20 55, Fax 02 96 63 00 34.

Grand Hôtel du Val André, 80 r. Amiral Charner ✆ 02 96 72 20 56, *accueil@grand-hotel-val-andre.fr, Fax 02 96 63 00 24*, ≤, – P – 30. AE GB. rest
hôtel : 9 mars-12 nov. ; rest.: 13 avril-30 sept. – **Repas** *(fermé lundi et mardi hors saison)* (dîner seul. en semaine sauf juil.-août) 100/175, enf. 68 – 49 – **39 ch** 390/515 – 1/2 P 415/475

Au Biniou, 121 r. Clemenceau ✆ 02 96 72 24 35, *Fax 02 96 63 03 23* – GB
fermé fév., mardi soir et merc. sauf juil.-août
Repas 98 (déj.), 130/220 ♀, enf. 65

Mer avec ch, r. Amiral Charner ✆ 02 96 72 20 44, *Fax 02 96 72 85 72* – TV. GB
fermé 8 janv. aux vacances de fév. et mardi sauf vacances scolaires – **Repas** 95/350 ♀, enf. 48 – ☕ 37 – **12 ch** 225/390 – ½ P 310/400

Annexe Nuit et Jour sans rest, – cuisinette TV. GB
☕ 37 – **8 ch** 300

PLESSIS-PICARD *77 S.-et-M.* **61** ① ②,, **106** ㉝ – *rattaché à Melun.*

PLESTIN-LES-GRÈVES *22310 C.-d'Armor* **58** ⑦ *G. Bretagne – 3 237 h alt. 45.*
Voir *Lieue de Grève★ – Corniche de l'Armorique★ N : 2 km.*
Office de Tourisme pl. de la Mairie ✆ 02 96 35 61 93, Fax 02 96 54 12 54.
Paris 529 – Brest 78 – Guingamp 46 – Lannion 18 – Morlaix 21 – St-Brieuc 78.

Les Panoramas sans rest, rte Corniche Nord : 5,5 km par D 42 ✆ 02 96 35 63 76, *lespanoramas@chez.com, Fax 02 96 35 09 10,* ≤ – TV ✆ ♿ P. GB
fermé 12 nov. au 13 déc., 7 au 31 janv., lundi d'oct. à mars – ☕ 42 – **13 ch** 250/380

PLEURS *51230 Marne* **61** ⑥ – *713 h alt. 90.*
Paris 125 – Troyes 54 – Châlons-en-Champagne 50 – Épernay 50 – Sézanne 14.

Paix avec ch, ✆ 03 26 80 10 14, *Fax 03 26 80 12 69* – ▤ rest, TV ✆ P. GB
fermé 17 juil. au 7 août, 26 déc. au 8 janv., vend. soir, dim. soir et lundi – **Repas** 75/265 🍷, enf. 50 – ☕ 35 – **7 ch** 220 – ½ P 230

PLÉVEN *22130 C.-d'Armor* **59** ⑤ – *578 h alt. 80.*
Voir *Ruines du château de la Hunaudaie★ SO : 4 km,* **G. Bretagne.**
Paris 430 – St-Malo 36 – Dinan 24 – Dinard 30 – St-Brieuc 37.

Manoir de Vaumadeuc 🐦, ✆ 02 96 84 46 17, *manoir@vaumadeuc.com, Fax 02 96 84 40 16,* « Manoir du 15e siècle dans un parc », 🌳 – P. AE ⓓ GB. ✂ rest
hotel : 15 avril-5 nov. ; rest. : 30 juin-1er oct. – **Repas** (dîner seul.)(résidents seul.) 195/290 ♀ – ☕ 50 – **13 ch** 590/1100 – ½ P 490/745

PLEYBER-CHRIST *29410 Finistère* **58** ⑥ *G. Bretagne – 2 828 h alt. 131.*
Paris 549 – Brest 54 – Châteaulin 48 – Morlaix 11 – Quimper 67 – St-Pol-de-Léon 27.

Gare, ✆ 02 98 78 43 76, *hotelgare@wanadoo.fr, Fax 02 98 78 49 78,* 🚗 – TV ✆. AE GB. ✂
fermé 20 déc. au 10 janv., dim. soir sauf juil-août et sam. midi – **Repas** 67 (déj.), 94/175 🍷 – ☕ 35 – **8 ch** 240/270 – ½ P 250

PLOEMEUR *56270 Morbihan* **58** ⑫ – *17 637 h alt. 45.*
Paris 507 – Vannes 62 – Concarneau 50 – Lorient 6 – Quimper 67.

à Lomener *Sud : 4 km par D 163 – ✉ 56270 Ploemeur :*

Vivier 🐦, ✆ 02 97 82 99 60, *levivier.lomener@wanadoo.fr, Fax 02 97 82 88 89,* ≤ île de Groix – TV ✆ 🚗 P. AE ⓓ GB
fermé 12 au 30 nov. – **Repas** *(fermé dim. soir sauf juil.-août)* 110/260 ♀, enf. 85 – ☕ 47 – **14 ch** 380/550 – ½ P 460/520

PLOËRMEL *56800 Morbihan* **63** ④ – *6 996 h alt. 93.*
Office de Tourisme 5 r. du Val ✆ 02 97 74 02 70, Fax 02 97 73 31 82.
Paris 417 – Vannes 47 – Lorient 88 – Loudéac 43 – Rennes 68.

Roi Arthur M 🐦, au lac au Duc : 1,5 km par D 8 ✆ 02 97 73 64 64, *info@hotelroiarthur.com, Fax 02 97 73 64 50,* ≤, « Au bord d'un lac et d'un golf », 🏋, 🏊, 🌳 – 🛗 cuisinette, ▤ rest, TV ✆ ♿ P – 🎤 100. AE ⓓ GB JCB
fermé 17 fév. au 3 mars – **Repas** 135/240 – ☕ 65 – **46 ch** 400/640, 12 duplex – ½ P 425/485

Lancelot M 🐦 sans rest, au lac au Duc : 1,5 km par D 8 ✆ 02 97 73 58 58, *Fax 02 97 73 58 59* – ▤ TV ✆ ♿ P – 🎤 70 à 150. AE GB JCB
fermé 15 au 31 déc. – ☕ 55 – **28 ch** 380/480

St-Marc, à la gare ✆ 02 97 74 00 01, *Fax 02 97 73 36 81* – TV ✆. GB
Repas *(fermé dim. soir)* 72/170 ♀ – ☕ 30 – **10 ch** 200/250 – ½ P 340

PLOEUC-SUR-LIÉ *22150 C.-d'Armor* 58 ⑩ *– 2 932 h alt. 207.*
Paris 456 – St-Brieuc 22 – Lamballe 27 – Loudéac 23.

Commerce, ℘ 02 96 42 10 36, *Fax 02 96 42 85 77,* – GB
fermé 23 janv. au 21 fév., dim. soir et lundi de nov. à mars – **Repas** 68/148 ♀, enf. 45 – ☕ 30 – **42 ch** 200/220 – ½ P 220/230

PLOGOFF *29770 Finistère* 58 ⑬ *– 1 902 h alt. 70.*
Paris 613 – Quimper 47 – Audierne 10 – Douarnenez 30 – Pont-l'Abbé 42.

Ker-Moor, rte Audierne : 2,5 km ℘ 02 98 70 62 06, *kermoor@ornykard.com, Fax 02 98 70 32 69,* ← – TV ☎ P. AE GB
Repas *(fermé dim. et lundi du 15 sept. au 30 mars)* (85) - 98/295 ♀, enf. 50 – ☕ 45 – **18 ch** 450

PLOMBIÈRES-LES-BAINS *88370 Vosges* 62 ⑯ *G. Alsace Lorraine – 2 084 h alt. 429 – Stat. therm. (6 avril-22 déc.).*
Voir *La Feuillée Nouvelle* ←★ *5 km par* ②.
Env. *Vallée de la Semousse*★.
Office de Tourisme 16 r. Stanislas ℘ *03 29 66 01 30, Fax 03 29 66 01 94.*
Paris 380 ④ – Épinal 38 ④ – Belfort 75 ② – Gérardmer 43 ① – Vesoul 53 ② – Vittel 61 ④.

PLOMBIÈRES-LES-BAINS

Église (Pl. de l') 3
Français (Av. Louis)........ 4
Franche-Comté (Av. de).... 5
Gaulle (Av. du Gén.-de) 8
Hôtel-de-Ville (Rue de l') ... 9
Léopold (Av. du Duc) 10
Liétard (R.) 13
Stanislas (R.) 16

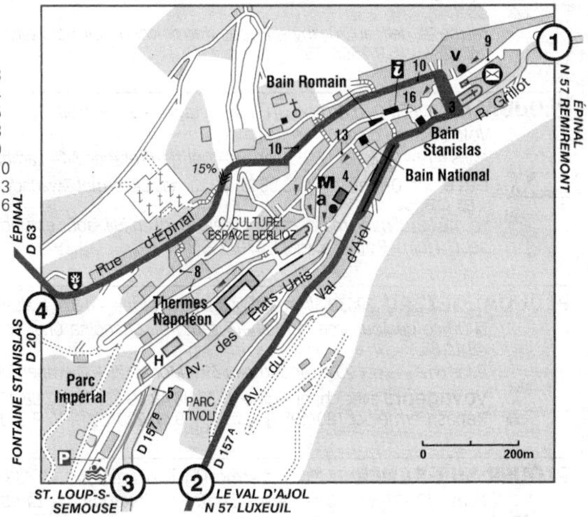

Pour un bon usage des plans de villes voir les signes conventionnels dans l'introduction.

Beauséjour, 26 av. L. Français **(a)** ℘ 03 29 66 01 50, *Fax 03 29 66 09 45,* – |‡|, ▤ rest, TV ☎. AE GB
Repas 80/145 ♀ – ☕ 45 – **23 ch** 260/345 – ½ P 230/295

Commerce, r. Hôtel de Ville **(v)** ℘ 03 29 66 00 47, *hotel-du-commerce@wanadoo.fr, Fax 03 29 30 01 18,* – TV. GB
15 avril-15 oct. – **Repas** (65) - 85/170, enf. 50 – ☕ 32 – **42 ch** 210/250 – ½ P 205/225

près de la Fontaine Stanislas *par ④ et D 20 : 4 km – alt. 600 – ✉ 88370 Plombières-les-B. :*

Fontaine Stanislas ⛰, ℘ 03 29 66 01 53, *Fax 03 29 30 04 31,* ←, « En forêt », –
TV ☎ P. AE GB. ✗ rest
1er avril-15 oct. – **Repas** 98/220, enf. 60 – ☕ 40 – **16 ch** 165/290 – ½ P 280/290

PLOMEUR *29120 Finistère* 58 ⑭ *G. Bretagne – 3 272 h alt. 33.*
Paris 582 – Quimper 26 – Douarnenez 34 – Pont-l'Abbé 6.

Ferme du Relais Bigouden ⛰ sans rest, à Pendreff, rte Guilvinec : 2,5 km ℘ 02 98 58 01 32, *Fax 02 98 82 09 62,* – TV P. GB
avril-oct. – ☕ 36 – **16 ch** 280/320

Le Guide change, changez de guide tous les ans.

PLOMODIERN 29550 Finistère 58 ⑮ – 1 912 h alt. 60.

Voir *Retables★ de la chapelle Ste-Marie-du-Ménez-Hom N : 3,5 km – Charpente★ de la chapelle St-Côme NO : 4,5 km.*

Env. *Ménez-Hom ※★★★ N : 7 km par D 47,* G. Bretagne.

Office de Tourisme pl. de l'Église ☎ 02 98 81 27 37.

Paris 561 – Quimper 28 – Brest 60 – Châteaulin 12 – Crozon 25 – Douarnenez 20.

Porz-Morvan sans rest, Est : 3 km par rte secondaire ☎ 02 98 81 53 23, *Fax 02 98 81 28 61,* , – TV P. GB
1er avril-30 sept., week-ends (sauf en janv.-fév.) et vacances scolaires – 35 – **12 ch** 300/320

Auberge des Glazicks, ☎ 02 98 81 52 32, *Fax 02 98 81 52 32* – GB.
fermé oct., en mars, lundi et mardi – **Repas** 135/300, enf. 70

PLONÉOUR-LANVERN 29720 Finistère 58 ⑭ – 4 619 h alt. 71.

Paris 582 – Quimper 19 – Douarnenez 25 – Guilvinec 15 – Plouhinec 21 – Pont-l'Abbé 7.

Voyageurs, derrière l'église ☎ 02 98 87 61 35, *Fax 02 98 82 62 82* – rest, TV P. AE GB
fermé nov., vend. soir, sam. midi et dim. soir hors saison – **Repas** 75/185 ♀, enf. 55 – 38 – **12 ch** 295/320 – ½ P 270/305

Ty Didrouz , r. Croas ar Bléon ☎ 02 98 87 62 30, *Fax 02 98 82 62 43* – TV P. GB.
fermé 22 déc. au 20 janv. – **Repas** *(fermé vend. soir hors saison)* 68/220 – 33 – **15 ch** 230/255 – ½ P 255/275

PLOUBALAY 22650 C.-d'Armor 59 ⑤ G. Bretagne – 2 334 h alt. 32.

Voir *Château d'eau ※★★ : 1 km NE.*

Paris 419 – St-Malo 17 – Dinan 18 – Dol-de-Bretagne 34 – Lamballe 36 – St-Brieuc 56.

Gare, 4 r. Ormelets ☎ 02 96 27 25 16, *xavier.termet@wanadoo.fr, Fax 02 96 82 63 22,* – AE GB.
fermé lundi midi, mardi midi et merc. midi en juil.-août et lundi soir, mardi soir et merc. de sept. à juin – **Repas** 80 (déj.), 170/230 ♀

PLOUDALMÉZEAU 29830 Finistère 58 ③ G. Bretagne – 4 874 h alt. 57.

Office de Tourisme (15 juin-15 sept.) pl. Chanoine Grall ☎ 02 98 48 12 88, Fax 02 98 48 11 88.

Paris 612 – Brest 25 – Landerneau 39 – Morlaix 75 – Quimper 94.

Voyageurs avec ch, pl. Église ☎ 02 98 48 10 13, *Fax 02 98 48 19 92* – TV. GB
Repas *(fermé oct.)* 80/195 – 45 – **9 ch** 200/290 – ½ P 260/320

PLOUER-SUR-RANCE 22490 C.-d'Armor 59 ⑥ G. Bretagne – 2 438 h alt. 62.

Paris 410 – St-Malo 23 – Dinan 12 – Dol-de-Bretagne 20 – Lamballe 54 – St-Brieuc 71.

Manoir de Rigourdaine sans rest, rte de Langrolay puis rte secondaire : 3 km ☎ 02 96 86 89 96, *hotel.rigourdaine@wanadoo.fr, Fax 02 96 86 92 46,* <, « Ancienne ferme dominant l'estuaire de la Rance », – TV P. AE GB.
6 avril-11 nov. – 40 – **14 ch** 350/470, 5 duplex

PLOUESCAT 29430 Finistère 58 ⑤ G. Bretagne – 3 689 h alt. 30 – Casino.

Office de Tourisme 8 r. de la Mairie ☎ 02 98 69 62 18, Fax 02 98 61 98 92.

Paris 571 – Brest 43 – Brignogan-Plages 16 – Morlaix 33 – Quimper 92 – St-Pol-de-Léon 15.

L'Azou, r. Gén. Leclerc ☎ 02 98 69 60 16, *hotel.restau.lazou@wanadoo.fr, Fax 02 98 61 91 26* – AE GB
fermé 30/09 au 24/10, 25/02 au 3/03, mardi sauf soir en 07-08, merc midi, sam. midi de 09-06 et lundi en 07-08 – **Repas** *(65)* - 82/300 ♀, enf. 50

PLOUFRAGAN 22 C.-d'Armor 59 ③ – rattaché à St-Brieuc.

PLOUGASTEL-DAOULAS 29470 Finistère 58 ④ G. Bretagne – 11 139 h alt. 113.

Voir *Calvaire★★ – Site★ de la chapelle St-Jean NE : 5 km – Kernisi ※★ SO : 4,5 km.*

Env. *Pointe de Kerdéniel ※★★ SO : 8,5 km puis 15 mn.*

Paris 596 – Brest 11 – Morlaix 59 – Quimper 63.

Kastel Roc'h, à l'échangeur de la D 33[A] ☎ 02 98 40 32 00, *Fax 02 98 04 25 40,* – TV P – 20 à 80. AE GB
fermé 1er au 16 janv. et dim. soir d'oct. à mai – **Repas** (65) - 80/170 ♀, enf. 50 – ☕ 40 – **46 ch** 260/300 – ½ P 250

Chevalier de l'Auberlac'h, r. Mathurin Thomas ☎ 02 98 40 54 56, *Fax 02 98 40 65 16,* – AE GB
fermé lundi soir sauf juil.-août et dim.soir – **Repas** 78 (déj.), 135/180

PLOUGUERNEAU *29880 Finistère* 58 ④ *G. Bretagne – 5 255 h alt. 60.*
Env. *Les Abers*★★.
Office de Tourisme ☎ 02 98 04 70 93, Fax 02 98 04 58 75.
Paris 606 – Brest 26 – Landerneau 36 – Morlaix 69 – Quimper 92.

à la Plage de Lilia *Nord-Ouest : 5 km par D 71 :*

Castel Ac'h, ☎ 02 98 04 70 11, *la.grand.voile@wanadoo.fr, Fax 02 98 04 58 43,* ≤ – TV P. GB. rest
fermé 15 au 31 oct. – **Repas** 90 (déj.), 145/260 – ☕ 52 – **18 ch** 410/480 – ½ P 360/410

PLOUHINEC *29780 Finistère* 58 ⑭ *– 4 524 h alt. 101.*
Paris 596 – Quimper 33 – Audierne 5 – Douarnenez 17 – Pont-l'Abbé 28.

Ty Frapp, r. de Rozavot ☎ 02 98 70 89 90, *Fax 02 98 70 81 04* – TV P. GB. ch
fermé 1er au 15 oct., 17 déc. au 15 janv., dim. soir et lundi sauf juil.-août – **Repas** 75/200, enf. 50 – ☕ 38 – **16 ch** 280 – ½ P 320

PLOUMANACH *22 C.-d'Armor* 59 ① *– rattaché à Perros-Guirec.*

PLUGUFFAN *29 Finistère* 58 ⑮ *– rattaché à Quimper.*

POCÉ-SUR-CISSE *37 I.-et-L.* 64 ⑯ *– rattaché à Amboise.*

Le POËT-LAVAL *26 Drôme* 81 ② *– rattaché à Dieulefit.*

POILHES *34 Hérault* 83 ⑭ *– rattaché à Capestang.*

POINCY *77 S.-et-M.* 56 ⑬ *– rattaché à Meaux.*

POINTE *voir au nom propre de la pointe.*

POINT-SUBLIME *04 Alpes-de-H.-P.* 84 ⑥, 114 ⑨ *G. Alpes du Sud* – ✉ *04120 Castellane.*
Voir ≤★★★ *sur Grand Canyon du Verdon 15 mn – Couloir Samson*★★ *S : 1,5 km – Rougon* ≤★ *N : 2,5 km – Clue de Carejuan*★ *E : 4 km.*
Env. *Belvédères SO : de l'Escalès*★★★ *9 km, de Trescaïre*★★ *8 km, du Tilleul*★★ *10 km, des Glacières*★★ *11 km, de l'Imbut*★★ *13 km.*
Paris 810 – Digne-les-Bains 72 – Castellane 18 – Draguignan 52 – Manosque 76.

Auberge du Point Sublime avec ch, ☎ 04 92 83 60 35, *point.sublime@wanadoo.fr, Fax 04 92 83 74 31,* ≤, – TV P. GB
1er avril-15 oct. et fermé merc. sauf juil.-août – **Repas** (76) - 115/210 ♀, enf. 55 – ☕ 41 – **14 ch** 265/310 – ½ P 270/290

Le POIRÉ-SUR-VIE *85170 Vendée* 67 ⑬ *– 5 326 h alt. 42.*
Paris 436 – La Roche-sur-Yon 16 – Cholet 70 – Nantes 54 – Les Sables-d'Olonne 47.

Centre, ☎ 02 51 31 81 20, *Fax 02 51 31 88 21,* , – TV – 15. AE GB
fermé dim. soir – **Repas** 76/159 ♀ – ☕ 39 – **27 ch** 224/345 – ½ P 371/591

POISSON *71 S.-et-L.* 69 ⑰ *– rattaché à Paray-le-Monial.*

POISSY *78 Yvelines* 55 ⑲,, 106 ⑰,, 101 ⑫ *– voir à Paris, Environs.*

POITIERS P 86000 Vienne 68 ⑬ ⑭ *G. Poitou Vendée Charentes* – 78 894 h *Agglo.* 107 625 h *alt.* 116.

Voir *Église N.-D.-la-Grande*★★ : *façade*★★★ – *Église St-Hilaire-le-Grand*★★ – *Cathédrale St-Pierre*★ – *Église Ste-Radegonde*★ **D** – *Baptistère St-Jean*★ – *Grande salle*★ *du Palais de Justice* **J** – *Boulevard Coligny* ≤★ – *Musée Ste-Croix*★★ – *Statue N-D-des-Dunes* : ≤★.

Env. *Le Futuroscope*★★★ : 12 km par ①.

✈ de Poitiers-Biard : ✆ 05 49 30 04 40 **AV**.

ℹ *Office de Tourisme 45 pl. Ch.-de-Gaulle* ✆ *05 49 41 21 24, Fax 05 49 88 65 84.*

Paris 339 ① – *Angers 133* ⑥ – *Limoges 121* ③ – *Nantes 184* ⑥ – *Niort 75* ⑤ – *Tours 104* ①.

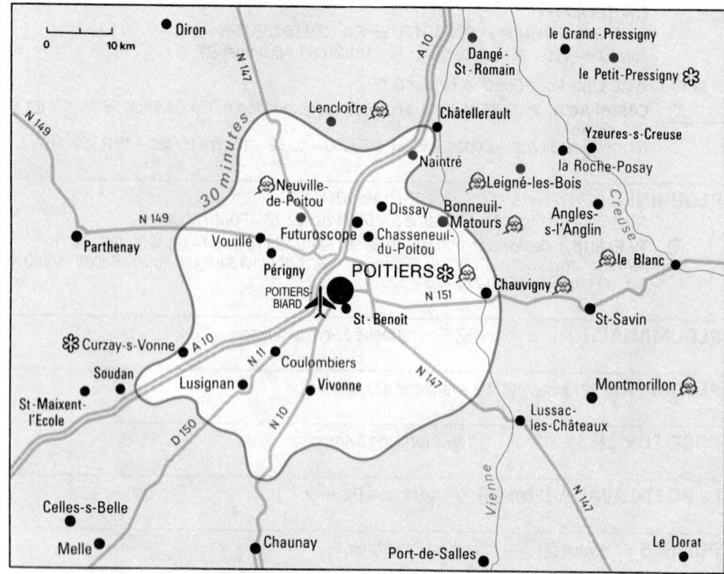

Europe sans rest, 39 r. Carnot ✆ 05 49 88 12 00, *Fax 05 49 88 97 30*, – TV ♿ P – 20. AE GB JCB CZ n
38 – **88 ch** 300/480

Grand Hôtel M sans rest, 28 r. Carnot ✆ 05 49 60 90 60, *grandhotelpoitiers@wanadoo.fr, Fax 05 49 62 81 89* – TV ♿ . AE GB JCB CZ k
50 – **41 ch** 405/505, 6 appart

Frémont sans rest, 32 bd Abbé Frémont ✆ 05 49 37 31 31, *Fax 05 49 37 67 42* – TV ♿ P. GB DY h
40 – **10 ch** 330/390

Mascotte M, Z.I. République 2 ✆ 05 49 88 42 42, *Fax 05 49 88 42 44*, – TV ♿ P – 15 à 25. AE GB AV d
Repas *(fermé sam. et dim. d'oct. à mars)* 75/99, enf. 52 – 40 – **46 ch** 280/320 – ½ P 300

Ibis Beaulieu, quartier Beaulieu ✆ 05 49 61 11 02, *Fax 05 49 01 72 76* – TV ♿ P – 15 à 30. AE GB BX t
Repas *(fermé sam. midi et dim. midi)* *(75)* - 87, enf. 39 – 35 – **47 ch** 295/350

Ibis Sud sans rest, 175 av. 8-Mai-1945 ✆ 05 49 53 13 13, *Fax 05 49 53 03 73*, – TV ♿ P – 15 à 50. AE GB AX u
35 – **82 ch** 295/330

Gibautel sans rest, rte Nouaillé ✆ 05 49 46 16 16, *hotel.gibautel@wanadoo.fr, Fax 05 49 46 85 97* – TV ♿ P – 25. AE GB JCB BX b
35 – **36 ch** 250/310

Maxime, 4 r. St-Nicolas ✆ 05 49 41 09 55, *Fax 05 49 41 09 55* – . AE GB JCB
fermé 14 juil. au 21 août, sam. sauf le soir de nov. à fév. et dim. – **Repas** 110/265 et carte 270 à 390 DZ u

POITIERS

Aérospatiale (R. de l') ..... **AV** 3
Allende (R. Salvador) ...... **BX** 7
Blaiserie (R. de la) .... **AV** 9
Ceuille-Mirebalaise (R.) .... **AV** 19
Coligny (Bd) .... **BX** 23
Demi-Lune (Carref. de la) .. **AV** 27
Fg-Ceuille-Mirebalaise (R. du) ...... **AV** 29
Fg-du-Pont-Neuf (R. du) ... **BX** 30
Fg-St-Cyprien (R. du) ...... **AX** 31
Fief-de-Grimoire (R.) ...... **AX** 33
Gibauderie (R. de la) .... **BX** 39
Guynemer (R.) .... **AX** 43
Maillochon (R. de) .... **AX** 54
Miletrie (R. de la) .... **BX** 57
Montbernage (R. de) ...... **BV** 58
Montmidi (R. de) .... **AX** 62
Pierre-Levée (R.) .... **BX** 69
Rataudes (R. des) .... **AX** 70
Schuman (Av. R.) .... **BV** 88
Vasles (Rte de) .... **AX** 93

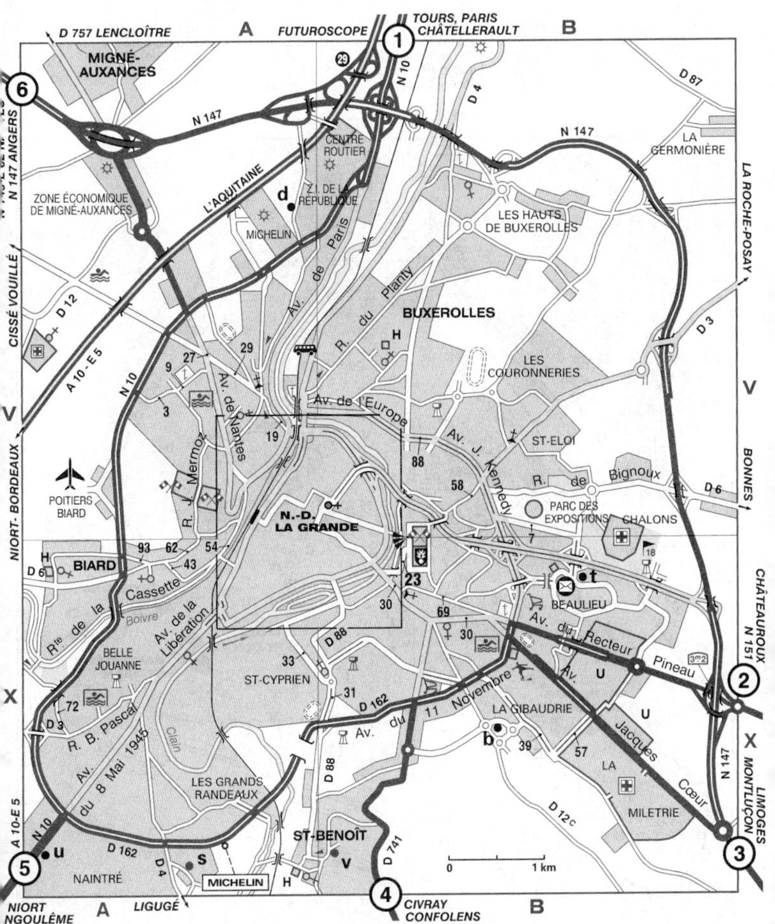

XXX **des 3 Piliers** (Massonnet), 37 r. Carnot ☏ 05 49 55 07 03, *Fax 05 49 50 16 03*, – ▤. AE GB JCB — CZ n

✿ *fermé 2 au 16 janv., dim. soir et lundi sauf fériés* – **Repas** 140 (déj.), 180/260 et carte 350 à 450 ♀

Spéc. Gâteau de foie gras aux morilles et asperges du Poitou. Dos de bar aux langoustines. Tarte croustillante à la rhubarbe (juin à sept.). **Vins** Haut-Poitou blanc et rouge.

XX **St-Hilaire,** 65 r. T. Renaudot ☏ 05 49 41 15 45, *Fax 05 49 60 20 32*, « Salle voûtée du 12e siècle, ambiance médiévale » – ▤. AE ⓓ GB JCB — CZ b

fermé 1er au 15 janv., lundi midi sauf en juil.-août et dim. – **Repas** *(95)* - 140/168 ♀, enf. 90

XX **Poitevin,** 76 r. Carnot ☏ 05 49 88 35 04, *Fax 05 49 52 88 05* – ▤. AE ⓓ GB — CZ r

fermé du 9 au 24 avril, 8 au 29 juil., 23 déc. au 2 fév. et dim. – **Repas** 100/230 ♀

POITIERS

Abbé-Frémont (Bd) . . . . **DY** 2
Alexandre (R. J.). . . . . **DZ** 4
Blossac (R. de) . . . . **CZ** 10
Boncenne (R.) . . . . **CDY** 12
Bouchet (R. Jean) . . . . **DY** 14
Bretonnerie (R. de la) . . . . . **DY** 16
Carnot (R.) . . . . **CZ** 17
Chaine (Rue de la). . . . . **DY** 20
Champagne (R. de) . . . . **DY** 21
Clos-des-Carmes (Pl. du) . . **DY** 22
Coligny (Bd). . . . . **DZ** 23
Cordeliers (R. des). . . . . **DY** 25
Descartes (R. René) . . . . . . **DY** 28
Fg-du-Pont-Neuf . . . . **DZ** 30
Gabillet (R. H.) . . . . **DY** 34
Gambetta (R.). . . . . **DY** 35
Gaulle (Pl. Ch. de) . . . . **DY** 36
Grand-Rue . . . . **DY**
Grignon de Montfort (R.) . . **DY** 40
Hôtel-Dieu (R. de l'). . . . . . . **DY** 45
Intendant-le-Nain (R. de l') . **DY** 46
Jean-de-Berry (Pl.) . . . . **DY** 47
Jeanne-d'Arc (Bd). . . . . **DY** 48
Leclerc (Pl. du Mar.) . . . . . . **DZ** 49
Libération (Av. de la) . . . . . . **CZ** 51
Liberté (Pl. de la) . . . . **DY** 52
Macé (R. Jean). . . . . **DY** 53
Marché-N.-Dame (R. du) . **DYZ** 55
Marne (R. de la). . . . . **CY** 56
Mouton (R. du). . . . . **DY** 63
Oudin (R. H.). . . . . **DY** 67
Puygarreau (R. du). . . . . **DZ** 70
Rat (R. Pierre). . . . . **DY** 71
Riffault (R.) . . . . **DY** 74
St-Cyprien (R.). . . . . **DZ** 76
St-Germain (R.). . . . . **DY** 77
Solférino (Bd) . . . . **CY** 89
Thezard (R. Léopold) . . . . . . **CZ** 90
Tison (Bd de). . . . . **CZ** 92
Verdun (Bd de) . . . . **CY** 94
3 Rois (R. des) . . . . **DY** 95
125e-R.-I. (R. du). . . . . **CZ** 97

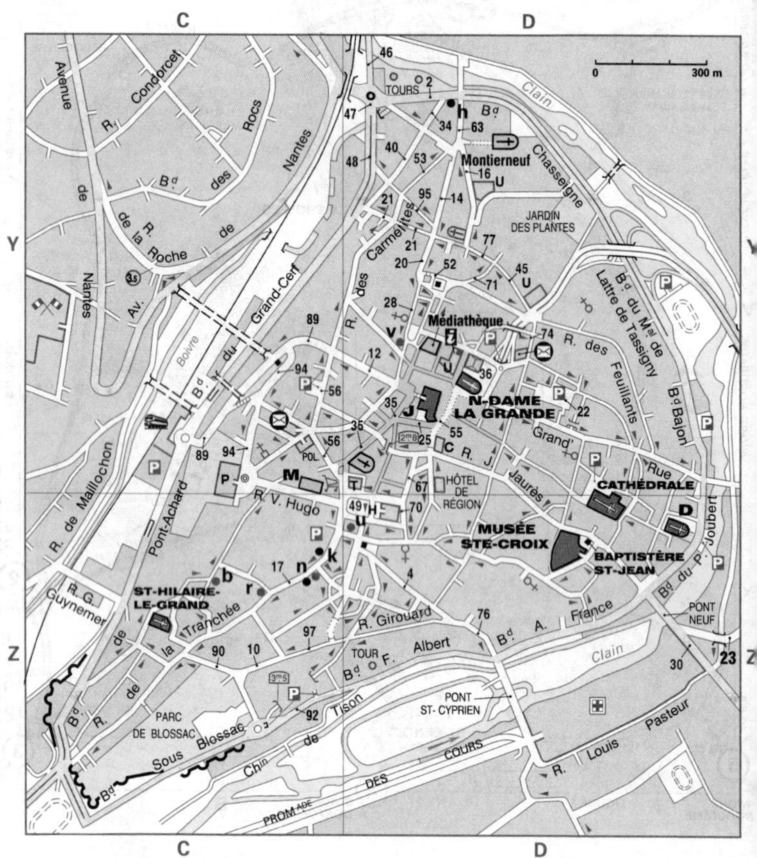

X L'Aquarium, 12 r. Croix-Blanche ✆ 05 49 88 92 33, *Fax 05 49 88 92 33*, – GB DY v
fermé sam. midi et dim. – **Repas** - produits de la mer - 115/215 ♀, enf. 48

à Chasseneuil-du-Poitou *par ① : 9 km – 3 002 h. alt. 75 – ✉ 86360*.

Office de Tourisme pl. du Centre ✆ 05 49 52 83 64, Fax 05 49 52 59 31 (hors saison)) ✆ 05 49 59 77 19.

Château Clos de la Ribaudière, au village ✆ 05 49 52 86 66, *ribaudiere@ribaudiere.com, Fax 05 49 52 86 32*, – , rest, P – 80. AE GB JCB
Repas 130 (déj.), 160/295 ♀ – 60 – **41 ch** 390/620 – ½ P 480

Mercure M, N 10 ✆ 05 49 52 90 41, *mercure@cyberscope.fr, Fax 05 49 52 51 72*, , – P – 100. AE GB JCB
Repas 90/135, enf. 65 – 55 – **89 ch** 480/590

au Futuroscope *par ① : 12 km – ✉ 86360 Chasseneuil-du-Poitou :*

Park Plaza (M) ⛭, Téléport 1 ☎ 05 49 49 07 07, *reservation@parkplaza-meteor.com, Fax 05 49 49 55 49*, – 160. AE GB JCB. rest
Repas *(129)* - 159 – ☕ 85 – **279 ch** 790/1170, 4 appart – ½ P 665/765

Novotel Futuroscope (M), Téléport 4 ☎ 05 49 49 91 91, *novotel@cyberscope.fr, Fax 05 49 49 91 90*, – 30 à 200. AE GB JCB
Repas *(79)* - 90/128 ♀, enf. 65 – ☕ 59 – **128 ch** 595/715

Aquatis (M), Téléport 3 ☎ 05 49 49 55 00, *Fax 05 49 49 55 01* – 250. AE GB
Repas *(68)* - 89 (déj.), 95/120 ♀, enf. 49 – ☕ 48 – **140 ch** 450/550

Météor, Téléport 1 ☎ 05 49 49 09 10, *Fax 05 49 49 09 11*, – 20 à 80. AE GB
Repas carte 125 à 215 – ☕ 60 – **300 ch** 380/500

Express by Holiday Inn (M) sans rest, Téléport 3 ☎ 05 49 49 10 49, *hixfuturoscope@cyberscope.fr, Fax 05 49 49 10 48* – 35. AE GB JCB
194 ch ☕ 410/430

Ibis Futuroscope (M), Téléport 4 ☎ 05 49 49 90 00, *h1193@accor-hotels.com, Fax 05 49 49 90 09*, – 50. AE GB
Repas *(76)* - 96, enf. 40 – ☕ 35 – **140 ch** 298/365

rte de Limoges *par ③, N 147 et rte secondaire : 10 km – ✉ 86550 Mignaloux :*

Manoir de Beauvoir (M) ⛭, ☎ 05 49 55 47 47, *beauvoir-infos@golfhoteldebeauvoir.com, Fax 05 49 55 31 95*, « Parc et golf », – cuisinette, ch, – 15 à 75. AE GB
Repas *(85)* - 105/240 ♀, enf. 48 – ☕ 58 – **40 ch** 430/900, 5 appart – ½ P 360/560

à St-Benoît *Sud du plan par D 88 : 4 km – 5 843 h. alt. 77 – ✉ 86280 .*

Office de Tourisme (saison) Espace Prieuré r. Paul-Gauguin ☎ 05 49 88 42 12, Fax 05 49 56 08 82.

Chalet de Venise (M) ⛭ avec ch, au village ☎ 05 49 88 45 07, *Fax 05 49 52 95 44*, « Élégante salle à manger, jardin et terrasse au bord de l'eau », – AE GB JCB BX V
Repas *(fermé 27 août au 4 sept., vacances de fév., dim. soir, mardi midi et lundi)* 125/295 et carte 270 à 350 ♀, enf. 85 – ☕ 45 – **12 ch** 300/350

rte de Ligugé *(D 4), Sud du plan : 4 km – ✉ 86280 St-Benoît :*

L'Orée des Bois, ☎ 05 49 57 11 44, *Fax 05 49 43 21 40* – GB AX s
fermé sam. midi, dim. soir et lundi – **Repas** 85/260 ♀

rte d'Angoulême *par ⑤ :*

Bois de la Marche, à 7 km par N 11 ✉ 86240 Ligugé ☎ 05 49 53 10 10, *Fax 05 49 55 32 25*, – 40 à 100. AE GB
Repas 105/260 – ☕ 55 – **53 ch** 330/550 – ½ P 325/435

Mondial sans rest, à 6 km par N 10 (sortie Hauts-de-Croutelle) ✉ 86240 ☎ 05 49 55 44 00, *Fax 05 49 55 33 49*, – 30. AE GB
☕ 38 – **40 ch** 270/450

Chênaie, à 6 km par N 10 (sortie Hauts-de-Croutelle) ☎ 05 49 57 11 52, *Fax 05 49 52 68 66*, « Jolie salle à manger ouvrant sur le jardin », – AE GB
fermé 21 au 27 janv., dim. soir et lundi sauf fériés – **Repas** 125/230 et carte 250 à 330

à Périgny *par ⑥, N 149 et rte secondaire : 17 km – ✉ 86190 Vouillé :*

Château de Périgny ⛭, ☎ 05 49 51 80 43, *info@chateau-perigny.com, Fax 05 49 51 90 09*, « Anciennes demeures dans un grand parc », – 15 à 80. AE GB JCB
Repas 135 (déj.), 165/295 ♀ – ☕ 60 – **42 ch** 420/860 – ½ P 495/565

Donnez-nous votre avis sur les tables que nous recommandons,
sur leurs spécialités et leurs vins de pays.

POIX-DE-PICARDIE *80290 Somme* 52 ⑰ *G. Picardie Flandres Artois* – *2 191 h alt. 106.*

Office de Tourisme r. du Docteur Barbier ✆ 03 22 90 32 90, Fax 03 22 90 32 91 et du 1er avril au 30 sept. 6 r. St-Denis ✆ 03 22 90 12 23.

Paris 128 – Amiens 31 – Abbeville 44 – Beauvais 46 – Dieppe 86 – Forges-les-Eaux 43.

à Caulières *Ouest : 7 km par N 29 – 188 h. alt. 185 – ✉ 80590 :*

XX **Auberge de la Forge,** ✆ 03 22 38 00 91, *Fax 03 22 38 08 48* – GB
fermé merc. soir hors saison – **Repas** (dim. prévenir) 100 bc/260, enf. 50

POLIGNY *39800 Jura* 70 ④ *G. Jura* – *4 714 h alt. 373.*

Voir *Collégiale★ – Culée de Vaux★ S : 2 km – Cirque de Ladoye ≤★★ S : 2 km.*

Office de Tourisme cour des Ursulines ✆ 03 84 37 24 21, Fax 03 84 37 22 37.

Paris 398 – Besançon 57 – Dole 37 – Lons-le-Saunier 30 – Pontarlier 64.

Paris sans rest, 7 r. Travot ✆ 03 84 37 13 87, *Fax 03 84 37 23 39,* – TV. GB
fév.-oct. – ☐ 38 – **22 ch** 250/350

aux Monts de Vaux *Sud-Est : 4,5 km par rte de Genève – ✉ 39800 Poligny.*

Voir ≤★.

Hostellerie des Monts de Vaux , ✆ 03 84 37 12 50, *Fax 03 84 37 09 07,* ≤, , , – TV P – 15. AE GB
fermé nov., déc., mardi soir sauf juil.-août, mardi midi et merc. midi – **Repas** 180/400 – ☐ 80 – **10 ch** 600/950 – ½ P 750/900

à Passenans *Sud-Ouest : 11 km par N 83 et D 57 – 281 h. alt. 320 – ✉ 39230 :*

Revermont , ✆ 03 84 44 61 02, *schmit-revermont@wanadoo.fr, Fax 03 84 44 64 83,* ≤, , , , , – TV P – 25. AE GB
fermé 1er janv. au 1er mars, dim. soir et lundi d'oct. à mars – **Repas** 105/295 ♀ – ☐ 50 – **28 ch** 345/470 – ½ P 320/383

à Montchauvrot *Sud-Ouest : 13 km par N 83 – ✉ 39230 Sellières :*

Fontaine, ✆ 03 84 85 50 02, *Fax 03 84 85 56 18,* – TV P – 40. GB
fermé 23 déc. au 1er fév., dim. soir et lundi du 20 sept. au 30 juin – **Repas** 87 (déj.), 95/280 ♀ – ☐ 40 – **20 ch** 230/350 – ½ P 320/370

POLLIAT *01310 Ain* 74 ② – *2 025 h alt. 260.*

Paris 415 – Mâcon 25 – Bourg-en-Bresse 11 – Lyon 71 – Villefranche-sur-Saône 54.

Place, ✆ 04 74 30 40 19, *Fax 04 74 30 42 34* – TV. GB
fermé 2 au 9 juil., 1er au 15 oct., dim. soir et lundi – **Repas** 94/270 ♀, enf. 60 – ☐ 36 – **8 ch** 160/290 – ½ P 225/270

X **Coq Bressan,** ✆ 04 74 30 40 16, *Fax 04 74 25 75 91* – GB
fermé 13 au 29 juin, 17 au 31 oct., 7 au 11 janv., merc. soir et jeudi – **Repas** 80/190, enf. 55

POLMINHAC *15800 Cantal* 76 ⑫ – *1 135 h alt. 650.*

Paris 561 – Aurillac 16 – Murat 36 – Vic-sur-Cère 5.

Bon Accueil, près gare ✆ 04 71 47 40 21, *Fax 04 71 47 40 13,* ≤, , – rest, P. GB.
fermé 15 oct. au 1er déc., dim. soir et lundi midi sauf vacances scolaires – **Repas** 65/145, enf. 40 – ☐ 38 – **23 ch** 255/315 – ½ P 250/275

La POMARÈDE *11400 Aude* 82 ⑳ – *163 h alt. 304.*

Paris 749 – Toulouse 54 – Auterive 58 – Carcassonne 48 – Castres 37 – Gaillac 72.

XX **Hostellerie du Château de la Pomarède,** ✆ 04 68 60 49 69, *Fax 04 68 60 49 71,* – P. AE GB
fermé 12 au 25 mars, 5 au 26 nov., mardi sauf le soir de mai à sept., dim. soir hors saison et lundi – **Repas** 95 (déj.), 125/290 ♀, enf. 55

Send us your comments on the restaurants we recommend and your opinion on the specialities and local wines they offer.

PONS *17800 Char.-Mar. 71 ⑤ G. Poitou Vendée Charentes – 4 412 h alt. 39.*

Voir Donjon★ de l'ancien château – Hospice des Pèlerins★ SO par D 732 – Boiseries★ du château d'Usson 1 km par D 249.

Syndicat d'Initiative Donjon de Pons ☎ 05 46 96 13, Fax 05 46 96 34 52.

Paris 497 – Royan 42 – Blaye 60 – Bordeaux 98 – Cognac 23 – La Rochelle 101 – Saintes 23.

Auberge Pontoise, 23 av. Gambetta ☎ 05 46 94 00 99, *auberge.pontoise@wanadoo.fr, Fax 05 46 91 33 40,* – rest, . GB
fermé dim. soir et lundi d'oct. à Pâques – **Repas** 95/320 – 40 – **21 ch** 250/400 – ½ P 260/310

Bordeaux, 1 av. Gambetta ☎ 05 46 91 31 12, *Fax 05 46 91 22 25,* – . AE GB
fermé 15 au 28 fév., dim. d'oct. à Pâques – **Repas** *(fermé sam. midi, dim. soir et lundi d'oct. à Pâques)* 90/320 bc – 40 – **15 ch** 200/260 – ½ P 240

à **Pérignac** *Nord-Est : 8 km par rte de Cognac – 964 h. alt. 41 – ✉ 17800 :*

Gourmandière, ☎ 05 46 96 36 01, *Fax 05 46 95 50 71,* , – GB
fermé 12 au 20 mars, 8 au 25 oct., merc. soir et lundi du 15 sept. à juin et dim. soir – **Repas** 105/240

PONTAILLAC *17 Char.-mar. 71 ⑮ – rattaché à Royan.*

Une réservation confirmée par écrit ou par fax est toujours plus sûre.

PONT-A-MOUSSON *54700 M.-et-M. 57 ⑬ G. Alsace Lorraine – 14 645 h alt. 180.*

Voir Place Duroc★ – Anc. abbaye des Prémontrés★.

Office de Tourisme 52 pl. Duroc ☎ 03 83 81 06 90, Fax 03 83 82 45 84.

Paris 328 – Metz 31 – Nancy 29 – Toul 48 – Verdun 68.

Bagatelle sans rest, 47 r. Gambetta ☎ 03 83 81 03 64, *Fax 03 83 81 12 63* – . GB JCB
fermé 24 déc. au 2 janv. – 45 – **18 ch** 275/365

Fourneau d'Alain, 64 pl. Duroc (1er étage) ☎ 03 83 82 95 09 – GB
fermé 1er au 18 août, 1er au 12 janv., dim. soir, merc. soir et lundi – **Repas** 85 (déj.), 135/255

à **Blénod-lès-Pont-à-Mousson** *Sud : 2 km par N 57 – 4 768 h. alt. 189 – ✉ 54700 :*

Auberge des Thomas, 100 av. V. Claude (N 57) ☎ 03 83 81 07 72, *Fax 03 83 82 34 94,* – AE GB
fermé 1er au 26 août, vacances de fév., merc. soir, dim. soir et lundi – **Repas** (nombre de couverts limité, prévenir) 105/250

PONTARLIER *25300 Doubs 70 ⑥ G. Jura – 18 104 h alt. 838.*

Voir Portail★ de l'ancienne chapelle des Annonciades.

Env. Grand Taureau ※★★ par ② : 11 km.

Office de Tourisme 14 bis r. de la Gare ☎ 03 81 46 48 33, Fax 03 81 46 83 32.

Paris 449 ③ – Besançon 58 ④ – Dole 90 ③ – Lausanne 69 ② – Lons-le-Saunier 82 ③.

Plan page suivante

Villages Hôtel M, 68 r. Salins par ③ : *1 km* ☎ 03 81 46 71 78, *Fax 03 81 46 67 37* – – 40. AE GB
Repas (72) - 85/250, enf. 40 – 42 – **53 ch** 300/315 – ½ P 300/330

Campanile, par ③ : *1 km* ☎ 03 81 46 66 66, *Fax 03 81 39 51 56,* – – 40. AE GB
Repas 94/106, enf. 39 – 36 – **46 ch** 315

Parc sans rest, 1 r. Moulin Parnet ☎ 03 81 46 85 92, *Fax 03 81 46 36 15* – . AE GB — A s
fermé 31 déc. au 15 janv. et dim. soir d'oct. à mars – 35 – **18 ch** 220/270

Gourmandine, 1 av. Armée de l'Est ☎ 03 81 46 65 89, *Fax 03 81 39 08 75* – GB — B e
fermé 16 juil. au 1er août, 6 au 20 sept., 25 janv. au 3 fév., mardi soir et merc. – **Repas** 120/380, enf. 85

à **Doubs** *par ④ : 2 km – 1 677 h. alt. 813 – ✉ 25300 :*

Doubs Passage, 11 Gde Rue, D 130 ☎ 03 81 39 72 71 – GB
fermé dim. soir et lundi – **Repas** 98/180, enf. 50

PONTARLIER

Arçon (Pl. d') .... A 2
Augustins (R. des) ...... B 3
Bernardines (Pl. des) .... AB 4
Capucins (R. des) .... A 7
Crétin (Pl.) .... B 8
Ecorces (R. des) .... A 12
Gambetta (R.) .... B 13
Halle (R. de la) .... A 15
Industrie (R. de l') .... B 16
Lattre-de-Tassigny (Pl. Mar.-de) .... B 19
Mathez (R. Jules) .... B 26
Mirabeau (R.) .... B 27
Moulin Parnet (R. du) .... A 29
Pagnier (Pl. J.) .... B 30
République (R. de la) .. AB
St-Étienne (R. du Fg) .... B
St-Pierre (Pl.) .... A
Ste-Anne (R.) .... AB 35
Salengro (Pl. R.) .... A 36
Tissot (R.) .... AB 37
Vannolles (R. de) .... B 38
Vieux-Château (R. du) ... A 39
Villingen-Schwenningen (Pl. de) A 40

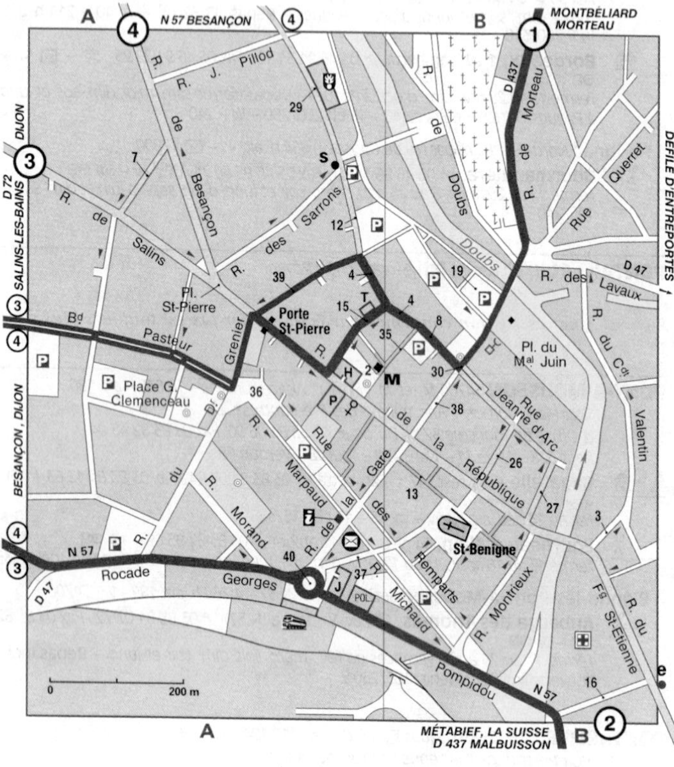

The Guide changes, so renew your Guide every year.

PONTAUBAULT *50220 Manche 59 ⑧ – 492 h alt. 25.*

Paris 340 – St-Malo 60 – Avranches 9 – Dol-de-Bretagne 33 – Fougères 39 – Rennes 76.

Treize Assiettes, Nord : 1 km sur D 43[E] (ancienne rte d'Avranches) ☎ 02 33 89 03 03, *contact@hotel-mont-saint-michel, Fax 02 33 89 03 06*, – TV P. AE GB
Repas 89/205 ♀, enf. 55 – ☕ 50 – **38 ch** 390 – 1/2 P 330

au Sud-Ouest *: 2,5 km sur D 43 – ✉ 50220 Céaux :*

Relais du Mont, ☎ 02 33 70 92 55, *contact@hotel-mont-saint-michel.com, Fax 02 33 70 94 57*, – TV P – 50. AE GB
Repas 92/220 ♀, enf. 55 – ☕ 48 – **30 ch** 380/440 – 1/2 P 350/370

à Céaux *Ouest : 4 km sur D 43 – 397 h. alt. 20 – ✉ 50220 :*

Au P'tit Quinquin avec ch, ☎ 02 33 70 97 20, *Fax 02 33 70 97 42* – TV P. GB
fermé 5 janv. au 15 fév., dim. soir et lundi hors saison – **Repas** 72/180 ♀, enf. 42 – ☕ 32 – **19 ch** 150/265 – 1/2 P 195/265

PONTAUBERT *89 Yonne 65 ⑯ – rattaché à Avallon.*

PONT-AUDEMER *27500 Eure* 55 ④ *G. Normandie Vallée de la Seine – 8 975 h alt. 15.*

Voir *Vitraux★ de l'église St-Ouen.*

Office de Tourisme pl. Maubert ☎ 02 32 41 08 21, Fax 02 32 57 11 12.

Paris 162 ① – Le Havre 42 ① – Rouen 52 ① – Caen 74 ⑤ – Évreux 68 ② – Lisieux 36 ④.

PONT-AUDEMER

Canel (R. Alfred) 2
Carmélites (R. des) 3
Clemencin (R. Paul)............ 5
Cordeliers (R. des)............. 6
Delaquaize (R. S.) 7
Déportés (R. des) 8
Épée (R. de l') 9
Félix-Faure (Quai)
Ferry (R. Jules)
Gambetta (R.).................. 13
Gaulle (Pl. Général de) 14
Gillain (Pl. Louis) 16
Goulley (Pl. J.)
Jaurès (R. Jean)............... 18
Joffre (R. Mar.)............... 19
Kennedy (Pl.)
Leblanc (Quai R.).............. 20
Maquis-Surcouf (R.)............ 21
Maubert (Pl.).................. 22
Mitterrand (Quai François)..... 23
N.-D.-du-Pré (R.)
Pasteur (Bd)
Place-de-la-Ville (R.)......... 24
Pot-d'Étain (Pl. du)........... 25
Président-Coty (R. du) 26
Président-Pompidou (Av. du)
République (R. de la) 27
Sadi-Carnot (R.)
St-Ouen (Impasse).............. 29
Seule (Rue de la).............. 30
Thiers (R.).................... 32
Verdun (Pl. de) 34
Victor-Hugo (Pl.).............. 35

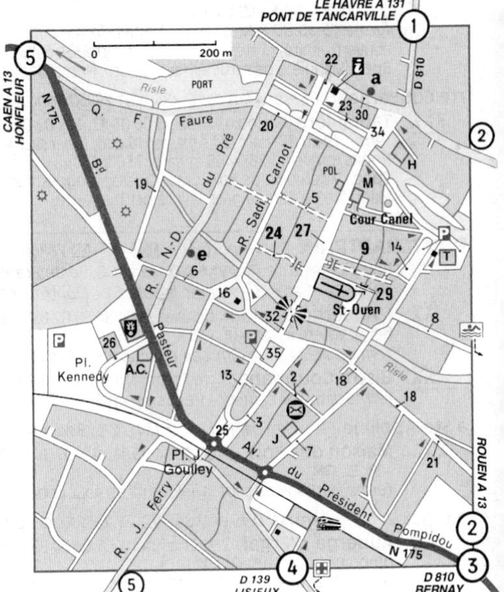

Les plans de villes sont orientés le Nord en haut.

XX **Auberge du Vieux Puits** avec ch, 6 r. N.-D.-du-Pré **(e)** ☎ 02 32 41 01 48, *Fax 02 32 42 37 28,* « Maison normande du 17e siècle, bel intérieur rustique », – TV. GB. ch
fermé 17 déc. au 25 janv., lundi et mardi sauf le soir en saison – **Repas** 175 (déj.), 240/330 – 53 – **12 ch** 320/450

XX **Erawan,** 4 r. Seüle **(a)** ☎ 02 32 41 12 03, – GB.
fermé août et merc. – **Repas** - cuisine thaïlandaise - 125/230

à Campigny *par ③ et D 29 : 6 km – 807 h. alt. 121 – ✉ 27500 :*

XXX **Le Petit Coq aux Champs** avec ch, ☎ 02 32 41 04 19, *le.petit.coq.aux.champs@wanadoo.fr, Fax 02 32 56 06 25,* , « Chaumière dans un parc fleuri », – TV P. AE GB JCB
fermé 2 au 23 janv. – ***L'Andrien :*** **Repas** 240bc/390 et carte 290 à 410 ♀, enf. 80 – 65 – **12 ch** 590/865 – ½ P 700/740

PONTAULT-COMBAULT *77 S.-et-M.* 61 ② ⑩, 101 ㉙ – *voir à Paris, Environs.*

PONTAUMUR *63380 P.-de-D.* 73 ⑬ – *859 h alt. 535.*

Paris 398 – Clermont-Ferrand 42 – Aubusson 50 – Le Mont-Dore 53 – Montluçon 68.

Poste, ☎ 04 73 79 90 15, *Fax 04 73 79 73 17* – rest, TV – 25. GB
fermé 20 déc. au 1er fév., dim. soir et lundi sauf juil.-août – **Repas** 88/250 ♀, enf. 50 – 36 – **15 ch** 220/270 – ½ P 240

PONT-AVEN *29930 Finistère* 58 ⑪ ⑯ *G. Bretagne – 3 031 h alt. 18.*

Voir *Promenade au Bois d'Amour*★.

Office de Tourisme 5 pl. Hôtel-de-Ville ✆ 02 98 06 04 70, Fax 02 98 06 17 25.

Paris 535 – Quimper 34 – Carhaix-Plouguer 64 – Concarneau 16 – Quimperlé 18.

XXX ✿ **Moulin de Rosmadec** (Sébilleau) M avec ch, près pont centre ville ✆ 02 98 06 00 22, *Fax 02 98 06 18 00*, ≤, « Ancien moulin sur l'Aven, décor et mobilier bretons » – TV ✆. AE ⓓ GB

fermé 15 au 30 nov. et fév. – **Repas** *(fermé dim. soir hors saison et merc.)* (nombre de couverts limité, prévenir) 170/300 et carte 350 à 450 ♀ – ☕ 50 – **5 ch** 480/500

Spéc. Marinière de sardines (avril à oct.). Homard grillé. Crêpes soufflées au citron.

rte Concarneau *Ouest : 4 km par D 783 – ✉ 29930 Pont-Aven :*

XXX ✿ **Taupinière** (Guilloux), ✆ 02 98 06 03 12, *Fax 02 98 06 16 46*, – ▤ P. AE GB

fermé 19 au 27 mars, 24 sept. au 18 oct., lundi sauf le soir du 14 juil. au 20 août et mardi – **Repas** (prévenir) 265/465 et carte 350 à 430

Spéc. Millefeuille de foie gras. Grosses langoustines parfumées au lambig (avril à sept.). Marinière de dorade grise (avril à oct.).

PONTCHARTRAIN *78 Yvelines* 60 ⑨, 106 ⑯ – ✉ *78760 Jouars-Pontchartrain.*

Env. *Domaine de Thoiry*★★ *NO : 12 km*, **G. Ile de France.**

Paris 39 – Dreux 43 – Mantes-la-Jolie 31 – Montfort-l'Amaury 9 – Versailles 18.

XX **L'Aubergade,** rte Nationale ✆ 01 34 89 02 63, *Fax 01 34 89 85 72*, , « Beau jardin fleuri, volière », – P. GB

fermé 6 au 24 août, dim. soir et lundi soir – **Repas** 195/250 ♀

XX **Bistro Gourmand,** 7 rte Pontel N 12 ✆ 01 34 89 25 36, *Fax 01 34 89 48 31* – GB

fermé dim. soir et lundi – **Repas** *(98)* - 148/175 ♀

à Ste-Apolline *Est : 3 km par N 12 et D 134 – ✉ 78370 Plaisir :*

XXX **Maison des Bois,** ✆ 01 30 54 23 17, *Fax 01 30 68 92 26*, , « Demeure rustique », – P. AE GB

fermé jeudi soir de sept. à juil., lundi en août et dim. soir – **Repas** 210 et carte 260 à 420

à Ergal *Sud-Est : 5 km par D 15 et D 23 – ✉ 78760 Jouars-Pontchartrain :*

XX **Auberge d'Ergal,** 2 r. Chambord ✆ 01 34 89 87 87, *Fax 01 34 89 55 65*, , « Jardin ombragé », – P. AE GB

fermé 16 août au 9 sept., 25 fév. au 4 mars., dim. soir, mardi soir et lundi – **Repas** 140/190

PONT-DE-BRAYE *72310 Sarthe* 64 ⑤.

Paris 207 – Le Mans 59 – La Ferté-Bernard 52 – Tours 47 – Vendôme 32.

XX **Petite Auberge,** ✆ 02 43 44 45 08, *Fax 02 43 44 18 57* – GB

fermé vacances de fév., mardi soir et merc. – **Repas** 72/192, enf. 42

PONT-DE-BRIQUES *62 P.-de-C.* 51 ⑪ – *rattaché à Boulogne-sur-Mer.*

PONT-DE-CHAZEY-VILLIEU *01 Ain* 74 ③ – *rattaché à Meximieux.*

PONT-DE-CHERUY *38230 Isère* 74 ⑬, 110 ⑱ – *4 700 h alt. 220.*

Paris 486 – Lyon 35 – Belley 58 – Bourgoin-Jallieu 28 – Grenoble 92 – Meximieux 25.

Bergeron sans rest, près Église ✆ 04 78 32 10 08, *Fax 04 78 32 11 70* – TV. GB

☕ 35 – **17 ch** 135/350

PONT-DE-CLAIX *38 Isère* 77 ⑤ – *rattaché à Grenoble.*

PONT-DE-DORE *63 P.-de-D.* 73 ⑮ – *rattaché à Thiers.*

PONT-DE-FILLINGES *74 H.-Savoie* 74 ⑦ – *rattaché à Bonne.*

PONT-DE-LA-CHAUX *39150 Jura* 70 ⑮ – *alt. 627.*

Paris 433 – Champagnole 12 – Lons-le-Saunier 44 – Morez 22 – St-Claude 41.

Lacs, ✆ 03 84 51 50 42, *hotel.des.lacs@free.fr, Fax 03 84 51 54 23*, , – TV P. GB. ch

fermé 21 nov. au 1er fév. et merc. sauf le soir en saison – **Repas** 90/160 ♀, enf. 50 – ☕ 40 – **30 ch** 210/275 – ½ P 290

PONT-DE-L'ARCHE *27340 Eure 55 ⑥ G. Normandie Vallée de la Seine – 3 022 h alt. 20.*
Paris 111 – Rouen 19 – Les Andelys 29 – Elbeuf 12 – Évreux 35 – Louviers 11.

Tour sans rest, 41 quai Foch ☎ 02 35 23 00 99, *Fax 02 35 23 46 22,* – AE GB.
35 – **18 ch** 330

Pomme, aux Damps 1,5 km au bord de l'Eure ☎ 02 35 23 00 46, *Fax 02 35 23 52 09,* – P. GB
fermé 1er au 21 août, 23 déc. au 2 janv., dim. soir, mardi soir et merc. – **Repas** 130/230, enf. 75

PONT-DE-L'ISÈRE *26 Drôme 77 ② – rattaché à Valence.*

Le PONT-DE-PACÉ *35 I.-et-V. 59 ⑯ – rattaché à Rennes.*

PONT-DE-PANY *21410 Côte d'Or 66 ⑪.*
Paris 292 – Dijon 23 – Avallon 87 – Beaune 37 – Saulieu 56.

Château La Chassagne, au Nord par D 33 et rte secondaire : 2 km ☎ 03 80 49 76 00, *info@chateau-la-chassagne.com, Fax 03 80 49 76 19,* « Château du 19e siècle dans un parc », – P – 25. AE GB. rest
10 avril-28 oct. – **Repas** *(fermé lundi)* 185/210 – 80 – **8 ch** 720/1200, 4 appart – ½ P 655/1215

PONT-DE-POITTE *39130 Jura 70 ⑭ G. Jura – 638 h alt. 450.*
Paris 422 – Champagnole 35 – Genève 91 – Lons-le-Saunier 16.

Ain avec ch, ☎ 03 84 48 30 16, *Fax 03 84 48 36 95,* – rest, GB
fermé 6 janv. au 4 fév., dim. soir et vend. hors saison – **Repas** 85/250 – 35 – **9 ch** 210/270 – ½ P 230/260

PONT-DE-ROIDE *25150 Doubs 66 ⑱ G. Jura – 4 983 h alt. 351.*
Paris 475 – Besançon 73 – Belfort 37 – La Chaux-de-Fonds 55 – Porrentruy 29.

Voyageurs sans rest, 15 pl. Gén. de Gaulle ☎ 03 81 96 92 07, *Fax 03 81 92 27 80* – P. GB
fermé dim. – 30 – **16 ch** 155/280

Tannerie, 1 pl. Gén. de Gaulle ☎ 03 81 92 48 21, *Fax 03 81 92 47 79,* – GB
fermé 19 déc. au 9 janv., dim. soir et merc. – **Repas** 58 (déj.), 85/210, enf. 40

PONT-DE-SALARS *12290 Aveyron 80 ③ – 1 422 h alt. 700.*
Paris 657 – Rodez 25 – Albi 86 – Millau 47 – St-Affrique 56 – Villefranche-de-Rouergue 70.

Voyageurs, ☎ 05 65 46 82 08, *hotel-des-voyageurs@wanadoo.fr, Fax 05 65 46 89 99* – rest, P. AE GB
fermé 25 janv. au 1er mars, dim. soir et lundi d'oct. à juin – **Repas** 65 bc (déj.), 78/225, enf. 55 – 34 – **27 ch** 220/310 – ½ P 230/270

PONT-DE-VAUX *01190 Ain 70 ⑫ – 1 913 h alt. 177.*
Paris 382 – Mâcon 23 – Bourg-en-Bresse 39 – Lons-le-Saunier 69.

Raisin avec ch, ☎ 03 85 30 30 97, *hotel.leraisin@wanadoo.fr, Fax 03 85 30 67 89* – P. AE GB
fermé 7 janv. au 8 fév., dim. soir sauf en été et lundi sauf fériés – **Repas** 130/350, enf. 80 – 45 – **18 ch** 310/350

Commerce avec ch, ☎ 03 85 30 30 56, *Fax 03 85 30 65 04* – GB
fermé vacances de Toussaint, mardi et merc. – **Repas** 98/210, enf. 60 – 35 – **10 ch** 220/300 – ½ P 270

Les Platanes avec ch, ☎ 03 85 30 32 84, *Fax 03 85 30 32 15,* – P. GB
fermé 25 nov. au 10 déc., 25 fév. au 10 mars, merc. soir et jeudi – **Repas** 75/240, enf. 60 – 35 – **7 ch** 220/250 – ½ P 210/230

à St-Bénigne *Nord-Est : 2 km sur D 2 – 823 h. alt. 208 – ✉ 01190 Pont-de-Vaux :*

St-Bénigne, ☎ 03 85 30 96 48, *Fax 03 85 30 96 48,* – P. GB
fermé 17 déc. au 5 janv., mardi soir, dim. soir et lundi – **Repas** 70 (déj.), 100/240, enf. 55

PONT-D'HÉRAULT *30 Gard 80 ⑯ – rattaché au Vigan.*

PONT-D'OUILLY 14690 Calvados 55 ⑪ G. Normandie Cotentin – 1 002 h alt. 65.

Voir *Roche d'Oëtre*★★ S : 6,5 km.

Syndicat d'Initiative ☎ 02 31 69 80 20.

Paris 267 – Caen 41 – Briouze 25 – Falaise 19 – Flers 21 – Villers-Bocage 37 – Vire 40.

Commerce, ☎ 02 31 69 80 16, *Fax 02 31 69 78 08*, – TV. AE GB
fermé mi-janv. à mi-fév., dim. soir et lundi – **Repas** 95/195 ♀, enf. 50 – ☕ 30 – **11 ch** 150/250 – ½ P 220/240

à St-Christophe *Nord : 2 km par D 23 – ✉ 14690 Pont d'Ouilly :*

Auberge St-Christophe avec ch, ☎ 02 31 69 81 23, *Fax 02 31 69 26 58*, – TV P. AE GB
fermé 20 août au 4 sept., vacances de Toussaint, de fév., dim. soir et lundi – **Repas** 108/270 ♀, enf. 60 – ☕ 40 – **7 ch** 280 – ½ P 295

PONT-DU-BOUCHET 63 P.-de-D. 73 ③ – ✉ 63380 Pontaumur.

Env. *Méandre de Queuille*★★ *NE : 11,5 km puis 15 mn*, G. Auvergne.

Paris 390 – Clermont-Ferrand 39 – Pontaumur 14 – Riom 36 – St-Gervais-d'Auvergne 19.

Crémaillère , ☎ 04 73 86 80 07, *Fax 04 73 86 93 17*, ←, – TV P. GB.
fermé 17 déc. au 20 janv., vend. soir et sam. hors saison – **Repas** 75/220 ♀, enf. 45 – ☕ 34 – **16 ch** 260/350 – ½ P 240/260

PONT-DU-CHAMBON 19 Corrèze 75 ⑩ – rattaché à Marcillac-la-Croisille.

PONT-DU-CHÂTEAU 63430 P.-de-D. 73 ⑮ G. Auvergne – 8 562 h alt. 365.

Syndicat d'Initiative Mairie ☎ 04 73 83 73 70, Fax 04 73 83 73 75.

Paris 426 – Clermont-Ferrand 16 – Billom 12 – Riom 18 – Thiers 30.

Pierre Villeneuve, r. Poste ☎ 04 73 83 50 03, *Fax 04 73 83 59 36* – GB
fermé 1er au 21 août, 1er au 16 janv., dim. soir et lundi – **Repas** 99 (déj.), 150/240 ♀, enf. 60

Auberge du Pont, 70 av. Dr Besserve (rte Thiers) ☎ 04 73 83 00 36, *Fax 04 73 83 36 71*, – AE GB
fermé 27 août au 4 sept., sam. midi et dim. soir – **Repas** 75/200 ♀, enf. 50

PONT-DU-DOGNON 87 H.-Vienne 72 ⑧ G. Berry Limousin – ✉ 87400 Le Châtenet-en-Dognon.

Paris 390 – Limoges 32 – Bellac 52 – Bourganeuf 28 – La Souterraine 51.

Chalet du Lac , ☎ 05 55 57 10 53, *Fax 05 55 57 11 46*, ←, – P – 40. AE GB
fermé 15 janv. au 15 fév., dim. soir et merc. – **Repas** 95/230 – ☕ 35 – **16 ch** 250/350 – ½ P 250/350

PONT-DU-GARD 30 Gard 80 ⑲ G. Provence – ✉ 30210 Remoulins.

Voir *Pont-aqueduc romain*★★★.

Paris 692 – Avignon 26 – Alès 48 – Arles 38 – Nîmes 26 – Orange 38 – Pont-St-Esprit 41.

Colombier , Est : 1 km par D 981 (rive droite) ☎ 04 66 37 05 28, *Fax 04 66 37 35 75*, – TV P. AE GB
Repas 95/170 ♀, enf. 55 – ☕ 40 – **10 ch** 205/295 – ½ P 250/275

au Nord-Ouest *: 4 km sur D 981 – ✉ 30210 Vers-Pont-du-Gard :*

Bégude St-Pierre M, ☎ 04 66 63 63 63, *begudesaintpierre@wanadoo.fr, Fax 04 66 22 73 73*, – TV P – 30. AE GB JCB
fermé dim.soir et lundi de nov. à mars – **Repas** 190/320 ♀ – ☕ 75 – **30 ch** 400/1400 – ½ P 440/640

à Castillon-du-Gard *Nord-Est : 4 km par D 19 et D 228 – 759 h. alt. 90 – ✉ 30210 :*

Vieux Castillon , ☎ 04 66 37 61 61, *vieux.castillon@wanadoo.fr, Fax 04 66 37 28 17*, patio, « Au coeur d'un village médiéval », – TV P – 30 à 60. AE GB JCB
fermé 2 janv. au 24 fév. – **Repas** *(fermé lundi midi et mardi midi)* 290 (déj.), 450/610 et carte 450 à 690 – ☕ 90 – **35 ch** 995/1725 – ½ P 1110/1470
Spéc. Grosses langoustines rôties en croûte de pomme de terre. Pavé de morue rôti sur peau. Carré d'agneau "comme on l'aime en Provence". **Vins** Lirac, Costières de Nîmes.

Clos des Vignes, pl. 8-Mai-1945 ☎ 04 66 37 02 26, *vidau.jean@libertysurf.fr*, – AE GB
fermé 7 janv. au 15 fév., lundi et mardi sauf juil.-août – **Repas** 99/159 ♀

L'Amphitryon, pl. 8 Mai 1945 ☎ 04 66 37 05 04, – GB
fermé 15 au 30 nov., 15 au 28 fév., mardi et merc. sauf le soir en juil.-août – **Repas** 160/330 ♀

à Collias *Ouest : 7 km par D 981, D 112 et D 3 – 756 h. alt. 45 – ✉ 30210 Remoulins :*

Hostellerie Le Castellas ⑤, Grand'rue ☎ 04 66 22 88 88, *Fax 04 66 22 84 28*, « Décor original dans une ancienne demeure gardoise », ⚓, – ▤ ch, TV P. AE ⓓ GB JCB
fermé début janv. à début mars – **Repas** *(fermé merc. sauf le soir de juin à sept., lundi midi et vend. midi)* 200/430 ♀ – ☐ 85 – **17 ch** 560/860 – ½ P 690/800

PONTEMPEYRAT *43 H.-Loire* 76 ⑦ – ✉ *43500 Craponne-sur-Arzon.*
Paris 484 – Le Puy-en-Velay 45 – Ambert 41 – Montbrison 49 – St-Étienne 54.

Mistou M ⑤, ☎ 04 77 50 62 46, *moulin.de.mistou@wanadoo.fr, Fax 04 77 50 66 70*, « Parc au bord de l'Ance », ⚓, – TV ☎ ♿ P – 🎯 20. AE GB JCB. ✻ rest
fin avril-fin oct. – **Repas** *(fermé le midi sauf week-ends, fériés et août)* 170/320 – ☐ 55 – **14 ch** 540/680 – ½ P 495/600

Le PONTET *84 Vaucluse* 81 ⑫ – *rattaché à Avignon.*

PONT-ÉVÊQUE *38 Isère* 74 ⑫., 110 ㉟ – *rattaché à Vienne.*

In this Guide,
*a symbol or a character, printed in **black** or another colour*
*in light or **bold** type,*
does not have the same meaning.
Please read the explanatory pages carefully.

PONTGIBAUD *63230 P.-de-D.* 73 ⑬ *G. Auvergne – 801 h alt. 735.*
Paris 438 – Clermont-Ferrand 23 – Aubusson 69 – Le Mont-Dore 38 – Riom 25 – Ussel 69.

Poste avec ch, ☎ 04 73 88 70 02, *Fax 04 73 88 79 74* – ▤ rest, ☎ 🚗. AE GB
fermé 1er au 15 oct., janv., dim. soir et lundi sauf juil.-août – **Repas** (55) - 82/275, enf. 45 – ☐ 36 – **10 ch** 180/200 – ½ P 220

à La Courteix *Est : 4 km sur D 941B – ✉ 63230 St-Ours :*

L'Ours des Roches, ☎ 04 73 88 92 80, *Fax 04 73 88 75 07*, « Décor original » – P. AE ⓓ GB JCB
fermé 2 au 18 janv., dim. soir et lundi sauf fériés – **Repas** 135/360 et carte 270 à 400 ♀

PONTHIERRY *77 S.-et-M.* 61 ①, 106 ㊹ – ✉ *77310 St-Fargeau-Ponthierry.*
Paris 45 – Fontainebleau 20 – Corbeil-Essonnes 13 – Étampes 35 – Melun 12.

Auberge du Bas Pringy, à Pringy - N 7 ☎ 01 60 65 57 75, *Fax 01 60 65 48 57*, – P. AE ⓓ GB
fermé août, lundi soir et mardi sauf fériés – **Repas** 120/260 ♀, enf. 65

PONTIVY SP *56300 Morbihan* 58 ⑲ *G. Bretagne – 13 140 h alt. 99.*
Voir *Maisons anciennes*★.
🅸 *Office de Tourisme 61 r. Gén.-de-Gaulle ☎ 02 97 25 04 10, Fax 02 97 27 87 09.*
Paris 463 ① – Vannes 54 ② – Lorient 59 ② – Rennes 109 ① – St-Brieuc 57 ①.

Plan page suivante

Rohan Wesseling sans rest, 90 r. Nationale ☎ 02 97 25 02 01, *Fax 02 97 25 02 85* – 🛗 TV ☎ ♿ P – 🎯 50. AE GB Z u
☐ 40 – **19 ch** 305/390

Pommeraie, 17 quai Couvent ☎ 02 97 25 60 09, *Fax 02 97 25 75 93* – GB Y s
fermé 3 au 20 sept., 14 au 31 janv., dim. et lundi – **Repas** (nombre de couverts limité, prévenir) 95 (déj.), 140/300, enf. 60

à Quelven *par ③, D 2 et rte de Guern (D 2B) : 10 km – ✉ 56310 Guern :*

Auberge de Quelven M ⑤, à la Chapelle ☎ 02 97 27 77 50, *Fax 02 97 27 77 50* – TV ☎ P. GB
fermé merc. – **Repas** crêperie carte environ 60 – ☐ 30 – **7 ch** 250/280

PONTIVY

Street	Square	No.
Anne-de-Bretagne (Pl.)	Y	2
Caïnain (R.)	Z	3
Couvent (Q. du)	Y	4
Dr-Guépin (R. du)	Y	5
Fil (R. du)	Y	6
Friedland (R. de)	Y	8
Gaulle (R. du Gén.-de)	Y	9
Jaurès (R. Jean)	Z	10
Lamennais (R. J.-M.-de)	Z	13
Le Goff (R.)	Z	16
Lorois (R.)	Y	17
Marengo (R.)	Z	19
Martray (Pl. du)	Y	20
Mitterrand (R. François)	Z	24
Nationale (R.)	YZ	
Niémen (Q.)	Y	27
Plessis (Q. du)	YZ	29
Pont (R. du)	Y	28
Presbourg (Q.)	Y	32
Récollets (Q. des)	Y	33
Viollard (Bd)	Z	38

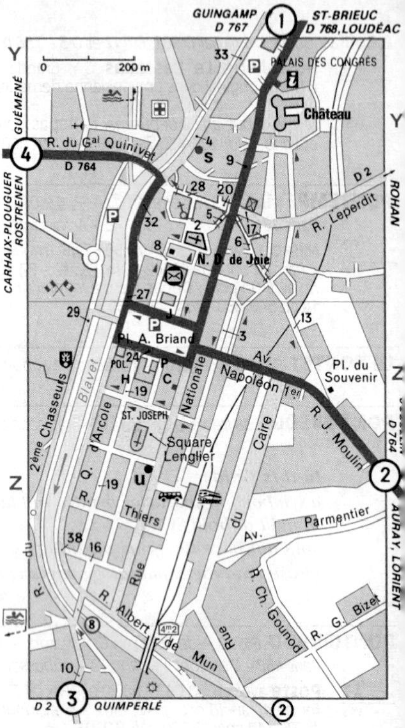

Un automobiliste averti utilise le ***Guide Rouge Michelin*** *de l'année.*

PONT-L'ABBÉ

Street	Square	No.
Cariou (R.)	B	2
Château (R. du)	B	3
Danton (R.)	B	4
Delessert (Pl. B.)	B	5
Église (R. de l')	B	7
Gambetta (Pl.)	B	8
Gare (R. de la)	A	9
Gaulle (R. Gén.-de)	B	
J.-J.-Rousseau (R.)	B	10
Kerentrée (R. de)	A	13
Lamartine (R.)	A	14
Marceau (R.)	B	17
Michelet (R.)	A	18
Moulin (R. J.)	A	19
Pasteur (R.)	B	20
St-Laurent (Q.)	B	26
Simon (R. Jules)	A	29
Victor-Hugo (R.)	B	

PONT-L'ABBÉ *29120 Finistère 58 ⑭ ⑮ G. Bretagne – 7 374 h alt. 5.*

Env. *Manoir de Kerazan★ 3 km par ② – Calvaire★★ de la chapelle N.-D.-de-Tronoën O : 8 km.*

Office de Tourisme 10 pl. de la République ✆ 02 98 82 37 99, Fax 02 98 66 10 82.

Paris 575 ① – Quimper 19 ① – Douarnenez 33 ④.

Plan page ci-contre

Bretagne, 24 pl. République ✆ 02 98 87 17 22, *Fax 02 98 82 39 31,* – TV. AE GB. ch A e
fermé 15 janv. au 5 fév., lundi (sauf hôtel) et dim. soir hors saison – **Repas** 80 (déj.), 135/270 ♀, enf. 60 – ☕ 42 – **18 ch** 300/400 – ½ P 335/390

Relais de Ty-Boutic, par ③ : *3 km* ✆ 02 98 87 03 90, *Fax 02 98 87 30 63,* – P. GB
fermé 10 au 17 sept., 15 fév. au 25 mars, dim. soir et lundi – **Repas** 80/300 ♀

PONT (Lac de) *21 Côte-d'Or 65 ⑰ ⑱ – rattaché à Semur-en-Auxois.*

PONT-LES-MOULINS *25 Doubs 66 ⑯ – rattaché à Baume-les-Dames.*

PONT-L'ÉVÊQUE *14130 Calvados 55 ③ G. Normandie Vallée de la Seine – 3 843 h alt. 12.*

Voir *La belle époque de l'automobile★ au Sud par D 48.*

Office de Tourisme r. St-Michel ✆ 02 31 64 12 77, Fax 02 31 64 76 96.

Paris 189 – Caen 48 – Le Havre 40 – Rouen 79 – Trouville-sur-Mer 11.

Auberge de l'Aigle d'Or, 68 r. Vaucelles ✆ 02 31 65 05 25, *thierryduhamel@wanadoo.fr, Fax 02 31 65 12 03,* « Ancien relais de poste du 16e siècle » – P. AE GB
fermé 25 juin au 1er juil. vacances de fév., dim. soir de nov. à Pâques, mardi soir et merc. – Repas 150 (déj.), 220/320

Auberge de la Touques, pl. Église ✆ 02 31 64 01 69, *Fax 02 31 64 89 40,* – AE GB
fermé 3 au 26 déc., 7 janv. au 1er fév., dim. soir de janv. à avril et oct.-nov., lundi soir et mardi – **Repas** 90/190, enf. 50

à la base de loisirs *Sud-Est : 2 km par D 48 – ✉ 14130 Pont-l'Évêque :*

Eden Park, ✆ 02 31 64 64 00, *hotel.eden-park@wanadoo.fr, Fax 02 31 64 12 28,* <, – TV P – 20 à 45. AE GB JCB
Repas 115 , enf. 49 – ☕ 35 – **56 ch** 380 – ½ P 270/310

PONT-L'ÉVÊQUE *60 Oise 56 ③ – rattaché à Noyon.*

PONTLEVOY *41400 L.-et-Ch. 64 ⑰ G. Châteaux de la Loire – 1 423 h alt. 99.*

Voir *Ancienne abbaye★.*

Paris 212 – Tours 52 – Amboise 25 – Blois 28 – Montrichard 9.

de l'École avec ch, ✆ 02 54 32 50 30, *Fax 02 54 32 33 58,* – P. GB.
fermé 19 nov. au 12 déc., 16 fév. au 14 mars, dim. soir et lundi sauf juil.-août et fériés – Repas (dim. prévenir) 102/265 ♀, enf. 68 – ☕ 46 – **11 ch** 285/400 – ½ P 340

PONTMAIN *53220 Mayenne 59 ⑲ – 935 h alt. 164.*

Paris 325 – Domfront 41 – Fougères 18 – Laval 52 – Mayenne 46.

Auberge de l'Espérance (Centre d'Aide par le Travail), 9 r. Grange ✆ 02 43 05 08 10, *Fax 02 43 05 03 19,* – TV . GB
Repas 58 bc/96 ♀, enf. 40 – ☕ 30 – **11 ch** 205/225 – ½ P 174

PONTOISE *95 Val-d'Oise 55 ⑳, 106 ⑤ ⑥, 101 ③ – voir à Paris, Environs (Cergy-Pontoise Ville Nouvelle).*

PONTORSON *50170 Manche 59 ⑦ G. Normandie Cotentin – 4 376 h alt. 15.*

Office de Tourisme pl. de l'Hôtel-de-Ville ✆ 02 33 60 20 65, Fax 02 33 60 85 67.

Paris 354 – St-Malo 48 – Avranches 23 – Dinan 46 – Fougères 39 – Rennes 62.

Bretagne, r. Couesnon ✆ 02 33 60 10 55, *Fax 02 33 58 20 54* – TV . AE GB JCB
fermé 5 janv. au 10 fév. – **Repas** *(fermé lundi)* 89/280 ♀, enf. 49 – ☕ 39 – **16 ch** 250/400 – ½ P 300/340

Relais Clemenceau, bd Clemenceau ✆ 02 33 60 10 96, *Fax 02 33 60 25 71* – TV P. GB. ch
fermé 10 janv. au 10 fév., dim. soir et lundi de sept. à avril – **Repas** 60/180 , enf. 40 – ☕ 35 – **17 ch** 130/280 – ½ P 230

PONT-RÉAN *35170 I.-et-V.* **63** ⑥.

Paris 361 – Rennes 15 – Châteaubriant 56 – Fougères 68 – Nozay 60 – Vitré 52.

XX **Auberge de Réan** avec ch, ☎ 02 99 42 24 80, *Fax 02 99 42 28 66,* – TV. GB. ⅋
(Bib) *fermé vacances de fév., dim. soir et lundi –* **Repas** 90/230, enf. 65 – ☕ 45 – **9 ch** 215/295 – ½ P 305

PONT-ST-PIERRE *27360 Eure* **55** ⑦ *G. Normandie Vallée de la Seine – 882 h alt. 15.*

Voir *Boiseries★ de l'église – Côte des Deux-Amants ⩤★★ SO : 4,5 km puis 15 mn – Ruines de l'abbaye de Fontaine-Guérard★ NE : 3 km.*

Paris 108 – Rouen 21 – Les Andelys 19 – Évreux 47 – Louviers 24 – Pont-de-l'Arche 13.

XXX **Bonne Marmite** avec ch, ☎ 02 32 49 70 24, *la.bonne.marmite@wanadoo.fr, Fax 02 32 48 12 41* – TV – 15 à 25. AE GB. ⅋ ch
fermé 23 juil. au 10 août, 17 fév. au 15 mars, mardi midi, dim. soir et lundi – **Repas** *(100)* - 148/492 et carte 230 à 420 ♀ – ☕ 48 – **9 ch** 368/558 – ½ P 358/450

XX **Auberge de l'Andelle,** ☎ 02 32 49 70 18, *Fax 02 32 49 59 43* – AE GB
fermé 23 déc. au 4 janv. – **Repas** *(80)* - 115/285 ♀

PONT-STE-MARIE *10 Aube* **61** ⑰ *– rattaché à Troyes.*

Les PONTS-NEUFS *22 C.-d'Armor* **59** ③ *– ✉ 22120 Hillion.*

Paris 442 – St-Brieuc 15 – Dinan 53 – Dinard 54 – Lamballe 10 – St-Malo 60.

X **Cascade,** sur D 786 ☎ 02 96 32 82 20, *Fax 02 96 32 82 20,* ⩤ – P. GB
fermé dim. soir et lundi – **Repas** 75 (déj.), 120/175

Restaurants serving a good but moderately priced meal are distinguished in the Guide by the symbol (Bib)

Le PORGE *33680 Gironde* **78** ① *– 1 230 h alt. 8.*

Paris 629 – Bordeaux 52 – Andernos-les-Bains 18 – Lacanau-Océan 26 – Lesparre-Médoc 54.

XX **Vieille Auberge,** ☎ 05 56 26 50 40, *Fax 05 56 26 50 40,* – P. GB
(Bib) *1er avril-5 nov. et fermé mardi soir et merc. de sept. à juin*
Repas 130/260

PORNIC *44210 Loire-Atl.* **67** ① *G. Poitou Vendée Charentes – 9 815 h alt. 20 – Casino le Môle.*

Office de Tourisme pl. de la Gare ☎ 02 40 82 04 40, Fax 02 40 82 90 12.

Paris 437 – Nantes 50 – La Roche-s-Yon 81 – Les Sables-d'Olonne 89 – St-Nazaire 30.

Alliance M, plage de la Source, Sud : 1 km ☎ 02 40 82 21 21, *info.resa@thalassopornic.com, Fax 02 40 82 80 89,* ⩤, centre de thalassothérapie, – TV P – 70. AE GB JCB. ⅋ rest
Repas 165 ♀ – ☕ 75 – **88 ch** 650/1060 – ½ P 645/770

Relais St-Gilles , 7 r. F. de Mun ☎ 02 40 82 02 25 – TV. GB. ⅋ rest
hôtel : 1er avril-7 oct. ; rest. : 10 juin-20 sept. – **Repas** (dîner seul.) 120 – ☕ 39 – **25 ch** 345/385 – ½ P 310/330

Beau Soleil sans rest, 70 quai Leray ☎ 02 40 82 34 58, *Fax 02 40 82 43 00,* ⩤ – TV. GB
☕ 39 – **18 ch** 320/470

Alizés sans rest, 44 r. Gén. de Gaulle ☎ 02 40 82 00 51, *Fax 02 40 82 87 32* – TV P. GB. ⅋
☕ 32 – **29 ch** 290/330

XX **Beau Rivage,** plage Birochère, Sud-Est : 2,5 km ☎ 02 40 82 03 08, *info@restaurant-beaurivage.com, Fax 02 51 74 04 24,* ⩤ – AE GB
fermé 10 au 26 déc., janv., merc. soir en hiver, dim. soir et lundi – **Repas** 125/340 ♀, enf. 58

à Ste-Marie *Ouest : 3 km – ✉ 44210 Pornic :*

Les Sablons , ☎ 02 40 82 09 14, *Fax 02 40 82 04 26,* – TV P. GB. ⅋
Repas *(fermé dim. soir, mardi midi et lundi du 1er oct. au 15 juin)* 100/250, enf. 50 – ☕ 45 – **26 ch** 410/440 – ½ P 345/375

PORNICHET *44380 Loire-Atl.* **63** ⑭ *G. Bretagne – 8 133 h alt. 12 – Casino.*

Office de Tourisme pl. du Marché ☎ 02 40 61 33 33, Fax 02 40 11 60 88 et (juil.-août) pl. de la Gare ☎ 02 40 61 08 92.

Paris 449 – Nantes 72 – La Baule 6 – St-Nazaire 11.

Sud Bretagne M, 42 bd République ☎ 02 40 11 65 00, *Fax 02 40 61 73 70*, « Jolie décoration intérieure », – 40. GB
Repas *(165)* - 225/350 – 75 – **26 ch** 600/1200, 3 appart – ½ P 750/1050

Villa Flornoy, 7 av. Flornoy (près Hôtel de Ville) ☎ 02 40 11 60 00, *hotflornoy@aol.com, Fax 02 40 61 86 47*, « Décoration intérieure soignée », – – 20. GB. rest
hôtel : vacances de fév.-vacances de Toussaint ; rest. : Pâques-fin sept. et fermé lundi hors saison – **Repas** (dîner seul.) 125/145 – 45 – **21 ch** 400/550 – ½ P 385/430

Ibis, 66 bd Océanides ☎ 02 51 73 13 13, *h1171-gm@accor-hotels.com, Fax 02 40 61 74 74*, centre de thalassothérapie – – 30. GB
Repas *(85)* - 105/130, enf. 49 – 45 – **88 ch** 460/580 – ½ P 430/500

Régent, 150 bd Océanides ☎ 02 40 61 05 68, *hotel@le-regent.fr, Fax 02 40 61 25 53*, – rest, . GB
fermé 15 nov. au 1er fév. – **Repas** *(fermé dim. soir et lundi de sept. à juin)* 110/198, enf. 48 – 42 – **14 ch** 325/470 – ½ P 335/372

PORQUEROLLES (Ile de) ★★★ *83400 Var 84 ⑯, 114 ㊼ G. Côte d'Azur.*

Accès *par transports maritimes.*

depuis **La Tour Fondue** *(presqu'île de Giens). Traversée 40 mn - Renseignements et tarifs : Transport et Vision Sous-Marine ☎ 04 94 58 95 14, Fax 04 94 58 91 73 (La Tour Fondue) Transports Maritimes et Terrestres du Littoral Varois (TVL) ☎ 04 94 58 21 81 (La Tour Fondue) – depuis* **Cavalaire** *(traversée 1 h 40 mn) ou* **Le Lavandou** *(traversée 50mn) ou* **La Croix Valmer** *(traversée 1 h 40 mn) - Renseignements et tarifs : Vedettes Iles d'Or 15 q. Gabriel-Péri ☎ 04 94 71 01 02 (Le Lavandou), Fax 04 94 71 78 95 – depuis* **Miramar** *Service saisonnier - Traversée 35 mn - Renseignements et tarifs : voir ci-dessus – depuis* **Toulon** *Services saisonniers - Traversée 1 h - Renseignements et tarifs : Transmed 2000 quai Kronstad ☎ 04 94 92 96 82 (Toulon), Fax 04 94 91 98 57.*

Mas du Langoustier, Ouest : 3,5 km du port ☎ 04 94 58 30 09, *Fax 04 94 58 36 02*, « Dans un site sauvage dominant le littoral », – – 20 à 50. GB
fin avril-début oct. – **Repas** 340 bc/530 et carte 320 à 510 – 120 – **44 ch** (½ pens. seul.), 5 appart – ½ P 1130/1420
Spéc. Escalope de foie gras chaud. Filet de turbot rôti sur émincé de pieds et paquets. Pigeon rôti au miel d'eucalyptus et réglisse. **Vins** Porquerolles, Côtes de Provence.

PORT-BRILLET *53410 Mayenne 59 ⑲ – 1 813 h alt. 122.*

Paris 295 – Fougères 37 – Laval 18 – Mayenne 46 – Rennes 62.

Brillet-Pontin avec ch, r. Forges ☎ 02 43 01 28 00, *Fax 02 43 01 28 01*, – . GB. ch
fermé 24 déc. au 5 janv., dim. soir et lundi – **Repas** 60 (déj.), 95/140, enf. 55 – 30 – **5 ch** 220 – ½ P 220

PORT-CAMARGUE *30 Gard 83 ⑱ – rattaché au Grau-du-Roi.*

PORT-CROS (Ile de) ★★ *83400 Var 84 ⑯ ⑰, 114 ㊽ ㊾ G. Côte d'Azur.*

Accès *par transports maritimes.*

depuis **Le Lavandou.** *Traversée 35 mn - Renseignements et tarifs : Vedettes Iles d'Or 15 quai Gabriel-Péri ☎ 04 94 71 01 02 (Le Lavandou), Fax 04 94 71 78 95 depuis* **Cavalaire** *Traversée 45 mn - ou* **Miramar** *Traversée 45 mn - ou* **Bormes-les-Mimosas** *Traversée 45 mn - sevices saisonniers - Renseignements et tarifs : voir ci- dessus – depuis le* **Port de la Plage d'Yyères** *- Traversée 1 h -Renseignements et tarifs : Transports et Vision Sous-Marine ☎ 04 94 58 95 14, Fax 04 94 58 91 73.*

Manoir, ☎ 04 94 05 90 52, *Fax 04 94 05 90 89*, – – 15. GB. ch
hôtel : 14 avril-30 sept. ; rest : 28 avril-30 sept. – **Repas** 270/330 – **19 ch** (½ pens. seul.), 4 duplex – ½ P 900/1100

PORT-DE-CARHAIX *29 Finistère 58 ⑰ – rattaché à Carhaix.*

PORT-DE-GAGNAC *46 Lot 75 ⑲ – rattaché à Bretenoux.*

PORT-DE-LA-MEULE *85 Vendée 67 ⑪ – voir à Yeu (île d').*

PORT-DE-LANNE *40300 Landes* 78 ⑦ *– 665 h alt. 28.*
Paris 755 – Biarritz 37 – Mont-de-Marsan 77 – Bayonne 29 – Dax 23 – Peyrehorade 7.

XX **Vieille Auberge** avec ch, 05 58 89 16 29, *Fax 05 58 89 12 89*, « Auberge rustique avec jardin fleuri et petit musée des traditions locales », – TV P
début mai-fin sept. – **Repas** *(fermé lundi midi et mardi midi)* 120/250 – 45 – **10 ch** 350/550 – ½ P 320/450

PORT-DE-SALLES *86 Vienne* 72 ⑤ *– rattaché à l'Isle-Jourdain.*

PORT-DES-BARQUES *17750 Char.-Mar.* 71 ⑬ *– 1 455 h alt. 3.*
Syndicat d' Initiative Mairie 05 46 84 47 87, en saison 05 46 84 87 47.
Paris 486 – La Rochelle 53 – Royan 48 – Rochefort 15 – Saintes 45.

Auberge du Labrador, 49 av. l'Ile Madame 05 46 83 92 60, *auberge-du-labrador@wanadoo.fr, Fax 05 46 84 43 18*, – TV GB
10 avril-15 oct. – **Repas** *(fermé mardi midi et lundi sauf juil.-août)* 95/125 , enf. 50 – **10 ch** 340/440 – ½ P 240/290

PORT-EN-BESSIN *14 Calvados* 54 ⑭ *G. Normandie Cotentin – 2 308 h alt. 10 – 14520 Port-en-Bessin-Huppain.*
Paris 270 – Caen 38 – St-Lô 45 – Bayeux 9 – Cherbourg 93.

Chenevière M, Sud : 1,5 km par D 6 02 31 51 25 25, *la.cheneviere@wanadoo.fr, Fax 02 31 51 25 20*, « Demeure du 19e siècle », – TV P – 40. AE GB JCB
fermé 7 janv. au 12 fév. – **Repas** 158 (déj.), 240/398, enf. 85 – 92 – **21 ch** 920/1140, 3 appart

Mercure M, sur le Golf, Ouest : 2 km par D 514 02 31 22 44 44, *mercure.omaha-beach@wanadoo.fr, Fax 02 31 22 36 77*, – TV P – 40. AE GB
fermé 13 au 25 janv. – **Repas** 78 (déj.), 95/185 , enf. 55 – 60 – **63 ch** 530/780, 7 duplex

Si vous cherchez un hôtel tranquille,
consultez d'abord les cartes de l'introduction
ou repérez dans le texte les établissements indiqués avec le signe .

Les PORTES-EN-RÉ *17 Char.-Mar.* 71 ⑫ *– voir à Ré (Ile de).*

PORTET-SUR-GARONNE *31 H.-Gar.* 82 ⑱ *– rattaché à Toulouse.*

PORT-GOULPHAR *56 Morbihan* 63 ⑪ *– voir à Belle-Ile-en-Mer.*

PORT-GRIMAUD *83 Var* 84 ⑰, 114 ㊲ *G. Côte d'Azur – 83310 Cogolin.*
Voir ★ *de la tour de l'Église oecuménique.*
Paris 870 – Fréjus 28 – Brignoles 61 – Hyères 47 – St-Tropez 8 – Ste-Maxime 7 – Toulon 67.

Giraglia, sur la plage 04 94 56 31 33, *legiraglia@aol.com, Fax 04 94 56 33 77*, golfe, « Au bord de la mer », – TV P – 25. AE GB
12 mai-début oct. – **Repas** 270/500, enf. 120 – 95 – **49 ch** 1750/2470 – ½ P 1075/1585

à La Foux *Sud : 2 km sur N 98 – 83310 Cogolin :*

XX **Port Diffa,** 04 94 56 29 07, *Fax 04 94 56 29 07* – P. AE GB.
fermé 5 nov. au 24 déc. et lundi du 8 janv. au 30 juin et du 1er au 28 oct. – **Repas** - cuisine marocaine - 173

PORTICCIO *2A Corse-du-Sud* 90 ⑰ *– voir à Corse.*

PORTIGLIOLO *2A Corse-du-Sud* 90 ⑰ *– voir à Corse (Coti-Chiavari).*

PORTIVY *56 Morbihan* 63 ⑫ *– rattaché à Quiberon.*

PORT-JOINVILLE *85 Vendée* 67 ⑪ *– voir à Yeu (Ile d').*

PORT-LESNEY *39600 Jura* 70 ⑤ *G. Jura – 431 h alt. 251.*

Syndicat d' Initiative du Val d'Amour 59 Grande Rue à Chamblay ☎ 03 84 37 74 70, Fax 03 84 37 74 79.

Paris 399 – Besançon 36 – Arbois 13 – Dole 40 – Lons-le-Saunier 50 – Salins-les-Bains 10.

Château de Germigney M, ☎ 03 84 73 85 85, *chateaudegermigney@wanadoo.fr, Fax 03 84 73 88 88,* « Ancienne demeure dans un parc », – – 25. AE GB
fermé début janv. à mi-fév – **Repas** *(fermé mardi)* (90) - 140 (déj.), 180/450 et carte 350 à 510 – 100 – **15 ch** 700/1800 – ½ P 750/1250
Spéc. Grenouilles meunière, risotto à l'oseille. Volaille en terrine lutée. Moelleux au chocolat praliné et croustillant de pâtissière. **Vins** Arbois.

PORT-LEUCATE *11 Aude* 86 ⑩ *– rattaché à Leucate.*

PORT-MANECH *29 Finistère* 58 ⑪ *G. Bretagne – 29920 Névez.*

Paris 547 – Quimper 43 – Carhaix-Plouguer 75 – Concarneau 19 – Quimperlé 30.

Port, ☎ 02 98 06 82 17, *Fax 02 98 06 62 70,* , – GB
Pâques-fin sept. – **Repas** *(fermé sam. midi et lundi)* 100/300, enf. 60 – 38 – **30 ch** 320/390 – ½ P 240/330

PORT MARLY *78 Yvelines* 55 ⑳, 106 ⑱, 101 ⑬ *– voir à Paris, Environs.*

PORT-MORT *27940 Eure* 55 ⑰, 106 ① *– 839 h alt. 19.*

Paris 86 – Rouen 55 – Les Andelys 11 – Évreux 33 – Vernon-sur-Eure 12.

Auberge des Pêcheurs, ☎ 02 32 52 60 43, *Fax 02 32 52 07 62,* , – P. GB JCB
fermé 1er au 20 août, 15 au 30 janv., dim. soir, lundi soir et mardi – **Repas** 112/168

PORT NAVALO *56 Morbihan* 63 ⑫ *– rattaché à Arzon.*

PORTO *2A Corse-du-Sud* 90 ⑮ *– voir à Corse.*

PORTO-POLLO *2A Corse-du-Sud* 90 ⑱ *– voir à Corse.*

PORTO-VECCHIO *2A Corse-du-Sud* 90 ⑧ *– voir à Corse.*

PORTS *37800 I.-et-L.* 68 ④ *– 343 h alt. 42.*

Paris 285 – Tours 50 – Châtellerault 26 – Chinon 33 – Loches 45.

Grillon, Le Bec des Deux Eaux, Sud-Est : 2 km ☎ 02 47 65 02 74 – GB
fermé 30 juin au 10 juil., 22 sept. au 2 oct, jeudi soir et vend. – **Repas** 70/280, enf. 40

PORT-SUR-SAÔNE *70170 H.-Saône* 66 ⑤ *– 2 521 h alt. 228.*

Paris 347 – Besançon 64 – Bourbonne-les-Bains 46 – Épinal 77 – Gray 53 – Vesoul 14.

à Vauchoux *Sud : 3 km par D 6 – 108 h. alt. 210 – 70170 :*

Château de Vauchoux, ☎ 03 84 91 53 55, *jm.turin@mail.fe-net.fr, Fax 03 84 91 65 38,* « Pavillon de chasse du 18e siècle, parc », , , – P. GB
fermé 15 au 28 fév. et lundi midi – **Repas** (prévenir) 260/460 et carte 270 à 580

PORT-VENDRES *66660 Pyr.-Or.* 86 ⑳ *G. Languedoc Roussillon – 5 370 h alt. 3.*

Env. *Tour Madeloc ** SO : 8 km puis 15 mn.*

Office de Tourisme 3 q. P.-Forgas ☎ 04 68 82 07 54, Fax 04 68 82 53 48.

Paris 894 – Perpignan 33.

Côte Vermeille, quai Fanal ☎ 04 68 82 05 71, *Fax 04 68 82 05 71,* – . AE GB
fermé 12 nov. au 10 déc., dim. et lundi sauf juil.-août – **Repas** 110 (déj.), 148/260

La POSTE-DE-BOISSEAUX *28 E.-et-L.* 60 ⑲ *– rattaché à Angerville (91 Essonne).*

POUILLY-EN-AUXOIS *21320 Côte-d'Or* 65 ⑱ *G. Bourgogne – 1 372 h alt. 390.*
Paris 272 – Dijon 45 – Avallon 66 – Beaune 47 – Montbard 60.

à Chailly-sur-Armançon *Ouest : 6,5 km par D 977bis – 193 h. alt. 387 – ✉ 21320 Pouilly-en-Auxois :*

Château de Chailly Ⓜ, ☎ 03 80 90 30 30, *chateaudechailly@compuserve.com, Fax 03 80 90 30 00,* – 80. AE GB JCB
fermé 16 déc. au 24 janv. et en semaine de nov. à mars – ***Armançon*** (dîner seul.) *(fermé lundi)* **Repas** 265(déj., 335)/565 ♀, enf. 85 – ***Rubillon*** buffet *(fermé le soir sauf lundi)* **Repas** *(145)*-185 ♀ – ☕ 90 – **37 ch** 1670/2170, 8 appart – ½ P 1052/1179

à Vandenesse-en-Auxois *Sud-Est : 7 km par N 81 et D 977 bis – 220 h. alt. 360 – ✉ 21320 :*

L'Auxois, ☎ 03 80 49 22 36, *Fax 03 80 49 22 36,* – GB
fermé 1er au 7 oct., 20 déc. au 27 janv., dim. soir d'oct. à juil. et lundi – **Repas** 80/190 ♀, enf. 45

à Ste-Sabine *Sud-Est : 8 km par N 81, D 977bis et D 970 – 183 h. alt. 365 – ✉ 21320 Pouilly-en-Auxois :*

Hostellerie du Château Ste-Sabine, ☎ 03 80 49 22 01, *chateau-ste-sabine@wanadoo.fr, Fax 03 80 49 20 01,* « Parc agrémenté d'animaux », – 25. GB.
fermé 2 janv. au 23 fév. – **Repas** 150/350 bc, enf. 85 – ☕ 50 – **25 ch** 400/1180 – ½ P 382/773

POUILLY-LE-FORT *77 S.-et-M.* 61 ② *– rattaché à Melun.*

POUILLY-SOUS-CHARLIEU *42720 Loire* 73 ⑧ *– 2 834 h alt. 264.*
Paris 382 – Roanne 15 – Charlieu 6 – Digoin 43 – Vichy 75.

Loire, ☎ 04 77 60 81 36, *Fax 04 77 60 76 06,* – P. AE GB
fermé 27 août au 7 sept., vacances de toussaint, de fév., mardi midi sauf juil.-août, dim. soir et lundi – **Repas** 105/320 et carte 190 à 340 ♀

POUILLY-SUR-LOIRE *58150 Nièvre* 65 ⑬ *G. Bourgogne – 1 708 h alt. 168.*
Office de Tourisme 61 r. W.-Rousseau ☎ 03 86 39 03 75, Fax 03 86 39 18 30.
Paris 202 – Bourges 58 – Clamecy 54 – Cosne-sur-Loire 16 – Nevers 38 – Vierzon 80.

Relais de Pouilly Ⓜ, quai de Loire, Sud : 2 km (près échangeur) ☎ 03 86 39 03 00, *sarl.relais-de-pouilly@wanadoo.fr, Fax 03 86 39 07 47,* – P. AE GB
Repas *(72)* - 89/155 ♀, enf. 49 – ☕ 42 – **24 ch** 250/395 – ½ P 335/365

Coq Hardi-Relais Fleuri avec ch, 42 av. Tuilerie ☎ 03 86 39 12 99, *Fax 03 86 39 14 15,* « Jardin au bord de la Loire », – P. AE GB
fermé mi-déc. à mi-janv., mardi soir et merc. d'oct. à avril – **Repas** 110/270 et carte 260 à 400 ♀, enf. 70 – ☕ 55 – **11 ch** 360/480 – ½ P 340/380

L'Espérance, 17 r. R. Couard ☎ 03 86 39 07 69, *hotel.restaurant.lesperance@wanadoo.fr, Fax 03 86 39 09 78,* – P. GB
fermé jeudi d'oct. à mars – **Repas** 78/230 ♀, enf. 60

POULDREUZIC *29710 Finistère* 58 ⑭ *– 1 854 h alt. 51.*
Paris 589 – Quimper 26 – Audierne 17 – Douarnenez 17 – Pont-l'Abbé 16.

Ker Ansquer, à Lababan, Nord-Ouest : 2 km par D 2 ☎ 02 98 54 41 83, *françoise.ansquer@wanadoo.fr, Fax 02 98 54 32 24,* sculptures régionales, – cuisinette P. GB
1er avril-30 sept. – **Repas** (sur réservation seul.) 128/320 ♀, enf. 65 – ☕ 42 – **11 ch** 395, 4 appart – ½ P 380

à Penhors *Ouest: 4 km par D 40 – ✉ 29710 Plogastel-St-Germain :*

Breiz Armor Ⓜ, à la plage ☎ 02 98 51 52 53, *breiz-armor@wanadoo.fr, Fax 02 98 51 52 30,* – 20 à 50. GB
hôtel : début avril-7 oct., vacances de Noël et fermé lundi sauf du 10 juil. au 26 août – **Repas** *(ouvert : 17 mars-21 oct. et 9 nov.-1er janv.)* 78 (déj.), 108/275 ♀, enf. 28 – ☕ 42 – **26 ch** 430, 6 studios – ½ P 395/430

Le POULDU *29 Finistère* 58 ⑫ *G. Bretagne – ✉ 29360 Clohars-Carnoët.*
Env. *St-Maurice : site★ et ←★ du pont NE : 7 km.*
Office de Tourisme bd C.-Filiger ☎ 02 98 39 93 42, Fax 02 98 96 90 99.
Paris 522 – Quimper 55 – Concarneau 37 – Lorient 25 – Moëlan-sur-Mer 10 – Quimperlé 14.

Panoramique sans rest, au Kérou-plage ☎ 02 98 39 93 49, *Fax 02 98 96 90 16* – P. GB
1er avril-1er nov. – ☕ 35 – **25 ch** 320/350

POULIGNY-NOTRE-DAME *36 Indre* 68 ⑲ – *rattaché à La Châtre.*

Le POULIGUEN *44510 Loire-Atl.* 63 ⑭ *G. Bretagne* – *4 912 h alt. 4.*

Office de Tourisme Port Sterwitz ✆ 02 40 42 31 05, Fax 02 40 62 22 27.

Paris 457 – *Nantes 81* – *La Baule 4* – *Guérande 8* – *St-Nazaire 22.*

Voir plan de La Baule.

Beau Rivage, 11 r. J. Benoit ✆ 02 40 42 31 61, *beaurivage44@wanadoo.fr, Fax 02 40 42 82 98,* ←, – TV P – 25. GB. rest AZ r
31 mars-1er nov. – **Repas** 110/250 – 45 – **65 ch** 410/480 – ½ P 450

Voile d'Or, 14 av. Plage ✆ 02 40 42 31 68, *Fax 02 40 62 33 72,* ←, – AE GB AZ x
fermé 5 au 20 nov., mardi sauf le soir en juil.-août et lundi – **Repas** 165/295 et carte 310 à 370, enf. 70

POURVILLE-SUR-MER *76 S.-Mar.* 52 ④ – *rattaché à Dieppe.*

POUZAUGES *85700 Vendée* 67 ⑯ *G. Poitou Vendée Charentes* – *5 473 h alt. 225.*

Voir *Puy Crapaud* ✻★★ *SE : 2,5 km* – *Moulins du Terrier-Marteau*★ : ←★ *sur le bocage O : 1 km par D 752* – *Bois de la Folie* ←★ *NO : 1 km.*

Env. *St-Michel-Mont-Mercure* ✻★★ *du clocher de l'église NO : 7 km par D 752.*

Office de Tourisme 28 pl. de l'Église ✆ 02 51 91 82 46, Fax 02 51 57 01 69.

Paris 387 – *La Roche-sur-Yon 55* – *Bressuire 29* – *Chantonnay 21* – *Cholet 39* – *Nantes 88.*

Auberge de la Bruyère , 12 r. Dr Barbanneau ✆ 02 51 91 93 46, *Fax 02 51 57 08 18,* ←, – TV P – 20 à 50. AE GB
Repas *(fermé vend. soir d'oct. à avril, sam. sauf le soir de mai à sept. et dim. soir)* (58) - 82/225, enf. 50 – 40 – **28 ch** 250/365 – ½ P 250/320

En juin et en septembre,
les hôtels sont moins chers qu'en pleine saison, le service est plus soigné.

POUZAY *37 I.-et-L.* 68 ④ – *rattaché à Ste-Maure-de-Touraine.*

Le POUZIN *07250 Ardèche* 76 ⑳ *G. Vallée du Rhône* – *2 693 h alt. 90.*

Paris 586 – *Valence 26* – *Avignon 107* – *Die 60* – *Montélimar 28* – *Privas 16.*

Avenue, ✆ 04 75 63 80 43, *bernard.malosse@wanadoo.fr, Fax 04 75 85 93 27* – TV . AE GB JCB
fermé 10 au 30 sept., 20 au 31 déc., sam. et dim. sauf juil.-août – **Repas** snack (dîner seul.) 96 ♀, enf. 35 – 30 – **14 ch** 195/240 – ½ P 200/220

PRADES SP *66500 Pyr.-Or.* 86 ⑰ *G. Languedoc Roussillon* – *6 009 h alt. 360.*

Voir *Abbaye St-Michel-de-Cuxa*★ *S : 3 km* – *Village d'Eus*★ *NE : 7 km.*

Office de Tourisme 4 r. V.-Hugo ✆ 04 68 05 41 02, Fax 04 68 05 21 79.

Paris 902 – *Perpignan 45* – *Mont-Louis 36* – *Olette 16* – *Vernet-les-Bains 11.*

Pradotel M sans rest, av. Festival, sur la rocade ✆ 04 68 05 22 66, *Fax 04 68 05 23 22,* – TV – 25. GB
fermé dim. de nov. à mars – 36 – **39 ch** 275/355

Hexagone M sans rest, rd-pt de Molitg, sur la rocade ✆ 04 68 05 31 31, *Fax 04 68 05 24 89* – TV P. AE GB
40 – **30 ch** 375/405

Les Glycines, 129 av. Gén. de Gaulle ✆ 04 68 96 51 65, *Fax 04 68 96 45 57* – TV . GB
Repas *(fermé dim. soir et jeudi d'oct. à juin, jeudi midi et vend. midi de juil. à sept.)* 70/140, enf. 45 – 30 – **19 ch** 230/300 – ½ P 215

Jardin d'Aymeric, 3 av. Gén. de Gaulle ✆ 04 68 96 53 38 – . GB
fermé 25 juin au 8 juil., vacances de fév., dim. soir et lundi
Repas 98/175 ♀, enf. 45

à Taurinya *Sud : 6 km par D 27* – *248 h. alt. 545* – ✉ *66500 :*

Auberge des Deux Abbayes, ✆ 04 68 96 49 53, – GB
fermé vacances de Toussaint, le soir (sauf sam.) de nov. à mars, mardi soir et merc. – **Repas** 115/165 ♀, enf. 45

Le PRADET *83220 Var* 84 ⑮, 114 ㊻ *G. Côte d'Azur – 9 704 h alt. 1.*

Voir *Musée de la mine de Cap Garonne : grande salle★, 3 km au Sud par D 86.*

Office de Tourisme pl. Gén.-de-Gaulle ☎ 04 94 21 71 69, Fax 04 94 08 56 96.

Paris 847 – Toulon 12 – Draguignan 77 – Hyères 11.

Azur, 163 av. Raimu ☎ 04 94 21 68 50, *azur-hotel@wanadoo.fr, Fax 04 94 08 27 00,* TV P – 30. AE GB
Repas *(fermé dim. soir)* 160 – 65 – **20 ch** 450/700

aux Oursinières *Sud : 3 km par D 86 – ✉ 83220 Le Pradet :*

L'Escapade sans rest, ☎ 04 94 08 39 39, *Fax 04 94 08 31 30,* « Jardin fleuri », – TV . AE GB JCB.
1er avril-14 oct. – 75 – **15 ch** 695/2200

Chanterelle, ☎ 04 94 08 52 60, – GB
fermé 5 au 29 nov., janv., fév. et merc. d'oct. à Pâques – **Repas** 195/250

PRALOGNAN-LA-VANOISE *73710 Savoie* 74 ⑱ *G. Alpes du Nord – 667 h alt. 1425 – Sports d'hiver : 1 410/2 360 m 1 13.*

Voir *Site★ – Parc national de la Vanoise★★ – La Chollière★ SO : 1,5 km puis 30 mn – Mont Bochor ≤★ par téléphérique.*

Office de Tourisme ☎ 04 79 08 79 08, Fax 04 79 08 76 74.

Paris 666 – Albertville 55 – Chambéry 103 – Moûtiers 28.

Les Airelles, les Darbelays, Nord : 1 km ☎ 04 79 08 70 32, *Fax 04 79 08 73 51,* ≤, – TV P. GB. rest
1er juin-22 sept. et 20 déc.-20 avril – **Repas** 95/140 – 50 – **22 ch** 380/450 – ½ P 345/415

Grand Bec, ☎ 04 79 08 71 10, *Fax 04 79 08 72 22,* ≤, – TV . GB. rest
1er juin-23 sept. et 20 déc.-20 avril – **Repas** 130/220, enf. 55 – 55 – **39 ch** 360/600 – ½ P 420

Parisien, ☎ 04 79 08 72 31, *Fax 04 79 08 76 26,* ≤, – TV P. GB. rest
1er juin-20 sept. et 20 déc.-20 avril – **Repas** 80/180, enf. 50 – 35 – **24 ch** 160/360 – ½ P 250/330

PRA-LOUP *04 Alpes-de-H.-P.* 81 ⑧ *– rattaché à Barcelonnette.*

PRAMOUSQUIER *83 Var* 84 ⑰., 114 ㊾ *– rattaché à Cavalière.*

Le PRARION *74 H.-Savoie* 74 ⑧ *– rattaché aux Houches.*

PRATS-DE-MOLLO-LA-PRESTE *66230 Pyr.-Or.* 86 ⑱ *G. Languedoc Roussillon – 1 102 h alt. 740.*

Voir *Ville haute★.*

Office de Tourisme 7 av. du Haut Vallespir ☎ 04 68 39 70 83, Fax 04 68 39 74 51.

Paris 915 – Perpignan 61 – Céret 32.

Bellevue, ☎ 04 68 39 72 48, *Fax 04 68 39 78 04,* – rest, TV P. GB
30 mars-2 nov. et vacances scolaires – **Repas** 95/190, enf. 57 – 37 – **18 ch** 225/285 – ½ P 195/255

Touristes, ☎ 04 68 39 72 12, *hotel.lestouristes@free.fr, Fax 04 68 39 79 22,* – P. GB
1er avril-31 oct. – **Repas** 95/170, enf. 48 – 45 – **28 ch** 215/300 – ½ P 265/295

Ausseil, ☎ 04 68 39 70 36, *hotel.ausseil@online.fr, Fax 04 68 39 70 36,* – GB
fermé nov. et déc. – **Repas** 88/148, enf. 58 – 40 – **12 ch** 150/220 – ½ P 250

à La Preste *: 8 km – Stat. therm. (2 avril-3 nov.) – ✉ 66230 Prats-de-Mollo-La-Preste :*

Val du Tech, ☎ 04 68 39 71 12, *hotel-levaldutech@wanadoo.fr, Fax 04 68 39 78 07* – TV . GB
1er avril-28 oct. – **Repas** 80 – 36 – **35 ch** 180/330 – ½ P 260/310

Ribes, ☎ 04 68 39 71 04, *hotel.ribes@free.fr, Fax 04 68 39 78 02,* ≤ vallée du Tech – P. GB. rest
1er avril-20 oct. – **Repas** 85/155, enf. 45 – 38 – **24 ch** 170/345 – ½ P 190

Le PRAZ *73 Savoie* 74 ⑱ *– rattaché à Courchevel.*

Les PRAZ-DE-CHAMONIX *74 H.-Savoie* 74 ⑧ ⑨ *– rattaché à Chamonix.*

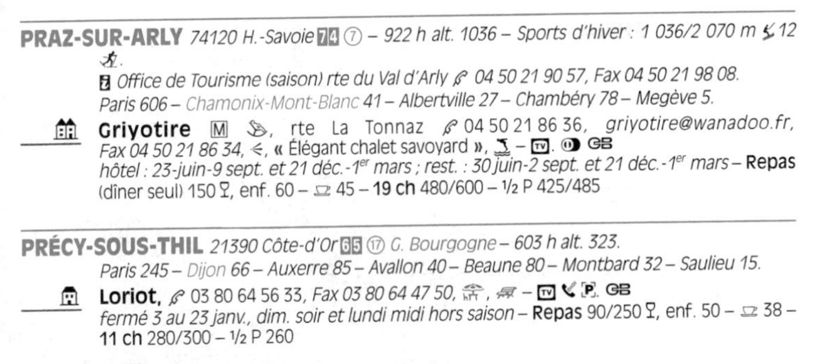

PRAZ-SUR-ARLY *74120 H.-Savoie* 74 ⑦ *– 922 h alt. 1036 – Sports d'hiver : 1 036/2 070 m 12*

Office de Tourisme (saison) rte du Val d'Arly 04 50 21 90 57, Fax 04 50 21 98 08.

Paris 606 – Chamonix-Mont-Blanc 41 – Albertville 27 – Chambéry 78 – Megève 5.

Griyotire M, rte La Tonnaz 04 50 21 86 36, *griyotire@wanadoo.fr, Fax 04 50 21 86 34,* « *Élégant chalet savoyard* », – . GB
hôtel : 23-juin-9 sept. et 21 déc.-1er mars ; rest. : 30 juin-2 sept. et 21 déc.-1er mars – **Repas** (dîner seul) 150 ♀, enf. 60 – 45 – **19 ch** 480/600 – ½ P 425/485

PRÉCY-SOUS-THIL *21390 Côte-d'Or* 65 ⑰ *G. Bourgogne – 603 h alt. 323.*

Paris 245 – Dijon 66 – Auxerre 85 – Avallon 40 – Beaune 80 – Montbard 32 – Saulieu 15.

Loriot, 03 80 64 56 33, *Fax 03 80 64 47 50,* , – . GB
fermé 3 au 23 janv., dim. soir et lundi midi hors saison – **Repas** 90/250 ♀, enf. 50 – 38 – **11 ch** 280/300 – ½ P 260

PRÉCY-SUR-OISE *60460 Oise* 56 ⑪, 106 ⑦ *– 3 137 h alt. 33.*

Voir Église★ de St-Leu-d'Esserent NE : 3,5 km – Commune de la " Méridienne Verte", G. Île de France.

Paris 45 – Compiègne 46 – Beauvais 37 – Chantilly 9 – Creil 12 – Pontoise 36 – Senlis 17.

Condor, 14 r. Wateau (D 92) 03 44 27 60 77, *Fax 03 44 27 62 18* – . AE GB
fermé 29 juil. au 12 août, vacances de fév., mardi soir et merc. – **Repas** 98/198 ♀, enf. 58

Utilisez le guide de l'année.

PRÉ-EN-PAIL *53140 Mayenne* 60 ② *– 2 422 h alt. 230.*

Paris 217 – Alençon 24 – Argentan 40 – Domfront 38 – Laval 66 – Mayenne 37.

Bretagne, r. A. Briand (N 12) 02 43 03 13 00, *Fax 02 43 03 16 71* – . GB
fermé 15 déc. au 15 janv. et dim. soir – **Repas** 71/170 ♀, enf. 50 – 35 – **18 ch** 185/250 – ½ P 230/280

PREIGNAC *33210 Gironde* 71 ⑩ *– 1 992 h alt. 8.*

Paris 617 – Bordeaux 40 – Langon 5 – Libourne 48.

Le Cap, 05 56 63 27 38, *Fax 05 56 76 22 14,* , « Au bord de la Garonne », – . GB
fermé 26 mars au 12 avril, 29 oct. au 23 nov., dim. soir et lundi – **Repas** 120/195

La PRENESSAYE *22 C.-d'Armor* 58 ⑳ *– rattaché à Loudéac.*

PRENOIS *21 Côte-d'Or* 65 ⑲ *– rattaché à Dijon.*

Le PRÉ-ST-GERVAIS *93 Seine-St-Denis* 56 ⑪,, 101 ⑯ *– voir à Paris, Environs.*

La PRESTE *66 Pyr.-Or.* 86 ⑰ *– rattaché à Prats-de-Mollo.*

PRIAY *01160 Ain* 74 ③, 110 ⑨ *– 948 h alt. 300.*

Paris 456 – Lyon 57 – Bourg-en-Bresse 29 – Nantua 39.

Mère Bourgeois, 04 74 35 61 81, *Fax 04 74 35 43 49,* – . GB
fermé 16 au 31 août, 31 janv. au 15 fév., merc. et jeudi – **Repas** 125/340 ♀, enf. 65

PRIVAS P *07000 Ardèche* 76 ⑲ *G. Vallée du Rhône – 10 080 h alt. 300.*

Voir Site★.

Office de Tourisme 3 pl. du Gén.-de-Gaulle 04 75 64 33 35, Fax 04 75 64 73 95.

Paris 601 ② – Valence 41 ② – Montélimar 34 ③ – Le Puy-en-Velay 94 ④.

Plan page suivante

Chaumette, av. Vanel 04 75 64 30 66, *Fax 04 75 64 88 25,* , – – 45. AE GB JCB — B e
Repas *(fermé sam. midi)* 95 (déj.), 115/185 ♀ – 47 – **36 ch** 355/450 – ½ P 335/345

Gourmandin, angle r. P. Filliat 04 75 64 51 52, *Fax 04 75 64 77 83,* – . AE GB — B v
fermé 16 août au 2 sept., dim. soir et merc. – **Repas** 98/238, enf. 42

PRIVAS

Bacconnier (R. L.) . . . . B 2
Bœufs (Pl. aux) . . . . A 3
Champ-de-Mars (Pl. du) . . B 5
Coux (Av. de) . . . . B 7
Durand (R. H.) . . . . B 10
Esplanade (Cours de l') . . B 9
Faugier (Av. C.) . . . . A 12
Filliat (R. P.) . . . . B 14
Foiral (Pl. du) . . . . A 16
Gaulle (Pl. Ch.-de) . . . . B 17
Hôtel-de-Ville (Pl. de l') . . . . B 18
Mobiles (Bd des) . . . . B 20
Ouvèze (Chemin de la) . . B 22
Petit-Tournon (Av. du) . . . . B 24
République (R. de la) . . . . B 26
St-Louis (Cours) . . . . A 28
Vanel (Av. du) . . . . B 30

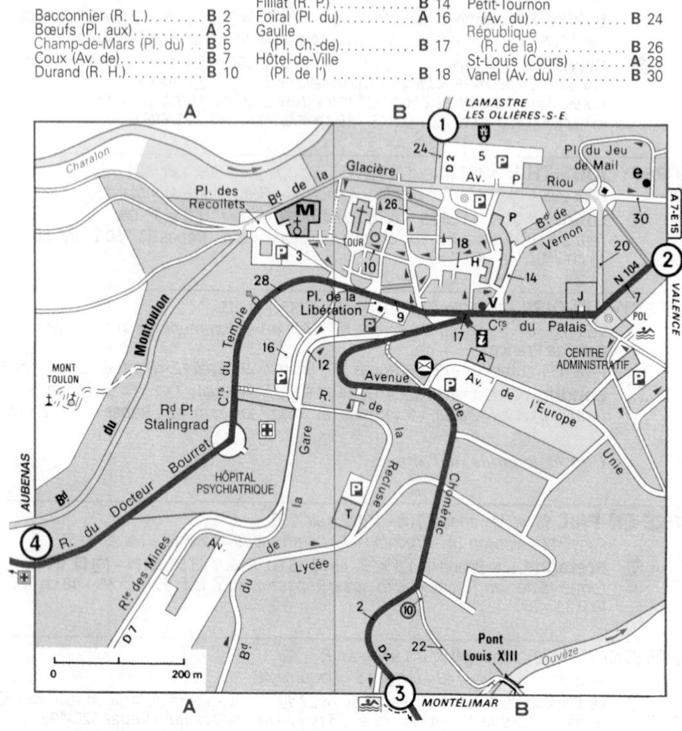

Use this year's Guide.

PROPRIANO *2A Corse-du-Sud* 90 ⑱ *– voir à Corse.*

PROVENCHÈRES-SUR-FAVE *88490 Vosges* 62 ⑱ *G. Alsace Lorraine – 733 h alt. 404.*

Paris 407 – Colmar 45 – Épinal 63 – St-Dié 15 – Sélestat 34 – Strasbourg 85.

Auberge du Spitzemberg 🐾, à la Petite Fosse, Nord Ouest : 7 km par D 45 et voie forestière ☎ 03 29 51 20 46, *Fax 03 29 51 10 12*, ⩽, 🏠, « Dans la forêt vosgienne », – TV 🚗 P. GB

fermé janv. et mardi – **Repas** 85/150 ♀, enf. 45 – ☕ 42 – **10 ch** 290/390 – ½ P 235/290

PROVINS ⟨SP⟩ *77160 S.-et-M.* 61 ④ *G. Champagne Ardenne – 11 608 h alt. 91.*

Voir *Ville Haute*★★ **AV** *: remparts*★★ **AY**, *Tour César*★★ *:* ⩽★, *Grange aux Dîmes*★ **AV E** – *Place du Chatel*★ – *Portail central*★ *et groupe de statues*★★ *dans l'église St-Ayoul* **BV** – *Choeur*★ *de la collégiale St-Quiriace* **AV** – *Musée de Povins et du Provinois : collections de sculptures et de céramiques*★ **M.**

Env. *St-Loup-de-Naud : portail*★★ *de l'église*★ *7 km par* ④.

ℹ *Office de Tourisme à l'entrée de la Cité Médiévale* ☎ *01 64 60 26 26, Fax 01 64 60 11 97.*

Paris 89 ⑤ *– Fontainebleau 56* ④ *– Châlons-en-Champagne 99* ② *– Sens 47* ④.

Plan page ci-contre

Aux Vieux Remparts M 🐾, 3 r. Couverte - Ville Haute ☎ 01 64 08 94 00, *Fax 01 60 67 77 22*, 🏠 – ⇅ TV ☎ ♿ P – 🎤 25. AE ⓓ GB — AV b

Repas *(fermé 7 au 25 janv.)* 150/360 – ☕ 55 – **25 ch** 420/750 – ½ P 440/490

Ibis, rte de Paris ☎ 01 60 67 66 67, *Fax 01 60 67 86 67*, 🏠, – ✗ TV ☎ ♿ P – 🎤 25. AE ⓓ GB — AX d

Repas *(75)* - 95 🍷, enf. 39 – ☕ 39 – **51 ch** 295/305

PROVINS

Alips (R. Guy) . . . . **AX**
Anatole-France (Av.). . . . . . . **AV** 2
Arnoul (R. Victor) . . . . **BX** 3
Balzac (Pl. Honoré de) . . . **BVX** 4
Bordes (R. des) . . . . **BX** 7
Bourquelot (R. Félix) . . . . . . **BV** 8
Bray (Route de) . . . . **AX**
Briand (R. Aristide) . . . . **BX**
Carnot (Bd) . . . . **BX**
Champbenoist (Rte de). . . . **BX** 13
Changis (R. de). . . . . **BX** 14
Châtel (Pl. du). . . . . **AV** 18
Chomton (Bd Gilbert) . . . . . **AX** 19
Collège (R. du) . . . . **ABV** 23
Cordonnerie (R. de la). . . . . **BV** 24
Courloison (R.) . . . . **BV** 27
Couverte (R.). . . . . **AV** 28
Desmarets (R. Jean) . . . . . . **AV** 29
Esternay (R. d') . . . . **BX**
Ferté (Av. de la) . . . . **BV** 33
Fourtier-Masson (R.) . . . . . . **BX** 35
Friperie (R. de la). . . . . **BV** 37
Garnier (R. Victor) . . . . **BX** 39
Gd-Quartier-Gén. (Bd du) . . **BX** 42
Hugues le Grand (R.) . . . . . **BX** 43
Jacobins (R. des) . . . . **BV** 44
Jean-Jaurès (Av.) . . . . **BX**
Leclerc (Pl. du Mar.) . . . . . . **BV** 47
Malraux (Av André). . . . . . **AVX**
Michelin (R. Maximilien). . . **AX**
Nanteuil (Route de) . . . . **BV**
Nocard (R. Edmond). . . . . **BVX** 54
Opoix (R. Christophe) . . . . . **BV** 57
Palais (R. du). . . . . **AV** 59
Pasteur (Bd) . . . . **BV**
Plessier (Bd du Gén.) . . . . **BVX** 64
Pompidou (Av. G.). . . . . . . **BVX** 67
Pont-Pigy (R. du) . . . . **BV** 68
Prés (R. des). . . . . **BV** 69
Rebais (R.). . . . . **BV**
Remparts (Allée des). . . . . . **AV** 72
St-Ayoul (Pl.) . . . . **BV** 73
St-Jean (R.) . . . . **AV** 74
St-Quiriace (Pl.). . . . . **AV** 77
St-Syllas (Rampe). . . . . **BV**
Ste-Croix (R.) . . . . **BV**
Souvenir (Av. du) . . . . **BV** 78
Val (R. du) . . . . **BV** 79
Verdun (Av. de). . . . . **BV** 82
29e-Dragons (Pl. du) . . . . . . **BV** 84

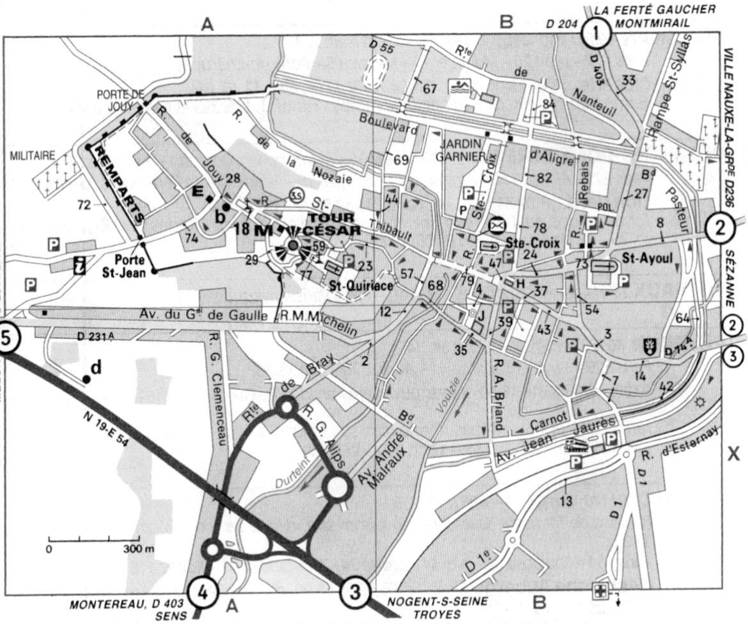

PUGET-THÉNIERS *06260 Alpes-Mar.* 81 ⑲, 115 ⑬ ⑭ *G. Alpes du Sud – 1 703 h alt. 405.*

Voir *Vieille ville★ – Rétable★ de N.-D-de-Secours★ dans l'église – Statue★ de Maillol – Entrevaux : Site★★, Ville forte★, Intérieur de la cathédrale★, ≤★ de la citadelle★ O : 7 km.*

Office de Tourisme (saison) ✆ 04 93 05 05 05, Fax 04 93 05 05 05.

Paris 839 – Digne-les-Bains 89 – Draguignan 92 – Manosque 129 – Nice 65.

Alizé sans rest, N 202 (face gare) ✆ 04 93 05 06 20, *hotel-alize@wanadoo.fr, Fax 04 93 05 06 20,* – P. GB
38 – **15 ch** 290

L'Amandier, N 202 (face gare) ✆ 04 93 05 05 13, *Fax 04 93 05 05 13,* – GB
fermé 22 déc. au 13 janv., dim. soir et lundi – **Repas** 90/135, enf. 65

PUGIEU *01 Ain* 74 ⑭ *– rattaché à Belley.*

PUILLY-ET-CHARBEAUX *08370 Ardennes* 56 ⑩ *– 258 h alt. 274.*

Paris 285 – Charleville-Mézières 53 – Carignan 9 – Sedan 30 – Verdun 71.

Auberge de Puilly, à Puilly ✆ 03 24 22 09 58, *Fax 03 24 22 09 58*
fermé 13 au 20 mars, 20 au 31 août, dim. soir et merc. – **Repas** 55/215

PUJAUDRAN *32 Gers* 82 ⑦ *– rattaché à L'Isle-Jourdain.*

PUJOLS *47 L.-et-G. 79 ⑤ – rattaché à Villeneuve-sur-Lot.*

PULIGNY-MONTRACHET *21 Côte-d'Or 69 ⑨ – rattaché à Beaune.*

PULVERSHEIM *68840 H.-Rhin 87 ⑱ – 2 021 h alt. 235.*
Paris 471 – Mulhouse 12 – Belfort 47 – Colmar 32 – Guebwiller 11 – Thann 17.

à l'Écomusée *Nord-Ouest : 2,5 km – ✉ 68190 Ungersheim :*

Loges de l'Écomusée Ⓜ, ✆ 03 89 74 44 95, *Fax 03 89 74 44 68*, – cuisinette TV ✆ P – 250. GB
Taverne ✆ 03 89 74 44 49 **Repas** 98/198 ♀, enf. 45 – ☕ 38 – **30 ch** 335/370, 10 studios – ½ P 260

PUSIGNAN *69330 Rhône 74 ⑫, 110 ⑰ – 2 720 h alt. 221.*
Paris 477 – Lyon 26 – Montluel 14 – Meyzieu 5 – Pont-de-Chéruy 9.

XXX **Closerie,** ✆ 04 78 04 40 50, *Fax 04 78 04 44 05*, – P. AE GB
fermé 5 au 20 août, dim. soir et lundi – **Repas** 135 (déj.), 185/295 et carte 240 à 310

PUTANGES-PONT-ECREPIN *61210 Orne 60 ② G. Normandie Cotentin – 1 032 h alt. 230.*
Paris 213 – Alençon 58 – Argentan 20 – Briouze 15 – Falaise 17 – La Ferté-Macé 25 – Flers 31.

Lion Verd, ✆ 02 33 35 01 86, *Fax 02 33 39 53 32* – TV P. GB
fermé 15 déc. au 4 fév., dim. soir et vend. soir d'oct. à mars – **Repas** 75/250, enf. 45 – ☕ 25 – **18 ch** 180/340 – ½ P 200/290

PUTEAUX *92 Hauts-de-Seine 55 ⑳., 101 ⑭ – voir à Paris, Environs.*

PUYBRUN *46130 Lot 75 ⑲ – 672 h alt. 146.*
Paris 525 – Brive-la-Gaillarde 41 – Aurillac 70 – Cahors 85.

Arts, ✆ 05 65 10 16 60, *lesarts.puybrun@wanadoo.fr*, *Fax 05 65 10 16 61*, – TV ✆. GB
fermé janv. et fév. – **Repas** *(fermé dim. soir et lundi soir de nov. au 15 mars)* 68 bc (déj.), 105/145 ♀, enf. 40 – ☕ 35 – **12 ch** 280 – ½ P 280

PUYCELCI *81140 Tarn 79 ⑲ – 495 h alt. 258.*
Office de Tourisme (ts les jours en saison, sam.-dim. d'avr. à oct.) Grand'Rue ✆ 05 63 33 19 25.
Paris 651 – Toulouse 66 – Albi 44 – Gaillac 24 – Montauban 40 – Rodez 118.

L'Ancienne Auberge Ⓜ, ✆ 05 63 33 65 90, *caddack@aol.com*, *Fax 05 63 33 21 12* – ch, TV ✆ – 25. GB.
fermé 5 au 26 janv., dim. soir et lundi – **Repas** 95 ♀, enf. 60 – ☕ 40 – **8 ch** 400/750

Le PUY-DE-DÔME *63 P-de-D 73 ⑭ – voir à Clermont-Ferrand.*

Le PUY-EN-VELAY P *43000 H.-Loire 76 ⑦ G. Vallée du Rhône – 21 743 h alt. 629 Pèlerinage (15 août).*
Voir *Site★★★ – L'île au trésors★★★* BY *: cathédrale Notre-Dame★★★, cloître★★ - Trésor d'Art religieux★★ dans la salle des États du Velay – St-Michel d'Aiguilhe★★* AY *- Peinture des arts libéraux★ de la chapelle des Reliques – Ancienne cité★ – Rocher Corneille ←★ – Musée Crozatier : collection lapidaire★, dentelles★.*
Env. *Polignac★ : ★ 5 km par ③.*
Office de Tourisme pl. du Breuil ✆ 04 71 09 38 41, Fax 04 71 05 22 62 et (juil.-août) r. des Tables ✆ 04 71 05 99 02.
Paris 546 ③ – Clermont-Ferrand 131 ③ – Mende 89 ② – St-Étienne 76 ①.

Plan page suivante

Regina, 34 bd Mar. Fayolle ✆ 04 71 09 14 71, *Fax 04 71 09 18 57* – rest, TV ✆ – 20. AE GB BZ d
Repas 145/230 ♀ – ☕ 55 – **27 ch** 300/650 – ½ P 350

Parc sans rest, 4 av. C. Charbonnier ✆ 04 71 02 40 40, *Fax 04 71 02 18 72* – TV ✆. AE GB AZ s
☕ 40 – **22 ch** 330/450

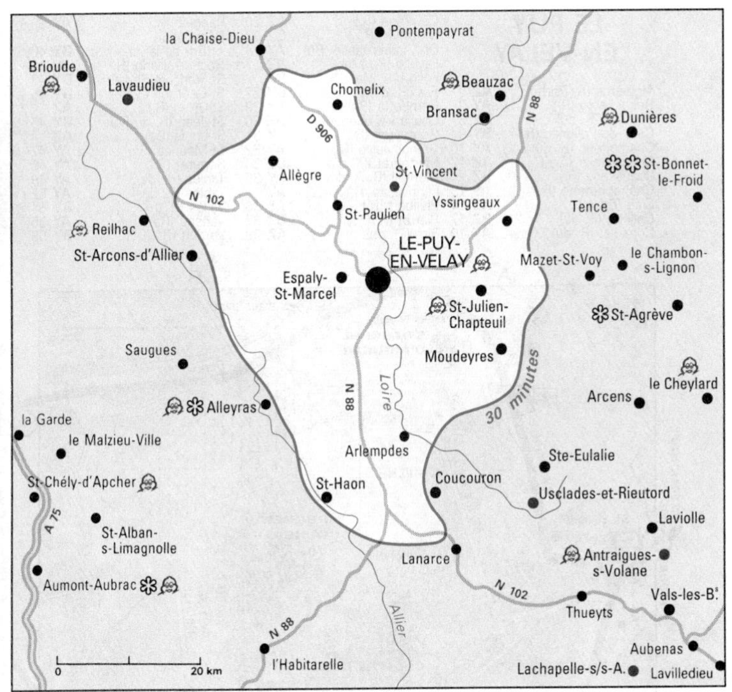

Chris'tel, 15 bd A.-Clair par D 31 **AZ** ✆ 04 71 09 95 95, *Fax 04 71 02 71 31* – AE GB. rest
fermé 15 déc. au 15 janv., vend. soir, sam. et dim. – **Repas** *(58)* - 89 ♀ – ☕ 45 – **30 ch** 250/495 – ½ P 320/345

Brivas M, à Vals-près-du-Puy par D31 ✉ 43750 ✆ 04 71 05 68 66, *brivas@aol.com, Fax 04 71 05 65 88,* – 40. GB
fermé 25 déc. au 15 janv. – **Repas** *(fermé vend. soir et sam. midi)* 85 (déj.), 100/198 ♀, enf. 60 – ☕ 42 – **47 ch** 295/480 – ½ P 290/350

Val Vert, rte Mende par ② *: 1,5 km sur N 88* ✆ 04 71 09 09 30, *info@hotelvalvert.com, Fax 04 71 09 36 49* – AE GB JCB
fermé 21 au 29 déc. – **Repas** *(fermé sam. midi de nov. à mars) (62)* - 116/350 ♀, enf. 60 – ☕ 45 – **23 ch** 260/330 – ½ P 296

Dyke Hôtel sans rest, 37 bd Mar. Fayolle ✆ 04 71 09 05 30, *Fax 04 71 02 58 66* – AE GB JCB BZ r
fermé Noël au Jour de l'An – ☕ 30 – **15 ch** 230/280

Ibis St-Laurent, 1 av. Aiguilhe ✆ 04 71 02 22 22, *Fax 04 71 09 22 96* – 25. AE GB AY b
Repas *(80)* - 100 ♀, enf. 40 – ☕ 36 – **57 ch** 330/350

Tournayre, 12 r. Chênebouterie ✆ 04 71 09 58 94, *Fax 04 71 02 68 38,* « Salle voûtée du 16e siècle » – AE GB AY f
fermé janv., dim. soir, merc. soir et lundi – **Repas** 120/350 et carte 210 à 380 ♀

Bateau Ivre, 5 r. Portail d'Avignon ✆ 04 71 09 67 20, *Fax 04 71 09 67 20* – GB BZ k
fermé 19 au 25 juin, 6 au 20 nov., dim. et lundi – **Repas** 115/190 ♀, enf. 60

Olympe, 8 r. Collège ✆ 04 71 05 90 59, *Fax 04 71 05 90 59* – GB BZ x
fermé 19 mars au 2 avril, 19 nov. au 3 déc., dim. soir et lundi sauf août – **Repas** 100/318 ♀

Lapierre, 6 r. Capucins ✆ 04 71 09 08 44 – GB. AZ u
fermé juin, nov., sam. et dim.
Repas 110/230

Poivrier, 69 r. Pannessac ✆ 04 71 02 41 30, *Fax 04 71 02 59 25* – GB AY v
fermé vacances de fév. dim. soir et lundi sauf juil.-août – **Repas** 84/180

LE PUY-EN-VELAY

Aiguières (R. Porte) . . . . **AZ** 2
Becdelièvre (R.) . . . . **AY** 3
Bouillon (R. du) . . . . **BY** 5
Card.-de-Polignac (R.) . . . **BY** 8
Chamarlenc (R. du) . . . . . . **AY** 10
Charbonnier (Av. C.) . . . . **AZ** 12
Chaussade (R.) . . . . **BZ**
Chênebouterie (R.) . . . . . **AY** 13
Clair (Bd A.) . . . . **AZ** 14
Collège (R. du) . . . . **BZ** 17
Consulat (R. du) . . . . **AY** 19
Courrerie (R.) . . . . **AZ** 20
Crozatier (R.) . . . . **BZ** 23
Dr-Chantemesse (Bd) . . **AY** 24
Fayolle (Bd Mar.) . . . . . . **BZ**
Foch (Av. Mar.) . . . . **BZ**
For (Pl. du) . . . . **BY** 27
Gambetta (Bd) . . . . **AY** 29
Gaulle (Av. Gén.-de) . . **ABZ** 30
Gouteyron (R.) . . . . **AY** 31
Grangevieille (R.) . . . . . . **AY** 32
Martouret (Pl. du) . . . . **ABZ** 34
Monteil (R. A. de) . . . . . **AY** 35
Pannessac (R.) . . . . **AY**
Philibert (R.) . . . . **AY** 36
Pierret (R.) . . . . **BZ** 37
Plot (Pl. du) . . . . **AZ** 38
Raphaël (R.) . . . . **AY** 39
République (Bd. de la) . . . . **BY** 40
Roche-Taillade (R.) . . . . . **AY** 42
St-François Régis (R.) . . **BY** 43
St-Georges (R.) . . . . **BY** 45
St-Gilles (R.) . . . . **AZ**
St-Jean (R. du Fg) . . . . . **BY** 46
St-Louis (Bd) . . . . **AZ**
St-Maurice (Pl.) . . . . **AY** 47
Séguret (R.) . . . . **AY** 48
Tables (Pl. des) . . . . **AY** 49
Tables (R. des) . . . . **AY** 52
Vallès (R. J.) . . . . **BY** 54
Vaneau (R.) . . . . **AY** 55
Verdun (R.) . . . . **BY** 58

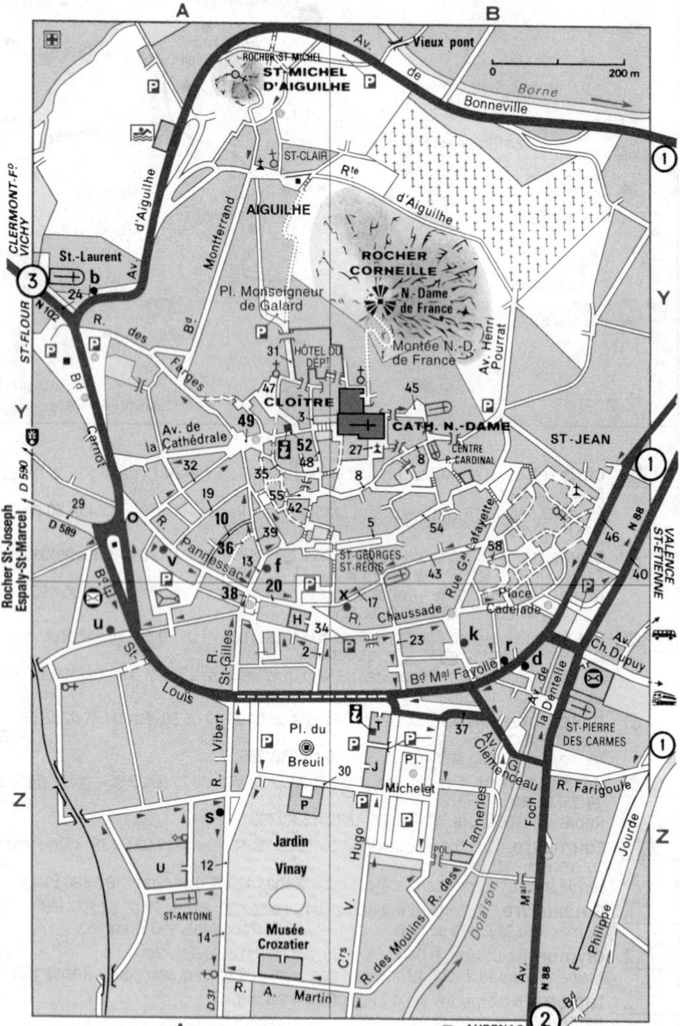

Dans la liste des rues des plans de villes, les noms en rouge indiquent les principales voies commerçantes.

par ① : *9 km par N 88 et rte de Chaspinhac-Rosières – ✉ 43700 Blavozy :*

Moulin de Barette ⑤, ℘ 04 71 03 00 88, *Fax 04 71 03 00 51*, , , , – cuisinette TV ☎ P – 100. GB
fermé 15 janv. au 15 fév. – **Repas** *(fermé dim. soir et lundi hors saison)* 89/240 ♀ – 39 – **30 ch** 280/350, 12 studios – ½ P 270/320

à Espaly-St-Marcel *par* ③ : *3 km – 3 516 h. alt. 650 – ✉ 43000 Le Puy-en-Velay :*

L'Ermitage avec ch, rte Clermont-Ferrand ℘ 04 71 07 05 05, *Fax 04 71 07 05 00*, – cuisinette TV ☎ & P – 25. GB
fermé janv. et fév. – **Repas** *(fermé dim. soir et lundi)* 95/200 – 48 – **21 ch** 300/400

PUY-GUILLAUME *63290 P.-de-D. 73 ⑤ – 2 634 h alt. 285.*

Paris 378 – Clermont-Ferrand 51 – Lezoux 27 – Riom 34 – Thiers 15 – Vichy 22.

Relais Hôtel de Marie M, av. E. Vaillant ℘ 04 73 94 18 88, *Fax 04 73 94 73 98*, – TV ☎ & P. GB
fermé 1er au 13 mars, fév., dim. soir et lundi – **Repas** 85/180 ♀, enf. 32 – 40 – **16 ch** 255/285 – ½ P 270

PUY-L'ÉVÊQUE *46700 Lot 79 ⑦ G. Périgord Quercy – 2 209 h alt. 130.*

Paris 591 – Agen 71 – Cahors 31 – Gourdon 42 – Sarlat-la-Canéda 56 – Villeneuve-sur-Lot 43.

Bellevue M, ℘ 05 65 36 06 60, *Fax 05 65 36 06 61*, ← – , rest, TV ☎ &. GB. rest
fermé 15 au 30 nov. et 15 janv. au 15 fév. – ***Côté Lot*** *(fermé dim. soir et lundi sauf juil.-août)* **Repas** 180/230 ♀, enf. 50 – ***Brasserie L'Aganit*** *(fermé dim. soir et lundi sauf juil.-août)* **Repas** 75(déj.) et carte environ 140 ♀, enf. 50 – 50 – **11 ch** 420/520 – ½ P 395/470

à Touzac *Ouest : 8 km par D 8 – 412 h. alt. 75 – ✉ 46700 :*

Env. *Château de Bonaguil*★★ *N : 10,5 km.*

Source Bleue ⑤, ℘ 05 65 36 52 01, *sourcebleue@wanadoo.fr*, *Fax 05 65 24 65 69*, , « Anciens moulins dans un joli parc au bord du Lot », , , – TV & P – 25. AE ⓓ GB JCB
1er avril-8 déc. – ***Source Enchantée*** ℘ 05 65 30 63 18 *(fermé janv., fév., lundi midi et merc.)* **Repas** 100/235 ♀,enf. 55 – 37 – **18 ch** 450 – ½ P 380/490

à Mauroux *Sud-Ouest : 12 km par D 8 et D 5 – 371 h. alt. 213 – ✉ 46700 :*

Hostellerie le Vert ⑤ avec ch, ℘ 05 65 36 51 36, *Fax 05 65 36 56 84*, ←, , , – TV ☎ P. AE ⓓ GB
14 fév.- 11 nov. – **Repas** *(fermé vend. midi et jeudi)* 125/235 ♀, enf. 60 – 40 – **7 ch** 300/480 – ½ P 340/430

PUYMIROL *47270 L.-et-G. 79 ⑮ G. Aquitaine – 777 h alt. 153.*

Paris 649 – Agen 17 – Moissac 35 – Villeneuve-sur-Lot 30.

Les Loges de l'Aubergade (Trama) M ⑤, 52 r. Royale ℘ 05 53 95 31 46, *trama@aubergade.com*, *Fax 05 53 95 33 80*, , « Maison des 13e et 17e siècles » – TV – 25. AE ⓓ GB JCB
fermé vacances de fév., dim. soir, lundi sauf le soir en saison et mardi midi – **Repas** 225 (déj.), 295/680 et carte 480 à 700 – 120 – **11 ch** 1100/1750
Spéc. Papillote de pomme de terre à la truffe. Langoustines à la noix de coco, gingembre et beurre d'orange. Double corona "Trama", feuille de tabac au poivre. **Vins** Côtes de Duras, Buzet.

PUY-ST-VINCENT *05290 H.-Alpes 77 ⑰ G. Alpes du Sud – 235 h alt. 1325 – Sports d'hiver : 1 400/2 700 m 1 15 .*

Voir *Les Prés* ←★ *SE : 2 km – Église*★ *de Vallouise N : 4 km.*

Office de Tourisme Les Alberts, Chapelle St-Jacques ℘ 04 92 23 35 80, Fax 04 92 23 45 23.

Paris 704 – Briançon 21 – Gap 84 – L'Argentière-la-Bessée 10 – Guillestre 31.

Saint-Roch ⑤, aux Prés, Est : 1 km par D 404 ℘ 04 92 23 32 79, *hotelst.roch@wanadoo.fr*, *Fax 04 92 23 45 11*, ← vallée et montagnes, , – TV. GB.
10 juin-3 sept. et 15 déc.-5 avril – **Repas** (self le midi en hiver) 120 (dîner), 140/250, enf. 75 – 55 – **15 ch** 400 – ½ P 420

Pendine ⑤, aux Prés, Est : 1 km par D 404 ℘ 04 92 23 32 62, *Fax 04 92 23 46 63*, ←, , – TV P. GB.
22 juin-4 sept. et 18 déc.-10 avril – **Repas** 80 (déj.), 115/180 ♀, enf. 60 – 46 – **28 ch** 200/360 – ½ P 280/330

PYLA-SUR-MER *33115 Gironde 78 ⑫ G. Aquitaine – alt. 7.*

Voir *Dune du Pilat*★★.

Syndicat d'Initiative Rd-Pt du Figuier ☎ 05 56 54 02 22, Fax 05 56 22 58 84 et Pavillon de la Grande Dune ☎ 05 56 22 12 85.

Paris 653 – Bordeaux 73 – Arcachon 8 – Biscarrosse 34.

Voir plan d'Arcachon agglomération.

Maminotte sans rest, allée Acacias ☎ 05 57 72 05 05, *Fax 05 57 72 06 06* – . GB
47 – **12 ch** 460/520 AY n

Côte du Sud avec ch, 4 av. Figuier ☎ 05 56 83 25 00, *Fax 05 56 83 24 13*, – rest, . AE GB AY s
1er fév.-11 nov. – **Repas** - produits de la mer - 110/165, enf. 70 – 60 – **8 ch** 550/700

G. Tissier, bd Océan ☎ 05 56 54 07 94, *Fax 05 56 83 20 98*, – . AE GB AY e
fermé 4 janv. au 13 fév., dim. soir et lundi hors saison – **Repas** 105 (déj.), 160/265, enf. 60

à Pilat-Plage *Sud : 3 km par D 218 – ✉ 33115 Pyla-sur-Mer.*

Voir *Dune*★★ : ★★.

Haïtza , pl. L. Gaume ☎ 05 57 52 79 27, *haitza@wanadoo.fr, Fax 05 56 22 10 23*, – . AE GB. rest
hôtel : 1er avril-5 oct. ; rest. : 1er juil.-31 août – **Repas** (dîner seul.)(résidents seul.) – 45 – **46 ch** 600 – ½ P 430/455

Corniche avec ch, ☎ 05 56 22 72 11, *corniche@chez.com, Fax 05 56 22 70 21*, ≤ plage et océan, – . GB
31 mars-20 oct – **Repas** *(fermé merc. sauf juil.-août)* (75) - 95/149, enf. 65 – 45 – **15 ch** 250/620 – ½ P 325/500

QUARRÉ-LES-TOMBES *89630 Yonne 65 ⑯ G. Bourgogne – 735 h alt. 457.*

Paris 232 – Auxerre 73 – Avallon 19 – Château-Chinon 49 – Clamecy 49 – Dijon 117.

Morvan avec ch, ☎ 03 86 32 29 29, *Fax 03 86 32 29 28* – . AE GB
fermé 1er au 7 oct., 3 janv. au 27 fév. – **Repas** *(fermé lundi sauf du 1er avril au 9 sept., mardi midi de sept. à avril et mardi soir de sept. à juin)* 110/255, enf. 60 – 50 – **8 ch** 260/440 – ½ P 295/360

aux Lavaults *Sud-Est 5 km par D 10 – ✉ 89630 Quarré-les-Tombes :*

Auberge de l'Âtre (Salamolard) avec ch, ☎ 03 86 32 20 79, *Fax 03 86 32 28 25*, , « Jardin fleuri », – – 30. AE GB JCB
fermé 20 juin au 6 juil., 1er fév. au 3 mars, mardi soir et merc. du 15 sept. au 14 juil. – **Repas** (prévenir) 145/295 et carte 240 à 420, enf. 70 – 55 – **7 ch** 380/600
Spéc. Cocktail de champignons des bois. Pigeonneau rôti au miel et à l'hydromel du Morvan. Soufflé chaud au marc de Bourgogne. **Vins** Bourgogne blanc, Coulanges-la-Vineuse.

aux Brizards *Sud-Est : 8 km par D 55 et D 355 – ✉ 89630 :*

Auberge des Brizards , ☎ 03 86 32 20 12, *Fax 03 86 32 27 40*, , « Dans la campagne, parc avec étangs, jardin fleuri », , , – – 50. AE GB
fermé 4 janv. au 9 fév., mardi midi et lundi du 25 mars au 26 juin et du 3 sept. au 4 mars – **Repas** 145 bc/300, enf. 60 – 60 – **16 ch** 350/550, 4 duplex – ½ P 340/520

QUATRE-ROUTES-D'ALBUSSAC *19 Corrèze 75 ⑨ – alt. 600 – ✉ 19380 Albussac.*

Voir *Roche de Vic* ★ *S : 2 km puis 15 mn,* **G. Berry Limousin.**

Paris 497 – Brive-la-Gaillarde 26 – Aurillac 72 – Mauriac 69 – St-Céré 40 – Tulle 19.

Roche de Vic, ☎ 05 55 28 15 87, *Fax 05 55 28 01 09*, , , – . GB
fermé 1er janv. au 15 mars, dim. soir d'oct. à déc. et lundi sauf juil.-août et fériés – **Repas** *(68)* - 85/180, enf. 45 – 38 – **13 ch** 175/260 – ½ P 260

QUÉDILLAC *35290 I.-et-V. 59 ⑮ – 1 018 h alt. 85.*

Paris 390 – Rennes 39 – Dinan 29 – Lamballe 45 – Loudéac 57 – Ploërmel 45.

Relais de la Rance avec ch, ☎ 02 99 06 20 20, *Fax 02 99 06 24 01* – . AE GB
fermé 24 déc. au 15 janv. et dim. soir – **Repas** (80) - 110/360 et carte 220 à 350, enf. 58 – 36 – **13 ch** 250/360

Les QUELLES *67 B.-Rhin 62 ⑧ – rattaché à Schirmeck.*

QUELVEN *56 Morbihan 59 ⑫ – rattaché à Pontivy.*

QUENZA *2A Corse-du-Sud* 90 ⑦ – *voir à Corse.*

QUESTEMBERT *56230 Morbihan* 63 ④ *G. Bretagne – 5 076 h alt. 100.*

Office de Tourisme Hôtel Belmont ☎ 02 97 26 56 00, Fax 02 97 26 54 55.

Paris 447 – Vannes 28 – Ploërmel 33 – Redon 34 – Rennes 98 – La Roche-Bernard 22.

Bretagne (Paineau) Ⓜ avec ch, r. St-Michel ☎ 02 97 26 11 12, *lebretagne@wanadoo.fr, Fax 02 97 26 12 37,* – AE GB
fermé janv., lundi, mardi midi et merc. midi de sept. à juin – **Repas** (prévenir) 210/580 et carte 480 à 580 – 95 – **9 ch** 980/1400 – ½ P 1100
Spéc. Huîtres en paquets, beurre mousseux à l'estragon. Langoustines royales poêlées aux épices. Ragoût de homard aux truffes. **Vins** Muscadet.

QUETTEHOU *50630 Manche* 54 ③ *G. Normandie Cotentin – 1 395 h alt. 14.*

Office de Tourisme pl. de la Mairie ☎ 02 33 43 63 21.

Paris 342 – Cherbourg 29 – Barfleur 10 – St-Lô 67 – Valognes 16.

Demeure du Perron , ☎ 02 33 54 56 09, *Fax 02 33 43 69 28,* – GB
fermé dim. du 15 nov. au 31 mars – **Repas** *(fermé 21 janv. au 10 fév., dim. soir du 15 sept. au 30 juin et lundi midi)* 85/128, enf. 45 – 42 – **15 ch** 240/300 – ½ P 235/265

Chaumière avec ch, ☎ 02 33 54 14 94, *Fax 02 33 44 09 87* – . GB
fermé vacances de Toussaint, de fév., dim. soir et merc. du 1er sept. au 15 juil. – **Repas** 85/210 – 30 – **5 ch** 140/300 – ½ P 180/250

QUETTEVILLE *14130 Calvados* 54 ⑱ – *263 h alt. 85.*

Paris 182 – Le Havre 33 – Deauville 22 – Évreux 82.

Hostellerie de la Hauquerie-Chevotel Ⓜ , ☎ 02 31 65 62 40, *Fax 02 31 64 24 52,* – cuisinette, rest, – 20. AE GB
fermé janv. – **Repas** *(fermé lundi et mardi de nov. à avril)* 170/350, enf. 100 – 75 – **17 ch** 800/1400 – ½ P 850/1300

La QUEUE-EN-BRIE *94 Val-de-Marne* 61 ① ②,, 101 ㉙ – *voir à Paris, Environs.*

QUEYRAC *33 Gironde* 71 ⑯ – *rattaché à Lesparre-Médoc.*

QUIBERON *56170 Morbihan* 63 ⑫ *G. Bretagne – 4 623 h alt. 10 – Casino.*

Voir *Côte sauvage★★ NO : 2,5 km.*

Office de Tourisme 14 r. Verdun ☎ 02 97 50 07 84, Fax 02 97 30 58 22.

Paris 505 ① – Vannes 46 ① – Auray 28 ① – Concarneau 98 ① – Lorient 47 ①.

Plan page suivante

Sofitel Thalassa , pointe de Goulvars ☎ 02 97 50 20 00, *h0557@accor-hotels.com, Fax 02 97 50 46 32,* , institut de thalassothérapie, – 25. AE GB. rest — B a
fermé janv. – **Repas** 250 – 90 – **133 ch** 885/3060, 17 appart – ½ P 930/1870

Sofitel Diététique Ⓜ , pointe de Goulvars ☎ 02 97 50 20 00, *h0562@accor-hotels.com, Fax 02 97 30 47 63,* , institut de thalassothérapie, . AE GB. rest — B v
Repas - menu diététique seul. - (résidents seul.) 250 bc – 90 – **76 ch** 1385/1830

Europa Ⓜ , à Port-Haliguen, Est : 2 km par D 200 ☎ 02 97 50 25 00, *europa-hotel@wanadoo.fr, Fax 02 97 50 39 30,* – 20. GB. rest
1er avril-3 nov. – **Repas** 120/325, enf. 65 – 65 – **53 ch** 520/740 – ½ P 470/560

Ker Noyal , 51 ch. des Dunes ☎ 02 97 50 08 41, *Fax 02 97 30 58 20,* – 25. AE GB — B e
15 mars-15 oct. – **Repas** 110/420 – 55 – **100 ch** 550/700 – ½ P 570

Bellevue , r. Tiviec ☎ 02 97 50 16 28, *Fax 02 97 30 44 34,* – . AE GB. rest
avril-sept. – **Repas** 100/165, enf. 65 – 50 – **38 ch** 430/700 – ½ P 415/545 — B d

Roch Priol , r. Sirènes ☎ 02 97 50 04 86, *hotelrochpriol@aol.com, Fax 02 97 30 50 09* – . GB — B h
15 fév.-15 nov. – **Repas** 68/189, enf. 46 – 38 – **45 ch** 350/410 – ½ P 410/430

Petite Sirène, 15 bd R. Cassin ☎ 02 97 50 17 34, *Fax 02 97 50 03 73,* – . GB. — B b
1er avril-15 oct. – **Repas** *(fermé merc. sauf juil.-août)* 105/345 – 45 – **14 ch** 350/450, 4 appart, 15 studios 720/860

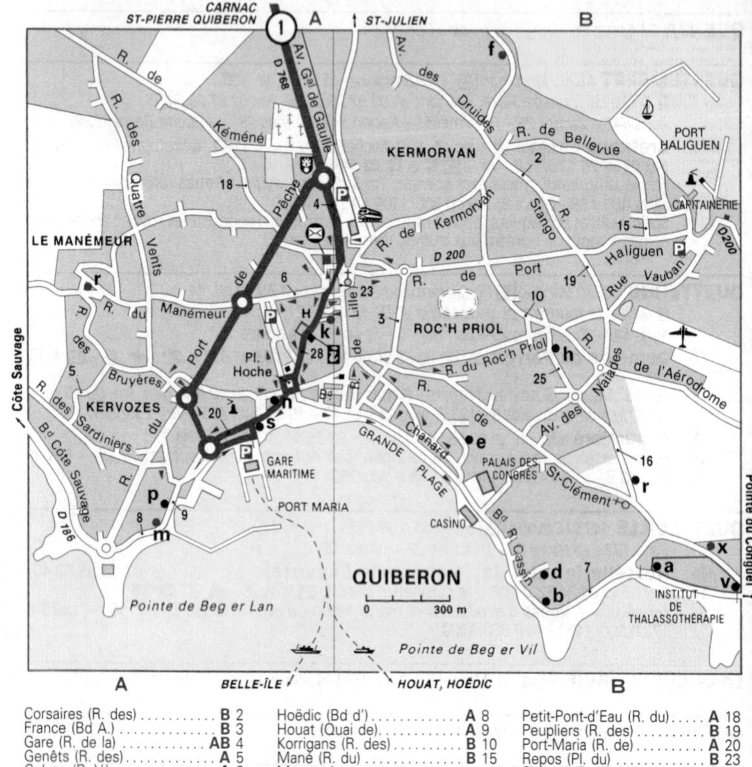

Corsaires (R. des) . . . . **B** 2	Hoëdic (Bd d') . . . . **A** 8	Petit-Pont-d'Eau (R. du) . . . . . **A** 18
France (Bd A.) . . . . **B** 3	Houat (Quai de) . . . . **A** 9	Peupliers (R. des) . . . . **B** 19
Gare (R. de la) . . . . **AB** 4	Korrigans (R. des) . . . . **B** 10	Port-Maria (R. de) . . . . **A** 20
Genêts (R. des) . . . . **A** 5	Mané (R. du) . . . . **B** 15	Repos (Pl. du) . . . . **B** 23
Golvan (R. V.) . . . . **A** 6	Marronniers (Av. des) . . . . **B** 16	Sirènes (R. des) . . . . **B** 25
Goviro (Bd du) . . . . **B** 7		Verdun (R. de) . . . . **A** 28

Ibis M, av. Marronniers, pointe de Goulvars ✆ 02 97 30 47 72, *h0909@accor-hotels.com, Fax 02 97 30 55 78*, ≤, – 15 à 35. AE GB — B r
Repas *(85)* - 105/195, enf. 50 – 46 – **75 ch** 495/900, 20 duplex

Albatros, 19 r. Port-Maria ✆ 02 97 50 15 05, *Fax 02 97 50 27 61*, ≤, – 25. GB — A s
Repas 79/129, enf. 42 – 41 – **35 ch** 360/470 – 1/2 P 330/390

Druides, 6 r. Port Maria ✆ 02 97 50 14 74, *Fax 02 97 50 35 72* – AE GB — A n
hôtel : mars-oct. ; rest : avril-sept. – **Repas** 80/170, enf. 49 – 48 – **31 ch** 390/650 – 1/2 P 395/460

Neptune, 4 quai de Houat à Port Maria ✆ 02 97 50 09 62, *Fax 02 97 50 41 44*, ≤ – GB — A p
fermé janv. et lundi – **Repas** 89/215, enf. 50 – 40 – **21 ch** 325/430 – 1/2 P 360/390

Baie sans rest, à St-Julien, Nord : 2 km ✆ 02 97 50 08 20, *Fax 02 97 50 41 51* – AE GB
1er avril-15 nov. – 36 – **19 ch** 225/365

Relax, 27 bd Castero à la plage de Kermorvan ✆ 02 97 50 12 84, *Fax 02 97 50 12 84*, ≤, – AE GB — B f
fermé janv. à mi-fév., dim. de mi-sept. à fin avril et lundi sauf en août – **Repas** 115/195

Jules Verne, 1 bd d'Hoëdic à Port-Maria ✆ 02 97 30 55 55, *Fax 02 97 30 55 55*, ≤, – GB — A m
fermé 1er au 20 déc., 20 janv. au 3 fév., mardi soir et merc. hors saison – **Repas** - produits de la mer - 90/140

Ancienne Forge, 20 r. Verdun ✆ 02 97 50 18 64 – AE GB — A k
fermé janv., lundi en juil.-août, mardi et merc. – **Repas** *(80)* - 118/248, enf. 55

Verger de la Mer, bd Goulvars ✆ 02 97 50 29 12 – AE GB — B x
fermé 4 janv. au 28 fév., mardi soir et merc. – **Repas** *(88)* - 98/180 ♀, enf. 55

Chaumine, à Manémeur ✆ 02 97 50 17 67, *Fax 02 97 50 17 67* – GB — A r
fermé 12 nov. au 20 déc., dim. soir hors saison et lundi
Repas 85 (déj.), 145/295, enf. 55

à St-Pierre-Quiberon *Nord : 5 km par D 768 – 2 184 h. alt. 12 – ✉ 56510.*
Voir *Pointe du Percho ≤ ★ au NO : 2,5 km.*

Plage, ✆ 02 97 30 92 10, *hotel.plage@wanadoo.fr, Fax 02 97 30 99 61,* ≤ – cuisinette – 25. GB. rest
1er avril-fin sept. – **Repas** 95/165 ♀, enf. 50 – 48 – **44 ch** 420/625 – ½ P 380/495

St-Pierre, ✆ 02 97 50 26 90, *hotel@hotel-st-pierre.com, Fax 02 97 50 37 98* – AE GB JCB
Pâques-oct. – **Repas** 59 (déj.), 89/195 ♀, enf. 50 – 46 – **28 ch** 420/450 – ½ P 355/400

à Portivy *Nord : 6 km par D 768 et rte secondaire – ✉ 56170 :*

Taverne avec ch, ✆ 02 97 30 91 61, *Fax 02 97 30 72 52,* ≤ – GB
fermé 14 oct. au 23 déc., janvier, mardi sauf juil.-août et lundi soir en mars et oct. – **Repas** 89 (déj.), 115/350 ♀, enf. 50 – 35 – **8 ch** 270 – ½ P 265

QUIÉVRECHAIN *59 Nord 53 ⑤ – rattaché à Valenciennes.*

QUILINEN *29 Finistère 58 ⑮ – rattaché à Quimper.*

QUILLAN *11500 Aude 86 ⑦ G. Languedoc Roussillon – 3 818 h alt. 291.*

Voir *Défilé de Pierre Lys★ S : 5 km.*
Office de Tourisme 31 bd du Gén.-de-Gaulle ✆ 04 68 20 11 23, Fax 04 68 20 16 45.
Paris 820 – Foix 63 – Andorra la Vella 116 – Carcassonne 52 – Limoux 28 – Perpignan 77.

Chaumière, 25 bd Ch. de Gaulle ✆ 04 68 20 17 90, *Fax 04 68 20 13 55,* – . GB
15 mars-15 nov. et fermé lundi du 15 mars au 15 mai – **Repas** 90/200 ♀, enf. 50 – 39 – **18 ch** 300/350 – ½ P 320

Cartier, 31 bd Ch. de Gaulle ✆ 04 68 20 05 14, *Fax 04 68 20 22 57* – . AE GB
15 mars-15 déc. – **Repas** *(fermé sam. midi et vend. en mars-avril et d'oct. à déc.)* 80/190, enf. 45 – 38 – **28 ch** 230/345 – ½ P 250/300

Canal, 36 bd Ch. de Gaulle ✆ 04 68 20 08 62, *Fax 04 68 20 27 96* – . GB.
fermé 1er au 15 nov., 1er au 15 janv., dim. soir et lundi hors saison – **Repas** 75/160, enf. 50 – 34 – **14 ch** 160/260 – ½ P 220/250

Pierre Lys, av. Carcassonne ✆ 04 68 20 08 65, – . GB
fermé mi-nov. à mi-déc. – **Repas** 70/230, enf. 55 – 35 – **16 ch** 190/300 – ½ P 205/228

QUIMPER P *29000 Finistère 58 ⑮ G. Bretagne – 59 437 h alt. 41.*

Voir *Cathédrale St-Corentin★★ – Le vieux Quimper★ : Rue Kéréon★* **ABY** *– Jardin de l'Évêché ≤★* **BZ K** *– Mont-Frugy ≤★* **ABZ** *– Musée des Beaux-Arts★★* **BY M**3 *– Musée départemental breton★* **BZ M**2 *– Musée de la faïence★* **AX M**1 *– Descente de l'Odet★★ en bateau 1 h 30 – Festival de Cornouaille★ (fin juillet).*
de Quimper-Cornouaille ✆ 02 98 94 30 30, par D 40 : 8 km **AX.**
Office de Tourisme pl. Résistance ✆ 02 98 53 04 05, Fax 02 98 53 31 33.
Paris 565 ③ – Brest 71 ① – Lorient 68 ③ – Rennes 216 ③ – St-Brieuc 128 ①.

Plan page suivante

Novotel, par bd Le Guennec, près centre commercial de Kerdrezec ✆ 02 98 90 46 26, *novotel-quimper@hotelsifibra.com, Fax 02 98 53 01 96,* – , rest, – 80. AE GB — AX n
Repas *(80)* - 120/160, enf. 50 – 60 – **92 ch** 520/590

Mascotte M, 6 r. Th. Le Hars ✆ 02 98 53 37 37, *Fax 02 98 90 31 51* – – 25. AE GB — BZ d
Repas *(fermé sam. et dim. de sept. à juin)* (dîner seul.) *(75)* - 95/150 ♀ – 45 – **63 ch** 360/450

Gradlon sans rest, 30 r. Brest ✆ 02 98 95 04 39, *Fax 02 98 95 61 25* – . AE GB. — BY a
fermé 20 déc. au 20 janv. – 60 – **23 ch** 430/900

Tour d'Auvergne, 13 r. Réguaires ✆ 02 98 95 08 70, *bonjour@hotel-tourdauvergne.com, Fax 02 98 95 17 31* – AE GB JCB — BZ e
fermé 29 déc. au 3 janv. – **Repas** *(fermé 27 déc. au 14 janv., dim. d'oct. à avril et sam. midi)* 138/290 ♀, enf. 73 – 61 – **38 ch** 520/640 – ½ P 480/520

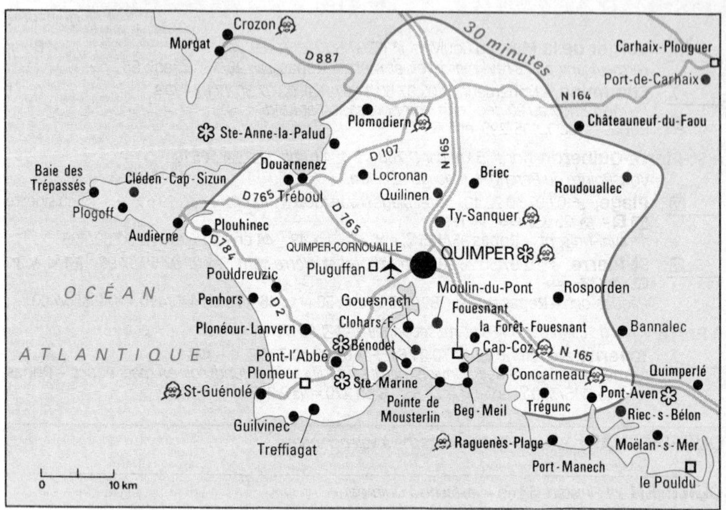

Ibis M, r. G. Eiffel ✆ 02 98 90 53 80, *h0637@accor-hotels.com, Fax 02 98 52 18 41* – ✆ ♿ P – 15 à 30. AE ⓓ GB — BV f
Repas *(75)* - 95 ♀, enf. 39 – ☕ 36 – **72 ch** 380/415

Relais Mercure sans rest, 21 bis av. Gare ✆ 02 98 90 31 71, *Fax 02 98 53 09 81* – ♿ P – 15 à 30. AE GB — BX a
☕ 45 – **63 ch** 355/495

XXX **Acacias,** bd Creac'h Gwen ✆ 02 98 52 15 20, *acacias-qper@wanadoo.fr, Fax 02 98 10 11 48,* – P. GB — BX b
fermé 29 juil. au 27 août, vacances de fév., sam. midi, dim. soir et lundi soir – **Repas** 105/250 et carte 200 à 270

XX **L'Ambroisie** (Guyon), 49 r. Elie Fréron ✆ 02 98 95 00 02, *ambroisie@wanadoo.fr, Fax 02 98 95 88 06* – GB JCB. — BY u
fermé 25 juin au 9 juil., vacances de Toussaint, de fév., dim. soir en été et lundi – **Repas** 125/360 et carte 310 à 440
Spéc. Croustillant de blé noir à la chair de crabe. Filet de Saint-Pierre au beurre salé. Financier de pommes caramélisées aux fruits rouges (été).

XX **Capucin Gourmand,** 29 r. Réguaires ✆ 02 98 95 43 12, *Fax 02 98 95 13 34* – AE ⓓ GB JCB — BZ r
fermé 2 au 15 janv., lundi midi et dim. – **Repas** 100/360 ♀

XX **Fleur de Sel,** 1 quai Neuf ✆ 02 98 55 04 71, *Fax 02 98 55 04 71* – GB. — AX v
fermé 1er au 8 mai, 24 déc. au 6 janv., sam. midi et dim.
Repas 98/210 ♀

X **Jardin de l'Odet,** 39 bd Kerguelen ✆ 02 98 95 76 76, *Fax 02 98 64 21 35,* – GB
fermé 2 au 20 janv., lundi midi et dim. – **Repas** 95/195 ♀ — BZ n

X **Rive Gauche,** 9 r. Ste-Catherine ✆ 02 98 90 06 15, *Fax 02 98 90 06 15* – GB — BZ v
fermé dim. soir – **Repas** 78/160 ♀, enf. 58

X **L'Assiette,** 5 bis r. J. Jaurès ✆ 02 98 53 03 65 – GB — BZ s
fermé 20 au 31 août, lundi soir et dim. – **Repas** *(68)* - 150 ♀

à Ty-Sanquer *Nord : 7 km par D 770 – ✉ 29000 Quimper :*

XX **Auberge Ti-Coz,** ✆ 02 98 94 50 02, *Fax 02 98 94 56 37* – P. GB
fermé 15 au 30 mai, 15 au 30 sept., dim. soir, mardi soir et lundi sauf juil.-août – **Repas** 98/255 ♀, enf. 60

à Quilinen *par ① et D 770: 11 km – ✉ 29510 Landrevarzec :*

X **Auberge de Quilinen,** ✆ 02 98 57 93 63, *Fax 02 98 57 54 99* – GB
fermé 6 au 26 août, dim. soir, mardi soir, merc. soir et lundi – **Repas** 94/180 ♀, enf. 50

à Moulin-du-Pont *par ⑤, rte de Bénodet : 9 km – ✉ 29000 Quimper :*

XX **Pins d'Argent,** ✆ 02 98 54 74 24, *Fax 02 98 51 71 47* – P. GB
fermé 1er au 15 mars, dim. soir, sam. midi et lundi – **Repas** 92/235 ♀

QUIMPER

Astor (R.) .... AYZ 2
Bécharles (Av. de) ... BV 3
Beurre (Pl. au) .... BY 4
Boucheries (R. des) .. BY 6
Chapeau-Rouge (R.) .. AY 9
Concarneau (R. de) .. BX 10
Creac'h Gwen (Bd.) .. BX 12
Gare (Av. de la) ...... BX 15
Guéodet (R. du) ..... BY 16
Gutenberg (Bd) ...... BX 17
Jacob (Pont Max) .... AZ 18
Kéréon (R.) .... AY
Kerguélen (Bd de) .... BZ 23
Le Hars (R. Th.) ...... BZ 24
Libération (Av. de la) . BX 25
Locmaria (Allées) .... AZ 26
Luzel (R.) .... BY 28
Mairie (R. de la) ..... BY 29
Moulin-Vert (R. du) .... AV 30
Parc (R. du) .... ABZ 34
Pont-l'Abbé (R. de) .... AX 35
Potiers (Ch. des) ..... BX 37
Poulguinan (Bd de) .... AX 38
Résistance-et-du-Gén. de-Gaulle (Pl. de la) . AZ 40
Ronarc'h (R. Amiral) ... AZ 42
St-Corentin (Pl.) .... BZ 43
St-François (R.) .... BZ 45
St-Mathieu (R.) .... AZ 47
Ste-Catherine (R.) ...... BZ 48
Ste-Thérèse (R.) .... BZ 50
Sallé (R. du) .... BY 52
Steir (Q. du) .... AZ 53
Terre-au-Duc (Pl.) ...... AY 54
Tour-d'Auvergne (R.) .... BX 58
Ty-Nay (Rte de) .... BV 60

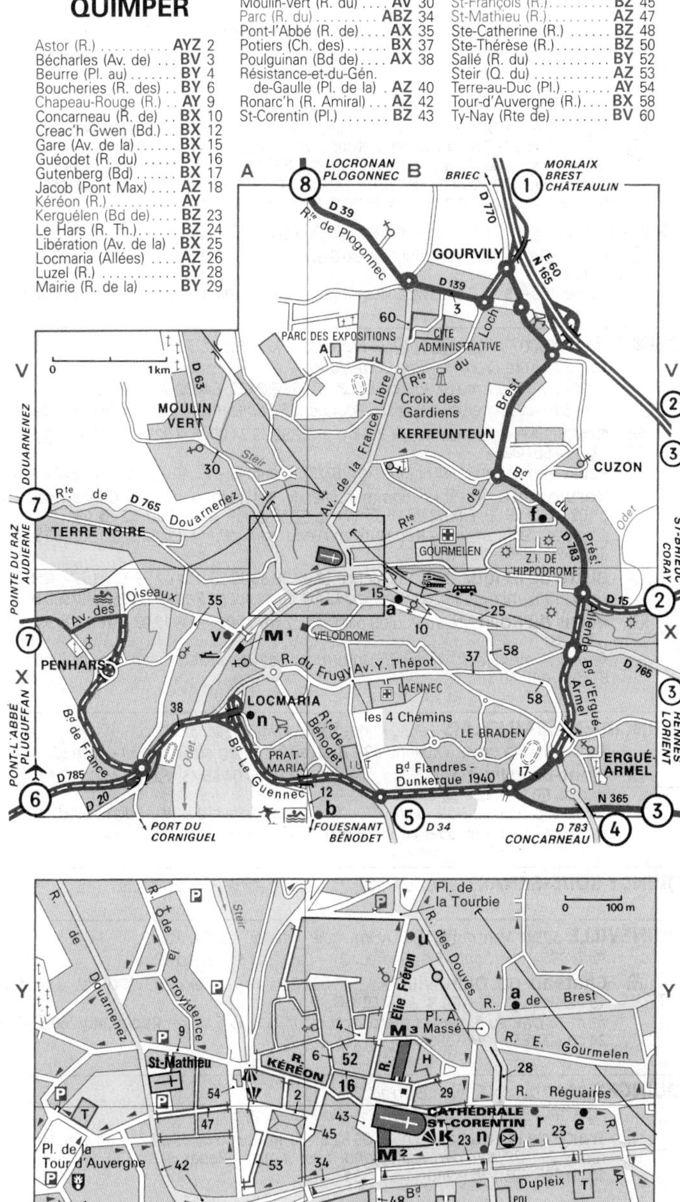

au Sud : *4 km par bd Creac'h Gwen* **ABX** *et chemin de Kérogan* – ✉ *29000 Quimper* :

XX **Ferme de l'Odet,** ☎ 02 98 10 11 10, *Fax 02 98 10 11 10,* , – **P**. GB
fermé 1er au 7 sept., sam. midi et dim. soir – **Repas** 105 (déj.), 138/315

au Sud-Ouest *par bd Poulguinan* - **AX** - *et D 20 : 5 km* – ✉ *29700 Pluguffan* :

XXX **Roseraie de Bel Air** (Cornec-Henaff), ☎ 02 98 53 50 80, *roseraie-de-bel-air@wanadoo.fr, Fax 02 98 53 43 65,* « Maison bretonne du 19e siècle », – **P**. AE GB
✿ *fermé 24 sept. au 7 oct., dim. soir et lundi* – **Repas** 142/280 et carte 210 à 340
Spéc. Chaussons de crêpes de blé noir à la chair de crustacés. Turbot de petit bateau à l'étuvée de cocos. Chaud-froid de poire et moelleux au chocolat.

à Pluguffan *par ⑥ et D 40 : 7 km* – *3 238 h. alt. 90* – ✉ *29700* :

Coudraie sans rest, impasse du Stade ☎ 02 98 94 03 69, *Fax 02 98 94 03 69,* – TV **P**. GB
fermé 23 sept. au 7 oct., vacances de fév. et dim. en hiver – 35 – **11 ch** 290/300

QUIMPERLÉ *29300 Finistère 58 ⑫ ⑰ G. Bretagne – 10 748 h alt. 30.*

Voir *Église Ste-Croix★★ – Rue Dom-Morice★.*
Office de Tourisme Le Bourgneuf ☎ 02 98 96 04 32, Fax 02 98 96 16 12.
Paris 519 – Quimper 48 – Carhaix-Plouguer 57 – Concarneau 32 – Pontivy 55 – Rennes 170.

Novalis M, rte Concarneau : 2,5 km ☎ 02 98 39 24 00, *Fax 02 98 39 12 10* – TV **P** – 25 à 50. GB
Repas *(fermé sam. midi et dim.)* (67) - 87/97 ♀, enf. 45 – 40 – **25 ch** 252/277 – ½ P 251

Kervidanou M, zone commerciale de Kervidanou par rte Concarneau : 4 km ☎ 02 98 39 18 00, *Fax 02 98 96 35 11* – TV **P** – 15 à 20. AE GB
fermé 20 déc. au 4 janv. – **Repas** *(fermé vend., sam. et dim.)* (dîner seul.) 90/130 ♀ – 38 – **44 ch** 260/280 – ½ P 250/290

XX **Bistro de la Tour,** 2 r. Dom. Morice ☎ 02 98 39 29 58, *Fax 02 98 39 21 77* – GB
fermé sam. midi et dim. soir sauf du 15 juil. au 31 août – **Repas** 80 (déj.), 99/390 bc ♀

XX **Relais du Roch,** rte du Pouldu par D 49 : 2 km ☎ 02 98 96 12 97, *Fax 02 98 39 22 40,* – **P**. GB
fermé 1er au 15 oct., 1er au 15 janv., merc. soir hors saison, dim. soir et lundi – **Repas** 87/360, enf. 40

QUINCIÉ-EN-BEAUJOLAIS *69430 Rhône 73 ⑨ – 1 059 h alt. 325.*

Paris 428 – Mâcon 32 – Roanne 68 – Beaujeu 7 – Bourg-en-Bresse 54 – Lyon 60.

Mont-Brouilly, Est : 2,5 km par D 37 ☎ 04 74 04 33 73, *Fax 04 74 04 30 10,* – rest, TV **P** – 25. AE GB
fermé vacances de Noël, de fév., lundi sauf le soir d'avril à sept. et dim. soir d'oct. à mars – **Repas** 90/250 ♀, enf. 55 – 38 – **29 ch** 325/345 – ½ P 280/310

QUINCY-SOUS-SÉNART *91 Essonne 61 ①, 101 ㊳ – voir Paris, Environs.*

QUINÉVILLE *50310 Manche 54 ③ G. Normandie Cotentin – 306 h alt. 29.*

Paris 334 – Cherbourg 37 – Barfleur 21 – Carentan 31 – St-Lô 60.

Château de Quinéville , ☎ 02 33 21 42 67, *Fax 02 33 21 05 79,* « Château du 18e siècle », – TV **P**. AE GB
fermé 6 janv. au 6 mars et merc. midi du 1er oct. au 6 janv. – **Repas** 140/260 ♀ – 50 – **24 ch** 400/630 – ½ P 380/470

QUINGEY *25440 Doubs 66 ⑮ – 980 h alt. 275.*

Paris 398 – Besançon 23 – Dijon 85 – Dole 37 – Gray 54.

X **Truite de la Loue** avec ch, ☎ 03 81 63 60 14, *Fax 03 81 63 84 77* – TV . AE GB
fermé 2 au 22 janv., dim. soir et lundi d'oct. à mars – **Repas** 80 bc/190 , enf. 45 – 38 – **10 ch** 198/295 – ½ P 240

Dans ce guide
un même symbole, un même caractère,
imprimé en couleur ou en **noir**, en maigre ou en **gras**
n'ont pas tout à fait la même signification.
Lisez attentivement les pages explicatives.

QUINSON *04500 Alpes-de-H.-P.* 84 ⑤, 114 ⑦ – *274 h alt. 370.*

Paris 790 – Digne-les-Bains 63 – Aix-en-Provence 77 – Brignoles 44 – Castellane 73.

Relais Notre-Dame, ℘ 04 92 74 40 01, *Fax 04 92 74 02 10*, , , – . AE GB. ch

15 mars-14 déc. – **Repas** *(fermé dim. soir et lundi sauf juil.-août)* 95/210 , enf. 50 – 40 – **15 ch** 200/320 – ½ P 245/309

RAGUENÈS-PLAGE *29 Finistère* 58 ⑪ *G. Bretagne* – ✉ *29920 Névez.*

Paris 546 – Quimper 42 – Carhaix-Plouguer 74 – Concarneau 18 – Pont-Aven 12.

Chez Pierre, ℘ 02 98 06 81 06, *Fax 02 98 06 62 09*, , – . GB. rest

12 avril-25 sept. et fermé mardi midi et merc. – **Repas** (90) - 110/295, enf. 78 – 39 – **35 ch** 230/450 – ½ P 266/390

Ar Men Du sans rest, ℘ 02 98 06 84 22, *Fax 02 98 06 76 69*, ←, – . AE GB.

1er avril-1er oct. – 38 – **14 ch** 320/450

RAISMES *59 Nord* 53 ④ – *rattaché à Valenciennes.*

Au moment de chercher un hôtel ou un restaurant, soyez efficace. Sachez utiliser les noms soulignés en rouge sur les **cartes Michelin** *à 1/200 000.*

Mais ayez une carte à jour!

RAMATUELLE *83350 Var* 84 ⑰, 114 ㊲ *G. Côte d'Azur* – *1 945 h alt. 136.*

Voir *Col de Collebasse* ←★ *S : 4 km.*

Paris 877 – Fréjus 37 – Le Lavandou 37 – St-Tropez 10 – Ste-Maxime 16 – Toulon 72.

Baou, ℘ 04 94 79 20 48, *hostellerie.lebaou@wanadoo.fr*, *Fax 04 94 79 28 36*, ← village et campagne, , , – , ch, . AE GB

7 avril-31 oct. – ***Terrasse :*** **Repas** 190/360, enf. 90 – 95 – **42 ch** 850/2000, 8 duplex – ½ P 700/1275

Ferme d'Hermès sans rest, Sud-Est : 2,5 km par rte l'Escalet et chemin privé ℘ 04 94 79 27 80, *Fax 04 94 79 26 86*, « Demeure provençale dans le vignoble », , – cuisinette . GB

1er avril-1er nov. et 27 déc.-10 janv. – 80 – **8 ch** 800/920

Vigne de Ramatuelle sans rest, rte La Croix-Valmer : 3 km ℘ 04 94 79 12 50, *Fax 04 94 79 13 20*, , – . AE GB JCB

8 avril-21 oct – 75 – **14 ch** 1450

Forge, r. Victor Léon ℘ 04 94 79 25 56, *Fax 04 94 79 25 56* – . AE GB

15 mars-15 nov. et fermé le midi en juil.-août et merc. – **Repas** 185 , enf. 80

à la Bonne Terrasse *Est : 5 km par D 93 et rte de Camarat* – ✉ *83350 Ramatuelle :*

Chez Camille, ℘ 04 94 79 80 38, ←, , « Agréablement situé en bordure de mer » – . GB

1er avril-10 oct. et fermé mardi sauf le soir en juil.-août et lundi midi – **Repas** - bouillabaisse et poissons grillés - (week-end et saison, prévenir) 230/330

RAMBOUILLET *78120 Yvelines* 60 ⑧ ⑨, 106 ㉗ ㉘ *G. Ile de France* – *24 343 h alt. 160.*

Voir *Boiseries★ du château – Parc★ : laiterie de la Reine★* Z B – *Bergerie nationale★* Z – *Forêt de Rambouillet★.*

Office de Tourisme à l'Hôtel-de-Ville pl. de la Libération ℘ *01 34 83 21 21, Fax 01 34 83 21 31.*

Paris 53 ① – Chartres 42 ③ – Mantes-la-Jolie 52 ① – Orléans 91 ③ – Versailles 33 ①.

Plan page suivante

Cheval Rouge, 78 r. Gén. de Gaulle ℘ 01 30 88 80 61, *Fax 01 34 83 91 60* – . AE GB Z n

fermé mardi soir et merc. – **Repas** (98) - 135/185

Poste, 101 r. Gén. de Gaulle ℘ 01 34 83 03 01 – AE GB Z e

fermé 1er au 7 janv., jeudi soir, dim. et lundi – **Repas** 128/199

par ② *rte de Chevreuse (D 906) : 2 km* – ✉ *78120 Rambouillet :*

Louvetier, 19 r. Étang de la Tour ℘ 01 34 85 61 00, *Fax 01 34 84 01 18*, – . GB

fermé lundi soir – **Repas** - produits de la mer - (150) - 190

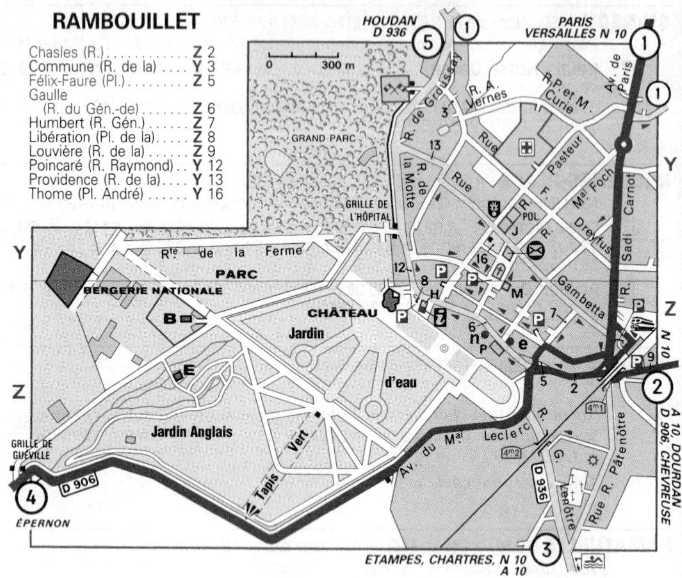

A good moderately priced meal : Repas 100/140

RANCÉ *01390 Ain* 74 ⑩, 110 ④ *– 410 h alt. 282.*

Paris 441 – Lyon 29 – Bourg-en-Bresse 45 – Villefranche-sur-Saône 14.

Rancé, ✆ 04 74 00 81 83, *Fax 04 74 00 87 08,* – . AE GB

fermé 14 au 27 janv., dim. soir, mardi soir et lundi – **Repas** 80/295 ♀, enf. 65

RANCOURT *80 Somme* 53 ⑬ *– rattaché à Péronne.*

RANDAN *63310 P.-de-D.* 73 ⑤ *G. Auvergne – 1 429 h alt. 407.*

Voir *Villeneuve-les-Cerfs : pigeonnier* O : 2 km.*

Syndicat d'Initiative à la Mairie ✆ *04 70 41 50 02, Fax 04 70 56 14 79.*

Paris 371 – Clermont-Ferrand 41 – Gannat 21 – Riom 25 – Thiers 30 – Vichy 14.

Centre avec ch, ✆ 04 70 41 50 23, *Fax 04 70 56 14 78* – . GB

fermé 20 oct. à début déc., mardi soir et merc. sauf juil.-août – **Repas** 60/220 ♀, enf. 45 – 33 – **8 ch** 160/260 – ½ P 170/215

RÂNES *61150 Orne* 60 ② *G. Normandie Cotentin – 1 015 h alt. 237.*

Syndicat d'Initiative à la Mairie ✆ *02 33 39 73 87, Fax 02 33 39 79 77.*

Paris 215 – Alençon 40 – Argentan 20 – Bagnoles-de-l'Orne 19 – Falaise 35.

St-Pierre, ✆ 02 33 39 75 14, *Fax 02 33 35 49 23,* – TV . AE GB

Repas *(fermé vend. soir)* 78/205 ♀, enf. 50 – 40 – **12 ch** 265/345 – ½ P 305

RAON-L'ÉTAPE *88110 Vosges* 62 ⑦ *– 6 780 h alt. 284.*

Office de Tourisme (saison) r. J.-Ferry ✆ *03 29 41 83 25.*

Paris 373 – Épinal 45 – Nancy 68 – Neufchâteau 112 – St-Dié 19 – Sarrebourg 53.

Relais Lorraine Alsace M avec ch, 31 r. J. Ferry ✆ 03 29 41 61 93, *Fax 03 29 41 93 09,* – TV . AE GB

Repas *(fermé nov. et lundi)* 80/190 ♀ – 35 – **10 ch** 270/350 – ½ P 280

RASTEAU *84 Vaucluse* 81 ② *– rattaché à Vaison-la-Romaine.*

RAZ (Pointe du) ★★★ *29 Finistère* 58 ⑬ *G. Bretagne.*

Voir ☀★★.

Paris 618 – Quimper 52 – Douarnenez 35 – Pont-l'Abbé 47.

à La Baie des Trépassés *par D 784 et rte secondaire : 3,5 km :*

Baie des Trépassés ⚘, ✉ 29770 Plogoff ℘ 02 98 70 61 34, *Fax 02 98 70 35 20*, ← – ▤ rest, TV P. GB
9 fév.-14 nov. – **Repas** (88) - 110/300 ♀, enf. 46 – ☕ 44 – **27 ch** 310/380 – ½ P 290/384

Relais de la Pointe du Van ⚘, ✉ 29770 Cléden-Cap-Sizun ℘ 02 98 70 62 79, *Fax 02 98 70 35 20*, ←, ⛱ – |♦| ✆ ♿ P. GB. ✂ rest
10 avril-30 sept. – **Repas** 110/220 ♀, enf. 46 – ☕ 44 – **25 ch** 270/380 – ½ P 329/384

RÉ (Ile de) ★ *17 Char.-Mar.* 71 ⑫ *G. Poitou Vendée Charentes.*

Accès : *par le pont routier (voir à La Rochelle).*

Ars-en-Ré – *1 165 h alt. 4* – ✉ *17590 .*

ℹ *Office de Tourisme pl. Carnot* ℘ *05 46 29 46 09, Fax 05 46 29 68 30.*

Paris 509 – La Rochelle 36 – Fontenay-le-Comte 84 – Luçon 72.

Martray, Le Martray, Est : 3 km par D 735 ℘ 05 46 29 40 04, *Fax 05 46 29 41 19*, ⛱ – ▤ rest, TV. AE ⓓ GB JCB
31 mars-5 nov. – **Repas** (130) - 160 ♀, enf. 60 – ☕ 40 – **14 ch** 370/450 – ½ P 390/420

Sénéchal sans rest, 6 r. Gambetta ℘ 05 46 29 40 42, *Fax 05 46 29 21 25* – GB
30 mars-12 nov. et 20 déc.- 2 janv. – ☕ 42 – **16 ch** 230/650

XX **Bistrot de Bernard,** 1 quai Criée ℘ 05 46 29 40 26, *Fax 05 46 29 28 99*, ⛱ – GB
1er mars-11 nov., 20 déc.-6 janv. et fermé lundi soir et mardi en mars, oct. et nov. – **Repas** 130/175 ♀

X **Cabane du Fier,** Le Martray, Est : 3 km par D 735 ℘ 05 46 29 64 84, *Fax 05 46 29 64 84*, ←, ⛱ – P. GB
15 mars-début nov. et fermé mardi soir et merc. hors saison – **Repas** carte 150 à 240 ♀

Le Bois-Plage-en-Ré – *2 014 h alt. 5* – ✉ *17580 .*

ℹ *Office de Tourisme 8 r. des Barjottes* ℘ *05 46 09 23 26, Fax 05 46 09 13 15.*

Paris 496 – La Rochelle 23 – Fontenay-le-Comte 72 – Luçon 60.

L'Océan, 172 r. St-Martin ℘ 05 46 09 23 07, *ocean@ilidere.com, Fax 05 46 09 05 40*, ⛱, 🌳 – TV ✆ P. AE GB. ✂ ch
fermé 5 janv. au 5 fév. – **Repas** *(fermé merc. sauf vacances scolaires)* 150/200 ♀, enf. 60 – ☕ 60 – **24 ch** 400/600

Gollandières ⚘, av. Plage ℘ 05 46 09 23 99, *Fax 05 46 09 09 84*, ⛱, 🏊, 🌳 – TV P – 🎓 15 à 60. AE ⓓ GB
23 mars -4 nov. – **Repas** 125/168, enf. 35 – ☕ 45 – **35 ch** 500 – ½ P 450/480

La Couarde-sur-Mer – *1 179 h alt. 1* – ✉ *17670 .*

ℹ *Office de Tourisme (fermé le dim. hors saison) r. Pasteur* ℘ *05 46 29 82 93, Fax 05 46 29 63 02.*

Paris 499 – La Rochelle 26 – Fontenay-le-Comte 75 – Luçon 63.

Vieux Gréement, 13 pl. Carnot ℘ 05 46 29 82 18, *Fax 05 46 29 50 79*, ⛱ – TV ♿. GB
7 avril-11 nov. – **Repas** *(7 avril-30 sept. et fermé merc. sauf juil.-août)* 98/165 🌡 – ☕ 50 – **10 ch** 470/750 – ½ P 375/515

La Flotte – *2 452 h alt. 4* – ✉ *17630 .*

ℹ *Office de Tourisme q. Sénac* ℘ *05 46 09 60 38, Fax 05 46 09 64 88.*

Paris 490 – La Rochelle 17 – Fontenay-le-Comte 66 – Luçon 54.

✿ **Richelieu** M ⚘, av. Plage ℘ 05 46 09 60 70, *info@hotel-le-richelieu.com, Fax 05 46 09 50 59*, ←, ⛱, centre de thalassothérapie, 🏋, 🏊, 🌳, 🎾 – ▤ rest, TV ✆ ♿ P – 🎓 60. AE GB
fermé 5 janv. au 5 fév. – **Repas** 300/400 et carte 380 à 450 ♀ – ☕ 100 – **36 ch** 1000/2000 – ½ P 900/2500
Spéc. Homard grillé au beurre de corail. Poêlée de langoustines au citron vert et gingembre. Bar rôti au beurre de truffe. **Vins** Blanc et rouge de l'Ile de Ré.

Français sans rest, cours F. Faure ℘ 05 46 09 60 06, *Fax 05 46 09 58 77* – TV. AE ⓓ GB
31 mars-15 nov. – ☕ 35 – **29 ch** 280/480

Hippocampe sans rest, r. Château des Mauléons ℘ 05 46 09 60 68 – GB
☕ 30 – **14 ch** 135/250

XX **Lavardin,** r. H. Lainé ℘ 05 46 09 68 32, *Fax 05 46 09 54 03* – ▤. GB
fermé mardi et merc. hors saison – **Repas** 125 (déj.), 165/340 ♀

XX **L'Écailler,** 3 quai Sénac ℘ 05 46 09 56 40, « Maison du 17e siècle sur le port » – GB
Pâques-Toussaint et fermé lundi – **Repas** - produits de la mer seul. - carte 220 à 250 ♀

Les Portes-en-Ré – *660 h alt. 4 – ✉ 17880 .*

Office de Tourisme 52 r. de Trousse-Chemise ☎ 05 46 29 52 71, Fax 05 46 29 52 81.
Paris 517 – La Rochelle 44 – Fontenay-le-Comte 92 – Luçon 81.

XX **Auberge de la Rivière,** Ouest : 1 km sur D 101 ☎ 05 46 29 54 55, *Fax 05 46 29 40 32,* , – P. AE GB
fermé 15 nov. au 15 déc. , janv. et merc. hors saison – **Repas** (110) - 130/370 ♀, enf. 65

Rivedoux-Plage – *1 163 h alt. 2 – ✉ 17940 .*

Office de Tourisme pl. République ☎ 05 46 09 80 62, Fax 05 46 09 80 62.
Paris 486 – La Rochelle 13 – Fontenay-le-Comte 61 – Luçon 49.

Auberge de la Marée sans rest, rte St-Martin ☎ 05 46 09 80 02, *Fax 05 46 09 88 25,* « Jardin fleuri », , – TV P. GB
7 avril-11 nov. – 60 – **30 ch** 550/950

St-Clément-des-Baleines – *607 h alt. 2 – ✉ 17590 .*

Voir *L'Arche de Noé (parc d'attractions) : Naturama★ (collection d'animaux naturalisés) – Phare des Baleines ★ N : 2,5 km.*
Office de Tourisme 200 r. du Centre ☎ 05 46 29 24 19, Fax 05 46 29 08 14.
Paris 512 – La Rochelle 39 – Fontenay-le-Comte 88 – Luçon 76.

Chat Botté sans rest, 2 pl. Église ☎ 05 46 29 21 93, *Fax 05 46 29 29 97,* – TV P. GB
fermé 26 nov. au 15 déc. et 7 janv. au 9 fév. – 66 – **19 ch** 440/640

XXX **Chat Botté,** r. Mairie ☎ 05 46 29 42 09, *Fax 05 46 29 29 77,* , – AE GB
fermé 22 nov. au 21 déc., 10 janv. au 15 fév. et lundi du 15 sept. au 1er avril – **Repas** 130/370 et carte 210 à 470 ♀

St-Martin-de-Ré – *2 512 h alt. 14 – ✉ 17410 .*

Voir *Fortifications★.*
Office de Tourisme av. V.-Bouthillier ☎ 05 46 09 20 06, Fax 05 46 09 06 18.
Paris 496 – La Rochelle 23 – Fontenay-le-Comte 71 – Luçon 60.

Jetée M sans rest, quai G. Clemenceau ☎ 05 46 09 36 36, *Fax 05 46 09 36 06* – TV – 25. AE GB
48 – **31 ch** 475/830

Galion M sans rest, allée Guyane ☎ 05 46 09 03 19, *Fax 05 46 09 13 26,* – TV . AE GB
45 – **31 ch** 460/610

Port sans rest, 29 quai Poithevinière ☎ 05 46 09 21 21, *annic.pla@wanadoo.fr, Fax 05 46 09 06 85* – TV. GB
36 – **35 ch** 420/480

Colonnes, 19 quai Job-Foran ☎ 05 46 09 21 58, *Fax 05 46 09 21 49,* , – TV P. AE GB
fermé 15 déc. au 1er fév. – **Repas** *(fermé merc.)* 149/239 ♀, enf. 49 – 45 – **30 ch** 510 – ½ P 435

Ste-Marie-de-Ré – *1 806 h alt. 9 – ✉ 17740 .*

Office de Tourisme pl. d'Antioche ☎ 05 46 30 22 92, Fax 05 46 30 01 68.
Paris 489 – La Rochelle 16 – Fontenay-le-Comte 65 – Luçon 53.

Atalante , ☎ 05 46 30 22 44, *neptune@thalasso.net, Fax 05 46 30 13 49,* , centre de thalassothérapie, , , , – TV P – 80. AE GB
fermé 2 janv. au 2 fév. – **Repas** 140/240 ♀ – 50 – **65 ch** 470/1120 – ½ P 470/710

RÉALMONT *81120 Tarn 83 ① – 2 631 h alt. 212.*

Paris 724 – Toulouse 79 – Albi 20 – Castres 25 – Graulhet 19 – Lacaune 57 – St-Affrique 85.

XX **Les Secrets Gourmands,** 72 av. Gén. de Gaulle (N 112) ☎ 05 63 79 07 67, *les-secrets-gourmands@wanadoo.fr, Fax 05 63 79 07 69,* – P. AE GB
fermé 20 janv. au 10 fév., dim. soir et mardi – **Repas** 105/290 ♀

XX **Noël** avec ch, r. H. de Ville ☎ 05 63 55 52 80, *Fax 05 63 55 69 91,* – TV – 25. AE GB.
fermé vacances de fév., dim. soir et lundi – **Repas** 95/250 ♀, enf. 65 – 28 – **8 ch** 220/300 – ½ P 320/380

Use this year's Guide.

REDON ⟨SP⟩ *35600 I.-et-V.* 63 ⑤ *G. Bretagne – 9 260 h alt. 10.*

Voir *Tour★ de l'église St-Sauveur.*

Office de Tourisme pl. de la République ☎ 02 99 71 06 04, Fax 02 99 71 01 59.

Paris 412 ① – Nantes 79 ② – Rennes 66 ① – St-Nazaire 54 ② – Vannes 57 ③.

REDON

Bonne-Nouvelle (Bd). **Y** 2
Bretagne (Pl. de) .... **Y** 3
Desmars (R. Joseph) **Y** 5
Douves (Pont des) .. **Z** 6
Douves (R. des) ... **YZ**
Duchesse-Anne (Pl.). **Y** 7
Duguay-Trouin (Quai) .... **Z** 8
Duguesclin (R.) .... **YZ** 9
Enfer (R. d') .... **Z** 13
États (R. des)....... **Y** 14
Foch (R. du Mar.) ... **Y** 16
Gare (Av. de la) ..... **Y** 17
Gascon (Av. E.) ..... **Y** 19
Grande-Rue......... **Z** 23
Jeanne-d'Arc (R.).... **Z** 25
Jeu-de-Paume (R. du) .... **Z** 26
Liberté (Bd de la) .... **Y** 30
Notre-Dame (R.) .... **Y** 32
Parlement (Pl. du) ... **Y** 33
Plessis (R. du) ...... **Z** 34
Port (R. du)......... **Z** 36
Richelieu (R.) .... **Y** 39
St-Nicolas (Pont) .... **Z** 43
Victor-Hugo (R.)..... **Y** 50

Bel Hôtel sans rest, 42 av. J. Burel à St-Nicolas-de-Redon par ② ✉ 44460 St-Nicolas-de-Redon ☎ 02 99 71 10 10, *Fax 02 99 72 33 03* – TV ☎ ♿ P. GB
fermé dim. du 1er déc. au 31 janv. – ☕ 38 – **33 ch** 195/320

XXX **Jean-Marc Chandouineau** avec ch, 10 av. Gare ☎ 02 99 71 02 04, *Fax 02 99 71 08 81* – TV P. AE ⓓ GB — Y s
fermé 2 au 14 janv., 30 avril au 6 mai, dim. soir et sam. – **Repas** 125/350 et carte 260 à 430 – ☕ 55 – **7 ch** 350/450 – ½ P 480/630

XX **Bogue,** 3 r. des Etats ☎ 02 99 71 12 95, *Fax 02 99 71 12 95* – AE GB — Y r
fermé jeudi de nov. à mars et dim. soir – **Repas** 79 (déj.), 99/299 ♀

rte de La Gacilly *par ① et D 873 : 3 km* – ✉ *35600 Redon :*

XXX **Moulin de Via,** ☎ 02 99 71 05 16, *Fax 02 99 71 08 36,* ⛱, 🪑 – P. GB
fermé 2 au 22 janv., dim. soir et lundi – **Repas** 125/360 ♀, enf. 70

REICHSFELD *67140 B.-Rhin* 62 ⑨ *– 295 h alt. 336.*

Paris 504 – Strasbourg 49 – Barr 8 – Sélestat 19 – Molsheim 29 – Villé 14.

X **Bleesz** ⛰ avec ch, ☎ 03 88 85 50 61, *Fax 03 88 85 50 61* – P. GB
fermé janv. et fév. – **Repas** *(fermé merc. et jeudi)* 100/150 ♀ – ☕ 35 – **8 ch** 250/265 – ½ P 250

REICHSTETT *67 B.-Rhin* 62 ⑩ *– rattaché à Strasbourg.*

REILHAC *43 H.-Loire* 76 ⑤ *– rattaché à Langeac.*

Gli alberghi o ristoranti ameni sono indicati nella guida con un simbolo rosso.
Contribuite a mantenere la guida aggiornata segnalandoci gli alberghi e ristoranti dove avete soggiornato piacevolmente.

XXXXX ... X

REIMS 51100 Marne 56 ⑥ ⑯ *G. Champagne Ardenne – 180 620 h Agglo. 206 437 h alt. 85.*

Voir *Cathédrale Notre-Dame★★★ – Basilique St-Remi★★ : intérieur★★★ – Palais du Tau★★* **BY V** – *Caves de Champagne★★* **BCX, CZ** – *Place Royale★ – Porte Mars★ – Hôtel de la Salle★* **BY R** – *Chapelle Foujita★ – Bibliothèque★ de l'ancien Collège des Jésuites* **BZ C** – *Musée St-Rémi★★* **CZ M**[4] – *Musée-hôtel Le Vergeur★* **BX M**[3] – *Musée des Beaux-Arts★* **BY M**[2].

Env. *Fort de la Pompelle (casques allemands★) 9 km par ③.*

Reims-Champagne ✆ 03 26 07 15 15, par ⑩ : 6 km.

Office de Tourisme 12 bd Gén.-Leclerc ✆ 03 26 77 45 00, Fax 03 26 77 45 19.

Paris 144 ⑦ – Bruxelles 216 ⑩ – Châlons-en-Champagne 49 ④ – Lille 208 ⑨.

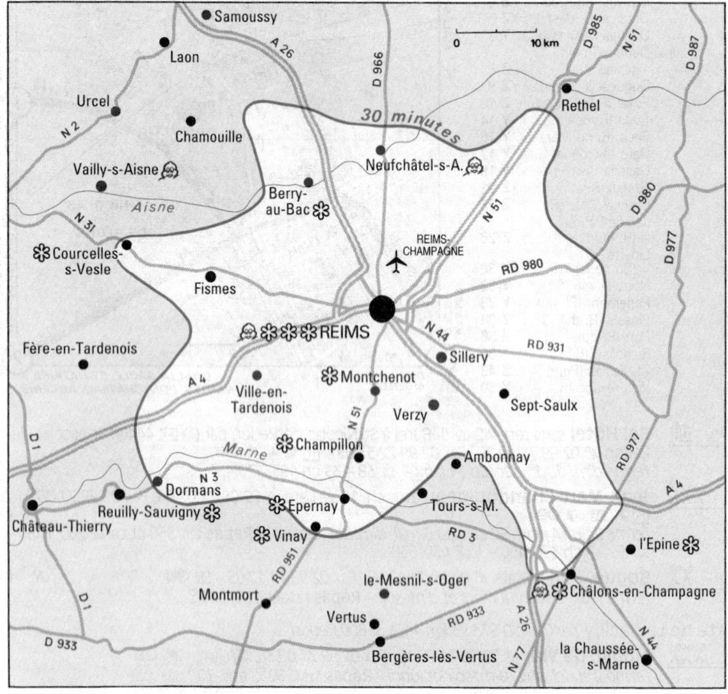

Boyer "Les Crayères" Ⓜ, 64 bd Vasnier ✆ 03 26 82 80 80, *crayeres@relaischateau.com, Fax 03 26 82 65 52,* ←, « Élégante demeure dans un parc », – ▣ ▤ 📺 📞 P. AE ⓓ GB JCB — CZ a

fermé 23 déc. au 14 janv. – **Repas** *(fermé mardi midi et lundi)* (nombre de couverts limité, prévenir) 1020 bc/1174 bc et carte 600 à 700 – ☕ 140 – **16 ch** 1520/2190, 3 appart

Spéc. Pied de porc farci au foie gras. Filet de rouget poêlé, encornet et jabugo sautés a cru. Filet de canette de la Dombes, cou farci et pêches caramélisées. **Vins** Champagne.

Grand Hôtel des Templiers sans rest, 22 r. Templiers ✆ 03 26 88 55 08, *hotel.templiers@wanadoo.fr, Fax 03 26 47 80 60,* – ▣ 📺 ♿ P. AE ⓓ GB — BX a

☕ 99 – **17 ch** 990/1600

Assiette Champenoise (Lallement) Ⓜ, à Tinqueux, 40 av. Paul Vaillant-Couturier ✉ 51430 ✆ 03 26 84 64 64, *assiettechampenoise@wanadoo.fr, Fax 03 26 04 15 69,* « Parc », – ▣, ▤ rest, 📺 📞 P – 🏛 50. AE ⓓ GB JCB. ✂ rest — V e

Repas 295/495 ♀ – ☕ 80 – **62 ch** 585/970 – 1/2 P 725/1250

Spéc. Langoustines à la purée de fenouil. Côte de veau de lait rôtie en cocotte. Intercalé de chocolat mœlleux.

Mercure-Cathédrale Ⓜ, 31 bd P. Doumer ✆ 03 26 84 49 49, *h1248@accor-hotels.com , Fax 03 26 84 49 84* – ▣ ✂ ▤ 📺 📞 – 🏛 20 à 150. AE ⓓ GB JCB — AY v

Repas *(fermé sam. midi et dim. midi)* 140, enf. 50 – ☕ 59 – **126 ch** 525/585

REIMS

Berthelot (Bd M.)	U	5
Brébant (Av.)	U	8
Brimontel (R. de)	U	10
Carré (R. du Gén.)	UV	20
Champagne (Av. de)	V	22
Cognacq-Jay (R.)	V	25
Danton (R.)	U	30
Dr-Lemoine (R.)	U	35
Europe (Av. de l')	V	42
Farman (Av. Henri)	V	43
Maison-Blanche (R.)	V	64
Paris (Av. de)	V	69
Pompidou (Av. G.)	V	71
Robespierre (Bd)	U	74
Tinqueux (R. de)	V	87
Vaillant-Couturier (Av.)	V	89
Witry (Route de)	U	91
Zola (R. Émile)	U	92

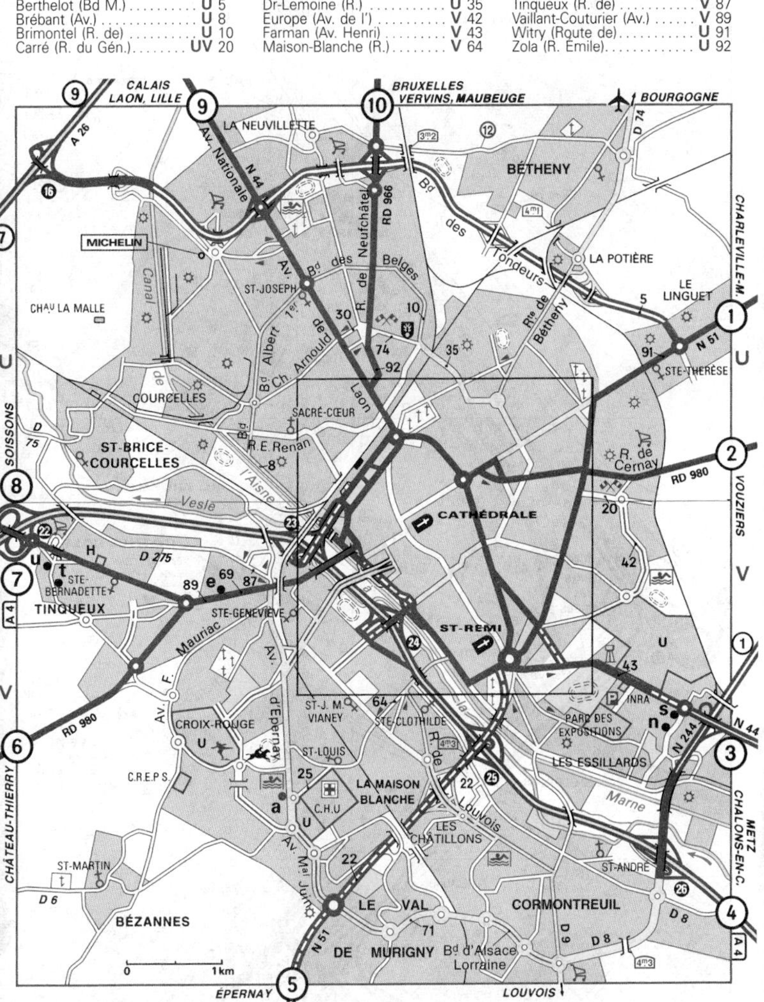

Paix M, 9 r. Buirette ☎ 03 26 40 04 08, *info@bw-hotel-lapaix.com*, *Fax 03 26 47 75 04*, – 60. AE ① GB JCB AY q
Repas brasserie *(78)* - carte environ 170 ♁, enf. 58 – ☐ 59 – **106 ch** 440/690

Quality Hôtel M, 37 bd P. Doumer ☎ 03 26 40 01 08, *Fax 03 26 40 34 13* – – 50. AE ① GB AY t
Orphée *(fermé lundi midi, sam. midi et dim.)* **Repas** 175/270 ♁ – ☐ 58 – **79 ch** 550/600

Holiday Inn Garden Court M, 46 r. Buirette ☎ 03 26 78 99 99, *Fax 03 26 78 99 90*, – 30. AE ① GB JCB AY f
Repas *(fermé sam. midi et dim.)* 86 bc/98 ♁ – ☐ 60 – **82 ch** 590

Univers, 41 bd Foch ☎ 03 26 88 68 08, *hotel-univers@ebc.net*, *Fax 03 26 40 95 61* – – 20 à 70. AE ① GB JCB AX a
Repas *(fermé dim. soir)* 95/230 ♀ – **42 ch** ☐ 440/490

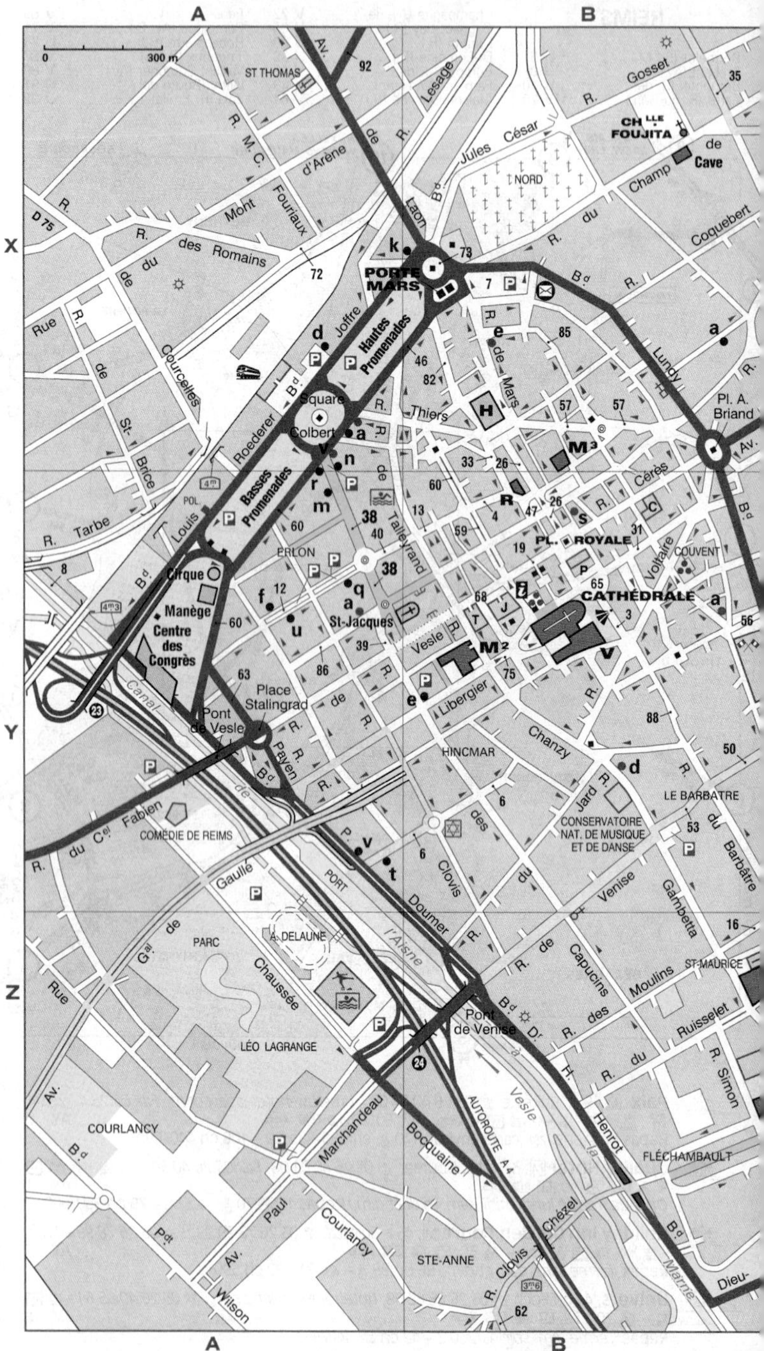
A
B
X
Y
Z
0
300 m
ST THOMAS
PORTE MARS
Hautes Promenades
Basses Promenades
Square Colbert
ERLON
St-Jacques
Cirque
Manège
Centre des Congrès
Place Stalingrad
Pont de Vesle
COMÉDIE DE REIMS
PARC
A. DELAUNE
LÉO LAGRANGE
COURLANCY
STE-ANNE
NORD
CH^LLE FOUJITA
Cave
Pl. A. Briand
PL. ROYALE
CATHÉDRALE
COUVENT
HINCMAR
CONSERVATOIRE NAT. DE MUSIQUE ET DE DANSE
LE BARBATRE
ST-MAURICE
FLÉCHAMBAULT
Pont de Venise
AUTOROUTE A4
PORT
Canal
R. Gosset
Jules César
R. du Champ de Mars
Bd Lundy
R. Coquebert
Av. de Laon
R. Lesage
R. M. C. Fouriaux
R. Mont d'Arène
R. des Romains
Rue de Courcelles
R. de St-Brice
Bd Joffre
Bd Roederer
Bd Louis
R. Tarbe
R. Thiers
R. de Mars
R. de Talleyrand
R. Cérès
R. Voltaire
R. de Vesle
R. Libergier
R. Chanzy
R. du Jard
R. du Barbâtre
R. Gambetta
R. des Moulins
R. de Venise
R. des Capucins
R. du Ruisselet
R. Simon
Bd H. Henrot
Bd Dr.
R. Payen
P. Doumer
R. des Clovis
R. du Cel Fabien
Gal de Gaulle
Chaussée
R. Marchandeau
Bocquaine
Av. Paul
Courlancy
Pdt Wilson
R. Clovis Chézel
la Marne
Dieu-
D 75
Vesle
l'Aisne
4m
4m3
3m6
POL.

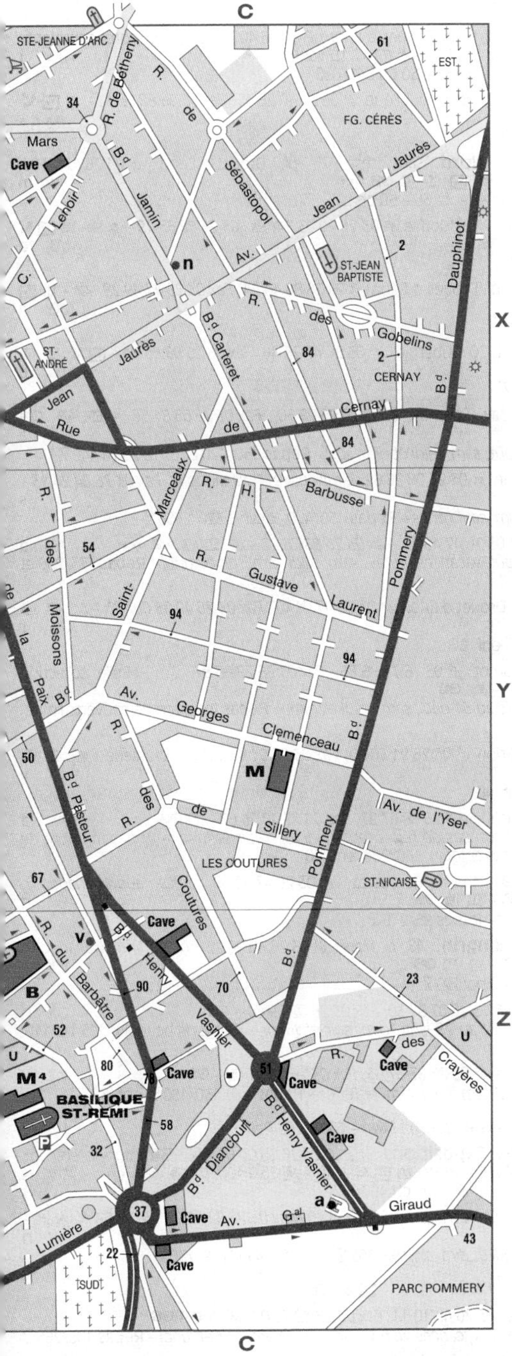

REIMS

Alsace-Lorraine (R. d') . **CX** 2
Anatole-France (Cours). . . . . **BY** 3
Arbalète (R. de l') . . . . . . **BY** 4
Boulard (R.) . . . . **BY** 6
Boulingrin (Pl. du) . . . . . **BX** 7
Brébant (Av.). . . . . **AY** 8
Buirette (R.) . . . . **AY** 12
Cadran St-Pierre (R.) . . . . **BY** 13
Carmes (R. des) . . . . . . **BZ** 16
Carnégie (Pl.) . . . . **BY** 17
Carnot (R.). . . . . **BY** 19
Champagne (Av. de) . . . **CZ** 22
Chemin Vert (R. du) . . . **CZ** 23
Colbert (R.) . . . . **BXY** 26
Desteuque (R. E.) . . . . . **BY** 31
Dieu-Lumière (R.) . . . . . **CZ** 32
Dr-Jacquin (R.) . . . . . . **BXY** 33
Dr-Knoéri (Pl. du) . . . . . **CX** 34
Dr-Lemoine (R.). . . . . . . **BX** 35
Droits-de-l'Homme (Pl. des). . . . . **CZ** 37
Drouet d'Erlon (Pl.) . . . . . **AY** 38
Dubois (R. Th.). . . . . **AY** 39
Étape (R. de l') . . . . **AY** 40
Farman (Av. H.) . . . . **CZ** 43
Foch (Bd). . . . . **ABX** 46
Forum (Pl.) . . . . **BY** 47
Gerbert (R.) . . . . **BCY** 50
Gouraud (Pl. Gén.) . . . . **CZ** 51
Grand-Cerf (R. du). . . . . **CZ** 52
Herduin (R. Lt). . . . . **BY** 53
Houzeau Muiron (R.) . . **CY** 54
Jamot (R. Paul) . . . . **BY** 56
J.-J.-Rousseau (R.) . . . . **BX** 57
Jean-Jaurès (Av.) . . . . . **BCX**
Lambert (Bd Victor) . . . **CZ** 58
Langlet (Crs J.-B.) . . . . . **BY** 59
Laon (Av. de). . . . . **ABX**
Leclerc (Bd Général) . . . **AY** 60
Lefèbvre (R. E.) . . . . **CX** 61
Louvois (R. de) . . . . **BZ** 62
Magdeleine (R.) . . . . **AY** 63
Martyrs-de-la-Résistance (Pl. des) . **BY** 65
Montlaurent (R.) . . . . . . **CY** 67
Myron-Herrick (Pl.) . . . . **BY** 68
Philipe (R. Gérard). . . . . **CZ** 70
Prés.-F.-Roosevelt (R.) . . **AX** 72
République (Pl. de la). . **BX** 73
Rockefeller (R.) . . . . **BY** 75
St-Nicaise (Pl.) . . . . **CZ** 78
Salines (R. des) . . . . **CZ** 80
Sarrail (R. Gén.). . . . . . . **BX** 82
Strasbourg (R. de) . . . . **CX** 84
Talleyrand (R. de) . . . . . **ABY**
Temple (R. du). . . . . **BX** 85
Thillois (R. de) . . . . **AY** 86
Université (R. de l'). . . . **BY** 88
Vesle (R. de) . . . . **ABY**
Victor-Hugo (Bd) . . . . . . **CZ** 90
Zola (R. Émile). . . . . **AX** 92
16e-et-22e-Dragons (R. des) **CY** 94

Continental sans rest, 93 pl. Drouet-d'Erlon ✆ 03 26 40 39 35, *grand-hotel-continental@wanadoo.fr, Fax 03 26 47 51 12* – AE GB JCB AXY r
fermé 21 déc. au 7 janv. – 55 – **50 ch** 340/650

Porte Mars sans rest, 2 pl. République ✆ 03 26 40 28 35, *Fax 03 26 88 92 12* – AE GB AX k
55 50 – **24 ch** 360/460

Grand Hôtel du Nord sans rest, 75 pl. Drouet-d'Erlon ✆ 03 26 47 39 03, *Fax 03 26 40 92 26* – AE GB JCB AY m
fermé Noël au Jour de l'An – 35 – **50 ch** 295/330

Ibis Centre sans rest, 28 bd Joffre ✆ 03 26 40 03 24, *Fax 03 26 88 33 19* – 25 à 40. AE GB AX d
35 – **92 ch** 340/480

Crystal sans rest, 86 pl. Drouet-d'Erlon ✆ 03 26 88 44 44, *Fax 03 26 47 49 28*, – AE GB AXY n
39 – **31 ch** 300/390

Cathédrale sans rest, 20 r. Libergier ✆ 03 26 47 28 46, *Fax 03 26 88 65 81* – AE GB JCB BY e
40 – **17 ch** 288/387

Chardonnay, 184 av. Épernay ✆ 03 26 06 08 60, *Fax 03 26 05 81 56* – AE GB JCB V a
fermé 30 juil. au 15 août, sam. midi et dim. soir – **Repas** 150/420 et carte 280 à 440

Millénaire, 4 r. Bertin ✆ 03 26 08 26 62, *lemillenaire2@wanadoo.fr, Fax 03 26 84 24 13* – AE GB BY s
fermé sam. midi et dim. sauf fériés – **Repas** 150/400 et carte 320 à 450

Foch, 37 bd Foch ✆ 03 26 47 48 22, *Fax 03 26 88 78 22* – AE GB JCB AX a
fermé 31 juil. au 20 août, vacances de fév., sam. midi, dim. soir et lundi – **Repas** 175/230 et carte 230 à 420

Continental, 95 pl. Drouet d'Erlon ✆ 03 26 47 01 47, *Fax 03 26 40 95 60*, – AE GB AXY r
Repas *(85)* - 102/200, enf. 66

Vigneron, pl. P. Jamot ✆ 03 26 79 86 86, *Fax 03 26 79 86 87*, « Belle collection d'affiches anciennes » – GB BY a
fermé 4 au 19 août, 23 au 31 déc., sam. midi et dim. – **Repas** (nombre de couverts limité, prévenir) 150/260

Flo, 96 pl. Drouet d'Erlon ✆ 03 26 91 40 50, *Fax 03 26 91 40 54*, brasserie – AE GB AX v
Repas *(109)* - 172, enf. 48

Vigneraie, 14 r. Thillois ✆ 03 26 88 67 27, *Fax 03 26 40 26 67* – AE GB AY a
fermé 6 au 28 août, vacances de fév., merc. midi, dim.soir et lundi – **Repas** (nombre de couverts limité, prévenir) 95 (déj.), 140/280, enf. 60

Vonelly-Gambetta, 13 r. Gambetta ✆ 03 26 47 22 00, *ericarnaud@wanadoo.fr, Fax 03 26 47 22 43*, – AE GB BY d
fermé 23 juil. au 7 août – **Repas** 95/275

Brasserie Le Boulingrin, 48 r. Mars ✆ 03 26 40 96 22, *boulingrin@wanadoo.fr, Fax 03 26 40 03 92*, – AE GB BX e
fermé dim. – **Repas** 100 bc/150

Jamin, 18 bd Jamin ✆ 03 26 07 37 30, *Fax 03 26 02 09 64* – GB CX n
fermé 16 au 31 août, 21 au 28 janv., dim. soir et lundi – **Repas** 78 bc (déj.), 115 bc/140, enf. 54

Charmes, 11 r. Brûlart ✆ 03 26 85 37 63, *Fax 03 26 36 21 00* – GB CZ v
fermé 21 juil. au 5 août, sam. midi, dim. et fériés – **Repas** *(68)* - 130/160, enf. 55

rte de Châlons-en-Champagne *vers ③ : 3 km* – *51100 Reims :*

Mercure Parc des Expositions M, ✆ 03 26 05 00 08, *h0363@accor-hotels.com, Fax 03 26 85 64 72*, – 25 à 100. AE GB JCB V s
Repas 120, enf. 60 – 59 – **101 ch** 460/525

Reflets Bleus, 12 r. G. Voisin ✆ 03 26 82 59 79, *Fax 03 26 82 53 92*, – 25. AE GB V n
Repas *(fermé sam. midi et dim. soir)* 98/165 – 45 – **41 ch** 295/305

à Sillery *par ③ et D 8E : 11 km – 1 520 h. alt. 90 – 51500 :*

Relais de Sillery, ✆ 03 26 49 10 11, *Fax 03 26 49 12 07*, – GB
fermé 16 août au 5 sept., vacances de fév., dim. soir, mardi soir et lundi – **Repas** 105/265

à Montchenot *par ⑤ : 11 km – ✉ 51500 Rilly-la-Montagne :*

XXX **Grand Cerf** (Giraudeau), N 51 ☎ 03 26 97 60 07, *Fax 03 26 97 64 24*, – **P**. AE ⓓ GB
✿ *fermé août, vacances de fév., dim. soir, mardi soir et merc.* – **Repas** 195 (déj.), 285/470 et carte 340 à 490 ♀
Spéc. Homard "melon" (avril-sept.). Sandre rôti aux épices douces. Agneau de lait rôti sur l'os. **Vins** Champagne, Ludes.

par ⑦ *, autoroute A 4 sortie Tinqueux : 6 km – ✉ 51430 Tinqueux :*

Novotel M, ☎ 03 26 08 11 61, *h0428@accor-hotels.com, Fax 03 26 08 72 05*, – TV ☎ ♿ **P** – 30 à 150. AE ⓓ GB V u
Repas *(89)* - 118/125 ♀, enf. 60 – ☕ 59 – **127 ch** 495/545

Ibis sans rest, ☎ 03 26 04 60 70, *h0811@accor-hotels.com, Fax 03 26 84 24 40* – TV ☎ ♿ **P** – 35. AE ⓓ GB. V u
☕ 37 – **75 ch** 340/370

Campanile-Ouest, ZA Sarah Bernhardt ☎ 03 26 04 09 46, *Fax 03 26 84 25 87*, – TV ☎ ♿ **P** – 25. AE ⓓ GB V t
Repas 94/106 ♀, enf. 39 – ☕ 36 – **49 ch** 315

REIPERTSWILLER *67340 B.-Rhin* 87 ⑬ *G. Alsace Lorraine – 946 h alt. 230.*

Paris 447 – Strasbourg 57 – Bitche 19 – Haguenau 33 – Sarreguemines 47 – Saverne 32.

Couronne M , 13 r. Wimmenau ☎ 03 88 89 96 21, *Fax 03 88 89 98 22*, – TV ☎ **P**. GB
fermé 12 au 29 nov. et fév. – **Repas** *(fermé lundi et mardi)* 95 (déj.), 160/215 ♀ – ☕ 40 – **16 ch** 300/360 – ½ P 320/360

Le RELECQ-KERHUON *29 Finistère* 58 ④ *– rattaché à Brest.*

La REMIGEASSE *17 Char.-Mar.* 71 ⑭ *– voir à Oléron (Ile d').*

REMIREMONT *88200 Vosges* 62 ⑯ *G. Alsace Lorraine – 9 068 h alt. 400.*

Voir *Rue Ch.-de-Gaulle★ – Crypte★ de l'abbatiale St-Pierre.*

Office de Tourisme 2 r. Charles-de-Gaulle ☎ 03 29 62 23 70, Fax 03 29 23 96 79.

Paris 394 ⑤ – Épinal 27 ⑤ – Belfort 71 ② – Colmar 80 ① – Mulhouse 82 ② – Vesoul 66 ④.

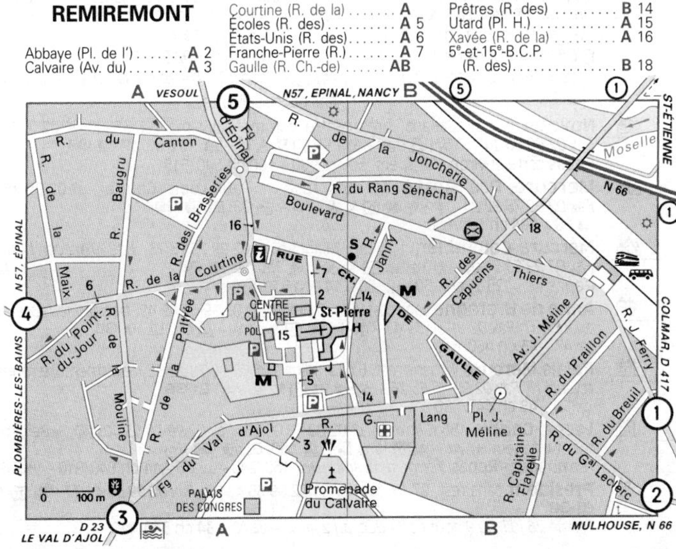

Cheval de Bronze sans rest, 59 r. Ch. de Gaulle ✆ 03 29 62 52 24, *Fax 03 29 62 34 90* – . AE GB B s
38 – **35 ch** 175/340

Clos Heurtebise, 13 chemin des Capucins par r. Capit. Flayelle B ✆ 03 29 62 08 04, *Fax 03 29 62 38 80,* , – P. AE GB.
fermé 7 au 21 janv., dim. soir, merc. soir et lundi – **Repas** 100/265

à St-Étienne-lès-Remiremont *par ① : 2 km – 4 085 h. alt. 400 – ✉ 88200 :*

Chalet Blanc M avec ch, 34 r. Pêcheurs (face centre commercial) ✆ 03 29 26 11 80, *chtblanc@freesurf.fr, Fax 03 29 26 11 81,* – P. GB
fermé 15 août au 1er sept., vacances de fév. – **Repas** *(fermé sam. midi, dim. soir et lundi)* 115/340 – 42 – **7 ch** 290/360 – ½ P 330/370

à Fallières *par ④ et D 3 : 4 km – ✉ 88200 :*

Logis des Prés Braheux, ✆ 03 29 62 23 67, *Fax 03 29 62 01 40,* , – P. AE GB
Repas 95/250, enf. 45 – 38 – **14 ch** 195/340 – ½ P 440

REMOULINS *30210 Gard* 80 ⑲ ⑳ *G. Provence – 1 771 h alt. 27.*
Paris 689 – Avignon 23 – Alès 50 – Arles 36 – Nîmes 23 – Orange 34 – Pont-St-Esprit 42.

Moderne, 8 av. Geoffroy-Perret ✆ 04 66 37 20 13, *Fax 04 66 37 01 85* – . AE GB
fermé 27 oct. au 25 nov., vend. soir et sam. d'oct à juin – **Repas** *(70)* - 85 (déj.), 100/160 , enf. 48 – 40 – **22 ch** 260/330 – ½ P 300/320

à St-Hilaire-d'Ozilhan *Nord-Est : 4,5 km par D792 – 618 h. alt. 55 – ✉ 30210 :*

L'Arceau , ✆ 04 66 37 34 45, *patricia.brunel@wanadoo.fr, Fax 04 66 37 33 90,* – P. AE GB
fermé 20 nov. au 15 fév., dim. soir et lundi du 1er oct. à Pâques – **Repas** *(105)* - 125/235 , enf. 65 – 38 – **25 ch** 350/380 – ½ P 290

RENAISON *42370 Loire* 73 ⑦ *G. Vallée du Rhône – 2 563 h alt. 387.*
Voir *Bourg★ de St-Haon-le-Châtel N : 2 km – Barrage de la Tache : rocher-belvédère★ 0 : 5 km.*
Paris 390 – Roanne 11 – Chauffailles 45 – Lapalisse 40 – St-Étienne 92 – Thiers 65 – Vichy 57.

Jacques Coeur avec ch, ✆ 04 77 64 25 34, *Fax 04 77 64 43 88,* – . AE GB
fermé dim. soir et lundi – **Repas** 90/185 – 35 – **8 ch** 220/295 – ½ P 230/265

RENNES P *35000 I.-et-V.* 59 ⑰ *G. Bretagne – 197 536 h Agglo. 245 065 h alt. 40.*
Voir *Le Vieux Rennes★★ – Jardin du Thabor★★ – Palais de justice★★ – Retable★★ à l'intérieur★ de la cathédrale St-Pierre* AY *– Musées : de Bretagne★, des Beaux-Arts★* **BY M**.
de Rennes-St-Jacques : ✆ 02 99 29 60 00, par ⑦ : 7 km.
Office de Tourisme 11 r. St-Yves ✆ 02 99 67 11 11, Fax 02 99 67 11 00.
Paris 349 ③ – Angers 128 ④ – Brest 245 ⑨ – Caen 184 ② – Le Mans 155 ③ – Nantes 109 ⑥.

Plans pages suivantes

Novotel M, av. Canada, près centre commercial Alma ✉ 35200 ✆ 02 99 86 14 14, *Fax 02 99 86 14 15,* , , – – 15 à 90. AE GB CV e
Repas carte environ 160 , enf. 50 – 60 – **100 ch** 540/615

Mercure Pré Botté M sans rest, r. Paul Louis Courier ✆ 02 99 78 82 20, *Fax 02 99 78 82 21* – – 25. AE GB BZ t
60 – **104 ch** 560/850

Mercure Colombier, 1 r. Cap. Maignan ✆ 02 99 29 73 73, *h1249@accor-hotels.com, Fax 02 99 29 54 00* – – 150. AE GB ABZ m
Repas *(95)* - 125 , enf. 50 – 60 – **142 ch** 530/630

Anne de Bretagne sans rest, 12 r. Tronjolly ✆ 02 99 31 49 49, *hotelannedebretagne@wanadoo.fr, Fax 02 99 30 53 48* – – 20. AE GB JCB AZ q
47 – **43 ch** 460/610

Relais Mercure M sans rest, 6 r. Lanjuinais ✆ 02 99 79 12 36, *relaismercure.rennes@libertysurf.fr, Fax 02 99 79 65 76* – . AE GB AY n
50 – **48 ch** 440/550

Lecoq-Gadby, 156 r. Antrain ✆ 02 99 38 05 55, *Fax 02 99 38 53 40,* , « Bel aménagement intérieur », – – 150. AE GB JCB DU x
fermé août – **Repas** *(fermé dim. soir) (110)* - 150/240 – 75 – **11 ch** 640/910 – ½ P 600/655

Président sans rest, 27 av. Janvier ✆ 02 99 65 42 22, *Fax 02 99 65 49 77* – . AE GB BZ n
fermé 26 juil. au 9 août et 21 déc. au 2 janv. – 42 – **34 ch** 340/410

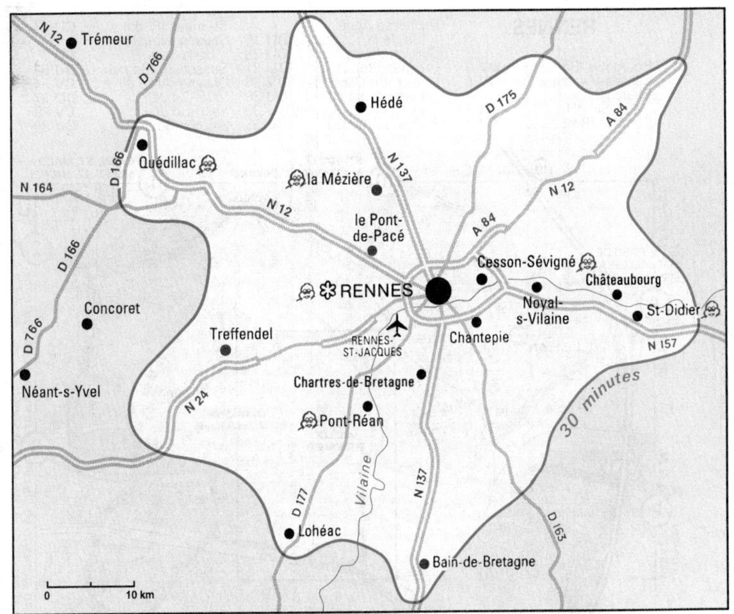

Sévigné sans rest, 47 av. Janvier ✆ 02 99 67 27 55, *hotellesevigne@free.fr, Fax 02 99 30 66 10* – ⎮≑⎮ TV ✆. ♿. AE ⓓ GB BZ a
☕ 38 – **44 ch** 300/420

Kyriad M sans rest, 6 pl. Gare ✆ 02 99 30 25 80, *Fax 02 99 31 84 88* – ⎮≑⎮ ▤ TV ✆ ♿. AE ⓓ GB BZ s
☕ 50 – **47 ch** 340/440

Astrid M sans rest, 32 av. L. Barthou ✆ 02 99 30 82 38, *hotelastrid@wanadoo.fr, Fax 02 99 31 88 55* – ⎮≑⎮ TV ♿. AE ⓓ GB JCB BZ u
☕ 39 – **30 ch** 315/335

Lanjuinais sans rest, 11 r. Lanjuinais ✆ 02 99 79 02 03, *Fax 02 99 79 03 97* – ⎮≑⎮ TV ✆. AE ⓓ GB JCB AZ v
☕ 38 – **33 ch** 205/335

Brest sans rest, 15 pl. Gare ✆ 02 99 30 35 83, *hotel.de.brest@wanadoo.fr, Fax 02 99 30 08 60* – ⎮≑⎮ TV ✆. GB JCB. ✂ BZ e
fermé 28 déc. au 4 janv. – ☕ 45 – **48 ch** 280/350

Garden Hôtel sans rest, 3 r. Duhamel ✆ 02 99 65 45 06, *Fax 02 99 65 02 62* – ⎮≑⎮ TV ✆. AE GB BZ r
☕ 42 – **26 ch** 260/340

XXX ✿ **Fontaine aux Perles** (Gesbert), quartier de la Poterie par ④, *96 r. Poterie* ✉ 35200 ✆ 02 99 53 90 90, *lafontaineauxperles@dial.oleane.com, Fax 02 99 53 47 77,* ☂, 🌳 – P. AE ⓓ GB JCB
fermé 4 au 19 août, dim. soir et lundi – **Repas** 140/390 et carte 350 à 420 ♀, enf. 68
Spéc. Galette de turbot à l'andouille. Civet de homard au vouvray moelleux. Poire rôtie et nougat glacé.

XXX **Escu de Runfao,** 11 r. Chapître ✆ 02 99 79 13 10, *Fax 02 99 79 43 80,* ☂, « Maison à colombage du 17e siècle » – AE GB AY a
fermé 5 au 24 août, vacances de fév., sam. midi et dim. soir – **Repas** 148/465 et carte 320 à 480 ♀

XXX **Corsaire,** 52 r. Antrain ✉ 35700 ✆ 02 99 36 33 69, *Fax 02 99 36 33 69* – AE ⓓ GB
fermé dim. sauf le midi de sept. à juin et lundi en juil.-août – **Repas** 110/178 et carte 260 à 400 ♀, enf. 68 BX y

XXX ⊕ **L'Ouvrée,** 18 pl. Lices ✆ 02 99 30 16 38, *Fax 02 99 30 16 38* – AE ⓓ GB JCB AY z
fermé 7 au 17 avril, 1er au 15 août, sam. midi, dim. soir et lundi – **Repas** 84/198 et carte 210 à 320 ♀

RENNES

Bourgeois (Bd L.) . . . . . **DV** 3
Canada (Av. du) . . . . **CV** 6
Churchill
(Av. Sir W.) . . . . **CU** 13
Combes (Bd E.) . . . . **DV** 14
Duchesse Anne
(Bd de la) . . . . **DU** 15
Guilloux (R. L.) . . . . **CU** 23
Laennec (Bd) . . . . **DU** 31
Leroux (Bd Oscar) . . . . **DV** 36
Lorient (R. de) . . . . **CU** 38
Maginot (Av. du Sergent) **DU** 39
Pompidou (Bd G.) . . . . . **CV** 55
St-Brieuc (R. du) . . . . . . **CU** 64
St-Jean-Baptiste
de la Salle (Bd) . . . . . **CU** 70
Strasbourg (Bd de) . . . . **DU** 83
Ukraine (Allée d') . . . . . **CV** 84
Vitré (Bd de) . . . . **DU** 87
Yser (Bd de l') . . . . **CV** 88
3-Croix (Bd des) . . . . . . **CU** 89

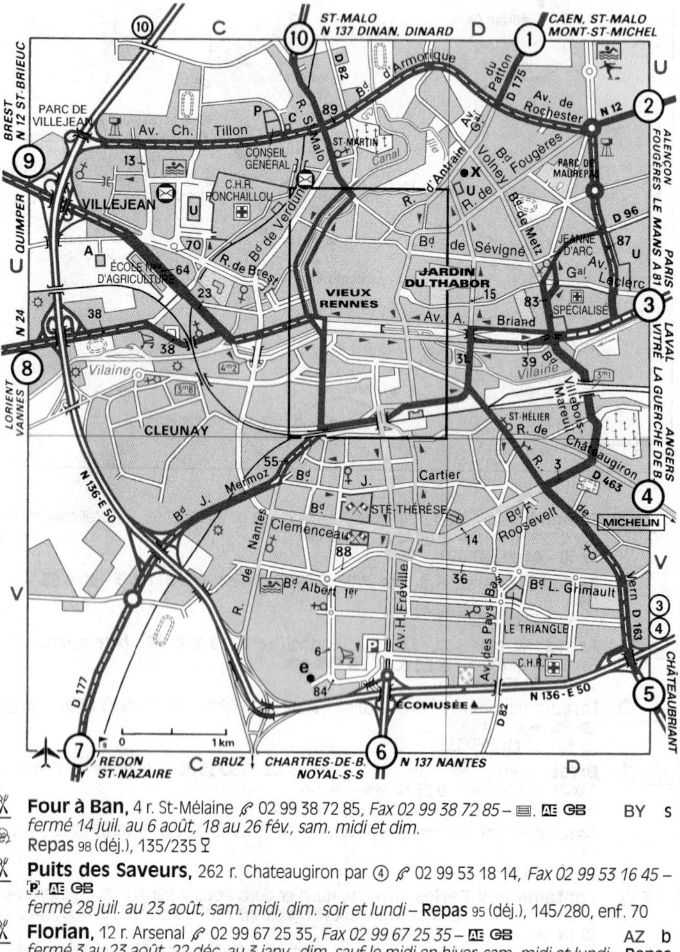

XX **Four à Ban,** 4 r. St-Mélaine ✆ 02 99 38 72 85, *Fax 02 99 38 72 85* – ▤. AE GB — BY s
fermé 14 juil. au 6 août, 18 au 26 fév., sam. midi et dim.
Repas 98 (déj.), 135/235 ♀

XX **Puits des Saveurs,** 262 r. Chateaugiron par ④ ✆ 02 99 53 18 14, *Fax 02 99 53 16 45* – P. AE GB
fermé 28 juil. au 23 août, sam. midi, dim. soir et lundi – **Repas** 95 (déj.), 145/280, enf. 70

XX **Florian,** 12 r. Arsenal ✆ 02 99 67 25 35, *Fax 02 99 67 25 35* – AE GB — AZ b
fermé 3 au 23 août, 22 déc. au 3 janv., dim. sauf le midi en hiver, sam. midi et lundi – **Repas** (nombre de couverts limité, prévenir) 105/230 ♀, enf. 68

XX **Chouin,** 12 r. Isly ✆ 02 99 30 87 86, *Fax 02 99 31 39 72* – GB — BZ h
fermé 1er au 15 août, dim. et lundi – **Repas** - produits de la mer - *(79)* - 99/129 ♀

X **Léon le Cochon,** 1 r. Mar. Joffre ✆ 02 99 79 37 54, *Fax 02 99 79 07 35* – ▤. AE ◑ GB JCB — BY x
fermé dim. en juil.-août – **Repas** bistrot *(69 bc)* - carte 140 à 220 ♀

X **Gourmandin,** 4 pl. Bretagne ✆ 02 99 30 42 01, *Fax 02 99 30 42 01* – ▤. AE ◑ GB
fermé 27 juil. au 21 août, 10 au 20 fév., sam. midi, lundi midi et dim. – **Repas** (nombre de couverts limité, prévenir) 86/160 ♀ — AYZ r

X **Petit Sabayon,** 16 r. des Trente ✆ 02 99 35 02 04, *petitsabayon@wanadoo.fr* – GB
fermé 4 au 21 août, sam. midi, dim. et lundi – **Repas** (nombre de couverts limité, prévenir) 78 (déj.), 111/161 — AZ y

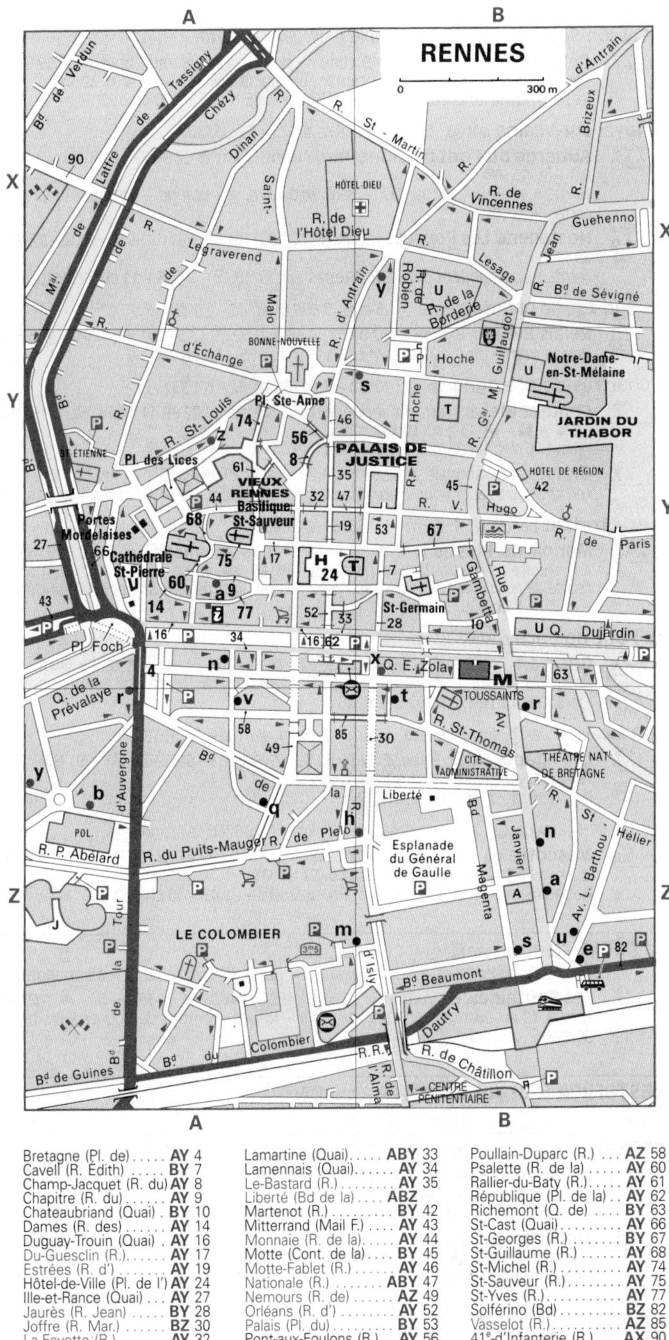

Bretagne (Pl. de) ..... **AY** 4
Cavell (R. Édith) ..... **BY** 7
Champ-Jacquet (R. du) **AY** 8
Chapitre (R. du) ...... **AY** 9
Chateaubriand (Quai) . **BY** 10
Dames (R. des) ...... **AY** 14
Duguay-Trouin (Quai) . **AY** 16
Du-Guesclin (R.)...... **AY** 17
Estrées (R. d') .... **AY** 19
Hôtel-de-Ville (Pl. de l') **AY** 24
Ille-et-Rance (Quai) ... **AY** 27
Jaurès (R. Jean) ..... **BY** 28
Joffre (R. Mar.) ...... **BZ** 30
La-Fayette (R.) .... **AY** 32
Lamartine (Quai)..... **ABY** 33
Lamennais (Quai)...... **AY** 34
Le-Bastard (R.) .... **AY** 35
Liberté (Bd de la) .... **ABZ**
Martenot (R.) .... **BY** 42
Mitterrand (Mail F.) .... **AY** 43
Monnaie (R. de la)..... **AY** 44
Motte (Cont. de la).... **BY** 45
Motte-Fablet (R.) ...... **AY** 46
Nationale (R.) .... **ABY** 47
Nemours (R. de) ...... **AZ** 49
Orléans (R. d') .... **AY** 52
Palais (Pl. du) .... **BY** 53
Pont-aux-Foulons (R.) .. **AY** 56
Poullain-Duparc (R.) ... **AZ** 58
Psalette (R. de la) ..... **AY** 60
Rallier-du-Baty (R.)..... **AY** 61
République (Pl. de la) .. **AY** 62
Richemont (Q. de) .... **BY** 63
St-Cast (Quai)......... **AY** 66
St-Georges (R.) .... **BY** 67
St-Guillaume (R.) ...... **AY** 68
St-Michel (R.) .... **AY** 74
St-Sauveur (R.)........ **AY** 75
St-Yves (R.)........... **AY** 77
Solférino (Bd) .... **BZ** 82
Vasselot (R.).......... **AZ** 85
41e-d'Infanterie (R.) ... **AX** 90

à Cesson-Sévigné *par ③ : 6 km – 12 708 h. alt. 28 – ✉ 35510 :*

XX **Germinal** avec ch, 9 cours de la Vilaine, au bourg ☎ 02 99 83 11 01, *Fax 02 99 83 45 16*, ←, « Ancien moulin sur la Vilaine » – TV ☎ P. AE GB
Repas *(fermé lundi en juil.-août)* 105/350, enf. 65 – ☕ 55 – **20 ch** 350/440 – ½ P 335/375

à Noyal-sur-Vilaine *par ③ : 12 km – 4 089 h. alt. 75 – ✉ 35530 :*

XXX **Auberge du Pont d'Acigné,** rte d'Acigné : 3 km ☎ 02 99 62 52 55, *Fax 02 99 62 21 70*, – P. AE GB
fermé 6 au 22 août, 2 au 8 janv., sam. midi, dim. soir et lundi – **Repas** 95 (déj.), 165/350 et carte 290 à 360 ♀

XX **Hostellerie Les Forges** avec ch, ☎ 02 99 00 51 08, *Fax 02 99 00 62 02* – TV P – 30. AE GB
fermé 6 au 19 août et dim. soir – **Repas** *(59)* - 75/185 ♀ – ☕ 35 – **11 ch** 225/310

Z.I. Sud-Est de Chantepie *par ④ : 5 km – 5 898 h. alt. 40 – ✉ 35135 :*

Relais Bleus, r. Bignon ☎ 02 99 32 34 34, *Fax 02 99 53 57 26* – TV ☎ P – 30. AE GB
Repas *(fermé dim. midi et sam.)* 82/115 ♀ – ☕ 35 – **50 ch** 290

à Chartres-de-Bretagne *par ⑥ : 10 km – 5 543 h. alt. 37 – ✉ 35131 :*

Chaussairie sans rest, sur ancienne rte de Nantes ☎ 02 99 41 14 14, *Fax 02 99 41 33 44* – TV ☎ ♿ P – 15 à 30. AE GB.
fermé 26 déc. au 2 janv. – ☕ 39 – **35 ch** 270/330

XX **Braise,** 92 r. Nationale ☎ 02 99 41 21 29, *Fax 02 99 41 33 80*, – P. AE GB
fermé 31 juil. au 21 août, 2 au 10 janv., sam. midi, dim. soir et lundi soir – **Repas** 99/320 ♀

rte de Lorient *par ⑧, N 24 : 6 km – ✉ 35650 Le Rheu :*

XXX **Manoir du Plessis** avec ch, ☎ 02 99 14 79 79, *adesmo@aol.fr*, *Fax 02 99 14 69 60*, « Demeure de maître dans un parc », – P. AE GB. ch
fermé 13 au 20 août et 31 déc. au 7 janv. – **Repas** *(fermé dim. soir et lundi)* 98 (déj.), 135/230 – ☕ 55 – **5 ch** 550/590

au Pont-de-Pacé *par ⑨ : 10 km – ✉ 35740 Pacé :*

XXX **Griotte,** r. Dr Léon ☎ 02 99 60 15 15, *Fax 02 99 60 26 84*, – P. AE GB
fermé 20 fév. au 10 mars, 26 juil. au 28 août, dim. soir, mardi soir et merc. – **Repas** *(90)* - 110/300 et carte 170 à 290 ♀, enf. 65

à La Mézière *par ⑩*, sortie Gévezé : 15 km – *2 142 h. alt. 106 – ✉ 35520 :*

XX **Les Agapes,** 22 pl. Église ☎ 02 99 69 39 27, *Fax 02 99 69 32 42*, – AE GB
fermé 12 au 27 août, dim. soir et lundi
Repas 98 (déj.), 130/195 ♀, enf. 55

rte de St-Malo *par ⑩* - sortie St-Grégoire : 6,5 km – *✉ 35760 St-Grégoire :*

Mascotte M, Espace Performance Alphasis ☎ 02 99 23 78 78, *Fax 02 99 23 78 33*, – TV ☎ ♿ P – 20 à 60. AE GB
Repas *(fermé vend. soir, sam. et dim.)* 99/250 ♀ – ☕ 45 – **48 ch** 420/580

La RÉOLE *33190 Gironde 75 ⑬ – 4 273 h alt. 44.*

Paris 627 – Bordeaux 74 – Casteljaloux 42 – Duras 25 – Libourne 47 – Marmande 28.

XX **Les Fontaines,** 8 r. Verdun ☎ 05 56 61 15 25, *Fax 05 56 61 15 25*, – AE GB
fermé 12 au 26 nov., dim. soir et lundi – **Repas** (nombre de couverts limité, prévenir) 90/240 ♀, enf. 50

RESTONICA (Gorges de la) *2B H.-Corse 90 ⑤ – voir à Corse (Corte).*

RETHEL *08300 Ardennes 56 ⑦ G. Champagne Ardenne – 7 923 h alt. 80.*

Syndicat d'Initiative Hôtel-de-Ville ☎ 03 24 39 51 40, Chalet du bureau du tourisme (de juin à sept.) r. Gambetta ☎ 03 24 39 51 45.

Paris 188 – Charleville-Mézières 46 – Reims 42 – Laon 58 – Verdun 108.

Moderne, pl. Gare ☎ 03 24 38 44 54, *hotel.le.moderne@wanadoo.fr*, *Fax 03 24 38 37 84* – rest, TV ☎ – 70. AE GB
Repas 100/160 ♀, enf. 60 – ☕ 35 – **21 ch** 210/260 – ½ P 475

RETHONDES *60 Oise 56 ③,, 106 ⑪ – rattaché à Compiègne.*

REUGNY *03190 Allier* 69 ⑫ – *263 h alt. 204.*
Paris 317 – Moulins 64 – Bourbon-l'Archambault 43 – Montluçon 15 – Montmarault 45.

XX **Table de Reugny**, ✆ 04 70 06 70 06, *Fax 04 70 06 70 06*, 🏞, 🚗 – GB. ✂
fermé 25 août au 10 sept., 2 au 15 janv., dim. soir, lundi et mardi – **Repas** (82) - 115 (déj.), 145/250

REUILLY-SAUVIGNY *02850 Aisne* 56 ⑮ – *189 h alt. 78.*
Paris 112 – Reims 49 – Épernay 34 – Château-Thierry 17 – Soissons 46 – Troyes 115.

XXX ✿ **Auberge Le Relais** (Berthuit) avec ch, ✆ 03 23 70 35 36, *auberge.relais.de.reuilly@wanadoo.fr, Fax 03 23 70 27 76*, 🚗 – ▤ TV ✆ P. AE ⓞ GB. ✂ ch
fermé 19 août au 6 sept., vacances de fév., mardi et merc. – **Repas** 170/435 et carte 360 à 510 – ☕ 60 – **7 ch** 320/520
Spéc. Homard bleu en aiguillettes. Noix de Saint-Jacques (15 oct. au 15 avril). Pigeon en filets, légumes au beurre demi-sel. **Vins** Bouzy, Cumières.

REVEL *31250 H.-Gar.* 82 ⑳ *G. Midi Pyrénées* – *7 520 h alt. 210.*
Office de Tourisme pl. Philippe-VI-de-Valois ✆ 05 61 83 50 06, Fax 05 62 18 06 21.
Paris 746 – Toulouse 51 – Carcassonne 46 – Castelnaudary 21 – Castres 28 – Gaillac 63.

🏨 **Midi**, 34 bd Gambetta ✆ 05 61 83 50 50, *Fax 05 61 83 34 74*, 🏞 – TV. ⓞ GB
Repas *(fermé 12 nov. au 6 déc. et dim. soir d'oct. à Pâques)* 90/250 ♀, enf. 60 – ☕ 40 – **17 ch** 220/400 – ½ P 190/280

XX **Lauragais**, 25 av. Castelnaudary ✆ 05 61 83 51 22, *Fax 05 62 18 91 79*, 🏞, « Cadre rustique », 🚗 – P. AE ⓞ GB
Repas 140/360 ♀

au Nord *par rte de Castres : 3 km* – ✉ *31250 Revel :*

XX **Auberge des Mazies** ⛰ avec ch, ✆ 05 61 27 69 70, *mazies31@free.fr, Fax 05 62 18 06 37*, 🏞, « Jardin », 🚗 – TV ✆ P. AE ⓞ GB JCB
fermé 29 oct. au 12 nov. et 26 déc. au 14 janv. – **Repas** *(fermé dim. soir et lundi)* 75 (déj.), 95/250 ♀, enf. 60 – ☕ 35 – **7 ch** 285/310 – ½ P 265

à St-Ferréol *Sud-Est : 3 km par D 629* – ✉ *31250.*
Voir Bassin de St-Ferréol★.

🏨 **Hôtellerie du Lac** ⛰, ✆ 05 62 18 70 80, *Fax 05 62 18 71 13*, ≤, 🏞, 🏊, 🚗 – cuisinette TV ✆ ♿ P – 🎤 50. GB. ✂ ch
fermé 23 déc. au 2 janv. – **Repas** *(fermé 23 déc. au 15 janv., dim. soir et lundi sauf juil.-août)* (75) - 90/200 ♁, enf. 60 – ☕ 35 – **21 ch** 320/350, 4 duplex – ½ P 290

REVENTIN-VAUGRIS *38 Isère* 74 ⑪ – *rattaché à Vienne.*

REVIGNY-SUR-ORNAIN *55800 Meuse* 56 ⑲ – *3 528 h alt. 144.*
Paris 238 – Bar-le-Duc 18 – St-Dizier 29 – Vitry-le-François 34.

XXX ✿ **Les Agapes et Maison Forte** (Joblot) ⛰ avec ch, pl. Henriot du Coudray ✆ 03 29 70 56 00, *lamaisonfortelesagapes@minitel.net, Fax 03 29 70 59 30*, 🏞, « Maison du 17e siècle », 🚗 – TV ✆ ♿ P. AE ⓞ GB. ✂ ch
fermé 1er au 13 août, vacances de fév., dim. soir et lundi – **Repas** 165/320 et carte 290 à 370 ♀, enf. 70 – ☕ 60 – **7 ch** 320/700
Spéc. Salade de homard aux pissenlits (saison). Pot-au-feu de foie gras. Lièvre à la royale (oct. à déc.). **Vins** Auxerrois et Pinot noir de Meuse.

RÉVILLE *50760 Manche* 54 ③ – *1 205 h alt. 12.*
Voir La Pernelle ✵★★ du blockhaus O : 3 km – Pointe de Saire : blockhaus ≤★ SE : 2,5 km, G. Normandie Cotentin.
Paris 349 – Cherbourg 33 – Carentan 45 – St-Lô 73 – Valognes 23.

X ⊛ **Au Moyne de Saire** avec ch, ✆ 02 33 54 46 06, *au.moyne.de.saire@wanadoo.fr, Fax 02 33 54 14 99* – P. AE GB
fermé fév. et merc. – **Repas** (62) - 82/240, enf. 40 – ☕ 35 – **11 ch** 195/295 – ½ P 230/270

REY *30 Gard* 80 ⑯ – *rattaché au Vigan.*

REZÉ *44 Loire-Atl.* 67 ③ – *rattaché à Nantes.*

Le RHIEN *70 H.-Saône* 66 ⑦ – *rattaché à Ronchamp.*

RHINAU *67860 B.-Rhin* 62 ⑩ *– 2 286 h alt. 158.*

Paris 513 – Strasbourg 40 – Marckolsheim 27 – Molsheim 38 – Obernai 27 – Sélestat 26.

XXX **Au Vieux Couvent** (Albrecht), ✆ 03 88 74 61 15, *Fax 03 88 74 89 19*, 🏠 – AE ⓓ GB
✿ *fermé 2 au 19 juil., mardi et merc.* – **Repas** 160/490 et carte 380 à 450 🍷, enf. 100
Spéc. Fines rouelles d'anguilles du Rhin au melfor. Symphonie de ravioli au jus de persil. Le grand dessert. **Vins** Riesling, Tokay-Pinot gris.

RIANS *83560 Var* 84 ④, 114 ⑰ ⑱ *– 2 720 h alt. 406.*

🅘 *Office de Tourisme pl. du Posteuil ✆ 04 94 80 33 37, Fax 04 94 80 33 37.*

Paris 775 – Marseille 71 – Aix-en-Provence 34 – Avignon 100 – Manosque 34 – Toulon 80.

XX **Roquette,** rte Manosque : 1 km ✆ 04 94 80 32 58, 🏠 – P. GB
fermé 2 janv. au 1er fév., dim. soir et lundi sauf fériés
Repas 140/260 🍷, enf. 55

rte de St-Maximin *: 5 km par D 3 – ✉ 83560 Rians :*

XXX **Bois St-Hubert** avec ch, ✆ 04 94 80 31 00, *Fax 04 94 80 55 71*, 🏠, « Belle décoration intérieure », 🏊, – TV ✆ P. AE ⓓ GB JCB
fermé 5 janv. au 25 mars, lundi et mardi sauf de juin à sept. – **Repas** 180/250 et carte 300 à 370 🍷, enf. 95 – ☕ 70 – **8 ch** 600/950 – 1/2 P 800/900

Pour les grands voyages d'affaires ou de tourisme,
Guide Rouge MICHELIN : EUROPE.

RIBEAUVILLÉ SP *68150 H.-Rhin* 62 ⑱ ⑲ *G. Alsace Lorraine – 4 774 h alt. 240.*

Voir *Grand'Rue*★★ *: tour des Bouchers*★.

Env. *Riquewihr*★★★ *– Château du Haut-Ribeaupierre : ※★★ – Château de St-Ullrich★ : ※★★.*

🅘 *Office de Tourisme 1 Grand'Rue ✆ 03 89 73 62 22, Fax 03 89 73 23 62.*

Paris 433 ⑤ – Colmar 14 ③ – Mulhouse 59 ④ – St-Dié 41 ⑤ – Sélestat 16 ②.

RIBEAUVILLÉ

Abbé Kremp (R. de l') . . . . A 2
Bergheim (Rte de) . . . . B
Château (R. du) . . . . A 3
Flesch (R.) . . . . B 5
Fontaine (R. de la) . . . . A 6
Frères-Mertian (R. des) . . . A 7
Gaulle (Av. du Gén.-de) . . . B 9
Gouraud (Pl.) . . . . B 10
Grand'Rue . . . . AB
Halle-aux-Blés (R.) . . . . B 12
Juifs (R. des) . . . . B
Klée (R.) . . . . B
Klobb (R.) . . . . A
Lutzelbach (R. du) . . . . A
Mairie (Pl. de la) . . . . A 13
Marne (R. de la) . . . . A
Rempart-de-la-Streng (R. du) . . . AB
République (Pl. de la) . . . . A
Sainte-Marie-aux-Mines (Rte) . . . . A 15
Sinne (Pl. de la) . . . . A 16
Tanneurs (R. des) . . . . B 18
Vignoble (R. du) . . . . A
Ire-Armée (Pl. de la) . . . . B
3-Décembre (R. du) . . . . AB

« Zone piétonne en saison »

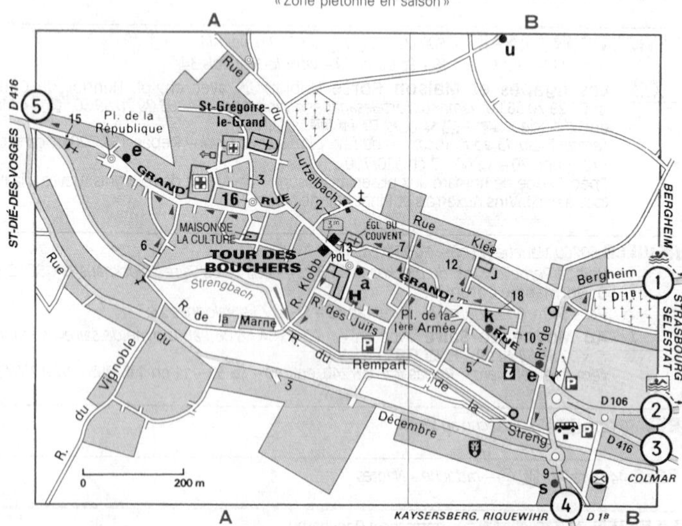

Clos St-Vincent, Nord-Est : 1,5 km par rte secondaire 03 89 73 67 65, *closvincent@aol.com, Fax 03 89 73 32 20,* la plaine d'Alsace, , « Dans le vignoble », , – GB B u
mi-mars-mi-nov. – **Repas** *(fermé merc. midi, vend. midi et mardi)* 185 (déj.)/270 – **12 ch** 775/1050, 3 appart – 1/2 P 700/780

Ménestrel sans rest, 27 av. Gén. de Gaulle par ④ 03 89 73 80 52, *menestrel2@wanadoo.fr, Fax 03 89 73 32 39,* , – – 30. AE GB
fermé 15 fév. au 15 mars – 75 – **28 ch** 395/560

Tour sans rest, 1 r. Mairie 03 89 73 72 73, *hoteldelatour@aol.com, Fax 03 89 73 38 74,* – . AE GB JCB A a
fermé 1er au 15 mars – 42 – **35 ch** 335/460

Cheval Blanc, 122 Grand Rue 03 89 73 61 38, *cheval-blanc-ribeauville@wanadoo.fr, Fax 03 89 73 37 03* – . GB JCB A e
fermé 15 nov. au 3 déc. et 20 déc. au 1er fév. – **Repas** *(fermé mardi midi et lundi)* 55 (déj.), 120/190, enf. 40 – 40 – **25 ch** 200/310 – 1/2 P 240/270

Haut Ribeaupierre, 1 rte Bergheim 03 89 73 87 63, *Fax 03 89 73 88 15* – GB B e
fermé fin nov., fév., mardi et merc. – **Repas** 150/240

Relais des Ménétriers, 10 av. Gén. de Gaulle 03 89 73 64 52, *Fax 03 89 73 69 94* – GB B s
fermé 29 juin au 17 juil., 23 déc. au 2 janv., jeudi soir, dim. soir et lundi – **Repas** 98/190

Wistub Zum Pfifferhüs, 14 Grand rue 03 89 73 62 28, *Fax 03 89 73 80 34,* rest. non-fumeurs exclusivement, « Cadre typiquement alsacien » – GB. B k
fermé 1er juil. au 2 août, 1er janv. au 7 fév., merc. et jeudi – **Repas** (prévenir) carte environ 180

rte de Ste-Marie-aux-Mines *par ⑤ sur D 416 : 4 km* – *68150 :*

Au Valet de Coeur et Hostel de la Pépinière avec ch, 03 89 73 64 14, *Fax 03 89 73 88 78,* – . AE GB
fermé mi janv. à début fév. – **Repas** *(fermé dim. soir, mardi midi et lundi)* 210/450 et carte 340 à 410 – 50 – **18 ch** 270/300 – 1/2 P 550/650
Spéc. Terrine de foie gras d'oie. Filet d'omble chevalier aux champignons sauvages. Os à moelle gratiné aux truffes noires (déc.-janv.). **Vins** Riesling, Pinot rouge.

RIBÉRAC *24600 Dordogne 75 ④ G. Périgord Quercy – 4 118 h alt. 68.*

Office de Tourisme pl. Gén.-de-Gaulle 05 53 90 03 10, Fax 05 53 91 35 13.
Paris 508 – Périgueux 39 – Angoulême 59 – Barbezieux 59 – Bergerac 53 – Libourne 66.

France, 05 53 90 00 61, *Fax 05 53 91 06 05,* – . GB
fermé 15 nov. au 15 déc., mardi midi, sam. midi et lundi sauf juil.-août – **Repas** 85 (déj.), 100/230, enf. 60 – 45 – **12 ch** 200/310 – 1/2 P 250/290

Rêv'Hôtel, rte de Périgueux : 1,5 km 05 53 91 62 62, *Fax 05 53 91 48 96,* – – 25. GB
Repas *(65)* - 95/158, enf. 40 – 32 – **17 ch** 190/240 – 1/2 P 205

Les RICEYS *10340 Aube 61 ⑰ G. Champagne Ardenne – 1 421 h alt. 180.*

Paris 211 – Troyes 47 – Bar-sur-Aube 50 – St-Florentin 58 – Tonnerre 37.

Magny avec ch, D 452 03 25 29 38 39, *Fax 03 25 29 11 72,* , – . GB
fermé janv., fév., mardi soir et merc. sauf hôtel de juin à sept. – **Repas** 70/230, enf. 45 – 40 – **12 ch** 350 – 1/2 P 290/315

RIEC-SUR-BELON *29340 Finistère 58 ⑪ ⑯ – 4 014 h alt. 65.*

Office de Tourisme pl. l'Église 02 98 06 97 65, Fax 02 98 06 93 73.
Paris 530 – Quimper 39 – Carhaix-Plouguer 62 – Concarneau 21 – Quimperlé 13.

au Port de Belon *Sud : 4 km par C 3 et C 5* – *29340 Riec-sur-Belon :*

Chez Jacky, 02 98 06 90 32, *Fax 02 98 06 49 72,* , « En bordure du Belon » – GB
début avril-30 sept. et fermé lundi sauf fériés – **Repas** - produits de la mer seul. - (en saison, prévenir) 190/450, enf. 45

RIEUPEYROUX *12240 Aveyron 80 ① – 2 348 h alt. 750.*

Paris 627 – Rodez 40 – Albi 54 – Carmaux 38 – Millau 93 – Villefranche-de-Rouergue 24.

Commerce, 05 65 65 53 06, *Fax 05 65 65 56 58,* , , – – 30. AE GB
fermé 19 déc. au 20 janv., dim. soir et lundi du 5 sept. au 20 juin – **Repas** 88/157, enf. 45 – 32 – **22 ch** 260/320 – 1/2 P 270

RIEZ *04500 Alpes de H.P.* **81** ⑯, **114** ⑦ *G. Alpes du Sud – 1 707 h alt. 520.*

Voir Baptistère★ – Echassier fossile★ au musée "Nature en Provence" – Mont St-Maxime ✻★ NE : 2 km.

Office de Tourisme 4 allée Louis-Gardiol ✆ 04 92 77 82 80, Fax 04 92 77 79 67.

Paris 777 – Digne-les-Bains 41 – Brignoles 65 – Castellane 59 – Manosque 34 – Salernes 46.

Carina sans rest, ✆ 04 92 77 85 43, *Fax 04 92 77 85 44* – TV ✆ ♿ P. GB. ✗
1er avril-31 oct. – ☕ 40 – **30 ch** 300/380

RIGNAC *12390 Aveyron* **80** ① *– 1 668 h alt. 500.*

Voir Commune de la "Méridienne verte".

Paris 612 – Rodez 28 – Aurillac 88 – Figeac 39 – Villefranche-de-Rouergue 30.

Marre, rte Belcastel ✆ 05 65 64 51 56, 🏖 , 🌳 – 🚗 P. GB
fermé vacances de Printemps, de Noël, dim. soir et lundi – **Repas** *(54)* - 72 bc/160 ♀, enf. 48 – ☕ 29 – **13 ch** 190/230 – ½ P 210/230

Delhon, rte Belcastel ✆ 05 65 64 50 27 – AE GB
fermé dim. soir et sam. d'oct. à juin – **Repas** 85 bc/150 bc – ☕ 30 – **18 ch** 140/250 – ½ P 170/190

RIGNY *70 H.-Saône* **66** ⑭ *– rattaché à Gray.*

RILLÉ *37340 I.-et-L.* **64** ⑬ *– 275 h alt. 82.*

Paris 265 – Tours 38 – Angers 73 – Chinon 39 – Saumur 39.

Logis du Lac 🐟, Ouest : 2 km sur D 49 ✆ 02 47 24 66 61, 🌳 – ✆ P. GB
fermé janv. à mars (sauf hôtel), 12 au 30 nov., dim. soir et merc. du 15 sept. au 15 juin – **Repas** 70 bc (déj.), 98/145, enf. 50 – ☕ 39 – **6 ch** 200/240 – ½ P 210

RILLIEUX-LA-PAPE *69 Rhône* **74** ⑪ ⑫., **110** ⑮ *– rattaché à Lyon.*

RILLY-SUR-LOIRE *41150 L.-et-Ch.* **64** ⑯ *– 321 h alt. 66.*

Paris 206 – Tours 39 – Amboise 15 – Blois 23 – Montrichard 17.

Auberge des Voyageurs, ✆ 02 54 20 98 85, *Fax 02 54 20 98 48,* 🏊 – P. GB
1er avril-1er nov. et week-ends de nov. à mars – **Repas** 90/220 ♀, enf. 35 – ☕ 45 – **17 ch** 270/290 – ½ P 290

RIMBACH-PRÈS-GUEBWILLER *68 H.-Rhin* **62** ⑱ *– rattaché à Guebwiller.*

RIMONT *09420 Ariège* **86** ③ *– 513 h alt. 525.*

Paris 789 – Foix 31 – Auch 126 – St-Gaudens 56 – St-Girons 13 – Toulouse 94.

Poste, pl. 8-Mai ✆ 05 61 96 33 23, *Fax 05 61 96 33 23,* 🏖 – GB
fermé 1er au 8 oct., 6 au 28 janv., lundi soir et mardi soir sauf juil.-août – **Repas** 65 (déj.), 98/145 🍷, enf. 45

RIOM SP *63200 P.-de-D.* **73** ④ *G. Auvergne – 18 793 h alt. 363.*

Voir Église N.-D.-du-Marthuret★ : Vierge à l'Oiseau★★★ – Maison des Consuls★ **K** *– Cour★ de l'hôtel Guimoneau* **B** *– Ste-Chapelle★ du palais de justice* **N** *– Cour★ de l'hôtel de ville* **H** *– Tour de l'Horloge★* **R** *– Musées : Régional d'Auvergne★* **M**[1], *Mandet★* **M**[2].

Env. Mozac : chapiteaux★★, trésor★★ de l'église★ 2 km par ④ – Marsat : Vierge noire★★ dans l'église SO : 3 km par D 83.

Office de Tourisme 16 r. Commerce ✆ 04 73 38 59 45, Fax 04 73 38 25 15.

Paris 413 ① – Clermont-Ferrand 16 ③ – Montluçon 75 ① – Thiers 48 ② – Vichy 40 ①.

Plan page ci-contre

Les Petits Ventres, 6 r. A. Dubourg **(n)** ✆ 04 73 38 21 65, *Fax 04 73 63 12 21* – ▤. AE ⓓ GB
fermé 27 août au 14 sept., vacances de fév., dim. soir, lundi soir et mardi – **Repas** *(85)* - 100/250 ♀, enf. 50 - ***Brasserie des Petits Ventres*** ✆ 04 73 64 01 77 **Repas** *(55)*-65/75 ♀, enf. 35

Flamboyant, 21 bis r. Horloge **(a)** ✆ 04 73 63 07 97, *Fax 04 73 63 07 97,* 🏖 – AE ⓓ GB JCB
fermé dim. soir et lundi – **Repas** 95 bc (déj.), 135/260 ♀

Magnolia, 11 av. Cdt Madeline **(v)** ✆ 04 73 38 08 25, *Fax 04 73 38 08 25* – ▤. GB
fermé 15 juil. au 10 août, vacances de fév., dim. sauf le midi de Pâques au 15 juil. et lundi – **Repas** 70/195 ♀

RIOM

Bade (Fg de la) 2
Chabrol (R.) 3
Châtelguyon (Av. de) 4
Commerce (R. du) 5
Croisier (R.) 6
Daurat (R.) 7
Delille (R.) 8
Fédération (Pl. de la) 9
Hellénie (R.) 10
Horloge (R. de l')
Hôtel-des-Monnaies (R. de l') 12
Hôtel-de-Ville (R. de l') 13
Laurent (Pl. J.-B.) 14
Layat (Fg) 15
Libération (Av. de la) 16
Madeline (Av. du Cdt) 17
Marthuret (R. du) 18
Martyrs-de-la-Résistance (Pl. des) 19
Menut (Pl. Marinette) 20
Pré-Madame (Promenade du) 21
République (Bd de la) 22
Reynouard (Av. J.) 23
Romme (R. G.) 26
St-Amable (R.) 27
St-Louis (R.) 29
Soanen (Pl. Jean) 32
Soubrany (R.) 34
Taules (Carrefour des) 36

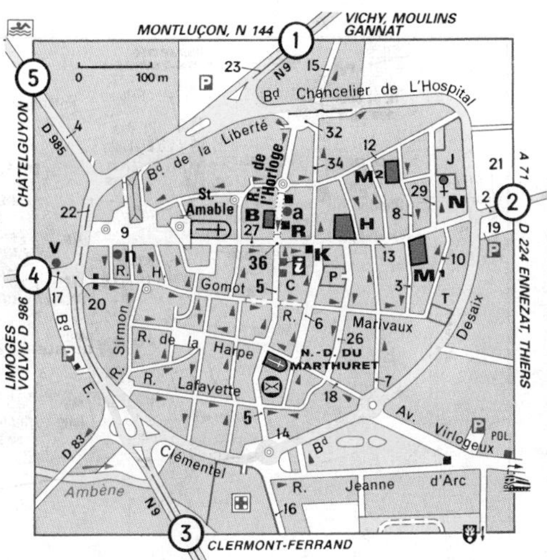

à l'échangeur A 71 *par ② : 2 km – ✉ 63200 Riom :*

Anémotel Ⓜ, Z.A.C. Les Portes de Riom ✆ 04 73 33 71 00, *Fax 04 73 64 00 60*, – 20. AE GB
Repas *(72)* - 92/185 ♀, enf. 40 – ☕ 40 – **43 ch** 320 – 1/2 P 295

rte de Marsat *Sud-Ouest : 2,5 km par D 83 – ✉ 63200 Riom :*

XX **Moulin de Villeroze,** ✆ 04 73 38 58 23, *Fax 04 73 38 92 26*, – P. AE GB
fermé 29 juil. au 14 août, 25 au 30 déc., dim. soir et lundi – **Repas** *(80)* - 145/260 ♀

RIOM-ÈS-MONTAGNES *15400 Cantal* 76 ④ – *3 225 h alt. 840.*

Office de Tourisme pl. Ch.-de-Gaulle ✆ 04 71 78 07 37, Fax 04 71 78 16 87.

Paris 512 – Aurillac 71 – Clermont-Ferrand 92 – Ussel 45.

St-Georges Ⓜ, 5 r. Cap. Chevalier ✆ 04 71 78 00 15, *hotel.saint-georges@wanadoo.fr, Fax 04 71 78 24 37* – AE GB
Repas 75/195 ♀, enf. 45 – ☕ 40 – **14 ch** 195/295 – 1/2 P 253

RIORGES *42 Loire* 73 ⑦ – *rattaché à Roanne.*

RIQUEWIHR *68340 H.-Rhin* 62 ⑱ ⑲ *G. Alsace Lorraine – 1 075 h alt. 300.*

Voir *Village*★★★.

Office de Tourisme (Pâques-11 nov. et vacances scolaires) 2 r. 1ère Armée ✆ 03 89 49 08 40, Fax 03 89 49 08 49.

Paris 438 – Colmar 12 – Gérardmer 60 – Ribeauvillé 4 – St-Dié 45 – Sélestat 20.

Plan page suivante

Hôtel Le Schoenenbourg Ⓜ sans rest, r. Piscine ✆ 03 89 49 01 11, *schoenenbourg@calixo.net, Fax 03 89 47 95 88*, – P. AE GB — B r
☕ 55 – **45 ch** 385/580

Riquewihr sans rest, rte Ribeauvillé ✆ 03 89 86 03 00, *reservation@hotel-riquewihr.fr, Fax 03 89 47 99 76*, ← – P. AE GB — B
fermé janv. et fév. – ☕ 48 – **50 ch** 330/670

Couronne sans rest, 5 r. Couronne ✆ 03 89 49 03 03, *couronne@hoteldelacouronne.com, Fax 03 89 49 01 01* – cuisinette P – 20. AE GB — B t
☕ 46 – **36 ch** 290/395, 4 appart

L'Oriel sans rest, 3 r. Ecuries Seigneuriales ✆ 03 89 49 03 13, *oriel@club-internet.fr, Fax 03 89 47 92 87* – AE GB JCB — B a
☕ 49 – **19 ch** 395/480

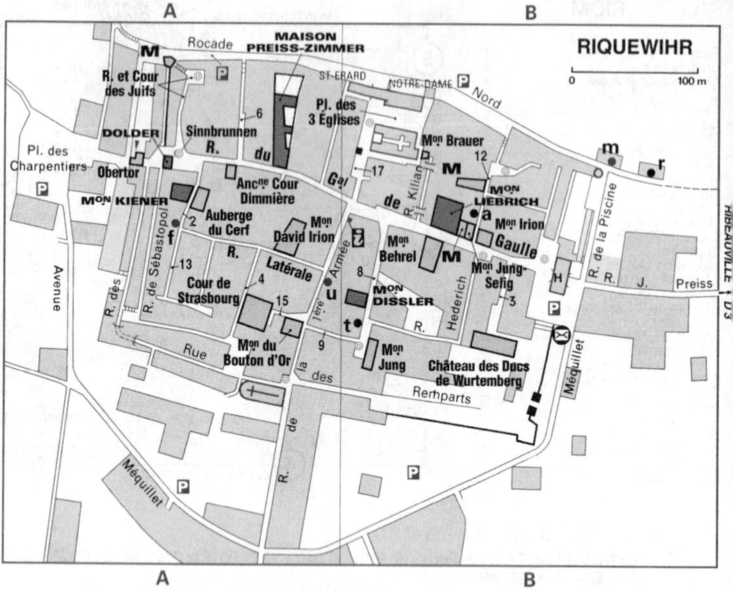

RIQUEWIHR

Cerf (R. du) . . . . **A** 2
Château (Cour du). . . . . **B** 3
Cheval (R. du) . . . . **A** 4
Cordiers (R. des). . . . . **A** 6
Couronne (R. de la) . . . . **B** 8
Dinzheim (R. de). . . . . **A** 9
Écuries (R. des). . . . . **B** 12
St-Nicolas (R.) . . . . **A** 13
Strasbourg (Cour de) . . . . **A** 15
3-Églises (R. des) . . . . **B** 17

XXX **Auberge du Schoenenbourg** (Kiener), r. Piscine ☏ 03 89 47 92 28, *Fax 03 89 47 89 84*, 帀 – ▤ 🅿. AE GB — B m
✿ *fermé 6 janv. au 9 fév., merc. soir de nov. à avril et le midi sauf dim.* – **Repas** 190/440 et carte 380 à 460 ♀
Spéc. Foie gras de canard légèrement fumé, poêlé aux poires. Assiette du chasseur(sept. à janv.). Gâteau tiède au chocolat coulant. **Vins** Riesling, Pinot noir.

XX **Table du Gourmet** (Brendel), 5 r. 1e Armée ☏ 03 89 49 09 09, *Fax 03 89 49 04 56*, « Cadre typiquement alsacien » – ▤. AE GB. ✻ — A u
✿ *fermé mi-janv. à fin fév., jeudi midi et merc. sauf le soir d'avril à fin nov. et mardi* – **Repas** 230/430 et carte 330 à 450 ♀, enf. 100
Spéc. Turbot frémi au lait (Printemps). Pot au feu de foie à l'infusion de coing (automne). Pêche rôtie à la reine des prés (été). **Vins** Muscat, Riesling.

XX **Sarment d'Or** 🏨 avec ch, 4 r. Cerf ☏ 03 89 86 02 86, *Fax 03 89 47 99 23*, « Maison du 17e siècle » – TV. GB. ✻ ch — A f
fermé 25 juin au 3 juil., 7 janv. au 12 fév., dim. soir, mardi midi et lundi – **Repas** 130/340 ♀, enf. 60 – ☕ 50 – **9 ch** 350/470 – 1/2 P 400/460

à Zellenberg *Est : 1 km par D 3 – 343 h. alt. 300 – ✉ 68340 :*

🏠 **Au Riesling,** ☏ 03 89 47 85 85, *info@auriesling.com*, *Fax 03 89 47 92 08*, ←, 帀 – |♦| ♿ 🅿. GB. ✻
fermé 1er janv. au 1er mars, dim. soir et lundi – **Repas** 99/285 ♀, enf. 45 – ☕ 50 – **36 ch** 290/450 – 1/2 P 330/370

XXX **Maximilien** (Eblin), ☏ 03 89 47 99 69, *Fax 03 89 47 99 85*, ← – 🅿. AE ⓓ GB
✿ *fermé 20 août au 3 spet., vacances de fév., vend. midi, dim. soir et lundi* – **Repas** 185 (déj.), 235/455 et carte 400 à 520 ♀, enf. 120
Spéc. Tartare de truite et cuisses de grenouilles poêlées. Dos de Lapereau rôti en filet lardé. Chaud-froid de fruits rouges (mai à sept.). **Vins** Sylvaner, Pinot gris.

X **Caveau du Vigneron,** 5 rte Ostheim ☏ 03 89 47 81 57, *Fax 03 89 47 81 57* – ▤. GB
fermé 27 août au 5 sept., 4 au 27 fév., mardi soir et merc. – **Repas** 98/145 ♀, enf. 46

Une réservation confirmée par écrit ou par fax est toujours plus sûre.

RISCLE *32400 Gers 82 ② – 1 778 h alt. 105.*
Office de Tourisme ✆ 05 62 69 74 01, Mairie ✆ 05 62 69 70 10.
Paris 743 – Mont-de-Marsan 48 – Aire-sur-l'Adour 17 – Auch 70 – Pau 62 – Tarbes 55.

XX **Pigeonneau,** 36 av. Adour ✆ 05 62 69 85 64, *Fax 05 62 69 85 64* – GB
fermé 15 au 30 nov., 15 au 31 janv., dim. soir, mardi soir et lundi – **Repas** 98 (déj.), 155/210 ♀, enf. 65

X **Relais du Pont d'Arcole** avec ch, rte Bordeaux : 1,5 km ✆ 05 62 69 71 40, *Fax 05 62 69 84 36,* – TV P. GB
fermé 5 au 20 janv., vend. soir et dim. soir – **Repas** 70/160 ♀ – ☐ 35 – **12 ch** 160/240 – ½ P 205

RISOUL *05600 H.-Alpes 77 ⑱ – 526 h alt. 1117.*
Env. *Belvédère de l'Homme de Pierre* ✻★★ *S : 15 km* G. Alpes du sud.
Paris 719 – Briançon 37 – Gap 61 – Guillestre 2 – St-Véran 34.

Bonne Auberge ⛰, au village ✆ 04 92 45 02 40, *Fax 04 92 45 13 12,* ← Massif du Pelvoux, – P. GB. ch
1er juin-20 sept. et 27 déc.-31 mars – **Repas** 85 (déj.)/110, enf. 50 – ☐ 30 – **25 ch** 300/340 – ½ P 280/300

RISTOLAS *05460 H.-Alpes 77 ⑲ – 72 h alt. 1630.*
Paris 735 – Briançon 52 – Gap 95 – Guillestre 34.

Chalet de Ségure ⛰, ✆ 04 92 46 71 30, *Fax 04 92 46 79 54,* ← – . GB
26 mai-23 sept. et 22 déc.-31 mars – **Repas** *(fermé lundi)* (dîner seul.) (résidents seul.) – ☐ 40 – **10 ch** 270 – ½ P 305

Les pages explicatives de l'introduction
vous aideront à mieux profiter de votre ***Guide Rouge Michelin***

RIVA-BELLA *14 Calvados 55 ② – voir à Ouistreham-Riva-Bella.*

RIVE-DE-GIER *42800 Loire 73 ⑲, 110 ㉛ G. Vallée du Rhône – 15 623 h alt. 225.*
Paris 498 – Lyon 39 – St-Étienne 23 – Montbrison 64 – Roanne 107 – Thiers 130 – Vienne 27.

XXX **Hostellerie La Renaissance** avec ch, 41 r. A. Marrel ✆ 04 77 75 04 31, *Fax 04 77 83 68 58,* – P. AE GB
fermé dim. soir, merc. soir, lundi et soirs fériés – **Repas** 99 (déj.), 185/600 et carte 300 à 470 – ☐ 60 – **5 ch** 300/450

à Ste-Croix-en-Jarez *Sud-Est : 10 km par D 30 – 329 h. alt. 450 – ✉ 42800 :*

X **Prieuré** ⛰ avec ch, ✆ 04 77 20 20 09, *Fax 04 77 20 20 80,* – rest, TV. AE GB.
fermé 10 janv. au 1er mars et lundi – **Repas** 72/240, enf. 55 – ☐ 40 – **4 ch** 270/310 – ½ P 280

RIVEDOUX-PLAGE *17 Char.-Mar. 71 ⑫ – voir à Ré (Ile de).*

La-RIVIÈRE-ST-SAUVEUR *14 Calvados 55 ④ – rattaché à Honfleur.*

RIVIÈRE-SUR-TARN *12640 Aveyron 80 ④ – 757 h alt. 380.*
Paris 641 – Mende 72 – Millau 14 – Rodez 64 – Sévérac-le-Château 32.

Clos d'Is, ✆ 05 65 59 81 40, *Fax 05 65 59 84 03,* – P. GB
Repas *(fermé dim. soir d'oct. à fév.)* 75/180 ♀, enf. 45 – ☐ 35 – **22 ch** 170/275 – ½ P 200/250

La RIVIÈRE-THIBOUVILLE *27 Eure 55 ⑮ – alt. 72 – ✉ 27550 Nassandres.*
Paris 138 – Rouen 49 – Bernay 15 – Évreux 35 – Lisieux 39 – Pont-Audemer 34.

XX **Soleil d'Or** avec ch, ✆ 02 32 45 00 08, *Fax 02 32 46 89 68,* – TV P – 30. AE GB
fermé 2 au 15 janv. – **Repas** *(fermé dim. soir)* 112/270 ♀ – ☐ 40 – **12 ch** 320/585 – ½ P 270/535

RIXHEIM *68 H.-Rhin 87 ⑲ – rattaché à Mulhouse.*

ROANNE 42300 Loire 73 ⑦ *G. Vallée du Rhône – 41 756 h alt. 265.*
Voir *Musée Joseph-Déchelette : Faïences révolutionnaires★.*
Env. *Belvédère de Commelle-Vernay ≤★ : 7 km au S par quai Sémard* **BV**.
Roanne-Renaison : ☎ 04 77 66 85 77, par D 9 **AV** *: 5 km.*
Office de Tourisme (fermé le dim.) 1 Crs République ☎ 04 77 71 51 77, Fax 04 77 70 96 62.
Paris 396 ④ – Clermont-Ferrand 106 ③ – Lyon 87 ② – St-Étienne 87 ②.

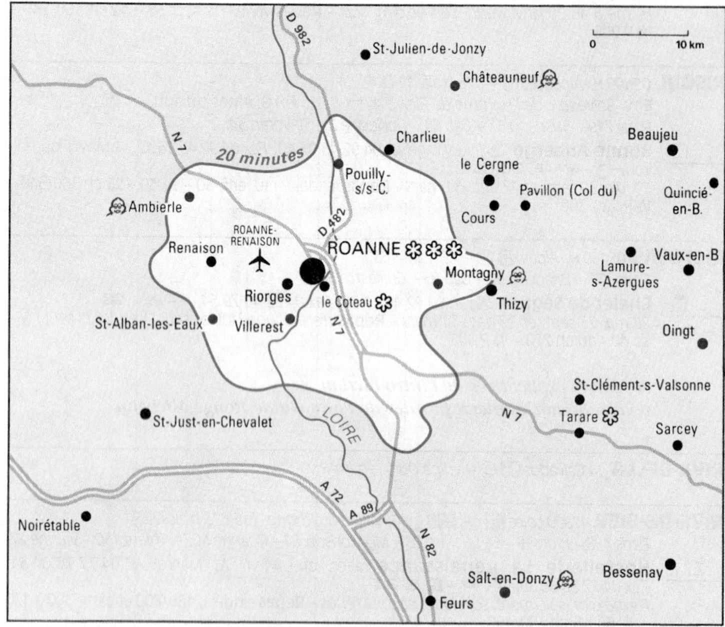

Troisgros Ⓜ, pl. Gare ☎ 04 77 71 66 97, *troisgros@avo.fr, Fax 04 77 70 39 77,* « Élégant décor contemporain », – |♦| ▤ TV. AE ⓓ GB JCB CX r
fermé 31 juil. au 16 août, vacances de fév., mardi et merc. – **Repas** (nombre de couverts limité, prévenir) 720/870 et carte 560 à 720, enf. 200 – ☐ 125 – **13 ch** 950/1400, 5 appart
Spéc. Pressé de tête de veau à la tomate (mai à oct.). Grosses langoustines à la salade trévise confite. Carré d'agneau clouté à la girofle, petits navets brillants. **Vins** Côte roannaise, Côte Rôtie.

Grand Hôtel sans rest, 18 cours République (face gare) ☎ 04 77 71 48 82, *Fax 04 77 70 42 40* – |♦| TV ☎ P – 60. AE ⓓ GB JCB CX f
fermé 1er au 20 août et 23 au 30 déc. – ☐ 50 – **31 ch** 280/495

Campanile, 38 r. Mâtel ☎ 04 77 72 72 73, *Fax 04 77 72 77 61,* – TV ☎ P – 25. AE ⓓ GB BV n
Repas 80/106 ♀, enf. 39 – ☐ 36 – **46 ch** 315

L'Astrée, 17 bis cours République (face gare) ☎ 04 77 72 74 22, *astree42@club-internet.fr, Fax 04 77 72 72 23* – ▤. ⓓ GB CX f
fermé 28 juil. au 19 août, sam. et dim. – **Repas** 110/295 et carte 180 à 320 ♀

Central, 20 cours République (face gare) ☎ 04 77 67 72 72, *Fax 04 77 72 57 67,* bistrot – ▤. GB CX r
fermé 29 juil. au 20 août, dim. et lundi – **Repas** (prévenir) *(100)* - 130 (déj.)/160 ♀

au Coteau *(rive droite de la Loire) – 7 469 h. alt. 350 – ✉ 42120 Le Coteau :*

Artaud, 133 av. Libération ☎ 04 77 68 46 44, *hotel.restaurant.artaud@wanadoo.fr, Fax 04 77 72 23 50* – ▤ rest, TV ☎ – 100. AE ⓓ GB JCB BV e
fermé 29 juil. au 20 août, lundi midi et dim. – **Repas** 100/300 ♀ – ☐ 50 – **25 ch** 310/480

ROANNE

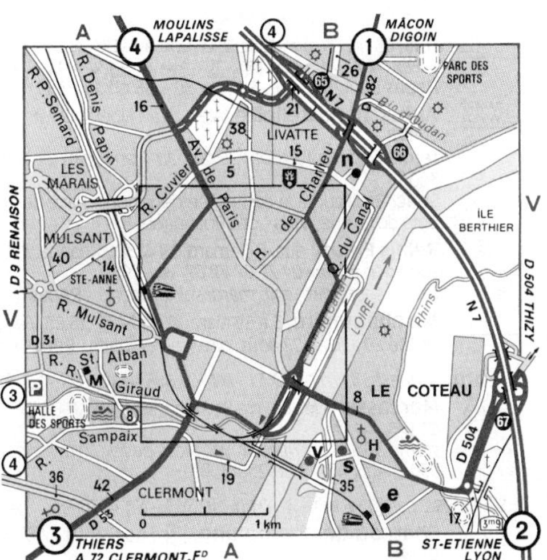

MOULINS
LAPALISSE
MÂCON
DIGOIN
PARC DES SPORTS
LIVATTE
LES MARAIS
MULSANT
STE-ANNE
ÎLE BERTHIER
LE COTEAU
HALLE DES SPORTS
CLERMONT
D 9 RENAISON
D 504 THIZY
THIERS
A 72 CLERMONT-FD
ST-ETIENNE
LYON
LOIRE
1 km

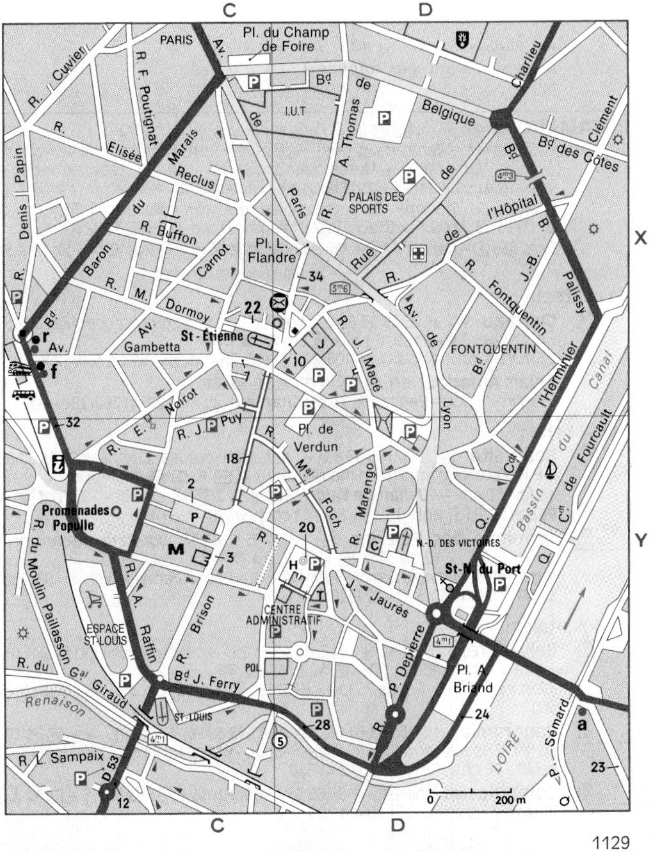

Ibis, 53 bd Ch. de Gaulle, ZI Le Coteau - **BV** ✆ 04 77 68 36 22, *hotel.ibis.roanne@wanadoo.fr, Fax 04 77 71 24 99,* – 60. AE GB
Repas 95/125, enf. 39 – 39 – **66 ch** 340/360

Auberge Costelloise (Alex), 2 av. Libération ✆ 04 77 68 12 71, *Fax 04 77 72 26 78* –. AE GB **DY a**
fermé 7 août au 3 sept., 26 déc. au 4 janv., dim. et lundi – **Repas** (90) - 130/370 et carte 260 à 390
Spéc. Cabillaud à la compotée de fenouil. Pavé de charolais à la lie de vin. Les trois petits pots de crème. **Vins** Côte Roannaise.

Relais Fleuri, quai P. Sémard ✉ 42300 Roanne ✆ 04 77 67 18 52, *françois-xavier.gatto@wanadoo.fr, Fax 04 77 67 72 07,* – GB **BV v**
fermé sept., dim. soir, mardi soir et merc. – **Repas** 115/250

Ma Chaumière, 3 r. St-Marc ✆ 04 77 67 25 93, *Fax 04 77 23 35 94* – GB **BV s**
fermé 29 juil. au 22 août, dim. soir et lundi – **Repas** (70) - 116/240

à Riorges *Ouest : 3 km par D 31* - **AV** – *9 868 h. alt. 295* – ✉ *42153 :*

Marcassin avec ch, rte St-Alban-les-Eaux ✆ 04 77 71 30 18, *Fax 04 77 23 11 22,* –. AE GB. ch
fermé 30 juil. au 24 août, vacances de fév., dim. soir et sam. – **Repas** 120/340 et carte 230 à 330 – 40 – **9 ch** 250/300

à Villerest *par ③ : 6 km – 4 104 h. alt. 363 –* ✉ *42300 :*

Château de Champlong, près golf ✆ 04 77 69 69 69, *Fax 04 77 69 71 08,* –. AE GB
fermé 5 au 12 nov., vacances de fév., mardi de mi-oct. à avril, dim. soir et lundi – **Repas** 110/350

Les établissements signalés par un
proposent des repas soignés à prix modérés.

ROCAMADOUR *46500 Lot* 75 ⑱ ⑲ *G. Périgord Quercy – 627 h alt. 279.*

Voir *Site*** – Remparts *** – Tapisseries* dans l'hôtel de ville – Vierge noire* dans la chapelle Notre-Dame – Musée d'Art sacré** **M**[1] – *Musée du Jouet ancien automobile : voitures à pédales* – L'Hospitalet ** : Féerie du rail (maquette*) par ②.*

Office de Tourisme (hors saison- fermé le dim.) Maison du Tourisme à l'Hospitalet ✆ *05 65 33 22 00, Fax 05 65 33 22 01 et dans la cité* ✆ *05 65 33 22 00.*

Paris 536 ① – Cahors 64 ③ – Brive-la-Gaillarde 55 ① – Figeac 46 ② – St-Céré 31 ①.

Plan page ci-contre

au château :

Château , ✆ 05 65 33 62 22, *hotelduchateau@gofornet.com, Fax 05 65 33 69 00,* – ch, – 50. AE GB **AZ r**
25 mars-4 nov. – **Repas** (90) - 108/225, enf. 55 – 50 – **59 ch** 380/520 – ½ P 420/460

Relais Amadourien , –. AE GB **AZ r**
25 mars-15 oct. – **Repas** voir ***H. du Château*** – 38 – **20 ch** 260/290 – ½ P 280/300

dans la cité :

Beau Site , ✆ 05 65 33 63 08, *hotel@bw-beausite.com, Fax 05 65 33 65 23,* « Hall d'accueil d'inspiration médiévale » – . AE GB JCB **BZ a**
10 fév.-30 nov. – ***- Jehan de Valon :*** Repas 120/330, enf. 62 – ***-Bistrot*** *(1er avril-30 sept.)* Repas 78/95, enf. 45 – 59 – **43 ch** 395/520 – ½ P 410

Terminus des Pélerins , ✆ 05 65 33 62 14, *hotelterm.pelerinsroc@wanadoo.fr, Fax 05 65 33 72 10,* – . AE GB JCB **BZ e**
hôtel : 1er avril-4 nov. ; rest. : 8 avril-4 nov. – **Repas** *(fermé jeudi)* (65) - 88/250, enf. 49 – 40 – **12 ch** 230/350 – ½ P 285/325

à l'Hospitalet :

Belvédère, à l'Hospitalet ✆ 05 65 33 63 25, *le.belvere@wanadoo.fr, Fax 05 65 33 69 25,* site de Rocamadour, – . AE GB **BY n**
31 mars-1er nov. – **Repas** 75 (déj.), 105/180, enf. 52 – 39 – **18 ch** 265/375 – ½ P 280/300

Panoramic, ✆ 05 65 33 63 06, *Fax 05 65 33 69 26,* – . AE GB JCB
10 fév.-5 nov. et fermé vend. sauf juil.-août – **Repas** (dîner seul.)(résidents seul.) 125/215 – 40 – **20 ch** 250/320 – ½ P 290/320 **BY z**

Comp'Hostel sans rest, ✆ 05 65 33 73 50, *Fax 05 65 33 69 60,* – . GB
1er avril-1er oct. – 35 – **14 ch** 280 **BY u**

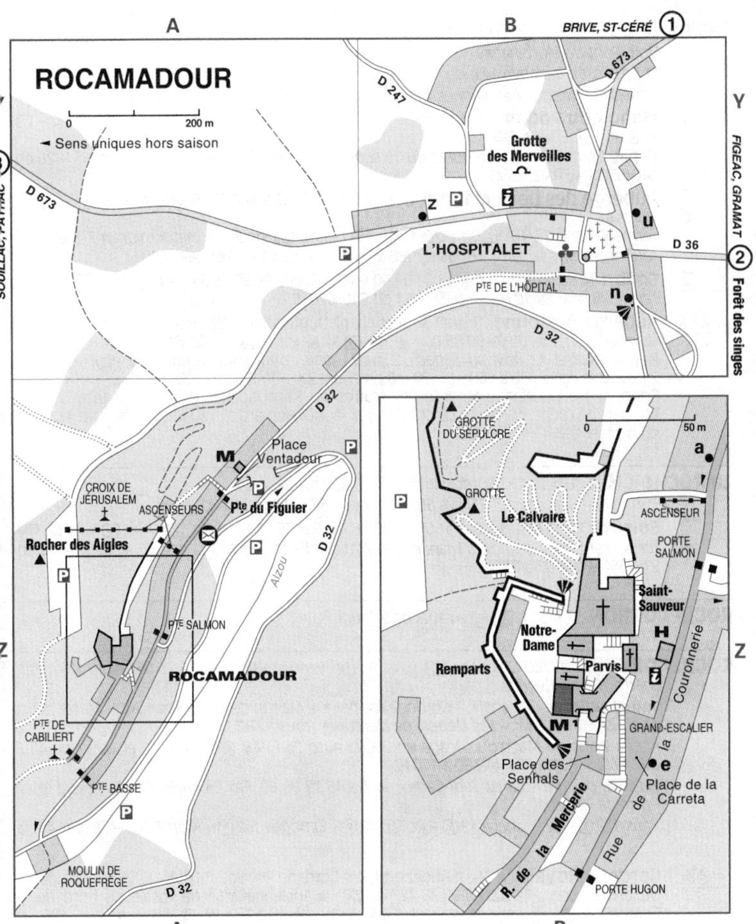

rte de Brive *par ① : 2,5 km par D 673 – ✉ 46500 Rocamadour :*

Troubadour ⛭, ☎ 05 65 33 70 27, *troubadour@rocamadour.com, Fax 05 65 33 71 99,* ≤, ⛱, ⛱, ⛱ – ▤ rest, TV ☎ P. AE ⊙ GB JCB
hôtel : 15 fév.-15 nov. ; rest. : 15 fév.-31 mai – **Repas** (dîner seul.)(résidents seul.) 140/170, enf. 55 – ☕ 50 – **10 ch** 390/450

à la Rhue *par ① et rte de Brive : 6 km par D 673, N 140 et rte secondaire – ✉ 46500 Rocamadour :*

Domaine de la Rhue ⛭ sans rest, ☎ 05 65 33 71 50, *domainedelarhue@rocamadour.com, Fax 05 65 33 72 48,* ≤, « Anciennes écuries du 19e siècle », ⛱, ⛱ – cuisinette P. ⊙ GB. ⛭
30 avril-21 oct. – ☕ 44 – **14 ch** 440/700

rte de Payrac *par ③ : 4 km par D 673 et rte secondaire – ✉ 46500 Rocamadour :*

Les Vieilles Tours ⛭, ☎ 05 65 33 68 01, *les.vieillestours@wanadoo.fr, Fax 05 65 33 68 59,* ≤, ⛱, « Demeure ancienne, fauconnier du 13e siècle », ⛱, ⛱ – TV ☎ P – ⛱ 15. AE ⊙ GB
1er avril-15 nov. – **Repas** *(fermé le midi sauf dim. et fêtes)* 130/335 ♀, enf. 57 – ☕ 47 – **17 ch** 370/500 – 1/2 P 397/482

La ROCHE-BERNARD *56130 Morbihan* 63 ⑭ *G. Bretagne – 766 h alt. 38.*

Voir *Pont du Morbihan★.*

Syndicat d'Initiative 14 r. du Dr-Cornudet ✆ 02 99 90 67 98, Fax 02 99 90 67 99.

Paris 447 – Nantes 71 – Vannes 41 – Ploërmel 55 – Redon 27 – St-Nazaire 37.

Manoir du Rodoir M, rte Nantes ✆ 02 99 90 82 68, *Fax 02 99 90 76 22*, – 80. GB

Repas *(fermé dim. soir et lundi du 15 sept. au 1er juin)* 150/360 ♀, enf. 60 – ☕ 65 – **26 ch** 440/550 – ½ P 425/550

Auberge des Deux Magots, pl. Bouffay ✆ 02 99 90 60 75, *Fax 02 99 90 87 87* – GB.

fermé 6-17/5, 27/10 au 7/11, 20/12 au 15/1, dim. soir de 9 à 6, mardi midi en 7/8 et lundi sauf hôtel hors saison – **Repas** 85/280 ♀, enf. 50 – ☕ 43 – **15 ch** 280/480

Colibri M sans rest, r. Four ✆ 02 99 90 66 01, *Fax 02 99 90 75 94* – GB.

fermé 28 janv. au 10 fév. – ☕ 35 – **11 ch** 210/320

XXXX **Auberge Bretonne** (Thorel) M avec ch, pl. Duguesclin ✆ 02 99 90 60 28, *jacques.thorel @wanadoo.fr, Fax 02 99 90 85 00* – – 15. AE GB JCB

✿✿ **Repas** *(fermé 12 nov. au 3 déc., 2 au 21 janv., lundi midi, vend. midi et jeudi)* *(150)* - 210/750 et carte 450 à 660 – ☕ 90 – **8 ch** 750/1500 – ½ P 900/1400

Spéc. Léger bouillon d'asperges et truffes de Saint-Jacques en surprise (nov. à fév.). Rougets de roche, compote de chorizo (juil.-août). Homard rôti au jus, coffre traité comme un parmentier.

La ROCHE-CHALAIS *24490 Dordogne* 75 ③ *– 2 860 h alt. 60.*

Paris 515 – Bergerac 63 – Blaye 66 – Bordeaux 66 – Périgueux 70.

Soleil d'Or, 14 r. Apre Côte ✆ 05 53 90 86 71, *Fax 05 53 90 28 21*, – GB

fermé sam. midi de nov. à mars et lundi midi – **Repas** 75/240 ♀, enf. 55 – ☕ 50 – **15 ch** 275/350 – ½ P 230/250

ROCHECORBON *37 I.-et-L.* 64 ⑮ *– rattaché à Tours.*

ROCHEFORT *17300 Char.-Mar.* 71 ⑬ *G. Poitou Vendée Charentes – 25 561 h alt. 12 – Stat. therm. (5 fév.-15 déc.).*

Voir *Quartier de l'Arsenal★ – Corderie royale★★ – Maison de Pierre Loti★* **AZ** *– Musée d'Art et d'Histoire★* **AZ M²** *– Les Métiers de Mercure★ (musée)* **BZ D.**

Accès Pont de Martrou. *Péage en 2000 : auto 25 F (AR 40 F), voiture et caravane 45 F (AR 70 F), P.L 50 à 65 F (AR 80 à 110 F).*

Office de Tourisme av. Sadi-Carnot ✆ 05 46 99 08 60, Fax 05 46 99 52 64 Annexe (été): Porte de l'Arsenal.

Paris 472 ① – La Rochelle 39 ③ – Royan 40 ② – Limoges 192 ① – Niort 62 ① – Saintes 45 ③.

Plan page ci-contre

Corderie Royale M, r. Audebert (près Corderie Royale) ✆ 05 46 99 35 35, *hotel@corderieroyale.com, Fax 05 46 99 78 72*, « Ancienne artillerie royale au bord de la Charente », – rest, – 40 à 150. AE GB JCB BY h

fermé 26 janv. au 27 fév., dim. soir et lundi du 1er nov. au 1er avril – **Repas** 115 (déj.), 150/320, enf. 120 – ☕ 60 – **45 ch** 495/980, 3 appart – ½ P 485

Les Remparts, 43 r. C. Pelletan (aux Thermes) ✆ 05 46 87 12 44, *Fax 05 46 83 92 62*, – – 30. AE GB BY s

Repas 85 bc/115 ♀, enf. 38 – ☕ 40 – **73 ch** 380 – ½ P 310

Paris, 27 av. La Fayette ✆ 05 46 99 33 11, *Fax 05 46 99 77 34* – rest, – 45. AE GB AZ d

Repas 125/220, enf. 60 – ☕ 35 – **40 ch** 250/325

Ibis M, 1 r. Bégon ✆ 05 46 99 31 31, *Fax 05 46 87 24 09* – AE GB JCB. rest BY n

Repas *(75)* - 95 ♀, enf. 39 – ☕ 35 – **44 ch** 320/355

XXX **L'Escale de Bougainville,** quai Louisiane (port de plaisance) ✆ 05 46 99 54 99, *Fax 05 46 99 54 99*, – GB BY k

fermé 10 au 31 janv., dim. soir et lundi – **Repas** *(98)* - 160/230 et carte 280 à 430

XX **Tourne-Broche,** 56 av. Ch. de Gaulle ✆ 05 46 99 20 19, *tourne.broche@wanadoo.fr, Fax 05 46 99 72 06* – AE GB JCB. AZ e

fermé 26 nov. au 4 déc., 2 au 15 janv., mardi soir, dim. soir et lundi – **Repas** 160/240

par ② *: 3 km rte de Royan avant pont de Martrou – ✉ 17300 Rochefort :*

Belle Poule, ✆ 05 46 99 71 87, *Fax 05 46 83 99 77*, – AE GB

fermé 29 oct. au 18 nov., dim. soir et vend. hors saison – **Repas** 120/190, enf. 50 – ☕ 37 – **20 ch** 290/310 – ½ P 300

ROCHEFORT

Audry-de-Puyravault (R.) . . . . ABZ
Courbet (R. Amiral) . . . . . BZ 2
Fosse-aux-Mâts (Av. de la) . . . . BZ 8
Galliéni (R.) . . . . BY 9
Gaulle (Av. Ch. de) . . . . ABZ
Grimaux (R. Édouard) . . . . . ABZ 10
Laborit (R. Henri) . . . . AY 15
La-Fayette (Av.) . . . . ABZ
Lesson (R.) . . . . BZ 18
République (R. de la) . . . . . ABZ
Rochambeau (Av.) . . . . AZ 23
11-Novembre-1918 (Av. du) . BZ 28
14-Juillet (R. du) . . . . AZ 29

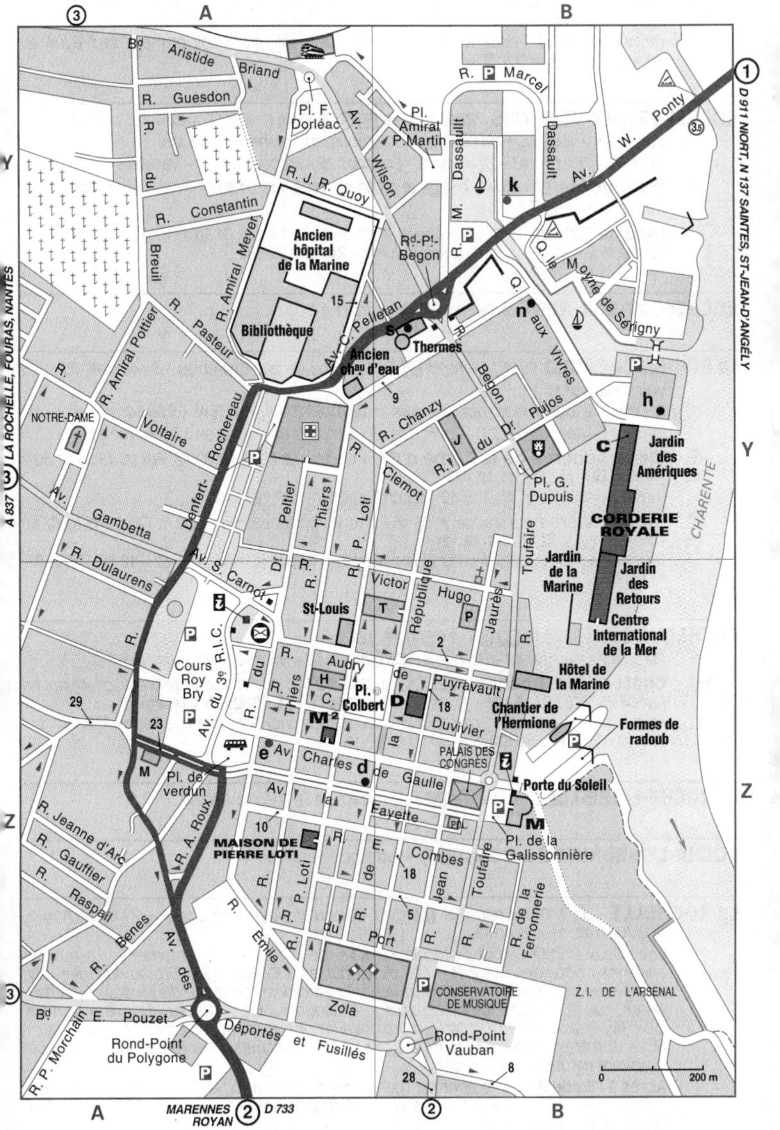

Donnez-nous votre avis sur les tables que nous recommandons, sur leurs spécialités et leurs vins de pays.

ROCHEFORT-EN-TERRE 56220 Morbihan 63 ④ *G. Bretagne – 645 h alt. 40.*

Voir *Site★ – Maisons anciennes★.*

Syndicat d'Initiative pl. des Halles ✆ 02 97 43 33 57, Fax 02 97 43 33 57.

Paris 426 – Ploërmel 34 – Redon 25 – Rennes 81 – La Roche-Bernard 26 – Vannes 35.

XX **Hostellerie du Lion d'Or,** ✆ 02 97 43 32 80, *Fax 02 97 43 30 12,* « Maison du 16e siècle » – GB
fermé 25 nov. au 5 déc., 12 janv. au 12 fév., dim. soir, mardi soir et merc. sauf 8 juil. au 30 août – **Repas** 85/270 ♀, enf. 58

ROCHEFORT-EN-YVELINES 78730 Yvelines 60 ⑨, 106 ㊶ *G. Ile de France – 783 h alt. 140.*

Voir *Site★ – Vaisseau★ de l'église de St-Arnoult-en-Yvelines SO : 3,5 km.*

Paris 51 – Chartres 43 – Dourdan 9 – Étampes 26 – Rambouillet 15 – Versailles 48.

XX **Brazoucade,** 51 r. Guy le Rouge ✆ 01 30 41 49 09, *Fax 01 30 88 41 55* – ▤ P. GB
Repas 150 bc/225 ♀

XX **Escu de Rohan,** 15 r. Guy le Rouge ✆ 01 30 41 31 33, *Fax 01 30 41 47 52* – AE GB
fermé 15 juil. au 15 août, dim. soir et lundi – **Repas** 139/189

ROCHEFORT-SUR-NENON 39 Jura 66 ⑭ – *rattaché à Dôle.*

La ROCHEFOUCAULD 16110 Charente 72 ⑭ *G. Poitou Vendée Charentes – 3 448 h alt. 75.*

Voir *Château★★.*

Office de Tourisme 1 r. des Tanneurs ✆ 05 45 63 07 45, Fax 05 45 63 08 54.

Paris 446 – Angoulême 21 – Confolens 43 – Limoges 82 – Nontron 37 – Ruffec 40.

Vieille Auberge de la Carpe d'Or, 1 r. Vitrac ✆ 05 45 62 02 72, *Fax 05 45 63 01 88* – TV ✆ ♿ P – 🏛 20 à 80. AE GB
Repas 68/195 ♀, enf. 40 – ☕ 30 – **25 ch** 220/295 – ½ P 195/240

L'Auberivières, rte Mansle ✆ 05 45 63 10 10, *philippe9@wanadoo.fr, Fax 05 45 63 02 60* – ▤ rest, TV ✆ P. AE GB. ✂ ch
fermé 1er au 15 août, 25 déc. au 1er janv. et dim. – **Repas** 68/155 ♀ – ☕ 32 – **10 ch** 195/250 – ½ P 180

ROCHEGUDE 26790 Drôme 81 ② – *1 053 h alt. 121.*

Paris 645 – Avignon 47 – Bollène 8 – Carpentras 34 – Nyons 31 – Orange 16.

Château de Rochegude ⛰, ✆ 04 75 97 21 10, *rochegude@relaischateaux.fr, Fax 04 75 04 89 87,* ←, ⛱, 🏊, 🎾, 🌳 – ▤ TV ✆ P – 🏛 25. AE ◑ GB JCB
fermé mi-nov. à mi-déc., mardi midi, dim. soir et lundi hors saison – **Repas** 250/650 ♀ – ☕ 110 – **26 ch** 750/2100, 3 appart

La ROCHE-L'ABEILLE 87 H.-Vienne 72 ⑰ – *rattaché à St-Yrieix-la-Perche.*

ROCHE-LEZ-BEAUPRÉ 25 Doubs 66 ⑮ – *rattaché à Besançon.*

La ROCHELLE Ⓟ 17000 Char.-Mar. 71 ⑫ *G. Poitou Vendée Charentes – 71 094 h Agglo. 100 264 h alt. 1 – Casino* **AX.**

Voir *Vieux Port★★ : tour St-Nicolas★, ✱★★ de la tour de la Lanterne★ – Le quartier ancien★★ : hôtel de ville★* **Z H**, *Hôtel de la Bourse★* **Z C**, *Porte de la Grosse Horloge★* **Z N**, *Grande-rue des Merciers★ – Maison Henry II★, arcades★ de la rue du Minage, rue Chaudrier★, rue du Palais★, rue de l'Escale★ – Aquarium★* **CDZ** – *Musées : Nouveau Monde★* **CDY M**7, *Beaux-Arts★* **CDY M**2 – *d'Orbigny-Bernon★ (histoire rochelaise et céramique)* **Y M**8, *Automates★ (place de Montmartre★★)* **Z M**1, *maritime★ : Neptunéa* **C M**5 – *Muséum d'Histoire naturelle★★* **Y** .

Accès à l'Ile de Ré *par le pont par* ④.**Péage** *en 2000 : auto (AR) 110 F (saison) 60 F (hors saison), auto et caravane 180 F (saison), 100 F (hors saison), camion 120 à 300 F, moto 15 F, gratuit pour piétons et vélos..*

Renseignements par Régie d'Exploitation des Ponts : ✆ 05 46 00 51 10, Fax 05 46 43 04 71.

✈ *de la Rochelle-Île-de-Ré : ✆ 05 46 42 30 26, NO : 4,5 km* **V.**

Office de Tourisme quartier du Gabut, pl. de la Petite-Sirène ✆ 05 46 41 14 68, Fax 05 46 41 99 85.

Paris 475 ① – Angoulême 145 ② – Bordeaux 186 ③ – Nantes 135 ① – Niort 66 ①.

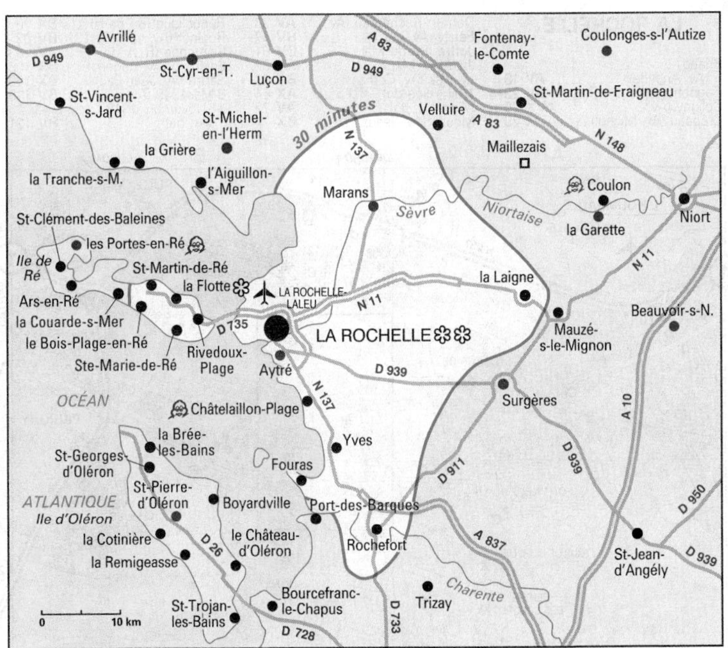

France-Angleterre et Champlain sans rest, 20 r. Rambaud ✆ 05 46 41 23 99, *hotel@bw-fa-champlain.com, Fax 05 46 41 15 19*, « Ancien hôtel particulier avec agréable jardin », – – 40. AE GB CY b
55 – **36 ch** 350/600, 4 appart

Monnaie M sans rest, 3 r. Monnaie ✆ 05 46 50 65 65, *hotel.monnaie@libertysurf.fr, Fax 05 46 50 63 19*, « Ancienne demeure du 17e siècle » – – 25. AE GB CZ z
58 – **31 ch** 490/650, 4 appart

Novotel M , av. Porte Neuve ✆ 05 46 34 24 24, *h0965@accor-hotels.com, Fax 05 46 34 58 32*, , – – 15 à 120. AE GB CY t
Repas *(85)* - 105, enf. 52 – 60 – **94 ch** 520/680

Les Brises sans rest, chemin digue Richelieu (av. P. Vincent) ✆ 05 46 43 89 37, *Fax 05 46 43 27 97*, les îles, « Terrasse en bordure de mer » – AE GB AX q
56 – **46 ch** 430/660

Relais Mercure Océanide M, quai L. Prunier ✆ 05 46 50 61 50, *h0569@accor-hotels.com, Fax 05 46 41 24 31*, – , ch, – 15 à 120. AE GB DZ e
Repas 100/300 , enf. 49 – 55 – **123 ch** 470/570

Mercure, 23 quai Valin ✆ 05 46 41 20 68, *Fax 05 46 41 81 24*, , – , ch, – 80. AE GB JCB DZ r
Repas *(fermé lundi et mardi hors saison)* carte environ 180, enf. 60 – 55 – **44 ch** 500/900

Trianon et Plage, 6 r. Monnaie ✆ 05 46 41 21 35, *Fax 05 46 41 95 78* – rest, . AE GB. rest CZ b
fermé 22 déc. au 1er fév. – **Repas** *(fermé sam. midi et dim. du 15 oct. au 15 mars)* 98/200 , enf. 60 – 46 – **25 ch** 390/485 – 1/2 P 390/445

Comfort Hôtel St-Nicolas M sans rest, 13 r. Sardinerie ✆ 05 46 41 71 55, *comfort.larochelle@wanadoo.fr, Fax 05 46 41 70 46* – – 25. AE GB CZ d
50 – **79 ch** 410/440

Ibis Vieux Port M, pl. Cdt de la Motte Rouge ✆ 05 46 41 60 22, *h0638@accor-hotels.com, Fax 05 46 41 93 47* – – 25. AE GB DZ n
Repas (dîner seul.) 120/150 , enf. 39 – 35 – **76 ch** 370/445

LA ROCHELLE

Briand (Av. Aristide) . . . . **AV** 13
Cognehors (Bd de) . . . . **BV** 23
Coligny (Av.) . . . . **AVX** 25
Crépeau (Av. Michel) . . . . **ABX** 29
Denfert-Rochereau (Av.) . . . **AV** 33
Fétilly (Av. de) . . . . **BV** 47
Joffre (Bd du Mar.) . . . . **BV** 61
Juin (Av. Mar.) . . . . **AV** 62
Lysiack (Av. Cdt) . . . . **BX** 63
Mail (Allée du) . . . . **AX** 64
Missy (R. de) . . . . **AV** 72
Moulin (Av. Jean) . . . . **BX** 74
République (Bd de la) . . . . **BX** 90
Robinet (Av. L.) . . . . **BV** 92
Saintonge (R. A.-de) . . . . . **AV** 103
Salengro (Av. Roger) . . . . . **BX** 106
Sartre (Av. Jean-Paul) . . . . **BX** 109
8-Mai-1945 (Av. du) . . . . . . **BV** 118
11-Novembre-1918 (Av. du) . . . . **BV** 121

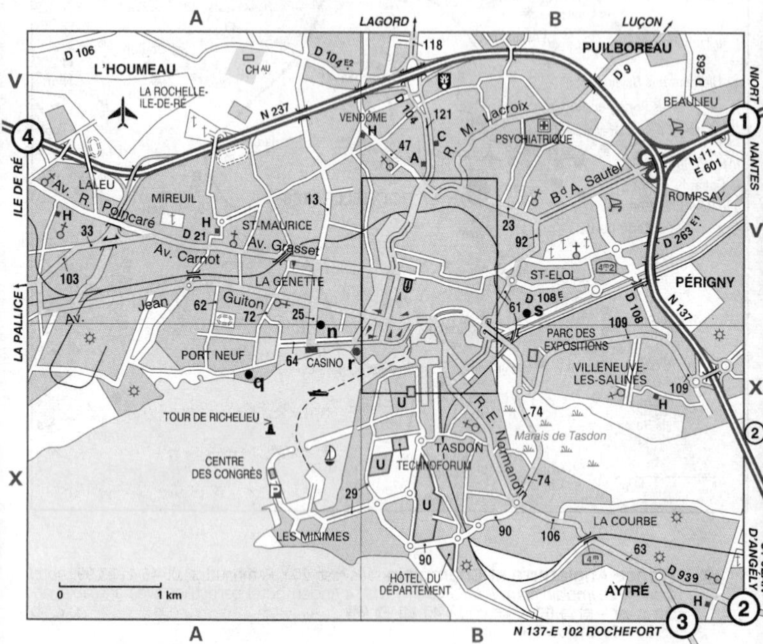

Aliénor sans rest, 51 r. Perigny ✆ 05 46 27 31 31, *alienor2@wanadoo.fr, Fax 05 46 27 09 34*, – . AE GB — BV s
fermé 14 déc. au 13 janv. – 38 – **40 ch** 370

Terminus sans rest, 11 pl. Cdt de la Motte Rouge ✆ 05 46 50 69 69, *Fax 05 46 41 73 12* – TV – 25. GB — DZ x
37 – **30 ch** 320/370

Majestic sans rest, 6 av. Coligny ✆ 05 46 34 10 23, *hotel-le-majestic.la-rochelle@wanadoo.fr, Fax 05 46 34 00 44* – TV. GB JCB — AVX n
40 – **14 ch** 340/460

Richard Coutanceau, plage de la Concurrence ✆ 05 46 41 48 19, *r.coutanceau@a2imicro.fr, Fax 05 46 41 99 45*, ≤ entrée du port – . AE GB JCB — AX r
fermé dim. – **Repas** 250/480 et carte 370 à 540
Spéc. Tartare de langoustines en gelée d'huîtres spéciales. Blanc de turbot rôti au four, pommes de terre à la coriandre et curry. Civet de homard rôti à l'huile d'olive. **Vins** Fiefs Vendéens.

Les Flots, 1 r. Chaîne ✆ 05 46 41 32 51, *lrs-flots@wanadoo.fr, Fax 05 46 41 90 80*, ≤, , « Estaminet du 18e siècle au pied de la tour de la Chaîne » – . GB — CZ g
Repas 135 (déj.), 195/360

Bistrot de l'Entracte, 22 r. St-Jean-du-Pérot ✆ 05 46 50 62 60, *Fax 05 46 41 99 45*, « Décor contemporain » – . GB — CZ a
fermé dim. – **Repas** 160

André, pl. Chaîne ✆ 05 46 41 28 24, *barandre@ali-micro.fr, Fax 05 46 41 64 22*, , « Salles au décor marin » – AE GB — CZ f
Repas - produits de la mer - 150/400, enf. 49

L'Orangerie, 26 r. Admyrault ✆ 05 46 41 08 31, *Fax 05 46 41 07 24* – AE GB JCB — CZ k
fermé 2 au 15 janv., sam. midi et dim. – **Repas** *(98)* - 138/178

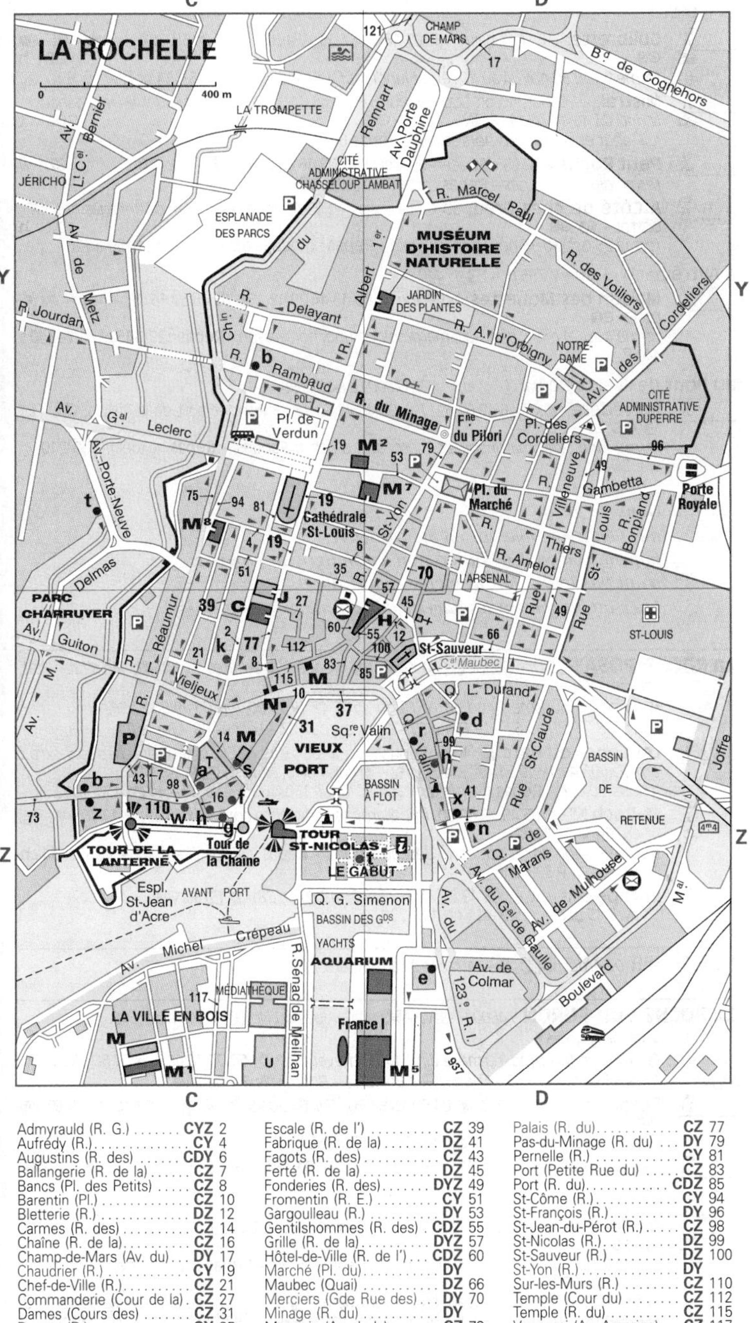

Admyrauld (R. G.)	CYZ	2
Aufrédy (R.)	CY	4
Augustins (R. des)	CDY	6
Ballangerie (R. de la)	CZ	7
Bancs (Pl. des Petits)	CZ	8
Barentin (Pl.)	CZ	10
Bletterie (R.)	DZ	12
Carmes (R. des)	CZ	14
Chaîne (R. de la)	CZ	16
Champ-de-Mars (Av. du)	DY	17
Chaudrier (R.)	CY	19
Chef-de-Ville (R.)	CZ	21
Commanderie (Cour de la)	CZ	27
Dames (Cours des)	CZ	31
Dupaty (R.)	CY	35
Duperré (Quai)	CZ	37
Escale (R. de l')	CZ	39
Fabrique (R. de la)	DZ	41
Fagots (R. des)	CZ	43
Ferté (R. de la)	DZ	45
Fonderies (R. des)	DYZ	49
Fromentin (R. E.)	CY	51
Gargoulleau (R.)	DY	53
Gentilshommes (R. des)	CDZ	55
Grille (R. de la)	DYZ	57
Hôtel-de-Ville (R. de l')	CDZ	60
Marché (Pl. du)	DY	
Maubec (Quai)	DZ	66
Merciers (Gde Rue des)	DY	70
Minage (R. du)	DY	
Monnaie (Av. de la)	CZ	73
Noue (R. de la)	CY	75
Palais (R. du)	CZ	77
Pas-du-Minage (R. du)	DY	79
Pernelle (R.)	CY	81
Port (Petite Rue du)	CZ	83
Port (R. du)	CDZ	85
St-Côme (R.)	CY	94
St-François (R.)	DY	96
St-Jean-du-Pérot (R.)	CZ	98
St-Nicolas (R.)	DZ	99
St-Sauveur (R.)	DZ	100
St-Yon (R.)	DY	
Sur-les-Murs (R.)	CZ	110
Temple (Cour du)	CZ	112
Temple (R. du)	CZ	115
Vespucci (Av. Amerigo)	CZ	117
11-Novembre-1918 (Av. du)	DY	121

Guilbrette, 16 r. Chaîne ℘ 05 46 41 57 05, *Fax 05 46 41 20 39*, – ▤. AE ⓓ GB CZ h
fermé 26 au 30 nov., 4 au 10 fév. et lundi sauf juil.-août – **Repas** 85/354 bc ♀

Mistral, au Gabut, 10 pl. Coureauleurs ℘ 05 46 41 24 42, *restaurant.lemistral@wanadoo.fr, Fax 05 46 41 76 14*, ←, – ▤. ⓓ GB CDZ t
juil.-août et week-ends hors saison – **Repas** 64/155 ♀

Petit Rochelais, 25 r. St-Jean-du-Pérot ℘ 05 46 41 28 43, – ▤. GB CZ w
fermé dim. sauf fériés – **Repas** carte environ 150 ♀

A Côté de chez Fred, 30 r. St-Nicolas ℘ 05 46 41 65 76, *chezfred@rivages.net*, , bistrot – ⓓ GB DZ h
fermé 23 oct. au 15 nov., dim. et lundi – **Repas** - produits de la mer - carte 150 à 220

à Aytré *par ③ : 5 km – 7 786 h. – ✉ 17440 :*

Maison des Mouettes, bd Plage ℘ 05 46 44 29 12, *Fax 05 46 34 66 01*, ←, – ▤ P. AE ⓓ GB
fermé 4 au 24 mars, dim. soir, mardi soir et lundi hors saison – **Repas** 129/345 et carte 330 à 440 ♀

au Pont de l'Ile de Ré *par ④ : 7 km – ✉ 17000 La Rochelle :*

Belvédère, ℘ 05 46 42 62 62, *Fax 05 46 43 30 16*, ← Pont et port de la Pallice, – AE ⓓ GB
fermé lundi soir, mardi soir et merc. soir d'oct. à Pâques – **Repas** 70 (déj.), 100/210 ♗, enf. 50

Dans ce guide
un même symbole, un même caractère,
imprimé en couleur ou en ***noir****, en maigre ou en* ***gras****,*
n'ont pas tout à fait la même signification.
Lisez attentivement les pages explicatives.

La ROCHE-POSAY *86270 Vienne* 68 ⑤ *G. Poitou Vendée Charentes – 1 444 h alt. 112 – Stat. therm. – Casino.*
ℹ *Office de Tourisme 14 bd Victor-Hugo ℘ 05 49 19 13 00, Fax 05 49 86 27 94.*
Paris 318 – Poitiers 62 – Le Blanc 29 – Châteauroux 77 – Loches 49 – Tours 83.

Les Loges du Parc M, 10 pl. République ℘ 05 49 19 40 50, *loges@larocheposay-skrp.com, Fax 05 49 19 40 51*, , , , – |‡| cuisinette, ▤ rest, TV ✆ ♿. GB
4 mars-20 oct. – **Repas** *(fermé dim. soir et lundi)* 130/160 ♀ – ☕ 48 – **44 ch** 430/1010

St-Roch M, ℘ 05 49 19 49 00, *info@larocheposay-shrp.com, Fax 05 49 19 49 40*, – |‡|, ▤ ch, TV ✆ ♿ P. GB
fermé 30 sept. au 19 oct. et 16 déc. au 23 janv. – **Repas** 75/120 ♀, enf. 40 – ☕ 40 – **34 ch** 310/465 – ½ P 328/348

Europe sans rest, ℘ 05 49 86 21 81, *Fax 05 49 86 66 28* – |‡| TV P. GB
1er avril-15 oct. – ☕ 29 – **31 ch** 195/220

Le ROCHER *07 Ardèche* 80 ⑧ *– rattaché à Largentière.*

La ROCHE-SUR-FORON *74800 H.-Savoie* 74 ⑥ *G. Alpes du Nord – 7 116 h alt. 548.*
Voir *Vieille ville★★.*
ℹ *Office de Tourisme (fermé le dim.) pl. Andrevetan ℘ 04 50 03 36 68, Fax 04 50 03 31 38.*
Paris 556 – Annecy 33 – Thonon-les-Bains 42 – Bonneville 8 – Genève 25.

Foron sans rest, N 203 ℘ 04 50 25 82 76, *Fax 04 50 25 81 54*, – TV ✆ ♿ P. AE ⓓ GB
fermé 15 déc. au 10 janv. – ☕ 35 – **26 ch** 330/360

Les Afforets sans rest, 101 r. Egalité ℘ 04 50 03 35 01, *Fax 04 50 25 82 47* – |‡| TV. GB.
☕ 32 – **28 ch** 240/315

Marie-Jean (Signoud), rte Bonneville : 2 km ℘ 04 50 03 33 30, *Fax 04 50 25 99 98* – P. AE ⓓ GB
fermé 29 juil. au 22 août, mardi midi, dim. soir et lundi – **Repas** *(120)* - 160 (déj.), 225/295 et carte 330 à 420
Spéc. Gâteau de tête de veau, croustillant de foie gras. Risotto de coquillages et homard. Assiette de pigeon et pastilla aux amandes torréfiées. **Vins** Chignin-Bergeron, Mondeuse d'Arbin.

à Arenthon *Nord-Est : 6 km par N 503 et D 19B – 952 h. alt. 439 – ✉ 74800 :*

X **Auberge Savoyarde "La Rôtisserie"**, ✆ 04 50 25 57 16, *Fax 04 50 25 58 97*, 余 – GB
fermé 30 juil. au 22 août, 7 au 30 janv., dim. soir, mardi soir et lundi – **Repas** - cuisine sur braise et à la broche - 90 (déj.), 145/275 ♀, enf. 80

La ROCHE-SUR-YON P *85000 Vendée* 67 ⑬ ⑭ *G. Poitou Vendée Charentes* – *45 219 h alt. 75.*
Office de Tourisme r. G.-Clemenceau ✆ *02 51 36 00 85, Fax 02 51 47 46 57.*
Paris 417 ② – Cholet 67 ② – Nantes 67 ① – Niort 90 ③ – La Rochelle 76 ③.

Mercure M, 117 bd A. Briand ✆ 02 51 46 28 00, *Fax 02 51 46 28 98*, 余 – |‡| ▤ TV ✆ ♿ – 🔏 80. AE ⓓ GB AZ u
Repas *(89)* - 109/149 ♀, enf. 49 – ☐ 57 – **67 ch** 390/480

Napoléon sans rest, 50 bd A. Briand ✆ 02 51 05 33 56, *Fax 02 51 62 01 69* – |‡| TV ✆ 🚗 – 🔏 40. AE ⓓ GB JCB AY r
fermé 24 déc. au 1er janv. – ☐ 45 – **29 ch** 280/380

XX **St-Charles**, 38 r. de Gaulle ✆ 02 51 47 71 37, *mail@restaurant-stcharles.com, Fax 02 51 44 96 07* – ▤. GB BY e
fermé 1er août au 2 sept. et dim. – **Repas** 98 (déj.), 8/209 ♀

XX **Pavillon Gourmand**, 86 r. Prés.de Gaulle ✆ 02 51 07 08 09, *Fax 02 51 37 66 90* – GB
fermé 11 au 20 août, 22 déc. au 7 janv., sam. sauf le soir de sept. à juin, lundi soir et dim. – **Repas** *(90)* - 120 (déj.), 159/260 ♀ BY n

à l'Est *par ③, D 948 et D 80 : 5 km :*

Logis de la Couperie sans rest, ✆ 02 51 37 21 19, *Fax 02 51 47 71 08*, 🐎 – TV P. AE GB.
☐ 50 – **7 ch** 420/600

par ⑤ *et ancienne rte des Sables-d'Olonne : 4 km – ✉ 85000 La Roche-sur-Yon :*

XX **Auberge de la Borderie**, ✆ 02 51 08 95 95, *Fax 02 51 62 25 78*, 余 – P. GB
fermé 1er au 19 août, vacances de fév., dim. soir et lundi – **Repas** 85/195 ♀

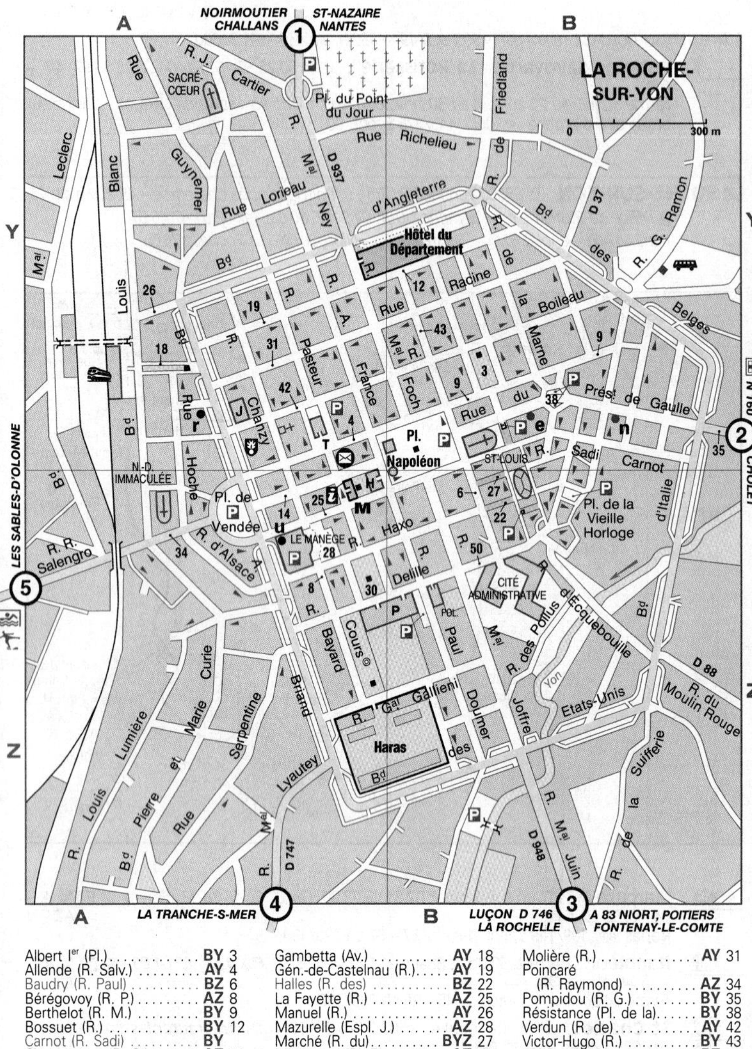

Albert Ier (Pl.) . . . . BY 3
Allende (R. Salv.) . . . . AY 4
Baudry (R. Paul) . . . . BZ 6
Bérégovoy (R. P.) . . . . AZ 8
Berthelot (R. M.) . . . . BY 9
Bossuet (R.) . . . . BY 12
Carnot (R. Sadi) . . . . BY
Clemenceau (R. G.) . . . . AZ 14
Gambetta (Av.) . . . . AY 18
Gén.-de-Castelnau (R.) . . . . . AY 19
Halles (R. des) . . . . BZ 22
La Fayette (R.) . . . . AZ 25
Manuel (R.) . . . . AY 26
Mazurelle (Espl. J.) . . . . AZ 28
Marché (R. du) . . . . BYZ 27
Mitterrand (Pl. F.) . . . . AZ 30
Molière (R.) . . . . AY 31
Poincaré
(R. Raymond) . . . . AZ 34
Pompidou (R. G.) . . . . BY 35
Résistance (Pl. de la) . . . . . . BY 38
Verdun (R. de) . . . . AY 42
Victor-Hugo (R.) . . . . BY 43
93e-R.I (R. du) . . . . BZ 50

Le Guide change, changez de guide tous les ans.

ROCHETAILLÉE *42 Loire* 76 ⑨ *– rattaché à St-Étienne.*

La ROCHETTE *73110 Savoie* 74 ⑯ *G. Alpes du Nord – 3 124 h alt. 360.*

Voir *Vallée des Huiles★ NE.*

Office de Tourisme Maison des Carmes ☎ 04 79 25 53 12, Fax 04 79 25 53 12.

Paris 592 – Grenoble 48 – Albertville 42 – Allevard 9 – Chambéry 29.

Parc avec ch, ☎ 04 79 25 53 37, – P. AE GB JCB
fermé dim. soir de sept. à juin – **Repas** 85/185 – 35 – **12 ch** 175/220 – 1/2 P 235/250

RODEMACK *57570 Moselle* 57 ④ *– 771 h alt. 190.*

Office de Tourisme pl. des Baillis ☎ 03 82 51 25 50, Fax 03 82 51 29 85.

Paris 345 – Longwy 47 – Luxembourg 18 – Metz 46 – Thionville 17.

XX **Petite Carcassonne,** 12 pl. Porte de Sierck ☎ 03 82 51 26 22, *Fax 03 82 51 26 44,* – GB

fermé 20 août au 5 sept., 29 oct. au 2 nov., vacances de fév., mardi et merc. – **Repas** 120 (déj.), 160/300 ♀, enf. 90

RODEZ P *12000 Aveyron* 80 ② *G. Midi-Pyrénées – 24 701 h alt. 635.*

Voir *Clocher*** de la cathédrale N.-Dame** – Musée Fenaille** **BZ M**[1] *– Tribunes en bois* de la chapelle des Jésuites.*

de Rodez-Marcillac : ☎ 05 65 76 02 00, par ③ : 10 km.

Office de Tourisme pl. Foch ☎ 05 65 68 02 27, Fax 05 65 68 78 15.

Paris 632 ① – Albi 79 ② – Aurillac 88 ① – Clermont-Ferrand 217 ①.

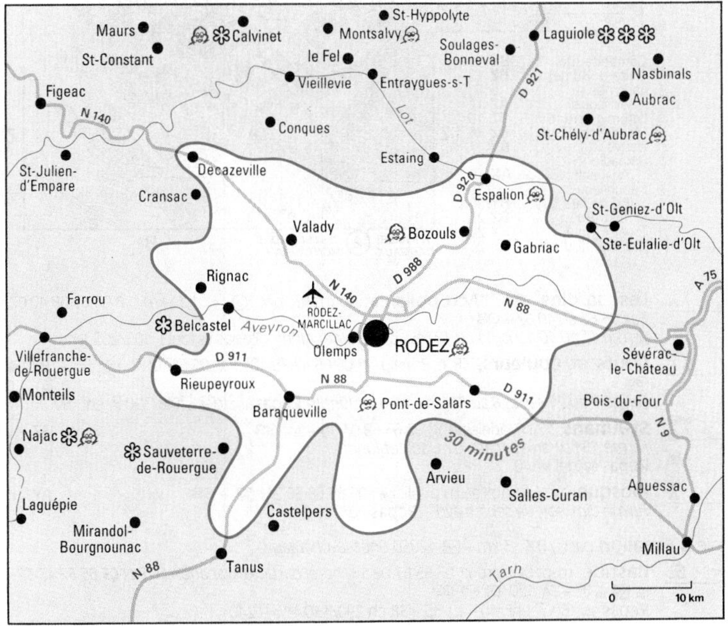

Tour Maje sans rest, bd Gally ☎ 05 65 68 34 68, *Fax 05 65 68 27 56* – |‡| TV ☎ – 15. AE ⓓ GB BZ s

fermé 15 déc-2 janv. – ☕ 45 – **41 ch** 320/480, 3 appart

Libertel M, 46 r. St-Cyrice ☎ 05 65 76 10 30, *Fax 05 65 76 10 33,* – |‡| TV ☎ ♿. AE ⓓ GB JCB BX a

Repas *(fermé 13 au 27 août, sam. midi et dim.)* 70 bc (déj.), 98/125 ♀ – ☕ 42 – **45 ch** 308/334 – 1/2 P 250

Midi, 1 r. Béteille ☎ 05 65 68 02 07, *hoteldumidi@wanadoo.fr, Fax 05 65 68 66 93* – |‡|, rest, TV ☎ P. AE ⓓ GB ABY v

fermé 20 déc. au 6 janv. – **Repas** *(fermé dim. midi)* 60 (déj.), 90/140 ♀, enf. 45 – ☕ 40 – **34 ch** 240/280 – 1/2 P 250/300

Biney sans rest, r. Victoire-Massol ☎ 05 65 68 01 24, *Fax 05 65 75 22 98* – |‡| TV ☎. ⓓ GB BY k

☕ 55 – **23 ch** 390

Climat de France, face gare (Nord par D 901 **AX**) ☎ 05 65 87 11 00, *Fax 05 65 87 11 01* – |‡| TV ☎ ♿ – 20. AE ⓓ GB. ✻ rest

Repas *(fermé sam. et dim.)* 96/139, enf. 39 – ☕ 45 – **40 ch** 315/345 – 1/2 P 275

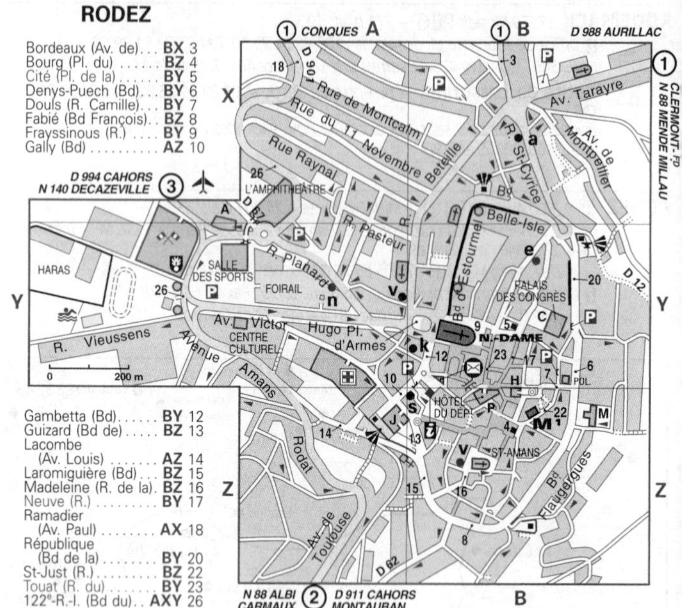

XX **Les Jardins de l'Acropolis,** à Bourran, par ③ : *1,5 km* 05 65 68 40 07, *Fax 05 65 68 40 67* – GB
fermé 1er au 10 août, 11 au 18 fév., dim. soir et lundi – **Repas** 88 (déj.), 105/265

XX **Goûts et Couleurs,** 38 r. Bonald 05 65 42 75 10, *Fax 05 65 42 75 10,* – AE GB BY e
fermé 2 au 21 sept., 6 au 31 janv., dim. et lundi – **Repas** 112 (déj.), 148/390, enf. 50

XX **St-Amans,** 12 r. Madeleine 05 65 68 03 18 – . GB BZ v
fermé 15 fév. au 15 mars, dim. soir et lundi
Repas 98 (déj.)/140

X **Kiosque,** av. V. Hugo (jardin public) 05 65 68 56 21, – GB AY n
fermé dim. soir de sept. à avril – **Repas** 90/219

rte d'Espalion *par* ① **BX** *: 3 km – 12850 Onet-le-Château :*

Bastide, rd-pt St-Marc 05 65 67 08 15, *hotel.bastide@wanadoo.fr, Fax 05 65 67 43 32* – TV P – 120. AE GB
Repas 90/160, enf. 40 – 35 – **38 ch** 290/330 – ½ P 240

rte d'Espalion *par* ① *et D 988 : 12 km – 12630 Gages :*

Causse Comtal M, 05 65 74 90 98, *Fax 05 65 46 92 69*, – TV P – 80. AE GB
fermé janv., vend. soir,, sam. et dim. de nov. à avril – **Repas** 135/280, enf. 60 – 60 – **117 ch** 440 – ½ P 415

à Olemps *Ouest par* ② *: 3 km – 3 032 h. alt. 580 – 12510 :*

Les Peyrières , 05 65 68 20 52, *Fax 05 65 68 47 88*, – TV P – 20. AE GB, ch
Repas *(fermé dim. soir sauf juil.-août et lundi midi)* 100/300 – 45 – **50 ch** 300/420 – ½ P 300/340

rte de Conques *Nord, par* ① *et D 901* **AX** *:*

Hostellerie de Fontanges , à 3,5 km 05 65 77 76 00, *fontanges-hotel@wanadoo.fr, Fax 05 65 42 82 29*, « Demeure du 16e siècle », – TV P – 100. AE GB JCB
Repas *(fermé sam. midi et dim. soir du 15 oct. au 31 mars)* (89) - 98/250, enf. 55 – 60 – **44 ch** 390/450, 4 appart – ½ P 300/430

Campanile, rd-pt des Moutiers à 2 km ✆ 05 65 42 97 08, *Fax 05 65 42 66 69,* – , rest, – 20. AE GB
Repas 80/165 ⅀, enf. 39 – 36 – **46 ch** 315

ROGNES *13840 B.-du-R.* 84 ③ *G. Provence – 3 450 h alt. 311.*

Voir *Retables★ dans l'église.*

Office de Tourisme 5 pl. de la Fontaine ✆ 04 42 50 13 36, Mairie ✆ 04 42 50 22 05.

Paris 738 – Marseille 48 – Aix-en-Provence 19 – Cavaillon 41 – Manosque 54.

Les Olivarelles, Nord-Ouest : 6 km par D 66 et rte secondaire ✆ 04 42 50 24 27, *Fax 04 42 50 17 99,* – . GB
fermé 1er au 9 sept., 5 au 11 nov., 1er au 6 janv., mardi, merc. et jeudi d'oct. à avril, dim. soir et lundi – **Repas** (prévenir) 105/195 ⅀, enf. 80

ROHAN *56580 Morbihan* 58 ⑲ *G. Bretagne – 1 604 h alt. 55.*

Paris 453 – Vannes 52 – Lorient 72 – Pontivy 17 – Quimperlé 88.

Eau d'Oust, rte Loudéac ✆ 02 97 38 91 86, *Fax 02 97 38 91 86,* – AE GB
fermé 6 au 19 mars, dim. soir, lundi et le soir en hiver – **Repas** (en hiver, dîner sur réservation) 85/250

ROISEY *42520 Loire* 76 ⑩ *– 626 h alt. 510.*

Paris 520 – St-Étienne 46 – Annonay 26 – Tournon-sur-Rhône 55 – Vienne 32.

Chanterelle, Sagnemorte ✆ 04 74 87 47 27, *Fax 04 74 87 47 27,* ≤ chaîne montagneuse, , – . GB JCB
1er mars-30 nov. et fermé merc. et jeudi hors saison, lundi et mardi – **Repas** 92 (déj.), 140/260 ⅀, enf. 70

ROISSY-EN-FRANCE *95 Val-d'Oise* 56 ⑪, 101 ⑧ *– voir à Paris, Environs.*

ROLLEBOISE *78270 Yvelines* 55 ⑱ *– 461 h alt. 20.*

Paris 64 – Rouen 72 – Dreux 45 – Mantes-la-Jolie 10 – Vernon 15 – Versailles 55.

Château de la Corniche , ✆ 01 30 93 20 00, *corniche@wanadoo.fr, Fax 01 30 42 27 44,* ≤ vallée de la Seine, , , – – 30. AE GB JCB
fermé 20 déc. au 5 janv., lundi sauf le soir d'avril à oct. et dim. soir de sept. à mai – **Repas** 160 (déj.), 230/360 ⅀ – 60 – **35 ch** 490/1100 – ½ P 505/810

ROMAINVILLE *93 Seine-St-Denis* 56 ⑪, 101 ⑰ *– voir à Paris, Environs.*

ROMANÈCHE-THORINS *71570 S.-et-L.* 74 ① *G. Vallée du Rhône – 1 710 h alt. 187.*

Voir *"Le Hameau du vin" ★ – Parc zoologique et d'attractions Touroparc★.*

Paris 408 – Mâcon 16 – Chauffailles 49 – Lyon 57 – Villefranche-sur-Saône 24.

Les Maritonnes, près gare ✆ 03 85 35 51 70, *mariton@wanadoo.fr, Fax 03 85 35 58 14,* , « Parc fleuri », , , – ch, – 30. AE GB
fermé 20 déc. au 18 janv. – **Repas** 150 (déj.), 195/420, enf. 100 – 65 – **20 ch** 430/570 – ½ P 570/620

ROMANS-SUR-ISÈRE *26100 Drôme* 77 ② *G. Vallée du Rhône – 32 734 h alt. 162.*

Voir *Tentures★★ de la collégiale St-Barnard – Collection de chaussures★ du musée international de la chaussure – Musée diocésain d'Art sacré★ à Mours-St-Eusèbe, 4 km par ①.*

Office de Tourisme Le Neuilly pl. J.-Jaurès ✆ 04 75 02 28 72, Fax 04 75 05 91 62.

Paris 561 ⑤ – Valence 21 ④ – Die 77 ④ – Grenoble 81 ② – St-Étienne 92 ⑤ – Vienne 72 ⑤.

Plan page suivante

Comfort Inn Primevère, clos des Tanneurs ✆ 04 75 05 10 20, *Fax 04 75 05 67 67,* , – rest, – 30. AE GB JCB AZ n
Repas 89/168 ⅀, enf. 49 – 38 – **32 ch** 330

Cendrillon sans rest, 9 pl. Carnot ✆ 04 75 02 83 77, *Fax 04 75 05 35 33* – AE GB AZ s
fermé dim. d'oct. à mars – 28 – **28 ch** 150/230

ROMANS-SUR-ISÈRE BOURG-DE-PÉAGE

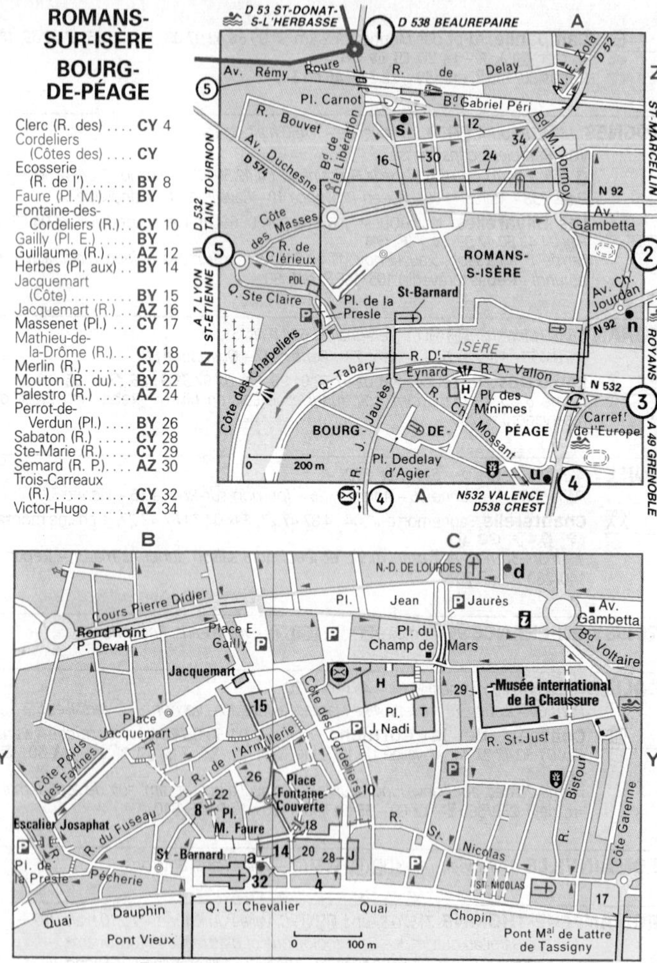

XXX **Parc,** 6 av. Gambetta par ② ✆ 04 75 70 26 12, *Fax 04 75 05 08 23*, « Décoration moderne dans une villa des années 20 », – GB
fermé merc. soir, dim. soir et lundi – **Repas** 140/340

XX **Fourchette,** 8 r. Solférino ✆ 04 75 02 12 94, *Fax 04 75 05 07 61*, « Terrasse ombragée », – GB — CY d
fermé 21 sept. au 12 oct., 2 au 10 janv., vacances de fév., jeudi soir en hiver, dim. soir et lundi – **Repas** 100 (déj.), 140/280

X **Chevet de St-Barnard,** 1 pl. aux Herbes ✆ 04 75 05 04 78, *Fax 04 75 05 04 78*, – GB — BY a
fermé 14 juil. au 1er août, dim. soir, mardi soir et merc. – **Repas** 85/240

à Bourg-de-Péage AZ – *9 248 h. alt. 151* – ✉ *26300* :

Don Angelo M, bd Alpes-Provence ✆ 04 75 72 44 11, *Fax 04 75 72 20 01*, – 50. AE GB — AZ u
Repas *(fermé lundi midi, sam. et dim.)* 120 (déj.), 180/450 – 70 – **38 ch** 500/1150 – ½ P 910/960

à l'Est : *par ② et N 92 : 4 km – ✉ 26750 St-Paul-lès-Romans :*

Karene Hôtel M, ✆ 04 75 05 12 50, *karenehotel@minitel.net, Fax 04 75 05 25 17,* ⛱, – TV ✆ ♿ P – 🏛 15 à 30. AE ⓓ GB JCB
fermé 20 déc. au 6 janv. et sam. de nov. à Pâques – **Repas** *(fermé sam. et dim.)* (dîner seul.) *(75)* - 110/150 ♀ – ☕ 50 – **23 ch** 300/380 – ½ P 340

à Granges-lès-Beaumont *par ⑤ : 6 km – 791 h. alt. 155 – ✉ 26600 :*

Les Cèdres (Bertrand), ✆ 04 75 71 50 67, *Fax 04 75 71 64 39,* – ▤ P. GB
fermé 22 août au 7 sept., 24 déc. au 4 janv., lundi et mardi – **Repas** (nombre de couverts limité, prévenir) 175 (déj.), 290/440 ♀
Spéc. Carpaccio de filet d'agneau mariné aux truffes de la Drôme. Omble chevalier de "Papy Geoffroy". Macaron moelleux au chocolat. **Vins** Hermitage blanc, Crozes-Hermitage rouge.

à St-Paul-lès-Romans *par ② : 8 km – 1 401 h. alt. 171 – ✉ 26750 :*

Malle Poste, ✆ 04 75 45 35 43, *Fax 04 75 71 40 48* – ▤. AE ⓓ GB
fermé 15 au 31 août, 1er au 15 janv., dim. soir et lundi – **Repas** *(75)* - 135 (déj.), 190/360

ROMANSWILLER *67 B.-Rhin* 87 ⑭ *– rattaché à Wasselonne.*

ROMILLY-SUR-SEINE *10100 Aube* 61 ⑤ *– 15 557 h alt. 76.*
Paris 126 – Troyes 40 – Châlons-en-Champagne 76 – Nogent-sur-Seine 18 – Sens 61.

Auberge de Nicey M, 24 r. Carnot ✆ 03 25 24 10 07, *denicey@club-internet.fr, Fax 03 25 24 47 01,* – ⫼ TV ✆ ♿ P – 🏛 30. AE ⓓ GB
Repas *(fermé dim. midi en août, sam. midi et dim. soir)* 100/280 – ☕ 57 – **24 ch** 380/470 – ½ P 400

Dans la liste des rues des plans de villes,
les ***noms en rouge*** *indiquent les principales voies commerçantes.*

ROMORANTIN-LANTHENAY SP *41200 L.-et-Ch.* 64 ⑱ *G. Châteaux de la Loire – 17 865 h alt. 93.*
Voir *Maisons anciennes★* **B** – *Vues des ponts★* – *Musée de Sologne★* **M²**.
Office de Tourisme (hors saison,fermé le dim.) 32 pl. de la Paix ✆ 02 54 76 43 89, Camping de Tournefeuille av. de Long Eaton ✆ 02 54 76 16 60.
Paris 204 ① – Bourges 73 ③ – Blois 42 ⑤ – Orléans 68 ① – Tours 93 ④ – Vierzon 34 ③.

ROMORANTIN-LANTHENAY

Brault (R. Porte) 2
Capucins (R. des) 4
Clemenceau (R. Georges) 6
Four-à-Chaux (R. du) .. 8
Gaulle (Pl. Gén. de) ... 10
Ile-Marin (Quai de l') 13
Jouanettes (R. des) .. 14
Lattre de Tassigny (Av. du Mar. de) 15
Limousins (R. des) ... 17
Mail de l'Hôtel-Dieu .. 18
Milieu (R. du) 20
Orléans (Fg d') 22
Paix (Pl. de la) 23
Pierre (R. de la) 24
Prés.-Wilson (R. du) .. 26
Résistance (R. de la) 28
St-Roch (Fg) 30
Sirène (R. de la) 33
Tour (R. de la) 34
Trois-Rois (R. des) 36
Verdun (R. de) 37

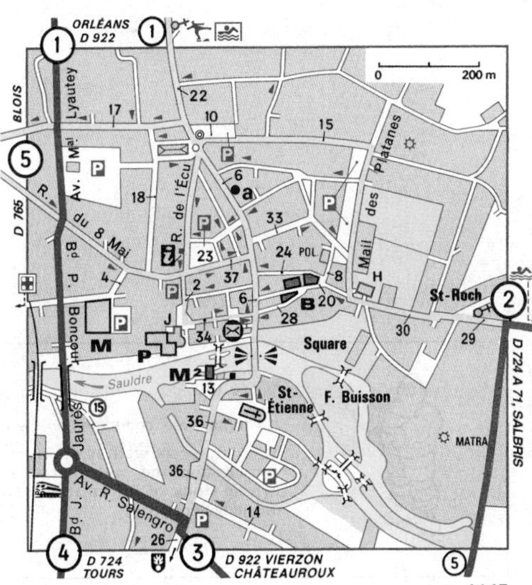

Grand Hôtel du Lion d'Or Ⓜ, 69 r. Clemenceau **(a)** ✆ 02 54 94 15 15, *liondor@relaischateaux.com, Fax 02 54 88 24 87*, « Belle décoration intérieure, patio fleuri » – 40. AE ⓞ GB JCB
fermé mi-fév. à fin mars et 26 nov. au 7 déc. – **Repas** *(fermé mardi midi)* (nombre de couverts limité, prévenir) 480/680 et carte 560 à 750 – 120 – **13 ch** 700/2100, 3 appart
Spéc. Cuisses de grenouilles à la Rocambole. Langoustines à la graine de paradis. Brioche caramélisée, sorbet d'angélique. **Vins** Pouilly Fumé, Bourgueil

Lanthenay (Valin) avec ch, à Lanthenay par ① : *2,5 km, pl. Église* ✆ 02 54 76 09 19, *Fax 02 54 76 72 91*, – . AE GB
fermé 15 juil. au 2 août, 24 déc. au 15 janv., lundi (sauf hôtel) et dim. – **Repas** (nombre de couverts limté, prévenir) 115/315 et carte 315 à 325 – 45 – **10 ch** 280/325 – 1/2 P 275/320
Spéc. Huîtres chaudes au beurre blanc. Pêle-mêle de poissons à l'estragon. Gibier (sept. à janv.). **Vins** Cheverny , Quincy.

Cabrière, 30 av. Villefranche par ③ ✆ 02 54 76 38 94, *Fax 02 54 76 38 94* – GB
fermé 1er au 15 sept., mardi soir et merc. – **Repas** 95/210, enf. 50

RONCE-LES-BAINS *17 Char.-Mar.* 71 ⑭ *G. Poitou Vendée Charentes – alt. 6 – ✉ 17390 La Tremblade.*
Office de Tourisme pl. Brochard ✆ 05 46 36 06 02, Fax 05 46 36 38 17.
Paris 508 – Royan 25 – Marennes 9 – Rochefort 31 – La Rochelle 69.

Grand Chalet, 2 av. La Cèpe ✉ 17390 ✆ 05 46 36 06 41, *Fax 05 46 36 38 87*, ≤ île d'Oléron, – AE ⓞ GB
fermé 15 nov. à 1er fév. – **Repas** *(fermé lundi midi hors saison et mardi)* 120/250 – 40 – **28 ch** 290/380 – 1/2 P 300/340

RONCHAMP *70250 H.-Saône* 66 ⑦ *G. Jura – 3 088 h alt. 380.*
Voir *Chapelle Notre-Dame-du-Haut★★.*
Paris 399 – Besançon 88 – Belfort 22 – Lure 12 – Luxeuil-les-Bains 31 – Vesoul 43.

au Rhien *Nord : 3 km – ✉ 70250 Ronchamp :*

Rhien Carrer , ✆ 03 84 20 62 32, *carrer@ronchamp.com, Fax 03 84 63 57 08*, , , – – 30. GB
Repas 60/230, enf. 40 – 35 – **21 ch** 160/240 – 1/2 P 200

à Champagney *Est : 4,5 km par D 4 – 3 283 h. alt. 370 – ✉ 70290 :*

Commerce, ✆ 03 84 23 13 24, *hotel-du-commerce@essor.info.fr, Fax 03 84 23 24 33*, , , – . GB
fermé 22 déc. au 14 janv. – **Repas** 65/250, enf. 45 – 40 – **25 ch** 220 – 1/2 P 210

Write us...

If you have any comments on the contents of this Guide.

Your praise as well as your criticisms will receive careful consideration and, with your assistance, we will be able to add to our stock of information and, where necessary, amend our judgments.

Thank you in advance!

Le ROND-D'ORLÉANS *02 Aisne* 56 ③ ④ – *rattaché à Chauny.*

ROOST-WARENDIN *59 Nord* 51 ⑯ – *rattaché à Douai.*

ROPPENHEIM *67480 B.-Rhin* 87 ③ – *808 h alt. 117.*

Paris 515 – Strasbourg 43 – Haguenau 24 – Karlsruhe 43 – Wissembourg 35.

A l'Agneau, ✆ 03 88 86 40 08, – GB
fermé 15 juil. au 16 août, 23 déc. au 7 janv., dim., lundi et le midi sauf sam. – **Repas** carte 160 à 230 ♀

ROQUEBRUNE-CAP-MARTIN *06190 Alpes-Mar.* 84 ⑩, 115 ㉘ *G. Côte d'Azur – 12 376 h alt. 70.*

Voir *Village perché★★ : rue Moncollet★, ✻★★ du donjon★ – Cap Martin ≤★★ X – ≤★★ du belvédère du Vistaëro SO : 4 km.*

Env. *Site★ de Gorbio N : 8 km par D 50.*

Office de Tourisme 218 av. A.-Briand ✆ 04 93 35 62 87, Fax 04 93 28 57 00.

Paris 958 – Monaco 10 – Menton 3 – Monte-Carlo 8 – Nice 27.

Plans : voir à Menton.

Vista Palace M, Grande Corniche par ③ *rte La Turbie D 2564 : 4 km* ✆ 04 92 10 40 00, *info@vistapalace.com, Fax 04 93 35 18 94,* ≤ Monaco et la côte, , « Piscine panoramique et parc en terrasses », , , – – 15 à 80. AE GB JCB
fermé fév. – ***Vistaero*** ✆04 92 10 40 20 *(dîner seul. de juin à sept.)* **Repas** 345/595 ♀, enf. 150 – ***Corniche*** ✆04 92 10 40 20 *(1er juin-30 sept.)* **Repas** carte 360 à 530 ♀, enf. 150 – ☕ 150 – **65 ch** 1700/2400, 3 appart – 1/2 P 1450/1600

Diodato sans rest, pointe de Cabbé, par ③ *: 2,5 km* ✆ 04 92 10 52 52, *Fax 04 93 10 52 53,* ≤, , – – 30. GB. AX n
fermé 12 nov. au 20 déc. – ☕ 60 – **32 ch** 500/1150

Victoria sans rest, 7 prom. Cap-Martin ✆ 04 93 35 65 90, *Fax 04 93 28 27 02,* ≤ – . AE GB AX k
fermé 8 janv. au 8 fév. – ☕ 40 – **32 ch** 480/580

Alexandra sans rest, 93 av. W. Churchill ✆ 04 93 35 65 45, *accueil@hotel-alexandra.net, Fax 04 93 57 96 51,* ≤ – . AE GB JCB AX a
fermé 5 nov. au 5 déc. – ☕ 45 – **40 ch** 380/650

Westminster sans rest, 14 av. L. Laurens par ③ *et N 98, rte de Monaco par basse corniche* ✆ 04 92 41 41 40, *westminster@ifrance.com, Fax 04 93 28 88 50,* ≤, « Jardin en terrasses », – . AE GB JCB.
11 fév.-23 nov. – ☕ 32 – **32 ch** 340/505

Roquebrune, 100 av. J. Jaurès par ③ *et N 98, rte de Monaco par basse corniche* ✆ 04 93 35 00 16, *Fax 04 93 28 98 36,* ≤ Cap Martin et la mer, – . AE GB JCB
fermé 12 nov. au 7 déc. et le midi de juin à août sauf week-ends – **Repas** (prévenir) 360 et carte 510 à 760 ♀
Spéc. Salade tiède de homard. Bouillabaisse. Poussin au citron. **Vins** Bellet, Bandol.

Corail, 7 prom. du Cap ✆ 04 93 41 37 69, – . AE GB AX k
fermé 8 janv. au 8 fév. et lundi – **Repas** - cuisine vietnamienne et chinoise - 98

Hippocampe, 44 av. W. Churchill ✆ 04 93 35 81 91, *Fax 04 93 35 81 91,* ≤ baie et littoral, – AE GB AX h
fermé 1er au 15 mai, 22 oct. au 22 nov., 7 au 22 janv. et lundi – **Repas** (prévenir) 165/300 ♀

Au Grand Inquisiteur, 18 r. Château (accès piétonnier) au vieux village par ③ *: 3,5 km* ✆ 04 93 35 05 37, *Fax 04 93 35 05 37,* « Salle voûtée dans une maison du 14e siècle » – . GB.
fermé 2 au 8 juil., 5 nov. au 25 déc., mardi sauf juil.-août et lundi – **Repas** (nombre de couverts limité, prévenir) 150/224 ♀

Les Tables du Berger, 4 r. V. Hugo, quartier Carnolès ✆ 04 93 57 40 60 – . GB
fermé 10 juil. au 10 août, dim. soir et lundi – **Repas** 155/295 AX v

La ROQUEBRUSSANNE *83136 Var* 84 ⑮, 114 ㉜ – *1 235 h alt. 365.*

Paris 815 – Toulon 38 – Aix-en-Provence 59 – Aubagne 46 – Brignoles 15.

Auberge de la Loube, ✆ 04 94 86 81 36, *Fax 04 94 86 86 79,* – . AE GB
Repas *(fermé 1er au 10 oct., 20 au 30 mars, lundi soir et mardi)* 109/159 – ☕ 35 – **8 ch** 430

La ROQUE-D'ANTHÉRON *13640 B.-du-R.* 84 ② *G. Provence – 3 923 h alt. 183.*
Voir *Abbaye de Silvacane*★★ *E : 2 km.*
Office de Tourisme 3 Crs Foch ✆ 04 42 50 58 63, Fax 04 42 50 59 81.
Paris 731 – Aix-en-Provence 28 – Cavaillon 34 – Manosque 59 – Marseille 57.

Mas de Jossyl Ⓜ, ✆ 04 42 50 71 00, *jossyl.mas@wanadoo.fr, Fax 04 42 50 75 94,* – TV & P – 25. GB
Repas *(fermé 2 au 20 janv. et mardi de sept. à juin)* 110/185, enf. 65 – 40 – **22 ch** 470 – 1/2 P 390

ROQUEFORT-LES-PINS *06330 Alpes-Mar.* 84 ⑨ *– 4 714 h alt. 184.*
Paris 917 – Nice 25 – Cannes 17 – Grasse 14.

Auberge du Colombier avec ch, au Colombier, rte de Nice, sur D 2085 ✆ 04 92 60 33 00, *info@auberge-du-colombier.com, Fax 04 93 77 07 03,* – TV P – 30. AE GB JCB
fermé 5 janv. au 5 fév. – **Repas** *(fermé mardi d'oct. à mars)* (150) - 225/350 et carte 330 à 470 ♀, enf. 90 – 50 – **20 ch** 350/680 – 1/2 P 495/585

La ROQUE-GAGEAC *24250 Dordogne* 75 ⑰ *G. Périgord Quercy – 447 h alt. 85.*
Voir *Site*★★.
Paris 543 – Brive-la-Gaillarde 64 – Sarlat-la-Canéda 13 – Cahors 54 – Périgueux 70.

Belle Étoile, ✆ 05 53 29 51 44, *Fax 05 53 29 45 63,* ←, – rest, AE GB. ch
fin mars-début nov. – **Repas** *(fermé merc. midi et lundi)* 125/200 ♀, enf. 65 – 45 – **16 ch** 290/360 – 1/2 P 360

Gardette, ✆ 05 53 29 51 58, *Fax 05 53 31 19 32,* – P. GB
8 avril-1er nov. – **Repas** 120/245, enf. 50 – 35 – **12 ch** 180/300 – 1/2 P 330/350

Auberge La Plume d'Oie avec ch, ✆ 05 53 29 57 05, *Fax 05 53 31 04 81,* ←, exclusivement non-fumeur – TV. GB.
fermé fin nov.-20 déc., mi-janv.-début mars, mardi midi et lundi de sept.-juin et le midi en juil.-août sauf dim. – **Repas** (nombre de couverts limité, prévenir) 220/350 – 70 – **4 ch** 450/500

rte de Vitrac *Sud-Est par D 703 – ✉ 24250 La Roque Gageac:*

Périgord, à 3 km ✆ 05 53 28 36 55, *Fax 05 53 28 38 73,* – rest, TV P. AE GB
1er avril-31 oct. – **Repas** 98/260, enf. 50 – 40 – **40 ch** 280/370 – 1/2 P 310/350

Les Prés Gaillardou, à 4 km ✆ 05 53 59 67 89, *Fax 05 53 31 07 37,* – P. GB
fermé 15 janv. au 15 fév., dim. soir hors saison, sam. midi en saison et lundi – **Repas** 125/250

ROQUEMAURE *30150 Gard* 81 ⑪ ⑫ *G. Provence – 4 647 h alt. 19.*
Paris 669 – Avignon 19 – Alès 75 – Nîmes 48 – Orange 12 – Pont-St-Esprit 32.

Clément V, rte Nîmes ✆ 04 66 82 67 58, *hotel.clement@wanadoo.fr, Fax 04 66 82 84 66,* – TV P. GB
15 mars-25 oct. et fermé les week-ends hors saison – **Repas** (dîner seul.) (résidents seul.) 98/128 ♀ – 40 – **19 ch** 340/370 – 1/2 P 295/315

ROSAY *78 Yvelines* 55 ⑱., 106 ⑮ *– rattaché à Mantes-la-Jolie.*

ROSBRUCK *57 Moselle* 57 ⑯ *– rattaché à Forbach.*

Besonders angenehme Hotels oder Restaurants
sind im Führer rot gekennzeichnet.
Sie können uns helfen,
wenn Sie uns die Häuser angeben,
in denen Sie sich besonders wohl gefühlt haben.
Jährlich erscheint eine komplett überarbeitete Ausgabe
aller Roten **Michelin-Führer.**

...

...

ROSCOFF *29680 Finistère* 58 ⑥ *G. Bretagne – 3 711 h alt. 7 – Casino.*

Voir *Église N.-D.-de-Croaz-Batz★ – Aquarium Ch. Pérez★ – Jardin exotique★.*

Office de Tourisme 46 r. Gambetta ☎ 02 98 61 12 13, Fax 02 98 69 75 75.

Paris 564 ① – Brest 65 ① – Landivisiau 27 ① – Morlaix 27 ① – Quimper 100 ①.

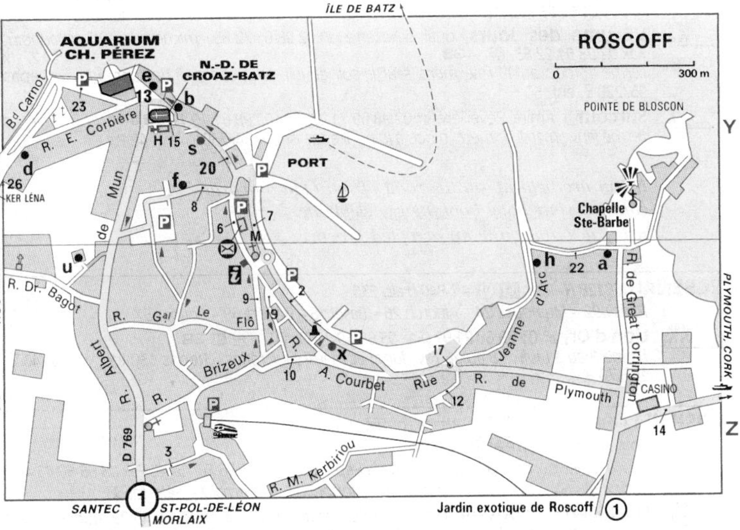

Auxerre (Quai d')	Z 2	Keranveyer (R. de)	Z 10	République (Pl. de la)	Z 19
Capucins (R. des)	Z 3	Kléber (R.)	Z 12	Reveillère (R. Amiral)	Y 20
Gambetta (R.)	Y 6	Lacaze-Duthiers (Pl.)	Y 13	Ste-Barbe (Bd)	Z 22
Gaulle (Q. Ch. de)	Y 7	Lannurien (R. G. de)	Z 14	Tessier (Pl. G.)	Y 23
Johnies (R. des)	Y 8	Pasteur (R. L.)	Y 15	Victor-Hugo (R.)	Y 26
Jules-Ferry (R.)	Z 9	Pen al Leur (Pl. de)	Z 17		

Brittany ☎, bd Ste Barbe ☎ 02 98 69 70 78, *Fax 02 98 61 13 29*, ≤, « Ancien manoir reconstitué élégamment aménagé », – 30. AE GB JCB. rest
22 mars-21 oct. – **Repas** *(fermé lundi sauf le soir en saison, sam. midi et dim. midi)* 135/310 – 68 – **25 ch** 620/890 – ½ P 610/690 — Z a

Gulf Stream ☎, r. Marquise de Kergariou par r. E. Corbière : 1 km ☎ 02 98 69 73 19, *crea ch.jacques@wanadoo.fr, Fax 02 98 61 11 89*, ≤, – 50. AE GB. rest
20 mars-15 oct. – **Repas** *(fermé dim. soir)* 135/340 – 49 – **32 ch** 400/540 – ½ P 450/560

Talabardon, pl. Église ☎ 02 98 61 24 95, *Fax 02 98 61 10 54*, ≤ – 40. AE GB. rest — Y b
1er mars-26 oct. – **Repas** *(fermé jeudi midi et dim. soir)* (105) - 137/295, enf. 70 – 60 – **39 ch** 530/660 – ½ P 440/480

Thalasstonic M, r. V. Hugo ☎ 02 98 29 20 20, *sat@thalasso.com, Fax 02 98 29 20 19*, ≤, centre de thalassothérapie, AE GB. rest
fermé 3 au 24 déc. – **Repas** (95) - 123/133 – 52 – **54 ch** 445/610 – ½ P 450/490

Armen Le Triton ☎ sans rest, r. Dr Bagot ☎ 02 98 61 24 44, *Fax 02 98 69 77 97*, – AE GB — Z u
15 fév.-15 nov. – 38 – **45 ch** 270/350

Résidence sans rest, r. des Johnies ☎ 02 98 69 74 85, *Fax 02 98 69 78 63*, – AE GB — Y f
15 mars-15 oct. – 37 – **30 ch** 300/350

Bellevue sans rest, r. Jeanne d'Arc ☎ 02 98 61 23 38, *Fax 02 98 61 11 80*, ≤ – GB
fermé 15 nov. au 23 déc. et 4 janv. au 15 mars – 40 – **18 ch** 400/420 — Z h

Ibis sans rest, pl. Église ☎ 02 98 61 22 61, *ibis.roscoff@wanadoo.fr, Fax 02 98 61 11 94* – AE GB — Y e
37 – **40 ch** 390

Aux Tamaris sans rest, r. É. Corbière ☎ 02 98 61 22 99, *auxtamaris@dial.oleane.com, Fax 02 98 69 74 36*, ≤ – GB — Y d
30 mars-15 oct. – 37 – **27 ch** 270/350

XXX **Temps de Vivre** (Crenn) (chambres prévues), pl. Église ✆ 02 98 61 27 28, *Fax 02 98 61 19 46*, ← – AE GB — Y e
fermé 1er au 21 oct., dim. soir sauf juil.-août, mardi midi et lundi – **Repas** 120 (déj.), 190/420 et carte 300 à 410
Spéc. Choux farcis au tourteau et aux oignons rosés de Roscoff. Velouté de laitue, langoustines farcies de légumes (sauf hiver). Bar et jeunes camus bretons (mai à déc.).

XX **L'Écume des Jours,** quai d'Auxerre ✆ 02 98 61 22 83, *michelquere2@wanadoo.fr, Fax 02 98 61 22 83*, – GB — Z x
fermé 1er déc. au 1er fév., merc. sauf le soir en juil.-août et mardi de sept. à juin – **Repas** 95/220 ♀, enf. 50

X **Surcouf,** r. Amiral Réveillère ✆ 02 98 69 71 89, *Fax 02 98 61 10 19* – GB — Y s
fermé janv., mardi et merc. d'oct. à juin – **Repas** (60 bc) - 94/230 ♀, enf. 42

If you are held up on the road - from 6pm onwards - confirm your hotel booking by telephone. It is safer and quite an accepted practice.

ROSENAU *68128 H.-Rhin 87 ⑨ – 1 840 h alt. 230.*

Paris 492 – Mulhouse 24 – Altkirch 26 – Basel 16 – Belfort 68 – Colmar 57.

XX **Lion d'Or,** ✆ 03 89 68 21 97, *Fax 03 89 68 21 97*, – P. AE GB
fermé 9 au 31 juil., 18 au 26 fév., lundi et mardi sauf fériés – **Repas** 130 (déj.), 145/240 ♀, enf. 70

ROSHEIM *67560 B.-Rhin 62 ⑨ G. Alsace Lorraine – 4 016 h alt. 190.*

Voir *Église St-Pierre et St-Paul*★.

Office de Tourisme à la Mairie pl. de la République ✆ 03 88 50 75 38, Fax 03 88 50 45 49.

Paris 484 – Strasbourg 33 – Erstein 20 – Molsheim 9 – Obernai 7 – Sélestat 33.

Hostellerie du Rosenmeer, Nord-Est : 2 km sur D 35 ✆ 03 88 50 43 29, *hubert.maetz@wanadoo.fr, Fax 03 88 49 20 57*, , – , rest, TV P – 20. AE GB
fermé 24 au 31 juil. et 19 fév. au 8 mars – **Repas** *(fermé dim. soir et lundi)* 120/400 ♀ - ***Winstub d'Rosemer*** *(fermé dim. sauf le soir de Pâques à nov. et lundi)* **Repas** 57(déj.)90/180 ♀, enf. 50 – 55 – **20 ch** 300/560 – ½ P 450/550

XX **Auberge du Cerf,** 120 r. Gén. de Gaulle ✆ 03 88 50 40 14, *Fax 03 88 50 40 14* – GB
fermé 26 juin au 9 juil., 2 au 11 janv., dim. soir et lundi – **Repas** 85/210 ♀

X **Petite Auberge** M avec ch, 41 r. Gén. de Gaulle ✆ 03 88 50 40 60, *Fax 03 88 50 40 60*, – cuisinette, rest, TV P. GB
fermé 27 juin au 5 juil. et 22 janv. au 13 fév. – **Repas** *(fermé mardi soir de nov. à mai et merc.)* 110/300 ♀ – 35 (½ pens. seul.), 9 appart 280/550 – ½ P 280

La ROSIÈRE *14 Calvados 54 ⑮ – rattaché à Arromanches-les-Bains.*

La ROSIÈRE 1850 *73 Savoie 74 ⑱ ⑲ G. Alpes du Nord – alt. 1820 – Sports d'hiver : 1 100/2 600 m 19 – 73700 Bourg-St-Maurice.*

Altiport ✆ 04 79 06 83 40.

Office de Tourisme ✆ 04 79 06 80 51, Fax 04 79 06 83 20.

Paris 668 – Albertville 78 – Bourg-St-Maurice 24 – Chambéry 127 – Chamonix-Mont-Blanc 61.

Relais du Petit St-Bernard , ✆ 04 79 06 80 48, *Fax 04 79 06 83 40*, ← montagnes, – GB
23 juin-9 sept. et 20 déc.-20 avril – **Repas** 98/128 – 39 – **20 ch** 240/360 – ½ P 335/380

Les ROSIERS-SUR-LOIRE *49350 M.-et-L. 64 ⑫ G. Châteaux de la Loire – 2 204 h alt. 22.*

Syndicat d'Initiative pl. du Mail ✆ 02 41 51 90 22, Fax 02 41 51 90 22.

Paris 304 – Angers 32 – Baugé 28 – Bressuire 67 – Cholet 62 – La Flèche 46 – Saumur 18.

XXX **Jeanne de Laval** avec ch, rte Nationale ✆ 02 41 51 80 17, *Fax 02 41 38 04 18*, « Jardin fleuri », – rest, TV P. AE GB
fermé 15 nov. au 28 déc. et lundi sauf le soir en saison – **Repas** 200/480 et carte 280 à 500 ♀ – 60 – **4 ch** 400/650 – ½ P 600/700

Annexe Ducs d'Anjou sans rest,, – TV. AE GB
fermé 15 nov. au 28 déc. et lundi hors saison – 60 – **7 ch** 460/580

XXX **Toque Blanche,** rte Angers ✆ 02 41 51 80 75, *Fax 02 41 38 06 38* – ▤ **P**. GB
fermé mardi soir et merc. – **Repas** 110 bc/230

XX **Val de Loire** avec ch, pl. Église ✆ 02 41 51 80 30, *Fax 02 41 51 95 00* – TV ✆. GB
fermé 15 fév. au 15 mars, dim. soir et lundi hors saison – **Repas** 75/195 ♀ – ☕ 40 – **9 ch** 260/280 – ½ P 212/230

ROSNY-SOUS-BOIS *93 Seine-St-Denis* **56** ⑪., **101** ⑰ – *voir à Paris, Environs.*

ROSOY *89 Yonne* **61** ⑭ – *rattaché à Sens.*

ROSPORDEN *29140 Finistère* **58** ⑯ *G. Bretagne – 6 485 h alt. 125.*

Syndicat d'Initiative (juillet-août) "Cité des Étangs"Le Moulin r. Hippolyte-le-Bas ✆ 02 98 59 27 26, hors saison ✆ 02 98 66 99 00.

Paris 546 – Quimper 23 – Carhaix-Plouguer 52 – Concarneau 14 – Pontivy.

Jet'otel, pl. Gare ✆ 02 98 66 99 99, *jet-otel@club-internet.fr, Fax 02 98 66 94 98* – |$| TV – 40. GB
fermé 1er au 15 janv. et dim. soir sauf juil.-août – **Repas** 68 (déj.), 90/248, enf. 50 – ☕ 45 – **27 ch** 230/270 – ½ P 260

La ROTHIÈRE *10500 Aube* **61** ⑱ – *121 h alt. 137.*

Paris 222 – Chaumont 59 – Bar-sur-Aube 18 – Troyes 40.

Auberge de la Plaine, D 396 ✆ 03 25 92 21 79, *aubergedelaplaine@wanadoo.fr, Fax 03 25 92 26 16*, – TV **P**. GB
fermé 21 au 30 déc., vend. soir et sam. midi du 19 sept. à fin mars – **Repas** 78/199 ♀, enf. 60 – ☕ 35 – **17 ch** 175/265 – ½ P 198/223

Dans ce guide
un même symbole, un même caractère,
imprimé en couleur ou en ***noir****, en maigre ou en* ***gras****,*
n'ont pas tout à fait la même signification.
Lisez attentivement les pages explicatives.

ROUBAIX *59100 Nord* **51** ⑥ ⑯ *G. Picardie Flandres Artois – 97 746 h alt. 27.*

Voir Centre des archives du monde du travail **BX M**1 – *Parc Barbieux – Chapelle d'Hem★ (murs-vitraux★★ de Manessier) 5 km, voir plan de Lille* **JS B.**

Office de Tourisme 10 r. de la Tuilerie ✆ 03 20 65 31 90, Fax 03 20 65 31 83.

Paris 233 ⑩ – Lille 15 ⑩ – Kortrijk 24 ④ – Tournai 22 ⑦.

Accès et sorties : voir plan de Lille.

Grand Hôtel Mercure M, 22 av. J. Lebas ✆ 03 20 73 40 00, *h1250@accorhotels.com, Fax 03 20 73 22 42* – |$| TV ✆ ♿ – 25 à 200. AE ⓓ GB JCB — BX r
Repas *(fermé août, dim. midi, vend. soir et sam.)* (98) - 130 ♀, enf. 65 – ☕ 65 – **92 ch** 550/590

Ibis, 37 bd Gén. Leclerc ✆ 03 20 45 00 00, *h1017@accord-hotels.com, Fax 03 20 73 59 31* – |$| TV ♿. AE ⓓ GB — BX e
Repas *(fermé vend. soir, sam. et dim.)* (81) - 95 ♀, enf. 39 – ☕ 35 – **89 ch** 310

XX **Chez Charly,** 127 r. J. Lebas ✆ 03 20 70 78 58, *chezcharly@voila.fr, Fax 03 20 73 49 11* – GB. — AX a
fermé 25 juil. au 25 août – **Repas** (déj. seul.) 100/220

XX **Richard Lenoir,** 39 r Pierre Motte (près Poste) ✆ 03 20 73 92 92, *Fax 03 20 73 94 95* – AE ⓓ GB — BX t
fermé 15 juil. au 16 août, dim. soir et lundi – **Repas** 99 bc/245 ♀, enf. 75

à Lys-lez-Lannoy *Sud-Est : 5 km par D 206 – 12 300 h. alt. 28 – ✉ 59390 :*

XX **Auberge de la Marmotte,** 5 r. J.-B. Lebas ✆ 03 20 75 30 95, *Fax 03 20 81 16 34* – **P**. GB — plan de Lille **JS** f
fermé août, vacances de fév., dim. soir, mardi soir, merc. soir et lundi – **Repas** (80) - 98/300 ♀

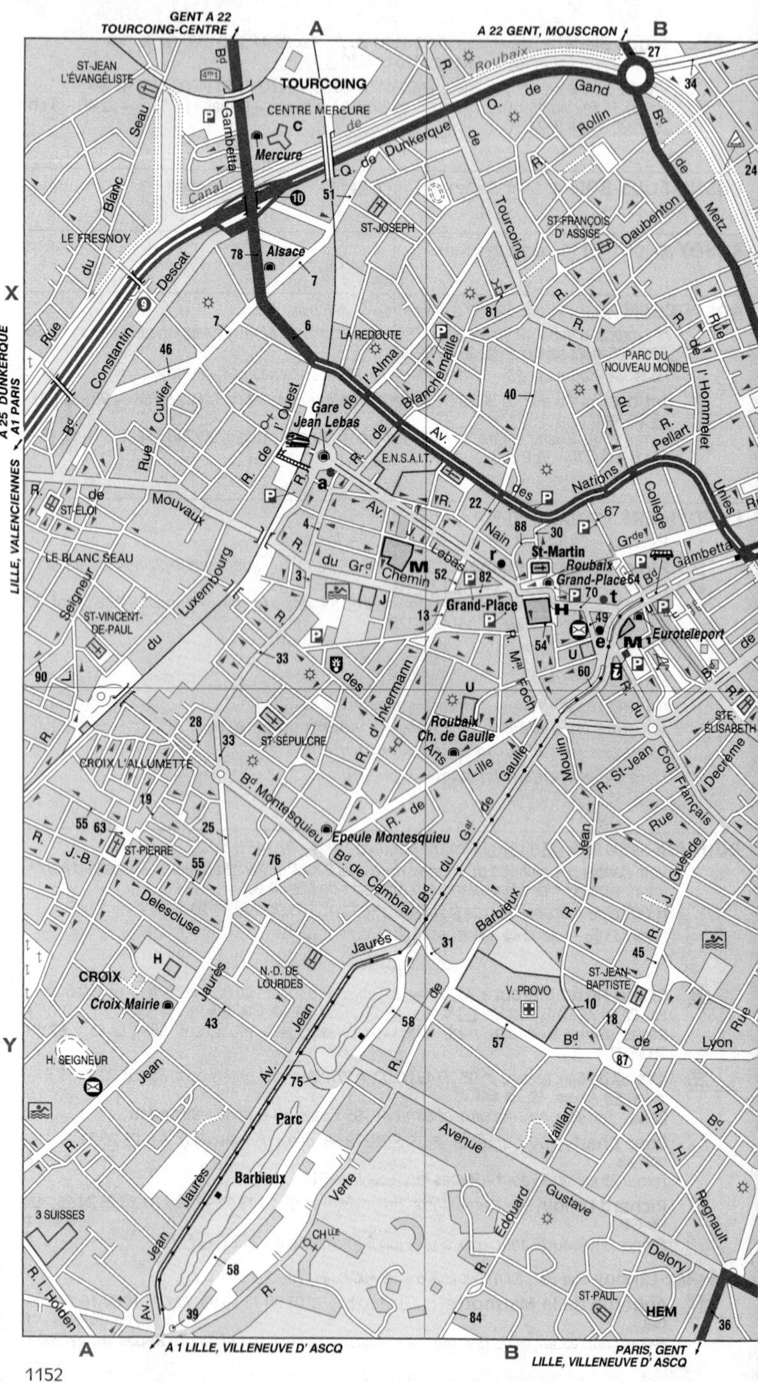
GENT A 22
TOURCOING-CENTRE
A
A 22 GENT, MOUSCRON
B
TOURCOING
CENTRE MERCURE
Mercure
ST-JEAN L'ÉVANGÉLISTE
LE FRESNOY
ST-JOSEPH
Alsace
LA REDOUTE
ST-FRANÇOIS D'ASSISE
PARC DU NOUVEAU MONDE
Gare de Jean Lebas
E.N.S.A.I.T.
St-Martin
Roubaix Grand-Place
Grand-Place
Euroteleport
ST-ELOI
LE BLANC SEAU
ST-VINCENT-DE-PAUL
ST-SÉPULCRE
Roubaix Ch. de Gaulle
CROIX L'ALLUMETTE
Epeule Montesquieu
STE-ÉLISABETH
ST-PIERRE
N.-D. DE LOURDES
CROIX
Croix Mairie
H. SEIGNEUR
V. PROVO
ST-JEAN-BAPTISTE
Parc
Barbieux
3 SUISSES
ST-PAUL
HEM
X
Y
A 25 DUNKERQUE A1 PARIS
LILLE, VALENCIENNES
A 1 LILLE, VILLENEUVE D' ASCQ
PARIS, GENT
LILLE, VILLENEUVE D' ASCQ

CROIX

Cheuvreuil (R.)	AY	19
Gaulle (Av. du Gén.-de)	AY	43
Kléber (R.)	AY	55
Liberté (Pl. de la)	AY	63

HEM

Europe (Av. de l')	BY	36
Schuman (R. Robert)	BY	84

LYS-LEZ-LANNOY

Guesde (R. Jules)	CY	48

ROUBAIX

Abreuvoir (Pl. de l')	AX	3
Alouette (R. de l')	AX	4
Alsace (Av. d')	AX	6
Armentières (Bd d')	AX	7
Avelghem (R. d')	CX	9
Beaumont (R. de)	BY	10
Beaurepaire (Bd du)	CX	12
Bois (R. du)	BX	13
Braille (R. Louis)	CY	15
Cateau (Bd du)	BY	18
Colmar (Bd de)	CX	21
Communauté-Urbaine (R.)	BX	22
Constantine (R. de)	BX	24
Courbet (R. Amiral)	AY	25
Couteaux (Bd des)	BX	27
Cugnot (R.)	AY	28
Curé (R. du)	BX	30
Douai (Bd de)	ABY	31
Epeule (R. de l')	AXY	33
Espierre (R. de l')	BX	34
Faidherbe (Pl. du Gén.)	CX	37
Fer-à-Cheval (Carr. du)	AY	39
Fosse-aux-Chênes (R.)	BX	40
Fraternité (Pl. de la)	CY	42
Goujon (R. Jean)	BY	45
Gounod (R. Ch.)	AX	46
Grand-Place	BX	
Grande-Rue	BCX	
Halle (R. de la)	BX	49
Halluin (Bd d')	AX	51
Hospice (R. de l')	BX	52
Hôtel-de-Ville (R. de l')	BX	54
Lacordaire (Bd)	BY	57
Lannoy (R. de)	BCY	
Lebas (Av. J.)	ABX	
Le Nôtre (Av.)	AY	58
Leclerc (Bd Gén.)	BX	60
Leconte-Baillon (R.)	CY	61
Leers (R. de)	CX	62
Liberté (Pl. de la)	BX	64
Molière (R.)	CX	66
Monnet (R. Jean)	BX	67
Motte (R. Pierre)	BX	70
Nadaud (R.)	CX	72
Nyckès (Pont)	CX	73
Peuple-Belge (Av. du)	AY	75
Prof.-Langevin (R. du)	AY	76
République (Bd de la)	AX	78
Rousseau (R. J.-J.)	CY	79
St-Maurice (R.)	BX	81
Sarrail (R. du Gén.)	BX	82
Sévigné (R. de)	CX	85
Travail (Pl. du)	BY	87
Vieil-Abreuvoir (R. du)	BX	88
Wastyn (R. J.)	AX	90

WATTRELOS

Briffaut (R. Henri)	CX	16
Monge (R.)	CX	69

ROUDOUALLEC *56110 Morbihan* 58 ⑯ *– 772 h alt. 167.*

Paris 523 – Quimper 34 – Carhaix-Plouguer 30 – Concarneau 36 – Lorient 64 – Vannes 109.

Bienvenue, ✆ 02 97 34 50 01, *lebienvenue@wanadoo.fr, Fax 02 97 34 54 90* – P. GB
fermé vacances de fév. – **Repas** *(68)* - 80/259

ROUEN P *76000 S.-Mar.* 55 ⑥ *G. Normandie Vallée de la Seine – 102 723 h Agglo. 380 161 h alt. 12.*

Voir *Cathédrale Notre-Dame★★★ – Le Vieux Rouen★★★ : Église St-Ouen★★, Église★★ et Aître★★ St-Maclou, palais de justice★★, rue du Gros-Horloge★★, rue St-Romain★★* **BZ**, *place du Vieux-Marché★* **AY**, *– Verrière★★ de l'église Ste-Jeanne-d'Arc* **AY D**, *rue Ganterie★, rue Damiette★* **CZ** - *35, rue Martainville★* **CZ** *– Église St-Godard★* **BY** - *Demeure★ (musée national de l'Éducation)* **CZ M[1]5** - *Vitraux★ de l'église St-Patrice – Musées: Beaux-Arts★★★, Le Secq des Tournelles★★* **BY M[13]**, *Céramique★★* **BY M[3]**, *Antiquités départemental de la Seine-Maritime★★* **CY M[1]** *– Jardin des Plantes★* **EX** *– Corniche★★★ de la Côte Ste-Catherine★★★* **EV**, *3,5 km – Bonsecours★★* **FX**, *3 km – Canteleu ≤★ de la terrasse de l'église* **DV**, *5 km – Centre Universitaire* ✳★★ **EV.**

Env. *St-Martin de Boscherville : anc. abbatiale St-Georges★★, 11 km par ⑦.*

✈ *de Rouen-Vallée de Seine : ✆ 02 35 79 41 00, par ③ : 9 km.*

Bac: *de Dieppedalle ✆ 02 35 36 20 81; du Petit-Couronne ✆ 02 35 32 40 21.*

Office de Tourisme 25 pl. de la Cathédrale ✆ 02 32 08 32 40, Fax 02 32 08 32 44.

Paris 131 ⑥ – Amiens 120 ① – Caen 123 ⑥ – Le Havre 88 ⑧ – Le Mans 197 ⑥.

Plans pages suivantes

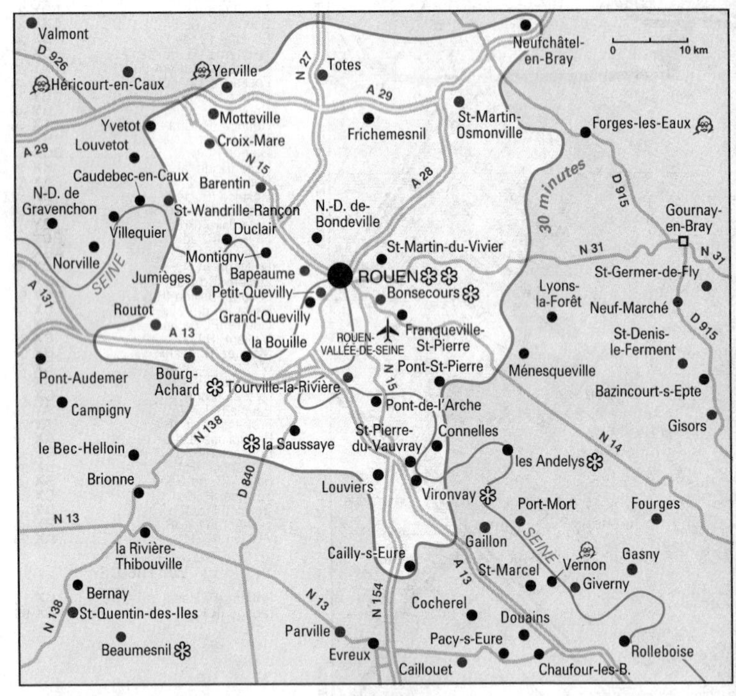

Mercure Champ de Mars M, 12 av. A. Briand ✆ 02 35 52 42 32, *h1273@accor-hotels.com, Fax 02 35 08 15 06* – |‡| ⇆, ▤ rest, TV ♿ ⇔ P – 🏛 25 à 100. AE ⓓ GB JCB
Repas *(100)* - 135/170, enf. 50 – ☕ 62 – **139 ch** 470/620 CZ j

Mercure Centre M sans rest, 7 r. Croix de Fer ✆ 02 35 52 69 52, *h1301@accor-hotels.com, Fax 02 35 89 41 46* – |‡| ⇆ ▤ TV ⇔ – 🏛 35. AE ⓓ GB JCB BZ f
☕ 65 – **125 ch** 565/895

Dieppe, pl. B. Tissot ℘ 02 35 71 96 00, *hotel.dieppe@wanadoo.fr, Fax 02 35 89 65 21* – |$|, ▤ rest, TV. AE ⓓ GB JCB — BY z
Quatre Saisons : Repas 138/218 ♀ – ☕ 50 – **41 ch** 350/635 – 1/2 P 385

Dandy sans rest, 93 bis r. Cauchoise ℘ 02 35 07 32 00, *contact@hotels-rouen.net, Fax 02 35 15 48 82* – |$| TV ☎ 🚗. AE GB — AY p
fermé 26 au 30 déc. – ☕ 55 – **18 ch** 520/600

Tulip'inn M sans rest, 15 r. Pie ℘ 02 35 71 00 88, *Fax 02 35 70 75 94* – |$| TV ☎ ♿ 🚗 P – 🏛 25. AE ⓓ GB — AY h
☕ 55 – **48 ch** 440/510

Versan sans rest, 3 r. J. Lecanuet ℘ 02 35 07 77 07, *hotel-versan@wanadoo.fr, Fax 02 35 70 04 67* – |$| TV ☎ ♿. AE ⓓ GB JCB — BCY a
☕ 45 – **34 ch** 265/415

Ibis Rive Droite M, 56 quai Gaston Boulet ℘ 02 35 70 48 18, *Fax 02 35 71 68 95*, 🏠 – |$| ✕ TV ☎ ♿ P – 🏛 25. AE ⓓ GB — EV a
Repas *(77)* - 97/140 ♀, enf. 39 – ☕ 39 – **88 ch** 350/370

Viking sans rest, 21 quai Havre ℘ 02 35 70 34 95, *levicking@normandnet.fr, Fax 02 35 89 97 12* – |$| TV. AE ⓓ GB JCB — AZ y
fermé 23 déc. au 2 janv. – ☕ 37 – **38 ch** 280/325

Ibis Rive Gauche sans rest, 44 r. Amiral Cécille ✉ 76100 ℘ 02 35 63 27 27, *h1107-gm@accor-hotels.com, Fax 02 35 63 27 11* – |$| ✕ TV ♿ 🚗. AE ⓓ GB — AZ m
☕ 35 – **80 ch** 295

Cardinal sans rest, 1 pl. Cathédrale ℘ 02 35 70 24 42, *Fax 02 35 89 75 14* – |$| TV. GB — BZ r
fermé 13 déc. au 2 janv. – ☕ 40 – **18 ch** 270/420

Lisieux sans rest, 4 r. Savonnerie ℘ 02 35 71 87 73, *Fax 02 35 89 31 52* – TV. AE GB — BZ b
☕ 42 – **30 ch** 295/340

XXXX ✿✿ **Gill** (Tournadre), 9 quai Bourse ℘ 02 35 71 16 14, *pill@pill.fr, Fax 02 35 71 96 91* – ▤. AE ⓓ GB — BZ a
fermé 29 avril au 2 mai, 29 juil. au 21 août, 2 au 8 janv. – **Repas** *(fermé mardi midi d'oct. à avril, dim. sauf le midi d'oct. à avril et lundi)* 230/600 et carte 350 à 500 ♀, enf. 120
Spéc. Salade de queues de langoustines. Pigeon à la rouennaise et ravioli de foie gras. Millefeuille chocolat (hiver).

XXX ✿ **Les Nymphéas** (Kukurudz), 9 r. Pie ℘ 02 35 89 26 69, *Fax 02 35 70 98 81*, 🏠 – AE ⓓ GB — AY h
fermé 26 août au 10 sept., dim. soir et lundi – **Repas** 165 (déj.), 200/380 et carte 300 à 430
Spéc. Escalope de foie gras de canard au vinaigre de cidre. Civet de homard au sauternes. Soufflé chaud aux pommes et calvados.

XXX ✿ **L'Écaille** (Tellier), 26 rampe Cauchoise ℘ 02 35 70 95 52, *Fax 02 35 70 83 49* – ▤. AE GB — AY g
fermé 11 au 30 août, 18 au 24 fév., sam. midi et dim. soir d'oct. à mai, dim. de juin à sept. et lundi – **Repas** - produits de la mer - 155/540 et carte 380 à 620 ♀
Spéc. Poêlée d'encornets et foie gras de canard. Dos de turbot grillé béarnaise. Soufflé "Pomme d'Or" au calvados.

XXX **Couronne,** 31 pl. Vieux Marché ℘ 02 35 71 40 90, *Fax 02 35 71 05 78*, « Maison normande du 14e siècle » – AE ⓓ GB — AY d
Repas 118 (déj.), 150/245 et carte 290 à 430

XXX **P'tits Parapluies,** pl. Rougemare ℘ 02 35 88 55 26, *Fax 02 35 70 24 31* – AE ⓓ GB JCB — CY e
fermé 6 au 20 août, vacances de fév., sam. midi, dim. soir et lundi – **Repas** 150/258 et carte 250 à 340

XX **Rouennais,** 5 r. Pie ℘ 02 35 07 55 44, *Fax 02 35 71 96 38* – GB — AY s
fermé dim. soir et lundi – **Repas** 89 (déj.), 105/250

XX ✿ **Beffroy,** 15 r. Beffroy ℘ 02 35 71 55 27, *Fax 02 35 89 66 12*, « Cadre normand » – AE ⓓ GB — BY b
fermé dim. soir et mardi – **Repas** (nombre de couverts limité, prévenir) 100/275 et carte 250 à 380 ♀
Spéc. Salade de langoustines. Turbot au vinaigre de cidre. Canard à la rouennaise.

XX **Reverbère,** 5 pl. République ℘ 02 35 07 03 14, *Fax 02 35 89 77 93* – AE GB — BZ e
fermé 30 juil. au 19 août et dim. – **Repas** 180 bc/290

XX **Au Bois Chenu,** 23 pl. Pucelle d'Orléans ℘ 02 35 71 19 54, *Fax 02 35 89 49 83* – AE ⓓ GB — AY r
fermé 2 au 16 janv. et merc. – **Repas** 105/160 ♀, enf. 55

XX **Dufour,** 67 r. St-Nicolas ℘ 02 35 71 90 62, *Fax 02 35 89 70 34*, « Cadre vieux normand » – AE GB — BZ w
fermé dim. soir et lundi – **Repas** *(89)* - 120/230 ♀

ROUEN

Alliés (Av. des) .... **DX** 4
Ango (R. Jean) .... **EV** 7
Béthencourt (Quai de)........ **EV** 14
Bicheray (Av. du Commandant) **DV** 15
Bois-des-Dames (Av. du)..... **EV** 17
Boisguilbert (Quai de) .... **EV** 18
Bonsecours (Rte de) .... **EV** 21
Briand (R. Aristide).......... **DX** 33
Brossolette (Bd) .... **DX** 34
Bruyères (Rond-Point des) ... **EX** 36
Caen (Av. de)............... **EV** 37
Canteleu (Route de)......... **DV** 39
Carnot (Av.) .... **DV** 40
Chasselièvre (R.)............ **EV** 52
Clères (Chemin de) .... **EV** 54
Coquelicots (R. des)......... **EX** 55
Corneille (R. Pierre) .... **EX** 58
Corniche (Route de la)....... **FV** 60
Darnétal (Route de) .... **FV** 64
Duclair (R. de)............... **DV** 69
Elbeuf (R. d') .... **EX** 75
Europe (Av. de l') .... **EV** 78
Europe (Bd de l') .... **EVX** 79
Felling (Av. de).............. **EX** 82
Fond du Val (Allée du)....... **EV** 85
France (Quai de)............ **DV** 87
Gaulle (Bd Charles-de)....... **DX** 88
Grand-Cours (Av. du) .... **EX** 91
Grand'Mare (Av. de la)....... **FV** 92
Jean-Jaurès (Av.) .... **DX** 97
Jean-Jaurès (Bd)............ **DV** 99
La Fayette (R.).............. **EV** 103
Leclerc (Av. Général) .... **DV** 105
Leclerc-de-Hauteclocque
(Av. du Gén.)............. **DX** 106
Lesseps (Bd Ferdinand-de)... **EV** 107
Maréchal-Juin (Av. du) .... **FV** 109
Martyrs-de-la-Résistance
(R. des).................. **DV** 110
Mont-Riboudet (Av. du) ...... **EV** 112
Nansen (R.) .... **DV** 114
Pène (R. Annie de).......... **FV** 118
Quatre-Mares (Grande R. de). **EX** 122
Renard (R. du).............. **EV** 125
République (R. de la) .... **FV** 126
Rondeaux (Av. Jean) .... **EV** 131
Roosevelt (Bd Franklin)...... **DX** 132
Ste-Lucie (Rond-Point)....... **DX** 135
Siegfried (Bd André)......... **EV** 142
Sotteville (R. de) .... **EX** 145
Verdun (Bd de) .... **EV** 150
11-Novembre (Bd du) .... **EX** 157

AMFREVILLE...............
Paris (Route de) .... **FX** 158

BONSECOURS..............
République (R. de la)........ **EX** 160

GRAND-QUEVILLY..........
Verdun (Bd de) .... **DX** 165

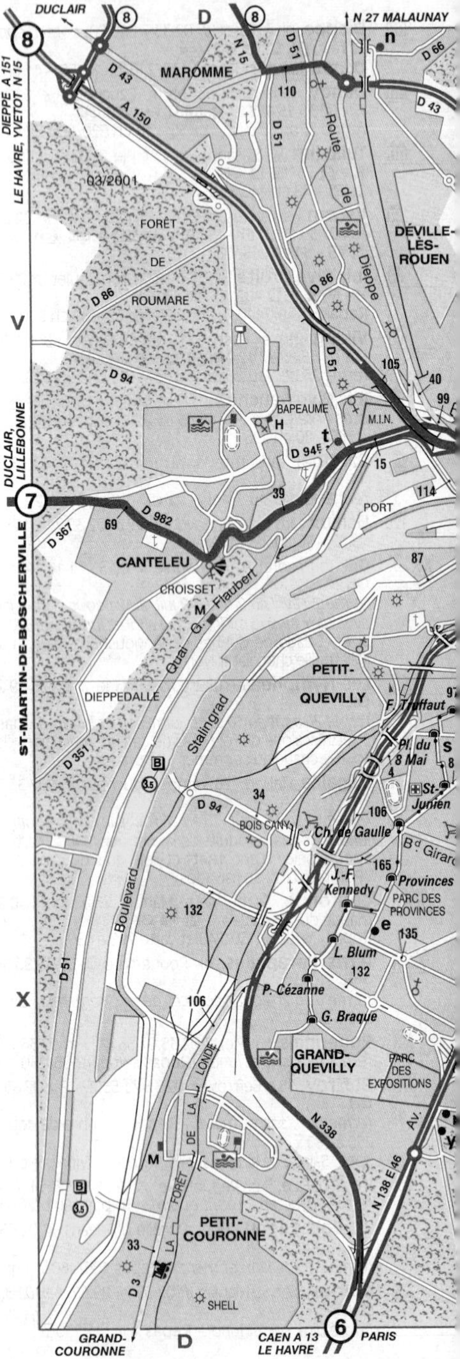

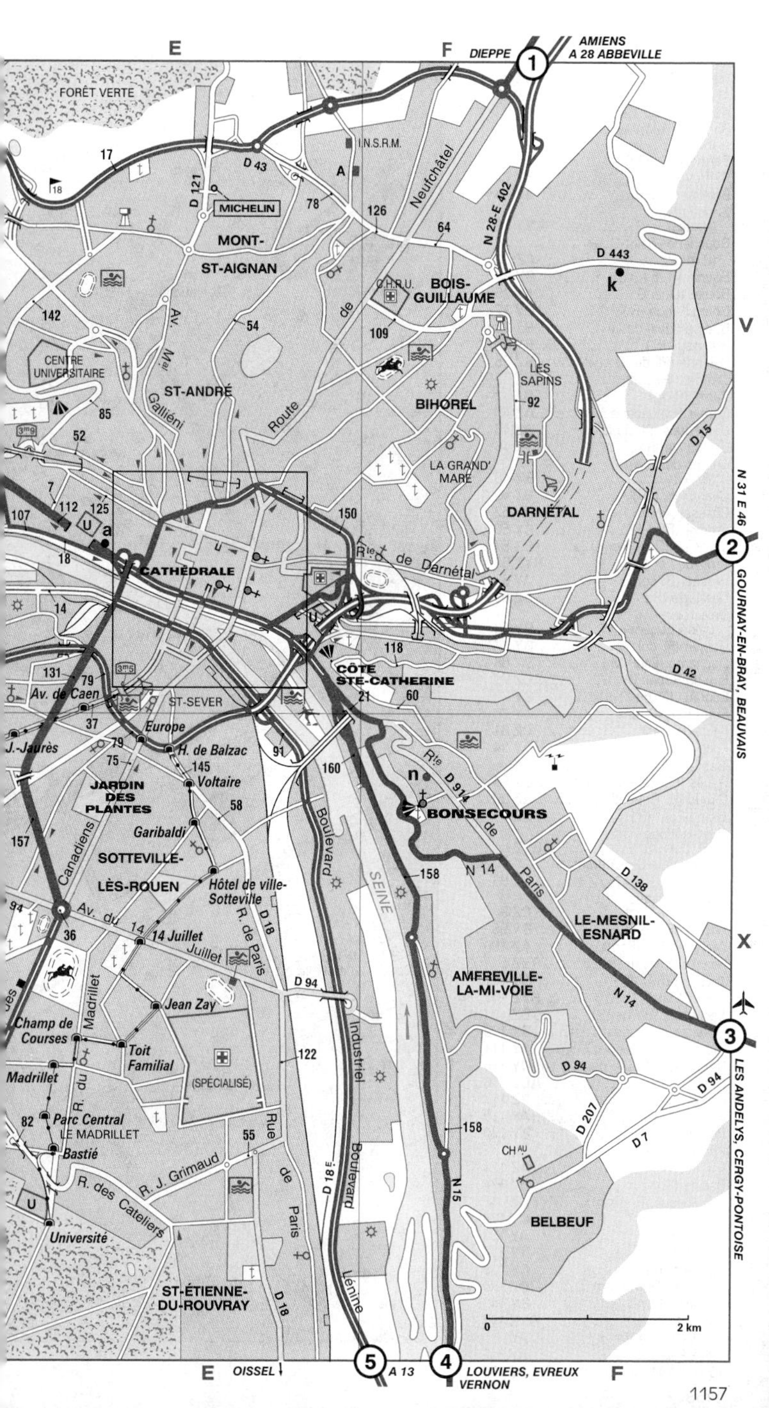

DIEPPE
AMIENS
A 28 ABBEVILLE
FORÊT VERTE
I.N.S.R.M.
MICHELIN
MONT-
ST-AIGNAN
BOIS-
GUILLAUME
C.H.R.U.
CENTRE
UNIVERSITAIRE
ST-ANDRÉ
Av. Mal Galliéni
Route de Neufchâtel
BIHOREL
LES
SAPINS
LA GRAND'
MARE
DARNÉTAL
CATHÉDRALE
Rte de Darnétal
CÔTE
STE-CATHERINE
ST-SEVER
Av. de Caen
J.-Jaurès
Europe
H. de Balzac
Voltaire
JARDIN
DES
PLANTES
Garibaldi
SOTTEVILLE-
LÈS-ROUEN
Hôtel de ville-
Sotteville
Canadiens
Av. du 14 Juillet
14 Juillet
Jean Zay
Champ de
Courses
Toit
Familial
Madrillet
(SPÉCIALISÉ)
Parc Central
LE MADRILLET
Bastié
Université
R. des Cateliers
R. J. Grimaud
Rue de Paris
R. de Paris
Boulevard Industriel
Boulevard Lénine
SEINE
BONSECOURS
Rte de Paris
D 914
N 14
LE-MESNIL-
ESNARD
AMFREVILLE-
LA-MI-VOIE
BELBEUF
CHAU
ST-ÉTIENNE-
DU-ROUVRAY
N 28-E 402
N 31 E 46
GOURNAY-EN-BRAY, BEAUVAIS
LES ANDELYS, CERGY-PONTOISE
LOUVIERS, EVREUX
VERNON
OISSEL
A 13
D 443
D 43
D 121
D 15
D 42
D 138
D 94
D 207
D 7
D 18
D 18E
N 15
2 km

ROUEN

Albane (Cour d') .... **BZ** 3
Alsace-Lorraine (R. d') .... **CZ** 6
Aubert (Pl. du Lieutenant).... **CZ** 9
Barbey d'Aurevilly (R.)...................... **AZ** 10
Barthélemy (Pl.)............ **BZ** 12
Belfroy (R.)................ **BY** 13
Boieldieu (Pont)............ **BZ** 16
Bons-Enfants (R. des) .... **ABY** 19
Boucheries-Saint-Ouen (R. des).................. **CZ** 22
Boudin (R. E.) .... **BY** 24
Boulet (Quai G.) .... **AY** 25
Bourg-l'Abbé (R.) .... **CY** 27
Bourse (Quai de la) .... **BZ** 28
Bouvreuil (R.)............... **BY** 30
Calende (Pl. de la) .... **BZ** 35
Carmes (R. des)........... **BYZ**
Carrel (R. A.) .... **CZ** 42
Cartier (Av. Jacques) .... **AZ** 43
Cathédrale (Pl. de la) .... **BZ** 45
Cauchoise (R.) .... **AY** 46
Champ-des-Oiseaux (R. du).................. **BY** 48
Champlain (Av.) .... **BZ** 49
Chasselièvre (R.)............ **AY** 52
Cordier (R. du).............. **BY** 56
Corneille (Quai Pierre) .... **BZ** 57
Croix-de-Fer (R.) .... **BYZ** 59
Crosne (R. de).............. **AY** 61
Damiette (R.) .... **CZ** 63
Delacroix (Allée Eugène)............ **BY** 66
Donjon (R. du).............. **BY** 67
Duchamp (Espl. M.) .... **BY** 68
Eau-de-Robec (R.)........... **CZ** 70
Écureuil (R. de l') .... **BY** 72
Ernemont (R. d') .... **CY** 76
Faulx (R. des)............... **CZ** 81
Foch (Pl.) .... **BY** 84
Ganterie (R.) .... **BY**
Gaulle (Pl. Général-de)....... **CY** 89
Giraud (R. Général).......... **AZ** 90
Grand-Pont (R.) .... **BZ**
Gros-Horloge (R. du)................ **ABYZ**
Guillaume-le-Conquérant (Pont)..................... **AZ** 93
Hauts-Mariages (impasse des) .... **CZ** 94
Hôpital (R. de l')............ **BY** 96
Jeanne-d'Arc (Pont) .... **AZ** 100
Jeanne-d'Arc (R.) .... **BYZ**
Joyeuse (R.)................ **CY** 101
Juifs (R. aux).............. **BYZ** 102
Leclerc (R. du Gén.)......... **BZ**
Libraires (Cour des) .... **BZ** 108
Mesnager (R. Nicolas) ...... **AY** 111
Neufchatel (Route de)....... **CY** 115
Ours (R. aux) .... **ABZ** 116
Paris (Quai de).............. **BZ** 117
Pie (R. de la) .... **AY** 119
Poterne (R. de la)........... **BY** 120
Pucelle-d'Orléans (Pl. de la) .... **AZ** 121
Racine (R.) .... **AY** 124
République (R. de la)........ **BZ**
Requis (R. des).............. **CY** 128
Rollon (R.)................. **AY** 129
Saint-Godard (Pl.) .... **BY** 137
St-Marie (R.) .... **CY** 138
Schuman (R. Robert) .... **CZ** 140
Socrate (R.) .... **BY** 143
Thouret (R.)............... **BYZ** 147
Vieux-Marché (Pl. du)........ **AY**
Vieux-Palais (R. du).......... **AY** 152
19-Avril-1944 (Pl. du) .... **BY** 155

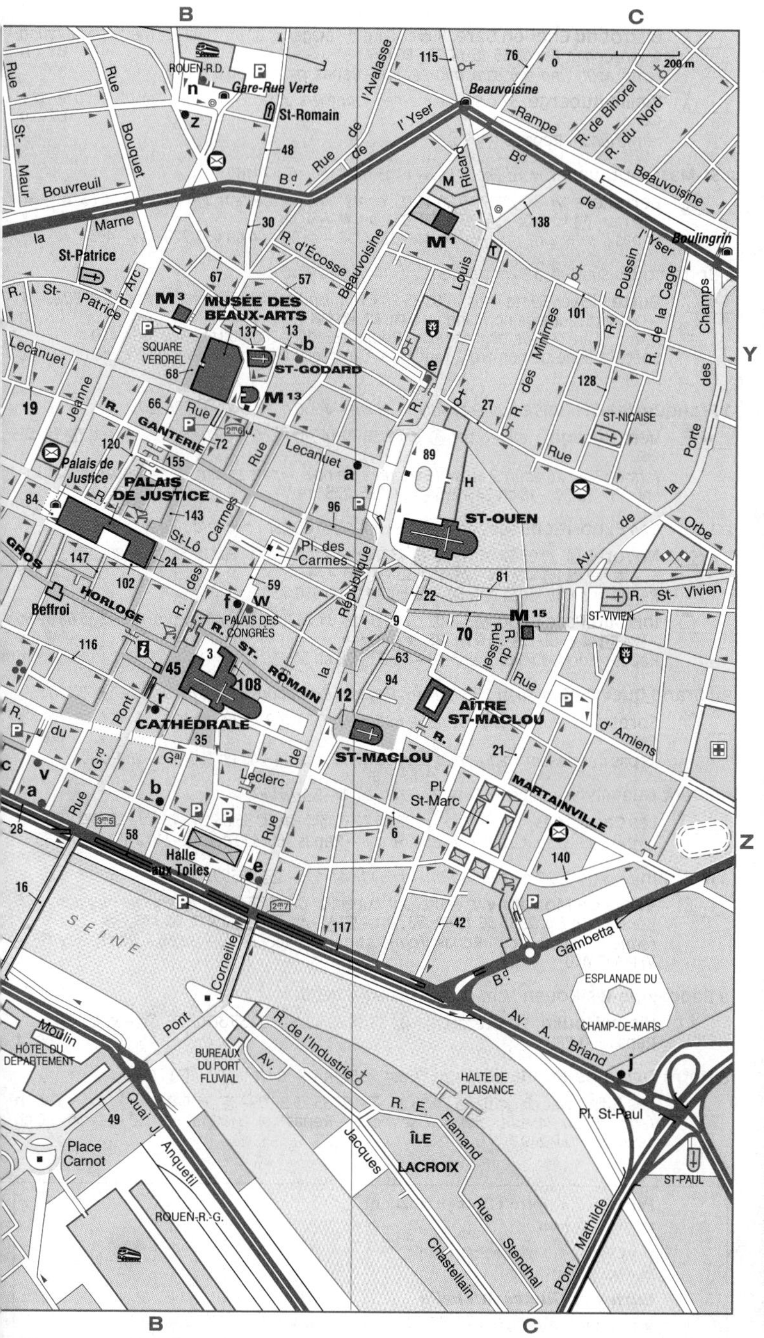
B
C
Y
Z
ROUEN-R.D.
Gare-Rue Verte
St-Romain
Beauvoisine
MUSÉE DES BEAUX-ARTS
ST-GODARD
SQUARE VERDREL
St-Patrice
PALAIS DE JUSTICE
Palais de Justice
GROS HORLOGE
Beffroi
CATHÉDRALE
PALAIS DES CONGRÈS
ST-MACLOU
AÎTRE ST-MACLOU
ST-OUEN
ST-NICAISE
ST-VIVIEN
Boulingrin
MARTAINVILLE
Pl. St-Marc
Pl. des Carmes
Halle aux Toiles
SEINE
ESPLANADE DU CHAMP-DE-MARS
HÔTEL DU DÉPARTEMENT
BUREAUX DU PORT FLUVIAL
HALTE DE PLAISANCE
ÎLE LACROIX
Place Carnot
ROUEN-R.-G.
Pl. St-Paul
ST-PAUL
Pont Corneille
Pont Mathilde
Quai J. Anquetil
Av. A. Briand
Bd Gambetta
Rue Jeanne d'Arc
Rue Lecanuet
Rue de la République
Rue des Carmes
R. St-Romain
Rue Ganterie
R. de l'Industrie
R. E. Flamand
Rue Stendhal
Rue Chastellain
Av. de la Porte des Champs
Rue d'Amiens
R. St-Vivien
Rue Bouvreuil
R. d'Écosse
R. Louis Ricard
Rue de l'Yser
R. des Minimes
R. Poussin
R. de la Cage
R. de Bihorel
R. du Nord
Rampe Beauvoisine
200 m

Bistrot du Chef en Gare, Buffet-Gare (1er étage) ✆ 02 35 71 41 15, *media.restauration@wanadoo.fr, Fax 02 35 15 14 43* – AE GB BY n
fermé août, lundi soir, sam. midi et dim. – **Repas** (89) - carte 150 à 200 ♀

Vieille Auberge, 37 r. St-Étienne-des-Tonneliers ✆ 02 35 70 56 65, *Fax 02 35 70 56 65* – GB BZ v
fermé lundi – **Repas** 98/189 ♀

à St-Martin-du-Vivier *Nord-Est : 8 km – 1 445 h. alt. 56 – ✉ 76160 :*

Bertelière M, ✆ 02 35 60 44 00, *contact@la-berteliere.fr, Fax 02 35 61 56 63*, – rest, TV P – 25 à 150. AE GB JCB. rest FV k
Repas *(fermé sam. midi et dim. soir)* 139/197 – 60 – **44 ch** 430/720 – 1/2 P 495

à Bonsecours *Sud-Est : 3,5 km – 6 898 h. alt. 144 – ✉ 76240 :*

Butte (Hervé), 69 rte Paris ✆ 02 35 80 43 11, *labutte@lerapporteur.fr, Fax 02 35 80 69 74*, « Coquette auberge normande » – . AE GB FX n
fermé 1er au 27 août, dim. et lundi – **Repas** 180 (déj.), 280/400 et carte 350 à 460
Spéc. Lasagne de homard à l'antillaise. Canardeau à la rouennaise. Millefeuille en crème d'amande.

à Franqueville-St-Pierre *Sud-Est par N 14 : 9 km – 4 230 h. alt. 140 – ✉ 76520 :*

Vert Bocage, rte Paris par ③ ✆ 02 35 80 14 74, *Fax 02 35 80 55 73* – rest, TV P. AE GB
fermé 13 au 26 août, 2 au 14 janv., lundi de nov. à mars et dim. soir – **Repas** 105/210 ♀, enf. 55 – 29 – **19 ch** 245/285 – 1/2 P 265/275

au Parc des Expositions *Sud par N 138 : 6 km – ✉ 76800 St-Étienne-du-Rouvray :*

Novotel M, ✆ 02 32 91 76 76, *h0432@accor-hotels.com, Fax 02 32 91 76 86*, – TV P – 150. AE GB JCB DX y
Repas (95) - 120/150 ♀, enf. 50 – 59 – **134 ch** 480/750

Ibis Sud Parc Expo M, ✆ 02 35 66 03 63, *h0742@accor.hotels.com, Fax 02 35 66 62 55* – TV P – 25 à 70. AE GB JCB DX r
Repas 60 (déj.), 99/119 ♀, enf. 39 – 37 – **76 ch** 315

au Grand Quevilly *Sud-Ouest : 5,5 km près Parc des Expositions – 27 658 h. alt. 6 – ✉ 76120 :*

Soretel, av. Provinces ✆ 02 35 69 63 50, *Fax 02 35 69 42 28* – TV – 15 à 100. AE GB DX e
Repas *(fermé sam. midi et dim. soir)* 90/170 ♀ – 44 – **45 ch** 350/395 – 1/2 P 290

au Petit Quevilly *Sud-Ouest : 3 km – 22 600 h. alt. 5 – ✉ 76140 :*

Les Capucines, 16 r. J. Macé ✆ 02 35 72 62 34, *Fax 02 35 03 23 84*, – AE GB DX s
fermé 5 au 20 août, sam. midi et dim. soir – **Repas** 165/320 et carte 240 à 365 ♀, enf. 55

à Montigny *par ⑦, D 94[E] et D 86 : 10 km – 1 051 h. alt. 110 – ✉ 76380 :*

Relais de Montigny, r. Lieutenant Aubert ✆ 02 35 36 05 97, *le.relais.de.montigny.76@wanadoo.fr, Fax 02 35 36 19 60*, – TV P – 25. AE GB JCB
fermé 24 au 30 déc. – **Repas** *(fermé sam. midi)* 140/220 ♀ – 55 – **22 ch** 280/435 – 1/2 P 390/410

à Bapeaume-lès-Rouen *Nord-Ouest : 3 km – ✉ 76820 :*

Vieux Moulin, 3 r. S. Lecoeur ✆ 02 35 36 39 59, *Fax 02 35 36 02 56*, – P. AE GB DV t
Repas 120/280

à Notre-Dame-de-Bondeville *Nord-Ouest : 7,5 km – 7 584 h. alt. 25 – ✉ 76960 :*

Les Elfes avec ch, ✆ 02 35 74 36 21, *Fax 02 35 75 27 09* – TV P. GB DV n
fermé 1er au 24 août, dim. soir et merc. – **Repas** (89) - 118/215, enf. 50 – 35 – **6 ch** 195/225 – 1/2 P 240

Participez à notre effort permanent de mise à jour

Adressez-nous vos remarques et vos suggestions.

Cartes et Guides Michelin
46 avenue de Breteuil - 75324 Paris Cedex 07

ROUFFACH *68250 H.-Rhin* 62 ⑲ *G. Alsace Lorraine – 4 303 h alt. 204.*

Paris 480 – Colmar 15 – Basel 57 – Belfort 56 – Guebwiller 11 – Mulhouse 28 – Thann 26.

Château d'Isenbourg ≫, ☎ 03 89 78 58 50, *isenbourg@wanadoo.fr, Fax 03 89 78 53 70,* ←, ⛱, *Ls,* ⛲, ⛲, ⛶, ✗ – |‡|, ▤ rest, TV P – 🏃 25. AE ⓞ GB JCB
fermé fin janv. à début mars – **Repas** *(fermé merc. midi et sam. midi)* 290/750 ♀ – ☕ 90 – **40 ch** 900/1650 – ½ P 920/1290

A la Ville de Lyon sans rest, r. Poincaré ☎ 03 89 49 65 51, *villedelyon@infonie.fr, Fax 03 89 49 76 67,* ⛲ – |‡| TV P – 🏃 40. AE ⓞ GB
☕ 50 – **43 ch** 290/490

Philippe Bohrer, r. Poincaré ☎ 03 89 49 62 49, *Fax 03 89 49 76 67* – ▤ P. AE ⓞ GB
fermé vacances de Noël, 28 fév. au 13 mars, merc. midi et lundi – **Repas** 150/420 ♀, enf. 100
- ***Brasserie Chez Julien*** ☎ 03 89 49 69 80 *(fermé vacances de Noël)* **Repas** 90(déj.) 150 ♀, enf. 45
Spéc. Têtes d'asperges vertes, hachis aux huîtres et sandre mariné (fév.-mars). Pièce de lieu jaune rôtie (été). Noisette de lapin aux kasknaepfle. **Vins** Riesling, Pinot noir.

à Bollenberg *Sud-Ouest : 6 km par N 83 et rte secondaire –* ✉ *68250 Rouffach :*

Auberge au Vieux Pressoir, ☎ 03 89 49 60 04, *info@bollenberg.com, Fax 03 89 49 76 16,* ⛱, « Décor alsacien » – P. AE ⓞ GB
fermé merc. – **Repas** 98/395 bc 🍷

In this Guide,
a symbol or a character, printed in ***black*** *or another colour*
in light or ***bold*** *type,*
does not have the same meaning.
Please read the explanatory pages carefully.

ROUFFIAC-TOLOSAN *31 H.-Gar.* 82 ⑧ *– rattaché à Toulouse.*

Le ROUGET *15290 Cantal* 76 ⑪ *– 910 h alt. 614.*

Paris 554 – Aurillac 25 – Figeac 43 – Laroquebrou 16 – St-Céré 38 – Tulle 75.

Voyageurs, ☎ 04 71 46 10 14, *Fax 04 71 46 93 89,* ⛱, ⛲ – TV 🚗 P. GB
fermé fév. et dim. soir d'oct. à mars – **Repas** 65/160 ♀, enf. 45 – ☕ 32 – **23 ch** 220/260 – ½ P 240

ROUGIVILLE *88 Vosges* 62 ⑰ *– rattaché à St-Dié-des-Vosges.*

ROULLET *16 Charente* 72 ⑬ *– rattaché à Angoulême.*

Le ROURET *07 Ardèche* 80 ⑨ *– rattaché à Ruoms.*

Le ROURET *06650 Alpes-Mar.* 84 ⑨ *– 3 428 h alt. 350.*

Paris 919 – Cannes 19 – Grasse 10 – Nice 28 – Toulon, 140.

Clos St-Pierre, pl. Église ☎ 04 93 77 39 18, *Fax 04 93 77 39 90,* ⛱ – AE GB
fermé 20 au 28 déc., 15 janv. au 13 fév., merc. midi et mardi – **Repas** 160 (déj.), 225/275 ♀

Les ROUSSES *39220 Jura* 70 ⑮ ⑯ *G. Jura – 2 840 h alt. 1110 – Sports d'hiver : 1 100/1 680 m* ⛷ *40* ⛷.

Voir *Gorges de la Bienne★ O : 3 km.*

ℹ *Office de Tourisme r. Pasteur ☎ 03 84 60 02 55, Fax 03 84 60 52 03, Centrale de Réservation ☎ 03 84 60 04 31.*

Paris 463 – Genève 42 – Gex 30 – Lons-le-Saunier 65 – Nyon 22 – St-Claude 31.

France, ☎ 03 84 60 01 45, *Fax 03 84 60 04 63,* ⛱ – TV – 🏃 25. AE ⓞ GB
fermé 16/04 au 4/05, 18/11 au 14/12, dim. soir et lundi midi du 18/03 au 8/04 et du 23/09 au 12/11 sauf fériés – **Repas** 140/470 ♀, enf. 60 – ☕ 60 – **33 ch** 430/720 – ½ P 395/550

Redoute, 03 84 60 00 40, *hotel.de.la.redoute@wanadoo.fr, Fax 03 84 60 04 59* – TV P. GB
fermé 5 nov. au 15 déc. – **Repas** 85/145, enf. 48 – 40 – **25 ch** 360/380 – ½ P 350

Village sans rest, 03 84 34 12 75, *Fax 03 84 34 12 76* – TV. GB
fermé 5 au 22 juin, 16 au 23 sept., 2 au 14 déc. et dim. de sept. à nov. – 35 – **10 ch** 260/310

à la Cure *Sud-Est : 2,5 km par N 5, rte de Genève – 39220 Les Rousses :*

Arbez Franco-Suisse M avec ch, 03 84 60 02 20, *Fax 03 84 60 08 59,* – TV P. GB. rest
fermé nov., lundi soir et mardi hors saison – **Repas** 140/240 ***Brasserie :*** Repas *(80)*-carte environ 120 ♀,enf. 45 – 45 – **10 ch** 350/380 – ½ P 320/330

à Bois-d'Amont *Nord : 8 km par D 29^E et D 415 – 1 350 h. alt. 1050 – 39220 :*

L'Atelier, 03 84 60 94 15, *Fax 03 84 60 97 29* – P. GB
fermé vacances de printemps, lundi, mardi et merc. sauf vacances scolaires et dim. soir – **Repas** 65 (déj.), 125/245 ♀

ROUSSILLON *84220 Vaucluse 81 ⑬ G. Provence – 1 165 h alt. 360.*

Voir *Site*★★.

Office de Tourisme pl. de la Poste 04 90 05 60 25, Fax 04 90 05 60 25.

Paris 728 – Apt 11 – Avignon 51 – Bonnieux 10 – Carpentras 37 – Cavaillon 30 – Sault 31.

Mas de Garrigon, Nord : 3 km par C 7 et D 2 04 90 05 63 22, *mas-de-garrigon@wanadoo.fr, Fax 04 90 05 70 01,* – TV P. AE GB.
Repas *(fermé mardi midi, merc. midi et lundi)* 170 (déj.), 350/390 ♀, enf. 115 – 95 – **10 ch** 650/800 – ½ P 800/860

Les Sables d'Ocre M sans rest, rte d'Apt 04 90 05 55 55, *sables-ocre@web-ingenerie.com, Fax 04 90 05 55 50,* – TV P. AE GB
fermé 10 nov. au 15 déc. et 1er fév. au 1er mars – 50 – **22 ch** 360/650

David, pl. Poste 04 90 05 60 13, *Fax 04 90 05 75 80,* falaises et vallée, – . AE GB
24 mars-11 nov. et fermé lundi sauf fériés – **Repas** (week-ends et fêtes prévenir) 140 bc/300, enf. 65

ROUSSILLON *38150 Isère 77 ① – 7 365 h alt. 200.*

Paris 510 – Annonay 28 – Grenoble 91 – St-Étienne 69 – Tournon-sur-Rhône 43 – Vienne 20.

Médicis M sans rest, r. Fernand Léger 04 74 86 22 47, *Fax 04 74 86 48 05* – TV P – 20. GB
46 – **15 ch** 240/370

Europa, rte Valence 04 74 11 10 80, *Fax 04 74 86 15 11* – TV P. AE GB
Repas *(fermé 15 au 31 août)* 99/215, enf. 55 – 35 – **26 ch** 189/260 – ½ P 215

ROUTOT *27350 Eure 54 ⑲ G. Normandie Vallée de la Seine – 1 043 h alt. 140.*

Voir *La Haye-de-Routot : ifs millénaires*★ *N : 4 km.*

Paris 146 – Le Havre 59 – Rouen 36 – Bernay 45 – Évreux 69 – Pont-Audemer 19.

L'Écurie, 02 32 57 30 30, *lecurie@lerapporteur.fr, Fax 02 32 57 30 30* – GB
fermé vacances de fév., dim. soir et merc. soir – **Repas** 105 (déj.)/245 ♀

ROUVRES-EN-XAINTOIS *88500 Vosges 62 ⑭ – 337 h alt. 330.*

Paris 356 – Épinal 43 – Lunéville 59 – Mirecourt 9 – Nancy 52 – Neufchâteau 33 – Vittel 18.

Burnel, au village 03 29 65 64 10, *Fax 03 29 65 68 88,* – TV P. AE GB
fermé 23 au 31 déc., dim. soir et sam. midi hors saison – **Repas** 88/295 ♀ – 55 – **24 ch** 205/345 – ½ P 220/275

ROUVRES-LA-CHÉTIVE *88 Vosges 62 ⑬ – rattaché à Neufchâteau.*

ROUVROIS-SUR-OTHAIN *55 Meuse 57 ② – rattaché à Longuyon (M.-et-M.).*

Si vous cherchez un hôtel tranquille,
consultez d'abord les cartes de l'introduction
ou repérez dans le texte les établissements indiqués avec le signe .

ROYAN *17200 Char.-Mar.* **71** ⑮ *G. Poitou Vendée Charentes – 16 837 h alt. 20 – Casino Royan Pontaillac* **A.**

Voir *Front de mer★ – Église Notre-Dame★* **E** *– Corniche★ et Conche★ de Pontaillac.*

Bac: *pour le Verdon-s-Mer ✆ 05 46 38 35 15.*

Office de Tourisme Palais des Congrès ✆ 05 46 23 00 00 et 05 46 05 04 71, Fax 05 46 38 52 01 et Rd-Pt de la Poste ✆ 05 46 05 04 71, Fax 05 46 06 67 76.

Paris 505 ① – Bordeaux 122 ② – Périgueux 181 ② – Rochefort 40 ⑤ – Saintes 36 ①.

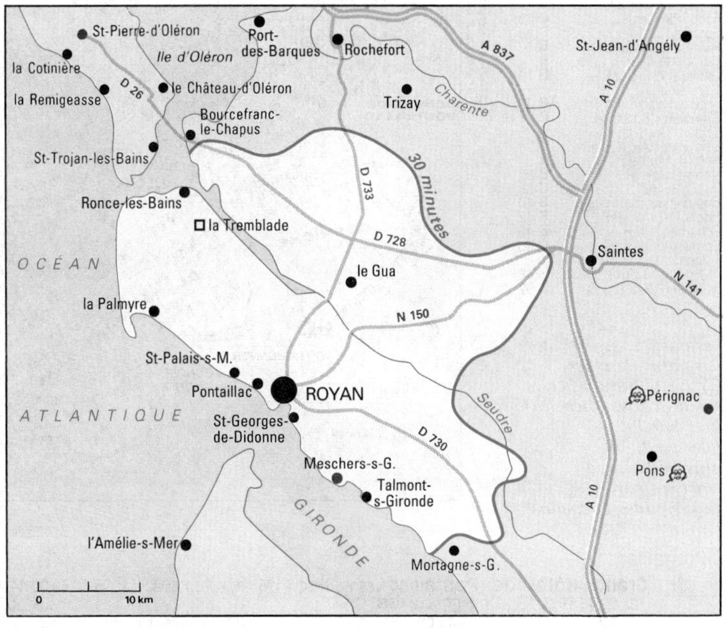

Novotel Ⓜ, bd Carnot - Conche du Chay ✆ 05 46 39 46 39, *Fax 05 46 39 46 46,* ← mer, centre de thalassothérapie, – – 15 à 130. AE GB JCB — A b

Repas *(99)* - 118/145 ♀, enf. 68 – ☕ 67 – **83 ch** 875 – ½ P 654

Family Golf Hôtel sans rest, 28 bd Garnier ✆ 05 46 05 14 66, *Fax 05 46 06 52 56,* ← – GB — C m

15 mars-30 nov. – ☕ 45 – **33 ch** 450/550

Les Bleuets, 21 façade Foncillon ✆ 05 46 38 51 79, *info@hotel-les-bleuets.com, Fax 05 46 23 82 00* – GB. — B a

fermé vacances de fév. – **Repas** *(fermé vend. et dim. hors saison)* (dîner seul.) 105 ♀ – ☕ 32 – **16 ch** 274/379 – ½ P 270/320

Beau Rivage sans rest, 9 façade Foncillon ✆ 05 46 39 43 10, *Fax 05 46 38 22 50,* ← – GB — B z

fermé 15 déc. au 15 janv. – ☕ 40 – **22 ch** 350/460

Corinna sans rest, 5 r. Amazones ✆ 05 46 39 82 53 – GB. — A d

15 avril-30 sept. – ☕ 33 – **14 ch** 270/310

Pasteur sans rest, 40 r. Pasteur ✆ 05 46 05 14 34, *Fax 05 46 05 90 60* – GB — B s

☕ 28 – **15 ch** 180/300

Chalet, 6 bd La Grandière ✆ 05 46 05 04 90, *Fax 05 46 22 31 84* – AE GB — C u

fermé 15 janv. au 15 fév. et merc. du 15 oct. au 15 mars – **Repas** 120/338 ♀, enf. 60

Relais de la Mairie, 1 r. Chay ✆ 05 46 39 03 15, *Fax 05 46 39 13 32* – AE GB — A k

fermé 4 au 12 nov., vacances de fév., jeudi soir, dim. soir et mardi sauf juil.-août – **Repas** 95/195 🌡, enf. 48

ROYAN

Alsace-Lorraine (R.) . . . . . . B 3
Briand (Bd A.) . . . . B 5
Conche-du-Chay (Av. de la). . . . . A 6
Desplats (R. du Colonel) . . . . B 7
Dr. Audouin (Bd du) . . . . . . B 8
Dr. Gantier (Pl. du) . . . . C 9
Dugua (R. P.) . . . . B 10
Europe (Cours de l') C
Façade de Foncillon . . . . . . B 12
Foch (Pl. Mar.) . . . . C 15
Foncillon (R. de) . . . . B 16
Font-de-Cherves (R.) . . . . . B 17
Gambetta (R.) . . . . B
Gaulle (Pl. Ch.-de) . . . . B 19
Germaine-de-la-Falaise (Bd) . . . . AB 20
Grandière (Bd de la) . . . . . . C 21
Leclerc (Av. Mar.) . . . . C 26
Libération (Av. de la) . . . . . C 28
Loti (R. Pierre) . . . . B
Notre-Dame (R.) . . . . B 32
Parc (Av. du) . . . . C 35
République (Bd de la) . . . . B 40
Rochefort (Av. de) . . . . B 42
Schuman (Pl. R.) . . . . B 45
Semis (Av. des) . . . . C 46
Thibeaudeau (Rd-Pt. du Cdt.) . . . . B 48
5-Janvier-1945 (Bd du) . . . B 52

*Les pastilles numérotées des plans de villes ①, ②, ③ sont répétées sur les **cartes Michelin** à 1/200 000. Elles facilitent ainsi le passage entre les **cartes** et les **guides Michelin**.*

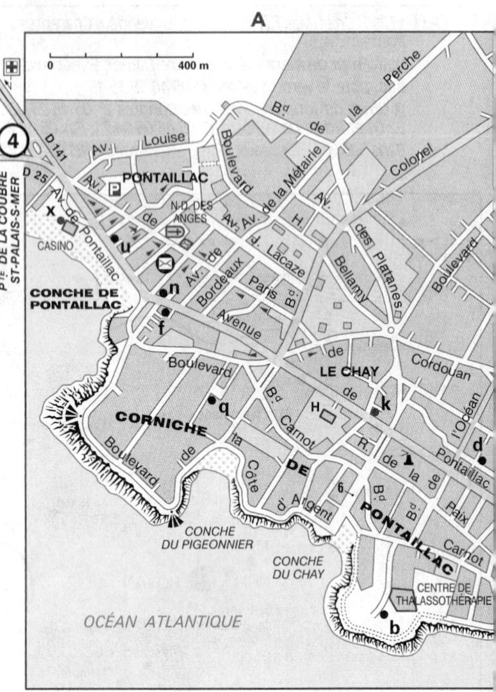

à Pontaillac

🏨 **Grand Hôtel de Pontaillac** sans rest, 195 av. Pontaillac ✆ 05 46 39 00 44, *Fax 05 46 39 04 05*, ← – TV. GB A u
31 mars-30 sept. – ☕ 45 – **41 ch** 470/600

🏨 **Résidence de Saintonge** 🐌, 10 allée des Algues ✆ 05 46 39 00 00, *Fax 05 46 39 07 00* – TV P. GB A q
7 avril-30 sept. – ***Pavillon Bleu :*** Repas 72/180🍷, enf.45 – ☕ 39 – **40 ch** 230/350 – ½ P 340/360

🏨 **Miramar** sans rest, 173 av. Pontaillac ✆ 05 46 39 03 64, *miramaroyan@wanadoo.fr*, *Fax 05 46 39 23 75* – TV ♿. GB A n
☕ 50 – **27 ch** 450/550

🏨 **Belle-Vue** sans rest, 122 av. Pontaillac ✆ 05 46 39 06 75, *Fax 05 46 39 44 92*, ← – TV P. AE GB A f
1er avril-10 nov. – ☕ 38 – **18 ch** 285/375

XXX **Jabotière,** esplanade de Pontaillac ✆ 05 46 39 91 29, *Fax 05 46 38 39 93*, ← Conche de Pontaillac – AE GB A x
fermé vacances de Noël, 2 janv. au 2 fév., dim. soir et lundi – **Repas** 150/350 et carte 250 à 400 🍷

rte de St-Palais *par ④ : 3,5 km – ✉ 17640 Vaux-sur-Mer :*

🏨 **Résidence de Rohan** 🐌 sans rest, Conche de Nauzan ✆ 05 46 39 00 75, *residencederohan@freesbeepro.fr*, *Fax 05 46 38 29 99*, ←, « Villas dans un parc dominant la plage », 🏊, 🎾, – TV 📞 P. AE GB
26 mars-10 nov. – ☕ 58 – **41 ch** 580/770

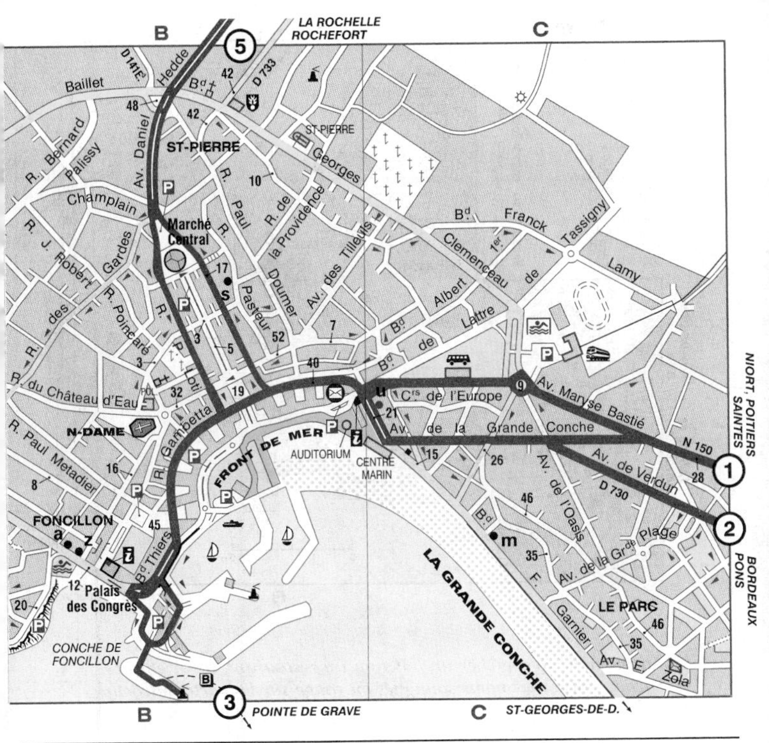

ROYAT *63130 P.-de-D.* 73 ⑭ *G. Auvergne – 3 950 h alt. 450 – Stat. therm. (29 mars-27 oct.) – Casino* **B. Voir** *Église St-Léger*★.

Circuit automobile de montagne d'Auvergne.

Office de Tourisme 1 av. Auguste-Rouzaud ☎ *04 73 29 74 70, Fax 04 73 35 81 07.*

Paris 429 – Clermont-Ferrand 5 – Aubusson 90 – La Bourboule 47 – Le Mont-Dore 40.

Plan page suivante

Accès et sorties : voir plan de Clermont-F.

Métropole, bd Vaquez ☎ 04 73 35 80 18, *hotel.metropole@caramail.com, Fax 04 73 35 66 67* – GB — B h
6 mai-30 sept. – **Repas** 165 – 48 – **61 ch** 280/620, 4 appart – P 345/630

Royal St-Mart, av. Gare ☎ 04 73 35 80 01, *Fax 04 73 35 75 92,* – 25. AE GB — B n
28 avril-30 sept. – **Repas** 135/180 – 45 – **52 ch** 220/480 – P 290/535

Castel Hôtel, pl. Dr Landouzy ☎ 04 73 35 80 14, *castel.hotel@wanadoo.fr, Fax 04 73 35 80 49,* ≤, « Hôtel fin 19e siècle » – GB JCB. ch — B b
1er mars-15 nov. – **Repas** 90 (déj.), 130/175 – 35 – **31 ch** 210/390 – P 320/430

Chatel, av. Vallée ☎ 04 73 29 53 00, *le-chatel@free.fr, Fax 04 73 29 53 29,* – GB — B k
fév.-28 oct. et fermé du vend. au lundi midi en fév. et mars – **Repas** 90/215 ♀, enf. 60 – 40 – **24 ch** 300/480, 4 appart – P 340/420

Athena sans rest, av. A. Rouzaud ☎ 04 73 35 80 32, *Fax 04 73 35 66 26* – AE GB JCB – 30 – **24 ch** 230/290 — B s

Belle Meunière avec ch, av. Vallée ☎ 04 73 35 80 17, *Fax 04 73 29 95 18,* – AE GB — A r
fermé 28 oct. au 21 nov., 15 fév. au 6 mars, dim. soir, sam. midi et lundi – **Repas** 140 ♀, enf. 68 – 37 – **7 ch** 250/310 – ½ P 270/295

L'Hostalet, bd Barrieu ☎ 04 73 35 82 67 – GB — B d
fermé janv. au 25 mars, dim. sauf fêtes et lundi – **Repas** 78 (déj.), 128/188

ROYAT

Agid (Av. J.)	B 3
Allard (Pl.)	B 4
Cohendy (Pl. Jean)	A 6
Gare (Av. de la)	B 7
Jaurès (Av. J.)	AB
Nationale (R.)	A 8
Paulet (R. P.)	A 9
Rouzaud (Av.)	B 10
Souvenir (R. du)	A 12
Taillerie (Bd de la)	A 14
Vaquez (Bd)	B 15
Victoria (R.)	A 16

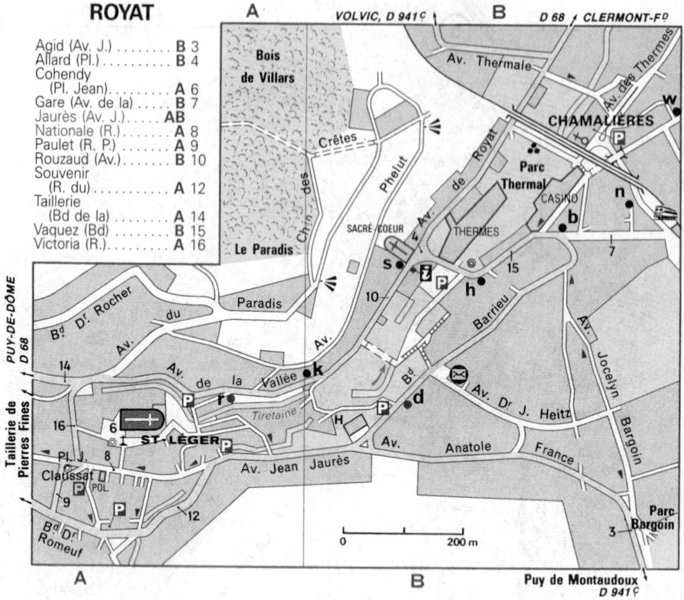

Au moment de chercher un hôtel ou un restaurant, soyez efficace. Sachez utiliser les noms soulignés en rouge sur les cartes Michelin à 1/200 000.

Mais ayez une carte à jour!

ROYE *80700 Somme* 52 ⑳ *G. Picardie Flandres Artois* – 6 333 h alt. 88.

Paris 113 ⑤ – *Amiens* 46 ⑤ – *Compiègne* 42 ⑤ – *Arras* 75 ⑤ – *St-Quentin* 47 ②.

ROYE

Amiens (R. d')	3
Basse-Ville (R.)	4
Cordeliers (R. des)	6
Dr-Duquesnel (R.)	7
Est (Bd de l')	9
Fontaines (R. des)	10
Goyencourt (R. de)	12
Jean-Jaurès (Av.)	13
Lavaquerie (R.)	15
Leclerc (Bd Gén.)	16
Paris (R. de)	18
République (Pl. de la)	19
St-Gilles (R.)	21

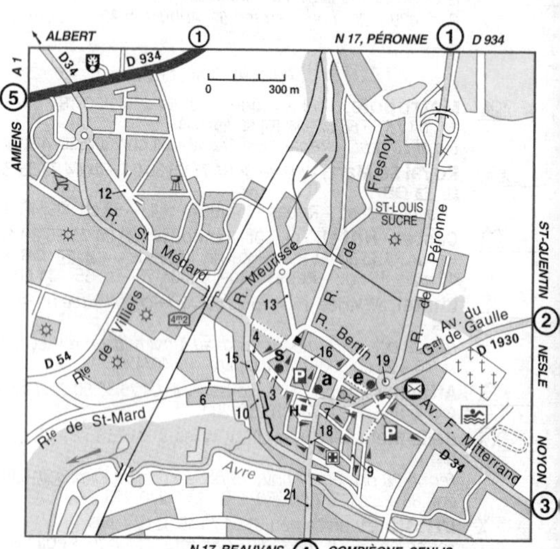

Pas de publicité payée dans ce guide

Flamiche (Mme Klopp), pl. H. de Ville **(a)** ✆ 03 22 87 00 56, *restaurant.flamiche@worldonline.fr, Fax 03 22 78 46 77* – ▤. GB JCB
fermé 21 déc. au 14 janv., dim. soir, mardi midi et lundi – **Repas** 150/840 bc et carte 320 à 610 ♀
Spéc. Flamiche aux poireaux (sept. à mai). Daube d'anguilles de Somme au piment d'Espelette. Caneton croisé de Challans aux betteraves rouges.

Florentin et Hôtel Central avec ch, 36 r. Amiens **(s)** ✆ 03 22 87 11 05, *Fax 03 22 87 42 74* – ▤ rest, TV. AE GB
fermé 12 au 27 août, dim. soir et lundi – **Repas** 90/220 – ☕ 32 – **8 ch** 230/320

Nord avec ch, pl. République **(e)** ✆ 03 22 87 10 87, *Fax 03 22 87 46 88* – GB
fermé 15 au 31 juil., 12 fév. au 5 mars, mardi soir et merc. – **Repas** 95/295 ♀, enf. 65 – ☕ 30 – **7 ch** 165/180

ROYE *70 H.-Saône* 66 ⑦ – *rattaché à Lure.*

Le ROZIER *48150 Lozère* 80 ④ ⑤ *G. Languedoc Roussillon – 157 h alt. 400.*

Voir *Terrasses du Truel* ≤★ *E : 3,5 km – Gorges du Tarn*★★★.

Env. *Chaos de Montpellier-le-Vieux*★★★ *S : 11,5 km – Corniche du Causse Noir* ≤★★ *SE : 13 km puis 15 mn.*

Office de Tourisme ✆ *05 65 60 60 89, Fax 05 65 62 60 27.*

Paris 640 – Mende 63 – Florac 57 – Millau 23 – Sévérac-le-Château 31 – Le Vigan 72.

Grand Hôtel de la Muse et du Rozier M, à La Muse (D 907) rive droite du Tarn ✉ 12720 Peyreleau (Aveyron) ✆ 05 65 62 60 01, *info@hotel-delamuse.com, Fax 05 65 62 63 88,* ≤, « Au bord du Tarn », – TV P. AE GB
30 mars-5 nov. – **Repas** 95 (déj.), 165/230 ♀ – ☕ 70 – **38 ch** 515/680 – ½ P 475/560

Doussière sans rest, ✆ 05 65 62 60 25, *Fax 05 65 62 65 48,* – P. GB
Pâques-11 nov. – ☕ 35 – **20 ch** 240/320

RUCH *33350 Gironde* 75 ⑬ – *509 h alt. 100.*

Paris 608 – Bordeaux 47 – Bergerac 56 – La Réole 27.

Château Lardier sans rest, ✆ 05 57 40 54 11, *chateau.lardier@free.fr, Fax 05 57 40 72 35,* – TV P. GB
mars-oct. – ☕ 30 – **8 ch** 260/310

RUE *80120 Somme* 52 ⑥ *G. Picardie Flandres Artois – 2 942 h alt. 9.*

Voir *Chapelle du St-Esprit*★ : *intérieur*★★.

Office de Tourisme 54 porte de Bécray ✆ *03 22 25 69 94, Fax 03 22 25 76 26.*

Paris 207 – Amiens 77 – Abbeville 29 – Berck-Plage 24 – Le Crotoy 8.

Château de Broutel sans rest, r.Marais ✆ 03 22 25 75 07, *chateaubroutel@europost.org, Fax 03 22 25 04 32,* « Belle collection de trophées de chasse », – TV P – 200. GB
☕ 70 – **10 ch** 500/750

Lion d'Or, r. Barrière ✆ 03 22 25 74 18, *Fax 03 22 25 66 63* – TV. GB JCB. ch
fermé 20 déc. au 8 janv., dim. soir et lundi hors saison – **Repas** (60) - 85/190 ♀, enf. 55 – ☕ 40 – **16 ch** 250/320 – ½ P 250

à St-Firmin *Ouest : 3 km par D 4 –* ✉ *80550 Le Crotoy :*

Auberge de la Dune , ✆ 03 22 25 01 88, *Fax 03 22 25 66 74,* – TV P. GB. ch
fermé 5 au 17 mars, 16 au 26 déc., mardi soir et merc. sauf vacances scolaires – **Repas** 88/195 ♀ – ☕ 50 – **11 ch** 350 – ½ P 300

RUEIL-MALMAISON *92 Hauts-de-Seine* 55 ⑳, 101 ⑭ – *voir à Paris, Environs.*

RUGY *57 Moselle* 57 ④ – *rattaché à Metz.*

Donnez-nous votre avis sur les tables que nous recommandons,
sur leurs spécialités et leurs vins de pays.

RULLY *71150 S.-et-L.* **70** ① *– 1 635 h alt. 220.*

Paris 333 – Beaune 21 – Chalon-sur-Saône 17 – Autun 44 – Le Creusot 32.

Vendangerot avec ch, 03 85 87 20 09, *Fax 03 85 91 27 18,* – GB
fermé 2 au 15 janv., 15 fév. au 10 mars, merc. sauf le soir en juil.-août et mardi – **Repas** 98/250 – 45 – **14 ch** 280/300 – ½ P 288

RUMILLY *74150 H.-Savoie* **74** ⑤ *G. Alpes du Nord – 9 991 h alt. 334.*

Office de Tourisme de l'Albanais pl. de l'Hôtel-de-Ville 04 50 64 58 32, Fax 04 50 64 69 21.

Paris 534 – Annecy 24 – Aix-les-Bains 21 – Bellegarde-sur-Valserine 37 – Genève 55.

Boîte à Sel, 27 r. Pont-Neuf 04 50 01 02 52, *Fax 04 50 01 02 52* – GB
fermé août, dim. soir et lundi – **Repas** 68 (déj.), 98/155, enf. 35

RUNGIS *94 Val-de-Marne* **61** ①,, **101** ㉖ *– voir à Paris, Environs.*

RUOMS *07120 Ardèche* **80** ⑨ *G. Vallée du Rhône – 1 858 h alt. 121.*

Voir *Labeaume★ O : 4 km – Défilé de Ruoms★.*

Office de Tourisme r. Alphonse-Daudet 04 75 93 91 90, Fax 04 75 39 78 91.

Paris 653 – Alès 54 – Aubenas 26 – Pont-St-Esprit 55.

rte des Vans *Sud-Ouest : 3,5 km par D 111 – 07120 Ruoms :*

Chapoulière, 04 75 39 65 43, *Fax 04 75 39 75 82,* – GB
2 mars-28 oct. et fermé dim. soir et lundi en mars et oct. – **Repas** 98/300 bc, enf. 49 – 45 – **12 ch** 260/350 – ½ P 325

domaine du Rouret *près Grospierres, Sud-Ouest : 11 km par D 111 – 07120 Grospierres :*

Maéva Le Rouret, 04 75 35 77 00, *sud-ardeche@maeva.fr, Fax 04 75 93 97 46,* « Parc ombragé et complexe de loisirs », – 600. AE GB. rest
1er avril-15 oct. – **Repas** 115, enf. 50 – 45 – **113 ch** 590/750 – ½ P 465/520

RUPT-SUR-MOSELLE *88360 Vosges* **62** ⑰ *– 3 470 h alt. 424.*

Syndicat d'Initiative 6 r. d'Alsace-magasin "Aux Anges" 03 29 24 32 78.

Paris 423 – Épinal 38 – Belfort 58 – Colmar 82 – Mulhouse 69 – St-Dié 66 – Vesoul 59.

Relais Benelux-Bâle, 69 r. Lorraine 03 29 24 35 40, *beneluxbale@wanadoo.fr, Fax 03 29 24 40 47,* – AE GB
fermé 21 déc. au 14 janv. et dim. soir de sept. à juin – **Repas** 80/170, enf. 41 – 39 – **10 ch** 230/330 – ½ P 210/250

Centre, r. Église 03 29 24 34 73, *Fax 03 29 24 45 26* – 20. AE GB JCB
fermé 9 au 18 juin, 6 au 15 oct., 12 au 21 janv., dim. soir et lundi sauf juil.-août et fériés – **Repas** 120/360, enf. 65 – 40 – **9 ch** 170/320 – ½ P 230/310

RUYNES-EN-MARGERIDE *15320 Cantal* **76** ⑭ ⑮ *– 605 h alt. 920.*

Paris 529 – Aurillac 91 – Le Puy-en-Velay 82 – St-Chély-d'Apcher 28 – St-Flour 16.

Moderne, 04 71 23 41 17, *Fax 04 71 23 49 82,* – AE GB
4 mars-15 oct. – **Repas** 62/150, enf. 42 – 32 – **20 ch** 198/220 – ½ P 225/235

Les SABLES-D'OLONNE SP *85100 Vendée* **67** ⑫ *G. Poitou Vendée Charentes – 15 830 h alt. 4 – Casinos des Pins* **CY***, Casino de la Plage* **AZ***.*

Voir *Le Remblai★.*

Office de Tourisme Centre de Congrès "les Atlantes" 1 prom. Joffre 02 51 96 85 85, Fax 02 51 96 85 71.

Paris 487 ② – La Roche-sur-Yon 38 ② – Cholet 107 ② – Nantes 104 ② – Niort 114 ④.

Plan page ci-contre

Mercure M, au Lac de Tranchet par la corniche : 2,5 km 02 51 21 77 77, *h1078@accor-hotels.com, Fax 02 51 21 77 80,* centre de thalassothérapie, – 120. AE GB JCB. rest CY f
fermé 6 au 19 janv. – **Repas** *(99)* - 155/175, enf. 65 – 68 – **100 ch** 735/835

Atlantic Hôtel, 5 prom. Godet 02 51 95 37 71, *info@atlantichotel.fr, Fax 02 51 95 37 30,* – 25. AE GB BY e
Sloop *(fermé déc., vend. et dim. d'oct. à mars)* **Repas** 99/260, enf. 59 – 53 – **30 ch** 460/780 – ½ P 510/610

LES SABLES-D'OLONNE

Arago (Bd) .... BY 4
Baudry (R. P.) .... BY 5
Bauduère (R. de la).... BZ 6
Beauséjour (R.) .... BY 7
Bisson (R.) .... AZ 8
Briand (Av. A.) .... CY 9
Caisse-d'Epargne (R. de la)........... AZ 10
Castelnau (Bd de) ..... BY 12
Château-d'Olonne (Route de)........... CY 13
Collineau (Pl. du Gén.) . BZ 14
Commerce (Pl. du) .... AZ 15
Digue (Pl. de la)....... BZ 17
Dingler (Quai)......... AZ 18
Dr-Canteleau (R. du) ... AY 19
Dr-Schweitzer (R. du) .. CY 22
Doumer (Av. P.) .... CY 23
Église (Pl. de l') .... AZ 24
d'Estienne-d'Orves (Rd-Pt H.) .... AY 25
Fricaud (R. D.) .... BY 26
Gabaret (Av. A.)..... BYZ 27
Gaulle (R. Gén.-de) .... BZ
Godet (Prom. G.)...... BY 29 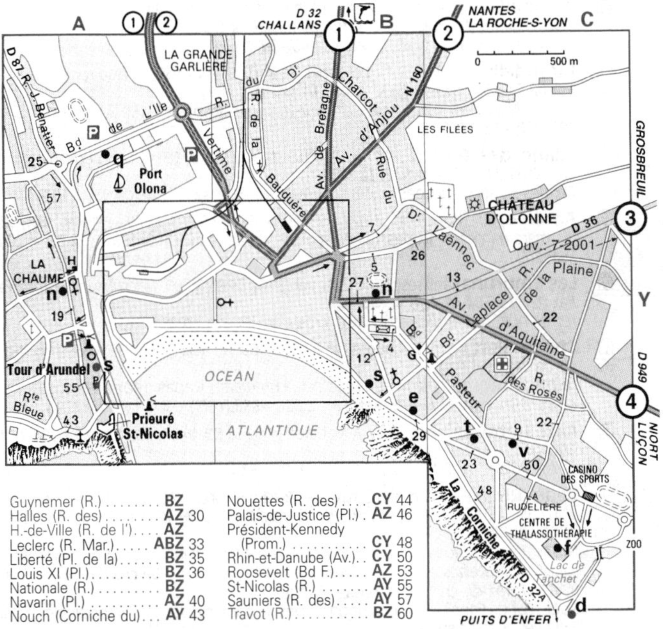
Guynemer (R.) .... BZ
Halles (R. des)......... AZ 30
H.-de-Ville (R. de l').... AZ
Leclerc (R. Mar.)..... ABZ 33
Liberté (Pl. de la)...... BZ 35
Louis XI (Pl.).......... BZ 36
Nationale (R.) .... BZ
Navarin (Pl.) .... AZ 40
Nouch (Corniche du)... AY 43
Nouettes (R. des).... CY 44
Palais-de-Justice (Pl.) . AZ 46
Président-Kennedy (Prom.) .... CY 48
Rhin-et-Danube (Av.).. CY 50
Roosevelt (Bd F.)..... AZ 53
St-Nicolas (R.) .... AY 55
Sauniers (R. des)..... AY 57
Travot (R.)........... BZ 60

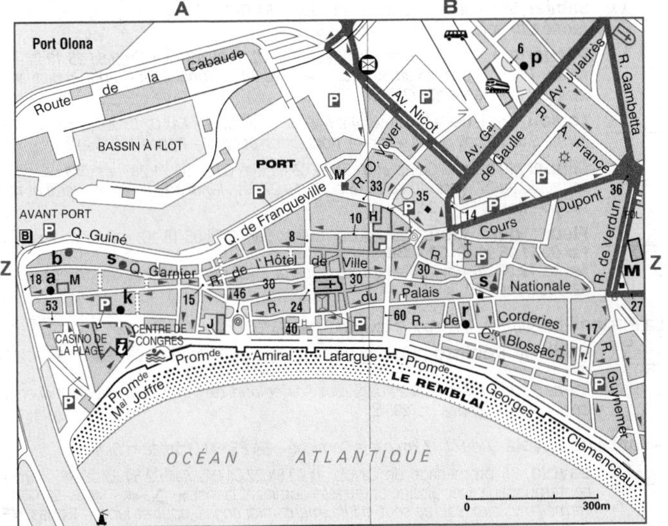

Roches Noires sans rest, 12 prom. G. Clemenceau ☎ 02 51 32 01 71, *info@bw-lesrochesnoires, Fax 02 51 21 61 00,* ← – ▯ ▤ TV ✆ ♿. AE ⓓ GB BY s
☕ 46 – **37 ch** 390/680

Arundel sans rest, 8 bd F. Roosevelt ☎ 02 51 32 03 77, *Fax 02 51 32 86 28* – ▯ ⇹ TV ✆. AE ⓓ GB AZ k
fermé 22 déc. au 5 janv. – ☕ 48 – **42 ch** 430/700

Admiral's sans rest, Port Olona ☎ 02 51 21 41 41, *hotel.admiral@wanadoo.fr, Fax 02 51 32 71 23* – ▯ TV ✆ ♿ P – 🏛 25. AE ⓓ GB AY q
fermé dim. du 15 oct. au 28 fév. – ☕ 45 – **33 ch** 445

Hirondelles, 44 r. Corderies ☎ 02 51 95 10 50, *leshirondelles@wanadoo.fr, Fax 02 51 32 31 01* – ▯ TV ✆ ♿ 🚗 P. GB BZ r
hôtel : 1er avril-30 sept. ; rest. : 1er avril-20 sept. – **Repas** 85/150 ♀, enf. 50 – ☕ 45 – **64 ch** 390/410 – ½ P 350

Calme des Pins M, 43 av. A. Briand ☎ 02 51 21 03 18, *calmedespins@wanadoo.fr, Fax 02 51 21 59 85* – ▯ ✆ ♿ P. GB CY v
Pâques-30 sept. – **Repas** 85 (déj.), 90/160, enf. 50 – ☕ 50 – **46 ch** 430 – ½ P 375

Antoine, 60 r. Napoléon ☎ 02 51 95 08 36, *Fax 02 51 23 92 78* – TV 🚗. GB. ✂ AZ a
1er mars-mi-oct. – **Repas** (dîner seul.)(résidents seul.) 100/130 – ☕ 35 – **20 ch** 350 – ½ P 300

Les Embruns sans rest, 33 r. Lt Anger ☎ 02 51 95 25 99, *lesembruns.hotel@wanadoo.fr, Fax 02 51 95 84 48* – TV ✆. GB. ✂ AY n
fermé nov., fév. et dim. soir d'oct. à mai – ☕ 38 – **21 ch** 250/310

Chêne Vert, 5 r. Bauduère ☎ 02 51 32 09 47, *Fax 02 51 21 29 65* – ▯ TV. AE GB. ✂ ch BZ p
fermé 24 déc. au 14 janv. et dim. d'oct. à fin mars – **Repas** *(fermé vend. soir, sam. et dim. d'oct. à fin mars)* 55/110 ♀, enf. 36 – ☕ 36 – **33 ch** 300/330 – ½ P 280/290

Alizé Hôtel sans rest, 78 av. A. Gabaret ☎ 02 51 32 44 90, *Fax 02 51 21 49 59* – TV. AE ⓓ GB. ✂ BY n
fermé 20 déc. au 20 fév. – ☕ 30 – **24 ch** 220/330

XXX **Beau Rivage,** 1 bd de Lattre de Tassigny, près Lac de Tanchet (par la corniche) ☎ 02 51 32 03 01, *b.rivage@wanadoo.fr, Fax 02 51 32 46 48,* ← Océan et les Sables – ▤ 🚗 P. AE ⓓ GB CY d
fermé 12 au 26 nov., 7 au 21 janv., lundi sauf le soir en juil.-août et dim. soir de sept. à juin sauf fériés – **Repas** 260/510 et carte 420 à 560 ♀, enf. 125 - ***Bistrot "la Mytiliade"*** ☎ 02 51 95 47 47 (rez-de-chaussée) **Repas** 130/150 ♀
Spéc. Bar de ligne aux champignons. Civet de homard breton. Farandole des desserts. **Vins** Fiefs vendéens blanc et rouge.

XX **Sablier,** 56 r. Nationale ☎ 02 51 21 09 54 – AE GB BZ s
fermé dim. soir et lundi – **Repas** 98/260 ♀

XX **Pêcherie,** 4 quai Boucaniers, la Chaume ☎ 02 51 95 18 27, *Fax 02 51 95 18 27* – GB
fermé 18 au 23 juin, 15 au 30 oct., 7 janv. au 8 fév., lundi en juil.-août, mardi et merc. de sept. à juin – **Repas** 135/235 ♀ AY s

XX **Loulou,** rte Bleue, la Chaume : 4 km ☎ 02 51 21 32 32, *Fax 02 51 21 32 32,* ← – GB
fermé 5 au 26 nov., jeudi soir, dim. hors saison et lundi – **Repas** 120/350 ♀

XX **Clipper,** 19 bis quai Guiné ☎ 02 51 32 03 61, *Fax 02 51 95 21 28* – ▤. GB AZ b
fermé 20 au 27 mars, 10 au 26 déc., 14 au 27 fév., lundi en juil.-août, mardi et merc. hors saison – **Repas** 95/199 ♀

XX **Fleur des Mers,** 5 quai Guiné ☎ 02 51 95 18 10, *fleur.mers@wanadoo.fr, Fax 02 51 96 96 10,* 🏖 – GB AZ s
fermé 19 au 26 nov., 24 au 28 déc., mardi midi, dim. soir hors saison et lundi – **Repas** 92/195 🌡, enf. 49

La Pironnière *Sud-Est : 4 km par la corniche* – ✉ *85100 Château-d'Olonne :*

XX **Auberge Robinson,** 51 r. du Puits d'Enfer ☎ 02 51 23 92 65, *Fax 02 51 21 28 60* – AE GB
fermé 5 au 21 mars, 3 au 21 déc., dim. soir et lundi de sept. à juin, merc. midi et lundi midi en juil.-août – **Repas** 125/295 ♀

à l'anse de Cayola *Sud-Est : 7 km par la Corniche* – ✉ *85180 Château-d'Olonne :*

XXX **Cayola,** 76 promenade de Cayola ☎ 02 51 22 01 01, *Fax 02 51 22 08 28,* ← mer, « Villa contemporaine avec piscine et terrasse dominant la mer », 🏊, 🏖 – ▤ P. AE GB
fermé janv., dim. soir de sept. à juin, merc. midi en juil.-août et lundi – **Repas** 145/350 et carte 250 à 450 ♀, enf. 75

SABLES-D'OR-LES-PINS *22 C.-d'Armor 59 ④ G. Bretagne – ✉ 22240 Fréhel.*
Paris 444 – St-Brieuc 39 – St-Malo 42 – Dinan 44 – Dol-de-Bretagne 60 – Lamballe 27.

Manoir St-Michel sans rest, à la Carquois, Est : 1,5 km par D 34 ☎ 02 96 41 48 87, *manoir-st-michel@fournel.de, Fax 02 96 41 41 55,* « Jardin et plan d'eau », – TV P. GB
1er avril-12 nov. – 45 – **17 ch** 310/650, 3 duplex

Voile d'Or - La Lagune (Hellio), ☎ 02 96 41 42 49, *lavoiledor@wanadoo.fr, Fax 02 96 41 55 45,* ←, – TV P. AE GB JCB
15 mars-15 nov. – **Repas** *(fermé lundi midi, mardi midi et merc. midi)* 170/450, enf. 100 – 70 – **26 ch** 480/750 – ½ P 520/700
Spéc. Huîtres chaudes, sabayon de cidre et pommes. Homard rôti au beurre salé. Soupe de fruits de saison soufflée.

Manoir de la Salle M sans rest, r. Lac - Sud-Ouest : 1 km par D 34 ✉ 22240 Plurien ☎ 02 96 72 38 29, *Fax 02 96 72 00 57,* « Demeure du 16e siècle », – TV P. AE GB
1er avril-30 sept. – 40 – **14 ch** 300/700

Diane, ☎ 02 96 41 42 07, *Fax 02 96 41 42 67,* , – TV. AE GB
1er avril-15 oct. – **Repas** 80/300 ♀, enf. 55 – 50 – **28 ch** 360/460 – ½ P 350/380

Morgane sans rest, ☎ 02 96 41 46 90, *Fax 02 96 41 57 85,* – TV P. GB
1er avril-30 sept. – 45 – **19 ch** 350/450

Bon Accueil sans rest, ☎ 02 96 41 42 19, *Fax 02 96 41 57 59,* – P. GB
8 avril-20 sept. – 45 – **38 ch** 280/430

Pins, ☎ 02 96 41 42 20, *Fax 02 96 41 59 02,* – AE GB
1er avril-30 sept. – **Repas** 82/220, enf. 48 – 40 – **22 ch** 250/290 – ½ P 270/310

à Pléhérel-plage *Est : 3,5 km par D 34 – ✉ 22240 Fréhel :*

Plage et Fréhel , ☎ 02 96 41 40 04, *Fax 02 96 41 57 96,* ←, – P. GB. rest
1er avril-30 sept. et 26 oct.-5 nov. – **Repas** 87/220 ♀, enf. 52 – 40 – **27 ch** 168/305 – ½ P 248/328

SABLÉ-SUR-SARTHE *72300 Sarthe 64 ① G. Châteaux de la Loire – 12 178 h alt. 29.*
Office de Tourisme pl. R.-Élizé ☎ 02 43 95 00 60, Fax 02 43 92 60 77.
Paris 252 – Le Mans 60 – Angers 64 – La Flèche 27 – Laval 44 – Mayenne 59.

Hostellerie St-Martin, 3 r. Haute St-Martin ☎ 02 43 95 00 03, – AE GB JCB.
fermé 27 août au 6 sept., 18 au 24 fév., dim. soir, merc. soir et lundi – **Repas** 95/195, enf. 55

à Solesmes *Nord-Est : 3 km par D 22 – 1 277 h. alt. 28 – ✉ 72300.*
Voir *Statues des "Saints de Solesmes"★★ dans l'église abbatiale★ (chant grégorien) – Pont ←★.*

Grand Hôtel, ☎ 02 43 95 45 10, *Fax 02 43 95 22 26,* – TV P – 50. AE GB
Repas *(fermé dim. soir de nov. à mars)* 150 (déj.)/230 ♀ – 60 – **34 ch** 450/600 – ½ P 390/450

au Golf *Sud-Ouest : 5 km par rte de Pincé (D 159) et rte secondaire – ✉ 72300 Sablé-sur-Sarthe :*

Martin Pêcheur, ☎ 02 43 95 97 55, *Fax 02 43 92 37 10,* ←, – P. GB
fermé dim. soir et lundi – **Repas** 120/310 ♀

SABRES *40630 Landes 78 ④ G. Aquitaine – 1 096 h alt. 78.*
Voir *Ecomusée★ de la grande Lande NO : 4 km.*
Paris 682 – Mont-de-Marsan 36 – Arcachon 93 – Bayonne 110 – Bordeaux 102 – Mimizan 41.

Auberge des Pins M , ☎ 05 58 08 30 00, *Fax 05 58 07 56 74,* , – TV P – 25. AE GB. ch
fermé 7 au 27 janv., lundi sauf le soir en juil.-août et dim. soir d'oct. à juin – **Repas** 100 (déj.), 120/400, enf. 75 – 55 – **25 ch** 350/750 – ½ P 340/500

SACHÉ *37 I.-et-L. 64 ⑭ – rattaché à Azay-le-Rideau.*

SAIGNES *15240 Cantal 76 ② G. Auvergne – 1 009 h alt. 480.*
Office de tourisme (juil.-août) Antenne ☎ 04 71 40 62 41 et Mairie ☎ 04 71 40 62 80.
Paris 489 – Aurillac 80 – Clermont-Ferrand 93 – Mauriac 27 – Le Mont-Dore 57 – Ussel 40.

Relais Arverne, ☎ 04 71 40 62 64, *Fax 04 71 40 61 14* – TV P. GB
fermé 1er au 14 oct., vacances de fév., dim. soir et vend. soir sauf juil.-août – **Repas** 75/230 , enf. 45 – 28 – **10 ch** 230/270 – ½ P 222/252

SAIGNON *84 Vaucluse 81 ⑭, 114 ② – rattaché à Apt.*

SAILLAGOUSE 66800 Pyr.-Or. 86 ⑯ G. Languedoc Roussillon – 825 h alt. 1309.

Voir Gorges du Sègre★ E : 2 km.

Office de Tourisme (saison) Mairie ✆ 04 68 04 72 89, Fax 04 68 04 05 57.

Paris 873 – Font-Romeu-Odeillo-Via 13 – Bourg-Madame 9 – Mont-Louis 12 – Perpignan 92.

Planes (La Vieille Maison Cerdane), ✆ 04 68 04 72 08, Fax 04 68 04 75 93 – TV. AE GB
fermé mi-oct. à mi-déc. – **Repas** 100/260, enf. 58 - ***Brasserie :*** Repas 70, enf. 58 – 35 – **19 ch** 280/290 – ½ P 340

Annexe Planotel, ✆ 04 68 04 72 08, Fax 04 68 04 75 93, ←, – TV P. AE GB
fermé 30 sept. au 20 déc. et 4 janv. au 1er fév. – **Repas** voir ***H. Planes*** – 40 – **20 ch** 315/340 – ½ P 345

à Llo Est : 3 km par D 33 – 131 h. alt. 1424 – ✉ 66800.

Voir Site★.

L'Atalaya, ✆ 04 68 04 70 04, atalaya@franlimel.com, Fax 04 68 04 01 29, ←, « Jolie auberge rustique », – TV P. GB. rest
8 avril-3 nov. et 15 déc.-15 janv. – **Repas** (fermé lundi midi, mardi midi et merc. midi hors saison) 168/335 – 68 – **13 ch** 530/795 – ½ P 510/648

Pour les grands voyages d'affaires ou de tourisme,
Guide Rouge MICHELIN : EUROPE.

SAILLÉ 44 Loire-Atl. 63 ⑭ – rattaché à Guérande.

ST-AFFRIQUE 12400 Aveyron 80 ⑬ G. Languedoc Roussillon – 7 798 h alt. 325.

Env. Roquefort-sur-Soulzon : caves de Roquefort★, rocher St-Pierre ←★.

Office de Tourisme bd Verdun ✆ 05 65 98 12 40, Fax 05 65 98 12 41.

Paris 670 – Albi 82 – Castres 91 – Lodève 67 – Millau 26 – Rodez 81.

Moderne, 54 av. A. Pezet ✆ 05 65 49 20 44, hotel-restaurant-le-moderne@wanadoo.fr, Fax 05 65 49 36 55, – TV. GB
fermé 1er au 28 janv. – **Repas** 95/290, enf. 55 – 42 – **28 ch** 200/390 – ½ P 250/290

ST-AFFRIQUE-LES-MONTAGNES 81290 Tarn 83 ① – 438 h alt. 244.

Paris 748 – Toulouse 69 – Albi 53 – Carcassonne 51 – Castres 11.

Domaine de Rasigous, Sud : 2 km par D 85 ✆ 05 63 73 30 50, Fax 05 63 73 30 51, – TV P. AE GB.
fermé 15 déc. au 15 janv. – **Repas** (fermé merc.) (dîner seul.)(résidents seul.) 150 – 55 – **8 ch** 450/750

ST-AGNAN 58230 Nièvre 65 ⑰ – 163 h alt. 525.

Paris 245 – Autun 52 – Avallon 36 – Clamecy 62 – Nevers 98 – Saulieu 15.

Vieille Auberge, ✆ 03 86 78 71 36, Fax 03 86 78 71 57 – TV P. GB
fermé 15 au 30 nov., 15 janv. au 1er mars, lundi soir et mardi – **Repas** 100/200, enf. 50 – 35 – **8 ch** 250/280 – ½ P 250

ST-AGRÈVE 07320 Ardèche 76 ⑨ ⑲ G. Vallée du Rhône – 2 762 h alt. 1050.

Voir Mont Chiniac ←★★.

Office de Tourisme Grande Rue ✆ 04 75 30 15 06, Fax 04 75 30 15 06.

Paris 581 – Le Puy-en-Velay 52 – Aubenas 73 – Lamastre 21 – Privas 71 – St-Étienne 72.

L'Arraché, ✆ 04 75 30 10 12, Fax 04 75 30 24 03, – TV. GB
Repas 59 (déj.), 85/115, enf. 45 – 45 – **10 ch** 230/320 – ½ P 215/255

Domaine de Rilhac (Sinz) avec ch, Sud-Est : 2 km par D 120, D 21 et rte secondaire ✆ 04 75 30 20 20, Fax 04 75 30 20 00, ←, « Ancienne ferme ardéchoise dans la campagne », – TV P. AE GB
fermé janv., fév., mardi soir et merc. – **Repas** 135 (déj.), 250/430 et carte 310 à 420, enf. 80 – 75 – **7 ch** 400/500 – ½ P 460/520
Spéc. Salade folle de truite fario marinée. Carpaccio de boeuf au vin de Cornas. Velouté de châtaignes grillées à la truffe (oct. à déc.). **Vins** Viognier de l'Ardèche, Cornas.

ST-AIGNAN *41110 L.-et-Ch.* 64 ⑰ *G. Châteaux de la Loire – 3 672 h alt. 115.*

Voir *Crypte★★ de l'église★ – Zoo Parc de Beauval★ S : 4 km.*

Office de Tourisme pl. Wilson ☎ *02 54 75 22 85, Fax 02 54 75 50 26.*

Paris 223 – Tours 62 – Blois 41 – Châteauroux 65 – Romorantin-Lanthenay 35 – Vierzon 57.

Grand Hôtel, ☎ 02 54 75 18 04, *Fax 02 54 75 12 59,* ← – P – 25. AE GB
fermé 12 au 26 nov., 10 fév. au 4 mars, dim. soir, mardi midi et lundi de nov. à fin mars –
Repas 95/210 – 40 – **20 ch** 145/370 – 1/2 P 220/320

ST-ALBAN-DE-MONTBEL *73 Savoie* 74 ⑮ *– rattaché à Aiguebelette-le-Lac.*

ST-ALBAN-LES-EAUX *42370 Loire* 73 ⑦ *– 843 h alt. 410.*

Paris 396 – Roanne 12 – Lapalisse 47 – Montbrison 58 – St-Étienne 88 – Thiers 56 – Vichy 64.

St-Albanais, ☎ 04 77 65 84 23, – GB
fermé 22 au 28 oct., vacances de fév., mardi soir et merc. – **Repas** 98/200

ST-ALBAN-SUR-LIMAGNOLE *48120 Lozère* 76 ⑮ *– 1 928 h alt. 950.*

Paris 560 – Mende 40 – Le Puy-en-Velay 76 – Espalion 71 – St-Chély-d'Apcher 13.

Relais St-Roch, Château de la Chastre ☎ 04 66 31 55 48, *rsr@relais-saint-roch.fr, Fax 04 66 31 53 26,* – TV P. AE GB JCB
1er avril-4 nov. – **Repas** voir rest. ***Petite Maison*** ci-après – 68 – **9 ch** 690/890 – 1/2 P 588/688

Petite Maison, av. Mende ☎ 04 66 31 56 00, *rsr@relais-saint-roch.fr, Fax 04 66 31 53 26* – . AE GB JCB
1er avril-4 nov. et fermé lundi sauf le soir en juil.-août et mardi midi – **Repas** 108 (déj.), 148/328, enf. 88

ST-AMANDIN *15190 Cantal* 76 ③ *– 284 h alt. 840.*

Paris 501 – Aurillac 81 – Clermont-Ferrand 81 – Ussel 55.

L'Amandine, ☎ 04 71 78 02 83, *Fax 04 71 78 02 83,* – P. GB
fermé oct. et lundi sauf de juil. à sept. – **Repas** 65/185, enf. 40

ST-AMAND-MONTROND SP *18200 Cher* 69 ① ⑪ *G. Berry Limousin – 11 937 h alt. 160.*

Voir *Abbaye de Noirlac★★ 4 km par* ⑥.

Env. *Château de Meillant★★ 8 km par* ①.

Office de Tourisme (fermé dim. et fêtes) pl. République ☎ *02 48 96 16 86, Fax 02 48 96 46 64.*

Paris 288 ⑤ – Bourges 44 ⑤ – Châteauroux 66 ⑤ – Montluçon 54 ④ – Nevers 70 ③.

Plan page suivante

Noirlac M, rte Bourges par ⑥ : 2 km ☎ 02 48 82 22 00, *lenoirlac@worldonline.fr, Fax 02 48 82 22 01,* , , , – TV P – 30. AE GB
fermé 22 déc. au 1er janv. – **Repas** *(fermé vend. soir, sam. midi et dim. soir de mi-nov. à Pâques)* (78) - 98/150, enf. 45 – 38 – **43 ch** 310/350 – 1/2 P 290

Relais Mercure L'Amandois M, 7 r. H. Barbusse ☎ 02 48 63 72 00, *Fax 02 48 96 77 11* – , rest, TV P – 30. AE GB — B r
Repas 80 (déj.), 95/130, enf. 50 – 42 – **27 ch** 330/370

St-Jean, 1 r. Hôtel-Dieu ☎ 02 48 96 39 82, *lesaintjean@wanadoo.fr, Fax 02 48 60 52 70* – GB — B f
fermé 27 août au 10 sept., dim. soir et lundi – **Repas** 95/145, enf. 60

Poste Le Relais avec ch, 9 r. Dr Vallet ☎ 02 48 96 27 14, *Fax 02 48 96 97 74* – TV P. AE GB — B d
fermé 1er au 9/12, 1er au 13/01, dim. soir de nov. à juin, lundi de nov. à avril et vend. midi en juil.-août – **Repas** 108/198, enf. 58 – 40 – **18 ch** 275/295 – 1/2 P 310

Croix d'Or avec ch, 28 r. 14-Juillet ☎ 02 48 96 09 41, *Fax 02 48 96 72 89* – TV. GB — A e
fermé vend. de nov. à mars sauf fériés – **Repas** 110/300 – 35 – **11 ch** 180/320

à Noirlac *par* ⑥ *et D 35 : 4 km –* ✉ *18200 St-Amand-Montrond :*

Auberge de l'Abbaye de Noirlac, ☎ 02 48 96 22 58, *Fax 02 48 96 86 63,* – GB
21 fév.-15 nov. et fermé mardi soir d'oct. à mars et merc. – **Repas** 98/170

à Bruère-Allichamps *par* ⑥ *: 8,5 km – 609 h. alt. 170 –* ✉ *18200 :*

Les Tilleuls, rte Noirlac ☎ 02 48 61 02 75, *Fax 02 48 61 08 41,* – TV P. GB. ch
fermé 18 au 26/06, 9 au 16/10, 21 au 31/12, 20/01 au 28/02, dim.soir et mardi midi du 15/09 au 30/04 et lundi – **Repas** 125/220, enf. 60 – 42 – **10 ch** 260/280 – 1/2 P 280/300

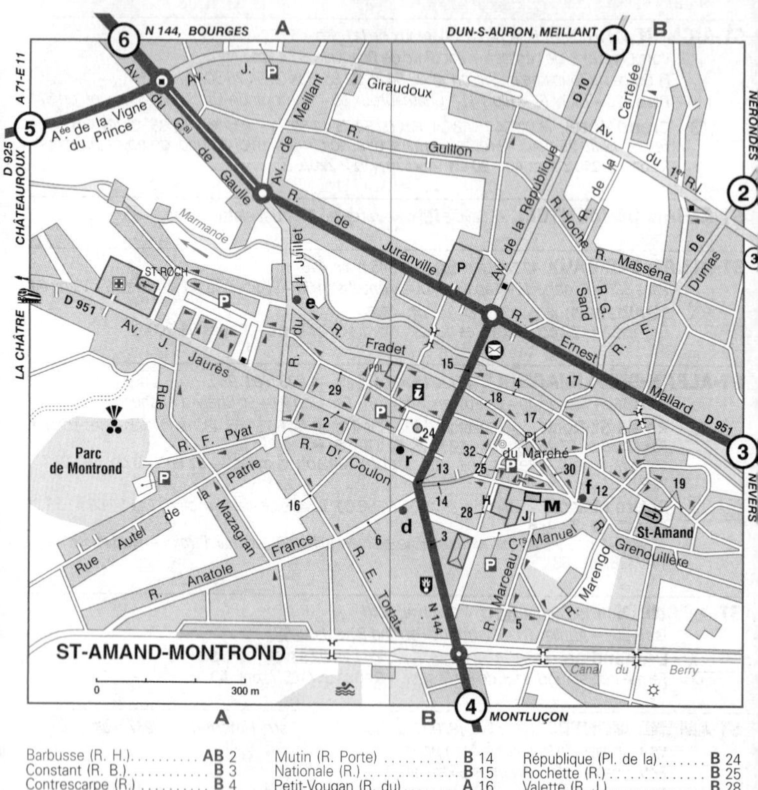

Barbusse (R. H.) .... AB 2
Constant (R. B.) .... B 3
Contrescarpe (R.) .... B 4
Desaix (R.) .... B 5
Dr-Vallet (R. du) .... A 6
Hôtel-Dieu (R. de l') .... B 12
Mutin (Pl.) .... B 13
Mutin (R. Porte) .... B 14
Nationale (R.) .... B 15
Petit-Vougan (R. du) .... A 16
Pont-Pasquet
(R. du) .... B 17
Porte-de-Bourges (R.) .... B 18
Porte-Verte (R.) .... B 19
République (Pl. de la) .... B 24
Rochette (R.) .... B 25
Valette (R. J.) .... B 28
Victoires (R. des) .... AB 29
Vieilles-Prisons
(R. des) .... B 30
Zola (R. Emile) .... B 32

ST-AMARIN *68550 H.-Rhin* 87 ⑱ *– 2 400 h alt. 410.*

Office de Tourisme 81 r. Charles-de-Gaulle ☎ 03 89 82 13 90, Fax 03 89 82 76 44.
Paris 461 – Mulhouse 30 – Belfort 49 – Colmar 52 – Épinal 77 – Gérardmer 40.

Auberge du Mehrbächel , à l'Est, 4 km par rte du Mehrbächel ☎ 03 89 82 60 68, *Fax 03 89 82 66 05*, ≤ le massif du Rossberg – ☎ P – 25. GB.
fermé 26 oct. au 7 nov., 10 au 30 janv., jeudi soir et vend. – **Repas** 75 (déj.), 95/150 ♀, enf. 55 – ☕ 48 – **23 ch** 200/320 – 1/2 P 275/300

ST-AMBROIX *30500 Gard* 80 ⑧ *– 3 517 h alt. 142.*

Office de Tourisme pl. de l'Ancien Temple ☎ 04 66 24 33 36, Fax 04 66 24 05 83.
Paris 685 – Alès 20 – Aubenas 56 – Mende 105.

à St-Brès *Nord : 1,5 km par D 904 – 612 h. alt. 156 – ✉ 30500 :*

Auberge St-Brès avec ch, ☎ 04 66 24 10 79, *Fax 04 66 24 38 30*, – TV ☎ P. GB
fermé 4 au 7 sept., 13 au 19 nov., 4 au 11 fév., lundi sauf le soir en juil.-août et dim. soir – **Repas** *(85)* - 95/285 ♀, enf. 50 – ☕ 45 – **9 ch** 400 – 1/2 P 305/345

à St-Victor-de-Malcap *Sud-Est par D 51 : 2 km – 506 h. alt. 140 – ✉ 30500 :*

Bastide des Senteurs avec ch, ☎ 04 66 60 24 45, *Fax 04 66 60 26 10*, – TV ☎ P. AE ① GB
fermé vacances de Toussaint, janv., lundi et merc. sauf le soir en juil.-août et dim. soir de sept. à juin – **Repas** 115 (déj.), 170/420 ♀, enf. 75 – ☕ 45 – **9 ch** 430 – 1/2 P 400

ST-AMOUR *39160 Jura* 70 ⑬ – *2 200 h alt. 248.*

Paris 406 – Mâcon 62 – Bourg-en-Bresse 29 – Chalon-sur-Saône 68 – Lons-le-Saunier 34.

X **Commerce,** pl. Chevalerie ✆ 03 84 48 73 05, *Fax 03 84 48 86 94* – GB
fermé 15 déc. au 20 janv., dim. soir et lundi sauf juil.-août – **Repas** 96/260, enf. 60

ST-AMOUR-BELLEVUE *71570 S.-et-L.* 74 ① – *492 h alt. 306.*

Paris 403 – Mâcon 11 – Bourg-en-Bresse 48 – Lyon 66 – Villefranche-sur-Saône 33.

XX **Chez Jean Pierre,** ✆ 03 85 37 41 26, *Fax 03 85 37 18 40,* 余 – GB
fermé 20 déc. au 14 janv., dim. soir, merc. soir et jeudi – **Repas** 100/235 ♀

X **Auberge du Paradis,** ✆ 03 85 37 10 26, *Fax 03 85 37 47 92,* 余 – AE ⓞ GB
fermé 8 janv. au 5 fév., lundi sauf le midi d'avril à nov. et mardi – **Repas** 95 (déj.), 150/170 ♀

ST-ANDIOL *13670 B.-du-R.* 84 ① – *2 253 h alt. 55.*

Paris 695 – Avignon 18 – Aix-en-Provence 65 – Arles 37 – Marseille 82.

XX **Berger des Abeilles** ⛻ avec ch, Nord : 2 km par N 7 et D 74^E (rte Cabanes)
✆ 04 90 95 01 91, *abeilles13@aol.com, Fax 04 90 95 48 26,* 余, 🌳 – TV P. AE GB
fermé 1er janv. au 13 fév. – **Repas** *(fermé lundi soir et mardi d'oct. à mars et lundi midi de mars à sept.)* 180/260, enf. 70 – ☐ 64 – **9 ch** 320/490 – ½ P 410/460

ST-ANDRÉ-DE-CUBZAC *33240 Gironde* 71 ⑧ – *6 341 h alt. 35.*

ℹ *Office de Tourisme (fermé dim. et jours fériés) 9 allée du Champ de Foire* ✆ *05 57 43 64 80, Fax 05 57 43 69 63.*

Paris 561 – Bordeaux 27 – Angoulême 95 – Blaye 25 – Jonzac 63 – Libourne 21 – Saintes 94.

à St-Gervais *Nord-Ouest : 3,5 km par N 137 et D 151E – 1 204 h. alt. 39 –* ✉ *33240 :*

XX **Au Sarment,** ✆ 05 57 43 44 73, *Fax 05 57 43 90 28,* 余 – GB
fermé 26 fév. au 16 mars, 6 au 20 août, dim. soir et lundi – **Repas** 100/200

The Guide changes, so renew your Guide every year.

ST-ANDRÉ-DES-EAUX *44 Loire-Atl.* 63 ⑭ – *rattaché à La Baule.*

ST-ANDRÉ-DE-VALBORGNE *30940 Gard* 80 ⑯ – *368 h alt. 450.*

ℹ *Office de Tourisme (fermé l'après-midi hors saison) les quais* ✆ *04 66 60 32 11, Fax 04 66 60 33 26.*

Paris 662 – Mende 69 – Alès 52 – Millau 82.

X **Bourgade** ⛻ avec ch, ✆ 04 66 60 30 72, *picoboo@compuserve.com, Fax 04 66 60 35 56,* 余 – TV. GB
15 avril-11 nov. et fermé du lundi au jeudi soir sauf juil.-août – **Repas** 100 (déj.), 185/230, enf. 60 – ☐ 40 – **10 ch** 250/290 – ½ P 300

ST-ANDRÉ-LES-VERGERS *10 Aube* 61 ⑯ – *rattaché à Troyes.*

ST-ANTHÊME *63660 P.-de-D.* 73 ⑰ – *880 h alt. 950.*

ℹ *Syndicat d'Initiative pl. de l'Aubépin* ✆ *04 73 95 47 06.*

Paris 467 – St-Étienne 56 – Ambert 23 – Clermont-Ferrand 101 – Feurs 47 – Montbrison 24.

à Raffiny *Sud : 5 km par D 261 –* ✉ *63660 St-Anthème :*

🏠 **Pont de Raffiny,** ✆ 04 73 95 49 10, *Fax 04 73 95 80 21,* ⩽ – P. GB
fermé mars sauf week-end, 1er janv. au 15 fév., dim. soir et lundi sauf 18 juin au 3 sept. – **Repas** 90/170 ♁ – ☐ 37 – **11 ch** 185/260 – ½ P 240

ST-ANTOINE-L'ABBAYE *38160 Isère* 77 ③ *G. Vallée du Rhône – 873 h alt. 339.*

Voir *Abbatiale★.*

ℹ *Office de Tourisme Maison du Tourisme et du Patrimoine* ✆ *04 76 36 44 46, Fax 04 76 36 40 49.*

Paris 556 – Valence 49 – Grenoble 66 – Romans-sur-Isère 25 – St-Marcellin 12.

XX **Auberge de l'Abbaye,** Mail de l'Abbaye ✆ 04 76 36 42 83, *Fax 04 76 36 46 13,* 余, « Maison ancienne face à l'Abbaye » – AE ⓞ GB
fermé 4 au 30 janv. et mardi d'oct. à mai – **Repas** 125 bc/275 ♀

ST-ARCONS-D'ALLIER *43300 H.-Loire 76 ⑥ – 164 h alt. 560.*
Paris 522 – Le Puy-en-Velay 34 – Brioude 37 – Mende 87 – St-Flour 59.

Les Deux Abbesses, ☎ 04 71 74 03 08, *direction@les-deux-abbesses.fr, Fax 04 71 74 05 30*, AE GB JCB. rest
1er avril-15 nov. – **Repas** (dîner seul.)(résidents seul.) 195 – 100 – **10 ch** 800/1400 – ½ P 600/900

ST-AUBAN *04 Alpes-de-H.-P. 81 ⑯ – rattaché à Château-Arnoux.*

ST-AUBIN-SUR-MER *14750 Calvados 55 ① G. Normandie Cotentin – 1 526 h alt. 7 – Casino.*
Office de Tourisme Digue Favreau ☎ 02 31 97 30 41, Fax 02 31 96 18 92.
Paris 250 – Caen 20 – Arromanches-les-Bains 19 – Bayeux 27 – Cabourg 32.

Clos Normand, ☎ 02 31 97 30 47, *closnormand@compuserve.com, Fax 02 31 96 46 23*, P. AE GB JCB
31 mars-29 oct. – **Repas** 78 (déj.), 110/320, enf. 60 – 40 – **27 ch** 340/400, 4 appart – ½ P 345/375

St-Aubin, ☎ 02 31 97 30 39, *Fax 02 31 97 41 56*, P – 25. AE GB
fermé 2 janv. au 5 fév., dim. soir et lundi d'oct. à mars – **Repas** 95 (déj.), 130/310, enf. 60 – 38 – **24 ch** 300/500 – ½ P 290/380

ST-AULAIRE *19 Corrèze 75 ⑧ – rattaché à Objat.*

ST-AUNÈS *34130 Hérault 83 ⑦ – 2 027 h alt. 32.*
Paris 751 – Montpellier 12 – Lunel 16 – Nîmes 44.

Cetus M, N 113 ☎ 04 67 70 38 40, *Fax 04 67 87 38 04*, P – 35. AE GB. rest
Repas *(fermé sam. midi et dim. midi)* (65) - 90/135 – 48 – **50 ch** 350/450 – ½ P 360

ST-AUVENT *87310 H.-Vienne 72 ⑯ – 817 h alt. 300.*
Paris 425 – Limoges 34 – Chalûs 21 – Rochechouart 11 – St-Junien 15.

Auberge de la Vallée de la Gorre, ☎ 05 55 00 01 27, *Fax 05 55 00 01 27* – GB
fermé dim. soir et lundi soir – **Repas** 76/250, enf. 55

ST-AVÉ *56 Morbihan 63 ③ – rattaché à Vannes.*

ST-AVOLD *57500 Moselle 57 ⑮ G. Alsace Lorraine – 16 533 h alt. 260.*
Voir *Groupe sculpté★ dans l'église St-Nabor.*
Env. *Mine-image★ de Freyming-Merlebach NE : 10 km.*
Office de Tourisme à la Mairie ☎ 03 87 91 30 19, Fax 03 87 92 98 02.
Paris 372 – Metz 44 – Saarbrücken 31 – Sarreguemines 29 – Strasbourg 125.

Europe, 7 r. Altmayer ☎ 03 87 92 00 33, *Fax 03 87 92 01 23*, rest, P – 25. AE GB
Repas *(fermé 1er au 15 août, sam. midi et dim. soir)* 150/300 – 55 – **34 ch** 330/370 – ½ P 280

Neptune, à la piscine ☎ 03 87 92 27 90, *Fax 03 87 92 38 10* – AE GB.
fermé juil., août, lundi et le soir sauf sam. – **Repas** 125/340 et carte 270 à 400

au Nord *2,5 km sur N 33 (près échangeur A 4) – 57500 St-Avold :*

Novotel M, ☎ 03 87 92 25 93, *h0433@accor-hotels.com, Fax 03 87 92 02 47*, « A l'orée de la forêt », P – 25 à 150. AE GB
Repas (88) - 120 bc/250 bc, enf. 50 – 63 – **61 ch** 515/565

au Nord-Ouest *par D 72 et D 25D : 5 km – 57740 Longeville-lès-St-Avold :*

Moulin d'Ambach, ☎ 03 87 92 18 40, *Fax 03 87 29 08 68*, P. AE GB
fermé 9 au 27 juil., vacances de fév., dim. soir, soirs fériés et lundi – **Repas** 130/360, enf. 75

ST-AYGULF *83370 Var 84 ⑱, 114 ㊳, 115 ㉝ G. Côte d'Azur – alt. 15.*
Office de Tourisme pl. Poste ☎ 04 94 81 22 09, Fax 04 94 81 23 04.
Paris 878 – Fréjus 6 – Brignoles 69 – Draguignan 33 – St-Raphaël 8 – Ste-Maxime 15.

Catalogne sans rest, ☎ 04 94 81 01 44, *hotel.catalogne@wanadoo.fr, Fax 04 94 81 32 42*, P. AE GB.
15 avril-30 oct. – 50 – **32 ch** 380/660

ST-BEAUZEIL 82150 T.-et-G. 79 ⑯ – 120 h alt. 181.

Paris 622 – Agen 34 – Cahors 57 – Montauban 64 – Villeneuve-sur-Lot 25.

Château de l'Hoste ≫, rte Agen (D 656) ✆ 05 63 95 25 61, *Fax 05 63 95 25 50*, «Gentilhommière dans la campagne quercynoise», – TV P – 50. AE GB. rest
hôtel : fermé fév. ; rest. : fermé 12 au 26 nov., fév., dim. soir et lundi du 15 sept. au 15 avril – **Repas** 140/250 – 50 – **34 ch** 280/450 – 1/2 P 340/460

ST- BEAUZIRE 43100 H.-Loire 76 ⑤ – 236 h alt. 700.

Paris 488 – Aurillac 98 – Brioude 12 – Clermont-Ferrand 72 – Le Puy-en-Velay 73 – St-Flour 41.

Baudière, D 588, rte Brioude ✆ 04 71 76 81 70, *Fax 04 71 76 80 66*, – TV P – 15. GB
fermé 26 déc. au 25 janv. – ***Vieux Four*** *(fermé lundi)* **Repas** 90/250, enf. 40 – 35 – **20 ch** 250/290 – 1/2 P 300

ST-BÉNIGNE 01 Ain 70 ⑫ – *rattaché à Pont-de-Vaux.*

ST-BENOIT 01300 Ain 74 ⑭ – 488 h alt. 230.

Paris 502 – Belley 19 – Bourg-en-Bresse 75 – Lyon 69 – La Tour-du-Pin 26 – Voiron 41.

Billièmaz, au pont d'Evieu, Sud-Ouest : 2,5 km ✆ 04 74 39 72 56 – P. AE GB
fermé 27 juin au 6 juil., 12 au 21 sept., mardi soir et merc. – **Repas** 75/220

ST-BENOIT 86 Vienne 68 ⑬ ⑭ – *rattaché à Poitiers.*

ST-BENOIT-SUR-LOIRE 45730 Loiret 64 ⑩ *G. Châteaux de la Loire* – 1 880 h alt. 126.

Voir *Basilique*★★ – *Commune de la "Méridienne verte".*

Env. *Germigny-des-Prés : mosaïque*★★ *de l'église*★ *NO : 6 km.*

Office de Tourisme (ouvert du 1er mars au 31 oct.) 44 r. Orléanaise ✆ 02 38 35 79 00, Fax 02 38 35 79 00.

Paris 137 – Orléans 41 – Bourges 93 – Châteauneuf-sur-Loire 10 – Gien 33 – Montargis 43.

Labrador ≫ sans rest, ✆ 02 38 35 74 38, *hoteldulabrador@wanadoo.fr*, *Fax 02 38 35 72 99*, – TV P – 30 à 50. AE GB
fermé 1er au 23 janv. – 42 – **40 ch** 290/360

Grand St-Benoit, 7 pl. St-André ✆ 02 38 35 11 92, *Fax 02 38 35 13 79* – . GB
fermé 27 août au 4 sept., 24 déc. au 23 janv., sam. midi, dim. soir et lundi – **Repas** (100) - 145/275

ST-BERTRAND-DE-COMMINGES 31510 H.-Gar. 85 ⑳ *G. Midi-Pyrénées* – 217 h alt. 581.

Voir *Site*★★ – *Cathédrale Ste-Marie-de-Comminges*★ *: cloître*★★, *boiseries*★★ *et trésor*★ – *Basilique Saint-Just*★ *de Valcabrère (chevet*★*) NE : 2 km.*

Paris 805 – Bagnères-de-Luchon 32 – Lannemezan 27 – St-Gaudens 17 – Tarbes 65.

Comminges ≫ sans rest, face Cathédrale ✆ 05 61 88 31 43, *Fax 05 61 94 98 22* – . AE GB
1er avril-31 oct. – 40 – **14 ch** 180/350

à Aveux *(H.-Pyr.) Sud : 4 km par D 26A et D 925 – 49 h. alt. 587 – ✉ 65370 :*

Moulin d'Aveux avec ch, ✆ 05 62 99 20 68, *Fax 05 62 99 22 27*, – P. GB
fermé 8 au 17 oct., 1er au 13 janv., lundi et mardi d'oct. à mai – **Repas** 75 bc (déj.), 130/240, enf. 40 – 35 – **10 ch** 230/260 – 1/2 P 230

à Valcabrère *Est : 2 km par D 26 – 139 h. alt. 460 – ✉ 31510 :*

Lugdunum, Sud sur N 125 : 1 km ✆ 05 61 94 52 05, *Fax 05 61 94 52 06*, ≤, – P. GB
fermé lundi soir, mardi hors saison et dim. soir – **Repas** (prévenir) 180

ST-BOIL 71390 S.-et-L. 70 ⑪ – 377 h alt. 240.

Paris 358 – Chalon-sur-Saône 23 – Cluny 28 – Montceau-les-Mines 35 – Mâcon 51.

Auberge du Cheval Blanc M avec ch, ✆ 03 85 44 03 16, *Fax 03 85 44 07 25*, – TV P. GB.
fermé 10 fév. au 15 mars et merc. – **Repas** 160/250 – 60 – **11 ch** 390/510 – 1/2 P 420/450

ST-BONNET-EN-CHAMPSAUR *05500 H.-Alpes* 77 ⑯ *G. Alpes du Sud – 1 371 h alt. 1025.*

Office de Tourisme pl. Grenette ✆ 04 92 50 02 57.

Paris 658 – Gap 16 – Grenoble 91 – La Mure 51.

Crémaillère , ✆ 04 92 50 00 60, *lacremaillère@worldonline.fr, Fax 04 92 50 01 57,* ←, – TV ✆ P. GB. rest
Pâques-1er nov. et vacances de fév. – **Repas** 100/197 ♀, enf. 55 – ☕ 40 – **21 ch** 250/330 – ½ P 290/310

ST-BONNET-LE-CHÂTEAU *42380 Loire* 76 ⑦ *G. Vallée du Rhône – 1 687 h alt. 870.*

Voir *Chevet de la collégiale* ←★ – *Chemin des Murailles*★.

Syndicat d'Initiative (juin-oct. week-ends et vacances scolaires) pl. de la République ✆ 04 77 50 52 48, (en hiver) Mairie 23 r. Paul-Doumer ✆ 04 77 50 52 40.

Paris 491 – St-Étienne 34 – Ambert 48 – Montbrison 32 – Le Puy-en-Velay 66.

Béfranc , 7 rte d'Augel ✆ 04 77 50 54 54, *Fax 04 77 50 73 17,* – TV ✆ ♿ P. GB
fermé 7 au 23 janv., dim. soir et lundi d'oct. à mai – **Repas** 75 bc (déj.), 95/195, enf. 35 – ☕ 30 – **17 ch** 225/250 – ½ P 200/220

Calèche, 7 r. F. Valette ✆ 04 77 50 15 58 – GB
fermé vacances de Toussaint, 2 au 6 janv., vacances de fév., dim. soir, mardi soir et merc. – **Repas** 89/250 ♀

ST-BONNET-LE-FROID *43290 H.-Loire* 76 ⑨ *– 180 h alt. 1126.*

Paris 560 – Le Puy-en-Velay 58 – Valence 68 – Annonay 27 – St-Étienne 52 – Yssingeaux 31.

Fort du Pré , ✆ 04 71 59 91 83, *info@le-fort-du-pre.fr, Fax 04 71 59 91 84,* , , – cuisinette TV ♿ P – 60. AE GB. rest
fermé 1er déc. au 31 janv., dim. soir et lundi sauf juil.-août – **Repas** *(fermé 2 au 6 sept.)* 98/280 ♀, enf. 60 – ☕ 42 – **34 ch** 295/420 – ½ P 280/320

Auberge et Clos des Cimes (Marcon) M avec ch, ✆ 04 71 59 93 72, *contact@regismarcon, Fax 04 71 59 93 40,* ←, – , ▤ rest, TV ✆ ♿ P. AE GB
✿✿ *8 avril-18 nov. et fermé lundi soir et merc. midi sauf juil.-août et mardi* – **Repas** 320/650 et carte 440 à 650 ♀ – ☕ 110 – **12 ch** 900/1250
Spéc. Menu "champignons" (printemps et automne). Ragoût de lentilles vertes du Puy parfumé aux truffes. Tarte soufflée aux châtaignes. **Vins** Saint-Joseph, Côte-rôtie.

André Chatelard, ✆ 04 71 59 96 09, *Fax 04 71 59 98 75* – GB
fermé janv., fév., lundi en juil.-août, lundi midi, mardi soir, merc. soir et jeudi soir de sept. à juin – **Repas** 110/380 ♀, enf. 60

ST-BRÈS *30 Gard* 80 ⑧ *– rattaché à St-Ambroix.*

ST-BRÉVIN-LES-PINS *44250 Loire-Atl.* 67 ① *G. Poitou Vendée Charentes – 8 688 h alt. 9 – Casino à St-Brévin-l'Océan.*

Voir *Pont routier St-Nazaire-St-Brévin*★, G. Bretagne.

Pont de St-Nazaire : Passage gratuit.

Office de Tourisme 10 r. l'Église ✆ 02 40 27 24 32, Fax 02 40 39 10 34 et (saison-sauf dim. matin) Bureau de l'Océan.

Paris 443 – Nantes 57 – Challans 62 – Noirmoutier-en-l'Ile 78 – Pornic 18 – St-Nazaire 15.

Estuaire sans rest, parc d'activités de la Guerche, Sud-Est : 1 km ✆ 02 40 27 39 40, *Fax 02 40 64 40 98* – TV ♿ P. GB
fermé déc. – ☕ 40 – **25 ch** 250/300

ST-BRIAC-SUR-MER *35800 I.-et-V* 59 ⑤ *– 1 825 h alt. 30.*

Office de Tourisme 49 Grande Rue ✆ 02 99 88 32 47.

Paris 425 – St-Malo 15 – Dinan 23 – Dol-de-Bretagne 33 – Lamballe 41 – St-Brieuc 61.

à Lancieux *Sud-Ouest : 2 km par D 786 – ✉ 22770 :*

Bains M sans rest, 20 r. Poncel ✆ 02 96 86 31 33, *bertrand.mehouas@wanadoo.fr, Fax 02 96 86 22 85,* – cuisinette TV ♿ P. AE GB
fermé dim. de nov. à fév. – ☕ 38 – **12 ch** 360/520

ST-BRICE-EN-COGLÈS *35460 I.-et-V.* 59 ⑱ *– 2 484 h alt. 105.*

Paris 342 – St-Malo 65 – Avranches 34 – Fougères 16 – Rennes 47.

Lion d'Or, r. Chateaubriant ✆ 02 99 98 61 44, *Fax 02 99 97 85 66,* , – TV ✆ ♿ P – 40. AE GB
Repas *(fermé dim. soir sauf juil.-août)* 85/220 ♀, enf. 45 – ☕ 37 – **30 ch** 250/300 – ½ P 255/300

ST-BRIEUC P 22000 C.-d'Armor 59 ③ G. Bretagne – 44 752 h alt. 78.
Voir Cathédrale St-Étienne★ – Tertre Aubé ≤★ BV.
de St-Brieuc-Armor : ☏ 02 96 94 95 00, 10 km par ①.
Office de Tourisme 7 r. St-Gouéno ☏ 02 96 33 32 50, Fax 02 96 61 42 16.
Paris 451 ② – Brest 144 ① – Quimper 128 ③ – Rennes 100 ② – St-Malo 72 ②.

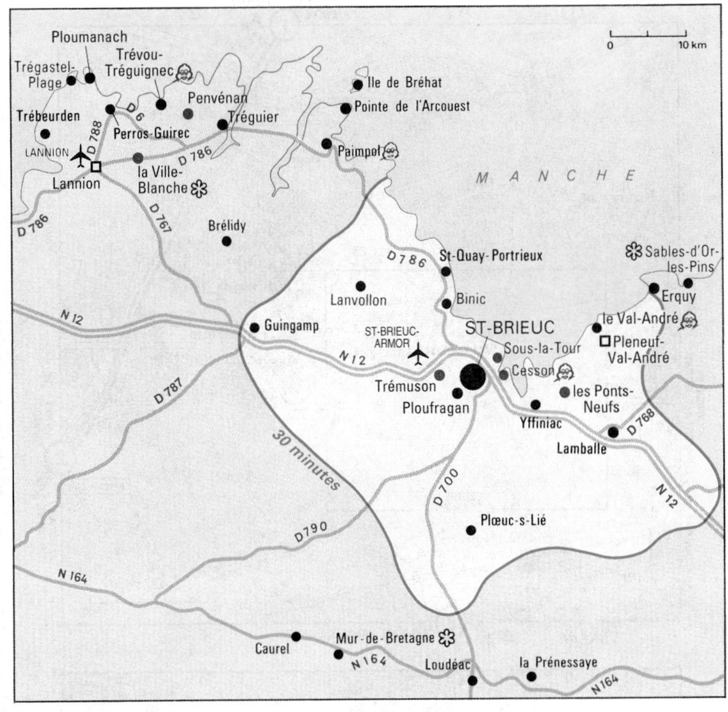

Clisson sans rest, 36 r. Gouët ☏ 02 96 62 19 29, *Fax 02 96 61 06 95* – P. AE GB. AY e
fermé 23 déc. au 2 janv. – ▭ 39 – **24 ch** 290/455

Champ de Mars M sans rest, 13 r. Gén. Leclerc ☏ 02 96 33 60 99, *Fax 02 96 33 60 05* – GB BZ s
fermé 20 déc. au 5 janv. – ▭ 38 – **21 ch** 250/300

Quai des Etoiles M sans rest, 51 r. Gare ☏ 02 96 78 69 96, *Fax 02 96 78 69 90* – P. AE GB AZ e
fermé 20 déc. au 5 janv. – ▭ 42 – **41 ch** 265/330

Ker Izel sans rest, 20 r. Gouët ☏ 02 96 33 46 29, *Fax 02 96 61 86 12* – GB. ▭ 40 – **22 ch** 230/320 AY a

XXX **Aux Pesked,** 59 r. Légué ☏ 02 96 33 34 65, *lepesked@wanadoo.fr, Fax 02 96 33 65 38,* ≤, – P. AE GB JCB AV a
fermé 23 au 30 avril, 27 août au 10 sept., 24 déc. au 14 janv., sam. midi, dim. soir et lundi – **Repas** - produits de la mer - 120/390 bc et carte environ 290 ♀

XX **Amadeus,** 22 r. Gouët ☏ 02 96 33 92 44, *Fax 02 96 61 42 05* – GB AY b
fermé 15 août au 6 sept., vacances de fév., dim. et lundi – **Repas** 98 (dîner), 120/260 ♀

à Sous-la-Tour *Nord-Est : 3 km par Port Légué et D 24* **BV** – ✉ *22190 Plérin :*

XX **Vieille Tour,** 75 r. de la Tour ☏ 02 96 33 10 30, *ugho777@aol.com, Fax 02 96 33 38 76* – AE GB
fermé 27 août au 11 sept., vacances de fév., sam. midi, dim. soir et lundi – **Repas** (nombre de couverts limité, prévenir) 120/390 ♀, enf. 80

ST-BRIEUC

Abbé-Garnier (R.) .... AX 2
Armor (Av. d') .... BZ 3
Chapitre (R. du) ...... AZ 4
Charbonnerie (R.) .... AY 5
Corderie (R. de la) ... AX 13
Ferry (R. Jules) ...... AX 16
Gambetta (Bd) .... AV 17
Gaulle (Pl. Gén.-de) ... AY 18
Glais-Bizoin (R.) ..... ABY 20
Hérault (Bd) .... AV 23
Jouallan (R.) .... AY 26
Le Gorrec (R.P.) .... AZ 28
Libération (Av. de la) .. BZ 29
Lycéens-Martyrs (R.) .. AZ 32
Martray (Pl. du) .... AY 33
Quinquaine (R.) .... AY 38
Résistance (Pl. de la) .. AY 39
Rohan (R. de) .... AYZ 40
St-Gilles (R.) .... AY 43
St-Gouéno (R.) .... AY 44
St-Guillaume (R.) ...... BZ 46
Victor-Hugo (R.) .... BX 50
3-Frères-Le Goff (R.) ... AY 52
3-Frères-Merlin (R.) .... AY 53

A B V X
BREST LANNION
PAIMPOL
Gouët
D 6
D 24
PORT DU LÉGUÉ
Rue du Légué
Pont de Rohannec'h
Bd Harel de la Noë
TERTRE AUBÉ
TERTRE NOTRE-DAME
ST-JOUAN
Bd Lamartine
ST-MICHEL
Bd Pasteur
Bd de la Mer
R. du Port
Sévigné
R. de Genève
Rd Pt de Toupin
Rd Pt Huguin
CESSON
N 12-E 50
GINGLIN
CATHÉDRALE
R. de Brest
Bd de Balzac
Rue
Av. Corneille
Av. d'Armor
GUINGAMP MORLAIX, BREST
DINARD DINAN
R. de Quintin
R. de la Gare
CENTRE CHARNER
R. Clemenceau
Bd W. Rousseau
R. de Gouédic
GOUEDIC
MICHELIN
RENNES LAMBALLE
R. P. Bert
R. du Dr Rahuel
PLOUFRAGAN
R. Luzel
Bd Charner
Bd Carnot
LANGUEUX
0 500 m
QUIMPER, VANNES, LORIENT

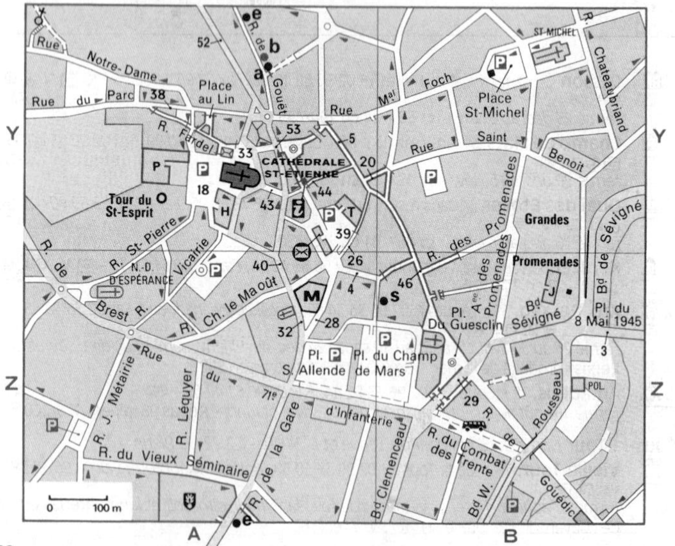

à Cesson *Est : 3 km par r. Genève* **BV** – ✉ *22000 :*

XXX **Croix Blanche,** 61 r. Genève ✆ 02 96 33 16 97, *Fax 02 96 62 03 50,* – AE GB
fermé 30 juil. au 20 août, dim. soir et lundi
Repas 108/360 et carte 230 à 310

XX **Quatre Saisons,** 61 chemin Courses ✆ 02 96 33 20 38, *manoirlequatresaisons@hotmail.com, Fax 02 96 33 77 38,* – AE GB
fermé 4 au 18 mars, 15 au 29 oct., dim. soir et lundi – **Repas** 110/377 ♀

à Yffiniac *par ② : 8 km – 3 510 h. alt. 10* – ✉ *22120 :*

Ibis, aire de repos N 12 ✆ 02 96 72 64 10, *Fax 02 96 72 71 55* – TV & P – 50. AE GB. rest
Repas *(75)* - 95, enf. 39 – 39 – **40 ch** 368

à Ploufragan *Sud-Ouest : 5 km par r. Luzel* **AX** – *10 583 h. alt. 139* – ✉ *22440 :*

Beaucemaine, ✆ 02 96 78 05 60, *Fax 02 96 78 08 33* – TV P. GB. rest
fermé 15 déc. au 15 janv. et dim. soir (sauf hôtel) – **Repas** (dîner seul.) 60/100 – 30 – **25 ch** 145/270 – ½ P 170/220

à Trémuson *rte de Guingamp par r. Corderie* **AX** *13 : 8 km – 1 482 h. alt. 141* – ✉ *22440 :*

X **Buchon,** ✆ 02 96 94 85 84, *Fax 02 96 76 78 21* – GB
fermé 1er au 15 fév., lundi soir et mardi soir hors saison – **Repas** 90/150 ♀

ST-CALAIS *72120 Sarthe 64 ⑤ G. Châteaux de la Loire – 4 063 h alt. 155.*

Voir *Façade★ de l'église Notre-Dame.*
Office de Tourisme pl. de l'Hôtel-de-Ville ✆ 02 43 35 82 95, Fax 02 43 35 15 13.
Paris 188 – Le Mans 45 – La Ferté-Bernard 33 – Tours 66 – Vendôme 32.

X **St-Antoine,** pl. St-Antoine ✆ 02 43 35 01 56, *Fax 02 43 35 00 01* – GB
fermé dim.soir – **Repas** 70 (déj.), 95/245 ♀, enf. 45

En juin et en septembre,
les hôtels sont moins chers qu'en pleine saison, le service est plus soigné.

ST-CANNAT *13760 B.-du-R. 84 ②, 114 ⑭ G. Provence – 3 918 h alt. 216.*

Office de Tourisme Plateau de la Pile ✆ 04 42 57 20 12, Fax 04 42 57 20 12.
Paris 736 – Marseille 46 – Aix-en-Provence 17 – Cavaillon 38 – Manosque 61.

au Sud *par rte d'Éguilles et rte secondaire : 2 km* – ✉ *13760 St-Cannat :*

XX **Mas de Fauchon** avec ch, chemin de Berre ✆ 04 42 50 61 77, *Fax 04 42 57 22 56,* – ch, TV & P. AE GB
fermé vacances de fév. et lundi – **Repas** 110 (déj.), 165/290 – 65 – **9 ch** 700/850 – ½ P 600/680

ST-CAPRAISE-DE-LALINDE *24 Dordogne 75 ⑮ – rattaché à Lalinde.*

ST-CAST-LE-GUILDO *22380 C.-d'Armor 59 ⑤ G. Bretagne – 3 093 h alt. 52.*

Voir *Pointe de St-Cast ←★★ – Pointe de la Garde ←★★ – Pointe de Bay ←★ S : 5 km.*
Office de Tourisme pl. Gén.-de-Gaulle ✆ 02 96 41 81 52, Fax 02 96 41 76 19.
Paris 435 – St-Malo 33 – Avranches 91 – Dinan 34 – St-Brieuc 50.

Les Arcades, 15 r. Duc d'Aiguillon (rue piétonne) ✆ 02 96 41 80 50, *Fax 02 96 41 77 34,* – TV. AE GB
20 mars-1er oct. – **Repas** 84/162 ♀, enf. 45 – 45 – **32 ch** 415/620 – ½ P 320/425

Dunes, r. Primauguet ✆ 02 96 41 80 31, *Fax 02 96 41 85 34,* – TV P. GB.
29 mars-30 sept. – **Repas** 115/385 ♀ – 48 – **27 ch** 380/440 – ½ P 380/410

XX **Biniou,** rte Dinard : 1,5 km ✆ 02 96 41 94 53, *Fax 02 96 41 65 09,* ← – P. GB
1er mars-11 nov. et fermé mardi sauf vacances scolaires – **Repas** 98/240 ♀, enf. 55

ST-CÉRÉ *46400 Lot 75 ⑲ ⑳ G. Périgord Quercy – 3 760 h alt. 152.*

Voir *Site★ – Tapisseries de Jean Lurçat★ au casino – Atelier-musée Jean Lurçat★ – Château de Montal★★ O : 3 km.*
Env. *Cirque d'Autoire★ : ←★★ par Autoire (site★) O : 8 km.*
Office de Tourisme pl. République ✆ 05 65 38 11 85, Fax 05 65 38 38 71.
Paris 538 – Brive-la-Gaillarde 54 – Aurillac 62 – Cahors 77 – Figeac 42 – Tulle 58.

Trois Soleils de Montal (Bizat) M, rte de Gramat, 2 km par D 673 ☎ 05 65 10 16 16, *lestroissoleils@wanadoo.fr, Fax 05 65 38 30 66*, ≤, – 🛗, ▤ rest, TV ✆ ♿ P – 🏃 50. ⓓ GB. ✗ rest
fermé nov. et janv. – **Repas** *(fermé dim. soir, mardi midi et lundi d'oct. à mars et lundi midi d'avril à sept.)* 150/380 et carte 280 à 360 - ***Les Prés de Montal*** - grill *(fermé 10/11 au 31/03, vend. de sept. à juin et mardi soir en juil.-août)* **Repas** (95)-120/160 ♂, enf. 55 – ☐ 65 – **26 ch** 580, 4 appart – ½ P 585
Spéc. Petit chou vert farci aux escargots et foie gras poêlé. Pigeonneau de grain rôti, pourpier et girolles. Filet de chevreuil aux fruits d'hiver (oct. à mars). **Vins** Cahors, Côtes de Bergerac.

France, rte d'Aurillac ☎ 05 65 38 02 16, *lefrance-hotel@wanadoo.fr, Fax 05 65 38 02 98*, – TV P. GB. ✗ rest
Pâques-20 oct. – **Repas** (dîner seul.) 135 ♀, enf. 60 – ☐ 40 – **18 ch** 270/340 – ½ P 340

Coq Arlequin sans rest, av. Dr Roux ☎ 05 65 38 02 13, *Fax 05 65 38 37 27* – TV. GB
☐ 50 – **16 ch** 280/500

Touring sans rest, pl. République ☎ 05 65 38 30 08, *Fax 05 65 38 18 67* – TV ✆. GB
fermé 1er au 20 nov. – ☐ 35 – **27 ch** 249/290

Ric avec ch, rte Leyme par D 48 : 2,5 km ☎ 05 65 38 04 08, *Fax 05 65 38 00 14*, ≤ plateau du Quercy, – TV P. GB
1er avril- 15 nov. – **Repas** *(fermé le midi sauf dim. et fériés)* (nombre de couverts limité, prévenir) 200/350 – ☐ 50 – **5 ch** 350/450 – ½ P 450

ST-CERGUES *74140 H.-Savoie 70 ⑯ ⑰ – 2 337 h alt. 615.*

Paris 550 – Thonon-les-Bains 21 – Annecy 54 – Annemasse 9 – Bonneville 24 – Genève 17.

France avec ch, ☎ 04 50 43 50 32, *hoteldefrance74@wanadoo.fr, Fax 04 50 94 66 45*, – TV ✆ P – 🏃 25. GB
fermé 30 mars au 14 avril, 24 août au 10 sept. (sauf hôtel) dim. soir et lundi sauf juil.-août – **Repas** 100 (dîner), 130/250 ♀ – ☐ 45 – **18 ch** 250/340 – ½ P 290/320

ST-CÉZAIRE-SUR-SIAGNE *06780 Alpes-Mar. 84 ⑧, 114 ⑫ G. Côte d'Azur – 2 182 h alt. 475.*

Voir Site★ – Point de vue★ – Grottes de St-Cézaire★ NE : 4 km.

Office de Tourisme 1 bd Courmes ☎ 04 93 60 84 30, Fax 04 93 60 84 40.

Paris 911 – Cannes 32 – Castellane 63 – Draguignan 58 – Grasse 16 – Nice 56.

Auberge du Puits d'Amon, ☎ 04 93 60 28 50 – ▤. GB
fermé 27 janv. au 17 fév., dim. soir et merc. – **Repas** 105/210 ♀, enf. 75

ST-CHAMAS *13250 B.-du-R. 84 ① G. Provence – 5 396 h alt. 15.*

Office de Tourisme Montée des Pénitents ☎ 04 90 50 90 54, Fax 04 90 50 90 10.

Paris 737 – Marseille 50 – Arles 42 – Martigues 26 – Salon-de-Provence 14.

Rabelais, 10 r. A. Fabre (centre ville) ☎ 04 90 50 84 40, *Fax 04 90 50 78 49*, « Salle voûtée du 17e siècle » – ▤. AE ⓓ GB. ✗
fermé 15 août au 1er sept., vacances de fév., sam. midi, dim. soir et lundi – **Repas** (85) - 110 (déj.), 169/290

ST-CHAMASSY *24 Dordogne 75 ⑯ – 443 h alt. 185 – ✉ 24260 Le Bugue.*

Paris 533 – Périgueux 50 – Sarlat-la-Canéda 40 – Bergerac 42 – Brive-la-Gaillarde 79.

Auberge La Vieille Cure, ☎ 05 53 07 24 24, *Fax 05 53 54 39 44*, – GB
1er mars-15 nov. et fermé dim. soir sauf du 1er juil. au 15 sept. et lundi – **Repas** 120/290 ♂, enf. 50

ST-CHAMOND *42400 Loire 73 ⑲ G. Vallée du Rhône – 38 878 h alt. 388.*

Paris 509 ① – St-Étienne 12 ③ – Feurs 50 ③ – Lyon 50 ① – Montbrison 52 ③ – Vienne 38 ①.

Plan page ci-contre

Ambassadeurs, 28 av. Libération ☎ 04 77 22 85 80, *Fax 04 77 31 96 95* – TV ✆. AE ⓓ GB — BZ a
fermé 1er au 16 août – **Repas** *(fermé 28 avril au 8 mai, 28 juil. au 26 août, vend. soir, dim. soir et sam.)* 82/300 ♂, enf. 50 – ☐ 32 – **16 ch** 250/320 – ½ P 220/260

à l'Horme *par ② : 3 km – 4 689 h. alt. 320 – ✉ 42152 :*

Vulcain sans rest, ☎ 04 77 22 17 11, *Fax 04 77 29 07 95*, – 🛗 TV ✆ P – 🏃 25. AE GB
☐ 35 – **30 ch** 240/365

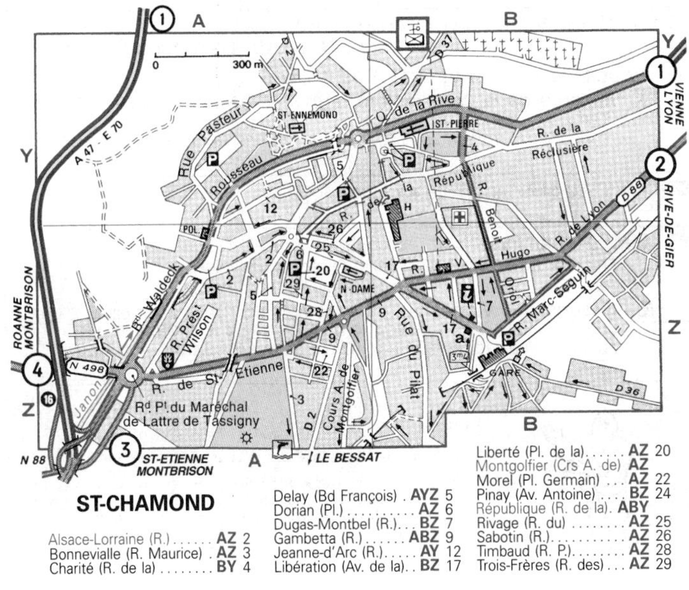

ST-CHAMOND

Alsace-Lorraine (R.) . . . . . . AZ 2
Bonnevialle (R. Maurice) . AZ 3
Charité (R. de la) . . . . BY 4
Delay (Bd François) . AYZ 5
Dorian (Pl.) . . . . AZ 6
Dugas-Montbel (R.) . . . BZ 7
Gambetta (R.) . . . . . . ABZ 9
Jeanne-d'Arc (R.) . . . . . AY 12
Libération (Av. de la) . . BZ 17
Liberté (Pl. de la) . . . . . . AZ 20
Montgolfier (Crs A. de) AZ
Morel (Pl. Germain) . . . AZ 22
Pinay (Av. Antoine) . . . . BZ 24
République (R. de la). ABY
Rivage (R. du) . . . . AZ 25
Sabotin (R.) . . . . AZ 26
Timbaud (R. P.) . . . . AZ 28
Trois-Frères (R. des) . . . AZ 29

Si vous cherchez un hôtel tranquille,
consultez d'abord les cartes de l'introduction
ou repérez dans le texte les établissements indiqués avec le signe 🐎.

ST-CHARTIER *36 Indre* 68 ⑲ *– rattaché à La Châtre.*

ST-CHÉLY-D'APCHER *48200 Lozère* 76 ⑮ *– 4 570 h alt. 1000.*

Office de Tourisme pl. 19 Mars 1962 ☎ 04 66 31 03 67, Fax 04 66 31 30 30.

Paris 547 – Aurillac 109 – Mende 46 – Le Puy-en-Velay 86 – Rodez 113 – St-Flour 35.

Les Portes d'Apcher Ⓜ, Nord : 1,5 km sur N 9 ☎ 04 66 31 00 46, *Fax 04 66 31 28 85*, ←, 🌳, 🌲 – TV ♿ 🚗 P – 🏛 100. GB. 🐕
fermé janv. – **Repas** *(fermé vend. soir d'oct. au 15 avril)* 87/220 🍷, enf. 48 – ☕ 40 – **16 ch** 280 – 1/2 P 260

à La Garde *Nord : 9 km par N 9 – ✉ 48200 Albaret-Ste-Marie :*

Château d'Orfeuillette 🐎, à l'échangeur A 75, sur N 9 ☎ 04 66 42 65 65, *orfeuillette @aol.com, Fax 04 66 42 65 66*, 🌳 – |‡| TV P – 🏛 30. AE ⓓ GB
fermé janv., fév., dim. soir et lundi – **Repas** 120 (déj.), 180/360 🍷 – ☕ 60 – **13 ch** 490/500 – 1/2 P 510

Rocher Blanc, ☎ 04 66 31 90 09, *Fax 04 66 31 93 67*, 🌳, 🏊, 🌲, 🎾 – TV P. GB
Pâques-1er nov. et fermé dim. soir et lundi sauf juil.-août – **Repas** 95/315 🍷 – ☕ 40 – **21 ch** 280/320 – 1/2 P 300/330

ST-CHÉLY-D'AUBRAC *12470 Aveyron* 80 ③ ④ *– 547 h alt. 700 – Sports d'hiver à Brameloup : 1 200/1 390 m ⛷9 ⛷.*

Syndicat d'Initiative Mairie ☎ 05 65 44 21 15, Fax 05 65 44 20 01.

Paris 596 – Rodez 51 – Espalion 20 – Mende 68 – St-Flour 72 – Sévérac-le-Château 61.

Voyageurs (annexe 🌳), ☎ 05 65 44 27 05, *Fax 05 65 44 21 67* – ☎. GB. 🐕 ch
7 avril-30 sept. – **Repas** *(fermé sam. midi sauf juil.-août et fériés)* 95/185 🍷, enf. 65 – ☕ 39 – **14 ch** 185/300 – 1/2 P 270/290

ST-CHÉRON *91530 Essonne* 60 ⑩ *– 4 082 h alt. 100.*

Paris 43 – Fontainebleau 63 – Chartres 53 – Dourdan 10 – Étampes 22 – Orléans 88.

à St-Évroult *Sud : 1,5 km par V 6 – ✉ 91530 St-Chéron :*

XX **Auberge de la Cressonnière,** ☎ 01 64 56 60 55, *Fax 01 64 56 56 37,* « Jardin fleuri », – GB
fermé 1er au 15 mars, 1er au 15 sept., dim. soir et lundi sauf fériés – **Repas** 115/210

ST-CHRISTAU *64 Pyr.-Atl.* 85 ⑥ *– voir à Lurbe-St-Christau.*

ST-CIERS-DE-CANESSE *33710 Gironde* 71 ⑧ *– 713 h alt. 40.*

Env. *Citadelle de Blaye★ NO : 8 km,* G. Pyrénées Aquitaine.

Paris 552 – Bordeaux 47 – Blaye 9 – Jonzac 54 – Libourne 42.

Closerie des Vignes Ⓜ, Village Arnauds, Nord : 2 km par D 250 et D 135 ☎ 05 57 64 81 90, *Fax 05 57 64 94 44,* ≤, – TV ☎ ♿ P. GB
avril-oct. – **Repas** (dîner seul.) 145/190, enf. 80 – ☐ 45 – **9 ch** 440 – 1/2 P 420

Write us...

If you have any comments on the contents of this Guide.

Your praise as well as your criticisms will receive careful consideration and, with your assistance, we will be able to add to our stock of information and, where necessary, amend our judgments.

Thank you in advance!

ST-CIRQ-LAPOPIE *46330 Lot* 79 ⑨ *G. Périgord Quercy – 187 h alt. 320.*

Voir *Site★★ – Vestiges de l'ancien château ≤★★ – Le Bancourel ≤★ – Bouziès : chemin de halage du Lot★ NO : 6,5 km.*

Office de Tourisme pl. de Sombral ☎ 05 65 31 29 06, Fax 05 65 31 29 06.

Paris 590 – Cahors 25 – Figeac 45 – Villefranche-de-Rouergue 38.

XX **Auberge du Sombral "Aux Bonnes Choses"** avec ch, ☎ 05 65 31 26 08, *Fax 05 65 30 26 37,* – GB
1er avril-15 nov. et fermé mardi soir et merc. d'oct. à juin – **Repas** *(80)* - 105/220 ♀ – ☐ 50 – **8 ch** 420

à Tour-de-Faure *Est : 2 km par D 8 – 296 h. alt. 137 – ✉ 46330 :*

Les Gabarres sans rest, ☎ 05 65 30 24 57, *Fax 05 65 30 25 85,* – ☎ ♿ P. GB
1er avril-30 oct. – ☐ 40 – **28 ch** 280

ST-CLAIR *83 Var* 84 ⑯., 114 ㊽ *– rattaché au Lavandou.*

ST-CLAUD *16450 Charente* 72 ④ *– 1 128 h alt. 144.*

Paris 437 – Angoulême 42 – Cognac 84 – Limoges 68 – Poitiers 94.

XX **Claud Gourmand** avec ch, rte Champagne-Mouton : 2 km ☎ 05 45 71 18 17, *Fax 05 45 71 38 17,* – TV P – 20. GB
fermé 23 janv. au 10 fév., dim. soir et lundi du 15 sept. au 15 avril – **Repas** 105 (déj.), 165/320, enf. 80 – ☐ 60 – **7 ch** 550/600 – 1/2 P 740

ST-CLAUDE SP *39200 Jura* 70 ⑮ *G. Jura – 12 704 h alt. 450.*

Voir *Site★★ – Cathédrale St-Pierre★ : stalles★★* **Z** *– Exposition de pipes, de diamants et de pierres fines* **Z E.**

Env. *Georges du Flumen★ par ② – Route de Morez ≤★★ 7 km par ①.*

Office de Tourisme Haut Jura St-Claude 19 r. du Marché ☎ 03 84 45 34 24, Fax 03 84 41 02 72.

Paris 465 ③ – Annecy 87 ② – Genève 63 ② – Lons-le-Saunier 59 ③.

Plan page ci-contre

Jura, 40 av. Gare ☎ 03 84 45 24 04, *Fax 03 84 45 58 10 –* TV ☎ ♿. GB Z a
Repas *(fermé 26 déc. au 15 janv.)* 92/250 ♀ – ☐ 42 – **35 ch** 215/350 – 1/2 P 230/305

ST-CLAUDE

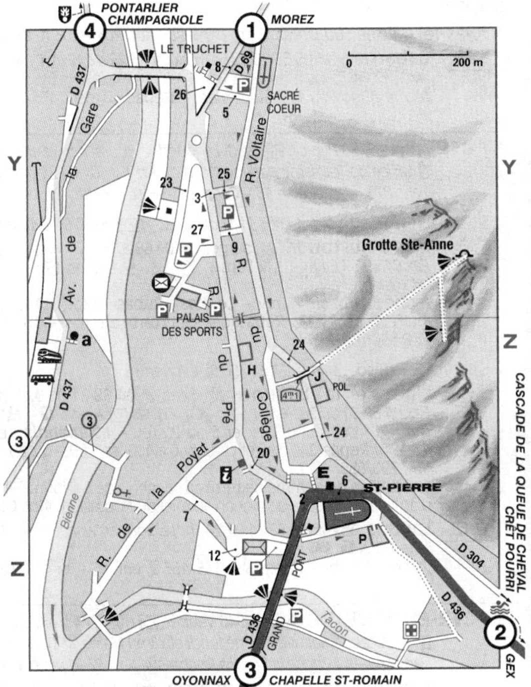

Les rues sont sélectionnées en fonction de leur importance pour la circulation et le repérage des établissements cités. Les rues secondaires ne sont qu'amorcées.

ST-CLÉMENT-DES-BALEINES *17 Char.-Mar.* 71 ⑫ – *voir à Ré (île de).*

ST-CLÉMENT-SUR-VALSONNE *69170 Rhône* 73 ⑨ – *467 h alt. 370.*

Paris 461 – Roanne 47 – Lyon 44 – Montbrison 66 – Tarare 6 – Villefranche-sur-Saône 30.

✗ **St-Clément** avec ch, ☎ 04 74 05 17 80, *Fax 04 74 05 17 80*, – TV. GB
fermé 20 janv. au 12 fév., lundi soir et mardi sauf juil.-août – **Repas** 98/210, enf. 45 – ☕ 25 – **9 ch** 200/240 – ½ P 180

ST-CLOUD *92 Hauts-de-Seine* 55 ⑳, 101 ⑭ – *voir à Paris, Environs.*

ST-CONSTANT *15600 Cantal* 76 ⑪ – *659 h alt. 260.*

Voir *Église de Maurs : statues★ et buste-reliquaire★ NO : 4,5 km,* G. Auvergne.

Paris 577 – Aurillac 48 – Rodez 56 – Decazeville 17 – Figeac 23 – Tulle 98.

✗ **Auberge des Feuillardiers** avec ch, ☎ 04 71 49 10 06, *Fax 04 71 49 11 43*, – GB
fermé 22 août au 4 sept., vacances de fév. ; hôtel: fermé mardi et merc. sauf juil.-août ; rest. : fermé merc. – **Repas** (nombre de couverts limté, prévenir) 125/250 – ☕ 45 – **12 ch** 170/260 – ½ P 210

ST-CYPRIEN *24220 Dordogne* 75 ⑯ *G. Périgord Quercy* – *1 593 h alt. 80.*

Paris 547 – Périgueux 57 – Sarlat-la-Canéda 21 – Bergerac 54 – Cahors 68 – Fumel 54.

L'Abbaye sans rest, ☎ 05 53 29 20 48, *hotel@abbaye-dordogne.com, Fax 05 53 29 15 85*, – P. AE GB
15 avril-5 nov. – ☕ 65 – **24 ch** 490/780

rte de Sarlat *Est : 2,5 km par D 703 – ✉ 24200 St-Cyprien :*

✗✗ **Jardin d'Épicure,** sur D 703 ☎ 05 53 30 40 95, *Fax 05 53 30 40 96*, – P. GB.
fermé jeudi midi, sam. midi et merc. – **Repas** 150/280 ♀, enf. 75

à Allas-les-Mines *Sud-Ouest : 5 km par D 703 et C 204 – 203 h. alt. 85 – ✉ 24220 :*

Gabarrier, ☎ 05 53 29 22 51, *Fax 05 53 29 47 12,* « En bordure de la Dordogne », – P. GB
fermé 1er nov. au 15 janv. et merc. – **Repas** 105 (déj.), 135/205 ♀, enf. 70

ST-CYPRIEN *66750 Pyr.-Or. 86 ⑳ G. Languedoc Roussillon – 6 892 h alt. 5 – Casino.*

Office de Tourisme parking Nord du Port ☎ 04 68 21 01 33, Fax 04 68 21 98 33.
Paris 873 – Perpignan 15 – Céret 32 – Port-Vendres 21.

à St-Cyprien-Plage *Nord-Est : 3 km par D 22 – ✉ 66750 St-Cyprien :*

Mas d'Huston M, au golf ☎ 04 68 37 63 63, *masdhustonhotel@opengolfclub.com, Fax 04 68 37 64 64,* ≤, « Parc », – P – 15 à 100. AE GB. rest
fermé 6 janv. au 1er fev. – ***Le Mas :*** **Repas** 120 (déj.)195bc/270, enf. 75 – - ***Les Parasols*** (buffets) *(avril-sept.)* **Repas** (déj. seul.) carte environ 180, enf. 75 – 60 – **50 ch** 535/770 – 1/2 P 530

à St-Cyprien-Sud : *3 km – ✉ 66750 St-Cyprien :*

L'Ile de la Lagune M, ☎ 04 68 21 01 02, *hotelilelagune@wanadoo.fr, Fax 04 68 21 06 28,* ≤, – P – 30. AE GB
fermé 31 oct. au 15 nov. et 5 au 20 fév. – ***L'Almandin*** *(fermé lundi et mardi d'oct. au 15 avril)* **Repas** 210/395 et carte 340 à 460, enf. 80 – 80 – **18 ch** 810/1100, 4 appart – 1/2 P 790/850
Spéc. Blinis de pomme de terre aux anchois de Collioure. Filet de Saint-Pierre à la fricassée d'artichauts. Pastilla de pigeon au miel du Roussillon. **Vins** Côtes du Roussillon, Collioure

Lagune , ☎ 04 68 21 24 24, *hotellagune@wanadoo.fr, Fax 04 68 37 00 00,* ≤, – P. GB
28 avril-30 sept. – **Repas** (95) - 135/155 ♀, enf. 65 – 45 – **36 ch** 400/490 – 1/2 P 400/425

ST-CYR-EN-TALMONDAIS *85540 Vendée 71 ⑪ – 274 h alt. 31.*

Syndicat d'Initiative (fermé lundi et dim.) Mairie ☎ 02 51 30 82 82, Fax 02 51 30 88 29.
Paris 444 – La Rochelle 54 – La Roche-sur-Yon 32 – Luçon 14 – Les Sables-d'Olonne 38.

Auberge de la Court d'Aron, ☎ 02 51 30 81 80, *dominique.orizet@wanadoo.fr, Fax 02 51 98 99 55,* – GB.
fermé 5 au 11 nov., 1er au 9 déc., vacances de fév. dim. soir et merc. de sept. à juin – **Repas** (68) - 108/230 ♀

ST-CYR-SUR-MER *83270 Var 84 ⑭, 114 ㊸ G. Côte d'Azur – 7 033 h alt. 10.*

Office de Tourisme pl. de l'Appel du 18 Juin ☎ 04 94 26 73 73, Fax 04 94 26 73 74.
Paris 815 – Marseille 40 – Toulon 24 – Bandol 8 – Le Beausset 13 – Brignoles 56.

Les Lecques – *✉ 83270 St-Cyr-sur-Mer :*

Grand Hôtel des Lecques , ☎ 04 94 26 23 01, *info@lecques-hotel.com, Fax 04 94 26 10 22,* ≤, « Parc fleuri », – P. AE GB JCB. rest
31 mars-27oct. – **Repas** (150) - 190/305 bc ♀, enf. 70 – 80 – **58 ch** (1/2 pens. seul.) – 1/2 P 520/755

Chanteplage, ☎ 04 94 26 16 55, *Fax 04 94 26 25 71,* ≤, – P. GB
15 fév.-15 nov. – **Repas** 98/128, enf. 45 – 40 – **20 ch** 380/480 – 1/2 P 350/380

Petit Nice , ☎ 04 94 32 00 64, *petitnice@lcm.fr, Fax 04 94 32 00 99,* – P. AE GB. rest
hôtel : 15 mars-30 oct. ; rest. : 15 avril-10 oct. – **Repas** 125 – 40 – **31 ch** 292/362 – 1/2 P 293/363

rte de Bandol *par D 559 : 4 km – ✉ 83270 St-Cyr-sur-Mer :*

Frégate M , ☎ 04 94 29 39 39, *hotel-fregate@wanadoo.fr, Fax 04 94 29 39 40,* ≤ littoral, « Complexe de loisirs et centre de conférences », – P – 20 à 180. AE GB
Mas des Vignes (dîner seul.) **Repas** 220/280 ♀, enf. 100 – ***Restanque*** (dîner seul. en juil.-août) **Repas** 155(déj.)/200 ♀ – ***Tratoria*** déj. : snack, dîner : cuisine italienne *(juil.-août)* **Repas** carte 110 à 220 ♀, enf. 100 – 100 – **133 ch** 1520/1800, 33 appart – 1/2 P 1780/2950

ST-DALMAS-DE-TENDE *06 Alpes-Mar. 84 ⑩ ⑳., 115 ⑧ ⑨ – rattaché à Tende.*

ST-DALMAS-VALDEBLORE *06 Alpes-Mar. 84 ⑲., 115 ⑥ – voir à Valdeblore.*

ST-DENIS *93 Seine-St-Denis* 56 ⑪, 101 ⑯ – *voir à Paris, Environs.*

ST-DENIS-D'ANJOU *53290 Mayenne* 64 ① *G. Châteaux de la Loire* – *1 278 h alt. 51.*
Paris 262 – Angers 44 – Le Mans 71 – Sablé-sur-Sarthe 11.

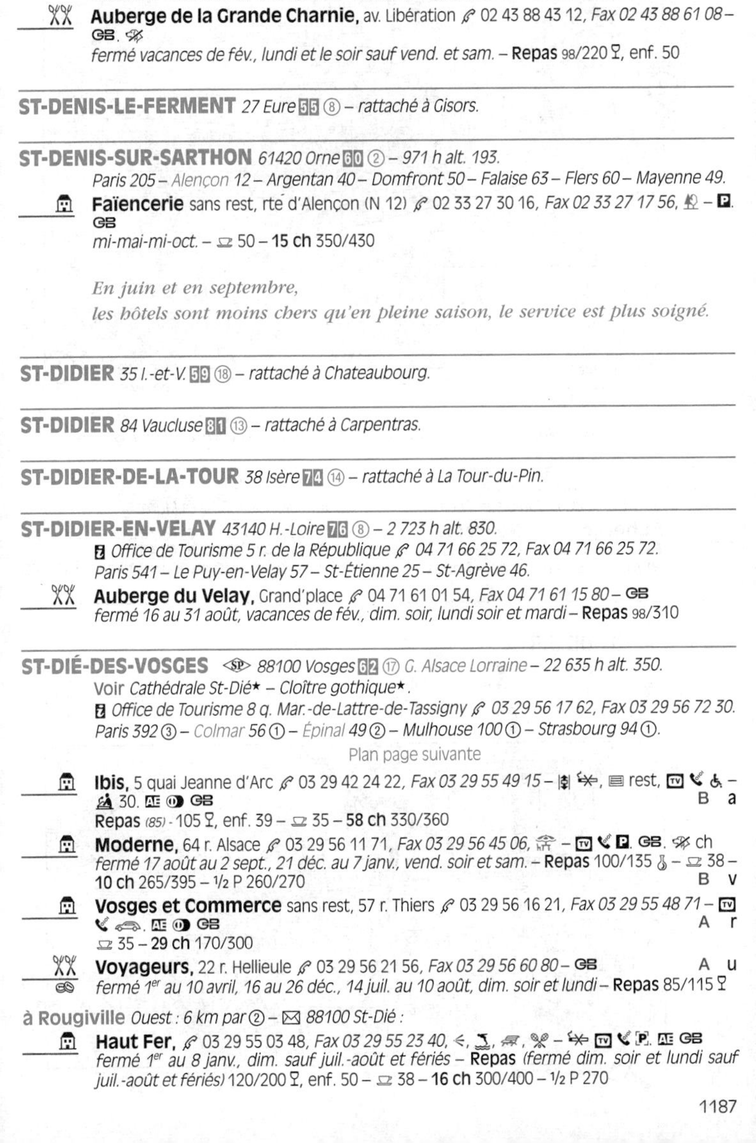

Calèche avec ch, ☎ 02 43 70 61 00, *lacaleche@wanadoo.fr, Fax 02 43 70 94 40,* – . AE GB
hôtel : 1/04-26/12 ; rest. : fermé 26/12 au 1er/01, vacances de fév., lundi soir sauf juil.-août et mardi – **Repas** 75 (déj.), 98/210 ♀, enf. 50 – ☐ 45 – **7 ch** 265/285 – 1/2 P 265/285

ST-DENIS-D'ORQUES *72350 Sarthe* 60 ⑫ – *693 h alt. 120.*
Paris 238 – Le Mans 44 – Alençon 63 – Laval 40 – Mayenne 47 – Sablé-sur-Sarthe 24.

Auberge de la Grande Charnie, av. Libération ☎ 02 43 88 43 12, *Fax 02 43 88 61 08* – GB.
fermé vacances de fév., lundi et le soir sauf vend. et sam. – **Repas** 98/220 ♀, enf. 50

ST-DENIS-LE-FERMENT *27 Eure* 55 ⑧ – *rattaché à Gisors.*

ST-DENIS-SUR-SARTHON *61420 Orne* 60 ② – *971 h alt. 193.*
Paris 205 – Alençon 12 – Argentan 40 – Domfront 50 – Falaise 63 – Flers 60 – Mayenne 49.

Faïencerie sans rest, rte d'Alençon (N 12) ☎ 02 33 27 30 16, *Fax 02 33 27 17 56,* – P. GB
mi-mai-mi-oct. – ☐ 50 – **15 ch** 350/430

En juin et en septembre,
les hôtels sont moins chers qu'en pleine saison, le service est plus soigné.

ST-DIDIER *35 I.-et-V.* 59 ⑱ – *rattaché à Chateaubourg.*

ST-DIDIER *84 Vaucluse* 81 ⑬ – *rattaché à Carpentras.*

ST-DIDIER-DE-LA-TOUR *38 Isère* 74 ⑭ – *rattaché à La Tour-du-Pin.*

ST-DIDIER-EN-VELAY *43140 H.-Loire* 76 ⑧ – *2 723 h alt. 830.*
Office de Tourisme 5 r. de la République ☎ 04 71 66 25 72, Fax 04 71 66 25 72.
Paris 541 – Le Puy-en-Velay 57 – St-Étienne 25 – St-Agrève 46.

Auberge du Velay, Grand'place ☎ 04 71 61 01 54, *Fax 04 71 61 15 80* – GB
fermé 16 au 31 août, vacances de fév., dim. soir, lundi soir et mardi – **Repas** 98/310

ST-DIÉ-DES-VOSGES SP *88100 Vosges* 62 ⑰ *G. Alsace Lorraine* – *22 635 h alt. 350.*
Voir *Cathédrale St-Dié★ – Cloître gothique★.*
Office de Tourisme 8 q. Mar.-de-Lattre-de-Tassigny ☎ 03 29 56 17 62, Fax 03 29 56 72 30.
Paris 392 ③ – Colmar 56 ① – Épinal 49 ② – Mulhouse 100 ① – Strasbourg 94 ①.

Plan page suivante

Ibis, 5 quai Jeanne d'Arc ☎ 03 29 42 24 22, *Fax 03 29 55 49 15* – , rest, TV – 30. AE GB — B a
Repas *(85)* - 105 ♀, enf. 39 – ☐ 35 – **58 ch** 330/360

Moderne, 64 r. Alsace ☎ 03 29 56 11 71, *Fax 03 29 56 45 06,* – TV P. GB. ch
fermé 17 août au 2 sept., 21 déc. au 7 janv., vend. soir et sam. – **Repas** 100/135 – ☐ 38 – **10 ch** 265/395 – 1/2 P 260/270 — B v

Vosges et Commerce sans rest, 57 r. Thiers ☎ 03 29 56 16 21, *Fax 03 29 55 48 71* – TV . AE GB — A r
☐ 35 – **29 ch** 170/300

Voyageurs, 22 r. Hellieule ☎ 03 29 56 21 56, *Fax 03 29 56 60 80* – GB — A u
fermé 1er au 10 avril, 16 au 26 déc., 14 juil. au 10 août, dim. soir et lundi – **Repas** 85/115 ♀

à Rougiville *Ouest : 6 km par ② – ✉ 88100 St-Dié :*

Haut Fer, ☎ 03 29 55 03 48, *Fax 03 29 55 23 40,* ←, , , – TV P. AE GB
fermé 1er au 8 janv., dim. sauf juil.-août et fériés – **Repas** *(fermé dim. soir et lundi sauf juil.-août et fériés)* 120/200 ♀, enf. 50 – ☐ 38 – **16 ch** 300/400 – 1/2 P 270

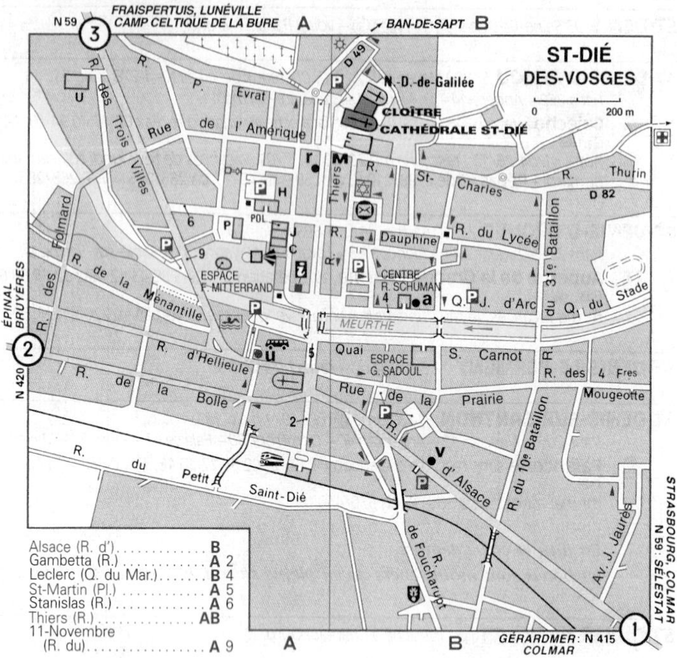

ST-DIÉ DES-VOSGES

FRAISPERTUIS, LUNÉVILLE CAMP CELTIQUE DE LA BURE — N 59 — BAN-DE-SAPT — ÉPINAL BRUYÈRES N 420 — STRASBOURG, COLMAR N 59: SÉLESTAT — GÉRARDMER: N 415 COLMAR

Alsace (R. d') .... B
Gambetta (R.) .... A 2
Leclerc (Q. du Mar.) .... B 4
St-Martin (Pl.) .... A 5
Stanislas (R.) .... A 6
Thiers (R.) .... AB
11-Novembre
(R. du) .... A 9

Une réservation confirmée par écrit ou par fax est toujours plus sûre.

ST-DISDIER *05250 H.-Alpes* 77 ⑮ *G. Alpes du Nord – 157 h alt. 1024.*
Voir *Défilé de la Souloise★ N – Paris 641 – Gap 46 – Grenoble 73 – La Mure 34.*

Auberge La Neyrette ⛺, ✆ 04 92 58 81 17, *laneyrette@devoluy.com, Fax 04 92 58 89 95*, ≤, 🌳, « *Jardin avec plan d'eau* », ⇄ – TV ✆ P. AE GB
fermé 15 nov. au 15 déc. – Repas 110/220, enf. 64 – ☕ 42 – **12 ch** 280/400 – ½ P 315/340

ST-DIZIER

Alsace-Lorraine (Av. d') . B 3
Cartier (Av. M.) .... A 4
Commune-de-Paris
(R. de la) .... AB 7
Gambetta (R.) .... B 8
Gaulle
(Pl. du Gén.-de) ...... B 9
Giros (R. E.) .... B 10
Liberté (Pl. de la) ...... B 12
Pasteur (Av.) .... B 13
République
(Av. de la) .... A
République
(Pl. de la) .... A 14
Tanneurs (R. des) ...... B 15
Verdun (Av. de) .... A 16

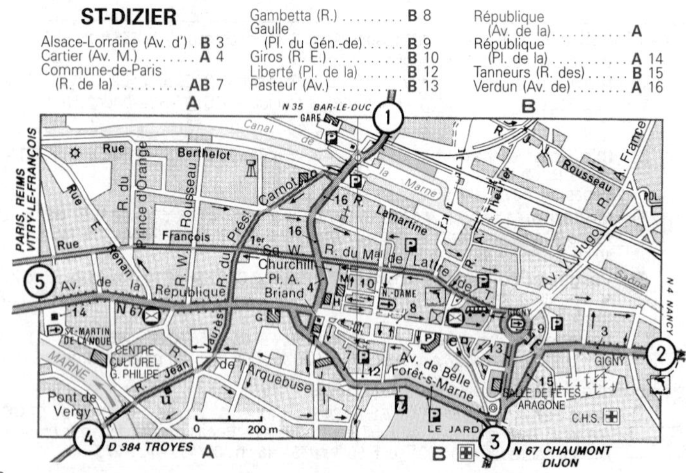

ST-DIZIER 52100 *H.-Marne* 61 ⑨ *G. Champagne Ardenne* – *33 552 h alt. 147.*

Office de Tourisme 4 av. de Belle Forêt sur Marne ☎ *03 25 05 31 84, Fax 03 25 06 95 51.*

Paris 207 ⑤ – *Bar-le-Duc 25* ① – *Chaumont 74* ③ – *Nancy 100* ② – *Troyes 87* ④.

Plan page ci-contre

Gambetta, 62 r. Gambetta ☎ 03 25 56 52 10, *Fax 03 25 56 39 47* – |‡|, ▤ rest, TV & P – 30 à 150. AE ⓓ GB — B e

Repas *(fermé dim. soir et soirs fériés)* (65) - 85/125 ♀ – ☕ 35 – **63 ch** 280/390 – ½ P 260

Gentilhommière, 29 r. J. Jaurès ☎ 03 25 56 32 97, *Fax 03 25 06 32 66* – GB — A u

fermé 1er au 7 mars, 1er au 19 août, sam. midi, dim. soir et lundi – **Repas** 115/170 ♀

à Perthes *par* ⑤ : *10 km* – ✉ *52100* :

Cigogne Gourmande avec ch, ☎ 03 25 56 40 29, *Fax 03 25 06 22 81* – ▤ rest, TV. AE GB

fermé 15 au 30 juil., vacances de fév. et dim. soir – **Repas** 80/450 bc et carte 280 à 370 ♀ – ☕ 38 – **6 ch** 195/275 – ½ P 250

ST-DONAT-SUR-L'HERBASSE *26260 Drôme* 77 ② *G. Vallée du Rhône* – *2 658 h alt. 202.*

Paris 550 – *Valence 26* – *Grenoble 93* – *Hauterives 20* – *Romans-sur-Isère 13.*

Chartron M avec ch, ☎ 04 75 45 11 82, *Fax 04 75 45 01 36*, – ▤ TV P. ⓓ GB

fermé 22 août au 7 sept., 2 au 10 janv., merc. (sauf hôtel) et mardi – **Repas** (150) - 160/385 ♀, enf. 85 – ☕ 48 – **7 ch** 320/400 – ½ P 380

Mousse de Brochet, ☎ 04 75 45 10 47, *Fax 04 75 45 10 47* – ▤. GB JCB

fermé 22 juin au 14 juil., 28 janv. au 14 fév., les soirs de semaine en hiver, dim. soir et lundi – **Repas** 88/270 ♀

En juin et en septembre,
les hôtels sont moins chers qu'en pleine saison, le service est plus soigné.

ST-DYÉ-SUR-LOIRE *41500 L.-et-Ch.* 64 ⑦ ⑧ *G. Châteaux de la Loire* – *895 h alt. 96.*

Paris 174 – *Orléans 51* – *Beaugency 21* – *Blois 17* – *Romorantin-Lanthenay 44.*

Manoir Bel Air, ☎ 02 54 81 60 10, *Fax 02 54 81 65 34*, ←, – TV P – 25 à 80. GB JCB. rest

fermé 15 au 28 fév. – **Repas** 128/248 – ☕ 40 – **42 ch** 360/580 – ½ P 420

SAINTE voir après la nomenclature des Saints.

ST-EMILION *33330 Gironde* 75 ⑫ *G. Aquitaine* – *2 799 h alt. 30.*

Voir Site★★ – Église monolithe★ – Cloître des Cordeliers★ – ←★ de la tour du château du Roi.

Office de Tourisme pl. des Créneaux ☎ *05 57 55 28 28, Fax 05 57 55 28 29.*

Paris 588 – *Bordeaux 41* – *Bergerac 58* – *Langon 50* – *Libourne 8* – *Marmande 62.*

Hostellerie de Plaisance, pl. Clocher ☎ 05 57 55 07 55, *hostellerie.plaisance@wanadoo.fr, Fax 05 57 74 41 11*, ←, « Au coeur de la cité médiévale » – |‡| ▤ TV – 30. AE ⓓ GB JCB

fermé janv. – **Repas** 180/305 – ☕ 80 – **12 ch** 550/1400, 4 appart

Logis des Remparts sans rest, r. Guadet ☎ 05 57 24 70 43, *logis-des-remparts@wanadoo.fr, Fax 05 57 74 47 44*, – TV P. GB.

fermé 15 déc. au 31 janv. – ☕ 55 – **17 ch** 460/750

Auberge de la Commanderie sans rest, r. Cordeliers ☎ 05 57 24 70 19, *Fax 05 57 74 44 53* – |‡| TV P. GB.

fermé 15 janv. à fin fév. – ☕ 50 – **17 ch** 350/550

Palais Cardinal, pl. 11 Novembre 1918 ☎ 05 57 24 72 39, *Fax 05 57 74 47 54*, – |‡| TV . GB. ch

1er avril-30 nov. – **Repas** *(fermé merc.)* (79) - 139/200 ♀, enf. 60 – ☕ 55 – **27 ch** 390/850 – ½ P 394/619

Francis Goullée, r. Guadet ☎ 05 57 24 70 49, *Fax 05 57 74 47 96* – GB

fermé 28 nov. au 21 déc., dim. soir et lundi – **Repas** 90 (déj.), 130/240 ♀, enf. 60

Clos du Roy, ☎ 05 57 74 41 55, *Fax 05 57 74 41 55* – ▤. GB

fermé vacances de Toussaint, de fév., mardi et merc. – **Repas** 100 (déj.), 160/260 ♀, enf. 70

Tertre, r. Tertre de la Tente ☎ 05 57 74 46 33, *Fax 05 57 74 49 87* – ▤. AE ⓓ GB

fermé 12 nov. au 18 déc., 1er janv. au 12 fév., mardi d'oct. à juin et lundi – **Repas** 115/275 ♀

au Nord-Ouest : *4 km par D 243 – ✉ 33330 St-Émilion* :

Château Grand Barrail, ✆ 05 57 55 37 00, *reception@grand-barrail.com, Fax 05 57 55 37 49*, ≤, « Château du 19e siècle au milieu des vignobles », – TV P – 20. AE GB JCB. rest
fermé vacances de fév. – **Repas** *(fermé dim. soir et lundi de nov. à mars)* 184 (déj.), 263/381 – 111 – **28 ch** 1185/3280

ST-ESTEBEN *64640 Pyr.-Atl.* 85 ③ – *391 h alt. 100.*
Paris 799 – Biarritz 44 – Bayonne 33 – Pau 118 – St-Jean-Pied-de-Port 29.

Chez Onésime, ✆ 05 59 29 65 51 – P. GB
fermé mars, dim. soir et merc. sauf 15 juil. au 30 août – **Repas** 190/250

ST-ÉTIENNE P *42000 Loire* 73 ⑲, 76 ⑨ *G. Vallée du Rhône – 199 396 h Agglo. 313 338 h alt. 520.*
Voir *Le Vieux St-Etienne★ – Musée d'Art moderne★★* **T M**² *– Puits Couriot, musée de la mine★ – Site de la Manufacture des Armes et Cycles de St-Étienne : planétarium★ – Guizay ≤★★ S : 10 km.*
de St-Étienne-Bouthéon : ✆ 04 77 55 71 71, Fax 04 77 55 71 79, par ⑤ : 15 km.
Office de Tourisme 16 av. de la Libération ✆ 04 77 49 39 00, Fax 04 77 49 39 03.
Paris 520 ① – Clermont-Ferrand 147 ④ – Grenoble 157 ① – Lyon 62 ① – Valence 92 ②.

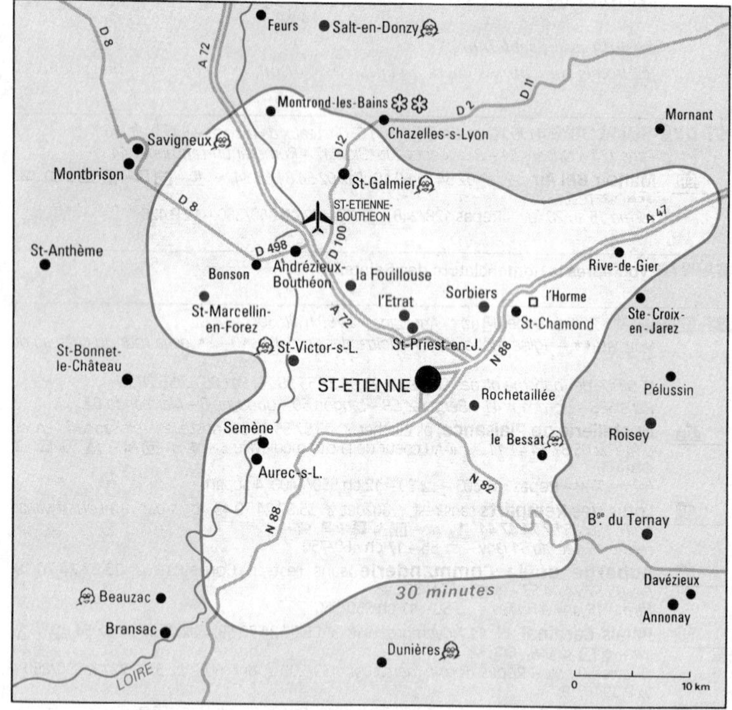

Mercure Parc de l'Europe M, r. Wuppertal, Sud-Est du plan, par cours Fauriel ✉ 42100 ✆ 04 77 42 81 81, *h1252@accor-hotels.com, Fax 04 77 42 81 89*, – rest, TV P – 120. AE GB V a
Ribandière *(fermé 30 juil. au 20 août, 22 déc. au 2 janv., sam. et dim.)* **Repas** (130)-170/230, enf. 80 – 65 – **120 ch** 520/720

ST-ÉTIENNE

Repas soignés à prix modérés : Repas 100/130

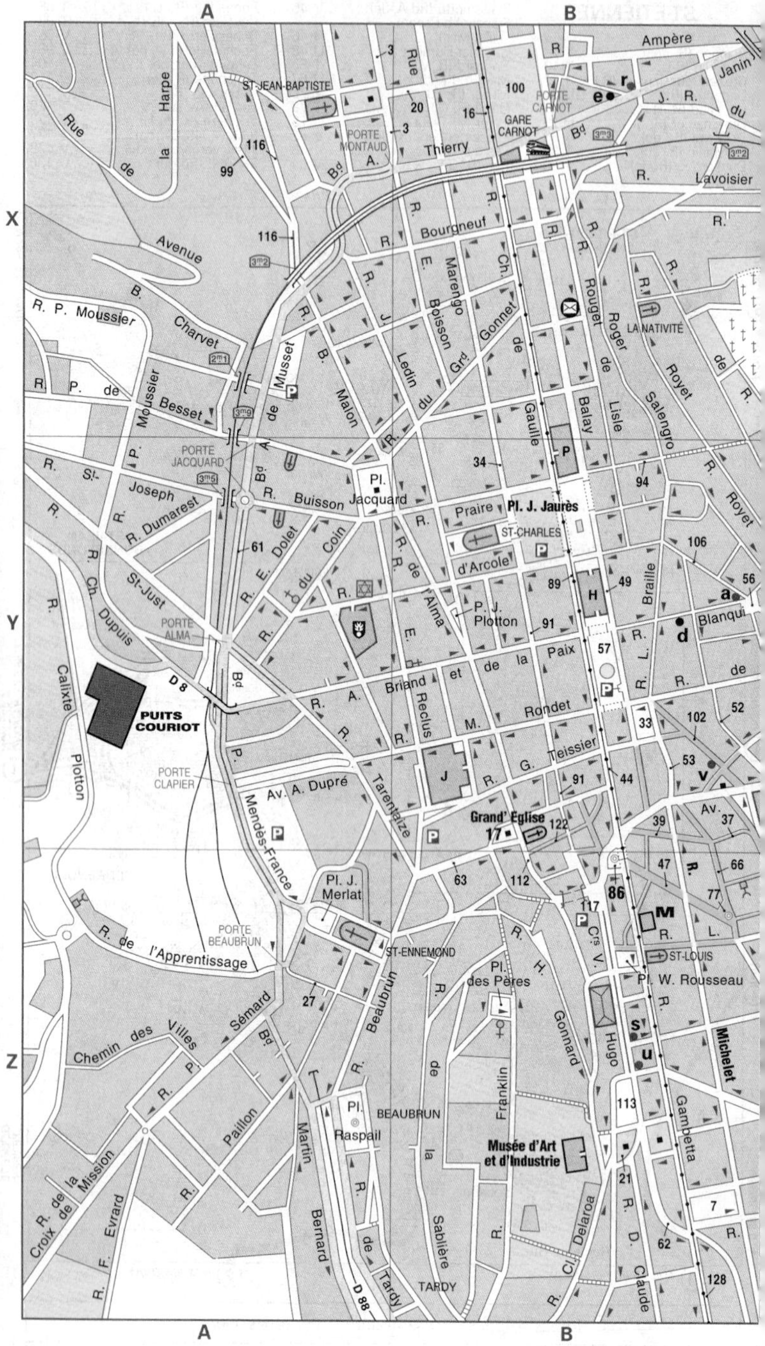
ST-ÉTIENNE
A
B
X
Y
Z
ST-JEAN-BAPTISTE
PORTE MONTAUD
PORTE CARNOT
GARE CARNOT
Rue de la Harpe
Avenue
B. Charvet
R. P. Moussier
R. P. de Besset
PORTE JACQUARD
PORTE ALMA
PORTE CLAPIER
PORTE BEAUBRUN
Bd A. de Musset
Bourgneuf
Thierry
Ampère
Janin
Lavoisier
Marengo
R. Boisson
Grd Gonnet
R. Ch. de Gaulle
Balay
Rouget de Lisle
Roger Salengro
Royet
LA NATIVITÉ
Pl. Jacquard
Buisson
R. St-Joseph
R. Dumarest
St-Just
R. Ch. Dupuis
Calixte Plotton
R. E. Dolet
R. du Coin
Pl. J. Jaurès
ST-CHARLES
Praire
d'Arcole
P. J. Plotton
de l'Alma
R. de la Paix
Braille
Blanqui
R. A. Briand
E. Reclus
R. M. Rondet
R. G. Teissier
PUITS COURIOT
D 8
Av. A. Dupré
Mendès-France
Tarentaize
Grand' Église
Pl. J. Merlat
ST-ENNEMOND
R. de l'Apprentissage
Chemin des Villes
Sémard
Paillon
Croix de la Mission
R. F. Evrard
Martin Bernard
Beaubrun
Pl. Raspail
BEAUBRUN
R. de Tardy
D 88
R. de la Sablière
TARDY
Pl. des Pères
Franklin
R. H. Gonnard
Crs V. Hugo
Cl. Delaroa
R. D. Claude
Musée d'Art et d'Industrie
ST-LOUIS
Pl. W. Rousseau
Michelet
Gambetta
Av.
R. L.

ST-ÉTIENNE

Street	Grid	No.
Albert-Ier (Bd)	ABX	3
Anatole-France (Pl.)	BZ	7
Badouillère (R. de la)	CZ	9
Barbusse (R. H.)	CZ	12
Bérard (R. P.)	BCY	14
Bergson (R.)	BX	16
Boivin (Pl.)	BY	17
Chavanelle (Pl.)	CZ	18
Clovis-Hugues (R.)	BX	20
Comte (Pl. Louis)	BZ	21
Denfert-Rochereau (Av.)	CY	26
Descours (R.)	AZ	27
Dorian (Pl.)	BY	33
Dormoy (R. M.)	BXY	34
Dupré (R. G.)	BY	37
Durafour (R. A.)	CZ	38
Escoffier (R. D.)	BY	39
Fougerolle (R.)	CZ	41
Fourneyron (Pl.)	CY	42
Foy (R. Gén.)	BY	44
Frappa (R. J.)	BZ	47
Gambetta (R.)	BZ	
Gaulle (R. Ch.-de)	BXY	
Gérentet (R.)	BY	49
Gervais (R. E.)	CY	50
Gillet (R. F.)	BY	52
Grand-Moulin (R. du)	BY	53
Guesde (Pl. J.)	BY	56
Hôtel-de-Ville (Pl. de l')	BY	57
Jacob (R.)	CX	58
Krumnow (Bd F.)	AY	61
Leclerc (R. du Gén.)	BZ	62
Libération (Av. de la)	BCY	
Loubet (Av. du Président E.)	BZ	63
Martyrs-de-Vingré (R. des)	BYZ	66
Michelet (R.)	BYZ	
Moine (Pl. Antonin)	CYZ	68
Moulin (Pl. J.)	CY	72
Mulatière (R. de la)	CZ	75
Neuve (Pl.)	BZ	77
Peuple (Pl. du)	BZ	86
Pointe-Cadet (R.)	BCZ	87
Président-Wilson (R.)	BY	89
République (R. de la)	BCY	
Résistance (R. de la)	BY	91
Rivière (R. du Sergent)	CX	93
Robert (R.)	BY	94
Ruel (R. A.)	AX	99
Sadi-Carnot (Pl.)	BX	100
St-Jean (R.)	BY	102
Sauzéa (R. H.)	CY	103
Servet (R. M.)	BY	106
Stalingrad (Square de)	CX	109
Théâtre (R. du)	BYZ	112
Thomas (Pl. A.)	BZ	113
Tilleuls (R. des)	AX	116
Ursules (Pl. des)	BZ	117
Valbenoite (Bd)	CZ	119
Ville (R. de la)	BY	122
Villebœuf (Pl.)	CZ	123
11-Novembre (R. du)	BZ	128

*Les **cartes Michelin** sont constamment tenues à jour.*

Albatros M, face au golf par r. Revollier T ✆ 04 77 41 41 00, *Fax 04 77 38 28 16*, ←, ... – ... 70. AE GB
fermé 13 au 27 août et 22 déc. au 2 janv. – **Repas** (98) - 115/188 ♀, enf. 55 – ☕ 65 – **44 ch** 450/500, 3 appart – ½ P 480

Midi sans rest, 19 bd Pasteur ✉ 42100 ✆ 04 77 57 32 55, *hotel.midi@wanadoo.fr, Fax 04 77 57 28 00* – ... AE ⓓ GB V e
fermé en août et 2 au 6 janv. – ☕ 55 – **33 ch** 335/460

Terminus du Forez, 31 av. Denfert-Rochereau ✆ 04 77 32 48 47, *hotel.forez@wanadoo.fr, Fax 04 77 34 03 30* – ..., rest, ... – 30. AE ⓓ GB JCB CY h
fermé 29 juil. au 26 août et 23 au 30 déc. – **Repas** *(fermé sam. midi, lundi midi et dim.)* 75/230 ♀, enf. 49 – ☕ 50 – **66 ch** 285/395

Ténor M sans rest, 12 r. Blanqui ✆ 04 77 33 79 88, *Fax 04 77 41 69 81* – ... – 30. GB BY d
☕ 40 – **68 ch** 310/360

Carnot sans rest, 11 bd J. Janin ✆ 04 77 74 27 16, *Fax 04 77 74 25 79* – ... GB BX e
fermé 13 au 19 août – ☕ 35 – **24 ch** 180/255

Clos des Lilas, 28 r. Virgile, Sud-Est du plan par cours Fauriel ✉ 42100 ✆ 04 77 25 28 13, *Fax 04 77 41 58 91*, ... – P. GB V p
fermé août, vacances de fév., dim. soir mardi soir et lundi – **Repas** 190/420 et carte 290 à 470 ♀, enf. 60

André Barcet, 19 bis cours V. Hugo ✆ 04 77 32 43 63, *Fax 04 77 32 23 93* – ... AE GB
fermé 9 au 29 juil. et dim. soir – **Repas** 150/400 et carte 290 à 410 BZ u

Chantecler, 5 cours Fauriel ✉ 42100 ✆ 04 77 25 48 55, *Fax 04 77 37 62 75* – ... AE GB CZ q
fermé 20 juil. au 20 août, dim. de mai à sept. et sam. – **Repas** 135/215 et carte 190 à 320 ♀

Nouvelle, 30 r. St-Jean ✆ 04 77 32 32 60, *Fax 04 77 41 77 00* – ... AE GB BY v
fermé 5 au 27 août, 2 au 7 janv., dim. sauf le midi de sept. à juin et lundi – **Repas** 98 (déj.), 160/330 ♀, enf. 90

Régency, 17 bd J. Janin ✆ 04 77 74 27 06, *Fax 04 77 74 98 24* – ... AE GB BX r
fermé août, lundi soir de sept. à avril, sam. sauf le soir de sept. à avril et dim. – **Repas** 150/245

Évohé, 10 pl. Villeboeuf ✆ 04 77 32 70 22, *Fax 04 77 32 91 52* – AE GB CZ n
fermé 1er au 21 août, sam. midi et dim. soir – **Repas** (100) - 150/300 ♀

Corne d'Aurochs, 18 r. Michel Servet ✆ 04 77 32 27 27, *Fax 04 77 32 72 56* – GB BY a
fermé 22 juil. au 27 août, lundi midi, sam. midi et dim. – **Repas** (80) - 98 (déj.), 115/199 ♀

L'Escargot d'Or, 5 cours V. Hugo ✆ 04 77 41 24 04, *Fax 04 77 37 27 79*, ... – AE ⓓ GB
fermé août, vacances de fév., dim. soir et lundi – **Repas** 83/208 ♀ BZ s

à l'Étrat *Nord : 5 km par D 11 – 2 524 h. alt. 460 – ✉ 42580 :*

Yves Pouchain, rte St-Héand ✆ 04 77 93 46 31, *Fax 04 77 93 90 71*, ... – GB
fermé 15 au 31 août, 20 au 31 janv. – **Repas** 120/410 ♀, enf. 75

à Rochetaillée *Sud-Est : 8 km par D 8 – ✉ 42100 :*

Yves Genaille, ✆ 04 77 32 88 48, *Fax 04 77 46 06 41*, ← – AE ⓓ GB JCB
fermé août, vacances de fév., mardi soir, dim. soir et sam. – **Repas** (prévenir) 105/250 ♀, enf. 50

à St-Victor-sur-Loire *Ouest : 10 km par ④ et D 25 (vers Firminy) – ✉ 42230 :*

Auberge La Grange d'Ant', lieu-dit Bécizieux ✆ 04 77 90 45 36, *Fax 04 77 90 45 36* – P. GB
fermé 7 au 22 janv., dim. soir et lundi du 5 nov. au 1er mars – **Repas** 80/420 ♀

à St-Priest-en-Jarez *Nord-Ouest : 4 km -T – 5 812 h. alt. 605 – ✉ 42270 :*

Clos Fleuri, 76 av. Albert Raimond ✆ 04 77 74 63 24, *Fax 04 77 79 06 70*, ... – AE GB T u
fermé 2 au 8 janv., dim. soir et merc. – **Repas** 130/340

à La Fouillouse *Nord-Ouest : 8,5 km par N 82 – 4 234 h. alt. 438 – ✉ 42480 :*

Route Bleue, Le Vernay ✆ 04 77 30 12 09, *Fax 04 77 30 27 16*, ... – P. AE GB
fermé 15 juil. au 15 août, vacances de fév. et sam. – **Repas** 89 (déj.), 129/185

ST-ÉTIENNE-DE-BAÏGORRY *64430 Pyr.-Atl.* 85 ③ *G. Aquitaine* – *1 565 h alt. 163.*

Voir *Église St-Etienne*★.

Office de Tourisme pl. Église ✆ 05 59 37 47 28, Fax 05 59 37 47 28.

Paris 820 – Biarritz 51 – Cambo-les-Bains 31 – Pau 117 – St-Jean-Pied-de-Port 12.

Arcé, rte col d'Ispéguy ✆ 05 59 37 40 14, *hotel.arce@wanadoo.fr, Fax 05 59 37 40 27,* ←, « Terrasse au bord de la rivière », – P. GB
mi-mars-mi-nov. – **Repas** *(fermé lundi midi de sept. à juin sauf vacances scolaires et fériés)* (dim. prévenir) 110/180 ꝗ, enf. 70 – 50 – **23 ch** 490/780 – ½ P 470/640

ST-ÉTIENNE-DE-FURSAC *23 Creuse* 72 ⑧ – *rattaché à La Souterraine.*

ST-ÉTIENNE-LÈS-REMIREMONT *88 Vosges* 62 ⑯ – *rattaché à Remiremont.*

ST-FARGEAU *89170 Yonne* 65 ③ *G. Bourgogne* – *1 884 h alt. 175.*

Voir *Château*★★.

Office de Tourisme Maison de la Puisaye 3 pl. de la République ✆ 03 86 74 15 72, Fax 03 86 74 15 82.

Paris 183 – Auxerre 45 – Clamecy 48 – Gien 41.

Demoiselle, 1 pl. République ✆ 03 86 74 10 58, *f-dupuy@club-internet.fr, Fax 03 86 74 10 58,* – GB
fermé 23 déc. au 3 janv., fév., merc. soir et dim. soir sauf juil.-août et lundi – **Repas** 85 (déj.), 105/160 ꝗ

ST-FARGEAU-PONTHIERRY *77310 S.-et-M.* 61 ① – *10 560 h alt. 51.*

Paris 43 – Fontainebleau 23 – Créteil 41 – Étampes 36 – Melun 15 – Versailles 49.

Apollonia, N 7, rte de Fontainebleau ✆ 01 60 65 65 35, *Fax 01 64 38 10 41,* – P – 100. AE GB JCB
Repas *(95)* - 135/180 ꝗ – 55 – **48 ch** 431/504 – ½ P 550

ST-FÉLIX-LAURAGAIS *31540 H.-Gar.* 82 ⑲ *G. Midi-Pyrénées* – *1 177 h alt. 332.*

Voir *Site*★.

Office de Tourisme pl. G.-de-Nogaret ✆ 05 62 18 96 99, Mairie ✆ 05 61 83 01 71, Fax 05 62 18 90 84.

Paris 739 – Toulouse 44 – Auterive 45 – Carcassonne 58 – Castres 38 – Gaillac 65.

Auberge du Poids Public (Taffarello), ✆ 05 61 83 00 20, *Fax 05 61 83 86 21,* ←, , « Cadre rustique » – – 25. AE GB
fermé 2 au 9 nov., janv., et dim. soir d'oct. à avril – **Repas** 135/355 et carte 290 à 390 ꝗ – 55 – **10 ch** 275/560 – ½ P 310/445
Spéc. Foie gras de canard en plusieurs préparations. Misto de veau du Lauragais. Macaron aux amandes, crème à la vanille, sorbet au basilic. **Vins** Gaillac, Cabardès.

ST-FERRÉOL *31 H.-Gar.* 82 ⑳ – *rattaché à Revel.*

ST-FIRMIN *05800 H.-Alpes* 77 ⑯ *G. Alpes du Nord* – *408 h alt. 901.*

Paris 642 – Gap 32 – Corps 10 – Grenoble 75 – La Mure 35 – St-Bonnet-en-Champsaur 18.

au Séchier *Est : 4 km – ✉ 05800 St-Firmin :*

Coin Tranquille Hôtel Loubet, ✆ 04 92 55 21 12, *Fax 04 92 55 32 72,* ←, , – P. GB
20 juin-20 sept. – **Repas** 77/147, enf. 42 – 35 – **23 ch** 180/287 – ½ P 225/320

ST-FIRMIN *80 Somme* 52 ⑥ – *rattaché à Rue.*

ST-FLORENT *2B H.-Corse* 90 ③ – *voir à Corse.*

ST-FLORENTIN *89600 Yonne* 61 ⑮ *G. Bourgogne – 6 433 h alt. 120.*

Voir *Vitraux★ de l'église* **E**.

Office de Tourisme 8 r. de la Terrasse ✆ 03 86 35 11 86, Fax 03 86 35 11 86.

Paris 162 ③ – Auxerre 32 ② – Troyes 51 ① – Chaumont 139 ② – Dijon 165 ② – Sens 45 ③.

ST-FLORENTIN

Capucins (R. des) 4
Decourtive (R.) 6
Dilo (Pl.) 7
Faubourg d'Aval (R. du). . . . 8
Faubourg Dilo (R. du) 9
Faubourg du Pont (R. du) . . 10
Faubourg St-Martin (R. du) 12
Grande-Rue
Guimbarde (R. de la) 13
Halle (Pl. de la) 14
Leclerc (Av. Gén.) 16
Rempart (R. Basse-du) 24
St-Martin (R.) 25

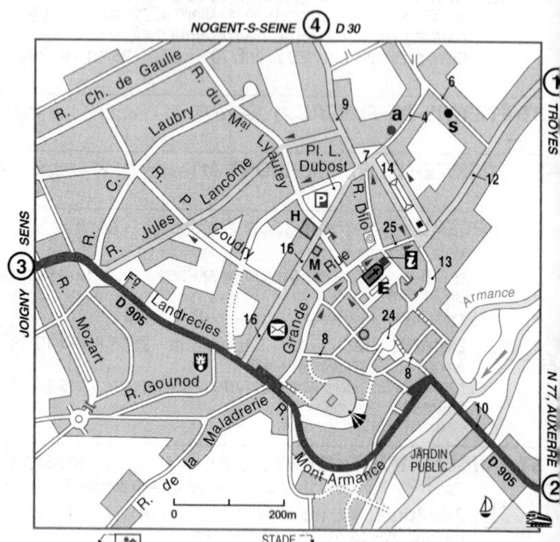

Une réservation confirmée par écrit est toujours plus sûre.

Tilleuls 🐎, 3 r. Decourtive **(s)** ✆ 03 86 35 09 09, *alliances.tilleuls@wanadoo.fr, Fax 03 86 35 36 90,* ⛱, 🌳 – 📺 **P**. AE GB
fermé 26 déc. au 3 janv., 10 fév. au 11 mars, lundi sauf le soir de juin à août et dim. soir de sept. à mai – **Repas** *(95)* - 115/250 ♀, enf. 65 – ☕ 42 – **9 ch** 260/350

Grande Chaumière (Bonvalot) M 🐎 avec ch, 3 r. Capucins **(a)** ✆ 03 86 35 15 12, *Fax 03 86 35 33 14,* ⛱, 🌳 – 📺 ✆ **P**. AE ⓓ GB JCB. ✂ ch
fermé 20 déc. au 18 janv., 3 au 9 sept., jeudi midi et merc. de sept. à mai – **Repas** 155 (déj.), 230/520 et carte 380 à 500 ♀ – ☕ 64 – **10 ch** 350/850 – ½ P 560
Spéc. Saint-Jacques grillées au café (nov. à avril). Soufflé de brochet au chablis. Rognon de veau entier bourguignonne. **Vins** Chablis, Irancy.

aux Pommerats *par ④, rte de Venizy et D 129 : 4 km – ✉ 89210 Venizy :*

Moulin des Pommerats 🐎, ✆ 03 86 35 08 04, *Fax 03 86 43 47 88,* ⛱, 🏊, 🌳 – 📺 ✆ **P** – 🏛 30. GB
fermé 3 au 27 déc., dim. soir et lundi d'oct. à mars – **Repas** 95 (déj.), 170/265, enf. 70 – ☕ 55 – **19 ch** 350/450 – ½ P 285/360

ST-FLORENT-LE-VIEIL *49410 M.-et-L.* 63 ⑲ *G. Châteaux de la Loire – 2 511 h alt. 45.*

Voir *Tombeau★ dans l'église – Esplanade ≤★.*

Office de Tourisme (mai-20 sept.) à la Mairie ✆ 02 41 72 62 32, Fax 02 41 72 62 95.

Paris 334 – Angers 41 – Ancenis 16 – Châteaubriant 67 – Château-Gontier 63 – Cholet 39.

Hostellerie de la Gabelle, ✆ 02 41 72 50 19, *Fax 02 41 72 54 38,* ≤, ⛱ – 📺. AE ⓓ GB
fermé 23 déc. au 1er janv., dim. soir et lundi midi du 1er oct. au 15 mai – **Repas** 85/300 ♀, enf. 50 – ☕ 50 – **18 ch** 200/300 – ½ P 270/295

Pleasant hotels and restaurants are shown in the Guide by a **red sign**.
Please send us the names of any where you have enjoyed your stay.
Your **Michelin Red Guide** will be even better.

ST-FLOUR ⟨SP⟩ *15100 Cantal* 76 ④ ⑭ *G. Auvergne – 7 417 h alt. 783.*

Voir Site★★ – *Cathédrale*★ – *Brassard*★ *dans le musée de la Haute Auvergne* **H**.

Office de Tourisme Crs Spy des Ternes ✆ 04 71 60 22 50, Fax 04 71 60 05 14.

Paris 519 ① – Aurillac 75 ④ – Issoire 66 ① – Le Puy-en-Velay 113 ① – Rodez 113 ③.

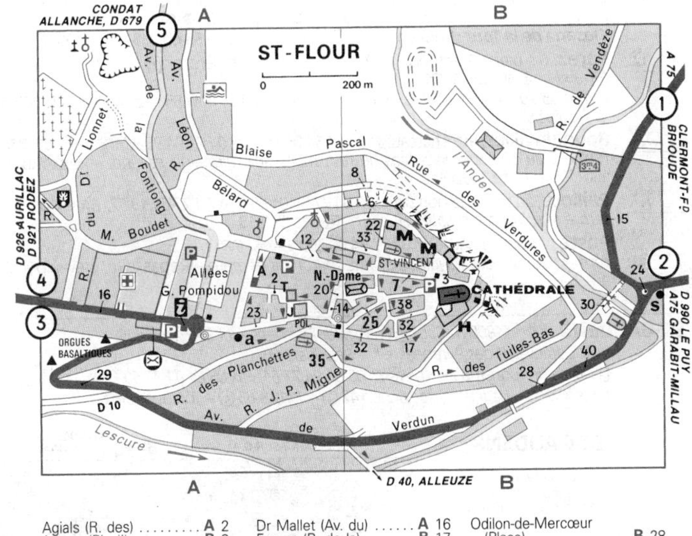

Agials (R. des) . . . . **A** 2	Dr Mallet (Av. du) . . . . . . **A** 16	Odilon-de-Mercœur (Place). . . . . **B** 28
Armes (Pl. d') . . . . **B** 3	Frauze (R. de la). . . . . **B** 17	Orgues (Av. des) . . . . **A** 29
Belloy (R. de) . . . . **B** 6	Halle-aux-Bleds (Pl. de la) . . . . **AB** 20	Pont-Vieux (R. du) . . . . . . **B** 30
Breuil (R. du). . . . . **B** 7	Jacobins (R. des) . . . . **B** 22	Rollandie (R. de la) . . . . . **B** 32
Cardinal Bernet (R. du) . . **B** 8	Lacs (R. des). . . . . **A** 23	Sorel (R.) . . . . **B** 33
Collège (R. du) . . . . **A** 12	Liberté (Pl. de la) . . . . **B** 24	Tuiles-Haut (R. des) . . . . . **B** 35
Collégiale (R. de la) . . . . . **A** 14	Marchande (R.). . . . . **B** 25	Traversière (R.) . . . . **B** 38
Delorme (Av. du Cdt). . . . . **B** 15		11-Novembre (Av. du) . . . **B** 40

Ville basse :

Grand Hôtel de l'Étape, 18 av. République par ② ✆ 04 71 60 13 03, *Fax 04 71 60 48 05* – |‡| TV ✆ 🚗. AE ⓓ GB JCB
fermé janv., dim. soir et lundi sauf juil.-août – **Repas** *(79)* - 101/240 ♀, enf. 50 – ☕ 48 – **23 ch** 310/470 – ½ P 290/370

St-Jacques, 8 pl. Liberté ✆ 04 71 60 09 20, *Fax 04 71 60 33 81*, ⛱ – |‡| TV 🚗. AE ⓓ GB
fermé 15 nov. au 5 janv., vend. soir et sam. de nov. à Pâques – **Repas** 90/235, enf. 50 - ***Grill*** *(fermé vend. soir et sam. midi du 5 janv. à Pâques)* **Repas** carte 100 à 160 ♀ – ☕ 42 – **28 ch** 275/420 – ½ P 275/320 B s

Auberge de La Providence, 1 r. Château d'Alleuze par D 40 (sud du plan) ✆ 04 71 60 12 05, *Fax 04 71 60 33 94* – TV ✆ P. AE ⓓ GB
fermé 15 oct. au 15 nov., lundi midi en saison, vend. soir, dim. soir et sam. hors saison – **Repas** *(89)* - 100/160 – ☕ 45 – **12 ch** 270/350 – ½ P 270/300

Ville haute :

Europe, 12 cours Ternes ✆ 04 71 60 03 64, *hoteleurope.stflour@wanadoo.fr, Fax 04 71 60 03 45*, ≤ vallée – |‡| TV 🚗. AE ⓓ GB JCB A a
Repas 85/330 ♀, enf. 60 – ☕ 48 – **44 ch** 265/390 – ½ P 225/325

ST-FRANÇOIS-LONGCHAMP *73130 Savoie* 74 ⑰ *G. Alpes du Nord – 236 h alt. 1400 – Sports d'hiver : 1 350/2 550 m* ⛷ *17* ⛷.
Paris 634 – Albertville 62 – Chambéry 72 – Moûtiers 34 – St-Jean-de-Maurienne 24.

Station Haute : Longchamp – ✉ *73130 La Chambre :*

Cheval Noir, ✆ 04 79 59 10 88, *cheval.noir@laposte.fr, Fax 04 79 59 10 00*, ≤, 🏞, ⛱ – TV P – 🏔 30. GB. ✗ rest
1er juil.-31 août et 20 déc.-20 avril – **Repas** 85 (déj.), 110/180 ♀, enf. 56 – ☕ 45 – **20 ch** 300/380, 7 duplex – ½ P 400/448

ST-GALMIER *42330 Loire* 73 ⑱ *G. Vallée du Rhône – 4 272 h alt. 400 – Casino.*
Voir *Vierge du Pilier★ et triptyque★ dans l'église.*
Office de Tourisme bd Sud ☏ 04 77 54 06 08, Fax 04 77 54 06 07.
Paris 501 – St-Étienne 26 – Lyon 59 – Montbrison 26 – Montrond-les-Bains 11 – Roanne 59.

Charpinière ☏ 04 77 52 75 00, *charpiniere.hot.rest@wanadoo.fr, Fax 04 77 54 18 79,* – 40. AE GB JCB. rest
Closerie de la Tour : Repas 128/250 ♀, enf. 68 – ☕ 56 – **35 ch** 460 – ½ P 390

Forez, 6 r. Didier Guetton ☏ 04 77 54 00 23, *relations.leforez.fr, Fax 04 77 54 07 49,* – – 30. AE GB
fermé 15 au 31 août et dim. soir – **Repas** 105/220 ♀, enf. 55 – ☕ 45 – **17 ch** 240/330 – ½ P 295/350

XXX **Bougainvillier,** Pré Château ☏ 04 77 54 03 31, *Fax 04 77 94 95 93,* – AE GB
fermé 6 au 30 août., vacances de fév., merc. soir, dim. soir et lundi – **Repas** (prévenir) 130/305 et carte 240 à 330

XX **Paillote,** au casino le Lion Blanc ☏ 04 77 54 01 99, *Fax 04 77 54 18 57,* – GB
fermé mardi et merc. sauf juil.-août – **Repas** 98/235

X **Poste,** r. Maurice André ☏ 04 77 54 00 30, – GB
fermé 1er au 7 mars, 23 juil. au 9 août, mardi soir et merc. – **Repas** (dim. prévenir) 80/250 ♀, enf. 50

ST-GAUDENS ⟨SP⟩ *31800 H.-Gar.* 86 ① *G. Midi-Pyrénées – 11 266 h alt. 405.*
Voir *Boulevards des Pyrénées ≤★ – Belvédères★.*
Office de Tourisme 2 r. Thiers ☏ 05 61 94 77 61, Fax 05 61 94 77 50.
Paris 789 ② – Bagnères-de-Luchon 47 ③ – Tarbes 65 ④ – Toulouse 94 ②.

ST-GAUDENS

Boulogne (Av. de) . . . Y 2
Compagnons-du-Tour de-France (R. des). Y 3
Foch (Av. Mar.). . . . . . Z 4
Isle (Av. de l') . . . . Y 5
Jaurès (Pl. Jean) . . . YZ 6
Joffre (Av. Mar.) . . . . . Z 7
Leclerc (Av. Gén.) . . . Y 8
Mathe (R.) . . . . Y 9
Mitterrand (Av. F.) . . . Y 12
Palais (Pl. du) . . . . Y 13
Pasteur (Bd) . . . . Y 14
Pyrénées (Bd des) . . . Z 16
République (R. de la) Y 17
Thiers (R.) . . . . Y 18
Victor-Hugo (R.) . . . . . Z

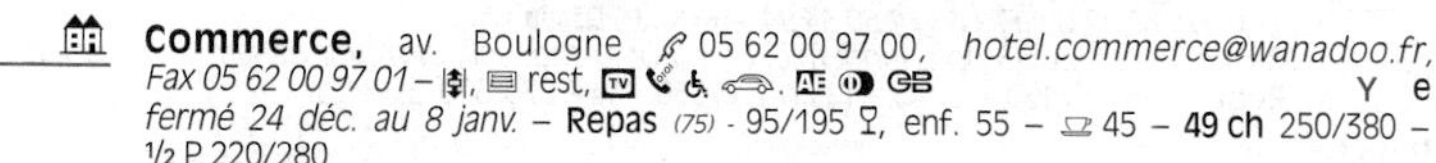

Commerce, av. Boulogne ☏ 05 62 00 97 00, *hotel.commerce@wanadoo.fr, Fax 05 62 00 97 01* – rest, AE GB Y e
fermé 24 déc. au 8 janv. – **Repas** (75) - 95/195 ♀, enf. 55 – ☕ 45 – **49 ch** 250/380 – ½ P 220/280

Beaurivage, par av. Mar. Foch : 2 km ☏ 05 61 94 76 70, *Fax 05 61 94 76 79,* – – 50. AE GB JCB
fermé merc. – **Repas** 120 – ☕ 50 – **11 ch** 350/650 – ½ P 450

à Valentine *par av. Mar. Foch : 4 km – 907 h. alt. 370 – ✉ 31800 St-Gaudens :*

XX **Connivence,** rte d'Encausse-les-Thermes (D 39) ☏ 05 61 95 29 31, *Fax 05 61 88 36 42,* – AE GB
fermé sam. midi et lundi – **Repas** 120/135 ♀

à Villeneuve-de-Rivière *par ④ : 5 km – 1 341 h. alt. 386 – ✉ 31800 :*

Hostellerie des Cèdres ☏ 05 61 89 36 00, *information@hotel-des-cedres.com, Fax 05 61 88 31 04,* manoir du 17e siècle, – – 20. GB
fermé 3 janv. au 15 fév., dim. soir et lundi de nov. à mars – **Repas** 130/330 ♀ – ☕ 59 – **24 ch** 350/800 – ½ P 375/600

ST-GENIEZ-D'OLT *12130 Aveyron* 80 ④ *G. Midi-Pyrénées – 1 988 h alt. 410.*

Office de Tourisme 4 r. du Cours ☎ 05 65 70 43 42, Fax 05 65 70 47 05.

Paris 619 – Rodez 45 – Espalion 28 – Florac 80 – Mende 68 – Sévérac-le-Château 25.

France, ☎ 05 65 70 42 20, *hoteldefrance@free.fr, Fax 05 65 47 41 38* – |‡| ⋟ TV. GB
30 mars-30 oct. – **Repas** *(60)* - 90/188 ♁ – ☕ 35 – **48 ch** 260/295 – 1/2 P 290/310

ST-GENIS-POUILLY *01630 Ain* 70 ⑮ *– 5 696 h alt. 445.*

Paris 503 – Bellegarde-sur-Valserine 28 – Bourg-en-Bresse 101 – Genève 11 – Gex 10.

L'Amphitryon, Nord : 2 km sur D 984ᶜ et rte de Crozet ☎ 04 50 20 64 64, *Fax 04 50 42 06 98,* ⛱ – P. GB
fermé 1er au 15 août, 26 déc. au 10 janv., dim. soir et lundi – **Repas** 90 (déj.), 150/290 ♀, enf. 50

ST-GÉNIX-SUR-GUIERS *73240 Savoie* 74 ⑭ *– 1 735 h alt. 235.*

Office de Tourisme r. du Faubourg ☎ 04 76 31 63 16, Fax 04 76 31 71 30.

Paris 517 – Grenoble 61 – Belley 24 – Chambéry 32 – Lyon 75.

à Champagneux *Nord-Ouest : 4 km par N 516 – 327 h. alt. 214 – ✉ 73240 :*

Bergeronnettes M ♨, près église ☎ 04 76 31 50 30, *gourjux@aol.com, Fax 04 76 31 61 29,* ≤, ⛱, ⛳, ⛱ – |‡| cuisinette TV ☎ ♿ P. GB
fermé janv. – **Repas** 70/220 ♀, enf. 40 – ☕ 50 – **18 ch** 310/600 – 1/2 P 290

ST-GEORGES-DE-DIDONNE *17110 Char.-Mar.* 71 ⑮ *G. Poitou Vendée Charentes – 4 705 h alt. 7.*

Voir *Pointe de Vallières★ – Pointe de Suzac★ S : 3 km.*

Office de Tourisme bd Michelet ☎ 05 46 05 09 73, Fax 05 46 06 39 99.

Paris 507 – Royan 4 – Blaye 81 – Bordeaux 119 – Jonzac 57 – La Rochelle 81.

Colinette et Costabela ♨, 16 av. Gde Plage ☎ 05 46 05 15 75, *infos@colinette.net, Fax 05 46 06 54 17,* ⛱ – TV. GB
fermé 2 janv. au 2 fév. – **Repas** *(fermé le soir d'oct. à mars sauf sam.)* 89/156 ♁, enf. 39 – ☕ 39 – **21 ch** 320/440 – 1/2 P 520/610

Floréal ♨, 10 allée Repos ☎ 05 46 05 08 12, *Fax 05 46 06 30 70,* ⛱ – ⋟ TV P. GB
Repas *(avril-oct.)* 65/130 ♁ – ☕ 30 – **18 ch** 150/250 – 1/2 P 195/255

Printemps ♨, 7 av. Pelletan ☎ 05 46 05 14 65 – P. GB. ⚔ rest
Repas *(Pâques-fin sept.)* (dîner seul.)(1/2 pens. seul.) – ☕ 30 – **12 ch** 210/250 – 1/2 P 250

ST-GEORGES-DE-RENEINS *69830 Rhône* 74 ① *– 3 509 h alt. 209.*

Paris 423 – Mâcon 29 – Bourg-en-Bresse 49 – Lyon 44 – Villefranche-sur-Saône 10.

Sables, r. Saône ☎ 04 74 67 64 08, *Fax 04 74 67 68 23* – TV P. AE GB
Repas (dîner seul.) 85 – ☕ 30 – **18 ch** 160/185

Hostellerie St-Georges, N 6 ☎ 04 74 67 62 78, *Fax 04 74 67 62 78,* ⛱ – GB
fermé 1er au 20 août, vacances de Noël, dim. soir, mardi soir et merc. – **Repas** 85 (déj.), 120/270 ♀

ST-GEORGES-D'ESPÉRANCHE *38790 Isère* 74 ⑫, 110 ㊲ *– 2 221 h alt. 400.*

Paris 498 – Lyon 36 – Bourgoin-Jallieu 22 – Grenoble 78 – Vienne 21.

Castel d'Espéranche, ☎ 04 74 59 18 45, *Fax 04 74 59 04 40,* ⛱, ⛱ – P. AE GB
fermé mardi et merc. – **Repas** *(90)* - 138/330 ♀, enf. 80

ST-GEORGES-D'OLÉRON *17 Char.-Mar.* 71 ⑬ *– voir à Oléron (Ile d').*

ST-GEORGES-SUR-LOIRE *49170 M.-et-L.* 63 ⑲ ⑳ *G. Châteaux de la Loire – 3 101 h alt. 50.*

Voir *Château de Serrant★★ NE : 2 km.*

Paris 312 – Angers 19 – Ancenis 41 – Châteaubriant 65 – Château-Gontier 56 – Cholet 47.

Relais d'Anjou, r. Nationale ☎ 02 41 39 13 38, *relais-anjou@wanadoo.fr, Fax 02 41 39 13 69* – AE GB
fermé 1er au 15 juil., 1er au 15 janv., mardi soir, dim. soir et lundi – **Repas** 200 bc/350 ♀, enf. 85

Tête Noire, r. Nationale ☎ 02 41 39 13 12 – GB. ⚔
fermé 1er au 22 août, 2 au 9 fév., dim. soir et sam. – **Repas** 75 (déj.), 118/350 ♀

ST-GEORGES-SUR-MOULON *18110 Cher* 65 ⑪ – *645 h alt. 181.*

Paris 216 – Bourges 15 – Cosne-sur-Loire 51 – Gien 64 – Vierzon 32 – Orléans 107.

X **St-Georges,** D 940 ☎ 02 48 64 50 14, *st-georges@pme-fr.com, Fax 02 48 64 13 67* – P – 30. AE GB

fermé 15 fév. au 15 mars et dim. soir de nov. à mars – **Repas** 75/190 ♀, enf. 55

ST-GERMAIN-DE-JOUX *01130 Ain* 74 ④⑤ – *465 h alt. 507.*

Paris 489 – Bellegarde-sur-Valserine 13 – Belley 68 – Bourg-en-Bresse 61 – Nantua 14.

XX **Reygrobellet** avec ch, N 84 ☎ 04 50 59 81 13, *Fax 04 50 59 83 74* – TV P. GB.

fermé 5 au 14 mars, 1er au 19 juil., 21 oct. au 8 nov., merc. soir, dim. soir et lundi – **Repas** 100/280 ♀, enf. 65 – 36 – **10 ch** 230/280 – ½ P 290

ST-GERMAIN-D'ESTEUIL *33 Gironde* 71 ⑰ – *rattaché à Lesparre-Médoc.*

ST-GERMAIN-DES-VAUX *50440 Manche* 54 ① – *489 h alt. 59.*

Voir *Baie d'Ecalgrain*** *S : 3 km – Port de Goury** *NO : 2 km.*

Env. *Nez de Jobourg*** *S : 7,5 km puis 30 mn* – ≤** *sur anse de Vauville SE : 9,5 km par Herqueville,* G. Normandie Cotentin.

Paris 382 – Cherbourg 30 – Barneville-Carteret 49 – Nez de Jobourg 8 – St-Lô 106.

XX **Moulin à Vent,** Est : 1,5 km sur D 45 ☎ 02 33 52 75 20, *Fax 02 33 52 22 57,* ≤, – P. AE GB

fermé dim. soir et lundi de Pâques à sept., sam. et le soir d'oct. à Pâques – **Repas** 100/170 ♀, enf. 45

ST-GERMAIN-DE-TALLEVENDE *14 Calvados* 59 ⑨ – *rattaché à Vire.*

ST-GERMAIN-DU-BOIS *71330 S.-et-L.* 70 ③ *G. Bourgogne* – *1 856 h alt. 210.*

Paris 359 – Chalon-sur-Saône 33 – Dole 53 – Lons-le-Saunier 31 – Mâcon 74 – Tournus 45.

X **Hostellerie Bressane** avec ch, ☎ 03 85 72 04 69, *Fax 03 85 72 07 75* – P. GB

fermé 10 au 25 juin, 22 déc. au 7 janv., dim. soir et lundi – **Repas** 56/170, enf. 42 – 30 – **8 ch** 105/240 – ½ P 205/230

ST-GERMAIN-DU-CRIOULT *14 Calvados* 59 ⑩ – *rattaché à Condé-sur-Noireau.*

ST-GERMAIN-EN-LAYE *78 Yvelines* 55 ⑲⑳, 101 ⑬ – *voir à Paris, Environs.*

ST-GERMAIN-LES-ARLAY *39210 Jura* 70 ④ – *465 h alt. 255.*

Paris 397 – Chalon-sur-Saône 58 – Besançon 73 – Dole 45 – Lons-le-Saunier 11.

XX **Hostellerie St-Germain** avec ch, ☎ 03 84 44 60 91, *Fax 03 84 44 63 64,* – TV P. GB

fermé 15 au 30 nov. – **Repas** 110/230 ♀ – 35 – **8 ch** 300/400 – ½ P 350

ST-GERMAIN-L'HERM *63630 P.-de-D.* 73 ⑯ – *533 h alt. 1050.*

Paris 484 – Clermont-Ferrand 68 – Ambert 28 – Brioude 33 – St-Étienne 106.

France, ☎ 04 73 72 00 27, *Fax 04 73 72 02 33,* – . GB

fermé nov., janv. et merc. sauf vacances scolaires – **Repas** 70/180 – 42 – **20 ch** 170/330 – ½ P 260

ST-GERMAIN-SUR-L'ARBRESLE *69210 Rhône* 73 ⑲ – *942 h alt. 300.*

Voir *Couvent d'Eveux** *S : 5 km,* G. Vallée du Rhône.

Paris 455 – Lyon 28 – Roanne 61 – Tarare 20 – Villefranche-sur-Saône 24.

X **Les Becs Dorés,** Nord : 2 km par D 19 ☎ 04 74 26 92 00, *jeromesauron@wanadoo.com, Fax 04 74 26 92 00,* – P. GB

fermé 5 juil. au 26 août, mardi soir et merc. – **Repas** 90 (déj.), 140/205

ST-GERMER-DE-FLY *60850 Oise* 55 ⑧⑨ *G. Picardie Flandres Artois* – *1 585 h alt. 105.*

Voir *Église** – ≤* *de la D 129 SE : 4 km.*

Office de Tourisme pl. de Verdun ☎ 03 44 82 62 74.

Paris 93 – Rouen 59 – Les Andelys 41 – Beauvais 27 – Gisors 21 – Gournay-en-Bray 8.

XX **Auberge de l'Abbaye,** ☎ 03 44 82 50 73, *Fax 03 44 82 64 54* – GB

fermé dim. soir, mardi soir et merc. – **Repas** 69 (déj.), 100/175, enf. 50

ST-GERVAIS *33 Gironde* 75 ⑪ *– rattaché à St-André-de-Cubzac.*

ST-GERVAIS-D'AUVERGNE *63390 P.-de-D.* 73 ③ *G. Auvergne – 1 419 h alt. 725.*

Office de Tourisme r. E.-Maison ✆ 04 73 85 80 94.

Paris 377 – Clermont-Ferrand 55 – Aubusson 72 – Gannat 42 – Montluçon 47 – Riom 39.

Castel Hôtel 1904, ✆ 04 73 85 70 42, *Fax 04 73 85 84 39,* « Hostellerie rustique au charme ancien », – TV P. GB.
1er avril-11 nov. – **Repas** *(fermé lundi et mardi)* 209/299 - ***Comptoir à Moustaches :*** Repas *79/185*, enf. 79 – 49 – **17 ch** 340/370 – ½ P 300

Relais d'Auvergne, rte Châteauneuf ✆ 04 73 85 70 10, *relais.auvergne.hotel@wanadoo.fr, Fax 04 73 85 85 66* – TV. AE GB
fermé 25 déc. au 1er mars et dim.soir du 1er oct. au 25 déc. – **Repas** 72 (déj.), 100/180 – 32 – **10 ch** 230 – ½ P 235

The Guide changes, so renew your Guide every year.

ST-GERVAIS-LES-BAINS *74170 H.-Savoie* 74 ⑧ *G. Alpes du Nord – 5 124 h alt. 820 – Sports d'hiver : 850/2 350 m 2 25 .*

Env. *Route du Bettex★★★ 8 km par ③ puis D 43.*

✆ 08 36 35 35 35.

Office de Tourisme 115 av. Mont-Paccard ✆ 04 50 47 76 08, Fax 04 50 47 75 69.

Paris 600 ⑤ – Chamonix-Mont-Blanc 25 ① – Annecy 82 ⑤ – Bonneville 42 ⑤ – Megève 12 ③.

Carlina, r. Rosay (w) ✆ *04 50 93 41 10, hotel.carlina@wanadoo.fr, Fax 04 50 93 56 26,* ←, , – TV P. AE GB JCB.
15 juin-30 sept. et 20 déc.-15 avril – **Repas** 135/180, enf. 75 – 50 – **34 ch** 435/620 – ½ P 650

Val d'Este, pl. Église (b) ✆ *04 50 93 65 91, hotelvald'este@voila.fr, Fax 04 50 47 76 29,* ← – TV. AE GB
fermé 1er au 10 mai et début nov. au 15 déc. – **Repas** *(fermé merc. et dim. soir d'avril à juin)* 98/178 – 40 – **15 ch** 255/405 – ½ P 265/345

L'Escapade, chemin du Vorassay par ② (u) ✆ *04 50 93 44 48, Fax 04 50 47 75 05,* ← – P. GB
Repas carte environ 150 – 35 – **14 ch** 220/325 – ½ P 225/275

au Bettex *Sud-Ouest : 8 km par D 43 ou par télécabine, station intermédiaire – ✉ 74170 St-Gervais-les-Bains :*

Arbois-Bettex M, ✆ *04 50 93 12 22, Fax 04 50 93 14 42,* ← Massif Mont-Blanc, , – TV P. GB. rest
1er juil.-31 août et 22 déc.-17 avril – **Repas** 148/188, enf. 65 – 60 – **33 ch** 450/750, (en hiver : ½ pens. seul.) – ½ P 640/800

voir aussi ressources *aux Houches (au Prarion) et à Megève (sommet du Mont d'Arbois)*

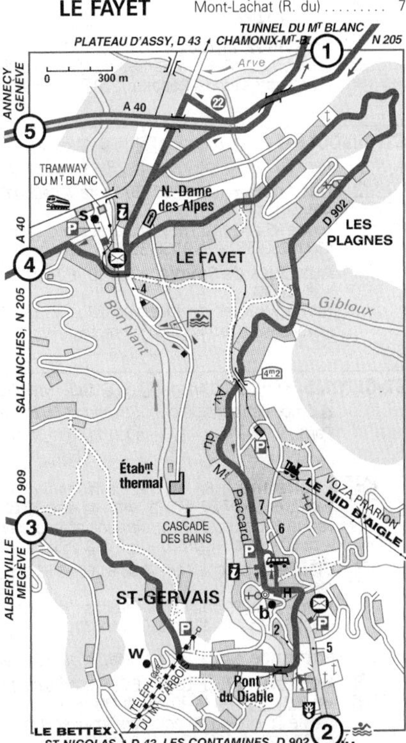

Le Fayet *74190.*

Deux Gares, près Gare (s) ✆ 04 50 78 24 75, *Fax 04 50 78 15 47,* – cuisinette . AE GB.
fermé 1er nov. au 15 déc. – **Repas** (dîner seul.)(résidents seul.) 75/85 – 35 – **24 ch** 230/280, 4 appart – ½ P 240/250

ST-GILLES *30800 Gard 83 ⑨ G. Provence – 11 304 h alt. 10.*

Voir *Façade★★ et crypte★ de l'église – Vis de St-Gilles★.*

Office de Tourisme pl. Mistral ✆ 04 66 87 33 75, Fax 04 66 87 16 28.

Paris 728 – Montpellier 62 – Arles 17 – Beaucaire 27 – Lunel 32 – Nîmes 20.

Cours, 10 av. F. Griffeuille ✆ 04 66 87 31 93, *hotel-le-cour@wanadoo.fr, Fax 04 66 87 31 83,* – , rest, . AE GB JCB
fermé 15 déc. au 28 fév. – **Repas** (56) - 66/164 ♀, enf. 44 – 36 – **34 ch** 260/385 – ½ P 265/295

rte d'Arles *Est : 3,5 km – ✉ 13200 Arles :*

Les Cabanettes, ✆ 04 66 87 31 53, *Fax 04 66 87 35 39,* , , – P – 25. AE GB
fermé 25 janv. au 28 fév. – **Repas** 140/210, enf. 75 – 55 – **29 ch** 460 – ½ P 385

Pas de publicité payée dans ce guide.

ST-GILLES-CROIX-DE-VIE *85800 Vendée 67 ⑫ G. Poitou Vendée Charentes – 6 296 h alt. 12 – Casino "Le Royal Concorde".*

Office de Tourisme Forum du Port de Plaisance bd Égalité ✆ 02 51 55 03 66, Fax 02 51 55 69 60.

Paris 462 – La Roche-sur-Yon 46 – Cholet 111 – Nantes 79 – Les Sables-d'Olonne 32.

Boisvinet, 2 r. Louis Cristau ✆ 02 51 55 51 77, *Fax 02 51 55 51 77* – . GB
fermé 9 au 27 oct., vacances de fév., lundi du 10 juil. au 30 août dim. soir, mardi soir et merc. hors saison – **Repas** 83/228 ♀, enf. 53

ST-GINGOLPH *74500 H.-Savoie 70 ⑱ G. Alpes du Nord – 677 h alt. 385.*

Paris 560 – Thonon-les-Bains 28 – Annecy 102 – Évian-les-Bains 18 – Montreux 19.

National, ✆ 04 50 76 72 97, *hotel.lenational@wanadoo.fr, Fax 04 50 76 71 93,* ≤ – P. GB. ch
fermé 28 oct. au 25 nov., mardi et merc. sauf juil.-août – **Repas** 95/250 ♀, enf. 50 – 39 – **13 ch** 250/350 – ½ P 250/300

Aux Ducs de Savoie, ✆ 04 50 76 73 09, *abare@wanadoo.fr, Fax 04 50 76 74 31,* ≤, – P. AE GB
fermé vacances de Toussaint, 29 janv. au 13 fév., lundi et mardi hors saison – **Repas** 165/345 et carte 240 à 360 ♀, enf. 95

ST-GIRONS SP *09200 Ariège 86 ③ G. Midi-Pyrénées – 6 596 h alt. 398.*

Office de Tourisme pl. A.-Sentein ✆ 05 61 96 26 60, Fax 05 61 96 26 69.

Paris 797 ① – Foix 44 ② – Auch 113 ① – St-Gaudens 43 ① – Toulouse 102 ①.

Plan page ci-contre

Eychenne, 8 av. P. Laffont ✆ 05 61 04 04 50, *eychen@club-internet.fr, Fax 05 61 96 07 20,* , , – rest, P. AE GB B a
fermé 1er déc. au 31 janv., dim. soir et lundi de nov. à fin mars sauf fériés – **Repas** 140/325 ♀ – 50 – **41 ch** 400/600 – ½ P 380/465

Clairière, par ③ : *1 km* ✆ 05 61 66 66 66, *Fax 05 34 14 30 30,* , , – P. AE GB
fermé 15 au 30 nov. et fév. – **Repas** *(fermé dim. soir et lundi d'oct. à avril)* 96 (déj.), 130/380, enf. 55 – 45 – **19 ch** 320 – ½ P 320

à Lorp-Sentaraille *par ① : 4 km – 1 092 h. alt. 361 – ✉ 09190 St-Lizier :*

Horizon 117, ✆ 05 61 66 26 80, *horizon.117@wanadoo.fr, Fax 05 61 66 26 08,* , , , – P – 20. AE GB JCB
fermé 29 oct. au 12 nov., sam. midi et dim. soir hors saison – **Repas** 79/210 ♀, enf. 47 – 37 – **20 ch** 260/320 – ½ P 290/320

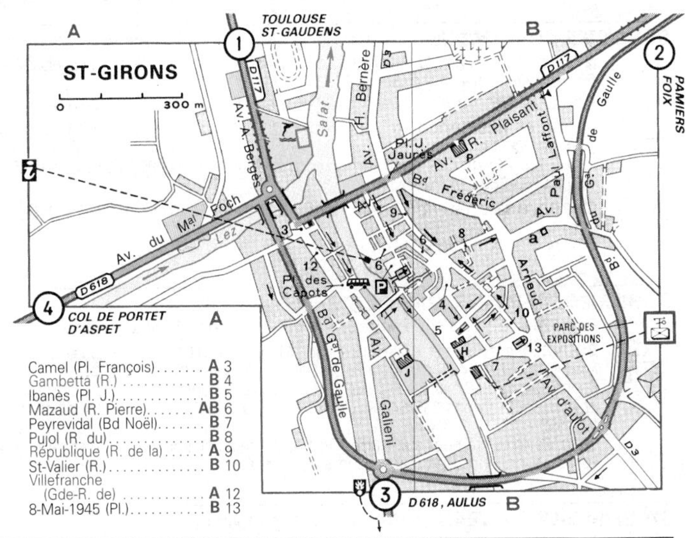

ST-GOBAIN *02410 Aisne* 56 ④ *G. Picardie Flandres Artois – 2 321 h alt. 200.*

Voir *Forêt*★★.

Paris 133 – Compiègne 57 – St-Quentin 31 – La Fère 8 – Laon 21 – Noyon 35 – Soissons 31.

✗ **Parc,** ✆ 03 23 52 80 58, 🏠, 🌳 – P. GB

fermé 14 juil. au 14 août, dim. soir et lundi – **Repas** 100/180 ♀

ST-GROUX *16 Charente* 72 ③ – *rattaché à Mansle.*

ST-GUÉNOLÉ *29 Finistère* 58 ⑭ *G. Bretagne* – ✉ *29760 Penmarch.*

Voir *Musée préhistorique*★ – ⩤★★ *du phare d'Eckmühl*★ *S : 2,5 km – Église*★ *de Penmarch SE : 3 km – Pointe de la Torche* ⩤★ *NE : 4 km.*

ℹ *Office de Tourisme pl. du Mar.-Davout* ✆ *02 98 58 81 44, Fax 02 98 58 86 62.*

Paris 590 – Quimper 34 – Douarnenez 42 – Guilvinec 8 – Pont-l'Abbé 14.

Sterenn 🐦, rte phare d'Eckmühl ✆ 02 98 58 60 36, *Fax 02 98 58 71 28,* ⩤ pointe de Penmarch – ▤ rest, TV P. AE GB. ✗🐕
12 avril-7 oct. et fermé lundi sauf du 11 juin au 17 sept. – **Repas** *(fermé vend. midi et lundi sauf le soir du 2 juil. au 27 août)* 80/300 ♀, enf. 65 – ☕ 45 – **16 ch** 370/470 – ½ P 380/450

Héol sans rest, r. L. Le Lay ✆ 02 98 58 71 71, *Fax 02 98 58 64 02,* ⩤, 🏊 – TV P. GB. ✗🐕
16 juin-23 sept. – ☕ 42 – **25 ch** 285/450

Mer, 184 r. F. Péron ✆ 02 98 58 62 22, *Fax 02 98 58 53 86* – TV. GB
fermé 12 au 30 nov., 15 janv. au 6 fév., dim. soir et lundi – **Repas** 92/300, enf. 60 – ☕ 42 – **10 ch** 300/350 – ½ P 370/390

Les Ondines 🐦, rte phare d'Eckmühl ✆ 02 98 58 74 95, *Fax 02 98 58 73 99,* 🏠 – TV. GB
avril-déc. et fermé mardi du 15 sept. au 15 juin – **Repas** 78/230 ♀ – ☕ 38 – **15 ch** 290/320 – ½ P 305

ST-GUIRAUD *34 Hérault* 83 ⑤ – *rattaché à Clermont-l'Hérault.*

ST-HAON *43340 H.-Loire* 76 ⑯ *G. Auvergne – 428 h alt. 1000.*

Paris 568 – Mende 68 – Le Puy-en-Velay 29 – Langogne 30.

Auberge de la Vallée 🐦, ✆ 04 71 08 20 73, *Fax 04 71 08 29 21,* 🏠 – AE GB
fermé 1er janv. au 15 mars, dim. soir et lundi d'oct. à avril – **Repas** 82/210 ♀, enf. 55 – ☕ 40 – **10 ch** 190/240 – ½ P 260

ST-HILAIRE-D'OZILHAN *30 Gard* 80 ⑲ – *rattaché à Remoulins.*

ST-HILAIRE-DU-HARCOUËT *50600 Manche 59 ⑨ G. Normandie Cotentin – 4 489 h alt. 70.*

Office de Tourisme (du 1 avril au 30 sept.) pl. du Bassin ☎ 02 33 79 38 88, Fax 02 33 79 38 89 et (toute l'année) à la Mairie ☎ 02 33 79 38 70.

Paris 292 – Alençon 100 – Avranches 28 – Caen 101 – Fougères 29 – Laval 67 – St-Lô 70.

Cygne et Résidence, rte Fougères ☎ 02 33 49 11 84, *Fax 02 33 49 53 70,* – TV P. AE GB
fermé 3 au 24 janv. dim. soir et vend. d'oct. à Pâques – **Repas** 80/400 bc, enf. 45 – 42 – **30 ch** 260/380 – ½ P 295/370

Cléandre sans rest, rte Fougères ☎ 02 33 49 10 14, *Fax 02 33 49 53 69* – TV – 60. GB
1er avril-30 sept. – 35 – **18 ch** 190/250

ST-HILAIRE-DU-ROSIER *38840 Isère 77 ③ – 1 731 h alt. 240.*

Paris 578 – Valence 39 – Grenoble 63 – Romans-sur-Isère 17 – St-Marcellin 9.

Bouvarel avec ch, à St-Hilaire-gare, Sud : 4 km ☎ 04 76 64 50 87, *bouvarel.hotel@wordonline.fr, Fax 04 76 64 58 47,* « Jardin fleuri », – TV P. AE GB
fermé 30 avril au 8 mai, 8 au 15 oct., 7 janv. au 4 fév., lundi sauf le soir en saison, mardi midi et dim. soir – **Repas** 230/540 et carte 340 à 580, enf. 110 – 80 – **12 ch** 320/900 – ½ P 550/830
Spéc. Ravioles crémées aux truffes. Turbot braisé au champagne. Poulet sauté aux écrevisses (saison). **Vins** Hermitage blanc, Saint-Joseph.

ST-HILAIRE-LE-CHÂTEAU *23250 Creuse 72 ⑨ ⑩ – 296 h alt. 453.*

Paris 383 – Limoges 63 – Aubusson 26 – Bourganeuf 15 – Guéret 28 – Montluçon 79.

Thaurion avec ch, ☎ 05 55 64 50 12, *hotels-en-creuse@wanadoo.fr, Fax 05 55 64 90 92,* – TV P. AE GB
début mars-20 nov. et fermé jeudi midi et merc. sauf juil.-août – **Repas** 99/400 et carte 280 à 330 – 42 – **8 ch** 220/500

ST-HILAIRE-PETITVILLE *50 Manche 54 ⑬ – rattaché à Carentan.*

ST-HILAIRE-ST-FLORENT *49 M.-et-L. 64 ⑫ – rattaché à Saumur.*

ST-HILAIRE-ST-MESMIN *45 Loiret 64 ⑨ – rattaché à Orléans.*

ST-HIPPOLYTE *25190 Doubs 66 ⑱ G. Jura – 1 128 h alt. 380.*

Voir *Site★ – Vallée du Dessoubre★ S.*

Office de Tourisme (saison) ☎ 03 81 96 58 00.

Paris 487 – Besançon 85 – Basel 93 – Belfort 49 – Montbéliard 30 – Pontarlier 72.

Bellevue, rte Maîche ☎ 03 81 96 51 53, *hotel.bellevue@free.fr, Fax 03 81 96 52 40,* – TV P – 20. GB
fermé 27 août au 2 sept., dim. soir et lundi midi – **Repas** 82 (déj.), 130/210, enf. 58 – 45 – **16 ch** 300 – ½ P 295/325

ST-HIPPOLYTE *68590 H.-Rhin 62 ⑲ G. Alsace Lorraine – 1 078 h alt. 234.*

Env. *Château du Haut-Koenigsbourg★★ : ★★ NO : 8 km.*

Paris 434 – Colmar 20 – Ribeauvillé 7 – St-Dié 42 – Sélestat 10 – Villé 18.

Hostellerie Munsch Aux Ducs de Lorraine, ☎ 03 89 73 00 09, *Fax 03 89 73 05 46,* – rest, TV P – 30. GB. ch
fermé 30 juil. au 4 août, 13 au 30 nov., 7 janv. au 16 fév. – **Repas** *(fermé dim. soir de nov. à mi-mai, vend. midi et lundi)* 100 (déj.), 135/335 – 75 – **40 ch** 420/750 – ½ P 510/650

Parc M ☎ 03 89 73 00 06, *hotel-le-parc@wanadoo.fr, Fax 03 89 73 04 30,* – TV P – 80. AE GB
fermé 15 janv. au 5 fév. – **Repas** *(fermé lundi)* 150/350 - ***Winstub Rabseppi-Stebel*** *(fermé lundi)* **Repas** 125 et carte 130 à 210, enf. 45 – 60 – **25 ch** 420/500, 6 duplex – ½ P 425/650

A la Vignette, ☎ 03 89 73 00 17, *Fax 03 89 73 05 69* – – 40. GB. ch
fermé 27 juin au 6 juil., 18 déc. au 1er fév., merc. et jeudi de nov. à avril – **Repas** *(fermé jeudi midi et merc.)* 95/200, enf. 40 – 40 – **25 ch** 300/400 – ½ P 260/340

ST-HIPPOLYTE 12140 Aveyron 76 ⑫ – 541 h alt. 695.

Paris 591 – Aurillac 44 – Rodez 60 – Entraygues-sur-Truyère 14 – Espalion 41 – Figeac 72.

St-Hippolyte M, ✆ 05 65 66 60 00, Fax 05 65 66 60 01, ≤, – 25. GB
fermé merc. du 15 sept. au 30 avril – **Repas** 80/160 ♀, enf. 30 – ☐ 40 – **17 ch** 270/440 – 1/2 P 315

ST-HIPPOLYTE-DU-FORT 30170 Gard 80 ⑰ *G. Gorges du Tarn* – 3 515 h alt. 165.

Office de Tourisme "Les Casernes" ✆ *04 66 77 91 65, Fax 04 66 77 25 36.*

Paris 742 – Alès 35 – Montpellier 51 – Florac 82 – Nîmes 48.

par rte de Lasalle *(D 39), Nord : 7 km* – ✉ *30170 Monoblet :*

Auberge de Valestalière, ✆ 04 66 85 45 79, *Fax 04 66 85 45 79,* – P. GB
fermé 15 déc. au 5 fév., lundi et mardi sauf juil.-août – **Repas** 105/190 ♀

ST-HONORAT (Ile) ★★ 06 Alpes-Mar. 84 ⑨, 115 ㉟ ㊴ *G. Côte d'Azur.*

Voir *Ancien monastère fortifié★ : ≤★★ – Tour de l'île★★.*

Accès *par transports maritimes.*

depuis **Golfe-Juan et Juan-les-Pins** *(escale à l'Ile Ste-Marguerite) en saison - Traversée 45 mn - Renseignements et tarifs : Cies Maritimes Cap-d'Antibes, Port de Golfe-Juan ✆ 04 93 63 45 94, Fax 04 93 63 74 27 (Golfe-Juan) e t ✆ 04 92 93 02 36 (Juan-les-Pins).*

ST-HONORÉ-LES-BAINS 58360 Nièvre 69 ⑥ *G. Bourgogne – 754 h alt. 300 – Stat. therm. (2 avril-13 oct.) – Casino.*

Office de Tourisme 13 r. Henri-Renaud ✆ 03 86 30 71 70, Fax 03 86 30 71 70.

Paris 308 – Château-Chinon 28 – Luzy 22 – Moulins 69 – Nevers 68 – St-Pierre-le-Moutier 68.

Lanoiselée, ✆ 03 86 30 75 44, *aboizot@club.internet.fr, Fax 03 86 30 75 66,* – TV P. GB
8 avril-7 oct. – **Repas** *(fermé en semaine du 8 avril au 15 juin et du 3 sept. au 7 oct et mardi du 18 juin au 2 sept.)* 90/170, enf. 50 – ☐ 38 – **18 ch** 270/600 – P 280/310

Auberge du Pré Fleuri, ✆ 03 86 30 74 96, *Fax 03 86 30 64 61,* – TV P. AE GB
fermé janv., fév., dim. soir et lundi d'oct. à mars – **Repas** 92/198, enf. 60 – ☐ 42 – **9 ch** 290/340 – 1/2 P 300

ST-IGNACE (col de) 64 Pyr.-Atl. 85 ② – *rattaché à Ascain.*

ST-JACQUES-DES-BLATS 15800 Cantal 76 ③ – 352 h alt. 990.

Paris 542 – Aurillac 35 – Brioude 75 – Issoire 89 – St-Flour 40.

Griou, ✆ 04 71 47 06 25, *hotel.griou@wanadoo.fr, Fax 04 71 47 00 16,* ≤, – P. GB
fermé 15 oct. au 21 déc. – **Repas** 75/175 ♀, enf. 45 – ☐ 35 – **17 ch** 230/270 – 1/2 P 235/260

Brunet, ✆ 04 71 47 05 86, *hotel.brunet@wanadoo.fr, Fax 04 71 47 04 27,* ≤, – P. GB. rest
1er mai-10 oct. et 20 déc.-30 avril – **Repas** 75/140, enf. 40 – ☐ 32 – **15 ch** 220/280 – 1/2 P 220/260

L'Escoundillou, ✆ 04 71 47 06 42, *Fax 04 71 47 00 97,* ≤, – TV P. GB
fermé 4 au 19 janv., vend. soir et sam. midi d'oct. à déc. – **Repas** 68/116 ♀, enf. 45 – ☐ 35 – **12 ch** 240/280 – 1/2 P 240/260

ST-JAMES 50240 Manche 59 ⑧ *G. Normandie Cotentin* – 2 976 h alt. 100.

Voir *Cimetière américain.*

Paris 353 – St-Malo 61 – Avranches 21 – Fougères 30 – Rennes 67 – St-Lô 78.

Normandie, pl. Bagot ✆ 02 33 48 31 45, *Fax 02 33 48 31 37* – TV. GB
fermé 27 déc. au 16 janv. – **Repas** *(fermé dim. soir du 15 nov. au 15 mars)* 78/240 ♀, enf. 55 – ☐ 38 – **14 ch** 200/280 – 1/2 P 290

ST-JEAN 06 Alpes-Mar. 84 ⑧,, 114 ㉖,, 115 ㉞ – *rattaché à Pégomas.*

ST-JEAN-AUX-BOIS 60 Oise 56 ③ – *rattaché à Pierrefonds.*

ST-JEAN-CAP-FERRAT *06230 Alpes-Mar.* 84 ⑩, 115 ㉗ *G. Côte d'Azur – 2 248 h alt. 12.*

Voir *Site de la Villa ephrussi-de-Rothschild*★★ **M** : *musée Île de France*★★, *jardins*★ – *Phare* ☀★★ – *Pointe de St-Hospice* : ≤★ *de la chapelle, sentier*★ – *Promenade Maurice-Rouvier*★.

🅘 *Office de Tourisme 59 av. D.-Semeria* ☎ *04 93 76 08 90, Fax 04 93 76 16 67.*

Paris 941 ④ – *Nice 9* ④ – *Menton 32* ③.

ST-JEAN-CAP-FERRAT

Les flèches noires indiquent les sens uniques supplémentaires l'été

Albert-Ier (Av.)	2
Centrale (Av.)	3
États-Unis (Av. des)	5
Gaulle (Bd Gén. de)	6
Grasseuil (Av.)	7
Libération (Bd)	9
Mermoz (Av. J.)	12
Passable (Ch. de)	13
Phare (Av. du)	14
Puncia (Av. de la)	15
St-Jean (Pont)	16
Sauvan (Bd H.)	17
Semeria (Av. D.)	18
Verdun (Av. de)	20
Vignon (Av. C.)	21

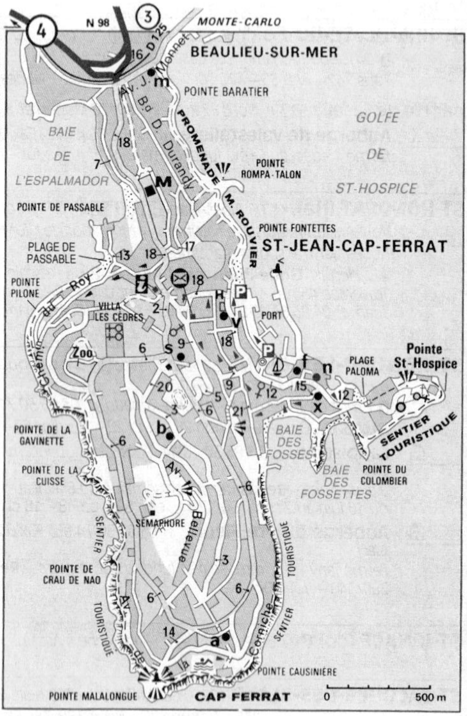

Grand Hôtel du Cap Ferrat M, bd Gén. de Gaulle au Cap-Ferrat **(a)** ☎ 04 93 76 50 50, *marketin@grand-hotel-cap-ferrat.com, Fax 04 93 76 04 52,* ≤ mer, « Vaste parc, jardin fleuri, piscine en bord de mer, funiculaire privé », – 15. AE GB JCB.
fermé 2 janv. au 1er mars – **Repas** 590 et carte 600 à 780 ♀ - ***Club Dauphin*** à la piscine (déj. seul.) *(Pâques-nov.)* **Repas** carte 500 à 600 ♀, enf. 160 – ☕ 150 – **44 ch** 3300/7200, 9 appart

Royal Riviera M, av. J. Monnet **(m)** ☎ 04 93 76 31 00, *royalriviera.resa@wanadoo.fr, Fax 04 93 01 23 07,* ≤ Cap et golfe, « Jardin fleuri », – 20 à 80. AE GB JCB. ch
fermé déc. et janv. – ***Panorama*** (dîner seul. de juil. à sept.) **Repas** 250/330 ♀, enf. 150 – ***Pergola*** à la piscine (déj. seul.) *(juil.-sept.)* **Repas** carte 230 à 330 ♀, enf. 150 – ☕ 150 – **77 ch** 1400/4200 – ½ P 1135/2435

Voile d'Or, au port **(f)** ☎ 04 93 01 13 13, *reservation@lavoiledor.fr, Fax 04 93 76 11 17,* ≤ port et golfe, « Terrasse et piscine en bord de mer », – 30. AE GB
23 mars-22 oct. – **Repas** 380 (déj.), 400/600 – ☕ 135 – **45 ch** 1910/4150

Brise Marine sans rest, av. J. Mermoz **(x)** ☎ 04 93 76 04 36, *info@hotel-brisemarine.com, Fax 04 93 76 11 49,* ≤ Cap et golfe, – AE GB.
fév.-oct. – ☕ 60 – **16 ch** 810

Panoramic sans rest, av. Albert 1er **(s)** ☎ 04 93 76 00 37, *Fax 04 93 76 15 78,* ≤ Cap et golfe, – P. AE GB.
fermé 15 nov. au 15 déc. – ☕ 60 – **20 ch** 600/740

Clair Logis sans rest, av. Centrale **(b)** 04 93 76 04 57, *Fax 04 93 76 11 85*, « Parc », – (TV) P. AE GB
15 mars-15 nov. et 15 déc.-15 janv. – 50 – **18 ch** 390/790

Frégate, **(v)** 04 93 76 04 51, *Fax 04 93 76 14 93*, ≤ – (TV). GB
hôtel : fermé 15 déc. au 5 janv. ; rest. : fermé 15 nov. au 15 fév. – **Repas** 115/140 – 35 – **10 ch** 250/450 – 1/2 P 250/340

Capitaine Cook, av. J. Mermoz **(n)** 04 93 76 02 66, – GB
fermé 15 nov. au 26 déc., jeudi midi et merc. – **Repas** 130/160

ST-JEAN (Col) *04 Alpes-de-H.-P.* **81** ⑦ – *rattaché à Seyne.*

ST-JEAN-D'ANGÉLY *17400 Char.-Mar.* **71** ③ ④ *G. Poitou Vendée Charentes* – *8 060 h alt. 25.*

Office de Tourisme pl. du Pilori *05 46 32 04 72, Fax 05 46 32 20 80.*

Paris 447 ② – *La Rochelle 69* ④ – *Royan 67* ③ – *Niort 48* ① – *Saintes 27* ④.

ST-JEAN-D'ANGÉLY

Abbaye (R. de l') . . . . . A 2
Aguesseau (R. d') . . . . . A 3
Bancs (R. des) . . . . . A 4
Bourcy (R. Pascal) . . . . . B 6
Cumont (Bd P. de) . . . . . B 8
Dubreuil (R. L. A.) . . . . . A 10
Gambetta (R.) . . . . . A
Grosse-Horloge (R.) . . . . . B 12
Gymnase (R. du) . . . . . B 13
Hôtel-de-Ville (Pl. de l') . . . . . B 14
Jacobins (R. des) . . . . . B 16
Libération (Sq. de la) . . . . . B 17
Maréchal-Leclerc (Av. du) . . . B 19
Maréchaux (R. des) . . . . . AB 20
Porte de Niort (R. de la) . . . . . B 24
Port-Mahon (Av. du) . . . . . AB 25
Regnaud (R.) . . . . . A 27
Remparts (R. des) . . . . . B 28
Rose (R.) . . . . . B 29
Taillebourg (Fg) . . . . . A
Texier (R. Michel) . . . . . A 31
Tourneur (R. L.) . . . . . B 32
Tour-Ronde (R.) . . . . . B 33
Verdun (R. de) . . . . . A 35
3-Frères-Gautreau (R. des) . . . . . A 37
4-Septembre (R. du) . . . . . B 39
11-Novembre (R. du) . . . . . AB 40

Place, pl. Hôtel de Ville 05 46 32 69 11, *Fax 05 46 32 08 44*, – rest, (TV). AE GB. ch — B a
Repas *(fermé 1er au 15 janv.)* 75/250 – 35 – **10 ch** 240/290 – 1/2 P 230/240

Scorlion, 5 r. Abbaye 05 46 32 52 61, *Fax 05 46 59 14 80*, « Ancienne abbaye royale » – . GB — A e
fermé 1er au 17 juil., 23 déc. au 15 janv., dim. et lundi – **Repas** 160/240, enf. 60

ST-JEAN-DE-BLAIGNAC *33420 Gironde* 75 ⑫ *– 405 h alt. 50.*

Paris 596 – Bordeaux 39 – Bergerac 55 – Libourne 17 – La Réole 31.

XX **Auberge St-Jean,** ✆ 05 57 74 95 50, *Fax 05 57 74 97 84* – ▤. AE GB
fermé 13 nov. au 4 déc., mardi soir, dim. et lundi – **Repas** *(100)* - 130/300 ♀, enf. 60

ST-JEAN-DE-BRAYE *45 Loiret* 64 ⑨ *– rattaché à Orléans.*

ST-JEAN-DE-LUZ *64500 Pyr.-Atl.* 85 ② *G. Aquitaine – 13 031 h alt. 3 – Casino* **ABY.**

Voir *Port★ – Église St-Jean-Baptiste★★ – Maison Louis-XIV★* **N** *– Corniche basque★★ par* ④ *– Sémaphore de Socoa* ⩽★★ *5 km par* ④.

🅘 *Office de Tourisme pl. Mar.-Foch* ✆ *05 59 26 03 16, Fax 05 59 26 21 47.*

Paris 792 ① – Biarritz 18 ① – Bayonne 24 ① – Pau 132 ① – San Sebastián 34 ③.

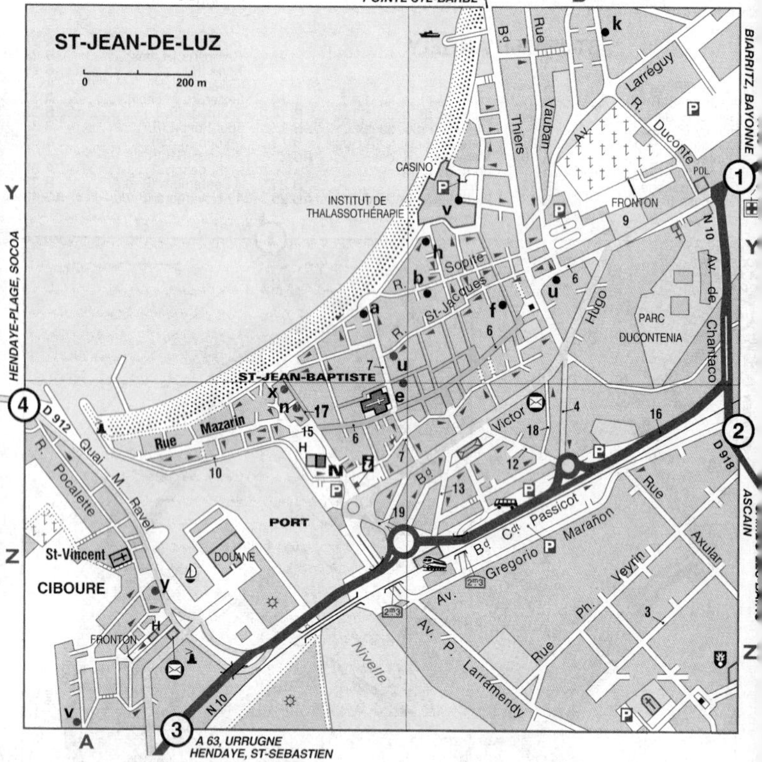

Parc Victoria 🐚, 5 r. Cépé par bd Thiers et rte Quartier du Lac ✆ 05 59 26 78 78, *parcvictoria@relaischateaux.fr, Fax 05 59 26 78 08,* 🏡, **«** Villa fin 19e siècle dans un parc **»**, 🏊, 🌳 – 🛗, ▤ ch, TV ✆ ♿ P. AE ⊙ GB JCB
15 mars-15 nov. – **- Les Lierres** *(1er avril-31 oct. et fermé mardi sauf du 1er juil. au 15 sept.)*
Repas 230/400 ♀ – ☕ 90 – **8 ch** 1100/1750, 8 appart – ½ P 800/1125

Chantaco, face au golf par ② : *2 km* ✆ 05 59 26 14 76, *Fax 05 59 26 35 97*, ≤, 🏞, 🏊, 🌳 – ▤ ch, 📺 📞 🅿 – 🏛 40. AE ⓓ GB. 🚫 rest
hôtel : 1er avril-31 oct. ; rest. : 1er juin-31 oct. – **Repas** *(fermé merc. en oct. et nov.)* (dîner seul.) 250 – ☕ 80 – **23 ch** 1100/1900

Hélianthal, pl. M. Ravel ✆ 05 59 51 51 51, *Helianthal@helianthal.fr, Fax 05 59 51 51 54*, 🏞, centre de thalassothérapie – |‡| ▤ 📺 📞 🚗 – 🏛 15 à 200. AE ⓓ GB. 🚫 rest
fermé 18 nov. au 9 déc. – **Repas** 215 🍷 – ☕ 80 – **100 ch** 890/1195 – ½ P 690/838 BY v

Devinière sans rest, 5 r. Loquin ✆ 05 59 26 05 51, *Fax 05 59 51 26 38*, « Bel aménagement intérieur », 🌳 – GB BY f
fermé 19 nov. au 10 déc. – ☕ 55 – **8 ch** 850

Marisa sans rest, 16 r. Sopite ✆ 05 59 26 95 46, *hotellamarisa@wanadoo.fr, Fax 05 59 51 17 06*, « Belle décoration intérieure » – |‡| 📺 📞 ♿ 🚗. GB. 🚫 BY b
☕ 50 – **15 ch** 560/720

Réserve 🌿, rd-pt Ste-Barbe, Nord : 2 km par bd Thiers ✆ 05 59 51 32 00, *lareserve@wanadoo.fr, Fax 05 59 51 32 01*, ≤, 🏞, « Jardin et piscine dominant la mer », 🏊, 🌳, 🎾 – 📺 ♿ 🚗 🅿 – 🏛 15 à 50. AE ⓓ GB
Repas *(fermé du 6 nov. au 31 mars)* 175/200 🍷, enf. 65 – ☕ 70 – **60 ch** 694/930, 27 studios – ½ P 595/695

Villa Bel Air, Promenade J. Thibaud ✆ 05 59 26 04 86, *Fax 05 59 26 62 34*, ≤ – |‡|, ▤ rest, 📺 📞 🅿. GB. 🚫 rest BY h
hôtel : 5 avril-12 nov. ; rest : 4 juin-28 sept. et fermé dim. – **Repas** 140/150 – ☕ 43 – **21 ch** 503/695 – ½ P 442/505

Les Goëlands, 4 av. Etcheverry ✆ 05 59 26 10 05, *hotel.les.goelands@wanadoo.fr, Fax 05 59 51 04 02*, 🌳 – 📺 🅿. AE ⓓ GB. 🚫 rest BY k
fermé 1er mars au 20 avril – **Repas** (résidents seul.) 120/140 🍷 – ☕ 41 – **35 ch** 295/590 – ½ P 433/449

Plage, promenade J. Thibaud ✆ 05 59 51 03 44, *hoteldelaplage@dial.oléane.com, Fax 05 59 51 03 48*, ≤ – 📺 🚗. GB AY a
hôtel : 1er avril-30 nov. ; rest. : fermé déc., janv. sauf fériés, dim. soir et lundi – **Repas** brasserie carte 160 à 230 🍷, enf. 42 – ☕ 45 – **27 ch** 470/580 – ½ P 440

Maria Christina sans rest, 13 r. Paul Gélos par bd Thiers et rte quartier du Lac ✆ 05 59 26 81 70, *mariachristina@wanadoo.fr, Fax 05 59 26 36 04* – 📺. GB
début fév.-début nov. – ☕ 45 – **11 ch** 390/590

Agur sans rest, 96 r. Gambetta ✆ 05 59 51 91 11, *hotel.agur@wanadoo.fr, Fax 05 59 51 91 21* – cuisinette 📺. AE ⓓ GB. 🚫 BY u
17 mars-14 oct. – ☕ 39 – **9 ch** 425, 4 appart

Patio, 10 r. Abbé Onaindia ✆ 05 59 26 99 11, *restaurant.le.patio@freesbee.fr, Fax 05 59 26 99 11* – ⓓ GB AYZ e
fermé 12 nov. au 2 déc., mardi midi et jeudi midi sauf juil.-août et lundi – **Repas** 145/350

Taverne Basque, 5 r. République ✆ 05 59 26 01 26, 🏞 – AE ⓓ GB AZ n
fermé mars, janv., mardi sauf juil.-août et lundi
Repas 130 🍷

Auberge Kaïku, 17 r. République ✆ 05 59 26 13 20, *Fax 05 59 51 07 47*, « Maison du 16e siècle » – AE GB AZ x
fermé 12 nov. au 22 déc., merc. hors saison et lundi midi – **Repas** - produits de la mer - 145/220 🍷

Petit Grill Basque "Chez Maya", 2 r. St-Jacques ✆ 05 59 26 80 76, *Fax 05 59 26 80 76*, décor basque ancien – AE ⓓ GB AY u
fermé 20 déc. au 20 janv. et merc. – **Repas** 110/155

par ④ *et rte de la Corniche : 4,5 km* – ✉ *64122 Urrugne* :

Auberge de la Corniche, ✆ 05 59 47 30 23, *Fax 05 59 47 30 23*, ≤, 🌳 – 🅿. ⓓ GB
fermé 2 au 31 janv., dim. soir et lundi sauf juil.-août – **Repas** 148/320 🍷, enf. 60

Ciboure AZ du plan – *5 849 h alt. 3* – ✉ *64500*.

Voir *Chapelle N.-D. de Socorri : site★ 5 km par* ③.
ℹ *Office de Tourisme 4 pl. du Fronton* ✆ *05 59 47 64 56, Fax 05 59 47 64 55.*

Chez Dominique, 15 quai M. Ravel ✆ 05 59 47 29 16, *Fax 05 59 47 29 16*, ≤, 🏞 – ▤. AE ⓓ GB AZ y
fermé fév., dim. soir et lundi sauf 15 juil.- fin août – **Repas** - produits de la mer 150 (déj.) et carte 250 à 375

Chez Pantxua, au port de Socoa par ④ : *2 km* ✆ 05 59 47 13 73, *Fax 05 59 47 01 54*, ≤, 🏞 – GB
3 fév.-1er nov. et fermé lundi soir et mardi – **Repas** - produits de la mer - carte 220 à 400 🍷

Chez Mattin, 63 r. E. Baignol ✆ 05 59 47 19 52, *Fax 05 59 47 05 57* – AE GB AZ v
fermé 10 janv. au 20 fév. et lundi – **Repas** carte 200 à 280

ST-JEAN-DE-MAURIENNE *73300 Savoie* 77 ⑦ *G. Alpes du Nord – 9 439 h alt. 556.*

Voir *Ciborium★ et stalles★★ de la cathédrale St-Jean-Baptiste.*

Office de Tourisme pl. Cathédrale ☏ 04 79 83 51 51, Fax 04 79 83 42 10.

Paris 635 ① – Albertville 63 ① – Chambéry 73 ① – Grenoble 103 ① – Torino 135 ②.

ST-JEAN-DE MAURIENNE

Arvan (Pont d') .... **BZ** 2
Bonrieux (R.) .... **AZ** 3
Brun-Rollet (R.) .... **AY** 5
Cathédrale (Pl. de la) .... **AY** 6
Desogus (R. Joseph) .... **AZ** 8
Docteur Grange (R. du) .... **AY** 10
Fodéré (Pl. E.) .... **AY** 12
Gare (Av. de la) .... **BY** 13
Girard (R. F.) .... **AY** 15
Huguet (R. Jean) .... **AZ** 16
Libération (R. de la) .... **AY**
Marché (Pl. du) .... **AY** 19
Orme (R. de l') .... **AY** 20
République (R. de la) .... **AYZ**
Saint-Antoine (R.) .... **AY** 24
Sainte Claire Deville (R. H.) .... **BY** 25
Sommeiller (Av. G.) .... **BYZ** 27
Sous-Préfecture (R. de la) .... **AZ** 28
8 Mai 1945 (R.du) .... **BZ** 29

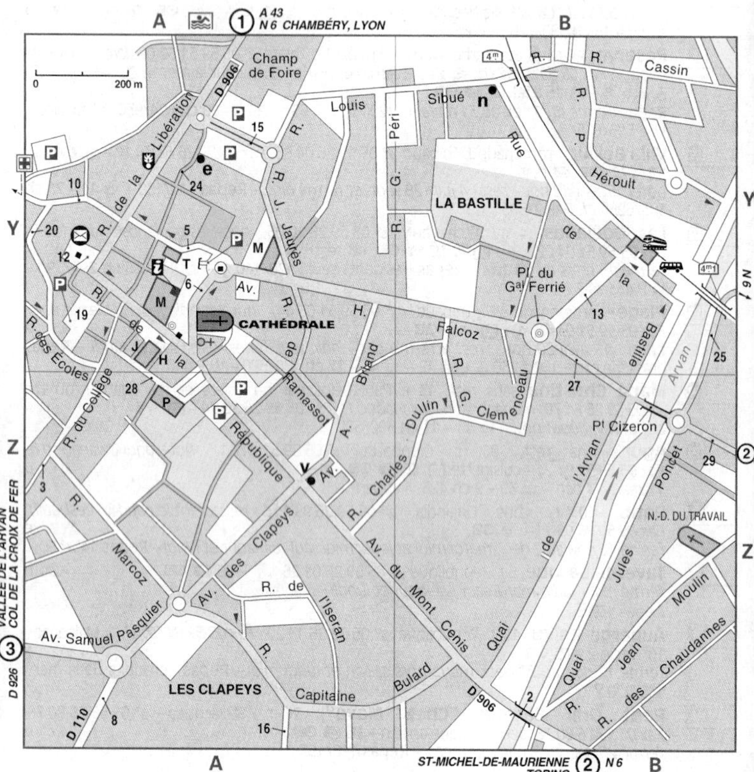

Nord, pl. Champ de Foire ☏ 04 79 64 02 08, *Fax 04 79 59 91 31* – rest — **AY e**
fermé oct., dim. soir et lundi midi sauf juil.-août – **Repas** 80/230 ♀, enf. 50 – ☕ 38 – **19 ch** 230/285 – ½ P 240

Dorhotel Ⓜ sans rest, r. L. Sibué ☏ 04 79 83 23 83, *info@dorhotel.com, Fax 04 79 83 23 00* – 40. AE GB JCB — **BY n**
☕ 42 – **39 ch** 214/259

Europe, 15 av. Mt-Cenis ☏ 04 79 64 06 33, *heurope@icor.fr, Fax 04 79 64 05 71* – rest, AE GB — **AZ v**
fermé 24 déc. au 5 janv. et dim. – **Repas** 75/180 et carte environ 15 – ☕ 32 – **26 ch** 160/350 – ½ P 200/270

ST-JEAN-DE-MOIRANS *38430 Isère* 77 ④ *– 2 399 h alt. 226.*
Paris 550 – Grenoble 25 – Chambéry 46 – Lyon 88 – Valence 83.

Beauséjour avec ch, Sud-Ouest : 2 km sur N 85, direction Grenoble ✆ 04 76 35 30 38, *Fax 04 76 35 59 80,* – TV P. AE GB
fermé 30 avril au 3 mai, 30 juil. au 21 août, 2 au 10 janv., dim. soir, mardi soir et lundi – **Repas** 140/380 et carte 250 à 380, enf. 70 – 40 – **7 ch** 250

ST-JEAN-DE-MONTS *85160 Vendée* 67 ⑪ *G. Poitou Vendée Charentes – 5 959 h alt. 16 – Casino La Pastourelle.*
Office de Tourisme Palais des Congrès ✆ 02 51 59 60 61, Fax 02 51 59 87 87.
Paris 458 – La Roche-sur-Yon 58 – Cholet 100 – Nantes 75 – Les Sables-d'Olonne 49.

Mercure M, av. Pays de Monts ✆ 02 51 59 15 15, *Fax 02 51 59 91 03,* centre de thalassothérapie, – TV P – 35. AE GB
3 fév.-17 nov. – **Repas** *(98)* - 160/196 ♀, enf. 55 – 60 – **44 ch** 725/825 – ½ P 570/620

L'Espadon, 8 av. Forêt ✆ 02 51 58 03 18, *info@hotel.espadon.com, Fax 02 51 59 16 11* – TV P. AE GB
fermé 1er déc. au 1er fév. – **Repas** 80 (déj.), 101/180 ♀, enf. 48 – 40 – **27 ch** 310/350 – ½ P 380/390

Annexe Les Dunes sans rest, 1 allée d'Alsace ✆ 02 51 58 10 32, *info@hotel.lesdunes.com, Fax 02 51 59 16 11* – P. GB
1er avril-30 sept. – 40 – **44 ch** 310/330

Robinson (annexe M, 30 ch), 28 bd Gén. Leclerc ✆ 02 51 59 20 20, *hotel.restaurant.lerobinson@wanadoo.fr, Fax 02 51 58 88 03,* – rest, TV AE GB
fermé 3 déc. au 27 janv. – **Repas** 76/215 ♀, enf. 60 – 40 – **80 ch** 275/440 – ½ P 275/335

Tante Paulette, 32 r. Neuve ✆ 02 51 58 01 12, *cheztapa@club-internet.fr, Fax 02 51 59 77 54,* – AE GB
Repas *(mars-oct.)* 65 (déj.), 85/165 ♀, enf. 50 – 39 – **32 ch** 200/320 – ½ P 255/320

Cloche d'Or, 26 av. Tilleuls ✆ 02 51 58 00 58, *lacloche@club-internet.fr, Fax 02 51 58 82 85,* – TV. GB. rest
1er mars-21 oct. et week-ends hors vacances scolaires – **Repas** *(fermé merc. et jeudi en mars et oct.)* 78/198 ♀, enf. 42 – 37 – **25 ch** 300/380 – ½ P 290/330

Petit St-Jean, 128 rte Notre-Dame de Monts ✆ 02 51 59 78 50, – P. GB
fermé 4 au 31 mars, 1er au 15 oct., dim. et lundi – **Repas** 98 (déj.), 135/185

Richelieu avec ch, 8 av. Oeillets ✆ 02 51 58 06 78, *Fax 02 51 59 74 45,* – TV. GB. ch
fermé 14 nov. au 5 déc., 31 janv. au 14 fév., mardi soir et merc. – **Repas** 99/320, enf. 50 – 40 – **8 ch** 320/450 – ½ P 320

Quich'Notte, 200 rte N.-D.-de-Monts ✆ 02 51 58 62 64 – P. AE GB
fin mars-mi-sept. et fermé mardi midi, sam. midi et lundi hors saison – **Repas** 95/150, enf. 42

à Orouet *Sud-Est : 7 km sur D 38 – ✉ 85160 St-Jean-de-Monts :*

Auberge de la Chaumière, D 38 ✆ 02 51 58 67 44, *Fax 02 51 58 98 12,* – cuisinette, rest, AE GB. rest
1er avril-30 sept. – **Repas** 99/250 ♀, enf. 60 – 40 – **37 ch** 270/450 – ½ P 380/410

ST-JEAN-DE-SIXT *74450 H.-Savoie* 74 ⑦ *G. Alpes du Nord – 852 h alt. 963.*
Voir *Défilé des Étroits★ NO : 3 km.*
Office de Tourisme (saison) Maison des Aravis ✆ 04 50 02 70 14, Fax 04 50 02 78 78.
Paris 565 – Annecy 29 – Chamonix-Mont-Blanc 77 – Bonneville 22 – La Clusaz 4 – Genève 47.

Beau Site , ✆ 04 50 02 24 04, *hotelbeausite@hotmail.com, Fax 04 50 02 35 82,* – TV P. GB. rest
15 juin-15 sept. et Noël-Pâques – **Repas** 90/150, enf. 55 – 40 – **15 ch** 250/350 – ½ P 260/330

ST-JEAN-DE-VÉDAS *34 Hérault* 83 ⑦ *– rattaché à Montpellier.*

ST-JEAN-DU-BRUEL *12230 Aveyron* 80 ⑮ *G. Languedoc Roussillon – 820 h alt. 520.*
Env. *Gorges de la Dourbie★★ NE : 10 km.*
Syndicat d'Initiative 4 Grande Rue ✆ 05 65 62 23 64.
Paris 683 – Montpellier 100 – Lodève 44 – Millau 40 – Rodez 106 – Le Vigan 36.

Midi-Papillon , ✆ 05 65 62 26 04, *Fax 05 65 62 12 97,* – P. GB
7 avril-11 nov. – **Repas** 77/214 – 27 – **19 ch** 135/209 – ½ P 198/235

ST-JEAN-DU-DOIGT *29630 Finistère* 58 ⑥ *G. Bretagne – 661 h alt. 15.*

Voir *Enclos paroissial : trésor★★, église★, fontaine★.*

Paris 544 – Brest 75 – Guingamp 61 – Lannion 33 – Morlaix 17 – Quimper 95.

Ty Pont, ✆ 02 98 67 34 06, *Fax 02 98 67 85 94,* – GB
3 avril-31 oct. et fermé mardi midi et lundi sauf du 15 juin au 15 sept. – **Repas** 80/155 ♀, enf. 48 – ☕ 40 – **24 ch** 250/265 – ½ P 255/275

ST-JEAN-EN-ROYANS *26190 Drôme* 77 ③ *G. Alpes du Nord – 2 895 h alt. 250.*

Office de Tourisme pl. de l'Église ✆ 04 75 48 61 39, Fax 04 75 47 54 44.

Paris 587 – Valence 44 – Die 63 – Romans-sur-Isère 27 – Grenoble 71 – St-Marcellin 21.

Castel Fleuri, pl. Champ de Mars ✆ 04 75 47 58 01, *Fax 04 75 47 79 30,* – TV P – 20. AE GB
fermé 15 nov. au 15 déc., 15 janv. au 1er fév., dim. soir et lundi du 20 oct. au 30 juin – **Repas** 70 bc (déj.), 89/189 – ☕ 35 – **17 ch** 170/290

au col de la Machine *Sud-Est : 11 km par D 76.*

Voir *Combe Laval★★★.*

Col de la Machine , ✆ 04 75 48 26 36, *j.faravello@aol.com, Fax 04 75 48 29 12,* – cuisinette TV P. AE GB
fermé 12 au 24 mars, 15 nov. au 28 déc., dim soir et lundi d'oct. à mai sauf fériés et vacances scolaires – **Repas** (85) - 125, enf. 55 – ☕ 45 – **10 ch** 280, 4 studios – ½ P 235/295

ST-JEAN-LE-THOMAS *50530 Manche* 59 ⑦ *– 398 h alt. 20.*

Paris 340 – St-Lô 62 – St-Malo 84 – Avranches 17 – Granville 19 – Villedieu-les-Poêles 36.

Bains, ✆ 02 33 48 84 20, *hdesbains@aol.com, Fax 02 33 48 66 42,* – P. AE GB
1er avril-1er nov. et fermé mardi midi et jeudi midi sauf juil.-août et merc. en oct. – **Repas** 85/185 ♀, enf. 54 – ☕ 35 – **30 ch** 210/370 – ½ P 245/335

Repas 70/185

Repas à prix fixes :
des menus à prix intermédiaires à ceux indiqués sont généralement proposés.

ST-JEAN-PIED-DE-PORT

Çaro (Rte de) 2
Citadelle (R. de la) . . 4
Église (R. de l') 6
Espagne (R. d') . . . . .
France (R.) 12
Fronton (Av. du) 15
Gaulle (Pl. Ch.-de) . . . 16
Liberté (R. de la) 17
St-Jacques (Ch. de) . 18
St-Michel (Rte de) . . . 21
Trinquet (Pl. du) 24
Uhart (R. d') 27
Zuharpeta (R.) 30

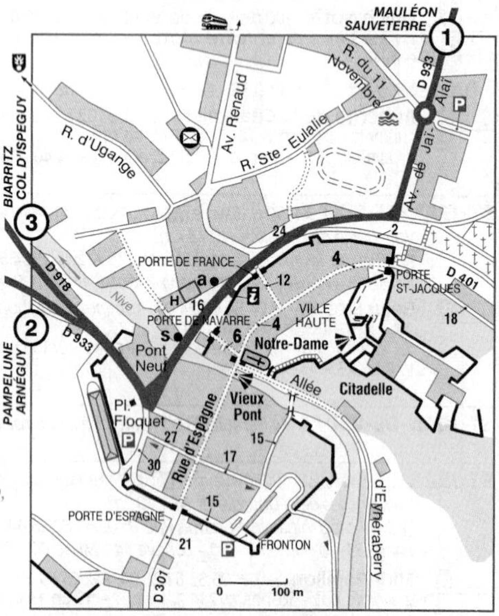

Si vous êtes retardé sur la route, dès 18 h, confirmez votre réservation par téléphone, c'est plus sûr... et c'est l'usage.

ST-JEAN-PIED-DE-PORT *64220 Pyr.-Atl.* 85 ③ *G. Aquitaine – 1 432 h alt. 159.*

Voir *Trajet des pèlerins*★ *de St-Jacques.*

Office de Tourisme pl. Ch.-de-Gaulle ✆ 05 59 37 03 57, Fax 05 59 37 34 91.

Paris 824 ③ – Biarritz 55 ③ – Bayonne 54 ③ – Pau 101 ① – San Sebastián 99 ③.

Plan page ci-contre

Les Pyrénées (Arrambide), pl. Ch. de Gaulle **(a)** ✆ 05 59 37 01 01, *pyrénées@relais-chateaux.fr, Fax 05 59 37 18 97,* – ch, – 20. AE GB JCB.
fermé 20 nov. au 22 déc., 5 au 28 janv., lundi soir de nov. à mars et mardi du 20 sept. au 30 juin – **Repas** (dim. et saison - prévenir) 250/550 et carte 370 à 520 – 90 – **20 ch** 580/950 – 1/2 P 800
Spéc. Salade de langoustines aux tomates confites (avril à sept.). Petits poivrons farcis à la morue. Lasagne au foie gras et aux truffes. **Vins** Jurançon, Irouléguy.

Central, pl. Ch. de Gaulle **(s)** ✆ 05 59 37 00 22, *Fax 05 59 37 27 79,* – . AE GB JCB.
fermé 15 déc. au 1er mars – **Repas** 110/230 – 48 – **14 ch** 350/490 – 1/2 P 370/440

à Aincille *par ① et D 18 : 7 km – 110 h. alt. 253 – ✉ 64220 :*

Pecoïtz avec ch, ✆ 05 59 37 11 88, *Fax 05 59 37 35 42,* ≤, – . GB
fermé 1er janv. au 10 mars et vend. d'oct. à mai – **Repas** 90/185 – 30 – **16 ch** 190/220 – 1/2 P 200/230

à Estérençuby *Sud : 8 km par D 301 – 382 h. alt. 229 – ✉ 64220 :*

Les Sources de la Nive , à Béherobie, Sud : 4 km par rte secondaire ✆ 05 59 37 10 57, ≤, , – . GB
fermé janv. et mardi de nov. au 1er mai – **Repas** 60/120 ♀, enf. 40 – 30 – **26 ch** 220

ST-JEAN-SAVERNE *67 B.-Rhin* 87 ⑭ *– rattaché à Saverne.*

ST-JEAN-SUR-VEYLE *01290 Ain* 74 ② *– 926 h alt. 200.*

Paris 401 – Mâcon 10 – Bourg-en-Bresse 31 – Villefranche-sur-Saône 41.

Petite Auberge, ✆ 03 85 31 53 92, *Fax 03 85 31 69 34* – GB
fermé 25 juin au 6 juil., vacances de fév., dim. soir, mardi soir et lundi d'oct. à mars – **Repas** 95 bc (déj.), 130/250, enf. 50

ST-JOACHIM *44720 Loire-Atl.* 63 ⑮ *G. Bretagne – 3 994 h alt. 5.*

Voir *Tour de l'île de Fédrun*★ *O : 4,5 km – Promenade en chaland*★★.

Paris 440 – Nantes 64 – Redon 42 – St-Nazaire 17 – Vannes 63.

Auberge du Parc (Guérin) avec ch, Ile de Fedrun ✆ 02 40 88 53 01, *aubergeduparc@aol.com, Fax 02 40 91 67 44,* , « Chaumière briéronne », – . AE GB
fermé mars, 26 nov. au 10 déc., dim. soir et lundi sauf juil.-août – **Repas** 195/450 et carte 260 à 350 ♀ – 40 – **5 ch** 380 – 1/2 P 450
Spéc. Croquant de grenouilles aux algues bretonnes. Canard rôti et confit de melon aux poires de Séchuan (saison). Tête de veau et petits encornets aux orties sauvages.

ST-JORIOZ *74410 H.-Savoie* 74 ⑥ *– 4 178 h alt. 452.*

Office de Tourisme pl. de l'Église ✆ 04 50 68 61 82, Fax 04 50 68 96 11.

Paris 549 – Annecy 9 – Albertville 36 – Megève 52.

Manoir Bon Accueil , à Epagny : 2,5 km par D 10 A ✆ 04 50 68 60 40, *Fax 04 50 68 94 84,* , , , – – 25. GB. rest
fermé 20 déc. au 20 janv. – **Repas** *(fermé dim. soir du 20 sept. au 1er mai)* 120/185 – 40 – **28 ch** 380/500 – 1/2 P 420/550

ST-JOSSE *62170 P.-de-C.* 51 ⑪ *G. Picardie Flandres Artois – 914 h alt. 35.*

Paris 227 – Calais 71 – Abbeville 49 – Arras 89 – Boulogne-sur-Mer 34.

Relais de St-Josse, ✆ 03 21 94 61 75, – GB
fermé 19 au 25 mars, 8 au 10 oct., dim. soir et lundi – **Repas** 85/215 ♀, enf. 40

ST-JULIA *31540 H.-Gar.* 82 ⑲ *G. Midi-Pyrénées – 305 h alt. 302.*

Paris 737 – Toulouse 41 – Auterive 48 – Carcassonne 57 – Castres 39 – Gaillac 58.

Auberge des Remparts, ✆ 05 61 83 04 79, – AE GB
fermé dim. soir, lundi soir et mardi soir – **Repas** 95/135

ST-JULIEN-AUX-BOIS *19220 Corrèze 75 ⑩ – 584 h alt. 594.*

Paris 529 – Aurillac 54 – Brive-la-Gaillarde 66 – Mauriac 29 – St-Céré 63 – Tulle 51 – Ussel 64.

Auberge de St-Julien-aux-Bois avec ch, ✆ 05 55 28 41 94, *auberge.st.julien@hotmail.com, Fax 05 55 28 37 85,* – GB
fermé vacances de Toussaint et de fév. – **Repas** *(fermé merc. midi en juil.-août, mardi soir et merc. hors saison)* 85/230, enf. 46 – 30 – **5 ch** 160/260 – ½ P 180/230

ST-JULIEN-BEYCHEVELLE *33250 Gironde 71 ⑦ – 873 h alt. 16.*

Paris 557 – Bordeaux 48 – Arcachon 113 – Blaye 12 – Lesparre-Médoc 27.

St-Julien, ✆ 05 56 59 63 87, *Fax 05 56 59 63 89* – GB.
fermé fév., dim. soir, mardi soir et merc. de nov. à mars – **Repas** 95 (déj.), 165/350

ST-JULIEN-CHAPTEUIL *43260 H.-Loire 76 ⑦ G. Vallée du Rhône – 1 664 h alt. 815.*

Voir *Site★ – Montagne du Meygal★ : Grand Testavoyre ※★★ NE : 14 km puis 30 mn.*

Office de Tourisme pl. St-Robert ✆ 04 71 08 77 70.

Paris 566 – Le Puy-en-Velay 20 – Lamastre 53 – Privas 88 – St-Agrève 32 – Yssingeaux 17.

Barriol, ✆ 04 71 08 70 17, *jm.et.gw.barriol@wanadoo.fr, Fax 04 71 08 74 19* – GB.
1er fév.-30 oct. et fermé lundi midi en juil. et août, dim. soir et lundi hors saison – **Repas** 78 (déj.), 105/160, enf. 60 – 40 – **11 ch** 290 – ½ P 262

Vidal, ✆ 04 71 08 70 50, *Fax 04 71 08 40 14* – AE GB
fermé 15 janv. au 1er mars, dim. soir et mardi sauf juil.-août et lundi soir – **Repas** 120/350 et carte 220 à 360, enf. 70

ST-JULIEN-DE-CREMPSE *24 Dordogne 75 ⑮ – rattaché à Bergerac.*

ST-JULIEN-DE-JONZY *71110 S.-et-L. 73 ⑧ G. Bourgogne – 282 h alt. 508.*

Voir *Portail★ de l'église – Église★ de Semur-en-Brionnais NO : 6 km.*

Paris 373 – Moulins 83 – Roanne 30 – Charolles 32 – Lapalisse 45 – Mâcon 75.

Pont avec ch, ✆ 03 85 84 01 95, *Fax 03 85 84 14 61,* – P. GB
fermé vacances de fév. – **Repas** *(fermé lundi)* 58 (déj.), 89/181 – 37 – **7 ch** 200/305 – ½ P 248/278

ST-JULIEN-DE-JORDANNE *15 Cantal 76 ② – alt. 920 – ✉ 15590 Mandailles-St-Julien.*

Voir *Vallée de Mandailles★★,* G. Auvergne.

Paris 553 – Aurillac 25 – Mauriac 54 – Murat 28.

Touristes, ✆ 04 71 47 94 71, *Fax 04 71 47 91 64,* – P. AE GB
avril-1er oct., vacances de Noël et de fév. – **Repas** *(65)* - 90/125 – 32 – **18 ch** 250 – ½ P 230/260

ST-JULIEN-D'EMPARE *12 Aveyron 79 ⑩ – rattaché à Capdenac-Gare.*

ST-JULIEN-EN-CHAMPSAUR *05500 H.-Alpes 77 ⑯ – 252 h alt. 1050.*

Paris 664 – Gap 18 – Grenoble 96 – La Mure 57 – Orcières 22.

Les Chenets , ✆ 04 92 50 03 15, *Fax 04 92 50 73 06,* – GB
fermé 17 avril au 4 mai, 12 nov. au 27 déc., dim. soir et merc. hors saison – **Repas** 100/200, enf. 50 – 35 – **18 ch** 180/270 – ½ P 265

ST-JULIEN-EN-GENEVOIS *SP 74160 H.-Savoie 74 ⑥ – 7 922 h alt. 460.*

Syndicat d'Initiative (juil.-août) pl. de la Libération ✆ 04 50 35 13 78, Fax 04 50 49 23 03.

Paris 528 – Annecy 36 – Thonon-les-Bains 47 – Bonneville 35 – Genève 11 – Nantua 55.

Savoie Hôtel sans rest, av. L. Armand ✆ 04 50 49 03 55, *mc.levet@wanadoo.fr, Fax 04 50 49 06 23* – P. AE GB
35 – **20 ch** 215/300

Soli sans rest, r. Mgr Paget ✆ 04 50 49 11 31, *Fax 04 50 35 14 64* – P. AE GB
fermé 22 déc. au 2 janv. – 35 – **29 ch** 210/255

Diligence et Taverne du Postillon, av. Genève ✆ 04 50 49 07 55, *Fax 04 50 49 52 31* – AE GB JCB
Taverne du Postillon (sous-sol) *(fermé 6 au 26 août, dim. soir et lundi)* **Repas** 150(déj.), 180/320, enf. 130 – ***Brasserie*** (rez-de-chaussée) *(fermé dim. soir et lundi)* **Repas** *(81)*-120/150, enf. 55

à Bossey *Est : 5 km par N 206 – 486 h. alt. 438 – ✉ 74160 :*

XXX **Ferme de l'Hospital** (Noguier), ☎ 04 50 43 61 43, *Fax 04 50 95 31 53,* 🏡 – ▤ P. AE ⓓ GB
✿ *fermé 1er au 16 août, 1er au 15 fév., dim. et lundi* – **Repas** 190/340 et carte 280 à 430 ♀
Spéc. Ravioli des bois, foie gras et morilles. Féra du Léman rôtie à la peau. Pigeon fermier en vessie aux truffes (déc. à mars). **Vins** Chignin-Bergeron, Mondeuse.

X **Clos,** chemin des Bornants ☎ 04 50 43 60 76, *Fax 04 50 82 05 01,* ≤, 🏡 – GB
fermé 8 au 15 août, 1er au 21 janv., lundi et mardi – **Repas** (nombre de couverts limité, prévenir) carte 280 à 340 ♀

à Viry *Sud-Ouest : 5 km par N 206 – 2 550 h. alt. 504 – ✉ 74580 :*

🏠 **Viry** Ⓜ, ☎ 04 50 04 82 68, *Fax 04 50 04 82 38* – |‡| TV ☎ 🚗 P. AE GB
fermé 28 déc. au 15 janv. – **Repas** 68/145 🍷 – ☕ 35 – **22 ch** 240/270 – 1/2 P 320

rte d'Annecy *Sud : 9,5 km par N 201 – ✉ 74350 Cruseilles :*

🏨 **Rey,** au Col du Mont Sion ☎ 04 50 44 13 29, *Fax 04 50 44 05 48,* ≤, 🏡, 🏊, 🌳, 🎾 – |‡| TV P. GB. ✂ ch
fermé 28 oct. au 12 nov. et 2 au 23 janv. – ***Clef des Champs*** ☎ 04 50 44 13 11 *(fermé 29/10 au 12/11, 2 au 22/01, dim. soir et lundi)* **Repas** 110/300 ♀, enf. 60 – ☕ 40 – **30 ch** 280/495 – 1/2 P 338/445

ST-JULIEN-LE-FAUCON *14140 Calvados* 55 ⑬ *– 520 h alt. 40.*

Paris 190 – Caen 40 – Falaise 32 – Lisieux 14.

X **Auberge de la Levrette,** ☎ 02 31 63 81 20, *Fax 02 31 63 97 05,* « Ancien relais de poste » – GB
fermé 15 déc au 15 janv., dim. soir et lundi – **Repas** 100/195 ♀, enf. 55

ST-JULIEN-SUR-CHER *41320 L.-et-Ch.* 64 ⑱ *– 627 h alt. 110.*

Paris 213 – Bourges 65 – Blois 51 – Châteauroux 61 – Vierzon 26.

X **Les Deux Pierrots,** ☎ 02 54 96 40 07 – GB
fermé 6 au 26 août, lundi et mardi – **Repas** 137/195

Le Guide change, changez de guide tous les ans.

ST-JUNIEN

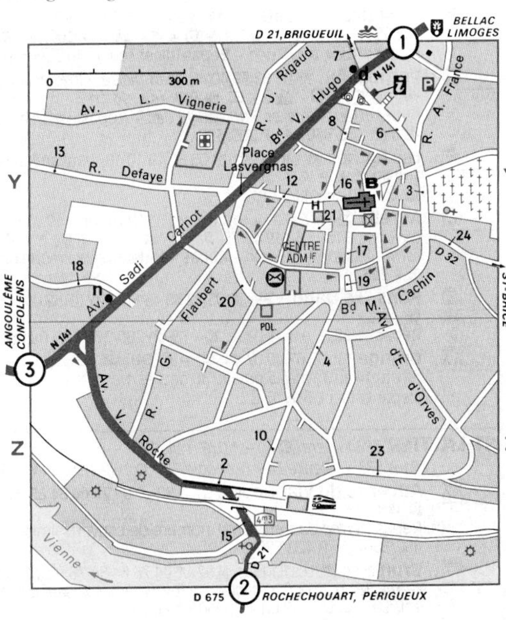

Les plans de villes sont orientés le Nord en haut.

ST-JUNIEN *87200 H.-Vienne* 72 ⑥ *G. Berry Limousin – 10 604 h alt. 240.*

Voir Collégiale★ B.

Office de Tourisme pl. Champ-de-Foire ☎ 05 55 02 17 93, Fax 05 55 02 94 31.

Paris 420 ① – Limoges 31 ① – Angoulême 72 ③ – Bellac 35 ① – Confolens 27 ③.

Plan page précédente

Relais de Comodoliac, 22 av. Sadi-Carnot ☎ 05 55 02 27 26, *Fax 05 55 02 68 79,* – P – 30. AE GB JCB Y n

Repas *(fermé dim. soir de nov. à fév.)* 88/195 ♀, enf. 55 – ☕ 39 – **28 ch** 250/360 – ½ P 300

Boeuf Rouge et Althôtel, 57 bd V. Hugo ☎ 05 55 02 31 84, *Fax 05 55 02 62 40,* – P – 25. AE GB Y d

Repas *(69)* - 89/169 ♀, enf. 49 – ☕ 40 – **51 ch** 250/380 – ½ P 275/350

par ② *rte de Rochechouart, D 675 et rte secondaire : 2 km – ✉ 87200 St-Junien :*

Lauryvan, ☎ 05 55 02 26 04, *lauryvan@nomade.fr, Fax 05 55 02 25 29,* – P. GB
fermé 24 sept. au 8 oct., 2 au 8 janv., vacances de fév., dim. soir et lundi sauf fériés – **Repas** 130/280 ♀ ***L'Auberge :*** **Repas** carte 100 à 150 , enf. 45

ST-JUST-EN-CHEVALET *42430 Loire* 73 ⑦ *– 1 422 h alt. 647.*

Paris 403 – Roanne 31 – Montbrison 47 – St-Étienne 87 – Thiers 36 – Vichy 50.

Londres avec ch, pl. Rochetaillée ☎ 04 77 65 02 42, *Fax 04 77 65 11 71* – . GB
fermé vacances de Toussaint, vend. soir et sam. d'oct. à avril – **Repas** 84/240 ♀ – ☕ 35 – **7 ch** 220/350 – ½ P 290/310

ST-JUSTIN *40240 Landes* 79 ⑫ *– 917 h alt. 90.*

Office de Tourisme pl. des Tilleuls ☎ 05 58 44 86 06, Fax 05 58 4486 06.

Paris 698 – Mont-de-Marsan 25 – Aire-sur-l'Adour 37 – Casteljaloux 49 – Dax 84 – Pau 90.

France avec ch, ☎ 05 58 44 83 61, *Fax 05 58 44 83 89,* – . GB
fermé 14 oct. au 5 nov., jeudi soir, dim. soir et lundi – **Repas** 120/250 **- *Bistro*** *(fermé jeudi soir, dim., lundi et fériés)* **Repas** 70 – ☕ 35 – **8 ch** 245/300

ST-LARY-SOULAN *65170 H.-Pyr.* 85 ⑲ *G. Midi-Pyrénées – 1 108 h alt. 820 – Stat. therm. (2 avril-3 nov.) – Sports d'hiver : 1 680/2 450 m 2 29 .*

Office de Tourisme 37 r. Principale ☎ 05 62 39 50 81, Fax 05 62 39 50 06.

Paris 853 – Bagnères-de-Luchon 44 – Arreau 12 – Auch 105 – St-Gaudens 67 – Tarbes 71.

Mercure Coralia M , ☎ 05 62 99 50 00, *h1254@accor-hotels.com, Fax 05 62 99 50 10,* ←, – P – 35 à 100. AE GB
fermé 1er nov. au 15 déc. – **Repas** (dîner seul.) 140 ♀, enf. 60 – ☕ 60 – **65 ch** 650

Pergola , ☎ 05 62 39 40 46, *jean-pierre.mir@wanadoo.fr, Fax 05 62 40 06 55,* ←, – P – 25. AE GB JCB. ch
fermé 10 au 22 mai et 5 nov. au 15 déc. – **Repas** *(68)* - 85 bc (déj.), 105/220 ♀, enf. 60 – ☕ 40 – **20 ch** 300/360 – ½ P 290/330

Les Arches M sans rest, ☎ 05 62 49 10 10, *hotelarches@aol.com, Fax 05 62 49 10 15,* – P. GB
☕ 40 – **30 ch** 340/370

Aurélia , à Vieille-Aure, au Nord : 1,5 km sur D 19 ☎ 05 62 39 56 90, *contact@hotel-aurelia.com, Fax 05 62 39 43 75,* – P – 20. GB.
fermé 25 sept. au 15 déc. – **Repas** (résidents seul.)(menu unique) – ☕ 40 – **20 ch** 215/275 – ½ P 295

Pons "Le Dahu" , ☎ 05 62 39 43 66, *Fax 05 62 40 00 86,* ←, – P – 30. GB.
rest
Repas 65/85 , enf. 45 – ☕ 40 – **39 ch** 280/300 – ½ P 265/280

Grange, ☎ 05 62 40 07 14, – P. GB.
fermé 14 au 31 mai, 5 nov. au 30 déc. et merc.
Repas 65 (déj.), 98/215 ♀

ST-LATTIER *38840 Isère* 77 ③ *– 1 028 h alt. 170.*

Paris 573 – Valence 34 – Grenoble 72 – Romans-sur-Isère 13 – St-Marcellin 16.

Auberge du Viaduc avec ch, N 92 ☎ 04 76 64 51 65, *Fax 04 76 64 30 93,* – P. GB
Repas *(fermé déc. et mardi)* (nombre de couverts limité, prévenir) 125/155 – ☕ 60 – **7 ch** 450/650 – ½ P 420/580

Brun avec ch, Les Fauries, N 92 ☎ 04 76 64 54 76, *Fax 04 76 64 31 78,* – P. AE GB
fermé 18 au 25 oct., vacances de fév. et dim. soir sauf juil.-août – **Repas** 80 (déj.), 90/250 , enf. 60 – ☕ 35 – **10 ch** 190/230 – ½ P 210

ST-LAURENT-DE-CERDANS *66260 Pyr.-Or.* 86 ⑱ *G. Languedoc Roussillon – 1 489 h alt. 675.*
Syndicat d'Initiative 7 r. Joseph-Nivert ✆ 04 68 39 55 75, Fax 04 68 39 59 59.
Paris 912 – Perpignan 58 – Céret 29.

au Sud-Ouest *par D 3 et rte secondaire : 6,5 km – ✉ 66260 St-Laurent-de-Cerdans :*

Domaine de Falgos M, ✆ 04 68 39 51 42, *falgos@chez.com, Fax 04 68 39 52 30,* «, « Golf, installations de loisirs », – cuisinette – 60. AE GB
fermé 12 nov. au 22 déc. et 7 janv. au 2 fév. sauf week-ends – **Repas** 135 bc/189, enf. 55 – 80 – **13 ch** 450/600, 7 appart, 5 duplex (en été : 1/2pens. seul.) – 1/2 P 590

ST-LAURENT-DE-LA-SALANQUE *66250 Pyr.-Or.* 86 ⑳ *– 7 186 h alt. 2.*
Env. *Fort de Salses★★ NO : 9 km,* G. Languedoc Roussillon.
Syndicat d'Initiative pl. Gambetta ✆ 04 68 28 31 03, Fax 04 68 28 31 03.
Paris 855 – Perpignan 18 – Elne 26 – Narbonne 61 – Quillan 79 – Rivesaltes 12.

Commerce avec ch, 2 bd Révolution ✆ 04 68 28 02 21, *Fax 04 68 28 39 86* – rest, – 25. GB.
fermé 6 au 27 mars, 6 au 27 nov., dim. soir et lundi sauf juil.-août – **Repas** 98/210 – 40 – **14 ch** 220/310 – 1/2 P 245/290

ST-LAURENT-DE-MURE *69720 Rhône* 74 ⑫, 110 ㉖ *– 4 513 h alt. 252.*
Paris 480 – Lyon 20 – Pont-de-Chéruy 15 – La Tour-du-Pin 40 – Vienne 33.

Hostellerie St-Laurent, ✆ 04 78 40 91 44, *Fax 04 78 40 45 41,* – – 15. AE GB
fermé 4 au 27 août, 2 au 10 janv., vend. soir, dim. soir, fériés le soir et sam. – **Repas** 95/300 – 35 – **29 ch** 280/360

ST-LAURENT-DES-ARBRES *30126 Gard* 80 ⑳ *– 1 683 h alt. 60.*
Paris 677 – Avignon 20 – Alès 69 – Nîmes 48 – Orange 22.

Galinette, pl. de l'Arbre ✆ 04 66 50 14 14, *infos@lagalinette.com, Fax 04 66 50 46 30,* « Bel aménagement intérieur », – AE GB. ch
Repas *(fermé dim. soir de sept. à juin et dim. midi en juil.-août)* 69 (déj.), 98/250 – 75 – **10 ch** 520/1275, 3 appart – 1/2 P 525/840

ST-LAURENT-DU-PONT *38380 Isère* 77 ⑤ *G. Alpes du Nord – 4 061 h alt. 410.*
Voir *Gorges du Guiers Mort★★ SE : 2 km – Site★ de la Chartreuse de Curière SE : 4 km.*
Office de Tourisme Vieille-Tour, pl. Mairie ✆ 04 76 06 22 55, Fax 04 76 06 21 21.
Paris 563 – Grenoble 34 – Chambéry 28 – La Tour-du-Pin 42 – Voiron 15.

Voyageurs, r. Pasteur ✆ 04 76 55 21 05, *Fax 04 76 55 12 68,* – . AE GB JCB
fermé 1er au 15 janv., vend. soir et dim. soir sauf juil-août – **Repas** 66/208, enf. 48 – 40 – **14 ch** 190/310 – 1/2 P 191/248

Blache, av. Gare ✆ 04 76 55 29 57, – GB
fermé 16 août au 7 sept., dim. soir et lundi – **Repas** 125/270

ST-LAURENT-DU-VAR *06700 Alpes-Mar.* 84 ⑨, 115 ㉖ *G. Côte d'Azur – 24 426 h alt. 18.*
Voir *Corniche du Var★ N.*
Office de Tourisme 1 promenade des Flots Bleus ✆ 04 92 12 40 00, Fax 04 93 14 92 83, (juin à sept.) Cap 3000 Mail Central ✆ 04 93 70 70 70 et Centre ville ✆ 04 92 27 16 99.
Paris 924 – Nice 10 – Antibes 15 – Cagnes-sur-Mer 6 – Cannes 25 – Grasse 33 – Vence 16.

Voir plan de NICE Agglomération.

au Cap 3000 – ✉ *06700 :*

Novotel M, 40 av. Verdun ✆ 04 93 19 55 55, *h0414@accor-hotels.com, Fax 04 93 19 55 59,* – – 150. AE GB
Repas 100, enf. 50 – 70 – **103 ch** 750/1050

au Port St-Laurent – ✉ *06700 :*

Holiday Inn Resort M, ✆ 04 93 14 80 00, *resort@wanadoo.fr, Fax 04 93 07 21 24,* – – 15 à 150. AE GB JCB. rest
Calypso *(fermé dim. soir et lundi hors saison)* **Repas** 130(dîner)/180, enf. 50 – 95 – **125 ch** 1240/1340

XX **Sant'Ana,** ✆ 04 93 07 02 24, *Fax 04 93 14 90 34,* – . AE GB
fermé 12 au 29 nov., 14 au 31 janv. et lundi sauf fériés – **Repas** 145/190 ♀

XX **Aigue Marine,** promenade Flots Bleus ✆ 04 93 07 84 55, *marine.aigue@libertysurf.fr, Fax 04 93 07 88 68,* ←, – . AE GB
fermé dim. soir du 16 sept. au 14 mai et sam. midi du 15 mai au 15 sept. – **Repas** 128/230 ♀

ST-LAURENT-DU-VERDON *04500 Alpes-de-H.-P.* 81 ⑯ – *74 h alt. 468.*

Paris 796 – Digne-les-Bains 62 – Brignoles 49 – Castellane 73 – Manosque 41.

Moulin du Château , ✆ 04 92 74 02 47, *lmdch@club-internet.fr, Fax 04 92 74 02 97,* , – TV &. GB. rest
15 fév.-15 nov. – **Repas** *(fermé lundi et jeudi)* (dîner seul.)(résidents seul.) 180 ♀ – 50 – **10 ch** 410/580

ST-LAURENT-EN-GRANDVAUX *39150 Jura* 70 ⑮ *G. Jura – 1 781 h alt. 904.*

Paris 444 – Champagnole 23 – Lons-le-Saunier 46 – Morez 11 – Pontarlier 58 – St-Claude 31.

Poste, ✆ 03 84 60 15 39, *Fax 03 84 60 89 03* – . GB
fermé 1er au 15 mai et 20 nov. au 20 déc. – **Repas** 85/130 ♀, enf. 45 – 35 – **10 ch** 230/270 – ½ P 230

If you are held up on the road - from 6pm onwards - confirm your hotel booking by telephone. It is safer and quite an accepted practice.

ST-LAURENT-NOUAN *41220 L.-et-Ch.* 64 ⑧ – *3 686 h alt. 84.*

Office de Tourisme 58 rte Nationale ✆ 02 54 87 01 31, Fax 02 54 87 01 31.
Paris 162 – Orléans 39 – Beaugency 9 – Blois 28 – Romorantin-Lanthenay 43.

Les Bordes , Nord-Est : 6 km par D 925 et rte secondaire ✆ 02 54 87 72 13, *golf-les-bordes@wanadoo.fr, Fax 02 54 87 78 61,* ←, , – TV P – 30. AE GB.
fermé déc. et janv. – **Repas** *(120)* - 180 (déj.)/230 ♀ – 75 – **40 ch** 895/995

Verger sans rest, rte de Blois ✆ 02 54 87 22 22, *Fax 02 54 87 22 82,* – TV P. AE GB JCB
34 – **15 ch** 240/290

ST-LAURENT-SUR SAÔNE *01 Ain* 69 ⑲ – *rattaché à Mâcon.*

ST-LAURENT-SUR-SÈVRE *85290 Vendée* 67 ⑤ *G. Poitou Vendée Charentes – 3 247 h alt. 121.*

Paris 363 – Angers 73 – La Roche-sur-Yon 59 – Bressuire 36 – Cholet 15 – Nantes 70.

XX **Chaumière** avec ch, La Trique-N 149 ✆ 02 51 67 88 12, *Fax 02 51 67 82 87,* « Auberge vendéenne », , – TV P. AE GB
fermé 24 au 30 déc. – **Repas** *(fermé sam. midi de nov. à mai) (89)* - 110 (déj.), 145/350 ♀, enf. 69 – 60 – **20 ch** 390/690 – ½ P 490/590

ST-LÉGER-EN-YVELINES *78610 Yvelines* 60 ⑧, 106 ㉗ – *1 074 h alt. 150.*

Paris 56 – Chartres 54 – Dreux 34 – Mantes-la-Jolie 39 – Rambouillet 12 – Versailles 36.

Chêne Pendragon sans rest, 17 r. Croix Blanche ✆ 01 34 86 30 11, *Fax 01 34 86 35 08,* – TV P – 20. GB
50 – **18 ch** 350/550

XX **Belle Aventure** avec ch, ✆ 01 34 86 31 35, *Fax 01 34 86 36 85,* , – . GB. ch
fermé 30 juil. au 19 août – **Repas** *(fermé dim. soir et lundi)* 164 – 60 – **8 ch** 350/500 – ½ P 400/475

ST-LÉGER-LES-MÉLÈZES *05260 H.-Alpes* 77 ⑯ *G. Alpes du Nord – 182 h alt. 1250 – Sports d'hiver : 1 260/2 000 m 15 .*

Paris 671 – Gap 20 – Grenoble 103.

L'Écureuil, ✆ 04 92 50 40 49, *Fax 04 92 50 71 64,* ←, , – P – 15 à 60. GB. rest
15 juin-15 sept. et 26 déc.-20 mars – **Repas** 80/120, enf. 40 – 40 – **40 ch** 250/310 – ½ P 255/270

ST-LÉONARD-DE-NOBLAT 87400 H.-Vienne 72 ⑱ *G. Berry Limousin – 5 024 h alt. 347.*

Voir *Église★ : clocher★★.*

Office de Tourisme pl. du Champ-de-Mars ☎ 05 55 56 25 06, Fax 05 55 56 36 97.

Paris 402 – Limoges 21 – Aubusson 68 – Brive-la-Gaillarde 100 – Guéret 62.

Grand St-Léonard (Vallet), 23 av. Champs de Mars ☎ 05 55 56 18 18, *Fax 05 55 56 98 32* – TV – 15. AE ⓓ GB
fermé 19/11 au 13/12, vacances de fév., mardi midi hors saison et lundi sauf le soir du 15 juin au 15 sept. – **Repas** 145/340 et carte 280 à 430 – 55 – **13 ch** 320/350 – 1/2 P 450
Spéc. Terrine de foie de canard au Sauternes. Filet de sole aux cèpes (sept. à déc.). Coeur de filet de boeuf au cahors et à la moelle.

Modern sans rest, 6 bd A. Pressemane ☎ 05 55 56 00 25 – TV. GB
fermé 2 au 30 avril et mardi sauf juil.-août – 40 – **7 ch** 250/300

Gay Lussac, 18 r. Egalité ☎ 05 55 56 98 45, – GB
fermé dim. soir et lundi sauf juil.-août – **Repas** 65 (déj.), 90/140 ♀, enf. 35

ST-LEU-LA-FORÊT *95 Val d'Oise* 55 ⑳,, 101 ④ – *voir à Paris, Environs.*

ST-LÔ Ⓟ *50000 Manche* 54 ⑬ *G. Normandie Cotentin – 21 546 h alt. 20.*

Voir *Haras national★ – Tenture des Amours de Gombaut et Macée du musée des Beaux-Arts.*

Office de Tourisme (fermé le dim.) pl. du Gén.-de-Gaulle ☎ 02 33 77 60 35, Fax 02 33 77 60 36.

Paris 305 ② – Caen 75 ② – Cherbourg 80 ⑦ – Laval 156 ⑤ – Rennes 140 ⑤.

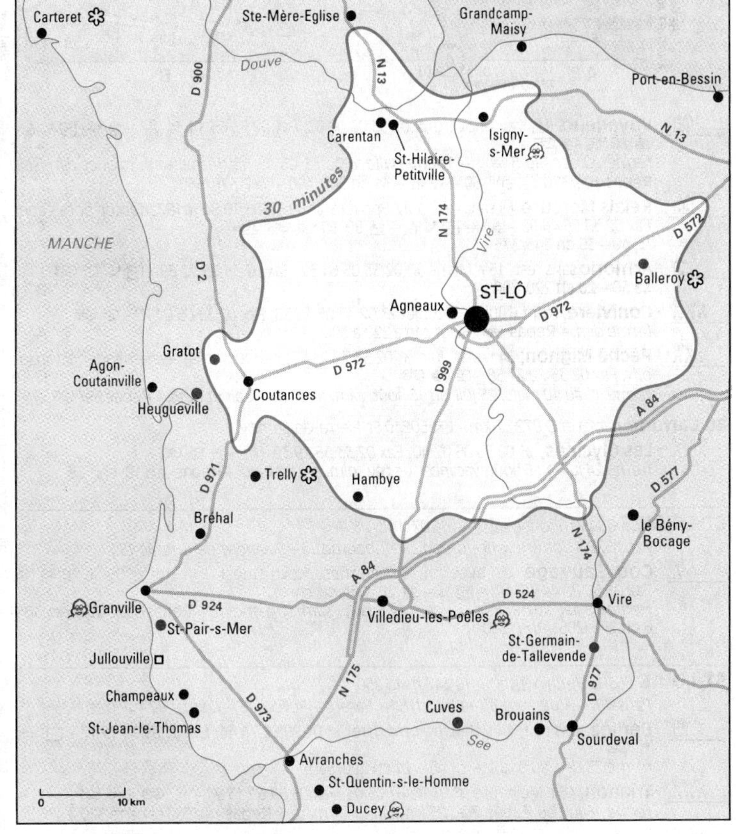

ST-LÔ

Alsace-Lorraine (R.) . . . . . A 2
Baltimore (R. de) . . . . A 3
Beaucoudray (R. de) . . . . A 5
Belle (R. du) . . . . A 7
Briovère (Av. de) . . . . A 8
Champ-de-Mars (Pl.) . . . . B 9
Feuillet (R. Octave) . . . . . A 12
Gaulle (Pl. Gén.-de) . . . . . A 13
Gerhardt (R. Gén.) . . . . . . B 14
Grimouville (R. de) . . . . . . A 16
Havin (R.) . . . . A 17
Houssin-Dumanoir (R.) . . . . A 18
Lattre-de-T. (R. Mar.-de) . B 19
Leclerc (R. Mar.) . . . . B
Mesnilcroc (R. du) . . . . . . B 22
Neufbourg (R. du) . . . . . . B 23
Notre-Dame (Parvis) . . . . A 24
Noyers (R. des) . . . . A 27
Poterne (R. de la) . . . . . . A 28
Ste-Croix (Pl.) . . . . B 30
St-Thomas (R.) . . . . A
Torteron (R.) . . . . A
Vieillard de Boismartin (R.) . . . . B 31
80e-et-136e Territorial (R. des) . . . . A 33

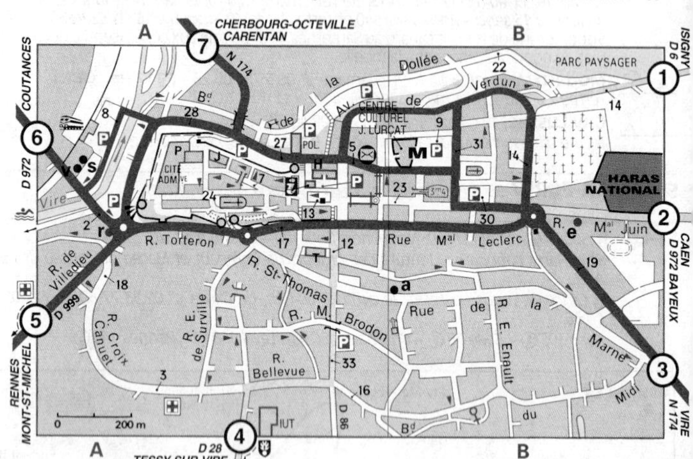

Voyagers Ⓜ, 5 av. Briovère ☎ 02 33 05 08 63, *Fax 02 33 05 14 34*, – ⎆ ⇆ TV ☏ ♿ – 🏛 80. AE ⓓ GB — A s
fermé 20 déc. au 5 janv. – **Tocqueville** ☎ 02 33 05 15 15 *(fermé sam. midi et dim. soir)*
Repas 105/320 ♀, , enf. 50 – ☕ 42 – **31 ch** 340/490 – ½ P 320/360

Relais Mercure Ⓜ sans rest, 1 av. Briovère ☎ 02 33 05 10 84, *h1072@accor-hotels.com*, *Fax 02 33 56 46 92* – ⎆ ⇆ TV ☏ ♿ – 🏛 80. AE ⓓ GB JCB — A v
☕ 40 – **35 ch** 345/375

Armoric sans rest, 15 r. Marne ☎ 02 33 05 61 32, *Fax 02 33 05 12 68* – TV ☏. AE GB — B a
☕ 30 – **20 ch** 220/290

XXX **Gonivière,** rd-pt 6 Juin (1er étage) ☎ 02 33 05 15 36, *Fax 02 33 05 01 72* – AE GB — A r
fermé dim. – **Repas** 110/280 et carte 220 à 390

XX **Péché Mignon,** 84 r. Mar. Juin ☎ 02 33 72 23 77, *restaurant-le-peche-mignon@wanadoo.fr*, *Fax 02 33 72 27 58* – AE ⓓ GB — B e
fermé 1er au 10 mars, 25 juil. au 15 août, sam. midi, dim. soir et lundi – **Repas** 89/325 ♀

au Calvaire *par ② et D 972 : 7 km – ✉ 50810 St-Pierre-de-Semilly :*

XXX **Les Glycines,** ☎ 02 33 05 02 40, *Fax 02 33 56 29 32*, – P. AE GB
fermé 24 juil. au 6 août, vacances de fév., dim. soir et lundi – **Repas** 98/318, enf. 58

ST-LOUBÈS *33450 Gironde* **71** ⑨ – *6 207 h alt. 28.*

Paris 572 – Bordeaux 19 – Créon 22 – Libourne 19 – St-André-de-Cubzac 13.

X **Coq Sauvage** avec ch, à Cavernes, Nord-Ouest : 4 km ☎ 05 56 20 41 04, *Fax 05 56 20 44 76*, – TV ☏ – 🏛 20. GB. ✗ ch
fermé 28 juil. au 19 août, 22 déc. au 6 janv., sam. soir et dim. – **Repas** 115/185 – ☕ 30 – **6 ch** 275/285 – ½ P 280

ST-LOUIS *68300 H.-Rhin* **66** ⑩ – *19 547 h alt. 250.*

Paris 497 – Mulhouse 30 – Altkirch 31 – Basel 6 – Belfort 73 – Colmar 62 – Ferrette 25.

Berlioz sans rest, 14 r. Henner (près gare) ☎ 03 89 69 74 44, *Fax 03 89 70 19 17* – TV P. GB
fermé 23 déc. au 8 janv. – ☕ 45 – **21 ch** 290/360

XXX **Trianon,** 46 r. Mulhouse ☎ 03 89 67 03 03, *Fax 03 89 69 15 94* – ▤. GB JCB. ✗
fermé 16 juil. au 7 août, 7 au 23 janv., lundi et mardi – **Repas** 140/360 et carte 320 à 470 ♀

à Huningue *Est : 2 km par D 469 – 6 252 h. alt. 245 – ✉ 68330 :*

Tivoli, 15 av. Bâle ✆ 03 89 69 73 05, *info@tivoli.fr, Fax 03 89 67 82 44* – |‡|, ▤ rest, TV P. AE GB
Repas *(fermé 23 juil. au 16 août, 23 déc. au 6 janv., sam. midi et dim.)* 145/385 ♀, enf. 55 – ☕ 55 – **41 ch** 400/450 – ½ P 320/400

à Village-Neuf *Nord-Est : 3 km par N 66 et D 21 – 2 920 h. alt. 240 – ✉ 68128 :*

Mayer, 2 r. St-Louis ✆ 03 89 67 11 15, *Fax 03 89 69 45 08,* – P. GB
fermé 15 juil. au 31 août, 24 déc. au 2 janv., sam. et dim. sauf d'avril à juin – **Repas** 245/330 ♀

à Hésingue *Ouest : 4 km par D 419 – 1 713 h. alt. 290 – ✉ 68220 :*

Au Boeuf Noir, ✆ 03 89 69 76 40, *Fax 03 89 67 77 29,* – ▤. AE GB
fermé 15 juil. au 31 août, vacances de fév., sam. midi, lundi midi et dim. – **Repas** 190/360 et carte 270 à 400 ♀

Au Cheval Blanc, 4 r. Gén. de Gaulle ✆ 03 89 69 70 73, *Fax 03 89 69 70 73* – GB
fermé 28 juil. au 18 août, mardi soir et merc. – **Repas** 155 (déj.), 198/392 ♀

ST-LOUIS-DE-MONTFERRAND *33440 Gironde 71 ⑧ – 1 808 h alt. 1.*

Paris 574 – Bordeaux 16 – Blaye 40 – Libourne 32 – St-André-de-Cubzac 13.

Relais du Marais, ✆ 05 56 77 41 19 – P. GB.
fermé 14 juil. au 15 août, 24 déc. au 1er janv., sam. et dim. – **Repas** 65 bc (déj.), 105/165

ST-LOUP-DE-VARENNES *71 S.-et-L. 69 ⑨ – rattaché à Chalon-sur-Saône.*

ST-LOUP-SUR-SEMOUSE *70800 H.-Saône 66 ⑥ – 4 677 h alt. 247.*

Paris 363 – Épinal 42 – Bourbonne-les-Bains 48 – Gray 83 – Remiremont 35 – Vesoul 36.

Trianon, pl. J.-Jaurès ✆ 03 84 49 00 45, *Fax 03 84 94 22 34,* – TV. AE GB
fermé sam. midi – **Repas** 78/200 , enf. 45 – ☕ 38 – **13 ch** 210/260 – ½ P 205

ST-LYPHARD *44410 Loire-Atl. 63 ⑭ G. Bretagne – 2 889 h alt. 12.*

Voir *Clocher de l'église* ✳★★.
Office de Tourisme pl. de l'Église ✆ 02 40 91 41 34, Fax 02 40 91 34 96.
Paris 451 – Nantes 75 – La Baule 17 – Redon 42 – St-Nazaire 22.

Les Chaumières du Lac et Auberge Les Typhas M, rte Herbignac ✆ 02 40 91 32 32, *Fax 02 40 91 30 33,* , « Décoration intérieure soignée », – TV ✆ ♿ P – 🏊 20. AE GB
5 mars-1er nov. – **Repas** *(fermé mardi)* 110/270 – ☕ 50 – **20 ch** 420/580 – ½ P 400/470

rte de St-Nazaire *Sud : 3 km par D 47 – ✉ 44410 St-Lyphard :*

Nézil, ✆ 02 40 91 41 41, *Fax 02 40 91 45 39,* , – P. GB
fermé 12/11 au 3/12, vacances de fév., merc. soir d'oct. à mars, dim. soir sauf du 15/07 au 26/08 et lundi – **Repas** 122/260, enf. 50

à Bréca *Sud : 6 km par D 47 et rte secondaire – ✉ 44410 St-Lyphard :*

Auberge de Bréca, ✆ 02 40 91 41 42, *aubergedebreca@wanadoo.fr, Fax 02 40 91 37 41,* , « Chaumière briéronne dans un jardin fleuri », – AE GB
fermé 20 déc. au 11 janv., dim. soir et jeudi sauf juil.-août – **Repas** 135/255 ♀, enf. 60

à Kerbourg *Sud-Ouest : 6 km par D 51 (rte de Guérande) – ✉ 44410 St-Lyphard :*

Auberge de Kerbourg (Jeanson), ✆ 02 40 61 95 15, *Fax 02 40 61 98 64,* , « Chaumière briéronne aménagée avec élégance », – P. GB
fermé 25 déc. au 14 fév., mardi midi, dim. soir et lundi – **Repas** (en saison, prévenir) 160 (déj.), 220/400 et carte 280 à 390
Spéc. Alose de Loire (avril-mai). Poissons nobles de nos côtes. Pigeonneau. **Vins** Montlouis, Chinon

---

ST-MACAIRE *33 Gironde 79 ② – rattaché à Langon.*

ST-MACAIRE-EN-MAUGES *49450 M.-et-L. 67 ⑤ – 5 543 h alt. 101.*

Paris 355 – Angers 62 – Ancenis 40 – Cholet 12 – Nantes 50.

Gâtine, ✆ 02 41 55 30 23, *Fax 02 41 46 11 30* – TV ✆ . GB.
fermé 18 juil. au 8 août, – **Repas** *(fermé dim. soir, soirs fériés et lundi)* 72/200 ♀ – ☕ 30 – **15 ch** 130/290 – ½ P 200/245

ST-MAIXENT-L'ÉCOLE *79400 Deux-Sèvres 68 ⑫ G. Poitou Vendée Charentes – 6 893 h alt. 85.*

Voir *Église abbatiale★ – Musée militaire (série d'uniformes★).*

Office de Tourisme Porte Châlon ☎ 05 49 05 54 05, Fax 05 49 05 76 25.

Paris 386 – Poitiers 51 – Angoulême 106 – Niort 24 – Parthenay 30.

Logis St-Martin ⛫, chemin Pissot ☎ 05 49 05 58 68, *Fax 05 49 76 19 93*, « Demeure du 17e siècle », – TV ☏ P. AE ⓓ GB JCB. *fermé janv.* – **Repas** *(fermé mardi midi, sam. midi et lundi)* (145) - 185 (déj.), 260/395 ♀ – ☕ 75 – **11 ch** 540/720 – ½ P 590/720

Lika, rte Niort ☎ 05 49 05 63 64, *Fax 05 49 05 53 63*, – TV ☏ P – 🏛 25. AE ⓓ GB *fermé 21 déc. au 7 janv.* – **Repas** *(fermé sam. sauf juil.-août et dim.)* (70) - 88/150 ♁, enf. 38 – ☕ 38 – **20 ch** 230/250 – ½ P 230/250

à Soudan *Est : 7,5 km par N 11 – 306 h. alt. 155 – ✉ 79800.*

Voir *Musée des Tumulus de Bougon★★.*

L'Orangerie avec ch, ☎ 05 49 06 56 06, *Fax 05 49 06 56 10*, – TV ☏ P. AE GB *fermé 12 nov. au 12 déc., dim. soir et merc.* – **Repas** 100/250 ♀ – ☕ 38 – **7 ch** 220/260 – ½ P 300/500

ST-MALO ⟨SP⟩ *35400 I.-et-V. 59 ⑥ G. Bretagne – 48 057 h alt. 5 – Casino* **AXY.**

Voir *Remparts★★★ – Château★★ : musée d'Histoire de la ville et d'Ethnographie du pays malouin★* **M²**, *tour Quic-enroigne★* **DZ E** – *Fort national★ : ≤★★ 15 mn – Vitraux★ de la cathédrale St-Vincent – Grand Aquarium★★ par ③ – Rothéneuf : musée-manoir Jacques-Cartier★, 3 km par ① – St Servan sur Mer : corniche d'Aleth≤★, tour Solidor★, échapées du parc des Corbières★, belvédère du Rosais★.*

✈ *de Dinard-Pleurtuit-St-Malo : ☎ 02 99 46 18 46, par ③ : 14 km.*

Office de Tourisme espl. St-Vincent ☎ 02 99 56 64 48, Fax 02 99 56 67 00.

Paris 419 ③ – Avranches 68 ③ – Dinan 33 ③ – Rennes 73 ③ – St-Brieuc 72 ③.

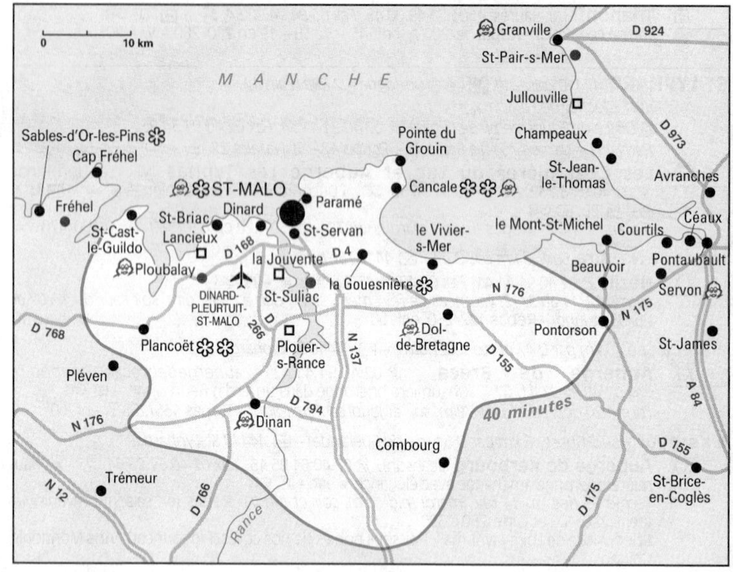

Intra muros :

Central, 6 Gde rue ☎ 02 99 40 87 70, *centralbw@aol.com, Fax 02 99 40 47 57* – 🛗 TV – 🏛 25. AE ⓓ GB JCB — DZ n
Pêcherie : Repas 125/320 ♀, enf. 75 – ☕ 60 – **50 ch** 620/980 – ½ P 520/575

Ajoncs d'Or sans rest, 10 r. Forgeurs ☎ 02 99 40 85 03, *hotel-ajoncs-dor@wanadoo.fr, Fax 02 99 40 80 70* – 🛗 TV. AE ⓓ GB JCB. — DZ a
25 fév.-12 nov. – ☕ 52 – **22 ch** 460/640

Cité sans rest, 26 r. Ste-Barbe ✉ 35400 ☎ 02 99 40 55 40, *Fax 02 99 40 10 04* – AE GB JCB DZ v
58 – **41 ch** 432/650

Quic en Groigne sans rest, 8 r. d'Estrées ☎ 02 99 20 22 20, *rozenn.roualec@wanadoo.fr, Fax 02 99 20 22 30* – AE GB JCB DZ u
40 – **15 ch** 305/400

Palais sans rest, 8 r. Toullier ☎ 02 99 40 07 30, *Fax 02 99 40 29 53* – AE GB JCB DZ k
20 avril-5 janv. – 40 – **18 ch** 300/350

Jean Bart sans rest, 12 r. Chartres ☎ 02 99 40 33 88, *Fax 02 99 40 33 88* – GB DZ b
15 mars-15 nov. – 40 – **18 ch** 296/385

Cartier sans rest, 1 r. Corne de Cerf ☎ 02 99 56 30 00, *Fax 02 99 56 55 54* – GB. DZ q
1er avril-15 nov. – 40 – **22 ch** 270/450

Chalut (Foucat), 8 r. Corne de Cerf ☎ 02 99 56 71 58, *Fax 02 99 56 71 58* – AE GB DZ d
fermé mardi sauf le soir en saison et lundi – **Repas** (nombre de couverts limité, prévenir) 115/270 et carte 240 à 340 ♀
Spéc. Étuvé de Saint-Pierre aux champignons sauvages. Noix de Saint-Jacques rôties en vinaigrette au jus de truffe (oct. à mai). Bar de ligne en gratin d'artichauts

A la Duchesse Anne (Thirouard), 5 pl. Guy La Chambre ☎ 02 99 40 85 33, *Fax 02 99 40 00 28*, – GB. DZ e
fermé déc., janv., dim. soir, lundi midi hors saison et merc. – **Repas** carte 200 à 320
Spéc. Foie gras de canard. Homard grillé "Duchesse Anne". Tarte Tatin (oct. à juin).

Delaunay, 6 r. Ste-Barbe ☎ 02 99 40 92 46, *Fax 02 99 56 88 91* – GB DZ x
fermé lundi sauf en juil.-août et dim. – **Repas** 140/190

Gilles, 2 r. Pie qui boit ☎ 02 99 40 97 25 – GB DZ t
fermé 19 nov. au 13 déc., vacances de fév., merc. sauf le soir en août et jeudi du 15 nov. à Pâques – **Repas** (nombre de couverts limité, prévenir) 94/185 ♀, enf. 62

Ancrage, 7 r. J. Cartier ☎ 02 99 40 15 97, – GB DZ r
fermé 20 déc. au 1er fév., mardi et merc. – **Repas** - produits de la mer - 75 (déj.), 95/170 ♀

St-Malo Est et Paramé – ✉ *35400 St-Malo* :

Grand Hôtel des Thermes, aux Thermes marins, 100 bd Hébert ☎ 02 99 40 75 75, *thalasso@st-malo.com, Fax 02 99 40 76 00*, centre de thalassothérapie, – rest, – 50. AE GB JCB. rest BX n
fermé 7 au 28 janv. – ***Cap Horn*** ☎ 02 99 40 75 40 **Repas** 150/420 ♀, enf. 65 – ***Verrière*** : **Repas** 175/220 ♀, enf. 65 – 85 – **181 ch** 685/1930, 7 appart – 1/2 P 830/1330

Océania sans rest, 2 r. Joseph Loth ☎ 02 99 56 84 84, *Fax 02 99 56 45 73*, – AE GB AY d
65 – **70 ch** 560/900

Villefromoy sans rest, 7 bd Hébert ☎ 02 99 40 92 20, *villefromoy.hotel@wanadoo.fr, Fax 02 99 56 79 49* – AE GB JCB CX s
24 mars-11 nov. – 55 – **21 ch** 550/750

Alexandra, 138 bd Hébert ☎ 02 99 56 11 12, *hotel.alexandre@gofornet.com, Fax 02 99 56 30 03*, – rest, – 20. AE GB JCB BX h
fermé janv. – **Repas** 98/340 ♀, enf. 50 – 60 – **40 ch** 820 – 1/2 P 510/580

Grand Hôtel Courtoisville, 69 bd Hébert ☎ 02 99 40 83 83, *gd.hotel.de.courtoisville@wanadoo.fr, Fax 02 99 40 57 83*, – GB. rest BX a
mi-fév.-mi-nov. et vacances de Noël – **Repas** *(mi-fév.-mi-nov.)* 138/190 ♀, enf. 70 – 58 – **44 ch** 720/900 – 1/2 P 495/590

Brocéliande sans rest, 43 chaussée Sillon ☎ 02 99 20 62 62, *hotel-broceliande@wanadoo.fr, Fax 02 99 40 42 47*, – AE GB. BX v
fermé 26 nov. au 11 janv. – 52 – **9 ch** 580

Les Acacias sans rest, 8 bd Hébert ☎ 02 99 56 01 19, *Fax 02 99 56 17 81*, – GB. CX d
fermé 20 nov. au 20 déc. et 7 janv. au 1er fév. – 36 – **23 ch** 300/590

Ibis Plage sans rest, 58 chaussée Sillon ☎ 02 99 40 57 77, *Fax 02 99 40 57 78* – AE GB BXY t
39 – **60 ch** 400/570

Eden sans rest, 1 r. Étang ☎ 02 99 40 23 48, *Fax 02 99 40 55 86* – AE GB CX b
fermé 15 janv. au 15 mars – 35 – **27 ch** 350/400

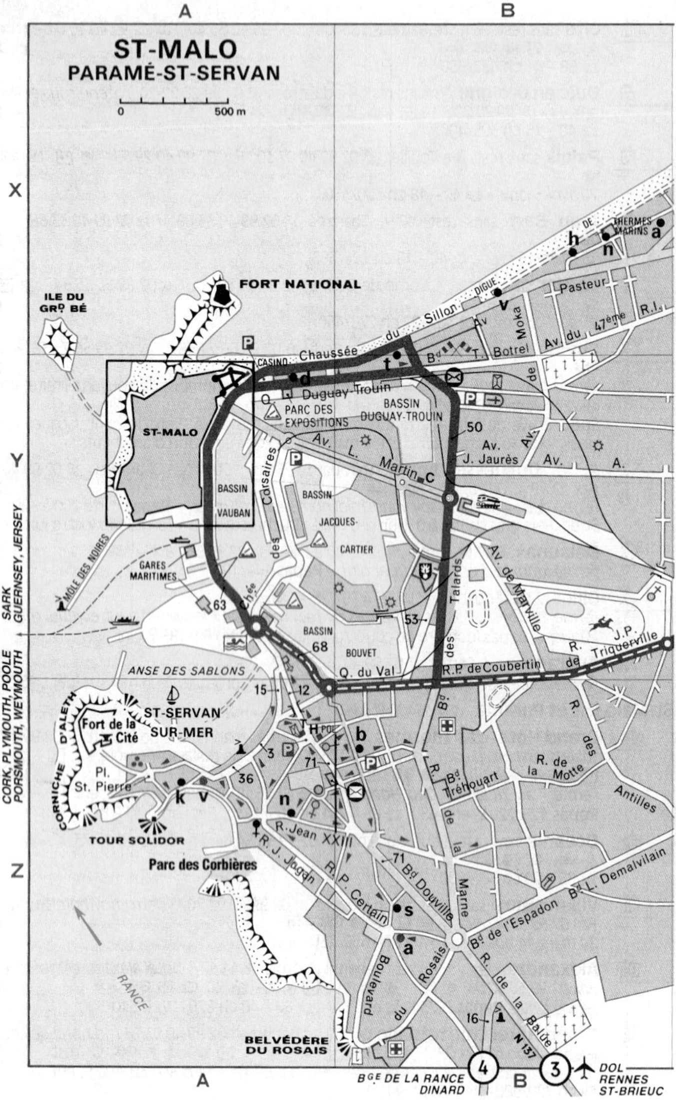

à St-Servan-sur-Mer – ✉ *35400 St-Malo* :

Valmarin sans rest, 7 r. Jean XXIII ☎ 02 99 81 94 76, *Fax 02 99 81 30 03*, « Élégante malouinière du 18e siècle, parc », – TV ☎ P. AE GB — AZ n
☕ 60 – **12 ch** 600/850

Rance M sans rest, 15 quai Sébastopol (port Solidor) ☎ 02 99 81 78 63, *Fax 02 99 81 44 80*, ≤, « Mobilier ancien » – TV ☎ . AE GB JCB. — AZ k
☕ 51 – **11 ch** 435/535

Korrigane sans rest, 39 r. Le Pomellec ☎ 02 99 81 65 85, *la.korrigane.st.malo@wanadoo.fr*, *Fax 02 99 82 23 89*, – TV. AE GB JCB — BZ b
☕ 75 – **12 ch** 600/950

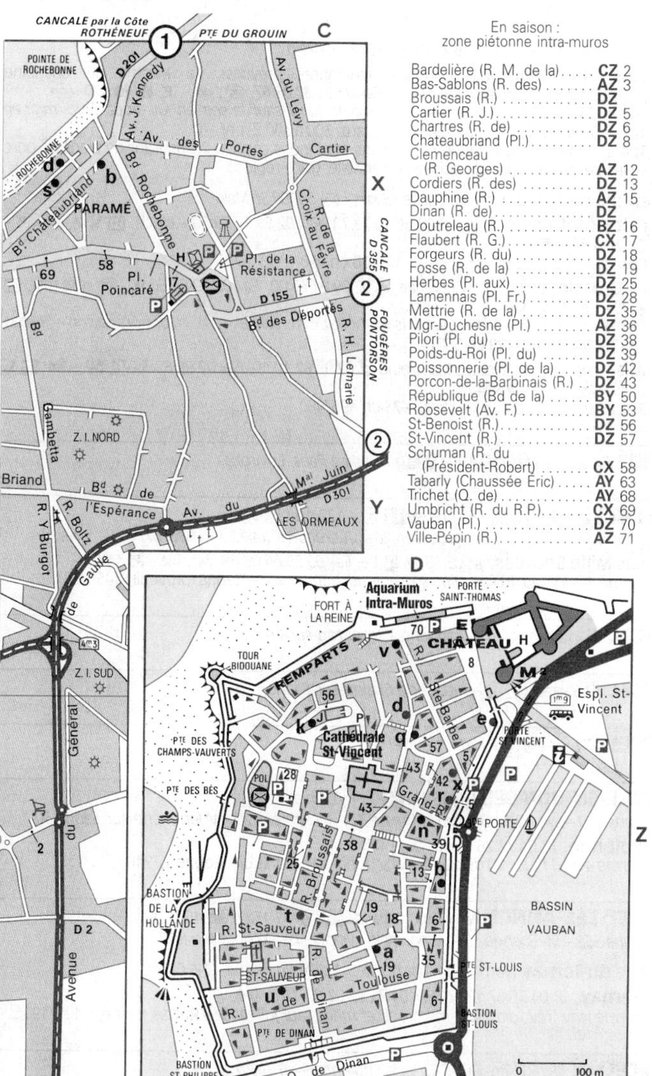

🏠 **Ascott** 🌿 sans rest, 35 r. Chapitre ✆ 02 99 81 89 93, *Fax 02 99 81 77 40*, 🌳 – 📺. AE GB — BZ s
☕ 50 – **10 ch** 500/600

✗✗ **St-Placide,** 6 pl. Poncel ✆ 02 99 81 70 73, *Fax 02 99 81 89 49* – AE GB — BZ a
fermé 1er au 15 oct., mardi soir hors saison et merc. – **Repas** 128/228 🍷, enf. 65

✗ **L'Atre,** 7 espl. Cdt Menguy (port Solidor) ✆ 02 99 81 68 39, *Fax 02 99 81 56 18*, ← – AE GB. 🚫 — AZ v
fermé mi-déc. à fin janv., dim. soir et mardi soir de sept. à juin et merc. – **Repas** 98/198 🍷, enf. 78

18

rte de Cancale *par ② sur D 355 : 6 km – ✉ 35400 St-Malo :*

XXX **Clos du Chanoine** (Langrée) (chambres prévues), La Mettrie au Chanoine ✆ 02 99 82 84 57, *chanoine@free.fr, Fax 02 99 82 08 67,* – P. AE GB JCB
fermé 25 au 30 juin, vacances de Toussaint, lundi sauf le soir en juil.-août, jeudi midi en juil.-août et merc. – **Repas** 130/450 et carte 300 à 390 ♀, enf. 70
Spéc. Saint-Pierre au gingembre, citrons et oignons confits. Croustillant de pieds de porc au jus de truffe. Gratin de poires à la cannelle, glace réglisse.

rte de Rennes *par ③ et av. Gén. de Gaulle : 3 km – ✉ 35400 St-Malo :*

Brit Hôtel Transat M, ✆ 02 99 19 79 79, *Fax 02 99 19 79 50* – ch, TV P – 20 à 80. GB
Repas *(69)* - 89/119 ♀, enf. 45 – 37 – **30 ch** 450 – ½ P 370

La Grassinais M, 12 r. Grassinais ✆ 02 99 81 33 00, *Fax 02 99 81 60 90,* – rest, TV P – 25. AE GB
fermé 20 déc. au 30 janv., lundi (sauf hôtel) dim. soir et sam. midi hors saison – **Repas** 110/280 ♀ – 40 – **29 ch** 360/420

Ibis, centre commercial La Madeleine ✆ 02 99 82 10 10, *Fax 02 99 82 35 74,* – TV P – 30. AE GB
Repas *(75)* - 95 ♀, enf. 39 – 40 – **73 ch** 395/480

ST-MANDÉ *94 Val-de-Marne* 56 ⑪, 101 ㉗ – *voir à Paris, Environs.*

ST-MARC-A-LOUBAUD *23460 Creuse* 72 ⑳ – *122 h alt. 705.*
Paris 420 – Limoges 78 – Aubusson 28 – Guéret 56 – Tulle 89 – Ussel 57.

X **Les Mille Sources,** ✆ 05 55 66 03 69, *Fax 05 55 66 03 69,* – P. GB
fermé 1er déc. au 10 fév., dim. soir et lundi hors saison – **Repas** (prévenir) 145/225

ST-MARCEL *36 Indre* 68 ⑰ ⑱ – *rattaché à Argenton-sur-Creuse.*

ST-MARCEL *71 S.-et-L.* 69 ⑨ – *rattaché à Chalon-sur-Saône.*

ST-MARCEL *27 Eure* 55 ⑰ – *rattaché à Vernon.*

ST-MARCEL-EN-DOMBES *01390 Ain* 74 ② – *786 h alt. 265.*
Paris 440 – Lyon 27 – Bourg-en-Bresse 37 – Meximieux 25 – Villefranche-sur-Saône 30.

X **Colonne,** ✆ 04 72 26 11 06, – GB
fermé 4 au 11 juil., 20 déc. au 20 janv., lundi soir et mardi – **Repas** 89/210

ST-MARCEL-LÈS-ANNONAY *07100 Ardèche* 76 ⑨ – *1 152 h alt. 450.*
Paris 538 – St-Étienne 35 – Annonay 9 – Vienne 49 – Yssingeaux 56.

au Barrage du Ternay *Nord : 2 km par D 306 G. Vallée du Rhône – ✉ 07100 :*

X **Ternay,** ✆ 04 75 67 12 03, *Fax 04 75 32 02 80,* – GB
fermé janv., fév., dim. soir, mardi soir et merc. sauf juil.-août – **Repas** 105 (déj.), 129/198 ♀

ST-MARCELLIN *38160 Isère* 77 ③ *G. Vallée du Rhône – 6 696 h alt. 282.*
Office de Tourisme 2 av. Collège ✆ 04 76 38 53 85, Fax 04 76 38 17 32.
Paris 563 – Grenoble 55 – Valence 47 – Die 75 – Vienne 74 – Voiron 48.

Savoyet-Serve, 16 bd Gambetta ✆ 04 76 38 24 31, *Fax 04 76 64 02 99* – , rest, TV P – 30. AE GB
fermé vend. soir (sauf hôtel) et dim. soir – **Repas** 90/230 – 35 – **38 ch** 210/380 – ½ P 260/340

XX **Tivollière,** Château du Mollard ✆ 04 76 38 21 17, *Fax 04 76 64 02 99,* ≤, – P. GB
fermé 2 au 8 janv., dim. soir, merc. soir et lundi – **Repas** 138/285

Donnez-nous votre avis sur les tables que nous recommandons, sur leurs spécialités et leurs vins de pays.

ST-MARCELLIN-EN-FOREZ *42680 Loire* 73 ⑱ – *3 133 h alt. 390.*

Paris 475 – St-Étienne 26 – Craponne-sur-Arzon 43 – Feurs 34 – Montbrison 16.

XX **Manoir du Colombier,** ✆ 04 77 52 90 37, *Fax 04 77 52 90 37,* terrasse, « Demeure du 17e siècle » – P. GB
fermé 1er au 15 janv., mardi soir et merc. – **Repas** 98/280

ST-MARTIN-BELLE-ROCHE *71 S.-et-L.* 70 ⑪ – *rattaché à Mâcon.*

ST-MARTIN-BELLEVUE *74370 H.-Savoie* 74 ⑥ – *1 412 h alt. 732.*

Paris 537 – Annecy 11 – Aix-les-Bains 43 – La Clusaz 39 – Genève 39 – Rumilly 34.

Beau Séjour ⛰, à la gare : 1 km ✆ 04 50 60 30 32, *hotelbs@aol.com, Fax 04 50 60 38 44,* terrasse, jardin – ascenseur TV P. GB
15 mars-15 déc. – **Repas** *(fermé dim. soir et lundi sauf août)* 80/210 ♀ – ☕ 40 – **32 ch** 260/360 – ½ P 265/320

ST-MARTIN-D'ARMAGNAC *32 Gers* 82 ② – *rattaché à Nogaro.*

Au moment de chercher un hôtel ou un restaurant, soyez efficace. Sachez utiliser les noms ***soulignés en rouge*** *sur les* ***cartes Michelin*** *à 1/200 000.*

Mais ayez une carte à jour!

ST-MARTIN-DE-BELLEVILLE *73440 Savoie* 74 ⑰ *G. Alpes du Nord – 2 341 h alt. 1450 – Sports d'hiver : 1 450/2 850 m* ⛷ *6* ⛷ *40* ⛷.

Paris 653 – Albertville 42 – Chambéry 91 – Moûtiers 15.

St-Martin M ⛰, ✆ 04 79 00 88 00, *hotel-stmartin@compuserve.com, Fax 04 79 00 88 39,* ←, terrasse, fitness – ascenseur TV ✆ ♿ garage – salle 30. AE ① GB. ✗ rest
15 déc.-22 avril – **Repas** (dîner seul.) 230 ♀ ***Grenier :*** **Repas** 180/220 ♀, enf. 65 – **19 ch** (½ pens. seul.), 8 duplex – ½ P 690/970

Alp-Hôtel ⛰, ✆ 04 79 08 92 82, *alphotel@wanadoo.fr, Fax 04 79 08 94 61,* ←, terrasse, fitness – ascenseur ♿. GB. ✗ rest
15 déc.-15 avril – **Repas** 135 (déj.), 165/210 ♀ – ☕ 56 – **30 ch** 380/750 – ½ P 500/600

Edelweiss sans rest, ✆ 04 79 08 96 67, *hoteledelweiss@wanadoo.fr, Fax 04 79 08 90 40* – TV. ① GB
début juil.-mi sept. et 20 déc.-fin avril – ☕ 55 – **16 ch** 400/600

XX **Bouitte** ⛰ avec ch, à St-Marcel, Sud-Est : 2 km ✆ 04 79 08 96 77, *Fax 04 79 08 96 03,* ←, terrasse, « Décor de vieux chalet » – P. AE ① GB JCB
1er juil.-31 août et 15 déc.-1er mai – **Repas** 155/520, enf. 75 – ☕ 65 – **5 ch** 600/900

X **Étoile des Neiges,** ✆ 04 79 08 92 80, *Fax 04 79 08 90 40,* terrasse – ① GB. ✗
20 déc.-fin avril – **Repas** 130 (déj.)/300 ♀, enf. 65

ST-MARTIN-DE-FRAIGNEAU *85 Vendée* 71 ① – *rattaché à Fontenay-le-Comte.*

ST-MARTIN-DE-LONDRES *34380 Hérault* 83 ⑥ *G. Languedoc Roussillon – 1 623 h alt. 194.*

Paris 753 – Montpellier 26 – Le Vigan 38.

XXX **Les Muscardins,** 19 rte Cévennes ✆ 04 67 55 75 90, *trousset@les-muscardins.fr, Fax 04 67 55 70 28* – ☰. AE ① GB JCB
fermé fév., lundi et mardi – **Repas** 190 (déj.), 260/420 et carte 320 à 500 ♀, enf. 80

XX **Pastourelle,** chemin de la Prairie ✆ 04 67 55 72 78, *Fax 04 67 55 72 78,* terrasse, jardin – P. AE ① GB
fermé 15 au 30 sept., vacances de fév., mardi soir en hiver et merc. – **Repas** 110/295 ♀, enf. 60

au Sud : *12 km par D 32, D 127 et D 127E6 – ✉ 34380 Argelliers :*

XX **Auberge de Saugras** ⛰ avec ch, ✆ 04 67 55 08 71, *Fax 04 67 55 04 65,* terrasse, « Ancien mas du 12e siècle », piscine – ✆ P. AE ① GB
fermé 8 au 31 août, 4 au 28 fév., mardi et merc. – **Repas** (prévenir) 99/450 – ☕ 35 – **6 ch** 195/215 – ½ P 273

ST-MARTIN-D'ENTRAUNES *06470 Alpes-Mar.* 81 ⑨, 115 ② – *113 h alt. 1050.*

Syndicat d'Initiative Mairie ☏ 04 93 05 51 04, Fax 04 93 05 57 55.

Paris 787 – Digne-les-Bains 106 – Barcelonnette 50 – Castellane 66 – Nice 108.

Vallière, ☏ 04 93 05 59 59, *Fax 04 93 05 59 60,* – P. GB
fermé 1er au 15 mars, 10 au 25 nov., dim. soir et lundi de sept. à avril. – **Repas** 120/150 – 45 – **10 ch** 300/400 – 1/2 P 280/320

ST-MARTIN-DE-RÉ *17 Char.-Mar.* 71 ⑫ – *voir à Ré (Ile de).*

ST-MARTIN-DU-FAULT *87 H.-Vienne* 72 ⑦ – *rattaché à Limoges.*

ST-MARTIN-DU-TOUCH *31 H.-Gar.* 82 ⑦ – *rattaché à Toulouse.*

ST-MARTIN-DU-VAR *06670 Alpes-Mar.* 84 ⑨, 115 ⑯ – *1 869 h alt. 110.*

Paris 943 – Nice 28 – Antibes 34 – Cannes 44 – Puget-Théniers 39 – Vence 22.

XXXX ✿✿ **Jean-François Issautier,** rte de Nice (N 202) : 3 km ☏ 04 93 08 10 65, *Fax 04 93 29 19 73* – P. AE GB
fermé 8 au 18 oct., début janv. à début fév., lundi et mardi – **Repas** 280 bc/550 et carte 440 à 570
Spéc. Grosses crevettes en robe de pomme de terre. Pied de cochon croustillant au jus de marjolaine. Cul d'agneau rôti rosé à la menthe fraîche. **Vins** Bellet, Côtes de Provence

ST-MARTIN-DU-VIVIER *76 S.-Mar.* 55 ⑦ – *rattaché à Rouen.*

ST-MARTIN-EN-BRESSE *71620 S.-et-L.* 69 ⑩ – *1 603 h alt. 192.*

Paris 344 – Beaune 36 – Chalon-sur-Saône 18 – Dijon 77 – Dôle 55 – Lons-le-Saunier 50.

Au Puits Enchanté, ☏ 03 85 47 71 96, *Fax 03 85 47 74 58* – TV P. GB
fermé 1er au 10 oct., 10 au 30 janv., vacances de fév., lundi de nov. à fév., dim. soir sauf juil.-août et mardi – **Repas** 100/240, enf. 59 – 42 – **13 ch** 250/320 – 1/2 P 300

ST-MARTIN-LA-GARENNE *78 Yvelines* 55 ⑱, 106 ③ – *rattaché à Mantes.*

ST-MARTIN-LA-MÉANNE *19320 Corrèze* 75 ⑩ – *362 h alt. 500.*

Voir *Barrage du Chastang★ SE : 5 km,* **G. Berry Limousin.**

Paris 512 – Brive-la-Gaillarde 58 – Aurillac 68 – Mauriac 49 – St-Céré 56 – Tulle 36 – Ussel 58.

X **Voyageurs** avec ch, ☏ 05 55 29 11 53, *Fax 05 55 29 27 70,* – TV P. GB
mi-fév.-mi-nov. et fermé dim. soir et lundi hors saison – **Repas** (65) - 90/200, enf. 47 – 30 – **8 ch** 235/305 – 1/2 P 245/265

ST-MARTIN-LE-BEAU *37270 I.-et-L.* 64 ⑮ *G. Châteaux de la Loire – 2 427 h alt. 55.*

Paris 233 – Tours 20 – Amboise 9 – Blois 46 – Loches 33.

XX **Auberge de la Treille** avec ch, ☏ 02 47 50 67 17, *Fax 02 47 50 20 14* – rest, TV. GB
fermé 15 nov. au 5 déc., 15 janv. au 8 fév., merc. soir, dim. soir et lundi – **Repas** 68/260 – 35 – **8 ch** 200/260 – 1/2 P 240/260

ST-MARTIN-LE-GAILLARD *76260 S.-Mar.* 52 ⑤ *G. Normandie Vallée de la Seine – 279 h alt. 60.*

Paris 169 – Amiens 99 – Dieppe 27 – Eu 12 – Neufchâtel-en-Bray 35 – Rouen 89.

XX **Moulin du Becquerel,** Nord-Ouest : 1,5 km sur D 16 ☏ 02 35 86 74 94, *Fax 02 35 86 99 78,* « Dans la campagne », – P. GB
fermé 20 janv. au 10 mars, merc. soir d'oct. à mars, lundi d'avril à sept. et dim. soir sauf fériés – **Repas** (117) - 165/197, enf. 50

ST-MARTIN-LE-VINOUX *38 Isère* 77 ⑤ – *rattaché à Grenoble.*

ST-MARTIN-OSMONVILLE *76680 S.-Mar.* 52 ⑮ – *775 h alt. 160.*

Paris 138 – Amiens 88 – Rouen 32 – Dieppe 40 – Neufchâtel-en-Braye 18.

XX **Auberge de la Varenne,** ☏ 02 35 34 13 80, *Fax 02 35 34 59 82,* – GB
fermé dim. soir et lundi sauf fériés – **Repas** 105/260 bc, enf. 50

ST-MARTIN-VÉSUBIE *06450 Alpes-Mar.* 84 ⑲, 115 ⑥ *G. Côte d'Azur – 1 041 h alt. 1000.*

Voir *Venanson : ≤★, fresques★ de la chapelle St-Sébastien S : 4,5 km.*

Env. *Le Boréon★★ (cascade★) N : 8 km – Cirque★★ du vallon de la Madone de Fenestre NE : 12 km.*

Office de Tourisme pl. F.-Faure ☎ 04 93 03 21 28, Fax 04 93 03 21 28.

Paris 852 – Antibes 73 – Barcelonnette 111 – Cannes 83 – Menton 66 – Nice 66.

Châtaigneraie, ☎ 04 93 03 21 22, *Fax 04 93 03 33 99*, – P. AE GB JCB.

1er juin-30 sept. – **Repas** 95/115 – 25 – **38 ch** 415/455 – 1/2 P 325

ST-MATHIEU-DE-TRÉVIERS *34270 Hérault* 83 ⑦ *– 3 713 h alt. 81.*

Paris 766 – Montpellier 21 – Marseille 178 – Nice 335 – Nîmes 59 – Toulouse 261.

Cour, D 17 ☎ 04 67 55 37 97, *la-cour@ifrance.fr, Fax 04 67 55 24 51,* – . GB

fermé vacances de Toussaint, de fév., lundi et mardi – **Repas** 95 (déj.), 180/220 ♀, enf. 95

ST-MATHIEU (Pointe de) *29 Finistère* 58 ③ *– rattaché au Conquet.*

ST-MATHURIN-SUR-LOIRE *49250 M.-et-L.* 64 ⑪ *– 1 995 h alt. 25.*

Office de Tourisme ☎ 02 41 57 01 82, Fax (Mairie) 02 41 57 08 02.

Paris 297 – Angers 22 – Baugé 27 – La Flèche 45 – Saumur 28.

Promenade, rte Saumur : 1,5 km sur D 952 ☎ 02 41 57 01 50, *Fax 02 41 57 07 11* – P. GB

fermé 1er au 10 janv., 21 au 31 juil., dim. soir, mardi soir et merc. – **Repas** 85/350 bc ♀, enf. 50

ST-MAUR-DES-FOSSÉS *94 Val-de-Marne* 61 ①, 101 ㉗ *– voir à Paris, Environs.*

ST-MAURICE *94 Val-de-Marne* 61 ①, 101 ㉗ *– voir à Paris, Environs.*

ST-MAURICE-DE-BEYNOST *01 Ain* 74 ⑫ *– rattaché à Lyon.*

ST-MAURICE-SUR-MOSELLE *88560 Vosges* 66 ⑧ *– 1 615 h alt. 560.*

Office de Tourisme 28 bis r. de la Gare ☎ 03 29 25 12 34, Fax 03 29 25 80 43.

Paris 441 – Épinal 56 – Mulhouse 51 – Belfort 41 – Gérardmer 41 – Thann 31.

Au Pied des Ballons, ☎ 03 29 25 12 54, *Fax 03 29 25 87 74,* – cuisinette TV P. GB

fermé 20 oct. au 20 nov. et lundi midi sauf vacances scolaires – **Repas** 79/267 ♀, enf. 42 – 30 – **22 ch** 215/300 – 1/2 P 215/245

ST-MAXIMIN *30 Gard* 80 ⑲ *– rattaché à Uzès.*

ST-MAXIMIN-LA-STE-BAUME *83470 Var* 84 ④ ⑤, 114 ⑱ *G. Provence – 9 594 h alt. 289.*

Voir *Basilique★★ – Ancien couvent royal★.*

Office de Tourisme Hôtel-de-Ville, Accueil Couvent Royal ☎ 04 94 59 84 59, Fax 04 94 59 82 92.

Paris 799 – Aix-en-Provence 44 – Brignoles 22 – Marseille 52 – Rians 24 – Toulon 57.

France, av. Albert 1er ☎ 04 94 78 00 14, *hotel-france@wanadoo.fr, Fax 04 94 59 83 80,* – TV . AE GB

Repas 145/250 ♀, enf. 70 – 58 – **26 ch** 370/460 – 1/2 P 380/420

ST-MÉDARD *46150 Lot* 79 ⑦ *– 136 h alt. 170.*

Paris 576 – Cahors 20 – Gourdon 30 – Villeneuve-sur-Lot 59.

Gindreau (Pelissou), ☎ 05 65 36 22 27, *le.gindreau@wanadoo.fr, Fax 05 65 36 24 54,* ≤, , « Terrasse ombragée face à la vallée » – . AE GB

fermé 5 au 20 mars, 22 oct. au 22 nov., mardi sauf le soir en juil.-août et lundi – **Repas** (dim. et fêtes prévenir) 190/450 et carte 300 à 520 ♀, enf. 80

Spéc. Magret de canard façon carpaccio. Agneau fermier du Quercy et ses trois succulences. Truffes fraîches (déc. à fév.). **Vins** Cahors.

ST-MÉDARD-EN-JALLES *33160 Gironde* **71** ⑨ *– 22 064 h alt. 22.*
Paris 594 – Bordeaux 16 – Blaye 60 – Jonzac 96 – Libourne 45 – Saintes 127.

Tournebride, à Hastignan, Ouest : 2 km sur D 107 ✆ 05 56 05 09 08, *Fax 05 56 05 09 08* – P. AE GB
fermé 10 au 31 août, dim. soir et lundi – **Repas** (68) - 100/210 ♀

ST-MICHEL-DE-MONTAIGNE *24230 Dordogne* **75** ⑬ *– 292 h alt. 100.*
Paris 552 – Bergerac 42 – Bordeaux 57 – La Réole 44.

Jardin d'Eyquem sans rest, ✆ 05 53 24 89 59, *jardin-eyquem@wanadoo.fr, Fax 05 53 61 14 40,* – cuisinette P. GB.
1er avril-1er nov. – 48, 5 appart 490/590

ST-MICHEL-EN-L'HERM *85580 Vendée* **71** ⑪ *– 1 999 h alt. 9.*
Office de Tourisme 5 pl. de l'Abbaye- hors saison (ouvert seul. jeudi et sam.) ✆ *02 51 30 21 89.*
Paris 452 – La Rochelle 44 – La Roche-sur-Yon 47 – Luçon 15 – Les Sables-d'Olonne 53.

Rose Trémière, 4 r. Église ✆ 02 51 30 25 69, *Fax 02 51 30 25 69* – GB
fermé 15 au 21 oct, 18 fév. au 10 mars, dim. soir et merc. – **Repas** 70/250

Les prix Pour toutes précisions sur les prix indiqués dans ce guide, reportez-vous aux pages explicatives.

ST-MICHEL-MONT-MERCURE *85700 Vendée* **67** ⑮ *G. Poitou Vendée Charentes – 1 798 h alt. 284.*
Voir *✱★★ du clocher de l'église.*
Paris 380 – La Roche-sur-Yon 53 – Bressuire 36 – Cholet 32 – Nantes 78 – Pouzauges 7.

Auberge du Mont Mercure, près église ✆ 02 51 57 20 26, *Fax 02 51 57 78 67* – P. GB
fermé 11 au 23 sept., vacances de fév., mardi soir et merc. – **Repas** 78/180, enf. 52

ST-MIHIEL *55300 Meuse* **57** ⑫ *G. Alsace Lorraine – 5 367 h alt. 228.*
Voir *Sépulcre★★ dans l'église St-Étienne – Pâmoison de la Vierge★ dans l'église St-Michel.*
Office de Tourisme (saison) r. du Palais de Justice ✆ *03 29 89 06 47, Fax 03 29 89 06 47.*
Paris 288 – Bar-le-Duc 35 – Metz 62 – Nancy 73 – Toul 50 – Verdun 36.

à Heudicourt-sous-les-Côtes *Nord-Est : 15 km par D 901 et D 133 – 169 h. alt. 240 –* ✉ *55210.*
Voir *Butte de Montsec : ✱★★, monument★ S : 13 km.*

Lac de Madine (annexe), ✆ 03 29 89 34 80, *hotel-lac-madine@wanadoo.fr, Fax 03 29 89 39 20,* – P – 70. GB
fermé 2 au 28 fév., dim. soir du 15 oct. au 15 avril et lundi de sept. à juin – **Repas** 90/270 ♀, enf. 60 – 45 – **45 ch** 270/350 – ½ P 285/325

ST-NAZAIRE *44600 Loire-Atl.* **63** ⑮ *G. Bretagne – 64 812 h Agglo. 131 511 h alt. 4.*
Voir *Base de sous-marins★ – Forme-écluse "Louis-Joubert"★ – Terrasse panoramique★* **B** – *Pont routier de St-Nazaire-St-Brévin★ par ①.*
Accès Pont de Saint-Nazaire : gratuit.
Office de Tourisme Base sous-marine ✆ *02 40 22 40 65, Fax 02 40 22 19 80.*
Paris 439 ① – Nantes 63 ① – La Baule 18 ② – Vannes 77 ③.

Plan page ci-contre

Berry, 1 pl. Gare ✆ 02 40 22 42 61, *berry.hotel@wanadoo.fr, Fax 02 40 22 45 34* – AE GB JCB AY r
fermé 21 déc. au 2 janv. – **Repas** 130/250 ♀ – 55 – **27 ch** 450/700 – ½ P 380/480

Touraine sans rest, 4 av. République ✆ 02 40 22 47 56, *hoteltourraine@free.fr, Fax 02 40 22 55 05,* – . AE GB JCB AZ a
fermé 22 déc. au 10 janv. – 30 – **18 ch** 235

Au Bon Accueil avec ch, 39 r. Marceau ✆ 02 40 22 07 05, *jdau0236@lsurf.fr, Fax 02 40 19 01 58* – . AE GB AZ n
Repas *(fermé 9 au 29 juil. et dim. soir)* 120/295 ♀ – 50 – **10 ch** 360/425 – ½ P 375

Moderne, 46 r. Anjou ✆ 02 40 22 55 88 – GB AZ m
fermé 15 juil.au 5 août, dim. soir et lundi – **Repas** (déj. seul. en semaine) 85/145 ♀

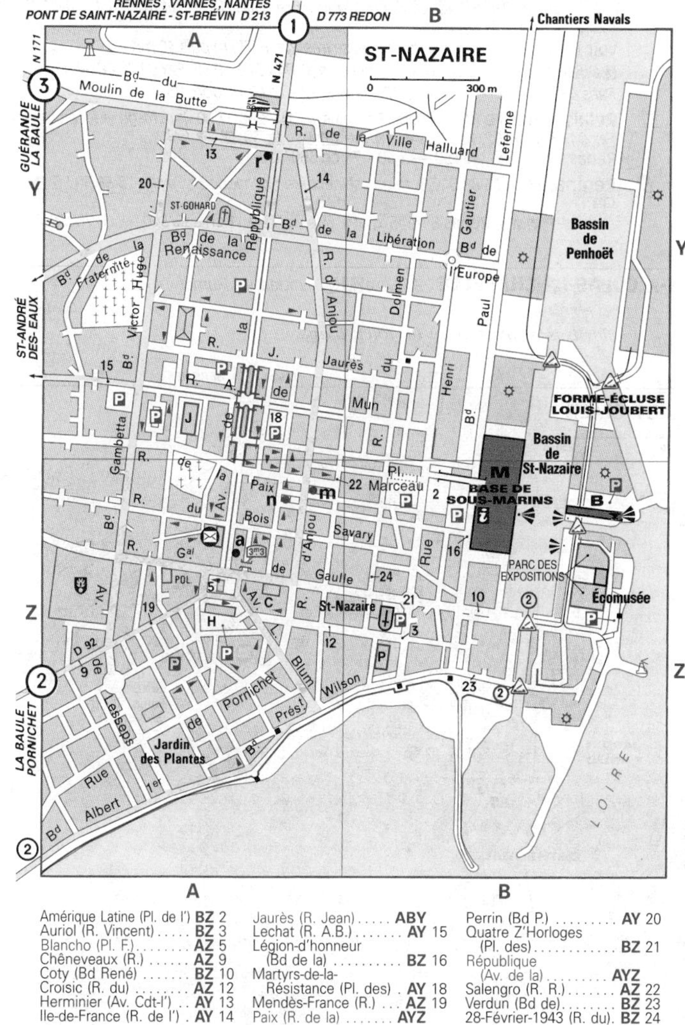

Amérique Latine (Pl. de l') **BZ** 2
Auriol (R. Vincent) ..... **BZ** 3
Blancho (Pl. F.) .... **AZ** 5
Chêneveaux (R.) .... **AZ** 9
Coty (Bd René) .... **BZ** 10
Croisic (R. du) .... **AZ** 12
Herminier (Av. Cdt-l') .. **AY** 13
Ile-de-France (R. de l') . **AY** 14
Jaurès (R. Jean) ..... **ABY**
Lechat (R. A.B.) .... **AY** 15
Légion-d'honneur (Bd de la) .... **BZ** 16
Martyrs-de-la-Résistance (Pl. des) . **AY** 18
Mendès-France (R.) ... **AZ** 19
Paix (R. de la) .... **AYZ**
Perrin (Bd P.) .... **AY** 20
Quatre Z'Horloges (Pl. des) .... **BZ** 21
République (Av. de la) .... **AYZ**
Salengro (R. R.) .... **AZ** 22
Verdun (Bd de) .... **BZ** 23
28-Février-1943 (R. du). **BZ** 24

Campers... Use the current **Michelin Guide Camping Caravaning France.**

ST-NAZAIRE-EN-ROYANS *26190 Drôme* [77] ③ *G. Alpes du Nord – 531 h alt. 172.*
Paris 578 – Valence 35 – Grenoble 66 – Pont-en-Royans 10 – Romans-sur-Isère 18.

Rome, ☎ 04 75 48 40 69, *Fax 04 75 48 31 17,* ≤, 🏨 – |♦|, ▤ rest, TV ☎ 🚗 P – 🏊 25. AE ⓓ GB
fermé 3 au 10 sept., 29 oct. au 19 nov., lundi (sauf hôtel en juil.-août) et dim. soir de sept. à juin – **Repas** 92/260 – ☕ 40 – **13 ch** 195/305 – ½ P 265/285

Muraz "du Royans", ☎ 04 75 48 40 84, *Fax 04 75 48 47 06* – ▤. GB
fermé 5 au 13 juin, 24 sept. au 23 oct., lundi soir et mardi – **Repas** 83/230 🍷

ST-NECTAIRE *63710 P.-de-D.* 73 ⑭ *G. Auvergne – 664 h alt. 700 – Stat. therm. (15 avril-15 oct.) – Casino.*

Voir *Église*★★ *: trésor*★★ *– Puy de Mazeyres* ✻★ *E : 3 km puis 30 mn.*

Office de Tourisme Les Grands Thermes ✆ *04 73 88 50 86, Fax 04 73 88 54 42.*

Paris 459 – Clermont-Ferrand 37 – Issoire 27 – Le Mont-Dore 25.

Relais Mercure Ⓜ, Les Bains Romains ✆ 04 73 88 57 00, *h1814-gm@accor-hotels.com, Fax 04 73 88 57 02,* – 30. AE GB
Repas 135/165 ♀, enf. 50 – ☕ 50 – **71 ch** 360/490

Régina, ✆ 04 73 88 54 55, *regina.st-nectaire@wanadoo.fr, Fax 04 73 88 50 56,* – TV P. GB
Pâques-1er nov. – **Repas** 88/145 ♀, enf. 50 – ☕ 32 – **17 ch** 230/340 – 1/2 P 260/330

ST-NICOLAS-LA-CHAPELLE *73 Savoie* 74 ⑦ *– rattaché à Flumet.*

North is at the top on all town plans.

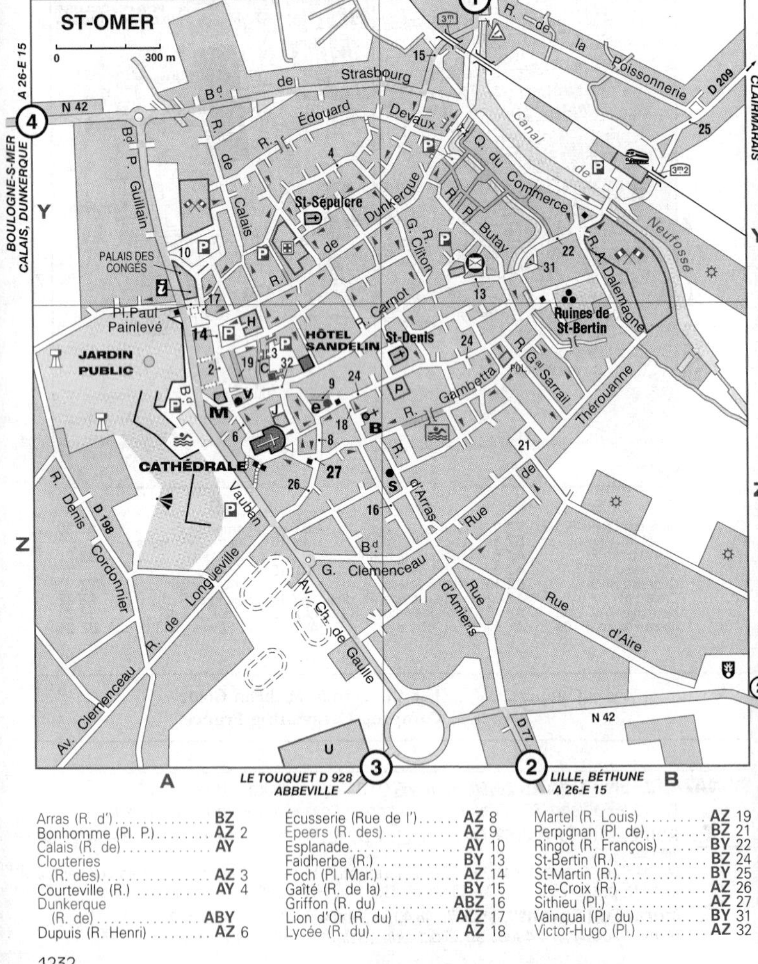

Arras (R. d') . . . . . BZ
Bonhomme (Pl. P.) . . . . . AZ 2
Calais (R. de) . . . . . AY
Clouteries (R. des) . . . . . AZ 3
Courteville (R.) . . . . . AY 4
Dunkerque (R. de) . . . . . ABY
Dupuis (R. Henri) . . . . . AZ 6
Écusserie (Rue de l') . . . . . AZ 8
Epeers (R. des) . . . . . AZ 9
Esplanade . . . . . AY 10
Faidherbe (R.) . . . . . BY 13
Foch (Pl. Mar.) . . . . . AZ 14
Gaîté (R. de la) . . . . . BY 15
Griffon (R. du) . . . . . ABZ 16
Lion d'Or (R. du) . . . . . AYZ 17
Lycée (R. du) . . . . . AZ 18
Martel (R. Louis) . . . . . AZ 19
Perpignan (Pl. de) . . . . . BZ 21
Ringot (R. François) . . . . . BY 22
St-Bertin (R.) . . . . . BZ 24
St-Martin (R.) . . . . . BY 25
Ste-Croix (R.) . . . . . AZ 26
Sithieu (Pl.) . . . . . AZ 27
Vainquai (Pl. du) . . . . . BY 31
Victor-Hugo (Pl.) . . . . . AZ 32

ST-OMER 62500 P.-de-C. 51 ③ G. Picardie Flandres Artois – 14 434 h alt. 23.

Voir Quartier de la cathédrale★★ : cathédrale Notre-Dame★★ – Hôtel Sandelin et musée★ AZ – Anc. chapelle des Jésuites★ AZ **B** – Jardin public★ AZ – Musée Henri-Dupuis : collection de coquillages★ **M.**

Env. Ascenseur à bateaux des Fontinettes★ SE : 5,5 km – Coupole d'Helfaut-Wizernes★★, S : 5 km.

Office de Tourisme r. du Lion d'Or ✆ 03 21 98 08 51, Fax 03 21 88 55 74.

Paris 258 ④ – Calais 42 ④ – Arras 78 ④ – Boulogne-sur-Mer 53 ④ – Ieper 58 ② – Lille 66 ②.

Plan page ci-contre

St-Louis, 25 r. Arras ✆ 03 21 38 35 21, *contact@hotel-saintlouis.com, Fax 03 21 38 57 26* – rest, TV P. AE GB. BZ s
fermé 24 déc. au 2 janv. – **Repas** *(fermé sam. midi et dim. midi)* 79/160 ⅀, enf. 55 – 45 – **30 ch** 220/345 – ½ P 270

Ibis, 2 r. H. Dupuis ✆ 03 21 93 11 11, *Fax 03 21 88 80 20* – TV P – 25. AE GB AZ v
Repas *(75)* - 95 ⅀, enf. 39 – 35 – **66 ch** 300/350

Cygne, 8 r. Caventou ✆ 03 21 98 20 52, *Fax 03 21 95 57 12* – . GB AZ e
fermé 16 au 31 août, vacances de fév., dim. soir et lundi sauf fériés – **Repas** 78/265 ⅀

à Hallines *par ③ et D 211 : 6 km – 1 396 h. alt. 36 – ✉ 62570 :*

Hostellerie St-Hubert avec ch, ✆ 03 21 39 77 77, *Fax 03 21 93 00 86,* « Demeure du 19e siècle, parc avec rivière », – TV P. GB
fermé dim. soir, mardi midi et lundi – **Repas** 195/320 – 50 – **8 ch** 400/800

à Tilques *par ④, N 43 et rte secondaire : 6 km – 900 h. alt. 27 – ✉ 62500 :*

Château Tilques , ✆ 03 21 88 99 99, *hotelchateautilques@wanadoo.fr, Fax 03 21 38 34 23,* « Parc », , – TV P – 25 à 100. AE GB.
Repas 145 (déj.), 220/350, enf. 60 – 70 – **53 ch** 700/1050

ST-OMER-EN-CHAUSSÉE 60860 Oise 55 ⑨ – 1 092 h alt. 99.

Paris 95 – Compiègne 74 – Aumale 37 – Beauvais 13 – Breteuil 30 – Gournay-en-Bray 28.

Auberge de Monceaux, aux Monceaux, Sud : 1 km sur D 901 ✆ 03 44 84 50 32, *Fax 03 44 84 01 85,* , « Cadre rustique » – P. GB
fermé 1er au 10 août, janv., dim. soir, merc. soir et jeudi – **Repas** (dim. prévenir) 130/250 ⅀, enf. 70

ST-OUEN 93 Seine-St-Denis 55 ⑳, 101 ⑯ – voir à Paris, Environs.

ST-OUEN 41 L.-et-Ch. 64 ⑥ – rattaché à Vendôme.

ST-OUEN-LES-VIGNES 37 I.-et-L. 64 ⑯ – rattaché à Amboise.

ST-OYEN-MONTBELLET 71 S.-et-L. 69 ⑲ ⑳ – rattaché à Fleurville.

ST-PAIR-SUR-MER 50 Manche 59 ⑦ – rattaché à Granville.

ST-PALAIS 64120 Pyr.-Atl. 85 ④ G. Aquitaine – 2 055 h alt. 50.

Paris 790 – Biarritz 67 – Bayonne 56 – Dax 58 – Pau 72 – St-Jean-Pied-de-Port 32.

Paix M, ✆ 05 59 65 73 15, *Fax 05 59 65 63 83,* – TV . AE GB
fermé janv., sam. sauf hôtel et vend. soir de sept. à juin – **Repas** 70/170 ⅀, enf. 45 – 32 – **27 ch** 290/305 – ½ P 255

Trinquet, ✆ 05 59 65 73 13, *Fax 05 59 65 83 84,* – TV . GB
fermé 18 sept. au 9 oct. – **Repas** 70/150 – 30 – **12 ch** 250/300 – ½ P 250

ST-PALAIS-SUR-MER 17420 Char.-Mar. 71 ⑮ G. Poitou Vendée Charentes – 2 736 h alt. 5.

Voir La Grande Côte★★ NO : 3 km – Zoo de la Palmyre★★ NO : 10 km.

Office de Tourisme 1 av. de la République ✆ 05 46 23 22 58, Fax 05 46 23 36 73.

Paris 514 – Royan 6 – La Rochelle 83.

Primavera , 12 r. Brick, par av. Gde Côte ✆ 05 46 23 20 35, *contact@hotel-primavera.com, Fax 05 46 23 28 78,* ≤, « Élégante villa 1900 dans un parc face à la mer », , , – TV P. AE GB. ch
fermé 15 nov. au 15 déc. et vacances de fév. – **Repas** *(fermé mardi midi, merc. midi et lundi d'oct. à mars)* 125/240, enf. 50 – 60 – **45 ch** 550/800

Téthys, plage de Nauzan (rte de Royan : 1,5 km) ☎ 05 46 23 33 61, *Fax 05 46 23 05 36*, ≤, – TV P. GB
mai-sept. – **Repas** 100/200, enf. 40 – ☐ 40 – **23 ch** 300/400 – ½ P 360

Nauzan sans rest, plage de Nauzan (rte de Royan : 1,5 km) ☎ 05 46 23 33 73 – TV. GB
1er mai-30 sept. – ☐ 39 – **27 ch** 315/370

Auberge des Falaises avec ch, 133 av. Grande Côte ☎ 05 46 23 20 49, *claude.allias@infonie.fr, Fax 05 46 23 29 95*, ≤ – TV P. AE GB
fermé 1er nov. au 20 déc. – **Repas** *(fermé 1er nov. au 31 janv., dim. soir et lundi hors saison sauf vacances scolaires)* 89/179 ♀, enf. 45 – ☐ 40 – **13 ch** 370/450 – ½ P 355/395

ST-PARDOUX *63440 P.-de-D.* 73 ④ – *363 h alt. 615.*

Paris 397 – Clermont-Ferrand 42 – Aubusson 91 – Montluçon 51 – Vichy 39.

sur autoroute A 71 *aire des Volcans ou accès de St-Pardoux Est par N 144 et D 12 : 8 km –* ✉ *63440 Champs :*

des Volcans M, ☎ 04 73 33 71 50, *Fax 04 73 33 03 78*, ≤, , – TV P – 30. AE GB
Repas *(94)* - 108/128 ♀, enf. 44 – ☐ 39 – **46 ch** 349/450

ST-PARDOUX-LA-CROISILLE *19320 Corrèze* 75 ⑩ – *173 h alt. 410.*

Paris 502 – Brive-la-Gaillarde 51 – Aurillac 80 – Mauriac 46 – St-Céré 68 – Tulle 25 – Ussel 51.

Beau Site , ☎ 05 55 27 79 44, *Fax 05 55 27 69 52*, ≤, , , – TV P – 40. GB. rest
1er mai-30 sept. – **Repas** 85 (déj.), 155/260, enf. 60 – ☐ 40 – **29 ch** 300/380 – ½ P 340/380

The Guide changes, so renew your Guide every year.

ST-PATRICE *37 I.-et-L.* 64 ⑬ – *rattaché à Langeais.*

ST-PAUL *06570 Alpes-Mar.* 84 ⑨, 115 ㉕ *G. Côte d'Azur – 2 903 h alt. 125.*

Voir *Site★ – Remparts★ – Fondation Maeght★★.*

Office de Tourisme Maison Tour r. Grande ☎ 04 93 32 86 95, Fax 04 93 32 60 27.

Paris 927 – Nice 21 – Antibes 18 – Cagnes-sur-Mer 9 – Cannes 28 – Grasse 22 – Vence 4.

Saint-Paul M , 86 r. Grande, au village ☎ 04 93 32 65 25, *stpaul@relaischateaux.fr, Fax 04 93 32 52 94*, ≤, , « Demeure provençale du 16e siècle » – TV . AE GB.
fermé 25 nov. au 21 déc. et 3 au 18 janv. – **Repas** *(fermé mardi midi)* 270 (déj.), 330/590 et carte 370 à 610 ♀ – ☐ 105 – **15 ch** 1400/1800, 4 appart – ½ P 1135/1335
Spéc. Marbré de foie gras et magret de canard aux figues. Cannelloni de homard et poivrons rouges. Loup en croûte d'argile, fricassée de légumes de saison. **Vins** Bellet.

Colombe d'Or, ☎ 04 93 32 80 02, *Fax 04 93 32 77 78*, , « Cadre "vieille Provence", collection de peintures et sculptures modernes », , – ch, TV P. AE GB JCB
fermé 1er nov. au 20 déc. – **Repas** carte 250 à 470 ♀ – ☐ 60 – **16 ch** 1500, 10 appart – ½ P 1000

Couleur Pourpre, 7 rempart Ouest ☎ 04 93 32 60 14, *Fax 04 93 32 60 14* – AE GB
fermé 1er nov. au 27 déc., jeudi midi et merc. de sept. à juin – **Repas** (dîner seul. en juil.-août) 200

par rte de La Colle-sur-Loup :

Mas d'Artigny , rte des Hauts de St-Paul : 3 km ☎ 04 93 32 84 54, *contact@mas-artigny.com, Fax 04 93 32 95 36*, ≤, , « Appartements avec piscines privées », , , – , ch, TV P – 130. AE GB JCB
Repas 290 (déj.), 350/470 ♀, enf. 125 – ☐ 120 – **55 ch** 1380/2600, 30 appart – ½ P 1290/1790

Grande Bastide M sans rest, 2 km ☎ 04 93 32 50 30, *stpaullgb@lemel.fr, Fax 04 93 32 50 59*, ≤, , – TV P. AE GB
1er avril-31 oct. – ☐ 70 – **14 ch** 950/1200

Hameau sans rest, 1 km ☎ 04 93 32 80 24, *Fax 04 93 32 55 75*, « Cadre rustique, jardin en terrasses », , – TV P. AE GB
fermé 16 nov. au 22 déc. et 6 janv. au 16 fév. – ☐ 68 – **17 ch** 610/830

Hostellerie des Messugues sans rest, quartier Gardettes par rte Fondation Maeght : 2 km ☎ 04 93 32 53 32, *Fax 04 93 32 94 15*, « Piscine originale », , – P. AE GB JCB
1er avril-30 sept. – ☐ 55 – **15 ch** 500/700

au Sud *: 4 km par D 2 et rte secondaire :*

Les Bastides de St-Paul M sans rest, 880 chemin Blaquières (D 336 - axe Cagnes-Vence) ✆ 04 92 02 08 07, *bastides.st.paul@worldonline.fr, Fax 04 93 20 50 41,* , – AE GB JCB
60 – **19 ch** 500/750

ST-PAUL-DES-LANDES *15250 Cantal 76 ⑪ – 1 105 h alt. 554.*

Paris 548 – Aurillac 14 – Figeac 63 – St-Céré 52.

Voyageurs, ✆ 04 71 46 38 43, *Fax 04 71 46 38 08,* – GB
fermé sam. midi et lundi soir de sept. à mai – **Repas** 59 bc (déj.), 83/165, enf. 45

ST-PAULIEN *43350 H.-Loire 76 ⑦ G. Vallée du Rhône – 1 872 h alt. 795.*

Voir *Intérieur★ de l'église.*

Paris 537 – Le Puy-en-Velay 14 – La Chaise-Dieu 28 – St-Étienne 90 – Saugues 44.

Voyageurs, 9 av. Rochelambert (près église) ✆ 04 71 00 40 47, *Fax 04 71 00 51 05* – rest, . GB
Repas *(fermé dim. soir)* 68/150, enf. 45 – 30 – **13 ch** 205/250 – 1/2 P 200

ST-PAUL-LE-JEUNE *07460 Ardèche 80 ⑧ – 862 h alt. 255.*

Voir *Banne : ruines de la citadelle ←★ N : 5 km,* G. Provence.

Paris 677 – Alès 32 – Aubenas 45 – Pont-St-Esprit 54 – Vallon-Pont-d'Arc 29 – Villefort 38.

Moderne avec ch, ✆ 04 75 39 82 75 – GB
fermé fév. et lundi hors saison – **Repas** 85/175, enf. 50 – 28 – **9 ch** 190 – 1/2 P 210

ST-PAUL-LÈS-DAX *40 Landes 78 ⑦ – rattaché à Dax.*

ST-PAUL-LÈS-ROMANS *26 Drôme 77 ③ – rattaché à Romans-sur-Isère.*

ST-PAUL-TROIS-CHATEAUX *26130 Drôme 81 ① G. Vallée du Rhône – 6 789 h alt. 90.*

Voir *Cathédrale St-Paul★ – Barry ←★★ S : 8 km.*

Office de Tourisme (fermé lundi matin et jours fériés) r. République ✆ 04 75 96 61 29, Fax 04 75 96 74 61.

Paris 632 – Montélimar 27 – Nyons 39 – Orange 32 – Vaison-la-Romaine 35 – Valence 72.

L'Esplan M, pl. l'Esplan ✆ 04 75 96 64 64, *saintpaul@esplan-provence.com, Fax 04 75 04 92 36,* , « Décor contemporain » – 15. AE GB JCB. rest
fermé 15 déc. au 7 janv. – **Repas** *(fermé dim. soir du 15 oct. au 15 avril et sam. midi)* 98/250, enf. 60 – **36 ch** 375/600 – 1/2 P 405/465

Vieille France-Jardin des Saveurs, 1,2 km rte La Garde Adhémar ✆ 04 75 96 70 47, *Fax 04 75 96 70 47,* ←, – AE GB
fermé 13 au 30 nov., 23 au 28 déc., vacances de fév., mardi et merc. sauf fériés – **Repas** - cuisine provençale - (nombre de couverts limité, prévenir) 140/450

Chapelle, impasse L. de Bimard ✆ 04 75 96 60 88, *Fax 04 75 96 60 88,* – GB
fermé 15 au 30 sept., dim. soir de sept. à juin et lundi – **Repas** 128/220

ST-PÉE-SUR-NIVELLE *64310 Pyr.-Atl. 85 ② – 3 463 h alt. 30.*

Paris 792 – Biarritz 17 – Bayonne 21 – Cambo-les-Bains 18 – Pau 131 – St-Jean-de-Luz 14.

à Ibarron *rte de St-Jean-de-Luz : 1,5 km – ✉ 64310 St-Pée-sur-Nivelle :*

Fronton, ✆ 05 59 54 10 12, *Fax 05 59 54 18 09,* – AE GB
fermé 25 juin au 6 juil., 20 fév. au 15 mars – **Repas** 135/250

à l'Ouest *par vieille rte de St-Jean-de-Luz : 4 km – ✉ 64310 St-Pée-sur-Nivelle :*

Auberge Basque sans rest, ✆ 05 59 54 10 15, ←, « Jardin ombragé », – GB.
Pâques-oct. – 35 – **16 ch** 320

Donnez-nous votre avis sur les tables que nous recommandons, sur leurs spécialités et leurs vins de pays.

ST-PÉRAY *07130 Ardèche* 77 ⑪ ⑫ *– 5 886 h alt. 124.*

Voir *Ruines du château de Crussol : site★★★ et ≤★★ SE : 2 km.*

Env. *Saint-Romain-de-Lerps ✻★★★ NO : 9,5 km par D 287,* **G. Vallée du Rhône.**

Office de Tourisme 45 r. République ✆ 04 75 40 46 75, Fax 04 75 40 55 72.

Paris 563 – Valence 4 – Lamastre 35 – Privas 40 – Tournon-sur-Rhône 15.

à Cornas *Nord : 2 km par N 86 – 2 102 h. alt. 130 – ✉ 07130 :*

X **Ollier,** ✆ 04 75 40 32 17 – ▤. GB
fermé 15 au 30 août et merc. – **Repas** 70 bc (déj.), 98/180 ♀

à Soyons *Sud : 7 km par N 86 – 1 551 h. alt. 106 – ✉ 07130 :*

Domaine de la Musardière Ⓜ, ✆ 04 75 60 83 55, *musard@club-internet.fr, Fax 04 75 60 85 21,* ☂, Fɑ, ⛱, ✗, ♧ – |‡| ▤ TV P – 🏃 30. AE ⓓ GB
Repas 129/179 ♀ – ☕ 95 – **12 ch** 750/1050 – 1/2 P 895

La Châtaigneraie ,, ⛱, ✗, ♧ – cuisinette, ▤ ch, TV P. AE ⓓ GB
Repas voir ***Domaine de la Musardière*** – ☕ 75 – **18 ch** 650/850 – 1/2 P 695

ST-PÈRE *89 Yonne* 65 ⑮ ⑯ *– rattaché à Vézelay.*

ST-PÈRE-SUR-LOIRE *45 Loiret* 65 ① *– rattaché à Sully-sur-Loire.*

Dans ce guide
un même symbole, un même caractère,
imprimé en couleur ou en ***noir****, en maigre ou en* ***gras****,*
n'ont pas tout à fait la même signification.
Lisez attentivement les pages explicatives.

ST-PÉREUSE *58110 Nièvre* 69 ⑥ *– 260 h alt. 355.*

Paris 294 – Autun 54 – Château-Chinon 14 – Clamecy 57 – Nevers 55.

XX **Auberge de la Madonette,** ✆ 03 86 84 45 37, *Fax 03 86 84 46 69,* ☂, « Jardin fleuri », 🚗 – GB
fermé 15 déc. au 5 fév., mardi soir et merc. sauf juil.-août – **Repas** 69/270 ♁, enf. 58

ST-PIERRE-DE-CHARTREUSE *38380 Isère* 77 ⑤ *G. Alpes du Nord – 650 h alt. 885 – Sports d'hiver : 900/1 800 m.*

Voir *Terrasse de la Mairie ≤★ – Prairie de Valombré ≤★ 0 : 4 km – Site★ de Perquelin E : 3 km – La Correrie : musée Cartusien★ du couvent de la Grande Chartreuse NO : 3,5 km – Décoration★ de l'église de St-Hugues-de-Chartreuse S : 4 km.*

Office de Tourisme pl. de la Mairie ✆ 04 76 88 62 08, Fax 04 76 88 68 78.

Paris 573 – Grenoble 27 – Belley 63 – Chambéry 39 – La Tour-du-Pin 53 – Voiron 25.

Beau Site, ✆ 04 76 88 61 34, *christophesestier@csi.com, Fax 04 76 88 64 69,* ≤, ⛱ – |‡| – 🏃 25. ⓓ GB
fermé 23 mars au 14 avril et 15 oct. au 21 déc. – **Repas** *(fermé dim. soir et lundi)* 95/200 ♀, enf. 60 – ☕ 40 – **27 ch** 320/360 – 1/2 P 330/360

Saint-Pierre, La Diat, Sud-Ouest : 1 km ✆ 04 76 88 65 79, *Fax 04 76 88 68 95* – ✆. GB. ✂ ch
fermé 15 nov. au 15 déc., dim. soir et lundi hors saison – **Repas** 68 (déj.), 98/148 ♁, enf. 58 – ☕ 48 – **7 ch** 280 – 1/2 P 240/280

X **Auberge de l'Atre Fleuri** 🐦 avec ch, Sud : 3 km sur D 512 ✆ 04 76 88 60 21, *atre.fleur i@wanadoo.fr, Fax 04 76 88 64 97,* ☂, 🚗 – TV P. GB. ✂
fermé 11 nov. au 12 déc., dim. soir, lundi soir et mardi – **Repas** 95/200 ♀, enf. 50 – ☕ 35 – **7 ch** 230/240 – 1/2 P 230/240

au col du Cucheron *Nord : 3,5 km par D 512 – Sports d'hiver au Planolet : 1 050/1 500 m ⛷6 – ✉ 38380 St-Pierre-de-Charteuse :*

Chalet Hôtel Le Cucheron 🐦, ✆ 04 76 88 62 06, *Fax 04 76 88 65 43,* ≤, ☂ – P. GB. ✂ rest
fermé 15 oct. au 25 déc., dim. soir et lundi sauf vacances scolaires – **Repas** 99/170 ♀, enf. 50 – ☕ 34 – **7 ch** 170/230 – 1/2 P 218/245

ST-PIERRE-D'ENTREMONT *73670 Savoie* 74 ⑮ *G. Alpes du Nord – 294 h alt. 640.*

Voir *Cirque de St-Même★★ SE : 4,5 km – Gorges du Guiers Vif★★ et Pas du Frou★★ O : 5 km – Château du Gouvernement★ : ≤★ SO : 3 km.*

Office de Tourisme de la Vallée des Entremonts- Maison Intercommunale ☎ 04 79 65 81 90, Fax 04 79 65 88 78.

Paris 552 – Grenoble 48 – Belley 59 – Chambéry 26 – Les Echelles 12 – Lyon 105.

Château de Montbel, ☎ 04 79 65 81 65, *Fax 04 79 65 89 49* – GB.
fermé 17 au 27 avril, 26 oct. au 10 déc., merc. soir sauf vacances scolaires, dim. soir et lundi – **Repas** 100/220 ♀, enf. 60 – 36 – **14 ch** 220/270 – 1/2 P 260/290

ST-PIERRE-DES-CORPS *37 I.-et-L.* 64 ⑮ *– rattaché à Tours.*

ST-PIERRE-D'OLÉRON *17 Char.-Mar.* 71 ⑬ *– voir à Oléron (Ile d').*

ST-PIERRE-DU-PERRAY *91 Essonne* 61 ①., 101 ㊳ *– voir à Paris, Environs.*

ST-PIERRE-DU-VAUVRAY *27 Eure* 55 ⑰ *– rattaché à Louviers.*

ST-PIERRE-LAFEUILLE *46090 Lot* 79 ⑧ *– 217 h alt. 350.*

Paris 572 – Cahors 10 – Figeac 62 – Payrac 39 – Puy-l'Évêque 36 – Rocamadour 54.

Bergerie avec ch, N 20 ☎ 05 65 36 82 82, *hotel.bergerie@wanadoo.fr, Fax 05 65 36 82 40,* – P. AE GB
fermé 21 janv. au 17 fév., dim. soir et lundi sauf juil.-août – **Repas** 100 (déj.), 140/350 ♀, enf. 60 – 40 – **10 ch** 370/500 – 1/2 P 320/460

ST-PIERRE-LE-MOUTIER *58240 Nièvre* 69 ③ *G. Bourgogne – 2 091 h alt. 214.*

Syndicat d'Initiative à la Mairie ☎ 03 86 37 42 09, Fax 03 86 37 45 80.

Paris 267 – Bourges 70 – Moulins 31 – Château-Chinon 84 – Montluçon 75 – Nevers 25.

Vigne avec ch, rte Decize ☎ 03 86 37 41 66, *hotel-restaurant-la-vigne@wanadoo.fr, Fax 03 86 37 28 90,* – P. GB
fermé 20 nov. au 9 déc., 15 au 28 fév., lundi (sauf hôtel) et dim. soir – **Repas** (dim. et fêtes prévenir) 98/250 ♀ – 50 – **12 ch** 290/360 – 1/2 P 290/320

ST-PIERRE-LÈS-AUBAGNE *13 B.-du-R.* 84 ⑭., 114 ㉙ ㉚ *– rattaché à Aubagne.*

ST-PIERREMONT *88700 Vosges* 62 ⑥ *– 167 h alt. 251.*

Paris 359 – Nancy 54 – Lunéville 25 – St-Dié 40.

Relais Vosgien, ☎ 03 29 65 02 46, *relais.vosgien@wanadoo.fr, Fax 03 29 65 02 83,* – rest, P. GB
Repas *(fermé vend. soir)* 122/350 ♀, enf. 55 – 45 – **17 ch** 190/360 – 1/2 P 270/370

ST-PIERRE-QUIBERON *56 Morbihan* 63 ⑪ ⑫ *– rattaché à Quiberon.*

ST-POL-DE-LÉON *29250 Finistère* 58 ⑥ *G. Bretagne – 7 261 h alt. 60.*

Voir *Clocher★★ de la chapelle du Kreisker★ : ★★ de la tour – Ancienne cathédrale★ – Rocher Ste-Anne : ≤★ dans la descente.*

Office de Tourisme (fermé dim. après-midi en saison) pl. de l'Évêché ☎ 02 98 69 05 69, Fax 02 98 69 01 20.

Paris 557 – Brest 61 – Brignogan-Plages 30 – Morlaix 20 – Roscoff 5.

France sans rest, 29 r. Minimes ☎ 02 98 29 14 14, *hotel.de.france.finistere@wanadoo.fr, Fax 02 98 29 10 57,* – P. GB
fermé vacances de fév. – 30 – **22 ch** 220/280

Auberge Pomme d'Api, 49 r. Verderel ☎ 02 98 69 04 36, « Cadre rustique » – AE GB
fermé 12 au 26 nov., vacances de fév., dim. soir et lundi sauf juil.-août – **Repas** 85 bc (déj.), 125/320 ♀, enf. 60

Si vous cherchez un hôtel tranquille,
consultez d'abord les cartes de l'introduction
ou repérez dans le texte les établissements indiqués avec le signe .

ST-PONS *07580 Ardèche* 76 ⑲ *– 181 h alt. 350.*
Paris 625 – Valence 65 – Aubenas 24 – Montélimar 21 – Privas 29.

Hostellerie Gourmande "Mère Biquette", Nord : 4 km par rte secondaire *04 75 36 72 61, merebiquette@europost.org, Fax 04 75 36 76 25*, –
AE GB
fermé 15 déc. au 1er fév. – **Repas** 100/250, enf. 60 – 50 – **9 ch** 340/450 – ½ P 335/405

ST-PONS-DE-THOMIÈRES *34220 Hérault* 83 ⑬ *G. Languedoc Roussillon – 2 566 h alt. 301.*
Voir *Grotte de la Devèze★ SO : 5 km.*
Office de Tourisme pl. du Foirail 04 67 97 06 65, Fax 04 67 97 95 09.
Paris 758 – Béziers 53 – Carcassonne 64 – Castres 54 – Lodève 73 – Narbonne 52.

Les Bergeries de Pondérach avec ch, rte Narbonne : 1 km 04 67 97 02 57, *Fax 04 67 97 29 75*, – AE GB JCB
1er mars-30 nov. – **Repas** (98) - 125/275, enf. 75 – 58 – **7 ch** 450/540 – ½ P 430/500

Route du Sel, 15 Grand'Rue 04 67 97 05 14, *Fax 04 67 97 13 70* – GB
fermé 15 au 28 fév., mardi soir et merc. – **Repas** 80 (déj.), 100/240

au Nord : *10 km sur D 907 – 34220 St-Pons :*

Auberge du Cabaretou avec ch, 04 67 97 02 31, *Fax 04 67 97 32 74*, vallée et montagne, – AE GB JCB
fermé mi-janv. à mi-fév., lundi, mardi et merc. d'oct. à avril – **Repas** 95/225, enf. 65 – 45 – **10 ch** 320/500

ST-POURÇAIN-SUR-SIOULE *03500 Allier* 69 ⑭ *G. Auvergne – 5 159 h alt. 234.*
Voir *Église Ste-Croix★ – Musée de la Vigne et du Vin★.*
Office de Tourisme 13 pl. Mar. Foch 04 70 45 32 73, Fax 04 70 45 60 27.
Paris 329 – Moulins 32 – Montluçon 64 – Riom 61 – Roanne 81 – Vichy 29.

Chêne Vert, bd Ledru-Rollin 04 70 45 40 65, *Fax 04 70 45 68 50*, – – 40.
AE GB
fermé 1er au 14 janv. et dim. du 1er oct. au 15 juin – **Repas** *(fermé janv., dim. soir et lundi du 1er oct. au 15 juin)* 90/230 – 42 – **29 ch** 220/300

ST-PRIEST-EN-JAREZ *42 Loire* 73 ⑲ *– rattaché à St-Étienne.*

ST-PRIEST-TAURION *87480 H.-Vienne* 72 ⑧ *G. Berry Limousin – 2 506 h alt. 255.*
Env. ★ *du parc de Montméry N : 9 km par D 44.*
Paris 390 – Limoges 14 – Bellac 47 – Bourganeuf 34 – La Souterraine 51.

Relais du Taurion, 05 55 39 70 14, *Fax 05 55 39 67 63*, , – GB
fermé 15 déc. au 15 janv., dim. soir et lundi sauf juil.-août – **Repas** 110/210, enf. 55 – 40 – **8 ch** 265/310 – ½ P 300/330

ST-QUAY-PORTRIEUX *22410 C.-d'Armor* 59 ③ *G. Bretagne – 3 018 h alt. 25 – Casino.*
Office de Tourisme 17 bis r. Jeanne-d'Arc 02 96 70 40 64, Fax 02 96 70 39 99.
Paris 470 – St-Brieuc 23 – Étables-sur-Mer 3 – Guingamp 28 – Lannion 53 – Paimpol 26.

Ker Moor , 13 r. Prés. Le Sénécal 02 96 70 52 22, *ker-moor@wanadoo.fr, Fax 02 96 70 50 49*, côte et mer, – – 20. AE GB JCB. rest
fermé 21 déc. au 7 janv. et dim. du 15 oct. au 31 mars – **Repas** 135/455, enf. 85 – 65 – **29 ch** 450/625 – ½ P 590/630

Gerbot d'Avoine, bd Littoral 02 96 70 40 09, *gerbotdavoine@net-up.com, Fax 02 96 70 34 06*, – rest, GB
fermé 12 nov. au 5 déc., 7 au 30 janv., dim. soir et lundi du 15 sept. au 15 juin – **Repas** 95/230, enf. 50 – 42 – **20 ch** 270/345 – ½ P 305/340

Mouton Blanc, 52 quai République 02 96 70 58 44, – AE GB
fermé 15 nov. au 4 déc., merc. et jeudi hors saison – **Repas** 96/185, enf. 60

ST-QUENTIN SP *02100 Aisne* 53 ⑭ *G. Picardie Flandres Artois – 60 644 h alt. 74.*
Voir *Basilique★ – Hôtel de ville★ – Collection de portraits de Maurice Quentin de La Tour★★ au musée Antoine-Lécuyer.*
Office de Tourisme 27 r. Victor-Basch, 03 23 67 05 00, Fax 03 23 67 78 71.
Paris 155 ⑤ – Amiens 77 ⑥ – Charleroi 161 ③ – Lille 113 ⑥ – Reims 99 ③.

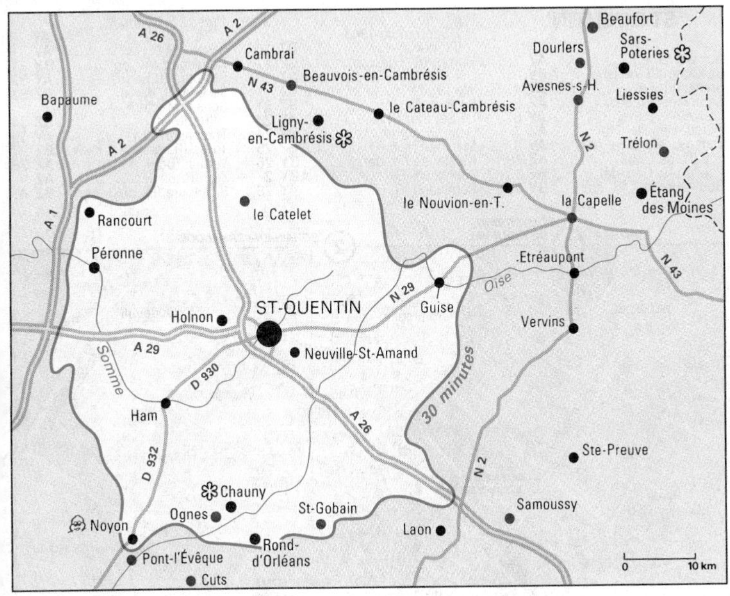

Grand Hôtel Ⓜ, 6 r. Dachery ☎ 03 23 62 69 77, *Fax 03 23 62 53 52* – ⇅ 📺 📞 ♿ 🅿 – 🏛 30. AE ⓞ GB JCB — BZ n
Repas 95/230 ♀ – ☕ 60 – **24 ch** 420/600 – ½ P 335/455

Canonniers sans rest, 15 r. Canonniers ☎ 03 23 62 87 87, *Fax 03 23 62 87 86*, – cuisinette 📺 🅿 – 🏛 20. AE ⓞ GB — AZ m
fermé 5 au 19 août et dim. soir – ☕ 60 – **9 ch** 280/460

Paix et Albert 1er, 3 pl. 8-Octobre ☎ 03 23 62 77 62, *Fax 03 23 62 66 03* – ⇅, ▤ rest, 📺 📞 🅿 – 🏛 30. AE ⓞ GB — BZ a
Brésilien brasserie **Repas** *(78)*-98/180 ♀, enf. 60 – ***Carnotzet*** (dîner seul.) **Repas** carte environ 150 ♀, enf. 60 – ☕ 38 – **52 ch** 300/330

Ibis Ⓜ, 14 pl. Basilique ☎ 03 23 67 40 40, *Fax 03 23 62 69 36* – ⇅ ⇔, ▤ rest, 📺 📞 ♿. AE ⓞ GB — ABZ r
Repas *(fermé dim. soir et lundi)* 80/159 ♀, enf. 45 – ☕ 35 – **49 ch** 320/340

Mémorial sans rest, 8 r. Comédie ☎ 03 23 67 90 09, *memorial.hotel@wanadoo.fr*, *Fax 03 23 62 34 96* – 📺 📞 🅿. AE ⓞ GB — AZ b
☕ 48 – **18 ch** 290/430

Rond d'Alembert, 27 r. d'Isle ☎ 03 23 64 46 46, *Fax 03 23 64 49 90* – AE ⓞ GB
fermé août, sam. midi et dim. soir – **Repas** 130/260 et carte 300 à 400 ♀ - ***Bistrot*** (rez-de-chaussée) (déj. seul.) *(fermé sam. et dim.)* **Repas** 75 ♀ — BZ e

Vert Gouteille, 80 r. d'Isle ☎ 03 23 05 13 25, *Fax 03 23 05 13 27*, – AE GB — BZ h
fermé 29 juil. au 23 août, 25 fév. au 4 mars, sam. midi et dim. – **Repas** 99 ♀, enf. 50

à Neuville-St-Amand *par ③ et D 12 : 3 km – 916 h. alt. 82 – ✉ 02100 :*

Château , ☎ 03 23 68 41 82, *Fax 03 23 68 46 02*, – 📺 📞 ♿ 🅿 – 🏛 25. AE ⓞ GB. ch
fermé 30 juil. au 20 août, 24 au 31 déc., sam. midi, dim. soir et lundi midi – **Repas** 130/350 ♀ – ☕ 48 – **15 ch** 330/390

rte d'Amiens *par ⑥ et N 29 : 2 km – ✉ 02100 St-Quentin :*

Campanile, ☎ 03 23 67 91 22, *Fax 03 23 67 49 55*, – ⇔ 📺 📞 ♿ 🅿 – 🏛 25. AE ⓞ GB
Repas *(76)* - 80/106 ♀, enf. 39 – ☕ 36 – **39 ch** 315

ST-QUENTIN

Aumale (R. d') . . . . **AZ** 2
Basilique (Pl. de la) . . . . . . **ABY** 3
Branly (Pl. E.) . . . . **AY** 4
Campions (Pl. des) . . . . **AZ** 5
Croix-Belle-Porte (R.) . . . . . . **AY** 6
Dufour-Denelle (Pl.) . . . . **AZ** 7
États-Généraux (R. des) . . . **AY** 8
Foy (R. du Gén.) . . . . **AZ** 10
Gaulle (Av. Gén.-de) . . . . **BZ** 13
Gouvernement (R. du) . . . . **BY** 15
Héros-du-
2-Septembre-1945
(Pl. du) . . . . **BZ** 16
Herriot (R. Édouard) . . . . **BZ** 17
Hôtel-de-Ville (Pl. de l') . . . . **AZ** 18
Isle (R. d') . . . . **BZ**
Leclerc (R. Gén.) . . . . **BZ** 21
Le Sérurier (R.) . . . . **AY** 23
Lyon (R. de) . . . . **BZ** 24
Marché-Franc (Pl. du) . . . . . **BZ** 25
Mulhouse (Pl. de) . . . . **BY** 26
Paringault (R.) . . . . **ABY** 27
Pompidou (R. G.) . . . . **AY** 28
Prés.-J.-F.-Kennedy
(R. du) . . . . **AY** 29
Raspail (R.) . . . . **AY**
Rémicourt (Av. de) . . . . **BY** 31
St-André (R.) . . . . **AY** 32
Sellerie (R. de la) . . . . **BZ** 33
Sous-Préfecture
(R. de la) . . . . **BZ** 34
Thomas (R. A.) . . . . **AY** 36
Toiles (R. des) . . . . **BZ** 37
Verdun (Bd) . . . . **AZ** 38
Zola (R. Émile) . . . . **AZ**
8-Octobre (Pl. du) . . . . **BZ** 41

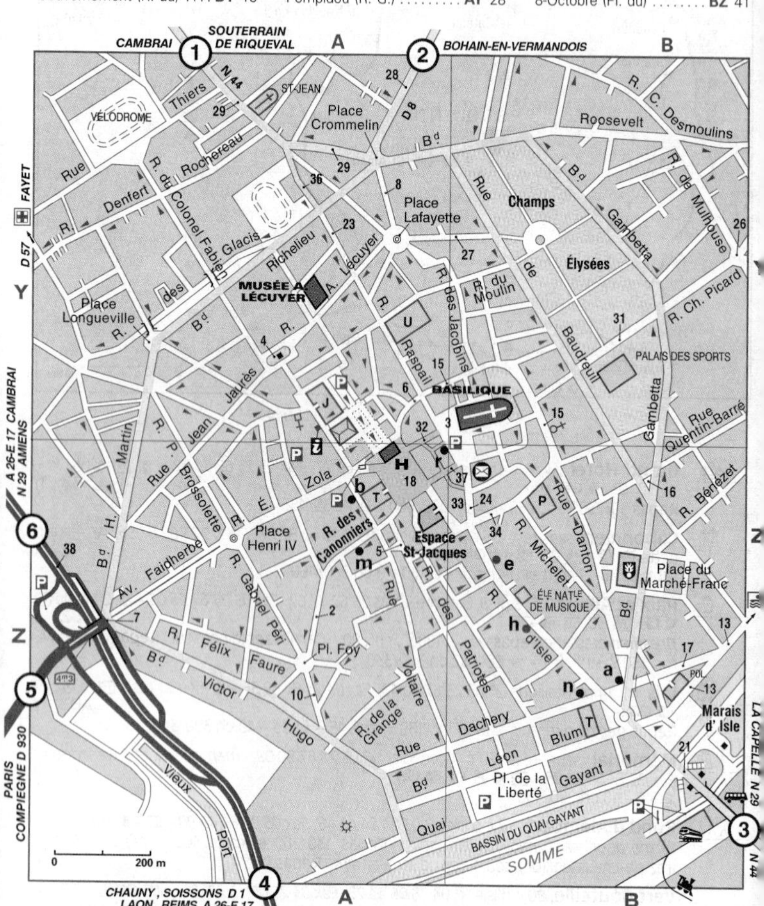

à Holnon *par ⑥ et N 29 : 6 km – 1 199 h. alt. 102 – ✉ 02760 :*

Pot d'Étain Ⓜ, ✆ 03 23 09 34 35, *Fax 03 23 09 34 39,* – – – 30. AE GB
Repas 115 bc/240 – ☕ 45 – **32 ch** 320/360 – ½ P 290

ST-QUENTIN-DES-ISLES *27 Eure* 55 ⑮ *– rattaché à Bernay.*

ST-QUENTIN-EN-YVELINES *78 Yvelines* 60 ⑨., 106 ㉙., 101 ㉑ *– voir à Paris, Environs.*

ST-QUENTIN-LA-POTERIE *30 Gard* 80 ⑲ *– rattaché à Uzès.*

ST-QUENTIN-SUR-LE-HOMME *50 Manche 59 ⑧ – rattaché à Avranches.*

ST-QUIRIN *57560 Moselle 62 ⑧ G. Alsace Lorraine – 904 h alt. 305.*

Syndicat d'Initiative Mairie ✆ 03 87 08 60 34, Fax 03 87 08 66 44.

Paris 436 – Strasbourg 91 – Baccarat 40 – Lunéville 52 – Phalsbourg 34 – Sarrebourg 19.

Hostellerie du Prieuré M avec ch, ✆ 03 87 08 66 52, *Fax 03 87 08 66 49* – 30. GB
fermé vacances de Toussaint – **Repas** *(fermé vacances de Toussaint, de fév. et merc.)* 68 (déj.), 100/280 ♀, enf. 55 – ☕ 40 – **8 ch** 230/280 – ½ P 205/250

vers Turquestein-Blancrupt *rte du Col du Donon, Sud-Est : 5,5 km par D 96 et D 993 – 22 h. alt. 365 – ✉ 57560 Turquestein :*

Auberge du Kiboki ✆ 03 87 08 60 65, *Fax 03 87 08 65 26*, « Auberge rustique dans un havre de verdure », – GB.
fermé 1er fév. au 24 mars, merc. midi de nov. à mars et mardi – **Repas** 98/280 ♀, enf. 60 – ☕ 55 – **16 ch** 450/520 – ½ P 430/500

ST-RAPHAËL *83700 Var 84 ⑧, 114 ㉕, 115 ㉝ G. Côte d'Azur – 26 616 h alt. 6 – Casino* **Z.**

Voir *Collection d'amphores* dans le musée archéologique* **M.**

Office de Tourisme r. W.-Rousseau ✆ 04 94 19 52 52, Fax 04 94 83 85 40.

Paris 876 ③ – Fréjus 4 ③ – Aix-en-Provence 121 ③ – Cannes 41 ④ – Toulon 96 ③.

Accès et sorties : voir plan de Fréjus..

ST-RAPHAËL

Aicard (R. J.) .... Z 2
Albert-Ier (Quai) .... Z 3
Allongue (R. Marius) .... Y 5
Barbier (R. J.) .... Z 6
Basso (R. Léon) .... Y 7
Baux (R. Amiral) .... Y 9
Carnot (Pl.) .... Y 10
Coty (Promenade René) .... Z 13
Doumer (Av. Paul) ..... Z 14
Gambetta (R.) .... Y 15
Gounod (R. Ch.) .... Z 17
Guilbaud (Cours Cdt) ... Y 18
Karr (R. A.) .... Y 21
Libération (Bd de la) ... Z 22
Liberté (R. de la) ...... Y 23
Martin (Bd Félix) ..... YZ 24
Péri (Pl. Gabriel) .... Y 26
Remparts (R. des) ..... Y 28
Rousseau (R. W.) ...... Y 30
Vadon (R. H.) .... Z 31

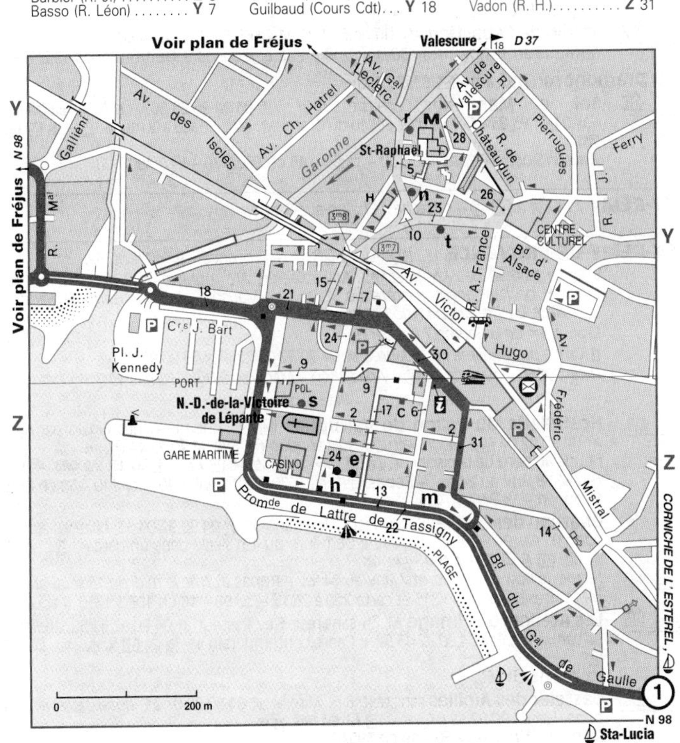

Continental Ⓜ sans rest, 100 prom. René Coty ✆ 04 94 83 87 87, *continental@infonie.fr, Fax 04 94 19 20 24,* ← – ▮ ⚞ ▤ TV ✆ ♿ 🚗. AE GB Z e
☕ 60 – **44 ch** 600/1230

Excelsior, 193 bd F. Martin (prom. R. Coty) ✆ 04 94 95 02 42, *info@excelsior-hotel.com, Fax 04 94 95 33 82,* ←, 🏠 – ▮ ▤ TV ♿. AE ⓓ GB Z h
Repas 128 (déj.), 150/218 ♀ – ☕ 35 – **36 ch** 760/940 – ½ P 1030/1210

Bleu Marine Ⓜ, port Santa-Lucia par ① ✆ 04 94 95 31 31, *bleumarine@var-provence.com, Fax 04 94 82 21 46,* 🏠, 🏋, 🏊 – ▮ ▤ TV ✆ ♿ 🚗 – 🎓 15 à 200. AE ⓓ GB
Repas 115 bc (déj.), 125/250 ♀, enf. 55 – ☕ 60 – **100 ch** 690/850

L'Arbousier, 6 av. Valescure ✆ 04 94 95 25 00, *Fax 04 94 83 81 04,* 🏠 – ▤. AE ⓓ GB
fermé 18 déc. au 4 janv., mardi midi en saison, dim. soir, merc. soir hors saison et lundi – **Repas** 150 (déj.), 195/320 Y r

Gargoulette, 29 r. P. Aublé ✆ 04 94 95 48 18, *Fax 04 94 95 48 18* – ▤. AE ⓓ GB Z s
fermé en oct., dim. soir et lundi – **Repas** 185/220

Pastorel, 54 r. Liberté ✆ 04 94 95 02 36, *Fax 04 94 95 64 07,* 🏠, « Terrasse ombragée » – AE ⓓ GB Y t
fermé 14 au 21 mai, nov., le midi en août, dim. soir et lundi – **Repas** *(100)* - 170/210

Les Terrasses de l'Orangerie, prom. René Coty ✆ 04 94 83 10 50, *Fax 04 94 40 44 91,* 🏠 – AE ⓓ GB Z m
fermé janv., lundi midi, mardi midi et merc. midi en juil.-août, dim. soir et lundi – **Repas** *(80)* - 95/138 ♀

Sémillon, 201 pl. Carnot ✆ 04 94 40 56 77, *Fax 04 94 40 56 77,* 🏠 – ▤. GB Y n
fermé vacances de Noël, lundi sauf juil-août et dim. – **Repas** 95 (déj.)/140 ♀

à Valescure *Nord-Est : 5 km* – ✉ *83700 :*

Golf de Valescure 🐌, au golf ✆ 04 94 52 85 00, *info@valescure.com, Fax 04 94 82 41 88,* 🏠, 🏊, 🎾, ⛳ – ▮ ▤ TV ✆ ♿ P – 🎓 15 à 25. AE ⓓ GB. ⚞ rest
fermé 11 nov. au 21 déc. et 7 au 31 janv. – ***Les Pins Parasols*** (dîner seul.) **Repas** 185/215, enf. 65 – ***Club House*** (déj. seul.) **Repas** *(115)*145 🍷 – ☕ 55 – **40 ch** 655/1010 – ½ P 585/650

Jardin de Sébastien, rte du golf ✆ 04 94 44 66 56, *Fax 04 94 44 66 56,* 🏠 – P. GB
fermé 13 au 19 nov., 10 au 30 janv., merc. soir et jeudi hors saison – **Repas** 135/198 ♀

au Dramont *par ① : 6 km* – ✉ *83530 Agay :*

Sol e Mar, rte Corniche d'Or ✆ 04 94 95 25 60, *sol99g@clubinternet.fr, Fax 04 94 83 83 61,* ← Ile d'Or et cap du Dramont, 🏠, « Face à la mer », 🏊 – ▮ TV P. AE ⓓ GB
7 avril-15 oct. – **Repas** 150/230 – ☕ 50 – **46 ch** 550/770 – ½ P 480/600

ST-RÉMY *71 S.-et L.* 70 ① – *rattaché à Chalon-sur-Saône.*

ST-RÉMY-DE-PROVENCE *13210 B.-du-R.* 81 ⑫ *G. Provence – 9 340 h alt. 59.*

Voir *Le plateau des Antiques** : Mausolée**, Arc municipal*, Glanum* 1km par ③ – Cloître* de l'ancien monastère de St-Paul-de-Mausole par ③ – Hôtel de Sade : dépôt lapidaire** **L** – *Donation Mario Prassinos*.*
Env. ✳** *de la Caume 7 km par ③.*
ℹ *Office de Tourisme pl. J.-Jaurès ✆ 04 90 92 05 22, Fax 04 90 92 38 52.*
Paris 706 ① – Avignon 20 ① – Arles 26 ④ – Marseille 91 ② – Nîmes 43 ④.

Plan page ci-contre

Hostellerie du Vallon de Valrugues Ⓜ 🐌, chemin Canto Cigalo par ② : *1 km* ✆ 04 90 92 04 40, *vallon.valrugues@wanadoo.fr, Fax 04 90 92 44 01,* ←, 🏠, « Terrasse fleurie au bord de la piscine », 🏋, 🏊, 🌳, 🎾 – ▮ ▤ TV P – 🎓 30. AE ⓓ GB JCB
fermé 28 janv. au 24 fév. – **Repas** 195 (déj.), 320/520 ♀, enf. 120 – ☕ 110 – **38 ch** 880/1750, 15 appart – ½ P 970/1405

Château des Alpilles 🐌, Ouest : 2 km par D 31 ✆ 04 90 92 03 33, *chateau.alpilles@wanadoo.fr, Fax 04 90 92 45 17,* 🏠, « Demeure du 19e siècle dans un parc », 🏊, 🎾, ⛳ – ▮, ▤ ch, TV ♿ P. AE ⓓ GB JCB. ⚞
fermé 16 nov. au 19 déc. et 7 janv. au 14 fév. – **Repas** *(fermé le midi du 15 sept. au 15 juin et merc.)* (résidents seul.) 215 et carte 200 à 250 ♀ – ☕ 98 – **16 ch** 1030/1250, 4 appart

Les Ateliers de l'Image Ⓜ 🐌 sans rest, 5 av. Pasteur ✆ 04 90 92 51 50, *ateliers-images@pacwan.fr, Fax 04 90 92 43 52,* « Cadre contemporain » – ▮ ▤ TV ✆ ♿ 🚗. AE GB JCB. ⚞ Z x
☕ 70 – **16 ch** 660

Castelet des Alpilles sans rest, 6 pl. Mireille ✆ 04 90 92 07 21, *hotel.castel.alpilles@wanadoo, Fax 04 90 92 52 03,* 🌳 – TV P. AE GB JCB Z t
29 mars-1er nov. – ☕ 50 – **19 ch** 395/530

ST-RÉMY-DE-PROVENCE

Carnot (R.) . . . . Y
Combette (Ch. de la) . Z
Commune (R.) . . . . Z 2
Durant-Maillane (Av.) . . Z
Fauconnet (Av.) . . . . . . Z
Favier (Pl.) . . . . Y
Gambetta (Bd) . . . . Y
Gras (Av. F.) . . . . Y
Hoche (R.) . . . . Z 4
Jean-Jaurès (Pl.) . . . . . Z
Lafayette (R.) . . . . Z 6
Libération (Av. de la) . . Y 7
Marceau (Bd) . . . . Y
Mirabeau (Bd) . . . . . . YZ 8
Mistral (Av. F.) . . . . Y
Mistral (Av. L.) . . . . Y
Nostradamus (R.) . . . . . Y 10
Parage (R.) . . . . Y 12
Pasteur (Av.) . . . . Z
Pelissier (Pl. J.) . . . . . . Z
République (Pl. de la) . Z
Résistance (Av.) . . . . . . Z 13
Roux (R.) . . . . Z 14
Salengro (R. R.) . . . . . . Y 15
Schweitzer (Av. A.) . . . Y
Taillandier (Av. G. St-René) . . . . Y
Victor-Hugo (Bd) . . . . . . Z
8-Mai-1945 (R. du) . . . Z 16

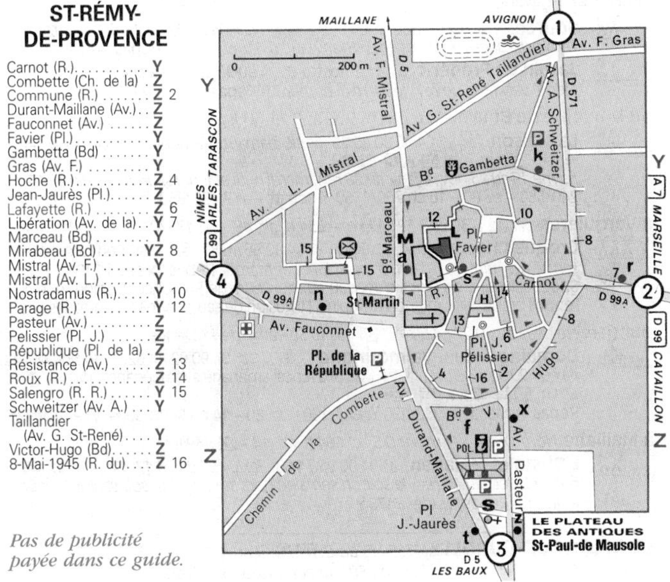

Pas de publicité payée dans ce guide.

Mas des Carassins sans rest, 1 chemin Gaulois par ③ *: 1 km* 04 90 92 15 48, *carassin@pacwan.fr, Fax 04 90 92 63 47*, ≤, « Jardin ombragé et fleuri », – P. GB
1er avril-4 janv. – 68 – **14 ch** 420/695

Canto Cigalo sans rest, chemin Canto Cigalo par ② *: 1 km* 04 90 92 14 28, *hotel.cantocigalo@wanadoo.fr, Fax 04 90 92 24 48*, – P. GB.
1er mars-12 nov. et 18 déc.-4 janv. – 42 – **20 ch** 315/385

L'Amandière sans rest, av. Plaisance du Touch par ① *puis rte Noves : 1 km* 04 90 92 41 00, *Fax 04 90 92 48 38*, – P. GB.
mi-mars-fin oct. et mi-déc.-début janv. – 42 – **26 ch** 300/365

Van Gogh sans rest, 1 av. J. Moulin par ② 04 90 92 14 02, *vangoghhot@aol.com, Fax 04 90 92 09 05*, – P. GB.
1er mars-15 nov. – 40 – **21 ch** 330/400

Soleil sans rest, 35 av. Pasteur 04 90 92 00 63, *hotelsoleil@wanadoo.fr, Fax 04 90 92 61 07*, – P. AE GB JCB. Z z
fin mars-début nov. – 43 – **21 ch** 315/395

Villa Glanum sans rest, rte des Baux par ③ 04 90 92 03 59, *viila.glanum@wanadoo.fr, Fax 04 90 92 00 08*, – P. GB.
20 mars-20 oct. – 57 – **28 ch** 380/496

Cheval Blanc sans rest, 6 av. Fauconnet 04 90 92 09 28, *Fax 04 90 92 69 05* – P. GB Z n
début mars-début nov. – 35 – **22 ch** 260/320

Acacia sans rest, rte Maillane : 1 km par av. F. Mistral 04 90 92 13 43, *Fax 04 90 92 64 01*, – P. GB.
fermé 5 janv. au 5 mars – 40 – **13 ch** 260/320

Maison Jaune, 15 r. Carnot 04 90 92 56 14, *lamaisonjaune@wanadoo.fr, Fax 04 90 92 56 32*, « Terrasse ombragée » – GB Y s
fermé 8 janv. au 8 mars, dim. soir en hiver, mardi midi de juin à sept. et lundi – **Repas** (nombre de couverts limités, prévenir) 120 (déj.), 180/315

Orangerie Chabert, 16 bd V. Hugo 04 90 92 05 95, *Fax 04 90 92 66 28*, – GB Z f
fermé 1er au 25 mars et 15 nov. au 15 déc., mardi midi et lundi hors saison – **Repas** 114 (déj.), 162/218, enf. 60

Alain Assaud, 13 bd Marceau 04 90 92 37 11 – AE GB Y a
15 mars-15 nov. et fermé jeudi midi, sam. midi et merc. – **Repas** 150/230

XX **Source,** 13 av. Libération ✆ 04 90 92 44 71, *Fax 04 90 92 44 71,* ☂ ▤ – AE GB Y r
fermé vacances de Toussaint, 15 janv. au 20 fév. et merc. – **Repas** 98 (déj.), 165/230

X **Jardin de Frédéric,** 8 bd Gambetta ✆ 04 90 92 27 76, *Fax 04 90 92 27 76* – ▤. GB
fermé vacances de fév., jeudi midi et merc. – **Repas** 120 (déj.)/180 ♀ Y k

au Domaine de Bournissac *par ②, D 30 et D 29 : 11 km* – ✉ *13550 Paluds-de-Noves :*

La Maison ⛰, ✆ 04 90 90 25 25, *annie@lamaison-a-bournissac.com, Fax 04 90 90 25 26,* ≤, ☂, ⛱, 🌳 – ▤ TV ♿ P. AE GB
fermé 19 au 25 nov., 6 janv. au 28 fév., mardi midi et lundi sauf du 1er juin au 15 oct. – **Repas** 240/380 – ☕ 80 – **10 ch** 780/1350, 3 appart – ½ P 620/830

à Verquières *par ②, D 30 et D 29 : 11 km – 654 h. alt. 48* – ✉ *13670 :*

XXX **Croque Chou** (Ravoux), pl. Église ✆ 04 90 95 18 55, ☂, rest. non fumeur – ✗
✿ *fermé fév., dim. soir d'oct. à mars, lundi et mardi* – **Repas** (prévenir) 195/225 ♀
Spéc. Galantine de gigot d'agneau aux senteurs de Provence. Dorade rôtie au vin rouge, fenouil braisé. Filet mignon de lapin à l'infusion de sauge. **Vins** Coteaux des Baux, Cairanne.

par ④ *et rte des Baux D 27 : 4,5 km* – ✉ *13210 St-Rémy-de-Provence :*

Domaine de Valmouriane ⛰, ✆ 04 90 92 44 62, *domdeval@wanadoo.fr, Fax 04 90 92 37 32,* ≤, ☂, « Mas provençal aménagé avec élégance, parc », ⛱, 🎾, ⛳ – 🛗, ▤ ch, TV P. AE ⊙ GB JCB
Repas 175 bc (déj.), 230/290 ♀, enf. 100 – ☕ 80 – **14 ch** 940/1300 – ½ P 770/1000

à Maillane *Nord-Ouest : 7 km par D 5 – 1 664 h. alt. 14* – ✉ *13910 :*

XX **L'Oustalet Maïanen,** ✆ 04 90 95 74 60, *Fax 04 90 95 76 17,* ☂ – ▤. AE GB
fermé 2 déc. au 1er fév., le soir en semaine hors saison, dim. soir sauf juil.-août, mardi midi et lundi – **Repas** 125 (déj.)/175 ♀

ST-RÉMY-SUR-DUROLLE *63550 P.-de-D.* 73 ⑥ *G. Auvergne – 2 033 h alt. 620.*
Paris 400 – Clermont-Ferrand 50 – Chabreloche 13 – Thiers 7.

XX **Vieux Logis** avec ch, Nord : 3,5 km sur D 201 ✆ 04 73 94 30 78, *Fax 04 73 94 04 70,* ≤,
☺ ☂ – P. GB
fermé 1er au 8 oct, janv. et fév. – **Repas** 78/162 ♀ – ☕ 30 – **4 ch** 180

ST-RESTITUT *26130 Drôme* 80 ⑩ *G. Vallée du Rhône – 947 h alt. 150.*
Voir *Église★ – Clansayes : promontoire ≤★★ N : 8 km.*
Paris 635 – Montélimar 31 – Orange 31 – Valence 75.

Castel ⛰ sans rest, pl. Église ✆ 04 75 04 59 40, *Fax 04 75 04 59 40,* « Demeure du 16e siècle », 🌳 – ✗
1er mars-fin nov. – **5 ch** ☕ 500/600

ST-RIQUIER *80135 Somme* 52 ⑦ *G. Picardie Flandres Artois – 1 166 h alt. 29.*
Voir *Intérieur★★ de l'église★.*
☐ *Office de Tourisme Le Beffroi ✆ 03 22 28 91 72, Fax 03 22 28 02 73 (hors saison) Mairie ✆ 03 22 28 80 40.*
Paris 175 – Amiens 45 – Abbeville 10 – St-Omer 83 – Le Tréport 47.

Jean de Bruges M sans rest, ✆ 03 22 28 30 30, *jeandebruges@wanadoo.fr, Fax 03 22 28 00 69,* « Demeure du 17e siècle » – 🛗 TV ✆ 🚗. AE GB. ✗
fermé 1er janv. au 28 fév. – ☕ 70 – **11 ch** 500/700

ST-ROMAIN-SUR-CHER *41140 L.-et-Ch.* 64 ⑰ *– 1 236 h alt. 130.*
Paris 216 – Tours 62 – Blois 34 – Montrichard 21 – Romorantin-Lanthenay 38.

XX **St-Romain** avec ch, ✆ 02 54 71 71 10, *Fax 02 54 71 72 89* – TV P. GB
☺ *fermé 24 sept. au 15 oct., 2 au 14 janv., dim. soir et lundi sauf fériés* – **Repas** 73/238 ♀ – ☕ 30 – **5 ch** 165/275 – ½ P 230

ST-SALVADOUR *19 Corrèze* 75 ⑨ *– rattaché à Seilhac.*

ST-SAMSON-DE-LA-ROQUE *27680 Eure* 55 ④ *– 271 h alt. 80.*
Voir *Phare de la Roque ✳★ N : 2 km,* **G. Normandie Vallée de la Seine.**
Paris 175 – Le Havre 39 – Beuzeville 14 – Bolbec 24 – Évreux 99 – Honfleur 20.

XXX **Relais du Phare,** ✆ 02 32 57 61 68, *Fax 02 32 57 61 68,* ☂, 🌳 – GB
fermé dim. soir et lundi de sept. à avril – **Repas** *(110)* - 220/320

ST-SATUR *18 Cher* 65 ⑫ *– rattaché à Sancerre.*

ST-SATURNIN *63450 P.-de-D.* 73 ⑭ *G. Auvergne – 788 h alt. 520.*

Voir Église** – Choeur* de l'abbaye N.-D.-de-Randol SO : 2 km.

Office de Tourisme (été) Point d'Accueil à Aydat et St-Saturnin ✆ 04 73 79 37 69, Fax 04 73 79 37 69.

Paris 437 – Clermont-Ferrand 22 – Issoire 28 – Le Mont-Dore 39 – Thiers 56.

Reine Margot, 21 r. Principale ✆ 04 73 39 05 76
fermé 13 au 29 oct., lundi soir du 1er avril au 13 oct. et sam. de nov. à mars – **Repas** 70 (déj.), 95/120

ST-SATURNIN-DE-LUCIAN *34 Hérault* 83 ⑤ *– rattaché à Clermont-l'Hérault.*

ST-SAUD-LACOUSSIÈRE *24470 Dordogne* 72 ⑯ *– 951 h alt. 370.*

Paris 447 – Limoges 56 – Brive-la-Gaillarde 101 – Châlus 23 – Nontron 15 – Périgueux 62.

Hostellerie St-Jacques, ✆ 05 53 56 97 21, *Fax 05 53 56 91 33*, « Terrasse et jardin fleuris », – TV P. AE GB
mars-nov. et fermé lundi sauf le soir en juil-août, dim. soir de sept. à juin et mardi midi – **Repas** 120/310, enf. 75 – 50 – **16 ch** 280/550 – ½ P 330/450

ST-SAUVES-D'AUVERGNE *63 P.-de-D.* 73 ⑬ *– rattaché à La Bourboule.*

ST-SAUVEUR-DE-LANDEMONT *49270 M.-et-L.* 67 ④ *– 587 h alt. 65.*

Paris 364 – Nantes 31 – Ancenis 17 – Cholet 51 – Clisson 27.

Château de la Colaissière, ✆ 02 40 98 75 04, *Fax 02 40 98 74 15*, « Château Renaissance dans un parc », – TV P – 50. GB JCB
fermé janv. – **Repas** *(fermé lundi)* 140/330, enf. 60 – 75 – **16 ch** 695/1395 – ½ P 845

ST-SAUVEUR-DE-MONTAGUT *07190 Ardèche* 76 ⑲ *– 1 396 h alt. 218.*

Paris 602 – Valence 38 – Le Cheylard 24 – Lamastre 34 – Privas 24.

Montagut avec ch, pl. Église ✆ 04 75 65 40 31, *Fax 04 75 65 41 86*, – TV. AE GB
fermé 4 au 25 sept., 1er au 15 janv., dim. soir et lundi – **Repas** 80 bc/260, enf. 45 – 35 – **4 ch** 210/260 – ½ P 220/280

ST-SAVIN *65 H.-Pyr.* 85 ⑰ *– rattaché à Argelès-Gazost.*

ST-SAVIN *86310 Vienne* 68 ⑮ *– 1 089 h alt. 76.*

Voir *Peintures murales**** de l'Abbaye**.*

Office de Tourisme 20 pl. de la Libération ✆ 05 49 48 11 00, Fax 05 49 48 11 00.

Paris 348 – Poitiers 44 – Belac 62 – Châtellaurt 48 – Montmorillon 19.

France, pl. République ✆ 05 49 48 19 03, *Fax 05 49 48 97 07* – TV P. AE GB.
rest
fermé 19 nov. au 9 déc. – **Repas** *(fermé dim. soir et vend. sauf juil.-août)* 76/190, enf. 45 – 35 – **15 ch** 240/290 – ½ P 220/260

ST-SÉBASTIEN-SUR-LOIRE *44 Loire-Atl.* 67 ③ *– rattaché à Nantes.*

ST SEINE L'ABBAYE *21440 Côte-d'Or* 65 ⑲ *G. Bourgogne – 326 h alt. 451.*

Paris 290 – Dijon 28 – Autun 75 – Châtillon-sur-Seine 57 – Montbard 48.

Poste, ✆ 03 80 35 00 35, *Fax 03 80 35 07 64*, – TV P. GB
fermé 23 déc. au 9 janv., fév. et mardi sauf du 27 juin au 10 sept. – **Repas** 85/300, enf. 50 – 45 – **19 ch** 160/350 – ½ P 280/380

ST-SERNIN-SUR-RANCE *12380 Aveyron* 80 ⑫ *G. Languedoc Roussillon – 563 h alt. 300.*

Paris 702 – Albi 51 – Castres 69 – Lacaune 30 – Rodez 84 – St-Affrique 32.

Carayon, ✆ 05 65 98 19 19, *carayon.hotel@wanadoo.fr, Fax 05 65 99 69 26*, « Parc avec activités de loisirs », – TV P – 30. AE GB
fermé dim. soir, mardi midi et lundi sauf juil.-août et fériés – **Repas** 89/350, enf. 49 – 47 – **49 ch** 199/399 – ½ P 315/420

ST-SERVAN-SUR-MER *35 I.-et-V.* 59 ⑥ *– rattaché à St-Malo.*

ST-SEVER *40500 Landes* 78 ⑥ *G. Aquitaine – 4 536 h alt. 102.*

Voir *Chapiteaux★ de l'église.*

Office de Tourisme (fermé dim.) pl. Tour du Sol ✆ 05 58 76 34 64, Fax 05 58 76 43 55.

Paris 731 – Mont-de-Marsan 18 – Aire-sur-l'Adour 32 – Dax 50 – Orthez 37 – Pau 68.

Relais du Pavillon avec ch, au Nord : 2 km carrefour D 933 et D 924 ✆ 05 58 76 20 22, *Fax 05 58 76 25 81,* – P. AE GB
fermé 3 au 10 sept., 2 au 14 janv., dim. soir et lundi sauf du 14 juil. au 15 août – **Repas** 90/250 et carte 250 à 340 – 40 – **12 ch** 230/300 – ½ P 265

à Bas-Mauco *Nord : 5 km par rte de Mont-de-Marsan – 242 h. alt. 37 – ✉ 40500 :*

Alios, ✆ 05 58 76 44 00, *Fax 05 58 76 35 38,* – P. – 15. GB. ch
Repas *(fermé vend. soir et dim.)* 85/160 – 30 – **10 ch** 220/300 – ½ P 230

STS-GEOSMES *52 H.-Marne* 66 ③ *– rattaché à Langres.*

ST-SIMON *31 H.-Gar.* 82 ⑧ *– rattaché à Toulouse.*

ST-SORLIN-D'ARVES *73530 Savoie* 77 ⑥ ⑦ *G. Alpes du Nord – 291 h alt. 1550.*

Voir *Site★ de l'église de St-Jean-d'Arves SE : 2,5 km.*

Env. *Col de la Croix de Fer ★★ O : 7,5 km puis 15 mn – Col du Glandon ★ puis Combe d'Olle★★ O : 10 km.*

Office de Tourisme Vallée de l'Arvan ✆ 04 79 59 71 77, Fax 04 79 59 75 50.

Paris 657 – Albertville 85 – Le Bourg-d'Oisans 50 – Chambéry 95 – St-Jean-de-Maurienne 22.

Beausoleil , ✆ 04 79 59 71 42, *beausol@club-internet.fr, Fax 04 79 59 75 25,* , – P. AE GB. rest
1er juil.-31 août et 19 déc.-20 avril – **Repas** (76) - 99/130, enf. 45 – 45 – **23 ch** 260/350 – ½ P 370

Balme , ✆ 04 79 59 70 21, *Fax 04 79 59 71 71,* , – P. GB. rest
15 juin-15 sept. et 15 déc.-15 avril – **Repas** 98/110 – 35 – **26 ch** 230/280 – ½ P 320/350

ST-SULIAC *35430 I.-et-V* 59 ⑥ *– 802 h alt. 30.*

Paris 411 – St-Malo 12 – Dinan 20 – Dol-de-Bretagne 21 – Lamballe 55 – Rennes 65.

Grève, ✆ 02 99 58 33 83, *Fax 02 99 58 35 40,* – AE GB
avril-sept. et fermé merc. soir, dim. soir et lundi – **Repas** (100) - 145/195, enf. 70

ST-SULPICE *81370 Tarn* 82 ⑨ *– 4 354 h alt. 112.*

Paris 687 – Toulouse 31 – Albi 46 – Castres 54 – Montauban 44.

Auberge de la Pointe, D 988 ✆ 05 63 41 80 14, *marchelot@aol.com, Fax 05 63 41 90 24,* , « Terrasse dominant le Tarn » – P. AE GB
fermé 14 au 28 nov., mardi soir et merc. de sept. à mai – **Repas** 100/200, enf. 50

ST-SULPICE-SUR-LÈZE *31410 H.-Gar.* 82 ⑰ *– 1 423 h alt. 200.*

Paris 730 – Toulouse 36 – Auterive 14 – Foix 53 – St-Gaudens 65.

Commanderie, ✆ 05 61 97 33 61, *Fax 05 61 97 33 61,* , – GB
fermé 8 au 30 oct., 21 janv. au 5 fév., lundi soir et mardi – **Repas** 89/189, enf. 50

ST-SYLVESTRE-SUR-LOT *47140 L.-et-G.* 79 ⑥ *– 2 060 h alt. 65.*

Paris 619 – Agen 36 – Cahors 66 – Villeneuve-sur-Lot 8.

Château Lalande M , ✆ 05 53 36 15 15, *chateau.lalande@wanadoo.fr, Fax 05 53 36 15 16,* , , , , – P. – 15 à 30. AE GB
Repas (170) - 230/390 – 90 – **22 ch** 950/1800 – ½ P 810/1190

ST-SYMPHORIEN-D'OZON *69360 Rhône* 74 ⑪ *– 5 167 h alt. 176.*

Paris 479 – Lyon 20 – Rive-de-Gier 28 – La Tour-du-Pin 52 – Vienne 14.

Louvre, quai H. Berlioz ✆ 04 78 02 80 80, *Fax 04 78 02 92 78* – GB
fermé lundi soir et mardi – **Repas** 69 (déj.), 85/220, enf. 48

A good moderately priced meal : Repas 100/140

ST-THÉGONNEC *29410 Finistère* 58 ⑥ *G. Bretagne – 2 139 h alt. 83.*

Voir Enclos paroissial★★ – Guimiliau : Enclos paroissial★★ , SO : 7,5 km.

Paris 550 – Brest 49 – Châteaulin 59 – Morlaix 13 – Quimper 70 – St-Pol-de-Léon 28.

Auberge St-Thégonnec M, ☎ 02 98 79 61 18, *auberge@wanadoo.fr, Fax 02 98 62 71 10,* – TV ☎ ♿ P. AE GB. ✂ rest
fermé 21 déc. au 5 janv., sam. midi du 15 sept. au 15 juin, dim. soir et lundi – **Repas** 120/235 🍷, enf. 70 – ☕ 45 – **19 ch** 480/550 – ½ P 500/550

ST-TROJAN-LES-BAINS *17 Char.-mar.* 71 ⑭ – *voir à Oléron (Ile d').*

ST-TROPEZ *83990 Var* 84 ⑰, 114 ㊲ *G. Côte d'Azur – 5 754 h alt. 4.*

Voir Port★★ – Musée de l'Annonciade★★ – Môle Jean Réveille ≤★ – Citadelle★ : ≤★ des remparts, ★★ du musée naval – Chapelle Ste-Anne ≤★ S : 1 km par av. P. Roussel.

Office de Tourisme q. J.-Jaurès ☎ 04 94 97 45 21, Fax 04 94 97 82 66.

Paris 876 – Fréjus 35 – Aix-en-Provence 120 – Cannes 74 – Draguignan 48 – Toulon 71.

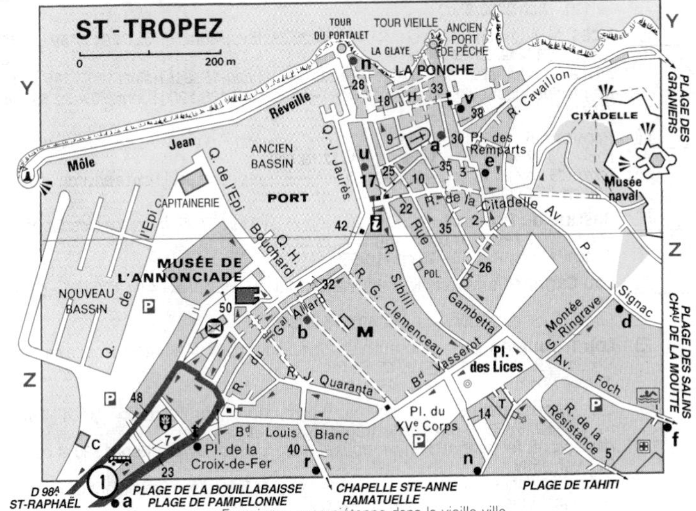

En saison : zone piétonne dans la vieille ville.

Aire-du-Chemin (R.)	Y 2	Herbes (Pl. aux)	Y 17	Péri (Quai Gabriel)	Z 32
Aumale (Bd d')	Y 3	Hôtel-de-Ville (Pl. de l')	Y 18	Ponche (R. de la)	Y 33
Belle-Isnarde (Rte de la)	Z 5	Laugier (R. V.)	Y 22	Portail-Neuf (R. du)	YZ 35
Blanqui (Pl. Auguste)	Z 7	Leclerc (Av. Général)	Z 23	Remparts (R. des)	Y 38
Clocher (R. du)	Y 9	Marché (R. du)	Y 25	Roussel (Av. Paul)	Z 40
Commerçants (R. des)	Y 10	Miséricorde (R.)	Z 26	Suffren (Quai)	Y 42
Grangeon (Av.)	Z 14	Mistral (Quai Frédéric)	Y 28	8-Mai-1945 (Av. du)	Z 48
Guichard (R. du Cdt)	Y 15	Ormeau (Pl. de l')	Y 30	11-Novembre (Av. du)	Z 50

Byblos M 🌴, av. P. Signac ☎ 04 94 56 68 00, *saint-tropez@byblos.com, Fax 04 94 56 68 01,* – TV ☎ P – 🛋 80. AE GB JCB
mi-avril-mi-oct. – **Repas** 200 (déj.), 300/450 🍷 - ***Relais Caves du Roy*** ☎ 04 94 56 68 20 (dîner seul.) *(ouvert toute l'année et fermé lundi et mardi d'oct. à mi-avril)* **Repas** carte 250 à 380 – ☕ 140 – **76 ch** 2100/5000, 11 appart Z d

Résidence de la Pinède M 🌴, à la plage de la Bouillabaisse par ① : *1 km* ☎ *04 94 55 91 00, residence.pinede@wanadoo.fr, Fax 04 94 97 73 64,* ≤ golfe de St-Tropez, « En bordure de mer », – TV ☎ P. AE GB. ✂ rest
Pâques-10 oct. – **Repas** 320 (déj.), 560/780 et carte 560 à 920 🍷 – ☕ 140 – **36 ch** 3200/6530, 4 appart
Spéc. Langoustines nature et en mie de pain au curry. Homard rôti aux truffes. Trilogie de boeuf. **Vins** Côtes de Provence.

Bastide de St-Tropez M 🌴, rte Carles : 1 km par av. P. Roussel - **Z** ☎ 04 94 55 82 55, *b st@wanadoo.fr, Fax 04 94 97 21 71,* « Belle décoration intérieure », – ch, TV ☎ P – 🛋 15. AE GB JCB
fermé 3 janv. au 13 fév. – **Repas** *(fermé lundi et mardi d'oct. à Pâques et le midi de mai à sept.)* 310/450 – ☕ 120 – **16 ch** 2350/2850, 8 appart – ½ P 1945

Domaine de l'Astragale, par ① : *1,5 km, chemin de la Gassine* 04 94 97 48 98, *lastragale@aol.com, Fax 04 94 97 16 01,* – 25. AE GB
12 mai-début oct. – **Repas** 280 (dîner) et carte 260 à 340 – 95 – **34 ch** 2170/2370 – 1/2 P 1380/1535

Mandarine, Sud : 0,5 km par av. P. Roussel, rte Tahiti 04 94 79 06 66, *hmandarine@aol.com, Fax 04 94 97 33 67,* – ch, – 50. AE GB
12 mai-début oct. – **Repas** 270 (dîner) et carte 200 à 360 – 95 – **39 ch** 1840/2370, 4 duplex – 1/2 P 1025/2050

Yaca, 1 bd Aumale 04 94 55 81 00, *hotel-le-yaca@wanadoo.fr, Fax 04 94 97 58 50,* – AE GB Y e
1er avril-30 oct. – **Repas** - cuisine italienne - carte 300 à 400 – 100 – **27 ch** 1800/2300

Ponche, pl. Révelin 04 94 97 02 53, *Fax 04 94 97 78 61,* – AE GB Y v
1er avril-4 nov. – **Repas** 135 (déj.), 195/250 – 100 – **18 ch** 1400/2000

Mistralée sans rest, 1 av. Gén. Leclerc 04 98 12 91 12, *mistralee@infonie.fr, Fax 04 98 12 91 13,* – AE GB JCB Z t
120 – **7 ch** 2000/5500

Lices, av. Augustin Grangeon 04 94 97 28 28, *lices@nova.fr, Fax 04 94 97 59 52,* – ch, AE GB JCB Z n
30 mars-11 nov. et 27 déc.-3 janv. – **Repas** grill *(1er juin-16 sept.)* (dîner seul.) 195 - ***snack de piscine*** (déj. seul.) *(30 mars-11 nov.)* **Repas** carte 120 à 200, enf. 60 – 65 – **41 ch** 750/1470

Provençal, par ① : *2 km, chemin Bonnaventure* 04 94 97 00 83, *Fax 04 94 97 44 37,* – AE GB
fermé 15 nov. au 15 déc. – **Repas** grill de piscine (résidents seul.) carte environ 240 – 70 – **20 ch** 1000/1200

Bastide du Port sans rest, Port du Pilon 04 94 97 87 95, *hotellabastideduport@wanadoo.fr, Fax 04 94 97 91 00,* – AE GB Z a
1er avril-11 nov. – 65 – **26 ch** 750/950

Lou Cagnard sans rest, av. P. Roussel 04 94 97 04 24, *Fax 04 94 97 09 44* – GB. Z r
fermé 6 nov. au 27 déc. – 45 – **19 ch** 310/590

Lou Troupelen sans rest, chemin des Vendanges 04 94 97 44 88, *troupelen@aol.com, Fax 04 94 97 41 76,* – AE GB JCB. Z f
1er mai-10 oct. – 60 – **44 ch** 430/550

Leï Mouscardins (Tarridec), au port (Tour du Portalet) 04 94 97 29 00, *Fax 04 94 97 76 39,* golfe de St-Tropez – AE GB JCB Y n
mars-oct. et fermé le midi en juil.-août et merc. de sept. à mai – **Repas** 380 et carte 440 à 610, enf. 150
Spéc. Châtaignes écrasées aux écrevisses. Rougets "friandise". Croustillant de framboises à l'estragon. **Vins** Côtes de Provence, Bandol.

Girelier, quai Jean Jaurès 04 94 97 03 87, *contact@legirelier.com, Fax 04 94 97 43 86,* – AE GB JCB Y u
16 fév.-31 oct. et fermé le midi en juil.-août et lundi de sept. à juin – **Repas** 198, enf. 100

Banh Hoï, 12 r. Petit St-Jean 04 94 97 36 29, *banh-hoi@wanadoo.fr, Fax 04 98 12 91 47,* – AE GB Y a
30 mars-13 oct. et 26 déc.-5 janv. – **Repas** - cuisine vietnamienne et thaïlandaise (dîner seul.) carte 240 à 330

Petit Charron, 6 r. Charrons 04 94 97 73 78, *Fax 04 94 97 56 12* – AE GB JCB Z b
1er mars-31 oct. – **Repas** *(fermé dim. sauf juil.-août)* (dîner seul. en juil.-août)(nombre de couverts limité, prévenir) carte environ 220

au Sud-Est : *par av. Foch* - **Z** – *83990 St-Tropez :*

Bastide des Salins sans rest, à 4 km 04 94 97 24 57, *bastisal@club-internet.fr, Fax 04 94 54 89 03,* **«** Ancienne bastide isolée dans un grand jardin arboré **»**, – AE GB.
1er avril-10 oct. – 70 – **14 ch** 1400/2200

Tartane, à 3 km 04 94 97 21 23, *hotel.la.tartane@wanadoo.fr, Fax 04 94 97 09 16,* – ch, AE GB.
15 mars-15 oct. – **Repas** snack de piscine (déj. seul.) carte 250 à 350 – 70 – **12 ch** 900/1200

Lou Pinet, à 2 km 04 94 97 04 37, *Fax 04 94 97 04 98,* – ch, AE GB JCB
13 avril-30 sept. – **Repas** carte 210 à 300 – 80 – **31 ch** 850/1800 – 1/2 P 790/1140

Levant sans rest, à 2,5 km ☎ 04 94 97 33 33, *info@hotel-le-levant.com, Fax 04 94 97 76 13*, – TV P. AE GB
16 mars-15 oct. – 63 – **28 ch** 680/900

Pré de la Mer sans rest, à 2,5 km ☎ 04 94 97 12 23, *Fax 04 94 97 43 91*, – cuisinette TV P. AE GB
13 avril-30 sept. – 70 – **12 ch** 860/1090

Barlière sans rest, à 1,5 km ☎ 04 94 97 41 24, *Fax 04 94 97 73 40*, – TV P. GB
60 – **22 ch** 650/850

au Sud-Est *par av. Paul Roussel et rte de Tahiti :*

Château de la Messardière M, à 2 km ⊠ 83990 St-Tropez ☎ 04 94 56 76 00, *hotel@messardiere.com, Fax 04 94 56 76 01*, « Dans une pinède dominant la baie », – TV P – 80. AE GB. rest
24 mars-20 oct. – **Repas** (dîner seul. de mi-juin à mi-sept.) 280/520 – 120 – **90 ch** 2200/3600, 10 appart

Ferme d'Augustin sans rest, à 4 km ⊠ 83350 Ramatuelle ☎ 04 94 55 97 00, *vallet.ferme.augustin@wanadoo.fr, Fax 04 94 97 40 30*, – TV P. AE GB
20 mars-20 oct. – 75 – **46 ch** 800/1900

St-Vincent, à 4 km ⊠ 83350 Ramatuelle ☎ 04 94 97 36 90, *saintvincent@var-provence.com, Fax 04 94 54 80 37*, – ch, TV P. AE GB
hôtel : 31 mars-14 oct. ; rest. : 5 mai-16 sept. – **Repas** grill de piscine 180/300 – 90 – **15 ch** 1090/1290, 4 duplex – 1/2 P 555/805

Mas Bellevue, à 2 km ⊠ 83990 St-Tropez ☎ 04 94 97 07 21, *Fax 04 94 97 61 07*, – ch, TV P. AE GB JCB. rest
31 mars-12 nov. – **Repas** grill de piscine 150 (déj.), 180/230 – 75 – **39 ch** 580/1220 – 1/2 P 490/1040

Figuière, à 4 km ⊠ 83350 Ramatuelle ☎ 04 94 97 18 21, *Fax 04 94 97 68 48*, – ch, TV P. AE GB
5 avril-8 oct. – **Repas** grill de piscine carte 150 à 200 – 70 – **38 ch** 600/1100, 3 duplex

rte de Ramatuelle *par ① et D 93le – ⊠ 83350 Ramatuelle :*

Les Bergerettes M, sur rte secondaire : 5 km ☎ 04 94 97 40 22, *Fax 04 94 97 37 55*, « Parc », – ch, TV P. AE GB
hôtel : 8 avril-mi-oct. ; rest.: mai-sept. – **Repas** grill de piscine (déj. seul.) carte 220 à 300 – 85 – **29 ch** 1080/1250

Romarine, sur rte secondaire, à 3 km ☎ 04 94 97 32 26, *reservation@hotel-laromarine.com, Fax 04 94 97 44 45*, – cuisinette, ch, TV P. AE GB. *(juin-sept.)* carte 220 à 280 - ***grill de piscine*** (déj. seul.) *(juil.-août)* **Repas** carte environ 220 – 80 – **18 ch** 1400, 9 appart

Les Bouis M, sur rte secondaire, à 6 km ☎ 04 94 79 87 61, *Fax 04 94 79 85 20*, mer, – ch, TV P. AE GB JCB. rest
hôtel : 25 mars-31 oct. ; rest. : 1er avril-30 sept. – **Repas** grill de piscine (déj. seul.) carte 100 à 150 – 72 – **23 ch** 1220/1520

Deï Marres sans rest, sur rte secondaire, à 3 km ☎ 04 94 97 26 68, *hoteldeimarres@infonie.fr, Fax 04 94 97 62 76*, – TV P. AE GB.
15 mars-15 oct. – 60 – **24 ch** 750/1200

Auberge de l'Oumède, sur rte secondaire, à 7 km ☎ 04 94 79 81 24, *Fax 04 94 79 93 63*, – P. GB
Pâques-mi-oct et fermé merc. sauf du 15 juin au 15 sept. – **Repas** (dîner seul.) 290

par ① *et rte secondaire – ⊠ 83580 Gassin :*

Villa Belrose M, bd Crêtes, à 3 km ☎ 04 94 55 97 97, *Fax 04 94 55 97 98*, golfe de St-Tropez, – TV P. AE GB. rest
avril- oct. et fermé le midi en juil.-août – **Repas** 320 (dîner)/450 – 130 – **38 ch** 2900/4200 – 1/2 P 1890/2590

Bastide d'Antoine, à 2 km ☎ 04 94 97 70 08, *Fax 04 94 97 67 25*, – TV P. AE GB
avril-oct. – **Repas** snack de piscine (résidents seul.) carte environ 160 – 60 – **16 ch** 950/1650

Les Capucines, à 2 km ☎ 04 94 97 70 05, *hotel.les.capucines@wanadoo.fr, Fax 04 94 97 55 85*, – ch, TV P. AE GB JCB
15 avril-15 oct. – **Repas** snack de piscine (déj. seul.) carte environ 150 – 65 – **24 ch** 780/1400

*Un automobiliste averti utilise le **Guide Rouge Michelin** de l'année.*

ST-VAAST-LA-HOUGUE *50550 Manche* 54 ③ *G. Normandie Cotentin – 2 134 h alt. 4.*

Office de Tourisme 1 pl. Gén.-de-Gaulle ✆ 02 33 54 41 37, Fax 02 33 54 41 37.

Paris 345 – Cherbourg 32 – Carentan 41 – St-Lô 69 – Valognes 19.

France et Fuchsias, ✆ 02 33 54 42 26, *france-fuchsias@wanadoo.fr, Fax 02 33 43 46 79,* – TV – 25. AE GB
fermé 3 janv. au 23 fév., lundi de sept. à avril, dim. soir et mardi de nov. à mars – **Repas** (88) - 135/315 ♀, enf. 60 – ☕ 45 – **34 ch** 225/465 – ½ P 265/410

Granitière sans rest, ✆ 02 33 54 58 99, *Fax 02 33 20 34 91,* – TV P. AE GB
19 mars-20 déc. et fermé mardi hors saison – ☕ 45 – **10 ch** 400/460

Chasse-Marée, ✆ 02 33 23 14 08, – GB.
fermé fin déc. à début fév., dim. soir et lundi sauf de juin à sept. – **Repas** 85/150 ♀

ST-VALÉRIEN *89150 Yonne* 61 ⑬ *– 1 666 h alt. 165.*

Paris 109 – Fontainebleau 50 – Auxerre 67 – Nemours 33 – Sens 15.

Gâtinais, ✆ 03 86 88 62 78 – GB
fermé 5 au 12 mars, dim. soir, lundi soir, mardi soir et merc. soir – **Repas** 99/255

ST-VALERY-EN-CAUX *76460 S.-Mar.* 52 ③ *G. Normandie Vallée de la Seine – 4 595 h alt. 5 – Casino.*

Voir *Falaise d'Aval* ≤★ *O : 15 mn.*

Office de Tourisme Maison Henri-IV ✆ 02 35 97 00 63, Fax 02 35 97 90 73.

Paris 190 – Le Havre 79 – Bolbec 44 – Dieppe 35 – Fécamp 33 – Rouen 59 – Yvetot 31.

Les Terrasses, à la plage ✆ 02 35 97 11 22, *Fax 02 35 97 05 83,* ≤ – TV. GB
fermé déc., dim. soir et lundi – **Repas** (98) - 130/198 ♀, enf. 50 – ☕ 38 – **12 ch** 250/350 – ½ P 325

Port, quai d'Amont ✆ 02 35 97 08 93, *Fax 02 35 97 28 32,* ≤ – GB
fermé dim. soir sauf juil.-août et lundi – **Repas** 118/198

par rte de Fécamp *vers le Bourg-Ingouville par D 925 et D 68 : 3 km – ✉ 76460 St-Valéry-en-Caux :*

Les Hêtres M avec ch, ✆ 02 35 57 09 30, *Fax 02 35 57 09 31,* , « Belle chaumière du 17e siècle dans un jardin fleuri », – TV P. GB
Repas *(fermé 7 janv. au 12 fév., lundi et mardi)* 175/400 et carte 350 à 470 – ☕ 85 – **5 ch** 580/930

ST-VALERY-SUR-SOMME *80230 Somme* 52 ⑥ *G. Picardie Flandres Artois – 2 769 h alt. 27.*

Voir *Digue-promenade★ – Chapelle des Marins ≤★ – Écomusée Picarvie★ – La baie de Somme★★.*

Paris 201 – Amiens 71 – Abbeville 18 – Blangy-sur-Bresle 38 – Le Tréport 25.

Relais Guillaume de Normandy , quai Romerel ✆ 03 22 60 82 36, *relais-guillaume@wanadoo.fr, Fax 03 22 60 81 82,* ≤, – rest, TV P. AE GB.
fermé 15 déc. au 15 janv. et mardi sauf hôtel en juil.-août – **Repas** 88/220 ♀, enf. 55 – ☕ 40 – **14 ch** 250/380 – ½ P 310/350

Port et des Bains, 1 quai Balvet ✆ 03 22 60 80 09, *hotel.hpb@wanadoo.fr, Fax 03 22 60 77 90,* ≤ – rest, TV. AE GB. ch
fermé 2 au 15 janv. et merc. d'oct. à avril – **Repas** 90/200 ♀, enf. 55 – ☕ 55 – **16 ch** 350/750 – ½ P 279/324

Le Nicol's, 15 r. La Ferté ✆ 03 22 26 82 96, *alleduc@wanadoo.fr, Fax 03 22 60 95 99* – AE GB
fermé 10 janv. au 20 fév., lundi soir, jeudi soir et merc. d'oct. à mars – **Repas** (59) - 95/188 bc

ST-VALLIER *26240 Drôme* 77 ① *G. Vallée du Rhône – 4 115 h alt. 135.*

Paris 530 – Valence 32 – Annonay 21 – St-Étienne 60 – Tournon-sur-Rhône 16 – Vienne 41.

Albert Lecomte et Hôtel Terminus M avec ch, 116 av. J. Jaurès, rte Lyon ✆ 04 75 23 01 12, *rest.lecomte@free.fr, Fax 04 75 23 38 82* – TV P. AE GB JCB
fermé 5 au 25 août, vacances de fév., dim. soir et lundi – **Repas** (110) - 180/450 – ☕ 50 – **10 ch** 270/400 – ½ P 325

au Nord-Est *par N 7, D 122 et D 132 : 8 km – ✉ 26140 Albon :*

Domaine des Buis sans rest, rte de St-Martin-des-Rosiers ✆ 04 75 03 14 14, *Fax 04 75 03 14 14,* ≤, – TV P. GB
1er mars-15 nov. – ☕ 55 – **8 ch** 540/690

ST-VALLIER-DE-THIEY *06460 Alpes-Mar.* 84 ⑧, 114 ⑫, 115 ㉓ *G. Côte d'Azur – 1 536 h alt. 730.*

Voir Pas de la Faye ≤★★ NO : 5 km – Grotte de Beaume Obscure★ S : 2 km – Col de la Lèque ≤★ SO : 5 km.

Office de Tourisme 10 pl. du Tour ☎ 04 93 42 78 00, Fax 04 93 42 78 00.

Paris 915 – Cannes 29 – Castellane 52 – Draguignan 62 – Grasse 12 – Nice 48.

Relais Impérial, ☎ 04 92 60 36 36, *relaisimperial@compuserve.com, Fax 04 92 60 36 39,* 🍽 – |♦| TV ☏ – 🏔 40. AE ⓓ GB JCB
Repas *(85)* - 99/210 🍷 - ***Grill du Relais :*** Repas (65)-80/110 🍷, enf. 50 – ☕ 38 – **30 ch** 300/450 – 1/2 P 295/355

Préjoly, ☎ 04 93 42 60 86, *laprejoly@wanadoo.fr, Fax 04 93 42 67 80,* 🍽, 🏋 – TV. AE ⓓ GB
fermé 15 déc. au 1er fév. – **Repas** *(fermé dim. soir et lundi)* 99/195, enf. 60 – ☕ 40 – **17 ch** 450 – 1/2 P 350/425

ST-VÉRAN *05350 H.-Alpes* 77 ⑲ *G. Alpes du Sud – 257 h alt. 2042 la plus haute commune d'Europe – Sports d'hiver : 1 750/2 800 m ⛷ 15 ⛷.*

Voir Vieux village★★ – Musée du Soum★.

Office de Tourisme ☎ 04 92 45 82 21, Fax 04 92 45 84 52.

Paris 732 – Briançon 49 – Guillestre 32.

Grand Tétras 🐦, ☎ 04 92 45 82 42, *legrandtetras@free.fr, Fax 04 92 45 85 98,* ≤, 🍽, 🏋 – P. GB
20 mai-9 sept. et 20 déc.-6 avril – **Repas** *(90)* - 110/140 🍷, enf. 50 – ☕ 50 – **21 ch** 284/462 – 1/2 P 337/391

ST-VÉRAND *71570 S.-et-L.* 74 ① *– 191 h alt. 300.*

Paris 404 – Mâcon 12 – Bourg-en-Bresse 49 – Lyon 67 – Villefranche-sur-Saône 34.

Auberge du St-Véran, ☎ 03 85 23 90 90, *Fax 03 85 23 90 91,* 🍽, 🌳 – TV P. GB
fermé 10 au 20 janv., lundi et mardi hors saison – **Repas** 108/255 🍷, enf. 55 – ☕ 45 – **11 ch** 270/410 – 1/2 P 266/449

ST-VIANCE *19 Corrèze* 75 ⑧ *– rattaché à Brive-la-Gaillarde.*

ST-VICTOR-DE-MALCAP *30 Gard* 80 ⑧ *– rattaché à St-Ambroix.*

ST-VICTOR-SUR-LOIRE *42 Loire* 73 ⑲ *– rattaché à St-Étienne.*

ST-VINCENT *43800 H.-Loire* 76 ⑦ *– 806 h alt. 605.*

Paris 547 – Le Puy-en-Velay 18 – La Chaise-Dieu 37 – St-Étienne 76.

XX **Renouée,** à Cheyrac, Nord par D 103 ☎ 04 71 08 55 94, *Fax 04 71 08 55 94* – GB. ✂
fermé vacances de Toussaint, janv., fév., lundi sauf juil.-août et dim. soir – **Repas** *(déj. seul. le mardi, merc. et jeudi en nov. et déc.)* 100/240 🍷, enf. 60

ST-VINCENT-DE-TYROSSE *40230 Landes* 78 ⑰ *– 5 075 h alt. 24.*

Paris 743 – Biarritz 37 – Mont-de-Marsan 77 – Bayonne 29 – Dax 24 – Pau 103.

XXX **Hittau,** ☎ 05 58 77 11 85, *Fax 05 58 77 11 85,* 🍽, « Ancienne bergerie dans un jardin fleuri », 🌳 – P. GB
fermé fév., lundi sauf le soir en juil.-août et dim. soir de sept. à juin – **Repas** *(80)* - 140/400 et carte 270 à 390 🍷

ST-VINCENT-SUR-JARD *85520 Vendée* 67 ⑪ *G. Poitou Vendée Charentes – 658 h alt. 10.*

Office de Tourisme Le Bourg ☎ 02 51 33 62 06, Fax 02 51 33 01 23.

Paris 452 – La Rochelle 69 – La Roche-sur-Yon 35 – Luçon 34 – Les Sables-d'Olonne 24.

Océan 🐦, Sud : 1 km (près maison de Clemenceau) ☎ 02 51 33 40 45, *Fax 02 51 33 98 15,* 🍽, 🏊, 🌳 – ▤ rest, TV ♿ P. GB
15 fév.-15 nov. et fermé merc. hors saison – **Repas** 85/250 🍷 – ☕ 38 – **37 ch** 340/450 – 1/2 P 305/405

X **Chalet St-Hubert** avec ch, rte de Jard ☎ 02 51 33 40 33, *Fax 02 51 33 41 94,* 🌳 – P. GB
fermé 15 nov. au 15 déc., dim. soir et lundi du 15 juin. au 15 sept. – **Repas** 89/190, enf. 48 – ☕ 40 – **10 ch** 180/240 – 1/2 P 260

ST-VRAIN *91770 Essonne* 60 ⑩, 106 ㊸ *– 2 307 h alt. 75.*
Paris 44 – Fontainebleau 44 – Corbeil-Essonnes 18 – Étampes 22 – Melun 41.

X **Hostellerie de St-Caprais** avec ch, 30 r. St-Caprais ✆ 01 64 56 15 45, *Fax 01 64 56 85 22,* – . GB
fermé 14 juil. au 10 août – **Repas** *(fermé dim. soir et lundi)* 168/225 – ☕ 35 – **5 ch** 290/320 – ½ P 300

ST-WANDRILLE-RANÇON *76490 S.-Mar.* 55 ⑤ *G. Normandie Vallée de la Seine – 1 151 h alt. 16.*
Voir *Abbaye★ (chant grégorien).*
Paris 161 – Le Havre 58 – Rouen 33 – Barentin 16 – Duclair 16 – Lillebonne 20 – Yvetot 17.

XX **Auberge des Deux Couronnes,** ✆ 02 35 96 11 44, *Fax 02 35 56 56 23,* « Maison normande ancienne » – AE GB
fermé vacances de fév., dim. soir et lundi – **Repas** (95) - 140/170 ♀, enf. 60

ST-YBARD *19 Corrèze* 75 ⑧ *– rattaché à Uzerche.*

ST-YORRE *03 Allier* 73 ⑤ *– rattaché à Vichy.*

ST-YRIEIX-LA-PERCHE *87500 H.-Vienne* 72 ⑰ *G. Berry Limousin – 7 558 h alt. 360.*
Voir *Collégiale du Moûtier★.*
Office de Tourisme 58 bd de l'Hôtel-de-Ville ✆ 05 55 08 20 72, Fax 05 55 08 10 05.
Paris 433 – Limoges 40 – Brive-la-Gaillarde 63 – Périgueux 63 – Rochechouart 52 – Tulle 71.

à la Roche l'Abeille *Nord-Est : 12 km par D 704 et 17ᴬ – 563 h. alt. 400 – ✉ 87800 :*

XXX ✿ **Moulin de la Gorce** (Bertranet) avec ch, Sud : 2 km par D 17 ✆ 05 55 00 70 66, *moulingorce@relaischateaux.fr, Fax 05 55 00 76 57,* ←, , « En bordure d'étang, parc », – P. AE GB
fermé 12 au 20 nov., 2 au 22 janv., vacances de fév., lundi, mardi et dim. soir du 16 oct. au 30 mars sauf fériés – **Repas** *(fermé lundi midi et mardi midi d'avril au 15 oct. sauf fériés et hors sais.)* 180 (déj.), 330/450 et carte 360 à 490 ♀, enf. 150 – ☕ 75 – **10 ch** 500/950 – ½ P 775/850
Spéc. Chartreuse de tourteau et foie gras de canard. Bar de ligne grillé à la peau, mousseline de cresson. Douceur chocolat et noix caramélisées. **Vins** Bergerac, Cahors.

ST-ZACHARIE *83640 Var* 84 ⑭ *– 3 224 h alt. 265.*
Paris 792 – Marseille 35 – Aix-en-Provence 37 – Brignoles 31 – Rians 40 – Toulon 64.

X **Urbain Dubois,** rte St-Maximin sur N 560 : 1 km ✆ 04 42 72 94 28, – P. AE GB
fermé en fév., lundi et mardi – **Repas** 100 (déj.), 120/200, enf. 65

STE-ANNE-D'AURAY *56400 Morbihan* 63 ② *G. Bretagne – 1 630 h alt. 42.*
Voir *Trésor★ de la basilique – Pardon (26 juil.).*
Syndicat d'Initiative 12 pl. Nicolazic ✆ 02 97 57 69 16, Fax 02 97 57 79 22.
Paris 476 – Vannes 17 – Auray 7 – Hennebont 31 – Locminé 27 – Lorient 41 – Quimperlé 57.

Croix Blanche, ✆ 02 97 57 64 44, *Fax 02 97 57 50 60,* , – P. AE GB.
fermé en nov., 15 janv. au 15 fév., dim. soir et lundi – **Repas** (70) - 95/245 ♀, enf. 65 – ☕ 44 – **23 ch** 250/365 – ½ P 270/326

Myriam sans rest, ✆ 02 97 57 70 44, *Fax 02 97 57 50 61* – P. GB
1er mai-30 sept. et fermé lundi et mardi en mai, juin et sept. – ☕ 30 – **30 ch** 270/300

Paix sans rest, ✆ 02 97 57 65 08 – GB
1er mai-30 sept. et fermé lundi et mardi sauf juil.-août – ☕ 30 – **24 ch** 170/190

XXX **L'Auberge** M avec ch, ✆ 02 97 57 61 55, *auberge-jl-larvoir@wanadoo.fr, Fax 02 97 57 69 10* – rest, P. AE GB
fermé 12 nov. au 8 déc., 11 au 26 fév., mardi sauf en juil.-août et merc. – **Repas** 210 - 210/395 ♀, enf. 60 – ☕ 32 – **6 ch** 260/290 – ½ P 298/313

STE-ANNE-DU-PORTZIC *29 Finistère* 58 ④ *– rattaché à Brest.*

STE-ANNE-LA-PALUD (Chapelle de) *29550 Finistère* 58 ⑭ *G. Bretagne – alt. 65.*

Voir *Pardon (fin août).*

Paris 586 – Quimper 24 – Brest 67 – Châteaulin 20 – Crozon 27 – Douarnenez 16.

Plage ⟡, à la plage ☎ 02 98 92 50 12, *laplage@relaischateaux.fr, Fax 02 98 92 56 54,* ≤, ⊼, ⊼, ⊼ – |‡|, ▤ rest, ▣ ☏ P. AE ◑ GB

1er avril-5 nov. – **Repas** *(fermé mardi midi hors saison)* 250/460 et carte 370 à 480 ♀ – ☐ 90 – **26 ch** 1100/1500, 4 appart – 1/2 P 975/1100

Spéc. "Kig Ha Farz" de homard. Suprême de Saint-Pierre rôti aux betteraves rouges. Volcan de chocolat aux griottes.

STE-CÉCILE *71134 S.-et-L.* 69 ⑲ – *251 h alt. 250.*

Paris 392 – Mâcon 22 – Charolles 34 – Cluny 10 – Roanne 76.

L'Embellie, ☎ 03 85 50 81 81, *Fax 03 85 50 81 81,* ⊼ – P. GB

fermé oct., lundi soir et mardi – **Repas** (68) - 78/190 ♀, enf. 50

STE-CÉCILE-LES-VIGNES *84290 Vaucluse* 81 ② – *1 927 h alt. 108.*

Paris 650 – Avignon 45 – Bollène 13 – Nyons 26 – Orange 16 – Vaison-la-Romaine 19.

Relais M ⟡, ☎ 04 90 30 84 39, *Fax 04 90 30 81 79,* ≤, ⊼, ⊼ – ▤ ▣ ♿ P – ⊼ 20. GB

2 avril-31 oct. et fermé lundi sauf le soir d'avril à sept. et dim. soir – **Repas** 130/270 – ☐ 50 – **12 ch** 480/850

Farigoule, ☎ 04 90 30 89 89, *Fax 04 90 30 78 00* – ▣. GB

fermé vacances de Toussaint, de fév., dim. soir et lundi sauf juil.-août – **Repas** 95/160 ♀, enf. 55 – ☐ 35 – **12 ch** 250/350 – 1/2 P 250/300

Utilisez le guide de l'année.

STE-COLOMBE *84 Vaucluse* 81 ⑬ – *rattaché à Bédoin.*

STE-CROIX *01 Ain* 74 ② – *rattaché à Montluel.*

STE-CROIX-DE-VERDON *04500 Alpes-de-H.P.* 81 ⑯ *G. Alpes du Sud – 87 h alt. 530.*

Paris 787 – Digne-les-Bains 52 – Brignoles 59 – Castellane 58 – Manosque 44 – Salernes 35.

L'Olivier, ☎ 04 92 77 87 95, *Fax 04 92 77 87 95,* ≤, « Terrasse panoramique » – GB

Pâques-1er nov. et fermé merc. sauf juil.-août et le soir en oct. – **Repas** 108/345 ♁

STE-CROIX-EN-JAREZ *42 Loire* 73 ⑲ – *rattaché à Rive-de-Gier.*

STE-CROIX-EN-PLAINE *68 H.-Rhin* 87 ⑰ – *rattaché à Colmar.*

STE-CROIX-VOLVESTRE *09230 Ariège* 86 ③ – *585 h alt. 300.*

Paris 764 – Foix 52 – Toulouse 70 – St-Gaudens 51 – St-Girons 25.

Jardin des Troubadours, ☎ 05 61 04 01 10, *Fax 05 61 04 01 24,* ⊼, ⊼ – ♿. GB

fermé 15 sept. au 3 oct. et lundi de sept. à mai – **Repas** 65 bc/180 ♀, enf. 40 – ☐ 35 – **12 ch** 180/220 – 1/2 P 200

STE-ÉNIMIE *48210 Lozère* 80 ⑤ *G. Languedoc Roussillon – 473 h alt. 470.*

Env. ≤★★ *sur le canyon du Tarn S : 6,5 km par D 986.*

🅑 *Office de Tourisme à la Mairie* ☎ *04 66 48 53 44, Fax 04 66 48 52 28.*

Paris 619 – Mende 28 – Florac 28 – Meyrueis 29 – Millau 58 – Sévérac-le-Château 47.

Auberge du Moulin, ☎ 04 66 48 53 08, *Fax 04 66 48 58 16,* ⊼ – ▣. GB. ⊘ ch

fin mars-mi-nov. et fermé dim. soir et lundi midi sauf juil.-août et fériés – **Repas** 88/170 – ☐ 36 – **10 ch** 300/340 – 1/2 P 295/310

Chante-Perdrix M sans rest, rte Millau : 1 km ☎ 04 66 48 55 00, *Fax 04 66 48 56 31,* ≤ – ▣ ♿ P. GB. ⊘

1er mai-7 oct. – ☐ 35 – **14 ch** 290/310

à Caussignac *par D 987 : 7 km* – ✉ *48210 Ste-Énimie :*

Aires de la Carline ⟡, ☎ 04 66 48 54 79, *Fax 04 66 48 57 59,* ⊼, ⊼ – ▣ P. ◑ GB

avril-sept. – **Repas** 92/220, enf. 50 – ☐ 42 – **12 ch** 310 – 1/2 P 275

STE-EULALIE *07510 Ardèche* 76 ⑱ *– 302 h alt. 1233.*

Paris 595 – Le Puy-en-Velay 48 – Aubenas 46 – Langogne 49 – Privas 50 – Thueyts 39.

Nord, ☎ 04 75 38 80 09, *Fax 04 75 38 85 50* – GB
fermé 11 nov. au 17 fév., mardi soir et merc. sauf juil.-août – **Repas** 98/220, enf. 50 – 36 – **15 ch** 265/370 – ½ P 265

STE-EULALIE-D'OLT *12130 Aveyron* 80 ④ *– 310 h alt. 425.*

Paris 622 – Rodez 43 – Espalion 25 – Sévérac-le-Château 28.

Au Moulin d'Alexandre avec ch, ☎ 05 65 47 45 85, *Fax 05 65 52 73 78,* « Moulin du 16ᵉ siècle »,
fermé du 7 au 20 mai, 1ᵉʳ au 14 oct. et dim. soir hors saison – **Repas** 65 (déj.), 95/145 – 45 – **9 ch** 250/280 – ½ P 250

STE-EULALIE-EN-BORN *40200 Landes* 78 ⑭ *– 773 h alt. 26.*

Paris 677 – Mont-de-Marsan 79 – Arcachon 57 – Bayonne 117 – Bordeaux 97 – Dax 79.

Auberge du Moulin des Cygnes M avec ch, au Sud : 1 km par D 652 ☎ 05 58 09 72 63, *Fax 05 58 09 74 35,* – GB. ch
hôtel : fermé 15 déc. au 15 janv. ; rest. : ouvert juil.-août et fermé le midi sauf week-ends et fériés – **Repas** 150/175, enf. 50 – 45 – **6 ch** 290/390

STE-FEYRE *23 Creuse* 72 ⑩ *– rattaché à Guéret.*

STE-FLORINE *43250 H.-Loire* 76 ⑤ *– 3 021 h alt. 440.*

Paris 474 – Clermont-Fd 58 – Brioude 16 – Issoire 20 – Murat 59 – Le Puy-en-Velay 76.

Florina avec ch, ☎ 04 73 54 04 45, *Fax 04 73 54 02 62* – GB
Repas *(fermé dim. soir) (58) -* 80/180 – 38 – **14 ch** 240/370 – ½ P 240/300

STE-FORTUNADE *19490 Corrèze* 75 ⑨ *G. Berry Limousin – 1 605 h alt. 470.*

Voir *Chef-reliquaire* dans l'église.*

Paris 487 – Brive-la-Gaillarde 28 – Aurillac 79 – Mauriac 76 – St-Céré 50 – Tulle 9.

à l'Ouest *par D 1 et D 94 : 5 km –* ✉ *19490 Ste-Fortunade :*

Moulin de Lachaud, ☎ 05 55 27 30 95, « Au bord d'un étang », – GB
fermé 17 déc. au 24 janv., lundi et mardi du 16 août au 14 juil. sauf fériés – **Repas** 85/285

Un automobiliste averti utilise le ***Guide Rouge Michelin*** *de l'année.*

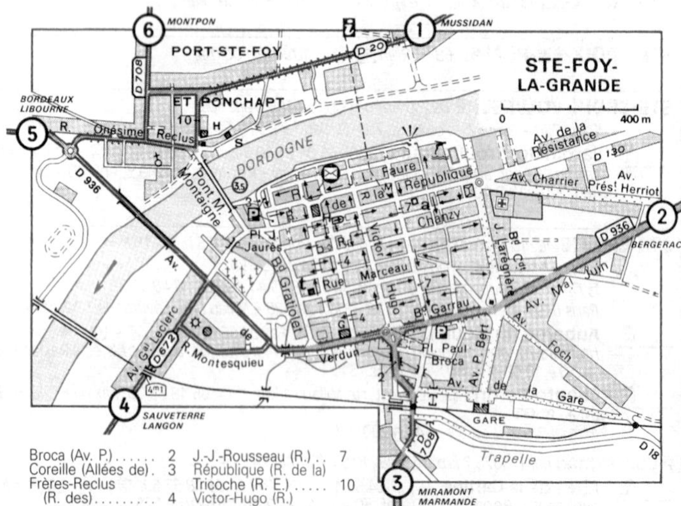

STE-FOY-LA-GRANDE *33220 Gironde* 75 ⑬ ⑭ *G. Périgord Quercy – 2 745 h alt. 10.*

Office de Tourisme 102 r. de la République ✆ 05 57 46 03 00, Fax 05 57 46 18 15.

Paris 562 ⑤ – Périgueux 66 ① – Bordeaux 71 ⑤ – Langon 60 ④ – Marmande 44 ③.

Plan page ci-contre

Grand Hôtel, r. République **(a)** ✆ 05 57 46 00 08, *Fax 05 57 46 50 70,* – . AE GB
fermé 1er au 10 nov. et 5 au 25 fév. – **Repas** *(fermé merc. sauf le soir en juil.-août, lundi midi en juil.-août et sam. midi de sept. à juin)* 65 (déj.), 86/195 ♀, enf. 45 – ☕ 40 – **17 ch** 270/290 – ½ P 240

Côté Bastide, 8 r. Marceau **(t)** ✆ 05 57 46 14 02, *Fax 05 57 46 14 02,* – ▤. GB. ✂
fermé 15 au 30 janv., dim. soir et lundi – **Repas** (nombre de couverts limité, prévenir) *(105)* - 135/220 ♀, enf. 55

Au Fil de l'Eau, à Port-Ste-Foy **(s)** ✉ 33220 Port-Ste-Foy ✆ 05 53 24 72 60, *Fax 05 53 24 94 97,* – AE GB
fermé 1er au 15 mars, 1er au 15 oct. et lundi – **Repas** 90 (déj.), 150/260 ♀, enf. 52

par ⑤ *et rte secondaire – ✉ 33220 Port-Ste-Foy :*

Escapade , rte Chaumes ✆ 05 53 24 22 79, *info@escapade-dordogne.com, Fax 05 53 57 45 05,* , , – P. GB. ✂
fermé 10 nov. au 1er fév., dim. soir et vend. d'oct. à Pâques – **Repas** (prévenir)(dîner seul.) 95/175 ♀, enf. 60 – ☕ 30 – **12 ch** 240/290 – ½ P 300

STE-FOY-TARENTAISE *73640 Savoie* 74 ⑲ *G. Alpes du Nord – 643 h alt. 1050.*

Paris 678 – Albertville 67 – Chambéry 116 – Moûtiers 40 – Val-d'Isère 19.

Monal, ✆ 04 79 06 90 07, *le.monal@wanadoo.fr, Fax 04 79 06 94 72,* ≤ – . AE GB
fermé 6 mai au 10 juin et 7 oct. au 11 nov. – **Repas** 85 (déj.)/130 ♀, enf. 45 – ☕ 35 – **24 ch** 165/360 – ½ P 320/340

STE-GEMME-MORONVAL *28 E.-et-L.* 60 ⑦, 106 ㉕ *– rattaché à Dreux.*

STE-GENEVIÈVE-DES-BOIS *91 Essonne* 65 ⑦, 101 ㉟ ㊱ *– voir à Paris, Environs.*

STE-GENEVIÈVE-SUR-ARGENCE *12420 Aveyron* 76 ⑬ *– 1 143 h alt. 800.*

Env. *Barrage de Sarrans★ N : 8 km,* **G. Midi Pyrénées.**

Syndicat d'Initiative à la Mairie ✆ 05 65 66 41 46, Fax 05 65 66 29 28.

Paris 582 – Aurillac 59 – Chaudes-Aigues 34 – Espalion 46.

Voyageurs, ✆ 05 65 66 41 03, *Fax 05 65 66 10 94,* – . GB
fermé 20 sept. au 15 oct. et sam. d'oct. à juin – **Repas** 60/100 – ☕ 30 – **14 ch** 190/299 – ½ P 210/240

STE-LUCIE-DE-TALLANO *2A Corse-du-Sud* 90 ⑧ *– voir à Corse.*

STE-MAGNANCE *89420 Yonne* 65 ⑰ *G. Bourgogne – 325 h alt. 310.*

Voir *Tombeau★ dans l'église.*

Paris 224 – Auxerre 64 – Avallon 15 – Dijon 69 – Saulieu 24.

Auberge des Cordois, N 6 ✆ 03 86 33 11 79 – GB
fermé 19 au 27 juin, 1er au 23 janv., mardi et merc. – **Repas** 105/210 ♀, enf. 55

STE-MARGUERITE (Ile) ★★ *06 Alpes-Mar.* 84 ⑨, 115 ㉟ ㊴ *G. Côte d'Azur – ✉ 06400 Cannes.*

Voir *Forêt★★ – ≤★ de la terrasse du Fort-Royal.*

Accès *par transports maritimes.*

depuis **Cannes** *Traversée 15 mn par Cie Esterel Chanteclair-Gare Maritime des Iles ✆ 04 93 39 11 82, Fax 04 92 98 80 32.*

STE-MARIE *44 Loire-Atl.* 67 ① *– rattaché à Pornic.*

STE-MARIE-AUX-MINES *68160 H.-Rhin* 87 ⑯ *G. Alsace Lorraine – 5 767 h alt. 350.*

Tunnel de Ste-Marie-aux-Mines. *Péage en 2000 aller simple : autos 20 F, camions 39 à 79 F, moto 12 F - Renseignements par S.A.P.R.R. ✆ 03 29 51 21 71.*

Office de Tourisme pl. du Prensureux ✆ 03 89 58 80 50, Fax 03 89 58 67 92.

Paris 416 – Colmar 32 – St-Dié 24 – Sélestat 22.

Mines d'Argent avec ch, r. Dr Weisgerber (près H. de Ville) ☎ 03 89 58 55 75, *Fax 03 89 58 65 49,* – TV ☎. GB. ch
Repas 75/175 ♀, enf. 48 – ☐ 35 – **9 ch** 250/280 – ½ P 280

STE-MARIE-DE-RÉ *17 Char.-Mar.* 71 ⑫ – *voir à Ré (Ile de).*

STE-MARIE-DE-VARS *05 H.-Alpes* 77 ⑱ – *rattaché à Vars.*

STES-MARIES-DE-LA-MER – *voir après Saintes.*

STE-MARIE-SICCHÉ *2A Corse-du-Sud* 90 ⑰ – *voir à Corse.*

STE-MARINE *29 Finistère* 58 ⑮ – *rattaché à Bénodet.*

STE-MAURE *10 Aube* 61 ⑯ – *rattaché à Troyes.*

***Michelin** n'accroche pas de panonceau aux hôtels et restaurants qu'il signale.*

STE-MAURE-DE-TOURAINE *37800 I.-et-L.* 68 ④ ⑤ *G. Châteaux de la Loire – 3 983 h alt. 85.*
Office de Tourisme r. du Château ☎ 02 47 65 66 20, Fax 02 47 34 04 28.
Paris 276 – Tours 41 – Le Blanc 69 – Châtellerault 39 – Chinon 31 – Loches 33 – Thouars 74.

Hostellerie des Hauts de Ste-Maure, av. Gén. de Gaulle ☎ 02 47 65 50 65, *hauts-de-ste-maure@wanadoo.fr, Fax 02 47 65 60 24,* « Ancien relais de poste », – TV ☎ P – 30. AE GB JCB
fermé janv., lundi midi et dim. d'oct. à avril – ***Poste*** ☎ 02 47 65 51 18 *(fermé lundi midi et dim. du 1er oct. au 1er mai)* Repas *(130)*-210/350 ♀, enf. 70 – ☐ 60 – **19 ch** 450/950 – ½ P 420/650

Gueulardière avec ch, av. Gén. de Gaulle ☎ 02 47 65 40 71, *Fax 02 47 65 69 47* – TV ☎ P. AE GB
fermé 7 au 28 janv., mardi midi, dim. soir et lundi sauf juil.-août – Repas 75/155 ♀, enf. 53 – ☐ 40 – **16 ch** 240/270 – ½ P 268

à l'échangeur autoroute A 10 *sortie 25, Ouest : 2,5 km sur rte de Chinon* – ✉ *37800 Noyant-de-Touraine :*

Ciboulette, ☎ 02 47 65 84 64, *Fax 02 47 65 89 29,* – P. GB
Repas *(80)* - 100/155 ♀, enf. 50

à Noyant-de-Touraine *Ouest : 5 km – 622 h. alt. 92 –* ✉ *37800 :*

Château de Brou sans rest, au Nord : 2 km par rte secondaire ☎ 02 47 65 80 80, *info@chateau-de-brou.fr, Fax 02 47 65 82 92,* ←, – TV ☎ P – 15. AE GB.
fermé 3 janv. au 10 fév. – ☐ 65 – **9 ch** 690/990, 3 appart

à Pouzay *Sud-Ouest : 8 km – 696 h. alt. 51 –* ✉ *37800 :*

Gardon Frit, ☎ 02 47 65 21 81, *Fax 02 47 65 21 81,* – GB
fermé 6 au 14 mars, 3 au 18 sept., 22 au 30 janv., mardi et merc. – Repas - produits de la mer - 76 (déj.), 130/219 ♀

STE-MAXIME *83120 Var* 84 ⑰, 114 ㊲ *G. Côte d'Azur – 10 015 h alt. 10.*
Office de Tourisme prom. S.-Lorière ☎ 04 94 55 75 55, Fax 04 94 55 75 56.
Paris 877 ① – Fréjus 21 ② – Cannes 59 ② – Draguignan 34 ① – Toulon 74 ③.

Plan page ci-contre

Le Beauvallon , rte de St-Tropez par ③ : *5 km* ☎ 04 94 55 78 88, *Fax 04 94 55 78 78,* ←, – TV ☎ P. AE GB JCB
13 avril-30 sept. – ***Les Colonnades :*** Repas (dîner seul.)carte 260 à 410 ♀ – ***Grand Large :*** Repas carte 230 à 300 ♀, enf. 85 – ☐ 120 – **65 ch** 2100/14000, 5 appart

Hostellerie la Belle Aurore M, 5 bd Jean Moulin par ③ ☎ 04 94 96 02 45, *info@belleaurore.com, Fax 04 94 96 63 87,* ← golfe de St-Tropez, « En bordure de mer », – TV ☎ P. AE GB
17 mars-14 oct. – Repas *(fermé merc. sauf du 15 avril au 15 sept.)* 210/450, enf. 100 – ☐ 90 – **17 ch** 1400/3600 – ½ P 895/2095

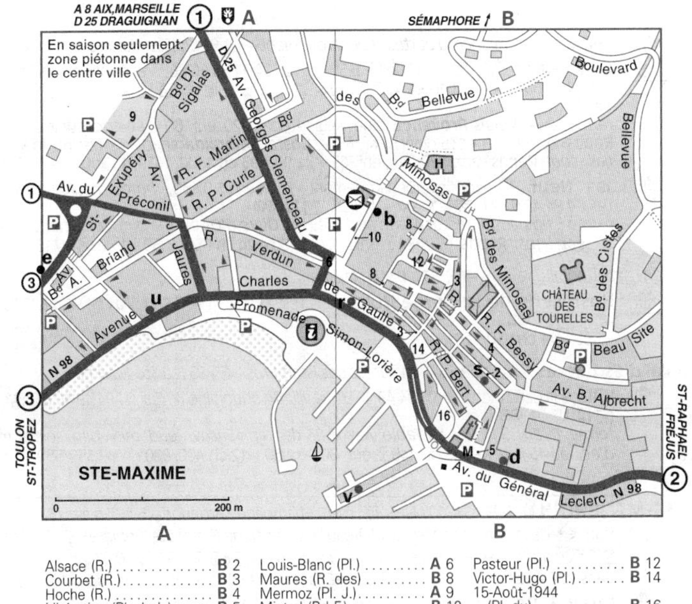

Alsace (R.) . . . . **B** 2
Courbet (R.) . . . . **B** 3
Hoche (R.) . . . . **B** 4
Libération (Pl. de la) . . . . . . **B** 5
Louis-Blanc (Pl.) . . . . **A** 6
Maures (R. des) . . . . **B** 8
Mermoz (Pl. J.) . . . . **A** 9
Mistral (Bd F.) . . . . **B** 10
Pasteur (Pl.) . . . . **B** 12
Victor-Hugo (Pl.) . . . . **B** 14
15-Août-1944
(Pl. du) . . . . **B** 16

Les Santolines sans rest, La Croisette par ③ ✆ 04 94 96 31 34, *contact@hotel-la-croisette.com, Fax 04 94 49 22 12*, « Jardin fleuri », – TV P. AE GB
60 – **13 ch** 760/820

Mas des Oliviers M sans rest, quartier de la Croisette par ③ : *1 km* ✆ 04 94 96 13 31, *hotel.le.mas.oliviers@wanadoo.fr, Fax 04 94 49 01 46*, ←, – TV P. AE GB
50 – **20 ch** 570/750

Petit Prince M sans rest, 11 av. St-Exupéry ✆ 04 94 96 44 47, *lepetit.prince@wanadoo.fr, Fax 04 94 49 03 38* – TV P. AE GB JCB — A e
48 – **29 ch** 450/750

Croisette sans rest, 2 bd Romarins par ③ ✆ 04 94 96 17 75, *contact@hotel-la-croisette.com, Fax 04 94 96 52 40*, – TV AE GB
1er mars-31 oct. – 60 – **19 ch** 790/1020

Montfleuri, 3 av. Montfleuri par ② ✆ 04 94 55 75 10, *montfleuri.ste.maxime@wanadoo.fr, Fax 04 94 49 25 07*, – ch, TV P – 25. AE GB JCB
fermé 16 nov. au 25 déc. et 6 au 31 janv. – **Repas** *(fermé lundi)* 120/150 – 65 – **30 ch** 550/1500 – 1/2 P 475/950

Poste sans rest, 11 bd F. Mistral ✆ 04 94 96 18 33, *Fax 04 94 96 41 68*, – TV. AE GB JCB — B b
5 mai-1er oct. – 45 – **24 ch** 560/640

L'Amiral, galerie marchande du port (1er étage) ✆ 04 94 43 99 36, *Fax 04 94 43 99 36*, ← port et golfe, « Toit ouvrant » – AE GB — B v
fermé 15 nov. au 15 déc., dim. soir et lundi du 15 déc. au 30 juin – **Repas** 180/280

Daniéli, av. Gén. Leclerc ✆ 04 94 42 96 45, *Fax 04 94 49 06 77*, – AE GB — B d
avril-oct. et fermé lundi sauf juil. à sept; – **Repas** 170/220

Sans Souci, r. P. Bert ✆ 04 94 96 18 26, *Fax 04 94 96 18 26*, – GB — B s
15 fév.-31 oct. et fermé lundi sauf vacances scolaires – **Repas** 99/139, enf. 58

Dauphin, av. Ch. de Gaulle ✆ 04 94 96 31 56 – GB — A u
fermé 20 nov. au 20 janv., mardi midi en juil.-août, mardi soir et merc. de sept. à juin – **Repas** 110/225

Gruppi, av. Ch. de Gaulle ✆ 04 94 96 03 61, *Fax 04 94 49 16 86* – AE GB JCB — B r
fermé 15 au 26 oct., 28 nov. au 27 déc., mardi soir et merc. d'oct. à avril – **Repas** 138/198

au Nord-Est *par av. Clemenceau et rte du Débarquement* – ✉ *83120 Ste-Maxime :*

Golf Plaza M, au Golf, 5,5 km ✆ 04 94 56 66 66, *reservation@golf-plaza.fr, Fax 04 94 56 66 00,* ≤ baie et golf, – 25 à 80. AE GB
fermé fév. – ***Relais Provence*** (dîner seul.) Repas 220, enf. 80 – ***St-Andrew*** (club house) Repas *(90)*-115(déj.)/135(dîner), enf. 65 – ***Costa Smeralda*** snack de piscine (déj. seul.) *(juil.-août)* Repas carte 180/210, enf. 65 – 90 – **93 ch** 1300/1420, 13 appart – ½ P 1005

Jas Neuf M, 112 av. Débarquement ✆ 04 94 55 07 30, *hoteljasneuf@wanadoo.fr, Fax 04 94 49 09 71,* – rest, P. GB
fermé 5 nov. au 21 déc. et 4 janv. au 1er fév. – ***L'Olive d'Or*** *(fermé dim. soir et lundi sauf du 18 sept. à mai)* Repas 180/280 ♀, enf. 70 – 60 – **24 ch** 850/1050 – ½ P 615/715

à La Nartelle *par ② : 4 km* – ✉ *83120 Ste-Maxime :*

Hostellerie de la Vierge Noire sans rest, ✆ 04 94 96 33 11, *Fax 04 94 49 28 90,* – P. GB
55 – **11 ch** 630/720

à Val d'Esquières *Nord-Ouest : 6 km par rte des Issambres* – ✉ *83120 Ste-Maxime :*

Villa, à la Garonnette ✆ 04 94 49 40 90, *la.villa@worldonline.fr, Fax 04 94 49 40 85,* – P. AE GB
fermé 1er au 15 janv. – ***La Table*** *(fermé 23 déc. au 15 janv., jeudi midi, dim. soir et merc. d'oct. au 15 juin)* Repas *(98)*-145 ♀, enf. 60 – 50 – **12 ch** 400/800 – ½ P 350/550

STE-MENEHOULD

51800 Marne 56 ⑲ *G. Champagne Ardenne* – *5 177 h alt. 137.*

Voir ≤★ *de la butte appelée "Le château"* – *Château de Braux-Ste-Cohière★ O : 5,5 km.*

Office de Tourisme 5 pl. Gén.-Leclerc ✆ 03 26 60 85 83, Fax 03 26 60 27 22.

Paris 222 – *Bar-le-Duc 50* – *Châlons-en-Champagne 49* – *Reims 79* – *Verdun 48.*

Cheval Rouge M, 1 r. Chanzy ✆ 03 26 60 81 04, *rouge.cheval@wanadoo.fr, Fax 03 26 60 93 11* – AE GB
fermé 19 nov. au 9 déc. et lundi du 11 nov. au 1er avril – Repas 95/300 – 40 – **20 ch** 240/320 – ½ P 280/310

à Florent-en-Argonne *Nord-Est : 7,5 km par D 85* – *234 h. alt. 225* – ✉ *51800 :*

Jabloire sans rest, ✆ 03 26 60 82 03, *Fax 03 26 60 85 45* – P. AE GB
fermé fév. et dim. soir de nov. à mars – 38 – **12 ch** 320/380

à Futeau *Est : 13 km par N 3 et D 2* – *173 h. alt. 190* – ✉ *55120 :*

XXX **L'Orée du Bois** avec ch, Sud : 1 km ✆ 03 29 88 28 41, *oreedubois@free.fr, Fax 03 29 88 24 52,* ≤, – P. AE GB
fermé vacances de Toussaint, janv., lundi et mardi sauf le soir en saison – **Repas** 125/390 et carte 280 à 450 ♀, enf. 85 – 58 – **15 ch** 340/620 – ½ P 600

STE-MÈRE-ÉGLISE

50480 Manche 54 ③ *G. Normandie Cotentin* – *1 556 h alt. 28.*

Paris 317 – *Cherbourg 39* – *St-Lô 42* – *Bayeux 56.*

Sainte-Mère M, rte Caen ✆ 02 33 21 00 30, *Fax 02 33 41 38 40* – P – 70. AE GB
Repas 68 (déj.), 78/139 ♀ – 37 – **41 ch** 270/290 – ½ P 260

STE-PREUVE

02 Aisne 56 ⑥ – *75 h alt. 115* – ✉ *02350 Liesse.*

Paris 162 – *St-Quentin 67* – *Laon 23* – *Reims 49* – *Rethel 43* – *Soissons 58* – *Vervins 29.*

Château de Barive , Sud-Ouest : 3 km par rte secondaire ✆ 03 23 22 15 15, *Fax 03 23 22 08 39,* « Demeure du 19e siècle dans la campagne picarde », – P – 25. AE GB.
fermé 20 déc. au 26 janv., merc. midi et mardi – **Repas** 185/350 ♀ – 75 – **14 ch** 480/920 – ½ P 500/720

STE-RADEGONDE

33360 Gironde 75 ⑬ – *438 h alt. 85.*

Paris 608 – *Bergerac 45* – *Bordeaux 58* – *Libourne 28* – *La Réole 36.*

Château de Sanse M, Sud-Est : 4 km par D 15, D 18 et rte secondaire ✆ 05 57 56 41 10, *Fax 05 57 56 41 29,* ≤, – P – 25. AE GB. rest
fermé fév. – **Repas** *(fermé dim. soir, lundi et mardi d'oct. à mars)* 149 ♀ – 70 – **12 ch** 490/950 – ½ P 400/605

SAINTES 17100 Char.-Mar. 71 ④ *G. Poitou Vendée Charentes* – 25 874 h alt. 15.

Voir *Abbaye aux Dames : église abbatiale★ – Vieille ville★ – Arc de Germanicus★* **B** – *Église St-Eutrope : église inférieure★* **E** – *Arènes★ – Musée des Beaux-Arts★ : Présidial* **M**[5] – *Musée Archéologique : char de parade★.*

Office de Tourisme "Villa Musso" 62 Crs National ✆ 05 46 74 23 82, Fax 05 46 92 17 01.

Paris 473 ⑥ – Royan 36 ⑤ – Bordeaux 118 ④ – Poitiers 138 ⑥ – Rochefort 45 ⑦.

SAINTES

Allende (Av. Salvador) .... **Y** 2
Alsace-Lorraine (R.) .... **AZ** 3
Arc de Triomphe (R.) .... **BZ** 4
Bassompierre (Pl.) .... **BZ** 5
Berthonnière (R.) .... **AZ** 7
Blair (Pl.) .... **AZ** 9
Bois d'Amour (R.) .... **AZ** 10
Bourignon (R.) .... **Y** 12
Brunaud (R. A.) .... **AZ** 13
Clemenceau (R.) .... **AZ** 15
Denfert-Rochereau (R.) .... **BZ** 16
Dufaure (Av. J.) .... **Y** 18
Foch (Pl. Mar.) .... **AZ** 20
Gambetta (Av.) .... **BZ**
Jacobins (R. des) .... **AZ** 25
Jean (R. du Doc.) .... **Y** 27
Kennedy (Av. J.-F.) .... **Y** 31
Lacurie (R.) .... **Y** 33
Leclerc (Crs Mar.) .... **Y** 34
Lemercier (Cours) .... **AZ** 35
Marne (Av. de la) .... **BZ** 37
Mestreau (R. F.) .... **BZ** 38
Monconseil (R.) .... **AZ** 39
National (Cours) .... **AZ**
République (Quai) .... **AZ** 41
St-Eutrope (R.) .... **AZ** 42
St-François (R.) .... **AZ** 43
St-Macoult (R.) .... **AZ** 45
St-Pierre (R.) .... **AZ** 46
St-Vivien (Pl.) .... **AZ** 47
Victor-Hugo (R.) .... **AZ** 49

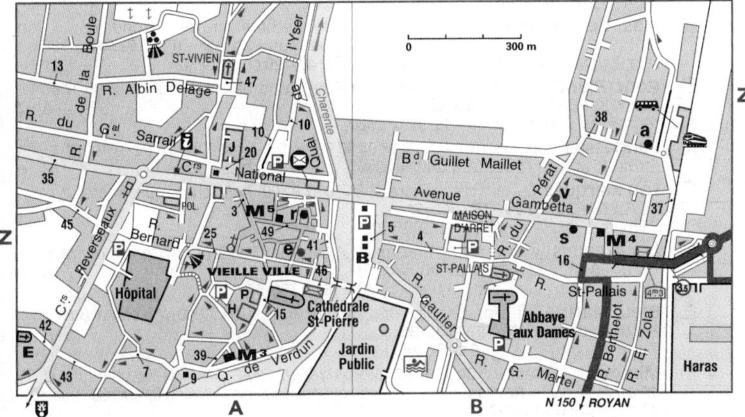

Relais du Bois St-Georges Ⓜ, r. Royan (D 137) ✆ 05 46 93 50 99, *info@relaisduboi s.com, Fax 05 46 93 34 93,* ←, « Dans un parc avec étang ; original décor dans les chambres », – – 50. GB **Y d**
Repas 215 bc/620 bc - ***Table du Bois :*** **Repas** *(105)*- et carte environ 125 ♀ – 105 – **27 ch** 490/1300, 3 duplex

Messageries sans rest, r. Messageries ✆ 05 46 93 64 99, *info@hotel-des-messagerie s.com, Fax 05 46 92 14 34* – . AE GB **AZ r**
fermé 21 déc. au 7 janv. – 41 – **34 ch** 290/380

Avenue sans rest, 114 av. Gambetta ✆ 05 46 74 05 91, *contact@hoteldelavenue.com, Fax 05 46 74 32 16* – . GB **BZ s**
fermé 23 déc. au 2 janv. – 37 – **15 ch** 195/290

Kyriad sans rest, 107 cours Mar. Leclerc ✆ 05 46 74 04 47, *Fax 05 46 74 27 89*, – TV ✆ P. GB Y b
fermé 23 déc. au 10 janv. et dim. du 15 oct. au 15 mars – ☐ 38 – **35 ch** 320/350

Ibis M, r. Royan ✆ 05 46 74 36 34, *ibisaintes@wanadoo.fr*, *Fax 05 46 93 33 39*, – TV ✆ ♿ P – 50. AE ① GB JCB Y s
Repas *(75)* - 95 ♀, enf. 40 – ☐ 40 – **71 ch** 355/375

Terminus sans rest, 2 r. J. Moulin ✆ 05 46 74 35 03, *hotelauterminus@wanadoo.fr*, *Fax 05 46 97 24 47* – TV ✆. AE ① GB BZ a
fermé 22 déc. au 6 janv. – ☐ 36 – **28 ch** 215/395

Saintonge, complexe Saintes-Végas, rte Royan ✆ 05 46 97 00 00, *Fax 05 46 97 21 46* – P. AE ① GB Y f
fermé dim. soir et lundi soir – **Repas** 130/250 bc et carte 250 à 360 ♀

Bistrot Galant, 28 r. St-Michel ✆ 05 46 93 08 51, *Fax 05 46 93 08 51* – GB AZ e
fermé dim. (sauf le midi d'avril à août) et lundi – **Repas** 98/198, enf. 55

Ciboulette, 36 r. Pérat ✆ 05 46 74 07 36, *Fax 05 46 94 14 54* – . AE GB. BZ v
fermé sam. midi et dim. – **Repas** 98/400 bc ♀, enf. 62

STE-SABINE *21 Côte-d'Or* 65 ⑱ – *rattaché à Pouilly-en-Auxois.*

STE-SAVINE *10 Aube* 61 ⑯ – *rattaché à Troyes.*

STES-MARIES-DE-LA-MER *13460 B.-du-R.* 83 ⑲ *G. Provence – 2 232 h alt. 1 Pèlerinage des Gitans★★ (24 et 25 mai).*
Voir *Église*★.
Office de Tourisme 5 av. Van-Gogh ✆ 04 90 97 82 55, Fax 04 90 97 71 15.
Paris 763 ① – Montpellier 69 ① – Arles 39 ① – Marseille 132 ① – Nîmes 54 ①.

Plan page ci-contre

Galoubet sans rest, rte Cacharel ✆ 04 90 97 82 17, *Fax 04 90 97 71 20*, – TV P. GB. B s
fermé 5 janv. au 15 fév. – ☐ 35 – **20 ch** 320/420

Mas des Rièges sans rest, par rte Cacharel et rte secondaire : 1 km ✆ 04 90 97 85 07, *Fax 04 90 97 72 26*, ←, « Jardin fleuri », – TV P. AE GB
fermé 18 nov. au 1er déc. et 5 janv. au 5 fév. – ☐ 40 – **20 ch** 370/530

Pont Blanc sans rest, chemin du Pont Blanc par rte Arles ✆ 04 90 97 89 11, *Fax 04 90 97 87 00*, – TV ♿ P. GB A z
fermé 5 au 31 janv. – ☐ 30 – **15 ch** 320/360

Fangassier sans rest, rte Cacharel ✆ 04 90 97 85 02, *Fax 04 90 97 76 05* – GB.
fermé 15 nov. au 15 déc. et 8 janv. au 8 fév. – ☐ 30 – **23 ch** 280/330 B e

Lou Marquès sans rest, r. Vibre ✆ 04 90 97 82 89, *hotelloumarques@netcourrier.com*, *Fax 04 90 97 72 24* – TV. GB. A r
15 mars-15 oct. – ☐ 35 – **14 ch** 300/320

Les Arcades M sans rest, r. P. Herman ✆ 04 90 97 73 10, *contact@hotel-lesarcades.fr*, *Fax 04 90 97 75 23* – TV ♿. AE GB. B n
15 mars-11 nov. et 15 déc.-15 janv. – ☐ 40 – **18 ch** 350/370

Bleu Marine M sans rest, av. Dr Cambon ✆ 04 90 97 77 00, *hbleumar@aol.com*, *Fax 04 90 97 76 00*, – TV ✆ ♿. GB B t
7 avril-1er nov. – ☐ 32 – **26 ch** 360/400

Mirage, r. C. Pelletan ✆ 04 90 97 80 43, *Fax 04 90 97 72 22*, – GB. ch B v
1er avril- 10 oct. – **Repas** *(fermé lundi)* (dîner seul. sauf dim.) 110/170, enf. 80 – ☐ 30 – **27 ch** 290/350 – ½ P 270

L'Hippocampe avec ch, r. C. Pelletan ✆ 04 90 97 80 91, *Fax 04 90 97 73 05* – GB B k
18 mars-1er nov. et fermé mardi sauf du 12 juil. au 17 sept. – **Repas** 127/200 – ☐ 33 – **4 ch** 330

rte du Bac du Sauvage *Nord-Ouest : 4 km par D 38 – ✉ 13460 Les Stes-Maries-de-la-Mer :*

Mas de la Fouque M , ✆ 04 90 97 81 02, *masdelafouque@francemarket.com*, *Fax 04 90 97 96 84*, ←, , « Dans la Camargue », , , – TV ♿ P. AE ① GB JCB
20 mars-12 nov. et 22 déc.-4 janv. – **Repas** *(fermé lundi midi et mardi sauf du 10 juil. au 28 août)* 250/550 ♀ – ☐ 95 – **14 ch** 1620/1720 – ½ P 1150/1465

L'Estelle , ✆ 04 90 97 89 01, *estelle@wanadoo.fr*, *Fax 04 90 97 80 36*, ←, , , , – TV ♿ P. AE ① GB JCB. rest
fermé 6 janv. au 23 mars – **Repas** *(fermé lundi sauf le soir d'avril au 11 nov. et mardi midi)* 165 (déj.), 225/460 ♀ – ☐ 80 – **20 ch** 1010/1750 – ½ P 840/1040

STES-MARIES DE-LA-MER

Aubanel (R. Théodore) . . . . . . **A** 2
Bizet (R. Georges) . . . . **A** 6
Carrière (R. Marcel) . . . . **B** 8
Châteaubriand (R.) . . . . **A** 10
Château-d'Eau
(R. du) . . . . **A** 12
Crin-Blanc (R.) . . . . **A** 15
Eglise (Pl. de l') . . . . **A** 17
Espelly (R.) . . . . **A** 18
Etang (R. de l') . . . . **A** 20
Ferrade (R. de la) . . . . **B** 22
Fouque (R. du Capitaine) . . . **A** 23
Gambetta (Av. Léon) . . . . . . **AB** 25
Lamartine (Pl.) . . . . **A** 27
Marquis-de-Baroncelli (Pl.) . . **A** 28
Médina (R. François) . . . . **B** 29
Pénitents-Blancs
(R. des) . . . . **A** 30
Portalet (Pl.) . . . . **A** 32
Razeteurs (R. des) . . . . **A** 34

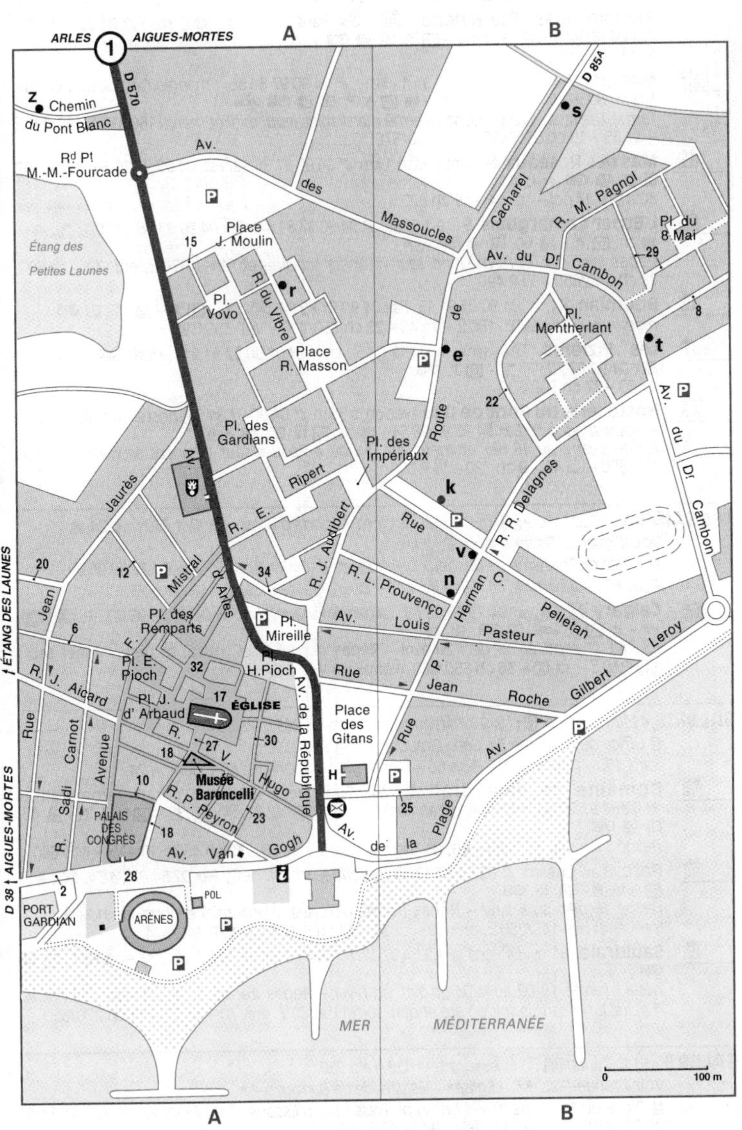

rte d'Arles *Nord-Ouest par D 570 – ✉ 13460 Les Stes-Maries-de-la-Mer :*

Pont des Bannes, à 1 km ☎ 04 90 97 81 09, *le.pont.des.bannes@wanadoo.fr, Fax 04 90 97 89 28*, « Cabanes de gardians dans les marais », – 30. AE GB
Repas 135/295 – **27 ch** 860/980 – ½ P 645/705

Annexe Mas Ste-Hélène sans rest, à 500 m. ☎ 04 90 97 83 29, *Fax 04 90 97 89 28*, étang – AE GB
13 ch 500/650

Mangio Fango M, à 1 km ☎ 04 90 97 80 56, *mangio.fango@wanadoo.fr, Fax 04 90 97 83 60*, – AE GB JCB
fermé 7 janv. au 4 fév. – **Repas** *(fermé mardi midi, jeudi midi et merc.)* 150 (déj.), 195/280 – 55 – **15 ch** 530/650 – ½ P 510/570

Mas des Roseaux sans rest, à 1 km ☎ 04 90 97 86 12, *Fax 04 90 97 70 84*, – AE GB JCB.
30 mars-14 oct. – 34 – **15 ch** 620

L'Étrier Camarguais, à 1,5 km ☎ 04 90 97 81 14, *Fax 04 90 97 88 11*, – ch, – 60. AE GB JCB
Repas *(avril-oct. et fermé lundi sauf vacances scolaires et fériés)* 170, enf. 70 – 50 – **28 ch** 540/650 – ½ P 490

Boumian, ☎ 04 90 97 81 15, *Fax 04 90 97 89 94*, – 80. AE GB
mars-nov. – **Repas** 95/180 – 40 – **28 ch** 350/490 – ½ P 355/395

Les Rizières sans rest, à 2,5 km ☎ 04 90 97 91 91, *rizieres@wanadoo.fr, Fax 04 90 97 70 77*, – GB
40 – **27 ch** 500/530

Hostellerie du Pont de Gau avec ch, à 5 km ☎ 04 90 97 81 53, *hostellerie-du-pont-de-gau@wanadoo.fr, Fax 04 90 97 98 54* – ch, AE GB JCB
fermé 2 janv. au 16 fév. et merc. du 15 nov. à Pâques sauf vacances scolaires – **Repas** 100/300 – 40 – **9 ch** 280 – ½ P 350

Les SAISIES

73620 Savoie 74 ⑰ G. Alpes du Nord – Sports d'hiver : 1 600/1 950 m 24.

Voir *Signal de Bisanne ** O : 5 km.*

Office de Tourisme av. des Jeux Olympiques ☎ 04 79 38 90 30, Fax 04 79 38 96 29.

Paris 601 – Albertville 31 – Beaufort 18 – Bourg-St-Maurice 56 – Megève 23.

Calgary M, ☎ 04 79 38 98 38, *calgary@wanadoo.fr, Fax 04 79 38 98 00*, – AE GB. rest
23 juin-1er sept. et 16 déc.-20 avril – **Repas** *(fermé lundi, mardi et merc.)* (dîner seul.) 145/230 – 60 – **36 ch** 550/860, 4 duplex – ½ P 630

SALBRIS

41300 L.-et-Ch. 64 ⑲ G. Châteaux de la Loire – 6 083 h alt. 104.

Office de Tourisme 3 r. Gén.-Giraud ☎ 02 54 97 22 27.

Paris 190 – Bourges 50 – Blois 66 – Montargis 101 – Orléans 66 – Vierzon 24.

Domaine de Valaudran M, Sud-Ouest : 1,5 km par rte Romorantin ☎ 02 54 97 20 00, *info@valaudran.com, Fax 02 54 97 12 22*, – 40. AE GB
fermé 3 janv. au 15 mars – **Repas** (120) - 160/240 – 80 – **32 ch** 450/650 – ½ P 445/660

Parc, 8 av. Orléans ☎ 02 54 97 18 53, *hotel@leparc.salbris.fr, Fax 02 54 97 24 34*, – 15. GB
fermé 16 déc. au 6 janv. – **Repas** *(fermé dim. soir, mardi midi et lundi de nov. à mars)* (prévenir) (98) - 145/250, enf. 50 – 55 – **23 ch** 310/490 – ½ P 346/374

Sauldraie, 81 av. Orléans ☎ 02 54 97 17 76, *Fax 02 54 97 29 67*, – rest, GB
hôtel : fermé 19/02 au 4/03 et dim. en hiver – **Repas** *(fermé 17 au 23 sept., 19 fév. au 4 mars, lundi sauf le soir en été et dim. soir)* 115/280, enf. 70 – 55 – **11 ch** 270/350

SALERS

15140 Cantal 76 ② G. Auvergne – 439 h alt. 950.

Voir *Grande-Place** – Église* – Esplanade de Barrouze *.*

Office de Tourisme (fév.-11 nov.) pl. Tyssandier-d'Escous ☎ 04 71 40 70 68, Fax 04 71 40 70 94 et (hors saison) Mairie ☎ 04 71 40 72 33.

Paris 515 – Aurillac 44 – Brive-la-Gaillarde 102 – Mauriac 19 – Murat 43.

Bailliage, r. Notre-Dame ☎ 04 71 40 71 95, *hotel-baillage@wanadoo.fr, Fax, Fax 04 71 40 74 90*, – AE GB
fermé 15 nov. au 1er fév. – **Repas** 72/185, enf. 45 – 40 – **27 ch** 250/420 – ½ P 335

Gerfaut sans rest, rte Puy Mary, Nord Est : 1 km par D 680 04 71 40 75 75, *Fax 04 71 40 73 45*, ≤, – cuisinette TV – 25. AE GB
avril-oct. – 40 – **20 ch** 310/420, 5 studios

Château de la Bastide, esplanade Barrouze 04 71 40 74 14, *Fax 04 71 40 75 94*, ≤, – TV. GB
fermé 15 nov. au 20 déc. et 3 au 31 janv. – **Repas** 70/142 ♀, enf. 43 – 38 – **13 ch** 295/340 – 1/2 P 305

Les Remparts, esplanade Barrouze 04 71 40 70 33, *hotel.remparts@wanadou*, *Fax 04 71 40 75 32*, ≤ Monts du Cantal, – TV. GB
fermé 12 oct. au 20 déc. – **Repas** 70/168 ♀, enf. 43 – 38 – **18 ch** 270/300 – 1/2 P 265/290

à Fontanges *Sud : 5 km par D 35 – 292 h. alt. 692 – 15140 Salers :*

Auberge de l'Aspre, 04 71 40 75 76, *Fax 04 71 40 75 27*, ≤, – TV P. GB
fermé 15 déc. au 31 janv., dim. soir, merc. soir et lundi – **Repas** 95/190 ♀, enf. 50 – 40 – **8 ch** 295/500 – 1/2 P 305

au Theil *Sud-Ouest : 6 km par D 35 et D 37 – 15140 St-Martin-Valmeroux :*

Hostellerie de la Maronne, 04 71 69 20 33, *hotelmaronne@cfi15.fr*, *Fax 04 71 69 28 22*, ≤, « Jardin fleuri », – rest, TV P. AE GB JCB. rest
1er avril-5 nov. – **Repas** (dîner seul.) 160/290 ♀ – 68 – **17 ch** 700/720, 4 appart – 1/2 P 525/575

SALÈVE (Mont) ★★ *74 H.-Savoie 74 ⑥ G. Alpes du Nord – alt. 1380 au Grand Piton, 1 184 à la table d'orientation des Treize Arbres ★★ (13 km SO d'Annemasse par ④, D 41 puis 15 mn).*

Voir *Téléphérique de Salève★★.*

Paris 542 – Annecy 33 – Thonon-les-Bains 46 – Bellegarde-sur-Valserine 46 – Bonneville 34.

Dusonchet, à La Croisette - alt. 1 176 m. 74560 Monnetier-Mornex 04 50 94 52 04, *Fax 04 50 85 03 29*, ≤, – P. GB. ch
fermé 15 oct. au 20 nov., dim. soir et merc. – **Repas** 90/170 ♀, enf. 50 – 40 – **10 ch** 220/310 – 1/2 P 310

SALIES-DE-BÉARN *64270 Pyr.-Atl. 78 ⑧ G. Aquitaine – 4 974 h alt. 50 – Stat. therm. – Casino.*

Env. *Sauveterre-de-Béarn : site★, ≤★★ du vieux pont, S : 10 km.*

Office de Tourisme r. des Bains 05 59 38 00 33, Fax 05 59 38 02 95.

Paris 783 – Pau 65 – Bayonne 60 – Dax 38 – Orthez 18 – Peyrehorade 18.

Golf M, rte Orthez, Est : 1 km 05 59 65 02 10, *Fax 05 59 38 16 41*, – TV P. GB
Repas 90/185 ♀, enf. 45 – 40 – **32 ch** 280/340 – 1/2 P 293

à Castagnède *Sud-Ouest : 8 km par D 17, D 27 et D 384 – 212 h. alt. 38 – 64270 :*

Belle Auberge avec ch, 05 59 38 15 28, *Fax 05 59 65 03 57*, – TV P. GB
fermé mi-déc. à fin janv. – **Repas** *(fermé dim. soir)* 65/130, enf. 50 – 27 – **12 ch** 200/250 – 1/2 P 240

SALIES-DU-SALAT *31260 H.-Gar. 86 ② G. Midi-Pyrénées – 2 074 h alt. 300 – Casino.*

Office de Tourisme bd Jean-Jaurès 05 61 90 53 93, Fax 05 61 90 49 59.

Paris 774 – Bagnères-de-Luchon 71 – St-Gaudens 25 – Toulouse 79.

Parc M sans rest, 6 r. d'Austerlitz 05 61 90 51 99, *Fax 05 61 90 43 07* – TV P – 25. GB
30 – **23 ch** 195/295

SALIGNAC-EYVIGUES *24590 Dordogne 75 ⑰ G. Périgord Quercy – 964 h alt. 297.*

Paris 513 – Brive-la-Gaillarde 34 – Sarlat-la-Canéda 18 – Cahors 81 – Périgueux 68.

Terrasse (annexe à 1,5 km, 3 ch, 3 studios), 05 53 28 80 38, *jean-paul-bregegere@wanadoo.fr*, *Fax 05 53 28 99 67* – cuisinette. GB
Pâques-1er nov. – **Repas** *(fermé lundi midi, mardi midi et merc. midi)* 95/205 ♀, enf. 60 – 46 – **12 ch** 350/450, 3 studios – 1/2 P 310

au Nord-Ouest *: 2,5 km par D 62B et rte secondaire – 24590 Salignac-Eyvigues :*

Meynardie, 05 53 28 85 98, *Fax 05 53 28 82 79*, « Cadre rustique », – P. GB
fermé fin nov. à mi-fév. et merc. – **Repas** 80 (déj.), 105/250

à Laval *Nord : 7 km rte de Brive-la-Gaillarde – ✉ 24590 Salignac-Eyvigues :*

Coulier, sur D 60 ✆ 05 53 28 86 46, *hotel.coulier@wanadoo.fr, Fax 05 53 28 26 33,* – TV. AE GB. ch
fermé 23 nov. au 10 fév., vend. soir et sam. hors saison – **Repas** 90/240 ♀, enf. 40 – ☕ 40 – **15 ch** 250/300 – ½ P 290

SALINS-LES-BAINS *39110 Jura* 70 ⑤ *G. Jura – 3 629 h alt. 340 – Stat. therm. (début mars-fin oct.) – Casino.*

Voir *Site★ – Fort Belin★.*

Office de Tourisme pl. des Salines ✆ 03 84 73 01 34, Fax 03 84 37 92 85.

Paris 404 – Besançon 41 – Dole 44 – Lons-le-Saunier 51 – Poligny 24 – Pontarlier 46.

Grand Hôtel des Bains sans rest, pl. Alliés ✆ 03 84 37 90 50, *Fax 03 84 37 96 80,* – TV P. – 25. GB
fermé 6 au 20 janv., dim. hors saison – ☕ 43 – **30 ch** 310/395 – ½ P 267/336

Rest. des Bains, pl. des Alliés ✆ 03 84 73 07 54, *m.marchand@m6.net, Fax 03 84 37 99 43* – AE GB
fermé 2 au 24 janv., dim. soir et lundi – **Repas** 98/224

rte de Champagnole *Sud : 5 km par D 467 – ✉ 39110 Salins-les-Bains :*

Relais de Pont d'Héry, ✆ 03 84 73 06 54, *Fax 03 84 73 19 00,* – GB
fermé 29 oct. au 13 nov., 25 fév. au 5 mars, lundi soir et mardi de sept. à mai et lundi midi de juin à août – **Repas** 62 (déj.), 98/160 ♀, enf. 45

SALLANCHES *74700 H.-Savoie* 74 ⑧ *G. Alpes du Nord – 12 767 h alt. 550.*

Voir *★★ sur le Mt-Blanc – Chapelle de Médonnet : ★★ – Cascade d'Arpenaz★ N : 5 km.*

Office de Tourisme 31 q. Hôtel-de-Ville ✆ 04 50 58 04 25, Fax 04 50 58 38 47.

Paris 588 – Chamonix-Mont-Blanc 28 – Annecy 70 – Bonneville 30 – Megève 14.

Hostellerie des Prés du Rosay , rte du Rosay ✆ 04 50 58 06 15, *hotelrosay@free.fr, Fax 04 50 58 48 70,* ←, – TV P. AE GB
fermé 1er au 15 nov. – **Repas** *(fermé dim. soir)* 115/315 bc ♀ – ☕ 55 – **17 ch** 396/495 – ½ P 355/418

Les Sorbiers, 17 r. Dr Bonnefoy ✆ 04 50 58 01 22, *hsorbier@club-internet.fr, Fax 04 50 58 39 55,* – TV P – 20. AE GB
Repas 75 (déj.), 100/220 ♀, enf. 58 – ☕ 40 – **23 ch** 285/350 – ½ P 300/315

Mont-Blanc sans rest, 83 r. Chenal ✆ 04 50 58 12 47, *Fax 04 50 47 87 68* – TV. AE GB
fermé 29 avril au 13 mai et 28 oct. au 4 nov. – ☕ 30 – **23 ch** 155/270

Bernard Villemot, 57 r. Dr Berthollet ✆ 04 50 93 74 82, *Fax 04 50 58 00 82* – AE GB
fermé 12 au 26 nov., 6 au 29 janv., dim. soir et lundi – **Repas** *(115)* - 150/300 , enf. 75

Chaumière, 73 ancienne rte Combloux ✆ 04 50 58 00 59, *Fax 04 50 58 00 59* – P. GB
fermé 28 août au 4 sept., 25 sept. au 3 oct., vacances de Toussaint, dim. soir et lundi – **Repas** *(110 bc)* - 138/220 ♀

St-Julien, 53 r. Chenal ✆ 04 50 58 02 24 – GB
fermé 25 juin au 12 juil., 7 au 23 janv., dim. soir et merc. – **Repas** 79/165, enf. 45

SALLEBOEUF *33370 Gironde* 71 ⑨ *– 1 714 h alt. 46.*

Paris 582 – Bordeaux 17 – Créon 11 – Libourne 17 – St-André-de-Cubzac 23.

Auberge la Forêt, Sud-Est : 1,5 km par D 13E2 et rte secondaire ✆ 05 56 21 25 49, *Fax 05 56 21 25 49,* – P. GB
fermé 15 au 30 oct., mardi hors saison, dim. soir et lundi – **Repas** 90/195, enf. 60

SALLES-CURAN *12410 Aveyron* 80 ⑬ *– 1 277 h alt. 887.*

Paris 653 – Rodez 40 – Albi 78 – Millau 38 – St-Affrique 41.

Hostellerie du Lévézou avec ch, ✆ 05 65 46 34 16, *hotel.levezou@wanadoo.fr, Fax 05 65 46 01 19,* ←, , Demeure du 14e siècle, – TV – 25. AE GB JCB
Pâques-nov. – **Repas** *(fermé dim. soir et lundi sauf juil.-août)* 130/300 ♀, enf. 70 – ☕ 50 – **17 ch** 300/400 – ½ P 290/350

Towns underlined in red on the ***Michelin maps***
at a scale of 1 : 200 000 are included in this Guide.
Use the latest map to take full advantage of this information.

Les SALLES-SUR-VERDON *83630 Var* 84 ⑥, 114 ⑧ *G. Alpes du Sud* – *154 h alt. 440.*

Voir *Lac de Ste-Croix*★★.

Paris 796 – Digne-les-Bains 60 – Brignoles 56 – Draguignan 49 – Manosque 62.

Auberge des Salles ⑤, ☎ 04 94 70 20 04, *Fax 04 94 70 21 78,* ←, ☂, ☂ – |₿| TV ♿ 🚗 P. GB
1er avril-1er nov. et fermé mardi soir et merc. hors saison – **Repas** 100/200 ♀, enf. 50 – ☕ 40 – **30 ch** 340/400 – ½ P 300/330

Ste-Anne sans rest, ☎ 04 94 70 20 02, *Fax 04 94 84 23 00,* ← – TV. AE GB. ✗
1er mars-fin oct. – ☕ 40 – **19 ch** 280/460

En juin et en septembre,
les hôtels sont moins chers qu'en pleine saison, le service est plus soigné.

SALON-DE-PROVENCE *13300 B.-du-R.* 84 ② *G. Provence* – *34 054 h alt. 80.*

Voir *Musée de l'Empéri*★★.

ℹ *Office de Tourisme 56 Crs Gimon* ☎ *04 90 56 27 60, Fax 04 90 56 77 09.*

Paris 723 ① – Marseille 54 ② – Aix-en-Provence 37 ② – Arles 45 ③ – Avignon 49 ①.

SALON-DE-PROVENCE

Ancienne Halle (Pl.) ..... BY 2
Capucins (Bd des) ..... BZ 3
Carnot (Cours) ..... AY 4
Centuries (Pl. des) ..... BY 6
Clemenceau (Bd Georges) ..... AY 7
Coren (Bd Léopold) ..... AY 8
Craponne (Allées de) ..... BZ 10
Crousillat (Pl.) ..... BY 12
Farreyroux (Pl.) ..... BZ 13
Ferrage (Pl.) ..... BZ 14
Fileuses-de-Soie (R. des) ..... AY 15
Frères J. et R.-Kennedy (R. des) ..... AY
Gambetta (Pl.) ..... BZ 18
Gimon (Cours) ..... BZ
Horloge (R. de l') ..... BY 20
Ledru-Rollin (Bd) ..... AY 22
Massenet (R.) ..... AY 23
Médicis (Pl. C. de) ..... BZ 24
Mistral (Bd Frédéric) ..... BY 26
Moulin d'Isnard (R.) ..... BY 27
Nostradamus (Bd) ..... AY 28
Pasquet (Bd) ..... BZ 30
Pelletan (Cours Camille) ..... AY 32
République (Bd de la) ..... AY 33
Raynaud-d'Ursule (R.) ..... BZ 34
St-Laurent (Square) ..... BY 35
Victor-Hugo (Cours) ..... BY 38

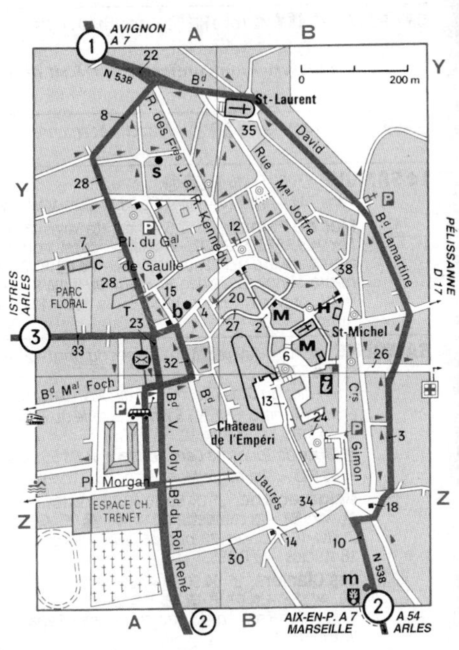

Angleterre sans rest, 98 cours Carnot ☎ 04 90 56 01 10, *Fax 04 90 56 71 75* – TV ☎. AE GB JCB — AY b
fermé 22 déc. au 5 janv. – ☕ 37 – **25 ch** 240/310

Sélect ⑤ sans rest, 35 r. Suffren ☎ 04 90 56 07 17, *Fax 04 90 56 42 48* – TV 🚗. AE GB JCB. ✗ — AY s
fermé 23 déc. au 2 janv., sam. et dim. d'oct. à mars – ☕ 40 – **17 ch** 230/270

Mas du Soleil M ⑤ avec ch, 38 chemin St-Côme (Est - **BY** - *par D 17*) ☎ 04 90 56 06 53, *e.mas.du.soleil.@wanadoo.fr, Fax 04 90 56 21 52,* ☂, « Bel aménagement intérieur », ⛱, ☂ – ▤ TV ♿ P. AE ⓓ GB JCB
Repas *(fermé dim. soir et lundi)* 230/650 et carte 310 à 420 ♀ – ☕ 70 – **10 ch** 900/1300 – ½ P 950/1100

Craponne, 146 allées Craponne ☎ 04 90 53 23 92, ☂ – GB — BZ m
fermé 13 août au 2 sept., 24 déc. au 4 janv., dim. soir et lundi – **Repas** 110/240, enf. 68

au Nord-Est : *5 km par D 17* **BY** *puis D 16 – ✉ 13300 Salon-de-Provence :*

Abbaye de Sainte-Croix ⛰, ☎ 04 90 56 24 55, *saintecroix@relaischateaux.fr, Fax 04 90 56 31 12*, ←, 🏞, « Ancienne abbaye du 12e siècle dominant Salon-de-Provence », 🏊, 🌳 – ▤ ch, 📺 ♿ 🅿 – 🏛 100. AE ⓓ GB JCB. ✂ rest
23 mars-4 nov. – **Repas** *(fermé lundi midi et jeudi midi)* 365 (déj.), 450/560 🍷 – ☕ 120 – **21 ch** 1250/1650, 4 appart – ½ P 1160/1360
Spéc. Salade de homard. Loup saisi sur peau. Mignon d'agneau en crépine de chou et foie gras. **Vins** Côtes de Provence, Côteaux d'Aix.

à la Barben *Sud-Est : 8 km par ②, D 572 et D 22E – 500 h. alt. 105 – ✉ 13330 :*

Touloubre avec ch, ☎ 04 90 55 16 85, *Fax 04 90 55 17 99*, 🏞 – 🅿 – 🏛 40. GB
fermé 8 au 23 oct., 11 fév. au 5 mars, dim. soir, mardi soir et lundi – **Repas** 135/240, enf. 65 – ☕ 35 – **7 ch** 260 – ½ P 290

au Sud par ② *, N 538, N 113 et D 19 (direction Grans) : 5 km – ✉ 13250 Cornillon :*

Devem de Mirapier ⛰, ☎ 04 90 55 99 22, *pecoul@mirapier.com, Fax 04 90 55 86 14*, ←, 🏞, « Dans un parc de pins et de garrigues », 🏊, 🎾, 🌳 – ▤ 📺 📞 ♿ 🅿 – 🏛 15 à 30. AE GB
fermé 15 déc. au 20 janv. et week-ends d'oct. à avril – **Repas** (résidents seul.)(dîner seul.) 160/220 – ☕ 70 – **12 ch** 560/800 – ½ P 660

SALT-EN-DONZY *42 Loire* 73 ⑱ *– rattaché à Feurs.*

Une réservation confirmée par écrit ou par fax est toujours plus sûre.

SALVAGNY *74 H.-Savoie* 74 ⑧ *– rattaché à Samoëns.*

Le SAMBUC *13200 B.-du-R.* 83 ⑩.
Paris 744 – Arles 24 – Marseille 117 – Stes-Marie-de-la-Mer 49 – Salon-de-Provence 66.

Mas de Peint Ⓜ ⛰, 2,5 km par rte Salins ☎ 04 90 97 20 62, *peint@avignon.pacwan.net, Fax 04 90 97 22 20*, 🏞, ambiance guest house, « Demeure camarguaise du 17e siècle aménagée avec élégance », 🏊, 🌳 – ▤ 📺 🅿. AE ⓓ GB JCB
fermé 26 nov. au 21 déc. et 8 janv. au 9 mars – **Repas** *(fermé merc.)* (nombre de couverts limité, prévenir) 195 (déj.)/255 🍷 – ☕ 105 – **11 ch** 1250/2280 – ½ P 960/1475

SAMOËNS *74340 H.-Savoie* 74 ⑧ *G. Alpes du Nord – 2 148 h alt. 710 – Sports d'hiver : 720/2 480 m* 🚡 *7* ⛷ *69* ⛷.
Voir *Place du Gros Tilleul★ – Jardin alpin Jaÿsinia★.*
Env. *La Rosière* ←★★ *N : 6 km – Cascade du Rouget★★ S : 10 km – Cirque du Fer à Cheval★★ E : 13 km.*
ℹ *Office de Tourisme Gare Routière* ☎ *04 50 34 40 28, Fax 04 50 34 95 82.*
Paris 585 – Chamonix-Mont-Blanc 63 – Thonon-les-Bains 59 – Annecy 72 – Genève 54.

Neige et Roc, ☎ 04 50 34 40 72, *resa@neigetroc.com, Fax 04 50 34 14 48*, ←, 🏞, 🏋, 🏊, 🌳, 🎾 – ⬍ cuisinette 📺 📞 🅿 – 🏛 25. GB. ✂ rest
2 juin-16 sept. et 22 déc.-15 avril – **Repas** 120 (déj.), 150/250 🍷 – ☕ 50 – **32 ch** 600, 18 studios – ½ P 485

Les Glaciers, ☎ 04 50 34 40 06, *glaciers@worldonline.fr, Fax 04 50 34 16 75*, 🏞, 🏋, 🏊, 🏊, 🌳, 🎾 – ⬍ 📺 🅿. AE ⓓ GB. ✂
15 juin au 15 sept. et 15 déc. au 15 avril – **Repas** 100/160, enf. 65 – ☕ 50 – **50 ch** 450/650 – ½ P 500/580

Edelweiss ⛰, Nord-Ouest : 1,5 km par rte Plampraz ☎ 04 50 34 41 32, *hotel-edelweiss@wanadoo.fr, Fax 04 50 34 18 75*, ← montagnes, 🏞 – 📺 🅿. GB
fermé 23 au 27 avril, 9 au 21 mai et 24 sept. au 21 déc. – **Repas** 90/145 🍷, enf. 45 – ☕ 38 – **20 ch** 280/360 – ½ P 315

Gai Soleil, ☎ 04 50 34 40 74, *hotel.gai-soleil@wanadoo.fr, Fax 04 50 34 10 78*, ←, 🏞, 🏋, 🏊 – ⬍ cuisinette, ▤ rest, 📺 🅿. GB. ✂ rest
3 juin-15 sept. et 21 déc.-15 avril – **Repas** 85/190 🍷, enf. 65 – ☕ 45 – **24 ch** 390 – ½ P 350

à Morillon *Ouest : 4,5 km – 428 h. alt. 687 – Sports d'hiver 700/2200 m* 🚡 *1* ⛷ *6* ⛷ *69 – ✉ 74440 .*
ℹ *Office de Tourisme* ☎ *04 50 90 15 76, Fax 04 50 90 11 47.*

Morillon, ☎ 04 50 90 10 32, *infos@hotellemorillon.com, Fax 04 50 90 70 08*, ←, 🏊, 🌳 – ⬍ 📺 🅿. GB. ✂ rest
16 juin-15 sept. et 22 déc.-13 avril – **Repas** *(fermé le midi sauf sam. en hiver et dim. en été)* 98/140 🍷, enf. 48 – ☕ 42 – **25 ch** 350 – ½ P 375

à Verchaix *Ouest : 6 km par D 907 – 391 h. alt. 800 – ✉ 74440 :*

✕ **Rouge Gorge,** près rd-pt D 907 ✆ 04 50 90 16 77, *Fax 04 50 90 74 03* – GB
fermé 18 juin au 6 juil., 12 au 30 nov. – **Repas** *(fermé lundi sauf le soir en saison, mardi soir, merc. soir, jeudi soir hors saison et dim. soir)* (nombre de couverts limité, prévenir) 80 bc (déj.), 130/190 ♀, enf. 58

à Salvagny *Sud-Est : 9 km par D 907 et D 29 – ✉ 74740 Sixt-Fer-à-Cheval :*

Petit Tetras ⛰, ✆ 04 50 34 42 51, *ptitetra@club-internet.fr, Fax 04 50 34 12 02,* ≤, 🏔, 🏊, 🌳 – 🛗 P. AE ⓓ GB. ✂ rest
hôtel : 1er juin-15 sept. et 23 déc.-1er avril ; rest. : 1er juin-15 sept. et 23 déc.-11 avril – **Repas** (dîner seul. en été) 98/145 ♀, enf. 60 – ☕ 38 – **30 ch** 280/300 – 1/2 P 300/320

SAMOIS-SUR-SEINE *77920 S.-et-M.* 61 ②, 106 ㊻ *G. Ile de France – 1 916 h alt. 83.*

Voir *Ensemble★ (quai, île du Berceau) – Tour Dénecourt ✳★ SO : 5 km.*

Paris 65 – Fontainebleau 7 – Melun 15 – Montereau-Fault-Yonne 22.

✕✕✕ **Maison de Champgosier,** à Samois-le-Haut ✆ 01 64 24 60 71, *Fax 01 64 24 80 93,* 🏔, 🌳 – AE ⓓ GB
fermé 16 au 23 août, 5 au 20 nov., 7 au 17 janv., dim. soir, lundi et mardi – **Repas** (140) - 220/300 et carte 340 à 430

SAMOREAU *77210 S.-et-M.* 61 ② *– 1 856 h alt. 55.*

Paris 66 – Fontainebleau 6 – Melun 17 – Montereau-Faut-Yonne 19 – Nemours 23.

✕✕ **Auberge de la Treille,** 5 r. Grande ✆ 01 64 23 71 22, *Fax 01 64 23 71 22,* 🏔, 🌳 – GB
fermé 16 au 30 avril, 16 août au 3 sept., jeudi soir, dim. soir et lundi – **Repas** 135 bc (déj.), 150/220 ♀

Read the introduction with its explanatory pages to make the most of your ***Michelin Red Guide.***

SAMOUSSY *02 Aisne* 56 ⑤ *– rattaché à Laon.*

SANARY-SUR-MER *83110 Var* 84 ⑭, 114 ㊹ *G. Côte d'Azur – 14 730 h alt. 1.*

Voir *Chapelle N.-D.-de-Pitié ≤★.*

ℹ *Office de Tourisme Jardins de la Ville ✆ 04 94 74 01 04.*

Paris 829 ① – Toulon 14 ② – Aix-en-Provence 74 ① – La Ciotat 23 ① – Marseille 54 ①.

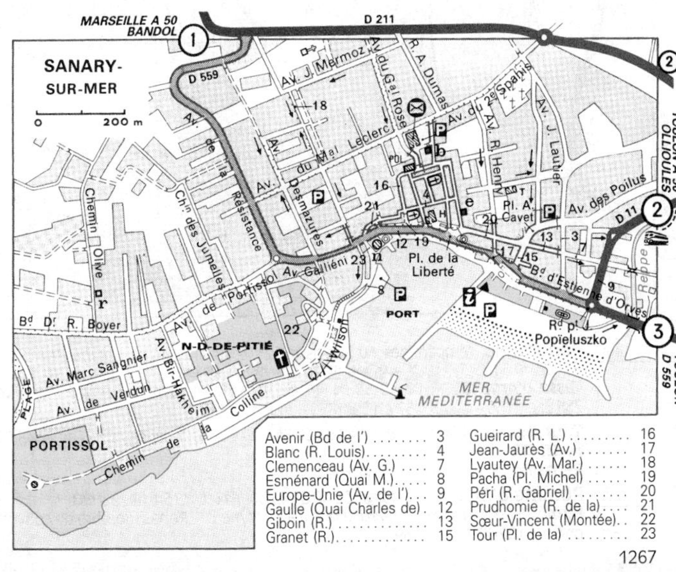

Tour, quai Gén. de Gaulle **(n)** 04 94 74 10 10, *Fax 04 94 74 69 49*, ≤, – . AE GB
Repas *(fermé 1er déc. au 10 janv., mardi soir sauf juil.-août et mer.)* 125 (déj.), 190/250 – 40 – **24 ch** 420/580 – ½ P 360/440

Synaya, chemin Olive **(r)** 04 94 74 10 50, – P. GB. rest
1er avril-1er nov. – **Repas** (dîner seul.) (résidents seul.) 80 – 38 – **11 ch** 220/280 – ½ P 245/290

Relais de la Poste, pl. Poste **(b)** 04 94 74 22 20, *Fax 04 94 74 22 20*, – . AE GB
fermé dim. soir et lundi du 1er sept. au 30 juin – **Repas** 145/345, enf. 80

Cour des Arts, r. Barthélémy de Don **(e)** 04 94 88 08 05, *cour.arts@infonie.fr, Fax 04 94 29 00 22*, – . AE GB
fermé nov., dim. et lundi sauf juil.-août – **Repas** (dîner seul. en juil.-août) 145 (déj.), 185/220

SANCERRE *18300 Cher* 65 ⑫ *G. Berry Limousin – 2 059 h alt. 342.*
Voir *Esplanade de la porte César* ≤★★ – *Carrefour D 923 et D 7* ≤★★ *O : 4 km par D 955.*
Office de Tourisme Maison des Associations 02 48 78 03 58, *Fax* 02 48 78 03 58 *et (mars-oct.) Nouvelle Place* 02 48 54 08 21.
Paris 201 ① – *Bourges 46* ③ – *La Charité-sur-Loire 25* ② – *Salbris 70* ③ – *Vierzon 68* ③.

SANCERRE

Abreuvoirs (Rempart des) 2
Fangeuse (R.) 3
Marché-aux-Porcs (R. du) 5
Nouvelle Place 6
Paix (R. de la) 8
Paneterie (R. de la) 9
Pavé-Noir (R. du) 12
Porte-César (R.) 13
Porte-Serrure (R.) 15
Puits-des-Fins (R. du) 16
St-André (R.) 18
St-Jean (R.) 20
St-Père (R.) 22
Trois-Piliers (R. des) 23

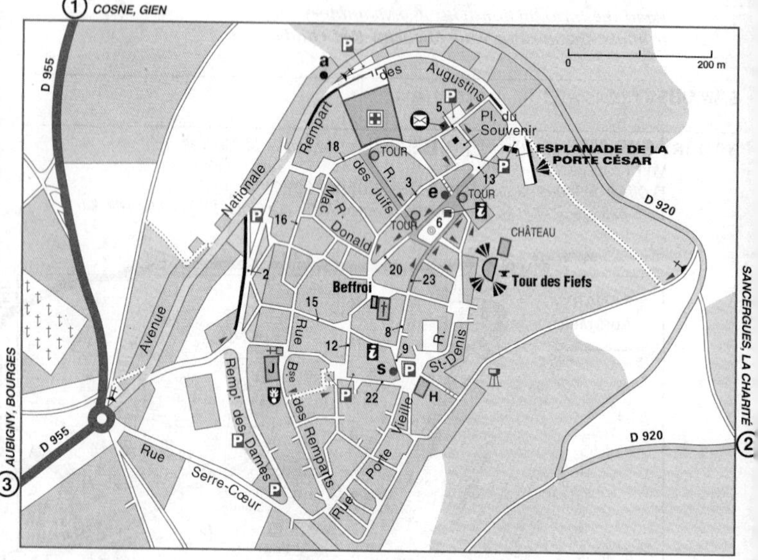

Panoramic, rempart des Augustins **(a)** 02 48 54 22 44, *panoramicotel@wanadoo.fr, Fax 02 48 54 39 55*, ≤, – – 50. AE GB
Tasse d'Argent : 02 48 54 01 44 *(fermé janv. et merc. de nov. à mars)* **Repas** 97/285, enf. 50 – 45 – **57 ch** 290/850 – ½ P 310/365

Tour, Nouvelle Place **(e)** 02 48 54 00 81, *info@la-tour-sancerre.fr, Fax 02 48 78 01 54* – . AE GB
Repas *(90)* - 110/230 et carte 200 à 300

Pomme d'Or, pl. Mairie **(s)** 02 48 54 13 30, *Fax 02 48 54 19 22* – GB
fermé 28 déc. au 15 janv., mardi d'oct. à avril et merc. – **Repas** (nombre de couverts limité, prévenir) 92/232, enf. 39

à St-Satur *par ① : 3 km – 1 731 h. alt. 155 – ✉ 18300 :*

Office de Tourisme pl. du Marché ✆ 02 48 54 01 30.

XX **Verger Fleuri** avec ch, 22 r. Basse des Moulins ✆ 02 48 54 31 82, *Fax 02 48 54 38 42*, « Jardin fleuri », – TV P. GB. *fermé 1er au 10 oct., 15 déc. au 20 janv. et lundi sauf hôtel en saison* – **Repas** 79/188 ♀, enf. 49 – ☕ 38 – **12 ch** 245/285 – 1/2 P 220/290

à Chavignol *par ① et D 183 : 4 km – ✉ 18300 :*

XX **Côte des Monts Damnés,** ✆ 02 48 54 01 72, *Fax 02 48 54 14 24*, – ▤. GB *fermé 27 janv. au 26 fév., dim. soir et lundi* Repas 98/250 ♀

SANCY (Puy de) *63 P.-de-D. 73 ⑬ – voir ressources hôtelières au Mont-Dore.*

SAND *67230 B.-Rhin 62 ⑩ – 941 h alt. 159.*

Paris 501 – Strasbourg 33 – Barr 16 – Erstein 7 – Molsheim 26 – Obernai 15 – Sélestat 21.

Hostellerie de la Charrue, ✆ 03 88 74 42 66, *Fax 03 88 74 12 02* – TV ✆ P – 20. GB. *fermé 25 juin au 9 juil., 29 oct. au 5 nov., 22 au 29 déc. et 18 au 27 fév.* – **Repas** *(fermé mardi midi, sam. soir et lundi)* 110/250 ♀, enf. 50 – ☕ 37 – **20 ch** 250/335 – 1/2 P 285

SANDARVILLE *28120 E.-et-L. 60 ⑰ – 282 h alt. 171.*

Paris 106 – Chartres 19 – Brou 24 – Châteaudun 37 – Le Mans 116 – Nogent-le-Rotrou 48.

XXX **Auberge de Sandarville,** près Église ✆ 02 37 25 33 18, « Ancienne ferme beauceronne », – GB *fermé 16 au 31 août, 21 janv. au 10 fév., merc. soir, dim. soir et lundi* – **Repas** 150 (déj.), 195/350 et carte 290 à 410 ♀, enf. 70

SANILHAC *07110 Ardèche 80 ⑧ – 343 h alt. 420.*

Paris 655 – Largentière 8 – Alès 66 – Aubenas 24.

Auberge de la Tour de Brison, à la Chapelette ✆ 04 75 39 29 00, *belinc@wanadoo.fr, Fax 04 75 39 19 56*, – ▤ ch, TV ✆ P. GB *fermé 10 janv. au 15 mars, mardi soir et merc. sauf juil.-août* – **Repas** (menu unique) (prévenir) 145 – ☕ 40 – **12 ch** 250/400 – 1/2 P 285/430

SAN-MARTINO-DI-LOTA *2B H.-Corse 90 ② – voir à Corse (Bastia).*

SAN-PEIRE-SUR-MER *83 Var 84 ⑰ ⑱,, 114 ㊲ – rattaché aux Issambres.*

SANTA-COLOMA *86 ⑭ – voir à Andorre (Principauté d').*

SANTA-GIULIA (Golfe de) *2A Corse-du-Sud 90 ⑧ – voir à Corse (Porto-Vecchio).*

SANTENAY *41190 L.-et-Ch. 64 ⑥ – 229 h alt. 115.*

Paris 203 – Tours 43 – Amboise 25 – Blois 18 – Château-Renault 17 – Vendôme 33.

X **Union** avec ch, ✆ 02 54 46 11 03, *Fax 02 54 46 18 57* – P. GB. ch *fermé 15 fév. au 15 mars, dim. soir et lundi* – **Repas** 75/220 ♀ – ☕ 35 – **5 ch** 200/350 – 1/2 P 280/350

SANTENAY *21590 Côte-d'Or 70 ① G. Bourgogne – 1 008 h alt. 225 – Casino.*

Office de Tourisme gare S.N.C.F. ✆ 03 80 20 63 15, Fax 03 80 20 65 98.

Paris 330 – Beaune 18 – Chalon-sur-Saône 23 – Autun 40 – Le Creusot 28 – Dijon 63.

XX **Terroir,** pl. Jet d'Eau ✆ 03 80 20 63 47, *le.terroir@le-terroir-santenay.com, Fax 03 80 20 66 45* – GB *fermé 10 déc. au 10 janv., merc. soir de nov. à mars, dim. soir, jeudi et fériés sauf du 15 juil. au 15 août* – **Repas** 90 (déj.), 110/240 ♀, enf. 55

SANT-JULIA-DE-LORIA *86 ⑭ – voir à Andorre (Principauté d').*

Le SAP *61470 Orne* 55 ⑭ – *939 h alt. 220.*

Syndicat d'Initiative pl. du Marché 02 33 36 93 31.

Paris 186 – Alençon 61 – Argentan 42 – Caen 72 – Falaise 50 – Lisieux 41.

Les Saveurs du Grand Jardin, 02 33 36 56 88, *les-saveurs@wanadoo.fr, Fax 02 33 36 50 21,* – P. GB

fermé 5 au 28 mars, 8 au 31 oct., mardi d'oct. à avril, dim. soir et lundi sauf fériés – **Repas** (80) - 100/200 ♀, enf. 45

Le SAPPEY-EN-CHARTREUSE *38700 Isère* 77 ⑤ *G. Alpes du Nord – 762 h alt. 1014 – Sports d'hiver au Sappey et au Col de Porte : 1 000/1 700 m 11 .*

Env. *Charmant Som* ✻★★★ *NO : 9 km puis 1 h.*

Syndicat d'Initiative (fermé le merc.,sauf en saison)) 04 76 88 84 05, *Fax 04 76 88 87 16.*

Paris 581 – Grenoble 14 – Chambéry 50 – St-Pierre-de-Chartreuse 14 – Voiron 37.

Skieurs , 04 76 88 82 76, *hotelskieurs@wanadoo.fr, Fax 04 76 88 85 76,* ←, , , – TV P – 30. AE GB

1er janv.-31 mars et 1er mai-31 oct. et fermé dim. soir et lundi – **Repas** 130/250 – 40 – **18 ch** 310 – ½ P 330

Pudding, 04 76 88 80 26, *Fax 04 76 88 84 66,* – AE GB.

fermé 3 au 28 sept., 2 au 12 janv., dim. soir, mardi midi et lundi – **Repas** 145/395 ♀, enf. 70

SARCEY *69490 Rhône* 73 ⑨, 110 ⑪ – *690 h alt. 380.*

Paris 453 – Roanne 53 – Lyon 34 – Tarare 11 – Villefranche-sur-Saône 22.

Chatard M , 04 74 26 85 85, *Fax 04 74 26 89 99,* , , – TV P – 40. AE GB

fermé 2 au 7 janv. – **Repas** *(fermé dim. soir)* 95 (déj.), 115/230 ♀, enf. 55 – 42 – **35 ch** 205/340 – ½ P 218/260

SARE *64310 Pyr.-Atl.* 85 ② *G. Aquitaine – 2 054 h alt. 70.*

Paris 801 – Biarritz 26 – Cambo-les-Bains 19 – Pau 136 – St-Jean-de-Luz 14.

Arraya, 05 59 54 20 46, *hotel@arraya.com, Fax 05 59 54 27 04,* , « Cadre rustique basque », – TV – 15. AE GB. ch

2 avril-4 nov. – **Repas** 135/195 ♀ – 50 – **20 ch** 445/595 – ½ P 440/498

Pikassaria , quartier Lehembiscay, Sud : 3 km 05 59 54 21 51, *Fax 05 59 54 27 40,* ←, – TV P – 20. GB

19 mars-11 nov. et fermé merc. d'oct. à juin – **Repas** 95/175, enf. 55 – 35 – **32 ch** 230/280 – ½ P 280

Baratxartea (annexe M 8 ch), quartier Ihalar, à l'Est : 2 km 05 59 54 20 48, *Fax 05 59 47 50 84,* ← – TV P. GB. rest

fermé 1er janv. au 15 mars – **Repas** *(fermé lundi)* 85/135, enf. 50 – 35 – **22 ch** 300 – ½ P 260/290

SARLAT-LA-CANÉDA SP *24200 Dordogne* 75 ⑰ *G. Périgord Quercy – 9 909 h alt. 145.*

Voir *Vieux Sarlat*★★★ : *place du marché aux trois Oies*★ **Y**, *hôtel Plamon*★ **Y** , *hôtel de Maleville*★ **Y** – *Maison de La Boétie*★ **Z** – *Quartier Ouest*★.

Env. *Décor*★ *et mobilier*★ *du château de Puymartin NO : 7 km par* ④.

Office de Tourisme pl. Liberté 05 53 31 45 45, *Fax 05 53 59 19 44 et (juil.-août) Gén.-de-Gaulle* 05 53 59 18 87.

Paris 531 ① – Brive-la-Gaillarde 52 ① – Bergerac 73 ② – Cahors 62 ② – Périgueux 67 ①.

Plan page suivante

de Selves M sans rest, 93 av. de Selves 05 53 31 50 00, *hotel@selves-sarlat.com, Fax 05 53 31 23 52,* , – TV . AE GB JCB **V v**

fermé 5 janv. au 5 fév. – 50 – **40 ch** 360/590

Madeleine, 1 pl. Petite Rigaudie 05 53 59 10 41, *hotel.madeleine@wanadoo.fr, Fax 05 53 31 03 62,* – , ch, TV – 15. AE GB JCB **Y e**

fermé 1er janv. au 3 mars – **Repas** *(ouvert 20 mars-11 nov. et fermé lundi midi sauf juil.-août)* 130/235 ♀, enf. 65 – 50 – **39 ch** 360/495 – ½ P 395/435

St-Albert et Montaigne, pl. Pasteur 05 53 31 55 55, *Fax 05 53 59 19 99* – , rest, TV – 25. AE GB. ch **X n**

fermé dim. soir et lundi de nov. à mars – **Repas** 115/180 ♀, enf. 50 – 40 – **55 ch** 290/350 – ½ P 295/350

Compostelle sans rest, 66 av. Selves 05 53 59 08 53, *hotel.compostelle@perigord.com, Fax 05 53 30 31 65* – TV . GB **V r**

25 mars-15 nov. – 42 – **22 ch** 300/330

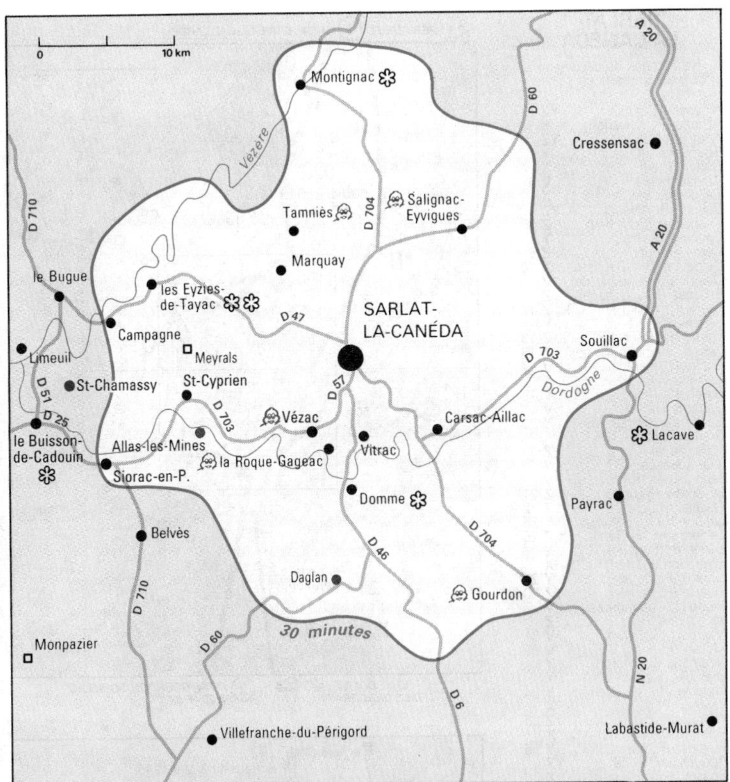

Mas del Pechs sans rest, à l'Est, par chemin des Monges -VX- : 1,5 km
05 53 31 12 11, *Fax 05 53 31 16 99*, – TV P. AE GB
15 mars-30 nov. – 45 – **14 ch** 300/330

Présidial, 6 r. Landry 05 53 28 92 47, *Fax 05 53 59 43 84*, « Demeure historique du vieux Sarlat », – GB — Y m
fermé 15 nov. au 1er fév. et lundi – **Repas** 105 (déj.), 145/240, enf. 85

Quatre Saisons, 2 Côte de Toulouse 05 53 29 48 59, *Fax 05 53 59 53 74*, – AE GB JCB – *fermé merc.* – **Repas** *(95)* - 130/250, enf. 60 — Y s

Rossignol, 15 r. Fénelon 05 53 31 02 30 – GB — Y a
fermé jeudi – **Repas** 89/290 ♀, enf. 56

au Sud *par ② et C 1 : 3 km :*

Hoirie , 05 53 59 05 62, *Fax 05 53 31 13 90*, , « Ancien pavillon de chasse du 13e siècle », , – TV P. AE GB
15 mars-15 nov. – **Repas** *(fermé mardi hors saison)* (dîner seul. sauf dim.) 95/220 ♀, enf. 55 – 60 – **17 ch** 380/600 – ½ P 360/510

Mas de Castel sans rest, 05 53 59 02 59, *Fax 05 53 28 25 62*, , – TV P. GB
7 avril-11 nov. – 36 – **13 ch** 260/340

par *②, rte de Gourdon puis rte La Canéda et rte secondaire : 3 km – 24200 Sarlat-la-Canéda :*

Relais de Moussidière , 05 53 28 28 74, *Fax 05 53 28 25 11*, , , « Parc », , – TV P. AE GB
début avril-1er nov. – **Repas** (dîner seul.) 170 – 65 – **35 ch** 550/790 – ½ P 485/605

par *① rte des Eyzies et rte secondaire : 3 km :*

Hostellerie Meysset , 05 53 59 08 29, *Fax 05 53 28 47 61*, , , – TV P. AE GB
8 avril-30 oct. et fermé lundi midi et merc. midi – **Repas** 115/270 ♀, enf. 50 – 60 – **24 ch** 350/510 – ½ P 380/430

SARLAT-LA-CANÉDA

Restrictions de circulation
et zone piétonne en saison

Rue	Carré	N°
Albusse (R. d')	YZ	2
Allende (Pl. Salvador)	Y	3
Arlet (Bd Henry)	YZ	
Bouquerie (Pl. de la)	Y	
Breuil (R. du)	X	
Brossard (Av.)	V	4
Cahors (R. de)	X	
Cahuet (R. Alberic)	YZ	
Chanoines (Cour des)	Z	6
Conculs (R. des)	Y	7
Cordil (R. du)	Z	8
Delpeyrat (R.J.-Baptiste)	X	10
Desmouret (Chemin de)	V	
Escande (R. J.-Joseph)	Z	
Faure (R. Émile)	X, Z	12
Fénelon (R.)	Y	
Fontaines (Cour des)	Z	13
Frères Chambon (R. des)	Z	16
Gabin (R. Jean)	V	17
Gallière (R.)	X	
Gambetta (Av.)	V	18
Gaubert (R.)	V	
Gaulle (Av. du gén. de)	Y	20
Grande-Rigaudie (Pl. de la)	Z	
J.-J.-Rousseau (R.)	Y	
Jean-Jaurès (R.)	V	
La Boétie (R. de)	Z	21
Lakanal (R.)	Z	22
Landry (R.)	Y	25
Leclerc (Av. du Gen.)	X,Z	26
Leroy (Bd Eugène)	Y	
Libération (Pl. de la)	X	
Liberté (Pl. de la)	Y	27
Liberté (R. de la)	YZ	30
Monges (Chemin des)	V	
Montaigne (R.)	Z	
Montfort (R. Sylvia)	V	31
Moulin (R. Jean)	V	32
Nesmann (Bd Victor)	Y	
Oies (Pl. des)	Y	
Papucie (R.)	Y	34
Pasteur (Pl.)	X	
Peyrou (Pl. du)	Z	35
Plantier (Chemin du)	X	
Présidial (R. du)	Y	36
République (R. de la)	YZ	
Rossignole (R. Pierre)	X	38
Rousset (R.)	Z	39
Salamandre (R. de la)	Y	40
Ségogne (Pass. Henri de)	Z	42
Selves (Av. de)	V	43
Siège (R. du)	Z	
Thiers (Av.)	X	
Tourny (R.)	Z	44
Trappe (R. de la)	X	46
Trois-Conils (R. des)	Z	47
Troubadour Cayrels (R. du)	V	48
Tunnel (R. du)	X	50
Turenne (R. de)	Z	51
Victor-Hugo (R.)	Y	52
Voltaire (Bd)	X,Z	
8 Mai 1945 (Square du)	Y	
11 Novembre (Pl. du)	Y	
14 Juillet (Pl. du)	Z	
19 Mars 1962 (Pl. du)	V	54
26 Juin 1944 (R. du)	V	55

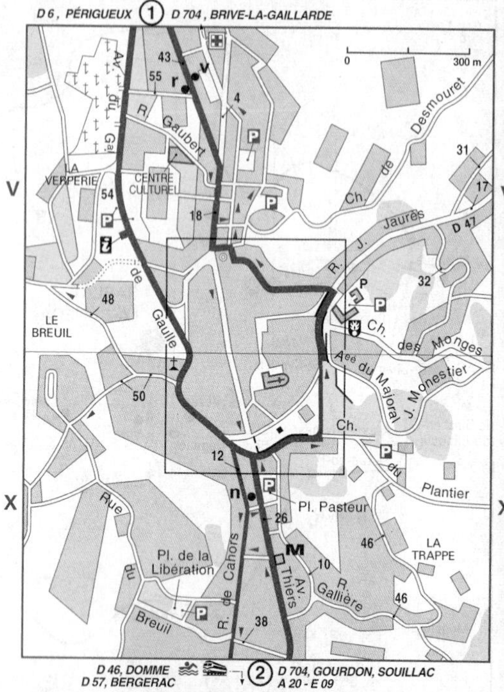

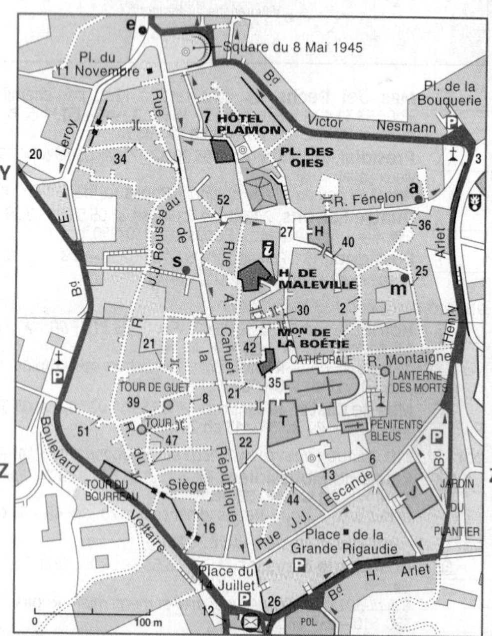

SARLIAC-SUR-L'ISLE *24420 Dordogne* 75 ⑥ *– 798 h alt. 102.*

Paris 477 – Périgueux 15 – Brive-la-Gaillarde 66 – Limoges 86.

Chabrol, ✆ 05 53 07 83 39, – GB.
fermé sept. et lundi – **Repas** 75/260 – ☐ 30 – **10 ch** 150/250

SARPOIL *63 P.-de-D.* 73 ⑭ ⑮ *– rattaché à Issoire.*

SARRAS *07370 Ardèche* 77 ① *– 1 837 h alt. 133.*

Voir *De la D 506 coup d'oeil★★ sur le défilé de St-Vallier★ S : 5 km,* **G. Vallée du Rhône.**

Paris 531 – Valence 33 – Annonay 20 – Lyon 72 – St-Étienne 59 – Tournon-sur-Rhône 18.

Commerce, ✆ 04 75 23 03 88, *Fax 04 75 23 30 38* – GB
fermé 22 déc. au 15 janv., dim. soir et lundi midi – **Repas** 95/160 ♀ – ☐ 30 – **9 ch** 150/200 – ½ P 170/200

Vivarais avec ch, ✆ 04 75 23 01 88, *Fax 04 75 23 49 73,* – TV P. AE GB
fermé 30 juil. au 15 août, vacances de fév., dim. soir, mardi et soirs fériés – **Repas** 98/330 ♀ – ☐ 40 – **7 ch** 250/350 – ½ P 280/330

Les noms des localités citées dans ce guide
sont soulignés de rouge
sur les **cartes Michelin** à 1/200 000.

SARREBOURG

Berrichons et Nivernais (R. des)	2
Bossuet (R.)	3
Cordeliers (Pl. des)	5
Erckmann-Chatrian (R.)	7
Fayolle (Av. Gén.)	8
Foch (R. Mar.)	10
France (Av. de)	12
Gare (R. de la)	13
Grand'Rue	
Jardins (R. des)	15
Jean-XXIII (Quai)	16
Lebrun (Quai)	18
Marché (Pl. du)	19
Napoléon (R.)	20
Poincaré (Av.)	21
Président-Schuman (R.)	22
St-Pierre (R.)	24

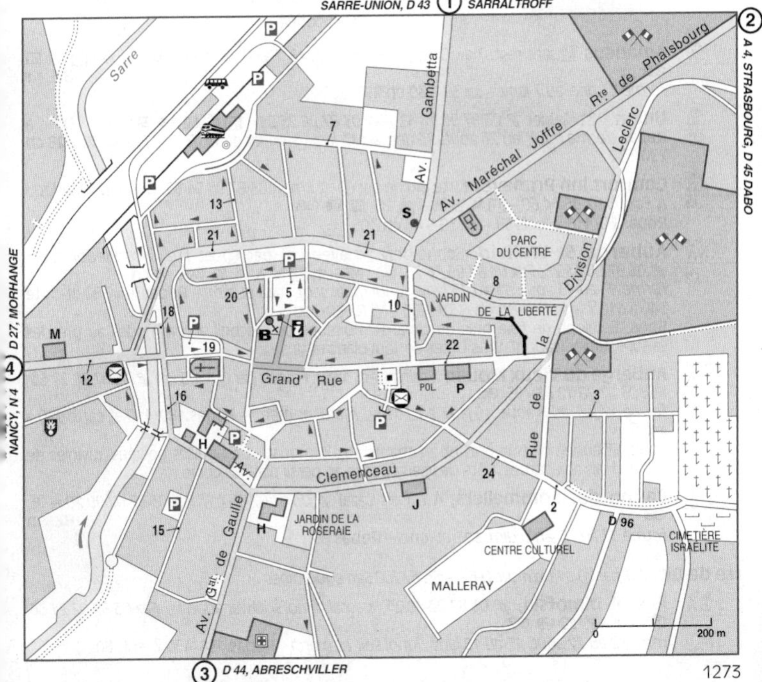

SARREBOURG 57400 Moselle 62 ⑧ *G. Alsace Lorraine – 13 311 h alt. 282.*

Voir *Vitrail* dans la chapelle des Cordeliers* **B.**

Office de Tourisme Chapelle des Cordeliers ✆ 03 87 03 11 82, Fax 03 87 07 13 93.

Paris 440 ④ – Strasbourg 73 ② – Épinal 86 ④ – Lunéville 56 ④ – Metz 96 ④ – St-Dié 72 ④.

Plan page précédente

Les Cèdres M, par ③ *et chemin d'Imling : 3 km ✆* 03 87 03 55 55, *info@hotel-lescedres.fr, Fax 03 87 03 66 33,* – TV P – 100. AE GB
fermé 22 déc. au 2 janv. – **Repas** *(fermé sam. midi et dim. soir)* 66/209 – 41 – **44 ch** 328/358 – ½ P 238

Mathis (Mathis), 7 r. Gambetta **(s)** ✆ 03 87 03 21 67, *Fax 03 87 23 00 64* – GB.
fermé 30 juil. au 7 août, 2 au 8 janv., dim. soir, mardi soir et lundi – **Repas** 185/350 et carte 270 à 400
Spéc. Grosses langoustines au céléri branche frit. Fricassée de Sandre et poêlée de foie de canard. Carré de veau de lait poêlé au ragoût de champignons sauvages. **Vins** Chasselas, Tokay-Pinot gris.

In this Guide,
a symbol or a character, printed in* black *or another colour
in light or* bold *type,
does not have the same meaning.
Please read the explanatory pages carefully.

SARREGUEMINES 57200 Moselle 57 ⑯ ⑰ *G. Alsace Lorraine – 23 117 h alt. 210.*

Voir *Musée : jardin d'hiver**, collection de céramiques** **BZ M.**

Env. *Parc archéologique européen de Bliesbruck-Reinheim : thermes*, 9,5 km par ①.*

Office de Tourisme 2 r. du Maire-Massing ✆ 03 87 98 80 81, Fax 03 87 98 25 77.

Paris 397 ③ – Strasbourg 106 ② – Metz 69 ② – Nancy 91 ② – Saarbrücken 18 ③.

Plan page ci-contre

Amadeus M sans rest, 7 av. Gare ✆ 03 87 98 55 46, *Fax 03 87 98 66 92* – TV. AE GB BZ r
fermé 21 déc. au 7 janv. – 39 – **39 ch** 290/360

Union, 22 r. Geiger ✆ 03 87 95 28 42, *Fax 03 87 98 25 21* – TV P. AE GB BY a
Repas *(fermé du 1er au 26 août, 23 déc. au 1er janv., sam. et dim.)* 77/150 – 36 – **28 ch** 290/380

Comfort Inn Primevère, rte Bitche par ① *: 2 km ✆* 03 87 95 34 35, *cipsar.@wanadoo.fr, Fax 03 87 95 34 60* – TV P – 25. AE GB
Repas 69/118, enf. 39 – 39 – **46 ch** 305

Auberge St-Walfrid (Schneider) M avec ch, par ③ *et rte Grosbliederstroff ✆ 03 87 98 43 75, Fax 03 87 95 76 75,* – TV P. AE GB. ch
fermé 1er au 13 août, 1er au 15 janv., lundi midi, sam. midi et dim. – **Repas** 130/380 et carte 340 à 410 – 55 – **11 ch** 600/1000 – ½ P 650/900
Spéc. Escalope de foie gras de canard . Poissons de Lesconil accommodés au gré des saisons. Gibier (saison). **Vins** Côtes de Toul blanc et gris.

Auberge du Vieux Moulin (Breininger), 135 r. France par ③ *: 1,5 km ✆* 03 87 98 22 59, *Fax 03 87 28 12 63* – P. GB
fermé 17 juil. au 8 août, 16 janv. au 1er fév., mardi et merc. – **Repas** 180/410 et carte 280 à 440
Spéc. Effeuillée de foie gras et artichauts aux kumquats; Grenouilles poêlées, ravioles de chèvre frais aux herbes. Côte de veau épaisse au persil plat, jus corsé.

Casino des Sommeliers, 4 r. Col. Cazal ✆ 03 87 02 90 41, *Fax 03 87 02 90 28* – P. GB BZ n
fermé 1er au 15 janv., dim. soir et lundi – **Repas** 85

rte de Bitche *par ① : 11 km sur N 62 – 57200 Sarreguemines :*

Pascal Dimofski, ✆ 03 87 02 38 21, *pascal.dimofski@wanadoo.fr, Fax 03 87 02 21 36,* – P. AE GB
fermé 2 au 22 août, 1er au 15 janv., lundi soir et mardi – **Repas** 130/420, enf. 80

SARREGUEMINES

Chamborand (R. Du Marquis de) .... BZ 2
Chapelle (R. de la) .... BZ 3
Cremer (R. des Généraux) .... ABZ 6
Faïenceries (Bd des) .... BZ 7
France (R. de) .... AZ 8
Gare (Av. de la) .... BZ 12
Louvain (Chée de) .... BYZ 15
Marché (Pl. du) .... AZ 17
Nationale (R.) .... ABZ 20
Or (R. de l') .... AZ 22
Paix (R. de la) .... AY 23
Pasteur (R. L.) .... BZ 24
St-Nicolas (R.) .... AZ 26
Ste-Croix (R.) .... BZ 27
Sibille (Pl. du Gén.) .... BZ 28
Utzschneider (R.) .... BZ 30
Verdun (R. de) .... AZ 33

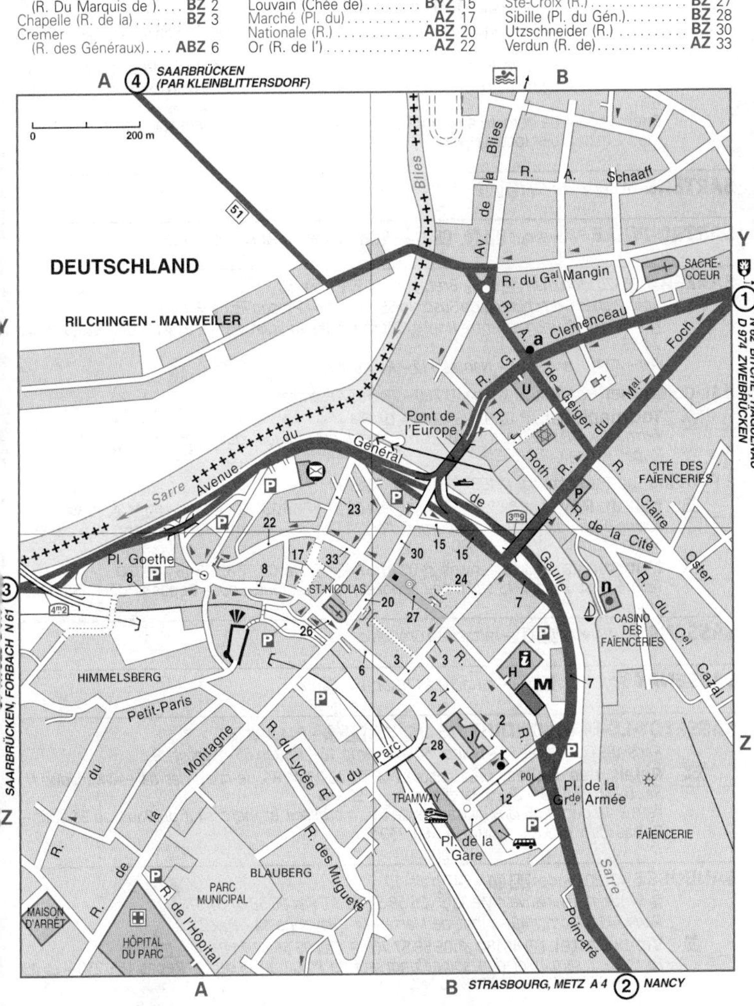

SARRE-UNION *67260 B.-Rhin* 57 ⑰ *– 3 159 h alt. 240.*
Paris 410 – Strasbourg 84 – Metz 82 – Nancy 79 – St-Avold 37 – Sarreguemines 23.

rte de Strasbourg *Sud-Est : 10 km par N 61 – ✉ 67260 Burbach :*

XXX **Windhof,** ✆ 03 88 01 72 35, *Fax 03 88 01 72 71,* 😊 *–* P. GB
fermé 1er au 21 août, 2 au 15 janv., dim. soir, mardi soir et lundi – **Repas** 68 (déj.), 95/360 et carte 210 à 370 ♀

SARS-POTERIES *59216 Nord* 53 ⑥ *G. Picardie Flandres Artois – 1 496 h alt. 181.*
Voir *Musée du Verre★.*
Office de Tourisme 20 r. du Gén.-de-Gaulle ✆ 03 27 59 35 49, Fax 03 27 59 36 23.
Paris 257 – St-Quentin 78 – Avesnes-sur-Helpe 12 – Charleroi 47 – Lille 109 – Maubeuge 16.

Marquais sans rest, ✆ 03 27 61 62 72, *Fax 03 27 57 47 35*, – P. GB
fermé 15 au 31 mars – ☐ 40 – **11 ch** 250/290

XXX **Auberge Fleurie** (Lequy) avec ch, ✆ 03 27 61 62 48, *Fax 03 27 61 56 66*, – TV P. AE GB
✿ *fermé 20 au 30 août, 8 au 25 janv., lundi (sauf hôtel) et dim. soir* – **Repas** (nombre de couverts limité, prévenir) 150/320 et carte 290 à 460 ♀ – ☐ 50 – **8 ch** 290/590 – ½ P 450/600
Spéc. Ragoût de homard aux morilles. Agneau de lait des Pyrénées rôti à la fleur de thym (déc. à mai). Gibier (oct. à janv.).

SARTÈNE *2A Corse-du-Sud* 90 ⑱ – *voir à Corse.*

SARTROUVILLE *78 Yvelines* 55 ⑳, 106 ⑱, 101 ⑬ – *voir à Paris, Environs.*

SARZEAU *56370 Morbihan* 63 ⑬ *G. Bretagne* – *4 972 h alt. 30.*
Voir *Ruines*★ *du château de Suscinio SE : 3,5 km* – *Presqu'île de Rhuys*★.
Office de Tourisme Centre Bourg, Bâtiment des Trinitaires ✆ *02 97 41 82 37, Fax 02 97 41 74 95.*
Paris 479 – *Vannes 23* – *Nantes 112* – *Redon 62.*

à St-Colombier *Nord-Est : 4 km par D 780* – ✉ *56370 Sarzeau :*

XX **Tournepierre,** ✆ 02 97 26 42 19 – AE GB
fermé 6 au 30 nov., mardi midi, dim. soir et lundi sauf juil-août
Repas 98 (déj.), 150/350

à Penvins *Sud-Est : 7 km par D 198* – ✉ *56370 Sarzeau :*

Mur du Roy, ✆ 02 97 67 34 08, *Fax 02 97 67 36 23*, ←, – TV P. GB
fermé 4 janv. au 4 fév. et merc. midi d'oct. à Pâques – **Repas** 110/220 ♀, enf. 65 – ☐ 42 – **10 ch** 335/445 – ½ P 330/380

XX **L'Hortensia,** La Grée Penvins ✆ 02 97 67 42 15, *Fax 02 97 67 42 16* – P. GB
fermé 1er au 7 mars, 15 au 30 nov., lundi et mardi sauf juil.-août – **Repas** 95 (déj.), 155/320

SASSENAGE *38 Isère* 77 ④ – *rattaché à Grenoble.*

SASSENAY *71 S.-et-L.* 70 ① – *rattaché à Chalon-sur-Saône.*

SASSETOT-LE-MAUCONDUIT *76540 S.-Mar.* 52 ⑫ – *944 h alt. 89.*
Paris 199 – *Le Havre 56* – *Bolbec 30* – *Fécamp 16* – *Rouen 65* – *Yvetot 28.*

XX **Relais des Dalles,** près château ✆ 02 35 27 41 83, *le-relais-des-dalles@wanadoo.fr, Fax 02 35 27 13 91*, « Jardin fleuri » – AE GB
fermé 10 déc. au 6 janv., vacances de fév. mardi soir et merc. sauf du 9 juil. au 26 août – **Repas** (dim. prévenir) 108 (déj.), 160/230 ♀

SAUBUSSE *40180 Landes* 78 ⑰ – *742 h alt. 10.*
Syndicat d'Initiative r. Vieille ✆ *05 58 57 76 68, Fax 05 58 57 37 37.*
Paris 741 – *Biarritz 49* – *Mont-de-Marsan 74* – *Bayonne 42* – *Dax 21.*

Vieux Castel, ✉ 40180 ✆ 05 58 57 70 18, *Fax 05 58 57 71 86*, ← – TV. GB.
fermé fév., sam. midi, dim. soir et lundi sauf du 1er juil. au 15 sept. – **Repas** 165/230 – ☐ 45 – **17 ch** 240/280 – ½ P 230/240

SAUGUES *43170 H.-Loire* 76 ⑯ *G. Auvergne* – *2 089 h alt. 960.*
Office de Tourisme Crs Gervais ✆ *04 71 77 71 38, Fax 04 71 77 66 40.*
Paris 536 – *Le Puy-en-Velay 43* – *Brioude 51* – *Mende 72* – *St-Flour 55.*

Terrasse M, ✆ 04 71 77 83 10, *Fax 04 71 77 63 79* – rest, TV. AE GB
fermé déc., janv., dim. soir et lundi hors saison – **Repas** 115/195 ♀ – ☐ 45 – **9 ch** 275/360 – ½ P 275/310

SAULCE-SUR-RHÔNE *26270 Drôme* 77 ⑪ – *1 443 h alt. 93.*
Paris 591 – *Valence 31* – *Crest 23* – *Montélimar 19* – *Privas 27.*

Clutier, 62 av. Provence - Les Reys-de-Saulce ✆ 04 75 63 00 22, *Fax 04 75 63 12 60*, – TV P. GB
fermé 23 déc. au 17 janv., dim. soir de janv. à juin et lundi – **Repas** 83/240 ♀ – ☐ 38 – **21 ch** 200/350 – ½ P 260

à Mirmande *Sud-Est : 3 km par D 204 G. Vallée du Rhône – 497 h. alt. 204 – ✉ 26270 :*

Capitelle ⑤, ☎ *04 75 63 02 72, capitelle@wanadoo.fr, Fax 04 75 63 02 50,* ≤, 🏞, « Demeure ancienne » – TV. AE ⓓ GB
mars- nov. et fermé mardi sauf le soir de juin à sept. et merc. midi d'oct. à mai – **Repas** 175/280 – **11 ch** (1/2 pens. seul.) – 1/2 P 420/555

SAULCHOY *62870 P.-de-C.* **51** ⑫ – *260 h alt. 13.*
Paris 214 – Calais 88 – Abbeville 36 – Arras 72 – Berck-sur-Mer 23 – Doullens 44 – Hesdin 16.

Val d'Authie, ☎ 03 21 90 30 20, 🏞 – GB. ✂
fermé 3 au 15 sept. et jeudi d'oct. à avril – **Repas** (dim. prévenir) 80 bc/185 ♨

SAULGES *53340 Mayenne* **60** ⑪ *G. Normandie Cotentin – 333 h alt. 97.*
Paris 254 – Le Mans 59 – Château-Gontier 36 – La Flèche 48 – Laval 33 – Mayenne 41.

Ermitage ⑤, ☎ 02 43 64 66 00, *Fax 02 43 64 66 20,* 🏞, « Jardin fleuri », 🏋, 🏊, 🌳 – TV ☎ ♿ P – 🏛 80. AE ⓓ GB
fermé vacances de Toussaint, fév., dim. soir et lundi du 25 sept. au 15 avril – **Repas** 115/260 ♀, enf. 65 – ☕ 55 – **36 ch** 380/490 – 1/2 P 350/460

SAULIEU *21210 Côte-d'Or* **65** ⑰ *G. Bourgogne – 2 917 h alt. 535.*
Voir *Basilique St-Andoche★ : chapiteaux★★ – Le Taureau★ (sculpture) par Pompon.*
ℹ *Office de Tourisme 24 r. d'Argentine ☎ 03 80 64 00 21, Fax 03 80 64 21 96.*
Paris 247 ① – Dijon 76 ② – Autun 40 ④ – Avallon 39 ① – Beaune 64 ② – Clamecy 76 ①.

SAULIEU

Argentine (R. d')	3
Bertin (R. J.)	4
Collège (R. du)	6
Courtépée (R.)	7
Foire (R. de la)	8
Fours (R. des)	9
Gambetta (R.)	10
Gare (Av. de la)	12
Gaulle (Pl. Ch.-de)	14
Grillot (R.)	15
Marché (R. du)	17
Parc-des-Sports (R. du)	18
Sallier (R.)	19
Tanneries (R. des)	20
Vauban (R.)	21

Les localités citées dans le guide Michelin sont soulignées de rouge sur les cartes Michelin à 1/200 000.

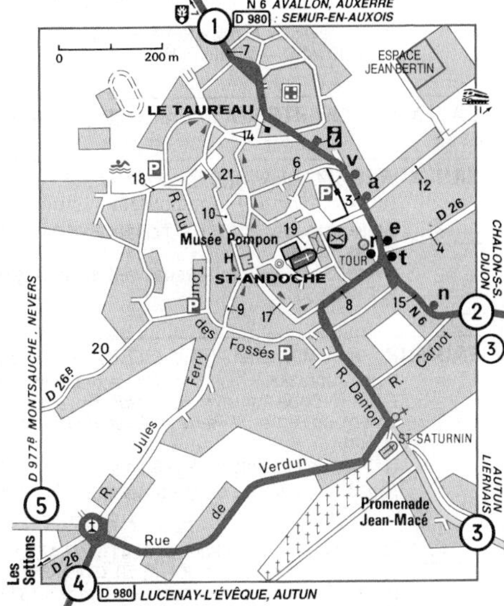

Côte d'Or (Loiseau) M ⑤, 2 r. Argentine **(e)** ☎ 03 80 90 53 53, *loiseau@relaischateaux.fr, Fax 03 80 64 08 92,* « Élégante hostellerie agrémentée d'un jardin fleuri », 🏋, 🏊, 🌳 – 🛗 TV ☎ 🚗 – 🏛 30. AE ⓓ GB JCB
Repas 780/995 et carte 760 à 1 230, enf. 150 – ☕ 150 – **23 ch** 1450/2800, 7 appart, 3 duplex
Spéc. Jambonnettes de grenouilles à la purée d'ail et jus de persil. Sandre à la fondue d'échalotes, sauce au vin rouge. Blanc de volaille fermière lardé de truffe et foie gras poêlé.
Vins Chablis, Maranges.

Hostellerie de la Tour d'Auxois M, square Alexandre Dumaine **(r)** ☎ 03 80 64 36 19, *Fax 03 80 64 93 10,* 🏞, 🏊, 🌳 – 🛗 ⚡ ▤ TV ☎ ♿ 🚗 – 🏛 40. AE GB. ✂ rest
Repas 98/225 ♀, enf. 54 – ☕ 49 – **29 ch** 340/690, 6 duplex – 1/2 P 360/420

Poste, 1 r. Grillot (t) ☎ 03 80 64 05 67, *Fax 03 80 64 10 82*, « Salle à manger Belle Époque » – rest, TV – 30. AE GB
Repas 118/198, enf. 65 – 50 – **45 ch** 260/685 – ½ P 350/500

Borne Impériale avec ch, 16 r. Argentine (v) ☎ 03 80 64 19 76, *Fax 03 80 64 30 63*, – P. GB
fermé 15 nov. au 15 déc., mardi soir et merc. sauf juil.-août – **Repas** 110/260, enf. 70 – 50 – **7 ch** 200/300 – ½ P 320/360

Auberge du Relais, 8 r. Argentine (a) ☎ 03 80 64 13 16, *Fax 03 80 64 08 33* – AE GB
Repas *(88)* - 100/200 ♀, enf. 65

Vieille Auberge avec ch, 15 r. Grillot (n) ☎ 03 80 64 13 74, *Fax 03 80 64 13 74*, – P. GB
fermé 4 janv. au 4 fév., mardi soir et merc. sauf juil.-août – **Repas** 75/175 ♀, enf. 45 – 35 – **5 ch** 210/260 – ½ P 240/260

SAULT *84390 Vaucluse* 81 ⑭ *G. Alpes du Sud – 1 206 h alt. 765.*

Env. *Gorges de la Nesque★★ : belvédère★★ SO : 11 km par D 942 – Mont Ventoux ※★★★ NO : 26 km.*

Office de Tourisme av. Promenade ☎ 04 90 64 01 21, Fax 04 90 64 15 03.

Paris 722 – Digne-les-Bains 93 – Aix-en-Provence 81 – Apt 31 – Avignon 68 – Carpentras 42.

Hostellerie du Val de Sault, rte St-Trinit et rte secondaire : 2 km ☎ 04 90 64 01 41, *valdesault@aol.com, Fax 04 90 64 12 74*, ← Mont-Ventoux, – TV P. AE GB
1er avril-4 nov. – **Repas** *(fermé lundi midi, mardi midi, jeudi midi et vend. midi du 15 sept. au 15 mai)* 132 (déj.), 190/280 – 72 – **11 ch** 510/790, 5 appart – ½ P 620

Albion, ☎ 04 90 64 06 22, *hrdalbion@aol.com, Fax 04 90 64 17 28* – TV. GB.
fermé 2 janv. au 15 fév. – **Repas** *(fermé dim. soir hors saison)* (dîner seul.) 108 – 45 – **11 ch** 400/470 – ½ P 295/305

SAULX-LES-CHARTREUX *91 Essonne* 60 ⑩,, 101 ㉟ – *voir à Paris, Environs (Longjumeau).*

SAULXURES *67420 B.-Rhin* 87 ⑯ – *393 h alt. 535.*

Paris 403 – Épinal 71 – Strasbourg 69 – Lunéville 67 – Saint-Dié 30.

Belle Vue avec ch, 36 r. Principale ☎ 03 88 97 60 23, *Fax 03 88 47 23 71*, – TV P. GB
fermé 23 oct. au 8 nov. – **Repas** *(fermé mardi et merc.)* 99/180 ♀ – 50 – **9 ch** 495/595 – ½ P 440/530

SAUMUR *49400 M.-et-L.* 64 ⑫ *G. Châteaux de la Loire – 30 131 h alt. 30.*

Voir *Château★★ : musée d'Arts décoratifs★★, musée du Cheval★, tour du Guet ※★ – Église N.-D.-de-Nantilly★ : tapisseries★★ – Vieux quartier★* BY *: Hôtel de ville★* H *, tapisseries★ de l'église St-Pierre – Musée de l'école de Cavalerie★* M¹ *– Musée des Blindés★★ au Sud.*

Office de Tourisme pl. de la Bilange ☎ 02 41 40 20 60, Fax 02 41 40 20 69.

Paris 322 ① – Angers 67 ① – Le Mans 123 ① – Poitiers 93 ③ – Tours 66 ①.

Plan page ci-contre

Loire M, r. Vieux Pont ☎ 02 41 67 22 42, *loire.hotel@saumur.net, Fax 02 41 67 88 80*, ← – rest, TV P – 50. AE GB JCB — BY g
Repas *(fermé vend. soir et sam. du 15 nov. au 31 mars)* 115/208 ♀, enf. 60 – 48 – **44 ch** 480/610 – ½ P 350/395

St-Pierre sans rest, 8 r. Haute-St-Pierre ☎ 02 41 50 33 00, *stpierre@saumur.net, Fax 02 41 50 38 68* – TV. AE GB JCB. — BY b
50 – **17 ch** 450/745

Central Kyriad sans rest, 23 r. Daillé ☎ 02 41 51 05 78, *central.kyriad.saumur@multi-micro.com, Fax 02 41 67 82 35* – TV. AE GB — BY d
40 – **27 ch** 295/395

Roi René, 94 av. Gén. de Gaulle ☎ 02 41 67 45 30, *Fax 02 41 67 74 59* – TV. AE GB — BX a
Repas *(15 mars-15 nov.)* 90/180 ♀ – 42 – **38 ch** 290/320 – ½ P 280

Londres sans rest, 48 r. Orléans ☎ 02 41 51 23 98, *Fax 02 41 51 12 63* – TV P. GB — ABY x
37 – **27 ch** 220/300

SAUMUR

Anjou (R. d') . . . . **BZ** 2
Beaurepaire (R.) . . . . **AY** 3
Bilange (Pl. de la) . . . . . . **BY** 4
Cadets (Ponts des) . . . . . **BX** 5
Dr-Bouchard (R. du) . . . . **AZ** 6
Dupetit-Thouars (Pl.) . . . **BZ** 7
Fardeau (R.) . . . . **AZ** 9
Gaulle (Av. Général-de) **BX**
Leclerc (R. du Mar.) . . . **AZ**
Nantilly (R. de) . . . . **BZ** 10
Orléans (R. d') . . . . . . **ABY**
Poitiers (R. de) . . . . **AZ** 12
Portail-Louis (R. du) . . . **BY** 13
République (Pl. de la) . . **BY** 15
Roosevelt (R. Fr.) . . . . . **BY** 16
St-Jean (R.) . . . . **BY** 18
St-Pierre (Pl.) . . . . **BY** 19
Tonnelle (R. de la) . . . . . **BY** 20
Vieux-Pont (R. du) . . . . . **BY** 22

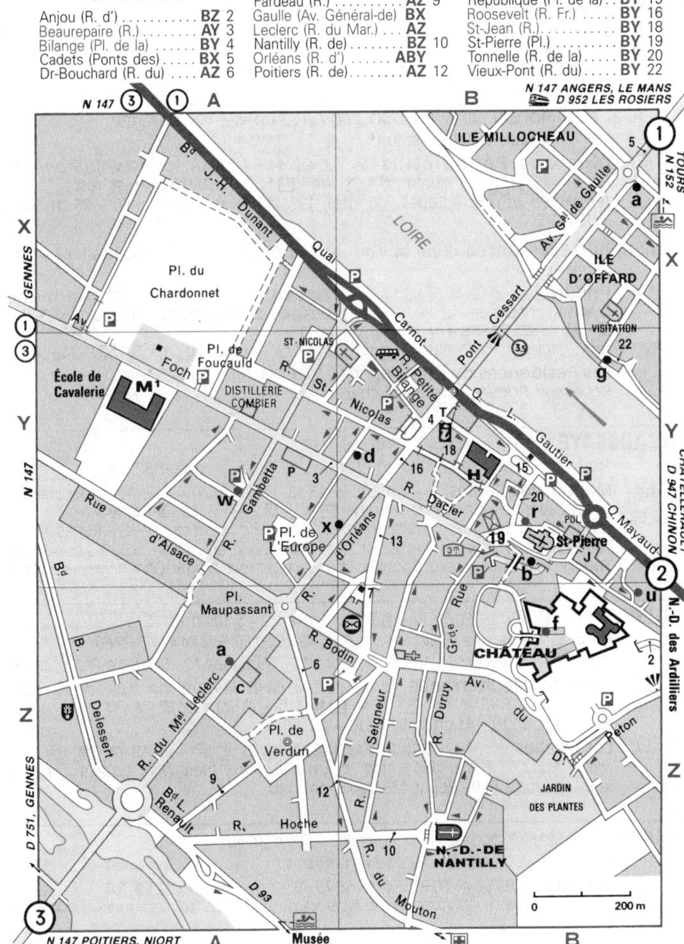

X̂X̂X̂ **Les Menestrels,** 11 r. Raspail ✆ 02 41 67 71 10, *menestrel@saumur.net, Fax 02 41 50 89 64* – AE ⓓ GB JCB BZ u
fermé dim. sauf fériés – **Repas** 130 (déj.), 180/350 ♀

X̂X̂X̂ **Les Délices du Château,** cour du château ✆ 02 41 67 65 60, *Fax 02 41 67 74 60,* « Terrasse face au jardin du château » – P. AE ⓓ GB BZ f
fermé 15 déc. au 10 janv., dim. soir, mardi soir et lundi du 1er oct. au 15 avril – **Repas** 130 (déj.), 185/295 ♀

X̂X̂ **Gambetta,** 12 r. Gambetta ✆ 02 41 67 66 66, *Fax 02 41 50 83 23,* – AE GB AY w
fermé nov., vacances de fév., lundi sauf le soir de mai à sept. et dim. soir d'oct. à avril – **Repas** 98/250 ♀

X̂ **Auberge St-Pierre,** 6 pl. St-Pierre ✆ 02 41 51 26 25, *Fax 02 41 59 89 28,* « Ancienne maison de cordelier du 15e siècle » – AE GB BY r
fermé 12 au 26 mars, 8 au 22 oct., 24 déc. au 2 janv., dim. sauf le midi en juil.-août et lundi – **Repas** *(59)* - 85/150 ♀, enf. 40

X̂ **Croquière,** 42 r. Mar. Leclerc ✆ 02 41 51 31 45, *Fax 02 41 67 26 71* – AE GB AZ a
fermé 1er au 10 août, dim. soir et lundi – **Repas** *(65)* - 88/129 ♀

Z.I. St-Lambert *par ① : 3 km – ✉ 49400 St-Lambert-des-Levées :*

Parc, av. Fusillés ✆ 02 41 67 17 18, *hotelduparc@saumur.net, Fax 02 41 67 18 85* – TV ✆ ♿ P – 🏛 30. AE ⓓ GB
fermé 25 déc. au 2 janv. – **Repas** *(fermé sam. et dim.)* (55) - 82/120, enf. 45 – ☕ 38 – **28 ch** 280/330, 12 duplex – ½ P 250/280

à St-Hilaire-St-Florent *par av. Foch* **AXY** *et D 751 : 3 km – ✉ 49400 Saumur.*
Voir *École nationale d'Équitation★.*

Clos des Bénédictins ⛰, ✆ 02 41 67 28 48, *clos@symphonie-fai.fr, Fax 02 41 67 13 71,* ≤ Saumur, 🏔, 🏊, 🌳 – TV ✆ ♿ P. AE GB JCB. ✂ rest
fermé déc. et janv. – **Repas** 130 (déj.), 199/410 🍷, enf. 75 – ☕ 60 – **23 ch** 360/595 – ½ P 410/500

à Chênehutte-les-Tuffeaux *par av. Foch* **AXY** *et D 751 : 8 km – 1 153 h. alt. 29 – ✉ 49350 Gennes :*

Prieuré ⛰, ✆ 02 41 67 90 14, *prieure@wanadoo.fr, Fax 02 41 67 92 24,* ≤ la Loire, 🏔, « Ancien prieuré des 12ᵉ et 16ᵉ siècles dans un parc boisé dominant la Loire », 🏊, 🎾 – TV P – 🏛 25. AE ⓓ GB JCB
fermé janv.et fév. – **Repas** 230 bc (déj.), 240/425 – ☕ 90 – **20 ch** 950/1500 – ½ P 700/1075

Les Résidences du Prieuré, – TV. AE ⓓ GB JCB
Repas voir ***Prieuré*** – ☕ 90 – **15 ch** 650 – ½ P 700

La SAUSSAYE *27370 Eure* 54 ⑳ *– 1 840 h alt. 137.*
Paris 120 – Rouen 24 – Évreux 40 – Louviers 19 – Pont-Audemer 52.

Manoir des Saules ⛰, ✆ 02 35 87 25 65, *Fax 02 35 87 49 39,* 🏔, « Décoration originale, beau mobilier ancien », 🌳 – ⇔ TV ✆ ♿ P – 🏛 15. AE ⓓ GB JCB
fermé 12 nov.au 1ᵉʳ déc., vacances de fév., dim. soir et lundi sauf fériés – **Repas** (nombre de couverts limité, prévenir) 225/425 et carte 330 à 450 🍷, enf. 120 – ☕ 85 – **9 ch** 780/880
Spéc. Foie gras de canard. Coquilles Saint-Jacques (oct. à avril). Côte de veau de lait au plat.

SAUSSET-LES-PINS *13960 B.-du-R.* 84 ⑫ *G. Provence – 5 541 h alt. 15.*
🅸 *Office de Tourisme 16 av. du Port ✆ 04 42 45 60 65, Fax 04 42 45 60 68.*
Paris 775 – Marseille 38 – Aix-en-Provence 45 – Martigues 11 – Salon-de-Provence 48.

Paradou-Méditerranée Ⓜ, au port ✆ 04 42 44 76 76, *hotel.paradou@wanadoo.fr, Fax 04 42 44 78 48,* ≤, 🏔, 🏊 – 🛗 ▤ TV ✆ ♿ P – 🏛 20 à 60. AE ⓓ GB
Repas 125/150 🍷 – **41 ch** ☕ 520/610 – ½ P 380

Les Girelles, ✆ 04 42 45 26 16, *Fax 04 42 45 49 65,* ≤, 🏔 – ▤. AE ⓓ GB JCB
fermé 3 au 17/09, 2 au 17/01, lundi midi, mardi midi et merc. midi. de 06 à 08, dim. soir et lundi de sept. à mai – **Repas** 138/290 🍷, enf. 110

SAUTERNES *33210 Gironde* 79 ① *G. Aquitaine – 589 h alt. 50.*
Paris 629 – Bordeaux 49 – Bazas 24 – Langon 11.

Saprien, ✆ 05 56 76 60 87, *Fax 05 56 76 68 92,* 🏔, 🌳 – P. AE ⓓ GB
fermé 1ᵉʳ au 5 mars, vacances de Noël, dim. soir, merc. soir et lundi – **Repas** 119/219, enf. 68

SAUTRON *44 Loire-Atl.* 67 ③ *– rattaché à Nantes.*

SAUVETERRE *30150 Gard* 81 ⑪ *– 1 378 h alt. 23.*
Paris 673 – Avignon 12 – Alès 79 – Nîmes 52 – Orange 15 – Pont-St-Esprit 36.

Hostellerie de Varenne ⛰, ✆ 04 66 82 59 45, *hostellerie.varenne@wanadoo.fr, Fax 04 66 82 84 83,* 🏔, « Demeure du 18ᵉ siècle », 🏊, 🌳 – TV ✆ P. AE ⓓ GB
fermé 1ᵉʳ au 15 nov., fév. et merc. hors saison – **Repas** 120 (déj.), 185/280 🍷 – ☕ 60 – **13 ch** 480/800 – ½ P 440/615

SAUVETERRE-DE-COMMINGES *31510 H.-Gar.* 86 ① *– 730 h alt. 480.*
Paris 800 – Bagnères-de-Luchon 35 – Lannemezan 31 – Tarbes 69 – Toulouse 105.

Hostellerie des 7 Molles ⛰, à Gesset, Sud : 3 km par D 9 ✆ 05 61 88 30 87, *contact@hostellerie-7-molles.com, Fax 05 61 88 36 42,* ≤, « Jardin fleuri », 🏊, 🌳, 🎾, 🏞 – 🛗 TV ✆ P. AE ⓓ GB
fermé mi-fév. à mi-mars, merc. midi et mardi hors saison – **Repas** 195/310 🍷 – ☕ 75 – **20 ch** 590/930 – ½ P 625/750

SAUVETERRE-DE-ROUERGUE *12800 Aveyron 80 ① G. Midi-Pyrénées – 888 h alt. 460.*

Voir *Place centrale★ – Commune de la "Méridienne verte".*

Office de Tourisme (mai-oct.) pl. des Arcades ☎ 05 65 72 02 52, Fax 05 65 72 02 85 et (hiver) ☎ 05 65 47 05 32.

Paris 641 – Rodez 35 – Albi 52 – Millau 88 – St-Affrique 83 – Villefranche-de-Rouergue 44.

Sénéchal (Truchon) M ⛬, ☎ 05 65 71 29 00, *le.senechal@wanadoo.fr, Fax, Fax 05 65 71 29 09,* ☂, « Décor contemporain », – ⇅ ≡ TV ☎ ♿ – 🏛 30. AE GB.
fermé 1er janv. au 20 mars, lundi sauf le soir en juil.-août, mardi midi et jeudi midi de sept. à juin – **Repas** (nombre de couverts limité, prévenir) 150/500 et carte 390 à 470 – ☕ 85 – **8 ch** 620, 3 appart – ½ P 600/700
Spéc. Foie gras de canard rôti au four. Viandes et volailles de pays. Cristallin de fraises aux pistils de brède. **Vins** Marcillac,

---

SAUVIGNY-LES-BOIS *58160 Nièvre 69 ④ – 1 591 h alt. 210.*

Paris 250 – Autun 98 – Decize 27 – Nevers 10.

Moulin de l'Etang, ☎ 03 86 37 10 17, *Fax 03 86 37 12 06,* ☂ – P. GB
fermé janv., dim. soir, merc. soir et lundi – **Repas** 112/243 ♀

SAUX *65 H.-Pyr. 85 ⑧ – rattaché à Lourdes.*

SAUXILLANGES *63490 P.-de-D. 73 ⑮ G. Auvergne – 1 109 h alt. 460.*

Voir *Pic d'Usson ☼★ SO : 4 km.*

Paris 465 – Clermont-Ferrand 49 – Ambert 47 – Issoire 13 – Thiers 46 – Vic-le-Comte 20.

Mairie, pl. St-Martin (face mairie) ☎ 04 73 96 80 32, *Fax 04 73 96 89 92* – ≡. GB
fermé 11 au 29 juin, 10 au 28 sept., mardi soir de sept. à juin et merc. – **Repas** 85 (déj.)/240

Dans ce guide
un même symbole, un même caractère,
*imprimé en couleur ou en **noir**, en maigre ou en **gras**,*
n'ont pas tout à fait la même signification.
Lisez attentivement les pages explicatives.

Le SAUZE *04 Alpes-de-H.-P. 81 ⑧ – rattaché à Barcelonnette.*

SAUZON *56 Morbihan 63 ⑪ – voir à Belle-Ile-en-Mer.*

SAVERNE SP *67700 B.-Rhin 57 ⑱ G. Alsace Lorraine – 10 278 h alt. 200.*

Voir *Château★ : façade★★ – Maisons anciennes à colombage★* **N.**

Office de Tourisme Zone Piétonne 37 Grand'Rue ☎ 03 88 91 80 47, Fax 03 88 71 02 90.

Paris 450 ① – Strasbourg 40 ③ – Lunéville 84 ④ – St-Avold 84 ① – Sarreguemines 64 ①.

Plan page suivante

Chez Jean, 3 r. Gare ☎ 03 88 91 10 19, *harter@free.fr, Fax 03 88 91 27 45* – ⇅ TV ☎ – 🏛 30. AE ⓓ GB — A v
fermé 20 déc. au 10 janv. – **Repas** *(fermé dim. soir et lundi sauf de juil. à sept.)* 100/228 ♀, enf. 55 - ***Winstub s'Rosestiebel*** *(fermé dim. soir et lundi d'oct. à juin et le soir du mardi au jeudi)* **Repas** 80(déj.) et carte environ 220 ♀, enf. 65 – ☕ 55 – **25 ch** 348/488 – ½ P 398/418

Europe sans rest, 7 r. Gare ☎ 03 88 71 12 07, *info@hotel-europe-fr.com, Fax 03 88 71 11 43* – ⇅ TV ☎ ♿. AE ⓓ GB — A e
☕ 53 – **28 ch** 350/510

Zum Staeffele, 1 r. Poincaré ☎ 03 88 91 63 94, *Fax 03 88 91 63 94* – AE GB. — B a
fermé 8 au 28 juil., 24 déc. au 11 janv., jeudi midi, dim. soir et merc. – **Repas** 110 (déj.), 210/285 ♀

à St-Jean-Saverne *Nord : 4 km par D 115 – 559 h. alt. 280 – ✉ 67700 :*

Kleiber, 37 Grand'Rue ☎ 03 88 91 11 82, *info@kleiber-fr.com, Fax 03 88 71 09 64* – TV P – 🏛 25. GB
fermé 15 déc. au 15 janv., sam. midi et dim. soir – **Repas** 50/250 ♀, enf. 50 – ☕ 50 – **16 ch** 280/350 – ½ P 305/465

SAVERNE

Bouxwiller (R. de) . . . . . . **B** 2
Clés (R. des) . . . . **B** 3
Côte (R. de la) . . . . **A** 5
Dettwiller (R. de) . . . . **B** 6
Églises (R. des) . . . . **B** 8
Foch (R. Mar.) . . . . **A** 12
Gare (R. de la) . . . . **A** 13
Gaulle (Pl. Gén.-de) . . . . **B** 14
Grand' Rue . . . . **AB**
Joffre (R. Mar.) . . . . **B** 15
Murs (R. des) . . . . **AB** 16
Pères (R. des) . . . . **B** 17
Poincaré (R.) . . . . **A** 20
Poste (R. de la) . . . . **B** 22
Tribunal (R. du) . . . . **B** 24
19-Novembre (R. du) . . . . **A** 23

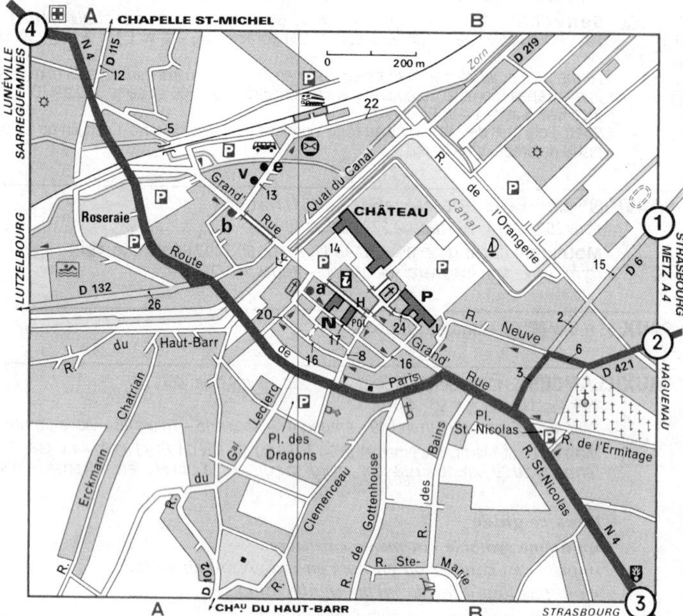

Une réservation confirmée par écrit ou par fax est toujours plus sûre.

SAVIGNEUX *42 Loire* 73 ⑰., 110 ④ *– rattaché à Montbrison.*

SAVIGNY-LÈS-BEAUNE *21 Côte-d'Or* 69 ⑨ *– rattaché à Beaune.*

SAVIGNY-SUR-ORGE *91 Essonne* 61 ①., 101 ㊱ *– voir à Paris, Environs.*

SCEAUX-SUR-HUISNE *72160 Sarthe* 60 ⑭ *– 472 h alt. 93.*

Paris 174 – Le Mans 33 – Châteaudun 75 – La Ferté-Bernard 12 – Mamers 42 – Nogent-le-Rotrou 34.

XX **Panier Fleuri,** N 23 ☎ 02 43 93 40 08, *Fax 02 43 93 43 86* – GB
fermé 27 août au 12 sept., 14 au 31 janv., mardi soir et merc. – **Repas** 98/210 ♀

SCHERWILLER *67750 B.-Rhin* 87 ⑯ *– 2 278 h alt. 185.*

Office de Tourisme au Corps de Garde ☎ 03 88 92 25 62, Fax 03 88 82 71 74.
Paris 434 – Colmar 27 – Barr 19 – St-Dié 42 – Sélestat 5.

Auberge Ramstein Ⓜ, 1 r. Riesling ☎ 03 88 82 17 00, *Fax 03 88 82 17 02*, ←, – TV ♿ P. GB
fermé 15 fév. au 2 mars – **Repas** *(fermé dim. soir et merc.)* 145/260 ♀ – ☕ 40 – **15 ch** 240/300 – 1/2 P 310

SCHIRMECK *67130 B.-Rhin* 62 ⑧ *G. Alsace Lorraine – 2 167 h alt. 315.*

Voir *Vallée de la Bruche★ N et S.*
Syndicat d'Initiative Hôtel-de-Ville ☎ 03 88 49 63 80, Fax 03 88 49 63 89.
Paris 407 – Strasbourg 54 – Nancy 102 – St-Dié 42 – Saverne 47 – Sélestat 45.

XX **Sabayon,** 4 r. Gare à Labroque ☎ 03 88 97 04 35, *restaurant@lesabayon.com, Fax 03 88 48 44 85*, – ▤. GB
fermé 20 au 26 fév., 16 au 31 août, dim. soir et lundi – **Repas** 120/200 bc ♀, enf. 50

à Barembach *Nord-Est : 1,5 km – 872 h. alt. 348 – ✉ 67130 :*

Château de Barembach, 5 r. Mar. de Lattre de Tassigny ☎ 03 88 97 97 50, *Fax 03 88 47 17 19,* – TV P. AE GB. rest
fermé 2 au 23 janv., 15 au 30 sept., dim. soir et lundi – **Repas** 125/280 – 50 – **14 ch** 280/600 – ½ P 350/600

aux Quelles *Sud-Ouest : 7,5 km par N 420, D 261 et rte forestière – ✉ 67130 Schirmeck :*

Neuhauser , ☎ 03 88 97 06 81, *Fax 03 88 97 14 29,* <, , , – TV P. AE GB
Repas 110/300 – 50 – **15 ch** 300/420, 3 chalets – ½ P 350/410

SCHLEITHAL *67160 B.-Rhin 87 ② – 1 374 h alt. 155.*
Paris 514 – Strasbourg 61 – Haguenau 33 – Karlsruhe 33 – Sarrebourg 96 – Wissembourg 11.

Café de France, 282 r. Principale ☎ 03 88 94 32 55, *Fax 03 88 53 62 70* – GB
fermé lundi soir, mardi soir et merc. – **Repas** 160/240

La SCHLUCHT (Col de) *88 Vosges 62 ⑱ G. Alsace Lorraine – alt. 1139 – Sports d'hiver : 1 150/1 250 m .*
Voir Route des Crêtes★★★ N et S – Le Hohneck ★★★ S : 5 km.
Paris 440 – Colmar 37 – Épinal 56 – Gérardmer 16 – Guebwiller 46 – St-Dié 37 – Thann 48.

Collet, au Collet : 2 km sur rte Gérardmer ✉ 88400 Gérardmer, ☎ 03 29 60 09 57, *hotcolle t@aol.com, Fax 03 29 60 08 77,* <, – TV P. AE GB
fermé 25 mars au 8 avril et 5 au 30 nov. – **Repas** *(fermé jeudi midi et merc. sauf vacances scolaires)* 88 (déj.), 128/168, enf. 50 – 55 – **21 ch** 410/510 – ½ P 400/520

SCHWEIGHOUSE-SUR-MODER *67 B.-Rhin 57 ⑲ – rattaché à Haguenau.*

SEBOURG *59 Nord 53 ⑤ – rattaché à Valenciennes.*

Le SECHIER *05 H.-Alpes 77 ⑯ – rattaché à St-Firmin.*

SECLIN *59113 Nord 51 ⑯ G. Picardie Flandres Artois – 12 281 h alt. 30.*
Voir Cour★ de l'hôpital.
Syndicat d'Initiative (fermé jeudi) 9 bd Hentgès ☎ 03 20 90 00 02.
Paris 212 – Lille 18 – Lens 22 – Tournai 33 – Valenciennes 48.

Auberge du Forgeron avec ch, 17 r. Roger Bouvry ☎ 03 20 90 09 52, *pbelot@nordnet.fr, Fax 03 20 32 70 87* – TV P. AE GB
fermé 28 juil. au 19 août, 24 déc. au 3 janv., sam. midi et dim. – **Repas** 135/300 – 45 – **18 ch** 200/450 – ½ P 307/342

SEDAN *08200 Ardennes 53 ⑲ G. Champagne Ardenne – 21 667 h alt. 154.*
Voir Château fort★★.
Office de Tourisme parking du Château ☎ 03 24 27 73 73, Fax 03 24 29 03 28.
Paris 257 ② – Charleville-Mézières 24 ② – Liège 168 ① – Metz 147 ① – Reims 104 ②.

Plan page suivante

Europe, 2 pl. Gare ☎ 03 24 27 18 71, *Fax 03 24 29 32 00* – TV P. GB AZ e
Repas *(fermé 24 déc. au 6 janv.)* (59) - 89/139, enf. 49 – 35 – **25 ch** 220/260 – ½ P 220

Au Bon Vieux Temps, 3 pl. Halle ☎ 03 24 29 03 70, *Fax 03 24 29 20 27* – . AE GB JCB BYZ r
fermé 27 août au 4 sept., 18 fév. au 11 mars, dim. soir, merc. soir et lundi – **Repas** 135/300 et carte 250 à 370, enf. 55

à Bazeilles *par ① : 3 km – 1 599 h. alt. 161 – ✉ 08140 :*

Château de Bazeilles M , ☎ 03 24 27 09 68, *bazeilles@chateaubazeilles.com, Fax 03 24 27 64 20,* , – TV P. AE GB JCB
L'Orangerie *(fermé 18 au 28 fév., sam. midi, dim. soir et lundi midi)* **Repas** (100)-154/250, enf. 80 – 52 – **20 ch** 420/475 – ½ P 440

Auberge du Port , Sud : 1 km par rte Remilly-Aillicourt ☎ 03 24 27 13 89, *auberge-du-port@wanadoo.fr, Fax 03 24 29 35 58,* , « Jardin en bord de Meuse », – TV P – 25. AE GB JCB. ch
fermé 16 août au 4 sept. et 21 déc. au 6 janv. – **Repas** *(fermé vend. d'oct. à avril, sam. midi et dim. soir)* 99/250 bc, enf. 85 – 42 – **20 ch** 290/330 – ½ P 305

SEDAN

Alsace-Lorraine (Pl. d') . BZ 2
Armes (Pl. d') . . . . BY 3
Bayle (R. de) . . . . BY 4
Berchet (R.) . . . . BY 5
Blanpain (R.) . . . . BY 6
Capucins (Rampe) . . . . . BY 7
Carnot (R.) . . . . BY 8
Crussy (Pl.) . . . . BY 9
Fleuranges (R. de) . . . . . AY 10
Francs-Bourgeois (R. des) BY 12
Gambetta (R.) . . . . BY 13
Goulden (Pl.) . . . . BY 14
Halle (Pl. de la) . . . . BY 15
Horloge (R. de l') . . . . . . BY 17
Jardin (Bd du Gd) . . . . . BY 18
La Rochefoucauld (R. de) . . . . BY 20
Lattre-de-Tassigny (Bd Mar.-de) . . . . AZ 21
Leclerc (Av. du Mar.) . . BY 24
Margueritte (Av. du G.) . . . . ABY 26
Martyrs-de-la-Résistance (Av. des) . AY 27
Mesnil (R. du) . . . . BY
Nassau (Pl.) . . . . BZ 31
Promenoir-des-Prêtres . BY 33
Rivage (R. du) . . . . BY 34
Rochette (Bd de la) . . . BY 35
Rovigo (R.) . . . . BY 36
Strasbourg (R. de) . . . . . BZ 39
Turenne (Pl.) . . . . BY 41
Vesseron-Lejay (R.) . . . . AY 42
Wuidet-Bizot (R.) . . . . . . BZ 44

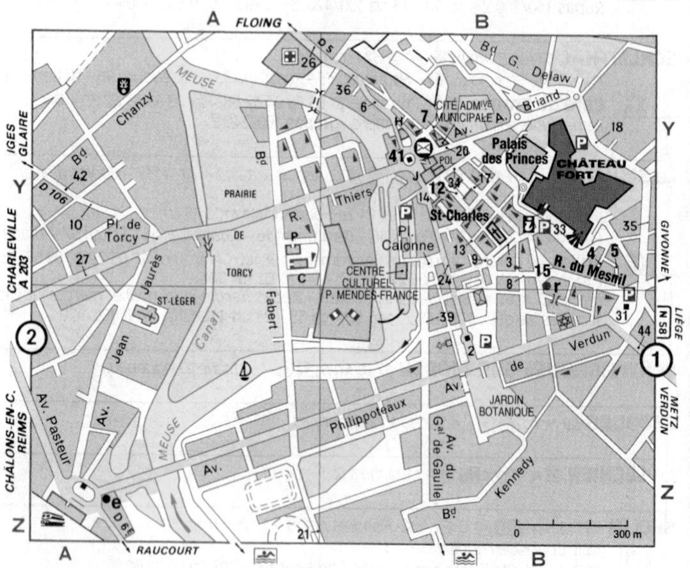

à Frénois *par ② et D 67 : 3,5 km – ✉ 08200 Sedan :*

Campanile, ✆ 03 24 29 45 45, *Fax 03 24 27 64 52,* – 25. AE GB
Repas *(76)* - 112 ♀, enf. 39 – ☕ 36 – **47 ch** 295

SÉES *61500 Orne* 60 ③ *G. Normandie Cotentin – 4 547 h alt. 186.*
Voir *Cathédrale Notre-Dame★ : choeur et transept★★ – Forêt d'Ecouves★★ SO : 5 km.*
Office de Tourisme pl. Gén.-de-Gaulle ✆ 02 33 28 74 79, Fax 02 33 28 18 13.
Paris 189 – Alençon 22 – L'Aigle 43 – Argentan 24 – Domfront 66 – Mortagne-au-Perche 33.

à Macé *: 5,5 km par rte d'Argentan, D 303 et D 747 – 464 h. alt. 173 – ✉ 61500 .*
Voir *Château d'O★ NO : 5 km.*

Ile de Sées , ✆ 02 33 27 98 65, *Fax 02 33 28 41 22,* – 30. GB. *mars-oct. et fermé dim. soir et lundi* – **Repas** 85 bc (déj.), 115/190 ♀, enf. 55 – ☕ 38 – **16 ch** 310/370 – ½ P 330

SEGOS *32 Gers* 82 ② *– rattaché à Aire-sur-l'Adour.*

SÉGURET *84 Vaucluse* 81 ② *– rattaché à Vaison-la-Romaine.*

SÉGUR-LES-VILLAS *15300 Cantal* 76 ③ *– 318 h alt. 1045.*
Paris 529 – Aurillac 69 – Allanche 14 – Condat 19 – Mauriac 55 – Murat 18 – St-Flour 41.

Santoire, à La Carrière du Monteil de Ségur Sud : 4 km sur D 3 ✆ 04 71 20 70 68, *christian.chabrier@worldonline.fr, Fax 04 71 20 73 44,* GB.
fermé 20 au 27 déc. – **Repas** 82/185 – ☕ 32 – **28 ch** 260 – ½ P 260

SEIGNOSSE *40510 Landes* 78 ⑰ – *1 630 h alt. 15.*
Paris 750 – Biarritz 39 – Mont-de-Marsan 84 – Dax 31 – Soustons 13.

Golf Hôtel M, au golf, Ouest : 4 km par D 86 ✆ 05 58 41 68 40, *hotelseignosse@wanadoo.fr, Fax 05 58 41 68 41,* ←, « Golf en lisière de forêt », – TV P – 30. AE GB
fermé 2 janv. au 4 mars – **Repas** (dîner seul.) 140/170 ♀, enf. 60 – 65 – **45 ch** 482/894 – ½ P 542/742

Le SEIGNUS *04 Alpes-de-H.P.* 81 ⑧ – *rattaché à Allos.*

SEILH *31 H.-Car.* 82 ⑦ – *rattaché à Toulouse.*

SEILHAC *19700 Corrèze* 75 ⑨ – *1 540 h alt. 500.*
Paris 465 – Brive-la-Gaillarde 33 – Aubusson 99 – Limoges 73 – Tulle 15 – Uzerche 16.

Relais des Monédières, rte de Tulle : 1 km ✆ 05 55 27 04 74, *Fax 05 55 27 90 03,* – TV P. AE GB
fermé 15 déc. au 22 janv. et vend. soir – **Repas** *(fermé vend. soir, sam. midi et dim. soir du 15 sept. au 15 juin)* 80/190 ♀ – 36 – **14 ch** 235/310 – ½ P 240/250

à St-Salvadour *Nord-Est : 8 km par D 940, D 44 et D 173E – 292 h. alt. 460 – ✉ 19700 :*

Ferme du Léondou, ✆ 05 55 21 60 04, *jlfauvert@aol.com, Fax 05 55 21 60 04* – P. AE GB.
fermé 1er au 4 mars, fév. et merc. sauf le midi en juil.-août – **Repas** 60/230 ♀

Repas 70/185

Repas à prix fixes :
des menus à prix intermédiaires à ceux indiqués sont généralement proposés.

SEIN (île de) *29990 Finistère* 58 ⑫ *G. Bretagne.*
Transports uniquement piétons - depuis **Brest** *(saisonnier) -Traversée 1 h 30 mn - Renseignements et tarifs : Cie Maritime Penn Ar Bed (Brest) ✆ 02 98 80 24 68, Fax 02 98 44 45 43 – depuis* **Audierne** *(toute l'année) Traversée 1 h -Renseignements et tarifs : voir ci-dessus.*
depuis **Camaret** *(saisonnier) Traversée 1 h - Renseignements et tarifs : voir ci-dessus.*

Ar Men, rte Phare ✆ 02 98 70 90 77, *hotel.armen@wanadoo.fr, Fax 02 98 70 93 25,* ← – GB
Repas *(fermé 24 au 30 mars, 15 au 29 oct., dim. soir de sept. à juin et lundi soir en juil.-août)* 100/150 ♀ – 38 – **10 ch** 280/390 – ½ P 275/325

SÉLESTAT 67600 *B.-Rhin* 62 ⑲ *G. Alsace Lorraine – 15 538 h alt. 170.*
Voir *Vieille ville★ : église Ste-Foy★ , église St-Georges★ , Bibliothèque humaniste★* **M.**
Env. *Ebermunster : intérieur★★ de l'église abbatiale★, 9 km par ①.*
Office de Tourisme "Commanderie St-Jean" bd Gén.-Leclerc ✆ 03 88 58 87 20, Fax 03 88 92 88 63.
Paris 436 ① – Colmar 23 ③ – Gérardmer 66 ③ – St-Dié 44 ④ – Strasbourg 52 ①.

Plan page suivante

Hostellerie de l'Abbaye la Pommeraie M, 8 av. Mar. Foch ✆ 03 88 92 07 84, *pommeraie@relaischateau.fr, Fax 03 88 92 08 71,* « Belle décoration intérieure » – , rest, TV . AE GB — BY a
Repas *(fermé dim. soir et lundi midi hors saison)* 290 bc/390 ♀ - ***S'Apfelstuebel :*** **Repas** 180/290bc ♀, enf. 60 – 95 – **14 ch** 800/1500 – ½ P 700/1050

Vaillant, pl. République ✆ 03 88 92 09 46, *hotel-vaillant@rmcnet.fr, Fax 03 88 82 95 01* – TV – 30. AE GB JCB. rest — AZ e
Repas *(fermé en fév., sam. midi et dim. soir)* 95/225 ♀, enf. 48 – 50 – **47 ch** 270/390 – ½ P 260/320

Jean-Frédéric Edel, 7 r. Serruriers ✆ 03 88 92 86 55, *jfedel@club-internet.fr, Fax 03 88 92 87 26,* – AE GB JCB — BY e
fermé 24 juil. au 15 août, 23 au 26 déc., dim. soir sauf fériés, mardi soir et merc. – **Repas** 188/490 et carte 390 à 570
Spéc. Tartine de foie de canard poché. Perdreau à la choucroute sauce cumin. Pêche pochée, glace pain d'épice. **Vins** Riesling, Gewurztraminer.

Vieille Tour, 8 r. Jauge ✆ 03 88 92 15 02, *Fax 03 88 92 19 42* – GB — BY s
fermé lundi – **Repas** 90/175 ♀

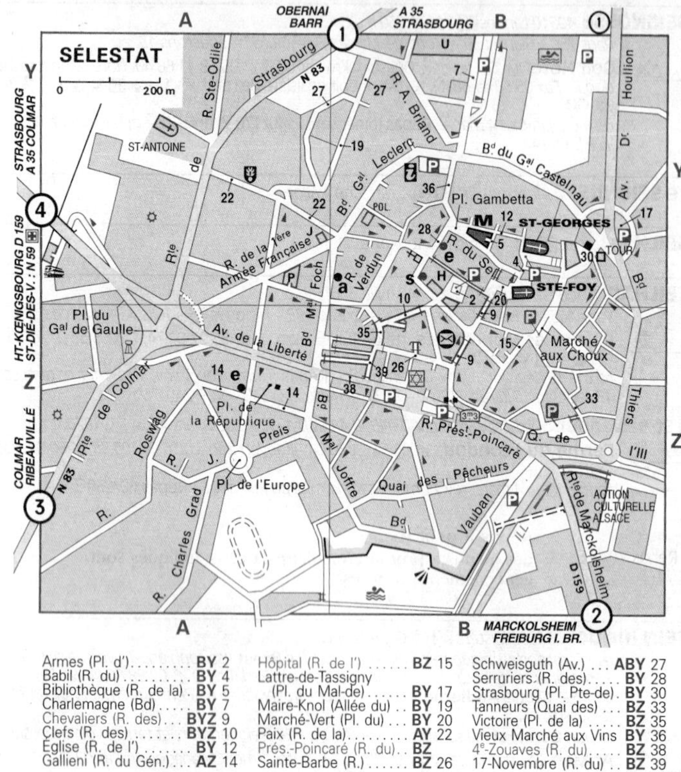

Armes (Pl. d') .... **BY** 2
Babil (R. du) .... **BY** 4
Bibliothèque (R. de la) . **BY** 5
Charlemagne (Bd) ..... **BY** 7
Chevaliers (R. des) ... **BYZ** 9
Clefs (R. des) .... **BYZ** 10
Église (R. de l') .... **BY** 12
Gallieni (R. du Gén.) ... **AZ** 14
Hôpital (R. de l') ...... **BZ** 15
Lattre-de-Tassigny (Pl. du Mal-de) .... **BY** 17
Maire-Knol (Allée du) .. **BY** 19
Marché-Vert (Pl. du) ... **BY** 20
Paix (R. de la) .... **AY** 22
Prés.-Poincaré (R. du) .. **BZ**
Sainte-Barbe (R.) ...... **BZ** 26
Schweisguth (Av.) ... **ABY** 27
Serruriers (R. des) ..... **BY** 28
Strasbourg (Pl. Pte-de) . **BY** 30
Tanneurs (Quai des) ... **BZ** 33
Victoire (Pl. de la) ..... **BZ** 35
Vieux Marché aux Vins **BY** 36
4e-Zouaves (R. du) ..... **BZ** 38
17-Novembre (R. du) .. **BZ** 39

à Baldenheim *par ①, D 21 et D 209 : 8,5 km – 875 h. alt. 170 – ✉ 67600 :*

XXX ✿ **Couronne,** r. Sélestat ✆ 03 88 85 32 22, *Fax 03 88 85 36 27* – AE GB
fermé 16 au 29 juil., 2 au 8 janv., dim. soir, jeudi soir et lundi – **Repas** 200/420 et carte 310 à 450 ♀
Spéc. Jambonnette de grenouilles et flan d'écrevisses. Escalope de foie d'oie chaud au muscat d'Alsace. Symphonie aux framboises (saison). **Vins** Riesling, Tokay-Pinot gris.

Le Schnellenbuhl *par ②, D 159 et D 424 : 8 km – ✉ 67600 Sélestat :*

X **Auberge de l'Illwald,** ✆ 03 88 85 35 40, *Fax 03 88 85 39 18,* 🏞 – P. GB
fermé 26 juin au 11 juil., 24 déc. au 10 janv., mardi et merc. – **Repas** 80/200 ♀, enf. 45

SELLES-ST-DENIS *41300 L.-et-Ch.* 64 ⑲ *– 1 193 h alt. 98.*

Paris 197 – Bourges 63 – Orléans 73 – Romorantin-Lanthenay 16 – Vierzon 26.

XXX **Auberge du Cheval Blanc** avec ch, pl. Mail ✆ 02 54 96 36 36, *cheval.blanc.ssd@wanadoo.fr, Fax 02 54 96 13 96,* 🏞 – TV ♿ P – 🏅 25. AE GB. ✂ rest
fermé 16 au 23 août, 20 au 26 déc., 7 au 27 fév., mardi soir et merc. sauf fériés – **Repas** 98 (déj.), 135/280 ♀ – ☕ 38 – **6 ch** 280/340 – ½ P 300/430

SÉLONCOURT *25 Doubs* 66 ⑱ *– rattaché à Audincourt.*

SELONNET *04 Alpes-de-H.-P.* 81 ⑦ *– rattaché à Seyne.*

Le Guide change, changez de guide tous les ans.

SELTZ *67470 B.-Rhin* 87 ③ *– 2 985 h alt. 115.*
Office de Tourisme 2 av. Gén.-Schneider ✆ 03 88 05 59 79, Fax 03 88 05 59 77.
Paris 520 – Strasbourg 47 – Haguenau 29 – Karlsruhe 33 – Wissembourg 28.

Bois M sans rest, ✆ 03 88 05 56 10, *hoteldesbois@free.fr, Fax 03 88 05 56 20* – TV ✆ ♿ P. GB
☕ 60 – **15 ch** 230/350

SEMBLANÇAY *37360 I.-et-L.* 64 ⑭ *– 1 489 h alt. 100.*
Paris 250 – Tours 16 – Angers 98 – Blois 76 – Le Mans 70.

Mère Hamard avec ch, pl. Eglise ✆ 02 47 56 62 04, *Fax 02 47 56 53 61,* – TV ✆ P. GB
fermé 15 fév. au 15 mars, dim. soir et lundi – **Repas** 99/265, enf. 65 – ☕ 49 – **9 ch** 215/270 – ½ P 300

SEMÈNE *43 H.-Loire* 76 ⑧ *– rattaché à Aurec-sur-Loire.*

SEMNOZ (Montagne du) *74 H.-Savoie* 74 ⑥ ⑯ *G. Alpes du Nord – ✉ 74000 Annecy.*
Voir *Crêt de Châtillon* ✳★★★ *(*accès *par D 41 : d'Annecy 20 km ou du col de Leschaux 14 km, puis 15 mn).*
Paris 555 – Annecy 16 – Aix-les-Bains 41 – Albertville 59 – Chambéry 58.

sur D 41 – ✉ *74000 Annecy :*

Rochers Blancs ♨, près du sommet, alt. 1 650 ✆ 04 50 01 23 60, *Fax 04 50 01 40 68,* ⩽ montagnes, – TV ✆ P. GB
fermé oct. et nov. – **Repas** *(fermé nov.)* 80/160 ♀, enf. 52 – ☕ 38 – **18 ch** 200/310 – ½ P 270/300

Semnoz Alpes ♨, au sommet, alt. 1 704 ✆ 04 50 01 23 17, *hotelcouttet@semnoz.com, Fax 04 50 64 53 05,* ⩽ Mont-Blanc, – P. GB. ✂ rest
1er juin-30 sept. et 25 déc.-vacances de Pâques – **Repas** 89/200, enf. 40 – ☕ 40 – **12 ch** 140/280 – ½ P 220/275

SEMUR-EN-AUXOIS *21140 Côte-d'Or* 65 ⑰ ⑱ *G. Bourgogne – 4 545 h alt. 286.*
Voir *Église N.-Dame★ – Pont Joly ⩽★.*
Office de Tourisme 2 pl. Gaveau ✆ 03 80 97 05 96, Fax 03 80 97 08 85.
Paris 247 ③ – Dijon 82 ③ – Auxerre 87 ③ – Avallon 41 ③ – Beaune 82 ③ – Montbard 20 ①.

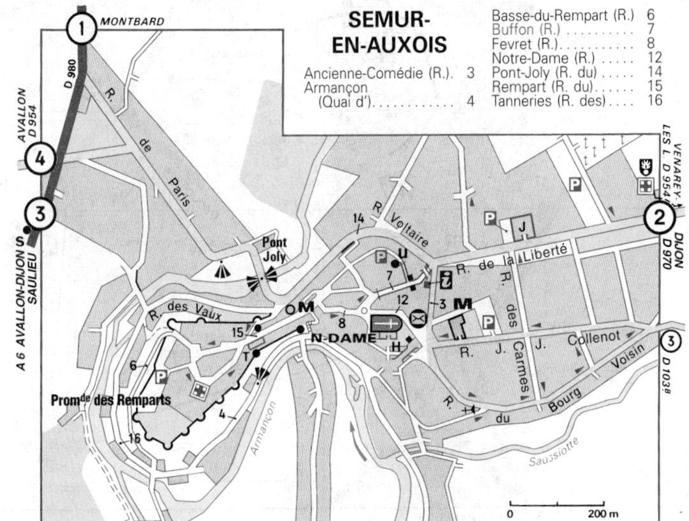

Hostellerie d'Aussois Ⓜ, rte Saulieu **(s)** ✆ 03 80 97 28 28, *aussois-mermoz@wanadoo.fr, Fax 03 80 97 34 56,* <, , , – rest, – 25 à 60. AE GB
Repas *(fermé 22 janv. au 11 fév. et dim. soir du 10 déc. au 25 janv.)* 80/185 ♀, enf. 45 – ☕ 40 – **43 ch** 380 – ½ P 335

Cymaises sans rest, 7 r. Renaudot **(u)** ✆ 03 80 97 21 44, *Fax 03 80 97 18 23,* – . GB
fermé 4 au 20 nov. et 10 fév. au 1er mars – ☕ 39 – **18 ch** 290/350

au lac de Pont *Est : 3 km par D 103B – ✉ 21140 Semur-en-Auxois :*

Lac , ✆ 03 80 97 11 11, *hoteldulacdepont@.fr, Fax 03 80 97 29 25,* , – . AE GB JCB. ch
fermé 19 nov. au 6 janv., dim. soir et lundi (sauf hôtel en juil.-août) – **Repas** 89/188 ♀, enf. 55 – ☕ 39 – **19 ch** 260/320 – ½ P 305/320

SÉNAILLAC-LATRONQUIÈRE *46210 Lot* 75 ⑳ – *169 h alt. 557.*
Paris 553 – Aurillac 48 – Cahors 89 – Figeac 32.

Grandgousier, ✆ 05 65 40 23 05 –
fermé 2 au 14 janv., mardi hors saisons et lundi – **Repas** 120/250 ♀, enf. 60

Read the introduction with its explanatory pages to make the most of your ***Michelin Red Guide.***

SENLIS

Apport-au-Pain (R.) . . . . **AY** 2
Boutteville (Cours) . . . . **BY** 5
Bretonnerie (R. de la) . . . . **AZ** 6
Clemenceau (Av. G.) . . . . . . **BY** 7
Cordeliers (R. des) . . . . **AZ** 9
Halle (Pl. de la) . . . . **BY** 12
Heaume (R. du) . . . . **AZ** 13
Leclerc (Av. Gén.) . . . . **BY** 15
Montagne St-Aignan (R. de la) . . . . **AY** 17
Montauban (Rempart du) . . **AY** 19
Moulin St-Rieul (R. du) . . . . **BY** 21
Odent (R.) . . . . **BY** 24
Parvis (Pl. du) . . . . **BY** 26
Puits Tiphaine (R. du) . . . . . **AY** 27
Poterne (R. de la) . . . . **BZ** 29
Poulaillerie (R. de la) . . . . . . **AY** 31
St-Vincent (Rempart) . . . . . . **BZ** 36
St-Yves-à-l'Argent (R.) . . . . . **BZ** 38
Ste-Geneviève (R.) . . . . **BZ** 40
Treille (R. de la) . . . . **AY** 42
Vernois (Av. F.) . . . . **AY** 47
Vignes (R. des) . . . . **BZ** 49
Villevert (R. de) . . . . **BY** 52

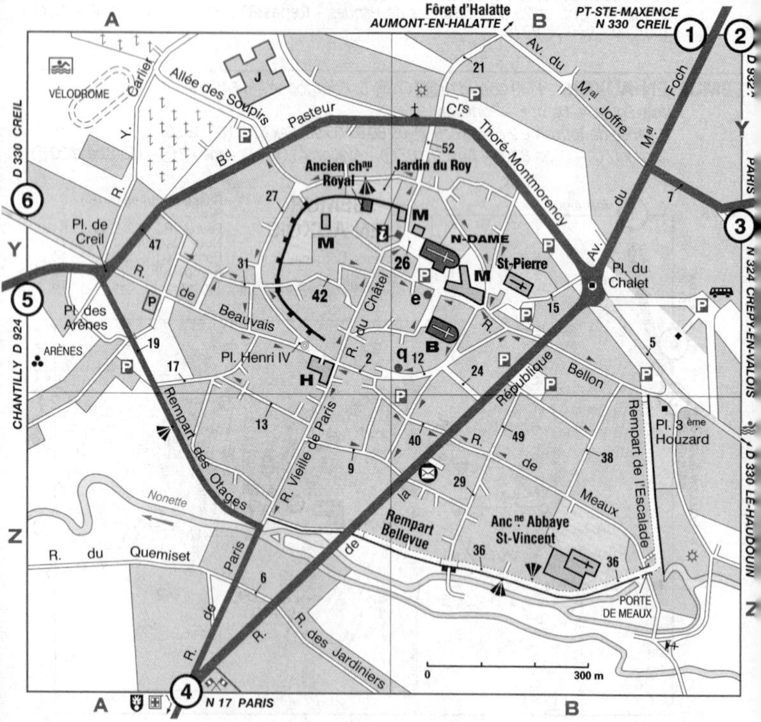

SENLIS ⟨SP⟩ *60300 Oise* 56 ⑪ ⑫, 106 ⑧ ⑨ *G. Ile de France – 14 439 h alt. 76.*
Voir *Cathédrale N.-Dame*** – *Vieilles rues** **ABY** – *Place du Parvis** **BY** – *Chapelle royale St-Frambourg** **B** – *Jardin du Roy* ≤* – *Musée d'Art et d'Archéologie**.
Env. *Parc Astérix*** *S : 12 km par autoroute A1.*
Office de Tourisme pl. Parvis-Notre-Dame ☏ *03 44 53 06 40, Fax 03 44 53 29 80.*
Paris 52 ③ – *Compiègne 33* ③ – *Amiens 105* ③ – *Beauvais 56* ⑥ – *Meaux 37* ③.
Plan page ci-contre

Ibis, N 324, par ③ : *2 km* ☏ 03 44 53 70 50, *Fax 03 44 53 51 93* – TV & P – 50. AE GB
Repas *(65)* - 99 ♀, enf. 39 – ☐ 35 – **92 ch** 350

Scaramouche, 4 pl. Notre-Dame ☏ 03 44 53 01 26, *Fax 03 44 53 46 14* – . AE GB BY e
fermé vacances de fév., mardi soir et merc. – **Repas** 165/300 et carte 230 à 420, enf. 60

Bourgeois Gentilhomme, 3 pl. Halle ☏ 03 44 53 13 22, *Fax 03 44 53 15 11* – AE GB JCB BY q
fermé 6 au 20 août, sam. midi, dim. soir et lundi – **Repas** 155/405 ♀, enf. 85

SENNECÉ-LÈS-MÂCON *71 S.-et-L.* 69 ⑲ – *rattaché à Mâcon.*

SENNECEY-LÈS-DIJON *21 Côte-d'Or* 66 ⑫ – *rattaché à Dijon.*

SENONCHES *28250 E.-et-L.* 60 ⑥ – *3 171 h alt. 223.*
Paris 126 – *Chartres 37* – *Dreux 38* – *Mortagne-au-Perche 42* – *Nogent-le-Rotrou 36.*

Pomme de Pin avec ch, r. M. Cauty ☏ 02 37 37 76 62, *Fax 02 37 37 86 61*, , – TV P. AE GB. ch
fermé 26 déc. au 26 janv., dim. soir et lundi – **Repas** 88/250 ♀, enf. 50 – ☐ 38 – **10 ch** 250/400 – ½ P 280/300

Forêt avec ch, pl. Champ de Foire ☏ 02 37 37 78 50, *Fax 02 37 37 74 98*, – TV . AE GB
fermé 15 fév. au 15 mars, vend. soir, dim. soir hors saison et merc. de mars à oct. – **Repas** 75/250 ♀, enf. 55 – ☐ 35 – **13 ch** 200/350 – ½ P 220/290

SENONES *88210 Vosges* 62 ⑦ *G. Alsace Lorraine – 3 157 h alt. 340.*
Env. *Route de Senones au col du Donon** *NE : 20 km.*
Paris 388 – *Épinal 56* – *Strasbourg 82* – *Lunéville 51* – *St-Dié 22.*

Bon Gîte avec ch, ☏ 03 29 57 92 46, *Fax 03 29 57 93 92* – TV P. AE GB
fermé 21 juil. au 6 août, vacances de fév., dim. soir et lundi – **Repas** 66 (déj.), 95/175 ♀, enf. 40 – ☐ 30 – **7 ch** 260/300 – ½ P 240/270

SENS ⟨SP⟩ *89100 Yonne* 61 ⑭ *G. Bourgogne – 27 082 h alt. 70.*
Voir *Cathédrale St-Étienne** – *Trésor*** – *Musée et palais synodal** **M**[1].
Office de Tourisme pl. J.-Jaurès ☏ *03 86 65 19 49, Fax 03 86 64 24 18.*
Paris 117 ⑤ – *Fontainebleau 55* ⑤ – *Auxerre 60* ③ – *Montargis 51* ④ – *Troyes 73* ②.
Plan page suivante

Paris et Poste, 97 r. République **(a)** ☏ 03 86 65 17 43, *godard@gatewan.net, Fax 03 86 64 48 45*, – , rest, TV – 30. AE GB JCB
Repas *(fermé 6 au 20 août, 7 au 21 janv., dim. soir et lundi)* 180/230 ♀ - ***Postillon*** *(fermé dim. soir et mardi)* **Repas** *(85)*-105/155 ♀, enf. 80 – ☐ 55 – **21 ch** 430/630, 4 appart

Virginia M, par ② *rte de Troyes : 3 km* ☏ 03 86 64 66 66, *Fax 03 86 65 75 11*, – TV & P – 20 à 50. AE GB
Repas grill *(fermé 23 déc. au 2 janv. et dim. soir d' oct. à mai)* *(80)* - 98/135 , enf. 50 – ☐ 32 – **100 ch** 220/270 – ½ P 215/230

Archotel, 9 cours Tarbé **(u)** ☏ 03 86 64 26 99, *archotel.sens@wanadoo.fr, Fax 03 86 64 46 29*, , – TV & P. AE GB JCB
fermé 21 au 31 déc. – **Repas** snack 80/99 ♀ – ☐ 38 – **44 ch** 275/550 – ½ P 235/290

Madeleine (Gauthier), 1 r. Alsace-Lorraine **(d)** ☏ 03 86 65 09 31, *Fax 03 86 95 37 41* – . AE GB
fermé 5 au 27 août, 23 déc. au 7 janv., dim. et lundi – **Repas** (nombre de couverts limité, prévenir) 195 (déj.), 220/385 et carte 340 à 470 - ***Au Crieur de Vin*** ☏ 03 86 65 92 80 **Repas** 110 ♀, enf. 75
Spéc. Foie gras frais de canard poêlé. Filet de bar de ligne à l'huile de Maussane et aux aromates. Mousseline au chocolat mi-cuit, jus de framboise. **Vins** Côtes d'Auxerre, Epineuil.

SENS

Alsace-Lorraine (R. d')	2	Cousin (Square J.)	10	Leclerc (R. du Gén.)	19
Beaurepaire (R.)	3	Déportés-et-de-la-Résistance (R. des)	11	Maupéou (Bd de)	21
Chambonas (Cours)	8	Foch (Bd Mar.)	12	Moulin (Quai J.)	23
Cornet (Av. Lucien)	9	Garibaldi (Bd des)	13	République (Pl. de la)	27
		Gateau (R. A.)	15	République (R. de la)	28
		Grande-Rue	16		

XXX **Potinière,** 51 r. Cécile de Marsangy par ④ ✆ 03 86 65 31 08, *Fax 03 86 64 60 19*, ⩽, 🍴, « Belle terrasse au bord de l'Yonne » – AE GB JCB
fermé 4 au 10 fév., dim. soir, lundi soir et mardi – **Repas** (en saison, prévenir) 165/320 ♀

XX **Clos des Jacobins,** 49 Gde rue (t) ✆ 03 86 95 29 70, *Fax 03 86 64 22 98* – ▤. AE GB
fermé 14 au 29 août, 23 déc. au 4 janv., mardi soir, dim. soir et merc. – **Repas** 100/300 ♀

XX **Auberge de la Vanne,** 176 av. de Senigallia par ③ ✆ 03 86 65 13 63, *Fax 03 86 65 90 85*, ⩽, 🍴, « Terrasse au bord de l'eau » – P. AE GB
fermé 12 au 25 nov., dim. soir, merc. soir et mardi – **Repas** 95/240 ♀, enf. 60

à Soucy *par ① : 7 km – 1 316 h. alt. 90 – ✉ 89100 :*

XX **Auberge du Regain** avec ch, ✆ 03 86 86 64 62, 🍴 – GB
fermé 26 août au 19 sept., 19 fév. au 7 mars, dim. soir et lundi – **Repas** 98/245 – ☕ 25 – **5 ch** 130/200 – ½ P 160/200

à Malay-le-Petit *par ② : 8 km – 308 h. alt. 85 – ✉ 89100 :*

X **Auberge Rabelais** avec ch, ✆ 03 86 88 21 44, *Fax 03 86 88 33 79*, 🍴 – P. GB
fermé 25 oct. au 8 nov., 24 janv. au 12 fév., merc. soir et jeudi sauf fériés – **Repas** 99/260, enf. 45 – ☕ 35 – **6 ch** 180/280 – ½ P 190/240

à Rosoy *par ③ : 5,5 km – ✉ 89100 :*

XX **Auberge de l'Hélix** avec ch, ✆ 03 86 97 92 10, *Fax 03 86 97 19 00* – TV ✆ P. GB
fermé 6 au 27 août, 11 au 25 fév., dim. soir et lundi – **Repas** 98/210 ♀, enf. 50 – ☕ 29 – **10 ch** 190/250 – ½ P 270

à Subligny *par ④ et N 60 : 7 km – 433 h. alt. 150 – ✉ 89100 :*

X **Haie Fleurie,** La Haie Pélerine, Sud-Ouest : 2 km ✆ 03 86 88 84 44, 🍴 – P. GB
fermé merc. soir, dim. soir et jeudi – **Repas** (70) - 98/278 ♀

à Villeroy *par ④ et D 81 : 7 km – 242 h. alt. 184 – ✉ 89100 :*

XXX **Relais de Villeroy** avec ch, ✆ 03 86 88 81 77, *Fax 03 86 88 84 04*, 🍴, 🌳 – TV ✆ P. GB
fermé 2 au 8 juil., vacances de Noël, de fév., dim. soir et lundi – **Repas** 130/300, enf. 65
Bistro Chez Clément *(fermé sam., dim. et lundi)* **Repas** (déj. seul.)80, enf. 40 – ☕ 42 – **8 ch** 260/300

*Towns **underlined in red** on the **Michelin maps** at a scale of 1 : 200 000 are included in this Guide.*

Use the latest map to take full advantage of this information.

SEPT-SAULX *51400 Marne* 56 ⑰ *– 484 h alt. 96.*
Paris 168 – Reims 26 – Châlons-en-Champagne 30 – Épernay 30 – Rethel 57 – Vouziers 59.

Cheval Blanc , 03 26 03 90 27, *cheval.blanc-sept-saulx@wanadoo.fr, Fax 03 26 03 97 09*, – – 20. AE GB
fermé 23 janv. au 26 fév. – **Repas** 150 (déj.), 180/540 bc – 50 – **22 ch** 360/850, 3 appart

SÉREILHAC *87620 H.-Vienne* 72 ⑰ *– 1 614 h alt. 322.*
Paris 410 – Limoges 19 – Confolens 51 – Périgueux 77 – St-Yrieix-la-Perche 36.

Relais des Tuileries, aux Betoulles Nord-Est : 2 km sur N 21 05 55 39 10 27, *Fax 05 55 36 09 21*, – . GB
fermé 12 au 25 nov., 7 au 26 janv., dim. soir et lundi du 15 sept. au 15 juin – **Repas** 75/275, enf. 55 – 35 – **10 ch** 260/280 – 1/2 P 260

SEREZIN-DU-RHÔNE *69360 Rhône* 74 ⑪, 110 ㉔ *– 2 257 h alt. 164.*
Paris 477 – Lyon 18 – Rive-de-Gier 24 – La Tour-du-Pin 54 – Vienne 19.

Bourbonnaise, 04 78 02 80 58, *labourbonnaise@labourbonnaise.com, Fax 04 78 02 17 39*, – – 40. AE GB
Repas *(fermé dim. soir et lundi)* 130/265, enf. 75 - ***Grill :*** **Repas** 76/99, enf. 39 – 42 – **39 ch** 310/380

SÉRIGNAN-DU-COMTAT *84 Vaucluse* 81 ② *– rattaché à Orange.*

Dans la liste des rues des plans de villes, les noms en rouge indiquent les principales voies commerçantes.

SERMERSHEIM *67230 B.-Rhin* 87 ⑥ *– 677 h alt. 160.*
Paris 506 – Strasbourg 39 – Lahr/Schwarzwald 39 – Obernai 20 – Sélestat 15.

Au Relais de l'Ill M sans rest, r. Rempart 03 88 74 31 28, *Fax 03 88 74 17 51* – . GB.
40 – **23 ch** 300/460

SERRAVAL *74230 H.-Savoie* 74 ⑰ *– 430 h alt. 760.*
Paris 566 – Annecy 31 – Albertville 24 – Bonneville 41 – Faverges 9 – Megève 40 – Thônes 10.

Tournette, 04 50 27 50 13, *Fax 04 50 27 52 68*, <, – . GB
fermé 15 au 30 avril, 15 au 31 oct. et mardi hors saison – **Repas** 80/140, enf. 60 – 35 – **18 ch** 220/310 – 1/2 P 300

SERRE-CHEVALIER *05240 H.-Alpes* 77 ⑱ *G. Alpes du Sud – Sports d'hiver : 1 200/2 800 m 9 67 .*
Voir ★★.
Paris 678 – Briançon 7 – Gap 95 – Grenoble 110 – Col du Lautaret 21.

à Chantemerle – *05330 St-Chaffrey.*
Voir *Col de Granon ★★ N : 12 km.*
Office de Tourisme 04 92 24 98 97, Fax 04 92 24 98 83.

Plein Sud sans rest, 04 92 24 17 01, *Fax 04 92 24 10 21*, <, , , – . GB.
16 juin-16 sept. et 15 déc.-15 mars – 45 – **42 ch** 480/640

Boule de Neige , 04 92 24 00 16, *Fax 04 92 24 00 25*, , – . GB
16 juin-2 sept. et 15 déc.-21 avril – **Repas** (dîner seul. en hiver) 145/220, enf. 65 – 50 – **10 ch** 430/780 – 1/2 P 450/510

à Villeneuve-la-Salle – *05240 La-Salle-les-Alpes.*
Voir *Eglise St-Marcellin★ de La-Salle-les-Alpes.*
Office de Tourisme 04 92 24 98 98, Fax 04 92 24 98 84.

Christiania, 04 92 24 76 33, *le.christiana@wanadoo.fr, Fax 04 92 24 83 82*, <, , – . GB. rest
23 juin-9 sept. et 15 déc.-15 avril – **Repas** (dîner seul. en hiver) 130/160 – 50 – **26 ch** 350/600 – 1/2 P 460/480

Bidule, au Bez 04 92 24 77 80, *lauberge.aupetitlard@wanadoo.fr, Fax 04 92 24 85 51*, – GB
fermé 1er au 20 juin et 10 au 28 novembre – **Repas** (prévenir) 90 (déj.), 135/225

au Monêtier-les-Bains – *987 h. alt. 1480* – ✉ *05220* :

Office de Tourisme ✆ *04 92 24 98 99, Fax 04 92 24 98 85.*

Auberge du Choucas ⟟, ✆ 04 92 24 42 73, *Fax 04 92 24 51 60*, ☂, « Décor montagnard, belle salle de restaurant voûtée », – TV ✆. GB
hôtel : fermé 2 au 23/05 et 1/10 au 8/12 ; rest. : fermé 22/4 au 1/6 et 15/10 au 15 /12 – **Repas** *(déj. seul. sauf vend., sam., dim. du 1er au 22 avril, juin et du 15 sept. au 15 oct.) (98)* - 140/380 ♀, enf. 80 – ☕ 70 – **8 ch** 770, 4 duplex – ½ P 520/970

Alliey, ✆ 04 92 24 40 02, *hotel@alliey.com, Fax 04 92 24 40 60*, ←, ☂, – GB. ✂ rest
1er juil.-2 sept. et 22 déc.-6 avril – **Repas** (dîner seul.) 150 ♀, enf. 75 – ☕ 50 – **24 ch** 360/590 – ½ P 395/495

Europe et des Bains, ✆ 04 92 24 40 03, *hotel-de-leurope@wanadoo.fr, Fax 04 92 24 52 17*, ☂ – TV. AE ⓓ GB
1er juin-30 sept. et 15 déc.-20 avril – **Repas** 98/170 ♀ – ☕ 50 – **30 ch** 320/370 – ½ P 440

Castel Pélerin ⟟, Le Lauzet, Nord-Ouest : 6 km par rte Lautaret et rte secondaire ✆ 04 92 24 42 09, *Fax 04 92 24 40 34*, ← – P. AE GB
1er juil.-31 août et 24 déc.-31 mars – **Repas** 95 (déj.)/135 ♀ – ☕ 35 – **6 ch** 460 – ½ P 315

Chazal, Les Guibertes, Sud-Est 2,5 km par rte Briançon ✆ 04 92 24 45 54, ☂ – GB
fermé 10 au 20 mai, 25 juin au 6 juil., 20 nov. au 15 déc. – **Repas** *(fermé lundi en saison, dim. soir, mardi soir et merc. hors saison)* 98/198

SERRIÈRES *07340 Ardèche* 77 ① *G. Vallée du Rhône* – *1 154 h alt. 140.*

Syndicat d'Initiative (juil.-août) q. J.-Roche ✆ *04 75 34 06 01.*

Paris 519 – Annonay 16 – Privas 93 – St-Étienne 54 – Vienne 30.

Schaeffer avec ch, ✆ 04 75 34 00 07, *mathe@hotel-schaeffer.com, Fax 04 75 34 08 79*, ☂ – ▤ TV ⇔ – 🔔 40. AE GB
fermé vacances de Toussaint, 1er au 20 fév., dim. soir et lundi de sept. à juin et mardi en juil.-août – **Repas** 140 (déj.), 185/480 et carte 300 à 400 – ☕ 46 – **11 ch** 260/350

SERVON *50170 Manche* 59 ⑧ – *202 h alt. 25.*

Paris 347 – St-Malo 55 – Avranches 16 – Dol-de-Bretagne 29 – St-Lô 73.

Auberge du Terroir ⟟ avec ch, ✆ 02 33 60 17 92, *Fax 02 33 60 35 26*, ☂, – TV ✆ ♿ P. GB. ✂ rest
fermé 17 nov. au 6 déc., vacances de fév., sam. midi et merc. d'oct. au 15 juin – **Repas** 90/240 ♀, enf. 68 – ☕ 40 – **6 ch** 290/360 – ½ P 310/350

SERVOZ *74310 H.-Savoie* 74 ⑧ *G. Alpes du Nord* – *818 h alt. 816.*

Office de Tourisme Maison de l'Alpage ✆ *04 50 47 21 68, Fax 04 50 47 27 06.*

Paris 602 – Chamonix-Mont-Blanc 14 – Annecy 84 – Bonneville 43 – Megève 26.

Gorges de la Diosaz ⟟, ✆ 04 50 47 20 97, *Fax 04 50 47 21 08*, ←, ☂ – TV ✆. GB. ✂ rest
fermé 10 au 25 mai et 25 oct. au 10 nov. – **Repas** *(90)* - 105/150 ♁, enf. 42 – ☕ 40 – **9 ch** 320/390 – ½ P 330

Les Chamois ⟟ sans rest, près Église ✆ 04 50 47 20 09, *infos@leschamois.fr, Fax 04 50 47 24 87*, ←, – TV P. GB. ✂
fermé 5 nov. au 15 déc. – ☕ 42 – **7 ch** 290/370

SESSENHEIM *67770 B.-Rhin* 57 ⑳, 87 ③ *G. Alsace Lorraine* – *1 542 h alt. 120.*

Paris 505 – Strasbourg 33 – Haguenau 18 – Wissembourg 44.

A L'Agneau, à Dengolsheim, D 468 ✆ 03 88 86 95 55, *Fax 03 88 86 04 43*, ☂ – ▤ P. GB
fermé 25 au 30 juin, 1er au 15 fév., dim. soir, merc. soir et lundi – **Repas** 155 et carte 230 à 310 ♁

Au Boeuf, 1 r. Église ✆ 03 88 86 97 14, *Fax 03 88 86 04 62*, ☂, « Décor alsacien, petit musée Goethe » – GB
fermé 27 juil. au 17 août, 6 au 22 fév., lundi et mardi – **Repas** 150/250 ♀

SÈTE *34200 Hérault* 83 ⑯ *G. Languedoc Roussillon* – *41 510 h alt. 4* – *Casino.*

Voir *Mont St-Clair★ : terrasse du presbytère de la chapelle N.-D. de la Salette* ✻★★ **AZ** – *Le Vieux Port★.*

Office de Tourisme "Mario-Roustan" 60 Grand'Rue ✆ *04 67 74 71 71, Fax 04 67 46 17 54.*

Paris 790 ③ – Montpellier 33 ③ – Béziers 56 ② – Lodève 63 ③.

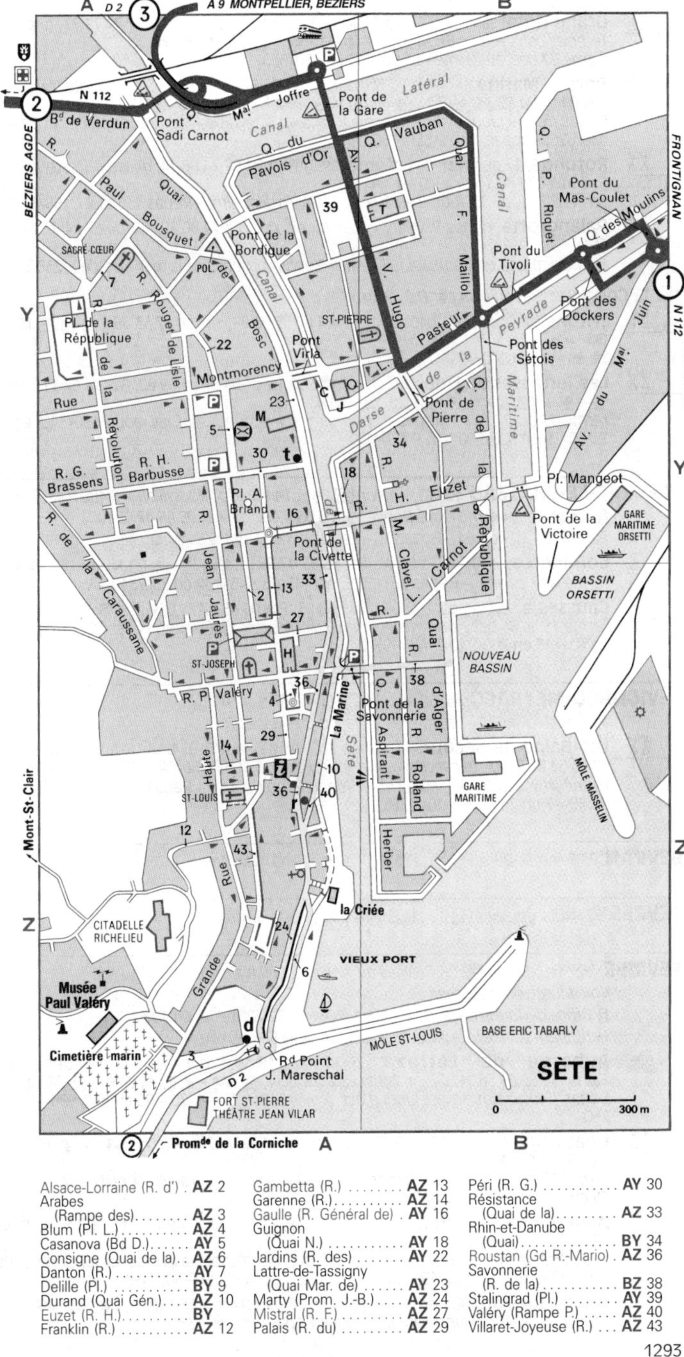

Alsace-Lorraine (R. d') . **AZ** 2
Arabes (Rampe des)........ **AZ** 3
Blum (Pl. L.).......... **AZ** 4
Casanova (Bd D.)...... **AY** 5
Consigne (Quai de la).. **AZ** 6
Danton (R.)........... **AY** 7
Delille (Pl.)........... **BY** 9
Durand (Quai Gén.).... **AZ** 10
Euzet (R. H.).......... **BY**
Franklin (R.).......... **AZ** 12
Gambetta (R.)......... **AZ** 13
Garenne (R.)........... **AZ** 14
Gaulle (R. Général de) . **AY** 16
Guignon (Quai N.)........... **AY** 18
Jardins (R. des)....... **AY** 22
Lattre-de-Tassigny (Quai Mar. de)...... **AY** 23
Marty (Prom. J.-B.).... **AZ** 24
Mistral (R. F.)......... **AZ** 27
Palais (R. du)......... **AZ** 29
Péri (R. G.)........... **AY** 30
Résistance (Quai de la)......... **AZ** 33
Rhin-et-Danube (Quai)............ **BY** 34
Roustan (Gd R.-Mario) . **AZ** 36
Savonnerie (R. de la)........... **BZ** 38
Stalingrad (Pl.)........ **AY** 39
Valéry (Rampe P.)..... **AZ** 40
Villaret-Joyeuse (R.)... **AZ** 43

Grand Hôtel sans rest, 17 quai Mar. de Lattre de Tassigny ✆ 04 67 74 71 77, *ghsetect@sete-hotel.com, Fax 04 67 74 29 27* – ⫶ TV ⇔ – 🏛 25. AE ⓓ GB AY t
fermé 22 déc. au 2 janv. – ☕ 50 – **43 ch** 350/630

Port Marine, Môle St-Louis ✆ 04 67 74 92 34, *roussillhotel@wanadoo.fr, Fax 04 67 74 92 33,* ≤, 🏖 – ⫶ ▤ TV ✆ ♿ ⇔ P – 🏛 35. AE ⓓ GB AZ d
Repas *(fermé lundi midi et dim. du 1er oct. au 30 avril)* (80) - 98/190, enf. 70 – ☕ 50 – **36 ch** 330/520, 6 appart – 1/2 P 380/460

Rotonde, 17 quai Mar. de Lattre de Tassigny ✆ 04 67 74 86 14, *ghsetect@sete-hotel.com, Fax 04 67 74 86 14* – ▤. AE ⓓ GB AY t
fermé 29 juil. au 13 août, 2 au 10 janv., sam. midi et dim. – **Repas** 135 (déj.), 155/330

Palangrotte, rampe P. Valéry - quai Marine ✆ 04 67 74 80 35, *Fax 04 67 74 97 20* – ▤. AE GB AZ r
fermé dim. soir et lundi sauf juil.-août – **Repas** - produits de la mer - 125 (déj.)/230 ♀, enf. 60

sur la Corniche *Sud du plan par D 2 : 2 km :*

Tritons sans rest, bd Joliot-Curie ✆ 04 67 53 03 98, *Fax 04 67 53 38 31* – ⫶ TV P. AE ⓓ GB JCB
☕ 38 – **40 ch** 240/395

Les Terrasses du Lido avec ch, rd-pt Europe ✆ 04 67 51 39 60, *Fax 04 67 51 28 90,* 🏖, 🏊 – ⫶ ▤ TV ♿ ⇔ P – 🏛 25. AE ⓓ GB
fermé 12 au 27 fév. – **Repas** *(fermé dim. soir et lundi sauf juil.-août)* 150/340, enf. 80 – ☕ 50 – **9 ch** 320/500 – 1/2 P 420/450

SÉVÉRAC-LE-CHÂTEAU *12150 Aveyron 80 ④ G. Languedoc Roussillon – 2 486 h alt. 735.*

Office de Tourisme r. des Douves ✆ 05 65 47 67 31, Fax 05 65 47 65 94.
Paris 612 – Mende 64 – Rodez 50 – Espalion 47 – Florac 75 – Millau 36.

Commerce, ✆ 05 65 71 61 04, *Fax 05 65 47 66 01,* 🏖, 🏊 – ⫶ TV ✆ ⇔. AE ⓓ GB
fermé janv. et dim. – **Repas** 86/155 ♀, enf. 45 – ☕ 45 – **32 ch** 250/310 – 1/2 P 300/310

Causses, à Sévérac-gare ✆ 05 65 71 60 15, *Fax 05 65 47 75 06* – P. GB
fermé 15 au 30 oct., lundi midi et dim. soir de sept. à juin – **Repas** (65) - 90/150 🍷, enf. 40 – ☕ 40 – **13 ch** 200/240 – 1/2 P 195/240

SÉVIGNACQ-MEYRACQ *64260 Pyr.-Atl. 85 ⑥ – 437 h alt. 415.*

Paris 802 – Pau 24 – Lourdes 39 – Oloron-Ste-Marie 20.

Les Bains de Secours 🌿 avec ch, rte de Pau (D 934) et voie secondaire : 5 km ✆ 05 59 05 62 11, *jp.paroix@wanadoo.fr, Fax 05 59 05 76 56,* 🏖 – TV P. AE ⓓ GB. ✗ ch
fermé janv., jeudi midi, dim. soir et lundi de nov. à avril – **Repas** 82 (déj.)/160 ♀, enf. 62 – ☕ 40 – **7 ch** 295/360 – 1/2 P 265

SEVRAN *93 Seine-St-Denis 56 ⑪, 101 ⑱ – voir à Paris, Environs.*

SÈVRES *92 Hauts-de-Seine 60 ⑩, 101 ㉔ – voir à Paris, Environs.*

SÉVRIER *74320 H.-Savoie 74 ⑥ G. Alpes du Nord – 2 980 h alt. 456.*

Voir *Musée de la Cloche*★.
Office de Tourisme pl. de la Mairie ✆ 04 50 52 40 56, Fax 04 50 52 48 66.
Paris 545 – Annecy 5 – Albertville 40 – Megève 56.

Auberge de Létraz, ✆ 04 50 52 40 36, *contact@aubergedeletraz.com, Fax 04 50 52 63 36,* ≤, 🏖, « Jardin face au lac », 🏊, 🌳 – ⫶ TV ✆ ♿ P – 🏛 25. AE ⓓ GB
Repas *(fermé dim. soir et lundi d'oct. à mai)* 210/440 – ☕ 70 – **25 ch** 560/990 – 1/2 P 540/750

Beauregard, ✆ 04 50 52 40 59, *Fax 04 50 52 44 71,* ≤, 🏖, 🌳 – ⫶ TV ♿ P – 🏛 20 à 100. ⓓ GB
fermé 15 déc. au 13 janv. – **Repas** *(fermé dim. soir d'oct. à avril)* 100/240, enf. 60 – ☕ 39 – **45 ch** 325/510 – 1/2 P 310/410

Auberge de Chuguet, ✆ 04 50 19 03 69, *Fax 04 50 52 49 42,* 🏖 – TV ✆ ♿ P. AE ⓓ GB
L'Arpège ✆ 04 50 19 07 35 *(fermé 20 oct. au 10 nov., dim. soir et lundi midi)* **Repas** 130/210 🍷, enf. 65 – ☕ 45 – **23 ch** 280/450, 4 duplex – 1/2 P 300/430

Bistrot du Port, au port ✆ 04 50 52 45 00, *Fax 04 50 52 68 58,* ≤, 🏖 – AE GB
mars-nov. et fermé lundi sauf juil.-août – **Repas** grill (95) - 138, enf. 45

SEWEN *68290 H.-Rhin* 66 ⑧ – *539 h alt. 500.*
Voir *Lac d'Alfeld★ O : 4 km,* G. Alsace Lorraine.
Paris 442 – Épinal 79 – Mulhouse 39 – Altkirch 40 – Belfort 32 – Colmar 66 – Thann 25.

Hostellerie du Relais des Lacs, 03 89 82 01 42, *Fax 03 89 82 09 29,* « Parc en bordure de rivière », – TV P. AE GB JCB
fermé 6 janv. au 6 fév., mardi soir et merc. hors saison – **Repas** 75/235 – 40 – **13 ch** 255/345 – ½ P 275/315

Vosges, 03 89 82 00 43, *info@hoteldesvosges.com, Fax 03 89 82 08 33,* – TV P. AE GB
fermé 27 juin au 4 juil., 1er au 26 déc., vacances de fév., dim. soir et merc. – **Repas** 90 (déj.), 125/260 – 35 – **17 ch** 250/320 – ½ P 280/300

SEYNE *04140 Alpes-de-H.-P.* 81 ⑦ *G. Alpes du Sud – 1 222 h alt. 1200.*
Voir *Col du Fanget* ‹★ *SO : 5 km.*
Office de Tourisme pl. d'Armes 04 92 35 11 00, Fax 04 92 35 28 88.
Paris 717 – Digne-les-Bains 42 – Gap 46 – Barcelonnette 43 – Guillestre 74.

à Selonnet *Nord-Ouest : 4 km par D 900 – 331 h. alt. 1060 – 04140 Seyne :*

Relais de la Forge, 04 92 35 16 98, *Fax 04 92 35 07 37,* – TV P. AE GB
fermé 15 nov. au 15 déc., dim. soir et lundi hors vacances scolaires – **Repas** 70/175, enf. 43 – 40 – **15 ch** 170/285 – ½ P 205/255

au col St-Jean *Nord : 12 km par D 900 – Sports d'hiver : 1 300/2 500 m 16 – 04140 Seyne :*

Les Alisiers, Sud : 1 km par D 207 04 92 35 34 80 – P. GB
fermé 11 au 17 juin, 15 nov. au 25 déc., mardi et merc. hors vacances scolaires – **Repas** 70/200, enf. 40

La SEYNE-SUR-MER *83500 Var* 84 ⑮ *G. Côte d'Azur – 59 968 h alt. 3.*
Voir ‹★ *de la terrasse du fort Balaguier E : 3 km.*
Office de Tourisme Corniche Georges-Pompidou 04 98 00 25 70, Fax 04 98 00 25 71.
Paris 835 – Toulon 7 – Aix-en-Provence 80 – La Ciotat 36 – Marseille 60.

L'Aubergade, 20 r. Faidherbe 04 94 94 81 95 – AE GB
fermé août, dim. soir et lundi – **Repas** 95/180, enf. 40

à Fabrégas *Sud : 4 km par rte de St-Mandrier et rte secondaire – 83500 La Seyne-sur-Mer :*

Chez Daniel "rest. du Rivage", 04 94 94 85 13, *Fax 04 94 87 25 25,* « Collection d'outils anciens » – P. AE GB
fermé nov., dim. soir et lundi de sept. à juin – **Repas** - produits de la mer - 230/380

SEYNOD *74 H.-Savoie* 74 ⑥ – *rattaché à Annecy.*

SEYSSEL *74910 H.-Savoie* 74 ⑤ *G. Jura – 1 630 h alt. 252.*
Env. *Grand Colombier* ★★★ *SO : 22 km.*
Office de Tourisme Maison du Pays 04 50 59 26 56, Fax 04 50 56 21 94.
Paris 520 – Annecy 41 – Aix-les-Bains 32.

dans le Val du Fier *Sud : 3 km par D 991 et D 14 G. Alpes du Nord – 74910 Seyssel.*
Voir *Val du Fier★.*

Rôtisserie du Fier, 04 50 59 21 64, *rotdufier@worldonline.fr, Fax 04 50 56 20 54,* « Terrasse en bordure de rivière », – P. GB.
fermé vacances de Toussaint, de fév., mardi et merc. – **Repas** 110/260

SÉZANNE *51120 Marne* 61 ⑤ *G. Champagne Ardenne – 5 829 h alt. 137.*
Office de Tourisme pl. République 03 26 80 51 43, Fax 03 26 80 54 13.
Paris 113 – Troyes 62 – Châlons-en-Champagne 60 – Meaux 76 – Melun 90 – Sens 80.

Croix d'Or, 53 r. Notre-Dame 03 26 80 61 10, *Fax 03 26 80 65 20* – TV P. AE GB
fermé 21 au 25 août, 2 au 16 janv., dim. soir du 15 oct. au 31 mars et mardi – **Repas** 85/280 – 35 – **12 ch** 240/350 – ½ P 290/312

Relais Champenois, 157 r. Notre-Dame 03 26 80 58 03, *relaischamp@infonie.fr, Fax 03 26 81 35 32* – rest, TV. AE GB
fermé 21 déc. au 6 janv., dim. soir et lundi midi – **Repas** 98/260, enf. 50 – 40 – **15 ch** 210/400 – ½ P 380/400

Soleil, 17 r. Paris 03 26 80 63 13, *Fax 03 26 80 67 92,* – GB
fermé 15 au 30 juil., dim. soir, mardi soir et merc. – **Repas** 68/190, enf. 38

SIERCK-LES-BAINS *57480 Moselle* 57 ④ *G. Alsace Lorraine – 1 825 h alt. 147.*

Voir ≤★ *du château fort.*

Office de Tourisme r. du Château ✆ 03 82 83 74 14, Fax 03 82 83 22 10.

Paris 356 – Metz 45 – Luxembourg 30 – Thionville 17 – Trier 51.

à Montenach *Sud-Est : 3,5 km sur D 956 – 369 h. alt. 200 – ✉ 57480 :*

XX **Auberge de la Klauss,** ✆ 03 82 83 72 38, *Fax 03 82 83 73 00,* – P. GB
fermé 24 déc. au 7 janv. et lundi – **Repas** 160/280 ♀

à Manderen *Est : 7 km par N 153 et D 64 – 376 h. alt. 290 – ✉ 57480 :*

Relais du Château Mensberg ✆ 03 82 83 73 16, *Fax 03 82 83 23 37,* – TV P. AE GB
fermé 1er au 20 janv. – **Repas** 90/250 ♀, enf. 50 – ☐ 40 – **17 ch** 280/350 – ½ P 335

SIERENTZ *68510 H.-Rhin* 66 ⑩ *– 2 106 h alt. 270.*

Paris 483 – Mulhouse 16 – Altkirch 19 – Basel 17 – Belfort 59 – Colmar 52.

XXX ✿ **Auberge St-Laurent** (Arbeit), 1 r. Fontaine ✆ 03 89 81 52 81, *Fax 03 89 81 67 08,* – P. GB
fermé lundi et mardi – **Repas** (120) - 170 (déj.), 250/400 et carte 290 à 370 ♀, enf. 80
Spéc. Foie gras de canard, confit de choucroute. Escalope de sandre rôti sur peau. Pigeon en sauce vineuse. **Vins** Riesling, Gewurztraminer.

SIGNY-L'ABBAYE *08460 Ardennes* 53 ⑰ *G. Champagne Ardenne – 1 422 h alt. 240.*

Paris 218 – Charleville-Mézières 29 – Hirson 41 – Laon 69 – Rethel 24 – Rocroi 30 – Sedan 53.

XX **Auberge de l'Abbaye** avec ch, ✆ 03 24 52 81 27, *Fax 03 24 53 71 72 –* TV. GB
fermé 2 janv. au 28 fév. – **Repas** 80/220 – ☐ 35 – **8 ch** 240/350 – ½ P 220/280

SIGNY-LE-PETIT *08380 Ardennes* 53 ⑰ *– 1 280 h alt. 238.*

Paris 209 – Charleville-Mézières 37 – Hirson 15 – Chimay 23.

Au Lion d'Or, pl. Église ✆ 03 24 53 51 76, *blandine.bertrand@wanadoo.fr, Fax 03 24 53 36 96 –* TV. GB.
fermé 1er au 15 juil., 15 déc. au 15 janv., lundi soir, mardi et merc. – **Repas** 125/440 bc ♀, enf. 60 – ☐ 50 – **12 ch** 380 – ½ P 340/550

SILLÉ-LE-GUILLAUME *72140 Sarthe* 60 ⑫ *G. Normandie Cotentin – 2 583 h alt. 161.*

Office de Tourisme 13 pl. du Marché ✆ 02 43 20 10 32, Fax 02 43 20 01 23 et Maison du Lac et de la Forêt ✆ 02 43 20 19 97, (saison) à Sillé-Plage.

Paris 230 – Le Mans 34 – Alençon 39 – Laval 56 – Mayenne 40.

XX **Bretagne** avec ch, pl. Croix d'Or ✆ 02 43 20 10 10, *lebretagne@france.com, Fax 02 43 20 03 96 –* TV P. GB
fermé 17 au 31 août, 1er au 15 fév., sam. midi d'oct. à mars, vend. soir et dim. soir – **Repas** 79/265 ♀, enf. 55 – ☐ 45 – **13 ch** 170/260 – ½ P 200/210

SILLERY *51 Marne* 56 ⑰ *– rattaché à Reims.*

SIORAC-EN-PÉRIGORD *24170 Dordogne* 75 ⑯ *G. Périgord Quercy – 904 h alt. 77.*

Syndicat d'Initiative (mai à sept) Mairie ✆ 05 53 31 63 51.

Paris 555 – Périgueux 60 – Sarlat-la-Canéda 28 – Bergerac 45 – Brive-la-Gaillarde 76.

Relais du Périgord Noir, ✆ 05 53 31 61 02, *hotel@relais-perigord-noir.fr, Fax 05 53 31 61 05,* – TV. AE GB
15 avril-15 oct. – **Repas** *(fermé le midi en semaine)* 85/160 ♀, enf. 45 – ☐ 38 – **39 ch** 300/350 – ½ P 300

SIRAN *34210 Hérault* 83 ⑬ *– 544 h alt. 96.*

Voir *Chapelle de Centeilles★ N : 2 km,* G. Languedoc Roussillon.

Paris 822 – Carcassonne 35 – Lézignan-Corbières 20 – Narbonne 37 – Perpignan 96.

Villa d'Eléis ✆ 04 68 91 55 98, *villadeleis@wanadoo.fr, Fax 04 68 91 48 34,* ≤, – TV P. AE GB
fermé fév., mars, sam. midi d'oct. à avril, mardi soir et merc. – **Repas** 160/410 ♀ – ☐ 65 – **12 ch** 430/800 – ½ P 425

SISTERON *04200 Alpes-de-H.-P.* 81 ⑤ ⑥ *G. Alpes du Sud – 6 594 h alt. 490.*

Voir *Vieux Sisteron★ – Site★★ – Citadelle★ : ≤★ – Cathédrale Notre-Dame-des-Pommiers★.*

Office de Tourisme pl. de la Mairie ☎ 04 92 61 36 50, Fax 04 92 61 19 57.

Paris 711 ① – Digne-les-Bains 39 ② – Barcelonnette 101 ① – Gap 52 ①.

SISTERON

Arcades (Av. des) . . . . . . Z
Arène (Av. Paul) . . . . . . YZ 3
Basse des Remparts (R.) . . . . Y 4
Citadelle (Chemin de la) . . . . Y
Combes (R. des) . . . . Z 6
Cordeliers (R. des) . . . . . Z 8
Deleuze (R.) . . . . YZ 9
Droite (R.) . . . . Y
Dr-Robert (Pl. du) . . . . . . Y 10
Font-Chaude (R.) . . . . Y 12
Gaulle (Pl. Gén. de) . . . . . Z 13
Glissoir (R. du) . . . . Y 14
Grande École (Pl. de la) . . . . Z 15
Horloge (Pl. de l') . . . . . . Y 16
Libération (Av. de la) . . . . Z 17
Longue-Andrône (R.) . . . . Y 18
Marres (R. des) . . . . Z
Melchior-Donnet (Cours) . . . . Y 20
Mercerie (R.) . . . . Y 22
Moulin (Av. Jean) . . . . Z 23
Porte-Sauve (R.) . . . . Z 24
Poterie (R.) . . . . Y 25
Provence (R. de) . . . . Z 26
République (Pl. de la) . . . . Z 28
Ste-Ursule (R.) . . . . Z 29
Saunerie (R.) . . . . Y
Tivoli (Pl. du) . . . . Y 30
Verdun (Allée de) . . . . Z 32

Si vous êtes retardé sur la route, dès 18 h, confirmez votre réservation par téléphone, c'est plus sûr... et c'est l'usage.

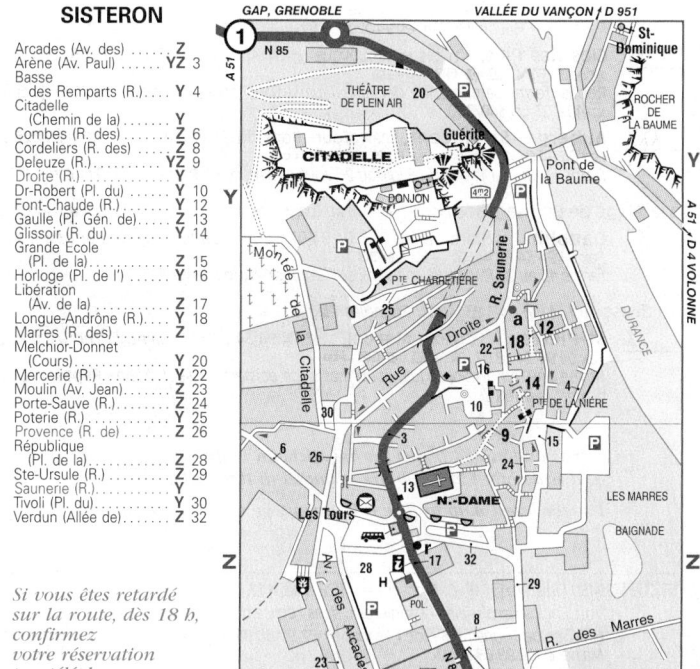

Grand Hôtel du Cours, pl. de l'Église ☎ 04 92 61 04 51, *hotelducours@wanadoo.fr, Fax 04 92 61 41 73,* – , rest, . AE GB — Z r
1er mars-15 nov. – **Repas** 120/155 ♀, enf. 50 – 47 – **51 ch** 280/470 – 1/2 P 300/370

Touring Napoléon, 22 av. Libération par ② ☎ 04 92 61 00 06, *Fax 04 92 61 01 19* – rest, AE GB
Repas *(fermé dim. soir et lundi) (75 bc)* - 100/135, enf. 45 – 40 – **28 ch** 250/300 – 1/2 P 218/243

Becs Fins, 16 r. Saunerie ☎ 04 92 61 12 04, *becsfins@aol.com, Fax 04 92 61 28 33,* – AE GB — Y a
fermé 13 au 23 juin, 29 oct. au 4 nov., dim. soir, mardi soir et merc. sauf du 15 juil. au 15 août – **Repas** *(90)* - 125/350 ♀, enf. 68

au Nord-Ouest *par ① et N 85 – ✉ 04200 Sisteron :*

Les Chênes, à 2 km ☎ 04 92 61 13 67, *Fax 04 92 61 16 92,* , , – – 20. AE GB
fermé 22 déc. au 10 fév., sam. soir sauf juil.-août et dim. – **Repas** *(85)* - 98/180, enf. 60 – 40 – **23 ch** 300/360 – 1/2 P 260/295

Ibis, à 4 km ☎ 04 92 62 62 00, *h1199@accor-hotel.com, Fax 04 92 62 62 10,* – – 25. AE GB
Repas *(75)* - 95 , enf. 39 – 35 – **43 ch** 330/370

Restaurants, die sorgfältig zubereitete, preisgünstige Mahlzeiten anbieten, sind durch das Zeichen kenntlich gemacht.

SIX-FOURS-LES-PLAGES *83140 Var* 84 ⑭, 114 ㊹ *G. Côte d'Azur – 28 957 h alt. 20.*

Voir *Fort de Six-Fours* ☀ ★ *N : 2 km – Presqu'île de St-Mandrier★ :* ☀ ★★ *E : 5 km –* ☀ ★★ *du cimetière de St Mandrier-sur-Mer E : 4 km.*

Env. *Chapelle N.-D.-du-Mai* ☀ ★★ *S : 6 km.*

Office de Tourisme plage de Bonnegrâce ✆ 04 94 07 02 21, Fax 04 94 25 13 36, annexe (juillet-août) Ile des Embiez.

Paris 836 – Toulon 13 – Aix-en-Provence 81 – La Ciotat 37 – Marseille 61.

Clos des Pins, 101 bis r. République ✆ 04 94 25 43 68, *Fax 04 94 07 63 07,* – , rest, . AE GB. rest
Repas *(fermé sam. et dim. de sept. à juin)* (dîner seul.en juil.-août) *(70)* - 100 , enf. 52 – 40 – **23 ch** 340/390

XXX **Auberge St-Vincent,** carrefour Pont-du-Brusc (D 559) ✆ 04 94 25 70 50, *Fax 04 94 07 43 76,* – . AE GB JCB
fermé lundi sauf le soir du 8 juil. au 26 août et dim. soir – **Repas** 149/279 et carte 230 à 380

à la Plage de Bonnegrâce *Nord-Ouest : 3 km par rte de Sanary – ✉ 83140 Six-Fours-les-Plages :*

XX **Dauphin,** square Bains ✆ 04 94 07 61 58, *dauphin-restaurant@wanadoo.fr, Fax 04 94 34 80 44,* – AE GB
fermé 15 au 28 fév., jeudi soir, dim. soir et lundi – **Repas** 140/280

au Brusc *Sud : 4 km – ✉ 83140 Six-Fours-les-Plages :*

XX **St-Pierre - Chez Marcel,** ✆ 04 94 34 02 52, *saintpierrebrusc@aol.com, Fax 04 94 34 18 01,* – AE GB JCB
fermé janv., lundi midi en juil.-août, mardi soir et merc. de sept. à juin – **Repas** - produits de la mer - 105/198

Towns ***underlined in red*** *on the* ***Michelin maps***
at a scale of 1 : 200 000 are included in this Guide.

Use the latest map to take full advantage of this information.

SIZUN *29450 Finistère* 58 ⑤ *G. Bretagne – 1 728 h alt. 112.*

Voir *Enclos paroissial★ – Bannières★ dans l'église de Locmélar N : 5 km.*

Office de Tourisme 3 r. de l'Argoat ✆ 02 98 68 88 40, Fax 02 98 68 86 56 et (hors saison) Mairie ✆ 02 98 68 80 13.

Paris 572 – Brest 37 – Châteaulin 34 – Landerneau 16 – Morlaix 35 – Quimper 58.

Voyageurs, ✆ 02 98 68 80 35, *Fax 02 98 24 11 49* – . GB. ch
fermé 7 au 30 sept., dim. soir et sam. hors saison – **Repas** 78/190 , enf. 53 – 37 – **27 ch** 280 – 1/2 P 260

SOCCIA *2A Corse-du-Sud* 90 ⑮ *– voir à Corse.*

SOCHAUX *25600 Doubs* 66 ⑧ *G. Jura – 4 419 h alt. 310.*

Voir *Musée de l'Aventure Peugeot★★* **AX.**

Paris 479 – Besançon 77 – Mulhouse 55 – Audincourt 5 – Belfort 18 – Montbéliard 5.

Voir plan de Montbéliard agglomération..

Arianis M, 11 av. Gén. Leclerc ✆ 03 81 32 17 17, *arianis@wanadoo.fr, Fax 03 81 32 00 90,* – , rest, – 100. AE GB X u
Repas *(fermé dim. soir et sam.)* *(75)* - 95/190 , enf. 45 – 45 – **68 ch** 370/420 – 1/2 P 280

Campanile, r. Collège ✆ 03 81 95 23 23, *Fax 03 81 32 21 49,* – – 25. AE GB X d
Repas *(76)* - 86/109 , enf. 39 – 36 – **62 ch** 340

XXX **Luc Piguet,** 9 r. Belfort ✆ 03 81 95 15 14, *Fax 03 81 95 51 21,* , – . AE GB X z
fermé 6 au 20 août, 2 au 14 janv., dim. soir et lundi sauf fériés – **Repas** *(90)* - 105/250

XX **Grilladin,** à Étupes par ③, *r. Libération* ✉ 25460 ✆ 03 81 94 17 12, *grilladi@club-internet.fr, Fax 03 81 32 36 04* – AE GB
fermé 28 juil. au 20 août, 24 déc. au 1er janv., lundi soir, sam. midi et dim. – **Repas** 130/170

SOISSONS ⟨SP⟩ 02200 Aisne 56 ④ *G. Picardie Flandres Artois – 29 829 h alt. 47.*

Voir *Anc. Abbaye de St-Jean-des-Vignes★★ – Cathédrale St-Gervais-et-St-Protais★★.*

Office de Tourisme 16 pl. Fernand-Marquigny ☎ 03 23 53 17 37, Fax 03 23 59 67 72.

Paris 102 ⑥ – Compiègne 39 ⑦ – Laon 37 ② – Reims 57 ③ – St-Quentin 61 ①.

SOISSONS

Arquebuse (R. de l') .... **BZ** 2
Château-Thierry (Av.) ...... **BZ** 4
Collège (R. du) .... **AY** 5
Commerce (R. du) .... **BY** 6
Compiègne (Av.) .... **AY** 8
Desmoulins (Bd C.) ...... **ABZ** 12
Gambetta (Bd L.) .... **BY** 14
Intendance (R. de l') ...... **BY** 15
Leclerc (Av. Gén.) .... **BZ** 22
Marquigny (Pl. F.) .... **BY** 23
Paix (R. de la) .... **BY** 24
Panleu (R. de) .... **AY** 25
Prés.-Kennedy (Av.) .... **AZ** 26
Quinquet (R.) .... **ABY** 28
Racine (R.) .... **BZ** 29
République (Pl. de la) .... **BZ** 30
St-Antoine (R.) .... **BY** 31
St-Christophe (Pl.) .... **AY** 32
St-Christophe (R.) .... **AY** 33
St-Jean (R.) .... **AZ** 34
St-Martin (R.) .... **BY** 35
St-Quentin (R.) .... **BY** 36
St-Rémy (R.) .... **AY** 37
Strasbourg (Bd de) .... **BY** 38
Villeneuve (R. de) .... **BZ** 39

Campanile, rte Paris par ⑥ : *2 km* ✆ 03 23 73 28 28, *Fax 03 23 73 02 34*, – TV & P – 25. AE GB
Repas 94/106 ♀, enf. 39 – ☕ 36 – **48 ch** 315

Prime, rte Paris par ⑥ : *2 km* ✆ 03 23 73 33 04, *Fax 03 23 73 31 89* – TV & P – 25. GB
Repas 89/109 , enf. 39 – ☕ 37 – **42 ch** 299

Avenue, 35 av. Gén. de Gaulle ✆ 03 23 53 10 76, *Fax 03 23 53 63 45* – GB BZ v
fermé 26 au 31 août, dim. soir et lundi – **Repas** 98/235 ♀

SOISY-SUR-SEINE *91 Essonne* 60 ①,, 101 ㊲ – *voir à Paris, Environs.*

SOLAIZE *69360 Rhône* 73 ⑳ – *2 008 h alt. 232.*
Paris 476 – Lyon 17 – Rive-de-Gier 26 – La Tour-du-Pin 54 – Vienne 18.

Soleil et Jardin M, r. République ✆ 04 78 02 44 90, *soleiletjardin@wanadoo.fr*, *Fax 04 78 02 09 26*, – TV & P – 30. AE GB
Repas *(fermé août, sam. et dim.)* 145/365 – ☕ 55 – **22 ch** 490/1200 – ½ P 600

Dans la liste des rues des plans de villes,
les noms en rouge indiquent les principales voies commerçantes.

SOLDEU 86 ⑮ – *voir à Andorre (Principauté d').*

SOLENZARA *2A Corse-du-Sud* 90 ⑦ – *voir à Corse.*

SOLÉRIEUX *26130 Drôme* 80 ⑩ – *173 h alt. 112.*
Paris 638 – Montélimar 33 – Orange 38 – Valence 78.

Ferme St-Michel , rte La Baume, D 341 ✆ 04 75 98 10 66, *Fax 04 75 98 19 09*, , « Ferme du 16e siècle dans un parc séculaire », , – TV P – 20. GB.
Repas *(fermé 20 déc. au 20 janv., dim. soir, lundi midi et mardi midi)* 130/260, enf. 40 – ☕ 40 – **14 ch** 370/400 – ½ P 345/365

SOLESMES *72 Sarthe* 64 ① ② – *rattaché à Sablé-sur-Sarthe.*

SOLIGNAC *87110 H.-Vienne* 72 ⑰ – *1 367 h alt. 251.*
Office de Tourisme pl. Georges-Dubreuil ✆ *05 55 00 42 31.*
Paris 404 – Limoges 11 – Bourganeuf 56 – Nontron 69 – Périgueux 92 – Uzerche 52.

St-Éloi , 66 av. St-Éloi ✆ 05 55 00 44 52, *Fax 05 55 00 55 56*, – TV & – 30. GB
fermé janv., dim. soir et lundi – **Repas** 85 (déj.), 105/225 ♀ – ☕ 35 – **15 ch** 280/360 – ½ P 250/300

SOMMIÈRES *30250 Gard* 80 ⑱ – *3 677 h alt. 34.*
Office de Tourisme (en saison ouv. du mardi au sam.) r. Gén.-Bruyère ✆ *04 66 80 99 30, Fax 04 66 80 06 95.*
Paris 738 – Montpellier 35 – Nîmes 30.

Pont Romain, ✆ 04 66 80 00 58, *aubergedupontromain@wanadoo.fr*, *Fax 04 66 80 31 52*, , – TV P. AE GB
fermé nov. et 15 janv. au 15 mars – **Repas** *(fermé lundi midi)* (125) - 185/320, enf. 98 – ☕ 60 – **19 ch** 365/520 – ½ P 380/480

SONDERNACH *68380 H.-Rhin* 87 ⑱ – *540 h alt. 540.*
Paris 472 – Colmar 28 – Gérardmer 41 – Guebwiller 39 – Thann 42.

A l'Orée du Bois avec ch, rte du Schnepfenried ✆ 03 89 77 70 21, *Fax 03 89 77 77 58*, ≤, – TV P. GB
fermé 25 au 30 juin et 7 janv. au 5 fév. – **Repas** *(fermé merc. midi et mardi)* 75/185 ♀, enf. 45 – ☕ 25 – **6 ch** 290/350 – ½ P 270

SONNAZ *73 Savoie* 74 ⑮ – *rattaché à Chambéry.*

SOPHIA-ANTIPOLIS *06 Alpes-Mar.* 84 ⑨ – *rattaché à Valbonne.*

SORBIERS *42290 Loire* 73 ⑲ *– 7 101 h alt. 560.*

Office de Tourisme 2 av. Charles-de-Gaulle ✆ 04 77 01 11 42.

Paris 518 – St-Étienne 11 – Feurs 43 – Lyon 59 – Montbrison 38 – Vienne 47.

Valjoly, 9 r. Onzon ✆ 04 77 53 60 35, *Fax 04 77 53 13 60,* – P. GB.
fermé 29 juil. au 28 août, 6 au 15 janv., dim. soir, jeudi soir et lundi – **Repas** 95/265

SORÈDE *66690 Pyr.-Or.* 86 ⑲ *– 2 160 h alt. 20.*

Paris 886 – Perpignan 25 – Amélie-les-Bains-Palalda 32 – Argelès-sur-Mer 7 – Le Boulou 16.

Salamandre, 3 rte Laroque ✆ 04 68 89 26 67, *Fax 04 68 89 26 67 –* AE GB
fermé 1er au 13 mars, 5 au 20 nov., 15 janv. au 28 fév., mardi midi du 15 juil. au 15 sept., dim. soir et lundi – **Repas** 95/135

SORÈZE *81540 Tarn* 82 ⑳ *G. Midi-Pyrénées – 1 954 h alt. 272.*

Office de Tourisme 7 pl. Dom Devie. ✆ 05 63 74 16 28, Fax 05 63 74 40 39.

Paris 752 – Toulouse 56 – Carcassonne 44 – Castelnaudary 27 – Castres 27 – Gaillac 66.

Pavillon des Hôtes , ✆ 05 63 74 44 80, *hotel-abbaye-soreze@dial.oleane.com, Fax 05 63 74 44 89,* , « Dans l'abbaye-école du 17e siècle », – TV P – 50. AE GB
Repas *(fermé 1er nov. au 28 fév., dim. soir et lundi)* (70) - 85/180, enf. 45 – 37 – **18 ch** 240/325 – ½ P 225

SORGES *24420 Dordogne* 75 ⑥ *G. Périgord Quercy – 1 074 h alt. 178.*

Syndicat d'Initiative Maison de la Truffe ✆ 05 53 46 71 43, Fax 05 53 46 71 43.

Paris 467 – Périgueux 21 – Brantôme 24 – Limoges 76 – Nontron 36 – Thiviers 15.

Auberge de la Truffe, sur N 21 ✆ 05 53 05 02 05, *contact@auberge-de-la-truffe.com, Fax 05 53 05 39 27,* , , – TV P – 25. AE GB
Repas *(fermé dim. soir et lundi midi hors saison)* 80/330, enf. 60 – 45 – **26 ch** 250/320 – ½ P 300

SORGUES *84700 Vaucluse* 81 ⑫ *– 17 236 h alt. 24.*

Paris 676 – Avignon 11 – Carpentras 18 – Cavaillon 33 – Orange 18.

Patrick Davico, 12 r. 19-Mars-1962 ✆ 04 90 39 11 02, *Fax 04 90 83 48 42,* – GB
fermé 6 au 27 août, 26 au 30 déc., dim. soir, merc. soir et lundi – **Repas** 130 (déj.), 180/300

SOSPEL *06380 Alpes-Mar.* 84 ⑳ *G. Côte d'Azur – 2 592 h alt. 360.*

Voir *Vieux village★ : vieux pont★, vierge immaculée★ dans l'église St-Michel – Fort St-Roch★ S : 1 km par la D 2204.*

Office de Tourisme Pont Vieux ✆ 04 93 04 15 80, Fax 04 93 04 19 96.

Paris 932 – Menton 18 – Nice 41 – Tende 37 – Ventimiglia 28.

des Étrangers, bd Verdun ✆ 04 93 04 00 09, *sospel@ifrance.com, Fax 04 93 04 12 31,* , – , rest, TV. GB
4 mars-4 nov. – **Repas** *(fermé mardi midi et lundi sauf août)* 120/240 – 40 – **30 ch** 310/440 – ½ P 350/400

SOTTEVILLE-SUR-MER *76740 S.-Mar.* 52 ③ *– 365 h alt. 60.*

Paris 190 – Dieppe 24 – Fontaine-le-Dun 11 – Rouen 60 – St-Valery-en-Caux 11.

Les Embruns, ✆ 02 35 97 77 99, *Fax 02 35 57 14 27 –* GB
fermé 24 sept. au 16 oct., 26 janv. au 15 fév., lundi, mardi hors saison et dim. soir – **Repas** 75 (déj.), 130/255

SOUCY *89 Yonne* 61 ⑭ *– rattaché à Sens.*

SOUDAN *79 Deux-Sèvres* 68 ⑫ *– rattaché à St-Maixent-l'École.*

SOUILLAC *46200 Lot* 75 ⑱ *G. Périgord Quercy – 3 459 h alt. 104.*

Voir *Anc. église abbatiale : bas-relief "Isaïe"★★, revers du portail★ – Musée national de l'Automate et de la Robotique★.*

Office de Tourisme bd L.-J.-Malvy ☎ 05 65 37 81 56, Fax 05 65 27 11 45.

Paris 520 ① – Brive-la-Gaillarde 39 ① – Sarlat-la-Canéda 29 ③ – Cahors 63 ② – Figeac 66 ②.

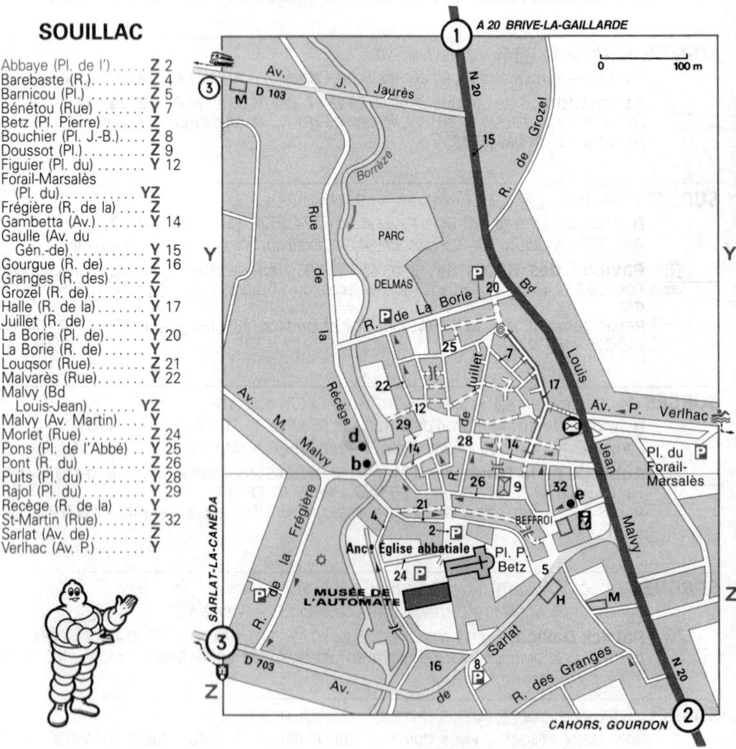

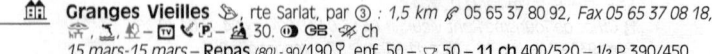

Granges Vieilles, rte Sarlat, par ③ : *1,5 km* ☎ 05 65 37 80 92, *Fax 05 65 37 08 18*, – 30. GB. ch
15 mars-15 mars – **Repas** *(80)* - 90/190 ♀, enf. 50 – ☕ 50 – **11 ch** 400/520 – ½ P 390/450

Quercy sans rest, 1 r. Récège ☎ 05 65 37 83 56, *reservation@le-quercy.fr*, *Fax 05 65 37 07 22*, AE GB — Y d
19 mars-15 nov. – ☕ 38 – **25 ch** 175/320

Grand Hôtel, 1 allée Verninac ☎ 05 65 32 78 30, *Fax 05 65 32 66 34*, – rest, AE GB — Z e
1ᵉʳ avril-31 oct. et fermé merc. en avril et oct. – **Repas** 80/250 ♀ – ☕ 40 – **44 ch** 250/500 – ½ P 260/410

Vieille Auberge, 1 r. Recège ☎ 05 65 32 79 43, *r-veril@la-vieille-auberge.com*, *Fax 05 65 32 65 19*, – rest, – 30. AE GB — Y b
fermé 15 nov. au 20 déc., dim. soir et lundi de janv. à mars – **Repas** 125/180 ♀, enf. 60 – ☕ 42 – **19 ch** 280/360 – ½ P 380

Belle Vue sans rest, 68 av. J. Jaurès - Y ☎ 05 65 32 78 23, *Fax 05 65 37 03 89*, – GB
fermé 1ᵉʳ au 24 fév. – ☕ 35 – **25 ch** 230/260

Redouillé, 28 av. Toulouse par ② ☎ 05 65 37 87 25, *Fax 05 65 37 09 09*, – GB
fermé mi-fév. à mi-mars, dim. soir et lundi – **Repas** 95/180, enf. 60

SOULAC-SUR-MER *33780 Gironde* 71 ⑯ *G. Aquitaine – 2 790 h alt. 7 – Casino de la Plage.*

Office de Tourisme 68 r. de la Plage ✆ 05 56 09 86 61, Fax 05 56 73 63 76.

Paris 516 – Royan 11 – Bordeaux 100 – Lesparre-Médoc 30.

à l'Amélie-sur-Mer *Sud-Ouest : 4,5 km par D 101^E – ✉ 33780 Soulac-sur-Mer :*

des Pins, ✆ 05 56 73 27 27, *hotel.pin@wanadoo.fr, Fax 05 56 73 60 39,* – rest, TV P – 15. AE D GB. ch

fermé 6 janv. au 16 mars, dim. et lundi du 15 oct. au 1er avril – **Repas** *(fermé sam. midi, dim. soir et lundi d'oct. à avril)* 100 (déj.), 135/250 ♀, enf. 55 – ☕ 46 – **31 ch** 240/480 – ½ P 295/420

SOULAGES-BONNEVAL *12 Aveyron* 76 ⑬ *– rattaché à Laguiole.*

SOULAINES-DHUYS *10200 Aube* 61 ⑲ *– 254 h alt. 153.*

Paris 229 – Chaumont 48 – Bar-sur-Aube 18 – Troyes 55.

Venise Verte, r. Plessis ✆ 03 25 92 76 10, *Fax 03 25 92 73 97,* – rest, TV & P. GB

fermé 24 au 31 déc. et dim. soir hors saison – **Repas** 70/170 ♀, enf. 55 – ☕ 40 – **12 ch** 250 – ½ P 310

SOUMOULOU *64420 Pyr.-Atl.* 85 ⑦ *– 1 022 h alt. 296.*

Paris 793 – Pau 22 – Lourdes 24 – Nay 17 – Pontacq 12 – Tarbes 29.

Béarn avec ch, N 117 ✆ 05 59 16 08 08, *Fax 05 59 16 08 01,* – TV P. AE D GB JCB

fermé dim. soir de sept. à mai – **Repas** *(85)* - 105/245 ♀ – ☕ 38 – **13 ch** 250/280 – ½ P 280/295

La SOURCE *45 Loiret* 64 ⑨ *– rattaché à Orléans.*

SOURDEVAL *50150 Manche* 59 ⑨ *– 3 211 h alt. 217.*

Voir *Vallée de la Sée★ O, G. Normandie Cotentin.*

Office de Tourisme Jardin de l'Europe ✆ 02 33 79 35 61, Fax 02 33 79 35 59, Mairie ✆ 02 33 79 35 55, Fax 02 33 79 35 59.

Paris 306 – St-Lô 53 – Avranches 37 – Domfront 31 – Flers 31 – Mayenne 65 – Vire 14.

Temps de Vivre, 12 r. Saint Martin ✆ 02 33 59 60 41, *Fax 02 33 59 88 34 –* P. GB

fermé vacances de fév. et lundi sauf en août – **Repas** *(57)* - 68/167, enf. 38 – ☕ 27 – **7 ch** 170/230 – ½ P 179/189

à Brouains *Ouest : 6 km sur D 911 – 242 h. alt. 142 – ✉ 50150 :*

Auberge du Moulin avec ch, ✆ 02 33 59 50 60, *du.moulin.auberge@wanadoo.fr, Fax 02 33 59 50 60 –* P – 50. GB

fermé 24 déc. au 28 janv., mardi soir et merc. soir de nov. au 15 mars, dim. soir sauf juil.-août et lundi – **Repas** 79/200 ♀, enf. 45 – ☕ 30 – **5 ch** 160/240 – ½ P 195

SOURNIA *66730 Pyr.-Or.* 86 ⑱ *– 376 h alt. 525.*

Paris 862 – Perpignan 48 – Font-Romeu-Odeillo-Via 68 – Prades 25 – Quillan 45.

Auberge de Sournia, ✆ 04 68 97 72 82 – GB

fermé 5 au 9 sept., janv., dim. soir, mardi soir et merc. sauf juil.-août – **Repas** 95/190 ♀, enf. 45

SOURZAC *24 Dordogne* 75 ④ *– rattaché à Mussidan.*

SOUSCEYRAC *46190 Lot* 75 ⑳ *– 1 064 h alt. 559.*

Paris 545 – Aurillac 46 – Cahors 93 – Figeac 41 – Mauriac 72 – St-Céré 16.

Au Déjeuner de Sousceyrac avec ch, ✆ 05 65 33 00 56, *Fax 05 65 33 04 37 –* TV. D GB

fermé vacances de fév., dim. soir et lundi sauf juil.-août – **Repas** 135/480, enf. 60 – ☕ 35 – **8 ch** 230/250 – ½ P 250

SOUS-LA-TOUR *22 C.-d'Armor* 59 ③ *– rattaché à St-Brieuc.*

SOUSTONS *40140 Landes* **78** ⑯ *– 5 283 h alt. 9.*

Voir *Étang de Soustons*★ *O : 1 km,* **G. Pyrénées Aquitaine.**

Office de Tourisme "La Grange de Labouyrie" ☎ 05 58 41 52 62, Fax 05 58 41 30 63 Bureau Annexe Port d'Albret (juillet-août).

Paris 735 – Biarritz 55 – Mont-de-Marsan 78 – Castets 24 – Dax 26.

Pavillon Landais, av. Lac ☎ 05 58 41 14 49, *Fax 05 58 41 26 03*, ≤, « Au bord du lac », – TV ☎ P – 50. AE GB JCB
Repas *(fermé dim. soir et lundi hors saison)* 130 (déj.)/160, enf. 85 – 50 – **27 ch** 450/600 – 1/2 P 400/460

Les Gourmandines, 18 av. Galleben ☎ 05 58 41 22 52, *Fax 05 58 41 34 69*, – TV ☎ P. GB
fermé 20 déc. au 20 janv., dim. soir et lundi sauf juil.-août – **Repas** 60 bc (déj.), 80/140 – 40 – **13 ch** 230/245 – 1/2 P 230/240

La SOUTERRAINE *23300 Creuse* **72** ⑧ *G. Berry Limousin – 5 459 h alt. 390.*

Voir *Église*★.

Office de Tourisme pl. Gare ☎ 05 55 63 10 06, Fax (Mairie) 05 55 63 37 27.

Paris 344 – Limoges 56 – Bellac 40 – Châteauroux 74 – Guéret 37.

à l'Est *: 7 km par N 145, D 74 et rte secondaire – ✉ 23300 La Souterraine :*

Château de la Cazine, ☎ 05 55 89 60 00, *Fax 05 55 63 71 85*, ≤, « Dans un parc, château du 19e siècle », – TV ☎ P – 30. AE GB
fermé janv., dim. soir, mardi midi et lundi d'oct. à mai – **Repas** 95/210 – 65 – **22 ch** 370/580 – 1/2 P 365/408

à St-Étienne-de-Fursac *Sud : 11 km par D 1 – 843 h. alt. 322 – ✉ 23290 :*

Nougier, ☎ 05 55 63 60 56, *Fax 05 55 63 65 47*, « Intérieur rustique », – TV ☎. AE GB
début mars-fin nov. et fermé lundi sauf le soir en juil.-août et dim. soir de sept. à juin sauf fêtes – **Repas** 72 (déj.), 105/220 ♀, enf. 60 – 41 – **12 ch** 260/370 – 1/2 P 280/385

The Guide changes, so renew your Guide every year.

SOUVIGNY *03210 Allier* **69** ⑭ *G. Auvergne – 2 024 h alt. 242.*

Voir *Prieuré St-Pierre*★★ *– Calendrier*★★ *dans l'église-musée St-Marc.*

Paris 304 – Moulins 13 – Bourbon-l'Archambault 16 – Montluçon 67.

Auberge des Tilleuls, ☎ 04 70 43 60 70, *Fax 04 70 44 85 73*, – GB
fermé 17 au 26 juin, 25 déc. au 3 janv., vacances de fév., dim. soir et lundi – **Repas** 72 (déj.), 95/238 ♀, enf. 60

SOUVIGNY-EN-SOLOGNE *41600 L.-et-Ch.* **64** ⑩ *– 440 h alt. 210.*

Paris 175 – Orléans 41 – Gien 43 – Lamotte-Beuvron 15 – Montargis 63.

Perdrix Rouge, ☎ 02 54 88 41 05, *Fax 02 54 88 05 56*, – AE GB
fermé 25 juin au 4 juil., 27 août au 3 sept., 16 fév. au 5 mars, lundi et mardi – **Repas** (dim. et fêtes prévenir) 85/300

Auberge de la Grange aux Oies (chambres prévues), ☎ 02 54 88 40 08, *Fax 02 54 88 91 06* – P. GB
fermé 13 au 19 sept., 15 au 21 nov., lundi soir, mardi et merc; – **Repas** 150/230, enf. 90

SOYAUX *16 Charente* **72** ⑭ *– rattaché à Angoulême.*

SOYONS *07 Ardèche* **77** ⑪ ⑫ *– rattaché à St-Péray.*

STELLA-PLAGE *62 P.-de-C.* **51** ⑪ *– rattaché au Touquet.*

STENAY *55700 Meuse* **56** ⑩ *– 3 202 h alt. 182.*

Office de Tourisme pl. Poincaré ☎ 03 29 80 64 22, Fax 03 29 80 62 59.

Paris 245 – Charleville-Mézières 58 – Carignan 20 – Longwy 52 – Sedan 35 – Verdun 46.

Commerce, 16 r. A. Briand ☎ 03 29 80 30 62, *Fax 03 29 80 61 77* – TV. AE GB
fermé vacances de Toussaint, 1er au 6 janv., vend. soir, sam. midi et dim. soir du 15 sept. au 1er mai – **Repas** (85) - 100 bc/220 bc, enf. 45 – 45 – **17 ch** 220/450 – 1/2 P 300

STIRING-WENDEL *57 Moselle* **57** ⑥ *– rattaché à Forbach.*

STRASBOURG

P 67000 B.-Rhin 62 ⑩ G. Alsace Lorraine - 252 338 h. - Agglo. 388 483 h - alt. 143.
Paris 491 ① – Basel 141 ③ – Karlsruhe 81 ③ – Stuttgart 148 ③

OFFICES DE TOURISME

17 pl. de la Cathédrale ☎ 03 88 52 28 28, Fax 03 88 52 28 29
Pl. de la Gare ☎ 03 88 32 51 49
Pont de l'Europe ☎ 03 88 61 39 23

RENSEIGNEMENTS PRATIQUES

TRANSPORTS

Auto-train ☎ 08 36 35 35 35.

AÉROPORT

Strasbourg-Entzheim-International ☎ 03 88 64 67 67 AT

DÉCOUVRIR

QUARTIER DE LA CATHÉDRALE

Cathédrale Notre-Dame ★★★ *: horloge astronomique*★ *<*★ *de la flèche - Place de la cathédrale* ★ *: maison Kammerz* ★ **KZ e** *- Musée* ★★ *du palais Rohan*★ *- Musée alsacien*★★ **KZ M**[1] *- Musée de l'Oeuvre Notre-Dame*★★ **KZ M**[6] *- Musée historique*★ **KZ M**[5]

LA PETITE FRANCE

Rue du Bains-aux-Plantes★★ **HJZ** *- Ponts couverts*★ **HZ** *- Barrage Vauban*☼★★ **HZ** *- Mausolée du maréchal de Saxe*★★ *dans l'église St-Thomas* **JZ** *- Musée d'Art moderne et contemporain*★★ **HZ** *- Promenades en vedette sur l'Ill*

AUTOUR DES PLACES KLÉBER ET BROGLIE

Place Kléber★*, la plus célèbre place de Strasbourg , bordée au Nord par l'Aubette* **JY** *- Place Broglie : hôtel de ville*★ **KY H**

L'EUROPE À STRASBOURG

Palais de l'Europe★ *- Nouveau palais des Droits de l'Homme* **GU** *- Orangerie*★ **FGU**.

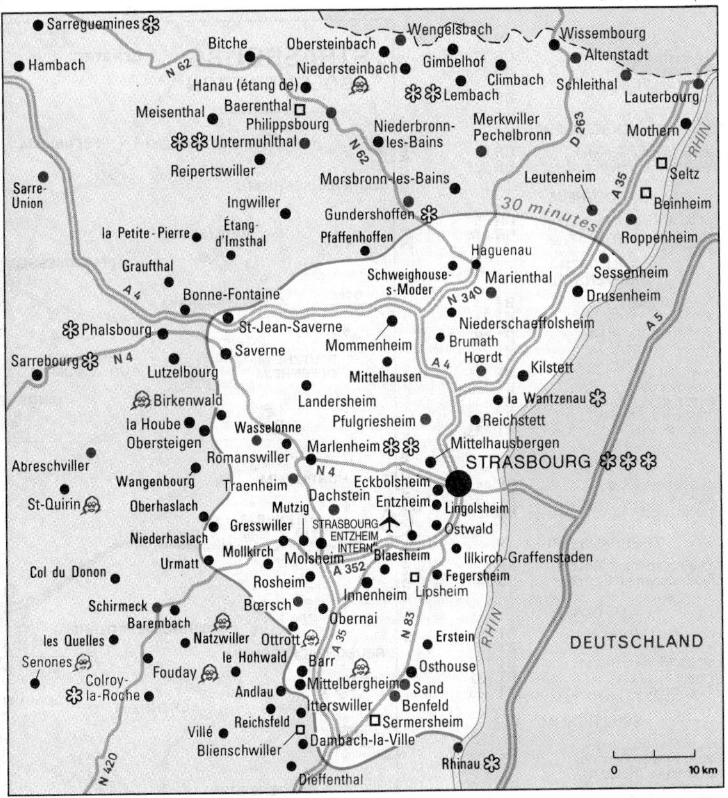

Hilton, av. Herrenschmidt ✆ 03 88 37 10 10, *Fax 03 88 36 83 27,* – P – 25 à 300. AE GB JCB p. 6 **EU e**
Jardin ✆ 03 88 35 72 61 **Repas** 190/295, enf. 80 – 130 – **239 ch** 1200/1700, 5 appart

Sofitel M, pl. St-Pierre-le-Jeune ✆ 03 88 15 49 00, *h0568@accor-hotels.com, Fax 03 88 15 49 99,* , patio – – 120. AE GB JCB p. 8 **JY s**
L'Alsace Gourmande ✆ 03 88 15 49 10 **Repas** 160 – 110 – **155 ch** 1390/1600

Régent Petite France M, 5 r. Moulins ✆ 03 88 76 43 43, *rpf@regent-hotels.com, Fax 03 88 76 43 76,* ≤, « Anciennes glacières au bord de l'Ill - décor contemporain », – – 30. AE GB JCB p. 8 **JZ f**
Repas *(fermé lundi de juin à sept. et week-ends d'oct. à mai)* 175/320 – 105 – **63 ch** 1250/1690, 5 appart, 4 duplex – ½ P 975/1600

Holiday Inn, 20 pl. Bordeaux ✆ 03 88 37 80 00, *Fax 03 88 37 07 04,* – P – 300. AE GB JCB. rest p. 7 **FU n**
Repas *(fermé sam. midi) (130)* - 155, enf. 45 – 90 – **170 ch** 1100/2950 – ½ P 790

Régent Contades M sans rest, 8 av. Liberté ✆ 03 88 15 05 05, *rc@regent-hotels.com, Fax 03 88 15 05 15,* « Hôtel particulier du 19e siècle » – AE GB JCB p. 9 **LY f**
95 – **45 ch** 920/1490

Beaucour M sans rest, 5 r. Bouchers ✆ 03 88 76 72 00, *beaucour@hotel-beaucour.com, Fax 03 88 76 72 60,* « Anciennes maisons alsaciennes élégamment aménagées » – – 30. AE GB JCB p. 9 **KZ k**
65 – **49 ch** 680/950

BISCHEIM

Marais (R. du) . . . . **CS** 121
Périgueux (Av. de) . . . . **BS** 159
Robertsau (R. de la) . . . . **BS** 179
Triage (R. du) . . . . **BS** 219

ECKBOLSHEIM

Gaulle (Av. du Gén.-de) . . . . **BS** 67
Wasselonne (Route de) . . . . **BS** 237

HOENHEIM

Fontaine (R. de la) . . . . **BR** 55
République (R. de la) . . . . **BR** 174

ILLKIRCH-GRAFFENSTADEN

Bürkell (Route) . . . . **BT** 24
Ceinture (R. de la) . . . . **BT** 27
Faisanderie (R. de la) . . . . **BT** 48
Industrie (R. de l') . . . . **BT** 97
Kastler (R. Alfred) . . . . **BT** 99
Lixenbühl (R.) . . . . **BT** 115
Messmer (Av.) . . . . **BT** 138
Neuhof (Route de) . . . . **BT** 144
Strasbourg (Rte de) . . . . **BT** 207
Vignes (R. des) . . . . **BT** 233

LINGOLSHEIM

Eckbolsheim (R. d') . . . . **BS** 44
Ostwald (R. d') . . . . **BT** 152
Prés (R. des) . . . . **BS** 168

OBERHAUSBERGEN

Mittelhausbergen (Rte de) . . . . . **BS** 139
Oberhausbergen (Rte de) . . . . . . **BS** 149

OSTWALD

Foch (R. du Maréchal) . . . . **BT** 50
Gelspolsheim (R. de) . . . . **BT** 73
Leclerc (R. du Gén.) . . . . **BT** 112
Vosges (R. des) . . . . **BT** 232
23-Novembre (R. du) . . . . **BT** 246

SCHILTIGHEIM

Bischwiller (Route de) . . . . **BS** 18
Gaulle (Rte du Gén.-de) . . . . **BS** 70
Hausbergen (Route de) . . . . **BS** 81
Mendès-France (Av. P.) . . . . **BS** 132
Pompiers (R. des) . . . . **BS** 164
St-Junien (R. de) . . . . **BS** 184

STRASBOURG

Atenheim (Route d') . . . . **CT** 8
Austerlitz (Pont d') . . . . **BS** 9
Bauerngrund (R. de) . . . . **CT** 15
Ganzau (R. de la) . . . . **BT** 66
Holtzheim (R. de) . . . . **AS** 88
Ill (R. de l') . . . . **CS** 96
Neuhof (Route de) . . . . **CT** 144
Plaine des Bouchers (R. de la) . . **BS** 163
Polygone (Route du) . . . . **BS** 165
Pont (R. du) . . . . **BT** 166
Ribeauvillé (R. de) . . . . **CS** 177
Romains (Route des) . . . . **BS** 180
Schirmeck (Route de) . . . . **BS** 198

WOLFISHEIM

Oberhausbergen (R. d') . . . . **AS** 148
Seigneurs (R. des) . . . . **AS** 204

STRASBOURG AGGLOMÉRATION

BERSTETT
TRUCHTERSHEIM
PFETTISHEIM
KLEINFRANKENHEIM
BEHLENHEIM
PFULGRIESHEIM
WIWERSHEIM
STUTZHEIM - OFFENHEIM
GRIESHEIM - SUR - SOUFFEL
DINGSHEIM
HURTIGHEIM
ITTENHEIM
OBERSCHAEFFOLSHEIM
BREUSCHWICKERSHEIM
ACHENHEIM
WOLFISHEIM
HANGENBIETEN
HOLTZHEIM
KOLBSHEIM
STRASBOURG-ENTZHEIM-INTERNATIONAL
DUPPIGHEIM
ENTZHEIM
GLOECKELSBERG
GEISPOLSHEIM
BLAESHEIM
LIPSHEIM
METZ, NANCY
SAVERNE
A35-E25 COLMAR
MOLSHEIM, ST-DIÉ-DES-VOSGES
BARR
OBERNAI
COLMAR, SÉLESTAT

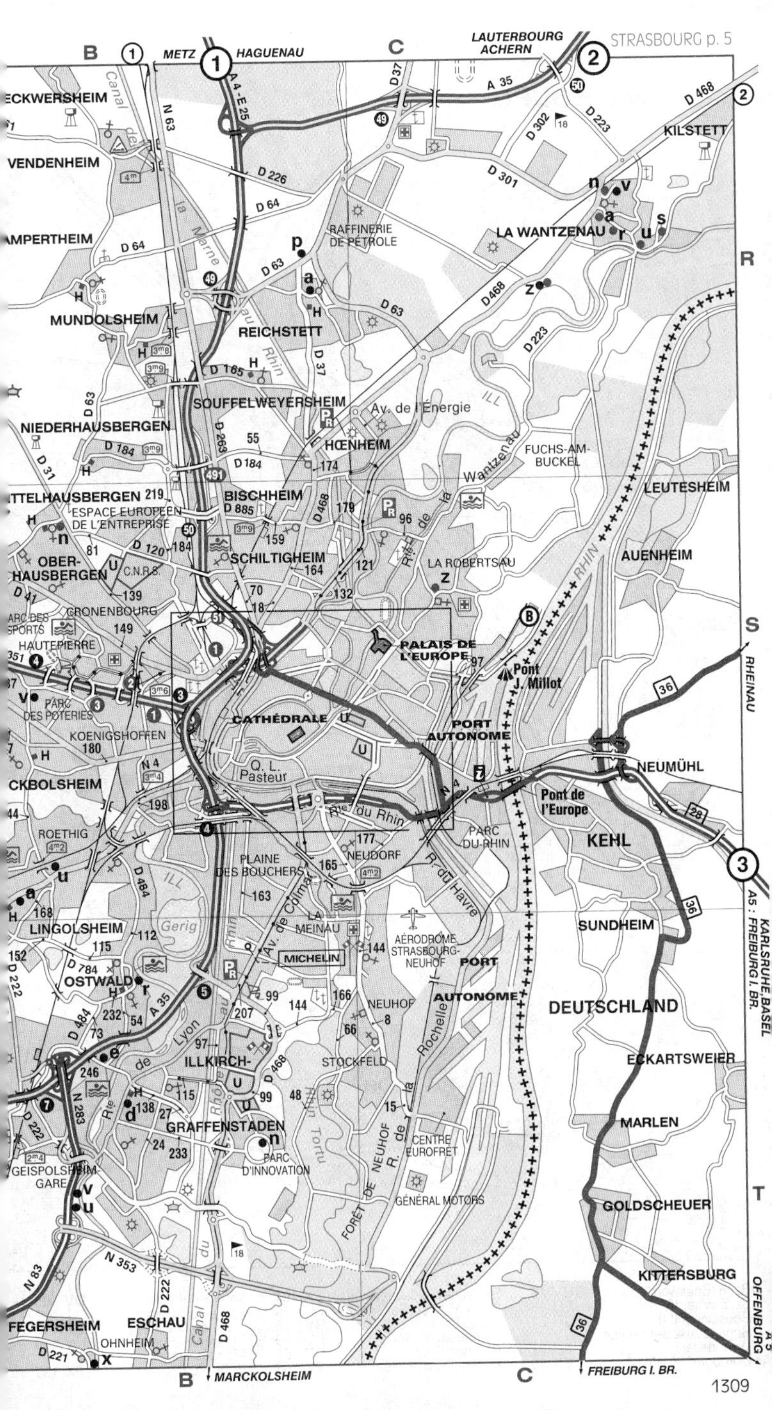

METZ
HAGUENAU
LAUTERBOURG
ACHERN
A 35
A 4-E 25
D 468
KILSTETT
ECKWERSHEIM
VENDENHEIM
LAMPERTHEIM
MUNDOLSHEIM
REICHSTETT
LA WANTZENAU
RAFFINERIE DE PÉTROLE
SOUFFELWEYERSHEIM
Av. de l'Énergie
NIEDERHAUSBERGEN
HŒNHEIM
FUCHS-AM-BUCKEL
BISCHHEIM
ESPACE EUROPÉEN DE L'ENTREPRISE
LEUTESHEIM
SCHILTIGHEIM
LA ROBERTSAU
AUENHEIM
OBER-HAUSBERGEN
C.N.R.S.
CRONENBOURG
HAUTEPIERRE
PARC DES SPORTS
PALAIS DE L'EUROPE
Pont J. Millot
PARC DES POTERIES
CATHÉDRALE
PORT AUTONOME
KOENIGSHOFFEN
Q. L. Pasteur
NEUMÜHL
Pont de l'Europe
Rte du Rhin
KEHL
ROETHIG
PARC DU-RHIN
NEUDORF
PLAINE DES BOUCHERS
R. du Havre
LINGOLSHEIM
LA MEINAU
SUNDHEIM
AÉRODROME STRASBOURG-NEUHOF
MICHELIN
OSTWALD
PORT AUTONOME
DEUTSCHLAND
NEUHOF
ILLKIRCH-
STOCKFELD
ECKARTSWEIER
GRAFFENSTADEN
PARC D'INNOVATION
CENTRE EUROFRET
MARLEN
GEISPOLSHEIM-GARE
GÉNÉRAL MOTORS
GOLDSCHEUER
FORÊT DE NEUHOF
R. de la Rochelle
Rhin Tortu
KITTERSBURG
FEGERSHEIM
ESCHAU
OHNHEIM
RHEINAU
A5 : FREIBURG I. BR.
KARLSRUHE, BASEL
OFFENBURG
MARCKOLSHEIM
FREIBURG I. BR.

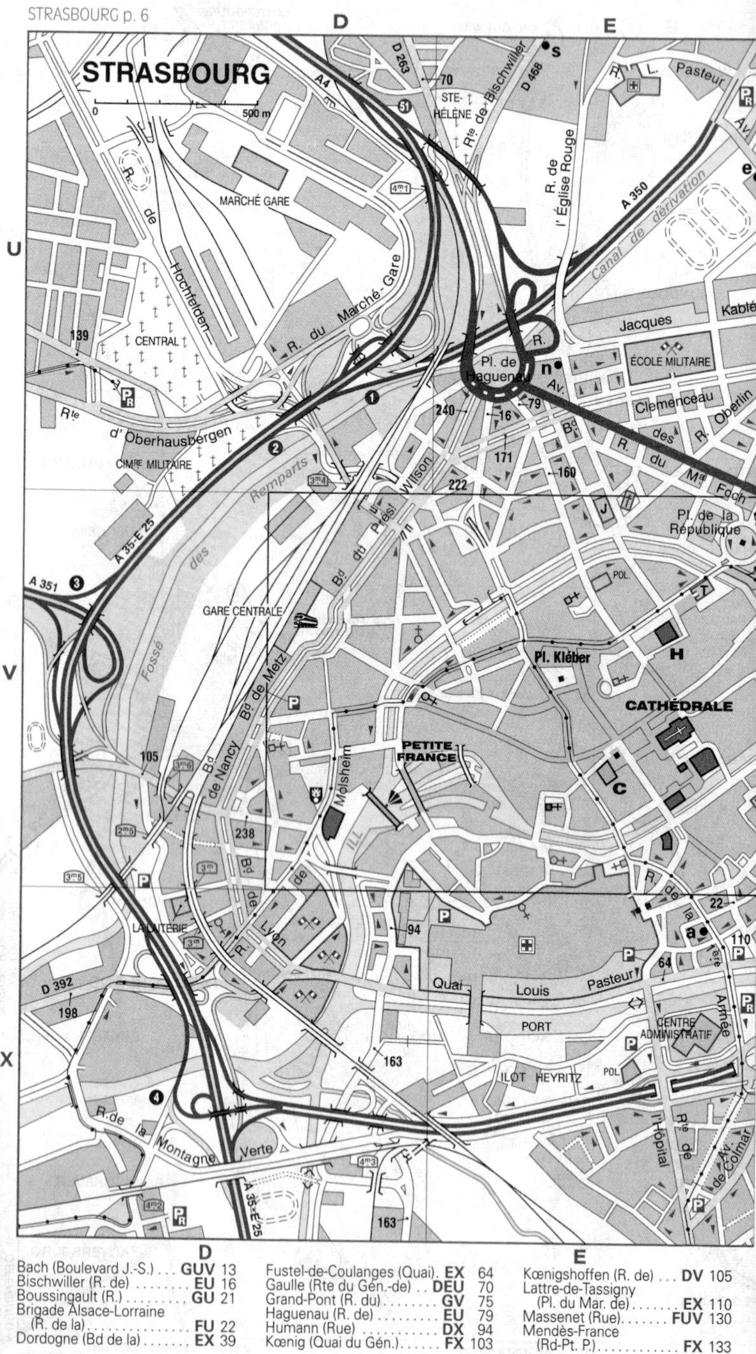

Bach (Boulevard J.-S.) . . . **GUV** 13
Bischwiller (R. de) . . . . **EU** 16
Boussingault (R.) . . . . **GU** 21
Brigade Alsace-Lorraine (R. de la) . . . . **FU** 22
Dordogne (Bd de la) . . . . **EX** 39
Fustel-de-Coulanges (Quai). **EX** 64
Gaulle (Rte du Gén.-de) . . **DEU** 70
Grand-Pont (R. du) . . . . **GV** 75
Haguenau (R. de) . . . . **EU** 79
Humann (Rue) . . . . **DX** 94
Kœnig (Quai du Gén.) . . . . . . **FX** 103
Kœnigshoffen (R. de) . . . **DV** 105
Lattre-de-Tassigny (Pl. du Mar. de) . . . . **EX** 110
Massenet (Rue). . . . . . . **FUV** 130
Mendès-France (Rd-Pt. P.) . . . . **FX** 133

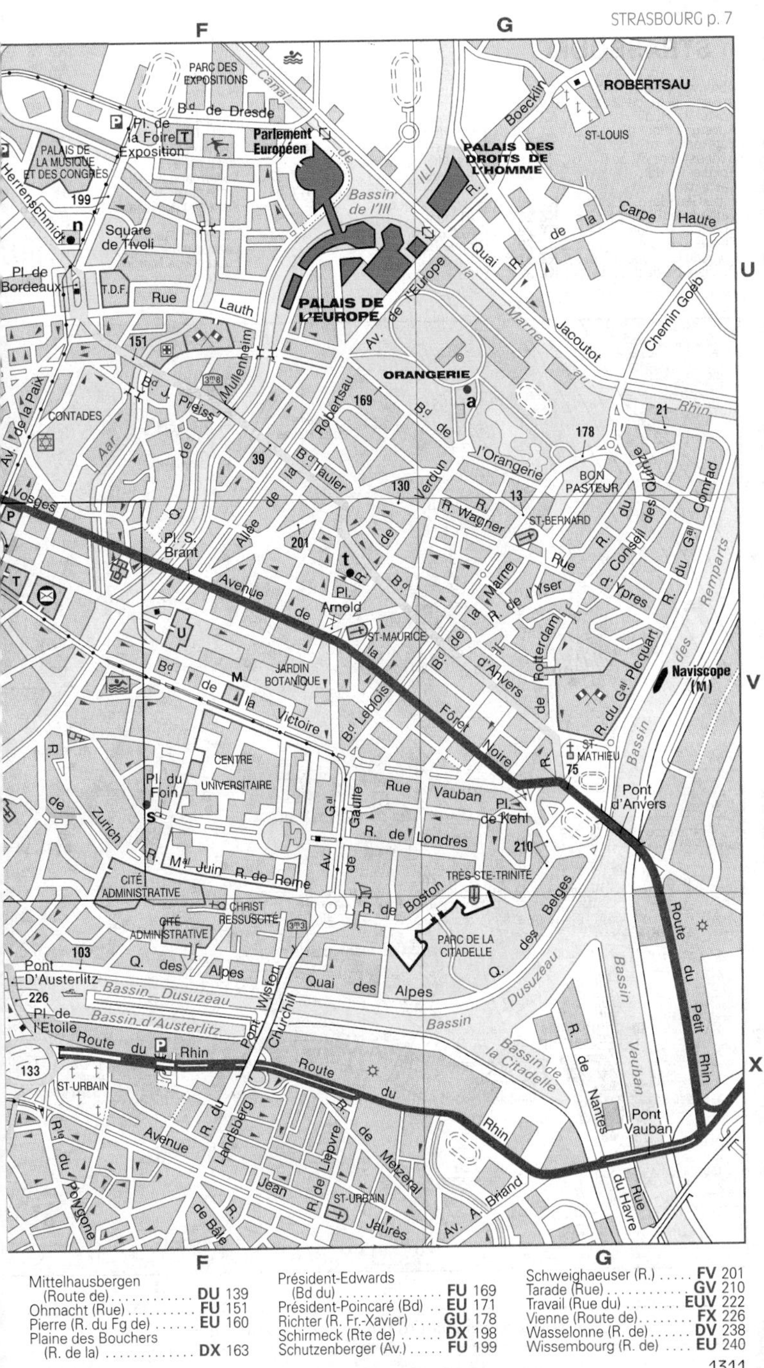

Mittelhausbergen (Route de)	**DU**	139
Ohmacht (Rue)	**FU**	151
Pierre (R. du Fg de)	**EU**	160
Plaine des Bouchers (R. de la)	**DX**	163
Président-Edwards (Bd du)	**FU**	169
Président-Poincaré (Bd)	**EU**	171
Richter (R. Fr.-Xavier)	**GU**	178
Schirmeck (Rte de)	**DX**	198
Schutzenberger (Av.)	**FU**	199
Schweighaeuser (R.)	**FV**	201
Tarade (Rue)	**GV**	210
Travail (Rue du)	**EUV**	222
Vienne (Route de)	**FX**	226
Wasselonne (R. de)	**DV**	238
Wissembourg (R. de)	**EU**	240

STRASBOURG

Abreuvoir (R. de l') . . . . LZ 3
Arc-en-Ciel (R. de l') . . . . . . KLY 7
Austerlitz (R. d') . . . . KZ 10
Auvergne (Pont d') . . . . LY 12
Bateliers (R. des) . . . . LZ 14
Bonnes-Gens (R. des) . . . . . JY 19
Boudier (R. du) . . . . JZ 20
Castelnau
(R. Gén.-de) . . . . KY 25
Cathédrale (Pl. de la) . . . . . . KZ 26
Chaudron (R. du) . . . . KY 28
Cheveux (R. des) . . . . JZ 29
Corbeau (Pl. du) . . . . KZ 31
Cordiers (R. des) . . . . KZ 32
Courtine (R. de la) . . . . LY 34
Dentelles (R. des) . . . . JZ 36
Division-Leclerc (R.) . . . . . JKZ
Écarlate (R. de l') . . . . JZ 43
Escarpée (R.) . . . . JZ 45
Étudiants (R. et Pl. des) . . . . KY 46
Faisan (Pont du) . . . . JZ 47
Fonderie (Pont de la) . . . . . . KY 52
Fossé-des-Tanneurs
(Rue du) . . . . JZ 57
Fossé-des-Treize (R. du) . . . KY 58
Francs-Bourgeois
(R. des) . . . . JZ 60
Frey (Quai Charles) . . . . JZ 63
Grande-Boucherie
(Pl. de la) . . . . KZ 76
Gdes-Arcades (R. des) . . . . JKY
Gutenberg (R.) . . . . JKZ 78
Hallebardes (R. des) . . . . . . KZ 80
Haute-Montée (R.) . . . . JY 82
Homme-de-Fer
(Pl.de l') . . . . JY 90
Hôpital-Militaire
(R. de l') . . . . LZ 91
Humann (Rue) . . . . HZ 94
Ill (Quai de l') . . . . HZ 95
Kellermann (Quai) . . . . JY 100
Kléber (Place) . . . . JY
Krutenau (R. de la) . . . . LZ 106
Kuss (Pont) . . . . HY 108
Lamey (R. Auguste) . . . . LY 109
Lezay-Marnésia (Quai) . . . . . LY 114
Luther (Rue Martin) . . . . JZ 117
Maire Kuss (R. du) . . . . HY 120

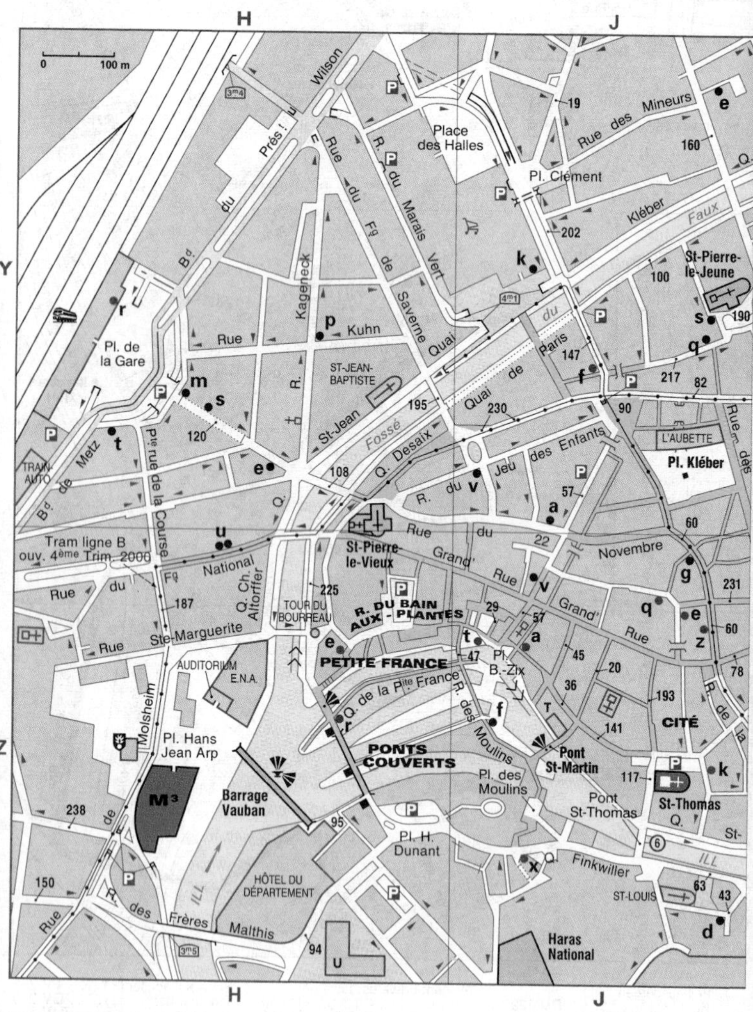

Ne voyagez pas aujourd'hui avec une carte d'hier.

Rue	Carré	N°
Marché-aux-Cochons-de-Lait (Pl. du)	KZ	124
Marché-aux-Poissons (Pl. du)	KZ	125
Marché-Gayot (Pl. du)	KYZ	126
Marché-Neuf (Pl. du)	KYZ	127
Maroquin (R. du)	KZ	129
Mercière (R.)	KZ	135
Mésange (R. de la)	JKY	136
Monnaie (R. de la)	JZ	141
Munch (Rue)	LZ	142
Noyer (R. du)	JY	147
Nuée-Bleue (R. de la)	KY	
Obernai (R. d')	HZ	150
Outre (R. de l')	KY	153
Paix (Av. de la)	KLY	154
Parchemin (R. du)	KY	156
Pierre (R. du Fg-de)	JY	160
Pontonniers (R. des)	LY	169
Récollets (R. des)	KLY	172
St-Étienne (Quai)	LY	183
St-Michel (R.)	HZ	187
St-Nicolas (Pont)	KZ	189
St-Pierre-le-Jeune (Pl.)	JKY	190
Ste-Madeleine (Pont et R.)	KLZ	192
Salzmann (R.)	JZ	193
Sanglier (R. du)	KY	194
Saverne (Pont de)	HY	195
Sébastopol (R. de)	JY	202
Serruriers (R. des)	JKZ	205
Temple-Neuf (Pl. du)	KY	213
Temple-Neuf (R. du)	KY	214
Théâtre (Pont du)	KY	216
Thomann (R.)	JY	217
Tonneliers (R. des)	KZ	220
Turckheim (Quai)	HZ	225
Vieil-Hôpital (R. du)	KZ	228
Vieux-Marché-aux-Poissons (R. du)	KZ	229
Vieux-Marché-aux-Vins (R. et Pl. du)	JY	230
Vieux-Seigle (R. du)	JZ	231
Wasselonne (R.)	HZ	238
22-Novembre (R. du)	HJK	

Reisen Sie nicht heute mit einer Karte von gestern.

Maison Rouge sans rest, 4 r. Francs-Bourgeois ☎ 03 88 32 08 60, *info@maison-rouge.com, Fax 03 88 22 43 73*, « Belle décoration intérieure » – 30. AE GB
75 – **142 ch** 470/740 p. 8 **JZ g**

Monopole-Métropole sans rest, 16 r. Kuhn ☎ 03 88 14 39 14, *infos@bw-monopole.com, Fax 03 88 32 82 55*, « Décor alsacien et contemporain » – AE GB JCB
65 – **90 ch** 470/810 p. 8 **HY p**

Europe sans rest, 38 r. Fossé des Tanneurs ☎ 03 88 32 17 88, *info@hotel-europe.com, Fax 03 88 75 65 45*, « Maison alsacienne à colombages, belle reproduction au 1/50e de la cathédrale » – – 30. AE GB JCB
fermé 23 au 28 déc. – 55 – **60 ch** 420/650 p. 8 **JZ v**

Mercure Centre M sans rest, 25 r. Thomann ☎ 03 90 22 70 70, *h1106@accor-hotels.com, Fax 03 90 22 70 71* – . AE GB JCB
67 – **98 ch** 770/820 p. 8 **JY q**

France sans rest, 20 r. Jeu des Enfants ☎ 03 88 32 37 12, *hotel.de.france.sa@wanadoo.fr, Fax 03 88 22 48 08* – – 30. AE GB
70 – **66 ch** 550/760 p. 8 **JY v**

Novotel Centre Halles M, 4 quai Kléber ☎ 03 88 21 50 50, *h0439@accor-hotels.com, Fax 03 88 21 50 51* – – 80. AE GB JCB
Repas 120 bc/160 bc, enf. 50 – 67 – **98 ch** 780/820 p. 8 **JY k**

Grand Hôtel sans rest, 12 pl. Gare ☎ 03 88 52 84 84, *le.grand.hotel.@wanadoo.fr, Fax 03 88 52 84 00* – . AE GB JCB
65 – **85 ch** 410/695 p. 8 **HY m**

Cathédrale M sans rest, 12 pl. Cathédrale ☎ 03 88 22 12 12, *reserv@hotel-cathedrale.fr, Fax 03 88 23 28 00*, « En face de la cathédrale » – – 25. AE GB JCB
60 – **44 ch** 490/790, 5 duplex p. 9 **KZ n**

des Rohan sans rest, 17 r. Maroquin ☎ 03 88 32 85 11, *info@hotel-rohan.com, Fax 03 88 75 65 37* – . AE GB JCB
60 – **36 ch** 410/795 p. 9 **KZ u**

Villa d'Est M sans rest, 12 r. J. Kablé ☎ 03 88 15 06 06, *res.villa@cieldenuit.com, Fax 03 88 15 06 16*, – – 20. AE GB JCB
70 – **48 ch** 560/590 p. 6 **EU n**

Hannong sans rest, 15 r. 22-Novembre ☎ 03 88 32 16 22, *info@hotel-hannong.com, Fax 03 88 22 63 87* – – 30. AE GB JCB
fermé 2 au 6 janv. – 70 – **72 ch** 590/790 p. 8 **JY a**

Dragon M sans rest, 2 r. Écarlate ☎ 03 88 35 79 80, *hotel@dragon.fr, Fax 03 88 25 78 95* – . AE GB.
60 – **32 ch** 450/705 p. 8 **JZ d**

Dauphine sans rest, 30 r. 1e Armée ☎ 03 88 36 26 61, *hotel.de.la.dauphine@wanadoo.fr, Fax 03 88 35 50 07* – . AE GB
fermé 21 déc. au 2 janv. – 60 – **45 ch** 420/615 p. 6 **EX a**

Gutenberg sans rest, 31 r. Serruriers ☎ 03 88 32 17 15, *Fax 03 88 75 76 67* – . GB.
fermé 1er au 15 janv. – 44 – **42 ch** 340/540 p. 9 **KZ m**

Princes sans rest, 33 r. Geiler ☎ 03 88 61 55 19, *princes@strasbourg.com, Fax 03 88 41 10 92* – . AE GB
fermé 1er au 21 août – 65 – **43 ch** 460/650 p. 7 **FV t**

Relais Mercure sans rest, 3 r. Maire Kuss ☎ 03 88 32 80 80, *h1813@accor-hotels.com, Fax 03 88 23 05 39* – – 25. AE GB JCB
55 – **52 ch** 515/595 p. 8 **HY e**

Relais Mercure M, 50 rte Bischwiller à Schiltigheim ✉ 67300 ☎ 03 88 62 55 55, *h0513-@accor-hotels.com, Fax 03 88 62 66 02* – , rest, P – 40 à 80. AE GB JCB
Repas *(fermé 24 déc. au 8 janv., sam. midi et dim. soir)* carte environ 160, enf. 35 – 50 – **85 ch** 420/570 p. 6 **EU s**

Ibis M sans rest, 18 r. Fg National ☎ 03 88 75 10 10, *h0943@accor-hotels.com, Fax 03 88 75 79 60* – P. AE GB
36 – **98 ch** 440 p. 8 **HYZ u**

Aux Trois Roses sans rest, 7 r. Zürich ☎ 03 88 36 56 95, *hotel-aux-trois-roses@wanadoo.fr, Fax 03 88 35 06 14* – . AE GB JCB.
39 – **33 ch** 295/480 p. 9 **LZ y**

Couvent du Franciscain sans rest, 18 r. Fg de Pierre ☎ 03 88 32 93 93, *info@hotel-franciscain.com, Fax 03 88 75 68 46* – P – 15. AE GB
fermé 24 déc. au 6 janv. – 48 – **43 ch** 330/410 p. 8 **JY e**

St-Christophe sans rest, 2 pl. Gare ✆ 03 88 22 30 30, *Fax 03 88 32 17 11* – AE GB JCB p. 8 HY t
49 – **70 ch** 380/480

Pax, 24 r. Fg National ✆ 03 88 32 14 54, *info@paxhotel.com, Fax 03 88 32 01 16,* – 25. AE GB JCB p. 8 HYZ u
fermé 23 déc. au 2 janv. – **Repas** *(fermé dim. de nov. à fév.)* 95/150 – 45 – **106 ch** 430 – ½ P 330

Continental sans rest, 14 r. Maire Kuss ✆ 03 88 22 28 07, *Fax 03 88 32 22 25* – AE GB. p. 8 HY s
40 – **48 ch** 350/370

Au Crocodile (Jung), 10 r. Outre ✆ 03 88 32 13 02, *info@au-crocodile.com, Fax 03 88 75 72 01,* « Cadre élégant » – AE GB JCB. p. 9 KY x
fermé 8 au 30 juil., 24 déc. au 7 janv., dim. midi et lundi midi sauf fériés – **Repas** 320 (déj.), 470/720 et carte 490 à 760, enf. 120
Spéc. Sandre et queues d'écrevisses au riesling. Lobe de foie de canard truffé cuit tel un baeckeoffe. Pampre de muscat d'Alsace en sorbet, crème aux noix. **Vins** Riesling, Gewürztraminer.

Buerehiesel (Westermann), dans le parc de l'Orangerie ✆ 03 88 45 56 65, *westermann@buerehiesel.fr, Fax 03 88 61 32 00,* ←, « Reconstitution d'une authentique ferme alsacienne agrémentée d'une verrière » – P. AE GB p. 7 GU a
fermé 2 au 22 août, 31 déc. au 17 janv., mardi et merc. – **Repas** 320 (déj.), 560/820 et carte 600 à 760, enf. 120
Spéc. Gelée et crème d'écrevisses "pattes rouges" aux légumes croquants. Schniederspaetle et cuisses de grenouilles poêlées au cerfeuil. Pigeon d'Alsace farci et braisé, jeunes légumes et girolles. **Vins** Riesling, Tokay-Pinot gris.

Vieille Enseigne (Langs), 9 r. Tonneliers ✆ 03 88 32 58 50, *Fax 03 88 75 63 80* – AE GB JCB p. 9 KZ f
fermé sam. midi et dim. – **Repas** 205 (déj.), 360/460 et carte 420 à 600
Spéc. Poêlée de sot-l'y-laisse au caramel de miel. Pavé de sandre braisé au gewurztraminer. Grosses côtes d'agneau rôties au jus de chorizo. **Vins** Pinot blanc, Tokay-Pinot gris

Zimmer, 8 r. Temple Neuf ✆ 03 88 32 35 01, *Fax 03 88 32 42 28,* – AE GB
fermé 30 juil. au 20 août, 23 déc. au 7 janv., dim. et lundi – **Repas** 195/350 p. 9 KY y

Estaminet Schloegel, 19 r. Krütenau ✆ 03 88 36 21 98, *Fax 03 88 36 21 98* – AE GB
fermé août, sam. midi et dim. – **Repas** 180/300 et carte 270 à 320 p. 9 LZ q

Maison des Tanneurs dite "Gerwerstub", 42 r. Bain aux Plantes ✆ 03 88 32 79 70, *Fax 03 88 22 17 26,* « Vieille maison alsacienne au bord de l'Ill » – AE GB p. 8 JZ t
fermé 31 déc. au 24 janv., dim. et lundi – **Repas** carte 220 à 330

Maison Kammerzell et Hôtel Baumann M avec ch, 16 pl. Cathédrale ✆ 03 88 32 42 14, *infomaisonkammerzell.com, Fax 03 88 23 03 92,* « Belle maison alsacienne du 16e siècle » – ch, – 80. AE GB p. 9 KZ e
hôtel : fermé fév. – **Repas** 184/295 et carte 210 à 290, enf. 58 – 65 – **9 ch** 450/720

Julien, 22 quai Bateliers ✆ 03 88 36 01 54, *Fax 03 88 35 40 14* – AE GB JCB
fermé dim. et lundi – **Repas** 220 (déj.)/445 et carte 350 à 430 p. 9 KZ x
Spéc. Escalope de foie gras de canard. Poêlée de langoustines. Carré d'agneau rôti. **Vins** Riesling, Pinot noir.

Cambuse, 1 r. Dentelles ✆ 03 88 22 10 22, *Fax 03 88 23 24 99,* « Décoration rappelant l'intérieur d'un bateau » – GB p. 8 JZ a
fermé 29 avril au 14 mai, 5 au 20 août, 23 déc. au 7 janv., dim. et lundi – **Repas** - produits de la mer - (prévenir) carte 240 à 320

L'Arsenal, 11 r. Abreuvoir ✆ 03 88 35 03 69, *Fax 03 88 35 03 69* – AE GB. p. 9 LZ m
fermé 30 juil. au 27 août, sam. midi, dim. et fériés – **Repas** 145 (déj.), 155/250

Violon d'Ingres, 1 r. Chevalier Robert ✆ 03 88 31 39 50, *Fax 03 88 31 46 74* – GB
fermé 20 août au 7 sept., sam. midi et dim. soir – **Repas** 150/380 p. 5 CS z

Au Boeuf Mode, 2 pl. St-Thomas ✆ 03 88 32 39 03, *Fax 03 88 21 90 80,* – AE GB p. 8 JZ k
fermé 1er au 15 janv., 6 au 15 août; dim. et lundi – **Repas** 105 (déj.)/155

Pont des Vosges, 15 quai Koch ✆ 03 88 36 47 75, *Fax 03 88 25 16 85,* – AE GB
fermé dim. – **Repas** carte 210 à 260 p. 9 LY h

Penjab, 12 r. Tonneliers ✆ 03 88 32 36 37, *Fax 03 88 32 18 55* – GB p. 9 KZ r
fermé 1er au 6 janv., lundi midi, jeudi midi et dim. – **Repas** - cuisine indienne - 130/280, enf. 60

XX **L'Alsace à Table,** 8 r. Francs-Bourgeois ✆ 03 88 32 50 62, *baumann@maison-kammerzell.com, Fax 03 88 22 44 11,* brasserie – ▤. AE ⓓ GB JCB p. 8 **JZ** z
Repas - produits de la mer - 159 ♀, enf. 50

XX **Panier du Marché,** 15 r. Ste-Barbe ✆ 03 88 32 04 07, *Fax 03 88 23 64 52,* ☂ – ▤. GB ✻ p. 8 **JZ** e
fermé 6 au 18 août, sam. et dim. – **Repas** (124) - 168 ♀

XX **Festin de Lucullus,** 18 r. Ste-Hélène ✆ 03 88 22 40 78, *Fax 03 88 22 40 78* – GB p. 8 **JZ** c
fermé 13 août au 3 sept., dim. et lundi sauf fériés – **Repas** 80 (déj.), 170/200 ♀

XX **Buffet de la Gare-Argentoratum,** pl. Gare ✆ 03 88 32 68 28, *Fax 03 88 32 88 34* – ▤. AE ⓓ GB p. 8 **HY** r
Repas 68/150 ♀, enf. 38

X **Cruche d'Or** avec ch, 6 r. Tonneliers ✆ 03 88 32 11 23, *Fax 03 88 21 94 78,* ☂ – TV ✆. AE GB. ✻ ch p. 9 **KZ** v
fermé 1er *au 15 août, vacances de fév. et dim.* – **Repas** 140/180 ♀, enf. 50 – ☕ 40 – **12 ch** 200/350

X **Brasserie Kirn,** 6/8 r. de l'Outre ✆ 03 88 52 03 03, *Fax 03 88 52 01 00* – ▤. AE GB
fermé dim. soir – **Repas** (95) - 128 (déj.)/155 ♀, enf. 55 p. 9 **KY** f

X **Vieille Tour,** 1 r. A. Seyboth ✆ 03 88 32 54 30, *Fax 03 88 32 54 30,* ☂ – GB
fermé 15 au 30 juil., dim. et lundi – **Repas** 120/195 p. 8 **HZ** e

X **Patrie,** 1 r. Balayeurs ✆ 03 88 35 16 92, *Fax 03 88 36 81 92* – GB **FV** s
fermé 30 juil. au 26 août, dim. et lundi – **Repas** - cuisine portugaise - carte 130 à 220 ♀, enf. 42

X **Au Rocher du Sapin,** 6 r. Noyer ✆ 03 88 32 39 65, *Fax 03 88 75 60 99,* ☂, brasserie – AE GB p. 8 **JY** f
fermé dim. sauf du 30 nov. au 26 déc. – **Repas** (59) - 95/135 ♀

LES WINSTUBS : *Dégustation de vins et cuisine du pays, ambiance typiquement alsacienne*

X **Le Clou,** 3 r. Chaudron ✆ 03 88 32 11 67, *Fax 03 88 75 72 83* – ▤. AE GB p. 9 **KY** n
fermé merc. midi, dim. et fériés – **Repas** carte 170 à 270 ♀

X **Ami Schutz,** 1 r. Ponts Couverts ✆ 03 88 32 76 98, *ami-schutz@strasbourg.com, Fax 03 88 32 38 40,* ☂ – AE ⓓ GB p. 8 **HZ** r
Repas 165/240 bc ♀

X **S'Burjerstuewel (Chez Yvonne),** 10 r. Sanglier ✆ 03 88 32 84 15, *Fax 03 88 23 00 18* – AE GB p. 9 **KYZ** r
fermé 13 juil. au 12 août, lundi midi et dim. – **Repas** (prévenir) carte 150 à 290

X **S'Muensterstuewel,** 8 pl. Marché aux Cochons de Lait ✆ 03 88 32 17 63, *munsterstuewel@wanadoo.fr, Fax 03 88 21 96 02,* ☂ – ▤. AE ⓓ GB JCB p. 9 **KZ** y
fermé 19 août au 12 sept., 18 au 28 fév., dim. et lundi – **Repas** 138 et carte 200 à 380 ♀, enf. 65

X **Au Pont du Corbeau,** 21 quai St-Nicolas ✆ 03 88 35 60 68, *corbeau@reperes.com, Fax 03 88 25 72 45* – ▤. GB p. 9 **KZ** b
fermé 28 juil. au 26 août, vacances de fév., dim. midi et sam. sauf en déc. – **Repas** (72) - carte 130 à 190 ♀

X **Fink'Stuebel,** 26 r. Finkwiller ✆ 03 88 25 07 57, *Fax 03 88 36 48 82* – GB p. 8 **JZ** x
fermé 5 au 20 août, 1er *au 10 janv., dim. et lundi* – **Repas** 165 ♀

X **Hailich Graab "Au St-Sépulcre",** 15 r. Orfèvres ✆ 03 88 32 39 97, *Fax 03 88 32 39 97* – ▤. GB p. 9 **KZ** d
fermé 7 au 18 juil., dim. et lundi – **Repas** carte environ 180

X **Zum Strissel,** 5 pl. Gde Boucherie ✆ 03 88 32 14 73, *Fax 03 88 32 70 24,* cadre rustique – ▤. AE GB p. 9 **KZ** a
fermé 30 juin au 30 juil., 1er *au 11 fév., dim. sauf fêtes et lundi* – **Repas** 64/135 ♀, enf. 48

Environs

à Reichstett : *Nord : 7 km par D 468 et D 37 ou par A 4 et D 63 – 4 640 h. alt. 141 – ✉ 67116 :*

🏠 **Paris,** sur D 63 ✆ 03 88 20 00 23, *Fax 03 88 20 30 60,* ☂, ⛱, 🌳 – ✂, ▤ rest, TV P – 🔔 40. GB p. 5 **BR** p
fermé 28 juil. au 19 août et 21 déc. au 4 janv. – **Repas** *(fermé dim. soir et sam.)* 90/180 ♀ – ☕ 45 – **17 ch** 285/335 – 1/2 P 280

🏠 **L'Aigle d'Or** sans rest, (près église) ✆ 03 88 20 07 87, *aigledor1@wanadoo.fr, Fax 03 88 81 83 75* – TV. AE ⓓ GB JCB p. 5 **BR** a
☕ 55 – **17 ch** 310/590

La Wantzenau *Nord-Est : 12 km par D 468 – 4 394 h. alt. 130 – ✉ 67610 :*

Hôtel Au Moulin ⛆, Sud : 1,5 km par D 468 ☎ 03 88 59 22 22, *moulin@reperes.com, Fax 03 88 59 22 00*, ←, « Ancien moulin sur un bras de l'Ill », – |‡| TV ☎ P. AE GB
fermé 24 déc. au 2 janv. voir rest. **Au Moulin** ci-après – ☐ 58 – **20 ch** 365/565 – ½ P 390/447 p. 5 **CR z**

Roseraie sans rest, 32 r. Gare ☎ 03 88 96 63 44, *Fax 03 88 96 64 95* – TV ☎ P. GB
☐ 42 – **15 ch** 280/330 p. 5 **CR v**

XXX **Relais de la Poste** avec ch, 21 r. Gén. de Gaulle ☎ 03 88 59 24 80, *info@relais-poste.com, Fax 03 88 59 24 89*, « Belle maison alsacienne aménagée avec soin » – |‡|, ▤ rest, TV ♿ P. AE ⓓ GB p. 5 **CR a**
fermé 2 au 22 janv. – **Repas** *(fermé 30 juil. au 12 août, 2 au 22 janv., sam. midi, dim. soir et lundi)* 185 (déj.), 235/465 et carte 330 à 520 ♀ – ☐ 65 – **19 ch** 400/750 – ½ P 800

XXX **A la Barrière** (Sutter), 3 rte Strasbourg ☎ 03 88 96 20 23, *Fax 03 88 96 25 59*, – P. AE ⓓ GB p. 5 **CR n**
✿ *fermé 13 au 31 août, vacances de fév., mardi et merc.* – **Repas** (dim. prévenir) 150 (déj.), 230/380 bc et carte 290 à 380 ♀
Spéc. Croustillant d'escargots aux poireaux. Rouget rôti sur peau à la confiture d'épices. Gibier (saison). **Vins** Pinot blanc, Riesling.

XXX **Zimmer,** 23 r. Héros ☎ 03 88 96 62 08, *Fax 03 88 96 37 40* – AE ⓓ GB p. 5 **CR r**
fermé 15 août au 4 sept., vacances de fév., dim. soir et lundi sauf fériés – **Repas** *(120)* - 150/350 bc et carte 210 à 310 ♀

XX **Rest. Au Moulin** - Hôtel Au Moulin, Sud : 1,5 km par D 468 ☎ 03 88 96 20 01, *philippe.clauss@wanadoo.fr, Fax 03 88 68 07 97*, « Jardin fleuri », – ▤ P. AE ⓓ GB p. 5 **CR z**
fermé 9 au 30 juil., 27 déc. au 4 janv., 18 au 24 fév., dim. soir et soir fériés – **Repas** 140/395 ♀

XX **Les Semailles,** 10 r. Petit-Magmod ☎ 03 88 96 38 38, *semailles@reperes.com, Fax 03 88 68 09 06*, – GB p. 5 **CR s**
fermé 13 au 31 août, vacances de fév., dim. soir, merc. et jeudi – **Repas** *(115)* - 150 (déj.), 205/310 ♀

X **Pont de l'Ill,** 2 r. Gén. Leclerc ☎ 03 88 96 29 44, *Fax 03 88 96 21 18*, – ▤. GB
fermé août et sam. midi – **Repas** 57 (déj.), 139/238 ♀, enf. 63 p. 5 **CR u**

à Illkirch-Graffenstaden *par rte de Colmar* **BST** *: 5 km ou par A 35 (sortie n° 7) – 22 307 h. alt. 140 – ✉ 67400 :*

Holiday Inn Garden Court M, au Parc d'Innovation ☎ 03 88 40 84 84, *Fax 03 88 66 22 83*, – |‡| ⇔ ▤ TV ☎ ♿ P – 🏛 80. AE ⓓ GB
Repas *(fermé sam. midi et dim. midi)* 145 – ☐ 65 – **68 ch** 570/750 p. 5 **BT n**

Alsace, 187 rte Lyon ☎ 03 90 40 35 00, *contact@hotelalsace.com, Fax 03 90 40 35 01*, – |‡| TV ☎ P – 🏛 30. AE GB p. 5 **BT d**
Repas *(fermé dim.)* 68 ♀, enf. 48 – ☐ 40 – **40 ch** 340 – ½ P 245

au Sud-Ouest *par A 35 (sortie n° 7), D 484 et D 884 : 10 km – ✉ 67540 Ostwald :*

Mercure Strasbourg-Sud M, r. 23 Novembre ☎ 03 90 40 51 51, *h0369@accor-hotels.com, Fax 03 90 40 51 59*, – |‡| ⇔ ▤ TV P – 🏛 80. AE ⓓ GB JCB p. 5 **BT e**
Repas *(fermé dim. midi et sam.)* *(95)* - 130/150 ♀, enf. 50 – ☐ 65 – **97 ch** 640

vers ④ *sur N 83 : 11 km – ✉ 67400 Illkirch-Graffenstaden :*

Novotel Strasbourg-Sud M, ☎ 03 88 66 21 56, *h0441@accor-hotels.com, Fax 03 88 67 21 63*, – ⇔ ▤ TV ☎ ♿ P – 🏛 70. AE ⓓ GB p. 5 **BT u**
Repas 103 ♀, enf. 50 – ☐ 62 – **76 ch** 545/700

Ibis Strasbourg-Sud, ☎ 03 88 67 81 67, *h2193@accor-hotels.com, Fax 03 88 66 95 15*, – |‡| TV ☎ ♿ P – 🏛 30. AE ⓓ GB p. 5 **BT v**
Repas 95 ♀, enf. 39 – ☐ 35 – **75 ch** 330

à Fegersheim *vers ④ par A 35 (sortie n° 7), N 283 et N 83 : 14 km – 3 953 h. alt. 145 – ✉ 67640 :*

Auberge Au Chasseur, près église d'Ohnheim, Est : 2 km par D 221 ☎ 03 88 64 03 78, *Fax 03 88 64 05 49*, – ▤ rest, TV P. AE GB p. 5 **BT x**
fermé août, vend. soir., dim. soir et sam. – **Repas** 65/180 – ☐ 40 – **24 ch** 280/310 – ½ P 280

XX **Auberge du Bruchrhein,** 24 r. Lyon ☎ 03 88 64 17 77, *Fax 03 88 64 17 77*, – ▤. AE GB p. 4 **AT x**
fermé 20 août au 3 sept., 20 au 28 fév., dim. soir et lundi – **Repas** *(78)* - 108 (déj.), 140/174 ♀, enf. 40

à Lipsheim *vers ④ par A 35, N 83 et D 221 – 1 772 h. alt. 146 – ✉ 67640 :*

Alizés Ⓜ sans rest, ☎ 03 88 59 02 00, *alizés@visit-alsace.com, Fax 03 88 64 21 61,* – 25. AE GB JCB p. 4 AT
fermé 24 déc. au 1er janv. – ☕ 65 – **49 ch** 355/400

à Blaesheim *par A 35 (sortie n° 9), N 422 et D 84 : 19 km – 1 000 h. alt. 150 – ✉ 67113 :*

Au Boeuf, ☎ 03 88 68 68 99, *Fax 03 88 68 60 07,* – rest, – 90. AE GB p. 4 AT
fermé 6 au 27 août et 30 déc. au 15 janv. – **Repas** *(fermé dim. soir et lundi)* 245/345 –
☕ 55 – **22 ch** 390/850 – ½ P 480

Schadt, ☎ 03 88 68 86 00, *Fax 03 88 68 89 83* – AE GB p. 4 AT
fermé dim. soir et jeudi – **Repas** 160/350

à Entzheim *par A 35 (sortie n° 8), D 400 et D 392 : 12 km – 1 796 h. alt. 150 – ✉ 67960 :*

Père Benoit, 34 rte Strasbourg ☎ 03 88 68 98 00, *Fax 03 88 68 64 56,* « Ancienne ferme alsacienne du 18e siècle », – rest, – 30. AE GB. rest
fermé 29 juil. au 12 août – **Repas** *(fermé lundi midi, sam. midi et dim.)* 110/150, enf. 40 –
☕ 45 – **60 ch** 300/450 p. 4 AT

à Ostwald *par rte de Schirmeck (D 392) et D 484 : 7 km ou par A 35 (sortie n° 7) et D 484 – 10 197 h. alt. 140 – ✉ 67540 :*

Château de l'Ile Ⓜ, 4 quai Heydt ☎ 03 88 66 85 00, *ile@wanadoo.fr Fax 03 88 66 85 49,* – – 80. AE GB JCB p. 5 BT
Repas *(fermé 17 juil. au 30 août, 16 janv. au 1er mars, sam. midi, dim. soir, mardi midi et lundi)* 240/430 - ***Winstub*** **: Repas** carte 170 à 250, enf. 90 – ☕ 90 – **58 ch** 900/2060, 4 appart – ½ P 920/1500

à Lingolsheim *par rte de Schirmeck (D 392) : 5 km – 16 480 h. alt. 140 – ✉ 67380 :*

Ramsès Kyriad sans rest, 59 r. Mar. Foch ☎ 03 88 76 11 00, *kyriad-strasbourg@hotelramses.com, Fax 03 88 77 39 31* – – 30. AE GB p. 5 BS
☕ 39 – **37 ch** 340/360

Ibis, 2 r. Mar. Foch ☎ 03 88 77 18 18, *Fax 03 88 77 22 42* – – 30. AE GB p. 5 BS
Repas carte environ 160, enf. 39 – ☕ 35 – **81 ch** 330

à Eckbolsheim *Ouest : 4 km par A 351 sortie n° 4 – 5 253 h. alt. 145 – ✉ 67201*

Y.G., 14 r. J. Monnet ☎ 03 88 77 85 60, *yg@strasbourg.com, Fax 03 88 77 85 33,* – – 40. GB p. 5 BS
Repas *(60)* - 110/150, enf. 45 – ☕ 50 – **67 ch** 300/480 – ½ P 290/350

à Mittelhausbergen *Nord-Ouest : 5 km par D 31 – 1 425 h. alt. 155 – ✉ 67206 :*

Tilleul avec ch, 5 rte de Strasbourg ☎ 03 88 56 18 31, *autilleul@wanadoo.fr, Fax 03 88 56 07 23* – . AE GB p. 5 BS
Repas *(fermé 15 juil. au 2 août, vacances de fév., mardi et merc.)* 98/350, enf. 50 – ☕ 40 –
12 ch 300/320 – ½ P 250/280

à Pfulgriesheim *Nord-Ouest : 10 km par D 31 – 1 081 h. alt. 135 – ✉ 67370 :*

Bürestubel, 8 r. Lampertheim ☎ 03 88 20 01 92, *restaurant.burestubel@wanadoo.fr, Fax 03 88 20 48 97,* – GB p. 4 AR
fermé 23 juil. au 10 août, 7 au 20 janv., lundi et mardi – **Repas** 90/140

SUBLIGNY *89 Yonne* 61 ⑭ – *rattaché à Sens.*

SUCÉ-SUR-ERDRE *44 Loire-Atl.* 63 ⑰ – *rattaché à Nantes.*

SUCY-EN-BRIE *94 Val-de-Marne* 61 ①, 101 ㉘ – *voir à Paris, Environs.*

SULLY-SUR-LOIRE *45600 Loiret* 65 ① *G. Châteaux de la Loire – 5 806 h alt. 115.*

Voir *Château*★ *: charpente*★★ *– Commune de la Méridienne verte.*

Office de Tourisme pl. Gén.-de-Gaulle ☎ 02 38 36 23 70, Fax 02 38 36 32 21.

Paris 139 ① – Orléans 50 ① – Bourges 85 ④ – Gien 27 ① – Montargis 41 ① – Vierzon 85 ④.

SULLY-SUR-LOIRE

- Abreuvoir (R. de l') 2
- Béthune (Av. de) 3
- Champ-de-Foire (Bd du) 4
- Chemin-de-Fer (Av. du) 5
- Grand-Sully (R. du) 6
- Jeanne-d'Arc (Bd) 7
- Marronniers (R. des)... 9
- Porte-Berry (R.) 10
- Porte-de-Sologne (R.) 12
- St-François (R. du Fg).. 15
- St-Germain (R. du Fg) 16
- Venerie (Av. de la)..... 20

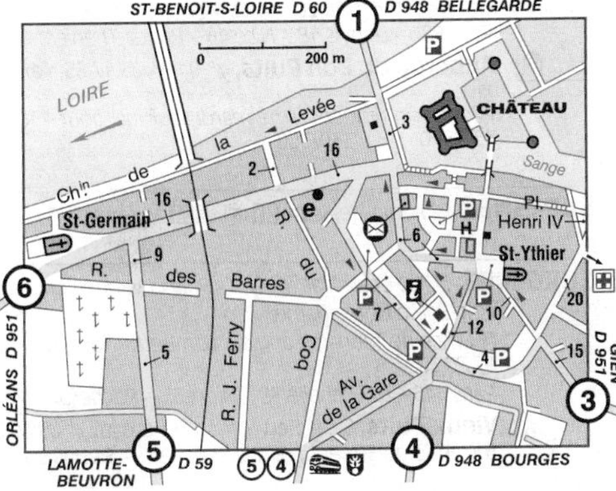

Utilisez le guide de l'année.

Poste, 11 r. Fg St-Germain (e) ☎ 02 38 36 26 22, – P. AE GB
Repas 96/220 bc – 32 – **27 ch** 150/300 – ½ P 215

Ferme des Châtaigniers, chemin Châtaigniers, Sud-Ouest : 2,5 km par ⑥ *et D 951*
☎ 02 38 36 51 98, *Fax 02 38 36 51 98*, – P. AE GB
fermé 27 août au 5 sept., 24 déc. au 2 janv., dim. soir et merc. – **Repas** (nombre de couverts limité, prévenir) 120 (déj.), 160/190

à St-Père-sur-Loire *par ① et D 948 : 1 km – 1 043 h. alt. 115 – ✉ 45600 :*

Hostellerie du Château (Annexe Résidence 10 ch-cuisinettes), 4 rte Paris ☎ 02 38 36 24 44, *resasylvie@wanadoo.fr, Fax 02 38 36 62 40* – P. AE GB
Repas *(110)* - 120/230 – 42 – **32 ch** 250/350 – ½ P 330

aux Bordes *par ①, D 948 et D 961 : 6 km – 1 389 h. alt. 132 – ✉ 45460 :*

Bonne Étoile, D 952 ☎ 02 38 35 52 15, *Fax 02 38 35 52 15* – P. GB
fermé 5 au 20 sept., 30 janv. au 8 fév., mardi soir et lundi – **Repas** 85/195, enf. 45

SUPER-BESSE *63 P.-de-D.* 73 ⑬ – *rattaché à Besse-en-Chandesse.*

SUPERDÉVOLUY *05250 H.-Alpes* 77 ⑮ *G. Alpes du Sud.*
Paris 652 – Gap 38 – Grenoble 84 – La Mure 45.

Les Chardonnelles, ☎ 04 92 58 86 90, *Fax 04 92 58 87 76*, – 30. AE GB
15 juin-15 sept. et 15 déc.-25 avril – **Repas** 89/178, enf. 49 – **40 ch** 380/480 – ½ P 380

SUPER-LIORAN *15 Cantal* 76 ③ *G. Auvergne – Sports d'hiver : 1 160/1 850 m 1 24 – ✉ 15300 Laveissière.*
Voir Plomb du Cantal ✱★★ par téléphérique – Gorges de l'Alagnon★ NE : 4 km puis 30 mn – Col de Cère ★ O : 2 km.
Office de Tourisme ☎ 04 71 49 50 08, Fax 04 71 49 51 01.
Paris 538 – Aurillac 42 – Condat 48 – Murat 13 – St-Jacques-des-Blats 7.

Grand Hôtel Anglard et du Cerf, ☎ 04 71 49 50 26, *Fax 04 71 49 53 53*, Monts du Cantal – 80. AE GB
6 juil.-16 sept. et 21 déc.-17 avril – **Repas** 80/250 – 40 – **38 ch** 250/380 – ½ P 320/360

Remberter, ☎ 04 71 49 50 28, *Fax 04 71 49 52 88*, – GB. rest
23 juin-8 sept. et 1er déc.-Pâques – **Repas** (dîner seul. en été sauf week-ends et fériés) *(75)* - 90/150, enf. 46 ***-Brasserie*** (déj. seul.) **Repas** (60)-75, enf. 42 – 38 – **20 ch** 220/300 – ½ P 290/300

Rocher du Cerf et Crystal Chalet, ☎ 04 71 49 50 14, *Fax 04 71 49 54 07* – P. AE GB
1er juil.-10 sept. et 20 déc.-1er avril – **Repas** 75/160, enf. 44 – 30 – **27 ch** 190/240 – ½ P 270

SUPER-SAUZE *04 Alpes-de-H.-P.* 81 ⑧ – *rattaché à Barcelonnette.*

Le SUQUET *06 Alpes-Mar.* 84 ⑲, 115 ⑯ – *alt. 400* – ✉ *06450 Lantosque.*
Paris 887 – Levens 18 – Nice 46 – Puget-Théniers 48 – St-Martin-Vésubie 20.

Auberge du Bon Puits, ✆ 04 93 03 17 65, *Fax 04 93 03 10 48,*
Pâques-fin nov. et fermé mardi sauf juil.-août – **Repas** 110/165 ♀, enf. 70 – ☕ 45 – **8 ch** 320/340 – ½ P 330/350

SURESNES *92 Hauts-de-Seine* 55 ⑳., 101 ⑭ – *voir à Paris, Environs.*

SURGÈRES *17700 Char.-Mar.* 71 ③ *G. Poitou Vendée Charentes – 6 049 h alt. 16.*
Voir *Église Notre-Dame*★.
ℹ *Office de Tourisme angle r. Gambetta/Audry-de-Puyravault* ✆ *05 46 07 20 02, Fax 05 46 07 20 30.*
Paris 445 – La Rochelle 38 – Niort 35 – Rochefort 27 – St-Jean-d'Angély 30 – Saintes 54.

Vieux Puits, 6 r. P. Bert (proche Château) ✆ 05 46 07 50 83 – GB
fermé 15 au 30 sept., dim. soir et jeudi – **Repas** 98/190 ♀, enf. 45

SURVILLIERS-ST-WITZ *95470 Val-d'Oise* 56 ⑪, 106 ⑧ – *3 661 h alt. 110.*
Paris 37 – Compiègne 47 – Chantilly 15 – Meaux 38 – Pontoise 39 – Senlis 15.

Novotel Ⓜ, sur D 16 par échangeur A1 Survilliers ✆ 01 34 68 69 80, *H0459@accor-hotels.com, Fax 01 34 68 64 94,* – – 100. AE GB JCB
Repas carte environ 160, enf. 50 – ☕ 70 – **79 ch** 660/700

SURY-AUX-BOIS *45530 Loiret* 65 ① – *433 h alt. 127.*
Voir *Commune de la Méridienne verte.*
Paris 119 – Orléans 41 – Châteauneuf-sur-Loire 17 – Gien 46 – Montargis 32 – Pithiviers 29.

Domaine de Chicamour , Sud : 3,5 km sur N 60 ✆ 02 38 55 85 42, *Fax 02 38 55 80 43,* , « Demeure du 19e siècle dans un parc », – AE GB.
rest
15 mars-5 nov. – **Repas** 105/365 bc ♀ – ☕ 50 – **12 ch** 410/515 – ½ P 440

SUZE-LA-ROUSSE *26790 Drôme* 81 ② *G. Provence – 1 422 h alt. 92.*
Paris 644 – Avignon 60 – Bollène 7 – Nyons 28 – Orange 23 – Valence 85.

Relais du Château , ✆ 04 75 04 87 07, *Fax 04 75 98 26 00,* – – 40. AE GB
13 mars-31 oct. – **Repas** (89) - 120/255, enf. 55 – ☕ 58 – **37 ch** 355/480 – ½ P 365/390

Comte, rte Bollène ✆ 04 75 04 85 38, *hotel-suze-la-rousse@wanadoo.fr, Fax 04 75 04 85 37,* – GB
fermé 1er au 15 janv. – **Repas** 95/195 ♀, enf. 50 – ☕ 35 – **11 ch** 300/360 – ½ P 290/300

Garlaban, r. Remparts ✆ 04 75 04 04 74, *Fax 04 75 04 01 06,* – GB
fermé 5 au 13 mars, 26 nov. au 18 déc., lundi en saison et mardi hors saison – **Repas** 130/240, enf. 60

TAILLECOURT *25 Doubs* 66 ⑧ – *rattaché à Audincourt.*

TAIN-TOURNON 77 ① ② *G. Vallée du Rhône.*
Voir *Terrasses*★ *du château* B.
ℹ *voir à Tain-l'Hermitage et à Tournon.*

Plan page ci-contre

Tain-l'Hermitage *26 Drôme – 5 003 h alt. 124* – ✉ *26600.*
Voir *Belvédère de Pierre-Aiguille*★ *N : 4 km par D 241.*
ℹ *Office de Tourisme (fermé le dim.) 70 av. J.-Jaurès* ✆ *04 75 08 06 81, Fax 04 75 08 34 59.*
Paris 548 – Valence 17 – Grenoble 98 – Le Puy-en-Velay 106 – St-Étienne 75 – Vienne 59.

Pavillon de l'Ermitage, 1 av. P. Durand ✆ 04 75 08 65 00, *Fax 04 75 08 66 05,* – – 90. AE GB C e
Repas 140/280 – ☕ 56 – **46 ch** 445/530

Les 2 Coteaux sans rest, 18 r. J. Péala ✆ 04 75 08 33 01, *Fax 04 75 08 44 20* – . AE GB B a
fermé 28 déc. au 4 janv. et du 18 janv. au 15 fév. – ☕ 38 – **22 ch** 190/310

TAIN-L'HERMITAGE

Batie (Quai de la) . . . . . . C 3
Defer (Pl. H.) . . . . C 8
Église (Pl. de l') . . . . C 12
Gaulle (Q. Gén. de) . . . . C 14
Grande-Rue . . . . B 16
Jaurès (Av. J.) . . . . BC
Michel (R. F.) . . . . C 21
Peala (R. J.) . . . . B 24
Prés.-Roosevelt (Av.) . . . . C 29
Rostaing (Q. A.) . . . . C 30
Seguin (Q. M.) . . . . B 32
Souvenir-Français (Pl. du) . . . . C 33
Taurobole (Pl. du) . . . . . BC
8-Mai-1945 (Pl. du) . . . . BC 39

TOURNON-SUR-RHÔNE

Dumaine (R. A.) . . . . B 9
Faure (R. G.) . . . . B 13
Grande-Rue . . . . B
Juventon (Av. M.) . . . . B 19
Thiers (R.) . . . . B 35

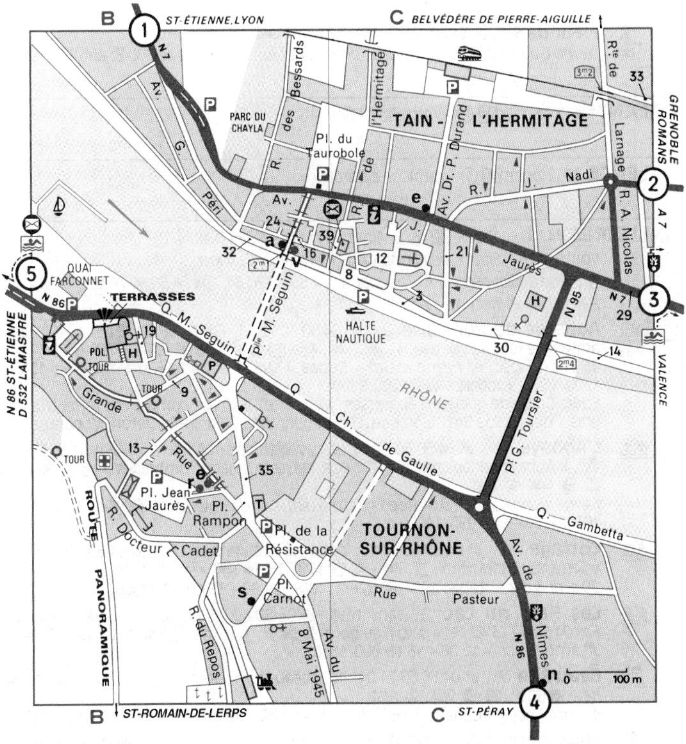

XXX **Reynaud** [M] avec ch, 82 av. Prés. Roosevelt, par ③ *rte Valence* ☎ 04 75 07 22 10, *Fax 04 75 08 03 53*, ←, [terrasse], [piscine], [jardin] – cuisinette, [clim] ch, [TV] [tél] [handicapés] [P]. [AE] [DC] [GB]. [rest] rest
5 au 20 janv. – **Repas** *(fermé dim. soir, mardi midi et lundi)* 160/320 ⅂ – [petit déj.] 50 – **13 ch** 350/450

XX **Rive Gauche,** 17 r. J. Péala ☎ 04 75 07 05 90, *Fax 04 75 07 05 90*, [terrasse] – [GB] B v
fermé 1er au 21 nov., merc. soir sauf de juil. à sept., dim. soir et lundi – **Repas** *(130)* - 180/370 ⅂

rte de Romans *par ② : 4 km – ✉ 26600 Tain-l'Hermitage :*

[hôtel] **L'Abricotine,** ☎ 04 75 07 44 60, *Fax 04 75 07 47 97*, [jardin] – [TV] [tél] [P]. [AE] [GB]
[Bib] *fermé 20 nov. au 10 déc.* – **Repas** (dîner seul.) 75/98 ⅂ – [petit déj.] 40 – **11 ch** 298/400

Tournon-sur-Rhône

[SP] *07 Ardèche – 9 546 h alt. 125 – ✉ 07300.*

Voir *Terrasses*★ *du château* **B** – *Route panoramique*★★★ **B**.

[i] *Office de Tourisme Hôtel Tourette ☎ 04 75 08 10 23, Fax 04 75 08 41 28.*

Paris 548 – Valence 18 – Grenoble 99 – Le Puy-en-Velay 105 – St-Étienne 76 – Vienne 59.

[hôtel] **Amandiers** [M] sans rest, 13 av. de Nîmes ☎ 04 75 07 24 10, *info@hotel-amandiers.com*, *Fax 04 75 07 06 30* – [ascenseur] [TV] [handicapés] [P] – [salle] 30. [AE] [DC] [GB] C n
[petit déj.] 42 – **25 ch** 290/360

Azalées, 6 av. Gare ☎ 04 75 08 05 23, *Fax 04 75 08 18 27,* – rest, – 25. GB — B s
fermé 25 déc. au 2 janv. et dim. soir d'oct. à mars – **Repas** 89/161, enf. 48 – 35 – **35 ch** 245/285 – ½ P 240

Chaudron, 7 r. St-Antoine ☎ 04 75 08 17 90, *Fax 04 75 08 06 61,* – GB — B r
fermé 5 au 20 août, 24 déc. au 3 janv., jeudi soir et dim.
Repas 125/180, enf. 65

Fleur de Sel, pl. Grillet ☎ 04 75 08 76 78 – GB — B e
fermé 6 au 15 août, 7 au 15 janv., dim. soir et lundi – **Repas** 80/300, enf. 55

TALANT *21 Côte-d'Or 65 ⑳ – rattaché à Dijon.*

TALENCE *33 Gironde 71 ⑨ – rattaché à Bordeaux.*

TALLOIRES *74290 H.-Savoie 74 ⑥ G. Alpes du Nord – 1 287 h alt. 470.*
Voir *Site★★ – Site★★* de l'Ermitage St-Germain★ *E : 4 km.*
Office de Tourisme r. A.-Theuriet ☎ 04 50 60 70 64, Fax 04 50 60 76 59.
Paris 552 – Annecy 13 – Albertville 34 – Megève 50.

Auberge du Père Bise ☎ 04 50 60 72 01, *Fax 04 50 60 73 05,* « Terrasse ombragée face au lac, parc », – 25. AE GB JCB
15 fév.-15 déc. et fermé mardi – **Repas** 490/850 et carte 620 à 780 – 120 – **25 ch** 1200/1600, 9 appart – ½ P 1200/2100
Spéc. Gratin de queues d'écrevisses "Mère Bise". Tatin de pommes de terre, truffes et foie gras. Poularde de Bresse braisée à l'estragon. **Vins** Chignin-Bergeron, Mondeuse.

L'Abbaye ☎ 04 50 60 77 33, *abbaye@abbaye-talloires.com, Fax 04 50 60 78 81,* « Abbaye bénédictine du 17e siècle, terrasse et jardin ombragés », – AE GB. rest
fermé 15 nov. au 1er fév. – **Repas** *(fermé dim. soir de nov. à avril)* 220/540 – 100 – **32 ch** 1030/1950 – ½ P 990/1400

Cottage ☎ 04 50 60 71 10, *cottagebise@wanadoo.fr, Fax 04 50 60 77 51,* « Terrasse ombragée », – AE GB JCB. rest
20 avril-4 oct. – **Repas** 190/280, enf. 100 – 80 – **35 ch** 600/1300 – ½ P 500/900

Les Prés du Lac sans rest, ☎ 04 50 60 76 11, *les.pres.du.lac@wanadoo.fr, Fax 04 50 60 73 42,* « Jardin au bord du lac », – AE GB JCB
1er avril-15 oct. – 88 – **16 ch** 800/1500

Beau Site ☎ 04 50 60 71 04, *hotelbeausite@free.fr, Fax 04 50 60 79 22,* – AE GB. rest
11 mai-7 oct. – **Repas** 175/295, enf. 75 – 65 – **29 ch** 515/1130 – ½ P 550/780

Charpenterie ☎ 04 50 60 70 47, *Fax 04 50 60 79 07,* – AE GB
fermé 3 au 31 janv. – **Repas** 125/180, enf. 45 – 60 – **18 ch** 450/550 – ½ P 360/465

Villa des Fleurs avec ch, ☎ 04 50 60 71 14, *lavilladesfleurs@wanadoo.fr, Fax 04 50 60 74 06,* – 25. AE GB
fermé 15 nov. au 15 déc., 20 janv. au 4 fév., dim. soir, mardi midi et lundi – **Repas** 165/290, enf. 120 – 65 – **8 ch** 490/610 – ½ P 495/590

à Angon *Sud : 2 km par D 909a – ✉ 74290 Veyrier-du-Lac :*

Les Grillons, ☎ 04 50 60 70 31, *grillon74@hotmail.com, Fax 04 50 60 72 19,* – GB. rest
1er avril-15 nov. – **Repas** 140/250 – 50 – **30 ch** 450/550 – ½ P 360/460

Write us...

If you have any comments on the contents of this Guide.

Your praise as well as your criticisms will receive careful consideration and, with your assistance, we will be able to add to our stock of information and, where necessary, amend our judgments.

Thank you in advance!

TALMONT-SUR-GIRONDE *17120 Char.-Mar.* **71** ⑮ *G. Poitou Vendée Charentes – 83 h alt. 20.*

Voir *Site*★ *de l'église Ste-Radegonde*★.

Paris 506 – Royan 17 – Blaye 68 – La Rochelle 95 – Saintes 36.

XX **L'Estuaire** avec ch, au Caillaud, 1 av. Estuaire ☎ 05 46 90 43 85, *Fax 05 46 90 43 88*, ≤ estuaire et le village – P. GB. ch

hôtel : 1er mars-30 sept. et fermé mardi et merc. hors saison – **Repas** *(fermé 1er au 10 oct., 15 janv. au 15 fév., mardi soir et merc. hors saison)* 105/210, enf. 52 – ☐ 38 – **7 ch** 250/320 – 1/2 P 280

LA TAMARISSIÈRE *34 Hérault* **83** ⑮ *– rattaché à Agde.*

TAMNIÈS *24620 Dordogne* **75** ⑰ *– 313 h alt. 200.*

Paris 509 – Brive-la-Gaillarde 55 – Périgueux 59 – Sarlat-la-Canéda 16.

Laborderie , ☎ 05 53 29 68 59, *hotel.laborderie@worldonline.fr, Fax 05 53 29 65 31*, ≤, , , – rest, TV P. GB

7 avril-4 nov. – **Repas** *(fermé merc. midi hors saison)* 115/260 ♀ – ☐ 45 – **40 ch** 220/490 – 1/2 P 280/390

TANCARVILLE (Pont routier de) ★ *76430 S.-Mar.* **55** ④ *G. Normandie Vallée de la Seine – 1 326 h alt. 48.*

Voir ≤★ *sur estuaire.*

Accès Péage en 2000 : *auto 15 F, auto et caravane 19 F, camions et autocars 23 à 40 F, gratuit pour motos ☎ 02 35 39 65 60.*

Paris 170 – Le Havre 29 – Caen 81 – Pont-Audemer 21 – Rouen 60.

XXX **Marine** avec ch, au pied du pont (D 982) ☎ 02 35 39 77 15, *Fax 02 35 38 03 30*, ≤ pont suspendu et la Seine, , – TV P – 20. AE GB. ch

fermé 20 juil. au 20 août, lundi (sauf hôtel) et dim. soir – **Repas** 140/350 et carte 330 à 440 ♀ – ☐ 45 – **9 ch** 300/480 – 1/2 P 320/340

TANINGES *74440 H.-Savoie* **74** ⑦ *G. Alpes du Nord – 2 791 h alt. 640.*

Office de Tourisme av. Thézières ☎ 04 50 34 25 05, Fax 04 50 34 83 96 et (en saison) Bureau d'Accueil au Praz-de-Lys ☎ 04 50 34 37 59.

Paris 574 – Chamonix-Mont-Blanc 52 – Thonon-les-Bains 49 – Annecy 61 – Genève 43.

XX **Crémaillère,** au lac de Flérier, Sud-Ouest : 1 km ☎ 04 50 34 21 98, *Fax 04 50 34 34 88*, « Au bord du lac » – P. GB

fermé 25 juin au 1er juil., janv., dim. soir, lundi soir et merc. sauf juil.-août – **Repas** (nombre de couverts limité, prévenir) 130/245 ♀

TANNERON *83440 Var* **84** ⑧, **114** ㉖ *– 1 157 h alt. 376.*

Paris 901 – Cannes 19 – Antibes 28 – Draguignan 58 – Grasse 17 – St-Raphaël 36.

XX **Champfagou** avec ch, pl. du Village ☎ 04 93 60 68 30, *Fax 04 93 60 70 60*, ≤, , – P. AE GB

hôtel : fermé oct. et nov. ; rest. : déj. seul. du 15 oct. au 15 déc. – **Repas** *(fermé mardi soir sauf juil.-août et merc.)* 125/170 ♀ – ☐ 35 – **9 ch** 260 – 1/2 P 320

TANTONVILLE *54116 M.-et-M.* **62** ⑤ *– 600 h alt. 300.*

Paris 321 – Nancy 28 – Épinal 49 – Lunéville 34 – Toul 37 – Vittel 44.

XX **Commanderie,** 1 r. Pasteur ☎ 03 83 52 49 83 – GB

fermé 1er au 15 sept., dim. soir et lundi – **Repas** 119/249 ♀, enf. 49

TANUS *81190 Tarn* **80** ⑪ *– 464 h alt. 439.*

Voir *Viaduc du Viaur*★ *NE : 7 km, – Commune de la "Méridienne verte", G. Languedoc Roussillon.*

Paris 666 – Rodez 49 – Albi 32 – St-Affrique 67.

Voyageurs, ☎ 05 63 76 30 06, *ddelpous@club-internet.fr, Fax 05 63 76 37 94*, – rest, TV. GB

fermé 1er au 15 janv., dim. soir et lundi sauf juil.-août – **Repas** 85 bc/220 , enf. 40 – ☐ 40 – **15 ch** 220/280 – 1/2 P 225/240

TARARE *69170 Rhône* 73 ⑨ *G. Vallée du Rhône – 10 720 h alt. 383.*

Office de Tourisme 6 pl. Madeleine ✆ 04 74 63 06 65, Fax 04 74 63 52 69.

Paris 463 – Roanne 42 – Lyon 46 – Montbrison 61 – Villefranche-sur-Saône 32.

Burnichon, Est par N 7 : 1,5 km ✆ 04 74 63 44 01, *Fax 04 74 05 08 52,* – 30. AE GB

Repas *(fermé dim.)* 80/200, enf. 40 – 38 – **34 ch** 220/300 – 1/2 P 225

Jean Brouilly, 3 ter r. Paris ✆ 04 74 63 24 56, *Fax 04 74 05 05 48,* – AE GB
fermé 5 au 28 août, vacances de fév., dim. sauf fériés le midi et lundi – **Repas** 170/380 et carte 240 à 360

Spéc. Mousseline de chou-fleur au caviar. Tournedos"Milotier". Blanc-manger. **Vins** Mâcon-Villages, Fleurie.

TARASCON *13150 B.-du-R.* 81 ⑪ *G. Provence – 10 826 h alt. 8.*

Voir *Château du roi René★★ : ★★ – Église Ste-Marthe★ – Musée Charles-Deméry★ (Souleïado)* **M.**

Office de Tourisme 59 r. Halles ✆ 04 90 91 03 52, Fax 04 90 91 22 96.

Paris 706 ④ – Avignon 23 ① – Arles 18 ③ – Marseille 100 ③ – Nîmes 27 ④.

TARASCON

Aqueduc (R. de l') . . . Y 2
Arc de Boqui (R.) . . . Y 3
Berrurier (Pl. Colonel) . . . . . . Z 4
Blanqui (R.) . . . . Z 5
Briand (Crs Aristide) . Z 6
Château (Bd du) . . . . Y 7
Château (R. du) . . . . . Y 8
Halles (R. des) . . . . . YZ
Hôpital (R. de l') . . . . Z 9
Jean-Jaurès (R.) . . . . . Y 12
Jeu-de-Paume (R. du) . . . . YZ 14
Ledru-Rollin (R.) . . . . . Z 15
Marché (Pl. du) . . . . Y 16
Millaud (R. Ed.) . . . . YZ 17
Mistral (R. Frédéric) . . . . . . Z 18
Monge (R.) . . . . Y
Pelletan (R. E.) . . . . . . Z 19
Proudhon (R.) . . . . . YZ 20
Raffin (R.) . . . . Y 23
République (Av. de la) . . . . Z 24
Salengro (Av. R.) . . . . Y 25
Victor-Hugo (Bd) . . . . Z

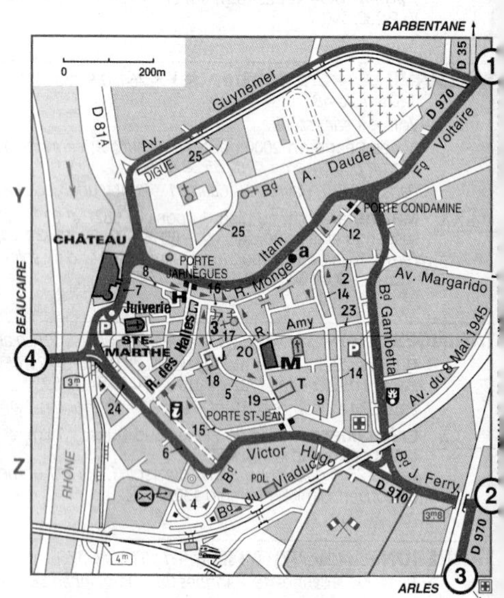

Le Guide change, changez de guide tous les ans.

Échevins, 26 bd Itam ✆ 04 90 91 01 70, *echevins@aol.com, Fax 04 90 43 50 44* – rest, GB. rest Y a
1er avril-30 oct. – ***Mistral*** *✆ 04 90 91 27 62 (fermé sam. midi et dim. soir et merc.)* **Repas** 90/130, enf. 60 – 42 – **40 ch** 300/370 – 1/2 P 290/310

TARASCON-SUR-ARIÈGE *09400 Ariège* 86 ④ ⑤ *G. Midi-Pyrénées – 3 533 h alt. 474.*

Voir *Parc pyrénéen de l'art préhistorique★★ O : 3 km – Grotte de Niaux★★ (dessins préhistoriques) SO : 4 km – Grotte de Lombrives★ S : 3 km par N 20.*

Office de Tourisme av. des Pyrénées ✆ 05 61 05 94 94, Fax 05 61 05 57 79.

Paris 795 – Foix 16 – Ax-les-Thermes 27 – Lavelanet 29.

Confort sans rest, quai A. Sylvestre ✆ 05 61 05 61 90, *Fax 05 61 05 61 90* – GB
fermé 6 au 18 janv. – 40 – **12 ch** 200/295

à Ussat *Sud-Est : 2 km – 372 h. alt. 520 – ✉ 09400 :*

Parc M, ✆ 05 61 02 20 20, *thermes.ussat@wanadoo.fr, Fax 05 61 05 10 60,* – AE GB. rest
4 fév.-25 nov. – **Repas** 65 – 38 – **49 ch** 268/366 – 1/2 P 245

Le Guide change, changez de guide tous les ans.

TARBES P 65000 H.-Pyr. 85 ⑧ *G. Midi-Pyrénées* – *47 566 h alt. 320.*

de Tarbes-Lourdes-Pyrénées : ✆ 05 62 32 92 22, par ④ : 9 km.

✆ 08 36 35 35 35.

Office de Tourisme 3 Crs Gambetta ✆ 05 62 51 30 31, Fax 05 62 44 17 63.

Paris 797 ① – Pau 43 ⑤ – Bordeaux 218 ① – Lourdes 18 ④ – Toulouse 156 ②.

Bigorre (R. de la) .... **AZ** 3
Brauhauban (R.) .... **ABZ** 4
Clemenceau (R. G.) ..... **ABY** 6
Cronstadt (R. de) .... **AZ** 8
Deville (R.) .... **BY** 12
Foch (R. Maréchal) ...... **ABZ**
Fourcade (R. A.) .... **BY**
Gambetta (Cours) .... **AZ** 14
Gaulle (Pl. Gén. de) .... **AY** 15
Jaurès (Pl. Jean) .... **BZ** 16
Laporte (R. H.) .... **BY** 19
Larcher (R. J.) .... **ABY**
Leclerc (Allées Gén.) .... **AZ** 20
Magnoac (R. G.) .... **AY** 22
Marcadieu (Pl.) .... **BZ** 23
Marne (Av. de la) .... **BZ** 25
Michelet (R.) .... **BZ** 26
Parmentier (Pl.) .... **BZ** 28
Péreire (R.) .... **BY** 29
Pradeau (Prom. du) .... **AZ** 30
Pyrénées (R. des) .... **AZ** 31
Ramond (R.) .... **AYZ** 32
Reffye (Cours) .... **AZ** 33
St-Frai (R. Marie) .... **BYZ** 34
Sède (R. de la) .... **AY** 36
Verdun (Pl. de) .... **AYZ** 38

Henri IV sans rest, 7 av. B. Barère ✆ 05 62 34 01 68, *Fax 05 62 93 71 32* – AE GB. — **AY k**
42 – **25 ch** 310/600

Foch sans rest, 18 pl. Verdun ✆ 05 62 93 71 58, *Fax 05 62 93 34 59* – AE GB — **AYZ e**
fermé 24 déc. au 2 janv. – 42 – **30 ch** 320/450

L'Ambroisie (Labarrère), 48 r. Abbé Torné ✆ 05 62 93 09 34, *Fax 05 62 93 09 24*, – . AE GB. — **AY n**
fermé 29 avril au 8 mai, 12 au 20 août, 23 au 30 déc., dim., lundi et fériés – **Repas** 120 (déj.), 190/300 et carte 330 à 430
Spéc. Foie gras de canard poché au bouillon (janv. à mai). Carré d'agneau et ragoût de haricots tarbais (sept. à nov.). Biscuit mi-cuit mi-cru au chocolat noir. **Vins** Madiran.

Fil à la Patte, 30 r. G. Lassalle ✆ 05 62 93 39 23, *Fax 05 62 93 39 23* – . GB — **AY a**
fermé 11 août au 3 sept., 1er au 7 janv., dim. et lundi – **Repas** 98/200

Petit Gourmand, 62 av. B. Barère ✆ 05 62 34 26 86, *Fax 05 62 34 26 86*, – AE GB — **AY b**
fermé 15 août au 7 sept., sam. midi, dim. soir et lundi – **Repas** 110/155

rte d'Auch *par ② :*

XX **Relais d'Orleix,** à 5 km sur N 21 ✉ 65800 Orleix ✆ 05 62 36 28 99, *Fax 05 62 36 28 99*, ⛱, ✂ – 🅿. GB
fermé 15 au 30 août, 1er au 7 janv., dim. soir et lundi – **Repas** 85/160

rte de Lourdes par Juillan *par ④ : 4 km sur D 921A – ✉ 65290 Juillan :*

XX **L'Aragon** avec ch, ✆ 05 62 32 07 07, *Fax 05 62 32 92 50*, ⛱ – 📺 📞 🅿 – 🏊 20. AE ⓓ GB JCB
fermé 1er au 16 août, 26 déc. au 4 janv. et vacances de fév. – **Repas** 180/300 ♀, enf. 50 – ***Bistrot*** **:** Repas (75)bc-98 bc ♀, enf. 50 – ☕ 42 – **12 ch** 250/340 – ½ P 275/300

rte de Pau *par ⑤ : 6 km – ✉ 65420 Ibos :*

🏨 **Chaumière du Bois** 🔇, ✆ 05 62 90 03 51, *Fax 05 62 90 05 33*, ⛱, 🏊, ⛱ – 📺 📞 ♿ 🅿. AE ⓓ GB
Repas (65) - 80/140 🍷 – ☕ 36 – **22 ch** 290/400 – ½ P 290/320

à la Côte de Ger *par ⑤ : 10 km sur N 117 – ✉ 65420 Ibos :*

XX **Vieille Auberge,** ✆ 05 62 31 51 54, *vielle-auberge@wanadoo.fr*, *Fax 05 62 31 55 59*, ⛱ – 🅿. AE ⓓ GB
fermé dim. soir et lundi – **Repas** 100/250

TARDETS-SORHOLUS *64470 Pyr.-Atl. 85 ⑤ – 704 h alt. 220.*
Paris 819 – Pau 62 – Mauléon-Licharre 14 – Oloron-Ste-Marie 28 – St-Jean-Pied-de-Port 49.

XX **Pont d'Abense** 🔇 avec ch, à Abense-de-Haut ✆ 05 59 28 54 60, *uhaltia@wanadoo.fr*, *Fax 05 59 28 75 91*, ⛱, ⛱ – 🅿. GB. ✻
fermé 1er au 15 déc., janv., merc. soir et jeudi sauf été – **Repas** (nombre de couverts limité, prévenir) 98/180, enf. 50 – ☕ 40 – **11 ch** 180/320 – ½ P 210/280

Les noms des localités citées dans ce guide
sont soulignés de rouge
sur les **cartes Michelin** à 1/200 000.

TARGASONNE *66 Pyr.-Or. 86 ⑯ – rattaché à Font-Romeu.*

TARNAC *19170 Corrèze 72 ⑳ G. Berry Limousin – 403 h alt. 700.*
Paris 432 – Limoges 67 – Aubusson 47 – Bourganeuf 44 – Tulle 62 – Ussel 46.

🏨 **Voyageurs** 🔇, ✆ 05 55 95 53 12, *voyageurs-tarnac@voila.fr*, *Fax 05 55 95 40 07* – ▤ rest, 📺 📞. GB. ✻ rest
fermé 22 déc. au 14 janv., 16 fév. au 4 mars, dim. et lundi du 15 sept. au 15 juin sauf fériés. – Repas *(fermé dim. soir et lundi sauf fériés)* 86/168 ♀, enf. 58 – ☕ 42 – **15 ch** 238/270 – ½ P 280/290

TASSIN-LA-DEMI-LUNE *69 Rhône 73 ⑳, 110 ⑬ – rattaché à Lyon.*

TAULÉ *29670 Finistère 58 ⑥ – 2 796 h alt. 90.*
Paris 546 – Brest 63 – Morlaix 8 – St-Pol-de-Léon 13.

🏨 **Relais des Primeurs,** à la gare, Nord : 1,5 km ✆ 02 98 67 11 03, *Fax 02 98 79 02 70* – 🅿. GB. ✻ ch
fermé sept., dim. soir (sauf hôtel) du 15 nov. à Pâques, vend. soir et sam. midi sauf juil.-août – **Repas** 78/190 ♀, enf. 58 – ☕ 35 – **16 ch** 155/220 – ½ P 275

TAURINYA *66 Pyr.-Or. 86 ⑱ – rattaché à Prades.*

TAUTAVEL *66720 Pyr.-Or. 86 ⑨ G. Languedoc Roussillon – 738 h alt. 110.*
Voir *Centre européen de préhistoire★★.*
ℹ *Office de Tourisme Mairie ✆ 04 68 29 44 29, Fax 04 68 29 40 48.*
Paris 867 – Perpignan 31 – Carcassonne 96 – Limoux 82 – Narbonne 74 – Quillan 57.

X **Petit Gris,** rte d'Estagel ✆ 04 68 29 42 42, *Fax 04 68 29 40 49*, ⋞, ⛱ – 🅿. GB
fermé 2 au 20 janv., le soir et lundi d'oct. à mars – **Repas** - grillades et spécialités catalanes - 70/170 ♀, enf. 40

TAVEL *30126 Gard 80 ⑳ – 1 529 h alt. 100.*
Office de Tourisme ✆ 04 66 50 04 10.
Paris 677 – Avignon 15 – Alès 68 – Nîmes 43 – Orange 22.

Pont du Roy, Sud-Est : 3 km par D 4 et D 976 ✆ 04 66 50 22 03, *hotelpontduroy@wanadoo.fr, Fax 04 66 50 10 14,* , , – ch, . GB
2 avril-15 oct. – **Repas** (dîner seul.)(résidents seul.) 125/280, enf. 65 – 45 – **14 ch** 430/580 – ½ P 380/440

TAVERS *45 Loiret 64 ⑧ – rattaché à Beaugency.*

Le TEIL *07400 Ardèche 80 ⑩ G. Vallée du Rhône – 7 779 h alt. 75.*
Voir *Baptistère★ de l'église de Mélas.*
Office de Tourisme pl. P.-Sémard ✆ 04 75 49 10 46, Fax 04 75 49 65 19.
Paris 611 – Valence 51 – Aubenas 34 – Montélimar 7 – Privas 31.

Gafferot, 2 bd Stalingrad ✆ 04 75 49 49 24 – . GB
fermé 2 au 23 juil., vacances de fév., dim. soir, merc. soir et lundi
Repas 98/250 ♀

Le TEILLEUL *50640 Manche 59 ⑨ – 1 433 h alt. 212.*
Paris 273 – Avranches 47 – Domfront 20 – Fougères 37 – Mayenne 39 – St-Lô 79.

Clé des Champs, Est : 1 km sur N 176 ✆ 02 33 59 42 27, *Fax 02 33 59 33 71,* – – 20. GB
fermé 15 fév. au 7 mars, dim. soir et lundi d'oct. à mars – **Repas** 85/215 ♀, enf. 50 – 40 – **16 ch** 200/345 – ½ P 240/255

Le TEMPLE-SUR-LOT *47110 L.-et-G. 79 ⑤ – 969 h alt. 43.*
Syndicat d'Initiative pl. des Templiers ✆ 05 53 40 64 55, Fax 05 53 01 10 98.
Paris 604 – Agen 33 – Nérac 46 – Villeneuve-sur-Lot 15.

Les Rives du Plantié , rte Castelnau ✆ 05 53 79 86 86, *rives.du-plantie@libertysurf.fr, Fax 05 53 79 86 85,* , , – – 150. AE GB
fermé 2 au 10 janv. – **Repas** *(fermé mardi et merc. du 15 sept. au 15 juin)* 130/245 ♀ – 58 – **10 ch** 320/390 – ½ P 570

TENCE *43190 H.-Loire 76 ⑧ G. Vallée du Rhône – 2 788 h alt. 840.*
Office de Tourisme Le Chatiague ✆ 04 71 59 81 99, Fax 04 71 65 47 13.
Paris 570 – Le Puy-en-Velay 46 – Lamastre 39 – St-Étienne 54 – Yssingeaux 19.

Hostellerie Placide, av. Gare ✆ 04 71 59 82 76, *placide@hostellerie-placide.fr, Fax 04 71 65 44 46,* – . AE GB. rest
mi-mars-mi-nov et fermé lundi et mardi sauf juil.-août – **Repas** 160 (dîner), 170/310 ♀, enf. 60 – 60 – **17 ch** 460 – ½ P 400

TENDE *06430 Alpes-Mar. 84 ⑳ G. Côte d'Azur – 2 089 h alt. 815.*
Voir *Site★ - veille ville★ – Fresques★★★ de la chapelle Notre-Dame des fontaines★★ SE : 11 km.*
Paris 895 – Cuneo 46 – Menton 55 – Nice 78 – Sospel 37.

Auberge Tendasque, 65 av. 16-Septembre-1947 ✆ 04 93 04 62 26, – GB
fermé mardi de juin à oct. et le soir d'oct. à juin sauf sam.
Repas 85/130

à Casterino *Ouest : 16 km par St-Dalmas-de-Tende et D 91 – ✉ 06430 Tende :*

Les Mélèzes , ✆ 04 93 04 95 95, *Fax 04 93 04 95 96,* ←, – . GB. ch
fermé 15 nov. au 28 déc., mardi soir et merc. – **Repas** 100/145 ♀ – 35 – **10 ch** 270 – ½ P 260/290

à St-Dalmas-de-Tende *Sud : 4 km par N 204 – ✉ 06430 :*

Prieuré M (Centre d'Aide par le Travail), ✆ 04 93 04 75 70, *contact@leprieure.org, Fax 04 93 04 71 58,* , – – 50. AE GB
fermé Noël au Jour de l'An – **Repas** *(65)* - 90/135 ♀, enf. 55 – 37 – **24 ch** 265/375 – ½ P 260/290

à la Brigue *Sud-Est : 6,5 km par N 204 et D 43 – 618 h. alt. 810 – ✉ 06430.*
Voir Collégiale St-Martin★.

Mirval ⛰, ☎ 04 93 04 63 71, *Fax 04 93 04 79 81*, ←, 🏠, 🌳 – |♦|, ▤ rest, 📺 🅿. GB
1er avril-2 nov. – **Repas** 95/165, enf. 55 – ☕ 38 – **18 ch** 270/360 – ½ P 260/310

TERMES *48310 Lozère 76 ⑭ – 172 h alt. 1120.*

Paris 552 – Aurillac 119 – Mende 57 – Chaudes-Aigues 19 – St-Flour 45.

Auberge du Verdy, ☎ 04 66 31 60 97, *Fax 04 66 31 66 13*, 🌳 – 📺 🚗 🅿. GB
fermé 22 déc. à début mars – **Repas** 59 bc/120 🍷 – ☕ 28 – **10 ch** 200/240 – ½ P 225

TERNAY Barrage du *07 Ardèche 76 ⑨ – rattaché à St-Marcel-lès-Annonay.*

TERRASSON-LAVILLEDIEU *24120 Dordogne 75 ⑦ G. Périgord Quercy – 6 004 h alt. 90.*

Paris 501 – Brive-la-Gaillarde 21 – Lanouaille 44 – Périgueux 54 – Sarlat-la-Canéda 35.

Moulin Rouge, rte Brive sur N 89 : 2 km ☎ 05 53 50 25 00, *le.moulin.rouge@wanadoo.fr*, *Fax 05 53 50 12 20*, 🏠, 🏊 – ▤ ch, 📺 📞 ♿ 🅿 – 🏛 30. AE ◑ GB
Repas *(fermé sam. et dim. sauf juil.-août)* *(75)* - 90 🍷, enf. 45 – ☕ 42 – **38 ch** 290/310, 3 studios – ½ P 285/305

XXX **L'Imaginaire,** pl. Foirail (direction église St-Sour) ☎ 05 53 51 37 27, *Fax 05 53 51 60 37*, 🏠, « Belle salle voûtée d'un ancien hospice du 17e siècle » – AE ◑ GB
fermé 12 au 20 nov., 2 au 22 janv., vacances de fév., dim. soir et mardi de sept. à juin et lundi sauf fériés – **Repas** *(185)* - 275/390 🍷, enf. 95

When looking for a hotel or restaurant use the most efficient method.
Look for the names of towns ***underlined in red***
on the ***Michelin maps*** *scale: 1:200 000.*
But make sure you have an up-to-date map!

TERTENOZ *74 H.-Savoie 74 ⑰ – rattaché à Faverges.*

TÉTEGHEM *59 Nord 51 ④ – rattaché à Dunkerque.*

THANN *68800 H.-Rhin 66 ⑨ G. Alsace Lorraine – 7 751 h alt. 343.*

Voir Collégiale St-Thiébaut★★ – Grand Ballon ✻★★★ N : 19 km.
Office de Tourisme 7 r. de la 1ère Armée ☎ 03 89 37 96 20, Fax 03 89 37 04 585.
Paris 471 – Mulhouse 21 – Belfort 40 – Colmar 42 – Épinal 87 – Guebwiller 20.

Parc ⛰, 23 r. Kléber ☎ 03 89 37 37 47, *hduparc@hrnet.fr*, *Fax 03 89 37 56 23*, 🏠, « Maison bourgeoise 1900 dans un jardin », 🏋, 🏊, 🌳 – 🚭 📺 📞 🅿. AE ◑ GB
Repas 175 (déj.), 200/380 🍷, enf. 100 – ☕ 105 – **20 ch** 485/1160 – ½ P 490/850

Cigogne Ⓜ, ☎ 03 89 37 47 33, *Fax 03 89 37 40 18*, 🏠 – |♦| 🚭 📺 📞 ♿ 🅿. GB
Repas *(fermé dim. soir et lundi)* 80/170 🍷 – ☕ 50 – **27 ch** 260/300 – ½ P 320

Kléber, 39 r. Kléber ☎ 03 89 37 13 66, *Fax 03 89 37 39 67*, 🏋 – 🚭 📺 ♿ 🅿. GB
Repas *(fermé 1er au 21 fév., sam. midi et dim.)* 85/160 🍷 – ☕ 50 – **26 ch** 165/340 – ½ P 300

Aux Sapins, 3 r. Jeanne d'Arc ☎ 03 89 37 10 96, *Fax 03 89 37 23 83*, 🏠 – 📺 📞 ♿ 🅿. ◑ GB
fermé 24 déc. au 2 janv. – **Repas** *(fermé 29 juil. au 13 août, 24 déc. au 2 janv. et sam.)* 100/195 🍷, enf. 40 – ☕ 40 – **17 ch** 240/280 – ½ P 255

THANNENKIRCH *68590 H.-Rhin 62 ⑲ G. Alsace Lorraine – 336 h alt. 520.*

Voir Route★ de Schaentzel (D 48¹) N : 3 km.
Paris 432 – Colmar 24 – St-Dié 40 – Sélestat 16.

Auberge La Meunière ⛰, ☎ 03 89 73 10 47, *info@aubergelameuniere.com*, *Fax 03 89 73 12 31*, ←, 🏠, « Décor rustique », 🏋 – |♦| 📺 📞 🚗 🅿 – 🏛 25. AE GB
25 mars-20 déc. – **Repas** *(fermé lundi midi et mardi midi)* 135/195 🍷, enf. 45 – ☕ 40 – **23 ch** 310/470 – ½ P 265/365

Touring-Hôtel, ☎ 03 89 73 10 01, *touringhotel@free.fr*, *Fax 03 89 73 11 79*, ←, 🌳 – |♦| 📺 🅿 – 🏛 45. GB
1er avril-2 janv. – **Repas** *(85)* - 115/179 🍷, enf. 45 – ☕ 45 – **45 ch** 230/470 – ½ P 280/400

THARON-PLAGE *44730 Loire-Atl.* 67 ①.
Paris 452 – Nantes 56 – Challans 58 – St-Nazaire 24.

Les Sables d'Or, 119 bd Océan ✆ 02 40 27 82 17, *Fax 02 40 39 94 03*, ← – TV ♿. GB
fermé 2 janv. au 8 fév., dim. soir et lundi sauf juil.-août – **Repas** 85/280 ♀, enf. 49 – ☕ 42 – **13 ch** 320/390 – ½ P 320/365

Belem, 56 av. Convention ✆ 02 40 64 90 06, *Fax 02 40 39 43 14* – ▤. GB
fermé 1er janv. au 7 fév., dim. soir et lundi sauf juil.-août – **Repas** 75/205 ♀, enf. 50

Le THEIL *15 Cantal* 76 ② – *rattaché à Salers.*

THÊMES *89 Yonne* 61 ⑭ – ✉ *89410 Cézy.*
Paris 138 – Auxerre 34 – La Celle-St-Cyr 5 – Joigny 8 – Montargis 50 – Sens 26.

P'tit Claridge avec ch, ✆ 03 86 63 10 92, *Fax 03 86 63 01 34*, – TV P. GB. ch
fermé 2 au 15 oct. et 8 au 15 janv. – **Repas** *(fermé dim. soir et merc.)* 130/380 ♀, enf. 60 – ☕ 50 – **7 ch** 240/280

THENAY *36800 Indre* 68 ⑰ – *827 h alt. 120.*
Paris 302 – Châteauroux 33 – Limoges 104 – Le Blanc 30 – La Châtre 49.

Auberge de Thenay, ✆ 02 54 47 99 00, – GB
fermé fév., dim. soir et lundi – **Repas** 60 (déj.), 95/150 , enf. 45

THÉOULE-SUR-MER *06590 Alpes-Mar.* 84 ⑧, 114 ㉖, 115 ㉞ *G. Côte d'Azur – 1 216 h.*
Excurs. *Massif de l'Estérel*★★★.
Office de Tourisme 1 Corniche d'Or ✆ 04 93 49 28 28, Fax 04 93 19 00 04.
Paris 902 – Cannes 11 – Draguignan 59 – Nice 43 – St-Raphaël 37.

à Miramar *5 km par N 98 - rte de St-Raphaël G. Côte d'Azur* – ✉ *06590 Théoule-sur-Mer.*
Voir *Pointe de l'Esquilon* ←★★ *NE : 1 km puis 15 mn.*

Miramar Beach M, ✆ 04 93 75 05 05, *m.b.h.@wanadoo.fr, Fax 04 93 75 44 83*, ← mer, – ▤ TV ♿ P – 30 à 50. AE GB JCB
L'Étoile des Mers *(fermé le midi du 25 juin au 2 sept. sauf sam. et dim.)* **Repas** 210 ♀, enf. 95 – ☕ 105 – **58 ch** 750/1800 – ½ P 1650/2450

THÉRONDELS *12600 Aveyron* 76 ⑬ – *505 h alt. 965.*
Paris 567 – Aurillac 46 – Chaudes-Aigues 49 – Murat 44 – Rodez 87 – St-Flour 48.

Miquel, ✆ 05 65 66 02 72, *hotel-miquel@wanadoo.fr, Fax 05 65 66 19 84*, – TV P. GB
fermé 15 déc. au 10 fév., dim. soir sauf juil.-août et lundi sauf le midi en juil.-août – **Repas** 58 bc/169 – ☕ 35 – **20 ch** 290/310 – ½ P 240/260

THÉSÉE *41140 L.-et-Ch.* 64 ⑰ *G. Châteaux de la Loire – 1 074 h alt. 80.*
Paris 218 – Tours 53 – Blois 35 – Châteauroux 73 – Montrichard 12 – Vierzon 63.

Hostellerie du Moulin de la Renne, ✆ 02 54 71 41 56, *contact@moulindelareine.com, Fax 02 54 71 75 09*, – P. GB
fermé 15 janv. au 15 mars, dim. soir et lundi – **Repas** 90/230, enf. 48 – ☕ 40 – **15 ch** 245/310 – ½ P 252/285

THIÉBLEMONT-FARÉMONT *51300 Marne* 61 ⑨ – *587 h alt. 120.*
Paris 189 – Bar-le-Duc 43 – Châlons-en-Champagne 43 – Troyes 91 – Vitry-le-François 13.

Champenois avec ch, N 4 ✆ 03 26 73 81 03, *Fax 03 26 73 80 95* – TV P. AE GB JCB
fermé 15 au 31 oct., 15 au 28 fév., dim. soir et lundi – **Repas** 155/295, enf. 65 – ☕ 40 – **9 ch** 220/330 – ½ P 290/320

Si vous cherchez un hôtel tranquille,
consultez d'abord les cartes de l'introduction
ou repérez dans le texte les établissements indiqués avec le signe .

THIERS 63300 P.-de-D. 73 ⑯ *G. Auvergne – 14 832 h alt. 420.*

Voir *Site★★ – Le Vieux Thiers★ : Maison du Pirou★* **N** *– Terrasse du Rempart ✳★ – Rocher de Borbes ≤★ S : 3,5 km par D 102.*

Office de Tourisme Château du Pirou ✆ 04 73 80 65 65, Fax 04 73 80 01 32.

Paris 393 ③ – Clermont-Ferrand 43 ② – Lyon 132 ① – St-Étienne 110 ① – Vichy 37 ③.

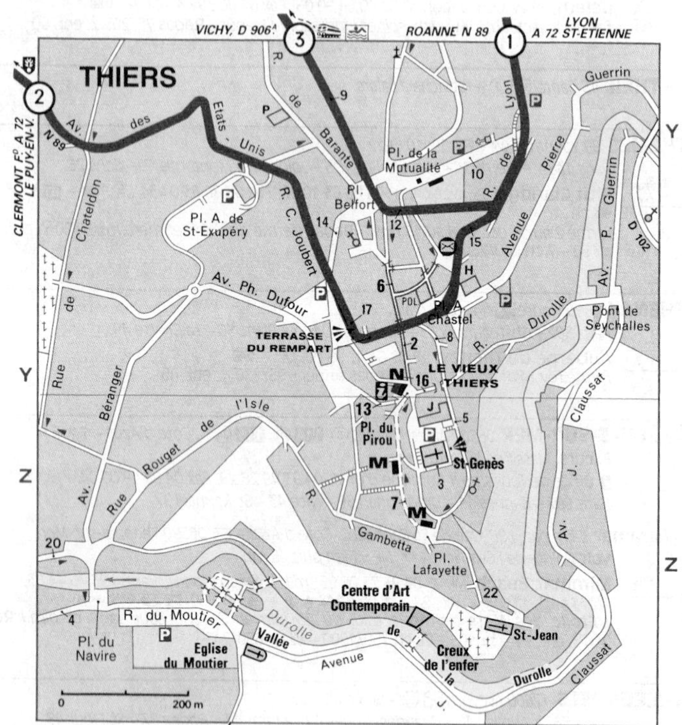

Bourg (R. du)	Y 2	Dumas (R. Alexandre)	Y 8	Mitterrand (R. F.)	Y 15
Brugière (Imp. Jean)	Z 3	Dr. Dumas (R. des)	Y 9	Pirou (R. du)	Y 16
Clermont (R. de)	Z 4	Duchasseint (Pl.)	Y 10	Terrasse (R.)	Y 17
Chabot (R. M.)	Z 5	Grammonts (R. des)	Y 12	Voltaire (Av.)	Z 20
Conchette (R.)	Y 6	Grenette (R.)	Z 13	4-Septembre (R. du)	Z 22
Coutellerie (R. de la)	Z 7	Marilhat (R. Prosper)	Y 14		

à la Monnerie-le-Montel *par ① : 6,5 km par N 89 – 2 594 h. alt. 544 – ✉ 63650 :*

✕ **Auberge du Piarrou,** ✆ 04 73 80 02 78 – GB
fermé 5 au 26 août, 21 déc. au 3 janv. et le soir sauf sam. – **Repas** 95/145 ♀

rte de Clermont-Ferrand *par ② : 5 km sur N 89 – ✉ 63300 Thiers :*

Parc de Geoffroy M, ✆ 04 73 80 87 00, *Fax 04 73 80 87 01,* ☂, ☂ – ▮ TV ✆ ♿ P – 15 à 50. AE GB – **Repas** 88/195 ♀, enf. 65 – ☕ 50 – **31 ch** 420 – ½ P 293

à Pont-de-Dore *par ② : 6 km par N 89 – ✉ 63920 Peschadoires :*

Éliotel, rte Maringues ✆ 04 73 80 10 14, *Fax 04 73 80 51 02,* ☂ – TV ✆ P. GB
fermé 24 déc. au 13 janv. – **Repas** (75) - 90/245 🌡 – ☕ 35 – **13 ch** 240/340 – ½ P 240/300

✕✕ **Ferme des Trois Canards,** Nord-Ouest : 2 km par rte Maringues et rte secondaire ✆ 04 73 51 06 70, *Fax 04 73 51 06 71,* ☂ – P. GB – *fermé dim. soir –* **Repas** 128/350 ♀

à Courty *par ③ : 6,5 km par D – ✉ 63300 Thiers :*

✕✕ **Moulin Bleu** avec ch, ✆ 04 73 80 06 22, *Fax 04 73 80 08 16,* ☂, ☂ – TV ✆ P – 15. GB – **Repas** *(fermé mardi midi, sam. midi, dim. soir et lundi)* 88/165 ♀ – ☕ 38 – **9 ch** 300 – ½ P 265

THIÉZAC *15800 Cantal* 76 ⑫ ⑬ *G. Auvergne – 693 h alt. 805.*

Voir Pas de Compaing★ NE : 3 km.

Office de Tourisme Le Bourg ✆ 04 71 47 03 50 et (hors saison) à la Mairie ✆ 04 71 47 01 21, Fax 04 71 47 02 23.

Paris 548 – Aurillac 29 – Murat 23 – Vic-sur-Cère 8.

Casteltinet, ✆ 04 71 47 00 60, *faustmacua@aol.com, Fax 04 71 47 04 08,* – P. GB.
1er fév.-1er nov. – **Repas** *(fermé dim. soir et lundi)* 70/260 – 40 – **22 ch** 270/370 – 1/2 P 260/270

L'Elancèze (annexe Belle Vallée 10 ch), ✆ 04 71 47 00 22, *Fax 04 71 47 02 08* – P. GB
fermé 2 nov. au 22 déc. – **Repas** *(62)* - 92/185 – 33 – **41 ch** 245/276 – 1/2 P 242/265

Le THILLOT *88160 Vosges* 66 ⑧ *G. Alsace Lorraine – 4 246 h alt. 495.*

Paris 434 – Épinal 49 – Belfort 46 – Colmar 74 – Mulhouse 58 – St-Dié 64 – Vesoul 65.

au Ménil *Nord-Est : 3,5 km par D 486 – 1 119 h. alt. 524 – ✉ 88160 Le Thillot :*

Les Sapins, ✆ 03 29 25 02 46, *Fax 03 29 25 80 23,* – P. AE GB
fermé 23 juin au 3 juil. et 23 nov. au 18 déc. – **Repas** *(fermé lundi midi)* 72 (déj.), 110/220, enf. 58 – 34 – **23 ch** 245/260 – 1/2 P 280

THIONVILLE SP *57100 Moselle* 57 ③ ④ *G. Alsace Lorraine – 39 712 h Agglo. 132 413 h alt. 155.*

Voir Château de la Grange★.

Office de Tourisme 16 r. Vieux-Collège ✆ 03 82 53 33 18, Fax 03 82 53 15 55.

Paris 340 ④ – Metz 29 ④ – Luxembourg 29 ⑦ – Nancy 84 ④ – Trier 75 ③ – Verdun 87 ④.

THIONVILLE

Afrique (Chée d') . . . . **AV** 3
Amérique (Chée d') . . . . **BV** 4
Asie (Chée d') . . . . **AV** 6
Bel Air (Allée) . . . . **AV** 7
Comte-de-Bertier (Av.) . . . . **BV** 10
Europe (Chée d') . . . . **AV** 13
Guentrange (Rte de) . . . . . . **AV** 15
Longwy (R. de) . . . . **AV** 18
Océanie (Chée d') . . . . **BV** 25
Paul-Albert (R.) . . . . **AV** 28
Pyramides (R. des) . . . . **BV** 29
Romains (R. des) . . . . **AX** 31
Terrasse (Allée de la) . . . . . . **AV** 34
14 Juillet (Av. du) . . . . **AV** 37

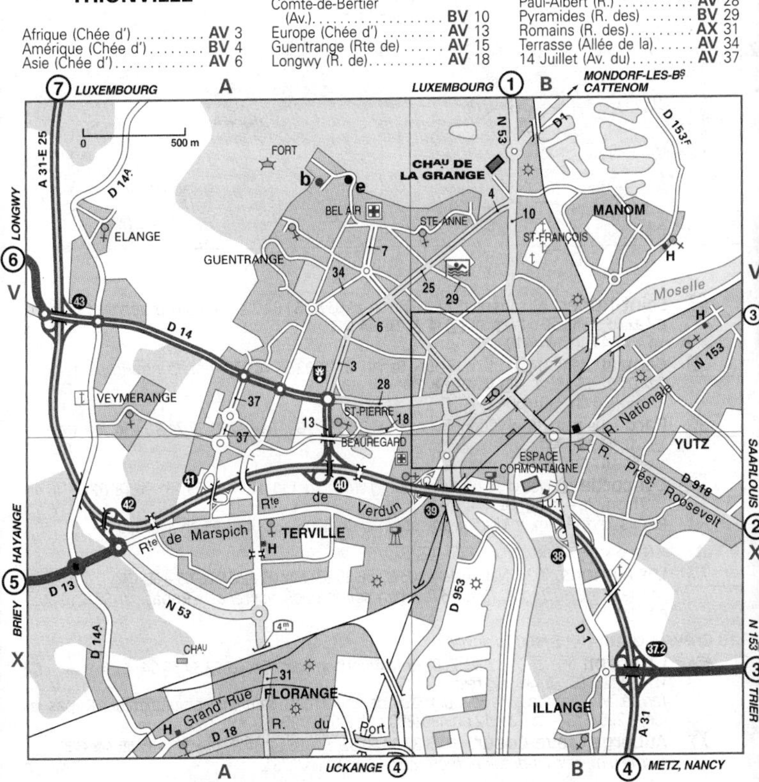

THIONVILLE

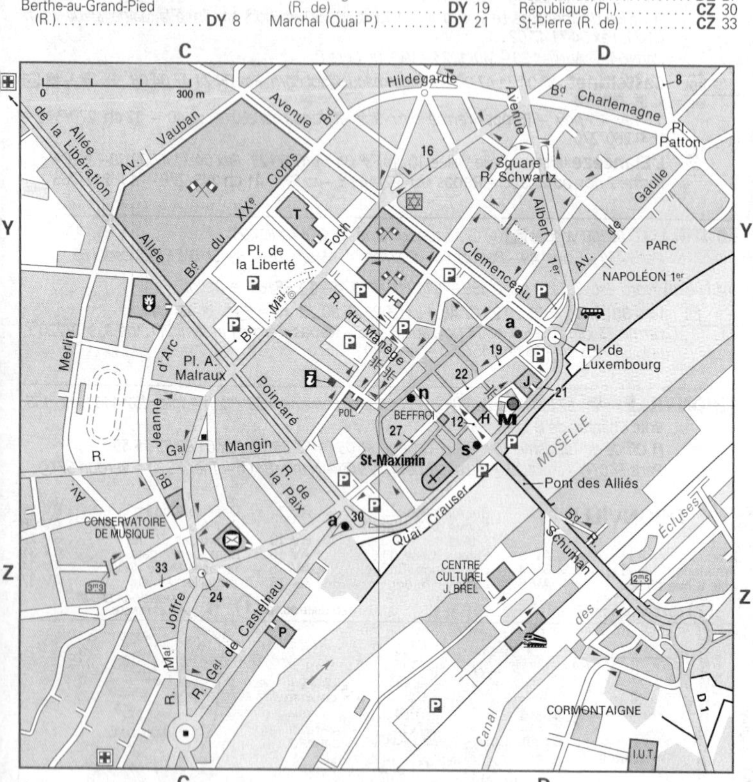

Saint-Hubert sans rest, 2 r. G. Ditsch ☎ 03 82 51 84 22, *hotel.sainthubert@wanadoo.fr, Fax 03 82 53 99 61* – AE GB DZ s
45 – **44 ch** 340/410

Central sans rest, 1 r. Four Banal ☎ 03 82 53 70 27, *hotelcentral@bplorraine.fr, Fax 03 82 53 23 34* – TV. AE GB JCB. DY n
35 – **26 ch** 290/450

Parc sans rest, 10 pl. République ☎ 03 82 82 80 80, *Fax 03 82 82 71 82* – TV – 20. AE GB CZ a
40 – **41 ch** 280/365

Concorde avec ch, 6 pl. Luxembourg (14e étage) ☎ 03 82 53 83 18, *Fax 03 82 53 40 41*, Thionville – TV. AE GB DY a
Repas *(fermé sam. midi, dim. soir et lundi)* 190/400 – 45 – **25 ch** 340/390

à Yutz *par ③ : 3 km – 14 687 h. alt. 155 – ✉ 57970 :*

Les Alerions, 102 r. Nationale ☎ 03 82 56 26 63, *Fax 03 82 56 26 65* – AE GB
fermé 26 juil. au 9 août, 15 au 23 fév., dim. soir et lundi (sauf fériés) – **Repas** (73) - 93/210 bc, enf. 60

au Crève-Coeur – *✉ 57100 Thionville :*

L'Horizon, ☎ 03 82 88 53 65, *info@lhorizon.com, Fax 03 82 34 55 84*, – TV – 25. AE GB. rest AV e
fermé janv., vacances de fév., dim. soir de nov. à mars, sam. midi et lundi midi – **Repas** 180 (déj.), 225/335 – 72 – **12 ch** 480/880 – ½ P 650/790

Auberge Crève-Coeur, ☎ 03 82 88 50 52, *Fax 03 82 34 89 06*, – P. AE GB
fermé dim. soir, lundi soir et merc. soir – **Repas** 155/275 AV b

THIVIERS *24800 Dordogne 75 ⑥ G. Périgord Quercy – 3 590 h alt. 273.*

Syndicat d'Initiative pl. Mar.-Foch ✆ 05 53 55 12 50.

Paris 453 – Périgueux 34 – Brive-la-Gaillarde 81 – Limoges 62 – St-Yrieix-la-Perche 32.

France et Russie sans rest, 51 r. Gén. Lamy ✆ 05 53 55 17 80, *Fax 05 53 52 59 60*, – TV. AE GB.
35 – **9 ch** 265/360

THIZY *69240 Rhône 73 ⑧ – 2 855 h alt. 553.*

Syndicat d'Initiative Galerie d'animation ✆ 04 74 64 35 23.

Paris 413 – Roanne 23 – Lyon 70 – Montbrison 75.

Terrasse avec ch, Le Bourg Marmand ✆ 04 74 64 19 22, *Fax 04 74 64 25 95*, – TV P – 100. GB
fermé 21 oct. au 6 nov., vacances de fév. et dim. soir – **Repas** *(fermé dim. soir et lundi)* 75/235 – 35 – **10 ch** 230/260 – 1/2 P 245

THOIRY *01710 Ain 74 ⑤ – 3 015 h alt. 500.*

Paris 527 – Bellegarde-sur-Valserine 27 – Bourg-en-Bresse 100 – Gex 14.

Holiday Inn M, au Nord-Est, angle D 89K et D 984 : 1,5 km ✆ 04 50 99 19 99, *hi.geneve@wanadoo.fr, Fax 04 50 42 27 40*, – , rest, TV P – 90. AE GB JCB
Repas 155 – 70 – **97 ch** 595/895

Les Cépages (Delesderrier), ✆ 04 50 20 83 85, *Fax 04 50 41 24 58*, , – GB
fermé dim. soir et lundi – **Repas** 120 (déj.), 220/520 et carte 400 à 530
Spéc. Dos de saumon d'Ecosse légèrement fumé. Filet de féra du Léman rôti sous sa peau. Filet de canette de la Dombes. **Vins** Chasselas de Challex, Chardonnay du Bugey.

THOISSEY *01140 Ain 74 ① – 1 306 h alt. 175.*

Paris 412 – Mâcon 18 – Bourg-en-Bresse 36 – Lyon 59 – Villefranche-sur-Saône 26.

Chapon Fin - Paul Blanc , ✆ 04 74 04 04 74, *chapon@netsysteme.net, Fax 04 74 04 94 51*, , – TV P – 30. AE GB
fermé 20 nov. au 6 déc., merc. midi et mardi – **Repas** 160 (déj.), 200/520, enf. 95 – 58 – **20 ch** 250/700

THOLLON-LES-MÉMISES *74500 H.-Savoie 70 ⑱ G. Alpes du Nord – 533 h alt. 920 – Sports d'hiver : 950/1 960 m 1 17 .*

Voir *Pic de Mémise ** 30 mn.*

Office de Tourisme ✆ 04 50 70 90 01, Fax 04 50 70 92 80.

Paris 589 – Thonon-les-Bains 19 – Annecy 93 – Évian-les-Bains 13.

Bellevue, ✆ 04 50 70 92 79, *Fax 04 50 70 97 63*, , , , – TV P. GB
fermé 15 au 30 avril et 15 nov. au 15 déc. – **Repas** 82 (déj.), 95/180 – 35 – **37 ch** 280/410 – 1/2 P 320

Le THOLY *88530 Vosges 62 ⑰ – 1 541 h alt. 628.*

Voir *Grande Cascade de Tendon* NO : 5 km, G. Alsace Lorraine.*

Syndicat d'Initiative à la Mairie ✆ 03 29 61 81 82, Fax 03 29 61 18 83.

Paris 414 – Épinal 30 – Gérardmer 11 – Remiremont 19 – St-Amé 12 – St-Dié 39.

Gérard, ✆ 03 29 61 81 07, *Fax 03 29 61 82 92*, , , – rest, TV – 15. GB. ch
fermé 1er au 29 oct. – **Repas** 75/150, enf. 48 – 38 – **20 ch** 230/370 – 1/2 P 310

Grande Cascade, Nord-Ouest : 5 km sur D 11 ✆ 03 29 33 21 08, *hotel-de-la-grande-cascade@wanadoo.fr, Fax 03 29 66 37 17*, , – cuisinette TV P – 15 à 50. AE GB
fermé 3 au 25 déc. – **Repas** 68/150, enf. 45 – 39 – **16 ch** 265/350, 8 studios – 1/2 P 220/305

Ne confondez pas :

Confort des hôtels	:	...
Confort des restaurants	:	XXXXX ... X
Qualité de la table	:	✿✿✿, ✿✿, ✿,

THONES 74230 H.-Savoie 74 ⑦ G. Alpes du Nord – 4 619 h alt. 650.

Voir Vallée de Manigod★★ S : 3 km – Musée du pays de Thônes★.

Office de Tourisme (saison) pl. Avet ✆ 04 50 02 00 26, Fax 04 50 02 11 87.

Paris 556 – Annecy 21 – Albertville 34 – Bonneville 31 – Faverges 19 – Megève 39.

Nouvel Hôtel Commerce, r. Clefs ✆ 04 50 02 13 66, Fax 04 50 32 16 24 – TV P. GB
fermé 9 au 17 mai et 12 au 23 nov. – Repas (fermé dim. soir et merc. sauf fériés) 105/350, enf. 48 – 42 – **25 ch** 220/420 – ½ P 270/350

Hermitage, av. Vieux Pont ✆ 04 50 02 00 31, Fax 04 50 02 04 86 – rest, TV P. GB. rest
fermé 1er au 10 mai, 15 oct. au 5 nov. – **Repas** (fermé lundi soir en oct., nov. et janv.) 70/175, enf. 42 – 35 – **42 ch** 180/300 – ½ P 250/270

THONON-LES-BAINS 74200 H.-Savoie 70 ⑰ G. Alpes du Nord – 29 677 h alt. 431 – Stat. therm. (29 janv.-mi déc.).

Voir Les Belvédères sur le lac Léman★★ ABY – Voûtes★ de l'église St-Hippolyte – Domaine de Ripaille★ N : 2 km.

Office de Tourisme pl. Marché ✆ 04 50 71 55 55, Fax 04 50 26 68 33.

Paris 571 ③ – Annecy 75 ③ – Chamonix-Mont-Blanc 100 ③ – Genève 34 ④.

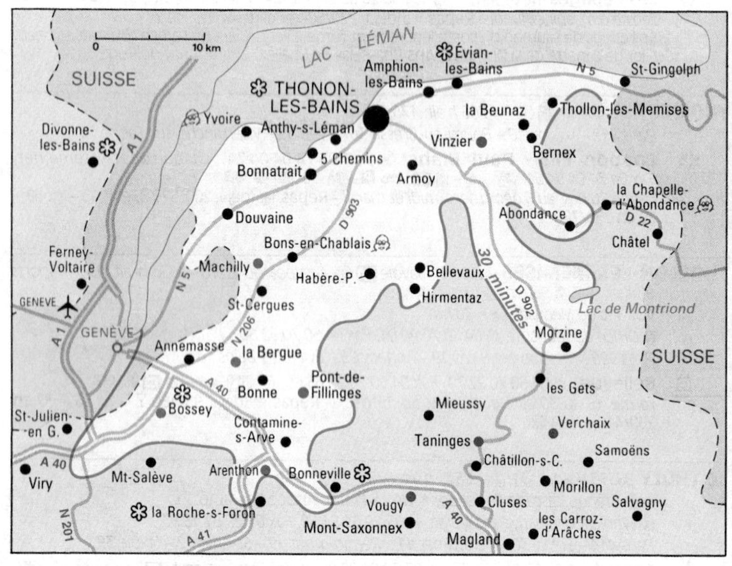

Arc en Ciel sans rest, 18 pl. Crête ✆ 04 50 71 90 63, info@hotel-arcenciel.com, Fax 04 50 26 27 47, – TV P. AE GB — BZ k
fermé 24 déc. au 8 janv. – 40 – **40 ch** 390/490

Savoie et Léman (École hôtelière), 2 bd Corniche ✆ 04 50 71 13 80, hotel@ecole-hoteliere-thonon.com, Fax 04 50 71 16 14, ←, – TV P – 60. AE GB — AY n
fermé vacances scolaires, sam. soir et dim. – **Repas** 80/135 – 35 – **33 ch** 230/340 – ½ P 280

Alpazur sans rest, 8 av. Gén. Leclerc ✆ 04 50 71 37 25, hotelalpazur.large@wanadoo.fr, Fax 04 50 71 01 24, ←, – TV. GB. — AY q
fév.-oct. – 38 – **25 ch** 260/320

Trianon du Léman, av. Corzent ✆ 04 50 71 25 78, Fax 04 50 26 51 26, ←, – TV P. GB. ch — AY s
13 avril-30 sept. – **Repas** 98/240, enf. 45 – 42 – **15 ch** 300/440 – ½ P 320/410

THONON-LES-BAINS

Allobroges (Av. des) . . . . BZ 2
Arts (R. des) . . . . BZ 3
Bordeaux (Pl. Henry) . . . . . . AY 4
Grande-Rue . . . . AYZ
Granges (R. des) . . . . BY 5
Léman (Av. du) . . . . BY 6
Michaud (R.) . . . . AY 10
Moulin (Pl. Jean) . . . . AY 12
Ratte (Ch^in^ de la) . . . . BZ 13
Trolliettes (Bd des) . . . . AZ 15
Ursules (R. des) . . . . BY 16
Vallées (Av. des) . . . . BZ 18

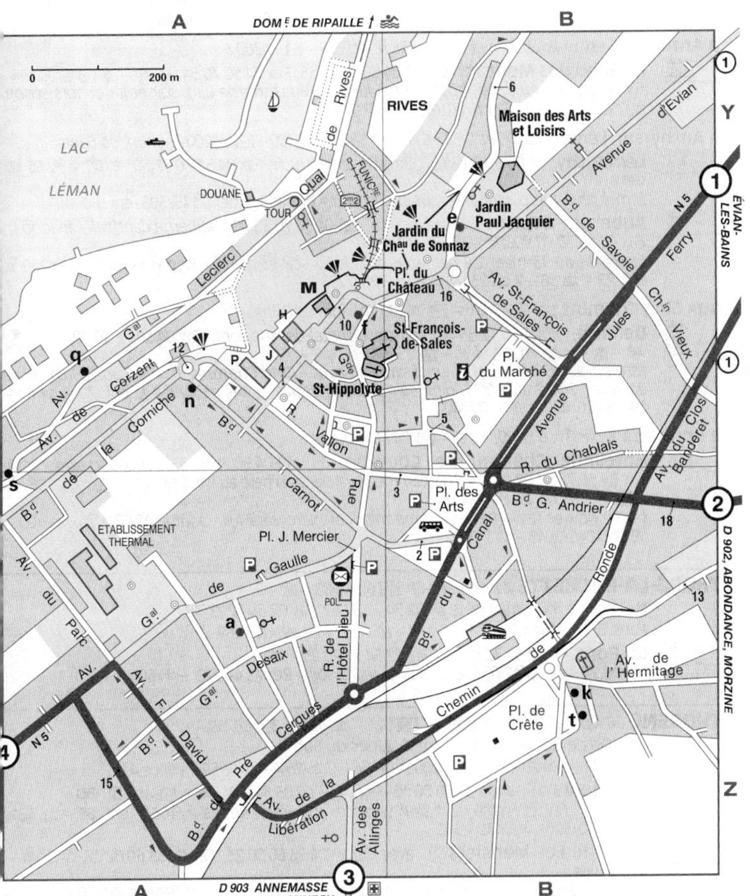

A l'Ombre des Marronniers, 17 pl. Crête ☎ 04 50 71 26 18, *info@hotel-marronniers.com, Fax 04 50 26 27 47,* – TV P. AE GB. BZ t
hôtel : fermé 24 déc. au 8 janv. – **Repas** *(fermé 1er au 8 mai, 15 au 30 nov., 1er au 8 janv., dim. soir et lundi d'oct. à avril)* 75/180 ♀, enf. 50 – ☕ 35 – **17 ch** 290/320 – ½ P 265/275

Annexe Villa des Fleurs sans rest, 4 av. Jardins ☎ 04 50 71 11 38, *Fax 04 50 26 27 47,* – TV. AE GB. BZ d
1er avril-15 oct. – ☕ 35 – **11 ch** 290/350

Côté Sud Léman, rte Genève par ④ *: 3 km* ☎ 04 50 70 36 70, *Fax 04 50 70 31 05,* – TV P – 40. AE GB
Repas 80/200 ♀, enf. 50 – ☕ 40 – **52 ch** 330 – ½ P 280

Prieuré (Plumex), 68 Gde rue ☎ 04 50 71 31 89, *Fax 04 50 71 31 09* – AE GB AY f
fermé 3 au 15 avril, 13 au 25 nov., dim. soir et lundi – **Repas** 200 bc (déj.), 220/380 et carte 340 à 430
Spéc. Strudels de fromage de chèvre de la vallée d'Abondance. Omble chevalier du Léman (sauf déc.). Filets de perche (sauf juin). **Vins** Roussette de Seyssel, Ripaille.

XX **Les Alpes,** 3 bis r. Italiens ☎ 04 50 26 51 24, *Fax 04 50 26 51 24* – GB AZ a
fermé 22 juil. au 16 août, dim. sauf le midi de sept. à avril et lundi soir – **Repas** *(105)* - 145/245 ♀

X **Scampi,** 1 av. Léman ☎ 04 50 71 10 04, *Fax 04 50 71 31 09,* ←, 🏠 – AE ⓓ GB BY e
fermé 3 au 15 avril, 15 au 25 nov. et lundi – **Repas** 100/150 ♀, enf. 45

à Armoy *Sud-Est : 7 km par ② et D 26 – 775 h. alt. 620 – ✉ 74200 :*

A l'Écho des Montagnes, ☎ 04 50 73 94 55, *Fax 04 50 70 54 07,* – TV P. GB
fermé 20 déc. au 6 fév., hôtel: fermé lundi – **Repas** *(fermé dim. soir et lundi hors saison)* 92/230 ♀ – 35 – **47 ch** 170/320 – ½ P 275

à Anthy-sur-Léman *par ④ et D 33 : 6 km – 1 383 h. alt. 400 – ✉ 74200 Thonon-les-Bains :*

XX **Lemanthy,** ☎ 04 50 70 61 50, *info@le-lemanthy.fr, Fax 04 50 70 62 50,* ←, – P. AE ⓓ GB
fermé janv., merc. sauf juil.-août et dim. soir – **Repas** 135 (déj.), 175/305, enf. 60

X **Auberge d'Anthy** avec ch, ☎ 04 50 70 35 00, *auberge.danthy@wanadoo.fr, Fax 04 50 70 40 90,* – AE ⓓ GB JCB
fermé 1er au 13 mars, 29 oct. au 6 nov., lundi soir et mardi – **Repas** 85 (déj.), 160/230 ♀, enf. 72 – 36 – **7 ch** 231/313 – ½ P 254/296

aux Cinq Chemins *par ④ : 7 km – ✉ 74200 Thonon-les-Bains :*

Denarié, ☎ 04 50 72 63 45, *francoise@hotel-denarie.com, Fax 04 50 72 30 69,* – ch, TV P – 25. GB
fermé 5 au 18 juin, dim. et lundi sauf juil.-août – ***Cinq Chemins*** *(fermé 5 au 18 juin, 18 au 21 sept., 24/12 au 24/01, dim. soir et lundi)* **Repas** 92 (déj.)-150/230, enf. 70 – 48 – **28 ch** 420/480 – ½ P 375/400

à Bonnatrait *par ④ : 9 km G. Alpes – ✉ 74140 Douvaine :*

Hôtellerie Château de Coudrée , ☎ 04 50 72 62 33, *chcoudree@aol.com, Fax 04 50 72 57 28,* , « Château médiéval dans un parc au bord du lac », – TV P – 60. AE ⓓ GB JCB
fermé nov. et fév. – **Repas** *(fermé mardi et merc. sauf juil.- août.)* 340/530 ♀ – 100 – **19 ch** 1045/2045 – ½ P 872/1367

THORÉ-LA-ROCHETTE *41100 L.-et-Ch.* 64 ⑥ *– 883 h alt. 75.*

Office de Tourisme Mairie ☎ 02 54 72 80 82, Fax 02 54 72 73 38.

Paris 179 – Blois 43 – La Flèche 94 – Le Mans 71 – Vendôme 9.

X **du Pont,** ☎ 02 54 72 80 62, *Fax 02 54 72 70 95* – GB
fermé 21 janv. au 12 fév., lundi soir et mardi soir – **Repas** 98/270, enf. 60

THORENC *06 Alpes-Mar.* 81 ⑲, 114 ⑫, 115 ㉓ *– alt. 1250 – ✉ 06750 Andon.*

Voir *Col de Bleine* ←*** *N : 4 km,* **G. Alpes du Sud.**

Paris 841 – Castellane 37 – Draguignan 66 – Grasse 40 – Nice 59 – Vence 41.

Voyageurs , ☎ 04 93 60 00 18, *Fax 04 93 60 03 51,* – TV P. GB
1er nov.-1er fév. et fermé jeudi sauf vacances scolaires – **Repas** 95/160 ♀, enf. 65 – 38 – **12 ch** 230/320 – ½ P 320/340

X **Auberge Les Merisiers** avec ch, ☎ 04 93 60 00 23, *Fax 04 93 60 02 17,* – TV. AE GB
fermé 12 au 30 mars, lundi soir et mardi sauf vacances scolaires – **Repas** 99/170, enf. 50 – 35 – **12 ch** 200/250 – ½ P 250/270

THORIGNÉ-SUR-DUÉ *72160 Sarthe* 60 ⑭ *– 1 518 h alt. 82.*

Paris 179 – Le Mans 29 – Châteaudun 68 – Mamers 47 – Nogent-le-Rotrou 45 – St-Calais 24.

XX **St-Jacques** avec ch, pl. Monument ☎ 02 43 89 95 50, *Fax 02 43 76 58 42,* – TV P. AE ⓓ GB JCB
fermé 18 juin au 2 juil., 23 déc. au 15 janv., dim. soir et lundi de sept. à juin – **Repas** 98/350 – 52 – **15 ch** 330/440 – ½ P 360/480

Le THORONET *83 Var* 84 ⑥, 114 ㉒ *– 1 163 h alt. 120 – ✉ 83340 Le Luc.*

Voir *Abbaye du Thoronet*** *O : 4,5 km,* **G. Côte d'Azur.**

Paris 846 – Brignoles 24 – Draguignan 21 – St-Raphaël 50 – Toulon 64.

Hostellerie de l'Abbaye , ☎ 04 94 73 88 81, *Fax 04 94 73 89 24,* – ch, TV P – 25 à 60. AE GB
fermé 29 oct. au 2 déc. – **Repas** *(fermé dim. soir et lundi de déc. à mars)* 130/235, enf. 60 – 50 – **20 ch** 400 – ½ P 370

THOUARCÉ *49380 M.-et-L.* 64 ⑪ *– 1 546 h alt. 35.*
Env. *Château★★ de Brissac-Quincé, NE : 12 km,* G. Châteaux de la Loire.
Paris 319 – Angers 30 – Cholet 43 – Saumur 37.

XX **Relais de Bonnezeaux,** rte Angers : 1 km ☎ 02 41 54 08 33, *relais.bommezeaux@wanadoo.fr, Fax 02 41 54 00 63,* ←, – P. AE GB
fermé 1er au 20 janv., mardi soir, dim. soir et lundi – **Repas** (80) - 105/260 ♀, enf. 65

THOUARS *79100 Deux-Sèvres* 67 ⑧ *G. Poitou Vendée Charentes – 10 905 h alt. 102.*
Voir *Façade★★ de l'église St-Médard★ – Site★ – Maisons anciennes★.*
Office de Tourisme 3 bis bd Pierre-Curie ☎ 05 49 66 17 65, Fax 05 49 67 87 58 et (en saison) bd Pierre-Curie et pl. St-Médard.
Paris 331 – Angers 70 – Bressuire 30 – Châtellerault 72 – Cholet 57.

Relais sans rest, Nord : 3 km par rte Saumur ☎ 05 49 66 29 45, *Fax 05 49 66 29 33* – TV P. GB
☕ 28 – **15 ch** 210/220

XX **Clocher St-Médard** avec ch, 14 pl. St-Médard ☎ 05 49 67 90 50, *clocherstmedard@district-parthenay.fr, Fax 05 49 67 90 51* – TV. GB
fermé 6 au 19 août, 2 au 14 janv., sam. midi, dim. soir et lundi – **Repas** 130/400 ♀ – ☕ 40 – **4 ch** 290/360 – ½ P 250/300

THOURON *87140 H.-Vienne* 72 ⑦ *– 431 h alt. 374.*
Paris 383 – Limoges 22 – Bellac 23 – Guéret 78.

XX **Pomme de Pin** avec ch, étang de Tricherie, Nord-Est : 2,5 km par D 225 ☎ 05 55 53 43 43, *Fax 05 55 53 35 33,* – TV. GB. ch
fermé sept., vacances de fév., lundi et mardi – **Repas** (89) - 135/195 ♀, enf. 50 – ☕ 35 – **4 ch** 300/350

*Towns underlined in red on the **Michelin maps** at a scale of 1 : 200 000 are included in this Guide.*

Use the latest map to take full advantage of this information.

THUEYTS *07330 Ardèche* 76 ⑱ *G. Vallée du Rhône – 945 h alt. 462.*
Voir *Coulée basaltique★.*
Office de Tourisme pl. Champ-de-Mars ☎ 04 75 36 46 79, Fax 04 75 36 46 79.
Paris 611 – Le Puy-en-Velay 73 – Privas 47.

Marronniers, ☎ 04 75 36 40 16, *Fax 04 75 36 48 02,* – TV P. GB. rest
fermé 20 déc. au 5 mars – **Repas** 90/190, enf. 52 – ☕ 35 – **19 ch** 235/290 – ½ P 280

THURY-HARCOURT *14220 Calvados* 55 ⑪ *G. Normandie Cotentin – 1 803 h alt. 45.*
Voir *Parc et jardins du château★ – Boucle du Hom★ NO : 3 km.*
Office de Tourisme 2 pl. St-Sauveur ☎ 02 31 79 70 45, Fax 02 31 79 15 42.
Paris 255 – Caen 28 – Condé-sur-Noireau 20 – Falaise 28 – Flers 32 – St-Lô 66 – Vire 41.

XXX **Relais de la Poste** avec ch, rte Caen ☎ 02 31 79 72 12, *Fax 02 31 39 53 55,* – TV P. AE GB
fermé 23 déc. au 21 janv., dim. soir et lundi d'oct. à avril – **Repas** 95 (déj.), 150/420 ♀ – ☕ 50 – **12 ch** 300/420 – ½ P 360/500

TIERCÉ *49125 M.-et-L.* 64 ① *– 3 047 h alt. 30.*
Syndicat d'Initiative Mairie ☎ 02 41 31 14 41.
Paris 279 – Angers 21 – Château-Gontier 34 – La Flèche 34.

XX **Table d'Anjou,** 16 r. Anjou ☎ 02 41 42 14 42, *la.table.d.anjou@wanadoo.fr, Fax 02 41 42 64 80,* – GB
fermé 30 juil. au 12 août, 2 au 16 janv., dim. soir, merc. soir et lundi – **Repas** 85 (déj.), 120/270 ♀, enf. 59

TIFFAUGES *85130 Vendée* 67 ⑤ *G. Poitou Vendée Charentes – 1 208 h alt. 77.*
Paris 372 – Angers 82 – La Roche-sur-Yon 56 – Nantes 49 – Cholet 21 – Clisson 20.

Barbacane sans rest, pl. Église ☎ 02 51 65 75 59, *Fax 02 51 65 71 91,* – TV. GB
☕ 47 – **16 ch** 350/489

TIGNES *73320 Savoie* 74 ⑲ *G. Alpes du Nord – 2 005 h alt. 1648 – Sports d'hiver : 1 550/3 450 m* 10 87.

Voir *Site★★ – Barrage★★ NE : 5 km – Panorama de la Grande Motte★★ SO.*

Altiport 04 79 06 46 06, **E : 3 km.**

Office de Tourisme Au Lac 04 79 40 04 40, Fax 04 79 40 03 15.

Paris 696 – Albertville 85 – Bourg-St-Maurice 31 – Chambéry 134 – Val-d'Isère 13.

Les Campanules M, 04 79 06 34 36, *campanules@wanadoo.fr, Fax 04 79 06 35 78,* <, – TV. AE GB. rest
5 juil.-31 août et 1er nov.-1er mai – **Repas** 150 (déj.), 198/280 – 85 – **36 ch** 1050, 7 duplex – ½ P 750/800

Les Suites du Montana M, Les Almes 04 79 40 01 44, *contact@vmontana.com, Fax 04 79 40 04 03,* <, , « Belle décoration intérieure », , – TV – 25 à 120. AE GB JCB. rest
mai-nov. – **Repas** *(75)*-90 (déj.), 120/220 - ***La Rôtisserie :*** **Repas** carte 210 à 360 – 70 – **1 ch** (½ pens. seul.), 27 suites 1520/2440 – ½ P 1490

Village Montana M, les Almes 04 79 40 01 44, *contact@vmontana.com, Fax 04 79 40 04 03,* <, , balnéothérapie, « Architecture et décor savoyard », , – TV – 50. AE GB. rest
15 juin-15 sept. et 1er déc.-4 mai – ***La Chaumière*** - spécialités savoyardes **Repas** *(75)*-90/150, enf. 65 – 70 – **78 ch** 720/840, 4 duplex – ½ P 835/1220

Paquis, 04 79 06 37 33, *info@hotel-lepaquis.fr, Fax 04 79 06 36 59,* < – TV – 20. GB. rest
hotel: 14 juil.-30 août et 1er nov.-2 mai ; rest.: 1er nov.-20 avril – **Repas** 95 (déj.), 135/380, enf. 65 – 53 – **36 ch** 400/600 – ½ P 450/550

Refuge sans rest, 04 79 06 36 64, *info@refuge-tignes.com, Fax 04 79 06 33 78,* < – TV. AE GB
15 juin-15 sept. et 8 oct.-8 mai – 49 – **24 ch** 585/1475

Gentiana, 04 79 06 52 46, *serge.revial@wanadoo.fr, Fax 04 79 06 35 61,* <, – TV. GB. rest
fin oct.-1er mai – **Repas** 125/225, enf. 65 – 58 – **31 ch** 530/800 – ½ P 525/625

Neige et Soleil, 04 79 06 32 94, *info@neige-soleil.net, Fax 04 79 06 33 18,* <, – TV. GB. ch
1er déc.-1er mai – **Repas** (dîner seul.) 90/130 – 60 – **26 ch** 400/500 – ½ P 580

au Val Claret *Sud-Ouest : 2 km – 73320 Tignes.*

Office de Tourisme (saison) 04 79 40 03 13, Fax 04 79 40 03 04.

Ski d'Or, 04 79 06 51 60, *ski.dor@laposte.fr, Fax 04 79 06 45 49,* < – TV – 15. AE GB
1er déc.-1er mai – **Repas** 245 – **22 ch** (½ pens. seul.) – ½ P 1050

Vanoise, 04 79 06 31 90, *tignes@wanadoo.fr, Fax 04 79 06 37 06,* < – TV. GB. rest
1er juil.-31 août et 8 sept.-15 mai – **Repas** *(18 oct.-1er mai)* 65/150 – 50 – **21 ch** 350/600 – ½ P 350/550

TIL-CHÂTEL *21120 Côte-d'Or* 66 ⑫ *G. Bourgogne – 768 h alt. 275.*

Paris 318 – Dijon 27 – Châtillon-sur-Seine 82 – Dole 76 – Gray 42 – Langres 49.

Poste, 03 80 95 03 53, *Fax 03 80 95 19 90* – TV. GB
fermé 14 au 29 oct., 23 déc. au 8 janv., lundi midi et sam. sauf le soir d'avril à oct. et dim. soir – **Repas** 75/200, enf. 55 – 35 – **9 ch** 220/310 – ½ P 218/253

Le TILLEUL *76 S.-Mar.* 52 ⑪ *– rattaché à Étretat.*

TILQUES *62 P.-de-C.* 51 ③ *– rattaché à St-Omer.*

Participez à notre effort permanent
de mise à jour

Adressez-nous vos remarques
et vos suggestions.

Cartes et Guides Michelin

46 avenue de Breteuil - 75324 Paris Cedex 07

TONNEINS *47400 L.-et-G.* 79 ④ *– 9 334 h alt. 26.*

Office de Tourisme (fermé le dim.) 3 bd Charles-de-Gaulle ☎ 05 53 79 22 79, Fax 05 53 79 39 94.

Paris 602 – Agen 42 – Nérac 38 – Villeneuve-sur-Lot 36.

Les Fleurs sans rest, rte Marmande ☎ 05 53 79 10 47, *Fax 05 53 79 46 37* – 15. GB
35 – **27 ch** 180/285

Côté Garonne (Rabanel) M avec ch, 36 cours de l'Yser ☎ 05 53 84 34 34, *Fax 05 53 84 31 31*, ≤ la Garonne et les quais, « Demeure dominant la Garonne » – 20. AE GB
fermé 20 août au 3 sept., 29 oct. au 5 nov., 1er au 15 janv., dim. soir et lundi – **Repas** 165 (déj.), 195/345 et carte 370 à 460 ♀, enf. 95 – 85 – **4 ch** 850
Spéc. Dégustation de foie gras. Jambon de Tonneins (nov. à mars). Poitrine de pigeonneau.
Vins Côtes du Marmandais, Buzet.

***Michelin** n'accroche pas de panonceau aux hôtels et restaurants qu'il signale.*

TONNERRE *89700 Yonne* 65 ⑥ *G. Bourgogne – 6 008 h alt. 156.*

Voir *Fosse Dionne★ – Intérieur★ de l'ancien hôpital : mise au tombeau★ – Château de Tanlay★★ 9 km par ①.*

Office de Tourisme 12 r. François-Mitterrand ☎ 03 86 55 14 48, Fax 03 86 54 41 82.

Paris 199 ② – Auxerre 38 ② – Châtillon-sur-Seine 49 ② – Montbard 47 ① – Troyes 62 ①.

TONNERRE

Briand (R. Aristide)	2
Colin (R. Armand)	3
Fontenilles (R. des)	4
Fosse-Dionne (R. de la)	5
Gare (Pl. de la)	6
Garnier (R. Jean)	7
Hôpital (R. de l')	9
Hôtel-de-Ville (R. de l')	10
Marguerite-de-Bourgogne (Pl.)	12
Mitterrand (R. F.)	13
Pompidou (Av. G.)	14
Pont (R. du)	15
République (Pl. de la)	16
Roches (Ch. des)	17
Rougemont (R.)	18
St-Michel (R.)	19
St-Nicolas (R.)	20
St-Pierre (R.)	23
Tanneries (R. des)	25

Dans la liste des rues des plans de villes, les noms en rouge indiquent les principales voies commerçantes.

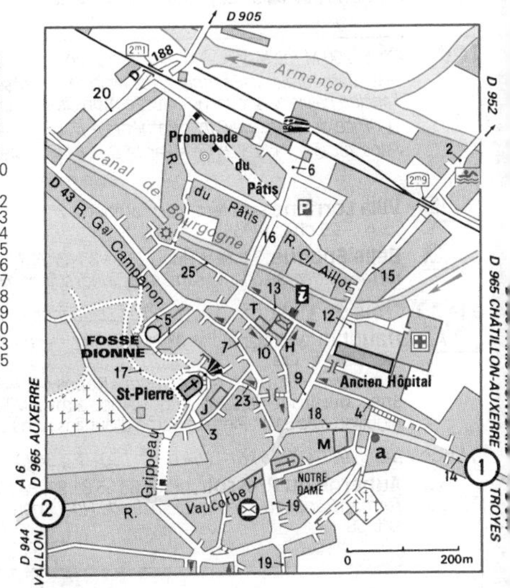

Abbaye St-Michel, montée St-Michel, Sud du plan ☎ 03 86 55 05 99, *abbaye-saint-michel@abbaye-saint-michel.com, Fax 03 86 55 00 10*, ≤, « Ancienne abbaye du 10e siècle », – AE GB JCB
avril-15 nov. et fermé dim. soir, mardi midi et lundi sauf fériés – **Repas** 250/320 ♀ – 60 – **11 ch** 740/1880 – ½ P 1000/1200

Auberge de Bourgogne M, par ① *et rte Dijon : 2 km* ☎ 03 86 54 41 41, *intore@aol.com, Fax 03 86 54 48 28* – rest, – 40. AE GB
fermé 12 déc. au 1er janv., dim. soir et lundi – **Repas** 75/140 ♀, enf. 39 – 35 – **40 ch** 260/280 – ½ P 275

Saint Père, 2 av. G. Pompidou **(a)** ☎ 03 86 55 12 84, *Fax 03 86 55 12 84*, collection de moulins à café – GB
fermé 16 au 31 mars, 7 au 30 sept., mardi soir et merc. soir de nov. à mars, dim. soir et lundi – **Repas** 74/230 ♀, enf. 55

TORCY *71 S.-et-L. 69 ⑧ – rattaché au Creusot.*

TORNAC *30 Gard 80 ⑰ – rattaché à Anduze.*

TÔTES *76890 S.-Mar. 52 ⑭ – 1 059 h alt. 150.*
Paris 165 – Rouen 35 – Dieppe 33 – Fécamp 59 – Le Havre 80.

Auberge du Cygne, 5 r. G. de Maupassant ☎ 02 35 32 92 03, *Fax 02 35 32 91 35,* – P. AE ① GB
fermé dim. soir d'oct. à avril – **Repas** 115/190

TOUCY *89130 Yonne 65 ④ G. Bourgogne – 2 590 h alt. 200.*
Office de Tourisme (juin-mi oct.) 1 pl. de la République ☎ 03 86 44 15 66, Fax 03 86 44 15 66, Mairie ☎ 03 86 44 28 44.
Paris 157 – Auxerre 24 – Avallon 74 – Clamecy 44 – Joigny 38 – Montargis 72.

Lion d'Or, r. L. Cormier ☎ 03 86 44 00 76 – GB
Repas *(fermé 1er au 20 déc., dim. soir et lundi) (90)* - 100/170, enf. 50

TOUËT-SUR-VAR *06710 Alpes-Mar. 81 ⑲ ⑳, 115 ⑭ G. Alpes du Sud – 342 h alt. 327.*
Env. *Gorges inférieures du Cians★★ N : 2 km – Villars-sur-Var : Mise au tombeau★★ du retable du maître-autel★ – Gorges supérieures du Cians★★★ N : 13 km.*
Paris 849 – Nice 55 – Puget-Théniers 10 – St-Étienne-de-Tinée 71 – St-Martin-Vésubie 61.

Auberge des Chasseurs, ☎ 04 93 05 71 11, *Fax 04 93 05 71 11,* – AE ① GB
fermé 15 nov. au 5 déc., 15 janv. au 5 fév. et mardi – **Repas** 99/195

TOUL *54200 M.-et-M. 62 ④ G. Alsace Lorraine – 17 281 h alt. 209.*
Voir *Cathédrale St-Étienne★★ et cloître★ – Église St-Gengoult : cloître★★ – Façade★ de l'ancien palais épiscopal* **H** *– Musée municipal★ : salle des malades★* **M.**
Office de Tourisme Parvis Cathédrale ☎ 03 83 64 11 69, Fax 03 83 63 24 37.
Paris 286 ⑤ – Nancy 24 ② – Bar-le-Duc 61 ⑤ – Metz 75 ① – St-Dizier 77 ⑤ – Verdun 82 ①.

Plan page ci-contre

Villa Lorraine sans rest, 15 r. Gambetta ☎ 03 83 43 08 95, *Fax 03 83 64 63 64* – P. AE GB
40 – 25 ch 218/235 AZ a

Belle Époque, 31 av. V. Hugo ☎ 03 83 43 23 71 – . GB AY s
fermé 23 déc. au 5 janv., sam. midi, lundi soir et dim. – **Repas** 120 (déj.)/188

à la Z. I. Croix de Metz *par ① et rte Villey-St-Etienne : 6 km – ✉ 54200 Toul :*

Dauphin (Vohmann), ☎ 03 83 43 13 46, *lechef@ledauphintoul.com, Fax 03 83 43 81 31,* , – P. GB
fermé dim. soir, merc. soir et lundi – **Repas** 189/450 et carte 320 à 380
Spéc. Oursinade de Saint-Jacques (oct. à mai). Millefeuille de foie gras et pomme de terre. Aiguillette de Saint-Pierre cloutée d'oursins. **Vins** Côtes de Toul blanc et rouge.

à Lucey *par ⑤ et D 908 : 5 km – 558 h. alt. 260 – ✉ 54200 :*

Auberge du Pressoir, ☎ 03 83 63 81 91, *Fax 03 83 63 81 38,* , – P. GB
fermé 16 août au 4 sept., vacances de Noël, merc. soir, dim. soir et lundi – **Repas** 78/170, enf. 58

Write us...

If you have any comments on the contents of this Guide.

Your praise as well as your criticisms will receive careful consideration and, with your assistance, we will be able to add to our stock of information and, where necessary, amend our judgments.

Thank you in advance!

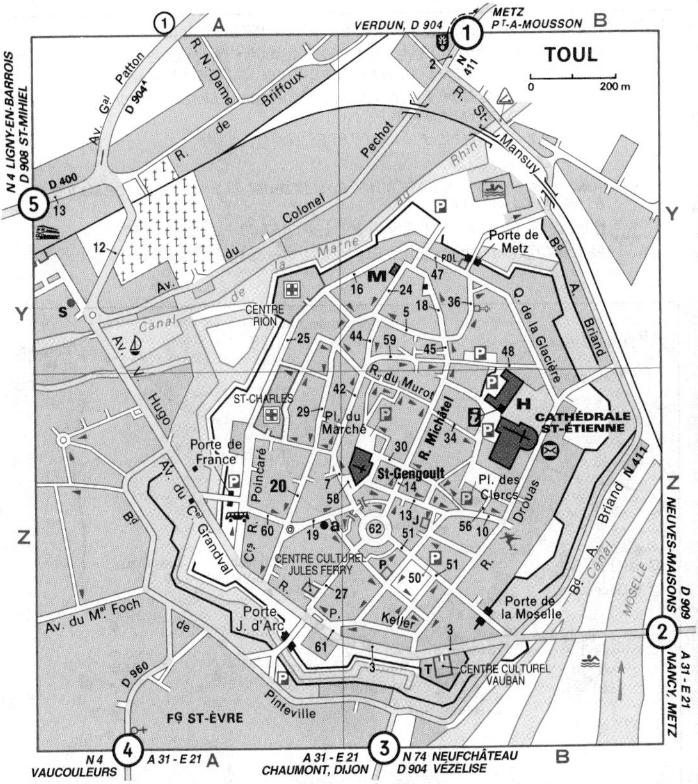

TOUL

Albert-Ier (Av.) . . . . BY 2
Anciens-Combattants d'Afrique-du-Nord (R.) BZ 3
Baron-Louis (R.) . . . . BY 5
Carnot (R.) . . . . ABZ 7
Châtelet (R. du) . . . . BZ 10
Clemenceau (Av.) . . . . . . AY 12
Corne-de-Cerf (R.) . . . . . BZ 13
Dr-Chapuis (R. du) . . . . . BZ 14
Écuries-de-Bourgogne (R. des) . . . . BY 16
Foy (R. du Gén.) . . . . . . BY 18
Gambetta (R.) . . . . AZ 19
Gengoult (R. du Gén.) . AZ 20
Gouvion-St-Cyr (R.) . . . . BY 24
Hôpital-Militaire (R.) . . AYZ 25
Jeanne-d'Arc (R.) . . . . ABZ 27
Joly (R.) . . . . AYZ 29
Lafayette (R.) . . . . BZ 30
Liouville (R.) . . . . BZ 34
Ménin (R. du) . . . . BY 36
Michâtel (R.) . . . . BZ
Petite-Boucherie (R.) . ABZ 42
Pt-de-Bois (R.) . . . . BY 44
Pt-des-Cordeliers (R.) . . BY 45
Porte-de-Metz (R.) . . . . . BY 47
Qui-Qu'en-Grogne (R.) . BY 48
République (Pl. de la) . . BZ 50
République (R. de la) . . BZ 51
St-Waast (R.) . . . . BZ 56
Schmidt (Pl. P.) . . . . BZ 58
Tanneurs (R. des) . . . . . BY 59
Thiers (R.) . . . . AZ 60
Vauban (R.) . . . . AZ 61
3-Évêchés (Pl. des) . . . . BZ 62

Besonders angenehme Hotels oder Restaurants
sind im Führer rot gekennzeichnet.
Sie können uns helfen,
wenn Sie uns die Häuser angeben,
in denen Sie sich besonders wohl gefühlt haben.
Jährlich erscheint eine komplett überarbeitete Ausgabe
aller Roten Michelin-Führer.

TOULON 🅿 83000 Var 84 ⑮, 114 ㊺ *G. Côte d'Azur – 167 619 h Agglo. 437 553 h alt. 10.*

Voir *Rade★★ – Port★ – Vieille ville★* **GYZ** *: Atlantes★ de la mairie d'honneur* **F**, *Musée de la marine★ – Porte★ de la Corderie – Navire-Musée "la Dives"★* **BV.**

Env. *Corniche du Mont Facon ≤★ du téléphérique – Musée-mémorial du Débarquement en Provence★ et ≤★★★ au Nord.*

de Toulon-Hyères : ✆ 04 94 00 83 83, par ① : 21 km.

✆ 08 36 35 35 35.

pour la Corse : SNCM-CMT(1er avril-30 sept.) 49 av. Infanterie de Marine ✆ 04 94 16 66 66, Fax 04 94 16 66 68.

Office de Tourisme pl. J.-Raimu ✆ 04 94 18 53 00, Fax 04 94 18 53 09.

Paris 840 ④ – Aix-en-Provence 85 ④ – Marseille 65 ④.

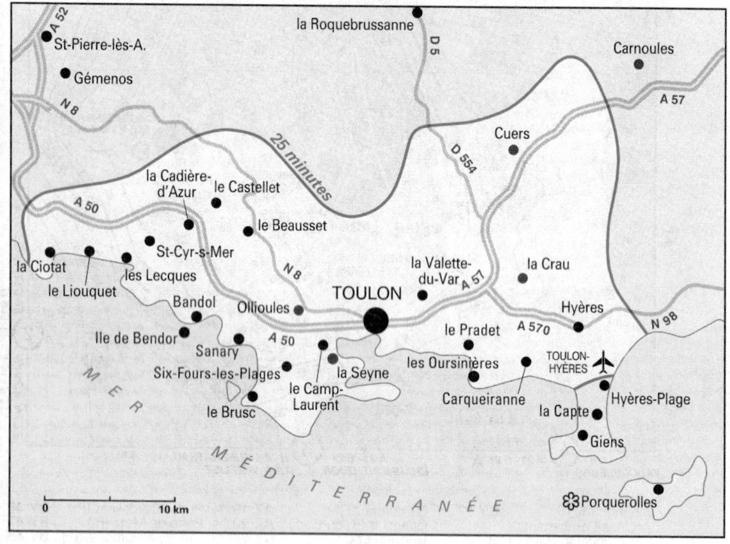

Holiday Inn Garden Court Ⓜ, 1 av. Rageot de la Touche ✆ 04 94 92 00 21, *higctoulon .manager@alliance-hotellerie.fr, Fax 04 94 62 08 15,* – 15 à 60. AE ⓓ GB JCB — EY b
Repas *(fermé week-ends de nov. à mai)* 105/110, enf. 50 – ☕ 60
80 ch 570

Mercure Ⓜ, pl. Besagne ✆ 04 98 00 81 00, *h2095@accor-hotels.com, Fax 04 94 41 57 51,* – 35 à 80. AE ⓓ GB — GZ r
Table de l'Amiral : Repas *(95)*-140 ♀, enf. 50 – ☕ 60
143 ch 520/700

Dauphiné sans rest, 10 r. Berthelot ✆ 04 94 92 20 28, *Fax 04 94 62 16 69* – . AE ⓓ GB — GY s
☕ 45 – **55 ch** 280/320

Nouvel Hôtel sans rest, 224 bd Tessé ✆ 04 94 89 04 22, *Fax 04 94 92 13 06* – . AE GB JCB — GY f
☕ 31 – **29 ch** 169/300

Jardin du Sommelier, 20 allée Amiral Courbe ✆ 04 94 62 03 27, *jsommelier@infonie.fr, Fax 04 94 09 01 49* – . AE GB — FY r
fermé sam. midi et dim.
Repas *(95)* - 180/220 ♀

Au Sourd, 10 r. Molière ✆ 04 94 92 28 52, *Fax 04 94 91 59 92,* – GB JCB — GY w
fermé dim. et lundi
Repas - produits de la mer - 150

RÉPERTOIRE DES RUES DU PLAN DE TOULON

LA SEYNE-SUR-MER

Alsace (R. d') .... **AV** 4
Bois-Sacré (Corniche du)........ **ABV**
Corse Résistante (Av. de la)........... **ABV** 40
Esprit Armando (Av.) .... **AV** 50
Estienne-d'Orves (Av. d') .... **AV** 53
Fabre (Quai Saturnin) .... **AV** 57
Faidherbe (Av.).......... **AV** 58
Gagarine (Av. Y.)......... **AV** 64
Garibaldi (Av.) .... **AV** 66
Merle (Bd Toussaint)..... **AV**
Thorez (Av. Maurice)..... **AV** 162
1re Armée Française Rhin et Danube........... **AV** 184
8 Mai 1945 (Rond Point du) .... **AV** 186

TOULON

Abel (Bd Jean-Baptiste)..... **DV**
Albert 1er (Place).......... **FX**
Alger (R. d') .... **GY**
Amiral Senès (Pl.) .... **GY**
Anatole-France (R.) ...... **FY**
Armand (Pont L.) .... **EX**
Armaris (Bd des) ...... **DUV**
Armes (Place d')......... **FY**
Barre (Chemin de la)........ **DV**
Barthou (Av. Louis) ...... **DV** 7
Baudin (R.) .... **GY**
Bazeilles (Bd de) .... **CV** 8
Belle Visto (Chemin)..... **AU**
Bernard (R. Saint) .... **HY**
Bert (Bd Paul)........... **HZ**
Berthelot (R.) .... **GY** 12
Besagne (Av. de)......... **GZ**
Bir Hakeim (Rond Point) .... **HY**
Blache (Pl. Noël) .... **HY**
Blondel (R. André)....... **DV** 15
Blum (Pl. Léon).......... **EY**
Bois-Sacré (Corniche du)........ **ABV**
Bonaparte (Rond-Point)......... **GHZ**
Bonnes Herbes (Chemin des) .... **AU** 18
Bonnet (R. A.)........... **EX**
Bony (R. A.) .... **EX**
Boucheries (R. des) ..... **GY** 20
Bozzo (Av. L.)........... **HX** 22
Brasserie (Bd de la) ..... **DV**
Briand (Av. Aristide).... **ABV**
Brunetière (R. F.)....... **GYZ** 25
Camus (B. Albert) .... **AU**
Carnot (Av. L.) .... **EXY**
Cartier (Av. Jacques) .... **CV** 28
Cassin (Av. René) .... **DU** 30
Cathédrale (Traverse) .... **GYZ** 32
Centrale (R.)............ **HX**
Chalucet (R.) .... **FXY**
Churchill (Av. W.) .... **EY** 36
Clamour (Bd) .... **DV** 38
Clappier (R. Victor) ...... **GY**
Claret (Av. de)........... **EX**
Clemenceau (Av. G.)..... **HY**
Colbert (Av.) .... **GY**
Collet (Av. Amiral) .... **EX**
Corderie (R. de la)...... **EFY**
Cronstadt (Quai) .... **FGZ**
Cuzin (Av. François) ..... **CV, HY**
Dardanelles (Av. des) .... **EXY**
Daudet (R. Alphonse) .... **HY** 43
David (R.) .... **AU**
Delpech (R.) .... **HX**
Démocratie (Bd de la)............. **HY**
Dr. Barnier (R.) .... **FX**
Dr. Barrois (R.) .... **CU**
Dr. Bourgarel (Bd) .... **DV** 46
Dr. Cunéo (Bd) .... **CV** 47
Dr. Fontan (R. du) .... **EX**
Escaillon (Bd de l')....... **AV** 49
Escartefigue (Corniche Marius)............. **CDU**
Estienne d'Orves (Av. d') .... **BV**
Fabié (R. F.)........... **GHY**
Fabre (Corniche Emile) ...... **BU** 56
Faron (Bd du)............ **BU**
Faron (Route du)....... **BCU** 59
Foch (Av. Maréchal)...... **EY**
Font Pré (Av. de) ...... **DUV** 60
Forgentier (Chemin de) .... **AU**
Fort Rouge (Bd du)....... **BU** 62
Fraize (Impasse) .... **HX**
Gambetta (Pl.) .... **GYZ** 65
Garibaldi (R.)............ **GY** 68
Gasquet (Av. Joseph) .... **DV**
Gaulle (Corniche du Gén. de)............ **CDV**
Glacière (R. de la) .... **GY** 70
Globe (Pl. du)........... **GY** 72
Gouraud (Av. Général).......... **BU** 75
Grandval (R.)............ **HX**
Groignard (R. Antoine)......... **ABU** 78
Guillemard (R. G.) .... **EY**
Hoche (R.)............... **GY**
Huile (Pl. à l') .... **GZ** 80
Infanterie de Marine (Av. de l')......... **CV, GZ** 82
Italie (Porte d')......... **HYZ**
Jacquemin (Bd) .... **BU** 85
Jaujard (R. Amiral)....... **HZ**
Jean-Jaurès (R.) .... **FGY**
Joffre (Bd Maréchal).......... **CV**
Juin (Av. A.) .... **CV, HY**
Kléber (R.) .... **CUV**
Lafayette (Cours) ...... **GYZ**
Lambert (Pl. Gustave).......... **GY** 87
Landrin (Cours) .... **GY**
Landrin (R. P.)........... **GY**
Lattre-de-Tassigny (Av. Mar. de)...... **CV, HZ** 88
Le Bellegou (Av. E.)...... **HZ**
Lebon (R. Philippe) ...... **HY**
Le Chatelier (Av. André).......... **ABU** 90
Leclerc (Av. Gén.) ...... **EFY**
Lesseps (Bd Ferdinand de).... **HXY**
Liberté (Place de la) ..... **GY**
Lices (Av. des) .... **GHX**
Lices (Chemin des)....... **HX**
Lorgues (R. de) .... **GY**
Loti (Av. Pierre) .... **CV**
Loubière (Chemin de la) .... **HY**
Louis-Blanc (Pl.).......... **GZ** 92
Louvois (Bd)........... **FGX**
Lyautey (Av. Maréchal) .... **EXY**
Magnan (Av. Gén.)....... **FY** 94
Marceau (Av.)............ **CV**
Marchand (Av. Commandant)..... **HY**
Méridienne (R.) .... **GZ** 97
Michelet (Bd Jules)...... **CV** 100
Micholet (Av. V.) .... **FY** 102
Mistral (Littoral Frédéric) ...... **CV** 106
Mon-Paradis (Chemin de) .... **AU**
Monsenergue (Pl. Ingénieur-Gén.) .... **FY** 108
Montserrat (R. de) ...... **AU** 110
Moulin (Av. Jean) .... **FY**
Moulins (Av. des) .... **BU** 112
Muraire (R.)............. **GY** 114
Murier (R. du) .... **GYZ**
Nardi (Av. François)........ **CDV**
Nicolas (Bd Commandant) ... **FGX**
Noguès (Av. Gén.)............. **EX**
Notre Dame (R.) .... **GY** 118
Noyer (R. du) .... **GY** 120
Oliviers (Av. des)........ **DU** 122
Orfèvres (Place des) ... **GYZ** 124
Ortolan (Av. Joseph Louis) ... **CDU**
Pagnol (Quai Marcel) .... **CV** 126
Pasteur (Place).......... **HZ**
Pastoureau (R. H.)....... **GY** 128
Péri (Pl. Gabriel) .... **EY**
Perrichi (R. Edouard) .... **CU** 129
Peyresc (R.).............. **FY**
Picon (Bd Louis) .... **BU** 130
Picot (Av. Colonel)....... **DU**
Poincaré (R. H.) .... **HZ**
Poissonnerie (Pl. de la)............. **GZ** 132
Pont de Bois (Chemin du) .... **BU** 133
Pressencé (R. F. de) .... **GZ** 134
Pruneau (Av. Gén.) ...... **CV** 136
Puget (Place) .... **GY**
Rageot de la Touche (Av.) .... **EXY**
Raimu (Pl.) .... **GY** 140
Raynouard (Bd) .... **HY**
Rebufat (R.) .... **HX**
République (Av. de la) .... **FGZ**
Résistance (Av. de la) .... **DV**
Riaux (R. des) .... **GY** 142
Richard (Bd G.) .... **HX**
Rigoumel (R. de) .... **BU** 144
Rivière (Av. Commandant)..... **BU**
Roosevelt (Av. Franklin) .... **HZ**
Routes (Av. des) .... **BU** 145
Saint-Roch (Av.) .... **EX**
Saint-Anne (Bd) .... **CU, GX** 146
Sainte-Claire-Deville (R.) .... **DUV** 150
Seillon (R. H.)........... **GZ** 152
Semard (R. Pierre) .... **GY**
Siblas (Av. des) .... **HX**
Sinse (Quai de la) .... **GZ**
Souvenir Français (Place du) .... **HY**
Strasbourg (Bd de) ...... **GY**
Temple (Chemin)........ **BU** 158
Tessé (Bd de) .... **GXY**
Thorez (Av. Maurice).......... **AV** 162
Tirailleurs Sénégalais (Av. des) .... **CV** 166
Toesca (Bd P.) .... **EFX**
Trois-Dauphins (Pl. des)............ **GY** 168
Trucy (Bd) .... **BU** 170
Valbourdin (Av. de) ...... **BU** 172
Vallé (Pl. A.) .... **HY**
Vauban (Av.) .... **FXY**
Vert-Coteau (Av.) .... **HY** 175
Vezzani (Pl. César)............ **GY** 178
Victoire (Av. de la) ..... **FGX**
Victor-Hugo (Pl.)........ **GY**
Vienne (R. Henri) .... **EX**
Vincent (Av. E.) .... **EFX**
Visitation (Pl. de la) .... **GHY** 180
1er Bataillon de Choc (Av. du) .... **BU** 182
9e D.I.C. (Rond Point de la) ..... **HZ** 188
15e Corps (Av. du)....... **BU** 190
112e Régt d'Infanterie (Bd du) .... **GXY**

LA VALETTE

Anatole-France (Av.) .... **DU** 4
Char Verdun (Av. du) .... **DU** 33
Mirasouleou (Av.) .... **DU** 104
Nice (R. de) .... **DU** 116
Terres-Rouges (Chemin des) .... **DU** 160

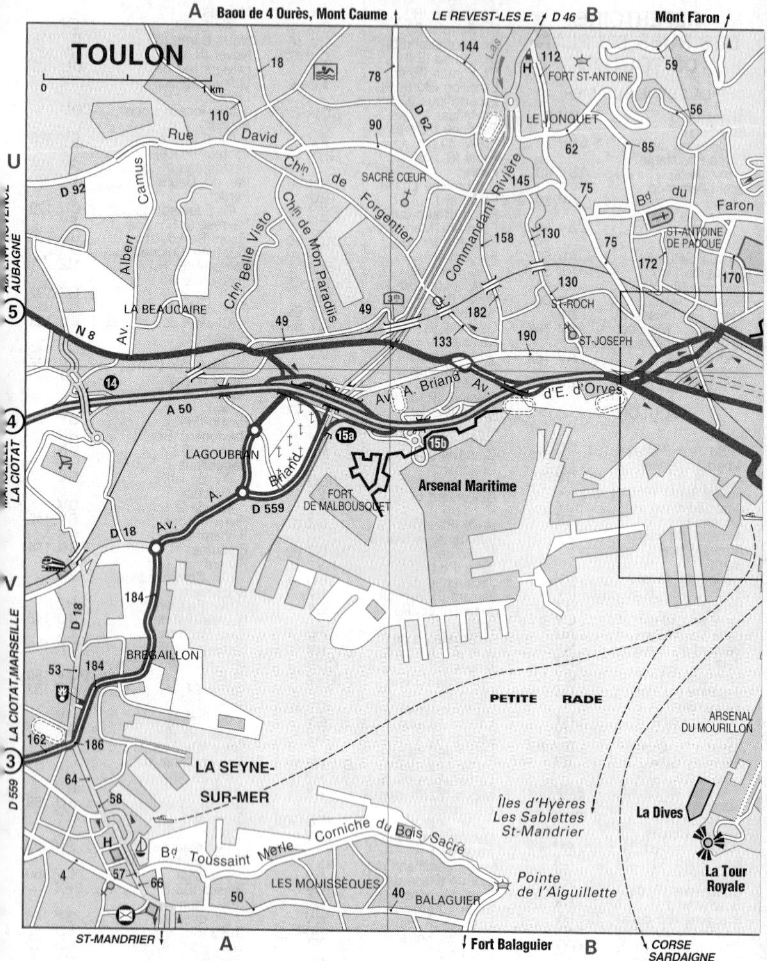

au Mourillon – ✉ *83000 Toulon.*

Voir *Tour royale* ❋★.

Corniche, 17 littoral F. Mistral ✆ 04 94 41 35 12, *info@cornichehotel.com, Fax 04 94 41 24 58,* ≤, – AE GB, CV a
Repas *(fermé dim. soir sauf juil.-août et lundi)* (120) - 190 – 60 – **19 ch** 450/700, 4 appart – ½ P 365/425

Lido, av. F. Mistral ✆ 04 94 03 38 18, *lelido83@monmenu.com, Fax 04 94 42 07 65,* ≤ rade de Toulon, – P. AE GB CV v
fermé dim. soir et lundi du 30 sept. au 30 mai – **Repas** 140/190 ♀, enf. 58

Gros Ventre, 279 littoral F. Mistral ✆ 04 94 42 15 42, *Fax 04 94 31 40 32,* – AE GB CV e
fermé sam. midi, jeudi midi et merc. – **Repas** 110 (déj.), 154/245 ♀, enf. 68

L'Oustaou, 9 r. Pré des Pêcheurs ✆ 04 94 41 64 64, *loustaou@aol.com, Fax 04 94 41 64 64* – AE GB JCB CV r
fermé 14 juil. au 10 août, sam. midi et dim. – **Repas** carte 200 à 300

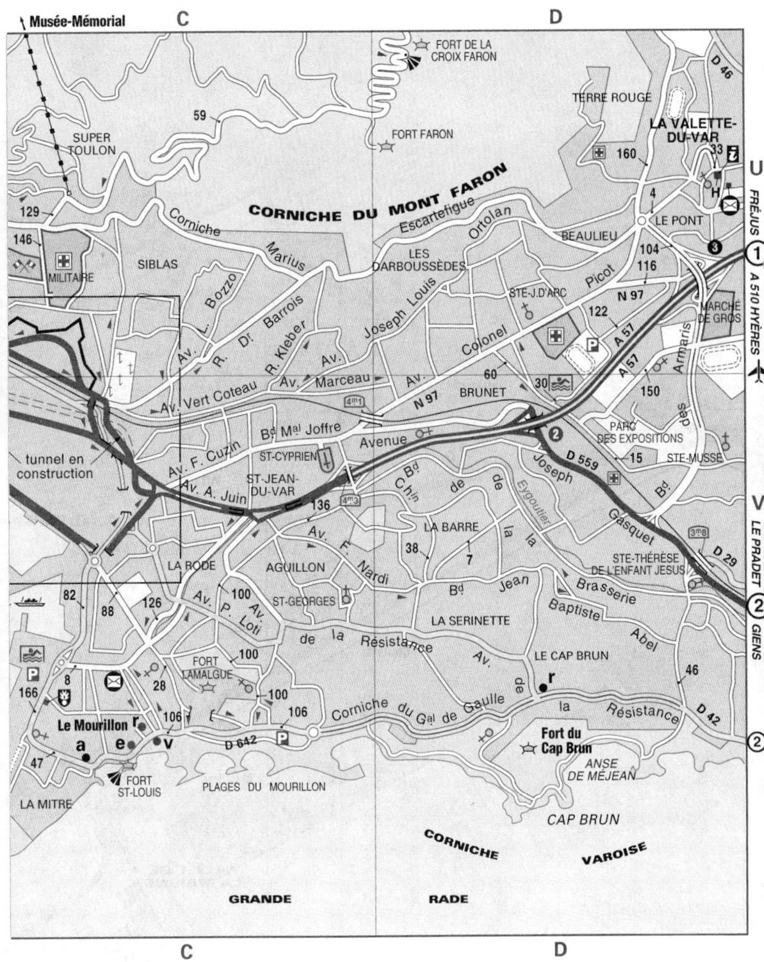

au Cap Brun – ✉ 83100 Toulon :

Les Bastidières sans rest, 2371 av. Résistance ☎ 04 94 36 14 73, *Fax 04 94 42 49 75*, « Jardin provençal fleuri », 🏊, 🌳 – ▤ TV 📞 P DV r
Pâques-15 sept. – ☕ 70 – **5 ch** 700/800

à la Valette-du-Var *par* ① : *7 km – 20 687 h. alt. 64* – ✉ *83160 :*

Ibis, sortie Valgora (sortie n° 5b) ☎ 04 94 14 14 14, *info@est.ibistoulon.com, Fax 04 94 14 10 04*, 🌳, 🏊 – |‡| ✈ ▤ TV 📞 ♿ P – 🏛 15 à 50. AE ⓓ GB
Repas *(75)* - 95 ₰ – ☕ 35 – **84 ch** 350/395

au Camp-Laurent *par* ④ *autoroute A50 sortie Ollioules : 7,5 km* – ✉ *83140 Six-Fours :*

Novotel, ☎ 04 94 63 09 50, *info@novoteltoulon.com, Fax 04 94 63 03 76*, 🌳, 🏊, 🌳 – |‡| ✈ ▤ TV 📞 ♿ P – 🏛 20 à 90. AE ⓓ GB
Repas 140/160 ♀, enf. 52 – ☕ 60 – **86 ch** 490/600

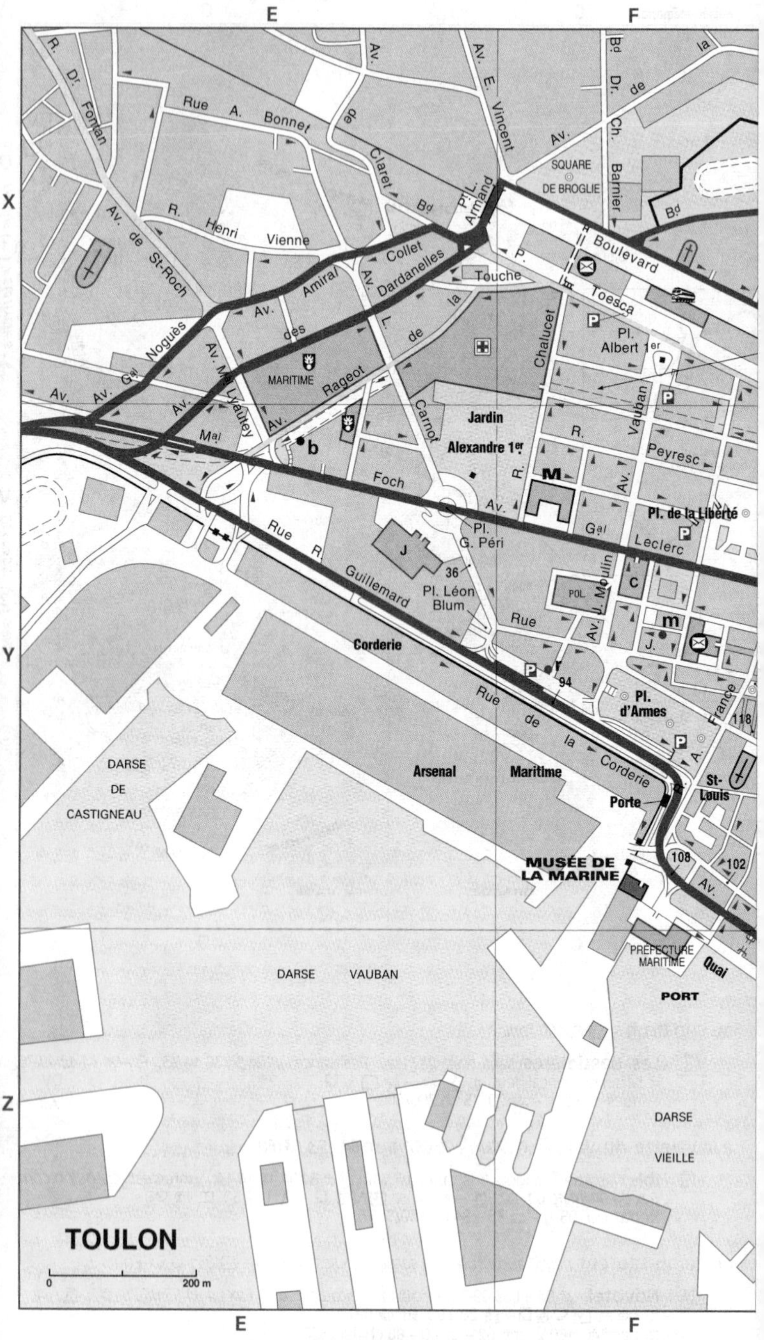
E
F
X
Y
Z
TOULON
0
200 m
R. Dr. Fontan
Rue A. Bonnet
Av. de Claret
Av. E. Vincent
Bd Dr. Ch. Barnier
Bd de la
Av.
SQUARE DE BROGLIE
Pl. L. Armand
Bd
R. Henri Vienne
Av. de St-Roch
Collet
Amiral
Av. des Dardanelles
Boulevard
Bd
P. Touche
Toesca
Av. Gal Noguès
Av. L. Rageot de la Touche
Pl. Albert 1er
Chalucet
Av. Mal Lyautey
MARITIME
Av. Mal
b
Carnot
Jardin Alexandre 1er
Vauban
R. Peyresc
Foch
Av.
Gal Leclerc
Pl. de la Liberté
M
Pl. G. Péri
Rue R. Guillemard
J
36
Pl. Léon Blum
POL
Av. J. Moulin
c
m
Rue J.
Corderie
r
94
Pl. d'Armes
Rue de la Corderie
Av. France
118
DARSE DE CASTIGNEAU
Arsenal Maritime
Porte
St-Louis
MUSÉE DE LA MARINE
108
102
Av.
PRÉFECTURE MARITIME
Quai
PORT
DARSE VAUBAN
DARSE VIEILLE

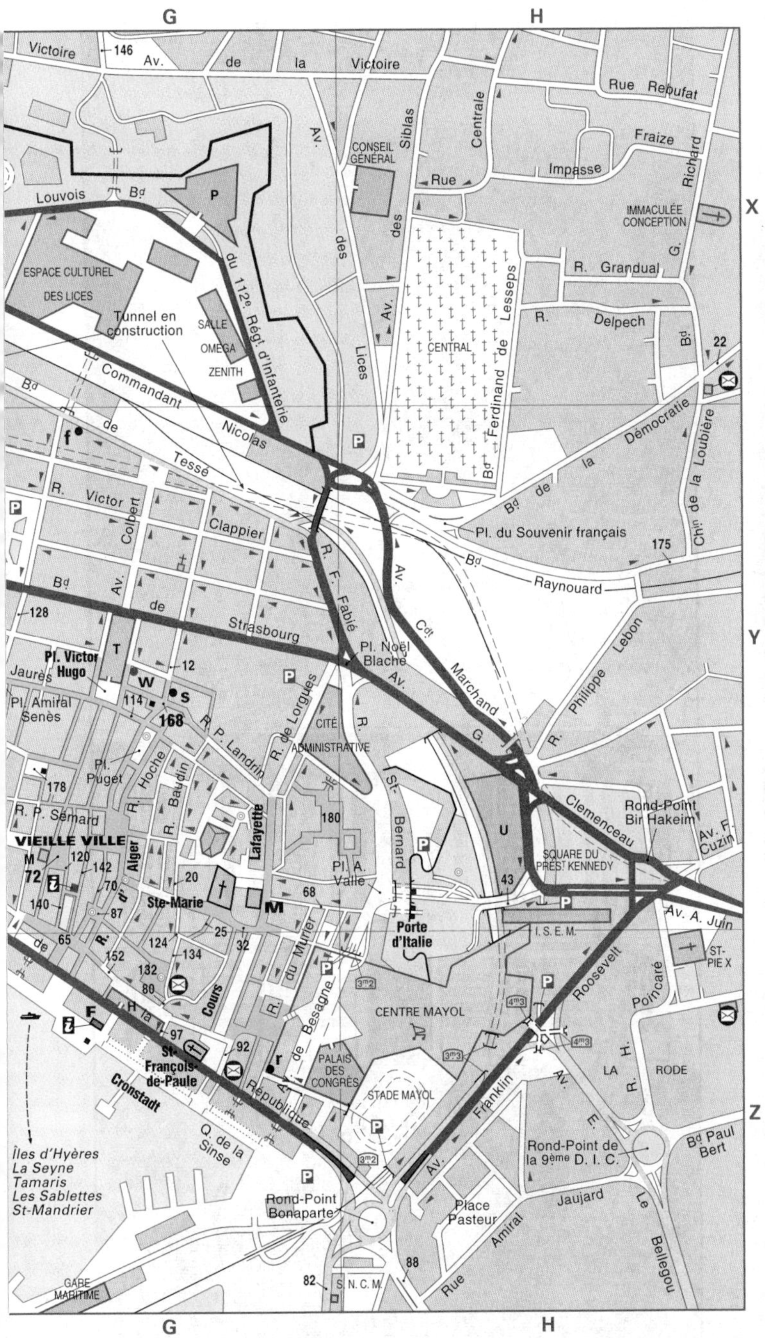
G
H
X
Y
Z
Av. de la Victoire
146
Rue Rebufat
Fraize
Impasse
Rue Richard
Centrale
Siblas
CONSEIL GÉNÉRAL
Rue
Av. des Lices
IMMACULÉE CONCEPTION
R. Grandual
R. Delpech
Bd Louvois
P
ESPACE CULTUREL DES LICES
SALLE OMEGA ZENITH
Tunnel en construction
Bd du 112e Régt d'Infanterie
CENTRAL
Bd Ferdinand de Lesseps
22
Bd Commandant Nicolas
Bd de Tessé
Bd de la Démocratie
Chin de la Loubière
R. Victor Clappier
Colbert
Pl. du Souvenir français
175
Bd Raynouard
Bd de Strasbourg
128
Av. Cdt Marchand
R. F. Fabié
Pl. Noël Blache
Av. G. Clemenceau
R. Philippe Lebon
Pl. Victor Hugo
T
W
S
12
Jaurès
Pl. Amiral Senès
114
168
R. P. Landrin
R. de Lorgues
CITÉ ADMINISTRATIVE
R. St-Bernard
Pl. Puget
178
R. Hoche
R. Baudin
Lafayette
180
R. P. Sémard
VIEILLE VILLE
M
72
120
142
R. d'Alger
Pl. A. Valle
70
20
140
87
Ste-Marie
68
Porte d'Italie
U
43
SQUARE DU PREST KENNEDY
Rond-Point Bir Hakeim
Av. F. Cuzin
Av. A. Juin
I. S. E. M.
ST-PIE X
65
124
25
32
R. du Murier
134
152
132
80
Cours
Av. de Besagne
CENTRE MAYOL
Roosevelt
Poincaré
F
H
97
St-François-de-Paule
92
r
République
Cronstadt
PALAIS DES CONGRÈS
STADE MAYOL
Av. Franklin
LA RODE
R. H.
Av. E.
Q. de la Sinse
Rond-Point de la 9ème D. I. C.
Bd Paul Bert
Îles d'Hyères
La Seyne
Tamaris
Les Sablettes
St-Mandrier
Rond-Point Bonaparte
Place Pasteur
Rue Amiral Jaujard
Le Bellegou
88
82
S. N. C. M.
GARE MARITIME

CAPITOLIUM

TOULOUSE

🅿 31000 H.-Gar. 82 ⑧ *G. Midi-Pyrénées - 358 688 h. - Agglo. 650 336 h - alt. 146.*
Paris 699 ① – Barcelona 322 ⑤ – Bordeaux 248 ① – Lyon 536 ⑤ – Marseille 407 ⑤

OFFICE DE TOURISME

Donjon du Capitole ✆ 05 61 11 02 22, Fax 05 61 22 03 63

RENSEIGNEMENTS PRATIQUES

TRANSPORTS

Auto-train ✆ 08 36 35 35 35.

AÉROPORT

Toulouse-Blagnac ✆ 05 61 42 44 00 AS

DÉCOUVRIR

TOULOUSE ET L'AÉRONAUTIQUE

Usine Clément-Ader à Colomiers dans la banlieue Ouest par ⑦

QUARTIERS DE LA BASILIQUE ST-SERNIN ET DU CAPITOLE

Basilique St-Sernin★★★ - Musée St-Raymond★★ - Église les Jacobins★★ (vaisseau de l'église★★) - Capitole★ - Tour d'escalier★ de l'hôtel de Bernuy EY

DE LA PLACE DE LA DAURADE À LA CATHÉDRALE

Hôtel d'Assézat et fondation Bemberg★★ EY *- Cathédrale St-Étienne★ - Musée des Augustins★★ (sculptures★★★)* FY

AUTRES CURIOSITÉS

Muséum d'Histoire naturelle★★ FZ *- Musée Paul-Dupuy★* FZ *- Musée Georges-Labit ★* DV M[2]

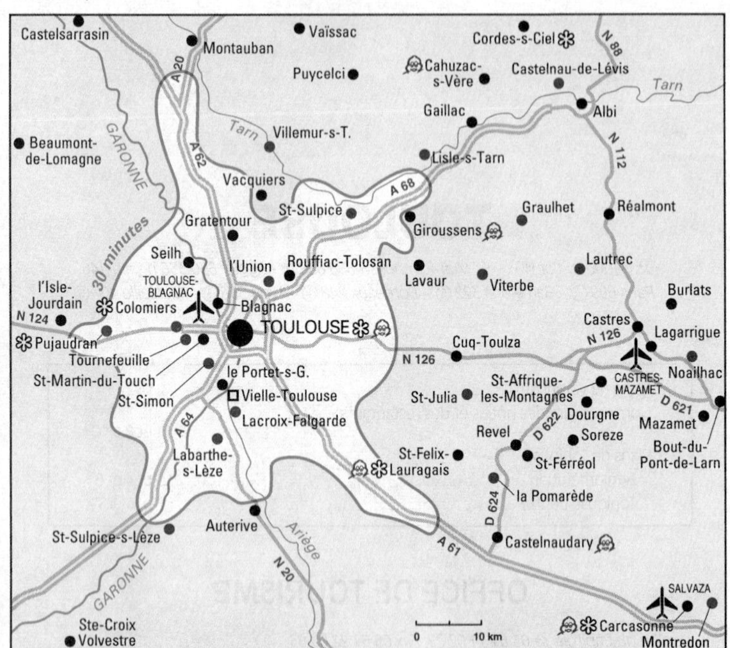

Sofitel Centre Ⓜ, 84 allées J. Jaurès ☎ 05 61 10 23 10, *h1091@accor-hotels.com, Fax 05 61 10 23 20* – ▮ ⇌ ▤ TV ✆ ♿ ⇔ – 🏛 150. AE ⓓ GB JCB. ✗ p. 7 **FX v**
L'Armagnac *(fermé dim. midi et sam.)* **Repas** 160 ♀ – ☕ 100 – **119 ch** 1200/1850, 14 appart

Crowne Plaza Ⓜ, 7 pl. Capitole ☎ 05 61 61 19 19, *dvtlsfr@imaginet.fr, Fax 05 61 23 79 96*, ☂, ⅃ – ▮ ⇌ ▤ TV ✆ ♿ – 🏛 50. AE ⓓ GB JCB p. 7 **EY t**
Repas 145/240 ♀, enf. 50 – ☕ 120 – **162 ch** 1100/1500

Grand Hôtel de l'Opéra Ⓜ sans rest, 1 pl. Capitole ☎ 05 61 21 82 66, *Fax 05 61 23 41 04*, ⅃ – ▮ TV ✆ ♿ – 🏛 40. AE ⓓ GB JCB p. 7 **EY a**
☕ 110 – **57 ch** 700/1400, 5 appart

Grand Hôtel Capoul Ⓜ, 13 pl. Wilson ☎ 05 61 10 70 70, *Fax 05 61 21 96 70*, ☂ – ▮ ⇌ ▤ TV ✆ ♿ – 🏛 100. AE ⓓ GB JCB p. 7 **FY n**
Brasserie le Capoul : **Repas** carte 160 à 270 ♀ – ☕ 55 – **130 ch** 580/720, 6 appart

Mercure Atria Ⓜ, 8 espl. Compans Caffarelli ☎ 05 61 11 09 09, *h1585@accor-hotels.com, Fax 05 61 23 14 12*, ☂ – ▮ ⇌ ▤ TV ✆ ♿ ⇔ – 🏛 180. AE ⓓ GB JCB p. 6 **DV k**
Repas *(90)* - 120 ♀ – ☕ 65 – **136 ch** 580/620

Novotel Centre Ⓜ ⛰, pl. A. Jourdain ☎ 05 61 21 74 74, *h0906@accor-hotels.com, Fax 05 61 22 81 22*, ☂, ⛱ – ▮ ⇌ ▤ TV ✆ ♿ ⇔ – 🏛 100. AE ⓓ GB JCB p. 6 **DV u**
Repas 155 bc ♀, enf. 50 – ☕ 65 – **131 ch** 590/850, 6 appart

Brienne Ⓜ sans rest, 20 bd Mar. Leclerc ☎ 05 61 23 60 60, *hoteldebrienne@wanadoo.fr, Fax 05 61 23 18 94* – ▮ ▤ TV ✆ ♿ P – 🏛 50. AE ⓓ GB JCB p. 6 **DV n**
☕ 50 – **71 ch** 420/500, 3 appart

Beaux Arts Ⓜ sans rest, 1 pl. Pont-Neuf ☎ 05 34 45 42 42, *contact@hoteldesbeauxarts.com, Fax 05 34 45 42 43*, ≼, « Bel aménagement intérieur » – ▮ ▤ TV ✆. AE ⓓ GB JCB. ✗ p. 7 **EY v**
☕ 85 – **19 ch** 490/1000

Mercure St-Georges Ⓜ, r. St-Jérôme (pl. Occitane) ☎ 05 61 23 11 77, *h0370@accor-hotels.com, Fax 05 61 23 19 38* – ▮ cuisinette ⇌ ▤ TV ♿ – 🏛 120. AE ⓓ GB JCB p. 7 **FY s**
Repas *(fermé vend. soir, sam. et dim.)* *(73)* - 135 bc – ☕ 70 – **120 ch** 670, 28 appart

Mermoz sans rest, 50 r. Matabiau 05 61 63 04 04, *reservation@hotel.mermoz.com, Fax 05 61 63 15 64* – cuisinette – 15 à 30. GB p. 7 **DV** f
60 – **52 ch** 540/620

Mercure Wilson sans rest, 7 r. Labéda 05 34 45 40 60, *h1260@accor-hotels.com, Fax 05 34 45 40 61* – . GB p. 7 **FY** m
70 – **95 ch** 650/850

Grand Hôtel Jean Jaurès "Les Capitouls" sans rest, 29 allées J. Jaurès 05 34 41 31 21, *grand.hotel.jean.jaures@wanadoo.fr, Fax 05 61 63 15 17* – – 30. GB p. 7 **FX** g
65 – **52 ch** 580/680

Président sans rest, 45 r. Raymond IV 05 61 63 46 46, *contact@hotel-president.com, Fax 05 61 62 83 60* – . GB p. 7 **FX** k
48 – **31 ch** 280/370

Athénée sans rest, 13 r. Matabiau 05 61 63 10 63, *Fax 05 61 63 87 80* – – 30. GB p. 7 **FX** a
53 – **35 ch** 350/550

Castellane sans rest, 17 r. Castellane 05 61 62 18 82, *Fax 05 61 62 58 04* – cuisinette – 15 à 40. GB p. 7 **FX** f
35 – **53 ch** 290/480

Victor Hugo sans rest, 26 bd Strasbourg 05 61 63 40 41, *Fax 05 61 62 66 31* – . GB p. 7 **FX** b
fermé vacances de Noël – 40 – **32 ch** 240/320

Albert 1er sans rest, 8 r. Rivals 05 61 21 17 91, *hotel.albert.1er@wanadoo.fr, Fax 05 61 21 09 64* – – 15. GB P. 7 **EX** r
49 – **50 ch** 300/450

Park Hôtel sans rest, 2 r. Porte Sardane 05 61 21 25 97, *contact@au-park-hotel.com, Fax 05 61 23 96 27,* – . GB p. 7 **FX** s
40 – **44 ch** 250/370

Ours Blanc-Wilson sans rest, 2 r. V. Hugo 05 61 21 62 40, *Fax 05 61 23 62 34* – . GB p. 7 **FX** p
40 – **37 ch** 300/430

Gascogne sans rest, 25 allées Ch. de Fitte 31300 05 61 59 27 44, *Fax 05 61 42 25 52* – . GB p. 6 **DV** a
40 – **51 ch** 270/370

Bordeaux sans rest, 4 bd Bonrepos 05 61 62 41 09, *Fax 05 61 63 06 65* – . GB p. 7 **FX** e
fermé 25 déc. au 1er janv. – 40 – **31 ch** 245/320

Toulousy-Les Jardins de l'Opéra, 1 pl. Capitole 05 61 23 07 76, *toulousy@wanadoo.fr, Fax 05 61 23 63 00* – . GB p. 7 **EY** q
fermé 29 juillet au 28 août, 1er au 7 janv., lundi midi et dim. – **Repas** 230 (déj.), 300/550
Spéc. Ravioli de foie gras de canard au jus de truffe. Trilogie de lapereau. Millefeuille au beurre demi-sel. **Vins** Pacherenc du Vic Bilh. Cahors.

Michel Sarran, 21 bd A. Duportal 05 61 12 32 32, *michelsarran@wanadoo.fr, Fax 05 61 12 32 33,* – . GB p. 6 **DV** m
fermé 27 juil. au 28 août, 22 au 30 déc., sam. et dim. – **Repas** (prévenir) 240/550 bc et carte 330 à 470
Spéc. Soupe tiède de foie gras à l'huître belon. Loup cuit et cru au chorizo. Tête de veau à l'huître et oeuf poché. **Vins** Côtes de Gascogne, Corbières.

Frégate, 1 r. Austerlitz (2e étage) 05 61 21 62 45, *Fax 05 61 22 58 41* – . GB p. 7 **FX** p
Repas 180/220 et carte 260 à 370

7 Place St-Sernin, 7 pl. St-Sernin 05 62 30 05 30, *Fax 05 62 30 04 06,* « "Toulousaine" élégamment aménagée » – . GB **EX** v
fermé 1er au 15 juil., 24 déc. au 2 janv., sam. et dim. – Repas (105) - 150/210

L'Edelweiss, 19 r. Castellane 05 61 62 34 70, *Fax 05 61 62 34 70* – . GB p. 7 **FX** f
fermé 10 au 20 août, dim. et lundi – **Repas** (131) - 165

Depeyre, 17 rte Revel 31400 05 61 20 26 56, *depeyre@depeyre.fr, Fax 05 61 34 83 96* – GB p. 5 **CU** r
fermé 24 juil. au 28 août, dim. et lundi – **Repas** 105 (déj.), 240/360

Chez Laurent Orsi "Bouchon Lyonnais", 13 r. Industrie 05 61 62 97 43, *orsi.le-bouchon-lyonnais@wanadoo.fr, Fax 05 61 63 00 71* – . GB p. 7 **FY** f
fermé sam. midi et dim. – **Repas** 99/195

Agde (Rte d') . . . . **CS**
Albi (Rte d') . . . . **CS**
Arènes Romaines (Av.) . . . . **AT** 3
Barrière de Paris . . . . **BS** 10
Bayonne (Rte de) . . . . **AT**
Biarritz (Av. de) . . . . **AT** 12
Blagnac (Rte de) . . . . **AST**
Bonnefoy (R. Fg.) . . . . **CS** 15
Bordebasse (R. de) . . . . **AS**
Brunaud (Av.) . . . . **CT**
Casselardit (Av. de) . . . . **AT** 28
Castres (Av. de) . . . . **CT**
Chaubet (Av. Jean) . . . . **CT**
Cornebarrieu (Av. de) . . . . **AS** 33
Crêtes (Bd des) . . . . **CT**
Déodat-de-Sév. (Bd) . . . . **BU** 43
Dillon (Cours) . . . . **BT** 46
Dr-Baylac (Pl. du) . . . . **AT** 47
Eisenhower
(Av. du Gén.) . . . . **AU**
Espagne (Rte d') . . . . **BU**
Etats-Unis (Av. des) . . . . **BS** 55
Fronton (Av. de) . . . . **BS**
Gde-Bretagne (Av. de) . . . . **AT** 67
Gloire (Av. de la) . . . . **CT**
Gonin (Av. Cl.) . . . . **AS**
Grenade (Rte de) . . . . **AS**
Julien (Av. J.) . . . . **BU** 80
Langer (Av. M.) . . . . **BU** 84
Lardenne (Av. de) . . . . **AT**
Lombez (Av. de) . . . . **AT** 88
Minimes (Av. des) . . . . **BS** 104
Mirail (Av. du) . . . . **AU**
Narbonne (Rte de) . . . . **BCU**
Pt-Guilhemery (R.) . . . . **CT** 119
Pujol (Av. C.) . . . . **CT** 121
Ramelet-Moundi
(Chemin de) . . . . **AU**
Récollets (Bd des) . . . . **BU** 123
Revel (Rte de) . . . . **CU** 125
Rieux (Av. J.) . . . . **CU**
Saint-Exupéry (Av.) . . . . **CU**
St-Simon (Rte de) . . . . **AU** 136
Ségoffin (Av. V.) . . . . **BU** 140
Suisse (Bd de) . . . . **BST**
Trentin (Bd S.) . . . . **BS** 148
URSS (Av. de l') . . . . **BU** 154
Wagner (Bd Richard) . . . . **BT** 160

Les principales voies commerçantes figurent en rouge dans la liste des rues des plans de villes.

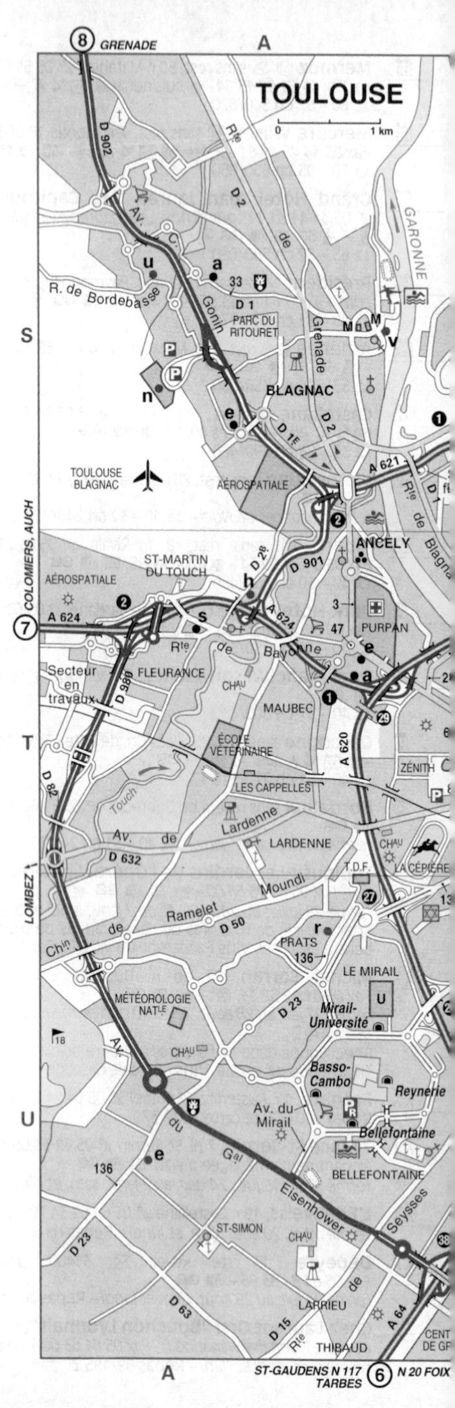

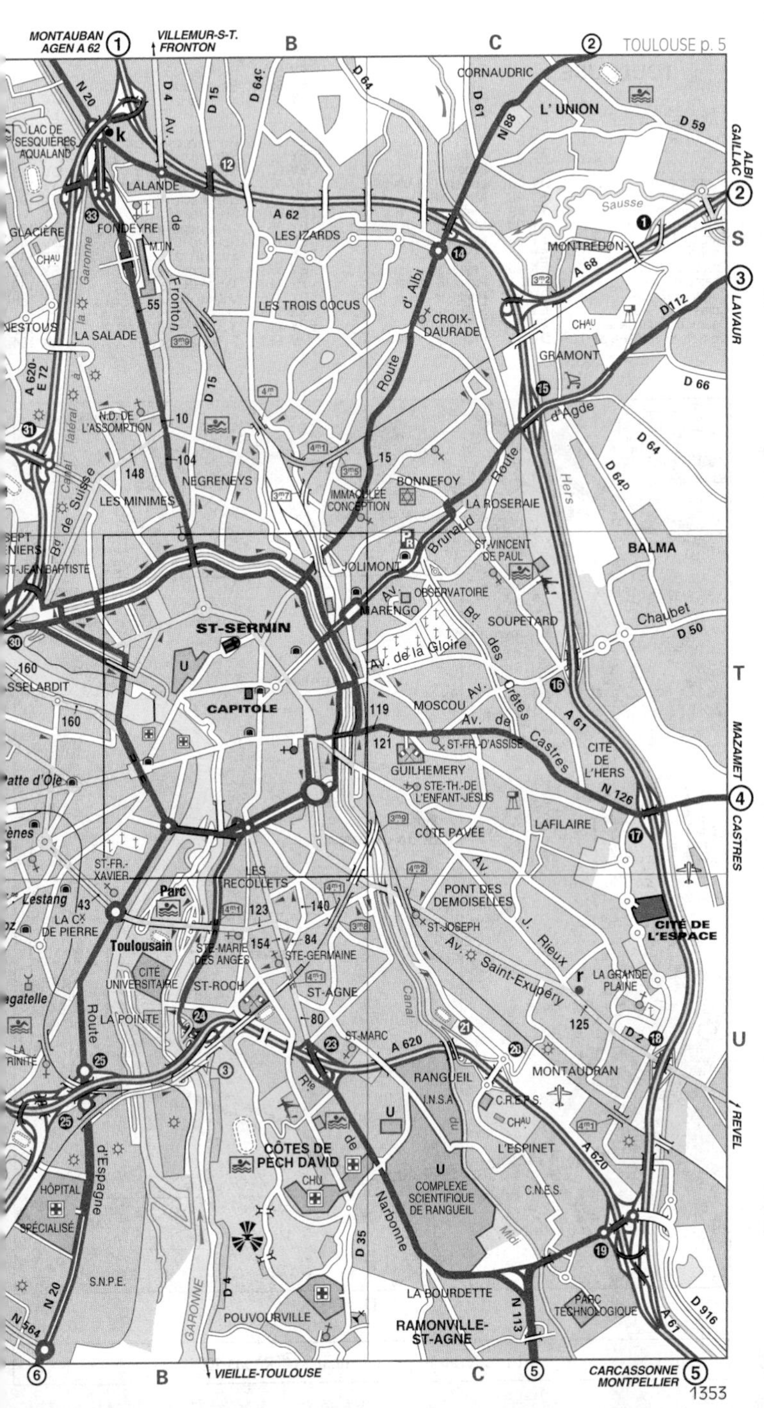

MONTAUBAN AGEN A 62
VILLEMUR-S-T. FRONTON
B
C
CORNAUDRIC
L' UNION
ALBI GAILLAC
LAC DE SESQUIÈRES AQUALAND
LALANDE
A 62
LES IZARDS
MONTREDON
A 68
FONDEYRE
GLACIÈRE
LES TROIS COCUS
CROIX-DAURADE
LAVAUR
LA SALADE
GRAMONT
N.D. DE L'ASSOMPTION
NEGRENEYS
BONNEFOY
IMMACULÉE CONCEPTION
LES MINIMES
LA ROSERAIE
BALMA
JOLIMONT
ST-VINCENT DE PAUL
MARENGO
OBSERVATOIRE
SOUPETARD
ST-SERNIN
CAPITOLE
MOSCOU
ST-FR.-D'ASSISE
GUILHEMERY
STE-TH.-DE L'ENFANT-JÉSUS
MAZAMET
CASTRES
CITÉ DE L'HERS
N 126
LAFILAIRE
CÔTE PAVÉE
ST-FR.-XAVIER
LES RECOLLETS
PONT DES DEMOISELLES
LA Cx DE PIERRE
ST-JOSEPH
CITÉ DE L'ESPACE
Toulousain
STE-MARIE DES ANGES
STE-GERMAINE
CITÉ UNIVERSITAIRE
ST-ROCH
ST-AGNE
LA GRANDE PLAINE
LA POINTE
ST-MARC
A 620
RANGUEIL
I.N.S.A.
MONTAUDRAN
C.R.E.P.S.
REVEL
L'ESPINET
CÔTES DE PECH DAVID
COMPLEXE SCIENTIFIQUE DE RANGUEIL
C.N.E.S.
HÔPITAL SPÉCIALISÉ
S.N.P.E.
LA BOURDETTE
PARC TECHNOLOGIQUE
POUVOURVILLE
RAMONVILLE-ST-AGNE
VIEILLE-TOULOUSE
CARCASSONNE MONTPELLIER

TOULOUSE

Alsace-Lorraine (R. d') .... **EXY**
Arnaud-Bernard (R.) .... **EX** 4
Astorg (R. d') .... **FY** 5
Baronie (R.) .... **EY** 9
Billières (Av. E.) .... **DV** 13
Bonrepos (Bd) .... **DV** 16
Boulbonne (R.) .... **FY** 18
Bouquières (R.) .... **FZ** 19
Bourse (Pl. de la) .... **EY** 20
Cantegril (R.) .... **FY** 23
Capitole (Pl. du) .... **EY**
Cartailhac (R. E.) .... **EX** 26
Chaîne (R. de la) .... **EX** 31
Cugnaux (R. de) .... **DV** 35
Cujas (R.) .... **EY** 36
Daurade (Quai de la) .... **EY** 38
Demoiselles (Allée des) .... **DV** 40
Esquirol (Pl.) .... **EY** 54
Fonderie (R. de la) .... **EZ** 60
Frères-Lion (R. des) .... **FY** 62
Griffoul-Dorval (Bd) .... **DV** 72
Henry-de-Gorsse (R.) .... **EZ** 76
Jules-Chalande (R.) .... **EY** 79
La Fayette (R.) .... **EY**
Lapeyrouse (R.) .... **FY** 85
Leclerc (Bd Mar.) .... **DV** 87
Magre (R. Genty) .... **EY** 91
Malcousinat (R.) .... **EY** 92
Marchands (R. des) .... **EY** 95
Mercié (R. A.) .... **EY** 103
Metz (R. de) .... **EFY**
Peyras (R.) .... **EY** 113
Pleau (R. de la) .... **FZ** 114
Poids-de-l'Huile (R.) .... **EY** 115
Polinaires (R. des) .... **EZ** 116
Pomme (R. de la) .... **EFY** 117
Pompidou (Allée) .... **DV** 118
Rémusat (R. de) .... **EX**
République (R. de la) ...... **DV** 124
Riguepels (R.) .... **FY** 127
Romiguières (R.) .... **EY** 129
Roosevelt (Allées) .... **FXY** 130
St-Antoine du T. (R.) .... **FY**
St-Etienne (Port) .... **DV** 133
St-Michel (Gde-Rue) .... **DV** 134
Ste-Ursule (R.) .... **EY** 137
St-Rome (R.) .... **EY**
Sébastopol (R. de) .... **DV** 139
Semard (Bd P.) .... **DV** 142
Suau (R. J.) .... **EY** 146
Temponières (R.) .... **EY** 147
Trinité (R. de la) .... **EY** 149
Vélane (R.) .... **FZ** 158
Wilson (Pl. Prés.) .... **FY**
3-Journées (R. des) .... **FY** 162
3-Piliers (R. des) .... **EX** 164

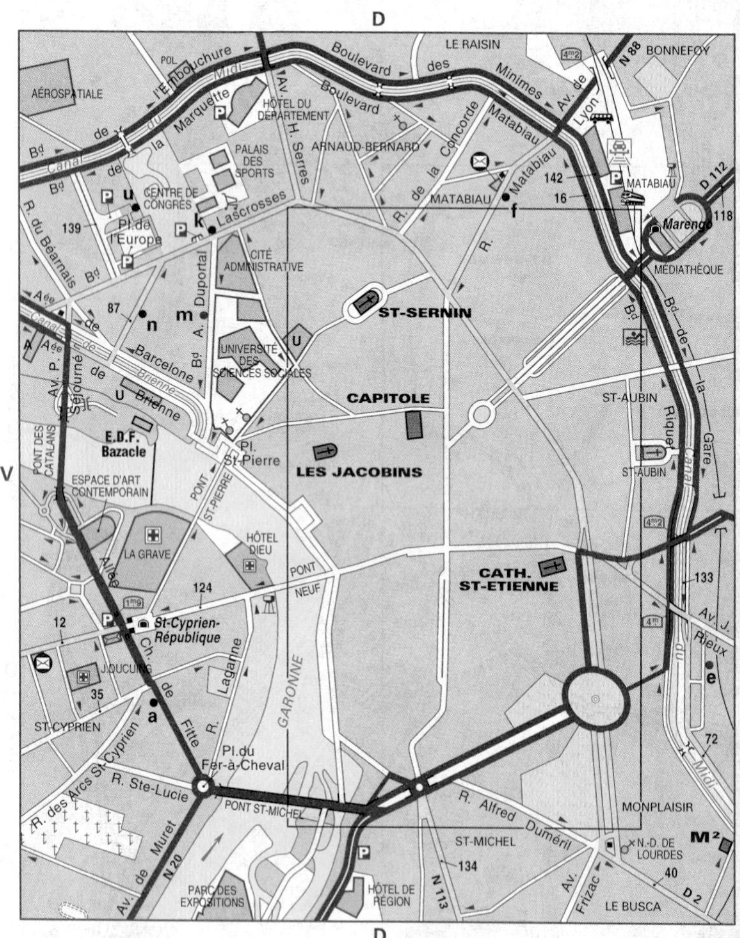

A good moderately priced meal : Repas 100/140

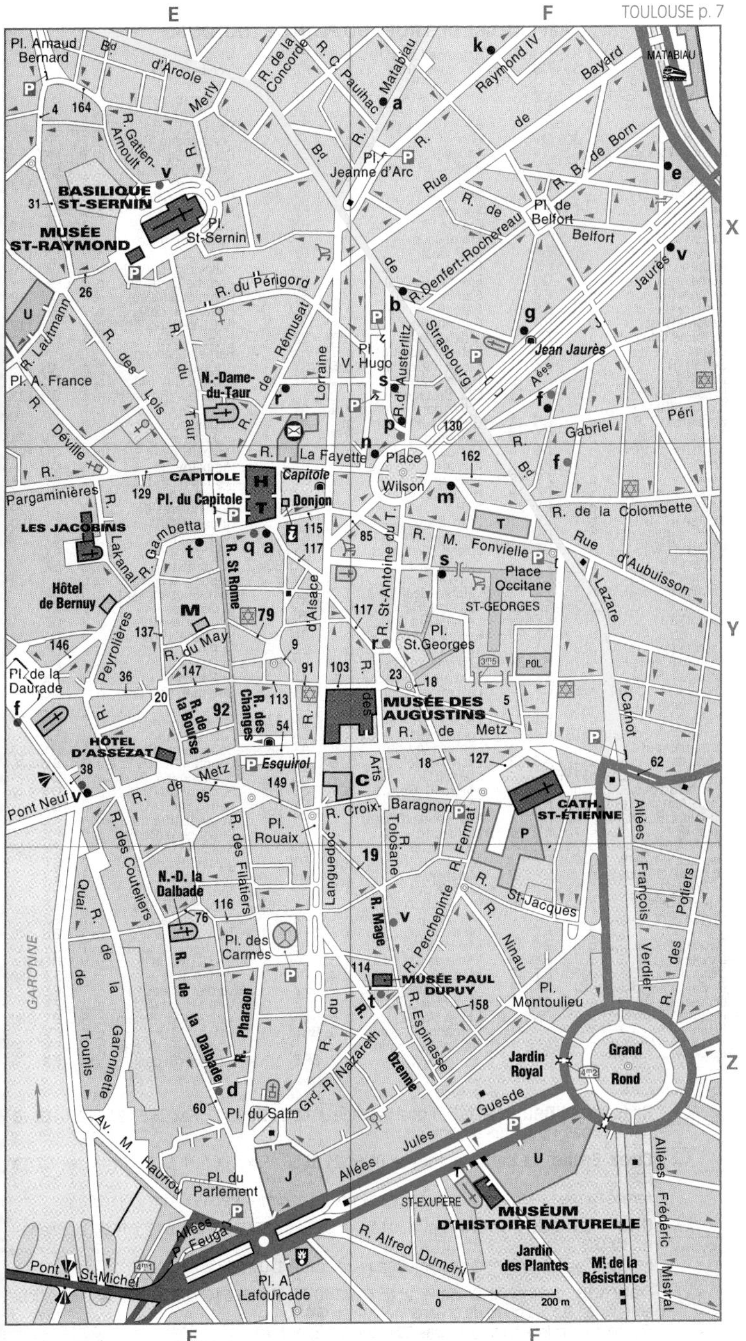
E
F
X
Y
Z
BASILIQUE ST-SERNIN
MUSÉE ST-RAYMOND
CAPITOLE
Pl. du Capitole
LES JACOBINS
Hôtel de Bernuy
N.-Dame-du-Taur
MUSÉE DES AUGUSTINS
HÔTEL D'ASSÉZAT
CATH. ST-ÉTIENNE
N.-D. la Dalbade
MUSÉE PAUL DUPUY
MUSÉUM D'HISTOIRE NATURELLE
Jardin Royal
Jardin des Plantes
Grand Rond
Mt de la Résistance
Place Wilson
Place Occitane
ST-GEORGES
Pl. St.Georges
Jean Jaurès
Pl. Jeanne d'Arc
Pl. V. Hugo
Pl. de Belfort
Pl. A. France
Pl. de la Daurade
Pl. Rouaix
Pl. des Carmes
Pl. du Salin
Pl. du Parlement
Pl. A Lafourcade
Pl. Montoulieu
Pl. St-Sernin
Pl. Arnaud Bernard
GARONNE
Pont Neuf
Pont St-Michel
MATABIAU
ST-EXUPÉRE
Esquirol
Capitole
Donjon
0
200 m

RÉPERTOIRE DES RUES DU PLAN DE TOULOUSE

Rue	Page	Carreau	N°
Agde (Rte d')	p. 5	**CS**	
Albi (Rte d')	p. 5	**CS**	
Alsace-Lorraine (R. d')	p. 7	**EXY**	
Arcole (Bd)	p. 7	**EX**	
Arcs St-Cyprien (R. des)	p. 6	**DV**	
Arènes Romaines (Av.)	p. 4	**AT**	3
Arnaud-Bernard (Pl.)	p. 7	**EX**	
Arnaud-Bernard (R.)	p. 7	**EX**	4
Arts (R. des)	p. 7	**FY**	
Astorg (R. d')	p. 7	**FY**	5
Aubuisson (R. d')	p. 7	**FY**	
Austerlitz (R. d')	p. 7	**FX**	
Barcelone (Allée)	p. 6	**DV**	
Baronie (R.)	p. 7	**EY**	9
Barrière de Paris	p. 5	**BS**	10
Bayard (R. de)	p. 7	**FX**	
Bayonne (Rte de)	p. 4	**AT**	
Béarnais (R. du)	p. 6	**DV**	
Belfort (R.)	p. 7	**FX**	
Biarritz (Av. de)	p. 4	**AT**	12
Billières (Av. E.)	p. 6	**DV**	13
Blagnac (Rte de)	p. 4	**AST**	
Bonnefoy (R. Fg.)	p. 5	**CS**	15
Bonrepos (Bd)	p. 6	**DV**	16
Bordebasse (R. de)	p. 4	**AS**	
Born (R. B. de)	p. 7	**FX**	
Boulbonne (R.)	p. 7	**FY**	18
Bouquières (R.)	p. 7	**FZ**	19
Bourse (Pl. de la)	p. 7	**EY**	20
Bourse (R. de la)	p. 7	**EY**	
Brienne (Allée de)	p. 6	**DV**	
Brunaud (Av.)	p. 5	**CT**	
Cantegril (R.)	p. 7	**FY**	23
Capitole (Pl. du)	p. 7	**EY**	
Carmes (Pl. des)	p. 7	**EZ**	
Cartailhac (R. E.)	p. 7	**EX**	26
Carnot (Bd L.)	p. 7	**FY**	
Casselardit (Av.de)	p. 4	**AT**	28
Castres (Av. de)	p. 5	**CT**	
Chaîne (R.de la)	p. 7	**EX**	31
Changes (R. des)	p. 7	**EY**	
Chaubet (Av. Jean)	p. 5	**CT**	
Colombette (R. de la)	p. 7	**FZ**	
Concorde (R. de la)	p. 7	**FZ**	
Cornebarrieu (Av. de)	p. 4	**AS**	33
Couteliers (R. des)	p. 7	**EYZ**	
Crêtes (Bd des)	p. 5	**CT**	
Croix-Baragnon (R.)	p. 7	**FY**	
Cugnaux (R. de)	p. 6	**DV**	
Cujas (R.)	p. 7	**EY**	36
Dalbade (R. de la)	p. 7	**EZ**	
Daurade (Pl. de la)	p. 7	**EY**	
Daurade (Quai de la)	p. 7	**EY**	38
Demoiselles (Allée des)	p. 6	**DV**	40
Denfert-Rochereau (R.)	p. 7	**FX**	
Déodat-de-Sév. (Bd)	p. 5	**BU**	43
Déville (R.)	p. 7	**EX**	
Dillon (Cours)	p. 5	**BT**	46
Dr-Baylac (Pl. du)	p. 4	**AT**	47
Duméril (R. A.)	p. 6	**DV**	
Duportal (Bd A.)	p. 6	**DV**	
Eisenhower (Av. du Gén.)	p. 4	**AU**	
Embouchure (Bd de l')	p. 6	**DV**	
Espagne (Rte d')	p. 5	**BU**	
Espinasse (R.)	p. 7	**FZ**	
Esquirol (Pl.)	p. 7	**EY**	54
Etats-Unis (Av. des)	p. 5	**BS**	55
Europe (Pl. de l')	p. 6	**DV**	
Fer-à-Cheval (Pl. du)	p. 6	**DV**	
Fermat (R.)	p. 7	**FYZ**	
Feuga (Allée P.)	p. 7	**EZ**	
Filatiers (R. des)	p. 7	**EYZ**	
Fitte (Allée, Ch. de)	p. 6	**DV**	
Fonderie (R. de la)	p. 7	**EZ**	60
Fonvielle (R. M.)	p. 7	**FY**	
France (Pl. A.)	p. 7	**EX**	
Frères-Lion (R. des)	p. 7	**FY**	62
Frizac (Av.)	p. 6	**DV**	
Fronton (Av. de)	p. 5	**BS**	
Gambetta (R.)	p. 7	**EY**	
Gare (Bd de la)	p. 6	**DV**	
Garonnette (R. de la)	p. 7	**EZ**	
Gatien-Arnoult (R.)	p. 7	**EX**	
Gloire (Av. de la)	p. 5	**CT**	
Gonin (Av.Cl.)	p. 4	**AS**	
Gde-Bretagne (Av. de)	p. 4	**AT**	67
Grenade (Rte de)	p. 4	**AS**	
Grand-Rond	p. 7	**FZ**	
Griffoul-Dorval (Bd)	p. 6	**DV**	72
Guesde (Allée J.)	p. 7	**FZ**	
Hauriou (Av. M.)	p. 7	**EZ**	
Henry-de-Gorsse (R.)	p. 7	**EZ**	76
Jean-Jaurès (Allées)	p. 7	**FX**	
Jeanne-d'Arc (Pl.)	p. 7	**FX**	
Jules-Chalande (R.)	p. 7	**EY**	79
Julien (Av. J.)	p. 5	**BU**	80
La Fayette (R.)	p. 7	**EY**	
Lafourcade (Pl. A.)	p. 7	**EZ**	
Laganne (R.)	p. 6	**DV**	
Lakanal (R.)	p. 7	**EY**	
Langer (Av. M.)	p. 5	**BU**	84
Languedoc (R. du)	p. 7	**EZ**	
Lapeyrouse (R.)	p. 7	**FY**	85
Lardenne (Av. de)	p. 4	**AT**	
Lascrosses (Bd)	p. 6	**DV**	
Lautmann (R.)	p. 7	**EX**	
Leclerc (Bd Mar.)	p. 6	**DV**	87
Lois (R. des)	p. 7	**EX**	
Lombez (Av. de)	p. 4	**AT**	88
Lyon (Av. de)	p. 6	**DV**	
Mage (R.)	p. 7	**FZ**	
Magre (R. Genty)	p. 7	**EY**	91
Malcousinat (R.)	p. 7	**EY**	92
Marchands (R. des)	p. 7	**EY**	95
Marquette (Bd de la)	p. 6	**DV**	
Matabiau (Bd)	p. 6	**DV**	
Matabiau (R.)	p. 6	**DV**	
May (R. du)	p. 7	**EY**	
Mercié (R. A.)	p. 7	**EY**	103
Merly (R.)	p. 7	**FZ**	
Metz (R. de)	p. 7	**EFY**	
Minimes (Av. des)	p. 5	**BS**	104
Minimes (Bd des)	p. 6	**DV**	
Mirail (Av. du)	p. 4	**AU**	
Mistral (Allées F.)	p. 7	**FZ**	
Montoulieu (Pl.)	p. 7	**FZ**	
Muret (Av. de)	p. 6	**DV**	
Narbonne (Rte de)	p. 5	**BCU**	
Nazareth (Grande-Rue)	p. 7	**EFZ**	
Ninau (R.)	p. 7	**FZ**	
Occitane (Pl.)	p. 7	**FY**	
Ozenne (R.)	p. 7	**FZ**	
Pargaminières (R.)	p. 7	**EY**	
Parlement (Pl. du)	p. 7	**EZ**	
Pauihac (R. C.)	p. 7	**FZ**	
Perchepinte (R.)	p. 7	**FZ**	
Péri (R. G.)	p. 7	**FX**	
Périgord (R. du)	p. 7	**EX**	
Peyras (R.)	p. 7	**EY**	113
Peyrolières (R.)	p. 7	**EY**	
Pharaon (R.)	p. 7	**EZ**	
Pleau (R. de la)	p. 7	**FZ**	114
Poids-de-l'Huile (R.)	p. 7	**EY**	115
Polinaires (R. des)	p. 7	**EZ**	116
Pomme (R. de la)	p. 7	**EFY**	117
Pompidou (Allée)	p. 6	**DV**	118
Potiers (R. des)	p. 7	**FZ**	
Pt-Guilheméry (R.)	p. 5	**CT**	119
Pujol (Av. C.)	p. 5	**CT**	121
Ramelet-Moundi (Chin de)	p. 4	**AU**	
Raymond IV (R.)	p. 7	**FX**	
Récollets (Bd des)	p. 5	**BU**	123
Rémusat (R. de)	p. 7	**EX**	
République (R. de la)	p. 6	**DV**	124
Revel (Rte de)	p. 5	**CU**	125
Rieux (Av. J.)	p. 6	**DV**	
Riguepels (R.)	p. 7	**FY**	127
Riquet (Bd)	p. 6	**DV**	
Romiguières (R.)	p. 7	**EY**	129
Roosevelt (Allées)	p. 7	**FXY**	130
Rouaix (Pl.)	p. 7	**EY**	
St-Antoine du T. (R.)	p. 7	**FY**	
St-Bernard (R.)	p. 7	**EX**	
St-Etienne (Port)	p. 6	**DV**	133
Saint-Exupéry (Av.)	p. 5	**CU**	
St-Georges (Pl.)	p. 7	**FY**	
St-Jacques (R.)	p. 7	**FZ**	
St-Michel (Gde-Rue)	p. 6	**DV**	134
St-Pierre (Pl.)	p. 6	**DV**	
St-Rome (R.)	p. 7	**EY**	
St-Sernin (Pl.)	p. 7	**EX**	
St-Simon (Rte de)	p. 4	**AU**	136
Ste-Lucie (R.)	p. 6	**DV**	
Ste-Ursule (R.)	p. 7	**EY**	137
Salin (Pl. du)	p. 7	**EZ**	
Sébastopol (R. de)	p. 6	**DV**	139
Ségoffin (Av. V.)	p. 5	**BU**	140
Séjourné (Av. P.)	p. 6	**DV**	
Semard (Bd P.)	p. 6	**DV**	142
Serres (Av. H.)	p. 6	**DV**	
Seysses (Rte de)	p. 4	**AU**	
Strasbourg (Bd de)	p. 7	**FX**	
Suau (R. J.)	p. 7	**EY**	146
Suisse (Bd de)	p. 5	**BST**	
Taur (R. du)	p. 7	**EX**	
Temponières (R.)	p. 7	**EY**	147
Tolosane (R.)	p. 7	**FYZ**	
Tounis (Quai de)	p. 7	**EZ**	
Trentin (Bd S.)	p. 5	**BS**	148
Trinité (R. de la)	p. 7	**EY**	149
URSS (Av. de l')	p. 5	**BU**	154
Vélane (R.)	p. 7	**FZ**	158
Verdier (Allées F.)	p. 7	**FZ**	
Victor-Hugo (Pl.)	p. 7	**FX**	
Vagner (Bd Richard)	p. 5	**BT**	160
Wilson (Pl. Prés.)	p. 7	**FY**	
3-Journées (R. des)	p. 7	**FY**	162
3-Piliers (R. des)	p. 7	**EX**	164

XX **Brasserie "Beaux Arts",** 1 quai Daurade ☎ 05 61 21 12 12, *Fax 05 61 21 14 80* – AE ⓓ GB – **Repas** 119 bc/198 bc, enf. 48 — p. 7 **EY v**

XX **Chez Emile,** 13 pl. St-Georges ☎ 05 61 21 05 56, *Fax 05 61 21 42 26,* ☂ – ▤. AE ⓓ GB — p. 7 **FY r**
fermé 24 déc. au 8 janv., lundi sauf le soir en été et dim. – **Repas** 118 bc (déj.)/250 ♀

XX **Grand Café de l'Opéra,** 1 pl. Capitole ☎ 05 61 21 37 03, *Fax 05 61 23 41 04,* brasserie – ▤. AE GB — **EY a**
fermé 1er au 15 août et dim. soir – **Repas** *(98)* - carte 170 à 230 ♀

XX **Daurade,** quai de la Daurade ☎ 05 61 22 10 33, *Fax 05 61 23 08 71,* ←, ☂, « Péniche aménagée sur les quais de la Garonne » – ▤. GB — p. 7 **EY f**
fermé sam. midi et dim. – **Repas** 60 (déj.)/160 ♀, enf. 70

Cosi Fan Tutte, 8 r. Mage ✆ 05 61 53 07 24, *Fax 05 61 52 27 92* – GB p. 7 **FZ v**
fermé 29 juil. au 25 août, 22 déc. au 3 janv., dim. et lundi – **Repas** - cuisine italienne - (dîner seul.) 135/190

L'Empereur de Huê, 26 r. Fonderie ✆ 05 61 53 55 72, *empereur7@caramail.com, Fax 05 61 12 49 33* – GB p. 7 **EZ d**
fermé août et dim. – **Repas** - cuisine vietnamienne - (dîner seul.) (prévenir) carte 180 à 220

Chais, 30 r. B. Mulé ✆ 05 61 54 27 20, *Fax 05 61 54 25 15,* – AE GB
fermé 10 au 25 août, vacances de fév., sam. midi, lundi soir et dim. – **Repas** 75 (déj.), 105/195 p. 5 **DV e**

Gré du Vin, 10 r. Pléau ✆ 05 61 25 03 51, *Fax 05 61 25 03 51* – GB p. 7 **FZ t**
fermé août, Noël au Jour de l'An, sam., dim. et fériés – **Repas** (prévenir) 130 (déj.)/165

à Lalande *Nord : 6 km – ✉ 31200 :*

Hermès sans rest, 49 av. J. Zay ✆ 05 61 47 60 47, *reception@hotel-hermes.com, Fax 05 61 47 56 08* – 15. AE GB JCB p. 5 **BS k**
30 – **68 ch** 295/340

à Gratentour *Nord : 15 km par D 4 et D 14 – 2 518 h. alt. 174 – ✉ 31150 :*

Barry, r. Barry ✆ 05 61 82 22 10, *Fax 05 61 82 22 38,* – 30. AE GB JCB.
Repas *(fermé 13 au 19 août, 24 au 31 déc., vend. soir, dim. soir et sam.)* 77 (déj.), 125/200 – 50 – **22 ch** 310/390 – ½ P 360/440

à l'Union *Nord-Est : 7 km – 11 751 h. alt. 146 – ✉ 31240 :*

Bonne Auberge, 2 bis r. Autan Blanc - N 88 ✆ 05 61 09 32 26, *la-bonne-auberge@wanadoo.fr, Fax 05 61 09 97 53* – GB
fermé 1er au 15 sept., dim. soir, mardi soir et lundi – **Repas** 128 (déj.), 158/295

à Rouffiac-Tolosan *par ② : 12 km – 961 h. alt. 210 – ✉ 31180 :*

Clos du Loup avec ch, N 88 ✆ 05 61 09 28 39, *Fax 05 61 35 13 97* – rest, – 20. GB
Repas *(fermé dim. soir et lundi)* 98/210 – 30 – **20 ch** 230/280 – ½ P 230/335

Ô Saveurs, pl. Ormeaux (au village) ✆ 05 34 27 10 11, *Fax 05 62 79 33 84* – GB
fermé dim. soir et lundi – **Repas** 120/220

à Vieille-Toulouse *Sud : 9 km par D 4 – 867 h. alt. 269 – ✉ 31320 :*

Flânerie sans rest, rte Lacroix-Falgarde ✆ 05 61 73 39 12, *Fax 05 61 73 18 56,* la Garonne, – AE GB
fermé 10 au 21 fév. – 48 – **12 ch** 320/610

à Lacroix-Falgarde *Sud : 13 km par D 4 – 1 478 h. alt. 154 – ✉ 31120 :*

Bellevue, 1 av. Pyrénées ✆ 05 61 76 94 97, *Fax 05 61 76 94 97,* – GB
fermé 22 oct. au 12 nov., mardi et merc. de mai à août – **Repas** 125/195

à Portet-sur-Garonne *Sud : 10 km par N 20 – 8 030 h. alt. 150 – ✉ 31120 :*

L'Hotan, 80 rte d'Espagne (N 20) ✆ 05 62 87 14 14, *Fax 05 62 20 02 36,* – 50. AE GB
Repas *(fermé dim. midi et sam.)* 110/155 – 55 – **53 ch** 390/450

Octel sans rest, 8 chemin Genêts (Centre Secondo) ✆ 05 62 20 63 63, *hotesoctel@wanadoo.fr, Fax 05 62 20 63 67* – cuisinette AE GB JCB
48 – **30 ch** 480, 32 studios

Baron Ritay, pl. République ✆ 05 61 72 01 53, *Fax 05 61 72 55 77* – AE GB JCB
fermé 5 au 26 août et dim. – **Repas** 88/215 bc

au Sud-Ouest *: 6 km :*

Pastel (Garrigues), 237 rte St-Simon ✉ 31100 ✆ 05 62 87 84 30, *Fax 05 61 44 29 22,* – AE GB. p. 4 **AU r**
fermé dim. – **Repas** (prévenir) 180 (déj.), 260/350 et carte 370 à 420
Spéc. Saint-Jacques rôties à la moelle de boeuf (10 oct. au 15 avril). Lasagne de homard aux cous de canard (juin à sept.). Assiette "pomme-raisin" (sept. à déc.) **Vins** Gaillac, Fronton.

à St-Simon *Sud-Ouest : 8 km par D 23 – ✉ 31100 Toulouse :*

Les Ombrages, 48 bis rte St-Simon ✆ 05 61 07 61 28, *fzago@les-ombrages.fr, Fax 05 61 06 42 26* – AE GB JCB p. 4 **AU e**
fermé 6 au 21 août et lundi – **Repas** 135 (déj.), 165/380, enf. 80

à Tournefeuille *Ouest : 8 km par D 632* **AT** *– 16 669 h. alt. 155 – ✉ 31170 :*

L'Art de Vivre, 279 chemin Ramelet-Moundi ✆ 05 61 07 52 52, *Fax 05 61 06 41 94,* – AE GB
fermé 16 au 29 août, vacances de Toussaint, de fév., mardi soir, dim. soir et merc. – **Repas** 120 (déj.), 165/280

à Purpan *Ouest : 6 km par N 124 – ✉ 31300 Toulouse :*

Palladia Ⓜ, 271 av. Grande Bretagne ☎ 05 62 12 01 20, *Fax 05 62 12 01 21*, – 300. AE GB p. 4 AT e
Repas *(fermé dim. et jours fériés)* 190 – 95 – **90 ch** 850/1500

Novotel Aéroport Ⓜ, 23 impasse Maubec ☎ 05 61 15 00 00, *h0445@accor-hotels.com, Fax 05 61 15 88 44*, – 100. AE GB JCB
Repas *(90)* - carte environ 170, enf. 50 – 65 – **123 ch** 550/580 p. 4 AT a

à St-Martin-du-Touch *vers ⑦ – ✉ 31300 Toulouse :*

Airport Hôtel sans rest, 176 rte Bayonne ☎ 05 61 49 68 78, *Fax 05 61 49 73 66*, – 15. AE GB JCB p. 4 AT s
39 – **48 ch** 299/399

Cantou, 98 r. Velasquez (D 2B) ☎ 05 61 49 20 21, *Fax 05 61 31 01 17*, AE GB JCB p. 4 AT h
fermé 13 au 31 août, 1er au 7 janv., sam. et dim. – **Repas** 170/220

à Colomiers *par ⑦ - sortie n° 4 - puis direction Cornebarrieu par D 63 : 10 km – 26 979 h. alt. 182 – ✉ 31770 :*

L'Amphitryon, chemin de Gramont ☎ 05 61 15 55 55, *amphitryon@wanadoo, Fax 05 61 15 42 30*, AE GB
Repas *(98)* - 145 (déj.), 195/290 et carte 310 à 450
Spéc. Minute de bar à la truffe noire du Périgord (fév.-mars). Tronçon de turbot rôti au caviar. Le "défait" de pigeonneau du Rouergue. **Vins** Fronton.

à Blagnac *Nord-Ouest : 7 km – 17 209 h. alt. 135 – ✉ 31700 :*

Sofitel Ⓜ, 2 av. Didier Daurat, dir. aéroport (sortie n° 3) ☎ 05 61 71 11 25, *h0565@accor-hotels.com, Fax 05 61 30 02 43*, – 90. AE GB JCB
Caouec : Repas 160/200 – 88 – **100 ch** 980/1020 p. 4 AS e

Grand Noble, 90 av. Cornebarrieu ☎ 05 34 60 47 47, *hotel.rest.grand.noble@wanadoo.fr, Fax 05 34 60 47 48*, – 50. AE GB p.4 AS a
Repas *(fermé août, vend. soir et sam.)* 99/175, enf. 65 – 45 – **44 ch** 350/370 – ½ P 285/325

Le Goulu, r. Bordebasse (zone aéroportuaire nord) ☎ 05 61 15 66 66, *Fax 05 61 30 43 07*, AE GB p.4 AS u
fermé sam. sauf le soir de sept. à juil. et dim. – **Repas** *(95)* - 120/250, enf. 55

Pré Carré, aéroport Toulouse-Blagnac (2e étage) ☎ 05 61 16 70 40, *Fax 05 61 16 70 50*, AE GB JCB p. 4 AS n
fermé 14 juil. au 15 août, dim. soir et sam. – **Repas** *(140)* - 190/220

Bistrot Gourmand, 1 bd Firmin Pons ☎ 05 61 71 96 95, *bistrot-gourmand@bistrot-gourmand.com, Fax 05 61 71 96 95*, AE GB p. 4 AS v
fermé 4 au 22 août, 31 déc. au 2 janv., sam. midi, dim. soir et lundi – **Repas** 66/170, enf. 50

à Seilh *par ⑧ : 15 km – 816 h. alt. 133 – ✉ 31840 :*

Maéva Latitudes Ⓜ, rte Grenade ☎ 05 62 13 14 15, *toulouse@maeva.fr, Fax 05 61 59 77 97*, « En bordure de golf », – cuisinette – 180. AE GB. rest
Repas *(fermé 14 juil. au 19 août, sam. midi, dim. midi et fériés) (110)* - 130/150 – 51 – **117 ch** 540/700, 24 appart, 32 studios – ½ P 400

TOUQUES *14 Calvados 55 ③ – rattaché à Deauville.*

Le TOUQUET-PARIS-PLAGE *62520 P.-de-C. 51 ⑪ G. Picardie Flandres Artois – 5 596 h alt. 5 – Casino du Palais* **BZ.**

Office de Tourisme Palais de l'Europe ☎ 03 21 06 72 00, Fax 03 21 06 72 01.

Paris 237 ① – Calais 67 ① – Abbeville 59 ① – Arras 95 ① – Boulogne-sur-Mer 30 ①.

Plan page ci-contre

Westminster, av. Verger ☎ 03 21 05 48 48, *hotel.westminster@wanadoo.fr, Fax 03 21 05 45 45*, – 25 à 100. AE GB BZ a
Pavillon (dîner seul.) *(fermé 3 janv. au 1er mars et mardi soir hors saison)* **Repas** 260/380, enf. 120 – ***Coffee Shop*** *(fermé merc.)* **Repas** *(135)*-180, enf. 69 – 100 – **115 ch** 700/1500 – ½ P 898/1058

LE TOUQUET-PARIS-PLAGE

Aboudaram (Av.) . . . . **BZ** 2	Genets (Av. des) . . . . **ABZ** 27	Pouget (Bd J.) . . . . **AYZ** 41
Atlantique (Av. de l') . . . . . **ABZ** 4	Hubert (Av. L.) . . . . **ABY** 29	Recoussine (Av. F.) . . . . **BZ** 42
Bardol (R. E.) . . . . **BY** 6	Londres (R. de) . . . . **AYZ** 31	Reine May (Av. de la) . . . . **ABZ** 43
Bourdonnais (Av. de la) . . **ABY** 10	Metz (R. de) . . . . **AYZ** 33	St-Amand (R.) . . . . **AZ** 45
Bruxelles (R. de) . . . . **AYZ** 12	Monnet (R. J.) . . . . **AZ** 34	St-Jean (R.) . . . . **ABZ** 46
Calais (R. de) . . . . **BY** 15	Moscou (R. de) . . . . **AYZ** 35	St-Louis (R.) . . . . **AZ** 47
Desvres (R. de) . . . . **ABY** 18	Oyats (Av. et R. des) . . . . **ABZ** 37	Tourville (Av. de l'Amiral) . **ABY** 50
Dorothée (R.) . . . . **AZ** 21	Paix (Av. et R. de la) . . . . . **ABZ** 38	Troènes (Av. des) . . . . **BZ** 52
Duboc (Av. et R. J.) . . . . . **ABY** 23	Paris (R. de) . . . . **AYZ** 39	Verger (Av. du) . . . . **BZ** 54
Garet (Av. et R. L.) . . . . . . **ABY** 26	Pins (Av. des) . . . . **BZ** 40	Whitley (Av. J.) . . . . **BZ** 56

Park Plaza Grand Hôtel 🐚, 4 bd Canche ✆ 03 21 06 88 88, *parkplaza@club-internet.fr, Fax 03 21 06 87 87*, ⛱, ₣₺, 🏊, 🛋 – 🛗, ▤ rest, 📺 📞 ♿ 🅿. AE ① GB. ✂ rest BY s
Les Jardins d'Opale (dîner seul.) Repas 170 – ***Bistrot :*** Repas *(99)*-140 🍷, enf.60 – ☕ 75 – **129 ch** 890, 5 appart – 1/2 P 555/655

Manoir Hôtel 🐚, au Golf par ② : *2,5 km* ✆ 03 21 06 28 28, *manoirhotel@opengolfclub.com, Fax 03 21 06 28 29*, ⛱, « Manoir début de siècle en bordure du golf », 🏊, 🛋, 🎾 – 📺 🅿 – 🏔 15. AE ① GB. ✂ rest
fermé janv. – Repas 160/195 – **40 ch** ☕ 645/1210 – 1/2 P 605/765

Holiday Inn Resort M, av. Mar. Foch ☎ 03 21 06 85 85, *hotel@holidayinnletouquet.com, Fax 03 21 06 85 00*, – rest, – 70. AE GB JCB. rest BZ n
Picardy : **Repas** *(84)*-145, enf 65 – 75 – **56 ch** 760/920, 32 duplex – ½ P 570

Novotel M, sur la plage ☎ 03 21 09 85 00, *h0449@accor-hotels.com, Fax 03 21 09 85 10*, <, centre de thalassothérapie, – 25 à 40. AE GB. rest AZ e
fermé janv. – **Repas** 160, enf. 65 – 69 – **146 ch** 740/950, 3 appart – ½ P 555/660

Red Fox sans rest, r. Metz ☎ 03 21 05 27 58, *reception@hotelredfox.com, Fax 03 21 05 27 56* – AE GB AY r
45 – **53 ch** 470/590

Artois sans rest, 123 r. Paris ☎ 03 21 05 17 09, *contact@hotelartois.com, Fax 03 21 05 33 61* – AE GB AZ v
40 – **15 ch** 320/430

TOURCOING

Allende (Bd Salvador) .... **BY** 2
Anges (R. des) .... **BYZ** 3
Austerlitz (R. d') .... **ABZ** 4
Bienfaisance (R. de la) .... **BY** 6
Brun-Pain (R. du) .... **AY**
Buisson (R. Ferdinand) .... **BZ** 7
Chateaubriand (R.) .... **CZ** 8
Cherbourg (Quai de) .... **BZ** 9
Clavell (Place Miss) .... **BY** 10
Cloche (R. de la) .... **BY** 12
Condorcet (R.) .... **BY** 13
Courbet (R. de l'Amiral) .... **BY** 15
Croix-Blanche (R. de la) .... **CX** 16
Croix-Rouge (R. de la) .... **CXY**
Delobel (R.) .... **BY** 18
Doumer (R. Paul) .... **BY** 19
Dron (Av. Gustave) .... **BZ**
Duguay-Trouin (R.) .... **CY** 21
Faidherbe (R.) .... **BZ** 22
Famelart (R.) .... **BZ** 24
Froissart (R. Jean) .... **AY** 25
Gambetta (Bd) .... **BZ** 27
Gand (R. de) .... **BXY**
Grand'Place .... **BY** 28
Hassebroucq (Pl. V.) .... **BY** 30
Hénaux (R. Marcel) .... **BXY** 31
La-Fayette (Av.) .... **BZ** 33
Leclerc (R. du Gén.) .... **BY** 36
Lefrançois (Av. Alfred) .... **CZ** 37
Marne (Av. de la) .... **BZ** 39
Marseille (Quai de) .... **BZ** 40
Menin (R. de) .... **BXY**
Millet (Av. Jean) .... **AY** 42
Moulin-Fagot (R. du) .... **BY** 43
Nationale (R.) .... **ABY**
Péri (R. Gabriel) .... **BY** 45
Petit-Village (R. du) .... **AY** 46
Pompidou (Av. G.) .... **BZ** 48
Pont-de-Neuville (R. du) .... **CX** 49
République (Pl. de la) .... **BY** 51
Résistance (Pl. de la) .... **BY** 52
Ribot (R. Alexandre) .... **BY** 54
Roosevelt (R. F.) .... **BY** 55
Roussel (Pl. Ch.-et-A.) .... **BY** 57
St-Jacques (R.) .... **BY** 58
Sasselange (R. Ed.) .... **BZ** 60
Testelin (R. A.) .... **CX** 61
Thiers (R.) .... **BZ** 63
Tournai (R. de) .... **BY** 64
Turenne (R.) .... **BZ** 66
Victoire (Pl. de la) .... **BZ** 69
Wailly (R. de) .... **BY** 70
Wattine (R. Ch.) .... **BZ** 72

WATTRELOS

Vaneslander (R. M.) .... **CZ** 67

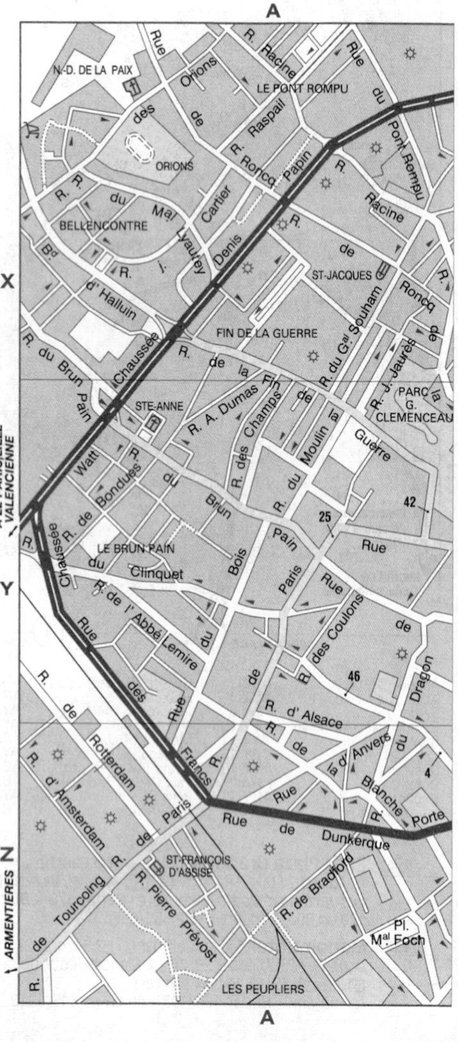

Forêt sans rest, 73 r. Moscou ☎ 03 21 05 09 88, *Fax 03 21 05 59 40* – TV. GB.
fermé vacances de Noël – ☕ 31 – **10 ch** 250/280 — AZ b

Embruns sans rest, 89 r. Paris ☎ 03 21 05 87 61, *nhe@wanadoo.fr, Fax 03 21 05 85 09* – TV. AE GB. — AYZ u
fermé 15 déc. au 14 janv. – ☕ 36 – **19 ch** 260/350

XXX **Flavio,** av. Verger ☎ 03 21 05 10 22, *flavio@flavio.fr, Fax 03 21 05 91 55,* – AE GB JCB — BZ d
fermé 5 janv. au 10 fév., lundi sauf juil.-août et fériés – **Repas** 150 bc (déj.), 220/720 et carte 380 à 600

à Stella-Plage *par ② : 7 km – ✉ 62780 Cucq :*

Pelouses, bd E. Labrasse ☎ 03 21 94 60 86, *Fax 03 21 94 10 11,* – TV P. GB
fermé janv., dim. soir, mardi midi et lundi d'oct. à avril sauf vacances scolaires – **Repas** 89/195 ♀, enf. 45 – ☕ 40 – **27 ch** 230/350 – 1/2 P 290/310

TOURCOING *59200 Nord* 51 ⑥ *G. Picardie Flandres Artois – 93 765 h alt. 37.*

Office de Tourisme (fermé le dim.) 9 r. de Tournai ☎ 03 20 26 89 03, Fax 03 20 74 79 80.
Paris 234 ⑩ – Lille 16 ⑩ – Kortrijk 19 ④ – Gent 62 ② – Oostende 80 ① – Roubaix 5 ⑦.

Plan pages précédentes

Accès et sorties : voir plan de Lille.

Novotel M, au Nord près échangeur de Neuville-en-Ferrain (sortie 18) ✉ 59535 Neuville-en-Ferrain ☎ 03 20 28 88 00, *h0451@accor-hotels.com, Fax 03 20 28 88 10*, rest. AE GB — plan de lille HR e
Repas *(88)* - carte environ 180 ♀, enf. 55 – 58 – **108 ch** 480/525

Comfort Inn Primevère, Parc d'activités de Ravennes-les-Francs ✉ 59910 Bondues ☎ 03 20 36 01 96, *Fax 03 20 24 53 52*, – 15 à 40. AE GB
fermé dim. soir – **Repas** *(75)* - 95/128 ♀, enf. 46 – 38 – **51 ch** 295 — plan de Lille HR b

Ibis, r. Carnot ☎ 03 20 24 84 58, *Fax 03 20 26 29 58* – – 15. AE GB
Repas *(75)* - 88/126, enf. 38 – 35 – **102 ch** 310 — BY a

Baratte, 395 r. Clinquet ☎ 03 20 94 45 63, *Fax 03 20 03 41 84*, – AE GB — plan de Lille HR d
fermé 30 juil. au 20 août, vacances de fév., dim. soir, sam. midi et lundi – **Repas** 120/260 ♀

Plessy, 31 av. Lefrançois ☎ 03 20 25 07 73, *Fax 03 20 25 43 24* – AE GB — BZ d
fermé août, dim. soir et lundi – **Repas** 180 ♀

La TOUR D'AIGUES *84240 Vaucluse* 81 ⑭, 114 ③ *G. Provence – 3 328 h alt. 250.*

Paris 756 – Digne-les-Bains 91 – Aix-en-Provence 29 – Apt 36 – Avignon 81.

Fenouillets, rte de Pertuis : 1 km ☎ 04 90 07 48 22, *mail@lesfenouillets.com, Fax 04 90 07 34 26*, – AE GB JCB. rest
15 mars-15 nov. – **Repas** *(fermé merc. et dim. en mars et oct.-nov.)* (dîner seul.) 135, enf. 60 – 60 – **15 ch** 330/360 – 1/2 P 340

Auberge de la Tour, r. A. de Tres ☎ 04 90 07 34 64, *Fax 04 90 07 34 64* – GB
fermé nov., dim. soir et lundi – **Repas** 99/180, enf. 60

La TOUR-D'AUVERGNE *63680 P.-de-D.* 73 ⑬ *G. Auvergne – 778 h alt. 1000.*

Paris 483 – Clermont-Ferrand 59 – La Bourboule 14 – Issoire 61.

Terrasse, ☎ 04 73 21 50 29, *Fax 04 73 21 56 60* – GB
1er avril-30 sept. et 1er au 5 mars – **Repas** 58/130, enf. 38 – 32 – **28 ch** 230/290 – 1/2 P 255

TOUR-DE-FAURE *46 Lot* 79 ⑨ – *rattaché à St-Cirq-Lapopie.*

La TOUR-DE-SALVAGNY *69 Rhône* 74 ⑪,, 110 ⑬ – *rattaché à Lyon.*

La TOUR-DU-PIN *38110 Isère* 74 ⑭ *G. Vallée du Rhône – 6 770 h alt. 350.*

Paris 519 – Grenoble 70 – Aix-les-Bains 55 – Chambéry 49 – Lyon 57 – Vienne 55.

à St-Didier-de-la-Tour *Est : 3 km par N 6 – 1 310 h. alt. 380 – ✉ 38110 :*

Lac - Christian Poulet, ☎ 04 74 97 25 53, *christian.poulet.@wanadoo.fr, Fax 04 74 97 01 93*, « Terrasse ombragée au bord du lac » – AE GB JCB
fermé 10 au 25 sept., 1er au 15 fév., dim. soir, mardi soir et merc. – **Repas** 170/350 ♀

à Cessieu *Ouest : 6 km par N 6 – 2 025 h. alt. 309 – ✉ 38110 :*

Gentilhommière du St-Bernard avec ch, ☎ 04 74 88 30 09, *Fax 04 74 88 32 61*, – AE GB
fermé 13 au 24 nov., dim. soir et lundi – **Repas** 78/268 ♀, enf. 68 – 40 – **7 ch** 210/350 – 1/2 P 280

à Faverges-de-la-Tour *Est : 10 km par N 516 et D 145c – 1 000 h. alt. 394 – ✉ 38110 :*

Château de Faverges de la Tour, ☎ 04 74 97 42 52, *faverges@relaischateau.fr, Fax 04 74 88 86 40*, « Beaux aménagements intérieurs, parc, golf », – 70. AE GB JCB. rest
1er mai-31 oct. – **Repas** *(fermé lundi midi et mardi midi)* 295/460 ♀, enf. 120 – 110 – **36 ch** 900/2250 – 1/2 P 925/1600

TOURNAN-EN-BRIE *77220 S.-et-M.* 61 ② *– 5 528 h alt. 102.*

Syndicat d'Initiative 2 r. de la République ℘ 01 64 07 10 77.

Paris 43 – Brie-Comte-Robert 14 – Meaux 30 – Melun 28 – Provins 52.

Auberge La Tourelle, 1 r. Melun ℘ 01 64 25 32 23, – GB
fermé 17 au 24 avril, août et merc. – **Repas** (déj. seul.) carte environ 240

TOUNEFEUILLE *31 H.-Gar.* 82 ⑦ *– rattaché à Toulouse.*

TOURNOISIS *45310 Loiret* 60 ⑱ *– 332 h alt. 130.*

Paris 131 – Orléans 27 – Châteaudun 25 – Beaugency 34 – Blois 64.

Relais St-Jacques avec ch, ℘ 02 38 80 87 03, *Fax 02 38 80 81 46* – . GB
fermé vacances de fév., dim. soir et lundi – **Repas** 70/203, enf. 51 – 33 – **5 ch** 198/239 – ½ P 206/355

TOURNON-SUR-RHÔNE *07 Ardèche* 77 ① *– rattaché à Tain-Tournon.*

TOURNUS *71700 S.-et-L.* 69 ⑳ *G. Bourgogne – 6 568 h alt. 193.*

Voir *Abbaye*★★.

Office de Tourisme 2 pl. Carnot ℘ 03 85 51 13 10, Fax 03 85 32 18 21 et (saison) 2 pl. de l'Abbaye ℘ 03 85 32 59 30, Fax 03 85 32 59 44.

Paris 361 ① – Chalon-sur-Saône 28 ① – Bourg-en-Bresse 53 ② – Mâcon 35 ②.

Hôtel de Greuze sans rest, 5, pl. de l'Abbaye **(e)** ℘ 03 85 51 77 77, *Fax 03 85 51 77 23* – – 15. GB
fermé 19 nov. au 9 déc. – 125 – **21 ch** 690/1530

Rempart, 2 av. Gambetta **(x)** ℘ 03 85 51 10 56, *lerempart@wanadoo.fr, Fax 03 85 51 77 22,* « Cadre élégant » – – 40. GB
Repas 175/430, enf. 110 - ***Bistrot*** : **Repas** (75)-95/135, enf. 60 – 60 – **31 ch** 400/800, 6 appart – ½ P 450/610

Sauvage, pl. Champ de Mars **(u)** ℘ 03 85 51 14 45, *Fax 03 85 32 10 27,* – , rest, – 15. GB
Repas 84/250 – 42 – **30 ch** 330/530 – ½ P 320/395

Paix, 9 r. J. Jaurès **(k)** ℘ 03 85 51 01 85, *Fax 03 85 51 02 30,* – . GB
fermé 23 oct. au 6 nov., 8 janv. au 5 fév. et mardi du 15 sept. au 15 juin – **Repas** 95/212, enf. 52 – 42 – **24 ch** 268/334 – ½ P 292/324

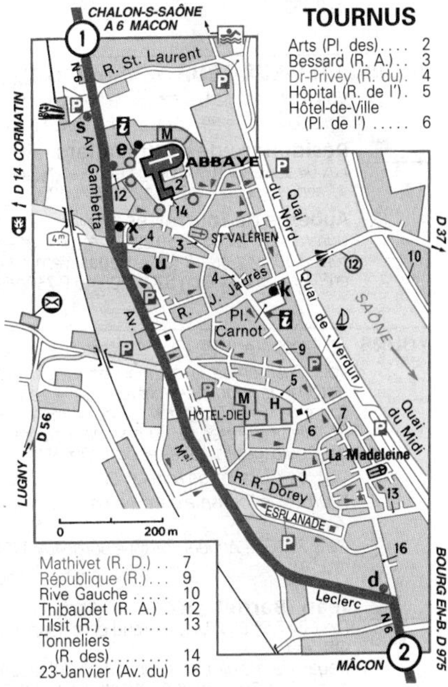

Rest. Greuze (Ducloux), 1 r. A. Thibaudet **(e)** ℘ 03 85 51 13 52, *greuze@wanadoo.fr, Fax 03 85 51 75 42* – . GB
fermé 19 nov. au 9 déc. – **Repas** 295/580 et carte 310 à 590
Spéc. Pâté en croûte "Alexandre Dumaine". Quenelle de brochet "Henri Racouchot". Poulet de Bresse sauté "Jean Ducloux". **Vins** Mâcon-Village blanc, Beaujolais.

Aux Terrasses (Carrette) avec ch, 18 av. 23-Janvier **(d)** ℘ 03 85 51 01 74, *Fax 03 85 51 09 99* – . GB
fermé 4 janv. au 4 fév., 12 au 19 nov. dim. soir sauf juil.-août, mardi midi et lundi – **Repas** 100 (déj.), 140/270 et carte 200 à 310, enf. 60 – 42 – **18 ch** 290/340 – ½ P 340
Spéc. Pâté chaud de colvert. Sandre bardé au jambon du Morvan (juin à fév.). Pigeon en cocotte aux gousses d'ail confites. **Vins** Mâcon-Chardonnay, Givry.

TOURNUS

Arts (Pl. des) 2
Bessard (R. A.) 3
Dr-Privey (R. du) 4
Hôpital (R. de l') 5
Hôtel-de-Ville (Pl. de l') 6
Mathivet (R. D.) 7
République (R.) 9
Rive Gauche 10
Thibaudet (R. A.) 12
Tilsit (R.) 13
Tonneliers (R. des) 14
23-Janvier (Av. du) 16

XX **Terminus** avec ch, 21 av. Gambetta (s) ✆ 03 85 51 05 54, *Fax 03 85 51 79 11*, – ▤ TV ✆ P. GB
fermé 12 nov. au 20 déc., mardi soir, jeudi et merc. sauf le soir en juil.-août – **Repas** 98/280 ♀, enf. 60 – ☕ 42 – **13 ch** 215/285

à Lacrost *Est : 2 km par D 37 ou D 975 – 594 h. alt. 170 – ✉ 71700 :*

X **Petite Auberge,** ✆ 03 85 51 18 59, *Fax 03 85 51 18 59* – GB
fermé 18 juin au 5 juil., 24 déc. au 3 janv., dim. soir et lundi – **Repas** 74 (déj.), 98/210 ♀

à Brancion *à l'Ouest par D 14 : 14 km – ✉ 71700 Tournus.*
Voir *Donjon du château* ≤★.

Montagne de Brancion M, au col de Brancion ✆ 03 85 51 12 40, *jacques.million@wanadoo.fr, Fax 03 85 51 18 64*, ≤ monts du Mâconnais, – TV ✆ P – 15. GB
mi-mars-début nov. – **Repas** *(fermé le midi en semaine)* 250/395 ♀, enf. 100 – ☕ 80 – **19 ch** 750/860 – ½ P 730/860

TOURRETTES *83440 Var* 84 ⑧, 114 ⑪ ㉔ *G. Côte d'Azur – 1 375 h alt. 350.*
Paris 892 – Castellane 56 – Draguignan 35 – Fréjus 35 – Grasse 26.

Auberge des Pins, Domaine Le Chevalier, Sud : 2 km sur D 19 ✆ 04 94 76 06 36, *auberge.des.pins@wanadoo.fr, Fax 04 94 76 27 50*, – cuisinette TV ♿ P AE GB
Repas *(fermé dim. soir d'oct. à mai.)* 98/192, enf. 70 – ☕ 45 – **8 ch** 330/390, 8 studios-480 – ½ P 355

TOURRETTES-SUR-LOUP *06140 Alpes-Mar.* 84 ⑨, 115 ㉕ *G. Côte d'Azur – 3 449 h alt. 400.*
Voir *Vieux village*★ – ≤★ *sur le village de la route des Quenières.*
Paris 934 – Nice 29 – Grasse 21 – Vence 6.

Résidence des Chevaliers sans rest, rte Caire ✆ 04 93 59 31 97, *Fax 04 93 59 27 97*, ≤ village et côte, – P. GB.
1er avril-1er oct. – ☕ 62 – **12 ch** 650/1050

X **Auberge de Tourrettes** M avec ch, 11 rte Grasse ✆ 04 93 59 30 05, *info@aubergedetourettes.fr, Fax 04 93 59 28 66*, ≤, – TV ✆ P. AE GB
fermé 10 janv. au 18 fév. – **Repas** *(fermé lundi et mardi d'oct. à mai)* 175 (déj.), 225/375 enf. 75 – ☕ 65 – **6 ch** 520/680 – ½ P 730/950

TOURS P *37000 I.-et-L.* 64 ⑮ *G. Châteaux de la Loire – 129 509 h Agglo. 282 152 h alt. 60.*
Voir *Quartier de la cathédrale*★★ : *cathédrale St-Gatien*★★, *musée des Beaux-Arts*★★, *historial de Touraine*★ *(château)* **M**[1] – *La Psalette (cloître St-Gratien)*★, *Place Grégoire-de-Tours*★ – *Vieux Tours*★★★ : *place Plumereau*★, *hôtel Gouin*★, *rue Briçonnet*★ – *Quartier de St-Julien*★ : *musée du Compagnonnage*★★, *jardin de Beaune-Semblançay*★ **BY K** – *Musée des Équipages militaires et du Train*★ **V M**[5] – *Prieuré de St-Cosme*★ *O : 3 km* **V.**
de Tours-Val de Loire ✆ 02 47 49 37 00, NE : 7 km **U.**
Office de Tourisme (face à la Gare) 78 r. Bernard-Palissy ✆ 02 47 70 37 37, Fax 02 47 61 14 22.
Paris 238 ③ – Angers 108 ⑬ – Bordeaux 349 ⑩ – Le Mans 83 ⑭ – Orléans 116 ③.

Plans pages suivantes

✿✿ **Jean Bardet**, 57 r. Groison ✆ 02 47 41 41 11, *sophie@jeanbardet.com, Fax 02 47 51 68 72*, ≤, « Grand parc fleuri, beau potager », – ▤ TV P – 30. AE GB JCB — U k
Repas *(fermé dim. soir hors saison, lundi sauf le soir d'avril à nov. et mardi midi)* 390/750 et carte 500 à 650 – ☕ 120 – **16 ch** 750/1500, 5 appart
Spéc. Pannequet de légumes de saison. Saumon mi-fumé cuit vapeur à l'huile de noix. Pintadeau truffé du pays de Racan.

Univers, 5 bd Heurteloup ✆ 02 47 05 37 12, *hotel-univers-sa@wanadoo.fr, Fax 02 47 61 51 80*, « Fresques des visiteurs célèbres de l'hôtel de 1846 à nos jours » – ▤ TV ✆ ♿ – 20 à 120. AE GB JCB. rest — CZ u
Touraine : **Repas** 145/175 ♀ – ☕ 75 – **77 ch** 750/910, 8 appart

Turone M, 4 pl. Thiers ✆ 02 47 05 50 05, *hotelservice@tourotel.fr, Fax 02 47 20 22 07* – ▤ TV ✆ ♿ P – 70. AE GB — V z
Repas 90/160 bc – ☕ 60 – **120 ch** 550/800

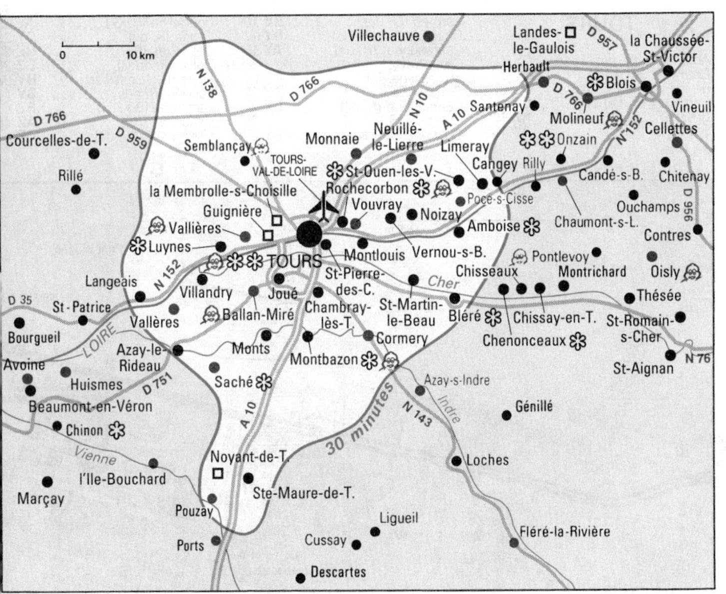

Kyriad sans rest, 65 av. Grammont ✆ 02 47 64 71 78, *Fax 02 47 05 84 62* – 35. AE GB JCB — V s
fermé 25 déc. au 2 janv. – 41 – **50 ch** 319/380

Central Hôtel sans rest, 21 r. Berthelot ✆ 02 47 05 46 44, *Fax 02 47 66 10 26*, – 40. AE GB JCB — CY r
53 – **41 ch** 360/700

Châteaux de la Loire sans rest, 12 r. Gambetta ✆ 02 47 05 10 05, *hoteldeschateaux.tours@wanadoo.fr, Fax 02 47 20 20 14* – AE GB JCB — BZ x
1er mars-30 nov. – 40 – **30 ch** 234/305

Mirabeau sans rest, 89 bis bd Heurteloup ✆ 02 47 05 24 60, *Fax 02 47 05 31 09* – AE GB JCB — DZ e
fermé 24 déc. au 25 janv. – 35 – **25 ch** 220/310

Express By Holiday Inn M, 247 r. Giraudeau ✆ 02 47 77 45 00, *hitoursexpress@alliance-hotellerie.fr, Fax 02 47 77 45 01* – – 40. AE GB JCB — V g
Repas (78) - 89, enf. 38 – **48 ch** 490

Relais St-Éloi, 8 r. Giraudeau ✆ 02 47 38 18 19, *Fax 02 47 39 05 38* – rest, – 15 à 30. AE GB — AZ b
Repas 85 (déj.), 120/180 bc – 45 – **57 ch** 360/420 – ½ P 345

Cygne sans rest, 6 r. Cygne ✆ 02 47 66 66 41, *hotelcygne.tours@sfpc.net, Fax 02 47 66 05 13* – AE GB — CY a
fermé Noël au Jour de l'An – 35 – **18 ch** 230/340

Charles Barrier, 101 av. Tranchée ✉ 37100 ✆ 02 47 54 20 39, *Fax 02 47 41 80 95*, – AE GB — U e
fermé sam. midi et dim. soir – **Repas** 150/490 et carte 360 à 520
Spéc. Grosses langoustines craquantes aux saveurs d'épices. Pied de cochon farci au ris d'agneau et aux truffes. Filet de canette de Challans au miel et aux épices. **Vins** Montlouis, Saint-Nicolas de Bourgueil.

La Roche Le Roy (Couturier), 55 rte St-Avertin ✉ 37200 ✆ 02 47 27 22 00, *laroche-leroy@wanadoo.fr, Fax 02 47 28 08 39*, – AE GB — X r
fermé 1er au 27 août, vacances de fév., dim. et lundi – **Repas** 175 (déj.), 250/380, enf. 75
Spéc. Dos de sandre rôti au beurre blanc et pain d'épices. Matelote d'anguilles au chinon et pruneaux. Choisi de géline "Cardinal la Balue". **Vins** Vouvray, Chinon.

L'Odéon, 10 pl. Gén. Leclerc ✆ 02 47 20 12 65, *Fax 02 47 20 47 58* – AE GB JCB — CZ r
fermé 1er au 19 août et dim. – **Repas** 110/250

TOURS

Amandiers (R. des) . . . . **CY** 4
Berthelot (R.) . . . . **BCY** 7
Bons Enfants (R. des). . . . . **BY** 8
Bordeaux (R. de) . . . . **CZ**
Boyer (R. Léon) . . . . **AZ** 10
Briçonnet (R.) . . . . **AY** 13
Carmes (Pl. des). . . . . **BY** 16
Châteauneuf (Pl. de) . . . . . **BY** 17
Châteauneuf (R. de). . . . . . . **AY** 18
Cœur-Navré
(Passage du) . . . . **CY** 21
Commerce (R. du) . . . . **BY** 22
Constantine (R. de) . . . . . . **BY** 24
Corneille (R.) . . . . **CY** 25
Courier (Rue Paul-Louis) . . . **BY** 27
Courteline (R. G.) . . . . **AY** 2
Cygne (R. du) . . . . **CY** 2
Descartes (R.) . . . . **BZ** 3
Dolve (R. de la). . . . . **BZ** 3
Favre (R. Jules) . . . . **BY** 3
Fusillés (R. des) . . . . **BY** 4
Gambetta (R.) . . . . **BZ** 4
Giraudeau (R.). . . . . **AZ** 4
Grammont (Av. de). . . . . **CZ**

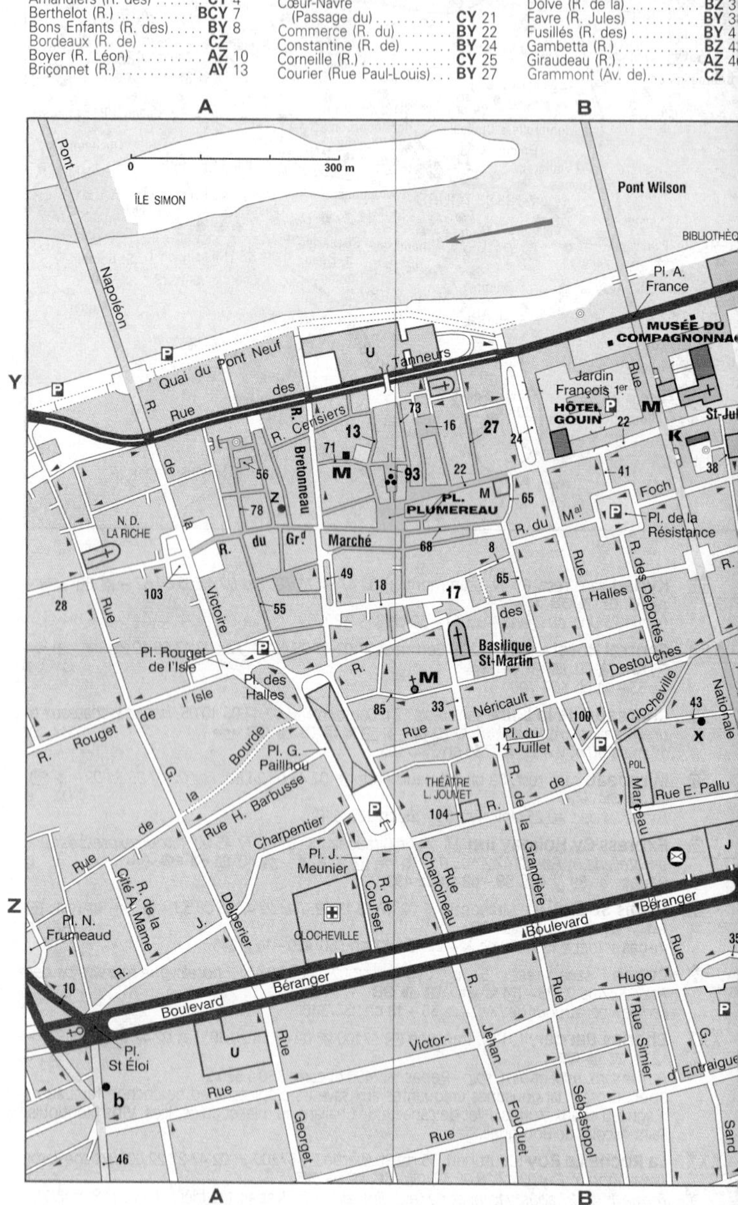

Un conseil **Michelin** *: pour réussir vos voyages, préparez-les à l'avance.*

Les **cartes** *et* **guides Michelin** *vous donnent toutes les indications utiles sur : itinéraires, visites des curioristés, logement, prix, etc.*

Grand-Marché (Pl. du) . . . . . **AY** 49
Grand Passage . . . . **CZ** 50
Grégoire-de-Tours (Pl.) . . . . . **DY** 52
Grosse-Tour (R. de la) . . . . . **AY** 55
Halles (Pl. des) . . . . **AZ**
Halles (R. des) . . . . **BY**
Herbes (Carroi aux) . . . . **AY** 56
Lavoisier (R.) . . . . **CY** 60
Marceau (R.) . . . . **BYZ**

Marceau (R.) . . . . **DY** 61
Merville (R. du Prés.) . . . . . **BY** 65
Meusnier (R. Gén.) . . . . **DY** 66
Monnaie (R. de la) . . . . **BY** 68
Mûrier (R. du) . . . . **AY** 71
Nationale (R.) . . . . **BYZ**
Paix (R. de la) . . . . **BY** 73
Petit-Cupidon (R. du) . . . . . . **DY** 77
Petit-St-Martin (R. du) . . . . . **AY** 78

Petites-Boucheries (Pl. des) . . . . **DY** 80
Racine (R.) . . . . **DY** 84
Rapin (R.) . . . . **AZ** 85
St-Pierre-le-Puellier (Pl.) . **ABY** 93
Scellerie (R. de la) . . . . . **BCY**
Sully (R. de) . . . . **BZ** 100
Victoire (Pl. de la) . . . . **AY** 103
Vinci (R. Léonard de) . . . . . **BZ** 104

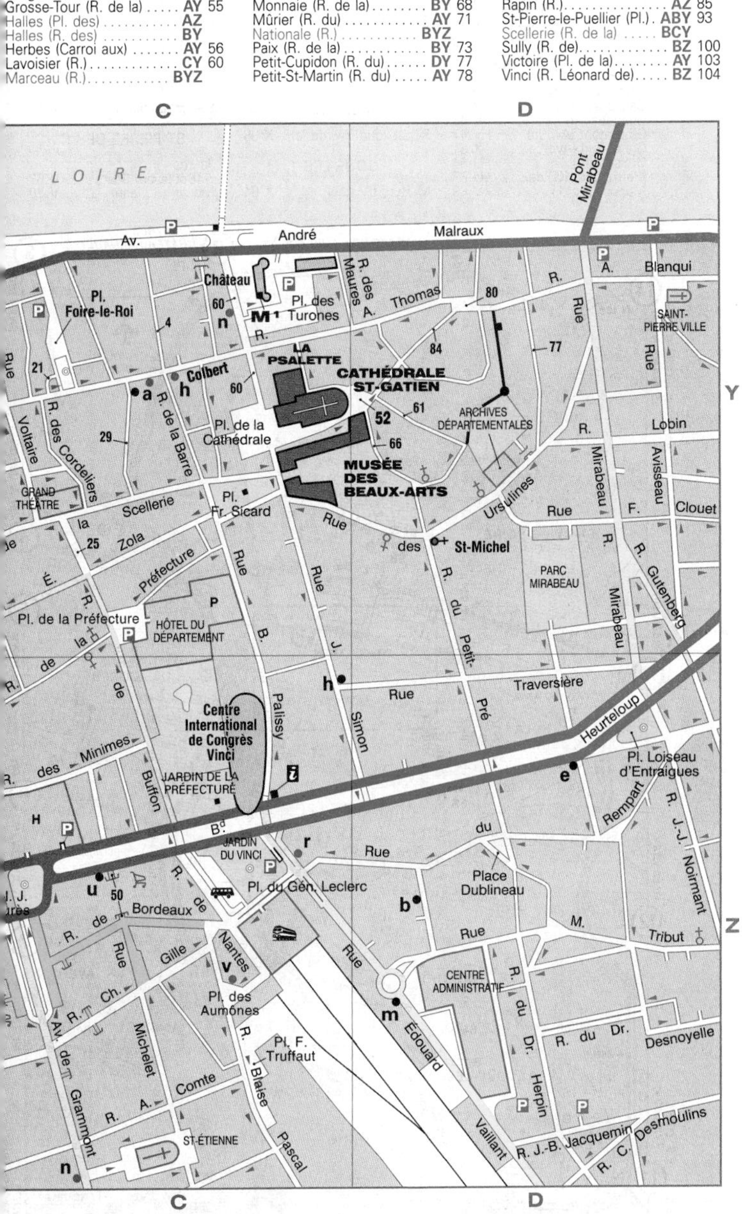

We suggest: for a successful tour, that you prepare it in advance.

***Michelin Maps** and **Guides**, will give you much useful information on route planning, places of interest, accommodation, prices etc.*

TOURS

Alouette (Av. de l'). . . . . . X 2
Bordiers (R. des) . . . . U 9
Boyer (R. Léon) . . . . V 10
Chevallier (R. A.) . . . . V 19
Churchill (Bd. W.). . . . . . . V 20
Compagnons d'Emmaüs
 (Av. des) . . . . U 23
Eiffel (Av. Gustave) . . . . . U 37
Gaulle (Av. Gén. de) . . . . V 44
Giraudeau (R.). . . . . V 46
Grammont (Av. de) . . . . . V 47
Grand-Sud (Av.) . . . . X 51
Groison (R.). . . . . U 54
Marmoutier (Q. de) . . . . . U 63
Monnet (Bd J.). . . . . V 69
Portillon (Q. de) . . . . U 81
Proud'hon (Av.). . . . . V 82
République (Av. de la). . . U 87
St-Avertin (Rte de). . . . . . X 89
St-Sauveur (Pont). . . . . . . V 95
Sanitas (Pont du) . . . . . VX 96
Tranchée (Av. de la). . . . . U 98
Vaillant (R. E.) . . . . V 99
Wagner (Bd R.) . . . . V 105

CHAMBRAY-LÈS-T.

République (Av. de la). . X 88

JOUÉ-LÈS-T.

Martyrs (R. des). . . . . . . X 64

Verdun (R. de) . . . . X 102

ST-AVERTIN

Brulon (R. Léon) . . . . . . X 14
Lac (Av. du). . . . . X 58
Larçay (R. de). . . . . X 59

ST CYR-SUR-L.

St-Cyr (Q. de). . . . . V 91

ST PIERRE-DES-C.

Jaurès
 (Boulevard Jean) . . . . V 57
Moulin (R. Jean) . . . . . . V 70

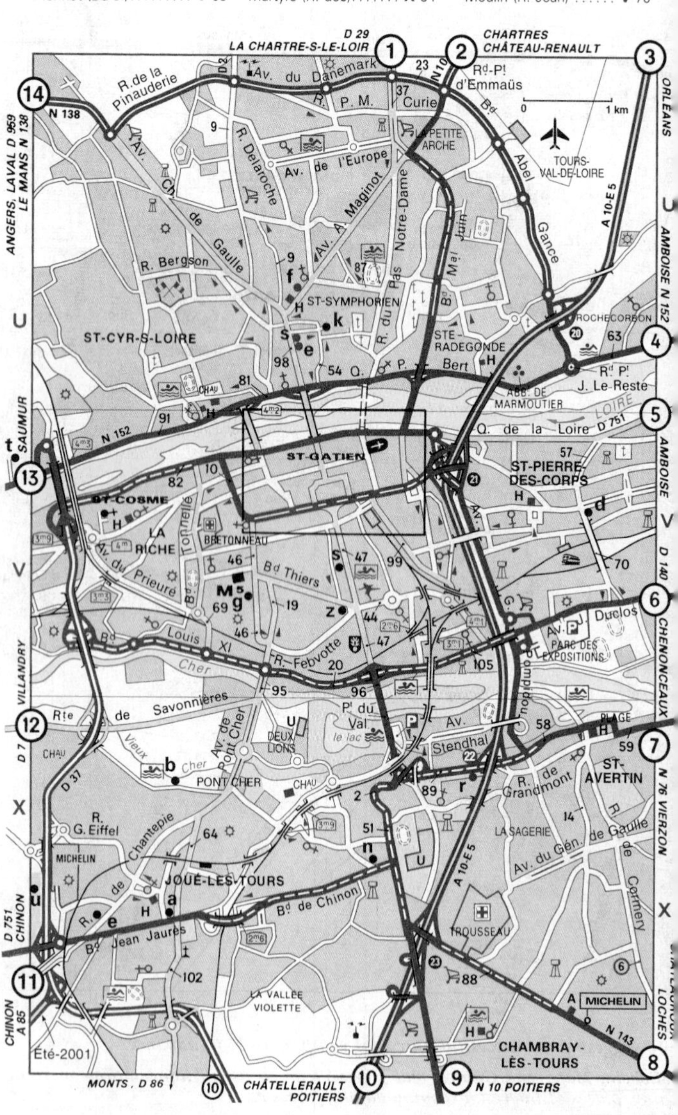

XX **Les Tuffeaux,** 19 r. Lavoisier ✆ 02 47 47 19 89 – ▤. AE GB CY n
fermé 15 au 30 juil., lundi midi, merc. midi et dim. – **Repas** 115/210, enf. 50

XX **L'Arc-en-Ciel,** 2 pl. Aumônes ✆ 02 47 05 48 88, *Fax 02 47 66 94 05* – AE ⓓ GB JCB
fermé 1er au 15 août, dim. soir, mardi soir et lundi – **Repas** 89/250 ♀ CZ v

XX **Chope,** 25 bis av. Grammont ✆ 02 47 20 15 15, *Fax 02 47 05 70 51*, brasserie – ▤. AE ⓓ GB CZ n
Repas *(79)* - 99/129 ♀, enf. 50

XX **Ruche,** 105 r. Colbert ✆ 02 47 66 69 83, *simon.genevieve@wanadoo.fr, Fax 02 47 20 41 76* – ▤. GB CY a
fermé vacances de Noël, dim. et lundi – **Repas** 95/160 ♀

X **Rif,** 12 av. Maginot ✉ 37100 ✆ 02 47 51 12 44 – GB U f
fermé dim. soir et lundi – **Repas** - cuisine nord-africaine - *(120)* - carte environ 160 🌡, enf. 45

X **L'Atelier Gourmand,** 37 r. Étienne Marcel ✆ 02 47 38 59 87, *Fax 02 47 75 09 03*, 🏕 – AE GB AY z
Repas 120/163 ♀

X **Charolais (Chez Jean-Michel),** 123 r. Colbert ✆ 02 47 20 80 20, *Fax 02 47 66 66 25* – ▤. GB CY h
fermé 7 au 16 mai, 11 au 27 août, 22 déc. au 3 janv., sam. et dim. – **Repas** *(62)* - 74 (déj.) et carte 160 à 200 ♀

X **Bistrot de la Tranchée,** 103 av. Tranchée ✉ 37100 ✆ 02 47 41 09 08, *Fax 02 47 41 80 95*, bistrot – ▤. AE ⓓ GB U s
fermé 7 au 27 août, dim. et lundi – **Repas** *(49)* - 69/150 ♀

par ② : *9 km :*

Mercure Ⓜ, r. Aviation (Z.I. Milletière) ✉ 37100 Tours ✆ 02 47 49 55 00, *mercure-tn@webtours.fr, Fax 02 47 49 55 25*, 🏕, 🏊 – 🛗 ⇆ ▤ 📺 📞 ♿ 🅿 – 🏛 20 à 200. AE ⓓ GB JCB
Les Vignes *(fermé dim. de nov. à fév.)* **Repas** *(80)*-95/160 ♀, enf. 55 – ☕ 58 – **93 ch** 495/595

XX **L'Arche de Meslay,** 14 r. Ailes ✉ 37210 Parçay-Meslay ✆ 02 47 29 00 07, *Fax 02 47 29 04 04* – 🅿. AE GB
fermé 4 au 27 août, dim. et lundi sauf fériés – **Repas** 90/300 ♀, enf. 55

à Rochecorbon *par* ④ : *6 km – 2 685 h. alt. 58 –* ✉ *37210 :*

Les Hautes Roches, 86 quai Loire ✆ 02 47 52 88 88, *hautes.roches@wanadoo.fr, Fax 02 47 52 81 30*, ≤, 🏕, « Chambres troglodytiques », 🏊, 🚣 – 🛗 📺 📞 🅿 – 🏛 15. AE ⓓ GB. ✂
fermé 1er au 15 nov. et 20 janv. au 10 mars – **Repas** *(fermé lundi sauf le soir de fév. à oct., mardi midi, merc. midi et sam. midi)* 230/385 ♀ – ☕ 95 – **15 ch** 750/1500 – ½ P 825/1200
Spéc. Foie gras frais de canard en terrine au vouvray. Poissons au beurre blanc nantais. Tarte fine aux pommes caramélisées. **Vins** Vouvray sec, Bourgueil.

XX **L'Oubliette,** rte Parcey-Meslay ✆ 02 47 52 50 49, *Fax 02 47 52 85 65*, 🏕, « Salle creusée dans la roche » – 🅿. GB
fermé 1er au 6 sept., vacances de Toussaint, de fév., dim. soir et lundi – **Repas** 130/310 ♀

XX **Lanterne,** 48 quai Loire ✆ 02 47 52 50 02, *aubergelalanterne@wanadoo.fr, Fax 02 47 52 54 46*, 🏕 – ▤ 🅿. AE GB JCB
fermé mi-janv. à mi-fév., mardi soir de mi-oct. à mi-avril, dim. soir et lundi – **Repas** 138/270 ♀

à St-Pierre-des-Corps *Est : 3,5 km - V – 17 947 h. alt. 48 –* ✉ *37700 :*

Skippy Dancotel, 10 r. J. Moulin ✆ 02 47 44 44 67, *Fax 02 47 63 19 47*, 🏕 – 🛗, ▤ rest, 📺 📞 🅿 – 🏛 25 à 120. AE GB V d
Repas *(fermé sam. soir et dim.)* 58/150 🌡 – ☕ 35 – **30 ch** 320

à Chambray-lès-Tours *Sud, par rte de Poitiers : 6,5 km - X – 8 190 h. alt. 90 –* ✉ *37170 :*

Novotel Ⓜ, Z.A.C. La Vrillonnerie - N 10 ✆ 02 47 80 18 10, *h0453@accor-hotels.com, Fax 02 47 80 18 18*, 🏕, 🏊 – 🛗 ⇆ ▤ 📺 📞 ♿ 🅿 – 🏛 25. AE ⓓ GB JCB
Repas carte environ 160 ♀, enf. 50 – ☕ 60 – **127 ch** 490/590

à Joué-lès-Tours *Sud-Ouest, par rte de Chinon : 5 km – 36 798 h. alt. 65 –* ✉ *37300 :*

Château de Beaulieu 🐌, 67 r. Beaulieu ✆ 02 47 53 20 26, *chateaubeaulieu@wanadoo.fr, Fax 02 47 53 84 20*, ≤, 🏕, 🌳 – ▤ 📺 📞 🅿 – 🏛 25 à 80. AE ⓓ GB X b
Repas 165 (déj.), 225/400 – ☕ 68 – **19 ch** 400/800 – ½ P 500/675

Relais Mercure 🐌, Parc des Bretonnières par ⑪ ✆ 02 47 53 16 16, *h1788@accor-hotels.com, Fax 02 47 53 14 00*, 🏕, 🏊 – 🛗 ⇆ ▤ 📺 📞 ♿ 🅿 – 🏛 200. AE ⓓ GB JCB. ✂ rest
fermé dim. soir et sam. de janv. à mars et nov.-déc. – **Repas** *(73)* - 125 🌡, enf. 55 – ☕ 50 – **75 ch** 398/570 X u

Chéops, 75 bd J. Jaurès ☎ 02 47 67 72 72, *Fax 02 47 67 85 38* – 25. X a
Repas *(fermé 22 déc. au 8 janv., sam. et dim. d'oct. au 15 avril)* (dîner seul.) *(75)* - 95 ♀, enf. 38 – 36 – **57 ch** 268/318 – ½ P 240

Parc sans rest, 17 bd Chinon ☎ 02 47 25 15 38, *toursparchotel@aol.com, Fax 02 47 25 11 43* – – 20. X n
fermé vacances de fév. – 35 – **30 ch** 275/295

Ariane sans rest, 8 av. Lac par ⑪ ☎ 02 47 67 67 60, *hotel.ariane@wanadoo.fr, Fax 02 47 67 33 36,* – – 25.
fermé 17 déc. au 2 janv. – 40 – **32 ch** 325

Chantepie sans rest, r. Chantepie ☎ 02 47 53 06 09, *chantepi@wanadoo.fr, Fax 02 47 67 89 25* – . X e
fermé 21 déc. au 8 janv., vend. et sam. de nov. à mars – 45 – **28 ch** 260/300

à Ballan-Miré *par* ⑪ : 10 km – *5 937 h. alt. 88* – ✉ *37510 :*

Office de Tourisme (fermé mardi et jeudi matin) 1 pl. du 11-novembre ☎ *02 47 53 87 47.*

Kiosque, 8 bis pl. Eglise ☎ 02 47 53 35 02, *Fax 02 47 53 35 61* –
fermé 26 mars au 2 avril, 30 juil. au 15 août, 2 au 15 janv., dim. soir, merc. soir et lundi – Repas 95/210 ♀, enf. 55

à La Guignière *par* ⑬, rte de Langeais : 4 km – ✉ *37230 Fondettes :*

Manoir sans rest, N 152 ☎ 02 47 42 04 02, *Fax 02 47 49 79 29,* ← – . V t
26 – **16 ch** 195/220

à Vallières *par* ⑬, rte de Langeais : 8 km – ✉ *37230 Fondettes :*

Auberge de Porc Vallières, N 152 ☎ 02 47 42 24 04, *Fax 02 47 49 98 83* –
fermé 25 juin au 15 juil., vacances de Noël, dim. soir, lundi soir, mardi soir et merc. – Repas 88 ♀, enf. 60

à La Membrolle-sur-Choisille *par* ⑭ : 6 km – *2 644 h. alt. 60* – ✉ *37390 :*

Hostellerie du Château de l'Aubrière sans rest, rte Fondettes ☎ 02 47 51 50 35, *Fax 02 47 51 34 69,* ←, , – – 50.
15 avril-15 oct. – 60 – **10 ch** 450/1000, 3 appart

TOURS-SUR-MARNE *51150 Marne* 56 ⑯ ⑰ – *1 152 h alt. 79.*
Paris 156 – Reims 30 – Châlons-en-Champagne 24 – Épernay 14.

Touraine Champenoise avec ch, r. Magasin ☎ 03 26 58 91 93, *Fax 03 26 58 95 47,* – .
Repas 110/270, enf. 58 – 50 – **10 ch** 290/330 – ½ P 315/325

TOURTOUR *83690 Var* 84 ⑥, 114 ⑧ ⑨ *G. Côte d'Azur* – *472 h alt. 652.*
Voir *Église* ✻★.
Paris 832 – Aups 10 – Draguignan 22 – Salernes 11.

Bastide de Tourtour, rte de Flayosc ☎ 04 98 10 54 20, *bastide@verdon.net, Fax 04 94 70 54 90,* ← massif des Maures, , , , , – – 40. . rest
Repas *(fermé lundi midi, mardi midi, merc. midi, et jeudi midi hors saison)* 160/360 – 90 – **25 ch** 950/1500 – ½ P 850/1100

Petite Auberge, rte Flayosc par D 77 : 1,5 km ☎ 04 94 70 57 16, *Fax 04 94 70 54 52,* ← massif des Maures, , – .
1er mars-1er nov. – **Repas** *(fermé lundi midi et jeudi midi)* 180/350 et carte 200 à 250 ♀ – 60 – **15 ch** 570/1060 – ½ P 490/735

Auberge St-Pierre, Est : 3 km par D 51 et rte secondaire ☎ 04 94 70 57 17, *Fax 04 94 70 59 04,* ←, , « Sur un domaine agricole », , , , – – – 25.
1er avril-14 oct. – **Repas** *(fermé lundi midi, mardi midi, jeudi midi et merc. sauf fériés)* (110) - 150/215 ♀, enf. 80 – 55 – **16 ch** 450/600 – ½ P 430/470

Mas des Collines, par rte Villecroze (D 51) et rte secondaire : 2,5 km ☎ 04 94 70 59 30, *Fax 04 94 70 57 62,* ← massif des Maures, , , – .
fermé 6 au 24 fév. – **Repas** *(fermé merc. hors saison)* 120/300 ♀ – 40 – **7 ch** 480 – ½ P 410

Les Chênes Verts (Bajade) avec ch, rte Villecroze par D 51 : 2 km ☎ 04 94 70 55 06, *Fax 04 94 70 59 35,* – .
fermé juin, mardi et merc. – **Repas** (nombre de couverts limité, prévenir) 270/690 et carte 380 à 550 – 70 – **3 ch** 550/650
Spéc. Truffes noires du pays (nov. à mars). Ecrevisses simplement sautées. Agneau de pays rôti au pèbre d'ail. **Vins** Côtes de Provence, Coteaux Varois.

TOURVILLE-LA-RIVIÈRE *76410 S.-Mar. 55 ⑥ – 1 886 h alt. 11.*

Paris 118 – Rouen 15 – Les Andelys 40 – Elbeuf 11 – Gournay-en-Bray 63 – Louviers 20.

XX **Tourville** (Florin), ✆ 02 35 77 58 79, *Fax 02 35 81 32 66* – P. GB
fermé août, vacances de printemps et lundi – **Repas** (nombre de couverts limité, prévenir) (déj. seul. sauf vend. et sam.) carte 270 à 450
Spéc. Terrine de foies de volailles. Raie à la crème et moutarde. Petit sauvageon avec son foie.

La TOUSSUIRE *73 Savoie 77 ⑥ ⑦ G. Alpes du Nord – alt. 1690 – Sports d'hiver : 1 800/2 400 m*

19 – ✉ 73300 Fontcouverte-la-Toussuire.

Office de Tourisme ✆ 04 79 83 06 06, Fax 04 79 83 02 99.

Paris 651 – Albertville 78 – Chambéry 88 – St-Jean-de-Maurienne 16.

Les Soldanelles, ✆ 04 79 56 75 29, *info@hotelsoldanelles.com, Fax 04 79 56 71 56,* ⩽, TV P. GB. rest
juil.-août et 15 déc.-25 avril – **Repas** *(75)* - 150/260, enf. 50 – 48 – **33 ch** 300/360, 4 appart – 1/2 P 500/520

Les Airelles, ✆ 04 79 56 75 88, *les.airelles@laposte.fr, Fax 04 79 83 03 48,* ⩽ – TV P. GB
juil.-août et 15 déc.-20 avril – **Repas** 95/160, enf. 50 – 40 – **31 ch** 350/400 – 1/2 P 500/600

TOUZAC *46 Lot 79 ⑥ – rattaché à Puy-l'Évêque.*

En juin et en septembre,
les hôtels sont moins chers qu'en pleine saison, le service est plus soigné.

TRACY-SUR-MER *14 Calvados 54 ⑮ – rattaché à Arromanches-les-Bains.*

TRAENHEIM *67310 B.-Rhin 87 ⑮ – 496 h alt. 200.*

Paris 471 – Strasbourg 26 – Haguenau 40 – Molsheim 8 – Saverne 22.

X **Zum Loejelgucker,** 17 r. Principale ✆ 03 88 50 38 19, *Fax 03 88 76 02 46,* « Vieille demeure alsacienne » – GB
fermé 19 fév. au 1er mars, 23 au 31 oct., lundi soir et mardi – **Repas** 115/210 ♀, enf. 40

La TRANCHE-SUR-MER *85360 Vendée 71 ⑪ G. Poitou Vendée Charentes – 2 065 h alt. 4.*

Env. *Parc de Californie★ (parc ornithologique) E : 9 km.*

Office de Tourisme pl. Liberté ✆ 02 51 30 33 96, Fax 02 51 27 78 71.

Paris 457 – La Rochelle 61 – La Roche-sur-Yon 41 – Les Sables-d'Olonne 40.

Les Dunes, ✆ 02 51 30 32 27, *info@hotel-les-dunes.com, Fax 02 51 27 78 30,* – TV P. GB.
31 mars-28 sept. – **Repas** *(68)* - 85/168 ♀, enf. 48 – 46 – **50 ch** 349/520 – 1/2 P 296/415

Océan , ✆ 02 51 30 30 09, *Fax 02 51 27 70 10,* ⩽, – TV P. GB
1er avril-30 sept. – **Repas** (résidents seul.) 100/120 – 55 – **45 ch** 210/520 – 1/2 P 415/450

X **Milouin,** av. M. Samson ✆ 02 51 27 49 49, *Fax 02 51 27 49 49,* – AE GB
mi-mars-mi-oct. et fermé lundi et mardi de mars à juin – **Repas** 95/215, enf. 45

à la Grière *Est : 2 km par D 46 – ✉ 85360 La Tranche-sur-Mer :*

Les Cols Verts, ✆ 02 51 27 49 30, *info@hotelcolsverts.com, Fax 02 51 30 11 42,* – TV. AE GB
1er avril-30 sept. – **Repas** *(78)* - 95/235 ♀, enf. 45 – 48 – **34 ch** 410/490 – 1/2 P 380/420

TRAVEXIN *88 Vosges 62 ⑰ – rattaché à Ventron.*

TRÉBEURDEN *22560 C.-d'Armor 59 ① G. Bretagne – 3 094 h alt. 81.*

Voir *Le Castel ⩽★ 30 mn – Pointe de Bihit ⩽★ SO : 2 km – Pleumeur-Bodou : Radôme et musée des Télécommunications★, Planétarium du Trégor★, NE : 5,5 km.*

Office de Tourisme pl. Crech'Héry ✆ 02 96 23 51 64, Fax 02 96 15 44 87.

Paris 524 – St-Brieuc 72 – Lannion 10 – Perros-Guirec 14.

Manoir de Lan-Kerellec , ✆ 02 96 15 47 47, *Fax 02 96 23 66 88,* ⩽ la côte, – TV P – 25. AE GB JCB
17 mars-11 nov. – **Repas** *(fermé lundi midi et mardi midi)* 145 (déj.), 195/395 ♀ – 85 – **19 ch** 800/2250 – 1/2 P 770/1495

Ti al-Lannec ⛴, ✆ 02 96 15 01 01, *ti.al.lannec@wanadoo.fr, Fax 02 96 23 62 14,* ⩽ la côte, ⛱, ⚒, ⚘ – 🛗 TV ✆ P – 🏛 30. AE ⓓ GB JCB. ✕ rest
3 mars-14 oct. – **Repas** *(118)* - 198/398 ♀, enf. 95 – ☕ 80 – **29 ch** 545/1290 – ½ P 740/930

Toëno sans rest, rte Trégastel : 1,5 km ✆ 02 96 23 68 78, *Fax 02 96 15 42 54,* ⩽ – TV ♿ P. AE ⓓ GB JCB
fermé 7 janv. au 4 fév. – ☕ 50 – **17 ch** 400/600

TRÉBOUL *29 Finistère 58 ⑭ – rattaché à Douarnenez.*

TREFFENDEL *35380 I.-et-V. 63 ⑤ – 623 h alt. 115.*
Paris 378 – Rennes 29 – Ploërmel 34 – Redon 52.

Auberge du Presbytère, ✆ 02 99 61 00 76, *Fax 02 99 61 00 48,* ⛱, ⛱ – P. GB
fermé dim. soir et lundi – **Repas** *(85)* - 100 (déj.), 150/215 ♀

TREFFIAGAT *29 Finistère 58 ⑭ – rattaché à Guilvinec.*

TREFFORT *38650 Isère 77 ⑭ – 78 h alt. 618.*
Paris 603 – Grenoble 35 – Monestier-de-Clermont 9 – La Mure 43.

au bord du lac *Sud : 3 km par D 110ᴱ – ✉ 38650 Treffort :*

Château d'Herbelon ⛴, ✆ 04 76 34 02 03, *chateaudherbelon@wanadoo.fr, Fax 04 76 34 05 44,* ⩽, ⛱, ⛱ – TV P. GB. ✕ ch
fermé 22 déc. au 1er mars, merc. midi, lundi soir et mardi sauf juil.-août – **Repas** 105/205 – ☕ 38 – **9 ch** 320/460 – ½ P 325/380

TREFFORT *01370 Ain 70 ⑬ – 1 779 h alt. 280.*
Paris 436 – Mâcon 48 – Bourg-en-Bresse 16 – Lons-le-Saunier 56 – Oyonnax 41.

L'Embellie, pl. Marché ✆ 04 74 42 35 05, *Fax 04 74 42 35 65,* ⛱ – TV ✆ P. GB
fermé 9 au 18 sept., et vacances de fév. – **Repas** *(fermé dim. soir et lundi)* 110 (déj.), 150/190, enf. 50 – ☕ 35 – **8 ch** 225/285

TRÉGASTEL *22730 C.-d'Armor 59 ① G. Bretagne – 2 201 h alt. 58.*
Voir Rochers★★ – Ile Renote★★ NE – Table d'Orientation ⩽★.
ℹ Office de Tourisme pl. Ste-Anne ✆ 02 96 15 38 38, Fax 02 96 23 85 97.
Paris 525 – St-Brieuc 74 – Lannion 11 – Perros-Guirec 9 – Trébeurden 10 – Tréguier 27.

Belle Vue, ✆ 02 96 23 88 18, *Fax 02 96 23 89 91,* ⛱ – TV P. AE ⓓ GB JCB
hotel: 14 avril-30 sept. ; rest.: 2 mai-30 sept. – **Repas** 99/255 ♀, enf. 50 – ☕ 55 – **31 ch** 500/600 – ½ P 400/560

Auberge Vieille Eglise, à Trégastel-Bourg, Sud : 2,5 km (rte Lannion) ✆ 02 96 23 88 31, *vieille.eglise@wanadoo.fr, Fax 02 96 15 33 75* – P. GB
fermé mars, mardi soir sauf juil.-août, dim. soir et lundi – **Repas** (prévenir) 85 (déj.), 130/300, enf. 58

au golf de St-Samson *Sud : 3 km par D 788 et rte secondaire – ✉ 22560 Pleumeur-Bodou :*

Golf Hôtel ⛴, ✆ 02 96 23 87 34, *golfhotelstsamson@hotmail.com, Fax 02 96 23 84 59,* ⛱, ⛱, ✕ – TV ♿ P – 🏛 60. AE ⓓ GB. ✕ rest
1er avril-30 oct. – **Repas** *(fermé dim. soir et lundi sauf juil.-août)* 95/130 – ☕ 45 – **50 ch** 360/420 – ½ P 340

TRÉGUIER *22220 C.-d'Armor 59 ② G. Bretagne – 2 799 h alt. 40.*
Voir Cathédrale St-Tugdual★★ : cloître★.
ℹ Office de Tourisme 1 pl. du Gén.-Leclerc ✆ 02 96 92 22 23, Fax 02 96 92 30 19.
Paris 506 – St-Brieuc 58 – Guingamp 28 – Lannion 18 – Paimpol 15.

sur le port :

Aigue Marine M, 5 r. M. Berthelot ✆ 02 96 92 97 00, *Fax 02 96 92 44 48,* ⩽, ⛱, ⚒, ⛱, ⛱ – 🛗 cuisinette, ▤ rest, TV ✆ ♿ P – 🏛 80. AE GB
fermé 7 janv. au 10 fév. et dim. de nov. à mars – **Repas** *(fermé sam. midi et dim. soir et lundi d'oct. à mars)* 115/220 ♀, enf. 60 – ☕ 55 – **31 ch** 520/700, 17 studios – ½ P 520

rte de Lannion *Sud-Ouest : 2 km par D 786 et rte secondaire – ✉ 22220 Tréguier :*

Kastell Dinec'h ⛴, ✆ 02 96 92 49 39, *Fax 02 96 92 34 03,* ⛱, ⛱ – TV P. GB. ✕ rest
20 mars-10 oct., 27 oct.-31 déc. et fermé mardi soir et merc; – **Repas** (dîner seul.) 140/340 ♀ – ☕ 65 – **15 ch** 530/580 – ½ P 510/580

TRÉGUNC *29910 Finistère* 58 ⑪ ⑯ – *6 130 h alt. 45.*

Office de Tourisme 16 r. de Pont-Aven ✆ 02 98 50 22 05, Fax 02 98 97 77 60.

Paris 546 – Quimper 28 – Concarneau 7 – Pont-Aven 9 – Quimperlé 29.

Auberge Les Grandes Roches ⛽, Nord-Est : 0,6 km par rte secondaire ✆ 02 98 97 62 97, *Fax 02 98 50 29 19*, « Fermes aménagées dans un parc, dolmen et menhir », – 📞 P. GB. ✻ ch
fin mars-début nov. – **Repas** *(fermé lundi)* (dîner seul.) 98/260 ♀, enf. 70 – ☕ 45 – **21 ch** 330/620 – ½ P 310/520

TRÉLISSAC *24 Dordogne* 75 ⑤ – *rattaché à Périgueux.*

TRELLY *50660 Manche* 54 ⑫ – *478 h alt. 20.*

Paris 325 – St-Lô 37 – Avranches 38 – Coutances 11 – Villedieu-les-Poêles 24.

XX ✿ **Verte Campagne** (Bernou) ⛽ avec ch, Sud Est : 1,5 km par D 539 et rte secondaire ✆ 02 33 47 65 33, *Fax 02 33 47 38 03*, « Ferme normande ancienne », – P. GB. ✻ ch
fermé 4 au 10 déc, 24 janv. au 7 fév., dim. soir et merc. midi de sept. à juin et lundi – **Repas** 140/230 et carte 300 à 410 – ☕ 40 – **6 ch** 240/390 – ½ P 370
Spéc. Vinaigrette tiède de rouget barbet au basilic. Agneau de pré-salé, jus à l'orge perlé (Pâques à fin sept.). Déclinaison au chocolat sauce chicorée.

Les noms des localités citées dans ce guide

sont soulignés de rouge

sur les **cartes Michelin** à 1/200 000.

TRÉLON *59132 Nord* 53 ⑯ *G. Flandres Artois Picardie – 2 923 h alt. 188.*

Paris 213 – St-Quentin 69 – Avesnes-sur-Helpe 16 – Charleroi 53 – Lille 115 – Vervins 37.

X **Framboisier**, ✆ 03 27 59 73 34, *Fax 03 27 57 07 47* – P. GB
fermé 27 août au 17 sept., 19 fév. au 7 mars – **Repas** *(fermé dim. soir et lundi sauf fériés)* (75) - 95/320 ♀

La TREMBLADE *17390 Char.-Mar.* 71 ⑭ *G. Poitou Vendée Charentes – 4 623 h alt. 4.*

Paris 516 – Royan 21 – Marennes 10 – Rochefort 32 – La Rochelle 70.

Phoebus sans rest, 13 ter r. Foran ✆ 05 46 36 29 85, *Fax 05 46 36 51 03* – TV 📞. GB
fermé 7 au 19 oct. – ☕ 33 – **9 ch** 275/305

TREMBLAY-EN-FRANCE *93 Seine-St-Denis* 56 ⑪, 101 ⑱ – *voir à Paris, Environs.*

Le TREMBLAY-SUR-MAULDRE *78490 Yvelines* 60 ⑨, 106 ㉘ – *668 h alt. 132.*

Paris 43 – Houdan 24 – Mantes-la-Jolie 33 – Rambouillet 18 – Versailles 23.

XXX ✿ **Gentilhommière** (Brun), ✆ 01 34 87 80 96, *Fax 01 34 87 91 52*, – AE ⓓ GB JCB
fermé août, 23 janv. au 7 fév., lundi et mardi – **Repas** 240/380 et carte 320 à 400
Spéc. Terrine de sardines aux tomates confites (mai à juil.). Saint-Jacques aux truffes et parmesan (nov. à mars). Lièvre à la royale (hiver).

TREMEUR *22250 C.-d'Armor* 59 ⑮ – *613 h alt. 62.*

Paris 408 – Rennes 57 – St-Malo 57 – Dinan 26 – Loudéac 55 – St-Brieuc 45.

Les Dineux, voie express N 12, Z.A. Les Dineux ✆ 02 96 84 65 80, *les-dineux.hotel-village @wanadoo.fr, Fax 02 96 84 76 35*, – rest, TV P – 15. GB. ✻ ch
fermé 30 déc. au 20 janv. – **Repas** *(fermé sam. soir et dim. de sept. à juin)* 89/177 ♀ – ☕ 50 – **15 ch** 360 – ½ P 340

TRÉMINIS *38710 Isère* 77 ⑮ *G. Alpes du Nord – 173 h alt. 900.*

Voir *Site★.*

Paris 634 – Gap 72 – Grenoble 67 – Monestier-de-Clermont 32 – La Mure 30 – Serres 57.

Alpes ⛽, à Château-Bas ✆ 04 76 34 72 94, ≤, – P. ✻ rest
28 fév.-1er nov. et fermé dim. soir et lundi hors saison – **Repas** 75/140 ♀, enf. 50 – ☕ 30 – **11 ch** 195/290 – ½ P 220/240

TRÉMOLAT *24510 Dordogne* 75 ⑯ *G. Périgord Quercy – 625 h alt. 53.*
Voir *Belvédère de Racamadou*★★ *N : 2 km.*
Syndicat d'Initiative îlot St-Nicolas Bourg ✆ 05 53 22 89 33.
Paris 537 – Périgueux 53 – Bergerac 34 – Brive-la-Gaillarde 87 – Sarlat-la-Canéda 47.

Vieux Logis, ✆ 05 53 22 80 06, vieuxlogis@relaischateaux.fr, *Fax 05 53 22 84 89*, ←, « Jardins ouverts sur la campagne », – P – 40. AE GB JCB
Repas *(ouvert mi-mars-mi-nov. et fermé le midi de sept à juin sauf week-ends et fériés)* 220/440, enf. 95 – 95 – **18 ch** 880/1480, 6 appart – 1/2 P 885/1275

Bistrot d'en Face, ✆ 05 53 22 80 69, *Fax 05 53 22 84 89* – GB
fermé jeudi
Repas 65 (déj.), 100/190, enf. 35

TRÉMONT-SUR-SAULX *55 Meuse* 61 ⑩ *– rattaché à Bar-le-Duc.*

TRÉMUSON *22 C.-d'Armor* 59 ③ *– rattaché à St-Brieuc.*

TRÉPASSÉS (Baie des) *29 Finistère* 58 ⑬ *– rattaché à Raz (Pointe du).*

TRÉPIED *62 P.-de-C.* 51 ① *– rattaché à Cucq.*

Le TRÉPORT *76470 S.-Mar.* 52 ⑤ *G. Normandie Vallée de la Seine – 6 227 h alt. 12 – Casino.*
Voir *Calvaire des Terrasses* ←★.
Office de Tourisme q. Sadi-Carnot ✆ 02 35 86 05 69, Fax 02 35 86 73 96.
Paris 175 – Amiens 90 – Abbeville 37 – Blangy-sur-Bresle 26 – Dieppe 31 – Rouen 94.

Homard Bleu, 45 quai François 1er ✆ 02 35 86 15 89, *Fax 02 35 86 49 21* – AE GB
fermé mi-déc. à fin janv. et merc. soir de sept. à avril – **Repas** 149/395

St-Louis, 43 quai François 1er ✆ 02 35 86 20 70, *Fax 02 35 50 67 10* – . AE GB JCB
fermé 15 nov. au 15 déc. – **Repas** 95/330

TRESSERVE *73 Savoie* 74 ⑮ *– rattaché à Aix-les-Bains.*

TRETS *13530 B.-du-R.* 84 ④ *– 7 900 h alt. 241.*
Office de Tourisme ✆ 04 42 61 54 90, Fax 04 42 61 34 26.
Paris 780 – Marseille 43 – Aix-en-Provence 25 – Toulon 72.

Clos Gourmand, 13 bd République ✆ 04 42 61 33 72, *Fax 04 42 29 24 41*, – . AE GB
fermé vacances de Toussaint, de fév., merc. soir de sept. à juin, sam. midi en juil.-août, dim. soir et lundi – **Repas** 100 (déj.), 130/350, enf. 75

TRÉVOU-TRÉGUIGNEC *22660 C.-d'Armor* 59 ① *– 1 210 h alt. 56.*
Paris 514 – St-Brieuc 66 – Guingamp 36 – Lannion 14 – Paimpol 29 – Perros-Guirec 11.

Ker Bugalic, ✆ 02 96 23 72 15, *Fax 02 96 23 74 71*, ←, « Jardin fleuri », – P. GB. rest
7 avril-5 nov. – **Repas** *(fermé les midis en semaine du 7 avril au 13 juil. et du 15 sept. au 5 nov.)* (prévenir) 132/295, enf. 80 – 42 – **18 ch** 252/470 – 1/2 P 383/454

TRIEL-SUR-SEINE *78 Yvelines* 55 ⑲, 101 ① ② *– voir à Paris, Environs.*

TRIE-SUR-BAÏSE *65220 H.-Pyr.* 85 ⑨ *– 1 011 h alt. 240.*
Paris 784 – Auch 49 – Lannemezan 26 – Mirande 24 – Tarbes 32.

Tour, pl. Mairie ✆ 05 62 35 52 12, *Fax 05 62 35 59 92*, – . GB
fermé 15 oct. au 6 nov. et lundi sauf de juil. à sept. – **Repas** 60 bc (déj.), 78/130 – 30 – **11 ch** 170/250 – 1/2 P 200/260

TRIGANCE *83840 Var* 84 ⑥ ⑦, 114 ⑨ *– 120 h alt. 800.*
Paris 825 – Digne-les-Bains 74 – Castellane 20 – Draguignan 41 – Grasse 72.

Château de Trigance, accès par voie privée ✆ 04 94 76 91 18, *Fax 04 94 85 68 99*, ← vallée et montagne, , « Cadre médiéval » – P. AE GB JCB
24 mars-31 oct. – **Repas** 220/350 – 75 – **10 ch** 680/960 – 1/2 P 650/810

Vieil Amandier ⛰, ✆ 04 94 76 92 92, Fax 04 94 85 68 65, 🏖, 🏊 – TV ♿ P. AE ⓓ GB JCB
2 mars-10 nov. – **Repas** 135/290 ♀, enf. 60 – ☕ 40 – **12 ch** 320/450 – ½ P 340/390

La TRINITÉ-SUR-MER *56470 Morbihan* 63 ⑫ *G. Bretagne – 1 433 h alt. 20.*

Voir *Pont de Kerisper* ≤★.

ℹ *Office de Tourisme Môle L.-Caradec* ✆ *02 97 55 72 21, Fax 02 97 55 78 07.*

Paris 490 – Vannes 31 – Auray 13 – Carnac 4 – Lorient 41 – Quiberon 23 – Quimperlé 67.

L'Azimut (Le Calvez) avec ch, ✆ 02 97 55 71 88, *azimuts@libertysurf.fr, Fax 02 97 55 80 15,* 🏖 – TV ✆ ♿ P. GB
Repas *(fermé mardi soir et merc. sauf vacances scolaires)* 98 (déj.), 138/248 et carte 230 à 320 ♀ – ☕ 65 – **6 ch** 650/750
Spéc. Saint-Jacques et foie gras poêlé aux pommes séchées (15 oct. au 31 mars). Homards et langoustes grillés au feu de bois. Gaufres cristallisées aux fruits rouges.

TRIZAY *17250 Char.-Mar.* 71 ⑭ *– 1 049 h alt. 20.*

Paris 480 – La Rochelle 52 – Royan 36 – Rochefort 12 – Saintes 27.

au lac du Bois Fleuri *Ouest : 2,5 km par D 238, D 123 et rte secondaire :*

Les Jardins du Lac M ⛰ avec ch, base de loisirs ✆ 05 46 82 03 56, *hotel@jardins-du-lac.com, Fax 05 46 82 03 55,* ≤, 🏖, « Dans un parc dominant le plan d'eau », 🏊, 🌳 – ▤ rest, TV ✆ ♿ P – 🏛 20. AE GB
Repas 100 bc (déj.), 170/280 et carte 280 à 320 – ☕ 70 – **8 ch** 550 – ½ P 540

Les TROIS-ÉPIS *68410 H.-Rhin* 62 ⑱ *G. Alsace Lorraine – alt. 658.*

Paris 444 – Colmar 11 – Gérardmer 50 – Munster 17 – Orbey 12.

Trois Épis ⛰, ✆ 03 89 49 81 61, *Fax 03 89 78 90 48,* ≤ forêt vosgienne et plaine d'Alsace, 🏖, 🌳 – 🛗 TV ✆ P – 🏛 30. GB
Repas 92/360 🍷, enf. 62 – ☕ 50 – **42 ch** 270/580 – ½ P 325/440

Chêneraie ⛰ sans rest, ✆ 03 89 49 82 34, *Fax 03 89 49 86 70,* 🌳 – ✆ P. GB. ✂
fermé 1er janv. au 15 fév. et merc. – ☕ 48 – **19 ch** 210/330

Croix d'Or, ✆ 03 89 49 83 55, *Fax 03 89 49 87 14,* ≤, 🏖 – TV ✆ P. GB
fermé 3 déc. au 11 janv. – **Repas** 85/210 ♀, enf. 55 – ☕ 42 – **12 ch** 210/310 – ½ P 230/280

Villa Rosa, ✆ 03 89 49 81 19, *Fax 03 89 78 90 45,* ≤, établissement réservé aux non fumeurs exclusivement, 🏊, 🌳 – 🚭. GB. ✂ rest
fermé 13 au 23 nov., 3 janv. au 19 mars et jeudi – **Repas** (dîner seul.) 110/150 ♀ – ☕ 48 – **8 ch** 300/340 – ½ P 308/338

TRONÇAIS *03 Allier* 69 ⑫ *– ✉ 03360 St-Bonnet-Tronçais.*

Voir *Forêt de Tronçais★★★ – Étang de St-Bonnet★ NO : 4 km – Étang de Saloup★ S : 5 km,* G. Auvergne.

Paris 311 – Moulins 56 – Bourges 67 – Montluçon 42 – St-Amand-Montrond 24.

Tronçais ⛰, ✆ 04 70 06 11 95, *Fax 04 70 06 16 15,* « Dans un parc au bord d'un étang », 🎾, 🌳 – TV P. GB. ✂ rest
15 mars-15 nov. et fermé dim. soir et lundi hors saison – **Repas** 120/200 ♀, enf. 60 – ☕ 40 – **12 ch** 240/380 – ½ P 280/320

TRONGET *03 Allier* 69 ⑬ *– 1 058 h alt. 460 – ✉ 03240 Le Montet.*

Paris 321 – Moulins 30 – Bourbon-l'Archambault 24 – Montluçon 50.

Commerce, ✆ 04 70 47 12 95, *Fax 04 70 47 32 53,* 🏖 – TV ✆ 🚗 P. ⓓ GB
Repas 75/180 ♀, enf. 50 – ☕ 35 – **11 ch** 200/310 – ½ P 230/260

TROO *41800 L.-et-Ch.* 64 ⑤ *G. Châteaux de la Loire – 320 h alt. 60.*

Voir *La "butte"* ✳★ *– St-Jacques des Guérets : peintures murales★ de l'église S : 1 km.*

ℹ *Syndicat d'Initiative (ouvert de mars à oct.)* ✆ *02 54 72 58 74, Fax 02 54 72 58 74.*

Paris 205 – Le Mans 62 – Château-du-Loir 34 – Tours 54 – Vendôme 27.

Cheval Blanc M avec ch, r. A.-Arnault ✆ 02 54 72 58 22, *Fax 02 54 72 55 44,* 🏖 – TV ✆. GB
fermé nov. – **Repas** *(fermé mardi midi, dim. soir et lundi)* 125/300 ♀ – ☕ 40 – **9 ch** 270/360 – ½ P 320

TROUVILLE-SUR-MER

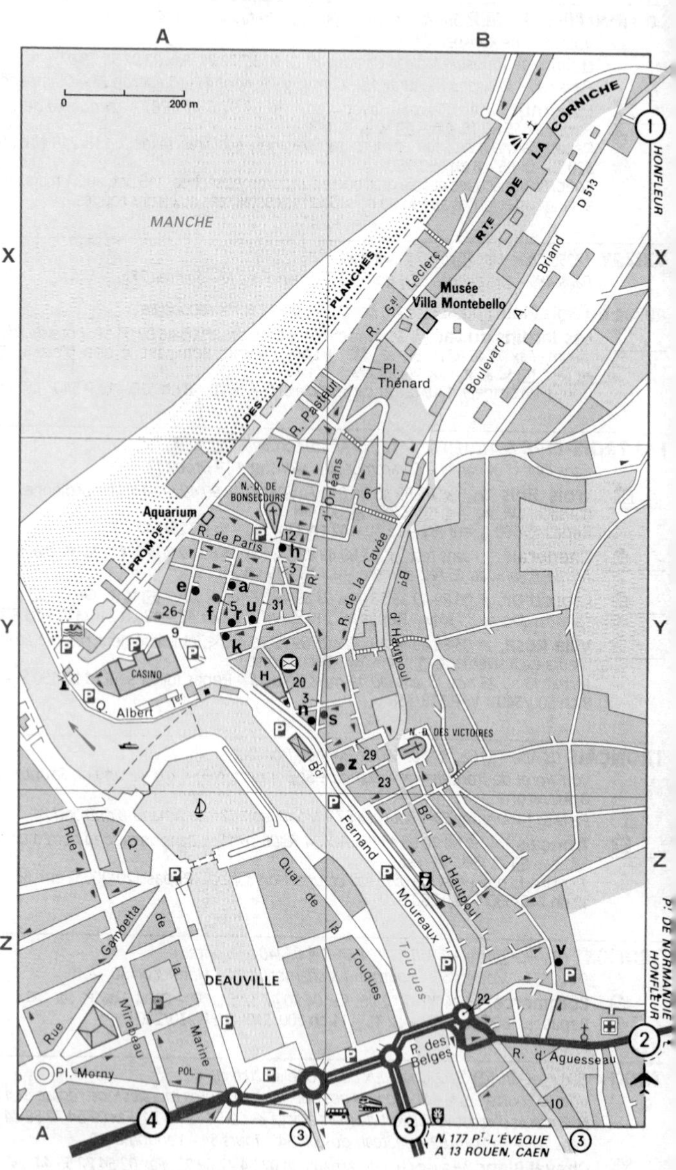

Entrez à l'hôtel ou au restaurant le Guide à la main, vous montrerez ainsi qu'il vous conduit là en confiance.

TROUVILLE-SUR-MER *14360 Calvados* 55 ③ *G. Normandie Vallée de la Seine* – *5 607 h alt. 2* – *Casino* **AY.**

Voir *Corniche* ≤★.

✈ *de Deauville-St-Gatien :* ☎ *02 31 65 65 65, par D 74 : 7 km* **BZ.**

ℹ *Office de Tourisme 32 bd F.-Moureaux* ☎ *02 31 14 60 70, Fax 02 31 14 60 71.*

Paris 200 ③ – *Caen 48* ④ – *Le Havre 40* ③ – *Lisieux 29* ③ – *Pont-l'Évêque 11* ③.

Plan page ci-contre

Hostellerie du Vallon M 🔇 sans rest, 12 r. Sylvestre Lasserre ☎ 02 31 98 35 00, *hduval lon@wanadoo.fr, Fax 02 31 98 35 10,* – AE GB JCB **BZ v**
65 – **60 ch** 550/790

Mercure M, pl. Foch ☎ 02 31 87 38 38, *h1048@accor-hoatls.com, Fax 02 31 87 35 41,* – 25 à 80. AE GB. rest **AY k**
Repas *(fermé 12 nov. au 16 déc., dim. soir, mardi midi et lundi de nov. à mars (95)* - 115/210, enf. 65 – 59 – **80 ch** 620/670

St-James sans rest, 16 r. Plage ☎ 02 31 88 05 23, *Fax 02 31 87 98 45* – TV. GB. **AY e**
fermé 5 au 25 janv. – 65 – **10 ch** 400/600

Relais de la Cahotte sans rest, 11 r. V. Hugo ☎ 02 31 98 30 20, *Fax 02 31 98 04 00* – TV. AE GB **AY u**
45 – **32 ch** 460

Central, 158 bd F.-Moureaux ☎ 02 31 88 80 84, *Fax 02 31 88 42 22,* – TV. AE GB **AY n**
Repas brasserie 101/143 ♀ – 38 – **26 ch** 310/470

Sablettes sans rest, 15 r. P.-Besson ☎ 02 31 88 10 66, *hotelsablettes@post.club-internet.fr, Fax 02 31 88 59 06* – TV. GB. **AY r**
fermé janv. – 40 – **18 ch** 250/420

Maison Normande sans rest, 4 pl. Mar. de Lattre de Tassigny ☎ 02 31 88 12 25, *Fax 02 31 88 78 79* – TV. GB. **AY h**
42 – **16 ch** 290/410

Carmen, 24 r. Carnot ☎ 02 31 88 35 43, *Fax 02 31 88 08 03* – TV. AE GB JCB. **AY a**
fermé 16 janv. au 2 fév. – **Repas** *(fermé merc.) (75)* - 95/190 ♀, enf. 55 – 37 – **16 ch** 460 – ½ P 350/360

Régence, 132 bd F. Moureaux ☎ 02 31 88 10 71, *Fax 02 31 88 10 71,* « Belles boiseries peintes du 19e siècle » – AE GB **BY z**
fermé déc. et lundi hors saison – **Repas** 168/235

Petite Auberge, 7 r. Carnot ☎ 02 31 88 11 07, *Fax 02 31 88 96 39* – GB **AY f**
fermé vacances de fév., mardi et merc. sauf juil.-août – **Repas** (prévenir) 142/205

Doult avec ch, 4 r. Bains ☎ 02 31 88 10 27, *Fax 02 31 88 33 79* – GB **ABY s**
fermé 19/11 au 14/12, mardi midi et dim. soir de fin nov. à avril sauf vacances scolaires et lundi d'oct. à avril – **Repas** 99/225 ♀ – 35 – **4 ch** 300/350 – ½ P 280/380

Dans ce guide
un même symbole, un même caractère,
imprimé en couleur ou en ***noir,*** *en maigre ou en* ***gras,***
n'ont pas tout à fait la même signification.
Lisez attentivement les pages explicatives.

TROYES P *10000 Aube* 61 ⑯ ⑰ *G. Champagne Ardenne* – *59 255 h Agglo. 122 763 h alt. 113.*

Voir *Le Vieux Troyes*★★ **BZ** : *Ruelle des Chats*★, *Hôtel de Mauroy*★★ – *Cathédrale St-Pierre-et-St-Paul*★★ – *Jubé*★★ *de l'église Ste-Madeleine*★ – *Basilique St-Urbain*★ **BCY B** – *Église St-Pantaléon*★ – *Apothicairerie*★ *de l'Hôtel-Dieu* **CY M**[4] – *Musée d'Art Moderne*★★ **CY M**[3] – *Maison de l'Outil et de la Pensée ouvrière*★★ *dans l'hôtel de Mauroy*★ **BZ M**[2] – *Musée historique de Troyes et de Champagne*★ *et musée de la Bonneterie dans l'hôtel de Vauluisant*★ **BZ M**[1] – *Musée des Beaux-Arts et d'Archéologie*★ *dans l'abbaye St-Loup.*

ℹ *Office de Tourisme 16 bd Carnot* ☎ *03 25 82 62 70, Fax 03 25 73 06 81, Bureau d'accueil r. Mignard* ☎ *03 25 73 36 88.*

Paris 171 ⑦ – *Dijon 184* ④ – *Nancy 187* ④.

Plans pages suivantes

Poste M, 35 r. E. Zola ☎ 03 25 73 05 05, *reservation@hotel-de-la-poste.com, Fax 03 25 73 80 76* – , rest, – 30. AE GB JCB **BZ a**
Les Gourmets ☎ 03 25 73 80 78 **Repas** *(99)*-149, enf. 49 – 60 – **32 ch** 540/690

Relais St-Jean M 🔇 sans rest, 51 r. Paillot de Montabert ☎ 03 25 73 89 90, *relais.st.jean @wanadoo.fr, Fax 03 25 73 88 60* – P. AE GB JCB **BZ s**
70 – **25 ch** 450/690

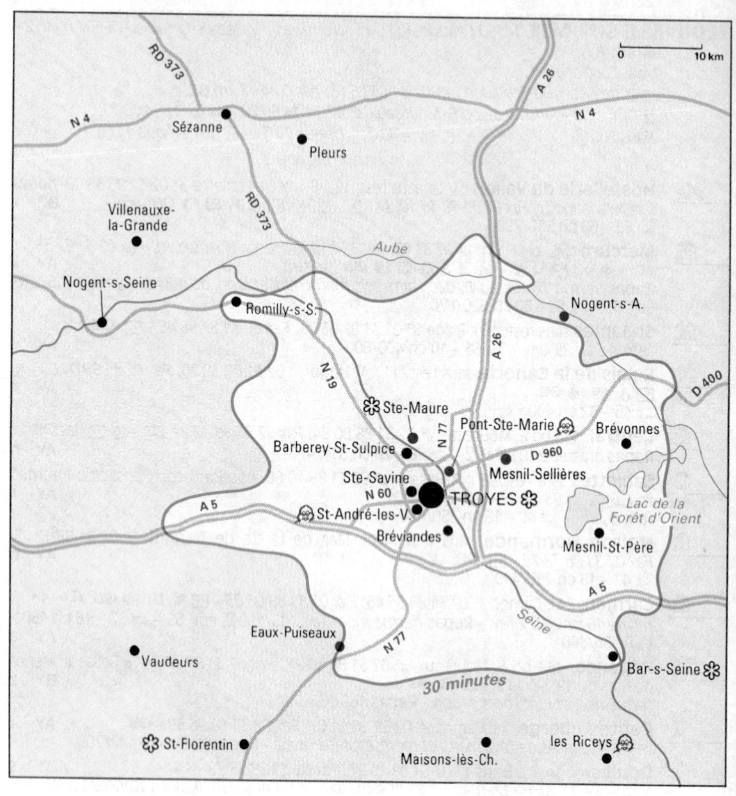

Royal Hôtel, 22 bd Carnot ✆ 03 25 73 19 99, *Fax 03 25 73 47 85* – ▮, ▤ rest, TV ✆. AE ⦿ GB JCB — BZ n
fermé 21 déc. au 14 janv. – **Repas** *(fermé sam. midi, dim. soir et lundi midi)* 130/170 ♀ – ☕ 50 – **37 ch** 360/580

Champ des Oiseaux M sans rest, 20 r. Linard Gonthier ✆ 03 25 80 58 50, *message@champdesoiseaux.com, Fax 03 25 80 98 34,* « Maisons des 15e et 16e siècles » – TV ✆ ♿ 🚗. AE ⦿ GB — CY e
☕ 70 – **12 ch** 490/890

Troyes sans rest, 168 av. Gén. Leclerc ✆ 03 25 71 23 45, *hotel.de.troyes@wanadoo.fr, Fax 03 25 79 12 14* – TV ✆ ♿ P – 15. AE ⦿ GB — AV k
☕ 39 – **23 ch** 270/305

Clos Juillet (Colin), 22 bd 14-Juillet ✆ 03 25 73 31 32, *Fax 03 25 73 98 59,* – AE GB JCB — CZ h
fermé 16 août au 4 sept., vacances de fév., dim. et lundi – **Repas** 170/340 et carte 320 à 460 ♀
Spéc. Escalope de foie gras poêlée au caramel de ratafia. Couscous de homard. Suprêmes de pigeon farcis. **Vins** Rosé des Riceys, Coteaux Champenois.

Bourgogne (Dubois), 40 r. Gén. de Gaulle ✆ 03 25 73 02 67, *Fax 03 25 71 06 40* – ▤. GB — BY f
fermé 29 juil. au 28 août, dim. sauf le soir du 15 juin au 10 oct. et lundi. – **Repas** 180/200 et carte 220 à 360 ♀
Spéc. Gratin de moules au chablis (sept. à mai). Filet de bar au bouzy. Crêpes soufflées au Grand Marnier. **Vins** Rosé des Riceys, Champagne.

Valentino, cour Rencontre (près H. de Ville) ✆ 03 25 73 14 14, *Fax 03 25 73 14 14,* – AE GB — BZ s
fermé 20 août au 3 sept., 2 au 21 janv., dim soir en hiver, sam. midi et lundi – **Repas** 110/270 ♀

TROYES

Anatole France (Av.) . . . . **AX** 2
Brossolette (Av. Pierre) . **AX** 6
Buffard (Av. M.) . . . . **AV** 8
Chanteloup (R. de) . . . . . **AX** 9
Clemenceau (R. Georges) . **AV** 12
Croix Blanche (R. de la) . . . . **AX** 13
Jean Jaurès (Av.) . . . . **AV** 18
Lattre de Tassigny (Av. du Mar.- de) . . . . **AV** 21
Leclerc (Av. Gén.) . . . . **AV** 22
Marots (R. des) . . . . **AV** 24
Noës (R. des) . . . . **AX** 26
Notre Dame des Prés . . . . . . **AX** 27
Pasteur (R.) . . . . **AV** 32
Salengro (Av. Roger) . . . . **AV** 36
Salengro (R. Roger) . . . . **AV** 37
Schuman (Av. Robert) . . . . **AV** 38
Vouldy (Chaussée du) . . . . . . **AX** 42
1er Mai (Av. du) . . . . **AV** 48

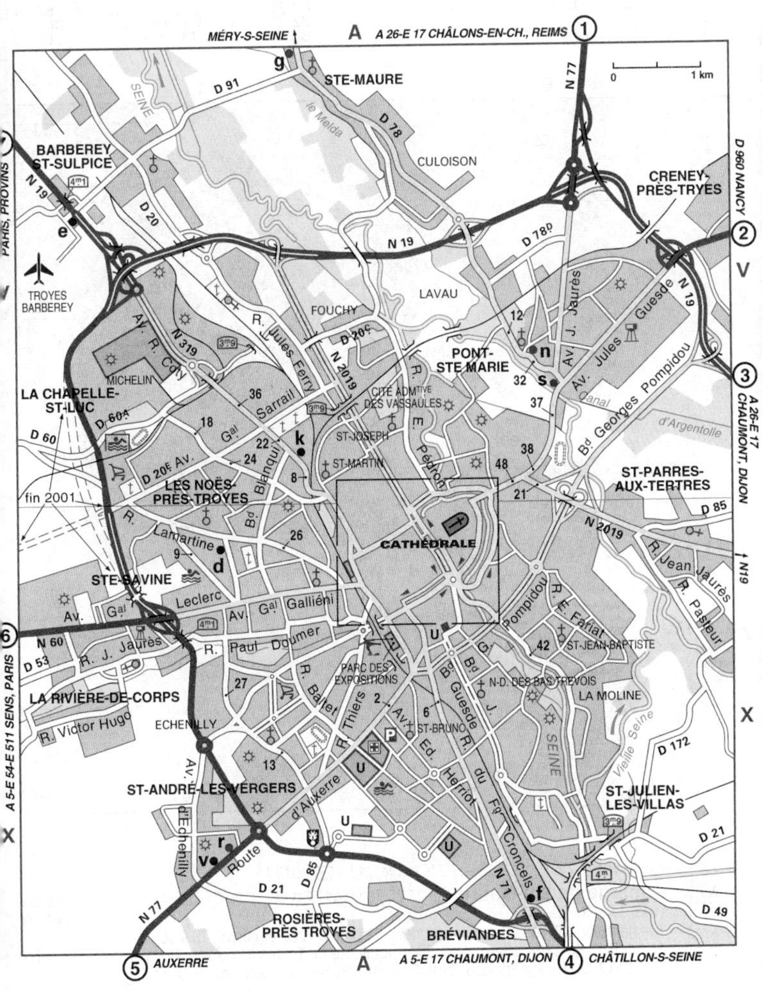

XX **Vivien,** 7 pl. St-Rémy ✆ 03 25 73 70 70, *Fax 03 25 73 70 90,* – AE GB — BY p
fermé 15 au 30 sept., dim. soir et lundi – **Repas** 115/225

XX **Café de Paris,** 63 r. Gén. de Gaulle ✆ 03 25 73 08 30, *Fax 03 25 73 58 18* – GB — BYZ u
fermé 20 juil. au 10 août, dim. soir et lundi soir – **Repas** 120/235

X **Matines,** 53 r. Simart ✆ 03 25 76 03 82, *Fax 03 25 81 06 98* – AE GB — CY m
fermé 14 juil. au 14 août, dim. soir, merc. soir et lundi – **Repas** 110/390 ♀, enf. 50

X **Bistroquet,** pl. Langevin ✆ 03 25 73 65 65, *Fax 03 25 73 07 25,* , brasserie – . AE GB — BZ d
fermé dim. sauf le midi de sept. à juin – **Repas** *(89)* - 110/164 ♀

TROYES

Boucherat (R.) . . . . **CY** 4
Champeaux (R.) . . . . **BZ** 12
Charbonnet (R.) . . . . **BZ** 13
Clemenceau (R. G.) . . . **BCY** 15
Comtes de Champagne (Q. des). . **CY** 16
Dampierre (Quai) . . . . . **BCY** 17
Delestraint (Bd Gén.-Ch.) . . . . **BZ** 18
Driant (R. Col.) . . . . **BZ** 20
Girardon (R.) . . . . **CY** 22
Hennequin (R.) . . . . **CY** 23
Huez (R. Claude) . . . . **BYZ** 27
Israël (Pl. Alexandre) . . . . **BZ** 28
Jaillant-Deschaînets (R.) . . . . **BZ** 29
Jaurès (Pl. Jean) . . . . **BZ** 31
Joffre (Av. Mar.) . . . . **BZ** 33
Langevin (Pl. du Prof.) . . . . . . **BZ** 35
Michelet (R.) . . . . **CY** 39
Molé (R.) . . . . **BZ** 44
Monnaie (R. de la) . . . . **BZ** 45
Paillot de Montabert (R.) . . . . **BZ** 47
Palais-de-Justice (R.) . . . . **BZ** 48
Préfecture (Pl. de la) . . . . **CZ** 49
République (R. de la) . . . . **BZ** 51
St-Pierre (Pl.) . . . . **CY** 52
St-Rémy (Pl.) . . . . **BY** 53
Tour-Boileau (R. de la) . . . . . . **BZ** 59
Trinité (R. de la) . . . . **BZ** 60
Turenne (R. de) . . . . **BZ** 61
Voltaire (R.) . . . . **BZ** 64
Zola (R. Émile) . . . . **BCZ**
1er-R.A.M. (Bd du) . . . . **BZ** 69

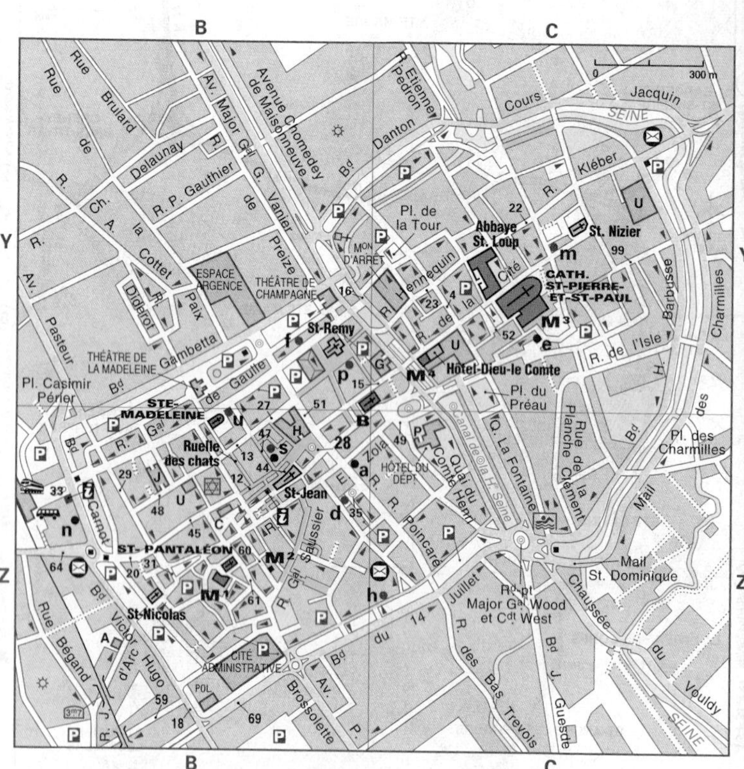

à **Ste-Maure** *Nord : 7 km par D 78 – 1 218 h. alt. 111 – ✉ 10150 :*

XXX **Auberge de Ste-Maure,** ✆ 03 25 76 90 41, *Fax 03 25 80 01 55,* 🏡, « En bordure de rivière » – 🅿. AE GB — AV g
fermé 18 au 28 fév., dim. soir et lundi – **Repas** 150/280 et carte 270 à 360 ♀
Spéc. Foie gras de canard mi-cuit. Andouillette de Troyes à la crème de chaource. Croustillant de filets de pigeonneau. **Vins** Rosé des Riceys, Côteaux Champenois.

à **Pont-Ste-Marie** *Nord-Est : 3 km par N 77 – 4 856 h. alt. 110 – ✉ 10150 :*

XX **Hostellerie de Pont Ste-Marie,** 34 r. Pasteur (près église) ✆ 03 25 83 28 61, *Fax 03 25 83 28 61,* 🏡 – GB — AV n
Repas *(fermé dim. soir)* 130/250 ♀

X **Bistrot DuPont,** 5 pl. Ch. de Gaulle ✆ 03 25 80 90 99, *Fax 03 25 80 90 99* – ▤. AE GB
fermé 13 au 27 août, dim. soir et lundi
Repas 100/150 ♀, enf. 70 — AV s

à **Mesnil-Sellières** *Nord-Est : 11 km par D 960 – 370 h. alt. 171 – ✉ 10220 :*

X **Clef des Champs,** ✆ 03 25 80 65 62, *Fax 03 25 80 07 67,* 🏡 – 🅿. AE GB
fermé 1er au 7 janv., dim. soir, merc. soir et lundi – **Repas** 180/245 ♀

au golf de la Forêt d'Orient *Nord-Est : 19 km par D 960, Rouilly puis rte de Géraudot – ✉ 10220 Piney :*

Holiday Inn Forêt d'Orient Ⓜ, ☎ 03 25 43 80 80, *Fax 03 25 41 57 58*, « En forêt, entouré d'un golf », – ch, . AE GB JCB. rest
Repas 159/250, enf. 55 – ☐ 68 – **60 ch** 590/660, 23 appart – ½ P 450

à **Bréviandes** : *5 km – 1 687 h. alt. 117 – ✉ 10450 :*

Pan de Bois, ☎ 03 25 75 02 31, *Fax 03 25 49 67 84*, – – 40. GB. ch AX f
fermé 22 déc. au 3 janv. et dim. – **Grill** *(fermé lundi sauf soir du 20/6 au 15/9, dim. sauf le midi du 15/9 au 20/6)* **Repas** 94/172, enf. 72 – ☐ 42 – **31 ch** 276/310 – ½ P 285

à **St-André-les-Vergers** : *5 km – 11 329 h. alt. 112 – ✉ 10120 :*

Les Épingliers sans rest, 180 rte d'Auxerre ☎ 03 25 75 05 99, *Fax 03 25 75 32 22* – . AE GB AX v
fermé 31 déc. au 6 janv. – ☐ 50 – **15 ch** 250/290

Gentilhommière, ☎ 03 25 49 35 64, *Fax 03 25 75 13 55*, – . GB AX r
fermé 1er au 22 août, dim. soir, mardi soir et merc.
Repas 120/350

à **Ste-Savine** *Ouest : 3 km – 9 495 h. alt. 116 – ✉ 10300 :*

Motel Savinien, 87 r. Fontaine ☎ 03 25 79 24 90, *Fax 03 25 78 04 61*, – cuisinette – 30. GB AX d
Repas *(75)* - 85/195, enf. 45 – ☐ 40 – **60 ch** 240/280 – ½ P 250

à **Barberey-St-Sulpice** : *5 km – 654 h. alt. 100 – ✉ 10600 :*

Novotel Ⓜ, N 19 ☎ 03 25 71 74 74, *h0597@accor-hotels. com, Fax 03 25 71 74 50*, – – 30 à 60. AE GB AV e
Repas *(98)* - 125, enf. 50 – ☐ 59 – **83 ch** 470/530

Write us...

If you have any comments on the contents of this Guide.

Your praise as well as your criticisms will receive careful consideration and, with your assistance, we will be able to add to our stock of information and, where necessary, amend our judgments.

Thank you in advance!

TULLE Ⓟ *19000 Corrèze* 75 ⑨ *G. Berry Limousin – 17 164 h alt. 210.*
Voir *Maison de Loyac*★ **Z B** – *Clocher*★ *de la Cathédrale Notre-Dame.*
Office de Tourisme 2 pl. Émile-Zola ☎ 05 55 26 59 61, Fax 05 55 20 72 93.
Paris 479 ① – Brive-la-Gaillarde 28 ④ – Aurillac 83 ③ – Clermont-Ferrand 140 ②.

Plans page suivante

Gare, 25 av. W. Churchill ☎ 05 55 20 04 04, *Fax 05 55 20 15 87* – . GB Y k
fermé 1er au 15 sept. – **Repas** 97/140 – ☐ 39 – **12 ch** 280 – ½ P 280

Bon Accueil, 10 r. Canton ☎ 05 55 26 70 57 – . GB Z y
fermé 23 déc. au 4 janv. – **Repas** *(fermé sam. soir sauf juil.-août et dim.)* 78/145, enf. 40 – ☐ 30 – **12 ch** 175/230 – ½ P 180/200

Central, 12 r. Barrière ☎ 05 55 26 24 46, *Fax 05 55 26 53 16* – . GB Z a
fermé dim. soir et sam. – **Repas** 130/280 et carte 240 à 390

Toque Blanche avec ch, pl. M. Brigouleix ☎ 05 55 26 75 41, *Fax 05 55 20 93 95* – rest, . AE GB Z z
fermé 1er au 10 juil., 20 janv. au 10 fév., dim. soir et lundi sauf juil.-août – **Repas** 135/175, enf. 50 – ☐ 32 – **8 ch** 250/260 – ½ P 320

Passé Simple, 6 r. F. Bonnelys ☎ 05 55 26 00 75 – AE GB Z n
fermé dim. soir et lundi – **Repas** 99 bc (déj.), 105/135

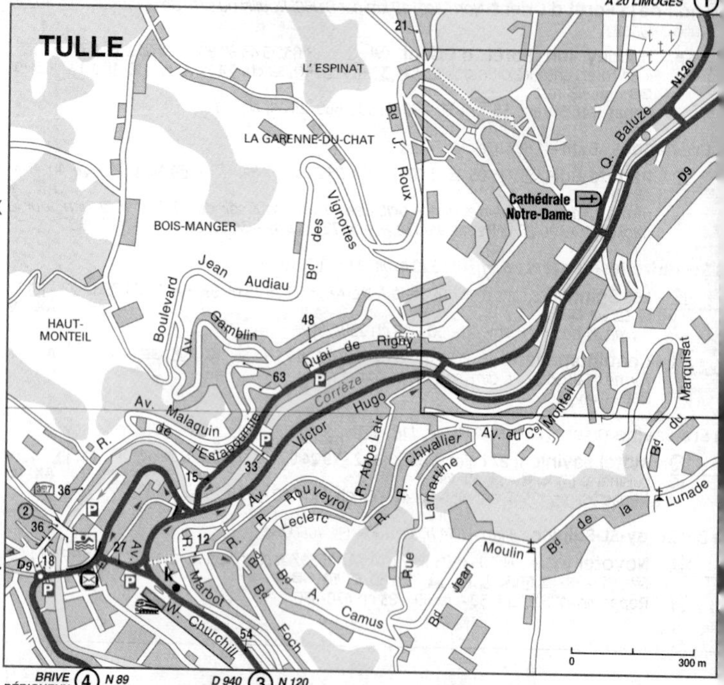

TULLE

GUÉRET
A 20 LIMOGES ①
L' ESPINAT
LA GARENNE-DU-CHAT
BOIS-MANGER
HAUT-MONTEIL
Cathédrale Notre-Dame
Bd J. Roux
Bd des Vignottes
Boulevard Jean Audiau
Av. Gamblin
Quai de Rigay
Q. Baluze
N120
D9
Corrèze
Av. Victor Hugo
Av. Malaquin
R. de l'Estabournie
R. Abbé Lair
R. Chivallier
Av. du Cel Monteil
Bd du Marquisat
Bd de la Lunade
Av. Rouveyrol
R. Leclerc
Rue Lamartine
Moulin
Bd Jean
Av. Marbot
Bd A. Camus
Bd Foch
W. Churchill
A 20
BRIVE PÉRIGUEUX ④ N 89
D 940 ST-CÉRÉ ③ N 120 AURILLAC
0 300 m

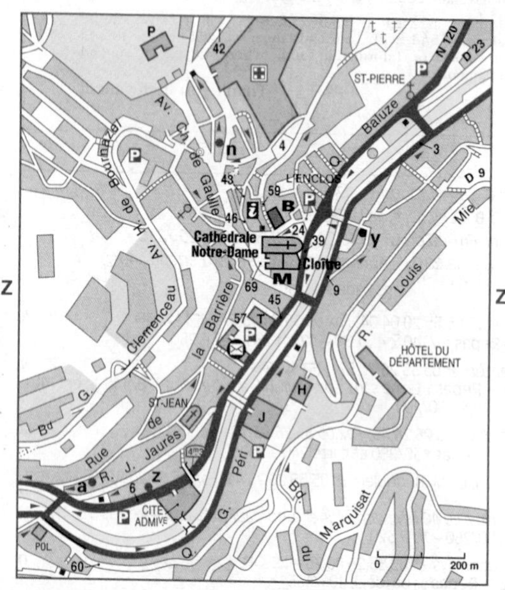

Alsace-Lorraine (Av.) . . . . . Y 2
Baluze (Quai). . . . . Z
Briand (Quai A.) . . . . Z 3
Bride (Pl. de la) . . . . Z 4
Brigouleix (Pl. Martial) . . . . Z 6
Chammard (Quai A.-de). . . Z 9
Condamines (R. des) . . . . . Y 12
Dunant (R. Henri) . . . . Y 15
Faucher (Pl. Albert) . . . . . . Y 18
Faugeras (Bd J.-F.) . . . . X 21
Gambetta (Place) . . . . Z 24
Gaulle (Av. Ch.-de) . . . . Z
Jean-Jaurès (R.) . . . . Z
Lovy (R. Sergent) . . . . Y 27
Mermoz (R.) . . . . Y 33
Pauphile (R.) . . . . Y 36
Perrier (Quai Edmond). . . . Z 39
Poincaré (Av.). . . . . Z 42
Portes-Chanac (R. des) . . . Z 43
République (Quai de la). . . Z 45
Riche (R.) . . . . Z 46
Roche-Bailly (Bd de la) . . . X 48
Sampeix (R. Lucien). . . . . . Y 54
Tavé (Pl. Jean). . . . . Z 57
Tour-de-Maïsse (R. de la) . Z 59
Vialle (R. Anne) . . . . Z 60
Victor-Hugo (Av.) . . . . XY
Vidalie (Av.) . . . . X 63
Zola (Pl. Émile) . . . . Z 69

TULLINS *38210 Isère* 77 ④ – *6 269 h alt. 223.*
Paris 549 – Grenoble 32 – Bourgoin-Jallieu 45 – St-Marcellin 24 – Voiron 14.

Auberge de Malatras, Sud : 2 km sur N 92 ☎ 04 76 07 02 30, *Fax 04 76 07 76 48,* – P – 25. AE GB
fermé 15 au 30 nov., 7 au 20 janv., dim. soir et lundi – **Repas** 105/400 ♀, enf. 75 – ☕ 40 – **18 ch** 185/300

TUNNEL SOUS LA MANCHE voir à Calais.

La TURBALLE *44420 Loire-Atl.* 63 ⑭ *G. Bretagne – 3 587 h alt. 6.*
Office de Tourisme pl. Ch.-de-Gaulle ☎ 02 40 23 39 87, Fax 02 40 23 32 01.
Paris 462 – Nantes 86 – La Baule 13 – Guérande 7 – La Roche-Bernard 32 – St-Nazaire 27.

Les Chants d'Ailes sans rest, 11 bd Bellanger ☎ 02 40 23 47 28, *Fax 02 40 62 86 43,* ≤ – TV P. GB
fermé 19 nov. au 16 déc. – ☕ 40 – **19 ch** 260/360

Terminus, quai St-Paul ☎ 02 40 23 30 29, *Fax 02 40 11 84 44* – AE GB
fermé 15 janv. au 15 fév., dim. soir et lundi – **Repas** 95/168 ♀, enf. 80

Chaudron, rte Guérande 1,5 km ☎ 02 40 23 32 52, *Fax 02 40 62 83 38,* – GB JCB
fermé 15 nov. au 15 déc., mardi et merc. sauf juil.-août et fériés – **Repas** 85/180 ♀

La TURBIE *06320 Alpes-Mar.* 84 ⑩ – *2 609 h alt. 495.*
Paris 948 – Monaco 8 – Menton 16 – Nice 16.

Hostellerie Jérôme (Cirino) avec ch, 20 r. Comte de Cessole ☎ 04 92 41 51 51, *Fax 04 92 41 51 50,* ≤, – TV GB
fermé 2 nov. au 23 déc., lundi et mardi sauf juil.-août – **Repas** (dîner seul. en juil.-août) 190/260 et carte 370 à 560 ♀, enf. 90 – ☕ 80 – **5 ch** 540
Spéc. Gamberoni rôtis au citron du pays (nov. à août). Loup de mer aux pousses de fenouil sauvage. Rognon de veau en cocotte. **Vins** Côtes de Provence.

TURCKHEIM *68230 H.-Rhin* 62 ⑱ ⑲ *G. Alsace Lorraine – 3 567 h alt. 225.*
Office de Tourisme Corps de Garde ☎ 03 89 27 38 44, Fax 03 89 80 83 22.
Paris 470 – Colmar 6 – Gérardmer 46 – Munster 13 – St-Dié 54 – le Thillot 67.

Les Portes de la Vallée , 29 r. Romaine ☎ 03 89 27 95 50, *mail@hotelturckheim.com, Fax 03 89 27 40 71,* – TV P. GB. rest
Repas *(fermé dim. soir)* (résidents. seul.) 100 ♀ – ☕ 43 – **14 ch** 259/384 – 1/2 P 295/338

Berceau du Vigneron sans rest, 10 pl. Turenne ☎ 03 89 27 23 55, *Fax 03 89 27 47 21* – GB.
15 mars-1er nov. – ☕ 32 – **16 ch** 220/400

A l'Homme Sauvage, 19 Grand'rue ☎ 03 89 27 56 15, *Fax 03 89 80 82 03,* – GB
fermé 15 janv. à fin fév., dim. soir, mardi soir et merc. sauf de juil. à sept. – **Repas** carte 160 à 230 ♀

Auberge du Veilleur, 12 pl. Turenne ☎ 03 89 27 32 22, *Fax 03 89 27 55 56* – . GB
fermé 22 déc. au 5 janv., mardi soir et merc. – **Repas** *(55)* - 100/180 ♀

TURENNE *19500 Corrèze* 75 ⑧ *G. Périgord Quercy – 740 h alt. 350.*
Voir *Site★ du château et ✻★★ de la tour de César.*
Env. *Collonges-la-Rouge : village★★ E : 10 km.*
Syndicat d'Initiative (juin à mi-sept.) ☎ 05 55 85 91 24 et (hors saison) Mairie ☎ 05 55 85 91 15.
Paris 500 – Brive-la-Gaillarde 16 – Cahors 89 – Figeac 75.

Maison des Chanoines avec ch, ☎ 05 55 85 93 43, , « Maison du 16e siècle » – rest,. GB. ch
8 avril-5 nov. et fermé merc. hors saison, mardi midi et jeudi midi – **Repas** (nombre de couverts limité, prévenir) 170/210 ♀ – ☕ 45 – **6 ch** 370/500 – 1/2 P 375/440

TURINI (Col de) *06440 Alpes-Mar.* 84 ⑲, 115 ⑰ *G. Côte d'Azur.*
Voir *Forêt de Turini★★ – Monument aux Morts ✻★ NE : 4 km.*
Env. *Pointe des 3-Communes ✻★★ NE : 6,5 km – Pierre Plate ✻★★ S : 7 km – Cime de Peira Cava ✻★★ S : 8,5 km puis 30 mn.*
Paris 977 – L'Escarène 24 – Nice 45 – Roquebillière 18 – St-Martin-Vésubie 27 – Sospel 21.

Trois Vallées , ☎ 04 93 91 57 21, *Fax 04 93 79 53 62,* ≤, – TV P. AE GB
Repas 98 (déj.), 140/158 ♀, enf. 75 – ☕ 58 – **20 ch** 270/600

TURQUANT *49730 M.-et-L.* 64 ⑫ *– 448 h alt. 68.*

Paris 298 – Angers 75 – Châtellerault 69 – Chinon 22 – Saumur 10 – Tours 60.

Demeure de la Vignole, impasse M. d'Anjou ✆ 02 41 53 67 00, *demeure@demeure-vignole.com, Fax 02 41 53 67 09,* <, ☂, ⊼ – TV ✆. GB. ✕ rest
Repas *(fermé lundi)* (dîner seul.)(résidents seul.) 130/190 bc – ☐ 45 – **7 ch** 400/500 – ½ P 340/475

TURQUESTEIN-BLANCRUPT *57 Moselle* 62 ⑧ *– rattaché à St-Quirin.*

TY-SANQUER *29 Finistère* 58 ⑮ *– rattaché à Quimper.*

UCHACQ-ET-PARENTIS *40 Landes* 78 ⑥ *– rattaché à Mont-de-Marsan.*

UCHAUX *84100 Vaucluse* 81 ② *– 1 465 h alt. 80.*

Paris 648 – Avignon 41 – Montélimar 46 – Nyons 37 – Orange 10.

Côté Sud, rte Orange ✆ 04 90 40 66 08, *Fax 04 90 40 64 77,* ☂, ⊼ – GB
fermé merc. hors saison et mardi
Repas 130/230 ♀

L'UNION *31 H.-Gar.* 82 ⑧ *– rattaché à Toulouse.*

UNTERMUHLTHAL *57 Moselle* 57 ⑱ *– rattaché à Baerenthal.*

URÇAY *03360 Allier* 69 ⑪ ⑫ *– 294 h alt. 169.*

Paris 303 – Moulins 67 – La Châtre 55 – Montluçon 34 – St-Amand-Montrond 15.

L'Étoile d'Or avec ch, ✆ 04 70 06 92 66, *Fax 04 70 06 92 77* – **P**. GB. ✕ ch
fermé janv., dim. soir et merc. – **Repas** 100/165, enf. 45 – ☐ 30 – **6 ch** 160/200 – ½ P 200

URCEL *02000 Aisne* 56 ⑤ *– 502 h alt. 153.*

Paris 128 – Reims 75 – Fère-en-Tardenois 42 – Laon 13 – Soissons 24 – Vailly-sur-Aisne 13.

Hostellerie de France, rte Nationale ✆ 03 23 21 60 08, *Fax 03 23 21 60 08* – **P**. GB
fermé 23 juil. au 11 août, vacances de fév., lundi soir, mardi soir et merc. soir – **Repas** 135/165

URCUIT *64990 Pyr.-Atl.* 85 ③ *G. Aquitaine – 1 688 h alt. 32.*

Paris 764 – Biarritz 22 – Bayonne 15 – Dax 45 – Orthez 63 – Pau 102.

Au Goût des Mets, Nord-Ouest : 4 km sur D 261 ✆ 05 59 42 95 64, ☂ – **P**. GB
fermé 1er au 7 juil., dim. soir hors saison et merc. – **Repas** 70/119 ♀, enf. 45

URDOS *64490 Pyr.-Atl.* 85 ⑯ *– 162 h alt. 780.*

Env. *Col du Somport*★★ *SE : 14 km,* G. Aquitaine.

Paris 852 – Pau 75 – Jaca 47 – Oloron-Ste-Marie 41.

Voyageurs-Somport, ✆ 05 59 34 88 05, *Fax 05 59 34 86 74,* ⊼ – ♣ 50. GB
fermé 27 oct. au 4 déc., dim. soir et lundi sauf vacances scolaires – **Repas** 70/160 ♀, enf. 50 – ☐ 30 – **40 ch** 160/250 – ½ P 180/225

URIAGE-LES-BAINS *38410 Isère* 77 ⑤ *G. Alpes du Nord – alt. 414 – Stat. therm. (26 mars-1er déc.) – Casino "Palais de la Source".*

Voir *Forêt de Prémol*★ *SE : 5 km par D 111.*

i *Office de Tourisme (avr.-fin nov.) 5 av. des Thermes ✆ 04 76 89 10 27, Fax 04 76 89 26 68.*

Paris 580 – Grenoble 11 – Vizille 10.

Grand Hôtel M, ✆ 04 76 89 10 80, *grandhotel.fr@wanadoo.fr, Fax 04 76 89 04 62,* <, ☂, ℓ₆, ☐ – |♦| TV ✆ **P** – ♣ 15. AE ⓓ GB
fermé janv. – ***Les Terrasses*** *(fermé 22 août au 2 sept., janv., le midi sauf vend. et sam., le merc. en juil.-août, dim. et lundi de sept. à juin)* **Repas** 235 (déj.) 295/410 ♀, enf. 110 – ☐ 70 – **42 ch** 475/860 – ½ P 455/880
Spéc. Pressé de pigeon au foie gras de canard. Millefeuille de rouget à l'aubergine. Framboises, feuille de chocolat et mousse thé cacao (mai à sept.). **Vins** Chignin-Bergeron, Mondeuse.

Les Mésanges, rte St-Martin-d'Uriage et rte Bouloud : 1,5 km ✆ 04 76 89 70 69, *prince@hotel-les-mesanges.com, Fax 04 76 89 56 97*, ≤, – 40. AE GB.
1er mai-20 oct., vacances de fév. et week-ends de mars – **Repas** *(fermé mardi)* 120/280 ♀, enf. 50 – ☕ 40 – **33 ch** 270/360 – P 350/380

Manoir, 62, route de Prémol ✆ 04 76 89 10 88, *hotelmanoit@magic.fr, Fax 04 76 89 20 63*, – TV P. GB
10 fév.-11 nov. – **Repas** *(75 bc)* - 120/250 ♀, enf. 55 – ☕ 40 – **15 ch** 170/370 – P 270/380

URMATT *67280 B.-Rhin* 62 ⑧ ⑨ – *1 243 h alt. 240.*
Voir Église★ de Niederhaslach NE : 3 km, G. Alsace Lorraine.
Paris 486 – Strasbourg 45 – Molsheim 15 – Saverne 37 – Sélestat 50 – Wasselonne 22.

Clos du Hahnenberg M, ✆ 03 88 97 41 35, *closhahnenberg@wanadoo.fr, Fax 03 88 47 36 51*, – TV P – 25. AE GB
Chez Jacques : **Repas** 60(déj.), 100/140, enf. 57 – ☕ 48 – **43 ch** 250/380 – 1/2 P 220/320

Poste, ✆ 03 88 97 40 55, *Fax 03 88 47 38 32*, – rest, TV P. AE GB. ch
fermé 16 au 30 juil., 22 au 31 déc. et lundi – **Repas** 100/380 ♀ – ☕ 38 – **14 ch** 230/325 – 1/2 P 270/300

A la Chasse avec ch, ✆ 03 88 97 42 64, *Fax 03 88 97 56 23* – TV P. GB
fermé 25 fév. au 25 mars et vend. – **Repas** 56/190 ♀ – ☕ 35 – **9 ch** 150/220 – 1/2 P 205/220

URRUGNE *64122 Pyr.-Atl.* 85 ② *G. Aquitaine – 6 098 h alt. 34.*
Paris 797 – Biarritz 22 – Bayonne 29 – Hendaye 10 – San Sebastián 34.

Chez Maïté, près église ✆ 05 59 54 30 27, *Fax 05 59 54 30 27* – AE GB
fermé janv., mardi soir en hiver (sauf hôtel), dim. soir et merc. sauf juil.-août – **Repas** 115, enf. 60

URT *64240 Pyr.-Atl.* 78 ⑱ – *1 583 h alt. 41.*
Paris 760 – Biarritz 24 – Bayonne 16 – Cambo-les-Bains 28 – Pau 98 – Peyrehorade 18.

Auberge de la Galupe (Parra), au port de l'Adour ✆ 05 59 56 21 84, *galupe@wanadoo.fr, Fax 05 59 56 28 66* – AE GB
fermé mi-janv. à fin fév., lundi sauf le soir en juil.- août, dim. soir et mardi – **Repas** (week-end prévenir) 245 (déj.), 370/580 et carte 420 à 600
Spéc. Pissaladière de ventrèche de thon des pêcheurs basques. Saumon sauvage à la crème d'estragon (20 mars au 30 juin). Boudin noir et travers de cochon grillé au citron blanchi. **Vins** Jurançon sec, Irouléguy.

URY *77760 S.-et-M.* 61 ⑫ – *706 h alt. 117.*
Paris 66 – Fontainebleau 10 – Melun 26 – Nemours 15 – Sens 60.

Novotel, Nord-Est par N 152 et rte secondaire ✆ 01 60 71 24 24, *h0384@accor-hotels.com, Fax 01 60 71 24 00*, « En lisière de forêt », – TV P – 120. AE GB
Repas 160 bc/465 bc, enf. 50 – ☕ 65 – **127 ch** 595

USCLADES-ET-RIEUTORD *07510 Ardèche* 76 ⑱ – *123 h alt. 1270.*
Paris 597 – Le Puy-en-Velay 51 – Aubenas 47 – Langogne 41 – Privas 58 – Thueyts 99.

à Rieutord :

Ferme de la Besse, ✆ 04 75 38 80 64, *Fax 04 75 38 80 64*, « Authentique ferme du 15e siècle » – P
avril-nov. – **Repas** (prévenir) 98/160, enf. 60

USSAC *19 Corrèze* 75 ⑧ – *rattaché à Brive-La-Gaillarde.*

USSAT *09 Ariège* 86 ⑤ – *rattaché à Tarascon-sur-Ariège.*

USSEL SP *19200 Corrèze* 73 ⑪ *G. Berry Limousin – 11 448 h alt. 631.*
Office de Tourisme pl. Voltaire ✆ 05 55 72 11 50, Fax 05 55 72 54 44.
Paris 449 – Aurillac 102 – Clermont-Ferrand 84 – Guéret 102 – Tulle 59.

Grand Hôtel de la Gare, av. P. Sémard ✆ 05 55 72 25 98, *Fax 05 55 96 25 63* – TV P – 20. GB
hôtel : fermé 24 déc. au 4 janv. et dim. soir – **Repas** *(fermé 1er au 10 juil., 1er au 13 oct., 24 déc. au 4 janv., dim. soir et lundi)* 98/170, enf. 60 – ☕ 32 – **16 ch** 240/295

USTARITZ *64480 Pyr.-Atl.* 85 ② *– 4 263 h alt. 14.*

Paris 783 – Biarritz 14 – Bayonne 13 – Cambo-les-Bains 6 – Pau 123 – St-Jean-de-Luz 26.

XX **Patoula** avec ch, face Église ✆ 05 59 93 00 56, *Fax 05 59 93 16 54,* « Terrasse en bordure de rivière », – TV P. GB

fermé 20 au 27 oct. 5 janv. au 5 fév. et lundi hors saison – **Repas** *(fermé dim. soir sauf de juin à sept., vend. midi et lundi)* 130/230 – 65 – **9 ch** 410/550 – ½ P 405/485

UTELLE *06450 Alpes-Mar.* 84 ⑲ *G. Côte d'Azur – 456 h alt. 800.*

Voir *Retable★ dans l'église St-Véran – Madone d'Utelle* ★★★ *SO : 6 km.*

Paris 892 – Levens 23 – Nice 52 – Puget-Théniers 53 – St-Martin-Vésubie 33.

X **Bellevue** avec ch, ✆ 04 93 03 17 19, *Fax 04 93 03 19 17,* ≤, – P. GB

hôtel : 1er juil.-31 août ; rest. : fermé 7 janv. au 2 fév., merc. hors saison et le soir sauf juil.-août – **Repas** 80 (déj.), 100/160 – 40 – **15 ch** 220/320 – ½ P 250/310

UZERCHE *19140 Corrèze* 75 ⑧ *G. Berry Limousin – 2 813 h alt. 380.*

Voir *Ste-Eulalie* ≤★ *E : 1 km.*

Office de Tourisme (avril-oct.) pl. de la Libération ✆ 05 55 73 15 71, Fax 05 55 73 88 36.

Paris 448 – Brive-la-Gaillarde 38 – Limoges 56 – Périgueux 88 – Tulle 30.

Teyssier, r. Pont Turgot ✆ 05 55 73 10 05, *Fax 05 55 98 43 31,* – TV P. AE GB JCB. rest

mi-avril-début nov. et fermé mardi midi de mi-sept. à mi-juil. et merc. sauf le soir de mi-juil. à mi-sept. – **Repas** 100/250 ♀, enf. 70 – 45 – **14 ch** 320/380 – ½ P 320/360

Ambroise, av. Paris ✆ 05 55 73 28 60, *Fax 05 55 98 45 73,* – TV P – 15. GB

fermé nov., dim. soir et lundi sauf juil.-août – **Repas** 80/200 – 38 – **15 ch** 150/280 – ½ P 210/260

à St-Ybard *Nord-Ouest : 6 km par D 920 et D 54 – 591 h. alt. 320 – ✉ 19140 :*

X **Auberge St-Roch,** ✆ 05 55 73 09 71, *Fax 05 55 98 41 63,* – GB

fermé 20 juin au 10 juil., vacances de Noël, dim. soir sauf juil.-août et lundi – **Repas** 75/180 ♀, enf. 45

UZÈS

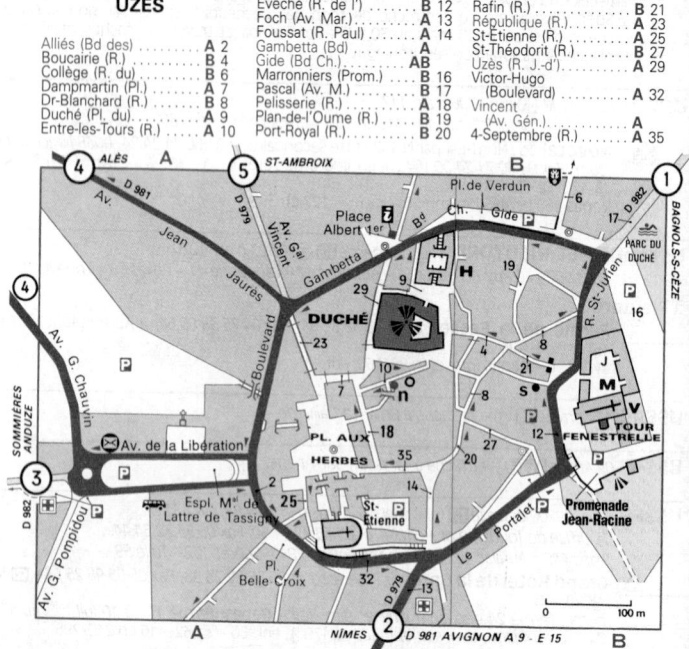

Alliés (Bd des) .... A 2
Boucairie (R.) .... B 4
Collège (R. du) .... B 6
Dampmartin (Pl.) .... A 7
Dr-Blanchard (R.) .... B 8
Duché (Pl. du) .... A 9
Entre-les-Tours (R.) .... A 10
Évêché (R. de l') .... B 12
Foch (Av. Mar.) .... A 13
Foussat (R. Paul) .... A 14
Gambetta (Bd) .... A
Gide (Bd Ch.) .... AB
Marronniers (Prom.) .... B 16
Pascal (Av. M.) .... B 17
Pelisserie (R.) .... A 18
Plan-de-l'Oume (R.) .... B 19
Port-Royal (R.) .... B 20
Rafin (R.) .... B 21
République (R.) .... A 23
St-Étienne (R.) .... A 25
St-Théodorit (R.) .... B 27
Uzès (R. J.-d') .... A 29
Victor-Hugo (Boulevard) .... A 32
Vincent (Av. Gén.) .... A
4-Septembre (R.) .... A 35

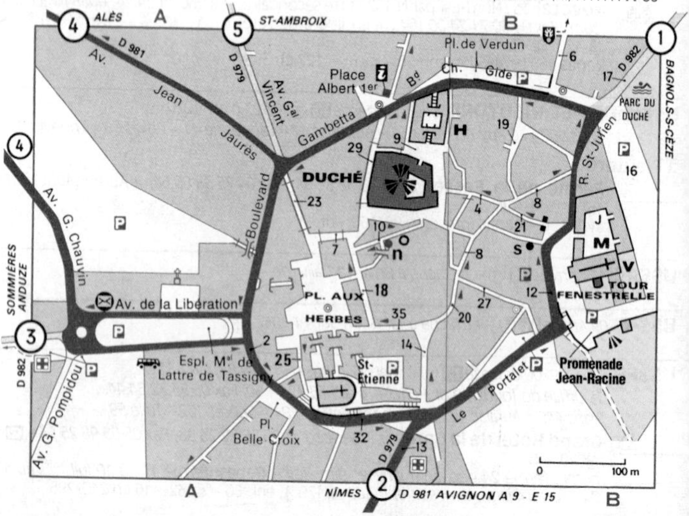

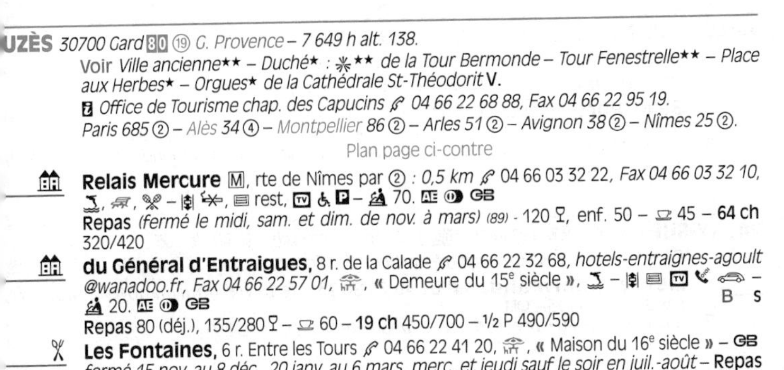

UZÈS *30700 Gard* 80 ⑲ *G. Provence – 7 649 h alt. 138.*
*Voir Ville ancienne** – Duché* : ** de la Tour Bermonde – Tour Fenestrelle** – Place aux Herbes* – Orgues* de la Cathédrale St-Théodorit* **V.**
Office de Tourisme chap. des Capucins 04 66 22 68 88, Fax 04 66 22 95 19.
Paris 685 ② – Alès 34 ④ – Montpellier 86 ② – Arles 51 ② – Avignon 38 ② – Nîmes 25 ②.
Plan page ci-contre

Relais Mercure M, rte de Nîmes par ② : *0,5 km 04 66 03 32 22, Fax 04 66 03 32 10,* – rest, – 70. AE GB
Repas *(fermé le midi, sam. et dim. de nov. à mars)* *(89)* - 120 , enf. 50 – 45 – **64 ch** 320/420

du Général d'Entraigues, 8 r. de la Calade 04 66 22 32 68, *hotels-entraignes-agoult @wanadoo.fr, Fax 04 66 22 57 01,* , « Demeure du 15e siècle », – – 20. AE GB
B s
Repas 80 (déj.), 135/280 – 60 – **19 ch** 450/700 – ½ P 490/590

Les Fontaines, 6 r. Entre les Tours 04 66 22 41 20, , « Maison du 16e siècle » – GB
fermé 15 nov. au 8 déc., 20 janv. au 6 mars, merc. et jeudi sauf le soir en juil.-août – **Repas** 95/120
A n

à St-Quentin-la-Poterie *par ① et D 5 : 5 km – 2 290 h. alt. 113 – 30700 :*

Table de l'Horloge (Peyroche d'Arnaud), pl. Horloge 04 66 22 07 01, *Fax 04 66 22 07 01,* – GB.
fermé vacances de Toussaint, 23 au 31 déc., le midi en juil.-août, merc. et jeudi de sept. à juin – **Repas** (menu unique)(nombre de couverts limité, prévenir) 200

à St-Maximin *par ② et D 981 : 5,5 km – 628 h. alt. 110 – 30700 :*

Auberge St-Maximim, 04 66 22 26 41, *Fax 04 66 22 73 73,* – AE GB
1er avril-31 oct. et fermé mardi sauf le soir du 15 juin au 30 sept. et lundi – **Repas** 99 (déj.), 150/250

à Arpaillargues-et-Aureillac *par ③ : 4,5 km – 667 h. alt. 107 – 30700 :*

H. Marie d'Agoult , 04 66 22 14 48, *hotels.entraigues.agoult@wanadoo.fr, Fax 04 66 22 56 10,* , « Demeure du 18e siècle, parc », – – 40. AE GB. rest
8 avril-1er nov. – **Repas** 160/250, enf. 100 – 70 – **29 ch** 600/1200 – ½ P 600/775

VAAS *72500 Sarthe* 64 ③ *G. Châteaux de la Loire – 1 564 h alt. 41.*
Paris 238 – Le Mans 43 – Angers 86 – Château-du-Loir 8 – Château-la-Vallière 15.

Vedaquais avec ch, pl. Liberté 02 43 46 01 41, *Fax 02 43 46 37 60,* – GB
fermé vacances de Toussaint, de Noël, de fév., vend. soir, dim. soir et lundi – **Repas** *(60)* - 85/165 bc – 30 – **12 ch** 250/350 – ½ P 240/290

La VACHETTE *05 H.-Alpes* 77 ⑱ *– rattaché à Briançon.*

VACQUEYRAS *84190 Vaucluse* 81 ⑫ *– 943 h alt. 117.*
Paris 666 – Avignon 34 – Nyons 36 – Orange 23 – Vaison-la-Romaine 20.

Pradet M sans rest, 04 90 65 81 00, *Fax 04 90 65 80 27* – . AE GB
42 – **22 ch** 320/420

à Montmirail *Est : 2 km par rte secondaire – 84190 :*

Montmirail , 04 90 65 84 01, *Fax 04 90 65 81 50,* , , – . GB
1er avril-30 oct. – **Repas** *(fermé jeudi midi et sam. midi)* 115 (déj.), 160/210 – 50 – **39 ch** 315/540 – ½ P 428/480

VACQUIERS *31340 H.-Gar.* 82 ⑧ *– 916 h alt. 200.*
Paris 679 – Toulouse 33 – Albi 70 – Castres 79 – Montauban 36.

Villa les Pins , Ouest : 2 km par D 30 05 61 84 96 04, *Fax 05 61 84 28 54,* , – – 60. GB
Repas 85/180 – 40 – **18 ch** 150/310 – ½ P 230/265

VAIGES *53480 Mayenne* 60 ⑪ *– 1 019 h alt. 90.*
Paris 255 – Château-Gontier 38 – Laval 24 – Le Mans 60 – Mayenne 32.

Commerce, 02 43 90 50 07, *oger-samuel.hotel-du-commerce@wanadoo.fr, Fax 02 43 90 57 40,* , – , rest, . AE GB.
fermé 6 au 30 janv., dim. soir et vend. soir d'oct. à avril – **Repas** 108/280 , enf. 65 – 48 – **29 ch** 350/480 – ½ P 320/350

VAILLY-SUR-AISNE *02370 Aisne* 56 ⑤ *– 1 980 h alt. 47.*

Office de Tourisme 4 pl. Bouvines ☎ 03 23 74 62 47, Fax 03 23 74 62 47.

Paris 120 – Reims 49 – Château-Thierry 58 – Laon 26 – Soissons 18.

XX **Belle Porte** (Centre d'Aide par le Travail), 48 r. fg de Sommecourt (D 925) ☎ 03 23 54 67 45, *Fax 03 23 54 67 45*, « Jardin fleuri », – P. AE GB
fermé 28 juil. au 27 août, vacances de fév., sam. midi, dim. soir et lundi – **Repas** 95 (déj.), 145/330 ♀, enf. 65

VAILLY-SUR-SAULDRE *18260 Cher* 65 ⑫ *G. Berry Limousin – 865 h alt. 205.*

Paris 185 – Bourges 56 – Aubigny-sur-Nère 18 – Cosne-sur-Loire 24 – Gien 37 – Sancerre 25.

XX **Lièvre Gourmand**, ☎ 02 48 73 80 23, *le.lievre.gourmand@wanadoo.fr*, *Fax 02 48 73 86 13* – GB
fermé 14 janv. au 5 fév., dim. soir et lundi – **Repas** *(100)* - 140/250

VAISON-LA-ROMAINE *84110 Vaucluse* 81 ② ③ *G. Provence – 5 663 h alt. 193.*

Voir *Les ruines romaines★★ : théâtre romain★ , musée archéologique Théo-Desplans★* **M** – *Haute Ville★ – Chapelle de St-Quenin★, cloître★.*

Office de Tourisme pl. Chanoine Sautel ☎ 04 90 36 02 11, Fax 04 90 28 76 04.

Paris 668 ④ – Avignon 50 ③ – Carpentras 27 ② – Montélimar 65 ④ – Pont-St-Esprit 41 ④.

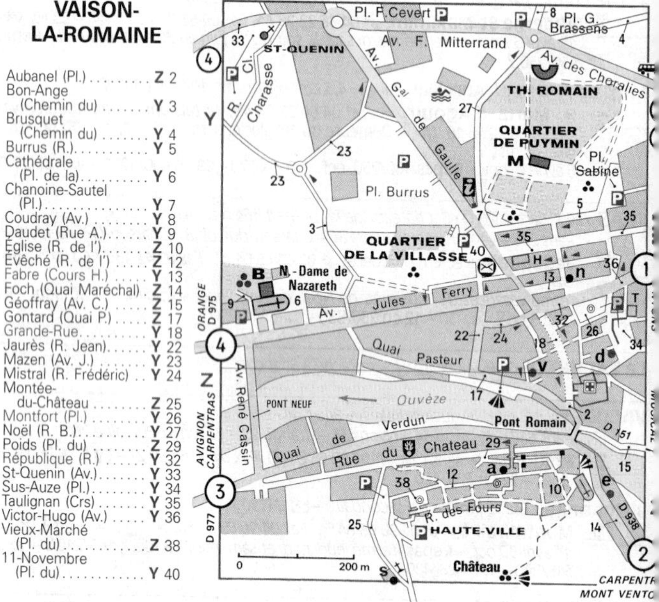

Hostellerie le Beffroi , Haute Ville ☎ 04 90 36 04 71, *lebeffroi@wanadoo.fr*, *Fax 04 90 36 24 78*, ←, , « Demeures des 16ᵉ et 17ᵉ siècles », , – TV P. AE GB JCB. rest Z a
fermé 27 janv. au 27 mars – **Repas** *(fermé 29 oct. au 4 avril et le midi sauf sam. et dim.)* 160/280 ♀, enf. 55 – 60 – **22 ch** 340/700 – ½ P 430/560

Burrhus et annexe Les Lis sans rest, 2 pl. Monfort ☎ 04 90 36 00 11, *Fax 04 90 36 39 05* – TV. AE GB JCB Y n
fermé 12 nov. au 20 déc., 1ᵉʳ au 20 janv. et dim. en janv. et fév. – 36 – **32 ch** 300/500

Logis du Château , Les Hauts de Vaison ☎ 04 90 36 09 98, *contact@logis-du-chateau.com*, *Fax 04 90 36 10 95*, ←, , , – TV P. AE GB Z s
25 mars-15 nov. – **Repas** *(fermé mardi midi et jeudi midi)* 98 (déj.), 115/198, enf. 50 – 47 – **43 ch** 270/480 – ½ P 308/400

XX **Moulin à Huile** (Bardot), quai Mar. Foch ☎ 04 90 36 20 67, *Fax 04 90 36 20 20*, ≤, – ▤. AE GB Z e
✿ *fermé 15 nov. au 15 déc., dim. soir et lundi sauf fériés* – **Repas** (prévenir) 200 (déj.), 300/450
Spéc. Terrine de foie gras à l'ancienne. Agneau des Alpilles (janv. à juin). Millefeuille à la crème vanillée (sept. à juin). **Vins** Rasteau, Viognier.

XX **Brin d'Olivier** avec ch, 4 r. Ventoux ☎ 04 90 28 74 79, *Fax 04 90 36 13 36*, – ▤ rest, TV. GB. ch YZ v
fermé 25/3 au 4/4, 20/6 au 4/7, 23/9 au 4/10, 25/11 au 6/12, 21 au 31/1, sam. midi, jeudi midi et merc. – **Repas** (dîner seul. en juil.-août) 140/300 ♀ – ☐ 60 – **3 ch** 400/550 – 1/2 P 180

X **Auberge de la Bartavelle,** pl. Sus Auze ☎ 04 90 36 02 16, *Fax 04 90 36 33 84* – ▤. GB Y d
fermé 15 nov. au 15 déc., dim. soir hors saison et lundi – **Repas** 100/380 ♀

au Crestet *par ②, D 938 et D 76 : 5 km – 404 h. alt. 310 – ✉ 84110 :*

Mas de Magali ⛰, ☎ 04 90 36 39 91, *Fax 04 90 28 73 40*, ≤ Mont-Ventoux, , ⛱, – TV P. GB. rest
hotel : 31 mars-20 oct. ; rest.: 7 avril-20 oct. – **Repas** *(fermé merc.)* (dîner seul.) 135 – ☐ 50 – **11 ch** 425 – 1/2 P 375/425

à Entrechaux *par ②, D 938 et D 54 : 7 km G. Alpes du Sud – 809 h. alt. 280 – ✉ 84340 :*

XX **St-Hubert,** ☎ 04 90 46 00 05, *Fax 04 90 46 00 06*, , – P. GB
fermé 1er au 13 oct., 28 janv. au 2 mars, mardi et merc. – **Repas** 78/285 ♀, enf. 55

à Séguret *par ③, D 977 et D 88 : 10 km – 798 h. alt. 250 – ✉ 84110 :*

Domaine de Cabasse ⛰, rte Sablet ☎ 04 90 46 91 12, *info@domaine-de-cabasse.fr, Fax 04 90 46 94 01*, ≤, , « Dans un domaine viticole », ⛱, – TV ♿ P. AE GB.
1er avril-4 nov. – **Repas** *(fermé le midi en semaine sauf merc. et juil.-août)* 98 (déj.)/170 ♀, enf. 60 – ☐ 60 – **16 ch** 460/800 – 1/2 P 515/615

XXX **Table du Comtat** ⛰ avec ch, ☎ 04 90 46 91 49, *Fax 04 90 46 94 27*, ≤ plaine et Dentelles de Montmirail, ⛱ – ▤ rest, TV P. AE ① GB
fermé 1er fév. au 8 mars, dim. soir d'oct. à mars, mardi soir et merc. d'oct. à juin – **Repas** 180/470 et carte 320 à 450 ♀, enf. 90 – ☐ 75 – **8 ch** 500/630 – 1/2 P 615/680

à Rasteau *par ④, D 975 et D 69 : 9 km – 673 h. alt. 200 – ✉ 84110 :*

Bellerive ⛰, rte Violès ☎ 04 90 46 10 20, *Fax 04 90 46 14 96*, ≤ vignobles et Dentelles de Montmirail, , ⛱, – cuisinette TV P. AE ① GB
début avril-1er nov. – **Repas** *(fermé lundi midi, mardi midi et vend. midi)* (déj. : snack seul.) 135/280 ♀, enf. 78 – ☐ 65 – **20 ch** 610/700 – 1/2 P 550/595

VAÏSSAC *82800 T.-et-G. 79 ⑱ – 636 h alt. 134.*
Paris 639 – Toulouse 79 – Albi 58 – Montauban 23 – Villefranche-de-Rouergue 66.

Terrassier, ☎ 05 63 30 94 60, *hotel-rest.terrassier@wanadoo.fr, Fax 05 63 30 87 40*, , ⛱ – TV P – 🏋 20. GB
fermé 12 au 18 nov., 2 au 13 janv., vend. soir sauf 15 mai au 15 sept. et dim. soir – **Repas** 80 bc/220 ♂, enf. 60 – ☐ 45 – **12 ch** 240/280 – 1/2 P 250

Le VAL *83143 Var 84 ⑤, 114 ⑳ – 2 893 h alt. 242.*
Paris 817 – Aix-en-Provence 62 – Draguignan 41 – Toulon 56.

X **Crémaillère,** ☎ 04 94 86 40 00, *Fax 04 94 86 37 02* – GB
fermé 23 avril au 2 mai, 15 oct. au 10 nov., lundi soir et mardi soir sauf juil.-août et merc. – **Repas** (nombre de couverts limité, prévenir) 120/245 ♀, enf. 70

VALADY *12330 Aveyron 80 ② – 1 014 h alt. 350.*
Paris 620 – Rodez 19 – Decazeville 20.

Combes ⛰, ☎ 05 65 72 70 24, *Fax 05 65 72 68 15*, – TV. GB
fermé 5 au 20 janv. – **Repas** *(fermé lundi sauf fériés)* 90/175 ♂ – ☐ 32 – **13 ch** 250/275 – 1/2 P 250/265

Le VAL-ANDRÉ *22 C.-d'Armor 59 ④* – *voir à Pléneuf-Val-André.*

Au moment de chercher un hôtel ou un restaurant, soyez efficace. Sachez utiliser les noms ***soulignés en rouge*** *sur les* ***cartes Michelin*** *à 1/200 000.*
Mais ayez une carte à jour!

VALAURIE *26230 Drôme* 81 ① ② – *386 h alt. 162.*
Paris 625 – Montélimar 21 – Nyons 32 – Pierrelatte 13.

Domaine Les Mejeonnes, Ouest : 2 km sur D 541 04 75 98 60 60, *Fax 04 75 98 63 44*, – 25. AE GB
Repas 98 (déj.), 135/210, enf. 60 – 45 – **10 ch** 375/575 – ½ P 330

Valle Aurea avec ch, rte Grignan 04 75 97 25 00, *Fax 04 75 98 59 59*, – P. GB.
fermé fév., dim soir, mardi midi et lundi – **Repas** 155/325 – 73 – **5 ch** 460/610 – ½ P 520/585

Table de Nicole avec ch, sur D 541 04 75 98 52 03, *Fax 04 75 98 58 45*, « Jardin fleuri et terrasse ombragée », – ch, GB
Repas *(fermé mardi midi d'oct. à mars)* 170/320, enf. 80 – 55 – **10 ch** 380/590

VALBERG *06 Alpes-Mar.* 81 ⑨ ⑲, 115 ④ *G. Alpes du Sud – alt. 1669 – Sports d'hiver : 1 430/2 100 m* 26 – 06470 Péone.
Voir *Intérieur★ de la chapelle N.-D.-des-Neiges.*
Office de Tourisme 04 93 23 24 25, *Fax 04 93 02 52 27.*
Paris 816 – Barcelonnette 75 – Castellane 68 – Nice 85 – St-Martin-Vésubie 58.

Adrech de Lagas, 04 93 02 51 64, *Fax 04 93 02 52 33*, – P. AE GB.
1er juil.-15 sept. et 20 déc.-30 mars – **Repas** (½ pens. seul.) – 50 – **19 ch** 480 – ½ P 380/420

Chalet Suisse, 04 93 03 62 62, *info@chalet-suisse.com, Fax 04 93 03 62 64*, – GB
1er juin-15 sept. et 1er déc.-30 mars – **Repas** 120 – 50 – **23 ch** 540/620 – ½ P 430/470

Blanche Neige M, 04 93 02 50 04, *Fax 04 93 02 61 90*, – P. AE GB. ch
Repas *(juil.-août et 15 déc.-fin mars)* 125/170 – 50 – **17 ch** 460 – ½ P 410

Clé des Champs, 04 93 02 51 45, *Fax 04 93 02 62 52*, – P. GB. ch
10 juil.-20 sept. et 20 déc.-15 avril – **Repas** 98/125 – 45 – **18 ch** 340/370 – ½ P 360

VALBONNE *06560 Alpes-Mar.* 84 ⑨, 115 ㉔ ㉕ *G. Côte d'Azur – 9 514 h alt. 250.*
Office de Tourisme 11 av. St-Roch 04 93 12 34 50, *Fax 04 93 12 34 57.*
Paris 912 – Cannes 12 – Antibes 15 – Grasse 13 – Mougins 8 – Nice 33 – Vence 24.

Armoiries sans rest, pl. Arcades 04 93 12 90 90, *Fax 04 93 12 90 91*, « Belle décoration intérieure » – AE GB
fermé 14 au 26 déc. – 60 – **16 ch** 580/970

Moulin des Moines, pl. Église 04 93 12 03 41, *Fax 04 93 12 25 24*, – AE GB
fermé sam. midi, lundi midi et dim. – **Repas** (78) - 148/220

Auberge Fleurie, rte Cannes (D 3) : 1,5 km 04 93 12 02 80, *Fax 04 93 12 22 27*, – P. AE GB
fermé déc., dim. soir sauf de juin à sept. et lundi – **Repas** 130/168

Lou Cigalon (Parodi), 4 bd Carnot 04 93 12 27 07 – GB
fermé dim. et lundi – **Repas** (nombre de couverts limité, prévenir) 250/450 et carte 300 à 350
Spéc. Vinaigrette de légumes, filet de rouget grondin en panure d'agrumes. Filet et cuisse de pigeonneau en sautoir, jus aux épices douces. Entremets au mascarpone et griottes, glace au fromage blanc.

au golf d'Opio-Valbonne *Nord-Est : 2 km par rte de Biot (D 4 et D 204) – 06650 Opio :*

Château de la Bégude, 04 93 12 37 00, *begude@worldnet.fr, Fax 04 93 12 37 13*, « Bastide du 17e siècle, sur le golf », – ch, – 15 à 60. AE GB
hôtel : fermé mi-nov. à mi-déc. – **Repas** *(fermé le soir de mi-nov. à mi-déc.)* (130) - 165 – 70 – **36 ch** 460/950 – ½ P 505/685

rte d'Antibes *au Sud par D 3 – 06560 Valbonne :*

Castel Provence M sans rest, à 2,5 km, 30 chemin Pinchinade 04 93 12 11 92, *Fax 04 93 12 90 01*, – AE GB
55 – **36 ch** 580/950

Bois Doré, à 3 km sur D 103 04 93 12 26 25, *Fax 04 93 12 28 73*, – AE GB
fermé 29 oct. au 17 nov., vacances de fév., dim. soir de nov. à mars et merc. – **Repas** 129/260

à Plascassier *Ouest : 3 km rte de Grasse par D 4 – 06370 Mouans-Sartoux :*

Relais de Sartoux, 04 93 60 10 57, *Fax 04 93 60 17 36*, – P. AE GB
Repas *(fermé 1er nov. au 1er déc. et merc. sauf 15 juin 15 sept.)* 145/260 – 45 – **12 ch** 370/450 – ½ P 345

à Sophia-Antipolis *Sud-Est : 7 km par D 3 et D 103 – ✉ 06560 Valbonne :*

Sophia Country Club Grand Mercure Ⓜ, Les Lucioles 2 - 3550 rte Dolines ✆ 04 92 96 68 78, *Fax 04 92 96 68 96*, – 300. AE GB
Le Club : Repas *(120)*-155/320 ♀, enf. 70 – ☕ 70 – **107 ch** 1400/1600 – ½ P 825

Mercure Ⓜ, Les Lucioles 2, r. A. Caquot ✆ 04 92 96 04 04, *h1122@accor-hotels.com, Fax 04 92 96 05 05*, – 120. AE GB
Repas *(145)* - 170 ♀, enf. 60 – ☕ 65 – **104 ch** 570/690 – ½ P 510

Novotel Ⓜ, Les Lucioles 1, 290 r. Dostoievski ✆ 04 92 38 72 38, *h0398@accor-hotels.com, Fax 04 93 95 80 12*, – 100. AE GB JCB
Repas grill 138/220 bc ♀, enf. 50 – ☕ 68 – **97 ch** 680

Ibis, Les Lucioles 2, r. A. Caquot ✆ 04 93 65 30 60, *Fax 04 93 95 83 99*, – 15. AE GB JCB
Repas *(77)* - 97 , enf. 39 – ☕ 35 – **99 ch** 390/490

VALCABRÈRE *31 H.-Gar.* 86 ① *– rattaché à St-Bertrand-de-Comminges.*

VALCEBOLLÈRE *66340 Pyr.-Or.* 86 ⑯ *– 37 h alt. 1470.*
Paris 876 – Font-Romeu-Odeillo-Via 28 – Bourg-Madame 9 – Perpignan 106 – Prades 61.

Auberge Les Ecureuils , ✆ 04 68 04 52 03, *Fax 04 68 04 52 34*, , « Auberge rustique aménagée avec soin », – – 20. GB
20 mai-3 nov., 18 déc.-8 mai – **Repas** 122 (déj.), 152/252 ♀, enf. 68 – ☕ 55 – **15 ch** 350/550 – ½ P 350/430

VAL CLARET *73 Savoie* 74 ⑲ *– rattaché à Tignes.*

VALDAHON *25800 Doubs* 66 ⑯ *– 3 534 h alt. 645.*
Paris 438 – Besançon 33 – Morteau 31 – Pontarlier 30.

Relais de Franche Comté , ✆ 03 81 56 23 18, *Fax 03 81 56 44 38*, – – 30. AE GB
fermé 15 déc. au 15 janv., vend. soir, sam. midi sauf juil.-août et dim. soir de nov. à Pâques – **Repas** 72/265 ♀, enf. 40 – ☕ 38 – **20 ch** 235/290 – ½ P 270/315

à Chevigney-lès-Vercel *Nord-Est : 3 km par D 50 – 88 h. alt. 630 – ✉ 25530 :*

Promenade, ✆ 03 81 56 24 76, *Fax 03 81 56 29 64*, – – 30. GB
fermé 15 oct. au 15 nov., dim. soir et lundi sauf juil.-août – **Repas** 57/190 , enf. 42 – ☕ 29 – **11 ch** 175/245 – ½ P 180/190

Le VAL-D'AJOL *88340 Vosges* 62 ⑯ *G. Alsace Lorraine – 4 877 h alt. 380.*
Office de Tourisme 17 r. de Plombières ✆ 03 29 30 61 55, Fax 03 29 30 61 55.
Paris 383 – Épinal 46 – Luxeuil-les-Bains 18 – Plombières-les-Bains 10 – Remiremont 18.

Résidence , r. Mousses par rte Hamanxard ✆ 03 29 30 68 52, *contact@la-residence.com, Fax 03 29 66 53 00*, « Parc », – – 25 à 80. AE GB
fermé 26 nov. au 26 déc., lundi (sauf hôtel) et dim. soir hors vacances scolaires – **Repas** 98/235 ♀ – ☕ 45 – **50 ch** 250/480 – ½ P 320/400

VALDEBLORE (Commune de) *06420 Alpes-Mar.* 84 ⑱ ⑲, 115 ⑥ *G. Côte d'Azur – 664 h alt. 1050 – Sports d'hiver à la Colmiane : 1 400/1 800 m 7.*
Office de Tourisme ✆ 04 93 23 25 90, Fax 04 93 23 25 91.
Paris 841 – Cannes 89 – Nice 72 – St-Étienne-de-Tinée 46 – St-Martin-Vésubie 11.

à St-Dalmas-Valdeblore *– ✉ 06420 St-Sauveur-de-Tinée.*
*Voir Pic de Colmiane ** E 4,5 km accès par télésiège.*

Auberge des Murès , rte du col St-Martin ✆ 04 93 23 24 60, *auberge.mures@wanadoo.fr, Fax 04 93 23 24 67*, , – . GB
fermé nov. et merc. – **Repas** 120/150, enf. 70 – ☕ 40 – **8 ch** 280/340 – ½ P 320/350

VAL-DE-MERCY *89 Yonne* 65 ⑤ *– rattaché à Coulanges-la-Vineuse.*

VAL-D'ESQUIÈRES *83 Var* 84 ⑰ *– rattaché à Ste-Maxime.*

VAL-D'ISÈRE *73150 Savoie* 74 ⑲ *G. Alpes du Nord – 1 701 h alt. 1850 – Sports d'hiver : 1 850/3 450 m* 6 45 .

Voir *Rocher de Bellevarde* ★★★ *par téléphérique – Route de l'Iseran*★★★.

Office de Tourisme Maison de Val-d'Isère *04 79 06 06 60, Fax 04 79 06 04 56.*

Paris 697 ① – Albertville 86 ① – Briançon 137 ① – Chambéry 135 ①.

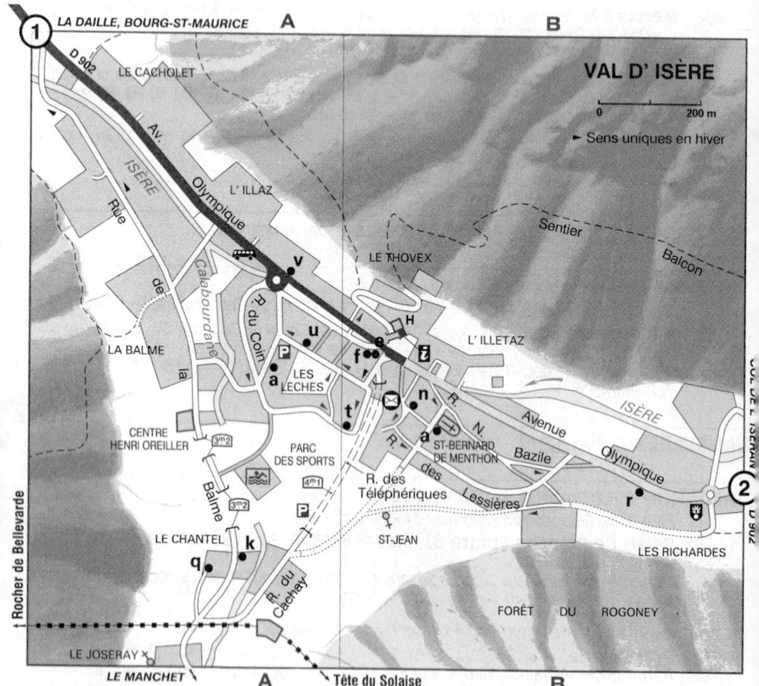

Christiania M, 04 79 06 08 25, *welcome@hotel-christiana.com, Fax 04 79 41 11 10,* <, , , – TV – 25. AE GB. A a
1er déc.-22 avril – **Repas** *(160)* - 200/295, enf. 90 – 90 – **69 ch** 2367/3017 – ½ P 1477/1777

Blizzard M, 04 79 06 02 07, *information@hotelblizzard.fr, Fax 04 79 06 04 94,* <, , balnéothérapie, – TV – 30. AE GB JCB B f
12 juil.-31 août et 1er janv.-6 avril – **Repas** *(165)* - 190 (déj.)/230, enf. 95 – 65 – **70 ch** 1375/3355, 4 duplex – ½ P 895/1895

Tsanteleina, 04 79 06 12 13, *mattis@hoteltsanteleina.com, Fax 04 79 41 14 16,* <, , , – TV – 20. AE GB. rest B e
début juil.-fin août et début déc.-début mai – **Repas** 160 (déj.), 230/300 – 90 – **74 ch** 900/1500 – ½ P 820/980

Savoyarde, 04 79 06 01 55, *moris@infonie.fr, Fax 04 79 41 11 29,* <, – TV . AE GB A u
1er déc.-3 mai – **Repas** (dîner seul.) 195/280 – 80 – **46 ch** 965/2490 – ½ P 765/1010

Grand Paradis, 04 79 06 11 73, *grandparadis@wanadoo.fr, Fax 04 79 41 11 13,* <, – TV . AE GB. rest B t
hôtel: 9 au 25 août et 1er déc.-8 mai ; rest.: 1er déc.-8 mai – **Repas** 130 (déj.), 160/280 – 80 – **40 ch** 450/700, (en hiver : ½ pens. seul.) – ½ P 850/1450

Kandahar M, 04 79 06 02 39, *Fax 04 79 41 15 54* – TV . GB A v
1er juil.-30 août et 25 nov.-8 mai – **Repas** (dîner seul.) 170 – **29 ch** (½ pens. seul.) – ½ P 770/920

Altitude , 04 79 06 12 55, *altitude-valdisere@telepost.fr, Fax 04 79 41 11 09,* <, , , – TV – 15. GB. A k
1er juil.-1er sept. et 8 déc.-2 mai – **Repas** 145 (déj.), 155/175 , enf. 90 – 65 – **28 ch** 740/1200, 12 duplex – ½ P 720/760

Les Lauzes M sans rest, 04 79 06 04 20, *Fax 04 79 41 96 84* – GB
4 au 20 août et 24 nov.-8 mai – 30 – **23 ch** 790/940 B a

Galise, 04 79 06 05 04, *Fax 04 79 41 16 16* – GB B n
15 déc.-22 avril – **Repas** (dîner seul.) 130/190 – 65 – **30 ch** 535/750 – 1/2 P 500/545

Chamois d'Or, 04 79 06 00 44, *Fax 04 79 41 16 58*, – AE GB. rest A q
juil.-août (sauf rest.) et 8 déc.-6 mai – **Repas** (dîner seul.) 170 – **24 ch** (1/2 pens. seul.) – 1/2 P 620/720

L'Avancher, 04 79 06 02 00, *lavancher@free.fr, Fax 04 79 41 16 07*, – GB
1er déc.-1er mai – **Repas** (dîner seul.) *(110)* - 140/260 – 68 – **15 ch** 445/740 – 1/2 P 556/592 B r

Becca, Le Laisinant, rte de l'Iseran par ② : *0,8 km* 04 79 06 09 48, *beccaval@club-internet.fr, Fax 04 79 41 12 03*, – GB
hôtel : 30 juin-26 août et 1er déc.-5 mai ; rest. : 13 juil.-20 août et 20 déc.-30 avril – **Repas** 130 (déj.), 170/285 – 65 – **11 ch** 530/760 – 1/2 P 620

à la Daille *par ① : 2 km – 73150 Val-d'Isère.*

Office de Tourisme (déc.-fin avril et mi-juil./mi-août) 04 79 06 19 67, Fax 04 79 41 94 30.

Samovar, 04 79 06 13 51, *samovar@wanadoo.fr, Fax 04 79 41 11 08*, – GB. rest
10 déc.-20 avril – **Repas** 95 (déj.), 140/230 – 50 – **12 ch** 860/960, 6 duplex – 1/2 P 710/890

VALENÇAY *36600 Indre 64 ⑱ G. Châteaux de la Loire – 2 912 h alt. 140.*

Voir Château★★.

Office de Tourisme 2 av. de la Résistance 02 54 00 04 42, Fax 02 54 00 04 42.

Paris 235 – Blois 60 – Bourges 92 – Châteauroux 42 – Loches 49 – Vierzon 52.

Relais du Moulin, 94 r. Nationale 02 54 00 38 00, *Fax 02 54 00 38 79*, – 70. AE GB JCB
30 mars-10 nov. – **Repas** 105 bc (déj.), 125/235 – 40 – **54 ch** 340/360 – 1/2 P 340

à Veuil *Sud : 6 km par D 15 et rte secondaire – 386 h. alt. 140 – 36600 :*

Auberge St-Fiacre, 02 54 40 32 78, *Fax 02 54 40 35 66*, , intérieur rustique – GB
fermé mardi et merc. sauf fériés – **Repas** 130/225, enf. 70

VALENCE P *26000 Drôme 77 ⑫ G. Vallée du Rhône – 63 437 h Agglo. 107 965 h alt. 126.*

Voir Maison des Têtes★ **CY** – *Intérieur★ de la cathédrale St-Apollinaire* **BZ** – *Champ de Mars ★* **BZ** – *Sanguines de Hubert Robert★★ au musée des Beaux-Arts* **BZ.**

Env. Site★★★ de Cruzol 5 km O.

de Valence-Chabeuil : 04 75 85 26 26, par ③ : 5 km **B YZ.**

Office de Tourisme parvis de la Gare 04 75 44 90 40, Fax 04 75 44 90 41.

Paris 563 ① – Avignon 126 ⑤ – Grenoble 96 ② – St-Étienne 91 ①.

Plans pages suivantes

Pic M, 285 av. V. Hugo 04 75 44 15 32, *pic@relaischateau.fr, Fax 04 75 40 96 03*, – 50. AE GB JCB AX f
Repas *(fermé dim. soir et lundi)* (dim. prévenir) 290 bc (déj.)/720 et carte 500 à 800, enf. 140 – 100 – **12 ch** 950/1600, 3 appart
Spéc. Salade des pêcheurs au vinaigre de Xérès. Filet de loup au caviar "Jacques Pic". Aile de pigeon en croûte de noix. **Vins** Hermitage blanc, Crozes-Hermitage rouge.

Novotel M, 217 av. Provence 04 75 82 09 09, *info@novotelvalence.com, Fax 04 75 43 56 29*, – 140. AE GB AX a
Repas carte environ 170, enf. 51 – 61 – **107 ch** 540/630

Yan's Hôtel, rte Montéléger près centre hospitalier 04 75 55 52 52, *Fax 04 75 42 27 37*, ch, – 35. AE GB. rest AX b
Repas grill *(fermé 8 déc. au 3 janv. et week-ends du 15 sept. au 31 mai)* 135, enf. 55 – 55 – **38 ch** 495/595 – 1/2 P 575

France sans rest, 16 bd Gén. de Gaulle 04 75 43 00 87, *Fax 04 75 55 90 51* – 20. AE GB CZ w
39 – **34 ch** 270/390

Ibis M, 355 av. Provence 04 75 44 42 54, *Fax 04 75 44 48 80*, ch, – 30. AE GB AX n
Repas *(85)* - 105/115, enf. 39 – 36 – **86 ch** 355/420

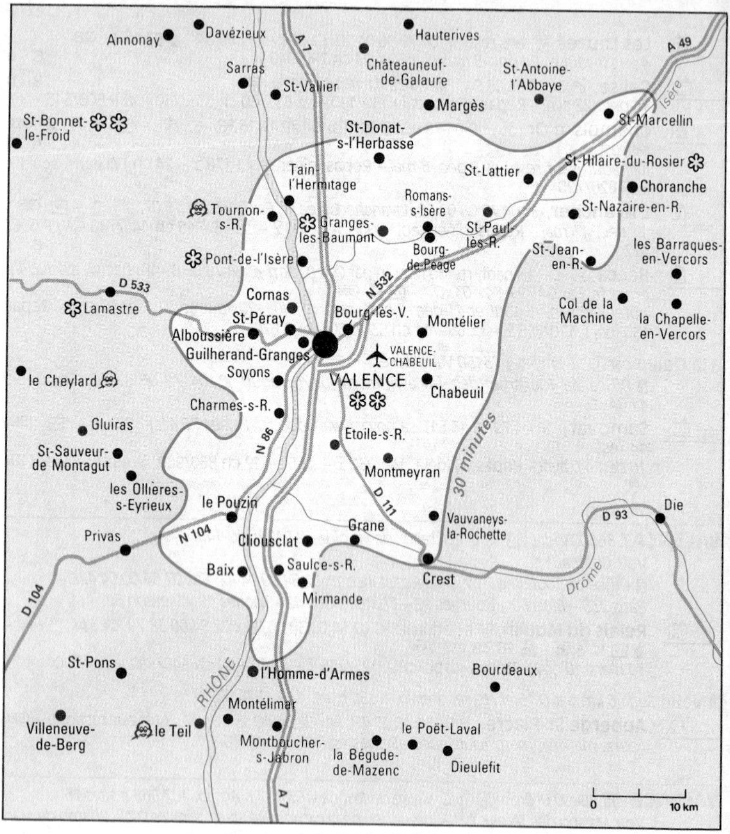

Annonay
Davézieux
Hauterives
Sarras
St-Vallier
Châteauneuf-de-Galaure
St-Antoine-l'Abbaye
Margès
St-Bonnet-le-Froid ✿✿
St-Marcellin
St-Donat-s-l'Herbasse
St-Lattier
St-Hilaire-du-Rosier ✿
Choranche
Tain-l'Hermitage
Romans-s-Isère
St-Nazaire-en-R.
Tournon-s-R.
✿ Granges-les-Baumont
St-Paul-lès-R.
Bourg-de-Péage
St-Jean-en-R.
les Barraques-en-Vercors
✿ Pont-de-l'Isère
D 533
Cornas
N 532
Col de la Machine
✿ Lamastre
St-Péray
Bourg-lès-V.
Montélier
la Chapelle-en-Vercors
Alboussière
Guilherand-Granges
VALENCE-CHABEUIL
Soyons
le Cheylard
VALENCE ✿✿
Chabeuil
Charmes-s-R.
Gluiras
N 86
Etoile-s-R.
30 minutes
St-Sauveur-de Montagut
Montmeyran
les Ollières-s-Eyrieux
le Pouzin
D 111
Die
Privas
N 104
Grane
Vauvaneys-la-Rochette
D 93
Cliousclat
Baix
Saulce-s-R.
Crest
D 104
Mirmande
Drôme
St-Pons
l'Homme-d'Armes
Bourdeaux
RHÔNE
Montélimar
Villeneuve-de-Berg
le Teil
Montboucher-s-Jabron
le Poët-Laval
la Bégude-de-Mazenc
Dieulefit
A 7
A 49
Isère
0 10 km

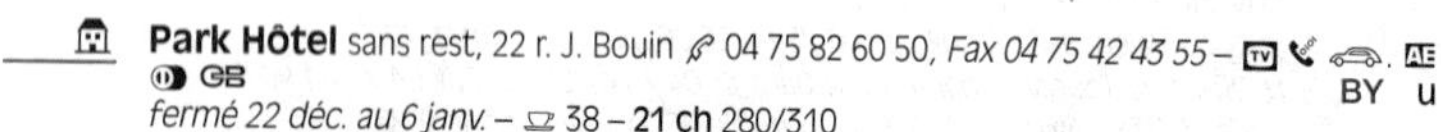

Park Hôtel sans rest, 22 r. J. Bouin ✆ 04 75 82 60 50, *Fax 04 75 42 43 55* – TV ✆ 🚗. AE ⓓ GB BY u
fermé 22 déc. au 6 janv. – ☕ 38 – **21 ch** 280/310

Europe sans rest, 15 av. F. Faure ✆ 04 75 82 62 65, *hoteleurope.valence@wanadoo.fr, Fax 04 75 82 62 66* – ▤ TV ✆ 🚗. AE ⓓ GB DY r
☕ 35 – **26 ch** 180/295

Négociants, 27 av. P. Sémard ✆ 04 75 44 01 86, *hotel.les-negociants@wanadoo.fr, Fax 04 75 44 77 57* – |♦| ✕ TV. AE ⓓ GB JCB CZ f
fermé 19 déc. au 4 janv. – **Repas** *(fermé dim.)* *(70)* - 85/250 ♀, enf. 50 – ☕ 45 – **36 ch** 230/360 – ½ P 260/300

Paris sans rest, 30 av. P. Sémard ✆ 04 75 44 02 83, *Fax 04 75 41 49 61* – |♦| TV 🚗. AE ⓓ GB JCB CZ h
fermé 22 déc. au 2 janv. – ☕ 38 – **34 ch** 200/300

St-Jacques, 9 fg St-Jacques ✆ 04 75 78 26 16, *Fax 04 75 78 47 30* – |♦|, ▤ rest, TV ✆ P. AE ⓓ GB DY f
Repas 73/138 ♀ – ☕ 32 – **29 ch** 215/285 – ½ P 218/243

Saint Ruf, 9 r. Sabaterie ✆ 04 75 43 48 64, *Fax 04 75 42 85 71* – AE GB BY b
fermé 28 juil. au 21 août, 1er au 15 janv., dim. sauf le midi d'oct. à juin, sam. midi et lundi – **Repas** 155/290 ♀

L'Épicerie, 18 pl. St-Jean (ex Belat) ✆ 04 75 42 74 46, *Fax 04 75 42 10 87,* ☂ – AE GB CY v
fermé 1er au 15 avril, 1er au 26 août, 22 déc. au 2 janv., sam. midi et dim. – **Repas** 115/330 ♀

VALENCE

André (Bd G.) . . . . **AV** 3
Beaumes (Av. des) . . . . **AX** 8
Belle-Meunière (R.) . . . . **AV** 10
Bonnet (R. G.). . . . . **AV** 13
Châteauvert (R.). . . . . **AX** 18
Grand-Charran (Av. du) . . . . **AX** 34
Kennedy (Bd J.-F.) . . . . **AV** 40
Lattre-de-Tassigny (Av. Mar. de) . . . . **AV** 41
Libération (Av. de la). . . . . . **AX** 44
Montplaisir (R.) . . . . **AVX** 52
Roosevelt (Bd Franklin) . . . **AX** 68

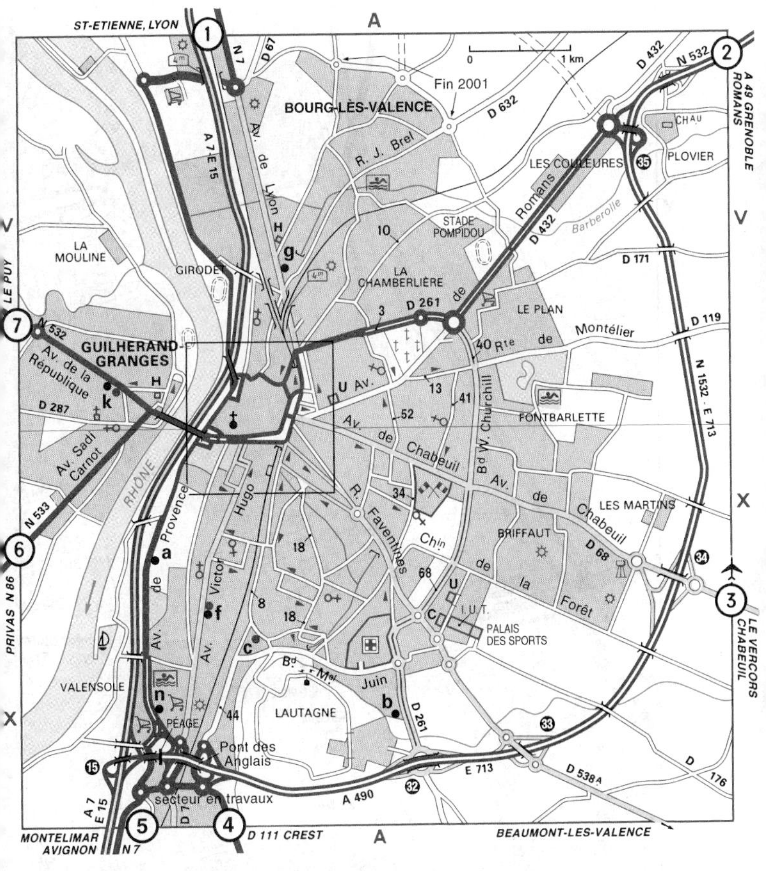

Petite Auberge, 1 r. Athènes ☎ 04 75 43 20 30, *Fax 04 75 42 67 79* – AE ⓓ GB
fermé 28 juil. au 22 août, merc. soir et dim. sauf fériés – **Repas** *(85)* - 115/255 DY t

Ciboulette, 6 r. Commerce ☎ 04 75 55 67 74, *Fax 04 75 56 72 83,* – ⓓ GB DZ e
fermé 6 au 13 août, vacances de fév., dim. soir et lundi – **Repas** *(80)* - 135 bc/430 bc

Auberge du Pin, 285 bis av. V. Hugo ☎ 04 75 44 53 86, *pic@relaischateaux.fr, Fax 04 75 40 96 03,* – P. AE GB AX f
Repas *(140)* - 165 ♀

Bistrot des Clercs, 48 Gde rue ☎ 04 75 55 55 15, *Fax 04 75 43 64 85,* – . AE ⓓ GB CY m
fermé 2 au 24 janv. et dim. – **Repas** *(107)* - 139 ♀, enf. 70

L'Origan, 58 av. Beaumes ☎ 04 75 41 60 39, *Fax 04 75 78 30 81,* , – GB AX c
fermé 1er au 21 août, vacances de fév., sam. d'oct. à mai et dim. – **Repas** 90/200

à Bourg-lès-Valence – *18 230 h. alt. 142* – ✉ *26500 :*

Seyvet, 24 av. Marc-Urtin ☎ 04 75 43 26 51, *Fax 04 75 55 61 49,* – , rest, TV P – 30. AE ⓓ GB AV g
fermé dim. soir hors saison – **Repas** 98/249 ♀, enf. 50 – 35 – **34 ch** 220/305 – ½ P 235

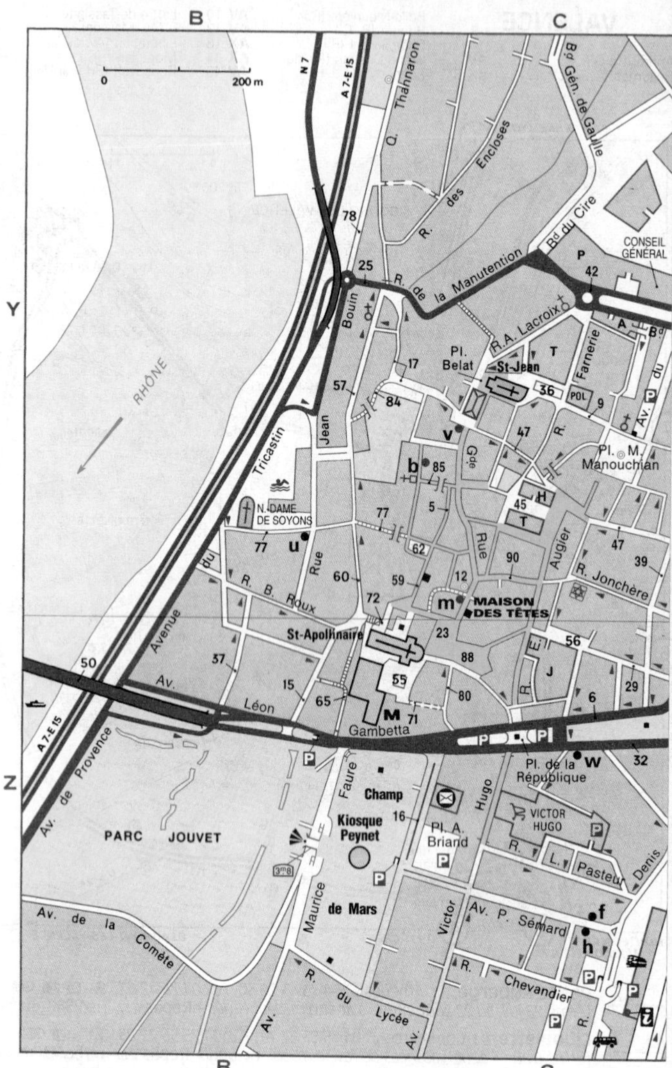

à Pont de l'Isère *par ① : 9 km – 2 770 h. alt. 120 – ✉ 26600 :*

Batida, N 7 ✆ 04 75 84 66 86, *Fax 04 75 84 10 26,* – **P**. GB
Repas 98/125 – 38 – **18 ch** 275 – ½ P 295

Michel Chabran avec ch, N 7 ✆ 04 75 84 60 09, *michelchabran@wanadoo.fr, Fax 04 75 84 59 65,* – **P**. AE GB
fermé 2 au 24 janv., dim. soir de nov. à mars, jeudi midi et merc. sauf fériés – **Repas** 375/795 et carte 590 à 710, enf. 150 – 110 – **12 ch** 500/750 – ½ P 900/1350
Spéc. Menu "autour de la truffe"(déc. à mars). Langoustines rôties aux artichauts. Pigeonneau avec sa cuisse en pastilla et aile rôtie. **Vins** Crozes-Hermitage, Hermitage.

Auberge Chalaye, 17 r. 16-août-1944 ✆ 04 75 84 59 40, *Fax 04 75 84 76 36,* – **P**. AE GB
fermé dim. soir et lundi – **Repas** 170/290 et carte 260 à 430

VALENCE

Alsace (Bd d') . . . . **DY**
Arménie (R. d') . . . . **DY** 4
Augier (R. Émile) . . . . **CYZ**
Balais (R. des) . . . . **BCY** 5
Bancel (Bd) . . . . **CY** 6
Barrault (R. J.-L.). . . . . **DY** 7
Belle-Image (R.) . . . . **CY** 9
Bonaparte
(R. du Lieutenant) . . . . . . **BCY** 12
Chambaud (R. Mirabel) . . . . . **BZ** 15
Championnet (Pl.) . . . . **BCZ** 16
Chapeliers (Côte des) . . . . . . **BY** 17
Clerc (Bd M.). . . . . **DZ** 22
Clercs (Pl. des). . . . . **BCZ** 23
Docteur-Schweitzer (R. du) . **BY** 25
Dragonne (Pl. de la). . . . . **DY** 26
Dupré de Loire (Av.). . . . . **DY** 27
Farre (R. du Gén.) . . . . **CDZ** 29
Félix-Faure (Av.) . . . . **DZ**
Gaulle (Bd du Gén.) . . . . **CZ** 32
Huguenel (Pl. Ch.) . . . . **CY** 36
Jacquet (R. V.). . . . . **BZ** 37
Jeu-de-Paume (R. du) . . . . . **CYZ** 39
Lecardonnel (Pl. L.) . . . . **CY** 42
Leclerc (Pl. Gén.) . . . . **DY** 43
Liberté (Pl. de la) . . . . **CY** 45
Madier-de-
Montjau (R.). . . . . **CY** 47
Mistral (Pont Frédéric). . . . . . **BZ** 50
Montalivet (Pl. de) . . . . **DY** 51
Ormeaux (Pl. des) . . . . **BZ** 55
Palais (Pl. du). . . . . **CZ** 56
Paré (R. Ambroise). . . . . **BY** 57
Pérollerie (R.). . . . . **BY** 59
Petit-Paradis (R.) . . . . **BY** 60
Pierre (Pl. de la) . . . . **BY** 62
Repenties (R. des) . . . . **BZ** 65
République (Pl. de la). . . . . . . **CZ**
St-Didier (R.). . . . . **BCZ** 71
St-Estève (Côte). . . . . **BY** 72
St-Jacques (Faubourg). . . . . . **DY** 75
St-Martin (Côte et R.) . . . . . . **BY** 77
St-Nicolas (Q.) . . . . **BY** 78
Saunière (R.) . . . . **CZ** 80
Semard (Av. J.-P.) . . . . **CZ**
Sylvante (Côte). . . . . **BY** 84
Temple (R. du) . . . . **BCY** 85
Université (Pl. de l') . . . . **CZ** 88
Vernoux (R.). . . . . **CY** 90
Victor-Hugo (Av.). . . . . **CZ**

Les pastilles numérotées des plans de villes ①, ②, ③ sont répétées sur les ***cartes Michelin*** *à 1/200 000. Elles facilitent ainsi le passage entre les* ***cartes*** *et les* ***guides Michelin.***

à Guilherand-Granges *(Ardèche)* – *10 492 h. alt. 130* – ✉ *07500 :*

Alpes-Cévennes sans rest, 641 av. République ☎ 04 75 44 61 34, *Fax 04 75 41 12 41* – TV, GB — AV k
28 – **26 ch** 200/280

Auberge des Trois Canards, 565 av. République ☎ 04 75 44 43 24, *Fax 04 75 41 64 48,* – AE GB — AV k
fermé dim. soir et lundi – **Repas** 75/290 ♀, enf. 65

Dans la liste des rues des plans de villes, les ***noms en rouge*** *indiquent les principales voies commerçantes.*

VALENCE-SUR-BAÏSE *32310 Gers 82 ④ – 1 157 h alt. 117.*

Voir *Abbaye de Flaran★ NO : 2 km, G. Pyrénées Aquitaine.*

Office de Tourisme r. Jules-Ferry ✆ 05 62 28 59 19.

Paris 742 – Auch 37 – Agen 51 – Condom 10.

Ferme de Flaran, rte Condom ✆ 05 62 28 58 22, *fermedeflaran@minitel.net, Fax 05 62 28 56 89,* – GB
fermé 15 nov. au 15 déc. et janv. – **Repas** *(fermé dim. soir et lundi sauf juil.-août)* 98/188, enf. 45 – 40 – **15 ch** 295 – ½ P 280

VALENCIENNES *59300 Nord 53 ④ ⑤ G. Picardie Flandres Artois – 38 441 h Agglo. 338 392 h alt. 22.*

Voir *Musée des Beaux-Arts★* **BY M** – *Bibliothèque des Jésuites★.*

Office de Tourisme (fermé dimanche et lundi matin) Maison Espagnole 1 r. Askièvre ✆ 03 27 46 22 99, Fax 03 27 30 38 35.

Paris 209 ⑤ – Lille 56 ⑥ – Arras 69 ⑤ – Bruxelles 103 ② – St-Quentin 80 ⑤.

Plans page ci-contre

Grand Hôtel, 8 pl. Gare ✆ 03 27 46 32 01, *grandhotel.val@wanadoo.fr, Fax 03 27 29 65 57* – – 25 à 200. AE GB JCB AX d
Repas 125/250 – 57 – **82 ch** 425/660, 6 appart

Notre Dame sans rest, 1 pl. Abbé Thellier de Poncheville ✆ 03 27 42 30 00, *hotel.notredame@wanadoo.fr, Fax 03 27 45 12 68* – . AE GB JCB BY s
45 – **35 ch** 310/400

Musigny, 90 av. Liège ✆ 03 27 41 49 30, *Fax 03 27 47 91 19* – AE GB CV v
fermé 1er au 6 janv., dim. soir et lundi – **Repas** 170/420 bc

à Quiévrechain *au Nord-Est par N 30 : 12 km – 6 456 h. alt. 32 – ✉ 59920 :*

Manoir de Tombelle, 135 av. J. Jaurès ✆ 03 27 35 12 30, *Fax 03 27 26 27 61,* , – GB
fermé 9 au 31 juil. – **Repas** 120 (déj.), 150/295

Au Petit Restaurant, 182 r. J.-Jaurès ✆ 03 27 45 43 10, *Fax 03 27 26 36 81,* – GB
fermé 1er au 20 août et sam. – **Repas** 100/180

à Marly *: 2 km – 12 081 h. alt. 50 – ✉ 59770 :*

Les Forges, 58 r. É. Drue ✆ 03 27 41 31 22, *lionel.coin@libertysurf.fr, Fax 03 27 30 28 24* – AE GB CV n
fermé 1er au 20 août, dim. soir et lundi – **Repas** 108/210

à Sebourg *à l'Est par D 934 et D 250 : 11 km – 1 661 h. alt. 80 – ✉ 59990 :*

Clos de la Perrière, ✆ 03 27 26 53 33, *closperriere@wanadoo.fr, Fax 03 27 26 54 63,* , – AE GB
fermé 15 août au 5 sept., 15 au 23 fév., dim. soir et lundi – **Repas** 125/225

Mère Lussiez, ✆ 03 27 26 53 44, *Fax 03 27 26 52 26,* , « Terrasses fleuries », – GB
fermé 3 au 24 janv., mardi soir et merc. – **Repas** *(98)* - 135/250

à la Z.I. de Prouvy-Rouvignies *par ⑤ et N 30 : 5 km – ✉ 59300 Valenciennes :*

Novotel M, ✆ 03 27 21 12 12, *h0456@accor.hotels.com, Fax 03 27 21 06 02,* , , – , rest, – 20. AE GB JCB
Repas carte environ 180, enf. 50 – 59 – **80 ch** 550/590

Campanile, ✆ 03 27 21 10 12, *Fax 03 27 21 08 55* – – 25. AE GB
Repas *(76)* - 106, enf. 39 – 36 – **105 ch** 315

à Raismes *Nord-Ouest : 5 km par D 169 – 14 099 h. alt. 23 – ✉ 59590 :*

Grignotière, 6 r. J. Jaurès ✆ 03 27 36 91 99, *Fax 03 27 36 74 29,* , – AE GB JCB
fermé 16 au 31 août, 28 janv. au 4 fév., mardi soir, dim. soir et lundi – **Repas** 120 (déj.)/210 et carte 220 à 340

à Petite Forêt *Nord-Ouest : 5 km – 5 293 h. alt. 28 – ✉ 59494 :*

Campanile, ✆ 03 27 47 87 87, *Fax 03 27 28 95 25,* – – 25. AE GB AV k
Repas 94/106, enf. 39 – 36 – **48 ch** 315

VALENCIENNES

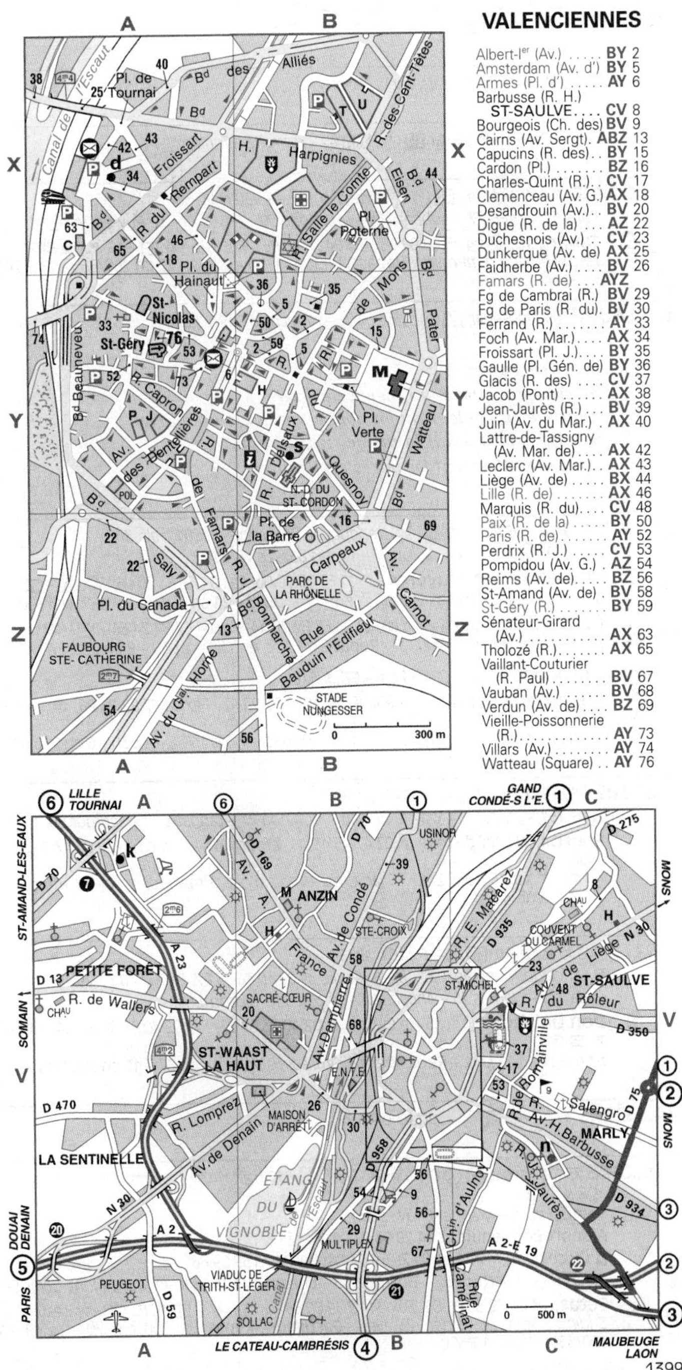

VALENTINE *31 H.-Gar.* 82 ⑮ *– rattaché à St-Gaudens.*

VALESCURE *83 Var* 84 ⑧ *– rattaché à St-Raphaël.*

La VALETTE-DU-VAR *83 Var* 84 ⑮., 114 ㊺ *– rattaché à Toulon.*

VALGORGE *07110 Ardèche* 80 ⑧ *G. Vallée du Rhône – 430 h alt. 560.*

Paris 623 – Alès 77 – Aubenas 41 – Langogne 50 – Privas 71 – Le Puy-en-Velay 84.

Tanargue, ✆ 04 75 88 98 98, *Fax 04 75 88 96 09,* ← – |‡| ⇹ TV ⇔ P. ⓓ GB
fermé fin déc. à mi-mars – **Repas** 89/195, enf. 50 – ☕ 40 – **22 ch** 260/350 – ½ P 260/335

VALLAURIS *06 Alpes-Mar.* 84 ⑨., 115 ㉟ ㊴ *– rattaché à Golfe-Juan.*

Dans ce guide
un même symbole, un même caractère,
imprimé en couleur ou en ***noir****, en maigre ou en* ***gras****,*
n'ont pas tout à fait la même signification.
Lisez attentivement les pages explicatives.

VALLERAUGUE *30570 Gard* 80 ⑯ *G. Languedoc Roussillon – 1 091 h alt. 346.*

Paris 692 – Mende 99 – Millau 75 – Nîmes 85 – Le Vigan 22.

Hostellerie Les Bruyères, ✆ 04 67 82 20 06, *Fax 04 67 82 20 06,*
,
 – TV ⇔. GB
1er mai-30 sept. – **Repas** 88/210 ♀, enf. 50 – ☕ 35 – **24 ch** 270/300 – ½ P 270/300

Petit Luxembourg avec ch, ✆ 04 67 82 20 44, *Fax 04 67 82 24 66* – TV. GB
fermé déc., dim. soir et lundi – **Repas** 85/238 ♀, enf. 50 – ☕ 30 – **8 ch** 230/270 – ½ P 270

rte du Mont-Aigoual *sur D 986 : 4 km – ✉ 30570 :*

Auberge Cévenole, La Pénarié ✆ 04 67 82 25 17, *Fax 04 67 82 26 26,*
 – TV ✆ P.
GB. ⚹ ch
fermé lundi soir et mardi sauf juil.-août – **Repas** (58) - 78/130 🌡 – ☕ 30 – **6 ch** 220 – ½ P 230

VALLÈRES *37190 I.-et-L.* 64 ⑭ *– 699 h alt. 80.*

Paris 261 – Tours 23 – Azay-le-Rideau 7 – Chinon 27 – Langeais 11 – Saumur 50.

Fournil, 22 r. Val de Loire ✆ 02 47 45 43 06, *lefournil@wanadoo.fr, Fax 02 47 45 97 59,*
– GB
fermé 1er au 15 nov., 2 au 15 janv., mardi soir d'oct. à mars, dim. soir et merc. – **Repas** 118/245, enf. 48

VALLET *44330 Loire-Atl.* 67 ④ *– 6 116 h alt. 54.*

Office de Tourisme 1 pl. Ch.-de-Gaulle ✆ 02 40 36 35 87, Fax 02 40 36 29 13.

Paris 375 – Nantes 26 – Ancenis 27 – Cholet 34 – Clisson 11.

Don Quichotte Ⓜ, 35 rte Clisson ✆ 02 40 33 99 67, *Fax 02 40 33 99 72,*
,
 – TV ♿
P. AE GB
fermé 1er au 21 janv. – **Repas** *(fermé dim. soir)* 96/138 ♀ – ☕ 37 – **12 ch** 290/315 – ½ P 265

VALLIÈRES *37 I.-et-L.* 64 ⑭ *– rattaché à Tours.*

VALLOIRE *73450 Savoie* 77 ⑦ *G. Alpes du Nord – 1 012 h alt. 1430 – Sports d'hiver : 1 430/2 600 m*
 2
 32
.

Voir *Col du Télégraphe ←★ N : 5 km.*

Altiport Bonnenuit ✆ **04 79 59 02 00.**

Office de Tourisme ✆ 04 79 59 03 96, Fax 04 79 59 09 66.

Paris 665 – Albertville 92 – Briançon 53 – Chambéry 102 – Lanslebourg-Mont-Cenis 58.

Sétaz, ✆ 04 79 59 01 03, *Fax 04 79 59 00 63,* ←,
,
 – TV P. AE GB. ⚹ rest
3 juin-23 sept. et 18 déc.-23 avril – ***Castilleur :*** Repas 130/200, enf. 70 – ☕ 49 – **22 ch** 360/530 – ½ P 410/500

Grand Hôtel de Valloire et du Galibier, ☎ 04 79 59 00 95, *info@grand-hotel-valloire.com, Fax 04 79 59 09 41,* ←, ⛱, 🏊, 🌳 – 🛗 📺 🅿 – 🏔 40. AE ⓓ GB
16 juin-9 sept. et 21 déc.-15 avril – ***L'Escarnavé :*** **Repas** 90/280 🍷, enf. 55 – ☕ 48 – **45 ch** 360/430 – ½ P 480/525

Christiania, ☎ 04 79 59 00 57, *info@christiana-hotel.com, Fax 04 79 59 00 06,* ⛱ – 📺. AE GB. ✂ rest
15 juin-15 sept. et 5 déc.-20 avril – **Repas** 90/180 🍷 – ☕ 40 – **26 ch** 260/360 – ½ P 310/380

aux Verneys *Sud : 2 km* – ✉ *73450 Valloire :*

Relais du Galibier, ☎ 04 79 59 00 45, *info@relais-galibier.com, Fax 04 79 83 31 89,* ←, 🌳 – 📺 🅿. GB
15 juin-10 sept. et 15 déc.-10 avril – **Repas** 90/170 🍷, enf. 45 – ☕ 40 – **26 ch** 290/395 – ½ P 310/400

Crêt Rond, ☎ 04 79 59 01 64, *Fax 04 79 83 33 24* – 📺 🅿. GB
25 juin-30 sept. et 15 déc.-15 avril – **Repas** 75/160 🍷, enf. 45 – ☕ 40 – **17 ch** 225/335 – ½ P 335

VALLON-PONT-D'ARC *07150 Ardèche* 80 ⑨ *G. Vallée du Rhône – 1 914 h alt. 117.*
Voir *Gorges de l'Ardèche*** au SE – Arche** de Pont d'Arc SE : 5 km.*
Paris 654 – Alès 47 – Aubenas 35 – Avignon 81 – Carpentras 90 – Montélimar 49.

Clos des Bruyères, rte des Gorges ☎ 04 75 37 18 85, *clos.des.bruyere@online.fr, Fax 04 75 37 14 89,* ⛱, 🏊, 🌳 – ▤ rest, ♿ 🅿 – 🏔 20. GB
hotel : 1ᵉʳ avril-30 sept. ; rest.: 10 avril-30 sept. – **Repas** *(fermé merc. sauf juil.-août)* (dîner seul.) *(75)* - 100, enf. 50 – ☕ 40 – **32 ch** 320/360 – ½ P 300/315

VALLORCINE *74660 H.-Savoie* 74 ⑨ *G. Alpes du Nord – 329 h alt. 1260 – Sports d'hiver : 1 260/1 400 m* ⛷ *2* ⛷.
ℹ *Office de Tourisme pl. Gare* ☎ *04 50 54 60 71, Fax 04 50 54 61 73.*
Paris 630 – Chamonix-Mont-Blanc 17 – Annecy 112 – Thonon-les-Bains 97.

L'Ermitage 🐴, au Buet, Sud-Ouest : 2 km par N 506 et rte secondaire ☎ 04 50 54 60 09, *Fax 04 50 54 64 38,* ←, ⛱, 🌳 – 🅿. GB. ✂ rest
fermé 9 au 21 mai, 25 sept. au 25 déc. et 7 au 31 janv. – **Repas** 100/180 🍷, enf. 70 – ☕ 50 – **15 ch** 360 – ½ P 360/370

Mont-Blanc, ☎ 04 50 54 60 02, *Fax 04 50 54 62 03,* ←, 🌳 – 🅿. GB
16 juin-16 sept., et 1ᵉʳ fév.-19 mars – **Repas** 83/134, enf. 53 – ☕ 33 – **24 ch** 189/359 – ½ P 209/297

VALLOUX *89 Yonne* 65 ⑯ – *rattaché à Avallon.*

VALMONT *76540 S.-Mar.* 52 ⑫ *G. Normandie Vallée de la Seine – 875 h alt. 60.*
Voir *Abbaye*.*
Paris 192 – Le Havre 49 – Rouen 66 – Bolbec 23 – Dieppe 58 – Fécamp 12 – Yvetot 28.

Auberge du Bec au Cauchois, Ouest : 1,5 km par rte Fécamp ☎ 02 35 29 77 56, *Fax 02 35 29 77 52* – 🅿. GB
fermé 24 au 30 déc., lundi sauf juil.-août – **Repas** *(80)* - 120/210 🍷

VALMOREL *73 Savoie* 74 ⑰ *G. Alpes du Nord – alt. 1400 – Sports d'hiver : 1 400/2 400 m* 🚡 *2* ⛷ *37* ⛷ – ✉ *73260 Aigueblanche.*
ℹ *Office de Tourisme Maison de Valmorel* ☎ *04 79 09 85 55, Fax 04 79 09 85 29.*
Paris 651 – Albertville 40 – Chambéry 88 – Moutiers 20.

Planchamp 🐴, accès piétonnier ☎ 04 79 09 97 00, *info@hotelplanchamp.com, Fax 04 79 09 83 93,* ← – 📺. ⓓ GB JCB. ✂ rest
15 déc.-15 avril – **Repas** 150/190 🍷 – ☕ 70 – **37 ch** (½ pens. seul.) – ½ P 620/700

Participez à notre effort permanent
de mise à jour

Adressez-nous vos remarques
et vos suggestions.

Cartes et Guides Michelin
46 avenue de Breteuil - 75324 Paris Cedex 07

VALOGNES *50700 Manche* 54 ② *G. Normandie Cotentin – 7 412 h alt. 35.*

Voir Hôtel de Beaumont★.

de Cherbourg-Maupertus : ☎ 02 33 88 57 60 : 18 km.

Office de Tourisme 21 r. du Grand-Moulin ☎ 02 33 95 01 26, Fax 02 33 95 23 23 (avril-sept.) pl. Château ☎ 02 33 40 11 55.

Paris 334 – Cherbourg 21 – Caen 102 – Coutances 57 – St-Lô 59.

Grand Hôtel du Louvre, 28 r. Religieuses ☎ 02 33 40 00 07, *Fax 02 33 40 13 73* – TV. GB.
fermé 20 déc. au 21 janv. et dim. d'oct. à avril – **Repas** (dîner seul.) 84/155, enf. 48 – 38 – **22 ch** 190/285 – ½ P 235/280

VALRAS-PLAGE *34350 Hérault* 83 ⑮ *G. Languedoc Roussillon – 3 043 h alt. 1 – Casino.*

Office de Tourisme pl. R.-Cassin ☎ 04 67 32 36 04, Fax 04 67 32 33 41.

Paris 778 – Montpellier 75 – Agde 26 – Béziers 17.

Mira-Mar M sans rest, bd Front de Mer ☎ 04 67 32 00 31, *Fax 04 67 32 51 21*, – cuisinette TV. AE GB JCB
1er avril-15 oct.. – 50 – **27 ch** 500/580, 4 appart

Albizzia M sans rest, bd Chemin Creux ☎ 04 67 37 48 48, *Fax 04 67 37 58 10*, – TV. AE GB
40 – **28 ch** 370/440

Moderne, pl. Gén. de Gaulle ☎ 04 67 32 25 86, *Fax 04 67 32 03 38*, – TV – 40. AE GB
1er mai-30 sept. et fermé mardi en avril et en mai – **Repas** 69/170, enf. 43 – 43 – **30 ch** 265/405 – ½ P 320/390

Delphinium, av. Élysées (face casino) ☎ 04 67 32 73 10, – . GB
fermé 10 janv. au 10 fév., le midi en semaine en saison, mardi et merc. hors saison – **Repas** 100 (déj.), 135/260

Méditerranée avec ch, 32 r. Ch. Thomas ☎ 04 67 32 38 60, *Fax 04 67 32 30 91* – rest, TV. AE GB. ch
hôtel : 1er mai-31 oct. ; rest. : fermé 15 au 30 nov., 21 janv. au 15 fév., dim. soir hors saison et lundi – **Repas** 92/260, enf. 50 – 38 – **9 ch** 270/300 – ½ P 280

VALRÉAS *84600 Vaucluse* 81 ② *G. Provence – 9 069 h alt. 250.*

Office de Tourisme pl. A.-Briand ☎ 04 90 35 04 71, Fax 04 90 35 04 71.

Paris 642 – Avignon 65 – Crest 54 – Montélimar 33 – Nyons 14 – Orange 36.

Grand Hôtel, 28 av. Gén. de Gaulle ☎ 04 90 35 00 26, *Fax 04 90 35 60 93*, , , – TV. GB
fermé 21 déc. au 28 janv., lundi midi en saison, sam. soir de nov. à mars et dim. – **Repas** 99/300, enf. 50 – 50 – **15 ch** 280/390 – ½ P 290/350

Délice de Provence, 6 La Placette (centre ville) ☎ 04 90 28 16 91, *Fax 04 90 37 42 49* – GB
fermé 27 oct. au 9 nov., mardi soir et merc. – **Repas** 94/215

VALROS *34290 Hérault* 83 ⑮ *– 1 021 h alt. 60.*

Paris 750 – Montpellier 61 – Agde 17 – Béziers 18 – Pézenas 7.

Auberge de la Tour, N 9 ☎ 04 67 98 52 01, *Fax 04 67 98 65 31*, , , – TV. GB
fermé 29 oct. au 24 nov., 18 fév. au 2 mars, merc. midi de mai à sept., dim. soir et merc. d'oct. à avril – **Repas** 95/230, enf. 55 – 40 – **18 ch** 280 – ½ P 260

Write us...

If you have any comments on the contents of this Guide.

Your praise as well as your criticisms will receive careful consideration and, with your assistance, we will be able to add to our stock of information and, where necessary, amend our judgments.

Thank you in advance!

VALS-LES-BAINS *07600 Ardèche* 76 ⑲ *G. Vallée du Rhône – 3 661 h alt. 210 – Casino.*

Office de Tourisme 116 bis J.-Jaurès ✆ 04 75 37 49 27, Fax 04 75 94 67 00.

Paris 634 ② – Le Puy-en-Velay 88 ③ – Aubenas 5 ③ – Langogne 58 ③ – Privas 33 ②.

Vivarais, av. C. Expilly (e) ✆ 04 75 94 65 85, *Fax 04 75 37 65 47*, – . AE GB JCB. rest
fermé fév. – **Repas** 178/278 – 50 – **47 ch** 285/480 – ½ P 400/500

Grand Hôtel des Bains , (a) ✆ *04 75 37 42 13, grand-hotel-des-bains@wanadoo.fr, Fax 04 75 37 67 02*, , , – . AE GB
1er avril-1er nov. – **Repas** 145/310, enf. 60 – 55 – **63 ch** 410/745 – ½ P 470/715

Grand Hôtel de Lyon, av. P. Ribeyre (s) ✆ *04 75 37 43 70, hotel.de.lyon07@wanadoo.fr, Fax 04 75 37 59 11*, – . AE GB
14 avril-30 sept. – **Repas** (85) - 120/240 , enf. 50 – 45 – **33 ch** 300/460 – P 430/490

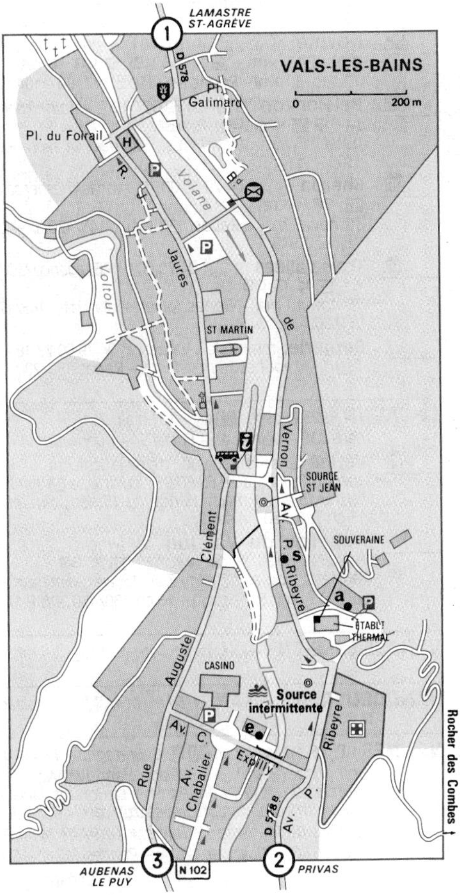

VAL-SUZON *21121 Côte-d'Or* 66 ⑪ *G. Bourgogne – 194 h alt. 361.*

Paris 300 – Dijon 19 – Avallon 94 – Châtillon-sur-Seine 68 – Montbard 59 – Saulieu 71.

Host. Val-Suzon et Chalet de la Fontaine aux Geais , N 71 ✆ *03 80 35 60 15, hostvalsuzon@mageos.com, Fax 03 80 35 61 36*, , « Jardin fleuri avec volière », – – 15. AE GB. rest
fermé 12 nov. au 20 déc., mardi midi, dim. soir et lundi d'oct. à mai – **Repas** 130 (déj.), 200/480 – 60 – **16 ch** 420/780 – ½ P 585/795

***Michelin** n'accroche pas de panonceau aux hôtels et restaurants qu'il signale.*

VAL-THORENS *73 Savoie* 77 ⑧ *G. Alpes du Nord – alt. 2300 – Sports d'hiver : 2 300/3 200 m 4 30 – 73440 St-Martin-de-Belleville.*

Voir Cime de Caron ★★★ (accès par le téléphérique de Caron).

Office de Tourisme Immeuble Estival ✆ 04 79 00 08 08, Fax 04 79 00 00 04.

Paris 669 – Albertville 59 – Chambéry 107 – Moûtiers 32.

Fitz Roy M , ✆ *04 79 00 04 78, fitzroy@relaischateau.com, Fax 04 79 00 06 11*, ←, , balnéothérapie, – , rest, . AE GB. rest
1er déc.-10 mai – **Repas** 300/500 – 95 – **30 ch** (½ pens. seul.), 3 appart, 3 duplex – ½ P 1500

Le Val Thorens, ✆ 04 79 00 04 33, *contact@levalthorens.com, Fax 04 79 00 09 40*, ≤, – ❘ ✆ ♿. AE GB. rest
1er déc.-3 mai – **Repas** 95/180 ***Bellevillois*** *(15 déc.-20 avril)* **Repas** (dîner seul.)180/350, enf. 60 – ***Fondue*** ✆04 79 00 05 17 *(15 déc.-20 avril)* **Repas** (dîner seul.) 80/150, enf. 60 – 70 – **80 ch** (1/2 pens. seul.) – 1/2 P 800/835

Novotel M, ✆ 04 79 00 04 04, *h0457@accor-hotels.com, Fax 04 79 00 05 93*, ≤, – ✆ – 20 à 60. AE GB. rest
1er déc.-30 avril – **Repas** *(95)* - 150 ♀, enf. 80 – **104 ch** (1/2 pens. seul.) – 1/2 P 800

Bel Horizon, ✆ 04 79 00 04 77, *antoine@belhorizon.com, Fax 04 79 00 06 08*, ≤, – ✆ ♿. GB. rest
hôtel : 1er déc.-30 avril ; rest. : 20 déc.-14 avril – **Repas** (dîner seul.) 170 ♀ – 60 – **31 ch** 1300 – 1/2 P 750

Sherpa, ✆ 04 79 00 00 70, *raphael@lesherpa.com, Fax 04 79 00 08 03*, ≤, – . GB. rest
30 nov.-2 mai – **Repas** 120 (déj.), 145/170 ♀ – – **52 ch** (1/2 pens. seul.), 4 duplex – 1/2 P 670/940

Trois Vallées, ✆ 04 79 00 01 86, *agence2300@compuserve.com, Fax 04 79 00 04 08*, ≤ – ✆. AE GB.
15 nov.-10 mai – **Repas** (dîner seul.) *(135)* - 145/175 ♀ – 60 – **28 ch** (1/2 pens. seul.) – 1/2 P 660

Bergerie, immeuble 3 Vallées ✆ 04 79 00 77 18 – GB
13 juil.-24 août et 20 nov.-8 mai – **Repas** 150/200

Le VALTIN *88230 Vosges 62 ⑱ – 101 h alt. 751.*

Paris 438 – Colmar 46 – Épinal 54 – Guebwiller 54 – St-Dié 28 – Col de la Schlucht 9.

Vétiné sans rest, Sud : rte de la Schlucht, 1,5 km sur D 23^H^ ✆ 03 29 60 99 44, *vetine@wanadoo.fr, Fax 03 29 60 80 95* – cuisinette P. GB
fermé 15 au 31 mars, 15 nov. au 15 déc., dim. et lundi sauf vacances scolaires – 35 – **15 ch** 220/290, 14 studios

Auberge du Val Joli avec ch, ✆ 03 29 60 91 37, *le-val-joli@wanadoo.fr, Fax 03 29 60 81 73*, – P. GB
fermé 12 nov. au 1er déc., 7 au 15 janv., dim. soir et lundi sauf vacances scolaires – **Repas** 80/300 ♀, enf. 50 – 50 – **16 ch** 150/450 – 1/2 P 175/350

VANDENESSE-EN-AUXOIS *21 Côte-d'Or 65 ⑱ – rattaché à Pouilly-en-Auxois.*

VANDOEUVRE-LÈS-NANCY *54 M.-et-M. 62 ⑤ – rattaché à Nancy.*

VANNES P *56000 Morbihan 63 ③ G. Bretagne – 45 644 h alt. 20.*

Voir *Vieille ville*★★ **AZ** : *Place Henri-IV*★ **AZ 10**, *Cathédrale St-Pierre*★ **B**, *Remparts*★, *Promenade de la Garenne*≤★★ – *La Cohue*★ *(anciennes halles)* – *Musée archéologique*★ – *Aquarium océanographique et tropical*★ – *Golfe du Morbihan*★★ *en bateau.*

Office de Tourisme 1 r. Thiers ✆ 02 97 47 24 34, Fax 02 97 47 29 49.

Paris 461 ② – Quimper 120 ④ – Rennes 112 ② – St-Brieuc 108 ① – St-Nazaire 77 ③.

Plan page suivante

Villa Kerasy M sans rest, 20 av. Favel et Lincy ✆ 02 97 68 36 83, *info@villakerasy.com, Fax 02 97 68 36 84*, – ✆ ♿. AE GB. BY r
65 – **12 ch** 595/925

Mercure M, Le parc du Golfe, Sud rte Conleau : 2 km ✆ 02 97 40 44 52, *mercurevannes@easynet.fr, Fax 02 97 63 03 20*, ≤, – , ch, ✆ ♿ P – 25 à 60. AE GB
Dauphin *(fermé dim. soir du 15 oct. au 15 avril)* **Repas** 120/190 ♀, enf. 60 – 55 – **48 ch** 490/590

Kyriad Image Ste-Anne, 8 pl. Libération ✆ 02 97 63 27 36, *Fax 02 97 40 97 02* – , rest, ✆ P. AE GB AY x
Repas *(fermé dim. soir de nov. à Pâques) (68)* - 92/180 ♀, enf. 45 – 55 – **33 ch** 320/420 – 1/2 P 280/300

Marébaudière sans rest, 4 r. A. Briand ✆ 02 97 47 34 29, *marebaudiere@wanadoo.fr, Fax 02 97 54 14 11* – ✆ P. AE GB BZ r
49 – **41 ch** 340/450

Ibis M, Z.U.P de Ménimur par ① : *1,5 km (r. E. Jourdan)* ✆ 02 97 63 61 11, *Fax 02 97 63 21 33* – ✆ P – 15 à 30. AE GB
Repas *(75)* - 95 ♀, enf. 39 – 37 – **59 ch** 370/415

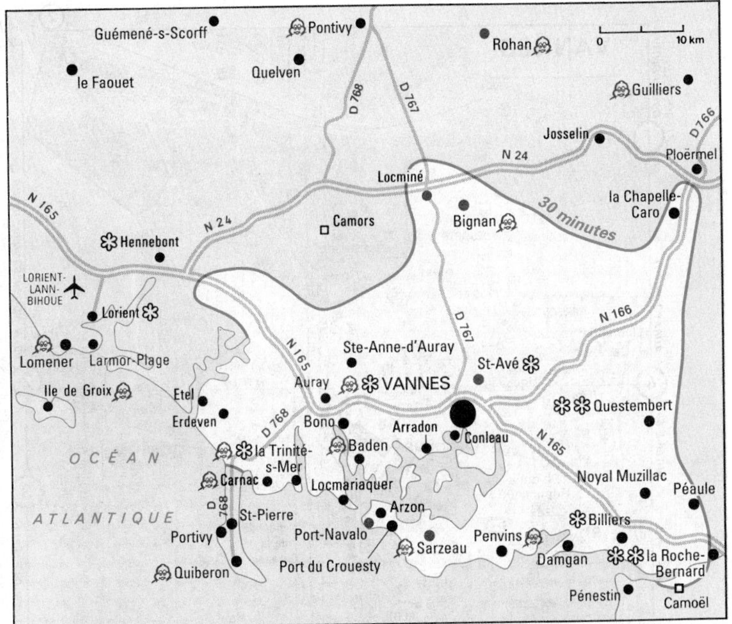

France sans rest, 57 av. V. Hugo ✆ 02 97 47 27 57, *Fax 02 97 42 59 17* – TV. AE ⓓ GB AY a
fermé 22 déc. au 6 janv. et sam. du 1er nov. au 28 fév. – ☕ 45 – **25 ch** 220/395

Anne de Bretagne sans rest, 42 r. O. de Clisson ✆ 02 97 54 22 19, *Fax 02 97 42 69 10* – BY s
TV ✆. AE ⓓ GB JCB
☕ 35 – **20 ch** 210/360

XXX ✿ **Régis Mahé,** pl. Gare ✆ 02 97 42 61 41, *Fax 02 97 54 99 01* – AE GB BY h
fermé 15 au 30 nov., vacances de fév., dim. et lundi – **Repas** 165 bc (déj.), 210/380 et carte 340 à 490 🍷
Spéc. Saint-Jacques poêlées au parmesan (oct. à avril). Galette de homard et pigeon laquée au miel (mai à oct.). Tarte chaude au chocolat, glace caramel.

XX **Table des Gourmets,** 6 r. A. Le Pontois ✆ 02 97 47 52 44, *Fax 02 97 47 52 44* – AE ⓓ GB AZ v
fermé 25 juin au 4 juil., 26 nov. au 6 déc., vacances de fév., dim. soir hors saison, lundi midi et merc. – **Repas** 130/350, enf. 75

X **Roscanvec,** 17 r. Halles ✆ 02 97 47 15 96, *roscanvec@wanadoo.fr, Fax 02 97 47 86 39* – AE ⓓ GB. ⚔ AZ s
fermé 2 au 22 janv., lundi sauf juil.-août et dim. soir – **Repas** (nombre de couverts limité, prévenir) 90 (déj.), 110/350, enf. 69

X **Morgate,** 21 r. Fontaine ✆ 02 97 42 42 39, *Fax 02 97 47 25 27,* 🏖 – GB BY e
fermé 1er au 15/05, 3 au 10/09, 26/12 au 3/01, dim. sauf le midi de 09 à 06, mardi midi sauf 07-08 et lundi – **Repas** 85 (déj.), 128/200 🍷, enf. 68

à St-Avé *par ① et D 767, Nord : 6 km (près centre hospitalier spécialisé) – 6 929 h. alt. 50 – ✉ 56890 :*

XXX ✿ **Pressoir** (Rambaud), rte de Plescop : 1,5 km (près hôpital) ✆ 02 97 60 87 63, *Fax 02 97 44 59 15* – ▤ P. AE ⓓ GB
fermé 1er au 21 mars, 1er au 11 juil., 1er au 24 oct., mardi de oct. à avril,, dim. soir et lundi – **Repas** 190 (déj.), 240/480 et carte 320 à 490 🍷, enf. 110
Spéc. Foie gras de canard en ravioles. Langoustines crues à la crème acidulée au caviar sevruga. Galette de rouget aux pommes de terre et romarin. **Vins** Muscadet.

rte de Plumelec *Nord-Est : 6 km par D 126* **BY** *et rte secondaire* – *✉ 56890 St-Avé :*

Moulin de Lesnuhé 🐌 sans rest, ✆ 02 97 60 77 77, *Fax 02 97 60 78 39,* 🏞 – ✆ P. AE GB
fermé 15 déc. au 15 janv. – ☕ 33 – **12 ch** 180/280

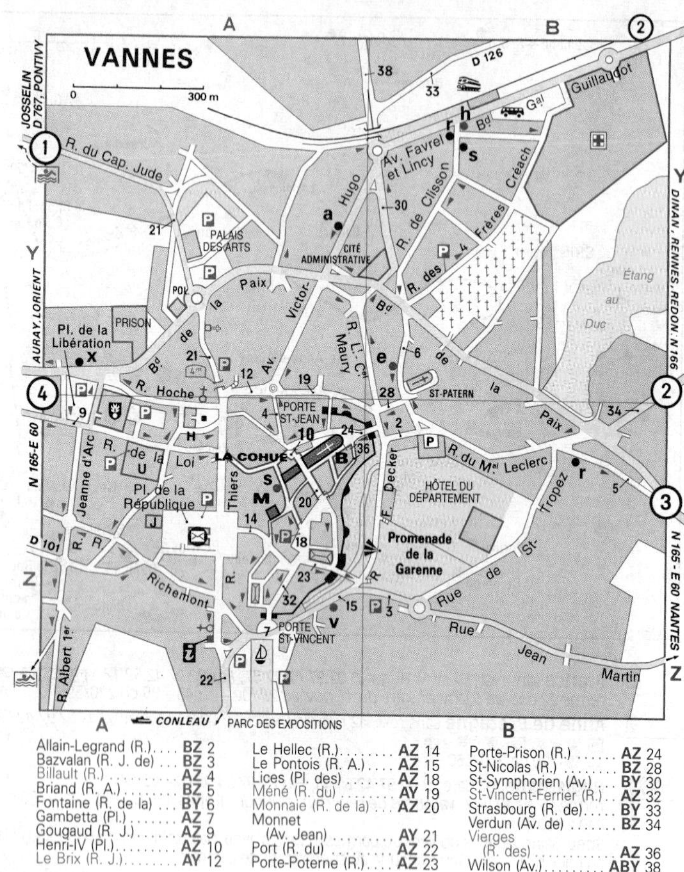

Allain-Legrand (R.) .... BZ 2
Bazvalan (R. J. de) ... BZ 3
Billault (R.) .... AZ 4
Briand (R. A.) .... BZ 5
Fontaine (R. de la) ... BY 6
Gambetta (Pl.) .... AZ 7
Gougaud (R. J.) .... AZ 9
Henri-IV (Pl.) .... AZ 10
Le Brix (R. J.) .... AY 12
Le Hellec (R.) .... AZ 14
Le Pontois (R. A.) .... AZ 15
Lices (Pl. des) .... AZ 18
Méné (R. du) .... AY 19
Monnaie (R. de la) ... AZ 20
Monnet (Av. Jean) .... AY 21
Port (R. du) .... AZ 22
Porte-Poterne (R.) .... AZ 23
Porte-Prison (R.) ...... AZ 24
St-Nicolas (R.) .... BZ 28
St-Symphorien (Av.) ... BY 30
St-Vincent-Ferrier (R.) . AZ 32
Strasbourg (R. de) ..... BY 33
Verdun (Av. de) .... BZ 34
Vierges (R. des) .... AZ 36
Wilson (Av.) .... ABY 38

à Conleau *Sud-Ouest : 4,5 km –* ✉ *56000 Vannes.*

Voir *Presqu'île de Conleau★ 30 mn.*

Roof Ⓜ ⛰, ☏ 02 97 63 47 47, *Fax 02 97 63 48 10,* ≤, – ▯ TV ♿ P – 🏨 20 à 70. AE ◑ GB

Repas 170/345 - ***Café de Conleau*** *(fermé le soir du 5 nov. à Pâques)* **Repas** *(76)*-110 ♀ – ☕ 58 – **42 ch** 435/645 – ½ P 470/495

rte d'Arradon *par ④ et D 101 : 5 km –* ✉ *56610 Arradon :*

✕✕ **L'Arlequin,** Parc d'activités de Botquelen (3 allée D. Papin) ☏ 02 97 40 41 41, *Fax 02 97 40 52 93,* – P. AE GB

fermé 20 août au 3 sept., vacances de fév., dim. soir et merc. – **Repas** *(80)* - 120/220

à Arradon *par ④, D 101, D 101A et D 127 : 7 km – 4 317 h. alt. 40 –* ✉ *56610.*

Voir ≤★.

Logis de Parc er Gréo ⛰ sans rest, au Gréo, Ouest : 2 km (dir. le Moustoir) ☏ 02 97 44 73 03, *Fax 02 97 44 80 48,* – TV ☎ ♿ P. AE ◑ GB

15 mars-12 nov. et 21 déc.-2 janv. – ☕ 58 – **12 ch** 480/590

Vénètes ⛰, à la pointe : 2 km ☏ 02 97 44 85 85, *Fax 02 97 44 78 60,* ≤ golfe et les îles – TV. GB. ch

Repas *(fermé dim. soir d'oct. à mai)* 150 (déj.), 220/400 – ☕ 50 – **12 ch** 880/1480

Stivell, r. Plessis d'Arradon ✆ 02 97 44 03 15, *Fax 02 97 44 78 90,* – rest, – 20. AE GB
fermé 15 nov. au 15 déc. – **Repas** *(fermé dim. soir et lundi midi du 15 sept. au 15 avril)* (58) - 80 bc (déj.), 90/250 ♀, enf. 39 – 40 – **25 ch** 345/375

Logoden, près Poste ✆ 02 97 44 03 35, *Fax 02 97 44 80 19* – AE GB
fermé 1er au 15 oct., 10 janv. au 10 fév., merc. soir et jeudi – **Repas** (58) - 82/255 ♀, enf. 50

Médaillon, 10 r. Bouruet Aubertot ✆ 02 97 44 77 28, *Fax 02 97 44 79 08* – AE GB
fermé vacances de Toussaint, dim. soir et merc. sauf juil.-août – **Repas** 82/192 ♀, enf. 54

VANNES-SUR-COSSON *45510 Loiret* 64 ⑩ – *455 h alt. 125.*
Paris 150 – Orléans 36 – Gien 36 – Lamotte-Beuvron 23 – Montargis 64.

Vieux Relais, ✆ 02 38 58 04 14, « Maison du 15e siècle » – GB
fermé 30 juil. au 14 août, 17 déc. au 9 janv., dim. soir, lundi et mardi – **Repas** 98/198

Les VANS *07140 Ardèche* 80 ⑧ *G. Vallée du Rhône – 2 668 h alt. 170.*
Office de Tourisme pl. Ollier ✆ 04 75 37 24 48, Fax 04 75 37 27 46.
Paris 668 – Alès 44 – Aubenas 37 – Pont-St-Esprit 66 – Privas 67 – Villefort 24.

Carmel , ✆ 04 75 94 99 60, *Fax 04 75 94 34 29,* ancien couvent, , – – 30. AE GB. rest
23 mars-5 nov. et fermé vend. midi et lundi en oct. – **Repas** (dîner seul.) 95/190 ♀ – 45 – **27 ch** 270/650 – ½ P 320/470

Grangousier, face église ✆ 04 75 94 90 86, « Maison du 16e siècle » – GB
fermé 2 janv. au 28 fév. et mardi sauf juil.-août – **Repas** (nombre de couverts limité, prévenir) 110/300 ♀, enf. 80

au Sud-Est *: 6 km par D 901 – ✉ 07140 Les Vans :*

Mas de l'Espaïre , ✆ 04 75 94 95 01, *espaire@wanadoo.fr, Fax 04 75 37 21 00,* , , – – 20. AE GB
1er avril-15 nov. – **Repas** *(fermé lundi en avril sauf fériés)* (90) - 130/250 bc ♀ – 55 – **30 ch** 350/450 – ½ P 380/400

VANVES *92 Hauts-de-Seine* 60 ⑩, 101 ㉕ – *voir à Paris, Environs.*

VARENGEVILLE-SUR-MER *76119 S.-Mar.* 52 ④ *G. Normandie Vallée de la Seine – 1 048 h alt. 80.*
Voir Site★ de l'église – Parc des Moustiers★ – Colombier★ du manoir d'Ango, S : 1 km – Ste-Marguerite : arcades★ de l'église O : 4,5 km – Phare d'Ailly ≤★ NO : 4 km.
Paris 197 – Dieppe 10 – Fécamp 59 – Fontaine-le-Dun 19 – Rouen 67.

à Vasterival *Nord-Ouest : 3 km par D 75 et rte secondaire – ✉ 76119 Varengeville-sur-Mer :*

Terrasse , ✆ 02 35 85 12 54, *francois.delafontaine@wanadoo.fr, Fax 02 35 85 11 70,* ≤, « Belle demeure face à la mer », – . GB. rest
15 mars-15 oct. – **Repas** 98/150 ♀, enf. 50 – 40 – **22 ch** 330/340 – ½ P 290/320

La VARENNE-ST-HILAIRE *94 Val-de-Marne* 61 ①, 101 ㉘ – *voir à Paris, Environs (St-Maur-des-Fossés).*

VARENNES-SUR-ALLIER *03150 Allier* 69 ⑭ – *4 413 h alt. 245.*
Office de Tourisme pl. de l'Hôtel-de-Ville ✆ 04 70 47 72 07.
Paris 332 – Moulins 31 – Digoin 59 – Lapalisse 19 – St-Pourçain-sur-Sioule 11 – Vichy 25.

à Boucé *Est : 8 km par N 7 et D 23 – 512 h. alt. 310 – ✉ 03150 Varennes-sur-Allier :*

Auberge de Boucé, Le Bourg ✆ 04 70 43 70 59, *Fax 04 70 43 75 18,* – GB
fermé 16 août au 4 sept., vacances de fév., mardi soir, merc soir de nov. à mars et dim. soir – **Repas** 65 (déj.), 95/190

au Sud-Est *: 8,5 km par N 209 et D 214 – ✉ 03150 Varennes-sur-Allier :*

Château de Theillat , ✆ 04 70 99 86 70, *Fax 04 70 99 86 33,* ≤, « Château du 19e siècle dans un parc », , , , – – 15 à 100. AE GB. rest
15 avril-15 oct. – **Repas** 120/260 – 70 – **18 ch** 650/1230 – ½ P 730

VARETZ *19 Corrèze* 75 ⑧ – *rattaché à Brive-la-Gaillarde.*

VARREDDES *77 S.-et-M.* 56 ⑬, 106 ㉓ – *rattaché à Meaux.*

VARS *05560 H.-Alpes* 77 ⑱ *G. Alpes du Sud – 941 h alt. 1650.*
Paris 729 – Briançon 47 – Gap 71 – Barcelonnette 43 – Digne-les-Bains 125.

à Ste-Marie-de-Vars – ✉ *05560 Vars :*

Alpage-le Logis, ☎ 04 92 46 50 52, *hotel.alpage@wanadoo.fr, Fax 04 92 46 64 23,* – TV P. GB. ✻
1er juil.-31 août et 22 déc.-13 avril – **Repas** 85/160 ♀, enf. 55 – ☐ 40 – **17 ch** 460/590 – ½ P 361/427

Vallon ⛰, ☎ 04 92 46 54 72, *info@hotelvallon.com, Fax 04 92 46 61 62,* ←, – TV P. GB. ✻ rest
16 juin-31 août et 20 déc.-20 avril – **Repas** (75) - 97/130 ♀, enf. 58 – ☐ 39 – **33 ch** 278/495 – ½ P 342/383

Vieille Auberge, ☎ 04 92 46 53 19, *Fax 04 92 46 66 07* – GB. ✻ ch
20 juin-1er sept. et 20 déc. au 20 avril – **Repas** 100/120 – ☐ 40 – **20 ch** 280/400 – ½ P 350

aux Claux – *Sports d'hiver : 1 650/2 750 m 2 56* – ✉ *05560 Vars.*
Office de Tourisme cours Fontanarosa ☎ 04 92 46 51 31, Fax 04 9246 56 54.

Caribou, ☎ 04 92 46 50 43, *hotelcaribou@wanadoo.fr, Fax 04 92 46 59 92,* ←, – TV P. GB. ✻ rest
9 juin-2 sept. et 15 déc.-20 avril – **Repas** (90) - 120/140 – ☐ 48 – **37 ch** 670/1050 – ½ P 760

L'Écureuil ⛰ sans rest, ☎ 04 92 46 50 72, *Fax 04 92 46 62 51,* ← – TV P. GB
10 juin-9 sept. et 8 déc.-24 avril – ☐ 40 – **19 ch** 450/530

Les Escondus, ☎ 04 92 46 67 00, *Fax 04 92 46 50 47,* ←, – TV P. AE GB. ✻
11 juin-6 sept. et 15 déc.-24 avril – **Repas** 120/145, enf. 55 – ☐ 40 – **22 ch** 530 – ½ P 590

Chez Plumot, ☎ 04 92 46 52 12, – GB
10 juin-2 sept. et 8 déc.-27 avril – **Repas** 140/200 ♀, enf. 60

VARZY *58210 Nièvre* 65 ⑭ *G. Bourgogne – 1 455 h alt. 249.*
Paris 224 – La Charité-sur-Loire 37 – Clamecy 17 – Cosne-sur-Loire 42 – Nevers 53.

Auberge de la Poste avec ch, ☎ 03 86 29 41 72, *Fax 03 86 29 72 67,* – TV GB
fermé fév., dim. soir et lundi – **Repas** *(fermé dim. soir et lundi du 15 nov. au 15 avril)* 100/260 – ☐ 40 – **10 ch** 220/300

VASSIVIÈRE (Lac de) *87 H.-Vienne* 72 ⑲ – *rattaché à Peyrat-le-Château.*

VASTERIVAL *76 S.-Mar.* 52 ④ – *rattaché à Varengeville-sur-Mer.*

VATAN *36150 Indre* 68 ⑧ ⑨ *G. Berry Limousin – 2 022 h alt. 140.*
Paris 238 – Bourges 69 – Blois 78 – Châteauroux 31 – Issoudun 21 – Vierzon 29.

France, ☎ 02 54 49 74 11, *Fax 02 54 49 74 11,* – TV P. GB
fermé 27 août au 3 sept., 28 nov. au 5 déc., vacances de fév., mardi soir et merc. sauf fériés – **Repas** 98/195 ♀ – ☐ 37 – **12 ch** 155/395 – ½ P 170/265

VAUCHOUX *70 H.-Saône* 66 ⑤ – *rattaché à Port-sur-Saône.*

VAUCRESSON *92 Hauts-de-Seine* 60 ⑩., 101 ㉓ – *voir à Paris, Environs.*

VAUDEURS *89320 Yonne* 61 ⑮ – *478 h alt. 200.*
Paris 142 – Troyes 59 – Auxerre 50 – Sens 25.

Vaudeurinoise ⛰ avec ch, ☎ 03 86 96 28 00, *Fax 03 86 96 28 03,* – P. GB
fermé 1er au 21 janv., mardi soir et merc. sauf juil.-août – **Repas** (dim. prévenir) 85/230 – ☐ 30 – **7 ch** 175/250 – ½ P 200/250

VAULT DE LUGNY *89 Yonne* 65 ⑯ – *rattaché à Avallon.*

VAUNAVEYS-LA-ROCHETTE *26400 Drôme* 77 ② – *448 h alt. 282.*
Paris 589 – Valence 26 – Crest 6 – Die 45 – Romans-sur-Isère 34 – Privas 43.

Auberge de la Rochette ⛰ avec ch, à La Rochette Nord : 3 km ☎ 04 75 25 79 30, *Fax 04 75 25 79 25,* , « Jardin fleuri », – TV P. GB. ✻
fermé oct., fév. et merc. de nov. à Pâques – **Repas** *(fermé le midi sauf dim. de mai à sept., jeudi midi, dim. soir et merc. de nov. à fin avril)* (nombre de couverts limité, prévenir) 175/210 – ☐ 75 – **5 ch** 460/540 – ½ P 450/490

VAUX-EN-BEAUJOLAIS *69460 Rhône* 73 ⑨ *– 669 h alt. 360.*
Paris 435 – Mâcon 40 – Roanne 62 – Chaufailles 39 – Lyon 51 – Villefranche-sur-Saône 17.

XX **Auberge de Clochemerle** M avec ch, ☎ 04 74 03 20 16, *aub.clochemerle@netcourrier.com, Fax 04 74 03 28 48,* – TV ♿. GB. ch
fermé mardi soir et merc. – **Repas** 100/330 ♀ – ☕ 35 – **7 ch** 220/320 – ½ P 250/300

VAUX-LE-PÉNIL *77 S.-et-M.* 61 ②., 106 ㊺ *– rattaché à Melun.*

VAUX-SOUS-AUBIGNY *52190 H.-Marne* 66 ③ *– 663 h alt. 275.*
Paris 305 – Dijon 49 – Gray 43 – Langres 25.

XX **Auberge des Trois Provinces,** ☎ 03 25 88 31 98, *Fax 03 25 84 25 61* – GB
fermé 15 janv. au 5 fév., dim. soir et lundi
Repas 98/138 ♀

VELIZY-VILLACOUBLAY *78 Yvelines* 60 ⑩., 101 ㉔ *– voir à Paris, Environs.*

VELLES *36330 Indre* 68 ⑱ *– 835 h alt. 135.*
Paris 292 – Bourges 84 – Argenton-sur-Creuse 20 – Châteauroux 17 – La Châtre 35.

X **L'Orée du Bois,** ☎ 02 54 36 13 14, *Fax 02 54 36 21 11,* – GB
fermé 1er au 7 août, 30 oct. au 5 nov., 2 au 9 janv., mardi en juil.-août et lundi – **Repas** 85/115 ♀, enf. 45

VELLUIRE *85 Vendée* 71 ⑪ *– rattaché à Fontenay-le-Comte.*

VENAREY-LES-LAUMES *21150 Côte-d'Or* 65 ⑧ ⑱ *G. Bourgogne – 3 544 h alt. 235.*
Paris 259 – Dijon 67 – Avallon 54 – Montbard 15 – Saulieu 41 – Semur-en-Auxois 13.

à Alise-Ste-Reine *Est : 2 km – 667 h. alt. 415 – ✉ 21150 .*
Voir Mont Auxois★ : ✻★ – Château de Bussy-Rabutin★.

XX **Cheval Blanc,** ☎ 03 80 96 01 55, *Fax 03 80 96 01 55* – P. GB
fermé 7 janv. au 5 fév., lundi sauf le midi en juil.-août et dim. soir
Repas 80 (déj.), 148/210 ♀

VENASQUE *84210 Vaucluse* 81 ⑬ *G. Provence – 785 h alt. 310.*
Voir Baptistère★ – Gorges★ E : 5 km par D 4.
Office de Tourisme Grande-Rue ☎ 04 90 66 11 66, Fax 04 90 66 11 66.
Paris 695 – Avignon 35 – Apt 33 – Carpentras 13 – Cavaillon 32 – Orange 37.

Auberge La Fontaine , ☎ 04 90 66 02 96, *fontuenasq@aol.com, Fax 04 90 66 13 14,* ambiance guest house – cuisinette, ch, TV . GB
fermé 15 nov. au 15 déc. – **Repas** *(fermé merc.)* (nombre de couverts limité, prévenir) (dîner seul.) 220 - ***Bistro*** *(fermé dim. soir et lundi)* **Repas** 90/190 ♀, enf. 45 – ☕ 50, 5 appart 800

Garrigue sans rest, ☎ 04 90 66 03 40, *Fax 04 90 66 61 43,* , – P. GB.
1er avril-15 oct. – ☕ 45 – **14 ch** 280/450

VENCE *06140 Alpes-Mar.* 84 ⑨, 115 ㉕ *G. Côte d'Azur – 15 330 h alt. 325.*
Voir Chapelle du Rosaire★ (chapelle Matisse) – Place du Peyra★ **B 13** *– Stalles★ de la cathédrale* **B E** *– ≤★ de la terrasse du château N. D. des Fleurs NO : 2,5 km par D 2210.*
Env. Col de Vence ✻★★ NO : 10 km par D 2 – St-Jeannet : site★, ≤★ 8 km par ③.
Office de Tourisme pl. Grand Jardin ☎ 04 93 58 06 38, Fax 04 93 58 91 81, Mairie ☎ 04 93 58 06 12.
Paris 929 ① – Nice 24 ① – Antibes 20 ① – Cannes 30 ① – Grasse 26 ②.

Plan page suivante

Château du Domaine St-Martin , rte de Coursegoules par D 2 : 2,5 km ☎ 04 93 58 02 02, *st-martin@webstore.fr, Fax 04 93 24 08 91,* ≤ Vence et littoral, , , – TV ♿ – 50. AE GB JCB.
fév.-oct. – **Repas** *(fermé merc.)* 320 (déj.), 450/550 et carte 600 à 650 ♀ – ☕ 135 – **34 ch** 4000/5000, 6 appart – ½ P 2550/3050
Spéc. Lasagne de homard au jus de crustacés à l'estragon. Rouelle de jarret de veau en croûte d'olive. Symphonie de chocolat. **Vins** Bellet, Côtes de Provence.

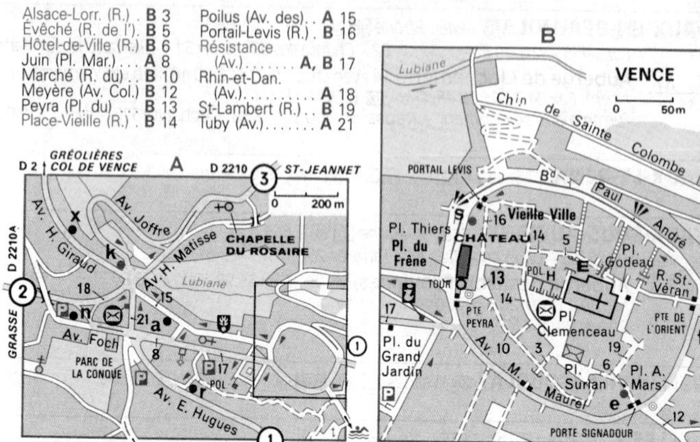

Relais Cantemerle Ⓜ, 258 chemin Cantemerle par av. Col. Meyère B
✆ 04 93 58 08 18, *info@relais-cantemerle.com, Fax 04 93 58 32 89,* « Jardin ombragé », – ch, AE GB
avril-oct. – **Repas** *(fermé mardi midi et lundi sauf juil.-août)* 220 – 80 – **1 ch** 750, 19 duplex 1100 – ½ P 665/840

Diana sans rest, av. Poilus ✆ 04 93 58 28 56, *hotel-diana-vence@worldonline.fr, Fax 04 93 24 64 06* – cuisinette AE GB A a
40 – **25 ch** 480/510

Mas de Vence Ⓜ, 539 av. E. Hugues ✆ 04 93 58 06 16, *mas@azurline.com, Fax 04 93 24 04 21,* – 20. AE GB JCB. rest
Repas 165/175, enf. 90 – 42 – **41 ch** 390/530 – ½ P 420/430 A r

Floréal, 440 av. Rhin et Danube par ② ✆ 04 93 58 64 40, *hotel.floreal@wanadoo.fr, Fax 04 93 58 79 69,* – rest, – 20. AE GB
Repas 115/195 – 60 – **44 ch** 390/780 – ½ P 395/560

Villa Roseraie sans rest, rte de Coursegoules ✆ 04 93 58 02 20, *Fax 04 93 58 99 31,* « Jolie villa 1900 dans un jardin », – AE GB A x
70 – **14 ch** 490/750

Parc Hôtel sans rest, 50 av. Foch ✆ 04 93 58 27 27, *Fax 04 93 58 59 64* – AE GB.
Paques-fin sept. – 40 – **13 ch** 260/370 A n

Jacques Maximin, 689 chemin de la Gaude par ① *et rte Cagnes : 3 km*
✆ 04 93 58 90 75, *Fax 04 93 58 22 86,* – AE GB
fermé mi-nov. à mi-déc., le midi en juil.-août sauf dim., dim. soir et lundi de sept. à juin sauf fériés – **Repas** - cuisine provençale - (nombre de couverts limité, prévenir) 240 (déj.), 350/650 et carte 520 à 780
Spéc. Filet de loup sauvage rôti à la niçoise. Fritto-Misto de homard bleu aux chips légumières. Canard entier rôti à l'ail doux, sauce poivrade. **Vins** Bellet, Côtes de Provence.

Auberge des Templiers, 39 av. Joffre ✆ 04 93 58 06 05, *Fax 04 93 58 92 68,* – AE GB A k
fermé 26/11 au 13/12, 28/01 au 8/02, lundi sauf le soir de juil. à sept., mardi midi et merc. midi de juil. à sept – **Repas** 205/355

Vieux Couvent, 37 av. Alphonse Toreille ✆ 04 93 58 78 58, *Fax 04 93 58 78 58* – GB B f
fermé 15 janv. au 15 mars, jeudi midi et merc. – **Repas** (nombre de couverts limité, prévenir) *(160)* - 205/260 bc

Auberge des Seigneurs avec ch, pl. Frêne ✆ 04 93 58 04 24, *Fax 04 93 24 08 01,* « Auberge rustique du 17e siècle » – AE GB B s
15 mars-15 nov. – **Repas** *(fermé mardi midi, merc. midi et lundi)* 170/245 – 55 – **6 ch** 282/404

Chez Jordi, 8 r. Hôtel de Ville ✆ 04 93 58 83 45 – AE B e
fermé 15 juil. au 15 août, 20 déc. au 15 janv., dim. et lundi – **Repas** (nombre de couverts limité, prévenir) 120/150

Les prix Pour toutes précisions sur les prix indiqués dans ce guide, reportez-vous aux pages explicatives.

VENDÔME ⟨SP⟩ 41100 L.-et-Ch. 64 ⑥ *G. Châteaux de la Loire* – 17 525 h alt. 82.

Voir Anc. abbaye de la Trinité★ : église abbatiale★★, musée★ **BZ M** – Château : terrasses ≤★.

Office de Tourisme Hôtel Le Saillant 47-49 r. Poterie ☎ 02 54 77 05 07, Fax 02 54 73 20 81.

Paris 172 ① – Blois 34 ③ – Le Mans 77 ⑥ – Orléans 90 ① – Tours 58 ④.

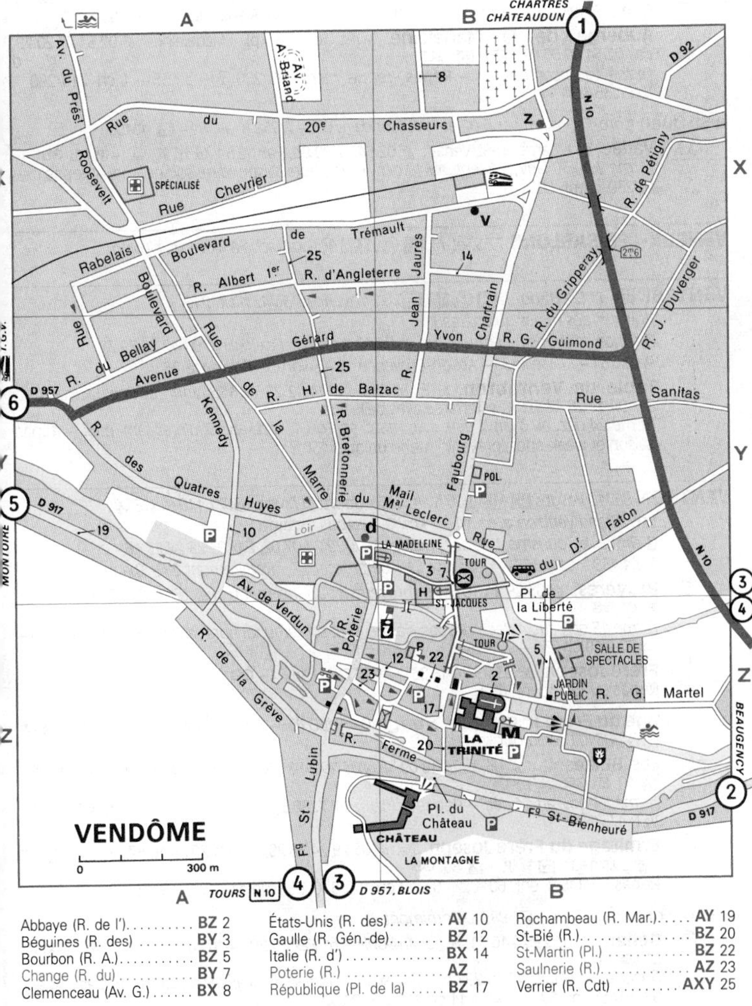

Abbaye (R. de l')	BZ	2	États-Unis (R. des)	AY	10	Rochambeau (R. Mar.)	AY	19
Béguines (R. des)	BY	3	Gaulle (R. Gén.-de)	BZ	12	St-Bié (R.)	BZ	20
Bourbon (R. A.)	BZ	5	Italie (R. d')	BX	14	St-Martin (Pl.)	BZ	22
Change (R. du)	BY	7	Poterie (R.)	AZ		Saulnerie (R.)	AZ	23
Clemenceau (Av. G.)	BX	8	République (Pl. de la)	BZ	17	Verrier (R. Cdt)	AXY	25

Capricorne, 8 bd de Trémault ☎ 02 54 80 27 00, *capricorne41@hotmail.com, Fax 02 54 77 30 63,* – TV P – 15. AE GB — **BX v**

fermé 1er au 14 janv., 26 au 31 déc. et dim. du 15 janv. au 1er avril et du 5 nov. au 26 déc. – ***Folle Blanche*** *(fermé sam. sauf le soir du 2/4 au 4/11 et dim. soir hors saison)* **Repas** 120/250, enf. 68 – ***Resto 7e Art*** *(fermé sam. sauf le soir du 2/4 au 4/11 et dim. soir hors saison)* **Repas** 90/110, enf. 68 – 40 – **31 ch** 295/360 – ½ P 270/360

Mercator, rte Blois par ③ : *2 km* ☎ 02 54 89 08 08, *Fax 02 54 89 09 17* – rest, TV – 30 à 80. AE GB

Repas *(fermé dim. soir d'oct. à fin mars)* 65/210 ♀, enf. 45 – 30 – **51 ch** 190/245 – ½ P 220/310

Bel air, par ① et N 10 : 3 km ✆ 02 54 72 20 20, Fax 02 54 73 24 41 – TV ♿ P – 30 à 50. AE GB
fermé 15 déc. au 7 janv. et dim. en hiver – **Repas** (fermé vend. soir et dim. soir) 80, enf. 40 – 32 – **31 ch** 195/230 – ½ P 221

Paris, 1 r. Darreau ✆ 02 54 77 02 71, Fax 02 54 73 17 71 – AE GB BX z
fermé 30 juil. au 14 août, dim. soir, mardi soir et lundi – **Repas** 90/179, enf. 65

Auberge de la Madeleine avec ch, 6 pl. Madeleine ✆ 02 54 77 20 79, Fax 02 54 80 00 02, – TV. GB AY d
fermé vacances de fév. – **Repas** (fermé merc.) 85/220 ♀ – 35 – **8 ch** 210/290 – ½ P 235/250

à St-Ouen Nord-Est : 4 km par D 92 et rte secondaire **BX** – 2 958 h. alt. 81 – ✉ 41100 :

Vallée, 34 r. Barré-de-St-Venant ✆ 02 54 77 29 93, Fax 02 54 73 16 96, – P. AE GB
fermé 7 au 30 janv., 24 sept. au 10 oct., merc. hors saison, dim. soir et lundi – **Repas** (75) - 95/230 ♀, enf. 60

VENEUX-LES-SABLONS 77 S.-et-M. 61 ⑫, 106 ㊻ – rattaché à Moret-sur-Loing.

VENTABREN 13122 B.-du-R. 84 ②, 114 ⑭ G. Provence – 3 742 h alt. 210.
Voir ≤★ des ruines du Château.
Office de Tourisme Grande Rue ✆ 04 42 28 76 47, Fax (Mairie) 04 42 28 79 78.
Paris 751 – Marseille 33 – Aix-en-Provence 15 – Salon-de-Provence 26.

Table de Ventabren, r. F. Mistral ✆ 04 42 28 79 33, lynnmcd@aixpacwan.net, Fax 04 42 28 87 37, ≤, « Terrasse avec belle vue »
fermé 24 déc. au 3 janv., dim. soir, merc. soir du 1er oct. au 15 juin et sam. midi. – **Repas** (saison et week-ends, prévenir)(menu unique) 130 ♀

VENTRON 88310 Vosges 62 ⑰ – 900 h alt. 630 – Sports d'hiver : 630/1 110 m 8 .
Env. Grand Ventron ★★ NE : 7 km, G. Alsace Lorraine.
Office de Tourisme 4 pl. de la Mairie ✆ 03 29 24 07 02, Fax 03 29 24 23 16.
Paris 438 – Épinal 53 – Mulhouse 51 – Gérardmer 27 – Remiremont 28 – Thann 31.

Bruyères, ✆ 03 29 24 18 63, lesbruyeres@club-internet.fr, Fax 03 29 24 23 15, – TV P. AE GB
fermé 15 oct. au 24 déc. – **Repas** (fermé dim. soir et lundi hors saison) 98/140 ♀, enf. 45 – 30 – **19 ch** 230 – ½ P 260

Frère Joseph, ✆ 03 29 24 18 23, Fax 03 29 24 16 61 – GB
Repas 58/150, enf. 42

à l'Ermitage du Frère Joseph Sud : 5 km par D 43 et D 43E – Sports d'hiver : 630/1 110 m 8 – ✉ 88310 Cornimont :

Les Buttes , ✆ 03 29 24 18 09, Fax 03 29 24 21 96, ≤, – , ch, TV P – 40. AE GB. rest
fermé 11 nov. au 14 déc. – **Repas** 95 (déj.), 145/280 ♀, enf. 65 – 70 – **27 ch** 460/1010 – ½ P 475/685

Ermitage du Frère Joseph , ✆ 03 29 24 18 29, Fax 03 29 24 16 57, ≤, , , – cuisinette TV P – 80. GB
Repas 80/145 ♀, enf. 60 – 40 – **17 ch** 160/510, 35 studios – ½ P 240/395

à Travexin Ouest : 3 km – ✉ 88310 Cornimont :

Géhan, ✆ 03 29 24 10 71, le.gehan@online.fr, Fax 03 29 24 10 70, , – TV P. AE GB
fermé 2 au 12 juil., 12 au 29 oct., dim. soir et lundi sauf vacances scolaires – **Repas** 69 (déj.), 98/197 ♀, enf. 52 – 40 – **11 ch** 270 – ½ P 290

VERBERIE 60410 Oise 56 ②, 106 ⑩ – 2 627 h alt. 33.
Paris 70 – Compiègne 16 – Beauvais 57 – Clermont 31 – Senlis 19 – Villers-Cotterêts 31.

Auberge de Normandie avec ch, 26 r. Pêcherie ✆ 03 44 40 92 33, christiane.maletras@wanadoo.fr, Fax 03 44 40 50 62, – TV. GB
fermé 9 au 29 juil., dim. soir et lundi – **Repas** 98 (déj.), 120/180 ♀ – 35 – **5 ch** 230/340 – ½ P 235/290

VERCHAIX 74 H.-Savoie 74 ⑧ – rattaché à Samoëns.

VERDON (Grand Canyon du) ★★★ *04 Alpes-de-H.-P.* 81 ⑰, 114 ⑧ ⑨ *G. Alpes du Sud.*
Ressources hôtelières : *voir à* **Trigance, Point Sublime, La Palud-sur-Verdon.**

VERDUN SP *55100 Meuse* 57 ⑪ *G. Alsace Lorraine – 20 753 h alt. 198.*

Voir Ville Haute★ : Cathédrale Notre-Dame★, **BYZ** *Palais épiscopal★ (Centre mondial de la paix)* **BZ** *– Citadelle souterraine★ : circuit★★* **BZ** *– Les champs de bataille★★★ : Mémorial de Verdun, Fort et Ossuaire de Douaumont, Tranchée des Baïonnettes, le Mort-Homme, la Cote 304.*

Office de Tourisme pl. Nation ✆ 03 29 86 14 18, Fax 03 29 84 22 42 Annexes : Pont Autoroutier, Arche de Verdun, Autoroute de l'Est.

Paris 264 ④ – Bar-le-Duc 54 ④ – Metz 79 ③ – Châlons-en-Champagne 91 ④ – Nancy 97 ③.

VERDUN

Alsace-Lorraine (Av.) . . . . **CZ** 2
Beaurepaire (R.) . . . . **CZ** 3
Belle-Vierge (R. de la) . . . . . . **BY** 4
Chevert (Pl.) . . . . **CZ** 5
Douaumont (Av. de) . . . . **CY** 6
Foch (Pl. Mar.) . . . . **CY** 7
Fort de Vaux (R. du) . . . . . . **CZ** 8
Frères-Boulhaut (R. des) . . . . **CY** 9
Lattre-de-Tassigny (Av. Mar. de) . . . . **CY** 10
Mautroté (R.) . . . . **BY** 13
Mazel (R.) . . . . **CY** 14
Prés.-Poincaré (R.) . . . . **CZ** 17
République (Quai de la) . . . . **CY** 18
Rû (R. de) . . . . **BZ** 19
St-Paul (R.) . . . . **CY** 20
St-Pierre (R.) . . . . **BY** 21
Soupirs (Allée des) . . . . **BY** 24

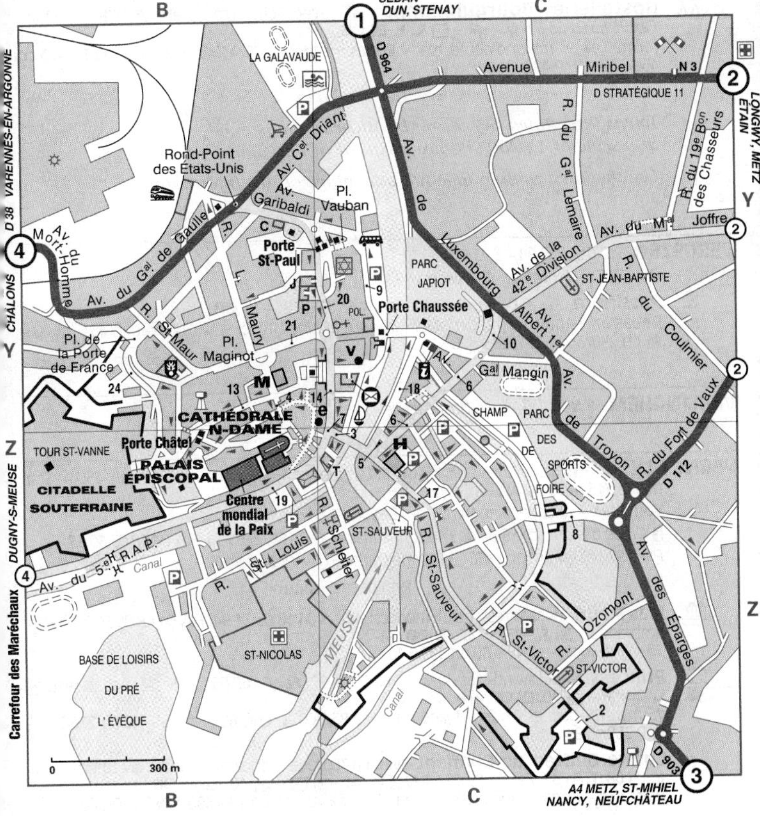

Hostellerie du Coq Hardi, 8 av. Victoire ✆ 03 29 86 36 36, *coq.hardi@wanadoo.fr,* **CY v**
Fax 03 29 86 09 21 – TV ♿ – 25. AE GB
Repas *(fermé sam. midi et vend. sauf fériés)* 220/480 ♀, enf. 105 - ***Bistro*** *(fermé vend.)* **Repas** 98/150 ♀, enf. 70 – ☕ 78 – **34 ch** 300/795, 3 appart

Prunellia, 48 av. Metz par ③ ☎ 03 29 83 94 94, *Fax 03 29 83 94 95* – TV ☎ ♿ P – 🏛 25. AE ⓓ GB. ✂
Repas *(fermé le midi sauf week-ends et vend.)* 99/260 ♀, enf. 52 – ☕ 50 – **40 ch** 308 – ½ P 270

Montaulbain sans rest, 4 r. Vieille-Prison ☎ 03 29 86 00 47, *Fax 03 29 84 75 70* – TV. AE GB. ✂ BCY e
fermé vacances de fév. – ☕ 30 – **10 ch** 160/200

aux Monthairons *par ④ et D 34 : 13 km – 367 h. alt. 200 – ✉ 55320 :*

Hostellerie du Château des Monthairons ♨, ☎ 03 29 87 78 55, *chateau-des-monthairons@wanadoo.fr, Fax 03 29 87 73 49*, ←, 🌳, « Château du 19e siècle dans un parc en bordure de Meuse », 🎣, 🌲 – TV ☎ ♿ P – 🏛 25. AE ⓓ GB JCB
fermé 2 janv.-9 fév., dim. soir et lundi du 16/11-14/03, lundi midi, merc. midi du 15 mars-15 nov. et mardi midi – **Repas** 130 (déj.), 190/460 ♀, enf. 80 – ☕ 75 – **14 ch** 490/880, 6 appart – ½ P 590/750

VERDUN-SUR-LE-DOUBS *71350 S.-et-L. 70 ② G. Bourgogne – 1 065 h alt. 180.*

ℹ *Office de Tourisme pl. de la Liberté ☎ 03 85 91 87 52.*
Paris 332 – Beaune 24 – Chalon-sur-Saône 23 – Dijon 65 – Dole 49 – Lons-le-Saunier 58.

✕✕ **Hostellerie Bourguignonne** M avec ch, rte Ciel ☎ 03 85 91 51 45, *Fax 03 85 91 53 81*, 🌳, 🌲 – TV ☎ P. AE GB
fermé fév. et mardi d'oct. à mai – **Repas** 120 (déj.), 175/430 ♀, enf. 65 – ☕ 55 – **9 ch** 450/550 – ½ P 480

Towns ***underlined in red*** *on the* ***Michelin maps***
at a scale of 1 : 200 000 are included in this Guide.
Use the latest map to take full advantage of this information.

VERGÈZE *30310 Gard 83 ⑧ – 3 135 h alt. 30.*

Paris 727 – Montpellier 43 – Nîmes 19.

Passiflore ♨, ☎ 04 66 35 00 00, *Fax 04 66 35 09 21* – AE GB
Repas *(mars-nov., fermé dim. sauf juil.-août et lundi)* (dîner seul.) 145 ♀, enf. 45 – ☕ 40 – **11 ch** 290/350 – ½ P 285/325

VERLINGHEM *59 Nord 51 ⑯ – rattaché à Lille.*

VERNET-LES-BAINS *66820 Pyr.-Or. 86 ⑰ G. Languedoc Roussillon – 1 489 h alt. 650 – Stat. therm. (15 mars-30 nov.) – Casino.*

Voir *Site★ – Abbaye Saint-Martin-du-Canigou 2,5 km S★★.*
ℹ *Office de Tourisme 6 pl. de l'Ancienne Mairie ☎ 04 68 05 55 35, Fax 04 68 05 60 33.*
Paris 912 ① – Perpignan 56 ① – Mont-Louis 36 ① – Prades 11 ①.

Plan page ci-contre

Mas Fleuri ♨ sans rest, bd Clemenceau **(a)** ☎ 04 68 05 51 94, *Fax 04 68 05 50 77*, « Parc ombragé », 🏊, 🌲 – TV P. AE ⓓ GB. ✂
15 mai-15 oct. – ☕ 48 – **30 ch** 395/540

Princess ♨, r. Lavandières **(k)** ☎ 04 68 05 56 22, *Fax 04 68 05 62 45*, 🌳 – |✣|, ▤ rest, TV ☎ 🚗 P – 🏛 40. AE GB JCB. ✂ rest
15 mars-1er déc. et 22 déc.-3 janv. – **Repas** 85/200 🍷, enf. 60 – ☕ 35 – **40 ch** 276/316 – ½ P 258/278

✕ **Comte Guifred de Conflent** avec ch (collège d'application hôt.), av. Thermes **(u)** ☎ 04 68 05 51 37, *Fax 04 68 05 64 11*, 🌳, 🌲 – |✣| TV – 🏛 40. AE ⓓ GB
mars-oct. – **Repas** 75 (déj.), 88/180, enf. 55 – ☕ 40 – **10 ch** 290/390 – ½ P 290/340

à Casteil *Sud : 2 km par D 116 – 102 h. alt. 780 – ✉ 66820 :*

✕ **Molière** ♨ avec ch, ☎ 04 68 05 50 97, *Fax 04 68 05 55 11*, ←, 🌳, 🌲 – P. GB
16 mars-1er nov. et fermé dim. soir et lundi hors saison – **Repas** 100/170 – ☕ 34 – **10 ch** 230/260 – ½ P 250

VERNET-LES-BAINS

Albiot (Prom.) 3
Burnay (Av.). 4
Cady (Prom. du) 6
Entente Cordiale (Pl. de l') 7
Mines (Av. des) 9
Nogueres (Pont L.) 10
St-Martin du Canigou (Av.) 12
St-Saturnin (Bd de) 13
Sports (Allée des) 15
Thermes (Av. des) 16

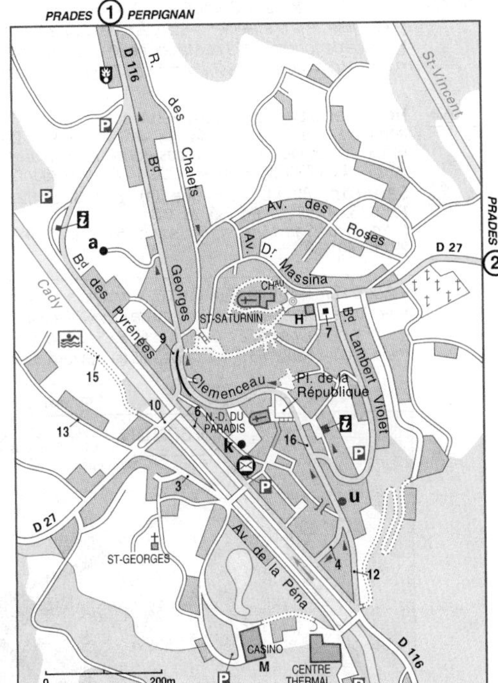

Repas soignés à prix modérés : Repas 100/140

VERNEUIL-SUR-AVRE

Breteuil (Rte de) 2
Briand (R. A.) 4
Canon (R. du) 5
Casati (Bd) 7
Chasles (Av. A.) 8
Clemenceau (R.) 9
Demolins (Av. E.). 10
Ferté-Vidame (Rte de la) 12
Lait (R. au) 13
Madeleine (Pl. de la). 15
Notre-Dame (Pl.) 16
Paul-Doumer (R.) 17
Poissonnerie (R. de la) 18
Pont-aux-Chèvres (R. du) 19
Tanneries (R. des) 21
Thiers (R.) 22
Tour-Grise (R. de la) . . . 24
Verdun (Pl. de) 25
Victor-Hugo (Av.) 27
Vlaminck (R. M.-de) . . . 30

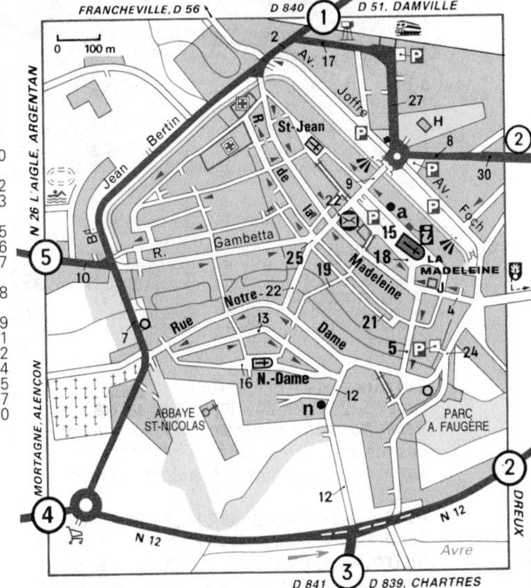

VERNEUIL-SUR-AVRE *27130 Eure* **60** ⑥ *G. Normandie Vallée de la Seine – 6 722 h alt. 155.*
Voir Église de la Madeleine★ – Statues★ de l'église Notre-Dame.
Office de Tourisme 129 pl. Madeleine ☎ 02 32 32 17 17, Fax 02 32 32 17 17.
Paris 117 ② – Alençon 78 ④ – Argentan 77 ⑤ – Chartres 57 ③ – Dreux 38 ② – Évreux 42 ①.

Plan page précédente

Hostellerie Le Clos, 98 r. Ferté-Vidame **(n)** ☎ 02 32 32 21 81, *hostellerie.leclos@wanadoo.fr, Fax 02 32 32 21 36,* – TV – 20. AE GB JCB
fermé 10 déc. au 19 janv. – **Repas** *(fermé lundi midi et mardi midi sauf fériés)* 195/295 – 95 – **4 ch** 750/850, 6 appart 1250/1450 – ½ P 850/1200

Saumon, 89 pl. Madeleine **(a)** ☎ 02 32 32 02 36, *hotel.saumon@wanadoo.fr, Fax 02 32 37 55 80* – TV – 25. GB
fermé 18 déc. au 4 janv. et dim. soir du 5 nov. au 31 mars – **Repas** *(65)* - 89/289 – 40 – **29 ch** 240/350

VERNON *27200 Eure* **55** ⑰ ⑱, **106** ① ② *G. Normandie Vallée de la Seine – 23 659 h alt. 32.*
Voir Église Notre-Dame★ – Château de Bizy★ 2 km par ③ – Giverny★ 3 km.
Office de Tourisme 36 r. Carnot ☎ 02 32 51 39 60, Fax 02 32 51 86 55.
Paris 75 ② – Rouen 63 ③ – Beauvais 65 ⑤ – Évreux 32 ③ – Mantes-la-Jolie 23 ②.

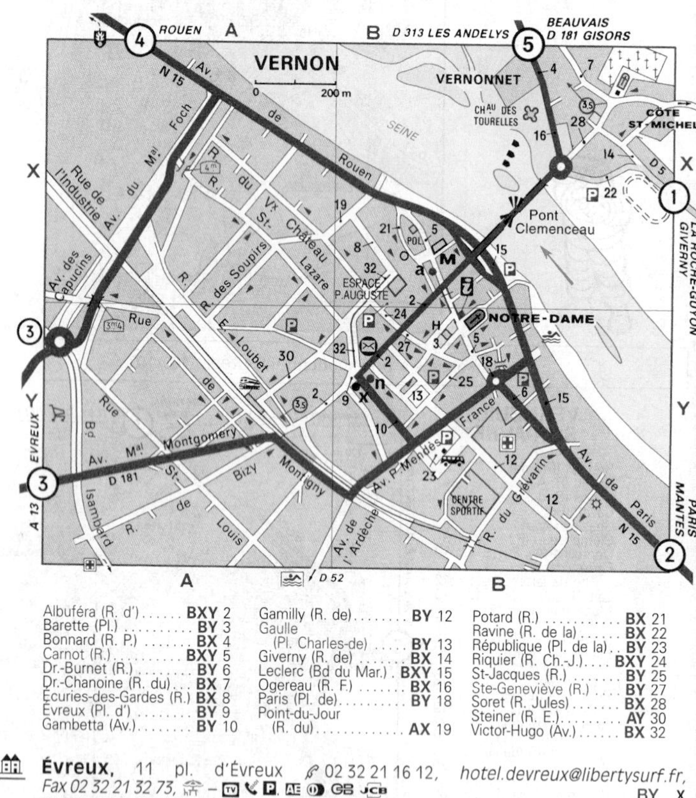

Albuféra (R. d') ...... BXY 2
Barette (Pl.) .... BY 3
Bonnard (R. P.) .... BX 4
Carnot (R.) .... BXY 5
Dr.-Burnet (R.) .... BY 6
Dr.-Chanoine (R. du) ... BX 7
Écuries-des-Gardes (R.) BX 8
Évreux (Pl. d') .... BY 9
Gambetta (Av.) .... BY 10
Gamilly (R. de) .... BY 12
Gaulle (Pl. Charles-de) ..... BY 13
Giverny (R. de) .... BX 14
Leclerc (Bd du Mar.) . BXY 15
Ogereau (R. F.) .... BX 16
Paris (Pl. de) .... BY 18
Point-du-Jour (R. du) .... AX 19
Potard (R.) .... BX 21
Ravine (R. de la) ...... BX 22
République (Pl. de la) .. BY 23
Riquier (R. Ch.-J.) .... BXY 24
St-Jacques (R.) .... BY 25
Ste-Geneviève (R.) .... BY 27
Soret (R. Jules) .... BX 28
Steiner (R. E.) .... AY 30
Victor-Hugo (Av.) ...... BX 32

Évreux, 11 pl. d'Évreux ☎ 02 32 21 16 12, *hotel.devreux@libertysurf.fr, Fax 02 32 21 32 73,* – TV P. AE GB JCB — BY x
Relais Normand *(fermé dim. sauf fériés)* **Repas** 130 190 – 35 – **12 ch** 190/350

Les Fleurs, 71 r. Carnot ☎ 02 32 51 16 80, *Fax 02 32 21 30 51* – AE GB. — BX a
fermé 4 au 13 mars, 1er au 27 août, dim. soir et lundi
Repas 135/220

Poste, 26 av. Gambetta ☎ 02 32 51 10 63 – AE GB — BY n
fermé 1er au 9 mars, 1er au 24 août, mardi soir et merc. – **Repas** 90 (déj.), 125/195

Bistro, 73 r. Carnot ☎ 02 32 21 29 19 – GB. — BX a
fermé 18 au 24 fév., lundi soir et dim. – **Repas** 88

à St-Marcel *par ④ – 4 398 h. alt. 60 – ✉ 27950 :*

Kyriad, 17 r. Poste ✆ 02 32 71 10 00, *Fax 02 32 21 20 95,* – TV ♿ P – 30. AE GB
Repas *(69)* - 92 (déj.)/140, enf. 40 – ☕ 39 – **44 ch** 280/300

Haut Marais sans rest, 2 rte Rouen ✆ 02 32 71 22 50, *Fax 02 32 71 22 51* – TV ✆ P. AE GB
fermé 15 au 28 fév. et dim. de nov. à mars – ☕ 33 – **28 ch** 250/280

à Douains *par ③, D 181 et D 75 : 8 km – 346 h. alt. 128 – ✉ 27120 :*

Château de Brécourt ✆ 02 32 52 40 50, *chateau.brecourt@wanadoo.fr, Fax 02 32 52 69 65,* ≤, « Château du 17e siècle », – P – 15 à 200. AE GB
Repas 250/390 – ☕ 80 – **25 ch** 670/1170 – ½ P 750/1335

VERNOUILLET *28 E.-et-L.* 60 ⑦ – *rattaché à Dreux.*

VERNOUILLET *78 Yvelines* 55 ⑲, 101 ① – *voir à Paris, Environs.*

VERNOU-SUR-BRENNE *37210 I.-et-L.* 64 ⑮ – *2 452 h alt. 58.*

Syndicat d'Initiative Mairie ✆ 02 47 52 10 35, Fax 02 47 52 08 44.
Paris 230 – Tours 13 – Amboise 14 – Blois 48 – Vendôme 50.

Les Perce-Neige, ✆ 02 47 52 10 04, *brigitte@perceneige.com, Fax 02 47 52 19 08,* – TV P. AE GB
fermé 19 nov. au 7 déc., 7 janv. au 1er mars, merc. du 18 sept. au 28 mars et jeudi midi – **Repas** 98/220, enf. 60 – ☕ 35 – **15 ch** 200/300 – ½ P 210/260

VERQUIÈRES *13 B.-du-R.* 84 ① – *rattaché à St-Rémy-de-Provence.*

VERSAILLES *78 Yvelines* 60 ⑨ ⑩, 101 ㉓ – *voir à Paris, Environs.*

VER-SUR-LAUNETTE *60 Oise* 56 ⑫ – *rattaché à Ermenonville.*

VERTEILLAC *24320 Dordogne* 75 ④ – *706 h alt. 185.*

Paris 496 – Angoulême 47 – Périgueux 50 – Brantôme 31 – Chalais 32 – Ribérac 13.

au Nord-Ouest *: 5 km par D 1, D 101, C 201 et rte secondaire – ✉ 24320 St-Martial-Viveyrols :*

Hostellerie Les Aiguillons M ✆ 05 53 91 07 55, *lesaiguillons@ad.com, Fax 05 53 91 00 43,* ≤, – TV ✆ ♿ P. AE GB
15 mars-30 nov. et fermé lundi sauf le soir de juin au 14 sept., dim. soir du 15 sept. à mai et sam. midi – **Repas** 150/300, enf. 75 – ☕ 40 – **8 ch** 375/500 – ½ P 400/500

VERTOU *44 Loire-Atl.* 67 ③ – *rattaché à Nantes.*

VERTUS *51130 Marne* 56 ⑯ *G. Champagne Ardenne – 2 495 h alt. 85.*

Paris 139 – Reims 48 – Châlons-en-Champagne 31 – Épernay 21 – Montmirail 40.

Hostellerie de la Reine Blanche, av. Louis Lenoir ✆ 03 26 52 20 76, *Fax 03 26 52 16 59,* – TV ✆ P – 45. AE GB JCB
Repas 135/295 – ☕ 55 – **30 ch** 395/540 – ½ P 460

à Bergères-les-Vertus *Sud : 3,5 km par D 9 – 536 h. alt. 108 – ✉ 51130 Vertus :*

Mont-Aimé ✆ 03 26 52 21 31, *montaime@wanadoo.fr, Fax 03 26 52 21 39,* – rest, TV ✆ P – 45. AE GB JCB
fermé vacances de fév. et dim. soir – **Repas** 120/390, enf. 60 – ☕ 60 – **30 ch** 330/480 – ½ P 450

Les VERTUS *76 S.-Mar.* 52 ④ – *rattaché à Dieppe.*

VERVINS *02140 Aisne* 53 ⑯ *G. Picardie Flandres Artois – 2 663 h alt. 147.*

Paris 177 – St-Quentin 50 – Charleville-Mézières 69 – Laon 36 – Reims 88 – Valenciennes 78.

Tour du Roy, 45 r. Gén. Leclerc ✆ 03 23 98 00 11, *tournoy@chateauxhotels, Fax 03 23 98 00 72,* – ch, TV ✆ ♿ P. AE GB JCB
Repas *(fermé lundi midi)* 180/400 – ☕ 80 – **22 ch** 450/1200 – ½ P 510/850

VERZY *51380 Marne* 56 ⑰ *G. Champagne Ardenne – 994 h alt. 210.*
Voir Faux de Verzy★ S : 2 km.
Paris 165 – Reims 22 – Châlons-en-Champagne 34 – Épernay 25 – Rethel 54 – Vouziers 57.

XX **Au Chant des Galipes,** 2 r. Chanzy ☎ 03 26 97 91 40, *Fax 03 26 97 91 44,* – GB
fermé 30 juil. au 13 août, 24 déc. au 15 janv., dim. soir, mardi soir et merc. – **Repas** 85 (déj.), 125/260 ♀

VESCOUS *06 Alpes-Mar.* 81 ⑳ – *rattaché à Gilette.*

Le VÉSINET *78 Yvelines* 55 ⑳., 101 ⑬ – *voir à Paris, Environs.*

VESOUL P *70000 H.-Saône* 66 ⑤ ⑥ *G. Jura – 17 614 h alt. 221.*
Office de Tourisme r. Bains ☎ 03 84 97 10 85, Fax 03 84 97 10 71.
Paris 360 ① – Besançon 49 ② – Belfort 65 ① – Épinal 89 ① – Langres 78 ① – Vittel 88 ①.

VESOUL

Aigle-Noir (R. de l')	2	Gare (R. de la)	13	Leblond (R.)	25
Alsace-Lorraine (R. d')	3	Gaulle (Bd Ch.-de)	14	Maginot (R. A.)	26
Annonciades (R. des)	4	Genoux (R. Georges)	15	Morel (R. Paul)	27
Bains (R. des)	6	Gevrey (R.)	16	Moulin-des-Prés (Pl. du)	28
Banque (R. de la)	7	Girardot (R. du Cdt)	20	République (Pl. de la)	29
Faure (R. Edgar)	10	Grand-Puits (Pl. du)	21	St-Georges (R.)	30
Fleurier (R. de)	12	Grandes-Faulx (R. des)	22	Salengro (R. Roger)	31
		Ilottes (R. des)	23	Tanneurs (R. des)	32
		Kennedy (Bd)	24	Vendémiaire (R.)	33
				Verlaine (R.)	35

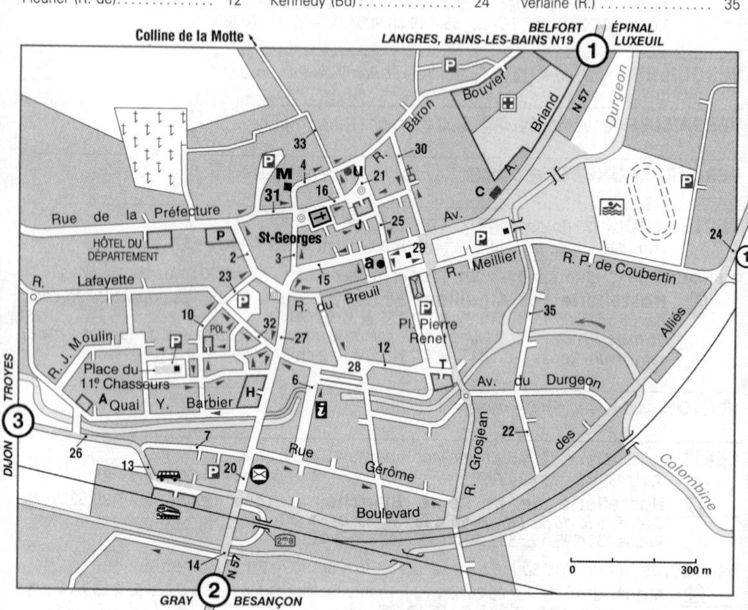

Lion sans rest, 4 pl. République **(a)** ☎ 03 84 76 54 44, *Fax 03 84 75 23 31* – AE GB
fermé 5 au 17 août, 26 déc. au 6 janv. et sam. en janv. – 37 – **18 ch** 256/306

X **Caveau du Grand Puits,** r. Mailly **(u)** ☎ 03 84 76 66 12, *Fax 03 84 76 66 12,* – AE GB
fermé 15 août au 1er sept., 24 déc. au 3 janv., merc. midi, sam. midi, dim. et fériés – **Repas** 90/140 , enf. 35

VEUIL *36 Indre* 68 ⑧ – *rattaché à Valençay.*

The Guide changes, so renew your Guide every year.

VEULES-LES-ROSES *76980 S.-Mar.* 52 ③ *G. Normandie Vallée de la Seine – 753 h alt. 15.*

Office de Tourisme (saison) 12 r. du Marché ✆ 02 35 97 63 05, Fax 02 35 57 24 51.

Paris 187 – Dieppe 27 – Fontaine-le-Dun 8 – Rouen 57 – St-Valery-en-Caux 8.

XXX **Les Galets,** à la plage ✆ 02 35 97 61 33, *lesgalets@lerapporteur.fr, Fax 02 35 57 06 23* – AE GB
fermé 5 janv. au 7 fév., mardi soir et merc. de sept. à mars – **Repas** 170/440 et carte 280 à 370 ♀, enf. 90

Le VEURDRE *03320 Allier* 69 ③ *G. Auvergne – 595 h alt. 190.*

Paris 276 – Bourges 66 – Moulins 35 – Montluçon 67 – Nevers 33 – St-Amand-Montrond 48.

Pont Neuf, ✆ 04 70 66 40 12, *hotel.le.pontneuf@wanadoo.fr, Fax 04 70 66 44 15,* – TV ✆ ♿ P – 15 à 30. AE ① GB JCB
Repas *(fermé 15 déc. au 15 janv. et dim. soir du 15 oct. au 31 mars)* 90/230 ♀ – ☕ 45 – **46 ch** 245/380 – 1/2 P 300/370

VEYNES *05400 H.-Alpes* 81 ⑤ *– 3 148 h alt. 827.*

Paris 667 – Gap 25 – Aspres-sur-Buëch 9 – Sisteron 50.

XX **Sérafine,** Les Parois Est : 2 km par rte Gap et rte secondaire ✆ 04 92 58 06 00, *la.serafine@wanadoo.fr, Fax 04 92 58 09 11,* – AE ① GB
fermé du 3 au 18 sept., 5 au 20 mars, lundi et mardi – **Repas** (nombre de couverts limité, prévenir) 100 (déj.)/235

VEYRIER-DU-LAC *74 H.-Savoie* 74 ⑥ *– rattaché à Annecy.*

VÉZAC *24 Dordogne* 75 ⑰ *– rattaché à Beynac et Cazenac.*

VÉZAC *15 Cantal* 76 ⑫ *– rattaché à Aurillac.*

VÉZELAY *89450 Yonne* 65 ⑮ *G. Bourgogne – 571 h alt. 285 Pèlerinage (22 juillet).*

Voir *Basilique Ste-Madeleine*** : tympan du portail central***, chapiteaux***.*

Office de Tourisme r. St-Pierre ✆ 03 86 33 23 69, Fax 03 86 33 34 00.

Paris 222 – Auxerre 53 – Avallon 16 – Château-Chinon 61 – Clamecy 23.

Poste et Lion d'Or, ✆ 03 86 33 21 23, *Fax 03 86 32 30 92,* – TV P. AE ① GB JCB
1er avril-4 nov. – **Repas** *(fermé mardi midi et lundi)* 118/250 ♀, enf. 60 – ☕ 50 – **39 ch** 340/700 – 1/2 P 360/420

Pontot sans rest, ✆ 03 86 33 24 40, *Fax 03 86 33 30 05,* ≤, ambiance guest'house, « Jardin fleuri », – ① GB JCB – *15 avril-15 oct.* – ☕ 65 – **11 ch** 620/920

Compostelle M sans rest, ✆ 03 86 33 28 63, *Fax 03 86 33 34 34,* – TV ✆. AE GB JCB
fermé 3 janv. au 3 fév. – ☕ 40 – **18 ch** 280/340

XX **St-Étienne,** 39 r. St-Étienne ✆ 03 86 33 27 34, *lesaintetienne@aol.com, Fax 03 86 33 34 79* – AE ① GB
fermé mi-janv. à fin-fév., merc. et jeudi – **Repas** 95/350 ♀, enf. 60

à St-Père *Sud-Est : 3 km par D 957 – 348 h. alt. 148 – ✉ 89450.*

Voir *Église N.-Dame*.*

L'Espérance (Meneau) , ✆ 03 86 33 39 10, *marcmeneau@wanadoo.fr, Fax 03 86 33 26 15,* ≤, « Salle à manger dans une verrière s'ouvrant sur le jardin », – rest, TV ✆ P – 50. AE ① GB JCB
fermé fév. – **Repas** *(fermé merc. midi et mardi)* (prévenir) 500 bc (déj.), 790/990 et carte 850 à 1 050 – ☕ 150 – **34 ch** 800/1500, 6 appart – 1/2 P 990/1200
Spéc. Galets de pomme de terre au caviar. Turbot en croûte de sel, beurre de homard. Le dessert de "Vatel". **Vins** Bourgogne-Vézelay, Chablis.

Renommée sans rest, ✆ 03 86 33 21 34, *Fax 03 86 33 34 17* – TV ♿ P. GB.
fermé 15 janv. au 28 fév. et mardi du 11 nov. au 1er avril – ☕ 37 – **19 ch** 180/420

à Fontette *Est : 5 km par D 957 – ✉ 89450 Vézelay :*

Crispol M , rte Avallon ✆ 03 86 33 26 25, *Fax 03 86 33 33 10,* ≤ colline de Vézelay, « Décor contemporain », – TV ♿ P. GB
fermé janv., fév., mardi midi et lundi (sauf hôtel d'avril à oct.) – **Repas** 120/300 ♀ – ☕ 60 – **12 ch** 430 – 1/2 P 380/420

Aquarelles , ✆ 03 86 33 34 35, *Fax 03 86 33 29 82,* – ✆ ♿ P. GB. rest
fermé 1er janv. au 15 mars, mardi soir et merc. en oct., nov. et déc. – **Repas** carte 90 à 140 ♀ – ☕ 32 – **10 ch** 290/455 – 1/2 P 310

VEZELS-ROUSSY *15130 Cantal* 76 ⑫ *– 120 h alt. 730.*

Paris 581 – Aurillac 22 – Entraygues-sur-Truyère 29.

Bergerie, *04 71 49 42 90, Fax 04 71 49 44 70,* – P. GB
fermé janv. et fév. – **Repas** 65, enf. 35 – 25 – **15 ch** 200/260 – ½ P 225

VÉZÉNOBRES *30360 Gard* 80 ⑱ *G. Languedoc Roussillon – 1 312 h alt. 213.*

Voir ✻★ *du sommet du village.*

Office de Tourisme (fermé dim. matin) 04 66 83 60 02.

Paris 710 – Alès 13 – Nîmes 34 – Uzès 28.

Relais Sarrasin, N 106 04 66 83 55 55, *Fax 04 66 83 66 83,* – P. GB
fermé 17 déc. au 31 janv., dim. soir du 31 oct. au 30 avril et lundi sauf le midi de mai à oct. – **Repas** 85/140, enf. 49 – 45 – **18 ch** 195/370 – ½ P 225/235

VIA *66 Pyr.-Or.* 86 ⑯ *– rattaché à Font-Romeu.*

VIALAS *48220 Lozère* 80 ⑦ *– 384 h alt. 620.*

Paris 657 – Alès 42 – Florac 41 – Mende 65.

Chantoiseau, 04 66 41 00 02, *Fax 04 66 41 04 34,* – P. GB
15 juin-15 sept. et fermé mardi et merc. – **Repas** 140/495 et carte 220 à 410, enf. 60

VIBRAC *16 Charente* 72 ⑬ *– rattaché à Jarnac.*

VIC-EN-BIGORRE *65500 H.-Pyr.* 85 ⑧ *– 4 893 h alt. 216.*

Paris 779 – Auch 62 – Pau 45 – Aire-sur-l'Adour 53 – Mirande 38 – Tarbes 18.

Tivoli, pl. Gambetta 05 62 96 70 39, *hotel.tivoli@wanadoo.fr, Fax 05 62 96 29 74,* – 30. GB
Repas *(fermé lundi)* 59 (déj.), 77/210, enf. 35 – 30 – **27 ch** 180/250 – ½ P 170/200

Réverbère avec ch, r. Alsace 05 62 96 78 16, *Fax 05 62 96 79 85,* – . AE GB
fermé juil. et déc. – **Repas** *(fermé sam. midi, dim. soir et lundi)* 78/250 – 30 – **10 ch** 230/250 – ½ P 223/233

VICHY SP *03200 Allier* 73 ⑤ *G. Auvergne – 27 714 h alt. 340 – Stat. therm. (15 fév.-2 déc.) – Casinos Le Grand Café* **BZ**, *Elysée Palace.*

Voir *Parc des Sources★ – Les Parcs d'Allier★ – Chalets★ (boulevard des États-Unis)* **BYZ** – *Le quartier thermal★ - Grand casino-théâtre★.*

Office de Tourisme 19 r. du Parc 04 70 98 71 94, Fax 04 70 31 06 00.

Paris 357 ① – Clermont-Ferrand 55 ③ – Montluçon 95 ⑥ – Moulins 56 ① – Roanne 68 ①.

Plans page ci-contre

Les Célestins M, 111 bd États-Unis 04 70 30 82 00, *welcome@les-celestins-vichy.com, Fax , Fax 04 70 30 82 01,* « En bordure du parc d'Allier », – 100. AE GB. rest — BY e
Jardins de l'Empereur : **Repas** 230/360, enf. 75 – ***Bistrot des Célestins*** *(fermé dim. soir)* **Repas** 135/160, enf. 75 – 80 – **120 ch** 1020/1630, 10 appart – ½ P 1030/1125

Aletti Palace Hôtel, 3 pl. Joseph Aletti 04 70 31 78 77, *aletti.palace.best.western@wanadoo.fr, Fax 04 70 98 13 82,* « Élégante atmosphère début de siècle », – 15 à 150. AE GB — BZ u
La Véranda 04 70 31 70 29 **Repas** *(98)*-125/250, enf. 55 – 70 – **133 ch** 690/940, 8 appart – ½ P 575/650

Novotel Thermalia, 1 av. Thermale 04 70 31 04 39, *h0460@accor-hotels.com, Fax 04 70 31 08 67,* – 15 à 100. AE GB — BY q
fermé janv. – **Repas** *(99)* - 120/145, enf. 50 – 65 – **128 ch** 600/730 – ½ P 490/523

Pavillon d'Enghien M, 32 r. Callou 04 70 98 33 30, *Fax 04 70 31 67 82,* – 15. AE GB — BY b
fermé janv. – ***Les Jardins d'Enghien*** *(fermé dim. soir et lundi)* **Repas** 74(déj.)100/160, enf. 39 – 39 – **22 ch** 395/480 – P 350/410

VICHY

Belgique (R. de) **BZ** 3
Briand (Av. A.) . **BZ** 4
Casino (R. du). . **BZ** 5
Clemenceau (Av.) . . . . **BZ** 6
Coulon (Av. P.) . **BY** 7
Foch (Av. Mar.). **CZ** 8
Glénard (Pl. Frantz) **BY** 9
Gramont (Av. de). . . . . . . **A** 10
Hôpital (Bd de l') **A** 13
Hôtel-des-Postes (R.) . . **CY** 14
Lattre-de-T. (Bd Mar. de) . **BY** 17
Lucas (R.) . . . . . **BY** 18
Lyautey (R. Mar.) **A** 19
Parc (R. du). . . . **BZ** 22
Paris (R. de) . . . **CY**
Poincaré (Av.) . . . **A** 24
Prés.-Eisenhower (Av. du) . . . . . **BY** 25
Prés.-Wilson (R.) **BZ** 26
Prunelle (R.) . . . **BZ** 27
République (Av.). . **A** 28

BELLERIVE

Auberger (Av. F.). **A** 2
Gaulle (Av. du Gén.-de) . . . . . . **A** 9
Grange-au-Grain (R.) . . . . . **A** 12
Jaurès (Av. J.) . . . **A** 16
République (Av.). . **A** 29

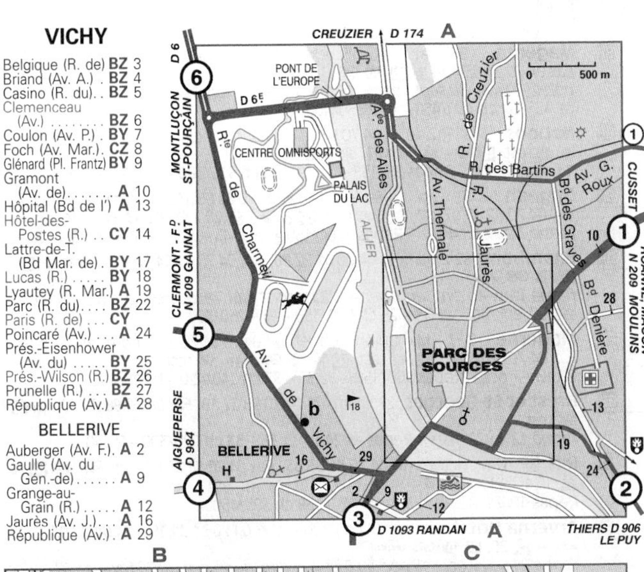

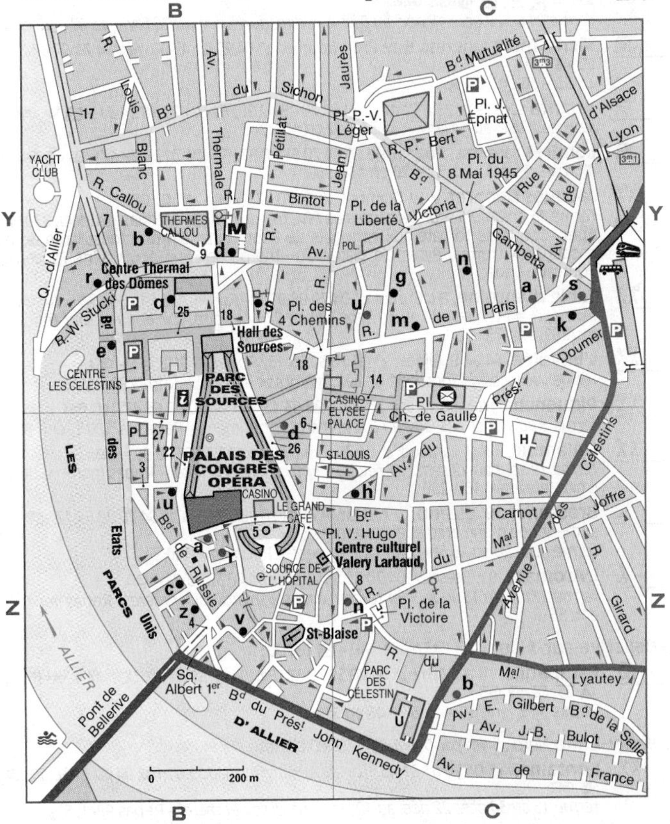

B C

Y Z

YACHT CLUB
R. Louis Blanc
Bd
17
Av. Thermale
Av. du Sichon
Jaurès
Pétillat
Jean
Pl. P.-V. Léger
Bd Mutualité
Pl. J. Épinat
R. P. Bert
Pl. du 8 Mai 1945
d'Alsace
Lyon
Rue de
R. Callou
R. Bintot
Pl. de la Liberté
Bd Victoria
Gambetta
Av.
THERMES CALLOU
M
b
7
9
d
Av.
POL.
n
Q. d'Allier
r
Centre Thermal des Dômes
g
a
s
q
s
Pl. des 4 Chemins
u
R.
m
de Paris
k
R. W. Stucki
25
18
Hall des Sources
Doumer
e
CENTRE LES CELESTINS
18
14
PARC DES SOURCES
CASINO ELYSÉE PALACE
Pl. Ch. de Gaulle
Prés.
d
6
H
P
27
26
Célestins
LES
des
22
PALAIS DES CONGRÈS OPÉRA
ST-LOUIS
Av. du
3
CASINO
h
Joffre
u
LE GRAND CAFÉ
Carnot
Etats
Bd
des
R.
Bd
5
Pl. V. Hugo
Centre culturel Valery Larbaud
Mal
a
r
du
de Russie
SOURCE DE L'HÔPITAL
8
Avenue
Girard
PARCS
c
R.
Pl. de la Victoire
Unis
z
n
4
v
St-Blaise
ALLIER
du
Mal
Lyautey
Sq. Albert 1er
PARC DES CELESTINS
b
Pont de Bellerive
Bd du Prést John Kennedy
Av. E. Gilbert
Bd de la Salle
D'ALLIER
Av. J.-B. Bulot
Av. de France
0 200 m

Magenta, 23 av. W. Stucki ✆ 04 70 31 80 99, *hotel-magenta@wanadoo.fr, Fax 04 70 31 83 40* – AE GB BY r
hôtel : 20 avril-30 sept.; rest. : 15 mai-15 sept. – **Repas** *(fermé dim. soir)* 110/140, enf. 50 – 45 – **62 ch** 400/450 – ½ P 350/400

Nations, 13 bd Russie ✆ 04 70 98 21 63, *nations.vichy@wanadoo.fr, Fax 04 70 98 61 13* – rest, – 20. GB. rest BZ c
13 avril-14 oct. – **Repas** 95/135 – 39 – **74 ch** 310/380 – ½ P 285/310

Grignan, 7 pl. Sévigné ✆ 04 70 32 08 11, *hoteldegrignan@wanadoo.fr, Fax 04 70 32 47 07,* – rest, – 20 à 35. AE GB. rest BZ v
fermé 7 janv. au 4 fév. – **Repas** 92 bc/150, enf. 45 – 39 – **116 ch** 230/400 – ½ P 370

Chambord, 82 r. Paris ✆ 04 70 31 22 88, *Fax 04 70 31 54 92* – rest, – 20. AE GB JCB CY k
fermé janv. et dim. en hiver – ***L'Escargot qui Tette*** *(fermé dim. soir et lundi)* **Repas** 95/250, enf. 50 – 38 – **25 ch** 200/350 – ½ P 250/300

Moderne, 8 r. M. Durand-Fardel ✆ 04 70 31 20 21, *hotel-moderne@wanadoo.fr, Fax 04 70 98 45 04* – rest, AE GB JCB. rest BY s
29 avril-7 oct. – **Repas** 100/150 – 35 – **37 ch** 240/420 – P 295/405

Brest et St-Georges, 27 r. Paris ✆ 04 70 98 22 18, *Fax 04 70 98 28 70* – AE GB. rest CY m
fermé 12 au 22 mars – **Repas** 90/240 – 35 – **33 ch** 240/300 – P 340

Ibis M, 1 av. Victoria ✆ 04 70 31 53 53, *Fax 04 70 31 55 05* – – 15 à 25. AE GB BY d
Repas 100/120 ♀, enf. 39 – 42 – **139 ch** 385/450

Arverna Hôtel sans rest, 12 r. Desbrest ✆ 04 70 31 31 19, *Fax 04 70 97 86 43* – – 25. AE GB JCB CY g
fermé 21 au 29 oct., 15 déc. au 6 janv. et dim. du 1er déc. au 28 fév. – 37 – **26 ch** 200/290

Vichy Tonic sans rest, 6 av. Prés. Doumer ✆ 04 70 31 45 00, *Fax 04 70 97 67 37* – AE GB CZ h
33 – **36 ch** 260/305

Atlanta sans rest, 23 r. Pasteur ✆ 04 70 98 42 95, *Fax 04 70 98 24 81* – GB CY n
fermé 22 déc. au 14 janv. – 33 – **12 ch** 160/245

Londres sans rest, 7 bd Russie ✆ 04 70 98 28 27, *Fax 04 70 98 29 37* – AE GB JCB BZ z
1er mars-31 oct. – 32 – **20 ch** 130/260

Jacques Decoret, 7 av. Gramont ✆ 04 70 97 65 06 – AE GB CY a
fermé 15 août au 6 sept., vacances de fév., mardi et merc. – **Repas** 180 (déj.), 210/450 ♀
Spéc. Coque de tomate aux escargots de Bourgogne. Galette croustillante de pieds de cochon aux truffes. Pyramide glacée au "thé-pêche" (juil.-août). **Vins** Sancerre, Saint-Pourçain rouge.

Table d'Antoine, 8 r. Burnol ✆ 04 70 98 99 71, *Fax 04 70 31 11 39,* – GB
fermé 1er au 6 mars, 24 au 30 sept., 24 au 27 nov., dim. soir et lundi sauf fériés – **Repas** 105/259, enf. 75 BZ d

L'Envolée, 44 av. E. Gilbert ✆ 04 70 32 85 15, *Fax 04 70 32 85 15* – GB CZ b
fermé vacances de Toussaint, de fév., mardi soir et merc. – **Repas** 98/210 ♀

Piquenchagne, 69 r. Paris ✆ 04 70 98 63 45, *Fax 04 70 98 63 45* – AE GB CY s
fermé 3 au 17 oct., 23 janv. au 6 fév., mardi soir et merc. – **Repas** 95/180 ♀, enf. 58

L'Alambic, 8 r. N. Larbaud ✆ 04 70 59 12 71, *Fax 04 70 97 98 88* – GB CY u
fermé 19 août au 12 sept., 17 fév. au 13 mars, lundi et mardi – **Repas** (nombre de couverts limité, prévenir) 160/280

Brasserie du Casino, 4 r. Casino ✆ 04 70 98 23 06, *Fax 04 70 98 53 17,* , « Décor authentique d'une brasserie des années 30 » – GB BZ a
fermé nov., 20 au 28 fév., dim. soir et merc. – **Repas** *(91)* - 150 ♀

L'Aromate, 9 r. Besse ✆ 04 70 32 13 22, *Fax 04 70 32 13 22* – GB CZ n
fermé 21 juil. au 13 août, 2 au 10 janv., dim. soir, mardi soir et merc. – **Repas** *(85)* - 115/195 ♀, enf. 55

à Bellerive-sur-Allier : – *8 543 h. alt. 340* – ✉ *03700* :

Campanile, 74 av. Vichy ✆ 04 70 59 32 33, *Fax 04 70 59 81 90,* , – – 25. AE GB A b
Repas 94 ♀, enf. 39 – 36 – **46 ch** 315

à Vichy-Rhue *Nord : 5 km par D 174* – ✉ *03300 Cusset* :

Fontaine, ✆ 04 70 31 37 45, *fontaine-vichy@wanadoo.fr, Fax 04 70 31 38 60,* – AE GB
fermé 15 au 30 oct., 22 déc. au 10 janv., mardi soir et merc. – **Repas** 98/185

à Abrest *par ② : 4 km – 2 544 h. alt. 290 – ✉ 03200 :*

XX **Colombière** avec ch, Sud-Est : 1 km sur D 906 ℘ 04 70 98 69 15, *Fax 04 70 31 50 89*, ≤ vallée de l'Allier, « Jardin ombragé en terrasses », – rest, TV P – 20. AE GB
fermé du 11 au 25 oct., mi-janv. à mi-fév., dim. soir et lundi – **Repas** 96/290 ♀ – ☕ 36 – **4 ch** 195/325

à St-Yorre *par ② : 8 km – 3 003 h. alt. 275 – ✉ 03270 :*

Auberge Bourbonnaise, 2 av. Vichy ℘ 04 70 59 41 79, *Fax 04 70 59 24 94*, , – TV P. GB
fermé 1er au 12 mars, fév., dim. soir sauf juil.-août – **Repas** *(fermé lundi midi sauf juil.-août)* *(65)* - 85/200 ♀, enf. 40 – ☕ 40 – **16 ch** 298/345, 6 duplex – ½ P 285/325

VIC-LE-COMTE *63270 P.-de-D.* **73** ⑮ *G. Auvergne – 4 155 h alt. 472.*

Voir *Ste-Chapelle★ – Château de Busséol★ N : 6,5 km.*

Paris 439 – Clermont-Ferrand 24 – Ambert 57 – Issoire 16 – Thiers 40.

à Longues *Nord-Ouest : 4 km par D 225 – ✉ 63270 Vic-le-Comte :*

XX **Comté,** ℘ 04 73 39 90 31, *Fax 04 73 39 24 58* – P. GB
fermé 24 au 31 juil., dim. soir et lundi – **Repas** 115/330, enf. 65

VICO *2A Corse-du-Sud* **90** ⑮ *– voir à Corse.*

VIC-SUR-CÈRE *15800 Cantal* **76** ⑫ *G. Auvergne – 1 968 h alt. 678.*

Office de Tourisme av. Mercier ℘ 04 71 47 50 68, Fax 04 71 47 58 56.

Paris 556 – Aurillac 21 – Murat 31.

Family Hôtel, ℘ 04 71 47 50 49, *francois.courbebaisse@wanadoo.fr*, *Fax 04 71 47 51 31*, ≤, , , , – cuisinette TV P – 35. AE GB. rest
fermé 1er au 17 déc. – **Repas** 90/165 ♀, enf. 58 – ☕ 45 – **39 ch** 395/449, 16 studios – ½ P 305/345

Beauséjour, ℘ 04 71 47 50 27, *beausejour@wanadoo.fr*, *Fax 04 71 49 60 04*, ≤, , – TV P. AE GB. rest
début mai-fin sept. – **Repas** 85/125 – ☕ 35 – **50 ch** 210/380 – ½ P 260/320

Bel Horizon , ℘ 04 71 47 50 06, *bouyssou@wanadoo.fr*, *Fax 04 71 49 63 81*, ≤, , – . GB
fermé 15 nov. au 15 déc., et 5 au 20 janv. – **Repas** 80/260 ♀, enf. 50 – ☕ 34 – **30 ch** 210/270 – ½ P 260/270

au Col de Curebourse *Sud-Est : 6 km par D 54 – ✉ 15800 Vic-sur-Cère :*

Hostellerie St-Clément , ℘ 04 71 47 51 71, *Fax 04 71 49 63 02*, ≤ montagne et vallée, – TV P. GB.
fermé 30 oct. au 6 nov., 1er janv. au 7 fév., dim. soir et lundi hors saison – **Repas** 93/350, enf. 52 – ☕ 42 – **20 ch** 320 – ½ P 300

VIDAUBAN *83550 Var* **84** ⑦, **114** ㉒ ㉓ *– 5 460 h alt. 60.*

Office de Tourisme pl. F.-Maurel ℘ 04 94 73 10 28, Fax 04 94 73 07 82.

Paris 845 – Fréjus 30 – Cannes 62 – Draguignan 19 – Toulon 63.

Fontaine M, rte du Thoronet : 1,5 km ℘ 04 94 99 91 91, *Fax 04 94 73 16 49* – rest, TV P. GB.
Repas (dîner seul.) 82/185 – ☕ 45 – **14 ch** 300/350 – ½ P 350

XX **Bastide des Magnans,** rte La Garde-Freinet ℘ 04 94 99 43 91, *ot_83@club-internet.fr*, *Fax 04 94 99 44 35*, – P. AE GB
fermé dim. soir sauf juil.-août et lundi – **Repas** *(90)* - 145/270 ♀

X **Concorde,** pl. G. Clemenceau ℘ 04 94 73 01 19, *alainboeuf@provenceriviera.com*, *Fax 04 94 73 01 19*, – AE GB
fermé en juin, 6 au 16 nov., vacances de fév., mardi soir du 15 sept. au 31 déc., mardi de janv. à juin – **Repas** *(110)* - 160/350 ♀

VIEILLE-TOULOUSE *31 H.-Gar.* **82** ⑱ *– rattaché à Toulouse.*

VIEILLEVIE *15120 Cantal* **76** ⑫ *– 146 h alt. 220.*

Paris 602 – Aurillac 44 – Rodez 51 – Entraygues-sur-Truyère 16 – Figeac 44 – Montsalvy 13.

Terrasse, ℘ 04 71 49 94 00, *hotel-de-la-terrasse@wanadoo.fr*, *Fax 04 71 49 92 23*, , , , – P. GB
1er avril-11 nov. – **Repas** *(60)* - 130/215 – ☕ 40 – **26 ch** 270 – ½ P 280/310

VIENNE 38200 Isère 74 ⑪ ⑫, 110 ㉞ *G. Vallée du Rhône – 29 449 h alt. 160.*

Voir *Cathédrale St-Maurice*★★ *– Temple d'Auguste et de Livie*★★ **R** *– Théâtre romain*★ *– Église*★ *et cloître*★ *de St-André-le-Bas – Esplanade du Mont Pipet* ≤★ *– Anc. église St-Pierre*★ *– Groupe sculpté*★ *de l'église de Ste-Colombe* **AY** *– Cité gallo-romaine de St-Romain-en-Gal*★★ *(musée*★*, site*★*).*

Office de Tourisme 3 Crs Brillier ℘ 04 74 53 80 30, Fax 04 74 53 80 31.

Paris 491 ① – Lyon 32 ① – Grenoble 90 ② – St-Étienne 50 ① – Valence 74 ⑤.

Pyramide (Henriroux) M, 14 bd F. Point par ④ ℘ 04 74 53 01 96, *pyramide.f.point.wanadoo.fr, Fax 04 74 85 69 73,* … – 25. AE GB JCB
fermé fév. – **Repas** *(fermé mardi et merc.)* 295 bc (déj.), 495/720 et carte 610 à 750 ♀, enf. 105 – ☐ 110 – **21 ch** 770/1080, 4 appart
Spéc. Moelleux de dormeurs à l'artichaut cru. Cul de veau de lait aux légumes paysans. Piano au chocolat en "ut" praliné. **Vins** Condrieu, Côte-Rôtie.

VIENNE

Acqueducs (Chin. des) . **CY**
Allmer (R.) . . . . **BZ** 2
Allobroges (Pl. des) . . . . **AZ**
Asiaticus (Bd) . . . . **AZ**
Beaumur (Montée) . . . **BCZ**
Boson (R.) . . . . **AZ**
Bourgogne (R. de) . . . . . **BY**
Brenier (R. J.) . . . . **BY**
Briand (Pl. A.) . . . . **BY** 3
Brillier (Cours) . . . . **ABZ**
Capucins (Pl. des) . . . **BCY**
Célestes (R. des) . . . . . . **CY** 4
Chantelouve (R.) . . . . **BY** 5
Charité (R. de la) . . . . **BCY** 6
Cirque (R. du) . . . . **CY** 7
Clémentine (R.) . . . . **BY** 8
Clercs (R. des) . . . . **BY** 9
Collège (R. du) . . . . **BY** 10
Coupe-Jarret (Montée) . **BZ**
Éperon (R. de l') . . . . . . **BY** 12
France
(Quai Anatole) . . . . . **BCY**
Gère (R. de) . . . . **CY**
Jacquier (R. H.) . . . . **BY** 14
Jaurès (Q. Jean) . . . . . . **AYZ**
Jeu-de-Paume (Pl. du) . **BY** 15
Jouffray (Pl. C.) . . . . **AZ**
Juiverie (R. de la) . . . . . **BZ** 16
Lattre de T. (Pont de) **ABY**
Marchande (R.) . . . . **BY**
Miremont (Pl. de) . . . . . . **BY** 18
Mitterrand (Pl. F.) . . . . . **BY** 19
Orfèvres (R. des) . . . . . . **BY** 20
Pajot (Quai) . . . . **BY** 22
Palais (Pl. du) . . . . **BY** 23
Peyron (R.) . . . . **BZ** 24
Pilori (Pl. du) . . . . **BY** 25
Pipet (R.) . . . . **CY**
Ponsard (R.) . . . . **BY** 28
République (Bd et Pl.) **ABZ** 29
Rhône Sud (Bd du) . . . . **AZ**
Riondet (Quai) . . . . **AZ**
Rivoire (Pl. A.) . . . . **CY**
Romanet (R. E.) . . . . . **ABZ**
Romestang (Cours) . . . . **BZ**
St-André-le-Haut (R.) . . . **CY** 34
St-Louis (Pl.) . . . . **BY**
St-Marcel (Montée) . . **CYZ**
St-Maurice (Pl.) . . . . **AY**
St-Paul (Pl.) . . . . **BY**
St-Pierre (Pl.) . . . . **AZ**
Schneider (R.) . . . . **CY** 37
Semard (Pl. P.) . . . . **BZ**
Table-Ronde (R. de la) . **BY** 38
Thomas (R. A.) . . . . **CY**
Tupinières (Montée des) **CZ**
Ursulines (R. des) . . . . . **CY** 39
Verdun (Cours de) . . . . . **AZ**
Victor-Hugo (R.) . . . . **BCYZ**
11-Novembre
(R. du) . . . . **AZ** 43

STE-COLOMBE (RHÔNE)

Briand (Pl. A.) . . . . **AY**
Cochard (R.) . . . . **AY**
Égalité (Pl. de l') . . . . . . **AY**
Garon (R.) . . . . **AY**
Herbouville (Q. d') . . . . . **AY**
Joubert (Av.) . . . . **AY**
Nationale (R.) . . . . **AY**
Petits-Jardins (R. des) . . **AY**

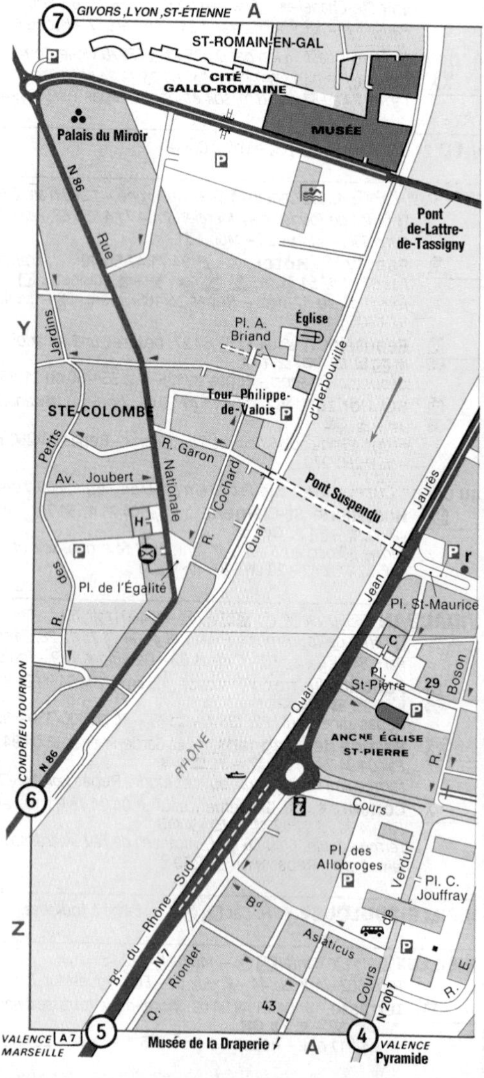

Central sans rest, 7 r. Archevêché ☎ 04 74 85 18 38, *hotel-central-vienne@wanadoo.fr*, *Fax 04 74 31 96 33* – 🛗 TV 🚗. AE ⓓ GB JCB BY u
fermé 11 au 16 août et 8 déc. au 7 janv. – ☕ 38 – **25 ch** 320/500

Poste sans rest, 47 cours Romestang ☎ 04 74 85 02 04, *Fax 04 78 85 16 17* – 🛗 TV – 🏢 20. AE ⓓ GB – ☕ 34 – **37 ch** 285/365 BZ a

Bec Fin, 7 pl. St-Maurice ☎ 04 74 85 76 72, *Fax 04 74 85 15 30*, 🏝 – ▤. AE GB JCB
fermé dim. soir et lundi
Repas 98 (déj.), 140/310 🍷 AY r

Cloître, 2 r. des Cloîtres ☎ 04 74 31 93 57, *cloitre@club-internet.fr*, *Fax 04 74 85 03 51*, 🏝 – ▤. GB BY n
fermé 6 au 20 août, sam. et dim. – **Repas** 98 (déj.), 135/290 🍷, enf. 60

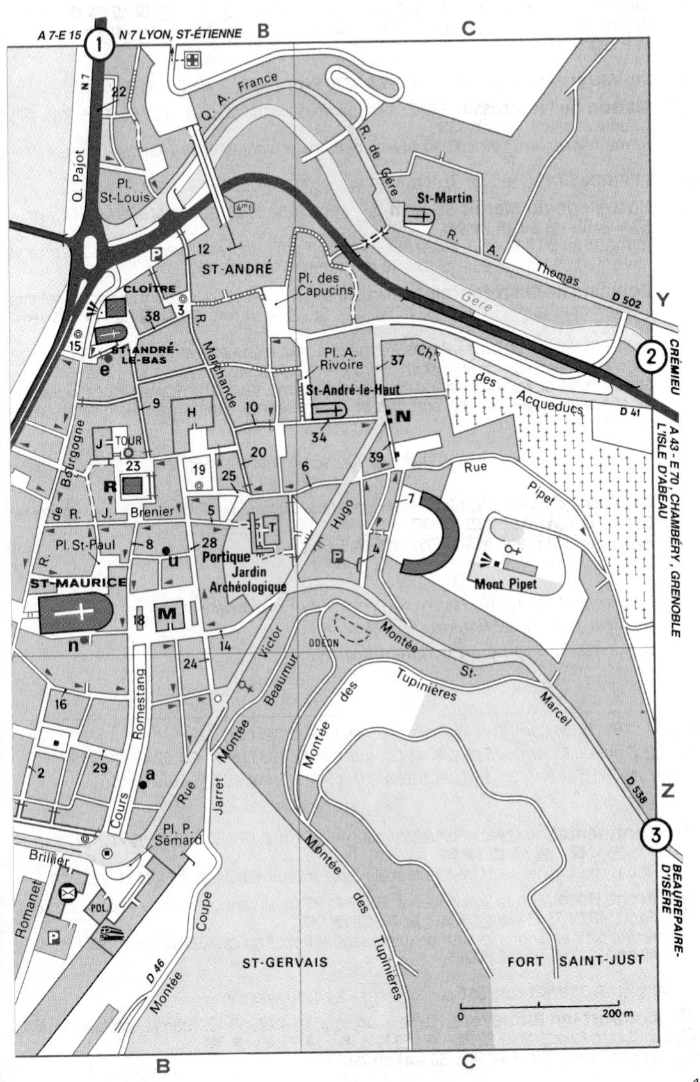

L'Estancot, 4 r. Table Ronde ✆ 04 74 85 12 09, *Fax 04 74 85 12 09* – GB — BY e
fermé 15 au 31 août, 25 déc. au 15 janv., dim. et lundi sauf fériés
Repas 70 (déj.), 90/120

Saveurs du Marché, 34 cours de Verdun (vers ④) ✆ 04 74 31 65 65, *Fax 04 74 31 65 65* – GB
fermé 26 juil. au 27 août, vacances de fév., sam. et dim. – **Repas** 68 (déj.), 88/205

à Baraton *par ②, D 41, D 75 et C 4 : 13 km – ✉ 38780 Septème :*

Baraton , ✆ 04 74 58 29 66, *Fax 04 74 58 27 23,* – GB
Repas *(fermé lundi)* 98/180 – 40 – **9 ch** 280/380 – ½ P 340/500

à Pont-Évêque *par ② : 4 km – 5 385 h. alt. 190 – ✉ 38780 :*

Midi, pl. Église ✆ 04 74 16 18 20, *Fax 04 74 57 24 99,* – AE GB JCB
Repas *(fermé 23 déc. au 6 janv. et dim.)* (dîner seul.) 95 ♀, enf. 45 – 55 – **18 ch** 315/430 – ½ P 290/340

à Reventin-Vaugris (village) *par ④, N 7 et D 131 : 9 km – 1 331 h. alt. 230 – ✉ 38121 :*

Maison de l'Aubressin, Nord : 1 km par rte secondaire ✆ 04 74 58 83 02, ≤ Pyla, « Cadre soigné », – GB
fermé 19 mars au 1er avril, 1er au 14 oct., dim. soir et lundi – **Repas** 240 bc/440 bc, enf. 90

à Chonas l'Amballan *au Sud par ④ et N 7 : 9 km – 1 005 h. alt. 250 – ✉ 38121 :*

Hostellerie du Marais St-Jean , ✆ 04 74 58 83 28, *Fax 04 74 58 81 96,* – 30. AE GB
fermé 15 au 30 nov. et 1er au 20 fév. – **Repas** *(fermé jeudi midi, vend. midi, sam. midi et merc.)* 160/390 ♀, enf. 85 – 65 – **10 ch** 540/590 – ½ P 495/520

Domaine de Clairefontaine (Girardon) , ✆ 04 74 58 81 52, *domaine.de.clairefontaine@gofornet.com, Fax 04 74 58 80 93,* – rest, AE GB JCB. rest
fermé 16 déc. au 20 janv. – **Repas** *(fermé dim. soir, mardi midi et lundi)* 180/490 et carte 330 à 440 ♀, enf. 90 – 60 – **27 ch** 250/600 – ½ P 340/540
Spéc. Trilogie de foie gras en dodines. Homard breton, sauce américaine allégée. Noisettes de chevreuil, millefeuille de pommes et figues (saison). **Vins** Crozes-Hermitage, Saint-Joseph.

à Chasse-sur-Rhône *par ① : 8 km (Échangeur A7 - sortie Chasse-sur-Rhône) – 4 566 h. alt. 180 – ✉ 38670 :*

Mercure, ✆ 04 72 49 58 68, *h0349@accor-hotels.com, Fax 04 72 49 58 88,* – 20 à 60. AE GB
Repas *(98)* - 128 ♀, enf. 55 – 65 – **115 ch** 505/645

If you are held up on the road - from 6pm onwards - confirm your hotel booking by telephone. It is safer and quite an accepted practice.

VIERZON

18100 Cher 64 ⑲ ⑳ G. Berry Limousin – 32 235 h alt. 122.

Office de Tourisme 26 pl. Vaillant-Couturier ✆ 02 48 53 06 14, Fax 02 48 53 00 79.
Paris 211 ① – Bourges 39 ③ – Châteauroux 60 ④ – Orléans 87 ① – Tours 115 ⑤.

Plan page ci-contre

Continental, 104 bis av. Éd. Vaillant par ① : *1,5 km* ✆ 02 48 75 35 22, *Fax 02 48 71 10 39* – 30. AE GB
Repas snack (dîner seul.) (résidents seul.) carte environ 120 ♀ – 45 – **37 ch** 250/350

Arche Hôtel, Forum République ✆ 02 48 71 93 10, *laurent.brechemier@accesinter.com, Fax 02 48 71 83 63* – 20. AE GB — A b
fermé dim. et lundi midi sauf de juin à sept. – **Repas** snack 80/130 ♀, enf. 35 – 38 – **40 ch** 250/370 – ½ P 215/265

à l'échangeur A 71-Vierzon-Est *par ③ : 4 km – ✉ 18100 Vierzon :*

Comfort Inn Primevère, rte de Bourges ✆ 02 48 75 19 42, *confort.hotel.vierzon@wanadoo.fr, Fax 02 48 75 22 02* – 25. AE GB
Repas 78/115 ♀, enf. 40 – 36 – **41 ch** 290

VIERZON

Baron (R. Bl.) .... A 2
Briand (Pl. Aristide) ..... B 3
Brunet (R. A.) .... B
Caucherie (R. de la)..... A 4
Dr-P.-Roux (R. du) ...... B 6
Foch (Pl. du Mar.) ...... B 7
Gaulle (R. Gén.-de) ..... A 9
Joffre (R. du Mar.)...... B 12
Larchevêque (R. M.) .... A 13
Nation (Bd de la) .... A 14
Péri (Pl. Gabriel)........ A 15
Ponts (R. des).......... B
République (Av. de la) .... A 16
Roosevelt (R. Th.) ...... B 18
Voltaire (R.) .... B 20
11-Novembre-1918 (R. du)................ A 22

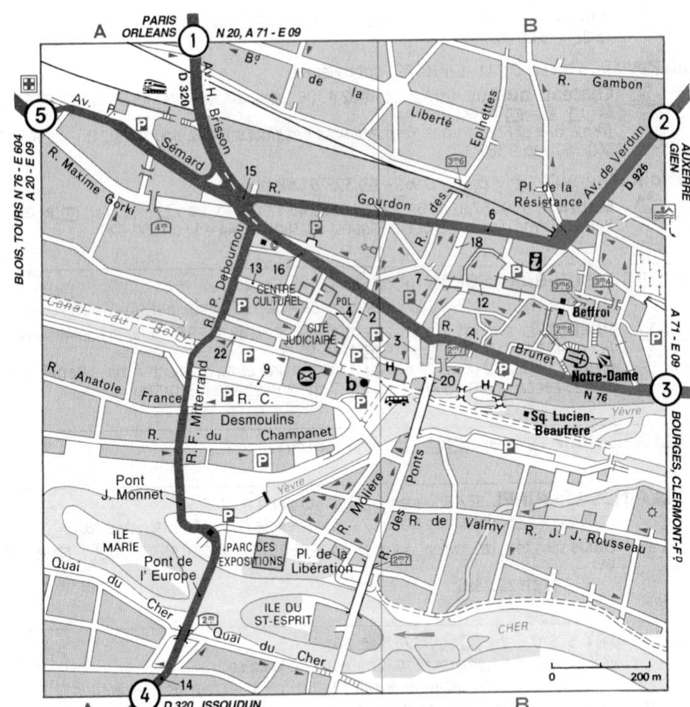

VIEUX-BOUCAU-LES-BAINS *40480 Landes 78 ⑯ G. Aquitaine – 1 210 h alt. 5.*
Office de Tourisme Le Mail ☎ 05 58 48 13 47, Fax 05 58 48 15 37.
Paris 743 – Biarritz 50 – Mont-de-Marsan 86 – Bayonne 43 – Castets 28 – Dax 34.

Côte d'Argent, ☎ 05 58 48 13 17, *Fax 05 58 48 01 15,* – P. GB
fermé 1er oct. au 15 nov. et lundi du 15 nov. au 31 mai – **Repas** 99/180 – 35 – **36 ch** 280/350 – 1/2 P 350/370

Marinero, 15 Grande rue ☎ 05 58 48 14 15, *marinero.vb@free.fr, Fax 05 58 48 38 18,* – GB
15 mars-fin sept. – **Repas** *(fermé mardi midi et lundi sauf juil.-août)* 94/155, enf. 52

VIEUX-MOULIN *60 Oise 56 ③ – rattaché à Compiègne.*

VIF *38450 Isère 77 ④ – 5 788 h alt. 320.*
Paris 584 – Grenoble 17 – Le Bourg-d'Oisans 45 – Villard-de-Lans 42.

Paix, 10 r. Desaix ☎ 04 76 72 46 75, *Fax 04 76 72 74 99,* – P. GB
Repas 80/180 – 35 – **7 ch** 200/290 – 1/2 P 270/290

Le VIGAN 30120 Gard 80 ⑯ G. Languedoc Roussillon – 4 523 h alt. 221.

Voir Musée Cévenol*.

Office de Tourisme (en saison : fermé dim. après-midi) pl. Triaire ✆ 04 67 81 01 72, Fax 04 67 81 86 79.

Paris 715 – Montpellier 63 – Alès 64 – Lodève 51 – Mende 102 – Millau 71 – Nîmes 76.

Commerce sans rest, 26 r. Barris ✆ 04 67 81 03 28 – P. GB
27 – **15 ch** 90/230

au Rey Est : 5 km par D 999 – ✉ 30570 Pont d'Hérault

Château du Rey, ✆ 04 67 82 40 06, abeura@club-internet.fr, Fax 04 67 82 47 79, – TV P. GB
fermé janv. et fév. – **Repas** (fermé dim. soir et lundi sauf juil.-août) 145/245 – 50 – **13 ch** 360/550 – ½ P 365/460

à Pont d'Hérault Est : 6 km par D 999 – ✉ 30570 Valleraugue :

Maurice, ✆ 04 67 82 40 02, Fax 04 67 82 46 12, – rest, TV P. GB
Repas (fermé dim. soir d'oct. à Pâques) 195/380 – 44 – **14 ch** 350/520

VIGNOUX-SUR-BARANGEON 18500 Cher 64 ⑳ – 1 844 h alt. 157.

Paris 219 – Bourges 25 – Cosne-sur-Loire 69 – Gien 70 – Issoudun 36 – Vierzon 9.

Prieuré avec ch, rte St-Laurent (D 30) ✆ 02 48 51 58 80, prieurchatel@wanadoo.fr, Fax 02 48 51 56 01, – TV P. AE GB
fermé 23 juil. au 9 août, 12 fév. au 7 mars, mardi et merc. d'oct. à mai – **Repas** 100 (déj.), 158/254 et carte 280 à 380 – 40 – **7 ch** 320/390 – ½ P 350/375

VILLAGE-NEUF 68 H.-Rhin 66 ⑩ – rattaché à St-Louis.

VILLAINES-LA-JUHEL 53700 Mayenne 60 ⑫ – 3 171 h alt. 185.

Paris 254 – Alençon 32 – Le Mans 57 – Bagnoles-de-l'Orne 31 – Mayenne 28.

Oasis sans rest, rte Javron : 1 km ✆ 02 43 03 28 67, Fax 02 43 03 35 30, – TV P – 20. GB
35 – **14 ch** 230/395

VILLANDRY 37510 I.-et-L. 64 ⑭ – 776 h alt. 50.

Voir Château** : jardins***, G. Châteaux de la Loire.

Paris 255 – Tours 17 – Azay-le-Rideau 12 – Chinon 32 – Langeais 13 – Saumur 52.

Cheval Rouge, ✆ 02 47 50 02 07, chevalrouge@wanadoo.fr, Fax 02 47 50 08 77, – rest, P. GB
fermé janv. et lundi sauf fériés – **Repas** 98/220, enf. 60 – 40 – **18 ch** 250/300 – ½ P 330/410

VILLAR-D'ARÈNE 05480 H.-Alpes 77 ⑦ – 178 h alt. 1650 – Sports d'hiver : 1 650/2 058 m 4.

Paris 650 – Briançon 36 – Le Bourg-d'Oisans 32 – La Grave 3 – Grenoble 82.

Faranchin, N 91 ✆ 04 76 79 90 01, Fax 04 76 79 92 88, – P. AE GB
1er juin-15 oct. et 20 déc.-20 avril – **Repas** (70) - 96/115, enf. 45 – 40 – **39 ch** 230/330 – ½ P 210/290

VILLARD-DE-LANS 38250 Isère 77 ④ G. Alpes du Nord – 3 346 h alt. 1040 – Sports d'hiver : 1 160/2 170 m 2 27 – Casino.

Voir Gorges de la Bourne*** – Route de Valchevrière* O par D 215c.

Office de Tourisme pl. Mure-Ravaud ✆ 04 76 95 10 38, Fax 04 76 95 98 39.

Paris 590 ① – Grenoble 35 ① – Die 69 ② – Lyon 128 ① – Valence 69 ② – Voiron 49 ①.

Plan page ci-contre

Christiania, av. Prof. Nobecourt (k) ✆ 04 76 95 12 51, le-christiana@planete-vercors.com, Fax 04 76 95 00 75, – TV – 15. AE GB. rest
fermé 17 avril au 5 mai et 21 oct. au 20 déc. – ***Tétras*** (fermé mardi et merc. hors saison) Repas 135/260, enf. 60 – 65 – **23 ch** 580/880 – ½ P 500/650

Pré Fleuri, rte Cochettes (t) ✆ 04 76 95 10 96, le.pre.fleuri@wanadoo.fr, Fax 04 76 95 56 23, – TV P. GB.
1er juin-1er oct. et 20 déc.-20 avril – **Repas** 103/200 – 44 – **20 ch** 355/420 – ½ P 370

VILLARD-DE-LANS

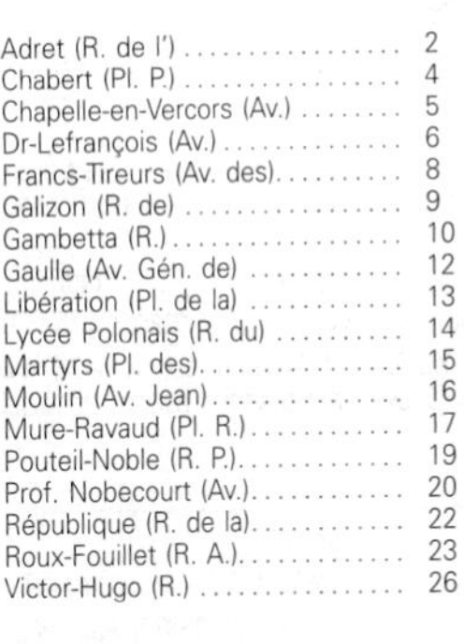

Les plans de villes sont orientés le Nord en haut.

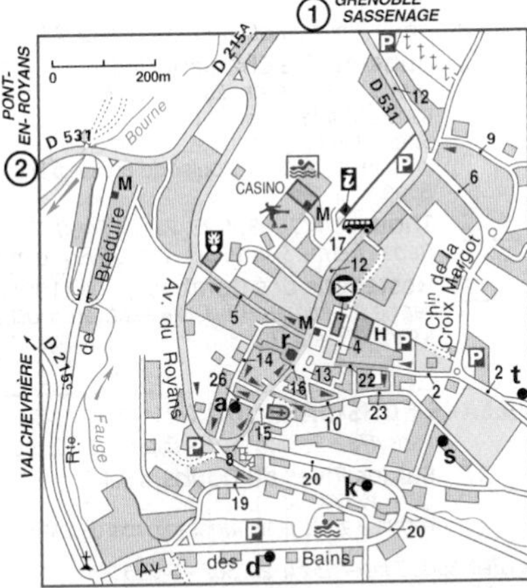

Fleur du Roy, 166 r. Prof. Lesne **(s)** 04 76 95 11 91, *la-fleur-du-roy@planete-vercors.com, Fax 04 76 95 56 79*, – TV. GB
fermé avril et 1er nov. au 18 déc. – **Repas** (dîner seul.)(résidents seul.) 110 – 40 – **11 ch** 350/380 – ½ P 380

Bruyères, (a) 04 76 95 11 83, *hotelbruyeres@post.club-internet.fr, Fax 04 76 95 58 76*, – TV. AE GB. rest
fermé 15 au 30 avril et 15 oct. au 3 déc. – **Repas** 110 bc/150, enf. 50 – 35 – **18 ch** 270/300 – ½ P 320

Villa Primerose sans rest, quartier Bains **(d)** 04 76 95 13 17, – P. GB
fermé 1er oct. au 20 déc. – 25 – **18 ch** 220/250

Bacha, 42 pl. Libération **(r)** 04 76 95 15 24, – GB
fermé 10 au 30 avril, 10 au 30 nov., lundi soir et mardi – **Repas** 95/160, enf. 45

au Bois-Barbu *Ouest : 3 km par D 215E – 38250 Villard-de-Lans :*

Ferme du Bois Barbu avec ch, **(n)** 04 76 95 13 09, *fermeboisbarbu@libertysurf.fr, Fax 04 76 94 10 65*, – TV P. AE GB
fermé 18 au 23 juin, 12 nov. au 7 déc., dim. soir et merc. sauf vacances scolaires – **Repas** (95) - 105/280, enf. 50 – 45 – **8 ch** 270/310 – ½ P 300

au Balcon de Villard *rte Côte 2000, Sud-Est : 4 km par D 215 et D 215B – 38250 Villard-de-Lans :*

Playes, 04 76 95 14 42, *hotel.lesplayes@free.fr, Fax 04 76 95 58 38*, – TV P. GB
début juin-30 sept. et 20 déc.-15 avril – **Repas** 100/170, enf. 55 – 45 – **23 ch** 340/370 – ½ P 325/360

à Corrençon-en-Vercors *Sud : 6 km par D 215 – 264 h. alt. 1105 – 38250 :*

du Golf M, Les Ritons 04 76 95 84 84, *hotel-du-golf@wanadoo.fr, Fax 04 76 95 82 85*, – TV P. AE GB
fermé 1er avril au 8 mai et 15 oct. au 15 déc. – **Repas** *(fermé dim. soir et lundi sauf vacances scolaires)* 145/215 – 60 – **12 ch** 520/780 – ½ P 615

VILLARS-LES-DOMBES

01330 Ain 74 ②, 110 ⑥ *G. Vallée du Rhône – 3 415 h alt. 281.*

Voir *Vierge à l'Enfant★ dans l'église – Parc ornithologique★ S : 1 km.*

Office de Tourisme pl. de l'Hôtel-de-Ville 04 74 98 06 29, Fax 04 74 98 12 77.

Paris 434 – Lyon 33 – Bourg-en-Bresse 30 – Villefranche-sur-Saône 27.

Ribotel, rte Lyon 04 74 98 08 03, *ribotel@wanadoo.fr, Fax 04 74 98 29 55*, – TV P – 15 à 60. AE GB JCB
Repas *(fermé janv., sam. midi, dim. soir et vend. de nov. à mars)* 95/205, enf. 55 – 46 – **47 ch** 260/310 – ½ P 280

Col Vert, r. Commerce 04 74 98 00 33, *Fax 04 74 98 12 97* – AE GB
fermé 26 nov. au 31 déc., le soir sauf sam. de nov. à fév., dim. soir, mardi soir et lundi – **Repas** 100/275

à Bouligneux *Nord-Ouest : 4 km par D 2 – 274 h. alt. 282 – ✉ 01330 :*

XXX **Auberge des Chasseurs** (Dubreuil), ✆ 04 74 98 10 02, *Fax 04 74 98 28 87*, 🏡 – GB
✿ *fermé 1er au 8 sept., 20 déc. au 20 janv., mardi soir et merc.* – **Repas** 140 (déj.), 165/330 et carte 250 à 380 ♀, enf. 100
Spéc. Petites grenouilles "comme en Dombes". Fricassée de chanterelles aux écrevisses (15 juin au 20 déc.). Poulet de Bresse à la crème aux morilles. **Vins** Mâcon-Villages, Vin du Bugey.

XX **Thou,** ✆ 04 74 98 15 25, *Fax 04 74 98 13 57*, 🏡, « Jardin fleuri », – GB
Repas *(fermé 3 au 16 oct., 6 au 26 fév., dim. soir en hiver, lundi et mardi)* 175/318 ♀

X **Hostellerie des Dombes,** ✆ 04 74 98 08 40, *Fax 04 74 98 16 63*, 🏡 – P. GB
fermé 27 juin au 5 juil., 26 sept. au 5 oct., 19 déc. au 5 janv., merc. et jeudi – **Repas** 130/210 ♀, enf. 70

VILLARS-SOUS-DAMPJOUX *25190 Doubs 66 ⑱ – 422 h alt. 362.*

Paris 478 – Besançon 76 – Baume-les-Dames 42 – Montbéliard 22 – Morteau 49.

XX **Sur les Rives du Doubs,** à Dampjoux Sud : 1 km ✆ 03 81 96 93 82, *Fax 03 81 96 46 61*, 🏡 – P. GB.
fermé 2 au 15 janv., lundi soir, mardi soir et merc. – **Repas** 200/240

à Bief *Sud : 3 km – 132 h. alt. 362 – ✉ 25190 :*

X **Auberge Fleurie,** ✆ 03 81 96 53 01, *Fax 03 81 96 55 64*, 🏡 – P. GB
fermé 22 août au 9 sept., vacances de fév., mardi soir en hiver et merc. – **Repas** 55 (déj.), 85/160 ♀

VILLÉ *67220 B.-Rhin 62 ⑧ ⑨ G. Alsace Lorraine – 1 550 h alt. 260.*

Office de Tourisme à la Mairie ✆ 03 88 57 11 57, Fax 03 88 57 04 54.
Paris 419 – Strasbourg 59 – Lunéville 82 – St-Dié 38 – Ste-Marie-aux-Mines 26 – Sélestat 16.

Bonne Franquette, 6 pl. Marché ✆ 03 88 57 14 25, *Fax 03 88 57 08 15* – TV. GB
fermé 28 oct. au 4 nov. et 11 au 24 fév. – **Repas** *(fermé dim. soir et lundi)* 120/350 bc ♀, enf. 60 – ☕ 40 – **10 ch** 280/330 – ½ P 250/300

La VILLE-AUX-CLERCS *41160 L.-et-Ch. 64 ⑥ – 1 114 h alt. 143.*

Paris 158 – Brou 41 – Châteaudun 27 – Le Mans 73 – Orléans 71 – Vendôme 18.

Manoir de la Forêt 🐦, à Fort-Girard, Est : 1,5 km par rte secondaire ✆ 02 54 80 62 83, *Fax 02 54 80 66 03*, ←, 🏡, – TV P – 30. AE GB
Repas *(fermé dim. soir et lundi d'oct. à Pâques)* 160/295 ♀ – ☕ 50 – **18 ch** 310/550 – ½ P 430/460

La VILLE-BLANCHE *22 C.-d'Armor 59 ① – rattaché à Lannion.*

VILLECHAUVE *41310 L.-et-Ch. 64 ⑥ – 251 h alt. 120.*

Paris 193 – Tours 38 – Blois 50 – Loches 66 – Le Mans 86 – Vendôme 22.

X **Gastinais,** sur N 10 ✆ 02 54 80 33 30, *Fax 02 54 80 33 30*, – P. GB
Repas (déj. seul.)(dim. et fêtes prévenir) 62/165 ♀

VILLECOMTAL-SUR-ARROS *32730 Gers 82 ⑬ – 773 h alt. 177.*

Paris 792 – Auch 49 – Pau 71 – Aire-sur-l'Adour 66 – Tarbes 26.

XX **Rive Droite,** ✆ 05 62 64 83 08, *rive-droite2@wanadoo.fr, Fax 05 62 64 84 02*, 🏡, – AE GB.
fermé vacances de Toussaint, lundi, mardi et merc. sauf 15 juil. au 15 août – **Repas** 75 (déj.), 130/190 ♀, enf. 70

VILLECROZE *83690 Var 84 ⑥, 114 ㉑ G. Côte d'Azur – 1 029 h alt. 300.*

Voir *Belvédère★ : ✱★ N : 1 km.*
Office de Tourisme r. A.-Croizat ✆ 04 94 67 50 00, Fax (Mairie) 04 94 67 53 29.
Paris 842 – Aups 8 – Brignoles 39 – Draguignan 21.

XX **Colombier,** rte Draguignan ✆ 04 94 70 63 23, *le-colombier@ifrance.com, Fax 04 94 70 63 23*, – P. GB
fermé 26 nov. au 14 déc., dim. soir en hiver et lundi – **Repas** 110/260 ♀, enf. 70

au Sud-Est *par rte de Draguignan et rte secondaire : 3 km – ✉ 83690 Salernes :*

Au Bien Être avec ch, ✆ 04 94 70 67 57, , , – **P**. GB. ch
fermé vacances de Toussaint , de fév., lundi midi et mardi midi sauf juil.-août – **Repas** (86) - 165/285 ♀, enf. 60 – ☕ 50 – **7 ch** 359/399 – ½ P 348/559

VILLEDIEU-LES-POÊLES *50800 Manche* 59 ⑧ *G. Normandie Cotentin – 4 356 h alt. 105.*

Office de Tourisme pl. des Costils ✆ 02 33 61 05 69 (hors saison) Mairie ✆ 02 33 61 00 16.
Paris 310 – St-Lô 36 – Alençon 122 – Avranches 22 – Caen 79 – Flers 59.

Fruitier Ⓜ, pl. Costils ✆ 02 33 90 51 00, *hotel.le.fruitier@wanadoo.fr, Fax 02 33 90 51 01* – – 60. GB
fermé 24 déc. au 20 janv. – **Repas** (68) - 85/190 ♀, enf. 45 – ☕ 35 – **38 ch** 240/280, 10 duplex – ½ P 243/303

St-Pierre et St-Michel, pl. République ✆ 02 33 61 00 11, *Fax 02 33 61 06 52* – **P**. GB
fermé 8 au 10 fév. – **Repas** 85/195 ♀, enf. 40 – ☕ 35 – **22 ch** 280/290

Manoir de l'Acherie avec ch, à l'Acherie Est : 3,5 km par N 175 et D 554 ✆ 02 33 51 13 87, *bernard.cahu@libertysurf.fr, Fax 02 33 51 33 69,* « Dans le bocage normand », – **P** – 50. AE GB.
fermé 5 au 21 nov., vacances de fév., dim. soir de nov. à mars – **Repas** (68) - 95/240 ♀, enf. 50 – ☕ 40 – **15 ch** 220/350 – ½ P 345/395

Ferme de Malte, 11 r. Jules Tétrel ✆ 02 33 91 35 91, *Fax 02 33 91 35 90* – **P**. GB
fermé 30 sept. au 15 oct., 27 janv. au 12 fév., dim. soir hors saison et lundi – **Repas** 100 (déj.), 150/350 ♀

Les noms des localités citées dans ce guide

sont **soulignés de rouge**

sur les **cartes Michelin** à 1/200 000.

VILLE-EN-TARDENOIS *51170 Marne* 56 ⑮ *G. Champagne – 530 h alt. 161.*

Paris 124 – Reims 21 – Châlons-en-Champagne 72 – Château-Thierry 38 – Épernay 25.

Auberge du Postillon, D 380 ✆ 03 26 61 83 67, *auberge-des-postillon@wanadoo.fr, Fax 03 26 61 84 64* – AE GB
Repas 92/350 ♀

VILLEFORT *48800 Lozère* 80 ⑦ *G. Languedoc Roussillon – 700 h alt. 600.*

Office de Tourisme r. l'Église ✆ 04 66 46 87 30, Fax 04 66 46 85 33.
Paris 626 – Alès 54 – Aubenas 61 – Florac 66 – Mende 57 – Pont-St-Esprit 90.

Balme, Place du Portalet ✆ 04 66 46 80 14, *Fax 04 66 46 85 26,* – . AE GB
fermé 1er déc. au 15 fév., dim. soir et lundi hors saison – **Repas** (115) - 135/200 ♀, enf. 50 – ☕ 41 – **16 ch** 225/335 – ½ P 285/350

Lac, au bord du lac, Nord par D 906 ✆ 04 66 46 81 20, *Fax 04 66 46 90 95,* ≤, – **P**. GB
11 mars-30 nov. et fermé merc. – **Repas** 88/138 ♀, enf. 40 – ☕ 38 – **10 ch** 260/360 – ½ P 270/370

VILLEFRANCHE-D'ALLIER *03430 Allier* 69 ⑫ *G. Auvergne – 1 360 h alt. 270.*

Paris 341 – Moulins 51 – Bourbon-l'Archambault 31 – Montluçon 25 – Montmarault 13.

Relais Bourbonnais Ⓜ, 1 r. Gare ✆ 04 70 07 40 01, *Fax 04 70 07 48 36,* , , – **P**. GB
fermé 1er au 15 oct., 20 au 28 déc., 15 fév. au 28 fév., jeudi soir et vend. sauf juil.-août – **Repas** 75/240 , enf. 55 – ☕ 38 – **14 ch** 225/305 – ½ P 285/295

VILLEFRANCHE-DE-CONFLENT *66500 Pyr.-Or.* 86 ⑰ *G. Languedoc Roussillon – 261 h alt. 435.*

Voir *Ville forte★ – Fort Liberia : ≤★★ – Commune de la "Méridienne verte".*
Office de Tourisme pl. Église ✆ 04 68 96 22 96, Fax 04 68 96 23 93.
Paris 907 – Perpignan 50 – Mont-Louis 30 – Olette 10 – Prades 6 – Vernet-les-Bains 6.

Auberge Saint-Paul, 7 pl. Église ✆ 04 68 96 30 95, *Fax 04 68 96 30 95,* – GB
fermé 18 au 22 juin, 26 nov. au 6 déc., 7 au 31 janv., mardi d'oct. à Pâques et lundi – **Repas** 140/450 et carte 240 à 520 ♀

VILLEFRANCHE-DE-ROUERGUE SP 12200 Aveyron 79 ⑳ *G. Midi-Pyrénées – 12 291 h alt. 230.*

Voir La Bastide★ : place Notre-Dame★, église Notre-Dame★ – Ancienne chartreuse St-Sauveur★ par ③.

Office de Tourisme Prom. Guiraudet ✆ 05 65 45 13 18, Fax 05 65 45 55 58.

Paris 609 ① – Rodez 58 ① – Albi 72 ③ – Cahors 61 ④ – Montauban 77 ④.

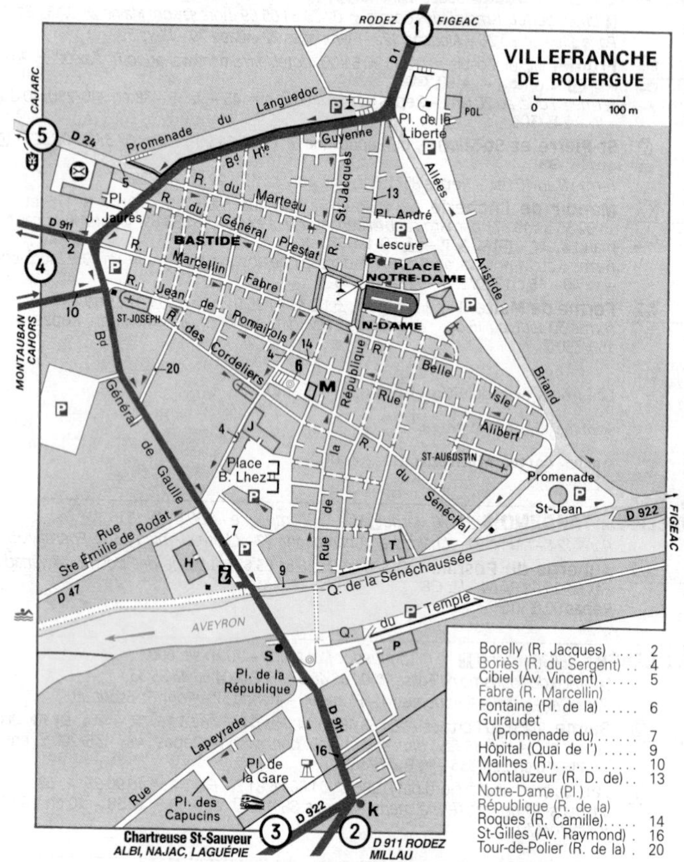

Borelly (R. Jacques)	2
Boriès (R. du Sergent)	4
Cibiel (Av. Vincent)	5
Fabre (R. Marcellin)	
Fontaine (Pl. de la)	6
Guiraudet (Promenade du)	7
Hôpital (Quai de l')	9
Mailhes (R.)	10
Montlauzeur (R. D. de)	13
Notre-Dame (Pl.)	
République (R. de la)	
Roques (R. Camille)	14
St-Gilles (Av. Raymond)	16
Tour-de-Polier (R. de la)	20

L'Univers, pl. République (1er étage) **(s)** ✆ 05 65 45 15 63, *Fax 05 65 45 02 21* – TV ✆ – 50. AE GB
Repas *(fermé 11 au 19 mai, 8 au 16 juin, 5 au 21 fév., vend. et sam. d'oct. à juin sauf fêtes)* *(69)* - 89/295 ♀, enf. 60 – 39 – **30 ch** 185/350 – ½ P 320

Francotel M, Centre Comm. Hyper U par ① *et D1E : 1 km* ✆ 05 65 81 17 22, *Fax 05 65 45 56 09*, – ch, TV ✆ – 80. AE GB
Repas *(fermé dim.)* *(60)* - 78/120 – 40 – **28 ch** 270/300, 16 duplex

Assiette Gourmande, pl. A. Lescure **(e)** ✆ 05 65 45 25 95, – GB
fermé vacances de printemps, 1er au 7 sept., vacances de Toussaint, mardi soir et merc. soir hors saison et dim. – **Repas** 78/175 ♀, enf. 50

Bellevue, 5 av. du Ségala **(k)** ✆ 05 65 45 23 17, *Fax 05 65 45 11 19* – GB
fermé vacances de Toussaint, de fév., lundi midi et dim. sauf juil.-août – **Repas** 80/280

au Farrou *par ① : 4 km – ✉ 12200 Villefranche-de-Rouergue :*

Relais de Farrou Ⓜ, ✆ 05 65 45 18 11, *Fax 05 65 45 32 59*, ⛱, 🏋, 🏊, 🌳, 🎾 – ⚘, ▤ ch, 📺 ☎ ♿ 🅿 – 🎪 25. GB
fermé 26 oct au 5 nov., 21 au 25 déc., 10 au 25 fév. – **Repas** *(fermé sam. midi, dim. soir et lundi du 23 sept. au 15 juin)* (85) - 130/230 🍷, enf. 72 – ☕ 48 – **26 ch** 340/490 – ½ P 340/415

VILLEFRANCHE-DU-PÉRIGORD *24550 Dordogne* 75 ⑰ *G. Périgord Quercy – 827 h alt. 220.*

🅸 *Syndicat d'Initiative (hors saison, ouvert tlj. sauf lundi apr. m. merc. et dim. mat.) r. Notre-Dame ✆ 05 53 29 98 37, Fax 05 53 30 40 12.*

Paris 579 – Agen 77 – Cahors 40 – Sarlat-la-Canéda 47 – Bergerac 67 – Périgueux 87.

Petite Auberge 🐦, ✆ 05 53 29 91 01, *Fax 05 53 28 88 10*, ⛱, 🌳 – 📺 ☎ 🅿. GB
fermé 1er au 15 nov., 1er au 15 fév., vend. soir et sam. midi et dim. soir d'oct. à avril – **Repas** 70 (déj.), 85/225 🍷 – ☕ 45 – **10 ch** 260/320 – ½ P 280/325

If you are held up on the road - from 6pm onwards - confirm your hotel booking by telephone. It is safer and quite an accepted practice.

VILLEFRANCHE-SUR-MER *06230 Alpes-Mar.* 84 ⑨ ⑩, 115 ㉗ *G. Côte d'Azur – 8 080 h alt. 30.*

Voir *Rade★★ – Vieille ville★ – Chapelle St-Pierre★ – Musée Volti★.*

🅸 *Office de Tourisme Sq. F.-Binon ✆ 04 93 01 73 68, Fax 04 93 76 63 65.*

Paris 937 ⑤ – Nice 6 ③ – Beaulieu-sur-Mer 4 ③.

Accès et sorties : Voir plan de Nice.

VILLEFRANCHE-SUR-MER

Cauvin (Av. V.)	2
Corderie (Quai de la)	3
Corne-d'Or (Bd de la)	5
Courbet (Quai Amiral)	6
Église (R. de l')	7
Foch (Av. du Maréchal)	8
Gallieni (Av. Général)	9
Gaulle (Av. Général-de)	10
Grande-Bretagne (Av. de)	12
Joffre (Av. du Maréchal)	14
Leclerc (Av. Général)	15
Marinières (Promenade des)	16
May (R. de)	18
Obscure (R.)	19
Paix (Pl. de la)	20
Poilu (R. du)	22
Pollonais (Pl. A.)	24
Ponchardier (Quai Amiral)	25
Poullan (Pl. F.)	26
Sadi-Carnot (Av.)	28
Settimelli-Lazare (Bd)	30
Soleil d'Or (Av. du)	31
Verdun (Av. de)	32
Victoire (R. de la)	34
Wilson (Pl.)	35

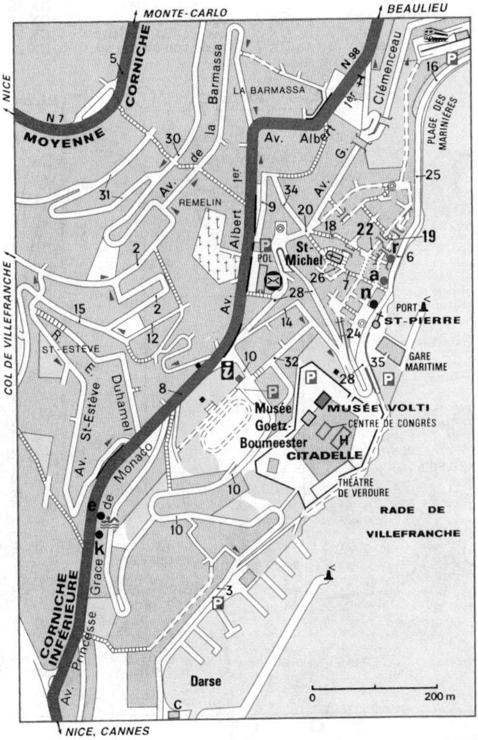

Les cartes Michelin sont constamment tenues à jour.

Michelin maps are kept up to date.

Welcome sans rest, 1 quai Courbet **(n)** ☎ 04 93 76 27 62, *welcome@riviera.fr, Fax 04 93 76 27 66*, ≤ port et plage – |‡| TV. AE ⓓ GB JCB
fermé 15 nov. au 20 déc. – ☕ 50 – **37 ch** 730/1010

Flore M, av. Princesse Grace de Monaco **(e)** ☎ 04 93 76 30 30, *hotel-la-flore@wanadoo.fr, Fax 04 93 76 99 99*, ≤, 🏖, 🏊 – |‡| ▤ TV ☎ ♿ P – 🏛 30. AE ⓓ GB JCB. ✻ rest
Le Fleuron *(fermé 8 janv. au 6 fév.)* **Repas** *(90)*-180/300 ♀, enf. 75 – ☕ 65 – **31 ch** 720/1160 – ½ P 480/800

Versailles, av. Princesse Grace de Monaco **(k)** ☎ 04 93 76 52 52, *hotel.le.versailles@wanadoo.fr, Fax 04 93 01 97 48*, ≤ rade, 🏖, 🏊 – |‡|, ▤ ch, TV P. AE ⓓ GB JCB
fermé nov. et déc. – **Repas** *(fermé lundi hors saison)* 175 ♀, enf. 100 – ☕ 70 – **49 ch** 675/1000 – ½ P 550/600

Mère Germaine, quai Courbet **(a)** ☎ 04 93 01 71 39, *Fax 04 93 01 96 44*, ≤, 🏖 – AE GB
fermé 12 nov. au 21 déc. – **Repas** 223 ♀

Fille du Pêcheur, 13 quai Courbet **(r)** ☎ 04 93 01 90 09, *Fax 04 93 01 90 29*, ≤ – AE GB
fermé merc. – **Repas** 148 (déj.)et carte 240 à 530 ♀

A good moderately priced meal : 😋 Repas 100/140

VILLEFRANCHE-SUR-SAÔNE

SP 69400 *Rhône* 74 ①, 110 ③ *G. Vallée du Rhône* – *29 542 h alt. 190.*

ℹ *Office de Tourisme 96 r. de la Sous-Préfecture* ☎ *04 74 68 05 18, Fax 04 74 68 44 91.*
Paris 433 ⑦ – *Lyon 34* ⑤ – *Bourg-en-Bresse 54* ③ – *Mâcon 45* ⑤ – *Roanne 73* ⑥.

VILLEFRANCHE-SUR-SAÔNE

Street	Grid	No.
Barbusse (Bd Henri)	CX	2
Beaujolais (Av. du)	CX	3
Berthier (R. Pierre)	DX	7
Chabert (Ch. du)	CX	12
Charmilles (Av. des)	CX	14
Condorcet (R.)	DX	15
Desmoulins (R. Camille)	DX	17
Écossais (R. de l')	DX	18
Joux (Av. de)	DX	25
Leclerc (Bd du Gén.)	CX	27
Libération (Av. de la)	CX	28
Maladière (R. de la)	CX	30
Nizerand (R. du)	CX	35
Paradis (R. du)	CX	37
Pasquier (Bd Pierre)	DX	39
St-Roch (Montée)	CX	43
Salengro (Bd Roger)	CX	46
Savoye (R. C.)	DX	48
Tarare (R. de)	CX	54

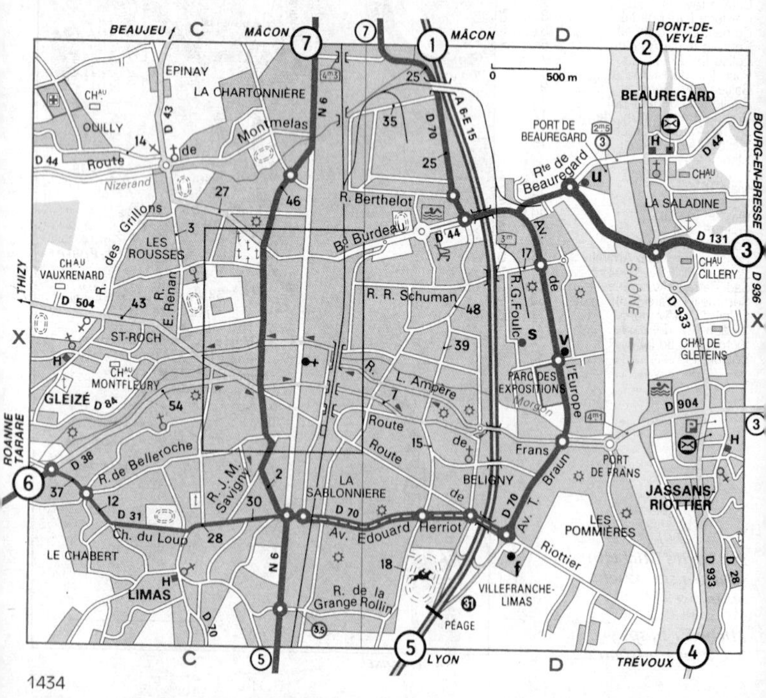

VILLEFRANCHE-SUR-SAÔNE

Belleville (R. de) . . . . **BY** 5
Carnot (Pl.) . . . . **BZ** 9
Faucon (R. du) . . . . **BY** 19
Fayettes (R. des) . . . . . . **BZ** 20
Grange-Blazet (R.) . . . . . **BZ** 23
Marais (Pl. des) . . . . **BZ** 32
Nationale (R.) . . . . **BYZ**
République (R. de la) . . **AZ** 41
Salengro (Bd Roger) . . . **AY** 46
Savigny (R. J. M.) . . . . . **AZ** 47
Sous-Préfecture (Pl.) . . . **AZ** 49
Sous-Préfecture (R.) . . . **AZ** 50
Stalingrad (R. de) . . . . . . **BZ** 52

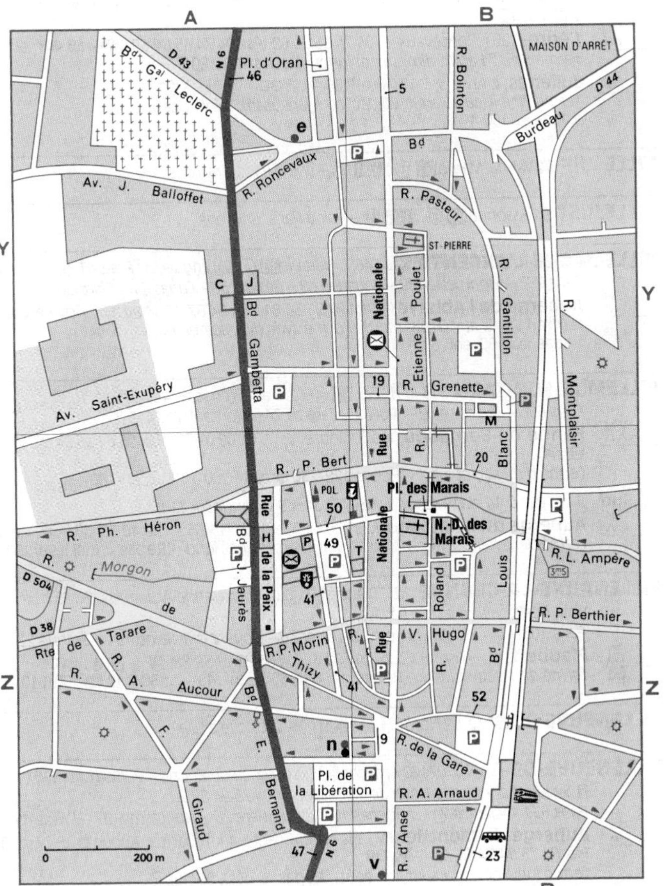

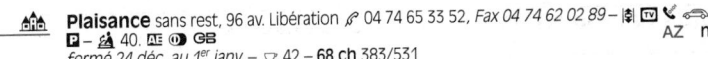

Plaisance sans rest, 96 av. Libération ☎ 04 74 65 33 52, *Fax 04 74 62 02 89* – 🛗 TV ☎ 🚗 P – 🏛 40. AE ⓓ GB — AZ n
fermé 24 déc. au 1er janv. – ☕ 42 – **68 ch** 383/531

Newport, av. de l'Europe Z.I. Nord-Est ☎ 04 74 68 75 59, *Fax 04 74 09 08 89* – ▤ TV ☎ ♿ P – 🏛 60. AE GB — DX v
Repas *(fermé sam. midi et dim.)* 82/189 🍷, enf. 49 – ☕ 39 – **38 ch** 280/320 – 1/2 P 255

Ibis, échangeur A 6 (péage Villefranche) ☎ 04 74 68 22 23, *h0646@accor-hotel.com, Fax 04 74 60 41 67*, 🌳, 🏊 – 🛗 ▤ TV P – 🏛 50. AE ⓓ GB JCB — DX f
Repas *(75)* - 95 🍷, enf. 39 – ☕ 35 – **116 ch** 325/355

Faisan Doré, Nord-Est : 2,5 km ☎ 04 74 65 01 66, *info@faisan-dore.com, Fax 04 74 09 00 81*, 🌳 – P. AE ⓓ GB — DX u
fermé dim. soir et lundi soir – **Repas** 164/360 et carte 270 à 380 🍷

XXX **Ferme du Poulet** M avec ch, 180 r. Mangin, Z.I. Nord-Est ☎ 04 74 62 19 07, *Fax 04 74 09 01 89*, – ascenseur, ch, TV P – 45. AE GB DX s
fermé dim. soir et lundi – **Repas** *(140)* - 198/360 et carte 290 à 420 ♀ – ☕ 55 – **10 ch** 380/480

XXX **Fontaine Bleue,** 18 r. J. Moulin ☎ 04 74 68 10 37, *Fax 04 74 68 70 38* – . GB
fermé 11 au 26 août, 23 déc. au 6 janv., merc. midi et dim. – **Repas** *(95)* - 130/250 et carte 210 à 300 ♀ AZ n

XX **Cèdre,** 196 r. Roncevaux ☎ 04 74 68 03 69, *Fax 04 74 65 04 69*, – AE GB.
fermé 5 au 21 août, dim. soir et lundi – **Repas** 110/180 ♀ AY e

X **Juliénas,** r. Anse ☎ 04 74 09 16 55 – . GB BZ v
fermé 20 juil. au 20 août, 20 déc. au 3 janv., sam. midi et dim.
Repas 85/160

VILLEJUIF *94 Val-de-Marne* 61 ①, 101 ㉖ – *voir à Paris, Environs.*

VILLEJUST *91 Essonne* 60 ⑩, 101 ㉞ – *voir à Paris, Environs.*

VILLEMAGNE-L'ARGENTIÈRE *34600 Hérault* 83 ④ *G. Languedoc Roussillon – 365 h alt. 193.*
Paris 737 – Montpellier 80 – Bédarieux 8 – Béziers 38 – Lunas 21 – Olargues 24.

X **Auberge de l'Abbaye,** ☎ 04 67 95 34 84, *Fax 04 67 95 34 84*, – AE GB
fermé 1er janv. au 10 fév., mardi d'oct. à avril, dim. soir et lundi
Repas 120/260, enf. 50

VILLEMUR-SUR-TARN *31340 H.-Gar.* 82 ⑧ *G. Midi-Pyrénées – 4 840 h alt. 108.*
Paris 666 – Toulouse 42 – Albi 62 – Castres 74 – Montauban 24.

XXX **Ferme de Bernadou,** rte Toulouse ☎ 05 61 09 02 38, *Fax 05 61 35 94 87*, , – P. GB
fermé dim. soir et lundi – **Repas** 128/230 et carte 200 à 320 ♀, enf. 80

au Sud : *5 km par D 14 et rte secondaire* – ✉ *31340 Villemur sur Tarn :*

X **Auberge du Flambadou,** ☎ 05 61 09 40 72, *Fax 05 61 09 40 72*, , – P. GB
fermé dim. soir du 15 sept. au 1er mai, merc. soir et lundi – **Repas** 70 (déj.), 98/200

VILLENAUXE-LA-GRANDE *10370 Aube* 61 ⑤ *G. Champagne Ardenne – 2 135 h alt. 80.*
Voir *Déambulatoire★* de l'église.
Paris 105 – Troyes 58 – La Ferté-Gaucher 36 – Nogent-sur-Seine 15 – Sézanne 22.

Flaubert, pl. Église ☎ 03 25 21 38 26, *Fax 03 25 21 59 88*, – TV . GB
fermé dim. soir et lundi – **Repas** *(65)* - 85/165, enf. 45 – ☕ 30 – **12 ch** 190/210 – 1/2 P 190

VILLENEUVE D'ASCQ *59 Nord* 51 ⑯, 111 ㉓ – *rattaché à Lille.*

VILLENEUVE-DE-BERG *07170 Ardèche* 80 ⑨ *G. Vallée du Rhône – 2 290 h alt. 320.*
Syndicat d'Initiative Hôtel de Malmazet ☎ 04 75 94 89 28.
Paris 631 – Valence 71 – Aubenas 16 – Largentière 28 – Montélimar 27 – Privas 45.

X **Auberge de Montfleury,** à la gare, Ouest : 4 km par rte Aubenas ☎ 04 75 94 74 13, *Fax 04 75 94 74 13*, – P. GB
fermé lundi et mardi sauf juil.-août – **Repas** 78 (déj.), 98/198 ♀

VILLENEUVE-DE-RIVIÈRE *31 H.-Gar.* 86 ① – *rattaché à St-Gaudens.*

VILLENEUVE-D'OLMES *09 Ariège* 86 ⑤ – *rattaché à Lavelanet.*

VILLENEUVE-LA-GARENNE *92 Hauts-de-Seine* 55 ⑳, 101 ⑮ – *voir à Paris, Environs.*

VILLENEUVE-LA-SALLE *05 H.-Alpes* 77 ⑧ ⑱ – *rattaché à Serre-Chevalier.*

VILLENEUVE-LE-COMTE *77174 S.-et-M.* 61 ②, 106 ㉒ – *1 297 h alt. 126.*
Paris 40 – Lagny-sur-Marne 13 – Meaux 19 – Melun 38.

XXX **Bonne Marmite,** 15 r. Gén. de Gaulle ☎ 01 60 43 00 10, *Fax 01 60 43 11 01*, – P. AE GB
fermé 19 août au 6 sept., vacances de fév., dim. soir de nov. à mars, lundi et mardi sauf fêtes – **Repas** *(110)* - 160/350 et carte 240 à 440 ♀, enf. 90

VILLENEUVE-LE-ROI 94 Val-de-Marne 61 ①, 101 ㉖ – *voir à Paris, Environs.*

VILLENEUVE-LÈS-AVIGNON *30400 Gard 81 ⑪ ⑫ G. Provence – 10 730 h alt. 23.*

Voir *Fort et Abbaye St-André★ : ≤★★* **AV** – *Tour Philippe-le-Bel ≤★★* **AV** – *Vierge★★ au musée municipal Pierre de Luxembourg★* **AV M** – *Chartreuse du Val-de-Bénédiction★* **AV**.

Office de Tourisme 1 pl. Ch.-David ☎ 04 90 25 61 33, Fax 04 90 25 91 55.

Paris 682 ② – Avignon 5 ⑤ – Nîmes 46 ⑥ – Orange 22 ⑦ – Pont-St-Esprit 42 ⑥.

Plan : voir à Avignon.

Prieuré, 7 pl. Chapître ☎ 04 90 15 90 15, *leprieure@relaischateaux.com, Fax 04 90 25 45 39*, « Jardins et terrasse ombragés », – 30. AE GB JCB. rest — AV t
16 mars-4 nov. – **Repas** *(fermé merc. en mars, avril et oct.)* 220/510 et carte 420 à 570 ♀, enf. 140 – 90 – **26 ch** 590/1350, 10 appart
Spéc. Grosses langoustines aux artichauts violets et brandade. Canon d'agneau rôti à la fleur de thym. Ananas rôti au pistou **Vins** Côtes du Rhône Villages.

Magnaneraie, 37 r. Camp de Bataille ☎ 04 90 15 92 00, *magnaneraie@gulliver.fr, Fax 04 90 25 46 37*, « Beaux aménagements dans une ancienne demeure du 15e siècle », – 40. AE GB JCB — AV b
Repas 190/480 ♀, enf. 100 – 100 – **26 ch** 700/1800, 3 appart – ½ P 760/1260

Aubertin, 1 r. de l'Hôpital ☎ 04 90 25 94 84, *Fax 04 90 25 83 07*, – AE GB JCB — AV n
fermé 14 au 30 août, dim. et lundi hors saison – **Repas** 180/275 ♀

St-André, 4 bis Montée du Fort ☎ 04 90 25 63 23, *Fax 04 90 25 63 23* – GB — AV u
fermé nov., mardi midi et lundi – **Repas** 145/165

En juin et en septembre,
les hôtels sont moins chers qu'en pleine saison, le service est plus soigné.

VILLENEUVE-LOUBET *06270 Alpes-Mar. 84 ⑨, 115 ㉕ G. Côte d'Azur – 11 539 h alt. 10.*

Voir *Musée de l'Art culinaire★* **AX M²**.

Office de Tourisme 16 av. de la Mer ☎ 04 93 20 20 09, Fax 04 93 20 49 14.

Paris 919 ⑤ – Nice 16 ③ – Antibes 10 ④ – Cannes 20 ⑤ – Grasse 23 ⑥.

Voir plan de Cagnes-sur-Mer-Villeneuve-Loubet.

Hamotel sans rest, Hameau du Soleil, rte La Colle-sur-Loup ☎ 04 93 20 86 60, *Fax 04 93 73 33 94* – AE GB
50 – **30 ch** 400/550

Vieille Auberge, au village, 11 r. Mesures ☎ 04 93 73 90 92, *Fax 04 93 73 90 92*, – AE GB — Y u
fermé 27 août au 6 sept., 29 oct. au 4 nov., dim. soir et merc. hors saison et les midis sauf dim. en juil.-août – **Repas** 188/292, enf. 75

à Villeneuve-Loubet-Plage :

Galoubet M sans rest, 174 av. Castel ☎ 04 92 13 59 00, *hotel.galoubet@wanadoo.fr, Fax 04 92 13 59 29*, – 35. AE GB. — AY s
fermé 19 oct. au 12 déc. – 40 – **22 ch** 400/450

Syracuse sans rest, av. Batterie ☎ 04 93 20 45 09, *Fax 04 93 20 29 30*, ≤ – cuisinette GB — AY x
fermé 20 déc. au 20 janv. – 35 – **39 ch** 330/650

VILLENEUVE-SOUS-DAMMARTIN 77 S.-et-M. 56 ⑫, 101 ⑨ – *voir à Paris, Environs.*

VILLENEUVE-SUR-LOT *47300 L.-et-G. 79 ⑤ G. Aquitaine – 22 782 h alt. 51.*

Office de Tourisme 1 bd République ☎ 05 53 36 17 30, Fax 05 53 49 42 98.

Paris 599 ① – Agen 29 ⑤ – Bergerac 61 ① – Bordeaux 145 ⑥ – Cahors 74 ③.

Plan page suivante

Résidence sans rest, 17 av. L. Carnot ☎ 05 53 40 17 03, *Fax 05 53 01 57 34* – GB — BZ s
fermé 23 déc. au 5 janv. – 29 – **18 ch** 139/310

Campanile, rte Agen par ⑤ : *3 km* ☎ 05 53 40 27 47, *Fax 05 53 40 27 50*, – rest, – 25. AE GB JCB
Repas *(80)* - 94/106 ♀, enf. 39 – 36 – **46 ch** 305

Aux Berges du Lot, ☎ 05 53 70 84 41, *Fax 05 53 70 43 15*, ≤, – AE GB — BY m
fermé nov., dim. soir et lundi – **Repas** 85 (déj.), 135/210 ♀, enf. 65

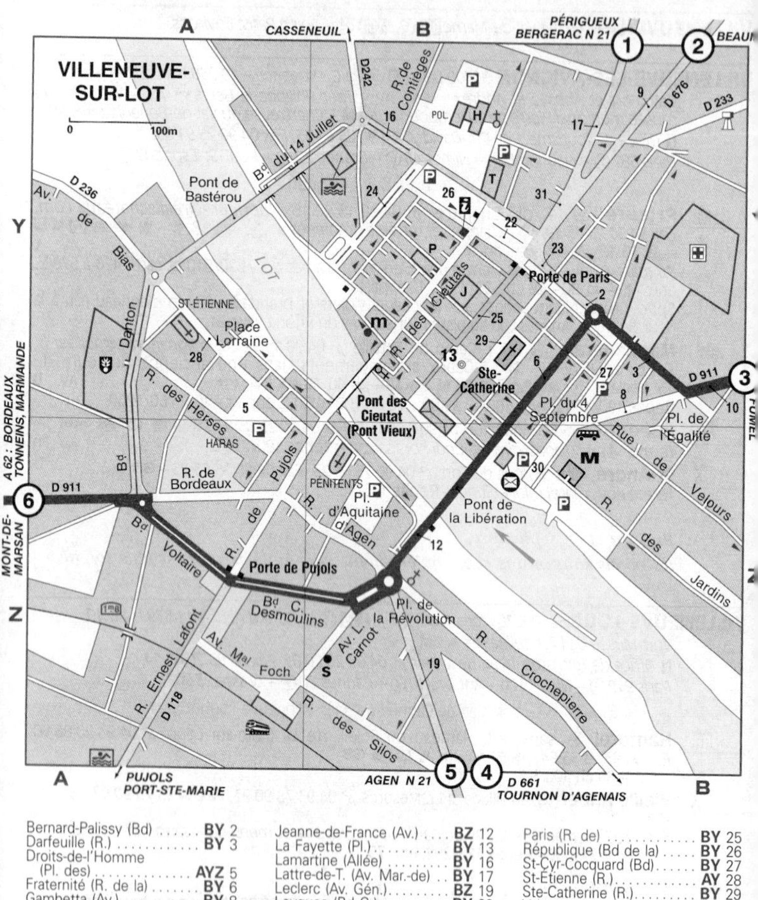

Bernard-Palissy (Bd) .... BY 2
Darfeuille (R.) .... BY 3
Droits-de-l'Homme
 (Pl. des) .... AYZ 5
Fraternité (R. de la) .... BY 6
Gambetta (Av.) .... BY 8
Gaulle (Av. Gén.-de) .... BY 9
Goudounèche (Av. A.) ..... BY 10
Jeanne-de-France (Av.) .... BZ 12
La Fayette (Pl.) .... BY 13
Lamartine (Allée) .... BY 16
Lattre-de-T. (Av. Mar.-de) .. BY 17
Leclerc (Av. Gén.) .... BZ 19
Leygues (Bd G.) .... BY 22
Libération (Pl. de la) ...... BY 23
Marine (Bd de la) .... BY 24
Paris (R. de) .... BY 25
République (Bd de la) ..... BY 26
St-Cyr-Cocquard (Bd) ...... BY 27
St-Étienne (R.) .... AY 28
Ste-Catherine (R.) .... BY 29
Valmy
 (Allées de) .... BZ 30
Victor-Hugo (Cours) .... BY 31

à Pujols *Sud-Ouest : 4 km par D 118 – 3 608 h. alt. 180 –* ✉ *47300*.
Voir ≤★.

Chênes ⚘ sans rest, ✆ 05 53 49 04 55, *Fax 05 53 49 22 74*, ≤, 🏊 – TV P. AE ⊙ GB
fermé 2 au 7 janv. – ☕ 50 – **21 ch** 340/480

Toque Blanche (Lebrun), ✆ 05 53 49 00 30, *Fax 05 53 70 49 79*, ≤, 🏛 – ▤ P. AE ⊙ GB
✿ *fermé 18 juin au 2 juil., dim. soir, mardi midi et lundi* – **Repas** 145/450 et carte 360 à 660, enf. 80
Spéc. Escalope de foie de canard en millefeuille aux pommes. Lotte au vin de Buzet. Pigeonneau en cocotte à la fricassé de cèpes. **Vins** Buzet, Côtes de Duras.

Auberge Lou Calel, ✆ 05 53 70 46 14, *Fax 05 53 70 49 79*, ≤ Villeneuve, 🏛 – GB
fermé 3 au 17 janv., jeudi midi, mardi soir et merc.
Repas 85/210, enf. 70

VILLENEUVE-SUR-TARN *81 Tarn* 80 ⑫ *– alt. 272 – ✉ 81250 Alban.*
Paris 697 – Albi 31 – Castres 62 – Lacaune 49 – Rodez 67 – St-Affrique 54.

Hostellerie des Lauriers, ✆ 05 63 55 84 23, *pascal.sudre@worldonline.fr, Fax 05 63 55 89 20,* , maison du 18e siècle au bord du Tarn, , – TV P. GB. ch
15 mars-15 nov.et fermé dim. soir et lundi hors saison – **Repas** 80/250 ♀, enf. 60 – 38 – **9 ch** 280/330 – ½ P 275/295

VILLENEUVE-SUR-YONNE *89500 Yonne* 61 ⑭ *G. Bourgogne – 5 054 h alt. 74.*
Voir *Porte de Joigny*★.
Paris 133 – Auxerre 45 – Joigny 18 – Montargis 45 – Nemours 57 – Sens 14 – Troyes 78.

Lucarne aux Chouettes avec ch, quai Bretoche ✆ 03 86 87 18 26, *lesliecaron-auberge@wanadoo.fr, Fax 03 86 87 22 63,* ≤, , « Maisons du 17e siècle aménagées avec élégance » – TV. GB
fermé dim. soir et lundi sauf juil.-août – **Repas** 110 (déj.)/215 – 60 – **4 ch** 760/870

VILLENY *41220 L.-et-Ch.* 64 ⑧ *– 324 h alt. 132.*
Paris 165 – Orléans 38 – Blois 38 – Romorantin-Lanthenay 32.

Les Chênes Rouges , Sud-Ouest : 2,5 km par D 113 et D 18 ✆ 02 54 98 23 94, *Fax 02 54 98 23 99,* , « Dans la forêt, en bordure d'étang », , – TV P – 15. AE GB
fermé 1er janv. au 16 mars, dim. et lundi de sept. à mai – **Repas** (dîner seul.) 175/220 – 75 – **10 ch** 650/800 – ½ P 590/690

VILLEPARISIS *77 S.-et-M.* 56 ⑫,, 101 ⑲ *– voir à Paris, Environs.*

VILLEQUIER *76490 S.-Mar.* 55 ⑤ *G. Normandie Vallée de la Seine – 822 h alt. 6.*
Voir *Site*★ *– Musée Victor-Hugo*★.
Paris 165 – Le Havre 51 – Rouen 40 – Bourg-Achard 29 – Lillebonne 13 – Yvetot 18.

Grand Sapin avec ch, ✆ 02 35 56 78 73, *Fax 02 35 95 69 27,* ≤, , « Terrasse au bord de la Seine », – TV P. GB
fermé 15 nov. au 1er déc., 10 fév. au 1er mars, mardi soir et merc. sauf juil.-août – **Repas** 70/200 , enf. 50 – 26 – **5 ch** 260/320

VILLERAY *61 Orne* 60 ⑮ *– rattaché à Nogent-le-Rotrou.*

VILLEREST *42 Loire* 73 ⑦ *– rattaché à Roanne.*

VILLEROY *89 Yonne* 61 ⑬ *– rattaché à Sens.*

VILLERS-BOCAGE *14310 Calvados* 54 ⑮ *G. Normandie Cotentin – 2 845 h alt. 140.*
Office de Tourisme pl. du Gén.-de-Gaulle ✆ 02 31 77 16 14.
Paris 258 – Caen 28 – Argentan 81 – Avranches 75 – Bayeux 26 – Flers 45 – St-Lô 37 – Vire 35.

Trois Rois avec ch, ✆ 02 31 77 00 32, *Fax 02 31 77 93 25,* – TV P. AE GB
fermé 25 au 30 juin, janv., dim. soir et lundi – **Repas** 125/310 et carte 270 à 370 – 45 – **13 ch** 200/400 – ½ P 350

VILLERS-COTTERÊTS *02600 Aisne* 56 ③ *G. Picardie Flandres Artois – 8 867 h alt. 126.*
Voir *Château de François 1er : grand escalier*★.
Env. *Forêt de Retz*★.
Office de Tourisme 6 pl. Aristide-Briand ✆ 03 23 96 55 10, Fax 03 23 96 49 13.
Paris 80 – Compiègne 33 – Laon 61 – Meaux 43 – Senlis 40 – Soissons 22.

Régent sans rest, 26 r. Gén. Mangin ✆ 03 23 96 01 46, *Fax 03 23 96 37 57,* « Ancien relais de poste du 18e siècle » – TV P. AE GB JCB
fermé dim. de nov. à mars sauf fériés – 48 – **17 ch** 240/425

L'Orthographe, 63 r. Gén. Leclerc ✆ 03 23 96 30 84, *lortho@club-internet.fr, Fax 03 23 96 82 71* – P. AE GB JCB
fermé dim. soir et lundi – **Repas** *(89)* - 120 ♀

VILLERSEXEL *70110 H.-Saône* 66 ⑥ ⑦ *G. Jura – 1 460 h alt. 287.*

Paris 385 – Besançon 59 – Belfort 42 – Lure 18 – Montbéliard 35 – Vesoul 28.

Terrasse, rte Lure ☎ 03 84 20 52 11, *Fax 03 84 20 56 90,* – GB
fermé 13 déc. au 3 janv., dim. soir et lundi midi hors saison – **Repas** 68/260, enf. 50 – 38 – **13 ch** 220/300 – 1/2 P 245/265

VILLERS-LE-LAC *25130 Doubs* 70 ⑦ *G. Jura – 4 203 h alt. 730.*

Voir *Saut du Doubs*** NE : 5 km – Lac de Chaillexon* NE : 2 km – Musée de la montre*.*

Office de Tourisme r. Berçot ☎ 03 81 68 00 98, Fax 03 81 68 09 63.

Paris 474 – Besançon 69 – Basel 119 – La Chaux-de-Fonds 17 – Morteau 6 – Pontarlier 37.

France (Droz), 8 pl. Cupillard ☎ 03 81 68 00 06, *Fax 03 81 68 09 22,* « Collection sur le thème de l'art culinaire » – – 30. AE GB JCB
fermé 4 au 15 nov. et janv. – **Repas** *(fermé mardi midi du 1er oct. au 1er mai, dim. soir et lundi)* 120 bc (déj.), 160/410 et carte 280 à 410, enf. 70 – 50 – **14 ch** 300/320 – 1/2 P 330/340
Spéc. Feuillantine de homard aux noix. Suprêmes et cuisses de pigeonneau au macvin. Le "Mont-Jura" (dessert). **Vins** Arbois, Vin Jaune.

VILLERS-LES-POTS *21 Côte-d'Or* 66 ⑬ *– rattaché à Auxonne.*

VILLEURBANNE *69 Rhône* 74 ⑪ ⑫, 110 ⑭ *– rattaché à Lyon.*

VILLIÉ-MORGON *69910 Rhône* 74 ① *– 1 522 h alt. 262.*

Voir *La Terrasse ** près du col du Fût d'Avenas NO : 7 km,* G Vallée du Rhône.

Paris 414 – Mâcon 22 – Lyon 57 – Villefranche-sur-Saône 22.

Villon, ☎ 04 74 69 16 16, *Fax 04 74 69 16 81,* – – 60. GB
fermé 2 au 27 déc., dim soir et lundi sauf 15 avril au 15 oct. – **Repas** 100 (déj.), 120/350 – 40 – **45 ch** 285/350 – 1/2 P 315

à Morgon *Sud : 2 km par D 68 – ✉ 69910 :*

Morgon, ☎ 04 74 69 16 03, *Fax 04 74 69 12 77,* – GB
fermé 20 déc. au 20 janv., soirs fériés, dim. soir et merc. – **Repas** 85/200

VILLIERS-LE-BÂCLE *91 Essonne* 60 ⑩, 101 ㉓ *– voir à Paris, Environs.*

VILLIERS-LE-MAHIEU *78770 Yvelines* 55 ⑱ *– 601 h alt. 127.*

Paris 52 – Dreux 37 – Évreux 61 – Mantes-la-Jolie 18 – Rambouillet 31 – Versailles 32.

Château de Villiers le Mahieu sans rest, ☎ 01 34 87 44 25, *chateau-de-villiers-le-mahieu@wanadoo.fr, Fax 01 34 87 44 40,* « Parc », – – 25 à 100. AE GB JCB
fermé 24 déc. au 1er janv. – 90 – **37 ch** 790/1290

VILLIERS-ST-BENOIT *89130 Yonne* 65 ④ *– 430 h alt. 170.*

Paris 151 – Auxerre 33 – Avallon 83 – Cosne-sur-Loire 60 – Montargis 52.

Relais St-Benoit avec ch, ☎ 03 86 45 73 42, *Fax 03 86 45 77 90,* – GB
fermé 25 au 30 déc., 20 au 28 fév., dim. soir et lundi – **Repas** 106/208 – 40 – **6 ch** 245/350 – 1/2 P 255/305

VIMOUTIERS *61120 Orne* 55 ⑬ *G. Normandie Vallée de la Seine – 4 723 h alt. 95.*

Office de Tourisme 10 av. Gén.-de-Gaulle ☎ 02 33 39 30 29, Fax 02 33 67 66 11.

Paris 191 – Caen 60 – Alençon 67 – Argentan 31 – Falaise 36 – Lisieux 29.

Escale du Vitou, rte Argentan : 2 km par D 916 ☎ 02 33 39 12 04, *Fax 02 33 36 13 34,* , centre de loisirs, – – 80. GB
Repas *(fermé 18 fév. au 6 mars, mardi midi, dim. soir et lundi)* 75/189, enf. 42 – 40 – **17 ch** 190/265 – 1/2 P 220

VINAY *51 Marne* 56 ⑯ *– rattaché à Épernay.*

THE CALL OF THE NEW

As the 21st century beckons with its promise of major advances in technology, the Michelin Group is well positioned to take on the challenge of innovation. With a business presence in more than 170 countries, Michelin is world leader in tyre technology, as evidenced by the new Pax System, probably the most radical development since Michelin launched the radial during the late 1940's. Today 80 manufacturing plants in 19 countries produce over 830,000 tyres a day across a broad product range for all types of vehicles from mountain bikes to the NASA Space Shuttle. Michelin's route to the future is based on "the capacity to listen, the audacity to innovate and the passion for demonstration" where "dialogue is the very essence of progress applied to an activity that constitutes a technological, financial and, above all, a human challenge."

The Challenges of Formula 1

Michelin has thrown down the gauntlet. After many years of speculation and rumour in the press, the company has announced that it will bring its formidable tyre technology to Formula 1 racing in 2001.

It was in 1977 that Michelin first made its impact with the kind of innovation that alters the nature of a sport forever and for the better. That great leap forward was witnessed at the Silverstone British Grand Prix when Renault took to the starting grid in mid-season. The bright yellow 1.5 litre V6 turbocharged car was equipped with what was to become the most radical development since the invention of the pneumatic tyre - the radial! Not only did the radial design quickly come to dominate racing, it also became the norm for all cars and trucks on the road.

Between 1978 and 1984, Michelin equipped teams won no fewer than 59 Grand Prix races - eleven more than the company's nearest rival. The victory tally included three drivers' and two manufacturers' World Championship titles.

The teams partnered with Michelin this year are Williams-BMW and Jaguar Racing. In 2002, Toyota will enter the fray on Michelin. Much of the year 2000 was spent track testing and developing new compounds, reflecting Michelin's philosophy of developing technology in the heat of competition as well as in the cool of the laboratory. To quote Edouard Michelin: "This sport has evolved considerably in the past 15 years. That's why we say we are entering, not re-entering. Automotive technology has changed and the tyres have changed too. It's going to be a challenge and at Michelin we love challenges."

Everything will change

Pax System - the future now

Thanks to a revolutionary new design concept from Michelin, there is now a tyre that tells you when it needs more air and can continue to be driven for a long period after a puncture. The Michelin PAX System is an integrated tyre-and-wheel assembly that, at the very least, offers noticeable improvements in cornering, braking, fuel consumption and ride comfort. More significantly, an indicator on the dash board linked to a pressure loss detector in the wheel tells the driver of any sudden change. In the event of a puncture, PAX will continue to run safely for up to 200km at 80km/h.

The difference is in the design

Modern radial tyres offer extremely high levels of performance and safety. Because of their design, however, there is a limit to the extent of product improvement that can be achieved. The PAX System offers all the benefits of the radial and much more. It has a tyre that cannot come off the rim, a flexible inner support ring and, of course, the all-important pressure loss detector.

RADIAL TYRE

① The bead, which is extremely rigid, anchors the tyre to the rim by means of air pressure and provides the link between the highly flexible tyre sidewall and the tyre rim.

② The sidewall permits the flexibility needed for comfort and roadholding.

③ The crown area provides grip and braking power.

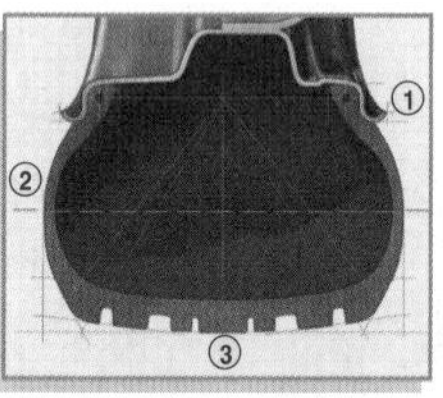

PAX SYSTEM

① A flexible injected-elastomer run-flat support ring incorporates a pressure loss detector.

② The tyre is locked to the rim by the use of clips, giving better security.

③ The sidewalls are short and rigid, offering a lower profile and improved handling.

④ There is a choice of a one-piece steel or alloy wheel.

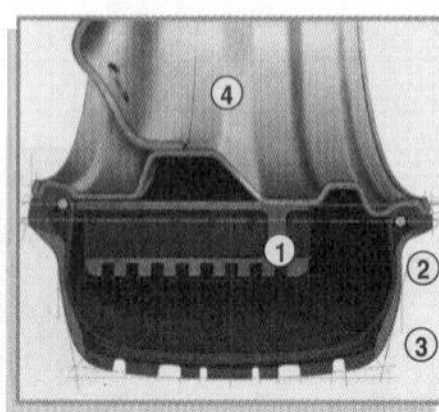

Travelling with space comes of age

As an innovation, the PAX System opens up new horizons for car designers, enabling them to develop cars that are more spacious, comfortable, manoeuvrable and arguably more stylish.

Metrocubo is the first vehicle to be designed specifically around Michelin's radical PAX System. Pininfarina, the legendary Italian design house that created the metrocubo concept, describes PAX as "a genuine technological revolution with immense innovative potential that inspired us to create a city car that is as revolutionary in its architecture as it is in the way that it is used." The result is a car with front wheels that are smaller in diameter than those at the rear, minimising the size of the front of the vehicle bodywork, which makes driving in town easier by reducing the turning circle. Moreover, both cabin and luggage space are increased because there is no need to carry a spare tyre and, despite its compactness, the car can accommodate five passengers.

PAX SYSTEM

Pax momentum

In daring to re-invent the tyre, Michelin has remained faithful to its reputation as a leader in technology. As in the case of the radial, PAX will evolve and create its own impetus for the development and improvement of automotive design and technology.

A NEW RANGE OF GUIDES FOR INDEPENDENT TRAVELLERS

Roughing it in exotic places is not everyone's cup of tea, which is why Michelin Travel Publications have launched a new series of guides called NEOS with the discerning independent traveller in mind. The ever-expanding range of titles covers Cuba, Guatemala, Belize, Réunion, Mauritius, Seychelles, Syria, Jordan, Tunisia and Turkey. Carrying the Michelin hallmark of reliability, depth of information and accuracy, each NEOS guide takes a personal approach to the region concerned and is written by authors who have travelled in the country over a period of time. This detailed research enables NEOS to provide a wide selection of where to stay, what to see and where to eat while catering for all budgets and tastes. The guides are illustrated with unique watercolour paintings and stunning colour photography and there are fully comprehensive colour maps, town and site plans.

New – In the NEOS guides emphasis is placed on the discovery and enjoyment of a new destination through meeting the people, tasting the food and absorbing the exotic atmosphere. In addition to recommendations on which sights to see, we give details on the most suitable places to stay and eat, on what to look out for in traditional markets and where to go in search of the hidden character of the region, its crafts and its dancing rhythms. For those keen to explore places on foot, we provide guidelines and useful addresses in order to help organise walks to suit all tastes.

Expert – The NEOS guides are written by people who have travelled in the country and researched the sites before recommending them by the allocation of stars. Accommodation and restaurants are similarly recommended by a on the grounds of quality and value for money. Cartographers have drawn easy-to-use maps with clearly marked itineraries, as well as detailed plans of towns, archeological sites and large museums.

Open to all cultures, the NEOS guides provide an insight into the daily lives of the local people. In a world that is becoming ever more accessible, it is vital that religious practices, regional etiquette, traditional customs and languages be understood and respected by all travellers. Equipped with this knowledge, visitors can seek to share and enjoy with confidence the best of the local cuisine, musical harmonies and the skills involved in the production of arts and crafts.

Sensitive to the atmosphere and heritage of a foreign land, the NEOS guides encourage travellers to see, hear, smell and feel a country, through words and images. Take inspiration from the enthusiasm of our experienced travel writers and make this a journey full of discovery and enchantment.

Capital coverage for tourists and drivers

Michelin now has a map covering central London to complement its range of European city plans. Probably one of the best maps available for tourists visiting the city centre on foot as well as for drivers, the 1:8000 scale map offers an extremely high level of detail, including bridge heights and weight restrictions. There is essential information on the likes of one-way streets, car parks, railway stations, taxi ranks, shopping centres, landmarks and police stations. The Plan also lists telephone numbers for emergency services, doctors, chemists, credit card providers, 23 embassies, airports, coach and train stations. With its colourful, easy-to-read mapping, the Plan covers from Regent's Park to Denmark Hill and from Shepherd's Bush to Tower Bridge. It is available from bookshops in three formats: a standard folded map, a folded map with street index and a small spiral bound edition. To help when looking up street names or places in the index, the map reference is printed in each grid square.

VINÇA *66320 Pyr.-Or.* 86 ⑱ *G. Languedoc Roussillon – 1 655 h alt. 247.*
Syndicat d'Initiative (juin-sept.) pl .Bernard-Alart ✆ 04 68 05 84 47 et (hors saison) Mairie ✆ 04 68 05 82 13, Fax 04 68 05 94 69.
Paris 892 – Perpignan 35 – Céret 45 – Font-Romeu-Odeillo-Via 56 – Vernet-les-Bains 22.

✗ **Petite Auberge,** ✆ 04 68 05 81 47, *Fax 04 68 05 85 80* – ▤. AE GB
fermé 24 déc. au 2 janv., dim. soir et merc. – **Repas** 90 bc/175 ♀

VINCELOTTES *89 Yonne* 65 ⑤ *– rattaché à Auxerre.*

VINCENNES *94 Val-de-Marne* 56 ⑪, 101 ⑰ *– voir à Paris, Environs.*

VINCEY *88 Vosges* 62 ⑮ *– rattaché à Charmes.*

VINEUIL *41 L.-et-Ch.* 64 ⑦ *– rattaché à Blois.*

VINEZAC *07 Ardèche* 80 ⑧ *– rattaché à Aubenas.*

VINON-SUR-VERDON *83560 Var* 84 ④ *– 2 752 h alt. 280.*
Paris 781 – Digne-les-Bains 68 – Aix-en-Provence 48 – Brignoles 56 – Manosque 16.

✗✗ **Relais des Gorges** avec ch, 6 av. République ✆ 04 92 78 80 24, *Fax 04 92 78 96 47*, 🏠 – TV ✆. AE GB
fermé 20 déc. au 20 janv., vend. soir, sam. midi et dim. soir de début oct. à fin avril – **Repas** 110/280, enf. 65 – ☕ 40 – **9 ch** 230/280 – ½ P 210/260

VINZIER *74500 H.-Savoie* 70 ⑰ *– 620 h alt. 920.*
Paris 584 – Thonon-les-Bains 14 – Abondance 16 – Genève 47 – Montreux 46.

✗✗ **Relais de Savoie "Pré aux Merles",** ✆ 04 50 73 61 05, 🏠, 🌳 – P. GB
20 mars-16 sept. et 10 oct.-9 déc. et fermé dim. soir et lundi – **Repas** (déj. seul. hors saison) 95 (déj.), 120/175 ♀, enf. 65

VIOLÈS *84150 Vaucluse* 81 ② *– 1 360 h alt. 94.*
Paris 663 – Avignon 33 – Carpentras 19 – Nyons 33 – Orange 13 – Vaison-la-Romaine 17.

✗✗ **Mas de Bouvau** avec ch, rte Cairanne : 2 km ✆ 04 90 70 94 08, *Fax 04 90 70 95 99*, 🏠 – TV P. AE GB. ✂ ch
fermé 20 au 30 déc., 2 au 31 janv., le soir (sauf sam.) et lundi de nov. à fév. – **Repas** 135/250 ♀, enf. 65 – ☕ 50 – **6 ch** 350/450 – ½ P 335/380

VIRE SP *14500 Calvados* 59 ⑨ *G. Normandie Cotentin – 12 895 h alt. 275.*
Office de Tourisme sq. de la Résistance ✆ 02 31 66 28 50, Fax 02 31 67 69 40.
Paris 292 ③ – St-Lô 39 ① – Caen 62 ① – Flers 31 ③ – Laval 103 ④ – Rennes 130 ④.

Plan page suivante

🏨 **France,** 4 r. Aignaux ✆ 02 31 68 00 35, *Fax 02 31 68 22 65* – ⇅ TV ✆ 🚗. AE GB
fermé 17 déc. au 13 janv. – **Repas** (58) - 72/220 ♀, enf. 48 – ☕ 35 – **20 ch** 200/380 – ½ P 250/280 A a

🏨 **St-Pierre** M sans rest, 20 r. Gén. Leclerc ✆ 02 31 68 05 82, *Fax 02 31 68 22 65* – ⇅ TV ✆ – 🏛 50. AE GB B n
fermé 24 déc. au 2 janv. – ☕ 35 – **29 ch** 190/320

rte de Flers *par ③ : 2,5 km sur D 524 – ✉ 14500 Vire :*

✗✗✗ **Manoir de la Pommeraie,** ✆ 02 31 68 07 71, *Fax 02 31 67 54 21*, 🏠, « Manoir dans un parc », 🌳 – P. AE GB
fermé vacances de fév., dim. soir et lundi – **Repas** (85) - 125/320 et carte 300 à 350 ♀

à St-Germain-de-Tallevende *par ④ : 5 km – 1 584 h. alt. 201 – ✉ 14500 :*

✗ **Auberge St-Germain,** pl. Église ✆ 02 31 68 24 13, *Fax 02 31 68 89 57*, 🏠 – GB
fermé 1er au 15 sept., vacances de fév., dim. soir et lundi – **Repas** 72/220 ♀, enf. 50

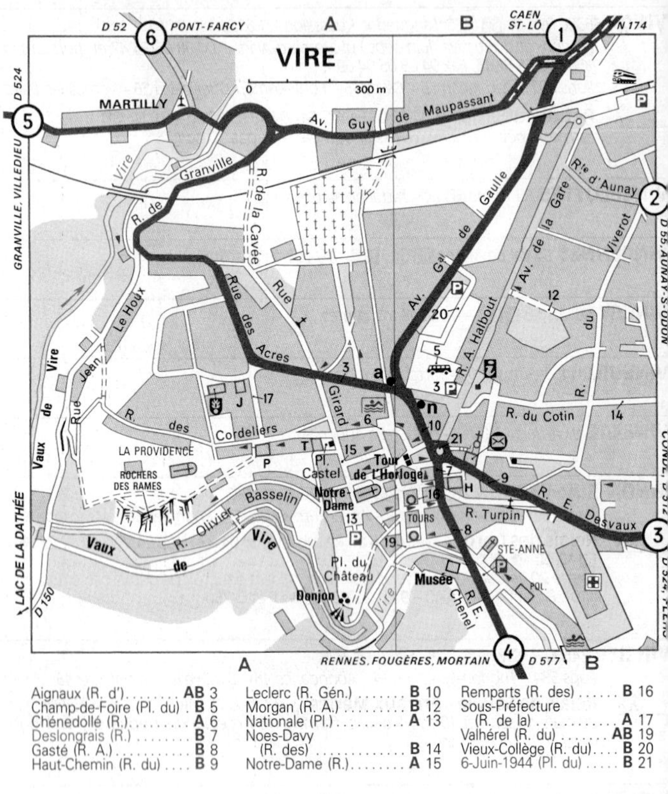

Aignaux (R. d') . . . . **AB** 3
Champ-de-Foire (Pl. du) . **B** 5
Chénedollé (R.) . . . . **A** 6
Deslongrais (R.) . . . . **B** 7
Gasté (R. A.) . . . . **B** 8
Haut-Chemin (R. du) . . . . **B** 9
Leclerc (R. Gén.) . . . . **B** 10
Morgan (R. A.) . . . . **B** 12
Nationale (Pl.) . . . . **A** 13
Noes-Davy (R. des) . . . . **B** 14
Notre-Dame (R.) . . . . **A** 15
Remparts (R. des) . . . . . . **B** 16
Sous-Préfecture (R. de la) . . . . **A** 17
Valhérel (R. du) . . . . **AB** 19
Vieux-Collège (R. du) . . . . **B** 20
6-Juin-1944 (Pl. du) . . . . . **B** 21

Le Guide change, changez de guide tous les ans.

VIROFLAY *78 Yvelines* **60** ⑩, **106** ⑯, **101** ㉔ – *voir à Paris, Environs.*

VIRONVAY *27 Eure* **55** ⑰ – *rattaché à Louviers.*

VIRY *74 H.-Savoie* **74** ⑥ – *rattaché à St-Julien-en-Genevois.*

VIRY-CHATILLON *91 Essonne* **61** ①, **101** ㊱ – *voir à Paris, Environs.*

VISCOS *65 H.-Pyr.* **85** ⑱ – *32 h alt. 800 – ✉ 65120 Luz-St-Sauveur.*
Paris 845 – Pau 75 – Tarbes 48 – Argelès-Gazost 18 – Cauterets 22 – Lourdes 30.

Grange aux Marmottes Ⓜ, au village ✆ 05 62 92 88 88, *Fax 05 62 92 93 75*, ≤ montagnes, , , – – 20. GB
Repas *(fermé 15 nov. au 15 déc.)* 100/220 – ☕ 40 – **6 ch** 320/390 – ½ P 320/370

Campanules, ✆ 05 62 92 88 88, *Fax 05 62 92 93 75*, ≤, , – . GB
fermé 15 nov. au 15 déc. – **Repas** 100/220 – ☕ 40 – **8 ch** 250/280 – ½ P 275/290

VITERBE *81220 Tarn* **82** ⑩ – *234 h alt. 141.*
Office de Tourisme "Tour des Rondes" à Lavaur ✆ 05 63 58 02 00.
Paris 715 – Toulouse 56 – Albi 51 – Castelnaudary 54 – Castres 32 – Montauban 70.

Les Marronniers, ✆ 05 63 70 64 96, *Fax 05 63 70 60 96*, , – AE GB
fermé 1er au 15 nov., mardi soir de sept. à avril et merc. – **Repas** 68 (déj.), 100/205 ♀, enf. 4

VITRAC *24200 Dordogne* 75 ⑰ *– 743 h alt. 150.*

Voir *Château de Montfort*★ *NE : 2 km – Cingle de Montfort*★ *NE : 3,5 km, G. Périgord Quercy.*

Paris 539 – Brive-la-Gaillarde 60 – Sarlat-la-Canéda 8 – Cahors 54 – Périgueux 76.

Domaine de Rochebois M, Est : 2 km par D 703 ✆ 05 53 31 52 52, *info@rochebois .com, Fax 05 53 29 36 88,* ≤, « Parc, piscine et golf », – rest, 30 à 60. AE GB. rest

27 avril-fin oct. – **Repas** (dîner seul.) 190/350 ♀, enf. 90 – 90 – **34 ch** 1100/1850, 4 Duplex – ½ P 765/1245

Plaisance, ✆ 05 53 31 39 39, *plaisance@wanadoo;fr, Fax 05 53 31 39 38,* – rest, – 15. AE GB

fermé 15 nov. au 14 fév. – **Repas** *(fermé dim. soir et vend. d'oct. à avril et sam. midi de mai à sept.)* 85 (déj.), 125/230 ♀, enf. 55 – 44 – **42 ch** 250/420 – ½ P 320/340

Treille avec ch, ✆ 05 53 28 33 19, *Fax 05 53 30 38 54,* – . AE GB

fermé fin janv. à début mars, mardi midi et dim. soir hors saison et lundi sauf le soir en saison – **Repas** *(98)* - 138/270 ♀, enf. 70 – 39 – **8 ch** 195/250 – ½ P 295/300

VITRAC *15220 Cantal* 76 ⑪ *– 294 h alt. 490.*

Voir *Commune de la "Méridienne verte".*

Paris 567 – Aurillac 25 – Figeac 43 – Rodez 72.

Auberge de la Tomette ✆ 04 71 64 70 94, *latomette@wanadoo.fr, Fax 04 71 64 77 11,* – P. AE GB

Pâques-15 déc. – **Repas** 95/210, enf. 50 – 44 – **9 ch** 351/371, 6 duplex – ½ P 342

The Guide changes, so renew your Guide every year.

VITRÉ *35500 I.-et-V.* 59 ⑱ *G. Bretagne – 14 486 h alt. 106.*

Voir *Château*★★ *: tour de Montalifant* ≤★, *tryptique*★ *– La Ville*★ *: rue Baudrairie*★★ A5, *remparts*★, *église Notre-Dame*★ B *– Tertres noirs* ≤★★ *par* ④ *– Jardin du parc*★ *par* ③ *–* ≤★★ *des D178* B *et D857* A *– Champeaux : place*★, *stalles*★ *et vitraux*★ *de l'église 9 km par* ④.

Office de Tourisme pl. Gén.-de-Gaulle ✆ *02 99 75 04 46, Fax 02 99 74 02 01.*

Paris 311 ① – Châteaubriant 52 ③ – Fougères 30 ⑤ – Laval 39 ① – Rennes 39 ④.

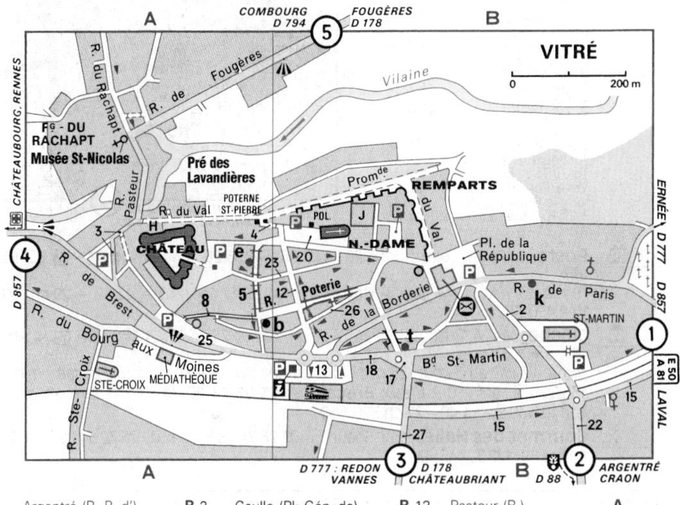

Argentré (R. B.-d') . . . . . . B 2	Gaulle (Pl. Gén.-de) . . . . . B 13	Pasteur (R.) . . . . A
Augustins (R. des) . . . . . . A 3	Jacobins (Bd des) . . . . . . B 15	Poterie (R.) . . . . B
Bas-Val (R. du) . . . . A 4	Leclerc (Pl. Gén.) . . . . B 17	Rochers (Bd des) . . . . B 22
Baudrairie (R. de la) . . . . . A 5	Liberté (R. de la) . . . . B 18	St-Louis (R.) . . . . AB 23
Borderie (R. de la) . . . . . . B	Notre-Dame	St-Yves (Pl.) . . . . A 25
En-Bas (R. d') . . . . A 8	(Pl. et R.) . . . . B 20	Sévigné (R.) . . . . B 26
Garengeot (R.) . . . . B 12	Paris (R. de) . . . . B	70e-R.I. (R. du) . . . . B 27

Minotel sans rest, 47 r. Poterie ☎ 02 99 75 11 11, *Fax 02 99 75 81 26* – TV. AE GB
35 – **16 ch** 230/330 A b

Pichet, 17 bd Laval par ① ☎ 02 99 75 24 09, *lepichet@lepichet.fr, Fax 02 99 75 81 50,* – P. GB
fermé 30 juil. au 19 août, merc. soir et dim. – **Repas** (nombre de couverts limité, prévenir) 86/280 ♀, enf. 48

Petit Pressoir, 20 r. Paris ☎ 02 99 74 79 79, *Fax 02 99 74 07 00* – AE GB B k
fermé 1er au 21 août, dim. soir et lundi – **Repas** 89/330 bc ♀

Rest. Petit Billot, 5 pl. Gén. Leclerc ☎ 02 99 74 68 88, *Fax 02 99 74 75 21* – GB
fermé sam. midi, dim. soir et vend. – **Repas** 90/155 B t

Taverne de l'Écu, 12 r. Beaudrairie ☎ 02 99 75 11 09, *Fax 02 99 75 82 97,* « Maison du 16e siècle » – AE GB A e
fermé vacances de fév., mardi sauf le midi du 15 sept. au 15 juin, dim. soir hors saison et merc. – **Repas** 90/240 ♀, enf. 55

VITRY-LE-FRANÇOIS

SP *51300 Marne* **61** ⑧ *G. Champagne Ardenne – 17 033 h alt. 105.*
Office de Tourisme pl. Giraud ☎ 03 26 74 45 30, Fax 03 26 72 12 76.
Paris 177 ⑤ – Bar-le-Duc 54 ② – Châlons-en-Champagne 33 ① – Verdun 96 ②.

VITRY-LE-FRANÇOIS

- Armes (Pl. d') .... **ABY**
- Arquebuse (R. de l') .... **BZ** 2
- Beaux-Anges (R. des) .... **BZ** 4
- Bourgeois (Fg. Léon) ... **BZ** 7
- Briand (R. Aristide) ..... **AZ**
- Chêne-Vert (R. du)...... **BY** 9
- Dominé (Bd du Col.).... **AZ** 10
- Domyné-de-Verzet (R.) .... **BZ** 13
- Gde-Rue-de-Vaux .... **BY**
- Guesde (R. Jules) .... **AZ** 14
- Hôtel-de-Ville (R. de l') .. **BZ** 19
- Joffre (Pl. Mar.) .... **BZ** 21
- Leclerc (Pl. Mar.) .... **BY** 23
- Minimes (R. des) .... **AY** 24
- Moll (Av. du Col.)....... **AZ** 25
- Paris (Av. de)........... **AY** 26
- Petit-Denier (R. du) ..... **AY** 28
- Petite-Rue-de-Vaux ..... **BY** 29
- Petite-Sainte (R. de la) .... **BZ** 30
- Pont (R. du)............ **AY**
- République (Av. de la)... **BZ** 33
- Royer-Collard (Pl.) ...... **BZ** 34
- St-Éloi (Rue) .... **BY** 35
- St-Michel (Rue)........ **ABY** 36
- Ste-Memje (R.).......... **BY** 37
- Sœurs (R. des) .... **AY** 40
- Tanneurs (R. des) ..... **AYZ** 42
- Tour (R. de la).......... **AY** 44
- Vieux-Port (Rue du)..... **BZ** 46
- Vitry-le-Brûlé (Fg de).... **BY** 47
- 106e-R.-I. (Av. du)....... **BZ** 49

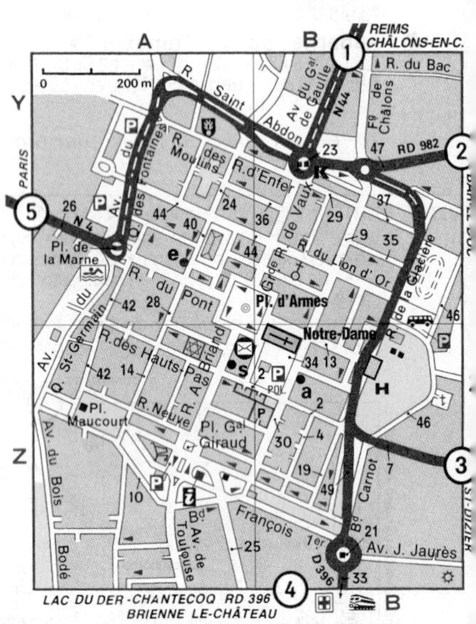

Poste, pl. Royer-Collard ☎ 03 26 74 02 65, *Fax 03 26 74 54 71* – TV – 60. AE GB JCB BZ a
fermé 23 déc. au 4 janv. – **Repas** *(fermé dim.)* 140/240 – 58 – **29 ch** 340/620 – ½ P 430/450

Cloche, 34 r. A. Briand ☎ 03 26 74 03 84, *Fax 03 26 74 15 52,* – TV. AE GB JCB. AZ s
fermé 27 juil. au 5 août, 23 déc. au 3 janv., et dim. soir d'oct. à mai et sam. midi – **Repas** 130/280 ♀, enf. 70 - ***Vieux Briscard*** ☎ 03 26 41 20 74 *(fermé sam. et dim.)* **Repas** (60)110/130 ♀ – 40 – **22 ch** 320/550

Gourmet des Halles, 11 r. Soeurs ☎ 03 26 74 48 88, *Fax 03 26 72 54 28* – . GB
Repas 69/148 ♀, enf. 42 AY e

VITTEAUX

21350 Côte-d'Or **65** ⑱ *G. Bourgogne – 1 064 h alt. 320.*
Paris 260 – Dijon 47 – Auxerre 100 – Avallon 55 – Beaune 69 – Montbard 34 – Saulieu 34.

Vieille Auberge, ☎ 03 80 49 60 88, *Fax 03 80 49 68 14,* – AE GB
fermé 12 au 28 nov., 5 au 15 janv., dim. soir sauf juil.-août, mardi soir et lundi – **Repas** (58)-88/175 ♀, enf. 45

VITTEL *88800 Vosges* 62 ⑭ *G. Alsace Lorraine – 6 296 h alt. 347 – Stat. therm. (12 fév.-fin déc.) – Casino* **AY.**

Voir *Parc*★.

Syndicat d'Initiative 136 av. Bouloumié ☎ 03 29 08 08 88, Fax 03 29 08 37 99.

Paris 342 ② – Épinal 43 ① – Belfort 126 ① – Chaumont 85 ② – Langres 73 ② – Nancy 71 ①.

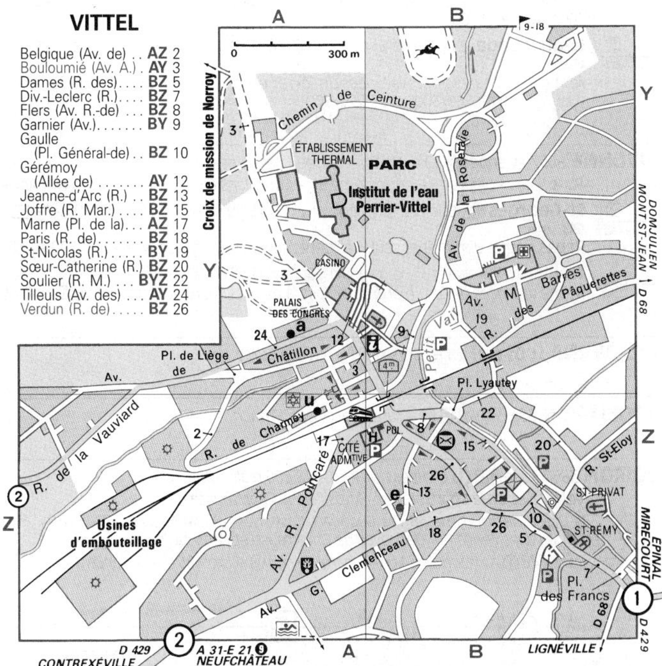

Angleterre, r. Charmey ☎ 03 29 08 08 42, *Fax 03 29 08 07 48,* – – 70. AE GB JCB. rest **AZ u**
hôtel : fermé 15 déc. au 10 janv. ; rest. : fermé 15 déc. au 15 fév. – **Repas** 98/215, enf. 55 – **57 ch** 375/585 – ½ P 340/397

Beauséjour, 160 av. Tilleuls ☎ 03 29 08 09 34, *vitteltourisme@wanadoo.fr, Fax 03 29 08 29 84 –* GB **AY a**
hôtel: 1er avril-5 oct. ; rest.: 15 avril-5 oct. – **Repas** 75/115 ♀, enf. 49 – 32 – **32 ch** 185/325 – ½ P 280/335

Rétro, 158 r. Jeanne d'Arc ☎ 03 29 08 05 28, *Fax 03 29 08 05 28 –* AE GB **BZ e**
fermé 18 au 29 juin, 24 déc. au 25 janv., dim. soir, sam. midi et lundi – **Repas** 68 (déj.), 90/180 , enf. 50

à l'Ouest *par r. de la Vauviard* **AZ** *: 3 km – ✉ 88800 Vittel :*

Orée du Bois, ☎ 03 29 08 88 88, *oree-du-bois@dial-oleane.com, Fax 03 29 08 01 61,* – – 50. AE GB JCB. ch
Repas *(fermé dim. soir de nov. à fév.)* 72/196 ♀, enf. 45 – 42 – **39 ch** 270/453 – ½ P 296/350

VIVÈS *66 Pyr.-Or.* 86 ⑲ *– rattaché au Boulou.*

In this Guide,
a symbol or a character, printed in ***black*** *or another colour*
in light or ***bold*** *type,*
does not have the same meaning.
Please read the explanatory pages carefully.

Le VIVIER-SUR-MER *35960 I.-et-V.* 59 ⑥ *– 1 012 h alt. 6.*

Office de Tourisme (ouvert en août) Maison de la Baie ☎ 02 99 48 84 38.

Paris 377 – St-Malo 22 – Dinan 31 – Dol-de-Bretagne 8 – Fougères 63.

Bretagne (annexe 10 ch), ☎ 02 99 48 91 74, *Fax 02 99 48 81 10*, – TV P – 15. AE GB

1er mars-15 nov. et fermé dim. soir et lundi – **Repas** (68) - 95/250 ♀, enf. 45 – 39 – **26 ch** 260/340 – ½ P 360

Beau Rivage, 21 r. Mairie ☎ 02 99 48 90 65, *Fax 02 99 48 85 40*, – TV P. AE GB

fermé 12 nov. au 15 déc. vacances de fév. et vend. d'oct. à mars – **Repas** 78/250 , enf. 50 – 40 – **30 ch** 260/300 – ½ P 270/300

VIVONNE *86370 Vienne* 68 ⑬ *G. Poitou Vendée Charentes – 2 955 h alt. 103.*

Paris 356 – Poitiers 19 – Angoulême 95 – Confolens 61 – Niort 65 – St-Jean-d'Angély 89.

St-Georges M, Gde rue (près église) ☎ 05 49 89 01 89, *Fax 05 49 89 00 22* – TV . GB JCB

Repas *(fermé dim.)* (dîner seul.)(résidents seul.) 75/90 – 40 – **26 ch** 290 – ½ P 240/260

Treille, av. Bordeaux ☎ 05 49 43 41 13, *Fax 05 49 89 00 72*, – GB

fermé vacances de fév., mardi soir d'oct. à mars et merc. – **Repas** 78/245 ♀, enf. 45

VIZZAVONA (col de) *2B H.-Corse* 90 ⑥ *– voir à Corse.*

VOGELGRUN *68 H.-Rhin* 62 ⑳ *– rattaché à Neuf-Brisach.*

VOIRON *38500 Isère* 77 ④ *G. Alpes du Nord – 18 686 h alt. 290.*

Voir *Caves de la Chartreuse★ – Massif de la Chartreuse★★.*

Office de Tourisme 58 Crs Becquart-Castelbon ☎ 04 76 05 00 38, Fax 04 76 65 63 21, Point I dans l'enceinte des caves de Chartreuse et centre ville.

Paris 548 ① – Grenoble 31 ④ – Chambéry 43 ② – Lyon 86 ① – Valence 90 ④.

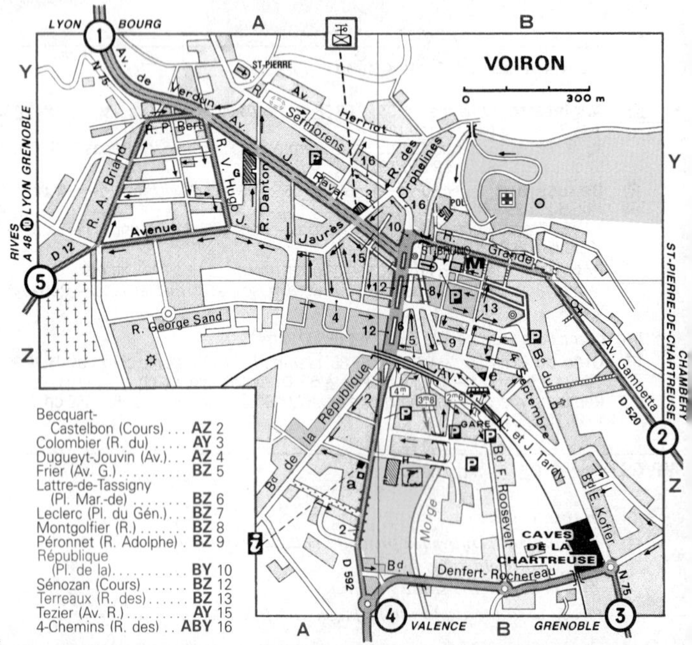

Becquart-Castelbon (Cours) . . . AZ 2
Colombier (R. du) . . . . . AY 3
Dugueyt-Jouvin (Av.) . . . AZ 4
Frier (Av. G.) . . . . BZ 5
Lattre-de-Tassigny (Pl. Mar.-de) . . . . BZ 6
Leclerc (Pl. du Gén.) . . . BZ 7
Montgolfier (R.) . . . . BZ 8
Péronnet (R. Adolphe) . BZ 9
République (Pl. de la) . . . . BY 10
Sénozan (Cours) . . . . BZ 12
Terreaux (R. des) . . . . . . BZ 13
Tezier (Av. R.) . . . . AY 15
4-Chemins (R. des) . . ABY 16

Kyriad M, 72 cours Becquart Castelbon ☎ 04 76 65 90 00, *hotel.kyriad.voiron@wanadoo.fr, Fax 04 76 65 71 22* – 70. AE GB JCB AZ a
Repas 98/148, enf. 50 – 39 – **44 ch** 275/340

Chaumière, r. Chaumière (par bd République - **AZ** -*dir. Criel*) ☎ 04 76 05 16 24, *Fax 04 76 05 13 27*, – 20. AE GB. ch
fermé 18 au 26 mai, 28 juil. au 12 août, 22 déc.au 4 janv., sam. sauf juil.-août – **Repas** *(fermé sam. et dim.)* 89/160, enf. 50 – 35 – **19 ch** 200/300 – 1/2 P 210/250

Serratrice, 3 av. Tardy ☎ 04 76 05 29 88, *Fax 04 76 05 45 62* – AE GB BZ e
fermé 20 juin au 4 sept., mardi soir, dim. soir et lundi – **Repas** - produits de la mer - 120 bc (déj.), 160/480

Eden, par ② : *1 km sur D 520* ☎ 04 76 05 17 40, *Fax 04 76 05 70 32*, – P. AE GB
fermé 27 août au 10 sept., dim. soir, merc. soir et lundi – **Repas** 100 (déj.), 130/300

VOISINS-LE-BRETONNEUX *78 Yvelines* 60 ⑨., 101 ㉒ – *voir à Paris, Environs (St-Quentin-en-Yvelines).*

VOLNAY *21 Côte-d'Or* 70 ① – *rattaché à Beaune.*

VOLVIC *63530 P.-de-D.* 73 ⑭ *G. Auvergne – 3 930 h alt. 510.*

Voir *Maison de la Pierre : coulée de lave★ – Musée municipal Marcel-Sahut : dessins de Daumier★, collection de demi-noix de coco★ – Ruines du château de Tournoël★ : ★ du donjon N : 1,5 km.*

Office de Tourisme (15 juin-15 sept.) 23 pl. de l'Église ☎ 04 73 33 58 73, Fax 04 73 33 58 73.

Paris 421 – Clermont-Ferrand 13 – Aubusson 86 – Le Mont-Dore 52 – Riom 7 – Ussel 87.

à Luzet *Ouest : 4 km par D 986 rte de Pontgibaud – ✉ 63530 Volvic :*

Rose des Vents, ☎ 04 73 33 50 77, *Fax 04 73 33 57 11*, – 15 à 50. AE GB
Pâques-1er nov. – **Repas** *(fermé dim. soir et lundi midi sauf juil.-août)* 110/230, enf. 60 – 40 – **24 ch** 280/330 – 1/2 P 310

VONNAS *01540 Ain* 74 ② *G. Bourgogne – 2 381 h alt. 200.*

Paris 409 – Mâcon 19 – Bourg-en-Bresse 25 – Lyon 71 – Villefranche-sur-Saône 42.

Georges Blanc M, ☎ 04 74 50 90 90, *blanc@relaischateaux.fr, Fax 04 74 50 08 80*, « Elégante hostellerie au bord de la Veyle, jardin fleuri », – 80. AE GB JCB
fermé janv. – **Repas** *(fermé merc. midi, lundi et mardi)* (nombre de couverts limité, prévenir) 550/950 et carte 630 à 820, enf. 160 – 120 – **32 ch** 1200/2000, 6 appart
Spéc. Sauté de homard éclaté, raviole de truffe et céleri. Poulet de Bresse aux gousses d'ail et foie gras. Panouille bressane glacée à la confiture de lait. **Vins** Mâcon-Azé, Chiroubles.

Résidence des Saules sans rest, ☎ 04 74 50 90 51, *blanc@relaischateaux.fr, Fax 04 74 50 08 80* – AE GB JCB
fermé – 120 – **6 ch** 600/650, 4 appart

L'Ancienne Auberge, ☎ 04 74 50 90 50, *auberge1900@georgesblanc.com, Fax 04 74 50 08 80*, – AE GB
fermé janv. – **Repas** 98/260, enf. 70

VOUGEOT *21640 Côte-d'Or* 66 ⑫ *G. Bourgogne – 176 h alt. 239.*

Voir *Château du Clos de Vougeot★ O.*

Paris 326 – Dijon 17 – Beaune 27.

à Gilly-lès-Cîteaux *Est : 2 km par D 251 – 517 h. alt. 227 – ✉ 21640 :*

Château de Gilly, ☎ 03 80 62 89 98, *contact@chateau-gilly.com, Fax 03 80 62 82 34*, « Ancien palais abbatial cistercien, jardins à la française », – 100. AE GB JCB
fermé fin janv. au 9 mars – **Repas** 210/430, enf. 125 – 140 – **39 ch** 750/1540, 9 appart – 1/2 P 845/1450

à Flagey-Échezeaux *Sud-Est : 3 km par N 71 et D 109 – 448 h. alt. 227 – ✉ 21640 :*

Losset Robert, ☎ 03 80 62 88 10, *Fax 03 80 62 88 10* – GB
fermé 1er au 15 août, janv., dim. soir et merc. – **Repas** 140/380

VOUGY *74 H.-Savoie* 74 ⑦ – *rattaché à Bonneville.*

VOUILLÉ *86190 Vienne* 68 ⑬ *– 2 574 h alt. 118.*
Paris 347 – Poitiers 17 – Châtellerault 46 – Parthenay 33 – Saumur 87 – Thouars 54.

XX **Cheval Blanc** avec ch, ✆ 05 49 51 81 46, *Fax 05 49 51 96 31* – 🛗 📺 📞 ♿ 🅿 – 🏛 15 à 50. AE GB
Repas 80/250 🍷, enf. 50 – ☕ 35 – **14 ch** 180/280 – ½ P 230/250
Annexe Clovis 🏠 Ⓜ, – 📺 📞 ♿ – 🏛 30. AE GB
voir rest. ***Cheval Blanc*** – ☕ 35 – **30 ch** 260/330 – ½ P 230/250

VOULAINES-LES-TEMPLIERS *21290 Côte-d'Or* 65 ⑨ *– 383 h alt. 265.*
Paris 252 – Chaumont 54 – Châtillon-sur-Seine 20 – Dijon 77.

Forestière 🔇 sans rest, ✆ 03 80 81 80 65, *Fax 03 80 81 87 74*, 🌳 – 🅿. GB
fermé dim. soir en juil.-août – ☕ 35 – **10 ch** 250/300

VOUTENAY-SUR-CURE *89270 Yonne* 65 ⑥ *– 199 h alt. 130.*
Paris 207 – Auxerre 37 – Avallon 15 – Vézelay 16.

X **Auberge Le Voutenay** avec ch, ✆ 03 86 33 51 92, *auberge.vautenay@wanadoo.fr, Fax 03 86 33 51 91*, 🌳 – 🅿. AE GB
fermé 18 au 26 juin, 17 au 25 nov., 2 au 24 janv., lundi et mardi – **Repas** 115/250 🍷, enf. 60 – ☕ 40 – **6 ch** 280/350 – ½ P 280

VOUVANT *85120 Vendée* 67 ⑯ *G. Poitou Vendée Charentes – 829 h alt. 70.*
Voir *Eglise★ – Château : tour Mélusine★ (※★).*
ℹ *Office de Tourisme (saison) ✆ 02 51 00 86 80, Fax 02 51 87 47 92.*
Paris 413 – Bressuire 44 – Fontenay-le-Comte 16 – Parthenay 48 – La Roche-sur-Yon 61.

XX **Auberge de Maître Pannetier** avec ch, ✆ 02 51 00 80 12, *Fax 02 51 87 89 37*, 🏖 – 📺. GB
fermé 19 au 30 nov., 15 fév. au 7 mars, dim. soir et lundi sauf juil.-août – **Repas** 70/350, enf. 48 – ☕ 40 – **7 ch** 210/280 – ½ P 290/320

VOUVRAY *37210 I.-et-L.* 64 ⑮ *G. Châteaux de la Loire – 2 933 h alt. 55.*
Paris 242 – Tours 10 – Amboise 18 – Blois 52 – Château-Renault 26.

XX **Grand Vatel,** 8 av. Brûlé ✆ 02 47 52 70 32, *Fax 02 47 52 74 52*, 🏖 – 🅿. AE GB
fermé 1er au 15 janv. – **Repas** 115/350 bc 🍷

XX **Virage Gastronomique,** 25 av. Brûlé (N 152) ✆ 02 47 52 70 02, *Fax 02 47 52 64 72*, 🏖 – 🅿. AE GB
fermé 10 au 20 sept. et mardi – **Repas** 90/270 🍷

VOUVRAY-SUR-LOIR *72500 Sarthe* 64 ④ *– 836 h alt. 56.*
Paris 240 – Le Mans 46 – La Flèche 46 – Langeais 50 – Tours 41 – Vendôme 53.

XX **Pas Perdus et Hôtel Port Gautier** 🔇 avec ch, au Port Gautier, Est : 1,5 km par D 64 ✆ 02 43 79 44 62, *Fax 02 43 44 66 03* – 📺 🅿. GB
fermé 15 janv. au 15 fév., lundi (sauf hôtel) et dim. soir – **Repas** 90/225 🍷 – ☕ 27 – **9 ch** 230/270 – ½ P 240

VOVES *28150 E.-et-L.* 60 ⑱ *– 2 785 h alt. 146.*
Paris 109 – Chartres 24 – Ablis 36 – Bonneval 23 – Châteaudun 38 – Étampes 51 – Orléans 59.

Quai Fleuri 🔇, rte Auneau ✆ 02 37 99 15 15, *quaifleuri@wanadoo.fr, Fax 02 37 99 11 20*, 🏖, 🌳 – 📺 📞 🅿 – 🏛 40. AE ⓓ GB JCB
fermé 22 déc. au 10 janv., vend. soir de nov. à avril, dim. et soirs fériés – **Repas** 79/255 🍷, enf. 52 – ☕ 49 – **17 ch** 295/490 – ½ P 265/340

WAHLBACH *68 H.-Rhin* 66 ⑩ *– rattaché à Altkirch.*

WANGENBOURG *67710 B.-Rhin* 62 ⑧ ⑨ *G. Alsace Lorraine – alt. 452.*
Voir *Région de Dabo-Wangenbourg★★.*
ℹ *Office de Tourisme 4 r. du Gén.-de-Gaulle ✆ 03 88 87 33 50, Fax 03 88 87 32 06.*
Paris 470 – Strasbourg 43 – Molsheim 30 – Sarrebourg 38 – Saverne 20 – Sélestat 67.

Parc 🔇, ✆ 03 88 87 31 72, *parchotel@wanadoo.fr, Fax 03 88 87 38 00*, ←, 🏖, « Parc ombragé », 🏊, 🎾, 🌳 – 🛗 cuisinette 📺 🅿 – 🏛 35. GB. ⚘
24 mars-10 nov. et 24 déc.-1er janv. – **Repas** 110/265 🍷, enf. 60 – ☕ 55 – **32 ch** 322/452 – ½ P 340/398

La WANTZENAU *67 B.-Rhin 62 ⑩ – rattaché à Strasbourg.*

WASSELONNE *67310 B.-Rhin 62 ⑨ G. Alsace Lorraine – 4 916 h alt. 220.*

Office de Tourisme pl. du Gén.-Leclerc ☎ 03 88 59 12 00, Fax 03 88 04 23 57.

Paris 464 – Strasbourg 27 – Haguenau 42 – Molsheim 15 – Saverne 15 – Sélestat 51.

Hostellerie de l'Étoile, pl. Mar. Leclerc ☎ 03 88 87 03 02, *Fax 03 88 87 16 06* – rest, TV & P. GB
Repas 60/155 ♀ – 35 – **27 ch** 240/270 – P 235/250

Au Saumon avec ch, r. Gén. de Gaulle ☎ 03 88 87 01 83, *Fax 03 88 87 46 69,* – TV. AE GB
fermé 25 juin au 6 juil., 12 au 23 fév., 2 au 8 nov., dim. soir, merc. soir et lundi sauf juil.-août – **Repas** 120/230 ♀, enf. 46 – 37 – **8 ch** 210/260 – ½ P 265

à Romanswiller *Ouest : 3,5 km par D 224 – 1 155 h. alt. 220 – ✉ 67310 :*

Aux Douceurs Marines, 2 rte Wangenbourg ☎ 03 88 87 13 97, *Fax 03 88 87 28 21,* – P. AE GB.
fermé 1er au 8 juil., vacances de Toussaint, de fév., mardi soir, lundi et merc. – **Repas** 60/250 ♀, enf. 40

WENGELSBACH *67 B.-Rhin 87 ② – rattaché à Niedersteinbach.*

Pas de publicité payée dans ce guide.

WESTHALTEN *68250 H.-Rhin 62 ⑱ G. Alsace Lorraine – 770 h alt. 240.*

Paris 480 – Colmar 21 – Guebwiller 11 – Mulhouse 28 – Thann 26.

Auberge du Cheval Blanc M avec ch, ☎ 03 89 47 01 16, *Fax 03 89 47 64 40,* – TV & P – 30. GB
fermé 18 au 28 juin, 4 fév. au 1er mars, mardi midi, dim. soir et lundi – **Repas** 190/470 et carte 290 à 420 ♀, enf. 80 – 60 – **12 ch** 400/530
Spéc. Dégustation de foies gras. Sandre rôti sur peau. Noisettes de chevreuil (15 mai au 31 janv.). **Vins** Riesling, Tokay-Pinot gris.

WETTOLSHEIM *68 H.-Rhin 62 ⑲ – rattaché à Colmar.*

WIMEREUX *62930 P.-de-C. 51 ① G. Picardie Flandres Artois – 7 109 h alt. 7.*

Paris 264 – Calais 34 – Arras 121 – Boulogne-sur-Mer 6 – Marquise 12.

Centre, 78 r. Carnot ☎ 03 21 32 41 08, *hotel.du.centre@wanadoo.fr, Fax 03 21 33 82 48,* – rest, TV P. AE GB
fermé 12 déc. au 21 janv. – **Repas** *(fermé lundi)* 105/175 ♀ – 40 – **25 ch** 260/350

Liégeoise et Atlantic Hôtel avec ch, digue de mer (1er étage) ☎ 03 21 32 41 01, *alain-delpierre@wanadoo.fr, Fax 03 21 87 46 17,* ← – TV P – 50. AE GB JCB
fermé fév. – **Repas** *(fermé dim. soir)* 130/240 et carte 290 à 400 ♀ – 60 – **18 ch** 395/750 – ½ P 440/630

Epicure, 1 r. Gare ☎ 03 21 83 21 83, *Fax 03 21 33 53 20* – GB
fermé vacances de Noël, dim. soir et merc. – **Repas** (nombre de couverts limité, prévenir) 125/200 ♀

WIMILLE *62 P.-de-C. 51 ① – rattaché à Boulogne-sur-Mer.*

WINKEL *68480 H.-Rhin – 331 h alt. 575.*

Paris 464 – Mulhouse 44 – Altkirch 24 – Basel 37 – Belfort 48 – Colmar 88 – Montbéliard 48.

Au Cerf avec ch, 76 r. Principale ☎ 03 89 40 85 05, *Fax 03 89 08 11 10* – GB
fermé 20 au 27 août et 4 au 25 fév. – **Repas** *(fermé jeudi soir et lundi)* 65 (déj.), 145/300 ♀ – 40 – **6 ch** 270/300 – ½ P 290/400

WISEMBACH *88520 Vosges 62 ⑱ – 370 h alt. 500.*

Paris 408 – Colmar 42 – Épinal 64 – St-Dié 15 – Ste-Marie-aux-Mines 11 – Sélestat 33.

Blanc Ru avec ch, ☎ 03 29 51 78 51, *Fax 03 29 51 70 67,* – TV. GB
fermé 18 sept. au 2 oct., 5 fév. au 5 mars, mardi soir (sauf hôtel), dim. soir et lundi – **Repas** *(85)* - 120/220 ♀, enf. 70 – 40 – **7 ch** 280/350 – ½ P 280/325

WISSEMBOURG <SP> *67160 B.-Rhin* 57 ⑲ *G. Alsace Lorraine – 7 443 h alt. 157.*

Voir *Vieille ville★ : église St-Pierre et St-Paul★.*

Env. *Village★★ d'Hunspach 11 km par ②.*

Office de Tourisme 9 pl. République ☎ 03 88 94 10 11, Fax 03 88 94 18 82.

Paris 483 ③ – Strasbourg 66 ② – Haguenau 33 ② – Karlsruhe 41 ② – Sarreguemines 81 ③.

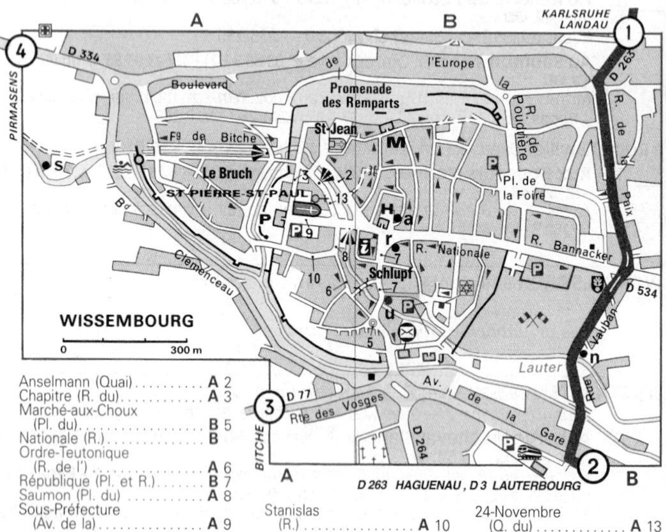

Anselmann (Quai)	**A** 2
Chapitre (R. du)	**A** 3
Marché-aux-Choux (Pl. du)	**B** 5
Nationale (R.)	**B**
Ordre-Teutonique (R. de l')	**A** 6
République (Pl. et R.)	**B** 7
Saumon (Pl. du)	**A** 8
Sous-Préfecture (Av. de la)	**A** 9
Stanislas (R.)	**A** 10
24-Novembre (Q. du)	**A** 13

Moulin de la Walk, 2 r. Walk ☎ 03 88 94 06 44, *hotel.moulin.la.walk@wanadoo.fr, Fax 03 88 54 38 03,* – TV & P. AE GB. ch — A s
fermé 20 juin au 3 juil., dim. et lundi – **Repas** *(fermé 8 au 31 janv., vend. midi, dim. soir et lundi)* 180/220 ♀, enf. 65 – ☕ 38 – **25 ch** 310/360 – ½ P 340/360

Alsace sans rest, 16 r. Vauban ☎ 03 88 94 98 43, *Fax 03 88 94 19 60* – TV ☎ & P. AE ① GB — B n
fermé 22 déc. au 15 janv. – ☕ 35 – **41 ch** 240/296

Couronne M, 12 pl. République ☎ 03 88 94 14 00, *info@couronne-wissembourg.com, Fax 03 88 94 14 27* – TV. GB. ch — B r
Repas *(fermé lundi soir et mardi)* 110/200 ♀ – ☕ 35 – **10 ch** 280/350 – ½ P 235/270

Hostellerie du Cygne avec ch, 3 r. Sel ☎ 03 88 94 00 16, *hostellerie-cygne@wanadoo.fr, Fax 03 88 54 38 28,* – TV ☎. GB. ch — B a
fermé 27 juin au 13 juil., 18 au 30 nov., vacances de fév. et merc. – **Repas** *(fermé lundi midi et jeudi midi)* 120/335 ♀, enf. 75 – ☕ 40 – **16 ch** 280/450 – ½ P 310/360

L'Ange, 2 r. République ☎ 03 88 94 12 11, *Fax 03 88 94 12 11,* – AE GB — B u
fermé 11 au 29 août, vacances de fév., mardi et merc. – **Repas** 180/330 ♀, enf. 65

à Altenstadt *par ② : 2 km – ✉ 67160 Wissembourg :*

Rôtisserie Belle Vue, ☎ 03 88 94 02 30, *Fax 03 88 54 80 14,* – P. GB
fermé 13 août au 4 sept., 11 au 26 fév., lundi et mardi – **Repas** 210/240 ♀

YERVILLE *76760 S.-Mar.* 52 ⑭ *– 1 948 h alt. 156.*

Paris 163 – Rouen 32 – Dieppe 43 – Fécamp 48 – Le Havre 68.

Voyageurs, ☎ 02 35 96 82 55, *voyageurs@lerapporteur.fr, Fax 02 35 96 16 86,* – P. GB
fermé dim. soir et lundi sauf fériés – **Repas** 85/275

Au moment de chercher un hôtel ou un restaurant, soyez efficace. Sachez utiliser les noms ***soulignés en rouge*** *sur les* ***cartes Michelin*** *à 1/200 000.*

Mais ayez une carte à jour!

YEU (Ile d') ★★ *85 Vendée* **67** ⑪ *G. Poitou Vendée Charentes – 4 941 h.*

Accès *par transports maritimes, pour* **Port-Joinville.**

depuis **Fromentine.** *Traversée 40 ou 70 mn - Renseignements à Cie Yeu Continent BP 16 85550 LA BARRE DE MONTS ✆ 02 51 49 59 69, Fax 02 51 49 59 70.*

depuis **Fromentine** *(de mi mars à mi oct.)Traversée 45 mn - Renseignements et tarifs : Vedettes Inter-Iles Vendéennes 85630 BARBATRE ✆ 02 51 39 00 00, Fax 02 51 39 54 26 depuis* **Barbatre (La Fosse) et St-Gilles-Croix-de-Vie** *: services saisonniers - Renseignements et tarifs : voir ci-dessus.*

Port-de-la-Meule – ✉ *85350 L'Ile d'Yeu.*

Voir *Côte Sauvage*★★ *: ≤★★ E et O – Pointe de la Tranche*★ *SE.*

Port-Joinville – ✉ *85350 L'Ile d'Yeu.*

Voir *Vieux Château*★ *: ≤★★ SO : 3,5 km – Grand Phare ≤★ SO : 3 km.*

Office de Tourisme pl. Marché ✆ 02 51 58 32 58, Fax 02 51 58 40 48.

Atlantic Hôtel M sans rest, quai Carnot ✆ 02 51 58 38 80, *Fax 02 51 58 35 92* – TV. AE GB
fermé 6 au 29 janv. – ☐ 35 – **15 ch** 390

Escale sans rest, La Croix de port ✆ 02 51 58 50 28, *yeu.escale@voila.fr, Fax 02 51 59 33 55* – TV ♿. GB
fermé 15 nov. au 15 déc. – ☐ 35 – **28 ch** 190/330

Au moment de chercher un hôtel ou un restaurant, soyez efficace. Sachez utiliser les noms **soulignés en rouge** *sur les* **cartes Michelin** *à 1/200 000.*

Mais ayez une carte à jour!

YFFINIAC *22 C.-d'Armor* **59** ③ *– rattaché à St-Brieuc.*

YSSINGEAUX SP *43200 H.-Loire* **76** ⑧ *G. Vallée du Rhône – 6 118 h alt. 829.*

Office de Tourisme pl. Carnot ✆ 04 71 59 10 76, Fax 04 71 56 03 12.

Paris 567 – Le Puy-en-Velay 27 – Ambert 74 – Privas 105 – St-Étienne 51 – Valence 94.

Bourbon M, 5 pl. Victoire ✆ 04 71 59 06 54, *le.bourbon.hotel@wanadoo.fr, Fax 04 71 59 00 70* – TV ✆ – 🏛 25. AE GB
fermé 2 juin au 3 juil., 8 au 20 nov., 3 au 30 janv., dim. soir et lundi – **Repas** 90/250, enf. 65 – ☐ 50 – **11 ch** 300/380 – ½ P 267/294

YUTZ *57 Moselle* **57** ④ *– rattaché à Thionville.*

YVES *17340 Char.-Mar.* **71** ⑬ *– 893 h alt. 9.*

Paris 476 – La Rochelle 26 – Châtelaillon-Plage 10 – Rochefort 14.

Air Marin M, N 137 ✆ 05 46 56 18 15, *air.marin@mageos.com, Fax 05 46 56 22 27*, ≤, 🏊 – TV ✆ ♿ P. GB
Repas 55 bc/220 ♀ – ☐ 40 – **43 ch** 340/360 – ½ P 290

YVETOT *76190 S.-Mar.* **52** ⑬ *G. Normandie Vallée de la Seine – 10 807 h alt. 147.*

Voir *Verrières*★★ *de l'église St-Pierre* **E.**

Office de Tourisme pl. Mar.-Joffre ✆ 02 35 95 08 40, Fax 02 35 95 65 02.

Paris 170 – Le Havre 56 – Rouen 36 – Dieppe 55 – Fécamp 35 – Lisieux 88.

Havre, pl. Belges ✆ 02 35 95 16 77, *Fax 02 35 95 21 18* – TV ✆ 🚗. AE GB
Closerie ✆ 02 35 95 65 65 *(fermé dim. soir sauf fériés)* **Repas** (110)-140/150, enf. 50 – ☐ 50 – **28 ch** 270/370 – ½ P 285/340

à Motteville *Est : 9 km par N 29 et D 20 – 706 h. alt. 160 –* ✉ *76970 :*

XX **Auberge du Bois St-Jacques,** à la Gare ✆ 02 35 96 83 11, *Fax 02 35 96 23 18* – P. GB
fermé août, dim. soir, lundi soir et mardi – **Repas** 80/180 ♀, enf. 50

à Croix-Mare *Est : 8 km par N 15 – 591 h. alt. 156 –* ✉ *76190 Yvetot :*

X **Auberge de la Forge,** ✆ 02 35 91 25 94 – P. AE GB
fermé mardi soir et merc. – **Repas** 100/250 bc ♀

YVOIRE *74140 H.-Savoie* 70 ⑯ ⑰ *G. Alpes du Nord – 432 h alt. 380.*

Voir *Village médiéval*★★ : *jardin des Cinq Sens*★.

Office de Tourisme pl. Mairie ℘ 04 50 72 80 21, Fax 04 50 72 84 21 et (saison) au Port de Plaisance ℘ 04 50 72 87 06.

Paris 567 – Thonon-les-Bains 16 – Annecy 71 – Bonneville 41 – Genève 27.

Pré de la Cure, ℘ 04 50 72 83 58, *Fax 04 50 72 91 15,* ←, – TV. AE GB
2 mars-11 nov. – **Repas** *(fermé merc. en mars, oct. et nov.)* 110/280 ♀, enf. 62 – ☕ 52 – **25 ch** 370/420 – ½ P 400

Vieux Logis, ℘ 04 50 72 80 24, *vieuxlogishot@wanadoo.fr, Fax 04 50 72 90 76,* , « Maison du 14e siècle » – TV. AE GB
1er mars-30 nov. – **Repas** *(fermé dim. soir et lundi)* 142/240 ♀, enf. 65 – ☕ 42 – **11 ch** 350/370

XX **Vieille Porte,** ℘ 04 50 72 80 14, *Fax 04 50 72 92 04,* , « Maison du 14e siècle, terrasse dominant le lac et village », – GB
1er mars-25 nov. et fermé lundi sauf juil.-août et fériés – **Repas** 140 (déj.), 175/280 ♀, enf. 55

XX **Port** M avec ch, ℘ 04 50 72 80 17, *hotelduport.yvoire@wanadoo.fr, Fax 04 50 72 90 71,* ←, , « Terrasse au bord du lac » – ch, TV. AE GB. ch
10 mars-20 oct. et fermé merc. hors saison – **Repas** 170/255 ♀ – ☕ 50 – **4 ch** 750/850

XX **Les Flots Bleus** avec ch, ℘ 04 50 72 80 08, *Fax 04 50 72 84 28,* ←, , « Terrasse ombragée face au lac » – TV. AE GB
Pâques-fin sept. – **Repas** 120/380 ♀, enf. 60 – ☕ 45 – **10 ch** 300/380 – ½ P 345/380

YZEURES-SUR-CREUSE *37290 I.-et-L.* 68 ⑤ *– 1 747 h alt. 74.*

Paris 320 – Poitiers 66 – Châteauroux 72 – Châtellerault 28 – Tours 85.

Promenade, ℘ 02 47 91 49 00, *Fax 02 47 94 46 12* – TV. GB
fermé 15 janv. au 15 fév., lundi hors saison et mardi – **Repas** 99/315 ♀, enf. 55 – ☕ 50 – **15 ch** 280/350 – ½ P 300

ZELLENBERG *68 H.-Rhin* 62 ⑲ *– rattaché à Riquewihr.*

ZICAVO *2A Corse-du-Sud* 90 ⑦ *– voir à Corse.*

ZONZA *2A Corse-du-Sud* 90 ⑦ *– voir à Corse.*

ZOUFFTGEN *57330 Moselle* 57 ③ *– 597 h alt. 250.*

Paris 343 – Luxembourg 19 – Metz 49 – Thionville 16.

XX **Lorraine,** ℘ 03 82 83 40 46, *Fax 03 82 83 48 26,* , – P. GB
fermé 24 déc. au 5 janv., lundi et mardi – **Repas** 130/380 ♀, enf. 80

Write us...

If you have any comments on the contents of this Guide.

Your praise as well as your criticisms will receive careful consideration and, with your assistance, we will be able to add to our stock of information and, where necessary, amend our judgments.

Thank you in advance!

Assistance automobile des principales marques :

Cette nouvelle édition propose une liste des principales marques automobiles qui ont un Service d'Assistance avec un numéro de téléphone «vert» gratuit et accessible 24 h/24.

Helpline for main marques of car :

Included in this edition is a list of the main car dealers who have a "green" emergency helpline, free of charge and available 24 hours.

Servizio d'Assistenza delle principali marche automobilistiche :

Questa nuova edizione propone una lista delle principali marche automobilistiche che offrono un Servizio d'Assistenza con numero verde gratuito ed accessibile 24 h su 24.

Servicetelefonnummern der wichtigsten Automarken :

Diese Auflage bietet Ihnen eine Liste der wichtigsten Automarken und deren Servicetelefonnummern die täglich 24 Stunden kostenlos zu erreichen sind.

Servicio de Asistencia de las principales marcas de automóviles :

En esta nueva edición incluimos una lista de las principales marcas de automóviles que disponen de Servicio de Asistencia con teléfono de llamada gratuita y atención permanente.

CONSTRUCTEURS FRANÇAIS :

CITROËN
62 bd Victor Hugo, 92008 NEUILLY
Numéro Vert 08 00 05 24 24

PEUGEOT Automobiles
siège et services commerciaux : 75 av. Gde-Armée, 75116 PARIS
Numéro Vert 08 00 44 24 24

RENAULT
860 quai de Stalingrad, 92109 BOULOGNE-BILLANCOURT CEDEX
Numéro Vert 08 00 05 15 15

IMPORTATEURS :

BMW
3 av. Ampère, Montigny-le-Bretonneux, 78886 ST-QUENTIN-EN-YVELINES CEDEX
– **Numéro Vert 08 00 00 16 24**

DAEWOO
33 av du Bois de la Pie, ZAC Paris-Nord II, BP 50069, 95947 ROISSY CDG CEDEX
– **Numéro Vert (véhicules avant 02.2000) 08 00 25 21 34**
– **Numéro Vert (véhicules après 02.2000) 08 10 32 39 66**

DAIHATSU
37 rue des Peupliers, 92752 NANTERRE CEDEX
– **Numéro Vert 01 40 25 51 26**

DAIMLER - CHRYSLER (Jeep - Chrysler) SMART
Parc de Roquencourt, BP 100, 78153 LE CHESNAY CEDEX
– **MERCEDES : Numéro Vert 08 800 1 777 77 77**
– **CHRYSLER : Numéro Vert 0800 77 49 72**
– **SMART : Numéro Vert 0801 02 80 28**

FERRARI - MASERATI
Etablissement Charles Pozzi, 109 rue Aristide Briand, 92300 LEVALLOIS-PERRET
– **Numéro Vert (véhicules avant 01.2000) 08 00 10 15 71**
– **Numéro Vert (véhicules après 01.2000) 08 10 80 80 82**

FIAT AUTO France (Alfa Roméo, Lancia)
Siège social, 80-82 quai Michelet, 92532 LEVALLOIS-PERRET CEDEX
– **ALFA ROMEO : Numéro Vert 08 00 61 62 63**
– **FIAT : Numéro Vert 08 00 34 35 36**
– **LANCIA : Numéro Vert 08 00 54 55 56**

FORD France
Siège Social, 344 av. Napoléon Bonaparte, BP 307, 92506 RUEIL MALMAISON CEDEX
– **Numéro Vert 08 00 00 50 05**

GENERAL MOTORS France - OPEL France (Chevrolet, Buick, Cadillac, Oldsmobile)
19 av. du Marais, Angle quai de Bezons, BP 84,95100 ARGENTEUIL
– **OPEL, CADILLAC, CHEVROLET : Numéro Vert 08 00 04 04 58**
– **BUICK, OLDSMOBILE : Numéro Vert 01 41 85 82 26**

HONDA
Parc des Activités de Pariest
Allée du 1er Mai, BP 46, CROISSY-BEAUBOURG, 77312 MARNE-LA-VALLEE CEDEX 2
– **Numéro Vert 01 41 85 84 70**

HYUNDAI
1 av. du Fief, ZA Les Bethunes, BP 479, 95005 CERGY-PONTOISE CEDEX
– **Numéro Vert 01 41 85 86 87**

ISUZU
6 rue des Marguerites, 92737 NANTERRE CEDEX
– **Numéro Vert 01 40 25 57 36**

JAGUAR
231 rue du 1er Mai, BP 309, 92003 NANTERRE CEDEX
– **Numéro Vert 01 40 25 58 00**

LADA France
10 bd des Martyrs-de-Chateaubriand, BP 140, 95103 ARGENTEUIL CEDEX
– **Numéro Vert 08 00 47 49 00**

LAND-ROVER
Rue Ambroise-Croizat, BP 71, 95101 ARGENTEUIL CEDEX
– **Numéro Vert 01 49 93 72 72**

MAZDA
ZI Moimont 2, 95670 MARLY-LA-VILLE
– **Numéro Vert 08 01 32 36 26**

MITSUBISHI
Mitsubishi Motor sales Europe BV, 15 rue Cortambert, 75116 PARIS
– **Numéro Vert 08 10 810 871**

NISSAN
Siège Social, 13 av. d'Alembert, Parc de Pissaloup, BP 123, 78194 TRAPPES CEDEX
– **Numéro Vert (véhicules avant 03.2000) 08 00 00 77 88**
– **Numéro Vert (véhicules après 03.2000) 08 00 81 58 15**

PORSCHE
122 av. du Général Leclerc, 92514 BOULOGNE-BILLANCOURT CEDEX
– **Numéro Vert 08 01 22 92 29**

ROLLS-ROYCE-BENTLEY
Etablissement Jacques Savoye, 237 bd Pereire, 75017 PARIS
– **Numéro Vert 01 40 25 58 80**

SAAB
Siège Social, 12 rue des Peupliers, BP 701, 92007 NANTERRE CEDEX
– **Numéro Vert 08 00 06 95 11**

SUBARU
41 rue des Peupliers, 92752 NANTERRE CEDEX
– **Numéro Vert 01 40 25 57 55**

TOYOTA-LEXUS
20 bd de la République, 92423 VAUCRESSON CEDEX
– **Numéro Vert 08 00 80 89 35**

VOLKSWAGEN-AUDI-SKODA-SEAT
Siège Social et Administratif, 11 av. de Boursonne, BP 62, 02601 VILLERS COTTERETS CEDEX
– **Numéro Vert 08 00 00 24 24**

VOLVO
55 av. des Champs Pierreux, 92757 NANTERRE CEDEX
– **Numéro Vert 08 00 40 09 60**

Distances

Quelques précisions

Au texte de chaque localité vous trouverez la distance des villes environnantes et celle de Paris.
Les distances sont comptées à partir du centre-ville et par la route la plus pratique, c'est-à-dire celle qui offre les meilleures conditions de roulage, mais qui n'est pas nécessairement la plus courte.
Pour avoir un itinéraire plus détaillé, consultez le minitel : 3615 MICHELIN ou www.michelin-travel.com

Distances

Commentary

The text on each town includes its distance from its immediate neighbours and from Paris.
Distances are calculated from centres and along the best roads from a motoring point of view – not necessarily the shortest.
For more detailed route planning, consult Minitel: 3615 MICHELIN or www.michelin-travel.com

Distanze

Qualche chiarimento

Nel testo di ciascuna località troverete la distanza dalle città viciniori e da Parigi.
Le distanze sono calcolate a partire dal centro delle città e seguendo la strada più pratica, ossia quella che offre le migliori condizioni di viaggio ma che non è necessariamente la più breve.
Per un itinerario più dettagliato, consultate il minitel: 3615 MICHELIN o www.michelin-travel.com

Entfernungen

Einige Erklärungen

In jedem Ortstext finden Sie Entfernungen zu größeren Städten in der Umgebung und nach Paris.
Die Entfernungen gelten ab Stadtmitte unter Berücksichtigung der günstigsten (nicht immer kürzesten) Strecke.
Für Ihre präzise Reiseroute, benutzen Sie Minitel: 3615 MICHELIN oder www.michelin-travel.com

Distancias

Algunas precisiones

En el texto de cada localidad encontrará la distancia de las ciudades más cercanas y la de París.
Los kilómetros están calculados a partir del centro de la ciudad por la carretera más cómoda, es decir la que ofrece mejores condiciones de circulación, pero que no es necesariamente la más corta.
Si desea un itinerario más detallado, consulte el minitel : 3615 MICHELIN o www.michelin-travel.com

Distances entre principales villes

Distances between major towns

Distanze tra le principali città

Entfernungen zwischen den größeren Städten

Distancias entre las ciudades principales

	Amiens	Angers	Bayonne	Besançon	Bordeaux	Brest	Caen	Calais	Cherbourg - Octeville	Clermont-Ferrand	Dijon	Grenoble	Le Havre	Lille	Limoges	Lyon	Le Mans	Marseille	Metz	Montpellier	Mulhouse	Nancy	Nantes	Nice	Orléans	Paris	Perpignan	Reims	Rennes	Rouen	Saint-Étienne	Strasbourg	Toulon	Toulouse
Angers	426																																	
Bayonne	910	524																																
Besançon	505	658	897																															
Bordeaux	722	336	184	708																														
Brest	618	381	812	961	624																													
Caen	244	245	811	641	568	377																												
Calais	161	503	1065	606	877	714	339																											
Cherbourg - Octeville	367	302	836	764	648	403	124	462																										
Clermont-Ferrand	564	444	553	341	365	806	603	718	690																									
Dijon	468	565	836	92	648	866	548	573	671	279																								
Grenoble	726	728	827	296	664	1126	806	863	929	301	303																							
Le Havre	182	293	811	606	616	461	86	277	209	567	513	772																						
Lille	123	521	998	539	810	729	354	112	477	651	506	797	292																					
Limoges	533	255	412	492	224	606	470	688	557	178	431	478	538	621																				
Lyon	617	561	831	225	534	1017	697	754	819	170	194	110	662	686	347																			
Le Mans	334	97	623	567	435	402	157	414	281	403	474	733	204	428	307	522																		
Marseille	930	905	701	538	652	1272	1010	1066	1132	478	507	273	975	999	595	315	866																	
Metz	363	621	1098	266	910	922	573	464	696	548	270	572	538	371	721	462	529	777																
Montpellier	915	683	535	524	487	1107	935	1052	1023	342	492	297	901	985	425	300	737	171	761															
Mulhouse	540	727	1024	131	836	1030	710	641	833	468	219	429	675	618	620	373	635	688	252	676														
Nancy	367	591	1083	207	895	894	549	468	671	491	213	516	514	425	654	406	499	720	57	708	176													
Nantes	515	91	514	749	326	298	292	592	317	463	656	787	375	610	306	619	186	975	709	811	818	683												
Nice	1088	1063	859	697	810	1430	1168	1225	1291	636	665	337	1133	1158	753	473	1024	190	933	332	693	877	1132											
Orléans	271	219	649	397	461	549	310	425	384	299	304	563	275	358	270	453	142	763	457	633	525	432	309	920										
Paris	136	295	772	405	584	596	232	290	355	424	312	571	198	223	395	461	202	775	333	763	465	311	384	932	132									
Perpignan	995	783	500	672	451	1071	1034	1149	1095	441	641	446	999	1082	511	449	836	319	909	155	820	852	773	476	732	856								
Reims	174	432	909	332	721	734	384	275	507	513	299	602	350	208	532	491	340	806	190	794	367	196	522	963	269	144	938							
Rennes	424	128	629	714	441	245	183	519	209	558	621	880	266	575	421	769	155	1022	674	926	783	648	109	1179	301	349	888	486						
Rouen	120	288	809	539	621	498	123	215	246	500	446	705	88	231	470	594	197	909	471	834	604	449	378	1066	207	131	932	283	303					
Saint-Étienne	677	574	699	285	511	937	756	813	879	147	253	157	722	746	324	62	535	335	522	323	433	465	632	492	431	520	467	551	690	654				
Strasbourg	521	779	1256	247	1068	1080	731	622	853	584	335	539	696	529	736	489	686	804	162	792	118	150	868	805	615	491	936	348	833	629	549			
Toulon	996	971	767	605	718	1338	1076	1133	1198	544	573	329	1041	1066	661	381	932	65	841	239	752	785	1040	150	828	840	384	870	1087	974	399	869		
Toulouse	838	579	300	760	248	867	865	992	891	370	728	533	842	925	307	536	616	407	996	243	908	940	569	564	574	699	205	835	684	775	431	1024	470	
Tours	377	108	537	515	349	491	246	531	370	332	421	618	294	464	221	450	83	796	563	666	642	549	198	953	116	238	734	375	244	275	465	722	859	532

Marseille – Strasbourg 804 km

Principales routes

Autoroute, double chaussée de type autoroutier

N4 *Numéro de route*

14 *Distances partielles*
Distances entre principales villes, voir tableau

Main roads

Motorway, dual carriageway

N4 *Road number*

14 *Intermediary distances*
Distances between major towns, see table

Principali strade

Autostrada, doppia carregiata tipo autostrada

N4 *Numero della strada*

14 *Distanze parziali*
Distanze fra le principali città, vedere tabella

Hauptverkhrsstrassen

Autobahn, Schnellstraße

N4 *Straßennummer*

14 *Teilentfernungen*
Entefernungen zwischen Großstädten, siehe Tabelle

Carreteras principales

Autopista, autovía

N4 *Número de la carretera*

14 *Distancias parciales*
Distancias entre las ciudades principales, ver cuadro

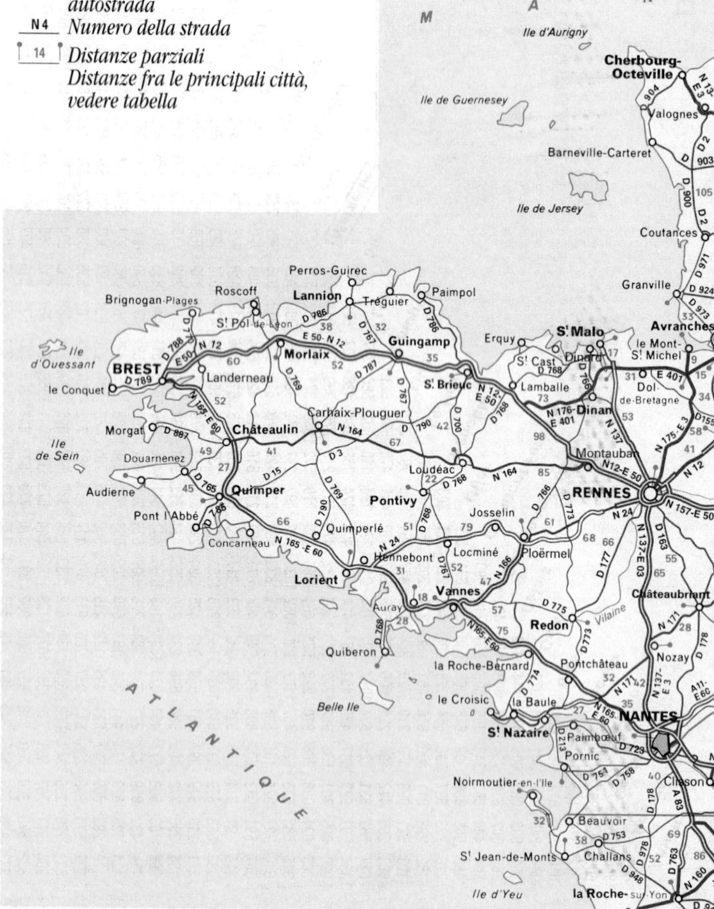

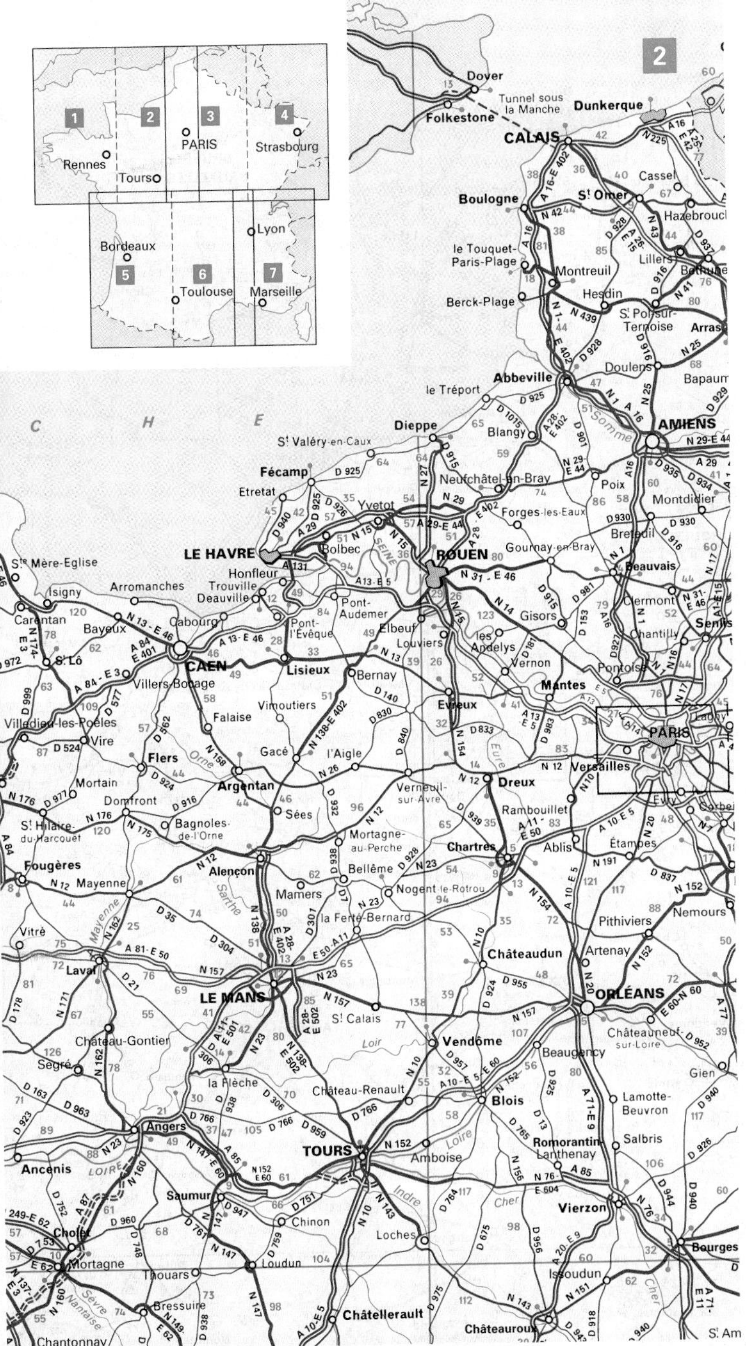

2
1
3
4
5
6
7
Rennes
Tours
PARIS
Strasbourg
Bordeaux
Toulouse
Lyon
Marseille
Dover
Folkestone
Tunnel sous la Manche
Dunkerque
CALAIS
Cassel
Boulogne
St Omer
Hazebrouck
le Touquet-Paris-Plage
Montreuil
Lillers
Béthune
Berck-Plage
Hesdin
St Pol-sur-Ternoise
Arras
Doulens
Bapaume
Abbeville
le Tréport
AMIENS
Somme
Dieppe
Blangy
St Valéry-en-Caux
Fécamp
Etretat
Neufchâtel-en-Bray
Poix
Montdidier
Yvetot
Forges-les-Eaux
Breteuil
LE HAVRE
Bolbec
ROUEN
Gournay-en-Bray
Beauvais
Seine
Honfleur
Trouville
Deauville
Pont-Audemer
Clermont
Ste Mère-Eglise
Isigny
Arromanches
Carentan
Bayeux
Cabourg
Pont-l'Évêque
Elbeuf
Louviers
Gisors
Chantilly
Senlis
St Lô
CAEN
Lisieux
les Andelys
Vernon
Pontoise
Villers-Bocage
Bernay
Mantes
Vimoutiers
Evreux
Villedieu-les-Poêles
Falaise
PARIS
Lagny
Vire
Flers
Orne
Gacé
l'Aigle
Eure
Versailles
Mortain
Argentan
Verneuil-sur-Avre
Dreux
Evry
Corbeil
Domfront
Sées
Rambouillet
St Hilaire-du-Harcouët
Bagnoles-de-l'Orne
Mortagne-au-Perche
Chartres
Ablis
Étampes
Fougères
Alençon
Bellême
Mayenne
Mamers
Nogent-le-Rotrou
Nemours
Sarthe
La Ferté-Bernard
Pithiviers
Vitré
Laval
Châteaudun
Artenay
LE MANS
ORLÉANS
St Calais
Châteauneuf-sur-Loire
Château-Gontier
Loir
Vendôme
Beaugency
Segré
la Flèche
Gien
Château-Renault
Blois
Lamotte-Beuvron
Angers
Ancenis
TOURS
Amboise
Romorantin-Lanthenay
Salbris
LOIRE
Loire
Saumur
Indre
Cher
Vierzon
Chinon
Cholet
Loches
Bourges
Mortagne
Loudun
Thouars
Issoudun
Sèvre Nantaise
Bressuire
Châtellerault
Châteauroux
Chantonnay
St Am

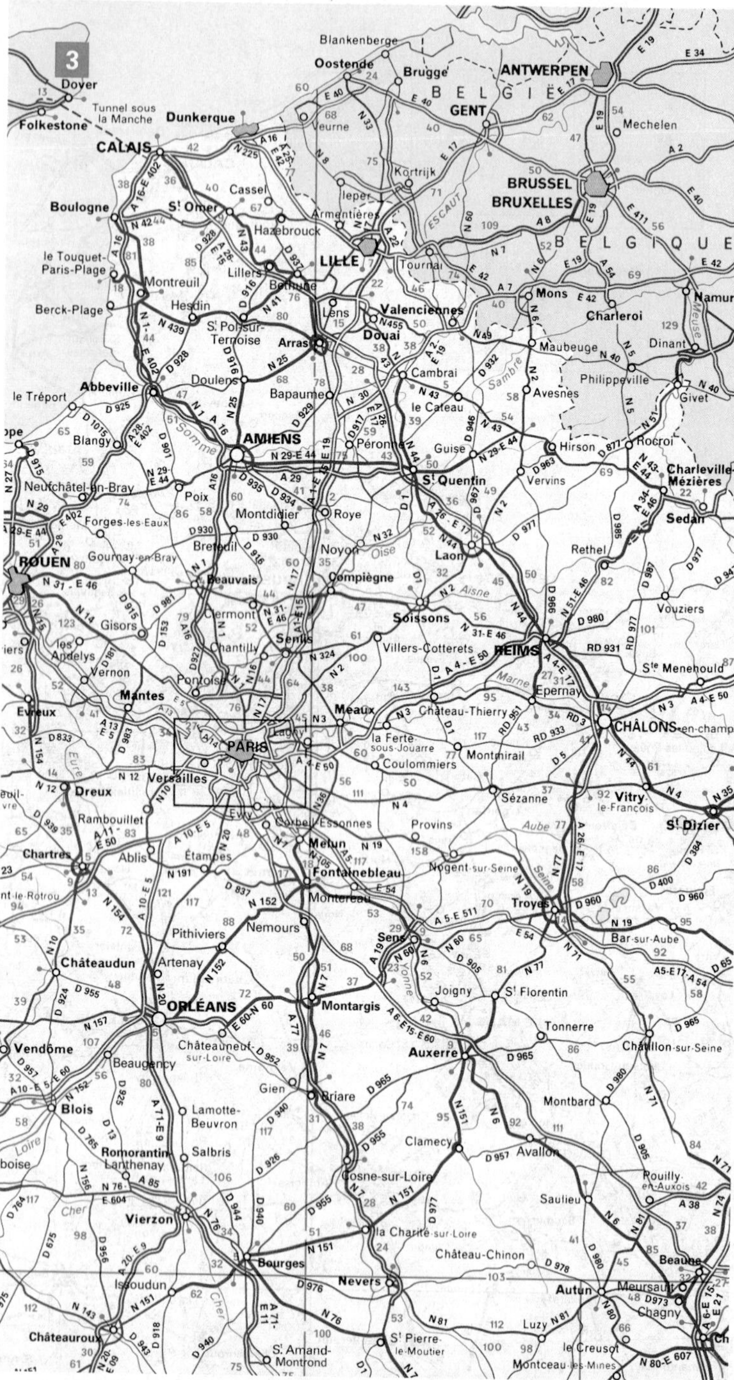
3
Dover
Folkestone
Tunnel sous la Manche
Dunkerque
CALAIS
Boulogne
St Omer
Cassel
Hazebrouck
le Touquet-Paris-Plage
Montreuil
Berck-Plage
Hesdin
St Pol-sur-Ternoise
Lillers
Béthune
LILLE
Armentières
Ieper
Kortrijk
Veurne
Blankenberge
Oostende
Brugge
BELGIË
GENT
ANTWERPEN
Mechelen
BRUSSEL
BRUXELLES
BELGIQUE
Tournai
Mons
Charleroi
Namur
Dinant
Philippeville
Givet
Maubeuge
Avesnes
Valenciennes
Lens
Douai
Arras
Cambrai
Bapaume
Doulens
Abbeville
le Tréport
Blangy
Neufchâtel-en-Bray
AMIENS
Péronne
le Cateau
Guise
Hirson
Rocroi
Charleville-Mézières
Sedan
Vervins
St Quentin
Laon
Rethel
Poix
Montdidier
Roye
Noyon
Forges-les-Eaux
Breteuil
Gournay-en-Bray
ROUEN
Beauvais
Compiègne
Clermont
Soissons
Senlis
Chantilly
Villers-Cotterets
REIMS
Vouziers
Ste Menehould
Gisors
les Andelys
Vernon
Pontoise
Mantes
Evreux
Dreux
Versailles
PARIS
Lagny
Meaux
Château-Thierry
Epernay
CHÂLONS-en-champa
la Ferté-sous-Jouarre
Montmirail
Coulommiers
Sézanne
Vitry-le-François
St Dizier
Rambouillet
Evry
Corbeil-Essonnes
Melun
Provins
Nogent-sur-Seine
Chartres
Ablis
Étampes
Fontainebleau
Montereau
Troyes
Bar-sur-Aube
Pithiviers
Nemours
Sens
Châteaudun
Artenay
ORLÉANS
Montargis
Joigny
St Florentin
Tonnerre
Châtillon-sur-Seine
Vendôme
Beaugency
Châteauneuf-sur-Loire
Gien
Briare
Auxerre
Montbard
Blois
Lamotte-Beuvron
Salbris
Romorantin-Lanthenay
Clamecy
Avallon
Cosne-sur-Loire
Saulieu
Pouilly-en-Auxois
Vierzon
la Charité-sur-Loire
Château-Chinon
Bourges
Nevers
Autun
Meursault
Beaune
Chagny
Issoudun
Châteauroux
St Pierre-le-Moutier
Luzy
le Creusot
St Amand-Montrond
Montceau-les-Mines
Somme
Oise
Aisne
Marne
Seine
Aube
Yonne
Loire
Cher
Eure
Meuse
Sambre
Escaut

4
Maisons-Laffitte
Argenteuil
St Denis
le Bourget
Villeparisis
Poissy
Colombes
Asnières
Bobigny
le Raincy
St Germain-en-Laye
Nanterre
Torcy
Boulogne Billancourt
PARIS
Montreuil
Vincennes
St Cloud
Marne
Seine
Versailles
Sèvres
Meudon
Clamart
Champigny
Maisons-Alfort
St Maur
Vitry
Créteil
Trappes
Sceaux
l'Hay les Roses
Antony
Orly
Palaiseau
Villeneuve-St Georges
Chevreuse
Orsay
Longjumeau
Juvisy
Brunoy
Brie-Comte Robert

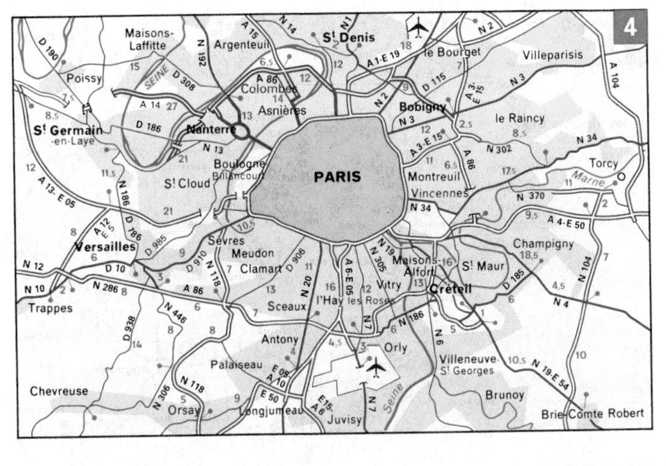

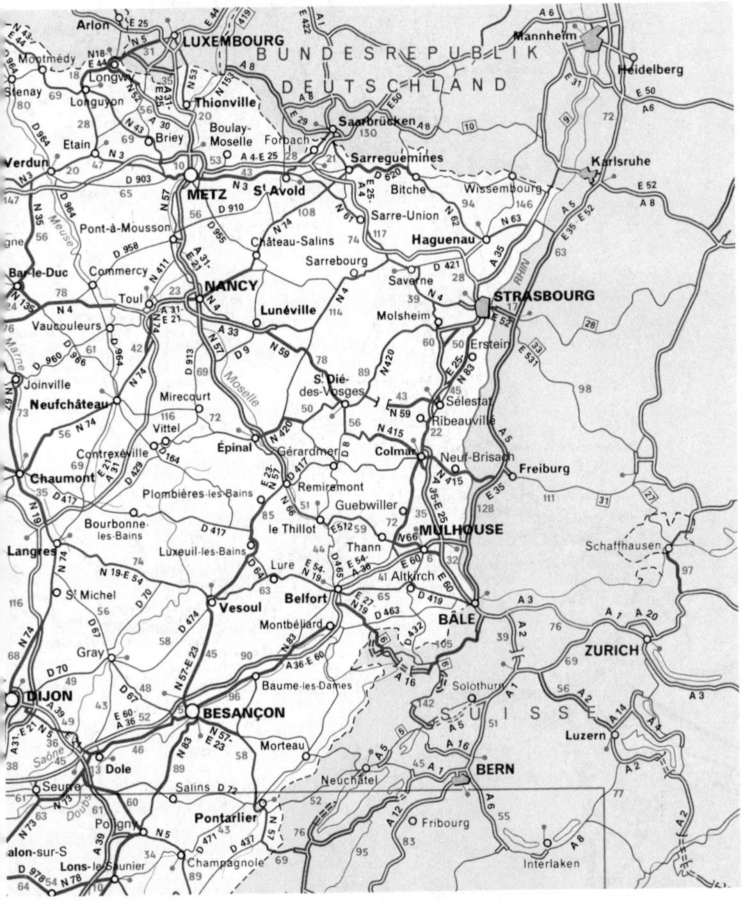

Arlon
LUXEMBOURG
BUNDESREPUBLIK
DEUTSCHLAND
Mannheim
Heidelberg
Montmédy
Longwy
Stenay
Longuyon
Thionville
Saarbrücken
Etain
Briey
Boulay-Moselle
Forbach
Verdun
Sarreguemines
Karlsruhe
METZ
St Avold
Bitche
Wissembourg
Pont-à-Mousson
Sarre-Union
Haguenau
Château-Salins
Sarrebourg
Bar-le-Duc
Commercy
Saverne
Toul
NANCY
STRASBOURG
Lunéville
Molsheim
Vaucouleurs
Marne
Meuse
Moselle
RHIN
Erstein
St Dié-des-Vosges
Joinville
Neufchâteau
Mirecourt
Sélestat
Ribeauvillé
Vittel
Contrexéville
Épinal
Gérardmer
Colmar
Neuf-Brisach
Freiburg
Chaumont
Remiremont
Plombières-les-Bains
Guebwiller
Bourbonne-les-Bains
le Thillot
MULHOUSE
Langres
Luxeuil-les-Bains
Thann
Schaffhausen
Lure
Altkirch
St Michel
Belfort
Vesoul
BÂLE
Montbéliard
ZURICH
Gray
Baume-les-Dames
Solothurn
DIJON
BESANÇON
SUISSE
Luzern
Morteau
Dole
Saône
Doubs
BERN
Seurre
Neuchâtel
Salins
Pontarlier
Poligny
Fribourg
Chalon-sur-S
Interlaken
Lons-le-Saunier
Champagnole

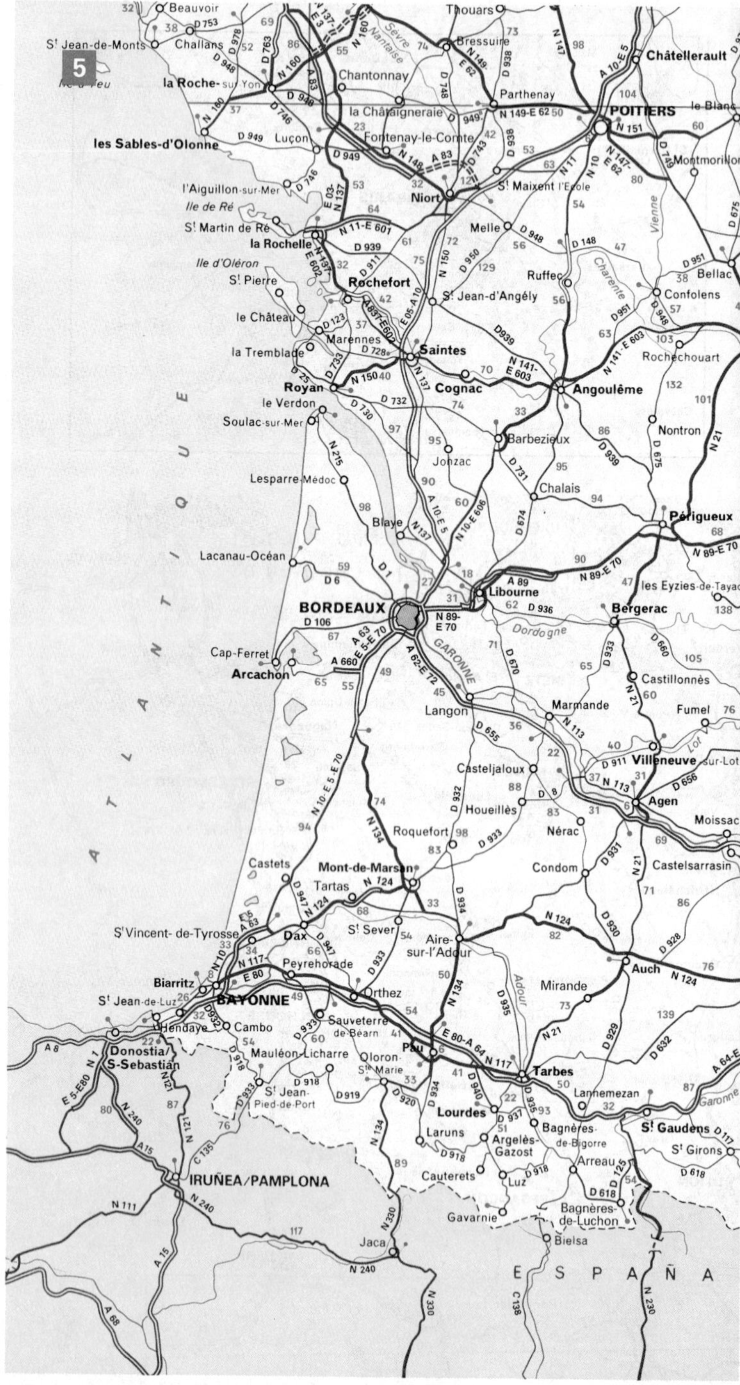

5
Beauvoir
St Jean-de-Monts
Challans
la Roche-sur-Yon
Chantonnay
Thouars
Bressuire
Sèvre Nantaise
Châtellerault
Parthenay
POITIERS
le Blanc
la Châtaigneraie
Fontenay-le-Comte
les Sables-d'Olonne
Luçon
Montmorillon
l'Aiguillon-sur-Mer
Niort
St Maixent l'Ecole
Ile de Ré
St Martin de Ré
la Rochelle
Melle
Ile d'Oléron
St Pierre
Rochefort
Ruffec
Bellac
Charente
Vienne
Confolens
St Jean-d'Angély
le Château
Marennes
la Tremblade
Saintes
Rochechouart
Royan
Cognac
Angoulême
le Verdon
Soulac-sur-Mer
Barbezieux
Nontron
Jonzac
Lesparre-Médoc
Chalais
Blaye
Périgueux
Lacanau-Océan
Libourne
les Eyzies-de-Tayac
BORDEAUX
Bergerac
Dordogne
GARONNE
Cap-Ferret
Arcachon
Castillonnès
Langon
Marmande
Fumel
Lot
Villeneuve-sur-Lot
Casteljaloux
Agen
Houeillès
Nérac
Moissac
Roquefort
Castets
Mont-de-Marsan
Condom
Castelsarrasin
Tartas
St Sever
St Vincent-de-Tyrosse
Dax
Aire-sur-l'Adour
Peyrehorade
Auch
Biarritz
St Jean-de-Luz
BAYONNE
Orthez
Mirande
Hendaye
Cambo
Sauveterre-de-Béarn
Adour
Donostia/S-Sebastián
Mauléon-Licharre
Pau
Oloron-Ste Marie
Tarbes
St Jean-Pied-de-Port
Lannemezan
Garonne
Lourdes
Bagnères-de-Bigorre
St Gaudens
Laruns
Argelès-Gazost
St Girons
IRUÑEA/PAMPLONA
Cauterets
Luz
Arreau
Gavarnie
Bagnères-de-Luchon
Jaca
Bielsa
ATLANTIQUE
ESPAÑA

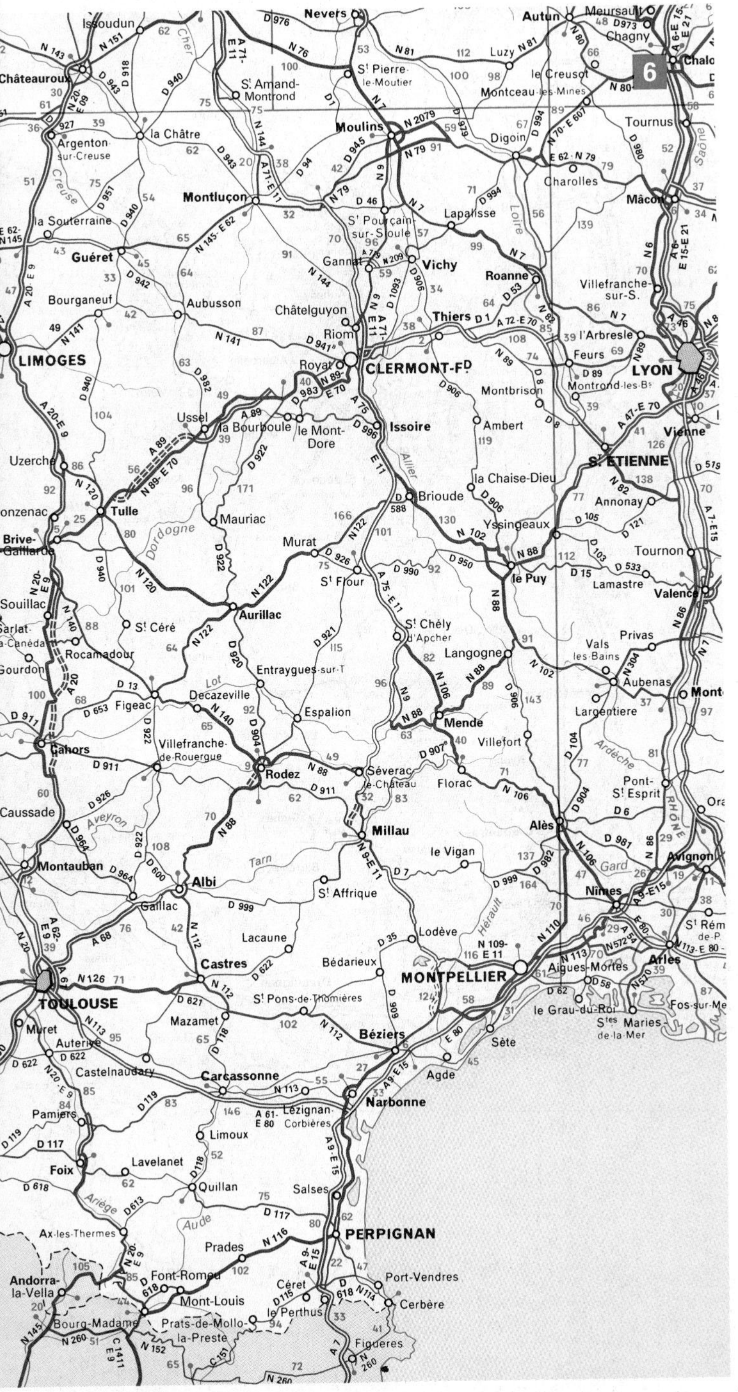
6
Nevers
Autun
Meursault
Chagny
Issoudun
Châteauroux
St Amand-Montrond
St Pierre-le-Moutier
Luzy
le Creusot
Montceau-les-Mines
Tournus
Argenton-sur-Creuse
la Châtre
Moulins
Digoin
Charolles
Mâcon
Montluçon
St Pourçain-sur-Sioule
Lapalisse
la Souterraine
Guéret
Gannat
Vichy
Roanne
Villefranche-sur-S.
Bourganeuf
Aubusson
Châtelguyon
Riom
Thiers
l'Arbresle
LIMOGES
Royat
CLERMONT-FD
Feurs
LYON
Montbrison
Montrond-les-Bs
Ussel
la Bourboule
le Mont-Dore
Issoire
Ambert
Vienne
Uzerche
ST ETIENNE
la Chaise-Dieu
Brioude
Annonay
Tulle
Mauriac
Yssingeaux
Brive-Gaillarde
Murat
Tournon
St Flour
le Puy
Lamastre
Valence
Souillac
Aurillac
St Céré
St Chély d'Apcher
Privas
Rocamadour
Langogne
Vals les-Bains
Gourdon
Entraygues-sur-T
Aubenas
Figeac
Decazeville
Espalion
Mende
Largentière
Cahors
Villefranche-de-Rouergue
Villefort
Rodez
Séverac le-Château
Florac
Pont-St Esprit
Caussade
Alès
Millau
le Vigan
Avignon
Montauban
Albi
St Affrique
Nîmes
Gaillac
Lacaune
Lodève
Arles
St Rém de-P.
Castres
Bédarieux
MONTPELLIER
Aigues-Mortes
TOULOUSE
St Pons-de-Thomières
Mazamet
le Grau-du-Roi
Stes Maries-de-la-Mer
Fos-sur-Me
Muret
Auterive
Béziers
Sète
Castelnaudary
Carcassonne
Agde
Narbonne
Pamiers
Lézignan-Corbières
Limoux
Foix
Lavelanet
Quillan
Salses
Ax-les-Thermes
PERPIGNAN
Prades
Andorra-la-Vella
Font-Romeu
Mont-Louis
Céret
Port-Vendres
Cerbère
le Perthus
Bourg-Madame
Prats-de-Mollo-la-Preste
Figueres
Cher
Creuse
Loire
Saône
Allier
Dordogne
Lot
Aveyron
Tarn
Hérault
Ardèche
RHÔNE
Gard
Aude
Ariège

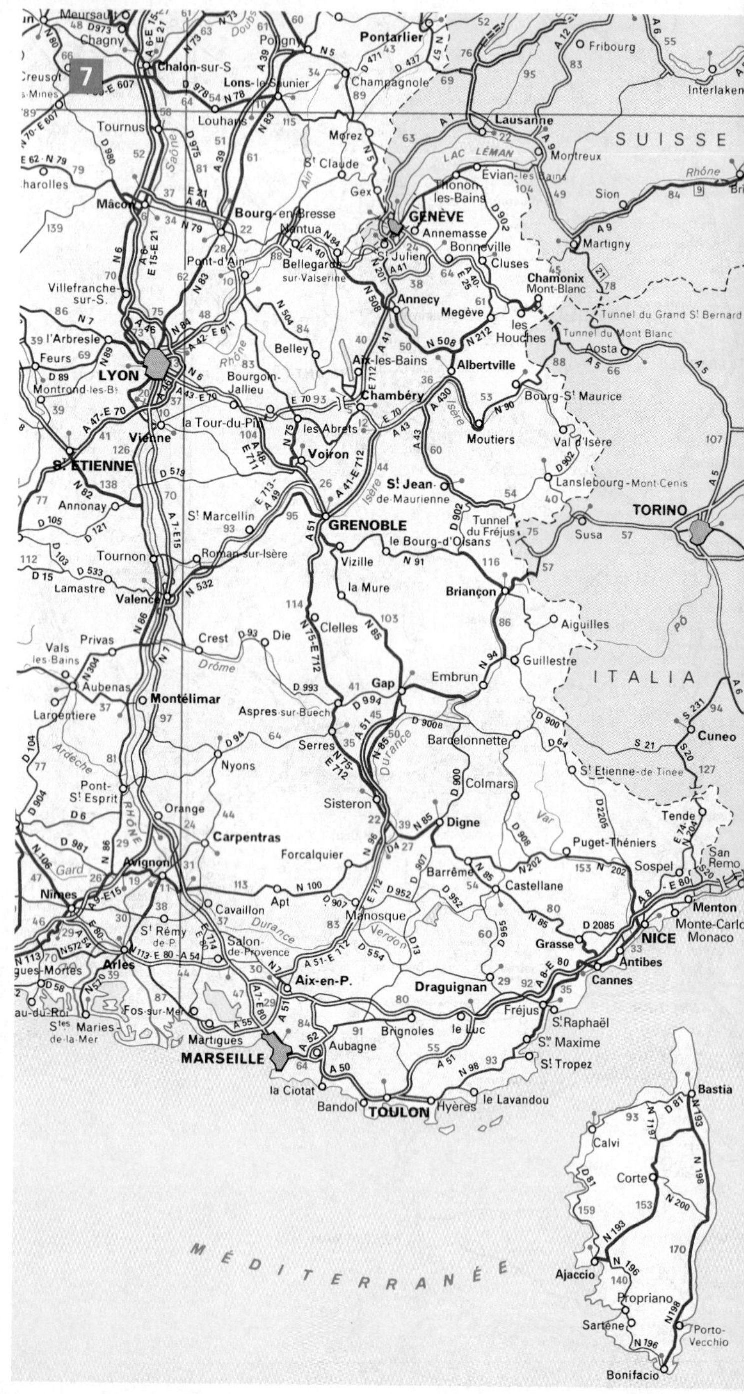

7
Meursault
Chagny
Chalon-sur-S
Creusot
Poligny
Pontarlier
Lons-le-Saunier
Champagnole
Fribourg
Interlaken
Louhans
Tournus
Morez
Lausanne
SUISSE
St Claude
LAC LÉMAN
Montreux
Charolles
Gex
Évian-les-Bains
Thonon-les-Bains
Sion
Rhône
Mâcon
Bourg-en-Bresse
GENÈVE
Annemasse
Martigny
Nantua
Bonneville
Pont-d'Ain
Bellegarde-sur-Valserine
St Julien
Cluses
Chamonix Mont-Blanc
Villefranche-sur-S.
Annecy
Megève
les Houches
Tunnel du Grand St Bernard
Tunnel du Mont Blanc
l'Arbresle
Belley
Aosta
Feurs
LYON
Aix-les-Bains
Albertville
Montrond-les-B.
Bourgoin-Jallieu
Chambéry
Bourg-St Maurice
Vienne
la Tour-du-Pin
les Abrets
Moutiers
Val d'Isère
Voiron
St ÉTIENNE
St Jean-de-Maurienne
Lanslebourg-Mont-Cenis
Annonay
St Marcellin
GRENOBLE
Tunnel du Fréjus
Susa
TORINO
Tournon
Roman-sur-Isère
le Bourg-d'Oisans
Vizille
Lamastre
Valence
la Mure
Briançon
Clelles
Aiguilles
Privas
Crest
Die
Vals-les-Bains
Drôme
Guillestre
Aubenas
Embrun
ITALIA
Gap
Montélimar
Largentière
Aspres-sur-Buech
Barcelonnette
Cuneo
Serres
Nyons
St Etienne-de-Tinee
Pont-St Esprit
Colmars
Sisteron
Orange
Tende
Digne
Carpentras
Puget-Théniers
Forcalquier
Avignon
Barrême
Sospel
San Remo
Nîmes
Apt
Castellane
Cavaillon
Manosque
Menton
St Rémy-de-P.
Monte-Carlo Monaco
Salon-de-Provence
Grasse
NICE
Arles
Antibes
Aigues-Mortes
Aix-en-P.
Cannes
Draguignan
Fos-sur-Mer
Fréjus
St Raphaël
Stes Maries-de-la-Mer
Martigues
Brignoles
le Luc
St Maxime
MARSEILLE
Aubagne
St Tropez
la Ciotat
Bandol
TOULON
Hyères
le Lavandou
Bastia
Calvi
Corte
MÉDITERRANÉE
Ajaccio
Propriano
Sartène
Porto-Vecchio
Bonifacio

Calendrier des vacances scolaires

Voir pages suivantes

School holidays calendar

See next pages

ACADÉMIES ET DÉPARTEMENTS

Zone A

Caen (14-50-61), Clermont-Ferrand (03-15-43-63), Grenoble (07-26-38-73-74), Lyon (01-42-69), Montpellier (11-30-34-48-66), Nancy-Metz (54-55-57-88), Nantes (44-49-53-72-85), Rennes (22-29-35-56), Toulouse (09-12-31-32-46-65-81-82).

Zone B

Aix-Marseille (04-05-13-84), Amiens (02-60-80), Besançon (25-39-70-90), Dijon (21-58-71-89), Lille (59-62), Limoges (19-23-87), Nice (06-83), Orléans-Tours (18-28-36-37-41-45), Poitiers (16-17-79-86), Reims (08-10-51-52), Rouen (27-76), Strasbourg (67-68).

Zone C

Bordeaux (24-33-40-47-64), Créteil (77-93-94), Paris-Versailles (75-78-91-92-95).

Nota : La Corse bénéficie d'un statut particulier.

2001 MARS

1	J	s Aubin
2	V	s Charles le B.
3	S	s Guénolé
4	**D**	**Carême**
5	L	s^e Olive
6	M	s^e Félicité
7	M	s Jean de Dieu
8	J	**Cendres**
9	V	s^e Françoise
10	S	s Vivien
11	**D**	s^e Rosine
12	L	s^e Tatiana
13	M	s Rodrigue
14	M	s^e Mathilde
15	J	s^e Louise
16	V	s^e Bénédicte
17	S	s Patrice
18	**D**	s Cyrille
19	L	s Joseph
20	M	**PRINTEMPS**
21	M	s^e Clémence
22	J	s^e Léa
23	V	s Victorien
24	S	s^e Cath. de Su.
25	**D**	4e Dim. Carême
26	L	**Annonciation**
27	M	s Habib
28	M	s Gontran
29	J	s^e Gwladys
30	V	s Amédée
31	S	s Benjamin

AVRIL

1	**D**	s Hugues
2	L	s^e Sandrine
3	M	s Richard
4	M	s Isidore
5	J	s Irène
6	V	s Marcellin
7	S	s J.-B. de la S.
8	**D**	**Rameaux**
9	L	s Gautier
10	M	s Fulbert
11	M	s Stanislas
12	J	s Jules
13	V	s^e Ida
14	S	s Maxime
15	**D**	**PÂQUES**
16	L	**Lundi de Pâques**
17	M	s Étienne H.
18	M	s Parfait
19	J	s^e Emma
20	V	s^e Odette
21	S	s Anselme
22	**D**	s Alexandre
23	L	s Georges
24	M	s Fidèle
25	M	s Marc
26	J	s Alida
27	V	s^e Zita
28	S	s^e Valérie
29	**D**	**Jour du Souv.**
30	L	s Robert

MAI

1	M	**FÊTE DU TR.**
2	M	s Boris
3	J	ss Phil., Jacq.
4	V	s Sylvain
5	S	s^e Judith
6	**D**	s^e Prudence
7	L	s^e Gisèle
8	M	**VICTOIRE 45**
9	M	s Pacôme
10	J	s^e Solange
11	V	s Estelle
12	S	s Achille
13	**D**	**F. Jeanne d'Arc**
14	L	s Matthias
15	M	s^e Denise
16	M	s Honoré
17	J	s Pascal
18	V	s Éric
19	S	s Yves
20	**D**	s Bernardin
21	L	s Constantin
22	M	s Émile
23	M	s. Didier
24	J	**ASCENSION**
25	V	**s^e Sophie**
26	S	**s Bérenger**
27	**D**	**Fête des Mères**
28	L	s Germain
29	M	s Aymard
30	M	s Ferdinand
31	J	**Visitation**

JUIN

1	V	s Justin
2	S	s^e Blandine
3	**D**	**PENTECÔTE**
4	L	Lundi Pent.
5	M	s Igor
6	M	s Norbert
7	J	s Gilbert
8	V	s Médard
9	S	s^e Diane
10	**D**	s Landry
11	L	s Barnabé
12	M	s Guy
13	M	s Antoire
14	J	s Élisée
15	V	s^e Germaine
16	S	s J.-F. Régis
17	**D**	**Fête des Pères**
18	L	s Léonce
19	M	s Romuald
20	M	s Silvère
21	J	**ÉTÉ**
22	V	s Alban
23	S	s^e Audrey
24	**D**	s Jean-Bapt.
25	L	s Prosper
26	M	s Anthelme
27	M	s Fernand
28	J	s Irénée
29	V	ss Pierre, Paul
30	S	s Martial

JUILLET

1	**D**	s Thierry
2	L	s Martinien
3	M	s Thomas
4	M	s Florent
5	J	s Antoine-Marie
6	V	s^e Marietta
7	S	s Raoul
8	**D**	s Thibaut
9	L	s^e Amandine
10	M	s Ulrich
11	M	s Benoît
12	J	s Olivier
13	V	ss Henri, Joël
14	S	**FÊTE NAT.**
15	**D**	s Donald
16	L	N.-D. Mt-Carmel
17	M	s^e Charlotte
18	M	s Frédéric
19	J	s Arsène
20	V	s^e Marina
21	S	s Victor
22	**D**	s^e Marie-Mad.
23	L	s^e Brigitte
24	M	s^e Christine
25	M	s Jacques
26	J	ss Anne
27	V	s^e Nathalie
28	S	s Samson
29	**D**	s^e Marthe
30	L	s^e Juliette
31	M	s Ignace de L.

AOÛT

1	M	s Alphonse
2	J	s Julien
3	V	s^e Lydie
4	S	s J.-M. Vianney
5	**D**	s Abel
6	L	Transfiguration
7	M	s Gaëtan
8	M	s Dominique
9	J	s Amour
10	V	s Laurent
11	S	s^e Claire
12	**D**	s^e Clarisse
13	L	s Hippolyte
14	M	s Evrard
15	M	**ASSOMPTION**
16	J	s Armel
17	V	s Hyacinthe
18	S	s^e Hélène
19	**D**	s Jean-Eudes
20	L	s Bernard
21	M	s Christophe
22	M	s Fabrice
23	J	s^e Rose de Lima
24	V	s Barthélemy
25	S	s Louis de F.
26	**D**	s^e Natacha
27	L	s^e Monique
28	M	s Augustin
29	M	s^e Sabine
30	J	s Fiacre
31	V	s Aristide

2001 SEPTEMBRE

1	S	s Gilles
2	**D**	s^e Ingrid
3	L	s Grégoire
4	M	s^e Rosalie
5	M	s^e Raïssa
6	J	s Bertrand
7	V	s^e Reine
8	S	Nativité de Marie
9	**D**	s Alain
10	L	s^e Inès
11	M	s Adelphe
12	M	s Apollinaire
13	J	s Aimé
14	V	S^e Croix
15	S	s Roland
16	**D**	s^e Édith
17	L	s Renaud
18	M	s^e Nadège
19	M	s^e Émilie
20	J	s Davy
21	V	s Matthieu
22	S	**AUTOMNE**
23	**D**	s Constant
24	L	s^e Thècle
25	M	s Hermann
26	M	ss Côme, Dam.
27	J	s Vinc. de Paul
28	V	s Venceslas
29	S	s Michel
30	**D**	s Jérôme

2001 OCTOBRE

1	L	se Th. de l'E.-J.
2	M	s Léger
3	M	s Gérard
4	J	s Fr. d'Assise
5	V	se Fleur
6	S	s Bruno
7	**D**	s Serge
8	L	se Pélagie
9	M	s Denis
10	M	s Ghislain
11	J	s Firmin
12	V	s Wilfried
13	S	s Géraud
14	**D**	s Juste
15	L	se Thérése d'Avila
16	M	se Edwige
17	M	s Baudouin
18	J	s Luc
19	V	s René
20	S	se Adeline
21	**D**	se Céline
22	L	se Élodie
23	M	s Jean de C.
24	M	s Florentin
25	J	s Crépin
26	V	s Dimitri
27	S	se Émeline
28	**D**	s Simon
29	L	s Narcisse
30	M	se Bienvenue
31	M	s Wolfgang

NOVEMBRE

1	J	**TOUSSAINT**
2	V	**Défunts**
3	S	s Hubert
4	**D**	s Charles
5	L	se Sylvie
6	M	se Bertille
7	M	se Carine
8	J	s Geoffroy
9	V	s Théodore
10	S	s Léon
11	**D**	**ARMIST. 1918**
12	L	s Christian
13	M	s Brice
14	M	s Sidoine
15	J	s Albert
16	V	se Marguerite
17	S	se Élisabeth
18	**D**	se Aude
19	L	s Tanguy
20	M	s Edmond
21	M	Prés. de Marie
22	J	s Cécile
23	V	s Clément
24	S	se Flora
25	**D**	se Catherine
26	L	se Delphine
27	M	s Séverin
28	M	s Jacq. de la Marche
29	J	s Saturnin
30	V	s André

DÉCEMBRE

1	S	se Florence
2	**D**	**Avent**
3	L	s Xavier
4	M	se Barbara
5	M	s Gérald
6	J	s Nicolas
7	V	s Ambroise
8	S	Im. Conception
9	**D**	s Pierre Fourier
10	L	s Romaric
11	M	s Daniel
12	M	se Chantal
13	J	se Lucie
14	V	se Odile
15	S	se Ninon
16	**D**	se Alice
17	L	s Judicaël
18	M	s Gatien
19	M	s Urbain
20	J	s Abraham
21	V	**HIVER**
22	S	se Franç.-Xavière
23	**D**	s Armand
24	L	se Adèle
25	M	**NOËL**
26	M	s Étienne
27	J	s Jean
28	V	ss Innocents
29	S	s David
30	**D**	s Roger
31	L	s Sylvestre

2002 JANVIER

1	M	**J. DE L'AN**
2	M	s Basile
3	J	se Geneviève
4	V	s Odilon
5	S	s Édouard
6	**D**	**Épiphanie**
7	L	s Raymond
8	M	s Lucien
9	M	se Alix de Ch.
10	J	s Guillaume
11	V	s Paulin
12	S	se Tatiana
13	**D**	s Hilaire
14	L	se Nina
15	M	s Remi
16	M	s Marcel
17	J	s Antoine
18	V	se Prisca
19	S	s Marius
20	**D**	s Fabien
21	L	se Agnès
22	M	s Vincent
23	M	s Barnard
24	J	s Fr. de Sales
25	V	Conv. s. Paul
26	S	se Mélanie
27	**D**	se Angèle
28	L	s Th. d'Aquin
29	M	s Gildas
30	M	se Martine
31	J	se Marcelle

FÉVRIER

1	V	se Ella
2	S	Prés. Seigneur
3	**D**	s Blaise
4	L	se Véronique
5	M	se Agathe
6	M	s Gaston
7	J	se Eugénie
8	V	se Jacqueline
9	S	se Apolline
10	**D**	s Arnaud
11	L	N.-D. Lourdes
12	M	**Mardi-Gras**
13	M	**Cendres**
14	J	s Valentin
15	V	s Claude
16	S	se Julienne
17	**D**	s Alexis
18	L	se Bernadette
19	M	s Gabin
20	M	se Aimée
21	J	s Pierre
22	V	se Isabelle
23	S	s Lazare
24	**D**	s Modeste
25	L	s Roméo
26	M	s Nestor
27	M	se Honorine
28	J	s Romain

2002 MARS

1	V	s Aubin
2	S	s Charles
3	**D**	s Guénolé
4	L	s Casimir
5	M	se Olive
6	M	se Colette
7	J	se Félicité
8	V	s Jean de Dieu
9	S	se Françoise
10	**D**	s Vivien
11	L	se Rosine
12	M	se Justine
13	M	s Rodrigue
14	J	se Mathilde
15	V	se Louise
16	S	se Bénédicte
17	**D**	s Patrice

Parution de votre nouveau Guide 2002.

Issue of your new Guide 2002.

D'où vient cette auto?
Where does that car come from?

Voitures françaises :

Le régime normal d'immatriculation en vigueur comporte :
– un numéro d'ordre dans la série (1 à 3 ou 4 chiffres)
– une, deux ou trois lettres de série (1re série : A, 2e série : B,... puis AA, AB,... BA,...)
– un numéro représentant l'indicatif du département d'immatriculation.

Exemples : 854 BFK 75 : Paris – 127 HL 63 : Puy-de-Dôme.

Voici les numéros correspondant à chaque département :

01 *Ain*
02 *Aisne*
03 *Allier*
04 *Alpes-de-H.-Pr.*
05 *Alpes (Hautes)*
06 *Alpes-Mar.*
07 *Ardèche*
08 *Ardennes*
09 *Ariège*
10 *Aube*
11 *Aude*
12 *Aveyron*
13 *B.-du-Rhône*
14 *Calvados*
15 *Cantal*
16 *Charente*
17 *Charente-Mar.*
18 *Cher*
19 *Corrèze*
2A *Corse-du-Sud*
2B *Hte-Corse*
21 *Côte-d'Or*
22 *Côtes d'Armor*
23 *Creuse*
24 *Dordogne*
25 *Doubs*
26 *Drôme*
27 *Eure*
28 *Eure-et-Loir*
29 *Finistère*
30 *Gard*
31 *Garonne (Hte)*
32 *Gers*
33 *Gironde*
34 *Hérault*
35 *Ille-et-Vilaine*
36 *Indre*
37 *Indre-et-Loire*
38 *Isère*
39 *Jura*
40 *Landes*
41 *Loir-et-Cher*
42 *Loire*
43 *Loire (Hte)*
44 *Loire-Atl.*
45 *Loiret*
46 *Lot*
47 *Lot-et-Gar.*
48 *Lozère*
49 *Maine-et-Loire*
50 *Manche*
51 *Marne*
52 *Marne (Hte)*
53 *Mayenne*
54 *Meurthe-et-M.*
55 *Meuse*
56 *Morbihan*
57 *Moselle*
58 *Nièvre*
59 *Nord*
60 *Oise*
61 *Orne*
62 *Pas-de-Calais*
63 *Puy-de-Dôme*
64 *Pyrénées-Atl.*
65 *Pyrénées (Htes)*
66 *Pyrénées-Or.*
67 *Rhin (Bas)*
68 *Rhin (Haut)*
69 *Rhône*
70 *Saône (Hte)*
71 *Saône-et-Loire*
72 *Sarthe*
73 *Savoie*
74 *Savoie (Hte)*
75 *Paris*
76 *Seine-Mar.*
77 *Seine-et-M.*
78 *Yvelines*
79 *Sèvres (Deux)*
80 *Somme*
81 *Tarn*
82 *Tarn-et-Gar.*
83 *Var*
84 *Vaucluse*
85 *Vendée*
86 *Vienne*
87 *Vienne (Hte)*
88 *Vosges*
89 *Yonne*
90 *Belfort (Ter.-de)*
91 *Essonne*
92 *Hauts-de-Seine*
93 *Seine-St-Denis*
94 *Val-de-Marne*
95 *Val-d'Oise*

Voitures étrangères :

Des lettres distinctives variant avec le pays d'origine, sur plaque ovale placée à l'arrière du véhicule, sont obligatoires (F pour les voitures françaises circulant à l'étranger).

A *Autriche*
AL *Albanie*
AND *Andorre*
B *Belgique*
BG *Bulgarie*
BIH *Bosnie-Herzégovine*
CDN *Canada*
CH *Suisse*
CZ *République Tchèque*
D *Allemagne*
DK *Danemark*
DZ *Algérie*
E *Espagne*
EW *Estonie*
F *France*
FIN *Finlande*
FL *Liechtenstein*
GB *Gde-Bretagne*
GR *Grèce*
H *Hongrie*
HR *Croatie*
I *Italie*
IL *Israël*
IRL *Irlande*
L *Luxembourg*
LT *Lituanie*
LV *Lettonie*
MA *Maroc*
MC *Monaco*
N *Norvège*
NL *Pays-Bas*
P *Portugal*
PL *Pologne*
RL *Liban*
RO *Roumanie*
RUS *Russie*
S *Suède*
SK *Slovaquie*
SLO *Slovénie*
TN *Tunisie*
TR *Turquie*
UA *Ukraine*
USA *États-Unis*
V *Vatican*
YU *Yougoslavie*

Immatriculations spéciales :

CMD *Chef de mission diplomatique (orange sur fond vert)*
CD *Corps diplomatique ou assimilé (orange sur fond vert)*
C *Corps consulaire (blanc sur fond vert)*
K *Personnel d'ambassade ou de consulat ou d'organismes internationaux (blanc sur fond vert)*
TT *Transit temporaire (blanc sur fond rouge)*
W *Véhicules en vente ou en réparation*
WW *Immatriculation de livraison*

Indicatifs Téléphoniques Internationaux

de/from \ vers/to	A	B	CH	CZ	D	DK	E	FIN	F	GB	GR
A Autriche		0032	0041	00420	0049	0045	0034	00358	0033	0044	0030
B Belgique	0043		0041	00420	0049	0045	0034	00358	0033	0044	0030
CH Suisse	0043	0032		00420	0049	0045	0034	00358	0033	0044	0030
CZ République Tchèque	0043	0032	0041		0049	0045	0034	00358	0033	0044	0030
D Allemagne	0043	0032	0041	00420		0045	0034	00358	0033	0044	0030
DK Danemark	0043	0032	0041	00420	0049		0034	00358	0033	0044	0030
E Espagne	0043	0032	0041	00420	0049	0045		00358	0033	0044	0030
FIN Finlande	0043	0032	0041	00420	0049	0045	0034		0033	0044	0030
F France	0043	0032	0041	00420	0049	0045	0034	00358		0044	0030
GB Royaume Uni	0043	0032	0041	00420	0049	0045	0034	00358	0033		0030
GR Grèce	0043	0032	0041	00420	0049	0045	0034	00358	0033	0044	
H Hongrie	0043	0032	0041	00420	0049	0045	0034	00358	0033	0044	0030
I Italie	0043	0032	0041	00420	0049	0045	0034	00358	0033	0044	0030
IRL Irlande	0043	0032	0041	00420	0049	0045	0034	00358	0033	0044	0030
J Japon	00143	00132	00141	001420	00149	00145	00134	001358	00133	00144	00130
L Luxembourg	0043	0032	0041	00420	0049	0045	0034	00358	0033	0044	0030
N Norvège	0043	0032	0041	00420	0049	0045	0034	00358	0033	0044	0030
NL Pays-Bas	0043	0032	0041	00420	0049	0045	0034	00358	0033	0044	0030
PL Pologne	0043	0032	0041	00420	0049	0045	0034	00358	0033	0044	0030
P Portugal	0043	0032	0041	00420	0049	0045	0034	00358	0033	0044	0030
RUS Russie	81043	81032	81041	810420	81049	81045	*	810358	81033	81044	*
S Suède	0043	0032	0041	00420	0049	0045	0034	00358	0033	0044	0030
USA	01143	01132	01141	001420	01149	01145	01134	011358	01133	01144	01130

**Pas de sélection automatique*

Important : Pour les communications internationales le zéro (0) initial de l'indicatif interurbain n'est pas à composer (excepté pour les appels vers l'Italie).

International dialling codes

H	I	IRL	J	L	N	NL	PL	P	RUS	S	USA	
0036	0039	00353	0081	00352	0047	0031	0048	00351	007	0046	001	**Autriche A**
0036	0039	00353	0081	00352	0047	0031	0048	00351	007	0046	001	**Belgique B**
0036	0039	00353	0081	00352	0047	0031	0048	00351	007	0046	001	**Suisse CH**
0036	0039	00353	0081	00352	0047	0031	0048	00351	007	0046	001	**République Tchèque CZ**
0036	0039	00353	0081	00352	0047	0031	0048	00351	007	0046	001	**Allemagne D**
0036	0039	00353	0081	00352	0047	0031	0048	00351	007	0046	001	**Danemark DK**
0036	0039	00353	0081	00352	0047	0031	0048	00351	007	0046	001	**Espagne E**
0036	0039	00353	0081	00352	0047	0031	0048	00351	007	0046	001	**Finlande FIN**
0036	0039	00353	0081	00352	0047	0031	0048	00351	007	0046	001	**France F**
0036	0039	00353	0081	00352	0047	0031	0048	00351	007	0046	001	**Royaume Uni GB**
0036	0039	00353	0081	00352	0047	0031	0048	00351	007	0046	001	**Grèce GR**
	0039	00353	0081	00352	0047	0031	0048	00351	007	0046	001	**Hongrie H**
0036		00353	0081	00352	0047	0031	0048	00351	*	0046	001	**Italie I**
0036	0039		0081	00352	0047	0031	0048	00351	007	0046	001	**Irlande IRL**
00136	00139	001353		001352	00147	00131	00148	001351	*	001146	0011	**Japon J**
0036	0039	00353	0081		0047	0031	0048	00351	007	0046	001	**Luxembourg L**
0036	0039	00353	0081	00352		0031	0048	00351	007	0046	001	**Norvège N**
0036	0039	00353	0081	00352	0047		0048	00351	007	0046	001	**Pays-Bas NL**
0036	0039	00353	0081	00352	0047	0031		00351	007	0046	001	**Pologne PL**
0036	0039	00353	0081	00352	0047	0031	0048		007	0046	001	**Portugal P**
81036	*	*	*	*	*	81031	81048	*		*	*	**Russie RUS**
0036	0039	00353	0081	00352	0047	0031	0048	0035	007		001	**Suède S**
01136	01139	011353	01181	011352	01147	01131	01148	011351	*	011146		**USA**

**Direct dialing not possible*

Note: When making an international call, do not dial the first «0» of the city codes (except for calls to Italy).

L'Euro

1999 a vu l'avènement de la monnaie européenne commune : l'EURO.
Onze pays de l'Union Européenne ont d'ores et déjà adopté l'EURO : l'Allemagne, l'Autriche, la Belgique, l'Espagne, la Finlande, la France, l'Irlande, l'Italie, le Luxembourg, les Pays-Bas et le Portugal.
Dans ces pays, les prix sont désormais affichés en monnaies nationales et en euros.
Toutefois, les billets de banque et pièces en euros n'étant disponibles qu'en 2002, seuls les règlements par chèques bancaires ou cartes de crédit pourront être libellés en euros.
Dans cette édition, nous avons choisi de mentionner les prix dans la monnaie nationale.
Les tableaux ci-après indiquent la parité fixe entre l'Euro et les devises européennes et celle fluctuante de monnaies hors zone Euro, en Décembre 2000.

The Euro

1999 saw the launch of the European single currency: the EURO.
11 countries in the European Union are already using the EURO: Austria, Belgium, Finland, France, Germany, Ireland, Italy, Luxembourg, Netherlands, Portugal and Spain.
In each of these countries, prices will today be displayed in the local currency and in Euros.
However, as Euro notes and coins will not be available until 2002, payment in Euros is currently only possible by bank or credit cards.
We have therefore retained the local currency prices only for entries in this year's guide.
The following tables show the fixed rates between the Euro and other European currencies, together with fluctuating rates for non-Euro countries as in December 2000.

L'Euro

Il 1999 ha segnato l'avvento della moneta unica europea: l'EURO.
Undici paesi dell'Unione Europea hanno già adottato l'EURO: Austria, Belgio, Finlandia, Francia, Germania, Irlanda, Italia, Lussemburgo, Paesi Bassi, Portogallo e Spagna.
In questi paesi i prezzi sono indicati nella moneta nazionale ed in euro.
Non essendo tuttavia disponibili le banconote e le monete in euro che dal 2002, saranno possibili i pagamenti in euro solo tramite assegni o carte di credito.
In questa edizione abbiamo scelto di indicare i prezzi nella moneta nazionale.
Le tabelle che seguono indicano la parità fissa tra l'euro e le valute europee e quella fluttuante delle valute al di fuori dell'euro, al Dicembre 2000.

Der Euro

1999 war das Jahr der Einführung der einheitlichen europäischen Währung: der Euro.
Elf Länder der europäischen Vereinigung haben den Euro eingeführt: Deutschland, Österreich, Belgien, Spanien, Finnland, Frankreich, Irland, Italien, Luxemburg, die Niederlande und Portugal.
Die Preise werden in diesen Ländern in der nationalen Währung und in Euro ausgezeichnet.

Banknoten und Münzen in Euro sind jedoch erst ab 2002 erhältlich.
Die Bezahlung in Euro kann bis zu diesem Zeitpunkt nur per Scheck oder per Kreditkarte erfolgen.
Aus diesem Grund haben wir uns entschieden in dieser Ausgabe, die Preise in der nationalen Währung anzugeben.
Die folgenden Tabellen zeigen die festgelegte Parität zwischen dem Euro und den europäischen Währungen, sowie die schwankenden Paritäten der Währungen außerhalb der Eurozone mit dem Wechselkurs von Dezember 2000.

El Euro

En 1999 se ha implantado la moneda europea común : el EURO.
Once países de la Unión Europea han adoptado ya el EURO :
Alemania, Austria, Bélgica, España, Finlandia, Francia, Irlanda, Italia, Luxemburgo, Países Bajos y Portugal.
En estos países, los precios se indican en moneda nacional y en euros.
Sin embargo, de momento, sólo se podrá pagar en euros con cheques bancarios o tarjetas de crédito, ya que los billetes y monedas en euros no estarán disponibles hasta el año 2002.
En esta edición, hemos decidido indicar los precios en moneda nacional.
Los siguientes cuadros indican la paridad fija entre el euro y las divisas europeas y la paridad fluctuante con las monedas no pertenecientes a la zona del euro, en Diciembre 2000.

1 € = 13,7603 ATS	**A**	1 ATS = 0,0726728 €
1 € = 40,3399 BEF	**B**	1 BEF = 0,0247893 €
1 € = 1,9583 DEM	**D**	1 DEM = 0,5112918 €
1 € = 166,386 ESP	**E**	1 ESP = 0,0060101 €
1 € = 6,55957 FRF	**F**	1 FRF = 0,152449 €
1 € = 5,94573 FIM	**FIN**	1 FIM = 0,1681879 €
1 € = 1936,27 ITL	**I**	1 ITL = 0,0005164 €
1 € = 0,787564 IEP	**IRL**	1 IEP = 1,269738 €
1 € = 40,3399 LUF	**L**	1 LUF = 0,0247893 €
1 € = 2,20371 NLG	**NL**	1 NLG = 0,4537802 €
1 € = 200,482 PTE	**P**	1 PTE = 0,0049879 €

1 € = 0,6256 £	**GB**	1 £ = 1,5985 €
1 € = 104,31 Y	**J**	1 Y = 0,009587 €
1 € = 1,5237 CHF	**CH**	1 CHF = 0,6563 €
1 € = 0,9233 $	**USA**	1 $ = 1,0831 €

Manufacture française des pneumatiques Michelin
Société en commandite par actions au capital de 2 000 000 000 de F.
Place des Carmes-Déchaux – 63 Clermont-Ferrand (France)
R.C.S. Clermont-Fd B 855 200 507

Michelin et Cie, Propriétaires-Éditeurs, 2001
Dépôt légal Mars 2001 – ISBN 2-06-000287-7

Printed in France, 1-2001/1

Photocomposition : A.P.S.-CHROMOSTYLE, Tours
Impression : MAURY Imprimeur, Malesherbes
Brochure : N.R.I., Auxerre

Illustrations Cécile Imbert/MICHELIN : pages 4 à 59 - Bernard Dumas/Michelin : pages 62 à 6
Nathalie Benavides/MICHELIN : page 930.
Autres illustrations : Rodolphe Corbel.